REAL
REAL ORIGINAL

전국연합학력평가
3개년 기출 모의고사

고1 국어 [16회]

Contents

● [특별 부록] 국어 문법 총정리

수능 모의고사 전문 출판
입시플라이

교재의 구성과 특징

실전은 연습처럼! 연습은 실전처럼! 「리얼 오리지널」

수능 시험장에 가면 낯선 환경과 긴장감 때문에 실력을 제대로 발휘 못하는 경우가 많습니다. 실전 연습은 여러분의 실력이 됩니다.

01

실제 시험지와 똑같은 문제지

고1 국어 전국연합 모의고사는 총 16회분의 문제가 수록되어 있으며, 실전과 동일하게 학습할 수 있습니다.

❶ 리얼 오리지널 모의고사는 실제 시험지의 크기와 느낌을 그대로 살려 실전과 동일한 조건 속에서 문제를 풀어 볼 수 있습니다.

❷ 문제를 풀기 전에 먼저 학습 체크표에 학습 날짜와 시간을 기록 하고, [80분] 타이머를 작동해 실전처럼 풀어 보십시오.

02

고1 학력평가 + 학교시험 대비

연 4회 [3월·6월·9월·11월] 시행되는 전국연합 학력평가와 고1 학교 내신까지 대비해 학습할 수 있습니다.

❶ 월별로 시행되는 학력평가를 대비해 12회분 문제를 풀어 보면 실제 시험에서 실력을 마음껏 발휘할 수 있습니다.

❷ 학교 시험에 학력평가 문제를 변형하거나 지문을 활용해 문제를 출제하는 학교가 많아 내신까지 대비할 수 있습니다.

03

입체적 해설 & 문제 해결 꿀 팁

혼자서도 학습이 충분하도록 자세한 [입체적 해설]과 함께 고난도 문제는 문제 해결 꿀~팁까지 수록을 했습니다.

❶ 선지에 왜, 정답인지? 왜, 오답인지? 입체적으로 자세한 해설을 수록해 답답함이 없는 학습이 가능합니다.

❷ 국어에서 등급을 가르는 고난도 문제는 많이 틀린 이유와 함께 문제 해결 꿀 팁까지 명쾌한 해설을 수록했습니다.

★ 해설편 앞 부분에 「SPEED 정답 체크 표」가 있습니다.
오려서 정답을 확인하거나 책갈피로 사용하시면 됩니다.

04

특별 부록 [실전 모의고사] 4회

3·6·9·11월 전국연합 학력평가와 고1 학교 시험을 대비해 실전 모의고사 4회분을 제공합니다.

❶ 3·6·9·11월 시행되는 고1 학력평가와 1·2학기 학교 시험을 완벽 대비할 수 있습니다.

❷ 실전 모의고사는 고1 학력평가 문항 중 우수 문항만을 재구성한 문제로 학력평가와 내신을 대비해 꼭 풀어 봐야 합니다.

05

국어 문법 총정리 & 등급 컷

수능과 내신에서 필수인 국어 **핵심 문법 총정리**와 문제를 푼 후 등급을 확인 할 수 있는 **등급 컷**을 제공합니다.

❶ 내신과 수능에서 국어영역 1등급을 위해 **문법의 개념을 확실히 정복할 수 있도록 문법 총정리**를 부록으로 제공합니다.

❷ 문제를 푼 후 바로 자신의 실력과 모의고사에서 **상대적 위치를 확인할 수 있도록 등급 컷**을 제공합니다.

※ 문법 총정리는 오려서 휴대할 수 있으니 자투리 시간을 이용해 학습하세요.

06

정답률 & SPEED 정답 체크 표

문제를 푼 후 빠르게 정답을 확인할 수 있는 SPEED 정답 체크 표와, 문항별 정답률까지 제공합니다.

❶ 문제를 푼 후 빠르게 정답을 확인할 수 있는 SPEED 정답 체크 표를 제공하며, 오려서 책갈피로도 사용할 수 있습니다.

❷ 문항별로 정답률을 제공하므로 문제의 난이도를 파악할 수 있어 문제 풀이에 답답함이 없습니다.

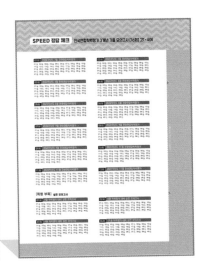

STUDY 플래너 & 등급 컷

① 문제를 풀기 전 먼저 〈학습 체크표〉에 학습 날짜와 시간을 기록하세요.
② 회분별 기출 문제는 영역별로 정해진 시간 안에 푸는 습관을 기르세요.
③ 정답 확인 후 점수와 등급을 적고 성적 변화를 체크하면서 학습 계획을 세우세요.
④ 리얼 오리지널은 실제 수능 시험과 똑같이 학습하는 교재이므로 실전을 연습하는 것처럼 문제를 풀어 보세요.

● 국어영역 | 시험 개요

문항 수	문항당 배점	문항별 점수 표기	원점수 만점	시험 시간	문항 형태
45문항	2점, 3점	•3점 문항에 점수 표시 •점수 표시 없는 문항 모두 2점	100점	80분	5지 선다형

● 국어영역 | 등급 컷 원점수

회분	학습 날짜	학습 시간	틀린 문제	채점 결과 점수	채점 결과 등급	1등급	2등급	3등급	4등급	5등급	6등급	7등급	8등급
01회 2024학년도 3월	월 일	시 분 ~ 시 분				91	85	77	67	55	44	34	24
02회 2023학년도 3월	월 일	시 분 ~ 시 분				95	89	81	70	58	47	36	25
03회 2022학년도 3월	월 일	시 분 ~ 시 분				76	68	60	52	44	37	30	23
04회 2024학년도 6월	월 일	시 분 ~ 시 분				87	79	69	58	45	33	23	18
05회 2023학년도 6월	월 일	시 분 ~ 시 분				87	78	68	57	46	36	27	21
06회 2022학년도 6월	월 일	시 분 ~ 시 분				91	83	73	62	49	37	26	20
07회 2024학년도 9월	월 일	시 분 ~ 시 분				87	78	67	55	42	31	23	18
08회 2023학년도 9월	월 일	시 분 ~ 시 분				86	77	67	57	45	34	26	18
09회 2022학년도 9월	월 일	시 분 ~ 시 분				82	73	63	53	42	32	23	18
10회 2023학년도 11월	월 일	시 분 ~ 시 분				88	80	69	56	41	29	20	17
11회 2022학년도 11월	월 일	시 분 ~ 시 분				88	80	70	59	45	33	23	17
12회 2021학년도 11월	월 일	시 분 ~ 시 분				88	79	70	59	46	35	26	20

※ 등급 컷 원점수는 추정치입니다. 실제와 다를 수 있으니 학습 참고용으로 활용하십시오.

● [특별 부록] 실전 모의고사

회분	학습 날짜	학습 시간	채점 결과	틀린 문제	시간 부족 문제
01회 3월 대비 실전 모의고사	월 일	시 분 ~ 시 분			
02회 6월 대비 실전 모의고사	월 일	시 분 ~ 시 분			
03회 9월 대비 실전 모의고사	월 일	시 분 ~ 시 분			
04회 11월 대비 실전 모의고사	월 일	시 분 ~ 시 분			

국어 문법 총정리

I. 음운 (1) 음운의 개념과 체계

❶ 음운의 개념

▶ 음운의 개념과 체계

음운
• 말의 뜻을 구별하여 주는 소리의 가장 작은 단위
• 화자의 머릿속에서 하나의 소리로 인식되는 추상적인 말소리
• **최소 대립쌍**을 만들어 봄으로써 확인할 수 있음.

분절 음운(음소)	비분절 음운(운소)
• 소리마디의 경계를 그을 수 있는 음운. 음소라고도 함. **자음, 모음, 반모음**이 있음.	• 소리마디의 경계가 분명히 그어지지 않는 음운. 고저, 강약, 장단이 있음. 현대 국어에는 장단(長短)이 있음.

※ **자음과 모음** : 발음할 때 공기의 흐름이 조음 기관의 방해를 많이 받으면 자음이, 발음할 때 공기의 흐름이 방해를 받지 않으면 모음이 만들어짐.

※ **반모음** : 반모음은 발음할 때 공기의 흐름이 방해를 받지 않는다는 점에서 모음에 가깝지만 모음처럼 홀로 발음되지 못하고 반드시 다른 모음에 붙어야만 발음될 수 있다는 점에서 반모음이라고 부름. 음성적으로 자음과 모음의 중간적 존재.

> **Dic. 문법 핵심 개념**
> ▶ 음운 최소 대립쌍에서 차이가 나는 한 가지 요소.
> 예 '달-말'에서의 'ㄷ'과 'ㅁ'
> ▶ 최소 대립쌍 단어를 구성하고 있는 나머지 요소는 모두 같고 오직 한 가지 요소에 의해서만 의미가 구별되는 단어의 짝. 최소 대립쌍에서 차이가 나는 한 가지 요소로 예를 들어, '달-말'에서의 'ㄷ'과 'ㅁ'을 음운이라 함.
> 예 '달-말', '불-벌', '설-섬'

❷ 국어의 자음 체계

조음 방법		조음 위치	입술소리 (순음)	잇몸소리 (치조음)	센입천장소리 (경구개음)	여린입천장소리 (연구개음)	목청소리 (후음)
파열음	예사소리		ㅂ	ㄷ		ㄱ	
	된소리		ㅃ	ㄸ		ㄲ	
	거센소리		ㅍ	ㅌ		ㅋ	
파찰음	예사소리				ㅈ		
	된소리				ㅉ		
	거센소리				ㅊ		
마찰음	예사소리			ㅅ			ㅎ
	된소리			ㅆ			
유음				ㄹ			
비음			ㅁ	ㄴ		ㅇ	

• **파열음** : 폐에서 나오는 공기를 막았다가 터뜨리면서 내는 소리.
• **파찰음** : 파열음과 마찰음의 두 가지 성질이 모두 있는 소리.
• **마찰음** : 입 안이나 목청 사이의 통로를 좁히고 공기를 그 좁힌 틈 사이로 내보내 마찰을 일으키면서 내는 소리.
• **비음** : 입 안의 통로를 막고 코로 공기를 내보내면서 내는 소리.
• **유음** : 혀끝을 잇몸에 가볍게 대었다가 떼거나, 잇몸에 댄 채 공기를 그 양옆으로 흘려 보내면서 내는 소리.

> **Dic. 문법 핵심 개념**
> ▶ 조음 위치·조음 방법 자음이 만들어지면서 공기의 흐름에 장애가 일어나는 자리/방법
> ▶ 소리의 세기에 따른 분류 • 예사소리(평음) • 된소리(경음) • 거센소리(격음)
> ▶ 목청의 떨림 여부에 따른 분류 • 울림소리(유성음) • 안울림소리(무성음)

❸ 국어의 모음 체계

① **단모음** : 발음하는 동안 입 모양이 일정한 모음

혀의 높이 \ 혀의 앞뒤	전설 모음		후설 모음	
입술 모양	평순 모음	원순 모음	평순 모음	원순 모음
고모음	ㅣ	ㅟ	ㅡ	ㅜ
중모음	ㅔ	ㅚ	ㅓ	ㅗ
저모음	ㅐ		ㅏ	

---

② **이중 모음** : 발음하는 동안 입술 모양이나 혀의 위치가 달라지는 모음. 반모음 'j' 또는 'w'와 단모음이 결합하여 이루어짐.

> **Dic. 문법 핵심 개념어**
> ▶ 혀의 앞뒤 위치
> • **전설 모음** : 혀의 정점이 입 안의 앞쪽에 위치하여 발음되는 모음.
> • **후설 모음** : 혀의 정점이 입 안의 뒤쪽에 위치하여 발음되는 모음.
> ▶ 혀의 높이
> • **고모음(폐모음)** : 입을 조금 열고, 혀의 위치를 높여서 발음하는 모음.
> • **중모음** : 입을 보통으로 열고 혀의 높이를 중간으로 하여 발음하는 모음.
> • **저모음(개모음)** : 입을 크게 벌리고 혀의 위치를 가장 낮추어서 발음하는 모음.
> ▶ 입술의 모양
> • **원순 모음** : 입술을 둥글게 오므려 발음하는 모음.
> • **평순 모음** : 입술을 둥글게 오므리지 않고 발음하는 모음.
> ▶ 반모음 'j' 또는 'w' 음성의 성질로 보면 모음과 비슷하지만, 반드시 다른 모음에 붙어야 발음될 수 있다는 점에서는 자음과 비슷함.

I. 음운 (2) 음운의 변동

❶ 교체 : 한 음운이 다른 음운으로 바뀌는 현상

음절의 끝소리 규칙		▶ 음절의 끝소리 자리에 'ㄱ, ㄴ, ㄷ, ㄹ, ㅁ, ㅂ, ㅇ'의 일곱 소리 이외의 자음이 오면 이 일곱 자음 가운데 하나의 소리로만 발음되는 현상 예 낮, 낯, 낫 [낟], 부엌[부억], 앞[압], 옷[옫], 밖[박]
자음 동화	비음화	▶ 비음이 아닌 자음이 비음의 영향을 받아 비음 'ㄴ, ㅁ, ㅇ'으로 바뀌는 현상 예 십만[심만], 닫는다[단는다], 잡는다[잠는다], 받는[반는]
	유음화	▶ 유음이 아닌 자음이 유음의 영향을 받아 유음 'ㄹ'로 바뀌는 현상 예 달님[달림], 신라[실라], 칼날[칼랄], 권력[궐력]
모음 동화		▶ 모음 사이에 일어나는 동화 단어 또는 어절에 있어서, 'ㅏ, ㅓ, ㅗ, ㅜ'의 후설 모음이 다음 음절에 오는 'ㅣ'나 'ㅣ'계(系) 모음의 영향을 받아 전설 모음 'ㅐ, ㅔ, ㅚ, ㅟ'로 변하는 현상. 예 아기[애기], 어미[에미], 고기[괴기]
구개음화		▶ 끝소리가 'ㄷ, ㅌ'인 형태소가 모음 'ㅣ'나 반모음 'ㅣ [j]'로 시작되는 형식 형태소와 만나면 그것이 구개음 'ㅈ', 'ㅊ'이 되거나, 'ㄷ' 뒤에 형식 형태소 'ㅎ'이 올 때 'ㅎ'과 결합하여 이루어진 'ㅌ'이 'ㅊ'이 되는 현상. 예 굳이[구지], 같이[가치], 닫히다[다치다], 붙이다[부치다]
경음화 (된소리되기)		▶ 평음이 일정한 조건에서 경음으로 바뀌는 현상 • 받침 'ㄱ, ㄷ, ㅂ' 뒤의 경음화 예 국밥[국빱], 닫고[닫꼬], 춥고[춥꼬] • 어간 받침 'ㄴ, ㅁ' 뒤의 경음화 예 신고[신:꼬], 감다[감:따] • 한자어에서 'ㄹ' 받침 뒤의 경음화 예 발달[발딸], 질서[질써], 물질[물찔] • 관형사형 어미 '- (으)ㄹ' 뒤의 경음화 예 할 것을 → [할꺼슬]

> **Dic. 문법 핵심 개념**
> ▶ 음운 변동 어떤 음운이 그 놓이는 환경에 따라 다른 음운으로 바뀌어 소리 나는 현상. 교체, 탈락, 첨가, 축약이 있음

❷ 탈락 : 원래 있던 음운이 없어지는 현상

자음군 단순화		▶ 음절 말의 겹받침 중 하나가 탈락하고 하나만 발음되는 현상 예 값[갑], 넋[넉], 닭[닥], 맑다[막따], 여덟[여덜], 핥다[할따]
자음 탈락	'ㄹ' 탈락	▶ 동사나 형용사의 어간 말 자음 'ㄹ'이 몇몇 어미 앞에서 탈락하는 현상 예 멀다 : 머니, 머오 / 놀다 : 논, 놉니다, 노오 둥글다 : 둥그니, 둥근, 둥그오
	'ㅎ' 탈락	▶ 동사나 형용사의 어간 말 자음 'ㅎ'이 'ㄴ'이나 모음으로 시작하는 어미 앞에서 탈락하는 현상 예 그렇다 : 그러니, 그럴, 그러면, 그러오 낳은[나은], 많아[마:나], 싫어도[시러도]
모음 탈락	'ㅡ' 탈락	▶ 동사나 형용사의 어간 말 모음 'ㅡ'가 모음으로 시작하는 어미 앞에서 탈락하는 현상 예 끄다 : 꺼, 껐다 / 쓰다 : 써, 썼다
	동음 탈락	▶ 용언이 활용할 때 연접된 두 동음 중 뒤의 모음이 탈락하는 현상 예 가-+-아 : 가 / 켜-+-었-+-다 : 켰다

❸ 첨가 : 없던 음운이 생겨나는 현상

'ㄴ' 첨가	▶ 앞말이 모음으로 끝나고 뒷말이 'ㅁ, ㄴ'으로 시작될 때, 앞말의 끝소리에 'ㄴ' 소리가 첨가되는 경우 예 이+몸→잇몸[인몸]・코+날→콧날[콘날]
	▶ 앞말의 음운과 상관없이 뒷말이 모음 'ㅣ'나 반모음 [j]로 시작될 때, 'ㄴ'이 하나 혹은 둘 첨가되는 경우 예 집안+일→집안일[지반닐]・물+약→물약[물냑→물략] 가외+일→가욋일[가왼닐]・나무+잎→나뭇잎[나문닙]
반모음 첨가	▶ 모음으로 끝나는 형태소 뒤에 단모음으로 시작하는 형태소가 올 때 반모음 'j'가 덧붙는 현상. 반드시 일어나야 하는 현상은 아님. 예 피어 → [피어/피여], 되어 → [되어/되여]

> **Dic.** 문법 핵심 개념
>
> ▶ **사잇소리 현상** 두 개의 형태소 또는 단어가 합쳐져서 합성어가 될 때, 앞 단어의 끝소리가 울림소리이고 뒤 단어의 첫소리가 예사소리이면 뒤의 예사소리가 된소리로 변하는 현상
> 예 ・밤+길 → 밤길[밤낄]・등+불 → 등불[등뿔]

❹ 축약 : 두 음운이 합쳐져서 하나의 새로운 소리가 되는 현상

자음 축약	▶ 두 형태소가 서로 만날 때, 인접한 두 자음이 하나의 음소로 줄어들어 소리 나는 현상. 'ㅂ, ㄷ, ㅈ, ㄱ'과 'ㅎ'이 서로 만나면 'ㅍ, ㅌ, ㅊ, ㅋ'(거센소리)이 되는 것 예 놓다[노타], 쌓지[싸치], 옳지[올치], 좋고→[조코]

> **Dic.** 문법 핵심 개념
>
> ▶ **모음 축약** 두 형태소가 서로 만날 때 앞뒤 형태소의 두 음절이 한 음절로 줄어드는 것
> ・ㅗ+ㅏ→ㅘ : 오+아서→와서
> ・ㅜ+ㅓ→ㅝ : 두었다→뒀다
> ・ㅣ+ㅓ→ㅕ : 가지+어→가져

Ⅱ. 단어와 품사 (1) 단어와 품사의 특성

▶ **품사의 개념** : 단어들을 성질이 공통된 것끼리 모아 갈래를 지어 놓은 것
▶ **품사의 분류**

분류 기준	형태	기능	의미
단어	불변어	체언	명사
			대명사
			수사
		수식언	관형사
			부사
		독립언	감탄사
		관계언	조사
	가변어	용언	동사
			형용사

> **Dic.** 문법 핵심 개념
>
> ▶ **품사 분류 기준**
> ① 형태 기준에 따른 분류
> ・**불변어** : 형태가 변하지 않는 단어(체언, 수식언, 독립언, 관계언)
> 예 손, 우리, 매우
> ・**가변어** : 형태가 변하는 단어(용언, 서술격 조사)
> 예 먹다(먹고, 먹니, 먹어서, 먹는다 …), 예쁘다(예쁘고, 예쁘니, 예뻐서, 예쁩니다 …), 이다(이고, 이니, 이어서, 입니다…)
> ② 기능 기준에 따른 분류
> ・**체언** : 문장에서 주로 주어나 목적어로 쓰임.(명사, 대명사, 수사)
> ・**용언** : 문장에서 주로 서술어로 쓰임.(동사, 형용사)
> ・**수식언** : 문장에서 주로 다른 성분을 수식함.(관형사, 부사)
> ・**관계언** : 여러 성분 사이의 관계를 나타내 줌.(조사)
> ・**독립언** : 문장에서 독립적으로 쓰임.(감탄사)
> ③ 의미 기준에 따른 분류
> ・**명사** : 대상의 이름을 나타냄.
> ・**대명사** : 명사를 대신하여 쓰임.
> ・**수사** : 대상의 수량이나 차례를 나타냄.
> ・**동사** : 대상의 움직임을 나타냄.
> ・**형용사** : 대상의 성질이나 상태를 나타냄.
> ・**관형사** : 주로 체언을 수식함.
> ・**부사** : 주로 용언, 관형사, 부사 등을 수식함.
> ・**조사** : 주로 체언에 붙어 다른 성분과의 관계를 나타냄.
> ・**감탄사** : 말하는 사람의 놀람이나 느낌 등을 나타냄.

❶ 체언

문장에서 주어, 목적어, 보어 등으로 쓰임. 관형어의 수식을 받을 수 있고 조사와 결합할 수 있고 일반적으로 형태의 변화가 없음. 명사, 대명사, 수사가 체언에 해당함.

① 명사 : 사물의 이름을 나타내는 단어

사용 범위	보통 명사	▶ 명사 중 어떤 속성을 지닌 대상들에 두루 쓰이는 이름 예 땅, 하늘, 사람, 책
	고유 명사	▶ 특정한 사물이나 사람을 다른 것들과 구별하여 부르기 위하여 고유의 기호를 붙인 이름. 인명, 지역명, 상호명 등 예 안중근, 부산, 한강
자립성	자립 명사	▶ 다른 말의 도움을 받지 아니하고 단독으로 쓰일 수 있는 명사 예 사과, 구름
	의존 명사	▶ 앞에 관형어의 수식을 받아야 하는 명사 예 것, 따름, 마리, 뿐, 뻔

② 대명사 : 사람이나 사물의 이름을 대신 나타내는 말로 사용되는 단어

지시 대명사	▶ 사물을 가리키는 대명사 예 이것, 그것, 저것
	▶ 장소를 가리키는 대명사 예 여기, 거기, 저기
인칭 대명사	▶ 1인칭 : 화자가 자신을 가리키는 대명사 예 나, 저, 우리, 저희
	▶ 2인칭 : 화자가 청자를 가리키는 대명사 예 너, 자네, 그대, 당신, 너희, 여러분
	▶ 3인칭 : 화자와 청자 이외의 사람을 가리키는 대명사 예 그, 이분, 저분, 그분, 이이, 그이, 저이
미지칭	▶ 모르는 사물, 사람, 장소 등을 가리키는 대명사 예 무엇, 누구, 어디(주로 의문문에서 쓰임.)
부정칭	▶ 정해지지 않은 사람, 사물, 장소 등을 가리키는 대명사 예 무엇이든, 누구든, 어디든
재귀칭	▶ 앞에 한 번 나온 체언을 다시 가리킬 때 쓰는 대명사 예 저, 자기, 당신

③ 수사 : 사물의 수량이나 순서를 나타내는 단어

양수사	▶ 수량을 셀 때 쓰는 수사 ・고유어 계열 예 하나, 둘, 셋 ・한자어 계열 예 일, 이, 삼
서수사	▶ 순서를 나타내는 수사 ・고유어 계열 : '-째'를 붙임. 예 첫째, 둘째, 셋째 ・한자어 계열 : '제'를 붙임. 예 제일, 제이, 제삼

❷ 용언

문장에서 서술어의 기능을 하는 동사, 형용사를 통틀어 이르는 말

① 동사 : 사물의 동작이나 작용을 나타내는 단어

자동사	▶ 동사가 나타내는 동작이나 작용이 주어에만 미치는 동사 예 뛰다, 걷다, 가다, 놀다, 살다
타동사	▶ 동작의 대상인 목적어를 필요로 하는 동사 예 잡다, 누르다, 건지다, 태우다
주동사	▶ 문장의 주체가 스스로 행하는 동작을 나타내는 동사 예 먹다, 앉다
사동사	▶ 문장의 주체가 자기 스스로 행하지 않고 남에게 그 행동이나 동작을 하게 함을 나타내는 동사 예 먹이다, 앉히다
능동사	▶ 주어가 제힘으로 행하는 동작을 나타내는 동사 예 잡다, 밀다
피동사	▶ 남의 행동을 입어서 행하여지는 동작을 나타내는 동사 예 잡히다, 밀리다

② 형용사 : 주어의 성질이나 상태를 나타내는 단어

성상 형용사	▶ 사물의 성질이나 상태를 나타내는 형용사 예 검다, 달다, 예쁘다, 낮다
지시 형용사	▶ 사물의 성질, 시간, 수량 따위가 어떠하다는 것을 형식적으로 나타내는 형용사 예 이러하다, 그러하다, 저러하다,

> **Dic.** 문법 핵심 개념
>
> ▶ **동사와 형용사의 구분**
> ・기본형에 현재 시제 선어말 어미 '-는-/-ㄴ-', 관형사형 어미 '-는'을 결합할 수 있으면 동사. 결합할 수 없으면 형용사
> ・명령형 어미 '-어라/-아라'나 청유형 어미 '-자', 목적을 나타내는 어미 '-러'나 의도를 나타내는 어미 '-려'와 결합할 수 있으면 동사. 결합할 수 없으면 형용사

③ **용언의 활용** : 용언이 문장 속에서 사용될 때에는 용언의 어간에 여러 어미가 결합하여 다양한 형태로 나타남.

어간	▶ 용언이 활용할 때 형태가 변하지 않는 부분
어미	▶ 용언의 어간 뒤에 연결되는 다양한 형태들 • 선어말 어미 : 어말 어미의 앞자리에 들어가는 어미로 시제, 높임 등을 나타냄. 경우에 따라 있을 수도 있고 없을 수도 있으며, 둘 이상이 올 수도 있음. • 어말 어미 : 단어의 끝자리에 들어가는 어미로, 반드시 있어야 함.

> **Dic.** 문법 핵심 개념
> ▶ 어말 어미의 기능에 따른 분류
> • **종결 어미** : 문장의 끝을 맺어 주는 기능을 하는 어미
>   예 한국의 가을 하늘은 맑[다, 구나, 니?]
> • **연결 어미** : 앞 문장과 뒤 문장을 연결하는 기능을 하는 어미
>   예 바람이 불[면, 어서] 우리는 연을 날렸다.
> • **전성 어미** : 용언의 서술 기능을 다른 기능으로 바꾸어 주는 어미
>   예 나는 네가 최선을 다하는 사람이 되기를 바란다. 꽃이 아름답게 피었다.

❸ **수식언**

뒤에 오는 말을 수식하거나 한정하기 위하여 첨가하는 관형사와 부사를 통틀어 이르는 말. 관형사와 부사가 수식언에 해당함.

① **관형사** : 체언 앞에 놓여서, 그 체언의 내용을 자세히 꾸며 주는 단어

성상 관형사	▶ 사람이나 사물의 모양, 상태, 성질을 나타내는 관형사 예 새 옷, 헌 책, 다른 물건
지시 관형사	▶ 특정한 대상을 지시하여 가리키는 관형사 예 이 의자, 그 사람, 저 자전거
수 관형사	▶ 사물의 수나 양을 나타내는 관형사 예 두 사람, 연필 다섯 자루, 넷째 딸, 제삼(第三) 회 대회

> **Dic.** 문법 핵심 개념어
> ▶ 수량을 나타내는 단어의 품사
> 해당 단어의 뒤에 조사가 붙으면 수사, 그렇지 않고 체언을 꾸며 주면 관형사(수 관형사)

② **부사** : 용언이나 관형사, 부사, 문장을 꾸며주는 기능을 하는 단어

▶ 부사의 종류

부사				
성분 부사			문장 부사	
성상 부사	지시 부사	부정 부사	양태 부사	접속 부사

• **성분 부사** : 문장의 어느 한 성분만을 수식하는 부사

성상 부사	▶ 사람이나 사물의 모양, 상태, 성질을 한정하여 꾸미는 부사. '어떻게'라는 방식으로 용언을 꾸미는 부사로, 의성 부사(소리를 흉내 내는 부사)와 의태 부사(모양을 흉내 내는 부사)가 여기에 속함. 예 매우, 가장, 간절히, 깨끗이, 아삭아삭, 사뿐사뿐
지시 부사	▶ 처소나 시간을 가리켜 한정하거나 앞의 이야기에 나온 사실을 가리키는 부사. 특정 대상을 가리키는 부사 예 이리, 그리, 저리
부정 부사	▶ 용언의 앞에 놓여 그 내용을 부정하는 부사 예 못, 아니/안

• **문장 부사** : 문장 전체를 수식하는 부사

양태 부사	▶ 화자의 태도를 나타내는 문장 부사 예 다행히, 과연, 설마
접속 부사	▶ 앞의 체언이나 문장의 뜻을 뒤의 체언이나 문장에 이어 주면서 뒤의 말을 꾸며 주는 부사 예 그러나, 그리고, 따라서

> **Dic.** 문법 핵심 개념
> ▶ 부사의 특성
> • 형태 변화를 하지 않음.(불변어)
> • 격 조사와는 결합하지 않지만, 보조사는 취할 수 있음. 예 자꾸만, 아직도
> • 문장에서 주로 부사어로 쓰임.
> • 문장 내에서 그 위치가 비교적 자유로움.

❹ **관계언**

문장에 쓰인 단어들의 관계를 나타내는 기능을 하는 조사. 주로 체언 뒤에 붙어서 다양한 문법적 관계를 나타내거나 의미를 추가하는 의존 형태소.

▶ 관형사 : 체언 앞에 놓여서 그 체언(주로 명사)을 수식하는 단어

격 조사	▶ 체언이나 체언 구실을 하는 말 뒤에 붙어 앞말이 다른 말에 대하여 갖는 일정한 자격을 나타내는 조사. 예 주격 조사(이/가, 께서), 목적격 조사(을/를), 관형격 조사(의), 보격 조사(이/가), 부사격 조사(에, 에게, 에서), 서술격 조사(이다), 호격 조사(아, 야)
접속 조사	▶ 둘 이상의 단어나 구 따위를 같은 자격으로 이어 주는 구실을 하는 조사. 예 와/과, 하고, (이)랑

보조사	▶ 체언, 부사, 활용 어미 등에 붙어서 어떤 특별한 의미를 더해 주는 조사 예 은/는(대조), 만, 뿐(한정, 단독, 유일), 도(역시), 요(상대 높임), 부터(시작, 먼저), 까지(도급, 미침), 조차(역시, 최종), 밖에(한계), 마저(추종, 끝)

> **Dic.** 문법 핵심 개념
> ▶ 조사의 특성
> • 대개 체언 뒤에 붙지만, 때로는 동사, 형용사나 부사 뒤에 붙기도 하고, 문장 뒤에 붙기도 함.
> • 관형사나 감탄사 뒤에는 붙을 수 없음.
> • 서술격 조사인 '이다'는 동사나 형용사처럼 활용을 함.
> • 조사 결합의 제약 : 대부분의 명사는 거의 모든 조사와 결합될 수 있으나, 일부 의존 명사와 자립 명사는 격 조사와 결합될 때 제약을 받는 일이 있음.

❺ **독립언**

문장 속의 다른 문장 성분과 문법적인 관계를 맺지 않고 독립성을 갖는 단어. 감탄사가 여기에 해당. 독립언은 다른 말과 떨어져 혼자서 쓰일 수 있음.

감탄사	▶ 놀람이나 느낌, 부름, 응답 등을 나타내는 말로 쓰이면서 독립성이 있는 말 예 앗, 와, 여보, 허허, 이런, 저런, 아이고, 흥, 네

Ⅱ. 단어와 품사 (2) 단어의 짜임

❶ **형태소**

의미를 가진 것으로는 더 이상 분석할 수 없는, 최소의 의미 단위

▶ 형태소의 종류

자립성 유무에 따라	자립 형태소	▶ 앞뒤에 다른 형태소가 직접 연결되지 않아도 문장에서 혼자 쓰일 수 있는 형태소(체언, 수식언, 독립언)
	의존 형태소	▶ 앞이나 뒤에 적어도 하나의 형태소가 연결되어야만 문장에서 쓰일 수 있는 형태소(용언의 어간과 어미, 조사, 접사)
의미의 유형에 따라	실질 형태소	▶ 실질적인 의미를 가진 형태소(체언, 수식언, 독립언, 용언)
	형식 형태소	▶ 문법적인 의미만을 가진 형태소(조사, 어미, 접사)

❷ **단어**

분리하여 자립적으로 쓸 수 있는 말이나 이에 준하는 말. 또는 그 말의 뒤에 붙어서 문법적 기능을 나타내는 말. 자립하여 쓰일 수 있는 가장 작은 말의 단위.(단, 조사는 의존 형태소이지만 단어로 인정함.)

■ 단어의 구성 요소

어근	▶ 단어의 구성 요소 중 실질적인 의미를 나타내는 중심 부분 예 '풋사과'의 '사과', '맨입'의 '입', '형님'의 '형'
접사	▶ 어근에 붙어 그 뜻을 제한하는 부분. 어근 앞에 붙는 것을 '접두사', 어근 뒤에 붙는 것을 '접미사'라고 함. 예 '풋사과'의 '풋-', '맨입'의 '맨-', '형님'의 '-님'

> **Dic.** 문법 핵심 개념
> ▶ 조사를 단어로 처리한 이유
> • 국어의 어미와 조사 중에서 조사만을 단어로 포함하게 된 것은, 자립성의 기준으로 보아 어미 앞에 오는 어간은 자립성이 없지만 조사 앞에 오는 체언은 자립성이 있다는 것과 관련이 있음.
> • 이처럼 체언이 자립성이 있으므로 조사도 최소한의 자립성을 가진다고 보는 것과, 또 조사는 어미에 비해 쉽게 앞말과 분리될 수 있다는 것이 조사를 단어로 처리한 이유임.
> • 조사는 의존 형태소이지만 단어로 처리되므로 다른 의존 형태소와는 달리 일반적으로 붙임표(-)를 붙이지 않음.

❸ **단어의 형성**

단어	단일어		
	복합어	합성어	통사적 합성어
			비통사적 합성어
		파생어	

① **단일어** : 하나의 어근만으로 이루어진 단어 예 땅, 하늘, 밥
② **복합어** : 하나의 실질 형태소에 접사가 붙거나 두 개 이상의 실질 형태소가 결합된 말
㉠ **합성어** : 파생 접사 없이 어근과 어근이 합쳐져서 만들어진 단어

통사적 합성어	▶ 단어의 형성 방식이 국어의 문장이나 배열 구조(명사+명사, 관형어+명사, 주어+서술어, 부사어+용언 등)와 일치하는 방식으로 이루어진 합성어 예 쌀밥(쌀+밥 : 명사+명사) / 새해(새+해 : 관형어+명사) 본받다(본+받다 : 목적어+서술어) 뛰어가다(뛰어+-어+가다 : 용언의 어간+연결 어미+용언)
비통사적 합성어	▶ 단어의 형성 방식이 국어의 자연스러운 어순이나 결합 방식과 같지 않은 합성어 예 늦잠(늦+잠 : 용언의 어간+명사) 높푸르다(높+푸르다 : 용언의 어간+용언)

국어 문법 총정리

ⓒ 파생어 : 어근에 파생 접사가 붙어서 만들어진 단어

접두 파생어	▶ 어근의 앞에 접두사가 결합한 파생어 📖 군침(군-+침) / 새파랗다(새-+파랗다) / 치솟다(치-+솟다)
접미 파생어	▶ 어근의 뒤에 접미사가 결합한 파생어 📖 구경꾼(구경+-꾼) / 가르침(가르치-+-ㅁ : 동사→명사) 웃기다(웃-+-기-+-다 : 주동사→사동사)

Dic. 문법 핵심 개념
- ▶ 다의어(多義語) 하나의 단어에 여러 개의 의미가 결합된 단어
- ▶ 동음이의어(同音異議語) 소리는 같으나 뜻이 서로 다른 단어

Ⅱ. 단어와 품사 (3) 단어의 의미 관계와 어휘 사용

❶ 단어 의미의 유형

① 중심적 의미와 주변적 의미
- 중심적 의미 : 다의어에서 가장 기본적이고 핵심적인 의미
  ➡ 사전에 풀이된 의미들 가운데 첫 번째 의미
- 주변적 의미 : 다의어에서 중심적 의미가 확장된 의미
  ➡ 사전에 풀이된 의미들 가운데 첫 번째를 제외한 나머지들의 의미

② 사전적 의미와 함축적 의미
- 사전적 의미 : 단어가 지니고 있는 가장 기본적이고 객관적인 의미. 곧, 사전에 등재된 의미
  📖 '산'의 사전적 의미: 평지보다 높이 솟아 있는 땅의 부분
- 함축적 의미 : 사전적 의미에 덧붙어서 연상이나 관습 등에 의하여 형성되는 의미
  📖 '산'의 함축적 의미 : 고향에 대한 그리움, 진취적인 기상, 삶의 고난과 역경 등

③ 그 외 단어의 의미
- 사회적 의미 : 말을 사용하는 사람의 사회적 환경과 관련되는 의미로, 여러 단어 가운데 어떤 단어를 선택하느냐에 따라 사회적 의미가 달라질 수 있음.(사회적 환경: 출신 지역, 사회적 지위, 교양 수준 등)
- 정서적 의미 : 화자(필자)의 심리적 태도나 상대에 대한 공손함 등과 관련되어, 어조를 통해 드러나는 의미
- 주제적 의미 : 어순을 바꾸거나 특정 부분을 강조하여 발음함으로써 화자(필자)가 특별히 드러내고자 하는 의미
- 반사적 의미 : 어떤 말을 사용할 때 그 말의 원래 뜻과는 아무런 관계없이 나타나는 특정한 의미

❷ 단어 간의 의미 관계

유의 관계	▶ 말소리는 다르지만 의미가 서로 비슷한 의미를 갖고 있는 단어들의 관계. 한쪽이 다른 한쪽의 유의어가 됨. 유의 관계는 두 개 이상의 단어들이 무리를 이루고 있는 경우가 많음. 📖 가끔-종종-왕왕 / 걱정-근심 / 가난하다-빈곤(貧困)하다-궁핍(窮乏)하다
반의 관계	▶ 둘 이상의 단어에서 의미가 서로 짝을 이루어 대립하는 단어들의 관계. 한쪽이 다른 한쪽의 반의어가 됨. 📖 소년-소녀 / 위-아래
상하 관계	▶ 한쪽이 의미상 다른 쪽을 포함하거나 다른 쪽에 포함되는 의미 관계. 포함하는 단어가 상위어, 포함되는 단어가 하위어임. 📖 동물-사자 → '동물'이 상위어, '사자'가 하위어 작가-시인 → '작가'가 상위어, '시인'이 하위어

Ⅲ. 문장과 문법 요소 (1) 문장의 성분

❶ 문장과 문법 단위

어절(語節) ➡ 구(句) ➡ 절(節) ➡ 문장(文章)

- ▶ 문장 성분 : 문장 안에서 일정한 문법적 기능을 하는 각 부분
- 주성분 : 문장을 이루는 데 골격이 되는 문장 성분(서술어, 주어, 목적어, 보어)
- 부속 성분 : 주로 주성분의 내용을 수식하는 문장 성분(관형어, 부사어)
- 독립 성분 : 다른 문장 성분과는 문법적 관계가 없는 문장 성분(독립어)

❷ 주성분

주어	▶ 문장에서 동작 또는 상태나 성질의 주체를 나타내는 문장 성분 • 문장을 '무엇이 어찌한다.', '무엇이 어떠하다.', '무엇이 무엇이다.'로 나타낼 때 '무엇이'에 해당하는 문장 성분. • 체언이나 체언 구실을 하는 구나 절에 주격 조사 '이/가', '께서'가 붙어서 나타남. 📖 동생이 도서관에 간다.(주격 조사 '이'가 붙음) • 주격 조사가 생략될 수도 있고 보조사가 붙을 수도 있음. 📖 동생만 집에 왔다.(보조사 '만'이 붙음)
서술어	▶ 주어의 동작, 상태, 성질 등을 나타내는 문장 성분. • '무엇이 어찌한다.', '무엇이 어떠하다.', '무엇이 무엇이다.'의 '어찌한다', '어떠하다', '무엇이다'에 해당하는 문장 성분

목적어	▶ 서술어의 동작이나 작용의 대상이 되는 문장 성분. • '무엇이 무엇을 어찌한다.'에서 '무엇을'에 해당하는 성분. • 목적격 조사 '을/를'은 생략될 수도 있고, 목적격 조사 대신에 보조사가 붙을 수 있음. 📖 철수가 (밥을 / 밥 / 밥만) 먹는다.
보어	▶ 서술어 '되다, 아니다'가 필수적으로 요구하는 문장 성분 가운데 주어가 아닌 것. • 보격 조사 '이/가'는 생략될 수도 있고 '이/가' 대신 보조사가 붙을 수도 있음. 📖 그는 대학생이 아니다. 철수는 선생님이 되었다.

Dic. 문법 핵심 개념
- ▶ 서술어의 자릿수
  서술어가 그 성격에 따라서 필요로 하는 문장 성분들의 개수
- 한 자리 서술어 : 주어 하나만 필수적으로 요구
  📖 꽃이 피었다. 꽃이 예쁘다.
- 두 자리 서술어 : 주어 이외에 목적어나 부사어, 또는 보어를 필수적으로 요구
  📖 나는 책을 읽는다. 물이 얼음이 되었다.
- 세 자리 서술어 : 주어, 목적어, 부사어의 세 가지 문장 성분을 필수적으로 요구
  📖 나는 과일을 영희에게 주었다.

❸ 부속 성분

관형어	▶ 체언을 수식하는 문장 성분 ■ 관형어의 형태 ㉠ 관형사 📖 그녀가 새 옷을 입었다. ㉡ 체언+관형격 조사 '의' 📖 그녀가 동생의 옷을 입었다.(체언 뒤에 붙는 관형격 조사 '의'는 생략될 수 있음.) ㉢ 용언의 관형사형 📖 그녀는 예쁜 꽃을 샀다.
부사어	▶ 주로 용언을 수식하는 문장 성분 • 용언 외에 관형어나 다른 부사어, 문장을 수식하기도 하고, 문장이나 단어를 이어 주기도 함. ■ 부사어의 종류 • 성분 부사어(문장 성분을 수식함 : 용언 수식, 관형어 수식, 부사어 수식, 체언 수식) • 문장 부사어(문장 수식) / 접속 부사어(문장 접속, 단어 접속)

❹ 독립 성분

| 독립어 | ▶ 문장의 어느 성분과도 직접적인 관련이 없는 문장 성분
■ 독립어의 형태
• 감탄사 📖 아, 달이 밝다.
• 체언+호격 조사 📖 철수야, 지금 어디 가니? |

Ⅲ. 문장과 문법 요소 (2) 문장의 짜임

❶ 홑문장과 겹문장

① 홑문장 : 주어와 서술어의 관계가 한 번만 나타나는 문장. 📖 눈이 온다.

② 겹문장 : 주어와 서술어의 관계가 두 번 이상 나타나는 문장으로 하나 이상의 절을 가짐. 안은문장과 이어진문장이 있음.

안은문장	▶ 전체 문장이 홑문장을 안고 있는 겹문장 • 종류 : 명사절/관형절/부사절/서술절/인용절을 안은 문장
이어진 문장	▶ 홑문장과 홑문장이 이어진 겹문장 • 종류 : 대등하게 이어진 문장, 종속적으로 이어진 문장

❷ 안은문장과 안긴문장

① 명사절을 안은문장 : 주어, 목적어, 부사어 등의 기능을 하는 명사절을 안고 있는 문장. 명사절은 명사형 어미 '-(으)ㅁ', '-기'가 붙어서 만들어짐.
  📖 농부들은 비가 오기를 간절히 기다린다.

② 관형절을 안은문장 : 관형어의 역할을 하는 절을 안은 문장. 관형절은 관형사형 어미 '-(으)ㄴ', '-는', '-(으)ㄹ', '-던'이 붙어서 만들어짐.
  📖 이것은 철수가 입은 옷이다. / 이것은 철수가 입던 옷이다.

Dic. 문법 핵심 개념
- ▶ 관형사형 어미에 따라 관형절이 표현하는 시제가 다름.
  -(으)ㄴ : 과거 또는 현재
  -는 : 현재
  -(으)ㄹ : 미래
  -던 : 과거

③ 부사절을 안은문장 : 부사어의 역할을 하는 절을 안은 문장. '-이', '-게', '-도록' 등이 붙어서 만들어짐.(부사절은 절 전체가 부사어의 기능을 하여 서술어를 수식함.)
  📖 철수는 내게 소리도 없이 다가왔다.

④ 서술절을 안은문장 : 서술어의 기능을 하는 서술절을 안은 문장
- 문장의 앞에 나오는 주어를 제외한 나머지 부분이 서술절에 해당함.
- 서술절을 안은 문장은 한 문장에 주어가 두 개 있는 것처럼 보임.

- 서술절은 절 표지가 따로 없음.
  - 예 영희는 얼굴이 예쁘다.

⑤ **인용절을 안은 문장** : 다른 사람의 말이나 글을 인용한 것을 절의 형식으로 안은 문장

- 직접 인용절에는 인용격 조사 '라고'가, 간접 인용절에는 인용격 조사 '고'가 붙어 만들어짐.
- 서술격 조사 '이다'로 끝난 간접 인용절에서는 '이다고'가 아니라 '이라고'로 나타남.
  - 예 철수는 영희에게 "어디에 가니?"라고 물었다.(직접 인용)
    철수는 영희에게 어디에 가냐고 물었다.(간접 인용)

❸ 이어진문장

① **대등하게 이어진 문장** : 앞 절과 뒤 절의 의미가 대등한 관계로 이어진 문장

- 대등하게 이어진 문장에 쓰이는 연결 어미는 '-고, -(으)며, -든지, -지만' 등이 있음.
- 대등하게 이어진 문장에서 앞 절과 뒤 절은 나열, 대조 등의 의미 관계를 가짐.
  - 예 비가 오고, 바람이 분다.(나열) / 철수는 왔지만, 영희는 오지 않았다.(대조)

② **종속적으로 이어진 문장** : 앞 절과 뒤 절의 의미가 독립적이지 못하고 종속적인 관계로 이어진 문장

- 앞 절과 뒤 절의 의미 관계에 따라 다양한 종속적 연결 어미가 사용됨.

> **Dic. 문법 핵심 개념**
>
> ▶ **종속적 연결 어미**
> - **원인** : -(아)서, -(으)니 예 눈이 와서 길이 막힌다.
> - **조건** : -(으)면 예 눈이 많이 오면 가지 말아라.
> - **의도** : -(으)려고 예 시험 준비를 하려고 서점에 갔다.
> - **상황** : -는데 예 학교에 가는데 철수를 만났다.
> - **양보** : -(으)ㄹ지라도, -(으)ㄹ지언정 예 눈이 올지라도 계획대로 출발한다.

Ⅲ. 문장과 문법 요소 (3) 문법 요소

❶ 문장 종결 표현

① **평서문** : 화자가 청자에게 특별히 요구하는 바 없이 단순하게 전달하는 문장

- 평서형 종결 어미 '-다' 등을 사용 예 지금 비가 많이 온다.

② **의문문** : 화자가 청자에게 질문하여 대답을 요구하는 문장

- 의문형 종결 어미 '-느냐', '-나', '-니' 등을 사용

> **Dic. 문법 핵심 개념**
>
> ▶ **의문문의 종류**
> - **설명 의문문** : '언제, 누구, 무엇' 등의 의문사가 포함되어 듣는 이에게 구체적인 설명을 요구하는 의문문
>   - 예 철수는 무엇을 먹고 있니?
> - **판정 의문문** : 단순히 긍정이나 부정의 대답(예/아니요)을 요구하는 의문문
>   - 예 철수는 집에 갔니?
> - **수사 의문문** : 굳이 대답을 요구하지 않고 서술이나 명령의 효과를 내는 의문문
>   - 예 빨리 공부하지 못하겠니?(공부해라 → 명령)

③ **명령문** : 화자가 청자에게 어떤 행동을 요구하는 문장

- 명령형 종결 어미 '-(아/어)라' 등을 사용
  - 예 학교에서 돌아오는 대로 손을 씻어라.

④ **청유문** : 화자가 청자에게 어떤 행동을 함께 하도록 요청, 또는 제안하는 문장

- 청유형 종결 어미 '-자', '-세', '-ㅂ시다' 등을 사용
  - 예 우리 함께 밥을 먹자.

⑤ **감탄문** : 화자가 청자를 별로 의식하지 않고 자기의 느낌을 표현하는 문장

- 감탄형 종결 어미 '-(이)구나' 등을 사용
  - 예 노을이 정말 아름답구나.

❷ 높임 표현

① **상대 높임법** : 화자가 청자에 대하여 높이거나 낮추어 말하는 방법

- 상대 높임법은 종결 표현으로 나타남. 격식을 갖추었는지 여부에 따라 격식체와 비격식체로 나뉨.

		평서법	의문법	명령법	청유법	감탄법
격식체	하십시오체	합니다	합니까?	하십시오	(하시지요)	-
	하오체	하오	하오?	하오, 하구려	합시다	하는구려
	하게체	하네, 함세	하는가?, 하나?	하게	하세	하는구먼
	해라체	한다	하냐?, 하니?	해라	하자	하는구나
비격식체	해요체	해요, 하지요	해요?, 하지요?	해요, 하지요	해요, 하지요	해요, 하지요
	해체(반말)	해, 하지	해?, 하지?	해, 하지	해, 하지	해, 하지

② **주체 높임법** : 주어가 지시하는 대상, 즉 문장의 주체를 높이는 방법

- 주체 높임법의 실현 방법 : 용언의 어간+선어말 어미 '-(으)시-', 주격 조사 '께서'의 사용, 주어 명사+'-님, 높임을 나타내는 단어의 사용(계시다, 주무시다 등)

③ **객체 높임법** : 목적어나 부사어가 지시하는 대상, 즉 서술의 객체를 높이는 방법

- 객체 높임법의 실현 방법 : 특수한 어휘의 사용(뵙다, 드리다, 여쭈다/여쭙다 등), 조사 '에게' 대신 '께'의 사용
  - 예 철수가 선생님께 선물을 드렸다.

> **Dic. 문법 핵심 개념**
>
> ▶ **직접 높임과 간접 높임**
> - **직접 높임** : 주체를 직접 높이는 것
>   - 예 선생님께서 벌써 도착하셨어.
> - **간접 높임** : 주체와 밀접하게 관련된 대상을 높임으로써 주체를 간접적으로 높이는 것
>   - 예 선생님의 말씀이 있으시겠습니다.

❸ 시간 표현

▶ **시제** : 어떤 동작이나 상태가 과거에 일어난 일인지, 현재 일어나고 있는 일인지, 혹은 앞으로 일어날 일인지를 언어적으로 표현하는 것

과거 시제	▶ 사건시가 발화시보다 선행하는 시제 ■ 과거 시제의 실현 : • 선어말 어미 '-았-/-었-', '-았었-/-었었-', '-더-'의 사용 예 영희는 빵을 먹었다. 철수가 저녁에 집에 가더라. • 관형사형 어미의 사용 - 동사 '-(으)ㄴ' 예 그건 내가 먹은 빵이야. - 형용사, 서술격 조사 '-던' 예 그것은 제가 읽던 책입니다. - 과거 시간 부사어의 사용 예 어제 나는 집에 있었다.
현재 시제	▶ 발화시와 사건시가 일치하는 시제 ■ 현재 시제의 실현 • 동사 : 선어말 어미 '-는-/-ㄴ-', 관형사형 어미 '-는'의 사용 예 영희가 빵을 먹는다. • 형용사, 서술격 조사 : 관형사형 어미 '-(으)ㄴ'의 사용 예 영화를 보는 학생들이 많다. • 현재 시간 부사어의 사용 예 학생들이 지금 농구를 한다.
미래 시제	▶ 사건시가 발화시보다 나중인 시제 ■ 미래 시제의 실현 • 선어말 어미 '-겠-'의 사용 예 저도 곧 먹겠습니다. • 관형사형 어미 '-(으)ㄹ'의 사용 예 내일 떠날 사람은 나오세요. • '-(으)ㄹ 것'의 사용 예 내일이면 택배를 받을 것입니다. • 미래 시간 부사어의 사용 예 내일 저녁까지 도착하겠습니다.

▶ **동작상(動作相)** : 발화시를 기준으로 동작이 일어나는 모습을 표현하는 것

- 동작상의 종류

진행상	• 시간의 흐름 속에서 그 동작이 진행되고 있음을 표현함. • 보조 용언 '-고 있다'나 '-어 가다', 연결 어미 '-(으)면서' 등을 사용 예 영희는 밥을 먹고 있다. 영희는 밥을 먹으면서 책을 본다.
완료상	• 시간의 흐름 속에서 어떤 동작이 이미 완료되었음을 표현함. • 보조 용언 '-어 버리다'나 '-아/어 있다', 연결 어미 '-고서' 등을 사용 예 철수는 밥을 다 먹어 버렸다. 영희는 나를 만나고서 집을 떠났다.

❹ 피동 표현

주어가 다른 주체에 의해서 동작을 당하는 것을 나타내는 표현

▶ **피동문의 실현 방법과 종류**

파생적 피동문	• 피동사를 활용함. • 피동사 : 능동사의 어간+피동 접미사 '-이-, -히-, -리-, -기-, -되다' 예 영희를 본다. → 영희가 보인다.
통사적 피동문	• '-어지다', '-게 되다'를 활용함. 예 철수가 과거를 밝혔다. → 철수의 과거가 밝혀졌다.

❺ 사동 표현

주어가 남에게 동작을 하도록 시키는 것을 나타내는 표현

▶ **사동문의 실현 방법과 종류**

파생적 사동문	• 사동사를 활용함. • 사동사 : 주동사의 어간+사동 접미사 '-이-, -히-, -리-, -기-, -우-, -구-, -추-, -시키다' 예 엄마가 아이에게 옷을 입혔다.
통사적 사동문	• '-게 하다'를 활용함. 예 엄마가 아이에게 옷을 입게 했다.

> **Dic. 문법 핵심 개념**
>
> ▶ **주동문과 사동문**
> 주어가 행위를 직접 하는 문장을 주동문이라 하고, 주어가 다른 주체에게 행위를 하게 하는 문장을 사동문이라 한다.

❻ 부정 표현

부정의 뜻을 나타내는 것. 부정 부사 '안, 못'과 부정 용언 '아니하다, 못하다'를 사용하여 표현함.

▶ '안' 부정문과 '못' 부정문

	'안' 부정문	'못' 부정문
형식	아니(안), 아니다, -지 아니하다(않다)	못, -지 못하다
의미	• 단순 부정 : 어떤 상태나 상황이 그렇지 않음을 나타냄. • 의지 부정 : 동작을 행하는 주체의 의지에 의해 어떤 동작이 일어나지 않음을 나타냄.	• 능력 부정 : 주체의 의지가 아닌 그의 능력 부족이나 그 밖의 원인에 의한 불가능을 나타냄.
예문	• 철수는 공부를 안 한다. • 철수는 공부를 하지 않는다.(긴 부정문)	• 철수는 공부를 못 한다.(짧은 부정문) • 철수는 공부를 하지 못한다.(긴 부정문)

> **Dic.** 문법 핵심 개념
> ▶ 짧은 부정문과 긴 부정문
> • **짧은 부정문** : 부정 부사 '안, 못'을 사용한 표현.
> 📖 철수는 공부를 안 한다. / 철수는 공부를 못 한다.
> • **긴 부정문** : 부정 용언 '아니하다, 못하다'를 사용한 표현.
> 📖 철수는 공부를 하지 않는다. / 철수는 공부를 하지 못한다.

❼ 인용 표현

다른 사람의 말이나 글을 끌어다 쓰는 것을 나타내는 것

▶ 직접 인용과 간접 인용

	직접 인용 표현	간접 인용 표현
개념	다른 사람의 말과 글을 원래의 내용과 형식을 그대로 유지해 인용하는 방법	다른 사람의 말과 글을 원래의 형식은 유지하지 않고 내용만 가져와 자신의 관점에서 바꾸어 인용하는 방법
형식	해당 인용절에 큰따옴표(" ")를 하여 표시하고, 인용절 다음에 조사 '라고'를 씀.	• 간접 인용절 다음에 조사 '고'를 씀. • 지시 표현, 높임 표현, 시간 표현, 종결 표현 등을 상황에 맞게 적절하게 씀.

Ⅳ. 담화   담화의 개념과 특성

▶ **담화의 개념** : 둘 이상의 발화들이 모여서 이루어진 말의 단위

▶ **담화의 외적 구성 요소** : 화자와 청자, 장면, 발화

▶ **담화의 내적 구성 요소** : 통일성, 응집성

> **Dic.** 문법 핵심 개념
> ▶ 담화의 내적 구성 요소
> • **통일성** : 담화 내의 발화들이 담화의 주제를 향해 긴밀하게 연결되어 하나의 담화를 구성하도록 해 주는 내용적 요건. 하나의 주제에 대해서만 발화를 해야 담화가 이루어짐.
> • **응집성** : 발화들이 서로 긴밀하게 묶여 하나의 담화를 구성하도록 해 주는 형식적 요건. 담화의 응집성은 주로 지시 표현, 대용 표현, 접속 표현 등에 의해 실현됨.

■ 담화의 표현

지시 표현	실제 세계에 존재하는 것을 가리키는 표현. 담화가 이루어지는 시간적·공간적 장면이 없으면 그 의미를 정확히 이해하기 어려움. 📖 이것, 이, 이리, 여기 / 그것, 그, 그리, 거기 / 저것, 저, 저리, 저기
대용 표현	담화나 글의 앞에서 언급한 내용 대신 사용하는 표현. 앞뒤 발화의 내용을 긴밀하게 연결시켜 줌. 📖 이, 그, 저 / 이것, 그것 / 이러하다, 그러하다
접속 표현	발화와 발화, 문장과 문장을 이어 주는 표현·접속 표현의 종류 📖 접속 부사 : 그리고, 그러나, 하지만, 그래서, 그래도 등 　시간적 순서를 나타내는 말 : 먼저, 다음으로, 마지막으로 등 　논리적 순서를 나타내는 말 : 첫째, 둘째, 셋째 등

■ 담화의 구성 요소 중 맥락

맥락	언어적 맥락	
	비언어적 맥락	상황 맥락
		사회·문화적 맥락

❶ 언어적 맥락

• 담화 안에서 어떤 발화를 둘러싼 앞뒤의 발화
• 발화의 의미는 언어적 맥락에 의해 분명해지기도 하고, 언어적 맥락에 따라 달라지기도 함.

❷ 비언어적 맥락

① **상황 맥락** : 담화의 수용이나 생산 활동에 직접 개입하는 맥락
② **사회·문화적 맥락** : 담화의 수용이나 생산 활동에 간접적으로 개입하는 맥락 ➡ 물리적 배경과 정신적 배경이 포함됨.

Ⅴ. 국어의 역사   (1) 고대 국어

▶ 고대 국어 시기
• 우리말이 알타이 어족으로부터 분리된 이후 ~ 통일 신라 시대

❶ 음운

자음	예사소리(평음)와 거센소리(격음)만 있었으며, 음절 말의 자음들이 제 음가대로 발음되었을 것으로 추정(된소리 계열은 없음)
석독(釋讀)	한자의 소리를 버리고 뜻만 이용함. 📖 '水[물 수] 자를 '물'로 읽는 경우

> **Dic.** 문법 핵심 개념
> ▶ 고대 국어 음운의 특징
> 중국의 한자음에 된소리가 있음에도 우리나라 한자음 중 된소리가 나는 것이 드묾. 그래서 한자와 한자음을 중국으로 부터 받아들였던 고대 국어 시기의 우리말에는 된소리가 없었던 것으로 추정함.

❷ 표기법 : 한자 차용 표기법

음독(音讀)	한자의 뜻을 버리고 소리만 이용함. 📖 '古[옛 고] 자를 그 뜻과 상관없이 '고'라는 소리를 표기하기 위해 쓰는 경우
석독(釋讀)	한자의 소리를 버리고 뜻만 이용함. 📖 '水[물 수] 자를 '물'로 읽는 경우

> **Dic.** 문법 핵심 개념
> ▶ 고대 국어 어휘의 특징
> 한자어가 유입되어 우리말 어휘 체계에서 한자어가 차지하는 비중이 커짐.
> 📖 순우리말 지명이 한자어 지명으로 바뀜

❸ 표기

고유 명사 표기	• 우리말로 인명이나 지명, 관직명 등을 적기 위해 한자의 소리나 뜻을 빌려서 표기(『삼국사기』나 『삼국유사』의 기록에 나타남) 📖 赫居世(한자의 뜻, 음 이용) = 弗矩內(한자의 음만 이용) 　붉을 혁, 살 거, 누리(뉘) 세　아닐 불, 곱자 구, 안 내
이두(吏讀)	• 단어를 국어의 문장 구조에 따라 배열하고 조사와 어미까지 표기하여 문장의 의미 및 문맥을 분명하게 표기하기 위한 차자 표기법 • 국어 문장 전체를 표기함. 📖 '以'는 조사 '(으)로', '旀'는 어미 '-며'를 표시하는 데 사용됨.
구결(口訣)	• 한문을 읽을 때 구절 사이사이에 조사나 어미를 표기하여 문장의 의미 와 문맥을 밝혀 주는 차자 표기법 • 한문 원문을 그대로 둔 채 문법 형태소를 추가하여 표기 📖 'ᄒ니'를 '爲尼'로 표기함. '爲'의 뜻이 'ᄒ-'이고 '尼'의 소리가 '니'임.
향찰(鄕札)	• 신라의 향가를 표기하는 데 사용된 차자 표기법 • 표기 원리는 이두, 구결과 차이가 없으나, 한자 차용 표기를 이용하여 우리말을 전면적으로 표기함. 📖 '善花公主主隱'의 두 번째 '主(님 주)'는 한자의 뜻을 빌려, '隱(숨길 은)'은 한자의 음을 빌려 '선화공주님은'을 적음.

Ⅴ. 국어의 역사   (2) 중세 국어

▶ 중세 국어 시기

전기	10세기 초~15세기 중엽. 고려 건국 후 개성으로 수도를 옮기면서 국어의 중심이 동남 방언에서 중부 방언으로 이동
후기	15세기 중엽~16세기 말. 한글 창제 이후 우리말을 기록할 수 있게 됨.

❶ 음운

된소리 계열 등장	된소리 계열이 생겨나면서 현대 국어에서 '예사소리-거센소리-된소리'의 대립 체계 성립
'ㅸ, ㅿ'의 등장	유성 마찰음 'ㅸ, ㅿ'은 근대 국어 시기까지 이어지지 않고 소멸
'ㆍ'의 사용과 소실	'ㆍ'는 중세 국어 후기 부터 변화되다가 근대 국어 시기에 소멸
엄격한 모음 조화 규칙	현대 국어와 달리 중세 국어는 모음 조화가 엄격하게 지켜짐.
성조의 변천	중세 국어 시기에는 성조로 단어의 뜻을 구분함. 성조는 16세기 말에 소멸됨

국어 문법 총정리

Dic. 문법 핵심 개념

▶ 성조
- **평성** : 낮은 소리. 글자의 왼쪽에 점 없음.
- **거성** : 높은 소리. 글자의 왼쪽에 점 하나 찍음.
- **상성** : 낮다가 높아지는 소리. 글자 왼쪽에 점 두 개 찍음.

❷ 어휘

한자의 유입	한자가 들어오면서 고유어와 한자어의 **이원 체계를 기본**으로 하게 됨.
한자어의 비중 확대	한자의 수용 이후 어휘 체계 안에서 고유어의 비중이 낮아지고 한자어의 비중은 높아짐.
고유어와 한자어의 대립 관계	• 고유어와 한자어의 대립 관계 형성 • 고유어는 기존의 의미 영역을 한자어에 넘겨주고 자기의 의미 영역이 축소되면서 살아남거나 완전히 소멸됨.
몽골어의 유입	• 13~14세기에 고려가 원(元)의 부마국이 되면서 몽골어가 많이 들어옴. • 주로 관직명, 말(馬), 매(鷹), 군사, 음식 등에 관한 단어가 많음. • 대부분의 몽골어는 사라졌지만, 일부가 현대 국어에까지 남음. 　圖 '보라매(사냥에 쓰이는 매)', '수라(왕의 식사)' 등

Dic. 문법 핵심 개념

▶ 한자어의 비중 확대
- **고대 국어 시기** 圖 신라 '지중 마립간(智證麻立干)'이 '지증왕(智證王)'이라는 중국식 호칭으로 변함.
- **중세 국어 시기** 圖 고려 광종 때 과거 시험에 한자가 포함되면서 한자어의 침투와 확산이 급속히 진행됨.

▶ 고유어의 축소와 소멸
- **의미 영역 축소** : 한자어 '여자(女子)'와 거의 같은 의미를 지니던 고유어 '계집(겨집)'이 여자를 낮잡아 이르는 말이 됨.
- **소멸** : ᄀ롬 → 강(江), 즈믄 → 천(千), 비움 → 단장(丹粧), 아움 → 친척(親戚) 등

❸ 문법

조사	• **주격 조사** 중세 국어에 주격 조사 '이'만 있어 앞말의 받침과는 상관없이 '이'가 쓰임. 　圖 '시미 기픈 므른', '불휘 기픈 남ᄀ' '이'가 환경에 따라 '이, ㅣ, Ø(zero)'의 세 형태로 실현됨. 자음 뒤에서는 '이', 모음 'ㅣ'나 반모음 'j' 이외의 모음 뒤에서는 'ㅣ', 모음 'ㅣ'나 반모음 'j' 뒤에서는 'Ø'로 나타남. '가'는 존재하지 않음. 　圖 말ᄊᆞ미(말ᄊᆞᆷ+이), 부톄(부텨+ㅣ), 불휘(불휘+Ø) • **목적격 조사** '올/룰, 을/를'로 실현됨. 선행 체언이 자음으로 끝날 때는 '올/을', 모음으로 끝날 때는 '룰/를'로 나타남. 모음으로 끝나는 체언 뒤에서 '룰/를' 대신 'ㄹ'이 사용되기도 함. 　圖 바볼 (밥+올), 나롤 (나+롤), ᄠᅳ들 (ᄠᅳᆮ+을), 너를 (너+를), 머릴 (머리+ㄹ) • **관형격 조사** '익/의' 계열과 'ᄉ' 계열이 존재함. – 익/의 : 평칭의 유정 명사 　圖 사ᄉᆞ미(사ᄉᆞᆷ+익) 갗, 거부븨(거붑+의) 터리 – ᄉ 높임의 유정 명사 　圖 부텻(부텨+ᄉ) 모미 – ᄉ 높임의 무정 명사 　圖 나못 (나모+ᄉ) 불휘 • **호격 조사** 높임의 뜻을 나타내는 '하'가 있었음. 　圖 님금하 아ᄅᆞ쇼셔
높임 표현	선어말 어미에 의해 실현됨. • **주체 높임법** : 선어말 어미 '–(으)시–'를 붙여서 나타냄. 圖 오샤, ᄒ쇼셔 　➡ 현대 국어와 비슷. • **객체 높임법** : 선어말 어미 '–ᄉᆞᆸ–'을 붙여서 나타냄. 圖 노ᄉᆞᆸ고[놓고] 　➡ 현대에 와서 '–ᄉᆞᆸ–'은 거의 사라짐. • **상대 높임법** : 선어말 어미 '–(으)이–'를 붙여서 나타냄. 圖 ᄒᆞᄂᆞ이다 　➡ 현대에 와서는 어말 어미에 의해 표현됨.
시간 표현	• **현재 시제** : 동사 어간에는 '–ᄂᆞ–'가 연결되고 형용사 어간에는 특별한 형태소가 연결되지 않음. 　圖 '가ᄂᆞ다(간다)', '어엿브다(불쌍하다)' • **과거 시제** : 현대 국어의 '-았-/-었-'에 해당하는 선어말 어미가 발달되지 않아서 아무런 형태소의 결합도 없이 표현됨. 　圖 '가ᄂᆞ다'가 현재 시제인 것과 달리 '가다'는 과거 시제였기 때문에 '갔다' 정도의 의미로 이해됨. • 회상의 의미를 표현하는 선어말 어미 '–더–'는 중세 국어에서도 사용됨. 　圖 가더라 • 선어말 어미 '–더–'는 1인칭 주어와도 같이 쓰일 수 있음. • **미래 시제** : 선어말 어미 '–(으)리–' 사용 　圖 가리라 • 추측의 의미를 표현하는 '–겠–'은 아직 발달되지 않았지만 '–(으)리–'가 그 기능을 함.

❹ 표기법

- 세종 28년(1446) '훈민정음'이 반포되면서 우리말을 온전하게 적을 수 있는 문자가 탄생
- 한글 표기법의 원리

음소적 원리	음절적 원리
• 각 음소를 충실히 표기하는 방법. ➡ 실제 소리 나는 대로 표기하는 원리. 　圖 '꽃[花]'이라는 단어의 형태를 항상 고정해 표기하지 않고 실제 소리 나는 대로 '꼿, 고지,' 등으로 표기	• 각 음절을 표기에 정확히 반영하는 표기 방법. ➡ 음절 경계를 반영하되 이어적기를 함. 　圖 '사롬'에 주격 조사 '이'가 연결되는 경우 '사롬이'와 같이 적지 않고 '사ᄅᆞ미'와 같이 적음.

- 받침으로 'ㄱ, ㄴ, ㄷ, ㄹ, ㅁ, ㅂ, ㅅ, ㆁ'의 8개 자음만을 적는 것이 일반적

Ⅴ. 국어의 역사　(3) 근대 국어

▶ 근대 국어 시기

- 17세기 초~19세기 말
- 음운, 어휘, 문법 등 여러 측면에서 국어의 모습이 크게 변화

❶ 음운

'ㅸ, ㅿ', '·'의 소실	• 중세 국어 시기를 거치면서 자음 'ㅸ, ㅿ' 소멸 • 모음 '·'는 16세기 말 둘째 음절 이하에서 'ㅡ'로, 18세기에 첫째 음절에서 대체로 'ㅏ'로 변함.
모음 조화의 약화	모음 조화에서 음성 모음 'ㅡ'와 대립하면서 중요한 역할을 하던 '·'가 소멸되면서 모음 조화가 지켜지지 못함. 　圖 ᄆᆞᄉᆞᆯ → '·'의 소멸 → 마을
구개음화	'ㄷ, ㅌ'이 'ㅣ' 앞에서 그대로 소리 내다 근대 국어 시기에 'ㅈ, ㅊ'으로 음운 변화를 일으키고 현대 국어까지 이어짐. 　圖 디다)지다[落], 티다)치다[打], 부텨)부처[佛]

❷ 어휘

- 서양의 새로운 지식이 중국을 통해 유입되면서 많은 번역 한자어가 들어 옴.
- 중국 이외의 일본이나 서양과의 접촉을 통해 유입되는 새로운 어휘가 늘어남.
- 우리나라의 어휘 체계 : 고유어와 한자어 외에 일본과 서양의 외래어가 유입되어 증가하기 시작함.

❸ 문법

주격 조사 '가'의 등장	주격 조사 '가'가 체언의 말음이 모음 'ㅣ'인 경우와 같이 일부 제한된 환경에서 나타난 후 모음 아래에서는 '가', 자음 아래에서는 '이'가 쓰임.
과거 시제 선어말 어미	과거 시제를 표현하는 선어말 어미 '–았–/–었–'이 이 시기에 확립
선어말 어미의 변화	객체 높임법이 사용되던 선어말 어미 '–ᄉᆞᆸ–'이 상대 높임법을 나타내는 선어말 어미로 변화
명사형 어미	명사형 어미 '–기'가 널리 쓰임.

❹ 표기법

- 중세 국어 시기에 정연하게 지켜지던 표기법이 근대에 와서 잘 지켜지지 않음.
- 한 문헌 안에서 이어적기, 거듭적기, 끊어적기가 섞여서 나타남.

Dic. 문법 핵심 개념

▶ 표기법
- **이어적기(연철)** : 한 음절의 종성을 다음 자의 초성으로 내려서 적음.
　圖 말ᄊᆞ미(말ᄊᆞᆷ+이)
- **끊어적기(분철)** : 여러 형태소가 연결될 때 각 음절과 성분 단위로 밝혀 적음.
　圖 말ᄊᆞᆷ이(말ᄊᆞᆷ+이)
- **거듭적기(혼철)** : 과도기적 표기로 이어적기와 끊어적기를 혼용하여 적음.
　圖 말ᄊᆞᆷ미(말ᄊᆞᆷ+이)

Ⅵ. 국어 생활과 문화　국어 규범

❶ 표준어 규정

① 표준어 규정의 필요성
공식적인 국어 생활에서 사용되는 표준어를 사정하고 그 표준 발음을 규정하여, 지역 방언·사회 방언으로 인한 의사소통의 문제를 해소하기 위함.

② 표준어 사정 원칙
▶ 총칙 : 표준어는 교양 있는 사람들이 두루 쓰는 현대 서울말로 정함.
- 사회적 기준으로서, 표준어는 교양 있는 사람들이 쓰는 언어여야 함.
- 시대적 기준으로서, 표준어는 현대의 언어여야 함.
- 지역적 기준으로서, 표준어는 서울말이어야 함.

007

▶ **표준어 규정** : 우리말 단어를 대상으로 표준어를 사정

■ 발음 변화에 따른 표준어 규정

- 끄나풀(○) / 끄나불(×)
- 사글세(○) / 삭월세(×)
- 깡충깡충(○) / 깡총깡총(×)
- 의레(○) / 으레(×)
- 강낭콩(○) / 강남콩(×)
- 막둥이(○) / 막동이(×)

■ 어휘 선택의 변화에 따른 표준어 규정

- 푼돈(○) / 푼전(×)
- 설거지-하다(○) / 설겆다(×)
- 총각무(○) / 알타리무(×)
- 안절부절못하다(○) / 안절부절하다(×)
- 윗-니(○) / 웃-니(×)
- 웃어른(○) / 윗어른(×)

■ 복수 표준어

- 가뭄 – 가물
- 밑-층 – 아래-층
- 꾀다 – 꼬이다
- 가엽다 – 가엾다
- 차차 – 차츰
- 송이 – 송이버섯
- 신 – 신발
- 여쭈다 – 여쭙다
- 옥수수 – 강냉이
- 우레 – 천둥
- 나귀 – 당나귀
- 곰곰 – 곰곰-이

- **표준 발음법** : 같은 단어를 서로 다르게 발음함으로써 생길 수 있는 의사소통의 혼란을 없애기 위해 발음의 표준을 정하여 놓은 것

> **Dic. 문법 핵심 개념**
> ▶ 발음 변화에 따라 새로이 표준어를 정하는 방법
> 발음이 바뀐 후의 말만 인정하는 방법(단수 표준어)과 바뀌기 전의 말과 바뀐 후의 말을 모두 인정하는 방법 (복수 표준어)이다. 원칙적으로는 언어가 변화하였으면 단수 표준어로 정해야 하겠으나, 언어의 변화에는 대부분 긴 시간의 과도기가 있으므로 복수 표준어로 정하는 경우도 있음.

▶ **모음 발음**

- 'ㅢ'의 발음에 관한 규정
  자음을 첫소리로 가지고 있는 음절의 'ㅢ'는 [ㅣ]로 발음한다.
  메 띄어쓰기[띠어쓰기]
  단어의 첫음절 이외의 '의'는 [ㅣ]로, 조사 '의'는 [ㅔ]로 발음함도 허용한다.
  메 주의[주의/주이], 우리의[우리의/우리에]

> **Dic. 문법 핵심 개념**
> ▶ 모음 조화
> 모음 조화란 두 음절 이상의 단어에서 뒤의 모음이 앞 모음의 영향으로 그와 가깝거나 같은 소리로 되는 언어 현상을 말함. 즉 '아', '오' 등의 양성 모음은 양성 모음끼리, 'ㅓ', 'ㅜ' 등의 음성 모음은 음성 모음끼리 어울리는 현상을 말함.

▶ **자음 발음**

- 겹받침에 관한 규정
  'ㄼ-'은 자음 앞에서 [ㅂ]으로 발음하고, '넓-'은 다음과 같은 경우에 [넙]으로 발음한다.
  메 밟다[밥:따] 밟소[밥:쏘] / 넓죽하다[넙쭈카다] 넓둥글다[넙뚱글다]

▶ **모음의 장단**

- 모음의 긴소리와 짧은소리에 관한 규정
  메 눈[眼]-눈:[雪], 말[馬]-말:[言], 발[足]-발:[簾], 밤[夜]-밤:[栗]

❷ **한글 맞춤법**

① **한글 맞춤법의 개념** : 표준어를 한글로 적는 기준을 정하여 놓은 것

② **한글 맞춤법의 원칙** : 형태 음소적 원리

총칙

제1항 한글 맞춤법은 표준어를 소리대로 적되, 어법에 맞도록 함을 원칙으로 한다.

- 이 조항은 한글 맞춤법의 대원칙을 밝히고 있다. "표준어를 소리대로 적되"가 기본 원칙이라면, "어법에 맞도록 함"은 또 다른 원칙이라고 할 수 있음.

  표준어를 소리대로 적는다.
  어법에 맞도록 적는다.

- 한글 맞춤법은 이 두 가지 원칙에 따라 음성 언어인 표준어를 표음 문자인 한글로 올바르게 적는 방법임.

제2항 문장의 각 단어는 띄어 씀을 원칙으로 한다.

- 국어에서 단어를 단위로 띄어쓰기를 하는 것은 단어가 독립적으로 쓰이는 말의 최소 단위이기 때문임. '동생 밥 먹는다'에서 '동생', '밥', '먹는다'는 각각이 단어이므로 띄어쓰기의 단위가 되어 '동생 밥 먹는 다'로 띄어 씀. 그런데 단어 가운데 조사는 독립성이 없어서 다른 단어와는 달리 앞말에 붙여 씀. '동생 이 밥을 먹는다'에서 '이', '을'은 조사이므로 '동생이', '밥을'과 같이 언제나 앞말에 붙여 씀.

> **Dic. 문법 핵심 개념**
> ▶ 한글 맞춤법의 특징
> • **표음주의** : 자음과 모음의 결합 형식에 의하여 표준어를 소리대로 표기함
> • **표의주의** : 각 형태소가 지닌 뜻이 분명히 드러나도록 그 본모양을 밝혀 표기함

▶ **자모**

- 사전에 올릴 때 자모 순서

자음	ㄱ ㄲ ㄴ ㄷ ㄸ ㄹ ㅁ ㅂ ㅃ ㅅ ㅆ ㅇ ㅈ ㅉ ㅊ ㅋ ㅌ ㅍ ㅎ
모음	ㅏ ㅐ ㅑ ㅒ ㅓ ㅔ ㅕ ㅖ ㅗ ㅘ ㅙ ㅚ ㅛ ㅜ ㅝ ㅞ ㅟ ㅠ ㅡ ㅢ ㅣ
받침 글자	ㄱ ㄲ ㄳ ㄴ ㄵ ㄶ ㄷ ㄹ ㄺ ㄻ ㄼ ㄽ ㄾ ㄿ ㅀ ㅁ ㅂ ㅄ ㅅ ㅆ ㅇ ㅈ ㅊ ㅋ ㅌ ㅍ ㅎ

❸ **외래어 표기법**

① **외래어 표기법의 개념**

외래어를 한글로 적는 데 대한 규정으로 하나의 단어를 다양하게 쓰는 혼란을 피하려고 일정한 원칙에 따라 한 가지로 표기하도록 정한 것

② **외래어 표기법의 기본 원칙**

제1항 외래어는 국어의 현용 24 자모만으로 적는다.

- [f, v, ʃ, tʃ, ɔ, ʌ]처럼 국어에 없는 외래어 소리를 적기 위해 새로운 문자나 부호를 사용하지 않고 오직 현용 한글 자모만으로 적는다는 원칙

제2항 외래어의 1 음운은 원칙적으로 1 기호로 적는다.

- 외국어의 한 소리를 늘 일정한 한글에 대응시켜 적는다는 원칙
  메 'fighting'을 '화이팅', 'film'을 '필름'이라 하여 'f'를 'ㅎ'과 'ㅍ'으로 다르게 적지 않고 '파이팅'과 '필름'으로 적어 'f'를 일정하게 'ㅍ'으로 적도록 하는 것

제3항 받침에는 'ㄱ, ㄴ, ㄹ, ㅁ, ㅂ, ㅅ, ㅇ'만을 쓴다.

- 국어에서는 음절의 끝소리로 날 수 있는 자음에 'ㄷ'이 포함되어 있지만, 외래어 표기에서는 'ㄷ' 대신에 'ㅅ'을 씀.
  메 chocolate : 초콜릿(×) 초콜릿(○)

제4항 파열음 표기에는 된소리를 쓰지 않는 것을 원칙으로 한다.

- 파열음의 발음이 된소리에 가깝게 들리더라도 된소리로 적지 않음.
  메 Paris : 빠리(×) 파리(○), bus : 뻐스(×) 버스(○)

제5항 이미 굳어진 외래어는 관용을 존중하되, 그 범위와 용례는 따로 정한다.

- 외래어 표기법의 원칙에 따른 표기가 관용 발음과 다른 경우에는 관용대로 표기함.
  메 camera : 캐머러(×) 카메라(○), radio: 레이디오(×) 라디오(○)

> **Dic. 문법 핵심 개념**
> ▶ 외래어와 외국어
> • **외래어** : 외국에서 들어왔지만 국어의 체계에 동화되어 사회적으로 사용이 허용된 단어. 고유어로 대체가 불가능한 경우 많음.
> • **외국어** : 사회적으로 아직 사용하는 것이 허용되지 않은, 외국에서 들어온 말.

❹ **국어의 로마자 표기법**

① **로마자 표기법의 개념**

우리말로 표기된 인명이나 지명 등의 고유 명사를 로마자로 어떻게 적을 것인지를 규정한 것

② **로마자 표기법의 기본 원칙**

- 국어의 로마자 표기법은 한글 철자를 그대로 로마자로 적는 것이 아니라 표준 발음법에 따라 적는 것을 원칙으로 함.
  메 신라[실라] Sinra(×) Silla(○), 종로[종노] Jongro(×) Jongno(○)
- 로마자 이외의 부호는 되도록 사용하지 않음.
  메 어깻점(')이나 반달표(˘)를 사용하지 않음.
- 같은 소리는 항상 하나의 로마자로 적음.
- 우리나라 사람들의 성과 이름을 적을 때에는 우리 식으로 성과 이름의 순서로 적고, 이름은 한 단어처럼 표기함.
  메 홍길동: 'Hong Gildong' 또는 'Hong Gil-dong'

③ **국어의 자음과 모음 로마자 표기**

ㄱ	ㄲ	ㅋ	ㄷ	ㄸ	ㅌ	ㅂ	ㅃ	ㅍ	ㅈ	ㅉ	ㅊ	ㅅ	ㅆ	ㅎ	ㄴ	ㅁ	ㅇ	ㄹ
g, k	kk	k	d, t	tt	t	b, p	pp	p	j	jj	ch	s	ss	h	n	m	ng	r, l

ㅏ	ㅓ	ㅗ	ㅜ	ㅡ	ㅣ	ㅐ	ㅔ	ㅚ	ㅟ	ㅑ	ㅕ	ㅛ	ㅠ	ㅒ	ㅖ	ㅘ	ㅙ	ㅝ	ㅞ	ㅢ
a	eo	o	u	eu	i	ae	e	oe	wi	ya	yeo	yo	yu	yae	ye	wa	wae	wo	we	ui

> **Dic. 문법 핵심 개념**
> ▶ 로마자 표기의 원칙
> 로마자 표기는 외국인이 읽는다는 것을 전제로 한 것이므로 외국인이 우리말을 한국어 발음에 가장 가깝게 발음하도록 하기 위해서는 소리 나는 대로 적어야 한다.

2024학년도 3월 고1 전국연합학력평가 문제지 1

제 1 교시

국어 영역

01회

● 문항수 45개 | 배점 100점 | 제한 시간 80분

● 점수 표시가 없는 문항은 모두 2점

01회

[1 ~ 3] 다음은 학생의 발표이다. 물음에 답하시오.

안녕하세요. 여러분, 체험 활동 때 방문했던 트릭 아트 체험관 기억나시나요? (고개를 끄덕이며) 네, 많이 기억하시는군요. 저는 특히 외나무다리 트릭 아트가 인상 깊었습니다. 바닥에 그려진 그림 위에 섰을 때 실제로 절벽 아래로 떨어질 것처럼 아슬아슬한 느낌이 들었던 기억이 아직도 생생합니다. 그래서 트릭 아트에 대해 관심이 생겨 오늘 발표를 하게 되었습니다.

트릭 아트란 주로 착시 현상을 활용하여 관람자에게 재미나 색다른 시각적 경험을 제공하는 예술 장르입니다. (㉠자료를 제시하며) 여기를 보시겠습니다. 여러분, 이 그림은 무엇을 그린 것일까요? (대답을 듣고) 네, 토끼라는 대답도, 오리라는 대답도 있네요. 이 그림에는 두 동물의 이미지가 중첩되어 있기 때문에 토끼로도, 오리로도 보입니다. (그림의 오른쪽 부분을 가리키며) 이쪽 둥근 부분에 시선을 두면 토끼로 보이고, (왼쪽 부분을 가리키며) 이쪽 길쭉한 부분에 시선을 두면 오리로 보입니다. 이 그림은 보는 사람의 시선에 따라 이미지가 다르게 보이는 착시 현상을 활용하여 관람자에게 일상에서 접해 보지 못했던 색다른 시각적 경험을 제공하고 있습니다.

아, 질문이 있군요. (ⓐ질문을 듣고) 네, 눈은 외부의 시각 정보를 뇌에 전달하고, 뇌는 개인의 경험이나 지식에 비추어 이를 해석하고 판단합니다. 그런데 이 과정에서 시각 정보가 불분명하거나 해석에 혼선이 생길 때 착시 현상이 일어나게 됩니다. 방금 보셨던 그림은 이미지를 중첩시켜 불분명한 시각 정보를 제공함으로써 착시 현상이 발생한 것이라고 할 수 있습니다.

자, 이해되셨나요? (대답을 듣고) 네, 그러면 이번에는 착시 현상을 활용하여 바닥에 그린 그림이 입체적으로 보이는 트릭 아트를 보여 드리겠습니다. (㉡자료를 가리키며) 이 횡단보도는 표지선 아래에 음영을 넣어 입체적으로 보입니다. 바닥에 그려진 것이지만 공중에 떠 있는 듯한 착시 현상을 일으키고 있는 것입니다. 그래서 운전자의 시각에서 볼 때 실제로 장애물이 있는 것 같은 느낌이 들도록 함으로써 자연스럽게 감속을 유도하여 교통사고를 예방하는 데 유용합니다.

이외에도 트릭 아트는 건물 외벽, 광고판, 관광지의 포토존 등에서 다양하게 활용되고 있습니다. 제가 말씀드린 내용 이외에 트릭 아트에 대해 더 알고 싶으신 분은 도서관에 있는 관련 책들을 찾아보거나 제가 보여 드리는 트릭 아트 누리집에 들어가 보시기 바랍니다. 이상, 발표를 마치겠습니다.

1. 위 발표에 대한 설명으로 적절하지 <u>않은</u> 것은?

① 청중과 공유하고 있는 경험을 언급하여 주의를 환기하고 있다.
② 화제와 관련된 역사적 일화를 소개하여 청중의 호기심을 자극하고 있다.
③ 청중의 반응을 확인하면서 발표 내용에 대한 이해 여부를 점검하고 있다.
④ 비언어적 표현을 사용하여 청중이 설명 대상에 집중하도록 유도하고 있다.
⑤ 청중에게 정보를 추가로 탐색할 수 있는 방법을 안내하며 발표를 마무리하고 있다.

2. 다음은 발표자가 제시한 자료이다. 발표자의 자료 활용에 대한 이해로 가장 적절한 것은?

㉠

㉡

① ㉠을 통해 착시 현상의 방해 요인을, ㉡을 통해 착시 현상의 발생 과정을 설명하고 있다.
② ㉠을 통해 트릭 아트의 전시 환경을, ㉡을 통해 착시 현상의 이해 방법을 설명하고 있다.
③ ㉠을 통해 트릭 아트의 긍정적 효과를, ㉡을 통해 트릭 아트의 부정적 효과를 설명하고 있다.
④ ㉠을 통해 트릭 아트의 사회적 의의를, ㉡을 통해 트릭 아트의 예술적 의의를 설명하고 있다.
⑤ ㉠을 통해 착시 현상의 시각적 효과를, ㉡을 통해 트릭 아트의 실용적 기능을 설명하고 있다.

3. 위 발표의 흐름을 고려할 때, ⓐ의 내용으로 가장 적절한 것은?

① 트릭 아트의 종류에는 어떤 것이 있나요?
② 착시 현상이 발생하는 이유는 무엇인가요?
③ 트릭 아트의 대표 작품에는 어떤 것이 있나요?
④ 트릭 아트를 만들 때는 착시 현상만 활용하나요?
⑤ 착시에 영향을 주는 또 다른 요인은 무엇이 있나요?

[4~7] (가)는 '활동 1'에 따라 실시한 독서 토론이고, (나)는 '활동 2'에 따라 '하연'이 작성한 초고이다. 물음에 답하시오.

[활동지]

○ **활동 1** : 1970년대 소설인 「 자전거 도둑 」을 읽고, 아래의 주제로 독서 토론을 해 보자.

　[주제] 자전거를 들고 간 수남의 행동은 정당한가?

○ **활동 2** : 토론 내용을 바탕으로 주장하는 글을 써 보자.

(가)

지현 : 먼저 소설의 상황에 대해 말해 볼게. 바람이 세게 부는 어느 날, 수남은 배달을 갔어. 배달을 끝내고 돌아가려는데 한 신사가 수남에게 너의 자전거가 바람에 넘어져 자신의 자동차에 흠집을 냈다고 말했지. 신사는 잘 보이지도 않는 흠집을 찾아 보상금을 요구해. 신사는 보상할 때까지 자전거를 묶어 두겠다고 하고 떠나버리는데 수남은 고민하다가 자전거를 들고 도망가 버렸어. 과연 수남의 행동은 정당할까?

민준 : 수남의 행동은 정당하다고 봐. 바람 때문에 자전거가 넘어져 흠집이 난 거잖아? 천재지변으로 인한 손해는 책임질 의무가 없으니까, 수남이 피해를 보상할 책임은 없어.

하연 : 하지만 바람이 세게 불었다면 수남이 자전거를 잘 묶었어야 해. 자전거가 쓰러질 거라고 예상할 수 있었으니 자전거를 관리하지 않은 수남에게 보상해야 할 책임이 있어.

지현 : 둘의 입장이 다르구나. 왜 그렇게 생각하는지 소설 내용을 근거로 이야기해 보는 게 어때?

민준 : '바람이 유난해서'라는 구절이 나오니 예상치 못한 천재지변에 해당한다고 생각했어. 그런데 자전거가 쓰러질 걸 예상할 수 있었다고? 소설에는 그걸 알 수 있는 단서가 없어.

하연 : 바람이 유난해서 수남이 배달할 물건을 꼼꼼하게 묶는 장면이 있어. 상황이 심상치 않다고 느낀 거지. 그런데도 자전거는 잘 안 묶어 두었잖아.

지현 : 정리하면, 민준은 예상치 못한 천재지변으로 생긴 손해니까 수남에게 보상할 책임이 없고, 하연은 수남이 피해를 예측할 수 있었음에도 대처가 없었기에 보상할 책임이 있다고 보는 거구나.

하연 : 그래, 맞아.

지현 : 그러면 수남의 책임 여부 말고 다른 쟁점은 없을까?

하연 : 보상에 대한 합의 여부로도 행동이 정당한지 판단해 볼 수 있어. 합의가 이뤄졌는데 수남이 보상금을 주지 않고 자전거를 들고 도망간 건 정당하지 않아.

민준 : 합의가 이뤄진 건 아니야. 신사는 보상금을 요구하고 수남이 동의하기 전에 가 버렸잖아. 일방적으로 제안하고 갔는데 합의라고 볼 수 없지. 그렇기 때문에 수남이 자전거를 가져간 건 문제가 없어.

하연 : 일방적 제안은 아닌 거 같아. 신사는 수남이 울어서 보상금을 반으로 줄여 주잖아. 그리고 수남이 잘못했다는 대답도 해. 신사는 수남의 처지를 고려해 줬 [A]
고, 수남도 잘못을 인정했으니 합의가 이뤄진 거야.

민준 : 신사가 수남의 처지를 고려한 것이라고 보기는 어려워. 부유한 어른이 잘 보이지도 않는 흠집을 일부러 찾아서 배달원 소년에게 5천 원이라는 당시로서는 엄청 큰돈을 요구했어. 이것은 일반적인 상식에 비추어 볼 때 지나치게 매정한 행동이야.

지현 : 같은 소설을 읽고도 상황을 보는 시각이 이렇게 다를 수 있다는 것이 흥미롭다. 독서 토론의 주제로 '활동 2'를 진행해 보면 어떨까?

(나)

　수남의 행동은 정당하지 않다. 수남은 신사의 자동차에 난 흠집을 보상해야 할 책임이 있기 때문이다. 바람으로 인한 예상치 못한 천재지변이라서 책임이 없다는 주장도 있지만 이는 옳지 않다. 수남은 배달 물건은 꼼꼼하게 묶었지만, 자전거에는 아무런 조치를 취하지 않았다. 피해를 예상할 수 있었음에도 불구하고 적절하게 대처하지 않았기 때문에 책임이 있다. 실제로 태풍에 의해 주택 유리창이 떨어져 주차된 차가 파손되었을 때 예보를 듣고도 시설물 관리에 소홀한 주택 소유자가 그 파손에 대해 책임을 진 사례가 있다.

　다음으로 신사와 수남은 보상에 합의했다고 볼 수 있기 때문에 수남의 행동은 정당하지 않다. 신사가 일방적으로 제안하고 떠났다면 합의가 이뤄지지 않았겠지만, 신사는 수남의 상황을 고려하여 보상금을 줄여 주었다. 또한 수남이 자신의 잘못을 인정하는 말을 했기 때문에 합의는 이루어진 것으로 보아야 한다. 물론 1970년대 배달원 소년의 입장에서 5천 원이 큰돈으로 느껴질 수 있지만 신사와 합의가 이루어졌으므로 금액에 상관없이 수남은 신사에게 보상금을 지급해야 한다.

　수남은 도둑이 되어 버렸다. 자신의 잘못에 대한 책임을 지지 않고 합의된 것도 수행하지 않았다. 제목에서 말하는 '자전거 도둑'은 아이러니하게도 자신의 자전거를 자신이 훔친 수남인 것이다.

---

4. (가)의 독서 토론에서 '지현'의 역할에 대한 설명으로 적절하지 <u>않은</u> 것은?

① 소설 내용을 제시한 후 토론 주제를 언급하고 있다.
② 소설의 내용을 근거로 발언하도록 요청하고 있다.
③ 토론자들이 언급한 주장과 근거를 정리하고 있다.
④ 토론자들의 발언이 사실에 부합하는지 판단하고 있다.
⑤ 토론자들이 다른 쟁점에 대해 논의해 보도록 유도하고 있다.

5. [A]의 발화에 대한 설명으로 가장 적절한 것은?

① 민준은 하연의 주장에 일반적인 상식을 들어 반박하고 있다.
② 민준은 하연의 말에서 이해되지 않는 부분을 질문하고 있다.
③ 민준은 하연이 고려해야 하는 시대적 정보를 나열하고 있다.
④ 하연은 민준이 사용한 단어의 중의성에 대해 지적하고 있다.
⑤ 하연은 민준이 이해하지 못한 자신의 발언을 부연하고 있다.

6. (가)를 바탕으로 '하연'이 세운 '활동 2'의 글쓰기 계획 중 (나)에 반영되지 <u>않은</u> 것은? [3점]

① 토론 쟁점에 대한 나의 주장을 토론에서 다룬 순서대로 서술해야겠어.

② 토론 주제와 관련된 수남의 고민을 소설 속 구절에서 찾아 언급해야겠어.

③ 토론에서 언급된 상대방의 주장을 반박하면서 나의 주장을 강화해야겠어.

④ 토론에서 언급하지 않았던 새로운 사례를 찾아 나의 주장을 뒷받침해야겠어.

⑤ 토론에서 내세운 나의 주장을 바탕으로 제목에 담겨 있는 의미를 밝혀야겠어.

7. <보기>의 자료를 활용하여 (나)의 초고를 보완하고자 할 때 그 내용으로 가장 적절한 것은?

─────── < 보 기 > ───────

[법률 전문가의 뉴스 인터뷰]

"보상의 의무를 다하지 않았을 때, 상대방에게 물건이 담보로 잡히는 경우가 있습니다. 형법 제323조에 따르면, 타인에게 담보로 제공된 물건은 타인이 물건을 점유하게 되거나 타인이 물건에 대한 권리를 갖게 됩니다. 이때 해당 물건을 가져가거나 숨겨 타인이 보상받을 수 있는 권리 등을 행사할 수 없게 한다면 권리행사 방해로 처벌받을 수 있습니다."

① 수남이 자전거를 가져간 행위는 신사의 권리행사를 방해하는 것이므로 법적인 처벌을 받을 수 있다는 내용을 추가한다.

② 수남이 잘못을 인정한 행위는 신사의 권리행사를 방해하는 것이므로 법적인 처벌을 받을 수 있다는 내용을 추가한다.

③ 수남의 자전거가 담보로 잡힌 것은 신사의 권리행사를 방해하는 것이므로 법적인 처벌을 받을 수 있다는 내용을 추가한다.

④ 수남이 자신의 자전거를 묶어둔 행위는 신사의 권리행사를 방해하는 것이므로 법적인 처벌을 받을 수 있다는 내용을 추가한다.

⑤ 신사가 수남에게 보상금을 요구한 행위는 수남의 권리행사를 방해하는 것이므로 법적인 처벌을 받을 수 있다는 내용을 추가한다.

[8 ~ 10] 다음은 작문 상황에 따라 쓴 학생의 초고이다. 물음에 답하시오.

[작문 상황]
　자신의 경험을 바탕으로 정서를 표현하는 글을 쓴다.

[초고]
　우리 할머니 댁은 남쪽 바다의 작은 섬에 있다. 내가 어렸을 때 우리 가족은 연휴나 방학이 되면 매번 할머니 댁을 방문했다. 나는 할머니 댁이 있는 섬에 가면 바다에서 헤엄을 치거나 바위틈에서 고둥과 게를 잡기도 했고 산에서 신나게 쌀 포대로 눈썰매를 타기도 했다. 그렇지만 무엇보다 가장 기억에 남는 것은 할머니와 함께 보냈던 시간이다.

　할머니 댁은 섬 서쪽 바닷가의 큰 등대 근처에 있었다. 검정 바위로 만들어진 거북이 조각상이 새하얀 등대를 이고 있어서 동생과 나는 그 등대를 '거북이 등대'라고 불렀다. 아버지 차를 타고 가다가 거북이 등대가 환하게 웃으며 나를 반기면 할머니 댁에 가까워진 것이라서 할머니를 곧 뵙는다는 생각에 마음이 설레곤 했다. 할머니는 늘 우리를 마중 나오셨고, 나는 반가운 마음에 한달음에 뛰어가서 할머니 품에 안겼었다.

　할머니는 마당 텃밭에서 옥수수를 기르셨다. 늦봄에 할머니 댁에 가면 할머니와 같이 옥수수 씨를 뿌렸고, 여름 방학에는 점점 자라는 옥수수에 물 주는 일을 도와드렸다. 그러다 참지 못하고 옥수수 껍질을 살짝 열어서 얼마나 익었는지 들여다보다가 할머니께 꾸중을 듣기도 했다. 꾸중을 듣고 시무룩해 있는 나에게 할머니는, "뭐든지 다 때가 있고 시간이 필요한 법이란다. 기다릴 줄 알아야 해."라며 토닥여 주셨다. 나는 익어 가는 옥수수를 보며 기다림의 소중함을 깨달았다. 늦여름에는 연두색 옥수수수염이 점점 갈색빛으로 물들며 옥수수가 여물었다. 가을에는 기다림의 결실인 샛노란 옥수수를 수확하며 나는 한 뼘 더 성장했다.

　할머니께서 끓여 주신 갈칫국을 먹었던 기억도 있다. 서울에서 갈치로 만든 음식을 먹다 보면 갈칫국을 끓여 주시던 할머니 생각이 나서 할머니가 그리워진다. 갈칫국은 양념장을 넣어 칼칼하게 졸인 갈치조림과 달리 갈치, 늙은 호박, 배추를 넣어서 맵지 않도록 맑게 끓인 요리이다. 내가 갈칫국이 먹고 싶다고 하면 할머니는 이른 새벽부터 어시장에서 성성한 갈치를 사 오셔서 갈칫국을 해 주셨다. 할머니의 갈칫국에서는 시원하면서도 구수한 맛이 났다. 지금도 그 맛이 혀끝에 맴돈다. 갈칫국을 맛있게 먹는 나를 흐뭇하게 바라보시던 할머니를 떠올리면 마음이 포근하고 따뜻해진다.

　지금은 어렸을 때만큼 할머니를 자주 뵈러 가지 못해 할머니와의 추억이 더욱 소중하게 다가온다.

8. 초고에서 활용한 글쓰기 방식으로 적절하지 <u>않은</u> 것은?

① 의인법을 통해 대상과의 친밀감을 표현하고 있다.

② 계절의 흐름에 따른 대상의 변화를 나타내고 있다.

③ 의성어를 사용하여 대상을 생생하게 나타내고 있다.

④ 다른 대상과의 대비를 통해 차이점을 강조하고 있다.

⑤ 색채어를 활용하여 대상을 감각적으로 표현하고 있다.

9. 다음은 글을 쓰기 전 학생이 구상한 내용이다. 초고에 반영되지 않은 것은?

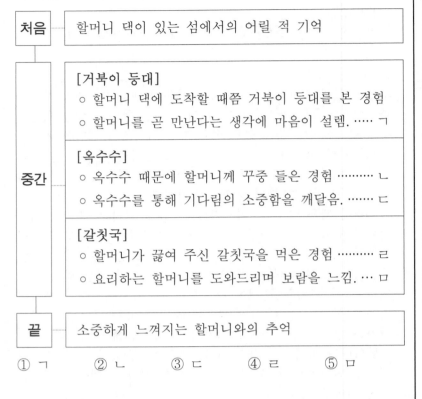

① ㄱ ② ㄴ ③ ㄷ ④ ㄹ ⑤ ㅁ

10. <보기>는 초고를 읽은 선생님의 조언이다. 이를 반영하여 초고에 추가할 내용으로 가장 적절한 것은? [3점]

━━━━━━ < 보 기 > ━━━━━━

선생님 : 글이 마무리되지 않은 느낌이 들어. 글의 마지막에 할머니와의 추억이 너에게 주는 의미를 직유법을 사용하여 표현한 문장을 추가하면 더 좋겠어.

① 할머니 댁이 있는 섬의 풍경은 그림같이 아름다웠다. 그 풍경을 언제쯤 다시 볼 수 있을까.

② 섬에서 자란 나는 푸른 바다를 늘 그리워한다. 윤슬이 넘실거리는 바다는 내 마음의 고향이다.

③ 할머니와 함께한 시간이 그리워진다. 이번 방학에는 아버지께 말씀드려 할머니를 뵈러 가야겠다.

④ 할머니 손길로 익어 가는 옥수수처럼 나는 할머니의 사랑으로 물들었다. 할머니의 따뜻한 보살핌은 나를 채운 온기였다.

⑤ 할머니의 넘치는 사랑 덕분에 나의 어린 시절이 찬란하게 빛난다. 소중한 시간을 내게 선물해 주신 할머니께 감사드린다.

[11 ~ 12] 다음 글을 읽고 물음에 답하시오.

단어를 구성하는 요소에는 어근과 접사가 있다. 어근은 단어를 구성하는 요소 중 실질적인 의미를 나타내는 부분이며, 접사는 어근과 결합하여 어근에 특정한 의미를 더하거나 어근의 의미를 제한하는 부분이다. 접사는 어근의 앞에 위치하는 접두사와 어근 뒤에 위치하는 접미사로 나뉘는데, 항상 다른 말과 결합하여 쓰이기에 홀로 쓰이지 못함을 나타내는 붙임표(−)를 붙인다. 예를 들어 '햇−, 덧−, 들−'과 같은 말은 접두사이고, '−지기, −음, −게'와 같은 말은 접미사이다.

단어는 그 짜임에 따라 단일어와 복합어로 구분된다. 단일어는 하나의 어근으로만 이루어진 단어를 이르는 말이다. 그리고 복합어는 어근과 어근의 결합으로 이루어진 합성어와, 어근과 접사의 결합으로 이루어진 파생어를 아울러 이르는 말이다. 가령 '밤'이나 '문'과 같이 하나의 어근으로만 이루어진 단어는 단일어이며, 어근 '밤', '문'이 각각 또 다른 어근과 결합한 '밤나무', '자동문'은 합성어이다. 또한 어근 '밤'과 접두사 '햇−'이 결합한 '햇밤', 어근 '문'과 접미사 '−지기'가 결합한 '문지기'는 파생어이다.

[A] ┌ 복합어는 어근과 어근으로 이루어진 합성어나 어근과 접사로 이루어진 파생어에 어근이나 접사가 다시 결합하여 형성되기도 한다. 이와 같은 복잡한 짜임의 단어를 이해할 때 활용되는 방법으로 직접 구성 성분 분석이 있다. 직접 구성 성분 분석은 단어를 둘로 나누는 방법으로, 나눈 두 부분 중 하나가 접사일 경우 그 단어를 파생어로 보고, 두 부분 모두 접사가 아닐 경우 합성어로 본다.
가령 단어 '코웃음'은 직접 구성 성분을 '코'와 '웃음'으로 보기에 합성어로 분류한다. 이는 '코'가 어근이며, '웃음'이 어근 '웃−'과 접미사 '−음'으로 이루어진 파생어임을 고려한 것이다. 물론 '코웃음'의 직접 구성 성분을 '코웃−'과 '−음'으로 분석할 수도 있다. 그러나 '코웃−'은 존재하지 않고 '코'와 '웃음'만 존재하며, 의미상으로도 '코+웃음'의 분석이 자연스럽기에 직접 구성 성분을 '코'와 '웃음'으로 분석한다. 이처럼 직접 구성 성분 분석은 단어의 짜임을 └ 체계적으로 이해하는 데에 도움이 된다.

11. 윗글에 대한 이해로 적절하지 않은 것은?

① 단일어는 하나의 어근으로만 이루어진다.

② 합성어나 파생어는 모두 복합어에 포함된다.

③ 접사는 홀로 쓰이지 못하기에 붙임표(−)를 붙인다.

④ 복합어는 접사가 어근과 결합하는 위치에 따라 둘로 나뉜다.

⑤ 접사는 어근과 결합하여 어근에 특정한 의미를 더하거나 어근의 의미를 제한한다.

12. [A]를 참고할 때, <보기>의 ㉠에 해당하는 짜임을 가진 단어로 가장 적절한 것은? [3점]

━━━━━━ < 보 기 > ━━━━━━

'가재의 집게발'에서 '집게발'은 아래와 같이 ㉠직접 구성 성분이 '[어근+접사]+어근'으로 분석되는 합성어이다.

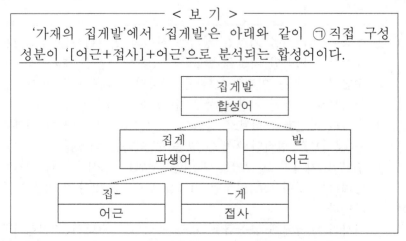

① 볶음밥 ② 덧버선 ③ 문단속
④ 들고양이 ⑤ 창고지기

13. <보기>는 수업의 일부이다. '학습 활동'의 결과로 가장 적절한 것은?

─── < 보 기 > ───

선생님 : 단어를 발음할 때, 어떤 음운이 앞이나 뒤의 음운의 영향으로 바뀌어 달라지는 경우가 있습니다. 그 결과, 조음 방법만 바뀌거나 조음 방법과 조음 위치가 모두 바뀝니다. 아래 자료를 참고해 '학습 활동'을 수행해 봅시다.

조음 방법 \ 조음 위치	입술소리	잇몸소리	센입천장소리	여린입천장소리
파열음	ㅂ	ㄷ		ㄱ
파찰음			ㅈ	
비음	ㅁ	ㄴ		ㅇ
유음		ㄹ		

영향의 방향	음운이 바뀌는 양상	
달│님 (앞 음운의 영향)	달님[달림]	조음 방법의 변화
작│문 (뒤 음운의 영향)	작문[장문]	조음 방법의 변화
해돋이 (뒤 음운의 영향)	해돋이[해도지]	조음 방법과 조음 위치의 변화

[학습 활동]
　뒤 음운의 영향을 받아서 앞 음운이 조음 방법만 바뀌는 단어를 ㄱ～ㄹ에서 골라 보자.

ㄱ. 난로[날로]　　　ㄴ. 맏이[마지]
ㄷ. 실내[실래]　　　ㄹ. 톱날[톰날]

① ㄱ, ㄴ　　② ㄱ, ㄹ　　③ ㄴ, ㄷ
④ ㄴ, ㄹ　　⑤ ㄷ, ㄹ

14. <보기>의 '탐구 과제'를 수행한 결과로 적절하지 <u>않은</u> 것은?

─── < 보 기 > ───

[탐구 과제]
　'작다 / 적다' 중 적절한 말이 무엇인지 온라인 사전에서 '작다'를 검색한 결과를 근거로 하여 말해 보자.

ㄱ. 민수는 진서에 비해 말수가 (작다 / 적다).
ㄴ. 키가 커서 작년에 구매한 옷이 (작다 / 적다).
ㄷ. 오늘 일은 지난번에 비해 규모가 (작다 / 적다).
ㄹ. 그는 큰일을 하기에는 그릇이 아직 (작다 / 적다).
ㅁ. 백일장 대회의 신청 인원이 여전히 (작다 / 적다).

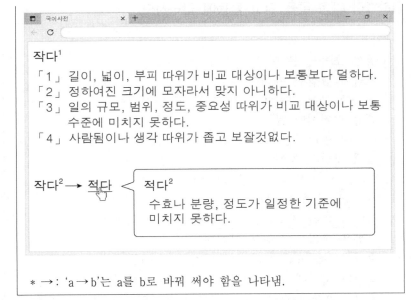

작다¹
「1」 길이, 넓이, 부피 따위가 비교 대상이나 보통보다 덜하다.
「2」 정하여진 크기에 모자라서 맞지 아니하다.
「3」 일의 규모, 범위, 정도, 중요성 따위가 비교 대상이나 보통 수준에 미치지 못하다.
「4」 사람됨이나 생각 따위가 좁고 보잘것없다.

작다² → 적다 ⎰ 적다²
수효나 분량, 정도가 일정한 기준에 미치지 못하다.

* →: 'a→b'는 a를 b로 바꿔 써야 함을 나타냄.

① ㄱ : '작다¹'의 「1」을 고려할 때 '작다'가 맞겠군.
② ㄴ : '작다¹'의 「2」를 고려할 때 '작다'가 맞겠군.
③ ㄷ : '작다¹'의 「3」을 고려할 때 '작다'가 맞겠군.
④ ㄹ : '작다¹'의 「4」를 고려할 때 '작다'가 맞겠군.
⑤ ㅁ : '작다¹', '작다²'와 '적다²'를 고려할 때 '적다'가 맞겠군.

15. <보기>의 '학습 자료'를 바탕으로 '학습 과제'를 수행한 결과로 적절하지 <u>않은</u> 것은?

─── < 보 기 > ───

[학습 자료]
○ 직접 인용 : 원래의 말이나 글을 그대로 큰따옴표(" ")에 넣어 인용하는 것. 조사 '라고'를 사용함.
○ 간접 인용 : 인용된 말이나 글을 자신의 관점에서 다시 서술하여 표현하는 것. 조사 '고'를 사용함.

[학습 과제]
　밑줄 친 부분에 주목하여 직접 인용을 간접 인용으로 바꾸어 보자.

ㄱ. 지아가 "꽃이 벌써 <u>폈구나!</u>"라고 했다.
　→ 지아가 꽃이 벌써 <u>폈다</u>고 했다.
ㄴ. 지아가 "버스가 벌써 <u>갔어요.</u>"라고 했다.
　→ 지아가 버스가 벌써 <u>갔다</u>고 했다.
ㄷ. 나는 어제 지아에게 "<u>내일</u> 보자."라고 했다.
　→ 나는 어제 지아에게 <u>오늘</u> 보자고 했다.
ㄹ. 전학을 간 지아는 "<u>이</u> 학교가 좋다."라고 했다.
　→ 전학을 간 지아는 <u>그</u> 학교가 좋다고 했다.
ㅁ. 지아는 나에게 "민지가 <u>너를</u> 불렀다."라고 했다.
　→ 지아는 나에게 민지가 <u>자기를</u> 불렀다고 했다.

① ㄱ　　② ㄴ　　③ ㄷ　　④ ㄹ　　⑤ ㅁ

[16 ~ 20] 다음 글을 읽고 물음에 답하시오.

(가)

잠깐 초록을 본 마음이 돌아가지 않는다.
초록에 붙잡힌 마음이
초록에 붙어 바람에 세차게 흔들리는 마음이
종일 떨어지지 않는다
여리고 연하지만 불길처럼 이글이글 휘어지는 초록
땅에 박힌 심지에서 끝없이 솟구치는 초록
나무들이 온몸의 진액을 다 쏟아내는 초록
㉠지금 저 초록 아래에서는
<u>얼마나 많은 잔뿌리들이 발끝에 힘주고 있을까</u>
초록은 수많은 수직선 사이에 있다
수직선들을 조금씩 지우며 번져가고 있다
직선과 사각에 **밀려 꺼졌다가는 다시 살아나고** 있다
흙이란 흙은 도로와 건물로 모조리 딱딱하게 덮인 줄 알았는데
이렇게 많은 초록이 **갑자기 일어날 줄은 몰랐다**
아무렇게나 버려지고 잘리고 갇힌 것들이
자투리땅에서 이렇게 크게 세상을 덮을 줄은 몰랐다
콘크리트 갈라진 틈에서도 솟아나고 있는 ⎤
저 저돌적인 고요   ⎥
단단하고 건조한 것들에게 옮겨 붙고 있는   ⎥ [A]
저 촉촉한 불길   ⎦

            – 김기택, 「초록이 세상을 덮는다」 –

(나)

어져 내 일이야 무슨 일 하다 하고
굳은 이 다 빠지고 **검던 털**이 희었네
어우와 소장불노력하고 노대에 도상비로다*
                                <제1수>

셋 넷 다섯 어제인 듯 열 스물 얼핏 지나
서른 마흔 한 일 없이 쉰 예순 넘는단 말인가
장부의 허다 사업을 못 다 하고 늙었느냐
                                 <제2수>

생원이 무엇인가 **급제도 헛일**이니
밭 갈고 논 매더면 설마한들 배고프리
이제야 아무리 애달픈들 몸이 늙어 못하올쇠
                                 <제3수>

너희는 젊었느냐 나는 **이미 늙었구나**
젊다 하고 믿지 마라 나도 일찍 젊었더니
젊어서 흐느적흐느적하다가 늙어지면 거짓 것이*
                                 <제4수>

㉡재산인들 부디 말며 과갑인들 마다 할까
<u>재산이 유수하고 과갑은 재천하니</u>*
하오면 못할 이 없기는 착한 일인가 하노라
                                 <제5수>

내 몸이 못하고서 너희더러 하라기는
내 못하여 애달프니 너희나 하여라
청년의 아니하면 **늙은 후 또 내 되리**
                                 <제6수>

            – 김약련, 「두암육가」 –

* 소장불노력하고 노대에 도상비로다 : 젊어서 노력하지 않으면,
  늙어서 상심과 슬픔뿐이로다.
* 거짓 것 : 거짓말처럼 허망한 것.

* 재산이 유수하고 과갑은 재천하니 : 재산은 운수가 있어야 하고 과거
  급제는 하늘에 달렸으니.

16. (가)와 (나)의 표현상 공통점으로 가장 적절한 것은?

① 대조적 표현을 활용하여 주제 의식을 부각하고 있다.
② 일부 시행을 명사로 마무리하여 여운을 남기고 있다.
③ 수미상관의 기법을 활용하여 리듬감을 조성하고 있다.
④ 명령적 어조를 사용하여 화자의 의지를 표출하고 있다.
⑤ 감탄사를 사용하여 대상에 대한 예찬을 드러내고 있다.

17. <보기>를 바탕으로 (가)와 (나)를 감상한 내용으로 적절하지
<u>않은</u> 것은? [3점]

—————— < 보 기 > ——————
  사물을 바라보거나 삶을 되돌아보며 사색하는 경험을 통해
깨달음을 얻을 수 있다. (가)의 화자는 도시 공간에서 마주한
'초록'에 사로잡혀 초록을 들여다보며 그것이 지닌 생명력을 깨
닫고, 이에 대한 감탄과 놀라움을 드러낸다. (나)의 화자는 자
신의 백발을 바라보며 현재의 처지를 한탄하는 데 그치지 않고
지난 삶을 돌아보며 깨달은 바를 젊은이에게 전달하고 있다.

① (가)의 '잠깐 초록을 본' 것과 (나)의 '검던 털'이 하얘진 모
  습을 본 것은 사색을 시작하는 계기가 되는군.
② (가)의 '초록에 붙잡힌 마음'은 '초록'에 매료된 심리를, (나)
  의 '밭 갈고 논 매더면 설마한들 배고프리'는 넉넉지 않은 현
  실을 초래한 지난 삶에 대한 아쉬움을 나타내고 있군.
③ (가)의 '수직선들을 조금씩 지우며'를 통해 '초록'이 도시 공
  간과 균형을 이루기를, (나)의 '늙은 후 또 내 되리'를 통해
  젊은이가 과오를 저지르지 않기를 바라고 있군.
④ (가)의 '밀려 꺼졌다가는 다시 살아나고 있'는 것에서 '초록'
  의 끈질긴 생명력을, (나)의 '급제도 헛일'에서 출세를 위한
  삶이 전부가 아님을 깨닫고 있군.
⑤ (가)의 '갑자기 일어날 줄은 몰랐다'는 '초록'의 새로운 모습
  을 발견한 놀라움을, (나)의 '이미 늙었구나'는 현재의 처지
  에 대한 탄식을 드러내고 있군.

18. [A]에 대한 설명으로 가장 적절한 것은?

① 지시 표현을 사용하여 대상에 대한 화자의 심리적 거부감을
  나타내고 있다.
② 유사한 문장 구조를 반복하여 대상이 갖는 역동적 이미지를
  나타내고 있다.
③ 점층적인 표현을 사용하여 대상에 대한 화자의 태도 변화를
  드러내고 있다.
④ 하나의 문장을 두 개의 시행으로 나누어 대상의 순환 과정을
  제시하고 있다.
⑤ 모순된 표현을 활용하여 대상과 자신을 동일시하는 화자의
  모습을 드러내고 있다.

19. (나)에 대한 이해로 적절하지 <u>않은</u> 것은?

① <제1수>의 '어져 내 일이야'에 담긴 한탄은, <제2수>의 '장부의 허다 사업'을 못 다 한 데서 비롯되는군.

② <제1수>의 '노대에 도상비로다'에 담긴 애상감은, <제4수>의 '늙어지면 거짓 것이'로 이어지는군.

③ <제2수>의 '서른 마흔 한 일 없이'에 담긴 반성은, <제4수>의 '젊어서 흐느적흐느적'하지 말라는 당부로 나타나는군.

④ <제3수>의 '이제야 아무리 애달픈들'과 <제6수>의 '내 못하여 애달프니'에는 세월의 무상감에서 벗어나고자 하는 심리가 드러나는군.

⑤ <제5수>의 '하오면 못할 이 없기는 착한 일'은, <제6수>의 '너희더러 하라'에서 권유하는 내용이겠군.

20. 시상의 흐름을 고려하여 ㉠과 ㉡을 비교한 내용으로 가장 적절한 것은?

① ㉠에는 대상을 향한 화자의 애정이, ㉡에는 청자를 향한 화자의 원망이 나타나 있다.

② ㉠에는 대상과 화자 사이의 이질감이, ㉡에는 대상에 대한 화자의 거부감이 드러나 있다.

③ ㉠에는 감춰진 진실에 대한 화자의 회의가, ㉡에는 화자의 현재 상황에 대한 의문이 나타나 있다.

④ ㉠에는 힘의 근원에 대한 화자의 상상이, ㉡에는 뜻대로 되지 않는 삶에 대한 화자의 인식이 드러나 있다.

⑤ ㉠에는 문제의 원인에 대한 화자의 성찰이, ㉡에는 예상치 못한 결과를 수용하는 화자의 모습이 나타나 있다.

[21~24] 다음 글을 읽고 물음에 답하시오.

20세기 초 유럽에서 일어난 과학 문명의 발전은 현실을 이루는 법칙을 하나씩 부정하였다. 절대적이라고 믿어 왔던 시공간마저 상대적인 것으로 밝혀지면서, 사람들은 기존에 당연시되어 온 인식에 의문을 품었다. 이는 서양의 회화에도 영향을 미쳐 큐비즘이라는 새로운 미술 양식을 탄생시켰다.

큐비즘은 대상의 사실적 재현에 집중했던 전통 회화와 달리, 대상의 본질을 구현하기 위해 그 근원적 형태를 그려 내는 것을 목표로 삼았다. 이를 위해 대상의 본질과 관련 없는 세부적 묘사를 배제하고 구와 원기둥 등의 기하학적 형태로 대상을 단순화하여 질감과 부피감을 부각하였다. 색채 또한 본질 구현에 있어 부차적인 것으로 판단하여 몇 가지 색으로 제한하였다.

또한 큐비즘은 하나의 시점으로는 대상의 한쪽 형태밖에 표현할 수 없다고 생각하여, 하나의 시점에서 대상을 보고 표현하는 원근법을 거부하였다. 그리고 대상의 전체 형태를 표현하기 위해 다중 시점을 적용하였는데, 이는 여러 시점에서 관찰한 대상을 한 화면에 그려 내고자 한 기법이다. 예를 들어, 한 인물을 그릴 때 얼굴의 정면과 측면을 동시에 표현함으로써 대상의 전체 형태를 관람자들에게 보여 주는 것이다. 이렇게 큐비즘은 사실적 재현에서 벗어나 대상의 근원적 형태를 표현하려 하였으며, 관람자들에게 새로운 미적 인식을 환기하였다.

대상의 형태를 더 다양한 시점으로 보여 주려는 시도는 다중 시점의 극단화로 치달았는데, 이 시기의 큐비즘을 ⓐ분석적 큐비즘이라고 일컫는다. 분석적 큐비즘은 대상을 여러 시점으로 해체하여 작은 격자 형태로 쪼개어 표현했고, 색채 또한 대상의 고유색이 아닌 무채색으로 한정하였다. 해체 정도가 심해짐에 따라 대상은 부피감이 사라질 정도로 완전히 분해되었다. 이로 인해 관람자는 대상이 무엇인지조차 알아볼 수 없게 되었고, 제목이나 삽입된 문자를 통해서만 대상이 무엇인지 추측할 수 있게 되었다.

㉠대상이 극단적으로 해체되어 형태를 파악하지 못하게 된 문제를 해결하기 위해, 큐비즘은 화면 안으로 실제 대상 혹은 대상의 특성을 잘 드러내는 화면 밖의 재료들을 끌어들였다. 이것을 ⓑ종합적 큐비즘이라고 일컫는다. 종합적 큐비즘의 특징을 보여 주는 대표적 기법으로는 '파피에 콜레'가 있다. 이는 화면에 신문이나 벽지 등의 실제 종이를 오려 붙여 대상의 특성을 표현하는 기법이다. 예를 들어, 나무 탁자의 질감을 표현하기 위해 화면에 나뭇결무늬의 종이를 직접 붙였다. 화면에 붙인 종이의 색으로 인해 색채도 다시 살아났다.

큐비즘은 대상의 근원적 형태를 화면에 구현하기 위해 대상을 표현하는 새로운 방법을 모색하였다. 큐비즘이 대상의 형태를 실제에서 해방한 것은 회화 예술에 무한한 표현의 가능성을 가져다주었다. 이는 표현 대상을 보이는 세계에 한정하지 않는 현대 추상 회화의 탄생에 직접적인 영향을 미쳤다.

21. 윗글에서 알 수 있는 내용으로 적절하지 <u>않은</u> 것은?

① 큐비즘이 사용한 표현 기법

② 큐비즘이 등장한 시대적 배경

③ 큐비즘에 대한 다른 화가들의 논쟁

④ 큐비즘의 작품 경향이 변화된 양상

⑤ 큐비즘이 현대 추상 회화에 미친 영향

22. ㉠을 이해한 내용으로 가장 적절한 것은?

① 대상의 본질을 화면에 구현하기 위해 다중 시점에 집착한 결과이겠군.

② 인식의 절대적 기준을 제시하기 위해 대상의 변화를 무시한 결과이겠군.

③ 화면의 공간을 사실적으로 표현하기 위해 대상의 형태를 희생한 결과이겠군.

④ 기하학적 형태에서 탈피하기 위해 대상의 정면과 측면을 동시에 표현한 결과이겠군.

⑤ 관람자들에게 새로운 미적 인식을 환기하기 위해 대상을 있는 그대로 재현한 결과이겠군.

23. ⓐ와 ⓑ에 대한 설명으로 가장 적절한 것은?

① ⓐ는 ⓑ와 달리 고유색을 통해 대상을 그려 낸다.
② ⓐ는 ⓑ와 달리 삽입된 문자로만 대상을 드러낸다.
③ ⓑ는 ⓐ와 달리 작은 격자 형태로 대상을 해체한다.
④ ⓑ는 ⓐ와 달리 화면 밖의 재료를 활용해 대상을 표현한다.
⑤ ⓐ와 ⓑ는 모두 질감과 부피감을 살려서 대상을 형상화한다.

24. 윗글을 바탕으로 <보기>의 작품을 감상한 내용으로 적절하지 <u>않은</u> 것은? [3점]

───────< 보 기 >───────

브라크의 「에스타크의 집들」은 집과 나무를 그린 풍경화이다. 그런데 회화 속 풍경은 실제와 다르다. 집에 당연히 있어야 할 문이 생략되어 있으며, 집들은 부피감이 두드러지는 입방체 형태로 단순화되어 있다. 그림자의 방향은 일관성 없이 다양하게 표현되어 광원이 하나가 아님을 알 수 있다. 그리고 집과 나무는 모두 황토색과 초록색, 회색으로 칠해져 있다. 큐비즘의 시작을 알린 이 풍경화는 처음 공개되었을 때 평론가로부터 "작은 입방체(cube)를 그렸다."라는 비판을 받았는데, 이는 '큐비즘(Cubism)'이라는 명칭의 기원이 되었다.

─────────────────────

① 집이 입방체 형태로 단순화된 것은 대상의 근원적 형태를 드러내기 위한 것이겠군.
② 풍경의 모습이 실제와 다른 것은 관찰한 대상이 무엇인지 추측할 수 없도록 하기 위한 것이겠군.
③ 그림자의 방향이 일관성 없이 다양하게 표현된 것은 하나의 시점을 강제하는 원근법을 거부한 것이겠군.
④ 집에 당연히 있어야 할 문이 없는 것은 세부적 묘사는 대상의 본질과 관련이 없다는 생각을 반영한 것이겠군.
⑤ 색이 황토색, 초록색, 회색으로 제한된 것은 색채는 본질을 구현하는 데 부차적인 요소라는 생각에 근거한 것이겠군.

[25 ~ 28] 다음 글을 읽고 물음에 답하시오.

[앞부분 줄거리] 설렁탕집 주인 '달평 씨'는 선행은 아무도 모르게 해야 한다는 신념을 가진 인물이다. 그러나 우연히 신문 기자들에 의해 선행이 과장되어 세상에 알려지면서 달평 씨는 대중들의 시선을 의식하게 되고, 본래 자신의 모습을 잃어버리는 첫 번째 죽음을 맞게 된다.

그러나 어쩐 일인지 세상 사람들의 관심은 달평 씨에게서 자꾸 멀어져가고 있었다. 그것을 눈치 못 챌 매스컴들이 아니었다. 달평 씨의 미담이 **세상 사람들에게 알려지는 기회가 부쩍 줄어들었다.**

그러나 달평 씨는 거기서 물러설 위인이 아니었다. 그가 **입을 더 크게 벌렸다.**

"나는 전과잡니다. 용서 못 받을 죄를 수없이 지고도 뻔뻔스럽게 살아온 흉악무도한 죄인입니다."

달평 씨는 듣기에 **끔찍한 지난날 자기의 악행**을 요목요목 들추어 만천하에 공개하기 시작했다. 치한, 사기, 모리배, 폭력…… 등등, 그는 초빙되어 간 그 강단에 서서 꾸벅꾸벅 조는 사람들의 머리를 들게 하고 그 처든 얼굴에 공포를 끼었었다. 그다음에 그가 보여 주는 연기는 참회하는 자의 흐느낌과 손수건을 적시는 눈물이었다. 그리고 그는 결론짓곤 했다.

"여러분은 이제 내가 어째서 내 식구의 배를 굶겨 가면서 나보다 못사는 사람, 나보다 불우한 이웃을 위하는 일에 몸을 던졌는가를 아시게 되었을 겁니다."

청중들이 떠나갈 듯 박수를 치며 고개를 크게 주억거렸다.

"어머니, 그게 사실입니까? 아버지가 신문에 난 것처럼 그렇게 나쁜 죄를 많이 진 분입니까?"

달평 씨의 아들딸이 숨 가쁘게 달려와 어머니의 얼굴을 쳐다보았다. 그들은 그제야 어머니의 얼굴에 전에는 전혀 볼 수 없었던 그늘이 깔려 있음을 발견했다. 그네의 입에서 나온 대답 역시 전과는 달리 남편이 밖에서 한 말을 부정하는 것이었다.

"아니다, 느 아버진 결코 그렇게 나쁜 짓을 할 어른이 아니다."

"그럼, 뭡니까? 아버진 왜 당신의 입으로 그런 말을 하시는 겁니까?"

그러나 달평 씨의 부인은 더 대답하지 않고, 신문을 보고 부쩍 늘어난, 얼굴이 험악한 사람들의 식당 방문을 맞기 위해 일어서고 있었을 뿐이다. 어떻든 달평 씨의 그러한 ㉠폭탄선언으로 인해 세상 사람들은 **다시 달평 씨를 입에 올리기 시작했던 것이다.** 얼굴이 험악하게 생긴 사람들이 찾아와 손을 벌리기 시작했고 그들이 만든 무슨 **친선 단체의 회장직 감투가** 여지없이 **달평 씨에게 씌워지기도** 했다.

그러나 날 샌 원수 없고 밤 지난 은혜 없다고 세상 사람들은 모든 걸 너무나 쉽게 잊었다. 세상 사람들은 달평 씨를 다시 그들의 관심 밖으로 내동댕이쳤다. 보은식당의 종업원들은 식당 안에서 나폴레옹처럼 초조하게 서성거리는 달평 씨의 모습을 더욱 자주 보게 되었다.

"오늘 A 주간 신문 기자가 왔다 갔지?"

어느 날 밖에 나갔다 들어온 달평 씨가 그의 부인한테 물었다.

"예, 왔었어요."

"와서 뭘 물읍데까?"

"당신이 정말 옛날에 그런 나쁜 짓을 한 사실이 있느냐고 묻더군요?"

"그래서?"

"모른다고 했지요, 제가 잘 모르는 일이기 때문에……."

후우 가슴이라도 쓸어내릴 듯 숨을 내쉬던 달평 씨가 손가락을 동그랗게 해 보이며 물었다.

"그래, 얼마나 쥐여 보냈소?"

"아무것도요, 마침 돈이 집에 하나도 없어서."

"뭐라구? 그래, 그 사람을 빈손으로 보냈단 말이야?"

"아무래도 식당 문을 닫아야 할까 봐요. 지난 기 세금도 아직……."

"뭐야? 도대체 여편네가 장살 어떻게 하길래 그따위 소릴

하는 거야?"

그러나 달평 씨의 부인은 사자처럼 포효하는 남편한테 맞서 대들지 않았다. 언제나처럼 조용한 얼굴로 식당에 찾아온 손님을 맞았을 뿐이다.

이때 식당에 와 있던 달평 씨의 **아들딸들**이 어머니 대신 우, 하고 일어섰던 것이다.

"아버지, 도대체 왜 이러시는 거예요?"

"아버지, 지금 우리 집 형편이 어떻게 돌아가고 있는지 아시고나 계신 겁니까?"

"아빠, 아빠보다 열 배, 아니 백 배, 천 배, 만 배도 더 잘사는 사람들도 못하는 일을 아빠가 어떻게 하신다고 그러시는 거예요? 아빠, **오른손이 하는 일을 왼손이 모르게 하라는 말 생각 안 나**세요?"

"아버지, 제발 정신 좀 차리세요!"

자식들이 내쏟는 그 공박에 속수무책으로 멍청히 듣고만 있던 달평 씨가 벌떡 일어나 종업원들도 다 있는 그 자리에서 ⓒ폭탄선언을 한 것이 바로 그때였다.

그것은 정말 대형 폭탄이었다. 어쩌면 달평 씨가 가진 마지막 카드였을 것이다.

"내 이 말은 더 있다가 하려 했었지만…… 기왕 아무 때고 알아야 할 일…… 올 것은 빨리 오는 게 피차……."

여느 때와 달리 말까지 더듬어 대는 달평 씨의 목소리는 사뭇 비장한 느낌까지 드는 것이었다. 종업원들까지 숨을 죽였다.

"너희 셋은 모두 내 핏줄이 아냐. 기철이 넌 호남선 기차간에서 주웠고, 기수 넌 서울역 광장에 버려진 걸 주워온 거고, 애숙이 넌 파주 양갈보촌이 네 고향이지. 물론 남들한테야 저기 있는 느덜 어머니 배 속으로 난 것처럼 연극을 해왔다만……."

얼굴이 하얗게 질린 달평 씨의 세 남매가 서로 얼굴을 마주 본 다음 황황히 눈길을 피하며, 구원이라도 청하듯 카운터에 앉은 그들 어머니 쪽으로 고개를 돌렸다.

그때 달평 씨의 부인이 이제까지 그 누구도 보지 못했던 분연한 얼굴 표정으로 일어섰던 것이다. 그네가 소리쳤다.

"여보, 이젠 당신 자식들까지 팔아먹을 작정이에요?"

가속으로 무너져 내려 더 어찌할 길 없는 남편의 그 두 번째 죽음의 순간에 이처럼 거연히 부르짖고 일어선 **그네의 외침**은 우리의 **달평 씨를 다시 한번 살려 낼 오직 한 가닥의 빛**이었던 것이다.

― 전상국,「달평 씨의 두 번째 죽음」 ―

25. 윗글에 대한 설명으로 적절하지 <u>않은</u> 것은?

① 공간적 배경을 통해 인물의 심리를 암시하고 있다.
② 비유적 표현을 통해 인물의 행동을 묘사하고 있다.
③ 대화를 통해 인물들 간의 갈등 상황을 드러내고 있다.
④ 시간의 흐름에 따라 사건을 순차적으로 전개하고 있다.
⑤ 서술자가 작중 상황에 대해 자신의 생각을 드러내고 있다.

26. 윗글을 이해한 내용으로 가장 적절한 것은?

① 청중들은 달평 씨의 강연을 듣고 나서 심드렁해 했다.
② 달평 씨의 아들딸은 어머니의 발언으로 인해 아버지를 이해하게 되었다.
③ 종업원들은 달평 씨에게 경제적 어려움을 호소하며 도움을 요청했다.
④ 달평 씨는 A 주간 신문 기자를 만나 새로운 선행을 알릴 수 있었다.
⑤ 달평 씨의 부인은 어려워진 식당 운영에 대해 화를 내는 남편에게 맞서 대들지 않았다.

27. <보기>를 참고하여 윗글을 감상한 내용으로 적절하지 <u>않은</u> 것은? [3점]

< 보 기 >

이 작품은 주인공인 '달평 씨'가 대중의 시선을 지나치게 의식하게 되면서 몰락해 가는 과정을 그리고 있다. 순수한 의도로 선행을 베풀어 오던 달평 씨는 언론에 의해 유명세를 치르게 된 후 그것에 중독되어, 자극적인 정보에만 반응하는 대중과 언론의 관심을 끌기 위해 보여 주기식 선행을 베풀고 거짓을 지어낸다. 그러한 허위의식으로 인해 그는 점점 자신의 정체성을 잃어가고, 끝내 가족까지 파탄에 이르게 한다.

---

① '세상 사람들에게 알려지는 기회가 부쩍 줄어들'자 '입을 더 크게 벌'리는 달평 씨의 모습에서 대중의 관심을 얻고자 하는 인물의 욕심이 드러나는군.
② '끔찍한 지난날 자기의 악행'을 공개하자 '다시 달평 씨를 입에 올리기 시작'하는 사람들을 통해 자극적인 정보에만 반응하는 대중들의 모습을 보여 주는군.
③ '달평 씨에게 씌워'진 '친선 단체의 회장직 감투'를 거부하지 않은 것은 불우한 사람들까지도 철저하게 속이려는 달평 씨의 허위의식을 보여 주는군.
④ '오른손이 하는 일을 왼손이 모르게 하라는 말 생각 안 나'느냐고 묻는 '아들딸들'의 말을 통해 달평 씨가 보여 주기식 선행을 베풀고 있음이 드러나는군.
⑤ '달평 씨를 다시 한번 살려 낼 오직 한 가닥의 빛'인 '그네의 외침'은 달평 씨가 더 이상 파탄의 길로 가지 않도록 하는 아내의 저항이겠군.

28. ㉠, ㉡을 이해한 내용으로 가장 적절한 것은?

① ㉠은 사건의 초점을 다른 인물로 전환시키려는 행위이다.
② ㉡은 다른 인물들이 과거에 벌인 일들을 폭로하는 행위이다.
③ ㉠은 상대의 입장을 이해하기 위한, ㉡은 상대의 의심을 피하기 위한 행위이다.
④ ㉡은 ㉠으로 인해 발생한 사건의 전말을 드러내려는 행위이다.
⑤ ㉠과 ㉡은 모두 반향을 일으켜 자신이 처한 상황을 바꾸어 보려는 행위이다.

[29 ~ 32] 다음 글을 읽고 물음에 답하시오.

춘풍 아내 곁에 앉아 하는 말이

[A]
"마오 마오 그리 마오. 청루미색* 좋아 마오. 자고로 이런 사람이 어찌 망하지 않을까? 내 말을 자세히 들어보소. 미나리골 박화진이라는 이는 청루미색 즐기다가 나중에는 굶어 죽고, 남산 밑에 이 패두는 소년 시절 부자였으나 주색에 빠져 다니다가 늙어서는 상거지 되고, 모시전골 김 부자는 술 잘 먹기 유명하여 누룩 장수가 도망을 다니기로 장안에 유명터니 수만금을 다 없애고 끝내 똥 장수가 되었다니, 이것으로 두고 볼지라도 청루잡기 잡된 마음 부디부디 좋아 마소."

춘풍이 대답하되,

[B]
"자네 내 말 들어보게. 그 말이 다 옳다 하되, 이 앞집 매갈쇠는 한잔 술도 못 먹어도 돈 한 푼 못 모으고, 비우고개 이도명은 오십이 다 되도록 주색을 몰랐으되 남의 집만 평생 살고, 탁골 사는 먹돌이는 투전 잡기 몰랐으되 수천 금 다 없애고 나중에는 굶어 죽었으니, 이런 일을 두고 볼지라도 주색잡기* 안 한다고 잘 사는 바 없느니라. 내 말 자네 들어보게. 술 잘 먹던 이태백은 호사스런 술잔으로 매일 장취 놀았으되 한림학사 다 지내고 투전에 으뜸인 원두표는 잡기를 방탕히 하여 소년부터 유명했으나 나중에 잘되어서 정승 벼슬 하였으니, 이로 두고 볼진대 주색잡기 좋아하기는 장부의 할 바라. 나도 이리 노닐다가 나중에 일품 정승 되어 후세에 전하리라."

아내의 말을 아니 듣고 수틀리면 때리기와 전곡 남용 일삼으니 이런 변이 또 있을까? 이리저리 놀고 나니 집안 형용 볼 것 없다.

㉠"다 내 몸에 정해진 일이요, 내 이제야 허물을 뉘우치고 책망하는 마음이 절로 난다."

아내에게 지성으로 비는 말이

"노여워 말고 슬퍼 마소. 내 마음에 자책하여 가끔 말하기를, '오늘의 옳음과 어제의 잘못을 깨달았노라'고 한다오. 지난 일은 고사하고 가난하여 못 살겠네. 어이 하여 살잔 말인고? 오늘부터 집안의 모든 일을 자네에게 맡기나니 마음대로 치산하여 의식이 염려 없게 하여 주오."

춘풍 아내 이른 말이,

㉡"부모 유산 수만금을 청루 중에 다 들이밀고 이 지경이 되었는데 이후에는 더욱 근심이 많을 것이니, 약간 돈냥이나 있다 한들 그 무엇이 남겠소?"

춘풍이 대답하되,

"자네 하는 말이 나를 별로 못 믿겠거든 이후로는 주색잡기 아니하기로 결단하는 각서를 써서 줌세."

[중략 부분 줄거리] 춘풍 아내가 열심히 품을 팔아 집안을 일으키자 춘풍은 다시 교만해지고, 아내의 만류에도 호조에서 이천 냥을 빌려 평양으로 장사를 떠나게 된다. 춘풍이 평양에서 기생 추월의 유혹에 넘어가 장사는 하지 않고 재물을 모두 탕진한 채 추월의 하인이 되었다는 소식을 듣고 춘풍의 아내가 통곡한다.

이리 한참 울다가 도로 풀고 생각하되,
'우리 가장 경성으로 데려다가 호조 돈 이천 냥을 한 푼 없이 다 갚은 후에 의식 염려 아니하고 부부 둘이 화락하여 백 년 동락하여 보자. 평생의 한이로다.'

마침 그때 김 승지 댁이 있으되 승지는 이미 죽고, 맏자제가 문장을 잘해 소년 급제하여 한림 옥당 다 지내고 도승지를 지낸 고로, 작년에 평양 감사 두 번째 물망에 있다가 올해 평양 감사 하려고 도모한단 말을 사환 편에 들었겄다. 승지 댁이 가난하여 아침저녁으로 국록을 타서 많은 식구들이 사는 중에 그 댁에 노부인 있다는 말을 듣고, 바느질품을 얻으려고 그 댁에 들어가니, 후원 별당 깊은 곳에 도승지의 모부인이 누웠는데 형편이 가난키로 식사도 부족하고 의복도 초췌하다. 춘풍 아내 생각하되,
'이 댁에 붙어서 우리 가장 살려내고 추월에게 복수도 할까.'
하고 바느질, 길쌈 힘써 일해 얻은 돈냥 다 들여서 승지 댁 노부인에게 아침저녁으로 진지를 올리고, 노부인께 맛난 차담상을 특별히 간간이 차려드리거늘, 부인이 감지덕지 치사하며 하는 말이,
"이 은혜를 어찌할꼬?"
주야로 유념하니, 하루는 춘풍의 처더러 이르는 말이,
㉢"내 들으니 네가 집안이 기울어서 바느질품으로 산다 하던데, 날마다 차담상을 차려 때때로 들여오니 먹기는 좋으나 불안하도다."
춘풍 아내 여쭈되,
"소녀가 혼자 먹기 어렵기로 마누라님 전에 드렸는데 칭찬을 받사오니 오히려 감사하여이다."
대부인이 이 말을 듣고 춘풍의 처를 못내 기특히 생각하더라.
하루는 도승지가 대부인 전에 문안하고 여쭈되,
"요사이는 어머님 기후가 좋으신지 화기가 얼굴에 가득하옵니다."
대부인 하는 말씀이,
"기특한 일 보았도다. 앞집 춘풍의 지어미가 좋은 차담상을 매일 차려오니 내 기운이 절로 나고 정성에 감격하는구나."
승지가 이 말을 듣고 춘풍의 처를 귀하게 보아 매일 사랑하시더니, 천만 의외로 김 승지가 평양 감사가 되었구나. 춘풍 아내, 부인 전에 문안하고 여쭈되,
"승지 대감, 평양 감사 하였사오니 이런 경사 어디 있사오리까?"
부인이 이른 말이,
㉣"나도 평양으로 내려 갈 제, 너도 함께 따라가서 춘풍이나 찾아보아라."
하니 춘풍 아내 여쭈되,
"소녀는 고사하옵고 오라비가 있사오니 비장*으로 데려가 주시길 바라나이다."
대부인이 이른 말이,
㉤"네 청이야 아니 듣겠느냐? 그리하라."
허락하고 감사에게 그 말을 하니 감사도 허락하고,
"회계 비장 하라."
하니 좋을시고, 좋을시고. 춘풍의 아내 없던 오라비를 보낼 쏜가? 제가 손수 가려고 여자 의복 벗어놓고 남자 의복 치장한다.

– 작자 미상, 「이춘풍전」 –

* 청루미색: 기생집의 아름다운 기녀.
* 주색잡기: 술과 여자와 노름을 아울러 이르는 말.
* 비장: 감사를 따라다니며 일을 돕는 무관 벼슬.

[해설편 p.006]

29. 윗글을 이해한 내용으로 적절하지 <u>않은</u> 것은?

① 춘풍은 호조 돈 이천 냥을 빌려 평양으로 떠났다.
② 춘풍 아내는 바느질품을 팔며 생계를 이었다.
③ 춘풍 아내는 춘풍의 잘못에도 가정의 화목을 바라고 있다.
④ 도승지는 평양 감사직을 연이어 두 번 맡게 되었다.
⑤ 대부인은 도승지에게 춘풍 아내의 정성을 칭찬하였다.

30. [A], [B]에 대한 설명으로 가장 적절한 것은?

① [A]는 권위를 내세워 행위의 당위성을 강조하고 있다.
② [B]는 상대의 주장을 수용하여 태도에 변화를 보이고 있다.
③ [A]는 [B]의 내용을 예측하여 반박의 여지를 차단하고 있다.
④ [B]는 [A]의 반례를 들어서 자신의 행동을 합리화하고 있다.
⑤ [A]와 [B]는 모두 영웅의 행적을 주장의 근거로 삼고 있다.

31. ㉠~㉤을 이해한 내용으로 적절하지 <u>않은</u> 것은?

① ㉠: 다른 사람의 잘못을 자신의 탓으로 여기고 있다.
② ㉡: 앞으로의 상황이 악화될 것을 염려하고 있다.
③ ㉢: 상대방의 호의를 부담스럽게 생각하고 있다.
④ ㉣: 상대의 처지를 고려해 동행을 권유하고 있다.
⑤ ㉤: 신의를 바탕으로 요청을 흔쾌히 수락하고 있다.

32. <보기>를 바탕으로 윗글을 감상한 내용으로 적절하지 <u>않은</u> 것은? [3점]

> ─────< 보 기 >─────
> 이 작품은 남편이 저지른 일을 아내가 수습하는 서사가 중심이 된다. 춘풍은 가장이지만 경제관념 없이 현실적 쾌락만을 추구하며 자신이 초래한 문제를 해결하려 하지 않는다. 반면, 춘풍 아내는 적극적으로 현실의 문제를 해결하려는 의지를 갖고 주도면밀하게 목적을 달성한다. 이러한 두 인물의 대비되는 특징으로 인해 무능한 가장의 모습과 주체적인 아내의 역할 및 능력이 부각된다.

① 춘풍이 가난을 불평하며 아내에게 집안일에 대한 모든 권리를 넘기는 것에서 무책임한 가장의 모습을 엿볼 수 있군.
② 춘풍이 전곡을 남용하고 주색잡기에 빠져 있는 것에서 경제관념 없이 현실적 쾌락을 추구하는 모습을 엿볼 수 있군.
③ 춘풍 아내가 사환에게 정보를 얻고 김 승지 댁 대부인에게 의도적으로 접근한 것에서 주도면밀한 모습을 엿볼 수 있군.
④ 춘풍 아내가 춘풍을 구하기 위해 비장의 지위를 획득하고 남장을 하는 것에서 적극적인 문제 해결 의지를 엿볼 수 있군.
⑤ 춘풍이 각서를 쓰고, 춘풍 아내가 차담상을 차리는 것에서 신분 상승을 통해 목적을 달성하려는 의도를 엿볼 수 있군.

[33 ~ 38] 다음 글을 읽고 물음에 답하시오.

(가)

기원전 3세기경 중국의 전국시대 말기는 침략과 정벌의 전쟁이 빈번하게 벌어지는 혼란의 시대였다. 이와 동시에 국가의 혼란을 해결하기 위한 길을 ⓐ모색한 여러 사상들이 융성한 시대이기도 했다.

이 시대에 활동했던 순자는 사회의 혼란과 무질서를 악(惡)이라고 규정하고 악은 온전히 인간의 성(性)에게서 비롯된 것으로 파악한다. 성이란 인간이 태어나면서부터 지니고 있는 동물적인 경향성을 일컫는 말로 욕망과 감정의 형태로 드러난다. 이 중에서 이익을 좋아하고 그것을 얻으려고 하는 인간의 성이 악을 초래한다고 보았다. 사회적 자원과 재화는 한정적인데 사람들이 모두 이기적인 욕망을 그대로 좇게 되면 그들 사이에 다툼과 쟁탈이 일어나게 된다는 것이다.

하지만 그는 인간이 성뿐만이 아니라 심(心)도 타고났기에 인간다워질 수 있고, 성에서 비롯한 사회 문제의 해결도 가능하다고 보았다. 심은 인간의 인지 능력을 뜻하는데, 인간의 감각 기관이 가져온 정보를 종합해서 인식하고 판단한다. 즉, 심은 성이 합리적인지 판단하여 성을 통제한다. 이러한 심의 작용을 통해 인간은 배우며 실천할 수 있는데, 이와 같은 인간의 의식적이고 후천적인 노력 또는 그것의 산물을 위(僞)라고 한다.

순자는 성을 변화시키는 위의 역할을 강조했는데, 특히 위의 핵심으로서 예(禮)를 언급하고 그것을 실천할 것을 주문한다. 예란 위를 ⓑ축적하여 완전한 인격체가 된 성인(聖人)이 일찍이 사회의 혼란을 우려해 만든 일체의 사회적 규범을 말한다. 이는 개인의 도덕 규범이자 나라를 다스리는 규범으로, 개인의 모든 행위의 기준이자 사회의 위계 질서를 나누는 기준이 된다. 예의 가장 중요한 기능은 ㉠신분적 차이를 구분해서 직분을 정하는 것인데 이는 인간의 욕망 추구를 긍정하되 그 적절한 기준과 한계를 설정함을 의미한다. 사회 구성원이 자신의 위치에 맞게끔 욕망을 추구하게 함으로써 다툼과 쟁탈이 없는 안정된 사회를 만들 수 있다고 생각했기 때문이다.

이때 순자는 군주를 예의 근본으로 규정하고 그의 역할을 중시한다. 군주는 계승되어 온 예의 공통된 원칙을 지키고, 당대의 요구에 맞춰 예를 제정해야 한다. 구체적으로 군주는 백성들의 직분을 정해 주고 그들을 가르쳐 예의 길로 인도하는 역할을 수행한다. 이를 통해 백성들의 성은 교화되고 질서와 조화를 이룬 선(善)한 사회에 다다를 수 있다.

순자는 당대의 사상가들과 달리 사회 문제의 원인을 외적 상황에서 찾지 않고 인간의 타고난 성향에서 찾음으로써 인간 사회를 바라보는 새로운 관점을 제시하였다. 그러한 점에서 순자는 인간의 후천적 노력을 바탕으로 한 인간과 사회의 변화 가능성을 ⓒ신뢰한 사상가라 할 수 있다.

(나)

홉스가 살던 17세기는 종교 전쟁과 내전을 겪으며 혼란스러웠다. 이에 왕의 권력은 신으로부터 부여받은 것이라는 왕권신수설에 많은 사람들은 의문을 품게 되었다. 이러한 상황에서 홉스는 사회적 혼란을 해결하고자 신이 아닌 인간에 대한 탐구를 시작한다.

홉스는 국가 성립 과정을 설명하기 위해 국가가 성립하기 이전의 집단적 삶인 자연 상태를 가정한다. 그는 인간을 자기 보존을 추구하는 존재로 규정한다. 또한 인간은 자연 상태에서 누구나 절대적인 자유를 행사할 수 있는 권리를 지니는데, 이를 자연권이라고 말한다. 자연 상태에서 인간은 자기 보존을 위해 자신의 이익만을 추구하면서 끊임없이 싸우게 되는데 그는 전쟁과도 같은 이 상황을 '만인에 대한 만인의 투쟁'이라 ⓓ명명한다. 하지만 이 상황에서 인간이 느끼는 죽음에 대한 공포는 평화와 안전을 바라게 하는 감정을 유발하기도 한다.

이때 인간의 이성은 평화로운 상태로 나아가기 위한 최선의 법칙을 발견하는데 홉스는 이를 자연법이라 일컫는다. 자연법의 가장 근본적인 원칙은 평화를 추구하고 따르라는 것이다. 그리고 이를 위해 인간의 이성은 자연 상태에서 가졌던 권리의 상당 부분을 포기하고 그것을 양도하는 ㉡사회 계약이 필요함을 깨닫는다.

개인이 자기 보존을 위해 자발적으로 동의한 사회 계약은 두 단계에 걸쳐 이루어진다. 첫 번째 단계에서 개인과 개인은 상호 적대적인 행위를 중지하고자 자연권의 대부분을 포기하는 계약을 맺는다. 그런데 이 계약은 누군가가 이를 위반할 경우에 그것을 제재할 수단이 없다는 한계가 있어 쉽게 파기될 수 있다. 이 계약의 불안정성을 해소하고 실효성을 보장하기 위해서는 계약 위반을 제재할 강제력과 그것을 집행할 수 있는 힘의 소유자를 세우는 일이 필요하다. 이에 개인은 계약 위반을 제재할 공동의 힘을 지닌 통치자와 두 번째 단계의 계약을 맺고 자신들의 권리를 그에게 양도한다.

이러한 계약의 과정을 거치며 '리바이어던'이라 불리는 국가가 탄생한다. 리바이어던은 본래 성서에 등장하는 무적의 힘을 가진 바다 괴물의 이름으로, 홉스는 이를 통해 계약으로 탄생한 국가의 강력한 공적 권력을 강조한 것이다. 통치자는 국가 권력의 실질적인 행사 주체로서 국가에 대한 복종을 요구하는 대신에 개인을 위험으로부터 보호하는 책무를 갖는다. 그는 강력한 처벌에 대한 규정을 만들고 개인들이 이에 따르게 함으로써 그들의 안전을 보장한다. 통치자가 개인들로부터 위임받은 권리를 정당하게 행사하여 개인들 간의 투쟁을 해소함으로써 비로소 평화로운 사회가 ⓔ구현된다.

홉스의 사회 계약론은 인간의 본성에 대한 통찰을 바탕으로 국가가 성립하게 되는 과정을 제시하고 있다. 특히 국가가 지닌 힘의 원천을 신이 아닌 자유로운 개인들에게서 찾고 있다는 점에서 근대 주권 국가의 토대를 마련했다고 할 수 있다.

33. (가)와 (나)의 공통점으로 가장 적절한 것은?

① 인간 중심적인 시각에서 벗어나 사회 현상을 분석하고 있다.
② 현실을 개선하려는 사상가의 견해와 그 의의를 제시하고 있다.
③ 종교적인 믿음을 바탕으로 성립된 권력의 개념을 밝히고 있다.
④ 국가와 국가 간의 전쟁이 야기한 사상의 탄압 양상을 설명하고 있다.
⑤ 시대적 상황의 변화에 따라 달라진 지도자의 위상을 통시적으로 설명하고 있다.

34. (가)의 군주와 (나)의 통치자에 대한 이해로 적절하지 <u>않은</u> 것은?

① 군주는 사회 구성원의 내면의 변화를 전제로 질서와 조화를 이룬 선한 사회를 만든다.

② 통치자는 신으로부터 부여받은 권리를 정당하게 행사함으로써 평화로운 사회를 만든다.

③ 군주는 백성을 사회적 위치에 맞게 행동하도록 인도하고, 통치자는 개인들의 상호 적대적인 행위의 중지를 요구한다.

④ 군주는 예를 바탕으로 한 교화를 통해, 통치자는 강력한 공적 권력을 바탕으로 한 처벌을 통해 사회의 질서를 도모한다.

⑤ 군주와 통치자는 모두 나라를 다스리는 지도자로서 사회적 역할을 이행해야 할 책무를 갖는다.

35. ㉠에 대한 설명으로 가장 적절한 것은?

① 개인의 욕망보다 사회의 요구를 강조하여 심의 부작용을 막기 위한 것이다.

② 인간의 성과 심의 차이를 구분하여 새로운 도덕적 기준을 세우기 위한 것이다.

③ 사회 구성원이 심을 체득하게 하여 혼란한 사회적 상황을 해결하기 위한 것이다.

④ 개인의 도덕 규범과 나라의 통치 규범을 구분하여 사회 문제의 원인을 찾기 위한 것이다.

⑤ 한정적인 사회적 자원과 재화를 적절하게 분배하여 사회의 안정성을 추구하기 위한 것이다.

36. ㉡을 이해한 내용으로 적절하지 <u>않은</u> 것은?

① 만인에 대한 만인의 투쟁 상황에서 벗어나기 위해 맺은 것이다.

② 자유를 향유할 수 있는 권리의 포기는 자발적인 동의하에 이루어진다.

③ 개인은 첫 번째 단계의 계약을 맺음으로써 공동의 힘을 제재할 수 있다.

④ 첫 번째 단계의 계약은 두 번째 단계의 계약과 달리 위반할 경우 제재 수단이 없다.

⑤ 두 번째 단계의 계약은 첫 번째 단계의 계약과 달리 개인의 권리 양도가 이루어진다.

37. (가)의 '순자'와 (나)의 '홉스'의 입장에서 <보기>의 상황을 이해한 내용으로 적절하지 <u>않은</u> 것은? [3점]

< 보 기 >

생물학자인 개릿 하딘은 공유지에서의 자유가 초래하는 혼란한 상황을 '공유지의 비극'이라 일컬었다. 그는 한 목초지에서 벌어지는 상황을 예로 들어 이를 설명하였다.

> 모두가 사용할 수 있는 목초지가 있다. 한 목동은 자신의 이익을 극대화하는 방법으로 가능한 한 많은 소 떼들을 목초지에 풀어 놓는다. 다른 목동들도 같은 방법을 취하게 되고 결국 목초지는 황폐화된다.

---

① 순자는 목동들이 '위'를 행하였다면 목초지의 황폐화를 막을 수 있었을 것이라고 생각하겠군.

② 홉스는 목동들이 처한 상황을 자기 보존을 추구하는 욕망이 발현된 '자연 상태'라고 생각하겠군.

③ 순자는 완전한 인격체가 만든 규범이, 홉스는 강력한 국가의 개입이 필요한 상황이라고 생각하겠군.

④ 순자는 '성'을 그대로 좇는 모습으로, 홉스는 '자연권'을 행사하는 모습으로 목동들의 이기적 행동을 이해하겠군.

⑤ 순자와 홉스는 모두 목동들이 공포를 느끼게 되면 문제 상황에 대한 합리적 판단 능력을 갖게 될 것이라고 생각하겠군.

38. ⓐ ~ ⓔ의 사전적 의미로 적절하지 <u>않은</u> 것은?

① ⓐ : 일이나 사건 따위를 해결할 수 있는 방법이나 실마리를 더듬어 찾음.

② ⓑ : 지식, 경험, 자금 따위를 모아서 쌓음.

③ ⓒ : 자기의 주장을 굽혀 남의 의견을 좇음.

④ ⓓ : 사람, 사물, 사건 등의 대상에 이름을 지어 붙임.

⑤ ⓔ : 어떤 내용이 구체적인 사실로 나타나게 함.

[39 ~ 43] 다음 글을 읽고 물음에 답하시오.

사계절이 뚜렷한 곳에서 자라는 나무는 매해 하나씩 나이테를 만들기 때문에 나이테를 세면 나무의 나이를 알 수 있다. 그렇다면 나이테는 단순히 나무의 나이를 알기 위해서만 활용되는 것일까? 그렇지 않다. 나이테는 현재 남아 있는 다양한 목제 유물들이 언제 만들어졌는지 그 제작 연도를 ⓐ규명하는 데도 활용되고 있다.

나무의 나이테는 위치에 따라 크게 심재, 변재로 구분된다. 심재는 나무의 성장 초기에 형성된 안쪽 부분으로 생장이 거의 멈추면서 진액이 내부에 갇혀 색깔이 어둡게 변한 부분이다. 변재는 심재의 끝부터 껍질인 수피 전까지의 바깥 부분으로 물과 영양분을 공급하는 생장 세포가 활성화되어 있어 밝은 색상을 띠는 부분이다. 나무의 나이는 이 심재와 변재의 나이테 수를 합한 것이 된다.

그런데 나무의 나이테 너비를 살펴보면 매해 그 너비가 동일하지 않다. 그 이유는 '제한 요소의 법칙'에 의해서 나무의 생장량이 결정되기 때문이다. 나무가 생장하기 위해서는 물, 빛, 온도, 이산화 탄소 등의 다양한 환경 요소가 필요한데 환경 요소들은 해마다 다르기 때문에 나이테의 너비도 변하게 된다. 그렇다고 모든 환경 요소가 나이테의 너비 변화에 영향을 주는 것은 아니다. 여러 환경 요소 중에서 가장 부족한 요소가 나이테의 너비 변화에 가장 큰 영향을 주게 되는데 이것이 바로 제한 요소의 법칙이다.

나무가 가장 부족한 요소에 모든 생물학적 활동을 맞추는 것은 안전하게 생장하기 위한 전략이다. 만일 나무의 생장이 가장 풍족한 요소를 기준으로 이뤄진다면 생장에 필요한 생물학적 활동을 제한하는 요소가 많아져 ⓑ고사할 위험이 높아지게 될 것이기 때문이다. 제한 요소의 법칙은 모든 나무의 생장에 예외 없이 적용되며, 그 결과로 동일한 수종이 유사한 생장 환경에서 자라면 나이테의 너비 변화 패턴이 유사하다. 하지만 수종이 같더라도 지역이 다르면 생장 환경이 다르기 때문에 나이테의 너비 변화 패턴은 달라지게 된다.

나이테를 활용하여 목제 유물에 사용된 나무의 벌채* 연도나 환경 조건을 추정하는 것을 연륜 연대 측정이라 하는데 이를 위해서는 나이테의 너비 변화 패턴을 그래프로 나타낸 ㉠연륜 연대기가 있어야 한다. 수천 년 살 수 있는 나무는 많지 않으나 아래 <그림>과 같은 방법으로 수천 년에 달하는 연륜 연대기 작성은 가능하다.

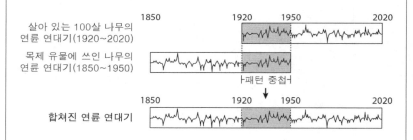

살아 있는 나무에서 나이테 너비를 ⓒ측정하면 정확한 연도가 부여된 연륜 연대기를 작성할 수 있다. 다음으로 오래지 않은 과거에 제작된 목제 유물의 나이테로 연륜 연대기를 작성하여 이미 작성된 연륜 연대기와 비교하면 패턴이 겹치는 기간을 확인할 수 있다. 그 기간은 지금 살아 있는 나무와 과거 유물에 사용된 나무가 함께 생장하던 기간이 된다. 이러한 방법으로 보다 과거의 목제 유물로 작성된 연륜 연대기와 패턴 비교를 반복하면 수백, 수천 년에 달하는 나무의 연륜 연대기

작성이 가능해진다. 이렇게 작성된 장기간의 연륜 연대기를 표준 연대기라 하는데 우리나라는 현재 소나무, 참나무, 느티나무의 표준 연대기를 ⓓ보유하고 있다. 연륜 연대 측정은 이 표준 연대기와 목제 유물의 나이테로 작성한 유물 연대기의 패턴을 비교함으로써 진행되고 그 방법은 다음과 같다.

[A]
먼저 목제 유물의 나이테에 변재가 있는지 확인해야 한다. 나무를 가공할 때는 벌레가 먹거나 쉽게 썩는 변재의 일부 또는 전체가 잘려 나가기도 하는데 만일 유물의 나이테에 변재가 없는 경우에는 벌채 연도를 추정할 수 없게 된다.

변재의 존재 여부를 확인한 후에는 목제 유물의 각 부분에서 나이테를 채취해 패턴이 중첩되는 부분을 비교하여 유물 연대기를 만든 다음, 비교 대상으로 사용할 표준 연대기를 정해야 한다. 이때 유물 연대기와 표준 연대기의 상관도를 나타내는 t값과 일치도를 나타내는 G값을 고려해야 하는데 100년 이상의 기간을 상호 비교할 때 t값은 3.5 이상, G값은 65% 이상의 값을 가져야 통계적으로 유의성이 있는 것으로 ⓔ간주된다.

표준 연대기를 정한 후에는 유물 연대기와 표준 연대기의 패턴을 비교하여 중첩되는 부분의 시작 나이테의 연도부터 마지막 나이테의 연도를 확정하여 절대 연도를 부여한다. 유물의 나이테가 변재를 완전하게 갖고 있을 경우에는 마지막 나이테의 절대 연도가 벌채 연도가 된다. 하지만 변재의 바깥쪽 나이테 일부가 잘려 나갔다면 마지막 나이테의 절대 연도에 잘려 나간 변재 나이테 수를 더한 값이 벌채 연도가 되는데 이때는 수령별 평균 변재 나이테 수를 참고한다. 비슷한 수령의 나무가 갖는 평균 변재 나이테 수에서 유물에 남아 있는 변재 나이테 수를 빼, 나무를 가공할 때 잘라 낸 변재 나이테 수를 구한다. 그리고 이를 마지막 나이테의 절대 연도에 더해 벌채 연도를 확정한다. 그 다음, 벌채한 후 가공할 때까지 나무를 건조하는 일반적인 기간인 1 ~ 2년을 더해 목제 유물의 제작 연도를 추정한다.

* 벌채 : 나무를 베어 냄.

39. 윗글에서 사용된 전개 방식으로 적절하지 <u>않은</u> 것은?

① 자문자답의 방식으로 화제를 제시하고 있다.
② 대상의 특성을 관련 개념을 통해 설명하고 있다.
③ 일정한 기준에 따라 대상을 나누어 설명하고 있다.
④ 어려운 개념을 친숙한 대상에 빗대어 설명하고 있다.
⑤ 반대 상황을 가정하여 현상에 대한 이해를 돕고 있다.

40. 윗글에서 알 수 있는 내용으로 가장 적절한 것은?

① 심재는 생장이 거의 멈춘 나이테로 수피에 인접하여 있다.
② 변재는 생장 세포에 있는 진액으로 인해 밝은 색상을 띤다.
③ 나무의 수령은 변재 나이테의 개수로 파악할 수 있다.
④ 나이테의 너비는 가장 풍족한 환경 요소로 결정된다.
⑤ 심재 나이테만 남아 있다면 연륜 연대 측정은 불가하다.

41. ㉠에 대한 설명으로 적절하지 <u>않은</u> 것은?

① 동일한 수종이라도 환경이 다르면 패턴이 달라진다.
② 패턴 비교를 반복하면 장기간의 연대기 작성이 가능하다.
③ 나이테의 너비가 일정하면 패턴 분석의 대상이 될 수 없다.
④ 제한 요소의 법칙에 따라 나무가 생장한 결과를 보여 준다.
⑤ 현재 국내에는 3종의 나무에 대한 표준 연대기가 존재한다.

42. [A]를 바탕으로 <보기>의 '연륜 연대 측정 자료'를 이해한 내용으로 적절하지 <u>않은</u> 것은? [3점]

― < 보 기 > ―

[소나무 서랍장에 대한 연륜 연대 측정]

Ⅰ. 측정 참고 자료

  ○ 두 곳의 서랍에서 같은 나무의 나이테를 채취하였고, 이 중 서랍2에서는 좁은 나이테 모양으로 보아 바깥쪽 나이테가 거의 수피에 근접한 것을 확인하였음.
  ○ 서랍1, 2 연대기의 패턴을 비교하여 유물 연대기를 작성한 후 표준 연대기와 비교하여 절대 연도를 부여함.

Ⅱ. 유의성 및 수령별 평균 변재 나이테 수 자료

표준 연대기	t값	G값	평균 변재 나이테 수	
			수령 100년	수령 150년
a산 소나무	3.7	69%	60개	77개
b산 소나무	3.2	60%	58개	65개

Ⅲ. 소나무 서랍장 유물 연대기 및 절대 연도 부여 자료

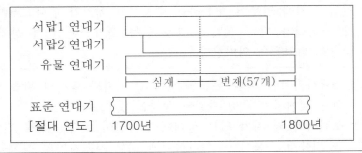

① t값과 G값을 고려할 때 표준 연대기는 a산 소나무의 연대기가 사용되었을 것이다.
② 유물 연대기와 표준 연대기의 패턴이 중첩되는 기간은 1700년부터 1800년까지일 것이다.
③ 마지막 나이테의 절대 연도를 고려할 때 서랍장에 사용된 나무의 벌채 연도는 1802년일 것이다.
④ 비슷한 수령의 소나무가 갖는 평균 변재 나이테 수를 참고하면 가공할 때 잘려 나간 변재 나이테 수는 3개일 것이다.
⑤ 벌채한 나무의 건조 기간을 고려하면 서랍장의 제작 연도는 1804년에서 1805년 사이일 것이다.

43. ⓐ ~ ⓔ를 바꿔 쓴 것으로 적절하지 <u>않은</u> 것은?

① ⓐ : 밝히는
② ⓑ : 말라 죽을
③ ⓒ : 헤아리면
④ ⓓ : 가지고
⑤ ⓔ : 여겨진다

[44 ~ 45] 다음 글을 읽고 물음에 답하시오.

[앞부분 줄거리] 동물원의 코끼리들이 도심으로 탈출했다. 근처 선거 유세장에서는 정치인이 부상을 당하였고, 일대는 쑥대밭이 되었다. 조련사는 유세를 방해하기 위해 일부러 코끼리를 풀어 준 혐의로 경찰서에 붙잡혀 와 조사를 받는다. 참고인 자격의 의사와 아들의 면회를 온 어머니도 함께 있다.

조련사 : 정말인데. 코끼리들은 공연하면서 많이 우는데. 답답하다고 우는데. 슬퍼서 우는데. 난 다 알고 있었는데. 코끼리들이 며칠 전서부터 도망갈 조짐을 보인 것도 알았는데. 도망가려고 의논하는 소릴 들었는데. 그리고 그날은 공원에 갈 때 다른 날과 다르게 빨리 걸었는데. 난 눈치를 챘는데. 오늘이구나. 다른 조련사들이 나한테 다 맡기고 매점에 갔을 때, 코끼리들이 주위를 살피기 시작했는데. 거위들이 꽥꽥댈 때 서로 눈을 마주쳤는데. 나도 코끼리랑 눈이 마주쳤지만 휘파람을 불었는데. 못 본 척 휘파람만 불었는데. 도망가라고. 가서 가족들 애인들 만나라고 일부러 못 본 척했는데.

어머니 : 겁을 많이 먹었어요. 두려우면 말이 많아져요.

어머니가 손수건을 꺼내 조련사를 닦아 주려 하나 조련사가 피한다.

의사 : (조련사에게) 도망치지 마세요. 선생님은 지금 또 다른 거짓말을 만들고 그리로 도망가는 겁니다. 용기를 내서 직면하세요. 직면이 무슨 뜻인 줄 아시죠? 정정당당하게 직접 부딪치는 거예요. 지금이 가장 중요한 순간입니다.

조련사가 외면한다.

형사 : (담배를 비벼 ㄲ끄고) 야, 인마! 나 똑바로 쳐다봐. 너 아까 시인했지? 시켜서 했다고. 그들이 널 1년 전부터 코끼리 조련에 투입했잖아.

조련사가 외면한다.

어머니 : 있는 그대로 말씀드려. 넌 그저 착한 마음에 코끼리들을 풀어주고 싶었잖아. 네가 그랬잖니? 동물들이 밧줄에 묶여 있는 것 보면 마음이 아프다고. 꼭 네가 묶인 것처럼 마음이 아프다고. 왜 말을 못 해? 왜 그렇게 말을 못 해?

조련사는 자신의 말이 받아들여지지 않는 것에 대해 너무 답답하다. 그는 발을 구르고 팔을 휘두르고 고개를 흔들며 몸으로 그 답답함을 호소한다.

조련사 : 진짜 그랬는데. 왜 내 말을 안 믿는데.
형사 : (소리를 지른다) 가만히 앉아!
의사 : 직면하기 힘들어서 그런 겁니다.
어머니 : 애야, 정신 차려.

(중략)

조련사 : (꽤 지쳐 있다) 내가 했는데. 다 내가 했는데.

형사 : (조련사의 어깨를 두드리며) 그만, 그만. 진정해. 거기 까지. 잘했어. 오후에 기자단이 오면 나한테 했던 말을 그 대로 하면 돼. 그러면 모든 일이 마무리되는 거야. 어마어 마한 음모가 드러나는 거지. 걱정 마. 넌 가벼운 문책을 받는데 그치도록 손써 줄게.

이때, 친절한 노크 소리. 느닷없이 코끼리가 들어온다. 코끼 리는 오로지 조련사에게만 보인다. 따라서 조련사와 코끼리의 대화는 아무도 들을 수 없다.

조련사 : 삼코!

코끼리가 조련사에게 다가와 그를 일으켜 세운 후 가슴에 번호표를 달아준다.

코끼리 : 57621번째 코끼리가 된 걸 축하해.

코끼리가 조련사의 목에 화환을 걸어 준다. 코끼리가 조련사 를 형사가 있는 쪽으로 보낸다. 이때부터 말하는 사람에게만 차례로 조명이 비춰진다. 조련사에게 조명이 비춰질 때마다 그 는 조금씩 코끼리로 변해 있다.

형사 : (조련사에게) 넌 톱기사로 다뤄질 거야. 다른 얘긴 집 어치우고 유세장 얘기만 해. 어떻게 유세장으로 코끼리를 유인했는지. 고생했다. 배고프지? 좀 이따 따뜻한 국밥이 라도 먹자. 기자 회견 때는 김창건 의원 이름을 분명히 말 해. 그래야 네 혐의가 쉽게 풀릴 테니까.

조련사가 편안한 미소를 지으며 오른손을 올려 이마에 경례 를 붙인다. 조련사가 어둠으로 사라지면 어둠 속에 있던 코끼 리가 그에게 조끼를 입힌다. 코끼리가 그를 의사에게 보낸다.

의사 : 고백한 내용, 모두 녹음했어요. 코끼리를 사랑할 순 있 지만 그건 병이에요. 병을 고치는 건 문제점을 인정하는 데서 출발하죠. 선생님의 인정은 정말 용감한 일입니다. 고비를 넘기셨어요. 선생님께도 곧 진짜 애인이 생길 수 있습니다. 코끼리가 아닌 진짜 여자.

조련사가 행복한 미소를 지으며 감사의 인사를 정중하게 한 다. 조련사가 어둠으로 사라지면 코끼리가 그에게 화려한 벨벳 모자를 씌운다. 코끼리가 그를 어머니에게 보낸다.

어머니 : 어쩌겠니. 순진하기만 한 걸. 그렇게 생겨 먹은 걸. 인생 뭐 있니? 생긴 대로 사는 거지. 그래도 넌 여전히 착 하고 멋지다. 그럼, 누구 아들인데. 누가 너처럼 용감할 수 있니? 그래, 다 풀어 줘. 다 초원으로 데리고 가. 개구 리도 코끼리도, 엄마도 아빠도 다, 다 데리고 가. 사람들 이 나중엔 알 거야. 네가 얼마나 좋은 일을 했는지. 혹시 아니? 노벨 평화상이라도 줄지.

조련사가 어머니를 살짝 포옹했다 푼다. 조련사가 어둠으로 사라지면 코끼리가 그에게 커다란 코가 붙어 있는 머리를 씌 워 준다. 어느새 조련사는 코끼리와 똑같은 형상을 갖췄다. 조

명이 서서히 무대 전체를 비춘다. 형사, 의사, 어머니는 자신 의 의지가 관철된 듯, 결의에 찬 박수를 친다. 박수 소리가 점 점 커져 우레 같은 박수 소리가 된다. 마치 서커스를 보려고 몰려든 관중의 박수 소리처럼. 조련사와 코끼리는 형사, 의사, 어머니 사이를 돌며 쇼를 시작한다.

– 이미경, 「그게 아닌데」 –

44. 윗글을 이해한 내용으로 적절하지 <u>않은</u> 것은?

① 조련사는 코끼리들이 동물원에서 탈출하려는 모습을 보고도 방관했다고 말했다.

② 형사는 조련사에게 배후 세력의 지시를 받았다는 것을 인정 하라고 다그쳤다.

③ 어머니는 조련사가 한 행동의 원인을 조련사의 심리나 성품 에서 찾았다.

④ 의사는 조련사의 말과 행동을 병과 연관 지어 해석했다.

⑤ 형사, 의사, 어머니는 서로 의견을 교환하며 조련사를 설득할 방법을 모색했다.

45. <보기>를 바탕으로 윗글을 감상한 내용으로 적절하지 <u>않은</u> 것은? [3점]

> < 보 기 >
>
> 이 작품은 사람들 사이의 소통 단절의 문제를 조련사가 코 끼리로 변해 가는 과정을 통해 상징적으로 나타낸다. 조련사 는 상대가 자신만의 논리를 일방적으로 강요하는 것에 답답 함과 무력감을 느낀다. 결국 조련사는 자기 생각을 버리고 타 인의 의지에 맞추어 순응하는 수동적인 처지가 된다. 조련사 가 코끼리가 되는 결말은 그가 회복 불가능한 단절 상황에 놓이게 되었음을 의미한다.

① 조련사가 어머니의 손길을 피하고, 의사와 형사의 말을 외면 하는 것에서 소통이 단절된 상황을 엿볼 수 있군.

② 조련사가 꽤 지쳐 있는 상태에서 자신이 했다는 말을 반복하 는 것에서 소통이 어려운 상황에 대한 자포자기의 심정을 엿 볼 수 있군.

③ 조련사가 코끼리로 조금씩 변하면서 형사, 의사의 말에 미소 를 짓는 것에서 소통이 단절된 상황에서 벗어났음을 엿볼 수 있군.

④ 조련사가 코끼리의 형상을 갖춘 뒤 형사, 의사, 어머니가 결 의에 찬 박수를 치는 것에서 자신들의 의지가 관철된 만족감 을 엿볼 수 있군.

⑤ 조련사가 코끼리가 되어 형사, 의사, 어머니 사이를 돌며 쇼 를 하는 것에서 동물원의 코끼리와 다를 바 없는 수동적인 처지로 전락했음을 엿볼 수 있군.

---

* **확인 사항**

○ 답안지의 해당란에 필요한 내용을 정확히 기입(표기) 했는지 확인하시오.

2023학년도 3월 고1 전국연합학력평가 문제지

국어 영역

제 1 교시

02회

1

● 문항수 45개 | 배점 100점 | 제한 시간 80분

● 점수 표시가 없는 문항은 모두 2점

[1 ~ 3] 다음은 학생의 발표이다. 물음에 답하시오.

안녕하세요? 여러분, 병풍이 무엇인지 알고 계신가요? (청중의 반응을 살피며) 네, 고개를 끄덕이는 분들이 많으시네요. 최근 한 휴대폰 제조사에서 여러 번 접을 수 있는 병풍의 특징을 적용한 '병풍폰'을 개발한다는 기사를 보았습니다. 저는 이 기사를 보고 호기심이 생겨 전통 공예품 중 병풍에 대해 조사하여 발표하게 되었습니다.

'병풍'은 바람을 막는다는 의미를 지니는데, 바람을 막는 기능 외에 무엇을 가리는 용도로도 사용되는 소품입니다. (㉠자료를 제시하며) 병풍은 이렇게 펼치고 접을 수 있는 구조적 특징이 있어 공간을 효율적으로 사용할 수 있도록 하는 장점이 있습니다. 병풍을 펼쳐 공간을 분리하거나, 접어서 공간을 확장하여 사용할 수 있기 때문입니다. 이러한 구조적 특징으로 인해 야외나 다른 공간으로 병풍을 옮겨 사용하기 편리하고, 접었을 때 보관하기에도 용이합니다.

병풍은 공간을 꾸며 상황에 맞는 분위기를 조성하는 장식적 특징도 있습니다. 이러한 특징은 병풍에 그림을 넣는 데서 두드러지게 나타나는데, 병풍에는 상징적인 의미를 지닌 그림들을 사용하는 경우가 많습니다. 장수를 기원할 때는 십장생을, 선비의 지조를 강조하고자 할 때는 사군자를 그린 그림을 사용하기도 하였습니다. (㉡자료를 제시하며) 지금 보시는 이 병풍에는 꽃과 새가 그려져 있는데, 결혼식 때 신랑 신부의 행복과 부귀영화를 기원하는 상징적 의미를 담은 것입니다. 꽃과 새를 화려하게 그려 넣어 장식함으로써 결혼식의 경사스러운 분위기를 조성하는 데 사용합니다.

(㉢자료를 제시하며) 여러분, 이 병풍에는 어떤 특징이 있을까요? (청중의 대답을 듣고) 네, 맞습니다. 이 병풍은 글자와 그림이 어우러져 있는 '문자도 병풍'입니다. 문자도 병풍은 유교의 주요 덕목을 나타내는 글자를 그린 병풍입니다. 보시는 것처럼 '효'라는 한자와 다양한 소재들이 어우러져 있는데요, 각 소재들은 효자와 관련된 이야기에 등장하는 것들입니다. 이 중에서 가장 크게 보이는 잉어를 예로 들자면, 추운 겨울에 물고기를 드시고 싶어 하는 부모님을 위해 얼음을 깨고 물고기를 잡은 효자의 설화와 관련이 있습니다. 이러한 문자도 병풍은 집안을 장식하고 유교적 덕목을 되새기기 위한 용도로 사용되었습니다.

병풍은 우리 선조들의 생활 속에서 꾸준하게 사랑받아 온, 실용성과 예술성을 겸비한 생활용품입니다. 앞으로 여러분께서도 어디선가 병풍을 접했을 때 관심 있게 살펴봐 주시기 바랍니다. 그리고 발표 내용을 떠올리면서 병풍에 담긴 의미를 생각해 보고, 그 아름다움도 느껴 보시면 좋을 것 같습니다. 이상으로 발표를 마치겠습니다.

1. 위 발표에 대한 설명으로 적절하지 <u>않은</u> 것은?

① 발표 소재를 선정한 계기를 언급하며 발표를 시작하고 있다.
② 다른 대상과 대비하여 발표 소재의 장점을 강조하고 있다.
③ 구체적인 예를 들어 발표 내용에 대한 이해를 돕고 있다.
④ 질문을 던지는 방식을 활용하여 청중과 상호작용하고 있다.
⑤ 발표 소재에 대한 관심을 당부하며 발표를 마무리하고 있다.

2. 다음은 발표자가 제시한 자료이다. 발표자의 자료 활용에 대한 이해로 적절하지 <u>않은</u> 것은?

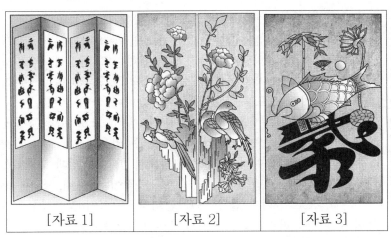

[자료 1] [자료 2] [자료 3]

① ㉠에서 [자료 1]을 활용하여, 펼치고 접을 수 있어 공간 활용의 효율성을 높이는 병풍의 구조적 특징을 설명하였다.
② ㉠에서 [자료 1]을 활용하여, 실내외 공간에 따라 그림이나 글자를 선택할 수 있는 병풍의 다양성을 설명하였다.
③ ㉡에서 [자료 2]를 활용하여, 기원하는 바를 그림에 담아 표현하는 병풍의 상징성을 설명하였다.
④ ㉡에서 [자료 2]를 활용하여, 공간을 꾸며 상황에 맞는 분위기를 조성하는 병풍의 장식적 특징을 설명하였다.
⑤ ㉢에서 [자료 3]을 활용하여, 글자와 그림을 통해 유교적 덕목을 되새길 수 있는 병풍의 용도를 설명하였다.

3. 다음은 발표를 듣고 학생이 보인 반응이다. 이를 이해한 내용으로 가장 적절한 것은?

얼마 전 카페에서 전체를 접고 펼 수 있는 구조로 된 창문을 보았어. 날씨가 나쁠 때는 펼쳐서 외부와 차단하고, 날씨가 좋을 때는 접어서 공간을 확장하여 사용하고 있었어. 발표 내용을 듣고 그 창문이 공간을 분리하고 확장하는 병풍의 구조적 특징과 유사하다고 생각하게 되었어. 박물관에서나 볼 수 있는 옛날 물건이라고만 생각했던 병풍이 가지는 현대적 가치를 생각해 보는 기회가 되었어.

① 자신의 경험과 관련지어 발표 소재에 대해 새롭게 인식하고 있다.
② 발표 내용이 발표 주제에 부합하는지 객관적으로 분석하고 있다.
③ 발표를 듣기 전에 지녔던 의문을 발표 내용을 통해 해소하고 있다.
④ 발표 내용 중 사실과 의견을 구분하여 선별적으로 수용하고 있다.
⑤ 배경지식을 활용하여 발표자의 견해를 비판적으로 평가하고 있다.

[4~7] (가)는 생태 환경 동아리의 회의이고, (나)는 이를 바탕으로 작성한 안내문의 초고이다. 물음에 답하시오.

(가)

동아리 회장: 지난 회의에서 우리 학교 학생들을 대상으로 반려 식물 키우기 캠페인을 하기로 결정했는데요, 오늘은 캠페인을 어떻게, 어떤 내용으로 진행할지에 대해 협의해 보겠습니다. 좋은 의견이 있으면 말씀해 주시기 바랍니다.

부원 1: 이번 캠페인을 통해 많은 학생들이 반려 식물을 키워 보는 경험을 하는 것이 가장 중요하다고 생각합니다. 그렇게 하려면 학생들에게 반려 식물 모종을 나누어 주고 직접 키워 보도록 해야 할 것 같습니다.

부원 2: 저도 같은 생각입니다. 다만 우리 학교 학생들에게 나누어 줄 모종을 충분히 준비할 수 있을까요?

부원 1: 예전에 동아리 담당 선생님께서 학교에 생태 교육 예산이 있다고 말씀하신 것을 들은 적이 있는데, 혹시 그 예산으로 반려 식물 모종을 준비할 수 있지 않을까요?

동아리 회장: 저도 그 이야기를 들어서 여쭈어보았더니 선생님께서 그 예산으로 300개 정도의 모종을 준비해 주실 수 있다고 말씀하셨고, 학생들이 키우기 좋은 반려 식물 세 가지도 추천해 주셨습니다.

부원 1: 반가운 소식이네요. 그런데 모종의 수가 우리 학교 학생 수의 절반밖에 되지 않아 걱정입니다.

부원 2: 그래도 300명이나 되는 학생들이 반려 식물을 키우는 경험을 할 수 있고 반려 식물 키우기를 원치 않는 학생들도 있을 테니, 모종 300개로도 캠페인을 진행하는 데 무리가 없을 것 같습니다. ┐[A]

부원 1: 말씀을 들어 보니 모종 수는 문제가 되지 않겠네요.

동아리 회장: 그런데 캠페인이 모종 나누어 주기만으로 끝나면 안 될 것 같습니다. 나누어 줄 식물의 이름, 특징, 키우는 방법에 대한 정보도 함께 제공해야 하지 않을까요?

부원 1: 좋은 의견이네요.

부원 2: 저도 같은 생각입니다. 정보를 제공하면 반려 식물을 더 잘 키우는 데 도움이 될 수 있을 것입니다.

동아리 회장: 반려 식물 모종 나누기와 함께 반려 식물과 관련한 정보를 제공해 주자는 의견에 모두 공감하는 것 같은데요, 반려 식물에 대한 정보를 담은 안내문을 만들어 모종과 함께 나누어 주면 어떨까요?

부원 2: 좋은 생각입니다. 모종 나누기 행사 전에 안내문을 학교 게시판에 게시하면 캠페인의 홍보 효과도 얻을 수 있을 것 같아요.

동아리 회장: 그렇네요. 그럼 안내문에는 어떤 내용을 어떤 순서로 제시할지 한 분씩 의견을 말씀해 주시기 바랍니다.

부원 1: 먼저 반려 식물은 무엇인지, 반려 식물을 키우면 어떤 효과가 있는지 밝히면 좋겠어요. 그러면 학생들이 캠페인에 더 많은 관심을 가질 것 같습니다.

부원 2: 그다음에 모종 나누기 행사를 안내하고, 반려 식물의 이름, 특징, 키우는 방법 등을 제시했으면 합니다.

부원 1: 하지만 안내문의 제한된 공간에 반려 식물을 키 ┐ 우는 방법까지 제시하는 것은 어렵지 않을까요? 나누어 주려는 반려 식물이 세 가지나 되는데, 이 세 가지 │[B] 식물을 키우는 방법을 모두 안내하는 것은 무리일 것 같습니다. ┘

동아리 회장: 음, 각각의 반려 식물을 키우는 방법을 안내하는 홈페이지를 QR 코드로 연결해 두면 어떨까요?

부원 1: 그러면 학생들이 스마트 기기를 이용해 반려 식물을 키우는 방법을 확인할 수 있어 매우 유용하겠네요.

부원 2: 그리고 반려 식물을 키우며 수시로 생기는 궁금증을 해결할 수 있게 우리 동아리 블로그를 안내해도 좋겠어요.

부원 1: 좋은 의견입니다. 고양이를 애지중지 키우는 사람을 뜻하는 '냥집사'처럼, 식물을 키우며 기쁨을 찾는 사람들이라는 의미로 '식집사'라는 용어를 쓰면 학생들이 더 흥미를 느낄 수 있지 않을까요?

동아리 회장: 재미있겠는데요. 그럼 지금까지의 회의 내용을 바탕으로 안내문을 작성해 보도록 합시다.

(나)

반려 식물을 키우는 '식집사'가 되어 보세요!

▶ **반려 식물이란?**
생활공간에서 정서적으로 교감하는 식물을 일컫는 말이에요.

▶ **반려 식물을 키우면?**
생명을 키우는 성취감, 정서 안정, 공기 정화의 효과가 있어요.

▶ **반려 식물 모종 나누기 행사를 한다고요?**
☞ <3월 23일 학교 시간, 본관 앞>에서, 원하는 모종을 하나씩 나누어 드려요. (300개 한정)

<유칼립투스>	<아이비>	<칼라데아>

은은한 향기가 주는 마음의 평화	물만 주면 잘 자라는 공기 청정기	풍성한 잎이 전하는 싱그러운 생명감

▶ **반려 식물은 어떻게 키우나요?**
반려 식물을 키우는 방법을 QR 코드로 확인하세요.

<유칼립투스>	<아이비>	<칼라데아>

▶ **반려 식물을 키우면서 궁금증이 생기면?**
우리 동아리 블로그(blog.com/eco△△△)를 찾아 주세요.

생태 환경 동아리 '푸른누리'

---

4. (가)의 '동아리 회장'의 말하기 방식으로 적절하지 <u>않은</u> 것은?

① 지난 회의 내용을 환기하며 협의할 내용을 밝히고 있다.
② 의문의 형식을 활용하여 자신의 견해를 제안하고 있다.
③ 서로 공감한 내용을 바탕으로 새로운 의견을 제시하고 있다.
④ 논의된 내용을 구체화할 수 있는 발언을 유도하고 있다.
⑤ 회의 내용을 전체적으로 요약하며 회의를 마무리하고 있다.

5. [A], [B]에 대한 설명으로 가장 적절한 것은?

① [A]는 미래의 상황을 예측하는, [B]는 과거의 상황을 환기하는 발화이다.

② [A]는 상대의 의견을 보완하는, [B]는 상대의 의견을 뒷받침하는 발화이다.

③ [A]는 상대의 우려를 해소하는, [B]는 상대의 견해에 우려를 드러내는 발화이다.

④ [A]는 문제 해결의 방법을 요구하는, [B]는 문제 해결의 결과에 주목하는 발화이다.

⑤ [A]는 상대와 자신의 견해 차이를 확인하는, [B]는 상대와 자신의 공통된 견해를 확인하는 발화이다.

6. (가)의 내용이 (나)에 반영된 양상으로 적절하지 <u>않은</u> 것은?

① (가)에서 반려 식물 모종 나누기 행사를 안내하자는 의견에 따라, (나)에서 행사의 일시와 장소를 밝히고 있다.

② (가)에서 반려 식물과 관련한 정보를 제공하자는 의견에 따라, (나)에서 반려 식물의 이름, 특징 등을 제시하고 있다.

③ (가)에서 학생들이 캠페인에 적극적으로 동참하도록 촉구하자는 의견에 따라, (나)에서 캠페인의 취지를 설명하고 있다.

④ (가)에서 반려 식물을 키우며 생기는 궁금증을 해결하게 돕자는 의견에 따라, (나)에서 동아리 블로그를 소개하고 있다.

⑤ (가)에서 학생들이 흥미를 느낄 수 있도록 '식집사'라는 용어를 쓰자는 의견에 따라, (나)의 제목에서 해당 용어를 사용하고 있다.

7. (나)의 성격을 고려할 때, <보기>의 자료를 활용하여 (나)를 보완하는 방안으로 가장 적절한 것은? [3점]

─── < 보 기 > ───

[신문 자료]

최근 반려 동물과 식물에 대한 관심이 커지면서 이와 관련한 문제점이 나타나고 있다. 반려 동물의 경우 이미 동물 학대, 동물 유기 등이 사회적 문제로 부각되고 있으며, 최근에는 반려 식물과 관련한 문제도 증가하고 있다. 반려 식물은 반려 동물에 비해 존재감이 미약해 관리를 소홀히 하여 생명을 잃는 경우가 많고, 버려지는 사례도 점점 늘고 있다.

① 반려 식물을 키우기 쉬운 이유를 밝히며 지속적인 관심과 노력이 필요하다는 점을 강조해야겠어.

② 반려 식물에 대한 관심이 부족한 점을 지적하며 반려 식물을 구입할 수 있는 방법에 대한 내용을 추가해야겠어.

③ 반려 식물의 유기를 금지하는 규정이 마련되어 있지 않은 점을 강조하며 이를 제정해야 한다는 내용을 추가해야겠어.

④ 반려 동물과 구별되는 반려 식물의 장점을 언급하며 반려 식물을 키우는 사람이 많아지고 있다는 점을 강조해야겠어.

⑤ 반려 식물이 생명을 지닌 존재임을 언급하며 정성을 기울여 반려 식물을 키워 줄 것을 권유하는 문구를 추가해야겠어.

[8 ~ 10] 다음은 작문 상황에 따라 쓴 학생의 초고이다. 물음에 답하시오.

[작문 상황]

일상의 체험을 바탕으로 수필을 써 학급 문집에 싣고자 함.

[초고]

우리 집 마당 구석에 있는 창고에는 낡고 작은 배달용 오토바이가 한 대 서 있다. 아버지는 이 오토바이를 오랜 친구처럼 여기신다. 틈틈이 먼지를 털고, 경적을 빠방 울리기도 하고, 시동도 부르릉 걸어 보시고, 해진 안장을 툭툭 치며 환하게 웃으신다.

야트막한 언덕에 자리한 우리 학교는 인자한 미소를 띤 고목들이 오랜 전통을 말해 준다. 운동장을 발밑에 두고 중고등학교 건물이 다정히 서 있는데, 교실 유리창으로 내려다보이는 옛 시가지의 한적한 플라타너스 길은 운치가 있고 아름답다.

중학교에 갓 입학했을 때 늦잠을 자는 바람에 아버지의 등 뒤에 꼭 붙어서 오토바이로 급히 등교한 적이 있었다. 아버지는 교문에서 조금 떨어진 골목 모퉁이에서 나를 내려 주셨다. 식당 일로 분주한 아침이지만, 내가 교문에 들어설 때까지 플라타너스 가로수 옆에 서 계시다가 어서 들어가라는 손짓을 보내시고 "부룽부룽 부루룽" 소리를 내며 돌아서셨다. 그 소리가 여느 오토바이의 것과는 조금 달라서였을까, 옆을 지나치던 학생들은 재미있다는 표정으로 돌아보았다. 하지만 지금까지도 나는 아버지의 오토바이 소리를, 고요와 평안을 할퀴지 않는 따뜻하고 부드러운 소리로 기억하고 있다.

중학교 때 점심시간이 끝나 갈 무렵 운동장 옆 산책길을 걷다가 아버지의 오토바이 소리를 들은 적이 있었다. 우리 오토바이만의 음색이 내 마음속에 반가운 파문을 일으켰다. 저쪽 관공서 근처에 배달을 다녀오시나 보다. 매일 한두 번은 학교 교문 앞도 지나시나 보다. 아버지는 이 길을 지나실 때마다 과연 무슨 생각을 하실까 상상해 보았다. 그날 이후 아버지의 오토바이가 교문을 지나 플라타너스 가로수 길로 향하는 오르막을 오를 때 들려왔던 그 소리는 왠지 내 어깨를 다독다독하는 인사말처럼 느껴졌다. '오후도 즐겁게!', '아빠, 지나간다.', '오늘 화창하구나!'…….

아버지의 모습에서, 아버지의 오토바이 소리에서 든든한 힘을 얻어서 그런지 내겐 누군가의 마음을 더 깊이 헤아려 보는 상상력이 생긴 것 같다. 친구들과 놀다가 늦게 귀가할 때 아버지께서 내게 보내시는 "으흠" 헛기침 소리에서 '너무 늦었구나. 씻고 일찍 자렴.' 하는 깊은 사랑의 마음을 헤아릴 수도 있게 되었다.

내가 고등학생이 된 새봄. 아버지께서는 이제 오토바이 배달을 그만두셨다. 조금은 아쉽기도 하다.

8. 윗글에서 활용한 글쓰기 방법으로 적절하지 <u>않은</u> 것은?

① 중심 소재를 대하는 인물의 행동을 나열하며 시작한다.

② 의성어를 사용하여 중심 소재에 대한 인상을 부각한다.

③ 색채어를 사용하여 다양한 공간을 사실적으로 묘사한다.

④ 의인법을 사용하여 자연물에서 느끼는 친밀감을 나타낸다.

⑤ 구체적 일화를 제시하여 중심 소재에 대한 정서를 드러낸다.

9. 다음은 글을 쓰기 전에 학생이 떠올린 생각을 메모한 것이다. ㄱ~ㅁ 중 초고에 반영되지 <u>않은</u> 것은? [3점]

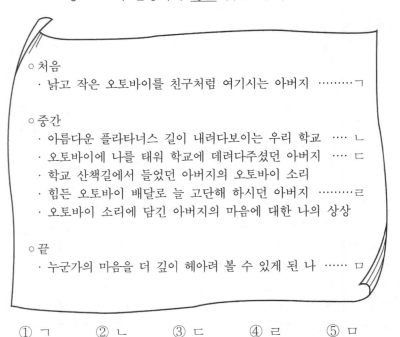

○처음
 · 낡고 작은 오토바이를 친구처럼 여기시는 아버지 ········· ㄱ

○중간
 · 아름다운 플라타너스 길이 내려다보이는 우리 학교 ···· ㄴ
 · 오토바이에 나를 태워 학교에 데려다주셨던 아버지 ···· ㄷ
 · 학교 산책길에서 들었던 아버지의 오토바이 소리
 · 힘든 오토바이 배달로 늘 고단해 하시던 아버지 ········· ㄹ
 · 오토바이 소리에 담긴 아버지의 마음에 대한 나의 상상

○끝
 · 누군가의 마음을 더 깊이 헤아려 볼 수 있게 된 나 ······ ㅁ

① ㄱ　　② ㄴ　　③ ㄷ　　④ ㄹ　　⑤ ㅁ

10. <보기>는 초고를 읽은 선생님의 조언이다. 이를 반영하여 초고에 추가할 내용으로 가장 적절한 것은?

< 보 기 >
선생님 : 글의 마지막 문장 뒤에, 아버지께서 오토바이 배달을 그만두셨을 때 네가 아쉬움을 느낀 이유를 추가하고, 비유를 활용한 표현도 있으면 좋겠어.

① 다정한 인사처럼 들렸던 아버지의 오토바이 소리를 더 이상 들을 수 없게 되어서.
② 이제 고등학교 신입생이 되어 학교생활을 새롭게 시작해야 한다는 부담감이 생겨서.
③ 아버지의 오토바이를 타고 함께 등교하는 소소한 즐거움을 더 이상 느낄 수 없어서.
④ 교문 앞을 지나 플라타너스 가로수 길을 오가시던 아버지의 모습을 더 이상 볼 수 없어서.
⑤ 중학교를 졸업하여 친구들과 함께했던 추억의 서랍장을 이제는 열어 볼 수 없을 것 같아서.

[11 ~ 12] 다음 글을 읽고 물음에 답하시오.

용언은 문장에서 다양한 형태로 활용하면서 주로 서술어의 역할을 하는 단어로, 동사와 형용사가 있다. 용언이 활용할 때 형태가 변하지 않는 부분을 어간이라고 하고, 형태가 변하는 부분을 어미라고 한다.

어간이나 어미는 문장에서 홀로 쓰일 수 없고, 어간 뒤에 어미가 결합하여 용언을 이룬다. 가령 '먹다'는 어간 '먹-'의 뒤에 어미 '-고', '-어'가 각각 결합하여 '먹고', '먹어'와 같이 활용한다. 그런데 일부 용언에서는 활용할 때 어간의 일부가 탈락하기도 한다. '노는'은 어간 '놀-'과 어미 '-는'이 결합하면서 'ㄹ'이 탈락한 경우이고, '커'는 어간 '크-'와 어미 '-어'가 결합하면서 'ㅡ'가 탈락한 경우이다.

어미는 크게 어말 어미와 선어말 어미로 구분된다. 어말 어미는 단어의 끝에 오는 어미이며, 선어말 어미는 어말 어미 앞에 오는 어미이다. '가다'의 활용형인 '가신다', '가겠고', '가셨던'을 어간, 선어말 어미, 어말 어미로 분석하면 아래와 같다.

활용형	어간	어미		
		선어말 어미		어말 어미
가신다		-시-	-ㄴ-	-다
가겠고	가-		-겠-	-고
가셨던		-시-	-었-	-던

어말 어미는 기능에 따라 종결 어미, 연결 어미, 전성 어미로 구분된다. 종결 어미는 '가신다'의 '-다'와 같이 문장을 종결하는 어미이고, 연결 어미는 '가겠고'의 '-고'와 같이 앞뒤의 말을 연결하는 어미이다. 그리고 전성 어미는 '가셨던'의 '-던'과 같이 용언이 다른 품사처럼 쓰이게 하는 어미이다. '-던'이나 '-(으)ㄴ', '-는', '-(으)ㄹ' 등은 용언이 관형사처럼, '-게', '-도록' 등은 용언이 부사처럼, '-(으)ㅁ', '-기' 등은 용언이 명사처럼 쓰이게 한다.

선어말 어미는 높임이나 시제 등을 나타낼 때 쓰인다. 활용할 때 어말 어미처럼 반드시 나타나지는 않지만, 한 용언에서 서로 다른 선어말 어미가 동시에 쓰이기도 한다. 위에서 '가신다', '가셨던'의 '-시-'는 높임을 나타내는 선어말 어미로, 문장의 주체를 높이는 기능을 한다. 그리고 '가신다', '가겠고', 가셨던'의 '-ㄴ-', '-겠-', '-었-'은 시제를 나타내는 선어말 어미로, 각각 현재, 미래, 과거 시제를 나타내는 기능을 한다.

11. 윗글을 통해 알 수 있는 내용으로 적절한 것은?

① 용언은 어간의 앞뒤에 어미가 결합한 단어이다.
② 어간은 단독으로 쓰여 하나의 용언을 이룰 수 있다.
③ 어미는 용언이 활용할 때 형태가 유지되는 부분이다.
④ 어말 어미는 용언이 활용할 때 나타나지 않을 수 있다.
⑤ 선어말 어미는 한 용언에 두 개가 동시에 쓰일 수 있다.

12. 윗글을 바탕으로 <보기>의 ㄱ~ㅁ의 밑줄 친 부분을 탐구한 내용으로 적절하지 <u>않은</u> 것은?

― < 보 기 > ―

ㄱ. 너도 그를 <u>아니</u>?
ㄴ. 사과가 <u>맛있구나</u>!
ㄷ. 산은 <u>높고</u> 강은 깊다.
ㄹ. 아침에 <u>뜨는</u> 해를 봐.
ㅁ. 그녀는 과자를 <u>먹었다</u>.

① ㄱ : 어간 '알-'에 어미 '-니'가 결합하면서 'ㄹ'이 탈락하였다.
② ㄴ : 어간 '맛있-'에 종결 어미 '-구나'가 결합하여 문장을 종결하고 있다.
③ ㄷ : 어간 '높-'에 연결 어미 '-고'가 결합하여 앞뒤의 말을 연결하고 있다.
④ ㄹ : 어간 '뜨-'에 전성 어미 '-는'이 결합하면서 용언이 부사처럼 쓰이고 있다.
⑤ ㅁ : 어간 '먹-'과 어말 어미 '-다' 사이에 선어말 어미 '-었-'이 결합하여 과거 시제를 나타내고 있다.

13. <보기>의 '학습 과제'를 바르게 수행하였다고 할 때, ㉠에 들어갈 단어로 적절한 것은? [3점]

― < 보 기 > ―

[학습 자료]
　음운은 단어의 뜻을 구별해 주는 소리의 가장 작은 단위이다. 특정 언어에서 어떤 소리가 음운인지 아닌지는 최소 대립쌍을 통해 확인할 수 있다. 최소 대립쌍이란, 다른 모든 소리는 같고 단 하나의 소리 차이로 의미가 구별되는 단어의 쌍을 말한다. 예를 들어, 최소 대립쌍 '감'과 '잠'은 [ㄱ]과 [ㅈ]의 차이로 인해 의미가 구별되므로 'ㄱ'과 'ㅈ'은 서로 다른 음운이다.

[학습 과제]
　앞사람이 말한 단어와 최소 대립쌍인 단어를 말해 보자.

쌀! → 달! → ㉠ → 굴!

① 꿀　　② 답　　③ 둘　　④ 말　　⑤ 풀

14. 다음 '탐구 학습지' 활동의 결과로 적절하지 <u>않은</u> 것은?

[탐구 학습지]

1. 문장의 중의성
　ㅇ하나의 문장이 둘 이상의 의미로 해석되는 것

2. 중의성 해소 방법
　ㅇ어순 변경, 쉼표나 조사 추가, 상황 설명 추가 등

3. 중의성 해소하기
－과제 : 빈칸에 적절한 말 넣기
　ㄱ. (조사 추가) ·· a
　ㅇ중의적 문장 : 관객들이 다 도착하지 않았다.
　ㅇ전달 의도 : (관객 중 일부가 도착하지 않음.) ········· b
　ㅇ수정 문장 : 관객들이 다는 도착하지 않았다.

　ㄴ. (어순 변경) ·· c
　ㅇ중의적 문장 : 우리는 어제 전학 온 친구와 만났다.
　ㅇ전달 의도 : (전학 온 친구와 만난 때가 어제임.) ······ d
　ㅇ수정 문장 : 우리는 전학 온 친구와 어제 만났다.

　ㄷ. 상황 설명 추가
　ㅇ중의적 문장 : 민우는 나와 윤서를 불렀다.
　ㅇ전달 의도 : '나와 윤서'를 부른 사람이 '민우'임.
　ㅇ수정 문장 : (민우는 나와 둘이서 윤서를 불렀다.) ····· e
　　　　　　　　　　　⋮

① a　　② b　　③ c　　④ d　　⑤ e

15. 밑줄 친 부분이 <보기>의 ㉠, ㉡에 해당하는 예로 적절하지 <u>않은</u> 것은?

― < 보 기 > ―

　'위 － 아래'나 '앞 － 뒤'는 방향상 대립하는 반의어이다. '위 － 아래'나 '앞 － 뒤'가 단독으로 쓰이거나 다른 단어와 결합해서 쓰일 때, 문맥에 따라서 ㉠'위'나 '앞'이 '우월함'의 의미를, ㉡'아래'나 '뒤'가 '열등함'의 의미를 갖거나 강화하기도 한다.

① ㉠ : 그가 머리 쓰는 게 너보다 한 수 <u>위</u>다.
② ㉠ : 이 회사의 기술 수준은 다른 곳에 <u>앞선</u>다.
③ ㉡ : 이번 행사는 치밀한 계획 <u>아래</u> 진행되었다.
④ ㉡ : 그녀는 남에게 <u>뒤떨어지지</u> 않고자 노력했다.
⑤ ㉡ : 우리 팀의 승률이 조금씩 <u>뒷걸음질</u> 치고 있다.

[16 ~ 18] 다음 글을 읽고 물음에 답하시오.

(가)

㉠밭둑에서 나는 바람과 놀고
할머니는 메밀밭에서
메밀을 꺾고 계셨습니다.

늦여름의 하늘빛이 메밀꽃 위에 빛나고
메밀꽃 사이사이로 할머니는 가끔
나와 바람의 장난을 살피시었습니다.

해마다 밭둑에서 자라고
아주 커서도 덜 자란 나는
늘 그러했습니다만

할머니는 저승으로 가버리시고
나도 벌써 몇 년인가
그 일은 까맣게 잊어버린 후

오늘 저녁 멍석을 펴고
마당에 누우니

온 **하늘** 가득
별로 피어 있는 어릴 적 **메밀꽃**

할머니는 나를 두고 메밀밭만 저승까지 가져가시어
날마다 저녁이면 메밀밭을 매시며
메밀꽃 사이사이로 **나를 살피**고 계셨습니다.
　　　　　　　－ 이성선, 「고향의 천정(天井) 1 」－

(나)

밥물 눈금을 찾지 못해 질거나 된 밥을 먹는 날들이 있더니
이제는 그도 좀 익숙해져서 손마디나 손등,
손가락 주름을 눈금으로 쓸 줄도 알게 되었다
촘촘한 손등 주름 따라 **밥맛을 조금씩 달리**해본다
손등 중앙까지 올라온 수위를 중지의 마디를 따라 오르내리다보면
물꼬를 트기도 하고 막기도 하면서
논에 물을 보러 가던 할아버지 생각도 나고,
저녁때가 되면 한 끼라도 아껴보자
친구 집에 마실을 가던 소년의 저녁도 떠오른다
한 그릇으로 두 그릇 세 그릇이 되어라 밥국을 끓이던 ㉡문현동
가난한 지붕들이 내 손가락 마디에는 있다
일찍 철이 들어서 슬픈 귓속으로
봉지쌀 탈탈 터는 소리라도 들려올 듯,
얼굴보다 먼저 **늙은 손**이긴 해도
전기밥솥에는 없는 눈금을 내 손은 가졌다
　　　　　　　－ 손택수, 「밥물 눈금」－

16. (가)와 (나)에 대한 설명으로 가장 적절한 것은?

① (가)는 (나)와 달리 설의법을 통해 화자의 의지를 표현하고 있다.
② (나)는 (가)와 달리 청각적 심상을 통해 화자의 정서를 부각하고 있다.
③ (가)는 격정적 어조를, (나)는 단정적 어조를 통해 화자의 기대감을 드러내고 있다.
④ (가)는 상승의 이미지를, (나)는 하강의 이미지를 통해 대상의 역동성을 강조하고 있다.
⑤ (가)와 (나)는 모두 계절감을 드러내는 시어를 통해 대상의 변화 양상을 나타내고 있다.

17. ㉠과 ㉡을 비교한 내용으로 가장 적절한 것은?

① ㉠은 화자가 벗어나려는, ㉡은 화자가 지향하는 공간이다.
② ㉠은 화자가 이질감을, ㉡은 화자가 동질감을 느끼는 공간이다.
③ ㉠은 화자의 슬픔이, ㉡은 화자의 그리움이 해소되는 공간이다.
④ ㉠은 화자의 동심이 허용되는, ㉡은 화자의 성숙함이 요구되는 공간이다.
⑤ ㉠은 화자가 경험한 적 없는 가상의, ㉡은 화자의 경험이 축적된 현실의 공간이다.

18. <보기>를 바탕으로 (가), (나)를 감상한 내용으로 적절하지 <u>않은</u> 것은? [3점]

> ── < 보 기 > ──
> 과거의 경험에 대한 기억은 어떤 계기를 통해 되살아나 현재의 삶에 영향을 미칠 수 있다. (가)의 화자는 할머니와의 기억을 통해 과거와 현재를 연결하며 깨달음과 정서적 충만감을 얻고 있다. 한편 (나)의 화자는 일상적 행위의 반복 속에서 유년의 기억을 되살리고, 그 기억을 현재와 연결하며 자신의 현재 모습을 긍정하게 된다.

① (가)의 화자는 별이 가득한 '하늘'을 보며, 자신이 여전히 '나를 살피'시는 할머니의 사랑 속에 있음을 깨닫고 있군.
② (나)의 화자는 유년의 기억을 통해 '전기밥솥에는 없는 눈금'을 지닌 '늙은 손'을 긍정하며 자기 위안을 얻고 있군.
③ (가)의 '커서도 덜 자'랐다는 것과 (나)의 '밥맛을 조금씩 달리'하는 것은 현재의 화자에게 정서적 충만감을 주는군.
④ (가)에서 '마당에 누'워 하늘을 보는 행위와 (나)에서 '손가락 주름'으로 '밥물'을 맞추는 행위는 회상의 계기가 되는군.
⑤ (가)의 화자가 '별'에서 '메밀꽃'을 떠올리는 것과 (나)의 화자가 '가난한 지붕들이 내 손가락 마디에는 있다'고 생각하는 것은 기억이 현재의 삶에 영향을 미치고 있음을 보여 주는군.

[19 ~ 22] 다음 글을 읽고 물음에 답하시오.

경기가 침체되어 가계의 소비가 줄어들면 시중의 제품이 팔리지 않아 기업은 생산 규모를 축소하게 된다. 그 결과 실업률이 증가하고 가계의 수입이 감소하면서 소비는 더욱 위축된다. 이와 같은 악순환으로 경기 침체가 심화되면 국가는 이에서 벗어나기 위해 유동성을 늘리는 통화 정책을 시행한다.

유동성이란 자산 또는 채권을 손실 없이 현금화할 수 있는 정도로, 현금과 같은 화폐는 유동성이 높은 자산인 반면 토지나 건물과 같은 부동산은 유동성이 낮은 자산이다. 이처럼 유동성은 자산의 성격을 나타내는 용어이지만, 흔히 시중에 유통되는 화폐의 양, 즉 통화량을 나타내는 말로도 사용된다. 가령 시중에 통화량이 지나치게 많을 때 '유동성이 넘쳐 난다'고 표현하고, 반대로 통화량이 줄어들 때 '유동성이 감소한다'고 표현한다. 유동성이 넘쳐 날 경우 시중에 화폐가 흔해지는 상황이므로 화폐의 가치는 떨어지게 된다.

유동성은 금리와 밀접한 관련이 있기 때문에 국가는 정책적으로 금리를 올리고 내림으로써 유동성을 조절할 수 있다. 이때 금리는 예금이나 빌려준 돈에 붙는 이자율로, 이는 기준 금리와 시중 금리 등으로 구분된다. 기준 금리는 국가가 정책적인 차원에서 결정하는 금리로, 한 나라의 금융 및 통화 정책의 주체인 중앙은행에 의해 결정된다. 반면 시중 금리는 기준 금리의 영향을 받아 중앙은행 이외의 시중 은행이 세우는 표준적인 금리로, 가계나 기업의 금융 거래에 영향을 미친다. 가령 시중 금리가 내려가면 예금을 통한 이자 수익과 대출에 따른 이자 부담이 줄어 가계나 기업에서는 예금을 인출하거나 대출을 받으려는 경향성이 늘어난다. 그 결과 시중의 유동성이 증가하게 된다. 반대로 시중 금리가 올라가면 이자 수익과 대출 이자 부담이 모두 늘어나기 때문에 유동성이 감소하게 된다.

이와 같은 금리와 유동성의 관계를 고려하여, 중앙은행은 기준 금리를 조절하는 통화 정책을 통해 경기를 안정시키려고 한다. 만일 경기가 침체되면 중앙은행은 기준 금리를 인하하는 정책을 도입하여 시중 금리를 낮추도록 유도한다. 그 결과 유동성이 증가하여 가계의 소비가 늘고 주식이나 부동산에 대한 투자가 확대된다. 또한 기업의 생산과 고용이 늘고 다양한 분야에 대한 투자가 확대되어 물가가 상승하고 경기가 전반적으로 활성화된다. 반대로 경기가 과열되어 자산 가격이나 물가가 지나치게 오르면 중앙은행은 기준 금리를 인상하는 정책을 통해 유동성을 감소시킨다. 그 결과 기준 금리를 인하할 때와 반대의 현상이 나타나 자산 가격이 하락하고 물가가 안정되어 과열된 경기가 진정된다.

그러나 중앙은행이 경기 활성화를 위해 통화 정책을 시행했음에도 불구하고 애초에 의도한 결과가 나타나지 않기도 한다. 즉, 기준 금리를 인하하여 시중에 유동성을 충분히 공급하더라도, 증가한 유동성이 기대만큼 소비나 투자로 이어지지 않으면 경기가 활성화되지 않는다. 특히 심각한 경기 침체로 인해 경기 회복에 대한 전망이 불투명할 경우, 경제 주체들은 쉽게 소비를 늘리지 못하거나 투자를 결정하지 못해 돈을 손에 쥐고만 있게 된다. 이 경우 충분한 유동성이 경기 회복으로 이어지지 못해 경기 침체가 지속되는데, 마치 유동성이 함정에 빠진것 같다고 하여 케인스는 이를 유동성 함정이라 불렀다. 그는 이러한 유동성 함정을 통해 통화 정책의 한계를 설명하면서, 정부가 재정 지출을 확대하여 소비와 투자를 유도하는 정책을 시행하는 것이 중요하다고 역설하였다.

19. 윗글을 통해 알 수 있는 내용이 <u>아닌</u> 것은?

① 중앙은행이 하는 역할
② 유동성이 높은 자산의 예
③ 기준 금리와 시중 금리의 관계
④ 경기 침체로 인해 나타나는 현상
⑤ 유동성에 대한 케인스 주장의 한계

20. 윗글을 바탕으로 할 때, <보기>의 ㄱ~ㄷ에 들어갈 말로 적절한 것은?

< 보 기 >

국가의 통화 정책이 정상적으로 작동될 때, 중앙은행이 기준 금리를 (ㄱ) 시중의 유동성이 (ㄴ)하며, 화폐의 가치가 (ㄷ)한다.

	ㄱ	ㄴ	ㄷ
①	내리면	증가	하락
②	내리면	증가	상승
③	내리면	감소	상승
④	올리면	증가	상승
⑤	올리면	감소	하락

21. 유동성 함정 에 대해 이해한 내용으로 가장 적절한 것은?

① 시중에 유동성이 충분히 공급되더라도 경기 침체가 지속되는 상황을 의미한다.
② 시중 금리의 상승으로 유동성이 감소하여 물가가 하락하는 상황을 의미한다.
③ 기업의 생산과 가계의 소비가 줄어들어 유동성이 넘쳐 나는 상황을 의미한다.
④ 경기 과열로 인해 유동성이 높은 자산에 대한 선호가 늘어나는 상황을 의미한다.
⑤ 유동성이 감소하여 경기 회복에 대한 전망이 긍정적으로 바뀌는 상황을 의미한다.

22. 윗글을 바탕으로 경제 주체들이 〈보기〉의 신문 기사를 읽고 보일 수 있는 반응으로 적절하지 <u>않은</u> 것은? [3점]

───〈 보 기 〉───

금융 당국 '빅스텝' 단행

금융 당국은 오늘 '빅스텝'을 단행하였다. 빅스텝이란 기준 금리를 한 번에 0.5%p 인상하는 것을 의미한다. 이처럼 금리를 큰 폭으로 인상한 것은 과도하게 증가한 유동성으로 인해 물가가 지나치게 상승하고 부동산, 주식 등의 자산 가격이 폭등했기 때문이다.

① 투자자 : 부동산의 가격이 하락할 수 있으니, 당분간 부동산 투자를 미루고 시장 상황을 지켜봐야겠군.

② 소비자 : 위축된 소비 심리가 회복되어 지금보다 물가가 오를 수 있으니, 자동차 구매 시기를 앞당겨야겠군.

③ 기업인 : 대출을 통해 자금을 확보하는 것이 부담스러워질 수 있으니, 공장을 확장하려던 계획을 보류해야겠군.

④ 공장장 : 당분간 우리 공장에서 생산한 부품에 대한 수요가 줄 수 있으니, 재고가 늘어날 것에 대비해야겠군.

⑤ 은행원 : 시중 은행에 저축하려는 사람들이 늘어날 수 있으니, 다양한 상품을 개발하여 고객을 유치해야겠군.

[23 ~ 27] 다음 글을 읽고 물음에 답하시오.

(가)

나는 이럴망정 외방의 늙은 종이
공물 바치고 돌아갈 때 하는 일 다 보았네
㉠ 우리 댁(宅) 살림이 예부터 이렇던가
전민(田民)*이 많단 말이 일국에 소문이 났는데
먹고 입으며 드나드는 종이 백여 명이 넘는데도
무슨 일 하느라 텃밭을 묵혔는가
농장이 없다던가 호미 연장 못 가졌나
날마다 무엇하려 밥 먹고 다니면서
열 나무 정자 아래 **낮잠만 자는가**
아이들 탓이던가
㉡ 우리 댁 종의 버릇 보노라면 이상하다
소 먹이는 아이들이 상마름을 능욕하고
오고 가는 어리석은 손님이 큰 양반을 기롱*한다
㉢ 그릇된 재산 모아 다른 꾀로 제 일하니
큰 집의 많은 일을 뉘라서 힘써 할까
곡식 창고 비었거든 창고지기인들 어찌하며
세간이 흩어지니 질그릇인들 어찌할까
내 잘못된 줄 내 몰라도 남 잘못된 줄 모르겠는가
㉣ 풀어헤치거나 맺히거나, 헐뜯거나 돕거나
하루 열두 때 어수선히 핀 것인가
　　　　　　　　(중략)
크게 기운 집에 상전님 혼자 앉아
명령을 뉘 들으며 논의를 뉘와 할까

낮 시름 밤 근심 혼자 맡아 계시거니
옥 같은 얼굴이 편하실 적 몇 날인가
이 집 이리 되기 뉘 탓이라 할 것인가
㉤ 생각 없는 종의 일은 묻지도 아니하려니와
돌이켜 생각하니 상전님 탓이로다
내 상전 그르다 하기에는 종의 죄 많건마는
그렇다 세상 보며 민망하여 여쭙니다
새끼 꼬는 일 멈추고 내 말씀 들으소서
┌ 집일을 고치려거든 종들을 휘어잡고
[A] 종들을 휘어잡으려거든 상벌을 밝히시고
└ 상벌을 밝히시려거든 어른 종을 믿으소서
진실로 이리 하시면 **가도(家道)*** 절로 일 겁니다
　　　　　　　　　　　　– 이원익, 「고공답주인가」 –

* 전민: 농사짓는 일을 생업으로 삼는 사람.
* 기롱: 남을 속이거나 비웃으며 놀림.
* 가도: 집안에서 마땅히 지켜야 할 도덕적 규범.

(나)

"사람답게 살아라."라는 말은 소설가 김정한이 평생을 두고 자주 한 말이다. 나는 그의 문장 가운데 다음의 구절을 좋아한다. "어딜 가도 산이 있고 들이 있고 그리고 인간이 살았다. 인간이 사는 곳에는 으레 나뭇가리가 있고 그 곁에는 코흘리개들이 놀곤 하였다. 조국이란 것이 점점 가슴에 느껴졌다." 이 명료한 문장을 읽고 있으면 사람이 떼를 이루어 사는 세상의 풍경이 한눈에 들어오는 것만 같다. 그것도 느리고 큰 자연과 더불어. 사람의 생활이라는 것도 눈에 들어오는 문장이다.

┌ 　이래저래 만나게 되는 사람들과 이런저런 사연으로 이
│ 별을 경험하게 된 사람들, 그리고 그들의 눈물과 사랑을
│ 하고 있는 저 뜨거운 가슴도 짐작을 하게 된다. 조각돌처럼
│ 까다롭고 별난 사람도 있고, 몽돌처럼 둥글둥글한 사람도
[B] 있고, 조각을 한 듯 잘생긴 사람도 있고, 마음에 태풍이
│ 지나가는 사람도 있고, 마음에 4월의 봄볕이 내리는 사람도
│ 있다. 그들 모두 하나의 무리를 이루고 사는 것이 이 세상
└ 아닌가 싶은 생각이 드는 것이다.
　　　　　　　　　　　　(중략)

나는 가끔 생각하기를 마당이 있는 집이 내게 있다면 주변의 돌들을 모아서 돌탑을 쌓고 싶다고 소망한다. 그리고 나의 아이들과 아내에게도 돌탑을 하나씩 쌓을 것을 부탁하고 싶다. 산사에 올라가다 보면 길가나 바위 위에 누군가 쌓아 올린 돌탑들처럼 나의 작은 마당 한쪽 한쪽에 돌탑을 쌓아 놓고 싶은 것이다. 아래에는 큰 돌이 필요하고 위를 향해 쌓아 갈수록 보다 작은 돌들이 필요할 것이다. 그리고 각각의 장소에서 구해 온 돌들은 각각의 크기와 모양과 빛깔을 지니고 있을 것이다. 반듯한 것도 있고 움푹 팬 것도 있을 것이다. 마치 여러 종류의 꽃과 풀들이 자라나서 하나의 화단을 이루듯이 그 돌들은 **서로 업고 업혀서** 하나의 탑을 이룰 것이다.

그런데 돌탑을 쌓아 본 사람은 돌탑을 쌓는 데에는 **잔돌이** 필요하다는 것을 알 것이다. 불안하게 **기우뚱하는 돌탑**의 층을 바로잡아 주려면 이 잔돌을 괴는 일이 무엇보다 필요하다. 잔돌을 굄으로써 **탑**은 한 층 한 층 **수평을 이루게** 된다. 못생긴 나무도 숲을 이루는 한 나무요, 쓸모없는 나무는 없다는 말이 있듯이 보잘것없고 작은 잔돌이라도 탑을 올리는 데에는 꼭 필요하다. 돌탑을 쌓아 올리면서 배우는 것 가운데 하나는 이 잔돌의 소중함을 아는 일이다.

사람 사는 세상도 다를 바 없다. 잔돌 같은 사람이 필요하다. 의견이 맞지 않아 다툴 때 그 대화의 매정한 분위기를 무너뜨려 주는 사람이 우리 주변에는 더러 있다. 잔돌처럼 작용해 의견이 다른 사람들의 의견과 의견의 대립을 풀어 주는 사람이 있다. 이런 부드러운 개입의 고마움을 우리는 간혹 잊고 사는 것이 아닐까 싶다.

봄 산이 봄 산인 이유는 새잎이 돋고 꽃이 거기에 있기 때문이다. 수많은 꽃은 자기의 존재감을 주장하지 않는다. 그냥 **스스로**의 생명력으로 피어나 봄 산의 아름다움을 이룬다. 이 세세하고 능동적인 존재의 움직임을 보살폈으면 한다. 돌탑에 다시 비유하자면 잔돌과 같은 그 무엇이기 때문이다.

— 문태준, 「돌탑과 잔돌」 —

23. (가)와 (나)의 공통점으로 가장 적절한 것은?

① 부재하는 대상에 대한 그리움을 표현하고 있다.
② 순수한 자연 세계에 대한 동경을 나타내고 있다.
③ 부정적 현실에 대한 냉소적 태도를 드러내고 있다.
④ 현실이나 세상에 대해 통찰한 내용을 전달하고 있다.
⑤ 자신이 처한 상황에 순응하는 태도를 보여 주고 있다.

24. [A]와 [B]에 대한 설명으로 가장 적절한 것은?

① [A]는 [B]와 달리 대조적 의미를 지닌 구절을 활용하여 대상의 속성을 드러내고 있다.
② [B]는 [A]와 달리 자연물에 글쓴이의 감정을 이입하여 표현의 효과를 높이고 있다.
③ [A]는 반어법을 활용하여, [B]는 역설법을 활용하여 주제 의식을 강조하고 있다.
④ [A]와 [B]는 모두 유사한 문장 구조를 반복하여 전달 의도를 강조하고 있다.
⑤ [A]와 [B]는 모두 말을 건네는 어투를 사용하여 청자의 행동 변화를 호소하고 있다.

25. (나)의 글쓴이에 대한 이해로 적절한 것만을 고른 것은?

ㄱ. 자연과 대비되는 인간의 유한성을 자각한다.
ㄴ. 사람들이 서로 더불어 사는 세상을 긍정한다.
ㄷ. 주장을 굽히지 않는 삶을 살았던 자신을 반성한다.
ㄹ. 세상에는 갈등을 중재할 사람이 필요하다고 생각한다.

① ㄱ, ㄴ
② ㄱ, ㄷ
③ ㄴ, ㄷ
④ ㄴ, ㄹ
⑤ ㄷ, ㄹ

26. <보기>를 참고할 때 (가)의 ㉠~㉤에 대한 이해로 적절하지 않은 것은?

< 보 기 >
「고공답주인가」는 고공(종)이 상전에게 답을 하는 형식을 통해 국가 경영을 집안 다스리는 일에 빗대어 표현하고 있다. 이 작품에서 상전은 왕, 종은 신하를 가리키는데, 화자는 임진왜란으로 인해 나라가 황폐해지고 위계질서가 무너진 상황에서 당파 싸움만 일삼으며 재물을 탐하는 신하들을 비판하고 있다. 그리고 국가를 경영하는 왕으로서의 책임을 강조하고 있다.

① ㉠: 나라가 황폐해진 상황이 예전부터 지금까지 이어지고 있다는 것을 드러내고 있다.
② ㉡: 상하의 위계질서가 무너져 신하들의 기강이 해이해진 상황을 나타내고 있다.
③ ㉢: 나라를 돌보는 일을 외면한 채 부정한 방법으로 재물을 탐하는 신하들의 모습을 드러내고 있다.
④ ㉣: 시도 때도 없는 당파 싸움으로 인해 혼란스러운 조정의 모습을 나타내고 있다.
⑤ ㉤: 나라가 어지러워진 책임이 신하뿐만 아니라 왕에게도 있다는 인식을 드러내고 있다.

27. <보기>를 바탕으로 (가), (나)를 감상한 내용으로 적절하지 않은 것은? [3점]

< 보 기 >
전체는 구성 요소들의 집합체이다. 그러므로 전체를 이루는 구성 요소들은 그 자체로는 두드러지지 않을지라도 전체를 위해 없어서는 안 되는 존재이다. 그리고 다양성을 지닌 구성 요소들은 각각의 역할을 능동적으로 수행할 때 존재의 의미를 획득하게 되고 전체는 조화로운 모습을 이루게 된다.

① (가)의 '가도'가 바로 선 집안은 구성 요소들이 어우러져 조화로운 모습을 갖춘 전체를 의미한다고 볼 수 있겠군.
② (나)의 '탑'이 '수평을 이루게' 하는 '잔돌'은 두드러지지 않지만 전체를 위해 없어서는 안 될 구성 요소로 볼 수 있겠군.
③ (가)의 '낮잠만 자'는 종과 달리 (나)의 '스스로' 핀 꽃은 능동적으로 존재의 의미를 획득한 구성 요소로 볼 수 있겠군.
④ (가)의 '먹고 입으며 드나드는'과 (나)의 '서로 업고 업혀서'는 다양성을 지닌 존재들의 필요성을 강조한 것으로 볼 수 있겠군.
⑤ (가)의 '크게 기운 집'은 구성 요소들이 역할을 제대로 수행하지 않은 결과로, (나)의 '기우뚱하는 돌탑'은 필요한 구성 요소들이 제대로 갖추어지지 않은 결과로 볼 수 있겠군.

[28 ~ 33] 다음 글을 읽고 물음에 답하시오.

(가)

19세기에 분트는 인간의 정신세계가 의식으로 이루어져 있다고 보고, 실험을 통해 인간의 정신 현상과 행동을 설명하는 실험심리학을 주장하였다. 이때 의식이란 깨어 있는 상태에서 자신이나 세계를 인식하는 모든 정신 작용을 의미한다. 그러나 프로이트는 정신 질환을 겪는 환자들을 치료하면서 인간에게 의식과는 다른 무의식 세계가 있다는 것을 발견하였다. 이에 그는 인간을 무의식의 지배를 받는 비합리적 존재로 간주하고, 정신분석이론을 통해 인간의 정신세계를 ⓐ규명하려 하였다.

프로이트에 의하면 인간의 정신세계 중 의식이 차지하는 영역은 빙산의 일각일 뿐, 무의식이 정신세계의 대부분을 차지한다. 그는 무의식의 심연에는 '원초아'가, 무의식에서 의식에 걸쳐 '자아'와 '초자아'가 존재한다고 보았다. 원초아는 성적 에너지를 바탕으로 본능적인 욕구를 충족하려는 선천적

정신 요소이다. 반면 자아는 외적 상황으로 인해 충족되지 못하고 지연되거나 좌절된 원초아의 욕구를 사회적으로 용인될 수 있는 방법으로 충족하려는 정신 요소이다. 마지막으로 초자아는 도덕률에 따라 원초아의 욕구를 억제하고 양심에 따라 행동하도록 하는 정신 요소로, 어린 시절 부모의 종교나 가치관 등을 내재화하는 과정에서 후천적으로 발달한다.

이러한 원초아, 자아, 초자아는 역동적으로 상호작용하면서 개인의 성격을 형성한다. 가령, 원초아가 강할 때는 본능적인 욕구에 집착하는 충동인 성격이, 초자아가 강할 때는 엄격하게 도덕을 지키려는 원칙주의적 성격이 나타난다. 자아는 원초아와 초자아의 요구 사이에서 이를 조정하는 역할을 하기 때문에, 정신적 균형을 이루기 위해서는 자아의 발달이 중요하다. 만일 자아가 제 역할을 하지 못하면 정신 요소의 균형이 깨져 불안감이 생기는데, 자아는 이를 해소하기 위해 무의식적으로 방어기제를 사용하게 된다. 대표적인 방어기제로는 억압이나 승화 등이 있다. 억압은 자아가 수용하기 힘든 욕구를 무의식 속으로 억누르는 것을, 승화는 그러한 욕구를 예술과 같이 가치 있는 활동으로 ⓑ전환하는 것을 의미한다. 개인마다 습관적으로 사용하는 방어기제가 다르기 때문에 어떤 방어기제를 사용하느냐 또한 개인의 성격 형성에 영향을 미친다.

프로이트는 어린 시절에 해소되지 않은 원초아의 욕구나 정신 요소 간의 갈등은 성인이 된 후에도 지속적으로 영향을 주기 때문에, 이 시기에 부모와의 상호작용 경험이 성격 형성에 큰 영향을 준다고 설명하였다. 특히 그는 성인의 정신 질환을 어린 시절의 심리적 갈등이 재현된 것으로 보고, 이를 치유하기 위해서는 무의식에 내재되어 있는 과거의 상처를 의식의 세계로 끌어내는 과정이 필요하다고 주장하였다. 이러한 프로이트의 이론은 기존의 이론에서 ⓒ간과한 무의식에 대한 탐구를 통해 인간 이해에 대한 지평을 넓혔다는 평을 받고 있다.

(나)

융은 프로이트의 정신분석이론에 반기를 들고, 분석심리학을 주창하였다. 무의식을 단지 의식에서 수용할 수 없는 원초적 욕구나 해결되지 못한 갈등의 창고로만 본 프로이트와 달리, 융은 무의식을 인간이 잠재적 가능성을 실현할 때 필요한 창

조적인 에너지의 샘으로 보았다는 점에서, 그의 분석심리학은 프로이트의 이론과 구별된다.

융은 정신세계의 가장 바깥쪽에는 의식이, 그 안쪽에는 개인 무의식이, 그리고 맨 안쪽에는 집단 무의식이 순서대로 자리 잡고 있다고 보았다. 의식은 생각이나 감정, 기억과 같이 인간이 직접 인식할 수

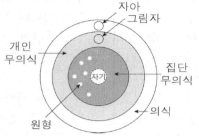

있는 영역으로, 여기에는 '자아'가 존재한다. 자아는 의식을 지배하는 동시에 무의식과 교류하며 이를 조정하는 역할을 한다. 개인 무의식은 의식에 의해 ⓓ배제된 생각이나 감정, 기억 등이 존재하는 영역이다. 이곳에 존재하는 '그림자'는 자아에 의해 억압된 '또 하나의 나'라고 할 수 있다. 마지막으로 집단 무의식은 태어날 때부터 누구나 가지고 있는 원초적이며 보편적인 무의식이다. 거기에는 진화를 통해 축적되어 온 인류의 경험이 '원형'의 형태로 존재한다. 가령 어두운 상황에서 누구나 공포심을 느끼는 것이 원형에 해당한다.

융에 따르면 집단 무의식의 가장 안쪽에는 '자기'가 존재한다. 이는 정신세계에 내재하는 개인의 근원적인 모습이라고 할 수 있다. 융은 자아가 성찰을 통해 무의식의 심연에 존재하는 자기를 발견하면, 인간은 비로소 타인과 구별되는 고유한 존재가 된다고 보고 이를 개별화라고 불렀다. 이는 의식에 존재하는 자아가 무의식과 끊임없이 상호작용하며 무의식의 영역을 의식으로 통합하는 과정, 즉 ㉠무의식을 의식화하는 과정을 통해 이루어진다. 이 과정에서 자아는 자신의 또 다른 모습인 그림자와 ⓔ대면하게 되고, 집단 무의식에 존재하는 여러 원형들을 발견하게 된다. 결국 자아가 무의식의 심연에 존재하는 자기를 찾아가는 과정은 정신세계를 구성하는 자아와 그림자, 그리고 여러 원형들이 대립에서 벗어나 하나의 정신으로 통합되면서 정신적 균형을 이루는 과정이라 할 수 있다. 이러한 과정에서 개인은 내면의 성숙을 이루며 자신의 정체성을 찾게 된다.

28. (가), (나)의 공통점으로 가장 적절한 것은?

① 인간의 무의식을 주장한 이론에 대한 상반된 평가를 제시하고 있다.

② 기존과 다른 관점에서 인간의 정신세계를 설명한 이론을 소개하고 있다.

③ 인간의 무의식을 설명한 이론이 등장하게 된 역사적 사건을 소개하고 있다.

④ 인간의 정신 질환을 분류하고 각각의 특징을 설명한 이론을 제시하고 있다.

⑤ 인간의 정신세계를 설명한 이론이 다른 학문 영역에 미친 영향을 분석하고 있다.

02회

29. (가)의 내용과 일치하지 <u>않는</u> 것은?

① 분트는 인간의 정신세계가 의식으로만 구성되어 있다고 보았다.

② 프로이트는 인간을 무의식의 지배를 받는 비합리적 존재로 여겼다.

③ 프로이트는 원초아가 강할 때 본능적인 욕구에 집착하는 성격이 나타난다고 생각했다.

④ 프로이트는 세 가지 정신 요소들이 상호작용하면서 개인의 성격이 형성된다고 보았다.

⑤ 프로이트는 의식적으로 사용하는 방어기제와 무의식적으로 사용하는 방어기제를 구분하였다.

30. (가)의 '프로이트'와 (나)의 '융'의 관점에서 <보기>를 이해한 내용으로 적절하지 <u>않은</u> 것은? [3점]

─── < 보 기 > ───
[헤르만 헤세의 연보]
○ 1877 : 기독교인다운 엄격한 생활을 중시하는 경건주의 집안에서 태어남. ·······⑦

○ 1881 ~ 1886 : 자유분방한 기질로 인해 엄한 아버지의 교육 방식에 반항하며 불안감을 느낌. ·······⑭

○ 1904 ~ 1913 : 잠재된 문학적 재능을 발휘하여 왕성하게 작품 창작을 하며 불안에서 벗어남. ·······⑭

○ 1916 ~ 1919 : 아버지의 죽음을 접하고 심한 우울증을 경험함. ·······⑭

○ 1945 ~ 1962 : 성찰적 글쓰기 활동 속에서 심리적 안정감을 느끼며 여생을 보냄. ·······⑭

○ 1962 : 몬타놀라에서 죽음.

① ⑦ : 프로이트는 엄격한 집안 분위기가 헤세의 초자아가 발달하는 데 영향을 주었다고 보겠군.

② ⑭ : 프로이트는 헤세의 불안감을 원초아와 초자아의 요구를 자아가 제대로 조정하지 못한 결과라고 보겠군.

③ ⑭ : 프로이트는 헤세의 왕성한 창작 활동을 승화로, 융은 이를 무의식의 창조적 에너지가 발현된 것으로 보겠군.

④ ⑭ : 프로이트는 헤세의 우울증을 유년기의 불안이 재현된 것으로, 융은 이를 자아와 그림자가 통합된 것으로 보겠군.

⑤ ⑭ : 융은 헤세가 성찰하는 글쓰기 활동을 통해 자기를 발견하는 과정에서 심리적 안정감을 느낀 것으로 보겠군.

31. (가)의 정신분석이론과 (나)의 분석심리학에서 모두 동의하는 진술로 가장 적절한 것은?

① 자아는 의식과 무의식의 세계에 걸쳐서 존재한다.

② 무의식은 성적 에너지로만 이루어진 정신 요소이다.

③ 무의식은 개인의 경험을 초월해 원형의 형태로 유전된다.

④ 무의식에는 자아에 의해 억압된 열등한 자아가 존재한다.

⑤ 정신적 균형을 이루기 위해서는 자아의 역할이 중요하다.

32. ㉠을 이해한 내용으로 가장 적절한 것은?

① 의식의 확장을 통해 타인과의 경계를 허무는 과정이다.

② 자신의 근원적인 모습을 찾아 나가는 개별화의 과정이다.

③ 의식에 의해 발견된 무의식의 욕구가 억눌리는 과정이다.

④ 무의식이 의식에서 분화되어 정체성이 실현되는 과정이다.

⑤ 과거의 경험들을 반복함으로써 성격이 형성되는 과정이다.

33. ⓐ ~ ⓔ의 사전적 의미로 적절하지 <u>않은</u> 것은?

① ⓐ : 어떤 사실을 자세히 따져서 바로 밝힘.

② ⓑ : 주기적으로 자꾸 되풀이하여 돎.

③ ⓒ : 큰 관심 없이 대강 보아 넘김.

④ ⓓ : 받아들이지 아니하고 물리쳐 제외함.

⑤ ⓔ : 서로 얼굴을 마주 보고 대함.

[34 ~ 37] 다음 글을 읽고 물음에 답하시오.

[앞부분 줄거리] 국민학교 2학년생인 '나'는 걸구대(궐기대회)가 열릴 때마다 멧돼지를 서너 마리씩 미국 대통령이나 유엔 사무총장과 같은 외국 귀인들에게 보낸다는 것을 알고 의아해 한다.

어린 소견에 도무지 알다가도 모를 노릇이었다. 그런 식으로 마구 보내 주다가는 오래지 않아 나라 안의 멧돼지는 깡그리 씨가 마를 판이었다. 그렇잖아도 가뜩이나 육고기가 부족한 가난뱅이 나라에서 서양 부자 나라의 지체 높은 양반들한테 뭣 때문에 툭하면 그 귀한 멧돼지들을 보낸단 말인가. 또 보낸다면 그 멀고 먼 나라까지 무슨 수로, 그리고 어떤 모양으로 그 짐승들을 보낸단 말인가.

멧돼지 보내기가 몇 번이나 되풀이된 다음, 마지막 순서로 혈서 쓰기가 시작되었다. 검정색 학생복 차림의 피 끓는 청년 학도들이 차례차례 연단에 올라 손가락을 깨물어 하얀 천 위에다 붉게 혈서를 쓰고 있었다. 그쯤에서 진력이 날 대로 나버린 급우 녀석들이 나를 향해 자꾸만 눈짓을 보내왔다. 엎어지면 코 닿을 자리에 집이 있는 내가 몇몇 친한 녀석들을 데리고 몰래 광장을 빠져나와 걸구대가 끝날 때까지 우리 식당에서 즐거운 시간을 함께 보낸 적이 종종 있었던 까닭이었다. 녀석들과 함께 걸구대에서 막 도망쳐 나오려는 순간이었다. 바로 그때 새롭게 연단에 오른 청년의 모습이 내 발목을 꽉 붙잡았다. 그보다 앞서 혈서를 쓴 학생들과 달리 그는 학생복 차림이 아니었다. 검정물로 염색한 군복을 걸친 그 헙수룩한 모습이 먼 빛으로 봐도 어쩐지 많이 눈에 익어 보였다. 잠시 후에 열 손가락을 모조리 깨물어 혈서를 쓴, 참으로 보기 드문 열혈 애국 청년이 등장했음을 걸구대 사회자가 확성기를 통해 널리 알렸다. 곧이어 '북진통일'이라고 대문짝만 하게 적힌 혈서가 청중에게 공개되었다. 치솟는 박수갈채로 역전 광장이 갑자기 떠나갈 듯 요란해졌다. 설마 그럴 리가 있겠느냐고, 혹시 내가 잘못 봤는지도 모른다고 생각하면서 나는 고개를 저었다. 나는 몇몇 급우들과 함께 슬며시 광장을 벗어나고 말았다.

내가 결코 잘못 본 게 아니라는 사실이 이윽고 밝혀졌다. 창권이 형은 열 손가락에 빨갛게 핏물이 밴 붕대를 친친 감은 채 식당에 돌아옴으로써 어머니와 나를 기절초풍케 만들었다. 너무도 어처구니가 없는 나머지 어머니는 형이 돌아오면 퍼부으려고 잔뜩 별러서 장만했던 욕바가지를 꺼내들 엄두조차 못 낼 정도였다. 아프지 않더냐는 내 걱정에 형은 마치 남의 살점 애기하듯 심상하게 대꾸했다.

"괭기찮어. 어쩌피 남어도는 피니깨."

그 혈서 사건 이후부터 창권이 형은 자기 몸 안에 들끓는 더운 피를 덜어내기 위해 이따끔 주먹으로 자신의 코쭝배기를 후려쳐 일부러 코피를 쏟아 내야 하는 수고를 더 이상 할 필요가 없게 되었다. 그리고 어머니 말마따나 형은 정말 우리 식당에서 아무짝에도 쓸모없는 인간으로 완전히 바뀌어 버렸다. 역전 광장에서는 사흘이 멀다 하고 크고 작은 걸구대가 잇달아 벌어졌다. 덕분에 형의 상처 난 손가락들은 **좀체 아물 새가 없었다.** 걸구대 때마다 단골로 혈서를 쓰는 열혈 애국 청년 노릇에 워낙 바쁘다 보니 식당 안에 진드근히 붙어 있을 겨를도 없었다. 어머니는 결국 역마살이 뻗쳐 하고많은 날들을 밖으로 만 나대는 형의 발을 묶어 식당 안에 주저앉히려는 노력을 포기할 지경에 이르렀다. 형은 어느덧 장국밥을 전문으로 하는 식당의 허드재비 심부름꾼에서 당당한 손님으로 격이 달라져 있었다.

중요한 일로 높은 사람들을 만나러 간다며 아침 일찍 집을 나선 창권이 형이 해 질 녘에 다따가* 고등학생으로 변해 돌아왔다. 그동안 형의 변모는 너무나 급격해서 그러잖아도 눈알이 팽팽 돌 지경이었는데, 방금 새로 사 입은 빳빳한 학생복에 어엿이 어느 학교의 교표까지 붙인 학생모 차림은 상상을 뛰어넘는 것이라서 어머니와 나는 다시 한번 할 말을 잃고 말았다.

"일트레면은 가짜배기 나이롱 고등과 학생인 심이지."

언제 학교에 들어갔느냐는 내 물음에 형은 천연덕스레 대꾸하고 나서 한바탕 히히거렸다. 가짜 대학생 이야기는 더러 들어봤어도 가짜 고등학생은 형이 처음이었다.

"핵교도 안 댕기는 반거충이 청년이 단골 혈서가란 속내가 알려지는 날이면 넘들 보기에도 모냥이 숭칙허다고, 날더러 당분간 **고등과 학생 숭내를 내고 댕기란다.**"

형은 모자에 붙은 교표에 호호 입김을 불어 소맷부리로 정성스레 광을 내기 시작했다. 안 그래도 새것임을 만천하에 광고하듯 ⊙ <u>너무 번뜩여서 오히려 탈인 그 금빛의 교표를</u> 형은

내친김에 아예 순금제로 바꿔 놓을 작정인 듯 시간 가는 줄 모르고 일삼아 닦고 또 닦아 댔다. 나는 국민학교 졸업이 학력의 전부인 형을 한동안 물끄러미 바라보았다. 가정 형편이 어려워 어릴 때부터 남의집살이로 잔뼈를 굵혀 나온 형은 자신을 진짜배기 고등학생으로 착각하고 있는 기색이었다.

"요담번 궐기대회 때부텀 나가 맥아더 원수에게 보내는 멧세지 낭독까장 맡어서 허기로 결정이 나뿌렀다."

형은 교표 닦기를 끝마친 후 호주머니에서 피난민 시체로부터 선사 받은 금장의 회중시계를 꺼내어 더욱더 공력을 들여 삐까번쩍 광을 내기 시작했다. 정말 갈수록 태산이었다. 형은 걸구대에서 자신이 맡은 역할이 단골 혈서가 노릇 말고 다른 중요한 것이 더 있음을 자랑스레 밝히는 중이었다. 나는 멧돼지를 멧세지라 잘못 발음한 형의 실수를 부득이 지적하지 않을 수 없었다. 하지만 무식한 가짜 고등학생은, 멧돼지가 아니라고, 꼬부랑말로 **멧세지**가 맞다고 턱도 없는 우김질을 끝까지 계속했다.

(중략)

창권이 형의 마지막 활약상은 그리 오래 지속되지 못했다. 그날도 형은 군산으로 원정을 떠나 적성중립국 감시위원들의 추방을 요구하는 **시위대의 선두에 섰다.** 시위 분위기가 무르익자 형은 그만 흥분을 가누지 못하고 미군 부대 철조망을 타넘는 만용을 부렸다. 바로 그때 경비병들이 송아지만 한 셰퍼드들을 풀어놓았다. 형은 셰퍼드들의 집중 공격을 받아 엉덩이 살점이 뭉텅 뜯겨 나가고 왼쪽 발뒤꿈치의 인대가 끊어지는 **중상을 입었다.** 형이 병원에서 퇴원할 때는 이미 한쪽 다리를 저는 불구의 몸으로 변해 있었다.

퇴원한 뒤에도 창권이 형은 한동안 우리 집에 계속 머물렀다. 형의 그 가짜배기 애국 학도 행각을 애초부터 꼴같잖게 여기던 어머니는 쩔쑥쩔쑥 기우뚱거리는 걸음걸이로 하릴없이 식당 안팎을 서성이는 먼촌붙이 조카를 눈엣가시로 알고 노골적으로 박대했다. 우리 식당에 빌붙어 눈칫밥이나 축내며 지내던 어느 날, 형은 마침내 시골집으로 돌아갈 결심을 굳혔다.

떠나기 전날 밤, 창권이 형은 보퉁이를 다 꾸린 다음 크게 선심이라도 쓰는 척하면서 내게 금장 회중시계를 만져 볼 기회를 딱 한 차례 허락했다. 행여 닳기라도 할까 봐 오래 구경시키는 것마저도 꺼려 하던 그 귀물 단지를 형이 내 손에 통째로 맡긴 것은 그때가 처음이자 마지막이었다. 피난민 시체로부터 받은 선물이라고 주장하던 그 회중시계가 내 작은 손바닥 위에 제법 묵직한 중량감으로 올라앉아 있었다. 등잔불 그늘 안에서도 말갛고 은은한 광휘를 발산하는 금시계를 일삼아 들여다보고 있자니 마치 형의 금빛 찬란하던 한때를 그것이 째깍째깍 증언하는 듯한 느낌이 언뜻 들었다. 전쟁 기간을 통틀어 형의 수중에 남겨진 **유일한 전리품**이었다.

"형이 옳았어."

회중시계를 되돌려 주면서 형의 호의에 대한 답례 삼아 뭔가 형에게 위로가 될 적당한 말을 찾느라 나는 복잡한 머릿속을 한참이나 뒤장질하지 않으면 안 되었다.

"멧돼지가 아니었어. 멧세지가 맞는 말이여."

내 말에 아무런 대꾸 없이 형은 그저 보일락말락 미소만 시부저기 흘리고 있을 따름이었다.

- 윤흥길, 「아이젠하워에게 보내는 멧돼지」 -

---

* 다따가: 난데없이 갑자기.

34. 윗글에 대한 설명으로 가장 적절한 것은?

① 이야기 내부 인물이 중심인물의 행동과 그에 대한 자신의 생각을 서술하고 있다.

② 이야기 내부 인물이 인물과 인물 사이의 갈등을 해소하는 과정을 보여 주고 있다.

③ 이야기 내부 인물이 과거와 현재를 반복적으로 교차하며 자신의 경험을 전달하고 있다.

④ 이야기 외부 서술자가 특정 소재와 관련된 인물의 내면 심리를 묘사하고 있다.

⑤ 이야기 외부 서술자가 서로 다른 공간에서 동시에 일어나는 사건들을 나열하고 있다.

36. ㉠에 대한 이해로 가장 적절한 것은?

① 빛나는 교표로는 오히려 창권이 형의 능청스러운 성격을 은폐하기 어려움을 의미한다.

② 교표가 빛이 날수록 오히려 창권이 형이 자신의 행동을 부끄럽게 생각할 수 있음을 의미한다.

③ 번뜩이는 교표로 인해 궐기대회에서 창권이 형이 맡는 역할이 오히려 축소될 수 있음을 의미한다.

④ 교표를 정성스럽게 닦는 행위 때문에 오히려 창권이 형이 불안감을 더 크게 느끼게 됨을 의미한다.

⑤ 지나치게 새것으로 보이는 교표 때문에 오히려 창권이 형의 학력 위조가 쉽게 탄로 날 수 있음을 의미한다.

37. <보기>를 바탕으로 윗글을 감상한 내용으로 적절하지 <u>않은</u> 것은? [3점]

> ─── < 보 기 > ───
>
> 　이 작품은 6·25 전쟁으로 인해 혼란해진 사회를 배경으로 한다. 창권이 형은 궐기대회에서 애국 학도로 활약하게 되는 과정에서 권력층에 편승하는 모습을 보인다. 정치적 목적을 위해 대중을 기만하는 권력층에 이용당하다 결국 몰락하게 되는 창권이 형을 통해 어리석은 인물이 가진 욕망의 허망함을 풍자하고 있다. 그리고 궐기대회에서 벌어지는 일을 제대로 이해하지 못하는 어린 '나'를 통해 궐기대회가 희화화된다.

① '멧세지'를 보내는 것을 '멧돼지 보내기'로 오해한 '나'를 통해 궐기대회가 희화화되는군.

② '좀체 아물 새가 없'는 '손가락들'은 표면적으로는 애국심의 증거이지만 이면적으로는 창권이 형이 권력층에 이용당하는 인물임을 엿볼 수 있게 하는군.

③ '고등과 학생 숭내를 내고 댕기'라고 지시하는 것에서 자신들의 목적을 위해 대중을 속이는 권력층의 부정적 면모가 드러나는군.

④ '시위대의 선두에 섰'다가 '중상을 입'은 비극을 통해 권력층에 편승하려는 창권이 형의 부질없는 욕망이 풍자되고 있군.

⑤ '유일한 전리품'이었던 '회중시계'는 전쟁 시기에 애국 학도로서의 신념을 지키지 못한 창권이 형의 고뇌를 상징하는군.

35. 윗글을 읽고 알 수 있는 내용이 <u>아닌</u> 것은?

① '나'는 궐기대회가 끝나기 전 친구들과 도중에 나온 적이 있었다.

② '나'는 창권이 형이 궐기대회에서 혈서를 쓴 사실을 어머니를 통해 전해 들었다.

③ 창권이 형은 열혈 애국 청년 노릇으로 바빠지게 되자 식당 심부름꾼으로 일할 겨를이 없었다.

④ 창권이 형은 퇴원 후 어머니에게 노골적인 박대를 받던 끝에 고향으로 돌아갈 결심을 했다.

⑤ 어머니는 창권이 형이 궐기대회에서 박수갈채를 받으며 애국 학도로 행세하는 것을 못마땅하게 여겼다.

[38 ~ 42] 다음 글을 읽고 물음에 답하시오.

맑고 화창한 날 밖에서 스마트폰 화면이 잘 보이지 않았던 경험이 한 번쯤은 있을 것이다. 이는 화면에 반사된 햇빛이 화면에서 나오는 빛과 많이 ⓐ혼재될수록 야외 시인성이 저하되기 때문이다. 야외 시인성이란, 빛이 밝은 야외에서 대상을 명확하게 인식할 수 있는 성질을 의미한다. 그렇다면 스마트폰에는 야외 시인성 개선을 위해 어떠한 기술이 적용되어 있을까?

㉠스마트폰 화면의 명암비가 높으면 우리는 화면에 표현된 이미지를 선명하다고 인식한다. 명암비는 가장 밝은 색과 가장 어두운 색을 화면이 얼마나 잘 표현하는지를 나타내는 수치로, 흰색을 표현할 때의 휘도를 검은색을 표현할 때의 휘도로 나눈 값이다. 여기서 휘도는 화면에서 나오는 빛이 사람의 눈에 얼마나 들어오는지를 나타내는 양이다. 가령, 흰색을 표현할 때의 휘도가 $2,000 \text{ cd/m}^2$이고 검은색을 표현할 때의 휘도가 2 cd/m^2인 스마트폰의 명암비는 1,000이다.

명암비는 휘도를 측정하는 환경에 따라 암실 명암비와 명실 명암비로 구분된다. 암실 명암비는 햇빛과 같은 외부광 없이 오로지 화면에서 나오는 빛만을 인식할 수 있는 조건에서의 명암비를, 명실 명암비는 외부광이 ⓑ존재하는 조건에서의 명암비를 의미한다. 스마트폰의 야외 시인성을 높이기 위해서는 명실 명암비를 높여야 한다. 이를 위해 화면에서 흰색을 표현할 때의 휘도를 높이는 방법과 검은색을 표현할 때의 휘도를 낮추는 방법을 사용할 수 있다.

그런데 스마트폰에 흔히 사용되는 OLED는 흰색을 표현할 때의 휘도를 높이는 데 한계가 있다. OLED는 화면의 내부에 있는 기판*에서 빛을 내는 소자로, 빨간색, 초록색, 파란색 빛을 조합하여 다양한 색을 ⓒ구현한다. 이렇게 OLED가 색을 표현할 때, 출력되는 빛의 세기를 높이면 해당 색의 휘도가 높아진다. 그러나 강한 세기의 빛을 출력할수록 OLED의 수명이 ⓓ단축되는 문제가 있다. 이러한 이유로 OLED 스마트폰에는 편광판과 위상지연필름을 활용하여, 외부광의 반사로 높아진, 검은색을 표현할 때의 휘도를 낮추는 기술이 적용되고 있다.

<그림>은 OLED 스마트폰에 적용된 편광판의 원리를 나타낸 것이다. 일반적으로 빛은 진행하는 방향에 수직인 모든 방향으로 진동하며 나아간다. 빛이 편광판을 통과하면 그중 편광판의 투과축과 평행한 방향으로 진동하며 나아가는 선형 편광만 남고, 투과축의 수직 방향으로 진동하는 빛은 차단된다. 이러한 과정에서 편광판을 통과한 빛의 세기는 감소하게 된다.

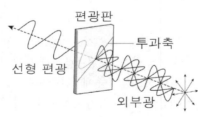

<그림>

[A]
이러한 원리를 이용해 OLED 스마트폰에서 야외 시인성을 높이는 기술을 설명하면 다음과 같다. 먼저 스마트폰 화면 안으로 들어오는 외부광은 편광판을 거치면서 일부가 차단되고 투과축과 평행한 방향으로 진동하는 선형 편광만 남게 된다. 그런 다음 이 선형 편광은 위상지연필름을 지나면서 회전하며 나아가는 빛인 원형 편광으로 편광의 형태가 바뀐다. 이 원형 편광은 스마트폰 화면의 내부 기판에 반사된 뒤, 다시 위상지연필름을 통과하며 선형 편광으로 바뀐다. 그런데 이 선형 편광의 진동 방향은 외부광이 처음 편광판을 통과했을 때 남은 선형 편광의 진동 방향과 수직을 이루게 되어 편광판에 가로막히게 된다. 그 결과 기판에 반사된 외부광은 화면 밖으로 ⓔ빠져나가지 못하게 된다.

이와 같은 기술은 OLED 스마트폰의 야외 시인성을 높이는 데에는 매우 효과적이지만, 편광판을 사용할 수밖에 없기 때문에 스마트폰 화면이 일정 수준의 명암비를 유지하기 위해서는 ㉡OLED가 내는 빛의 세기를 높게 유지해야 한다는 단점이 존재한다. 그리고 외부광이 화면의 외부 표면에 반사되어 나타나는 야외 시인성의 저하도 ⓔ방지하지 못한다. 최근에는 이러한 문제점들을 개선하기 위한 연구가 다양한 분야에서 이루어지고 있다.

* 기판 : 전기 회로가 편성되어 있는 판.

38. 윗글에서 알 수 있는 내용으로 가장 적절한 것은?

① 햇빛은 진행하는 방향에 수직인 모든 방향으로 진동한다.
② OLED는 네 가지의 색을 조합하여 다양한 색을 구현한다.
③ 사람의 눈에 들어오는 빛의 양이 많으면 휘도는 낮아진다.
④ 야외 시인성은 사물 간의 크기 차이를 비교하는 기준이다.
⑤ OLED는 화면의 외부 표면에 반사되는 외부광을 차단한다.

39. ㉠에 대한 설명으로 적절하지 <u>않은</u> 것은?

① 명실 명암비를 높이면 야외 시인성이 높아지게 된다.
② 흰색을 표현할 때의 휘도가 낮아질수록 암실 명암비가 높아진다.
③ 휘도를 측정하는 환경에 따라 명실 명암비와 암실 명암비로 나뉜다.
④ 흰색을 표현할 때의 휘도를 검은색을 표현할 때의 휘도로 나눈 값이다.
⑤ 화면에 반사된 외부광이 눈에 많이 들어올수록 명실 명암비가 낮아진다.

40. ㉡의 이유를 추론한 것으로 가장 적절한 것은?

① OLED가 내는 빛의 휘도를 조절할 수 없기 때문이다.
② OLED가 내는 빛이 강할수록 수명이 길어지기 때문이다.
③ OLED가 내는 빛 중 일부가 편광판에서 차단되기 때문이다.
④ OLED가 내는 빛이 약하면 명암비 계산이 어렵기 때문이다.
⑤ OLED가 내는 빛의 세기를 높이는 데 한계가 있기 때문이다.

[해설편 p.017]

41. <보기>는 [A]의 과정을 나타낸 그림이다. 윗글을 바탕으로 <보기>를 이해한 내용으로 적절하지 <u>않은</u> 것은? [3점]

─────── < 보 기 > ───────

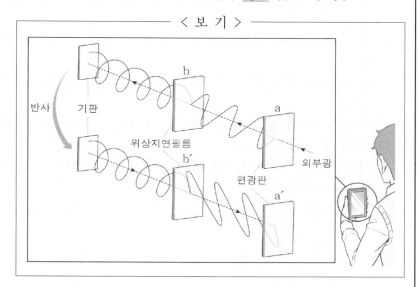

① 외부광은 a를 거치면서 투과축과 평행한 방향으로 진동하는 빛만 남게 된다.
② a를 거쳐 b로 나아가는 빛은 진행 방향에 수직인 방향으로 진동한다.
③ b를 거친 빛은 기판에 의해 a를 거쳐 b로 나아가는 빛과 같은 형태의 편광으로 바뀌게 된다.
④ b′를 거친 빛의 진동 방향은 a를 거쳐 b로 나아가는 빛의 진동 방향과 수직을 이룬다.
⑤ b′를 거친 빛은 진동 방향이 a′의 투과축과 수직을 이루므로 화면 밖으로 빠져나가지 못하게 된다.

42. 문맥상 ⓐ ~ ⓔ와 바꾸어 쓰기에 적절하지 <u>않은</u> 것은?

① ⓐ : 뒤섞일수록
② ⓑ : 있는
③ ⓒ : 고른다
④ ⓓ : 줄어드는
⑤ ⓔ : 막지

[43 ~ 45] 다음 글을 읽고 물음에 답하시오.

[앞부분 줄거리] 전생에 부부였던 남해 용왕의 딸과 동해 용왕의 아들은 각각 금방울과 해룡으로 환생한다. 해룡은 피란 도중에 부모와 헤어져 장삼과 변 씨의 집에서 자라게 된다.

　어느 추운 겨울날, 눈보라가 내리치는 밤에 변 씨는 소룡과 함께 따뜻한 방에서 자고 해룡에게는 방아질을 시켰다. 해룡은 어쩔 수 없이 밤새도록 방아를 찧었는데, 얇은 홑옷만 입은 아이가 어찌 추위를 견딜 수 있겠는가? 추위를 이기지 못해 잠깐 쉬려고 제 방에 들어가니, 눈보라가 방 안에까지 들이치고 덮을 것이 하나도 없었다. 해룡이 몸을 잔뜩 웅크리고 엎드려 있는데, 갑자기 방 안이 대낮처럼 밝아지고 여름처럼 더워져 온몸에 땀이 났다. 놀라고 또 이상해 바로 일어나 밖을 자세히 살펴보니, 아직 날이 밝지 않았는데 하얀 눈이 뜰에 가득했다. 방앗간에 나가 보니 밤에 못다 찧은 것이 다 찧어져 그릇에 담겨 있었다. 해룡이 더욱 놀라고 괴이하게 여겨 방으로 돌아오니 방 안은 여전히 밝고 더웠다.

　아무리 생각해도 이상해 방 안을 두루 살펴보니, 침상 위에 예전에 없었던 북만 한 방울 같은 것이 놓여 있었다. 해룡이 잡으려 했으나, 방울이 이리 미끈 달아나고 저리 미끈 달아나며 요리 구르고 저리 굴러 잡히지 않았다. 더욱 놀라고 신통해서 자세히 보니, 금빛이 방 안에 가득하고, 방울이 움직일 때마다 향취가 가득히 퍼져 코를 찔렀다. 이에 해룡은 생각했다.
　'이것은 반드시 무슨 까닭이 있어서 일어난 일일 테니, 좀 더 두고 지켜봐야겠다.'
　해룡은 마음속으로 기뻐하며 자리에 누웠다. 그동안 굶주림과 추위에 시달린 몸이 따뜻해지니, 마음이 절로 놓여 아침 늦도록 곤히 잠을 잤다. 이때 변 씨 모자는 추위 잠을 자지 못하고 떨며 앉아 있다가 날이 밝자마자 밖으로 나와보니, 눈이 쌓여 온 집 안을 뒤덮었고 찬바람이 얼굴을 깎듯이 세차게 불어 몸을 움직이는 것마저 어려웠다. 이에 변 씨는 생각했다.
　'해룡이 틀림없이 얼어 죽었겠구나.'
　해룡을 불러도 대답이 없자, 해룡이 얼어 죽었으리라 생각하고 눈을 헤치고 나와 문틈으로 방 안을 엿보았다. 그랬더니 해룡이 벌거벗은 채 깊이 잠들어 있는데 놀라서 깨우려다가 자세히 살펴보니 하얀 눈이 온 세상 가득 쌓여 있는데, 오직 해룡이 자고 있는 사랑채 위에는 눈이 한 점도 없고 더운 기운이 연기처럼 일어나고 있었다. 이것이 어찌 된 일인지 알 수가 없었다.
　변 씨가 놀라 소룡에게 이런 상황을 이야기했다.
　"매우 이상한 일이니, 해룡의 거동을 두고 보자꾸나."
　문득 해룡이 놀라 잠에서 깨어 내당으로 들어가 변 씨에게 문안을 올린 뒤 비를 잡고 눈을 쓸려 하는데, 갑자기 한 줄기 광풍이 일어나며 반 시간도 채 안 되어 눈을 다 쓸어버리고는 그쳤다. 해룡은 이미 짐작하고 있었으나, 변 씨는 그 까닭을 전혀 알지 못해 더욱 신통히 여기며 마음속으로 생각했다.
　'분명 해룡이 요술을 부려 사람을 속인 것이로다. 만약 해룡을 집에 오래 두었다가는 큰 화를 당하리라.'
　변 씨는 어떻게든 해룡을 죽여 없앨 생각으로 이리저리 궁리하다가, 한 가지 계교를 생각해 내고는 해룡을 불러 말했다.
　┌"가군*이 돌아가신 뒤 우리 가산이 점점 줄어들게 된 것은 너 또한 잘 알 것이다. 구호동에 우리 집 논밭이 있는데, 근래에는 호환이 자주 일어나 사람을 다치게 해 농사를 짓지
[A] 못하고 묵혀둔 지 벌써 수십여 년이 되었구나. 이제 그 땅을 다 일구어 너를 장가보내고 우리도 네 덕에 잘살게 된다면, 어찌 기쁘지 않겠느냐? 다만 너를 그 위험한 곳에 보내면, └혹시 후회할 일이 생길까 걱정이구나."
　해룡이 기꺼이 허락하고 농기구를 챙겨 구호동으로 가려 하니, 변 씨가 짐짓 말리는 체했다. 이에 해룡이 웃으며 말했다.
　"사람의 목숨은 하늘에 달려 있으니, 어찌 짐승에게 해를 당하겠나이까"
　해룡이 가벼운 발걸음으로 집을 나서자, 변 씨가 문밖에까지 나와 당부하며 말했다.
　"쉬이 잘 다녀오너라."
　해룡이 공손하게 대답하고 구호동으로 들어가 보니, 사면이 절벽으로 둘러싸여 있고 그 사이에 작은 들판이 하나 있는데,

초목이 아주 무성했다. 해룡이 등나무 넝쿨을 붙들고 들어가니, 오직 호랑이와 표범, 승냥이와 이리의 자취뿐이요, 인적은 아예 없었다. 해룡은 조금도 두려워하지 않고 옷을 벗은 뒤 잠깐 쉬었다. 해가 서산으로 넘어가려 할 무렵 자리에서 일어나 밭을 두어 이랑 갈고 있는데, 갑자기 바람이 거세게 불고 모래가 날리면서 산꼭대기에서 이마가 흰 칡범이 주홍색 입을 벌리고 달려들었다. 해룡이 정신을 바싹 차리고 손으로 호랑이를 내리치려 할 때, 또 서쪽에서 큰 호랑이가 벽력같은 소리를 지르며 달려들어 해룡이 매우 위급한 상황에 처하게 되었다. 그 순간 갑자기 등 뒤에서 금방울이 달려와 두 호랑이를 한 번씩 들이받았다. 호랑이들이 소리를 지르며 달려들었으나, 금방울이 나는 듯이 뛰어서 연달아 호랑이를 들이받으니 두 호랑이가 동시에 거꾸러졌다.

해룡이 달려들어 호랑이 두 마리를 다 죽이고 돌아보니, 금방울이 번개같이 굴러다니며 한 시간도 채 안 되어 그 넓은 밭을 다 갈아 버렸다. 해룡은 기특하게 여기며 금방울에게 거듭거듭 사례했다. 해룡이 죽은 호랑이를 끌고 산을 내려오면서 돌아보니, 금방울은 어디로 갔는지 사라지고 없었다.

한편, 변 씨는 해룡을 구호동 사지에 보내고 생각했다.

'해룡은 반드시 호랑이에게 물려 죽었을 것이다.'

변 씨가 집 안팎을 들락날락하며 매우 기뻐하고 있는데, 문득 밖에서 사람들이 요란하게 떠드는 소리가 들려와 급히 나아가 보니, 해룡이 큰 호랑이 두 마리를 끌고 왔다. 변 씨는 크게 놀랐지만 무사히 잘 다녀온 것을 칭찬했다. 또한 큰 호랑이를 잡은 것을 기뻐하는 체하며 해룡에게 말했다.

"일찍 들어가 쉬어라."

해룡이 변 씨의 칭찬에 감사드리고 제 방으로 들어가 보니, 방울이 먼저 와 있었다.

— 작자 미상, 「금방울전」 —

* 가군 : 남에게 자기 남편을 이르는 말.

43. 윗글의 내용에 대한 이해로 적절하지 <u>않은</u> 것은?

① 변 씨는 소룡에게 잠자는 해룡을 깨우라고 지시했다.
② 변 씨는 해룡을 도운 것이 금방울이라는 것을 몰랐다.
③ 해룡은 밤에 방아질을 하다가 추워 방 안으로 들어갔다.
④ 해룡은 방 안에서 움직이는 금방울을 보고 신통해 했다.
⑤ 금방울은 구호동에서 사라진 후 해룡보다 먼저 방에 도착했다.

44. [A]에 대한 설명으로 가장 적절한 것은?

① 지난 일의 책임을 상대방에게 전가하며 태도 변화를 촉구하고 있다.
② 상대방으로 인한 자신의 손해를 언급하며 요청 사항을 전달하고 있다.
③ 상대방의 역할에 대해 의문을 제기하며 자신의 입장을 수정하고 있다.
④ 자신이 제안한 바가 서로에게 이익이 됨을 근거로 상대방을 설득하고 있다.
⑤ 상대방이 취하려는 행위를 만류하기 위해 상대방과 자신의 관계를 언급하고 있다.

45. <보기>는 윗글의 서사 구조를 도식화한 것이다. ㄱ~ㄹ에 대한 설명으로 적절하지 <u>않은</u> 것은? [3점]

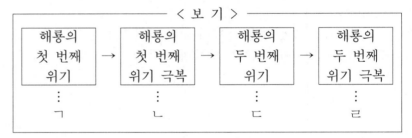

< 보 기 >

해룡의 첫 번째 위기	→	해룡의 첫 번째 위기 극복	→	해룡의 두 번째 위기	→	해룡의 두 번째 위기 극복
⋮		⋮		⋮		⋮
ㄱ		ㄴ		ㄷ		ㄹ

① ㄱ은 집에서 얼어 죽게 될, ㄷ은 구호동에서 짐승에게 해를 입게 될 상황이다.
② ㄱ과 ㄷ은 모두 해룡에게 수행하기 어려운 과제가 주어지는 상황이다.
③ ㄴ은 장차 해룡에게 화를 입을 것을 염려한 변 씨가 ㄷ을 계획하는 계기가 된다.
④ ㄴ과 ㄹ은 신이한 능력을 지닌 금방울에 의해 주도적으로 진행된다.
⑤ ㄱ~ㄹ의 과정에서 해룡은 겉과 속이 다르게 자신을 대하는 변 씨의 이중성을 눈치채고 반발하게 된다.

> ★ 확인 사항
> ○ 답안지의 해당란에 필요한 내용을 정확히 기입(표기)했는지 확인하시오.

제 1 교시

국어 영역

03회

● 문항수 45개 | 배점 100점 | 제한 시간 80분   ● 점수 표시가 없는 문항은 모두 2점

[1 ~ 3] 다음은 학생의 발표이다. 물음에 답하시오.

안녕하세요? 저는 환경 동아리 '지지자—지구를 지키는 자'의 부장입니다. 우리 동아리는 지구 온난화의 심각성을 알리는 캠페인을 진행하고 있습니다. 오늘은 이와 관련하여 영구 동토층이 녹으면서 생기는 문제에 대해 알려드리고자 합니다.

영구 동토층에 대해 들어보신 적 있나요? (청중의 반응을 확인하고) 영구 동토층은 온도가 섭씨 0도 이하로 유지되어 여름에도 녹지 않는 토양층을 말합니다. 영구 동토층이 분포해 있는 지대는 지구 전체 면적의 약 14%에 해당하며, 시베리아, 캐나다 북부, 알래스카 등 북극권에 주로 분포해 있습니다. 대부분의 영구 동토층은 수천 년에서 수만 년 동안 얼어붙은 상태였지만 최근에 빠른 속도로 녹고 있습니다.

이것이 왜 문제가 될까요? 영구 동토층이 녹으면 그곳에 묻혀 있던 대량의 이산화 탄소와 메테인이 대기 중으로 방출되기 때문입니다. 수업 시간에 배운 것처럼 이산화 탄소와 메테인은 지구 온난화를 일으키는 대표적인 온실가스입니다. 과학자들은 영구 동토층에 묻혀 있는 탄소의 양이 대기 중에 존재하는 탄소의 양의 2배에 이를 것으로 추정하고 있습니다. 메테인은 방출되는 양이 상대적으로 적지만 지구 온난화에 끼치는 영향은 이산화 탄소의 20배 이상이라고 합니다. (㉠ 자료를 제시하며) 보시는 자료에서 왼쪽 그래프는 영구 동토층이 녹지 않고 유지되는 지역의, 오른쪽 그래프는 영구 동토층이 급격히 녹고 있는 지역의 온실가스 농도를 나타냅니다. 왼쪽의 경우는 이산화 탄소나 메테인과 같은 온실가스 방출량이 미미하지만, 오른쪽에서는 이들 가스의 방출량이 급격히 증가한 것을 확인할 수 있습니다.

이어서 보실 자료는 2007년부터 10년간 북극권의 연평균 기온을 지구 전체의 연평균 기온과 비교한 그래프입니다. (㉡ 자료를 제시하며) 붉은 선과 파란 선 모두 기온이 상승하고 있음을 보여 줍니다. 그런데 북극권의 연평균 기온을 나타내는 붉은 선이 더 가파르게 올라가는 것에 주목할 필요가 있습니다. 이런 추세로 북극권 기온이 상승하면 그곳에 분포한 영구 동토층이 빠르게 녹아 처음에 보신 오른쪽 그래프와 같은 상황이 가속화됩니다.

영구 동토층에서 방출된 온실가스는 북극권의 기온을 상승시키고 이는 결국 지구 전체의 온난화를 악화시킵니다. 그런 점에서 영구 동토층이 녹지 않도록 전 지구적 노력이 필요합니다. 제가 말씀드린 내용을 주변에 많이 알려주시고, 우리 동아리의 캠페인에도 지속적인 관심을 부탁합니다. 감사합니다.

1. 위 발표에 대한 설명으로 적절하지 <u>않은</u> 것은?

① 용어의 뜻을 설명하며 청중의 이해를 돕고 있다.

② 질문을 하면서 청중이 발표에 집중하도록 하고 있다.

③ 학습 경험을 언급하며 관련된 내용을 설명하고 있다.

④ 예상되는 반론을 반박하며 발표의 설득력을 높이고 있다.

⑤ 캠페인에 대한 관심을 요청하며 발표를 마무리하고 있다.

2. 발표자가 ㉠과 ㉡을 활용한 방식에 대한 설명으로 가장 적절한 것은?

① ㉠을 활용해 영구 동토층이 녹는 원인을 제시하고, ㉡을 활용해 해당 원인의 소멸 과정을 보여 주었다.

② ㉠을 활용해 영구 동토층이 생성된 과정을 제시하고, ㉡을 활용해 해당 과정의 발생 원인을 보여 주었다.

③ ㉠을 활용해 영구 동토층이 녹는 속도의 차이를 보여 주고, ㉡을 활용해 그 차이를 줄이기 위한 방안을 제시하였다.

④ ㉠을 활용해 영구 동토층이 녹을 때 생기는 문제를 보여 주고, ㉡을 활용해 이 문제가 악화될 수 있음을 강조하였다.

⑤ ㉠을 활용해 영구 동토층이 유지된 지역의 문제 상황을 보여 주고, ㉡을 활용해 해당 문제가 가져올 결과를 제시하였다.

3. 다음은 발표를 들은 학생들의 반응이다. 발표의 내용을 고려하여 학생의 반응을 이해한 내용으로 적절하지 <u>않은</u> 것은? [3점]

○ **학생 1** : 영구 동토층은 녹지 않는 것으로 알고 있었는데, 발표를 듣고 그렇지 않다는 것을 알게 되었어. 영구 동토층이 녹아서 문제가 생긴 사례를 더 찾아봐야지.

○ **학생 2** : 영구 동토층이 주로 북극권에 분포해 있다고 했는데, 나머지는 어디에 분포해 있을지 궁금해. 발표에서 참조한 자료의 출처를 물어봐야겠어.

○ **학생 3** : 영구 동토층이 녹는 문제의 심각성을 알리자는 캠페인의 취지에 동의해. 인근 학교와 지역 사회에 이 문제를 어떻게 공유할지 생각해 봐야겠어.

① '학생 1'은 발표 내용을 듣고 알게 된 정보를 통해 기존의 지식을 수정하고 있다.

② '학생 2'는 발표자가 언급하지 않은 발표 내용에 대해 궁금증을 드러내고 있다.

③ '학생 3'은 발표 내용을 수용하면서 주변에 알릴 방법을 고민하고 있다.

④ '학생 1'과 '학생 3'은 발표 내용과 관련하여 추가적인 활동을 계획하고 있다.

⑤ '학생 2'와 '학생 3'은 발표에 활용된 정보에 출처가 언급되지 않았음을 지적하고 있다.

[4 ~ 7] (가)는 교지 편집부 학생들이 나눈 대화이고, (나)는 이를 바탕으로 학생이 작성한 초고이다. 물음에 답하시오.

(가)

학생 1 : 지난번에 우리가 청소년의 SNS(사회 관계망 서비스) 이용 실태와 청소년의 심리적 특성을 관련지어 교지에 글을 쓰기로 했었지? 조사해 온 내용을 이야기해 보자.

학생 2 : 내가 본 자료에는 청소년의 SNS 이용 시간이 타 연령대의 이용 시간보다 길다고 나와 있었어.

학생 3 : 내가 본 논문에서는 SNS 이용 시간이 길어지는 경향을 심리적 측면과 연결지어 설명하고 있었어. 사람들이 SNS를 반복적으로 오래 이용하다 보면 그 안에 있는 정보를 놓칠 수 있다거나 사람들과 연결되지 못하고 고립될 수 있다는 불안을 느끼기 쉽다고 해. 이때 느끼는 불안을 포모 증후군이라고 부르는데.

학생 1 : SNS를 이용하다 보면 고립될 수 있다는 불안을 느끼기 쉽다는 거지? 포모라는 말에 대해 더 설명해 줄래?

학생 3 : 상품을 살 때 매진이 임박했다고 하면 나만 놓칠까 봐 불안해지잖아. 이런 소비자의 불안감을 이용하는 판매 전략을 포모라고 불렀대. 그런데 SNS가 널리 사용되면서 '정보 수집'이나 '인간관계 맺기'에서 뒤처질까 봐 불안해하는 사람들이 많아지게 되었고, 사람들의 이러한 불안 심리를 포모 증후군이라고 부르게 된 거지.   [A]

학생 2 : 그런데 포모 증후군이 청소년의 심리적 특성과 무슨 상관이 있어?

학생 3 : 내 생각에도 포모 증후군을 설명하는 요인 중에서 '정보 수집'과 관련된 부분은 청소년들과는 거리가 멀어 보여. 하지만 '인간관계 맺기'와 관련된 부분은 청소년이 다른 세대에 비해 또래 관계를 중시하는 심리적 성향과 관련된다고 생각해. 또래 관계가 중요하기 때문에 SNS에 수시로 접속해서 교류에서 소외되지 않으려 노력하게 되고, 그만큼 많은 시간을 SNS를 이용하는 데 쓸 수밖에 없어. 그런데 또래 관계를 중시하는 걸 넘어 관계가 멀어질까 봐 심하게 불안하다면 포모 증후군을 의심해 봐야 하는 거지.   [B]

학생 1 : 그렇구나. 우리 글에서 청소년의 SNS 이용 시간이 긴 것을 포모 증후군의 '인간관계 맺기'와 관련지어 설명하는 것이 좋겠다. 이와 관련해 학생들에게 제안할 만한 내용이 있으면 이야기해 보자.

학생 3 : SNS 과다 사용 문제를 다룬 논문에 따르면, 심리적 문제를 해결할 때는 자신이 어떤 상태인지 성찰하는 게 중요하다고 해. SNS를 이용하면서 불안한 기분을 느낀다면, 경각심을 갖고 자기 자신을 성찰해 보자고 제안하자.

학생 2 : 청소년기의 포모 증후군이 또래 관계를 중시하는 성향과 관련된다는 점에서, 친구를 SNS에서가 아닌 일상생활 속에서 직접 만나자고 제안해 보자.

학생 3 : 청소년기의 특성에 대한 전문가의 견해도 필요할 것 같아.

학생 1 : 정말 좋은 의견이야. 글을 쓸 때 필요한 자료는 도서관에 가서 같이 찾아보자.

(나) 학생의 초고

청소년의 대부분은 SNS를 이용한다. 설문 결과에 따르면, 청소년의 SNS 이용 시간은 타 연령대보다 훨씬 긴 것으로 나타난다. 설문 응답자 전체의 SNS 하루 평균 이용 시간은 1시간 미만이지만, 청소년의 77%는 평균 3시간 이상, 19%는 평균 5시간 이상 SNS를 이용하는 것으로 나타났다.

청소년의 이러한 SNS 이용 실태는 청소년기의 특성에서 그 이유를 찾을 수 있다. 전문가에 따르면 청소년은 타인의 기준과 인정을 중요시하는 특성이 있다. 이러한 이유로 자신을 남에게 보여 줄 수 있는 SNS에 빠져들기 쉽다. 또한 청소년은 또래 관계에 과하게 의존한다는 특성이 있다. SNS는 쉽고 빠르게 수많은 인간관계를 맺을 수 있는 세계라는 점에서 청소년에게 특히 매력적이다.

청소년의 과다한 SNS 이용 실태는 '포모 증후군'을 우려하게 한다. '포모(FOMO ; Fear Of Missing Out)'는 원래 제품 공급량을 줄여 소비자를 조급하게 하는 마케팅 용어였지만, 최근에는 SNS 속 정보나 관계에서의 소외를 불안해하는 심리를 가리키는 말이 되었다. 청소년기에는 또래 관계를 중시하는 심리적 성향이 강하기 때문에, 대체로 SNS를 사용하지 못하는 상황에서 불안한 기분을 느끼는 경우가 많고, SNS에 수시로 접속해서 또래 사이의 교류에서 소외되지 않으려 노력하는 경향이 강하다.

포모 증후군이 걱정된다면 청소년들은 무엇을 할 수 있을까? 첫째, 개인의 측면에서는 경각심을 갖고 자신의 SNS 이용을 돌이켜 보자. SNS 속 모든 인간관계와 연결되는 것은 불가능함에도 불구하고 그렇게 되지 못하는 것을 불안해하는 것은 아닌지 돌아볼 필요가 있다. 둘째, 사회적 측면에서는 일상생활 속에서 직접 만나는 친구와의 관계를 더 돈독히 하자.

                         ⑦

4. (가)의 '학생 1'에 대한 설명으로 적절하지 <u>않은</u> 것은?

① 일부 대화 참여자의 발언이 맥락에서 벗어났음을 지적하고 논의의 범위를 제한할 것을 요청하고 있다.

② 대화 참여자의 발언에 대해 평가하고 논의와 관련하여 대화 참여자들이 해야 할 일을 제시하고 있다.

③ 대화 참여자의 발언의 일부를 재진술하고 논의와 관련된 추가적인 설명을 요구하고 있다.

④ 대화 참여자의 발언 내용에 동의하고 더 논의할 내용을 제시하고 있다.

⑤ 지난번 대화 내용을 환기하고 이번에 논의할 내용을 밝히고 있다.

5. [A], [B]에 대한 이해로 가장 적절한 것은?

① [A]에서 전문가의 관점을 소개하고, [B]에서는 소개한 관점의 의의를 제시하고 있다.

② [A]에서 용어에 대해 설명하고, [B]에서는 설명한 내용의 일부를 활용하여 자신의 견해를 드러내고 있다.

③ [A]에서 상대방 발언의 핵심 내용을 정리하고, [B]에서는 정리한 내용에 대한 자신의 견해를 밝히고 있다.

④ [A]에서 구체적 사례를 나열하여 제시하고, [B]에서는 일정한 기준에 따라 제시한 사례를 분류하고 있다.

⑤ [A]에서 자신의 견해를 요약하여 제시하고, [B]에서는 다른 의견을 받아들여 자신의 견해를 수정하고 있다.

6. (가)의 대화 내용이 (나)에 반영된 양상으로 적절하지 <u>않은</u> 것은? [3점]

① (가)에서 포모 증후군에 대해 설명한 내용이, (나)의 3문단에서 청소년기의 심리적 특성과 함께 제시되었다.

② (가)에서 SNS 사용에 대해 청소년들에게 제안하려는 내용이, (나)의 4문단에서 개인의 측면과 사회적 측면으로 구분되어 제시되었다.

③ (가)에서 청소년의 SNS 이용 시간과 관련하여 언급한 내용이, (나)의 1문단에서 설문 결과에 나타난 수치와 함께 구체적으로 제시되었다.

④ (가)에서 청소년기의 특성에 대한 전문가의 견해가 필요하다는 의견이, (나)의 2문단에서 전문가가 제시한 청소년기의 두 가지 특징으로 구체화되어 반영되었다.

⑤ (가)에서 포모 증후군과 청소년의 SNS 이용 시간의 관련성에 대해 언급한 내용이, (나)의 2문단에서 청소년의 SNS 과다 사용과 포모 증후군의 악순환 관계로 제시되었다.

7. ㉮에 들어갈 문장을 <조건>에 따라 작성한 것으로 가장 적절한 것은?

— < 조 건 > —

○ 문단의 내용과 어긋나지 않도록 할 것.
○ 내용의 대비가 드러나도록 비교의 방식을 활용할 것.

① 포모 증후군은 아닌지 걱정만 하기보다는 사용 시간 점검으로 현명한 SNS 사용자가 되자.

② 이번 주말 현실 속 친구들과 시간을 보냈다면, 다음 주말은 SNS 친구들에게 더 집중하도록 하자.

③ 내 손을 잡아 줄 옆자리 친구만큼 내 마음을 잡아 줄 SNS 친구도 소중하다는 것을 잊지 말아야 한다.

④ SNS 속 친구 목록의 길이에 마음을 쓰기보다 곁에서 마음을 나누는 몇몇 친구와의 시간을 소중히 여길 필요가 있다.

⑤ 일상생활에서 직접 만나는 친구를 SNS 속에서 자주 만나며 연결되지 못하는 불안에서 벗어나 우정의 폭을 넓혀 보자.

[8 ~ 10] 다음은 '작문 상황'에 따라 학생이 쓴 글의 초고이다. 물음에 답하시오.

[작문 상황]
○ 작문 목적 : 도서부 선정 '3월의 책'인 『페스트』의 독서 감상문을 작성한다.
○ 예상 독자 : 우리 학교 학생들
○ 글을 쓸 때 고려할 사항 :
 – 작품의 특징을 다양한 측면에서 소개한다.
 – 학생들이 『페스트』를 읽도록 권유한다.

[학생의 초고]
　도서부 선정 '3월의 책'은 알베르 카뮈의 소설 『페스트』이다. 이 책은 1947년에 발표된 작품으로 오랑이라는 도시가 페스트로 인해 봉쇄되면서 전염병에 맞서는 다양한 인간을 다룬 소설이다. 작가는 사람들이 매일같이 죽어 나가는 끔찍한 모습을 매우 담담한 어조로 서술하고 있다. 그는 오랑에서 머물던 중 전염병으로 수많은 사람이 죽는 것을 목격하였고 이때의 경험을 작품 속에 사실적으로 담아내었다.

[A] 　『페스트』의 등장인물은 전염병의 창궐이라는 비극적 재난 상황에 대응하는 방식에 따라 두 가지 유형으로 나뉜다. 긍정적 인물 유형으로는 보건대 조직을 제안하는 타루를 비롯하여 의사 리외, 공무원 그랑, 성직자 파늘루, 기자 랑베르가 있다. 이들은 동지애를 발휘하여, 페스트에 걸려 고통받는 사람들을 돕는다. 반면 부정적 인물인 코타르는 비극적 재난을 틈타 밀수로 부를 축적하는 이기적인 모습을 보인다. 이런 대조를 통해 카뮈는 공동체의 어려움을 이겨 내기 위해서는 구성원들의 연대 의식이 필요함을 역설한다.

　카뮈는 '탁월한 통찰과 진지함으로 우리 시대 인간의 정의를 밝힌 작가'라는 평을 받으며 1957년에 노벨 문학상을 수상하였다. 그는 수상 후의 연설에서, 예술은 인간의 보편적인 감정을 제시하여 많은 사람들을 감동시키는 수단이라고 하였다. 작가가 말한 것처럼 『페스트』는 모두가 공감할 수 있는 현실의 모습과 정서를 표현하고 있다. 따뜻한 봄이 왔지만 여전히 마음이 춥다면 『페스트』를 읽어보자. 어려움에 처한 사람이라면 이 책을 읽고 자신의 상황에 대처할 수 있는 실마리를 얻을 수 있을 것이다.

8. '학생의 초고'에 나타난 글쓰기 전략을 <보기>에서 모두 골라 바르게 짝지은 것은?

— < 보 기 > —

㉠ 『페스트』를 읽었을 때의 효용을 밝히며 읽기를 권유한다.
㉡ 『페스트』의 내용을 개괄하여 작품의 대강을 파악하도록 한다.
㉢ 작품의 주요 구절을 인용하며 『페스트』를 추천하는 이유를 설명한다.
㉣ 다른 책과의 비교를 통해 『페스트』가 갖는 독자적인 가치를 강조한다.

① ㉠, ㉡ ② ㉠, ㉣ ③ ㉡, ㉢
④ ㉡, ㉣ ⑤ ㉢, ㉣

9. <보기>는 윗글을 쓰기 위해 학생이 참고한 자료이다. 학생의 자료 활용에 대한 설명으로 적절하지 않은 것은?

< 보 기 >

ㄱ. 알베르 카뮈(1913 ~ 1960)는 프랑스의 소설가로 '탁월한 통찰과 진지함으로 우리 시대 인간의 정의를 밝힌 작가'라는 평을 받으며 1957년에 노벨 문학상을 수상하였다. 주요 작품으로는 『이방인』, 『페스트』 등이 있다.

— 문학가 사전의 '알베르 카뮈' 항목 중 일부

ㄴ. 제가 보기에 예술이란 고독한 향락이 아닙니다. 그것은 인간의 공통적인 괴로움과 기쁨의 유별난 이미지를 제시함으로써 최대 다수의 사람들을 감동시키는 수단입니다.

— 카뮈의 노벨 문학상 수상 후 연설 중 일부

ㄷ. 1941년부터 오랑에서 생활하던 카뮈는 그 지역에 장티푸스가 창궐하여 매일같이 사람들이 죽어가는 상황과 그로 인해 발생하는 혼란을 목격하였다. 이때의 경험은 『페스트』의 창작에 영감을 주었다.

— 출판사의 책 소개 중 일부

① ㄱ을 활용하여 작가에 대한 평가를 제시하고 있다.
② ㄴ을 활용하여 예술의 필요성에 대한 작가의 인식이 작품 창작의 동기가 되었음을 설명하고 있다.
③ ㄴ을 활용하여 작품이 보편적인 공감을 획득하고 있음을 작가의 예술관과 연결하여 드러내고 있다.
④ ㄷ을 활용하여 특정 도시가 작품 속 공간으로 설정된 배경을 드러내고 있다.
⑤ ㄷ을 활용하여 전염병에 대한 작가의 경험이 작품의 사실성을 갖추는 데 기여하였음을 밝히고 있다.

10. <보기>는 선생님의 조언에 따라 [A]를 수정한 것이다. 선생님이 했을 조언으로 가장 적절한 것은?

< 보 기 >

작가는 재난이라는 상황을 부각하기보다 그 속에서 살아가는 인간의 다양한 모습에 주목한다. 최전선에서 환자를 치료하는 의사 리외, 민간 보건대 조직을 주도한 타루, 묵묵히 자신의 임무를 수행하는 말단 공무원 그랑, 신념과 다르게 돌아가는 현실 속에서 내적 갈등으로 고민하는 성직자 파늘루, 탈출을 시도하다 오랑에 남아 페스트와 싸운 기자 랑베르, 혼란 속에서 자신의 이익을 추구하는 밀수업자 코타르 등 비극적인 재난 속에서 작품의 인물들은 각자의 선택을 한다. 페스트라는 질병과의 전쟁 속에서 매일 패배하면서도 굴하지 않는 다양한 인간 군상을 통해, 카뮈는 '인간은 어떤 존재여야 하는가?'라는 질문을 던지고 그에 대한 답을 암시한다.

① 책의 장점만 제시하기보다 책의 단점에 대해서도 언급하고, 책에 대한 균형 잡힌 시각을 드러낼 수 있는 내용으로 문단을 마무리하는 게 좋겠어.
② 인물 유형을 단순화하기보다는 다양한 인물의 모습을 보여 주고, 뒤 문단에서 언급된 작가에 대한 평가와 자연스럽게 연결될 수 있는 내용으로 문단을 마무리하는 게 좋겠어.
③ 인물 간 갈등의 원인만 제시하기보다는 갈등의 해소 과정을 보여 주고, 갈등 상황에 대처할 때 독자가 가져야 할 태도와 마음가짐에 대한 내용으로 문단을 마무리하는 게 좋겠어.
④ 인물에 대한 정보를 간략하게 제시하기보다는 소설 속 인물의 행동을 자세하게 언급하고, 우리 사회에 필요한 바람직한 인간상을 제시하는 내용으로 문단을 마무리하는 게 좋겠어.
⑤ 책의 내용을 자세하게 소개하는 대신 책에서 받은 인상을 간략하게 제시하고, 뒤 문단에서 언급된 독서 행위의 의미를 이끌어 낼 수 있는 내용으로 문단을 마무리하는 게 좋겠어.

[11 ~ 12] 다음 글을 읽고 물음에 답하시오.

문법적으로 적절한 문장은 필수적인 문장 성분을 온전히 갖추어야 한다. 이때 필수적인 문장 성분은 서술어에 따라 달라진다. 예를 들어 '풀다'가 서술어로 쓰이면 이 서술어는 주어와 목적어를 요구한다. 따라서 다른 맥락이 주어지지 않는다면 '*나는 풀었다.'라는 문장은 서술어가 요구하는 문장 성분이 온전히 갖추어지지 않아서 문법적으로 부적절한 문장이 된다.

서술어가 요구하는 문장 성분에 대한 정보는 국어사전에서 확인할 수 있다. 다음은 국어사전의 일부이다.

> **풀다** 툉
> ① 【…을】
> 「1」 묶이거나 감기거나 얽히거나 합쳐진 것 따위를 그렇지 아니한 상태로 되게 하다.
>   ⋮
> 「5」 모르거나 복잡한 문제 따위를 알아내거나 해결하다.
> ② 【…에 …을 】
> 「1」 액체에 다른 액체나 가루 따위를 섞다.

[A] '【 】' 기호 안에는 표제어 '풀다'가 서술어로 쓰일 때 요구하는 문장 성분에 대한 정보가 제시되어 있다. 이러한 정보를 '문형 정보'라고 한다. 원칙적으로 서술어는 주어를 항상 요구하므로 문형 정보에는 주어를 제외한 필수적 문장 성분에 대한 정보가 제시된다. 하나의 단어가 여러 의미를 가진 경우도 있다. 이러한 단어가 서술어로 쓰일 때 어떤 의미로 쓰이는지에 따라 서술어가 요구하는 문장 성분이 다를 수 있으며, 국어사전에서도 문형 정보가 다르게 제시된다.

필수적인 문장 성분이 갖추어져 있어도 문장 성분 간에 호응이 되지 않으면 문법적으로 부적절한 문장이 될 수 있다. 호응이란 어떤 말이 오면 거기에 응하는 말이 오는 것을 말한다.

> 길을 걷다가 흙탕물이 신발에 튀었다. 나는 신발에 얼룩을 남기고 싶지 않았다. *그래서 나는 물에 세제와 <u>신발을 풀었다.</u> 다행히 금세 자국이 없어졌다.

위 예에서 밑줄 친 문장이 문법적으로 부적절한 이유는 [　㉠　]와 서술어가 호응하지 않기 때문이다. 여기에 쓰인 '풀다'의 [　㉠　]로는 [　㉡　]이 와야 호응이 이루어진다.

※ '*'는 문법적으로 부적절한 문장임을 나타냄.

11. [A]를 이해한 내용으로 적절하지 <u>않은</u> 것은? [3점]

① ②-「1」의 의미로 쓰이는 '풀다'는 부사어를 요구한다.
② 문형 정보에 주어가 표시되지 않았지만 '풀다'는 주어를 요구한다.
③ ①-「1」과 ②-「1」의 의미로 쓰이는 '풀다'는 모두 목적어를 요구한다.
④ '풀다'가 ①-「1」의 의미로 쓰일 때와 ①-「5」의 의미로 쓰일 때는 필수적 문장 성분의 개수가 같다.
⑤ '그는 십 분 만에 선물 상자의 매듭을 풀었다.'에 쓰인 '풀다'의 문형 정보는 사전에 '【…에 …을 】'로 표시된다.

12. ㉠, ㉡에 들어갈 말로 적절한 것은?

	㉠	㉡
①	목적어	액체나 가루 따위에 해당하는 말
②	목적어	복잡한 문제 따위에 해당하는 말
③	부사어	액체에 해당하는 말
④	주어	복잡한 문제 따위에 해당하는 말
⑤	주어	액체에 해당하는 말

13. <보기 1>의 '표준 발음법'에 따라 <보기 2>의 ㉠~㉫을 발음한다고 할 때, 적절하지 <u>않은</u> 것은?

─────── < 보 기 1 > ───────

표준 발음법
제10항 겹받침 'ㄳ', 'ㄵ', 'ㄼ, ㄽ, ㄾ', 'ㅄ'은 어말 또는 자음 앞에서 각각 [ㄱ, ㄴ, ㄹ, ㅂ]으로 발음한다.
제11항 겹받침 'ㄺ, ㄻ, ㄿ'은 어말 또는 자음 앞에서 각각 [ㄱ, ㅁ, ㅂ]으로 발음한다. 다만, 용언의 어간 말음 'ㄺ'은 'ㄱ' 앞에서 [ㄹ]로 발음한다.
제14항 겹받침이 모음으로 시작된 조사나 어미, 접미사와 결합되는 경우에는, 뒤엣것만을 뒤 음절 첫소리로 옮겨 발음한다.
제23항 받침 'ㄱ(ㄲ, ㅋ, ㄳ, ㄺ), ㄷ(ㅅ, ㅆ, ㅈ, ㅊ, ㅌ), ㅂ(ㅍ, ㄼ, ㄿ, ㅄ)' 뒤에 연결되는 'ㄱ, ㄷ, ㅂ, ㅅ, ㅈ'은 된소리로 발음한다.

─────── < 보 기 2 > ───────

책장에서 ㉠<u>읽지</u> 않은 시집을 발견했다. 차분히 ㉡<u>앉아</u> 마음에 드는 시를 예쁜 글씨로 공책에 ㉢<u>옮겨</u> 적었다. 소리 내어 시를 ㉣<u>읊고</u>, 시에 대한 감상을 적어 보기도 했다. 마음이 평온해지는 ㉤<u>값진</u> 경험이었다.

① ㉠은 제11항, 제23항 규정에 따라 [일찌]로 발음해야겠군.
② ㉡은 제14항 규정에 따라 [안자]로 발음해야겠군.
③ ㉢은 제11항 규정에 따라 [옴겨]로 발음해야겠군.
④ ㉣은 제11항, 제23항 규정에 따라 [읍꼬]로 발음해야겠군.
⑤ ㉤은 제10항, 제23항 규정에 따라 [갑찐]으로 발음해야겠군.

14. <보기 1>의 밑줄 친 부분에 해당하는 단어를 <보기 2>에서 있는 대로 모두 고른 것은?

─────── < 보 기 1 > ───────

선생님 : 하나의 단어가 수사로 쓰이기도 하고 수 관형사로도 쓰이는 경우가 많습니다. 그런데 <u>수 관형사로만 쓰이는 단어</u>도 있습니다.

─────── < 보 기 2 > ───────

○ 나는 필통에서 연필 <u>하나</u>를 꺼냈다.
○ 그 마트는 매월 <u>둘째</u> 주 화요일에 쉰다.
○ 이번 학기에 책 <u>세</u> 권을 읽는 게 내 목표야.
○ <u>여섯</u> 명이나 이 일에 자원해서 정말 기쁘다.

① 하나　　　　② 세　　　　③ 하나, 여섯
④ 둘째, 세　　⑤ 둘째, 여섯

15. ㉠ ~ ㉺에 대한 설명으로 적절하지 <u>않은</u> 것은?

———————— < 보 기 > ————————

지현: 저기 ㉠ 버스 온다. 얼른 타자. 우리가 오늘 영화를 볼 장소로 가는 버스야.

경준: ㉡ 차에 사람이 많아 보여. 차라리 택시를 타자.

지현: 좋아. 그런데 ㉢ 이곳이 원래 사람이 이렇게 많았나?

경준: ㉣ 여기가 혼잡한 데는 아닌데 주말이라 그런 것 같아. 급하게 와서 그런지 목이 마르네. 물병 좀 꺼내 줄래? 배낭을 열면 물병이 두 개 있어.

지현: 잠시만. ㉤ 이 중에서 더 작은 ㉥ 것을 주면 돼?

경준: 응, 고마워. 그런데 ㉦ 우리가 오늘 보기로 한 영화는 누가 추천한 거야?

지현: ㉧ 자기가 봤는데 재미있더라면서 민재가 추천해 줬어.

① ㉡은 '버스'의 상위어로서 ㉠을 가리킨다.

② ㉢과 ㉣은 다른 단어이지만, 같은 곳을 가리킨다.

③ ㉤은 '배낭'을, ㉥은 '물병'을 가리킨다.

④ ㉦은 화자와 청자를 모두 포함한다.

⑤ ㉧은 '민재'를 가리킨다.

[16 ~ 20] 다음 글을 읽고 물음에 답하시오.

㉠ 마르크스는 사물의 경제적 가치를 사용가치와 교환가치로 구분하면서 자본주의 사회에서는 경제적 가치가 교환가치에 의해 결정된다고 보았다. 사용가치는 사물의 기능적 가치를, 교환가치는 시장 거래를 통해 부여된 가치를 의미하는데 사물 자체의 유용성은 고정적이므로 시장에서의 수요와 공급에 의해서만 경제적 가치가 결정된다고 보았기 때문이다. 또한 그는 사물의 거래 가격은 결국 사물의 생산 비용에 의해 결정된다는 점에서 소비를 생산에 종속된 현상으로 보고 소비의 자율성을 인정하지 않았다.

마르크스의 이러한 주장과 달리 ㉡ 보드리야르는 교환가치가 아닌 사용가치가 경제적 가치를 결정하며, 자본주의 사회는 소비 우위의 사회라고 주장했다. 이때 보드리야르가 제시한 사용가치는 사물 자체의 유용성에 대한 가치가 아니라 욕망의 대상으로서 기호(sign)가 ⓐ 지니는 기능적 가치, 즉 기호가치를 의미한다.

기호는 어떤 대상을 지시하는 상징으로서 문자나 음성같이 감각으로 지각되는 기표와 의미 내용인 기의로 구성되는데, 기표와 기의의 관계는 자의적이다. 가령 '남성'이란 문자는 필연적으로 어떤 대상을 지시하는 것이 아니며 '여성'이란 기호와의 관계 속에서 의미 내용이 결정된다. 다시 말해, 어떤 기호의 의미 내용을 결정하는 것은 기표와 기의의 관계가 아니라 기호들 간의 관계, 즉 기호 체계 이다.

[A] 보드리야르는 자본주의 사회에서 대량 생산 기술이 급속하게 발전하면서 소비자가 기호가치 때문에 사물을 소비한다고 보았다. 대량 생산 기술의 발전으로 수요를 충족하고 남을 만큼의 공급이 이루어져 사물 자체의 유용성은 더 이상 소비를 결정하는 요인으로 작용할 수 없기 때문이다. 예를 들어 소비자는 특정 계층 또는 집단의 일원이라는 상징을 얻기 위해 명품 가방을 소비한다. 이때 사물은

소비자가 속하고 싶은 집단과 다른 집단 간의 차이를 부각하는 기호로서 기능한다. 따라서 보드리야르에 따르면 자본주의 사회에서 소비의 원인은 사물이 상징하는 특정 사회적 지위에 대한 욕구이다.

보드리야르는 현대인이 자연 발생적인 욕구에 따라 자유롭게 소비하는 것처럼 보이지만 사실은 강제된 욕구에 따르는 것에 불과하다고 보았다. 이는 기호가 다른 기호와의 관계 속에서 그 의미 내용이 결정되는 것과 관계된다. 특정 사물의 상징은 기호 체계, 즉 사회적 상징체계 속에서 유동적이며, 따라서 ⓒ 상징체계 변화에 따라 욕구도 유동적이다. 이때 대중매체는 사물의 기의에 영향을 미침으로써 욕구를 강제할 수 있다. 현실이 대중매체를 통해 전달될 때 현실은 현실 그 자체가 아니라 다른 기호와 조합될 수 있는 기호로서 추상화되기 때문이다. 가령 텔레비전 속 유명 연예인이 소비하는 사물은 유명 연예인이라는 기호에 의해 새로운 의미 내용이 부여된다. 요컨대 특정 사물에 대한 현대인의 욕망은 대중매체를 매개로 하여 자기도 모르는 사이에 강제된다.

보드리야르는 기술 문명이 초래한 사물의 풍요 속에서 현대인의 일상생활이 사물의 기호가치와 이에 대한 소비에 의해 규정된다고 보고 자본주의 사회를 소비사회로 명명하였다. 그의 이론은 소비가 인간에 미치는 영향을 비판적으로 성찰해야 한다는 점을 시사한다.

16. '자본주의 사회'에 대한 ㉠, ㉡의 주장을 이해한 내용으로 가장 적절한 것은?

① ㉠: 소비가 생산에 종속되므로 사용가치와 교환가치는 결국 동일하다.

② ㉠: 사물 자체의 유용성은 변하지 않으므로 소비자의 욕구를 중심으로 분석해야 한다.

③ ㉡: 소비자에게 소비의 자율성이 존재하므로 교환가치가 사용가치를 결정한다.

④ ㉡: 개인에게 욕구가 강제되므로 소비를 통해 집단 간의 사회적 차이가 소멸한다.

⑤ ㉡: 경제적 가치는 사회적 상징체계에 따라 결정되므로 기호가치가 소비의 원인이다.

17. 기호 체계 를 바탕으로 [A]를 이해한 내용으로 적절하지 <u>않은</u> 것은?

① 사물은 기표로서의 추상성과 기의로서의 구체성을 갖는다.

② 사물과 그것이 상징하는 특정한 사회적 지위와의 관계는 자의적이다.

③ 사물은 사물 자체가 아닌 사물 간의 관계를 통해 의미 내용이 결정된다.

④ 소비는 사물이라는 기호를 통해 특정 계층 또는 집단의 일원이라는 상징을 얻는 행위이다.

⑤ 기호가치는 사물의 기의와 그에 대한 소비자의 욕구와 관련될 뿐 사물의 기표에 의해 결정되는 것은 아니다.

18. ㉢의 전제로 가장 적절한 것은?

① 상징체계 변화에 의해 사물 자체의 유용성이 변화한다.
② 사물에 대한 욕구는 사람마다 제각기 다른 양상을 보인다.
③ 사물의 기호가치가 변화하면 사물에 대한 욕구도 변화한다.
④ 사물을 소비하는 행위는 개인의 자연 발생적 욕구에 따른 것이다.
⑤ 사물이 지시하는 의미 내용과 사물에 대한 욕구는 서로 독립적이다.

19. 윗글의 '보드리야르'의 관점을 바탕으로 <보기>를 이해한 내용으로 적절하지 <u>않은</u> 것은? [3점]

<보기>

　　개성이란 타인과 구별되는 개인만의 고유한 특성으로, 현대 사회의 개인은 개성을 추구함으로써 자신의 고유함을 드러내려 한다. 이때 사물은 개성을 드러낼 수 있는 수단이다. 찢어진 청바지를 입는 것, 타투나 피어싱을 하는 것은 사물을 통한 개성 추구의 사례이다. 이런 점에서 '당신의 삶에 차이를 만듭니다'와 같은 광고 문구는 개성에 대한 현대인의 지향을 단적으로 드러낸 것이라 할 수 있다.

① 타인과 구별되는 개성이란 개인이 소속되길 바라는 집단의 차별화된 속성일 수 있겠군.
② 소비사회에서 사물을 통한 개성의 추구는 그 사물의 기호가치에 대한 욕구에서 비롯되겠군.
③ 찢어진 청바지는 개인만의 고유한 특성을 드러내는 수단이자 젊은 세대의 일원이라는 기호를 상징하는 것일 수 있겠군.
④ '당신의 삶에 차이를 만듭니다'라는 광고 문구는 그 광고의 상품을 소비함으로써 사회적 차이를 드러내고 싶다는 욕구를 강제하는 것일 수 있겠군.
⑤ 타투나 피어싱을 한 유명 연예인을 텔레비전에서 보고, 이를 따라하기 위해 돈을 지불하는 것은 대중매체를 매개로 하여 추상화된 기호를 소비하는 것일 수 있겠군.

20. 문맥상 의미가 ⓐ와 가장 가까운 것은?

① 그는 항상 지갑에 현금을 <u>지니고</u> 있었다.
② 그녀는 어릴 때의 모습을 그대로 <u>지니고</u> 있다.
③ 우리는 자기가 맡은 일에 책임을 <u>지녀야</u> 한다.
④ 사람은 누구나 고정 관념을 <u>지니고</u> 살기 마련이다.
⑤ 그는 어린 시절의 추억을 항상 마음속에 <u>지니고</u> 있다.

[21 ~ 25] 다음 글을 읽고 물음에 답하시오.

(가)

　　플라톤은 초월 세계인 이데아계와 감각 세계인 현상계를 구분했다. 영원불변의 이데아계는 현상계에 나타난 모든 사물의 근본이 되는 보편자, 즉 형상(form)이 존재하는 곳으로 이성으로만 인식될 수 있는 관념의 세계이다. 반면 현상계는 이데아계의 형상을 바탕으로 만들어진 세계로 끊임없이 변화하는 사물이 감각에 의해 지각된다. 플라톤에 따르면 ㉠ 현상계의 모든 사물은 형상을 본뜬 그림자에 불과하다.

　　이러한 관점에서 플라톤은 예술을 감각 가능한 현상의 모방이라고 보았다. 예를 들어 목수는 이성을 통해 침대의 형상을 인식하고 그것을 모방하여 침대를 만든다. 그리고 화가는 감각을 통해 이 침대를 보고 그림을 그린다. 결국 침대 그림은 보편자에서 두 단계 떨어져 있는 열등한 것이며, 형상에 대한 참된 인식을 방해하는 허구의 허구에 불과하다. 이데아계의 형상을 모방하여 생겨난 것이 현상인데, 예술은 현상을 다시 모방한 것이기 때문이다.

　　플라톤은 시가 회화와 다르다고 보았다. 고대 그리스에서 음유시인은 허구의 허구인 서사시나 비극을 창작하고, 이를 작품 속 등장인물의 성격에 어울리는 말투, 몸짓 같은 감각 가능한 현상으로 연기함으로써 다시 허구를 만들어 냈다. 이 과정에서 음유시인의 연기는 인물의 성격을 드러내는데, 이는 감각 가능한 외적 특성을 모방해 감각으로 파악될 수 없는 내적 특성을 드러내는 것이다.

　　플라톤은 음유시인이 용기나 절제 같은 덕성을 갖춘 인간이 아닌 저급한 인간의 면모를 모방할 수밖에 없다고 주장했다. 가령 화를 잘 내는 인물은 목소리가 거칠어지고 안색이 붉어지는 등 다양한 감각 가능한 현상들을 모방함으로써 쉽게 표현할 수 있지만, 용기나 절제력이 있는 인물에 수반되는 감각 가능한 현상은 표현하기 어렵기 때문이다. 따라서 플라톤은 음유시인의 연기를 보는 관객들이 이성이 아닌 감정이나 욕구와 같은 비이성적인 것들에 지배되어 타락하게 된다고 보았다.

(나)

　　아리스토텔레스는 이데아계가 존재한다고 보지 않았다. 예컨대 사람은 나이가 들며 늙는데, 만약 이데아계의 변하지 않는 어린아이의 형상과 성인의 형상을 바탕으로 각각 현상계의 어린아이와 성인이 생겨났다면, 현상계에서 어린아이가 성인으로 성장하는 것을 설명할 수 없기 때문이다.

　　아리스토텔레스는 형상 이 항상 사물의 생성과 변화의 바탕이 되는 질료 에 내재한다고 보고, 이를 가능태와 현실태라는 개념을 통해 설명하였다. 가능태란 형상을 실현시킬 수 있는 가능적 힘이자 질료를 의미하며, 현실태란 가능태에 형상이 실현된 어떤 상태이다. 가령 도토리는 떡갈나무가 되기 위한 가능태라면, 도토리가 떡갈나무가 된 상태가 현실태이다. 이처럼 생성·변화하는 모든 것은 목적을 향해 움직이므로 가능태에 있는 것은 형상이 완전히 실현된 상태인 '완전 현실태'를 향해 나아가는데, 이 이행 과정이 운동이다. 즉 운동의 원인은 외부가 아닌 가능태 자체에 내재한다.

　　아리스토텔레스에게 있어 예술의 목적은 개개의 사물에 내재하고 있는 보편자, 즉 형상을 표현해 내는 것이다. 이런 점에서 그는 시가 역사보다 우월하다고 주장했다. 역사는 개별적 사건들의 기록일 뿐이지만 시는 개별적 사건에 깃들어 있는 보편자를 표현한 것이기 때문이다.

아리스토텔레스는 인간이 예술을 통해 쾌감을 느낄 수 있다고 보았다. 특히 비극시는 파멸하는 주인공을 통해 인간의 근본적 한계를 다루기 때문에, 시를 창작하면 인간 존재의 본질을 인식하는 앎의 쾌감을 느낄 수 있다고 하였다. 비극시 속 이야기는 음유시인이 경험 세계의 개별자들 속에서 보편자를 인식해 내어, 그것을 다시 허구의 개별자로 표현한 결과물인 것이다. 또한 관객은 음유시인의 연기를 통해 앎의 쾌감을 느낄 수 있을 뿐 아니라 그와 다른 종류의 쾌감도 경험할 수 있다. 관객은 고통을 받는 인물의 이야기를 통해 그에 대한 연민과 함께, 자신도 유사한 고통을 겪을 수 있다는 공포를 느낀다. 이러한 과정에서 감정이 고조됐다가 해소되면서 얻게 되는 쾌감, 즉 카타르시스를 경험한다.

21. (가)와 (나)에 대한 설명으로 가장 적절한 것은?

① (가)와 (나)는 모두 특정 사상가의 예술을 바라보는 관점이 변화하게 된 이유를 설명하고 있다.
② (가)와 (나)는 모두 특정 사상가가 예술을 평가하는 데 바탕이 된 철학적 관점을 설명하고 있다.
③ (가)와 달리 (나)는 특정 사상가가 생각하는 예술의 불완전성을 설명하고 있다.
④ (나)와 달리 (가)는 특정 사상가의 예술관에 내재한 장점과 단점을 제시하고 있다.
⑤ (가)는 특정 사상가의 예술관이 보이는 한계를, (나)는 특정 사상가의 예술관이 주는 의의를 제시하고 있다.

22. (가)의 '플라톤'의 사상을 이해한 내용으로 적절하지 <u>않은</u> 것은?

① 예술은 형상에 대한 참된 인식을 방해한다.
② 형상은 감각이 아닌 이성을 통해서만 인식할 수 있다.
③ 현상계의 사물을 모방한 예술은 형상보다 열등한 것이다.
④ 예술의 표현 대상은 사물이 아니라 사물 안에 존재하는 형상이다.
⑤ 이데아계는 현상계에 나타난 모든 사물의 형상이 존재하는 곳이다.

23. (나)의 '아리스토텔레스'의 관점에서 형상과 질료에 대해 이해한 내용으로 적절하지 <u>않은</u> 것은?

① 형상은 질료와 분리되어 존재할 수 없다.
② 질료는 형상을 실현시킬 수 있는 가능적 힘이다.
③ 형상이 질료에 실현되는 원인은 가능태 자체에 내재한다.
④ 형상과 질료 사이의 관계는 현실태와 가능태 사이의 관계와 같다.
⑤ 생성·변화하는 것은 형상이 질료에 완전히 실현된 상태인 완전 현실태를 향한다.

24. (가)와 (나)를 참고할 때, '아리스토텔레스'의 입장에서 ㉠을 비판한 것으로 가장 적절한 것은?

① 현상계의 사물이 형상을 본뜬 것이라면 현상계의 사물이 생성·변화하는 이유를 설명할 수 없다.
② 형상이 변하지 않는 것이라면 현상계에 존재하는 사물들이 모두 제각기 다른 이유를 설명할 수 없다.
③ 형상과 현상계의 사물이 서로 독립적이라면 현상계에서 사물이 시시각각 변화하는 현상을 설명할 수 없다.
④ 형상이 현상계를 초월하여 존재하는 것이라면 형상을 포함하지 않는 사물을 감각으로 느끼는 것은 불가능하다.
⑤ 현상계의 모든 사물이 형상의 그림자에 불과하다면 그림자만 볼 수 있는 인간이 형상을 인식하는 것은 불가능하다.

25. (가)의 '플라톤'과 (나)의 '아리스토텔레스'가 <보기>에 대해 보일 반응으로 적절하지 <u>않은</u> 것은? [3점]

―――――< 보 기 >―――――

고대 그리스의 비극시 『오이디푸스 왕』의 주인공 오이디푸스는 자신에게 주어진 숙명에 의해 파멸당하는 인물이다. 비극시를 공연하는 음유시인은 목소리, 몸짓으로 작품 속 오이디푸스를 관객 앞에서 연기한다. 음유시인의 연기에 몰입한 관객은 덕성을 갖춘 주인공이 특별한 잘못이 없는데도 불행해지는 모습을 보고 연민과 공포를 느낀다.

① 플라톤 : 오이디푸스는 덕성을 갖춘 현상 속 인물을 본떠 만든 허구의 허구이며, 그에 대한 음유시인의 연기는 이를 다시 본뜬 허구이다.
② 플라톤 : 음유시인은 오이디푸스의 덕성을 연기하는 데 주력하겠지만, 관객은 이를 감각으로 파악할 수 없기 때문에 감정과 욕구에 지배되어 타락하게 된다.
③ 플라톤 : 음유시인의 목소리와 몸짓을 통해 오이디푸스의 성격이 드러난다면, 감각 가능한 외적 특성을 모방하는 과정에서 감각되지 않는 내적 특성이 표현된 것이다.
④ 아리스토텔레스 : 음유시인이 현상 속 인간의 개별적 모습들에서 보편자를 인식해 내어, 이를 다시 오이디푸스라는 허구의 개별자로 표현한 것이다.
⑤ 아리스토텔레스 : 오이디푸스가 숙명에 의해 파멸당하는 것을 본 관객들은 인간 존재의 본질을 이해하는 쾌감을 느낄 뿐 아니라 카타르시스를 경험할 수 있다.

[26 ~ 30] 다음 글을 읽고 물음에 답하시오.

컴퓨터 네트워크에서 데이터가 전송될 때 수신된 데이터에 오류가 있는 경우가 있다. 오류를 검출하기 위해 송신기는 오류 검출 부호를 포함한 데이터를 전송하고 수신기는 수신한 데이터를 검사하여 오류가 있으면 재전송을 요청한다.

수신한 데이터에 오류가 있는지 검출하는 가장 간단한 방식은 ㉠ 패리티 검사이다. 이 방식은 전송할 데이터에 패리티 비트라는 오류 검출 부호를 추가하는 방법으로, 패리티 비트를 추가하여 데이터의 1의 개수를 짝수나 홀수로 만든다. 1의 개수를 짝수로 만드는 방식을 짝수 패리티, 홀수로 만드는 방식을 홀수 패리티라고 하고 송·수신기는 모두 같은 방식을 사용해야 한다. 예를 들어 짝수 패리티를 사용한다면 송신기는 항상 데이터의 1의 개수를 짝수로 만들어서 전송하지만 만일 수신한 데이터의 1의 개수가 홀수가 되면 수신기는 오류가 발생했다고 판단하는 것이다. 하지만 패리티 검사는 ㉮ 수신한 데이터에서 짝수 개의 비트에 오류가 동시에 있으면 이를 검출하기 어렵다. 또한 오류의 발생 여부를 검출할 수 있을 뿐 데이터 내 오류의 위치는 알아낼 수 없다.

전송할 데이터를 2차원 배열로 구성해서 패리티 비트를 생성하면 오류의 발생 여부뿐만 아니라 오류의 위치도 알아낼 수 있다. 예를 들어 송신기가 1100011 1111111을 전송한다고 하자. 송신기는 이를 $\begin{smallmatrix}1100011\\1111111\end{smallmatrix}$과 같이 2차원 배열로 구성하고 가로 방향인 모든 행과 세로 방향인 모든 열에 패리티 비트를 생성한 후 이를 포함한 데이터를 전송한다. 수신기는 수신한 데이터의 각각의 행과 열의 1의 개수를 세어 오류를 검사한다. 만약 어떤 비트에 오류가 발생하면 그 비트가 포함된 행과 열에서 모두 오류가 검출된다. 따라서 오류가 발생한 위치를 알 수 있다. 다만 동일한 행 또는 열에서 짝수 개의 오류가 발생하면 오류가 발생한 정확한 위치를 알 수 없다.

㉡ CRC 방식은 미리 선택된 생성 부호를 사용해서 오류 검출 부호를 생성하는 방식이다. 전송할 데이터를 생성 부호로 나누어서 오류 검출 부호를 생성하는 데 모듈로-2 연산을 활용한다. 모듈로-2 연산은 자릿수가 제한된 상태에서 나머지를 구하는 연산으로 해당 자릿수의 비트 값이 같으면 0, 다르면 1이 된다.

```
                     111101
           1011)110101000
생성 부호 ─── 1011 ─── 전송할 데이터
              1100
              1011
              1111
              1011
              1000
              1011
              0110
              0000
              1100
              1011
              111 ─── 오류 검출 부호
```

<그림>

<그림>과 같이 생성 부호가 1011이고 전송할 데이터가 110101인 경우를 보자. 전송할 데이터는 오류 검출 부호를 추가해야 하기 때문에 그만큼의 비트가 더 필요하다. 송신기는 전송할 데이터의 오른쪽 끝에 생성 부호의 비트 수보다 하나 작은 비트 수만큼 0을 추가한 후 이를 생성 부호로 나누고 그

나머지가 오류 검출 부호가 된다. 송신기는 오류 검출 부호를 포함한 데이터 ㉢ 110101111만을 전송하고 수신기는 수신한 데이터를 송신기와 동일한 생성 부호로 나눈다. 수신한 데이터는 전송할 데이터에 나머지를 추가했으므로 오류가 없다면 생성 부호로 나누었을 때 나머지가 0이 된다. 이때 나머지가 0이 아니면 수신한 데이터에 오류가 있다고 판단한다. CRC 방식은 복잡하지만 여러 개의 오류가 동시에 생겨도 이를 검출할 수 있어서 오류 검출 확률이 높다.

---

26. 윗글에서 알 수 있는 내용으로 적절하지 <u>않은</u> 것은?

① CRC 방식은 모듈로-2 연산을 사용해서 생성 부호를 만들어 낸다.

② 패리티 검사에서 송신기와 수신기는 동일한 패리티 방식을 사용해야 한다.

③ CRC 방식에서 생성 부호의 비트 수는 오류 검출 부호의 비트 수보다 하나가 더 많다.

④ 짝수 패리티는 패리티 비트를 포함한 데이터의 1의 개수가 짝수인지 여부를 검사한다.

⑤ CRC 방식은 여러 개의 오류가 동시에 생겨도 검출할 수 있어서 오류 검출 확률이 높다.

---

27. ㉠과 ㉡에 대해 이해한 내용으로 적절하지 <u>않은</u> 것은?

① ㉠은 ㉡과 달리 데이터에 포함된 1의 개수가 짝수나 홀수가 되도록 오류 검출 부호를 생성한다.

② ㉡은 ㉠과 달리 데이터의 오류를 검출하기 위해 송신기와 수신기 모두에서 오류 검사를 해야 한다.

③ ㉠과 ㉡은 모두, 수신한 데이터의 오류 발생 여부를 수신기가 판단한다.

④ ㉠과 ㉡은 모두, 데이터를 전송하기 전에 오류 검출 부호를 생성해야 한다.

⑤ ㉠과 ㉡은 모두, 전송할 데이터가 같더라도 오류 검출 부호는 다를 수 있다.

---

28. ㉮의 이유로 가장 적절한 것은?

① 송신기가 패리티 비트를 생성하는 것이 불가능하기 때문에

② 전송되는 데이터에 포함된 1의 개수가 항상 홀수로 나타나기 때문에

③ 전송되는 데이터에 포함된 1의 개수가 항상 짝수로 나타나기 때문에

④ 오류가 발생했을 때 전송되는 패리티 비트의 크기가 늘어나기 때문에

⑤ 수신한 데이터가 정상일 때와 수신한 데이터에 오류가 있을 때의 패리티 비트가 동일하기 때문에

29. 윗글을 바탕으로 〈보기〉를 설명한 내용으로 적절하지 <u>않은</u> 것은? [3점]

> ──── 〈 보 기 〉 ────
>
> 송신기는 오류 검출 방식으로 홀수 패리티를 활용하기로 하였다. 수신기는 수신한 데이터에 오류가 있다고 다음과 같이 판단하였다.
>
>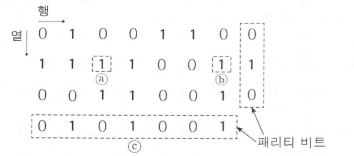
>
> (단, 패리티 비트의 오류는 없다고 가정한다.)

① 첫 번째 행은 패리티 비트를 포함한 데이터의 1의 개수가 홀수이므로 오류가 없다고 판단했을 것이다.

② 여섯 번째 열은 패리티 비트를 포함한 데이터의 1의 개수가 홀수이므로 오류가 없다고 판단했을 것이다.

③ ⓐ가 포함된 행과 열의 패리티 비트를 포함한 데이터의 1의 개수가 각각 짝수이므로 수신기는 ⓐ를 오류라고 판단했을 것이다.

④ 수신한 데이터에서 ⓑ도 0으로 바뀌어서 수신되었다면 데이터의 오류 발생 여부를 검출할 수 없었을 것이다.

⑤ 짝수 패리티를 활용했다면 송신기는 ⓒ를 1010110으로 생성했을 것이다.

30. 〈보기〉는 수신기가 ⓒ의 오류를 검사한 연산이다. 윗글을 바탕으로 〈보기〉를 이해한 내용으로 적절하지 <u>않은</u> 것은?

> ──── 〈 보 기 〉 ────
>
> ```
>            111101
>     1011)110101111
>          1011
>          1100
>          1011
>          1111
>          1011
>          1001
>          1011
>          0101
>          0000
>          1011
>          1011
>             0
> ```

① 수신기는 송신기와 동일한 생성 부호인 '1011'을 사용하여 모듈로-2 연산을 하였군.

② 수신기가 수신한 데이터의 오른쪽 끝에 있는 '111'은 송신기에서 생성한 오류 검출 부호이군.

③ 수신기가 모듈로-2 연산을 할 때는 수신한 데이터에 생성 부호보다 하나 작은 비트 수만큼의 0을 추가하지 않았군.

④ 수신기가 연산한 몫인 '111101'이 송신기가 전송한 데이터와 동일하기 때문에 수신기는 오류가 없다고 판단했겠군.

⑤ 수신기가 연산한 결과의 나머지가 0이 아니었다면 수신기는 송신기에 재전송을 요청했겠군.

[31 ~ 33] 다음 글을 읽고 물음에 답하시오.

(가)

사개 틀린* 고풍(古風)의 ㉠ 툇마루에 없는 듯이 앉아
아직 **떠오를 기척도 없는 달**을 기다린다
아무런 생각 없이
아무런 뜻 없이

이제 저 감나무 그림자가
사뿐 한 치씩 옮아오고
이 마루 위에 빛깔의 방석이
보시시 깔리우면

나는 내 하나인 외론 **벗**
가냘픈 **내 그림자**와
말없이 몸짓 없이 **서로 맞대고 있으려니**
이 밤 옮기는 발짓이나 들려오리라
　　　　　　　－ 김영랑, 「사개 틀린 고풍의 툇마루에」 －

* 사개 틀린 : 사개가 틀어진. 한옥에서 못을 사용하지 않고 목재의 모서리를 깎아 요철을 끼워 맞추는 부분을 '사개'라고 한다.

(나)

우수* 날 저녁
그 전날 저녁부터
오늘까지 연 닷새 간을
고향, 내 새벽 ㉡ 산 여울을
찰박대며 뛰어 건너는
이쁜 발자욱 소리 하나
듣고 지내었더니
그 **새끼발가락** 하나
가만가만 만지작일 수도 있었더니
나 실로 정결한 말씀만 고를 수 있었더니
그가 왔다.
진솔* 속곳을 갈아입고
그가 왔다.
이른 아침,
난 그를 위해 닭장으로 내려가고
따뜻한 **달걀**
두 알을 집어내었다.
경칩*이 멀지 않다 하였다.
　　　　　　　－ 정진규, 「따뜻한 달걀」 －

* 우수(雨水), 경칩(驚蟄) : 입춘(立春)과 춘분(春分) 사이에 드는 절기. 우수는 눈이 그치고 봄비가 오기 시작하는 시기, 경칩은 벌레가 깨어나고 겨울잠을 자던 개구리가 땅 밖으로 나오는 시기이다.

* 진솔: 옷이나 버선 따위가 한 번도 빨지 않은 새것 그대로인 것.

31. (가)와 (나)의 공통점으로 가장 적절한 것은?

① 음성 상징어를 활용하여 움직임의 정도를 드러내고 있다.
② 원경과 근경을 대비하여 심리적 거리감을 표현하고 있다.
③ 청자를 명시적으로 드러내어 화자의 바람을 표출하고 있다.
④ 가정의 진술을 활용하여 현실 극복의 의지를 드러내고 있다.
⑤ 추측을 나타내는 표현으로 시상을 종결하여 시적 여운을 자아
내고 있다.

32. ㉠과 ㉡에 대한 설명으로 가장 적절한 것은?

① ㉠과 ㉡은 모두 오랜 세월의 흔적을 간직한 일상적 삶의 공간
이다.
② ㉠과 ㉡은 모두 화자가 현실을 관조하며 스스로를 성찰하는
공간이다.
③ ㉠은 상승하는 대상과 친밀감을, ㉡은 하강하는 대상과 일체
감을 느끼는 공간이다.
④ ㉠은 고독하고 적막한 상황이, ㉡은 생동하는 청량한 기운이
형상화되는 공간이다.
⑤ ㉠은 지나온 삶에 대한 그리움이, ㉡은 현재의 삶에 대한 만족
감이 드러나는 공간이다.

33. <보기>를 참고하여 (가)와 (나)를 감상한 내용으로 적절하지
않은 것은? [3점]

── < 보 기 > ──
(가)와 (나)는 자연의 순환적 질서에 감응하는 화자의 모
습을 보여준다. (가)의 화자는 밤이 깊어지면서 달이 떠오르
기를 기다리고 있고, (나)의 화자는 절기가 바뀌면서 봄빛이
점점 뚜렷해지고 있음을 느끼고 있다. 시간의 흐름에 따른 자
연의 점진적 변화를 감지하기 위해 화자는 온몸의 감각을 집중
하면서, 자연을 자신과 교감을 이루는 주체로 인식한다.

① (가)의 화자가 '아무런 생각'이나 '뜻 없이' 달이 떠오르기를
기다리는 것은, 자연의 변화를 감지하기 위해 온몸의 감각을
집중하는 것으로 볼 수 있군.
② (나)에서 소리로 인식되던 대상의 '새끼발가락'을 만질 수 있게
되었다는 것은, 시간의 흐름에 따라 자연이 변화하는 양상을
표현한 것으로 볼 수 있군.
③ (가)의 '떠오를 기척도 없는 달'과 (나)의 '이쁜 발자욱 소리'
하나는 자연의 순환적 질서가 지연되는 것에 대한 화자의 조
바심을 유발하는 것으로 볼 수 있군.
④ (가)에서는 달이 뜨는 것을 '이 밤 옮기는 발짓'을 한다고 표현
하고, (나)에서는 뚜렷해진 봄빛을 '진솔 속곳을 갈아입'은
것으로 표현하여 자연을 행위의 주체로 인식하고 있군.
⑤ (가)에서는 달이 만든 '내 그림자'를 '벗' 삼아 '서로 맞대고
있으려'는 데서, (나)에서는 '경칩'을 예감하며 '달걀'의 온기를
느끼는 데서 화자와 자연이 교감하는 모습이 나타나는군.

[34 ~ 37] 다음 글을 읽고 물음에 답하시오.

(가)

가마를 급히 타고 **솔 아래 굽은 길로** 오며 가며 하는 때
녹양에 우는 **꾀꼬리 교태 겨워하는**구나
나무 풀 우거지어 녹음이 짙어진 때
기다란 난간에서 긴 졸음을 내어 펴니
물 위의 서늘한 바람은 그칠 줄을 모르도다
된서리 걷힌 후에 산빛이 금수(錦繡)로다
누렇게 익은 벼는 또 어찌 넓은 들에 펼쳐졌는가
㉠ 어부 피리도 흥에 겨워 달을 따라 부는구나
초목이 다 진 후에 강산이 묻혔거늘
조물주 야단스러워 빙설로 꾸며 내니
경궁요대*와 옥해은산*이 눈 아래 벌였구나
천지가 풍성하여 **간 데마다 승경(勝景)**이로다
인간 세상 떠나와도 **내 몸이 쉴 틈** 없다
이것도 보려 하고 저것도 들으려 하고
바람도 쐬려 하고 달도 맞으려 하고
밤일랑 언제 줍고 고기는 언제 낚고
사립문 뉘 닫으며 진 꽃일랑 뉘 쓸려뇨
㉡ 아침 시간 모자라니 저녁이라 싫을쏘냐
오늘이 부족하니 내일이라 넉넉하랴
이 산에 앉아보고 **저 산**에 걸어 보니
번거로운 마음에도 **버릴 일이 전혀 없다**
쉴 사이 없는데 오는 길을 알리랴
다만 지팡이가 다 무디어 가는구나
ⓐ 술이 익었으니 벗이야 없을쏘냐
노래 부르게 하고 악기를 타고 또 켜게 하고 방울 흔들며
온갖 소리로 취흥을 재촉하니
근심이라 있으며 시름이라 붙었으랴
누웠다가 앉았다가 굽혔다가 젖혔다가
읊다가 휘파람 불다가 마음 놓고 노니
천지도 넓디넓고 세월도 한가하다
태평성대 몰랐는데 이때가 그때로다
신선이 어떠한가 이 몸이 그로구나
㉢ 강산풍월 거느리고 내 백 년을 다 누리면
악양루* 위의 이백이 살아온들
호탕한 회포는 이보다 더할쏘냐

                – 송순, 「면앙정가」 –

* 경궁요대(瓊宮瑤臺) : 아름다운 구슬로 장식한 집과 누각.
* 옥해은산(玉海銀山) : 옥같이 맑은 바다와 은빛의 산.
* 악양루 : 당나라 시인 이백이 시를 지으면서 풍류를 즐긴 곳.

(나)

동해 가까운 거리로 와서 나는 **가재미**와 가장 친하다. 광어,
문어, 고등어, 평메, 횟대…… 생선이 많지만 모두 한두 끼에
나를 물리게 하고 만다. 그저 **한없이 착하고 정다운** 가재미만 이
흰밥과 빨간 고추장과 함께 **가난하고 쓸쓸한** 내 상에 한끼도
빠지지 않고 오른다. 나는 이 가재미를 처음 십 전 하나에 뼘
가웃*씩 되는 것 여섯 마리를 받아 들고 왔다. 다음부터는 할
머니가 두 두름 마흔 개에 이십오 전씩에 사오시는데 큰 가재
미보다도 잔 것을 내가 좋아해서 모두 손길만큼 한 것들이다.
그동안 나는 한 달포 이 고을을 떠났다 와서 오랜만에 내 가
재미를 찾아 생선장으로 갔더니 섭섭하게도 이 물선*은 보이지

않았다. 음력 팔월 초상이 되어서야 이내 친한 것이 온다고 한다. ㉣ 나는 어서 그때가 와서 우리들 흰밥과 고추장과 다 만나서 아침저녁 기뻐하게 되기만 기다린다. 그때엔 또 이 십오 전에 두어 두름씩 해서 나와 같이 ⓑ 이 물선을 좋아하는 H한테도 보내어야겠다.

묘지와 뇌옥과 교회당과의 사이에서 생명과 죄와 신을 생각하기 좋은 운흥리를 떠나서 오백 년 오래된 이 고을에서도 다 못한 곳 옛날이 헐리지 않은 **중리**로 왔다. 예서는 물보다 구름이 더 많이 흐르는 성천강이 가까웁고 또 백모관봉*의 시허연 눈도 바라보인다. 이곳의 좌우로 긴 회담*들이 맞물고 늘어선 좁은 골목이 나는 좋다. 이 골목의 공기는 하이야니 밤꽃의 내음새가 난다. 이 골목을 나는 나귀를 타고 **일없이 왔다갔다 하고 싶다**. 또 예서 한 오 리 되는 학교까지 나귀를 타고 다니고 싶다. 나귀를 한 마리 사기로 했다. ㉤ 그래 소장 마장을 가보나 나귀는 나지 않는다. 촌에서 다니는 아이들이 있어서 수소문해도 나귀를 팔겠다는 데는 없다. 얼마 전엔 어느 아이가 **재래종의 조선 말** 한 필을 사면 어떠냐고 한다. 값을 물었더니 한 오 원 주면 된다고 한다. 이 좀말*로 할까고 머리를 기울여도 보았으나 그래도 나는 그 **처량한 당나귀**가 좋아서 좀더 이놈을 구해보고 있다.

　　　　　　　　　　　　　　　　　 – 백석, 「가재미·나귀」 –

　*　뼘가웃 : 한 뼘의 반 정도 되는 길이.
　*　물선 : 음식을 만드는 재료.
　*　백모관봉 : 흰 관모 모양의 봉우리. 정상에 흰 눈이 덮인 산의 모습을 가리키는 말로, 여기서는 백운산을 말함.
　*　회담 : 석회를 바른 담.
　*　좀말 : 아주 작은 말.

34. (가)와 (나)의 공통점으로 가장 적절한 것은?

① 색채어를 활용하여 사물의 역동성을 표현하고 있다.
② 말을 건네는 방식을 통해 독자의 주의를 환기하고 있다.
③ 영탄적 표현을 활용하여 대상에 대한 경외감을 드러내고 있다.
④ 연쇄적 표현을 통해 주변 사물을 사실감 있게 제시하고 있다.
⑤ 계절감을 환기하는 사물을 통해 자연의 모습을 드러내고 있다.

35. ㉠ ~ ㉤에 대해 이해한 내용으로 적절하지 <u>않은</u> 것은?

① ㉠ : 감각적 경험을 통해 환기된 장면을 묘사하여 인간이 자연물과 어우러지는 상황을 제시하고 있다.
② ㉡ : 시간을 표현하는 시어를 대응시켜 현재와 같은 상황이 이후에도 이어질 것임을 드러내고 있다.
③ ㉢ : 역사적 인물과 견주며 삶에 대한 만족감을 드러내고 있다.
④ ㉣ : 기대하는 일이 실현되었을 때 느낄 심정을 직접적으로 표출하고 있다.
⑤ ㉤ : 원하는 것을 구하기 위해 시도한 방법이 실패하는 과정에서 느낀 체념을 드러내고 있다.

36. <보기>를 바탕으로 (가), (나)를 이해한 내용으로 적절하지 <u>않은</u> 것은? [3점]

> ───── < 보 기 > ─────
>
> 　문학 작품에서 공간을 체험하는 주체는 공간 및 주변 경물에 대한 인식을 드러내며, 이 인식은 주체의 지향이나 삶에서 중시하는 가치를 암시한다. (가)의 화자는 '면앙정' 주변의 자연에 대한 인식과 함께 풍류 지향적인 태도를 드러내고 있고, (나)의 글쓴이는 공간의 변화와 대상에 대한 인식을 관련지으며 자신이 소중하게 생각하는 삶의 가치를 암시하고 있다.

① (가) : '솔 아래 굽은 길'을 오가는 화자는 '꾀꼬리'의 '교태 겨워하는' 모습에 주목하면서 자연을 즐기는 자신의 태도와의 동일성을 발견하고 있다.
② (가) : '간 데마다 승경'이라는 화자의 인식은 '내 몸이 쉴 틈 없'는 다양한 일들을 통해 자연의 다채로운 풍광을 즐길 수 있으리라는 기대로 이어지고 있다.
③ (가) : '이 산'과 '저 산'에서 '번거로운 마음'과 '버릴 일이 전혀 없'음을 동시에 느끼는 화자의 모습에는 '인간 세상'의 번잡한 일상을 여전히 의식하고 있음이 드러나 있다.
④ (나) : '동해 가까운 거리로 와서' 주목하게 된 '가재미'에 대한 글쓴이의 인식은 '가난하고 쓸쓸한' 삶 속에서 '한없이 착하고 정다운' 것을 소중히 여기는 태도를 드러내고 있다.
⑤ (나) : '중리'로 와서 '재래종의 조선 말'보다 '처량한 당나귀'와 '일없이 왔다갔다 하고 싶다'는 글쓴이의 바람은 일상의 작은 존재에 대해 느끼는 우호적 인식을 드러내고 있다.

37. ⓐ와 ⓑ에 대한 이해로 가장 적절한 것은?

① ⓐ는 화자에게 심리적 위안을 주는, ⓑ는 글쓴이에게 고독감을 느끼게 하는 매개체이다.
② ⓐ는 화자가 느끼는 흥을 심화하는, ⓑ는 글쓴이가 느끼는 기쁨을 확장하는 매개체이다.
③ ⓐ는 화자가 내면의 만족감을 드러내는, ⓑ는 글쓴이가 현실에 대한 불만을 표출하는 매개체이다.
④ ⓐ는 화자에게 삶의 목표를 일깨워 주는, ⓑ는 글쓴이에게 심경 변화의 계기를 제공하는 매개체이다.
⑤ ⓐ는 화자에게 이상적 세계의 모습을, ⓑ는 글쓴이에게 윤리적 삶의 태도를 떠올리게 하는 매개체이다.

[38 ~ 41] 다음 글을 읽고 물음에 답하시오.

　권중만이는 벌써 오륙 년째나 동네를 드나드는 밭떼기 전문의 채소 장수였다. 동네에서 **채소를 돈거리로 갈기 시작한 것도** 권을 보고 한 일이었다. 권의 발걸음이 그치지 않는 한 안팎 삼동네의 채소는 사철 시장이 보장된 것이나 다름이 없었으니까. 동네에서는 권이 얼굴만 비쳐도 반드시 손님으로 대접하였다. 사람이 눅어서 흥정을 하는 데도 그만하면 무던하였지 만 그 보다는 그동안 동네에 베푼 바가 그러고도 남음이 있는 덕분이었다.

　권은 알 만한 사람은 다들 일러 오던 채소 정보통이었다. 권은 대개 어느 고장에서 무엇을 얼마나 하고 있으며 또한 근간의 작황이 어떠하므로 장차 회계가 어떻게 되리라는 것까지도 미리 사심 없이 귀띔하기를 일삼곤 하였다. 영두는 그의 남다른 정확성에 혀를 둘렀고, 한 번은 그 비결이 무엇인가를 물어본 적도 있었다. 권은 장삿속에 부러 비쌔면서 유세를 부려봄직도 하건만, 천성이 능준하여 그러는지 그저 고지식하게 말하는 데에만 서슴이 없을 따름이었다.

　"그건 어려울 거 하나 없습니다. 큰 종묘상 몇 군데에서 씨앗이 나간 양만 알아도 얼거리가 대충 드러나니까……."

　"몇 년 동안의 씨앗 수급 상황만 알면 사오 년 앞까지도 내다볼 수가 있다는 얘기네요."

　"그건 아마 어려울 거요. 왜냐하면 빵이랑 라면이랑 고기 먹고 크는 핵가족 아이들은 김치를 거의 안 먹고, 좀 배운 척 하는 젊은 주부들 역시 김장엔 전혀 신경을 안 쓰고…… 그러니 애들이 김치맛을 알 겨를도 없거니와, 공장 김치나 시장 김치는 그만큼 맛도 우습고 비싸서 먹는댔자 양념으로나 먹으니 어떻게 대중을 하겠수."

　"그럼 무 배추 농사는 머지않아 거덜이 나고 만다는 얘기요?"

　"그럴 리야 있겠소. 왜냐하면 일본에서는 요즘 우리나라 김치붐이 일어서 갈수록 인기가 높다거든."

　"**국내 수요**가 주는 대신에 **대일 수출**이 느니 그게 그거란 얘기군요."

　"그게 아니라 일본에서 유행하면 여기서도 유행하니깐 김치도 자연히 그렇게 되지 않겠느냐 이거지."

(중략)

　이론이 갖추어진 사람들은 불로소득을 노리는 밭떼기 장수들로 하여 농산물이 제값을 받지 못하고 유통 구조가 어지러워진다고 몰아세우기에 항상 자신만만한 것 같았다. 물론 옳은 말이었다. 그렇지만 영두가 보기에는 **밭떼기 장수**들이야말로 가장 **미더운 물주요 필요악 이상의 불가결한 존재**였다. 그들이 아니면 누가 미리 목돈을 쥐여줄 것이며, 다음의 뒷그루 재배에는 또 무엇으로 때맞추어 투자를 할 수 있을 것인가. 출하와 수송에 따른 군일과 부대 비용을 줄여 주는 것도 오로지 그들이 아니었던가.

　그러기에 지난번의 그 일은 더욱 권중만이답지 않은 처사였다. 권은 텃밭에 간 알타리무를 가져가면서 뜻밖에도 만 원만 접어 달라고 않던 짓을 하였다. 영두는 내키지 않았다. 돈 만 원이 커서가 아니었다. 만 원이면 자기 내외의 하루 품인데, 그 금쪽같은 시간을 명색 없이 차압당하는 꼴이나 다름이 없기 때문이었다. 권은 정색을 하고 말했다.

　"요새는 아파트 사람들도 약아져서 밑동에 붙은 흙을 보고 사가기 땜에 이렇게 숙전*에서 자란 건 인기가 없어요. 왜냐하면 흙 색깔이 서울 근처의 하천부지 흙

하고 비슷해서 납이 들었느니 수은이 들었느니…… 중금 속 채소라고 만져도 안 본다구."

　"그럼 일일이 흙을 털어서 내놓는 거요?"

　"턴다고 되나. 반대로 벌겋게 묻혀야지."

　"그렇게 놀랜흙*을 묻혀 놓으면 새로 야산 개간을 해서 심은 무공해 채소로 알고 사간다…… 이제 보니 채소도 위조품이 있구면."

[A]

　"있지. 황토를 파다 놓고 한 차에 만 원씩 그 짓만 해 주는 이도 있고…… 어디, 이 씨가 직접 해 주고 **만 원** 더 벌어 볼러우?"

　논흙에서 희읍스름한 매흙 빛깔이 나듯이 집터서리의 텃밭도 찰흙색을 띠는 것이 당연한데, 그 위에 벌건 황토를 뒤발하여 개간지의 산물로 조작하되 그것도 갈고 가꾼 사람이 직접 해 줬으면 하고 유혹을 하니 듣던 중에 그처럼 욕된 말이 없었다.

　영두는 성질이 나서 견딜 수가 없었으나 한두 번 신세진 사람도 아니고 하여 대거리를 하자고 나댈 수도 없었다. **자칫 못 먹을 것을 만들어서 파는 사람으로 취급받지 않으려면** 속절없이 농담으로 들어넘기는 것이 상수란 생각도 들었다.

　그래서 조용히 말했다.

　"권씨 말대로 하면 농사짓는 사람은 벌써 다 병이 들었거나 갈 데로 갔어야 할 텐데 거꾸로 더 팔팔하니 무슨 조화 속인지 모르겠네……."

　권은 얼굴을 붉혔으나 그래도 그저 숙어들기가 어색한지 은근히 벋나가는 소리를 했다.

[B]

　"하지만 사먹는 사람들이야 어디 그러우. 사먹는 사람들은 내다 팔 것들만 약을 치고 집에서 먹을 것은 그러지 않을 거라고 생각하지."

　영두는 속으로 찔끔하였다. 권의 말도 아주 틀린 말은 아니었던 것이다.

　영두는 무 배추에 진딧물이 끼여 오가리가 들고 배추벌레와 노린재가 끓어 수세미처럼 구멍이 나도 집에서 먹을 것에는 분무기를 쓴 적이 없었다. **볼품이 없는 것일수록 구수한 맛이 더하던 이치**를 익히 알고 있기 때문이었다.

　그러나 그런 물건을 내놓을 경우에는 **값이 있을 리가 없었다.** 언젠가는 농가에서 채소를 농약으로 코팅하여 내놓는다고 신문에 글까지 쓴 사람도 있었지만, 그런 일이야말로 마지못해 없는 돈 들여 가면서 농약을 만져 온 농가에 물을 것이 아니요, 벌레가 조금만 갉은 자국이 있어도 칠색팔색을 하며 달아나던 햇내기 소비자들이 자초한 일이라고 아니할 수가 없는 거였다.

　벌레 닿은 자국이 불결스럽다 하여 진딧물 하나 없이 깨끗한 푸성귀만 찾는다면, 그것은 마치 두메의 자갈길 흙먼지엔 질색을 하면서도 도심의 오염된 대기는 보이지 않는다는 이유만으로 무심히 활개를 쳐 온 축들의 어리석음과도 견줄 만한 것이었다.

－ 이문구, 「산 너머 남촌」－

* 숙전(熟田) : 해마다 농사를 지어 잘 길들인 밭.
* 놀랜흙 : 생토(生土). 생땅의 흙.

38. 윗글에 대한 설명으로 가장 적절한 것은?

① 빈번하게 장면을 전환하여 사건 전개의 긴박감을 드러내고 있다.

② 서술자가 특정 인물의 관점에서 사건과 인물의 심리를 전달하고 있다.

③ 동시에 일어난 별개의 사건을 병치하여 사태의 전모를 드러내고 있다.

④ 인물 간의 대화를 통해 인물이 겪은 사건의 비현실적인 면모를 드러내고 있다.

⑤ 인물의 표정 변화와 내면 변화를 반대로 서술하여 그 인물의 특성을 부각하고 있다.

39. [A]와 [B]에 대한 이해로 가장 적절한 것은?

① [A]에서 '권중만'은 자신의 우월한 지위를 과시하며 상대의 동의를 요구하고 있고, [B]에서 '영두'는 상대와의 개인적 친밀감을 환기하며 서운함을 드러내고 있다.

② [A]에서 '권중만'은 자신의 경험을 들어 상대의 문제에 대한 해결책을 제시하고 있고, [B]에서 '영두'는 상대가 저질렀던 잘못을 지적하며 상대의 사과를 요구하고 있다.

③ [A]에서 '권중만'은 자신이 상대에게 제시한 요구의 이유를 사람들의 선입견과 관련지어 밝히고 있고, [B]에서 '영두'는 상대의 말에 논리적 한계가 있음을 지적하며 항변하고 있다.

④ [A]에서 '영두'는 상대의 제안에서 모순을 지적하며 새로운 대안을 제시하고 있고, [B]에서 '권중만'은 다른 사람들의 사례를 들어 자신의 행동에 대해 변명하고 있다.

⑤ [A]에서 '영두'는 상대의 문제의식에 대한 공감을 드러내며 구체적인 조언을 요구하고 있고, [B]에서 '권중만'은 상대의 예상치 못한 반응에 당황하며 자신의 잘못을 사과하고 있다.

40. 만 원 에 대한 설명으로 가장 적절한 것은?

① '권중만'과 '영두' 사이의 갈등이 해소된 이유이다.

② '영두'가 '권중만'의 조언을 수용하게 된 이유이다.

③ '권중만'이 '영두'에게 친밀감을 보이게 된 이유이다.

④ '영두'가 '권중만'에게 양보를 강요하게 된 이유이다.

⑤ '영두'가 '권중만'에게 부정적으로 반응하게 된 이유이다.

41. <보기>를 바탕으로 윗글을 감상한 내용으로 적절하지 <u>않은</u> 것은? [3점]

< 보 기 >

이 작품은 1980년대 농민들의 생활을 형상화하고 있다. 작가는 농민들이 농사의 경제적 이익을 고려하거나 농산물의 유통과 판매까지 감안하게 된 상황을 보여 준다. 작품 속 '영두'는 먹거리를 생산하는 농민으로서 가져야 할 태도를 인식하면서도 이러한 태도를 지켜나가기 어려운 현실 속에서 가치관의 혼란을 겪고 있다. 작가는 이를 통해 당대 농민들이 겪고 있던 어려움을 현실감 있게 보여 준다.

① 농민들이 권중만을 보고 '채소를 돈거리로 갈기 시작'하는 상황은, 농사를 통한 경제적 이익 창출을 고려하는 농민들의 면모를 드러내는군.

② 영두가 '국내 수요'와 '대일 수출'을 언급하며 권중만과 이야기를 나누는 모습은, 농산물의 유통과 판매까지 감안하는 농민의 현실을 드러내는군.

③ 영두가 '밭떼기 장수'를 '미더운 물주요 필요악 이상의 불가결한 존재'로 받아들이는 것은, 다른 농민들의 어려운 상황을 이용해 경제적 이익을 추구하는 영두의 모습을 드러내는군.

④ 영두가 '자칫 못 먹을 것을 만들어서 파는 사람으로 취급받지 않'으려 하는 것은, 먹거리를 생산하는 농민이 가져야 할 태도에 대해 인식하고 있음을 드러내는군.

⑤ 영두가 '구수한 맛이 더하던 이치'에도 불구하고 '볼품이 없는 것'이 '값이 있을 리가 없'다고 판단하는 것은 농사에 대한 가치관을 따르기 어려운 현실에 대한 인식을 드러내는군.

[42 ~ 45] 다음 글을 읽고 물음에 답하시오.

이때 춘향 어미는 삼문간에서 들여다보고 땅을 치며 우는 말이,

"신관 사또는 사람 죽이러 왔나? 팔십 먹은 늙은 것이 무남독녀 딸 하나를 금이야 옥이야 길러내어 이 한 몸 의탁코자 하였더니, 저 지경을 만든단 말이오? 마오 마오. 너무 마오!"

와르르 달려들어 춘향을 얼싸안고,

"아따, 요년아. 이것이 웬일이냐? 기생이라 하는 것이 수절이 다 무엇이냐? 열 소경의 외막대 같은 네가 이 [A] 지경이 되었으니 어디 가서 의탁하리? 할 수 없이 죽었구나."

향단이 들어와서 춘향의 다리를 만지면서,

"여보 아가씨, 이 지경이 웬일이오? 한양 계신 도련님이 내년 삼월 오신댔는데, 그동안을 못 참아서 황천객이 되시겠네. 아가씨, 정신 차려 말 좀 하오. 백옥 같은 저 다리에 유혈이 낭자하니 웬일이며, 실낱같이 가는 목에 큰 칼*이 웬일이오?"

(중략)

칼머리 세워 베고 우연히 잠이 드니, 향기 진동하며 여동 둘이 내려와서 춘향 앞에 꿇어앉으며 여쭈오되,

"소녀들은 **황릉묘 시녀**로서 부인의 명을 받아 낭자를 모시러 왔사오니 사양치 말고 가사이다."

춘향이 공손히 답례하는 말이,

"황릉묘라 하는 곳은 **소상강 만 리 밖** 멀고도 먼 곳인데, 어떻게 가잔 말인가?"

"가시기는 염려 마옵소서."

손에 든 **봉황 부채** 한 번 부치고 두 번 부치니 **구름같이 이는 바람** 춘향의 몸 훌쩍 날려 공중에 오르더니 여동이 앞에 서서 길을 인도하여 석두성을 바삐 지나 한산사 구경하고, 봉황대 올라가니 왼쪽은 동정호요 오른쪽은 팽려호로다. 적벽강 구름 밖에 열두 봉우리 둘렀는데, 칠백 리 동정호의 오초동남 여울목에 오고 가는 상인들은 순풍에 돛을 달아 범피중류 떠나가고, 악양루에서 잠깐 쉬고, 푸른 풀 무성한 군산에 당도하니, 흰 마름꽃 핀 물가에 갈까마귀 오락가락 소리하고, 숲속 원숭이가 자식 찾는 슬픈 소리, 나그네 마음 처량하다. 소상강 당도하니 경치도 기이하다. 대나무는 숲을 이루어 아황 여영 눈물 흔적 뿌려 있고, 거문고 비파 소리 은은히 들리는데, 십층 누각이 구름 속에 솟았도다. 영롱한 전주발과 안개 같은 비단 장막으로 주위를 둘렀는데, 위의도 웅장하고 기세도 거룩하다.

여동이 앞에 서서 춘향을 인도하여 문 밖에 세워 두고 대전에 고하니,

"**춘향이 바삐 들라** 하라."

춘향이 황송하여 계단 아래 엎드리니 부인이 명령하시되,

"대전 위로 오르라."

춘향이 대전 위에 올라 손을 모아 절을 하고 공손히 자리에서 일어나 좌우를 살펴보니, 제일 층 옥가마 위에 아황 부인 앉아 있고 제이 층 황옥가마에는 여영 부인 앉았는데, 향기 진동하고 옥으로 만든 장식 소리 쟁쟁하여 하늘나라가 분명하다. 춘향을 불러다 자리를 권하여 앉힌 후에,

"춘향아, 들어라. 너는 **전생** 일을 모르리라. 너는 부용성 영주궁의 **운화 부인 시녀**로서 서왕모 요지연에서 장경성에 눈길 주어 복숭아로 희롱하다 인간 세상에 귀양 가서 시련을 겪고 있거니와 머지않아 장경성을 다시 만나 부귀영화를 누릴 것이니 **마음을 변치 말고 열녀를 본받**아 후세에 이름을 남기라."

춘향이 일어서서 두 부인께 절을 한 후에 달나라 구경하려다가 발을 잘못 디뎌 깨달으니 한바탕 꿈이라. 잠을 깨어 탄식하는 말이,

"이 꿈이 웬 꿈인가? 뜻 이룰 큰 꿈인가? 내가 죽을 꿈이로다."

칼을 비스듬히 안고

"애고 목이야, 애고 다리야. 이것이 웬일인고?"

향단이 원미를 가지고 와서,

"여보, 아가씨. 원미 쑤어 왔으니 정신 차려 잡수시오." [B]

춘향이 하는 말이,

"원미라니 무엇이냐, 죽을 먹어도 이죽을 먹고, 밥을 먹어도 이밥을 먹지, 원미라니 나는 싫다. 미음물이나 하여 다오."

미음을 쑤어다가 앞에 놓고,

"이것을 먹고 살면 무엇할꼬? 어두침침 옥방 안에 칼머리 비스듬히 안고 앉았으니, 벼룩 빈대 온갖 벌레 무른 등의 피를 빨고, 궂은 비는 부슬부슬, 천둥은 우루루, 번개는 번쩍번쩍, 도깨비는 휙휙, 귀신 우는 소리 더욱 싫다. 덤비는 것이 헛것이라. 이것이 웬일인고? 서산에 해 떨어

지면 온갖 귀신 모여든다. 살인하고 잡혀 와서 아흔 되어 죽은 귀신, 나라 곡식 훔쳐 먹다 곤장 맞아 죽은 귀신, 죽은 아낙 능욕하여 고문당해 죽은 귀신, 제각기 울음 [C] 울고, 제 서방 해치고 남의 서방 즐기다가 잡혀 와서 죽은 귀신 처량히 슬피 울며 '동무 하나 들어왔네' 하고 달려 드니 처량하고 무서워라. 아무래도 못 살겠네. 동방의 귀뚜라미 소리와 푸른 하늘에 울고 가는 기러기는 나의 근심 자아낸다."

한없는 근심과 그리움으로 날을 보낸다.

이때 이 도령은 서울 올라가서 밤낮을 가리지 않고 공부하여 글짓는 솜씨가 당대에 제일이라. 나라가 태평하고 백성이 평안하니 태평과를 보려 하여 팔도에 널리 알려 선비를 모으니 춘당대 넓은 뜰에 구름 모이듯 모였구나. 이 도령 복색 갖춰 차려 입고 시험장 뜰에 가서 글 제목 나오기 기다린다.

시험장이 요란하여 현제판을 바라보니 '강구문동요*'라 하였 겠다. 시험지를 펼쳐놓고 한번에 붓을 휘둘러 맨 먼저 글을 내니, 시험관이 받아보고 글자마다 붉은 점이요 구절마다 붉은 동그라미를 치는구나. 이름을 뜯어 보고 승정원 사령이 호명하니, 이 도령 이름 듣고 임금 앞에 나아간다.

— 작자 미상, 「춘향전」 —

* 칼 : 죄인에게 씌우던 형틀.
* 강구문동요(康衢聞童謠) : 길거리에서 태평세월을 칭송하는 아이들 노래를 들음.

42. [A]와 [B]를 통해 인물을 이해한 내용으로 가장 적절한 것은?

① [A]에서는 '춘향 어미'의 비난을 통해, [B]에서는 '향단'의 옹호를 통해 '신관 사또'에 대한 두 인물의 상반된 인식을 알 수 있다.

② [A]에서는 '춘향 어미'의 만류를 통해, [B]에서는 '향단'의 재촉을 통해 '춘향'의 수절에 대한 두 인물의 상반된 인식을 알 수 있다.

③ [A]에서는 앞날을 걱정하는 '춘향 어미'를 통해, [B]에서는 '춘향'의 현재 상태를 염려하는 '향단'을 통해 '춘향'의 고난에 대한 상이한 반응을 확인할 수 있다.

④ [A]에서는 격앙된 '춘향 어미'를 진정시키는 모습을 통해, [B]에서는 '춘향'에게 음식을 정성스레 건네는 모습을 통해 '향단'의 침착한 태도를 확인할 수 있다.

⑤ [A]에서 '도련님'의 약속을 신뢰하는 '춘향 어미'의 모습과 [B]에서 '춘향'의 앞날을 걱정하는 '향단'의 모습으로 인해 '춘향'의 내적 갈등이 심화되고 있음을 확인할 수 있다.

43. [C]에 대한 이해로 적절하지 <u>않은</u> 것은?

① 공간의 특징을 열거하여 자신의 비참한 처지를 드러내고 있다.
② 비현실적인 존재를 언급하며 자신이 느끼는 두려움을 드러내고 있다.
③ 청각적 경험을 자극하는 자연물을 통해 자신의 근심을 드러내고 있다.
④ 미래에 대한 부정적 전망과 함께 자신의 신세에 대한 한탄을 드러내고 있다.
⑤ 자신과 같이 억울한 처지에 놓인 사람들에 대한 연민의 감정을 드러내고 있다.

※ <보기>를 참고하여 44번과 45번의 두 물음에 답하시오.

─── < 보 기 > ───

서사적 모티프란 전체 이야기를 구성하는 작은 이야기 단위이다. 이 작품에서는 황릉묘의 주인이자 정절의 표상인 아황 부인과 여영 부인이 등장하는 황릉묘 모티프가 사용되었다. 이는 천상계와 인간 세상, 전생과 현생, 꿈과 현실의 대응을 형성하면서 공간적 상상력을 풍요롭게 하는 동시에 주인공의 또 다른 정체성을 드러낸다.
　서사적 모티프는 작품을 읽는 독자에게 서사 이해의 실마리를 제공함으로써 작품의 전개 방향을 예측하게 한다. 황릉묘 모티프에서 '머지않아 장경성을 다시 만나 부귀영화를 누릴 것'이라는 두 부인의 말을 감안하여, 독자는 이어지는 내용에서

┌─────────────────────┐
│　　　　　　㉮　　　　　　│
└─────────────────────┘

44. <보기>를 참고하여 윗글을 감상한 내용으로 적절하지 <u>않은</u> 것은? [3점]

① 춘향이 잠이 들어 '황릉묘 시녀'를 만난 것은 황릉묘 모티프를 통해 꿈과 현실의 연결이 일어나게 됨을 보여 주는군.
② '봉황 부채'에 의한 '구름 같이 이는 바람'을 타고 '소상강 만리 밖' 황릉묘까지 춘향이 날려가는 것은 꿈속 공간의 초월적 성격을 드러내는군.
③ 아황 부인과 여영 부인이 '춘향이 바삐 들라'라고 명령하는 것은 자신의 문제를 서둘러 해결하고자 하는 춘향에게 인간 세상에 대비되는 천상계의 질서가 있음을 보여 주는군.
④ '전생'에 춘향이 '운화 부인 시녀'였다는 아황 부인과 여영 부인의 말은 전생과 현생의 대응을 드러내면서 공간적 상상력의 확장을 유도하는군.
⑤ 아황 부인과 여영 부인이 춘향에게 '마음을 변치 말고 열녀를 본받'으라고 당부하는 것은 춘향이 정절을 지켜나갈 인물임을 암시하는군.

45. <보기>의 ㉮에 들어갈 내용으로 가장 적절한 것은?

① '내가 죽을 꿈이로다'라는 춘향의 말보다는 이 도령이 과거에 급제한 상황에 주목하며 두 인물의 재회를 예상할 것이다.
② 꿈에 대해 자문하며 탄식하는 춘향의 모습을 보고 춘향이 현실에서의 정체성에 의문을 갖게 되리라고 예상할 것이다.
③ 두 부인과의 만남이 꿈임을 깨닫는 춘향의 모습을 보고 꿈과 현실의 대비가 주는 허무함을 절감하게 될 것이다.
④ 춘향이 자신의 실수로 꿈에서 깨어나는 장면을 춘향의 고난이 지속될 것이라는 암시로 받아들일 것이다.
⑤ 꿈에서 '달나라 구경'을 이루지 못하고 깨어난 춘향이 꿈에 대한 미련을 보이리라고 예상할 것이다.

┌─────────────────────────────┐
│ ＊ 확인 사항   │
│ ○ 답안지의 해당란에 필요한 내용을 정확히 기입(표기)│
│ 　했는지 확인하시오.   │
└─────────────────────────────┘

2024학년도 6월 고1 전국연합학력평가 문제지 **1**

제 1 교시

국어 영역

04회

● 문항수 45개 | 배점 100점 | 제한 시간 80분 ● 점수 표시가 없는 문항은 모두 2점

04회

[1 ~ 3] 다음은 학생의 발표이다. 물음에 답하시오.

지난주 화재 대피 훈련 때 비상구를 찾는 방법에 대해 배웠습니다. 잘 기억하고 있나요? (청중의 반응을 확인하며) 잘 기억하고 있네요. 그런데 치솟는 불길과 짙은 연기 등으로 인해 비상구를 찾을 수 없을 때는 어떻게 해야 할까요? 이런 의문이 생겨 조사한 '피난 기구'에 대해 발표하겠습니다. 피난 기구는 피난 시설 중 하나로 화재 시 사람들을 안전한 장소로 피난시킬 수 있는 기구를 말합니다.

먼저 설명할 피난 기구는 '완강기'입니다. ([자료 1]을 제시하며) 이것은 완강기를 설치한 모습입니다. 완강기는 화재 시 높은 층에서 땅으로 내려올 수 있게 만든 비상용 기구입니다. 화재가 발생하면 먼저 화면과 같이 연결 고리를 지지대에 걸어 고정하고 로프릴을 밖으로 던집니다. 그다음 여기 보이는 가슴벨트를 겨드랑이 밑에 걸고 단단히 조인 후 건물 밖으로 몸을 내밀어 내려갑니다. 연결 고리 바로 아래에 속도 조절기가 보이죠? 이것이 일정한 속도로 내려가게 해 주니 무서워하지 않아도 됩니다. 한 사람이 탈출한 후 올라온 로프릴을 다시 던지면 가슴벨트가 올라와 다음 사람이 이용할 수 있습니다. 그런데 구조나 사용 방법은 완강기와 동일하지만 반복해서 사용할 수 없는 '간이 완강기'도 있습니다. 보관함에 완강기의 종류가 적혀 있으니 잘 보고 사용해야 합니다.

다음 피난 기구는 '구조대'입니다. 구조대는 특수한 섬유로 만든 긴 터널로, 화재 발생 시 지상까지 이어져 피난할 수 있는 기구입니다. ([자료 2]를 제시하며) 화면에 보이는 그림은 경사식 구조대로, 평소에는 접어서 함에 보관하다가 설치를 하면 이런 형태가 됩니다. 구조대는 다른 피난 기구와 달리 건물 밖에 있는 사람이 설치를 도와줘야 한다는 특징이 있습니다. 화재가 발생하면 보관함을 열어 구조대를 밖으로 던지고 건물 밖에 있는 사람이 구조대를 땅에 고정시켜 화면과 같이 터널 모양이 되도록 만듭니다. 그다음 양팔과 다리로 속도를 조절하며 안전하게 탈출하면 됩니다.

이러한 피난 기구들은 건물의 목적이나 높이에 따라 설치할 수 있는 종류가 법으로 정해져 있는데, 그중 건물 구조에 적합한 것을 일정 수량 이상으로 설치해야 합니다. 화재 상황에서 안전하게 대피할 수 있도록 평소에 피난 기구 위치에 관심을 가지고, 사용 방법을 숙지하기 바랍니다.

1. 위 발표에 반영된 학생의 말하기 계획으로 적절한 것은?

① 발표 대상과 관련된 법률을 인용하여 청중에게 정보의 중요성을 강조해야겠어.

② 발표에 활용한 자료의 출처를 밝혀 발표 내용에 대한 청중의 신뢰를 얻어야겠어.

③ 청중과 공유하고 있는 내용을 언급하며 발표 제재를 선정하게 된 계기를 밝혀야겠어.

④ 질문에 대한 반응을 확인하며 청중이 발표의 중심 내용에 대해 이해한 정도를 점검해야겠어.

⑤ 도입부에서 발표 내용의 순서를 제시하여 청중이 발표 내용을 예측하며 들을 수 있게 해야겠어.

2. 다음은 위 발표에서 제시한 자료이다. 자료 활용에 대한 설명으로 적절하지 <u>않은</u> 것은?

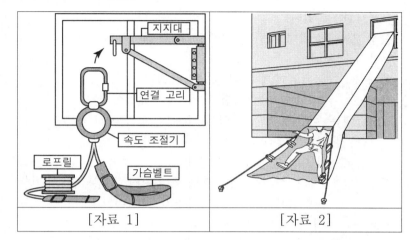

[자료 1] [자료 2]

① [자료 1]을 활용하여 화재가 발생했을 때 완강기를 사용하는 과정을 설명하고 있다.

② [자료 1]을 활용하여 사용자가 내려올 때 일정한 속도를 유지해 주는 장치를 설명하고 있다.

③ [자료 1]을 활용하여 간이 완강기와 완강기의 구조적 차이를 설명하고 있다.

④ [자료 2]를 활용하여 구조대를 이용해 건물에서 탈출하는 방법을 설명하고 있다.

⑤ [자료 2]를 활용하여 건물 외부에 구조대를 설치했을 때의 모양을 설명하고 있다.

3. 발표 내용을 바탕으로 할 때, <보기>에 나타난 학생들의 반응에 대한 이해로 적절하지 <u>않은</u> 것은?

— <보 기> —

학생 1: 유치원생들이 천으로 된 터널을 타고 내려오는 것을 보고 그게 무엇인지 궁금했는데, 발표를 듣고 구조대라는 것을 알게 되어 의미가 있었어. 그런데 구조대 종류도 다양할 것 같으니 찾아봐야겠어.

학생 2: 간이 완강기에도 속도 조절기가 있어 천천히 내려올 수 있겠네. 그런데 몸을 밖으로 내밀어 내려오는 부분에 대한 내용은 너무 간략해서 아쉬웠어.

학생 3: 평소 피난 기구를 볼 때 불이 나면 사용할 것이라는 추측만 했는데 이번 발표를 계기로 사용법을 알아두어야겠어. 그리고 피난 기구 외에 다른 피난 시설들을 더 알아보고 자주 가는 건물에서 그 위치를 확인해 두어야겠어.

① 학생 1은 자신의 경험을 떠올려 발표 내용에 대해 긍정적인 반응을 보이고 있다.

② 학생 2는 발표자가 설명한 내용 중 구체적인 정보가 부족했던 부분에 대해 아쉬움을 표현하고 있다.

③ 학생 3은 발표자가 당부한 내용과 관련하여 자신이 실천할 사항을 생각하고 있다.

④ 학생 1과 학생 3은 더 알고 싶은 내용에 대해 추가 조사를 하겠다는 계획을 밝히고 있다.

⑤ 학생 2와 학생 3은 발표자가 언급하지 않은 내용을 추론하며 듣고 있다.

[4 ~ 7] (가)는 학생들의 대화이고, (나)는 대화를 바탕으로 작성한 연설문의 초고이다. 물음에 답하시오.

(가)

학생 1 : 내가 이번 학생회 선거에 부회장 후보로 출마하게 되었는데, 공약을 세우는 데 도움이 필요해 모여달라고 했어. 혹시 학교 생활을 하면서 불편을 느껴 개선했으면 좋겠다고 생각한 것 있니?

학생 2 : 평소에 친구들 사이에서 제일 많이 나온 이야기는 자판기 설치야.

학생 1 : 조금 더 자세히 이야기해 줄래?

학생 2 : 우리 학교에는 매점이 있지만, 매점이 문을 닫는 시간에는 이용을 할 수 없어. 늦게까지 남아서 공부를 하는 친구들은 매점 운영 시간이 아니더라도 언제나 이용할 수 있는 자판기가 있으면 좋겠다고 했어.

학생 3 : 자판기 설치를 공약으로 세우려면 선생님과 사전에 논의가 필요하지 않아? 자판기 구입이나 설치 장소 등 여러 문제가 해결되어야 한다고 생각해. 학생회가 자체적으로 할 수 있는 범위를 벗어난 것 같아. [A]

학생 1 : 실현할 수 있다면 좋은 공약이 될 것 같아. 내가 알기에도 자판기 설치에 관심을 갖는 학생들이 많거든. 이건 설치 가능 여부를 알아보고 선생님과도 이야기를 해 볼게.

학생 2 : 학생들이 특별실을 쉽게 빌릴 수 있게 하는 방법이 필요한 것 같아. 다른 반 친구들과 탐구 활동을 할 때 사용할 수 있는 곳을 찾기 위해 여러 선생님께 여쭤보러 다닌 적이 있는데, 그때 정말 불편했어. 친구들도 사용할 수 있는 곳을 찾기 위해 여러 선생님을 찾아가야 하는 게 불편하다고 했어. [B]

학생 3 : 맞아. 특히 행사 직전에는 특별실 담당 선생님께 가서 여쭤봐도 이미 다른 학생들이 특별실을 빌린 경우가 많았어. 온라인을 활용해 해결하면 좋지 않을까?

학생 1 : 괜찮은 생각이야. 선생님들과 상의해 볼게. 그런데 그것과 관련해서 나도 의견이 있어. 지금 우리 학교의 온라인 소통망이 학교 누리집 외에도 여러 종류가 있는데, 그것을 하나로 모으면 좋지 않을까?

학생 3 : 맞아. 어떤 온라인 소통망은 가입을 해야만 보이는 것도 있어서 불편하다는 이야기가 학생들 사이에서 조금씩 나오고 있었어. 그런데 소통망들을 하나로 모은다는 건 어떻게 하겠다는 거야? 구체적으로 설명해 줘.

학생 1 : 학교 누리집에 온라인 학생회를 만들면 어떨까 해. 운영 중인 여러 소통망을 일원화하는 거지. 그리고 조금 전에 이야기한 특별실 사용 예약도 온라인 학생회에서 받으려고 해. 그러면 학생 활동과 관련된 내용을 한 곳에 정리할 수 있을 것 같아.

학생 2 : 좋은 생각이야.

학생 1 : 긍정적으로 이야기해줘서 고마워. 그럼 이것도 공약에 넣어 볼게.

학생 3 : 그리고 나는 점심 시간이 너무 짧다고 생각해. 차례를 기다려 급식을 먹은 뒤 휴식을 취하거나 다른 활동을 하기에는 시간이 너무 부족해.

학생 2 : 나도 공감해. 하지만 점심 시간을 늘리면 다른 시간이 줄어들거나 하교 시간이 더 늦춰져야 해. 일과 시간을 조정하는 것은 쉽지 않을 거야.

학생 3 : 교지편집부에서 실시한 설문 조사에서 63%의 학생들이 점심 시간을 늘리면 좋겠다고 했어. 많은 학생들이 원하니 우선 공약으로 제시해보는 게 어때?

학생 1 : 좋은 의견 고마워. 하지만 일과 조정은 쉽지 않으니 내가 지킬 수 있는 공약만 제시하는 걸로 할게. 그럼 지금까지 나온 의견을 정리하고, 실현 가능 여부를 선생님들께 여쭤본 뒤 연설문을 써 볼게.

학생 2, 3 : 그래.

(나)

[㉠] 안녕하십니까. 학생회 부회장 후보, 기호 '가' ○○○입니다. 이번 선거에 출마하며 학생 여러분들에게 세 가지를 약속하겠습니다.

첫째, 온라인 소통망을 일원화하겠습니다. 필요한 정보를 확인하기 위해 학생회에서 운영 중인 여러 소통망을 찾아보아야 했던 것을 온라인 학생회로 일원화하겠습니다. 한 곳에서 학생회 활동과 학교 생활의 정보를 찾아볼 수 있게 하여 여러분의 시간을 아낄 수 있도록 돕겠습니다.

둘째, 특별실 사용 예약제를 실시하겠습니다. 모둠 및 동아리 활동 장소를 찾기 위해 여러 선생님을 찾아다녀야 했던 것을 사용 가능한 특별실을 온라인에서 확인하고 사용 신청 및 승인을 받을 수 있게 하겠습니다. 개설 방법과 관리 문제 등에 큰 어려움이 없음을 이미 선생님께 확인받았습니다.

셋째, 간식 자판기를 설치하겠습니다. 우리 학교는 현재 매점 운영 시간에만 간식을 구매할 수 있어 늦게까지 공부하는 학생들은 많은 불편을 느낍니다. 그런데 우리 지역 학교의 50% 이상은 이미 간식 자판기를 설치하여 운영하고 있습니다. 제가 부회장이 되면 간식 자판기를 설치하여 많은 학생들이 느끼는 불편을 해결하도록 하겠습니다.

여러분의 한 표 한 표가 모여 더 나은 △△고를 만들 수 있습니다. 그 한 표를 저에게 주신다면 먼저 다가가고 △△고 학생을 위해 발로 뛰는 부회장이 되겠습니다. 기호 '가' ○○○이었습니다. 감사합니다.

---

4. (가)의 '학생 1'에 대한 이해로 적절하지 <u>않은</u> 것은?

① 상대의 요청에 대한 구체적인 방법을 설명하고 있다.

② 대화의 목적을 제시하며 상대의 발언을 이끌어내고 있다.

③ 상대의 발언을 재진술하며 추가적인 정보를 요청하고 있다.

④ 자신이 알고 있는 정보를 제시하며 상대의 의견에 대해 동의하고 있다.

⑤ 상대의 의견에 긍정적인 반응을 보이며 자신의 생각을 덧붙이고 있다.

5. [A], [B]에 대한 설명으로 적절하지 <u>않은</u> 것은?

① [A]에서 '학생 2'는 제안과 관련된 현재의 상황을 들어 제안의 필요성을 드러내고 있다.

② [A]에서 '학생 3'은 제안이 실현되었을 때 발생할 수 있는 문제 상황을 제시하고 있다.

③ [B]에서 '학생 2'는 자신의 경험을 근거로 들어 제안의 필요성을 드러내고 있다.

④ [B]에서 '학생 3'은 상대가 제시한 문제를 해결하기 위한 방안을 제시하고 있다.

⑤ [A], [B]에서 '학생 2'는 모두 타인의 의견을 들어 자신의 주장을 뒷받침하는 근거로 활용하고 있다.

6. (가)를 바탕으로 세운 아래의 작문 계획 중 (나)에 반영되지 <u>않은</u> 것은? [3점]

○ 첫째 공약을 제시할 때, 대화에서 논의하지 않았던 기대효과를 제시해야겠어. ·· ①

○ 둘째 공약을 제시할 때, 대화에서 언급된 방법에 대한 구체적인 이용 방법을 제시해야겠어. ······················· ②

○ 둘째 공약을 제시할 때, 대화 후 선생님과 논의한 내용을 활용하여 실현 가능한 공약임을 제시해야겠어. ········· ③

○ 셋째 공약을 제시할 때, 대화에서 제시된 자판기와 관련하여 그 종류를 명확하게 제시해야겠어. ··················· ④

○ 셋째 공약을 제시할 때, 대화에서 언급된 친구들의 관심에 관한 설문 결과를 활용해 친구들의 요구가 반영된 공약임을 제시해야겠어. ··· ⑤

7. 다음 조언에 따라 ㉠에 들어갈 내용을 작성한다고 할 때, 가장 적절한 것은?

먼저 제시할 공약의 특징을 활용하여 어떤 특징을 가진 후보인지를 대구의 형식을 사용하여 유권자에게 깊은 인상을 심어주는 것이 좋을 것 같아. 또 공약을 반드시 지킨다는 내용을 언급한다면 신뢰를 줄 수 있을 거야.

① 경청하는 후보, 실천하는 후보. 투명한 학생회 활동을 하겠습니다.

② 행복한 학교 생활을 돕는 후보. 우리가 겪은 불편함은 제 손으로 해결하겠습니다.

③ 오프라인에서 온라인까지, 새로움을 보여줄 후보. 열린 소통을 보여드리겠습니다.

④ 불편을 개선하는 후보, 학교를 바꾸는 후보. 확실히 지킬 수 있는 공약만 말씀드립니다.

⑤ 학생을 위한 학생회, 학생과 함께하는 학생회. 항상 학생들의 이야기를 귀담아 듣겠습니다.

[8 ~ 10] 다음은 작문 상황과 이를 바탕으로 학생이 작성한 초고이다. 물음에 답하시오.

[작문 상황]

학생들에게 급식 도우미의 날 행사를 제안하고 의견을 수렴하려고 한다.

[학생의 초고]

□□고 학생 여러분, 학생회장 ○○○입니다. 요즘 급식실 이용 규칙을 지키지 않는 학생들이 많아 급식실 이용이 불편하다는 의견들이 학생자치회에 여러 차례 들어왔습니다.

그래서 학생자치회에서는 학생들이 급식실에서 어떤 규칙을 지키지 않는지 일주일 동안 관찰해 본 결과 크게 네 가지 문제점을 확인할 수 있었습니다. 첫째, 급식실에서 새치기를 하는 학생들이 있었습니다. 둘째, 배식을 받을 때 주의를 기울이지 않는 학생들이 많았습니다. 이 때문에 배식이 제때 이뤄지지 않아 배식 시간이 지연되기도 했습니다. 셋째, 잔반을 국그릇에 모아서 깔끔하게 처리하기로 약속했는데 그것을 지키지 않는 학생들이 많았습니다. 그래서 잔반을 버리는 시간이 오래 걸려 친구들에게 불편을 주기도 했습니다. 넷째, 잔반을 버린 후 식판을 차곡차곡 쌓지 않았습니다. 그래서 어지럽게 쌓인 식판들이 쓰러져 바닥이 엉망이 되기도 했습니다.

학생자치회에서도 이런 상황이 문제라고 판단하여, 이 문제들을 해결하기 위한 방안을 의논해 보았습니다. 그래서 협의한 것이 '급식 도우미의 날' 행사를 진행해 보자는 것입니다. 급식 도우미의 날이란 반마다 돌아가면서 줄서기 지도, 배식, 잔반 처리 돕기, 식판 정리하기 등의 활동을 해 보는 날을 말합니다. '백 번 듣는 것보다 한 번 보는 것이 더 낫다.'라는 말이 있습니다. 우리 학생들이 급식 도우미 역할을 직접 해 본다면, 급식실 이용 규칙을 지키는 것의 중요성을 깨닫게 되어 여러 가지 문제점이 자연스럽게 개선될 것이라고 생각합니다.

[가] 급식 도우미의 날 행사는 학생자치회에서 의결하여 2학기부터 실시하고자 합니다. 이에 대해 궁금한 점이 있다면 학생자치회로 연락해 주시기 바랍니다. 학생 여러분의 적극적인 관심을 부탁드립니다.

8. 윗글에서 활용한 글쓰기 전략으로 적절하지 <u>않은</u> 것은?

① 행사의 세부 활동을 나열한다.

② 관용 표현으로 행사의 의도를 강조한다.

③ 관찰한 결과를 중요도 순으로 제시한다.

④ 문제 상황을 인지하게 된 계기를 제시한다.

⑤ 규칙을 어기는 행동이 문제가 되는 이유를 설명한다.

9. <보기>는 초고를 보완하기 위해 추가로 수집한 자료들이다. 자료의 활용 방안으로 적절하지 <u>않은</u> 것은? [3점]

─── <보 기> ───

ㄱ. 학생 대상 설문 조사 결과

○ 급식실 이용시 가장 불편했던 점은 무엇인가요?

내용	비율(%)
새치기하는 친구들	42.5
잔반을 버릴 때 시간이 오래 걸림	15.5
장난치는 친구들 때문에 배식 시간이 지연됨	14.5
식판을 아무렇게나 쌓고 가는 친구들	13
기타	14.5

ㄴ. ○○ 선생님 인터뷰

"식판을 쌓을 때 모양대로 겹치지 않으니 식판이 쓰러져 큰 소리가 나거나 식판이 찌그러지기도 합니다. 그러면 친구들도 매우 놀라고, 세척도 불편해집니다. 게다가 달마다 구부러진 식판을 파악해서 새것을 사야 합니다. 식판 수거와 확인, 구입 같은 일에 힘과 시간을 많이 뺏기게 되면 급식 준비에 쏟을 힘과 시간이 모자랄 수 있습니다. 그러면 학생들에게 피해가 간다는 것을 알아주면 좋겠습니다."

ㄷ. 다른 지역의 학교 신문 기사

우리 학교는 다른 학교와 급식 시간 모습이 다르다. 학생들이 돌아가며 배식과 잔반 처리에 참여하고 있기 때문이다. 이렇게 배식과 잔반 처리 봉사활동에 학생들이 참여한 지 6개월이 지났다. 2~3일이라는 짧은 기간 동안 참여하여 부담이 적고, 봉사 시간으로 인정도 받아 학생들도 좋은 반응을 보였다. 조리사님들은 학생들이 이 활동을 하면서 배식을 받는 모습이나 잔반을 처리하는 모습이 눈에 띄게 좋아졌다고 칭찬했다.

① ㄱ을 2문단에 활용하여, 새치기 문제 때문에 불편함을 느끼는 학생들이 가장 많음을 수치로 제시한다.

② ㄱ을 2문단에 활용하여, 배식받을 때 주의를 기울이지 않는 사례로 장난치는 친구들이 있다는 내용을 추가한다.

③ ㄷ을 3문단에 활용하여, 학생자치회에서 기대한 효과가 충분히 나타날 수 있음을 다른 학교의 사례를 들어 뒷받침한다.

④ ㄱ과 ㄴ을 2문단에 활용하여, 가지런하지 못한 식판 수거 상태 문제를 제기한 부분에, 학생들에게 불편을 끼치고 급식 운영에 어려움을 준다는 내용을 추가하여 보완한다.

⑤ ㄴ과 ㄷ을 3문단에 활용하여, 급식 도우미의 날 행사를 처음 도입할 때 도우미 학생들이 겪을 어려움과 이를 해결할 수 있는 방안을 추가한다.

10. <보기>는 선생님의 조언에 따라 [가]를 고쳐 쓴 것이다. 선생님이 했을 조언으로 가장 적절한 것은?

─── <보 기> ───

급식 도우미의 날 행사는 학생자치회에서 의결하여 2학기부터 실시하고자 합니다. 학생자치회에서는 행사를 의결하기 전에 먼저 실시 여부에 대한 찬반과 운영 방식에 대해 학생들의 의견을 수렴하려 합니다. 학생들은 학생자치회 게시판에 있는 건의함을 통해 제시된 양식에 맞게 의견을 제출해 주시면 좋겠습니다. 여러분들의 적극적인 참여를 부탁드립니다.

① 어떤 일을 의결할 때는 시행 이후 예상되는 성과를 제시해 주는 것이 좋아. 그러니 급식 도우미의 날 시행으로 예상되는 성과로 내용을 고치면 좋겠구나.

② 어떤 일을 의결할 때는 먼저 학생들의 의견을 모아보는 것이 좋아. 그러니 의견을 수렴할 내용과 수렴 방법에 관해 설명하면서 참여를 부탁하는 내용으로 고치면 좋겠구나.

③ 전달 효과를 높이기 위해서는 비유적인 표현을 쓰는 것이 좋아. 그러니 행사의 취지를 잘 전달할 수 있는 문구로 대체하면서 참여를 독려하는 비유적 표현을 추가하면 좋겠구나.

④ 전달 효과를 높이려면 필요한 정보를 분류해서 정리하는 것이 좋아. 그러니 학생들이 궁금해 할 행사의 시기, 급식 도우미 역할과 순서, 활동 기간 등에 대해 자세히 제시하면 좋겠구나.

⑤ 학생들의 적극적인 참여를 이끌려면 문제 해결을 위한 정보를 다양하게 제공하는 것이 좋아. 그러니 학생자치회에서 논의했던 다양한 방법들을 공유하는 것으로 고치면 좋겠구나.

[11 ~ 12] 다음 글을 읽고 물음에 답하시오.

문장에서 주어가 자기 힘으로 동작이나 행위를 하는 것을 능동, 주어가 다른 주체에 의해 동작이나 행위를 당하는 것을 피동이라 한다. 그리고 능동이 표현된 문장은 능동문, 피동이 표현된 문장은 피동문이라고 한다.

피동문을 형성하는 방법에는 여러 가지가 있다. 우선 용언 어간에 피동 접미사 '-이-', '-히-', '-리-', '-기-'를 결합하여 새로운 피동사를 파생하는 방법이 있다. 다음으로 연결 어미를 이용하여 구성된 '-아/어지다', '-게 되다'를 어간에 결합하는 방법이나 일부 명사 뒤에 '-되다'를 붙이는 방법도 있다. 이러한 문법 요소를 활용하여 피동의 의미를 나타내는 것을 피동 표현이라고 한다.

피동 표현을 사용하여 능동문을 피동문으로 만들면, 일반적으로 능동문의 목적어는 피동문의 주어가 되고 능동문의 주어는 피동문의 부사어가 된다. 그런데 피동문에 대응하는 능동문을 상정하기 어려운 경우도 있다. 가령 '날씨가 풀렸다.'라는 문장은 피동문의 서술어가 동작이나 행위가 아니라 자연적인 상태 변화를 나타낸다. 따라서 '(누가) 날씨를 풀었다.'처럼 행위의 주체를 설정하기 어렵기 때문에 능동문으로 만들면 어색하게 느껴지는 것이다.

피동 표현은 행위의 대상에 초점을 맞추어 표현하기에 행위의 주체가 강조되지 않는다. 따라서 행위의 주체를 모르거나 설정하기 어려울 때, 행위의 주체를 의도적으로 숨기고자 할 때, 객관적인 느낌을 주고자 할 때 등에 사용한다. 한편, 피동의 문법 요소를 두 번 결합한 이중 피동을 사용하는 경우도 있다. 이는 어색한 표현인 경우가 많으므로 주의해야 한다.

11. 윗글을 통해 알 수 있는 내용으로 적절하지 <u>않은</u> 것은?

① 피동 표현을 사용하면 행위의 대상보다 행위의 주체가 강조 된다.

② 객관적인 느낌을 전달하려는 의도로 피동 표현을 사용할 수 있다.

③ 주어가 다른 주체에 의해 어떤 행위를 당하는 것을 피동이라 한다.

④ 행위의 주체를 모르거나 설정하기 어려울 때 피동 표현을 사용할 수 있다.

⑤ 피동 접미사 이외의 문법 요소를 활용하여 피동의 의미를 나타낼 수 있다.

12. 윗글을 바탕으로 <보기>를 탐구한 결과로 적절하지 <u>않은</u> 것은? [3점]

─────── <보 기> ───────

ㄱ. 아버지가 아들을 안았다. → 아들이 아버지에게 안겼다.

ㄴ. 조사 결과 화재의 원인은 누전으로 파악됩니다.

ㄷ. 더위가 꺾였다. → (누가) 더위를 꺾었다.

ㄹ. 이번 패배는 그의 실책으로 보여진다.

① ㄱ에서는 능동문을 피동문으로 바꿀 때 능동문의 주어가 피동문의 부사어가 되었군.

② ㄴ에서는 명사 뒤에 '-되다'를 결합하여 피동의 의미를 표현했군.

③ ㄷ에서는 서술어가 자연적인 상태의 변화를 나타내어 피동문에 대응하는 능동문을 상정하기 힘들군.

④ ㄹ에서는 피동 접미사가 두 번 결합한 이중 피동이 쓰였군.

⑤ ㄱ과 ㄷ에서는 모두 피동 접미사로 피동의 의미를 표현했군.

13. <보기>를 바탕으로 탐구한 내용으로 적절하지 <u>않은</u> 것은?

─────── <보 기> ───────

○ 동사와 형용사의 특징

  ▶ 동사는 선어말 어미 '-는-/-ㄴ-'의 결합으로, 형용사는 기본형으로 현재 시제를 나타냄.

  ▶ 관형사형 어미 '-(으)ㄴ'이 결합했을 때, 동사는 과거 시제를 나타내지만, 형용사는 현재 시제를 나타냄.

① '감이 떫다.'에서는 기본형으로 현재 시제를 나타내고 있기 때문에 '떫다'는 형용사이군.

② '책을 읽는다.'에서는 선어말 어미 '-는-'이 결합하여 현재 시제를 나타내고 있기 때문에 '읽다'는 동사이군.

③ '친구와 논다.'에서는 선어말 어미 '-ㄴ-'이 결합하여 현재 시제를 나타내고 있기 때문에 '놀다'는 동사이군.

④ '집에 간 사람'에서는 관형사형 어미 '-(으)ㄴ'이 결합하여 과거 시제를 나타내고 있기 때문에 '가다'는 동사이군.

⑤ '우리가 이긴 시합'에서는 관형사형 어미 '-(으)ㄴ'이 결합하여 현재 시제를 나타내고 있기 때문에 '이기다'는 형용사이군.

14. <보기>의 학습 활동을 수행한 결과로 적절한 것은?

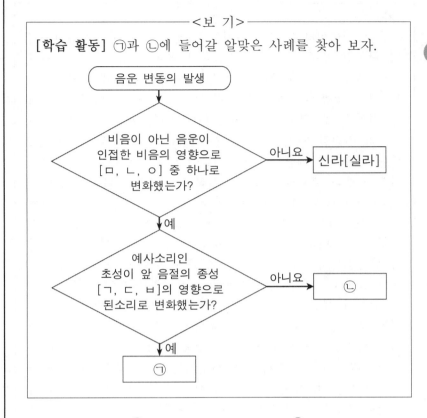

─────── <보 기> ───────

[학습 활동] ㉠과 ㉡에 들어갈 알맞은 사례를 찾아 보자.

	㉠	㉡
①	옷맵시[온맵씨]	꽃말[꼰말]
②	덮개[덥깨]	묵념[뭉념]
③	부엌문[부엉문]	앞날[암날]
④	광안리[광알리]	권력가[궐력까]
⑤	귓속말[귇쏭말]	습득물[습뜽물]

15. <보기>의 ㉠ ~ ㉄에 대한 설명으로 적절하지 <u>않은</u> 것은?

─────── <보 기> ───────

(두 친구가 이전의 약속을 떠올리며 일정을 잡는 상황)

학생 1 : ㉠우리 저번에 놀자고 했던 거 있잖아. ㉡그거 내 일이지?

학생 2 : 벌써 그렇게 됐네. ㉢어디서 보자고 했지?

학생 1 : 학교 앞 정류장에서 보자고 했잖아. ㉣거기 근처 식당에서 밥 먹고, 영화 보고, 문구점 가서 구경하기로 했잖아.

학생 2 : 맞아, 그랬지. 가서 둘러보다가 살 거 있으면 각자 사도 되고……. 사고 싶은 거 있어?

학생 1 : 아직은 ㉤무엇을 살지 모르겠어. ㉥그때 문구점 가서 봐야 알 것 같아. 아무튼, 그럼 내일 몇 시에 만날까?

학생 2 : 12시 어때? 그러면 딱 점심 먹기 좋은 시간인데.

학생 1 : 좋아. 그럼 ㉄그때 보자. 잘 자.

① ㉠은 화자와 청자를 모두 포함한다.

② ㉡은 이전에 화자와 청자가 한 약속을 가리킨다.

③ ㉣은 ㉢에 대한 답인 학교 앞 정류장을 가리킨다.

④ ㉤은 아직 정해지지 않은 대상을 가리킨다.

⑤ ㉥은 약속 시간인 내일 12시를 의미하며, ㉄과 같은 대상을 가리킨다.

[16 ~ 20] 다음 글을 읽고 물음에 답하시오.

(가)

흔히 예술이라고 하면 고상한 소재를 활용하여 아름다움이나 만족감을 주는 특별한 작품이나 행위를 떠올린다. 하지만 현대 예술에서는 고상함을 찾기 힘든 일상적 소재를 활용하기도 하고 추함이나 불쾌감을 전달하기도 한다. 이러한 경향에 큰 영향을 준 것이 바로 아방가르드이다. 아방가르드는 주력 부대가 전진할 수 있도록 새로운 길을 개척하는 병사를 일컫는 말에서 유래한 예술 용어로, 예술에 대한 기존의 통념에 저항하고 새로운 예술의 모습을 제시하는 혁신적인 예술 운동이다.

아방가르드의 탄생은 '예술이란 무엇인가'라는 물음과 관련이 있다. 근대 이전까지의 예술은 독립적인 영역으로 인정받지 못했으며 집단의 종교적 목적이나, 왕이나 귀족 개인의 세속적 목적을 충족시키기 위한 종속적인 수단이었다. 예술가 또한 종교나 궁정에 소속된 일개 기술자에 불과하다고 인식되었다. 반면 근대의 예술은 그 자체로 아름다움이나 만족감 등 고유한 미적 체험을 줄 수 있는 독립적인 영역으로 인식되었고, 예술가도 특별한 재능을 바탕으로 작품을 창작하는 주체로 인정받게 되었다. 하지만 권위 있는 비평가들에게 작품의 아름다움을 인정받기 위해, 예술가들은 예술적 전통과 관습이라는 당대의 미학적 기준을 철저히 따를 수밖에 없었다. 당대의 미학적 기준은 예술을 고유의 영역으로 독립시켰지만, 오히려 전통과 관습에 종속되게 한 채 새로움을 잃게 만들었다. 아방가르드는 이러한 미학적 기준에 저항하고, 새로운 예술의 기준을 제시하면서 예술의 자율성을 확립하기 위해 탄생하였다.

아방가르드의 관점에서 예술가는 전통이나 관습에 적극적으로 저항하면서 새로운 미래나 방향성을 제시하는 주체라고 볼 수 있다. 새로운 예술의 모습을 제시하기 위해, 아방가르드 예술가들은 추하고 난해한 그림을 그리거나 알아들을 수 없는 말로 된 시를 낭송하는 등 의도적으로 당대의 미학적 기준에 저항하였다. 또한 변기, 자전거 바퀴 등 일상적인 소재들을 창작에 활용하거나, 예술 활동이 특별하고 독창적인 일이라는 통념을 깨기 위해 일상적 활동을 활용하여 예술과 일상의 구분을 무너뜨렸다. 아울러 새로운 기술이나 매체를 적극적으로 예술 활동에 적용하였으며, 특별한 재능을 가진 사람만이 예술을 완성한다는 통념에서 벗어나 관객이 작품에 참여하거나 작품을 수정할 수 있게 하여 예술가와 관객의 경계를 파괴하였다.

예술계는 아방가르드가 제시한 예술을 처음에는 거부했지만 이후 새로운 경향으로 인정하였고, 이를 바탕으로 한 수많은 사조와 작품들이 주류 예술로 편입되었다. 그런데 ㉠이러한 변화가 역설적이게도 아방가르드의 본질을 상실하게 만들어 아방가르드 운동은 쇠퇴하였다. 하지만 새로움과 저항이라는 가치로 예술의 새로운 모습을 제시한다는 아방가르드의 본질은 후대의 다양한 예술 분야에 큰 영향을 미쳤다.

(나)

기술 발달과 아방가르드 예술의 영향으로 등장한 비디오 아트는 비디오 카메라로 촬영한 영상을 텔레비전과 같은 대중 매체를 활용해 상영하는 방식에 기반한 미술의 한 갈래이다.

비디오 아트는 미술이 대중문화에 위축되어 그 역할과 위상이 흔들리자 그 대안으로 제시되었다. 1960년대 미국을 중심으로 한 텔레비전의 보급은 대중문화의 확산을 가져왔다. 하지만 텔레비전에서 방영되는 영상은 국가나 기업에 의해 일방적으로 편성된 것이었다. 그 내용은 국가의 이념이나 상업적 가치, 흥미 위주로 구성되었으며, 대중들은 이러한 일방적인 메시지를 수동적으로 받아들일 수밖에 없었다. 이러한 상황에서 가정용 비디오 카메라의 보급은 누구나 저렴한 비용으로 손쉽게 영상을 촬영하고 배포하는 것을 가능케 했다. 이는 메시지를 일방적으로 수용했던 대중을 메시지를 적극적으로 생산하고 소통하는 주체로 변화시켰다. 이런 맥락에서 탄생한 비디오 아트는 텔레비전이라는 새로운 매체와 새로운 표현 방식을 통해 기존 예술에서 흔히 볼 수 없었던 대중문화에 대한 저항, 시공간적 제약으로부터의 자유, 창작자와 관람객의 상호 소통을 지향한다.

비디오 아트의 유형은 형태를 기준으로 비디오 영상과 설치 비디오로 나뉜다. 비디오 영상은 맥락 없는 이미지, 빈 화면 등의 실험적 이미지나 비판적 내용을 담아 만든 영상 자체를 의미한다. 설치 비디오는 영상을 텔레비전 등 다양한 사물이나 장치와 결합하여 제작한 설치물이다. 설치 비디오에는 예술가가 텔레비전의 일방 소통적 특성을 비판하기 위해 기계 장치로 텔레비전의 기능을 자의적으로 왜곡하여 변형된 화면을 보여주는 것이 있다. 또 예술가가 다양한 장비를 활용하여 작품이 관람객의 행동이나 주위의 환경에 따라 반응하여 변하도록 만든 것도 있다.

이처럼 비디오 아트는 대중문화에 대한 저항과, 작품이 이미 완결된 것이라는 고정관념에서 벗어나 언제든지 우연한 사건의 개입으로 변화될 수 있다는 것을 보여주었다. 이는 관람객의 역할을 단순한 감상자에서 예술 작품 완성의 주체로 변화시켰다는 점에서 예술의 새로운 모습을 보여주었다는 의의가 있다.

16. (가), (나)에 대한 설명으로 가장 적절한 것은?

① (가)는 중심 개념을 바라보는 여러 학자들의 견해를 제시하고 있다.
② (나)는 중심 개념의 의의와 한계를 분석하고 있다.
③ (가)와 (나)는 모두 중심 개념의 변화 과정을 제시하고 있다.
④ (가)와 (나)는 모두 중심 개념을 정의하고 그 등장 배경을 밝히고 있다.
⑤ (가)와 (나)는 모두 중심 개념의 하위 유형 구분 기준을 명시하고 관련 사례를 제시하고 있다.

17. (가)를 이해한 내용으로 적절하지 <u>않은</u> 것은?

① 근대 이전의 예술가는 기술자에 불과하다고 인식되었다.
② 근대에는 예술과 예술가에 대한 인식의 변화가 일어났다.
③ 아방가르드라는 용어는 예술이 아닌 다른 분야에서 유래하였다.
④ 근대 이전의 예술은 예술가의 세속적 목적을 충족시키기 위해 이루어졌다.
⑤ 근대의 예술가들이 전통을 따랐던 이유는 작품의 아름다움을 비평가들에게 인정받기 위해서였다.

18. ㉠의 이유를 추론한 것으로 가장 적절한 것은?

① 아방가르드가 주류 예술에 편입되어 더 이상 새로운 예술이 아니게 되었기 때문이다.

② 아방가르드 운동의 쇠퇴로 인해 이를 뛰어넘는 새로운 예술이 등장하였기 때문이다.

③ 아방가르드를 바탕으로 한 작품들이 등장하면서 기존의 주류 예술을 보완한 사조들을 형성하게 되었기 때문이다.

④ 아방가르드가 추구하는 예술가의 모습이 기존의 주류 예술계에서 인식하는 예술가의 모습과 같지 않기 때문이다.

⑤ 아방가르드가 제시하고 있는 예술의 방향성이 기존의 주류 예술계가 요구하는 미학적 기준에 부합하지 않기 때문이다.

19. 비디오 아트 를 이해한 내용으로 적절하지 않은 것은?

① 대중문화로 인해 미술의 역할과 위상이 흔들리자 그 대안으로 제시된 장르이다.

② 손쉽게 촬영할 수 있는 기기를 통해 창작자와 관람객의 상호 소통을 지향하는 예술이다.

③ 대중문화의 확산을 일으킨 매체를 활용하여 대중문화에 대한 저항을 표현하는 예술이다.

④ 기술의 발달로 인한 변화를 활용하여 시공간적 제약으로부터의 자유를 추구하는 예술이다.

⑤ 메시지의 생산과 수용 과정에서 이루어졌던 국가와 대중의 기존 역할이 서로 전환되는 예술이다.

20. 윗글을 바탕으로 <보기>의 ⓐ, ⓑ를 이해한 내용으로 가장 적절한 것은? [3점]

―――――― <보 기> ――――――

○ 무대 공연을 위해 만들어진 백남준의 ⓐ<TV 첼로>는 1971년에 제작된, 첼로에 텔레비전 세 대를 결합한 형태의 작품이다. 이 작품에서 출력되는 영상은 첼리스트의 즉흥 연주나 행동에 반응하여 변형된다.

○ 백남준의 ⓑ<닉슨>은 텔레비전 두 대에 변조 장치를 결합한 작품으로, 화면에 계속 등장하는 닉슨 대통령의 얼굴을 여러 형태로 일그러뜨려 회화화한 이미지를 관객에게 보여준다.

① 설치 비디오 유형에 해당하는 ⓐ는, 새로운 매체를 예술 활동에 적용했다는 점에서 새로운 예술의 모습을 제시하였다고 볼 수 있겠군.

② 텔레비전 기능의 자의적 조정을 보여주는 ⓐ는, 기존 예술에서 보였던 예술가와 관객 사이의 경계를 파괴하려 하였다고 볼 수 있겠군.

③ 비디오 영상 유형에 해당하는 ⓑ는, 예술에 대한 기존 통념에 저항함으로써 새로운 예술의 모습을 제시하였다고 볼 수 있겠군.

④ 작품에 언제든 우연한 사건이 개입되어 변할 수 있다는 것을 보여주는 ⓑ는, 일상적인 소재를 활용하여 예술의 소재에 대한 기존 관점의 문제점을 드러냈다고 볼 수 있겠군.

⑤ 실험적 이미지를 활용한 ⓐ와 ⓑ는, 일상적 활동을 예술에 적용하여 기존의 예술적 전통을 발전시킴으로써 새로운 예술의 모습을 제시하였다고 볼 수 있겠군.

[21 ~ 25] 다음 글을 읽고 물음에 답하시오.

최근 인구 증가와 기후변화로 전 세계적인 물 부족 현상이 발생하고 있다. 지구상에 존재하는 물의 대부분은 해수이며 염분이 없는 물인 담수는 전체의 약 2.5%이다. 담수 중에서도 빙하, 지하수 등을 제외하면 인간이 손쉽게 활용할 수 있는 것은 물의 총량 중 극히 일부에 지나지 않는다. 따라서 해수를 담수로 ⓐ만드는 여러 가지 기술이 연구되어 왔다.

1세대 해수 담수화 기술로는 다단 증발법 이 있다. 이는 물의 상변화* 원리를 활용한 것으로, 가열된 해수를 수증기로 변화시켜 응축함으로써 담수를 얻는 방법이다. 일반적으로 다단 증발법을 적용한 해수 담수화 설비는 해수 가열기, 진공 유지 장치, 직렬로 연결된 여러 개의 증발기 등으로 구성된다. 해수는 증발기 내부의 냉각관을 통과하여 해수 가열기 내부로 이동한다. 해수 가열기는 고온의 증기로 해수의 온도를 해수의 끓는점인 110℃ 이상까지 높이는 역할을 하며, 가열된 해수는 앞서 통과한 증발기들의 하부를 역순으로 통과한다. 이때 증발기들의 내부는 진공 유지 장치에 의해 대기압보다 훨씬 낮은 압력을 유지하고 있다. 해수의 끓는점은 대기압이 낮을수록 낮아지기 때문에 증발기로 진입한 해수는 순간적으로 끓어올라 수증기로 바뀌게 된다. 생성된 수증기에 포함된 미량의 해수는 필터를 통과하며 제거되어 순수한 수증기가 되고 설비 밖으로 빠져나간다. 순수한 수증기는 증발기 상부의 냉각관과 만나서 응축되어 담수가 된다. 해수는 증발기들을 거칠수록 염분 농도는 높아지고 온도는 계속 낮아진다. 하지만 증발기들의 내부 압력 또한 설비 끝으로 갈수록 더 낮아지기 때문에 마지막 증발기까지 담수가 계속 생성된다. 다단 증발법은 해수를 끓여 수증기만 얻는 방식이므로 해수의 수질 조건에 큰 영향을 받지 않으며 담수를 대량으로 생산할 수 있다는 장점이 있지만, 에너지 소비량이 매우 많다는 단점이 있다.

2세대 해수 담수화 기술인 역삼투법 은 다단 증발법의 대안으로 제시된 기술로, 반투막을 이용하여 해수에서 담수를 얻는 방법이다. 같은 양의 담수와 해수 사이에 물 분자만 통과할 수 있는 반투막을 설치하면 염도가 낮은 담수에서 염도가 높은 해수 방향으로 물 분자가 옮겨 가는 삼투 현상이 일어나며, 이때 담수에 작용하는 힘을 삼투압이라고 한다. 위와 같은 조건에서 압력 펌프를 사용하여 삼투압보다 더 큰 압력을 해수에 가하면 오히려 반대로 해수에 있는 물 분자가 반투막을 거쳐 담수 방향으로 이동하며 담수가 생성되는데, 이를 역삼투법이라고 한다. 역삼투법은 반투막의 오염 정도가 심해짐에 따라 담수 생성 효율이 저하되므로 반투막과 맞닿는 해수의 수질 조건이 매우 중요하다. 따라서 해수에 섞인 이물질을 제거하는 전처리 과정이 필수적이라고 할 수 있다. 역삼투법은 다단 증발법에 비해 담수 생성 효율은 높고 에너지 소비량은 적지만, 삼투압보다 높은 압력을 얻기 위해 여전히 에너지를 많이 소비한다는 문제가 있다.

해수 담수화 기술은 에너지 소모량이 적은 방식으로 발전해 왔으며, 에너지원 확보가 어려운 지역을 위한 해수 담수화 설비에 대한 요구도 점차 커지고 있다. 이를 위해 세계 각국에서도 많은 연구 비용을 투자하여 신재생 에너지를 활용한 차세대 해수 담수화 기술을 상용화하기 위해 노력하고 있다.

* 상변화 : 물질이 온도와 압력에 따라 기체, 액체, 고체로 변하는 현상

21. 윗글을 통해 답을 찾을 수 <u>없는</u> 질문은?

① 다단 증발법의 장점은 무엇인가?
② 물 부족 현상의 원인은 무엇인가?
③ 해수 담수화 기술은 어떤 방식으로 발전해 왔는가?
④ 해수 속 이물질을 제거하는 과정은 어떻게 이루어지는가?
⑤ 인간이 쉽게 활용할 수 없는 물은 어떤 상태로 존재하는가?

22. <보기>는 다단 증발법 을 적용한 설비의 구조이다. 윗글을 바탕으로 <보기>를 이해한 내용으로 적절하지 <u>않은</u> 것은?

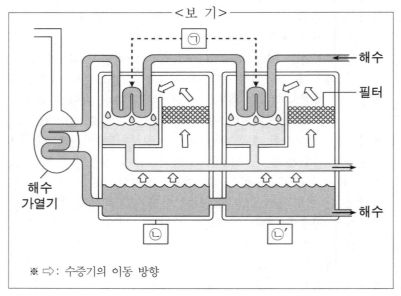

<보 기>

※ ⇨: 수증기의 이동 방향

① 해수의 염분 농도는 ⓒ보다 ⓒ′에서 더 높다.
② ⓒ과 ⓒ′에서 생성된 담수는 설비 밖으로 빠져나온다.
③ 해수 가열기에서 온도가 끓는점보다 더 높아진 해수는 ⓒ으로 이동한다.
④ ⓒ과 ⓒ′에서 생성된 수증기는 필터에 의해 해수가 제거된 상태로 ㉠과 만나 응축된다.
⑤ 내부 압력이 같은 ⓒ과 ⓒ′은 대기압보다 낮은 내부 압력을 유지하고 있으므로 해수를 순간적으로 끓어오르게 한다.

23. 역삼투법 에 대한 설명으로 적절하지 <u>않은</u> 것은?

① 다단 증발법보다 담수 생성 효율이 높은 기술이다.
② 에너지 소비 측면에서 다단 증발법보다 더 발전된 기술이다.
③ 다단 증발법보다 전처리 과정이 더 중요한 역할을 하는 기술이다.
④ 삼투압보다 더 큰 압력을 해수에 가하여 담수를 생성하는 기술이다.
⑤ 염분만 통과할 수 있는 반투막의 성질을 이용하여 해수에서 담수를 분리하는 기술이다.

24. 윗글을 참고하여 <보기>의 ㉮를 이해한 내용으로 적절하지 <u>않은</u> 것은? [3점]

<보 기>

㉮ '막 증류법'의 대표적인 방식은 고온의 해수와 저온의 담수 사이에 소수성*을 띤 다공성* 막을 설치하여 온도 차이에 의해 해수에서 증발된 수증기만 막을 통과하도록 해 담수를 얻는 것이다. 이 방식은 해수의 온도를 50 ~ 70℃로 높이는 것을 제외하면 압력 등 다른 요소를 변화시키지 않아도 되기에 1, 2세대 해수 담수화 기술에 비해 에너지 소비량이 적어 소규모의 신재생 에너지 설비로도 담수를 생산할 수 있다. 하지만 막이 물과 맞닿기 때문에 막이 오염되지 않도록 관리하는 것이 중요하다.

* 소수성 : 물과 친화력이 적은 성질
* 다공성 : 물질의 내부나 표면에 작은 구멍이 많이 있는 성질

① 압력을 변화시키지 않아도 된다는 점에서 다단 증발법과 유사하군.
② 역삼투법과 달리 물의 상변화를 이용하여 담수를 생성하고 있군.
③ 막의 오염을 관리하는 것이 매우 중요하다는 점에서 역삼투법과 유사하군.
④ 다단 증발법과 달리 해수의 온도를 끓는점 이상까지 높이지 않아도 되겠군.
⑤ 다단 증발법과 역삼투법에 비해 에너지원 확보가 어려운 지역에 설치하기 유리하겠군.

25. 문맥상 의미가 ⓐ와 가장 가까운 것은?

① 새 학년을 맞아 동아리를 <u>만들었다</u>.
② 경기 규칙을 새롭게 <u>만드는</u> 일은 어렵다.
③ 시를 소설로 <u>만드는</u> 과정은 매우 흥미롭다.
④ 생일 선물로 친구에게 줄 케이크를 <u>만드는</u> 중이다.
⑤ 송진을 채취하기 위해 소나무에 칼로 흠집을 <u>만들었다</u>.

[26 ~ 30] 다음 글을 읽고 물음에 답하시오.

법의 효력이란 사회 규범으로서의 법이 타당성과 실효성을 바탕으로 그 목적과 내용대로 실현되는 힘을 의미한다. 이때 타당성이란 법이 구속력을 가질 수 있는 정당한 자격을 말한다. 국민과 법이 추구하는 정의가 서로 같고, ⓐ 적법한 절차에 의해서 법이 제정된 경우에는 타당성이 있다고 할 수 있다. 실효성이란 법이 현실로 지켜져 실현되게 하는 강제력을 의미한다. 실효성이 없는 법은 법을 이행하도록 하는 실제적인 힘이 없기 때문에 공동체의 법으로서 효력이 없다. ㉠ 법은 이러한 타당성과 실효성을 모두 갖추어야 효력을 발휘하며, 효력을 갖춘 법이 미치는 범위는 시간, 사람, 장소로 구분할 수 있다.

법의 시간적 효력은 법의 부칙에 별도로 규정된 시행일로부터 발생한다. 만약 시행일을 규정하지 않은 경우에는 법을 공포*한 날로부터 20일이 ⓑ 경과되면 법의 효력이 자동적으로 발생한다. 규정된 폐지일이 지나거나, 폐지일 이전에 법 자체가 폐지되면 법의 효력은 소멸한다. 폐지일이 규정되지 않은 경우에는 구법의 내용과 상충되는 신법이 시행되었을 때 구법

의 효력이 소멸된다. 법의 효력은 시행 후에 발생한 사항에만 적용되며 ⓒ시행 이전에 발생한 사항에 대해서는 적용되지 않는다. 왜냐하면 법을 ⓓ소급해서 적용할 경우 이미 신법 시행 이전에 적법하게 취득한 권리를 침해하여 사회적 혼란을 일으킬 수 있기 때문이다. 그러나 신법이 시행될 때 이전에 발생한 사건에 대한 구법의 시간적 효력이 남아 있는 경우 예외적으로 신법을 소급하여 적용할 수 있다.

법의 인적 효력은 한 사람에게 어느 나라의 법을 적용하느냐에 관한 문제로, 속인주의와 속지주의 중 어떤 원칙을 선택하느냐에 따라 효력이 미치는 범위가 달라진다. 속인주의란 그 나라의 국적을 가진 사람이 어느 장소에 있든지 관계 없이 국적국의 법을 적용하는 원칙이다. 예를 들어 우리나라 사람이 외국에서 죄를 지은 경우 속인주의에 따르면 우리나라 법의 적용을 받게 된다. 그런데 외국에 있는 우리나라 사람이 불법적인 행위를 한 상황에서 속인주의를 적용한다면 다른 나라의 영토 주권을 침범하여 문제가 발생할 수 있다. 이러한 한계는 속지주의로 보완할 수 있다. 속지주의란 자국의 영역 내에 있는 모든 사람에 대하여 내·외국인을 불문하고 자국법을 적용한다는 원칙이다. 가령 외국인이 우리나라에서 범죄를 저질렀을 때, 속지주의에 따르면 우리나라 법의 적용을 받게 된다. 그런데 주한 외교 사절은 기본적으로 우리나라의 법을 준수해야 하지만, ⓔ면책 특권 때문에 예외적으로 법의 효력이 발생하지 않는다.

법의 장소적 효력은 법이 어떤 공간에 적용되느냐에 관한 문제이다. 국가의 법은 원칙적으로 그 국가의 주권이 미치는 전체 영역인 영토, 영해, 영공에 걸쳐 적용되는데, 예외적으로 도시계획법 중 일부 조항처럼 특정 지역에만 적용되는 법도 있다.

* 공포 : 이미 확정된 법률, 조약, 명령 따위를 일반 국민에게 널리 알리는 일

26. 윗글의 내용과 일치하는 것은?

① 법의 효력은 국가 영역의 일부에만 적용될 수도 있다.
② 법의 폐지일이 경과하지 않으면 법을 폐지할 수 없다.
③ 법의 효력은 부칙에 시행일을 반드시 규정해야 발생한다.
④ 주한 외교 사절은 우리나라의 법을 준수하지 않아도 된다.
⑤ 외국에 있는 우리나라 사람에게 우리나라 법을 적용하더라도 타국의 영토 주권을 침범하지 않는다.

27. ㉠의 이유로 가장 적절한 것은?

① 법이 타당성만 있고 실효성이 없으면, 법의 제정 과정에서 절차적 정당성을 가질 수 없기 때문에
② 법이 타당성만 있고 실효성이 없으면, 법 위반 행위를 금지하는 정당한 자격을 갖출 수 없기 때문에
③ 법이 실효성만 있고 타당성이 없으면, 해당 법의 실현을 위한 강제력을 가질 수 없기 때문에
④ 법이 실효성만 있고 타당성이 없으면, 법이 추구하는 정의를 국민으로부터 인정받을 수 없기 때문에
⑤ 법이 타당성과 실효성을 모두 갖추더라도, 법을 실제적으로 이행하도록 하는 힘을 국민들에게 인정받지 못하기 때문에

28. 윗글을 참고할 때, <보기>의 ㉮~㉲에 들어갈 수 있는 말을 바르게 짝지은 것은?

─── <보 기> ───

음주가 허용된 나라인 A국 국민 ○○씨가 음주가 금지된 B국에서 음주를 한 경우, ㉮ 에 따르면 ㉯ 의 법을 적용해야 하고, 이에 따르면 ○○씨는 ㉰ .

※ 단, ○○씨는 A국에서 B국으로 파견된 외교 사절은 아님.

	㉮	㉯	㉰
①	속지주의	A국	처벌받을 것이다
②	속지주의	B국	처벌받을 것이다
③	속지주의	B국	처벌받지 않을 것이다
④	속인주의	A국	처벌받을 것이다
⑤	속인주의	B국	처벌받지 않을 것이다

29. 윗글을 바탕으로 <보기>를 이해한 내용으로 적절하지 않은 것은? [3점]

─── <보 기> ───

△△기업은 2010년 1월부터 2월까지 가격 담합을 했다는 혐의로 2016년 6월에 조사를 받기 시작했다. 1990년 1월에 제정된 관련법은 별도의 폐지 시기를 규정하지 않았는데, 이에 따르면 과징금은 '위법 행위 종료일부터 5년'까지 부과할 수 있다. 그런데 이 법이 개정되어 2012년 2월 1일에 공포된 후 2월 10일부터 시행되었다. 과징금을 부과할 수 있는 기간은 '위법 행위에 대한 조사 개시일로부터 5년'으로 변경되었고, 효력을 현재까지 계속 유지하고 있다.

① 구법의 효력은 개정된 법의 시행일로부터 소멸했겠군.
② 개정된 법에 따르면 △△기업에 대한 과징금은 2021년 7월에는 부과할 수 없겠군.
③ △△기업에 과징금이 부과되었다면 개정된 법을 소급하여 적용한 것으로 볼 수 있겠군.
④ 개정된 법이 공포된 시점에는 △△기업의 담합 행위에 대한 구법의 효력이 존재했겠군.
⑤ 법이 개정되지 않았더라도 2016년 6월에 △△기업에 대해 과징금 처분을 내릴 수 있었겠군.

30. ⓐ~ⓔ의 사전적 의미로 적절하지 않은 것은?

① ⓐ : 법규에 맞음.
② ⓑ : 시간이 지나감.
③ ⓒ : 어려운 점을 무릅쓰고 행함.
④ ⓓ : 과거에까지 거슬러 올라가서 미치게 함.
⑤ ⓔ : 책임이나 책망을 면함.

[31 ~ 34] 다음 글을 읽고 물음에 답하시오.

[앞부분 줄거리] 왕언의 딸 왕시는 홍관 땅의 김유령을 만나 혼인을 했지만 나라의 늙은 신하에 의해 이별하게 되었다.

김유령이 무릎을 꿇고 대답하였다.

"제 나이 스무 살 되었을 때 아내를 얻었는데, **나라의 노신하가 궁녀로 들이니** 늘 서러워하며 지내고 있습니다. 세상일도 잊은 채, 다만 아내의 소식이나 한번 듣고 싶어 그것만을 희망하고 살고 있었습니다. 그런데 어느날 꿈에 선할아버님께서 이르시기를, '어찌 화산도사를 찾아가 보지 않는가? 그 도사가 못할 일이 없으니 네가 가보면 소원을 이룰 수 있으리라. 갈 때 돈 일만 관을 가져가라.'라고 하셨습니다. 그래서 꿈에서 깨어나자마자 돈을 장만하여 가지고 이렇게 온 것입니다."

그러자 도사가 말했다.

"네 아내를 도로 밖으로 내어다 살고자 하느냐? 네 뜻을 자세히 말해라."

김유령이 말했다.

"도로 내어다 살기야 바랄 수 있겠습니까? 그저 나와 하루만이라도 만나보아 서로 말이나 나누었으면 합니다."

도사가 그 말을 듣고 말했다.

"네 뜻을 바로 말하지 않는구나. 하루만 보고 헤어지면 더욱 슬플 것이다. 그러니 어떻게 해주었으면 좋겠다고 사실대로 다 말해라."

그러자 김유령이 다시 대답하였다.

"함께 살기야 어찌 바라지 않을까마는 불가능할 일이라 차마 말씀드리지 못할 뿐입니다. 만약 함께 살게만 해 주신다면 제가 두엄을 지고 다니는 사람이 되라 한다 해도 원망하지 않겠습니다."

(중략)

"접때 이 땅에 오라고 하시던 사람인데 다시 왔습니다."

그러자 도사가 대답하였다.

[A]
"네가 인간 세계에 태어나서도 착실한 사람이므로 월궁도사가 너에게 알려준 것이다. 그래서 그대의 일이 이루어지도록 정으로 가르침으로써 **그대가 선간(仙間)에서 저지른 일이 잘못되었다**하고 인간 세상에서 일 년만 좋은 일을 하면 선간에서 전에 지은 죄를 없애주려고 그대의 말을 들으려 했더니, 그대 무엇 때문에 짐승을 살게 하였단 말인가? 비록 하늘이 생겨나게 했으나 뱀이란 모질어 죄 없는 사람이며 불쌍한 짐승을 다 잡아먹느니라. 또 남의 것을 빼앗고 죄없는 사람을 죽이는 도적을 어째서 살려주었느냐? 불쌍한 것을 구제하라 하였지 그런 것들을 살려내라 하더냐? 이 두 가지 일을 또 저질렀으니 삼 년간 조심하고 사 년 만에 오너라. 그때 보자."

이러고는 간데없이 사라졌다. 김유령이 애닯고 민망해 집에 와서 문을 닫고는 들어앉아 조심하여 **그릇된 일을 전혀 하지 않았다.** 그렇게 행실을 삼가고 있다가 사 년 만에 화산으로 들어갔다. 그제서야 도사는 김유령이를 보고 이렇게 말했다.

[B]
"네 뜻이 보통이 아니로다. 돌이 굳지만 모래 될 때가 있고 쇠가 굳다 하나 녹을 때가 있으되 너는 돌이나 쇠보다도 더욱 굳은 사람이로다. 네게 이루어질 게 있으리라. 네 돈을 내라."

김유령이 돈을 내어 바치니 그 도사가 동쪽으로 그중의 일백을 던지니 이윽고 푸른 옷 입은 사람이 오는 것이었다. 다시 서쪽으로 일백을 던지자 이윽고 흰 옷 입은 사람이 오고 또 일백을 북쪽으로 던지니 검은 옷 입은 사람이 오고 나머지를 공중에다 던지자 이윽고 쇠머리 쓴 사람과 용의 몸을 지닌 사람과 귀밑머리가 단정한 사람 등이 오는 것이었다. 도사가 그중 검은 옷 입은 사람더러 말했다.

"유령이를 죽여 대령하고, 궁궐에 가 왕시도 죽이고 오라."

그러자 그 검은 옷 입은 사람이 즉시 유령이를 죽여 대령하고 왕시도 죽이고 와서는 보고하였다.

"왕시를 죽이고 왔습니다."

그러자 이번에는 푸른 옷 입은 사람더러 말했다.

"유령이를 살려내라."

그러자 살려내는 것이었다. 도사가 김유령더러 말했다.

"네 집에 가서 들어보아라. 왕시가 죽었다며 장례를 치를 것이다. 담당 관리를 내어 석 달 만에 묻으면 네 소원이 이루어질 것이지만, 석 달 안에 묻지 못하면 네 소원이 이루어지지 못할 것이니라. 그러니 빨리 가라."

유령이 청원하였다.

"집이 두 달 걸리니 어찌하면 좋겠습니까?"

그러자 그 도사가 사람을 불러 이렇게 일렀다.

"김유령으로 하여금 그 집에 들어가도록 하여라."

이윽고 서쪽으로부터 구름이 일고 천둥치며 하늘과 땅이 자욱하게 어두워졌다가 밝아지는 것이었다. 살펴보니 **어느 결에 자기 집에 도착해 있었다.** 들어보니 왕시가 죽었다며 장례 담당 관원을 내어 묻으려고 하였다.

김유령이 장례 담당 관원에게 소청하여 스무 날 내에 묻었다. 김유령이 생각하니, 도사 말이 자신의 소원을 이룰 수 있다고 해서 기쁘기는 하나 그 시신을 묻고 보니 슬픈 심사가 더욱 그지없었다. 다시 화산으로 즉시 가서 도사에게 왕시를 묻었다고 아뢰려고 하였다.

화산에 가니 마침 그 도사가 월궁도사를 만나러 간 지 열흘이 넘도록 오지 않고 있었다. 매우 민망하여 음식을 먹지 않은 지 이레가 되어 기운과 정신이 아주 없었다. 도사를 모시고 다니는 아이더러 그 서러운 사정을 말하니, 그 아이도 도무지 어디에 들어가 있는지 몰라 더욱 민망해 하고 있었다.

이윽고 천지가 자욱하고 천둥치고 바람불고 비내리고 어두워져 심사가 더욱 아득하여 어쩔 줄을 몰랐다. 그러더니 문득 날도 밝아지고 바람도 그치고 비도 개면서 도사가 내려오는 것이었다.

김유령이 나아가 뵙고, 왕시 묻은 일을 말하였다. 그러자 도사가 조그만 종이에 주사(朱砂)를 갈아서 부적을 써서 공중으로 치올리니 이윽고 도끼 가진 것과 괭이 가진 귀신이 모두 오는 것이었다. 또 동방에서 내치니 이윽고 푸른 옷 입은 사람이 왔다.

도사가 그 푸른 옷 입은 사람에게 말했다.

"저 귀신을 데리고 왕시의 무덤을 파내 화산 밑에다가 두고 와라."

그러자 푸른 옷 입은 놈이 그 귀신을 데리고 갔다. 이윽고 북방의 검은 옷 입은 사람더러 말했다.

"옛집에 가서 무빙 등 왕시를 알던 종들을 다 잡아다가 유희국에다가 두어라."

그러자 하직하고 가는 것이었다. 도사가 김유령더러 말했다. "이제야 **그대의 소원이 이루어질 것이다.** 내려가라. 다만 왕시의 종들을 다 잡아온 것은 행여 일이 생기면 네가 잘못될 것이므로 죽여온 것이니 서러워 말라."

– 작자 미상, 「왕시전」 –

31. 윗글의 서술상 특징으로 가장 적절한 것은?

① 인물 간의 대화를 중심으로 사건을 전개하고 있다.
② 현재와 과거의 교차 서술로 주제를 부각하고 있다.
③ 인물의 외양 묘사로 성격의 변화를 드러내고 있다.
④ 서술자가 개입하여 인물의 행동에 대해 평가하고 있다.
⑤ 인물의 심리를 서술하여 인물 간의 갈등을 표출하고 있다.

32. 윗글에 대한 이해로 적절하지 <u>않은</u> 것은?

① 김유령은 도사에게 처음부터 숨김없이 소원을 말하였다.
② 도사는 김유령에게 소원을 이루기 위한 과업을 제시하였다.
③ 김유령은 담당 관원에게 소청하여 왕시의 시신을 스무 날 안에 묻었다.
④ 김유령은 왕시의 시신을 묻고 난 이후 도사에게 이를 알리기 위해 화산으로 갔다.
⑤ 도사는 검은 옷 입은 사람에게 무빙 등 왕시를 알던 종들을 유희국으로 데려가게 했다.

33. [A]와 [B]에 대한 이해로 가장 적절한 것은?

① [A]에는 상대를 회유하려는 의도가, [B]에는 상대를 조롱하려는 의도가 드러난다.
② [A]에는 상대의 행동을 질책하는 태도가, [B]에는 상대의 성품을 칭찬하는 태도가 드러난다.
③ [A]에서는 다른 이의 조언을 바탕으로, [B]에서는 자신의 경험을 바탕으로 의사 결정을 하고 있다.
④ [A]와 [B]에는 모두 상대의 미래에 대한 불안한 마음이 드러난다.
⑤ [A]와 [B]에서는 모두 과거의 사건을 근거로 들어 문제 해결을 유보하고 있다.

34. <보기>를 바탕으로 윗글을 감상한 내용으로 적절하지 <u>않은</u> 것은? [3점]

<보 기>

「왕시전」은 여인을 향한 남성의 애틋한 사랑을 그린 작품이다. 혼인한 남녀 주인공이 외부의 힘에 의해 헤어질 수밖에 없었지만, 이를 극복하고 재회하는 행복한 결말을 맞이한다. 그 과정에서 초월적 존재의 힘을 빌려 문제를 해결하거나 남자 주인공이 원래 신선계의 존재였다고 설정하는 등의 전기적(傳奇的) 요소가 나타난다.

① '나라의 노신하가 궁녀로 들이니'라고 김유령이 말하는 장면에서, 외부의 힘에 의해 남녀 주인공이 헤어지게 되었음을 알 수 있겠군.
② '그대가 선간에서 저지른 일이 잘못되었다'라고 도사가 말하는 장면에서, 주인공이 전생에 신선계의 인물이었음을 알 수 있겠군.
③ '그릇된 일을 전혀 하지 않았다'라는 장면에서, 왕시에 대한 김유령의 애틋한 사랑을 알 수 있겠군.
④ '어느 결에 자기 집에 도착해 있었다'라는 장면에서, 김유령이 부리는 도술이 초월적 존재의 힘을 빌린 것임을 알 수 있겠군.
⑤ '그대의 소원이 이루어질 것'이라고 도사가 말하는 장면에서, 남녀 주인공이 다시 만나는 행복한 결말을 암시하고 있음을 알 수 있겠군.

[35 ~ 39] 다음 글을 읽고 물음에 답하시오.

(가)

강호에 봄이 드니 **미친 흥이 절로** 난다
시냇가 막걸리에 쏘가리 안주로다
이 몸이 한가한 것도 역시 임금의 은혜로다

㉠ 강호에 여름이 드니 초당에 일이 없다
미더운 강 물결이 보내는 것은 바람이로다
이 몸이 서늘한 것도 역시 임금의 은혜로다

강호에 가을이 드니 고기마다 살져 있다
조그마한 배에 그물 실어 흐르게 던져두고
이 몸이 **소일하는** 것도 역시 임금의 은혜로다

강호에 겨울이 드니 눈 깊이 자가 넘다
삿갓 비껴쓰고 **도롱이로 옷을 삼아**
이 몸이 춥지 않은 것도 역시 임금의 은혜로다

― 맹사성, 「강호사시가」 ―

(나)

이보게 이웃 사람들아 **산수구경 가자꾸나**
산책은 오늘하고 목욕은 내일하세
아침에 나물캐고 저녁에 낚시하세
㉡ 이제 막 익은 술을 갈건으로 걸러놓고
꽃나무 가지 꺾어 잔을 세면서 먹으리라
화풍(和風)이 문득 불어 시내를 건너오니
청향(淸香)은 잔에 지고 낙홍(落紅)은 옷에 진다
술독이 비었으면 나에게 아뢰어라
아이를 시켜서 주가(酒家)에서 술을 사서
어른은 막대 짚고 아이는 술을 메고
미음완보(微吟緩步)*하여 시냇가에 혼자 앉아
모래밭 맑은 물에 잔 씻어 술을 부어
맑은 물 굽어보니 떠오르는 것이 도화(桃花)로다
무릉(武陵)이 가깝구나 저 산이 그곳인가
소나무 사이 좁은 길에 진달래 꽃을 붙들고
산봉우리에 급히 올라 구름에 앉아보니
수많은 마을이 곳곳에 벌여있네
노을빛은 비단을 펼쳐 놓은 듯
㉢ 엊그제 검은 들판에 봄빛이 넘치는구나
공명도 날 꺼리고 **부귀**도 날 꺼리니
청풍명월(淸風明月) 외에 어떤 **벗**이 있사올고
단표누항(簞瓢陋巷)*에 허튼 생각 아니하니
아모타 백년행락(百年行樂)*이 ⓐ이만하면 어떠한가

― 정극인, 「상춘곡」 ―

* 미음완보(微吟緩步) : 나직이 시를 읊조리며 천천히 걸음
* 단표누항(簞瓢陋巷) : 소박하고 청빈한 생활
* 백년행락(百年行樂) : 한평생 즐겁게 지냄

(다)

이번 겨울은 소대한 추위를 모두 천안 삼거리 마른 능수버들 아래 맞았다. ㉣일이 있어 충청도 진천(鎭川)으로 가던 날에 모두 소대한이 들었던 것이다. 나는 공교로이 타관 길에서 이런 이름 있는 날의 추위를 떨어가며 절기라는 것의 신묘한 것을 두고두고 생각하였다. 며칠내 마치 봄날같이 땅이 슬슬 녹고 바람이 푹석하니 불다가도 저녁결에나 밤사이 날새가 갑자기 차지는가 하면 으레이 다음날은 대한이 **으등등해서** 왔다. 그동안만 해도 제법 **봄비가 풋나물 내음새를 피우며** 내리고 땅이 눅눅하니 밈*이 들고 해서 ㉤이제는 분명히 봄인가고 했는데 간밤 또 갑자기 바람결이 차지고 눈발이 날리고 하더니 아침은 또 쫑쫑하니 날새가 매찬데 아니나 다를까 입춘이 온 것이었다. 나는 실상 해보다 달이 좋고 아침보다 저녁이 좋은 것같이 양력보다는 음력이 좋은데 생각하면 오고가는 절기며 들고 나는 밀물이 우리 생활과 얼마나 신비롭게 얼키었는가.

절기가 들 적마다 나는 고향의 하늘과 땅과 사람과 눈과 비와 바람과 꽃 들을 생각하는데 자연이 시골이 아름답듯이 세월도 시골이 아름답고 사람의 생활도 절대로 시골이 아름다울 것 같다.

(중략)

이런 고향에서는 이번 입춘에도 몇 번이나 '보리 연자 갔다가 얼어 죽었다'는 말을 하며 입춘이 지나도 추위는 가지 않는다고 할 것인가. 해도 입춘만 넘으면 양지바른 둔덕에는 머리 칼풀의 속움이 트는 것이다. 그러기에 입춘만 들면 한겨울내 친했던 창애와 설매*와 발구며 꿩, 노루, 토끼에 멧돼지며 매, 멧새, 출출이 들과 떠나는 것이 섭섭해서 소년의 마음은 흐리었던 것이다. 높고 무섭고 쓸쓸하고 슬픈 겨울이나 그래도 가깝고 정답고 즐겁고 흥성흥성해서 좋은 겨울이 그만 입춘이 와서 가버리는 것이라고 **소년은 슬펐던 것이다.**

그런 소년도 이제는 어느덧 가고 외투와 장갑과 마스크를 벗기가 가까워서 서글픈 마음이 없듯이 겨울이 가서 **슬퍼하는 슬픔도 가버렸다.** 입춘이 오기 전에 벌써 내 설매도 노루도 멧새도 다 가버린 것이다.

입춘이 드는 날 나는 공일무휴(空日無休)의 오피스에 지각을 하는 길에서 겨울이 가는 것을 섭섭히 여기지 못했으나 봄이 오는 것을 즐거이 여기지는 않았다. 봄의 그 현란한 낭만과 미(美) 앞에 내 육체와 정신이 얼마나 약하고 가난할 것인가. 입춘이 와서 봄이 오면 나는 어쩐지 까닭 모를 패부(敗負)*의 그 읍울(悒鬱)*을 느끼어야 할 것을 생각하면 나는 차라리 ⓑ 입춘이 없는 세월 속에 있고 싶다.

― 백석, 「입춘」 ―

* 밈 : 미음. 봄철이나 가을철에 생나무의 껍질과 나무속 사이에 생기는 물기가 많고 진득진득한 물질
* 설매 : 썰매의 평북, 함경 방언
* 패부(敗負) : 패배
* 읍울(悒鬱) : 걱정스러워 마음이 답답함

35. (가) ~ (다)에 대한 설명으로 가장 적절한 것은?

① (가)는 상승과 하강의 이미지를 활용하여 주제를 강조하고 있다.

② (나)는 청유형 어미를 반복하여 청자가 경계해야 할 삶의 모습을 제시하고 있다.

③ (다)는 소재의 나열을 통해 글쓴이가 과거에 느꼈던 계절 변화에 대한 인식을 드러내고 있다.

④ (가)와 (나)는 모두 대상에 감정을 이입하여 화자의 심리적 변화를 간접적으로 드러내고 있다.

⑤ (나)와 (다)는 모두 공간의 대비를 통해 화자가 지향하는 삶의 태도를 부각하고 있다.

36. ㉠~㉤에 대한 설명으로 적절하지 않은 것은?

① ㉠: 여름날 한가한 초당의 모습이 드러나 있다.
② ㉡: 자연과 동화되고 싶은 화자의 바람이 드러나 있다.
③ ㉢: 변화된 들판을 보며 감탄하는 화자의 모습이 드러나 있다.
④ ㉣: 타지에서 소대한을 맞이한 글쓴이의 상황이 드러나 있다.
⑤ ㉤: 절기가 신묘하다고 생각하게 된 글쓴이의 경험이 드러나 있다.

37. <보기>를 참고하여 (가), (나)를 감상한 내용으로 적절하지 않은 것은? [3점]

─── <보 기> ───

　시조나 가사 중에는 자연을 이상적인 공간으로 표현하는 작품들이 있다. 이런 작품에서 화자는 자연을 즐기며 자연과의 친밀감을 표현한다. 또한 자연 속 소박한 삶의 모습을 보여주는데, 이러한 삶이 임금의 은혜임을 표현하기도 한다.

① (가)에는 가을의 풍요로움 속에서 '소일하는 것'이 임금의 은혜 덕분이라는 생각이 드러나 있군.
② (나)에는 '청풍명월'을 '벗'이라고 말하는 것에서 자연과의 친밀감이 드러나 있군.
③ (가)에는 봄에 '미친 흥이 절로' 난다는 것에서, (나)에는 '산수구경 가자'라고 제안하는 것에서 자연을 즐기려는 모습이 드러나 있군.
④ (가)에는 추운 겨울에 '도롱이로 옷을 삼아' 입는 모습에서, (나)에는 '아침에 나물 캐고 저녁에 낚시하'는 모습에서 소박한 삶이 드러나 있군.
⑤ (가)에는 여름의 '미더운 강 물결'을 바라보는 모습에서, (나)에는 '공명'과 '부귀'도 자신을 꺼린다는 것에서 이상적인 공간으로 가고 싶어하는 마음이 드러나 있군.

38. <보기>를 바탕으로 (다)를 이해한 내용으로 적절하지 않은 것은?

─── <보 기> ───

　「입춘」은 절기의 변화에 따른 다양한 생각들을 형식에 구애받지 않고 자유롭게 쓴 작품이다. 글쓴이는 감각적 표현을 통해 절기의 모습을 드러내고 있으며, 음성상징어를 활용하여 절기의 변화를 생생하게 나타내고 있다. 또한 자신을 객관화하여 어린 시절에 느꼈던 감정을 표현하기도 하고, 어른이 되어 어린 시절에 느꼈던 감정을 느끼지 못하는 것에 대한 안타까움을 드러내기도 한다.

① '슬슬', '으등등'과 같이 음성상징어를 활용하여 절기의 변화를 생생하게 표현하고 있다.
② '봄비가 풋나물 내음새를 피우며'를 통해 봄의 모습을 감각적으로 표현하고 있다.
③ '절기가 뜰 적마다' 고향을 생각하는 모습을 통해 절기의 변화에 따라 고향에 대한 생각이 바뀌는 것을 표현하고 있다.
④ '소년은 슬펐던 것이다'와 같이 자신을 객관화하여 어린 시절에 느꼈던 감정을 표현하고 있다.
⑤ '슬퍼하는 슬픔도 가버렸다'를 통해 어린 시절의 감정을 느낄 수 없게 된 안타까움을 표현하고 있다.

39. ⓐ와 ⓑ에 대한 이해로 가장 적절한 것은?

① ⓐ에는 과거에 대한 화자의 동경이, ⓑ에는 미래에 대한 글쓴이의 소망이 드러나 있다.
② ⓐ에는 화자 자신의 행위에 대한 아쉬움이, ⓑ에는 대상에 대한 글쓴이의 거부감이 드러나 있다.
③ ⓐ에는 대상의 부재로 인한 화자의 외로움이, ⓑ에는 대상을 맞이하는 글쓴이의 즐거움이 드러나 있다.
④ ⓐ에는 현재 상황에 대한 화자의 만족감이, ⓑ에는 현재 상황에 대한 글쓴이의 답답함이 드러나 있다.
⑤ ⓐ에는 자신이 결정할 수 없는 것에 대한 화자의 절망이, ⓑ에는 자신이 결정한 것에 대한 글쓴이의 후회가 드러나 있다.

[40 ~ 42] 다음 글을 읽고 물음에 답하시오.

여기 동남향으로 후미진 골짜기에 억새와 솔가지로 덮은 움막이 하나 보인다. 양동욱 내외가 들어있다.

동욱 내외는 이 지리산 공비 소탕이 완료되던 다음해 봄에 여기를 찾아들어 막을 매고 밭을 일구기 시작했다.

피난살이를 부산에서 했다. **아무리 버둥거려봐도 살 수가 없었다.** 살아갈 재간이 없었다. 무슨 짓이든 못할 게 없겠으나 할 짓이, 할 일이 없었다.

약만 쓰면 살릴 줄 뻔히 알면서도 그렇지 못해 아이까지 죽였다.

영선고개 판잣집마저 헐리게 되자 별 작정도 없이 그만 떠버렸다.

진주에서 몇 달 동안 살았다.

목수나 미장이 뒷일꾼으로도 다녀봤다. 한 달에도 며칠, 그나마도 작자가 달아 품삯은 고사하고라도 제 몫에 돌아오지도 않았다.

그의 아내가 양은그릇을 받아 이고 장사로도 나서봤다. 주로 촌마을을 찾아다녔다. 본전도 더 깎지 않고는 팔리지 않았다. **할 일이 없었다. 살아갈 수가 없었다.**

산청으로 들어갔다.

여기서는 더 할 일이 없었다.

"여보, ㉠두더지가 땅 밖에 나오면 죽게 마련이라오. 우리 그만 깊숙히 산골로 들어가서 밭농사나 짓자요……."

이래서 돈푼 될 것은 모조리 팔았다.

밀가루 두 포대와 감자씨 반 말을 사고 우거지 한 꾸러미를 바꿨다.

팽이, 호미, 톱, 낫 이런 연모와 함께 된장 몇 사발, 소금 두 됫박 그밖에 석유 한 병, 사기 호롱 한 개를 꾸려서 산청을 뒤로 하고 산골로 접어들었다.

십 리도 넘게 들어갔다. 동욱의 걸음이 뜬다.

누구나 그래도 다 살아가는데 누구나 다 사는 세상에서 나만 살지 못하고 이렇게 무인 산골로 쫓겨가다니—하니 동욱은 어떤 패배감 같은 설움이 치밀어 목이 메인다. 그럴수록 뒤따라오는 그의 아내가 측은하기도 하고 미덥기도 했다.

㉡"어쩔까, 산골은 어디 없이 매 한가지가 아니겠나?"

하고 동욱이 골짜기를 두리번거리자

"매 한가질 바야 더 들어가요. 길이 막히는 데까지 가 보자요!"

해는 벌써 한나절이 가까왔다. 어느 산구비로 희부옇게 강물이 보였다. 먼발치로 강만 바라보고 무작정 걸었다. 벼랑을 끼고 얼마를 돌아나가자 강은 발밑으로 흐르고 있었다. 물이 밭은 강이었다. 강을 건넜다. 있는 듯 없는 듯한 오솔길을 따라 산기슭을 돌고 몇 등을 넘어 골짜구니로 들어섰다. 들어갈수록 질펀한 골짜기였다. 길 옆에 오지그릇 조각들이 보였다.

"동네였나부지?"

"그런가 봐요!"

하잘것 없는 이 **오지그릇 조각**들이 이 날 이 두 내외에게는 먼 조상의 무덤이나 찾은 것처럼 **가슴이 설레고 반가웠다.**

[중략 줄거리] 산골 생활에 적응해 나가던 부부는 자신들에게 집을 지어 준 박 노인과 함께 살아가기를 바란다. 박 노인은, 과거에 자신을 배신했지만 가엾은 처지가 된 윤 생원을 거두어 부부를 찾아와 함께 생활해 나간다.

한 이틀 쉬더니 윤 생원은 괭이를 들고 나선다. 놀자니 온 전신이 근질거린다고 한다.

그런가 하면, 눈이 덮이기 전에 거름을 한 번 먹여야 한다고, 아직 차지도 않은 뒷간에다 물을 타서 보리밭에 퍼내기도 한다. 박 노인도 놀기 심심하다면서 산으로 올라가 나무를 베곤 한다.

정월달도 그럭저럭 넘어가고 이월 초순 어느날 밤이었다. 저녁을 먹고 나서 그대로 담배를 피우면서 박 노인이

"벌써 진달래가 폈데!"

그러자 동욱 아내가

"곧 나물이 돋겠네, 좋아라."

"나물은 역시 야산이 빨라. 여기는 산이 깊어서……."

동욱이

㉢"그럼 감자씨도 널까?"

하자 박 노인이

"씨는 넉넉한지?"

동욱 아내가

"잔 것만 가려서 두어 말 돼요!"

그러자 윤 생원이 불쑥

"돼지는 언제 살끼요?"

하자, 박 노인은 비로소 생각이 난 듯

"세 전에 누가 구시(구유*) 두 개 파달라 카는데, **구시 두 개 파면 돼지새끼 한 자우 사질까?**"

그러자 윤 생원이 또

"안되면 도끼자루하고 도리깨 살도 다 내지."

"나도 **산나물 나면 여 내다 보탤래.**"

이러고 난 한 열흘 뒤에 동욱과 윤 생원은 새로 일군 밭부터 골을 치기 시작한다. 삽에다 칡새끼를 걸어 동욱이가 당기고 윤 생원이 삽질을 했다. 서 마지기 턱이나 씨를 넣었다. 꼬박 사흘이 걸렸다. 감자갈이를 마치고 동욱과 윤 생원은 박 노인을 따라 **산에서 구유감을 굴려 내렸다.** 며칠째 꽃바람이 불기 시작하자 산은 날로 물기가 어리기 시작한다.

닭이 품자리를 찾는다. 알은 딱 열 일곱 개밖에 낳지 않았다.

동욱 내외는 뜰 옆 양지쪽에서 닭을 품기면서 그의 아내가

"여보, 아무래도 방을 한 간 더 달아야 해요!"

"뭐하게 방은 또……."

"윤 생원 말요……."

㉣동욱은 그의 아내의 입을 바라본다.

"명숙이 엄마를 데리고 올까고—."

동욱은 비로소 말뜻을 알아차리고 **씨익 웃으면서**

"올까?"

"오다뿐이겠오. 인제 나이 서른 일곱인데, 아이를 달고 그게 어데 사는 게라고!"

"그렇게 됐으면 좋긴 하겠는데……."

"윤 생원도 알고 보니 당신보다도 세 살 위인 마흔 둘입디다. ㉤마흔 둘이면 한창인데 이 산속에서 어떻게 홀애비로 늙겠오."

* 구유 : 마소의 먹이를 담아 주는 그릇

— 오영수, 「메아리」 —

40. 윗글에 대한 설명으로 적절한 것은?

① 동욱의 아내는 장사를 나서 봤지만 손해를 보았다.
② 동욱은 도시에서 느낀 패배감을 아내의 탓으로 돌렸다.
③ 동욱 내외는 아무런 준비도 없이 산골 생활을 시작했다.
④ 동욱은 박 노인과 함께 진주에서 뒷일꾼으로 일을 다녔다.
⑤ 동욱은 명숙이 엄마가 올 것을 확신하고 미리 방을 마련해 놓았다.

41. ㉠ ~ ㉤에 대한 이해로 적절하지 않은 것은?

① ㉠: 절망적인 상황을 벗어나고자 하는 심정이 드러나 있다.
② ㉡: 정착할 곳을 찾아가는 상황을 조금 더 견뎌주기를 바라는 심정이 드러나 있다.
③ ㉢: 봄철 농사일에 대한 기대감이 드러나 있다.
④ ㉣: 상대가 말하려 하는 내용에 대한 궁금함이 드러나 있다.
⑤ ㉤: 윤 생원의 처지를 걱정하는 모습이 드러나 있다.

42. <보기>를 바탕으로 윗글을 감상한 내용으로 적절하지 않은 것은? [3점]

─〈보 기〉─

「메아리」에서는 삶의 의욕을 잃어가던 인물들이 '산속'에서 서로 협력하는 과정이 나타난다. 이를 통해 작가는 인물들이 공동체를 형성해 나가며 인간다운 삶을 회복하는 모습을 보여준다. 산속은 정신적 위안과 안정을 주는 공간으로, 삶의 애환을 지닌 인물들이 과거에 겪은 상처를 딛고 살아가게 해 준다. 아울러 산속은 혼란한 도시와 대비되어 인물들에게 물질적 안정을 주고 일상적인 삶을 가능하게 하는 동시에 새로운 구성원을 품을 수 있는 열린 공간으로 제시된다.

① '아무리 버둥거려봐도 살 수가 없었'던 피난살이와 '할 일이 없'어 살 수 없던 도시는 동욱 부부가 삶의 의욕을 잃었던 원인이라고 할 수 있겠군.
② 동욱 내외가 '오지그릇 조각들'을 보면서 '가슴이 설레고 반가'워하는 장면에서 산속이 정신적 위안과 물질적 안정을 주는 공간임을 알 수 있겠군.
③ 돼지를 기르고 싶다는 윤 생원의 말에 '구시 두 개 파'겠다거나 '산나물 나면 여 내다 보'태겠다고 대답하는 장면에서 서로를 도우며 살아가는 인물들의 모습을 확인할 수 있겠군.
④ 박 노인이 윤 생원과 함께 '산에서 구유감을 굴려 내'리는 장면에서 과거의 상처를 딛고 살아가는 공동체의 모습을 확인할 수 있겠군.
⑤ 윤 생원을 생각하며 '명숙이 엄마를 데리고' 오겠다는 아내와 '씨익 웃으'며 기대하는 동욱의 모습에서 산속이 새로운 인물을 품을 수 있는 열린 공간으로 제시되어 있다고 할 수 있겠군.

[43 ~ 45] 다음 글을 읽고 물음에 답하시오.

(가)

모밀묵이 먹고 싶다.
그 싱겁고 구수하고
못나고도 소박하게 점잖은
촌 잔칫날 팔모상에 올라
새사돈을 대접하는 것.
그것은 저문 봄날 해질 무렵에
허전한 마음이
마음을 달래는
쓸쓸한 식욕이 꿈꾸는 음식.
또한 인생의 참뜻을 짐작한 자의
너그럽고 넉넉한
눈물이 갈구하는 쓸쓸한 식성.
아버지와 아들이 겸상을 하고
손과 주인이 겸상을 하고
산나물을
곁들여 놓고
어수룩한 산기슭의 허술한 물방아처럼
슬금슬금 세상 얘기를 하며
먹는 음식.
그리고 마디가 굵은 사투리로
은은하게 서로 사랑하며 어여삐 여기며
그렇게 **이웃끼리**
이 세상을 건느고
저승을 갈 때,
보이소 아는 양반 앙인기요
보이소 웃마을 이생원 앙인기요
서로 불러 길을 가며 쉬며 그 **마지막 주막에서**
걸걸한 막걸리 잔을 나눌 때
절로 젓가락이 가는
쓸쓸한 식욕.

— 박목월, 「적막한 식욕」 —

(나)

아픈 몸 일으켜 혼자 찬밥을 먹는다
찬밥 속에 서릿발이 목을 쑤신다
부엌에는 각종 전기 제품이 있어
일 분만 단추를 눌러도 ㉠따끈한 밥이 되는 세상
찬밥을 먹기도 쉽지 않지만
오늘 혼자 찬밥을 먹는다
가족에겐 ㉡따스한 밥 지어 먹이고
찬밥을 먹던 사람
이 빠진 그릇에 찬밥 훑어
누가 남긴 무 조각에 생선 가시를 핥고
몸에서는 제일 따스한 사랑을 뿜던 그녀
깊은 밤에도
혼자 달그락거리던 그 손이 그리워
나 오늘 **아픈 몸 일으켜 찬밥을 먹는다**
집집마다 신을 보낼 수 없어
신 대신 보냈다는 설도 있지만
홀로 먹는 찬밥 속에서 그녀를 만난다

나 오늘
세상의 찬밥이 되어

– 문정희, 「찬밥」 –

43. (가)와 (나)의 공통점으로 가장 적절한 것은?

① 수미상관의 형태로 구조적 안정감을 부여하고 있다.
② 청자를 겉으로 드러내어 화자의 상황을 구체화하고 있다.
③ 촉각적 심상의 대비를 통해 화자의 정서를 드러내고 있다.
④ 명사로 시행을 종결하여 시적 대상의 의미를 부각하고 있다.
⑤ 향토적 분위기가 드러나는 표현을 활용하여 주제를 강조하고 있다.

45. <보기>를 바탕으로 윗글을 감상한 내용으로 적절하지 않은 것은? [3점]

<보 기>

문학에서 음식은 일상적 삶의 모습을 보여주거나 정서를 환기하는 소재로 활용된다. (가)에는 모밀묵을 매개로 형상화된 삶의 모습을 떠올리며 인생의 허전함과 쓸쓸함을 달래고 싶은 화자의 정서가 드러난다. (나)에는 화자가 아플 때 혼자 찬밥을 먹었던 경험에서 어머니의 희생적 삶을 깨닫고 어머니를 그리워하는 정서가 드러난다.

① (가)에서 모밀묵은 '촌 잔칫날' '새사돈'을 대접하는 음식으로 소박한 속성을 지닌 것이지만 귀한 사람에게도 내놓을 수 있는 음식이겠군.
② (가)에서 '슬금슬금 세상 얘기를 하며' 모밀묵을 함께 먹는 모습을 통해 타인과의 관계 속에서 허전함을 달래고 싶은 화자의 정서를 드러낸 것으로 볼 수 있겠군.
③ (가)에서 '이웃끼리' '저승'에 갈 때 '마지막 주막에서' 모밀묵을 먹는 것을 통해 현실에서 느낀 쓸쓸함을 화자가 극복하였음을 보여주고 있군.
④ (나)에서 '누가 남긴 무 조각에 생선 가시를 핥'는 모습을 회상하며 어머니가 보여줬던 희생적 삶을 깨닫고 있군.
⑤ (나)에서 '아픈 몸 일으켜 찬밥을 먹는' 모습을 통해 어머니를 그리워하는 화자의 정서를 드러내고 있군.

44. ㉠, ㉡에 대한 설명으로 가장 적절한 것은?

① ㉠은 어려운 상황 속 화자의 이상을 실현해 주는 것이다.
② ㉡은 시적 대상의 희생 없이 편리하게 지을 수 있는 것이다.
③ ㉠은 ㉡과 달리 화자의 아픈 마음을 치유해 주는 것이다.
④ ㉡은 ㉠과 달리 시적 대상의 가치 있는 사랑을 느끼게 하는 것이다.
⑤ ㉠은 과거의 기억 속에, ㉡은 현재의 생활 속에 존재하는 것이다.

* 확인 사항

○ 답안지의 해당란에 필요한 내용을 정확히 기입(표기)했는지 확인하시오.

2023학년도 6월 고1 전국연합학력평가 문제지　　1

제 1 교시

국어 영역

05회

● 문항수 45개 | 배점 100점 | 제한 시간 80분　　　● 점수 표시가 없는 문항은 모두 2점

05회

[1 ~ 3] 다음은 학생의 발표이다. 물음에 답하시오.

(화면1)역사 동아리 친구들과 고분 답사를 갔다가 화면에서 보시는 도자기 조각 같은 것을 발견했습니다. 알고 보니 화단 장식물 파편이었는데, 만약 진짜 문화재라면 어떻게 행동해야 하는지 궁금했습니다. 혹시 여러분 중에 이런 경우에 어떻게 해야 하는지 아시는 분 있나요? (반응을 확인하고) 대부분 잘 모르시는 것 같군요. 자료 조사를 하면서 '매장 문화재 발견 신고 제도'가 마련되어 있음을 알게 되었는데, 저는 오늘 이에 대해 발표해 볼까 합니다.

땅속이나 수중, 건조물 등에 묻혀 있던 유형의 문화재를 매장 문화재라고 합니다. (화면2)일반적으로 이런 문화재는 화면과 같이 문화재청이나 학술 단체 등 전문 기관의 발굴 조사를 통해 세상에 나옵니다. 그런데 최근에는 매장 문화재의 발견 양상이 다양해졌고, 특히 일상생활이나 여가 활동 중에 문화재를 발견하는 경우가 늘고 있다고 합니다. (화면3)왼쪽에 보시는 것은 텃밭에서 농사를 짓다가 발견한 청동기 시대의 돌도끼, 오른쪽에 보시는 것은 등산 중에 발견한 백제의 기와입니다.

(화면4)이런 현실을 반영해 만들어진 매장 문화재 발견 신고 제도의 절차를 화면으로 보고 계시는데요, 어떤 단계들이 있는지 함께 살펴봅시다. 우선 매장 문화재를 발견하게 되면 7일 이내에 관할 지방 자치 단체나 경찰서로 신고를 해야 합니다. 신고를 받은 기관은 발견 신고서를 문화재청으로 제출하고, 해당 물건의 소유자를 찾기 위해 90일간 공고를 해야 합니다. 다음으로 문화재청은 해당 물건이 문화재인지 확인하기 위해 예비 감정 평가를 실시하고, 필요에 따라 발견 지역에 대한 현장 조사도 진행합니다.

문화재로 판명되었는데도 정당한 소유자가 나타나지 않으면 국가에 귀속시켜 보관·관리하게 됩니다. 국가는 귀속된 문화재의 가치를 최종 감정하여 신고자에게 보상금을 지급하며, 이 신고로 인근에 발굴 조사가 이루어졌다면 포상금도 지급할 수 있습니다.

(화면5)주의할 점도 정리해 보았는데요, 화면에 붉게 표시한 부분들에 특히 유의해야 합니다. 발견이란 우연한 기회에 드러난 문화재를 찾은 것을 말합니다. 따라서 땅속에 묻혀 있는 것을 일부러 파내어 신고하는 것은 범죄 행위인 도굴에 해당됩니다. 또한 발견하고도 신고하지 않는 경우에는 은닉죄 등이 적용되어 처벌을 받게 된다는 것도 기억해야 합니다.

매장 문화재 발견 신고는 소중한 문화재를 보호하는 데 힘이 됩니다. 그리고 무엇보다 일반 국민의 신고로 우리 문화재를 지키고 남길 수 있다는 데도 큰 의미가 있습니다. 여러분도 주변 사물들과 문화재에 더 많은 주의를 기울였으면 합니다. 끝까지 들어주셔서 감사합니다.

1. 위 발표에 활용된 말하기 방식으로 적절하지 <u>않은</u> 것은?

① 발표 주제를 선정하게 된 동기를 밝히며 발표를 시작하고 있다.
② 발표 내용과 관련된 질문을 하여 청중의 관심을 유도하고 있다.
③ 구체적인 예를 활용하여 발표 내용을 효과적으로 전달하고 있다.
④ 발표 주제와 관련된 용어의 개념을 설명하여 청중의 이해를 돕고 있다.
⑤ 발표 내용을 친숙한 소재에 빗대어 표현하여 청중의 흥미를 유발하고 있다.

2. 위 발표에서 자료를 활용한 방식에 대한 설명으로 가장 적절한 것은?

① 자신이 발굴한 문화재를 소개하기 위해 '화면 1'에 발견한 것의 실물 사진을 제시하였다.
② 일반적으로 매장 문화재가 세상에 나오는 상황을 보여 주기 위해 '화면 2'에 문화재청의 발굴 조사 장면을 제시하였다.
③ 발견된 문화재의 시대적 층위를 부각하기 위해 '화면 3'에 고대와 근대의 문화재를 대비하여 제시하였다.
④ 제도를 세부적으로 파악할 수 있도록 하기 위해 '화면 4'에 감정 평가의 세부 단계들을 정리하여 제시하였다.
⑤ 주의할 점을 부각하여 전하기 위해 '화면 5'에 제도 운영의 핵심 취지 부분에 강조 표시를 해서 제시하였다.

3. 위 발표를 들은 학생이 <보기>와 같이 반응했다고 할 때, 이에 대한 설명으로 가장 적절한 것은?

< 보 기 >
　　할아버지 친구분께서 집을 새로 짓다가 비석을 발견해서 신고하셨는데 신라 시대 문화재로 밝혀졌다는 이야기를 들었던 게 떠올랐어. 이 비석이 어떤 절차를 밟아 문화재로 인정을 받게 되었는지 이전부터 궁금했는데, 알게 되어 유익했어. 수중에도 매장 문화재가 있다고 했는데, 구체적인 사례를 발표에서 다루지 않은 점은 아쉬웠어.

① 자신이 직접 당사자가 되었던 경험과 관련지어 발표 내용에 공감하고 있군.
② 발표를 듣기 전에 지니고 있었던 의문을 발표 내용을 통해 해소하고 있군.
③ 발표의 내용을 구조적으로 파악하여 전체 내용을 간략하게 정리하고 있군.
④ 발표의 내용이 발표 목적에 부합하고 있는지를 객관적으로 분석하고 있군.
⑤ 발표 내용 중에서 사실과 다른 부분을 판단하며 비판적으로 평가하고 있군.

[4 ~ 7] (가)는 학교 홈페이지에 게시된 글이고, (나)는 (가)를 게시한 후에 열린 회의이다. 물음에 답하시오.

(가)

○○고등학교 학생 여러분, 안녕하세요. ○○고등학교 학생회입니다. 학교 공간을 사용자 중심의 공간으로 만들자는 취지에서 학교 공간 개선에 대한 논의를 진행하고 있습니다. 그 일환으로 실시된 우리 학교 공간 중 개선이 필요한 장소에 대한 온라인 투표가 여러분들의 협조 덕분에 잘 마무리되었습니다. 그 결과를 공유하고, 구체적인 개선 방안에 대한 설문 조사를 안내하기 위해 글을 쓰게 되었습니다.

투표 실시 전에 안내가 된 것처럼, 학생들이 가장 개선이 필요하다고 생각하는 학교 공간을 학생들의 의견을 적극적으로 반영하여 정비하겠다고 학교 측과 사전에 협의가 되었습니다. 전교생 중 90%가 투표에 참여했고, 그중 83%가 화장실 공간 개선을 요구하였습니다. 이에 화장실 공간 개선에 대한 구체적인 의견을 수렴하기 위해 설문 조사를 실시하고자 합니다.

오늘부터 일주일간 진행되는 설문 조사는 크게 두 가지 항목으로 이루어져 있습니다. 첫 번째로 여러분들이 생각하는 우리 학교 화장실의 문제점과 여기에 대한 해결 방안을 제안해 주십시오. 두 번째로 첨부 파일에 있는 우리 학교 각 층 화장실 도면을 참고하여 화장실의 구체적인 공간 구성에 대한 의견도 제시해 주시기 바랍니다.

학교 공간 디자인 전문가의 힘도 빌려야 하겠지만, 더 중요한 것은 학생 여러분의 의견입니다. '손이 많으면 일도 쉽다.'라는 말이 있습니다. 무슨 일이나 여러 사람이 힘을 합하면 쉽게 잘 이룰 수 있다는 이 말처럼 우리가 원하는 학교 화장실을 만들기 위해서 학생 여러분의 많은 관심과 적극적인 참여가 필요합니다.

| ㉠ |

(나)

선생님 : 많은 학생들이 요구했던 화장실 공간 개선에 대한 회의를 시작하겠습니다. 설문 조사 기간이 일주일이었지요? 회의를 통해 화장실 개선에 대한 설문 조사 결과를 살피고, 학교 공간 디자인 전문가에게 전달할 내용들을 정리해 봅시다. 학생들은 개선이 필요한 점이 무엇이라고 이야기했는지 말해 볼까요?

학생 1 : 네, 설문 조사 결과 여러 학생이 가장 불편함을 느꼈던 부분은 화장실 환기가 잘 되지 않는다는 점이었습니다. 습기가 빠지지 않아 눅눅하다는 의견, 공기 정화가 잘 되지 않는다는 의견 등이 나왔습니다.

학생 2 : 맞습니다. 또 세면대 이용이 불편하다는 의견도 많았습니다. 세면대 개수가 부족하고 높이가 모두 같기에 본인의 키에 맞지 않아 불편함을 느낀다고 하였습니다.

선생님 : 그렇군요. 정리하자면 학생들이 생각하는 우리 학교 화장실의 문제점은 화장실의 환기가 제대로 되지 않는다는 것과 세면대 개수와 높이에 문제가 있다는 것이네요. 그렇다면 학생들은 이러한 문제점에 대해 어떤 해결 방안을 제시하였나요?

학생 1 : 화장실 환기 문제를 해결하기 위한 방안으로는, 낡고 오래되어 여닫기 힘든 창문을 교체해 달라는 의견이 있었습니다. 또한 환풍기를 추가로 설치하고 공기 정화 장치를 새롭게 설치했으면 좋겠다는 의견도 있었습니다.

학생 2 : 공기 정화 장치를 설치하자는 것은 좋은 의견이네요. 세면대에 대한 해결 방안으로, 먼저 학생들은 세면대가 지금보다 더 많았으면 좋겠다고 답했습니다. 또한 두세 가지 정도의 다양한 높이로 되어 있다면 자신의 키에 맞게 사용할 수 있어서 좋을 것 같다고 하였습니다.　[A]

선생님 : 그렇군요. 학생들이 생각하는 해결 방안을 잘 들었습니다. 참, 학생들에게 우리 학교 각 층 화장실의 도면도 제시했다고 알고 있는데, 이와 관련된 의견이 있었나요?

학생 2 : 네, 우리 학교 1층 화장실의 도면을 참고하여 의견을 낸 학생들이 있었습니다. 다른 층에 비해 1층 화장실의 내부 공간이 여유로우니 여기에 탈의 공간을 만들어 체육복을 갈아입을 수 있도록 하면 좋겠다는 의견이 있었습니다. 저도 이 의견에 동의합니다.

학생 1 : 이미 체육관 앞에 탈의 공간이 따로 있으니 탈의 공간보다는 그곳에 세면대를 더 두면 어떨까요? 저도 1층 화장실을 이용할 때 불편을 겪은 적이 있었기 때문에, 세면대를 두는 것이 넓은 공간을 잘 활용하는 방안이 될 것 같습니다.　[B]

선생님 : 학교 도면이 복잡해서 잘 파악했을지 걱정이 좀 되었는데, 잘 이해하고 좋은 의견을 내어 주었네요. 그 외에 다른 의견들은 없었나요?

학생 1 : 화장실 벽면에 학생들의 추천을 받아 그림이나 글귀를 부착하자는 의견도 있었습니다.

선생님 : 여러 의견이 나왔네요. 이 의견들이 충분히 고려되어야 하므로 회의 내용을 학교 측과 학교 공간 디자인 전문가에게 전달하겠습니다. 그럼 다음 회의에는 학교 공간 디자인 전문가도 함께 모셔서 구체적인 시안을 바탕으로 화장실 공간 디자인을 검토하도록 합시다.

4. (가)를 이해한 내용으로 적절하지 않은 것은?

① 예상 독자를 명시한 후 글을 쓴 이유를 드러내고 있다.
② 사전 협의 내용을 밝히며 이후 진행될 과정을 제시하고 있다.
③ 온라인 투표 결과를 수치로 나타내어 독자와 결과를 공유하고 있다.
④ 설문 항목을 안내하고 설문 참여 시에 주의할 점을 덧붙이고 있다.
⑤ 관용 표현의 의미를 풀어 설명하여 독자의 참여를 유도하고 있다.

05회

5. <조건>에 따라 ㉠에 마지막 문장을 추가한다고 할 때 가장 적절한 것은?

> ─── < 조 건 > ───
> ○ 서두에 제시된 학교 공간 개선의 취지를 다시 강조할 것.
> ○ 비유적 표현을 활용하여 맥락에 맞게 마무리할 것.

① 전문가도 인정하는 새로운 공간이 가득한 우리 학교는 사랑입니다.
② 편안하고 쾌적한 공원 같은 우리 학교 공간을 여러분에게 소개합니다.
③ 사용자인 우리의 편의를 두루 고려한 내 집 같은 학교 공간을 함께 만듭시다.
④ 공간을 바라보는 틀에 박힌 생각에서 벗어나 우리 학교를 새롭게 바꾸어 봅시다.
⑤ 학생도 선생님도 만족하며 사용하는 학교 공간을 우리의 노력으로 만들어 봅시다.

6. (나)의 '선생님'에 대한 설명으로 적절하지 <u>않은</u> 것은? [3점]

① (가)에서 언급한 설문 조사 기간을 확인하고, 회의에서 논의해야 할 사항을 안내하고 있다.
② (가)에서 제시한 첫 번째 설문 항목과 관련하여 설문 조사의 결과를 모아 온 학생들의 발화를 정리하고 있다.
③ (가)에서 두 번째로 제시한 설문 항목과 관련하여 조사 결과에 대해 질문하고 있다.
④ (가)에서 언급한 설문 참고 자료를 잘 파악했는지 점검한 후 학생의 설명에 대한 자신의 이해가 적절한지 확인하고 있다.
⑤ (가)에서 언급한 관련 분야 전문가가 다음 회의 참여자임을 밝히며 다음 회의를 예고하고 있다.

7. [A], [B]에 대한 설명으로 가장 적절한 것은?

① [A] : '학생 1'은 '학생 2'의 발언과 달리 전달할 내용을 제시한 후 자신의 의견을 덧붙이고 있다.
② [A] : '학생 2'는 '학생 1'의 발언을 구체화하며 자신의 견해를 수정하고 있다.
③ [A] : '학생 2'는 '학생 1'의 발언의 일부를 긍정하며 추가적인 정보 제공을 요청하고 있다.
④ [B] : '학생 1'은 '학생 2'의 발언과 달리 조사한 내용을 말하고 그에 동의하고 있다.
⑤ [B] : '학생 1'은 '학생 2'의 발언 내용과는 다른 의견을 자신의 경험을 바탕으로 제안하고 있다.

[8 ~ 10] 다음을 읽고 물음에 답하시오.

[작문 상황]
○ 작문 목적 : 새롭게 주목받는 직업에 대한 정보를 전달하는 글을 씀.
○ 예상 독자 : 우리 학교 학생들

[학생의 초고]

최근 도시 경관을 아름답게 해 주고 소음과 미세 먼지를 줄이는 데에 효과가 있는 생활권 도시림이 주목받으면서, 이를 구성하는 가로수와 조경수 등을 체계적으로 관리하는 '나무의사'라는 직업이 관심을 끌고 있습니다.

나무의사는 나무의 병해충을 예방하거나 진료하는 전문가를 일컫습니다. 몇몇 나라는 우리보다 먼저 나무의사와 유사한 제도를 시행하고 있었고, 우리나라는 2018년부터 '나무의사 자격 제도'를 두어 아파트 단지나 공원, 학교 등에 있는 생활권 수목의 치료를 나무의사가 맡도록 하고 있습니다.

이전에는 '생활권 수목 병해충 방제 사업' 대부분을 비전문가가 실행하여 여러 가지 부작용이 발생했습니다. 이런 부작용을 해소하고 관리의 전문성을 더욱 강화할 필요성이 제기되면서 이 제도를 도입했다고 합니다. 특히 생활권 도시림이 해마다 증가하고 있는 것도 중요한 이유 중 하나입니다.

나무의사가 되려면 자격시험에 응시해야 하는데, 응시를 위해서는 일정한 자격 조건을 갖추어야 합니다. 수목 진료 관련 석박사 학위를 소지하고 있거나, 산림 및 농업 분야 특성화고를 졸업한 후 3년 이상의 경력이 필요합니다. 자격시험에서 1차 시험은 필기시험이고, 2차 시험은 수목 및 병해충의 분류와 약제 처리, 외과 수술로 이루어져 있습니다. 여러 단계에 거쳐 정교하게 생명을 다루어야 하기에 실제 합격률은 저조한 편이라고 합니다.

이 제도가 전면 시행되는 2023년부터는 나무의사가 없이는 나무병원을 운영할 수 없기 때문에 나무의사에 대한 수요는 계속 늘 것으로 보입니다. 자격증의 공신력도 높은 편이라서 자격증을 취득하면 관련 분야에 진출하기가 쉬워집니다. ㉠나무가 내뿜는 피톤치드가 우리 몸을 건강하게 하기에 나무를 잘 가꾸고 지켜야 우리의 삶이 윤택해집니다. 새로운 시대 상황에서 나무의사가 주목받는 것처럼 여러분도 사회의 변화에 관심을 갖고 다양하게 직업을 탐색했으면 좋겠습니다.

8. 학생이 글을 쓰기 전에 떠올린 생각 중 글에 반영된 것은?

> ㄱ. 나무의사 제도 도입의 이유를 언급해야겠어.
> ㄴ. 나무의사 총인원의 연간 증가율을 객관적 수치로 제시해야겠어.
> ㄷ. 나무의사 자격증의 공신력이 과거에 비해 높아진 이유를 제시해야겠어.
> ㄹ. 나무의사 자격 제도에 응시할 수 있는 요건을 구체적으로 언급해야겠어.

① ㄱ, ㄴ ② ㄱ, ㄹ ③ ㄴ, ㄷ ④ ㄴ, ㄹ ⑤ ㄷ, ㄹ

9. <보기>는 초고를 보완하기 위해 수집한 자료들이다. 자료의 활용 방안으로 적절하지 <u>않은</u> 것은? [3점]

─────────── < 보 기 > ───────────

(가) 통계 자료

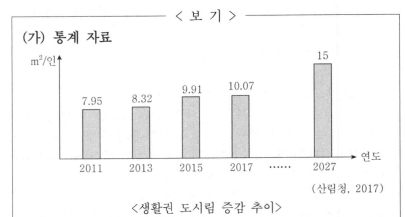

<생활권 도시림 증감 추이>

(산림청, 2017)

(나) 나무의사 김○○ 씨 인터뷰

  예전부터 '나무의사'와 유사한 제도를 운영하고 있는 나라들이 있습니다. 중국의 '수예사(樹藝師)', 일본의 '수목의(樹木醫)'라는 제도가 대표적입니다. 나무는 여러 오염 물질의 정화, 온실가스 저감, 홍수나 산사태 방비 등의 기능을 합니다. 그래서 이를 관리할 나무의사의 역할이 중요해졌습니다. 나무의사의 필요성이 커지는 만큼 자격시험 응시생도 꾸준히 늘고 있으나 4회의 시험 동안 최종 합격률 평균은 응시생 대비 8% 수준에 불과합니다.

(다) 신문 기사

  산림청이 실시한 '생활권 수목 병해충 관리 실태 조사' 결과에 따르면 비전문가에 의한 수목 방제 사례가 90% 이상이었다. 그로 인해 살포된 농약 중 69%는 부적절하게 사용됐고, 독한 농약과 해당 수목에 알맞지 않은 약제를 살포한 것은 78%에 달하는 것으로 나타나 시민들의 건강과 산림 자원에 위협이 되고 있다. 특히 가로수 방제용 약제 중 발암 물질을 함유하고 있는 것도 있어 전문가의 손길이 필요하다.

─────────────────────────────

① (가)를 3문단에서 활용하여, 생활권 수목이 증가하고 있음을 뒷받침하는 근거로 제시한다.
② (나)를 2문단에서 활용하여, 나무의사와 유사한 제도를 이미 운영하고 있는 나라들이 있다는 내용을 뒷받침하는 근거로 제시한다.
③ (나)를 4문단에서 활용하여, 나무의사 자격시험 합격률이 저조하다는 내용을 뒷받침하기 위해 구체적인 수치를 제시한다.
④ (다)를 3문단에서 활용하여, 비전문가가 수목을 치료하는 현황과 그 부작용의 사례를 제시한다.
⑤ (다)를 5문단에서 활용하여, 나무의사가 없이는 나무병원을 운영할 수 없기 때문에 나무의사에 대한 수요가 증가한다는 근거로 제시한다.

10. <보기>는 선생님의 조언에 따라 ㉠을 수정한 것이다. 선생님이 조언했음 직한 내용으로 가장 적절한 것은?

─────────── < 보 기 > ───────────

  자연환경 보호와 삶의 질 향상이 중시되는 시대이므로, 생활권 수목에 대한 관리 대책도 과거와는 달라져야 합니다. 거대한 산소 공장인 나무와 숲을 살리는 나무의사라는 전문 인력이 그 무엇보다 필요한 때입니다.

─────────────────────────────

① 오늘날 나무의사의 역할이 과거와는 어떻게 달라졌는지를 알려 주면 좋겠구나.
② 국가적 차원에서 나무의사를 관리해야 전문성이 향상된다는 것을 강조하면 좋겠구나.
③ 나무의사가 등장하게 된 사회적 배경을 바탕으로 하여 나무의사의 역할을 강조하면 좋겠구나.
④ 나무의사라는 직업에 대한 소개이니, 나무의사가 되어서 하는 구체적인 업무들을 소개하면 좋겠구나.
⑤ 나무의사가 가로수와 조경수를 잘 관리해서 인간이 자연으로부터 얻을 수 있는 혜택을 구체화하면 좋겠구나.

[11 ~ 12] 다음 글을 읽고 물음에 답하시오.

보조사는 앞말에 붙어 특별한 뜻을 더해 주는 기능을 한다. 격조사가 문법적 관계를 나타내 주는 것과 달리, 보조사는 앞말에 결합되어 의미를 첨가하는 기능을 한다.

　ㄱ. 소설만 읽지 말고 시도 읽어라.
　ㄴ. 소설만을 읽지 말고 시도 읽어라.

위의 ㄱ에서 '만'은 앞 체언에 '한정'의 의미를 더해 주고 있으며, '도'는 앞 체언에 '역시, 또한'의 의미를 더해 주고 있다. 한편 ㄴ의 '만을'에서 확인할 수 있듯이, 보조사와 격 조사가 함께 나타날 수 있다. 이때 문법적 관계는 격 조사가 담당하고 보조사는 앞말에 특정한 의미를 더해 주는 기능을 한다.

보조사의 다른 특징은 결합할 수 있는 앞말이 체언에 국한되지 않고, 부사, 어미 등의 뒤에도 결합할 수 있다는 것이다. 또한 '격 조사+보조사' 혹은 '보조사+보조사'의 형태로도 결합할 수 있고, 격 조사 자리에 보조사가 나타날 수도 있다.

> 　한편 ⓐ보조사 중에서 ⓑ의존 명사 또는 어미와 그 형태가 동일한 경우가 있어 헷갈릴 수 있다.
>
> [A]　ㄱ. 나는 나대로 계획이 있다.
> 　ㄴ. 네가 아는 대로 말해라.
>
> 위 ㄱ에서 '대로'는 대명사 '나'에 결합되었기 때문에 보조사로, ㄴ에서 '대로'는 관형어의 수식을 받기 때문에 의존 명사로 본다.

11. 윗글을 참고하여 <보기>의 ㉠~㉢을 이해한 것으로 적절하지 <u>않은</u> 것은? [3점]

───── < 보 기 > ─────

㉠ 라면마저도 품절됐네.
㉡ 형도 동생만을 믿었다.
㉢ 그는 아침에만 운동했다.

① ㉠: 격 조사 뒤에 '역시, 또한'의 의미를 더해 주는 보조사가 덧붙고 있다.
② ㉡: 주격 조사 자리에 '도'라는 보조사가 나타나고 있다.
③ ㉡: 보조사 '만'과 격 조사 '을'이 함께 나타나고 있다.
④ ㉢: '에'는 체언에 결합하여 문법적 관계를 나타낸다.
⑤ ㉢: '만'은 보조사가 결합할 수 있는 앞말이 체언에 국한되지 않음을 보여 준다.

12. [A]에서 설명하는 ⓐ, ⓑ의 예에 해당하는 것은?

① ⓐ : 너만큼 아는 사람은 드물다.
　ⓑ : 너는 먹을 만큼만 먹어라.
② ⓐ : 그는 그냥 서 있을 뿐이다.
　ⓑ : 날 알아주는 사람은 너뿐이다.
③ ⓐ : 그녀는 뛸 듯이 기뻐했다.
　ⓑ : 사람마다 생김새가 다르듯이 생각도 다르다.
④ ⓐ : 나는 사과든지 배든지 아무거나 좋다.
　ⓑ : 노래를 부르든지 춤을 추든지 해라.
⑤ ⓐ : 불규칙한 식습관은 건강에 좋지 않다.
　ⓑ : 친구를 만난 지도 꽤 오래되었다.

13. <보기>의 [활동]을 수행한 결과로 적절하지 <u>않은</u> 것은?

───── < 보 기 > ─────

[활동] 제시된 단어의 발음을 [자료]와 연결해 보자.

> 신라, 칼날, 생산량, 물난리, 불놀이

[자료]

> ㉠ 'ㄹ'의 앞에서 'ㄴ'이 [ㄹ]로 발음되는 경우
> ㉡ 'ㄹ'의 뒤에서 'ㄴ'이 [ㄹ]로 발음되는 경우
> ㉢ 'ㄴ'의 뒤에서 'ㄹ'이 [ㄴ]으로 발음되는 경우

① '신라'는 ㉠에 따라 [실라]로 발음하는군.
② '칼날'은 ㉡에 따라 [칼랄]로 발음하는군.
③ '생산량'은 ㉢에 따라 [생산냥]으로 발음하는군.
④ '물난리'는 ㉠, ㉡에 따라 [물랄리]로 발음하는군.
⑤ '불놀이'는 ㉡, ㉢에 따라 [불로리]로 발음하는군.

14. 밑줄 친 ㉠의 예로 적절한 것은?

> 우리말의 문장 유형은 평서문, 의문문, 명령문, 청유문, 감탄문으로 나뉘는데, 대개 특정한 종결 어미를 통해 실현된다. 그런데 경우에 따라 ㉠동일한 형태의 종결 어미가 서로 다른 문장 유형을 실현하기도 한다.

① ㅡ니
- 너는 무엇을 먹었니?
- 아버님은 어디 갔다 오시니?

② ㅡㄹ게
- 오늘은 내가 먼저 나갈게.
- 내가 나중에 다시 전화할게.

③ ㅡ구나
- 그것 참 그럴듯한 생각이구나.
- 올해도 과일이 많이 열리겠구나.

④ ㅡㅂ시다
- 지금부터 함께 청소를 합시다.
- 밥을 먹고 공원에 놀러 갑시다.

⑤ ㅡ어라
- 늦을 것 같으니까 어서 씻어라.
- 그 사람을 몹시도 만나고 싶어라.

15. <보기>는 '사전 활용하기 학습 자료'의 일부이다. 이에 대해 탐구한 내용으로 적절하지 <u>않은</u> 것은?

> ─── < 보 기 > ───
>
> **갈다¹** 통 갈아[가라] 가니[가니]
> 【…을, …을 …으로】이미 있는 사물을 다른 것으로 바꾸다.
> ¶ 컴퓨터의 부속품을 좋은 것으로 갈았다.
>
> **갈다²** 통 갈아[가라] 가니[가니]
> ① 【…을】날카롭게 날을 세우거나 표면을 매끄럽게 하기 위하여 다른 물건에 대고 문지르다.
> ¶ 옥돌을 갈아 구슬을 만든다.
> ② 【…을】잘게 부수기 위하여 단단한 물건에 대고 문지르거나 단단한 물건 사이에 넣어 으깨다.
> ¶ 무를 강판에 갈아 즙을 낸다.
>
> **갈다³** 통 갈아[가라] 가니[가니]
> ① 【…을】쟁기나 트랙터 따위의 농기구나 농기계로 땅을 파서 뒤집다.
> ¶ 논을 갈다.
> ② 【…을】주로 밭작물의 씨앗을 심어 가꾸다.
> ¶ 밭에 보리를 갈다.

① '갈다¹', '갈다²', '갈다³'은 동음이의어이군.
② '갈다³'은 여러 가지 뜻을 가지므로 다의어이군.
③ '갈다²-②'의 용례로 '무딘 칼을 날카롭게 갈다.'를 추가할 수 있겠군.
④ '갈다¹'은 '갈다²', '갈다³'과 달리 부사어를 요구할 수도 있는 동사로군.
⑤ '갈다¹', '갈다²', '갈다³'은 '갈ㅡ'에 'ㅡ니'가 결합할 때 표기와 발음이 같군.

[16 ~ 20] 다음 글을 읽고 물음에 답하시오.

상담 이론이자 상담 기법인 '현실요법'에서는 인간의 다섯 가지 기본 욕구를 제시하고 있다. 이 이론에서는 개인의 모든 행동은 기본 욕구를 충족시키기 위해서 그 자신이 선택하는 것이라 보았다. 만약 이러한 선택으로 문제가 발생한다면 다섯 가지 기본 욕구를 실현 가능한 수준으로 타협하고 조절해 새로운 선택을 할 필요가 있다고 ⓐ제안했다.

다섯 가지 기본 욕구 중 첫째는 '생존의 욕구'로, 자신의 삶을 유지하려는 생물학적인 속성이다. 사회적 규칙이나 상식을 지키려는 욕구이며, 생존에 필요한 것을 아끼고 모으려는 욕구이기도 하다. 이 욕구가 강한 사람은 건강과 안전을 중시하는 편이다. 둘째는 '사랑의 욕구'로, 사랑하고 나누며 함께하고자 하는 욕구이다. 이 욕구가 강한 사람은 타인을 잘 돕고, 사랑을 주는 만큼 받는 것도 중요하게 여기기에 인간관계에서 힘들어하기도 한다. 셋째는 '힘의 욕구'로, 경쟁하여 성취하고 인정받고 싶어 하는 욕구이다. 이 욕구가 강한 사람은 직장에서의 성공과 명예를 중시하고 높은 사회적 지위에 ⓑ도달하기 위해 노력한다. 또한 자기가 옳게 여기는 것에 대한 의지가 있어 자기주장이 강하며 타인에게 지시하는 일에 능하다. 넷째는 '자유의 욕구'로, 무언가에 얽매이지 않고 벗어나고 싶어 하는 욕구이다. 이 욕구가 강한 사람은 상대방을 구속하는 것, 자신을 구속시키는 것을 싫어한다. 그래서 상대방에게 대체로 관대하고, 혼자 하는 것을 좋아하며, 사람들과 적정한 거리를 유지하는 것을 편하게 여긴다. 다섯째는 '즐거움의 욕구'로, 새로운 것을 배우고 놀이를 통해 즐기고 싶어하는 욕구이다. 이 욕구가 강한 사람은 취미 생활을 즐기며, 잘 웃고 긍정적 태도를 취한다. 또한 호기심이 많기에 배우는 것을 좋아한다.

현실요법에서는 이 다섯 가지 욕구들의 강도가 개인마다 달라 행동 양상이 다양하게 나타나고, 여러 가지 갈등을 겪을 수도 있다고 보았다. 현실요법은 우선 내담자*가 자신의 욕구를 들여다 볼 수 있도록 한 다음, 약한 욕구를 북돋아 주거나 강한 욕구들 사이에서 타협과 조절을 하여 새로운 선택을 하도록 이끄는 단계를 밟는다. 예를 들어 사랑의 욕구가 강하고 힘의 욕구가 약한 사람이 타인의 부탁에 불편함을 느끼면서도 거절하지 못해 괴로워한다고 가정해 보자. 이 경우 현실요법에서는 ㉠힘의 욕구를 북돋아 자기주장을 표현할 수 있도록 도울 수 있다. 또 자유의 욕구와 힘의 욕구 모두가 강한 사람은 자신이 ⓒ선호하는 것을 우선시하고 이것이 방해받으면 불편해하며 주변 사람들과 갈등을 일으킬 수 있다. 이 경우 힘의 욕구를 조절하도록 이끌 수 있는데, 타인과의 사소한 의견 충돌 상황에서 자기주장을 강조하기 보다는 타인의 마음을 헤아리고 그 의견을 ⓓ겸허하게 수용하는 연습을 하게 할 수 있다.

현실요법은 타인의 욕구 충족을 방해하지 않으면서 효과적인 선택을 통해 자신의 욕구를 충족시키려 한다. 이는 내담자가 외부 요인에 의해 통제되는 존재가 아니라 스스로 자신의 욕구를 조절할 수 있는 주체라고 보는 관점을 기반으로 한다. 현재 현실요법은 상담 분야에서 호응을 얻어 심리 상담에 널리 ⓔ활용되고 있다.

* 내담자: 상담실 따위에 자발적으로 찾아와서 이야기하는 사람.

16. 윗글에 대한 설명으로 가장 적절한 것은?

① 이론의 주요 개념을 밝히고 그 이론의 구체적 적용 사례를 들고 있다.

② 이론을 소개하고 장점을 밝힌 후 그 이론이 지닌 한계를 덧붙이고 있다.

③ 이론이 등장하게 된 사회적 배경과 이론이 발전하는 과정을 드러내고 있다.

④ 하나의 이론과 다른 관점의 이론을 대조하여 둘의 차이점을 부각하고 있다.

⑤ 이론의 주요 개념을 여러 유형으로 나눈 다음 추가할 새로운 유형을 소개하고 있다.

17. 윗글의 내용과 일치하지 <u>않는</u> 것은?

① 약한 욕구를 강한 욕구로 대체해야 갈등에서 벗어날 수 있다.

② 개인이 지닌 욕구들의 강도에 따라 다양한 행동 양상이 나타난다.

③ 현실요법에서는 내담자는 외부 요인에 의해 통제되는 존재가 아니라고 본다.

④ 현실요법에 따르면 인간은 기본 욕구를 충족시키기 위해 스스로 행동을 선택한다.

⑤ 현실요법은 기본 욕구들을 실현 가능한 수준으로 타협하는 것이 가능하다고 본다.

18. ㉠의 구체적인 방법으로 가장 적절한 것은?

① 자신과 다른 의견을 경청하는 연습을 하도록 이끈다.

② 부탁을 거절하거나 자신의 불편함을 표출하도록 이끈다.

③ 혼자 어디론가 떠나거나 혼자만의 시간을 갖도록 권한다.

④ 타인과 약속을 잘 지킬 수 있는 원칙을 만들도록 권한다.

⑤ 사람들과 어울려 새로운 취미 생활을 즐길 수 있도록 권한다.

19. 윗글을 바탕으로 〈보기〉를 이해한 내용으로 적절하지 <u>않은</u> 것은? [3점]

─ 〈 보 기 〉 ─

A, B 학생의 욕구 강도 프로파일

(5점 : 매우 강하다, 4점 : 강하다, 3점 : 보통이다,
2점 : 약하다, 1점 : 매우 약하다)

다섯 가지 기본 욕구 측정 항목		욕구 강도	
		A	B
(가)	• 남의 지시와 잔소리를 싫어한다. • 자신의 방식대로 살고 싶다. ⋮	5	5
(나)	• 다른 사람의 잘못을 잘 짚어 준다. • 내 분야에서 최고가 되고 싶다. ⋮	4	1
(다)	• 친구를 위한 일에 기꺼이 시간을 낸다. • 친절을 베푸는 것을 좋아한다. ⋮	5	1
(라)	• 큰 소리로 웃는 것을 좋아한다. • 여가 활동으로 알찬 휴일을 보낸다. ⋮	1	3
(마)	• 균형 잡힌 식생활을 하려고 노력한다. • 저축을 중요하게 생각한다. ⋮	2	5

① A는 '즐거움의 욕구'보다 '힘의 욕구'가 더 강하다고 할 수 있겠군.

② B는 '힘의 욕구'가 '생존의 욕구'보다 더 약하다고 할 수 있겠군.

③ A는 B보다 '힘의 욕구'가 더 약하다고 할 수 있겠군.

④ A와 B는 모두 '자유의 욕구'가 매우 강하다고 할 수 있겠군.

⑤ A는 '사랑의 욕구'가 '즐거움의 욕구'보다 강하지만, B는 '즐거움의 욕구'가 '사랑의 욕구'보다 강하다고 할 수 있겠군.

20. ⓐ ~ ⓔ의 사전적 의미로 적절하지 <u>않은</u> 것은?

① ⓐ : 안이나 의견으로 내놓음.

② ⓑ : 사람이나 동식물 따위가 자라서 점점 커짐.

③ ⓒ : 여럿 가운데서 특별히 가려서 좋아함.

④ ⓓ : 스스로 자신을 낮추고 비우는 태도가 있음.

⑤ ⓔ : 충분히 잘 이용함.

[21 ~ 25] 다음 글을 읽고 물음에 답하시오.

물이 담긴 욕조의 마개를 빼면 물이 배수구 주변에서 회전하며 소용돌이를 일으킨다. 배수구에서 멀리 떨어져 있으면 빨려 들어가는 속도의 크기가 0에 가깝고, 배수구 중앙에 가까울수록 속도가 빨라진다. 원운동을 하는 물체의 이동 거리, 즉 호의 길이가 시간에 따라 변하는 비율을 원주속도라고 한다. 욕조의 소용돌이 중심과 가장 가까운 부분에서 최대 원주속도가 나오고, 소용돌이 중심에서 멀어져 반지름이 커짐에 따라 원주속도가 감소한다. 이 소용돌이를 '자유 소용돌이'라 하는데, 배수구로 들어간 물은 물체의 자유낙하처럼 중력의 영향 아래 물 자체의 에너지로 운동을 유지한다.

이와 달리 컵 속의 물을 숟가락으로 강하게 휘젓거나 컵의 중심선을 회전축으로 하여 컵과 물을 함께 회전시키는 상황을 생각해 보자. 이때 원심력 등이 작용해 중심의 물 입자들이 컵 가장자리로 쏠려 컵 중앙에 있는 물의 압력이 낮아지면서 ㉠가운데가 오목한 소용돌이가 만들어진다. 회전이 충분히 안정되면 물 전체의 회전 속도, 즉 회전하는 물체의 단위 시간당 각도 변화 비율인 ㉡각속도가 똑같아져 마치 팽이가 돌듯이 물 전체가 고체처럼 회전한다. 이때 물은 팽이의 회전과 같이 회전 중심은 원주속도가 0이 되고 중심에서 멀어질수록 반지름에 비례하여 원주속도가 증가하는 분포를 보인다. 이 소용돌이를 '강제 소용돌이'라 하는데, 용기 안의 물이 회전 운동을 유지하려면 에너지를 외부에서 인위적으로 제공해야 한다.

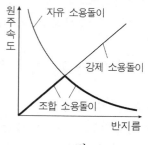

<그림>

숟가락으로 컵 안에 강제 소용돌이를 만든 후 숟가락을 빼고 일정한 시간 동안 관찰하면 가운데에는 강제 소용돌이, 주변에는 자유 소용돌이가 발생한다. <그림>에서 보는 것처럼 이를 '랭킨의 조합 소용돌이'라고 한다. 이는 전체를 강제로 회전시킨 힘을 제거했을 때 바깥쪽에서는 원주속도가 서서히 떨어지고, 중심에서는 원주속도가 유지되는 상태의 소용돌이다. 조합 소용돌이에서는 소용돌이 중심에서 원주속도가 최소가 되고, 강제 소용돌이에서 자유 소용돌이로 전환되는 점에서 원주속도가 최대가 된다. 조합 소용돌이의 예로 ㉢태풍의 소용돌이를 들 수 있다.

이러한 원리를 적용한 분체 분리기는 기체나 액체의 흐름으로 분진 등 혼합물을 분리하는 장치이다. 혼합물에 작용하는 원심력도 이용하기 때문에 원심 분리기, 공기의 흐름이 기상 현상의 사이클론과 비슷해서 사이클론 분리기라고도 한다. 그 예로 쓰레기용 필터가 없는 가정용, 산업용 ㉣사이클론식 청소기를 들 수 있다. 원통 아래에 원추 모양의 통을 붙이고 원추 아래에 혼합물 상자를 두는데, 내부 중앙에는 별도의 작은 원통인 내통이 있다. 혼합물을 함유한 공기를 원통부 가장자리를 따라 소용돌이를 만들어 시계 방향으로 흘려보내면, 혼합물은 원통부와 원추부 벽면에 충돌하여 떨어져 바닥에 쌓인다. 유입된 공기는 아래쪽 원추부로 향할수록 원주속도를 증가시키는 자유 소용돌이를 만들고, 원추부 아래쪽에서는 강해진 자유 소용돌이가 돌면서 강제 소용돌이를 만들어 낸다. 강제 소용돌이는 용기 중앙의 내통에서 혼합물이 없는 공기로 흐르게 되어 반시계 방향으로 돌며 배기된다.

21. 윗글의 내용과 일치하지 않는 것은?

① 자연에서 발생하는 소용돌이는 모두 자유 소용돌이이다.
② 배수구에서 멀어지면 원운동을 하는 물의 속도는 느려진다.
③ 강제 소용돌이는 고체처럼 회전하고 회전 중심의 속도는 0이다.
④ 분체 분리기는 자유 소용돌이로 강제 소용돌이를 만들어 낼 수 있는 기계 장치이다.
⑤ 용기 안의 강제 소용돌이는 외부에서 가해지는 힘이 있어야 운동을 유지할 수 있다.

22. ㉠에 대한 설명으로 적절한 것은?

① 물이 회전할 때 원심력과 압력은 서로 관련이 없다.
② 컵 중앙 부분으로 갈수록 물 입자의 양이 많아진다.
③ 컵 반지름이 클수록 물을 회전시키는 에너지 크기는 작아진다.
④ 컵 속에서 회전하는 물의 압력이 커진 부분은 수면이 높아진다.
⑤ 외부 에너지를 더 가하더라도 회전 중심의 수면 높이는 변화가 없다.

23. ㉡을 통해 알 수 있는 것은?

① 각속도가 시간이 지남에 따라 점점 빨라지겠군.
② 단위 시간당 각도가 변하는 비율이 수시로 달라지겠군.
③ 각속도는 회전 중심에서 가깝든 멀든 상관없이 일정하겠군.
④ 강제 소용돌이의 수면 어느 지점에서나 원주속도는 항상 같겠군.
⑤ 강제 소용돌이는 자유 소용돌이와 같은 원주속도 분포를 보이겠군.

24. 윗글을 바탕으로 ⓒ을 이해할 때, <보기>의 ⓐ~ⓒ에 들어갈 말로 적절한 것은?

─── < 보 기 > ───

태풍 중심 부분은 '태풍의 눈'이라 하고 (ⓐ)의 중심에 해당한다. 강제 소용돌이와 자유 소용돌이의 경계층에 해당하는 부분은 '태풍의 벽'이라고 하여 바람이 (ⓑ). 이는 윗글 <그림>의 (ⓒ)에 해당한다.

	ⓐ	ⓑ	ⓒ
①	자유 소용돌이	강하다	자유 소용돌이와 강제 소용돌이의 교차점
②	자유 소용돌이	약하다	반지름이 가장 큰 자유 소용돌이의 지점
③	강제 소용돌이	강하다	반지름이 가장 작은 자유 소용돌이의 지점
④	강제 소용돌이	약하다	반지름이 가장 큰 강제 소용돌이의 지점
⑤	강제 소용돌이	강하다	자유 소용돌이와 강제 소용돌이의 교차점

25. <보기>는 ⓔ의 구조를 그림으로 나타낸 것이다. 윗글을 읽은 학생의 반응으로 적절하지 <u>않은</u> 것은? [3점]

─── < 보 기 > ───

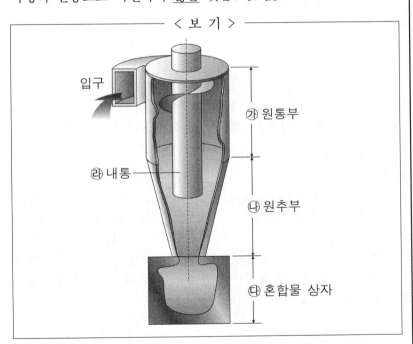

① ㉮에서는 소용돌이가 시계 방향으로 돌아 혼합물에 원심력이 작용하겠군.
② ㉮보다 ㉯에서 소용돌이의 원주속도가 상대적으로 빠르겠군.
③ ㉱에 모인 쓰레기나 혼합물이 ㉰ 내부에서 도는 소용돌이를 통해 외부로 배출되겠군.
④ ㉰의 반지름이 커지면 ㉰에서 반시계 방향으로 도는 소용돌이의 원주속도는 빨라지겠군.
⑤ 산업용으로 돌조각을 분리한다면 ㉮와 ㉯에 충격이나 마모에 강한 소재를 써야겠군.

[26 ~ 28] 다음 글을 읽고 물음에 답하시오.

[앞부분의 줄거리] '나'는 취재 차 중앙아시아로 향하면서 강제 이주된 고려인 동포들의 삶을 목격한다. 또한 한국을 그리며 '말 배우는 아이'라는 글을 쓴 고려인 '류다'를 만나길 희망한다. 알마아타에 도착한 '나'는 인근 우슈토베 지역을 여행하며 고려인 '미하일'로부터 류다가 이식쿨 호수 근처에 살고 있음을 듣게 된다.

"여기 사람들이 말하는데, 그 **호수 밑에 옛날 도시가 가라앉아 있다고** 그렇게 말합니다."

내가 그 호수에 관심을 보이자 미하일이 말했다. 그는 드물게도 서울 동숭동에 있는 해외동포교육원의 초청을 받아 어느새 한국에도 갔다 왔다고 했는데, **우리말을 꽤 정확하게 구사하고** 있었다. 그의 말에 나는 더욱 흥미를 갖지 않을 수 없었다.

"호수 밑에······"

나는 음료수와 함께 나온 깡통 맥주를 한 모금 마시며 그 먼 호수를 머릿속에 그렸다. 미하일의 말에 의하면 키르기스말로 이식쿨의 이식은 뜨겁다는 뜻이며, 쿨은 호수라고 했다. 또, 이식쿨의 물은 위는 민물, 아래는 짠물이며, 이에 비교되어 발하슈 호수는 한쪽이 민물, 다른 쪽이 짠물로서, 서로 차이를 보인다는 것이었다. 그리고 키르기스스탄의 소설가 아이트마토프가 쓴 《하얀 배》라는 소설까지 들먹거렸다. 부모가 이혼하는 바람에 그 호숫가의 할아버지 집으로 와 살고 있는 한 소년이 호수를 떠가는 **하얀 배**를 보면서, 커다란 물고기가 되어 **배를 따라가기를 꿈꾸는** 이야기라는 것이었다. 그의 말을 들으면서 나는 나대로 학교 시절에 읽은 독일 소설가 슈토름의 소설 《이멘 호수》를 떠올리고도 있었다.

㉠ "하얀 배라······"

신비하고 아름다운 광경이 내 머리를 자극했다.

그러던 나는 한글 선생이나 미하일 누구에게랄 것 없이 그곳까지 가볼 수는 없느냐고 조심스럽게 물었다. 미하일이 들려주는 이야기는 모두 그 호수를 향한 내 마음을 한층 북돋기에 부족함이 없는 것이었다.

그러나 미하일에 의하면, 알마아타에서 호수까지는 직선거리는 그리 멀지 않지만 천산 산맥이 가로막혀 있어서 서남쪽 고갯길이 뚫린 곳으로 빙 돌아가야 하기 때문에 상당히 멀다는 것이었다.

㉡ "꼭 거길 가봤으면 하는데······무슨 방법이 없었을까요?"

나는 한글 선생과 미하일을 번갈아 쳐다보며 간청하다시피 했다. 내 말에 미하일은 한참 동안 생각을 하는 듯하다가 마침내 자기도 이 기회에 비탈리를 찾아가서 한번 만날 겸 같이 가보자고 말했다. 알마아타로 가서 차편을 알아보자는 것이었다. 이렇게 되어 나는 정말 뜻하지 않게 그 호수를 향하여 떠나게 된 것이었다.

우슈토베에의 여행에서 얻은 것은 적지 않은 셈이었다. 다른 것은 그렇다 치더라도 무엇보다 우리 동포들의 무덤을 보았고, 그들이 저 1937년에 내동댕이쳐 버려졌던 처절한 삶의 뿌리를 내리기 위해 **광야에 파놓은 갈대 움막집의 흔적**을 보았다. 오늘날 그곳에 문을 연 한글학교도 보았다. ㉢ <u>그러나 무엇보다도 내 가슴을 뛰게 한 것은 새로운 세계, 산속의 호수를 향해 가게 된 것이었다.</u>

<중략>

그 호수를 보겠다고 해서, 카라가지나무와 주다나무와 미루나무와 버드나무를 이정표로 달려왔고, 드디어 보았다. 그러나……

나는 머리에 '그러나'가 꼬리표처럼 따라붙는 것을 어쩌지 못했다. 서울에서의 문제들은 서울에 가서의 일이다. ㉣나는 그 꼬리표를 떼어내려고 머리를 흔들었다. 그러나……

그때였다. 유원지의 돌 축대를 바라보던 나는 거기 웬 나무가 한 그루 우뚝 서 있는 것을 보았다. 들어올 때는 눈에 띄지 않은 까닭을 알 수 없었다. 아니다. 그 나무만 서 있었다면 그냥 스쳐 지나갔을지도 모른다. 그러니까 나는 그 나무만을 본 것이 아니라 그 옆에 서 있는 한 여자를 함께 본 것이었다. 젊고 환한 얼굴이 나무 그늘에 묻혀 있었다.

"류다!"

미하일이 소리쳤다. 우리는 돌 축대를 올라가 그 나무 아래로 걸음을 옮겼다. 서로 몇 마디의 러시아말이 오가고 난 뒤 내가 소개되었다.

"안녕하십니까."

맑은 눈동자가 나를 바라보았다. 순간, 나는 **너무나 또렷한 우리말**에 놀라지 않을 수 없었다. 중앙아시아에서 처음 들어 보는 또렷한 우리말이었다. 그리고 그 말 뒤에 '이 말은 우리 민족 말입니다'하는 말이 소리 없이 뒤따르고 있음도 또렷이 느낄 수 있었다.

"아, 안녕하십니까."

㉤나는 엉겁결에 똑같이 따라하고 말았다. 그와 함께 나는 그 단순한 인사말이 왜 그렇게 깊은 울림으로 온몸을 떨리게 하는지 형언할 수 없는 감동에 휩싸였다. ⓐ개양귀비 꽃밭이 수런거리고, 숲 속의 들고양이들이 귀를 쫑긋거리고, 커다란 까마귀들이 전나무 가지를 치고 날았으며, 사막쥐들이 이리 뛰고 저리 뛰고, 돌소금이 하얗게 깔린 사막으로 큰바람이 이는 광경이 눈에 어른거렸다. 천산에서 빙하가 우르르르 무너지는 소리가 들린다고도 생각되었다.

나는 호수 건너 눈 덮인 천산을 바라보았다. '그러나'라고 미진했던 마음이 그녀의 "안녕하십니까"에 눈 녹듯 스러지는 듯 싶었다. 건너편의 천산이 내게 "안녕하십니까"의 새로운 의미를 배워 주고 있다고 받아들여졌다. **멀리 동방의 조상 나라**를 동경하며 하얀 배를 그리는 모습이 거기 있음을 알 수 있었다.

그녀가 그 그늘에 서 있던 나무가 바로 러시아말로 '키파리스'인 사이프러스였다. 스타니슬라브는 그 나무가 본래 중앙아시아에는 없는 나무로서 그루지야에나 가야 많다고 설명해 주었다. 아마도 유원지가 북적거리던 시절, 무슨 기념으로 심은 나무일 것이라고도 했다.

그날 그녀를 만나서 이야기를 나눈 시간은 매우 짧을 수밖에 없었다. 우리는 곧 알마아타로 돌아가야 했고, 또 내가 그녀와 오랫동안 함께 있어야 할 이유도 특별히 없는 것이었다. 그러나 나는 그 어느 때보다도 많은 느낌을 받았다.

ⓑ키르기스스탄의 사이프러스나무 아래 우리 민족의 말인 "안녕하십니까"의 의미를 전혀 새롭게 말하는 처녀가 있었다. 나는 돌아오는 차 안에서도 내내 그 모습이 머리에서 떠나지를 않았다. 그리고 그 나무 아래서 호수를 바라보았을 때 물에 비치던 하얀 만년설의 산봉우리를 눈에 그렸다. 그리고 그것이 바로 하얀 배의 또 다른 모습이라고 깨달은 나는 입속으로 가만히 "안녕하십니까"를 되뇌었다.

－ 윤후명, 「하얀 배」－

26. ㉠ ~ ㉤에 대한 이해로 적절하지 <u>않은</u> 것은?

① ㉠: 이식쿨 호수와 관련된 이야기를 듣고 흥미를 느끼고 있음이 드러난다.

② ㉡: 이식쿨 호수에 가고 싶어 하는 간절한 마음을 확인할 수 있다.

③ ㉢: 계획에 없었던 새로운 여정에 대한 기대감과 설렘이 나타난다.

④ ㉣: 이식쿨 호수만을 생각하며 달려왔던 것을 반성하는 마음이 드러난다.

⑤ ㉤: 놀라움에 자신도 생각지 못한 반응이 나타났음을 확인할 수 있다.

27. ⓐ와 ⓑ에 대한 설명으로 가장 적절한 것은?

① ⓐ는 상상 속 장면을 활용하여, ⓑ는 과거 회상을 활용하여 인물의 내면 상황을 드러내고 있다.

② ⓐ는 내적 독백을 사용하여, ⓑ는 구어체를 사용하여 인물 사이의 대립 양상을 제시하고 있다.

③ ⓐ는 전해 들은 이야기를 통해, ⓑ는 직접 경험한 사건을 통해 인물의 성격을 구체적으로 보여 주고 있다.

④ ⓐ는 외부 세계를 묘사하여, ⓑ는 인물 간의 대화를 서술하여 인물이 처한 상황을 객관적으로 전달하고 있다.

⑤ ⓐ는 앞으로 일어날 일들을 제시하여, ⓑ는 이전에 일어난 일들을 제시하여 인물의 심리 변화 과정을 나타내고 있다.

28. <보기>를 바탕으로 윗글을 감상한 내용으로 적절하지 <u>않은</u> 것은? [3점]

< 보 기 >
이 작품에서 '하얀 배'는 외부 세계에 대한 동경을 상징하는 것으로, 중앙아시아 동포들의 고국에 대한 그리움을 서정적으로 드러내는 기능을 한다. '나'는 하얀 배를 그리는 소년과 류다를 연결지어 이해하면서, 류다를 포함한 중앙아시아 동포들이 시련이 연속되는 삶 속에서도 언어를 통해 민족의 정체성을 잃지 않으려는 모습에 주목한다.

① '호수 밑에 옛날 도시'는 소년이 '하얀 배'를 타고 가고자 하는 동경의 공간으로 '나'가 지향하는 곳이군.

② 미하일이 '우리말을 꽤 정확하게 구사하'는 것은 민족의 정체성을 잃지 않으려는 동포들의 모습으로 볼 수 있군.

③ '광야에 파놓은 갈대 움막집의 흔적'은 중앙아시아 동포들이 겪었던 시련을 증명하는 것이겠군.

④ '나'는 류다의 '너무나 또렷한 우리말'에서 동포들의 고국에 대한 그리움을 읽어 내고 있군.

⑤ '나'는 '멀리 동방의 조상 나라'를 꿈꾸는 류다와 '배를 따라가기를 꿈꾸는' 소년을 연관지었군.

[29 ~ 32] 다음 글을 읽고 물음에 답하시오.

㉠황성에 병란(兵亂)이 일어났고, 살기(殺氣)가 등등하며, 천자는 피신한 모양이라. 국진은 재빨리 방으로 들어와 무장을 갖추고, 머리에 황금 투구를 쓰고, 몸에 풍운갑을 입고, 좌수에 절륜도와 우수에 청학선, 이런 식으로 무장을 갖추자 잠시도 지체없이 말에 뛰어오르리라.

그리하여 국진은 필마단기(匹馬單騎)*로 나는 듯이 달렸고, 달리면서도 자기의 중대한 임무를 잊지 않은 터라. 그의 빛나는 준마는 순식간에 그를 황성으로 옮겨 주니, 그의 마음과 몸과 말은 실로 혼연일체가 된 듯하더라.

아니나 다르랴, 그가 읽은 천기는 정확하였으니, 달마국의 수십만 대군은 명나라 군을 무찔러 없애고, 이 때 황성으로 쳐들어와 황성의 운명은 경각에 달하였으니, 국진은 즉시 궐내로 들어가 어전에 꿇어 엎드려 가로되,

[A] ┌ "소신이 중임을 맡아 원방(遠方)에 갔사와 폐하께 근심을 └ 끼쳤사오니 이것은 모두가 신의 죄인 줄로 아뢰오. 적병을 파한 후에 죄를 당하여지이다."

하고 아뢰더라.

절망한 천자는 그것이 누군가 처음에는 잘 모르시는 듯하다가 장국진이라는 것을 아시자 놀라시며, 계하로 뛰어내려가 그의 손을 잡고 반가워서 어쩔 줄을 몰라 하시며,

[B] ┌ "경이 있었으면 무슨 근심을 하리오. 경은 힘을 다하여 사 └ 직(社稷)을 안보(安保)하고 짐의 근심을 덜라."

하고는 눈물을 뿌리며 애걸하듯이 하교하시더라.

적은 어느새 도성에 다다르고 도성의 백성들은 아우성치니, 이는 지옥을 상상하게 하더라. 그것은 도무지 구할 도리가 없는 완전한 파멸을 보는 듯하더라. 이것을 어느 누구의 힘으로 구원하여 밝은 빛을 뿌려 터인가.

국진은 다시 말에 오르자, **한 손에 절륜도, 또 한 손에 청학선을 흔들며** 성문을 빠져나가 물밀 듯 밀려드는 수십만 ㉢적군의 진영으로 비호처럼 달리더라. 그의 절륜도가 닿는 곳마다 번갯불이 번쩍 일더니 적장과 적 군사는 **추풍낙엽같이 쓰러**지니, 적군에게는 전혀 예상하지 못한 일대 혼란이 일더라. 그들의 시체는 산을 이루고 피가 바다를 이루면서 물러가니라.

[중략 부분의 줄거리] 국진은 달마국을 정벌하기로 결심하고 이를 위해 전장으로 떠난다. 달마국은 천원국과 합력하여 국진을 대적한다.

결국 국진이 병을 얻어 누운 것도 당연한 이치일 터라. 이것은 전투 중에 치명적인 일로, 국진은 군중에 엄명을 내려 진문을 굳게 닫게 하고 이 어려운 지경을 어찌 구할 것인지 궁리에 궁리를 더하더라. 적은 몇 번이고 도전하니, 이쪽의 진 앞에서 호통을 지르곤 하더라. 그러나 국진의 진에서 아무런 답이 없자 백운도사와 오금도사는 장국진에게 중대한 곡절이 있음을 의심하기 시작하더라.

며칠이 지나도 국진의 **신병은 조금도 차도가 없**으니, 이 위급함을 무엇으로 해결하여야 한단 말인가.

이 때 어려서부터 닦아 온 천문지리가 누구보다 능통한 이 부인이 천기를 보고 있던 터라, 남편의 이런 사실을 깨닫고는 놀라움을 금치 못하더라. 더욱이 옆에 있던 유 부인 역시 남편의 위험에 애통해 하니, 장 승상이나 왕씨도 이 소식을 듣고 달려와 울 따름이더라. 육도삼략과 손오병법에도 능통한 이 부인은 생각 끝에 결연히 일어서더니, ㉣달마국 전장으로 달려가 병을 앓는 남편을 구하고 이 싸움을 결단 지으리라 결심하더라.

이 부인은 즉시 남장을 하고 머리에 용인 투구를 쓰고, 몸에 청사 전포를 입고, 왼손에 비린도, 오른손에 홀기를 들고는, 시부모와 유 부인과 주위 사람들에게 이별을 고하고 필마단기로 달마국을 향하여 ㉤집을 떠나리라. 유 부인은 멀리 전송을 나와 이 부인의 전도를 근심하며, 봉서 한 통과 바늘 한 쌍을 유 부인의 품속에서 내어 주더라.

그리고 이 부인에게 말하되,

"이것을 가지고 동정호 물 건널 제 물에 던지면 용왕 부인이 청할 것이니, 들어가 보옵소서. 동정호 용왕은 첩의 전생 부모이니 부모가 보오면 반가워할 터요, 이제 **가장 좋은 선약(仙藥)을 얻어** 가야 승상의 목숨을 구할 것이오. 다음은 선녀 한 쌍을 얻어 가야 천원 왕과 달마 왕을 잡으리다."

하니, 이 부인은 그것을 받아 가지고 질풍처럼 달리더라.

동정호에 왔을 때 이 부인은 유 부인이 시킨 대로 하여 ㉤용궁에 인도되어 들어가자, 용왕 내외가 반가워하며 만년주(萬年酒)를 권하더라. 그리고는 유 부인의 말대로 선약과 선녀 한 쌍을 이 부인에게 내리시며,

"천원 왕과 달마 왕은 욕이나 뵈옵되 죽이지는 마옵소서. 두 사람은 천상 선관으로 인간에 적거(謫居)*하였으니, 만일 죽이면 일후에 원(怨)이 되리라."

하고 교시하더라.

또한 용왕 부인은 선녀들에게 분부하여 **이 부인을 잘 모시고 가서 공을 이루라고 특별히 당부하**더라.

이렇게 하여 이 부인은 용궁에서 나와 전장으로 질풍같이 달려가니, 마음이 든든하기만 하더라.

이때 명나라 진영은 **적병들에 의해 완전히 포위**되고 있었으며, 진문은 열지 않고 굳게 닫혀 있었으니, 적병은 이것을 깨칠 속셈으로 그 준비에 분주하더라. 명나라 군의 운명은 경각에 있음이더라.

이를 본 이 부인은 잠시도 지체할 여유가 없으니, 투구를 고쳐 쓰고, 비린도를 높이 들어 만리청총의 고삐를 바싹 쥐어 잡고, 좌우에 따라온 선녀들은 앞에 서서 길을 인도하라고 분부하고 즉시 급하게 채찍질을 하니, 만리 청총마는 화살처럼 적의 포위를 일직선으로 밟아 넘어서며 명나라 진문으로 향하여 달리더라.

적병들은 이 돌발적인 사태를 만나 몹시 어리둥절할 뿐이더라. 난데없이 천지에 소나기가 퍼붓고 **번갯불과 천둥이 무섭게 진동하**니 어느 누구든 **공포 속에서 정신을 잃는** 것은 당연한 일이라, 적병들이라고 해서 무섭지 않으랴. 그들은 이 사태를 운명에 맡길 뿐이더라.

– 작자 미상, 「장국진전(張國振傳)」 –

* 필마단기 : 혼자 한 필의 말을 탐. 또는 그렇게 하는 사람.
* 적거 : 귀양살이를 하고 있음.

29. 윗글의 서술상 특징으로 적절한 것은?

① 연속되는 대화를 활용해 인물 간의 갈등을 고조시키고 있다.
② 과거와 현재의 빈번한 교체로 인물의 내력을 소개하고 있다.
③ 한 인물의 동일한 행위를 반복함으로써 사건의 전환을 예고하고 있다.
④ 서술자의 개입을 통해 작중 상황에 대한 주관적 판단을 제시하고 있다.
⑤ 특정 인물의 외양이나 행동을 과장되게 표현하여 인물을 희화화하고 있다.

30. ㉠~㉤을 중심으로 윗글을 이해한 내용으로 적절하지 <u>않은</u> 것은?

① ㉠에서의 병란은 국진이 자신의 중대한 임무를 수행하기 위해 이동하는 계기가 된다.

② ㉡에서 국진은 고통에 시달리는 도성의 백성들을 구원하기 위해 적병과 맞서 싸운다.

③ ㉢에서 국진에게 일어나는 일은 이 부인이 남장을 결심하는 원인이 된다.

④ ㉣에서 이 부인은 미래를 예측하여 위기에 대비할 수 있는 방법을 국진에게 알려 주고 있다.

⑤ ㉤에서 용왕 내외는 적장의 전생 신분을 밝힘으로써 앞날을 경계하고 있다.

31. [A], [B]에 대한 설명으로 가장 적절한 것은?

① [A]는 자신의 실망감을 우회적으로 표현하고 있고, [B]는 상대에 대한 원망을 직설적으로 표현하고 있다.

② [A]는 자신의 목적을 달성하기 위해 거짓으로 말하고 있고, [B]는 상대의 질문에 답하기 위해 사건 내용을 밝히고 있다.

③ [A]는 자신의 손해를 줄이기 위해 상대의 요청을 거절하고 있고, [B]는 상대의 손해를 줄이기 위해 상대를 설득하고 있다.

④ [A]는 상대에 대한 호감을 바탕으로 상대를 격려하고 있고, [B]는 사건 해결을 위해 상대에게 용기를 북돋워 주고 있다.

⑤ [A]는 상대의 근심을 덜기 위해 그 원인을 자신의 탓으로 돌리고 있고, [B]는 상대에 대한 믿음을 바탕으로 명령하고 있다.

32. <보기>를 바탕으로 윗글을 감상한 내용으로 적절하지 <u>않은</u> 것은? [3점]

─────< 보 기 >─────

　이 작품은 장국진이라는 영웅의 일생을 다룬 영웅소설이다. 주인공의 영웅적 활약과 더불어 여성 영웅의 활약도 중요하게 나타나고, 이들은 위기 상황에서 주변 인물이나 초월적 존재의 도움으로 위기를 극복해 간다. 이 과정에서 초월적 세계와 현실 세계의 상호 작용, 남성과 여성의 상호 작용을 통해 영웅성이 강화되고 있다.
──────────────────

① 국진이 말에 올라 '한 손에 절륜도, 또 한 손에 청학선을 흔들며' 수십만 적군을 '추풍낙엽같이 쓰러'뜨리는 데에서, 주인공의 영웅적 활약상을 확인할 수 있다.

② 전투 중 '신병은 조금도 차도가 없'는 국진이 '적병들에 의해 완전히 포위'된 장면에서, 영웅이 처한 위기 상황을 확인할 수 있다.

③ '가장 좋은 선약(仙藥)을 얻어' 국진의 병을 구하려는 데에서, 초월적 존재의 도움으로 위기를 극복해 나간다는 점을 확인할 수 있다.

④ 용왕 부인이 선녀들에게 '이 부인을 잘 모시고 가서 공을 이루라고 특별히 당부하'는 장면에서, 초월적 세계와 현실 세계의 상호 작용을 확인할 수 있다.

⑤ 이 부인이 국진을 구하기 위해 '번갯불과 천둥이 무섭게 진동'하여 '공포 속에서 정신을 잃는' 상황을 이겨 내는 데에서, 남성과 여성의 상호 작용을 확인할 수 있다.

[33 ~ 37] 다음 글을 읽고 물음에 답하시오.

(가)

옥설이 차갑게 대나무를 누르고　　　　　玉屑寒堆壓
얼음같이 둥근 달 휘영청 밝도다　　　　　氷輪逈映徹
여기서 알겠노라 **굳건한** 그 절개를　　　　從知苦節堅
더욱이 깨닫노라 **깨끗한** 그 빈 마음　　　　轉覺虛心潔
　　　　　　　　　　　　－이황, 「설월죽(雪月竹)」－

(나)

㉠**모첨(茅簷)***의 달이 진 제 첫 잠을 얼핏 깨어
반벽 잔등(半壁殘燈)을 의지 삼아 누웠으니
일야(一夜) 매화가 발하니 **님이신가** 하노라
　　　　　　　　　　　　　　　　　　　<제1수>

아마도 이 벗님이 풍운(風韻)*이 그지없다
옥골 빙혼(玉骨氷魂)*이 냉담도 하는구나
풍편(風便)*의 **그윽한 향기**는 세한 불개(歲寒不改)* 하구나
　　　　　　　　　　　　　　　　　　　<제2수>

천기(天機)도 묘할시고 네 먼저 **춘휘(春暉)***로다
한 가지 꺾어 내어 이 소식 전(傳)차 하니
님께서 너를 보시고 반기실까 하노라
　　　　　　　　　　　　　　　　　　　<제3수>

㉡**님이 너를 보고 반기실까 아니실까**
기년(幾年)* 화류(花柳)의 ⓐ**취한 잠** 못 깨었는가
두어라 다 각각 정이니 나와 늙자 하노라
　　　　　　　　　　　　　　　　　　　<제4수>
　　　　　　　　　　　　　　－권섭, 「매화(梅花)」－

* 모첨: 초가지붕의 처마.
* 풍운: 풍류와 운치를 아울러 이르는 말.
* 옥골 빙혼: 매화의 별칭. '옥골'은 고결한 풍채를, '빙혼'은 얼음과 같이 맑고 깨끗한 넋을 의미함.
* 풍편: 바람결.
* 세한 불개 : 매우 심한 한겨울의 추위에도 바뀌지 않음.
* 춘휘: 봄의 따뜻한 햇빛.
* 기년: 몇 해.

(다)

　휴전이 되던 해 음력 정월 초순께, 해가 설핏한 강 나루터에 아버지와 나는 서 있었다. 작은증조부께 세배를 드리러 가는 길이었다. 강만 건너면 바로 작은댁인데, 배가 강 건너편에 있었다. 아버지가 입에 두 손을 나팔처럼 모아 대고 강 건너에다 소리를 지르셨다.

　"사공―, 강 건너 주시오."

　건너편 강 언덕 위에 뱃사공의 오두막집이 납작하게 엎드려 있었다. **노랗게 식은 햇살**에 동그마니 드러난 외딴집, 지붕 위로 하얀 연기가 저녁 강바람에 산란하게 흩어지고 있었다. 그 오두막집 삽짝 앞에 능수버들나무가 맨 몸뚱이로 비스듬히 서 있었다. 둥치에 비해서 가지가 부실한 것으로 보아 고목인 듯싶었다. 나루터의 세월이 느껴졌다.

　강심만 남기고 강은 얼어붙어 있었고, 해가 넘어가는 쪽 컴컴한 산기슭에는 **적설**이 쌓여서 **하얗게 번쩍거렸다**. 나루터의 마른 갈대는 '서걱서걱' 아픈 소리를 내면서 언 몸을 회리바람에 부대끼고 있었다. 마침내 해는 서산으로 떨어지고 **갈대는 아픈 소리를 신음처럼** 질렀다.

나룻배는 건너오지 않았다. 나는 ⓒ뱃사공이 나오나 하고 추워서 발을 동동거리며 사공네 오두막집 삽짝을 바라보고 있었다. 아버지는 팔짱을 끼고 부동의 자세로 사공 집 삽짝 앞의 **버드나무 둥치처럼 꿈쩍도 않**으셨다. '사공―, 강 건너 주시오.' 나는 아버지가 그 소리를 한 번 더 질러 주시기를 바랐다. 그러나 아버지는 **두 번 다시 그 소리를 지르지 않**으셨다. 그걸 아버지는 치사(恥事)*로 여기신 것일까. 사공은 분명히 ⓑ**따뜻한 방** 안에서 방문의 쪽유리를 통해서 건너편 나루터에 우리 부자가 하얗게 서 있는 것을 보았을 것이다. 그러나 도선의 효율성과 사공의 존재가치를 높이기 위해서 나루터에 ⓒ선객이 더 모일 때를 기다렸기 쉽다. 그게 사공의 도선 방침일지는 모르지만 엄동설한에서 있는 사람에 대한 옳은 처사는 아니다. 이 점이 아버지는 못마땅하셨으리라. 힘겨운 시대를 견뎌 내신 아버지의 완강함과 사공의 존재가치 간의 이념적 대치였다.

아버지는 주루막을 지고 계셨다. 주루막 안에는 정성 들여 ⓓ한지에 싼 육적(肉炙)과 술 항아리에 용수를 질러서 뜬, 제주(祭酒)로 쓸 술이 한 병 들어 있었다. 작은증조부께 올릴 세의(歲儀)다. **엄동설한 저문 강변**에 세의를 지고 **꿋꿋하게 서** 계시던 분의 모습이 보인다.

― 목성균, 「세한도(歲寒圖)」 ―

* 치사: 행동이나 말 따위가 쩨쩨하고 남부끄러움.

33. (가) ~ (다)의 공통점으로 가장 적절한 것은?

① 설의적 표현으로 대상이 지닌 속성을 강조하고 있다.
② 명암의 대비를 통해 작품의 주제를 형상화하고 있다.
③ 구체적 사물이나 상황을 통해 내면적 가치를 발견하고 있다.
④ 직유법을 활용하여 대상의 외양을 구체적으로 묘사하고 있다.
⑤ 풍자적 기법으로 사회 현실에 대한 비판 의식을 보여 주고 있다.

34. <보기>를 참고하여 (가)와 (나)를 감상한 내용으로 적절하지 않은 것은? [3점]

< 보 기 >

(가)와 (나)는 추운 계절을 이겨 내는 강인한 속성이 있어 예로부터 예찬의 대상이었던 대나무와 매화를 각각 시적 대상으로 삼고 있다. (가)의 화자는 사철 푸르고 속이 빈 대나무를 고매한 인품에 빗대고 있고, (나)의 화자는 이른 봄 피어난 매화를 통해 임을 떠올리고 매화에 대한 긍정적 인식과 임에 대한 정서를 함께 드러내고 있다.

① (가)의 화자는 '옥설'에 눌려도 푸름을 유지하는 대나무를 통해 '굳건한' 지조를 떠올리고 있군.
② (가)의 화자는 대나무의 속이 빈 속성을 긍정적으로 인식하여 대나무를 내면이 '깨끗한' 인품에 비유하고 있군.
③ (나)의 화자는 '옥골 빙혼(玉骨氷魂)'의 자태를 가진 매화를 '님'으로 착각한 것을 깨닫고 서러워하고 있군.
④ (나)의 화자는 추운 계절에도 굴하지 않고 '그윽한 향기'를 풍기는 매화의 강인함을 예찬하고 있군.
⑤ (나)의 화자는 '춘휘(春暉)'를 먼저 느끼게 해 준 매화의 소식을 '님'에게 전달하고 싶은 소망을 드러내고 있군.

35. ㉠ ~ ㉤에 대한 설명으로 적절하지 않은 것은?

① ㉠: 매화를 발견할 당시 화자의 상황과 시간적 배경이 드러나 있다.
② ㉡: 매화를 대할 임의 반응이 어떠할지를 궁금해하는 마음이 드러나 있다.
③ ㉢: 아버지와 대비되는 글쓴이의 행동에서 추위에서 벗어나고 싶어 하는 마음이 드러나 있다.
④ ㉣: 선객들의 모습을 비판적으로 바라보는 아버지의 생각이 드러나 있다.
⑤ ㉤: 작은댁에 세배하러 가면서 준비한 음식으로 아버지의 정성이 드러나 있다.

36. <보기>를 바탕으로 (다)를 감상한 내용으로 적절하지 않은 것은?

< 보 기 >

(다)의 제목이기도 한 '세한도'는, 한겨울 풍경을 통해 선비의 지조를 드러낸 추사 김정희의 그림이다. (다)의 글쓴이는 혹독하게 추운 겨울에 뜻을 굽히지 않던 아버지의 모습에서 선비적 면모를 발견하고 이날의 경험을 회화적으로 형상화하고 있다. 글쓴이는 아버지가 사공의 처사를 부당하게 여겼고 이에 맞서는 의미로 추위를 견디며 꿋꿋이 서 있었다고 본 것이다.

① '노랗게 식은 햇살'과 '하얗게 번쩍거'리는 '적설'을 통해 매섭게 추운 겨울 강가를 회화적으로 형상화하고 있군.
② '아픈 소리를 신음처럼' 지르는 '갈대'는 사공의 부당한 처사에 맞서려는 글쓴이의 내면을 표상하고 있군.
③ 글쓴이는 '버드나무 둥치처럼 꿈쩍도 않'는 아버지의 모습에서 지조를 지키려는 선비적 면모를 발견하고 있군.
④ '두 번 다시 그 소리를 지르지 않'는 모습을 통해 자신의 뜻을 꺾지 않으려는 아버지의 태도를 드러내고 있군.
⑤ '엄동설한 저문 강변'에서 '꿋꿋하게 서' 있던 아버지의 모습은 추사의 그림 '세한도'의 이미지와 연결되는군.

37. ⓐ와 ⓑ를 이해한 내용으로 가장 적절한 것은?

① ⓐ에는 임이 처한 상황에 대한 연민이, ⓑ에는 사공이 처한 상황에 대한 추측이 담겨 있다.
② ⓐ에는 화자가 지향하는 행동이, ⓑ에는 글쓴이가 지향하는 공간의 속성이 구체화되고 있다.
③ ⓐ에는 돌아오지 않는 임에 대한 원망이, ⓑ에는 곧 돌아올 사공에 대한 기대감이 내포되어 있다.
④ ⓐ에는 자신의 처지에 대해 자조하는 태도가, ⓑ에는 사공의 몰인정함에 대해 비판하는 태도가 드러나 있다.
⑤ ⓐ에는 화자의 처지와 대비되는 임의 모습이, ⓑ에는 글쓴이가 있는 공간과 대비되는 공간이 제시되어 있다.

[38 ~ 42] 다음 글을 읽고 물음에 답하시오.

어떤 안건을 대하는 집단 구성원들의 생각은 각기 다르므로, 상이한 생각들을 집단적 합의에 이르게 하는 의사 결정 과정이 필요하다. 공공 선택 이론은 이처럼 집단을 구성하는 개인의 의사가 집단의 의사로 통합되는 과정을 다룬다. 직접 민주주의 하에서의 의사 결정 방법으로 단순 과반수제, 최적 다수결제, 점수 투표제, 보르다(Borda) 투표제 등이 있다.

㉠단순 과반수제는 투표자의 과반수가 지지하는 안건이 채택되는 다수결 제도이다. 효율적으로 의사 결정이 이루어져 많이 사용되고 있으나, 각 투표자는 찬반 여부를 표시할 뿐 투표 결과에는 선호 강도가 드러나지 않아 안건 채택 시 사회 전체의 후생*이 감소할 가능성이 있다. 이는 다수의 횡포에 의해 소수의 이익이 침해되는 상황이 발생할 수 있음을 의미한다. 또한 어떤 대안들을 먼저 비교하는가에 따라 그 결과가 달라지는 ⓐ'투표의 역설' 현상이 나타날 수 있다. 예를 들어, 갑, 을, 병 세 사람이 사는 마을에 정부에서 병원, 학교, 경찰서 중 하나를 지어 줄 테니 투표를 통해 선택하라고 제안하였고, 이때 세 사람의 선호 순위가 다음 <표>와 같다고 하자. 세 가지 대안을 동시에 투표에 부치면 하나의 대안으로 결정되지 않는다. 그래서 먼저 병원, 학교, 경찰서 중 두 대안을 선정하여 다수결로 결정한 후 남은 한 가지 대안과 다수결로 승자를 결정하면 최종적으로 하나의 대안이 결정된다. 즉, 비교하는 대안의 순서에 따라 <표>의 투표 결과는 달라지게 된다.

선호 순위 투표자	1순위	2순위	3순위
갑	병원	학교	경찰서
을	학교	경찰서	병원
병	경찰서	병원	학교

<표>

[A]
최적 다수결제는 투표에 따르는 총비용이 최소화되는 지점을 산정한 후, 안건의 찬성자 수가 그 이상이 될 때 안건이 통과되는 제도이다. 이때의 총비용은 의사 결정 비용과 외부 비용의 합으로 결정된다. 의사 결정 비용은 투표자들의 동의를 구하는 데 드는 시간과 노력에 따른 비용을 의미하며, 찬성표의 비율이 높을수록 증가한다. 외부 비용은 어떤 안건이 통과됨에 따라 그 안건에 반대하였던 사람들이 느끼는 부담을 의미하며, 찬성표의 비율이 높아질수록 낮아지며 모든 사람이 찬성할 경우에는 0이 된다. 안건 통과에 필요한 투표자 수가 증가할수록 의사 결정 비용이 증가하므로 의사 결정 비용 곡선은 우상향한다. 이와 달리 외부 비용은 감소하므로 외부 비용 곡선은 우하향하며, 두 곡선을 합한 총비용 곡선은 U자 형태로 나타난다. 이때 총비용이 최소화되는 곳이 최적 다수결제에서의 안건 통과의 기준이 되는 최적 다수 지점이 된다. 이 제도는 의사 결정 과정을 이론적으로 명쾌하게 설명할 수 있지만, 최적 다수결의 기준을 정하는 데 시간을 지나치게 소비하게 된다는 단점이 있다.

㉡점수 투표제는 각 투표자에게 일정한 점수를 주고 각 투표자가 자신의 선호에 따라 각 대안에 대하여 주어진 점수를 배분하여 투표하는 제도로, 합산하여 가장 많은 점수를 얻은 대안이 선택된다. 투표자의 선호 강도에 따라 점수를 배분하므로 투표자의 선호 강도가 잘 반영된다. 소수의 의견도 투표 결과에 잘 반영되며, 투표의 역설이 나타나지 않는다는 장점이

있다. 하지만 전략적 행동에 취약하여 투표 결과가 불규칙하게 바뀔 수 있다는 단점이 있다. 전략적 행위란 어떤 투표자가 다른 투표자의 투표 성향을 예측하고 자신의 행동을 이에 맞춰 변화시킴으로써 자기가 원하는 것을 얻으려 하는 태도를 뜻한다. 이 행위는 어떤 투표 제도에서든 나타날 수 있으나, 점수 투표제에서 나타날 가능성이 높다.

㉢보르다 투표제는 n개의 대안이 있을 때 가장 선호하는 대안부터 순서대로 n, (n-1), …, 1점을 주고, 합산하여 가장 높은 점수를 받은 대안을 선택하는 투표 방식으로, 점수 투표제와 달리 오로지 순서에 의해서만 선호 강도를 표시한다. 이 제도하에서는 일부에게 선호도가 아주 높은 대안보다는 투표자 모두에게 어느 정도 차선이 될 수 있는 ⓑ중도의 대안이 채택될 가능성이 높으며, 점수 투표제와 마찬가지로 투표의 역설이 발생하지 않는다.

* 후생: 사회 구성원들의 복지 수준.

38. 윗글에 대한 이해로 적절하지 <u>않은</u> 것은?

① 어떤 투표제에서든 투표자의 전략적 행위가 나타날 수 있다.
② 보르다 투표제에서는 가장 선호하지 않는 대안에 0점을 부여한다.
③ 단순 과반수제에서는 채택된 대안으로 인해 사회의 후생이 감소되기도 한다.
④ 점수 투표제는 최적 다수결제와 달리 대안에 대한 선호 강도를 표시할 수 있다.
⑤ 최적 다수결제는 단순 과반수제와 달리 안건 통과의 기준이 안건에 따라 달라질 수 있다.

39. ⓐ와 관련하여 <표>를 이해한 것으로 적절하지 <u>않은</u> 것은?

① '병원'과 '학교'를 먼저 비교할 경우, '병원'과 '경찰서'의 다수결 승자가 최종의 대안으로 결정된다.
② '학교'와 '경찰서'를 먼저 비교할 경우, '갑'과 '을'이 '학교'에 투표하여 최종적으로 '학교'가 결정된다.
③ '병원'과 '학교'를 먼저 비교하는지, '학교'와 '경찰서'를 먼저 비교하는지에 따라 투표의 결과가 달라진다.
④ '병원', '학교', '경찰서'를 동시에 투표에 부치면, 모두 한 표씩 얻어 어떤 대안도 과반수가 되지 않는다.
⑤ 대안에 대한 '갑', '을', '병' 세 사람의 선호 순위는 바뀌지 않아도, 투표의 결과가 바뀌는 현상이 나타난다.

[해설편 p.044]

40. ⓑ의 이유로 가장 적절한 것은?

① 주어진 점수를 투표자가 임의대로 배분할 수 있기 때문이다.

② 투표자는 중도의 대안에 관해서만 자신의 의사를 표현할 수 있기 때문이다.

③ 점수 투표제와 달리 투표자의 전략적 행동을 유발하여 투표 결과를 조작할 수 있기 때문이다.

④ 일부에게만 선호도가 높은 대안이 다수에게 선호도가 매우 낮으면 점수 합산 면에서 불리하기 때문이다.

⑤ 순서로만 선호 강도를 표시할 경우, 모든 투표자에게 선호도가 가장 높은 대안이라도 최종 승자가 아닐 수 있기 때문이다.

41. <보기>가 [A]의 각 비용들에 대한 그래프라고 할 때, 이에 대한 이해로 적절하지 <u>않은</u> 것은?

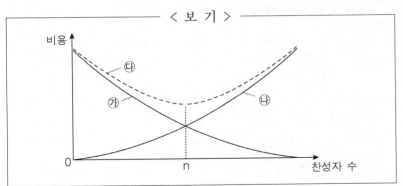

< 보 기 >

① ㉮는 외부 비용으로, 반대하는 투표자 수가 많아질수록 그 값이 커진다.

② ㉯는 의사 결정 비용으로, 투표 참가자들을 설득하는 데 드는 시간과 노력이 적을수록 그 값이 작아진다.

③ ㉰는 총비용으로, ㉮와 ㉯를 합한 값이 최소가 되는 지점 n이 최적 다수 지점이 된다.

④ 투표에 참가하는 모든 사람이 찬성하면 ㉮의 값은 0이 된다.

⑤ 안건 통과에 필요한 투표자가 많아지게 되면 ㉯는 이동하지만 ㉮는 이동하지 않는다.

42. 대안 Ⅰ~Ⅲ에 대한 투표자 A~E의 선호 강도가 <보기>와 같다고 할 때, ㉠~㉢을 통해 채택될 대안으로 적절한 것은? [3점]

< 보 기 >

대안＼투표자	A	B	C	D	E
Ⅰ	3	1	1	3	1
Ⅱ	1	7	6	2	5
Ⅲ	6	2	3	5	4

(단, 표 안의 수치가 높을수록 더 많이 선호함을 나타내며, 투표에 미치는 외부적인 요인과 투표자들의 전략적 행동은 없다고 가정한다.)

	㉠	㉡	㉢
①	Ⅰ	Ⅲ	Ⅱ
②	Ⅱ	Ⅱ	Ⅱ
③	Ⅱ	Ⅱ	Ⅲ
④	Ⅲ	Ⅰ	Ⅲ
⑤	Ⅲ	Ⅱ	Ⅱ

[43 ~ 45] 다음 글을 읽고 물음에 답하시오.

(가)

　　여기저기서 단풍잎 같은 슬픈 가을이 뚝뚝 떨어진다. 단풍잎 떨어져 나온 자리마다 봄을 마련해 놓고 나뭇가지 위에 하늘이 펼쳐 있다. 가만히 ㉠하늘을 들여다보려면 **눈썹에 파란 물감이** 든다. 두 손으로 따뜻한 볼을 쓸어보면 손바닥에도 파란 물감이 묻어난다. 다시 손바닥을 들여다본다. 손금에는 **맑은 강물**이 흐르고, 맑은 강물이 흐르고, 강물 속에는 사랑처럼 슬픈 얼굴─아름다운 **순이(順伊)**의 얼굴이 어린다. **소년(少年)**은 황홀히 눈을 감아 본다. 그래도 맑은 강물은 흘러 사랑처럼 슬픈 얼굴─아름다운 순이(順伊)의 얼굴은 어린다.

　　　　　　　　　　　　　　　　　　　－윤동주,「소년(少年)」－

(나)

　　자라면 뭐가 되고 싶니
　　의자가 되고 싶니
　　누군가의 **책상**이 되고 싶니
　　밟으면 삐걱 소리가 나는 계단도 있겠지
　　그 계단을 따라 올라가는 다락방
　　별빛이 들고 나는 창문들도 있구나
　　누군가 그 창문을 통해 바다를
　　생각할지도 몰라
　　수평선을 넘어가는 목선을 그리워할지도 몰라
　　㉡바다를 보는 게 꿈이라면
　　배가 되고 싶겠구나
　　어쩌면 그 무엇도 되지 못하고
　　아궁이 속 **장작**으로 눈을 감을지도 모르지
　　잊지 마렴 **한 줌 재**가 되었지만
　　넌 그때도 하늘을 날고 있는 거야
　　누군가의 **몸을 데워**주고 난 뒤
　　춤을 추듯 피어오르는 거야
　　하지만, 지금은
　　다만 네 잎사귀를 스치고 가는
　　저 **바람 소리**를 들어보렴
　　너는 지금 바람을 만나고 있구나
　　바람의 춤을 따라 흔들리고 있구나
　　지금이 바로 너로구나

　　　　　　　　　　　　　　　　　　　－ 손택수,「나무의 꿈」－

43. (가), (나)의 표현상 특징으로 가장 적절한 것은?

① (가)는 (나)와 달리 반어적 표현을 통해 시적 긴장을 고조시키고 있다.

② (나)는 (가)와 달리 동일한 종결 어미의 반복으로 운율감을 형성하고 있다.

③ (가)와 (나) 모두 대상을 의인화하여 화자의 연민을 드러내고 있다.

④ (가)와 (나) 모두 시어의 연쇄적 활용을 통해 시상을 발전시켜 나가고 있다.

⑤ (가)와 (나) 모두 시선의 이동을 통해 장소가 지닌 의미를 다양하게 제시하고 있다.

44. ㉠, ㉡에 대한 이해로 가장 적절한 것은?

① ㉠은 '소년(少年)'의 정서를 환기하는 기능을 하고 있다.

② ㉠은 '소년(少年)'이 거부하고자 하는 세계를 상징하고 있다.

③ ㉠은 '소년(少年)'이 자신의 한계를 인식하는 계기가 되고 있다.

④ ㉡은 '너'가 처한 긍정적 상황을 드러내는 역할을 한다.

⑤ ㉡은 '너'의 성찰이 이루어진 이후의 모습을 표상하고 있다.

45. <보기>를 참고하여 (가)와 (나)를 감상한 내용으로 적절하지 **않은** 것은? [3점]

───────── < 보 기 > ─────────
　　(가), (나)는 시간의 흐름 속에서 성장하는 존재의 순수한 정서와 인식에 대해 표현하고 있다. (가)는 소년이 자연물에 동화되는 과정을 감각적으로 드러내면서 과거의 사랑을 그리워하는 소년의 정서를 보여 준다. (나)는 대상이 품을 수 있는 다양한 꿈을 제시하고, 꿈을 이루지 못한 상황에서도 대상이 존재 가치가 있다는 것을 역설적으로 보여 주고 있다. 또 미래보다 현재 상황과 모습에 주목하는 자세를 강조하며 마무리한다.
─────────────────────────────

① (가)의 '파란 물감이 든' '눈썹'은 '소년(少年)'이 자연물에 동화되는 것을 감각적으로 표현하는군.

② (가)의 '맑은 강물'에 어린 얼굴에는 '순이(順伊)'에 대한 '소년(少年)'의 그리움이 투영되어 있군.

③ (나)의 '의자', '책상', '한 줌 재' 등은 대상이 품을 수 있는 다양한 꿈을 보여 주는군.

④ (나)의 '장작'은 꿈을 이루지 못한 상황에서도 '몸을 데워' 줄 수 있다는 존재 가치에 대한 역설적 인식을 보여 주는군.

⑤ (나)의 '바람 소리'는 대상에게 '지금'의 상황과 모습을 주목하게 하는 계기가 될 수 있겠군.

* 확인 사항
○ 답안지의 해당란에 필요한 내용을 정확히 기입(표기)했는지 확인하시오.

[1 ~ 3] 다음은 학생의 발표이다. 물음에 답하시오.

안녕하세요? 이번 시간 발표를 맡은 ○○○입니다.

여러분은 성적표를 확인할 때 무엇부터 보시나요? (대답을 듣고) 네. 많은 친구들이 자신이 받은 원점수를 평균 점수와 비교해 보며 본인이 시험을 잘 친 편인지 아닌지 판단해 보네요. 그런데 평균 점수가 자신의 실력을 정확하게 판단하는 기준이 될 수 있을까요? ㉠다음 자료를 보시죠.

	A반 학생들의 원점수	평균 점수	표준편차
국어	70, 67, 65, 63, 60	65	3.4
수학	100, 63, 60, 52, 50	65	18.2

이 자료를 보면 A반의 국어와 수학 시험 평균 점수가 65점으로 같습니다. 단순히 원점수와 평균 점수만 비교한다면 각 과목에서 63점을 받은 학생은 평균 점수보다 낮은 점수를 받아 시험을 못 쳤다고 판단할 수 있습니다. 하지만 수학의 평균 점수는 100점이라는 점수로 인해 왜곡된 면이 있습니다. 실제 수학에서 63점을 받은 학생은 반에서 수학 시험을 두 번째로 잘 친 학생입니다.

집단 내의 이러한 상대적 위치를 점수화한 것을 백분위라고 합니다. 백분위는 자신보다 낮은 점수를 받은 학생의 비율을 백분율로 나타내는데요, 국어 시험의 백분위가 96이라면 본인은 상위 4%에 해당한다고 할 수 있습니다. 백분위는 평균의 영향을 받지 않기 때문에 시험의 난이도와 상관없이 집단에서의 상대적 위치를 파악할 수 있습니다.

그런데 백분위에서는 원점수의 차이 정도가 반영되지 않기 때문에 성적표에서는 백분위와 더불어 표준점수를 활용하기도 합니다. ㉡다음 자료를 보시죠.

$$표준점수 = \frac{원점수 - 평균점수}{표준편차} \times 20 + 100$$

이 자료를 보면 알 수 있듯이, 원점수가 평균 이상일 때 동일한 원점수를 받더라도 평균 점수가 낮고 표준편차가 작을수록 표준점수는 높아집니다. 지난번 시험에서 국어 만점의 표준점수가 125점이고, 수학 만점의 표준점수는 140점이었습니다. 같은 원점수인데 왜 수학의 표준점수가 더 높을까요? (대답을 듣고) 네. 수학 시험이 상대적으로 어려워 표준점수가 더 높게 나온 것입니다.

지금까지 살펴본 것처럼 단순히 원점수만 보고 성적이 낮게 나왔다고 실망할 필요는 없습니다. 성적표를 통해 얻은 정보를 바탕으로 본인의 성장을 위한 학습 전략을 세우는 것이 중요합니다. 우리에게 많은 정보를 주는 성적표, 이제부터라도 꼼꼼하게 살펴보는 것은 어떨까요?

이상으로 발표를 마치겠습니다.

1. 위 발표에 활용된 말하기 방식으로 적절한 것은?

① 자료의 출처를 밝혀 발표 내용의 신뢰성을 높이고 있다.
② 발표 내용과 관련된 질문을 하여 청중의 주의를 환기하고 있다.
③ 발표 내용을 친숙한 소재에 빗대어 표현하여 청중의 흥미를 유발하고 있다.
④ 발표 내용의 순서를 안내하여 청중이 발표 내용을 예측할 수 있도록 돕고 있다.
⑤ 발표 내용에 대한 청중의 이해도를 점검하며 발표를 마무리하여 주제를 강조하고 있다.

2. 학생이 제시한 자료 ㉠, ㉡에 대한 설명으로 가장 적절한 것은?

① 평균 점수가 실력을 평가하는 기준이 되는 이유를 제시하기 위해 ㉠을 활용하고 있다.
② 평균 점수가 특정 점수에 의해 왜곡될 수도 있음을 보여 주기 위해 ㉠을 활용하고 있다.
③ 표준점수와 백분위의 장단점을 비교하기 위해 ㉡을 활용하고 있다.
④ 자신보다 낮은 점수를 받은 집단의 비율을 구하는 방법을 소개하기 위해 ㉡을 활용하고 있다.
⑤ 평균 점수와 표준편차에 따라 원점수가 변할 수 있다는 것을 설명하기 위해 ㉡을 활용하고 있다.

3. <보기>는 학생들이 발표를 들은 후 보인 반응이다. 이를 바탕으로 학생의 듣기 활동을 이해한 내용으로 적절하지 <u>않은</u> 것은? [3점]

─── <보 기> ───

학생 1 : 이번 시험에서 지난번 시험보다 국어의 원점수가 낮았는데도 표준점수가 높은 이유를 알 수 있어서 좋았어.
학생 2 : 표준점수와 백분위가 성적표 외에 활용되는 분야도 있지 않을까? 발표자가 이 부분에 대해서도 언급해 줬으면 좋았을 것 같아. 자료를 한번 검색해 봐야겠어.
학생 3 : 표준점수와 백분위를 반영하는 방법이 대학마다 다르다는 기사를 본 적이 있어. 내가 가고 싶은 대학교에서는 어떻게 반영하고 있을까? 대학 홈페이지에서 관련 정보를 찾아봐야겠어

① '학생 1'은 발표를 통해 접한 정보의 유용성에 대해 긍정적으로 인식하고 있다.
② '학생 2'는 발표 내용과 관련한 추가적인 정보가 제공되지 않은 것에 아쉬움을 느끼고 있다.
③ '학생 1'과 '학생 2'는 발표에서 언급되지 않은 내용을 바탕으로 새로운 관점을 제시하고 있다.
④ '학생 1'과 '학생 3'은 발표 내용과 관련된 자신의 경험을 떠올리고 있다.
⑤ '학생 2'와 '학생 3'은 발표 내용과 관련된 의문점을 해결하기 위해 추가 활동을 계획하고 있다.

[4 ~ 7] (가)는 환경 동아리 학생들이 실시한 인터뷰이고, (나)는 이를 바탕으로 '학생 1'이 작성한 초고이다. 물음에 답하시오.

(가)

학생 1 : 안녕하세요? 해양 생태계의 보전에 대한 관심과 노력을 촉구하는 글을 동아리 소식지에 싣기 위해 박사님을 찾아 뵀습니다.

박사 : 네. 만나서 반가워요.

학생 1 : 그럼, 저희가 준비한 질문을 드리겠습니다. 얼마 전에 바다 사막화로 인한 해양 생태계의 위기가 심각하다는 TV 뉴스를 보며, 바다 사막화가 무엇인지 궁금했던 적이 있습니다. 바다 사막화의 개념부터 설명을 부탁드려도 될까요?

박사 : 물론이죠. 바다 사막화란 바닷속에 녹아 있는 탄산 칼슘이 석출되어 해저나 바위를 하얗게 뒤덮는 현상을 말해요. 탄산 칼슘으로 뒤덮인 곳은 해조류가 살 수 없는 환경이 됩니다. 이로 인해 해조류가 사라지면서 바다가 황폐화되기 때문에 바다 사막화라고 부르는 것이에요.

학생 1 : 그렇군요. 그럼, 바다 사막화는 탄산 칼슘의 영향이 크기 때문이라고 봐도 될까요?

박사 : 네. 그렇습니다.

학생 2 : 그러면 탄산 칼슘이 왜 이렇게 많이 석출되는 것인지 궁금한데, 설명해 주시겠어요?

박사 : 그러죠. 탄산 칼슘이 석출되는 원인으로는 우선 도시화나 연안 개발에 따른 해양 오염을 들 수 있어요. 연안 개발을 위해 사용하는 콘크리트 원료의 약 63%가 탄산 칼슘으로 이루어져 있는데, 이 콘크리트가 바다로 흘러 들어가서 탄산 칼슘이 증가하는 것이죠. 또 전문가들은 지구 온난화로 인한 수온 상승 때문에 탄산 칼슘의 석출이 증가하고 있다고 보고 있어요. ⎫ [A]

학생 2 : 수온 상승으로 탄산 칼슘의 석출이 증가한다는 말이 잘 이해가 안 되는데, 좀 더 자세히 알려 주시겠어요?

박사 : 네. 탄산 칼슘은 이산화 탄소가 들어있는 물에 잘 용해되는데, 바닷물에는 다량의 이산화 탄소가 있어 탄산 칼슘이 많이 녹아 있습니다. 그런데 지구 온난화에 따라 수온이 상승하면서 이산화 탄소의 용해도가 낮아져 탄산 칼슘의 석출이 가속화되는 것입니다. ⎭

학생 1 : 그렇군요. 탄산 칼슘이 많이 석출되는 것은 이산화 탄소의 용해도가 낮아진 것 때문이군요. 그러면 바다 사막화로 인한 해양 생태계의 위기에 대해 말씀해 주시고, 이를 막기 위한 노력들도 말씀해 주시겠어요?

박사 : 네. 해조류는 바다 생태계의 1차 생산자 역할을 담당하면서 다양한 해양 생물의 서식처를 제공합니다. 바다 사막화로 이러한 해조류가 사라지게 되면 해조류를 먹이로 삼거나 서식처로 삼는 해양 생물들이 살 수 없기 때문에 해양 생태계의 파괴로 이어지게 됩니다. ⎫ [B]

학생 2 : 심각한 문제군요.

박사 : 그렇죠. 그래서 육지의 사막화를 막기 위해 나무를 심는 것처럼 바다의 사막화를 막기 위해서 바다 숲을 조성하고 있습니다. 또한 국민들에게 해양 생태계 보전의 중요성을 알리기 위해 '바다 식목일'을 제정하여 적극적으로 홍보도 하고 있습니다. ⎭

학생 2 : 듣고 보니 더 많은 관심을 가져야겠다는 생각이

듭니다. 저희도 힘을 보탤 수 있게 생활 속에서 실천할 수 있는 방법이 있다면 알려주세요. ⎭

박사 : 네. 불필요한 전기 사용 줄이기, 재활용품 분리배출 등 온실가스를 줄이기 위한 노력들이라면 모두 사막화된 바다를 되살리는 중요한 실천이 될 수 있습니다.

학생 1, 2 : 좋은 말씀 감사합니다.

(나)

최근 바다 사막화 현상의 확산으로 해양 생태계의 위기가 심각해지고 있다. 바다 사막화는 바닷속에 녹아 있는 탄산 칼슘이 석출되어 해저나 암반을 뒤덮어 해양 생태계의 근간이 되는 해조류들이 줄어들거나 사라지는 현상을 말한다.

탄산 칼슘은 바다 환경을 황폐화시켜 해조류가 생존할 수 없는 환경으로 만든다. 이러한 탄산 칼슘의 석출이 증가하는 이유에 대해서는 지구 온난화, 해양 오염, 해조류의 남획, 해조류를 먹고 사는 해양 동물의 급증 등의 요인이 복합적으로 작용한다고 알려져 있다. 전문가들은 특히 바다 사막화의 주요 원인으로 지구 온난화에 따른 해수 온도의 상승을 지목하고 있다. 탄산 칼슘은 온도가 낮은 바닷물에 많이 녹아 있는데, 지구 온난화로 인해 수온이 상승하면서 탄산 칼슘의 석출이 많아지고 바다 사막화의 진행 속도가 빨라진다는 것이다.

바다 사막화는 생태계의 파괴로 이어질 수 있다는 점에서 그 심각성이 매우 크다. 바다 사막화로 해조류가 줄어들거나 사라진다면 해조류를 먹이로 삼고, 거처로 삼는 해양 동물들 역시 생존할 수 없게 되기 때문이다. 따라서 해양 생태계의 보전을 위해서 바다 사막화에 대한 대책 마련이 절실한 상황이다.

이러한 문제를 인식하고 우리나라에서도 여러 대책을 세워 추진하고 있다. 대표적으로 사막화된 바다를 복원하기 위한 바다 숲 조성 사업이 있다. 2009년부터 현재까지 211개소에 26,644ha의 바다 숲을 조성했다고 한다. 또한 바다 사막화의 심각성과 해양 생태계 보전의 중요성을 국민들에게 알리기 위해 세계 최초로 지난 2013년에 5월 10일을 바다 식목일로 제정하여 적극적으로 홍보하고 있다.

4. (가)의 '학생 1'에 대한 이해로 적절하지 <u>않은</u> 것은?

① 상대방에게 인터뷰를 하게 된 목적을 밝히고 있다.

② 자신의 경험을 바탕으로 알고 싶은 정보를 상대방에게 질문하고 있다.

③ 상대방이 설명한 내용에 대한 자신의 이해가 적절한지 확인하고 있다.

④ 상대방이 발언한 내용을 재진술하면서 추가적인 질문을 이어가고 있다.

⑤ 상대방이 언급한 정보를 바탕으로 자신이 가졌던 생각이 수정되었음을 드러내고 있다.

5. [A], [B]에 대한 설명으로 가장 적절한 것은?

① [A]에서 '학생 2'는 질문을 통해 '박사'가 설명한 내용의 타당성에 의문을 제기하고 있다.

② [A]에서 '박사'는 '학생 2'의 요청에 따라 앞서 자신이 설명한 내용을 보충하고 있다.

③ [A]에서 '박사'는 '학생 2'의 이해를 돕기 위해 관련 설문 자료를 활용하고 있다.

④ [B]에서 '학생 2'는 '박사'가 소개한 내용을 요약하고 이를 긍정적으로 평가하고 있다.

⑤ [B]에서 '박사'는 '학생 2'의 배경지식을 점검하여 용어의 개념에 대해 추가 설명을 하고 있다.

6. (가)를 바탕으로 '학생 1'이 세운 작문 계획 중 (나)에 반영되지 <u>않은</u> 것은?

- 바다 사막화의 개념을 서두에 제시해야겠어. ········· ①
- 바다 숲 조성 사업과 관련하여 사업 추진 현황을 제시해야겠어. ···································· ②
- 바다 식목일의 제정 취지와 함께 바다 식목일로 제정된 날을 구체적으로 제시해야겠어. ················ ③
- 바다의 탄산 칼슘을 증가시키는 연안 개발 실태를 보여줄 수 있는 자료를 제시해야겠어. ················ ④
- 탄산 칼슘이 석출되는 원인 중 박사님께서 말씀하신 것 외에 다른 원인들을 조사하여 추가로 제시해야겠어. ··· ⑤

7. 다음은 (나)를 읽은 '학생 2'의 조언이다. 이를 고려하여 (나)에 내용을 추가하고자 할 때, 가장 적절한 것은?

> 예상 독자가 우리 학교 학생들임을 고려할 때, 글의 끝부분에 바다 사막화가 우리의 삶과 관련된 문제라는 점을 강조하고, 바다 사막화를 막기 위한 구체적인 실천 방안을 제시하면서 마무리하면 글의 의도가 잘 전달될 것 같아.

① 바다 사막화로 인한 해조류의 소멸은 해양 생물들의 생존을 크게 위협하고 있다. 해양 생물들을 지키기 위해서는 해양 생물들의 서식처에 대한 보전이 이루어져야 한다.

② 바다 사막화는 해양 생태계의 근간을 송두리째 파괴할 수 있다는 점에서 그 문제가 심각하다. 바다 사막화를 막기 위한 우리의 노력은 결국 해양 생태계를 보전하는 일이 될 것이다.

③ 바다 사막화의 문제는 해양 생물들의 위기로만 그치는 것이 아니라 우리의 생존에도 큰 위협이 되고 있다. 이를 막기 위해서는 불필요한 전등 끄기 등과 같은 생활 속 작은 일들부터 실천하는 것이 필요하다.

④ 바다는 우리 모두가 지켜야 할 소중한 자원이다. 사막화로 황폐해진 바다를 되살리기 위한 정책과 제도적 장치가 뒷받침된다면 건강한 해양 생태계의 재건을 통해 소중한 해양 자원의 가치를 지켜갈 수 있을 것이다.

⑤ 지구 온난화로 인한 급격한 기후 변화는 해양 생태계뿐 아니라 전지구적 생태계 파괴의 주요 원인이라 할 수 있다. 지구 온난화를 줄이기 위해서는 에너지 절약하기처럼 생활 속에서 실천할 수 있는 작은 습관부터 바꿔 나가야 한다.

[8 ~ 10] 다음 글을 읽고 물음에 답하시오.

[작문 상황]
○ 작문 목적 : 교내 축제 운영에 대한 건의문 쓰기
○ 예상 독자 : 교장 선생님

[학생의 초고]

　안녕하세요? 저는 미래기술연구 동아리 부장 □□□입니다. 얼마 전 동아리 담당 선생님으로부터 학교에서 올해 축제를 어떻게 운영할 것인지 고민하고 있다고 들었습니다. 그래서 저는 이전에 ㉠열려진 축제의 형태가 아닌 메타버스를 활용한 새로운 형태의 학교 축제를 건의드립니다.

　메타버스를 활용하면 실제 학교와 유사한 가상 공간 속에서 학생들이 가상 인물인 아바타로 다양한 활동을 수행할 수 있습니다. 제 주변 친구들은 메타버스에 관심이 많고, 이를 활용하여 학교 축제를 운영하는 것에 긍정적인 반응을 보이고 있습니다. 저는 중학생 때 메타버스 제작 체험을 해 본 적이 있는데, ㉡이 경험이 학생들도 메타버스를 충분히 만들 수 있다는 생각을 하게 되었습니다.

　메타버스로 학교 축제를 운영하는 것에 대해 비용 문제와 학생들의 저조한 참여를 걱정하실 수도 있습니다. 하지만 지난달 저희 동아리에서 전문가와의 만남 행사를 통해 메타버스를 만드는 활동을 해 본 결과 학생들이 제작에 참여하면 많은 비용이 들지 않는다는 것을 알게 되었습니다. ㉢저희 동아리 부원들은 전문가와의 만남 행사가 유지되었으면 합니다. 또한 이미 주변 학교에서 메타버스로 개최된 축제가 전교생의 큰 호응을 얻어 화제가 된 사례가 있습니다. 저희도 학생들의 참여를 이끌어 내기 위해 다양한 온라인 행사를 실시하여 메타버스 축제를 적극적으로 홍보할 계획입니다.

　메타버스를 활용하여 축제를 운영하면 학생들이 시·공간의 제약 없이 자유롭게 만나 소통할 수 있습니다. 또한 메타버스에는 미래 사회의 핵심 기술들이 활용되어 ㉣있지만, 학교 축제를 즐기면서 변화하는 미래 사회에 대응할 수 있는 역량도 기를 수 있습니다. 축제를 기대하는 학생들의 ㉤바램이 이루어질 수 있도록 건의를 수용해 주시면 좋겠습니다. 감사합니다.

---

8. 학생의 초고에 활용된 글쓰기 전략으로 가장 적절한 것은?

① 예상 독자와 함께했던 경험을 언급하며 공감대를 형성한다.
② 건의 사항이 받아들여지지 않을 경우 발생할 수 있는 문제점을 제시한다.
③ 건의 사항과 관련된 통계 자료를 활용함으로써 예상 독자의 이해를 돕는다.
④ 속담을 활용하여 건의 사항이 실현되었을 때 기대할 수 있는 긍정적인 효과를 부각한다.
⑤ 예상되는 우려와 그것을 해소할 수 있는 방안을 제시하여 건의 사항이 실현 가능함을 나타낸다.

---

9. <보기>는 초고를 보완하기 위해 추가로 수집한 자료이다. 자료의 활용 방안으로 적절하지 <u>않은</u> 것은? [3점]

──── <보 기> ────

ㄱ. **우리 학교 학생 100명 대상 설문 조사**
　1. 메타버스에 대해 관심이　2. 메타버스를 경험한 적이
　　있나요?　　　　　　　　　　있나요?

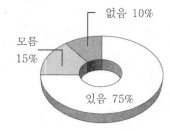

ㄴ. **전문가 인터뷰**
　"다양한 원인으로 대면 만남이 힘든 상황에서 메타버스는 새로운 사회적 소통의 공간이 될 수 있습니다. 메타버스 내의 공간에서 학생들이 언제 어디서든 자유롭게 만나 학급 회의를 하거나 동아리 박람회와 같은 행사를 개최하는 것이 그 예라고 할 수 있습니다. 이러한 메타버스에서의 활동 내용은 데이터로 남아 있으므로 활동과 관련된 자료를 영구적으로 보관하여 활용할 수 있습니다."

ㄷ. **신문 기사**
　○○고는 메타버스를 활용하여 학교 축제를 성공적으로 개최하였다. ○○고는 학생들이 직접 메타버스를 만듦으로써 절감한 예산을 축제 활동 지원금으로 사용하여 학생들의 긍정적인 반응을 이끌어 내었다. 학생들은 "친구들이 자유롭게 모여 소통할 수 있었고, 축제 자료를 내년에도 활용할 수 있어서 매우 만족스럽다."라는 소감을 밝혔다.

① ㄱ-1을 활용하여 둘째 문단에 학생들이 메타버스에 대해 많은 관심을 보이고 있음을 수치로 구체화하여 제시한다.
② ㄴ을 활용하여 넷째 문단에 메타버스가 시·공간의 제약 없이 소통하는 공간으로 활용될 수 있는 예를 제시한다.
③ ㄷ을 활용하여 셋째 문단에 학생들이 직접 메타버스를 만들어 비용을 절감한 사례를 제시한다.
④ ㄴ, ㄷ을 활용하여 넷째 문단에 메타버스로 축제를 운영할 경우, 관련 자료를 이후에도 활용할 수 있다는 장점을 추가한다.
⑤ ㄱ-2, ㄷ을 활용하여 첫째 문단에서 메타버스를 경험해 보지 못한 학생들이 기존의 축제보다 메타버스를 활용한 축제를 선호한다는 점을 부각한다.

---

10. ㉠ ~ ㉤을 고쳐 쓰기 위한 방안으로 적절하지 <u>않은</u> 것은?

① ㉠ : 이중 피동 표현이 사용되었으므로 '열린'으로 수정한다.
② ㉡ : 문장의 호응을 고려하여 '이 경험을'로 수정한다.
③ ㉢ : 글의 흐름에 맞지 않는 문장이므로 삭제한다.
④ ㉣ : 연결 어미가 어색하기 때문에 '있으므로'로 수정한다.
⑤ ㉤ : 어법에 맞지 않는 어휘이므로 '바람'으로 수정한다.

[11 ~ 12] 다음 글을 읽고 물음에 답하시오.

　우리말에는 다양한 유형의 된소리되기가 존재하는데, 우선 특정 음운 환경에서 예외 없이 일어나는 경우가 있다. 받침 'ㄱ, ㄷ, ㅂ' 뒤에 'ㄱ, ㄷ, ㅂ, ㅅ, ㅈ'이 올 때에는 예외 없이 된소리되기가 일어난다. '국밥'이 [국빱]으로, '(길을) 걷다'가 [걷따]로 발음되는 것이 그 예이다.

　음운 환경이 같더라도 된소리되기가 일정하지 않은 경우가 있는데, 이때에는 다른 조건이 충족될 때 된소리되기가 일어난다. 첫째, 용언의 어간 받침 'ㄴ(ㄵ), ㅁ(ㄻ)' 뒤에 'ㄱ, ㄷ, ㅅ, ㅈ'으로 시작하는 어미가 올 때 된소리되기가 일어나는데, '나는 신발을 신고 갔다.'에서 '신고'가 [신꼬]로 발음되는 것이 그 예이다. '습득물 신고'의 '신고'는 음운 환경이 같음에도 불구하고 용언이 아니기 때문에 된소리되기가 일어나지 않는다. 둘째, 한자어에서 'ㄹ' 받침 뒤에 'ㄷ, ㅅ, ㅈ'이 연결될 때 된소리되기가 일어나는데, '물질(物質)'이 [물찔]로 발음되는 것이 그 예이다. '물잠자리'는 음운 환경이 같음에도 불구하고 고유어이기 때문에 된소리되기가 일어나지 않는다. 셋째, 관형사형 어미 '-(으)ㄹ' 뒤에 'ㄱ, ㄷ, ㅂ, ㅅ, ㅈ'로 시작하는 체언이 올 때 된소리되기가 일어나는데, '살 것'이 [살 껏]으로 발음 되는 것이 그 예이다. 이러한 유형의 된소리되기는 음운 환경 외에도 '용언의 어간', '한자어', '관형사형 어미'라는 조건이 충족되어야 음운 변동이 일어난다는 특징이 있다.

[A]　　한편, 명사와 명사가 결합하여 합성 명사가 될 때 된소리되기가 일어나는 경우도 있다. 예를 들어 '코+등'은 [코뜽/콛뜽]으로, '손+바닥'은 [손빠닥]으로 발음된다. 이때 '코+등'처럼 앞의 말이 모음으로 끝나고, 한자어끼리의 결합이 아닐 때에는 '콧등'과 같이 사이시옷을 표기한다. 이러한 된소리되기는 두 단어가 대등한 관계일 때는 잘 일어나지 않지만, 앞말이 뒷말의 '시간, 장소, 용도' 등을 나타낼 때는 잘 일어난다. 그 이유는 중세 국어의 관형격 조사 'ㅅ'과 관련이 있다. '손바닥'은 중세 국어에서 '솏바당'으로 표기가 되는데, 이는 '손+ㅅ+바당' 즉, '손의 바닥'으로 분석된다. 이 'ㅅ'의 흔적이 '손싸닥'을 거쳐 [손빠닥]이라는 발음으로 남게 된 것이다. 음운 환경이 같은 '손발'에서는 이러한 현상이 일어나지 않는데, 그 이유는 '손'과 '발'은 관형격 조사로 연결되는 관계가 아니기 때문이다.

11. 윗글을 바탕으로 '된소리되기'를 이해한 내용으로 적절하지 <u>않은</u> 것은?

① '(밥을) 먹다'와 '(눈을) 감다'에서 일어난 된소리되기는 용언에서만 일어나는 유형이다.
② '말다툼'과 달리 '밀도(密度)'에서 된소리되기가 일어나는 이유는 한자어이기 때문이다.
③ '납득'과 같이 'ㅂ' 받침 뒤에 'ㄷ'이 오는 음운 환경에서는 예외 없이 된소리되기가 일어난다.
④ '솔개'와 달리 '줄 것'에서 된소리되기가 일어나는 이유는 '관형사형 어미'라는 조건 때문이다.
⑤ '삶과 죽음'의 '삶과'와 달리 '(고기를) 삶고'에서 된소리되기가 일어나는 이유는 '삶고'가 용언이기 때문이다.

12. [A]를 바탕으로 <보기>의 단어를 분석한 내용으로 적절하지 <u>않은</u> 것은?

━━━ <보 기> ━━━
○ 공부방(工夫房) [공부빵]
○ 아랫집 [아래찝/아랟찝]
○ 콩밥 [콩밥], 아침밥 [아침빱]
○ 논밭 [논받], 논바닥 [논빠닥]
○ 불고기 [불고기], 물고기 [물꼬기]

① '공부방'에서 된소리되기가 일어나는 이유는 '공부'가 뒷말의 용도를 나타내기 때문이겠군.
② '아랫집'에 'ㅅ'을 받침으로 표기한 것은 '콧등'에서 사이시옷을 표기한 것과 같은 이유 때문이겠군.
③ '콩밥'과 달리 '아침밥'에서 된소리되기가 일어나는 이유는 '아침'이 뒷말의 시간을 나타내기 때문이겠군.
④ '논바닥'과 달리 '논밭'에서 된소리되기가 일어나지 않는 이유는 결합하는 두 단어가 대등한 관계를 가지기 때문이겠군.
⑤ '불고기'에서 '물고기'와 달리 된소리되기가 일어나지 않는 이유는 중세 국어에서 '불+ㅅ+고기'로 분석되기 때문이겠군.

13. <보기>의 설명을 참고할 때, ㉠을 분석한 내용으로 적절하지 <u>않은</u> 것은?

━━━ <보 기> ━━━
　형태소란 뜻을 가진 가장 작은 말의 단위이다. 가장 작은 말의 단위라는 것은 더 이상 나눌 수 없으며, 더 나눌 경우 원래의 뜻이 사라지는 것을 말한다.

　㉠ <u>우리 아기만 맨발로 잔디밭에서 놀았다.</u>

① '우리'는 '우'와 '리'로 나누면 뜻이 사라지므로 하나의 형태소이다.
② '아기만'은 '아기'와 '만'으로 나눌 수 있으므로 두 개의 형태소이다.
③ '맨발'은 '맨-'과 '발'로 나눌 수 있으므로 두 개의 형태소이다.
④ '잔디밭'은 '잔디'와 '밭'으로 나눌 수 있으므로 두 개의 형태소이다.
⑤ '놀았다'는 '놀았-'과 '-다'로 나눌 수 있으므로 두 개의 형태소이다.

14. <보기>의 설명을 참고하여 ⓐ ~ ⓒ의 밑줄 친 안긴문장에 대해 이해한 것으로 적절한 것은?

─── <보 기> ───

다른 문장 속에 들어가 하나의 문장 성분처럼 쓰이는 문장을 안긴문장이라고 하며, 이 안긴문장을 포함하는 문장을 안은 문장이라고 한다.

ⓐ 그가 <u>소리도 없이</u> 밖으로 나갔다.
ⓑ 나는 <u>그가 이 사건의 범인임</u>을 깨달았다.
ⓒ <u>어머니께서 시장에서 산</u> 수박은 매우 달았다.

① ⓐ의 안긴문장에는 주어가 생략되어 있다.
② ⓑ의 안긴문장은 조사와 결합하여 부사어의 기능을 한다.
③ ⓒ의 안긴문장에는 체언을 수식하는 관형어가 있다.
④ ⓐ의 안긴문장은 용언을 수식하고, ⓒ의 안긴문장은 체언을 수식한다.
⑤ ⓑ의 안긴문장에는 목적어가 있고, ⓒ의 안긴문장에는 목적어가 생략되어 있다.

15. <보기>는 '사전 활용하기' 학습 활동을 위한 자료이다. 이에 대해 탐구한 내용으로 적절하지 <u>않은</u> 것은? [3점]

─── <보 기> ───

묻다² 동 [묻고, 묻어, 묻으니]
① 【…에 …을】 물건을 흙이나 다른 물건 속에 넣어 보이지 않게 쌓아 덮다.
¶ 화단에 거름을 묻어 주다.
② 【…에 …을】 / 【…을 …으로】 일을 드러내지 아니하고 속 깊이 숨기어 감추다.
¶ 그는 자신이 한 일을 과거의 일로 묻어 두고 싶어 했다.
③ 【…에 …을】 / 【…을 …으로】 얼굴을 수그려 손으로 감싸거나 다른 물체에 가리듯 기대다.
¶ 나는 베개에 얼굴을 묻었다.

묻다³ 동 [묻고, 물어, 물으니]
【…에/에게 …을】 무엇을 밝히거나 알아내기 위하여 상대편의 대답이나 설명을 요구하는 내용으로 말하다.
¶ 모르는 문제를 친구에게 물었다.

① '묻다²'는 목적어와 부사어를 필수적으로 요구하는 동사로군.
② '묻다²'와 '묻다³'은 별개의 표제어로 기술된 것을 보니 동음이의어겠군.
③ '묻다²-①'의 용례로 '아우는 형의 말을 비밀로 묻어 두었다.'를 추가할 수 있겠군.
④ '묻다²'와 '묻다³'은 모음으로 시작하는 어미가 결합할 때 활용 형태가 서로 다르게 나타나는군.
⑤ '묻다³'의 용례에서 '물었다'는 '질문했다'로 바꾸어 쓸 수 있겠군.

[16 ~ 20] 다음 글을 읽고 물음에 답하시오.

㉠중화(中華) 사상은 한족(漢族)이 자신들을 세계의 중심을 의미하는 중화로 생각하고, 주변국들이 자신들의 발달된 문화와 예법을 받아들여야 한다고 생각한 사상이다. 조선은 중화사상을 수용하여 한족 왕조인 명나라의 문화를 받아들이는 것을 당연시 하였다. 17세기에 이민족이 ⓐ 세운 청나라가 중국 땅을 차지 하였지만, 조선은 청나라를 중화라고 생각하지 않고 명나라의 부활을 고대하였다. 당시 송시열은 '오랑캐는 중국을 차지 할 수 없고 금수(禽獸)는 인류와 한 부류가 될 수 없다.'라고 하였는데, 이는 청나라를 공격하자는 북벌론과 청나라를 배척하자는 척화론 으로 이어졌다.

18세기에 청나라가 정치적 안정을 이루고 조선이 북벌을 통해 명나라를 회복하기 어렵게 되자, 조선의 유학자들 사이에서는 조선이 중화의 계승자라는 인식이 보편화되었다. 이때 청나라가 가진 발달된 문물을 도입하자는 북학파가 등장하였다. 그중 홍 대용은 청나라의 발달된 문물은 오랑캐인 청나라가 만든 것이 아니라, 청나라가 중국 땅을 차지하며 가지게 된 한족의 문물로 보았다. 이런 생각은 청나라와 청나라의 문물을 구별한 것으로, 그가 저술한 「을병연행록」에서도 발견된다. 이를 통해 이때까 지도 그는 조선이 중화의 계승자라는 인식과 중화사상에서 벗어 나지 못했음을 알 수 있다. 하지만 청나라 여행을 계기로 그곳 에서 만난 학자들과 교류를 이어 가며 선진 문물과 새로운 학 문을 탐구한 결과, 사상적 전환을 이루었고 이를 바탕으로 「의산 문답」을 저술하였다.

홍대용의 사상적 전환을 잘 보여 주는 것은 「의산문답」에 실려 있는 ㉡지구설과 무한 우주설이다. 그는 하늘이 둥글고 땅이 모나다는 전통적인 천지관을 비판하고, 땅이 둥글다는 지구 설을 주장하면서 그 근거로 일식과 월식을 이야기하였다. 일식과 월식이 둥글게 나타나는 것은 달과 우리가 사는 땅이 둥글기 때문이라는 것이다. 우리가 사는 땅은 둥글기 때문에 상하나 동서남북은 정해져 있지 않고, 개개인이 서 있는 곳이 각각 기 준이 될 수 있다고 주장하였다. 또한 그는 하늘은 무한하여 형 체를 알 수 없고 지구와 같은 땅이 몇 개가 되는지 알 수 없 다는 무한 우주설을 주장하였다.

지구설과 무한 우주설은 세상의 중심과 그 주변을 구별하는 중화사상과 다른 생각이다. 홍대용은 하늘에서 우리가 사는 세 상을 본다면 이 땅이 무한한 우주에 비해 티끌만큼도 안 되며, 안과 밖을 구별하거나 중심과 주변을 나눌 수 없다고 보았다. 따라서 중국 안과 밖을 구별할 수 없고 중화와 오랑캐라는 구 별도 상대적이라고 생각했다. 이에 따라 중화와 오랑캐로 여겨 졌던 국가가 모두 동등하며, 사람들이 각자 제 나라와 제 문화를 기준으로 살아가는 것이 당연하다고 생각하였다. 이러한 그의 생각은 모든 사람들이 중심이 될 수 있고 존재 가치가 있다는 생각으로 이어졌고, 이를 바탕으로 그는 당시 유교적 명분을 내세우며 특권을 누리려 했던 양반들을 비판하였다. 또한 재주와 학식이 있는 자는 신분이 낮은 농부의 자식이라도 높은 관직에 오를 수 있어야 한다고 주장하였다.

어떤 국가와 문화, 사람도 각자 중심이 될 수 있고 존재 가치가 있다고 생각한 홍대용의 사상은 평등주의와 다원주의를 우리 역사에서 선구적으로 보여 주었다는 점에서 의의가 있다.

16. 다음은 학생이 윗글을 읽는 중 작성한 독서 활동지이다. 학생의 활동 내용 중 적절하지 <u>않은</u> 것은?

> ◈ 2문단까지 읽고 내용을 정리한 후, 이어질 내용을 예측하고 확인하며 읽어 보자.

읽은 내용 정리
○ 청나라가 중국 땅을 차지한 후 조선에서는 북벌론과 척화론이 나타남. ……………………………… ①
○ 청나라가 정치적 안정을 이루고 북벌이 힘들어지자 조선의 유학자들은 조선이 중화의 계승자라고 생각함. ………… ②
○ 청의 문물을 배우자는 북학파가 등장하였고, 그중 홍대용은 선진 문물과 새로운 학문을 탐구하여 사상을 전환하고 「의산문답」을 저술함.

↓

이어질 내용 예측	확인 결과
○ 홍대용이 선진 문물과 새로운 학문을 탐구하여 깨달은 점이 언급될 것이다.	하늘이 둥글다는 것을 깨달음. ………… ③
○ 「의산문답」의 내용이 언급될 것이다.	지구설과 무한 우주설을 설명함. ………… ④
○ 홍대용이 아닌 다른 북학파 학자들의 사상이 언급될 것이다.	언급되지 않음. …… ⑤

17. <보기>의 대화를 윗글과 관련지어 이해한 것으로 적절하지 <u>않은</u> 것은?

> ── <보 기> ──
>
> 갑 : 천지 사이의 생물 가운데 오직 사람만이 귀합니다. 동물과 초목은 지혜가 없고 깨달음도 없으며, 오륜도 모릅니다. 그러므로 사람은 동물보다 귀하고, 초목은 동물보다 천합니다.
>
> 을 : 오륜은 사람의 예의입니다. 무리 지어 다니고 소리를 내어 새끼들을 불러 먹이는 것은 동물의 예의입니다. 그리고 떨기로 나서 무성해지는 것은 초목의 예의입니다. 사람의 관점을 기준으로 하면 사람이 귀하고 사물이 천하지만, 사물의 관점을 기준으로 하면 사물이 귀하고 사람이 천한 것입니다. 하늘에서 보면 사람과 사물은 똑같습니다.

① 갑은 귀한 대상과 천한 대상을 나누어 생각한다는 점에서 송시열과 공통점이 있다.

② 갑이 동물보다 사람을 높게 평가한 것은 신분이 낮은 농부의 자식이라도 높은 관직에 오를 수 있어야 한다는 생각으로 이어질 수 있다.

③ 을이 동물과 초목이 각자의 예의가 있다고 한 것은 세상 사람들이 자기 나라와 자기 문화를 기준으로 살아가는 것이 당연하다는 생각과 연결될 수 있다.

④ 을이 사물의 관점을 기준으로 하면 사물이 귀하다고 한 것은 모든 사람이 존재 가치가 있다는 생각과 연결될 수 있다.

⑤ 을이 하늘에서 보면 사람과 사물이 똑같다고 한 것은 우리가 사는 이 땅에서 중심과 주변을 나눌 수 없다는 홍대용의 생각과 일맥상통한다.

18. ㉠과 ㉡을 이해한 것으로 가장 적절한 것은?

① ㉠은 ㉡을 통해 조선의 중심 사상으로 자리 잡았다.

② ㉠과 ㉡은 청을 오랑캐라 여기는 생각의 근거가 되었다.

③ ㉠은 북벌론의 바탕이 되었고, ㉡은 척화론의 바탕이 되었다.

④ ㉡은 홍대용이 ㉠에서 벗어났음을 보여 주는 학설이다.

⑤ ㉡은 조선의 유학자들이 가지고 있던 ㉠을 홍대용이 발전시킨 것이다.

19. <보기>는 심화 학습을 위해 조사한 자료이다. (가), (나)에 대해 보인 반응으로 적절하지 <u>않은</u> 것은? [3점]

> ── <보 기> ──
>
> (가)
> 중국 의관이 변한 지 이미 100년이 넘은지라 지금 천하에 오직 우리 조선만이 오히려 명나라의 제도를 지키거늘, 청나라에 들어오니 무식한 부류들이 우리를 보고 웃지 않는 사람이 없으니 어찌 가련치 않겠는가? (중략) 슬프다! 번화한 문물을 오랑캐에게 맡기고 백 년이 넘도록 회복할 방법이 없구나.
> ─ 홍대용, 「을병연행록」 ─
>
> (나)
> 피와 살이 있으면 다 똑같은 사람이고, 강토를 지키고 있으면 다 동등한 국가이다. 공자는 주나라 사람이므로 그가 쓴 『춘추』에서 주나라 안과 밖을 구분한 것은 당연하다. 그가 바다를 건너 주나라 밖에 살았더라면 주나라 밖에서 도를 일으켰을 것이고, 그곳을 기준으로 생각하는 『춘추』가 나왔을 것이다.
> ─ 홍대용, 「의산문답」 ─

① (가) : 청나라를 오랑캐라고 말하고 있는 것에서, 홍대용이 중화 사상을 가진 적이 있었다는 것을 확인할 수 있군.

② (가) : 조선만이 명나라의 제도를 지킨다는 것에서, 홍대용이 조선을 중화의 계승자라고 생각했었음을 알 수 있군.

③ (가) : 번화한 문물을 오랑캐에게 맡겼다고 한 것에서, 홍대용이 청나라와 청나라가 가지고 있는 문물을 구별하려 했음을 확인할 수 있군.

④ (나) : 『춘추』에서 주나라 안과 밖을 구분한 것이 당연하다는 것에서, 중국 안과 밖을 구별하려는 홍대용의 생각이 드러나는군.

⑤ (나) : 공자가 주나라 밖에 살았다면 그곳에서 도를 일으켰을 것이라는 부분에서, 중화와 오랑캐의 구별이 상대적이라는 홍대용의 생각이 드러나는군.

20. 문맥상 ⓐ와 의미가 가장 유사한 것은?

① 그는 새로운 회사를 <u>세웠다</u>.

② 국가의 기강을 바로 <u>세워야</u> 한다.

③ 집을 지을 구체적인 방안을 <u>세웠다</u>.

④ 두 귀를 쫑긋 <u>세우고</u> 말소리를 들었다.

⑤ 도끼날을 잘 <u>세워야</u> 나무를 쉽게 벨 수 있다.

[21 ~ 25] 다음 글을 읽고 물음에 답하시오.

전자 녹음 장치에 녹음된 자신의 목소리를 스피커를 통해 들으면 어색하게 느껴진다. 그 이유를 이해하기 위해서는 소리가 무엇이며 어떤 과정을 통해 들리게 되는지 살펴볼 필요가 있다.

소리는 물체의 진동에 의해 발생하고 매질의 진동으로 전달되는 파동이다. 소리가 들린다는 것은 매질의 진동이 내이에 도달하여 달팽이관 속 림프액을 진동시켜 섬모가 흔들리고, 이로 인해 발생한 전기 신호가 청각 신경을 따라 뇌에 전달됨을 의미한다. 이때 소리가 내이에 도달하는 방식으로는 외이와 중이를 거치는 공기 전도와 이를 거치지 않는 골전도가 있다.

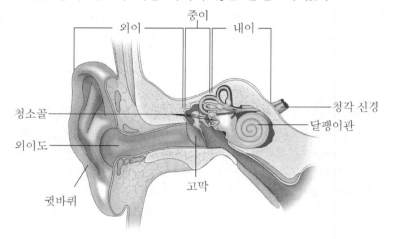

공기 전도는 공기를 매질로 소리가 내이에 전달되는 것을 의미한다. 물체의 진동이 주변 공기를 진동시키면 귓바퀴가 이 진동을 모아 귓속으로 보내고, 그 결과 진동은 외이도를 지나게 된다. 귓바퀴와 외이도 등 진동이 지나가는 각 지점에서는 소리의 공명이 발생한다. 공명이란 공명 주파수*에서 진폭이 커지는 현상을 말하는데 외이도의 경우 공명 주파수는 성인 기준으로 2,500 ~ 2,700Hz이다. 공명 주파수는 외이도의 길이에 반비례하기 때문에, 외이도의 길이가 성인보다 짧은 유아는 공명 주파수가 더 높다. 이러한 공명에 의해 증폭된 진동은 고막을 진동시키고 고막의 진동은 청소골에서 더욱 증폭되어 내이에 전달된다.

이에 반해 골전도는 귀 주변 뼈를 매질로 소리가 내이에 바로 전달되는 것이다. 대화할 때 들리는 자신의 목소리에는 성대에서 발생한 진동이 공기 전도를 통해 전달된 소리와 골전도를 통해 전달된 소리가 함께 있다. 자신의 목소리 중에서 20 ~ 1,000Hz의 소리는 골전도로는 잘 전달이 되지만, 외이와 중이에서 공명이 잘 일어나지 않아 공기 전도로는 잘 전달되지 않는다. 녹음된 자신의 목소리를 스피커를 통해 들으면 골전도를 통해 듣던 소리는 잘 들리지 않으므로 어색함을 느끼게 되는 것이다.

한편 외이와 중이에 이상이 있는 사람도 골전도를 통해서는 소리를 들을 수 있는데, 이를 이용한 보청기도 사용되고 있다. 최근에는 이어폰에도 골전도의 원리가 이용되고 있다. 이어폰 내부에는 일반적으로 내부 자기장을 형성하는 자석과 보이스코일이 있다. 보이스코일에 교류 전류를 가하면 내부 자기장에 의해 보이스코일에 인력과 척력이 교대로 작용하여 보이스코일에 진동이 발생한다. 이때 전류의 방향이 바뀌는 주기를 짧게 할수록 주파수가 높아져 높은 음의 소리가 난다. 또 전류를 세게 할수록 진폭이 커져 음량이 높아진다. ⊙일반적인 이어폰은 이러한 진동을 공기를 통해 전달하는데, ⊙골전도 이어폰은

귀 주변 뼈에 진동판을 밀착하여 진동을 내이로 직접 전달한다.

골전도 이어폰은 일반적인 이어폰과 달리 귀를 막지 않고 사용하기 때문에 다양한 장점이 있다. 우선 귀 내부가 습해지는 것을 방지할 수 있고 고막을 직접 자극하지 않는다. 또 야외 활동 시 착용해도 주변 소리를 들을 수 있어 위험 상황에 잘 대처할 수 있다. 그러나 골전도 이어폰을 사용해도 내이는 자극이 되므로 장시간 사용하면 청각 신경이 손상될 수 있어 주의해야 한다.

* 공명 주파수 : 공명 현상이 일어나거나 공명에 의해 강해지는 주파수.

21. 윗글에 대한 설명으로 가장 적절한 것은?

① 소리가 전달되는 두 가지 방식을 제시하고 이와 관련한 기술을 소개하고 있다.

② 이어폰 기술의 과학적 원리를 살펴보고 앞으로 전개될 발전 방향을 예측하고 있다.

③ 청각에 대한 두 가지 관점을 언급하고 이를 절충한 새로운 관점을 제시하고 있다.

④ 골전도 현상이 일어나는 과정을 제시하고 이에 대한 서로 다른 견해를 분석하고 있다.

⑤ 청각에 이상이 생기는 사례를 소개하고 이를 예방하기 위한 구체적인 방안을 제시하고 있다.

22. 윗글을 읽고 알 수 있는 내용으로 적절하지 <u>않은</u> 것은?

① 주파수가 낮아지면 낮은 음의 소리가 난다.

② 고막의 진동은 청소골을 통과할 때 증폭된다.

③ 외이도의 길이가 짧을수록 공명 주파수는 높아진다.

④ 이어폰의 보이스코일에 흐르는 전류가 세지면 음량이 높아진다.

⑤ 20 ~ 1,000Hz의 소리는 물체의 진동에 의해서는 발생할 수 없다.

23. 윗글의 내용을 고려할 때, 그 이유로 가장 적절한 것은?

① 평소에 골전도로 전달되는 소리를 들을 기회가 적었으므로

② 스피커에서 나온 녹음된 목소리는 내이를 거치지 않고 뇌에 전달되므로

③ 전자 장치의 전기적 에너지로 인해 청각 신경이 받는 자극의 크기가 커졌으므로

④ 녹음된 소리를 들을 때에는 골전도로 전달되는 주파수의 소리가 잘 들리지 않으므로

⑤ 자신이 말할 때 듣는 목소리에는 녹음된 목소리와 달리 외이에서 공명이 일어나는 소리가 빠져 있으므로

24. 윗글을 바탕으로 <보기>에 대해 보인 반응으로 가장 적절한 것은? [3점]

───── <보 기> ─────

난청이란 소리가 잘 들리지 않거나 전혀 들리지 않는 증상으로 외이도에서 뇌에 이르기까지 소리가 전달되는 과정 중 특정 부분에 문제가 생기면 발생한다. 그 중 전음성 난청은 외이와 중이에 문제가 있어 발생하는 증상으로, 이 경우 소리가 커지면 알아듣는 정도가 좋아질 수 있다.

이와 달리 감각 신경성 난청은 달팽이관까지 소리가 잘 전달되었음에도 소리가 잘 들리지 않는 것으로 달팽이관의 청각 세포나, 청각 자극을 뇌로 전달하는 청각 신경 또는 중추 신경계 이상 등에 발생한다. 이 경우 소리가 커져도 그것을 알아듣는 정도가 좋아지지 않는다.

① 골전도 이어폰은 장시간 사용해도 감각 신경성 난청을 유발하지는 않겠군.
② 청각 신경의 이상으로 인한 난청이 있는 사람의 경우 이어폰의 음량을 높이면 잘 들을 수 있겠군.
③ 자신이 말하는 목소리가 전혀 들리지 않는 사람은 감각 신경성 난청 증상이 있다고 볼 수 있겠군.
④ 고막의 이상으로 난청이 있는 경우 골전도의 원리를 이용한 보청기는 사용해도 효과가 없겠군.
⑤ 전음성 난청이 있는 사람은 골전도 이어폰의 소리는 들을 수 없지만 일반적인 이어폰의 소리는 들을 수 있겠군.

25. ㉠, ㉡에 대한 설명으로 적절하지 <u>않은</u> 것은?

① ㉠은 교류 전류를 진동으로 바꾸고 공기를 통해 그 진동을 내이에 전달한다.
② ㉡은 진동판을 통해 뼈에 진동을 발생시켜 소리를 내이로 전달한다.
③ ㉠은 ㉡과 달리 섬모의 흔들림을 유발하여 전기 신호를 발생시킨다.
④ ㉡은 ㉠과 달리 야외 활동 시 사용해도 주변 소리를 들을 수 있어 위험 상황에 잘 대처할 수 있다.
⑤ ㉠과 ㉡은 모두 내부 자기장과 교류 전류로 인해 인력과 척력이 발생한다.

[26 ~ 28] 다음 글을 읽고 물음에 답하시오.

[아니리] 우리 세상 같고 보면 일품 제상님네가 먼저 차례로 들어오실 터인데, 수국(水國)이라 물고기 등물이 각각 벼슬 이름을 맡아 가지고 들어오는데, 용국의 벼슬 이름이 사기(史記)에 있던 바라, 꼭 이렇게 들어오것다.

[자진모리]

［A］
승상은 거북, 승지는 도미, 판서 민어, 주서 오징어, 한림 박대, 대사성 도루묵, 방첨사 조개, 해운공 방게, 병사 청어, 군수 해구, 현감 홍어, 조부장 조기, 비변랑 낭청 장대, 성대, 청달이, 가오리, 좌우 나졸, 금군 모조리, 상어, 솔치, 눈치, 준치, 삼치, 멸치, 미끈 장어, 사수, 자가사리며, 꺽지, 금리어, 장뚱어, 망둥이, 빠각 빠각 들어와서 대왕전에 절을 꾸벅 꾸벅 꾸벅 꾸벅 하는구나.

[아니리] 용왕이 요만하고 보시더니, "경들 중에 세상을 나가서 <u>㉠천년 토끼 간을 얻어 짐의 병을 구원할 자</u> 뉘 있나뇨?"

좌우 신하들이 서로 보기만 하고 묵묵부답이 되었것다. 용왕이 또다시 탄식하시는데,

[중모리] 왕이 똘똘 탄식헌다. "남의 나라는 충신이 있어서, 할고사군 개자추와 광초망신 기신*이는 죽을 임금을 살렸건마는, 우리나라는 충신이 있어도 어느 누가 날 살리리오?"

정언 잉어가 여짜오되, "세상이라 허는 곳은 인심이 박하여 지혜 용맹 없는 자는 성공하지를 못하리라."

"좌승상 거북이 어떠하뇨."

"승상 거북은 지략이 넓사오나 복판이 모두 다 대모*인 고로, 세상에를 나가오면 인간들이 잡아다가 복판 떼어 대모장도, 밀이개살짝, 탕건 묘또기, 쉴쌈지 끈까지 대모가 아니면은 할 줄을 모르니 보내지는 못하리다."

[아니리] 이때 해운공 방게가 열 발을 쩍 벌리고 살살 기어 들어와서 공손히 엎드리더니, 장담하여 말을 하는데,

[중중모리] "신의 고향 세상이오. 신의 고향 세상이라. 청림벽계(靑林碧溪) 산천수 가만히 몸 담그고 천봉만학(千峯萬壑)을 바라보니, 산토끼 달토끼 안면이 있사오니, 소신의 엄지발로 토끼놈의 가는 허리를 바드드드득 안어다가 대왕전 바치리다."

[아니리] "네 말은 그러하나, 너 생긴 눈이 허망하게 폭 솟았기로 왔다갔다를 잘하니, 가다가 뒷걸음질을 잘할 테니, 저리 물렀거라."

[중모리] "방첨사 조개가 어떠하뇨?"

정언이 여짜오되, "방첨사 조개는 철갑이 꿋꿋 방신제도*가 좋사오나, 옛글에 이르기를, 휼조와 싸우다가 어부의 공이 된다 하였으니, 세상에를 나가오면, 휼조라는 새가 있어, 수루루 펄펄 펄펄 날아 들어, 휼조는 조개를 물고, 조개는 휼조를 물고, 서로 놓지를 못하다가 어부에게 잡히어 속절없이 죽을 터이니, 보내지를 못하리다."

[아니리] "그리하면 어찌하면 옳단 말이냐?"

[자진모리] "그럼 수문장 메기가 어떠한고?"

정언이 여짜오되, "메기는 수염 길고 입 크고 풍채 좋거니와, 아가리가 너무 커서 식량이 너룬 고로, 세상을 나가오면 요깃감을 얻으려고 조그마한 산천수 이리저리 기댈 제, 사립 쓴 어옹들이 비바람이

불어도 돌아가지 않는지라, 입감 꿰어서 물에 풍, 탐식으로 덜컥 삼켜 꼼짝없이 죽게 되면 탁 채어 낚어다가 인간의 이질, 복질, 설사, 배앓이 하는 데 약으로 먹사오니 보내지는 못하리다."

[아니리] 한참 이리 결정을 못하고 있을 적에, 저 영덕전 뒤에서 한 신하가 들어오는데,

[진양조] 영덕전 뒤로 한 신하가 들어온다. 눈 작고 다리 짧고, 목 길고 주둥이는 까마귀 부리 같구나. 등에다 방패를 지고 앙금앙금 기어 들어오더니, 몸을 굽혀 재배하고 상소를 올리거늘,

[아니리] 왕이 상소를 받아 보시니, 별주부 자라였다.

(중략)

[아니리] 용왕이 상소 받아 보시고 칭찬 왈,

"신하라! 별주부가 신하다, 충신이라! 별주부가 충신이로다. 참으로 충신일다. 그러나 우리 수국 충신이 다 세상 사람의 고기밥이 된다 하니, 그 아니 원통한고?"

별주부 여짜오되,

"소신은 네 발이 갖춰 있어 강상(江上)에 높이 떠 망보기를 잘하와 인간에게 잡힐 걱정은 없사오나, 바닷속에 태어나 토끼 얼굴을 모르오니, 화상(畵像)을 하나 그려주사이다."

"글랑은 그리 하여라."

[중중모리] "화공을 불러라."

화공을 불러 들여 토끼 화상을 그린다. 동정호 유리로 만든 벼루에 비단같은 물결 담은 거북 연적 오징어로 먹 갈아, 붓을 풀어 단청 채색을 두루 묻히어서 이리저리 그린다.

[B]
천하명산승지간의 경개 보던 눈 그리고, 두견앵무 지지울제 소리 듣던 귀 그리고, 난초지초 온갖 향초 꽃 따먹던 입 그리고, 봉래 방장 운무* 중의 냄새 잘 맡던 코 그리고, 대한엄동 설한풍 어한(禦寒)*하던 털 그리고, 만화방창 꽃밭에서 펄펄 뛰던 발 그리고, 두 귀는 쫑긋, 눈은 도리도리, 허리는 늘씬, 꼬리가 뭉퉁, 좌편 청산이요, 우편은 녹순데, 녹수청산의 애굽은 장송, 휘느러진 버드나무, 들랑달랑 오락가락 엉거주춤 기는 토끼 산토끼 달토끼 얼풋 그려, 아미산 위에 뜬 반달이 가을이 되었다는 말이 이에서 더할 쏘냐.

"아나, 엿다, 별주부야. 어서 가지고 나가거라."

– 유성준 창본, 「수궁가」 –

* 할고사군 개자추와 광초망신 기신: 임금을 위해 희생한 고사 속 충신들.
* 대모: 바다거북의 등껍질. 장식품이나 공예품을 만드는 데 쓰임.
* 방신제도 : 제 몸을 지키는 방법.
* 봉래 방장 운무: 신선이 사는 산의 안개.
* 어한: 추위를 막아주는.

26. 윗글에 대한 이해로 적절한 것은?

① 용왕은 자신에게 신임을 얻기 위해 다투는 신하들을 못마땅하게 생각한다.
② 잉어는 지혜와 용맹이 있는 인물이 토끼의 간을 얻어 올 수 있을 것이라고 생각한다.
③ 잉어는 승상인 거북이 다양한 재주가 있으나 지략이 없는 것을 한탄한다.
④ 방게는 수국에서 벼슬을 얻지 못하자 자신의 고향인 육지로 돌아가고 싶어 한다.
⑤ 화공은 토끼의 모습을 모르는 자라를 돕기 위해 육지로 동행한다.

27. [A]와 [B]에 대한 이해로 가장 적절한 것은?

① [A]는 용궁의 모습을, [B]는 육지의 모습을 묘사하여 공간적 배경을 대비하고 있다.
② [A]는 수국의 신하를, [B]는 토끼의 신체 부위를 열거하여 장면을 구체화하고 있다.
③ [A]는 신하들의 생활 모습을, [B]는 토끼의 생활 모습을 제시하여 인물의 성격을 보여 주고 있다.
④ [A]는 용왕이 처한 문제를, [B]는 이에 대한 해결책을 제시하여 사건의 전개 방향을 예고하고 있다.
⑤ [A]는 용궁을 긍정적으로, [B]는 토끼를 부정적으로 평가하여 인물에 대한 작가의 태도를 드러내고 있다.

28. ㉠을 선정하는 과정을 다음과 같이 정리할 때, 이에 대한 설명으로 적절하지 <u>않은</u> 것은? [3점]

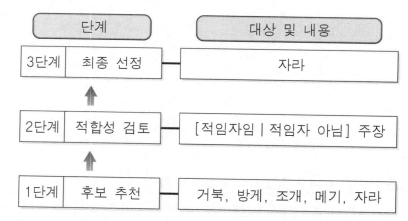

① '1단계'에서 방게와 자라는 스스로 후보로 나선다.
② '2단계'에서 용왕은 방게의 눈이 솟아 있어 다른 동물들 눈에 띄기 쉬우므로 적임자가 아니라고 주장한다.
③ '2단계'에서 잉어는 조개가 휼조와 서로 물고 싸우다가 인간에게 잡힐 것이므로 적임자가 아니라고 주장한다.
④ '2단계'에서 잉어는 메기가 탐식 때문에 돌아다니다가 인간들에게 잡힐 것이므로 적임자가 아니라고 주장한다.
⑤ '3단계'에서 자라가 선정된 것은, 망보기를 잘하여 인간에게 잡힐 염려가 없다는 자라의 주장이 받아들여졌기 때문이다.

[29 ~ 31] 다음 글을 읽고 물음에 답하시오.

(가)

모란이 피기까지는
나는 아직 나의 봄을 기둘리고 있을 테요
모란이 뚝뚝 떨어져 버린 날
나는 비로소 봄을 여읜 설움에 잠길 테요
오월 ⓐ 어느 날 그 하루 무덥던 날
떨어져 누운 꽃잎마저 시들어 버리고는
천지에 모란은 자취도 없어지고
뻗쳐오르던 내 보람 서운케 무너졌느니
모란이 지고 말면 그뿐 내 한 해는 다 가고 말아
삼백예순 날 하냥 **섭섭해 우옵네다**
모란이 피기까지는
나는 **아직 기둘리고 있을 테요 찬란한 슬픔의 봄을**
　　　　　　　－ 김영랑, 「모란이 피기까지는」 －

(나)

아래층에서 물 틀면 단수가 되는
좁은 계단을 올라야 하는 전세방에서
만학을 하는 나의 등록금을 위해
사글셋방으로 이사를 떠나는 형님네
달그락거리던 밥그릇들
베니어판으로 된 농짝을 리어카로 나르고
집안 형편을 적나라하게 까 보이던 이삿짐
가슴이 한참 덜컹거리고 이사가 끝났다
형은 시장 골목에서 자장면을 시켜주고
쉽게 정리될 살림살이를 정리하러 갔다
나는 전날 친구들과 깡소주를 마신 대가로
냉수 한 대접으로 조갈증을 풀면서
자장면을 앞에 놓고
이상한 중국집 젊은 부부를 보았다
바쁜 점심시간 맞춰 잠자주는 아기를 고마워하며
젊은 부부는 밀가루, 그 **연약한 반죽**으로
튼튼한 미래를 꿈꾸듯 명랑하게 전화를 받고
서둘러 배달을 나아갔다
나는 그 모습이 **눈물처럼 아름다워**
물배가 부른데도 자장면을 남기기 미안하여
마지막 면발까지 다 먹고 나니
더부룩하게 배가 불렀다, 살아간다는 게

ⓑ 그날 나는 분명 **슬픔도 배불렀다**
　　　　　　　－ 함민복, 「그날 나는 슬픔도 배불렀다」 －

29. (가)에 대한 설명으로 적절하지 <u>않은</u> 것은?

① 색채어를 활용하여 대상의 불변성을 부각하고 있다.
② 변형된 수미상관의 구조를 통해 시의 주제를 강조하고 있다.
③ 도치의 방식으로 시상을 마무리하여 시적 의미를 강조하고 있다.
④ 음성 상징어를 통해 대상의 움직임에서 느끼는 인상을 드러내고 있다.
⑤ 작품의 표면에 나타난 화자가 자신의 정서를 직접적으로 드러내고 있다.

30. ⓐ와 ⓑ에 대한 설명으로 가장 적절한 것은?

① ⓐ는 대상과의 소통이 확대된 시간이고, ⓑ는 대상과의 소통이 단절된 시간이다.
② ⓐ는 대상과의 유대감을 느끼는 시간이고, ⓑ는 대상과의 거리감을 느끼는 시간이다.
③ ⓐ는 대상을 통해 삶의 희망을 찾게 된 시간이고, ⓑ는 대상을 통해 삶의 권태를 느낀 시간이다.
④ ⓐ는 대상의 소멸로 인해 슬픔을 느낀 시간이고, ⓑ는 슬픔 속에서도 아름다움을 발견한 시간이다.
⑤ ⓐ는 현실에 대한 비판적 태도가 드러나는 시간이고, ⓑ는 미래에 대한 희망이 드러나는 시간이다.

31. <보기>를 참고하여 (가)와 (나)를 감상한 것으로 적절하지 <u>않은</u> 것은? [3점]

― <보 기> ―

시에서 대비되는 정서나 태도, 이미지가 제시될 때, 화자가 처한 상황이나 대상에 대한 인식이 강조되는 효과가 있다. 그런데 상반되거나 이질적인 정서나 태도, 이미지들이 함께 나타날 때는 표면적으로 모순이 있는 것처럼 보이기도 한다. 하지만 시인은 모순적으로 보이는 것들을 통해서 표면적 진술 너머에 있는 보다 높은 차원의 인식을 보여 준다.

① (가): '섭섭해 우옵네다'와 '아직 기둘리고 있을 테요'에서는 꽃이 사라진 것에 대한 화자의 태도가 대비되면서 화자의 기다림이 강조되는군.
② (가): '찬란한 슬픔'은 모순된 진술처럼 보이지만, 표면적 진술 너머에 슬픔을 극복하려는 화자의 인식이 담겨 있음을 볼 수 있군.
③ (나): '연약한 반죽'과 '튼튼한 미래'에서는 이미지의 대비를 통해 희망을 잃지 않는 중국집 젊은 부부의 건강한 삶을 강조하고 있군.
④ (나): '이상한'과 '눈물처럼 아름다워'에서는 중국집 젊은 부부를 향한 태도가 대비되면서 중국집 젊은 부부에 대한 화자의 긍정적인 인식이 부각되고 있군.
⑤ (나): '슬픔도 배불렀다'는 모순된 진술을 통해 중국집 젊은 부부의 고단한 삶과의 대비에서 느끼는 화자 자신의 삶에 대한 만족감을 강조하고 있군.

[32 ~ 35] 다음 글을 읽고 물음에 답하시오.

(가)

저기 가는 저 [각시] 본 듯도 하구나
천상 백옥경(白玉京)*을 어찌하여 이별하고
해 다 져 저문 날에 누굴 보러 가시는고
어와 [너]로구나 이 내 사설 들어 보오
내 얼굴 이 거동이 **임** 사랑 받을 만할까만
어쩐 일로 날 보시고 너로다 여기시니
나도 임을 믿어 군뜻이 전혀 없어
아양이야 교태야 어지러이 하였더니
반기시는 낯빛이 전과 어찌 다르신고
누워 생각하고 일어나 앉아 헤아리니
내 몸의 지은 죄 산같이 쌓였으니
하늘이라 원망하며 사람이라 허물하랴
서러워 풀어 헤아리니 **조물***의 **탓**이로다
그리 생각 마오
맺힌 일이 있소이다
임을 모셔 있어 임의 일을 내 알거니
물 같은 얼굴이 편하실 적 몇 날일꼬
               (중략)
반벽 푸른 등은 누굴 위하여 밝았는고
오르며 내리며 헤매며 오락가락하니
어느덧 힘이 다해 풋잠을 잠깐 드니
정성이 지극하여 꿈에 임을 보니
옥 같던 얼굴이 반이 넘게 늙었어라
마음에 먹은 말씀 실컷 사뢰자 하니
눈물이 이어져 나니 말씀인들 어이 하며
정을 못다 풀고 목조차 메어 오니
방정맞은 닭 울음에 잠을 어찌 깨었던고
어와 허사로다 이 임이 어디 간고
바로 일어나 앉아 창을 열고 바라보니
불쌍한 그림자 날 좇을 뿐이로다
차라리 사라져 **낙월(落月)**이나 되어서
임 계신 창 안에 번듯이 비추리라
각시님 달이야커녕 굳은 비나 되소서
              – 정철, 「속미인곡(續美人曲)」 –

* 백옥경 : 옥황상제가 지내는 궁궐.
* 조물 : 조물주.

(나)

[손[客]]이 [주옹(舟翁)]에게 물었다.

"그대가 배에서 사는데, 고기를 잡는다 하자니 낚시가 없고, 장사를 한다 하자니 팔 것이 없고, 뱃사공 노릇을 한다 하자니 물 가운데만 있어 오고감이 없구려. 변화불측한 물에 조각배 하나를 띄워 가없는 ㉠넓은 바다를 헤매다가, 바람 미치고 물결 놀라 돛대는 기울고 노까지 부러지면, 정신과 혼백이 흩어지고 두려움에 싸여 목숨이 지척에 있게 될 것이로다. 이는 지극히 험한 데서 위태로움을 무릅쓰는 일이거늘, 그대는 도리어 이를 즐겨 오래오래 물에 떠가기만 하고 돌아오지 않으니 무슨 재미인가?"

주옹이 대답했다.

"아아, 그대는 생각하지 못하는가? 대개 사람의 마음이란 변덕스러운 것이어서, ㉡평탄한 땅을 디디면 느긋해지고, 험한 지경에 처하면 두려워 조심하는 법이다. 두려워 조심하면 든든하게 살지만, 느긋하면 반드시 흐트러져 위태롭게 되나니, 내 차라리 위험을 딛고서 항상 조심할지언정, 편안한 데 살아 스스로 쓸모없게 되지 않으려 한다. 하물며 내 배는 정해진 꼴이 없이 떠도는 것이니, 혹시 무게가 한쪽에 치우치면 그 모습이 반드시 기울어지게 된다. 왼쪽으로도 오른쪽으로도 기울지 않고, 무겁지도 가볍지도 않게끔 내가 배 한가운데서 평형을 잡아야만 기울어지지도 뒤집히지도 않아 내 배의 평온을 지킬 수 있다. 비록 ㉢풍랑이 거세게 인다 한들 편안한 내 마음을 어찌 흔들 수 있겠는가? 또, 무릇 인간 세상이란 한 거대한 물결이요, 인심(人心)이란 ㉣한바탕 큰 바람이니, 하잘것없는 내 한 몸이 아득한 그 가운데 떴다 잠겼다 하는 것보다는, 오히려 ㉤한 잎 조각배로 만 리의 부슬비 속에 떠 있는 것이 낫지 않은가? 내가 배에서 살면서 세상 사람을 보니, 안전한 때는 후환을 생각지 못하고, 욕심을 부리느라 나중을 돌보지 못하다가, 마침내는 빠지고 뒤집혀 죽는 자가 많다. 그대는 어찌 이를 두려워하지 않고 도리어 나를 위태롭다 하는가?"

              – 권근, 「주옹설(舟翁說)」 –

32. (가)와 (나)의 공통점으로 가장 적절한 것은?

① 설의적 표현을 활용하여 의미를 강조하고 있다.
② 점층적 방식을 활용하여 주제를 부각하고 있다.
③ 다양한 감각적 심상을 사용하여 대상을 예찬하고 있다.
④ 반어적 진술을 통해 대상에 대한 태도를 드러내고 있다.
⑤ 명령적 어조를 통해 현실에 대한 비판 의식을 드러내고 있다.

33. <보기>를 바탕으로 (가)를 이해한 내용으로 적절하지 않은 것은?

                    < 보 기 >

연군 가사는 임금과 떨어진 신하가 임금을 그리워하고 걱정하며 충성심을 드러낸 가사 작품들을 가리킨다. 「속미인곡」은 정철이 정쟁(政爭)으로 인해 관직에서 물러난 후 낙향하였을 때 쓴 연군 가사의 대표적 작품이다.

① '천상 백옥경'은 화자가 '임'과 지냈던 곳으로 임금이 있는 궁궐에 대응된다.
② '내 몸의 지은 죄'가 '조물의 탓'이라는 화자의 한탄을 통해 작가가 자신을 관직에서 물러나게 한 사람들을 원망하고 있음을 알 수 있다.
③ 화자가 꿈속에서 '임'의 모습을 보고 '눈물이 이어져'난다고 하는 것에서 임금에 대한 작가의 걱정과 그리움의 깊이를 짐작할 수 있다.
④ '임'과 헤어지게 된 화자가 자신의 그림자를 '불쌍한'으로 표현한 것에서 임금과 떨어져 지내야 하는 것에 대한 작가의 안타까운 심정을 알 수 있다.
⑤ '낙월'이 되어서라도 '임 계신 창 안에 번듯이 비추'려는 화자의 모습에서 임금에 대한 작가의 충성심을 알 수 있다.

34. 다음은 수업의 일부이다. 선생님의 설명에 따라 (가)와 (나)의 인물을 분석한 내용으로 적절하지 <u>않은</u> 것은? [3점]

> **선생님** : 시나 수필을 창작할 때 주제 의식을 효과적으로 표현하기 위해 인물 간의 대화로 작품을 구성하기도 합니다. 이 경우 인물들은 중심 인물과 주변 인물로 나누어 볼 수 있는데, 중심 인물은 대화를 주도하며, 작가 의식을 대변하는 역할을 합니다. 주변 인물은 중심 인물의 말을 이끌어내거나 중심 인물을 위로하고 대안을 제시하는 보조적 인물, 중심 인물과 대립하면서 중심 인물에게 문제 제기를 하는 대립적 인물로 나눌 수 있습니다.

	인물	특징적 발화	인물 유형	인물의 역할	
(가)	각시	내 사설 들어 보오	중심 인물	대화를 주도함.	
	너	누굴 보러 가시는고	주변 인물	중심 인물의 말을 이끌어냄.	①
		그리 생각 마오	주변 인물	중심 인물과 대립함.	②
		궂은 비나 되소서	주변 인물	대안을 제시함.	③
(나)	주옹	그대는 어찌 이를 두려워하지 않고 도리어 나를 위태롭다 하는가?	중심 인물	작가 의식을 드러냄.	④
	손	그대는 도리어 이를 즐겨 오래 오래 물에 떠가기만 하고 돌아오지 않으니 무슨 재미인가?	주변 인물	중심 인물에게 문제 제기를 함.	⑤

35. (나)의 ㉠~㉤을 이해한 내용으로 적절하지 <u>않은</u> 것은?

① ㉠ : 변화불측한 특성을 가진 곳으로, '세상 사람들'이 위험하다고 생각하는 공간이다.

② ㉡ : '주옹'이 사는 곳과 대비되는 장소로, '세상 사람들'이 안전하다고 생각하는 공간이다.

③ ㉢ : 조각배의 돛대를 기울게 하고 노를 부러뜨릴 수 있는 바람과 물결로, '주옹'이 위태로움을 느끼는 외적 요인이다.

④ ㉣ : 욕심을 부리는 세상 사람들의 마음을 비유한 것으로, 그들의 삶을 위태롭게 만드는 요인이다.

⑤ ㉤ : 바람에 쉽게 흔들릴 수 있는 곳이지만, 인간 세상과 비교했을 때 오히려 '주옹'이 안전함을 느끼는 곳이다.

[36 ~ 40] 다음 글을 읽고 물음에 답하시오.

어떤 제약 회사에서 특정한 병에 효과가 있는 새로운 약을 만들고 있다고 가정해 보자. 신약 개발은 엄청난 자본이 들어가는 일이기 때문에 경영자는 신중하게 판단을 해야 한다. 경영자는 신약이 효과가 있다는 것을 확인하기 위해 가설 검정 의 방법을 사용할 수 있다. 가설 검정은 ⓐ모순된 관계에 있는 두 개의 가설을 세우고 실험을 통해 얻은 통계 자료로 가설의 참 또는 거짓을 판단하는 것이다. 가설 검정을 위해 경영자는 '신약이 효과가 있다.'와 '신약이 효과가 없다.'라는 가설을 설정한다. 전자는 판단하는 이가 주장하려는 가설로 '대립(對立)가설'이라 하고 후자는 주장하고 싶은 내용과는 반대되는 가설인 '귀무(歸無)가설'이라 한다.

'신약이 효과가 있다.'라는 대립가설을 입증하기 위해서는 특정 질병을 겪고 있는 모든 환자에게 신약을 투약해 보면 된다. 하지만 전체를 대상으로 실험하는 것은 현실적으로 불가능하기 때문에 대립가설을 기준으로 가설 검정을 하지는 않는다. 대신 가설 검정에서는 귀무가설이 참이라고 가정한 상태에서, 일부 환자에게 투약해서 얻은 자료를 바탕으로 확률에 근거하여 귀무가설의 기각 여부를 결정한다. '신약이 효과가 없다.'라는 귀무가설 아래에서 투약하였는데 관찰한 결과 ⓑ병이 호전된 경우가 많았다고 하자. 이는 '신약이 효과가 없다.'가 타당하지 않은 것이므로, 경영자는 ⓒ귀무가설을 버리고 대립가설을 채택하면 된다. 한편 '신약이 효과가 없다.'라는 귀무가설 아래에서 투약하였고, 관찰 결과 병이 낫지 않은 경우가 더 많았다고 하자. 이때는 귀무가설을 버릴 수 없다. 이처럼 가설 검정은 '귀무가설을 기각한다.' 또는 '귀무가설을 기각하지 못한다.'라는 의사 결정을 중심으로 대립가설의 채택 여부가 결정된다.

경영자가 의사 결정을 하는 과정에서는 두 가지 오류가 발생할 수 있다. 귀무가설이 참인데도 불구하고 귀무가설을 기각하는 결정을 내린 것을 '1종 오류'라고 한다. 앞선 예에서 실제로는 약효가 없는데도 약효가 있다고 판단하는 것이다. 그리고 귀무가설이 참이 아닌데 귀무가설을 기각하지 못한 결정을 내린 것을 '2종 오류'라고 한다. 실제로는 약효가 있지만 약효가 없다고 판단하는 것이다. 이러한 오류는 판결에서도 나타날 수 있다. 증거에 의해 '피고인은 유죄이다.'라는 대립가설이 채택되기 전까지는 '피고인은 무죄이다.'라고 가정한다. 판사는 확보된 증거를 바탕으로 ⓓ귀무가설의 기각 여부를 판단해야 한다. 이때 판사가 무죄인 사람에게 유죄를 선고하는 것은 1종 오류, 유죄인 사람에게 무죄를 선고하는 것은 2종 오류에 해당한다.

오류들 중 상대적으로 더 심각한 문제를 초래하는 것은 1종 오류이다. 효과가 있는 약을 출시하지 못해서 기업이 수익을 창출할 기회를 잃어버리는 상황에 비해, 시장에 출시했는데 약의 효능이 없어서 회사가 신뢰를 잃는 위험이 더 크다. 또한 죄가 있는데 무죄 판결을 내리는 것보다 결백한 사람에게 유죄 판결을 내리는 것이 더 심각한 문제이다. 그런데 ⓔ두 가지 오류를 동시에 줄일 수는 없다. 한쪽 오류를 줄이면 그만큼 반대쪽 오류는 늘어나기 때문이다. 만약 경영자가 약의 효능과는 무관하게 일단은 약을 출시하기로 결정했다면 2종 오류는 배제할 수 있지만 그만큼 1종 오류는 늘어나게 된다.

따라서 가설 검정 과정에서는 1종 오류가 발생할 확률의 최대 허용 범위인 ㉠유의 수준을 가급적 낮게 정한다. 예를 들어 유의 수준이 5%라면 백 번의 시행 중 다섯 번 이내로 1종 오류가 발생하더라도 우연히 일어난 일로 보고 대립가설을 채택하지만, 이 값을 넘어서면 귀무가설을 기각하지 못한다는 것이다. 또한 유의 수준은 실험을 하기 전에 미리 정하며, 사람의 생명이나 인권과 결부된 것이라면 유의 수준은 더 낮게 잡아야 한다.

36. 가설 검정 에 대하여 윗글을 통해 답을 찾을 수 없는 질문은?

① 귀무가설을 기각할 때 새롭게 설정하는 가설은 무엇인가?
② 대립가설을 기준으로 가설을 검정하지 않는 이유는 무엇인가?
③ 대립가설의 채택 여부를 판단하기 위해 사용하는 가설은 무엇인가?
④ 1종 오류와 2종 오류를 함께 줄일 수 없는 이유는 무엇인가?
⑤ 1종 오류와 2종 오류 중 더 심각한 문제를 초래하는 오류는 무엇인가?

37. 윗글의 내용과 일치하는 것은?

① 귀무가설이 기각되면 대립가설은 채택될 수 없다.
② 판결에서 대립가설의 기각 여부는 피고인이 판단한다.
③ 귀무가설은 대립가설이 채택될 때 받아들여지는 가설이다.
④ 귀무가설은 참과 거짓을 알기 전까지는 거짓으로 간주한다.
⑤ 신약 개발을 하는 경영자가 채택하고 싶은 것은 대립가설이다.

38. 윗글을 바탕으로 〈보기〉를 이해할 때, A ~ D에 대한 설명으로 적절하지 않은 것은? [3점]

<보 기>

구분		실제 상황	
		귀무가설 참	귀무가설 거짓
의사 결정	귀무가설 기각 못함	A	B
	귀무가설 기각함	C	D

① 실제로 피고인이 죄를 저지르지 않은 것은 A와 C의 경우에 해당한다.
② 경영자가 신약의 효능이 없다고 판단하는 것은 A와 B의 경우에 해당한다.
③ A와 D는 피고인에 대해 판사가 내린 판결에 오류가 발생하지 않은 경우에 해당한다.
④ 법원이 B를 줄이면, 실제로 죄를 저지른 피고인을 무죄로 판결해서 사회로 돌려보내는 수가 늘어난다.
⑤ 제약 회사가 C를 줄이려는 이유는 약의 효능이 없어 시장에서 신뢰를 잃는 상황을 심각하게 생각하기 때문이다.

39. ㉠에 대한 설명으로 적절한 것은?

① 인권과 관련된 판단일수록 값을 크게 설정한다.
② 귀무가설이 참일 확률과 거짓일 확률의 차이를 의미한다.
③ 값을 낮게 정할수록 대립가설을 채택할 확률이 낮아진다.
④ 실험이 이루어진 후에 자료를 분석할 때 결정하는 값이다.
⑤ 가설을 판단할 때 사용할 자료 개수의 최대 허용 범위이다.

40. 문맥상 ⓐ ~ ⓔ와 바꿔 쓰기에 적절하지 않은 것은?

① ⓐ : 동시에 참이 되거나 동시에 거짓이 될 수 없는
② ⓑ : 귀무가설과 어긋난
③ ⓒ : '신약이 효과가 없다.'라는 가설을 기각하고
④ ⓓ : '피고인은 유죄이다.'라는 가설
⑤ ⓔ : 1종 오류와 2종 오류

[41 ~ 45] 다음 글을 읽고 물음에 답하시오.

(가)

[앞부분 줄거리] 시골 학교로 전학 온 '나'는 힘으로 학급을 장악하고 있던 석대에게 저항하다 이내 굴복한다. 그러나 김 선생이 부임한 후 아이들이 석대의 비행을 폭로하고 석대는 학교를 떠난다. 학교를 떠난 석대는 학교 밖에서 아이들을 괴롭힌다.

교실 안에서 우리에게 가장 많은 혼란과 소모를 강요한 것은 의식의 파행이었다. 선생님의 격려와 근거 없는 승리감에 취한 우리 중의 일부는 지나치게 앞으로 내달았고, 아직도 ⓐ석대의 질서가 주던 중압에서 깨어나지 못한 아이들은 또 너무 뒤처져 미적거렸다. 임원진으로 뽑힌 아이들도 마찬가지였다. 어른들의 식으로 표현하자면, 한쪽은 너무도 민주의 대의에 충실히 우왕좌왕하는 다수와 함께 우왕좌왕했고, 또 한쪽은 석대 식의 권위주의를 청산하지 못해 은근히 **작은 석대를 꿈꾸**었다. 거기다가 **새로 생긴 건의함**은 올바른 국민 탄핵제도의 기능을 하기보다는 밀고와 모함으로 일주일에 하나씩은 임원들을 갈아치웠다.

(중략)

그렇지만 시간이 흐르면서 ㉠안팎의 도전들은 차츰 해결되어 갔다.

먼저 해결된 것은 석대 쪽이었는데, 그 해결을 유도한 담임 선생님의 방식은 좀 특이했다. 우리에게는 거의 불가항력적이었건만 어찌 된 셈인지 담임선생님은 석대 때문에 결석한 아이들을 그 어느 때보다 호된 매질과 꾸지람으로 다루었다.

"다섯 놈이 하나한테 하루 종일 끌려 다녀? 병신 같은 자식들."
"너희들은 두 손 묶어 놓고 있었어? 멍청한 놈들."
그렇게 소리치며 마구잡이 매질을 해댈 때는 마치 사람이 갑자기 변한 것처럼 보였다. 우리는 영문을 몰랐으나 그 효과는

오래잖아 나타났다. ㉡우리 중에서 좀 별나고 당찬 소전거리 아이들 다섯이 마침내 석대와 맞붙은 것이었다. 석대는 전에 없이 표독을 떨었지만 상대편 아이들도 이판사판으로 덤비자 결국은 혼자서 다섯을 당해내지 못하고 꽁무니를 뺐다. 선생님은 그 아이들에게 그 당시 한창 인기 있던 케네디 대통령의 『용기 있는 사람들』이란 ㉢책 한 권씩을 나눠 주며 우리 모두가 부러워할 만큼 여럿 앞에서 그들을 추켜세웠다. 그러자 다음날 미창 쪽에서도 똑같은 일이 벌어지고 그 뒤 석대는 두 번 다시 아이들 앞에 나타나지 않았다.

거기 비해 우리 **내부에서 일어나는 혼란**을 대하는 담임선생님의 태도는 또 앞서와 전혀 달랐다. 잘못된 이해나 엇갈리는 의식 때문에 아무리 교실 안이 시끄럽고 **학급의 일이 갈팡질팡해도** 담임선생님은 철저하게 모르는 척했다. 토요일 오후 **자치회가 끝없는 입씨름으로 서너 시간씩 계속**돼도, 급장 부급장 건의함을 통해 밀고된 대단치 않은 잘못으로 한 달에 한 번씩 갈리는 소동이 나도 언제나 가만히 지켜보고 있을 뿐 충고 한 마디 하는 법이 없었다.

[A] 그 바람에 우리 학급이 정상으로 돌아가는 데는 거의 한 학기가 다 소비된 뒤였다. 여름방학이 지나자 벌써 서너 달 앞으로 닥친 중학 입시가 말깨나 할 만한 아이들의 주의를 온통 그리로 끌어들인 까닭도 있지만, 그보다는 경험의 교훈이 자정 능력을 길러 준 덕분이 아닌가 한다. 서로 다투고 따지고 부대끼고 시달리는 그 대여섯 달 동안에 우리는 **차츰 스스로가 스스로를 규율**한다는 게 어떤 것인가를 배우게 된 것이었다. 하지만 그때껏 그런 우리를 지켜보기만 했던 담임선생님의 깊은 뜻을 이해하는 데는 아직도 훨씬 더 많은 세월이 지나야 했다.

학교 생활이 정상으로 돌아감과 아울러 **굴절되었던 내 의식**도 차츰 원래대로 회복되어 갔다. 다시 어른들 식으로 표현하면, **새로운 급장 선거에서 기권표를 던질** 때만 해도 머뭇거리던 내 시민 의식은 오래잖아 자신과 희망을 가지게 되고 자유와 합리에 대한 예전의 믿음도 이윽고는 되살아 났다. 가끔씩—이를테면, 내가 듣기에는 더할 나위 없는 의견 같은데도 공연히 떠드는 게 좋아 씨알도 먹히지 않는 따지기로 회의만 끝없이 늘어 놓는 아이들을 볼 때나, **다 같이 힘을 합쳐야 할 작업에 요리조리 빠져나가** 우리 반이 딴 반에 뒤지게 만드는 아이들을 보게 될 때와 같은 때—석대의 질서가 가졌던 **편의와 효용성**을 떠올릴 때가 있었지만 그것도, 금지돼 있기에 더 커지는 유혹 같은 것에 지나지 않았다.

석대는 미창 쪽 아이들과의 싸움이 있고 난 뒤 우리들뿐만 아니라 그 작은 읍에서도 사라져버렸다. 얼마 후 들리는 소문으로는 서울에 있는 어머니를 찾아갔다는 것이었다.

－ 이문열, 「우리들의 일그러진 영웅」 －

(나)
S#136 교실 (아침)
얼굴들에 상처 난 아이들 몇 명을 중심으로 모여 수군거리는 아이들. 그 교실의 소란스러운 분위기를 뚫고 들어오는 김 선생. 급히 자기 자리를 찾아가는 아이들로 우당탕거리던 교실이 갑자기 쥐죽은 듯 조용해진다. 교실 안을 휘 휘둘러보는 김 선생. 군데군데 비어 있는 몇 개의 자리. 김 선생과 시선이 마주친 상처 난 얼굴의 아이들이 얼굴을 숙인다.

김 선생 : 언제까지 이럴 거야. 너희들! (갑작스런 김 선생의 높아진 음성에 아이들의 고개가 더 숙여진다.) 이렇게 매일 얻어맞고 그게 무서워 결석을 하고... (고개를 숙인 채 기가 죽은 아이들을 굳은 얼굴로 둘러보는 김 선생.) 석대가 그렇게 무서워? 난 너희들 같은 겁쟁이들은 가르치고 싶지 않다. 절대 피하지 마라. 맨손으로 안 되면 돌이라도 들고 싸워라. 한 사람이 안 되면 두 사람, 그래도 안 되면 전부 다들 덤벼라. 내 말 알아듣겠나? (아이들 중 몇 명이 죽어가는 소리로 겨우 대답한다.) 다시! 알아듣겠나?
아이들 : (조금 커진 소리로) 네.
김 선생 : 다시.
아이들 : (일제히 힘차게) 네!

S#137 교실 (밤)
나무 의자와 책상 등이 불길에 싸여 있다.

S#138 동 밖 (밤)
물을 길어와 교실 안에다 끼얹는 동네 사람들. 서서히 불길이 잡힌다. (F.O)

S#139 (F.I) 같은 장소 (아침)
웅성거리며 모여 드는 아이들. 입을 꽉 다문 병태도 섞여 있다. 급하게 뛰어온 김 선생. 주먹을 불끈 쥔다. 병태, 시커먼 병이 나무둥치 밑에 숨겨져 있는 것을 발견한다. 화단에 흐드러지게 피어 있는 철쭉과 진달래의 붉은 색이 눈을 어지럽힌다. 교문 쪽으로 먼 시선을 주고 있던 병태. 다시 한번 쓰러져 있는 병을 본다.

병태(내레이션) : 그날 이후 엄석대를 본 사람은 아무도 없었다. 들리는 소문으로는 개가한 서울의 어머니를 찾아갔다던가?

S#140 교실 (오후)
칠판에는 ㉣제7차 급장 선거라는 글씨와 후보들의 이름, 개표 결과가 써 있다. 김 선생 교단 위로 올라서면서
김 선생 : 좀 혼란했던 기간이 있긴 했지만 이제는 너희들이 제자리를 찾은 것 같구나. 각자의 일들을 알아서 처리하고 공동의 일들은 서로 협력해서 처리하는 새로운 6학년 2반이 돼주길 바란다. 급장!
황영수 : (㉤단상에 오르지 않고 앞에 나와 서서) 잘 부탁드리겠습니다. 어려운 일이 있으면 언제든지 절 불러 주세요. 기꺼이 여러분께 봉사하는 급장이 되겠습니다.
박수 치는 아이들. 전에와는 다른 모습이다. 이를 쳐다보는 병태.
병태(내레이션) : 그 후 학교 생활은 정상으로 돌아갔고 굴절되었던 내 의식도 원래대로 회복되었다. 그리고 석대에 대한 기억은 희미해져 갔다.

－ 이문열 원작, 박종원 각색, 「우리들의 일그러진 영웅」 －

41. [A]의 서술상 특징으로 가장 적절한 것은?

① 독백을 통해 대상에 대한 의문과 해답을 제시하고 있다.
② 감각적인 묘사를 통해 인물 간의 대립을 부각하고 있다.
③ 공간의 이동을 통해 인물의 심리 변화를 드러내고 있다.
④ 회상의 방식을 통해 과거 사건의 의미에 대해 서술하고 있다.
⑤ 들은 바를 전달하는 형식을 통해 사건의 전모를 밝히고 있다.

42. <보기>를 참고할 때, (가)를 (나)로 각색하는 과정에 대해 이해한 것으로 적절하지 <u>않은</u> 것은? [3점]

> ─── <보 기> ───
>
> 소설을 시나리오로 각색할 경우, 갈래의 차이에 따라 여러 가지 변화가 일어나는데 예를 들면 소설에서는 인물의 내면 심리나 대상의 변화를 직접 서술할 수 있으나 시나리오는 이를 장면으로 시각화하거나 영화적 기법을 통해 표현한다. 또한 갈래적 차이에 따른 변화 외에도 각색 과정에서 창작자의 의도에 따라 특정 내용을 삭제 혹은 다른 장면으로 대체하거나 소설에 없던 장면을 추가하기도 한다.

① (가)에서 김 선생이 아이들을 꾸짖는 모습이 S#136에서는 '다시'를 반복하는 장면으로 대체되어 아이들의 변화에 비관적인 그의 모습을 부각하고 있군.
② (가)에서 아이들이 석대와 맞붙을 수 있게 된 것이 S#136에서는 '일제히 힘차게' 대답하는 모습으로 대체되고 있군.
③ S#137의 '불길에 싸'인 교실과 S#139의 '시커먼 병' 등을 통해 (가)에 나오지 않는 석대의 방화를 추가하여 그의 보복을 암시하고 있군.
④ (가)에서 직접적으로 서술된 병태의 내면을 S#140에서는 내레이션 기법을 통해 드러내고 있군.
⑤ (가)에서 학급이 정상으로 돌아가게 되었다는 것을 S#140에서는 '박수 치는 아이들'의 모습을 통해 드러내고 있군.

43. ⓐ에 대한 이해로 적절하지 <u>않은</u> 것은?

① 학급의 일부 임원들이 '작은 석대를 꿈꾸'는 것은 아직 ⓐ에서 벗어나지 못했기 때문이다.
② '내부에서 일어나는 혼란'을 쉽게 해결하지 못한 것은 ⓐ를 대체할 수 있는 것을 마련하지 못했기 때문이다.
③ ⓐ는 석대가 아이들 '스스로가 스스로를 규율'할 수 있도록 하기 위하여 만든 것이다.
④ '내 의식'이 '굴절되었던' 이유는 ⓐ에 익숙해져 있었기 때문이다.
⑤ '나'는 ⓐ가 학급에 '편의와 효용성'을 제공했었지만 지금은 되돌릴 수 없는 것이라고 생각한다.

44. ㉠ ~ ㉤에 대한 설명으로 적절하지 <u>않은</u> 것은?

① ㉠ : 석대가 떠난 후 학급이 맞닥뜨린 문제 상황들을 의미한다.
② ㉡ : 석대와 처음으로 맞붙은 인물들의 특성을 나타낸다.
③ ㉢ : 다른 아이들도 석대와 맞붙을 수 있도록 하는 효과를 가져왔다.
④ ㉣ : 그동안 학급에 여러 차례 혼란이 거듭되어 왔음을 보여준다.
⑤ ㉤ : 새 급장이 아직 완전히 인정받지 못하고 있음을 나타낸다.

45. <보기>는 윗글의 심화 학습을 위해 찾은 자료이다. 이를 참고하여 (가)를 이해한 내용으로 적절하지 <u>않은</u> 것은?

> ─── <보 기> ───
>
> 철학자 마이클 샌델은 올바른 사회를 위해서는 시민이 덕성을 바탕으로 자기 통치에 참여해야 한다고 말했다. 자기 통치에 참여한다는 것은 공동선(共同善)에 대하여 동료 시민들과 함께 고민하고 그것을 실현하기 위해 적극적으로 참여하는 것을 뜻한다. 그는 공동선에 대한 토론에서 시민들이 자신의 목표를 잘 선택하고 다른 사람의 선택권을 존중해야 한다고 주장하였다.

① '새로 생긴 건의함'은 아이들의 적극적인 참여를 통해 학급의 공동선을 실현하기 위한 기능을 수행하였군.
② '학급의 일이 갈팡질팡해도 담임선생님은 철저하게 모르는 척'한 것은 아이들이 자기 통치를 할 수 있는 능력을 스스로 기르도록 하기 위해서였겠군.
③ '자치회가 끝없는 입씨름으로 서너 시간씩 계속'된 것은 아이들이 공동선을 위한 토론에 익숙하지 않은 모습을 나타낸 것이겠군.
④ '내'가 '새로운 급장 선거에서 기권표를 던'졌던 것은 아직 자기 통치에 참여할 준비가 되지 않아서였겠군.
⑤ '다 같이 힘을 합쳐야 할 작업에 요리조리 빠져나가'는 아이들은 동료 시민들과 함께하는 것에 대해 적극적이지 않은 시민에 해당하겠군.

※ 확인 사항

답안지의 해당란에 필요한 내용을 정확히 기입(표기)했는지 확인하시오.

2024학년도 9월 고1 전국연합학력평가 문제지

1

제 1 교시

국어 영역

07회

● 문항수 45개 | 배점 100점 | 제한 시간 80분

● 점수 표시가 없는 문항은 모두 2점

07회

[1~3] 다음은 학생의 발표이다. 물음에 답하시오.

안녕하세요? 이번 수행 과제는 '민속 문화재 소개하기'인데요, 저는 장승에 대해 발표하려고 합니다. 여러분, 장승을 보신 적 있나요? (청중의 반응을 살피고) 대부분 보셨군요. 장승은 지역이나 제작 이유에 따라 여러 이름으로 불리지만 이번 발표에서는 장승으로 통칭하겠습니다.

장승은 마을 입구에 세운 사람 머리 모양의 기둥을 이르는 말로, 주로 나무로 만듭니다. (자료 1을 제시하며) 보시는 것처럼 일반적으로 장승은 이렇게 남녀 쌍으로 세우는데요, 남자 장승에는 관모를 씌우지만 여자 장승에는 씌우지 않기 때문에 보통 관모의 유무로 남녀 장승을 구별할 수 있습니다.

그렇다면 우리 조상들은 왜 장승을 만들었을까요? 장승이 질병이나 재앙을 막는 마을의 수호신 역할을 한다고 믿었기 때문입니다. 자료를 보시면 큰 장승과 작은 장승이 함께 모여 있지요? 이는 장승을 신성하게 여겨 오래되어 낡고 키가 줄어든 장승들도 함부로 버리지 않고 새로 깎은 것과 함께 남겨 두었기 때문입니다. 또한 장승에는 마을 간의 경계를 표시하거나, 다른 지역까지의 거리나 방향을 알려 주는 실용적인 기능도 있었습니다. 가장 오른쪽 장승을 보시면 아래쪽에 '서울 칠십 리'라고 적혀 있는데, 이를 통해 장승의 이정표 기능을 확인할 수 있습니다.

장승은 나무뿐만 아니라 돌로도 만드는데요, 나무 장승은 북쪽인 경기나 충청 지방에, 돌 장승은 남쪽 지방에 주로 분포합니다. (자료 2를 제시하며) 얼굴을 연구하는 ○○○ 교수는 장승의 얼굴이 지역에 따라 북방형 얼굴과 남방형 얼굴로 나뉜다고 해석했는데요, 북쪽 지방에 분포하는 나무 장승에는 자료의 위쪽에서 보시는 것처럼 긴 얼굴과 뾰족한 눈매의 북방형 얼굴의 특징이, 남쪽 지방에 분포하는 돌 장승에는 자료의 아래쪽에서 보시는 것처럼 동글동글한 인상의 남방형 얼굴의 특징이 드러난다는 것입니다. 제주도의 명물인 동글동글한 인상의 돌 하르방은 대표적인 남방형 얼굴의 돌 장승이라고 할 수 있겠습니다.

지금까지 장승의 역할과 특징에 대해 말씀드렸습니다. 제 발표가 여러분이 장승에 관심을 두는 계기가 되기를 바랍니다. 이상으로 발표를 마치겠습니다.

1. 위 발표자의 말하기 방식으로 가장 적절한 것은?

① 청중의 질문에 답을 하며 화제 선정의 이유를 밝히고 있다.
② 청중의 이해도를 점검하며 발표 내용을 추가로 제시하고 있다.
③ 발표 순서를 안내하여 청중이 발표 내용을 예측하도록 하고 있다.
④ 전문가의 견해를 제시하여 발표 내용의 신뢰성을 확보하고 있다.
⑤ 발표에 소개한 자료의 출처를 안내하며 발표를 마무리하고 있다.

2. 다음은 발표자가 제시한 자료이다. 발표자의 자료 활용에 대한 설명으로 적절하지 않은 것은?

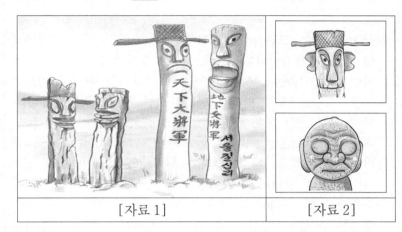

[자료 1]   [자료 2]

① 관모의 유무로 남자 장승과 여자 장승을 구별할 수 있음을 보여 주기 위해 [자료 1]을 제시하였다.
② 장승을 신성하게 여겨 오래된 장승도 버리지 않았음을 설명하기 위해 [자료 1]을 제시하였다.
③ 장승이 다른 지역까지의 거리를 알려 주는 이정표의 기능을 했음을 보여 주기 위해 [자료 1]을 제시하였다.
④ 장승의 얼굴 유형으로 인해 장승을 만드는 재료가 달라졌음을 보여 주기 위해 [자료 2]를 제시하였다.
⑤ 나무 장승에는 북방형 얼굴, 돌 장승에는 남방형 얼굴의 특징이 드러남을 설명하기 위해 [자료 2]를 제시하였다.

3. 발표 내용을 바탕으로 할 때, <보기>에 나타난 학생들의 반응에 대한 이해로 적절하지 않은 것은?

─── <보 기> ───

학생 1 : 장승은 사찰 입구에도 세워진 것으로 알고 있는데 어떤 이유로 세워졌는지 궁금해. 장승에 관한 책을 찾아 읽어 봐야지.
학생 2 : 장승이 여러 이름으로 불린다는 내용에 대한 설명이 부족해서 아쉬웠어. 이와 관련된 내용을 국립 민속박물관 누리집에서 찾아봐야겠어.
학생 3 : 장승에는 나무 장승만 있는 줄 알았는데 돌 장승도 있다는 것을 알게 되어 유익했어. 특히 제주도의 돌 하르방이 돌 장승의 예라니 신기해.

① '학생 1'은 발표에서 언급되지 않은 내용을 궁금해하고 있다.
② '학생 2'는 발표에서 설명이 충분하지 못했던 점을 아쉬워하고 있다.
③ '학생 3'은 발표를 통해 새로운 정보를 알게 된 것을 긍정적으로 여기고 있다.
④ '학생 1'과 '학생 2'는 모두 발표 내용과 관련하여 추가적인 정보 탐색을 계획하고 있다.
⑤ '학생 1'과 '학생 3'은 모두 배경지식을 바탕으로 발표 내용의 정확성을 점검하고 있다.

[4~7] (가)는 반대 신문식 토론의 일부이고, (나)는 청중으로 참여한 학생이 '토론 후 과제'에 따라 쓴 초고이다. 물음에 답하시오.

(가)

사회자: 오늘 토론의 논제는 '드론 실명제 적용 대상 드론의 범위를 확대해야 한다.'입니다. 먼저 찬성 측 입론해 주십시오.

찬성 1: 저희는 드론 실명제 적용 대상 드론의 범위를 확대해야 한다고 생각합니다. 한국소비자보호원에서 드론 사용 경험이 있는 소비자 463명을 대상으로 조사한 자료에 따르면 사용자의 20.5%가 안전사고를 일으킨 적이 있다고 합니다. 현재 시행 중인 드론 실명제에서는 비사업용 드론의 경우 최대이륙중량 2kg을 초과하는 드론에 대해서만 기체 신고를 의무화하고 있습니다. 그렇기 때문에 2kg 이하의 소형 드론이 사생활을 침해하거나 소음 공해, 안전사고 등을 일으켜도 소유주를 알 수 없다는 문제가 있습니다. 이와 비슷한 이유로 미국과 중국, 독일, 호주 등의 국가에서는 250g을 초과하는 드론을 신고하도록 규정하여 문제가 발생하였을 경우 책임 소재를 분명히 하고 있습니다. 따라서 우리나라도 드론 실명제 적용 대상을 최대이륙중량이 250g을 초과하는 소형 드론까지로 확대한다면 사고 처리나 피해 보상을 비교적 원활히 할 수 있을 것입니다.

사회자: 이어서 반대 측에서 반대 신문해 주십시오.

반대 2: 최대이륙중량이 250g을 초과하는 소형 드론까지 드론 실명제 적용 대상을 확대해야 한다고 말씀하셨는데, 이 경우 학교 내에서 사용하는 드론이나 일부 완구용 드론도 신고 대상에 포함될 수 있을 것입니다. 이 방안이 실현 가능하다고 생각하시나요?　[A]

찬성 1: 다른 사람에게 피해를 줄 가능성이 있는 드론을 신고해야 한다는 것이지, 교내에서만 사용하는 드론이나 위험도가 낮은 완구용 드론까지 신고해야 한다는 것은 아닙니다.

반대 2: 조사 대상 드론 사용자의 20.5%가 안전사고를 일으켰다고 하셨는데, 언급하신 자료는 2kg 이하 소형 드론 사용자만을 대상으로 조사한 자료가 아니지 않나요?　[B]

찬성 1: 네, 맞습니다. 하지만 드론 실명제의 조종 자격 차등화 규정에 따르면 2kg 이하의 드론은 자격을 취득하지 않아도 조종할 수 있어, 2kg 이하 소형 드론 사용자만을 대상으로 조사할 경우 오히려 안전사고 발생 비율이 올라갈 가능성이 높습니다.

사회자: 이어서 반대 측 입론해 주십시오.

> 토론 후 과제: 토론 내용을 참고하여 드론 실명제에 대한 자신의 생각을 글로 써보기

(나) 학생의 초고

　소유주를 알 수 없는 소형 드론으로 인해 많은 사회적 문제가 발생하고 있다. 그래서 관련 규정을 강화한 드론 실명제가 최근 도입되어 시행되고 있다. 현행 드론 실명제에서는 비사업용의 경우 최대이륙중량 2kg이 넘는 드론에 대해서 기체 신고를 의무화하고, 드론 중량에 따라 조종 자격을 차등화하고 있다. 자체중량이 12kg을 초과하는 드론에만 신고 의무가 부과

되었던 이전과 비교하면 기체 신고 기준이 대폭 강화된 것이다. 그럼에도 불구하고 여전히 미등록 소형 드론으로 인한 사생활 침해 및 안전사고가 끊이지 않아 사고 처리나 피해 보상 과정에서 많은 문제가 발생하고 있다.

　이러한 문제를 해결하기 위해 다른 나라의 사례처럼 최대이륙중량의 기준을 250g까지 낮춰 드론 실명제 적용 대상 드론의 범위를 확대하자는 의견이 제기되고 있다. 하지만 관련 법이 바뀐 지 얼마 되지 않아서 다시 법을 개정한다면 소요되는 행정적 비용도 크고, 새로운 기준에 따라 수많은 소형 드론의 등록 여부를 다시 확인해야 한다는 점에서 실효성이 떨어진다.

　따라서 신고 대상 드론의 범위를 확대하기보다는 정부나 지방 자치 단체에서 성숙한 드론 문화 정착을 위한 계획을 수립하고 캠페인 등 홍보 활동을 시행하여 현재의 제도가 잘 자리 잡을 수 있도록 해야 한다. 또한 사용자들이 사전 교육 이수와 자격증 취득을 철저히 하고, 타인을 배려하며 안전하게 드론을 사용하기 위해 노력하는 것이 더 효과적이라고 생각한다.

　우리나라에서도 드론 산업의 시장 규모가 점차 확대될 것이다. 그러면 우리는 배달이나 응급 구조 등의 다양한 분야에서 드론을 널리 사용하게 될 것이다. 드론의 일상화로 우리의 삶이 더욱 편리하고 윤택해지기를 기대해 본다.

4. (가)의 '찬성 1'의 입론에 대한 설명으로 가장 적절한 것은?

① 구체적 사례를 제시하여 현 제도의 목적을 언급하고 있다.
② 통계 자료를 제시하여 제도 개선의 필요성을 드러내고 있다.
③ 문제의 원인을 분류하여 문제 상황의 다양성을 강조하고 있다.
④ 새로운 쟁점을 추가하여 제도 개선 과정의 정당성을 주장하고 있다.
⑤ 두 제도의 장단점을 비교하여 현 제도의 문제점을 설명하고 있다.

5. [A], [B]에 대한 이해로 적절하지 <u>않은</u> 것은? [3점]

① [A]의 반대 2는 상대측의 의견을 통해 추론한 내용을 제시하며 상대측 의견의 실현 가능성에 의문을 제기하고 있다.
② [A]의 찬성 1은 상대측이 잘못 이해한 내용을 바로잡으며 상대측의 질문 내용이 논제에서 벗어났음을 지적하고 있다.
③ [B]의 반대 2는 상대측이 제시한 자료의 적절성을 평가하며 문제를 제기하고 있다.
④ [B]의 찬성 1은 상대측의 문제 제기를 인정하면서도 자신이 제시한 근거가 타당성이 있음을 강조하고 있다.
⑤ [A]와 [B]의 반대 2는 모두 상대측의 발언 일부를 재진술한 후 자신의 질문에 응답하기를 바라고 있다.

07회

6. (가)를 바탕으로 (나)를 쓰기 위한 작문 계획으로 가장 적절한 것은?

[1문단]
◦ 토론에서 언급된, 기체 신고 기준과 조종 자격 차등화에 대한 내용을 바탕으로 현행 드론 실명제 규정을 소개해야겠어. ··· ①

[2문단]
◦ 토론에서 언급되지 않은, 다른 나라의 기체 신고 기준을 제시하며 우리나라의 기체 신고 기준과 비교해야겠어. ··· ②
◦ 토론에서 언급된, 드론 실명제 개정 시 얻을 수 있는 긍정적 효과를 제시한 후 제도 개정 시 발생하는 행정적 비용에 대한 내용을 추가해야겠어. ·································· ③

[3문단]
◦ 토론에서 언급되지 않은, 성숙한 드론 문화를 정착시킬 수 있는 방안을 제도의 개정과 개인의 실천 의지로 구분하여 제시해야겠어. ··· ④

[4문단]
◦ 토론에서 언급된, 드론 산업의 발전 가능성과 전망을 제시하며 드론 활용 분야에 대한 구체적인 예시를 추가해야겠어. ··· ⑤

---

7. <보기>는 선생님의 조언을 듣고 (나)의 마지막 문단을 고쳐 쓴 것이다. 선생님이 조언한 내용으로 가장 적절한 것은?

--- <보 기> ---

적절한 규정과 함께 성숙한 드론 문화가 우리 사회에 안정적으로 자리 잡으면 관련 산업이 더욱 발전할 것이다. 그러면 우리는 배달이나 응급 구조 등의 다양한 분야에서 드론을 널리 사용하게 될 것이다. 드론의 일상화로 우리의 삶이 더욱 편리하고 윤택해지기를 기대해 본다.

---

① 드론 산업의 시장 규모에 대한 내용을 삭제하고, 드론 관련 산업이 발전해 온 과정을 추가하면 어떨까?
② 드론이 창출할 수 있는 경제적 효과에 대한 내용을 삭제하고, 드론 관련 산업이 발전해 온 과정을 추가하면 어떨까?
③ 드론 산업의 시장 규모에 대한 내용을 삭제하고, 드론 관련 산업이 더욱 발전하기 위한 전제 조건을 추가하면 어떨까?
④ 드론이 창출할 수 있는 경제적 효과에 대한 내용을 삭제하고, 성숙한 드론 문화 정착을 위한 조건을 추가하면 어떨까?
⑤ 드론 산업의 시장 규모에 대한 내용을 삭제하고, 성숙한 드론 문화의 정착을 위해 보완해야 하는 상세 규정을 추가하면 어떨까?

[8~10] 다음은 작문 상황과 이를 바탕으로 학생이 작성한 초고이다. 물음에 답하시오.

[작문 상황]
학교 신문의 기고란에 청소년의 눈 건강과 관련된 글을 쓰려고 함.

[초고]
제목 : [A]

우리는 눈을 통해 외부에서 들어오는 대부분의 정보를 받아들인다. 이렇게 눈은 일상생활의 많은 활동에 영향을 미치는 주요 감각기관이기 때문에 건강한 눈 상태를 유지하는 것은 매우 중요하다.

그런데 성장기에 이미 시력 이상 상태에 놓인 청소년의 비율은 매우 높은 편이다. 실제로 전국의 학생들을 대상으로 이루어지는 학생 건강검사의 2022년 표본 통계에 따르면, 우리나라 전체 고등학교 1학년 학생 중 시력 이상 상태에 해당하는 학생이 약 73%에 달할 만큼 심각한 것으로 나타났다.

시력 이상 상태인 청소년의 대부분은 일반적으로 굴절 이상으로 인해 먼 곳이 잘 보이지 않는 특징을 지닌다. 이러한 시력 이상 상태를 근시라고 하는데 근시 정도가 심해진 것을 고도 근시라고 한다. 고도 근시의 경우 원래 동그란 모양인 안구의 길이가 앞뒤로 점점 길어지면서 망막과 시신경이 약해지고, 이로 인해 다양한 안질환이 발생할 확률이 높아진다. 특히 근시는 신체 성장이 멈출 때까지 진행되는데, 일찍 시작된 근시일수록 고도 근시에 도달할 가능성이 높다.

그렇다면 청소년기에 눈 건강을 지키기 위해 우리는 평소 어떤 노력을 기울여야 할까? 안과 전문의들의 권고에 따르면, 눈 건강을 위해 청소년은 하루 6시간 이상의 숙면을 취해야 하고, 디지털 기기를 장시간 집중적으로 볼 때는 중간중간에 적절히 눈의 피로를 풀어 주어야 한다. 그리고 정기적인 안과 검진을 통해 시력을 점검하여 적절히 교정하는 등 세심하게 눈 건강을 살피는 노력이 필요하다.

---

8. '작문 상황'을 고려하여 구상한 글쓰기 내용으로, 초고에 반영되지 <u>않은</u> 것은?

① 눈 건강이 중요한 이유
② 청소년기 시력 이상 현황의 심각성
③ 청소년기 시력 이상의 일반적 특징
④ 청소년기 시력 이상의 종류별 발생 원인
⑤ 고도 근시와 안질환 발생 확률 간의 관계

---

9. 다음은 초고를 읽은 편집부장의 조언이다. 이를 반영하여 [A]를 작성한다고 할 때, 가장 적절한 것은?

요즘 청소년들의 눈 건강 문제가 심각하다는 것과 독자에게 당부하는 바가 잘 드러나는 제목으로 쓰는 게 좋겠어.

① 근시의 잠재적 위험성, 어떻게 눈을 지켜야 할까
② 청소년 시력 이상 적신호, 일상 속 실천으로 눈 건강을 지키자
③ 우리의 일상을 책임지는 감각기관, 소중한 내 눈을 보호하자
④ 청소년 근시 그대로 방치하면, 안질환 발생 위험성 높아진다
⑤ 우리의 눈 건강을 지키는 방법, 일찍 자고 눈의 피로를 풀어 주자

10. <보기>는 학생이 초고를 보완하기 위해 추가로 수집한 자료이다. 자료의 활용 방안으로 적절하지 <u>않은</u> 것은? [3점]

─────<보 기>─────

ㄱ. 통계 자료

ㄱ-1. 연도별 시력 이상 학생 비율   ㄱ-2. 시력 이상 고1 학생 중 교정 비율 (2022년)

단위(%)

연도 학년	2016	2019	2022
초4	47.62	46.62	54.46
중1	67.67	65.56	65.24
고1	74.1	74.48	72.92

31% 교정하고 있지 않음

69% 교정 중

ㄴ. 전문가 인터뷰 자료

"청소년기는 안구 성장이 일어나는 시기로, 시력 교정이 필요한데도 시력 교정을 하지 않으면 시력이 더 저하될 수 있습니다. 그리고 근시가 고도 근시로 진행되면 녹내장, 근시성 황반변성 등 실명을 유발할 수 있는 안질환 발생 위험도 증가할 수 있습니다."

ㄷ. 신문 기사

최근 디지털 기기 사용이 증가하면서 현대인들의 눈 건강이 위기에 처해 있다. 스마트폰이나 모니터를 근거리에서 오랜 시간 집중적으로 볼 경우, 눈의 초점을 정확하게 맺는 기능이 떨어져 순간적으로 시력이 저하되고 눈이 피로해지며 시야가 흐려진다. 청소년의 근시 비율이 급증한 것 역시 디지털 기기를 오랜 시간 사용한 것에 따른 부작용을 주요 요인으로 볼 수 있다.

① ㄱ-1을 활용하여, 학년이 높아질수록 시력 이상 상태인 학생 비율이 높아진다는 내용을, 청소년 눈 건강 문제의 심각성을 뒷받침하는 근거로 2문단에 추가한다.

② ㄴ을 활용하여, 고도 근시가 유발할 수 있는 안질환의 종류를, 고도 근시의 위험성을 구체화하는 내용으로 3문단에 추가한다.

③ ㄷ을 활용하여, 디지털 기기를 근거리에서 오래 보는 것이 눈 건강에 악영향을 끼친다는 내용을, 디지털 기기를 장시간 집중적으로 볼 때는 적절히 눈의 피로를 풀어 주어야 한다는 내용을 뒷받침하는 근거로 4문단에 제시한다.

④ ㄱ-2와 ㄴ을 활용하여, 시력이 더 저하될 수 있음에도 시력 교정을 하지 않는 학생들이 30%가 넘는다는 내용을, 정기적인 안과 검진을 통한 시력의 점검 및 교정 노력의 필요성을 부각하는 자료로 4문단에 제시한다.

⑤ ㄴ과 ㄷ을 활용하여, 안구 성장이 진행되고 있는 청소년의 근시 비율이 급증하고 있다는 내용을, 일찍 시작된 근시일수록 고도 근시에 도달할 가능성이 높다는 내용을 뒷받침하는 근거로 3문단에 제시한다.

[11~12] 다음 글을 읽고 물음에 답하시오.

우리가 활용하는 사전은 수록 대상과 제시 방법을 미리 규정하여 표제어를 선정한다. 『표준국어대사전』의 경우 표준어뿐만 아니라 흔히 쓰는 비표준어도 수록 대상으로 하고 있으며 일반어와 전문어, 고유 명사까지도 수록하고 있다. 또한 사전에는 단어 이하의 단위만 수록하는 것이 원칙이지만 전문어와 고유 명사의 경우 구까지도 수록하고 있다.

[A] ┌ 『표준국어대사전』의 표제어 표기는 한글만 사용하는 것이 원칙이다. 'TV'나 '4계절'처럼 일상 속에서 관용적으로 로마자나 숫자로 표기하는 것도 '티브이'나 '사계절'과 같이 한글로 표기하여 자모 순서에 따라 제시한다. '큰아버지'와 같은 합성어나 '(머리를) 빗기다'와 같은 파생어는 붙임표(-)로 분석하여 '큰-아버지'나 '빗-기다'와 같이 제시한다. 또한 '짓밟히다'처럼 접두사 '짓-'과 피동 접사 '-히-'가 동시에 결합했을 때는 피동 접사 '-히-' 앞에 붙임표를 한 번만 제시한다. 하지만 '삶'처럼 파생어여도 '살-+-ㅁ'과 같이 분석되어 구성 성분이 음절로 나누어지지 않을 때는 붙임표를 따로 제시하지 않는다.

한글 맞춤법에 띄어 쓰는 것이 원칙이나 붙여 쓰는 것도 허용한 전문어나 고유 명사는 '^' 기호를 사용하여 표시하고 있다. 또 접사와 어미처럼 자립적으로 쓰이지 않고 반드시 다른 말과 결합해야 하는 표제어는 결합하는 부분에 '-'를 붙여 표시하고 있다. 비표준어 표제어의 경우 '→' 기호를 활용하여 표준어의 뜻풀이를 참고하도록 안내하고 있다.

표제어는 가나다순으로 배열하고 있으며, 자모의 순서는 초성의 경우 'ㄱ, ㄲ, ㄴ, ㄷ, ㄸ, ㄹ, ㅁ, ㅂ, ㅃ, ㅅ, ㅆ, ㅇ, ㅈ, ㅉ, ㅊ, ㅋ, ㅌ, ㅍ, ㅎ', 중성의 경우 'ㅏ, ㅐ, ㅑ, ㅒ, ㅓ, ㅔ, ㅕ, ㅖ, ㅗ, ㅘ, ㅙ, ㅚ, ㅛ, ㅜ, ㅝ, ㅞ, ㅟ, ㅠ, ㅡ, ㅢ, ㅣ'의 순서로 배열하고 있고, 종성은 초성의 배열 순서를 따른다. 동음이의어의 경우는 어휘 형태, 문법 형태 순서로 배열한다. 이때, 어휘 형태는 명사, 대명사, 수사, 동사, 형용사, 관형사, 부사, 감탄사, 어근의 순서로, 문법 형태는 어미, 접사의 순서로 배열한다.

11. [A]를 바탕으로 추론한 내용으로 적절하지 <u>않은</u> 것은?

① '1월'과 '9월'은 사전에 한글로 표기되므로 '1월'보다 '9월'이 먼저 제시된다.

② '새해'는 '새'와 '해'가 합쳐진 단어이므로 '새-해'로 표기한다.

③ '비웃음'은 '비웃다'에 접사 '-음'이 결합한 단어이므로 '비웃-음'으로 표기한다.

④ '뒤집히다'는 접두사 '뒤-'와 피동 접사 '-히-'가 동시에 결합하고 있으므로 '뒤-집히다'로 표기한다.

⑤ '기쁨'은 '기쁘-+-ㅁ'과 같이 분석되어 구성 성분이 음절로 나누어지지 않으므로 '기쁨'으로 표기한다.

12. <보기>는 표제어를 순서 없이 나열한 자료이다. 윗글을 참고했을 때, 이에 대한 이해로 적절하지 <u>않은</u> 것은?

─── <보 기> ───

윗어른 「명사」 → 웃어른.

왠지 「부사」 왜 그런지 모르게. 또는 뚜렷한 이유도 없이.

이 「명사」 『언어』 한글 자모 'ㅣ'의 이름.

-이 「어미」 하게할 자리에 쓰여, 상태의 서술이나 느낌을 나타내는 종결 어미.

-이- 「접사」 '사동'의 뜻을 더하는 접미사.

이상^결정 『화학』 결정면이 모두 같은 크기와 모양으로 된 배열을 가진 가상적 결정.

① '윗어른'은 비표준어이지만 사람들이 흔히 쓰고 있어서 표제어로 선정되었겠군.

② '왠지', '윗어른', '이상^결정'의 순서로 사전에 배열되어 있겠군.

③ 접사 '-이-'는 명사 '이'와 어미 '-이' 사이에 수록되어 있겠군.

④ 어미 '-이'와 접사 '-이-'는 반드시 다른 말과 결합해야만 쓰일 수 있겠군.

⑤ '이상^결정'을 보니 전문어의 경우 둘 이상의 단어가 모인 말도 표제어로 실려 있겠군.

13. <보기>의 활동을 모든 학생이 바르게 수행했을 때, '학생 2'가 쓴 단어로 적절한 것은?

─── <보 기> ───

음운 변동에는 어떤 음운이 다른 음운으로 바뀌는 교체, 있던 음운이 없어지는 탈락, 두 음운이 합쳐져 새로운 하나의 음운으로 줄어드는 축약, 없던 음운이 새로 생기는 첨가가 있다.

[활동]

앞 학생이 제시한 단어에서 일어나지 않는 음운 변동이 일어나는 단어를 쓰시오.

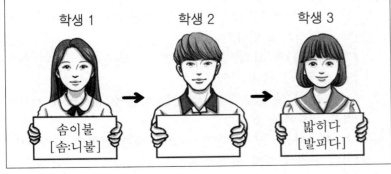

학생 1   학생 2   학생 3

솜이불 [솜:니불]   밟히다 [발피다]

① 삯일[상닐]   ② 옷맵시[온맵씨]

③ 겉핥기[거탈끼]   ④ 색연필[생년필]

⑤ 넓죽하다[넙쭈카다]

14. <학습 활동>을 수행한 결과로 적절하지 <u>않은</u> 것은? [3점]

─── <학습 활동> ───

직접 인용을 간접 인용으로 바꿀 때는 인용 조사, 인용절의 종결 어미, 대명사, 시간 표현, 높임 표현 등에서 변화가 생길 수 있다. 다음 직접 인용 문장을 간접 인용 문장으로 바꿀 때 어떤 변화가 생길지 분석해 보자.

ㄱ. 그는 나에게 "당신은 제 책을 보셨습니까?"라고 물었다.

ㄴ. 나는 어제 그에게 "그녀는 내일 도착합니다."라고 말했다.

① ㄱ은 인용절의 높임 표현이 바뀐다.

② ㄴ은 인용절의 시간 표현이 바뀐다.

③ ㄱ은 ㄴ과 달리 인용절의 대명사가 바뀐다.

④ ㄴ은 ㄱ과 달리 인용절의 종결 어미가 바뀐다.

⑤ ㄱ과 ㄴ은 모두 인용절에 연결된 인용 조사가 바뀐다.

15. <보기>의 ㉠, ㉡에 들어갈 내용으로 적절한 것은?

─── <보 기> ───

선생님: 중세국어에서 조사와 결합하면 'ㅎ'이 나타나는 체언이 있는데 이를 'ㅎ' 종성 체언이라고 해요. 'ㅎ' 종성 체언 뒤에 어떤 조사가 결합하는지에 따라 'ㅎ'의 실현 양상이 달라지는데, [자료1]을 참고하여 [자료2]의 빈칸을 채워 볼까요?

[자료 1]

결합하는 조사	'ㅎ'의 실현 양상
관형격 조사 'ㅅ'	'ㅎ'은 나타나지 않는다.
모음으로 시작하는 조사	'ㅎ'은 뒤따르는 모음에 이어 적는다.
'ㄱ' 또는 'ㄷ'으로 시작하는 조사	'ㅎ'은 뒤따르는 'ㄱ', 'ㄷ'과 어울려 'ㅋ', 'ㅌ'으로 나타난다.

[자료 2]

예1 [내ㅎ+이] 이러 → [　　　] 이러 (냇물이 이루어져)

예2 부텻 [우ㅎ+과] → 부텻 [　　　] (부처의 위와)

학생: [자료1]을 보면 [자료2]의 예1 은 (㉠)라고 써야 하고, 예2 는 (㉡)라고 써야 합니다.

선생님: 네, 맞아요.

	㉠	㉡
①	내히	우과
②	내히	우과
③	내히	우과
④	내이	우과
⑤	내히	웅과

[16~20] 다음 글을 읽고 물음에 답하시오.

(가)

하이데거는 인간을 자신의 존재 의미에 대한 물음을 제기할 수 있는 '현존재'라고 정의하고 삶의 실존적 의미를 탐구했다. 하이데거에 따르면 현존재는 정해진 운명에 따라 살아가는 것이 아니라 살아가는 동안 계속해서 무언가가 될 수 있는 가능성을 바탕으로 자신의 존재 이유를 스스로 만들어 나갈 수 있다.

그런데 현존재는 자신이 속한 사회가 요구하는 체제에 따라 살아가기 때문에, 자기 자신의 고유성을 드러내는 본래적 삶을 살지 않고 세상이 시키는 대로 살게 되곤 한다. 하이데거는 이를 현존재가 익명의 타인들인 ㉠'세인(世人)'으로서 존재하며 비본래적인 삶을 살아가는 것이라고 보았다. 세인은 특정한 누군가가 아닌 익명성을 지닌 모든 타인이기에, 세인의 일원이 된 현존재는 자신의 고유성을 잃고 살아가게 되는 것이다.

그렇다면 비본래적 삶에서 해방되어 본래적 삶으로 나아가려면 어떻게 해야 할까? 이에 대해 하이데거는 삶이 유한하다는 인식, 즉 죽음에 대한 인식이 필요하다고 강조하였다. 하이데거에게 죽음은 현존재가 반드시 맞이하게 된다는 점에서 확실성을 가지며, 삶의 일부분으로서 '아직 오지 않음'의 상태로 존재한다. 다시 말해, 죽음은 현존재 외부에 있는 사건이 아니라 현존재 자체에 내재해 있는 것이다. 또한 죽음은 다른 누군가가 대신해 줄 수 없는, 나 스스로만이 경험할 수 있는 고유한 것이기에 대체불가능성을 지닌다. 따라서 죽음이야말로 다른 사람과 구별되는 나의 가장 고유한 가능성이며, 나의 죽음을 적극적으로 대면할 때 자신의 진정한 개인적 삶을 인식하고 본래적 삶을 살아가는 계기를 마련할 수 있는 것이다.

하지만 죽음을 적극적으로 대면하지 않고 단순히 내가 죽는다는 사실을 아는 것으로 그칠 때는 본래적 삶을 살아갈 수 없다. 자신이 죽는다는 사실을 인식하면 현존재는 불안을 느끼게 되고, 그로부터 벗어나기 위해 스스로를 세인으로 전락시켜 자신의 죽음을 은폐하기 때문이다. 그리하여 타인의 죽음을 보면서도 자신의 고유한 죽음에 대해서는 잘 실감하지 못하고, 오히려 죽음이 자신과는 무관한 사건이라고 외면하며 죽음의 확실성을 부정하게 된다. 하이데거는 죽음에 대한 이러한 회피와 무관심이 현존재를 자신의 가장 고유한 가능성으로부터 멀어지게 한다고 보았다.

따라서 하이데거는 삶의 변화를 위해, 죽음이 주는 불안으로부터 달아나지 않고 죽음을 대면하여 선취할 것을 요구하였다. 죽음은 아직 오지 않았지만, 죽음이라는 가능성 앞에 미리 자신을 세워봄으로써 과거의 비본래적 삶을 반성해야 한다는 것이다. 이러한 하이데거의 관점은 자신의 존재 의미를 스스로 결정하며 살아가겠다는 새로운 결단을 통한 실존적 삶을 제시했다는 점에서 의미를 지닌다.

(나)

사르트르는 인생을 하나의 긴 기대라고 정의하였다. 인간은 존재하는 한 무엇인가를 기대하고, 그런 기대를 넘어 다시 기대를 갖게 되는 실존적 존재 방식을 취한다는 것이다. 그리고 인간은 그러한 기대를 실현하기 위해 현재의 자신을 부정하고 미래를 향해 새로운 자신을 만들어 나갈 수 있는 자유를 가진 존재라고 보았다.

하지만 삶을 의미 있게 형성해 나가는 기대와 자유는 예기치 않은 순간에 필연적으로 다가오는 죽음과 동시에 중지되므로 죽음은 나의 존재 방식인 기대를 차단하는 것이며, 이는 곧 나의 사라짐을 뜻한다. 이와 관련하여 사르트르는 죽음을 나와 관련 없이, 외부에서 우연히 나에게 찾아오는 하나의 사실일 뿐이라고 보고, 이를 '죽음의 우연성'이라고 하였다. 이 같은 단순한 사실로서의 죽음은 삶의 일부분으로 존재하는 것이 아니며, 모든 기대와 가능성을 무의미하게 만드는 것이다.

무언가에 의미를 부여하는 주체인 '나'가 사라지면 자신의 죽음에 의미를 부여하는 것도 불가능해진다. 따라서 죽은 나의 삶이나 죽음에 의미를 부여할 수 있는 자는 나 자신이 아니라, 나와 마찬가지로 자유를 가지고 살아가는 또 다른 주체인 ㉡타자이다. 가령 어떤 청년이 한 권의 책을 쓰고 갑자기 죽었다고 하자. 이때 그의 죽음이나 그가 남긴 책에 대해서는 철저히 타자에 의해서만 그 의미가 부여된다. 이렇듯 사르트르는 자신의 죽음의 의미를 스스로 결정할 수 없다는 점에서 죽음이 나라는 존재에 속한 것이 아니라고 보았다. 그리고 죽음은 그 자체로서는 삶에서 의미를 지닐 수 없기 때문에 삶과 단절된 상태라고 주장하는 등 죽음은 삶에서 실감될 수 없는 것임을 강조하였다.

이러한 사르트르의 견해는 죽음을 지나치게 타자 중심적인 관점에서 바라보았다는 점에서 비판을 받기도 하지만 다른 사람의 죽음을 받아들이는 '나'에게는 좋은 위로가 될 수 있다. 고인의 삶은 타자인 나의 시선에서 재구성되므로, 이를 통해 고인과의 기억을 긍정적으로 승화시켜 상실의 아픔을 극복할 수 있기 때문이다. 결국 사르트르에게 실존적 삶을 논하는 데 있어 중요한 것은 죽음에 대한 인식이 아니라 현재의 삶을 주체적으로 살아가는 태도이다. 여기서 주체적 태도란 내게 주어진 자유를 발휘하여 스스로 선택을 내리며 그에 대해 후회나 변명 없이 책임을 지는 것을 말한다. 이처럼 사르트르의 관점은 인간이 죽음에 연연하지 않고 자기 자신의 실존적 의미를 스스로 정립해 나갈 수 있게 하는 것이라고 볼 수 있다.

16. (가), (나)에 대한 설명으로 가장 적절한 것은?

① (가)는 시간의 흐름에 따른 구성을 통해 특정 개념의 의미 변화를 설명하고 있다.

② (나)는 질문에 답하는 형식으로 특정 개념에 대한 철학자의 견해를 제시하고 있다.

③ (가)는 (나)와 달리 특정 철학자의 이론을 언급하며 이론이 지닌 한계를 드러내고 있다.

④ (나)는 (가)와 달리 역사적 인물의 삶을 분석하며 철학자의 주장을 입증하고 있다.

⑤ (가)와 (나)는 모두, 특정 개념에 대한 설명을 바탕으로 철학자의 관점에 대해 의미를 부여하고 있다.

17. (가)의 현존재에 대한 이해로 적절하지 <u>않은</u> 것은?

① 현존재는 자신이 죽는다는 사실을 인식하면 불안을 느끼게 된다.

② 현존재는 삶이 유한하다는 것을 인식하기 위해 죽음을 은폐하지 않고 본래적 삶을 살아간다.

③ 현존재는 세상이 원하는 기준에 맞추어 살아갈 때 고유성을 상실하고 비본래적 삶을 살게 된다.

④ 현존재는 죽음의 대체불가능성을 적극적으로 대면할 때 자신의 진정한 개인적 삶을 인식할 수 있다.

⑤ 현존재는 정해진 운명에 따라 살아가는 것이 아니라 자신의 존재 이유를 스스로 만들어 갈 수 있다.

18. (가)와 (나)를 바탕으로 ⊙과 ⓒ을 비교하여 이해한 내용으로 가장 적절한 것은?

① ⊙은 죽음의 확실성을 부정하는 존재이고, ⓒ은 죽음의 우연성을 부정하는 존재이다.

② ⊙은 자신의 죽음을 외면하는 존재이고, ⓒ은 타인의 죽음에 의미를 부여할 수 있는 존재이다.

③ ⊙은 다른 사람과 구별되어 살아가는 존재이고, ⓒ은 다른 사람과 단절되어 살아가는 존재이다.

④ ⊙은 익명성으로부터 벗어나 살아가는 존재이고, ⓒ은 주체성으로부터 벗어나 살아가는 존재이다.

⑤ ⊙은 자신의 삶에서 새로운 결단을 실현하는 존재이고, ⓒ은 자신의 삶에서 기대를 실현하는 존재이다.

19. (나)의 사르트르의 관점에서 <보기>의 야스퍼스를 비판한다고 가정했을 때, 그 내용으로 가장 적절한 것은?

─── <보 기> ───

야스퍼스는 '죽음은 나와 함께 변한다.'라고 말하며 죽음에 대한 태도가 고정적이지 않다고 주장했다. 자신의 죽음을 어떻게 받아들이느냐에 따라 죽음은 보편적이고 객관적인 사실일 수도 있고, 주관적인 의미를 지닌 것일 수도 있다는 것이다. 이때 전자의 경우는 죽음을 모든 것을 무의미하게 만들어 버리는 허망한 종말로서 인식하는 데 그치지만, 후자의 경우는 자신의 태도에 따라 죽음의 의미를 판단하며 참다운 자기 자신으로서 실존할 수 있게 된다.

① 죽음은 삶의 일부분이 아니므로 인간은 자신의 죽음을 맞이해야만 실존적 의미를 지닐 수 있다.

② 죽음은 나와 상관없이 찾아오는 우연한 사실이므로 인간은 자신의 죽음의 의미를 판단할 수 없다.

③ 인간은 자유를 발휘하며 살아갈 수 있으므로 자신의 관점에서 자신의 죽음을 해석하여 실존할 수 있다.

④ 죽음은 나의 사라짐을 의미하므로 인간은 자신의 죽음의 의미를 찾지 못해 실존적 삶을 살아갈 수 없다.

⑤ 인간은 각자의 기대에 따라 무언가에 의미를 부여하며 살아가므로 자신의 죽음을 주관적인 의미로만 인식할 수 있다.

20. 다음은 학생이 작성한 일기이다. (가)의 하이데거와 (나)의 사르트르의 입장에서 이를 분석한 내용으로 적절하지 <u>않은</u> 것은? [3점]

┌─────────────────────────────┐
2024. 09. OO. 날씨 맑음 ☀

  오늘은 오랜만에 영화를 보고 왔는데, 주인공이 인생의 유한성을 깨달은 이후부터 삶에 최선을 다하는 모습이 무척 인상 깊었다. 사실 인생의 유한성에 대해 생각해 본 적이 없었는데, 내 삶에 끝이 있다고 생각하니 별 고민 없이 다른 사람들을 따라 무심코 선택했던 일들을 돌아보게 된다. 이제는 내가 진정으로 원하는 내 삶의 모습을 생각해 봐야지. 내가 좋아하면서 가치도 있는 일이 뭐가 있을까……. 그래, 좋은 소설을 쓰면 내가 세상을 떠난 후에도 사람들이 내 삶을 가치 있게 기억해 줄 테니 훌륭한 작가가 되어야겠다! 그리고 이 다짐을 지키기 위해 내 삶의 마지막 순간을 항상 떠올리며 최선을 다해 살아가야겠다.
└─────────────────────────────┘

① 하이데거는 '인생의 유한성에 대해 생각해 본 적이 없었'던 것을 현존재가 비본래적 삶에서 해방되지 않은 상태라고 보겠군.

② 하이데거는 '별 고민 없이 다른 사람들을 따라 무심코 선택했던 일들을 돌아보'는 것을 현존재가 세인으로 존재했던 삶을 반성하는 자세라고 여기겠군.

③ 사르트르는 '내가 세상을 떠난 후에도 사람들이 내 삶을 가치 있게 기억해' 주는 것에 대해 나의 삶이 타자에 의해 재구성되는 것으로 해석하겠군.

④ 하이데거와 사르트르는 모두, '내가 진정으로 원하는 내 삶의 모습'에 대해 고민하는 것을 삶의 실존적 의미를 찾아가는 과정으로 판단하겠군.

⑤ 하이데거와 사르트르는 모두, '내 삶의 마지막 순간을 항상 떠올리며 최선을 다'하겠다는 태도가 주체적인 삶을 살아가는 데 필요하다는 점에 대해 동의하겠군.

[21~25] 다음 글을 읽고 물음에 답하시오.

인터넷의 발달로 데이터 저장 및 분석 과정이 인터넷상에서 ⓐ이루어지고 있으며 그에 따라 개인정보와 같은 민감한 데이터는 암호화되어 인터넷 서버에 저장된다. 그런데 현재 널리 사용되는 공개키 암호화 방식으로 암호화된 데이터는 통계 처리를 위한 연산을 수행하기 위해서 원래 데이터로 복원하는 복호화 과정을 거친 후 연산을 수행하고 그 결과를 다시 암호화해야 한다. 하지만 이 과정에서 비밀키나 민감한 개인정보가 유출되는 일이 생길 수 있다. 그래서 암호화된 데이터를 복호화하지 않고 암호화된 상태로 안전하게 연산을 수행할 수 있는 동형암호가 등장하였다.

동형암호는 동형성을 기반으로 하는데, 동형성이란 데이터를 암호화한 상태에서 특정 연산을 수행했을 때 나오는 결과가 암호화하지 않은 상태에서 같은 연산을 수행하고 암호화를 한 결과와 같은 것을 ⓑ말한다. 이때 연산의 횟수에 제한 없이 특정한 한 종류의 연산에만 동형성을 갖는 암호를 부분 동형암호, 연산의 종류와 관계없이 특정 횟수까지만 동형성을 갖는 암호를 제한적 동형암호라고 하며, 횟수에 제한 없이 컴퓨터의 주된 연산인 덧셈, 곱셈에 동형성을 갖는 암호를 완전 동형암호라고 한다.

완전 동형암호는 암호화에 사용하는 원리에 따라 격자 기반, CRT(Chinese Remainder Theorem) 기반 등으로 ⓒ나뉜다. 그중 ㉠격자 기반 완전 동형암호는 수학계에서 답을 찾기 어렵다고 알려진 격자 문제를 응용하여 만들어졌다. 이 방식은 원문 데이터를 비트* 단위로 변환하고 각각의 비트를 개별적으로 암호화한다. 암호키 p와 임의의 정수를 곱한 수를 원문에 더하면 암호문이 만들어지는데, 이 과정에서 무작위로 오룻값을 추가하여 안전성을 높인다. 그래서 암호문의 연산을 반복할수록 오룻값이 커지게 되며, 특히 곱셈 연산을 수행할수록 오룻값이 급격하게 커지기 때문에 일정 횟수 이상 수행하면 원문 복호화가 불가능하다.

따라서 연산을 지속적으로 수행하기 위해서는 오룻값이 한계치에 ⓓ이른 암호문은 부트스트래핑 과정을 반드시 거쳐야 한다. 일정 횟수의 덧셈과 곱셈 연산을 수행하여 암호문에 오룻값이 누적되면, 다른 암호키로 해당 암호문과 암호키 p를 암호화한다. 그리고 복호화 회로를 통해 기존의 암호키 p에 의한 이전 암호문을 복호화하면 그동안의 연산 과정에서 누적된 오룻값이 제거된 새로운 암호문이 ⓔ만들어진다. 이때 새로운 암호문이 만들어지면서 오룻값이 추가되지만 그 크기가 기존의 누적된 것보다 작아서 적절하게 부트스트래핑 과정을 수행한다면 지속적인 연산이 가능하다.

이 방식은 원문을 비트 단위로 변환하여 각 비트별로 암호화하기 때문에 원문에 비해 암호문의 값이 10~100배가량 커져서 데이터의 저장 공간이 많이 필요하다. 그리고 개별 비트 단위로 암호문의 연산과 부트스트래핑 과정을 거쳐야 하기 때문에 연산 속도가 느리다.

[A]
그래서 최근에는 효율성을 개선한 ㉡CRT 기반 완전 동형암호가 등장하였다. 이 방식은 하나의 원문을 특정한 정수인 암호키로 나눈 나머지 값을 암호문으로 이용하고, 이 나머지 값에서 원문을 복호화하는 방법이다. 이때 암호키의 개수는 임의로 설정할 수 있으며 각각의 원문마다 암호키의 개수만큼 암호문이 만들어진다. 암호키가 두 개일 때 정수로 된 원문 A와 B를 덧셈 연산한 결과가 동형성을 갖는 원리를 간단히 알아보자. 우선 서로소*인 임의의 정수 p와 q를 암호키로 정하고 정수로 된 원문 A와 B를 각각의 암호키로 나눈 나머지 값을 구하면 A_p, A_q와 B_p, B_q가 되는데 이 나머지 값이 원문 A와 B의 암호문이 된다. 그리고 <그림>처럼 각 원문을 동일한 암호키로 나눈 나머지 값인 A_p와 B_p, A_q와 B_q끼리 서로 덧셈 연산을 수행한다. 만약 연산 수행의 결괏값이 암호키와 같거나 암호키보다 크면 한 번 더 암호키로 나누어 나머지 값을 구한다. 그러면 연산 수행의 결괏값인 A_p+B_p, A_q+B_q가 원문 A와 B를 직접 덧셈 연산한 결괏값을 암호키 p와 q로 나눈 나머지 값인 $(A+B)_p$, $(A+B)_q$와 같다. 그리고 원문을 각 암호키로 나누었을 때의 나머지 값과 각 암호키를 알면 원문을 복호화할 수 있다.

<그림>

이 방식 또한 안전성을 위해서 암호키의 개수를 늘려 계산이 복잡하고 무작위로 오룻값을 추가하기 때문에 부트스트래핑 과정이 필요하다. 하지만 데이터를 정수 단위로 암호화하기 때문에 비트 단위로 암호화하는 격자 기반의 방식보다 더 많은 데이터를 저장할 수 있다. 또한 CRT 방식은 원문보다 작은 나머지 값으로 연산을 수행하기 때문에 격자 기반의 방식에 비해 연산 값이 상대적으로 작아 연산 속도가 빠르고, 격자 기반의 방식과 달리 병렬적으로 연산을 수행할 수 있다.

* 비트: 정보량의 최소 기본 단위. 1비트는 이진수 체계(0, 1)의 한 자리.
* 서로소: 여러 개의 수 사이에 1 이외의 공약수가 없음을 이르는 말.

---

21. 윗글의 내용과 일치하지 <u>않는</u> 것은?

① 제한적 동형암호는 컴퓨터의 특정한 한 종류의 연산에만 동형성을 갖는 암호이다.
② 격자 기반 완전 동형암호는 수학적으로 답을 찾기 어려운 문제를 응용하여 만들어졌다.
③ 공개키 방식으로 암호화된 데이터를 연산하기 위해서는 원래의 데이터로 복호화해야 한다.
④ CRT 기반 완전 동형암호는 원문을 특정한 정수로 나눈 나머지 값을 암호문으로 사용한다.
⑤ 격자 기반 완전 동형암호는 암호키와 임의의 정수를 곱한 수를 원문에 더해서 암호문을 만든다.

22. 부트스트래핑에 대해 이해한 내용으로 적절하지 <u>않은</u> 것은?

① 부트스트래핑은 동일한 암호문을 연산할 때 덧셈 연산보다 곱셈 연산을 많이 수행할수록 더 빨리 시작된다.
② 부트스트래핑은 암호문의 연산 과정에서 오룻값이 한계치에 이르렀을 때 진행된다.
③ 부트스트래핑에 사용되는 암호키는 이전 암호화에 사용된 암호키와 다르다.
④ 부트스트래핑의 과정을 거치면 이전 암호화된 암호문이 복호화된다.
⑤ 부트스트래핑의 결과로 생성된 새로운 암호문에는 오룻값이 없다.

23. ㉠과 ㉡을 비교하여 이해한 내용으로 적절하지 <u>않은</u> 것은?

① ㉠은 ㉡과 달리 비트 단위로 암호문 연산을 수행한다.

② ㉠은 ㉡과 달리 원문을 암호화했을 때 암호문의 값이 원문보다 커진다.

③ ㉡은 ㉠과 달리 암호문에 오룟값을 추가하여 안전성을 높인다.

④ ㉡은 ㉠과 달리 데이터를 병렬적으로 연산하는 것이 가능하다.

⑤ ㉠과 ㉡은 모두 암호문을 연산하는 횟수에 제한이 없다.

24. [A]를 바탕으로 <보기>를 이해한 내용으로 가장 적절한 것은? [3점]

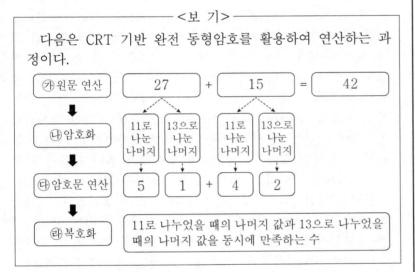

<보 기>

다음은 CRT 기반 완전 동형암호를 활용하여 연산하는 과정이다.

① ㉮에서 원문 연산의 결괏값을 암호키로 암호화하면 5, 4가 된다.

② ㉯에서 각 원문을 암호화한 암호키의 개수는 총 4개이다.

③ ㉰에서 만들어진 암호문을 연산한 결괏값은 암호키로 다시 나눌 필요가 없다.

④ ㉱에서 암호키를 알면 나머지 값을 몰라도 원문 27과 15를 복호화할 수 있다.

⑤ ㉮~㉰의 과정을 통해 만들어진 연산 결괏값은 암호문과 달리 정수이다.

25. 문맥상 ⓐ~ⓔ와 바꾸어 쓰기에 가장 적절한 것은?

① ⓐ : 달성(達成)되고

② ⓑ : 제시(提示)한다

③ ⓒ : 분리(分離)된다

④ ⓓ : 도달(到達)한

⑤ ⓔ : 결성(結成)된다

[26~28] 다음 글을 읽고 물음에 답하시오.

(가)

거미란 놈이 흉한 심보로 병원 뒤뜰 난간과 꽃밭 사이 사람 발이 잘 닿지 않는 곳에 그물을 쳐 놓았다. 옥외 요양을 받는 젊은 사나이가 누워서 치어다보기 바르게―

나비가 한 마리 꽃밭에 날아들다 그물에 걸리었다. 노오란 날개를 파득거려도 파득거려도 나비는 자꾸 감기우기만 한다. 거미가 쏜살같이 가더니 끝없는 끝없는 실을 뽑아 나비의 온몸을 감아 버린다. 사나이는 긴 한숨을 쉬었다.

나이보담 무수한 고생 끝에 때를 잃고 병을 얻은 이 사나이를 위로할 말이―거미줄을 헝클어 버리는 것밖에 위로의 말이 없었다.

― 윤동주, 「위로」 ―

(나)

누가 와서 나를 부른다면
내 보여 주리라
저 얼은 들판 위에 내리는 달빛을.
얼은 들판을 걸어가는 한 그림자를
지금까지 내 생각해 온 것은 모두 무엇인가.
친구 몇몇 친구 몇몇 그들에게는
이제 내 것 가운데 그중 외로움이 아닌 길을
보여 주게 되리.
오랫동안 네 여며온 고의춤*에 남은 것은 무엇인가.
두 팔 들고 얼음을 밟으며
갑자기 구름 개인 들판을 걸어갈 때
헐벗은 옷 가득히 받는 달빛 달빛.

― 황동규, 「달밤」 ―

* 고의춤 : 고의나 바지의 허리를 접어서 여민 사이.

26. (가)와 (나)의 공통점으로 가장 적절한 것은?

① 동일한 시어를 반복하여 시적 의미를 강조하고 있다.

② 명사로 시상을 마무리하여 시적 여운을 드러내고 있다.

③ 반어적 표현을 활용하여 화자의 태도를 부각하고 있다.

④ 영탄적 어조를 통해 시적 대상의 속성을 예찬하고 있다.

⑤ 공감각적 심상을 이용하여 애상적 분위기를 조성하고 있다.

27. (가), (나)의 시어에 대한 이해로 적절하지 <u>않은</u> 것은?

① (가)에서 '바르게'를 활용하여 사나이가 누워 있는 곳이 거미가 쳐 놓은 그물을 쳐다보기에 좋은 위치임을 나타내고 있군.

② (가)에서 '자꾸'를 활용하여 거미가 쳐 놓은 그물에 걸려 계속해서 감기기만 하는 나비의 힘든 상황을 그려 내고 있군.

③ (가)에서 '쏜살같이'를 활용하여 나비를 감기 위해 매우 빠르게 움직이는 거미의 행동을 강조하고 있군.

④ (나)에서 '이제'를 활용하여 친구 몇몇과의 만남으로 인해 외로움이 아닌 길이 시작되었음을 드러내고 있군.

⑤ (나)에서 '가득히'를 활용하여 달빛이 화자의 헐벗은 옷을 환히 비추는 상황을 드러내고 있군.

07회

28. <보기>를 바탕으로 (가), (나)를 감상한 내용으로 적절하지 <u>않은</u> 것은? [3점]

─── <보 기> ───

(가)와 (나)는 각각 일제 강점기와 1950년대의 부정적 현실을 배경으로 한다. 모두 자연물을 활용하고 있다는 공통점이 있지만, 화자가 현실에 대응하는 태도는 다르다. (가)는 암울한 현실에서 무기력한 우리 민족의 상황을 표현하며 이를 위로하는 화자의 행동을, (나)는 질문을 통해 자신을 성찰하고 자연물의 속성을 내면화하여 순수한 삶을 살고자 하는 화자의 자세를 드러내고 있다.

① (가)에서 '나비'가 '꽃밭'으로 '날아'드는 것은 일제 강점기의 암울한 현실에 대응하려는 화자의 의지를 드러낸 것이겠군.

② (가)에서 '한숨을 쉬'는 '사나이'를 위해 '거미줄을 헝클어 버리는' 것은 무기력한 우리 민족의 상황을 위로하는 화자의 행동을 드러낸 것이겠군.

③ (나)에서 '달빛'을 '받'으며 '구름 개인 들판을 걸어'가는 것은 달의 밝은 이미지를 내면화하여 순수한 삶을 살겠다는 화자의 자세를 드러낸 것이겠군.

④ (나)에서 '내 생각해 온 것'이 '무엇'인지를 물으며 자기 내면을 들여다보는 것은 질문을 통해 자신의 삶을 성찰하는 화자의 모습을 드러낸 것이겠군.

⑤ (가)에서 '거미란 놈'의 '그물'에 걸려 '나비'가 '날개를 파득거'리는 것과 (나)에서 화자가 '얼은 들판을 걸어가'며 '얼음을 밟'는 것은 모두 자연물을 활용하여 부정적 현실을 드러낸 것이겠군.

[29~32] 다음 글을 읽고 물음에 답하시오.

지금 그 자식들은 저희들이 나고 자란, 저희들의 탯자리인 집이 수몰이 되건 말건 관심이 없다. **수몰 보상금을 나눠 가진** 뒤에는 **제 어미가 어찌 살든 내려와 보지도 않는다.** 이제 물이 들어차면 덕님은 순천의 막내딸년 집으로 가기로 되어 있긴 하지만, 시부모와 영감 산소를 지척에 두고 떠나야 하는 심정은 천 갈래 만 갈래로 찢어지는 것만 같았다. 그러나 그 심정 누가 알아주랴. 평생을 살면서 영감 죽을 때 빼고는 이렇게 애통해 본 적이 없었다. 설이 가까워 오건만 어느 자식이 내려온다는 기별도 없다. 혼자서 설을 쇠어야 하나, 아니면 오라는 소리는 없어도 어느 자식 집으로 쇠러 가야 하나, 팔십 노구가 그저 거추장스러울 뿐이다.

[A]
생전에 사람 기척도 없던 집에 오늘은 무슨 방송국에서 촬영을 왔었다. 수몰민들이 마지막 설 준비하는 것을 촬영한다고 했다. 사진 박히는 건 질색이지만 그쪽에서 하도 마지막 설 준비하는 기분이 어떠냐고 물어대싸서, 그만 울음을 터뜨리고 말았다. 그랬더니 방송국에서 나온 젊은 처자가 하는 말이, 왜 눈물을 흘리지 않고 우시냐고 물었다.

"눈물이 보타부러서 그러는개비."

"할머니 이제 금방 하신 말씀 한 번만 더 해보세요."

그래서 또 쑥스럽지만,

"눈물이 보타부렀어."

처자가 깔깔대며 웃었다. 설 준비하는 흉내를 내라는데 솥에 넣고 끓일 것이 없어서 물이라도 붓고 불을 땠더니, 불 때는 것이 무슨 구경거리라고 또 사진을 박았다.

[중략 부분의 줄거리] 만수는 남도의 한 수몰 예정지에 살면서 월남전에 함께 참전했던 대석을 부른다. 뚝방 동네에 살던 대석은 수몰 예정지에 사업거리가 있다는 만수의 말을 듣고 어린 아들 명호를 데리고 만수를 찾아가고 세 사람은 동네를 돌아다닌다.

명호의 노랫가락 덕분인지 그날 밤새 달빛조차 그득했다. 그득한 달빛 아래 그들이 모은 고물들은 내일 새벽 광주의 고물상으로 반출이 될 거였다. 문짝을 떼어 내느라 힘을 쓸 때 처음에는 용기가 나지 않다가 나중에는 우지끈 소리에도 흥이 났다. 땀이 비 오듯 쏟아졌다. 두 사나이가 그렇게 고물을 주워 담는 동안 반지 남편 칠환이는 짐승 수집에 나서고 있는 참이었다. 칠환이는 작년까지 경기도 광주의 가구 공장에 다녔다. 그곳에서 아내인 반지를 만났다. 두 사람은 열심히 살아 보려고 했으나 칠환이 사고를 당했다. 술을 먹고 오토바이를 타고 퇴근을 하다 오토바이와 함께 전봇대에 부딪혀 칠환은 장애인이 되고 말았다. 행복과 불행은 늘 칠환에게 교대로 왔다. 아내를 만나자 사고를 당했고, 사고를 당하자 고향 집이 수몰 지구가 되었으니 보상금을 타 가라는 연락이 온 것이다. 집이라고 해 봤자 이미 폐가가 된 지 오래인 집으로 내려와 보상금을 타서 제 병원비로 다 써 버린 칠환은, 이제 **남이 버리고 간 집**에 제가 들어가 살고 있다. 그러나 그 집은 기름 보일러로 개조한 집이라 칠환네는 기름 살 돈이 없어 고생을 하고 있는 중이었다. 요즘 마을 주변에는 떠난 사람들이 버리고 간 짐승들이 심심찮게 돌아다니고 있었다. 그 짐승들을 물막이 공사하는 인부들이 더러는 키우기도 하고 더러는 잡아먹기도 하는 모양이었다. 오늘 칠환은 그 **짐승들을 잡아다가 팔아서 돈을 마련**해 볼 생각인 것이다. 그러나 낮에는 용기가 없어 밤에 도둑고양이처럼 살금살금 동네를 돌아다니고 있는 중이었다. 값나가는 **소나 개는** 이미 처분을 하고 떠난 뒤여서 동네는 값 안 나가는 **고양이나 염소와 닭들의 세상이** 되어 있었다. 이왕이면 염소를 잡으려고 칠환이 막 동네 고샅길을 거슬러 올라가고 있는데 어디선가 우지끈, 하고 집 무너지는 소리가 났다. 집에 대한 철거 공사는 이주가 완전히 이루어진 후에 한다고 했는데 벌써부터 철거 공사가 시작되었는가 싶어 가슴이 철렁 내려앉았다. 그러나 소리가 났으므로 본능적으로 몸을 숨겼다. 몸을 숨기고 고개만 내밀어 바라본즉 저쪽에서도 뭔가 불길했던지, 두 명의 사나이가 담 너머로 고개를 내밀어 사방을 살피고 있는 중이다. 작은 머리통이 하나 더 나오는 것을 보니 사람 수는 세 명인 것이 분명했다.

"누구시오?"

㉠ "집쥔이오."

칠환이 목소리를 가다듬어 점잖게 말했다. 왜 제 입에서 집주인이란 말이 나왔는지는 알 수 없었다. 그러나 생각건대 임기응변, 그것은 막다른 길에 접어든 인생에 있어서는 항상 최대의 무기가 아닐 수 없었다. 칠환의 대답이 끝나기도 전에 저쪽에서 고개를 쑥 집어넣어 버렸다. 아마 대책을 모의하는 모양이다. 대책을 모의해야 할 만한 상황인 것이 저자들이 필시 그리 떳떳한 일을 도모하는 자들은 아닐 거라는 확신이 들면서 칠환의 머릿속에 재미있는 생각 하나가 획 지나갔다.

㉡ "누가 이 야심한 밤에 남의 빈집을 털고 있는 거요?"

그때 다시 고개들이 연달아 쑥쑥 나왔다. 작은 머리통은 나오지 않는 걸 보니 그놈은 겁이 좀 많은 모양이다.

㉢ "우리는 수자원공사에서 나온 직원이오."

칠환은 찔끔했다. 그러나 다시 목소리를 가다듬어,

[해설편 p.061]

㉣"아직 집을 완전히 비우지도 않았는데 철거를 하다니요. 그것은 사유재산에 대한 침해가 된다는 것을 아시오, 모르시오."
최대한 머리를 짜내 구사한 말이긴 하지만 여간 떨리는 게 아니다. 그러나 절대로 떨고 있는 표시를 내면 안 된다. 저쪽에서 응답이 돌아왔다.

"여보시오, 집주인이란 자가 어째 몸을 숨기는 거요. 당신의 재산에 손을 대고 있는 자 앞에 떳떳하게 나와 보시오."

"그럼 나도 묻겠소. 당신들이야말로 고개만 내밀고 있는 이유가 뭐요?"

"우리야 집주인인 당신이 무서워서 이러는 것 아니오."

"그렇다면 협상을 하십시다. 집주인 허락도 없이 남의 재산에 손을 댔으니 **손댄 물건값**을 나에게 쳐주면 없던 일로 하리다."

다시 머리 둘이 쏙 들어갔다. 머리가 언제 다시 나오려나, 칠환은 침을 꿀꺽 삼키며 기다렸는데, 느닷없이 건장한 두 사나이가 제 앞에 쑥 나타났다. 칠환은 그만 생포된 짐승같이 바들바들 떨며 그 자리에서 꼼짝도 할 수가 없었다.

㉤"겁내지 마시오. 우리는 고물 장수들이오. 당신은 뭐 하는 사람이오?"

"주민이오. 아내와 아이가 기름이 없어 냉골에서 떨고 있어요. 짐승들을 본 적 있소?"

"사람은 없고 사방에 고양이 새끼들이던데 고양이 잡으러 나왔소?"

"그래라우."

난데없이 본토박이 말이 불쑥 튀어나왔다.

"우리도 일은 대충 끝냈으니 **어디 한번 고양이나 잡아** 봅시다."

"이왕이면 염소를 잡아 주시오."

그렇게 해서 오밤중에 버려진 짐승들에 대한 사냥이 시작되었다. 겨울 달밤에 벌이는 짐승 쫓기는 명호한테도 신나는 놀이가 아닐 수 없었다.

− 공선옥, 「먼 바다」 −

29. 윗글에 대한 이해로 적절하지 <u>않은</u> 것은?

① '덕님'은 살던 집을 떠나야 하는 상황을 슬퍼하고 있다.
② '두 사나이'가 동네에서 뜯은 문짝은 고물상으로 옮겨질 것이다.
③ '칠환'은 가구 공장에서 작업 중 사고를 당해 장애를 입었다.
④ '칠환'은 고향 집에 대한 보상금을 자신의 병원비로 모두 사용하였다.
⑤ '명호'는 버려진 짐승들을 쫓는 달밤의 사냥에 동참하였다.

30. ㉠~㉤에 대해 이해한 내용으로 적절하지 <u>않은</u> 것은?

① ㉠ : 예상치 못한 상황에 임기응변으로 대처하고 있다.
② ㉡ : 상대방이 떳떳한 일을 하는 사람들이 아닐 것이라는 확신이 담겨 있다.
③ ㉢ : 위기를 모면하기 위해 자신들의 정체를 속이고 있다.
④ ㉣ : 자신에게 유리하게 진행되는 상황에 자신감을 얻어 상대방의 행동을 지적하고 있다.
⑤ ㉤ : 떨고 있는 상대방을 안심시키기 위한 의도가 담겨 있다.

31. [A]에 대한 이해로 가장 적절한 것은?

① 덕님과 논쟁하는 방송국 사람의 모습을 통해 언론의 비인간적인 속성을 부각한다.
② 덕님의 생활을 관찰하는 방송국 사람의 모습을 통해 수몰민의 실상을 폭로하려는 언론의 의도를 드러낸다.
③ 덕님의 상황에 공감하지 못하고 촬영하는 방송국 사람의 모습을 통해 타인의 고통에 무관심한 언론의 면모를 드러낸다.
④ 방송국 사람을 이용하여 자신의 처지를 알리려는 덕님의 모습을 통해 어려운 상황을 극복하려는 수몰민의 의지를 부각한다.
⑤ 방송국 사람의 요구를 순순히 들어주는 덕님의 모습을 통해 보상금을 받기 위해 애쓰는 수몰민의 이중적인 태도를 드러낸다.

32. <보기>를 바탕으로 윗글을 감상한 내용으로 적절하지 <u>않은</u> 것은? [3점]

─────── <보 기> ───────

이 작품은 수몰 예정지에 사는 수몰민들의 모습을 통해 개발 난민이 겪는 현실을 보여 준다. 수몰 예정지인 마을에서는 생계 유지 문제로 주민들 사이에 갈등이 일어나기도 하고 보상금으로 인해 가족 공동체의 붕괴가 가속화되기도 한다. 또한 빈집이 늘어난 마을에 주민들의 눈을 피해 들어온 외지인과 아직 떠나지 못한 주민이 문제를 일으키기도 한다. 한편 수몰 예정지에서 유랑하는 이들끼리의 연대를 통해 어려운 이들이 서로 돕는 따뜻한 모습을 보여 주기도 한다.

① 덕님의 자식들이 '수몰 보상금을 나눠 가진' 후 '제 어미가 어찌 살든 내려와 보지도 않'는 모습을 통해 개발 과정에서 가족 공동체가 붕괴되는 모습을 보여 주고 있군.
② 칠환이 '남이 버리고 간 집'에 살면서 '짐승들을 잡아다가 팔아서 돈을 마련'하려는 모습을 통해 삶의 기반을 잃고 유랑하는 이의 비참한 현실을 보여 주고 있군.
③ 사람들이 '소나 개'를 처분하고 떠나 '고양이나 염소와 닭들의 세상이 되어 있'는 마을의 모습을 통해 주민들이 떠나 빈집이 늘어난 수몰 예정지의 상황을 보여 주고 있군.
④ 칠환이 두 사나이에게 '손댄 물건값'을 치르라고 말하는 모습을 통해 보상금을 노린 외지인과 생계 유지를 위해 자신의 재산을 지키려는 주민 사이의 갈등을 보여 주고 있군.
⑤ 두 사나이가 칠환의 이야기를 듣고 나서 경계를 풀고 그를 도와 '어디 한번 고양이나 잡아' 보자고 제안하는 모습을 통해 유랑하는 이들끼리 연대하는 모습을 보여 주고 있군.

[33~37] 다음 글을 읽고 물음에 답하시오.

형법은 범죄와 형벌을 규정한 법률로 어떤 행위가 형법상 범죄 행위로 성립하려면 '구성 요건 해당성', '위법성', '책임'이라는 세 가지 요건을 순차적으로 모두 충족해야 한다.

첫 번째 성립 요건인 구성 요건 해당성은 어떤 행위에 대한 구체적인 사실이 형법상 규정된 범죄의 유형에 해당하는 것을 말한다. 이때 구성 요건으로 행위와 결과를 요구하는 경우에는 구성 요건상 행위와 결과 간에 인과관계가 인정되어야 한다. 두 번째 성립 요건인 위법성은 전체 법질서에 위배된다는 가치 판단으로, 어떤 행위가 구성 요건에 해당하는 행위이면 일반적으로 위법성이 추정된다. 하지만 구성 요건에 해당하는 행위이더라도 예외적으로 위법성을 소멸시키는 사유인 위법성 조각 사유에 해당한다면 범죄가 성립하지 않는다. 예를 들어 범죄의 구성 요건에 해당하는 타인에 대한 폭력이 형법에 규정된 위법성 조각 사유 중 하나인 정당방위에 해당한다면 위법성이 조각되어 범죄라고 볼 수 없다는 것이다. 세 번째 성립 요건인 책임은 행위자에 대해 사회적 비난이 가능하다는 성질을 의미한다. 어떤 행위가 구성 요건에 해당하는 위법한 행위라도 행위자에 대한 사회적 비난이 가능하지 않다면 범죄가 되지 않는다. 이때 행위자에 대한 책임을 물을 수 없는 사유인 책임 조각 사유 역시 형법에 규정되어 있는데 그 예로 강요된 행위가 있다.

형법에서 다루는 범죄는 '고의범'과 '과실범'으로 나눌 수 있다. 고의범은 행위자가 죄를 범할 의사를 가지고 저지르는 범죄로, 범죄 사실의 발생 가능성에 대한 인식이 있음은 물론 나아가 범죄 사실이 발생할 위험을 용인하는 마음속의 의사를 가지고 행동하는 '미필적 고의'에 의한 범죄 역시 고의범에 포함하고 있다. 형법에서 다루는 범죄는 고의범이 대부분이지만, 실수로 타인의 생명과 신체를 침해하는 사례가 많아지면서 죄를 범할 의사는 없지만 부주의로 타인에게 상처를 입히는 등의 과실로 인한 범죄인 과실범에 대해서도 특별한 규정을 두어 처벌하고 있다.

과실은 결과 발생의 위험성에 대한 인식의 유무와 형법상의 과실범 규정에 따라 그 유형을 나눌 수 있다. 먼저 인식의 유무에 따라 과실의 유형을 나누면 '인식 없는 과실'과 '인식 있는 과실'로 나눌 수 있다. 자동차 운전을 하면서 통화를 하다가 정지신호를 보지 못하고 통과하던 중 교통사고를 ⓐ일으킨 경우, 운전 중 통화 행위가 사고를 발생시킬 수 있는 위험한 행동이라고 인식하지 못하였다면 운전자의 행위는 인식 없는 과실에 해당한다. 그러나 운전 중 통화 행위가 사고를 발생시킬 수 있는 위험한 행동이라고 인식했지만 주의해서 운전하면 교통사고는 발생하지 않을 것이라고 생각하면서 계속 통화를 하던 중 교통사고를 일으켰다면 운전자의 행위는 인식 있는 과실에 해당한다고 볼 수 있다. 두 과실은 형법상 취급에는 차이가 없고 과실범의 성립 여부에 영향을 주지 않는다. 하지만 ㉮두 과실을 구분함으로써 인식 있는 과실을 미필적 고의와 구별할 수 있다.

다음으로 과실은 형법상의 과실범 규정에 따라 ㉠'통상의 과실', ㉡'업무상 과실', ㉢'중과실'로 나눌 수 있는데, 이들은 법정형에 차이가 있다. 업무상 과실은 업무가 계속적·반복적인 수행을 요건으로 하기 때문에 결과 발생에 대한 예견가능성이 높다고 할 수 있으므로 일반인에게 통상적으로 요구되는 주

의의무를 위반하는 통상의 과실에 비해 상대적으로 무겁게 처벌한다. 이 경우 업무는 결과 발생 야기 행위의 내용이어야 하며 이와 무관한 업무를 수행하던 중 발생한 결과에 대해서는 업무상 과실을 인정할 수 없다. 중과실은 통상의 과실에 비해 주의의무를 현저히 태만히 한 경우, 즉 극히 근소한 주의만 기울였더라도 결과의 발생을 예견할 수 있었다는 점에서 통상의 과실에 비해 상대적으로 무겁게 처벌한다.

33. 윗글의 내용에 대한 이해로 적절하지 <u>않은</u> 것은?

① 협박에 의해 강요된 행위였다면 위법성이 조각되어 범죄로 볼 수 없다.
② 어떤 행위에 대한 결과가 없더라도 그 행위만으로도 구성 요건에 해당할 수 있다.
③ 어떤 행위가 형법에 규정된 범죄 행위의 유형에 속하지 않는다면 범죄로 볼 수 없다.
④ 어떤 행위가 형법상 범죄로 성립하기 위해서는 범죄 성립의 세 가지 요건을 순차적으로 모두 충족해야 한다.
⑤ 범죄의 구성 요건으로 행위와 결과를 요구하는 경우, 구성 요건상 행위와 결과는 인과관계가 인정되어야 한다.

34. ㉮의 이유를 추론한 내용으로 가장 적절한 것은?

① 고의는 과실보다 부주의로 인해 죄를 범할 가능성이 상대적으로 낮기 때문이다.
② 과실은 행위의 위험성에 대한 인식 유무에 따라 서로 다른 유형으로 나뉘기 때문이다.
③ 결과 발생의 위험성에 대한 인식 유무가 고의와 과실을 나누는 중요한 기준이기 때문이다.
④ 고의와 과실은 범죄 사실의 발생 가능성에 대한 인식 유무와 그 결과를 용인하는 의사 유무 모두에 차이가 있기 때문이다.
⑤ 행위자가 자기 행위로 인하여 발생할 위험을 용인하는 의사의 유무에 따라 그 행위가 고의와 과실로 구별되기 때문이다.

35. ㉠~㉢에 대한 설명으로 적절하지 <u>않은</u> 것은?

① ㉠과 ㉡은 업무로 인한 결과 발생 가능성을 얼마만큼 예견했는가에 따라 법정형이 달라진다.
② ㉠과 ㉢은 주의의무에 대한 태만의 정도 차이를 기준으로 나뉜다.
③ ㉡은 계속적이고 반복적인 수행으로 인해 결과 발생에 대한 예견가능성이 ㉠에 비해 상대적으로 높다.
④ ㉢은 조금만 주의를 기울여도 결과의 발생을 피할 수 있다는 점에서 ㉠에 비해 상대적으로 무겁게 처벌한다.
⑤ ㉠~㉢은 형법상 과실 행위를 세분화한 것으로 법정형에 차이가 있다.

36. 윗글을 참고했을 때, <보기>의 판결문에 대한 반응으로 적절하지 <u>않은</u> 것은? [3점]

─── <보 기> ───

　A 씨(견주)는 자신의 의류 매장에서 반려견을 키우고 있었다. A 씨는 ○월 ○일 11시에 자신의 매장에서 환불을 요구하는 손님과 다툼을 벌였고, 그 과정에서 A 씨의 반려견이 밖으로 나갔다. 이때 지나가던 B 씨에게 A 씨의 반려견이 달려들었고, B 씨는 A 씨의 반려견에게 물려 상해를 입게 되었다. A 씨의 과실 여부를 판단하는 재판 과정에서, A 씨는 자신의 반려견이 매장 밖으로 나가 타인에게 해를 끼칠 수도 있겠다고 생각했지만 손님과의 다툼으로 어쩔 수 없었던 상황이었다고 호소했다. 이에 대한 판결은 다음과 같다.

[판결문]
　피고인(A 씨)은 피고인이 운영하는 의류 매장에서 견주로서 반려견에게 목줄을 채우지 않은 채 풀어놓고 출입문의 잠금 상태를 소홀히 한 과실로 피해자(B 씨)에게 상세 불명의 신체 부위에 상처를 입게 하였으므로 피고인을 벌금 150만 원에 처한다.

① A 씨가 반려견에 대한 관리를 소홀히 한 사실에 대해 A 씨에 대한 사회적 비난이 가능하다고 판단한 것이겠군.
② A 씨가 반려견에 대한 관리를 소홀히 하면 타인에게 해를 끼칠 수 있다고 인식한 점은 과실범의 성립 여부에 영향을 미쳤겠군.
③ A 씨가 손님과의 다툼으로 반려견에 대한 관리를 소홀히 할 수밖에 없었다고 주장하는 부분에 대해 책임 조각 사유로 인정하지 않았겠군.
④ A 씨가 반려견에 대한 관리를 소홀히 하였고 그로 인해 B 씨가 상해를 입게 된 점을 형법상 규정된 범죄 유형에 해당한다고 판단한 것이겠군.
⑤ A 씨가 반려견에 대한 관리 소홀로 타인을 다치게 하여 벌금형을 받은 점은 구성 요건에 해당하는 행위에 위법성이 있다고 판단한 것이겠군.

37. ⓐ와 문맥상 의미가 가장 가까운 것은?

① 동생이 학교에서 말썽을 <u>일으켰다</u>.
② 말이 먼지를 <u>일으키며</u> 달려가고 있다.
③ 그는 넘어지자마자 재빨리 몸을 <u>일으켰다</u>.
④ 선풍기는 전기를 동력으로 삼아 바람을 <u>일으킨다</u>.
⑤ 우리는 무너진 집안을 <u>일으키기</u> 위해 열심히 노력했다.

[38~42] 다음 글을 읽고 물음에 답하시오.

(가)

장마 가뭄에 피해 입은 백성이 관찰사 가을 순행 기다림은
　가을걷이 부족함을 채워줄까 해서인데 지나는 곳마다 죄를
묻는 폐단 있네
무논 재해도 감췄는데 목화밭이야 거론할까
백 묘(畝)나 되는 벌건 땅에 백지징세 하는구나
인자한 우리 임금 곡식 한 묶음도 모래 덮일까 염려하는데
불쌍한 백성 ☐논밭☐에다 좁은 길 넓히란다
각읍 관리 독촉하니 채찍 몽둥이 낭자하다
허다한 관인들이 대호(大戶) 소호(小戶)에 분담시켜
사방(四方) 부근 십 리 안에 닭과 개가 멸종하네
부자는 괜찮지만 가련한 이 가난한 자로다
해는 기울고 이정*은 저녁밥 재촉할 때
☐텅 빈 부엌☐에서 우는 아낙 발 구르며 하는 말이
방아품에 얻은 양식 한두 되 있건마는
채소도 있건마는 그릇은 누구에게 빌릴꼬
앞뒷집 돌아보니 섣달그믐에 시루 빌리는 격이로다
한 마을 닭과 개 다 먹어 치우고 집집마다 또 거둔단 말인가
대호(大戶)에는 한 냥 넘고 소호(小戶)에도 육칠 전이라
이 놀이 다시 하면 이 백성 못 살겠네
낙토(樂土)에서 태어난 사람 태평성대 좋다 하여
편안히 지내더니 하릴없이 떠도네
한 사람의 호사(豪奢)가 몇 사람의 난리 되고
집과 논밭 다 팔고서 어디로 가잔 말인고
비나이다 비나이다 하느님께 비나이다
우리 임금님 어진 마음 밝은 촛불 되게 하시어 비추소서 비추소서
소문에 들리기를 아전 향원(鄕員) 벌한다기에
간악한 이 벌하는가 여겼더니 음식과 도로(道路) 탓하는구나
노예 차출 무슨 일고 순령수의 권세로다
음식은 넘쳐나고 **뇌물**은 공공연히 오고 가니
좋을시고 좋을시고 상평통보 좋을시고
많이 주면 무사하고 적게 주면 트집 잡네
춘당대(春塘臺)*에 치는 장막 오목대(梧木臺)에 무슨 일인고
참람(僭濫)한* **과거장서 재주 겨루는 유생(儒生)**들아
오십삼 주* 시예향(詩禮鄕)에 의로운 선비 하나 없단 말인가
먹을 복 좋은 우리 순상* 출세운 좋은 우리 순상
들어오시면 육조판서 나가시면 팔도 관찰사
공명도 거룩하고 부귀도 그지없다
망극하도다 나라 은혜여 감격스럽도다 임금님 은혜여
한 토막 절개라도 있다면 온 힘을 다해 은혜에 보답하리라
배은망덕하게 되면 자손에게 화가 미치리라
　　　　　　　　　　－ 작자 미상, 「합강정가(合江亭歌)」－

*이정 : 조선 시대에 지방 행정 조직의 최말단인 이(里)의 책임자.
*춘당대 : 서울 창경궁 안에 있는 대(臺)로 옛날에 과거를 실시하던 곳.
*참람한 : 분수에 넘쳐 너무 지나친.
*오십삼 주 : 조선 시대에 전라도가 53주였음.
*순상 : 조선 시대에 지방의 군무(軍務)를 순찰하던 일을 맡아보던 벼슬. 각 도의 관찰사가 겸임하였음.

(나)

돌아가리 돌아가리 말뿐이오 갈 이 없어
　전원이 거칠어지니 아니 가고 어찌할까
☐초당☐에 청풍명월(淸風明月)이 나명들명 기다리나니
　　　　　　　　　　　　　　　<효빈가>

농암*에 올라 보니 노안(老眼)이 오히려 밝구나
인사(人事) 변한다고 산천이야 변할 것인가
바위 앞 물과 언덕이 어제 본 듯하구나
<농암가>

공명(功名)이 끝이 있을까 수명도 하늘이 정한 것이라
금서 띠*에 굽은 허리에 팔십 넘어 만난 ⊙봄이 그 몇 해오
해마다 오늘 같은 날이 역시 임금님 은혜로다
<생일가>
― 이현보, 「귀전록(歸田錄)」 ―

*농암: 경북 안동 예안의 분강(汾江) 가에 있는 바위 이름.
*금서 띠: 1품 또는 2품 관원의 조복에 두르던 금이나 물소 뿔로 만든 띠.

(다)

　나는 긴 ⊙여름 동안 별로 할 일이 없어서 늘 연못가에 나가 고기들이 입을 뻐끔거리며 노는 모양을 구경하곤 했다. 그러던 어느 날 이웃에 사는 사람이 나에게 대나무를 베어다가 낚싯대를 만들어 주고 또 바늘을 굽혀 낚시를 실에 달아 주었다. 그동안 서울 생활에 바빠 일찍이 낚시 놓는 법도 알지 못했던 나는, 이웃 사람이 나를 위하여 낚싯대를 만들어 준 것만으로도 감사할 뿐이었다. 그래서 그 낚싯대를 물에 던져 넣은 뒤에 온종일을 기다려 보았다. 그러나 고기가 한 마리도 물리지 않았다.

(중략)

　나는 그 사람이 가르쳐 주는 방법대로 낚싯대를 드리워 한참 만에 서너 마리의 고기를 낚아 올릴 수가 있었다. 그 사람은 또 말하기를,
　"ⓐ고기 잡는 방법은 그렇게 하면 잘 되었네만 ⓑ고기 잡는 묘리는 아직 깨닫지 못하였네." 하였다.
　그는 나의 낚싯대를 빼앗아 가지고 물속에 던져 넣었다. 그는 내가 낚던 낚싯대와 내가 쓰던 미끼와 내가 앉았던 자리를 그대로 이용하였으나 그가 잡아 올리는 물고기는 마치 기다리기라도 한 듯이 낚싯대를 던져 넣기가 바쁘게 딸려 올라왔다. 광주리에서 건져 내는 것 같았고, 소반에 올려놓은 것을 세는 것 같았다. 나는 감탄하면서 말하였다.
　"참으로 솜씨가 좋기도 하네. 자네, 그 묘한 솜씨를 좀 가르쳐 주겠나."
　"잡는 방법이야 가르쳐 줄 수 있지만 묘한 솜씨야 가르쳐 줄 수 있겠나. 만일 가르쳐 줄 수 있다면 그것은 묘수라고 할 수 없지. 그러나 내가 자네에게 말할 수 있는 것은, 곧 자네가 내가 가르쳐 준 대로 아침이나 저녁이나 이 낚싯대를 물속에 드리워 놓고 정신을 집중하여 열흘이고 한 달이고 그 방법을 익힌다면 그 묘법을 터득할 수 있다는 것일세. 그렇게 되면 손은 알맞게 움직일 수 있고, 마음은 스스로 묘법을 이해하게 될 것일세. 그럼으로써 지금까지 얻을 수 없는 것과, 또 지금까지 깨닫지 못하던 오묘한 이치와, 한 가지는 깨달았지만 그 나머지 두세 가지 깨닫지 못한 것과, 아무것도 모르고 오히려 의혹만 많아지는 것과, 또 환하게 깨달았지만 그 깨달은 까닭은 모르는 것들을 모두 얻을 수 있을 것일세. 그러나 이런 것을 다 얻게 되면 내가 어떻게 거기에 간여할 수 있겠는가? 내가 자네에게 할 수 있는 말은 오직 이것뿐일세."
　나는 낚싯대를 받아 물속에 던져 넣으면서 스스로 한탄하였다.
　"참으로 그대의 말이 훌륭하다. 이러한 방법을 가지고 미루어 이용한다면 그것이 어찌 낚시 놓는 데만 응용되겠는가? 옛사람이 말하기를 '작은 것을 가지고 큰 것을 깨우칠 수 있다'고 하였는데 바로 이를 두고 한 말 아닌가?"
― 남구만, 「조설(釣說)」 ―

38. (가)~(다)에 대한 설명으로 가장 적절한 것은?

① (가)와 (나)는 자연물에 인격을 부여하여 화자의 정서를 강조하고 있다.
② (가)와 (다)는 색채 대비를 활용하여 대상의 특징을 드러내고 있다.
③ (나)와 (다)는 대상을 다양한 관점에서 묘사하여 장면을 구체화하고 있다.
④ (가)~(다)는 모두 대화의 형식을 사용하여 주제를 부각하고 있다.
⑤ (가)~(다)는 모두 의문의 방식을 활용하여 상황에 대한 인식을 드러내고 있다.

39. <보기>를 바탕으로 (가)~(다)를 감상한 내용으로 적절하지 않은 것은?

― <보 기> ―
　문학 작품에서 공간은 작품 안에 표현된 다양한 경험의 배경이자 상황적·역사적 맥락으로서의 의미를 지닐 수 있다. 작품 안에서의 공간은 인물들의 말과 행동, 대상의 이미지나 상징 등과의 관련성 속에서 다양한 의미로 실현된다.

① (가)의 논밭은 지배층을 위해 길로 넓혀진다는 점에서 백성들이 빼앗긴 삶의 터전을 의미하는 공간이라고 할 수 있다.
② (가)의 텅 빈 부엌은 방아품으로 얻은 양식을 담을 그릇조차 없는 곳이라는 점에서 아낙이 자신의 처지에 슬픔을 느끼는 공간이라고 할 수 있다.
③ (나)의 초당은 화자가 청풍명월과 어울릴 수 있는 곳으로 여긴다는 점에서 화자가 지향하는 공간이라고 할 수 있다.
④ (나)의 산천은 인사로 인해 변해 버린다는 점에서 변함없는 자연에 대한 화자의 소망을 투영한 공간이라고 할 수 있다.
⑤ (다)의 연못가는 '나'가 낚시의 경험을 통해 깨달음을 얻는다는 점에서 글쓴이의 배움이 확장되는 공간이라고 할 수 있다.

40. ⊙과 ⓛ에 대한 이해로 가장 적절한 것은?

① ⊙은 화자가 임금님의 은혜에 감사를 느끼는 시간이고, ⓛ은 글쓴이가 새로운 것을 시도하는 시간이다.
② ⊙은 화자가 인생의 덧없음을 느끼는 시간이고, ⓛ은 글쓴이가 이웃의 친절에 고마움을 느끼는 시간이다.
③ ⊙은 화자가 내적 갈등을 해결하는 시간이고, ⓛ은 글쓴이가 자신의 삶의 가치를 새롭게 인식하게 되는 시간이다.
④ ⊙은 화자가 한 해를 또 맞이하는 슬픔을 나타내는 시간이고, ⓛ은 글쓴이가 자신의 지나온 삶을 반성하는 시간이다.
⑤ ⊙은 화자가 공명을 추구하던 시절을 의미하는 시간이고, ⓛ은 글쓴이가 대상과의 교감을 통해 과거의 상황을 추억하는 시간이다.

41. <보기>를 참고하여 (가)를 감상한 내용으로 적절하지 <u>않은</u> 것은? [3점]

<보 기>

「합강정가」는 순시를 온 관찰사를 위한 뱃놀이와 관련한 현실을 비판한 작품이다. 이 작품은 관리들이 백성에게 잔치에 드는 비용을 부담시키는 일, 뇌물이 오고 가며 부정이 횡행한 일, 백성들이 가렴주구로 인해 유랑민이 되는 일 등 지배 계층의 유흥을 위해 강제로 노역에 동원되고 수탈을 당하는 백성들의 현실을 생생하게 그려 내고 있다. 특히 마지막 부분은 의로운 선비에 대한 기대와 관찰사를 향한 경고를 드러내고 있다.

① '이 놀이'를 '다시' 하게 되면 백성들이 '못 살겠'다고 한 것은 지배 계층의 유흥을 위해 수탈을 당하는 백성들의 현실을 드러낸다고 볼 수 있겠군.

② 백성들이 '집과 논밭'을 '다 팔고서' 떠나는 것은 가렴주구로 인해 유랑의 길을 떠나야 하는 백성들의 고통스러운 현실을 드러낸다고 볼 수 있겠군.

③ '뇌물'을 '많이 주면 무사하고 적게 주면 트집'이 잡히는 것은 관리들이 뇌물을 받으며 부정을 저지르는 것에 대한 비판을 드러낸다고 볼 수 있겠군.

④ '유생'들이 '과거장'에서 '재주'를 '겨루는' 것은 의로운 선비가 되기 위해 과거에 통과하기를 바라는 유생들의 기대를 드러낸다고 볼 수 있겠군.

⑤ '배은망덕'하면 '자손에게 화가 미치리라'라는 것은 임금에 대한 은혜를 잊지 말라는, 관찰사를 향한 경고를 드러낸다고 볼 수 있겠군.

42. (다)의 ⓐ, ⓑ에 대한 설명으로 적절하지 <u>않은</u> 것은?

① ⓐ는 누군가의 가르침을 통해 습득할 수 있다.

② ⓑ를 터득하면 다른 사람이 간여하지 않아도 된다.

③ ⓐ에 집중하기 위해서는 ⓑ에 대한 의혹에서 벗어나야 한다.

④ ⓐ를 꾸준히 반복하여 익힌다면 마음은 스스로 ⓑ를 이해하게 된다.

⑤ ⓑ를 알게 된 후에는 ⓐ만 알고 있을 때보다 더 많은 수확을 거둘 수 있다.

[43~45] 다음 글을 읽고 물음에 답하시오.

"도련님은 어디서 온 누구십니까? 지금 어디를 가시는 길인지 물어봐도 될까요?"

"네, 저는 하늘 옥황 문왕성 문 도령입니다. 지금 아랫마을 거무 선생님께 글공부 가는 길이오."

자청비가 문 도령을 찬찬히 살펴보는데 인물이 단정하고 눈빛이 깊은 것이 마음에 들었다. 게다가 거무 선생께 글공부를 간다 하니 같이 글공부하러 가고 싶은 생각이 불쑥 솟아났다.

"도련님, 우리 집에도 나와 닮은 남동생이 있는데 마침 거무 선생께 글공부하러 가고 싶어 합니다. 이름은 **자청 도령**이라 하니 같이 벗하여 가는 것이 어떻겠습니까?"

조금이라도 자청비와 더 있고 싶은 문 도령은 선선히 그러겠

다고 대답하고는 자청비를 따라갔다. 자청비는 문 도령을 집 앞 골목에 세워 놓고, 부모님 방으로 달려갔다.

"아버님, 어머님, 저도 다른 선비들처럼 글공부하러 가고 싶습니다."

대감이 펄쩍 뛰었다.

"계집아이가 글을 배워 무엇에 쓴단 말인고?"

어머니도 자청비의 손을 잡으며 달랬다.

"시집갈 나이가 다 되었는데 밖으로 나돌아다니면 안 좋은 소문만 난다. 그러니 그냥 집에서 살림이나 배우는 게 좋을 것 같다."

자청비가 차분하게 부모님을 설득했다.

"아버님, 어머님, 늘그막에 딸자식 하나 얻었는데 내일이라도 아버님 어머님이 세상을 떠나면 기일 제사 때 축지방*은 누가 쓸 겁니까?"

그 말끝에 부모님이 뭐라 대답을 못 하고 있는데 자청비는 계속해서 말을 이었다.

"나에게 오라비가 있습니까? 형제가 있습니까? 그저 집안에 자식이라곤 나 하나밖에 없는데, 여자라도 배워 놓으면 다 써먹을 데가 있습니다. 저라도 공부를 해서 축지방이나 쓰게 해 주세요."

자청비의 말을 들은 대감은 마음이 움직였다.

"듣고 보니 그럴듯한 말이구나. 늘그막에 귀한 딸자식 하나 얻었더니 부모 기일 제사까지 벌써부터 챙기려고 마음을 쓰니 기특하구나. 그렇다면 거무 선생께 가서 글공부하도록 하거라."

부모님께 허락을 받은 자청비는 방으로 들어가 입고 있던 옷을 벗어 두고 남자 옷으로 갈아입었다. 그러고는 책을 한 아름 안고, 붓도 몇 자루 감아쥐고는 부모님께 이별 인사를 드리는 둥 마는 둥 하고 밖으로 뛰쳐나갔다.

골목에 나가 보니 문 도령이 서성이며 기다리고 있었다. 자청비는 시침을 뚝 떼고 다가가 인사를 했다.

"처음 뵙겠습니다. 저는 자청 도령인데 누님한테 말씀 잘 들었습니다."

"예, 저는 하늘 옥황 문왕성 문 도령이오."

문 도령은 자청 도령을 위아래로 훑어보며 고개를 갸웃했다. '아무리 남매지간이라고 하여도 이렇게 닮을 수가 있는가? 자청 도령도 곱상하니 아가씨라고 해도 믿겠구나.'

문 도령과 자청 도령은 나란히 아랫마을 거무 선생에게 갔다.

[중략 부분의 줄거리] 자청 도령이 자청비임을 알게 된 문 도령은 자청비와 결혼을 한다. 한편, 이들을 시기한 하늘 무리들이 문 도령을 죽이고, 군졸들을 보내 자청비를 강제로 데려가려고 하자 자청비는 매미, 등에, 봉황새를 죽은 문 도령이 있는 방에 걸어 둔다.

"저 위에 보면 **우리 낭군이 깔고 앉았던 방석**이 있습니다. 그걸 내려서 깔고 앉아 보십시오. 그것이 조금 무겁긴 하지만 사나이라면 그 정도는 거뜬히 들 수 있어야 하지 않겠습니까? 그리하면 제가 스스로 가겠습니다."

선반 위에 놓인 무쇠 방석을 가리키며 말하자 군졸들이 달려들어 방석을 내리려 하였다. 그러나 어찌나 무거운지 꼼짝도 하지 않았다.

"문 도령이 이렇게 힘센 장수였구나. 아무래도 소문대로 보통 인물이 아니로군. 잘못하다가는 무슨 변이라도 당하는 게 아닌지 모르겠어."

군졸들은 겁이 나서 누구도 선뜻 나서려고 하지 않았다. 그러자 군졸들을 이끌고 온 우두머리가 문 도령이 누워 있는 방을 쳐다보며 한마디 했다.

"이놈들아, 걱정들 하지 마라. 그래봐야 죽은 목숨 아니냐? 죽은 목숨 아무 소용 없다."

"맞는 말이로구나. 제아무리 잘난 문 도령이라도 이미 죽은 목숨인데 어떻게 할 수 있겠는가."

그런데 죽은 줄 알았던 문 도령이 코를 골며 자는 소리가 들렸다. 주얼재열 **매미**, **등에**가 나는 소리, **봉황새** 꺽꺽 부리 벌리는 소리가 코 고는 소리로 들렸던 것이었다.

"어이? 이거 무슨 소리인가?"

"문 도령이 코 골며 자는 소리 같은데. 문 도령은 죽은 것이 아닌가?"

그때 방 밖에 서 있던 머슴이 자청비가 시킨 대로 손을 한 번 탁 쳤다. 그러자 화들짝 놀란 군졸들이 겁을 집어먹고 앞다투어 도망쳐 버렸다. 위기를 모면한 자청비는 죽은 남편을 살려 내기 위해 서천꽃밭으로 들어가 갖가지 꽃을 얻어 왔다. 자청비가 가져온 살살이꽃, 피살이꽃, 도환생꽃을 남편의 시체 위에 뿌리자 문 도령이 기지개를 켜며 일어나 앉았다.

"아, 잘 잤다! 그런데 무슨 일인가? 주변이 왜 이처럼 어지럽소?"

자청비는 그 사이에 있었던 일을 소상히 일러 주었다.

"아, 그러니까 부인 덕에 내가 이리 살아났구려."

문 도령은 또 한 번 자청비의 기지에 감탄하며 부인의 손을 꼭 잡았다.

하늘 옥황 천자국에 큰 사변이 일어났다. 검은 무리가 난을 일으켜 천자국이 큰 혼란에 빠지게 된 것이다. 옥황상제 천지왕은 여기저기 방을 붙이도록 했다.

"이 난을 평정하는 자에게 하늘 옥황의 땅 한 조각 물 한 조각을 갈라 주겠노라."

자청비는 문 도령과 함께 서천꽃밭에서 가져온 수레멸망악심꽃을 들고 천자국으로 갔다. 수레멸망악심꽃은 뿌리면 뿌리는 대로 많은 사람이 죽는 꽃이었다. 천지왕은 난을 평정하기 위해 왔다는 문 도령과 자청비에게 임무를 맡겼다. 전장으로 가 보니 삼만 명의 군사들이 칼을 치고 활을 받으며 치열하게 싸우고 있었다. 자청비는 천자국 병사들을 철수시키고는 수레멸망악심꽃을 동서로 뿌려댔다. 그러자 난을 일으킨 군사들이 건삼밭의 늙은 삼 쓰러지듯 동서로 즐비하게 쓰러지며 숨이 끊어져 버렸다. 곧 난은 평정되고 천자국이 평온해졌다. 천지왕은 크게 기뻐하며 둘의 공을 치하했다.

"내 너희들에게 하늘나라에 있는 기름진 땅을 갈라 주겠으니 잘 맡아 다스리도록 하여라."

그러나 자청비는 이를 사양하고 인간 세상에 내려가 살고자 하니 대신 씨앗을 달라고 청을 드렸다.

"하늘님아, 하늘나라 기름진 땅 대신 **제주 땅에 내려가서 심을 오곡의 씨앗을 내려** 주십시오. 제주 백성들 농사짓고 살게 해 주겠습니다."

천지왕은 자청비를 기특하게 여기고 인간을 널리 이롭게 하라며 **여러 곡식**을 내려 주었다.

─ 작자 미상, 『세경본풀이』 ─

* 축지방: 제사 때 읽어 천지의 신령께 고하는 글을 적은 종이 조각.

43. 윗글에 대한 설명으로 가장 적절한 것은?

① 비현실적 요소를 통해 인물의 비범한 능력을 드러내고 있다.
② 꿈과 현실을 교차하여 앞으로 일어날 사건을 암시하고 있다.
③ 비유적 표현을 사용하여 인물의 심리적 갈등을 드러내고 있다.
④ 공간적 배경에 대한 묘사를 통해 낭만적 분위기를 형성하고 있다.
⑤ 서술자가 직접적으로 개입하여 인물을 주관적으로 평가하고 있다.

44. 윗글에 대한 이해로 적절하지 <u>않은</u> 것은?

① 자청비는 문 도령에게 자청 도령을 만날 것을 제안했다.
② 대감은 부모의 제사를 걱정하는 자청비를 기특하게 여겼다.
③ 군졸들은 문 도령이 살아 있다고 생각해 겁을 먹고 도망쳤다.
④ 난을 일으킨 군사들은 자청비가 뿌린 꽃에 의해 숨이 끊어졌다.
⑤ 천지왕은 천자국의 난을 평정하기 위해 자청비를 찾아가 도움을 구했다.

45. <보기>를 참고하여 윗글을 감상한 내용으로 적절하지 <u>않은</u> 것은? [3점]

─── <보 기> ───

『세경본풀이』는 자청비가 농사를 관장하는 '세경신'이 되기까지의 과정을 담은 제주도 서사무가이다. 이 과정에서 자청비는 여성이라는 이유로 사회적 제약을 받거나, 여러 난관에 봉착한다. 그때마다 자청비는 거짓말이나 속임수를 사용하여 상대와 동질성을 이뤄 상대방의 수용을 얻기도 하고, 상황을 미리 조작하여 자신의 불리한 상황을 반전시키기도 한다. 또한, 유인책을 사용해 상대를 함정에 **빠뜨려** 목적을 달성하기도 한다.

① 자청비가 '자청 도령' 행세를 한 것은 문 도령과의 동질성을 획득하기 위한 속임수로 볼 수 있겠군.
② 자청비가 '계집아이가 글을 배워 무엇에' 쓰냐며 부모로부터 글공부를 제지당하는 것은 자청비가 받는 사회적 제약으로 볼 수 있겠군.
③ 자청비가 무쇠 방석을 '우리 낭군이 깔고 앉았던 방석'이라고 말한 것은 상대방을 함정에 빠뜨려 자신의 편으로 만들기 위한 유인책으로 볼 수 있겠군.
④ 자청비가 '매미', '등에', '봉황새', 박수 소리를 이용한 것은 문 도령이 살아 있는 것처럼 상황을 미리 조작하여 자신의 불리한 상황을 반전시키기 위한 것으로 볼 수 있겠군.
⑤ 자청비가 천지왕에게 '제주 땅에 내려가서 심을 오곡의 씨앗을 내려' 달라고 요청하여 '여러 곡식'을 받는 것은 자청비가 지닌 세경신으로서의 면모로 볼 수 있겠군.

┌─────────────────────────┐
* 확인 사항

◦ 답안지의 해당란에 필요한 내용을 정확히 기입(표기)했는지 확인하시오.
└─────────────────────────┘

2023학년도 9월 고1 전국연합학력평가 문제지   1

제 1 교시

국어 영역

08회

● 문항수 45개 | 배점 100점 | 제한 시간 80분

● 점수 표시가 없는 문항은 모두 2점

08회

[1~3] 다음은 학생의 발표이다. 물음에 답하시오.

안녕하세요? '생활 속 전통문화'에 대한 발표를 맡은 ○○○입니다. 저는 지난주에 매듭 팔찌를 만들며 우리 전통 매듭이 참 아름답다고 생각하여 전통 매듭에 대해 조사해 보았습니다. 그래서 오늘은 제가 △△전통문화 연구소 누리집의 자료를 통해 알게 된 내용을 여러분과 나누고 싶어서 발표를 준비했습니다.

우리나라에서는 옛날부터 매듭을 생활 속에서 장식의 용도로 많이 사용했습니다. 고구려 벽화의 초상화 속 실내 장식에서도, 조선 시대 여성들이 사용하던 노리개의 장식에서도 매듭을 발견할 수 있습니다.

그렇다면 우리나라의 전통 매듭에는 어떤 것들이 있을까요? (자료1을 제시하며) 먼저 이 자료를 보시죠. 옷을 여미는 부분에 매듭이 보이시나요? 이것이 연봉매듭입니다. 연봉은 연꽃 봉오리라는 뜻으로, 자료의 아래에 있는 그림처럼 매듭의 생김새가 연봉을 닮았다고 해서 붙은 이름이에요. 연꽃은 번영의 상징으로 여겨져 온 만큼, 연봉매듭에는 자손의 번창과 풍년을 기원하는 의미가 담겨 있습니다. 매듭은 보통 장식을 위해 사용되었는데 이 매듭은 단추와 같은 역할을 하여 실용적인 목적으로 사용되었기에 단추매듭이라 부르기도 합니다.

다음으로는 가지방석매듭을 소개하겠습니다. 이 매듭은 주머니나 선추를 장식하기 위한 목적으로 많이 사용되었는데요, (자료2를 제시하며) 선추는 이렇게 부채의 고리나 자루에 매다는 장식품을 이르는 말입니다. 잠시 자료의 왼쪽 아래에 있는 매듭을 보시죠. 이 매듭의 이름은 생쪽매듭이에요. 작은 원이 세 개 있는 모양이 생강과 비슷해서 붙은 이름입니다. 생쪽매듭은 많은 매듭법의 기본이 되는데요, 가지방석매듭도 이 생쪽매듭을 중심으로 하여 원 모양으로 줄줄이 이어 나가 방석 모양처럼 크게 엮어 만든 매듭입니다. 그래서 이 매듭에는 좋은 일을 줄줄이 이어 간다는 의미가 있고, 그것이 열매가 잘 맺히는 가지를 연상시킨다고 해서 가지방석매듭이라는 이름이 붙게 되었습니다.

지금까지 우리나라의 전통 매듭에 대해 알아보았습니다. 조사를 하며 주변을 살펴보니 팔찌뿐 아니라 다양한 장신구에도 전통 매듭이 활용된 것을 발견할 수 있었습니다. 여러분도 전통 매듭의 의미를 떠올리며, 우리 주변의 전통 매듭에 관심을 가져 보면 어떨까요? 이상으로 발표를 마치겠습니다.

1. 위 발표자의 말하기 방식으로 적절하지 <u>않은</u> 것은?

① 자신의 경험을 언급하며 화제를 선정한 이유를 밝히고 있다.
② 청중에게 질문을 하여 발표 내용에 대한 관심을 유도하고 있다.
③ 참고한 자료의 출처를 밝혀 발표 내용의 신뢰성을 높이고 있다.
④ 발표 중간중간에 단어의 뜻을 설명하여 청중의 이해를 돕고 있다.
⑤ 발표 내용에 대한 청중의 이해도를 점검하며 발표를 마무리하고 있다.

2. 다음은 발표자가 제시한 자료이다. 발표자의 자료 활용에 대한 설명으로 적절하지 <u>않은</u> 것은?

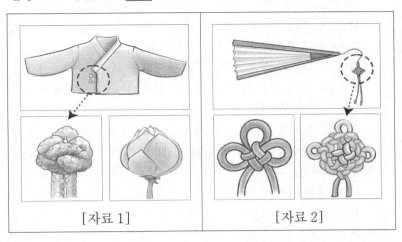

[자료 1]   [자료 2]

① 연봉매듭이라는 명칭이 붙은 이유를 설명하기 위해 [자료 1]을 활용하였다.
② 연봉매듭이 단추의 용도로 사용되었다는 것을 설명하기 위해 [자료 1]을 활용하였다.
③ 가지방석매듭이 생쪽매듭을 기본으로 한다는 것을 설명하기 위해 [자료 2]를 활용하였다.
④ 가지방석매듭이 실용적인 목적으로 사용되었다는 것을 보여 주기 위해 [자료 2]를 활용하였다.
⑤ 좋은 일을 줄줄이 이어 간다는 의미가 담긴 가지방석매듭의 모양을 보여 주기 위해 [자료 2]를 활용하였다.

3. <보기>는 위 발표를 들은 학생들의 반응이다. 학생들의 반응을 이해한 내용으로 가장 적절한 것은?

─── <보 기> ───

학생 1 : 매듭을 단추의 용도로 사용한 것에서 조상들의 지혜를 느꼈어. 나도 매듭이 일상생활에서 응용된 다른 사례를 찾아봐야겠어.
학생 2 : 나는 그동안 무언가를 묶거나 고정하는 데에만 매듭을 사용했는데, 다양한 물건을 아름답게 장식하는 용도로도 쓸 수 있다는 것을 알게 되었어.
학생 3 : 얼마 전 전통 매듭 전시회를 다녀왔어. 그때 본 노리개에 둥근 모양의 매듭이 달려 있었는데, 가지방석매듭과는 다른 모양이었어. 무슨 매듭이었는지 궁금해.

① '학생 1'은 발표 내용에 제시된 정보를 사실과 의견으로 구분하고 있다.
② '학생 2'는 자료의 정확성을 판단하며 발표 내용을 비판적으로 수용하고 있다.
③ '학생 3'은 발표에서 누락된 부분이 있다는 점을 지적하고 있다.
④ '학생 1'과 '학생 2'는 모두 발표에서 직접적으로 언급하지 않은 내용을 추론하고 있다.
⑤ '학생 2'와 '학생 3'은 모두 발표 내용과 관련 있는 자신의 경험을 떠올리고 있다.

[4~7] (가)는 동아리 학생들이 나눈 대화의 일부이고, (나)는 이를 참고하여 '학생 2'가 구청 누리집에 올린 글이다. 물음에 답하시오.

(가)

학생 1: 지난번 논의에서 올해도 학교 축제 때 동아리 행사로 우리가 창작한 동화를 각색하여 소강당에서 공연하기로 했잖아. 오늘은 우리 동아리 행사에 마을 주민의 참여를 높일 수 있는 방법을 이야기해 보자.

학생 2: 지난해 축제 만족도 조사에서 마을 주민의 참여도와 만족도가 높았던 프로그램을 보면 주로 어린이가 직접 체험할 수 있는 활동이었어. 우리도 이번 동아리 행사에 그런 체험 활동을 추가하면 어떨까?

학생 3: 좋은 생각이야. 그런데 무엇을 하면 좋을까?

학생 2: 이번 공연인 '아기 나무의 꿈'은 나무가 자라면서 바라본 우리 마을에 대한 이야기잖아. 공연을 관람한 어린이들이 나무를 소재로 그림을 그리는 건 어때?

학생 3: 그러자. 그런데 소강당에는 책상이 없잖아. 어린이들이 그림을 그리기가 불편할 것 같으니 장소를 바꿨으면 좋겠어.

학생 2: 공연 장소를 공용 교실로 옮기는 것은 어떨까? 거기는 공간이 넓어서 무대 설치가 가능하고, 책상과 의자가 있어서 그림을 그리기에 편할 것 같아.

학생 3: 그거 괜찮겠다.

[A]

학생 1: 그러면 이번 우리 동아리 행사에서는 연극 공연과 그림 그리기 체험 활동을 하기로 하고, 장소는 공용 교실로 변경하는 것으로 하자. 그런데 홍보는 어떻게 하지?

학생 3: 작년에 우리 학교 누리집에만 홍보했더니 우리가 예상했던 것보다 주민들의 참여가 저조했어. 그래서 이번에는 구청 누리집의 '△△구 알리미'에도 우리 행사를 홍보했으면 좋겠어.

학생 1: 맞아. 요즘에는 마을 주민이 참여하는 학교 행사가 많아서 그런지 구청 누리집에 학교 행사를 많이 홍보하더라고.

[B]

학생 2: 좋은 생각이야. 홍보 글은 내가 써 볼게. 글에 작품명, 공연 일시, 장소와 같은 공연 정보가 포함되어야겠지? 그리고 마을 주민의 관심을 끌 수 있는 내용도 넣으면 좋겠어.

학생 3: 그러면 우리 동아리가 했던 활동 중 우리 마을과 관련된 활동을 소개하자.

학생 1: 그래. 그리고 마을과 관련된 활동을 소개하면서 이번 공연 내용도 함께 소개해 줬으면 좋겠어.

학생 3: 동아리 행사 신청 방법도 안내해야겠지?

학생 2: 응, 알았어. 신청 방법도 함께 정리해 볼게.

학생 3: 그래. 그리고 이번에 추가된 체험 활동과 어린이들에게 줄 책 선물에 대한 안내도 부탁해.

학생 2: 그렇게 할게. 다음 모임까지 초고를 작성해 볼게.

학생 1: 다음에는 함께 글을 검토하기로 하고, 오늘은 여기까지 하자.

(나)

안녕하세요? □□고등학교 동화 창작 동아리 '꿈그리기'에서 연극 '아기 나무의 꿈'을 무대에 올립니다. 공연 일시는 10월 12일(목) 오전 11시이고, 장소는 학교 공용 교실입니다.

저희 동아리는 마을에 대한 관심을 높이기 위해 우리 마을을 소재로 동화를 창작하고, 마을 어린이들을 대상으로 매년 공연을 해 왔습니다. 이번 공연은 저희 동아리 학생들이 창작한 동화 '아기 나무의 꿈'을 각색한 것으로, 우리 마을의 보호수인 느티나무가 400년 전 처음 뿌리를 내리고 지금까지 살면서 바라본 우리 마을의 이야기입니다.

공연이 끝난 후에는 어린이들이 그림을 그리면서 자유롭게 상상의 나래를 펼칠 수 있도록 '나무'를 소재로 그림을 그리는 시간을 마련했습니다. 또한 공연을 관람한 모든 어린이에게 저희 동아리에서 발간한 동화책 '아기 나무의 꿈'을 선물로 드립니다.

참가 신청 기간은 9월 11일(월)부터 9월 30일(토)까지이며, 신청은 온라인(http://○○.hs.kr/)으로만 가능합니다. 신청서 작성 시 관람을 희망하는 어린이와 보호자의 정보를 기입해 주시기 바랍니다.

저희 동아리에서는 우리 마을에 대한 애정을 듬뿍 담아 이번 행사를 준비했습니다. 이 행사는 어린이들이 자신이 살고 있는 마을에 대한 관심을 가지게 되는 계기가 될 것입니다. 주민 여러분의 많은 참여를 부탁드립니다. 감사합니다.

4. '학생 1'에 대한 설명으로 적절하지 <u>않은</u> 것은?

① 지난 논의에서 결정된 사항을 환기하며 화제를 제시하고 있다.
② 대화의 내용을 정리하며 자신의 이해가 맞는지 질문하고 있다.
③ 자신이 아는 내용을 바탕으로 대화 참가자의 의견에 동의하고 있다.
④ 대화 참가자의 의견을 듣고 그 의견에 덧붙일 내용을 언급하고 있다.
⑤ 다음 모임에서 논의할 내용을 제시하며 대화를 마무리하고 있다.

5. [A], [B]에 대한 이해로 적절하지 <u>않은</u> 것은? [3점]

① [A]에서 '학생 2'는 만족도 조사 결과를 언급하며 어린이 대상 체험 활동을 진행할 것을 제안하고 있다.
② [A]에서 '학생 3'은 체험 활동을 하기에 불편하다는 점을 언급하며 공연 장소의 변경을 제안하고 있다.
③ [A]에서 '학생 2'는 공간적 특성을 근거로 들어 공용 교실 활용을 문제 해결 방안으로 제시하고 있다.
④ [B]에서 '학생 3'은 기존 홍보 방식의 문제를 지적하며 학교 누리집 대신 '△△구 알리미'를 활용하는 방안을 제시하고 있다.
⑤ [B]에서 '학생 2'는 홍보하는 글에 들어갈 공연 정보를 나열하고, 마을 주민의 관심을 높일 수 있는 내용을 추가할 것을 제안하고 있다.

6. '학생 2'가 (가)를 바탕으로 (나)를 작성했다고 할 때, (나)에 반영된 내용으로 적절하지 <u>않은</u> 것은?

① 어린이들에게 줄 선물에 대해 안내하기로 한 논의 내용을 반영하여 우리 동아리에서 발간한 창작 동화 '아기 나무의 꿈'을 선물한다는 점을 알려 준다.

② 이번 공연 내용을 소개하기로 한 논의 내용을 반영하여 공연 내용이 마을의 보호수인 느티나무와 그 나무가 바라본 우리 마을의 이야기임을 설명한다.

③ 이번에 추가된 체험 활동에 대해 안내하기로 한 논의 내용을 반영하여 그림 그리기 체험 활동으로 인해 공연 대상이 마을 어린이들로 정해졌다는 점을 알려 준다.

④ 동아리 행사 신청 방법을 안내하기로 한 논의 내용을 반영하여 신청 기간과 온라인 주소를 알려 주고, 어린이와 보호자의 정보를 신청서에 기입해야 함을 알려 준다.

⑤ 우리 동아리가 했던 활동 중 마을과 관련된 활동을 알려 주기로 한 논의 내용을 반영하여 그동안 마을을 소재로 동화를 창작하고, 매년 공연을 해 왔다는 점을 소개한다.

7. <보기>는 (나)의 마지막 문단의 초고이다. <보기>를 고쳐 쓰기 위해 친구들이 조언한 내용으로 가장 적절한 것은?

― <보 기> ―

저희 동아리에서는 우리 마을에 대한 애정을 듬뿍 담아 이번 행사를 준비했습니다. 다른 동아리에서도 마을 주민이 참여할 수 있는 다양한 행사를 준비했다고 합니다. 주민 여러분의 많은 참여를 부탁드립니다. 감사합니다.

① 다른 동아리 관련 내용은 삭제하고, 행사의 의의를 추가하는 건 어때?

② 다른 동아리 관련 내용은 삭제하고, 행사의 일정을 추가하는 건 어때?

③ 다른 동아리 관련 내용은 삭제하고, 행사 참여에 대한 당부의 말을 추가하는 건 어때?

④ 우리 동아리의 행사 준비 내용은 삭제하고, 행사의 의의를 추가하는 건 어때?

⑤ 우리 동아리의 행사 준비 내용은 삭제하고, 행사 참여에 대한 당부의 말을 추가하는 건 어때?

[8~10] 다음은 교지에 싣기 위해 학생이 작성한 초고이다. 물음에 답하시오.

우리가 사 먹는 과일과 채소는 품목별로 등급 규격의 항목 기준에 따라 특, 상, 보통으로 분류된다. 이러한 농산물 등급 규격은 농산물의 상품성 향상과 유통 효율을 위하여 도입되었다. 그런데 등급 규격의 항목이 주로 크기, 모양 등 농산물의 외관과 관련되어 있어, 맛이나 영양에는 별다른 문제가 없는 농산물이 등급 외로 분류되는 경우가 생겨난다. 이러한 '등급 외 농산물'은 우리에게 '못난이 농산물'이라는 이름으로 잘 알려져 있다.

등급 외로 분류된 농산물은 일반적인 유통 과정에 따라 거래되지 못한다. 잼, 주스 등으로 가공이 가능한 품목의 경우에는 헐값에라도 거래되지만, 가공이 어려운 품목들은 끝내 거래되지 못하고 폐기되고 만다. 등급 외 농산물은 맛과 영양, 가격 면에서 볼 때 소비 시장에서 충분히 경쟁력이 있음에도 유통 과정에서 소외되어 버려지고 있는 것이다.

등급 외 농산물이 판매되지 못할 경우 농산물 생산에 사용된 물, 비료, 노동력 등의 자원은 낭비가 되고, 폐기 과정에서도 비용이 들어 농가에 경제적 손해가 발생한다. 또한 등급 외 농산물은 환경 문제도 야기한다. 매립된 폐기 농산물은 썩는 과정에서 지구 온난화를 일으키는 메탄을 발생시키는데, 소비가 가능한 등급 외 농산물까지 불필요하게 폐기되어 이러한 환경 문제를 더욱 악화시키고 있다.

등급 외 농산물로 인한 문제를 해결하기 위해서는 등급 외 농산물 구매 활성화 방안을 마련하여 적극적인 소비가 이루어질 수 있도록 해야 한다. 등급 외 농산물을 소비하는 것은 환경에도 긍정적 영향을 끼치고, 농가와 소비자 모두에게 도움을 줄 수 있다. [A]

8. 다음은 초고를 작성하기 전에 학생이 떠올린 생각이다. ㉠~㉤ 중, 학생의 초고에 반영되지 <u>않은</u> 것은?

∘ 등급 외 농산물의 가공 가능 여부에 따른 처리 방식의 차이를 제시해야겠어. ……………… ㉠
∘ 등급 외 농산물의 구매 활성화 방안을 실천하는 데 따르는 문제점을 제시해야겠어. ………… ㉡
∘ 농산물 등급 규격 항목과 관련지어 등급 외 농산물이 발생하는 이유를 제시해야겠어. ………… ㉢
∘ 등급 외 농산물 폐기로 인한 문제를 경제적 손해와 환경 문제의 측면에서 제시해야겠어. ……… ㉣
∘ 예상 독자의 이해를 도울 수 있도록 등급 외 농산물을 일컫는 다른 명칭을 제시해야겠어. ……… ㉤

① ㉠   ② ㉡   ③ ㉢   ④ ㉣   ⑤ ㉤

9. <보기>는 초고를 보완하기 위해 추가로 수집한 자료이다. 자료 활용 방안으로 적절하지 <u>않은</u> 것은? [3점]

<보 기>

ㄱ. '등급 외 농산물' 구매 관련 소비자 설문 조사

ㄱ-1. 구매 의사

구매 경험이 있는 사람		구매 경험이 없는 사람	
재구매 의사 있음	95.5%	구매 의사 있음	65.3%
재구매 의사 없음	0.9%	구매 의사 없음	32.6%
기타	3.6%	기타	2.1%

ㄱ-2. 구매 활성화 방안

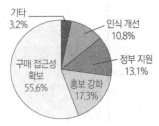

기타 3.2%
인식 개선 10.8%
정부 지원 13.1%
홍보 강화 17.3%
구매 접근성 확보 55.6%

ㄴ. 신문 기사

애호박이 등급 규격의 항목 기준에 따라 특 등급을 받으려면 처음과 끝의 굵기가 비슷하고 구부러진 것이 없어야 한다. 그래서 어린 애호박에 비닐을 씌워 상품성을 높인다. 맛과 무관하게 모양을 위해 매년 수억 개가 사용되는 이 비닐은 대부분 복합 플라스틱으로, 사실상 재활용이 불가능하여 환경 면에서 문제가 되고 있다.

ㄷ. 전문가 인터뷰

"한 해 동안 등급 외로 판정되어 버려지는 농산물의 생산액은 약 3조 2천억 원이나 되는데, 그 과정에서 발생하는 손해를 고스란히 농민들이 부담합니다. 소비자들이 등급 외 농산물을 주변에서 쉽게 구매할 수 있다면 아깝게 버려지는 농산물이 줄어들 것입니다."

① ㄱ-1을 활용하여, 등급 외 농산물 구매에 대해 소비자들이 긍정적으로 인식하고 있다는 내용을 등급 외 농산물이 경쟁력이 있다는 내용의 근거 자료로 2문단에 제시한다.
② ㄴ을 활용하여, 등급 외 농산물과 관련하여 발생하는 환경 문제가 폐기 과정뿐만 아니라 생산 과정에서도 일어날 수 있다는 내용을 3문단에 추가한다.
③ ㄷ을 활용하여, 한 해 동안 버려지는 등급 외 농산물의 생산액을 등급 외 농산물로 인한 농가의 경제적 손해가 크다는 내용을 뒷받침하는 구체적인 수치 자료로 3문단에 제시한다.
④ ㄱ-1과 ㄴ을 활용하여, 등급 외 농산물로 인한 농가의 손해를 줄이기 위한 노력이 등급 외 농산물에 대한 소비자들의 구매 의사로 이어지고 있다는 내용을 4문단에 추가한다.
⑤ ㄱ-2와 ㄷ을 활용하여, 등급 외 농산물 구매 접근성을 확보하는 것이 필요하다는 내용을 등급 외 농산물 구매 활성화 방안의 구체적 내용으로 4문단에 제시한다.

10. 다음은 초고를 읽은 교지 편집부 학생의 조언이다. 이를 반영하여 [A]를 작성한다고 할 때, 가장 적절한 것은?

"등급 외 농산물 소비가 농가와 소비자에게 도움이 되는 이유를 각각의 측면에서 밝히고, 등급 외 농산물 소비를 권유하는 내용으로 마무리하는 것이 좋겠어."

① 등급 외 농산물은 가격이 저렴하면서도 맛과 영양 면에서 인정받고 있기 때문이다. 이제 등급 외 농산물이 갖는 가치를 인정하고 소비하려는 태도를 갖자.
② 등급 외 농산물 폐기로 인해 발생하는 손해가 농민들에게 돌아가기 때문이다. 이제 농가 소득 증대에 기여할 수 있도록 등급 외 농산물의 가공 활용 방법에 대해 고민해야 할 때이다.
③ 등급 외 농산물 소비를 통해 환경 문제를 해결하는 데 소비자가 기여할 수 있기 때문이다. 이제 등급 외 농산물 소비를 통해 환경 문제를 개선하는 데 동참하는 자세를 가져 보자.
④ 농가는 등급 외 농산물로 인한 경제적 손해를 줄일 수 있고 소비자는 농산물을 저렴하게 구입할 수 있기 때문이다. 이제 농가와 소비자 모두를 위해 등급 외 농산물 소비에 동참해 보자.
⑤ 소비자는 맛과 영양을 갖춘 등급 외 농산물을 쉽게 구할 수 있고, 농가는 등급 외 농산물의 생산을 줄일 수 있기 때문이다. 이제 등급 외 농산물의 판매 경로를 다양화할 필요가 있다.

[11~12] 다음 글을 읽고 물음에 답하시오.

말을 글자로 적을 때 사람마다 다르게 적는다면 그 뜻을 제대로 파악하지 못할 수 있다. 이런 혼란을 피하고 효율적으로 의사소통하기 위해 제정한 것이 '한글 맞춤법'이다. 한글 맞춤법 총칙 제1항은 '한글 맞춤법은 표준어를 소리대로 적되, 어법에 맞도록 함을 원칙으로 한다.'이다. 소리대로 적는다는 것은 발음 그대로 적는다는 것이다. 그런데 소리대로 적는다는 원칙이 적용되기 어려운 경우가 있어 어법에 맞도록 한다는 또 하나의 원칙이 붙었다. 예를 들어 체언과 조사가 결합한 '잎이', '잎만'을 발음대로 적으면 '이피', '임만'인데, 사람들이 다르게 적힌 형태를 보고 그 의미를 파악하기 위해 '잎'이라는 본래 형태를 떠올려야 하는 어려움이 생긴다. 따라서 형태를 '잎'으로 고정하여 적을 필요가 있는 것이다. 그리고 '먹어', '먹는'처럼 용언의 어간과 어미도 구별하여 적는다. 즉 어법에 맞도록 적는다는 것은 형태소의 본모양을 밝혀 적는 것을 말한다. 그런데 어근과 접미사, 용언과 용언이 결합하여 하나의 단어로 쓰일 때는 형태소의 본모양을 밝혀 적기도 하고 소리대로 적기도 한다.

(ㄱ) 그는 <u>웃음</u>을 지으며 <u>마감</u> 시간을 확인했다.
(ㄴ) 방에 <u>들어간</u> 그는 <u>사라진</u> 의자를 발견했다.

(ㄱ)에서 '웃음(웃-+-음)'은 접미사 '-음/-ㅁ'이 비교적 여러 어근에 결합하고 결합한 후에도 어근의 본래 뜻이 유지되므로 형태소의 본모양을 밝혀 적었다. 이와 달리 '마감(막-+-암)'은 접미사 '-암'이 일부 어근에만 결합하기 때문에 소리대로

08회

적었다. (ㄴ)에서 '들어간'은 앞말인 '들어'에 '들다'의 뜻이 유지되고 있어 형태소의 본모양을 밝혀 적었지만, '사라진'은 앞말이 본뜻에서 멀어져 그 의미가 유지되지 않아 소리대로 적었다.

[A]
┌
│   한편, 의미를 정확하게 전달하기 위해서는 띄어쓰기를 바르게 하는 것도 중요하다. 예를 들어 '지'는 어미 '-(으)ㄴ지, -(으)ㄹ지'의 일부일 때는 띄어 쓰지 않지만, 시간의 경과를 나타낼 때는 앞말과 띄어 쓴다. 또한 어떤 일을 시험 삼아 시도함을 나타내거나 어떤 행동이나 상태를 강조하는 뜻을 나타낼 때는 '한번'이라고 쓰지만, '번'이 일의 횟수를 나타낼 때는 '한 번', '두 번'처럼 띄어 쓴다.
└

11. <보기>의 ⓐ~ⓔ를 이해한 내용으로 적절하지 <u>않은</u> 것은?

─────<보 기>─────
◦ 풀이 ⓐ<u>쓰러진</u> 사이로 ⓑ<u>작은</u> 꽃이 ⓒ<u>마중</u>을 나왔다.
◦ ⓓ<u>끝이</u> 보이지 않았지만 나는 그 ⓔ<u>믿음</u>을 잃지 않았다.

① ⓐ: 앞말이 '쓸다'라는 본뜻에서 멀어져서 소리대로 적은 것이겠군.
② ⓑ: 용언의 어간 '작-'과 어미 '-은'이 구별되도록 형태소의 본모양을 밝혀 적은 것이겠군.
③ ⓒ: 접미사 '-웅'이 여러 어근에 널리 결합하지 못하고 일부 어근에만 결합해서 소리대로 적은 것이겠군.
④ ⓓ: '끝'이라는 체언의 의미가 쉽게 파악되도록 형태소의 본모양을 밝혀 적은 것이겠군.
⑤ ⓔ: 어근에 접미사 '-음'이 결합한 후에 어근의 본래 뜻이 유지되지 않아서 형태소의 본모양을 밝혀 적은 것이겠군.

12. [A]를 참고할 때, 밑줄 친 부분의 띄어쓰기가 적절하지 <u>않은</u> 것은?

① 동네 인심 <u>한번</u> 고약하구나.
② 그를 <u>만난 지도</u> 꽤 오래되었다.
③ 무엇부터 해야 <u>할 지</u>를 모르겠다.
④ 견우와 직녀는 일 년에 <u>한 번</u> 만난다.
⑤ 얼마나 <u>부지런한지</u> 세 명 몫의 일을 해낸다.

13. 다음은 수업 장면의 일부이다. ⓐ와 ⓑ에 들어갈 말로 적절한 것은? [3점]

선생님 : 음운의 변동에는 어떤 음운이 다른 음운으로 바뀌는 교체, 두 음운이 합쳐져 하나가 되는 축약, 원래 있던 한 음운이 없어지는 탈락, 없던 음운이 추가되는 첨가의 유형이 있습니다. 이러한 음운의 변동은 한 단어에서 두 가지 이상이 함께 나타나기도 합니다. 또한 음운의 변동 결과가 표기에 반영되기도 하고, 음운의 변동 후에 음운의 개수가 달라지기도 합니다. 그러면 다음 자료에 나타난 음운의 변동을 탐구해 봅시다.

┌─────────────────────────────┐
│ 국밥[국빱], 굳히다[구치다], 급행열차[그팽녈차] │
└─────────────────────────────┘

　　위 자료를 '국밥', 그리고 '굳히다, 급행열차'로 나눈다면, 그 기준은 무엇일까요?
학생 : (　　　ⓐ　　　)를 기준으로 나누었습니다.
선생님 : 맞습니다. 그럼, '굳히다'와 '급행열차'에 공통으로 나타나는 음운의 변동은 무엇일까요?
학생 : (　ⓑ　)입니다.
선생님 : 네, 맞습니다.

	ⓐ	ⓑ
①	음운의 변동이 두 가지 이상 일어났는지	축약
②	음운의 변동이 두 가지 이상 일어났는지	교체
③	음운의 변동 결과 음운의 개수가 줄었는지	탈락
④	음운의 변동 결과 음운의 개수가 줄었는지	교체
⑤	음운의 변동 결과가 표기에 반영되었는지	축약

14. <학습 활동>을 수행한 결과로 적절하지 <u>않은</u> 것은?

─────<학습 활동>─────
　　시제는 말하는 때인 발화시를 기준으로 동작이나 상태가 일어난 때인 사건시와의 선후 관계를 따져 과거 시제, 현재 시제, 미래 시제로 나뉘며, 선어말 어미나 관형사형 어미, 부사어 등을 통해 실현된다. 다음 자료를 분석해 보자.

　ㄱ. 창밖에는 눈이 내린다.
　ㄴ. 곧 강연을 시작하겠습니다.
　ㄷ. 이것은 그가 내일 입을 옷이다.
　ㄹ. 내가 만든 빵을 형이 맛있게 먹더라.

① ㄱ은 사건시와 발화시가 일치한다.
② ㄴ은 사건시가 발화시보다 앞선다.
③ ㄴ과 ㄷ 모두 부사어를 활용한 시간 표현이 나타난다.
④ ㄷ과 ㄹ 모두 관형사형 어미를 활용한 시간 표현이 나타난다.
⑤ ㄱ, ㄴ, ㄹ 모두 선어말 어미를 활용한 시간 표현이 나타난다.

15. 다음은 '사전 활용하기' 학습 활동을 위한 자료이다. 이에 대한 이해로 적절하지 <u>않은</u> 것은?

바르다¹ 〔동〕

【…을 …에】 【…을 …으로】

「1」 풀칠한 종이나 헝겊 따위를 다른 물건의 표면에 고루 붙이다.

¶ 아이들 방을 예쁜 벽지로 발랐다.

「2」 차지게 이긴 흙 따위를 다른 물체의 표면에 고르게 덧붙이다.

¶ 흙을 벽에 바르다.

바르다² 〔형〕

「1」 겉으로 보기에 비뚤어지거나 굽은 데가 없다.

¶ 길이 바르다.

「2」 말이나 행동 따위가 사회적인 규범이나 사리에 어긋나지 아니하고 들어맞다.

¶ 그는 인사성이 바른 사람이다.

---

① '바르다¹'과 '바르다²'는 사전에 각각 다른 표제어로 등재되는 동음이의어이다.

② '바르다¹'과 '바르다²'는 모두 여러 가지 의미가 있는 다의어이다.

③ '바르다¹'은 '바르다²'와 달리 주어 이외의 다른 문장 성분을 필요로 한다.

④ '바르다¹'은 동작이나 작용을 나타내는 말이고, '바르다²'는 성질이나 상태를 나타내는 말이다.

⑤ '바르다² 「1」'의 예로 '마음가짐이 바르다.'를 추가할 수 있다.

[16~20] 다음 글을 읽고 물음에 답하시오.

(가)

구렁에 서 있는 나무 우뚝하기도 하구나
풍상(風霜)을 실컷 겪고 **독야청청(獨也靑靑)**하구나
져근덧 베지 말고 두면 **동량재(棟梁材)*** 되겠구나
                                \<제1수(소나무[松])\>

꼬리치고 휘파람 불며 **기염(氣焰)***도 **황홀**하구나
이 뫼에 들어온 지 몇 해나 되었나니
진실로 네 잠깐 떠나면 **호리종횡(狐狸縱橫)***하겠구나
                                \<제11수(호랑이[虎])\>

㉠ 오리마 적표마*들이 관단 노태*와 같겠느냐
바람에 슬피 울며 네 굽을 허위치니
아무리 **천리지(千里志)*** 있은들 알 이 없어 서러워라
                                \<제15수(말[馬])\>
                            - 권섭, 「십육영(十六詠)」 -

* 동량재: 기둥과 들보로 쓸 만한 재목. 한 집안이나 나라를 떠받치는 중대한 일을 맡을 만한 인재를 이르기도 함.
* 기염: 불꽃처럼 대단한 기세.
* 호리종횡: 여우와 살쾡이가 이리저리 날뜀. 여우와 살쾡이는 도량이 좁고 간사한 사람을 비유적으로 이르는 말이기도 함.
* 오리마 적표마: 오리마는 온몸의 털이 검은 말, 적표마는 붉은색을 가진 명마.
* 관단 노태: 관단과 노태로 모두 걸음이 느린 말을 의미함.
* 천리지: 천리를 달리고자 하는 뜻.

(나)

북방 이십여 주에 경성이 문호인데
군사 백성 다스리기를 나에게 맡기시니
망극한 임금의 은혜 갚을 길이 어렵구나
㉡ 서생의 일은 글쓰기인가 여겼더니
<u>늙은이의 변방 부임 진실로 뜻밖이로다</u>
임금께 절하고 칼을 짚고 돌아서니
만 리 밖 국경에 내 한 몸 다 잊었다
흥인문 내달아 녹양평에 말 갈아타고
은하수 옛길을 다시 지나간단 말이냐
회양 옛 사실* 소문만 들었더니
대궐을 홀로 떠나는 적객*은 무슨 죄인가 ┐
높고 험한 철령을 험하단 말 전혀 마오 │
세상살이에 비하면 평지인가 여기노라 │ [A]
눈물을 거두고 두어 걸음 돌아서니 │
서울이 어디요 대궐이 가렸도다 ┘
안변 북쪽은 저쯤에 오랑캐 땅인데
오랑캐를 정벌하여 천 리 밖 몰아내니
윤관 김종서의 큰 공적 초목이 다 알도다
용흥강 건너와 정평부 잠깐 지나
만세교 앞에 두고 낙민루에 올라앉아
옥저*의 산하 하나하나 돌아보니
천년의 풍패*에 상서로운 기운 어제인 듯하구나
함관령 저문 날에 말은 어찌 병들었는가
㉢ 모래바람 자욱한데 갈 길이 멀었구나
홍원 옛 고을의 천관도를 바라보고
대문령 넘어서 청해진에 들어오니
함경도의 요해지요 남북의 요충지라
충신과 정예 병사 무기를 늘어놓고
강한 활과 쇠뇌로 요충지를 지키는 듯
태평세월 백 년 동안 전쟁을 잊으니
철통같은 방어를 일러 무엇하리오
                              - 조우인, 「출새곡(出塞曲)」 -

* 회양 옛 사실: 중국 한나라 무제(武帝) 때 급장유(汲長孺)가 회양 태수로 선정을 베풀었던 일.
* 적객: 귀양살이를 하는 사람. 여기서는 임금 곁을 떠나 경성 판관으로 부임하는 자신의 신세를 말함.
* 옥저: 함경도 함흥 일대에 위치했던 고대 국가.
* 풍패: 천 년 전 한나라를 건국한 유방의 고향에 빗대어 조선을 건국한 이성계의 고향인 함흥을 가리킴.

(다)

　태안사 가는 길에 물이, 보성강 물이 있습니다. 그 물길이 끝나는 지점이 태안사 들어가는 입구지요. 아닙니다, 물길은 끝나지 않고 다만 태안사 들어가는 입구가 그 물길의 중간에나 있을 따름이지요. ㉣ 물길이 끝났다고 슬퍼할 필요는 없습니다, 곧이어 숲이, 숲길이 시작될 테니까요.

┌ 　여름 숲도 좋지만 겨울 숲은 또 나름대로 외로워서
│ 좋습니다. 높아서 좋습니다. 야위어서 좋습니다. 여름
│ 숲의 무성함, 풍성함, 윤택함에 한동안 외로움을 잊고
[B] 살았습니다. 외롭지 않을 때는 외롭지 않아서 좋았고
│ 외로울 때는 또 외로워서 좋았습니다. 올해는 유난히
│ 눈이 안 내리는 겨울입니다. 높고 푸른 하늘이 외로운
└ 나무 끝에 펼쳐져 있습니다.

                                (중략)

거기에서 그 노인을 보았습니다. 노인은 절 부엌에서 나오는 음식을 고양이에게 먹이고 있었습니다. 내가 빙긋 웃자 노인의 얼굴이 한순간 붉어졌습니다. 노인은 소년의 얼굴을 가졌더군요. 아닙니다. 아기의 얼굴이었습니다. 절 사람들이 다 싫어하는 도둑고양이를 아기 얼굴을 가진 태안사 불목하니* 그 노인이 혼자 숨어서 돌보고 있었습니다. 사람들이 많이 모여 있으면 다람쥐처럼 어딘가로 숨어 버리는 그를 보러 나는 태안사에 가곤 합니다. 고양이, 해탈이는 잘 크고 있는지도 궁금하고요. 절 사람들은 노인을 이 처사라고 불렀습니다. 내가 그를 보면 바짝 반가워하는데도 그는 반가운 내색을 할 줄 모릅니다. 내가 그와 헤어지는 게 못내 섭섭해 작별 인사가 길어지는데도 그는 그저 가라고 손짓 한번 해 주고 그만입니다. 그것이 처음에는 굉장히 서운했는데 이제 그조차 익숙해졌습니다.

태안사 가는 길은 참 좋습니다. 물이 있고 곧이어 숲이 있고 해탈이가 있고 다람쥐보다 더 빠르게 달릴 줄 아는 그가 있기 때문입니다. 나는 그와 어떤 특별한 말을 주고받은 적도 없습니다. 그래도 그는 나에게 커다란 위로가 됩니다. 그는 내 속의 부처가 되었습니다. 그는 아마 그것도 모를 테지요. 자신이 누군가의 마음속에 들어가 커다란 위로가 되고 부처가 되었다는 사실을. 나는 또한 누군가의 가슴속에 들어가 위로가 되고 부처가 될 수는 없을까요. 좀 더 가난해지고 좀 더 외로워지면 그럴 수 있을는지요. 하기사 태안사의 그는 가난과 외로움조차도 스스로 느끼지 않는 그저 '그'일 따름이었습니다. ⓓ 가난과 외로움조차도 때로는 거추장스런 장신구일 수도 있겠습니다.

– 공선옥, 「태안사 가는 길에서」 –

*불목하니 : 절에서 밥을 짓고 물을 긷는 일을 맡아서 하는 사람.

16. (가)~(다)에 대한 설명으로 가장 적절한 것은?

① (가)와 (나)는 모두 영탄적 어조를 통해 화자의 정서를 강조하고 있다.
② (가)와 (다)는 모두 시간적 표현을 활용하여 대상에 대한 인식 변화를 제시하고 있다.
③ (나)와 (다)는 모두 계절적 배경을 제시하여 분위기를 환기하고 있다.
④ (가)~(다)는 모두 불가능한 상황을 설정하여 주제 의식을 드러내고 있다.
⑤ (가)~(다)는 모두 반어적 표현을 사용하여 대상이 지닌 의미를 부각하고 있다.

17. [A]와 [B]에 대한 설명으로 가장 적절한 것은?

① [A]와 [B]에는 모두 자연의 섭리에 담긴 가치가 나타난다.
② [A]와 [B]에는 모두 변화하는 자연에서 얻는 즐거움이 나타난다.
③ [A]에는 이상적 세계를 동경하는 삶이, [B]에는 자연에 동화되는 삶이 나타난다.
④ [A]에는 자연을 보며 떠올린 삶의 고단함이, [B]에는 자연에서 느끼는 만족감이 나타난다.
⑤ [A]에는 자연물에서 연상된 대상에 대한 경외감이, [B]에는 자연을 거닐며 느끼는 쓸쓸함이 나타난다.

18. <보기>를 참고하여 (가)를 감상한 내용으로 적절하지 않은 것은?

───── <보 기> ─────

권섭의 「십육영(十六詠)」은 열여섯 개의 중심 소재를 통해 현실에 대한 인식을 드러낸 작품이다. (가)의 각 수의 초장과 중장에는 소재로 쓰인 대상의 특성이나 상징적 의미가 강조되어 있고, 종장에는 부조리한 현실에 대한 부정적인 시각이 표출되어 있다.

① <제1수>에서 '풍상'을 이겨낸 소나무를 '독야청청'한 모습으로 그리며 소나무의 지조 있는 모습을 드러내고 있군.
② <제1수>에서 '베지' 않으면 '동량재'가 될 수 있다고 한 것은 인재가 되기 위해서 시련을 겪어야만 하는 현실에 대한 한탄을 드러낸 것이군.
③ <제11수>에서 호랑이의 기세를 '황홀'하다고 표현하며 호랑이의 위엄 있는 모습을 그리고 있군.
④ <제11수>에서 호랑이가 사라지면 '호리종횡'할 것이라고 한 것은 소인배들이 힘을 얻게 될 수도 있는 현실에 대한 우려를 표현한 것이군.
⑤ <제15수>에서 '천리지'를 알아주는 이가 없다고 한 것은 인재가 뜻을 펼칠 수 없는 안타까운 현실을 드러낸 것이군.

19. <보기>를 바탕으로 (나), (다)를 이해한 내용으로 적절하지 않은 것은? [3점]

───── <보 기> ─────

문학 작품에는 여정 가운데 만나게 되는 상황과 그에 따른 감회, 그 여정이 자신의 삶에 끼친 영향 등이 드러나기도 한다. (나)에는 화자가 부임지인 경성으로 가는 도중에 보게 된 변방의 경치와 회포 등이 드러나며, (다)에는 글쓴이가 태안사를 다녀온 경험과 이를 통해 얻은 깨달음이 드러난다.

① (나) : 화자는 경성으로 떠나면서 관원의 임무를 맡게 된 것을 임금의 은혜로 여기고 있군.
② (나) : 화자는 낙민루에 올라 산하를 둘러보며 자연에서 느껴지는 기운에 감탄하고 있군.
③ (나) : 화자는 청해진에서 전쟁이 없어 오랑캐를 방어하는 일을 잊고 있는 병사들의 모습을 비판하고 있군.
④ (다) : 글쓴이는 태안사에서 고양이에게 먹이를 주는 노인의 모습을 따뜻한 시선으로 바라보고 있군.
⑤ (다) : 글쓴이는 태안사에서 만난 노인처럼 자신도 다른 사람들에게 위로가 되는 존재가 되고 싶어 하고 있군.

20. ㉠~㉤에 대한 설명으로 적절하지 <u>않은</u> 것은?

① ㉠: 오리마와 적표마가 뛰어난 능력을 지닌 존재라는 화자의 인식을 드러내고 있다.

② ㉡: 화자가 자신이 변방의 임무를 맡을 것이라고 예상하지 못했음을 드러내고 있다.

③ ㉢: 모래바람으로 인해 부임지로 가는 길이 험난할 것이라는 걱정을 드러내고 있다.

④ ㉣: 물길이 끝나더라도 숲길이 시작된다는 것을 긍정적으로 여기고 있음을 드러내고 있다.

⑤ ㉤: 가난과 외로움을 느끼며 살아가야 했던 노인의 삶에 대한 연민을 드러내고 있다.

[21~26] 다음 글을 읽고 물음에 답하시오.

(가)

'세계'는 그것을 대면한 각 인식 주체들에 의해 다양하게 드러난다. 가장 일차적이고 일반적인 세계는 우리가 경험하는 현실 세계이며, 인식 주체들은 각자가 지닌 조건에 따라 현실 세계를 다양하게 인식한다. 한 예로, 각 인식 주체는 서로 다른 가시 및 가청 범위를 가지며, 이러한 신체적 지각의 차이에 따라 그들이 경험하는 세계에 대한 인식도 각기 달라진다. 또한 인식 주체는 일상 언어를 바탕으로 현실 세계를 인식한다. 예를 들어 연속된 시간을 시, 분으로 표현하는 것처럼 일상 언어는 연속된 세계를 분절하여 인식하게 만든다.

그런데 신체적 지각이나 일상 언어는 고정적이지 않다. 운동선수처럼 반복적 수련을 하거나 안경 등의 도구를 이용하면 인식 주체들이 지닌 조건은 ⓐ<u>달라질</u> 수 있으며, 새로 도입된 낯선 언어가 시간이 흐르면서 일상 언어로 자리 잡기도 한다.

인식 주체들에 의해 드러나는 각각의 세계는 세계 전체를 이루는 여러 얼굴이라 할 수 있다. 인식 주체들의 인식 조건은 다양하므로 각각의 인식틀에 따라 저마다의 얼굴, 즉 각각의 존재면이 드러나게 된다. 그런 의미에서 회화 예술은 세계의 다양한 존재면을 드러내는 작업이다.

의식 수준이 성장함에 따라 인간은 점차 현실 세계의 현상 너머에 있는 형이상학적인 것을 갈망하게 되었다. 이런 경향은 현대회화에도 영향을 ⓑ<u>끼쳤으며</u>, 회화에서 현실 세계를 다루는 양상에도 변화가 나타났다. 현대회화의 존재적 특징은 과학과의 비교를 통해 분명해진다. 과학은 존재면이 비교적 일의적이며, 한 존재면을 수직으로 파고들어 그 면을 심층적으로 드러낸다. 예를 들어 생물학은 종, 개체, 기관, 세포, 유전자 등 무수한 면들을 드러내나, 이 면들은 넓게 보면 같은 면의 객관적 심층이다. 그러나 현대회화는 여러 존재면을 수평적으로 드러낸다. 예를 들어 입체주의나 표현주의 현대회화를 보면, 하나의 그림 위에 일상의 현실 세계와 상상에 의한 가능 세계가 혼재해 있음을 알 수 있다. 현실 세계의 실재

를 있는 그대로 재현하고자 했던 ㉠<u>전통회화</u>와 달리 ㉡<u>현대회화</u>는 변형과 과장을 통해 실재와는 다른 방식으로 세계들을 조합해 나간 것이다. 이러한 현대회화의 추상성은 처음에는 혁신적이었으나 점차 보편적인 것이 되었다.

추상의 강도가 더해질수록 현대회화는 실재의 재현에서 더욱 ⓒ<u>멀어져</u>, 실재가 아닌 화가의 내면을 표현하는 것으로 인식되었다. 내면은 상상의 영역이기에, 전통회화와 달리 현대회화로는 현실 세계의 존재면을 드러내기 어렵다는 인식도 생겨났다. 그러나 현대회화의 추상성에 대해 실재는 배제한 채 내면만 표현한 것이라고 이분법적으로 이해하는 것은 적절하지 않다. 상상의 대부분은 현실의 경험에서 ⓓ<u>비롯되며</u>, 내면의 추상적 영역 또한 객관적 실재의 외면을 이질적으로 변형시켜 존재를 다양하게 드러내는, 세계의 무수한 존재면 중 하나이기 때문이다. 회화를 통해 접하는 다양한 가능 세계와의 만남은 우리를 현실 세계에 더 가까이 다가가게 해 준다.

(나)

회화는 캔버스 위에 물감으로 색과 형태를 드러낸 가시적 존재지만, 회화의 의미가 창작자의 주관이나 감상자의 주관에 따라 다양하게 형성된다는 점에서 비가시적 존재이기도 하다. 이렇듯 회화는 가시적이면서 동시에 비가시적인 독특한 존재 방식을 갖는다.

전통회화는 회화의 가시적 속성을 통해 객관적 세계의 외면을 사실적으로 재현하는 데 주목했다. 이에 반해 현대회화는 회화의 가시적 속성을 통해 화가의 비가시적 내면을 드러내는 데 치중한다. 현대회화는 화가들이 자신만의 관념적 세계를 가시화한 결과물로서, 회화 속에서 객관적 실재는 주관화된다. 현대회화의 화가들은 현실에서 목격하는 일상의 모습이 비대칭적이고 혼란스럽더라도 임의로 대칭을 만들거나 현실을 조작하는 등의 방법으로 비현실적 허구를 표현해 내고자 했다. 이렇게 예술을 통해 현실이 추상화되는 과정에서 예술은 객관적 현실로부터 점차 멀어져 가는 경향을 보였다.

이러한 ㉮<u>예술과 현실의 분리</u>는 회화뿐 아니라 음악에서도 나타난다. 음악에 사용되는 음은 현실의 무한한 소리 중 극히 일부이며, 일상에서 들을 수 있는 일반적 소리와 달리 균질적이고 세련되며 인위적인 배열을 ⓔ<u>따른다</u>. 이렇게 음악도 일상 현실과 거리를 두며 그 정체성을 확보해 왔다.

그런데 이러한 예술의 흐름에 대항하여 새로운 시도를 하는 예술가들도 있었다. 화가이자 음악가였던 루솔로는 일상 현실의 기계 소리를 소음이 아닌 음악적 표현 대상으로 삼아, 소음 기계를 악기로 만들었다. 작곡가 바레즈는 분절된 몇 개의 음만을 표현할 수 있는 일반적 악기와 달리, 사이렌이 음과 음 사이의 분절되지 않은 무한한 음을 낼 수 있는 일상적 사물이라는 점에 주목하여 사이렌으로 음악을 표현했다. 또한 작곡가 셰페르는 사람의 소리, 기계 소리, 자연음 등을 '음향 오브제'로 활용하는 '구체음악'을 창시하기도 하였다.

게르노트 뵈메는 예술의 영역을 일상적 삶으로 확장하려는 이러한 노력을 '확장된 미학'이라 일컬었다. 뵈메는 예술의 미적 경험이 일상적인 맥락에서 분리되어 예술가라는 특별한 존재에 의해 창조되는 특정한 미적 대상에만 국한된다고 보는 기존의 미학을 비판하며, 예술이 창작되고 수용되는 미적 경험이 일상적 현실로까지 확장되어야 한다고 보았다.

21. (가)와 (나)에 대한 설명으로 가장 적절한 것은?

① (가)는 인식 주체가 인식의 한계를 극복하는 과정을, (나)는 인식의 한계가 예술 이해에 미친 영향을 설명하고 있다.
② (가)는 현대회화의 추상성을 이분법적으로 이해해야 하는 이유를, (나)는 회화가 비가시적 내면을 드러내는 원리를 분석하고 있다.
③ (가)는 세계에 대한 인식을 바탕으로 회화 예술을 이해하는 관점을, (나)는 예술과 현실의 관계에 대한 상반된 인식을 제시하고 있다.
④ (가)는 인간의 의식 수준의 성장에 따른 현실 세계의 변화 양상을, (나)는 일상으로부터 분리되어 가는 예술의 흐름을 언급하고 있다.
⑤ (가)는 현대회화가 세계를 추상적으로 드러내는 방식을, (나)는 현실 세계에 의해 회화와 음악이 변화하게 되는 계기를 밝히고 있다.

22. (가)를 바탕으로 존재면과 관련하여 추론한 내용으로 적절하지 않은 것은?

① 하나의 회화 작품을 함께 감상하더라도 각 감상자가 지닌 인식틀에 따라 서로 다른 존재면을 인식하게 될 수 있겠구나.
② 새로 개발된 기술을 지칭하는 용어가 일상 언어로서의 지위를 갖게 되면 그 언어로 지각되는 존재면도 달라질 수 있겠구나.
③ 형이상학적인 것에 대한 갈망으로 인해 회화에 나타난 현실 세계의 존재면이 추상적 방향으로 변하는 경향을 띠게 되었겠구나.
④ 개개의 과학 학문은 하나의 존재면이 서로 관련이 없는 여러 존재면들로 구성되어 있을 때 그 학문의 심층이 드러나게 되겠구나.
⑤ 입체주의 화가의 회화에서는 현실 세계의 존재면과 가능 세계의 존재면이 수평적으로 혼재해 있는 모습을 발견할 수 있겠구나.

23. (가)와 (나)를 바탕으로 ㉠과 ㉡을 비교하여 이해한 내용으로 가장 적절한 것은?

① ㉠과 ㉡은 모두 현실 세계의 존재면을 드러내기 어렵다는 한계를 갖는다.
② ㉠과 ㉡은 모두 현실 세계의 사실적 재현을 통해 화가의 내면 세계를 드러내는 데 치중했다.
③ ㉠은 ㉡과 달리 다양한 가능 세계와의 만남을 통해 현실 세계에 더 가까이 다가가게 해 준다.
④ ㉡은 ㉠과 달리 가시적 속성과 비가시적 속성을 동시에 가지는 독특한 존재 방식을 취한다.
⑤ ㉡은 ㉠과 달리 현실 세계의 객관적 외면을 의도적으로 변형시킴으로써 현실 세계의 얼굴을 다양하게 드러낸다.

24. (가), (나)와 관련지어 <보기>에 대해 보인 반응으로 적절하지 않은 것은? [3점]

<보 기>

최근 한 의과 대학에서 구스타프 클림트의 대표적 표현주의 작품인 『키스』에 대한 연구 결과를 발표했다. 연구진은 이 회화 속 남녀의 의상에 한 사람의 생명체가 완성되기까지의 순차적 세포분열 과정이 과장된 크기와 다양한 색으로 변형되어 그려져 있음에 주목했다. 그리고 이를 통해 클림트가 당시 현미경 기술의 비약적 발전에 따른 생물학적 탐구에 대한 성과를 토대로 삶과 죽음, 생명에 대한 자신의 깊은 관심을 드러냈다고 밝혔다.

① (가): 생명체가 완성되기까지의 세포분열 과정을 밝혀낸 생물학적 지식이 드러내는 현실 세계는 클림트의 회화에 비해 일의적인 성격을 갖는다고 볼 수 있겠군.
② (가): 현미경 기술의 발전으로 세포분열 과정을 직접 관찰할 수 있게 된 것은 인식 주체가 지닌 조건이 달라져 현실 세계가 새롭게 지각된 사례에 해당한다고 볼 수 있겠군.
③ (가): 클림트의 회화에서 세포분열 과정이 현실과 다르게 변형되어 그려진 것에서 실재와는 다른 방식으로 세계를 조합하는 현대회화의 추상성이 드러난다고 볼 수 있겠군.
④ (나): 클림트의 회화는 색과 형태를 가진다는 점에서는 가시적이지만 세포분열 과정이라는 생물학적 탐구를 다루고 있다는 점에서는 비가시적 속성을 가진다고 볼 수 있겠군.
⑤ (나): 클림트의 회화에서 삶과 죽음, 생명에 대한 화가의 관심이 드러난다고 본 연구 결과는 회화가 화가의 관념적 세계를 표현한 결과라는 인식이 반영된 것이라 볼 수 있겠군.

25. ㉮와 관련하여 (나)에 언급된 인물들에 대해 파악한 내용으로 적절하지 않은 것은?

① 현대회화 화가들은 일상의 비대칭성과 혼란스러움을 조작하여 그린 예술 작품을 통해 현실을 비현실적으로 추상화하고자 했다.
② 루솔로는 일상의 기계 소음에서 음악에 사용되는 음의 인위적인 배열을 추구함으로써 예술과 현실의 대립을 극복하고자 했다.
③ 바레즈는 일반 악기와 달리 두 음 사이의 무한한 음을 표현할 수 있는 도구를 이용해 일상 현실을 예술로 표현하고자 했다.
④ 셰페르는 기존 음악의 정체성과는 거리가 먼 일상의 소리를 음향 오브제로 활용하는 새로운 예술 장르를 창시하였다.
⑤ 게르노트 뵈메는 미적 대상의 창작과 수용에 따르는 미적 경험이 일상 현실로까지 확장되어야 한다고 여겼다.

26. 문맥상 ⓐ~ⓔ와 바꾸어 쓰기에 가장 적절한 것은?

① ⓐ: 치환(置換)될
② ⓑ: 부과(賦課)했으며
③ ⓒ: 심화(深化)되어
④ ⓓ: 시작(始作)되며
⑤ ⓔ: 추종(追從)한다

[27~29] 다음 글을 읽고 물음에 답하시오.

(가)

어메야,
복(福)이 따로 있나.
뚝심 세고
부지런하면 사는거지,
하늘이 물을 대는 천수답(天水畓)*
그 논의 벼이삭.

니 말이 정말이데,
엄첩구나*
내 새끼야,
팔자가 따로 있나
본심 가지고
부지런하면 사는거지.

어메야,
누군 한 평생
만년을 사나.
허둥거리지 않고
제 길로 가면 그만이지.

오냐,
내 새끼야,
니 말이 엄첩구나.
잘 살고 못 살고가 어딨노.
제 길 가면 그만이지.
수런거리는 감잎 사이로
별떨기 빛나는 밤하늘.
그 하늘의 깊이.

— 박목월, 「천수답(天水畓)」 —

＊천수답 : 빗물에 의하여서만 벼를 심어 재배할 수 있는 논.
＊엄첩구나 : '대견하구나'의 경상도 방언.

(나)

쬐그만 것이
노랗게 노랗게   ⎤
전력을 다해 샛노랗게 피어 있다   ⎦ [A]

아무 곳도 넘보지 않는다   ⎤
다만 혼자   │
주어진 한계 그 안에서 아슬아슬   │ [B]
한치의 틈도 없이 끝까지   ⎦

바위 새를 비집거나 잡초 속이거나 ⎤
씨 뿌려진 그 자리가 바로 내 자리 │ [C]
터를 잡고   ⎦

물을 길어 올리는 실뿌리   ⎤
어둠을 힘껏 밀어내는 떡잎   │
그리고 그것들이 한데 어울려   │ [D]
열심히 열심히 한 댓새   ⎦

세상에 그밖에는 할 일이 없어서   ⎤
아주 노랗게 노랗게만 피는 꽃   │ [E]
피어선 질 수밖에 없는 꽃   ⎦

쬐그만 것이지만 그 크기는
어떤 자로서도 잴 수 없다
아 민들레!
그래봤자
혼자 가는 자의 **헛된 꿈**
하지만 헛되어도 좋은 꿈 아니냐
한 **댓새를 짐짓 영원인 양하고**
보라 저기 민들레는 피어 있다

— 이형기, 「민들레꽃」 —

27. (가)와 (나)의 공통점으로 가장 적절한 것은?

① 동일한 시어를 반복하여 시적 의미를 강조하고 있다.
② 공감각적 이미지를 통해 대상의 속성을 나타내고 있다.
③ 명령형 어조를 활용하여 화자의 정서를 부각하고 있다.
④ 음성 상징어를 활용하여 대상의 상황을 드러내고 있다.
⑤ 수미상관의 방식을 통해 구조적 안정감을 부여하고 있다.

28. [A]~[E]에 대한 이해로 적절하지 <u>않은</u> 것은?

① [A]에는 작지만 온 힘을 다해 선명한 빛깔로 피어 있는 민들레의 모습이 나타나 있다.
② [B]에는 다른 공간은 욕심내지 않고 주어진 한계 안에서 홀로 애쓰는 민들레의 모습이 나타나 있다.
③ [C]에는 씨가 뿌려진 비좁은 곳을 자신의 자리로 받아들이고 터를 잡는 민들레의 모습이 나타나 있다.
④ [D]에는 강한 의지와 생명력으로 꽃을 피우기 위해 노력하는 민들레의 모습이 나타나 있다.
⑤ [E]에는 꽃을 피웠지만 세상에서 자신이 할 일을 찾기 위해 결국 질 수밖에 없는 민들레의 모습이 나타나 있다.

29. <보기>를 바탕으로 (가), (나)를 감상한 내용으로 적절하지 <u>않은</u> 것은? [3점]

─────────── <보 기> ───────────
　시에는 삶을 대하는 가치 있는 태도가 담겨 있다. (가)에는 인간의 유한성에 대한 인식을 바탕으로, 열악한 농토를 하늘이 내린 축복의 땅이라 여기며 달관의 자세로 살아가려는 소신과 그에 대한 지지가 드러나 있다. (나)에는 민들레를 소멸될 수밖에 없는 운명에 좌절하지 않고 허무에 맞서는 존재로 바라보는 시선과 민들레의 내적 가치에 대한 긍정적 인식이 드러나 있다.

① (가)에서 '천수답'을 일구는 삶을 '제 길'이라고 여기는 것은 달관의 자세로 살아가려는 소신을 드러낸 것이겠군.
② (가)에서 '니 말이 정말이데', '니 말이 엄첩구나'라고 하는 것은 '어메'가 '내 새끼'에게 보내는 지지를 드러낸 것이겠군.
③ (가)에서 '누군 한 평생 / 만년을 사'냐고 말하는 것은 인간이 유한한 존재라는 인식을 드러낸 것이겠군.
④ (나)에서 '그 크기는 / 어떤 자로서도 잴 수 없다'고 하는 것은 민들레의 내적 가치에 대한 긍정적 인식을 드러낸 것이겠군.
⑤ (나)에서 '댓새를 짐짓 영원인 양하'는 모습을 '헛된 꿈'이라고 하는 것은 민들레를 소멸될 수밖에 없는 운명에 맞서는 존재로 바라보는 시선을 드러낸 것이겠군.

[해설편 p.070]

[30~33] 다음 글을 읽고 물음에 답하시오.

매매 계약, 유언 등과 같은 법률행위가 법률효과를 발생시키려면 성립요건과 효력요건을 갖추어야 한다. 성립요건은 법률행위가 성립되기 위한 요건으로, 성립요건을 갖추지 못한 경우 법률행위가 불성립했다고 한다. 효력요건은 이미 성립한 법률행위가 효력을 발생하는 데 필요한 요건으로, 이를 갖추어 효력을 발생시켰을 때 법률행위가 유효하다고 한다.

그런데 법률행위는 성립하였지만, 효력요건이 불충분하여 그 법률행위가 성립한 당시부터 법률상 당연히 그 효력이 발생하지 않는 경우 그 법률행위는 무효가 된다. ㉠법률행위의 무효는 무효 사유가 존재한다면 특정인의 무효 주장이 없이도 그 법률행위가 처음부터 효력이 없는 것이 되며, 기간이 경과해도 무효라는 사실은 변하지 않는다.

한편 ㉡법률행위의 취소는 법률행위로서 일단 효력이 발생하였다가 어떤 사유가 있어 그 법률행위가 성립한 당시로 소급하여 효력을 잃게 되는 경우를 말한다. 법률행위의 취소가 확정되면 법률상의 효력이 무효와 같아지지만, 취소 사유가 존재하더라도 취소권을 가진 특정인이 취소를 주장할 때만 그 법률행위의 효력이 없어질 수 있다는 점에서 무효와 차이가 있다. 또한 취소권은 일정한 기간이 경과하면 소멸되고, 취소권이 소멸된 법률행위는 결국 유효한 것으로 확정된다.

무효인 법률행위에서는 아무런 효력도 생기지 않으며, 법적으로는 아무것도 없는 것이라 보기 때문에 소급하여 유효로 할 수 있는 대상이 없는 상태라 할 수 있다. 그래서 무효인 법률행위, 즉 무효행위는 다른 법률행위로 전환을 하기도 하고, 추인함으로써 그때부터 새로운 법률행위가 되게 만들기도 한다. 무효는 이미 성립된 법률행위를 전제로 하기 때문에 이러한 전환이나 추인이 가능한 것이며, 만약 법률행위가 불성립했다면 전환이나 추인은 할 수 없다. 무효행위를 전환한다는 것은 무효인 법률행위가 다른 법률행위로서의 효력요건은 갖추고 있을 때, 그 법률행위로서의 효력을 인정하는 것을 말한다. 이때 전환을 위해서는 당사자가 무효임을 알았더라면, 그 법률행위가 아니라 처음부터 다른 법률행위를 했을 것이라고 인정되어야 한다. 무효행위의 전환의 예로는, 징계해고로서 효력요건을 갖추지 못해 무효가 된 법률행위가 징계휴직으로서의 효력요건은 갖추고 있을 때 징계휴직으로 전환하여 법률행위가 유효가 되는 경우를 들 수 있다.

무효행위를 추인한다는 것은 무효가 된 법률행위가 갖추지 못했던 효력요건을 추후에 보충하여 새로운 법률행위로서의 효력을 인정하는 것을 말한다. ㉘무효행위를 추인하면 그 무효행위가 처음 성립한 때로 소급하여 유효한 것이 되는 것이 아니라 추인한 때부터 새로운 법률행위를 한 것으로 본다. 민법은 원칙적으로 무효행위의 추인을 인정하지 않지만, 무효 원인이 소멸한 상태이고 당사자가 기존 법률행위가 무효임을 알고 추인한 경우에 한해서는 추인을 인정하고 있다.

법률행위가 무효가 되면 그 법률행위에 따른 법률효과도 생기지 않으므로 무효행위를 근거로 하는 청구권도 부인된다. 따라서 해당 법률행위에 따라 채무가 있는 경우 상대방이 청구권을 행사할 수 없으므로 채무를 이행할 필요가 없다. 만약 이미 채무가 이행된 경우라면 수령자는 해당 이득을 반환해야 하는 부당이득 반환의무를 진다. 무효는 시간이 흘러도 그대로 유지되지만, 부당이득의 반환청구권은 소멸시효가 있으므로 영구적으로 주장할 수 있는 것은 아니다.

30. 윗글의 내용과 일치하지 <u>않는</u> 것은?

① 법률행위가 불성립한 경우에도 법률행위의 전환이나 추인을 할 수 있다.

② 성립요건과 효력요건을 모두 갖추어야 법률행위는 법률효과를 발생시킬 수 있다.

③ 법률행위가 효력을 발생시켰더라도 어떤 사유가 있어 그 효력을 잃게 되기도 한다.

④ 법률행위가 무효가 되면 해당 법률행위에 따른 채무가 발생한 경우라도 그 채무를 이행할 필요가 없다.

⑤ 법률행위가 무효라는 사실이 그대로 유지되더라도 부당이득의 반환청구권을 영구적으로 주장할 수 있는 것은 아니다.

31. ㉠, ㉡에 대한 이해로 적절하지 <u>않은</u> 것은?

① ㉠은 효력요건이 불충분하여 법률상 당연히 효력이 발생하지 않는 경우이다.

② ㉡은 취소 사유가 존재하더라도 법률행위의 효력이 발생하는 경우가 있다.

③ ㉠과 ㉡은 모두 법률행위가 성립한 것을 전제로 한다.

④ ㉡은 ㉠과 달리 법률행위의 효력 유무에 변화를 줄 수 있는 기한이 존재한다.

⑤ ㉡은 ㉠과 달리 특정인의 주장이 없어도 법률행위의 효력이 없어질 수 있다.

32. 윗글을 바탕으로 <보기>의 ⓐ와 ⓑ에 대해 이해한 내용으로 가장 적절한 것은? [3점]

─────── <보 기> ───────

갑은 자신의 유언을 법적으로 인정받고자 ⓐ'비밀증서에 의한 유언'의 형태로 유언증서를 남겼다. 하지만 갑의 사망 후 이 유언증서는 봉인상의 확정일자를 받아야 한다는 조건을 충족하지 않아 무효임이 밝혀졌다. 이에 대해 법원에서는 해당 유언증서가 다른 형태의 유언증서인 ⓑ'자필서명에 의한 유언'의 조건은 모두 충족하고 있으며 갑이 자신의 유언증서가 무효임을 알았다면 이러한 형태의 유언증서를 남겼을 것이라 보아, '자필서명에 의한 유언'으로서는 유효하다고 판단했다.

① ⓐ가 무효가 되면서 ⓑ의 성립요건도 불충분하게 된 것이군.

② ⓐ는 효력요건을 갖추지 못했지만 ⓑ는 효력요건을 갖추고 있군.

③ ⓐ의 부족한 효력요건이 추후에 보충되어 ⓑ가 유효하게 된 것이군.

④ ⓐ는 ⓑ로 바뀌면서 무효 원인이 소멸되어 다시 효력을 가지게 되는군.

⑤ ⓐ의 효력이 발생하려면 ⓑ가 무효임을 당사자가 알았다는 조건이 충족되어야 하는군.

33. ㉮의 이유를 추론한 내용으로 가장 적절한 것은?

① 법률행위를 추인할 때 추인의 조건을 갖춘 상태라면 이를 소급하여 유효한 것으로 만들 수도 있기 때문이다.

② 추인으로 인해 무효행위의 유효요건이 보충되면서 새로운 법률행위로서 효력을 발생시킬 필요가 없어졌기 때문이다.

③ 무효인 법률행위는 법적으로 아무것도 없는 것이어서 소급해서 추인할 수 있는 대상 자체가 없는 상태이기 때문이다.

④ 무효인 법률행위가 성립한 때를 정확하게 증명할 수 없다면 추인을 통해 유효하게 된 시점도 특정할 수 없기 때문이다.

⑤ 무효인 법률행위는 원칙적으로 추인할 수 없도록 법률상으로 정해 놓은 것이어서 추인을 통해 유효한 것이 될 수는 없기 때문이다.

[34~38] 다음 글을 읽고 물음에 답하시오.

디지털 이미지 워터마킹은 디지털 이미지에 저작권자나 배급자의 서명, 마크 등의 특정 정보를 다른 사람들이 인식하지 못하도록 삽입하는 것을 말한다. 이때 삽입된 정보를 디지털 워터마크라고 하며, 이것은 디지털 이미지의 무단 배포, 무단 복사 등이 발생했을 때 저작권을 주장하거나 원본 이미지의 훼손 여부를 검증하기 위한 수단으로 활용된다.

[A]

디지털 이미지 워터마킹은 이미지의 공간 영역 활용 방식과 주파수 영역 활용 방식으로 나눌 수 있는데, 공간 영역 활용 방식으로는 LSB(Least Significant Bit) 치환 방법이 있다. 흑백 원본 이미지에 흑백 워터마크 이미지를 삽입하는 과정을 통해 그 원리를 살펴보자. 흑백 이미지를 구성하는 한 픽셀*의 색상은 밝기에 따라 0~255까지의 정숫값을 가지는데 0은 검은색, 255는 흰색을 나타낸다. 이를 컴퓨터가 처리하는 데이터의 기본 단위인 8비트*로 나타내면 각각의 픽셀은 검은색인 00000000 부터 흰색인 11111111 까지 총 256가지의 값 중 하나를 갖게 되며, 그 숫자가 클수록 흰색에 가깝다. 이때 각 픽셀은 8비트의 데이터 중 왼쪽에 위치하는 상위 비트가 바뀔수록 그에 해당하는 정숫값의 변화가 크기 때문에 색상의 변화를 육안으로 인식하기 쉽고, 오른쪽 하위 비트가 바뀔수록 색상의 변화를 육안으로 인식하기 어렵다. LSB는 색상 변화에 가장 영향을 적게 주는 오른쪽 마지막 최하위 비트를 ㉠말한다. LSB 치환 과정에서는 원본 이미지에 시각적인 변화를 주지 않기 위해 워터마크 이미지의 픽셀 데이터를 원본 이미지의 각 픽셀의 LSB에 하나씩 나누어 숨긴다.

이때 원본 이미지 각 픽셀의 8개의 비트 중 LSB에만 데이터를 삽입하기 때문에 워터마크 이미지의 한 픽셀 데이터를 삽입하기 위해서는 원본 이미지의 픽셀 8개가 필요하다. 결국 원본 이미지의 픽셀 수는 최대로 삽입 가능한 비트 수와 같기 때문에 원본 이미지의 픽셀 수가 워터마크 이미지의 전체 비트 수보다 적다면 워터마크 이미지의 데이터 일부는 삽입할 수 없게 된다. 그리고 원본 이미지의 픽셀 수가 워터마크 이미지의 전체 비트 수보다 많을수록 원본 이미지에 시각적 변화가 적게 나타난다. 이 방법은 많은 양의 데이터를 빠르고 간단하게 삽입할 수 있으며, 원본 이미지의 각 픽셀에서

LSB만 변경하기 때문에 시각적으로 색상이나 감도의 변화를 감지하기 어렵다. 그러나 워터마크가 삽입된 이미지의 LSB를 인위적으로 조작하는 경우 워터마크가 쉽게 제거될 수 있다는 단점이 있다.

주파수 영역을 활용하는 방식으로는 DCT(Discrete Cosine Transform)를 이용하는 방법이 주로 쓰인다. DCT는 이미지 데이터를 공간값에서 주파숫값으로 바꾸는 과정이다. 이미지에 DCT를 적용하면 주변 픽셀과 색상이나 밝기 차이가 적은 픽셀은 낮은 주파숫값으로, 경계선 등 주변 픽셀과 색상이나 밝기 차이가 큰 픽셀은 높은 주파숫값으로 나타난다. 원본 이미지를 일정한 크기의 여러 블록으로 나누고 블록별로 각 픽셀의 색상값을 DCT 수식에 따라 변환하면 주파숫값 분포표를 얻을 수 있다. 주파숫값 분포표에는 좌측 상단으로 갈수록 낮은 주파숫값, 우측 하단으로 갈수록 높은 주파숫값이 분포하게 되는데 이미지의 색상이나 밝기에 따라 각 주파숫값이 분포하는 영역의 비율은 다르게 나타난다. 이때 워터마크 이미지의 픽셀의 색상값을 주파숫값 형태로 삽입한 후 다시 역변환 수식에 따라 변환하면, 어느 주파숫값에 삽입하든 워터마크가 원본 이미지의 전 영역에 걸쳐 고르게 분산된 형태로 삽입된다.

인간의 시각은 낮은 주파수 성분의 변화에는 민감하나 높은 주파수 성분의 변화에는 둔감하기 때문에 높은 주파숫값이 분포하는 영역에 워터마크를 삽입하면 원본 이미지의 시각적인 변화를 최소화할 수 있다. 그러나 JPEG와 같은 방식의 압축 이미지 알고리즘은 높은 주파수 성분의 요소를 제거하여 이미지를 압축하기 때문에 높은 주파숫값이 분포하는 영역에 워터마크를 삽입하면 이미지 압축과 같은 과정에서 워터마크가 삭제될 수 있다. 그래서 워터마크를 삽입할 때는 낮은 주파숫값이 분포하는 영역과 높은 주파숫값이 분포하는 영역의 경계면에 해당하는 특정 주파숫값 영역을 중심으로 워터마크 정보를 삽입한다.

이 방법은 이미지의 왜곡이 적어 시각적으로 원본 이미지와의 차이를 식별하기 어렵다. 또한 삽입할 데이터를 이미지 영역에 골고루 분산시키기 때문에 변형의 과정을 거쳐도 LSB 치환 방법에 비해 워터마크가 상대적으로 쉽게 제거되지 않는다. 그러나 데이터 삽입이 가능한 주파숫값의 개수가 원본 이미지의 픽셀 수보다는 훨씬 적기 때문에, 삽입할 수 있는 데이터의 양이 LSB 치환 방법보다 상대적으로 적다. 그리고 픽셀의 개수가 같은 이미지라 하더라도 이미지의 색상이나 밝기에 따라 각 주파숫값이 분포하는 영역의 비율이 달라지기 때문에 이미지에 따라 삽입할 수 있는 데이터의 양이 달라질 수 있다.

* 픽셀: 작은 점의 행과 열로 이루어져 있는 화면의 작은 점 각각을 이르는 말.
* 비트: 2진 기수법 표기의 기본 단위. 2진 기수법에서는 모든 수를 0과 1로만 표기하는데 이 0 또는 1이 각각 하나의 비트가 된다.

34. 윗글을 통해 답을 찾을 수 <u>없는</u> 질문은?

① 디지털 워터마크의 용도는 무엇인가?
② 디지털 이미지 워터마킹의 개념은 무엇인가?
③ 디지털 이미지 워터마킹 기술의 전망은 어떠한가?
④ 디지털 이미지 워터마크를 삽입하는 원리는 무엇인가?
⑤ 디지털 이미지 워터마킹의 방식에는 어떤 것들이 있는가?

35. 윗글에 대해 이해한 내용으로 적절하지 <u>않은</u> 것은?

① LSB 치환 방법은 DCT를 이용하는 방법에 비해 상대적으로 쉽게 워터마크가 제거되지 않는다.

② LSB 치환 방법은 DCT를 이용하는 방법에 비해 동일한 원본 이미지에 삽입할 수 있는 데이터의 양이 많다.

③ DCT를 적용하기 위해서는 원본 이미지를 여러 개의 블록으로 분할하고 블록 단위로 변환을 수행해야 한다.

④ JPEG 압축 방식은 이미지에서 주변 픽셀과 색상이나 밝기 차이가 큰 픽셀을 제거하는 방식으로 이루어진다.

⑤ DCT를 이용하는 방법은 원본 이미지의 색상이나 밝기에 따라 삽입할 수 있는 데이터의 양이 달라질 수 있다.

36. [A]를 바탕으로 <보기>를 이해한 내용으로 적절하지 <u>않은</u> 것은? [3점]

─── <보 기> ───

다음은 LSB 치환 방법을 통해 흑백 이미지에 또 다른 흑백 이미지를 워터마크로 삽입하는 과정을 도식화하여 나타낸 것이다.

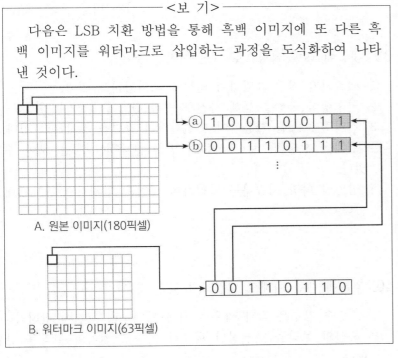

① A에 최대로 삽입 가능한 비트 수는 180이다.

② B의 전체 데이터 중 일부 비트는 A에 삽입할 수 없다.

③ B의 픽셀 수가 더 많아지면 A의 시각적인 변화는 줄어든다.

④ ⓐ 픽셀의 색상이 ⓑ 픽셀의 색상에 비해 더 흰색에 가깝다.

⑤ ⓐ 픽셀과 ⓑ 픽셀에 데이터가 삽입되면 LSB가 모두 1에서 0으로 바뀌게 된다.

37. DCT(Discrete Cosine Transform)를 이용하는 방법에 대한 이해를 바탕으로 <보기>의 ㉮~㉱에 대해 보인 반응으로 가장 적절한 것은?

─── <보 기> ───

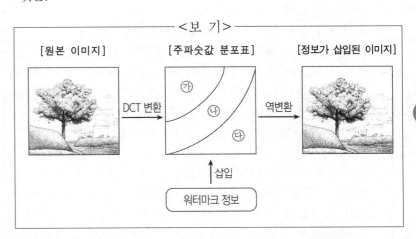

① ㉮는 ㉱보다 원본 이미지에서 주변 픽셀과 색상이나 밝기 차이가 더 큰 부분이겠군.

② ㉮에 워터마크를 삽입하면 ㉱에 삽입하는 것보다 역변환 후 원본 이미지의 시각적 변화가 더 크겠군.

③ ㉯에 삽입된 워터마크가 ㉱에 삽입된 워터마크보다 JPEG와 같은 방식의 압축에 의해 더 쉽게 제거되겠군.

④ ㉱에 삽입된 워터마크가 ㉮에 삽입된 워터마크보다 역변환 후 전체 이미지에 더 고르게 분산되겠군.

⑤ ㉮, ㉯, ㉱ 영역은 원본 이미지와 상관없이 항상 일정한 비율로 나타나겠군.

38. 문맥상 ㉠과 가장 가까운 의미로 쓰인 것은?

① 북극은 지구 자전축의 북쪽 끝을 <u>말한다</u>.

② 선생님은 그 작가에 대해 항상 좋게 <u>말했다</u>.

③ 난 내 생각을 다른 사람에게 솔직하게 <u>말한다</u>.

④ 친구에게 동생이 오면 문을 열어 달라고 <u>말했다</u>.

⑤ 그녀에게 약속 장소를 <u>말하지</u> 않은 것이 생각난다.

[39~42] 다음 글을 읽고 물음에 답하시오.

선봉장 원이정이 내달아 양주 자사 양운을 맞아 싸우다가 사로잡힌 바 되니, 또 도원수 양경이 내달아 적을 상대하더니 물러나며 두어 번 싸우는 척하다가 실수하여 사로잡히는 체하고 적진으로 들어갔다. 황제는 그 연유를 알지 못하고 경황실색하며 이렇게 물었다.

"하신(下臣) 중 누가 대적하리요?"

좌우의 모두가 일제히 아뢰었다.

"이제 형세가 곤궁하오니 마땅히 항복하기만 같지 못하옵니다."

천자가 크게 분하여 대답하지 않고 좌우를 돌아보며 말하기를,

"누가 능히 흉적을 소멸하고 짐의 분을 덜겠는가?"

그러나 하신의 모든 무리가 거의 다 양경의 세력에 들었는지라 누가 대적하겠는가? 급함이 경각에 달리게 되었다.

태자비가 이 시랑 댁에서 조정에서 모시러 오기를 기다리며 밤낮으로 국가 소식을 탐지하였는데 하루는 피난하는 백성이 길을 막고 울었다. 태자비가 소애를 시켜 위로하며 백성에게 물으니 백성이 말하기를,

"양경의 동족(同族)인 황주, 익주, 서주, 강주, 성주, 형주 도읍이 다 반역하여 **조정을 침노**하였는데, 천자께서 몸소 공격하시다가 도적에게 패하여 거의 죽게 되셨으니 백성이 당하지 못하여 피난하나이다."

태자비가 듣고 하늘을 우러러 탄식하며 말하기를,

"전쟁터에는 나라를 일으켜 세울 신하가 없고 양경 같은 소인이 있어 백성을 다 없어지게 하고 임금을 해치니 어찌 통한치 아니하리오. 황상이 이제 친행(親行)하신다 하니 그 흉적의 세력을 어찌 당하리오. **내 비록 여자이나** 한번 소리쳐 역적을 깨뜨리고 백성을 건지며 **임금을 구원하리라**."

(중략)

태자비가 분기충천하여 천조검을 높이 들고 말하기를,

"너희는 어떤 도적이기에 성질이 억세게 고집스럽고 사납기가 그지없어 우리 황상을 이리도 핍박하는가? 나는 성제(聖帝)의 명을 받아 주 씨 강산을 구하러 왔으니 나를 대적할 이 있거든 모두 나와 승부를 겨루자."

하는 소리 진동하니 양주 자사 양운이 소리에 응답하여 크게 소리쳐 말하기를,

[A]
"이제 주 씨의 부조(父祖)가 덕망을 잃어 천하 백성이 도탄에 들어 눈을 뜨지 못함을 차마 보지 못하여 주 씨를 들어 내쳐서 만민을 건지고자 하나니, 너는 어떠한 사람이기에 시절 돌아감을 알지 못하고 우리로 하여금 대공을 세우지 못하게 하는가?"

태자비가 대답하여 말하기를,

[B]
"자고로 신하는 그 위를 범하지 못하나니, 너희가 주 씨의 녹을 먹었으나 임금의 은혜를 갚기는커녕 도리어 이리 하느냐. 옥체를 빌린 임금의 마음은 하해와 같으니 어찌 하늘의 벌이 없겠는가? 급히 항복하면 죄를 용서하려니와, 끝내 하늘 뜻에 순종하지 않으면 아득히 살아날 길이 없는 곳으로 나아가게 하리니 급히 결단하라."

양운이 노하여 달려들거늘, 태자비가 맞아 싸워 두 합에 태자비의 칼이 번뜩하더니 양주 자사 양운의 머리를 베어 칼끝에 꿰어 들고 재주를 자랑하며 쳐들어갔다. 적진에서 양운의 죽음을 보고 또 한 장수가 내닫거늘,

태자비가 바라보니 신장이 구 척이고 얼굴은 수묵을 갈아 뿌린 듯하고 눈은 커서 세 치 닷 푼이나 되었다. 창검이 엄숙하여 청천(靑天)의 번개 같으니 이는 황주 자사였다.

태자비가 크게 꾸짖어 말하기를,

"이런 도적이 시정에 있으나 무엇에 쓸 수 있겠는가? 너와 더불어 대적함이 욕되나 위국충신이 있는 고로 마지못해 다투니 급히 결단하라."

황주 자사가 크게 노하여 달려들어 태자비와 싸우기를 20여 합이나 승부를 가리지 못했다.

이때에 천자가 대상(臺上)에서 바라보니 난데없는 장군이 필마(匹馬)로 들어와 적장을 모두 죽이는 것이었다. 이를 보고 의아한 중에 안심되어 말씀하시기를,

"밝으신 하늘이 주 씨 강산을 보전케 하시도다."

이어 기뻐하며 일월기(日月旗)를 둘러 접응하였다.

태자비가 황주 자사와 싸우기를 30여 합에 결단하지 못하였는데, 문득 태자비가 입은 전포(戰袍)의 용두(龍頭)에서 청황룡이 엎드려 있다가 붉은 기운을 토하니, 삼태호총마가 귀를 세우는 가운데 안개가 자욱하여 양진을 분별하지 못하

였다. 그런데 문득 태자비의 몸이 공중에 솟구치더니 칼을 들어 황주 자사의 목을 베어 말 아래로 내리치니 누가 감히 당하리오. 태자비가 드디어 **모든 역적을 함몰시키고** 군사는 놓아 보내니, 적진에 잡혀갔던 양경과 원이정의 몸이 살아 와서 태자비를 보고 칭송하며 말하기를,

"우리들은 대국 도원수와 선봉장이나 재주가 없어 적진에 잡혀 죽게 되었더니 장군의 은혜를 입어 **목숨을 보전**하고 흉적을 격파하였으니 은혜 난망(難忘)이로소이다."

태자비가 한 꾀를 생각하고 이렇게 말하였다.

"정말 몰랐습니다."

그러고는 양경을 데리고 천자 계신 곳에 가서 육도 자사의 머리를 올리니 천자가 크게 기뻐하시며 자리에서 내려와 태자비의 손을 잡으시고 말씀하시었다.

"장군의 충성은 무엇보다도 크니 금수강산으로도 갚지 못하리라."

태자비가 엎드려 아뢰었다.

"폐하의 홍복(洪福)이라, 신이 무슨 공이 있겠습니까?"

천자가 매우 칭찬하자, 태자비가 다시 여쭈어 아뢰었다.

"이제 육도 자사가 죽고 자리가 비었으니 엎드려 바라옵건대 폐하께서는 여섯 자사를 정하여 각각 모든 병사를 다스리게 하옵소서."

이에 천자가 이를 따랐다.

이어 태자비가 천자를 모시고 황성에 올라왔는데, 남쪽 성문 위에 천자가 전좌한 뒤, 태자비가 황상에게 이렇게 아뢰었다.

"또한 성 안에 육도 자사의 남은 무리가 무수하오니 다시 성에 들어가 반적(叛賊)을 다 없앤 후 환궁하겠습니다."

천자가 크게 놀라 그대로 윤허하시니, 태자비가 즉시 차환 등을 호령하여, 양경과 원이정을 잡아들이라는 소리가 천지를 진동하였다.

– 작자 미상, 「정각록」 –

39. 윗글에 대한 설명으로 가장 적절한 것은?

① 서술자가 직접 개입하여 인물을 희화화하고 있다.
② 역순행적 구성을 통해 사건의 인과 관계를 밝히고 있다.
③ 전기적 요소를 활용하여 비현실적인 장면을 부각하고 있다.
④ 공간을 환상적으로 묘사하여 인물의 내적 갈등을 보여 주고 있다.
⑤ 장면에 따라 서술자를 달리하여 사건을 입체적으로 드러내고 있다.

40. 윗글에 대한 이해로 적절하지 않은 것은?

① 도원수 양경은 적과 싸우는 척하다 일부러 적진에 잡혀갔다.
② 하신의 무리들은 전장의 형세를 이유로 천자의 항복을 만류했다.
③ 태자비는 이 시랑 댁에서 지내며 나라의 상황을 알기 위해 노력하였다.
④ 천자는 전장에 말을 타고 나타난 장군이 태자비임을 알아보지 못했다.
⑤ 태자비는 천자에게 반적을 없앤 후 환궁하겠다는 의사를 밝혔다.

[해설편 p.073]

41. [A]와 [B]에 대한 설명으로 가장 적절한 것은?

① [A]와 [B]는 모두 자신의 처지를 하소연하며 상대의 동정심을 불러일으키고 있다.

② [A]는 [B]와 달리 실행을 위한 방안을 요구하며 상대의 제안을 수용하지 않고 있다.

③ [B]는 [A]와 달리 상대의 의도를 추측하며 자신이 해야 할 일을 계획하고 있다.

④ [A]는 성인의 말을 인용하여, [B]는 역사적 사실에 빗대어 자신이 처한 상황을 드러내고 있다.

⑤ [A]는 자신의 행동이 정당함을 말하며, [B]는 상대가 지켜야 할 태도의 당위성을 내세우며 상대의 행동을 비판하고 있다.

42. <보기>를 바탕으로 윗글을 감상한 내용으로 적절하지 <u>않은</u> 것은? [3점]

―――――― <보 기> ――――――

「정각록」은 여성 영웅 소설로, 주인공 정 소저는 백성들에게 인정을 베풀어야 한다는 신념을 지니고, 유교 이념을 구현하기 위해 신하로서의 도리를 다하는 인물로 그려진다. 태자비가 된 정 소저는 국가 위기를 초래하는 반역 세력을 숙청함으로써 현 체제를 유지하고 국가 질서를 수호하려고 한다. 이처럼 이 작품은 여성을 영웅적 인물로 설정하여 국가적 위기를 해결하는 주체적인 인물로 그려 내고 있다.

① 태자비가 양경과 원이정의 '목숨을 보전'해 주는 것에서, 정 소저는 백성들에게 인정을 베풀어야 한다는 신념을 지니고 있는 인물로 볼 수 있겠군.

② 태자비가 '조정을 침노'한 반역 무리를 응징하려고 하는 것에서, 정 소저는 현 체제를 유지하고 국가 질서를 수호하고자 한다고 볼 수 있겠군.

③ 태자비가 전장에 나가 '모든 역적을 함몰시'킨 것에서, 정 소저는 국가적 위기를 해결할 수 있는 영웅적 능력을 지니고 있는 인물로 볼 수 있겠군.

④ 태자비가 '내 비록 여자이'지만 적진에 나서 싸우겠다고 말하는 것에서, 정 소저는 주체적으로 판단하고 행동하는 여성으로 볼 수 있겠군.

⑤ 태자비가 '임금을 구원하'기 위해 전장에 직접 나가 싸우는 것에서, 정 소저는 유교 이념을 구현하기 위해 신하로서의 도리를 다하려 한다고 볼 수 있겠군.

[43~45] 다음 글을 읽고 물음에 답하시오.

녀석에게 고향을 배워 주겠노라 약속해 놓고도 막상 그것을 생각해 보려 하니 막연하기만 했다. 생각의 실마리가 쉽게 잡히지 않았다. 어머니가 돌아가신 후로 20년 가까운 세월 동안 한 번도 발걸음을 한 일이 없는 동백골이었다. 하나같이 기억이 희미했다. 제법 감동 같은 걸 싣고 떠오르는 일이 없었다. 생각난 것은 내 배앓이의 시초가 됐던 학교 잡부금과 꾀배에 관한 것뿐이었다. 그러나 그것은 다시 기억을 더듬어 낼 필요가 없는 것이었다. 그것은 간밤에 이미 확인이 끝난 일이었다. 다른 것을 찾아내야 했다. 훈이 녀석을 위해서도 좀 더 행복스런 고향을 찾아내야 했다. 나는 바다를 내려다보며 그 바다와 상관하여 기억을 더듬기 시작했다.

동백골에서도 바다는 멀지 않았다. 바닷가 산비탈에 밭농사를 짓고 있어 그곳 사람들도 바다에는 무척들 익숙했다. 그러나 나는 아직도 그 바다가 어떤 식으로 내 어린 시절과 상관되고 있었는지, 또 그것에 대해 무슨 말을 할 수 있을지 마땅한 생각이 떠오르지 않았다. 모든 게 뿌옇게 멀기만 했다. 아름아름 어떤 기억이 떠오를 듯하다가도 ㉠화산 마을 앞 넓은 바다가 눈앞으로 다가오면 그것에 가려 기억 속의 것은 금세 희미하게 멀어져 버리곤 했다.

그럭저럭하다가 나는 결국 방으로 들어가 몸을 기대고 누워 버렸다. 하지만 누워서도 다시 생각을 계속했다. 다행히 눈앞에서 나를 간섭해 오는 바다가 없으니 이젠 생각이 훨씬 쉬운 것 같았다. ㉡동백골 앞바다가 좀 더 선명하게 떠올랐다. 이윽고 한 가지 행복스런 정경이 멀리서부터 천천히 뇌리 속으로 비춰 들어왔다. 그것은 참으로 **행복스런 추억**이었다.

바다가 있었다. 여름의 바다는 유난히 넓고 푸르게 반짝거렸다. 바다에 발뿌리를 내려 뻗은 산줄기는 어디라 할 것 없이 울창한 녹음으로 푸르게 뒤덮여 있었다. 산비탈은 대부분 밭갈이가 되어 있고, 고구마나 수수나 콩이나 목화 같은 것을 심은 여름 밭가리 가운데는 다섯 마지기 남짓한 우리 집 밭뙈기도 끼여 있었다. 어머니는 여름 한철을 대개 그 다섯 마지기 여름 밭갈이로 보냈다. 아침만 되면 어머니는 김매기를 나가면서 밭머리로 나를 데려다 놓았다. 밭머리에는 푸나무꾼들이 산을 오르내리며 쉬어 가는 지게터가 있었다. 그리고 그곳엔 옛날부터 주인 없는 무덤이 하나 누워 있었다. 나는 언제나 그 인적에 씻겨 윤이 돋을 만큼 반들거리는 무덤가의 잔디밭 지게터에서 어머니를 기다리며 지냈다. 나중에 마을 사람들의 이야기를 들어 안 일이지만, 나는 내 기억의 한참 전부터도 여름이면 늘상 그 밭머리의 지게터에서 하루 해를 지내곤 했댔다. 그리고 그 시기엔 어머니가 나를 업어다 쇠꼬삐처럼 허리에 띠를 감아 매어 놓곤 했댔다. 걸핏하면 아무 데나 기어가 흙덩이를 집어 먹고 나무 가시 같은 데에 얼굴을 자주 할퀴어 댔기 때문이라고. 어떤 때 사람들이 지게터를 지나가다 보면 나는 온몸에 오줌과 똥을 짓이겨 바른 채 배가 고파 울고 있거나, 울음을 울다울다 제풀에 지쳐 더운 뙤약볕 아래 잠이 들어 있는 것을 볼 때가 많았다고.

[중략 줄거리] '나'의 고향 이야기를 들은 훈이는 '나'에게 고향을 찾아가지 않는 이유를 묻는다. 당황한 '나'는 그날 밤 심한 배앓이를 한다. 다음날 '나'는 차분하게 가라앉은 기분을 느끼며 기태에게 이제 화산 마을에서 떠나 서울로 가겠다고 말한다.

"악마구리 속이라도 할 수 없지. **나를 그토록 폐허로 만든 곳이 서울이라면 내 병도 아마 그 서울 쪽에 뿌리가 있을 테니까.** 뿌리를 뽑고 싶으면 싫더라도 그 뿌리가 내려진 곳으로 돌아가는 게 정직한 태돌 테구."

"아서…… 자네 생각이 어떤 건지 모르지만, 난 아무래도 자넬 다시 서울로는 돌아가게 하고 싶지 않아. 내 집이 혹 불편해져서 그런다면 더 할 말이 없지만, 그렇더라도 서울보단 차라리 동백골이나 한번 들어가 지내보는 게 어떨까도 싶고……"

"동백골 쪽도 생각해 보지 않은 건 아니었어. 그것도 뭐 새삼스런 기대가 생겨서 그랬던 건 아니구. 기대 같은 걸로

국어 영역

말한다면 그건 오히려 정반대의 생각에서였다고 할까. 난 사실 지금도 그 동백골이 어떤 곳이었던가를 깡그리 잊고 있던 건 아니거든. 그런데 거기 너무 오래 발을 끊고 지내다 보니 어릴 적 일들이 **터무니없는 요술을 부리려** 들더구만. 그럴듯한 요술로 나를 마구 속이려 든단 말일세. 내 눈으로 다시 가서 사실을 확인해 두고 싶기도 했어. 더 이상 내게 요술을 부릴 수 없도록. 하지만 아직도 내게는 용기가 훨씬 모자란 것 같아. 고향이 어떻게 **나를 두렵게 하**더라도 그 현실을 현실대로 **정직하게 맞부딪**쳐 들어갈 수 있는 내 용기가 말일세. 당분간은 그 동백골 한 곳이라도 나를 속이게 놔두는 것이 나을 듯싶더구만. 그래야 또 자네 말대로 그 악마구리 속 같은 서울 살이를 버텨 나가기가 나을 듯싶기도 하고……"

"서울이란 할 수가 없군. 자넨 이제 진짜 서울 사람이 다 되어 버린 것 같다니까……"

기태는 아직도 곧이들리지 않는 듯 허허 웃었다.

그러나 나는 이제 아무 새로운 느낌도 없었다. 어이없어하는 기태를 향해 담담하게 대답했다.

"하지만 뭐 서울에 무슨 새삼스런 기대가 있어선 물론 아니야. 그게 이를테면 유일하게 정직한 나의 삶이라는 것이겠고, 서울은 실상 그런 내 하나밖에 없는 **소중한 삶의 터전**인 셈이니까……"

"병은 고칠 작정이 아니군."

기태는 그제서야 겨우 기가 꺾이기 시작했다. 그가 비로소 정색을 하며 혼잣말처럼 중얼거렸다. 그러자 나는 마지막으로 좀 더 지껄였다.

"할 수 없는 일이지. 이제 와서 알게 된 일이지만, 그건 맘대로 되는 일이 아닌 것 같거든. 살아오느라고 이 몰골로 폐허가 다 되었는데 좀 어려운 일이 아니지 않아. 이런 식으로는 어림도 없는 일이야. 난 단념했어. 그리고 이제부턴 그런 걸 불편스럽게 여기거나 부끄러워하지도 않을 것 같애. 나에겐 그 밖에 남은 게 없거든. 어떻게 보면 나는 그 많은 증세들 때문에, 그것을 건강 삼아 지금까지 살아왔던 것 같기도 하구. 고칠 수도 없고 군이 고치려고 하지도 않겠어. 마음에 들진 않지만 이게 살아 있는 **내 진짜 얼굴**이거든. 그렇다면 난 다시 서울을 찾아 들어가는 것이 새삼스럽게 두려워질 일도 아니겠고, 자 그럼……"

— 이청준, 「귀향 연습」 —

---

43. 윗글에 대한 이해로 적절하지 <u>않은</u> 것은?

① '나'는 어머니가 돌아가신 후에는 동백골에 가지 않았다.
② '나'는 훈이에게 행복스러운 고향 이야기를 들려주기 위해 고민했다.
③ 어머니는 여름 한철을 대개 산비탈에 있는 밭을 가는 일로 보냈다.
④ 기태는 서울 살이를 버텨 보겠다는 '나'의 선택을 지지했다.
⑤ 기태는 '나'의 병을 고치기 위해 서울보다는 동백골에서 지내 보는 것을 권했다.

44. ㉠과 ㉡에 대한 설명으로 가장 적절한 것은?

① '나'는 ㉠과 ㉡에서의 경험을 동일시하고 있다.
② ㉠을 바라보면서 ㉡에서의 '나'의 행동을 후회한다.
③ ㉠에서 벗어난 뒤 ㉡에 관한 '나'의 기억이 선명해진다.
④ ㉠을 떠나면서 ㉡에서 '나'가 생각했던 의문이 해소된다.
⑤ '나'는 ㉠에서의 일을 잊기 위해 ㉡에서의 일을 떠올린다.

45. <보기>를 바탕으로 윗글을 감상한 내용으로 적절하지 <u>않은</u> 것은? [3점]

> ─────── <보 기> ───────
>
> 「귀향 연습」에서 '나'는 도시 질서에 적응하지 못한다. '나'는 고향을 도시와 대립된 공간으로 인식하고 고향을 행복했던 곳으로 이상화하며 고향에 관한 기억을 왜곡한다. 그런데 훈이와의 대화가 계기가 되어 '나'는 고향에 관한 생각이 환상에 불과했음을 인식하고 서울행을 결정하면서 현실에 대한 긍정성을 회복하려는 모습을 보인다.

① 서울에서의 생활을 '악마구리 속'이라고 표현하는 것으로 보아, '나'가 도시 생활에 적응하는 데 어려움을 느꼈을 것이라고 볼 수 있군.
② 고향이 '나를 두렵게 하'여 '정직하게 맞부딪'칠 용기가 모자란다고 말하는 것으로 보아, '나'는 고향에 대한 환상을 깨려 한다고 볼 수 있군.
③ 동백골에서의 어린 시절 일들이 '터무니없는 요술을 부리려 들더'라고 표현하는 것으로 보아, '나'는 고향의 이미지를 왜곡하고 있었음을 깨달았다고 볼 수 있군.
④ 동백골은 '행복스런 추억'이 있는 공간으로, 서울은 '나를 그토록 폐허로 만든 곳'으로 여겼던 것으로 보아, '나'는 고향을 서울과 대립된 공간으로 인식했다고 볼 수 있군.
⑤ 서울을 '소중한 삶의 터전'으로 여기고 마음에 들지 않더라도 '내 진짜 얼굴'을 받아들이겠다고 말하는 것으로 보아, '나'는 현실에 대한 긍정성을 회복하려 한다고 볼 수 있군.

＊ 확인 사항

○ 답안지의 해당란에 필요한 내용을 정확히 기입(표기)했는지 확인하시오.

2022학년도 9월 고1 전국연합학력평가 문제지 1

국어 영역

09회

제 1 교시

● 문항수 45개 | 배점 100점 | 제한 시간 80분

● 점수 표시가 없는 문항은 모두 2점

[1~3] 다음은 학생의 발표이다. 물음에 답하시오.

안녕하세요? 여러분은 혹시 눈꼽재기, 벼락닫이라는 말을 들어 보신 적이 있나요? (청중의 대답을 듣고) 모르시는 분이 많네요. 바로 한옥의 창 이름인데요. 재미있는 이름만큼 특별하게 쓰였던 창입니다. 이 창들은 제가 며칠 전에 읽은 책을 통해 알게 되었는데, 이 둘을 포함해서 인상 깊었던 창에 대해 여러분께 소개하고자 합니다.

(㉠ 자료를 제시하며) 문 옆에 작게 달린 창이 보이시죠? (청중의 대답을 듣고) 눈꼽재기창인데, 창이 작은 것을 눈곱에 비유하여 붙인 이름입니다. (화면을 손으로 가리키며) 출입문 옆이나 다른 창 옆 벽면에 설치하여 큰 문을 열지 않고도 밖의 움직임을 살필 수 있어서, 주인들이 노비들의 동정을 넌지시 살피는 데도 쓰였다고 합니다. 작은 크기 덕분에 겨울철에 열 손실을 막으면서 환기를 할 수 있었습니다.

(㉡ 자료를 제시하며) 이것은 벼락닫이창입니다. 창 윗부분에 돌쩌귀를 달아 방 안에서 밖으로 창을 들어 올려 열어서 들창으로도 불립니다. 창을 밀었다가 손을 놓으면 창이 아래로 떨어져 닫혀서 버팀쇠나 막대를 괴어 고정했는데, 재미있는 것은 내외가 엄격했던 사대부가에서는 직접 눈을 마주치는 것을 피하면서 창을 살짝 들어 올려 바깥에 온 손님을 확인하는 데 사용했다는 점입니다.

지금까지 실용적 목적으로 사용된 창을 보셨는데요. 한옥을 아름답게 꾸미기 위한 창도 있습니다. (㉢ 자료를 제시하며) 창에 새겨진 꽃무늬가 보이시나요? (청중의 대답을 듣고) 꽃살창은 입체적 문양과 선명한 색채로 인해 웅장하고 화려한 느낌을 주는 창인데, 주로 궁궐이나 사찰의 정면 창으로 사용되었습니다. 꽃살창에는 연꽃이나 국화 등의 꽃을 새겨 넣었는데 보시는 것처럼 무늬의 배치가 일정한 규칙을 가지고 있어서 무늬와 무늬 사이의 여백까지 고려한 섬세함이 돋보입니다.

오늘은 여러분께 한옥의 창에 대해 말씀드렸습니다. 예로부터 창은 방과 세상, 사람과 자연을 연결하여 한옥에 개방감과 멋을 더해 주었습니다. 여러분도 한옥에 사용된 창의 종류에 대해 좀 더 알아보면 좋겠습니다. 이상으로 발표를 마치겠습니다.

1. 위 발표에 대한 설명으로 적절하지 <u>않은</u> 것은?

① 청중에게 질문을 던지며 청중의 반응을 확인하고 있다.
② 청중에게 바라는 바를 언급하며 발표를 마무리하고 있다.
③ 발표 주제와 관련된 명칭을 설명하여 청중의 이해를 돕고 있다.
④ 청중의 요청에 따라 발표 내용과 관련된 추가 정보를 제공하고 있다.
⑤ 비언어적 표현을 활용하여 청중이 발표 내용에 집중하게 하고 있다.

2. 다음은 발표자가 제시한 자료이다. 발표자의 자료 활용에 대한 설명으로 적절하지 <u>않은</u> 것은?

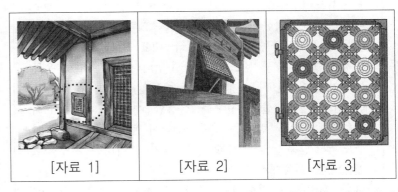

[자료 1]   [자료 2]   [자료 3]

① 눈꼽재기창의 크기와 위치를 보여 주기 위해 ㉠에 [자료 1]을 활용하였다.
② 벼락닫이창이 닫히지 않도록 고정하는 방법을 설명하기 위해 ㉡에 [자료 2]를 활용하였다.
③ 내부의 노출을 줄이면서 외부를 확인할 수 있었던 창의 용도를 설명하기 위해 ㉡에 [자료 2]를 활용하였다.
④ 꽃살창의 무늬가 상징하는 의미를 설명하기 위해 ㉢에 [자료 3]을 활용하였다.
⑤ 궁궐이나 사찰에 꾸밈새를 더하기 위해 사용했던 창의 무늬를 보여 주기 위해 ㉢에 [자료 3]을 활용하였다.

3. <보기>는 위 발표를 들으며 떠올린 생각들이다. <보기>에 드러난 학생들의 듣기 방식을 이해한 내용으로 가장 적절한 것은?

──── <보 기> ────

학생 1 : 그럼 벼락닫이라는 창의 이름은 창이 떨어져서 닫히는 속도가 벼락같이 빨라서 붙여진 이름이겠구나.
학생 2 : 한옥의 여닫이창과 벽의 이음새에 달린 쇠붙이를 본 적이 있는데 그게 돌쩌귀인지 궁금하네.
학생 3 : 예전에 고궁에 갔을 때 꽃무늬가 새겨진 창이 있었는데 그게 꽃살창이었구나.

① '학생 1'은 발표에서 제시된 정보를 통해 기존 지식을 수정하며 듣고 있다.
② '학생 2'는 발표 과정에서 생긴 궁금증을 해소할 방안을 생각하며 듣고 있다.
③ '학생 3'은 발표에서 알게 된 정보에 대해 긍정적으로 평가하며 듣고 있다.
④ '학생 1'과 '학생 2'는 모두 발표에서 직접 언급하지 않은 내용을 추론하며 듣고 있다.
⑤ '학생 2'와 '학생 3'은 모두 발표 내용과 관련 있는 자신의 경험을 떠올리며 듣고 있다.

[4~7] (가)는 학생회 누리집 게시판에 작성된 학생의 글이며, (나)는 (가)를 읽은 학생회 학생들의 회의이다. 물음에 답하시오.

(가)

게시판

안녕하세요. 저는 1학년 1반 ○○○입니다. 체육대회를 준비하느라 애쓰는 학생회 운영진에게 감사드리며 체육대회 운영에 대한 건의 사항을 말씀드립니다.

우리 학교 체육대회에서 학급 대표 학생이 출전하는 종목은 농구, 축구, 배드민턴, 탁구입니다. 이는 주로 운동 능력이 좋은 친구들에게 유리한 종목입니다. 그런 이유로 반 친구들끼리 출전 선수를 결정할 때도 이 점을 고려합니다. 하지만 반에는 운동 능력이 뛰어나지 않은 친구도 있고, 부상으로 인해 경기 참가가 어려운 친구들도 있습니다. 체육대회가 학생들의 성취감과 단합력을 높이기 위해 개최되는 것이라면, 모두가 소외됨 없이 경기에 참가할 수 있는 기회가 제공되어야 합니다. 이는 저뿐만 아니라 우리 반 학생들도 공감하고 있는 내용입니다.

이 문제를 해결하기 위해 체육대회 운영 종목을 다양화할 것을 제안합니다. 특히, 신체적인 제약을 크게 받지 않고도 즐길 수 있는 장기와 이 스포츠(e-sports)를 체육대회에 추가하는 것이 어떨까요? 이 두 종목은 부상이나 운동 능력 등에 크게 영향받지 않고 경기가 가능합니다. 두 종목이 모두 채택된다면 좋겠지만, 운영 여건상 모두 진행하는 것이 어렵다면 장기보다는 학생들이 더 잘 알고 선호하는 이 스포츠를 채택해 주십시오. 이 스포츠는 팀을 짜서 협력하는 경기도 있으며 국제 대회에서도 정식 종목으로 채택될 정도로 주목받고 있기 때문입니다.

장기나 이 스포츠가 신체를 다양하게 이용하는 종목이 아닌데 체육대회에 추가하는 것이 적절한가에 대한 우려가 있을 것입니다. 하지만 체육대회를 개최함으로써 궁극적으로 의도하는 것이 무엇인지를 고려해 주시기 바랍니다. 이 두 종목이 추가된다면 체육대회는 누구나 경기에 참가할 수 있는 축제의 한마당이 될 수 있으리라 생각합니다.

긴 글 읽어 주셔서 감사드리며 댓글을 통해 긍정적인 답변을 부탁드립니다.

↳ 댓글 의견 보내 주셔서 감사합니다, 회의를 거쳐 결과를 알려 드리겠습니다,

(나)

학생 1 : 오늘 오후에 학생회 게시판에 올라온 글 다들 봤지?

학생 2 : 응. 봤어. 현재 체육대회 운영 종목으로는 학급의 모든 친구가 참여하는 게 어려울 수 있으니 장기나 이 스포츠 같은 종목을 체육대회에 추가해 달라는 건의였어. 두 종목을 체육대회 종목으로 추가할지 회의해 보자.

학생 3 : 좋아. 그런데 장기는 반별 토너먼트 형태로 경기를 운영하기엔 한 경기당 시간이 너무 오래 걸리지 않을까?

학생 1 : 그러게. 또 일대일로 진행되는 경기니까 많은 학생이 참여하는 것이 어려워서 체육대회의 취지에도 안 맞아.

학생 3 : 그렇다면 이 스포츠는 어떤 것 같아? 이 스포츠도 체육대회 운영 종목으로 적절할지 모르겠어.

학생 2 : 운영 종목으로 적절한 것 같아. 스포츠는 경쟁과 유희성이 있는 신체 운동 경기를 총칭하는 말이고, 이 스포츠도 신체 일부를 활용해서 경쟁하고 유희성을 추구하는 활동이니까.

학생 1 : 그렇구나. 이 스포츠를 할 때 농구나 축구처럼 전략도 필요하고 협동도 잘해야 경쟁에서 이길 수 있긴 해.

학생 2 : 맞아. 그리고 게시판 글을 읽고 신문 기사를 찾아봤는데, 항저우 아시안 게임에서 이 스포츠가 정식 종목으로 처음 채택된 거라고 하더라.

학생 1 : 응. 이제 아시안 게임에서도 이 스포츠 경기를 볼 수 있다니 정말 기대가 돼. 요즘 청소년들이 선호하는 직업에 프로 게이머가 있다는 점도 고려해 볼 만해. 체육대회가 학교의 중요한 행사 중 하나인 만큼 학생들의 흥미와 특기를 반영할 필요가 있잖아. [A]

학생 3 : 그래. 우리 반만 해도 프로 게이머를 희망하는 친구가 다섯 명이나 있어. 이 친구들에게 자신의 기량을 맘껏 뽐내 볼 기회를 제공하는 것도 필요하긴 하겠다.

학생 2 : 그럼 이 스포츠만 체육대회 종목으로 추가하자. 그렇다면 이번엔 이 스포츠를 학교 체육대회 종목으로 운영할 때 유의해야 할 점은 없는지 생각해 보자.

학생 1 : 좋아. 먼저 나는 이 스포츠가 다소 폭력적인 내용을 담고 있는 것이 많아 이 점이 마음에 걸려.

학생 3 : 그 점은 게임에도 여러 종류가 있으니까 폭력성이 없고 협동심을 많이 요구하는 것으로 선택하면 될 것 같아. 그것보다도 나는 대부분의 이 스포츠가 경기 운영 시간이 정해져 있지 않다는 게 걱정돼. [B]

학생 1 : 지금 체육대회 종목에도 시간 제한이 없는 게 있어. 탁구나 배드민턴이 그렇잖아. 이 종목들을 체육대회에서 어떻게 운영했었는지 알려 줄래?

학생 2 : 그 종목들은 본선만 체육대회 당일에 하고 예선전은 그 전날까지 미리 치르고 있어. 이 스포츠도 비슷한 방식으로 운영하면 될 것 같아.

학생 1 : 좋은 생각이야. 그럼 일단 이 정도로 마무리하고 운영 방식에 대한 구체적인 논의는 다음 주에 있을 학생회 정기 회의 시간에 다시 해 보도록 하자.

학생 2, 3 : 응. 또 봐!

4. (가)를 이해한 내용으로 적절하지 <u>않은</u> 것은?

① 글의 특성을 고려하여 예상 독자를 구체적으로 명시하고 있다.

② 독자와 사회에 끼치는 영향을 고려하여 자료의 출처를 밝히고 있다.

③ 사회적 의사소통 상황을 고려하여 공동체가 당면한 문제를 제시하고 있다.

④ 공식적인 글쓰기의 상황을 고려하여 언어 예절을 지킨 표현을 사용하고 있다.

⑤ 쌍방향적 소통이 가능한 매체의 특성을 고려하여 상대방의 응답을 요구하고 있다.

5. (가)의 흐름을 <보기>와 같이 정리할 때, ㉠, ㉡을 이해한 내용으로 적절하지 <u>않은</u> 것은?

──── <보 기> ────
인사말 및 자기소개 → ㉠문제 상황 제시 → ㉡해결 방안 제시 → 문제 해결의 기대 효과 → 끝인사

① ㉠과 관련하여 체육대회의 개최 취지를 확인하며 문제 해결의 필요성을 드러내고 있다.
② ㉠과 관련하여 현재 체육대회에서 운영되고 있는 종목의 특성을 언급하며 문제 상황의 원인을 제시하고 있다.
③ ㉡과 관련하여 두 종목을 선택하게 된 근거로 국제적인 주목을 받는 경기라는 점을 제시하고 있다.
④ ㉡과 관련하여 학생들의 인지도와 선호도를 근거로 삼아 제안한 경기 종목들의 우선순위를 달리하고 있다.
⑤ ㉡과 관련하여 현재 체육대회의 문제점을 해결할 수 있는 방법으로 새로운 운영 종목을 추가하는 것을 제안하고 있다.

6. (나)의 '학생 2'에 대한 설명으로 적절하지 <u>않은</u> 것은? [3점]

① (가)에서 언급한 운영 종목 다양화의 필요성을 확인하고 논의해야 할 주제를 제시하고 있다.
② (가)에서 현재 체육대회 종목 구성의 한계를 언급한 것과 관련하여 제시된 의견을 절충하고 있다.
③ (가)에서 이 스포츠에 대한 우려를 언급한 것과 관련하여 운영 종목으로서의 적합성을 판단하고 있다.
④ (가)에서 언급한 두 가지 경기 종목 중 한 종목으로 논의의 범위를 줄이고 추가적인 논의 사항을 제시하고 있다.
⑤ (가)에서 국제 대회의 정식 종목으로 채택되었다는 정보를 언급한 것과 관련하여 자료를 탐색한 결과를 공유하고 있다.

7. [A], [B]에 대한 설명으로 가장 적절한 것은?

① [A] : '학생 3'은 '학생 1'의 발언을 반영하며 자신이 제시한 의견을 보충하고 있다.
② [A] : '학생 3'은 '학생 1'의 발언에 동의하며 뒷받침할 수 있는 사례를 제시하고 있다.
③ [A] : '학생 3'은 '학생 1'의 발언을 일부 긍정하며 자신의 의견과 다른 부분을 확인하고 있다.
④ [B] : '학생 1'은 '학생 3'의 발언을 구체화하며 이와 관련한 추가적인 정보를 요청하고 있다.
⑤ [B] : '학생 1'은 '학생 3'의 발언이 지닌 문제점을 제시하며 자신의 의견에 대한 동의를 구하고 있다.

[8~10] 다음은 작문 상황과 이를 바탕으로 작성한 학생의 초고이다. 물음에 답하시오.

○**작문 상황** : 나트륨 섭취 줄이기에 대한 정보를 전달하는 글을 써서 학교 신문에 실으려 함.

○**학생의 초고**

꼬불꼬불 꼬들꼬들 맛있는 라면이지만 자주 먹기는 주저하게 된다. 바로 나트륨 때문이다. 나트륨은 우리 몸에 꼭 필요한 영양소로, 수분량을 조절하고 신경의 신호 전달을 돕고 소화된 영양소의 흡수를 돕는 등의 중요한 역할을 한다. 하지만 과다 섭취하게 되면 비만으로 이어질 수 있고, 고혈압, 뇌졸중, 심장 질환, 위암 등 심각한 질병을 일으킬 수 있다.

우리나라 청소년의 1일 나트륨 섭취량은 매우 많은 편인데 주로 라면, 햄버거, 샌드위치 같은 가공식품을 통해 나트륨을 과다 섭취하기 때문이다. 가공식품의 나트륨 함량을 쉽게 확인할 수 있는 방법 중 하나로 나트륨 함량 비교표시제가 있다.

나트륨 함량 비교표시는 아래 그림과 같이 동일하거나 유사한

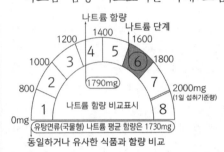

식품 유형에 대해 나트륨 함량을 비교 표시함으로써 소비자가 구매하는 식품의 나트륨 함량 정보를 더욱 쉽게 알 수 있게 해 준다. 제품에 있는 나트륨 함량 비교표시에서 해당 식품의 나트륨 함량과 나트륨 단계, 동일하거나 유사한 식품의 나트륨 평균 함량 등을 확인할 수 있다. 또한 QR 코드로도 확인이 가능하다.

나트륨 함량 비교표시뿐만 아니라 영양성분 표시를 확인하고, 저나트륨 식품을 먹거나 고나트륨 식품인 치킨, 튀김, 만두, 찌개, 염장 식품(배추김치, 젓갈, 피클, 장아찌 등)을 적게 먹는 것이 좋다. 또한 나트륨 배출을 도와주는 신선한 채소와 과일을 섭취하거나 국, 찌개, 국수, 라면 등의 국물은 적게 먹고, 외식할 때는 음식을 짜지 않게 해 달라고 주문하고 소스는 따로 주문하는 방법도 있다.

[A] ┌ 자신도 모르는 사이에 과다하게 너무 많이 섭취하고 있는 나트륨이지만 '일주일만 싱겁게'라는 말을 떠올리며, 오늘부터 덜어 내고 실천하여 건강한 식습관을 만드는 것이 필요 └ 하다.

8. 다음은 초고를 작성하기 전에 학생이 떠올린 생각이다. ㉠~㉤ 중 학생의 초고에 반영되지 <u>않은</u> 것은?

○ 나트륨을 섭취해야 하는 이유를 언급해야겠어. ·········· ㉠
○ 나트륨 섭취를 줄일 수 있는 방법을 설명해야겠어. ····· ㉡
○ 나트륨 함량 비교표시제의 도입 과정을 설명해야겠어. ··· ㉢
○ 나트륨 함량 비교표시의 효용적 측면을 부각해야겠어. ··· ㉣
○ 나트륨이 많이 들어 있는 식품의 종류를 언급해야겠어. ··· ㉤

① ㉠   ② ㉡   ③ ㉢   ④ ㉣   ⑤ ㉤

9. <보기>는 학생의 초고를 보완하기 위해 추가로 수집한 자료이다. 자료의 활용 방안으로 적절하지 <u>않은</u> 것은? [3점]

───── <보 기> ─────

ㄱ. 통계 자료

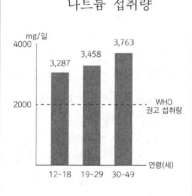
ㄱ-1. 한국인의 연령별 1일 나트륨 섭취량

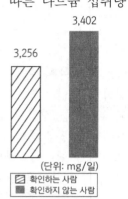
ㄱ-2. 영양성분 표시 확인 여부에 따른 나트륨 섭취량

ㄴ. 전문가 인터뷰
　"나트륨 섭취량이 많은 상위 20%가 하위 20%에 비해 비만의 위험도가 성인은 1.2배 높아지는데, 청소년은 무려 1.8배 올라간다는 연구 결과가 있습니다. 특히 성장기 청소년들의 나트륨 과다 섭취는 뼈 약화, 호흡기 질환, 키 성장 저해 등으로 이어질 수 있습니다. 또한 청소년들이 많이 먹는 가공 식품에 사용되는 발색제, 보존제와 MSG, 방부제, 베이킹파우더 등의 식품 첨가물에도 나트륨이 들어 있으니 주의해야 합니다."

ㄷ. 신문 기사
　식품의 나트륨 함량은 나트륨 함량 비교표시와 영양성분 표시를 통해 편리하게 확인할 수 있다. 나트륨 함량 비교표시는 동일하거나 유사한 식품의 나트륨 함량을 쉽게 비교할 수 있지만, 현재 비교표시 대상 식품은 유탕면류, 국수, 냉면, 햄버거, 샌드위치에 국한된다. 반면 영양성분 표시는 나트륨 함량을 비교할 수는 없지만, 영양성분 표시 대상의 범위가 과자, 아이스크림류, 면류, 햄류, 소시지류, 빵류 및 만두류 등 나트륨 함량 비교표시보다 훨씬 넓다.

① ㄱ-1을 활용하여, 우리나라 청소년의 1일 나트륨 섭취량이 WHO 권고 섭취량보다 많다는 내용으로 2문단을 구체화한다.
② ㄴ을 활용하여, 성장기 청소년의 나트륨 과다 섭취가 성인보다 위험성이 높다는 내용을 1문단에 추가한다.
③ ㄷ을 활용하여, 나트륨 함량 비교표시 대상 식품을 3문단에 추가한다.
④ ㄱ-2와 ㄴ을 활용하여, 채소와 과일을 많이 섭취해야 한다는 근거로 4문단에 제시한다.
⑤ ㄱ-2와 ㄷ을 활용하여, 영양성분 표시를 확인해야 하는 이유로 4문단에 제시한다.

10. 다음은 학생이 [A]를 고쳐 쓰는 과정의 일부이다. ⓐ에 들어갈 내용으로 가장 적절한 것은?

자기 점검	[A]에는 (　　ⓐ　　)해야겠어.

↓

고친 글	자신도 모르는 사이에 너무 많이 섭취하고 있는 나트륨이지만 '일주일만 싱겁게'라는 말을 떠올리며, 오늘부터 나트륨을 덜어 내고 나트륨 줄이기를 실천하여 건강한 식습관을 만드는 것이 필요하다.

① 의미가 중복되는 단어가 있으니 이를 삭제하고 필요한 문장 성분이 생략되어 있으니 이를 추가
② 의미가 중복되는 단어가 있으니 이를 삭제하고 주요 개념과 관련된 설명이 부족하니 이를 추가
③ 의미가 중복되는 단어가 있으니 이를 삭제하고 내용 사이의 연결 관계가 잘 드러나지 않으니 지시어를 추가
④ 글의 맥락에 적합하지 않은 담화 표지가 있으니 이를 삭제하고 문장에 필요한 성분이 생략되어 있으니 이를 추가
⑤ 글의 맥락에 적합하지 않은 담화 표지가 있으니 이를 삭제하고 글의 목적에 부합하는 정보가 부족하니 이를 추가

11. <학습 활동>을 수행한 결과로 적절하지 <u>않은</u> 것은?

───── <학습 활동> ─────

　음운 변동에는 교체, 첨가, 탈락, 축약이 있는데 음운 변동의 결과로 음운의 개수가 변화하기도 한다. 분절 음운인 자음과 모음은 모여서 음절을 이루는데, 음절은 발음할 수 있는 최소의 단위로 음절의 유형은 크게 '모음', '자음+모음', '모음+자음', '자음+모음+자음'으로 나눌 수 있다. [자료]의 밑줄 친 부분을 중심으로 음운의 개수 변화와 음절의 유형을 탐구해 보자.

[자료]
○ 책상에 <u>놓인</u> 책을 <u>한여름</u>이 지나서야 <u>읽기</u> 시작했다.
○ <u>독서</u>를 즐기기 위해서는 자기에게 <u>맞는</u> 책을 골라야 한다.

① '놓인[노인]'은 탈락의 결과로 음운의 개수가 줄었으며, [노]는 음절 유형이 '자음+모음'이다.
② '한여름[한녀름]'은 첨가의 결과로 음운의 개수가 늘었으며, [녀]는 음절 유형이 '자음+모음'이다.
③ '읽기[일끼]'는 탈락의 결과로 음운의 개수가 줄었으며, [일]은 음절 유형이 '모음+자음'이다.
④ '독서[독써]'는 첨가의 결과로 음운의 개수가 늘었으며, [써]는 음절 유형이 '자음+모음'이다.
⑤ '맞는[만는]'은 교체의 결과로 음운의 개수는 변동이 없고, [만]은 음절 유형이 '자음+모음+자음'이다.

[12~13] 다음 글을 읽고 물음에 답하시오.

언어학자인 소쉬르는 '시간은 모든 것을 변화시킨다. 언어라고 해서 이 보편 법칙을 벗어날 리가 없다.'라고 했다. 이처럼 시간의 흐름에 따라 언어가 변화하기도 하는데 이를 언어의 특성 중 역사성이라고 한다. 이러한 언어의 역사성을 의미와 형태 측면에서 살펴보자.

단어의 의미 변화 양상에는 의미의 확대, 축소, 이동이 있다. 의미 확대는 단어 본래의 의미보다 그 뜻의 사용 범위가 넓어지는 것이고, 반대로 의미 축소는 본래의 의미보다 그 뜻의 사용 범위가 좁아지는 것이다. 그리고 단어의 의미가 조금씩 달라져서 본래의 의미와 거리가 먼 다른 의미로 바뀌기도 하는데, 이를 ㉠의미 이동이라고 한다.

단어의 형태 변화는 ㉡음운의 변화로 인한 것과 유추로 인한 것 등이 있다. 중세 국어의 음운 중 'ㆍ', 'ㅿ', 'ㅸ' 등이 시간이 지나면서 다른 음운으로 바뀌거나 소실되었는데, 이에 따라 단어의 형태도 바뀌게 되었다. 'ㆍ'는 첫째 음절에서는 'ㅏ'로, 둘째 음절 이하에서는 'ㅡ'로 주로 바뀌었으며 'ㅿ'은 대부분 소실되었고 'ㅸ'은 주로 반모음 'ㅗ/ㅜ'로 바뀌었다. 한편 유추란 어떤 단어가 의미적 혹은 형태적으로 비슷한 다른 단어를 본떠 변화하는 것을 말한다. 과거에 '오다'의 명령형은 '오다'에만 결합하는 명령형 어미 '-너라'가 결합한 '오너라'였으나, 사람들이 일반적인 명령형 어미인 '-아라'가 쓰일 것이라고 유추하여 사용한 결과 현재에는 '-아라'가 결합한 '와라'도 쓰인다.

[A] ┌ 이와 같은 역사성뿐만 아니라 언어의 특성에는 언어의 내용인 '의미'와 그것을 나타내는 형식인 '말소리' 사이의 관계가 필연적이지 않다는 자의성, 말소리와 의미는 사회의 인정을 통해 관습적으로 결합되어 있어 그 결합은 개인이 함부로 바꿀 수 없는 약속이라는 사회성, 언어를 통해 연속적인 대상이나 개념을 분절적으로 인식하게 된다는 분절성 └ 등이 있다.

12. [A]를 바탕으로 추론한 내용으로 적절하지 <u>않은</u> 것은?

① 경계가 뚜렷하지 않은 '무지개'의 색을 일곱 가지 색으로 구분하는 것은 언어를 통해 대상을 분절적으로 인식하는 것이겠군.

② 여러 사람들이 '소리 없이 빙긋이 웃는 웃음'을 '미소'라고 말하는 것은 의미와 말소리가 관습적으로 결합되어 있기 때문이겠군.

③ 동일한 의미의 대상을 한국어로는 '개', 영어로는 'dog'라고 말하는 것은 의미와 말소리의 관계가 필연적이지 않기 때문이겠군.

④ '바다'의 의미를 '나무'라는 말소리로 표현하면 의사소통이 제대로 안 되는 것은 언어가 개인이 함부로 바꿀 수 없는 사회적 약속이기 때문이겠군.

⑤ '차다'라는 말소리가 '(발로) 차다', '(날씨가) 차다', '(명찰을) 차다' 등 다양한 의미에 대응하는 것은 연속적인 개념을 언어로 나누어 인식하고 있는 것이겠군.

13. <보기>는 언어의 역사성과 관련하여 학생이 수집한 자료이다. ⓐ~ⓔ 중 윗글의 ㉠과 ㉡에 모두 해당하는 것은? [3점]

─── <보 기> ───

○ '어리다'는 '나이가 적다'라는 의미인데 예전에는 '어리석다'라는 의미를 나타냈고, 예전에도 '어리다'의 형태로 쓰였다. ·················· ⓐ

○ '서울'은 '나라의 수도'와 '한반도의 중심부에 있는 도시'를 의미하는데 과거에는 '나라의 수도'만을 의미했고, '셔블'의 형태로 쓰였다. ·················· ⓑ

○ '싸다'는 '비용이 보통보다 낮다'라는 뜻의 단어인데 예전에는 '그 정도의 값어치가 있다'라는 의미를 나타냈고, '싸다'의 형태로 쓰였다. ·················· ⓒ

○ '마음'은 '사람이 본래부터 지닌 성격이나 품성'을 뜻하는 단어인데 예전에는 이와 함께 '심장'을 의미하기도 했고, 'ᄆᆞᅀᆞᆷ'의 형태로 쓰였다. ·················· ⓓ

○ '서로'는 '짝을 이루는 상대'라는 뜻으로, 예전에 '서르'라고 썼는데 사람들이 일반적으로 부사가 '-로'로 끝나는 것에서 추측하여 사용한 결과 '서르'는 '서로'로 변했다. ········· ⓔ

① ⓐ   ② ⓑ   ③ ⓒ   ④ ⓓ   ⑤ ⓔ

14. <보기>의 ㉠~㉢에 들어갈 말로 적절한 것은?

─── <보 기> ───

학생 : 선생님, '-에요'와 '-예요'는 어떻게 구별하여 쓰면 되나요?

선생님 : '-에요'는 설명·의문의 뜻을 나타내는 종결 어미로, '이다'나 '아니다'의 어간 뒤에 붙는 것입니다. '-예요'는 '-이에요'의 준말로, 받침이 없는 체언에 붙어요.

학생 : 네. 그런데 '너는 어디에 있니?'에 대한 대답으로 '교실에요.'처럼 쓰는 경우가 있는데 이건 맞춤법에 맞는 표현인가요?

선생님 : 네, 그때의 '-에요'는 처소의 부사격 조사 '에'와 보조사 '요'가 결합한 것이므로 맞춤법에 맞는 표현입니다. 그럼, 아래의 괄호 안에 들어갈 말은 무엇일까요?

┌─────────────────────────┐
1. A : 책을 어디에 두고 왔니?
   B : 집(   ).
2. 여기는 제가 갔던 식당이 아니(   ).
3. 그때 그를 도와준 건 이 학생(   ).
└─────────────────────────┘

학생 : 1번은 (㉠), 2번은 (㉡), 3번은 (㉢)입니다.

선생님 : 모두 잘 이해했네요.

	㉠	㉡	㉢
①	에요	에요	이에요
②	에요	에요	예요
③	에요	예요	이에요
④	예요	이에요	예요
⑤	예요	에요	이에요

15. <보기>의 [자료]를 바탕으로 할 때, ㉠~㉥ 중 띄어쓰기가 바르게 된 것만을 [예문]에서 고른 것은?

<보 기>

[자료]

보다[1] 「동사」
「1」 눈으로 대상의 존재나 형태적 특징을 알다.
「2」 눈으로 대상을 즐기거나 감상하다.
「3」 책이나 신문 따위를 읽다.
보다[2] 「부사」 어떤 수준에 비하여 한층 더.
보다[3] 「조사」 서로 차이가 있는 것을 비교하는 경우, 비교의 대상이 되는 말에 붙어 '~에 비해서'의 뜻을 나타내는 격 조사.

[예문]

그는 그 책을 처음 보다. ㉠
그는 그 책을 처음보다. ㉡
그는 나 보다 두 살 위이다. ㉢
그는 나보다 두 살 위이다. ㉣
그는 자기부터 보다 용감해져야 한다고 생각했다. ㉤
그는 자기부터보다 용감해져야 한다고 생각했다. ㉥

① ㉠, ㉢, ㉤
② ㉠, ㉣, ㉤
③ ㉠, ㉣, ㉥
④ ㉡, ㉢, ㉥
⑤ ㉡, ㉣, ㉤

[16~21] 다음 글을 읽고 물음에 답하시오.

(가)

저작권법 제2조 제1호에서 정의하고 있는 저작물이란 인간의 사상 또는 감정을 표현한 창작물을 말한다. 저작권법으로 보호받는 저작물이 되려면 창작성이 있어야 한다. 여기에서의 창작성이란 완전히 새로워야 한다거나 예술적 수준이 높아야 한다는 것이 아니라, 남의 것을 단순히 베끼지 않고 최소한의 개성을 담아야 함을 의미한다. 우연히 기존의 저작물과 유사하더라도 베끼지 않고 독자적으로 창작한 것이라면 저작권을 보호받을 수 있다.

저작권법상 원저작물을 번역·편곡·변형·각색 등의 방법으로 작성한 창작물을 2차적저작물이라 한다. 이러한 2차적저작물이 되려면 원저작물을 기초로 하여야 한다. 또한 원저작물과 실질적 유사성을 유지하여야 한다. 소설을 기초로 하는 영화가 2차적저작물이 되려면 영화의 사건 구성과 전개, 등장인물의 교차 등이 소설과 실질적 유사성을 유지하여야 한다. 그리고 원저작물에 사회 통념상 새로운 저작물이 될 수 있을 정도의 수정·증감을 가하여 새로운 창작성을 부가하여야 한다. 근대 소설을 현대 표기법에 맞도록 수정한 것은 원저작물의 복제물에 가까운 것으로 2차적저작물로 보기 어렵다. 반면 소설을 원저작물로 하여 이를 각색한 후 영화로 제작한다면 이 영화는 2차적저작물이 된다.

만약 원저작물을 떠올릴 수 없을 정도로 완전히 바뀌어 실질적 유사성이 인정되지 않는다면 이것은 2차적저작물이 아니라 원저작물과는 다른 독립저작물로 인정받을 수 있다. 2차적저작물과 독립저작물을 구별하는 기준으로 원저작물과 시장적 경쟁 관계에 있는지 여부가 있다. 시장적 경쟁 관계에 있다는 것은 어떤 저작물을 구매할 때 원저작물의 수요가 줄어드는 것이다. 이는 구매한 저작물이 원저작물을 대체한다는 것이다. 일반적으로 2차적저작물은 원저작물과 시장적 경쟁 관계에 있다고 보지만, 독립저작물은 원저작물과 시장적 경쟁 관계에 있다고 보지 않는다.

(나)

저작권이란 저작자가 자신이 창작한 저작물에 대해 갖는 권리이다. 저작권은 여러 가지 권리의 총집합으로 저작인격권과 저작재산권으로 ⓐ나눌 수 있다. 저작인격권은 저작자가 자신의 저작물에 대하여 가지는 인격적 권리로, 저작자만이 가질 수 있으며 양도할 수 없고 저작자가 사망하면 소멸한다. 저작자가 사망한 뒤에라도 유족 등은 명예 회복을 위한 조치를 취할 수 있는데, 저작물을 이용하는 사람이 저작자가 살아 있었다면 저작인격권의 침해가 될 행위를 하여 저작자의 명예를 훼손한 경우가 이에 해당한다. 이와 달리 저작재산권은 저작물을 일정한 방식으로 이용함으로써 발생하는 재산적 이익을 보호하는 권리로, 양도가 가능하다. 이때 저작재산권 전체를 양도할 수도 있지만 저작재산권을 구성하는 각각의 권리를 나누어 일부를 양도할 수도 있다.

저작권 침해 사안은 저작재산권을 구성하는 권리 중 하나인 2차적저작물 작성권과 관련되어 있는 경우가 많다. 저작권법 제22조에 의하면 저작자는 자신의 저작물을 원저작물로 하는 2차적저작물을 작성하여 이용할 권리, 즉 2차적저작물 작성권을 갖는다. 만약 누군가 원저작물의 저작자, 즉 원저작자 허락 없이 원저작물에 의거하여 그 저작물과 실질적으로 유사한 저작물을 작성하여 이용한다면 그 사람은 원저작자의 2차적저작물 작성권을 침해한 것이 된다.

㉮ 저작권법 제5조 제1항에 의하면 2차적저작물은 독자적인 저작물로서 보호를 받는다. 그런데 원저작자의 허락 없이 작성된 2차적저작물도 저작권법의 보호를 받을 수 있을까? 받을 수 있다. 즉 원저작자에게 허락을 받지 않아도 일단 2차적저작물이 만들어지면 2차적저작물의 저작권은 원저작물의 저작권과는 별개의 권리로서 보호를 받으며, 원저작자의 허락이 있었는지 여부는 2차적저작물의 저작권 발생에 영향을 주지 않는다.

다만 허락 없이 2차적저작물을 작성하여 이용하는 것은 원저작자의 권리를 침해하는 것이므로, 원저작자는 자기 허락 없이 만들어진 2차적저작물을 이용하지 못하도록 금지하거나 손해배상을 청구하는 등 권리를 침해한 사람에게 자신의 권리를 주장할 수 있다. 그러므로 2차적저작물을 작성하여 이용하려는

[해설편 p.077]

사람은 원저작자의 저작권을 침해하지 않기 위해 원저작자에게 원저작물 이용에 대한 허락을 받을 필요가 있다. 만약 원저작자가 2차적저작물 작성권을 다른 사람에게 양도하였다면 양도받은 사람에게 허락을 받아야 한다.

㉠원저작물을 기초로 만들어진 ㉡2차적저작물을 기반으로 하여 ㉢또 다른 2차적저작물을 제작하는 경우라면, 원저작물의 2차적저작물 작성권을 가진 사람의 허락까지 받을 필요가 있다. 소설을 각색한 2차적저작물인 영화를 기반으로 또 다른 2차적저작물인 연극을 제작한다고 할 때, 연극이 소설을 기반으로 창작된 것임을 부인할 수는 없을 것이다. 그러므로 연극을 제작하려는 사람은 소설과 영화의 2차적저작물 작성권을 가진 사람 모두에게 허락을 받을 필요가 있다.

16. (가), (나)에 대한 설명으로 적절하지 <u>않은</u> 것은?

① (가)는 일정한 기준에 따라 2차적저작물과 독립저작물을 구분하고 있다.
② (가)는 예시를 활용하여 2차적저작물이 갖추어야 할 요건을 설명하고 있다.
③ (나)는 차이점을 밝히며 저작인격권과 저작재산권을 구별하고 있다.
④ (나)는 묻고 답하는 방식을 통하여 저작권 침해가 발생하는 경우를 나열하고 있다.
⑤ (가)와 (나)는 모두 법에 제시된 내용에 근거하여 2차적저작물과 관련된 용어를 설명하고 있다.

17. (가), (나)의 내용과 일치하는 것은?

① 저작인격권은 저작자 사망 시 유족에게 양도되어 보호받는다.
② 2차적저작물의 저작권은 2차적저작물 작성권을 가진 사람이 갖게 된다.
③ 원저작물을 수정한 것이라면 복제물에 가깝더라도 2차적저작물로 간주할 수 있다.
④ 다른 사람의 저작물을 베낀 것이 아니더라도 그 저작물과 유사하면 저작권 보호를 받을 수 없다.
⑤ 2차적저작물 작성권은 2차적저작물을 작성하여 이용함으로써 발생하는 재산적 이익을 보호하기 위한 권리이다.

18. ㉠~㉢을 이해한 내용으로 적절하지 <u>않은</u> 것은?

① ㉠의 저작자와 ㉡을 작성하여 이용할 수 있는 권리를 가진 사람은 다를 수 있다.
② ㉡은 ㉠을 기반으로 창작된 것으로 본다.
③ ㉡과 ㉢은 시장적 경쟁 관계에 있다고 보는 것이 일반적이다.
④ ㉢은 ㉠과 실질적 유사성이 있다고 간주한다.
⑤ ㉡을 작성할 때는 ㉢과 달리 ㉠의 2차적저작물 작성권을 가진 사람의 허락을 받을 필요가 있다.

19. (가)를 참고하여 ㉮의 이유를 추론한 것으로 가장 적절한 것은?

① 원저작물을 떠올릴 수 없을 정도로 바뀌었으므로
② 원저작물의 저작자가 아닌 사람이 창작하였으므로
③ 원저작물에 없는 새로운 창작성이 부가되어 있으므로
④ 원저작물에 비해 예술적 수준이 높다고 볼 수 있으므로
⑤ 원저작물의 저작자가 지닌 권리를 침해하지 않았으므로

20. (가), (나)를 읽은 학생이 <보기>에 대해 보인 반응으로 적절하지 <u>않은</u> 것은? [3점]

<보 기>

○ A는 오디션 프로그램에 나가기 위해 기존 가요를 편곡하였고 편곡한 곡을 자신의 블로그에 올렸다. A의 친구는 기존 가요의 저작자인 B의 허락을 받지 않고 편곡한 것이 문제가 될 수 있음을 말해 주었다. A는 편곡은 B의 허락을 받을 필요가 없다고 생각하고 있다.

○ C는 인터넷 검색을 하다가 평소 관심 있던 외국 영화의 한글 자막을 보게 되었고 이것을 자신이 운영하는 영화 관련 웹 사이트에 올렸다. 그런데 영어 자막을 번역하여 이 한글 자막을 작성한 D가 자신의 저작물을 무단으로 이용했다는 이유로 C에게 권리를 주장했다. 하지만 D가 영어 자막의 저작자에게 허락받지 않고 한글 자막으로 번역하였다는 것을 알게 된 C는 자신에게 잘못이 없다고 생각하고 있다.

※ 단, 저작자가 아닌 다른 사람에게 양도된 저작권은 없다고 가정하고, 주어진 상황 이외에는 고려하지 않음.

① B는 A가 편곡하여 블로그에 올린 곡에 대한 저작권을 가지고 있지 않겠군.
② 영어 자막의 저작자는 D에게 손해배상을 청구할 수 있겠군.
③ 기존 가요와 영어 자막은 원저작물로 볼 수 있겠군.
④ A는 C와 달리 2차적저작물 작성권을 침해한 것이겠군.
⑤ B와 D는 모두 2차적저작물 작성권을 침해받은 것이겠군.

21. 문맥상 ⓐ와 바꾸어 쓰기에 가장 적절한 것은?

① 분류(分類)할
② 변별(辨別)할
③ 배분(配分)할
④ 판별(判別)할
⑤ 해석(解釋)할

국어 영역

[22~25] 다음 글을 읽고 물음에 답하시오.

인간은 누구나 행복을 추구하며 살아간다. 그런데 과학기술의 발전을 통해 유례없는 풍요를 누리고 있는 현대인은 과연 행복한가? 현대 사회에서의 행복에 대해 고찰한 철학자 에리히 프롬은 행복을 무엇이라고 했는지 알아보자.

프롬의 사상을 파악하기 위해서는 먼저 그의 인간관을 이해해야 한다. 프롬은 인간과 다른 동물을 구분 지을 수 있는 특성이자 인간의 본질을 이성이라고 파악했다. 그에 따르면 이성이 있는 인간은 세계와 분리되어 있음을 인지하고 불안과 고독을 느낀다. 이는 인간의 실존적 한계이다. 프롬은 인간은 세계와 합일을 이루고자 하며, 이러한 열망이 충족될 때 행복을 느낄 수 있다고 보았다. 그는 인간이 세계와 관계 맺는 방식을 소유적 실존양식과 존재적 실존양식으로 구분하고 어떤 실존양식을 따르는지에 의해 인간의 사고, 감정, 행동이 결정된다고 보았다.

먼저 ㉠ 소유적 실존양식은 자신을 소유물과 동일시함으로써 세계와 일체감을 느끼고자 하는 삶의 방식이다. 소유적 실존양식 아래에서 사람들은 소유를 통해 감각적 욕망을 충족시킬 수 있지만, 욕망이 충족된 후에도 소유에 대한 탐욕을 느낀다. 자신과 세계와의 합일이 자신이 소유한 것에 의해 결정된다고 보기 때문이다. 프롬에 따르면 이러한 탐욕은 소유물을 차지하기 위한 경쟁의 욕구와 타인의 소유물을 빼앗기 위한 폭력의 욕구, 자신의 소유물을 잃을 수도 있다는 불안감을 불러일으킬 수밖에 없다. 그렇기에 소유적 실존양식 아래에서 사람들은 더 많이 소유하는 것, 자신의 소유물을 지키며 타인의 소유물을 빼앗을 수 있는 권력을 차지하는 것에서 행복을 찾으려고 한다. 프롬은 생존을 위해 필요한 최소한의 소유를 부정하지는 않았지만 소유를 통해 행복의 원천을 발견하려는 집착적 욕망을 비판했다. 프롬이 보기에 이러한 욕망에는 포화점이 없다. 이미 소유한 것은 더 이상 충족감을 줄 수 없으며, 소유를 통해서는 인간의 근원적 불안과 외로움은 극복되지 않기 때문이다.

프롬은 이러한 소유적 실존양식이 아닌 ㉡ 존재적 실존양식으로 살아갈 것을 제안했다. 존재적 실존양식은 소유에서 벗어나 세계와 하나가 되는 삶의 방식이다. 프롬은 세계와 합일을 이루기 위해서는 이성적 능력을 생산적으로 사용해야 한다고 했는데, 이때 '생산적'이라는 것은 쓸모 있는 결과물을 만들어 내는 능력이 아니라 내면의 능동적인 상태를 의미한다. 예를 들어 프롬은 시를 읽고 의미를 깊이 있게 고민하는 사람의 내면에서는 능동적인 작용이 일어나고 있다고 보았다. 존재적 실존양식 아래에서 사람들은 자신이 세계와 긴밀하게 결합해 있다고 느끼므로 가진 것을 잃을 수 있다는 불안에 시달리지 않는다. 그래서 다른 존재에 대해 호의적이다. 이때 사람들은 타인을 사랑하고 자신이 가진 것을 나눔으로써 다른 존재의 성장을 도우려 하는데, 프롬은 이러한 삶의 모습을 궁극적 행복이라 보았다.

한편 프롬에 따르면 두 실존양식에서는 우리가 일상생활에서 사용하는 물건들과 지식·사상 등이 모두 그 대상으로 나타난다. 예를 들어 소유적 실존양식을 따르는 사람에게 학습은 권력 추구의 수단이 되지만 존재적 실존양식을 따르는 사람에게 학습은 내면의 새로운 사고를 촉발하는 과정이 된다고 보았다.

그렇다면 프롬은 현대 사회에서의 행복 문제를 어떻게 진단했을까? 프롬이 보기에 현대인은 물질적 풍요를 통한 감각적 욕망의 충족을 누리고 있지만, 고독과 불안에 시달리고 있다. 그에 따르면 이 같은 현대 사회의 병리적 현상이 일어나는 원

인은 끝없는 소비를 조장하여 무한한 이윤을 추구하는 소유지향적인 사회이다. 프롬은 현대 사회의 병리적 현상과 같은 위기는 개인이 존재지향적 삶을 사는 것만으로는 극복하기 어려우며, 근본적 해결을 위해 사회적 변혁이 필요하다고 역설했다. 그는 사회의 구조와 규범에 따라 주된 실존양식이 무엇인지 결정된다고 보았기 때문이다.

이처럼 프롬은 무한 소비를 조장하는 현대 사회의 병리적 현상을 고찰하고 인간에 대한 신뢰를 바탕으로 해결책을 제시한 휴머니스트로 평가받는다.

22. 윗글을 통해 답을 찾을 수 없는 질문은?

① 프롬은 현대 사회의 병리적 현상의 원인을 무엇이라고 진단했는가?
② 프롬은 실존양식에 따라 학습의 의미가 어떻게 달라진다고 보았는가?
③ 프롬은 동물과 달리 인간이 이성을 가지는 이유를 무엇이라고 보았는가?
④ 프롬은 사회의 주된 실존양식을 결정짓는 요인을 무엇이라고 보았는가?
⑤ 프롬은 존재적 실존양식 아래에서 사람들이 타인에게 호의적인 이유를 무엇이라고 보았는가?

23. 다음은 A와 B가 나눈 대화의 일부이다. 윗글을 바탕으로 할 때, ㉮에 들어갈 내용으로 가장 적절한 것은?

A : 내가 어제 책을 읽었는데, 행복을 위해서 아무것도 소유하지 않아야 한다고 하더라고. 그런데 현실적으로 생각하면 인간이 생존에 필수적인 의식주 없이 어떻게 살겠어? 또 난 얼마 전에 최신 휴대폰을 구매했는데 행복했어. 이처럼 소유를 통해 행복을 느낄 수도 있는 것 아닐까?
B : 그 문제에 대해서 프롬은 [㉮]고 이야기를 했어.

① 소유물은 소유하고 있는 동안 충분한 만족감과 행복을 제공하므로 소유를 통한 행복이 필요하다
② 삶을 영위하기 위한 기본적인 소유는 불가피한 것이지만 소유를 통해 행복을 찾으려는 욕망은 완전히 채워질 수 없다
③ 소유를 통해 만족감을 얻거나 행복의 원천을 발견하려는 집착적 욕망을 극복할 수 없으므로 모든 소유의 방식을 부정해야 한다
④ 생존을 위한 소유는 필요하지만 소유물과 자신을 동일시하는 태도는 세계와의 대립을 유발하므로 행복에 대한 욕망을 버려야 한다
⑤ 소유를 통한 행복을 부정하지는 않지만 처음 소유했을 때의 만족감은 시간이 지나면 사라지기 때문에 최소한의 소유도 필요 없다

24. ㉠, ㉡에 대한 이해로 적절하지 <u>않은</u> 것은?

① ㉠에서 소유에 대한 탐욕은 경쟁심을 불러일으키는 요인이다.

② ㉠은 권력을 차지하는 것을 통해 소유의 충족감을 얻고자 하는 삶의 방식이다.

③ ㉡에서 유용한 결과물을 생산하는 것은 행복을 실현할 수 있는 조건이다.

④ ㉡은 상실에 대한 불안에서 벗어나 타인을 사랑하고 자신이 가진 것을 나눌 수 있는 삶의 방식이다.

⑤ ㉠과 ㉡은 모두 일상의 사물과 관념적 대상에 적용되는 삶의 방식이다.

25. 윗글과 <보기>를 비교한 내용으로 적절하지 <u>않은</u> 것은? [3점]

― <보 기> ―

인간의 본질인 이성이 탁월하게 실현된 상태가 덕이며, 덕이 구현된 상태가 행복이다. 행복은 세 가지로 나눌 수 있다. 첫 번째는 감각적 욕망의 충족을 통해 누릴 수 있는 행복이다. 하지만 이것은 찰나이며 지나칠 경우 거부감을 줄 수 있다. 두 번째는 사회에 책임을 지는 시민으로서의 정치적 행복이다. 이때 인간의 덕은 공동체의 훈육을 통해 개발되므로 인간은 사회를 떠나서 행복할 수 없다. 마지막은 이성적 사고를 통해 세상의 질서를 깨닫는 철학자로서의 행복이며, 최고의 행복이다. 인간이 행복한 삶을 누리기 위해서는 이 세 가지 행복을 함께 구현해야 한다. 행복이란 한순간의 감정이 아니라 덕의 실현이 습관화됐을 때 도달할 수 있는 경지이므로 어떤 사람이 행복한 사람인지를 알기 위해서는 그 사람이 일생에 이룩한 인격적 성숙에 따라 평가해야 한다.

① 프롬과 <보기>는 모두 인간의 행복은 사회의 영향을 받는다고 보았군.

② 프롬과 <보기>는 모두 행복을 위해서 개인이 사회에 책임을 짐으로써 사회적 변혁을 이끌어야 한다고 보았군.

③ 프롬은 궁극적인 행복이 내면의 능동적인 작용을 통해, <보기>는 최고의 행복이 이성적 사고를 통해 가능하다고 보았군.

④ 한 인간이 행복한지 알기 위해서 프롬은 세계와 합일을 이루었는지를, <보기>는 인격적으로 성숙했는지를 살펴보아야 한다고 보았군.

⑤ 감각적 욕망의 충족을 프롬은 행복이 아니라고 보았으나, <보기>는 지나치지만 않으면 행복한 삶을 누리기 위한 조건이 된다고 보았군.

[26~29] 다음 글을 읽고 물음에 답하시오.

(가)
아버님 날 낳으시고 어머님 날 기르시니
두 분곧 아니시면 이 몸이 살았을까
하늘 같은 가없는 **은덕**을 어찌 다 갚사오리   <제1수>

네 아들 **효경** 읽더니 얼마큼 배웠는가
내 아들 **소학**은 모레면 마치도다
어느 때 이 두 글 배워 **어질** 것을 보려뇨   <제7수>

㉠ 마을 사람들아 **옳은 일** 하쟈스라
사람이 되어 나서 옳지곧 못하면
마소를 갓 고깔 씌워 밥 먹이나 다르랴   <제8수>

팔목 쥐시거든 **두 손으로 받치리라**
나갈 데 계시거든 **막대 들고 좇으리라**
향음주(鄕飮酒)* 다 파한 후에 뫼셔 가려 하노라   <제9수>

오늘도 다 새거다 호미 메고 가쟈스라
내 논 다 매거든 네 논 좀 매어 주마
올 길에 뽕 따다가 누에 먹여 보쟈스라   <제13수>
                                    - 정철, 「훈민가(訓民歌)」 -

* 향음주 : 마을에서 어른들을 모시기 위해 마련한 술자리.

(나)

초등학교 때 우리 집은 서울 동대문구 제기동에 있는 작은 한옥이었다. 골목 안에는 고만고만한 한옥 여섯 채가 서로 마주 보고 있었다. 그때만 해도 한 집에 아이가 보통 네댓은 됐으므로 골목길 안에만도 초등학교 다니는 아이가 줄잡아 열 명이 넘었다. 학교가 파할 때쯤 되면 골목은 시끌벅적, 아이들의 놀이터가 되었다.

어머니는 내가 집에서 책만 읽는 것을 싫어하셨다. 그래서 방과 후 골목길에 아이들이 모일 때쯤이면 대문 앞 계단에 작은 방석을 깔고 나를 거기에 앉히셨다. 아이들이 노는 걸 구경이라도 하라는 뜻이었다.

딱히 놀이 기구가 없던 그때, 친구들은 대부분 술래잡기, 사방치기, 공기놀이, 고무줄놀이 등을 하고 놀았지만 나는 공기놀이 외에는 그 어떤 놀이에도 참여할 수 없었다. 하지만 골목 안 친구들은 나를 위해 꼭 무언가 역할을 만들어 주었다. 고무줄놀이나 달리기를 하면 내게 심판을 시키거나 신발주머니와 책가방을 맡겼다. 그뿐인가. 술래잡기할 때는 한곳에 앉아 있어야 하는 내가 답답해할까 봐 어디에 숨을지 미리 말해 주고 숨는 친구도 있었다.

우리 집은 골목에서 중앙이 아니라 모퉁이 쪽이었는데 내가 앉아 있는 계단 앞이 늘 친구들의 놀이 무대였다. 놀이에 참여하지 못해도 난 전혀 소외감이나 박탈감을 느끼지 않았다. 아니, 지금 생각하면 내가 소외감을 느낄까 봐 친구들이 배려해 준 것이었다.

그 골목길에서의 일이다. 초등학교 1학년 때였던 것 같다. 하루는 우리 반이 좀 일찍 끝나서 나 혼자 집 앞에 앉아 있었다. 그런데 그때 마침 골목을 지나던 ㉡ 깨엿 장수가 있었다. 그 아저씨는 가위를 쩔렁이며, 목발을 옆에 두고 대문 앞에 앉아 있는 나를 흘깃 보고는 그냥 지나쳐 갔다. 그러더니 리어카를 두고 다시 돌아와 내게 깨엿 두 개를 내밀었다. 순간 아저씨와 내 눈이 마주쳤다. 아저씨는 아무 말도 하지 않고 아주 잠깐 미소를 지어 보이며 말했다.

"괜찮아."

무엇이 괜찮다는 건지 몰랐다. 돈 없이 깨엿을 공짜로 받아도 괜찮다는 것인지, 아니면 목발을 짚고 살아도 괜찮다는 말인지……. 하지만 그건 중요하지 않다. 중요한 것은 내가 그날 마음을 정했다는 것이다. 이 세상은 그런대로 살 만한 곳이라고, 좋은 친구들이 있고 선의와 사랑이 있고, '괜찮아'라는 말처럼 용서와 너그러움이 있는 곳이라고 믿기 시작했다는 것이다.

오래전 학교 친구를 찾아 주는 방송 프로그램이 있다. 한번은 가수 김현철이 나와서 초등학교 때 친구를 찾았는데, 함께 축구하던 이야기가 나왔다. (중략) 그때 김현철이 나서서 말했다고 한다.

"괜찮아. 얜 골키퍼를 시키면 우리 함께 놀 수 있잖아!"

그래서 그 친구는 골키퍼를 맡아 함께 축구를 했고, 몇십 년이 지난 후에도 김현철의 따뜻한 말과 마음을 그대로 기억하고 있었다.

괜찮아 – 난 지금도 이 말을 들으면 괜히 가슴이 찡해진다. 2002년 월드컵 4강에서 독일에 졌을 때 관중들은 선수들을 향해 외쳤다.

"괜찮아! 괜찮아!"

혼자 남아 문제를 풀다가 결국 골든 벨을 울리지 못해도 친구들이 얼싸안고 말해 준다.

"괜찮아! 괜찮아!"

'그만하면 참 잘했다'고 용기를 북돋아 주는 말, '너라면 뭐든지 다 눈감아 주겠다'는 용서의 말, '무슨 일이 있어도 나는 네 편이니 넌 절대 외롭지 않다'는 격려의 말, '지금은 아파도 슬퍼하지 말라'는 나눔의 말, 그리고 마음으로 일으켜 주는 부축의 말, 괜찮아.

그래서 세상 사는 것이 만만치 않다고 느낄 때, 죽을 듯이 노력해도 내 맘대로 일이 풀리지 않는다고 생각될 때, 나는 내 마음속에서 작은 속삭임을 듣는다. 오래전 내 따뜻한 추억 속 골목길 안에서 들은 말 – '괜찮아! 조금만 참아, 이제 다 괜찮아질 거야.'

아, 그래서 '괜찮아'는 이제 다시 시작할 수 있다는 희망의 말이다.

– 장영희, 「괜찮아」 –

26. (가)와 (나)의 공통점으로 가장 적절한 것은?

① 과장된 표현을 활용하여 극적 상황을 제시하고 있다.
② 역설적 표현을 사용하여 주제 의식을 강조하고 있다.
③ 영탄법을 사용하여 대상에 대한 경외감을 표현하고 있다.
④ 다양한 상황을 가정하여 상반된 가치관을 드러내고 있다.
⑤ 유사한 구조의 어구를 활용하여 삶의 태도를 드러내고 있다.

27. ㉠과 ㉡에 대한 설명으로 가장 적절한 것은?

① ㉠과 ㉡은 모두 심리 변화가 일어나는 대상이다.
② ㉠과 ㉡은 모두 경각심을 불러일으키는 대상이다.
③ ㉠은 화자가 이질감을 느끼는 대상이고 ㉡은 글쓴이가 동질감을 느끼는 대상이다.
④ ㉠은 화자를 예찬하는 대상이고 ㉡은 글쓴이의 상황을 안타까워하는 대상이다.
⑤ ㉠은 화자가 행동의 실천을 바라는 대상이고 ㉡은 글쓴이에게 깨달음의 계기를 제공하는 대상이다.

28. <보기>를 참고하여 (가)를 이해한 내용으로 적절하지 않은 것은? [3점]

──── <보 기> ────
설득을 발화 목적으로 하는 설득형 시조의 관점에서는 설득 전략을 중심으로 작품을 살펴볼 수 있다. 먼저 논리적 전략에는 구체적인 행동이나 모습을 보여 주는 '사례 제시하기', 비교 대상의 유사성을 드는 '유추하기', 원인과 결과를 드러내는 '인과 관계 활용하기' 등이 있다. 수사적 전략에는 청자에게 권위 있다고 인정을 받는 경전에 기대는 '권위에 의존하기', 논의 대상을 흑 아니면 백으로 바라보는 '흑백 사고 활용하기' 등이 있다.

① <제1수>에서 '두 분'의 '은덕'을 '하늘'에 빗대는 것을 보니, 효의 실천을 권유하기 위해 권위에 의존하기 전략을 활용한다고 볼 수 있겠군.
② <제7수>에서 사람이 '효경'과 '소학'을 배워야 '어질'게 될 것이라고 하는 것을 보니, 학문의 권장을 강조하기 위해 인과 관계 활용하기 전략을 활용한다고 볼 수 있겠군.
③ <제8수>에서 '옳은 일'을 하지 않으면 '마소'라고 하는 것을 보니, 올바른 행동을 권유하기 위해 흑백 사고 활용하기 전략을 활용한다고 볼 수 있겠군.
④ <제9수>에서 '두 손으로 받치'고 '막대 들고'의 행동을 보니, 어른 공경을 권유하기 위해 사례 제시하기 전략을 활용한다고 볼 수 있겠군.
⑤ <제13수>에서 '내 논 다 매거든 네 논 좀 매어'의 모습을 보니, 상부상조의 정신을 권장하기 위해 사례 제시하기 전략을 활용한다고 볼 수 있겠군.

29. 다음은 (나)를 읽고 블로그에 올린 글이다. ⓐ~ⓔ 중 (나)를 통해 알 수 있는 내용으로 적절하지 않은 것은?

지치고 힘들 때 읽는 수필이 있다. 「괜찮아」가 그렇다. ⓐ골목길 안에서 아이들과 놀던 작가의 어린 시절이 드러난다. 그는 다리가 불편했지만, ⓑ그를 생각하고 배려해 주는 좋은 사람들이 주변에 있었다. 그래서 ⓒ긍정적인 생각으로 희망을 품고 살아갈 수 있는 사람이 되었다. 게다가, 그의 글은 반짝반짝 빛난다. 어려운 말도, 거창한 표현도 없다. 이 글에는 ⓓ삶에 좌절하고 희망을 잃었던 사람들의 이야기도 있지만, 그래도 '괜찮아'의 의미를 생각하게 해 준다. ⓔ용기, 용서, 격려, 나눔, 부축의 의미를 담은 '괜찮아'를 되새기다 보면 나 역시 마음이 따뜻해진다.

① ⓐ   ② ⓑ   ③ ⓒ   ④ ⓓ   ⑤ ⓔ

[30~34] 다음 글을 읽고 물음에 답하시오.

조상들은 더운 여름에 얼음을 이용하기 위해 석빙고를 활용하였다. 석빙고는 겨울철에 입구를 개방하여 내부를 냉각시킨 후 얼음을 저장한 냉동 창고로, 내부의 낮아진 온도가 장기간 지속되는 구조를 통해 다음 해 가을까지 얼음을 보관하였다. 석빙고에서 얼음을 어떻게 보관할 수 있었는지 알아보자.

우선 석빙고를 낮은 온도로 유지하는 데에는 얼음이 중요한 역할을 한다. 에너지는 항상 높은 쪽에서 낮은 쪽으로 이동하여 평형을 이루려고 하고 에너지의 이동은 물질의 온도를 변화시킨다. 하지만 물질이 고체, 액체, 기체로 변화하는 상태변화가 일어나는 동안 온도는 변하지 않고 물질이 주변에서 에너지를 흡수하거나 주변으로 방출하는데 이때의 에너지를 숨은열이라고 한다. 예를 들면 얼음이 녹아 물이 될 때는 주변에서 융해열을 흡수하고, 거꾸로 같은 양의 물이 얼어 얼음이 될 때는 같은 양의 응고열을 방출한다. 그러므로 같은 양의 0℃ 얼음보다 0℃ 물이 더 큰 에너지를 갖게 되는 것이다. 석빙고 안에서 얼음이 상태변화가 일어날 때, 더 큰 에너지를 가진 물질로부터 에너지를 전달받을 수밖에 없다. 따라서 주변 공기로부터 에너지를 흡수하여 일부의 얼음이 물이 되면서 주변 공기는 차가워지고, 이는 다른 얼음이 녹지 않을 수 있게 한다. ㉠이 과정에서 생긴 물은 빨리 제거되어야 하므로 조상들은 석빙고 바닥을 경사면으로 만들어 물이 원활하게 배수되도록 하였다.

내부를 차갑게 만들고 최대한 밀폐된 구조를 만들더라도 석빙고는 외부와 에너지 및 공기를 주고받아 내부의 온도는 올라갈 수밖에 없다. 이를 해결하기 위해 조상들은 석빙고 천장의 상단에 통풍구를 설치하였다. 공기와 같은 유체는 온도가 올라가면 분자 사이의 거리가 멀어지면서 밀도가 낮아져 에너지를 동반하여 위로 이동한다. 밀도가 낮은 공기가 상승하면 밀도가 높은 공기, 즉 온도가 낮은 공기가 아래로 이동하게 된다. 석빙고 내부에서는 이와 같은 공기의 흐름에 따라 에너지의 이동이 나타나며, 상승한 공기는 아치형 천장의 움푹 들어간 공간을 통해 그 위의 통풍구로 빠져나가 내부의 차가움을 유지하게 된다. 더불어 통풍구에는 얼음에 영향을 줄 수 있는 직사광선이나 빗물을 차단하기 위해 덮개돌을 설치하였다.

또한 얼음이 최대한 녹지 않을 수 있도록 얼음과 얼음 사이에 일종의 단열재 역할을 하는 짚을 채워 넣어 보관하였다. 접촉하고 있는 두 물질의 분자들 사이에서는 에너지 교환이 일어나는데, 물질의 한쪽 끝에 에너지가 가해지면 해당 부분의 분자들이 에너지를 얻어 진동하게 되고 그 진동은 옆 분자를 다시 진동시키며 순차적으로 에너지가 이동한다. 이러한 에너지 전달의 정도는 물질마다 서로 다르다. 짚은 얼음에 비해 에너지가 잘 전달되지 않는데, 이 때문에 얼음끼리 쌓아 놓는 것보다 짚을 활용하여 쌓는 것이 얼음 보관에 훨씬 효율적인 방법이라고 할 수 있다. 또 짚은 스티로폼처럼 미세한 공기구멍을 많이 포함하고 있어 단열 효과를 높일 수 있었다.

이 밖에도 석빙고 외부에 흙을 덮어 내부로 유입되는 에너지가 잘 차단되도록 하였고 풀을 심어 태양의 복사 에너지로 인해 내부의 온도가 상승하는 것을 최대한 막고자 하였다. 또한

얼음을 저장하는 빙실은 온도 유지를 위해 주변 지반에 비해 낮게 만들었다.

석빙고는 조상들의 지혜가 집약된 천연 냉장고로, 당시 다른 나라의 장치에 비해서도 기술이 ⓐ떨어지지 않는 건축물이다.

30. 윗글의 내용과 일치하지 않는 것은?

① 석빙고 외부의 풀은 내부의 온도 상승을 막는 데 도움을 준다.
② 석빙고에 얼음을 저장하기 전에 우선 내부를 차갑게 하는 과정이 필요하다.
③ 석빙고의 아치형 천장은 외부 공기를 이용하여 내부의 차가움을 유지하게 한다.
④ 빙실을 지반보다 낮게 만든 것은 석빙고 내부의 낮아진 온도를 지속하기 위해서이다.
⑤ 석빙고의 통풍구에 덮개돌이 없으면 햇빛이 석빙고 내부로 들어와 온도를 높일 수 있다.

31. ㉠의 이유로 가장 적절한 것은?

① 물이 얼음으로부터 에너지를 전달받아 얼음을 녹이기 때문이다.
② 에너지가 높은 쪽에서 낮은 쪽으로 이동하는 것을 물이 방해하기 때문이다.
③ 물이 상태변화가 시작되어 석빙고 내부의 온도를 상승시킬 수 있기 때문이다.
④ 상태변화가 일어나 생긴 물이 얼음보다 더 큰 에너지를 가지고 있기 때문이다.
⑤ 물이 내부 공기와 에너지 평형을 이루어 석빙고 내부의 온도를 변화시킬 수 없기 때문이다.

32. 윗글의 숨은열에 대해 <보기>와 같이 정리했다고 할 때, ㉮~㉰에 들어갈 말로 가장 적절한 것은?

― <보 기> ―

물질의 상태변화가 일어날 때는 숨은열이 개입한다. 여름에 석빙고 안에서 물질이 (㉮)될 때 숨은열로 인해 에너지 교환이 일어난 주변 물질은 에너지가 (㉯)한다. 상태가 바뀌는 동안 물질의 온도는 (㉰).

	㉮	㉯	㉰
①	융해	감소	유지된다
②	융해	감소	하강한다
③	융해	증가	유지된다
④	응고	감소	하강한다
⑤	응고	증가	유지된다

33. 윗글의 '석빙고(A)'와 <보기>의 '이글루(B)'를 이해한 내용으로 적절하지 <u>않은</u> 것은? [3점]

<보 기>

추운 지방에서 이누이트족이 전통적으로 거주했던 얼음집인 이글루는 우선 눈 벽돌을 쌓아 올린 후에, 이글루 안에서 불을 피워 내부 공기의 온도를 높인다. 시간이 지나 공기가 순환하여 눈 벽돌이 녹으면서 물이 생기면 출입구를 열어 물이 얼도록 한다. 이 과정에서 눈 사이에 들어 있던 공기는 빠져나가지 못하고 얼음 속에 갇히게 된다. 이렇게 만들어진 얼음은 에너지의 전달을 방해한다. 또한 물이 눈 벽돌 사이를 메우면서 얼어 만들어진 얼음 벽은 내부의 에너지 유출을 막는다.

① B의 얼음 벽은 A의 외부 흙과 달리 외부로의 에너지 유출을 막기 위한 것이겠군.
② A의 짚에 포함된 공기구멍과 B의 얼음 속 공기층은 모두 단열 효과를 높일 수 있겠군.
③ A의 얼음 사이의 짚과 B의 눈 벽돌 사이를 메운 물은 모두 외부와의 공기 출입을 막는 역할을 하겠군.
④ A와 B는 모두 공기의 밀도 변화에 따른 에너지의 이동이 나타나겠군.
⑤ A와 B는 모두 내부의 온도를 낮추기 위한 방법으로 출입구를 활용했겠군.

34. 문맥상 ⓐ의 의미와 가장 가까운 것은?

① 그의 실력은 평균보다 떨어지는 편이다.
② 곧 너에게 중요한 임무가 떨어질 것이다.
③ 이미 그 일에 정이 떨어진 지 꽤 되었다.
④ 아이는 잠시도 엄마에게서 떨어지지 않으려고 한다.
⑤ 배가 고프다는 말이 떨어지기가 무섭게 밥상이 나왔다.

[35~38] 다음 글을 읽고 물음에 답하시오.

[A] ┌ 만수 씨는 명절 앞두고 업자들한테서 들어오는 구두표 같은 **상품권**은 사양하다 못해 받아서는 자신은 가지지 않고 구두 많이 닳은 사람부터 순서대로 나눠 줬다. 그것도 평소에 사람 하나하나를 잘 지켜보지 않으면 힘든 일이었다.
└ 그렇게 시간이 흘렀다.

ⓐ구내식당 아줌마들이나 여직원들 사이에서 만수 씨는 노총각에 사람 좋고 하니 인기가 하늘을 찌를 듯했다. 공장 전체 인원 육백 명 중 여자는 서른 명도 안 되는데 그중 삼분의 일이 구내식당에 있었다.

그런데 어느 때부턴가 여자들 사이에 이상한 소문이 났다. 만수 씨와 내가 전부터 사귀던 사이이고 둘 사이에 아기가 있는데 그 아이를 만수 씨가 키우고 있다는 식이었다. 내가 딴 남자하고 바람이 나서 아기를 버리고 떠나갔다가 그 남자한테 싫증이 나자 다시 만수 씨에게 빌붙어 피를 빨아먹고 있다는 것이었다. 소문이라는 게 원래 어처구니없는 것이지만 해도 너무

한다 싶었다. ㉠건드리면 더 커질 것 같아서 아예 아무 말을 하지 않았다. 하지만 몇 달이 지나기도 전에 소문은 온 공장 안에서 기정사실이 되었다. 여자들 모두가 나를 질투하고 미워하게 되었다. 지옥이 따로 없었다. 내 칫솔에 새똥이 묻어 있기도 하고 면도날이 내가 조리를 담당한 냄비 속에 들어 있기도 했다. ㉡도저히 견딜 수가 없어 만수 씨를 찾아갔다.

─미안합니다. 저 때문에 오해를 받아서 많이 괴로우신 걸 잘 압니다. 제가 아무리 아니라고 해도 사람들이 의심을 더하니까 어쩔 수가 없네요. 좀 잠잠해질 때까지 다른 데 가 계시면 어떨까요. 제 여동생이 결혼하고 나서 저 사는 동네 중학교 앞에서 ⓑ분식집을 합니다. 거기를 좀 도와주세요. 월급은 지금보다 많이 드리라 할게요. 부탁합니다.

만수 씨는 그렇게 말했다. ㉢오래도록 생각했지만 다른 도리가 없었다. 사실 나는 만수 씨를 좋아했다. 만수 씨를 처음 봤을 때부터 좋아하고 있었다.

[B] ┌ 오빠가 그 여자를 데리고 와서 주방을 맡기라고 했을 때는 억장이 무너지는 것 같았다. 튀김, 어묵, 떡볶이 같은 아이들 주전부리 음식 파는 가게 크기라는 게 어른 세 사람만 서 있어도 꽉 차는데 어떻게 사람을 더 들이라는 것인가. 칼과 도마, 싱크대는 여자들한테는 양보할 수 없는 고유 영역 같은 것인데 하루아침에 물러나라니 말도 안 되는 소리였다. 떡볶이나 어묵에 무슨 솜씨를 부릴 일이 있는가. 어린 학생들 코 묻은 돈 받아서 월급을 주고 월세 내고 나면 남는 게 뭐가 있을 것인가. 내가 거기까지 얘기했을 때 오빠가 점퍼 안주머니에서 **적금 통장**을 꺼내 놓았다. 그동안 나온 월급을 모은 것이라며 건물 주인한테 이야기해서 가게를 키워 가지고 제대로 된 식당을 해 보자고 했다. 이제까지 무슨 생각으로 아무 말도 하지 않았는지 원망스러웠고 그다지 고맙지도 않았다.

[중략 줄거리] 구내식당에서 일하던 여자의 음식 솜씨 덕분에 새로 차린 기사 식당은 자리를 잡는다. 하지만 IMF 이후 공장을 되살리려는 투쟁에 여자가 참여하면서 식당 운영에 차질이 생긴다. 이에 여동생의 남편이 만수에게 불만을 토로한다.

─아니, 형님 다니던 회사가 형님이 게으르고 일 안 해서 망한 겁니까. 망해도 그렇지, 자본가라는 놈들이 어떤 놈들인데 그놈들이 형님네처럼 아무것도 없이 나갔겠냐고요. 지금도 홍콩이나 하와이 해변 같은 데 가서 빼돌린 돈 가지고 떵떵거리면서 잘 살고 있어요.

[C] ┌ 처남이 착하다는 건 인정한다. 성실하기도 했다. 그런데 방향이 틀렸다. 같이 해야 할 일은 같이 열심히 하겠지만 싸울 일은 싸워서 해결해야 하지 않는가. 또 싸울 때도 상대를 제대로 골라서 싸워야지 제 편, 제 식구에게 피해를 입혀 가며 제 살 깎아 먹기 식으로 하는 건 나부터 용납할 수 없었다. 그냥 놔두니까 처남은 계속 주절주절 말을 이어 └ 가고 있었다.

─우리 어릴 때 굶기를 밥 먹듯 하던 때를 생각해 봐. 나는 원망하는 사람이 없어. 내 팔자가 그런 걸 뭐. 또 원망해서 뭐해? 그 사람들이 잘못을 뉘우치고 제자리로 돌려놓을 것도 아니고 그럴 능력도 없고. 그 사람들이 그러고 싶어서 그러겠냐고. 부도 내고 싶어 부도내는 회사가 어디 있겠어? 나는 이렇게 가난하

[해설편 p.081]

지만 소박하게, 보통 사람 나름의 행복을 누리면서 살아가면 된다고 생각하네.

㉣그런 건 내 알 바가 아니었다. 나부터 살길을 찾아야 했다.

—지금 저 주방에 있는 아줌마하고는 무슨 사이인 겁니까?

—진주 씨? 우리는 같이 싸우고 있어. 투쟁.

—뭐 때문에 투쟁하는데요? 누구를 상대로요?

—우리가 공장을 지키기 위해서 싸우다 보면 사장님이 투자자를 데리고 돌아오실 거야. 그럼 회사 주식을 담보로 가지고 있는 채권단한테 빚도 갚고 공장이 다시 돌아가는 거지. 우리는 희망이 있어. 희망 때문에 싸우는 거야.

—그런데 수민이 엄마가 저 아줌마하고 앞으로 어쩔 거냐고 자꾸 그러는데요. 계속 이렇게 살 수는 없다고.

—지금처럼 일이 있으면 투쟁 현장에 가서 밥도 해 주고 옛날 회사 사람들하고 일주일에 한 번 만나는 데 같이 가고 끝나면 여기 와서 바쁠 때 음식 제대로 하는지 감독하고 하면 되지.

—우리 식당 하루 스물네 시간 돌아가는 뎁니다. 누구는 자기 하고 싶은 대로 멋대로 일했다 말았다 하고 월급은 사장보다 더 챙겨 가고 누구는 하루 스물네 시간 꼬박 일하고 있는데…… 수민이 엄마가 무슨 죄를 졌습니까. 그런다고 형님이 돈이나 많이 주는 것도 아니고. 집도 그렇지요. 지금 애들 자꾸 크니까 교육 문제도 그렇고 집을 옮겨야 되고 하는데 돈 생기는 데는 ⓒ기사 식당밖에 없잖습니까. 그런데 그 돈을 형님이 다 통장에 집어넣고 꼭 움켜쥐고 있다고……

[D]
—아니, 그건 아닌데. 여기 재료비하고 인건비, 월세 제하고 나서 또 우리 공장에서 같이 투쟁하는 식구들 먹고 자고, 각자 가족이 있으니까 최소한 앞가림은 해야 하고 그러느라고 다 썼지. 우리 공장 때문에 소송도 걸려 있고 거기도 **돈**이 엄청나게 들어가서 말이지. 내가 뭘 쥐고 있겠어. 내가 장부에 다 기록해 놨어.

㉤어처구니가 없었다. 아이들이 좁아터진 집 안에서 열대야가 기상 관측 이래 신기록을 내고 있는 한여름에 온몸에 땀띠가 나서 잠을 못 자고 울고 아내는 손이 불어 터지도록 설거지하고 일해서 번 돈을 엉뚱한 데 처넣어 왔다는 말이었다.

– 성석제, 「투명 인간」 –

35. 윗글의 내용에 대한 이해로 적절하지 <u>않은</u> 것은?

① 진주가 느끼는 만수에 대한 호감은 첫 만남에서부터 시작되었다.

② 만수의 노력에도 진주에 대한 공장 사람들의 오해는 풀리지 않았다.

③ 만수는 공장이 다시 돌아갈 것이라는 기대를 품고 투쟁을 계속하였다.

④ 만수 여동생의 남편은 식당 운영에 따른 수익금 배분의 불공평함을 문제 삼았다.

⑤ 만수의 여동생은 불성실함 때문에 진주에 대한 생각이 부정적으로 바뀌게 되었다.

36. ㉠~㉤에 대한 설명으로 가장 적절한 것은?

① ㉠ : 주변 상황에 신경 쓰지 않는 '나'의 무던함을 보여 준다.

② ㉡ : 질투와 괴롭힘으로 인한 '나'의 고통이 한계점에 이르렀음을 보여 준다.

③ ㉢ : 상대가 제시한 대안이 '나'가 내심 바라고 있었던 내용임을 드러낸다.

④ ㉣ : 이상적인 삶의 방식만을 고집하는 상대에 대해 빈정거리는 '나'의 태도를 드러낸다.

⑤ ㉤ : 공장에서 투쟁하는 사람들에 대한 '나'의 안타까운 심정을 드러낸다.

37. ⓐ~ⓒ를 이해한 내용으로 가장 적절한 것은?

① ⓐ에서 조성된 인물 간의 긴장감은 ⓑ에서 심화된다.

② ⓐ로 인한 인물 간 유대감은 ⓒ에서 반감된다.

③ ⓑ에서의 인물과 사회와의 갈등이 ⓒ에서 인물 간의 갈등으로 전환된다.

④ ⓐ, ⓒ에서는 특정 인물이 갈등 해결의 실마리를 제공한다.

⑤ ⓑ, ⓒ와 관련된 갈등은 특정 인물이 타인을 대하는 태도가 원인으로 작용한다.

38. <보기>를 참고하여 윗글을 감상한 내용으로 적절하지 <u>않은</u> 것은? [3점]

—————< 보 기 >—————
「투명 인간」은 선량한 주인공이 근현대사를 관통하면서 물질 만능의 한국 사회로부터 어떻게 소외되어 가는지를 그린 장편 소설이다. 특히 주인공은 가족과 동료를 위해 자신의 것을 나누며 희생하다 결국 '투명 인간'이 된다. '투명 인간'이 된 주인공 대신 주변인들이 서술자로 등장하면서 주인공에 관한 이야기를 풀어낸다. 이런 서술 방식은 주인공에 관한 다양한 정보를 제공하고 이 정보들을 통해 주인공의 삶을 다각도에서 조명한다. 이를 통해 주인공을 입체적으로 드러낸다.

① [A]의 '상품권'을 동료들에게 나눠 주는 모습을 통해 주인공의 선량한 성품을 확인할 수 있겠군.

② [B]의 '적금 통장'을 통해 물질 만능의 한국 사회로부터 주인공이 소외당하고 있는 현실을 확인할 수 있겠군.

③ [D]의 '돈'의 사용처를 통해 주변인들을 위해 자신의 것을 나누며 희생하는 주인공의 면모를 확인할 수 있겠군.

④ [A], [B]에서 주인공을 지칭하는 표현을 통해 주변인들이 서술자로 등장하고 있음을 확인할 수 있겠군.

⑤ [B], [C]에서 주변인들이 제공한 정보를 통해 주인공의 삶을 다각도에서 조명하고 있음을 확인할 수 있겠군.

[39~42] 다음 글을 읽고 물음에 답하시오.

숙향이 선녀들에게 말하기를,

"천상에서 내가 저지른 죄가 매우 크도다. 그러나 내가 인간 세상에서 겪은 고초 가운데 부모와 헤어진 일과 장 승상 댁에서 악명을 입은 일은 더욱 망극하니, 차라리 죽어서 모르고자 하노라."

하니 그 선녀가 공손하게 대답했다.

"그것은 조금도 염려하지 마소서. 그 모든 것이 이미 천상에서 마련하신 일이니 다시 고칠 길이 없나이다. 낭자의 부모도 전생에 지은 죄로 낭자를 잃고 간장을 썩이며 고행을 겪게 한 것이니, 어찌 한탄하리오. 장 승상 댁에서도 십 년만 머물도록 정한 것이니, 그것도 한탄할 일이 아니옵니다. 또한 항아께서 사향이 낭자를 모함한 것을 아시고 이미 상제께 아뢰어 벼락을 치게 했으며, 장 승상 부부와 모든 종들도 다 낭자가 억울한 처지인 줄 알고 있나이다. 그리하여 승상께서 종을 이 물가에 보내어 낭자를 찾아 모셔 오도록 명했으나 종이 낭자를 못 찾고 돌아갔으니, 그것도 염려하지 마소서. 그러나 앞으로도 두 번이나 죽을 액이 남아 있으니, 낭자께서는 부디 조심하소서."

"무슨 액이 또 있을꼬?"

"갈대밭에서 화재를 만나 죽을 위기에 처하고, 또 낙양 옥중에 가서 곤욕을 치르게 될 것이옵니다. 그런 후에야 태을선군을 만나 영화를 누릴 것이니, 너무 염려하지 마소서."

이에 숙향이 탄식하며 말하기를,

"이미 지나간 고행도 생각하면 천지가 망극하거늘, 이제 남은 두 액을 어떻게 견디리오? 장 승상 부인이 나를 지극히 사랑하시고 또 내게 잘못이 없다는 것을 아신다고 하니, 도로 그리 가서 두 액을 면할까 하노라."

하니 그 선녀가 웃으면서 말했다.

[A]
"하늘이 벌써 정하신 일이기 때문에 낭자 마음대로 할 수 없나이다. 이제 낭자께서는 비록 돌로 만든 갓을 쓰고 무쇠 두멍*에 들어가는 액일지라도 어찌 그 액을 면할 수 있겠나이까? 장 승상 댁과의 인연은 십 년뿐이요, 거기 계시면 태을선군이 사는 곳과는 삼천삼백육십오 리나 떨어져 있기 때문에 선군을 쉽게 만날 수도 없나이다. 또한 선군이 아니면 낭자의 힘으로는 결코 부모님을 다시 만나지 못하리이다."

숙향이 그 말을 듣고 탄식하며 묻기를,

"선군이 인간 세상에 왔다니, 이름은 무엇이라 하는가?"

하니 선녀가 대답했다.

"예전에 항아의 말씀을 듣자오니, '이름은 선이요, 자는 태을이며, 낙양 땅 이위공의 아들이 되어 천하의 부귀공명을 누리리라.' 하시더이다."

"똑같은 일로 죄를 지어 인간 세상에 귀양 왔다고 했는데, 나는 어찌 이렇듯 고행을 겪게 하고, 선군은 호화롭게 지내게 했는고?"

"천상에 계실 때 낭자께서 먼저 선군을 희롱했기에 낭자의 죄가 더 무겁나이다. 선군은 상제께서 가장 사랑하시어 잠시도 곁을 떠나지 못하게 했으나, 항아께서 선군도 벌을 주어야 한다고 요청한 까닭에 상제께서 마지못해 선군을 인간 세상에 귀양 보냈나이다. 그러나 상제께서는 선군을 너무 사랑하시어 인간 세상에서도 부귀영화를 누리게 했나이다."

[중략 줄거리] 숙향은 온갖 시련을 겪지만 이선을 만나 부부의 연을 맺는다. 이후 황태후가 병이 들자, 병부 상서 이선은 선약을 구하기 위해 떠난다.

병부 상서가 용왕께 사례한 후 선관의 의복으로 갈아입고 물가로 나오니, 용자가 벌써 붉은 조롱박 하나를 가지고 기다리고 있었다. 상서가 용자와 함께 그 박을 타고 가니, 노를 젓지 않는데도 화살처럼 빠르게 바다 위를 떠갔다.

얼마쯤 가다가 용자가 상서에게 말했다.

"저 혼자 가면 아무 데도 걸릴 것 없이 쉽게 갈 수 있사오나, 여러 신령들이 지키고 있기 때문에 인간 세상 사람은 마음대로 선계에 들어갈 수 없나이다. 지금 상공께서는 인간 세상에 내려와 진객이 되었사오니, 어디를 가든 제가 하라는 대로만 하소서. 가는 곳마다 용왕께서 주신 공문을 보여 주고 가겠나이다."

이에 상서가 묻기를,

"수궁에서는 용왕이 으뜸이라. 바로 수로로 가면 쉬울 터인데, 어찌하여 번거롭게 육지에 있는 나라들을 거쳐 가려 하는가?"

하니 용자가 대답했다.

[B]
"수로로 곧장 가면 얼마나 좋겠나이까? 그러나 상제께서 그것을 아시게 되면 용궁에 큰 변이 일어나고, 각 지경을 맡은 신령들에게도 좋지 않은 일이 생길 것이옵니다. 번거롭더라도 여러 나라를 지나면서 공문을 보여 주고 가야만 하나이다."

상서와 용자가 한 나라에 이르렀는데, 그 나라 이름은 ㉠회회국이었다. 그곳 사람들은 똑바로 걷지 못하고 게처럼 옆으로 다녔으며, 왕의 이름은 경성이었다. 용자가 물가에 배를 대고 혼자 들어가 왕에게 공문을 드리니 왕이 공문을 보고 물었다.

"함께 가는 사람이 태을성인가?"

용자가 대답하기를,

"그러하옵니다."

하니 왕이 즉시 공문에 날인해 용자에게 돌려주었다. 왕이 용자와 함께 물가로 나와 상서에게 반갑게 인사했으나, 상서는 그 왕이 누구인지 몰라 공경하기만 하더라.

용자가 왕에게 하직 인사를 올린 후 상서를 모시고 또 한 나라에 가니, 그곳은 함밀국이었다. 그곳 사람들은 화식은 먹지 않고 꿀만 먹고 살며, 왕의 이름은 필성이었다. 용자가 공문을 드리니, 왕이 보고 말하기를,

"그대가 태을성을 모시고 가는데, 이 앞이 제일 험하니 조심하라."

하고 날인한 후 공문을 돌려주었다.

또 한 나라에 가니, 그곳은 유리국이었다. 그 땅에 사는 사람들은 모두 중국 사람과 비슷했으나 생선처럼 비린 것을 먹지 않았으며, 왕의 이름은 기성이었다. 용자가 왕에게 공문을 드리니 왕이 화를 내며 묻기를,

"선계는 인간 세상과 다른데, 어떻게 진객이 마음대로 이곳에 들어왔는가?"

하고 공문을 본 척도 하지 않았다. 용자가 사정하며 말하기를,

"태을성이 인간 세상에 내려와 중국의 병부 상서가 되었는데, 황제의 명을 받들어 ㉡봉래산의 개연초를 얻으러 가다가 우리 ㉢용궁에 왔나이다. 그리하여 소자가 모시고 가는 길이오니, 저의 낯을 보아 허락해 주소서."

하니 왕이 말하기를,

[해설편 p.083]

"이번엔 통과시켜 주겠지만, 다시는 분수에 넘치는 일을 하지
말라."
하고 마지못해 날인하고 공문을 돌려주었다.

　　　　　　　　　　　　　　　　　－ 작자 미상, 「숙향전」 －

* 두명 : 물을 많이 담아 두고 쓰는 큰 가마나 독.

39. 윗글의 내용에 대한 이해로 가장 적절한 것은?

① 용자는 상서에게 공문의 사용을 주의하라고 당부하였다.
② 용자는 상서가 원하는 곳까지 혼자 갈 수 없는 이유를 설명해
　 주었다.
③ 장 승상은 사향이 숙향을 모함한 사실을 알지 못한 채 숙향을
　 찾았다.
④ 필성은 용자에게 일어날 불미스러운 일을 피할 방법에 대해
　 안내하였다.
⑤ 선녀는 갈대밭과 낙양 옥중에서 곤욕을 치른 숙향의 어리석
　 음을 질타하였다.

40. ㉠~㉢에 대한 설명으로 적절하지 <u>않은</u> 것은?

① ㉠은 용왕의 조력을 통해 상서가 통과할 수 있는 공간이다.
② ㉠은 천상계 존재인 태을성을 호의적으로 생각하는 왕이 지
　 키는 공간이다.
③ ㉢은 상제의 권위에 의해 영향을 받는 공간이다.
④ ㉠과 ㉡은 누구에게도 자유로운 이동을 허용하지 않는 공간
　 이다.
⑤ ㉡은 용자와 상서가 육지의 ㉠을 경유하여 향하는 곳이다.

41. [A], [B]에 대한 설명으로 가장 적절한 것은?

① [A]는 과거의 사건을 요약적으로 진술하여 현재 상황을 변화
　 시키기 위한 인물의 의지가 필요함을 강조하고 있다.
② [B]는 가정적 상황을 제시하여 상대방이 예상하지 못한 결과가
　 일어날 수 있음을 전달하고 있다.
③ [A]는 [B]와 달리 구체적인 수치를 언급하여 인물이 처한
　 상황의 다급함을 부각하고 있다.
④ [B]는 [A]와 달리 의문의 형식을 활용하여 정해진 운명에서
　 벗어날 수 없음을 강조하고 있다.
⑤ [A]는 유사한 상황을 나열하는, [B]는 여러 인물의 발화를
　 반복하는 방식으로 미래에 대한 우려를 드러내고 있다.

42. <보기>를 참고하여 윗글을 감상한 내용으로 적절하지 <u>않은</u>
것은? [3점]

───── <보 기> ─────
　「숙향전」은 이질적인 두 개의 서사로 이루어진 작품이다.
두 남녀 주인공의 지상에서의 삶에는 천상의 죄업이 공통으로
전제되었지만 그 죄업의 책임은 여성에게 두고 있다. 숙향이
지상에서 겪은 고난의 과정은 천상의 죄업에 대한 징벌적 의
미이다. 이러한 숙향의 서사는 가부장제 사회에서 열세에 놓인
여성의 현실적 상황을 반영한 것이다. 반면 이선의 서사는
입신양명이라는 당대 남성의 이상적 소망을 형상화한 것이다.
이러한 소망을 이루려는 과정에는 환상성이 드러난다. 이 같은
이질적 서사는 당대 인식에 내재된 남녀 차별적 시선이 개입
한 결과라 할 수 있다.

① 상제가 이선을 인간 세상에 보냈다는 것에서 입신양명이라는
　 당대 남성의 이상적 소망이 형상화되었음을 알 수 있군.
② 선녀가 숙향의 죽을 액을 하늘이 정했다고 말하는 것에서
　 숙향의 고난의 과정이 징벌적인 의미를 지님을 알 수 있군.
③ 이선이 조롱박을 타고 바다 위를 떠가거나 신이한 세계의 인물
　 들을 만나는 과정에서 이선의 서사는 환상성이 드러남을 알
　 수 있군.
④ 상제가 선군을 마지못해 귀양 보낸 것과 달리 숙향은 고행을
　 겪도록 한 것에서 천상의 죄업에 대한 책임을 여성에게 두고
　 있음을 알 수 있군.
⑤ 이선이 호화롭게 지내는 것과 달리 숙향은 여러 차례의 죽을
　 위기에 처한다는 것에서 가부장제 사회에서 열세에 놓인 여성의
　 현실적 상황이 반영되었음을 알 수 있군.

[43~45] 다음 글을 읽고 물음에 답하시오.

(가)

까마득한 날에
하늘이 처음 열리고   [A]
어데 닭 우는 소리 들렸으랴

모든 산맥들이
바다를 연모해 휘달릴 때도   [B]
차마 이곳을 범하던 못하였으리라

끊임없는 광음*을
부지런한 계절이 피어선 지고   [C]
큰 강물이 비로소 길을 열었다

지금 눈 나리고
매화 향기 홀로 아득하니
내 여기 가난한 노래의 씨를 뿌려라

다시 천고의 뒤에
백마 타고 오는 ㉠초인이 있어
이 광야에서 목 놓아 부르게 하리라

— 이육사, 「광야」—

* 광음 : 햇빛과 그늘. 즉 낮과 밤이라는 뜻으로, 시간이나 세월을 이르는 말.

(나)

머리가 마늘쪽같이 생긴 고향의 소녀와
한여름을 알몸으로 사는 고향의 소년과   [D]
같이 낯이 설어도 사랑스러운 들길이 있다

그 길에 아지랑이가 피듯 태양이 타듯
제비가 날듯 길을 따라 물이 흐르듯 그렇게
그렇게   [E]

천연(天然)히*

울타리 밖에도 ㉡화초를 심는 마을이 있다
오래오래 잔광이 부신 마을이 있다
밤이면 더 많이 별이 뜨는 마을이 있다

— 박용래, 「울타리 밖」—

* 천연히 : 생긴 그대로 조금도 꾸밈이 없이.

43. [A]~[E]에 대한 설명으로 적절하지 않은 것은?

① [A] : 설의적 표현을 활용하여 원시성을 지닌 태초 광야의
모습을 강조하고 있다.
② [B] : 인격화된 대상의 행위를 추측하여 광야의 신성성을 부각
하고 있다.
③ [C] : 추상적 대상을 구체화하여 광야가 끊임없이 생성되고
소멸되는 순환성을 나타내고 있다.
④ [D] : 시각적 심상을 활용하여 고향의 모습을 선명하게 표현
하고 있다.
⑤ [E] : 비유적인 표현을 활용하여 인위적이지 않은 마을의 모습을
드러내고 있다.

44. ㉠과 ㉡에 대한 이해로 가장 적절한 것은?

① ㉠은 화자를 각성하게 하는 존재이며, ㉡은 화자를 성찰하게
하는 대상이다.
② ㉠은 공간의 황폐함을 심화하는 존재이며, ㉡은 공간에 생명
력을 부여하는 대상이다.
③ ㉠은 공간의 변화를 가져오는 존재이며, ㉡은 공동체의 인식
전환을 일으키는 대상이다.
④ ㉠은 화자가 위화감을 느끼게 하는 존재이며, ㉡은 화자가
애상감을 느끼게 하는 대상이다.
⑤ ㉠은 화자가 지향하는 이상을 실현하는 존재이며, ㉡은 화자가
지향하는 공동체의 모습을 드러내는 대상이다.

45. <보기>를 바탕으로 (가), (나)를 감상한 내용으로 적절하지
않은 것은? [3점]

— <보 기> —

시에서의 시간 양상은 화자의 지향성을 내포하고 있다. 화
자가 미래 지향성을 보이는 경우, 시에서의 시간은 현재에서
미래로 나아가는 순방향의 흐름을 보인다. 이때 화자는 현재의
결핍을 인식하고 과거로의 회귀 대신 발전된 미래에 대한 신
뢰를 바탕으로 부정적인 현재 상황을 적극적으로 극복하려
한다. 화자가 과거 상황을 긍정적으로 인식하는 과거 지향성을
보이는 경우, 화자는 미래에 대한 신뢰 없이 과거의 공간을
훼손되지 않은 원형으로 여기는 모습을 보인다. 이때 화자의
과거 회상이 현재 시제로 표현되기도 하는데, 이는 과거 공
간이 존속하기를 소망하는 화자의 심리가 반영된 것으로 볼
수 있다.

① (가)의 화자는 '큰 강물이 비로소 길을' 연 것을 통해 발전된
미래를 향한 희망을 확인하여 극복의 자세를 드러낸 것이겠군.
② (가)의 화자가 '가난한 노래의 씨'를 뿌리고자 하는 것은 현
재의 결핍을 인식하고 있기 때문이겠군.
③ (나)의 '소녀', '소년', '들길'이 존재하는 고향의 모습을 통해
화자가 고향을 훼손되지 않은 원형으로 여기고 있음을 알 수
있겠군.
④ (나)의 '잔광'이 부시고 '별'이 뜨는 마을의 모습을 통해 화자
가 마을을 긍정적으로 인식하고 있음을 알 수 있겠군.
⑤ (나)의 '마을'을 '있다'로 표현하는 것은 마을의 모습이 존속
하기를 소망하는 화자의 심리를 드러낸 것이겠군.

* 확인 사항
○ 답안지의 해당란에 필요한 내용을 정확히 기입(표기)했는지
확인하시오.

[1 ~ 3] 다음은 학생의 발표이다. 물음에 답하시오.

안녕하세요? 생활 속 과학 원리에 대한 발표를 맡은 ○○○입니다. (사진 제시) 이 사진 기억나시나요? 지난 체험 학습 단체 사진인데요, 혹시 뒤에 보이는 곳이 경사제 방파제라는 것을 알고 계셨나요? 저는 오늘 이 경사제 방파제에 대해 소개하고자 합니다.

얼마 전 과학 시간에 파도에 대해 배웠던 것 기억나시나요? 파도는 바람이나 조석 간만의 차 등의 원인으로 발생합니다. (영상 제시) 보시는 것처럼 바람이 많이 불어 바닷물에 계속 에너지가 전달되어 만들어진 큰 파도는 수심이 얕은 해안에 가까워질수록 더 높아집니다. 그래서 방파제를 설치하여 파도로부터 내항을 보호합니다. (그림 제시) 이 그림은 경사제 방파제의 단면을 도식화한 것인데요, 지반 위에 사다리꼴로 사석을 놓고 그 위에 콘크리트 둑을 올려 외항과 내항을 분리한 것이 보이시죠? 아까 보신 영상에서처럼 파도가 밀려오면 경사제 방파제가 내항을 보호할 수 있습니다.

(그림의 왼쪽 부분을 가리키며) 주목할 만한 점은 내항과 달리 여기 외항 쪽 경사면에는 여러 개의 블록들이 쌓여 있다는 것입니다. 이 블록은 테트라포드로, 이 테트라포드들을 방파제 경사면에 쌓으면 방파제만 있을 때보다 방파제로 들이치는 파도 에너지를 분산시킬 수 있습니다. (표 제시) 테트라포드가 있으면 없을 때보다 파도의 높이가 반으로 줄어드는 것을 표에서 확인할 수 있는데요, 그렇다면 이렇게 테트라포드가 파도 에너지를 분산시킬 수 있는 이유는 무엇일까요?

그 답은 바로 테트라포드의 구조에 있습니다. 아까 보여 드렸던 그림을 다시 보며 설명드리겠습니다. (그림 제시) 테트라포드는 네 개의 다리라는 의미인데요, 그림의 오른쪽 아래에 있는 테트라포드를 보시면 다리가 4개인 것을 확인하실 수 있습니다. 뒤에 있는 분들도 잘 보이시나요? (청중의 대답을 듣고) 네, 그러면 확대해 드리겠습니다. (그림을 확대하며) 이제는 잘 보이시죠? 이 테트라포드의 다리 사이의 각은 어디를 재더라도 약 109.5도로 동일합니다. 그래서 테트라포드의 다리를 맞물려 경사면에 쉽게 쌓을 수 있는데요, 이렇게 테트라포드를 맞물려 쌓으면 경사면에 굴곡이 생기는데 여기에 부딪힌 파도는 부서지고, 부서진 파도는 맞물린 테트라포드 사이의 틈새로 흐르게 되면서 방파제를 치는 파도의 에너지가 분산됩니다.

파도 에너지를 분산시키는 방파제의 종류는 많지만, 경사제 방파제는 약한 지반에도 설치가 용이하다는 장점이 있어 가장 흔히 사용되고 있습니다. 하지만 경사제 방파제에 쌓인 테트라포드 사이의 틈새는 꽤 크고 깊어 매우 위험합니다. 그래서 테트라포드 위에 올라가는 것은 금지되어 있으니 이 점에 유의하시기 바랍니다. 이상으로 발표를 마치겠습니다.

1. 위 발표자의 말하기 방식에 대한 설명으로 가장 적절한 것은?

① 발표를 하게 된 소감을 밝히며 발표를 시작하고 있다.
② 청중에게 바라는 바를 언급하며 발표를 마무리하고 있다.
③ 자료의 출처를 언급하여 발표 내용의 신뢰성을 높이고 있다.
④ 발표 중간에 청중의 질문을 받으며 청중과 상호 작용하고 있다.
⑤ 청중의 이해 정도를 확인한 후 이어질 발표 순서를 안내하고 있다.

2. 다음은 발표자가 발표를 준비하며 참고한 '그림' 자료이다. 발표자의 자료 활용에 대한 계획 중 발표에 반영된 것으로 적절하지 **않은** 것은?

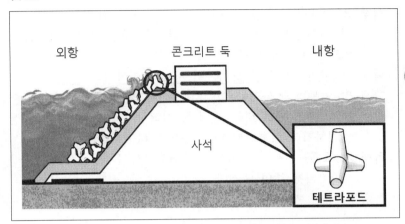

① 경사제 방파제에 대한 관심을 유발하기 위해 청중이 경사제 방파제의 실제 모습을 환기할 수 있는 사진을 추가로 제시해야겠어.
② 경사제 방파제의 필요성을 강조하기 위해 해안으로 가까워질수록 높아지는 파도의 움직임이 담긴 영상을 추가로 제시해야겠어.
③ 경사제 방파제의 설치 용이성을 설명하기 위해 경사제 방파제의 단면을 도식화한 그림의 특정 부분을 가리키며 제시해야겠어.
④ 테트라포드의 기능을 효과적으로 보여 주기 위해 테트라포드의 유무에 따른 파도 높이 차를 비교한 표를 추가로 제시해야겠어.
⑤ 테트라포드의 구조가 잘 보이지 않을 수 있는 청중을 위해 그림의 크기를 조절하여 제시해야겠어.

3. <보기>는 위 발표를 들은 학생들의 반응이다. 학생의 반응을 이해한 내용으로 가장 적절한 것은?

< 보 기 >

학생 1: 지난 주말에 가족들과 간 바닷가에서 봤던 테트라포드는 조금 다른 모습이었는데, 테트라포드에도 여러 종류가 있는지 궁금해졌어. 더 조사해 봐야겠어.
학생 2: 테트라포드 위에서 낚시하는 사람들이 많다고 들었는데, 테트라포드에 올라가면 안 된다는 정보는 생활에 유익한 정보라서 좋았어.
학생 3: 테트라포드 이름의 의미를 알려 줘서 좋았는데, 다리 사이의 각도가 약 109.5도인 이유에 대해서는 알려 주지 않아 아쉬웠어. 숨겨진 과학적 원리가 있는지 알아봐야겠어.

① 학생 1은 평소에 가지고 있던 궁금증이 해소되었다는 점에서 발표 내용을 긍정적으로 평가하고 있다.
② 학생 2는 자신이 알고 있던 사실과 발표 내용을 비교하며 발표에서 다룬 정보의 문제점을 제시하고 있다.
③ 학생 1과 학생 2는 모두, 자신의 경험을 바탕으로 발표 내용의 유용성을 점검하고 있다.
④ 학생 1과 학생 3은 모두, 발표 내용과 관련하여 추가적인 정보를 탐색하려 하고 있다.
⑤ 학생 2와 학생 3은 모두, 발표에서 직접적으로 언급되지 않은 내용을 추론하고 있다.

[4~7] (가)는 시사 동아리 학생들이 나눈 대화이고, (나)는 이를 바탕으로 작성한 글의 초고이다. 물음에 답하시오.

(가)

학생 1: ㉠지난 시간에 교지에 실을 글의 주제에 대해 찾아보기로 했잖아. 의견을 공유해 볼까?

학생 2: 우리 학교 학생들이 관심을 가질 만한 사회 문제를 다루기로 했지?

학생 3: 이분법적 사고에 대해 다루어 보는 건 어때? 얼마 전에 이분법적 사고가 사회 갈등을 부추긴다는 기사를 읽었는데 인상적이었어. [A]

학생 1: ㉡이분법적 사고? 좀 더 자세히 이야기해 줄래?

학생 3: 이분법적 사고는 어떤 대상이나 현상을 둘로만 나누어 한정하여 사고한다는 뜻이래. 이러한 사고방식이 누군가를 배제하거나 차별하게 만들 수도 있다고 하더라고.

학생 2: 그래? 이분법적 사고가 차별을 만드는 구체적인 상황을 이야기해 주면 좋겠어.

학생 3: 요즘 성격 유형 검사가 유행이잖아. 특정 성격 유형에 대한 편견 때문에 차별받는다고 느끼는 사람들이 많아졌대. [B]

학생 1: 혹시 성격을 내향형이나 외향형같이 둘로 나누는 것이 문제가 되는 거야? 그게 꼭 나쁜 점만 있는 건 아니잖아.

학생 3: 성격 유형을 나누는 것 자체는 문제가 아니야. 서로를 더 잘 이해하기 위한 하나의 방법이니까. 하지만 사람의 성격을 둘 중의 하나로만 보고 특정 유형에 대해 가치판단을 내리거나 차별하는 것은 문제인 거지.

학생 2: 상황에 따라 외향성과 내향성이 드러나는 정도가 다를 수 있는데, 둘 중 하나의 성격만 가진 것으로 판단하고 차별하는 것이 문제라는 거지? 이런 현상을 보여 주는 예가 더 있을까? ㉢우리에게 익숙한 것 위주로 이야기해 보자.

학생 1: 성공 아니면 실패, 두 가지 극단적인 방향으로만 삶을 평가하는 것이 대표적인 예라고 생각해.

학생 3: 그것뿐 아니라 세대나 이념 등 우리 사회의 많은 부분에서 이런 현상을 찾아볼 수 있어.

학생 2: 맞아. 단순히 나이만을 기준으로 세대를 나누고, 한 세대의 특징을 일반화해서 개인을 판단하고 회화화하는 모습이 많이 보이더라. ㉣그럼 오늘 이야기한 내용을 바탕으로 글을 한번 써 볼까?

학생 3: 좋아. ㉤다음 시간에는 개요를 작성해야 하니 필요한 자료를 각자 수집해 오자. 그러면 내가 개요를 바탕으로 초고를 써 볼게. 검토 부탁해.

학생 1, 2: 알았어.

(나)

요즘 성격 유형 검사에 대한 사람들의 관심이 높아지면서 성격 유형 검사에 과몰입하는 사람이 늘고 있다. 이들은 성격 유형의 지표에 따라 성격을 양분하여 일반화하기도 하는데, 이러한 이분법적 사고 방식은 바람직하지 않다. 이분법적 사고란, 어떤 대상이나 현상을 둘로만 나누어 한정하여 사고하는 것을 말한다. 이러한 이분법적 사고에 매몰되면 다양한 사회 문제가 나타날 수 있다.

이분법적 사고에 매몰되면 첫째, 자기가 속한 집단에 대한 인식이 자신의 자아상에 부정적인 영향을 미칠 수 있다. 사회 심리

학자 헨리 타이펠은 인간의 사회적 정체성은 자기 인식에 지대한 영향을 미친다고 보았다. 이는 이분법적 사고에 의해 형성된, 특정 집단에 대한 고정관념이 자기 자신에게로 향하여 본인의 역량에 영향을 미칠 수 있다는 말이다. 예를 들어, '저는 내향형이라 발표를 못해요.', '저는 외향형이라 집중하는 게 힘들어요.'와 같이 자신의 성격 유형을 일종의 행동 양식으로 받아들이고 스스로 한계를 정하여 성장하고 발전할 수 있는 기회를 놓칠 수도 있는 것이다.

둘째, 다른 집단에 대한 편견과 고정관념이 사회적 갈등으로 이어질 수 있다. 즉, 자신이 속하지 않은 다른 집단을 자신과 경계 짓고 '틀린' 것으로 판단하는 편협한 생각이 그 집단에 대한 차별과 혐오로 이어질 수 있다는 것이다. 예를 들어 특정 세대를, 조직에 잘 융화되지 못하고 본인의 주관만 내세우며 사회성이 결여된 주체로 묘사하여 회화화하는 경우가 있다. 이는 개인의 특성을 집단 전체의 특성으로 단순화하고 특정 세대에 대한 부정적인 감정을 부추기는 것이다.

인간은 누구나 대상을 양분해서 사고하는 경향을 어느 정도 가지고 있다. 하지만 선이 아니면 악, 아름다움이 아니면 추함 등 두 가지 극단적인 방향으로만 세상을 판단하는 것은 다양성을 추구하는 사회가 지향할 방식으로 바람직하지 않다. 따라서 우리는 이러한 이분법적 사고를 경계하고, 다름을 인정하는 자세를 가져야 한다.

4. 대화의 흐름을 고려할 때, ㉠~㉤에 대한 이해로 적절하지 <u>않은</u> 것은?
① ㉠: 대화 참여자에게 지난 활동의 대화 내용을 환기하고 있다.
② ㉡: 대화 참여자에게 발언 내용에 대해 추가 설명을 요청하고 있다.
③ ㉢: 대화 참여자에게 앞으로 진행될 대화 내용의 범위를 한정하고 있다.
④ ㉣: 대화 참여자에게 자신이 제안한 내용에 대한 동의 여부를 재차 확인하고 있다.
⑤ ㉤: 대화 참여자에게 다음 활동을 예고하며 준비 사항을 안내하고 있다.

5. [A], [B]에 대한 설명으로 가장 적절한 것은?
① [A]의 학생 2는 대화 상대에게 자신의 의견을 여러 개 제시한 후 선택을 요구하고 있다.
② [A]의 학생 3은 대화 상대가 발언한 내용과 관련하여 자신의 경험을 제시하고 있다.
③ [B]의 학생 3은 대화 상대에게 사회적 통념을 제시하며 공감을 유도하고 있다.
④ [B]의 학생 1은 대화 상대가 제기한 의문을 해소하기 위한 방안을 제안하고 있다.
⑤ [A]의 학생 3과 [B]의 학생 1은 모두, 대화 상대의 의견을 수용하여 자신의 견해를 수정하고 있다.

6. 다음은 '학생 3'이 (가)를 바탕으로 세운 글쓰기 계획이다. (나)에 반영된 내용으로 적절하지 <u>않은</u> 것은? [3점]

1문단
- (가)에서 언급한, 성격 유형 검사와 관련된 사회 현상을 보여 준 후 우리의 입장을 제시해야겠어. ······························ ①
- (가)에서 언급한, 이분법적 사고의 개념을 제시하고 이분법 적 사고로 인해 다양한 사회 문제가 발생할 수 있음을 밝혀야 겠어. ··· ②

2문단
- (가)에서 언급하지 않은, 전문가의 견해를 추가하여 이분법적 사고가 개인에게 미치는 영향을 부각해야겠어. ············· ③

3문단
- (가)에서 언급한, 세대를 나누는 기준을 제시하여 이분법적 사 고의 문제점을 부각해야겠어. ································· ④

4문단
- (가)에서 언급하지 않은, 이분법적 사고에 대한 새로운 예를 제시 한 후 우리의 입장을 한 번 더 강조하여 마무리해야겠어. ······ ⑤

---

7. <보기>에 제시된 학생들의 조언에 따라 (나)의 제목을 작성한 것으로 가장 적절한 것은?

〈 보 기 〉

학생 1: 제재의 특성을 드러내는 표제와 부제를 붙여보자.
학생 2: 부제에는 친구들의 관심을 끌 수 있도록 비유적인 표현을 사용하는 게 좋겠어.

---

① 두 개의 틀 안에 갇힌 사람들
　　– 이분법적 사고로 인한 부정적인 자아상
② 성격 유형 검사의 장점과 단점
　　– 색안경을 벗으면 사람이 보입니다
③ 세대 차이로 빚어진 사회적 갈등
　　– '우리'와 '그들', 서로에게 붙이는 또 다른 이름표
④ 이분법적 사고, 무엇이 문제인가
　　– '내가 평가하는 나'와 '남이 평가하는 나'
⑤ 편견과 차별을 만드는 이분법적 사고
　　– 흑 아니면 백으로만 칠해지는 세상

[8 ~ 10] 다음은 작문 상황과 이를 바탕으로 작성한 학생의 초고이다. 물음에 답하시오.

[작문 상황]
　○ 지역 신문에 우리 지역의 생활체육 활성화를 주장하는 글을 쓰고자 함.

[학생의 초고]
　생활체육이란 개인이 자발적으로 여가를 이용해 건강 증진 등 의 목적으로 참여하는 체육 활동을 말한다. 최근 통계에 따르면 우리나라 국민들의 생활체육 참여율은 꾸준히 증가하고 있다. 우 리 지역의 생활체육 참여율도 꾸준히 증가하고 있지만, 우리나라 국민의 생활체육 참여율에 비해서는 여전히 생활체육 참여가 활 성화되지 못하고 있다.
　우리 지역에서 주민들의 생활체육 참여가 활성화되지 못한 원 인으로는 먼저, 주민들 대다수가 쉽게 이용할 수 있는 공공 체육 시설이 부족하다는 것이다. 우리 지역에는 공공 체육 시설이 있 지만 생활 근거지와 멀리 떨어진 외곽에 위치하여 대다수의 주 민들에게 접근성이 떨어진다. 다음으로 주민들의 참여를 유도할 수 있는 프로그램 수가 부족하다는 것이다. 우리 지역 공공 체육 시설에서 운영하는 프로그램은 탁구와 축구 강좌 외에는 없으며, 운영 시간도 낮 시간대에 한정되어 있다. 마지막으로, 우리 지역 은 생활체육을 활성화하기 위한 실질적인 홍보가 이루어지지 못 하고 있다는 것이다. 생활체육 시설 이용 방법이나 프로그램 정 보는 주로 공공 체육 시설 누리집으로만 홍보되고 있고, 그마저 도 관리가 잘 안 되고 있다.
　그렇다면 우리 지역 주민들의 생활체육 참여를 활성화하기 위 해서는 어떻게 해야 할까? 첫째, 주민들의 접근성을 높일 수 있 는 체육 시설을 확충해야 한다. 생활 근거지 주변에 공공 체육 시설을 증설하거나 주민들이 이전에 이용하지 못했던 시설을 생 활체육 시설로 개방하면 기존 시설 이용에 제한받던 주민들의 생활체육 참여를 확대할 수 있다. 둘째, 주민들의 수요를 조사하 여 그에 맞는 다양한 프로그램을 개설하여 주민들에게 생활체육 참여 기회를 제공해야 한다. 마지막으로, 주민들의 생활체육 참 여를 끌어낼 수 있도록 효과적인 홍보 활동을 실시해야 한다. 주 민들의 연령층을 고려해 지역 신문이나 누리 소통망 등 여러 매 체를 활용하여 생활체육 관련 정보를 다양하게 접할 수 있도록 해야 한다.

[A]

---

8. 학생의 초고에 활용된 글쓰기 전략으로 적절하지 <u>않은</u> 것은?
　① 주요 개념에 대한 정의를 제시한다.
　② 문제의 원인을 다양한 측면에서 제시한다.
　③ 예상되는 독자의 반론에 대한 답변을 미리 제시한다.
　④ 자문자답의 방식을 통해 문제의 해결 방안을 제시한다.
　⑤ 순서를 나타내는 표지를 사용하여 문제의 해결 방안을 제시한다.

9. <보기>는 초고를 보완하기 위해 추가로 수집한 자료이다. 자료의 활용 방안으로 적절하지 <u>않은</u> 것은? [3점]

─〈 보 기 〉─

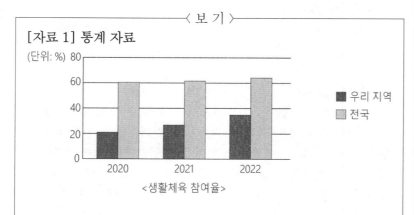

[자료 1] 통계 자료

(단위: %)

<생활체육 참여율>
■ 우리 지역
■ 전국

[자료 2] 우리 지역 주민 대상 설문 조사 결과

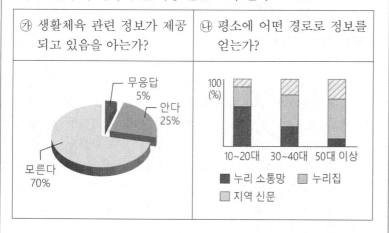

㉮ 생활체육 관련 정보가 제공되고 있음을 아는가?

무응답 5%
안다 25%
모른다 70%

㉯ 평소에 어떤 경로로 정보를 얻는가?

10~20대 / 30~40대 / 50대 이상

■ 누리 소통망 ■ 누리집
▨ 지역 신문

[자료 3] 다른 지역 신문 기사

　○○시는 최근 선수 훈련용 경기장을 지역 주민에게 개방하면서 주민들의 큰 호응을 얻고 있다. 특히 ○○시는 누리 소통망을 통해 경기장 이용 인증 사진 올리기 이벤트를 함께 진행하여 누리 소통망 사용에 익숙한 청소년층의 생활체육 참여율을 높였다. △△△교수는 "시민들의 생활체육 참여율이 증가하는 추세를 유지하기 위해서는 다양한 종목을 개설하는 동시에 프로그램의 운영 시간대도 확대해야 한다."라고 말했다.

① [자료 1]을 활용하여 우리나라 국민의 생활체육 참여율에 비해 지역 주민들의 생활체육 참여가 활성화되지 못하고 있다는 사실에 대한 구체적 근거로 제시한다.
② [자료 2-㉮]를 활용하여 생활체육을 활성화하기 위한 실질적인 홍보가 이루어지지 못하고 있다는 내용을 뒷받침하는 근거로 제시한다.
③ [자료 3]을 활용하여 선수 훈련용 경기장을 주민에게 개방한 다른 지역의 사례를 주민들이 이전에 이용하지 못했던 시설을 생활체육 시설로 개방한 사례로 제시한다.
④ [자료 1]과 [자료 3]을 활용하여 주민들의 생활체육 참여율의 증가 추세를 유지하기 위해서는 다양한 프로그램을 개설하는 것뿐만 아니라 프로그램 운영 시간대도 확대해야 한다는 내용을 추가로 제시한다.
⑤ [자료 2-㉯]와 [자료 3]을 활용하여 누리 소통망을 활용한 경기장 이용 인증 이벤트를 주민 수요에 맞는 다양한 프로그램을 개설한 사례로 제시한다.

10. <보기>는 선생님의 조언에 따라 [A]를 작성한 것이다. [A]를 작성할 때 반영한 선생님의 조언으로 가장 적절한 것은?

─〈 보 기 〉─

　생활체육의 활성화는 지역 주민과 지역 사회 모두에게 가치가 있다. 지역 주민 개개인은 삶의 질을 높일 수 있고, 지역 사회는 스포츠 산업의 발달로 지역 경제 활성화가 가능하다는 점에서 가치가 있다.

① 생활체육 활성화를 위해 해야 할 일을 주체별로 제시하며 글을 마무리하자.
② 생활체육에 참여할 때 유의할 점과 올바른 생활체육 참여 방법을 언급하며 글을 마무리하자.
③ 생활체육의 유래를 제시하고 앞으로 변화하게 될 생활체육의 미래를 언급하며 글을 마무리하자.
④ 생활체육의 참여를 통해 얻을 수 있는 기대 효과를 개인과 사회 차원으로 나눠 제시하며 글을 마무리하자.
⑤ 생활체육의 활성화가 갖는 사회적 의의를 나타내고 생활체육 참여의 장애 요인을 언급하며 글을 마무리하자.

[11 ~ 12] 다음 글을 읽고 물음에 답하시오.

　한글 맞춤법 총칙 제1항은 '한글 맞춤법은 표준어를 소리대로 적되, 어법에 맞도록 함을 원칙으로 한다.'이다. 이는 한글 맞춤법의 대원칙을 밝히는 조항으로, 한글 맞춤법은 이 조항에 따라 표준어를 표음 문자인 한글로 올바르게 적는 방법이다.

　먼저 '표준어를 소리대로 적는다'는 원칙은 한글 맞춤법이 표준어를 대상으로 한다는 뜻이 담겨 있다. 그리고 '소리대로' 적는다는 것은 표준어를 적을 때 발음에 따라 적는다는 뜻이다. 이는 자음이나 모음과 같은 음소를 조합하여 다양한 말소리를 그대로 기호로 나타낼 수 있는 표음 문자인 한글의 기본 기능에 충실한 원칙이다. 이를테면 [나무]라고 소리 나는 표준어는 'ㄴ'과 'ㅏ'로 조합된 한 음절과 'ㅁ'과 'ㅜ'로 조합된 한 음절을 그대로 '나무'로 적는 것이다.

　그런데 '표준어를 소리대로 적는다'는 원칙만으로 충분하지 않은 경우가 있다. 그래서 '어법에 맞도록 한다'는 원칙을 제시한다. 예를 들어 체언 '빛'에 다양한 조사가 결합한 형태를 소리 나는 대로 적으면, '비치', '빋또', '빈만' 등이 된다. 하지만 이렇게 적으면 '빛'이라는 하나의 말이 여러 가지로 표기되어 실질 형태소의 본 모양과 형식 형태소의 본 모양이 무엇인지, 둘의 경계가 어디인지를 알아보기가 어렵다. 이와 달리 실질 형태소와 형식 형태소를 구분해서 어법에 맞도록 '빛이', '빛도', '빛만' 등으로 적으면 의미와 기능을 나타내는 각각의 형태소의 모양이 일관되게 고정되어서 뜻을 파악하기가 쉽고 독서의 능률도 향상된다. 이렇게 체언과 조사를 구분해서 표준어를 표기하는 원칙은 한글 맞춤법 제14항에서 자세히 밝히고 있는데, 이는 용언의 어간 뒤에 어미가 결합할 때도 동일하게 적용되는 경우가 있다. 한글 맞춤법 제15항에 따르면, '먹어서'는 [머거서]로 발음되지만 실질 형태소인 어간 '먹-'과 형식 형태소인 어미 '-어서'를 구별하여 적는다.

한편 한글 맞춤법에서는 단어의 일부분이 줄어든 준말의 표기 방법을 따로 규정하고 있다. 한글 맞춤법 제32항에서는 어근이나 어간에서 끝음절의 모음이 줄어들고 자음만 남는 경우 자음을 앞 음절의 받침으로 적는다는 것을 다루고 있다. 그 예로 '어제저녁'이 줄어들어 '엊저녁'으로도 적는 경우를 들 수 있다. '어제저녁'의 준말의 발음인 [얻쩌녁]을 소리 나는 대로 적으면 그 원래 뜻을 파악하기 어렵다. 그래서 '어제저녁'과의 형태적 연관성이 드러나도록 '엊저녁'으로 표기하는 것이다. 이는 표준어를 소리대로 적는다는 원칙만으로 충분하지 않은 경우, 어법에 맞도록 표기한 것이라 할 수 있다.

11. 윗글을 이해한 내용으로 적절하지 <u>않은</u> 것은?

① '부엌'은 각 음절을 소리 나는 대로 표기한 경우이다.
② 한글은 음소를 조합하여 다양한 말소리를 기호로 나타낼 수 있다.
③ '모이'는 'ㅁ'과 'ㅗ'로 조합된 한 음절과 'ㅣ'로 된 한 음절을 소리 나는 대로 적은 것이다.
④ '웃으면'은 실질 형태소와 형식 형태소의 경계가 드러나도록 어법에 맞게 표기한 경우이다.
⑤ '갈비탕을 시켜 먹었다'와 '갈비탕을 식혀 먹었다'를 소리 나는 대로 적으면 의미의 구별이 어려운 경우가 생길 수 있다.

12. 윗글을 바탕으로 <보기>의 ㉠~㉤을 '탐구 과정'에 따라 분류할 때, [A]에 들어갈 예만을 고른 것은? [3점]

─────〈 보 기 〉─────

[탐구 과제]

○ 가을에 곡식을 ㉠<u>걷다</u>(←거두다).
○ ㉡<u>저녁놀</u>(←저녁노을)이 아름답다.
○ 언니는 내년에 대학생이 ㉢<u>돼</u>(←되어).
○ 영수는 항상 인형을 ㉣<u>갖고</u>(←가지고) 다닌다.
○ 우리는 ㉤<u>엊그저께</u>(←어제그저께)까지도 친하게 지냈다.

[탐구 과정]

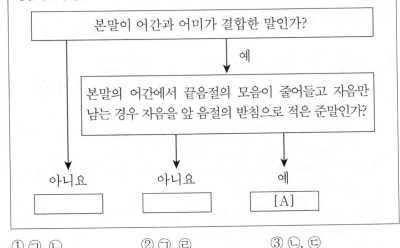

① ㉠, ㉡　　　② ㉠, ㉣　　　③ ㉡, ㉢
④ ㉢, ㉣　　　⑤ ㉣, ㉤

13. <보기>를 바탕으로 음운 변동을 바르게 분석한 것은?

─────〈 보 기 〉─────

음운의 변동은 어떤 음운이 다른 음운으로 바뀌는 교체, 어떤 음운이 없어지는 탈락, 새로운 음운이 생기는 첨가, 두 음운이 하나의 음운으로 합쳐지는 축약이 있다. 또한 음운 변동에 따라 음운의 개수가 변하기도 한다.

	단어	음운 변동 종류	음운 개수 변화
①	샅샅이[삳싸치]	교체, 탈락	늘어남
②	넓히다[널피다]	탈락, 첨가	늘어남
③	교육열[교ː융녈]	교체, 첨가	줄어듦
④	해맑다[해막따]	교체, 탈락	줄어듦
⑤	국화꽃[구콰꼳]	탈락, 축약	줄어듦

14. <보기>의 ㄱ~ㄷ에 대한 설명으로 옳지 <u>않은</u> 것은?

─────〈 보 기 〉─────

주체 높임은 문장의 주체를 높이는 것으로, 선어말 어미나 조사, 특수 어휘 등을 통해 실현된다. 또한 주체의 신체 부분, 소유물, 생각 등을 높여 주체를 간접적으로 높이기도 한다. 그리고 객체 높임은 목적어나 부사어가 지시하는 대상, 즉 문장의 객체를 높이는 것으로, 조사나 특수 어휘를 통해 실현된다. 또한 상대 높임은 청자를 높이거나 낮추는 것으로, 주로 종결 어미를 통해 실현된다.

ㄱ. (어머니가 아들에게) 범서야, 할아버지께 과일 좀 갖다 드려라.
ㄴ. (아들이 아버지에게) 아버지, 할머니는 제가 모시러 가겠습니다.
ㄷ. (동생이 언니에게) 언니, 어머니가 우리에 대한 걱정이 많으셔.

① ㄱ은 종결 어미 '-어라'를 사용하여 청자인 '범서'를 낮추고 있다.
② ㄱ은 격 조사 '께'를 사용하여 문장의 주체인 '할아버지'를 높이고 있다.
③ ㄴ은 종결 어미 '-습니다'를 사용하여 청자인 '아버지'를 높이고 있다.
④ ㄴ은 특수 어휘 '모시다'를 사용하여 문장의 객체인 '할머니'를 높이고 있다.
⑤ ㄷ은 선어말 어미 '-으시-'를 사용하여 '어머니'의 생각인 '걱정'을 높여 주체를 간접적으로 높이고 있다.

15. <보기>를 바탕으로 중세 국어의 특징을 탐구한 내용으로 적절하지 <u>않은</u> 것은?

─────〈 보 기 〉─────

네 小學(소학)애 사름을 ᄀᆞᄅ츄ᄃᆡ 믈 ᄲᅳ리고 ᄡᅳᆯ며 應(응)ᄒᆞ며 對(ᄃᆡ)ᄒᆞ며 【應(응)은 블러든 ᄃᆡ답홈이오 對(ᄃᆡ)ᄂᆞᆫ 무러든 ᄃᆡ답홈이라】 나ᅀᆞ며 므르ᄂᆞᆫ 절ᄎᆞ와 어버이ᄅᆞᆯ 스랑ᄒᆞ며 얼운을 공경ᄒᆞ며 스승을 존ᄃᆡᄒᆞ며 벋을 親(친)히 홀 道(도)로ᄡᅥ ᄒᆞ니 다 ᄡᅥ 몸올 닷ᄀᆞ며 집을 ᄀᆞ족기 ᄒᆞ며 나라홀 다ᄉᆞ리며 天下(텬하)ᄅᆞᆯ 平(평)히 홀 근본을 ᄒᆞᄂᆞᆫ 배니

[현대어 풀이]

옛날 소학에 사람을 가르치되, 물을 뿌리고 쓸며, 응하며 대하며 【응은 부르거든 대답하는 것이요, 대는 묻거든 대답하는 것이다.】 나아가며 물러나는 절차와, 어버이를 사랑하며 어른을 공경하며 스승을 존대하며 벗을 친히 할 도로써 하니, 다 그로써 몸을 닦으며 집을 가지런히 하며 나라를 다스리며 천하를 평히 할 근본을 하는 바이니

① '네'를 보니 현대 국어와 달리 두음법칙이 적용되었음을 알 수 있군.
② 'ᄲᅳ리고'와 'ᄡᅳᆯ며'를 보니 현대 국어와 달리 초성에 서로 다른 두 개의 자음이 함께 쓰였음을 알 수 있군.
③ '어버이ᄅᆞᆯ'을 보니 현대 국어와 달리 목적격 조사 'ᄅᆞᆯ'이 쓰였음을 알 수 있군.
④ '스랑ᄒᆞ며'를 보니 현대 국어와 달리 'ᆞ'가 표기에 사용되었음을 알 수 있군.
⑤ '나라홀'을 보니 현대 국어와 달리 'ㅎ'을 끝소리로 가진 체언이 있었음을 알 수 있군.

[16 ~ 21] 다음 글을 읽고 물음에 답하시오.

(가)

18세기 말 산업 혁명 이후 과학과 기술의 진보로 똑같은 물건을 대량으로 생산하는 것이 가능해졌다. 이에 따라 건축에서도 철근과 콘크리트를 활용하여 기둥과 벽을 최소화하면서 건축물을 대량 생산할 수 있다는 인식이 생기게 되었다. 이 시기의 건축가들은 이전 시대와 달리 장식적인 요소가 제거된 합리적이고 기능적인 건축물에 가치를 부여하게 되었다. 이러한 변화는 건축의 활동 영역을 도시 계획 디자인, 산업 디자인 등으로 확대시키며, 모더니즘 건축의 형성에 영향을 미쳤다.

모더니즘 건축가 미스 반데어로에는 건축이 본연의 모습을 잃고 현 시대에 어울리지 않는 형태를 ⓐ답습하는 것에 대해 비판하며 ㉠"간결한 것이 풍부하다."라고 주장했다. 그는 기능적으로 필요한 공간 이외에는 불필요하다고 생각했기 때문에 장식과 기능을 철저하게 분리하고 장식을 공간 구성에서 원칙적으로 배제해야 한다고 말한다. 또한 그는 폐쇄적인 구조를 지양하고 공간을 기능적으로 활용할 수 있도록 칸막이를 자유롭게 이동할 수 있게 하여 유연성 있는 공간을 구축하였다.

또 다른 건축가 르코르뷔지에는 기능적인 것은 그 자체로 미적인 것이라고 주장하며, 주택을 거주를 위한 기계라고 정의하였다. 그는 항공 기능의 최적화를 실현한 비행기 디자인처럼 건축물도 그 목적에 ⓑ부합하도록 기능적으로 최적화되어야 하며 현

란한 장식이나 예술적 감상을 위한 건축물을 지양해야 한다고 말한다. 또한 도시를 계획하는 일에도 관심이 많았던 그는 사람보다는 자동차를 중심으로 도시 공간을 구획해야 한다고 주장했다. 이는 격자 구조의 도로망으로 도시 공간을 구획하면 치안과 위생이라는 도시의 기능을 이상적으로 ⓒ구현하면서 동시에 미적으로 이상적인 도시가 된다고 생각했기 때문이다. 그에게 있어 근대화란 효율적인 교통 체계를 위해 도시를 인위적으로 정돈하는 것을 의미한다.

(나)

20세기 초에는 이성적 존재인 인간이 모든 문제를 합리적으로 해결할 수 있다는 모더니즘이 지배적이었다. 그러나 합리성에는 한계가 있음이 곧 밝혀졌고, 이로부터 벗어나야 한다는 생각이 포스트모더니즘으로 발전하게 되었다. 이에 영향을 받은 푸코, 벤투리, 추미 등은 합리성과 효율성을 우선시하는 기존의 시스템을 비판하고, 기계적이고 무미건조한 양식 대신에 개별성과 자율성을 중시하는 모습을 보였다.

철학자 푸코는 근대화로 인한 도시의 구획을 권력과 관련지어 비판했다. 그는 18세기부터 형성되기 시작한 격자 구조의 도시 공간은 위생학적 측면에서 전염병에 대처하기 위한 기능을 하기도 하지만 권력이 작동하는 그물망으로도 ⓓ작용한다고 주장했다. 전염병 환자에 대한 감시는 결국 발병 요소를 근원적으로 통제해야 한다는 의식으로 이어져, 발병 가능성이 있는 모든 존재에 대한 감시로 확대된다는 것이다.

포스트모더니즘 건축가 벤투리는 ㉡"간결한 것은 지루하다."라며 모더니즘 건축의 흐름에 저항했다. 모더니즘 건축이 명료성을 내세웠다면 그는 모호성을 새로운 기준으로 제시하며 형태를 기능에 가두는 것을 거부했다. 그는 건축물의 모든 부분이 단일한 기능으로 명료하게 설명될 수 없으며, 오히려 다양한 측면에서 설명될 수도 있어 그 기능이 매우 모호할 수 있다고 주장했다. 벤투리에게 모더니즘 건축은 미적인 것을 기능적인 것에 제약하는 것에 불과했다. 그래서 그는 모더니즘의 공간에서는 공간의 미적 차원이 소멸되어 획일적인 공간만이 남게 된다고 주장했다.

건축가 추미는 기존의 모더니즘 건축이 지나치게 금욕적이라고 비판했다. 모더니즘 건축에서 장식적인 요소는 낭비로 취급받으며 무의미한 부분으로 간주된다. 하지만 추미는 이렇게 무의미하다고 생각되는 낭비야말로 모더니즘 건축의 획일화로부터 ⓔ해방될 수 있는 탈출구라고 주장했다. 추미는 모더니즘 건축의 금욕주의에서 벗어나는 방법을, 시각적 화려함을 추구하는 낭비의 부활에서 찾았다. 그에게 있어 포스트모더니즘의 건축은 낭비의 미덕을 실현하는 유희의 건축이다.

16. (가)와 (나)에 대한 설명으로 가장 적절한 것은?

① (가)와 달리 (나)는 특정 시기의 건축에 대한 상반된 관점을 제시하여 절충 방안을 모색하고 있다.
② (나)와 달리 (가)는 특정 시기의 건축에 대한 관점이 기술의 발전에 미친 영향을 인과적으로 밝히고 있다.
③ (가)와 (나)는 모두, 특정 시기의 건축에 대한 관점을 시대순으로 나열하여 한계를 도출하고 있다.
④ (가)와 (나)는 모두, 특정 시기의 건축에 대한 관점을 소개하며 각 관점이 지닌 특성을 설명하고 있다.
⑤ (가)와 (나)는 모두, 특정 시기의 건축에 대한 관점을 유형별로 나누면서 그 분류 기준의 문제점을 설명하고 있다.

[해설편 p.087]

17. 윗글에 대한 이해로 가장 적절한 것은?

① 포스트모더니즘 건축과 달리 모더니즘 건축은 개별성을 중시한다.

② 포스트모더니즘 건축은 효율성의 중시를 통해 합리성의 문제를 해결하려 한다.

③ 모더니즘 건축은 명료성을 추구하는 반면 포스트모더니즘 건축은 모호성을 추구한다.

④ 모더니즘 건축은 건축의 영역에서 도시 계획 디자인과 산업 디자인의 영역을 제외한다.

⑤ 모더니즘 건축과 달리 포스트모더니즘 건축은 철근과 콘크리트 등의 재료를 주로 사용한다.

19. 윗글을 바탕으로 <보기>에 대해 보인 반응으로 적절하지 <u>않은</u> 것은? [3점]

① 미스 반데어로에는 [자료 2]의 ㉯가 장식과 기능을 분리하여 불필요한 부분을 배제한 건물이라고 생각하겠군.

② 르코르뷔지에는 [자료 1]의 ㉮가 도시의 기능적 측면과 미적인 측면을 모두 이상적으로 구현할 수 있다고 판단하겠군.

③ 푸코는 [자료 1]의 ㉮가 권력이 작동하는 그물망으로 작용할 수 있다고 주장하겠군.

④ 벤투리는 [자료 2]의 ㉯가 미적 차원이 소멸되어 획일적인 공간만 남았다고 판단하겠군.

⑤ 추미는 [자료 2]의 ㉯가 금욕주의에서 벗어나 유희의 건축이 실현되었다고 판단하겠군.

※ 윗글과 <보기>를 바탕으로 18번과 19번의 물음에 답하시오.

―――〈 보 기 〉―――

[자료 1]

○○시는 인구 밀도가 높아 거리가 혼잡하고 비위생적이었다. 건축가 A는 ○○시의 위생 환경을 개선하기 위하여 교통 체계 중심의 ㉮ 격자 구조의 도로망을 연결하고 주거 지역과 업무 지역을 멀리 떨어뜨려 구분하는 도시 설계안을 구안했다.

[자료 2]

건축가 B는 기능과 상관없는 구조물이나 장식적인 것들을 배제하고 실내에는 이동 가능한 칸막이가 설치된 주택을 설계했다. 하지만 건축가 C는 이러한 주택을 주거 기능과 경제적 효율성만 추구한 ㉯ 단순한 형태의 건물이라고 비판했다. 이에 그는 벽 장식이나 화려한 마감재와 같이 건축가의 미적 가치가 반영된 주택을 설계했다.

20. ㉠과 ㉡에 담긴 의미를 추론한 내용으로 가장 적절한 것은?

① ㉠에는 본연의 모습에서 벗어난 공간에 대한 긍정이, ㉡에는 공간의 본질이 변화하는 것에 대한 부정이 담겨 있다.

② ㉠에는 공간의 독립성을 강조하고자 하는 건축가의 판단이, ㉡에는 공간의 보편성을 강조하고자 하는 건축가의 판단이 담겨 있다.

③ ㉠에는 합리적이고 기능적인 건축물에 가치를 부여하는 태도가, ㉡에는 기계적이고 무미건조한 건축물을 거부하는 태도가 담겨 있다.

④ ㉠에는 시대와 상관없는 절대적 공간을 추구해야 한다는 의미가, ㉡에는 시대의 요구를 충족하는 공간을 추구해야 한다는 의미가 담겨 있다.

⑤ ㉠에는 공간이 공간 그 자체로서 심미적 가치를 보존할 수 있다는 인식이, ㉡에는 공간이 그 자체로서 효율적 가치를 보존할 수 있다는 인식이 담겨 있다.

18. 다음은 윗글을 읽은 학생이 <보기>를 이해한 내용을 정리한 것이다. 적절하지 <u>않은</u> 것은?

[자료 1]	푸코는 격자 구조의 도시 공간에는 위생학적 기능이 없다고 생각하므로, 건축가 A의 도시 설계안을 부정적으로 바라보겠군. ⋯⋯⋯⋯⋯⋯⋯ ①
	르코르뷔지에는 사람보다는 차를 중심으로 도시를 공간화해야 한다고 생각하므로, 건축가 A의 도시 설계안을 긍정적으로 바라보겠군. ⋯⋯⋯⋯⋯⋯⋯ ②
[자료 2]	벤투리는 모더니즘 건축의 흐름에 저항하므로, 건축가 B가 설계한 주택을 부정적으로 바라보겠군. ⋯⋯⋯⋯ ③
	미스 반데어로에는 폐쇄적인 구조를 지양하고 공간을 기능적으로 활용해야 한다고 생각하므로, 건축가 B가 설계한 주택을 긍정적으로 바라보겠군. ⋯⋯⋯ ④
	추미는 시각적 화려함을 추구하는 낭비의 미덕을 중시하므로, 건축가 C가 설계한 주택을 긍정적으로 바라보겠군. ⋯⋯⋯⋯⋯⋯⋯⋯⋯⋯⋯⋯⋯⋯⋯⋯⋯ ⑤

21. ⓐ ~ ⓔ의 사전적 의미로 적절하지 <u>않은</u> 것은?

① ⓐ: 예로부터 해 오던 방식이나 수법을 좇아 그대로 행함.

② ⓑ: 둘 이상의 조직이나 기구 따위를 하나로 합침.

③ ⓒ: 어떤 내용을 구체적인 사실로 나타나게 함.

④ ⓓ: 어떠한 현상을 일으키거나 영향을 미침.

⑤ ⓔ: 구속이나 억압, 부담 따위에서 벗어나게 함.

[22 ~ 25] 다음 글을 읽고 물음에 답하시오.

최근 해양에서 얻을 수 있는 재생 에너지원에 대한 관심이 커지면서 해양 온도차 발전이 주목받고 있다. 해양에서는 태양열을 흡수한 정도에 따라, 수심이 얕은 표층수와 수심이 깊은 심층수 사이에 온도 차이가 발생한다. 일반적으로 해양 온도차 발전은 약 20℃를 유지하는 표층수로 냉매를 가열하고, 약 4℃를 유지하는 심층수로 냉매를 냉각하는 과정을 반복하여 전력을 생산한다. 이 과정에서 냉매는 발전 설비를 순환하면서 열전달을 통해 기화와 액화를 반복한다. 이때 열전달이란 고온부의 열에너지가 저온부로 전달되는 현상으로, 열전달량은 열을 전달하는 면적과 온도 차이에 비례한다.

발전 설비는 냉매 펌프, 기화기, 터빈, 응축기 등의 기기로 구성된다. 이 기기들은 냉매가 이동할 수 있는 배관으로 연결되어 있고, 냉매는 이 배관을 따라 기기들을 순차적으로 지나며 순환한다. 냉매 펌프는 배관에 일정한 압력을 가하여 액체 상태의 냉매를 기화기 입구 쪽으로 이동시킨다. 기화기의 내부에는 냉매가 이동하는 다수의 배관이 있으며, 기화기 양옆에는 표층수가 이동하는 취수관과 배수관이 있다. 기화기 입구로 들어온 냉매가 다수의 배관을 따라 기화기 내부를 이동할 때, 취수관을 통해 기화기 내부로 유입된 고온의 표층수와 열전달이 일어난다. 이때 열전달을 마친 표층수는 배수관을 통해 바깥으로 배출되며, 냉매는 가열되어 액체와 기체가 혼합된 상태로 기화기 출구 쪽에 설치된 노즐로 이동한다. 노즐은 좁은 구멍을 통해, 기화기 출구에서 터빈으로 이어진 배관으로 냉매를 내뿜는 역할을 한다. 냉매는 노즐을 통과할 때 속도가 증가하여 냉매의 내부 압력은 감소한다. 내부 압력이 감소한 냉매는 끓는점이 낮아져 모두 기체 상태가 되어 배관을 따라 터빈으로 이동한다.

터빈은 회전식 기계 장치로, 회전하는 날개가 회전축에 부착되어 있다. 배관을 이동한 냉매가 터빈의 내부 공간으로 유입될 때 냉매는 열에너지가 운동 에너지로 전환되면서 부피가 급격히 팽창하며 회전 날개를 움직인다. 이때 냉매가 회전 날개를 움직이며 발생한 회전 날개의 운동 에너지는 회전축과 연결된 발전기를 구동시키면서 전기 에너지를 생산한다. 이 과정에서 회전 날개를 움직이며 기체 상태를 유지할 에너지를 상실한 냉매는 온도가 떨어져 액체와 기체가 혼합된 상태가 되어 배관을 통해 응축기로 이동한다.

응축기의 내부에는 기화기와 마찬가지로 냉매가 이동하는 다수의 배관이 있으며, 응축기 양옆에는 심층수가 이동하는 취수관과 배수관이 있다. 응축기 입구로 들어온 냉매가 다수의 배관을 따라 응축기 내부를 이동할 때, 취수관을 통해 응축기 내부로 유입된 저온의 심층수와 열전달이 일어난다. 이때 열전달을 마친 심층수는 배수관을 통해 바깥으로 배출되며, 냉매는 냉각되어 액체 상태로 노즐이 없는 응축기 출구를 지나, 냉매 펌프를 거쳐 다시 기화기로 이동한다.

해양 온도차 발전은 바닷물의 온도 차이를 이용하므로 환경 오염을 일으키지 않으며, 재생 에너지원 중 경제적 가치가 높은 것으로 평가받고 있다. 특히, 우리나라 동해는 수심이 깊고 난류가 흘러들어서 해양 온도차 발전에 유리하다고 평가받기 때문에 앞으로 우리나라 전력 수급의 한 축을 담당할 수 있을 것으로 기대된다.

22. 윗글의 내용과 일치하지 않는 것은?
① 해양 온도차 발전은 재생 에너지원의 하나로 최근 주목받고 있다.
② 노즐은 냉매가 좁은 공간으로 지나가게 하여 속도를 감소시키는 역할을 한다.
③ 기화기와 응축기 양옆에는 바닷물이 드나드는 취수관과 배수관이 연결되어 있다.
④ 해양에서는 태양열을 흡수한 정도에 따라 표층수와 심층수 사이에 온도 차이가 발생한다.
⑤ 우리나라 동해는 수심이 깊고 난류가 흘러들어서 해양 온도차 발전에 유리하다고 평가받는다.

※ <보기>는 윗글의 내용을 냉매의 이동을 중심으로 도식화한 것이다. 윗글을 참고하여 23번과 24번의 물음에 답하시오.

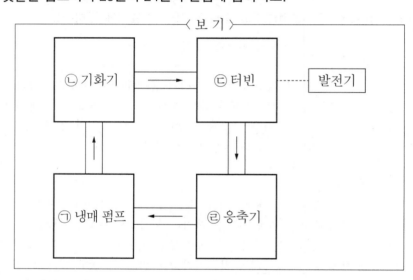

23. 윗글을 참고하여 <보기>의 ㉠ ~ ㉢에 대해 이해한 내용으로 적절하지 않은 것은? [3점]
① ㉠은 배관에 일정한 압력을 가하여 냉매를 ㉡으로 이동시킨다.
② ㉡의 취수관을 통해 들어오는 해수의 온도는 ㉣의 취수관을 통해 들어오는 해수의 온도보다 낮다.
③ ㉢의 내부 공간으로 유입될 때 냉매는 부피가 급격히 팽창한다.
④ ㉢의 회전 날개에서 발생한 운동 에너지는 발전기를 구동시켜 전기 에너지를 생산한다.
⑤ ㉣과 달리 ㉡은 냉매가 이동하는 출구 쪽에 노즐이 설치되어 있다.

24. 윗글을 바탕으로 <보기>에 대해 보인 반응으로 적절하지 않은 것은?
① ㉠을 지나는 냉매는 액체 상태이겠군.
② ㉡을 나와 ㉢으로 이동하는 냉매는 기체 상태이겠군.
③ ㉡으로 유입되는 냉매의 온도는 ㉢으로 유입되는 냉매의 온도보다 더 높겠군.
④ ㉢에서 나갈 때 냉매는 액체와 기체가 혼합된 상태이겠군.
⑤ ㉣로 들어올 때보다 나갈 때의 냉매의 온도가 더 낮겠군.

25. 윗글을 읽은 학생이 <보기>와 같이 메모했을 때, ㉮~㉰에 들어갈 말로 적절한 것은?

<보 기>

해양 온도차 발전 설비에서는 해수와 냉매 사이의 온도 차이가 (㉮) 해수와 냉매 사이의 열을 전달하는 면적이 (㉯) 열 전달량이 (㉰), 발전 효율은 높아진다.

	㉮	㉯	㉰
①	클수록	넓을수록	많아지고
②	클수록	넓을수록	적어지고
③	클수록	좁을수록	적어지고
④	작을수록	좁을수록	적어지고
⑤	작을수록	넓을수록	많아지고

[26 ~ 30] 다음 글을 읽고 물음에 답하시오.

원가회계란 정확한 원가나 수익을 측정하고 분석하는 경영 관리 활동 중 하나이다. 여기서 원가란 기업이 제품을 만들기 위해 재료를 구입하거나 서비스를 얻기 위해 소비된 경제적 가치를 화폐액으로 측정한 것으로, 기업의 입장에서는 원가가 항목별로 얼마나 소비되었는지를 알아야 기업을 경영하는 데 필요한 의사 결정을 할 수 있다. 그래서 기업은 원가를 항목별로 분류하여 집계하고 분석하기 위해 원가회계를 활용한다.

먼저 원가회계에서는 원가를 크게 제조원가와 비제조원가로 나눈다. 제조원가는 재료비, 인건비, 기계 설비 대여비, 공장 임차료 등과 같이, 기업이 재료를 구입하고 제품을 만드는 활동에서 소요된 모든 비용이다. 비제조원가는 광고비나 운반비 등과 같이, 생산된 제품을 판매하고 관리하는 활동에서 소요된 모든 비용으로, 제조원가를 제외한 모든 원가이다. 일반적으로 제조원가와 비제조원가의 합에 예상 수익을 더한 것이 판매가격이 된다. 원가회계에서는 제조원가를 계산할 때 단위당 제조원가를 기준으로 한다. 여기서 단위당 제조원가는 특정 기간에 생산된 제품 한 개의 제조원가를 의미하는 것으로, 발생한 제조원가의 총액을 총생산량으로 ⓐ나누어 구한다.

한편 원가회계에서는 원가행태에 따라 원가를 분류하기도 한다. 원가행태란 조업도의 변화에 따라, 발생한 원가의 총액이 일정한 방식으로 변화하는 움직임을 의미한다. 이때 조업도란 기업이 자원을 최대한 투입하여 생산할 수 있는 규모에서, 현재 어느 정도를 생산하고 있는가를 의미하는 것이다. 조업도는 주로 생산량으로 나타낼 수 있는데, 예를 들어 조업도가 80%라면, 기업이 최대로 생산할 수 있는 총생산량의 80%를 생산하고 있다는 뜻이다. 일반적으로 조업도와 기업의 수익은 비례할 것이라 예측하기 쉽지만, 경우에 따라서는 비용이 추가로 지출될 수 있어 오히려 단위당 제조원가의 변화를 예측하기 어려울 수 있다. 그래서 원가회계에서는 조업도의 변화에 따른 원가의 움직임을 유효하게 적용할 수 있는 조업도의 범위를 임의로 정하고, 그 범위 안의 원가행태를 분석한다.

이러한 원가행태에 따라 원가를 분류하면 고정원가, 변동원가, 혼합원가로 나눌 수 있다. 먼저 고정원가는 조업도의 변화와 상관없이 원가의 총액이 일정하게 발생하는 것으로, 기계 설비 대여비, 공장 임차료 등을 들 수 있다. 예를 들어 제과점이 빵을 만들기 위해 일정 금액을 지불하고 공장을 1년간 빌렸다면, 임차료로 발생한 원가의 총액은 빵을 생산하지 않아도 일정하다. 또한 빵 생산량이 늘거나 줄어도 임차료로 발생한 원가의 총액은 항상 일정하다. 따라서 빵 하나를 생산하는 데 필요한 단위당 임차료는 조업도가 증가할수록 오히려 감소한다.

다음으로 변동원가는 조업도의 변화에 따라 원가의 총액이 비례적으로 증가하거나 감소하는 것으로, 대표적인 예로 제품의 재료비를 들 수 있다. 가령 제과점에서 빵 생산량을 늘리면 그만큼 밀가루 구입비도 늘어나므로, 밀가루 구입비로 발생한 원가의 총액은 조업도의 증가에 따라 비례하여 증가한다. 따라서 빵 하나를 생산하는 데 필요한 단위당 밀가루 구입비는 조업도의 증감과 상관없이 동일하다.

마지막으로 혼합원가는 고정원가와 변동원가의 합으로, 전기 요금이 대표적인 예이다. 전기 요금은 사용량과 관계없이 발생하는 기본요금과 사용량에 따라 발생하는 추가 요금으로 이루어져 있어 고정원가와 변동원가의 특성을 모두 가진다. 그래서 전기 요금으로 발생한 원가의 총액은 조업도의 증가에 따라 비례하여 증가하고, 단위당 전기 요금은 조업도가 증가할수록 감소한다.

이러한 고정원가, 변동원가, 혼합원가를 활용하여 기업은 효율적으로 경영 관리 활동을 할 수 있다. 가령 ㉠기계 설비 대여비에 투자한 비용이 커서 고정원가 비중이 변동원가보다 높은 기업은 조업도를 높이는 데 집중하면 기업의 수익을 높이는 데 효과적이다.

26. 윗글을 읽고, 답을 찾을 수 <u>없는</u> 질문은?
① 원가의 개념은 무엇인가?
② 변동원가의 예로 들 수 있는 것은 무엇인가?
③ 비제조원가를 줄일 수 있는 구체적인 방법은 무엇인가?
④ 기업이 원가 정보를 파악하여 얻을 수 있는 효과는 무엇인가?
⑤ 기업이 판매가격을 책정하는 데 고려할 수 있는 요소는 무엇인가?

27. 원가회계에 대한 설명으로 적절하지 <u>않은</u> 것은?
① 원가회계에서는 단위당 제조원가를 기준으로 제조원가를 계산한다.
② 원가회계에서는 원가를 원가행태에 따라 제조원가와 비제조원가로 나눈다.
③ 기업은 원가를 항목별로 분류하여 집계하고 분석하기 위해 원가회계를 활용한다.
④ 원가회계는 정확한 원가나 수익을 측정하고 분석하는 경영 관리 활동 중 하나이다.
⑤ 원가회계는 조업도의 변화에 따른 원가의 움직임을 유효하게 적용할 수 있는 조업도의 범위를 임의로 정한다.

28. <보기>는 윗글을 이해하기 위한 학습지의 일부이다. 윗글을 바탕으로 <보기>에 대해 보인 반응으로 적절하지 <u>않은</u> 것은? [3점]

───── < 보 기 > ─────

A 회사는 나무 의자 제조를 위해 무인 자동화 기계 설비를 대여하고 2023년 1월부터 1년간 공장을 임차하여 근로자 없이 공장을 가동하였다. 이 회사는 2023년 1월부터 3월까지 의자를 1200개 생산하였고, 지역 신문에 광고를 실어 매달 생산한 의자를 모두 해당 월에 판매하였다. 다음은 이 회사의 2023년 1월부터 3월까지의 원가 분석 자료이다.

월 항목	1월	2월	3월
의자 생산량	200개	400개	600개
목재 구입비(개당)	5만 원	5만 원	5만 원
공장 임차료	100만 원	100만 원	100만 원
기계 설비 대여비	10만 원	10만 원	10만 원
공장 전기 요금	15만 원	25만 원	35만 원
광고비	1만 원	1만 원	1만 원

(단, 제시된 항목 외에 다른 비용은 발생하지 않았고, 조업도는 생산량으로 나타냄.)

① 1월부터 3월까지 비제조원가는 매달 동일하군.
② 목재 구입비로 발생한 원가의 총액은 3월이 가장 높군.
③ 단위당 공장 전기 요금은 2월에 비하여 3월에 증가하는군.
④ 1월부터 3월까지 발생한 변동원가의 비중은 고정원가의 비중보다 높군.
⑤ 4월에 생산량이 없더라도 공장 임차료로 발생한 원가의 총액은 변하지 않겠군.

29. ㉠의 이유를 추론한 내용으로 가장 적절한 것은?
① 기계 설비 대여비 원가의 총액이 제품의 생산량이 늘어날수록 줄어들기 때문이겠군.
② 기계 설비 대여비 원가의 총액이 단계별로 증가해야 기업의 수익을 높일 수 있기 때문이겠군.
③ 조업도를 높이면 단위당 기계 설비 대여비가 감소하여 기업의 수익을 높이는 데 효과적이기 때문이겠군.
④ 단위당 기계 설비 대여비가 증가함에 따라 조업도가 증가하여 판매 가격을 올리는 데 효과적이기 때문이겠군.
⑤ 조업도를 높이면 기계 설비 대여비 원가의 총액이 비례적으로 증가해서 제품의 판매가격이 오르기 때문이겠군.

30. 밑줄 친 부분의 문맥적 의미가 ⓐ와 가장 유사한 것은?
① 20을 5로 <u>나누면</u> 4가 된다.
② 나와 내 동생은 피를 <u>나눈</u> 형제이다.
③ 나는 고향 친구와 이야기를 <u>나누었다</u>.
④ 나는 아내와 모든 즐거움을 <u>나누며</u> 살았다.
⑤ 그들은 물건을 불량품과 정품으로 <u>나누는</u> 작업을 한다.

[31 ~ 34] 다음 글을 읽고 물음에 답하시오.

까막개[黑浦]의 밤은 추위도 모르고 깊어만 갔다.

북술이는 동무들과 맞잡고 둥당의 노래를 부를 때는 아무 시름도 없이 즐겁기만 했다. 그러나 혼자서 이 노래를 읊조리면 얼굴 모습조차 기억 속에 더듬기 어려운 어머니의 옛이야기처럼 서러움이 꿀컥 치밀었다. 둘레를 돌면서도 북술이의 눈은 이따금 ㉠갯가로 옮겨졌고, 그럴 때마다 용바우의 믿음직한 목소리가 귓전을 어루만져 슬픔을 가라앉히곤 했다.

갯가에서는 막걸리를 나누는 참이었는지 한참 잦았던 징소리가 이번에는 더 세차게 마을을 스쳐서는 뒷주봉에 메아리를 울렸다.

'한아부지가 기다릴라.'

아쉬운 생각도 없지 않았지만 노래 중간에서 뺑소니를 쳐 나온 북술이의 걸음은 집에 가까울수록 무거워만졌다.

당산 밑 낭떠러지에 등을 대고 다가붙은 갯집 큰방에는 불빛도 보이지 않았다. 정지와 큰방과 마루를 둘러싼 앞마당은 그대로 행길이자 갯가였다.

"인자사 와……."

굴뚝 뒤로 우거진 동백(冬柏)나무 그림자에서 불쑥 튀어나오는 소리였다.

"아이고 놀랬재라우, 누고……."

"나야, 나."

용바우의 크고 벌어진 어깨가 북술이 앞으로 다가왔다.

"난 또 누구라고, 갯가에서 벌써 왔는지라우."

"안 갔재라, 내일이 유왕님[龍王] 고사 모시는 날이랑께."

"응, 그랴."

북술이는 깜빡 잊었던 용왕제(龍王祭)가 생각났다.

"그렁께로 술도 고기도 못 먹고 정히 한다이께."

까막개 사람들은 바다와 싸우면서 바다를 의지하고 살아왔다. 폭풍우를 만나면 바다가 적이었고, 고요하게 잠자는 날이면 바다보다 다사로운 벗은 없었다.

이 섬에서는 일 년의 넉 달은 농사가 살려 주고 나머지 여덟 달은 바다가 키워 주어 미역과 자반과 생선으로 목숨을 이었다.

그들은 바다에서 나서 바다에서 죽었다. 용바우 아버지도 그랬고, 북술이 아버지도 그러했다. 원수인 바다에 끝없는 저주를 보내면서 바다에 대한 지성은 그들의 신앙이었다.

그러기에 가장 허물없고 깨끗한 젊은이들이 해마다 정초에는 용왕제 집사(執事)로 뽑혔다. 용바우도 금년에는 이 정성스러운 일에 한몫 들었다.

용바우는 열다섯에 첫 배를 탔다. 털보영감으로 통하는 안선달과 두 살 맏이이지만 알이 작기에 대추씨라는 별명을 가진 두칠이 틈에 끼여 북술이 할아버지 박영감과 함께 칠산(七山) 바다에서 연평(延坪) 앞개까지 올리훑는 조기잡이로 시작된 뱃길이 어느새 십 년이 흘렀다.

세월은 박영감의 등에서 살점을 앗아 가고, 머리빛을 갈아 내고, 이마에 밭이랑 같은 주름을 박아 가는 사이에 용바우는 제법 소금섬 두 가마씩을 단숨에 지고 발판을 나는 듯이 뱃전으로 오르내리게 되었다. 간물에 절은 검붉은 얼굴은 윤기를 띠었고 이글이글 타는 화경 같은 눈동자는 박영감의 가슴속 빈 구석을 채워 주었다.

용바우에게 북술이는 거리낌도 수줍음도 없었다. 나이야 먹어 가든 말든 그대로 장난이요 반말이었다. 그러던 북술이가 어느덧 용바우 앞에서 옷고름을 물지 않으면 앞섶을 만지작거리는 버릇이 생겼다.

[해설편 p.090]

박영감은 박영감대로 용바우에 대한 속셈을 했고 용바우는 어느새 북술이가 제 물건처럼 소중해졌다. 북술이도 노상 용바우가 싫지는 않았다.

[중략 부분 줄거리] 출어를 나간 용바우는 돌아오지 않고, 북술은 곱슬머리 청년의 구애를 받는다.

새벽에 진통이 시작하였다는 인실이 어머니가 해 질 무렵에 어린애가 걸린 대로 죽었다는 소문이 온 마을에 퍼졌다. 다물도(多物島)에 배를 가지고 갔던 인실이 아버지가 의사를 모시고 돌아온 것은 이미 운명한 뒤였다.

북술이는 송기 벗기러 갔을 때의 손가락 자리가 종시 솟아나지 않던 인실이 어머니의 다리가 자꾸만 눈앞에 어른거렸다. 나도 시집을 가면 저러랴 싶으니 등골이 오싹했다.

'의사가 있는 육지에 가 살아야지.'

북술이의 마음은 자꾸만 육지로 줄달음쳤다.

곱슬머리가 사흘째 찾아왔다.

"긴차쿠가 내일 저녁 목포로 떠나, 꼭 같이 가지?"

"그라재라우!"

북술이의 눈망울은 안개보다 깊었다.

"내일 저녁 해 떨어지문 곧……."

"야."

"까막바위로 와."

"가지라우."

곱슬머리에게 승낙을 하고 난 북술이의 마음은 한곬으로 정해졌다. 육지에 가서 자리만 잡으면 할아버지도 모시자는 곱슬머리의 눈동자에는 진정이 고였다고 생각되었다.

자기를 아껴 주는 사람이면 다 고마웠다. 북술이의 머리에는 언제인가 한 번 보았던 육지의 화려한 모습이 그물코처럼 연달아 떠올랐다. 기차를 타고 자꾸자꾸 가고만 싶었다. 곱게 생겼다는 어머니의 얼굴도 그려 보았다. 그럴수록 북술이의 머릿속은 엉클어져 뜬눈으로 밤을 새웠다.

집을 나선 북술이는 끝내 까막바위로 나갔다.

해는 수평선에 가라앉았다. 어둠이 밀물처럼 스며들었다.

뎀마*가 까막바위에 와 닿았다. 그러나 북술이는 보이지 않았다. 곱슬머리는 북술이가 자기를 놀라게 하려고 숨었나 싶었다. 몇 차례나 바위를 돌았다. 아무리 돌아도 북술이의 모습은 찾을 길 없었다.

곱슬머리는 뎀마를 나루터로 돌렸다. 그러나 마을 어느 구석에도 북술이의 그림자는 찾아볼 수 없었다. 건착선에서는 연달아 고동이 울려 왔다. 뎀마가 갯가에서 사라진 후 얼마 안 되어 건착선은 앞개를 떠났다.

ⓛ 까막바위에 선 북술이의 눈앞에는 고래등 같은 용바우가 가로막고 섰다. 할아버지의 꿀대를 파고 솟구치는 가래침 소리가 목덜미를 잡았다. 다음 용왕당과 나루터와 갯벌이 머릿속에 비좁게 감돌았다.

'그라문 씨집도 안 가구 큰애기로 늙으라제.'

용바우의 황소 같은 목소리가 어깻죽지를 붙잡았다.

뎀마의 물 가르는 소리가 점점 까막바위로 가까워 왔다.

북술이는 갑자기 마을 쪽으로 쏜살같이 달아났다. 용바우가 내일 틀림없이 연락선으로 돌아올 것만 같았다.

까막개의 아낙네들은 그리다가 목마르고, 기다리다 지쳐서 쓰러지면서도 바다와 더불어 살았다.

— 전광용, 「흑산도」 —

* 뎀마: 돛이 없는 작은 배.

31. 윗글의 서술상 특징으로 가장 적절한 것은?

① 서술자가 인물의 내면을 드러내어 독자의 이해를 돕고 있다.

② 서술자가 관찰자의 입장에서 사건을 전달함으로써 객관성을 높이고 있다.

③ 서술자가 사건을 이야기 속에서 전달하다가 이야기 밖에서 전달하고 있다.

④ 시간의 흐름에 따라 서술자를 달리하여 사건에 대한 다양한 관점을 제시하고 있다.

⑤ 등장인물로 설정된 서술자가 자신의 관점에서 다른 인물들에 대한 견해를 제시하고 있다.

32. 윗글에 대한 이해로 적절하지 <u>않은</u> 것은?

① 용바우는 열다섯 살에 첫 배를 탔다.

② 북술이는 인실이 어머니와 송기를 벗기러 갔었다.

③ 박영감은 용바우와 함께 바다로 나가 조기잡이를 했다.

④ 용바우는 북술이를 보기 위해 고사도 가지 않고 그녀를 기다렸다.

⑤ 북술이는 할아버지가 자신을 기다릴 것이라는 생각에 아쉬움을 뒤로 하고 집으로 향했다.

33. ㉠과 ㉡에 대한 이해로 가장 적절한 것은?

① ㉠은 인물이 기억을 잃는, ㉡은 인물이 기억을 되찾는 공간이다.

② ㉠은 ㉡과 달리, 인물이 대상의 부재 이유를 깨닫는 공간이다.

③ ㉡은 ㉠과 달리, 인물이 예상치 못한 타인과 마주치는 공간이다.

④ ㉠과 ㉡은 모두, 인물이 타인을 관찰하기 위해 몸을 숨긴 공간이다.

⑤ ㉠과 ㉡은 모두, 인물이 자신을 소중하게 생각하는 대상을 떠올리는 공간이다.

34. <보기>를 참고하여 윗글을 감상한 내용으로 적절하지 <u>않은</u> 것은? [3점]

━━━━━━━━━━〈 보 기 〉━━━━━━━━━━

　이 작품에서 바다와 섬은 섬사람들의 삶에 절대적 영향을 미친다. 섬사람들은 바다와 섬에 대해 양면적인 태도를 보이는데, 그들은 삶의 터전이자 시련을 주는 바다와 대립하면서도 바다를 숭배한다. 또한 열악한 환경인 섬에서 벗어나고 싶어 하면서도, 그 안에서 서로를 의지하며 섬사람의 운명에 순응하는 삶을 이어가고자 한다.

━━━━━━━━━━━━━━━━━━━━━━━━━━━━

① 까막개 사람들이 바다에서 나는 것들로 목숨을 이어가면서도 바다로 인하여 목숨을 잃게 되는 것에서, 삶의 터전이자 시련의 공간인 바다의 모습을 확인할 수 있군.

② 까막개 사람들이 바다를 저주하면서도 허물없고 깨끗한 젊은이들을 뽑아 용왕제를 준비하는 것에서, 바다와 대립하면서도 바다를 숭배하는 섬사람들의 모습을 확인할 수 있군.

③ 북술이가 인실이 어머니의 죽음에 대한 소문을 듣고 의사가 있는 육지에서 살고 싶어 하는 것에서, 열악한 환경인 섬에서 벗어나고 싶어하는 섬사람의 모습을 확인할 수 있군.

④ 북술이가 곱슬머리가 할아버지를 모시자고 한 제안에 진정성을 느끼는 것에서, 섬 안에서 서로 의지하며 살아가는 섬사람들의 모습을 확인할 수 있군.

⑤ 북술이가 용바우가 돌아올 것만 같다고 느끼며 마을로 향하는 것에서, 섬사람의 운명에 순응하는 삶을 선택한 섬사람의 모습을 확인할 수 있군.

[35 ~ 38] 다음 글을 읽고 물음에 답하시오.

(가)

산 너머 저 부자님 곡식 두고 자랑마오
입고 벗고 먹고 굶기 그 무엇이 관계(關係)한가
부세(浮世)에 좋은 영광 과거(科擧)밖에 또 있는가
하물며 모인 사람 한결같이 하는 말이
일 년에 대소과(大小科)는 평생 끽착(喫着)* 못 다 하리
규중(閨中)에 어리석은 부녀(婦女) 그 말을 믿었더니
벼슬길에 못 올라서 귀향은 무슨 일인가
지은 죄 없건마는 노하시니 천은(天恩)일세
머나먼 변방 길에 가네 오네 빚이로다
팔고 남은 적은 밭을 또 한 자리 판단 말인가
이제는 **남은 전지(田地) 역농(力農)이나 하자 하니**
어릴 때 엇나간 임을 내 어이 길들이리
　　　　　　　　(중략)
아무 마을 아무 댁은 자기 가장(家長) 자랑 말이
아기 때 스승 따라 천자문과 유합(類合)을 배우더니
가난에 놀랐는지 책을 묶어 시렁에 얹고
괭이 메고 호미 쥐어 논 매고 밭을 가꿔
여름에 수고하여 가을에 타작하니
집안 식구 배 불리고 환곡 세금 걱정없네
이 아니 신선인가 과거(科擧)하여 무엇하리

나도 ㉠그 말 들어 갑자기 깨달으니
글공부 하던 허비(虛費) 과거 보던 이 비용을
다 두어 전지(田地)사고 부경부엽(夫耕婦饁)*하였다면
저 부인 저 남편을 설마한들 못 미치겠는가
부질없는 이 말씀을 시원히 하자한들
있느니 없는 말씀 들으시기 싫으신지
마루 위 문 안으로 들이시지 않으시니
초당의 손님 가고 고요히 계실 때에
손자딸 옆에 끼고 부엌 웃문(門)을 여니
천황씨(天皇氏) 벗님 가장(家長) 찬 장판 위에 앉아
무슨 사업(事業) 또 하시려 책장을 펴 씨름 하네
문 밖에 권농차사(勸農差使)* 문관이라 두려웠는지
차지(次知)*는 두고 가오 내일 부디 바치소서
그는 좋게 마감하나 저 아이 소리 듣소
어제 아침 먹은 후에 다시 입을 못 데우니
분별없는 제 마음에 두고 아니 주는 듯이
저런 일 생각하니 그 누구 탓이 된다 하리
책 덮고 돌아앉아 나에게 하는 말씀
인황씨(人皇氏) 몇 대 손자 수인씨(燧人氏)*되었던지
절로 맺은 나무 열매 먹고 좋게 살던 것을
수인씨(燧人氏) 다사(多事)하여 교인화식(敎人火食)*하였구나
우리 부부 굶는 일은 그 탓이 수인씨(燧人氏)요
구만리 높은 위에 옥황상제 앉아 계셔
천하 사람 부귀 빈천 마련하여 주었으니
굶는 탓 물으련들 어이하여 올라가리
탓 물어 무엇하리 하늘만 기다리오
구태여 저 상제님이 무록인(無祿人)*을 내었을까
나도 ㉡이 말 듣고 말하여 무익하오
문 닫고 돌이켜 생각하니 오냐 어이하리
세상에 굶고 벗고 글 하다가
과거(科擧)도 못한 사람 많으니라

　　　　　　　　　　－ 순천 김 씨, 「노부탄(老婦歎)」 －

* 끽착: 의복과 음식을 아울러 이르는 말.
* 부경부엽: 남편은 밭 갈고, 아내는 점심을 내감.
* 권농차사: 조선 시대에 농사를 장려하던 직책.
* 차지: 세금 통지서.
* 수인씨: 중국 전설상의 황제.
* 교인화식: 불로 음식을 조리하는 방법을 가르침.
* 무록인: 녹봉이 없던 벼슬아치.

(나)

　지리산은 혹 두류산이라고도 부른다. 지리산의 발단이 북쪽의 백두산에서부터 시작되는데 꽃봉오리 같은 산봉우리와 꽃받침같이 아름다운 계곡이 끊이지 않고 이어져 내려와 대방군에까지 이르게 된다. ⓐ그 산이 수 천리에 이었고 십여 고을에 걸쳐 있으므로 한 달 정도를 돌아다녀야 그 끝간 데를 알 수 있다. 옛 노인들 사이에 서로 전해오는 얘기에 "지리산 안에 청학동이 있는데 그곳으로 가는 길이 매우 좁아서 겨우 한 사람이 다닐 만하다. 머리를 숙이고 엎드려서 몇 리쯤 가다 보면 이내 확 트인 넓은 땅을 만나게 되는데 사방의 땅이 모두 기름져서 곡식을 뿌리고 심어서 기르기에 알맞다. 그러나 ⓑ그곳에는 오직 청학(靑鶴)만이 살고 있기 때문에 청학동이라 부르게 된 것이다. 그곳은 옛날에 속세를 등진 사람이 살았던 곳이라서 아직도 가시덤불로 덮인 빈터에 허물어진 담장과 구덩이가 남아 있다."라는 말이 있다.

옛날에 내가 당형(堂兄)인 최 상국(相國)과 함께 옷을 걷어 부치고 속세를 떠나 평생 은둔하려는 데 뜻을 두고 있었다. 그래서 둘이서 이 골짜기를 찾아가기로 약속하고는 대통발에 송아지 두세 마리를 싣고 **청학동으로 들어가 살**며 속세와 절연하고자 했다. 드디어 **화엄사에서 출발**하여 화개현에 이르러 신흥사에서 묵었는데, 지나는 곳마다 선경이 아닌 곳이 없었다. 바위들이 아름다움을 자랑하고 골짜기마다 물이 다투어 흐르며 대나무 울타리와 띠로 이은 집들이 복숭아꽃과 살구꽃 사이로 어른거리니 ⓒ마치 인간 세상이 아닌 듯했다. 그러나 사람들이 말하는 청학동은 끝내 찾을 수가 없어서 다음과 같은 **시를 바위에 남겨**두었다.

(중략)

어제 서재에서 우연히 오류선생(五柳先生)의 문집을 보게 되었는데 그 안에 「도원기(桃源記)」가 있기에 그것을 반복해서 읽었다. 그 글의 내용은 대략 이러했다. ⓓ진(秦)나라 사람들이 전란을 싫어해서 처자식을 이끌고 지세가 깊고 험준한 곳을 찾아들었다가 산이 겹겹이 쌓여 있고, 시내가 어지럽게 흘러내려 나무꾼들조차도 찾을 수 없는 산골을 발견하여 거기에서 살았다. 진(晉)나라 태원 연간에 한 어부가 요행히 그곳에 찾아들었다가 갑자기 돌아가는 길을 잊어버리고 다시는 되돌아가지 못하였다.

훗날에 그곳의 경치를 채색으로 그리고 노래를 지어 그곳의 아름다움을 전하여 도원을 신선 세계라 여기게 되었다. 그러므로 그곳은 신선의 마차를 타고 다니며 장수하는 사람들이 영원히 살아갈 만한 곳이었다. 아마도 내가 도원기를 미숙하게 읽었기 때문일 것이니 ⓔ실제로는 청학동과 다름이 없는 곳이리라. **어떻게 하면** 유자기(劉子驥)*와 같은 고상한 선비를 만나 나도 한번 **그곳을 찾을 수 있을까**?

— 이인로, 「청학동기(靑鶴洞記)」 —

* 유자기: 진나라 남양의 선비, 도원을 찾으려 했지만 결국 찾지 못했다고 함.

35. (가)와 (나)의 공통점으로 가장 적절한 것은?
① 명암의 대비를 통해 대상에 대한 인식을 드러내고 있다.
② 반어적 표현을 통해 대상에 대한 감정을 드러내고 있다.
③ 연쇄의 방식을 통해 공간의 변화 과정을 드러내고 있다.
④ 명령형 어미를 통해 상황에 대한 정서를 드러내고 있다.
⑤ 물음의 방식을 통해 대상에 대한 태도를 드러내고 있다.

36. ㉠과 ㉡에 대한 이해로 가장 적절한 것은?
① ㉠과 ㉡은 모두, 시적 화자가 자신감을 얻는 계기로 작용하고 있다.
② ㉠과 ㉡은 모두, 시적 화자가 상대의 행동을 오해하는 계기로 작용하고 있다.
③ ㉠과 ㉡은 모두, 시적 화자가 상대에 대한 신뢰를 회복하는 계기로 작용하고 있다.
④ ㉠은 시적 화자가 상대를 부러워하는 계기로, ㉡은 시적 화자가 상대를 위로하는 계기로 작용하고 있다.
⑤ ㉠은 시적 화자가 자신의 지난날을 되돌아 보는 계기로, ㉡은 시적 화자가 상대와의 대화를 단념하는 계기로 작용하고 있다.

37. ⓐ~ⓔ에 대한 설명으로 적절하지 않은 것은?
① ⓐ: 북쪽 백두산에서부터 시작되어 이어진 지리산의 광대한 범위를 확인할 수 있다.
② ⓑ: 청학동이라는 이름으로 불리게 된 유래를 알 수 있다.
③ ⓒ: 청학동을 찾아가는 중에 마주한 자연 풍경에 대한 감상을 확인할 수 있다.
④ ⓓ: 진나라 사람들이 청학동에 살게 된 이유를 확인할 수 있다.
⑤ ⓔ: 도원과 청학동을 동일한 성격의 공간으로 인식하고 있음을 알 수 있다.

38. <보기>를 바탕으로 (가)와 (나)를 감상한 내용으로 적절하지 않은 것은? [3점]

< 보 기 >
(가)와 (나)는 부정적 상황에 대응하는 과정에서 기대가 좌절되었던 작가의 경험이 서로 다른 모습으로 형상화되고 있다. (가)에는 남편의 출세로 영화를 얻으려던 기대가 좌절되자 무능한 남편을 설득하다 실패한 작가가 현실을 수용했던 경험이, (나)에는 속세와 단절된 이상적 공간을 찾는 데 실패한 작가가 좌절된 기대를 포기하지 않았던 경험이 나타난다.

① (가)의 '벼슬길에 못 올라서 귀향은 무슨 일인가'에서 남편의 출세로 영화를 얻으려던 기대가 좌절된 작가의 경험을 엿볼 수 있군.
② (가)의 '머나먼 변방 길에 가네 오네 빚'이라며 '남은 전지 역농이나 하자 하'는 것에서 부정적 상황에 대응하는 작가의 경험을 엿볼 수 있군.
③ (나)의 '청학동으로 들어가 살'고자 '화엄사에서 출발'한 것에서 속세와 단절된 이상적 공간을 찾으려 했던 작가의 경험을 엿볼 수 있군.
④ (가)의 '규중에 어리석은 부녀 그 말을 믿었더니'에서 남편을 설득하는 데 실패한 작가의 모습을, (나)의 '시를 바위에 남'기는 모습에서 이상적 공간을 찾는 데 실패한 작가의 모습을 엿볼 수 있군.
⑤ (가)의 '문 닫고 돌이켜 생각하니 오냐 어이하리'에서 기대가 좌절된 현실을 수용하는 작가의 모습을, (나)의 '어떻게 하면' '그곳을 찾을 수 있을'지 생각하는 것에서 기대를 포기하지 않는 작가의 모습을 엿볼 수 있군.

[39 ~ 41] 다음 글을 읽고 물음에 답하시오.

(가)

㉠이 투박한 대지에 발은 붙였어도
흰 구름 이는 머리는 항상 하늘을 향하고 사는 산

언제나 숭고할 수 있는 푸른 산이
그 푸른 산이 오늘은 무척 부러워

㉡하늘과 땅이 비롯하던 날 그 아득한 날 밤부터
저 산맥 위로는 푸른 별이 넘나들었고

골짝에는 양 떼처럼 흰 구름이 몰려오고 가고
때로는 늙은 산 수려한 이마를 쓰다듬거니

고산식물들을 품에 안고 길러낸다는 너그러운 산
정초한 꽃그늘에 자고 또 이는 구름과 구름

내 몸이 가벼이 흰 구름이 되는 날은
강 너머 저 푸른 산 이마를 어루만지리……

— 신석정, 「청산백운도」 —

(나)

새로 핀 꽃에서 어머니를 만나네
나에게는 어린아이가 많다네
꽃들이 옷 입는 법을
새로 가르쳐 주면
새 옷 입고 사운사운 시를 쓰겠네

이 도시가 악어들의 이빨로 가득해도
이만하면 살 만하다네
㉢우리는 모두 고향을 버리고 온 새
그래도 혼자가 아니라네
㉣아침이 또 찾아왔잖아
새 길이 내 앞에 누워 있잖아
고통과 쓸쓸함이 따라다니지만
부드러운 비가 어깨를 감싸 주는 날도 있지
새로 또 꽃은 피어
눈부시게 옷 입는 법을 가르쳐 주고
새들은 풀잎 같은 혀로 시 짓는 법을 들려주네
나무들은 몸으로 춤을 보여 주네

아무래도 나는 사랑을 앓고 있는 것 같네
㉤악어들이 검은 입을 벌린 이 도시
왜 자꾸 새 옷을 차려입고 싶은지
왜 자꾸 사운사운 시를 짓고 싶은지

— 문정희, 「새 옷 입는 법」 —

39. (가)와 (나)에 대한 설명으로 가장 적절한 것은?

① (가)는 (나)와 달리, 음성상징어를 통해 시적 의미를 강조하고 있다.
② (나)는 (가)와 달리, 역설적인 표현을 통해 주제 의식을 부각하고 있다.
③ (나)는 (가)와 달리, 유사한 문장 구조의 반복을 통해 시상을 마무리하고 있다.
④ (가)와 (나)는 모두, 청각적 심상을 통해 대상의 특성을 드러내고 있다.
⑤ (가)와 (나)는 모두, 말을 건네는 방식을 통해 청자에 대한 친근감을 표현하고 있다.

40. ㉠ ~ ㉤의 의미로 적절하지 않은 것은?

① ㉠: '머리'와 '발'의 대비를 통해 '산'이 지향하는 공간을 보여 준다.
② ㉡: '아득한'을 통해 '푸른 별'이 넘나드는 움직임이 오래전부터 지속되었음을 보여 준다.
③ ㉢: '모두'를 통해 '우리'의 상황이 동일함을 드러낸다.
④ ㉣: '또'를 통해 '아침'이 와도 변하지 않는 일상의 한계를 보여 준다.
⑤ ㉤: '검은'을 통해 '도시'에 대한 부정적 인식을 드러낸다.

41. <보기>를 바탕으로 (가)와 (나)를 감상한 내용으로 적절하지 않은 것은? [3점]

─< 보 기 >─

시에서는 화자가 자연을 긍정적으로 인식하고 지향하는 모습이 다양하게 형상화된다. (가)에서 화자는 자연을 불변성과 포용력을 지닌 존재로 인식하며, 동경하는 자연과 어우러지는 날을 희망한다. (나)에서 화자는 자연을 모성을 지닌 존재로 인식하며, 이러한 자연으로부터 배운 삶의 방식을 험난한 현실에서 실현하기를 희망한다.

① (가)에서는 '언제나 숭고할 수 있는 푸른 산'이 '고산식물들을 품에 안고 길러낸다'는 것에서 자연을 불변성과 포용력을 지닌 존재로 여기는 화자의 인식을 확인할 수 있군.
② (가)에서는 '푸른 산'을 '부러워'하는 '내'가 '흰 구름이 되는 날'에 '푸른 산'의 '이마를 어루만지'겠다는 것에서 동경하는 자연과 어우러지고 싶은 화자의 희망을 확인할 수 있군.
③ (나)에서는 '새로 핀 꽃에서 어머니를 만'난다는 것에서 자연을 모성을 지닌 존재로 여기는 화자의 인식을 확인할 수 있군.
④ (나)에서는 '새들'이 '시 짓는 법을 들려주'는 것과 '나무들'이 '몸으로 춤을 보여 주'는 것에서 자연으로부터 배운 삶의 방식을 험난한 현실에서 실현하고 있는 화자의 모습을 확인할 수 있군.
⑤ (가)에서는 '흰 구름'이 '쓰다듬'는 '늙은 산'의 '이마'를 '수려'하다고 한 것에서, (나)에서는 '어깨를 감싸 주는' '비'를 '부드'럽다고 한 것에서 자연을 긍정적으로 인식하는 화자의 모습을 확인할 수 있군.

[해설편 p.092]

국어 영역

[42 ~ 45] 다음 글을 읽고 물음에 답하시오.

이날 부마가 장신부적을 써서 부모와 승상 부부와 육개 처첩과 비복 등을 각각 한 장씩 맡겨 옷깃 속에 감추어 어려운 일을 면하게 하고 외당에 거하여 천명을 기다리더라.

이튿날 양처상과 사일보 등이 위조 서간을 만들어 천자께 드려 왈,

"신 등이 임호은의 간정을 잡았사오니 폐하는 바삐 호은의 부자를 잡게 하소서."

상이 그 서간을 보시니, 임호은의 글씨와 박지근의 필적이라. 글의 사연이 나라를 비방하여 찬역코자 하는 글이어늘, 상이 남필에 익노하사 왈,

"바삐 준일 부자를 잡아들여라."

하시니, 양처상 등이 수명하고 우림장군(羽林將軍) 호연수(胡連洙)를 불러 왈,

"그대는 우림군 삼백을 거느려 임호은의 집을 둘러싸고 호은의 머리를 베어 오라."

호연수가 청령하고 갑옷을 갖추고 군사를 거느려 임부를 둘러싸고 연수가 큰 칼을 들고 바로 각로 부자에게 달려들어 베고자 하였더니, 홀연 공중에서 철갑 입은 신장이 내려와 방천극을 들어 칼을 막으며 꾸짖어 왈,

"군명이 아무리 엄혹한들 네 어찌 이렇듯 방자하리오. 각로 부자는 송국 출신이어늘 네 감히 충신을 해치려 하느냐."

언파에 연수를 잡아 문밖에 내치고 문득 간 데 없는지라. 연수가 황급하여 칼을 던지고 땅에 엎드려 애걸 왈,

"황명이 급하오니 바라건대 각로 부자는 어명을 순종하소서."

각로 부자가 왈,

[A] "신자가 되어 어찌 군명을 거역하리오. 그대는 우리 부자의 몸을 결박하라."

연수가 바야흐로 각로 부자를 결박하여 돌아와 황상께 임준일 잡아 온 사연을 주달하온데, 천자가 승정전(承政殿)에 어좌하시고 형구를 갖춘 후 각로 부자를 잡아들여 계하에 꿇리고 수죄 왈,

"짐이 너의 부자를 박대함이 없거늘 무엇이 부족하여 찬역을 도모하느뇨. 이실직고(以實直告)하라."

임 부마가 고두 주 왈,

"신의 부자가 다만 군상만 아옵고 충성을 다하여 성은을 만분지일이나 갚고자 하였더니, 이렇듯 죄상이 나타났사오니 무슨 말씀을 주달하오리까."

상이 크게 꾸짖어 가라사대,

"가난한 도적이 무엇을 발명코자 하느뇨."

하시고, 좌우를 호령하여 각로 부자를 올려 매고 치라 하신데, 집장무사(執杖武士)가 힘을 다하여 칠새, 삼백여 장을 치되 각로 부자는 조금도 상하는 곳이 없고 형장 소리만 산천이 뒤덮는 듯하니, 상이 더욱 대로하사 집장을 갈아 엄히 칠새, 팔백여 장에 이르도록 집장 소리만 날 뿐이요, 각로 부자는 조금도 상하는 데 없는지라.

[중략 부분 줄거리] 절도에 유배된 임호은은 천기를 살펴 천자에게 향하던 중 금화산 유수 선생에게 갑옷과 보검 등을 얻는다.

임 부마가 정신을 차려 동정을 살펴보니, 호진 장졸이 모두 연석에 향하였으니, 부마가 들어오는 줄 알지 못하고 풍류소리와 살벌지성(殺罰之聲)*이 낭자하더라.

부마가 몸을 솟아 연석에 들어가니, 천자가 호왕과 빈주 분좌하시고 호왕의 등 뒤에 여덟 장수가 창검을 들고 섰으니, 살기가 등등하고 천자를 모신 세 장수는 얼굴이 백지장 같아 병기를 잡지 못하였으며, 황상의 용안이 사상이 되어 일신을 안정치 못하시거늘, 부마가 바로 짓치고자 하다가 적의 동정을 보려 하고 몸을 날려 천자 뒤에 은신하고 살피니, 이윽고 달세통, 장운간이 여복을 장속하고 각각 비수를 들고 들어와 호왕께 검무를 청하거늘, 호왕이 쾌히 허하니 양장이 연석에서 검무하는지라.

임 부마가 벽력도를 들고 급히 내달아 달세통, 장운간을 각각 발길로 차서 던지니, 양인이 비수를 던지고 거꾸러져 피를 토하거늘, 부마가 전포로 천자를 가리우며 봉안을 높이 떠 호왕을 보며 꾸짖어 왈,

"무도한 오랑캐 감히 만승천자를 해코자 하니 어찌 살려 하느뇨."

하고, 벽력도를 한 번 들어 치니, 한 줄 화광이 일어나며 호왕의 시위(侍衛) 팔장(八將)의 머리 일시에 내려지는지라.

호왕이 천자를 해하려 하더니 불의에 신장이 내려와 양장을 차서 거꾸러뜨리고, 팔장의 머리 베임을 보고 혼비백산(魂飛魄散)하여 면색(面色)이 여토(如土)하여 동인 듯이 앉았거늘, 부마가 호왕을 베고자 하나 행여 천자의 옥체 상할까 하여 천자를 옆에 끼고 몸을 날려 나올새, 벽력도를 들고 좌우충돌하니 칼이 이는 곳에 호진 장졸의 머리 추풍낙엽 같으니, 감히 막을 자가 없는지라.

부마가 천자를 옆에 끼고 성을 넘어와 마상에 뫼시고 복지 통곡 왈,

"폐하는 용체를 진중하소서. 소신 임호은이 이에 왔나이다."

천자가 호왕의 간계에 빠져 사지에 들었으매 죽기만 바라시더니, 뜻밖에 신장이 내려와 호장 벰을 보시매 아무런 줄 모르시더니, 임호은 삼자를 들으시고 경희하여 반향이나 어린 듯하시다가 정신을 진정하사 왈,

"짐이 지금 호진에 있느냐. 아까 짐을 옆에 끼고 나온 장수 진실로 경이렷다."

언흘에 통곡하시거늘, 부마가 돈수 통곡 왈,

"소신 임호은이 불충하와 폐하 이렇듯 욕을 당하심이로소이다."

천자가 부마의 손을 잡으시고 낙루 왈,

"짐이 불명하여 경의 충성을 알지 못하고 간신의 꾀에 빠져 경으로 하여금 해외에 고초하게 하니, 이제 백번 뉘우치나 미치지 못하는지라. 어찌 용히 짐의 위태함을 알아 이렇듯 짐의 목숨을 구하뇨."

부마가 천자를 위로 왈,

"폐하는 옥체를 진중하옵소서. 신이 적소에서 천기를 보온즉 폐하의 주성이 운무에 싸였기로 주야 배도하여* 이르렀삽더니, 폐하의 이렇듯 하심은 신의 불충이로소이다. 그러나 신이 죄인으로 폐하의 부르시는 명이 없사오니, 신의 죄가 더욱 중하여이다."

상이 위유하사 왈,

[B] "짐이 불명하여* 간신의 참언을 살피지 못하니, 어찌 하늘이 벌하지 아니시리오. 용담호구에 들었거늘 경의 충성으로 독행만리(獨行萬里)하여 사지에 있던 임금을 구하니, 경의 충성은 고금에 쌍이 없으리로다."

하시며 추회(追悔)하시거늘*, 부마가 다시 주 왈,

"이는 간신의 무리 폐하의 성총을 가리움이요, 또한 신의 운명이오니 어찌 폐하의 과실이리까. 신하가 되어 군부의 위급함을 구함은 상사이옵거늘, 어찌 과도히 응대하시나이까."

인하여 황상을 모셔 대진으로 돌아올새, 일진 장졸이 부마의 용

맹함을 보고 희열 왈,
"임 부마가 와 계시니, 아 등의 성명은 보전하리라."
하고 만세를 부르니, 그 소리 원근에 진동하더라.
　　　　　　　　　　　　　　　　– 작자 미상, 「임호은전」 –

　*살벌지성: 음악의 곡조가 거칠고 급하여 무시무시한 느낌을 주는 소리.
　*배도하다: 이틀에 갈 길을 하루에 걷다.
　*불명하다: 사리에 어둡다.
　*추회하다: 지나간 일을 후회하다.

42. 윗글에 대한 설명으로 가장 적절한 것은?
① 언어유희를 통해 인물의 성격을 비판하고 있다.
② 인물의 희화화를 통해 해학성을 드러내고 있다.
③ 꿈과 현실을 교차 서술하여 사건의 실마리를 밝히고 있다.
④ 시간의 역전을 통해 사건을 새로운 국면으로 전환하고 있다.
⑤ 비유적 표현을 사용하여 인물이 처한 상황을 드러내고 있다.

43. 윗글에 대한 이해로 적절하지 <u>않은</u> 것은?
① 임호은은 천기를 읽어 천자의 위험을 예측했다.
② 양처상은 호연수에게 임호은을 죽이라고 명령했다.
③ 임호은은 천자의 몸이 상할까 걱정하며 호왕을 베었다.
④ 호연수는 공중에서 내려온 신장에 의해 문밖으로 내쳐졌다.
⑤ 호진의 장졸들은 임호은이 성에 침입한 것을 눈치채지 못했다.

44. [A]와 [B]에 대한 설명으로 가장 적절한 것은?
① [A]는 자신의 신념을 밝히며 상대에게 조언하고 있고, [B]는 자신의 잘못을 변명하며 상대를 탓하고 있다.
② [A]는 미래를 예측하여 상대의 배려를 기대하고 있고, [B]는 과거를 회상하며 상대의 용서를 바라고 있다.
③ [A]는 상대의 능력을 무시하며 상대를 비난하고 있고, [B]는 자신의 능력을 과시하며 상대의 문제를 해결하고 있다.
④ [A]는 자신이 입을 피해를 언급하며 상대를 설득하고 있고, [B]는 자신이 얻을 이익을 설명하며 상대의 이해를 구하고 있다.
⑤ [A]는 복종의 당위성을 인정하며 상대의 요구를 수용하고 있고, [B]는 자신의 행동을 후회하며 상대의 능력을 인정하고 있다.

45. <보기>를 바탕으로 윗글을 감상한 내용으로 적절하지 <u>않은</u> 것은?
　　　　　　　　　　　　　　　　　　　　　　　　　[3점]

< 보 기 >
　이 작품은 천상계에서 하강한 주인공이 고난과 행운을 반복적으로 경험하며 유교적 가치를 실현하는 영웅 소설이다. 주인공은 윤리적으로 타락한 신하들의 모함으로 겪는 고난을 비범한 능력으로 견디며 충신의 소임을 다한다. 이후 주인공은 국가적 위기 상황을 절대적인 힘을 사용하여 해결하며, 천자로부터 신하로서의 명예를 회복하고 사람들에게 영웅으로 인정받는다.

① 양처상과 사일보가 천자께 드리는 서간을 위조한 점에서, 윤리적으로 타락한 인물의 모습을 확인할 수 있겠군.
② 임 부마가 집장무사가 힘을 다해 치는 장을 맞고도 조금도 상하는 곳이 없다는 점에서, 비범한 능력으로 고난을 견디는 인물의 모습을 확인할 수 있겠군.
③ 임 부마가 한 번 들어 치면 화광이 일어나는 벽력도로 적들을 물리치며 천자를 구하는 것에서, 국가적 위기 상황에서 절대적인 힘을 발휘하는 인물의 모습을 확인할 수 있겠군.
④ 임 부마가 달세통과 장운간을 물리치고 전포로 천자를 가리며 호왕을 꾸짖는 것에서, 천자로부터 신하로서의 명예를 회복한 인물의 모습을 확인할 수 있겠군.
⑤ 일진 장졸이 부마의 용맹함을 보고 희열하며 만세를 부르는 것에서, 사람들에게 영웅으로 인정받는 인물의 모습을 확인할 수 있겠군.

※ 확인 사항
○ 답안지의 해당란에 필요한 내용을 정확히 기입(표기)했는지 확인하시오.

2022학년도 11월 고1 전국연합학력평가 문제지

1

국어 영역

제 1 교시

11회

● 문항수 45개 | 배점 100점 | 제한 시간 80분

● 점수 표시가 없는 문항은 모두 2점

11회

[1~3] 다음은 강연이다. 물음에 답하시오.

안녕하세요? 식품 안전 연구소의 ○○○입니다. 여러분은 식품을 구매할 때 식품 포장지에서 어떤 정보를 주로 보시나요? (청중의 대답을 들고) 네, 주로 영양 성분을 보시는군요. 하지만 식품 포장지에는 영양 성분 외에도 유익한 정보가 많이 있습니다. 오늘은 식품 포장지의 표시사항에 대해 알려드리겠습니다.

(㉠ 자료 제시) 지금 보시는 화면은 식품을 구매할 때 통상적으로 보게 되는 주표시면입니다. 이렇게 주표시면에는 제품명과 내용량 및 열량, 그리고 상표 등이 표시돼 있습니다. 특히 여기에서 눈여겨볼 부분이 있는데요. 제품명에 '향' 자가 보이시나요? 제품명에 특정 맛이나 향이 표시되어 있고 그 맛이나 향을 내기 위한 원재료로 합성 향료만을 사용했기 때문에 보시는 것처럼 '복숭아향'이라고 적혀 있습니다. 그리고 합성 향료가 첨가되었다는 문구도 제품명 주위에서 확인할 수 있습니다.

그럼 다음 화면을 보시죠. (㉡ 자료 제시) 이 화면은 다른 식품의 주표시면인데, 여기에서는 어떤 정보를 알 수 있을까요? 제품명을 보고 소고기만으로 만든 식품이라고 생각하시는 분들이 많을 텐데요. 아래쪽을 보시면, 소고기와 함께 돼지고기도 일부 포함되어 있음을 알 수 있습니다. 이 식품과 같이 식육가공품은 가장 많이 사용한 식육의 종류를 제품명으로 사용할 수 있는데요. 이런 경우에는 식품에 포함된 모든 식육의 종류와 함량이 주표시면에 표시되어 있으니 꼭 확인해 보세요.

(㉢ 자료 제시) 이 화면은 앞서 보신 식품 포장지의 다른 면을 확대한 것입니다. 여기에는 식품유형, 원재료명, 유통기한, 주의사항 등 다양한 정보가 있는데요. 이렇게 표시사항을 한데 모아 표시한 면을 정보표시면이라고 합니다. 이 중 일부만 살펴보겠습니다. 여기 바탕색과 다르게 표시된 부분이 보이시죠? 이곳은 알레르기 표시란인데요. 알레르기 유발물질의 양과 관계없이 원재료로 사용된 모든 알레르기 유발물질이 표시됩니다. 또한 식품에 사용된 원재료가 아니어도 알레르기 유발물질이 식품을 제조하는 과정에서 불가피하게 섞여 들어갈 우려가 있을 수 있습니다. 이 경우에는 화면에서 보시는 것처럼 알레르기 유발물질이 혼입될 수 있다는 의미의 주의사항 문구가 쓰여 있으니 특정 알레르기가 있는 분들은 유의해서 살펴보시기 바랍니다.

마지막으로 날짜 표시에 대해 알려드리겠습니다. 여기 원재료명 아래 유통기한이 표시되어 있는데요. 관련 법률이 개정되어 앞으로는 식품을 유통할 수 있는 기한인 유통기한 대신 소비기한이 표시됩니다. 소비기한은 식품에 표시된 보관 방법을 준수했을 때 식품을 섭취해도 안전에 이상이 없는 기한을 말합니다. 그러니 식품에 표시된 보관 방법에 신경 쓰시면 도움이 될 것입니다.

여러분, 건강하고 안전한 식생활을 위해 식품 포장지의 정보를 꼼꼼히 확인하여 자신에게 적합한 식품을 잘 구매하시기 바랍니다. 이상으로 강연을 마치겠습니다.

1. 위 강연자의 말하기 방식으로 가장 적절한 것은?

① 강연을 하게 된 소감을 밝히며 강연을 시작하고 있다.
② 강연 내용을 요약하여 마무리하며 주제를 강조하고 있다.
③ 강연 내용과 관련된 질문을 하여 청중의 주의를 환기하고 있다.
④ 강연에 사용한 자료의 출처를 언급하여 신뢰성을 확보하고 있다.
⑤ 강연 순서를 처음에 안내하여 청중이 내용을 예측하게 하고 있다.

2. 다음은 위 강연자가 제시한 자료이다. 강연자의 자료 활용에 대한 설명으로 적절하지 **않은** 것은?

| [자료 1] | [자료 2] | [자료 3] |

① 주표시면을 구성하고 있는 요소를 보여 주기 위해 ㉠에 [자료 1]을 활용하였다.
② 제품명에 특정 글자가 사용된 이유를 설명하기 위해 ㉠에 [자료 1]을 활용하였다.
③ 식육가공품에서 제품명에 원재료명이 포함된 경우 주표시면에 추가로 표시되는 요소를 보여 주기 위해 ㉡에 [자료 2]를 활용하였다.
④ 식품 제조 과정에서 불가피하게 혼입될 수 있는 알레르기 유발 물질이 알레르기 표시란을 통해 표시되는 방식을 설명하기 위해 ㉢에 [자료 3]을 활용하였다.
⑤ 식품 포장지에 표기되는 날짜 표시와 관련된 정보를 제공하기 위해 ㉢에 [자료 3]을 활용하였다.

3. 다음은 위 강연을 들은 청중의 반응이다. 강연의 내용을 고려하여 청중의 반응을 이해한 내용으로 적절하지 **않은** 것은?

○청자 1: 지난번에 어떤 식품을 샀는데 보관 방법 표시가 눈에 잘 띄지 않았어. 식품에 따라 보관 방법이 어떻게 표시되는지 자세히 설명해 주지 않아서 아쉬웠어.
○청자 2: 그동안 열량만 보고 식품을 구매했었는데, 다른 중요한 정보들도 많이 있다는 것을 알게 되어 유익했어. 동생에게 알려 주기 위해 오늘 배운 내용을 잘 정리해 봐야겠어.
○청자 3: 수업 시간에 식품 표시사항을 점자로 표시하는 경우도 있다는 것을 배웠어. 오늘 알게 된 내용이 점자로 어떻게 표시되어 있는지 사례를 조사해 봐야겠어.

① 청자 1은 강연에서 구체적으로 설명하지 않은 정보가 있는 것에 대해 부정적으로 평가하고 있다.
② 청자 2는 강연에서 새롭게 알게 된 정보를 긍정적으로 수용하고 있다.
③ 청자 3은 강연의 내용을 통해 기존의 지식을 수정하고 있다.
④ 청자 1과 청자 2는 모두 강연 내용과 관련된 자신의 경험을 떠올리고 있다.
⑤ 청자 2와 청자 3은 모두 강연 내용을 바탕으로 추가적인 활동을 계획하고 있다.

[4~7] (가)는 동아리원들 간의 토의이고, (나)는 토의에 참여한 학생이 작성한 안내문이다. 물음에 답하시오.

(가)

학생 1: 우리 동아리가 학교 축제 마지막 날 오후에 행사를 진행하게 됐잖아. 그래서 오늘은 그 행사를 어떻게 진행할지 토의하려고 해. 자유롭게 의견을 말해 줘.

학생 2: 지난번에 우리 동아리원끼리 피구 시합했었잖아. 그때 친하지 않았던 동아리 친구들이랑 친해져서 좋았어. 그거랑 비슷하게 이번 축제에서는 학급 대항 축구대회를 열면 학급 단합도 되고 좋지 않을까?

학생 3: 그래도 그건 학급 간에 경쟁을 유발하기도 하고, 참여할 수 있는 인원이 제한적이잖아. 이번에는 많은 친구들이 제한 없이 참여할 수 있는 활동이 좋을 것 같아. 예전에 우리 동아리에서 운영했던 마라톤 행사는 어때?

학생 2: 나도 많은 학생들이 참여할 수 있는 활동이면 좋겠는데, 마라톤은 체력적으로 너무 부담스러워. 나 같은 생각을 하는 학생들은 참여를 꺼리지 않을까? 게다가 기록에 따라 순위가 결정되니까 그것도 경쟁을 유발할 것 같아.

[A]

학생 3: 음……. 그럼, 플로깅 행사는 어때? 얼마 전에 기사에서 봤는데 운동 효과가 있으면서도 많은 친구들이 참여할 수 있을 것 같아.

학생 1: 플로깅이 뭐야? 처음 들어 보는 말이라 낯설어.

학생 3: 쉽게 말하자면 달리면서 쓰레기를 줍는 활동이야. 정해진 코스를 달리면서 쓰레기도 줍다 보니 운동 효과가 크다고 하더라고.

학생 2: 그거 좋겠다. 플로깅 행사를 통해 마을 쓰레기가 줄어들면 우리 지역 사회에도 도움이 될 거야. 그리고 운동뿐만 아니라 환경 문제에 관심 있는 친구들도 많이 참여하지 않을까?

학생 1: 그럼 다들 플로깅 행사를 진행하는 데 동의하니까 이제 코스에 대해 이야기해 보자.

학생 3: 학교 근처에 ○○천 둘레길이 있으니까 거기를 코스로 하면 좋겠어.

학생 2: 그런데 참여 인원이 많아지면 코스가 하나로는 부족해. 많은 인원이 달리다 보면 안전 관리가 어려울 거야.

학생 1: 네 말이 맞겠다. 주민들도 불편함을 겪을 거야.

학생 3: 그럼 학교 근처에서 지저분해지기 쉬운 장소를 중심으로 코스를 짜 보자.

학생 2: 좋은 생각이야. 친구들이 자기 체력에 맞게 코스를 선택할 수 있도록 다양한 코스를 짜서 홍보하면 학생들이 더 많이 참여할 것 같아.

학생 1: 네 말은 친구들이 각자 체력에 맞게 코스를 선택할 수 있도록 다양한 코스를 짜면 학생들의 참여도가 더 높아질 거라는 거지? 내가 우선 코스를 짜 볼게.

학생 2: 응, 고마워. 참가 신청은 학생들이 쉽게 할 수 있도록 인터넷 사이트를 이용해서 받자. 신청 기간은 일주일이면 넉넉하겠지?

학생 1: 좋아. 그럼 내가 오늘 토의한 내용을 바탕으로 안내문을 써서 공유할게.

(나)

플로깅 행사 개최 안내

안녕하세요. ○○고등학교 학생 여러분. 운동 동아리 '건강 더하기'에서 여러분을 위해 축제 마지막 날에 우리 학교 학생 누구나 참여할 수 있는 플로깅 행사를 개최하고자 합니다.

'플로깅'은 이삭줍기를 의미하는 스웨덴어 '플로카 업(plocka upp)'과 영어 '조깅(jogging)'이 합쳐진 말로 환경을 지키자는 움직임에서 시작되었습니다. 달리면서 쓰레기를 줍는 활동으로 건강과 환경을 모두 지키는 일석이조의 효과가 있습니다.

플로깅 행사는 자신의 체력에 맞게 선택할 수 있도록 난이도에 따라 학교 주변을 중심으로 세 가지 코스로 운영될 예정입니다. 이번 행사에 참여하면 건강을 지키면서 지역 사회의 환경도 깨끗하게 만들 수 있습니다.

(㉠)

○ 일시: 2022년 12월 ××일(금) 15:00~17:00
○ 대상: 우리 학교 학생 누구나
○ 코스

코스명	코스	거리	난이도
1코스	학교 운동장-○○천-영화관(반환 지점)	약 2km	하
2코스	학교 운동장-슈퍼마켓-공원(반환 지점)	약 3km	중
3코스	학교 운동장-도서관-전망대(반환 지점)	약 3.5km	상

○ 신청 기간: 2022년 11월 ××일~11월 ××일 / 7일간
○ 신청 방법: 참여 링크 https://www.□□.com에서 신청

4. '학생 1'의 말하기 방식에 대한 설명으로 적절하지 않은 것은?

① 토의의 배경을 언급하며 토의 주제를 제시하고 있다.
② 토의 참여자의 반응을 확인하고 논의를 이어가고 있다.
③ 토의 참여자의 발언에 동의하며 자신의 의견을 덧붙이고 있다.
④ 토의의 흐름에 따라 다음에 발언할 토의 참여자를 지정하고 있다.
⑤ 토의 참여자의 발언을 재진술하며 상대의 의견을 확인하고 있다.

5. [A]에 대한 설명으로 가장 적절한 것은?

① '학생 2'는 상대방의 의견을 일부 인정하며 자신의 의견을 수정하고 있다.
② '학생 2'는 상대방과 공유하는 경험을 활용하여 자신의 의견을 제시하고 있다.
③ '학생 2'는 자신의 의견을 여러 개 제시한 후 상대방에게 선택을 요구하고 있다.
④ '학생 3'은 상대방이 제시한 방안의 장점을 언급하고 있다.
⑤ '학생 3'은 자신의 의문을 해소하기 위해서 상대방에게 보충 설명을 요청하고 있다.

[해설편 p.094]

6. '학생 1'이 (가)의 토의 내용을 바탕으로 (나)를 작성할 때, (나)에 반영된 내용으로 적절하지 <u>않은</u> 것은? [3점]

① (가)에서 용어가 낯설다는 의견에 따라 학생들이 이해하기 쉽도록 용어를 풀어서 설명해야겠어.

② (가)에서 학생들이 쉽게 신청할 수 있도록 인터넷 사이트를 이용하자는 의견에 따라 참여 링크를 제시해야겠어.

③ (가)에서 체력에 맞게 코스를 선택할 수 있도록 하자는 의견에 따라 행사 코스의 거리와 난이도를 제시해야겠어.

④ (가)에서 참여에 제한이 없는 활동이면 좋겠다는 의견에 따라 우리 학교 학생 누구나 참여할 수 있음을 밝혀야겠어.

⑤ (가)에서 이번 행사가 지역 사회에 도움이 될 수 있다는 의견에 따라 지역 사회 주민과 연계하여 진행됨을 밝혀야겠어.

[8~10] 다음은 작문 상황과 이를 바탕으로 학생이 작성한 초고이다. 물음에 답하시오.

○**작문 상황**: 지역 신문의 독자 기고란에 그린워싱과 관련해 주장하는 글을 쓰려고 함.

○**초고**

　최근 친환경 제품에 대한 소비자의 관심이 높아지면서 친환경 제품 소비가 활성화되고 있는데 이 과정에서 그린워싱이 증가하고 있다. '그린워싱(greenwashing)'이란 기업이 소비자로 하여금 제품이나 제품 생산 과정 등을 친환경적인 것으로 오해하도록 하는 경우를 말한다. 이는 소비자가 정확한 정보를 제공받을 권리를 침해하고, 친환경 제품 생산 업체에 피해를 주어 친환경 제품 시장의 공정한 경쟁 질서를 저해할 수 있다.

　그린워싱이 증가하는 원인은 무엇일까? 우선 기업이 환경 문제에 대한 소비자의 관심을 단순히 마케팅의 수단으로 이용하기 때문이다. 더불어 제도적 측면에서 친환경을 평가할 수 있는 법률적 기준이 빠르게 변화하는 시장 상황에 대처할 수 있을 정도로 구체화되어 마련되지 않았기 때문이다. 또한 소비자는 친환경적인 소비에 관심은 있으나 상대적으로 환경마크를 비롯한 친환경 제품과 관련된 정보에 대해 잘 알지 못해 친환경 제품을 제대로 선별하여 구매하지 못하는 경우가 많기 때문이다.

　그린워싱을 해결하기 위해서는 무엇보다 기업은 기업 윤리를 재정립하고 소비자가 환경과 관련된 제품 정보를 오해하지 않도록 정보를 투명하게 공개해야 한다. 정부는 시장 상황을 고려해 친환경과 관련된 법률적 기준을 보완함으로써 소비자들이 그린워싱을 명확히 인식할 수 있도록 지원해야 한다. 소비자는 그린워싱 여부를 판단할 수 있도록 친환경 제품에 대한 정확한 정보를 찾아보는 태도를 지녀야 한다.

[A] ┌ 기업 성장과 발전은 국가 경제를 이끌어 가는 원동력이다. 그린워싱은 소비자를 기만하는 행위이다. 그러므로 사회 └ 구성원 모두가 협력하여 그린워싱을 해결해야 한다.

---

7. <조건>에 따라 (나)의 ㉠에 추가할 내용으로 가장 적절한 것은?

── <조 건> ──
○건강과 환경 측면에서의 기대 효과를 고려하여 작성할 것.
○비유적 표현을 활용할 것.

① 열심히 공부하느라 몸을 돌볼 시간이 없으셨나요? 바쁜 일상 속에서 플로깅에 참여하여 건강을 지켜 보세요.

② 달리며 쓰레기를 줍는 단순한 행동을 통해 지구가 깨끗해질 수 있어요. 플로깅 행사에 적극적인 참여 기대합니다.

③ 플로깅 행사 참여, 아직도 망설이시나요? 여러분의 건강도 지키고 지역 환경도 살리는 보석 같은 시간을 만들어 보세요.

④ 기후 위기를 막는 도전, 함께 시작해 봅시다. 오늘 우리가 투자한 하루가 유리같이 깨끗한 지역 사회를 만들 수 있습니다.

⑤ 플로깅은 지구력 향상에 도움이 된다고 합니다. 원하는 코스를 선택하여 플로깅 행사에 참여하면 여러분의 건강을 지킬 수 있습니다.

---

8. 다음은 초고를 작성하기 전에 학생이 떠올린 생각이다. ⓐ~ⓔ 중 학생의 초고에 반영되지 <u>않은</u> 것은?

○공정한 경쟁 질서에 대한 소비자와 기업의 입장을 대조하여 제시해야겠어. ···································· ⓐ
○문답의 방식을 활용해 그린워싱의 증가 원인을 제시해야겠어. ······························ ⓑ
○예상 독자의 이해를 돕기 위해 그린워싱의 개념을 제시해야겠어. ······························ ⓒ
○그린워싱이 미치는 부정적인 영향을 소비자와 생산 업체의 측면에서 제시해야겠어. ··········· ⓓ
○그린워싱의 해결 방안을 기업, 정부, 소비자의 측면으로 나누어 체계적으로 제시해야겠어. ····· ⓔ

① ⓐ　　② ⓑ　　③ ⓒ　　④ ⓓ　　⑤ ⓔ

9. <보기>는 학생이 초고를 보완하기 위해 추가로 수집한 자료이다. 자료의 활용 방안으로 적절하지 <u>않은</u> 것은? [3점]

─────── <보 기> ───────

[자료 1] 통계 자료

㉮ 친환경 제품에 대한 관심도 및 구매 경험

78.1 60.1 91.5 87.8 (단위: %)
관심도 / 구매 경험
2019년 2021년

㉯ 환경 관련 법정 인증마크 인지도

잘 알고 있다 11%
모른다 22%
잘 알지는 못한다 67%

[자료 2] 신문 기사

○○기업은 재생 플라스틱으로 제품 용기를 제작했다는 표시로 자체 제작한 스티커를 붙이고 친환경적 특성을 홍보하여 소비자에게 큰 호응을 얻었다. 그런데 해당 스티커가 환경 관련 법정 인증마크와 유사해 소비자가 해당 스티커를 법정 인증마크로 혼동하여 제품을 구매하는 사례가 많았고, 한 시민 단체가 조사한 결과 제품 용기의 소재도 재생 플라스틱이 아님이 밝혀졌다. 이를 계기로 환경마크 등에 대한 정확한 정보를 알고자 하는 소비자들이 늘고 있으나, 관련 정보들이 통합적으로 제공되지 않아 소비자들이 불편을 겪고 있다.

[자료 3] 전문가 인터뷰

외국에서는 친환경이라는 용어를 쓸 때 체크리스트와 같은 객관적 지표를 바탕으로 적합성 평가 기관을 통해 인증을 받는 제도가 시행되고 있습니다. 우리나라도 객관적인 지표를 좀 더 구체적으로 제시하여 법률을 보완해 나간다면 소비자 보호에 도움이 될 것입니다. 한편 친환경 제품의 인증과 관련된 정보를 여러 기관에서 다루고 있는데, 이러한 정보가 통합적으로 제공되면 소비자가 그린워싱에 쉽게 대처할 수 있을 것입니다.

① [자료 1-㉮]를 활용하여 친환경 제품에 대한 소비자의 관심이 높아지고 있다는 내용을 뒷받침하는 자료로 제시한다.

② [자료 2]를 활용하여 기업이 환경 문제에 대한 소비자의 관심을 마케팅의 수단으로 이용하고 있다는 내용에 대한 구체적 사례로 제시한다.

③ [자료 3]을 활용하여 객관적 지표를 마련한 해외 사례를 친환경과 관련된 법률적 기준을 보완하자는 주장에 대한 근거로 제시한다.

④ [자료 1-㉯]와 [자료 2]를 활용하여 소비자가 친환경 관련 제품 정보를 잘 알지 못해 제품을 제대로 선별하여 구매하지 못한다는 내용을 구체화하기 위한 자료로 제시한다.

⑤ [자료 2]와 [자료 3]을 활용하여 기업이 자체적으로 환경마크를 평가할 수 있는 제도를 마련하는 것을 기업 윤리를 재정립하기 위한 구체적 방안으로 제시한다.

10. <보기>는 [A]를 쓴 학생이 친구에게 보낸 이메일이다. ㉠에 들어갈 내용으로 가장 적절한 것은?

─────── <보 기> ───────

네가 준 의견 중 (㉠)해 보라는 말을 고려해 초고의 마지막 문단을 아래와 같이 수정해 봤어. 확인해 줄래?

그린워싱은 소비자를 기만하는 행위이다. 그러므로 사회 구성원 모두가 협력하여 그린워싱을 해결해야 한다. 그린워싱을 해결하면 사회가 지향하는 친환경적 가치를 실현할 수 있을 것이다.

① 기업 성장과 발전의 의의는 삭제하고, 그린워싱 해결의 의의는 추가

② 기업 성장과 발전의 의의는 삭제하고, 환경 문제가 인간에게 미치는 영향은 추가

③ 기업 성장과 발전의 의의는 삭제하고, 그린워싱 해결을 위한 경제적 지원 방안은 추가

④ 친환경 기업이 지켜야 할 윤리적 가치는 삭제하고, 그린워싱 해결의 의의는 추가

⑤ 친환경 기업이 지켜야 할 윤리적 가치는 삭제하고, 그린워싱 해결을 위한 경제적 지원 방안은 추가

11. <보기>는 '사전 활용하기' 학습 활동을 위한 자료이다. 이에 대해 탐구한 내용으로 적절하지 <u>않은</u> 것은?

─────── <보 기> ───────

쓰다³ 동

① 【…에 …을】 어떤 일을 하는 데에 재료나 도구, 수단을 이용하다.
   ¶ 수염을 깎는 데 전기면도기를 쓴다.

② 【…에/에게 …을】
   「1」 다른 사람에게 베풀거나 내다.
   ¶ 그는 취직 기념으로 친구들에게 한턱을 썼다.
   「2」 어떤 일에 마음이나 관심을 기울이다.
   ¶ 선생님, 일부러 제게 마음을 쓰지 않으셔도 됩니다.

쓰다⁶ 형

① 혀로 느끼는 맛이 한약이나 소태, 씀바귀의 맛과 같다.
   ¶ 나물이 쓰다.

② 【…이】 몸이 좋지 않아서 입맛이 없다.
   ¶ 며칠을 앓았더니 입맛이 써서 맛있는 게 없다.

① '쓰다³ ② 「1」'의 용례로 '그는 들려오는 소문에 신경을 썼다.'를 추가할 수 있군.

② '쓰다³ ①'과 '쓰다³ ②'는 모두 문형 정보와 용례로 보아 목적어와 어울려 써야 함을 알 수 있군.

③ '쓰다³'과 '쓰다⁶'은 별개의 표제어로 기술되어 있으므로 동음이의 관계임을 알 수 있군.

④ '쓰다³'과 '쓰다⁶'은 각각 하나의 표제어 아래 여러 뜻을 지니고 있으므로 다의어라고 볼 수 있군.

⑤ '쓰다⁶'은 '쓰다³'과 달리 성질이나 상태를 나타내는 말임을 알 수 있군.

[12~13] 다음 글을 읽고 물음에 답하시오.

관형어와 부사어는 다른 말을 수식하는 문장 성분이다. 관형어는 체언을 수식하고 부사어는 주로 용언을 수식한다. 관형어나 부사어가 실현되는 방법은 주로 다음과 같다.

(가) 저 바다로 어서 떠나자.
(나) 찬 공기가 따뜻하게 변했다.
(다) 민지의 동생이 학교에 갔다.

(가)의 '저'와 '어서'처럼 관형사와 부사가 그 자체로 각각 관형어와 부사어로 쓰일 수 있다. 또한 (나)의 '찬'과 '따뜻하게'처럼 용언의 어간에 전성 어미가 결합하거나, (다)의 '민지의'와 '학교에'처럼 체언에 격 조사가 결합하여 쓰일 수도 있다.

관형어와 부사어는 문장에서 필수적인 성분이 아니므로 일반적으로 생략이 가능하다. 다만, ㉠의존 명사를 수식하는 관형어나 ㉡서술어가 필수적으로 요구하는 부사어는 생략할 수 없다. 또한 관형어와 부사어는 각각 여러 개를 겹쳐서 사용할 수 있다.

중세 국어의 관형어와 부사어도 현대 국어와 전반적으로 유사한 양상을 보였으나 격 조사가 쓰일 때 차이를 보였다. 관형격 조사의 경우, 사람이나 동물과 같은 유정 체언 중 높임의 대상이 아닌 것과 결합할 때는 '이/의'가 쓰였다. 그리고 무정 체언이나 높임의 대상이 되는 유정 체언과 결합할 때는 'ㅅ'이 쓰였다. 부사격 조사의 경우, 결합하는 체언의 끝음절 모음이 양성 모음이면 '애', 음성 모음이면 '에', 'ㅣ'나 반모음 'ㅣ'이면 '예'가 쓰였는데 특정 체언 뒤에서는 '이/의'가 쓰이기도 했다.

12. 윗글을 바탕으로 <보기>의 중세 국어 자료를 이해한 내용으로 적절하지 **않은** 것은? [3점]

─────── <보 기> ───────

○불휘 **기픈** 남ᄀ ᄇᄅ매 **아니** 뮐ᄊᆡ
 (뿌리가 깊은 나무는 바람에 아니 흔들리므로)
 ─「용비어천가」─

○員(원)의 지븨 가샤 避仇(피구)홇 소니 마리
 (원의 집에 가셔서 피구할 손의 말이)
 ─「용비어천가」─

○뎌 **부텻** 行(행)과 願(원)과 工巧(공교)ᄒ신 方便(방편)은
 (저 부처의 행과 원과 공교하신 방편은)
 ─「석보상절」─

① '기픈'을 보니 현대 국어와 마찬가지로 용언 어간에 전성 어미가 결합한 형태의 관형어가 사용되었음을 알 수 있군.
② 'ᄇᄅ매'를 보니 현대 국어와 달리 끝음절 모음이 양성 모음인 체언과 결합할 때는 부사격 조사 '애'가 사용되었음을 알 수 있군.
③ '아니'를 보니 현대 국어와 마찬가지로 부사 자체가 부사어로 사용되었음을 알 수 있군.
④ '員(원)의 지븨'를 보니 현대 국어와 마찬가지로 관형어가 여러 개 겹쳐서 사용되었음을 알 수 있군.
⑤ '부텻'을 보니 현대 국어와 달리 높임의 대상이 되는 유정 체언과 결합할 때는 관형격 조사 'ㅅ'이 사용되었음을 알 수 있군.

13. 밑줄 친 부분이 ㉠, ㉡에 해당하는 예로 적절한 것은?

① ┌ ㉠: <u>작은</u> 것이 아름답다.
  └ ㉡: 내가 <u>회장으로</u> 그 회의를 주재하였다.

② ┌ ㉠: 그 집은 주변 풍경과 잘 어울린다.
  └ ㉡: 이 그림은 가짜인데도 <u>진짜와</u> 똑같다.

③ ┌ ㉠: 친구에게 책을 <u>한</u> 권 선물 받았다.
  └ ㉡: 강아지들이 <u>마당에서</u> 뛰논다.

④ ┌ ㉠: 자라나는 어린이들은 <u>나라의</u> 보배이다.
  └ ㉡: 이삿짐을 <u>바닥에</u> 가지런히 놓았다.

⑤ ┌ ㉠: 그는 <u>노력한</u> 만큼 좋은 결과를 얻었다.
  └ ㉡: 나는 꽃꽂이를 <u>취미로</u> 삼았다.

14. 다음은 문법 학습지의 일부이다. ⓐ~ⓒ에 들어갈 내용으로 적절한 것은?

┌───────────────────────────┐
│ ○**구개음화**: 받침의 'ㄷ', 'ㅌ'이 'ㅣ'나 반모음 'ㅣ'로 시작하는 형식 형태소와 만나 [ㅈ], [ㅊ]으로 발음되는 현상
│
│ 1. '끝인사'의 표준 발음이 [끄딘사]인 이유를 알아보자.
│   '끝인사'에서 '끝'의 받침 'ㅌ' 뒤에 'ㅣ'로 시작하는 (ⓐ)가 오기 때문에 [끄딘사]로 발음된다.
│
│ 2. '곧이'와 '곧이어'의 표준 발음은 무엇인지 알아보자.
│   '곧이'의 '-이'는 부사를 만들어 주는 접사이다. 따라서 '곧이'의 표준 발음은 (ⓑ)이다. '곧이어'의 '이어'는 '앞의 말이나 행동 따위에 잇대어'라는 뜻을 지닌 부사이다. 따라서 '곧이어'의 표준 발음은 (ⓒ)이다.
└───────────────────────────┘

	ⓐ	ⓑ	ⓒ
①	실질 형태소	[고지]	[고지어]
②	실질 형태소	[고디]	[고지어]
③	실질 형태소	[고지]	[고디어]
④	형식 형태소	[고디]	[고지어]
⑤	형식 형태소	[고지]	[고디어]

15. 다음은 문법 수업의 내용을 정리한 학생의 노트이다. 이를 바탕으로 <보기>의 ㉠~㉤을 이해한 내용으로 적절하지 <u>않은</u> 것은?

> Ⅰ. 피동의 개념
>   주어가 다른 주체에 의해 어떤 동작을 당하거나 영향을 받는 것
>
> 2. 피동 표현의 실현
>   o '-이-, -히-, -리-, -기-'와 같은 피동 접사에 의해 단형 피동으로 실현되거나 '-아/-어지다' 등에 의해 장형 피동으로 실현됨.
>   o 피동 접사와 '-아/-어지다'를 같이 쓰는 이중 피동 표현은 잘못된 표현임.

―――――― <보 기> ――――――

o 그녀의 손등이 고양이에게 ㉠긁혔다.
o 형이 동생에게 아끼던 인형을 ㉡빼앗겼다.
o 비가 내려서 운동장에 천막이 ㉢세워졌다.
o 도화지의 질이 좋아서 그림이 잘 ㉣그려졌다.
o 커다란 빵이 순식간에 여러 조각으로 ㉤나뉘었다.

① ㉠은 '긁-'에 접사 '-히-'가 결합하여 피동의 의미를 나타내는군.

② ㉡은 주어인 '형'이 '동생'에 의해 행위를 당하는 것을 표현하고 있군.

③ ㉢은 '세우-'에 '-어지다'가 결합하여 장형 피동으로 실현되었군.

④ ㉣은 접사 '-리-'와 함께 '-어지다'가 결합한 이중 피동 표현이군.

⑤ ㉤은 '나누-'에 접사 '-이-'가 결합하여 줄어든 형태가 나타난 피동 표현이군.

[16~21] 다음 글을 읽고 물음에 답하시오.

(가)

관중은 춘추 시대 제(齊)나라의 재상으로 군주인 환공을 도와 약소국이던 제나라를 부강한 국가로 성장시켰다. 관중이 생각한 이상적인 국가의 모습과 국가를 통치하는 방법은 『관자』를 통해 살펴볼 수 있다. 그는 자신이 살던 현실의 문제에 실리적으로 ⓐ대처하고 정치적인 분열을 적극적으로 막아 나라의 부강과 백성의 평안을 이루고자 하였다.

관중은 백성이 국가 경제의 근본이라는 경제적 관점을 바탕으로 법의 필요성을 강조하였다. 그에 따르면, 군주는 법을 만들 수 있는 자격을 천부적으로 지닌 사람이다. 하지만 군주가 마음대로 법을 만들면 백성의 삶이 ⓑ피폐해질 수 있으므로 군주는 이익을 추구하는 백성의 본성을 고려해 백성의 삶이 윤택해질 수 있는 법을 만들어야 한다고 보았다. 이때 관중이 강조한 백성의 윤택한 삶은 도덕적 교화와 같은 목적을 위한 것이 아닌, 부강한 나라의 실현을 위한 것이라는 실리적 관점에서 이해할 수 있다.

또한 관중은 군주가 자신에 대해서는 존귀하게 여기지 않는

것을 '패(覇)'라고 ⓒ규정하였는데, 이를 바탕으로 군주도 법의 적용에서 예외가 되지 않아야 한다고 주장하였다. 그에 따르면 군주는 '권세'를 지녀야 국가를 다스릴 수 있는데, 이때 군주가 패를 실천해야 백성이 권세를 인정하게 된다. ㉠결국 군주가 법을 존중하는 것은 백성이 군주를 존중하는 것으로 이어지게 되는 것이다.

관중은 권세를 가진 군주는 부강한 나라를 이루는 통치, 즉 '패업(覇業)'을 위한 통치를 펼쳐야 한다고 주장하고, 법을 통한 통치의 중요성을 강조하였다. 이때 군주는 능력 있는 신하를 공정하게 등용하되 신하들이 군주의 권세를 넘보거나 법질서를 혼란스럽게 하지 못하도록 자신의 권세를 신하에게 위임하지 말아야 하며 백성의 경제적 안정을 위한 정책들을 시행해야 한다고 보았다. 이러한 관중의 사상은 백성들의 경제적 안정을 기반으로 부강한 나라를 이루기 위해 법을 통한 통치를 도모한 것으로 평가할 수 있다.

(나)

율곡은 유학적 사상을 기반으로, 자신이 생각하는 군주상을 제시하였다. 그는 『성학집요』에서 개인의 수양을 통해 앎을 늘리고 인격을 완성하는 것을 군주의 자격으로 보았다. 율곡은 군주가 인격을 완성하고 아는 것을 실천하면 백성의 선한 본성을 회복하는 도덕적 교화가 가능해진다고 본 것이다. 율곡은 자신이 이상적으로 생각하는 왕도정치가 실현되기 위해서는 군주가 신하를 통해 백성을 다스려야 한다고 생각했는데, 만약 군주가 포악한 정치를 펼쳐 신하들의 지지를 얻지 못하거나 민심을 잃으면 교체될 수 있다고 여겼다.

[A] 율곡은 군주의 통치에 따라 태평한 시대인 치세와 혼란스러운 시대인 난세가 구분된다고 보고, 이를 중심으로 군주의 유형과 통치 방법을 나누어 설명했다. 치세를 만드는 군주는 재능과 지식이 출중해 신하를 능력에 맞게 발탁하여 일을 분배할 줄 알거나, 재능과 지식은 ⓓ부족하지만 현명한 신하를 분별하여 그에게 나라의 일을 맡길 줄 안다. 이들의 통치 방법은 '왕도(王道)'와 '패도(覇道)'로 나뉜다. 왕도는 군주의 인격 완성을 통해 백성의 도덕적 교화까지 이루어 내는 것이고, 패도는 군주의 인격이 완성되지 않아 백성의 도덕적 교화까지는 이루어지지 않았지만 백성의 경제적 안정은 이루어 내는 것이다. 난세를 만드는 군주는 자신의 총명만을 믿고 신하를 불신하거나, 간신의 말을 믿고 의지하여 눈과 귀가 가려진 군주이다. 이들은 백성을 괴롭히고 충언을 받아들이지 않아 스스로 멸망에 이르는 폭군, 간사한 자를 분별하지 못하고 총명함이 없으며 무능력한 혼군, 나약하여 자신의 뜻을 세우지 못하고 우유부단한 용군으로 분류된다. 이들의 통치 방법은 포악한 정치를 의미하는 '무도(無道)'이므로 율곡의 관점에서 무도를 행하는 군주는 교체되어야 할 존재이다.

율곡은 백성의 도덕적 교화를 이루는 왕도정치를 위해서는 백성들의 삶이 경제적으로 편안한 것이 전제되어야 한다고 보았다. 이는 군주의 존재 근거가 백성이라고 보는 민본관에 의한 것으로, 조세 부담을 줄이는 등 백성의 경제적 기반을 유지할 수 있는 정책을 펼쳐야 함을 ⓔ역설한 것이다. 이처럼 율곡의 사상은 왕도정치를 실현하는 과정에서 백성의 현실적 삶에 주목하려는 시도로 볼 수 있다.

16. (가), (나)에 대한 설명으로 가장 적절한 것은?

① (가)와 (나)는 모두 특정한 사상가가 주장하는 군주의 통치술의 변화 과정을 소개하고 있다.

② (가)와 (나)는 모두 특정한 사상가가 주장하는 군주의 통치술에 담긴 내용을 중심으로 그 의의를 밝히고 있다.

③ (가)와 달리 (나)는 특정한 사상가가 주장하는 군주의 통치술이 갖는 한계를 드러내고 새로운 통치술을 제안하고 있다.

④ (나)와 달리 (가)는 특정한 사상가가 주장하는 군주의 통치술을 군주의 유형에 따라 범주화하여 제시하고 있다.

⑤ (나)와 달리 (가)는 특정한 사상가가 주장하는 군주의 통치술에 대한 상반된 입장을 제시하고 장단점을 비교하고 있다.

17. ㉠의 이유로 가장 적절한 것은?

① 군주가 마음대로 법을 만들 수 있는 패를 실천할 수 있기 때문이다.

② 군주가 법을 존중하면 법을 제정할 수 있는 기회를 얻을 수 있기 때문이다.

③ 군주가 법의 필요성을 인식해야 백성을 국가의 근본으로 여기게 되기 때문이다.

④ 군주가 자신에게도 법 적용에 예외를 두지 않음으로써 권세를 인정받게 되기 때문이다.

⑤ 군주가 백성의 본성을 고려하지 않고 나라의 부강을 우선시하는 법을 만들어야 하기 때문이다.

18. (나)에서 알 수 있는 '율곡'의 견해로 적절하지 않은 것은?

① 군주는 앎을 늘리는 것뿐 아니라 앎을 실천하는 것도 중요하다.

② 군주는 포악한 정치를 펼쳐 신하들에게 지지를 얻지 못하면 교체될 수 있다.

③ 군주는 왕도정치를 실현하기 위해 자신의 존재 근거를 백성으로 보아야 한다.

④ 백성의 도덕적 교화가 이루어져야 백성의 삶이 경제적으로 편안해질 수 있다.

⑤ 백성의 조세 부담을 줄이는 것은 백성의 경제적 기반을 유지할 수 있는 방법 중 하나이다.

19. (가)의 관점에서 [A]를 판단한 것으로 가장 적절한 것은?

① [A]에서 눈과 귀가 가려진 군주는, 정치적 분열을 막아 백성을 평안하게 하므로 패업을 이룰 수 있는 존재로 볼 수 있다.

② [A]에서 군주가 충언을 받아들이지 않는 것은, 법을 만들 수 있는 자격을 천부적으로 지닌 것이므로 패업으로 볼 수 있다.

③ [A]에서 군주가 자신의 총명을 믿고 신하를 불신하는 것은, 백성의 삶을 윤택하게 하려는 것이므로 패업으로 볼 수 있다.

④ [A]에서 군주가 자신의 뜻을 세우지 못하는 것은, 자신을 존귀하게 여기지 않은 것이므로 패업을 위한 통치의 방법으로 볼 수 있다.

⑤ [A]에서 군주가 신하를 능력에 맞게 발탁하여 일을 분배한 것은, 능력에 따라 신하를 공정하게 등용한 것이므로 패업을 위한 통치의 방법으로 볼 수 있다.

20. <보기>는 동서양 사상가들의 견해이다. <보기>와 (가), (나)를 읽은 학생이 보인 반응으로 적절하지 않은 것은? [3점]

─── <보 기> ───

㉮ 군주는 권력을 얻기 전까지는 수단과 방법을 가리지 않는 것이 오히려 백성을 위한 것입니다. 하지만 권력을 얻은 후에는 법을 통해 통치함으로써 자신의 권력을 유지할 수 있습니다.

㉯ 군주에 따라 치세와 난세가 되는 것을 지양하기 위해 법을 제정하고 기준을 세우는 것이 필요합니다. 그리고 법을 통해 통치할 수 있는 권한은 군주만이 갖고 있어야 권력을 유지할 수 있습니다.

㉰ 군주는 타락한 현실에 의해 잃어버린 인간의 선한 본성인 도덕성을 회복시켜야 합니다. 이때 군주는 도덕성의 회복을 목적으로 백성의 기본적인 경제적 욕구를 충족시키고 인간다운 교육을 실시해야 합니다.

① 관중과 ㉮는 모두 법을 통한 통치의 중요성을 인식했다고 볼 수 있겠군.

② 관중과 ㉯는 모두 국가를 다스릴 수 있는 권한이 오로지 군주에게 있어야 함을 강조했다고 볼 수 있겠군.

③ 관중은 ㉰와 달리 백성의 경제적 안정의 목적이 도덕성 회복이 아니라고 보았군.

④ 율곡은 ㉯와 달리 군주의 인격 완성 여부에 따라 치세와 난세가 구분된다고 보았군.

⑤ 율곡과 ㉰는 모두 백성의 본성을 선한 것으로 인식했다고 볼 수 있군.

21. ⓐ~ⓔ의 사전적 의미로 적절하지 않은 것은?

① ⓐ: 어떤 정세나 사건에 대하여 알맞은 조치를 취함.

② ⓑ: 지치고 쇠약해짐.

③ ⓒ: 바로잡아 고침.

④ ⓓ: 필요한 양이나 기준에 미치지 못해 충분하지 아니함.

⑤ ⓔ: 자신의 뜻을 힘주어 말함.

[22~24] 다음 글을 읽고 물음에 답하시오.

(가)

얼음을 등에 지고 가는 듯
봄은 멀다
먼저 든 햇빛에
㉠개나리 보실보실 피어서
처음 노란 빛에 정이 들었다.

차츰 지붕이 겨울 짐을 부릴 때도 되고
집 사이에 쌓은 울타리를 헐 때도 된다.
사람들이 그 이야기를
가장 먼 데서부터 시작할 때도 온다.

그래서 봄은 사랑의 계절
모든 거리(距離)가 풀리면서
멀리 간 것이 다 돌아온다.
서운하게 갈라진 것까지도 돌아온다.
모든 처음이 그 근원에서 돌아선다.

나무는 나무로
꽃은 꽃으로
버들강아지는 버들가지로
사람은 사람에게로
산은 산으로
죽은 것과 산 것이 서로 돌아서서
그 근원에서 **상견례(相見禮)를 이룬**다.

꽃은 짧은 가을 해에
어디쯤 갔다가
노루 꼬리만큼
길어지는 **봄 해를 따라**

몇 천리나 와서
오늘의 어느 주변에서
찬란한 **꽃밭을 이루**는가

다락에서 묵은 **빨래뭉치**도 풀려서
봄빛을 따라나와
산골짜기에서 겨울 산 뼈를 씻으며
졸졸 흐르는 시냇가로 간다.
                           ― 김광섭, 「봄」―

(나)
가까이 다가서기 전에는
아무것도 가진 것 없어 보이는
아무것도 피울 수 없을 것처럼 보이는
겨울 들판을 거닐며
매운 바람 끝자락도 **맞을 만치 맞으면**
오히려 더욱 따사로움을 알았다
듬성듬성 아직은 **덜 녹은 눈발**이
땅의 품안으로 녹아들기를 꿈꾸며 뒤척이고
논두렁 밭두렁 사이사이
초록빛 싱싱한 키 작은 ⓛ들풀 또한 고만고만 모여 앉아
저만치 밀려오는 햇살을 기다리고 있었다
신발 아래 질척거리며 달라붙는
흙의 무게가 삶의 무게만큼 힘겨웠지만
여기서만은 우리가 알고 있는
아픔이란 아픔은 모두 편히 쉬고 있음도 알았다
겨울 들판을 거닐며
겨울 들판이나 **사람**이나
가까이 다가서지도 않으면서
아무것도 가진 것 없을 거라고
아무것도 키울 수 없을 거라고
함부로 말하지 않기로 했다
                     ― 허형만, 「겨울 들판을 거닐며」―

22. (가), (나)의 표현상 특징으로 가장 적절한 것은?

① (가)는 명사로 시상을 마무리하여 시적 여운을 드러내고 있다.
② (가)는 수미상관의 방식을 활용하여 구조적 안정감을 얻고 있다.
③ (나)는 청유형 어미를 활용하여 화자의 태도 변화를 드러내고 있다.
④ (가)와 (나)는 모두 유사한 문장 구조를 반복하여 시적 의미를 강조하고 있다.
⑤ (가)와 (나)는 모두 청자를 명시적으로 설정하여 화자의 상황을 구체화하고 있다.

23. ㉠과 ⓛ에 대한 이해로 가장 적절한 것은?

① ㉠은 '햇빛'과, ⓛ은 '햇살'과 대비되어 평화로운 분위기를 조성한다.
② ㉠은 '처음'과, ⓛ은 '저만치'와 어울려 근원적 외로움을 상징한다.
③ ㉠은 '보실보실'과, ⓛ은 '고만고만'과 어울려 숭고한 희생을 드러낸다.
④ ㉠은 '노란 빛'과, ⓛ은 '초록빛'과 조응하여 생명성을 환기한다.
⑤ ㉠은 '피어서'와, ⓛ은 '모여 앉아'와 조응하여 상실감을 부각한다.

24. <보기>를 바탕으로 (가)와 (나)를 감상한 내용으로 적절하지 **않은** 것은? [3점]

> ─────── <보 기> ───────
> 시에서 계절은 중요한 요소로 작용하는 경우가 많은데, 화자는 계절적 특성에 대한 인식을 바탕으로 다양한 의미를 이끌어 낸다. 화자는 계절의 변화에 내포된 자연의 순환적 질서를 인식하고, 소멸했던 것이 소생하는 모습에서 희망의 이미지를 발견하기도 한다. 또 계절의 변화로 인한 자연현상을 인간의 삶과 관련지어 인식함으로써 화자가 지향하는 가치나 태도를 드러내기도 한다.

① (가)에서는 '멀리 간 것이 다 돌아온다'는 것에서 화자가 봄을 소생의 계절로 인식했음을, (나)에서는 '매운 바람'도 '맞을 만치 맞으면' '오히려 더욱 따사로움을 알'게 되었다는 것에서 화자가 겨울을 소생의 가능성이 내재된 계절로 인식했음을 엿볼 수 있군.
② (가)에서는 '가을 해에 어디쯤 갔'던 꽃이 '봄 해를 따라'와 '꽃밭을 이루'는 것에서, (나)에서는 '덜 녹은 눈발'이 봄이 되어 '땅의 품안으로 녹아들기를 꿈'꾼다는 것에서 순환하는 자연의 질서에 대한 화자의 인식을 엿볼 수 있군.
③ (가)에서는 '묵은 빨래뭉치'가 '봄빛을 따라나'온다는 것에서, (나)에서는 '흙의 무게'가 '삶의 무게'처럼 느껴진다는 것에서 화자가 계절의 변화에서 발견한 희망의 이미지를 엿볼 수 있군.
④ (가)에서는 '버들강아지는 버들가지로'와 '사람은 사람에게로'를 연결한 것에서, (나)에서는 '겨울 들판'과 '사람'을 연결한 것에서 자연현상을 인간의 삶과 관련짓고 있는 화자의 인식을 엿볼 수 있군.
⑤ (가)에서는 '죽은 것과 산 것이' '상견례를 이룬다'는 것에서 화자가 지향하는 화합의 가치를, (나)에서는 '가까이 다가서지도 않으면서' '함부로 말하지 않'겠다는 것에서 화자가 지향하는 태도를 엿볼 수 있군.

[25~29] 다음 글을 읽고 물음에 답하시오.

수학자 힐베르트는 어떤 1차 논리의 논리식이 주어졌을 경우 이 논리식이 타당한지 여부를 결정하는 알고리즘이 존재하느냐 하는 문제를 제기했다. 튜링은 이 문제에 대한 답을 얻는 과정에서 가상의 기계 장치인 '튜링 기계'를 ⓐ고안하게 된다.

튜링 기계는 사람이 계산할 때 일어나는 사고 과정을 응용한 가상의 기계로 ㉠테이프, ㉡헤드, ㉢상태 기록기 등의 부품으로 ⓑ구성된다. 테이프는 좌우 양방향으로 무한히 많은 칸을 갖고 있다고 가정하며, 각 칸은 비어 있거나 한 개의 기호가 기록되어 있다. 헤드는 테이프에 기록된 기호를 읽거나 기호를 기록하는 장치인데, 테이프 위를 좌우로 한 칸씩 움직일 수 있다. 상태 기록기는 튜링 기계의 상태를 나타낸다.

튜링 기계는 작동규칙이 주어지면 튜링 기계의 상태와 헤드로 판독한 기호에 따라 작동되는데, 작동규칙은 예를 들면 (A, 1, P0, R, B)와 같이 표시할 수 있으며 이와 같은 형식을 '5순서열'이라고 한다. 5순서열의 첫 번째 자리와 다섯 번째 자리에는 A, B, C 등의 임의의 기호가 사용되어 튜링 기계의 상태를 나타낸다. (A, 1, P0, R, B)에서 'A'는 튜링 기계의 현재 상태를, 'B'는 튜링 기계의 다음 상태를 나타낸다. 이렇게 현재 상태를 나타내는 기호와 다음 상태를 나타내는 기호가 다르면 기계는 다음 상태로 바뀌고, 이와 달리 두 기호가 같으면 현재 상태가 유지된다. 5순서열의 두 번째 자리와 세 번째 자리에는 0, 1, □ 등의 기호가 사용되는데, □는 빈칸을 의미한다. (A, 1, P0, R, B)에서 '1'은 헤드가 읽는 기호를 나타내며, 'P0'은 기호를 읽은 칸에 0을 기록하라는 것을 나타낸다. 만약 P□가 사용되면 이는 □를 기록하라는 뜻으로 테이프에 기록된 기호가 있을 경우에는 이를 지우게 된다. 튜링 기계는 헤드가 읽는 기호와 테이프에 기록된 기호가 서로 같으면 주어진 5순서열을 수행하게 되지만, 다르면 주어진 5순서열을 수행하지 않게 된다. 5순서열의 네 번째 자리에는 헤드의 위치 변경을 지시하는 기호로 L, R, N이 사용되는데, L은 헤드를 왼쪽으로 한 칸, R은 헤드를 오른쪽으로 한 칸 이동하는 것을 나타내며, N은 헤드의 위치를 이동하지 않는 것을 나타낸다.

튜링 기계를 결정하는 5순서열은 여러 개가 모여 5순서열의 모임을 이룰 수도 있는데 이때는 세미콜론(;)을 사용해 나타낼 수 있다. 튜링 기계는 테이프의 시작 모습, 기계의 시작 상태, 그리고 테이프에서 헤드의 시작 위치가 정해지면 주어진 5순서열의 모임 중 수행 가능한 5순서열이 있을 경우, 이에 따라 작동하게 된다. 그러나 수행 가능한 5순서열이 없을 경우에는 작동을 멈추게 된다. <그림>은 테이프의 시작 모습이 모두 빈칸이고, 기계의 시작 상태는 A이며, 헤드의 시작 위치는 화살표의 위치일 때, 5순서열의 모임 (A, □, P0, R, B) ; (B, □, P1, R, A)가 하나의 테이프에서 작동하는 상황을 단계별로 도식화한 것이다. 먼저 튜링 기계의 현재 상태가 A이고 테이프가 빈칸이므로, (A, □, P0, R, B)에 따라 그 칸에 0을 기록하고 오른쪽으로 헤드를 한 칸 이동한 후 상태를 B로 변경한다. 다음으로 튜링 기계의 현재 상태가 B이고 테이프가 빈칸이므로, (B, □, P1, R, A)에 따라 그 칸에 1을 기록하고

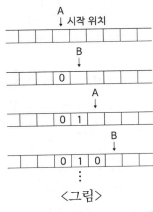

<그림>

오른쪽으로 헤드를 한 칸 이동한 후 상태를 A로 변경한다. 그러면 다시 (A, □, P0, R, B)에 따라 작동하게 되어 결국 튜링 기계는 테이프에 0과 1을 무한히 반복하며 기록하게 된다.

튜링은 위와 같이 무한히 반복되는 5순서열의 모임뿐만 아니라 사칙연산과 같은 유한한 계산을 수행하는 5순서열의 모임을 제시하며 5순서열을 어떻게 ⓒ조합하느냐에 따라 다양한 튜링 기계의 알고리즘을 만들 수 있다고 말한다. 나아가 테이프 한 칸에 튜링 기계의 알고리즘 하나하나가 들어가는 '보편 튜링 기계'라는 것을 제시하며, 아무리 복잡한 알고리즘도 간단한 단위로 ⓓ분해해서 처리할 수 있다고 주장한다. 현대의 컴퓨터 역시, 용량이 크고 속도가 빠를 뿐 결국 복잡한 알고리즘을 아주 간단한 단위로 분해해서 수행하는 것이다. 이런 면에서 튜링 기계는 현대 컴퓨터 발명의 기본적인 착상을 제공하는 데 크게 ⓔ공헌한 것으로 평가받고 있다.

25. 윗글에서 답을 찾을 수 있는 질문에 해당하지 않는 것은?

① 튜링 기계가 등장하게 된 배경은 무엇인가?
② 튜링 기계의 작동규칙을 표시하는 형식은 무엇인가?
③ 보편 튜링 기계와 현대 컴퓨터의 공통점은 무엇인가?
④ 튜링 기계가 작동되기 위해 필요한 조건들은 무엇인가?
⑤ 보편 튜링 기계가 처리하지 못하는 알고리즘의 종류는 무엇인가?

26. ㉠~㉢을 이해한 내용으로 가장 적절한 것은?

① ㉠의 길이를 무한으로 가정한 것은 튜링 기계가 가상의 장치라는 것을 보여 주는 것이겠군.
② ㉡이 한 번에 판독할 수 있는 기호의 개수는 항상 동일하게 유지되겠군.
③ ㉠의 시작 모습은 ㉡의 위치 변경을 지시하는 기호에 따라 결정되겠군.
④ ㉡의 시작 위치가 정해지는 것은 ㉢이 나타내는 튜링 기계의 상태와 관련이 있겠군.
⑤ ㉢에 임의의 기호가 사용된다는 것은 ㉠에 기록된 기호의 종류가 항상 달라진다는 것을 의미하는 것이겠군.

※ 윗글과 다음을 참고하여 27번과 28번 두 물음에 답하시오.

[1진법의 덧셈을 하는 튜링 기계의 알고리즘]
㉮(X, 1, P1, R, X) ; ㉯(X, □, P1, R, Y) ; ㉰(Y, 1, P1, R, Y) ;
㉱(Y, □, P□, L, Z) ; ㉲(Z, 1, P□, N, Z)

[1진법의 덧셈을 하는 튜링 기계의 시작 모습]
아래는 1진법의 덧셈을 하는 튜링 기계의 시작 모습을 도식화한 것이다. 튜링 기계의 시작 상태는 X이며, 헤드의 시작 위치는 화살표의 위치이다. 테이프에는 1진법에서 2를 의미하는 '11'과 3을 의미하는 '111'이 기록되어 있으며, '11'과 '111'을 구분하기 위해 사이에 빈칸이 하나 삽입되어 있다.

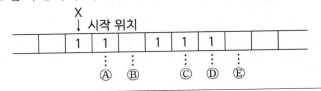
---

27. 윗글을 바탕으로 ㉮~㉺에 대해 이해한 내용으로 적절한 것은?

① ㉮는 튜링 기계의 현재 상태와 다음 상태가 다르게 지정되어 있다.
② ㉯는 튜링 기계의 헤드가 읽는 기호와 기록할 기호가 동일하게 지정되어 있다.
③ ㉮와 ㉯는 튜링 기계의 헤드가 읽는 기호가 동일하게 지정되어 있다.
④ ㉯와 ㉰는 튜링 기계의 헤드가 기록할 기호가 다르게 지정되어 있다.
⑤ ㉱와 ㉲는 튜링 기계의 헤드가 이동할 방향이 동일하게 지정되어 있다.

28. 윗글과 [1진법의 덧셈을 하는 튜링 기계의 시작 모습]을 바탕으로 Ⓐ~Ⓔ에 대해 이해한 내용으로 적절하지 <u>않은</u> 것은? [3점]

① Ⓐ에서 튜링 기계의 상태가 X일 때, ㉮에 따라 헤드는 오른쪽으로 한 칸 이동하고 기계는 상태를 유지하게 되겠군.
② Ⓑ에서 튜링 기계의 상태가 X일 때, ㉯에 따라 헤드는 빈칸에 1을 기록하고 기계는 상태를 바꾸게 되겠군.
③ Ⓒ에서 튜링 기계의 상태가 Y일 때, ㉰에 따라 헤드는 오른쪽으로 한 칸 이동하고 기계는 상태를 유지하게 되겠군.
④ Ⓓ에서 튜링 기계의 상태가 Z일 때, ㉱에 따라 헤드는 테이프에 기록된 1을 지우고 기계는 상태를 바꾸게 되겠군.
⑤ Ⓔ에서 튜링 기계의 상태가 Y일 때, ㉲에 따라 헤드는 왼쪽으로 한 칸 이동하고 기계는 상태를 바꾸게 되겠군.

29. 문맥상 ⓐ~ⓔ와 바꾸어 쓰기에 적절하지 <u>않은</u> 것은?

① ⓐ: 생각해 내게
② ⓑ: 이루어진다
③ ⓒ: 짜느냐에
④ ⓓ: 퍼뜨려서
⑤ ⓔ: 이바지한

[30~33] 다음 글을 읽고 물음에 답하시오.

멀리서 안타깝게 손만 흔들던 그 연락선이 드디어 몽기미에 닿았다. 몽기미 생기고 처음이었다. ⓐ연락선에 올라간 아이들은 모두 이층으로 우르르 올라가 난간을 붙잡고 먼 데 바다를 건너다보고 있었다. 멀리 까맣게만 보이던 섬들이 차츰 가까워지며 동네가 나타나고, 더 멀리 회색으로만 보이던 섬들도 차츰 가까워지며 포구 모습이 드러났다.

"와, 기와집이다."

연락선을 대는 포구에 말로만 듣던 까만 기와집도 있었고, 크고 작은 배들이 스무 남은 척이나 몰려 있었다.

[A] ┌ 목포에 닿자 아이들은 멍청하게 입만 벌렸다. 크고 작은 배들이 수백 척 부두를 가득 메우고 있었고, 크고 작은 건물들이 빼곡히 차 있었으며, 큰길에는 사람들이 엄청나게 북적거리고 자동차가 빵빵 경적을 울리며 내달았다. 색색으로 예쁘게 꾸며놓은 간판 아래 수많은 상점과, 거기 빼곡히 쌓여 있는 갖가지 상품들이며, 모두가 꿈에도 보지 못했던 광경이었다. 몽기미 아이들은 밤에 꾸는 꿈도 기껏 연락선을 탄다거나 벼랑에서 바다로 곤두박이는 따위였지, 이런 엄청 └ 난 세상은 꿈속에도 나타난 적이 없었다.

"야, 저 비단 좀 봐."

순자의 손을 잡고 가던 두 학년 아래 남분이가 걸음을 멈추며 손가락질을 했다. 길가 포목전에서 주인이 손님 앞에다 비단을 활짝 펼친 것이다. 가게 벽에는 그런 비단이 천장이 닿게 차곡차곡 쌓여 있었다. 남분이는 그 비단에서 눈을 떼지 못했다.

도시의 모든 것이 꿈만 같았고, 더구나 서울의 며칠 동안은 무슨 동화 속의 세상을 헤매는 것만 같았다. 돌아오는 ⓑ기차에서 남분이는 어째서 우리는 이런 세상을 놔두고 그 작은 섬에서 살아야 하는지 내내 그 생각뿐이었다.

순자는 바로 그 서울에 다시 와서 지금까지 오 년을 살았다. 그 오 년이라는 세월은 그 동화 같던 서울에 대한 소녀의 꿈이 **뼈마디가 저미는 고통**으로 조각조각 조각이 나는 기간이었고, 그 조각난 꿈을 딛고 **살벌한 현실**에 뼈마디를 부딪치며 자신을 추슬러온 기간이었다. 어려서 왔을 때는 따뜻하게만 웃어주는 것 같던 그 서울이 제 발로 들어오자 너무도 싸늘하고 매정스럽게 돌아앉아 있었다.

그때마다 순자는 자기 집에서 기르던 돼지 새끼 무녀리가 떠올랐다. 다른 새끼들은 어미 젖꼭지를 두 개 세 개씩 차지하고 걸퍼지게 빨아대지만, 그 무녀리는 힘센 녀석들이 거세게 내두르는 주둥이에 깩깩 베돌기만 할 뿐 젖은 한 모금도 빨지 못했다. 그렇지만 그런 새끼들은 거들떠보지도 않고 널퍼덕 퍼질러 누워 젖꼭지만 내맡기고 있는 어미가 얼마나 미웠던지 모른다. 저러니까 잡아먹는 짐승이겠지 싶었다. 서울에 온 자기는 바로 그 **무녀리**가 되어 있었고, 그 어미 돼지처럼 **누구 하나 돌봐주는 사람**이 없었다.

순자는 그 무녀리처럼 이 공장 저 공장 떠돌다가 지금 다니는 장난감 공장에 자리를 잡았고, 이제는 숙련공으로 월급도 사만 원이나 받고 있다. 그사이 그럭저럭 오 년이 흘러갔다. 그동안 순자는 하루도 고향을 떠올리지 않는 날이 없었다. 모두가 가난하게는 살지만 깔보는 사람도 없고 쳐다볼 사람도 없으며, 무엇에 쫓기는 절박감도 없었다. 무엇보다 몽기미의 그 포근한 인정이 그리웠다.

[중략 줄거리] 순자는 상경한 이후 처음으로 고향으로 가는 중에, 기차 안에서 우연히 남분이를 만나 몽기미 소식을 듣는다.

섬을 산다는 것은 근처 무인도의 일 년간 해초 채취권을 사는 것을 말한다. 그 해에 갯것이 잘 자라면 상당히 재미를 보는 수도 있지만, 흉작일 때는 **본전도 못 건지기** 일쑤였다. 듣보기 장사 애 말라 죽는다고, 그런 투기를 한 사람들은 이른 봄부터 미역은 포자가 제대로 붙나 톳은 제대로 자라나, 부등가리 안 옆 조이듯 **가슴을 조이며 날이면 날마다 그 섬을 들락거렸다.** 순자는 **몽기미 집집마다** 굴쩍처럼 너덜너덜 **달라붙은 그 가난**이 새삼스레 **가슴을 후볐다.**

"나는 작년에 우리 집에 삼십만 원 송금했어. 그러고도 또 그만치 저축은 저축대로 따로 했거든. ㉠언니, 우리 동네 한 집 일 년 수입이 통틀어 얼만 줄 알아? 어촌계에서 갯것을 똑같이 나누니까 뻔한데, 미역·톳·우뭇가사리·돌김, 이런 것들을 상회에 넘긴 값을 촘촘히 계산해 보니까, 일 년 수입이 꼭 십이만 원이야. 내 한 달 벌이도 못 되더라고. 깔깔."

남분이는 은근히 자기 자랑을 하며 큰소리로 깔깔거렸다. 시골뜨기 계집아이가 한 달 수입이 십이만 원이 넘는다면 이것은 자랑할 정도가 아니었다.

"지금 뭘 하고 있는데 벌이가 그렇게 좋아?"

ⓒ "히히. 언니 실망하지 않을래?"

남분이는 야살스럽게* 히들거렸다.

"실망하긴?"

"운전하고 있어. 히히."

"운전? 아니, 계집애가 어떻게 운전을 다 배웠어?"

"히히. 기술이 별로 필요 없는 운전이야?"

"기술이 필요 없는 운전?"

"주전자 운전 있잖아?"

"주전자 운전이라니?"

순자는 눈을 더 크게 뜨고 도무지 어리둥절하기만 한 표정이었다.

"어이구, 칵 막혔구먼. 서울 헛살았어. 깔깔."

ⓒ "아니, 무슨 소리를 하고 있는 거야?"

"손에다 쥐어 모셔야 알겠구먼. 술 주전자 운전이란 말이야. 술 주전자! 깔깔."

ⓔ "그러니까……."

순자는 그제야 웃물이 도는 듯* 눈을 거슴츠레하게 떴다.

"어때? 서울서야 돈만 벌면 그만이잖아. 지금 서울에 주전자 운전사가 몇 만 명인 줄 알아? ⓜ그것도 당당한 직업이야. 그사이에 **식순이 공순이** 다 해봤지만, 그건 남의 **종살이**밖에 안되더라고. 몸뚱이 도사리고 더런 새끼들한테 구박받으며 붙박여 하루 종일 뼛골 빼봐야 하루 벌이가 그게 얼마야? 서울서 사람값은 하나도 돈이고 둘도 돈이야. 국장이 과장보다 월급이 많고 서기가 급사보다 월급이 많은 건, 그만치 층하 가려 사람대접을 달리 하는 게 아니고 뭐야?"

남분이는 조금도 스스럼이 없었다. 그러니까 십만 원 넘게 번다는 자기가 과장이라면 공순이들은 급사 턱이나 된다는 본새였다.

  – 송기숙, 「몽기미 풍경」 –

* 야살스럽게: 얄밉고 되바라지게.
* 웃물이 도는 듯: 알 것 같은 실마리가 잡히는 듯.

---

30. [A]의 서술상 특징으로 가장 적절한 것은?

① 이야기 내부의 서술자가 인물의 내력을 제시하고 있다.
② 인물의 행위를 제시하여 긴박한 분위기를 조성하고 있다.
③ 요약적 서술을 통해 갈등이 해소되는 과정을 제시하고 있다.
④ 추측하는 표현을 통해 일어날 사건에 대한 예상을 드러내고 있다.
⑤ 감각적인 묘사를 사용하여 관찰 대상을 실감 나게 드러내고 있다.

31. ⓐ와 ⓑ에 대한 이해로 가장 적절한 것은?

① ⓐ는 인물이 기대했던 바를 실제로 확인하게 하는 소재이고, ⓑ는 인물의 욕망이 충족되는 공간이다.
② ⓐ는 인물이 사회의 문제를 해결하게 하는 소재이고, ⓑ는 인물이 자신을 타인과 비교하는 공간이다.
③ ⓐ는 인물이 타인과의 단절을 유발하는 소재이고, ⓑ는 인물이 타인과 소통하는 원인이 되는 공간이다.
④ ⓐ는 인물이 거부해 오던 운명을 적극적으로 수용하게 하는 소재이고, ⓑ는 인물이 자신의 운명을 개척하는 공간이다.
⑤ ⓐ는 인물이 경험해 보지 못한 세상을 체험하게 하는 소재이고, ⓑ는 인물이 경험을 바탕으로 자신의 현실을 인식하는 공간이다.

---

32. ㉠~㉤에 대한 설명으로 적절하지 <u>않은</u> 것은?

① ㉠: 고향의 상황과 비교하여 자신의 상황을 자랑하고 싶어 하는 남분이의 심정이 드러나 있다.
② ㉡: 순자의 마음이 상할 것을 걱정하여 조심스러워하는 남분이의 태도가 드러나 있다.
③ ㉢: 남분이가 하는 말의 의미를 제대로 이해하지 못해 어리둥절해하는 순자의 모습이 드러나 있다.
④ ㉣: 남분이가 하고 있는 일이 무엇인지 어렴풋이 짐작하고 있는 순자의 모습이 드러나 있다.
⑤ ㉤: 자신의 직업에 대해 부끄럼 없이 떳떳하게 여기는 남분이의 태도가 드러나 있다.

33. <보기>를 바탕으로 윗글을 감상한 내용으로 적절하지 <u>않은</u> 것은? [3점]

<보 기>

  이 작품은 급속한 산업 발전이 이루어지던 1970년대를 배경으로 하고 있다. 어촌 마을에서 도시로 상경한 인물들을 중심으로, 물질적 가치를 중시하는 모습과 고된 노동의 현실을 통해 당시의 세태를 사실적으로 드러낸다. 이러한 상황 속에서 어촌 마을은 경제적 발전에서 낙후된 공간이자, 도시의 삶에서 소외감을 느끼는 이들에게 그리움의 공간으로 나타나 있다.

① '뼈마디가 저미는 고통'을 느끼며 '살벌한 현실'을 살고 있는 순자의 모습에서, 고된 삶을 살고 있는 노동자의 현실을 짐작할 수 있군.
② '누구 하나 돌봐주는 사람' 없이 생활하는 자신을 '무녀리'와 동일시하는 순자의 모습에서, 도시 생활에서 느끼는 소외감을 짐작할 수 있군.
③ '본전도 못 건지'며 '가슴을 조이'는 사람들이 '날이면 날마다 그 섬을 들락거렸다'는 것에서, 도시로 상경한 인물들에게 어촌 마을은 그리움의 공간임을 짐작할 수 있군.
④ '몽기미 집집마다' '달라붙은 그 가난'이 '가슴을 후볐다'는 것에서, 경제적 발전에서 낙후된 어촌 마을의 현실을 짐작할 수 있군.
⑤ '식순이 공순이'는 '종살이' 취급밖에 받지 못한다며 돈을 쉽게 버는 일을 선택한 남분이의 모습에서, 물질적 가치를 우선시하는 세태를 짐작할 수 있군.

[34~37] 다음 글을 읽고 물음에 답하시오.

(가)

이몸이 늦게 나서 세상에 할 일 없어
강호의 임자 되야 풍월로 늙어가니
물외청복(物外淸福)이 없다야 하랴마는
돌이켜 생각하니 애달픈 일 하고 많다
만물의 귀한 것이 사람이 으뜸인데
그중의 남자 되야 이목총명(耳目聰明) 갖춰 삼겨
평생의 먹은 뜻이 일신부귀 아니러니
세월이 훌쩍 가고 지업(志業)에 때를 놓쳐
백수공명(白首功名)을 겨우 굴어 이뤄내니
종적이 저어하고 세로(世路)도 기구하야
수년(數年) 낮은 벼슬로 남 따라 다니다가
삼춘휘(三春暉) 쉬이 가니 촌초심*이 그지없어
동장(銅章)을 빌어 차고 오마(五馬)를 바삐 몰아
남주(南州) 백리지(百里地)에 여민휴식(與民休息)* 하랴터니
이마 흰 모진 범이 어디서 나타났는고
가뜩이나 엷은 환정(宦情)* 하루아침에 재 되거다
젖은 옷 벗어놓고 황관(黃冠)*으로 갈아 쓰고
채 하나 떨쳐 쥐고 호연히 돌아오니
산천이 의구하고 송죽(松竹)이 반기는 듯
시비(柴扉)를 찾아들어 삼경(三逕)을 다스리니
금서일실(琴書一室)*이 이 아니 내 분인가
앞내에 고기 낚고 뒷뫼에 약을 캐야
수업(手業)을 일로 삼아 여년(餘年)을 보내노니
인생지락(人生至樂)이 이밖에 또 없도다
     (중략)
박잔에 술을 부어 알맞게 먹은 후에
수조가(水調歌)를 길이 읊고 혼자 서서 흔들대니
호탕한 미친 흥을 행여 아니 남 알겠는가
하마 저물었느냐 먼 뫼에 달 오른다
그만하야 쉬어보자 바위에 배 매어라
패랭이 빗기쓰고 오죽장(烏竹杖) 흩어 짚어
모래 둑을 돌아들어 석경(石逕)으로 올라가니
오류댁(五柳宅)* 소쇄한데 경물이 새로워라
솔 그늘에 훗걸으며 원근을 바라보니
수월(水月)이 영롱하야 건곤이 제각기인 듯
희희호호(熙熙皞皞)하야 신세를 다 잊겠구나
이 중에 맺힌 마음 북궐(北闕)에 달렸으니
사안(謝安)의 사죽도사(絲竹陶瀉)* 옛일이 오늘일세
내 근심 무익(無益)한 줄 모르지 아니하되
천성(天性)을 못 변하니 진실로 가소롭다
두어라 강호(江湖)의 일민(逸民)*이 되야 축성수(祝聖壽)나
하리라

        – 윤이후, 「일민가(逸民歌)」 –

* 촌초심: 부모의 은혜와 사랑에 보답하려는 마음.
* 여민휴식: 백성과 함께 지내는 마음으로 다스림.
* 환정: 벼슬을 하고 싶어 하는 마음.
* 황관: 풀로 만든 관으로 평민이 씀.
* 금서일실: 거문고와 책이 있는 방.
* 오류댁: 진나라 시인 도연명의 집으로 은거하는 집을 일컬음.
* 사안의 사죽도사: 진나라 사람 사안이 음악으로 시름을 달래며 지냈다고 함.
* 일민: 학식과 덕행이 있으면서도 세상에 나서지 않고 묻혀 지내는 사람.
* 축성수: 임금의 장수를 빎.

(나)

 붉은 튤립의 열(列) 옆으로 나무장미의 만발한 이랑이 늘어서고 달리아가 장성하며 한편에는 우방의 활엽(闊葉)이 온통 빈틈없는 푸른 보료*를 편다. ㉠가구(街區)*에서는 좀체 얻어볼 수 없는 귀한 경물이니 아침저녁으로 손쉽게 그것을 바라볼 수 있는 나는 자신을 행복스럽게 여긴다. 그 한 조각의 밭을 다스려 아름다운 꽃을 보이는 사람은 놀라운 재인(才人)도 장정도 아니라 별사람 아닌 한 사람의 육십을 넘은 노인인 것이다. 봄에 씨를 뿌려 꽃을 피우고 가을에 뒷거둠을 마치고 다시 갈아엎을 때까지 그 밭을 만지는 사람은 참으로 그 육십 옹 단 한 사람인 것이다. 씨를 뿌리기 시작한 날부터는 하루도 번기는 날이 없이 아침만 되면 육십 옹은 보에 쟁기를 싸가지고 어디선지 나타난다. 살수(撒水) 중경시비(中耕施肥) 제초 배토 — 그때그때를 따라 일과에는 조금의 소홀도 없으며, 일정한 필요의 과정이 오십 평의 구석구석까지 알뜰히 미쳐 이윽고 제때에 아름다운 성과를 맺게 한다. ㉡옹은 허리가 휘고 기력이 부실하나 서두르는 법 없이 지치는 법 없이 말하는 법 없이 날이 맞도록 묵묵히 일하며 그의 장기(匠器)가 미치는 뒷자취는 나날이 면목이 새롭고 아름다워진다. 침착하게 움직이는 그의 양을 바라볼 때 거기에는 고로(苦勞)의 의식의 표정은 조금도 눈에 띄지 않으며 도리어 한 이랑 한 이랑의 흙을 아끼고 사랑하는 그 거동에는 만신(滿身)의 희열이 드러나 보인다. ㉢때때로 얼굴이 마주칠 때의 아이같이 방긋 웃어 보이는 동심의 표정을 읽으면 그는 괴롭게 노동하고 있는 것이 아니라 그 오십 평 속에서 천진하게 장난하고 예술하고 있는 것이라고 번역된다. 참으로 오십 평 속에서의 그의 생활은 싫은 노역이 아니라 즐거운 예술이라고 보여진다. **근로와 예술을 동시에 가진 생활** — 생활의 미화, 노동의 예술화 — 진부한 어투인지는 모르나 **노동의 참된 경지**를 그 구체적 실례를 나는 그 육십 옹에게 보는 것이다.

 생산만이 아니라 미를 겸했으며 미만이 있는 것이 아니라 생산의 열매가 아울러 온다. 반드시 꽃밭을 가꾸게 됨으로써의 미를 일컬음이 아니라 만족스런 노동의 표정의 미를 말함이다.

     (중략)

 한편 그의 착실한 자태를 바라볼 때 나는 그 허리 굽은 **육십 옹의 여일한 생활의식에 비겨** 자신의 그것이 때때로 월등 저하되고 **소침(消沈)됨을 깨닫고 부끄러운** 생각을 마지 못한다. 주기적으로 **생활의욕이 급거히 저락되고** 침체된 일종의 플래토*의 지대에 다다르게 될 때 주위가 어둡고 진퇴가 귀치않고 우울, 저미(低迷)되어 결과는 생활력조차 감퇴하여 버린다. 욕심이 없고 희망이 없는 탓이라면 육십 옹의 앞에 너무도 보람 없고 비굴하여 얼굴이 붉어질 지경이나, ㉣솔직하게 말하여 그 대체 희망이라는 것이 어떤 내용 어느 정도 어느 거리의 것인가를 생각할 때 역시 답답해지는 것이 당연하며 뜻 없는 명랑은 도리어 천치의 소위로밖에는 생각되지 않는다. 같은 세대의 젊은 이들에게 그대는 생활의 신조를 어떻게 세웠느냐고 묻고 싶은 때조차 있다. 빈틈없는 이론으로 든든히 무장을 해본다 하더라도 행동이 없는 이상 갑을흑백을 어떻게 가린단 말인가. 참으로 웃을 수 있는 사람은 웃어 보라고 다시 청해 보고 싶다. 우울을 말할 때가 아닐는지는 모르나 때때의 생활의식의 저조에는 너무도 절실함이 있다.

 ㉤할 바를 모르는 것이 아니라 길이 없는 것이다. 여기에

좀체 구하기 어려운 저미의 근인(根因)*이 있기는 있는 것이나 그러나 그렇다고 허구한 날 **상을 찌푸리고만 지낼 수도** 없는 노릇이니 가까운 **손잡이**를 잡고 억지로라도 플래토를 정복하고 식물 이하의 무기력에서 식물 이상의 **행(行)의 생활**로 애써 솟아올라야 할 것이다.

            - 이효석, 「화춘의장(花春意匠)」 -

 * 보료: 바닥에 까는 두툼한 요.
 * 가구: 거리의 구역.
 * 플래토: 정체기.
 * 근인: 근본이 되는 원인.

34. (가)와 (나)의 공통점으로 가장 적절한 것은?

① 설의적 표현을 활용하여 의미를 강조하고 있다.
② 구체적 지명을 활용하여 현장감을 드러내고 있다.
③ 청각적 이미지를 통해 대상의 특성을 강조하고 있다.
④ 연쇄의 방식을 사용하여 상황의 심각성을 표현하고 있다.
⑤ 언어유희를 통해 현실에 대한 태도를 간접적으로 드러내고 있다.

35. ㉠~㉤에 대한 설명으로 적절하지 <u>않은</u> 것은?

① ㉠: 풍경의 가치를 인식하며 이를 수시로 감상할 수 있는 데 따른 글쓴이의 심정이 드러나 있다.
② ㉡: 대상에 대한 의혹이 해소되어 가는 데 대한 글쓴이의 인식이 드러나 있다.
③ ㉢: 주의 깊게 살펴본 대상의 면모를 주관적으로 해석하는 글쓴이의 인식이 드러나 있다.
④ ㉣: 희망의 의미를 구체화하지 못하는 것에 대한 글쓴이의 심정이 드러나 있다.
⑤ ㉤: 자신이 현재 상태에 이르게 된 근본적 원인에 대한 글쓴이의 판단이 드러나 있다.

36. (가)와 (나)를 비교하여 이해한 내용으로 가장 적절한 것은?

① (가)의 '오마'는 화자를 과거에 억압하던 대상이고, (나)의 '꽃'은 글쓴이가 관찰한 대상이 자신의 이상을 펼치도록 돕는 소재이다.
② (가)의 '옷'은 화자가 자연 풍경에 대한 감탄을 자아내게 하는 소재이고, (나)의 '손잡이'는 글쓴이가 이를 사용하는 인물의 능력에 대해 감탄을 자아내는 소재이다.
③ (가)의 '송죽'은 화자가 새로운 공간으로 돌아와서 만난 소재이고, (나)의 '튤립'은 글쓴이가 벗어나고자 하는 공간의 특징을 나타내는 소재이다.
④ (가)의 '달'은 화자의 행동 변화가 일어나는 시간적 배경을 나타내는 소재이고, (나)의 '아침'은 글쓴이가 관찰한 대상의 일관된 행동이 나타나는 시간적 배경이다.
⑤ (가)의 '오류댁'은 화자가 동경하는 행위가 드러나는 공간이고, (나)의 '꽃밭'은 글쓴이가 경계하는 행위가 드러나는 공간이다.

37. <보기>를 바탕으로 (가), (나)를 감상한 내용으로 적절하지 <u>않은</u> 것은? [3점]

        ── <보 기> ──

 (가)와 (나)는 자기 성찰과 현실에 대한 고민이 드러나 있는 작품이다. (가)의 화자는 속세에서 갈등을 겪고 은거하는 삶을 살고 있다. 이때 화자는 자연을 통해 위안을 얻기도 하지만 번민을 떨치지 못하는 자신을 인식하며 자연에서의 삶에서도 세상을 향한 마음을 드러낸다. (나)의 글쓴이는 자신과 대조적인 삶을 살고 있는 대상을 통해 자신의 삶을 돌아보게 된다. 이러한 과정에서 글쓴이는 가치 있는 삶의 모습을 깨닫고 무기력한 삶을 극복하고자 하는 의지를 드러낸다.

① (가)의 '앞내에 고기 낚고 뒷뫼에 약을 캐'며 '인생지락'을 느끼는 것에서 화자가 자연에서의 삶 속에서 위안을 얻고 있음을 알 수 있군.
② (나)의 '근로와 예술을 동시에 가진 생활'이 '노동의 참된 경지'라는 것에서 글쓴이가 깨달은 가치 있는 삶의 모습이 드러나고 있음을 알 수 있군.
③ (가)의 '금서일실'을 '내 분'으로 여긴다는 것에서 화자가 속세로 돌아가고 싶어 하는 고민이 드러나 있음을, (나)의 '소침됨을 깨닫고' '생활의욕이 급거히 저락되'었다는 것에서 글쓴이가 해결하고 싶어 하는 고민이 드러나 있음을 알 수 있군.
④ (가)의 '내 근심 무익한 줄 모르'지 않지만 '천성을 못 변'해 '가소롭다'는 것에서 화자가 번민을 떨치지 못하는 자신을 성찰하고 있음을, (나)의 '육십 옹'의 '생활의식에 비겨' 보며 '부끄러'워한 것에서 글쓴이가 타인과 대조하며 자신을 성찰하고 있음을 알 수 있군.
⑤ (가)의 '강호의 일민이 되야 축성수나 하리라'에서 화자가 은거하면서도 세상을 향한 마음을 드러내고 있음을, (나)의 '상을 찌푸리고만 지낼 수' 없다며 '행의 생활'을 다짐하는 것에서 글쓴이가 무기력한 삶을 극복하고자 하는 의지를 드러내고 있음을 알 수 있군.

[38~41] 다음 글을 읽고 물음에 답하시오.

 양면시장은 플랫폼 사업자가 서로 구분되는 두 개의 이용자 집단에 플랫폼을 제공하고 이용자들은 플랫폼을 통해 상대 집단과 거래하면서 경제적 가치나 편익을 창출하는 시장을 의미한다. 이때 플랫폼이란 양쪽 이용자 집단의 연결 고리 역할을 하는 물리적, 가상적, 제도적 환경을 일컫는다. 이용자 집단은 플랫폼을 통해 거래가 이루어지기까지의 시간이나 노력 등과 같은 거래비용을 절감하여 상대 집단과 거래하게 된다. 대표적인 플랫폼으로 신용 카드 회사가 제공하는 카드 결제 시스템을 들 수 있다. 플랫폼의 한쪽에는 카드로 결제하는 회원들이 있고, 플랫폼의 반대쪽에는 그것을 지불 수단으로 받는 가맹점들이 있다.

플랫폼 사업자인 신용 카드 회사 입장에서는 양쪽 이용자 집단인 카드 회원들과 가맹점들 모두가 고객이 된다.

플랫폼을 통해 연결되는 양쪽 이용자 집단의 관계는 '네트워크 외부성'을 통해 설명할 수 있다. 네트워크 외부성은 어떤 제품이나 서비스를 사용하는 이용자의 규모가 이용자의 효용에 영향을 미치는 것으로 직접 네트워크 외부성과 간접 네트워크 외부성으로 구분된다. 직접 네트워크 외부성이란 동일 집단 내에서 발생하는 것으로, 동일 집단에 속한 이용자의 규모가 커지면 집단 내 개별 이용자의 효용이 증가하는 특성이다. 이와 달리 간접 네트워크 외부성이란 서로 다른 집단 간에 발생하는 것으로, 한쪽 이용자 집단의 규모가 커지면 반대쪽 이용자 집단의 효용이 증가하고, 한쪽 이용자 집단의 규모가 작아지면 반대쪽 이용자 집단의 효용이 감소하게 된다. 양면시장에서는 간접 네트워크 외부성이 필수적으로 작용하므로 양쪽 이용자 집단이 서로 긴밀하게 영향을 주고받는다.

이를 바탕으로 플랫폼 사업자는 플랫폼 이용료를 통해 수익을 창출하기 때문에 양쪽 이용자 집단 모두를 플랫폼에 참여하도록 유도할 수 있는 가격구조를 결정하게 된다. 이때 가격구조란 플랫폼 이용료를 각각의 이용자 집단에 어떻게 부과하느냐를 의미한다. 플랫폼 사업자는 수익을 극대화할 수 있는 전략으로 양쪽 이용자 집단에 차별적인 가격을 부과하는 것이 일반적인데, 한쪽 이용자 집단의 플랫폼 이용료를 아주 낮게 책정하거나 한쪽 이용자 집단에 보조금을 지급하는 경우도 있다.

위에서 언급된 카드 결제 시스템을 바탕으로 간접 네트워크 외부성이 가격구조에 미치는 영향을 살펴보면 다음과 같다. 카드 회원들이 가맹점에 미치는 간접 네트워크 외부성이 클수록, 카드 회사는 카드 회원 수를 늘리기 위해 낮은 연회비를 부과할 수 있다. 이에 따라 카드 회원 수가 늘어나면 가맹점들의 효용이 증가하기 때문에 가맹점은 높은 결제 건당 수수료를 지불하더라도 카드 결제 시스템을 이용하게 된다. 이는 가맹점이 카드 회원들에게 미치는 간접 네트워크 외부성이 큰 경우에도 마찬가지로 적용된다.

한편 가격구조는 수요의 가격탄력성에도 영향을 받는다. 수요의 가격탄력성이란 가격이 오르거나 내릴 때 수요량이 얼마나 변동하느냐를 의미하는 것으로, 양면시장에서 양쪽 이용자 집단 각각은 플랫폼 이용료의 변동에 따라 이용자 수나 서비스 이용량과 같은 수요량에 영향을 받게 된다. 카드 회원의 수요의 가격탄력성이 높은 경우에는 연회비가 오를 때 카드 회원 수가 크게 감소하고, 수요의 가격탄력성이 낮은 경우에는 변동이 크지 않다. 따라서 플랫폼 사업자는 자신의 수익을 극대화하기 위해 양쪽 이용자 집단의 특성을 파악하여 각 집단에 최적의 이용료를 부과하게 된다. 일반적으로 플랫폼 사업자는 수요의 가격탄력성이 높은 집단에 낮은 이용료를 부과하여 해당 집단의 이용자 수를 늘리려고 한다.

플랫폼 사업자가 수익을 창출하기 위해 사용하는 대표적인 전략으로 공짜 미끼와 프리미엄(free-mium) 등이 있다. 공짜 미끼 전략은 무료 서비스를 통해 한쪽 집단의 이용자 수를 늘리면서 반대쪽 집단 이용자의 플랫폼 참여를 유인하는 것이다. 프리미엄 전략은 기본적 기능은 무료로 제공하지만 추가적인 기능은 유료로 제공하는 것으로, 무료에서 유료로 전환한 이용자의 긍정적 경험이 무료 이용자에게 전파되어 그 중 일부가 유료 이용자로 전환되도록 하는 것이다.

38. 윗글을 이해한 내용으로 적절하지 <u>않은</u> 것은?

① 카드 결제 시스템은 카드 회원들과 카드 가맹점을 연결하는 플랫폼이다.

② 양면시장에서는 신용 카드 회사와 카드 회원 모두가 가맹점의 고객이 된다.

③ 플랫폼 사업자는 이용자 집단이 플랫폼에 참여하도록 보조금을 지급할 수 있다.

④ 플랫폼 사업자는 플랫폼 이용자들에게 경제적 가치를 창출하는 환경을 제공한다.

⑤ 프리미엄 전략은 유료로 전환한 이용자들이 무료 이용자들의 유료화에 영향을 미치는 것이다.

39. 가격구조에 대한 설명으로 가장 적절한 것은?

① 플랫폼 사업자가 수익을 극대화하기 위해 고려하는 것이다.

② 양쪽 이용자 집단의 이용료 지불 수단을 결정하는 방법이다.

③ 양쪽 이용자 집단에 동일한 이용료를 부과하기 위한 원칙이다.

④ 양쪽 이용자 집단의 규모가 항상 고정되어 있음을 전제로 하는 것이다.

⑤ 플랫폼 사업자가 규모가 큰 이용자 집단에는 이용료를 부과하지 못한다.

※ 윗글과 <보기>를 바탕으로 40번과 41번 두 물음에 답하시오.

─────── <보 기> ───────

P사가 개발한 메신저 프로그램은 이용자끼리 무료로 메시지를 주고받을 수 있어서 ㉠메신저 이용자들이 빠르게 증가했고, 메신저 이용자들끼리 서로 편하게 연락을 주고받을 수 있게 되었다. 그러자 광고 효과를 기대하고 P사와 계약한 ㉡광고주들이 크게 늘어났고, P사는 모든 광고주들에게 원래보다 높은 광고 비용을 부과했다. 이후 P사는 더 많은 메신저 이용자들을 확보하기 위해 메신저에서 사용할 수 있는 무료 이모티콘을 배포하였고, 이를 통해 ㉢이모티콘 사용에 익숙해진 이용자를 많이 확보할 수 있었다. 이모티콘을 사용하는 이용자들이 점점 많아지자 P사는 메신저를 통해 ㉣이모티콘 공급 업체들이 유료 이모티콘을 판매할 수 있도록 하였다. P사가 높은 판매 수수료를 부과했음에도 불구하고 이용자들에게 이모티콘을 판매하고자 하는 업체들이 모여들게 되었다.

40. 윗글을 바탕으로 <보기>를 이해한 내용으로 적절하지 <u>않은</u> 것은? [3점]

① P사가 메신저 이용자들에게 무료 이모티콘을 배포한 것은 무료 서비스를 통해 더 많은 메신저 이용자들을 플랫폼으로 유도하기 위한 공짜 미끼 전략이겠군.

② P사가 이모티콘 사용에 익숙해진 메신저 이용자들을 확보한 것은 메신저를 통해 적은 거래비용으로 이용자에게 이모티콘을 직접 판매하고자 하는 목적이겠군.

③ P사가 광고주들에게 부과한 광고 비용과 이모티콘 공급 업체에게 부과한 판매 수수료는 P사의 수익 창출을 위한 플랫폼 이용료에 해당하겠군.

④ P사가 모든 광고주들에게 원래보다 높은 광고 비용을 부과한 것은 메신저 이용자들의 수가 늘어남에 따라 광고주들이 얻는 편익이 증가했다고 판단했기 때문이겠군.

⑤ P사가 개발한 메신저의 이용자 수가 많아져 이용자들끼리 더 편하게 연락을 주고받을 수 있게 된 것은 메신저 이용자들 사이에 직접 네트워크 외부성이 존재하는 것이겠군.

41. 다음은 윗글과 <보기>를 읽은 학생이 보인 반응이다. A~C에 들어갈 내용으로 적절한 것은?

> ㉠의 수요의 가격탄력성이 높고, ㉠이 ㉡에 미치는 간접 네트워크 외부성이 클 때, P사가 무료이던 메신저 이용료를 유료로 전환한다고 가정하면, ㉠의 수는 (A)하고 ㉡의 효용은 크게 (B)할 것이다. 한편 ㉣이 ㉢에 미치는 간접 네트워크 외부성이 크다고 가정하면, P사가 ㉣에 부과하는 판매 수수료는 (C)할 것이다.

	A	B	C
①	감소	증가	하락
②	증가	증가	하락
③	감소	증가	상승
④	증가	감소	상승
⑤	감소	감소	하락

[42~45] 다음 글을 읽고 물음에 답하시오.

계모 장씨는 이성이 왕실의 한 사람이 되어 그 권세가 가볍지 않음을 알고 늘상 혜랑과 신광 법사에게 의논하였다. 그러던 차에 이성과 화양 공주가 화목하지 않음을 알아챈 혜랑이 말하였다.

"이러한 기회는 두 번 다시 오지 않습니다. 부인께서 뜻을 이루실 때입니다."

"무슨 말이냐?"

혜랑이 헤헤헤 웃으며 말하였다.

"이렇게 저렇게 하면 묘하지 않겠습니까?"

장씨가 잠시 동안 생각하더니 말하였다.

"이는 정말 중요한 일이니 다른 꾀를 생각해 보아라."

혜랑이 신광 법사를 돌아보며 말하였다.

"부인께서 이처럼 약하시니 어떻게 소원을 이루겠습니까?"

신광 법사가 말하였다.

"이때가 정말 좋으니 부인은 의심하거나 걱정하지 마십시오."

그러고는 비밀스럽게 계교를 행하였다.

한편 보모 정 상궁은 이성이 화양 공주를 박대하자 통한히 여기고 말하였다.

"공주께서는 임금님의 아주 귀한 딸입니다. 더욱이 임금님께서 특별히 부탁하신 혼인인데 부마께서 이렇게 매몰차시니 어찌 분하지 않겠습니까?"

화양이 그 말을 듣고는 볼을 붉히며 말하였다.

"이 무슨 말인가? 서방님이 드러나게 나를 박대함이 없고 도리어 나의 불초함을 예로 대한다. 이로 인해 내가 항시 조심하고 있거늘 네가 주인을 원망하며 권세를 운운하니 어찌 한심하지 않겠는가?"

말의 기운이 엄숙하니 정 상궁이 두려워하며 물러났다. 그때 갑자기 신발 소리가 나며 이성이 ㉠방으로 들어왔다. 화양이 물러 내려서며 이성을 맞은 후 자리를 잡고 앉았다. 이성이 화양의 기색을 살펴보니 조금도 방자함이 보이지 않았고, 잘난 척하는 마음이 조금도 얼굴에 드러나지 않았다. 이에 화양을 지극히 후대하며 정이 점점 솟아났다. 한밤중 동안 그곳에 있다가 부모가 있는 곳으로 가 문안 인사를 정성껏 올렸다.

혜랑은 장씨와 매일 화양을 해칠 계교를 짜는 한편, 신광 법사에게는 이렇게 저렇게 하되 비밀이 탄로나지 않게 하라고 당부하고 보냈다. 혜랑의 가르침을 들은 신광 법사는 개용단*으로 이성의 모습을 한 채 ㉡명월루에 숨었다. 밤이 깊어 인적이 고요해지자, 바로 ㉢화양 공주의 방으로 뛰어 들어가 칼을 빼어 즉시 화양을 찌르려고 하였다. 때마침 방 밖에 시비들의 소리가 시끄럽게 들리자 마음이 급해진 신광 법사는 엉겁결에 비껴 찌르고 도망갔다. 비명소리를 들은 시비들이 놀라 들어와 시신이 침상 위에 놓여 있는 것을 보고, 목놓아 울며 말하였다.

"이 무슨 일이란 말인가?"

발을 구르고 ㉣외당에 사실을 알리며 우왕좌왕하였다. 이성이 미처 나오지 못한 사이에 이영준이 이성을 급히 불렀다. 이성이 나와 보니 명월루에 울음소리가 진동하였다. 시비들은 급히 뜻하지 않은 재앙이 화양의 몸에 미쳤다고 전하였다. 이성은 크게 놀라면서도 얼굴빛을 태연히 하였다. 이성이 화양을 찔렀다는 소식을 들은 이영준은 보자마자 어디에 있었는지 물었다. 이성이 정당에 있었다고 답하자, 이영준은 장씨를 의심하면서도 여러 시녀들이 이성이 찔렀다고 하는 말을 듣고는 정신없이 이성과 함께 명월루로 갔다. 시비들이 울부짖으며 어찌할 바를 모르다가 이영준과 이성을 보고 놀랐다. 이영준이 휘장 밖에 서서는 이성에게 들어가 보라고 하였다. 화양은 침상 아래 거꾸러진 채로 유혈이 낭자하니 그 모습이 매우 잔혹하였다. 왕실의 금지옥엽으로 이런 일을 당하였고, 그 누명이 이성에게 미칠 수 있으니 어찌 멸문지화*를 면할 수 있겠는가? 그럼에도 얼굴 빛이 전혀 흔들리지 않고 천천히 나아가 공주를 살폈다. 두 눈이 감긴 채 두 뺨에는 혈기가 없고 손과 발은 얼음처럼 차가웠다. 살 방도가 전혀 없어 보였으나 비단 저고리를 걷고 자세히 보니 눈같이 흰 피부에 붉은 피가 가득하되 약간의 생기가 있었다. 주머니에서 침을 내어 기를 통하게 할 곳을 짚어 찔렀다. 이성의 침법이 원래 신이하였기에 얼마 지나지 않아 얼굴에 붉은빛이 통하고 생기가 돌았다. 약을 주자 잠시 후 화양이 숨을 쉬더니 소스라치게 놀라며 깨어났다.

[중략 줄거리] 누명을 쓰고 유배되었던 이성은 외적이 쳐들어오자 풀려나 전장에서 활약하고, 반역의 무리를 제압하는 과정에서 누명을 벗는다.

그때 사신이 이르렀다는 전갈이 오자 이영준이 이상하게 여겨 즉시 당에서 내려가 임금의 교지를 받았다. 보니 장씨의 허물이 적지 않게 들어 있었다. 궁궐에서 자기 집의 허물이 드러나 모든 관리에게 파다하게 알려진 사실이 부끄러운 한편 장씨의 심술에 통분하였다. 이에 노비를 호령하여 장씨를 모시던 시녀와 유모 혜랑을 잡아들이게 한 후 실상을 파헤쳤다. 혜랑이 비록 크게 간악하지만 일이 이 지경에 이르렀으니 어찌 속일 수 있겠는가? 처음에 자객을 보내어 이성을 해하려고 한 일부터 화양을 해쳐 그 죄를 이성에게 뒤집어씌운 일까지 바로 자백하였다.
'장씨가 마음이 좁은 여자여서 이미 짐작은 하고 있었지만 간교함이 이 정도일 줄은 생각도 하지 못하였다.'
생각이 이에 미치자 소리를 높여 꾸짖었다.
"너의 간악한 꾀로 명공의 집안에 화란을 짓고, 요악한 도사와 결탁하여 그 화가 국가에까지 미쳤다. 또한 너의 주인을 아주 못된 아녀자로 만들었으니 어찌 죽음을 면하겠느냐?"
말을 마치고는 노비를 명하여 지져 죽이는 형벌을 더해 죽였다. 장씨는 아들의 얼굴을 보아 ㉤후원 냉옥에 가두었다가 개과천선하기를 기다린 후 다시 처치하고자 하였다. 이때 장씨는 자기 허물이 온 나라에 시끄럽게 드러나자 크게 부끄러워하며 사람을 멀리하였다.
한편 열한 살인 이무는 모든 일에 어른처럼 노련하였다. 이 일을 당하니 마치 벼락에 온몸이 부서지는 듯하였다. 어머니 장씨의 허물이 이처럼 심한 것에 새롭게 놀라며 부끄러워 죽고 싶은 마음이 들었다. 그러나 죄를 받은 어머니를 보살필 사람이 없음을 알고 목숨을 유지하다가 아버지 이영준의 분노가 조금 가라앉자 이성과 함께 나아가 울며 말하였다.
"소자들은 천륜의 죄인입니다. 엎드려 바라오니 아버님께서는 어머니의 망극한 죄를 더하지 마시어 불초한 저희들로 하여금 만고의 죄인이 되지 않게 해 주십시오."
말을 하며 눈물을 비처럼 흘리니 그 효성스러운 거동이 사람의 분한 마음을 봄눈 녹듯이 사라지게 할 정도였다.
— 작자 미상, 「화산기봉(華山奇逢)」 —

* 개용단: 마음 먹은 대로 모습을 바꿔 주는 묘약.
* 멸문지화: 한집안이 다 죽임을 당하는 끔찍한 재앙.

42. 윗글에 대한 이해로 가장 적절한 것은?

① 이영준은 직접 화양의 상태를 확인하고 이성을 의심했다.
② 장씨는 자신의 잘못이 드러났음에도 끝까지 결백을 주장했다.
③ 이영준은 혜랑이 자백하는 척하며 장씨를 모함한 것을 꾸짖었다.
④ 이성은 화양이 습격을 당할 것을 예상하고 미리 그녀에게 주의를 주었다.
⑤ 혜랑은 이성과 화양의 불화가 자신의 계획에 유리하게 작용한다고 판단했다.

43. 윗글의 서술상 특징으로 가장 적절한 것은?

① 외양을 세밀하게 묘사하여 인물을 희화화하고 있다.
② 꿈과 현실의 교차를 통해 사건의 진상을 밝히고 있다.
③ 대화와 삽입된 노래를 통해 인물들의 심회를 드러내고 있다.
④ 비현실적인 소재를 활용하여 낭만적 분위기를 형성하고 있다.
⑤ 서술자가 개입하여 사건에 대한 주관적 판단을 드러내고 있다.

44. ㉠~㉤에 대한 설명으로 적절하지 <u>않은</u> 것은?

① ㉠은 이성이 화양의 태도를 확인하고 화양에게 긍정적 감정을 느끼는 곳이다.
② ㉡은 신광 법사가 혜랑의 지시를 이행하기 위해 이동한 곳이다.
③ ㉢은 신광 법사가 외부적인 요인으로 인해 조급히 행동하는 곳이다.
④ ㉣은 이영준과 이성이 문제 해결에 대한 의견 차이를 드러내는 곳이다.
⑤ ㉤은 장씨가 자신의 행위를 반성하도록 이영준에 의해 보내진 곳이다.

45. <보기>를 참고하여 윗글을 감상한 내용으로 적절하지 <u>않은</u> 것은? [3점]

<보 기>
「화산기봉」에서 주인공의 혼인은 계모와의 갈등이 심화되는 계기가 된다. 이로 인해 가문 전체에 위협이 되는 사건이 초래되지만, 주인공은 비범한 능력을 발휘하여 위기에 대응한다. 한편 이러한 갈등의 해결 과정에서 가족 외 인물은 갈등 유발의 책임이 전가되어 처벌되는 반면, 가족 내 인물은 유교적 윤리를 바탕으로 포용의 대상이 된다. 이를 통해 가문의 안정을 지향하는 사대부의 면모를 보여 주고 있다.

① 장씨가 왕실의 사람이 된 이성을 경계하여 계교를 꾸미는 것을 보니, 주인공의 혼인으로 인해 계모와 주인공 사이의 갈등이 심화되고 있음을 엿볼 수 있군.
② 화양이 이성을 원망하는 정 상궁을 질책하는 것을 보니, 가족 내 갈등이 유발된 책임을 가족 외 인물에게 돌리고 있는 상황을 확인할 수 있군.
③ 장씨와 혜랑에 의해 이성이 누명을 쓰는 일이 멸문지화로 이어질 수 있다는 것을 보니, 계모가 일으킨 사건이 가문의 존속을 위협할 수 있음을 짐작할 수 있군.
④ 이성이 신이한 침술로 목숨이 위태로운 화양을 소생시키는 것을 보니, 주인공이 비범한 능력을 통해 급박한 상황에 대응하고 있음을 확인할 수 있군.
⑤ 이무와 이성이 장씨를 용서해 달라고 간청하는 것을 보니, 효라는 유교적 윤리를 바탕으로 악행을 저지른 가족 내 인물을 포용하려는 모습을 엿볼 수 있군.

* 확인 사항
○ 답안지의 해당란에 필요한 내용을 정확히 기입(표기)했는지 확인하시오.

2021학년도 11월 고1 전국연합학력평가 문제지

1

제 1 교시

국어 영역

12회

● 문항수 45개 | 배점 100점 | 제한 시간 80분

● 점수 표시가 없는 문항은 모두 2점

[1 ~ 3] 다음은 강연이다. 물음에 답하시오.

안녕하세요? 수의사 ○○○입니다. 여러분들은 개도 사람과 마찬가지로 수혈이 필요하다는 걸 알고 있나요? (동영상을 보여주며) 지금 보시는 것은 개의 수혈 장면입니다. 처음 보는 분들이 많으실 텐데요. 오늘은 개의 혈액형과 수혈에 대해서 이야기해 보겠습니다.

여러분은 자신의 혈액형을 알고 있지요? 그런데 개도 혈액형이 있다는 것을 알고 있나요? (학생들의 대답을 듣고) 처음 들어 보는 학생들이 많은 것 같네요. (그래프를 제시하며) 보고 계신 설문 조사 결과처럼 90%가 넘는 사람들이 개에게도 혈액형이 있다는 사실을 모르고 있답니다. 개의 혈액형은 DEA라는 용어 뒤에 숫자를 붙여 구분합니다. (도표를 제시하며) 화면에 보이는 것처럼 개의 혈액형은 여러 종류가 있습니다. 그중 수혈에서 가장 중요한 혈액형은 DEA 1로 이 혈액형은 DEA 1-, 1.1, 1.2로 나뉩니다.

(그림을 제시하며) DEA 1 혈액형 간의 수혈 관계는 보시는 것처럼 나타낼 수 있습니다. 개는 기본적으로 같은 혈액형끼리는 수혈할 수 있습니다. 예를 들어 DEA 1.2와 1.2 사이나 DEA 1-와 1- 사이는 수혈이 가능한 것입니다. 그런데 처음 수혈을 받는 경우라면 다른 혈액형에게서도 수혈을 받을 수 있습니다. 단, 첫 수혈의 경우라도 DEA 1- 혈액형을 가진 개는 DEA 1.1이나 1.2의 혈액형을 가진 개에게 혈액을 줄 수는 있지만 반대로 이들로부터 혈액을 받을 수는 없습니다. 한편 DEA 1 혈액형을 가진 개는 모두 첫 수혈과 달리 두 번째 수혈부터는 부작용을 고려하여 혈액형을 반드시 확인해야 합니다.

현재 개의 수혈에 대한 사람들의 인식이 낮은 편이고 혈액 공급 시스템도 잘 갖춰져 있지 않아 원활한 수혈이 어려운 실정입니다. (QR 코드를 제시하며) 지금 보여 드리는 QR 코드에 접속하시면 개의 수혈에 관한 보다 많은 정보를 얻을 수 있습니다. 오늘 강연 어떠셨나요? (학생들의 반응을 확인하고) 유익하셨다니 다행입니다. 개는 우리의 좋은 친구이자 귀한 생명입니다. 학생 여러분들도 개의 수혈 문제에 관심을 가져 주시면 좋겠습니다. 이상으로 강연을 마치겠습니다. 감사합니다.

1. 위 강연에 대한 설명으로 가장 적절한 것은?

① 이전 강연 내용을 요약하며 강연의 순서를 안내하고 있다.
② 강연 내용과 관련된 긍정적 전망을 제시하며 강연을 마무리하고 있다.
③ 주제와 관련된 용어의 유래를 드러내어 역사적 의의를 제시하고 있다.
④ 강연에 사용된 자료의 출처를 구체적으로 밝히며 화제를 제시하고 있다.
⑤ 청중의 대답을 이끌어 내는 질문을 던지며 청중과 상호 작용을 하고 있다.

2. 다음은 강연자가 강연 전에 작성한 메모이다. 강연 내용에 반영되지 <u>않은</u> 것은?

○ 주제에 흥미를 가질 수 있도록 학생들의 관심을 유발해야겠어.
 – 강연의 시작 부분에서 동영상을 활용하여 개의 수혈 장면을 보여 줘야지. ······· ①
○ 개의 혈액형에 대해 잘 모르는 사람이 많다는 것을 강조해야겠어.
 – 그래프를 활용하여 사람들의 인식에 대한 설문 조사 결과를 제시해야겠어. ······· ②
○ 개의 혈액형의 종류가 많으니 이를 쉽게 정리해 줘야겠어.
 – 도표를 제시하여 개의 혈액형을 사람의 혈액형과 비교하며 설명해야겠어. ······· ③
○ 개의 수혈 관계를 명확하게 이해할 수 있도록 해 줘야겠어.
 – 개의 혈액형 종류에 따른 수혈 가능 여부를 보여 주는 그림을 제시해야겠어. ······· ④
○ 더 궁금한 점이 있는 학생들을 위해 도움이 될 수 있는 방안을 준비해야겠어.
 – 주제와 관련된 추가 정보를 제공하기 위해서 QR 코드를 제시해야겠어. ······· ⑤

3. 위 강연을 들은 학생이 <보기>에 대해 보인 반응으로 적절하지 <u>않은</u> 것은?

< 보 기 >

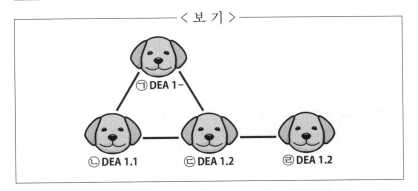

① 첫 수혈이라면 ㉠은 ㉡에게 수혈을 받을 수 있겠군.
② 첫 수혈이라면 ㉡에서 ㉢으로의 수혈은 가능하겠군.
③ ㉢이 이전에 수혈을 받은 적이 있었더라도 ㉣에게 수혈을 받을 수 있겠군.
④ 첫 수혈의 경우 ㉠에서 ㉡으로나, ㉠에서 ㉢으로의 수혈은 가능하겠군.
⑤ ㉠, ㉡, ㉢ 모두 두 번째 수혈을 받을 경우에는 개의 혈액형을 반드시 확인해야겠군.

[4 ~ 7] (가)는 학생들이 실시한 토론의 일부이고, (나)는 (가)에 청중으로 참여한 학생이 '토론 후 과제'에 따라 쓴 초고이다. 물음에 답하시오.

(가)

사회자: 오늘은 '별점 평가제는 폐지되어야 한다.'라는 논제로 토론하려고 합니다. 먼저 찬성 측이 입론한 후 반대 측에서 반대 신문을 진행하겠습니다.

찬성 1: 별점 평가제는 폐지되어야 합니다. 첫째, 별점 평가는 신뢰성이 낮습니다. 왜냐하면 별점을 매길 때 만족도에 대한 개인의 주관이 강하게 개입되어 객관적이지 못하기 때문입니다. 또한 별점 평가의 단계별 척도인 별 한 개에 부여하는 가치도 사람마다 다릅니다. 둘째, 별점 평가제는 판매자에게 큰 피해를 줄 수 있습니다. 별점 평가가 매출에 큰 영향을 주는데, 몇몇 소비자들이 악의적으로 매긴 허위 별점이 다른 소비자들에게 영향을 미쳐 판매가 급감한 사례를 흔히 들 수 있습니다.

반대 2: 악의적으로 매긴 허위 별점으로 인한 판매자들의 피해 사례를 흔히 들 수 있다고 하셨는데요, 그렇게 말씀하신 근거를 구체적으로 제시해 주시겠습니까?

찬성 1: 지난달 ○○신문에 보도된 통계 자료에 따르면 전체 판매자들의 70% 정도가 악의적인 허위 별점 때문에 큰 폭의 판매량 감소를 경험했다고 합니다.

[A]

사회자: 이번에는 반대 측이 입론한 후 찬성 측에서 반대 신문을 해 주십시오.

반대 1: 별점 평가제는 폐지되어서는 안 됩니다. 첫째, 별점 평가제는 소비자가 합리적인 소비를 할 수 있도록 도와줍니다. 왜냐하면 직관적으로 표현된 별점 평가를 통해 소비자들은 구매에 필요한 정보를 쉽고 빠르게 얻을 수 있기 때문입니다. 또한 별점 평가의 결과는 많은 사람의 평가가 누적된 것이므로 신뢰할 수 있습니다. 둘째, 별점 평가제 폐지는 소비자들에게 큰 피해를 줍니다. 별점 평가제는 이미 소비자들이 자유롭게 의사 표현을 할 수 있는 통로로 자리 잡았습니다. 별점 평가제가 폐지되면 그러한 표현의 자유가 침해될 것입니다.

찬성 2: 별점 평가제가 소비자들이 의사 표현을 할 수 있는 통로로 자리 잡았다고 하셨는데요, 별점 평가 외에도 다양한 방식으로 자신의 의사를 자유롭게 표현할 수 있다고 생각하는데, 이에 대한 의견을 말씀해 주시겠습니까?

반대 1: 물론 다른 방식으로 평가를 할 수 있습니다. 하지만 원하는 방식으로 의사를 표현할 수 있는 권리는 보장되어야 하고, 현재 이미 많은 소비자들이 별점을 통해 자신들의 의사를 표현하고 있습니다.

[B]

토론 후 과제: 토론 내용을 참고하여 별점 평가제에 대한 자신의 생각을 글로 써 보기

(나) 학생의 초고

　나는 평소 별점 평가를 참고하여 물건을 구입하거나 음식을 주문할 때가 많아서, 별점 평가제 폐지에 관한 이번 토론이 무척 흥미로웠다. 토론 전에 나는 별점 평가제에 특별한 문제는 없다고 생각했다.

　하지만 토론을 들으며 새롭게 알게 된 사실이 많았다. 별점 평가제가 소비자의 표현의 자유와 관련이 있다는 것은 미처 생각하지 못한 점이었다. 특히 별점 평가제를 악용하면 판매자에게 심각한 피해가 발생한다는 찬성 측의 발언을 듣고 별점 평가제에 대한 생각이 ㉠틀려졌다.

　토론이 끝나고 친구와 함께 같은 음식을 먹었는데, 음식에 주고 싶은 별점이 서로 다르다는 것을 알게 되었다. ㉡요즘은 컴퓨터보다 스마트폰으로 별점 평가에 참여하는 경우가 더 많다. 둘 다 맛있게 먹은 음식이지만 별점이 다른 이유가 이번 토론에서 찬성 측이 주장했던 것과 관련이 있다는 생각이 들었다. ㉢그러나 별점 평가의 문제점을 보완할 수 있는 방법을 찾아보게 되었다. 별점 평가가 보다 객관적인 것이 될 수 있도록 별점 평가 시의 유의 사항을, 소비자를 위한 별점 평가 안내서로 제공하는 방안 등이 ㉣논의되고 있었다.

　이런 방안 등을 통해 소비자는 객관적인 태도로 별점 평가를 하도록 노력하고 판매자는 별점 평가를 통한 소비자의 표현을 존중하면서 함께 별점 평가제를 보완해 나간다면, 별점 평가제는 모두에게 ㉤유용하고 쓸모 있는 도구가 될 수 있을 것이다.

4. (가)의 '입론'을 정리한 내용으로 적절하지 않은 것은?

구분	주 장	근 거
찬성	별점 평가제는 신뢰성이 떨어진다.	◦별점 평가제는 주관이 개입된다. ……………… ① ◦척도에 부여하는 가치가 사람마다 다르다. ……………… ②
	별점 평가제는 판매자에게 큰 피해를 줄 수 있다.	◦별점 평가제는 판매자의 매출에 큰 영향을 준다. ◦악의적인 별점으로 인해 판매가 급감한 사례가 있다. ……… ③
반대	소비자가 합리적인 소비를 할 수 있도록 도와준다.	◦소비자가 물건을 구매할 때 필요한 정보를 쉽고 빠르게 얻을 수 있다. ◦별점 평가의 결과는 직관적으로 확인될 수 있으므로 신뢰할 수 있다. ……………… ④
	별점 평가제 폐지는 소비자에게 큰 피해를 준다.	◦소비자의 표현의 자유가 침해된다. ……………… ⑤

5. [A]와 [B]에 대한 설명으로 가장 적절한 것은?

① [A]의 '반대 2'와 [B]의 '찬성 2'는 모두, 상대 측 근거의 적절성에 의문을 제기한 후 추가 자료를 요구하고 있다.

② [A]의 '반대 2'와 [B]의 '찬성 2'는 모두, 상대 측의 발언 일부를 재진술한 후 자신의 질문에 응답할 것을 요청하고 있다.

③ [A]의 '반대 2'와 [B]의 '찬성 2'는 모두, 상대 측의 주장이 실현되었을 때를 가정한 후 예상되는 문제점을 언급하고 있다.

④ [A]의 '찬성 1'과 [B]의 '반대 1'은 모두, 상대 측의 문제 제기를 일부 인정한 후 자신의 의견과 절충하고 있다.

⑤ [A]의 '찬성 1'과 [B]의 '반대 1'은 모두, 상대 측이 사용한 용어의 모호성을 언급한 후 상대 측의 질문이 논제에서 벗어난다고 지적하고 있다.

6. 다음은 (가)를 바탕으로 (나)를 쓰기 위해 작성한 작문 계획이다. (나)에 반영되지 <u>않은</u> 것은? [3점]

> **[1문단]**
> ○ 논제에 대한 나의 흥미를 밝히며 글을 시작해야겠어.
> ○ 별점 평가제에 대한 나의 생각을 밝혀야겠어.
>
> **[2문단]**
> ○ 토론을 통해 내가 새롭게 알게 된 점을 제시해야겠어. ······ ①
> ○ 토론 전에 떠올린 의문점이 해소되었음을 밝혀야겠어. ······ ②
>
> **[3문단]**
> ○ 별점 평가제와 관련된 나의 경험을 사례로 제시해야겠어. ·· ③
> ○ 별점 평가제의 문제점을 보완할 수 있는 방안을 찾아 제시해야겠어. ······ ④
>
> **[4문단]**
> ○ 별점 평가제에 대한 소비자와 판매자 모두의 노력이 필요함을 언급하며 글을 마무리해야겠어. ······ ⑤

7. (나)의 ㉠ ~ ㉤을 고쳐 쓰기 위한 방안으로 적절하지 <u>않은</u> 것은?

① ㉠: 단어의 쓰임이 적절하지 않으므로 '달라졌다'로 고친다.

② ㉡: 글의 통일성을 해치는 내용이므로 삭제한다.

③ ㉢: 문장 간의 연결 관계를 고려하여 '그래서'로 고친다.

④ ㉣: 문장 성분 간의 호응을 고려하여 '논의하고'로 고친다.

⑤ ㉤: 의미가 중복되었으므로 '유용한'으로 고친다.

[8 ~ 10] (가)는 작문 상황이고, (나)는 (가)를 바탕으로 쓴 학생의 초고이다. 물음에 답하시오.

> **(가) 작문 상황**
>
> ○ **작문 목적**: 우리 학교 도서관 이용률을 높이기 위한 해결 방안 건의하기
> ○ **예상 독자**: 우리 학교 교장 선생님

(나) 학생의 초고

교장 선생님, 안녕하십니까. 저는 도서부 동아리 회장 ○○○입니다. 제가 이렇게 글을 쓰게 된 이유는 우리 학교 도서관의 저조한 이용률을 높이기 위한 해결 방안을 말씀드리기 위해서 입니다.

얼마 전 도서부에서 우리 학교 도서관 이용 실태에 대해 조사해 보니 학생 1인당 연간 대출 권수가 작년 6.8권에서 올해 4.7권으로 하락했으며, 전체 학생 중 30%는 지난 1년간 책을 한 권도 빌리지 않았다는 것을 알게 되었습니다. 그러면서 학생들이 도서관을 잘 이용하지 않는 원인을 분석해 본 결과, 다음과 같은 문제점을 확인할 수 있었습니다.

첫째, 도서관을 쉬는 시간과 점심시간에만 개방하고 있어서 학생들이 이용 가능한 시간이 부족했습니다. 둘째, 책들이 너무 특정 분야에 편중되어 있다 보니 정작 학생들이 읽고 싶은 책들은 없는 경우가 많았습니다. 셋째, 학생들에게 인기 있는 도서들은 이미 대출 중인 경우가 많아서 도서관에 왔다가 원하는 책을 빌리지 못하고 돌아가는 학생들이 많았습니다.

그래서 교장 선생님께 다음 세 가지 사항을 건의하고자 합니다. 우선, 학생들이 마음에 드는 책을 여유를 가지고 고를 수 있도록 방과 후에도 도서관을 개방해 주시기 바랍니다. 방과 후 개방 시간에는 저희 도서부원들도 순번을 정해서 도서관 관리를 돕겠습니다. 다음으로, 다양한 주제에 관심 있는 학생들을 위해서 분야별로 다양한 도서 구입을 고려해 주시기 바랍니다. 마지막으로, 대출 중인 책들도 학생들이 읽어 볼 수 있도록 학교 도서관과 연계된 전자책 서비스를 도입해 주시기 바랍니다.

우리 학교 도서관의 이용률을 높이기 위해 저의 건의를 긍정적으로 검토해 주시기를 부탁드립니다. 저희 도서부에서도 도서관 이용률을 높이기 위해 학생들을 대상으로 한 ㉠ 캠페인을 진행하겠습니다. 지금까지 글을 읽어 주셔서 감사합니다.

8. (가)의 작문 상황을 고려하여 (나)를 작성했다고 할 때, 학생의 초고에 활용된 글쓰기 전략으로 적절하지 <u>않은</u> 것은?

① 예상 독자를 고려하여 정중한 인사로 글을 시작한다.

② 작문 목적을 고려하여 해결 방안을 세 가지로 나누어 구체적으로 제시한다.

③ 작문 목적을 고려하여 건의가 수용되지 않을 경우를 대비한 차선책을 제시한다.

④ 작문 목적을 고려하여 문제 상황을 알기 쉽게 설명할 수 있는 통계 자료를 제시한다.

⑤ 예상 독자를 고려하여 건의 사항과 함께 건의 주체가 기여할 수 있는 역할을 제시한다.

9. 다음은 (나)를 보완하기 위해 추가로 수집한 자료이다. 자료의 활용 방안으로 적절하지 <u>않은</u> 것은? [3점]

[자료 1] 통계 자료

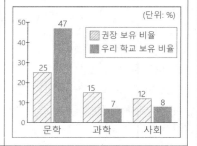

㉮ 학생 설문 조사	
학교 도서관 이용 시 불편한 점	비율(%)
도서관에서 책을 고를 시간이 부족하다	40
원하는 책이 도서관에 없다	36
빌리고 싶은 책이 계속 대출 중이다	21
기타	3

[자료 2] 전문가 인터뷰

통계 자료에 따르면 청소년들의 전자책 이용 비율이 해마다 증가하여 37%에 이르고 있습니다. 이는 시간과 장소에 구애받지 않고 언제든지 대출해서 볼 수 있는 전자책의 특징 때문이라고 판단됩니다. 특히 구독형 전자책은 도서 한 권당 대출 인원에 제한이 없어 수요가 많은 도서도 여러 사람이 동시에 대출할 수 있다는 장점이 있습니다. 실제로 많은 학교의 도서관에서 이를 도입하여 학생들의 독서율을 높이고 있습니다.

[자료 3] 신문 기사

○○일보 　　　　　　　　　○○○○년 ○월 ○일

학교 도서관에서 나만을 위한 맞춤형 책 추천

북 큐레이션(Book-Curation) 서비스가 학교 도서관 활성화를 위한 방안으로 떠오르고 있다. 북 큐레이션은 학교 홈페이지 등에서 개인의 필요와 흥미에 맞는 도서를 선별하여 학생에게 추천해 주는 서비스로, 도서관을 이용하는 학생들이 빠르고 편리하게 자신에게 맞는 책을 찾는 데 큰 도움을 줄 것으로 기대된다.

① 원인 분석의 근거를 강화하기 위해 학교 도서관을 잘 이용하지 않는 세 가지 원인을 [자료 1-㉮]를 활용하여 구체적인 수치로 제시해야겠군.
② 문제 상황의 원인을 강조하기 위해 우리 학교 도서관의 책들이 권장 보유 비율에 비해 특정 분야에 편중되어 있다는 점을 [자료 1-㉯]를 활용하여 추가로 제시해야겠군.
③ 해결 방안을 구체화하기 위해 구독형 전자책의 경우 동시에 대출할 수 있는 인원 제한이 없다는 점을 [자료 2]를 활용하여 제시해야겠군.
④ 해결 방안을 추가하기 위해 북 큐레이션 서비스를 도입해 문학 도서 위주로 추천하면 우리 학교 도서관의 분야별 도서 비율 차이를 줄일 수 있다는 점을 [자료 1-㉯]와 [자료 3]을 활용하여 제시해야겠군.
⑤ 해결 방안을 보완하기 위해 전자책과 북 큐레이션 서비스의 도입이 학생들의 시간적 제약을 줄여 주어 도서관 이용 가능 시간이 부족하다는 문제를 해결해 줄 수 있음을 [자료 2]와 [자료 3]을 활용하여 제시해야겠군.

10. ㉠을 위한 문구를 <조건>에 따라 작성한 것으로 가장 적절한 것은?

─────< 조 건 >─────
ㅇ 학생들의 도서관 이용을 장려하는 내용을 포함할 것.
ㅇ 전달 효과를 높이기 위해 직유법을 활용할 것.

① 좋은 책을 읽는 것은 과거의 가장 뛰어난 사람과 대화를 나누는 것입니다. 우리 모두 좋은 책을 많이 읽읍시다.
② 도서관을 이용하는 학생은 그렇지 않은 학생에 비해 3배 더 많은 책을 읽는다고 합니다. 우리 학교 도서관을 찾아 주세요.
③ 지식의 세계를 여는 열쇠와 같은 책은 우리를 성장하게 합니다. 오늘 본 책으로 내일 더 자랄 수 있도록 도서관에 들러 보세요.
④ 알람 시계가 아침을 깨우듯 책은 우리의 일상을 깨워 줍니다. 우리 스스로 마음의 양식인 책을 많이 구입해서 하루를 알차게 만듭시다.
⑤ 도서관에는 학생들이 앉아서 책을 읽을 충분한 공간이 부족합니다. 우리가 마음껏 책 속에서 뛰놀 수 있도록 운동장같이 넓은 도서관을 만들어 주세요.

[11 ~ 12] 다음 글을 읽고 물음에 답하시오.

사이시옷이란 두 단어 또는 형태소가 결합하여 만들어진 합성어의 두 요소 사이에 표기하는 'ㅅ'을 말한다. '한글 맞춤법'에 따르면 다음과 같은 조건들이 만족되어야 사이시옷을 표기할 수 있다.

우선, 두 단어가 결합하는 형태가 고유어와 고유어의 결합, 고유어와 한자어의 결합, 한자어와 고유어의 결합으로 이루어진 합성어인 경우 사이시옷을 표기할 수 있다. 단일어이거나 접사가 결합하여 만들어진 단어인 파생어에는 사이시옷이 표기되지 않고, 외래어가 포함된 합성어나 한자어만으로 구성된 합성어의 경우에도 사이시옷은 표기되지 않는다. 단, '곳간(庫間), 셋방(貰房), 숫자(數字), 찻간(車間), 툇간(退間), 횟수(回數)'라는 한자어는 예외적으로 사이시옷을 표기한다.

다음으로 이러한 합성어의 앞말이 모음으로 끝나고 두 단어가 결합하여 발생하는 음운론적 현상이 다음 중 하나에 해당하여야 한다. 첫째, 뒷말의 첫소리가 된소리로 바뀌는 경우, 둘째, 뒷말의 첫소리 'ㄴ, ㅁ' 앞에서 'ㄴ' 소리가 덧나는 경우, 셋째, 뒷말의 첫소리 모음 앞에서 'ㄴㄴ' 소리가 덧나는 경우에 사이 시옷을 표기할 수 있다.

[해설편 p.104]

11. 윗글을 바탕으로 사이시옷 표기에 대해 이해한 내용으로 적절하지 <u>않은</u> 것은?

① '아래옷'과 달리 '아랫마을'은 앞말의 끝소리에 'ㄴ' 소리가 덧나기 때문에 사이시옷이 표기된 것이겠군.

② '고깃국'과 달리 '해장국'은 앞말이 모음으로 끝나지 않았기 때문에 사이시옷이 표기되지 않은 것이겠군.

③ '코마개'와 달리 '콧날'은 뒷말의 첫소리 모음 앞에서 'ㄴㄴ' 소리가 덧나기 때문에 사이시옷이 표기된 것이겠군.

④ '우윳빛'과 달리 '오렌지빛'은 합성어를 구성하는 단어의 결합 형태를 고려하여 사이시옷을 표기하지 않은 것이겠군.

⑤ '모래땅'과 달리 '모랫길'은 두 단어가 결합할 때 뒷말의 첫 소리가 된소리로 바뀌었기에 사이시옷이 표기된 것이겠군.

12. <보기>는 윗글을 이해하기 위한 탐구 학습지의 일부이다. ㉠ ~ ㉢에 들어갈 말로 적절한 것은? [3점]

─── < 보 기 > ───

[탐구 과제]
[탐구 자료]를 활용하여 제시된 단어들의 올바른 표기를 쓰고, 그 이유를 설명해 보자.

ㅇ 해 + 살 → (　　　)	ㅇ 해 + 님 → (　　　)

[탐구 자료]

살²「명사」
(일부 명사 뒤에 붙어) 해, 별, 불 또는 흐르는 물 따위의 내비치는 기운.

살-⁶「접사」
온전하지 못함의 뜻을 더하는 접두사.

-님⁴「접사」
(사람이 아닌 일부 명사 뒤에 붙어) '그 대상을 인격화하여 높임'의 뜻을 더하는 접미사.

님⁵「명사」
(일부 속담에 쓰여) '임'을 이르는 말.

[탐구 결과]
'해'와 '살'이 결합한 단어의 표기는 (㉠)이고, '해'와 '님'이 결합한 단어의 표기는 (㉡)입니다. 사이시옷은 합성어의 두 요소 사이에 표기하는 것이기 때문에 (㉢)가 결합한 경우 사이시옷을 적지 않습니다.

	㉠	㉡	㉢
①	햇살	해님	접사
②	햇살	해님	명사
③	햇살	햇님	접사
④	해살	해님	명사
⑤	해살	햇님	명사

13. <보기>는 수업의 일부이다. 선생님의 질문에 대한 답으로 적절한 것은?

─── < 보 기 > ───

선생님: 음운 변동 중 교체가 일어날 때 앞 음절의 종성과 뒤 음절의 초성 자리에 놓인 두 음운이 만나서 그중 하나가 바뀌는 경우가 있습니다. ㉠은 뒤 음절의 초성 자리에 놓인 음운이 바뀌는 경우이고, ㉡은 앞 음절의 종성 자리에 놓인 음운이 바뀌는 경우를 나타냅니다.

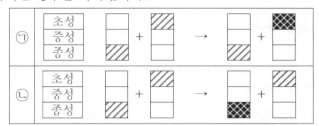

그럼, 표준 발음에 따라 다음 단어들을 ㉠과 ㉡으로 나눠 볼까요?

먹물, 중력, 집념, 칼날, 톱밥

	㉠	㉡
①	먹물, 칼날	중력, 집념, 톱밥
②	중력, 집념	먹물, 칼날, 톱밥
③	먹물, 집념, 톱밥	중력, 칼날
④	먹물, 중력, 집념	칼날, 톱밥
⑤	중력, 칼날, 톱밥	먹물, 집념

14. <보기 1>을 바탕으로 <보기 2>에 대해 설명한 내용으로 적절하지 <u>않은</u> 것은?

─── < 보 기 1> ───

　　주체 높임법은 문장의 주어인 서술의 주체에 대하여 높임의 태도를 나타내는 방법이다. 객체 높임법은 문장의 목적어나 부사어가 지시하는 대상, 곧 서술의 객체에 대하여 높임의 태도를 나타내는 방법이다. 주체 높임과 객체 높임의 대상은 문장에서 표면적으로 드러나기도 하고 생략되기도 한다. 한편, 상대 높임법은 화자가 청자인 상대방에 대하여 높이거나 낮추는 태도를 나타내는 방법이다. 한 문장 안에서도 다양한 높임법이 쓰일 수 있다.

─── < 보 기 2> ───

<아들과 아버지의 통화>

아들: ⓐ <u>아버지, 집에 언제 도착하시나요?</u>

아버지: 무슨 일 있니?

아들: ⓑ <u>할머니께서 아버지께 전화해 보라고 하셨어요.</u> ⓒ <u>아버지께 드릴 말씀도 있어서요.</u>

아버지: 그래, 거의 다 왔으니 집에 가서 얘기하자. 그런데 할머니 아직 안 주무시니?

아들: ⓓ <u>아직 안 주무셔요.</u> ⓔ <u>방금 어머니께서 할머니 모시고 나가셨어요.</u>

① ⓐ는 주체 높임과 상대 높임의 대상이 같다.

② ⓑ는 객체 높임과 상대 높임의 대상이 다르다.

③ ⓒ는 객체 높임과 상대 높임의 대상이 같다.

④ ⓓ는 주체 높임과 상대 높임의 대상이 다르다.

⑤ ⓔ는 주체 높임, 객체 높임, 상대 높임의 대상이 모두 다르다.

15. <보기>에 대한 이해로 적절하지 <u>않은</u> 것은?

> ─────── < 보 기 > ───────
>
> ㄱ. 羅睺羅(라후라)ㅣ 得道(득도)ᄒᆞ야 도라가사 **어미롤** 濟渡(제도)ᄒᆞ야
> (라후라가 득도하여 돌아가서 어미를 제도하여)
>
> ㄴ. 瞿曇(구담)이 오ᄉᆞᆯ 니브샤 深山(심산)애 드러 果實(과실)와 믈와 좌시고
> (구담의 옷을 입으시어 깊은 산에 들어 과일과 물을 자시고)
>
> ㄷ. 南堀(남굴)ㅅ 仙人(선인)이 ᄒᆞᆫ ᄯᆞ롤 길어 내니 …… 時節(시절)에 자최마다 蓮花(연화)ㅣ 나ᄂᆞ니이다
> (남굴의 선인이 한 딸을 길러 내니 …… 시절에 자취마다 연꽃이 납니다.)
>
> ㄹ. 네가짓 受苦(수고)ᄂᆞᆫ 生(생)과 老(로)와 病(병)과 死(사) 왜라
> (네 가지 괴로움은 태어남과 늙음과 병듦과 죽음이다.)

① ㄱ의 '羅睺羅(라후라)ㅣ'와 ㄷ의 '仙人(선인)이'에는 주어의 자격을 부여해 주는 조사의 형태가 서로 다르게 사용되었군.
② ㄱ의 '어미롤'과 ㄷ의 'ᄯᆞ롤'에는 목적어의 자격을 부여해 주는 조사의 형태가 서로 동일하게 사용되었군.
③ ㄴ의 '瞿曇(구담)이'와 ㄷ의 '南堀(남굴)ㅅ'에는 모두 관형어의 자격을 부여해 주는 조사가 사용되었군.
④ ㄴ의 '深山(심산)애'와 ㄷ의 '時節(시절)에'에는 모두 부사어의 자격을 부여해 주는 조사가 사용되었군.
⑤ ㄴ의 '果實(과실)와'와 ㄹ의 '病(병)과'에는 모두 단어와 단어를 이어주는 조사가 사용되었군.

[16 ~ 19] 다음 글을 읽고 물음에 답하시오.

> [앞부분의 줄거리] 가족을 찾아 헤매던 '손'은 물이 찬 포구에 산봉우리가 비치는 모습이 학이 날아오르는 듯하여 이름 붙여진 선학동에 도착한다. '손'은 우연히 찾은 주막의 주인 사내에게서 소리꾼 여자에 대한 이야기를 듣는다.

손은 아직도 여자와 자신의 인연에 대해선 분명한 말이 한마디도 없었다. 하지만 그는 이제 학이 날지 못하는 선학동에 **아비의 유골을 묻고 간 여자의 일을 제 일처럼 못내 안타까워하고** 있었다. 주인은 그것으로 모든 일이 분명해진 것 같았다. 그리고 그것으로 만족한 것 같았다.

그가 다시 입을 열기 시작했다.

"아니, 노형은 아까 내 얘길 잊었구만요. 여자가 한 일은 부질없는 것이 아니었어. 여자가 간 뒤로 이 선학동엔 다시 학이 날기 시작했다니께요. 여자가 이 선학동에 다시 학을 날게 했어요. 포구 물이 막혀 버린 이 선학동에 아직도 학이 날고 있는 것을 본 사람이 그 눈이 먼 여자였으니 말이오……."

주인은 이번에야말로 선학동에 다시 학이 날게 된 사연을 이야기하기 시작했다.

(중략)

그러자 여자는 정작으로 그 비상학을 좇듯이 보이지도 않는 눈길로 벌판 쪽을 한참이나 더듬어대었다. 그러다 비로소 채비가 제법 만족스러워진 노인 쪽을 돌아보며 비탄조로 말했다.

"아배의 소리는 그러니께 그 시절에 늘 물 위를 날아오른 학과 함께 노닐었답니다."

주인 사내로선 갈수록 예사롭지 않은 소리들이었다. 눈 아래 들판엔 이제 물도 없고 산그림자도 없었다. 게다가 여자는 어렸을 적 아비의 소망처럼 그 물이나 산그림자의 형용을 깊이 눈여겨보았을 리 없었다. 하지만 여자는 이제 눈을 못 보기 때문에 오히려 성한 사람이 볼 수 없는 물과 산그림자를 보고 있는지도 몰랐다. 두 눈이 성해 있는 사람이라면 그 말라붙은 들판에서 있지도 않은 물과 산그림자를 볼 리가 없었다. 있지도 않은 물과 산그림자를 본 것은 그녀가 오히려 앞을 못 보는 맹인이기 때문이었다.

사내의 그런 상상은 차츰 어떤 불가사의한 믿음으로 변해 갔다.

망망창해에 탕탕(蕩蕩)한 물결이라
백빈주 갈매기는 홍요안에 날아들고……

여자가 마침내 소리를 시작하고 있었다. 그런데 사내는 그 여자의 오장이 끊어오르는 듯한 목소리 속에 문득 자신도 그것을 본 것이다. 사립에 기대어 눈을 감고 가만히 여자의 소리를 듣고 있자니 사내의 머릿속에서 오랫동안 잊혀져 온 옛날의 그 **비상학이 서서히 날개를 펴고 날아오르기 시작한 것이다.** 그리고 여자의 소리가 길게 이어져 나갈수록 선학동은 다시 옛날의 포구로 바닷물이 차오르고 한 마리 선학이 그곳을 끝없이 노닐기 시작했다.

그런 일이 있은 후로 사내는 여자의 학을 믿지 않을 수 없었다. 여자는 날마다 밀물 때를 잡아서 소리를 하였다. 소리는 언제나 **이 선학동을 옛날의 포구 마을로 변하게 하였고,** 그 포구에 다시 선학이 유유히 날아오르게 하였다.

그리고 그러다 여자는 어느 날 밤 문득 선학동을 떠나갔다.

㉠ <u>하지만 사내는 여자가 그렇게 선학동을 떠나가고 나서도 그녀의 소리가 여전히 귓전을 맴돌고 있었다.</u> 그 소리가 귓전을 울려 올 때마다 선학동은 다시 포구가 되었고, 그녀의 소리는 한 마리 선학과 함께 물 위를 노닐었다. 아니 이제는 그 소리가 아니라 여자 자신이 한 마리 학이 되어 선학동 포구 물 위를 끝없이 노닐었다.

그래 사내는 이따금 말했다.

"여자는 어디로 떠나간 것이 아니여. 그 여자는 이 **선학동의 학이 되어 버린 거여.** 학이 되어서 **언제까지나 이 고을 하늘을 떠돈단** 말이여."

여자가 그토록 갑자기 마을을 떠나가 버린 데 대한 아쉬움 때문이었을까. 주막집 이웃들이나 벌판 건너 선학동 사람들마저 사내의 그런 소리엔 그리 허물을 해 오는 눈치가 없었다. 선학동 사람들은 여자가 모셔온 아비의 유골을 모른 체해 주듯 여자가 그렇게 주막을 떠나가고 나서도 그녀의 사연이나 간 곳을 굳이 묻고 드는 일이 없었다. 뿐더러 주막집 **사내가 이따금 그렇게 앞도 뒤도 없는 소리를 지껄여대도** 그러는 사내를 탓하려 들기는커녕 오히려 **그와 어떤 믿음을 같이하고 싶은 진중한 얼굴들이 되곤** 하였다.

손은 이제 완전히 녹초가 되어 버린 표정이었다. 이따금 손을 가져가던 술잔마저 이제는 전혀 마음에 없는 모양이었다.

이야기를 끝내고 난 주인 쪽 역시 마찬가지였다. ㉡ <u>가슴 속에 지녀 온 이야기들을 손 앞에 모두 털어놓은 것만으로 주인은 이제 자기 할 일을 다해 버린 사람 같았다.</u> 손이 뭐라고 대꾸를 해 오든 안 해 오든 그로서는 전혀 괘념을 할 일이 아니라는 태도였다.

주인은 완전히 손의 반응을 무시하고 있었다. 뒷산 고개를 넘어오는 솔바람 소리가 아직도 이따금 두 사람의 귓전을 멀리 스쳐 가고 있었다. 그 솔바람 소리에 멀리 둑 너머 바닷물 소리가 섞이는 듯하였다.

ⓒ <u>침묵을 견디지 못한 건 이번에도 결국 손 쪽이 먼저였다.</u>
"주인장 이야긴 고맙게 들었소."
이윽고 손이 먼저 주인에게 말했다. ⓔ<u>그의 어조는 이제 아무</u>
<u>것도 숨길 것이 없다는 듯 낮고 차분했다.</u>
"하지만 아까 이야기 가운데서 주인장께선 일부러 사람을 하나
빠뜨려 놓고 있었지요."
주인이 달빛 속으로 손을 이윽히 건너다보았다.
손이 다시 말을 이었다.
"주인장 어렸을 적에 이 마을에 찾아들었다는 그 소리꾼 부녀의
이야기 말이오. 그때 그 어린 계집아이에겐 **소리 장단을 잡아**
주던 오라비가 하나 있었을 겝니다. 그런데 주인장께선 일부러
그 오라비 이야길 빼놓고 있었지요."
추궁하듯 손이 주인의 얼굴을 마주 바라보았다. ⓜ<u>주인도 이젠</u>
<u>더 사실을 숨길 것이 없다는 듯 고개를 두어 번 깊이 끄덕여 보였다.</u>
"그렇지요. 난 그 오라비가 뒷날 늙은 아비와 어린 누이를 버리고
혼자 도망을 쳤다는 이야기까지도 여자에게 다 듣고 있었으니
께요."
"그렇담 주인장은 그 오누이가 서로 아비의 피를 나누지 않은
남남 한가지 사이란 것도 알고 있었겠구만요. 그리고 그 어린
오라비가 부녀를 버리고 떠난 것은 차마 그 원망스런 의붓아비
를 죽여 없앨 수가 없어서였다는 것도 말이오."
주인이 다시 고개를 무겁게 끄덕여 보였다.

– 이청준, 「선학동 나그네」 –

16. 윗글의 서술상 특징으로 가장 적절한 것은?

① 인물의 회상을 통해 과거와 현재가 연결되고 있다.
② 풍자적 서술을 통해 인물의 행위를 비판하고 있다.
③ 반어적 표현을 통해 집단 간의 갈등을 부각하고 있다.
④ 동시에 진행되는 여러 사건을 병렬적으로 제시하고 있다.
⑤ 장면마다 서술자를 달리하여 상황을 입체적으로 보여 주고 있다.

17. 윗글에 대해 이해한 내용으로 적절하지 <u>않은</u> 것은?

① 손은 여자의 오라비가 가족을 떠난 이유를 주인 사내에게 이야기
하고 있다.
② 여자는 이전에 온 적이 있는 선학동으로 다시 찾아와서 아비의
유골을 묻었다.
③ 여자는 선학동에 다시 돌아온 손으로부터 아버지에 대한 이야기를
전해 듣고 있다.
④ 주인 사내는 여자의 소리를 들으며 잊고 있었던 비상학의 모습을
다시 떠올리게 되었다.
⑤ 주인 사내는 여자와 오라비가 아비의 피를 나누지 않은 오누이
라는 사실을 알고 있었다.

18. ⓐ ~ ⓜ에 대한 설명으로 적절하지 <u>않은</u> 것은?

① ⓐ: 인상적이었던 과거의 사건을 잊지 못하는 인물의 심리가
드러나 있다.
② ⓑ: 하고 싶었던 행동을 마치고 난 인물의 심리가 드러나 있다.
③ ⓒ: 상대방과 이야기를 더 이어가고자 하는 인물의 심리가 드러나
있다.
④ ⓔ: 자신의 속마음을 상대방에게 들켜 당혹감을 느끼는 인물의
심리가 드러나 있다.
⑤ ⓜ: 자신의 의도를 알아차린 상대방의 말에 수긍하는 인물의
심리가 드러나 있다.

19. <보기>를 참고하여 윗글을 감상한 내용으로 적절하지 <u>않은</u> 것은?
[3점]

< 보 기 >

이 작품에는 삶의 아픔을 지닌 인물들이 등장한다. 가족을
떠날 수밖에 없었던 아픔을 지닌 '손'은 '여자'를 찾아다니는 행
위를 통해, 앞을 보지 못한 채 살아가는 여자는 소리를 통해 각자
자신이 지닌 삶의 아픔에서 벗어나기 위해 노력한다. 그 과정에서
예술적 경지에 다다른 여자의 소리는 마을 사람들의 생각이나
행동에까지 영향을 미친다.

① '아비의 유골을 묻고 간 여자의 일을 제 일처럼 못내 안타까워
하'는 '손'의 모습에서 가족을 떠날 수밖에 없었던 '손'의 아픔을
짐작할 수 있겠군.
② '여자가 마침내 소리를 시작'했을 때 '비상학이 서서히 날개를
펴고 날아오르기 시작'했다고 느끼는 '사내'의 모습에서 '여자'의
소리가 예술적 경지에 이르렀음을 확인할 수 있겠군.
③ '여자'가 '선학동을 옛날의 포구 마을로 변하게' 하고 선학동을
떠나지 않으며 '소리 장단을 잡아 주던 오라비'를 기다린 것에서
삶의 아픔에서 벗어나기 위해 노력하는 모습을 확인할 수 있겠군.
④ '여자'가 '선학동의 학'이 되어서 '언제까지나 이 고을 하늘을
떠돈'다고 '사내'가 이따금 말하는 모습에서 '여자'의 소리에 대한
믿음을 가지게 된 '사내'의 행동을 확인할 수 있겠군.
⑤ '사내가 이따금 그렇게 앞도 뒤도 없는 소리를 지껄여대'도 선학동
사람들이 '그와 어떤 믿음을 같이하고 싶은 진중한 얼굴들이 되곤'
했다는 것에서 '여자'의 소리가 마을 사람들의 생각에 영향을
미쳤음을 알 수 있겠군.

[20 ~ 24] 다음 글을 읽고 물음에 답하시오.

손해보험은 계약에서 정한 보험 사고가 발생했을 때 보험가입자 측에게 생긴 재산상의 손해를 보상하는 보험이다. 교통사고, 화재, 도난 등으로 생기는 피해에 대비하기 위해 가입하는 손해보험은 오늘날 우리 생활과 가까운 곳에 있다.

보험 사고가 발생할 때에 보험금을 받을 자를 피보험자, 보험금을 지급할 의무를 지는 자를 보험자라 한다. 손해보험의 피보험자는 보험의 목적에 피보험이익을 가져야 한다. 이때 보험의 목적이란 보험 사고의 대상을 말한다. 손해보험 계약은 손해 보상을 목적으로 하는데, 손해의 전제로서 피보험자는 보험의 목적에 경제상의 이익을 가져야 하고, 이를 피보험이익이라 한다. 시가 100원의 주택을 소유한 사람은 화재로 주택이 전소하면 100원을 잃는데, 이렇게 보험 사고 발생으로 잃어버릴 염려가 있는 이익이 피보험이익이다. 피보험이익이 없는 자에게 보험금 청구권을 인정하면, 보험계약이 도박처럼 될 수 있고 고의로 보험 사고를 유발하는 보험 범죄의 가능성도 생길 수 있다.

피보험이익으로 인정되려면 몇 가지 요건이 필요하다. 우선 객관적으로 금전으로 산정할 수 있는 경제적 가치를 가져야 한다. 따라서 개인적, 정신적, 도덕적 이익은 피보험이익이 될 수 없다. 예컨대 소중히 간직한 자신의 일기장을 5억 원의 손해보험에 가입하는 것은 허용되지 않는다. 그리고 적법한 이익이어야 하며, 계약 체결 당시 그 가치가 객관적으로 확정되어 있거나 적어도 보험 사고가 발생할 때까지는 확정되어야 한다.

손해보험은 실손보상원칙을 기본 원칙으로 삼는다. 실손보상원칙이란 실제 발생한 손해만을 보상하고 그 이상은 보상하지 않는다는 것을 뜻한다. 따라서 손해보험을 통해 피보험자가 재산상 이익을 얻는 것은 허용되지 않는데, 이를 이득금지의 원칙이라고 한다. 실손보상원칙은 손해보험 계약의 도박화를 막고 보험 범죄를 방지하는 역할을 한다.

[A] ┌ 보험가액은 피보험이익의 객관적인 금전적 평가액으로, 보험자가 보험금의 형태로 부담하게 되는 보상책임의 법률상의 최고 한도액이다. 보험가액은 고정된 것이 아니며 경제 상황 등에 따라 변동될 수 있는데, 이득금지의 원칙과 관련해 피보험자에게 이득이 생겼는가 여부를 판단하는 기준이 된다. 이와 달리 보험 사고 발생 시 보험자가 지급하기로 보험계약에서 실제 약정한 최고 한도액은 보험금액이라 한다. 보험금액은 당사자 간 약정에 의하여 일정한 금액으로 정해지며, 보험 기간 중에는 이를 변경하지 않는 것이 원칙이다. 보험금은 보험 사고가 발생할 때 실제로 보험자가 지급하는 금액이다. 보험 사고가 발생하였다고 해서 항상 보험금액만큼 지급되는 것은 아니므로 보험금액은 보험금의 최고 한도라는 의미만을 갖는다. └

보험가액과 보험금액은 서로 일치하지 않을 수 있다. 보험금액이 보험가액을 현저하게 초과하는 경우를 초과보험이라 한다. 시가 100원 상당의 건물을 보험금액 200원으로 하여 가입한 화재보험이 그 예이다. 손해보험에서 보험가액을 초과하는 부분에는 피보험이익이 존재하지 않으므로 보험금액을 보험가액과의 비율에 따라 조정해야 한다. 위 사례에서 건물이 100% 손실을 입었다면 100원만을 지급한다는 의미이다. 보험계약 체결 당시엔 초과보험이 아니었으나 보험가액이 감소한 경우처럼, 당사자가 의도하지 않은 채 초과보험 계약을 한 경우는 단순한 초과 보험이라 한다. 이런 경우 예외적으로 보험자는 보험금액의 감액을, 보험에 가입한 보험계약자는 보험자에 지급하는 금액인 보험료의 감액을 각각 청구할 수 있다. 그러나 보험계약자가 재산상 이익을 얻을

목적으로 초과보험을 체결한 경우는 사기에 의한 초과보험이라 하여 그 계약 전부를 무효로 한다.

한 명의 피보험자가 동일한 피보험이익과 동일한 보험 사고에 관하여 여러 보험자와 계약을 체결한 경우에 그 보험금액의 합계가 보험가액을 초과하는 경우를 중복보험이라 한다. 이때 각각의 보험은 보험의 목적이 서로 같아야 하고, 보험 기간도 공통이어야 한다. 중복보험은 초과보험과 유사하게 보험계약자가 중복보험을 의도한 경우와 그렇지 않은 경우를 구분하고 있다. 사기에 의한 중복보험은 그 계약 전부를 무효로 한다. 단순한 중복보험의 경우, 각 보험자가 보험금액의 비율에 따라 연대 책임을 지지만 그 보상액은 각각의 보험금액으로 제한된다. 예를 들어 보험가액 100원인 건물에 대하여 각기 다른 세 보험자와 보험금액을 각각 100원, 60원, 40원으로 하여 화재보험 계약을 한 경우, 각 보험자는 보험 사고가 발생할 때 가입 당시 보험금액의 한도 내에서 연대 책임을 진다. 만약 100% 손실을 입으면 피보험자가 100원의 보상을 받을 수 있도록 각 보험자는 보험금액의 비율에 따라 50원, 30원, 20원을 보험금으로 지급하게 된다.

20. 다음은 윗글을 읽은 후 메모한 내용의 일부이다. ㉠에 들어갈 수 있는 내용으로 적절하지 <u>않은</u> 것은?

┌───┐
│ ○ 글을 선택한 이유: 광고를 접하면서 손해보험에 관심이 생겨서. │
│ ○ 글을 통해 알게 된 내용: [㉠   ]. │
│ ○ 더 알고 싶은 것: 손해보험이 아닌 보험에는 어떤 것이 있을까? │
└───┘

① 손해보험 계약이 초과보험인 경우는 어떤 때인지
② 손해보험 계약에서 실손보상원칙이 어떤 역할을 하는지
③ 손해보험 계약에서 보험자, 피보험자란 각각 무엇을 의미하는지
④ 손해보험 계약이 보험 사고에 따른 보상이 이루어진 뒤에도 계속 효력이 유지되는지
⑤ 손해보험 계약에서 정신적, 도덕적 이익이 피보험이익이 될 수 없는 이유는 무엇인지

21. 피보험이익에 대한 설명으로 적절하지 <u>않은</u> 것은?

① 보험가액을 초과하는 피보험이익은 존재하지 않는다.
② 보험의 목적에 피보험이익이 없으면 피보험자가 될 수 없다.
③ 피보험이익이 서로 다른 손해보험 계약은 중복보험으로 볼 수 없다.
④ 피보험이익은 피보험자가 보험 사고의 대상에 갖는 경제상의 이익이다.
⑤ 보험계약 체결 당시 그 가치가 확정되어 있어야만 피보험이익으로 인정될 수 있다.

22. [A]에 대한 이해로 적절하지 <u>않은</u> 것은?

① 보험금은 보험가액을 초과할 수 없고 보험금액을 초과할 수도 없다.

② 보험금액은 변동될 수 있으나 보험 기간 중 보험가액은 바뀌지 않는 것이 원칙이다.

③ 보험가액은 보험금의 액수가 이득금지의 원칙에 위배되는지 여부를 판단하는 기준이 된다.

④ 보험가액은 객관적인 금전적 가치 평가에 의해, 보험금액은 계약 당사자 사이의 약정에 의해 정해진다.

⑤ 보험자가 일정한 보험금액을 약정했더라도 보험 사고 발생 시 항상 보험금액만큼 지급하는 것은 아니다.

※ <보기>는 윗글과 관련된 상황이다. 23번과 24번 물음에 답하시오.

―― < 보 기 > ――

　　갑은 2년 전 시가 1,000만 원의 건물 X를 소유하고 있었는데 당시 ㉮ X에 대하여 보험사 A와 보험금액을 600만 원으로 하는 화재보험에 가입하고, ㉯ 같은 건물에 대하여 보험사 B와 보험금액 400만 원의 화재보험에 가입했다. 그런데 그 뒤 X의 시세가 하락해 현재 평가액은 800만 원이다. 갑이 가입한 손해보험의 보험금액과 보험료는 모두 가입 당시와 달라지지 않았다.
　　(단, 갑이 가입한 손해보험은 피보험자가 모두 갑 본인이다. 모두 계약일이 같으며 보험 기간은 5년이다.)

23. 윗글을 읽은 학생이 <보기>의 ㉮와 ㉯에 대해 보인 반응으로 적절하지 <u>않은</u> 것은? [3점]

① ㉮와 ㉯는 보험의 목적과 보험 사고가 동일하고, 보험자는 서로 다른 손해보험이겠군.

② ㉮와 ㉯의 보험금액의 합계는 가입 당시와 달리 현재는 보험가액과 일치하지 않겠군.

③ 보험계약 후 건물 시세가 하락하였지만 ㉮와 ㉯ 중 어느 것도 계약 전부가 무효로 되지 않겠군.

④ 계약에서 정한 보험 사고가 발생하기 전이라면, ㉮와 ㉯의 피보험자인 갑은 A와 B로부터 보상을 받을 수 없겠군.

⑤ 갑이 ㉮에 가입하지 않았다고 가정하면, ㉯의 보험자는 보험가액의 변동을 근거로 보험금액의 감액을 청구할 수 있었겠군.

24. 다음은 <보기>와 관련한 보험 사고 상황이다. 윗글을 참고할 때 ⓐ~ⓒ에 들어갈 금액을 바르게 짝지은 것은?

　　건물 X에 화재가 일어나 50%의 손실이 발생하였다. 이에 갑은 보험사 A와 B에 보험금을 청구하였다. A는 보험계약에서 실제 약정한 (ⓐ)의 한도 내에서 책임을 질 의무가 있다. 그런데 다른 보험사와 연대 책임을 질 의무가 있는 A는 각 보험사의 보험금액의 비율에 따라 갑에게 (ⓑ)을 보험금으로 지급하였다. 역시 연대 책임을 질 의무가 있는 B는 (ⓒ)을 갑에게 보험금으로 지급하였다. 단, X의 평가액은 현재 기준으로 산정되었다.

	ⓐ	ⓑ	ⓒ
①	300만 원	240만 원	160만 원
②	300만 원	480만 원	320만 원
③	600만 원	240만 원	160만 원
④	600만 원	480만 원	320만 원
⑤	800만 원	480만 원	320만 원

[25 ~ 27] 다음 글을 읽고 물음에 답하시오.

(가)

1
발돋움하는 발돋움하는 너의 자세는
왜 이렇게
두 쪽으로 갈라져서 떨어져야 하는가,

그리움으로 하여
왜 너는 이렇게
산산이 부서져서 흩어져야 하는가,

2
모든 것을 바치고도
왜 나중에는
이 찢어지는 아픔만을
가져야 하는가,

네가 네 스스로에 보내는
이별의
이 안타까운 눈짓만을 가져야 하는가.

3
왜 너는
다른 것이 되어서는 안 되는가,

떨어져서 부서진 무수한 네가
왜 이런
선연한 무지개로
다시 솟아야만 하는가,

― 김춘수, 「분수」 ―

(나)

잘 빚어진 **찻잔**을 들여다본다　　　　　⎤
수없이 실금이 가 있다　　　　　　　　　｜
마르면서 굳어지면서 스스로 제 살을 조금씩 벌려　｜
그 사이에 **뜨거운 불김**을 불어 넣었으리라　｜
얽히고설킨 그 **틈 사이**에 바람이 드나들고　｜
비로소 찻잔은 그 숨결로 살아 있어　　　｜
그 **틈, 사이**들이 실뿌리처럼 **찻잔의 형상을 붙잡고 있는** 게다　⎨[A]
틈 사이가 고울수록 깨어져도 찻잔은 날을 세우지 않는다　｜
미리 제 몸에 새겨놓은 돌아갈 길,　　　　｜
그 보이지 않는 작은 **틈, 사이**가　　　　｜
찻물을 새지 않게 한단다　　　　　　　　⎦

잘 지어진 **콘크리트 건물** 벽도　　　　　⎤
양생되면서 제 몸에 수 없는 실핏줄을 긋는다　｜
그 미세한 **틈, 사이**가　　　　　　　　　⎨[B]
차가운 눈바람과 비를 막아준다고 한다　　｜
진동과 충격을 견디는 힘이 거기서 나온단다　⎦

끊임없이 서로의 중심에 다가서지만　　　⎤
벌어진 틈, 사이 때문에 가슴 태우던 그대와 나　｜
그 **틈, 사이**까지가 하나였음을 알겠구나　｜
하나 되어 깊어진다는 것은　　　　　　⎨[C]
수많은 실금의 **틈, 사이**를 허용하는 것인지도 모른다　｜
네 노여움의 불길과 내 **슬픔의 눈물**이 스며들 수 있게　｜
서로의 속살에 실뿌리 깊숙이 내리는 것인지도 모를 일이다　⎦

― 복효근, 「틈, 사이」 ―

25. (가)와 (나)의 공통점으로 가장 적절한 것은?

① 특정 시어를 반복하여 주제 의식을 드러내고 있다.
② 수미상관의 방식을 통해 형태적 안정감을 주고 있다.
③ 음성 상징어를 활용하여 시적 상황을 부각하고 있다.
④ 명사형으로 시상을 마무리하여 시적 여운을 주고 있다.
⑤ 후각적 이미지를 사용하여 대상의 속성을 나타내고 있다.

26. <보기>를 참고하여 (가)를 감상한 내용으로 적절하지 않은 것은?
[3점]

―――――――< 보 기 >―――――――

　이 작품은 인간 존재의 본질적 운명을 '분수'의 속성을 통해 드러낸다. 화자는 상승과 추락을 반복하는 분수를 통해 자기 극복과 좌절에 대해 이야기한다. 화자는 분수를 자신의 상황에 머무르지 않고 현실의 한계를 극복하려는 초월 의지를 지닌 존재로 인식하며 운명에서 벗어나기 위해 도전을 지속하는 모습을 순환성의 이미지를 통해 드러내고 있다.

① '너'가 '발돋움하는' 것과 '두 쪽으로 갈라져서 떨'어지는 것에서 상승하고 추락하는 분수의 속성을 확인할 수 있겠군.
② '그리움으로 하여' '산산이 부서져서 흩어'지는 것에서 자신의 속성을 초월한 분수의 모습을 확인할 수 있겠군.
③ 분수가 '모든 것'을 바치고도 '찢어지는 아픔'만을 가지는 것에서 자기 극복을 위해 노력하지만 결국 좌절하는 분수의 속성을 확인할 수 있겠군.
④ '왜 너는 다른 것이 되어서는 안 되는가'라는 의문에서, 현실의 한계에서 벗어날 수 없는 분수의 상황에 대한 화자의 인식을 확인할 수 있겠군.
⑤ '떨어져서 부서진' 분수가 '선연한 무지개'로 '다시' 솟는다는 것에서 운명에서 벗어나기 위해 도전을 지속하는 순환성의 이미지를 확인할 수 있겠군.

27. (나)의 [A] ~ [C]를 이해한 내용으로 적절하지 않은 것은?

① [A]의 '틈 사이'는 '찻잔'이 '뜨거운 불김'을 견디고 생명력을 지닌 존재로 거듭날 수 있게 해 준다.
② [B]의 '틈, 사이'는 '콘크리트 건물'을 외부의 시련으로부터 막아 주는 역할을 한다.
③ [A]의 '틈, 사이들'이 '찻잔의 형상을 붙잡고 있는' 것처럼, [C]의 '틈, 사이'는 그대와 나를 '하나 되어 깊어진' 관계로 만들어 준다.
④ [B]의 '틈, 사이'가 '진동과 충격을 견디는 힘'의 근원이 되듯, [C]에서 인간관계의 '틈, 사이'는 '슬픔'과 '눈물'의 근원이 될 수 있다는 것으로 화자의 인식이 확장되고 있다.
⑤ [A]와 [B]에서 외부의 대상을 향했던 화자의 시선이 [C]에서 인간관계의 '틈, 사이'로 향하면서 '벌어진 틈, 사이 때문에 가슴 태우던' 상황에 대한 화자의 인식이 전환되고 있다.

[28 ~ 32] 다음 글을 읽고 물음에 답하시오.

　양전자 단층 촬영(PET)은 세포의 대사량 등 인체에 대한 정보를 확인하기 위해 몸속에 특정 물질을 ⓐ주입하여 그 물질의 분포를 영상화하는 기술이다. 이때 대사량이란 사람의 몸속 세포가 생명 유지를 위해 필요로 하는 에너지의 총량으로 정상 세포와 비정상 세포는 대사량에서 차이가 난다. PET는 특정 물질과 비정상 세포의 반응을 이용하여 이들의 분포를 확인할 수 있다.

　PET를 통해 이를 확인하기 위해서는 우선 몸속에 방사성추적자를 주입해야 한다. 일반적으로 PET에 사용되는 방사성추적자는 방사성 동위원소를 결합한 포도당 성분의 특정 물질로 이는 특정한 원소 또는 물질의 이동 양상을 알아내기 위해 쓰인다. 이렇게 주입된 방사성추적자는 에너지원으로 쓰이는 포도당과 유사하기 때문에, 대사량이 높아서 많은 에너지원을 필요로 하는 비정상 세포에 다량 흡수된다. 그런데 세포 안으로 흡수된 방사성추적자는 일반 포도당과 달리 세포의 에너지원으로 사용되지 않고, 일정 시간 동안 세포 안에 머무른다.

　세포 내에 축적된 방사성추적자의 방사성 동위원소는 붕괴되면서 양전자를 ⓑ방출한다. 방출된 양전자는 몸속의 전자와 결합하여 소멸하는데, 이때 두 입자의 질량이 에너지로 바뀐다. 이 에너지는 180도 각도를 이루는 한 쌍의 감마선으로 방출되어 몸 밖으로 나온다.

　몸 밖으로 나온 감마선은 PET 스캐너를 통해 검출되는데, PET 스캐너는 수많은 검출기가 검사 대상을 원형으로 둘러싸고 있는 구조이다. 180도로 방출된 한 쌍의 감마선은 각각의 진행 방향에 있는 검출기에 ⓒ도달하게 된다. 이때 한 쌍의 감마선이 도달한 검출기의 두 지점을 잇는 직선을 동시검출응답선이라고 하며 감마선의 방출 지점은 이 선의 어느 한 점에 있다고 할 수 있다. 그런데 한 쌍의 감마선이 각각의 검출기에 도달하는 시간에는 미세한 차이가 발생하는데, 이는 몸의 어느 지점에서 감마선이 방출되었는지에 따라 검출기까지의 거리가 달라지기 때문이다.

　감마선이 PET 영상의 유효한 성분이 되기 위해서는 한 지점에서 방출된 한 쌍의 감마선이 PET 스캐너의 검출기로 동시에 도달해야 하는데 이 경우를 동시계수라고 한다. 하지만 ㉠한 쌍의 감마선이 완전히 동시에 도달하는 경우는 현실적으로 불가능하므로 PET 스캐너는 동시계수로 인정할 수 있는 최대 시간폭인 동시계수시간폭을 설정하고 동시계수시간폭 안에 들어온 경우를 유효한 성분으로 ⓓ간주한다.

　그런데 동시계수시간폭 내에 도달한 한 쌍의 감마선 즉 동시계수 중에서도 PET 영상에 유효한 성분이 되지 않는 경우가 있다. 우선 감마선이 주변의 물질과 상호 작용을 일으켜 진행 방향이 바뀌면서 검출기에 도달하는 시간의 변화가 생겼으나 동시계수시간폭 내에 검출되는 경우가 있는데 이를 산란계수라고 한다. 다음으로 한 지점에서 방출된 두 개의 감마선 중 한개의 감마선만이 검출기로 도달할 때, 다른 지점에서 방출된 한 개의 감마선과 동시계수시간폭 내에 도달하는 경우가 있는데 이를 랜덤계수라고 한다. 이 두 경우는 모두 실제 감마선이 방출된 지점이 동시검출응답선 위에 존재하지 않기 때문에 PET 영상의 정확도를 떨어뜨리는 요인이 된다. 즉, 한 지점에서 방출된 한 쌍의 감마선이 아무런 방해를 받지 않고 동시계수시간폭 내에 도달하는 참계수만이 유효한 영상 성분이 되는 것이다. 따라서 PET 영상의 정확도를 높이기 위해서는 산란계수와 랜덤계수의 검출을 최소화하기 위해 동시계수시간폭을 적절하게 ⓔ설정하는 것이 중요하다.

28. 윗글의 내용과 일치하지 <u>않는</u> 것은?

① PET는 특정 물질과 비정상 세포의 반응을 이용한다.
② PET에서 동시검출응답선은 직선의 형태로 표현된다.
③ PET 스캐너는 감마선을 방출하여 PET 영상을 만든다.
④ PET는 인체의 정보를 확인하기 위한 영상화 기술이다.
⑤ PET 스캐너는 수많은 검출기로 이루어진 원형 구조이다.

29. 방사성추적자에 대한 설명으로 적절하지 <u>않은</u> 것은?

① 비정상 세포 내에 다량으로 흡수되어 축적된다.
② 세포의 대사량을 평소보다 높이기 위해 사용된다.
③ 일반 포도당과 유사하지만 에너지원으로 사용되지 않는다.
④ 특정 물질의 이동 양상을 밝히기 위해 사용되는 화합물이다.
⑤ 양전자를 방출하며 붕괴되는 방사성 동위원소가 결합된 물질이다.

30. ㉠의 이유를 추론한 내용으로 가장 적절한 것은?

① 방출된 감마선이 180도 방향으로 진행하기 때문이다.
② 양전자와 전자의 질량이 에너지로 바뀌었기 때문이다.
③ 한 쌍의 감마선이 동시에 검출기에 도달하면 동시계수로 인정되기 때문이다.
④ 한 쌍의 감마선 중 하나의 감마선만이 PET 영상의 유효한 성분이 되기 때문이다.
⑤ 감마선 방출 지점에 따라 두 감마선이 검출기까지 이동하는 거리가 서로 다르기 때문이다.

31. 윗글을 바탕으로 <보기>를 이해한 내용으로 적절하지 <u>않은</u> 것은?
[3점]

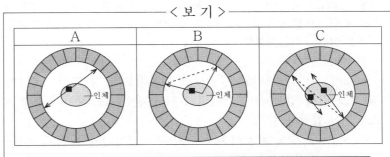

o A ~ C는 모두 동시계수시간폭을 12ns로 설정한, 동일한 PET 스캐너로 감마선을 검출한 경우이고 ■는 감마선의 방출 지점을 나타낸다.
o ns는 시간 단위로 10억분의 1초를 나타낸다.

① A의 경우 한 쌍의 감마선이 주변 물질과 상관없이 도달했다면, 참계수라고 할 수 있겠군.
② B의 경우 한 감마선의 진행 방향이 바뀌었지만 동시계수시간폭 내에 도달하였다고 할 수 있겠군.
③ C의 경우 PET 영상에 유효한 성분이 될 수 없는 랜덤계수라고 할 수 있겠군.
④ A와 B의 경우 동시계수시간폭이 8ns이었다면, 산란계수는 검출되지 않았겠군.
⑤ B와 C의 경우 실제 감마선의 방출 지점이 동시검출응답선 위에 존재하지 않겠군.

32. ⓐ ~ ⓔ의 사전적 의미로 적절하지 <u>않은</u> 것은?

① ⓐ: 흘러 들어가도록 부어 넣다.
② ⓑ: 입자나 전자기파의 형태로 에너지를 내보내다.
③ ⓒ: 목적한 곳이나 수준에 다다르다.
④ ⓓ: 유사한 점에 기초하여 다른 사물을 미루어 추측하다.
⑤ ⓔ: 새로 만들어 정해 두다.

[33 ~ 36] 다음 글을 읽고 물음에 답하시오.

[앞부분 줄거리] 정소저는 양경의 계략으로 전쟁에 나가게 된 정원수를 그리워하며 힘든 나날을 보낸다. 이때 민가를 잠행하던 태자가 우연히 정소저를 보게 되고, 그녀의 아름다움과 기상에 반하여 그녀를 아내로 삼겠다고 결심한다.

정소저 시비를 데리고 관음사로 행하거늘 태자 또한 **여복(女服)으로** 갈아 입고 시비를 데리고 이날 **관음사로 찾아가니** 모든 스님들이 합장하며

"소저는 누구 집 행차이온지 알지 못하겠거니와 이런 누지(陋地)에 왕림하셨습니까?"

하니, 시비 답하기를

"**주상공 댁 소저**인데 부친께서 임지로 가셔서 안위를 위하여 발원코자 왔나이다."

하니, 노승이 말하기를

"정강로댁 소저도 부친의 안위를 위하여 왔거니와 소저와 같은 딱한 사연이 있나이다."

하니, 주소저 짐짓 탄식하며 말하기를

"그 소저의 정도가 나와 같도다."

하며, 슬퍼하니 노승이 위로하기를

"주소저와 정소저 다 같이 발원코자 왔다 하니 함께 발원함이 좋겠습니다."

하고, 정소저를 보고 주소저의 사연을 설명하고 서로 생면함을 간청하니 정소저 듣고 말하기를

"세상에 또한 나와 같은 사람이 어디 있는가?"

하며,

"나도 딱한 사정을 듣고 서로 보고 슬픈 마음을 위로하고자 합니다."

하였다. 노승이 반기며

"주소저의 사연도 같으니 지성으로 발원하여 소원을 이루소서."

하고, 즉시 불전에 나아가 분향하고 주소저를 청하여 각각 시비를 데리고 좌정하였다. 잠시 후 주소저 눈을 들어 정소저를 살펴보니 **탁월한 풍채와 늠름한 기상**이 사람의 정신을 놀라게 하였다.

주소저 이르기를

"노승의 말씀을 들으니 낭자의 심정이 나와 같습니다. 부친이 전장에 가서 소식이 적조하옵기로 슬픈 마음을 이기지 못하여 불전에 발원하여 부친을 위로하고자 왔나이다."

하니, 정소저 탄식하며 말하기를

"제 팔자가 기구하여 열 살 전에 모친을 이별하고 다만 부친만 바라고 지냈더니 항명(降命)*이 지중하여 부친은 전장에 가시고 실로 몸이 의지할 곳이 없사와 불전에 지성으로 발원하와 부친께서 입성하여 쉬 돌아오시기를 바라고 있습니다." ┐[A]

하고, **서로 슬픈 정회를 위로**하였다. 주소저 같이 앉으면 소저 **옥수를 잡고** 만난 정회를 설하는 듯하되 정소저 조금도 싫어하는 거동이 없었다.

이러구러 황혼이 되어 욕탕에 목욕하고 불전에 나가 빌기를

"분명 정낭자와 배필이 되게 하시려거든 이 금전이 방중에 내려오소서."

하며, 돈을 던지니 빈 공중에 솟았다가 방 가운데로 떨어졌다. 주소저가 신통히 여겨 또 금전을 잡고 축원하며 말하기를

"황상께서 양경의 딸로 간택하였으니, 만일 양 씨를 퇴할 수 거든 금전이 스스로 방 밖에 내려지게 하소서."

하고, 금전을 던지나 금전이 여러 번 돌다가 문 밖에 내려지는지라.

주소저 신기하게 여기던 차 정소저 또한 다가와 금전을 던지며 축원하기를

"부친께서 전장에 나가 성공하고 쉬이 돌아오시게 하거든 금전이 방중에 내려지소서."

하고, 금전을 던지니 이 금전이 방문 밖으로 내려가는지라. 또 다시 축원하고 재배하여 독축하기를

"이 몸이 비록 **여자이오나 어릴 적부터 병서를 공부**하였사오니 부친을 위로하려 전장에 나아가 선전(善戰)*하려 하시거든 금전이 방중에 내려지소서."

하고, 금전을 던지니 금전이 높이 올랐다가 방중에 내려오는지라. 소저 한편 기뻐하며 독축하기를

"이후로는 다시 험한 일이 없고 심중에 먹은 마음대로 되게 하시려거든 금전이 방중에 떨어지소서."

하고, 던지니 금전이 다시 방중에 떨어지는지라. 소저 일희일비하여 물러나오니 주소저 이르기를

"동전 축사(祝辭)는 어떻게 되었습니까?"

"길흉이 상반되는 것 같소이다."

주소저가 다시 위로하며

"이는 다 팔자이오니 너무 실망하지 마옵소서."

하니, 정소저 말하길

"우리 피차 함께 하였으니 대강 말씀을 통하게 되었거니와 저는 그렇다하더라도 조금 전에 말씀을 들어보니 부친께서는 만리 전장에 가시고 단 한 몸 의지할 곳이 막연하오니 가련하고 애연하지 아니하오리까?"

하며, 서로 위로하더니 한 노승이 마침 들어오시며 말하기를

"정원수 전장에서 패했다는 소식이 왔으니 이 난국이 큰 근심이로다."

(중략)

이때, 정원수 여러 달 적진 중에 있어 명이 경각에 있었더니 안남국 황제 항복했다는 소식을 듣고 마음이 즐거워 이르기를

"이제 이 사람 고향에 돌아가 우리 황상을 뵈옵고 조상 향화를 받들고 정녕 그리던 자식을 보겠도다."

하는데, 밖에 한 **장수** 찾아와 원수를 기다리더라. 나와 보니 **소년**이 대하며 앞에 와 재배하고 뵙거늘 정원수 백수(白首) 풍진에 눈물을 흘리며 슬퍼하며 소년에게 이르기를

"소장은 재주 용렬하여 대공을 이루지 못하고 또한 황상을 생각하니 어찌 한심치 아니하며 생전에 고향 돌아가지 못하고 이 땅에 죽음을 면치 못하게 되었더니 천만으로 장군의 구조함을 입어 종명(終命)*을 보존하여 본국에 돌아가 부모와 자식을 상봉하게 하니 그 은혜를 어찌 만분의 일이나마 갚으리오." ┐[B]

하며, 양 볼에 흐르는 눈물을 그치지 못하거늘 소저 그 말씀을 듣고 일희일비하여 좌우를 물리치고 붙들고 대성통곡하며 말하기를

"**여식 정모는 부친의 위급함을 듣고 잠깐 남자 되어 적진을 진정**시키고 그 간에 그리던 부친 일시도 그냥 있을 수 없어 불초 하나마 부친을 위하고자 하였사오니 부친은 안심하옵소서."

하고, 소저도 눈물을 금치 못함이 그지없으니 정원수 그 말을 듣고 대경 질색하여 한참 말을 못하다가 정신을 진정하여 다시 보니 비록 남자 의복으로 환역(換易)하였으나 얼굴이 분명한지라.

                          – 작자 미상, 「정비전」 –

*항명: 임금 혹은 윗사람에게 받은 명.
*선전: 있는 힘을 다하여 잘 싸움.
*종명: 남은 수명.

[해설편 p.110]

33. 윗글에 대한 설명으로 가장 적절한 것은?

① 언어유희를 사용하여 시대의 현실을 비판하고 있다.
② 배경 묘사를 통해 인물의 내면 심리를 표출하고 있다.
③ 인물의 행동을 과장하여 해학적 분위기를 조성하고 있다.
④ 인물 간의 대화를 통해 인물이 처한 상황을 드러내고 있다.
⑤ 꿈과 현실의 교차를 통해 앞으로 일어날 사건을 암시하고 있다.

34. [A]와 [B]에 대한 설명으로 가장 적절한 것은?

① [A]에는 낙관적인 미래에 대한 확신이, [B]에는 부정적인 미래에 대한 불안이 나타나 있다.
② [A]에는 인물 간의 갈등을 해결한 주체가, [B]에는 인물 간의 갈등을 유발한 주체가 나타나 있다.
③ [A]에는 자신이 처한 어려움에 대한 체념이, [B]에는 상대가 처한 어려움에 대한 공감이 나타나 있다.
④ [A]에는 특정 인물과의 재회를 바라는 이유가, [B]에는 특정 인물과의 재회가 가능해진 이유가 나타나 있다.
⑤ [A]에는 기대가 실현된 상황에 대한 인물의 심경이, [B]에는 기대가 어긋나 버린 상황에 대한 인물의 심경이 나타나 있다.

35. 다음은 동전 축사(祝辭)를 정리한 것이다. 이에 대한 반응으로 적절하지 않은 것은?

구분	동전을 던지는 인물	알고 싶은 내용	동전의 위치 방중	동전의 위치 방 밖
㉠	주소저	정낭자와 배필이 될 수 있는가?	○	
㉡	주소저	간택된 양 씨를 퇴할 수 있는가?		○
㉢	정소저	부친이 전장에서 성공하고 쉽게 돌아올 수 있는가		○
㉣	정소저	전장에 나아가 선전할 수 있는가?	○	
㉤	정소저	이후 험한 일 없이 마음 먹은 대로 일이 될 수 있는가?	○	

① ㉠에서 '동전을 던지는 인물'은 '동전의 위치'를 보고 자신이 바라는 일이 이루어질 것이라고 생각했겠군.
② ㉡에서 '동전의 위치'는 '동전을 던지는 인물'이 꺼리는 일이 이루어질 것이라는 뜻으로 해석되겠군.
③ ㉢에서 '동전의 위치'는 '동전을 던지는 인물'이 바라는 것이 이루어지지 않을 것이라는 뜻으로 해석되겠군.
④ ㉣에서 '알고 싶은 내용'은 '동전을 던지는 인물'이 하고자 하는 행동과 관련이 있겠군.
⑤ ㉤에서 '동전의 위치'는 '동전을 던지는 인물'이 바라는 대로 나타났다고 할 수 있겠군.

36. <보기>를 참고하여 윗글을 감상한 내용으로 적절하지 않은 것은?
[3점]

> **< 보 기 >**
>
> 고전소설에서 '복장전환'이라는 화소는 주체적인 삶을 살고자 하는 인물의 의지를 보여 준다. 복장전환은 자신의 실체를 상대에게 숨기는 수단으로 쓰이는데 이를 통해 인물들은 다양한 욕구를 실현하고자 한다. 이 작품에서는 사회적 한계를 극복하고, 위기 국면에서 고난에 적극적으로 대처하고, 때로는 이성과 교우를 맺기 위해 복장전환이 사용된다.

① 태자가 '여복으로 갈아 입'고 정소저를 뒤따라 '관음사로 찾아가'는 것에서, 애정 욕구를 실현하기 위해 복장전환을 선택한 인물의 의지를 확인할 수 있군.
② 태자가 자신을 '주상공 댁 소저'로 속이고 정소저와 '서로 슬픈 정회를 위로'하며 '옥수를 잡'을 수 있었던 것에서 복장전환이 이성과의 교우를 가능하게 해 주는 수단으로 쓰였음을 확인할 수 있군.
③ 주소저가 '탁월한 풍채와 늠름한 기상'을 지닌 정소저를 보고 놀라는 것에서 정소저가 자신의 실체를 상대에게 숨기는 수단으로 복장전환을 사용했음을 확인할 수 있군.
④ '여자이오나 어릴 적부터 병서를 공부'했다고 한 정소저가 '남자되어 적진을 진정시'켰다고 하는 것에서 복장전환을 한 인물이 자신의 사회적 한계를 극복하고 능력을 발휘했음을 확인할 수 있군.
⑤ 정소저가 '부친의 위급함을 듣고' '소년' '장수'가 되었다는 것에서 인물이 위기 국면에서 고난에 적극적으로 대처하기 위해 복장전환을 선택했음을 확인할 수 있군.

[37 ~ 41] 다음 글을 읽고 물음에 답하시오.

(가)

사랑의 본질에 대한 토마스 아퀴나스의 설명은 인간의 사랑인 아모르에 대한 분석에 기초한다. 그는 인간이 선을 추구하려는 욕구를 지닌 존재인데, ㉠욕구를 추구하는 인간 행위의 원천이 바로 사랑이라 말한다. 이때 선이란 자신에게 좋은 것으로 자신의 본성에 적합하거나 자신에게 기쁨을 주는 것을 뜻한다.

아퀴나스에 ⓐ따르면 인간의 욕구는 감각적 욕구와 지적 욕구로 구별되는데, 이는 선을 추구한다는 점에서는 동일하지만 크게 두 가지 차이점이 있다. 첫째, 감각적 욕구에 의한 추구 행위는 대상에 의해 촉발되어 이에 수동적으로 반응하는 것이다. 반면 지적 욕구에 의한 추구 행위는 지성의 능동적인 활동과 주체의 선택에 의해 일어나는 보다 적극적인 것이다. 둘째, 감각적 욕구는 감각적 인식능력에 의해 선으로 인식된 것을 추구하는 반면, 지적 욕구는 지성에 의해 선으로 이해된 것을 추구한다. 왜냐하면 감각적 인식능력은 대상의 선악 판단에 개입할 수 없지만, 지성은 대상이 무엇이든 이해한 바에 따라 선악 판단을 다르게 할 수 있기 때문이다. 예를 들어 단맛이 나에게 기쁨을 준다면 감각적 욕구는 사탕을 추구하겠지만, 지적 욕구는 사탕이 충치를 유발할 수도 있으므로 선이 아니라고 판단한다면 추구하지 않을 수도 있다.

아퀴나스는 감각적 욕구와 지적 욕구가 있는 곳에는 항상 사랑이 있다고 말하며, 사랑이 선을 향한 감각적 욕구와 지적 욕구에 의한 추구 행위를 일으키는 힘이라고 설명한다. 특히, 아퀴나스는 감각적 욕구에 의한 추구 행위를 '정념'이라고 칭하며, 사랑을 전제하지 않는 정념은 없으며 선을 향한 사랑에서부터 여러 정념이 비롯된다고 하였다. 만약 여러 대상에 대한 감각적 욕구들이 동시에 일어난다면 어떻게 될까? 인간은 가장 먼저 추구할 감각적 욕구를 지성에 의해 판단하고 선택한다. 다른 것보다 더 선이라고 이해된 것을 우선 추구하기 때문이다. 결국 아퀴나스가 말하는 인간의 사랑은 선에 대한 자신의 이해에 입각하기 때문에 자신에게 선인 것에 대한 사랑을 근본으로 한다.

(나)

칸트는 감성적 차원의 사랑과 실천적 차원의 사랑이 다르다고 설명한다. 감성적 차원의 사랑은 남녀 간의 사랑같이 인간의 경향성에 근거한 사랑이며, 실천적 차원의 사랑은 의무로서의 사랑이라 할 수 있다. 칸트는 감성적 차원의 사랑보다는 실천적 차원의 사랑에 더 주목하고 가치를 부여한다.

칸트에 따르면 인간은 도덕법칙을 실천하려고 하는 선의지를 지닌 존재이다. 여기서 선의지란 선을 지향하는 의지로 그 자체만으로 조건 없이 선한 것이다. 그는 인간이 도덕적 존재가 될 수 있는 것은 이성이 인간에게 도덕법칙을 의무로 부여하기 때문이라고 말한다. 칸트에게 의무란 도덕법칙에 대한 존경심 때문에 어떤 행위를 필연적으로 해야만 하는 것이다. 이때 보편적으로 적용할 수 있는 도덕법칙은 '너는 무엇을 해야 한다'라는 명령의 형식으로 나타나며, 칸트는 선의지에 따라 의무로부터 비롯된 행위를 실천하는 것만이 도덕적 가치가 있다고 보았다.

칸트의 관점에서 감성적 차원의 사랑은 욕구나 자연적 경향성에 이끌리는 감정이기 때문에, 의무로 강제하거나 명령을 통해 일으킬 수 있는 것이 아니다. 그는 어떤 경향성과도 무관하거나 심지어 경향성을 거스르지만, 도덕법칙을 ⓑ <u>따르려는</u> 의무로서의 사랑을 실천하는 것만이 참된 도덕적 가치를 지닌다고 보았다. 그리고 실천적 차원의 사랑만이 보편적인 도덕법칙으로 명령될 수 있으며, 인간에 대한 실천적 차원의 사랑은 모든 인간이 갖는 서로에 대한 의무라고 말한다.

37. (가)와 (나)의 공통점으로 가장 적절한 것은?

① (가)와 (나)는 모두 문제점에 대한 해결 방안을 모색하고 있다.
② (가)와 (나)는 모두 용어의 개념을 정의하며 내용을 전개하고 있다.
③ (가)와 (나)는 모두 두 가지 이론의 장단점을 비교하며 설명하고 있다.
④ (가)와 (나)는 모두 두 가지 관점을 절충하며 하나의 결론을 도출하고 있다.
⑤ (가)와 (나)는 모두 특정 학자의 견해가 지닌 논리적 오류를 지적하고 있다.

38. ㉠에 대한 설명으로 적절하지 <u>않은</u> 것은?

① 선을 추구한다.
② 인간이 지니고 있는 것이다.
③ 감각적 욕구와 지적 욕구로 구별된다.
④ 감각적 욕구들은 동시에 일어날 수 없다.
⑤ 감각적 욕구에 의한 추구 행위는 정념이라 부른다.

39. (가)와 (나)를 읽은 학생이 <보기>에 대해 보인 반응으로 적절하지 <u>않은</u> 것은? [3점]

< 보 기 >

갑은 잠에서 깨어나 방안 가득한 카레 냄새를 맡고 카레가 먹고 싶어져 식탁으로 갔다. 그런데 오늘 예정된 봉사활동에 늦지 않기 위해 카레를 먹지 않기로 하고 봉사활동을 하러 갔다. 봉사 활동을 마치고 집에 가는 길에 카페에 들렀더니 진열장에 시원한 생수와 맛있는 케이크가 있었다. 그것들을 보니 목도 마르고 배도 고팠지만 생수를 먼저 주문해 마신 후, 케이크를 주문해 먹었다. 그러다 갑은 카페에 들어오는 이성인 을의 미소를 보고 첫 눈에 반했다. 평소 갑은 부끄러움이 많았지만 용기를 내어 을에게 다가갔다.

① 아퀴나스에 따르면, 갑이 카레가 먹고 싶어진 것은 카레 냄새에 의해 촉발된 감각적 욕구에 의한 추구 행위이겠군.
② 아퀴나스에 따르면, 갑이 카레를 먹지 않은 것은 지성이 카레를 먹는 것을 선이 아니라고 판단했기 때문이겠군.
③ 아퀴나스에 따르면, 갑이 생수와 케이크 중 생수를 먼저 주문해 마신 것은 갈증을 해결하는 것이 더 선이라고 이해했기 때문이겠군.
④ 칸트에 따르면, 갑이 을의 미소에 첫눈에 반한 것은 자연적 경향성에 이끌린 것이겠군.
⑤ 칸트에 따르면, 갑이 을에게 다가간 것은 감성적 차원의 사랑에서 실천적 차원의 사랑으로 나아간 것이겠군.

40. (가)와 (나)에 대해 이해한 내용으로 적절하지 <u>않은</u> 것은?

① (가)의 아퀴나스는 인간이 선악을 판단할 수 있다고 보았고, (나)의 칸트는 인간에게 그 자체로 선한 선의지가 내재되어 있다고 보았다.
② (가)의 아퀴나스는 모든 정념이 사랑을 전제한다고 보았고, (나)의 칸트는 감성적 차원의 사랑은 명령을 통해 일으킬 수 없다고 보았다.
③ (가)의 아퀴나스는 사랑을 통해 기쁨을 얻을 수 있다고 보았고, (나)의 칸트는 사랑이 인간에게 도덕법칙을 의무로 부여한다고 보았다.
④ (가)의 아퀴나스는 사랑을 욕구와의 관계에 따라 설명하였고, (나)의 칸트는 사랑을 감성적 차원과 실천적 차원으로 구분하여 설명하였다.
⑤ (가)의 아퀴나스는 인간의 사랑이 자신에게 선인 것에 대한 사랑을 근본으로 한다고 보았고, (나)의 칸트는 보편적으로 적용할 수 있는 도덕법칙이 있다고 보았다.

41. 다음 중 ⓐ와 ⓑ의 의미로 쓰인 예가 바르게 짝지어진 것은?

① ┌ ⓐ: 경찰이 범인의 뒤를 <u>따랐다</u>.
　└ ⓑ: 춤으로는 그를 <u>따를</u> 자가 없다.

② ┌ ⓐ: 그는 법에 <u>따라</u> 일을 처리했다.
　└ ⓑ: 우리는 의회의 결정을 <u>따르겠다</u>.

③ ┌ ⓐ: 개발에 <u>따른</u> 공해 문제가 심각하다.
　└ ⓑ: 우리 집 개는 아버지를 유난히 <u>따른다</u>.

④ ┌ ⓐ: 아무도 그의 솜씨를 <u>따를</u> 수 없었다.
　└ ⓑ: 그는 유행을 <u>따라서</u> 옷을 입었다.

⑤ ┌ ⓐ: 사용 목적에 <u>따라서</u> 물건을 분류했다.
　└ ⓑ: 나는 강을 <u>따라</u> 천천히 내려갔다.

[42 ~ 45] 다음 글을 읽고 물음에 답하시오.

(가)

도연히 취한 후에 **선판(船板)*** 치며 즐기더니
서북간 일진광풍 홀연히 일어나니
태산 같은 높은 물결 하늘에 닿았구나
주중인(舟中人)이 황망하여 **조수(措手)할*** 길 있을쏘냐
나는 새 아니니 어찌 살기 바라리오
밤은 점점 깊어가고 풍랑은 더욱 심하다
만경창파(萬頃蒼波) **일엽선(一葉船)** 이 끝없이 떠나가니
슬프다 무슨 죄로 하직 없는 이별인가
일생일사(一生一死)는 자고로 예사로대
어복(魚腹) 속에 영장(永葬)함*은 이 아니 **원통**한가
부모처자 우는 거동 생각하면 목이 멘다
죽기는 자분(自分)*하나 기갈(飢渴)*은 무슨 일인가
명천(明天)이 감동하시어 대우(大雨)를 내리심에
돛대 안고 우러러서 낙수(落水)를 먹었으니
갈(渴)한 것은 진정하나 입에서 성에 나네*
밝으면 낮이런가 어두우면 밤이런가
오류일 지낸 후에 원원(遠遠)히 바라보니
동남간 **삼대도(三大島)** 가 은은히 솟아났다
일본인가 짐작하여 **선구(船具)를 보집(補緝)하니***
무슨 일로 바람 형세 또다시 변하는가
그 섬을 벗어나니 다시 못 보리로다
대양(大洋)에 표탕(飄盪)*하여 물결에 부침(浮沈)*하니
하늘을 부르짖어 죽기만 바라더니
선판(船板)을 치는 소리 귓가에 들리거늘
물결인가 의심하여 황급히 나가 보니
자 넘는 **검은 고기** 배 안에 뛰어든다
생으로 토막 잘라 팔인(八人)이 나눠 먹고
경각에 끊을 목숨 힘입어 보전하니
황천(皇天)이 주신 겐가 해신(海神)의 도움인가
이 고기 아니었으면 우리 어찌 살았으리
어느덧 시월이라 초사일 아침 날에
㉠ 큰 섬이 앞에 뵈나 인력(人力)으로 어찌 하리
자연히 바람결에 섬 아래 닿았구나
　　　　　　　　　　　　 – 이방익, 「표해가(漂海歌)」 –

*선판: 배의 갑판.
*조수할: 손쓸.
*어복 속에 영장함: 고기 뱃속에 장사지냄.
*자분: 자기 분수.
*기갈: 배고품과 목마름.
*입에서 성에 나네: 입에 성에가 돋을 정도로 차갑네.
*선구를 보집하니: 배에서 쓰는 기구를 수리하니.
*표탕: 헤매어 떠돎.
*부침: 물 위에 떠올랐다 물속에 잠겼다 함.

(나)

나는 책상 위에 지도를 펴놓는다. 수없는 산맥, 말할 수 없이 많은 바다, 호수, 낯선 항구, 숲, 어찌 산만을 좋다고 하겠느냐. 어찌 바다만을 좋다고 하겠느냐. 산은 산의 기틀을 감추고 있어서 좋고 바다는 또한 바다대로 호탕해서, 경솔히 그 우열을 가려서 말할 수 없다. ⓐ 그렇지만 날더러 둘 가운데서 오직 하나만을 가리라고 하면 부득불 바다를 가질 밖에 없다. 산의 웅장과 침묵과 수려함과 초연함도 좋기는 하다. 하지만 저 바다의 방탕한 동요만 하랴. 산이 「아폴로」라고 하면 우리들의 「디오니소스」는 바로 바다겠다.

나는 눈을 감고 잠시 그 행복스러울 어족들의 여행을 머리 속에 그려 본다. 해류를 따라서 오늘은 진주(眞珠)의 촌락, 내일은 해초의 삼림(森林)으로 흘러다니는 그 **사치한 어족들**, 그들에게는 천기예보도 「트렁크」도 차표도 여행권도 필요치 않다. 때때로 사람의 그물에 걸려서 「호텔」의 식탁에 진열되는 것은 물론 어족의 여행실패담(旅行失敗譚)이지만 그것도 결코 그들의 실수는 아니고, 차라리 「카인」의 자손의 악덕 때문이다. 나는 그들이 **해저(海底)에 국경을 만들었다는** 정열도 「프랑코」 정권을 승인했다는 방송도 들은 일이 없다. 그렇다. 나는 동그란 선창(船窓)에 기대서 흘수선(吃水線)*으로 모여드는 **어린 고기들의 청초와 활발**을 끝없이 사랑하리라. 남쪽 바닷가 생각지도 못하던 「서니룸」에서 씹는 수박 맛은 얼마나 더 청신하랴. ⓑ 만약에 제비같이 재잘거리기 좋아하는 이국(異國)의 소녀를 만날지라도 나는 조금도 두려워하지 않고 서투른 외국말로 대담하게 대화를 하리라. 그래서 그가 구경한 땅이 나보다 적으면 그때 나는 얼마나 자랑스러우랴. 그렇지 않고 도리어 나보다 훨씬 많은 땅과 풍속을 보고 왔다고 하면 나는 진심으로 그를 경탄할 것이다.

(중략)

나는 「튜리스트 · 뷔로*」로 달려간다. 숱한 여행 안내를 받아가지고 뒤져본다. 비록 직업일망정 사무원은 오늘조차 퍽 다정한 친구라고 지녀 본다.

필경 정해지는 길은 말할 수 없이 겸손하게 짧다. 사무원의 책상 위나, 설합 속에 엿보이는 제일 먼 ㉡ 차표가 퍽으나 부럽다. 안내서에 붙은 1등 선실 그림을 하염없이 뒤적거린다.

그러나 나는 오늘 그 「보스톤 · 백」과 그리고 단장(短杖)을 기어이 사고 말겠다. 내일(來日)은 그 속에 두어벌 내복과 잠옷과 세수 기구와 그러고는──「악(惡)의 꽃」과 불란서말 자전을 집어 넣자. 동서고금의 모든 시집 속에서 오직 한권을 고른다고 하면 물론 나는 이 책을 집을 것이다. ⓒ 그리고는 짧은 바지에 「노타이」로 한 손에는 「보스톤 · 백」을 드리우고 다른 한 손으로는 단장을 획획 내두르면서 차표가 끝나는 데까지 갈 것이다.

ⓓ 모든 걱정은, 번뇌는, 울분은, 의무는 잠시 미정고(未定稿)*들과 함께 먼지낀 방안에 묶어서 두고 될 수만 있으면 모든 괴로운 과거마저 잊어버리고 떠나고 싶다. 행장은 경할수록 더욱 좋다.

나는 충고한다. 될 수만 있으면 제군의 배좁은 심장을, 사상을, 파쟁(派爭)을 연애를 잠시라도 좋으니 바닷가에 해방해 보면 어떻냐고──.

여행(旅行)──그것 밖에 남은 것은 없다. ⓔ 내가 뽑을 행복의 최후의 제비다. 그것마저 싱거워지면 그때에는 「슈르리얼리스트」의 그 말썽 많던 설문(設問)을 다시 한번 참말 생각해 보아야지.

집이 배좁았다.
고향이 배좁았다.
나라가 배좁아진다.
세계(世界)마저 배좁아지면 다음에는 어디로 갈까.
　　　　　　　　　　　　 – 김기림, 「여행(旅行)」 –

*흘수선: (잔잔한 물에 떠 있는 배의) 선체가 물에 잠기는 한계선.
*튜리스트 · 뷔로: 여행사.
*미정고: 아직 완성되지 않은 원고.

42. (가)와 (나)의 공통점으로 가장 적절한 것은?

① 계절의 변화를 중심으로 내용을 전개하고 있다.
② 설의적인 표현을 사용하여 의미를 강조하고 있다.
③ 명령형 어미를 사용하여 긴장감을 고조하고 있다.
④ 동일한 색채어를 나열하여 현장감을 표현하고 있다.
⑤ 특정 대상과 대화하는 방식으로 주제를 부각하고 있다.

43. ㉠과 ㉡에 대한 설명으로 가장 적절한 것은?

① ㉠과 ㉡은 모두 화자나 글쓴이가 경계하는 대상이다.
② ㉠과 ㉡은 모두 화자나 글쓴이가 소망하는 대상이다.
③ ㉠과 ㉡은 모두 화자나 글쓴이가 극복하려고 하는 대상이다.
④ ㉠과 ㉡은 모두 화자나 글쓴이가 동화되려고 하는 대상이다.
⑤ ㉠과 ㉡은 모두 화자나 글쓴이가 우월감을 갖게 하는 대상이다.

44. ⓐ ~ ⓔ에 대한 이해로 적절하지 <u>않은</u> 것은?

① ⓐ: 두 대상에 대한 평가를 바탕으로 자신의 선택을 드러내고 있다.
② ⓑ: 여행에서의 낯선 상황을 가정하며 자신이 취할 행동을 떠올리고 있다.
③ ⓒ: 자신이 원하는 여행자의 모습을 상상하고 있다.
④ ⓓ: 자신이 아직 해결하지 못한 일을 여행지에서 마무리하고 싶은 마음을 드러내고 있다.
⑤ ⓔ: 여행이 자신에게 지니는 의미를 드러내고 있다.

45. <보기>를 바탕으로 (가)와 (나)를 감상한 내용으로 적절하지 <u>않은</u> 것은? [3점]

─────< 보 기 >─────

문학 작품에서 바다는 다양한 의미를 지닌 공간으로 나타난다. (가)의 바다는 화자가 직접 체험하는 공간으로, 예상치 못한 조난을 당한 화자가 생명의 위협을 느끼며 벗어나고 싶어 하는 공간이다. 한편, (나)의 바다는 글쓴이가 상상하는 공간이자 자유롭고 생명력 넘치는 공간으로, 이를 통해 글쓴이는 일상에서 벗어날 수 있는 꿈을 꾸게 된다.

① (가)에서 '선판 치며 즐기'다가 '조수할 길' 없이 '일엽선이 끝없이 떠나가'게 된 것을 통해 바다가 예상치 못한 조난을 겪는 공간으로 나타나고 있음을 알 수 있군.
② (나)에서 '어족들'이 '오늘은 진주의 촌락'을 다니고 '내일은 해초의 삼림'을 다닌다는 것을 통해 바다가 글쓴이에게 자유로운 공간으로 인식되고 있음을 알 수 있군.
③ (가)에서 '삼대도'를 보자 '선구를 보집'하는 것을 통해 화자는 바다를 벗어나고 싶은 공간으로, (나)에서 '사치한 어족들'이 '해저에 국경을 만들었다는' 것을 통해 글쓴이는 바다를 일상에서 벗어날 수 있는 공간으로 인식하고 있음을 알 수 있군.
④ (가)에서 '어복 속에 영장'할 수 있음에 '원통'해하는 것을 통해 바다는 화자가 생명의 위협을 느끼는 공간으로, (나)에서 '어린 고기들'이 '청초'하고 '활발'하다고 하는 것을 통해 글쓴이가 바다를 생명력이 넘치는 공간으로 인식하고 있음을 알 수 있군.
⑤ (가)에서 '선판을 치는 소리'를 듣고 '검은 고기'를 먹는 것을 통해 바다는 화자의 생존을 위한 체험이 이루어지는 공간으로, (나)에서 '눈을 감고' 바다의 모습을 '머리 속에 그려' 보는 것을 통해 바다는 글쓴이의 상상이 담긴 공간으로 나타나고 있음을 알 수 있군.

────────────────
※ 확인 사항
○ 답안지의 해당란에 필요한 내용을 정확히 기입(표기)했는지 확인하시오.
────────────────

국어 영역

● 문항수 45개 | 배점 100점 | 제한 시간 80분　　　● 점수 표시가 없는 문항은 모두 2점　● 출처 : 고1 학력평가

[1 ~ 3] 다음은 학생이 수업 시간에 한 발표의 일부이다. 물음에 답하시오.

안녕하세요. '세계로 가는 길' 모둠의 마지막 발표자 ○○○입니다. 앞에서 세계 여러 나라에 대한 정보를 소개했는데, 이제 여행을 갈 때 필요한 여권을 소개할 차례입니다. 저는 먼저 여권은 무엇인지, 여권을 발급받으려면 무엇을 준비하고 유의해야 하는지, 그리고 여권에 기재되는 정보에는 어떤 것들이 있는지 발표하려고 합니다.

여러분, 여권이 무엇인지 아시나요? (청중의 반응을 살피고) 여행할 나라로부터 받는 입국 허가증을 여권으로 알고 있는 친구가 있는데, 그건 비자라고 합니다. 여권은 해외에서 자신의 국적과 신분을 증명하기 위해 사용하는 신분증입니다.

여권을 신청하려면 사진과 신분증 등이 필요합니다. 특히 사진이 중요한데요, (스마트폰으로 얼굴을 찍는 자세를 취하며) 여러분들은 아마 이렇게 비스듬한 각도로 찍어서 얼굴이 갸름하고 예쁘게 보이는 사진을 여권에 넣고 싶을 겁니다. 하지만 여권용 사진은 정면을 바라보고 얼굴 전체가 잘 드러난 것이어야 합니다. 왜 그럴까요? (청중의 대답을 듣고 고개를 끄덕이며) 네, 맞습니다. 여권을 제시한 사람이 본인인지 확인할 수 있어야 하기 때문입니다.

그렇다면, 여권에 기재되는 정보에는 어떤 것들이 있을까요? 여권의 신원 정보 면에는 사진, 여권의 종류, 여권 번호, 로마자 성명, 주민등록번호, 발급일과 기간 만료일 등이 실려 있습니다.

여권 종류는 알파벳 약자의 조합으로 표시됩니다. 예를 들어 'PS'는 유효 기간 동안 우리나라를 기준으로 출입국에 한 번만 사용할 수 있는 여권이고, 'PM'은 여러 번 사용할 수 있는 여권을 나타냅니다. 여권 번호는 여권 종류를 나타내는 알파벳과 숫자 여덟 개의 조합으로 되어 있는데, 이 숫자는 위조나 변조를 막기 위해 무작위로 부여됩니다. 여권에는 로마자 성명도 실려 있어요. 로마자 성명은 한글 성명의 발음과 일치하게 로마자로 표기하도록 하고 있습니다. '기호'라는 이름을 예로 들어 볼게요. '기'의 경우 로마자 표기법에 따르면 (칠판에 적어 보여 주며) 'GI'로 표기해야 합니다. 그런데 많은 사람들이 여권에 'KI'로 쓰고 있어요. 이런 경우, 여권을 발급받을 때 'KIHO'로 등록했다면 유효 기간 만료 전에 로마자 표기법에 따라 'GIHO'로 정정하는 게 제한됩니다. 그래서 여권을 신청할 때 성명을 어떻게 로마자로 표기할지 신중하게 결정해야 합니다. 그리고 주민등록번호는 생년월일을 제외한 뒷부분이 기재되는데 2020년부터 발급될 여권에는 개인 정보 보호를 위해 기재되지 않을 예정이라고 합니다.

한 가지 유용한 정보를 더 알려 드릴게요. 여권에는 개인 정보가 수록되어 있기 때문에 국내에서도 신분증으로 활용될 수 있습니다. 단, 유효 기간이 만료되기 전이어야 합니다.

1. 발표에 반영된 학생의 계획으로 적절하지 <u>않은</u> 것은?

① 구체적인 예를 들어 청중의 이해를 돕는다.
② 자료의 출처를 밝혀 발표의 신뢰성을 높인다.
③ 비언어적 표현을 활용하여 청중의 흥미를 유발한다.
④ 청중의 대답을 유도하는 질문을 던져 청중과 상호 작용한다.
⑤ 도입부에서 발표 내용을 안내해 청중이 예측하며 듣게 한다.

2. 다음은 여권의 신원 정보 면 자료이다. 위 발표를 들은 청중이 ㉠ ~ ㉤에 대해 보인 반응으로 적절하지 <u>않은</u> 것은?

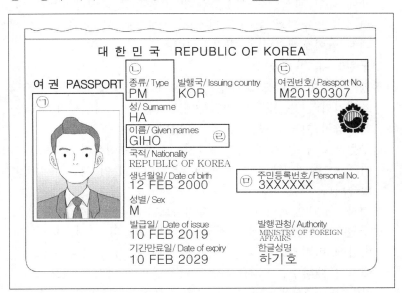

① ㉠ : 정면을 바라보고 얼굴 전체가 드러나 여권 소지자가 본인이라는 것을 확인할 수 있겠군.
② ㉡ : 이 여권은 기간 만료일까지 출입국할 때 여러 번 사용할 수 있겠군.
③ ㉢ : 이 여권을 소지한 사람이 다른 나라로부터 입국 허가를 받았음을 알 수 있겠군.
④ ㉣ : 로마자 표기법에 따라 한글 이름과 발음이 일치하게 표기한 이름을 실었다고 볼 수 있겠군.
⑤ ㉤ : 2020년 이후에 여권을 발급받는다면 수록되지 않을 정보이겠군.

3. <보기>에 나타난 학생의 듣기 전략으로 적절한 것은?

─── < 보 기 > ───
'그러고 보니 한국어능력시험을 볼 때, 기간 만료 전의 여권도 신분증으로 제시할 수 있다는 안내문을 보고 여권을 가지고 간 적이 있어. 여권이 있으면 나중에 대학수학능력시험을 보러 갈 때 신분증으로 활용할 수 있겠다.'

① 발표 내용 중 이해하기 어려운 점에 대해 의문을 떠올리며 들었다.
② 정보 전달에 적합한 내용 조직 방식을 사용했는지 평가하며 들었다.
③ 발표자가 제시한 정보들 사이의 공통점과 차이점을 파악하며 들었다.
④ 발표 내용과 관련된 자신의 경험을 떠올리고 유사한 상황에 적용하며 들었다.
⑤ 발표 내용을 요약하며 자신이 들은 내용을 잘 이해하고 있는지 점검하며 들었다.

[4~7] (가)는 라디오 대담이고, (나)는 (가)를 청취한 학생이 학교 신문에 실을 글의 초고이다. 물음에 답하시오.

(가)

진행자 : 폐사한 거북이의 코에서 플라스틱 빨대가 발견된 소식이 많은 사람들에게 충격을 준 이후, 플라스틱 쓰레기 문제에 대한 관심이 높아졌습니다. 오늘은 한국해양과학기술원 서○○ 연구원과 함께 플라스틱 쓰레기로 인한 해양 오염에 대해 알아보겠습니다. 반갑습니다.

연구원 : 네, 반갑습니다.

진행자 : 얼마 전에도 고래상어 뱃속에서 엄청난 양의 플라스틱 쓰레기가 나온 사건이 있었는데요. 바다에 있는 플라스틱 쓰레기양이 어느 정도인지 궁금합니다.

연구원 : 현재 전 세계 바다에 1억 6천만 톤 이상의 플라스틱이 떠 있는 상태인데 거기에 매년 약 800만 톤이 새로 유입되고 있습니다.

진행자 : 800만 톤이 워낙 큰 수치다보니 실감이 나지 않는데요.

연구원 : 1분마다 쓰레기 트럭 한 대 분량의 플라스틱이 바다에 버려지고 있다고 보시면 됩니다. 이 플라스틱 쓰레기의 대다수는 육지나 강에 아무렇게나 버려진 것으로 바람이나 물살에 쓸려 바다로 흘러 들어간 것입니다. 우리나라에서도 집중호우와 태풍으로 해마다 10만 9400톤 가량의 쓰레기가 육지에서 바다로 유입되는데 이 가운데 70% 이상이 플라스틱입니다. ⌐[A]

진행자 : 육지에 버려져 있던 쓰레기 가운데 바다로 쓸려 들어간 플라스틱의 양이 꽤 많았네요. ⌐[A]

연구원 : 집중호우와 태풍에 휩쓸려 들어가는 것 외에도 분리수거 후 저개발 국가로 수출된 플라스틱 쓰레기 중 재활용 처리 비용이 높다는 이유로 바다에 폐기되는 양이 많은 것으로 드러났고요. 도로변 미세 플라스틱, 하수처리시설 방류수에 포함된 미세 플라스틱이 일상적으로 바다에 유입되고 있습니다.

진행자 : 상황이 심각하군요. 플라스틱 쓰레기의 규모를 보니 해양 오염도 심각할 것 같은데요?

연구원 : 그렇습니다. 지난해 저희가 인근 해역의 굴, 담치, 게 등의 어패류를 채집해 내장과 배설물을 분석한 결과 139개체 중 97%에서 5㎜ 미만 크기의 미세 플라스틱이 검출되었습니다. ⌐[B]

진행자 : 그러니까 어패류 체내에 플라스틱이 쌓이고 있다는 말씀이신가요? ⌐[B]

연구원 : 네, 현재 바다에는 여러 형태의 미세 플라스틱이 쌓여 있어 플랑크톤을 비롯한 해양 생물의 먹이가 되고 있습니다. 그 결과, 미세 플라스틱 알갱이는 물론 플라스틱에서 발생하는 유해 물질이 먹이 사슬 과정에서 농축되고 있는 상황입니다.

진행자 : 플라스틱으로 인한 해양 오염이 우리 식탁의 안전을 위협하고 있군요. 우리나라만의 문제는 아닐 텐데요. 국제적으로 함께 고민해야 할 것 같습니다.

연구원 : 네, 해양 오염을 줄이기 위한 국제 협약으로 '런던 협약 및 의정서'가 있습니다. 매년 '런던 협약 및 런던 의정서 합동 과학 그룹 회의'를 통해 해양 투기 폐기물 평가 지침을 검토하고 연구 활동을 공유하는 한편 해양 환경 보전을 위한 기술 협력 및 지원 사항을 논의하고 있습니다. 이와 같은 국제적 관심과 협력이 각국의 플라스틱 사용 규제 정책 도입으로 이어지고 있고 플라스틱의 유해성 연구, 해양 쓰레기 제거 기술 연구 또한 힘을 얻고 있습니다.

진행자 : 불행 중 다행이네요. 그렇다면 우리 청취자들이 해양 오염 개선을 위해 일상에서 실천할 수 있는 방법에는 어떤 것이 있을까요?

연구원 : 해양 오염을 개선하는 데 중요한 것은 무엇보다도 플라스틱 쓰레기양을 줄이는 것입니다. 플라스틱 제품을 하나라도 덜 쓰기를 당부 드리고, 사용 후 플라스틱은 재활용될 수 있도록 부착물을 제거하신 후 세척해서 배출해 주시기를 부탁드립니다.

진행자 : 이제 플라스틱 빨대 하나라도 덜 쓰려는 노력을 해봐야겠습니다. 오늘 말씀 잘 들었습니다.

(나)

얼마 전 라디오 방송에서, 전 세계 바다에 떠 있는 플라스틱 쓰레기양이 무려 1억 6천만 톤 이상이라는 말을 들었다. 그동안 우리는 얼마나 많은 플라스틱을 쓰고 버려왔던 것일까? 일주일간 나의 생활을 돌아보았더니, 패스트푸드점 음식, 편의점 도시락을 이용하면서 플라스틱으로 만든 용기, 뚜껑, 일회용 숟가락, 빨대를 버리고 있었으며 매일 마시고 버리는 생수병만 해도 적지 않았다.

매년 세계에서 바다로 배출하는 플라스틱 쓰레기양은 대략 800만 톤이며, 5㎜ 미만 크기의 미세 플라스틱 수는 플랑크톤 수의 180배이다. 이 가운데는 바다로 유입된 플라스틱 쓰레기가 햇빛과 파도에 부서져 생긴 것도 있고 우리가 의식하지 못한 채 바다로 흘려보낸 미세 플라스틱도 있다. 치약, 세정제의 원료로 쓰인 미세 플라스틱과 합성 섬유로 만들어진 옷을 세탁할 때마다 떨어져 나오는 미세 플라스틱 또한 방류수를 통해 바다로 흘러들어가고 있다. 바다 속의 미세 플라스틱은 해양 생물의 먹이가 되면서 먹이 사슬 과정에서 농축되어 수산물을 섭취하는 우리의 건강에 해를 끼친다.

해양 오염 상황을 개선하기 위해서는 바다로 흘러가는 플라스틱 쓰레기양을 줄이려는 노력이 필요하다. 우선 다회용 식기를 제공하는 매장을 이용하고 개인 컵을 휴대하여 일회용 플라스틱 사용을 줄여야 한다. 또, 다른 소재가 부착되어 있거나 잔여물이 남은 플라스틱의 경우 재활용률이 낮으므로 요구르트, 컵 커피 같은 플라스틱 포장 상품을 이용할 때에는 알루미늄 뚜껑 부분을 제거한 뒤 세척해서 버릴 필요가 있다.

4. <보기>는 진행자가 (가)를 준비하면서 떠올린 생각이다. (가)에 반영되지 <u>않은</u> 것은?

<보 기>

㉠화제와 관련된 최근의 사례를 언급한 후, 대담의 중심 화제를 소개함으로써 청취자의 관심을 유도해야겠어. ㉡바다에 있는 플라스틱 쓰레기양의 규모도 확인하여 청취자가 문제의 심각성을 실감하도록 해야지. 그 다음, ㉢해양 오염 개선을 위한 국제 협약의 성과를 소개하도록 요청함으로써 전문적인 정보가 제공되도록 해야겠어. 대담을 끝내기 전에, ㉣청취자들이 문제 해결에 참여할 수 있는 방법에 대해 질문한 후 ㉤일상생활에서 실천할 수 있는 예를 들며 마무리해야겠어.

① ㉠   ② ㉡   ③ ㉢   ④ ㉣   ⑤ ㉤

5. [A], [B]를 이해한 내용으로 가장 적절한 것은? [3점]

① [A] : '연구원'은 구체적 수치를 활용하여 '진행자'의 동의를 구하고 있다.
② [A] : '진행자'는 '연구원'이 언급한 정보를 이용하여 이어질 내용을 예측하고 있다.
③ [A] : '연구원'은 연구 결과를 토대로 해결책을 모색하고 있다.
④ [B] : '연구원'은 외국의 통계 자료와 비교하여 우리나라의 현황을 보고하고 있다.
⑤ [B] : '진행자'는 물음의 형식을 이용하여 자신의 이해가 정확한지 확인하고 있다.

6. 다음은 (가)를 반영하여 (나)를 작성하기 위한 학생의 작문 계획이다. (나)에서 언급하지 <u>않은</u> 것은?

○ 대담에서 연구원이 언급한 정보를 활용하여 플라스틱 쓰레기로 인한 해양 오염 실태를 독자에게 알려야겠어. ·········· ①
○ 플라스틱 소비에 대한 개인적 경험을 활용하여 독자가 플라스틱 쓰레기에 대한 문제의식을 공유하도록 해야겠어. ·········· ②
○ 대담에서 연구원이 언급하지 않은 정보를 추가로 조사하여 생활 하수를 통해 배출되는 미세 플라스틱에 대해 독자가 구체적으로 인지하도록 해야겠어. ·················· ③
○ 대담에서 연구원이 언급한 내용에 대한 예를 들어 독자가 실천해야 할 방법을 명료하게 파악하도록 해야겠어. ·········· ④
○ 다른 소재의 재활용률보다 플라스틱의 재활용률이 낮음을 지적하여 플라스틱 재활용률을 높일 수 있도록 독자의 참여를 유도해야겠어. ·················· ⑤

7. 다음 선생님의 조언에 따라 (나)에 내용을 추가하고자 할 때, 가장 적절한 것은?

선생님 : 독자에게 글의 의도를 효과적으로 전달하려면 마지막에 상황의 심각성을 한 번 더 언급하고, 앞서 제안했던 실천이 갖는 의의를 나타내면 좋습니다.

① 플라스틱은 생산되는 데 5초, 쓰이는 데 5분, 분해되는 데 500년이 걸리는 소재로 알려져 있다. 그런데 최근 플라스틱 쓰레기를 재활용한 신소재 연구가 진행 중이라는 반가운 소식이 들리고 있다. 플라스틱 쓰레기가 유용한 신소재로 재탄생할 날도 멀지 않았다.
② 우리나라 남해 연안의 미세 플라스틱 오염도는 세계 최고 수준으로 바닷물 $1m^3$에 평균 21만 개의 미세 플라스틱 입자가 들어 있는 것으로 확인되었다. 플라스틱 사용을 줄이고 재활용률을 높이려는 노력이 모이면 해양 환경을 위협하는 플라스틱 쓰레기가 줄어들 것이다.
③ 태평양의 동서쪽에는 한반도 면적의 7배 크기인 쓰레기 섬과 미국에서 두 번째로 큰 텍사스 주 면적의 2배 크기인 쓰레기 섬이 떠다니는데, 쓰레기 섬의 90%를 차지하는 것은 플라스틱이다. 현재의 추세라면, 2050년 무렵 바다에는 물고기보다 플라스틱이 더 많아질 것으로 전망된다.
④ 유엔환경계획은 미세 플라스틱이 체내에 쌓이면 심각한 질병을 유발할 수 있다고 경고해왔다. 치약, 화장품 생산에 쓰였던 미세 플라스틱 알갱이의 위험성이 알려지자 호두 껍데기나 코코넛 껍데기 같은 유기 물질로 원료를 바꾸는 기업의 노력이 이어지고 있어 상황이 개선될 것이다.
⑤ 미국, 멕시코, 중국 등 9개국 11개 브랜드 생수 259병을 조사한 결과 93% 제품에서 미세 플라스틱이 검출되었고, 21개국에서 판매되는 소금을 분석한 결과 90% 제품에 미세 플라스틱이 함유된 것으로 드러났다. 이처럼 우리가 버린 플라스틱이 우리의 식탁으로 돌아와 건강을 위협하고 있다.

[8 ~ 10] (가)는 초고 작성을 위한 메모이고, (나)는 학생의 초고이다. 물음에 답하시오.

(가) 초고 작성을 위한 메모

[작문 과제]
최근 청소년들의 관심을 끌고 있는 1인 방송에 대해 조사하여 교지에 기고할 글을 써 보자.

[학생이 떠올린 생각]
○ 1인 방송의 개념과 현황에 대해 설명하며 시작해야겠어. ····························· ⓐ
○ 1인 방송이 청소년 사이에서 확산된 이유를 설명해야겠어. ····························· ⓑ
○ 1인 방송이 청소년에게 주는 긍정적 효과를 설명해야겠어. ····························· ⓒ
○ 1인 방송이 청소년에게 미치는 부정적 영향을 설명해야겠어. ····························· ⓓ
○ 청소년에게 부정적 영향을 끼치는 1인 방송에 대한 규제의 필요성을 언급하며 마무리해야겠어. ··············· ⓔ

(나) 학생의 초고

개인이 제작하여 다수의 사람들에게 영상 콘텐츠를 ㉠제시하는 방송을 1인 방송이라고 한다. 최근 들어 1인 방송이 활성화되고 있으며, 이에 따라 화장하는 방법을 소개하는 방송, 음식을 먹는 모습을 보여 주는 방송, 게임을 소개하는 방송 등의 1인 방송을 즐겨 찾는 청소년들이 점점 늘어나고 있다.

1인 방송이 청소년 사이에서 확산되는 이유는 무엇일까? 그것은 1인 방송이 청소년들이 관심을 가질 만한 다양한 콘텐츠를 생산하고 있기 때문이다. ㉡이로 인해 1인 방송 진행자가 청소년의 장래 희망으로 급부상하고 있다. 다양한 콘텐츠를 생산할 수 있었던 배경으로는 고성능 스마트 기기 카메라와 영상 편집 애플리케이션의 보편화로 누구나 쉽게 다양한 콘텐츠를 제작할 수 있게 ㉢된 점이다.

그렇다면 청소년들은 1인 방송을 보며 어떤 긍정적 효과를 얻을 수 있을까? 우선 청소년들은 1인 방송을 통해 기존의 미디어에서 접하기 어려웠던 진로나 취미 생활 등에 대한 유익한 정보를 얻을 수 있을 뿐만 아니라 여가를 즐김으로써 스트레스를 해소할 수 있다. ㉣그래서 댓글을 달거나 채팅을 통해 진행자와 직접적으로 소통하며 방송에 참여하는 색다른 묘미와 즐거움을 느낄 수 있다.

그런데 최근 시청자의 관심을 끌기 위해 비속어 등 규범에 맞지 않는 언어 표현을 하거나 선정적, 폭력적 내용을 담고 있는 방송이 늘어나고 있다. 문제는 청소년이 모방 심리가 강하기 때문에 이러한 방송에 지속적으로 ㉤노출되어질 경우 언어생활이나 가치관에 부정적인 영향을 끼칠 수 있다는 것이다. 실제로 1인 방송 진행자가 사용하는 막말과 비속어 등이 청소년들 사이에서 유행어처럼 번지고, 1인 방송에서 본 잘못된 행동을 모방하는 사례가 늘고 있다.

따라서 청소년들은 잘못된 내용을 방송하는 1인 방송에 대해 비판적 태도를 가져야 한다. 그리고 청소년 스스로가 주체적으로 1인 방송의 콘텐츠를 선별하여 시청하는 태도가 필요하다.

---

8. (가)에서 학생이 글을 쓰기 전에 떠올린 생각 중 (나)에 반영되지 **않은** 것은?

① ⓐ　　② ⓑ　　③ ⓒ　　④ ⓓ　　⑤ ⓔ

9. (나)를 수정·보완하는 과정에서 <보기>의 두 자료를 모두 활용하는 방안으로 가장 적절한 것은? [3점]

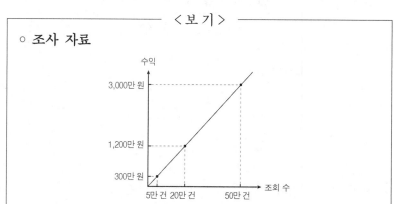

─────< 보 기 >─────

○ **조사 자료**

<1인 방송 콘텐츠 조회 수에 따른 제작자의 수익>

○ **1인 방송 제작자 인터뷰**
"제가 1인 방송을 할 때, 막말 등을 섞어서 자극적인 콘텐츠로 방송을 했더니 그렇지 않았을 때보다 조회 수가 크게 늘어났어요. 그 이후로 조회 수를 늘리기 위해 더 자극적인 콘텐츠를 제작하려는 유혹을 느낄 수밖에 없었습니다."

① 1인 방송에 대해 청소년들의 관심이 집중되는 이유가 자극적인 콘텐츠를 다수 포함하고 있기 때문임을 제시한다.
② 1인 방송에서 자극적인 콘텐츠가 늘어나는 이유가 조회 수가 제작자의 이익으로 이어지기 때문이라는 내용을 추가한다.
③ 1인 방송에 대한 규제를 강화하는 이유가 자극적인 콘텐츠를 즐기는 청소년들이 크게 증가하고 있기 때문임을 추가한다.
④ 1인 방송의 제작자가 자극적인 콘텐츠를 적극적으로 개발하는 이유가 콘텐츠의 다양성을 추구하기 위함임을 제시한다.
⑤ 1인 방송에서 부적절한 언어를 사용하는 것이 1인 방송을 조회하는 청소년의 수가 늘어나게 되는 요인이 됨을 제시한다.

10. (나)의 ㉠~㉤을 고쳐 쓰기 위한 방안으로 적절하지 **않은** 것은?

① ㉠: 단어의 사용이 잘못되었으므로 '제공'으로 고친다.
② ㉡: 문단의 통일성을 고려하여 4문단의 마지막 문장 뒤로 옮긴다.
③ ㉢: 주어와 서술어의 호응 관계를 고려하여 '되었다는 점을 들 수 있다'로 고친다.
④ ㉣: 접속 표현의 사용이 잘못되었으므로 '또한'으로 교체한다.
⑤ ㉤: 피동 표현이 중복되었으므로 '노출될'로 고친다.

[11 ~ 12] 다음 글을 읽고 물음에 답하시오.

<대화 1>

<자료>

 관형어는 문장을 구성하는 성분 중 하나로, 품사 가운데 명사나 대명사와 같은 체언 앞에서 그 뜻을 꾸며 주는 기능을 한다. 예를 들어 '모든 책'의 '모든'은 뒤에 오는 명사 '책'에 '빠짐이나 남김이 없이 전부의.'라는 의미를 더해 주는 관형어이다.
 다음 문장들의 밑줄 친 부분은 모두 관형어이다.

 ㄱ. 선생님의 목소리가 들린다.
 ㄴ. 마실 물이 있다.
   맑은 물이 있다.
 ㄷ. 온갖 꽃이 활짝 피어 있다.

 ㄱ은 체언에 관형격 조사 '의'가 결합하여 관형어가 된 경우이다. '선생님의'는 명사 '선생님'에 관형격 조사 '의'가 결합하여 '목소리'를 꾸며 주고 있다. 이 경우 '선생님 목소리'와 같이 관형격 조사 없이 명사만으로도 관형어가 될 수 있다. 하지만 관형격 조사 '의'를 반드시 써야 하는 경우가 있고, '의'가 생략되면 의미가 달라지는 경우도 있다.
 ㄴ은 동사나 형용사와 같은 용언의 어간에 관형사형 어미 '-(으)ㄴ', '-(으)ㄹ' 등이 결합하여 관형어가 된 경우이다. '마실'은 동사의 어간 '마시-'에 관형사형 어미 '-ㄹ'이 결합하여 '물'을 꾸며 주고 있고, '맑은'은 형용사의 어간 '맑-'에 관형사형 어미 '-은'이 결합하여 '물'을 꾸며 주고 있다.
 ㄷ은 관형사가 관형어가 된 경우이다. 관형사는 체언 앞에서 체언의 뜻을 꾸며 주는 품사이다. 관형사 '온갖'은 명사 '꽃'을 꾸며 주며 '이런저런 여러 가지의.'라는 의미를 더해 주고 있다. 관형사는 체언과 달리 조사와 결합할 수 없으며, 용언과 달리 활용이 불가능하다는 특성이 있다.

<대화 2>

11. [A], [B]에 들어갈 말을 바르게 짝지은 것은?

	[A]	[B]
①	품사가 무엇인가	의미가 무엇인가
②	품사가 무엇인가	문장 성분이 무엇인가
③	문장 성분이 무엇인가	문장의 종류가 무엇인가
④	문장의 종류가 무엇인가	의미가 무엇인가
⑤	문장의 종류가 무엇인가	문장 성분이 무엇인가

12. 윗글을 참고하여 <보기>를 이해한 것으로 적절하지 <u>않은</u> 것은?

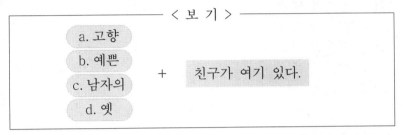

─── < 보 기 > ───

 a. 고향
 b. 예쁜   + 친구가 여기 있다.
 c. 남자의
 d. 옛

① a ~ d는 모두 체언 '친구'를 꾸며 주는 역할을 한다.
② a는 조사가 없이 체언만으로 관형어가 된 경우이다.
③ b는 용언의 어간 '예쁘-'에 관형사형 어미 '-ㄴ'이 결합된 것이다.
④ c에서 관형격 조사 '의'가 생략되어도 문장의 원래 의미가 달라지지 않는다.
⑤ d는 조사가 결합할 수 없으며 활용이 불가능하다.

13. 다음은 음운 변동에 대한 선생님의 설명이다. 질문에 대한 답으로 적절한 것은?

 선생님 : 음운 변동에는 한 음운이 다른 음운으로 바뀌는 현상인 '교체', 있던 음운이 없어지는 현상인 '탈락', 없던 음운이 새로 생기는 현상인 '첨가', 두 음운이 하나의 음운으로 합쳐지는 현상인 '축약'이 있습니다.
  그러면 '국물[궁물]'과 '몫[목]'에서는 각각 어떤 음운 변동이 일어날까요?

	국물	몫
①	교체	탈락
②	교체	첨가
③	탈락	축약
④	첨가	교체
⑤	첨가	탈락

14. <보기>의 (가), (나)에 들어갈 내용으로 적절한 것은?

< 보 기 >

단어는 문맥에 따라 여러 가지 뜻을 가진다. 그래서 반의어도 여럿이 될 수 있다. 예를 들어 '시계가 서다.'에서 '서다'의 반의어는 '가다'인데, '기강이 서다.'에서 '서다'의 반의어는 '무너지다'가 된다. '벗다'도 문맥에 따라 여러 가지 뜻을 가지기 때문에 반의어가 여럿이다.

단어	예문	반의어
벗다	외투를 벗다.	입다
	(가)	쓰다
	배낭을 벗다.	(나)

	(가)	(나)
①	누명을 벗다.	메다
②	안경을 벗다.	끼다
③	장갑을 벗다.	차다
④	모자를 벗다.	걸다
⑤	허물을 벗다.	들다

15. 다음은 학생들이 '-쟁이'와 '-장이'에 대해 탐구한 내용이다. ㄱ~ㅁ에 제시된 탐구 결과 중 적절하지 않은 것은? [3점]

탐구 목표	어근의 뒤에 붙어 새로운 단어를 만드는 접미사 중 '-쟁이'와 '-장이'의 의미와 쓰임을 구분해 사용할 수 있다.

↓

탐구 자료	(1) 고집쟁이 : 고집이 센 사람. 거짓말쟁이 : 거짓말을 잘하는 사람. (2) 노래쟁이 : '가수(歌手)'를 낮잡아 이르는 말. 그림쟁이 : '화가(畫家)'를 낮잡아 이르는 말. (3) 땜장이 : 땜질을 직업으로 하는 사람. 옹기장이 : 옹기 만드는 일을 직업으로 하는 사람.

↓

탐구 결과	◦ (1)의 '-쟁이'의 의미는 '어떤 속성을 많이 가진 사람'으로 볼 수 있다. ················· ㄱ ◦ (2)와 (3)은 둘 다 직업과 관련된 말이지만, '기술자'를 의미할 때는 '-장이'를 쓴다. ········· ㄴ ◦ (1)~(3)을 볼 때, '-쟁이'와 '-장이'는 모두 명사와 결합하여 새로운 단어를 만든다. ········ ㄷ ◦ (1)~(3)을 볼 때, '-쟁이'와 '-장이'는 모두 어근의 품사를 변화시키지 않는 접미사이다. ······· ㄹ ◦ (1), (2), (3)의 예로 '욕심쟁이', '대장쟁이', '중매장이'를 각각 추가할 수 있다. ··············· ㅁ

① ㄱ   ② ㄴ   ③ ㄷ   ④ ㄹ   ⑤ ㅁ

[16 ~ 21] 다음 글을 읽고 물음에 답하시오.

식물의 생장에는 물이 필수적이다. 동물과 달리 식물은 잎에서 광합성을 통해 생장에 필요한 양분을 만들어 내는데, 물은 바로 그 원료가 된다. 물은 지구 중심으로부터 중력을 받기 때문에 높은 곳에서 낮은 곳으로 흐르지만, 식물은 지구 중심과는 반대 방향으로 자란다. 따라서 식물이 줄기 끝에 달려 있는 잎에 물을 공급하려면 중력의 반대 방향으로 물을 끌어 올려야 한다. 미국의 캘리포니아 레드우드 국립공원에는 세계에서 키가 가장 큰 세쿼이아가 있다. 이 나무는 키가 무려 112m에 이르며, 뿌리는 땅속으로 약 15m까지 뻗어 있다고 한다. 따라서 물이 뿌리에서 나무의 꼭대기에 있는 잎까지 도달하려면 127m나 끌어 올려져야 한다. 펌프 같은 장치도 보이지 않는데 대체 물이 어떻게 그 높은 곳까지 올라갈 수 있는 것일까? 식물은 어떤 힘을 이용하여 뿌리에서부터 잎까지 물을 끌어 올릴까? 식물이 물을 뿌리에서 흡수하여 잎까지 보내는 데는 뿌리압, 모세관 현상, 증산 작용으로 생긴 힘이 복합적으로 작용한다.

[A] 호박이나 수세미의 잎을 모두 ⓐ떼어 내고 뿌리와 줄기만 남기고 자른 후 뿌리 끝을 물에 넣어 보면, 잘린 줄기 끝에서는 물이 힘차게 솟아오르지는 않지만 계속해서 올라온다. 뿌리털을 둘러싼 세포막을 경계로 안쪽은 땅에 비해 여러 가지 유기물과 무기물들이 더 많이 섞여 있어서 뿌리 바깥보다 용액의 농도가 높다. 다시 말해 뿌리털 안은 농도가 높은 반면, 흙 속에 포함되어 있는 물은 농도가 낮다. 이때 농도의 균형을 맞추기 위해 흙 속에 있는 물 분자는 뿌리털의 세포막을 거쳐 물 분자가 상대적으로 적은 뿌리 내부로 ⓑ들어온다. 이처럼 농도가 낮은 흙 속의 물을 농도가 높은 뿌리 쪽으로 이동시키는 힘이 생기는데, 이를 뿌리압이라고 한다. 즉 뿌리압이란 뿌리에서 물이 흡수될 때 밀고 들어오는 압력으로, 물을 위로 밀어 올리는 힘이다.

물이 담긴 그릇에 가는 유리관을 ⓒ꽂아 보면 유리관을 따라 물이 올라가는 것을 관찰할 수 있다. 이처럼 가는 관과 같은 통로를 따라 액체가 올라가거나 내려가는 것을 모세관 현상이라고 한다. 모세관 현상은 물 분자와 모세관 벽이 결합하려는 힘이 물 분자끼리 결합하려는 힘보다 더 크기 때문에 일어난다. 따라서 관이 가늘어질수록 물이 올라가는 높이가 높아진다. 식물체 안에는 뿌리에서 줄기를 거쳐 잎까지 연결된 물관이 있다. 물관은 말 그대로 물이 지나가는 통로인데, 지름이 $75\mu m$(마이크로미터, $1\mu m=0.001mm$)로 너무 가늘어 눈으로는 볼 수 없다. 이처럼 식물은 물관의 지름이 매우 작기 때문에 ㉠모세관 현상으로 물을 밀어 올리는 힘이 생긴다.

뜨거운 햇볕이 내리쬐는 더운 여름철에는 큰 나무가 만들어 주는 그늘이 그렇게 고마울 수가 없다. 나무가 만들어 주는 그늘이 건물이 만들어 주는 그늘보다 더 시원한 이유는 무엇일까? ㉮나무의 잎은 물을 수증기 상태로 공기 중으로 내보내는데, 이때 물이 주위의 열을 흡수하기 때문에 나무의 그늘 아래가 건물이 만드는 그늘보다 훨씬 시원한 것이다. 식물의 잎에는 기공이라는 작은 구멍이 있다. 기공을 통해 공기가 들락날락하거나 잎의 물이 공기 중으로 증발하기도 한다. 이처럼 식물체 내의 수분이 잎의 기공을 통하여 수증기 상태로 증발하는 현상을 ㉡증산 작용이라고 한다. 가로 세로가 10×10cm인 잔디밭에서 1년 동안 증산하는 물의 양을 조사한 결과, 놀랍게도 55톤이나 되었다. 이는 1리터짜리 페트병 5만 5천 개 분량에 해당하는 물의 양이다. 상수리나무는 6~11월 사이에 약 9,000kg의 물을 증산하며, 키가 큰 해바라기는 맑은 여름날 하루 동안 약 1kg의 물을 증산한다.

[해설편 p.115]

기공의 크기는 식물의 종류에 따라 ⓓ다른데 보통 폭이 $8\mu m$, 길이가 $16\mu m$ 정도밖에 되지 않는다. 크기가 $1cm^2$인 잎에는 약 5만 개나 되는 기공이 있으며, 그 대부분은 잎의 뒤쪽에 있다. 이 기공을 통해 그렇게 엄청난 양의 물이 공기 중으로 증발해 버린다. 증산 작용은 물을 식물체 밖으로 내보내는 작용으로, 뿌리에서 흡수된 물이 줄기를 거쳐 잎까지 올라가는 원동력이다. 잎의 세포에서는 물이 공기 중으로 증발하면서 아래쪽의 물 분자를 끌어 올리는 현상이 일어난다. 즉, 물 분자들은 서로 잡아당기는 힘으로써 연결되는데, 이는 물 기둥을 형성하는 것과 같다. 사슬처럼 연결된 물 기둥의 한쪽 끝을 ⓔ이루는 물 분자가 잎의 기공을 통해 빠져 나가면 아래쪽 물 분자가 끌어 올려지는 것이다. 증산 작용에 의한 힘은 잡아당기는 힘으로 식물이 물을 끌어 올리는 요인 중 가장 큰 힘이다.

16. 윗글의 내용과 일치하지 <u>않는</u> 것은?

① 식물의 종류에 따라 기공의 크기가 다르다.
② 식물의 뿌리압은 중력과 동일한 방향으로 작용한다.
③ 식물이 광합성 작용을 하기 위해서는 반드시 물이 필요하다.
④ 뿌리에서 잎까지 물 분자들은 사슬처럼 서로 연결되어 있다.
⑤ 물관 내에서 물 분자와 모세관 벽이 결합하려는 힘으로 물이 위로 이동한다.

17. [A]와 <보기>를 이해한 것으로 적절하지 <u>않은</u> 것은? [3점]

> ─── <보 기> ───
>
> 삼투 현상이란 용액의 농도가 낮은 곳에서 높은 곳으로 선택적 투과성 막을 통해 물이 이동하는 현상이다. 이때 물이 이동하는 힘을 삼투압이라 하며, 이 힘은 용액의 농도에 따라 비례하는데. 삼투 현상의 예로 배추를 소금물에 담그면 소금 입자는 이동하지 못하고 배추에 있는 물이 소금물 쪽으로 이동하여 배추가 절여지는 것을 들 수 있다.

① 뿌리털을 둘러싼 세포막은 선택적 투과성 막 역할을 한다.
② 소금물에 소금을 추가하면 배추에서 빠져 나오는 물이 이동하는 힘이 커진다.
③ 선택적 투과성 막을 흙 속의 물 분자는 통과할 수 있지만 소금 입자는 통과할 수 없다.
④ 흙 속의 물과 배추의 물이 이동하면 뿌리털 안의 용액과 소금물의 농도가 높아진다.
⑤ 뿌리가 흙 속의 물을 흡수하는 것과 배추에서 물이 빠져 나오는 것은 용액의 농도 차이 때문에 발생한다.

18. ㉠과 ㉡에 대한 설명으로 적절하지 <u>않은</u> 것은?

① ㉠은 관의 지름에 따라 물이 올라가는 높이가 달라진다.
② ㉡이 일어나면 물이 식물체 내에서 빠져 나와 주변의 온도를 낮춘다.
③ ㉠에 의해서는 물의 상태가 바뀌지 않고, ㉡에 의해서는 물의 상태가 바뀐다.
④ ㉠으로 물을 위로 밀어 올리는 힘이, ㉡으로 물을 위에서 잡아당기는 힘이 생긴다.
⑤ ㉠에 의해 식물이 물을 밀어 올리는 힘보다 ㉡에 의해 식물이 물을 끌어 올리는 힘이 더 작다.

19. ㉮와 같은 현상이 일어나는 예로 적절한 것은?

① 피부에 알코올 솜을 문지를 때
② 주머니 난로의 액체가 하얗게 굳어갈 때
③ 음식물을 공기 중에 오래 두어 부패될 때
④ 이누이트 족이 얼음집 안에 물을 뿌릴 때
⑤ 폭죽에 들어있는 화약이 터져 불꽃이 발생할 때

20. 학생이 <보기>와 같은 실험을 하였다. 윗글을 바탕으로 <보기>에 대한 반응으로 적절한 것은?

> ─── <보 기> ───

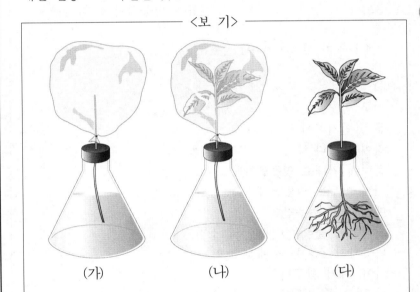

> (가)　　　(나)　　　(다)
>
> 크기와 종류가 같은 식물 셋을 (가)는 줄기만, (나)는 줄기와 잎만을 남겨 비닐을 씌운다. (다)는 뿌리, 줄기, 잎을 그대로 둔다. 셋을 물에 담아 햇빛 등이 동일한 조건에서 변화를 관찰하였다.

① (가)보다 (나)의 비닐 안쪽 면에 물방울이 덜 맺힐 것이다.
② (가)의 용기에 담긴 물이 (나), (다)의 용기에 담긴 물보다 더 많이 줄어들 것이다.
③ (나)에서는 한 가지 힘이, (다)에서는 두 가지 힘이 작용하여 물이 이동한다.
④ (가), (나), (다) 모두 물 분자들이 연결된 물 기둥이 형성될 것이다.
⑤ (가), (나), (다) 모두 공기가 식물 내부로 출입하는 현상이 일어나지 않는다.

21. 문맥상 ⓐ ~ ⓔ와 바꿔 쓰기에 가장 적절한 것은?

① ⓐ : 삭제(削除)하고
② ⓑ : 투입(投入)된다
③ ⓒ : 부착(附着)하면
④ ⓓ : 상이(相異)한데
⑤ ⓔ : 조성(造成)하는

[22 ~ 26] 다음 글을 읽고 물음에 답하시오.

(가)

① 산촌(山村)에 눈이 오니 돌길이 묻혔어라
　⊙ 시비(柴扉)를 열지 마라 날 찾을 이 뉘 있으랴
　밤중만 일편명월(一片明月)이 긔 벗인가 하노라

② 창(窓)밖에 워석버석 임이신가 일어 보니
　혜란 혜경(蕙蘭蹊徑)*에 낙엽(落葉)은 무슨 일이고
　어즈버 유한한 간장(肝腸)이 다 긏을까 하노라

③ 노래 삼긴 사람 시름도 하도 할샤
　일러 다 못 일러 불러나 풀었던가
　진실로 풀릴 것이면은 나도 불러 보리라
　　　　　　　　　　　　 – 신흠, 「방옹시여(放翁詩餘)」 –

* 혜란 혜경 : 난초가 자라난 지름길.

(나)

너를 꿈꾼 밤
문득 인기척에
잠이 깨었다.
문턱에 귀대고 엿들을 땐
거기 아무도 없었는데
베개 고쳐 누우면
지척에서 들리는 ⓐ 발자국 소리.
나뭇가지 스치는 소매깃 소리.
아아, 네가 왔구나.
산 넘고 물 건너
누런 해 지지 않는 서역(西域) 땅에서
나직이 신발을 끌고 와
다정하게 부르는
ⓑ 너의 목소리,
오냐, 오냐,
안쓰런 마음은 만리 길인데
황망히 ⓒ 문을 열고 뛰쳐나가면
밖엔 하염없이 내리는 ⓒ 가랑비 소리,
후두둑,
댓잎 끝에 방울지는
봄비 소리.

　　　　　　　　　　　　 – 오세영, 「너의 목소리」 –

22. (가)와 (나)의 표현상 공통점으로 가장 적절한 것은?

① 영탄적 표현을 통해 감정을 효과적으로 표출하고 있다.
② 명사로 시상을 마무리하여 시적 여운을 자아내고 있다.
③ 의문형 진술을 활용하여 심리적 태도를 부각하고 있다.
④ 말을 건네는 방식을 사용하여 친밀감을 강화하고 있다.
⑤ 자연물에 인격을 부여하여 주제 의식을 드러내고 있다.

23. 다음은 탐구 학습을 통해 (가)의 ②와 (나)를 비교하여 정리한 내용이다. ㄱ ~ ㅁ 중, 적절하지 **않은** 것은? [3점]

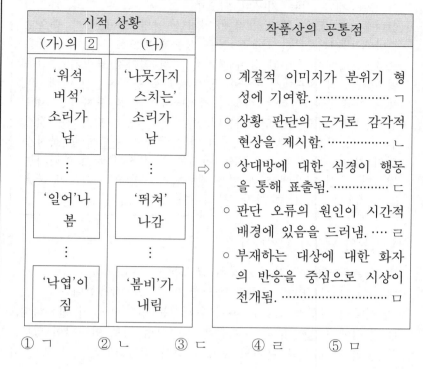

시적 상황		작품상의 공통점
(가)의 ②	(나)	
'워석버석' 소리가 남	'나뭇가지 스치는' 소리가 남	○ 계절적 이미지가 분위기 형성에 기여함. ·············· ㄱ
⋮	⋮	○ 상황 판단의 근거로 감각적 현상을 제시함. ········ ㄴ
'일어'나 봄	'뛰쳐' 나감	○ 상대방에 대한 심경이 행동을 통해 표출됨. ········ ㄷ
⋮	⋮	○ 판단 오류의 원인이 시간적 배경에 있음을 드러냄. ···· ㄹ
'낙엽'이 짐	'봄비'가 내림	○ 부재하는 대상에 대한 화자의 반응을 중심으로 시상이 전개됨. ·············· ㅁ

① ㄱ　　② ㄴ　　③ ㄷ　　④ ㄹ　　⑤ ㅁ

24. ⊙과 ⓒ에 대한 설명으로 가장 적절한 것은?

① ⊙에는 ⓒ과 달리 화자의 소망이 투영되어 있다.
② ⓒ에는 ⊙과 달리 화자의 억울한 심정이 내재되어 있다.
③ ⊙에는 화자의 단절감이, ⓒ에는 화자의 기대감이 담겨 있다.
④ ⊙에는 냉소적 태도가, ⓒ에는 관조적 태도가 반영되어 있다.
⑤ ⊙과 ⓒ에는 결핍 상태가 충족된 내면 심리가 나타나 있다.

25. <보기>를 바탕으로 (가)를 감상한 내용으로 적절하지 **않은** 것은?

> ─────── < 보 기 > ───────
> (가)는 선조의 총애를 받던 신흠이 선조 사후 '계축옥사'에 연루되어 관직을 박탈당하고 김포로 내쫓겼던 시기에 쓴 시조 30수 중 일부이다. 이들 30수는 자연 지향, 세태 비판, 연군, 취흥 등의 다양한 주제 의식을 형성하고 있으며, 우리말 시가에 대한 작가의 인식도 엿볼 수 있다. 그 서문 격인 「방옹시여서」에는 창작 당시 그의 심경이 다음과 같이 적혀 있다. "내 이미 전원으로 돌아오매 세상이 진실로 나를 버렸고 나 또한 세상사에 지쳤기 때문이다."

① '산촌'은 세상과 대비되는 공간으로서의 자연의 의미를 지니는 것이겠군.
② '일편명월'은 세태를 비판하고 자신의 억울한 처지를 호소하는 작가를 상징하는 것이겠군.
③ '임'을 군왕으로 이해한다면 '간장이 다 긏을까 하노라'는 임금을 향한 신하의 애끓는 심정이 함축된 것이겠군.
④ '시름'은 정치적 혼란기에 정계에서 쫓겨나 버림받은 작가의 복잡한 심경을 나타내는 것이겠군.
⑤ '노래'는 세상사에 지치고 뒤엉킨 작가의 마음을 풀어 내는 수단으로서의 성격을 지니는 것이겠군.

26. ⓐ~ⓒ와 관련하여 (나)를 이해한 내용으로 적절하지 <u>않은</u> 것은?

① 화자가 꾼 '꿈'은 빗소리를 ⓐ로 여기는 계기가 된다고 볼 수 있겠군.

② '너'에 대한 화자의 그리움이 고조됨에 따라 빗소리가 ⓐ에서 ⓑ로 인식된다고 볼 수 있겠군.

③ ⓑ는 '산 넘고 물 건너' 들려오는 것이기에 화자에게 반가움과 동시에 과거의 추억을 환기한다고 볼 수 있겠군.

④ '하염없이 내리는' ⓒ는 하강의 이미지를 통해 만남이 무산된 화자의 좌절감과 조응한다고 볼 수 있겠군.

⑤ ⓑ가 ⓒ임을 알고 난 후의 화자의 허탈감이 '후두둑'을 통해 청각적 이미지로 부각된다고 볼 수 있겠군.

[27~30] 다음 글을 읽고 물음에 답하시오.

> **[앞부분의 줄거리]** 윤창권은 가족과 함께 일제 치하의 고향을 떠나 만주 장쟈워푸에서 황무지를 개간하는 조선 이주민 집단에 합류한다.

깊은 겨울엔 땅 속이 한 길씩 언다. 얼기 전에 삼십 리 대간선*은 째어 놓아야 내년 봄엔 물이 온다. ㉠이것을 실패하면 황무지엔 잡곡이나 뿌릴 수밖에 없고, 그 면적에 잡곡이나 뿌려가지고는 그 다음해 먹을 수가 없다.

창권이넨 새로 와서 지리도 어둡고, 가역(家役)*도 끝나기 전이라 동네에서 제일 가까운 구역을 맡았다. ㉡한 삼 마장 길이 되는 대간선의 끝 구역이었다. 그것을 쿨리* 다섯 명을 데리고, 넓이 열두 자, 깊이 다섯 자로, 얼기 전에 뚫어 놔야 한다. 여간 대규모의 수리공사가 아니다. 창권은 가역 때문에 처음 얼마는 쿨리들만 시키었으나, 날이 자꾸 추워지는 것이 겁나 집일 웬만한 것은 어머니와 아내에게 맡기고 봇도랑 내는 데만 전력하였다.

㉢쿨리들은 눈만 피하면 꾀를 피웠다. 우묵한 양지쪽에 앉아 이를 잡지 않으면 졸고 있었다. 빨리 하라고 소리를 치면 그들도 알아들을 수 없는 말로 마주 투덜대었다. 다행히 돌은 없으나 흙일은 변화가 없어 타박타박해 힘들고 지리했다.

이런 일이 반이나 진행되었을까 한 때다. 땅도 자꾸 얼어들어 일도 힘들어졌거니와 더 큰 문제가 일어났다. 이날도 역시 모두 제 구역에서 제가 맡은 쿨리들을 데리고 일을 하는데 쿨리들이 먼저 보고 둔덕으로 뛰어올라가며 뭐라고 떠들어 댔다. 창권이도 둔덕으로 올라서 보았다. 한편 쪽에서 갈가마귀떼처럼 이곳 토민들이 수십 명씩 무더기가 져서 새까맣게 몰려오는 것이다.

'마적떼 아닌가!'

그러나 말을 탄 사람은 하나도 없다. 그들은 더러는 이쪽으로 몰려 오고 더러는 동네로 들어간다. 창권은 집안 식구들이 걱정된다. 삽을 든 채 집으로 뛰어들어가다가 그들 한패와 부딪쳤다. 앞을 턱 막아서더니 쭉 에워싼다. 까울리, 까울리방즈,* 어쩌구 한다. 조선 사람이냐고 묻는 눈치다. 그렇다고 고개를 끄덕이니까 한 자가 버럭 나서며 창권이가 잡은 삽을 낚아 챈다. 창권은 기운이 부쳐서가 아니라 얼떨결에 삽자루를 놓쳤다. 삽을 빼앗은 자는 삽을 번쩍 쳐들고 창권을 내려치려 한다. 창권은 얼굴이 퍼렇게 질려 뒤로 물러났다. 창권에게 발등을 밟힌 자가 창권의 등덜미를 갈긴다. 그러고는 일제 깔깔 웃어 댄다. 삽을 들었던 자도 삽을 휘휘 두르더니 밭 가운데로 팽개쳐 버린다. 그리고는 창권의 멱살을 잡고 봇도랑 내는 데로 끄는 것이다.

창권은 꼼짝 못 하고 끌렸다. 뭐라고 각기 제대로 떠들고 삿대질이더니 창권을 봇도랑 바닥에 고꾸라뜨린다. 창권이뿐 아니라 봇도랑 일을 하던 쿨리들도 붙들어 가지고 힐난이다. 봇도랑을 못 내게 하는 모양이다. ㉣그러자 윗구역에서, 또 그 윗구역에서 여깃말 할 줄 아는 조선 사람들이 내려왔다. 동리에서도 조선 사람들이 소리를 지르며 나타났다. 창권은 눈이 째지게 놀랐다. 윗구역에서 내려오는 조선 사람 하나가 괭이를 둘러메고 여기 토민들 몰켜선 데로 뭐라고 여깃말로 호통을 치면서 그냥 닥치는 대로 찍으려 덤벼드는 것이다. 몰켜 섰던 토민들은 와 흩어져 버린다. 창권을 둘러쌌던 패들도 슬금슬금 물러선다. 동리에서는 조선 부인네들 몇이 식칼을 들고, 낫을 들고 달려들 나오는 것이다. 낫과 식칼을 보더니 토민들은 제각기 사방으로 흩어져 달아난다. 창권은 사지가 부르르 떨렸다.

'여기선 저력해야 사나 부다! 아니, 이 봇도랑은 우리 목줄이 아니고 뭐냐!'

아까 등덜미를 맞고, 멱살을 잡히고 한 분통이 와락 터진다. ㉤다리 오금이 날갯죽지처럼 뻗는다.

"덤벼라! 우린 여기서 못 살면 죽긴 마찬가지다!"

달아나는 녀석 하나를 다우쳤다. 뒷덜미를 낚아챘다. 공중걸이로 나가떨어진다. 또 하나 쫓아가는데 뒤에서 어머니의 목소리가 난다. 어머니가 달려오며 붙든다.

이 장쟈워푸를 수십 리 둘러 사는 토민들이 한덩어리가 되어 조선 사람들이 보동* 내는 것을 반대하는 것이었다.

반대하는 이유는 극히 단순한 것이었다. 보동을 내어 논을 풀면 그 논에서들 나오는 물이 어디로 가느냐?였다. 방바닥 같은 들이라 자기네 밭에 모두 침수가 될 것이니 자기네는 조선 사람들 때문에 농사도 못 짓고 떠나야 옳으냐는 것이다. 너희들도 그 물을 끌어다 벼농사를 지으면 도리어 이익이 아니냐 해도 막무가내였다. 자기넨 벼농사를 지을 줄도 모르거니와 이밥을 못 먹는다는 것이다. 고소하지도 않을 뿐더러 배가 아파진다는 것이다. 그럼 먹지는 못하더라도 벼를 장춘으로 가지고 가 팔면 잡곡을 몇 배 살 돈이 나오지 않느냐? 또 벼농사를 지을 줄 모르면 우리가 가르쳐 줄 터이니 그대로 해보라고 하여도 완강히 반대로만 나가는 것이었다. 그리고 조선 사람이 칼이나 낫으로 덤비면 저희에게도 도끼도 몽둥이도 있다는 투로 맞서는 것이다.

조선 사람들은 일을 계속하기가 틀렸다. 쿨리들이 다 달아났다. 땅이 자꾸 얼었다. 삼동 동안은 그냥 해토*되기만 기다리는 수밖에 없고, 해토가 된다 하여도 조선 사람들의 힘만으로는, 못자리는 우물물로 만든다 치더라도, 모낼 때까지 봇물을 끌어오게 될지 의문이다. [A]

그러나 이 보동 이외에 달리 살 길은 없다. 겨울 동안에 황채심과 몇몇 이곳 말 잘하는 사람들은 나서 이웃 동네들을 가가호호 방문하였다. 보동을 낸다고 해서 물을 무제한으로 끌어오는 것이 아니요, 완전한 장치로 조절한다는 것과 조선서는 봇물이 오면 수세를 내면서까지 밭을 논으로 만든다는 것과 여기서도 한 해만 지어 보면 나도 나도 하고 물이 세가 나게 될 것과 우리가 벼농사 짓는 법도 가르쳐 주고, 벼만 지어 놓으면 팔기는 우리가 나서 주선해 줄 것이니 그것은 서로 계약을 해도 좋다고까지 역설하였으나 하나같이 쇠귀에 경읽기였다. 뿐만 아니라 어떤 동네선 사나운 개를 내세워 가까이 오지도 못하게 하였다.

조선 사람들은 지칠 대로 지치고 악만 남았다.

추위는 하루같이 극성스럽다. 더구나 늦게 지은 창권이네 집은 벽이 모두 얼음장이 되었다. 그냥 견딜 수가 없어 방 안에다 조짚을 엮어 둘러쳤다. 석유도 귀하거니와 불이 날까 보아 등잔도 별로 켜지 못했다. 불 안 켜는 밤이면 바람 소리는 더 크게 일어났다.

- 이태준, 「농군」 -

* 대간선 : 수로나 도로 등의 시설에서 중심이 되는 큰 줄기의 선.
* 가역 : 집을 짓거나 고치는 일.
* 쿨리 : 육체노동에 종사하는 현지인 노동자.
* 까울리, 까울리방즈 : 중국인이 한국인을 낮추어 부르는 말.
* 보동 : 보를 둘러쌓은 둑.
* 해토 : 얼었던 땅이 풀림.

27. 윗글에 대한 설명으로 가장 적절한 것은?

① 인물의 대화를 직접적으로 인용하여 사건의 진행을 더디게 하고 있다.
② 심리적 갈등을 드러내기 위해 인물의 내면을 위주로 서술하고 있다.
③ 서술자가 주인공으로 등장하여 자신의 체험을 이야기하고 있다.
④ 상황의 현장감을 부각하기 위해 현재 시제를 활용하고 있다.
⑤ 시점의 변화를 통해 사건을 다각적으로 제시하고 있다.

28. ㉠~㉤에 대한 설명으로 적절하지 <u>않은</u> 것은?

① ㉠ : 가정과 예상되는 결과를 연쇄적으로 제시하여 상황의 시급함을 강조하고 있다.
② ㉡ : 작업의 규모와 기한을 밝혀 '창권'의 부담을 구체화하고 있다.
③ ㉢ : 행동 묘사를 통해 '쿨리들'의 불성실한 면모를 구체적으로 드러내고 있다.
④ ㉣ : 유사한 문장을 반복하여 상황의 반전이 시작되는 지점을 부각하고 있다.
⑤ ㉤ : 비유를 통해 '창권'이 느낀 두려움을 생생하게 표현하고 있다.

29. <보기>를 참고하여 윗글을 감상한 내용으로 적절하지 <u>않은</u> 것은? [3점]

> ─── < 보 기 > ───
> 이 작품의 등장인물들은 하나의 공간에서 각기 자신들에게 익숙한 생활 방식을 고수하려는 과정에서 충돌한다. 한 편은 이 공간을 변화시킴으로써 기존의 생활 방식을 지속하고 공간의 이질성을 극복하려 한다. 하지만 다른 편의 입장에서 이러한 행위는 자신들에게 익숙한 생활 방식에 대한 침해이자, 익숙한 공간을 낯설게 만들려는 시도로 인식된다. 이들 간의 충돌은 생존의 문제와 직결되면서 한층 더 절박한 양상을 띠게 된다.

① '장쟈워푸'의 혹독한 기후와 낯선 언어는, 조선인 집단에 갓 합류한 창권으로 하여금 공간에 대해 이질감을 느끼게 하는 요인으로 볼 수 있군.
② 조선인들이 봇도랑을 내는 것은 '장쟈워푸'라는 낯선 공간을 벼농사가 가능한 땅으로 만들어 자신들에게 익숙한 생활 방식을 지속하려는 시도라 할 수 있군.
③ 조선인들이 일하는 구역에 '토민들'이 몰려와 방해하는 이유는 자신들이 유지해 오던 기존의 생활 방식을 조선인들이 침해하고 있다고 생각했기 때문이겠군.
④ 창권이 봇도랑을 '우리 목줄'로 인식하는 것은 공간의 변화 여부가 생존과 직결되어 있음을 깨닫게 된 것으로 볼 수 있군.
⑤ 조선인들과 '토민들'이 대립하는 것은 양측 모두 '장쟈워푸'라는 공간을 변화시키고자 하지만 그 방식을 놓고 의견이 엇갈리기 때문인 것으로 파악할 수 있군.

30. [A]에 대한 이해로 가장 적절한 것은?

① 문제 제기에 대해 다양한 대안을 열거하면서 최선의 해결책을 이끌어내고 있다.
② 주장과 반론이 교차되는 과정에서 입장의 차이를 좁혀나가는 모습을 그려내고 있다.
③ 역사적 배경을 서술하면서 사건의 근본적 원인을 과거의 시대 상황에서 탐색하고 있다.
④ 설득이 실패하는 상황을 반복적으로 제시하여 문제의 해결이 쉽지 않을 것임을 강조하고 있다.
⑤ 공동체가 난관에 대처하는 방식을 서술하여 개인의 문제를 집단의 것으로 수용하는 과정을 구체화하고 있다.

[31 ~ 33] 다음 글을 읽고 물음에 답하시오.

　절에서 시간을 알리거나 의식을 행할 때 쓰이는 종을 범종이라고 한다. 범종은 불교가 중국에 유입되면서 나타나기 시작하여 우리나라와 일본의 사찰로 퍼져 나갔다. 중국 종의 영향 속에서도 우리나라와 일본의 범종은 각각 독특한 조형 양식을 발전시켰는데, 우리나라 범종의 전형적인 조형 양식은 신라에서 완성되었다. 신라에서는 독창적이고 섬세한 조형 양식을 지닌 대형 종을 주조하였는데, 이는 중국이나 일본의 주조 공법으로는 만들기 어려운 것이었다. 이러한 신라 종의 조형 양식은 조선 초기를 기점으로 한 ㉠큰 변화가 나타나기 전까지 후대의 범종으로 계승되었다.

　신라 종의 몸체는 항아리를 거꾸로 세워 놓은 것과 비슷하게 가운데가 불룩하게 튀어나온 모습을 하고 있다. 이와 달리 중국 종은 몸체의 하부가 팔(八) 자로 벌어져 있으며, 일본 종은 수직 원통형으로 되어 있다. 범종의 정상부에는 종을 매다는 용 모양의 고리인 용뉴(龍鈕)가 있는데, 신라 종의 용뉴는 쌍용 형태인 중국 종이나 일본 종의 용뉴와는 달리 한 마리 용의 모습을 하고 있다. 그리고 용뉴 뒤에는 우리나라의 범종에서만 특징적으로 나타나는 음통이 있다.

　주조 공법이 발달했던 신라의 범종에는 섬세한 문양들이 장식되어 있어 중국 종이나 일본 종과 차이를 보인다. 신라 종의 상부와 하부에는 각각 상대와 하대라고 부르는 동일한 크기의 문양 띠가 있는데, 여기에는 덩굴무늬나 연꽃무늬 등의 불교적 상징물이 장식되어 있다. 상대 바로 아래 네 방향에는 사다리꼴의 유곽이 있으며 그 안에 연꽃 봉우리 형상이 장식된 유두가 9개씩 있어, 단순한 꼭지 형상의 유두가 있는 일본 종이나 유두와 유곽 모두 존재하지 않는 중국 종과 차이를 보인다. 그리고 가장 불룩하게 튀어나온 종의 정점부에는 타종 부위인 당좌(撞座)가 있으며, 이 당좌 사이에는 천인상(天人像)이 아름답게 장식되어 있어 가로 세로의 띠만 있는 일본 종과 차이가 있다.

　고려 시대에는 이러한 신라 종의 조형 양식이 미약한 변화 속에서 계승된다. 전기에는 상대와 접하는 종의 상판 둘레에 견대라 불리는 어깨 문양의 장식이 추가되고 유곽과 당좌의 위치가 달라지며, 천인상만 부조되어 있던 자리에 삼존불 등이 함께 나타난다. 그리고 고려 후기로 가면 전기 양식의 견대가 연꽃을 세운 모양으로 변하고, 원나라의 침입 이후 전래된 라마교의 영향으로 범자(梵字) 문양 등의 장식이 나타난다. 한편, 범종이 소형화되어 신라 종의 조형 양식이 계승되면서도 그러한 조형 양식을 지닌 대형 종의 주조 공법은 사라지게 된다.

　조선 초기에는 새 왕조를 연 왕실 주도로 다시 대형 종이 주조된다. 이때 조선에서는 신라의 대형 종 주조 공법을 대신하여 중국 종의 주조 공법을 도입하게 된다. 그러면서 중국 종처럼 음통이 없이 쌍용으로 된 용뉴가 등장하며, 당좌가 사라지고, 신라 종의 섬세한 장식 대신 중국 종의 전형적인 장식들이 나타나게 된다. 이후 불교를 억제하는 정책에 따라 한동안 범종 제작이 통제되었고, 16세기에 사찰 주도로 소형 종이 주조되면서 사라졌던 신라 종의 조형 양식이 다시 나타난다. 그 후 이러한 혼합 양식과 복고 양식이 병립하다가 복고 양식이 사라지면서 우리나라의 범종은 쇠퇴기에 접어들게 된다.

31. 윗글의 내용과 일치하지 <u>않는</u> 것은?

① 고려 시대까지 우리나라의 범종은 외국의 영향을 받지 않으며 신라 종의 조형 양식을 계승하였다.
② 신라 종의 상부와 하부에는 불교적 상징물이 장식되어 있는 동일한 크기의 문양 띠가 있다.
③ 신라 시대부터 범종에 장식되어 있었던 당좌는 조선 시대에 들어와 사라지기도 하였다.
④ 우리나라와 일본에서 범종이 만들어진 것은 중국에서 불교가 전파된 것과 관련이 있다.
⑤ 신라에서는 중국이나 일본과는 다른 주조 공법으로 대형 종을 주조하였다.

32. <보기>는 신라 시대에 만들어진 범종의 그림이다. 이 범종의 ⓐ ~ ⓔ와 관련된 설명으로 적절하지 <u>않은</u> 것은?

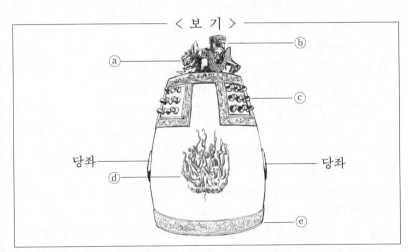

――――――〈 보 기 〉――――――
ⓐ
ⓑ
ⓒ
당좌 ⓓ
당좌
ⓔ

① 용이 한 마리인 형태의 ⓐ는 쌍용 형태인 중국 종이나 일본 종과 차이가 있다.
② ⓑ는 중국 종이나 일본 종에는 존재하지 않는 신라 종의 독특한 조형 양식에 해당한다.
③ 중국 종에는 ⓒ가 존재하지 않고, 일본 종에 존재하는 것은 ⓒ와 형상이 다르다.
④ 일본 종은 신라 종과 달리 ⓓ의 주변에 가로 세로의 띠가 있다.
⑤ 신라 종은 중국 종이나 일본 종과 달리 몸체의 정점부가 ⓔ 부분보다 불룩하게 튀어나와 있다.

33. ㉠이 나타나게 된 이유로 가장 적절한 것은? [3점]

① 조선 시대에 불교를 억제하는 정책을 펴면서 범종 제작이 통제되었기 때문이다.
② 고려 시대에 종이 소형화되면서 신라 종의 조형 양식이 전승되지 못했기 때문이다.
③ 중국 종의 주조 공법으로 대형 종을 만들면서 중국 종의 조형 양식을 따르게 되었기 때문이다.
④ 16세기에 사찰 주도로 범종을 주조할 때 신라 종의 조형 양식을 복원하는 데 한계가 있었기 때문이다.
⑤ 조선 초기에 사찰 주도로 대형 종을 주조하면서 섬세한 조형 양식을 지닌 신라 종을 따르고자 했기 때문이다.

[34 ~ 39] 다음 글을 읽고 물음에 답하시오.

심리학자인 카너먼은 인간이 논리적 사고 과정을 통해 합리적으로 문제를 해결하기보다는 직감에 의해 문제를 해결하는 경향이 강하다고 주장하였다. 예컨대 "영어 단어 중 R로 시작하는 단어와 R이 세 번째에 있는 단어 중 어느 것이 더 많은가?"라는 질문에, 실제로는 후자의 단어가 더 많지만 전자의 단어가 더 쉽게 떠오르기 때문에 대부분의 사람들은 R로 시작하는 단어가 더 많다고 대답한다. 그는 이를 ㉠해당 사례를 자주 접하거나 쉽게 떠올릴 수 있으면, 발생 빈도수가 높다고 판단하는 인간의 심리적 특성에 기인한다고 보았다. 그는 실제 인간의 행동에 나타나는 다양한 양상을 연구하여 인간은 합리적 선택을 한다는 전통 경제학의 전제에 반기를 들고, 심리학적 연구 성과를 경제학에 접목시킨 새로운 이론을 제안했다.

전통 경제학에서는 인간을 합리적 선택을 하는 존재로 가정하고, 시장에서의 재화와 용역의 생산, 분배, 소비 활동을 연구한다. 전통 경제학의 대표적 이론인 기대 효용 이론에 따르면, 인간은 대안이 여러 개일 때 각 대안의 효용을 계산하여 자신에게 최대 이득을 주는 대안을 선택한다. 이때 '효용'이란 재화를 소비할 때 느끼는 만족감이다. 어떤 대안의 기댓값인 기대 효용은, 대안을 선택했을 때 발생할 수 있는 개별 사건의 효용에, 각 사건의 발생 확률을 곱해 모두 더한 값이다.

예컨대 동전을 던져 앞면이 나오면 20,000원을 얻고 뒷면이 나오면 10,000원을 잃는 게임 A, 앞면이 나오면 10,000원을 얻고 뒷면이 나오면 5,000원을 잃는 게임 B가 있다고 해 보자. 화폐 효용은 그것의 액면가와 같다고 할 때, 동전의 앞면, 뒷면이 나올 확률은 각각 0.5이므로, 게임 A의 기대 효용은 (20,000원×0.5) − (10,000원×0.5) = 5,000원, 게임 B의 기대 효용은 (10,000원×0.5) − (5,000원×0.5) = 2,500원이다. 기대 효용 이론에 따라 합리적 판단을 한다면 기대 효용이 더 큰 게임 A를 선택해야 하지만, 실제 선택 상황에서는 대다수의 사람들이 게임 B를 선택한다.

카너먼은 이러한 선택의 문제를 설명하기 위해 전망 이론을 제시하였다. ⓐ전망 이론은 이득보다 손실에 대해 민감하게 반응하는 인간의 심리가 선택 행동에 미치는 영향을 설명하는 이론이다. 여기서 '전망'은 이득과 손실에 대해 사람들이 느끼는 심리 상태를 의미한다. 전망은 대안을 선택했을 때 발생할 수 있는 개별 성과의 가치에, 각각의 결정 가중치*를 곱해 모두 더한 값이다.

<그림>은 전망 이론에서 이득과 손실에 대한 인간의 반응을 설명하는 그래프다. 여기서 x축은 성과를, y축은 성과에 대해 사람들이 부여하는 가치(v)를 나타낸다. 그리고 두 축이 교차하는 지점은 현재 '나'의 상황을 의미하는 준거점으로, 이를 기준으로 오른쪽은 이득 영역이고,

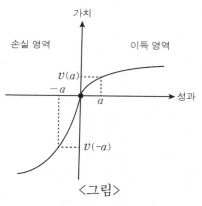

<그림>

왼쪽은 손실 영역이다. 이 그래프에서 이득 영역의 $v(a)$와 손실 영역의 $v(-a)$의 절댓값을 비교하면 후자의 값이 더 크다는 것을 알 수 있는데, 이는 같은 크기의 이득과 손실이 있을 때 이득감보다 손실감이 더 크다는 것을 의미한다.

이 그래프에 따라 앞서 예를 든 게임 A와 B 중에서 사람들이 후자를 더 많이 선택하는 이유를 분석하면, 20,000원을 얻었을 때의 이득감이 10,000원을 얻었을 때의 이득감보다 크지만, 10,000원을 잃었을 때의 손실감이 5,000원을 잃었을 때의 손실감보다 훨씬 더 크기 때문에, 더 큰 손실감을 피하고자 하는 심리가 반영된 결과로 해석할 수 있다.

전망 이론에서는 이러한 심리가 실제 선택 행동에 영향을 미치는 현상을 ⓑ'틀 효과'로 설명한다. 이에 따르면 사람들은 여러 대안 중 하나를 선택할 때, 선택 상황이 자신에게 이득을 주는지, 손실을 주는지에 따라 전자를 '긍정적 틀'로, 후자를 '부정적 틀'로 인식한다. 그 결과 사람들은 긍정적 틀에서는 확실한 이득을 주는 대안을 선택하고, 부정적 틀에서는 불확실한 손실을 주는 대안을 선택한다. 불확실성을 '위험'이라 할 때, 불확실성을 피해 확실성을 추구하는 것은 '위험 회피 성향'에, 불확실성을 추구하는 것은 '위험 추구 성향'에 해당하므로, 사람들은 긍정적 틀에서는 위험 회피 성향을, 부정적 틀에서는 위험 추구 성향을 보인다고 할 수 있다. 다음의 선택 상황에서 이와 같은 틀 효과를 확인할 수 있다.

[상황 1] 100만 원이 있으며, Ⓐ안과 Ⓑ안 중 택 1
- Ⓐ안 : 0.5의 확률로 100만 원을 받거나, 아무것도 받지 못한다.
- Ⓑ안 : 1의 확률로 50만 원을 받는다.

[상황 2] 100만 원이 있으며, Ⓒ안과 Ⓓ안 중 택 1
- Ⓒ안 : 0.5의 확률로 100만 원을 잃거나, 아무것도 잃지 않는다.
- Ⓓ안 : 1의 확률로 50만 원을 잃는다.

'상황 1'은 이득을 주는 상황으로, 사람들은 이를 긍정적 틀로 인식하므로 많은 사람들이 이득이 불확실한 Ⓐ안보다 이득이 확실한 Ⓑ안을 선택한다. 반대로 '상황 2'는 손실을 주는 상황으로, 사람들은 이를 부정적 틀로 인식하므로 많은 사람들이 손실이 확실한 Ⓓ안보다 손실이 불확실한 Ⓒ안을 선택한다.

전통 경제학은 인간이 합리적 선택을 한다는 전제로 이상적인 경제 상황을 설명했다면, 카너먼은 이러한 전제를 비판하며 실제 인간의 삶에서 나타나는 선택 행동의 특성을 심리학에 근거해 설명했다. 그 결과 인간의 선택 과정에 영향을 주는 요인들에 주목해 행동 경제학이라는 새로운 분야를 개척하였다.

* 결정 가중치 : 어떤 성과에 대해 사람들이 주관적으로 느끼는 발생 확률.

34. 윗글의 내용과 일치하지 <u>않는</u> 것은?

① 기대 효용 이론은 자신의 현재 상황을 준거로 하여 나타나는 선택 행동의 다양한 양상을 분석하였다.

② 기대 효용 이론에 따르면 인간은 여러 대안이 있을 때 자신에게 가장 큰 이득을 주는 대안을 선택한다.

③ 카너먼은 인간이 논리적 사고 과정보다는 직감에 의존해 문제를 해결하는 경향이 강하다고 주장하였다.

④ 카너먼은 심리학적 연구 성과를 경제학에 접목시켜 전통 경제학과 구별되는 새로운 이론을 구축하였다.

⑤ 카너먼은 인간이 합리적인 선택을 한다는 전통 경제학의 전제를 실제 인간의 행동을 근거로 반박하였다.

[해설편 p.120]

35. ㉠에 해당하는 사례로 가장 적절한 것은?

① (질문) 신은 존재하는가?
  (대답) 그렇다. 왜냐하면 신이 없음을 증명한 사람이 없기 때문이다.

② (질문) '1부터 10까지의 합'과 '11부터 15까지의 합' 중 더 큰 것은?
  (대답) 전자이다. 왜냐하면 전자가 후자보다 많은 숫자를 더 하기 때문이다.

③ (질문) '교통사고로 인한 사망률'과 '당뇨로 인한 사망률' 중 사망률이 더 높은 것은?
  (대답) 전자이다. 왜냐하면 전자를 후자보다 매체를 통해 자주 보기 때문이다.

④ (질문) '지방이 10% 함유된 우유'와 '지방이 90% 제거된 우유' 중 선택하고 싶은 것은?
  (대답) 후자이다. 왜냐하면 후자가 전자보다 지방이 적게 함유된 식품으로 느껴지기 때문이다.

⑤ (질문) '한 명이 빵 한 개를 만드는 것'과 '열 명이 빵 열 개를 만드는 것' 중 시간이 더 오래 걸리는 것은?
  (대답) 후자이다. 후자가 전자보다 힘이 더 많이 드는 일로 느껴지기 때문이다.

36. <보기>는 윗글의 <그림>에 대한 설명이다. A, B에 들어갈 내용을 바르게 짝지은 것은?

───── < 보 기 > ─────
이득 영역에서는 성과가 동일한 크기로 증가할 때마다 성과에 대하여 부여하는 가치의 크기가 (A)하는 폭이 (B).

	A	B
①	증가	작아진다
②	증가	커진다
③	증가	같아진다
④	감소	작아진다
⑤	감소	커진다

37. '카너먼'의 입장에서 윗글의 '상황 1'과 '상황 2'에 대해 설명한 것으로 적절하지 <u>않은</u> 것은?

① ⑧안의 50만 원과 ⑩안의 50만 원에 대해 사람들이 부여하는 가치는 다르다.
② Ⓐ안을 선택하는 사람들은 위험 회피 성향이고, Ⓒ안을 선택하는 사람들은 위험 추구 성향이다.
③ Ⓐ, Ⓒ안은 이득이나 손실이 불확실한 대안, ⑧, ⑩안은 이득이나 손실이 확실한 대안에 해당한다.
④ '상황 1'에서 ⑧안을 선택하는 사람이 많은 것은 사람들이 불확실한 이득보다 확실한 이득을 선호하기 때문이다.
⑤ '상황 2'에서 Ⓒ안을 선택하는 사람이 많은 것은 확실한 손실을 꺼리는 인간의 심리가 반영된 결과이다.

38. ⓐ를 바탕으로, <보기>의 밑줄 친 부분의 이유를 추론한 것으로 가장 적절한 것은?

───── < 보 기 > ─────
"먼저 써 보시고 한 달 후에 제품이 마음에 들지 않으면 반품하십시오. 금액은 전액 환불해 드립니다."라는 광고 문구에 많은 소비자들이 귀가 솔깃해져 쉽게 제품을 구매한다. 하지만 <u>막상 한 달 후, 제품이 마음에 들지 않더라도 사용하던 제품을 반품하고 구매한 금액을 환불받는 소비자는 소수에 지나지 않는다.</u> 이는 이득과 손실에 대한 심리 반응의 차이를 이용한 효과적인 판매 전략이라 할 수 있다.

① 제품을 사용하는 기간만큼 제품을 통해 얻는 이득감이 줄어들기 때문에
② 제품에 대한 불만족은 심리적인 현상일 뿐, 제품 자체의 문제가 아니기 때문에
③ 제품을 반품했을 때의 이득감이 제품을 그대로 사용했을 때의 이득감보다 더 크기 때문에
④ 제품을 반품할 때 느끼는 손실감이 구매한 금액을 환불받을 때 느끼는 이득감보다 크게 느껴지기 때문에
⑤ 제품을 구매하는 과정에 투입된 시간과 노력을 계산했을 때, 제품을 반품하는 것이 합리적 선택이기 때문에

39. ⓑ를 고려할 때, <보기>의 '상황'에 대한 사람들의 선택을 예측한 것으로 적절한 것은? [3점]

───── < 보 기 > ─────
[상황]
  ○○ 지역에 전염병이 돌아 600명의 주민이 죽을 것으로 예상된다. 이 전염병을 막기 위한 프로그램 ㉮와 ㉯가 있다.

○ 프로그램 ㉮ : 400명의 사람이 죽게 됨.
○ 프로그램 ㉯ : 아무도 죽지 않을 확률이 3분의 1이고, 600명이 죽게 될 확률이 3분의 2임.

[질문]
  만약 여러분이 정책 담당자라면 프로그램 ㉮와 ㉯ 중 어느 것을 선택하겠는가?

① 사람들은 상황을 부정적 틀로 인식하기 때문에 프로그램 ㉮를 선택하는 사람들이 더 많을 것이다.
② 사람들은 상황을 부정적 틀로 인식하기 때문에 프로그램 ㉯를 선택하는 사람들이 더 많을 것이다.
③ 사람들은 상황을 긍정적 틀로 인식하기 때문에 프로그램 ㉮를 선택하는 사람들이 더 많을 것이다.
④ 사람들은 상황을 긍정적 틀로 인식하기 때문에 프로그램 ㉯를 선택하는 사람들이 더 많을 것이다.
⑤ 사람들은 상황을 긍정적 틀로 인식하기 때문에 프로그램 ㉮와 ㉯를 선택하는 사람들이 비슷할 것이다.

[40~42] 다음 글을 읽고 물음에 답하시오.

[앞부분 줄거리] 경기도 장단에 사는 선비 김 주부는 무남독녀 매화를 슬하에 두고 있었다. 조정의 간신들이 김 주부를 해치려고 하자, 그는 매화를 남장시켜 길거리에 두고 부인과 함께 구월산으로 몸을 피한다. 부모를 잃은 매화는 조 병사 집 시비에게 발견되어 그 집 아들인 양유와 함께 글공부를 하면서 성장한다.

이때에 양유 매화를 찾아 학당으로 돌아오매 매화 눈물 흔적 있거늘 양유가 가로되,

"그대 어찌하여 먼저 왔으며 슬픈 기색이 있느뇨. 아마도 곡절이 있도다. 오늘 사람들이 여자가 남복을 입었다 하니 그 일로 그러한가 싶으니 그럼 여자가 분명한가?"

하더라. 매화 흔연히 웃으며 가로되,

"어린아이 부모를 생각하니 어찌 아니 슬프리요. 또 내 몸이 여자면 여자로 밝히고 길쌈을 배울 것이지 남복을 입고 남을 속이리요. 본디 골격이 연연하매 지각없는 사람들이 여자라 하거니와, 일후 장성하여 골격이 웅장하면 장부 분명하올지라."

하고 단정히 앉아 풍월을 읊으니 소리 웅장하여 호치(晧齒)를 들어 옥반(玉盤)을 치는 듯 진시 남자의 소리 같은지라. 양유 그 소리 들으며 남자가 분명하되 이향(異香)이 만당(滿堂)하여 다만 매화의 태도를 보고 마음만 상할 따름일러라.

이때는 놀기 좋은 춘삼월이라. 춘풍을 못 이겨 양유 매화를 데리고 경개(景槪)를 따라 놀더니 서로 풍월 지어 화답하매 매화 ⓐ 양유 글을 받아 보니 하였으되,

양유선득춘(楊柳先得春) 양유는 먼저 봄빛을 얻었는데,
매화하불락(梅花何不樂) 매화는 어찌 즐겁지 아니하는고.

하였더라. 양유가 ⓑ 매화의 글을 받아 보니 하였으되,

호접미지화(胡蝶未知花) 나비가 꽃을 알지 못하고,
원앙부득수(鴛鴦不得水) 원앙새가 물을 얻지 못하였도다.

하였거늘 이에 양유가 그 글을 받아 보고 크게 놀라 기뻐하여 가로되,

"그대 행색이 다르기로 사랑하였더니 풍모가 정녕 여자로다. 그러하면 백년해로 어떠하뇨."

매화 고개를 숙이고 수색(愁色)이 만안하여 가로되,

"나는 과연 여자이거니와 그대는 사부(士夫) 집 자제요, 나는 유리걸식하는 사람이라. 어찌 부부 되기 바라리요. 낸들 양지작을 모르리요마는 피차 부모의 명이 없삽고 또한 예절을 행치 못하면 문호에 욕이 되올 것이니 어찌 불효짓을 하리요. 부모의 명을 받아 백년해로한다면 낸들 아니 좋으리까."

양유 희색이 만안하여 가로되,

"그대 말이 당연하도다."

마침 이때에 시비 옥란이 급히 와 여쭈오되,

"외당에 상객이 왔으매 생원님이 급히 찾나이다."

양유 매화를 데리고 외당으로 들어가매 과연 상객이 있는지라. 병사가 가로되,

"두 아이 상을 보라."

한대 상객이 가로되,

"매화의 상을 보니 여자로소이다."

병사가 가로되,

"그대 상을 잘못 보았도다. 어찌 여자라 하리요."

상객이 가로되,

"여자가 남복을 입고 남을 속이려니와, 내 눈에 어찌 벗어나리요."

매화 무료하여 학당에 돌아가니라. 양유의 상을 보고 가로되,

"내두(來頭)*에 일국의 재상이 되었으되, 불쌍코 가련토다. 나이 16세 되면 호식(虎食)*할 상이오니 어찌 가련치 아니하리요."

병사가 크게 놀라 가로되,

"어디서 미친놈이 상객이라 하고 왔도다."

하인을 불러 쫓아내라 한대 상객 일어나 두 걸음에 인홀불견(仞忽不見)*이거늘 실로 고이하여 살펴보니 상객 앉았던 자리에 한 봉서 놓였거늘 즉시 개탁(開坼)*하니 하였으되,

'양유와 매화로 부부 아니 되면 임진 3월 초삼일에 필연 호식(虎食)하리라.'

하였더라. 병사 대경하여 무수히 슬퍼하다가 매화를 불러 가로되,

"너를 보고 여자라 하니 실로 고이하도다."

하시고 무수히 슬퍼하시거늘 매화 두 번 절하고 가로되,

"소녀 어찌 기망(欺罔)*하오리까. 소녀 과연 여자로소이다. 일찍 부모를 이별하옵고 일신을 감출 길 없사와 남복을 입고 기망하였사오니 죄를 범하였나이다."

하거늘 병사 크게 놀라며 또한 크게 기뻐하여 더욱 사랑하여 가로되,

"오늘부터 내당에 들어가 출입치 말라."

하시고 매화의 손을 이끌어 내당에 들어가 부인을 대하여 가로되,

"매화는 여자라 하니 어찌 사랑치 아니하리요. 행실을 가르치라."

하거늘 최 씨 부인이 크게 기뻐하여 연연하더라. 이때 병사 외당에 나가 양유를 불러 가로되,

"매화는 여자라 하니 일후는 매화로 더불어 한자리에 앉지 말라."

하신대 양유 어찌 부모의 명령을 거역하리요.

차설이라. 매화는 여복을 입고 내당에 거처하고, 양유는 학당에 있으매, 시서(詩書)에 뜻이 없고 다만 생각이 매화뿐이로다. 월명사창(月明紗窓)* 빈 방 안에 홀로 앉아 탄식할 제,

"매화야, 너는 무슨 일로 남복을 입고 나를 속였느냐. 부모의 명이 지엄하시니 뉘로 하여금 공부하며 뉘로 하여금 노잔 말가."

이렇듯이 자탄할 제, 이때 최 씨 부인 양유의 계모라 매화의 인물 탐하여 매일 사랑하시더니 제 상처한 남동생 있으매 혼사할 뜻이 있어 모계(謀計)를 꾸미더라. 하루는 병사 내당에 들어와 부인 최 씨를 대하여 가로되,

"전일 상객이 이러이러하니 내두 길흉을 어찌하리요. 매화는 양유와 동갑이요, 인물이 비범하니 혼사함이 어떠하리이까."

부인이 변색하여 가로되,

"병사 어찌 그런 말씀을 하시나이까. 양유는 사부 후계요, 매화는 유리걸식하는 아이라, 근본도 아지 못하고 어찌 인물만 탐하리까."

병사 옳이 여겨 가로되,

"부인의 말씀이 옳도다. 일후에 장단골 가서 매화 근본을 알리라."

— 작자 미상, 「매화전」 —

* 내두(來頭): 지금부터 다가오게 될 앞날.
* 호식(虎食): 호랑이에게 잡아 먹힘.
* 인홀불견(仞忽不見): 보이다가 슬쩍 없어져 보이지 않음.
* 개탁(開坼): 봉한 편지나 서류를 뜯음.
* 기망(欺罔): 그럴듯하게 속여 넘김.
* 월명사창(月明紗窓): 달이 밝게 비치는 창.

40. 윗글의 서술상의 특징으로 가장 적절한 것은?

① 사건 진행 과정에서 과거와 현재가 교차되고 있다.
② 장면을 빈번하게 전환하여 긴박한 분위기를 조성하고 있다.
③ 공간적 배경을 활용하여 주제를 암시적으로 드러내고 있다.
④ 인물과 인물의 첨예한 갈등을 중심으로 사건이 전개되고 있다.
⑤ 인물의 심리를 서술자가 직접 제시하여 독자의 이해를 돕고 있다.

41. 윗글의 인물에 대한 이해로 적절하지 <u>않은</u> 것은?

① 양유는 여자가 남복을 입었다는 사람들의 말을 듣고 매화의 정체를 의심하고 있다.
② 매화는 부모의 허락을 전제로 양유의 청혼을 긍정적으로 받아들이고 있다.
③ 상객은 양유와 매화가 혼인하지 않으면 양유에게 불행이 닥칠 것을 예고하고 있다.
④ 병사는 매화의 용모와 양유의 적극적인 결혼 의지를 바탕으로 둘의 혼인에 대해 최 씨의 동의를 구하고 있다.
⑤ 최 씨는 매화의 근본을 핑계 삼아 양유와 매화의 혼인을 반대하고 있다.

42. <보기>를 참고할 때, ⓐ와 ⓑ에 대한 이해로 적절하지 <u>않은</u> 것은? [3점]

< 보 기 >

고전 소설 속에 삽입된 시는 서사 맥락 속에서 다양한 역할을 수행한다. 인물의 심리를 함축적으로 드러내거나 인물을 비유적으로 표현하기도 하고, 주제를 집약적으로 전달하기도 한다. 또한 사건을 전개시키거나 사건 전개의 방향을 암시하기도 하고 분위기 형성, 인물들 간의 의사소통의 매개체 역할을 수행하기도 한다.

---

① ⓐ는 양유의 심리 상태를 함축적으로 드러내고 있다.
② ⓐ를 본 후 매화가 ⓑ로 답한 것은 인물 간의 의사소통 행위로 볼 수 있다.
③ ⓑ에서 '나비'는 양유를, '꽃'은 매화를 비유적으로 표현한 것으로 볼 수 있다.
④ ⓑ를 본 후 양유가 매화에게 청혼한 것으로 볼 때 ⓑ는 사건을 전개하는 역할을 했다고 볼 수 있다.
⑤ ⓐ와 ⓑ는 양유와 매화의 앞날이 순탄하지 않을 것이라는 사건 전개의 방향을 암시하고 있다.

[43~45] 다음 글을 읽고 물음에 답하시오.

S#49. 몽타주*
○ 산채 정식처럼 각종 산나물과 된장찌개를 정갈하게 무치고 끓이고 소박한 상을 정사에게 올리는 장금.
○ 사신, 먹으며 가운데 미간이 찡그려진다.
○ 보는 장금과 장번 내시, 오겸호, 불안하고,
○ 다음날은 각종 해조류 반찬이 눈에 띄게 많은 밥상.
○ 보는 정사. 미역국에 고기 대신 생선이 들어가 있다.
○ 먹고는 역시 가운데 미간이 찡그려지는 정사.
○ 보는 장금과 장번 내시, 오겸호, 불안.
○ 흰 생선 살을 잘 발라내고 있는 장금.
○ 생선 살을 넣은 두부로 두부전골을 끓이는 장금.
○ 두부전골을 중심으로 올려지는 상.
○ 먹어 보고는 역시 미간이 심하게 찡그려지는 사신 정사.
○ 말린 나물과 버섯들을 걷어 가는 장금.
○ 대나무 밥을 하는 장금.
○ 사신에게 올려지는 상. 보면 물김치와 톳나물, 버섯나물과 산나물 그리고 대나무 밥이 올려져 있고.
○ 먹고는 미간을 찡그리는 사신의 모습.
○ 보는 장금의 모습.

S#55. 태평관 연회장
　들어오는 장금, 보면, 화려하게 차려진 음식상이 있다. 이때, 오겸호와 장번 내시가 사신을 모시고 나오고, 상을 보는 정사, 놀라는데, 그를 바라보는 최 상궁과 금영의 표정에 자신감이 넘친다. 한 켠에는 불안한 표정으로 서 있는 장금.

오겸호 : 그동안 (장금을 보며) 궁녀의 불경한 짓거리로 본의 아니게 무례를 저질렀습니다.
정　사 : ……
오겸호 : 하여 오늘부터는 만한전석을 올릴 것입니다!
정　사 : 만한전석을? (장금을 본다.)
오겸호 : 오늘은 저 불경한 것의 처결이 있는 날이니 원하시는 대로 벌을 내리고 마음껏 드십시오!
장　금 : ……
금　영 : (장금을 보는데)

　정사, 역시 장금을 본다. 그러고는 자신의 앞에 놓인 음식을 보고, 다시 한 번 장금을 보고는 수저를 들어 음식을 먹기 시작한다. 보는 최 상궁과 금영, 희색이 가득하고, 정사는 계속 먹어 보는데, 미간이 찌푸려지지 않는다. 오겸호 정사의 미간을 보고는 입가에 미소를 띠며 최 상궁을 보면 최 상궁 목례를 하고, 불안한 장금, 계속 먹는 사신 정사. 최 상궁과 장번 내시의 표정, 이제는 끝이라는 듯 바라보는 금영의 표정. 절망에 휩싸이는 장금의 표정.

S#56 태평관 연회장 안
　모두가 지켜보는 가운데 음식을 먹던 정사, 수저를 놓는다. 모두들 정사를 바라보는데,

오겸호 : 대인! 대인을 능멸한 나인이옵니다.
정　사 : ……
오겸호 : 어찌 하올까요?

정　사 : 앞으로 산해진미는 이것으로 끝이오!

모　두 : ……?

정　사 : (장금에게) 이 정도 먹은 것은 용서해 주겠느냐?

장　금 : …….

정　사 : 오늘의 만한전석은 참으로 훌륭하였소.

오겸호 : 예, 앞으로 연회는 이틀 동안 계속될 것이옵니다.

정　사 : 정성은 고마우나, 사양해야 할 듯하오.

오겸호 : 대인, 그게 무슨 말씀이온지, 그동안, 저 나인의 방자한 행동으로 입에 맞지 않는 음식을 드시느라 고생하셨던 것을 송구하게 생각하여 준비한 음식입니다. 어찌하여 마다시는지요.

정　사 : (웃으며) 저 방자한 나인 때문이오.

오겸호 : 무슨 말씀이신지?

정　사 : 그동안 나는 맛있고 기름진 음식만을 탐해 왔소. 하여, 지병인 소갈을 얻었음에도, 사람이란 참으로 약한 존재인지라, 알면서도 그런 음식을 끊을 수가 없었소이다.

모　두 : …….

정　사 : (장금에게) 나는 조선의 사람도 아니며, 오래 있을 사람도 아니다. 대충 내가 원하는 음식을 해 주어 보내면 될 것을, 어찌하여 고집을 피웠느냐?

장　금 : …….

장번 내시 : 어서 아뢰어라.

장　금 : 저는 다만 마마님의 뜻을 따랐을 뿐이옵니다.

정　사 : 그 뜻이 무엇이냐?

장　금 : 그 어떠한 경우에도, 먹는 사람에게 해가 되는 것을, 올려서는 안 된다는 것입니다. 그것이 음식을 하는 자의 도리라 하셨습니다.

정　사 : 그로 인해 자신에게 크나큰 위험이 닥쳐도 말이냐?

장　금 : 이미, 한 상궁 마마님께서 끌려가시며 제게 몸소 보여 주시지 않으셨습니까?

정　사 : (웃으며) 참으로 고집불통인 스승과 제자로다.

모　두 : (보면)

정　사 : 그래, 하여, 알았다. 음식을 하는 자가 도리와 소신이 있듯이 음식을 먹는 자 또한 도리가 있어야 한다는 것을.

모　두 : …….

정　사 : 음식을 해 주는 자가 올곧은 마음으로 내 몸을 지켜 주려는데 정작 먹는 자인 내가 내 몸을 소홀히 하여, 나를 해치는 음식을 먹는다는 것이 말이 안 되지. 먹는 자에게도 도리가 있는 것이었어.

모　두 : …….

정　사 : 갖은 향신료에 절어 있던 차라 네가 올린 음식이 처음에는 풀 냄새만 나더니 먹으면 먹을수록, 그 재료 고유의 맛이 느껴지면서 참으로 맛있었다. 또 다른 맛의 공간이더구나. 비록 조선의 작은 땅덩어리에 사나, 네 배포와 심지는 대륙의 땅보다도 크구나.

장　금 : …….

정　사 : 가는 날까지 내 음식은 고집불통인 네 스승과 너에게 맡기겠노라!

— 김영현 각본, 「대장금(大長今)」 —

＊몽타주 : 각각 촬영한 화면을 이어 붙여 다양한 효과를 연출하는 기법으로, 사건을 속도감 있게 보여 주는 효과를 나타내기도 함.

43. 윗글을 통해 알 수 있는 내용으로 적절한 것은?

① 한 상궁은 정사의 뜻을 알고 장금에게 음식을 준비하도록 했다.

② 장금과 금영은 정사가 먹을 음식을 기쁜 마음으로 함께 준비하였다.

③ 정사는 오겸호의 조언에 따라 장금이 만든 음식을 억지로 먹고 있었다.

④ 오겸호는 만한전석을 준비하라고 한 정사의 지시에 불만을 가지고 있었다.

⑤ 정사는 떠나는 날까지 음식을 준비하라고 할 만큼 장금에 대한 신뢰를 보였다.

44. <보기>를 통해 윗글을 감상한 내용으로 적절하지 <u>않은</u> 것은? [3점]

> ── < 보 기 > ──
> 　음식은 먹는 사람의 건강을 지키는 수단이자 맛에 대한 욕망을 충족하는 수단이기도 하다. 이 둘은 상충되기도 하지만 조화를 이루기도 한다. 「대장금」은 다양한 음식을 소재로 한 일련의 사건과 음식에 대한 소신을 지키는 장금의 모습에서 전통 음식 문화에 대한 자부심을 느끼게 한다.

① 정사는 '소갈'에 걸리고도 맛있고 '기름진 음식'을 끊을 수 없었다는 점에서 맛에 대한 욕망을 제어하지 못하였음을 알 수 있군.

② 장금이 정사가 싫어하는 것을 알면서도 '생선'과 '산나물'을 이용하여 만든 음식을 올리는 것은 정사의 건강을 우선시했기 때문이군.

③ 정사는 장금이 만든 음식에서 '재료 고유의 맛'을 느끼며 건강을 지키는 것과 맛에 대한 욕망이 조화를 이룰 수 있음을 깨닫게 되는군.

④ 장금은 정사가 '만한전석'과 같이 건강을 해치는 음식을 선호하는 것을 보고 음식을 먹는 자의 도리를 지키지 않는다고 말하며 안타까워했군.

⑤ 장금이 위험을 무릅쓰고 먹는 사람의 건강에 도움이 되는 음식을 고집하는 것에서 '음식을 하는 자의 도리'를 지키고자 하는 소신을 확인할 수 있군.

45. S#49를 제작하기 위한 회의 내용으로 적절하지 <u>않은</u> 것은?

① 음식을 정성스럽게 만드는 장금의 솜씨를 강조할 필요가 있습니다. 음식을 만드는 손을 클로즈업하면 좋겠습니다.

② 이틀에 걸친 사건을 짧은 장면으로 이어 붙인 장면입니다. 사건이 속도감 있게 전달될 수 있도록 편집하면 좋겠습니다.

③ 불안해하는 오겸호를 담은 장면이 반복됩니다. 배우의 표정 연기를 통해 긴장감이 고조되도록 연출을 하면 좋겠습니다.

④ '음식 준비 - 사신의 시식 - 장금의 기대 - 사신의 평가'가 이어지고 있습니다. 이 순서대로 장면들을 편집하면 좋겠습니다.

⑤ 조선 시대를 배경으로 하고 있습니다. 사실성이 드러나도록 당시의 의복과 소품을 고증하여 준비하는 것이 좋겠습니다.

* 확인 사항
○ 답안지의 해당란에 필요한 내용을 정확히 기입(표기)했는지 확인하시오.

국어 영역

● 문항수 45개 | 배점 100점 | 제한 시간 80분   ● 점수 표시가 없는 문항은 모두 2점   ● 출처 : 고1 학력평가

[1 ~ 3] 다음은 강의의 일부이다. 물음에 답하시오.

여러분 안녕하세요? 여러분들은 연극이나 콘서트 같은 공연을 좋아하시나요? (청중의 반응을 보고) 네, 저도 여러분들처럼 아이돌 가수의 공연을 즐겨 보는 편입니다. 공연을 다채롭게 만드는 다양한 요소들이 있을 텐데요. 그중에서도 오늘은 관객과 공연자의 소통 공간인 무대에 대해 알아보겠습니다.

무대는 공연자가 공연을 하는 곳으로 공연장의 일정 부분을 비워 관객에게 잘 보이도록 설치된 공간을 말하는데, 형태에 따라 원형 무대, 프로시니엄 무대, 돌출 무대로 나눌 수 있습니다.

(사진을 보여 주며) 음악 교과서에서 본 적이 있으시죠? (청중의 대답을 듣고) 네, 매년 여름 이탈리아에서 열리고 있는 오페라 축제의 무대인 '아레나'인데요. 이것이 바로 원형 무대입니다. 원형 무대는 중앙에 원형 또는 사각형의 무대가 있고 그 둘레를 객석이 둘러싸고 있는 형태로, 사방에서 관객과 공연자가 접촉할 수 있기 때문에 규모가 큰 공연장이라 해도 관객과 공연자의 거리가 매우 가깝게 느껴집니다. 그래서 관객과 공연자가 직접적으로 소통하거나 관객의 참여를 유도하는 데에 이상적인 형태입니다. 그러나 무대 전체가 개방되어 있기 때문에 공연자가 등장할 때나 퇴장할 때 관객에게 노출될 뿐 아니라 조명을 숨기거나 다양한 무대 장치를 사용하는 데 제약이 있어서 연출에 어려움이 따릅니다.

(사진을 보여 주며) 이런 형태의 무대는 연극이나 뮤지컬 공연장에서 많이 보셨을 겁니다. 이런 무대를 프로시니엄 무대 혹은 액자 무대라고 합니다. 그런데 '프로시니엄'은 무슨 뜻일까요? (청중의 반응을 보고) 네, 아무래도 생소하게 들리실 텐데요. 프로시니엄은 '객석과 무대를 갈라놓는 뚫린 벽'을 의미합니다. 이 무대는 액자의 틀에 해당하는 프로시니엄 아치가 객석과 무대를 분리하고 있으며, 무대 양쪽에서 창고 역할을 하는 윙, 무대의 앞부분인 에이프런, 그리고 음악 연주자들을 위해 무대 앞쪽에 바닥을 낮추어 설치한 공간인 오케스트라 피트로 구성되어 있습니다. 객석에서는 프로시니엄 아치를 통해서 무대의 정면으로만 공연을 볼 수 있기 때문에 관객이 공연에 집중할 수 있으며, 연출가는 보이지 않는 곳에 설치된 다양한 무대 장치를 활용하여 장면을 화려하게 연출할 수 있습니다. 하지만 무대의 세계와 관객의 세계가 분리되기 때문에 원형 무대와 달리 관객과 공연자의 소통이 제한적입니다.

프로시니엄 무대의 단점을 보완한 형태가 돌출 무대입니다. (사진을 보여 주며) 보시다시피 무대의 에이프런 부분이 반도(半島) 모양으로 객석을 향하여 돌출되어 있고, 객석이 삼면 또는 반원형으로 무대를 둘러싸고 있는 형태입니다. 패션쇼에서 자주 볼 수 있는 무대이지요. 돌출 무대의 이러한 형태는 프로시니엄 무대에 비해 관객과 공연자의 소통을 원활하게 하며, 강한 시각적 효과를 만들어 내기 때문에 관객은 공연 후 그 느낌을 오랫동안 간직할 수 있습니다. 그렇지만 이 무대는 프로시니엄 무대에 비해 관객에게 개방되는 정도가 크기 때문에 무대 장치를 활용해 장면을 전환하는 등 화려한 연출을 시도하는 데에는 제약이 있습니다.

1. 강의자의 말하기 전략으로 적절하지 <u>않은</u> 것은?

① 강의 내용의 출처를 밝혀 신뢰성을 높이고 있다.
② 강의 중 질문을 하며 청중의 반응을 확인하고 있다.
③ 중심 화제의 개념을 정의하여 청중의 이해를 돕고 있다.
④ 중심 화제를 하위 개념으로 나누고 예를 들어 설명하고 있다.
⑤ 시각 자료를 활용하여 강의 내용을 효과적으로 전달하고 있다.

2. 강의 내용을 고려할 때 <보기>의 '한국 탈판'의 무대 형태로 가장 적절한 것은?

> ─── <보 기> ───
>
> '한국 탈판'은 서구 근대극 무대와 달리 '객석과 무대를 갈라놓는 뚫린 벽'이 없고, 노는 자(공연자)와 보는 자(관객)가 한 호흡을 이루는 한국적 무대 형태이다. 노는 자와 보는 자가 함께 소통하기도 하고, 보는 자가 공연에 직접 참여하기도 하는 민중놀이의 놀이판인 것이다.

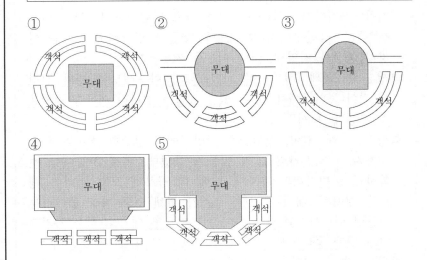

3. 다음은 학생이 강의를 들으며 떠올린 생각이다. 이를 바탕으로 학생의 듣기 활동을 이해한 내용으로 가장 적절한 것은?

> 지난번 우리 학생회가 주최한 축제 무대가 프로시니엄 무대였구나. 공연 기획사에서 다양한 무대 장치를 사용할 수 있는 장점이 있다고 했고, 우리도 학생들이 집중하기에 적합하다고 판단해서 그런 무대 형태로 결정했지. 그런데 학생들은 공연자와 가까이에서 소통할 수 없어서 아쉬워했어. 내년부터는 다양한 무대 장치를 사용하는 것이 다소 어렵더라도, 공연자와 학생들이 직접적으로 소통할 수 있도록 돌출 무대를 설치하는 게 좋겠어.

① 설문 자료를 바탕으로 중심 화제의 가치를 판단하고 있다.
② 강의를 통해 새롭게 알게 된 사실에 의문을 제기하고 있다.
③ 강의 내용을 구조적으로 파악하여 전체 내용을 정리하고 있다.
④ 강의 내용에 대해 자신이 이해한 것을 구체적 상황에 적용하고 있다.
⑤ 강의 내용 중에서 사실과 다른 부분에 대해 비판적으로 평가하고 있다.

[4~7] (가)는 학생들이 나눈 대화이고, (나)는 (가)에서 언급된 내용을 바탕으로 작성한 모집 안내문이다. 물음에 답하시오.

(가)

학생 1 : 어제 천문대 견학을 가서 새롭게 알게 된 게 있었어. 병찬아, 너 어떤 것을 별이라고 하는지 알아?

학생 2 : 밤하늘에 반짝이는 것들이 모두 별이 아니라는 것은 알지만, 어떤 것이 별이고 어떤 것이 아닌지는 잘 모르겠어.

학생 1 : 스스로 빛을 내는 천체들만 별이라고 하고, 별의 빛을 반사하는 것은 행성이야. ㉠예를 들어 태양은 스스로 빛을 내니까 별이고 지구는 태양의 빛을 반사하니까 별이 아니라 행성인 거야. 그리고 계절에 따라 잘 보이는 별자리가 다르다는 거 알고 있니?

학생 2 : ㉡응, 지구가 태양 주위를 1년에 걸쳐 한 바퀴씩 돌기 때문에 계절에 따라 잘 보이는 별자리가 다르다는 것을 책에서 읽은 적이 있어.

학생 1 : 정확하게 알고 있네. 천문대에서 해설을 맡은 분에게 들은 별자리의 유래도 재미있었어. 옛날 아라비아반도 초원에서 목동들이 늦은 밤에 양떼를 지키며 밤하늘의 밝은 별들을 서로 연결해 여러 가지 모양을 상상했대. 목동들은 주로 양, 황소, 사자 등 동물의 이름을 따 별자리 이름을 붙였다는 거야. 그러다가 15세기에 배를 타고 남반구까지 항해하면서 선원들은 북반구에서 보지 못한 별들을 발견하고 새로운 별자리 이름을 지었대. 어떤 이름을 지었을까?

학생 2 : ㉢글쎄. 선원들이 지었으니까 아무래도 항해와 관련된 것이나 바다에서 볼 수 있는 것들로 별자리 이름을 지었을 것 같은데, 맞아?

학생 1 : 그래, 맞아. 선원들은 남반구에서 발견한 별자리에 고래자리, 나침반자리 등의 이름을 붙였대. 어제 천문대를 견학하면서 별자리와 우주에 대해 더 공부해 보고 싶다는 생각을 했어. 그래서 말인데, 우리가 천체 연구 자율 동아리를 만들면 어떨까? ㉣자율 동아리를 만들면 네가 관심을 가지고 있는 천체 물리학도 공부할 수 있으니까 좋을 거 같은데.

학생 2 : 그래. 정말 좋은 생각이다. 나도 함께 할게.

학생 1 : 그럼, 자율 동아리에서 어떤 활동을 할지 같이 생각해 보자. 천체 연구 자율 동아리의 성격을 잘 보여 주는 활동이 중심이 되어야 할 거 같은데.

학생 2 : 별과 우주를 깊이 있게 이해하기 위해서는 전문 서적을 선택해서 함께 읽고 공부하는 것은 어떨까?

학생 1 : 전문 서적을 가지고 공부하면 동아리 부원들에게는 너무 어렵지 않을까? 별과 우주를 이해하기 쉽고 재미 있게 설명한 교양서적이나 과학 잡지면 좋을 것 같은데. 또 한 가지 활동만 하면 단조로울 수 있으니까 정기적으로 천문대로 가서 별자리를 관측하는 프로그램도 넣으면 어떨까? 　　　　　　　　　　　　　　[A]

학생 2 : 천문대는 우리 학교에서 가깝지 않으니까 부원들이 가기가 쉽지 않을 거야. 대신 학교 운동장에서 별자리를 관측하면 어떨까? 과학 선생님께 말씀드리면 학교에 있는 천체 망원경을 빌릴 수 있을 것 같은데.

학생 1 : 그래. 그리고 카메라로 별자리 사진을 찍어서 사진전 같은 것도 하면 좋겠다.

학생 2 : 좋은 생각이야. 이제 동아리 부원을 어떻게 모집할지 생각해 보자. 동아리 모집 안내문을 써서 학교 게시판에 붙이면 될 것 같은데, 어떻게 쓸까?

학생 1 : 자율 동아리 부원 모집을 알리는 글이라는 것이 분명히 드러나도록 해야 할 것 같아. 자율 동아리 이름도 함께 알리고. 본문에서는 천체 연구 자율 동아리를 어떤 목적으로 만들었는지, 누구를 모집하는지, 그리고 어떤 활동을 할 것인지 밝혀 주자. 　　　　　[B]

학생 2 : 그리고 천체 연구 자율 동아리 활동이 가진 의미를 강조하자. 마지막에는 지원 방법도 소개하고.

학생 1 : 좋아. ㉤요즘 블로그를 통해 지원을 받는 동아리들도 많은데, 우리도 그렇게 하는 건 어때?

학생 2 : 그래. 지원자들이 블로그에 댓글을 달아 신청하도록 하면 되겠다.

(나)

'별바라기' 부원을 모집합니다.

　안녕하세요. 깊어 가는 밤, 반짝이는 별들이 가득한 하늘을 바라보면서 감동했던 기억이 있으신가요? 별들로 가득 찬 밤하늘의 아름다움을 느끼며, 별자리와 우주에 대해 공부하기 위해 천체 연구 자율 동아리 '별바라기'를 만들려고 합니다.

　우리 '별바라기'는 천문학과 우주에 관심이 있는 친구뿐만 아니라 별을 좋아하는 친구라면 누구나 함께할 수 있습니다. 자율 동아리가 구성되면 천체와 우주 관련 추천 도서를 읽으며 함께 이야기를 나누고자 합니다. 그리고 학교 운동장에서 망원경으로 별자리를 관측할 것입니다. 또한 동아리 활동을 하며 찍은 별자리 사진을 모아 학교 축제 때 천체 사진전도 열 계획입니다.

　별자리와 우주에 대해 자유롭게 공부하며 다양한 활동을 할 수 있는 '별바라기'는 학창 시절의 소중한 추억이 될 것입니다. '별바라기' 활동에 관심이 있는 친구들의 많은 참여를 기대합니다. 동아리 활동을 함께하고 싶은 친구들은 블로그를 방문해 지원해 주시기 바랍니다. 스마트폰을 이용해 오른쪽에 있는 QR 코드를 찍거나 인터넷 주소창에 https://blog.star□□□.com 을 직접 입력하면 블로그에 연결됩니다.

4. 대화의 흐름을 고려할 때, ㉠~㉤에 대한 설명으로 적절하지 <u>않은</u> 것은?

① ㉠ : 자신이 던진 질문과 관련하여 상대방의 이해를 돕기 위해 구체적인 예를 제시하는 발화이다.

② ㉡ : 상대방이 한 질문에 대해 배경지식을 바탕으로 답을 하는 발화이다.

③ ㉢ : 상대방이 한 말을 근거로 한 자신의 추측이 맞는지 확인하기 위한 발화이다.

④ ㉣ : 상대방의 관심사를 언급하며 자신의 제안에 대한 동의를 이끌어 내기 위한 발화이다.

⑤ ㉤ : 상대방의 말을 듣고 추가 질문을 통해 구체적인 설명을 요청하는 발화이다.

5. [A]에 대한 이해로 가장 적절한 것은?

① 학생 1은 학생 2와 달리 상대방이 제안한 방안에 대한 자신의 이해가 정확한지 확인하고 있다.

② 학생 2는 학생 1과 달리 물음의 형식으로 자신이 제안한 방안의 타당성을 강조하고 있다.

③ 학생 1은 자신이 제안한 방안의 장단점을, 학생 2는 상대방이 제안한 방안의 장단점을 설명하고 있다.

④ 학생 1과 학생 2는 모두 상대방의 말을 듣고 자신이 제안한 방안을 일부 수정하고 있다.

⑤ 학생 1과 학생 2는 모두 상대방이 제안한 방안의 문제점을 지적한 후 이에 대한 대안을 언급하고 있다.

6. 다음은 (나)를 바탕으로 만든 '별바라기' 블로그이다. '작성 방법'을 고려할 때, 댓글 내용으로 적절하지 않은 것은? [3점]

천체 연구 자율 동아리 '별바라기'로 오세요.

❖ **지원 기간** : 3월 7일 ~ 14일
❖ **지원 방법** : <작성 방법>을 고려하여 블로그에 댓글을 남겨 주세요.

< 작성 방법 >
1. 자율 동아리 지원 동기나 활동 각오를 적어 주세요.
2. 별자리나 우주에 대한 자신의 생각을 비유의 방식으로 표현해 주세요.

미리내   2019. 03. 08. 19 : 52
지루하게 반복되는 일상에 활력소가 되어 줄 '별바라기'. 별을 사랑하는 마음으로 열심히 활동하겠습니다. ··· ㄱ

예하사랑   2019. 03. 09. 12 : 10
우주는 깊이를 알 수 없는 신비한 우물입니다. 우주를 더 많이 공부하고 싶어서 '별바라기'에 지원합니다. ·· ㄴ

개밥바라기별   2019. 03. 09. 14 : 27
밤하늘에 빛나는 별자리는 보석처럼 아름답습니다. '별바라기'에서 아름다움을 사진으로 남기는 별밤지기가 될게요. ······························· ㄷ

초록밤   2019. 03. 10. 18 : 16
불꽃놀이같이 화려한 밤하늘의 별자리. '별바라기'에서 별자리를 관측하며 천문학자가 되고자 하는 꿈에 다가서겠습니다. ······················· ㄹ

어린 왕자   2019. 03. 11. 11 : 31
세상에서 가장 아름다운 미술관은 우주입니다. 우주의 아름다움을 '별바라기'와 함께 찾아가고 싶어요. ·· ㅁ

---

① ㄱ   ② ㄴ   ③ ㄷ   ④ ㄹ   ⑤ ㅁ

7. [B]를 고려할 때, (나)에 반영된 내용으로 적절하지 않은 것은?

① 자율 동아리를 어떤 목적으로 만들었는지를 밝혀 주자는 의견에 따라, 밤하늘의 아름다움을 느끼고 별자리와 우주에 대해 공부하기 위해 자율 동아리를 만들었다는 내용을 담았다.

② 자율 동아리에서 누구를 모집하는지를 밝혀 주자는 의견에 따라, 천문학과 우주에 관심을 가졌거나 별을 좋아하는 친구들은 누구나 지원할 수 있다는 내용을 담았다.

③ 자율 동아리에서 어떤 활동을 할 것인지를 밝혀 주자는 의견에 따라, 독서와 별자리 관측을 하고, 사진전을 열 계획이라는 내용을 담았다.

④ 자율 동아리 활동의 의미를 강조하자는 의견에 따라, 관심사를 자유롭게 공부하는 과정에서 진로를 탐색할 수 있다는 내용을 담았다.

⑤ 자율 동아리에 지원하는 방법을 소개하자는 의견에 따라, QR 코드를 찍거나 인터넷 주소를 직접 입력하여 방문한 블로그에서 지원할 수 있다는 내용을 담았다.

[8 ~ 10] 다음 글을 읽고 물음에 답하시오.

[작문 상황]

○ 작문 과제 : 우리 주변의 문제를 찾고, 그에 대한 자신의 생각을 밝히는 글 쓰기.

○ 글의 목적 : 학교 건물의 문제점을 알리고 개선 방안을 제시하려고 함.

[학생의 초고]

여러분은 학교에서 얼마나 많은 시간을 보내고 있는지 생각해 본 적이 있습니까? 학생들이 오래 머무는 공간인 학교는 학생들의 생활에 많은 영향을 끼칩니다. 그만큼 학교는 학생에게 중요한 곳이지만 현재 학교 건물의 공간에는 문제가 있다고 생각합니다. 그래서 저는 학교 건물의 문제점을 살펴보고 이를 개선할 수 있는 방안에 대해 이야기해 보려고 합니다.

특별 활동실, 강당, 식당, 도서관 등의 다양한 시설이 학교 건물 안에 생겨나면서 학생들이 사용하는 실내 건물 면적은 점점 늘어났습니다. 하지만 학교가 들어선 땅의 면적은 그대로이기 때문에 학교 건물은 점차 고층화될 수밖에 없었습니다. 저는 이러한 학교의 고층화로 인해 몇 가지 문제가 생겼다고 생각합니다.

우선 학생들이 쉬는 시간을 활용하는 데 제약이 생깁니다. 제한된 시간 안에 매번 몇 층의 계단을 내려가 밖에 나갔다 오기는 어렵습니다. 이렇다 보니 학생들은 거의 교실에서만 지내게 되었고, 운동장에 나가거나 야외 활동을 할 기회도 자연스럽게 줄어들게 되었습니다.

또한 학교의 고층화로 인해 교실의 천장 높이도 제한적일 수밖에 없습니다. 높은 천장이 학생들의 창의력을 향상시키는 데 도움이 된다는 사실을 아십니까? 그런데 우리나라의 교실은 보통 2.6미터 정도의 높이로 동일하다고 합니다. 천장 높이를 높게 하면 층간 높이도 같이 높아지기 때문에 지금보다 높은 천장을 만들기가 어려웠던 것입니다.

학교의 고층화로 인해 생긴 문제점을 해결하려면 건물을 새로 짓는 방법밖에 없다고 생각할 수도 있습니다. 그러나 최근 학생 수가 줄고 빈 교실이 생기면서 학교 건물이 달라질 수 있는 기회가 생겼습니다. 그래서 저는 학급의 교실을 되도록 저층에 배치하는 방안을 제안합니다. 그러면 학생들이 좀 더 쉽게 운동장에 나가서 공놀이를 하거나 학교 정원을 거닐며 가볍게 산책을 즐길 수도 있을 것입니다. 또한 일부 빈 교실은 천장을 기존보다 높게 만들어 이러한 공간에서 학생들이 다양하고 창의적인 활동을 할 수 있게 하려는 시도도 필요하다고 생각합니다.

8. '학생의 초고'에 대한 설명으로 가장 적절한 것은?

① 새로운 이론들을 비교하며 주제를 부각하고 있다.
② 질문의 방식을 활용하여 독자의 관심을 끌고 있다.
③ 용어의 개념을 정의하며 현상에 대해 설명하고 있다.
④ 자료의 출처를 언급하며 내용의 신뢰성을 높이고 있다.
⑤ 관용 표현을 사용하여 상황의 심각성을 드러내고 있다.

9. <보기>는 '학생의 초고'를 보완하기 위해 추가로 수집한 자료이다. 이를 활용할 방안으로 적절하지 <u>않은</u> 것은? [3점]

─────────────〈 보 기 〉─────────────

(가) 통계 자료 및 설문 조사 분석 자료

1. 고등학교 학생 1인당 학교 실내 건물 면적(㎡)

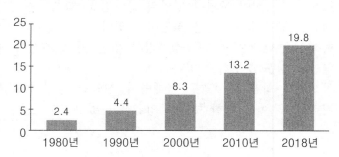

2. 쉬는 시간 활용에 대한 설문 조사 분석 자료

A고등학교 학생들을 상대로 조사한 '쉬는 시간에 주로 어디에 있나요?'라는 질문에 '교실 등 실내'라고 답한 학생이 73%, '운동장 등 실외'라고 답한 학생이 27%였음. '교실 등 실내'라고 답한 학생들에게 그 이유를 물은 결과 '교실에서 운동장까지 내려가기 너무 멀어서'라는 답변이 57%로 가장 높은 비율을 차지함.

(나) 신문 기사

천장의 높이와 창의력 사이에 상관관계가 있다는 연구 결과가 발표되었다. 조운 메이어스-레비 교수의 연구에 의하면 각각 2.4미터, 2.7미터, 3미터의 천장이 있는 공간에서 학생들에게 시험을 보게 한 결과, 3미터 천장의 공간에서 시험을 본 학생들이 낮은 천장의 공간에서 시험을 본 학생들에 비해 창의적 문제를 2배나 더 많이 해결한 것으로 나타났다.

(다) 전문가 인터뷰

학생들은 하루의 대부분을 교실이나 복도 등 주로 실내에서 생활하는 경우가 많습니다. '지식은 책에서 배우고, 지혜는 자연에서 배운다.'라는 말이 있습니다. 학생들이 학교에서 자주 실외로 나가 바깥 풍경을 만날 수 있도록 공간을 개선할 필요가 있습니다.

① (가)-1을 학생들이 학교에서 사용하는 실내 건물 면적이 늘어났다는 내용의 보충 자료로 활용한다.
② (가)-2를 학교의 고층화로 인해 학생들이 쉬는 시간에도 주로 교실에서 지내게 된다는 내용을 뒷받침하는 자료로 활용한다.
③ (나)를 교실 천장의 높이가 학생들의 창의력 향상에 영향을 준다는 내용의 근거 자료로 활용한다.
④ (가)-1과 (나)를 학교 실내 건물의 활용도를 높이는 것보다 천장 높이를 개선하는 것이 더 시급함을 밝히는 추가 자료로 활용한다.
⑤ (가)-2와 (다)를 교실에서 실외로 이동하는 시간을 줄이기 위한 공간 개선의 필요성을 강조하는 자료로 활용한다.

10. <보기>는 초고를 쓴 학생이 선생님께 보낸 이메일의 일부이다. ㉠에 들어갈 내용으로 가장 적절한 것은?

―――――― < 보 기 > ――――――

선생님께서 조언해 주신 내용 중에서 '(　　㉠　　)'을 반영하여 초고의 마지막에 아래의 문단을 추가하였습니다.

＿＿＿＿＿＿＿＿＿＿＿＿＿＿＿＿＿＿＿＿＿＿

프랑스는 공간이 생활에 미치는 영향을 중요하게 여깁니다. 그래서 다양한 공간 디자인의 학교 건축물을 만들고 그 속에서 학생들이 인성과 창의성을 키우며 자라나게 합니다. 우리도 공간과 생활의 관계를 생각해 학교 건물의 변화를 위해 노력한다면, 학생들의 학교생활에 긍정적인 변화가 일어나고 학생들의 창의적 사고력을 기르는 데에도 도움을 줄 수 있을 것입니다.

① 주장을 구체화하는 계획과 개선 방안을 요약할 것.
② 주장의 실현 가능성과 개선 방안의 문제점을 추가할 것.
③ 주장의 원인이 되는 배경과 개선 방안의 한계를 밝힐 것.
④ 주장을 강화하는 사례와 개선 방안의 기대 효과를 포함할 것.
⑤ 주장에 대한 예상 반응과 개선 방안의 긍정적 결과를 제시할 것.

[11 ~ 12] 다음 글을 읽고 물음에 답하시오.

＿＿＿＿＿＿＿＿＿＿＿＿＿＿＿＿＿＿＿＿＿＿

서술어에 따라 완전한 문장을 이루기 위해 필요로 하는 문장 성분의 개수가 다른데, 이를 '서술어의 자릿수'라 한다.
'한 자리 서술어'는 주어만을 필요로 한다.
[예] 아기가 운다.
'두 자리 서술어'는 주어 외에 목적어, 보어, 필수적 부사어 중에서 하나의 문장 성분을 더 필요로 한다.
[예] 경찰이 도둑을 잡았다.
물이 얼음이 되었다.
아들이 아빠와 닮았다.
'세 자리 서술어'는 주어, 목적어, 필수적 부사어를 반드시 필요로 한다.
[예] 그녀는 그 아이를 제자로 삼았다.
위 문장에서 부사어인 '아빠와', '제자로'는 필수적 성분으로서, 생략되었을 경우 불완전한 문장이 된다. 이러한 부사어를 ㉠필수적 부사어라 한다.
한편 문장에서 사용되는 의미의 차이에 따라 그 자릿수를 달리하는 서술어도 있다.
[예] ㉮ 나는 그녀를 생각한다.
㉯ 나는 그녀를 선녀로 생각한다.
㉮의 '생각하다'는 '사람이나 일 따위에 대하여 기억하다'는 뜻으로 주어와 목적어를 필요로 하는 두 자리 서술어이다. 이에 비해 ㉯의 '생각하다'는 '의견이나 느낌을 가지다'는 뜻으로 주어, 목적어, 부사어를 필요로 하는 세 자리 서술어이다.

11. <보기>는 국어사전의 일부이다. 윗글을 바탕으로 ⓐ~ⓓ를 이해한 것으로 적절한 것은?

―――――― < 보 기 > ――――――

듣다01 [-따]　[들어, 들으니, 듣는[든-]]
「동사」
[1] 【…을】
사람이나 동물이 소리를 감각 기관을 통해 알아차리다.
¶ 나는 숲에서 새소리를 ⓐ듣는다.
[2] 【…에게 …을】
주로 윗사람에게 꾸지람을 맞거나 칭찬을 듣다.
¶ 그 아이는 누나에게 칭찬을 자주 ⓑ듣는다.
[3] 【…을 …으로】
어떤 것을 무엇으로 이해하거나 받아들이다.
¶ 그들은 고지식해서 농담을 진담으로 ⓒ듣는다.

듣다02 [-따]　[들어, 들으니, 듣는[든-]]
「동사」
【…에】
눈물, 빗물 따위의 액체가 방울져 떨어지다.
¶ 차가운 빗방울이 지붕에 ⓓ듣는다.

① ⓐ는 세 자리 서술어이다.
② ⓑ는 주어와 목적어만을 필수적으로 요구하는 서술어이다.
③ ⓒ는 주어 외에 두 개의 문장 성분을 더 필요로 한다.
④ ⓐ와 ⓓ는 필요로 하는 문장 성분이 서로 같다.
⑤ ⓑ와 ⓓ는 의미에 차이가 있지만 서술어 자릿수는 같다.

12. 밑줄 친 부분이 ㉠에 해당되지 않는 것은?

① 그 아이는 매우 영리하게 생겼다.
② 승윤이는 통나무로 식탁을 만들었다.
③ 이 지역의 기후는 벼농사에 적합하다.
④ 나는 이 일을 친구와 함께 의논하겠다.
⑤ 작년에 부모님께서 나에게 큰 선물을 주셨다.

13. <보기>의 (ㄱ)과 (ㄴ)에 나타나는 음운 변동으로 적절한 것은? [3점]

―――――― < 보 기 > ――――――

음운 변동은 한 음운이 다른 음운으로 바뀌는 '교체', 원래 있던 음운이 없어지는 '탈락', 없던 음운이 추가되는 '첨가', 두 개의 음운이 합쳐져서 하나로 되는 '축약'으로 분류할 수 있다.
단어에 따라 아래 예와 같이 한 단어에서 두 가지 음운 변동이 일어나는 경우도 있다.

(예) 물약 → [물냑] → [물략]
　　　　　　(ㄱ)　　　(ㄴ)

	(ㄱ)	(ㄴ)
①	첨가	교체
②	첨가	탈락
③	탈락	교체
④	교체	첨가
⑤	교체	축약

14. 다음은 수업의 일부이다. 이를 참고할 때, 띄어쓰기가 바르게 된 문장은?

> 학생 : 선생님, '뿐'은 앞말에 붙여 쓰는 경우도 있고 띄어 쓰는 경우도 있던데 어떻게 띄어 써야 하나요?
> 선생님 : 품사에 따라 띄어쓰기가 달라져요. '나에게는 너뿐이야.'에서처럼 '너'라는 체언 뒤에 붙어서 한정의 뜻을 나타낼 때의 '뿐'은 조사이기 때문에 앞말에 붙여 써야 해요. 그런데 '그녀는 조용히 웃을 뿐이었다.'에서의 '뿐'은 체언을 수식하는 관형어 '웃을' 뒤에 붙어서 '따름'이라는 뜻을 나타내는 의존 명사이기 때문에 앞말과 띄어 써야 해요.
> 학생 : '뿐'과 같이 띄어쓰기가 달라지는 예가 더 있나요?
> 선생님 : 대표적인 예로 '대로, 만큼'이 있어요.

① 아는**대로** 모두 말하여라.
② 마음이 약해질**대로** 약해졌다.
③ 모든 것이 자기 생각 **대로** 되었다.
④ 손님들은 먹을 **만큼** 충분히 먹었다.
⑤ 그 사람은 말 **만큼**은 누구보다 앞선다.

15. <보기>는 단어를 학습하기 위해 활용한 사전 자료이다. 이에 대한 탐구 내용으로 옳지 <u>않은</u> 것은?

> ───── <보 기> ─────
> **어리다¹「동사」**
> ㉠ 【…에】 눈에 눈물이 조금 괴다.
> ¶ 갑순이의 두 눈에 어느덧 눈물이 어리고 있었다.
> ㉡ 【…에】 어떤 현상, 기운, 추억 따위가 배어 있거나 은근히 드러나다.
> ¶ 밤을 새우고 난 그의 얼굴에 피로한 기색이 어렸다.
>
> **어리다²「형용사」**
> ㉠ 나이가 적다. 10대 전반을 넘지 않은 나이를 이른다.
> ¶ 나는 어린 시절을 시골에서 보냈다.
> ㉡ 생각이 모자라거나 경험이 적거나 수준이 낮다.
> ¶ _____

① '어리다¹'과 '어리다²'는 모두 다의어이다.
② '어리다¹'은 목적어가 필요한 동사이다.
③ '어리다¹'과 '어리다²'는 동음이의 관계에 있다.
④ '어리다¹'의 ㉡에 해당하는 또 다른 용례로, '입가에 미소가 어리다.'를 추가할 수 있다.
⑤ '어리다²'의 ㉡에 들어갈 예로, '저의 어린 소견을 경청해 주셔서 고맙습니다.'와 같은 문장을 들 수 있다.

[16 ~ 20] 다음을 읽고 물음에 답하시오.

(가)

잠아 잠아 짙은 잠아 이내 눈에 쌓인 잠아
염치 불구 이내 잠아 검치 두덕* 이내 잠아
어제 간밤 오던 잠이 오늘 아침 다시 오네
잠아 잠아 무삼 잠고 가라 가라 멀리 가라
세상 사람 무수한데 구태 너는 간 데 없어
원치 않는 이내 눈에 이렇듯이 자심(滋甚)*하뇨
주야에 한가하여 월명 동창 혼자 앉아
삼사경 깊은 밤을 허도(虛度)이 보내면서
잠 못 들어 한하는데 그런 사람 있건마는
㉠무상불청(無常不請)* 원망 소래 온 때마다 듣난고니
석반(夕飯)*을 거두치고 황혼이 대듯마듯
㉡낮에 못 한 남은 일을 밤에 할랴 마음먹고
언하당(言下當)* 황혼이라 섬섬옥수(纖纖玉手)* 바삐 들어
등잔 앞에 고개 숙여 실 한 바람 불어 내어
드문드문 질긋 바늘 두엇 뜸 뜨듯마듯
난데없는 이내 ⓐ잠이 소리 없이 달려드네
㉢눈썹 속에 숨었는가 눈알로 솟아 온가
이 눈 저 눈 왕래하며 무삼 요수 피우든고
맑고 맑은 이내 눈이 절로 절로 희미하다
            – 작자 미상, 「잠노래」 –

* 검치 두덕 : 욕심 언덕.
* 자심(滋甚) : 더욱 심함.
* 무상불청(無常不請) : 청하지 않은.
* 석반(夕飯) : 저녁밥.
* 언하당(言下當) : 말이 끝나자마자 바로. 여기서는 '그런 생각을 하자마자 바로'의 뜻임.
* 섬섬옥수(纖纖玉手) : 가냘프고 고운 여자의 손.

(나)

귓도리 저 귓도리 어여쁘다 저 귓도리
어인 귓도리 지는 달 새는 밤의 긴 소리 쟈른 소리 ㉣절절(節節)이 슬픈 소리 제 혼자 우러 녜어 사창(紗窓) ⓑ여읜 잠을 살뜰히도* 깨우는구나
두어라 제 비록 미물(微物)이나 ㉤무인동방(無人洞房)에 내 뜻 알 이는 너뿐인가 하노라
            – 작자 미상, 「귓도리 저 귓도리~」 –

* 살뜰히도 : 알뜰하게도, 여기서는 '얄밉게도'의 뜻임.

(다)

물은 하나의 국가요, 용은 그 나라의 군주다. 물고기 가운데 큰 것으로 고래, 곤어, 바닷장어 같은 것은 군주를 안팎에서 모시는 여러 신하이다. 그 다음으로 메기, 잉어, 다랑어, 자가사리 같은 것은 서리나 아전의 무리다. 이밖에 크기가 한 자 못 되는 것들은 물나라의 만백성이라 할 수 있다. 상하가 서로 차례가 있고 큰 놈이 작은 놈을 통솔하니, 그것이 어찌 사람과 다르겠는가?

그러므로 용은 물나라를 다스리면서, 날이 가물어 마르면 반드시 비를 내려 주고, 사람이 물고기를 다 잡아 버릴까 염려하여서는 큰 물결을 겹쳐 일어나게 하여 덮어 준다. 그러한 것이 물고기에 대해서 은혜를 끼침이 아닌 것은 아니다.

하지만 물고기에게 인자하게 베푸는 것은 한 마리 용뿐이요,

물고기를 학대하는 것은 수많은 큰 물고기들이다. 고래와 암코래는 조류를 들이마셔서 작은 물고기를 잡아먹는 일을 자신의 시서(詩書)로 삼고, 교룡과 악어는 물결을 헤치며 삼키고 씹어 먹어 작은 물고기를 잡아먹는 것을 거친 땅의 농사일로 삼으며, 문절망둑, 쏘가리, 두렁허리, 가물치의 족속은 틈을 타서 발동을 해서 작은 물고기를 자신의 은이요 옥으로 삼는다. 강자는 약자를 삼키고, 지위가 높은 자는 아랫것을 약탈하니, 진실로 강한 자, 높은 자가 싫증 내지 않는다면 작은 물고기는 반드시 남아나지 않을 것이다.

슬프다! 작은 물고기가 없다면 용이 누구와 더불어 군주가 되며, 저 큰 물고기들이 어찌 으스댈 수 있겠는가? 그러므로 용의 도리란 작은 물고기들에게 구구한 은혜를 베풀어 주는 것보다, 차라리 먼저 그들을 해치는 족속들을 물리치는 것만 못하리라!

아아, 사람들은 물고기에게만 큰 물고기가 있는 줄 알고 사람에게도 큰 물고기가 있는 줄을 알지 못하니, 물고기가 사람을 슬퍼하는 것이 어찌 사람이 물고기를 슬퍼하는 것보다 심하지 않다고 하랴?

― 이옥, 「어부(魚賦)」 ―

16. (가) ~ (다)의 공통점으로 가장 적절한 것은?

① 대상의 부재로 인한 그리움의 심정을 드러내고 있다.
② 현실의 어려움을 극복하려는 의지적 태도를 보이고 있다.
③ 이상과 현실의 괴리에 대해 절망적인 심경을 표출하고 있다.
④ 부정적인 현재 상황에 대해 탄식하는 태도를 드러내고 있다.
⑤ 일상생활과 관련된 사물의 속성에서 삶의 교훈을 이끌어 내고 있다.

17. (가), (나)에 대한 설명으로 적절한 것은?

① (가)와 달리 (나)는 동일한 시어의 반복을 통해 운율을 형성하고 있다.
② (나)와 달리 (가)는 청각적 심상을 통해 계절감을 드러내고 있다.
③ (가)와 (나)는 모두 시간적 배경을 통해 시적 상황을 구체화하고 있다.
④ (가)와 (나)는 모두 설의적 표현을 통해 시적 의미를 강조하고 있다.
⑤ (가)와 (나)는 모두 색채의 대비를 통해 표현 효과를 높이고 있다.

18. ⓐ, ⓑ에 대한 이해로 가장 적절한 것은?

① ⓐ는 화자의 목적을 이루기 위한 보조적 수단이다.
② ⓑ는 외부적 요인으로 인해 방해 받고 있다.
③ ⓐ와 달리 ⓑ는 화자가 현실로부터 벗어나기 위한 행위이다.
④ ⓑ와 달리 ⓐ는 화자의 고통을 해소시키고 있다.
⑤ ⓐ와 ⓑ는 모두 화자가 거부하는 대상이다.

19. ㉠ ~ ㉤을 감상한 내용으로 적절하지 않은 것은?

① ㉠: 화자와 상반된 처지에 있는 사람이 '잠'에게 불만을 드러내고 있다.
② ㉡: 쉬지도 못하고 밤늦게까지 일을 해야 하는 화자의 고달픈 삶이 나타나 있다.
③ ㉢: '잠'을 의인화하여 잠이 쏟아지는 화자의 현재 상황을 해학적으로 표현하고 있다.
④ ㉣: 화자의 내면적 슬픔을 '귓도리'의 울음소리를 통해 간접적으로 드러내고 있다.
⑤ ㉤: 혼자 살아가는 자신의 외로운 처지를 알아주는 유일한 대상이 '귓도리'라는 화자의 인식이 드러나 있다.

20. <보기>를 바탕으로 (다)를 감상한 내용으로 적절하지 않은 것은? [3점]

<보 기>

「어부」는 국가의 상황을 물속의 세계에 빗대고, 군주를 '용'에, 여러 신하를 '큰 물고기'에, 백성을 '작은 물고기'에 빗대어 현실 세계를 비판하고 있다. 글쓴이는 나라의 근본은 '작은 물고기'인 백성이므로 백성들을 수탈하는 '큰 물고기', 즉 관리들을 잘 다스리는 것이 군주로서 해야 할 가장 중요한 일임을 강조하고 있다.

① 용이 큰 물결을 일어나게 하여 물고기를 덮어 주는 것은 백성을 어질게 살피는 군주의 모습으로 볼 수 있군.
② 교룡과 악어가 작은 물고기를 잡아먹는 것은 백성을 수탈하는 관리들의 모습으로 볼 수 있군.
③ 작은 물고기가 없으면 용이 군주가 될 수 없다고 하는 것은 나라의 근본이 백성에게 있다는 글쓴이의 인식을 보여 주는군.
④ 작은 물고기를 해치는 족속을 물리치는 것이 용의 도리라고 하는 것은 군주가 해야 할 가장 중요한 일이 관리를 잘 다스리는 일임을 말해 주는군.
⑤ 사람들이 사람에게도 큰 물고기가 있는 줄을 알지 못한다고 하는 것은 관리들의 수탈에 적극적으로 저항하지 않는 백성의 태도를 비판하는 것이군.

[21~24] 다음 글을 읽고 물음에 답하시오.

희소성 높은 최고급 커피의 생두 가격은 어떻게 결정 될까? 그것은 바로 경매이다. 경매를 통한 가격 결정 방식은 수요자들이 해당 재화의 가치를 서로 다르게 평가하고 있거나, 해당 재화의 가치를 정확히 ⓐ가늠할 수 없을 때 주로 사용된다. 커피나무는 환경에 ⓑ민감한 식물로, 일조량과 온도와 토질에 따라서 생두의 맛과 품질이 천차만별이다. 그래서 같은 지역이라 하더라도 매년 커피 생두의 품질이 달라지는 것이다. 이처럼 생두의 품질이 매년 다양한 이유로 달라지는 상황에서 해당 커피 생두의 가치를 결정하는 가장 수월한 방법은 단연 경매라 할 수 있다.

경매를 통한 가격 결정 방식을 사용하는 또 다른 이유는 구매자와 판매자의 숫자가 극단적으로 불일치할 때 가격을 결정하는 유용한 방법이기 때문이다. 특정 재화의 판매자가 한 명인데, 이를 구매하고자 하는 사람이 여러 명이라면 경매를 통해 가장 높은 가격을 ⓒ지불하고자 하는 사람에게 판매할 수 있다. 최고급 커피 생두 역시 이러한 이유에서 경매로 가격을 결정한다. 이 밖에도 골동품, 미술품 등은 현재 동일한 이유로 경매를 통해 가격을 결정하고 있다. 이와는 반대로 특정 재화의 구매자는 한 명인데, 이를 판매하고자 하는 사람이 여러 명일 경우에도 경매는 유용한 방식이다. 가장 저렴한 가격을 제시한 사람에게서 구매하면 되기 때문이다. 현재 전투기와 같이 정부만이 유일한 구매자라 할 수 있는 국방 관련 물품이 일종의 경매인 경쟁 입찰로 결정된다.

경매는 입찰* 방식의 공개 ⓓ여부에 따라 공개 구두 경매와 밀봉 입찰 경매로 구분할 수 있다. 먼저 공개 구두 경매는 경매에 참여하는 사람들을 모두 한 자리에 모아 놓고 누가 어떠한 조건으로 경매에 응하는지를 공개적으로 진행하는 방식을 말한다. 이러한 공개 구두 경매는 다시 영국식 경매와 네덜란드식 경매로 구분할 수 있다. ㉠영국식 경매는 오름 경매 방식으로, 우리가 가장 흔히 접하는 낮은 가격부터 시작해서 가장 높은 가격을 제시한 사람이 낙찰자*가 되는 방식을 말한다. 이러한 영국식 경매를 통해 가격을 결정하고 있는 대표적인 품목으로는 와인과 앞서 소개한 최고급 생두가 여기에 해당한다.

이와는 반대로 판매자가 높은 가격부터 제시해 가격을 점점 낮추면서 가장 먼저 응찰*한 사람을 낙찰자로 정하는 방식이 ㉡네덜란드식 경매다. 이것이 내림 경매 방식이다. 내림 경매 방식은 튤립 재배로 유명한 네덜란드에서 오래 전부터 이용해 오던 방식이며, 국내에서도 수산물 도매시장에서 생선 가격을 결정할 때 이 방식을 통해 가격을 결정한다.

공개적으로 진행되는 경매와는 달리 경매 참여자들이 서로 어떠한 가격에 응찰했는지를 확인할 수 없는 밀봉 입찰 경매가 있다. 밀봉 입찰 경매는 낙찰자가 지불하는 금액을 어떻게 결정하느냐에 따라 최고가 밀봉 경매와 차가 밀봉 경매로 ⓔ구분된다. 최고가 밀봉 경매는 응찰자 중 가장 높은 가격을 적어 냈을 때 낙찰이 되는 것으로 낙찰자는 자신이 적어 낸 금액을 지불한다. 차가 밀봉 경매의 낙찰자 결정 방식은 최고가 밀봉 경매와 동일하다. 그러나 낙찰자가 지불하는 금액은 자신이 적어 낸 금액이 아니라 응찰자가 적어 낸 금액 중 두 번째로 높은 금액이다.

* 입찰: 경매 참가자에게 각자의 희망 가격을 제시하게 하는 일.
* 낙찰자: 경매나 경쟁 입찰 따위에서 물건이나 일을 받기로 결정된 사람.
* 응찰: 입찰에 참가함.

21. 윗글의 '경매'에 대한 설명으로 적절하지 <u>않은</u> 것은?

① 재화의 가치를 정확하게 평가할 수 없을 때 주로 쓴다.
② 오름 경매 방식에서는 최고가를 제시한 사람에게 낙찰된다.
③ 수요자가 재화의 가치를 서로 다르게 평가할 때 주로 쓴다.
④ 구매자와 판매자의 수가 극단적으로 불일치할 때 유용하다.
⑤ 내림 경매 방식은 구매자가 입찰금액을 제시해 경매가 시작된다.

22. ㉠과 ㉡에 대한 이해로 적절하지 <u>않은</u> 것은? [3점]

① ㉠은 경매에 참여한 사람이 경쟁자가 제시한 입찰 금액을 알 수 있다.
② 희소성이 있는 최고급 생두는 ㉠의 방식을 통해 가격을 결정하는 대표적 품목이다.
③ ㉡ 방식에서 낙찰 가격은 경매에서 최초로 제시된 금액보다 높아질 수 없다.
④ ㉠과 ㉡ 모두 경매에 나온 재화의 낙찰 가격을 알 수 있다.
⑤ 경매에 참가한 사람이 다수일 경우 ㉠과 ㉡ 모두 가장 먼저 응찰한 사람이 낙찰자가 된다.

23. 윗글을 바탕으로 할 때, <보기>의 ㉠~㉢에 들어갈 내용으로 적절한 것은?

> ─── <보 기> ───
>
> '밀봉 입찰 경매'로 진행되는 경매에 A, B, C 세 사람이 각각 10만 원, 8만 원, 6만 원으로 입찰에 참가하였다. 이 경매가 '최고가 밀봉 경매'라면 낙찰자는 (㉠)이며 낙찰자가 지불할 금액은 (㉡)이다. '차가 밀봉 경매'라면 낙찰자는 (㉢)이며 낙찰자가 지불할 금액은 (㉣)이다.

	㉠	㉡	㉢	㉣
①	A	10만 원	A	10만 원
②	A	10만 원	A	8만 원
③	A	8만 원	B	10만 원
④	B	8만 원	B	6만 원
⑤	B	8만 원	C	6만 원

24. ⓐ~ⓔ의 사전적 의미로 적절하지 <u>않은</u> 것은?

① ⓐ: 목표나 기준에 맞고 안 맞음을 헤아려 봄.
② ⓑ: 자극에 빠르게 반응을 보이거나 쉽게 영향을 받음.
③ ⓒ: 어떠한 것을 받아들임.
④ ⓓ: 그러함과 그러하지 아니함.
⑤ ⓔ: 일정한 기준에 따라 전체를 몇 개로 갈라 나눔.

[25~27] 다음 글을 읽고 물음에 답하시오.

미안하구나.

아버진 그렇게 얘기했다. 또 그 소리. 내가 일만 한다 하면 늘 같은 소리였다. 처음엔 들을 만했는데, 결국 들으나마나가 돼버린 지 오래다. 나이 마흔다섯에 시간당 삼천오백 원, 즉 그것이 아버지의 산수였다. 여하튼 무슨 상사(商社)에 다녔는데, 여하튼 '무슨 상사'라고밖에 말할 수 없는 직장이었다. 딱 한 번 나는 그곳을 찾아간 적이 있다. 중학생 때의 일인데 도시락을 갖다 주는 심부름이었다. 약도가 틀렸나? 엄마가 그려준 약도를 몇 번이고 확인하며 근처의 골목을 서성이고 서성였다. 간신히 찾아낸 아버지의 사무실은—여하튼 그곳에 있기는 한, 그런 ⓐ 사무실이었다. 쥐들이 다닐 것 같은 어둑한 복도와, 형광등과, 칠이 벗겨진 목조의 문. 혹시 외국(外國)인가? 라는 생각이 들 만큼이나 '을씨년'스러운 곳이었다. 깜짝이야. 그런 단어가 머릿속에 있었다니. 넉넉한 환경은 아니어도, 제법 메탈리카 같은 걸 듣던 시절이었다. 그래도 세상은 뭔가 ESP 플라잉브이('메탈리카'가 사용한 기타의 모델명)와 같은 게 아닐까, 막연한 생각을 나는 했었다. 했는데, 해서 문을 열고 들어서자—꼬박꼬박 도시락만 먹어온 얼굴의 아버지가 가냘픈 표정으로 사무를 보고 있었다. 아버지, 저 왔어요.

원래 좀 노는 편이었는데, 이상하게 그날 이후 나는 조용한 소년이 되어 버렸다. 뭐랄까, 그때는 몰랐지만—그 순간 마음속에 <나의 산수>와 같은 게 생겨났기 때문이었다. 아마도 그랬다고, 지금의 나는 생각한다. 그것은 슬픈 일도 기쁜 일도 아니었으며, 누구를 원망할 성질의 것은 더더욱 아니었다. 그저, 말 그대로 수(數)였던 것이다. 말수가 줄어든 대신, 나는 열심히 알바를 하고 돈을 모으기 시작했다. 야, 세상은 한 방이야.— 어울리던 친구들이 안쓰럽단 투로 말했지만, 나는 알고 있었다. 결국 이들도 같은 산수를 할 수밖에 없단 사실을. 넌 뭘 할 건데? 나? 글쎄 요샌 연예계가 어떨까 싶어.

(중략)

그 겨울의 어느 날이었다.
아버지가 사라졌다.
정말로 사라진 것이었다. 어떤 조짐도 보이지 않았고, 어떤 짐작도 할 수 없었다. 처음엔 사고가 아닌가 백방으로 뛰어다녔지만, 사고의 흔적은 어디에도 없었다. 행적에 대해 말해줄 수 있습니까? 아버지를 마지막으로 본 것은 나였으므로, 당연히 나는 그에 대해 할 말이 있었다. 그날 아침 ⓑ 전철역에서 만났습니다. 전철역에서요? 네, 아버지는 출근을 하는 길이었고, 저는 그곳에서 아르바이트를 하고 있었습니다. 종종 만나는 편인데, 늘 그랬듯 그날도 역시 아버지를 밀어 드렸습니다. 뭐 특이한 점은 없었나요? 글쎄요… ㉠그러고 보니 '잠깐만, 다음 걸 타자'하고 몸을 한 번 뺐습니다. 그런 적은 처음이었나요? 네, 아마도. 그래서 어떻게 했나요? 힘드신가 보다, 라고 쉽게 생각했습니다. 그래서 다음 열차에 태워 보냈습니다. 순순히 타던가요? 그런, 편이었습니다.

그리고 그것이, 아버지의 마지막 모습이었다. 아버지는 회사에도 가지 않았고, 집으로도 오지 않았다. 말 그대로의, 실종. ㉡경찰은 요즘 그런 사람들이 꽤 있다는 말로 나를 위로했지만,

그런 사람들이 꽤 있다고 해서 위로가 될 리 없었다. 그 후의 기억은… 잘 정리가 되지 않는다. 나는 아버지의 회사를 상대로 밀렸던 두 달치 임금을 받아냈고, 이는 보통 힘든 일이 아니었고, 이런저런 서류를 마련해 할머니를 관인 '사랑의 집'에 보내고, 이 또한 정말 까다롭고 힘든 일이었으며, 경찰서와 병원을 꾸준히 오고, 가고, 또 여전히 일을 했다, 해야만 했다. 때로 새벽의 전철에 지친 몸을 실으면, 그래서 나는 어둠 속의 누군가에게 몸을 떠밀리는 기분이었다. 밀지 마, 그만 밀라니까. 왜 세상은 온통 '푸시'인가. 왜 세상엔 <풀맨>이 없는 것인가. 그리고 왜, 이 열차는

삶은, 세상은, 언제나 흔들리는가. 그렇게

흔들리던 겨울이 가고, 봄이 왔다. 봄은 금성인과 화성인이 모두 부러워할 만큼이나 근사한 계절이었다. 끝내 아버지는 돌아오지 않았지만, 대신 어머니의 의식이 기적처럼 돌아왔다. ㉢의식이 돌아왔다는 사실보다도, 퇴원을 할 수 있다는 사실이 기뻐 나는 울었다. 글쎄 그 정도의 서러운 이유라면, 누구나 눈물이 나오지 않았을까? 이제 재활 치료만 받으면 됩니다. 의사란 사람이, 그렇게 얘기했다. 재활 치료만 받으면 되는 거겠지. 의사란 사람이, 그렇게 말했으니.

그렇게 우리 집은 다시금 숨을 트고 있었다. 아버지가 사라졌지만 할머니란 짐을 덜게 된 까닭으로, 또 엄마가 스스로 자신의 병원비를 번 까닭으로—그대로, 그렇게. 근처의 지붕에서 지켜본다면, 아마도 그것은 잔디의 작은 싹이 움을 튼 모습과 비슷한 광경이었을 것이다. 살아, 있다. ㉣무사하진 않았지만, 그래도 유사한 산수를 할 수 있단 것은 얼마나 큰 삶의 축복인가. 사라지기 전에, 사라지기 전에 말이다.

봄이 얼마나 완연한 날이었을까. 일을 마친 나는 잠시 역사의 벤치에서 졸다가—깊고, 완연한 잠을 자 버리고 말았다. 그리고 눈을 떴다. 목이 말랐다. 여느 때처럼 미린다 한 잔을 마시고 나자, 탄산수처럼 쏘는 느낌의 봄볕이 피부를 찔러 왔다. 당연히 <얼음 없음>인 봄볕 속에는, 그래서 그만큼의 온기가 더 스며 있었다. 아아, 마치 기지개처럼 나는 다릴 뻗고 고갤 젖혔다. 여전히 구름은 흘러가고 지구는 돌고, 그리고 다시 고개를 들었는데—건너편 플랫폼의 지붕 부근에 떠 있는 이상한 얼굴 하나가 눈에 들어왔다. 저것은 설마

기린이 아닌가. 그것은 정말 한 마리의 기린이었다. 기린은 단정한 차림새의 양복을 입고, 플랫폼의 이곳저곳을 천천히 거닐고 있었다. 오전의 역사는 한가했고, 아무리 한가해도 그렇지—사람들은 그럴 수도 있지 뭐,의 표정으로 그다지 신경을 쓰지 않는 눈치였다. 이거야 원, 누군가 한 사람은 긴장을 해야 하는 게 아닌가,란 생각으로 나는 기린을 예의, 주시했다. 끄덕끄덕 머리를 흔들며 걷던 기린이 코너 근처의 벤치 앞에서 멈춰 섰다. 그리고, 앉았다. 그것은 그리고, 앉았다,라고 해야 할 만큼이나 분리되고, 모션이 큰 동작이었다. 이상하게도 그 순간, 나는 기린이 아버지란 생각을 했다. 이유는 알 수 없지만 그런 확신이 들었다. 나는 이미 통로를 뛰어가고 있었다. 사라지기 전에, 사라지기 전에.

다행히 기린은 꼼짝 않고 앉아 있었다. 주저주저 그 곁으로 다가간 나는, 주저주저 기린의 곁에 조심스레 앉았다. 막상 앞

으니-기린은 앉은키가 엄청나고, 전체적으로 다소곳하고 무신경한 느낌이었다. 기린은 이쪽을 쳐다보지도 않는데, 나는 혼자 울고 있었다. ⑩이상하게도 자꾸만 눈물이 나오는 것이었다. 아버지… 곧장 나는 가슴 속의 말을 꺼냈고, 기린의 무릎 위에 내 손을 올려놓았다.

– 박민규, 「그렇습니까? 기린입니다」 –

25. ⓐ와 ⓑ에 대한 이해로 적절하지 <u>않은</u> 것은?

① ⓐ는 아버지의 초라한 삶이 나타나는 공간이다.

② ⓐ에서 본 아버지의 모습은 '나'가 정신적으로 성장하는 계기가 된다.

③ ⓑ는 현실적 요소와 환상적 요소가 뒤섞인 공간이다.

④ ⓐ와 ⓑ는 각각 아버지와 '나'가 서로에게 자신의 삶을 보여주는 공간이다.

⑤ ⓐ에서의 아버지와는 달리 ⓑ에서의 '나'는 자신이 처한 현실에 절망감을 느끼고 있다.

26. ㉠ ~ ⑩에 대한 이해로 적절한 것은?

① ㉠: 아버지가 사라진 후에야 아버지의 행동이 평소와 달랐음을 '나'가 알아차린 것으로 볼 수 있다.

② ㉡: 경찰이 '나'의 아버지의 실종에 대해 큰 관심을 두고 있다는 것을 알 수 있다.

③ ㉢: 병원비가 줄었다는 사실보다는 어머니의 병세가 호전되었다는 것에 기뻐하는 '나'의 심리가 나타나 있다.

④ ㉣: 이전보다 집안의 경제 사정이 나아졌다는 사실에 대한 '나'의 자부심이 드러나 있다.

⑤ ⑩: '나'를 외면하는 아버지의 냉정한 태도에 대한 원망의 심리가 드러나 있다.

27. <보기>는 윗글을 쓴 작가의 말이다. <보기>를 바탕으로 윗글을 감상한 내용으로 적절하지 <u>않은</u> 것은? [3점]

<보 기>

우리는 살벌한 현실 속에서 살아가고 있습니다. 현실의 무게에 짓눌려 자신만의 '산수'조차 감당하지 못하고 현실로부터 도피하는 '아버지'의 모습은 어쩌면 이 땅 모든 아버지의 또 다른 내면의 욕망인지도 모릅니다. 현실이 더욱 팍팍해지기에 자신이 감당해야 하는 삶의 무게는 점점 무거워집니다. 또 인간은 마치 짐짝처럼 '푸시맨'이 밀면 밀리는 대로 구겨지듯 그저 전동차 안으로 들어갑니다. 그 혼잡한 곳에 들어가야 현실과 연결될 수 있음을 알기에 스스로 인간이기를 포기하고 짐짝처럼 머리를 들이밀고 몸을 쑤셔 넣어야 하는 것입니다. 이 무한 경쟁의 시대에 적응하지 못한 자는 아무도 신경 쓰지 않는 '기린'으로 살아갑니다.

① '아버지'가 사라진 것은 자신이 져야 할 현실의 무게를 감당하지 못하고 현실로부터 도피한 것으로 볼 수 있군.

② '아버지'의 가출로 인해 '나'가 집안에서 해야 할 일이 많아진 것은 '나'가 감당해야 하는 삶의 무게가 더 무거워졌다는 것을 의미하는군.

③ 플랫폼에서 '나'가 발견한 '기린'은 경쟁의 시대에 적응하지 못하고 누구의 관심도 받지 못하는 '아버지'의 모습을 상징적으로 나타내고 있군.

④ 전동차 안으로 밀리는 대로 짐짝처럼 들어가는 '아버지'의 모습에서 어쩔 수 없이 현실 속으로 들어가야만 하는 현대인의 모습을 발견할 수 있군.

⑤ 마흔다섯의 나이에 시간당 삼천오백 원을 받는 '아버지'와 어린 나이에 아르바이트를 하며 돈을 모으는 '나'의 모습은 자신만의 산수조차 감당하지 못하는 현실을 보여주고 있군.

국어 영역

[28~31] 다음 글을 읽고 물음에 답하시오.

 사람들은 하루에도 수많은 일들을 판단하면서 살아간다. 판단을 할 때마다 필요한 모든 정보를 수집하여 이용하고자 하면, 정보를 수집하는 것도 힘들뿐더러 그 정보를 처리하는 것도 부담이 된다. 그렇기 때문에 사람들은 과거 경험을 바탕으로 어림짐작을 하게 되는데, 이를 휴리스틱이라고 한다. 이러한 휴리스틱에는 대표성 휴리스틱과 회상 용이성 휴리스틱, 그리고 시뮬레이션 휴리스틱 등이 있다.

 대표성 휴리스틱은 어떤 대상이 특정 집단에 속할 가능성을 판단할 때, 그 대상이 특정 집단의 전형적인 이미지와 얼마나 닮았는지에 따라 판단하는 경향을 말한다. 우리는 키 198㎝인 사람이 키 165㎝인 사람보다 농구 선수일 가능성이 높을 것이라 판단한다. 이와 같이 대표성 휴리스틱은 흔히 첫인상을 형성할 때나 타인에 대해 판단을 할 때 작용한다. 그런데 대표성 휴리스틱에 따른 판단은 그 대상이 가지고 있는 특정 집단의 전형적인 속성에만 주목하여 이루어진 것이다. 따라서 이러한 판단은 신속한 결정을 내리는 데 도움이 되기도 하지만, 항상 정확하고 객관적인 것이라고 보기는 어렵다.

 회상 용이성 휴리스틱은 당장 머릿속에 잘 떠오르는 정보에 의존하여 판단하는 경향을 말한다. 사람들에게 작년 겨울 독감에 걸린 환자들이 얼마나 많았는지 물어보면, 일단 자기 주변에서 발생한 사례들을 떠올려 추정하게 된다. 이러한 추정은 적절할 수도 있지만, 실제 발생 확률과는 다를 수도 있다. 사람들은 최근에 자신이 경험한 사례, 생동감 있는 사례, 충격적이거나 극적인 사례들을 더 쉽게 회상한다. 그래서 비행기 사고 장면을 담은 충격적인 뉴스 보도 영상을 접하게 되면, 그 장면이 자꾸 떠올라 자동차보다 비행기가 더 위험하다고 생각하게 되는 것이다. 그러나 이것은 실제 사고 발생 확률을 고려하지 못한 잘못된 판단이다.

 시뮬레이션 휴리스틱은 과거에 발생한 특정 사건이나 미래에 일어날 일들을 마음속에 떠올려 그 장면을 상상해 보는 것이다. 범죄 용의자를 심문하는 경찰관이 그 용의자의 진술에 기초해서 범죄 장면을 머릿속에 그려보는 것이 이에 해당한다. 이때 경찰관은 그 용의자를 범인으로 가정해야만 그가 범죄를 저지르는 장면을 머릿속에 떠올려 볼 수 있다. 이러한 가상적 장면을 자꾸 머릿속에 떠올리다 보면, 그 용의자가 정말 범인인 것처럼 생각하게 된다. 그래서 그가 범인임을 입증하는 객관적인 증거를 충분히 수집하기도 전에 그를 범인이라고 판단할 가능성이 높아지는 것이다.

 이처럼 휴리스틱은 종종 판단 착오를 낳기도 하지만, 경험에 기반하여 답을 찾는 효율적인 방법이라고 ⓐ볼 수도 있다. 일상생활에서 우리의 판단과 추론이 항상 합리적인 사고 과정을 거쳐 일어나는 것은 아니다. 우리는 '결정을 위한 시간이 많지 않다.'는 가정을 무의식적으로 하고 있다. 휴리스틱은 우리가 쓰고 싶지 않아도 거의 자동적으로 작용한다. 그리고 수많은 대안 중 순식간에 몇 가지 혹은 단 한 가지의 대안만을 남겨 판단하기 쉽게 만들어 준다. 이런 점에서 인간은 ㉠'인지적 구두쇠'라고 할 만하다.

28. 윗글의 내용과 일치하지 않는 것은?

① 일상생활 속에서 사람들은 과거 경험을 바탕으로 어림짐작을 하게 된다.
② 사람들은 충격적인 경험을 충격적이지 않은 경험보다 더 쉽게 회상한다.
③ 휴리스틱에 따른 판단은 사실에 부합하는 판단일 수도 있고 그렇지 않을 수도 있다.
④ 가상적인 상황을 반복하여 상상하면 마치 그 상황이 실제 사실인 것처럼 느껴질 수 있다.
⑤ 다른 사람의 입장이 되어 가상적인 상황을 생각함으로써 정확하고 객관적인 판단을 내릴 수 있다.

29. ㉠의 의미를 가장 잘 나타내고 있는 것은?

① 인간은 세상의 수많은 일들을 판단할 때 가능하면 노력을 덜 들이려는 경향이 있다.
② 인간은 주변 세계에 의미를 부여하고 앞으로 일어날 일을 예측하려는 욕구를 가지고 있다.
③ 인간은 과학적이고 체계적으로 정보를 처리하여 정확하고 객관적인 판단을 하려는 경향이 있다.
④ 인간은 판단에 필요한 정보나 판단하기 위한 시간이 부족하기 때문에 휴리스틱을 의도적으로 사용한다.
⑤ 인간은 일상생활 속에서 판단이나 결정을 할 때 가능한 모든 대안의 장점과 단점을 분석하여 결론을 도출한다.

30. 다음은 휴리스틱과 관련한 실험 내용이다. 윗글로 보아 <보기>의 ㉮에 들어갈 내용으로 가장 적절한 것은?

< 보 기 >

 한 심리학 실험에서 연구자들은 사람들에게 '영미는 31세로 감성적이며 새로운 곳에 대한 호기심이 많은 여성이다. 대학에서 국어국문학을 전공하였고 사진 동아리에서 꾸준히 활동하였다.'라는 정보를 제시한 후, 영미가 현재 어떤 모습일지 A와 B 중 가능성이 높은 순서대로 배열하도록 하였다.

 A. 영미는 은행원이다.
 B. 영미는 여행 블로그를 운영하는 은행원이다.

 B는 A의 부분집합이므로, 적어도 B보다 A일 가능성이 높다. 그러나 대부분의 사람들은 A보다 B일 가능성이 더 높다고 판단했다. 이에 대해 연구자들은 대표성 휴리스틱이 이러한 판단을 유도한 것이라고 보았다. 사람들이 (㉮) 보고, B의 '영미는 여행 블로그를 운영'에 주목했기 때문이라는 것이다.

① 최근에 여행 블로그가 유행하고 있다는 점을 고려해
② 대표적인 여행 블로그는 어떤 특징이 있는지 판단해
③ 영미가 은행원보다는 여행 블로그 운영자에 더 어울린다고
④ 가고 싶은 장소를 여행 블로그에서 검색했던 경험을 떠올려
⑤ 영미가 은행원이 되어 고객들에게 친절하게 대하는 모습을 상상해

02회

[해설편 p.128]

31. ⓐ와 가장 유사한 의미로 사용된 것은?

① 김 씨는 오십이 넘어 늦게 아들을 <u>보았다</u>.
② 나는 날씨가 좋을 것으로 <u>보고</u> 세차를 했다.
③ 그녀는 남편이 사업에 실패할까 <u>봐</u> 걱정했다.
④ 다른 사람의 흠을 <u>보는</u> 것은 좋지 못한 습관이다.
⑤ 그는 <u>보던</u> 신문을 끊고 다른 신문을 새로 신청했다.

[32~34] 다음 글을 읽고 물음에 답하시오.

(가)

산비알에 돌밭에 저절로 나서
저희들끼리 자라면서
재재발거리고 떠들어 쌓고
밀고 당기고 간지럼질도 시키고
시새우고 토라지고 다투고
시든 잎 생기면 서로 떼어주고
아픈 곳은 만져도 주고
끌어안기도 하고 기대기도 하고
이렇게 저희들끼리 자라서는
늙으면 동무나무 썩은 가질랑
슬쩍 잘라주기도 하고
세월에 곪고 터진 상처는
긴 혀로 핥아주기도 하다가
열매보다 아름다운 이야기들을
머리와 어깨와 다리에
가지와 줄기에
주렁주렁 달았다가는
별 많은 밤을 골라 그것들을
하나하나 떼어 온 고을에 뿌리는
우리 동네 늙은 느티나무들
　　　　　　　－ 신경림, 「우리 동네 느티나무들」－

(나)

나는 구부러진 길이 좋다.
구부러진 길을 가면
나비의 밥그릇 같은 **민들레**를 만날 수 있고
감자를 심는 **사람**을 만날 수 있다.
날이 저물면 울타리 너머로 밥 먹으라고 부르는
어머니의 목소리도 들을 수 있다.
구부러진 하천에 물고기가 많이 모여 살듯이
들꽃도 많이 피고 별도 많이 뜨는 **구부러진 길**.
구부러진 길은 산을 품고 마을을 품고
구불구불 간다.
그 구부러진 길처럼 살아온 사람이 나는 또한 좋다.
반듯한 길 쉽게 살아온 사람보다
흙투성이 감자처럼 ⓐ<u>울퉁불퉁</u> 살아온 사람의　　[A]
ⓑ<u>구불구불</u> 구부러진 삶이 좋다.
구부러진 주름살에 **가족을 품고 이웃을 품고 가는**
구부러진 길 같은 사람이 좋다.
　　　　　　　－ 이준관, 「구부러진 길」－

32. (가)와 (나)의 표현상의 특징에 대한 설명으로 가장 적절한 것은?

① (가)와 (나)는 모두 시간의 흐름을 따라 시상을 전개하고 있다.
② (가)와 (나)는 모두 화자가 대상에 말을 건네는 방식으로 친근한 분위기를 만들고 있다.
③ (가)는 역설적 표현으로, (나)는 반어적 표현으로 의미를 강조하고 있다.
④ (가)는 시각적 심상을 중심으로, (나)는 청각적 심상을 중심으로 대상을 묘사하고 있다.
⑤ (가)는 특정 어미의 반복을 통해, (나)는 특정 시어들의 반복을 통해 리듬감을 살리고 있다.

33. <보기>를 참조하여 (가)와 (나)를 감상한 내용으로 적절하지 <u>않은</u> 것은? [3점]

< 보 기 >

　자연의 순리를 파괴하고 건설된 현대 문명사회는 과도한 경쟁과 강자에 의한 약자 지배가 심화되고 있다. 그러나 자연의 다양한 생명들은 생겨난 그대로의 모습으로 조화를 이루고 있으며, 서로 의존하면서 하나의 생명 공동체를 이룬다. 문학은 이러한 자연의 모습에서 현대 문명사회의 문제들을 극복할 수 있는 대안으로서의 삶의 원리와 인간형을 성찰하고 있는데, (가)와 (나)는 이러한 관점에서 살펴볼 수 있다.

① (가)의 '산비알에 돌밭에 저절로 나서'는 생겨난 그대로의 모습으로 존재하는 자연을 형상화한 것으로 볼 수 있다.
② (가)의 '아픈 곳은 만져도 주고 / 끌어안기도 하고 기대기도 하고'에서는 서로 의존하면서 살아가는 공생의 원리를 찾아볼 수 있다.
③ (가)의 '우리 동네 늙은 느티나무들'은 강자에 의한 약자 지배가 심화되면서 다양성이 훼손된 자연 공동체를 상징적으로 보여 준다고 할 수 있다.
④ (나)의 '구부러진 길'은 '민들레', '사람', '들꽃' 등의 다양한 생명이 조화를 이루는 생명 공동체의 원리를 발견하는 공간으로 볼 수 있다.
⑤ (나)의 '가족을 품고 이웃을 품고 가는 / 구부러진 길 같은 사람'은 과도한 경쟁으로 생겨난 현대 문명사회의 문제들을 극복할 수 있는 대안으로서의 인간형으로 볼 수 있다.

34. [A]의 시적 맥락을 고려할 때, ⓐ와 ⓑ에 대한 이해로 가장 적절한 것은?

① ⓐ는 '흙투성이 감자'의 긍정적 의미와 어울리고, ⓑ는 '구부러진 삶'의 부정적 측면과 어울린다.
② ⓐ는 ⓑ와 더불어 '반듯한 길 쉽게'와 의미상 대비를 이루며 '흙투성이 감자'의 이미지와 어울린다.
③ ⓐ는 ⓑ와 더불어 '흙투성이 감자'의 이미지를 강화하면서 '구부러진 삶'에 대한 비관적 인식을 드러낸다.
④ ⓐ는 '구부러진 길처럼 살아온 사람'의 내면을 드러내고, ⓑ는 '반듯한 길 쉽게 살아온 사람'의 내면을 드러낸다.
⑤ ⓐ는 '반듯한 길'을 소극적으로 수용하는 태도를 반영하고, ⓑ는 '구부러진 길'을 적극적으로 예찬하는 태도를 반영한다.

[35 ~ 38] 다음 글을 읽고 물음에 답하시오.

과학에서 관심을 갖는 대상을 '계(system)'라고 하고, 계를 제외한 우주의 나머지 부분은 '주위(surroundings)', 계와 주위 사이는 '경계(boundary)'라고 한다. 계는 주위와 에너지나 물질의 교환이 모두 일어나지 않는 '고립계', 주위와 물질 교환 없이 에너지 교환만 일어나는 '닫힌계', 주위와 물질 및 에너지 교환이 모두 일어나는 '열린계'로 나눌 수 있다.

열역학 제1법칙에 따르면 우주의 에너지 총량은 일정하므로, 계와 주위의 에너지 합 또한 일정하다. 계와 주위 사이에 에너지 교환이 있다면, 계의 에너지가 감소할 때 주위의 에너지는 증가하며, 계의 에너지가 증가할 때 주위의 에너지는 감소하게 된다. 계와 주위 사이에 에너지 교환이 일어날 때, 계의 에너지가 증가하면 +로, 계의 에너지가 감소하면 -로 표시한다. 한편, 계가 열을 흡수하는 과정은 흡열 과정, 계가 열을 방출하는 과정은 발열 과정이라고 하는데, 열은 에너지의 대표적인 형태이므로, 흡열 과정에 관련된 열은 $+Q$로, 발열 과정에 관련된 열은 $-Q$로 나타낼 수 있다.

계의 에너지는 온도, 압력, 부피 등의 열역학적 변수들에 의해 결정되므로, 열역학적 변수들이 ㉠같은 계들은 같은 '상태'에 있다고 할 수 있다. <그림>과 같이 피스톤이 연결된 실린더가 있고, 실린더에는 보일-샤를의 법칙을 만족하는 기체가 들어 있다고 가정해 보자. 먼저, 피스톤을 고정하지 않은 채 실린더 속 기체의 압력이 P_1로 일정하도록 유지한 상태에서 실린더를 가열하여 실린더 속 기체의 온도가 T_1에서 T_2가 되도록 하면, 온도가 높아짐에 따라 실린더 속 기체의 부피는 증가하게 된다. 한편, 피스톤을 고정하여 실린더 속 기체의 부피를 일정하게 하고 실린더를 가열하면, 실린더 속 기체의 온도가 T_1에서 T_2가 되는 동안 실린더 속 기체의 압력은 P_1에서 P_2로 증가하는데, 온도가 T_2인 상태를 유지하면서 고정시켰던 피스톤을 풀면 실린더 속 기체의 압력이 P_1이 될 때까지 실린더 속 기체의 부피는 증가하게 된다. 전자의 경우를 A, 후자의 경우를 B라고 하면, A는 T_1, P_1인 초기 상태에서 T_2, P_1인 최종 상태가 되었고, B는 T_1, P_1인 초기 상태에서 T_2, P_2인 상태를 거쳐 T_2, P_1인 최종 상태가 되었다고 할 수 있다. 그리고 두 계라 할 수 있는 A와 B가 같은 상태에 있으면, A와 B의 실린더 속 기체의 내부 에너지*는 서로 같다고 할 수 있다.

피스톤

실린더

[가]

이때 A의 초기 상태와 B의 초기 상태, A의 최종 상태와 B의 최종 상태는 각각 같지만, 초기 상태에서 최종 상태에 이르는 경로는 다르다. 따라서 두 계가 같은 상태에 있다고 해서 두 계가 만들어진 과정이 같다고 할 수는 없다. 또한 어떤 계의 변화가 일어나는 경로는 초기 상태에서 최종 상태로 진행하면서 거치는 일련의 상태들로 이루어져 있으며, 이 두 상태를 연결하는 경로는 무한히 많다.

*기체의 내부 에너지 : 기체가 가지고 있는 에너지를 의미하며, 기체의 부피가 일정할 때 기체의 내부 에너지는 온도에 의해 결정된다.

35. 윗글의 내용과 일치하지 <u>않는</u> 것은?

① 열역학적 변수들이 같은 두 계는 같은 상태에 있다.
② 열역학 제1법칙에 따르면 우주의 에너지 총량은 일정하다.
③ 열린계에서는 주위와 물질 교환 없이 에너지 교환만 일어난다.
④ 어떤 계가 초기 상태에서 최종 상태로 진행하면서 거칠 수 있는 경로는 무한히 많다.
⑤ 계와 주위 사이에 에너지 교환이 일어날 때 계의 에너지가 증가하면 주위의 에너지는 감소한다.

36. 윗글을 바탕으로 <보기>를 이해한 내용으로 가장 적절한 것은?

─── < 보 기 > ───

물이 담긴 수조에 절반 정도 잠기도록 놓인 비커 속 물에 진한 황산을 넣어서 묽은 황산 용액을 만들면, 묽은 황산 용액은 물론 비커 주위의 수조 속 물의 온도까지 높아진다. 이는 황산이 이온으로 되면서 열이 방출되고, 이 열이 수조 속 물에도 전달되기 때문이다.

① 묽은 황산 용액이 만들어지는 과정은 발열 과정으로, 이 과정과 관련된 열은 $-Q$로 표시되겠군.
② 진한 황산을 넣은 물은 주위와 물질 및 에너지 교환이 일어나는 고립계에 해당하겠군.
③ 비커 속 물의 에너지와 수조 속 물의 에너지는 모두 감소했겠군.
④ 묽은 황산 용액은 수조 속의 물로부터 에너지를 흡수했겠군.
⑤ 비커 속의 물과 수조 속의 물은 모두 경계에 해당하겠군.

37. <보기>는 [가]를 그래프로 표시한 것이다. <보기>를 참고하여 [가]를 이해한 내용으로 적절하지 <u>않는</u> 것은? [3점]

─── < 보 기 > ───

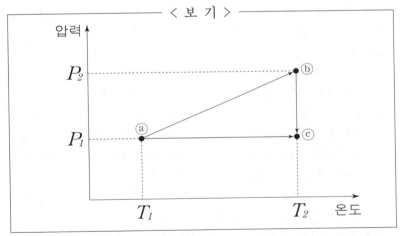

① A의 경우 ⓐ 상태에서 ⓒ 상태가 되는 경로에서 실린더 속 기체의 부피가 증가한다.
② B의 경우 ⓐ 상태에서 ⓑ 상태가 되는 경로에서 온도가 점차 높아진다.
③ B의 경우 ⓑ 상태에서 ⓒ 상태가 되는 경로에서 실린더 속 기체의 부피가 증가한다.
④ ⓐ 상태에서 실린더 속 기체의 내부 에너지는 A의 경우와 B의 경우가 같을 것이다.
⑤ ⓒ 상태에서 실린더 속 기체의 내부 에너지는 A의 경우보다 B의 경우가 클 것이다.

38. 문맥을 고려할 때 ㉠과 바꾸어 쓰기에 가장 적절한 것은?

① 동일한 ② 동반한 ③ 동화한 ④ 균일한 ⑤ 유일한

[39 ~ 42] 다음 글을 읽고 물음에 답하시오.

[앞부분 줄거리] 선관의 점지로 태어난 신유복은 어려서 부모를 잃고 유리걸식한다. 유복의 인물됨을 알아본 상주 목사는 호장의 딸 경패를 유복과 혼인하게 한다. 그러나 유복은 가난하다는 이유로 호장 부부, 경패의 두 언니, 그 남편 유소현, 김평의 미움을 받고 경패와 함께 쫓겨난다.

해는 서산에 걸렸다. 처녀가 저녁연기를 쫓아 밥을 빌러 다녔다. 유복이 처녀와 마을로 들어가 밥을 빌어먹고 방앗간을 찾아가 거적을 얻어다 깔고 둘이 마주 누워 팔을 베고 같이 자니 신세가 궁했다. 유복은 활달한 영웅이요, 처녀 역시 여자 중의 군자였다. 고어에 흥이 다하면 슬픔이 오고 괴로움이 다하면 즐거움이 온다고 하였는데 하늘이 어찌 어진 사람을 곤궁 속에 던져두시겠는가. 처녀도 유복의 늠름한 풍채와 잘 생긴 용모를 대하니 정이 깊이 들었다. 그러므로 고생을 어찌 한탄할 것인가. 이튿날 밥을 빌어먹고 처녀가 유복에게 말했다.

"슬프도다. 이 세상에서 가장 귀한 것이 사람인데, 사람만 못한 짐승도 집이 있건만, 우리는 어째서 의지할 곳조차 없나하고 생각하면 애달픈 생각이 듭니다. 저 건너 북쪽 돌각담이 임자가 없는 것이니 돌각담을 헐고 움이나 한 간 묻어봅시다."

동리로 재목과 이엉을 구걸하니 사람들이 불쌍히 여겨 서로 다투어가며 주었다. 처녀가 유복과 더불어 움을 묻고 거적을 얻어 깔고 밥을 빌어다가 나눠 먹고 그 밤을 지내니, 마치 커다란 저택에서 좋은 음식을 먹은 것같이 흐뭇하였다. 그러나 깊은 정이야 어디다 비할 수 있으랴. 남의 방앗간에서 잠자던 것은 한바탕 꿈이었다. 인근 사람들이 유복의 가련한 정상과 경패의 지극한 정성을 불쌍히 여겨 음식을 아끼지 않고 주며, 호장 부부를 욕하지 않는 사람이 없었다. 유복이 남의 집의 물도 길어주고 방아질도 해주니 허기를 면하였다. 그러나 의복이 없어 초라하였다.

처녀가 하루는 유복에게 말했다.

[A]「"옛글에 '장부 세상에 나서 입신하여 세상에 이름을 드날려 문호를 빛나게 하며, 조상 향불을 빛나게 하라' 하였으니 문필을 배우지 않으면 공명을 어떻게 바라겠습니까? 그래서 옛 사람도 낮이면 밭 갈고, 밤이면 글을 읽어, 성공하여 길이 길이 기린각에 화상을 그린 족자가 붙어 훗날에 유전하는 것을 장부다운 일로 여겼습니다. 무식한 사람으로 영웅호걸이 되었다는 말은 듣지 못했습니다."」

유복이 처녀의 말을 듣고 감동되어 말했다.

[B]「"내 어려서 글자나 읽었지만 어찌 이런 마음이 없겠소마는 글을 배우려 한들 어디서 배우며 책 한 권도 없으니 어찌겠소. 또한 장차 외로운 당신은 누구를 의지한단 말이요?"」

낭자가 말했다.

"그것은 염려 마십시오. 나는 혼자라도 이 움을 떠나지 않을 것이오. 내가 양식을 당할 것이니 아무 염려 마십시오. 들리는 말에 의하면 뒤 절에 원강 대사라 하는 중이 도승이며, 또한 천하 문장이라 하니 거기 가서 간절히 부탁하면 글을 가르쳐 줄 듯하오니 올라가십시오."

낭자는 바로 나아가 책 한 권을 얻어다가 주며 말했다.

"공자의 나이 열세 살이니 팔 년을 공부하여 이십이 되거든 내려오십시오. 그렇게 하시면 반가이 맞아들이겠지만 만일

그 전에 내려오시면, 절대로 세상에 있지 않겠습니다."

이렇듯 가기를 재촉하였다. 유복이 낭자의 정성을 거절 못하여 책을 옆에 끼고 절로 올라갔다. 그리고 대사를 보고 자초지종을 말하니 대사는 유복을 보고 놀라며 위로하였다.

"십삼 년 전에 규성이 무주 땅에 떨어졌기 때문에 영웅이 난 줄 알았으나 다시 광명이 없기에 분명히 곤란이 있다는 것을 짐작했지만, 오늘에야 겨우 만나게 되었군. 장부의 초년 고생은 영웅호걸의 사업 재료가 되는 법, 사람이 고초를 겪지 못하면 교만한 사람이 되리라."

그 날부터 글을 가르쳐 주니 유복은 본래 하늘의 선동이라 한 자를 가르치면 백 자를 능통하였다.

(중략)

유복은 그럭저럭 과거 날이 당도하여 과거 보는 장소의 기구를 차려 가지고 과거 보는 곳으로 들어갔다. 자리를 얻지 못하고 민망해 하다가 한 곳을 바라보니 유소현, 김평이 자리를 넓게 점령하고 앉았다. 그러나 저네들이 제 글을 짓지 못하여 남의 손을 빌려 과거를 보려고 주안을 많이 차려 같이 과거 보는 이를 관대히 대하고 있었다. 유복이 속마음에 반가워 그 옆으로 들어갔다. 세상에 용서받지 못할 놈이 유복을 보고 벌컥 화를 내며 꾸짖었다.

"이 거지 놈이 어디로 들어왔냐? 저놈을 어서 잡아내라. 사람이 많이 모인 것을 보고 쫓아 왔으니 빨리 잡아내라. 눈앞에서 썩 없어져라."

유복이 분한 마음을 먹고 다른 곳으로 가서 헌 거적을 얻어 깔고 앉았다. 이윽고 글 제목이 내어 걸리었다. 유복이 한번 보고 한숨에 줄기차게 써 내려가서 순식간에 제일 먼저 바치고 여관으로 돌아와 방 붙기를 기다리고 있었다.

그런데 유소현, 김평 두 놈이 겨우 남에게 글장이나 얻어 보고는 방 기다릴 염치가 없었던지 곧 출발하여 내려갔다. 이때 호장 부부와 경옥 경란이 반기며 나와 영접하였다. 술상을 차려 놓고 술을 권하니 그 두 놈이 널리 친구를 청하여 흥청댔다. 이때 경패 그 두 사람이 과거에 갔다가 무사히 돌아온 것을 알고 행여나 낭군을 과거 보는 장소에서 만나 보았는가 궁금히 여겨 소식을 들으러 갔었다. 마침 흘러나오는 소리를 들었다. 유소현, 김평이 바깥사랑에서 호장더러 '유복을 과거 보는 장소에서 만나 끌어 쫓아냈다.'는 말을 하니까 호장이 듣고 큰소리로 '그 놈을 잘 박대하였네.'하고 손뼉을 치며 말했다. 이때 낭자는 그 지껄이는 말을 듣고 낭군이 과거 보는 장소에 무사히 간 것을 알고 기뻐했으나 그 두 놈의 소위를 생각하면 괘씸하기 짝이 없었다. 움집으로 돌아와 탄식하며 말했다.

"세상에 몹쓸 놈도 있구나. ㉠낭군이 타인과 달라 찾아갔으면 함께 과거를 볼 것이지 도리어 많은 사람 앞에서 모욕을 주다니! 낭군인들 오죽이나 분통이 터졌나?"

겨죽을 쑤어 놓고 먹으려 하나 목이 메어 못 먹고 하늘을 우러러 축원하였다.

"유유히 공중 높이 솟아 있는 일월은 굽어 살피소서. 낭군의 몸이나 무사히 돌아오게 하여 주옵소서."

낭자는 몹시 서러워하였다.

유복이 궐문 밖에서 기다리고 있었다. 이 날 전하께서 시험 관을 데리고 글을 고르시더니 갑자기 유복의 글을 보시고 칭찬하시었다.

"이 글은 만고의 충효를 겸하였으니 만장 중에 제일이라."

급히 비밀히 봉한 것을 뜯어보시니 전라도 무주 남면 고비촌 신유복이라 있었다. 그래서 장원랑의 신유복을 대궐에 입시시키라고 하교를 전달하는 전명사알에게 하교하시었다.
　　　 – 작자 미상, 「신유복전(申遺腹傳)」 –

39. 윗글의 서술상 특징으로 가장 적절한 것은?

① 순간적으로 장면을 전환하여 사건의 환상적 면모를 부각하고 있다.

② 서술자가 등장인물이나 사건에 대한 자신의 생각을 직접 드러내고 있다.

③ 장면마다 서술자를 달리 설정하여 사건의 전모를 명확히 드러내고 있다.

④ 시대적 배경에 대한 요약적 설명을 통해 사건의 인과 관계를 드러내고 있다.

⑤ 인물의 외양을 과장되게 묘사하여 부정적 인물에 대한 풍자를 드러내고 있다.

40. [A]와 [B]에 나타난 인물의 말하기에 대한 설명으로 적절하지 <u>않은</u> 것은?

① [A]에서 경패는 옛글을 인용하여 상대방의 각성을 촉구하고 있다.

② [A]에서 경패는 상대방의 동정심에 호소해 자신의 결정을 따르도록 유도하고 있다.

③ [A]에서 경패는 설의적 물음을 구사하여 자신의 의중을 상대방에게 드러내고 있다.

④ [B]에서 유복은 자신의 현재 처지를 들어 답답한 심경을 토로하고 있다.

⑤ [B]에서 유복은 상대방이 처하게 될 상황을 우려하여 행동에 나서기를 주저하고 있다.

41. ㉠에 나타난 '경패'의 마음을 속담으로 표현할 때, 가장 적절한 것은?

① '선무당이 사람 잡는다'라고 어설픈 행동을 마구 일삼아 낭군을 곤경에 빠뜨리려 했군.

② '믿는 도끼에 발등 찍힌다'라고 낭군이 철석같이 믿었던 사람들인데 도리어 배신하고 괴로움을 주었군.

③ '달면 삼키고 쓰면 뱉는다'라고 베풀어 준 은혜도 모르고 낭군이 어려울 때 헌신짝처럼 도리를 저버렸군.

④ '동냥은 못 줘도 쪽박은 깨지 마라'라고 도움을 주지는 못할망정 낭군을 곤란한 지경에 처하게 만들었군.

⑤ '닭 잡아먹고 오리발 내민다'라고 얕은꾀로 자신들의 이익을 취하고도 낭군에게 아무 잘못이 없는 척했군.

42. <보기>를 바탕으로 윗글을 정리할 때, ⓐ~ⓔ에 대한 설명으로 적절하지 <u>않은</u> 것은? [3점]

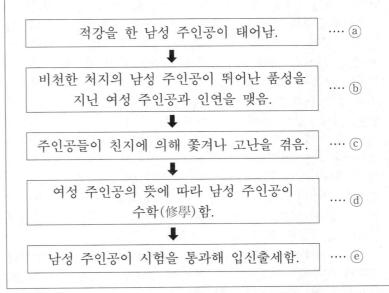

─── < 보 기 > ───

「신유복전」은 하늘에서 내려온 적강(謫降)의 인물인 유복의 일대기를 다룬 영웅담이다. 이 소설에는 쫓겨난 여성이 남편을 출세시키는 이야기인 '쫓겨난 여인 발복(發福) 설화'가 수용되어 있다. 이 소설은 대체로 아래와 같은 기본 구조를 바탕으로 서사가 전개된다.

| 적강을 한 남성 주인공이 태어남. …… ⓐ |
| 비천한 처지의 남성 주인공이 뛰어난 품성을 지닌 여성 주인공과 인연을 맺음. …… ⓑ |
| 주인공들이 친지에 의해 쫓겨나 고난을 겪음. …… ⓒ |
| 여성 주인공의 뜻에 따라 남성 주인공이 수학(修學)함. …… ⓓ |
| 남성 주인공이 시험을 통과해 입신출세함. …… ⓔ |

① ⓐ : 규성이 무주 땅에 떨어져서 영웅이 난 줄 알았다는 원강 대사의 말에서 유복이 적강의 인물임이 제시된다.

② ⓑ : 떠돌아다니는 처지였던 유복이 여자 중의 군자인 경패와 부부가 되어 서로 사랑하며 살아간다.

③ ⓒ : 호장 부부에 의해 쫓겨나고 인근 동리 사람들에게조차 외면을 당하여 움집에서 곤궁하게 살아간다.

④ ⓓ : 이십이 될 때까지는 절에서 내려오지 말라는 경패의 뜻에 따라 유복이 원강 대사에게 글을 배운다.

⑤ ⓔ : 유복이 과거 시험에서 뛰어난 실력을 발휘하여 장원 급제하고 전하의 명령으로 대궐에 입시하게 된다.

[43~45] 다음 글을 읽고 물음에 답하시오.

지휘자와 오케스트라가 베토벤의 교향곡을 소리로 재현해 내지 않는다면 베토벤의 명곡은 결코 우리 앞에 '생생한 소리'로서 존재할 수 없다. 지휘자와 오케스트라가 작곡가의 악보를 소리로 바꾸는 과정에서 '**음악 해석**'이라는 것이 이루어진다. 지휘자는 자신의 음악적 관점을 리허설을 통해 전달하고, 여러 가지 손동작과 표정, 몸짓 등으로 감정을 표현하거나 음악의 느낌을 단원들에게 전달하며 훌륭한 연주를 이끌어 낸다. 그 순간 지휘자는 단지 박자만 맞추는 것이 아니라 음악을 해석하고 있는 것이다.

일반인들에게 음악 해석이란 말은 조금 낯설지도 모른다. 엄연히 작곡가가 남긴 악보가 있고, 지휘자나 연주자는 악보에 써 있는 대로 음악을 지휘하거나 연주를 하면 될 테니 연주의 차이도 거기서 거기 아니냐고 할 수도 있다. 하지만 막상 악보를 보고 연주를 해보면 이것이 간단한 문제가 아니라는 것을 알게 된다. 가령 '점점 느리게 연주하라'는 뜻의 '리타르단도'라든가 '점점 빠르게 연주하라'는 뜻의 '스트린젠도'라는 기호가 나타났을 때 과연 어디서부터 어떻게 느려져야 하고 어떻게 빨라져야 할까? 작곡가가 아무리 악보를 정교하게 그린다 해도 작곡가는 연주자들에게 자신이 의도한 음악을 정확하게 전달해 낼 수 없다. 이것이 바로 '악보의 불완전성'이며 이 불완전성이야말로 다양한 음악 해석을 가능하게 한다.

그럼 베토벤의 「교향곡 5번」이 지휘자의 관점에 따라 얼마나 다르게 연주될 수 있는지 살펴보자. 1악장 도입부만 해도 지휘자마다 천차만별이다. 베토벤 「교향곡 5번」을 여는 '따따따 딴~'의 네 음은 베토벤의 운명이 문을 두드리는 소리라고 해서 흔히 '운명의 동기'라고 불린다. 운명의 동기가 나타나는 1악장의 첫 페이지에 베토벤은 '알레그로 콘 브리오' 즉 '빠르고 활기 있게' 연주하라고 적어 놓았다. 그리고 그 옆에는 정확한 템포를 지시하기 위해 2분 음표를 메트로놈 108로 연주하라고 적어 놓았다. 1악장은 2/4박자의 곡이므로 2분 음표의 템포는 곧 한 마디의 템포인 셈인데, 한 마디를 메트로놈 108의 속도로 연주한다는 것은 연주자들을 긴장시킬 만한 매우 빠른 템포이다.

하지만 정확하고 무자비하기로 유명한 지휘자 토스카니니는 정확하게 베토벤이 원하는 템포 그대로 운명의 동기를 연주한다. 그리고 운명의 동기를 반복적으로 구축하며 운명이 추적해오는 것 같은 뒷부분도 사정없이 몰아친다. 그의 해석으로 베토벤 음악의 추진력은 더욱 돋보인다.

반면 음악을 주관적으로 해석하기로 유명한 푸르트뱅글러는 베토벤이 적어 놓은 메트로놈 기호에 별로 신경을 쓰지 않았다. 푸르트뱅글러의 지휘로 재탄생한 운명의 노크 소리는 매우 느린 템포로 연주된다. 그럼에도 불구하고 한 음 한 음 힘 있고 또렷하게 표현된 그 소리는 그 어느 노크 소리보다 가슴을 울리는 웅장함을 담고 있다. 두 번째 노크 소리의 여운이 끝나기가 무섭게 시작되는 '운명의 추적' 부분에서도 푸르트뱅글러는 이 작품에 대한 독특한 시각을 보여 준다. 그는 여기서 도입부의 느린 템포와는 전혀 다른 매우 빠른 템포로 음악을 이끌어 가면서 웅장하게 표현된 운명의 동기와는 대조적으로 더욱 긴박감 넘치는 운명의 추적을 느끼게 한다. 푸르트뱅글러는 비록 1악장 도입부에서 베토벤이 적어 놓은 메트로놈 기호를 지키지는 않았다. 하지만 도입부에 나타난 두 번의 노크 소리를 느리고 웅장하게 연주한 후 뒷부분의 음악은 빠르고 긴박감 넘치게 이끌어 감으로써 베토벤 음악이 지닌 웅장함과 역동성을 더욱 잘 부각시키고 있다. 그렇다면 푸르트뱅글러의 해석이 틀렸다고 할 수 있을까? 악보에 충실하고자 했던 토스카니니와 악보 너머의 음악적 느낌에 더 충실하고자 했던 푸르트뱅글러 중 누가 옳은 것일까?

음악에선 틀린 음을 연주하는 것 이외에 틀린 것이란 없다. 틀린 것이 아니라 다른 것이다. 여러 가지 '다름'을 허용하는 것이야말로 클래식 음악을 더욱 생동감 넘치는 현재의 음악으로 재현하는 원동력이 된다.

43. 윗글의 논지 전개 방식으로 가장 적절한 것은?

① 화제의 변천 과정을 역사적으로 살펴보고 있다.
② 낯선 개념을 익숙한 대상에 빗대어 설명하고 있다.
③ 다양한 관점을 소개하면서 절충안을 모색하고 있다.
④ 구체적인 사례를 들어 화제에 대한 이해를 돕고 있다.
⑤ 대상에 대한 서로 다른 관점의 장·단점을 비교하고 있다.

44. '음악 해석'에 대한 이해로 적절하지 <u>않은</u> 것은?

① 동일한 곡이라도 지휘자마다 연주자에게 다른 요구를 할 수 있다.
② 악보를 통해 작곡가의 의도를 연주자에게 완벽하게 전달하기는 어렵다.
③ 작곡가가 악보에 자신의 의도를 정확하게 담았다면 음악 해석은 불필요하다.
④ 음악 해석은 지휘나 연주자가 작곡가의 악보를 소리로 재현할 때 이루어진다.
⑤ 지휘자는 동작이나 표정을 통해 연주자들에게 자신이 해석한 음악의 느낌을 전달한다.

45. 윗글을 바탕으로 <보기>에 대해 보인 반응으로 적절하지 <u>않은</u> 것은? [3점]

<보 기>

베토벤 당시의 호른으로는 재현부에서 C장조로 낮아진 제 2주제의 팡파르를 연주할 수 없었다. 그래서 베토벤은 자신의 「교향곡 5번」 1악장 재현부에서 제2주제 팡파르를 호른과 음색이 가장 유사한 목관 악기인 바순으로 연주하도록 했다. 그러나 19세기에 관악기의 개량이 이루어지면서 어떤 음이든 연주할 수 있는 호른이 널리 보급되었다. 그러자 어떤 지휘자들은 베토벤 「교향곡 5번」 1악장의 재현부에서 제2주제 팡파르를 호른으로 연주해야 한다고 주장했다. 하지만 어떤 지휘자들은 베토벤이 악보에 적어 놓은 그대로 바순의 연주를 고집했다.

① 베토벤은 당시 악기의 한계 때문에 자신이 의도한 바를 정확하게 구현하지 못했겠군.
② 토스카니니는 베토벤이 악보에 적어 놓은 그대로 바순으로 연주하는 데 동조했겠군.
③ 자신의 음악 해석에 따라 호른이나 바순 이외의 악기로 연주하는 지휘자도 있을 수 있겠군.
④ 호른으로 연주를 해야 한다고 주장한 지휘자들은 악보에 충실한 음악 해석을 중요시했겠군.
⑤ 윗글의 글쓴이는 바순과 호른 중 어떤 악기로 연주해도 그 지휘자의 연주가 틀렸다고는 생각하지 않겠군.

* 확인 사항
○ 답안지의 해당란에 필요한 내용을 정확히 기입(표기)했는지 확인하시오.

[1 ~ 3] 다음은 강연의 일부이다. 물음에 답하시오.

'우리나라 고등학생의 평균 키는 몇이지?', '이번 국어 시험 평균이 얼마야?' 등의 질문을 한번쯤은 해 보셨죠? 이렇게 우리가 흔하게 하는 질문 가운데 '평균'이라는 한 단어에 주목해 보겠습니다. 이때 '평균'은 보편적인 것, 대표적인 것이며, 어떤 집단의 속성을 잘 보여주는 지표가 되곤 합니다. 그런데 평균이 정말 보편적이고 대표적인 값이라고 할 수 있을까요? 우리가 알고 있는 평균의 의미를 다시 생각해 보기 위해 오늘 '평균에서 벗어난 삶'을 주제로 강연을 하려고 합니다.

1940년대 말, 미국 공군에서는 비행기 사고를 줄이기 위해 조종사들의 훈련을 강화했지만 사고가 줄지 않자, 결국 전문가를 부르게 됩니다. 인류학자였던 대니얼스는 4,063명의 조종사의 키와 가슴둘레, 팔 길이 등 조종석 설계상 가장 연관성이 높다고 판단되는 10개 항목의 신체 지수를 측정하고 평균값을 냈습니다. 이 평균값과 조종사 4,063명 각각의 신체 지수를 비교해 보니 10개 항목이 모두 평균에 속하는 사람은 단 한 명도 없었습니다. 어떤 조종사는 팔 길이가 평균보다 길지만 다리 길이는 평균보다 짧은가 하면 또 어떤 조종사는 가슴둘레가 평균보다 넓은 편이지만 엉덩이둘레는 좁은 편으로 나타나는 식이었습니다. 평균을 기준으로 만들어 놓은 비행기 조종석이 누구에게도 맞을 수 없는 조종석이 되어 버려 조종을 어렵게 만들었던 것입니다.

신체 지수조차 이렇게 각 부분이 다른데 인간의 지적 능력이나 성향에 이르면, 그 편차는 더 커질 수밖에 없을 것입니다. 그런데도 우리는 여러 분야에서 평균에 이르려고 노력합니다. 그러다 보니 평균을 뛰어넘어야 한다는 압박감을 느끼기도 하고, 평균에 이르지 못해 좌절하거나 열등감에 사로잡히기도 합니다.

그러나 평균적인 사람도, 평균적인 삶도 존재하지 않습니다. 인간의 신체, 지적 능력, 삶의 모습 등에는 다양한 속성이 존재합니다. 키는 평균보다 크지만 팔 길이는 짧은 사람이 있듯이, 미술은 평균 이상으로 잘하는데 수학은 어려워하는 사람도 얼마든지 존재할 수 있습니다. 따라서 우리는 평균에서 벗어나 있다고 걱정하지 않아도 됩니다. 행복도 마찬가지입니다. 평균적 행복이란 없습니다. 우리가 평균적 행복이라고 말하는 것은 타인의 취향에 나를 대입한 것이지요. 이런 평균적 삶을 따르기보다는 타인과 구별 짓는 색다른 경험을 해 보는 건 어떨까요? 스스로 원하는 것을 선택하는 힘을 기르는 것이 그 시작일 것입니다.

1. 강연자의 말하기 방식에 대한 설명으로 적절하지 <u>않은</u> 것은?

① 강연 주제를 선정하게 된 이유를 밝히고 있다.
② 청중의 경험을 환기하며 강연의 화제를 제시하고 있다.
③ 청중의 태도 변화를 제안하며 강연을 마무리하고 있다.
④ 구체적 사례를 활용하여 주장하는 내용을 뒷받침하고 있다.
⑤ 강연 순서를 제시하여 청중이 내용을 예측할 수 있도록 하고 있다.

2. 위 강연을 들은 학생들의 듣기 전략에 따른 반응으로 가장 적절한 것은? [3점]

듣기 전략	청중의 반응
강연에서 언급되지 않은 내용을 추론하며 듣는다.	○ 평균을 기준으로 만든 조종석이 누구에게도 맞을 수 없었다는 점이 놀라웠어. ……………①
강연자가 활용한 자료의 오류를 판단하며 듣는다.	○ 어떤 방식으로 조종사의 신체 지수 10개 항목의 평균을 냈을까? ……………②
강연을 통해 새롭게 알게 된 점을 정리하며 듣는다.	○ 사람들은 지적 능력의 평균보다는 신체 지수의 평균에 주목하는 경우가 더 많아. ……………③
강연자의 주장에 대한 구체적인 근거를 찾으며 듣는다.	○ 강연자는 상품의 규격을 표준화할 때 평균이 유용한 값이라고 생각하고 있어. ……………④
강연을 통해 자신의 경험을 떠올리고 성찰하며 듣는다.	○ 평균을 뛰어넘어야 한다는 압박감에 조바심을 내던 나의 모습을 돌아보게 됐어. ……………⑤

3. 위 강연을 들은 학생이 강연 주제를 고려하여 <보기>의 'A 씨'에게 조언할 내용으로 가장 적절한 것은?

— < 보 기 > —
　A 씨는 식당에 가면 가장 많이 팔린다는 베스트 메뉴를 선택하여 먹는다. 또한 서점에서는 베스트셀러 1위부터 10위까지의 순위 안에서 책을 선택하여 구매하는 편이다.

① 타인의 기준을 따르기보다는 자신의 특별한 기준을 찾아 선택해 보세요.
② 각 분야의 전문가들이 실제로 경험한 이야기를 참고하여 판단해 보세요.
③ 복잡한 것들을 여러 단계에 거쳐 단순하게 만든 후에 양자택일해 보세요.
④ 철저한 사전 조사를 통해 선택에 필요한 의사 결정의 시간을 줄여 보세요.
⑤ 짧은 기간에 많이 팔린 것보다는 오랫동안 잘 팔리는 것들에 관심을 가져 보세요.

[해설편 p.132]

[4~7] (가)는 바둑 동아리 학생들이 학교 스포츠 축제 준비 위원회에 제출할 건의문의 초고이고, (나)는 (가)를 수정하기 위한 회의이다. 물음에 답하시오.

(가)

안녕하세요, 저희는 바둑 동아리 학생들입니다. 먼저 스포츠 축제 준비 위원회 여러분의 노력에 감사드립니다. 이렇게 글을 쓰게 된 것은 이번 스포츠 축제 경기 종목에 두뇌 스포츠 경기도 포함시켜 달라는 건의를 드리기 위해서입니다.

이번 스포츠 축제의 기획 의도는 '다양하게, 모두 함께, 의미 있게'라고 들었습니다. 그런데 이번 축제에도 신체 활동을 위주로 하는 스포츠 경기만 계획되어 있어 기획 의도를 충분히 만족시키기에 부족하다고 생각합니다. 그래서 저희는 두뇌 스포츠 경기를 열어 주실 것을 부탁드립니다. 바둑, 체스 등으로 대표되는 두뇌 스포츠는 스포츠의 일부로 인정받고 있는 추세입니다. 실제로 국내외 여러 스포츠 대회에서 바둑 경기가 정식 종목으로 채택되었습니다. 또한 학교 스포츠클럽으로도 두뇌 스포츠 종목이 개설되고 있습니다. 스포츠 축제에 두뇌 스포츠 종목이 포함되지 않는 것은 이러한 추세에 맞지 않는다고 생각합니다.

두뇌 스포츠 경기를 열면 이번 스포츠 축제의 기획 의도에 맞는 여러 가지 효과를 기대할 수 있습니다. 첫째, 학생들에게 스포츠 활동 경험을 보다 '다양하게' 제공할 수 있습니다. 기존의 스포츠 경기와 함께 두뇌 스포츠 경기를 열면 스포츠 축제가 훨씬 풍성해질 것입니다. 둘째, 학생들이 '모두 함께' 즐기는 스포츠 축제를 만들 수 있습니다. 운동 신경이 뛰어나지 않거나 신체 활동을 좋아하지 않는 학생들은 스포츠 축제를 즐기기 어려운데, 두뇌 스포츠 경기가 열리면 이런 학생들도 축제에 관심을 가지고 축제를 즐길 수 있게 될 것입니다. 셋째, 스포츠 축제가 더욱 '의미 있게' 될 것입니다. 두뇌 스포츠는 체력 강화, 집중력과 창의력 향상, 상대를 존중하는 스포츠맨십 함양 등의 높은 교육적 가치가 있기 때문입니다.

두뇌 스포츠 경기를 열 장소가 없을 것이라는 우려가 있을 수도 있습니다. 하지만 이러한 우려는 체육관에서 경기를 열면 해소될 것입니다.

(나)

학생 1: 내가 쓴 건의문을 함께 검토해 보자.

학생 2: 예상 독자에게 두뇌 스포츠라는 말이 생소할 수도 있으니까 두뇌 스포츠의 개념을 둘째 문단에 넣어 주자.

학생 1: 좋은 생각이야. 다른 부분은 어때?

학생 3: 국내외 여러 스포츠 대회에서 바둑 경기가 정식 종목으로 채택되어 있다고만 했는데 더 구체적인 내용을 적어 주자.

학생 2: 우리가 수집한 자료 중에 2016년 전국체육대회부터 바둑이 정식 종목으로 채택됐다는 기사가 있었잖아. 그걸 넣으면 좋겠어. [A]

학생 1: 맞아, 그게 있었지. 국제 스포츠 경기 대회 관련 정보도 찾아서 반영해 볼까?

학생 3: 그래, 둘 다 쓰면 좋을 것 같아.

학생 1: 좋아. 그렇게 둘째 문단을 수정할게.

학생 3: 그런데 셋째 문단에서 두뇌 스포츠를 통해 체력을 강화할 수 있다고 했는데, 이 내용은 좀 이상한 것 같아.

학생 1: 두뇌 스포츠에서도 체력은 중요해. 바둑 기사들은 큰 대국을 치르면 체중이 몇 킬로씩 빠지기도 한대.

학생 2: 하지만 두뇌 스포츠는 보통 신체 활동이 많지 않은데, 체력을 기를 수 있다는 내용은 타당성이 떨어지는 것 같아. [B]

학생 1: 듣고 보니 그럴 수 있겠다. 그 부분은 수정할게.

학생 2: 그리고 두뇌 스포츠가 상대를 존중하는 스포츠맨십을 길러 준다는 내용에 대한 근거를 제시해 주면 좋겠어.

학생 3: 셋째 문단에 그런 내용을 언급한 두뇌 스포츠 선수의 말을 인용하면 어떨까?

학생 1: 그래, 그렇게 하자. 좋은 생각이야.

학생 3: 넷째 문단에 두뇌 스포츠 경기를 체육관에서 열면 된다고 했는데 축제 일정상 정말 가능할까?

학생 1: 그럼 스포츠 축제 담당 선생님께 여쭤 보는 게 어떨까? [C]

학생 2: 안 그래도 아침에 여쭤 봤는데 그날 오후에는 체육관 사용이 가능하다고 하셨어.

학생 1: 다행이다. 체육관 사용이 가능한 시간을 반영해서 글을 수정할게.

학생 3: 그런데 글이 아직 마무리되지 않은 느낌이야. 건의를 수용해 줄 것을 촉구하는 내용이 직접적으로 드러나도록 글을 마무리하자.

학생 2: 그리고 전달 효과를 높이기 위해 비유적 표현도 활용하면 좋겠어.

학생 1: 알겠어. ⓐ<u>마무리 부분에 대한 의견</u>을 반영해서 글을 써 볼게.

4. (가)를 작성하기 위한 학생의 글쓰기 계획으로 적절하지 <u>않은</u> 것은?

① 건의를 받아들일 때 기대할 수 있는 긍정적인 효과들을 제시해야겠어.

② 인사말과 함께 건의 주체를 밝혀 예상 독자에 대한 예의를 갖추어야겠어.

③ 건의가 수용되지 않았던 경험을 밝혀 건의 내용 수용의 필요성을 강조해야겠어.

④ 글의 처음 부분에 건의 내용을 직접 제시하여 건의하는 바를 명확하게 드러내야겠어.

⑤ 건의를 받아들일 때 예상되는 문제 상황을 제시하고 그에 대한 해결책을 언급해야겠어.

5. (나)를 참고하여 '학생 1'이 (가)를 고쳐 쓰기 위해 세운 계획으로 적절하지 <u>않은</u> 것은?

문단	고쳐 쓰기 계획
둘째 문단	'두뇌 스포츠는 두뇌를 활용하여 상대와 수 싸움을 하는 게임입니다.'라는 내용을 추가해야겠군. ·········· ①
	'실제로 국내외 여러 스포츠 대회에서 바둑 경기가 정식 종목으로 채택되었습니다.'라는 내용을 '실제로 바둑은 2016년 전국체육대회와 2010년 광저우 아시안게임에서 정식 종목으로 채택되었습니다.'라는 내용으로 수정해야겠군. ·················· ②
셋째 문단	마지막 문장에서 '체력 강화'라는 내용을 삭제해야겠군. ···································· ③
	'바둑 기사 △△△ 9단은 언론 인터뷰에서, "바둑판은 넓지 않지만 경우의 수가 너무 많다. 한계가 없는 것이 바둑의 가장 큰 매력이다."라고 말했습니다.'라는 내용을 추가해야겠군. ·················· ④
넷째 문단	둘째 문장을 '하지만 스포츠 축제 당일 오후에는 체육관을 사용할 수 있다고 하니 이러한 우려는 해소될 것입니다.'라는 내용으로 수정해야겠군. ··········· ⑤

6. [A] ~ [C] 담화에 대한 설명으로 가장 적절한 것은?

① [A]에서 '학생 2'는 '학생 3'의 의견에 대해 반박하며 새로운 의견을 제시하고 있다.
② [B]에서 '학생 2'는 '학생 1'의 말을 재진술하며 '학생 1'의 의견에 공감하고 있다.
③ [B]에서 '학생 1'은 '학생 3'의 의견을 수용하면서 '학생 2'의 의견에는 반대하고 있다.
④ [C]에서 '학생 1'은 '학생 3'이 제기한 의문을 해소하기 위한 방안을 제안하고 있다.
⑤ [C]에서 '학생 1'은, '학생 2'와 '학생 3'의 대립된 주장에 대해 절충안을 제시하고 있다.

7. ⓐ를 반영하여 (가)의 마무리 부분을 작성한 것으로 가장 적절한 것은?

① 두뇌 스포츠를 스포츠 축제 경기 종목으로! 두뇌 스포츠를 좋아하는 학생들을 위해 두뇌 스포츠를 스포츠 축제 경기 종목으로 채택하여 주십시오.
② 흔히 바둑을 신선놀음이라고 합니다. 뜨거운 땀이 가득한 스포츠 축제 때 우리 모두 바둑이 선물하는 시원한 한 줄기 여유도 느낄 수 있을 것입니다.
③ 이번 스포츠 축제가 학생들의 큰 호응을 얻는 성공적인 행사가 될 것이라고 믿습니다. 학생들의 열정이 불꽃이 되어 타오르는 그날이 기대되지 않으세요?
④ 두뇌 스포츠는 이번 스포츠 축제의 기획 의도를 제대로 살릴 수 있는 일등 공신이 될 것입니다. 두뇌 스포츠를 스포츠 축제 경기 종목에 꼭 포함시켜 주십시오.
⑤ 스포츠 축제를 학생들이 함께 즐길 수 있는 행사로 만들어야 하지 않을까요? 다시 한 번 두뇌 스포츠를 스포츠 축제 경기 종목에 포함시켜 주시기를 요청합니다.

[8 ~ 10] 다음을 읽고 물음에 답하시오.

(가) 작문 상황
• 작문 과제: 사회 문제 중 하나를 중심 화제로 선정한 후 관련 자료를 수집하여 문제 상황에 대한 해결 방안을 제시하는 글을 신문에 투고해 보자.
• 예상 독자: 신문 구독자들
• 글의 목적: 항생제 오남용 예방을 위한 설득적 글쓰기
• 글의 주제: 항생제 오남용의 실태를 알고 항생제를 올바르게 사용하기 위해 노력하자.

(나) 글의 초고
항생제는 우리 몸에 들어온 세균을 죽이거나 세균의 생장을 억제하는 물질로, 적절하게 사용하면 질병을 빠르게 치료하는 데 도움이 되고 생명 연장을 위해서도 꼭 필요한 약이다. 1928년 최초의 항생제 '페니실린'이 개발된 이후 콜레라, 결핵 등 치료가 힘들었던 질환을 항생제로 치료할 수 있게 됨으로써 인간의 평균 수명이 약 40세에서 71.4세로 연장되었다. 그러나 항생제를 오남용하면 항생제에 대한 내성이 점점 강해짐에 따라 인류가 페니실린이 발견되기 이전의 암흑시대로 되돌아갈 수 있다는 내용의 보고서가 발표되었다. '항균 내성에 대한 고찰'이라는 이 보고서에서는 세계적으로 매년 70만 명 이상이 항생제 내성균으로 사망하고 있으며 2050년에는 3초마다 1명꼴로, 매년 1,000만 명이 사망하게 될 것이라고 경고하고 있다.

내성이란 항생제에 우리 몸이 익숙해져서 더 이상 약의 효과가 없어진 상태로, 우리 몸속에 내성을 지닌 슈퍼박테리아가 생기면 질병 치료에 심각한 문제가 발생한다. 세균이 항생제에 맞서기 위해 유전자 변이를 일으켜 내성이 강력해짐으로써 사람들이 아주 사소한 상처나 가벼운 감기에도 목숨을 잃는 날이 올지도 모르기 때문이다.

그렇다면 항생제에 대한 내성이 발생하는 이유는 무엇일까? 항생제 오남용 때문이라는 의견이 지배적이다. 보건복지부 자료에 따르면 우리나라에서 항생제를 매일 복용하는 사람은 1,000명 중 31.7명으로 OECD 회원국 중 조사 대상 12개 나라 평균 23.7명보다 현저히 높다. 우리는 평소 가벼운 감기에도 항생제를 처방받는 경우가 빈번하다. 하지만 항생제는 세균을 죽일 수 있을 뿐 세포벽에 옮는 바이러스는 죽일 수 없다. 감기 같은 질환은 바이러스성 질환으로 항생제 처방 없이 체내의 면역 작용만으로도 치료가 되는 경우가 많은데 사람들은 체내에서 면역 작용이 일어나는 동안 발생하는 열이나 콧물, 가래 등을 참지 못해 병원을 찾는다. 그러면 의사들이 항생제가 포함된 감기약을 처방하기도 하는데, 이러한 일들이 반복되는 과정에서 내성이 생길 수 있다. 문제는 항생제를 오남용하면 정작 항생제가 필요한 질병에 걸렸을 때는 내성으로 인해 치료가 힘들어질 수도 있다는 것이다.

그러나 이러한 문제 때문에 항생제를 무조건 기피하는 것 또한 잘못이다. 치료를 위해서 항생제가 반드시 필요한 경우도 있기 때문이다. 항생제에 대한 편견으로 인해 증상이 호전되는 것 같다고 판단해서 임의로 복용을 중단하면, 세균이 완벽하게 사라지지 않은 상태에서 오히려 항생제에 대해 내성이 생기게 된다. 항생제를 복용하는 것 자체가 내성으로 이어지는 것이 아니라 항생제의 오남용이 내성을 만드는 것이다. 무조건적인 항생제 사용은 자제하되 항생제 복용이 필요한 경우에는 반드시

제시된 방법과 기간을 준수하여 올바른 방법으로 항생제를 사용해야 할 것이다.

8. 다음은 (나)를 쓰기 위해 떠올린 생각이다. (가)를 참고하여 ⓐ ~ ⓔ를 점검한 내용 중 (나)에 반영되지 <u>않은</u> 것은?

> ⓐ 중심화제에 대해 어떻게 독자의 관심을 유도할까?
> ⓑ 항생제란 무엇일까?
> ⓒ 항생제를 오남용하는 실태는 어느 정도일까?
> ⓓ 항생제 오남용이 문제가 되는 이유는 무엇일까?
> ⓔ 항생제 오남용 방지를 위한 실천 방안은 무엇일까?

① ⓐ : 예상 독자를 고려하여 문제 상황을 알 수 있는 통계자료를 활용해야겠어.
② ⓑ : 중심 화제를 쉽게 이해할 수 있도록 항생제의 개념과 효과를 설명해야겠어.
③ ⓒ : 문제 상황을 드러내기 위해 다른 나라와 비교해서 오남용 실태를 제시해야겠어.
④ ⓓ : 글의 목적을 고려하여 항생제 오남용으로 인해 초래될 부정적 상황을 언급해야겠어.
⑤ ⓔ : 주제와의 관련성을 고려하여 개인적·사회적 차원에서의 실천 방안을 제안해야겠어.

9. (나)의 글을 신문에 실을 때, 표제와 부제로 가장 적절한 것은?

① 양날의 검, 항생제
　- 적정 사용으로 내성 예방
② 세균 생장 억제하는 항생제
　- 바이러스성 질환엔 무용
③ 예방적 차원의 항생제 처방
　- 내성률 감소로 평균 수명 연장
④ 항생제에 대한 오해와 진실
　- 유전자 변이 항생제, 면역 체계 파괴
⑤ 세균성 감염병 치료제, 항생제
　- 슈퍼박테리아 출현으로 더 큰 질병 유발

10. <보기>는 (나)를 보완하기 위해 추가로 수집한 자료이다. 자료의 활용 방안으로 적절하지 <u>않은</u> 것은? [3점]

─── <보 기> ───

ㄱ. 설문 자료
ㄱ-1. 항생제 사용에 대한 인식

설문 대상: 전국 만 20세 이상의 성인 남녀 1000명

1. 열이 날 때 집에 보관해 둔 항생제를 임의로 복용한 적이 있다.	18.5%
2. 증상이 좋아지면 처방된 항생제를 임의로 중단해도 된다.	67.5%
3. 항생제 복용이 감기 치료에 도움이 된다.	56.4%

ㄱ-2. 항생제 처방 실태

설문 대상: 자발적으로 참여한 의사 864명

1. 열과 기침으로 내원한 환자의 감염 원인이 세균인지 아닌지 알 수 없는 상황에서 항생제를 처방한 적이 있다.	50.1%
2. 항생제가 필요하지 않은 경우에도 항생제를 처방한 적이 있다.	43.6%

2-1. 항생제가 필요하지 않은 경우에도 항생제를 처방하는 이유

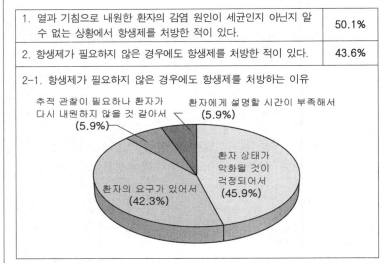

추적 관찰이 필요하나 환자가 다시 내원하지 않을 것 같아서 (5.9%)
환자에게 설명할 시간이 부족해서 (5.9%)
환자 상태가 악화될 것이 걱정되어서 (45.9%)
환자의 요구가 있어서 (42.3%)

(질병관리본부, 2017)

ㄴ. 보고서

　항생제 사용 및 내성에 대한 교육이 항생제에 대한 인식 개선에 높은 효과가 있는 것으로 확인되었다. 전국 55개 학교에서 보건교사가 '올바른 항생제 사용, 건강한 대한민국'이라는 주제로 수업을 실시하고 학생들의 인식 변화를 조사하였다. 그 결과 학생들이 감기를 치료하는 데 항생제가 효과가 없다는 것과 항생제로 치료하는 중 임의로 항생제 복용을 중단해서는 안 된다는 사실을 알게 된 비율이 30% 이상씩 높아진 것으로 나타났다.

ㄷ. 전문가 인터뷰

　"우리나라 국민의 항생제에 대한 내성률은 67.7%로 프랑스 20%, 영국 13.6%에 비해 현저히 높습니다. 항생제에 대한 내성률을 감소시키기 위한 대책에는 항생제 오남용 방지, 철저한 병원 감염 관리, 새로운 항생제의 개발 및 백신의 보급 등이 있습니다. 특히 항생제의 오남용은 항생제 내성 발생의 가장 중요한 위험 요인으로 알려져 있고, 항생제 사용량이 많을수록 내성률도 높습니다."

－ □□□ 연구원 －

① ㄱ-1과 ㄱ-2를 활용하여 항생제를 처방하는 의사와 처방받는 환자 모두 인식 개선이 필요하다는 내용을 추가한다.
② ㄱ-2를 활용하여 의사들의 적절한 항생제 처방이 필요하다는 내용을 추가한다.
③ ㄴ을 활용하여 항생제 오남용 방지를 위한 교육이 필요하다는 내용을 추가한다.
④ ㄷ을 활용하여 항생제 사용량과 내성률의 상관관계를 바탕으로 항생제를 오남용하지 말아야 함을 강조한다.
⑤ ㄱ-2와 ㄷ을 활용하여 항생제 오남용으로 인한 문제를 개선하기 위해서는 정부의 적극적인 지원이 필요함을 추가한다.

[11 ~ 12] 다음 글을 읽고 물음에 답하시오.

'홀쭉이'와 '홀쭈기' 중 무엇이 올바른 표기일까? 이런 질문에 답을 제시해 주고 있는 것이 바로 한글 맞춤법이다. 한글 맞춤법 제1항을 보면, '한글 맞춤법은 표준어를 소리대로 적되, 어법에 맞도록 함을 원칙으로 한다.'라고 나와 있다.

한글 맞춤법의 기본적인 원칙은 표준어를 소리 나는 대로 적는 것이다. 그러나 단어나 문장이 만들어지는 과정에서 소리가 바뀌는 경우에는 사정이 달라진다. 그래서 함께 제시된 것이 '어법에 맞도록' 적는다는 원칙이다. 어법에 맞게 적는다는 것은 형태소들이 만나 소리가 바뀔지라도 형태소의 본 모양을 밝히어 적는 것을 의미한다.

국어의 단어와 문장은 형태소들이 결합하여 만들어진다. 형태소는 체언이나 용언의 어간 등 실질적인 의미를 표시하는 실질 형태소와, 접사나 용언의 어미, 조사처럼 실질 형태소에 결합하여 보조적 의미를 덧붙이거나 문법적 관계를 표시하는 형식 형태소로 나뉜다. 예를 들어 '꽃나무', '덮개'를 보면 실질 형태소(꽃, 나무)끼리 만나 이루어지거나 실질 형태소(덮-)에 형식 형태소(-개)가 붙어 단어가 만들어진다. 또한 '모자를 쓰다'에서는 실질 형태소(모자, 쓰-)에 각각 형식 형태소(를, -다)가 붙어 문장이 만들어진다.

그렇다면 어떠한 경우에 '어법에 맞도록' 적어야 할까? 체언에 조사가 붙거나 용언의 어간에 어미가 붙어 소리가 바뀔 때 형태를 밝히어 적는다. 예를 들어 '꽃이'는 [꼬치]로, '잡아'는 [자바]로 발음되지만 각각 '꽃이'와 '잡아'와 같이 실질 형태소와 형식 형태소를 구별하여 적어야 한다.

두 개의 용언이 어울려 한 개의 용언이 될 때에 '들어가다'처럼 앞말의 본뜻이 유지되고 있는 것은 그 원형을 밝히어 적는다. 다만, '드러나다'처럼 앞말이 그 본뜻에서 멀어진 것은 원형을 밝히어 적지 않는다.

어근에 접사가 붙어 새로운 말이 만들어질 때에도 소리 나는 대로 적지 않고 형태를 밝히어 적는다. 예를 들어 '삶'은 '살다'의 어간 '살-'에 접미사 '-ㅁ'이 붙어서 파생된 명사로 [삼:]이라 발음되지만 '삶'으로 적는다. 그리고 '많이'는 '많다'의 어간 '많-'에 접미사 '-이'가 붙어서 부사가 된 것으로 [마:니]라고 발음되지만 '많이'로 적는다. 이처럼 ㉠용언의 어간에 '-이'나 '-음/-ㅁ'이 붙어서 명사로 된 것과 ㉡용언의 어간에 '-이'나 '-히'가 붙어서 부사로 된 것은 그 어간의 원형을 밝히어 적는다. 다만, ㉢어간에 '-이'나 '-음'이 붙어서 명사로 바뀐 것이라도 그 어간의 뜻과 멀어진 것은 원형을 밝히어 적지 않는다.

① ⓐ는 용언의 어간 '먹-'에 어미 '-을'이 결합했으므로 형태를 밝히어 적었군.
② ⓑ는 체언 '것'에 조사 '은'이 붙었으므로 형태를 밝히어 적었군.
③ ⓒ는 실질 형태소 '수'와 형식 형태소 '만', '은'이 결합했으므로 형태를 밝히어 적지 않았군.
④ ⓓ는 앞말의 본뜻이 유지되고 있으므로 형태를 밝히어 적었군.
⑤ ⓔ는 앞말이 본뜻에서 멀어졌으므로 형태를 밝히어 적지 않았군.

12. 윗글의 ㉠~㉢에 해당하는 예로 적절하지 <u>않은</u> 것은?

① ㉠ : 나는 고양이에게 먹이를 주었다.
② ㉠ : 모두들 그의 정신력을 높이 칭찬했다.
③ ㉡ : 나는 그 사실을 익히 들어 알고 있다.
④ ㉢ : 그는 상처에서 흐르는 고름을 닦았다.
⑤ ㉢ : 그들은 새로 만든 도로의 너비를 측정했다.

13. <보기>를 참고하여 음운 변동 사례에 대해 이해한 것으로 적절하지 <u>않은</u> 것은?

<보 기>

음운의 변동은 어떤 음운이 다른 음운으로 바뀌는 **교체**, 어떤 음운이 없어지는 **탈락**, 새로운 음운이 생기는 **첨가**, 두 음운이 하나의 음운으로 합쳐지는 **축약**으로 구분된다.

① '밥물[밤물]'이 발음될 때에는 'ㅂ'이 'ㅁ'의 영향을 받아 'ㅁ'으로 교체되는 현상이 일어난다.
② '광한루[광:할루]'가 발음될 때에는 'ㄴ'이 'ㄹ'의 영향을 받아 'ㄹ'로 교체되는 현상이 일어난다.
③ '좋아[조:아]'가 발음될 때에는 모음으로 시작되는 어미와 만나 'ㅎ'이 탈락하는 현상이 일어난다.
④ '색연필[생년필]'이 발음될 때에는 첨가되는 'ㄴ'으로 인해 'ㄱ'이 'ㅇ'으로 교체되는 현상이 일어난다.
⑤ '옷 한 벌[오탄벌]'이 발음될 때에는 'ㅅ'이 탈락한 후 첨가되는 'ㄷ'이 'ㅎ'과 만나 'ㅌ'으로 축약되는 현상이 일어난다.

14. <보기>는 표준 발음법의 된소리되기 중 일부이다. ㉠과 ㉡에 해당하는 예가 바르게 짝지어진 것은?

<보 기>

㉠ 받침 'ㄱ(ㄲ, ㅋ, ㄳ, ㄺ), ㄷ(ㅅ, ㅆ, ㅈ, ㅊ, ㅌ), ㅂ(ㅍ, ㄼ, ㄿ, ㅄ)' 뒤에 연결되는 'ㄱ, ㄷ, ㅂ, ㅅ, ㅈ'은 된소리로 발음한다.
㉡ 어간 받침 'ㄴ(ㄵ), ㅁ(ㄻ)' 뒤에 결합되는 어미의 첫소리 'ㄱ, ㄷ, ㅅ, ㅈ'은 된소리로 발음한다.

	㉠	㉡
①	늦게[늗께]	없다[업따]
②	옆집[엽찝]	있고[읻꼬]
③	국수[국쑤]	늙다[늑따]
④	묶어[무꺼]	껴안다[껴안따]
⑤	앉다[안따]	머금다[머금따]

11. 윗글을 바탕으로 <보기>를 탐구한 내용으로 적절하지 <u>않은</u> 것은? [3점]

<보 기>

○ <u>먹을</u> <u>것은</u> 많았지만, 마음 편히 먹고 있을 <u>수만은</u> 없었다.
　　ⓐ　　ⓑ　　　　　　　　　　　　　　　　ⓒ

○ 집으로 <u>돌아오다가</u> 너무 지쳐 <u>쓰러질</u> 뻔했다.
　　　　　ⓓ　　　　　　　　　　ⓔ

15. <보기>는 단어 학습을 위해 활용한 사전의 일부이다. 탐구 결과로 적절하지 <u>않은</u> 것은?

─────────< 보 기 >─────────

개다¹ 圄
「1」 흐리거나 궂은 날씨가 맑아지다.
¶ 비가 개다.
「2」 (비유적으로) 언짢거나 우울한 마음이 개운하고 홀가분해지다.
¶ 마음이 활짝 개다.

개다² 圄 【…을】【…을 …에】
가루나 덩이진 것에 물이나 기름 따위를 쳐서 서로 섞이거나 풀어지도록 으깨거나 이기다.

개다³ 圄 【…을】
옷이나 이부자리 따위를 겹치거나 접어서 단정하게 포개다.
¶ 이부자리를 개고 방을 청소하다.

─────────────────────────

① '개다¹', '개다²', '개다³'은 동음이의어이다.
② '개다¹'「1」의 용례로 '기분이 개다.'를 추가할 수 있다.
③ '개다²'의 용례로 '가루약을 찬물에 개어 먹다.'를 들 수 있다.
④ '개다³'의 반의어로 '펴다'를 들 수 있다.
⑤ '개다³'은 '개다¹'과 달리 목적어를 필요로 한다.

[16~20] 다음 글을 읽고 물음에 답하시오.

서양 철학은 ⊙존재에 대한 물음에서 시작되었다. 고대 그리스 철학자 파르메니데스는 있는 것은 있고 없는 것은 없다고 말했다. 그는 어떤 존재가 있다가 없어지고 없다가 있게 되는 일은 불가능하다며 존재의 생성과 변화, 소멸을 부정했다. 그에게 존재는 영원하며 절대적이고 불변성을 가지는 것이었다. 이에 반해 헤라클레이토스는 존재의 생성과 변화를 긍정했다. 그는 존재하는 모든 것이 변화의 과정 중에 있으며 끊임없이 생성과 소멸을 반복하는 것이라고 생각했다. 존재에 대한 두 철학자의 견해는 플라톤의 이데아론에 영향을 주었다. 플라톤은 존재를 끊임없이 변하는 존재와 영원히 변하지 않는 존재로 나누었다. 그는 우리가 경험하는 현실 세계의 존재는 변한다고 생각했다. 그리고 현실 세계에 존재하는 모든 것의 근원을 이데아로 ⓐ상정하고 이데아를 영원하고 불변하는 존재, 그 자체로 완전한 진리로 여겼다. 반면에 현실 세계의 존재는 이데아를 모방한 것일 뿐 이데아와 달리 불완전하다고 보았다. 또한 감각을 통해 인식할 수 있는 현실 세계의 존재와 달리 이데아는 오직 이성에 의해서만 인식할 수 있다는 이성 중심의 사유를 전개했다. 플라톤의 이러한 철학적 견해는 이후 서양 철학의 주류가 되었다.

그러나 플라톤의 견해를 바탕으로 한 서양 철학의 주류적 입장은 근대에 이르러 니체에 의해 강한 비판을 받았다. 헤라클레이토스의 견해를 받아들인 니체는 영원히 변하지 않는 존재, 절대적이고 영원한 진리는 없다고 주장했다. 또한 우리가 살고 있는 현실 세계가 유일한 세계라면서 '신은 죽었다'라고 선언하며 형이상학적 이원론*이 말하는 진리, 신 중심의 초월적 세계, 합리적 이성 체계 모두를 부정했다. 니체는 형이상학적 이원론이 진리를 영원불변한 것으로 고정하고, 현실 너머의 이상 세계와 초월적 대상을 생명의 근원으로 설정함으로써 인간이 현실의 삶을 부정하도록 만들었다고 보았다. 그래서 생명의 근원과 삶의 의미를 상실한 인간은 허무에 ⓑ직면하게 되었다는 것이다.

니체는 허무에서 벗어나기 위해서는 생명의 본질을 ⓒ회복해야 한다고 했다. 그는 인간이 자신의 삶을 지탱할 수 있게 하는 것을 '힘에의 의지'로 보았다. 니체가 말하는 '힘에의 의지'는 주변인이나 사물을 자기 마음대로 지배하고 억압하려는 의지가 아니라 자기 극복을 이끌어 내고 생명의 상승을 지향하는 의지로 이해할 수 있다. 니체는 이러한 '힘에의 의지'가 생성과 변화의 끊임없는 과정 중에서 창조적 생성 작용을 하는데, 그 최고의 형태가 예술이라고 했다. 그는 본능에 내재한 감성을 바탕으로 하는 예술적 충동을 중시하였고, 예술가의 창작 활동을 인간의 삶의 가치 상승을 도와주는 '힘에의 의지'로 보았다. 그는 예술을 통해 생명력을 회복하고 허무를 극복할 수 있음을 강조한 것이다.

이러한 니체의 철학적 견해는 20세기 초의 예술가들에게 많은 영향을 주었는데, 특히 회화에서 독일의 표현주의가 니체의 철학을 ⓓ수용했다. 표현주의는 전통적인 사실주의 미학을 따르지 않았다. 사실주의 미학은 형이상학적 이원론에 근거하여 존재와 진리의 참모습을 모방하는 것을 예술의 목적으로 받아들이는 재현의 미학이었다. 그러나 니체의 철학적 관점에서 예술을 이해한 표현주의 화가들은 예술의 목적을 대상의 재현이 아니라 인간의 감정과 충동을 표현하는 것으로 생각했다. 그들은 사실주의 미학에서 이성보다 열등한 것이라고 여겼던 감정을 존재의 본질을 드러내는 것으로 보았다. 그들이 생각하는 인간의 감정은 시시각각 변화하며 생성과 소멸을 반복하는 것이었기에 그림을 그리는 동안에도 매 순간 변화하는 감정을 중시했다. 그래서 대상의 비례와 고유한 형태를 왜곡하고, 색채도 실제보다 더 강하게 과장해서 그리거나 대비되는 원색을 대담하게 사용하는 등의 방법을 통해 자신의 감정과 충동을 표현했다. 또한 원근법에 얽매이지 않는 화면 구성을 보임으로써 작품에서 드러나는 공간이 현실 공간의 재현이 아니라 화가 자신의 감정을 표현하기 위한 상징과 의미를 생산하는 공간이라는 인식을 드러냈다.

표현주의 화가들은 이성과 합리성의 가치를 추구하던 당시 사회의 분위기에 ⓔ반발하며 예술가로서의 감정적, 주관적인 표현을 예술이 추구해야 하는 가치로 보았다. 그들은 자유로운 형태와 색채로 자신들이 가지고 있던 내면의 불안, 공포, 고뇌 등을 예술로써 극복하려고 노력하면서 강한 생명력을 보여 주었다. 결국 화가의 내면을 적극적으로 표현했던 표현주의는 니체의 철학을 근거로 예술에 대한 새로운 해석을 보여 주었다고 할 수 있다.

* 형이상학적 이원론: 세계를 경험의 세계와 경험을 초월한 세계로 나누고, 사물의 본질과 존재의 근본 원리를 사유를 통해 연구하는 이론.

[해설편 p.135]

16. 윗글에 대한 설명으로 가장 적절한 것은?

① 니체의 철학적 개념을 예술 양식의 발전 단계에 따라 정리하고 있다.

② 예술에 대한 니체의 견해가 시대에 따라 달리 평가받는 원인을 분석하고 있다.

③ 예술에 대한 니체의 시각과 서양 철학의 주류적 입장의 장단점을 비교하고 있다.

④ 예술에 대한 여러 철학자들의 견해가 니체에 의해 통합되는 과정을 살펴보고 있다.

⑤ 서양 철학의 주류적 입장을 부정하는 니체의 철학이 예술에 미친 영향을 설명하고 있다.

17. ㉠에 대한 이해로 가장 적절한 것은?

① 헤라클레이토스와 니체는 ㉠이 변화한다고 생각했다.

② 파르메니데스와 플라톤은 ㉠이 불완전하다고 여겼다.

③ 플라톤과 헤라클레이토스는 영원히 변하지 않는 ㉠이 있다고 보았다.

④ 파르메니데스는 헤라클레이토스와 달리 ㉠의 생성을 긍정했다.

⑤ 플라톤은 니체와 달리 ㉠의 근원을 감각을 통해 인식할 수 있다고 보았다.

18. 윗글에 나타난 표현주의 화가들 의 생각으로 적절하지 않은 것은?

① 인간의 감정을 존재의 본질을 드러내는 것으로 인식했다.

② 존재와 진리의 참모습을 모방하는 것이 중요하다고 여겼다.

③ 시시각각 변화하며 생성과 소멸을 반복하는 감정을 중시했다.

④ 예술가로서의 주관적 표현을 예술이 추구해야 하는 가치라고 생각했다.

⑤ 작품에서 드러나는 공간을 화가의 감정을 표현하기 위한 공간으로 인식했다.

19. 윗글에 나타난 니체의 사상과 연결 지어 <보기>의 작품을 감상한 내용으로 가장 적절한 것은? [3점]

─ < 보 기 > ─

독일 표현주의 화가인 키르히너의 <해바라기와 여인의 얼굴(1906)>은 창가에 놓인 해바라기 꽃병과 여인의 모습을 그린 작품으로 화가의 내면이 잘 표현되었다는 평가를 받는다. 해바라기는 노란색, 꽃병은 녹색, 배경은 주황색의 화려한 원색으로 그려져 있고, 해바라기 앞의 여인은 슬프고 우울해 보인다. 활짝 핀 해바라기의 윤곽은 빨갛고 두터운 선으로 그려져 해바라기의 노란색과 대비를 이루고 있다. 또한 여인보다 뒤에 있는 해바라기 꽃병이 더 크게 그려진 화면 구성을 보이고 있다.

① 여인을 슬프고 우울해 보이게 그린 것을 보니 인간은 결코 허무를 극복할 수 없다는 니체의 철학과 관련된 것으로 볼 수 있겠군.

② 해바라기를 강조한 화면 구성을 보니 현실 너머의 이상 세계를 생명의 근원이라고 여긴 니체의 견해가 반영된 것으로 볼 수 있겠군.

③ 해바라기의 노란색과 윤곽의 빨간색을 대비한 것을 보니 초월적 세계를 재현한 것이 현실 세계라는 니체의 입장과 관련된 것으로 볼 수 있겠군.

④ 해바라기, 꽃병, 배경 등을 화려한 원색으로 그린 것을 보니 감성을 바탕으로 한 예술적 충동을 중요하게 여겼던 니체의 생각에 영향을 받은 것으로 볼 수 있겠군.

⑤ 해바라기 꽃병과 여인을 원근법에 어긋나게 그린 것을 보니 인간은 자기 주변의 사물을 지배해야 한다는 의지를 강조한 니체의 주장이 수용된 것으로 볼 수 있겠군.

20. ⓐ ~ ⓔ의 사전적 의미로 적절하지 않은 것은?

① ⓐ : 어떤 정황을 가정적으로 생각하여 단정함.

② ⓑ : 어떠한 일이나 사물을 직접 당하거나 접함.

③ ⓒ : 온전하게 보호하여 유지함.

④ ⓓ : 어떠한 것을 받아들임.

⑤ ⓔ : 어떤 상태나 행동 따위에 대하여 거스르고 반항함.

[21 ~ 25] 다음 글을 읽고 물음에 답하시오.

(가)

[A]
┌ **물로 사흘 배 사흘**
│ 먼 삼천 리
│ 더더구나 걸어 넘는 먼 삼천 리
└ 삭주구성*은 산을 넘은 육천 리요

[B]
┌ 물 맞아 함빡히 젖은 제비도
│ 가다가 비에 걸려 오노랍니다
│ 저녁에는 **높은 산**
└ 밤에 높은 산

[C]
┌ 삭주구성은 산 너머
│ 먼 육천 리
│ 가끔가끔 **꿈**에는 사오천 리
└ 가다 오다 돌아오는 길이겠지요

[D]
┌ 서로 떠난 몸이길래 몸이 그리워
│ **님을 둔 곳이길래** 곳이 그리워
│ 못 보았소 새들도 집이 그리워
└ 남북으로 오며 가며 아니합디까

[E]
┌ 들 끝에 **날아가는 나는 구름**은
│ 밤쯤은 어디 바로 가 있을 텐고
│ 삭주구성은 산 너머
└ 먼 육천 리

— 김소월, 「삭주구성(朔州龜城)」 —

* 삭주구성 : '삭주'와 '구성'은 평안북도에 있는 지역. '구성'은 김소월
  의 고향임.

(나)

이른 아침 차를 타고 나가 보니 아낙네들은 **얼어붙은 땅**을 파고 무씨를 갈고 있었습니다 그네들의 등에 업힌 아이들은 고개를 떨군 채 잠들어 있었습니다 남정네들은 어디 갔는지 보이지 않았습니다 ㉠논두렁에 불이 타고 흰 연기가 천지를 둘렀습니다

진흙길을 따라가다 당신을 만났습니다 무릎까지 오는 장화를 신고 **당신**은 아직 물이 마르지 않은 뻘밭에서 흙투성이 연뿌리를 캐고 있었습니다

혹시 당신이 찾은 것은 연뿌리보다 질기고 뻣센 **당신의 상처**가 아니었습니까 삽에 찍힌 연뿌리의 동체에서 굵다란 물관구멍을 통해 사라진 것은 **도로**(徒勞)***뿐인 한 생애**가 아니었습니까 **목청을 다해** 불러도 한사코 당신은 삽을 찍어 얼어붙은 연뿌리를 캐고 있었습니다

— 이성복, 「당신」 —

* 도로 : 헛되이 수고함. 보람 없이 애씀.

(다)

담장 위 장미가 붉은 혀를 깨물고 있다. 비누 냄새 풍기는 하수도 물이 길 따라 흘러내린다. 물소리도 길 따라 휘어지며 흘러내린다. 저녁 식사 시간 골목길은 음식 냄새들의 유원지다.

종량제 쓰레기봉투를 뜯고 있던 고양이가 도망간다. 전봇대에는 가스 배달, 중국집 전화번호 스티커가 신속히 붙는다. 한때 골목대장이었던 아이가 가장이 되어 아파트 경비하러 급히 내닫는다. 처녀가 힐끗 뒤돌아본다. 사내의 발짝 소리가 멈칫한다. 두부장수가 리어카를 세워 놓고 더 좁은 골목길로 종을 울리며 들어가자 붉은 장화를 신은 비둘기 분대가 후드득 리어카에 낙하한다. 아침 일곱 시, 더 넓은 골목길에 가 살기 위하여 직장 나가는 샐러리맨들의 발짝 소리가 발짝 소리에 밟힌다. 얼어붙은 길 위에 던진 연탄재가 부지직 소리를 낸다. 허리가 낫처럼 휜 할머니가 숨이 찬지 허리는 펴지 못하고 고개만 들고 숨을 고른다. 가로등이 켜지고 나방 그림자가 벽에 부딪친다.

(중략)

건축가 이일훈 선생의 강의를 들은 적이 있다. 강의 중 슬라이드를 보는 시간이 있었다. 고건축물에서 현대 최첨단 건축물까지 다양한 건축물 설명을 듣는 도중 느닷없이 한적한 곳에 덩그렇게 서 있는 시골 방앗간 풍경이 떴다. 이 선생은 잠깐 사이를 두더니 말을 이었다. "나는 이 방앗간을 보는 순간 눈시울이 뜨거워지고 눈물이 났습니다. 완벽한 건축물을 만났기 때문이죠. 장식이라곤 아무것도 없이 양철 지붕만 올려놓았지만, 여기 어디 버릴 게 있습니까, 부족한 게 있습니까?" 가슴이 찡했다. 나도 어느 골목길에서였던가 그 비슷한 느낌을 받아 보았기에 더 그랬을 것이다. 나도 완벽한 골목길을 만났다. 그 골목길은 밥을 먹고 있는 방이, 변을 보고 있는 화장실이, 달팽이만한 초인종 달린 대문이 양쪽으로 잇닿아 있었다. 이 골목은 담장이 없어 길이 담장이구나. 길이 담장이 될 수 있다니! 이렇게 평화롭고 완벽한 담장이 어디 있겠는가. 이렇게 완벽한 담장을 가진 골목길에서 사람들이 살아가고 있다니. 불신의 산물로 세워지는 담장과, 함께 살아가는 똑같은 인간이라는 믿음으로 세운 이 길 담장과의 그 어마어마한 차이. 길 담장 체험 후 나는 왠지 모르게 골목길이 건강해 보이기 시작했다. 그도 그런 것이, 그도 그럴 수 있는 것이, 우리가 살고 있는 ㉡골목길이 어떤 길인가!

노동을 마치고 술 취해 귀가하던 가장이, 아내와 자식새끼들 생각에 머리채를 흔들며 정신을 가다듬고 발걸음을 바로잡던 길 아닌가. 만삭의 아낙네들이 한 손에 남편과 자식새끼들에게 먹일 시장바구니를 들고 한 손으로 허리를 짚으며 가족이 살고 있는 집을 향해 걷던 길 아닌가. 철없는 아이들 즐겁게 뛰어노는 웃음소리가 흘러넘치는 길 아닌가. 밥숟가락보다도 더 우리들의 삶 때가 묻어 반질반질 윤기가 도는 길 아닌가……

— 함민복, 「길의 열매 집을 매단 골목길이여」 —

21. (가) ~ (다)에 대한 설명으로 가장 적절한 것은?

① (가)와 (나)는 명사로 시행을 마무리하여 여운을 주고 있다.
② (가)와 (다)는 대비적 상황을 제시하여 주제 의식을 강조하고 있다.
③ (나)와 (다)는 반어적 표현을 통해 대상의 의미를 부각하고 있다.
④ (가) ~ (다)는 모두 음성 상징어를 사용하여 생동감을 부여하고 있다.
⑤ (가) ~ (다)는 모두 공감각적 이미지를 통해 계절감을 드러내고 있다.

22. [A]~[E]를 감상한 내용으로 적절하지 <u>않은</u> 것은?

① [A]에서는 '물로 사흘 배 사흘'을 통해 삭주구성이 먼 곳에 있음을 보여 주고 있군.

② [B]에서는 '높은 산'을 반복하며 삭주구성이 가기 어려운 곳임을 나타내고 있군.

③ [C]에서는 삭주구성이 더 멀어진 '꿈'속 상황을 제시하여 화자의 안타까움을 드러내고 있군.

④ [D]에서는 '님을 둔 곳이길래'를 통해 삭주구성을 그리워하는 이유를 제시하고 있군.

⑤ [E]에서는 자유롭게 '날아가는 나는 구름'을 통해 삭주구성에 가고 싶은 화자의 마음을 부각하고 있군.

23. <보기>를 바탕으로 (나)를 감상한 내용으로 적절하지 <u>않은</u> 것은? [3점]

--- < 보 기 > ---

이 작품의 화자는 노동을 하며 고단하게 살아온 사람들의 모습을 그리고 있다. 그리고 그들의 고달픈 처지와 삶의 상처를 떠올리며, 그들에 대한 연민의 정서를 드러내고 있다.

① '얼어붙은 땅'은 아낙네들이 일하는 것을 더 고단하게 한다고 볼 수 있겠군.

② 물이 마르지 않은 뻘밭에서 일하는 '당신'은 고된 노동을 하고 있는 사람으로 볼 수 있겠군.

③ 화자가 '당신의 상처'를 연뿌리보다 질기고 뻣세다고 한 것은 그들의 삶에 대한 연민을 드러낸 것으로 볼 수 있겠군.

④ '도로뿐인 한 생애'는 나아지지 않는 삶을 살아가는 사람들의 고달픈 처지를 드러냈다고 볼 수 있겠군.

⑤ 화자가 '목청을 다해' 당신을 부른 것은 삶의 상처를 위로받고 싶은 마음을 드러낸 것으로 볼 수 있겠군.

24. ㉠과 ㉡에 대한 설명으로 가장 적절한 것은?

① ㉠은 ㉡과 달리 지나온 삶에 대한 그리움의 공간이다.

② ㉠은 ㉡과 달리 실현하고 싶은 소망이 드러나는 공간이다.

③ ㉡은 ㉠과 달리 현실에 대한 부정적 인식이 드러나는 공간이다.

④ ㉠과 ㉡은 모두 생활을 이어가는 삶의 터전으로서의 공간이다.

⑤ ㉠과 ㉡은 모두 자연의 섭리에 대한 깨달음이 나타나는 공간이다.

25. 다음은 (다)에 대한 학생의 감상문이다. ⓐ~ⓔ 중, 적절하지 <u>않은</u> 것은?

이 글에서 ⓐ<u>글쓴이는 골목길의 다양한 풍경과 그 안의 모습을 보여 주고 있다.</u> ⓑ<u>글쓴이는 시골 방앗간이 완벽한 건축물이라고 말하는 이일훈 선생의 강의에 공감하며,</u> ⓒ<u>자신이 만났던 완벽한 골목길을 떠올리게 되었다.</u> ⓓ<u>이일훈 선생의 강의는 글쓴이가 골목길에 대한 자신의 편견을 발견하고 후회하는 계기가 되었다.</u> 그리고 ⓔ<u>글쓴이는 골목길을 우리들의 삶 때가 묻은 길이라고 표현하며 골목길에 대한 애정을 드러내고 있다.</u>

① ⓐ   ② ⓑ   ③ ⓒ   ④ ⓓ   ⑤ ⓔ

[26~30] 다음 글을 읽고 물음에 답하시오.

현대 산업 사회에서는 주로 대량 생산이 이루어지기 때문에 그 과정에서 결함 상품이 발생하고, 이에 따라 소비자의 피해도 발생한다. 이런 경우 피해를 입은 소비자가 구제를 받기 위해서는 제조물의 제조 과정에서 제조자의 과실이 있었고 그 과실에 따른 결함으로 피해가 발생하였음을 입증하여야 하는데 그것은 상당히 어렵다. 이에 소비자가 쉽게 피해 구제를 받을 수 있도록 하기 위해 제조물 책임법을 제정하여 시행하고 있다.

㉮ 제조물 책임법은 제조업자에게 고의나 과실이 없더라도 제조물의 결함으로 인해 생명·신체·재산상의 손해를 입은 사람에 대하여 제조업자가 손해 배상 책임을 지도록 하는 법률이다. 이 법이 적용되는 ⓐ제조물과 ⓑ제조업자의 범위를 살펴보면, 제조물은 공산품, 가공 식품 등의 제조 또는 가공된 물품을 의미하는 것으로, 일상생활에서 사용하고 있는 거의 모든 물품이 포함된다. 또한 중고품, 폐기물, 부품, 원재료도 적용 대상이 된다. 그러나 미가공 농수축산물 등은 원칙적으로 제조물의 범위에서 제외되는데, 농수축산물 등 일차 농산품에까지 확대할 경우 농업인 등이 쉽게 소송의 대상이 될 뿐만 아니라 연대 책임 조항에 의하여 유통업자와 가공업자의 과실에 대해서도 불공정하게 책임을 질 우려가 있기 때문이다. 그리고 손해 배상의 책임 주체인 제조업자에는 부품 또는 완성품의 제조업자, 제조물 수입을 업(業)으로 하는 자, 자신을 제조자 혹은 수입업자로 표시한 자가 포함된다. 제조업자를 알 수 없는 경우에는 제조물의 공급업자도 해당된다.

제조물 책임은 제조물에 결함이 존재하는가 여부에 의해 결정되는데, 결함의 유형에는 제조상의 결함, 설계상의 결함, 표시상의 결함이 있다. 제조상의 결함은 제조업자가 제조 또는 가공상의 주의 의무를 이행하였음에도 불구하고 제조물이 원래 의도한 설계와 다르게 제조 또는 가공됨으로써 안전하지 못하게 된 경우이며, 설계상의 결함은 제조업자가 소비자를 고려하여 합리적으로 설계했다면 피해나 위험을 줄이거나 피할 수 있었음에도 그렇게 하지 않아 제조물이 안전하지 못하게 된 경우를 말한다. 표시상의 결함은 제조업자가 합리적인 설명·지시·경고 또는 그밖의 표시를 하였더라면 해당 제조물에 의하여 발생할 수 있는 피해나 위험을 줄이거나 피할 수 있었음에도 이를 표시하지 않은 경우를 말한다.

그런데 피해자가 제조업자에게 손해 배상을 청구하려면 원칙적으로 제조물의 결함 사실과 손해 발생의 사실, 그리고 제조물의 결함과 손해 발생의 인과 관계를 입증해야 한다. 하지만 소비자의 입장에서 이를 입증하는 것은 쉽지 않다. 그래서 제조물 책임법은 소비자가 제조물을 통상적인 방법으로 사용하다가 사고가 발생했다는 사실만 입증하면 해당 제조물 자체에 결함이 있었고 그 결함으로 인하여 피해가 발생한 것으로 추정하도록 하고 있다.

한편 제조물의 결함으로 손해가 발생한 경우에 제조업자는 다음 중 어느 하나를 입증하면 손해 배상 책임을 면할 수 있다. 첫째, 제조업자가 해당 제조물을 공급하지 아니한 사실, 둘째, 제조업자가 해당 제조물을 공급한 때의 과학·기술 수준으로는 결함의 존재를 발견할 수 없었다는 사실, 셋째, 제조업자가 해당 제조물을 공급할 당시의 법령이 정하는 기준을 준수함으로써 제조물의 결함이 발생한 사실 등이다. 그밖에 원재료 또는 부품 제조업자의 경우에는 해당 원재료 또는 부품을 사용한 제조물 제조업자의 설계 또는 제작에 관한 지시로 인하여 결함이 발생하였다는 사실을 입증하면 책임을 지지 않아도 된다. 그러나 면책 사유에 해당하더라도 제조업자가 제조물의 결함을 ⊙알면서도 적절한 피해 예방 조치를 하지 않은 경우, 또는 주의를 기울였다면 충분히 알 수 있었을 결함을 발견하지 못한 경우에는 책임을 피할 수 없다.

제조물 책임법에 따른 제조업자의 배상 의무는 피해자의 생명·신체 또는 재산상의 손해에 대한 것으로 한정되고, 결함이 있는 제조물 자체는 민법에 따라 유통업자나 판매업자에게 구제받아야 한다. 예컨대, 결함이 있는 녹즙기로 인하여 손을 다쳤을 경우, 치료비는 제조업자에게 배상받고 불량품인 녹즙기는 판매업자에게 환불받을 수 있다.

26. 윗글을 읽고 해결할 수 있는 질문으로 적절한 것을 <보기>에서 고른 것은?

───── <보 기> ─────

ㄱ. 제조물 책임법이 제정된 배경은 무엇인가?
ㄴ. 제조물의 결함을 해결할 수 있는 방안은 무엇인가?
ㄷ. 제조물 책임법이 적용되는 제조물과 제조업자의 범위는 어디까지인가?
ㄹ. 제조물 책임법상 피해자가 손해 배상을 청구할 수 있는 기한은 언제까지인가?

① ㄱ, ㄴ ② ㄱ, ㄷ ③ ㄴ, ㄷ
④ ㄴ, ㄹ ⑤ ㄷ, ㄹ

27. 윗글을 바탕으로 <보기>의 사례를 이해한 반응으로 적절하지 <u>않은</u> 것은?

───── <보 기> ─────

(가) A는 안심 버튼이 있어 사용 중 넘어져도 뜨거운 물이 쏟아지지 않는다는 광고를 보고 B사의 전기 주전자를 C마트에서 구입하였다. 그러나 물을 끓이던 도중 B사의 전기 주전자가 넘어져 쏟아진 물에 생후 8개월 된 A의 딸이 양팔에 2~3도의 화상을 입었다. 한국소비자원의 조사 결과 주전자의 개폐 버튼 부분이 잘못 결합되어 물이 새는 결함이 발견되었다.

(나) D가 E사의 승용차 탈취제를 구입하여 사용 설명서에 따라 에어컨 통풍구에 분사하던 중 승용차에 화재가 발생하였다. 제품 사용 설명서에는 탈취제가 LP가스를 포함하고 있어 화재가 발생할 위험이 있다는 문구가 없었다. 조사 결과 탈취제의 LP가스가 화재의 원인으로 밝혀졌다.

① A가 B사에 책임을 물으려면 전기 주전자를 통상적으로 사용했음을 입증해야겠군.
② A는 B사로부터 전기 주전자에 대해 환불을 받을 수 있겠군.
③ B사는 제조상의 결함을 지닌 제품을 생산했군.
④ D는 승용차 화재로 인해 발생한 피해에 대해 E사에 손해 배상을 청구할 수 있겠군.
⑤ E사가 제조한 승용차 탈취제는 표시상의 결함을 지녔군.

28. ㉮와 <보기>의 ㉯를 비교한 것으로 적절하지 <u>않은</u> 것은? [3점]

───── <보 기> ─────

㉯ 리콜제도는 소비자의 생명·신체 및 재산상에 위해를 끼치거나 끼칠 우려가 있는 제품 결함이 발견된 경우, 제조업자 스스로 또는 정부의 강제 명령에 의해 제품의 결함 내용을 소비자에게 알리고 제품 전체를 대상으로 수거·파기 및 수리·교환·환급 등의 적절한 시정 조치를 취함으로써 결함 제품으로 인한 위해 확산을 방지하고자 하는 소비자 보호 제도이다.

소비자의 입장에서 보면 결함 제품에 의한 피해의 확산을 방지하여 안전한 소비 생활을 영위할 수 있도록 하며, 기업의 입장에서 보면 안전사고를 미연에 방지함으로써 소비자 피해에 대한 손해 배상의 부담을 줄일 수 있다.

① ㉮가 사후 피해 구제에 중점을 두고 있다면, ㉯는 결함 제품에 의한 피해 확산 방지에 중점을 두고 있다.
② ㉮는 결함 제품으로 인한 소비자 피해 사실에 대해, ㉯는 결함 제품에 대해 책임을 지는 제도이다.
③ ㉮와 달리 ㉯는 제품 결함이 발견된 경우 소비자에게 결함 내용을 알리는 제도이다.
④ ㉯와 달리 ㉮는 소비자의 요청이 있어야만 이행된다.
⑤ ㉮와 ㉯는 모두 제조물의 결함으로 인한 소비자의 손해 발생을 필수 조건으로 하고 있다.

29. ⓐ와 ⓑ에 대한 이해로 적절하지 <u>않은</u> 것은?

① 화장품, 건전지와 달리 고등어는 ⓐ에 포함되지 않는다.
② 중고 자동차는 ⓐ에 포함되며, 이를 수입하는 자는 ⓑ에 해당된다.
③ 복숭아 통조림은 ⓐ에 포함되고, 이를 제조한 자와 복숭아를 생산한 자 모두 ⓑ에 해당된다.
④ 자동차 부품의 결함으로 자동차가 고장이 났다면 자동차 부품을 만든 자는 ⓑ에 해당되므로 손해 배상의 책임이 있다.
⑤ 전자 제품에 결함이 발생했지만 제품을 공급했을 당시의 기술 수준으로는 발견할 수 없었던 결함이라면 ⓑ는 손해 배상에 대한 면책 요건을 갖추고 있다.

30. 문맥상 의미가 ⊙과 가장 가까운 것은?

① 이 문제는 당신이 <u>알아서</u> 처리해야 한다.
② 밖으로 나와서야 날씨가 추운 것을 <u>알았다</u>.
③ 그녀는 차는 없었지만 운전을 할 줄 <u>알았다</u>.
④ 그 사람은 공부만 <u>알지</u> 세상 물정을 통 모른다.
⑤ 그녀는 그의 사랑 고백을 농담으로 <u>알고</u> 지나쳤다.

[31~33] 다음을 읽고 물음에 답하시오.

(가)

방(房) 안에 켜 있는 촉(燭)불 눌과 이별하였기에
겉으로 눈물 지고 속 타는 줄 모르는고
저 촉(燭)불 날과 같아서 속 타는 줄 모르도다

　　　　　　　　　　　　　　　－ 이　개 －

(나)

꿈에 다니는 길이 자취가 남는다면
님의 집 창(窓) 밖에 석로(石路)라도 닳으리라
꿈길이 자취 없으니 그를 슬퍼하노라

　　　　　　　　　　　　　　　－ 이명한 －

(다)

님이 오마 하거늘 저녁밥을 일찍 지어 먹고
중문 나서 대문 나가 지방 위에 치달아 앉아 이수(以手)로
가액(加額)하고* 오는가 가는가 건넌 산 바라보니 거머휫들*
서 있거늘 저야 님이로다. 버선 벗어 품에 품고 신 벗어 손에
쥐고 곰븨님븨 님븨곰븨 천방지방 지방천방* 진 데 마른 데
가리지 말고 워렁충창* 건너가서 정(情)엣말 하려 하고 곁눈을
흘깃 보니 상년(上年) 칠월 사흔날 갉아 벗긴 주추리 삼대*
살뜰이도 날 속였구나
모쳐라 밤일세망정 행여 낮이런들 남 웃길 뻔 하괘라

　　　　　　　　　　　　　　　－ 작자 미상 －

* 이수로 가액하고 : 손을 들어 이마에 얹고.
* 거머휫들 : 검은 듯 흰 듯한 것.
* 곰븨님븨 님븨곰븨 천방지방 지방천방 : 엎치락뒤치락 허둥거리는
　모양.
* 워렁충창 : 우당탕퉁탕.
* 주추리 삼대 : 밭머리에 모아 세워 둔 삼의 줄기.

31. (가)~(다)의 공통점에 대한 설명으로 가장 적절한 것은?

① 청각적 심상을 활용하여 애상적 분위기를 조성하고 있다.
② 영탄적 표현을 통해 시적 상황에 대한 화자의 정서를 부각하고
　있다.
③ 자조적 어조를 통해 과거의 행동에 대한 화자의 자책감을 드러
　내고 있다.
④ 역설적 표현을 통해 부정적인 상황에 대한 화자의 극복 의지를
　나타내고 있다.
⑤ 가정적 상황을 제시하여 현재에 비해 미래가 나아질 것이라는
　기대감을 드러내고 있다.

32. (가), (나)에 대한 이해로 적절하지 않은 것은?

① (가)의 '겉으로 눈물 지고'에서 '눈물'은 촛농이 흘러내리는
　모습을 비유한 것으로 화자의 슬픔을 형상화하고 있다.
② (가)의 '저 촉(燭)불 날과 같아서'에서 '촉(燭)불'은 화자와
　동일시되는 대상이다.
③ (나)의 '꿈에 다니는 길'에서 '꿈'에는 화자의 소망이 투영되어
　있다.
④ (나)의 '석로(石路)라도 닳으리라'에서 '닳으리라'는 임에 대한
　화자의 간절한 그리움을 드러내고 있다.
⑤ (나)의 '그를 슬퍼하노라'에서 '슬퍼하노라'는 자신을 찾아 주지
　않는 임에 대한 화자의 원망이 담겨 있다.

33. <보기>를 바탕으로 (다)를 감상한 내용으로 적절하지 않은 것은? [3점]

<보 기>

조선 후기에 등장한 사설시조는 형식 면에서 평시조와 달리
중장이 제한 없이 길어졌다. 내용 면에서는 실생활 소재들을
활용하여 일상에서 일어나는 문제를 주로 다루었는데 솔직함,
해학성, 애정을 서슴없이 표현하려는 대담성 등을 그 특징으로
하며 비유, 상징 등 다양한 표현기법을 활용하여 대상을 생
동감 있게 그려 냈다.

① '곰븨님븨', '천방지방' 같은 음성상징어를 활용하여 화자의
　행동을 생동감 있게 표현하고 있군.
② 일상에서 흔히 볼 수 있는 '버선', '신'이라는 소재를 활용하여
　임의 소중함을 상징하고 있군.
③ '주추리 삼대'를 임으로 착각하여 달려가는 화자의 우스꽝스
　러운 모습에서 해학성을 느낄 수 있군.
④ 임을 그리워하는 절실한 마음을 드러내기 위해 화자의 행동을
　구체적으로 제시하다 보니 중장이 길어졌군.
⑤ '진 데 마른 데 가리지' 않고 임에게 가서 '정(情)엣말'을 하
　려는 모습에서 애정을 표현하려는 화자의 대담성을 엿볼 수
　있군.

[34 ~ 37] 다음 글을 읽고 물음에 답하시오.

[앞부분의 줄거리] 유연과 최월혜의 혼례 날 도적 장군이 최 씨를 납치하여 서해무릉으로 끌고 간다. 유연은 부모의 명을 거역하고 최 씨를 찾기 위해 집을 나온다.

마침내 일 년이 지났을 때 유생은 강원도 금산사에 이르렀다. 여기서 유생은 부처님에게 빌어볼 결심을 하고 머리를 깎고 중이 되었다. 이어 부처님에게 나아가 이렇게 빌었다.

[A] ┌ "소생 유연은 부모님께 근심을 끼치고 길가를 떠도는 나그네가 되었다가 이곳에 이르렀습니다. 이렇게 노상유객(路上遊客)이 되어 떠도는 이유는 잃어버린 배필을 다시 만나 끊어진 인연을 잇기 위해서입니다. 엎드려 바라건대 부처님께서는 대자대비의 은덕을 내리시어 유연의 정성을 살펴주시기 바라옵니다. 부처님의 은덕으로 최 씨를 만난다면 금은보화를 아끼지 않고 절을 중수(重修)하여 부처님에게 └ 공양하겠습니다."

이렇게 축원하고 절 방으로 돌아와 그 밤을 지낼 때 유생이 한 꿈을 꾸었는데, 꿈속에서 부처님이 나타나 말하였다.

"너희 부부의 정성이 이미 하늘에 이르렀으니 장차 하늘의 도움이 있을 것이다. 또 네 아내는 아직 빙옥(氷玉) 같은 절행을 지키며 살아 있으니 안심하여라. 그러나 네게는 아직 인연이 멀었으니 삼 년이 지나야 만날 수 있으리라. 아내를 찾게 되거든 절을 중수하여라."

유생이 놀라 잠에서 깨어 보니 남가일몽이었다. 놀랍기도 하고 기쁘기도 하여 다시 절을 올리고 축원을 드린 뒤 유생은 금산사를 떠났다.

동구 밖에 나오자마자 유생은 곧바로 동네 아낙에게 고깔과 누비 바랑을 만들어 달라 하여 어깨에 걸쳐 메고 구절죽장(九節竹杖)을 짚고 길을 나섰는데 영락없는 스님의 행색이었다.

유생이 길을 나선 뒤 팔도강산 방방곡곡과 사해팔방으로 두루 돌아다니며 산속이든 바닷가든 아니 간 곳이 없었다. 고갯마루 남쪽이나 북쪽에 들어가든지 산골짜기에 들어가든지 집집마다 하나하나 방문하여 탐문하였으니 그가 겪은 천신만고의 고생과 세상사의 모진 고통은 말로 표현할 수 없을 정도였다.

이렇게 길거리를 전전하며 어느덧 이 년의 세월이 지난 어느 봄날이었다. 이때 유생은 장삿배를 따라 아니 간 데 없이 다녔는데, 아무리 찾아도 최 씨의 거처를 알 수 없었다. 또 기력도 다하여 겨우 근근이 머리 들 힘밖에 없었다. 이에 하늘을 우러러보며 길이 탄식하여 말하였다.

[B] ┌ "아득하고 아득한 하늘이시여! 유연과 최 씨를 낳으시고 어찌 이처럼 서로의 연분을 막으십니까? 저는 이제 조상과 부모에게 큰 죄를 지은 몸이 되었습니다. 천 가지 만 가지 일을 겪으며 고생한 것은 모두 최 씨를 만나 연분을 잇기 위함이온데, 천지신명께서는 어찌 이다지 무심하시어 끝내 └ 조금의 도움도 주지 않으십니까?"

말을 마치고 유생은 정신이 아득해져 선창(船窓)에 기대어 쓰러지고 말았다. 이때 비몽사몽 사이에 문득 금산사 부처님이 나타나 이렇게 말하였다.

"네 수액(數厄)이 이제 거의 다 사라졌으므로 머지않아 최 씨를 만날 것이니라. 그러나 최 씨의 거처가 깊고 깊으니 신중하게 찾아야 하느니라. 이후 다시 몽조(夢兆)가 있을 것이다."

유생이 깨어나 꿈속의 일을 생각해보니 바로 최 씨를 만날

수 있다는 몽조였다. 이에 마음속으로 크게 기뻐하고 다시 기운을 차려 최 씨를 찾아 나섰다.

이때 도적 장군이 최 씨를 훔쳐온 뒤, 그녀가 옥 같은 얼굴에 선녀 같은 자태를 지녔음을 보고 만고의 절색이라 여겼다. 이에 크게 기뻐하고 즐거워하며 급히 길일을 택하여 혼례를 치르고자 하였으나, 최 씨가 송죽(松竹)처럼 꼿꼿한 마음으로 정절을 지키며 목숨을 지푸라기처럼 여겼기 때문에 만약 위력으로 핍박하다가는 아름다운 보옥이 부서지고 향기로운 꽃이 떨어지는 환란이 있을 것 같았다. 이에 장군은 다만 빨리 세월이 지나 최 씨가 체념하고 마음을 돌릴 때까지 기다리기로 하였다.

(중략)

최 씨가 서해무릉에 온 지 수삼 년이 지났으나 몸을 일으켜 연보(蓮步)를 옮김이 없었는데, 이 날은 꿈속 일에 의심이 생겨 한번 나갈 결심을 하였다. 이에 계선이 크게 기뻐하며 하인들에게 채비를 차리라고 일렀다.

계선이 이끄는 대로 따라와 나와 보니, 서쪽으로 강물이 굽돌아 흐르는 곳에 산 우물이 있었고, 그 앞에 흰 옷을 입은 여승이 바랑을 메고 대나무 막대기를 쥐고 표연히 서 있었다. 최 씨가 은근히 눈을 들어 살펴보니, 삿갓 밑에 옥 같은 얼굴을 한 여승은 다름이 아니라 바로 자신의 지아비 유연이었다.

최 씨가 보니 낯빛과 용모가 바뀌고 풍채와 신수가 초췌하여 가슴이 찢어지는 듯하였다. 더구나 이렇게 머리를 깎고 중이 되는 부끄러움도 무릅쓰고 허다한 풍상(風霜)과 천신만고의 고생을 겪은 것이 모두 자신 때문이었으니, 최 씨의 심정이 오죽하였겠는가?

아주 놀라고 무척 기뻐하며 침통해하다 가만히 생각해보니 지금이 오히려 아주 위태로운 상황이었다. 남들이 유생의 정체를 안다면 어찌 될 것인가? 생각이 여기에 미치자 몸과 마음이 어지러워 능히 진정할 수 없었으나, 옆에 계선이 있고 또 좌우의 눈과 귀가 두려워 반갑고 놀라운 기색을 억지로 참으며 어찌할 바를 몰라 하였다.

한편 유생은 온 나라를 떠돌아다녔어도 끝내 찾지 못하다가 오늘 여기서 최 씨를 만나게 되니 천만의외였다. 그때 유생은 그저 대문 밖에 앉아 좌우로 경치를 구경하고 있었는데 안으로부터 사람 소리가 아스라이 들리더니 한 소저가 아리따운 비단 옷을 입고 걸어오고 있었다. 혹시나 하여 여러 번 살펴보니 초췌해진 얼굴과 슬픔에 젖은 모습 때문에 바로 알아보기 어려웠으나 선명하고 참신하며 미려한 그 모습은 완연히 최 씨였다.

– 작자 미상, 「서해무릉기(西海武陵記)」 –

34. 윗글에 대한 설명으로 가장 적절한 것은?

① 언어유희를 통해 웃음을 유발하고 있다.
② 풍자적 서술을 통해 인물의 행위를 비판하고 있다.
③ 서술자의 개입을 통해 주관적 견해를 드러내고 있다.
④ 구체적 시대 상황을 통해 인물의 처지를 나타내고 있다.
⑤ 사건의 반전을 통해 인물 간의 갈등을 구체화하고 있다.

35. <보기>를 참고하여 윗글을 이해한 내용으로 적절하지 <u>않은</u> 것은?

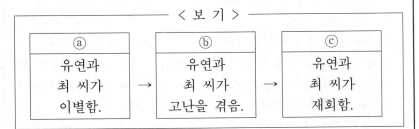

───────── < 보 기 > ─────────

ⓐ		ⓑ		ⓒ
유연과 최 씨가 이별함.	→	유연과 최 씨가 고난을 겪음.	→	유연과 최 씨가 재회함.

① ⓐ는 도적 장군이 최 씨를 납치한 사건으로 인한 것이군.
② ⓑ에서 유연은 ⓒ를 위해 팔도강산을 헤매게 되는군.
③ ⓑ에서 유연은 초월적 존재를 통해 ⓒ를 예상하게 되는군.
④ ⓑ에서 최 씨는 계선의 신뢰를 얻어 ⓒ를 준비하게 되는군.
⑤ ⓒ에서 최 씨는 유연의 정체가 탄로날까 봐 걱정하고 있군.

37. 다음은 윗글을 읽고 문학 탐구 보고서를 쓰기 위해 작성한 계획서이다. (가)에 들어갈 내용으로 적절하지 <u>않은</u> 것은? [3점]

> [의문]
> 왜 제목을 '유연전'이나 '최씨전'이라고 하지 않고 '서해무릉기'라고 했을까?
>
> [탐구 과제 설정]
> '서해무릉'이라는 장소가 지닌 의미가 중요한 것 같으니 인물별로 그 의미를 탐구해 봐야겠어.
>
> [자료 조사]
> '서해무릉'에서 등장인물들은 개인적 욕망을 꿈꾸기도 하고 시련을 겪기도 한다. 또한 애정을 지켜 나가거나 소망을 실현하기도 하며 내적으로 성숙해지기도 한다.
>
> [탐구 결과]
>
> | (가) |
> |---|

① 수삼 년이 지나도록 유연과 떨어져 지낸 것을 보니 '최 씨'에게는 시련을 겪는 공간으로 볼 수 있다.
② 최 씨를 납치한 뒤 혼례하려고 한 것을 보니 '도적 장군'에게는 욕망을 드러내는 공간으로 볼 수 있다.
③ 잃어버린 배필인 최 씨와 다시 만나게 된 것을 보니 '유연'에게는 소망을 실현하는 공간으로 볼 수 있다.
④ 도적 장군으로부터 정절을 지키며 마음을 돌리지 않은 것을 보니 '최 씨'에게는 애정을 지키는 공간으로 볼 수 있다.
⑤ 유연이 최 씨의 도움으로 용맹과 지략을 갖추게 되는 것을 보니 '유연'에게는 내적으로 성숙해지는 공간으로 볼 수 있다.

36. [A]와 [B]의 말하기 방식으로 가장 적절한 것은?

① [A]는 예상되는 부정적 결과를 경고하고 있고, [B]는 자신의 말을 들어주지 않는 상대를 비판하고 있다.
② [A]는 문제의 원인을 찾아 해결 방법을 제시하고 있고, [B]는 상황을 가정하며 자신의 요구를 드러내고 있다.
③ [A]는 조건을 내세워 자신의 입장을 밝히고 있고, [B]는 자신의 잘못을 인정하며 상대에게 용서를 구하고 있다.
④ [A]는 상대의 잘못으로 인해 겪은 어려움을 호소하고 있고, [B]는 자신의 어려움을 해결해 줄 것을 요청하고 있다.
⑤ [A]는 행동의 이유를 밝히며 원하는 바를 드러내고 있고, [B]는 자신에게 도움을 주지 않는 상대를 원망하고 있다.

[38 ~ 42] 다음 글을 읽고 물음에 답하시오.

인체는 70%가 수분이다. 수분은 인체의 세포를 유지하고 세포가 일을 하면서 생성하는 여러 가지 노폐물을 배출하는데 관여한다. 인체의 세포는 일종의 화력 발전소이다. 연기가 나지 않을 뿐이지 들어오는 음식을 잘 분해하고 연소시켜서 에너지를 만든다. 몸은 이 에너지를 이용하여 축구도 하고 달리기도 한다. 이때 여러 가지 노폐물이 발생하는데, 이 노폐물들을 인체 밖으로 내보내야 한다. 그래야만 몸이 늘 일정한 상태, 즉 항상성을 유지하게 된다. 노폐물을 몸 밖으로 내보내는 역할은 주로 신장이 한다.

㉠신장의 주 역할은 노폐물을 걸러내어 오줌으로 내보내는 것이다. 이 일이 진행되는 곳은 네프론이라는 장치인데, 신장 하나에 100만 개 정도가 있다. 네프론은 사구체, 보먼주머니, 세뇨관으로 이루어지는데 이곳에서 노폐물이 여과되고 필요한 영양분, 즉 포도당, 수분 등이 재흡수되기도 한다. 포도당은 100% 재흡수되는데, 당이 재흡수되지 않고 소변에 섞여 나오면 당뇨병을 의심해 볼 수 있다. 몸 안의 수분량에 따라 수분을 재흡수하는 양이 결정되므로 몸 안의 수분이 적으면 배출하는 수분의 양을 줄인다. 이 때문에 소변이 노랗게 되는데 이것은 몸의 수분이 적다는 신호이다.

노폐물은 혈액의 압력 차이에 의해 모세혈관 덩어리인 사구체를 통해 보먼주머니에 모이고 이것이 세뇨관을 거쳐 방광에 모아져 오줌으로 배설된다. 물론 분자량이 큰 세포나 단백질 등은 그대로 혈액 속에 남아 있다. 이때 노폐물뿐만 아니라 인체에 필요한 무기염류, 아미노산, 물 등도 혈액의 압력에 의해 보먼주머니로 나온다. 보먼주머니에 모인 물질 중 필요한 것은 세뇨관에서 다시 모세혈관 속으로 재흡수된다. 이와 같이 신장은 신체 내의 노폐물을 몸 밖으로 내보내는 여과와 필요한 것은 계속 사용할 수 있게 하는 재흡수의 기능으로 우리 몸을 항상 일정 상태로 유지한다. 이러한 중요한 역할을 하는 신장에 이상이 생기면 우리 몸은 중대 위기에 봉착한다.

신장 기능에 이상이 생기면 인체에 여러 가지 문제가 생긴다. 우선 노폐물이 걸러지지 않고 농도가 높아짐으로써 세포가 제대로 작용을 하지 못하게 되고, 얼굴이 붓는 증상에서부터 신장이 제 기능을 못하는 신부전증의 단계에까지 이른다. 이러한 경우 생명이 위험해진다. 물론 신장 이식 등의 방법도 있지만, 기증자가 나타나지 않으면 인공 신장에 의지해야 한다. 신부전 환자는 한 번에 4~5시간은 소요되는 괴로운 혈액 투석을 일주일에 서너 번씩 해야 한다.

사실 ㉡인공 신장은 정확한 말이 아니다. 인공 신장이라면 신장을 대신하여 몸 안에 장착하여 계속 쓸 수 있어야 하는데, 여기서 말하는 인공 신장이란 일종의 혈액 투석기이다. 즉 체외에서 신장의 기능인 노폐물의 여과 기능을 대신하는 수단이다.

인공 신장에서는 노폐물인 요소 등을 제거해야 하는데 요소가 제거되는 근본 원리는 물질의 농도 차이이다. 물이 담긴 컵에 잉크 한 방울을 떨어뜨렸을 때, 잉크가 ㉢퍼져 나가는 것은 컵 속의 잉크 농도를 균일하게 하려는 성질 때문이다. 노폐물인 요소도 농도가 높은 곳에서 낮은 곳으로 이동한다. 인공 신장에서도 같은 원리로 노폐물이 제거된다. 즉 반투막을 사이에 두고 한쪽에는 노폐물이 있는 혈액을 통과시키고 다른 한쪽에는 노폐물이 없는 투석액을 통과시키면 노폐물은 농도 차이에 의해 농도가 높은 혈액에서 낮은 투석액으로 이동한다. 물론 혈액

속의 세포들과 분자량이 큰 단백질 등은 반투막을 통과하지 못하므로 다시 몸속으로 들어간다. 또한 무기염류, 포도당 등이 빠져나가지 않게 하려면, 반투막을 중심으로 양쪽이 같은 농도가 되도록 하면 된다.

실제 병원에서 쓰이는 혈액 투석기는 가는 여과관이 여러 개 모여 있는 구조의 중공사막*을 사용한다. 가는 여과관이 수백 개 다발로 있기 때문에 빠른 속도로 투석을 진행할 수 있다. 혈액이 흐르는 방향과 투석액이 흐르는 방향이 같으면 처음에는 노폐물 농도 차이가 있어서 노폐물이 이동하지만 농도가 비슷해지면 노폐물의 이동이 줄어든다. 따라서 혈액과 투석액이 서로 반대 방향으로 흐르도록 해 노폐물의 농도 차이가 일정하게 유지되도록 한다.

* 중공사막 : 사람의 혈액을 걸러주는 인공신장 투석기의 필터.

38. 윗글에 대한 설명으로 가장 적절한 것은?

① 혈액의 구성 물질을 소개하고, 각각의 기능이 무엇인지 설명하고 있다.
② 인공 신장의 구조와 원리를 제시하고, 인공 신장의 발전 과정을 설명하고 있다.
③ 신장 기능의 이상에 따른 결과를 제시하고, 다른 장기에 미치는 영향을 살피고 있다.
④ 인체의 노폐물 여과 과정을 설명하고, 인공 신장의 혈액 여과 원리를 제시하고 있다.
⑤ 신장을 이식하는 방법과 의학적인 한계를 설명하고, 이에 대한 대안을 제시하고 있다.

39. 윗글을 통해 알 수 있는 내용으로 가장 적절한 것은?

① 소변에 당이 섞여 배출되면 소변 색이 노랗게 된다.
② 신장은 무기염류, 아미노산 등을 노폐물과 함께 몸 밖으로 배출한다.
③ 인체에 필요한 단백질은 사구체에서 여과된 후 모세혈관으로 재흡수된다.
④ 걸러진 노폐물은 세뇨관을 통해 보먼주머니에 모아져 오줌으로 배설된다.
⑤ 세포가 생성하는 여러 가지 노폐물을 제거해야 인체의 항상성을 유지할 수 있다.

40. ㉠과 ㉡에 대한 설명으로 적절한 것은? [3점]

① ㉠과 ㉡ 모두 인체의 수분을 늘리는 기능이 있다.
② ㉠과 ㉡ 모두 여과한 물질을 다시 흡수하는 기능이 있다.
③ ㉠과 ㉡ 모두 혈액 속의 요소 성분을 제거하는 기능을 한다.
④ ㉠은 농도의 차이로, ㉡은 압력의 차이로 노폐물을 걸러 낸다.
⑤ ㉠의 기능에 이상이 생겼을 때, ㉡을 환자의 체내에 이식한다.

[해설편 p.140]

41. 윗글을 바탕으로 <보기>의 '혈액 투석기'를 이해한 내용으로 적절하지 <u>않은</u> 것은?

<보 기>

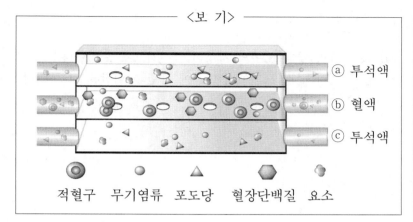

ⓐ 투석액
ⓑ 혈액
ⓒ 투석액

⬤ 적혈구   ● 무기염류   ▲ 포도당   ⬡ 혈장단백질   ✦ 요소

① ⓐ와 ⓒ의 요소 농도는 ⓑ보다 높다.
② ⓐ와 ⓑ, ⓑ와 ⓒ 사이의 막은 반투막이다.
③ ⓐ, ⓑ, ⓒ의 무기염류, 포도당 농도는 같다.
④ ⓐ와 ⓒ는 ⓑ와 반대 방향으로 흐른다.
⑤ ⓐ와 ⓑ, ⓑ와 ⓒ 사이에서 세포와 단백질은 이동하지 않는다.

42. 밑줄 친 단어 중 ㉡과 문맥적 의미가 가장 유사한 것은?

① 꽃향기가 방 안에 <u>퍼져</u> 있다.
② 라면이 푹 <u>퍼져서</u> 탱탱 불었다.
③ 사람들은 목적지에 도착하자 푹 <u>퍼졌다</u>.
④ 강의 하류에는 삼각주가 넓게 <u>퍼져</u> 있다.
⑤ 그의 자손들은 전국에 널리 <u>퍼지게</u> 되었다.

[43~45] 다음 글을 읽고 물음에 답하시오.

고등학교 1학년 때 형의 주벽으로 가계가 파산을 겪은 뒤부터, 그리고 마침내 그 형이 세 조카아이와 그 아이들의 홀어머니까지를 포함한 모든 장남의 책임을 내게 떠맡기고 세상을 떠난 뒤부터 일은 줄곧 그렇게만 되어 온 셈이었다.

고등학교와 대학교와 군영 3년을 치러 내는 동안 노인은 내게 아무것도 낳아 기르는 사람의 몫을 못 했고, 나는 또 나대로 그 고등학교와 대학과 군영의 의무를 치르고 나와서도 자식 놈의 도리는 엄두를 못 냈다. 노인이 내게 베푼 바가 없어서가 아니라 그럴 처지가 못 되었기 때문이다. 나는 나대로 형이 내게 떠맡기고 간 장남의 책임을 감당하기를 사양치 않을 수가 없었기 때문이었다.

노인과 나는 결국 그런 식으로 서로 주고받을 것이 없는 처지였다. 노인은 누구보다 그것을 잘 알고 있었다. 그렇기 때문에 내게 대해선 소망도 원망도 있을 수 없었다.

[중략 부분의 줄거리] K시에서 공부하며 고등학교 1학년을 보내고 있던 '나'는 형이 재산을 탕진해 집을 팔았다는 소식을 듣고 고향에 온다. 당시 노인은 '나'에게 상처를 주지 않으려고 새 집주인의 양해를 얻어 내가 그 집에서 하룻밤을 잘 수 있게 하였다. 다음날 새벽 노인은 눈길을 헤치며 차 타는 곳까지 '나'를 바래다준 후 홀로 눈길을 되돌아왔다.

"길을 혼자 돌아가시던 그때 일을 말씀이세요?"
"눈길을 혼자 돌아가다 보니 그 길엔 아직도 우리 둘 말고는 아무도 지나간 사람이 없지 않았겠냐. 눈발이 그친 신작로로 눈 위에 저하고 나하고 ㉠둘이 걸어온 발자국만 나란히 이어져 있구나."
"그래서 어머님은 그 발자국 때문에 아들 생각이 더 간절하셨겠네요."
"간절하다뿐이었겠냐. 신작로를 지나고 산길을 들어서도 굽이굽이 돌아온 ㉡그 몹쓸 발자국들에 아직도 도란도란 저 아그의 목소리나 따뜻한 온기가 남아 있는 듯만 싶었제. 산비둘기만 푸르륵 날아올라도 저 아그 넋이 새가 되어 다시 되돌아오는 듯 놀라지고, 나무들이 눈을 쓰고 서 있는 것만 보아도 뒤에서 금세 저 아그 모습이 뛰어나올 것만 싶었지야. 하다 보니 나는 굽이굽이 외지기만 한 그 산길을 저 아그 발자국만 따라 밟고 왔더니라. 내 자석아, 내 자석아, 너하고 둘이 온 길을 이제는 이 몹쓸 늙은 것 혼자서 너를 보내고 돌아가고 있구나!"
"어머님 그때 우시지 않았어요?"
"울기만 했겠냐. 오목오목 디뎌 논 그 아그 발자국마다 한도 없는 눈물을 뿌리며 돌아왔제. 내 자석아, 내 자석아, 부디 몸이나 성히 지내거라. 부디부디 너라도 좋은 운 타서 복 받고 살거라…… 눈앞이 가리도록 눈물을 떨구면서 눈물로 저 아그 앞길만 빌고 왔제……"
노인의 이야기는 이제 거의 끝이 나 가고 있는 것 같았다. 아내는 이제 할 말을 잊은 듯 입을 조용히 다물고 있었다.
"그런디 그 서두를 것도 없는 길이라 그렁저렁 시름없이 걸어온 발걸음이 그래도 어느 참에 동네 뒷산을 당도해 있었구나. 하지만 나는 그 길로는 차마 동네를 바로 들어설 수가 없어 갯등 위에 눈을 쓸고 아직도 한참이나 시간을 기다리고 앉아 있었더니라……"

"어머님도 이젠 돌아가실 거처가 없으셨던 거지요."

한동안 조용히 입을 다물고 있던 아내가 이제 더 이상 참을 수가 없어진 듯 갑자기 노인을 추궁하고 나섰다. 그녀의 목소리는 이제 울먹임 때문에 떨리고 있었다.

나 역시도 이젠 더 이상 노인을 참을 수가 없었다. 이제나마 노인을 가로막고 싶었다. 아내의 추궁에 대한 그 노인의 대꾸가 너무도 두려웠다. 노인의 대답을 들을 수가 없었다. 하지만 그 역시도 불가능한 일이었다.

나는 아직도 눈을 뜰 수가 없었다. 불빛 아래 눈을 뜨고 일어날 수가 없었다. 사지가 마비된 듯 가라앉아 있는 때문만이 아니었다. 졸음기가 아직 아쉬워서도 아니었다. 눈꺼풀 밑으로 뜨겁게 차오르는 것을 아내와 노인 앞에 보일 수가 없었다. 그것이 너무도 부끄러웠기 때문이었다. 아내는 이번에도 그러는 나를 알고 있었던 것 같았다.

"여보, 이젠 좀 일어나 보세요. 일어나서 당신도 말을 좀 해 보세요."

그녀가 느닷없이 나를 세차게 흔들어 깨웠다. 그녀의 음성은 이제 거의 울부짖음에 가까웠다. 그래도 나는 일어날 수가 없었다. 뜨거운 것을 숨기기 위해 눈꺼풀을 꾹꾹 눌러 참으면서 내처 잠이 든 척 버틸 수밖에 없었다.

음성이 아직 흐트러지지 않고 있는 건 오히려 그 노인뿐이었다.

"가만 두거라. 아침 길 나서기도 피곤할 것인디 곤하게 자고 있는 사람 뭣하러 그러냐."

노인은 일단 아내의 행동을 말려 두고 나서 아직도 그 옛 얘기를 하는 듯한 아득하고 차분한 음성으로 당신의 남은 이야기를 끝맺어 가고 있었다.

"그런디 이것만은 네가 잘못 안 것 같구나. 그때 내가 뒷산 잿등에서 동네를 바로 들어가지 못하고 있었던 일 말이다. 그건 내가 갈 데가 없어 그랬던 건 아니란다. 산 사람 목숨인데 설마 그때라고 누구네 문간방 한 칸이라도 산 몸뚱이 깃들일 데 마련이 안됐겠냐. 갈 데가 없어서가 아니라 아침 햇살이 활짝 퍼져 들어 있는디, 눈에 덮인 그 우리 집 지붕까지도 햇살 때문에 볼 수가 없더구나. 더구나 동네에선 아침 짓는 연기가 한참인디 그렇게 ⓐ시린 눈을 해 갖고는 그 햇살이 부끄러워 차마 어떻게 동네 골목을 들어설 수가 있더냐. 그놈의 말간 햇살이 부끄러워서 그럴 엄두가 안 생겨나더구나. 시린 눈이라도 좀 가라앉히고자 그래 그러고 앉아 있었더니라……"

— 이청준, 「눈길」 —

43. 윗글의 서술상 특징으로 가장 적절한 것은?

① 관련성이 없는 사건을 삽화처럼 나열하였다.
② 인물의 대화를 통해 과거의 이야기를 제시하였다.
③ 같은 시간에 서로 다른 장소에서 일어난 사건을 서술하였다.
④ 외부 상황과 관련 없이 떠오르는 인물의 의식을 기술하였다.
⑤ 공간에 따라 서술자를 달리하여 상황을 입체적으로 드러내었다.

44. ㉠과 ㉡을 비교한 내용으로 적절하지 않은 것은?

① ㉠과 ㉡은 동일한 공간에 존재한다.
② ㉠과 ㉡에는 동일 인물의 발자국이 있다.
③ ㉠과 ㉡의 발자국은 같은 곳을 향하고 있다.
④ ㉡은 ㉠과 달리 노인의 감정이 표면적으로 드러난다.
⑤ ㉡은 ㉠과 달리 노인에게 아들에 대한 거리감을 갖게 한다.

45. <보기>의 선생님의 질문에 대한 학생의 대답으로 가장 적절한 것은? [3점]

> < 보 기 >
>
> **선생님** : 이 소설에서 '노인'으로 표현되는 어머니는 햇살이 비치는 아침에 다른 사람이 주인이 돼 버린 집을 바라봅니다. 그 집에서 아들을 하룻밤 재웠죠. 햇살은 자연적이고 근원적인 빛으로서 만물을 속속들이 비추는 기능을 합니다. 어머니는 이러한 햇살에 자신의 모습을 비추어 봅니다. 이 점에 주목하여 ⓐ에 드러난 '노인'의 심리를 말해볼까요?
> **학생** : 노인은 (   )

① 아들을 떠나보내고 돌아갈 곳이 없어서 서러웠을 것입니다.
② 자식과 주고받을 것이 없는 관계가 된 것이 슬펐을 것입니다.
③ 자신이 베푼 사랑을 알아주지 않은 아들이 서운했을 것입니다.
④ 아들이 가장의 역할을 감당해야 하는 상황에 처하게 한 것이 미안했을 것입니다.
⑤ 아들에게 부모의 도리를 다하지 못한 자신의 무력한 삶이 한스러웠을 것입니다.

* 확인 사항
ㅇ 답안지의 해당란에 필요한 내용을 정확히 기입(표기)했는지 확인하시오.

[1~3] 다음은 강연의 일부이다. 물음에 답하시오.

안녕하세요, 역사 동아리 학생 여러분. 이번 강연을 맡은 문화재위원회 위원 ○○○입니다. 저는 문화재위원회에서 국보나 보물과 같은 문화재 지정 여부를 심의하는 역할을 맡고 있습니다. 오늘은 여러분께 국보와 보물에 대한 이야기를 해 드릴까 합니다.

(화면에 사진을 보여주며) 여러분, 이 문화재가 무엇인지 아시나요? (학생들의 답을 들은 후) 네, 숭례문과 흥인지문입니다. 왼쪽의 숭례문은 국보 제1호이고, 오른쪽의 흥인지문은 보물 제1호인데요. 둘 다 성문인데 왜 숭례문은 국보이고, 흥인지문은 보물일까요? 문화재보호법에 따르면 국보란 보물에 해당하는 문화재 중 인류 문화의 관점에서 볼 때 그 가치가 크고 유례가 드문 것으로 문화재위원회의 심의를 거쳐 지정할 수 있다고 되어 있습니다.

우리나라는 문화재 관리를 위해 지정 일자 순으로 일련번호를 부여하고 있는데, 이를 지정번호라고 합니다. 보물로 지정된 문화재가 국보로 승격되면, 해당 문화재는 보물에서 해제되며 그 보물의 지정번호는 결번으로 남습니다. 숭례문처럼 단일 건물일 경우 문화재 한 점당 지정번호가 하나씩 붙습니다. 그런데 여러 권이 묶인 책과 같은 경우에는 수량과 상관없이 한 개의 지정번호가 붙습니다. 한편 서책의 경우 동일 제목으로 판본이 유사하다면 관리의 효율성을 위해 가지번호를 붙이기도 합니다. 예를 들면 『조선왕조실록』 정족산사고본은 국보 제151-1호, 『조선왕조실록』 태백산사고본은 국보 제151-2호로 표시하는 식입니다.

이처럼 국보나 보물과 같은 문화재의 지정번호는 효율적인 관리를 위해 지정 순서에 따라 부여하는 행정상의 관리번호로, 지정번호가 문화재의 서열이나 중요성을 나타내는 것은 아닙니다. 하지만 문화재의 지정번호가 해당 문화재의 가치에 따른 서열을 나타내는 것처럼 인식될 수 있으므로 지정번호는 부여하되, 일반 시민들에게는 공개하지 말자는 의견도 있습니다.

지금까지 국보와 보물에 대해서 이야기해 보았습니다. 문화재를 국보나 보물로 지정하여 관리하는 것도 중요하지만 문화재의 가치를 높이기 위해서는 여러분의 관심이 필요합니다. 오늘 강연을 계기로 앞으로 우리 문화재에 더 많은 관심을 가져주시기를 바랍니다. 이상으로 강연을 마치겠습니다.

1. 위 강연에 대한 설명으로 적절하지 <u>않은</u> 것은?

① 구체적인 사례를 활용하여 청중의 이해를 돕고 있다.
② 시각 자료를 활용하여 내용의 전달 효과를 높이고 있다.
③ 질문을 던지는 방식을 활용하여 청중의 동의를 유도하고 있다.
④ 당부의 말로 강연을 마무리하여 청중의 태도 변화를 요구하고 있다.
⑤ 강연과 관련된 강연자의 전문성을 밝혀 내용의 신뢰성을 확보하고 있다.

2. <보기>는 학생들이 강연을 들으며 떠올린 생각이다. 이를 바탕으로 학생들의 듣기 활동을 이해한 내용으로 가장 적절한 것은?

―――――― < 보 기 > ――――――

학생 1: 외국 박물관에서 소장하고 있는 우리 문화재가 있다고 들었는데, 그 문화재도 국보로 지정될 수 있을까? 문화재청 홈페이지에서 자료를 찾아봐야겠어.

학생 2: 역사 동아리 부원이면서도 지금까지 문화재에 대해 크게 관심을 가지지 않았던 것이 부끄러워. 이제부터라도 문화재에 관심을 가져야겠어.

학생 3: 국보로 지정된 문화재는 누가 관리를 하는지 궁금해. 강연이 끝나고 질문을 해 볼까?

① '학생 1'은 강연에서 알게 된 새로운 내용을 요약하며 듣고 있군.
② '학생 2'는 강연에서 언급되지 않았던 내용을 추론하며 듣고 있군.
③ '학생 3'은 강연 내용에 사실과 다른 부분이 있는지를 판단하며 듣고 있군.
④ '학생 1'과 '학생 3'은 강연을 들으며 생긴 의문점을 해결하기 위한 방법을 생각하며 듣고 있군.
⑤ '학생 2'와 '학생 3'은 강연을 듣기 전 자신이 갖고 있던 배경 지식을 수정하며 듣고 있군.

3. 위 강연을 들은 학생이 다음의 자료를 보고 보인 반응으로 적절하지 <u>않은</u> 것은? [3점]

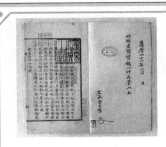

국보 제319-1호
명칭: 동의보감(東醫寶鑑)
지정일: 2015. 06. 22.
수량: 25권 25책
관리 단체: 국립중앙도서관

『동의보감』은 허준(1539~1615)이 조선과 중국에 유통되던 의서와 치료법을 엮어 놓은 우리나라 최고(最高)의 한의서이다. 국립중앙도서관에서 소장하고 있는 『동의보감』은 보물 제1085-1호로 지정되어 있었으나, 유네스코 세계기록유산으로 등재되는 등 문화재적 가치가 인정되어 국보로 승격 지정되었다.

① 『동의보감』이 국보로 승격된 이후에 보물 제1085-1호라는 지정번호는 결번이 되었겠군.
② 『동의보감』의 경우 수량과 상관없이 25권 25책 모두 각각 다른 국보 지정번호를 부여받았겠군.
③ 일반 시민들이 볼 수 있는 자료에는 국보 제319-1호라는 지정번호를 공개하지 말자는 의견도 있겠군.
④ 『동의보감』보다 『조선왕조실록』의 국보 지정번호가 빠르다고 해서 『조선왕조실록』의 가치가 더 높다고 볼 수 없겠군.
⑤ 『동의보감』의 국보 지정번호에 가지번호를 붙인 것으로 보아 『동의보감』은 동일 제목의 유사한 판본이 있을 수 있겠군.

[4 ~ 7] (가)는 인터뷰의 일부이고, (나)는 학교 신문에 실을 글의 초고이다. 물음에 답하시오.

(가)

학생 기자 : 안녕하세요? 저는 학교 신문 동아리 기자 1학년 ○○○입니다. 지난 환경의 날에 학생회에서 다양한 행사를 진행하셨잖아요. 특히 '업사이클링' 행사가 학생들에게 반응이 좋아서 이에 대한 기사를 쓰고 싶어 찾아오게 되었습니다.

학생 회장 : 반갑습니다. '업사이클링' 행사에 참여했었나요? ⌐

학생 기자 : 네. 폐현수막으로 에코백을 만들어 친구들에게 나눠 주는 행사에 참여했습니다. 행사에 참여하고 나서, [A] 버려진 현수막이 또 다른 형태로 쓰일 수 있다는 것에 흥미가 생겼습니다. ⌐

학생 회장 : 업사이클링을 제대로 체험하셨네요. 먼저 업사이클링의 단어 뜻을 설명해 볼게요. 업사이클링은 '업그레이드(Upgrade)'와 '리사이클링(Recycling)'이 합쳐진 말로, 버려지거나 다 쓴 물건에 디자인이나 활용도를 더해 새로운 제품으로 재탄생시키는 것을 뜻합니다. 업사이클링은 단순히 물건을 재활용하는 차원을 넘어 버려진 물건의 새로운 가치를 발견하는 일이라고 할 수 있습니다. [B]

학생 기자 : (고개를 끄덕이며) 네. 정말 좋은 일이군요. 선배님은 업사이클링 활동이 어떤 의의가 있다고 생각하세요?

학생 회장 : 무엇보다도 쓸모없어진 재료나 물건을 활용한다는 점에서 쓰레기의 양을 줄여 환경을 보호한다는 의미가 있죠. 또한 다양한 디자인을 접목한 상품을 만들어 경제적 효과까지 창출할 수 있다고 생각해요.

학생 기자 : 그래서 요즘 환경을 생각하는 사람들이나 사회적 기업들이 업사이클링 제품에 관심을 가지는 것이군요. 저희 누나가 쓰는 가방도 폐현수막으로 만든 것이더라고요. 이번 축제에서도 업사이클링 관련 행사를 진행한다고 알고 있는데, 이번에는 무엇을 하나요?

학생 회장 : 버려진 방수천을 활용해 필통을 만들어 보려고 합니다. ⌐

학생 기자 : 아, 저번 행사와 같은 활동이군요?

학생 회장 : 그렇게 볼 수도 있겠지만, (멸종 위기 물고기의 사진들을 보여 주며) 이번에는 환경뿐만 아니라 생태계 보호의 필요성을 강조하기 위해 멸종 위기의 물고기 모양을 디자인한 필통을 만들어 볼까 합니다.

학생 기자 : 정말 뜻깊은 행사가 되겠군요. 저도 참여하고 [C] 싶네요. 학생회에서 이런 업사이클링 행사들을 기획한 이유가 있을 것 같아요.

학생 회장 : 학생회에서는 학생들이 업사이클링 활동을 경험해 봄으로써 환경과 생태계를 지키는 것이 생각보다 어려운 일이 아니라는 것을 알리고 싶었습니다. 또한 이러한 작은 실천이 결국 우리 지구를 지키는 일이 될 수 있다는 것을 말하고 싶었습니다. ⌐

학생 기자 : 말씀 잘 들었습니다. 선배님 덕분에 아주 유익한 글을 쓸 수 있을 것 같습니다.

학생 회장 : 도움이 되었다고 하니 다행이네요. 감사합니다.

(나)

지구의 환경 문제에 대한 우려의 목소리가 점점 커지면서 환경 보호 활동에 대한 관심이 높아졌다. 사람들은 그동안 단순히 물건을 재활용했던 것을 넘어 좀 더 가치 있는 활동에 관심을 가지게 되었다. ⊙그런데 생활 속에서 쓸모없어진 폐기물에 생명을 불어넣는 '업사이클링'에 주목하고 있다. 환경 친화적인 삶을 실천하는 방법으로 새롭게 떠오르고 있는 업사이클링에 대해 알아보자.

업사이클링은 '업그레이드'와 '리사이클링'이 합쳐진 말로, 버려지거나 다 쓴 물건에 디자인이나 활용도를 더해 새로운 제품으로 재탄생시키는 것을 뜻한다. 환경을 보호하고, 경제적 가치를 창출할 수 있다는 점에서 많은 사람들이 업사이클링 활동에 관심을 가지고 참여하고 있으며, 사회적 기업들도 업사이클링 상품들을 ⓒ개시하고 있다. 업사이클링 활동에 참여하는 것이 어렵다고 생각하는 학생들이 많지만, 이미 이러한 활동은 여러 곳에서 활발히 진행되고 있다. 지난 환경의 날에 우리 학교의 학생회에서 진행한 '폐현수막으로 에코백 만들기'와 이번 축제 때 우리가 하게 될 '방수천을 활용한 필통 만들기'도 업사이클링과 ⓒ관련되어진 활동이다.

그렇다면 우리가 생활 속에서 ∨ꎎ 실천하기 위해서 어떻게 해야 할까? 무엇보다도 버려진 것들에 관심을 가지고, 그것을 새로운 물건이 될 수 있는 재료로 바라보는 자세가 필요하다. 폐타이어를 활용해 미끄러지지 않는 신발을 만든 것도 폐타이어를 쓰레기가 아닌 신발의 밑창이 될 수 있는 재료로 보았기 때문에 가능했다. ⓜ또한 상품의 원래 용도에 맞는 사용법을 지켜 사용 기간을 늘려야 한다. 평소 쓸모가 없다고 생각했던 것들의 가치 있는 재활용을 고민함으로써 쓰레기도 소중한 자원이 될 수 있다는 사실을 깨닫고, 업사이클링을 일상생활 속에서 실천해 봤으면 좋겠다.

4. [A] ~ [C]의 담화에 대한 설명으로 적절하지 <u>않은</u> 것은?

① [A] : 학생 기자는 자신의 경험을 언급하면서 화제와 관련한 활동에서 느낀 점을 말하고 있다.

② [B] : 학생 기자는 학생 회장의 말에 긍정적으로 반응하며 듣고 있다.

③ [B] : 학생 회장은 학생 기자의 요청에 따라 화제가 지닌 의의를 설명하고 있다.

④ [C] : 학생 회장은 시각 자료를 보여 주며 행사의 의도를 설명하고 있다.

⑤ [C] : 학생 기자는 학생 회장이 질문한 내용에 대한 자신의 이해가 정확한지를 확인하고 있다.

5. (가)에서 학생 기자가 할 수 있는 추가 질문으로 가장 적절한 것은?

① 업사이클링의 단어 뜻은 무엇인가요?

② 업사이클링 관련 행사를 기획한 의도는 무엇인가요?

③ 업사이클링에 사회적 기업들이 관심을 가지는 이유는 무엇인가요?

④ 업사이클링 상품에 활용된 다양한 디자인에는 어떤 것들이 있나요?

⑤ 업사이클링과 관련하여 이번 축제에서 계획한 행사는 어떤 것들이 있나요?

6. 다음은 (나)를 쓴 과정의 일부를 정리한 것이다. (나)에 반영되지 <u>않은</u> 것은?

글쓰기 과정	글쓰기 계획
내용 생성하기	○ 인터뷰에서 언급되지 않은 업사이클링 제품에 대한 자료를 추가로 수집해야겠어. …… ①
내용 조직하기	○ 글의 처음 부분에서는 사람들이 업사이클링에 주목하게 된 배경을 제시해야겠어. …… ② ○ 글의 끝부분에서는 일상생활에서 업사이클링을 실천하기 위해 필요한 자세에 대해 언급해야겠어. ……………………… ③
표현하기	○ 구체적인 예를 들어 업사이클링 활동을 설명해야겠어. ……………………… ④ ○ 비유적 표현을 활용하여 업사이클링 활동을 활성화시키기 위한 노력을 강조해야겠어. ‥ ⑤

7. ㉠ ~ ㉤을 고쳐 쓰기 위한 방안으로 적절하지 <u>않은</u> 것은?

① ㉠: 접속어의 사용이 부적절하므로 '그러나'로 고친다.

② ㉡: 단어의 사용이 잘못되었으므로 '출시'로 고친다.

③ ㉢: 피동 표현이 불필요하게 중복되었으므로 '관련된'으로 고친다.

④ ㉣: 필요한 문장 성분이 빠져 있으므로 '업사이클링을'을 추가한다.

⑤ ㉤: 글의 흐름에 어긋나는 문장이므로 삭제한다.

[8 ~ 10] (가)는 학생의 메모이고, (나)는 (가)를 바탕으로 쓴 초고이다. 물음에 답하시오.

> **(가) 초고 작성을 위한 메모**
>
> • **작문 상황**: 동아리 부스 운영 방식을 글감으로 하여 우리 학교 교지에 글을 싣고자 함.
> • **글의 목적**: 예상 독자인 우리 학교 학생들을 설득하는 글.
> • **주제**: 체험 및 전시 동아리 부스를 상설 운영할 필요가 있다.
> • **자료**: 우리 학급 학생을 대상으로 한 인터뷰 내용.

(나) 글의 초고

 우리 학교에서는 학년 말 동아리 발표회 날을, 오전에는 부스를 마련하여 체험 및 전시 활동을 하고 오후에는 강당에서 공연 활동을 하는 방식으로 운영해 왔다. 하지만 체험 및 전시를 운영하는 동아리 소속 학생들을 중심으로 이런 방식을 개선해야 한다는 요구가 제기되었고, 이로 인해 학생들 사이에서도 동아리 부스 운영 방식에 대한 논의가 한창이다.

 이 논의에 대한 학생들의 생각을 알고 싶어 우선 우리 학급 학생들을 대상으로 인터뷰를 해 보니 실제로 대부분의 학생들은 현행 부스 운영 방식에 대해 만족하지 않는다고 답하였다. 동아리 부스를 운영했던 친구들은 짧은 운영 시간 때문에 학생들에게 자신들이 준비한 체험 활동을 충분히 제공하지 못했고 전시물들도 다양하게 보여 주기 어려웠다고 하였다. 그리고 부스를 방문했던 친구들은 시간이 부족하여 체험과 관람을 충분히 하지 못했다고 답했다. 결국 체험 및 관람 시간이 부족하다는 것이 지금의 부스 운영 방식의 가장 큰 문제임을 알 수 있었다.

 이러한 문제를 해결할 수 있는 방법으로 대다수의 학생들이 동아리 부스를 상설로 운영하자는 의견을 제시하였다. 부스를 상설로 운영하면 무엇보다 충분한 시간을 확보할 수 있다. 그렇게 되면 부스를 운영하는 학생들은 의욕적으로 준비한 체험 활동이나 다양한 전시물들을 친구들에게 충분히 제공해 줄 수 있다. 또한 부스를 방문하는 학생들은 원하는 만큼 충분히 체험과 관람에 참여할 수 있을 것이다. 물론 동아리 부스가 상설로 운영되면 그것이 학생들의 교과 학습 능력을 저하시킬 수 있다는 의견도 있었다. 하지만 동아리 부스를 상설로 운영하는 것이 학생들의 교과 학습 능력을 향상시키는 측면도 크다. 무엇보다도 부스 상설 운영으로 체험 및 전시 기간을 늘리는 것이 학생들의 불만을 해소할 수 있는 효과적인 대안임에는 분명하다.

 동아리 활동의 결과를 상설 부스 운영을 통해 나누는 것은 더 많은 학생들이 서로의 흥미와 관심을 공유할 수 있다는 점에서 의의가 있다. 그러나 동아리 부스를 상설로 운영하는 경우 부스 운영 시에 쓰레기가 많이 배출될 수 있으니 학교 환경 정화에 유의해야 한다.

8. (가)의 내용이 (나)에 반영된 것으로 가장 적절한 것은?

① 글의 주제를 고려하여, 현행 동아리 운영 방식의 장점을 제시하였다.

② 글의 목적을 고려하여, 동아리의 종류 및 운영의 우수 사례를 제시하였다.

③ 글감의 성격을 고려하여, 각 동아리에서 부스 운영자를 선발하는 방식을 제시하였다.

④ 예상 독자의 소속을 고려하여, 우리 학교에서 동아리 부스 운영 방식에 대한 논의가 활발하게 이뤄지고 있음을 제시하였다.

⑤ 자료의 특징을 고려하여, 학급 학생을 대상으로 한 인터뷰의 내용이 학생 전체의 의견이 아닐 수도 있다는 한계를 제시하였다.

04회

9. 다음은 (나)를 보완하기 위해 추가로 수집한 자료이다. 자료의 활용 방안으로 적절하지 <u>않은</u> 것은? [3점]

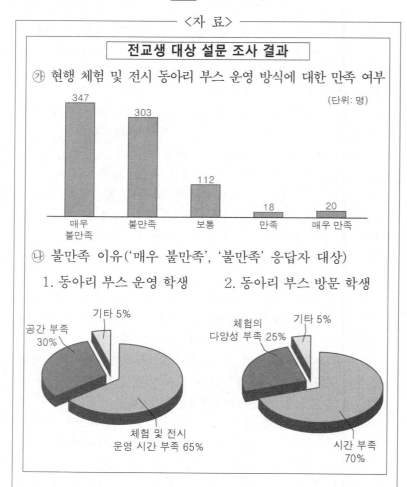

─── 〈자 료〉 ───

전교생 대상 설문 조사 결과

㉮ 현행 체험 및 전시 동아리 부스 운영 방식에 대한 만족 여부

(단위: 명)

매우 불만족 347 / 불만족 303 / 보통 112 / 만족 18 / 매우 만족 20

㉯ 불만족 이유 ('매우 불만족', '불만족' 응답자 대상)

1. 동아리 부스 운영 학생
공간 부족 30% / 기타 5% / 체험 및 전시 운영 시간 부족 65%

2. 동아리 부스 방문 학생
체험의 다양성 부족 25% / 기타 5% / 시간 부족 70%

㉰ 교육 전문가 칼럼

청소년기 학생들에게는 자아를 성장시키고 진로를 구체화할 수 있는 다양한 경험이 중요하다. 이를 가능하게 하는 효과적인 교육 활동이 바로 동아리 활동이다. 그중에서도 체험이나 전시 부스는 학생들이 다양한 경험을 할 수 있게 해 준다는 점에서 이를 적극적으로 활용하는 것이 좋다. 그러나 학교 현장에서는 부스 운영 시간의 부족으로 어려움을 겪고 있다. 이런 현실 속에서 부스를 상설 운영하는 것은 더 많은 학생들이 다양한 경험을 할 수 있도록 하는 효과적인 개선책이 될 것이다. 이를 통해 학생들이 부스를 직접 만들거나 체험하는 과정이 지속적으로 이루어진다면, 이 과정에서 길러진 자발성과 탐구력을 통해 교과 학습 능력이 크게 향상될 수 있다.

① ㉮를 활용하여, 동아리 부스를 운영하는 현재의 방식에 대해 우리 학교 학생들이 만족하지 않는다는 것을 부각해야겠어.

② ㉯-1을 활용하여, 동아리 부스를 운영하는 학생들이 현행 부스 운영 방식에 만족하지 않는 이유가 시간 부족 때문이라는 것을 부각해야겠어.

③ ㉰를 활용하여, 동아리 부스를 운영하는 새로운 방식에 대해 일부 학생들이 제기한 문제에 대한 반박의 근거를 추가해야겠어.

④ ㉯-1과 ㉰를 활용하여, 부스를 운영하는 학생의 불만족 이유 중 가장 비중이 큰 것을 해결하는 데 부스 상설 운영이 효과적인 대안임을 부각해야겠어.

⑤ ㉯-2와 ㉰를 활용하여, 부스를 방문한 학생들의 가장 큰 불만을 해결하는 방법으로 학교 공간을 재구성하여 적극적으로 활용해야 한다는 것을 추가해야겠어.

10. 〈보기〉는 초고를 읽은 교지 편집부의 검토 의견과 이에 따라 학생이 고쳐 쓴 글이다. ㉠에 들어갈 내용으로 가장 적절한 것은?

─── 〈보 기〉 ───

[교지 편집부의 검토 의견]

초고 잘 읽었습니다. (㉠)하여 마지막 문단을 고쳐 주시면 좋겠습니다.

[고쳐 쓴 글]

학교에서 동아리 활동은 학생들의 다양한 흥미와 관심을 반영하여 이루어지는 활동이라는 점에서 가치가 있다. 동아리 활동의 결과를 상설 부스 운영을 통해 나누는 것은 더 많은 학생들이 서로의 흥미와 관심을 공유할 수 있다는 점에서 의의가 있다.

① 동아리 활동의 가치는 추가, 동아리 부스 운영의 효과는 삭제

② 동아리 활동의 가치는 추가, 동아리 부스 상설 운영의 유의점은 삭제

③ 동아리 부스 운영의 지원 방안은 추가, 동아리 활동의 유의점은 삭제

④ 동아리 부스 상설 운영의 의의는 추가, 동아리 부스 운영의 가치는 삭제

⑤ 동아리 부스 상설 운영의 의의는 추가, 동아리 부스 상설 운영의 유의점은 삭제

11. 〈보기〉의 [A]~[C]에 들어갈 예를 바르게 짝지은 것은?

─── 〈보 기〉 ───

○ ㄱ~ㄷ은 높임 표현이 사용된 문장들이다. 아래의 순서도에 따라 ㄱ~ㄷ을 분류해 보자.

ㄱ. 나는 할아버지께 선물을 드렸다.
ㄴ. 할아버지께서 지금 우리 집에 계신다.
ㄷ. 어머니께서는 할아버지를 모시고 집에 가셨다.

⇓

주어가 나타내는 대상인 주체를 높이는가? ──아니오──▶ [A]

⬇ 예

문장의 목적어나 부사어가 나타내는 대상인 객체를 높이는가? ──아니오──▶ [B]

⬇ 예

[C]

	[A]	[B]	[C]
①	ㄱ	ㄴ	ㄷ
②	ㄱ	ㄷ	ㄴ
③	ㄴ	ㄱ	ㄷ
④	ㄴ	ㄷ	ㄱ
⑤	ㄷ	ㄴ	ㄱ

[12 ~ 13] 다음 글을 읽고 물음에 답하시오.

[A]
> 현대 국어의 표기는 '표준어를 소리대로 적되, 어법에 맞도록 함을 원칙으로 한다.'라는 한글맞춤법 규정을 따른다. 표준어를 소리대로 적는다는 것은 표준어를 발음 나는 대로 적는 표음주의를, 어법에 맞도록 한다는 것은 각 형태소의 본 모양을 밝혀 적는 표의주의를 채택한 것이다. 그런데 일반적인 활용 규칙에서 어긋나는 경우, 합성어나 파생어를 구성함에 있어서 구성 요소가 본뜻에서 멀어진 경우 등에는 표음주의가 채택된다.

이러한 표기 원칙이 제정되기 전 국어의 표기 방식은 이어적기, 끊어적기, 거듭적기 등의 다양한 방식으로 나타났다. 자음으로 끝나는 체언이 모음으로 시작되는 조사를 만나거나 자음으로 끝나는 용언의 어간이나 어근이 모음으로 시작되는 어미나 접사를 만날 때, 이어적기는 앞 형태소의 끝소리를 뒤 형태소의 첫소리로 옮겨 적는 방식이고, 끊어적기는 실제 발음과는 달리 형태소의 본 모양을 밝혀서 끊어 적는 방식이다. 그리고 거듭적기는 앞 형태소의 끝소리를 뒤 형태소의 첫소리에도 다시 적는 표기 방식으로, '말씀+이'를 '말쓰미'와 같은 방식으로 적는 것이다. 한편 'ㅋ, ㅌ, ㅍ'을 'ㄱ, ㄷ, ㅂ'과 'ㅎ'으로 나누어 표기하는 방식인 재음소화 표기가 나타나기도 했는데, '깊이'를 '깁히'와 같이 적는 경우를 예로 들 수 있다.

12. <보기>는 '한글맞춤법'의 일부를 정리한 학습지이다. [A]를 바탕으로 <보기>의 ㉠~㉢을 이해한 내용으로 적절하지 <u>않은</u> 것은? [3점]

> ─── < 보 기 > ───
>
> 第15항 용언의 어간과 어미는 구별하여 적는다.
>   예) ㉠먹고, ㉡좋아
> [붙임] 두 개의 용언이 어울려 한 개의 용언이 될 적에, 앞말의 본뜻이 유지되고 있는 것은 그 원형을 밝히어 적고, 그 본뜻에서 멀어진 것은 밝히어 적지 아니한다.
>   (1) 앞말의 본뜻이 유지되고 있는 것 예) 돌아가다
>   (2) 본뜻에서 멀어진 것 예) ㉢사라지다, 쓰러지다
>
> 第18항 다음과 같은 용언들은 어미가 바뀔 경우, 그 어간이나 어미가 원칙에 벗어나면 벗어나는 대로 적는다.
>   1. 어간의 끝 'ㅂ'이 'ㅜ'로 바뀔 적 예) ㉣쉽다, 맵다
>   2. 어간의 끝음절 '르'의 'ㅡ'가 줄고, 그 뒤에 오는 어미 '-아/-어'가 '-라/-러'로 바뀔 적 예) ㉤가르다, 부르다

① ㉠은 단어의 기본형인 '먹다'와 마찬가지로 표의주의 방식을 채택하고 있군.

② ㉡은 어간과 어미를 구별하여 형태소의 본 모양을 밝혀 적는 방식으로 표기하고 있군.

③ ㉢은 합성어를 구성함에 있어서 앞말이 본뜻에서 멀어져 발음 나는 대로 적는 방식을 채택하고 있군.

④ ㉣은 활용할 때, '쉽고'와 같은 표의주의 표기와 '쉬우니'와 같은 표음주의 표기를 모두 확인할 수 있군.

⑤ ㉤은 활용할 때, '갈라'와 같이 일반적인 활용 규칙에서 어긋난 경우에는 표의주의 방식으로 표기하고 있군.

13. 윗글을 바탕으로 <보기>의 ⓐ~ⓖ를 탐구한 내용으로 적절하지 <u>않은</u> 것은?

> ─── < 보 기 > ───
>
> ○ 머리셔 브라매 ⓐ노피 하늘해 다핫고 갓가이셔 보니 아ᅀᆞ라히 하늘햇 ⓑ므레 즘겻ᄂᆞ니
>   (멀리서 바람에 높이 하늘에 닿았고 가까이서 보니 아스라이 하늘의 물에 잠겼나니)
>   ─『번역박통사』─
>
> ○ 고경명은 광쥐 ⓒ사름이니 임진왜난의 의병을 슈챵ᄒᆞ야 금산 ⓓ도적글 티다가 패ᄒᆞ여
>   (고경명은 광주 사람이니 임진왜란에 의병을 이끌어 금산 도적을 치다가 패하여)
>   ─『동국신속삼강행실도』─
>
> ○ ⓔ븕은 긔운이 하늘을 쒸노더니 이랑이 소리를 ⓕ놉히 ᄒᆞ야 나를 불러 져기 믈 밋츨 보라 웨거늘 급히 눈을 ⓖ드러 보니
>   (붉은 기운이 하늘을 뛰놀더니 이랑이 소리를 높이 하여 나를 불러 저기 물 밑을 보라 외치거늘 급히 눈을 들어 보니)
>   ─『의유당관북유람일기』─

① ⓐ는 이어적기를 하고 있는 반면 ⓕ는 거듭적기를 하고 있군.

② ⓑ는 앞 형태소의 끝소리를 뒤 형태소의 첫소리로 옮겨 적고 있군.

③ ⓒ는 체언과 조사가 결합할 때 형태소의 본 모양을 밝혀서 끊어 적고 있군.

④ ⓓ는 앞 형태소의 끝소리를 뒤 형태소의 첫소리에도 다시 적고 있군.

⑤ ⓔ와 ⓖ는 용언의 어간이 모음으로 시작하는 어미를 만날 때 표기하는 방식이 서로 다르군.

14. <보기>를 바탕으로 사례들을 분석한 내용 중 적절하지 <u>않은</u> 것은?

> ─── < 보 기 > ───
>
> 음운의 교체는 특정한 음운 환경에서 한 음운이 다른 음운으로 바뀌는 음운 변동 현상이다. 두 음절이 인접한 경우 ㉠앞말의 끝소리와 뒷말의 첫소리가 만나는 상황이나 ㉡앞말의 끝소리가 연음되어 뒷말의 가운뎃소리와 만나는 상황에서 음운이 교체될 때, 발음의 결과 ⓐ앞의 음운만 변한 경우나 ⓑ뒤의 음운만 변한 경우도 있지만 ⓒ두 음운이 모두 변한 경우도 있다.

① '마천루[마철루]'는 ㉠이면서 ⓐ에 해당한다.

② '목덜미[목떨미]'는 ㉠이면서 ⓑ에 해당한다.

③ '박람회[방남회]'는 ㉠이면서 ⓒ에 해당한다.

④ '쇠붙이[쇠부치]'는 ㉡이면서 ⓐ에 해당한다.

⑤ '땀받이[땀바지]'는 ㉡이면서 ⓒ에 해당한다.

04회

15. 다음은 사전 활용 수업 장면의 일부이다. 선생님의 설명을 참고하여 <보기>의 학습지를 탐구한 내용으로 적절하지 <u>않은</u> 것은?

> **선생님:** 우리는 '표준국어대사전'의 발음정보를 통해 음절의 끝소리 규칙이나 자음군 단순화가 일어나는 체언의 발음을 확인할 수 있습니다. 이러한 경우 연음될 때의 발음에 대한 이해를 돕기 위해 조사 '이'와의 결합형이 활용정보에 제시됩니다. 활용정보에는 비음화와 구개음화가 일어날 때의 발음도 제시되어 있으며, 구개음화의 경우에는 연음될 때의 발음에 대한 이해를 돕기 위해 조사 '을'과의 결합형도 제시됩니다.

───── < 보 기 > ─────

낯 발음: [낟]
 활용: 낯이[나치], 낯만[난만]
 「명사」 눈, 코, 입 따위가 있는 얼굴의 바닥.

밭 발음: [받]
 활용: 밭이[바치], 밭을[바틀], 밭만[반만]
 「명사」 물을 대지 아니하거나 필요한 때에만 물을 대어서 야채나 곡류를 심어 농사를 짓는 땅.

흙 발음: [흑]
 활용: 흙이[흘기], 흙만[흥만]
 「명사」 지구의 표면을 덮고 있는, 무기물과 유기물이 섞여 이루어진 물질.

① '낯'의 경우 발음정보를 통해 음절의 끝소리 규칙이 일어나는 것을 확인할 수 있군.
② '흙'의 경우 발음정보를 통해 자음군 단순화가 일어나는 것을 확인할 수 있군.
③ '낯'과 '밭'은 모두, 활용정보를 통해 구개음화가 일어나는 것을 확인할 수 있군.
④ '밭'과 '흙'은 모두, 활용정보를 통해 연음될 때의 발음 양상을 확인할 수 있군.
⑤ '낯', '밭', '흙'은 모두, 활용정보를 통해 비음화가 일어나는 양상을 확인할 수 있군.

[16 ~ 20] 다음 글을 읽고 물음에 답하시오.

지역난방은 열병합 발전소에서 전기 생산을 위해 사용된 열을 회수하여 인근 지역의 난방에 활용하는 것이다. 지역난방에서는 회수된 열로 데워진 물을 배관을 통해 인근 지역으로 공급함으로써 열을 수송하는 방식을 주로 사용하는데, 근래에는 열 수송의 효율성을 높이기 위해 상변화 물질을 활용하는 방식을 개발하고 있다.

열 수송에 사용되는 상변화 물질이란, 상변화를 할 때 수반되는 ㉠잠열을 효율적으로 사용하기 위해 활용되는 물질을 말한다. 상변화란, 물질의 상태를 고체, 액체, 기체로 분류할 때, 주변의 온도나 압력 변화에 의해 어떤 물질이 이전과 다른 상태로 변하는 것을 의미하는데, 얼음이 물이 되거나 물이 수증기가 되는 것 등이 이에 해당한다. 이러한 변화에는 열이 수반되는데, 이를 '잠열'이라고 한다. 예를 들어 비커에 일정량의 얼음을 넣고 가열하면 얼음의 온도가 올라가게 되고, 0℃에 도달하면 얼음이 물로 변하기 시작하여 비커 속에는 얼음과 물이 공존하게 된다. 그런데 비커 속 얼음이 모두 물로 변할 때까지는 온도가 올라가지 않고 계속 0℃를 유지하는데, 이는 비커에 가해진 열이 물질의 온도 변화가 아닌 상변화에 사용되었기 때문이다. 이렇게 상변화에 사용된 열이 잠열인데, 이는 물질의 온도 변화로 나타나지 않는 숨어 있는 열이라는 뜻이다. 잠열은 물질마다 그 크기가 다르며, 일반적으로 물질이 고체에서 액체가 되거나 액체에서 기체가 될 때, 또는 고체에서 바로 기체가 될 때에는 잠열을 흡수하고 그 반대의 경우에는 잠열을 방출한다. 한편 비커를 계속 가열하여 얼음이 모두 녹아 물이 된 후에는 다시 온도가 올라가기 시작한다. 이렇게 얼음의 온도가 올라가거나 물의 온도가 올라가는 것처럼 온도 변화로 나타나는 열을 '현열'이라고 한다.

그렇다면 상변화 물질의 특성을 이용하여 열 수송을 하면 어떤 장점이 있는 것일까? 상변화 물질을 활용하여 열병합 발전소에서 인근 지역 공동주택으로 열을 수송하는 과정을 통해 이를 살펴보자. 열병합 발전소에서는 발전에 사용된 수증기를 열교환기로 ⓐ보낸다. 열교환기로 이동한 수증기는 열 수송에 사용되는 물에 열을 전달하여 물을 데운다. 이 물 속에는 고체 상태의 상변화 물질이 담겨 있는 마이크로 단위의 캡슐이 섞여 있다. 이 상변화 물질의 녹는점은 물의 어는점과 끓는점 사이에 있기 때문에, 물이 데워져 물의 온도가 상변화 물질의 녹는점 이상이 되면 상변화 물질은 액체로 상변화하게 된다. 액체가 된 상변화 물질이 섞인 물은 열교환기에서 나와 온수 공급관을 통해 인근 지역 공동주택 기계실의 열교환기로 이동한다. 이 과정에서 상변화 물질이 고체로 상변화되지 않아야 하므로 이동하는 물의 온도는 상변화 물질의 녹는점 이상으로 유지되어야 한다.

공동주택 기계실의 열교환기로 이동한 물과 캡슐 속 상변화 물질은 공동주택의 찬물에 열을 전달하면서 온도가 내려간다. 이렇게 공동주택의 찬물을 데우는 과정에서 상변화 물질의 온도가 상변화 물질의 녹는점 이하로 내려가면 캡슐 속 상변화 물질은 액체에서 고체로 상변화하면서 잠열을 방출하게 되는데, 이 역시 찬물을 데우는 데 사용된다. 즉 온수 공급관을 통해 이동해 온 물의 현열과 캡슐 속 상변화 물질의 현열, 그리고 상변화 물질의 잠열이 공동주택의 찬물을 데우는 데 모두 사용되는 것이다. 이렇게 데워진 공동주택의 물은 각 세대의 난방기로 공급되어 세대 난방을 하게 되고, 상변화 물질 캡슐이 든 물은 온수 회수관을 통해 다시 발전소로 회수되어 재사용된다.

　이와 같이 상변화 물질을 활용한 열 수송 방식을 사용하면 현열만 사용하던 기존의 열 수송 방식과 달리 현열과 잠열을 모두 사용할 수 있으므로 온수 공급관을 통해 보내는 물의 온도를 현저히 낮출 수 있어 열 수송의 효율성이 개선된다. 이때 상변화 물질 캡슐의 양을 늘릴수록 열 수송에 활용할 수 있는 잠열의 양은 증가하겠지만 캡슐의 양이 일정 수준 이상으로 늘어나면 물이 원활하게 이동할 수 없으므로 캡슐의 양을 증가시키는 데에는 한계가 있다.

16. 윗글의 내용과 일치하지 <u>않는</u> 것은?

① 상변화는 주변의 온도나 압력 변화에 의해 물질의 상태가 변하는 것을 의미한다.
② 열병합 발전소에서는 전기 생산에 사용된 수증기의 열을 회수하여 인근 지역으로 공급한다.
③ 상변화 물질이 들어 있는 캡슐의 양은 물의 이동을 고려해야 하므로 일정 수준 이상 늘릴 수 없다.
④ 상변화 물질을 활용하여 열을 수송하는 방식을 사용하는 것은 열 수송의 효율성을 높이기 위해서이다.
⑤ 상변화 물질을 활용한 열 수송 방식에서는 온수 공급관으로 보내는 물의 온도를 기존 방식보다 높여야 한다.

17. ㉠에 대한 설명으로 적절하지 <u>않은</u> 것은?

① 물질마다 크기가 각기 다르다.
② 물질의 온도 변화로 나타나지 않는다.
③ 숨어 있는 열이라는 뜻을 지니고 있다.
④ 물질의 상변화가 일어날 때 흡수되거나 방출된다.
⑤ 상변화하고 있는 물질의 현열을 증가시키는 역할을 한다.

18. <보기>는 상변화 물질을 활용한 열 수송 과정을 도식화한 것이다. 윗글을 바탕으로 <보기>에 대해 이해한 내용으로 적절하지 <u>않은</u> 것은? [3점]

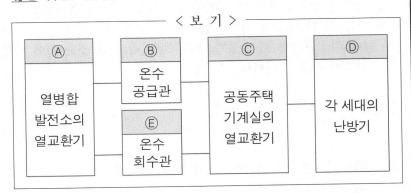

――――――< 보 기 >――――――

① Ⓐ에서 캡슐 속 상변화 물질의 온도는 상변화 물질의 녹는점 이상으로 올라가겠군.
② Ⓑ에서는 물에 있는 캡슐 속 상변화 물질의 상변화가 일어나지 않겠군.
③ Ⓑ와 Ⓔ를 통해 이동하는 물에 있는 상변화 물질의 상태는 서로 같겠군.
④ Ⓒ에서 공동주택의 찬물은 현열과 잠열에 의해 데워져 Ⓓ에 공급되겠군.
⑤ Ⓔ를 통해 회수된 물에 있는 상변화 물질은 Ⓐ에서 다시 상변화 과정을 거쳐 재사용되겠군.

19. 윗글을 읽은 학생이 <보기 1>을 보고 <보기 2>와 같이 메모했을 때, ㉮ ~ ㉰에 들어갈 말로 적절한 것은?

――――――< 보 기 1 >――――――

　A 기업에서는 녹는점이 15℃인 상변화 물질을 벽에 넣어 밤과 낮의 온도 차가 크더라도 벽의 온도를 일정하게 만들 수 있는 기술을 연구하고 있다.

――――――< 보 기 2 >――――――

　벽의 온도가 15℃보다 높아지면 이 상변화 물질은 (㉮)로 상변화할 것이고, 이때 잠열을 (㉯)할 것이다. 이렇게 상변화가 일어나는 중에는 상변화 물질의 온도가 (㉰) 것이다.

	㉮	㉯	㉰
①	액체	흡수	유지될
②	액체	흡수	상승할
③	액체	방출	유지될
④	고체	흡수	유지될
⑤	고체	방출	상승할

20. ⓐ와 문맥적 의미가 가장 유사한 것은?

① 그는 선물을 동생 집으로 보냈다.
② 그는 그저 멍하니 세월만 보냈다.
③ 그는 아들을 작년에 장가를 보냈다.
④ 관객들은 연주자에게 박수를 보냈다.
⑤ 그녀는 슬피 울며 정든 친구를 보냈다.

[21 ~ 24] 다음 글을 읽고 물음에 답하시오.

(가)

㉠남은 다 쟈는 밤에 닉 어이 홀로 씌야
옥장(玉帳) 깊푼 곳에 쟈는 님 싱각는고
㉡천리(千里)예 외로운 꿈만 오락가락 ㅎ노라

　　　　　　　　　　　　　　　　　　　　　　－ 송이 －

(나)

그립고 그리워도 볼 수가 없어
마음은 바람에 나부끼는 종이 연 같아라
㉢돗자리라면 말아 두고 돌이라면 굴러 낼 수 있으련만
이 마음의 응어리 어느 때나 고칠까
그리운 사람은 멀리 하늘 모퉁이에 있는데
구름 뜬 하늘 아래 늘어진 푸른 버들
아득한 시름은 끝이 없어라
㉣홀로 앉아 공후를 타니
공후는 하소연하는 듯 흐느끼는 듯
다 타도록 비단 적삼 젖는 줄도 몰랐네
원컨대 쌍쌍이 나는 재가 되어서
임 향한 창 앞에 서 있고자
원컨대 밝은 달이 되어
임의 창문 휘장 뚫어 비춰 들고자
㉤슬픈 노래 잠 못 드는 밤 어찌 이리 긴고
꿈속에서도 요산 남쪽 건너지 못하였네
기나긴 그리움에 공연히 애만 끊노라

　　　　　　　　　　　　　　　　　　－ 성현, 「장상사(長相思)」 －

(다)

명황(明皇)*은 귀비(貴妃)*를 주겨나 여희여니
셟다 셟다 흔둘 우리ㄱ티 셜울런가
사라셔 못 보니 더욱 ㅎ나 망극(罔極)ㅎ다
수심(愁心)은 블이 되여 가슴애 피여나니
절로 난 그 블이 **놈의 탓도 아니로듸**
내히 하 셜워 수인씨(燧人氏)*를 원(怨)ㅎ노라
함양궁전(咸陽宮殿)*이 다만 삼월(三月) 블거셔도
지금(至今)에 그 블롤 오래 튼다 ㅎ것마는
이 원수(怨讐)ㅣ 이 블은 몃 삼월(三月)을 디내연고
눈물은 임우(霖雨)ㅣ 되고 한숨은 ㅂ룸이 되여
불거니 쓰리거니 그츨 적도 업서시니
이 비로 뎌 블을 쩜즉도 ㅎ다마는
엇찌흔 [블]인디 풍우중(風雨中)에 트노왜라
수화상극(水火相克)*도 거즛말이 되엿고야
픠거니 쓰리거니 승부(勝負) 업시 싸호거든
죠고만흔 몸은 전장(戰場)이 되엿ㄴ다
아이고 하ㄴ님아
칠석(七夕)비 ㄴ리워 이 싸홈 말이쇼셔
어엿쁜 이 몸은 살가 너겨 ㅂ라닉다
알고져 전생(前生)의 므슴 죄(罪)를 지어두고
여휠 제 검던 머리 희도록 못 보ㄴ고
亽랑은 혜염업서* 노소(老少)도 모르ㄴ가
십년전(十年前) 맹서(盟誓)를 오늘 믄득 싱각ㅎ니
금석(金石) ᄀᄐᆫ 말숨이 어제론덧 그제론덧 귀예 징징ㅎ야시니
이 ᄆᆞ음 이 맹서(盟誓) 진토(塵土)ㅣ 되다 니즐소냐
아소온 내 뜻은 다시 볼가 ᄇᆞ라거든
일년(一年) 삼백일(三百日)에 니친 홀니 이실소냐

　　　　　　　　　　　　　　－ 박인로, 「상사곡(相思曲)」 －

* 명황, 귀비: 당나라 현종과 양귀비. 안사의 난으로 양귀비가 죽음.
* 수인씨: 중국 고대 전설상의 제왕. 불을 쓰는 법을 전하였다고 함.
* 함양궁전: 진나라 때 중국 함양에 지어진 궁전으로 항우가 불태웠
　는데 삼 개월 동안 꺼지지 않았다고 함.
* 수화상극: 물과 불은 서로 용납하지 않는다는 뜻.
* 혜염업서: 생각이 없어서.

---

21. (가) ~ (다)에 대한 공통점으로 가장 적절한 것은?

① 의문형 표현을 활용하여 화자의 정서를 강조하고 있다.
② 색채어를 활용하여 대상을 감각적으로 형상화하고 있다.
③ 언어유희를 활용하여 화자의 태도를 해학적으로 표현하고 있다.
④ 풍자의 기법을 활용하여 대상에 대한 비판 의식을 드러내고 있다.
⑤ 계절감을 나타내는 시어를 활용하여 시적 분위기를 조성하고 있다.

---

22. ㉠ ~ ㉤에 대한 설명으로 적절하지 <u>않은</u> 것은?

① ㉠: '남'과 화자의 서로 다른 상황을 통해 화자가 놓인 외로운 처지를 표현하고 있다.
② ㉡: 화자의 '꿈'을 통해 화자가 먼 곳에서 여유롭게 살고자 하는 염원을 표현하고 있다.
③ ㉢: '돗자리', '돌'과 대비되는 화자의 마음을 통해 화자의 맺혀 있는 감정을 강조하고 있다.
④ ㉣: 화자가 연주하는 '공후'의 소리를 통해 화자의 답답함과 슬픔을 표현하고 있다.
⑤ ㉤: 화자가 '밤'에 잠을 자지 못하는 상황을 통해 화자의 애절한 감정을 강조하고 있다.

---

23. <보기>를 바탕으로 (나)와 (다)를 감상한 내용으로 적절하지 <u>않은</u> 것은? [3점]

─────── < 보 기 > ───────

'충신연주지사'는 충성스러운 신하가 왕을 그리워하며 부른 노래를 의미하는데, (나)와 (다)가 여기에 속한다. 이러한 주제 의식을 담은 노래들은 신하가 왕으로부터 멀리 떨어져 이별이 오래 지속된 상황에서 생긴 감정을 표현하고 있다. 왕에 대한 신하의 사랑과 그리움을 주로 표현하며, 자신의 마음을 몰라 주는 왕에 대한 원망을 드러내기도 한다.

① (나)의 '그리운 사람'이 '멀리 하늘 모퉁이에 있는데'라고 한 것은 신하가 왕으로부터 멀어져 있는 상황을 나타낸 것이겠군.
② (나)의 '기나긴 그리움에 공연히 애만 끊노라'라고 한 것은 신하가 왕을 그리워하고 있음을 나타낸 것이겠군.
③ (다)의 '수심'이 '가슴'에 피어난 것이 '놈의 탓도 아니로듸'라고 한 것은 신하가 자신의 마음을 몰라주는 왕을 원망하고 있음을 나타낸 것이겠군.
④ (다)의 '여휠 제 검던 머리 희도록 못 보ㄴ고'라고 한 것은 신하와 왕이 오랫동안 이별하고 있음을 나타낸 것이겠군.
⑤ (나)의 '밝은 달이 되어' '임의 창문 휘장'에 비추겠다는 것과 (다)의 '내 뜻은 다시 볼가 ᄇᆞ라거든'이라고 한 것은 왕에 대한 신하의 사랑을 나타낸 것이겠군.

---

24. [새]와 [블]에 대한 설명으로 가장 적절한 것은?

① [새]는 화자의 심리 전환을 표출하고, [블]은 화자의 성격 변화를 유도하고 있다.
② [새]는 화자의 현재 상황을 표현하고, [블]은 화자의 미래 모습을 암시하고 있다.
③ [새]는 화자의 내적인 갈등을 강조하고, [블]은 화자의 외적인 화해를 보여주고 있다.
④ [새]는 화자의 간절한 바람을 드러내고, [블]은 화자의 애타는 정서를 부각하고 있다.
⑤ [새]는 화자의 반성적인 태도를 나타내고, [블]은 화자의 실천적인 행위를 제시하고 있다.

[25 ~ 28] 다음 글을 읽고 물음에 답하시오.

(가)

직업소개에는 실업자들이 일터와 같이 출근하였다. 아무 일도 안하면 일할 때보다는 야위어진다. 검푸른 황혼은 언덕 아래로 깔리어오고 가로수와 절망과 같은 나의 기―ㄴ 그림자는 군집(群集)의 대하(大河)에 짓밟히었다.

바보와 같이 거물어지는 하늘을 보며 나는 나의 키보다 얕은 가로수에 기대어 섰다. **병든 나**에게도 고향은 있다. 근육이 풀릴 때 향수는 실마리처럼 풀려나온다. 나는 젊음의 자랑과 희망을, 나의 무거운 절망의 그림자와 함께, 뭇사람의 웃음과 발길에 채이고 밟히며 스미어오는 황혼에 맡겨버린다.

제 집을 향하는 많은 군중들은 시끄러이 떠들며, 부산―히 어둠 속으로 흩어져버리고. 나는 공복의 가는 눈을 떠, 희미한 노등(路燈)을 본다. 띄엄띄엄 서 있는 포도(鋪道)* 위에 잎새 없는 ㉠ 가로수도 나와 같이 공허하고나.

고향이여! 황혼의 저자에서 나는 **아리따운 너의 기억**을 찾아 나의 마음을 전서구*와 같이 날려보낸다. 정든 고샅*. 썩은 울타리. 늙은 아베의 하―얀 상투에는 몇 나절의 때묻은 회상이 맺혀 있는가. 우거진 송림 속으로 곱게 보이는 고향이여! **병든 학**이었다. 너는 날마다 야위어가는……

어디를 가도 사람보다 일 잘하는 기계는 나날이 늘어나가고, 나는 병든 사나이. 야윈 손을 들어 오랫동안 타태*와, 무기력을 극진히 어루만졌다. 어두워지는 황혼 속에서, 아무도 보는 이 없는, 보이지 않는 황혼 속에서, **나는 힘없는 분노와 절망을 묻어버린다.**

　　　　　　　　　　　　　　　　　　　　　　 – 오장환, 「황혼(黃昏)」 –

＊포도: 포장도로.
＊전서구: 편지를 보내는 데 쓸 수 있게 훈련된 비둘기.
＊고샅: 시골 마을의 좁은 골목길. 또는 골목 사이.
＊타태: 열심히 하려는 마음이 없고 게으름.

(나)

모래는 모두가
작지만 고집센 한 알이다
그러나 한 알만의 모래는 없다
한알한알이 **무수하게 모여서 모래**다
오죽이나 외로워 그랬을까 하고 보면
웬걸 모여서는 서로가
모른 체 등을 돌리고 있는 모래
모래를 서로 손잡게 하려고
신이 모래밭에 하루종일 **봄비를 뿌린다**
하지만 뿌리면 뿌리는 그대로
모래 밑으로 모조리 새나가 버리는 봄비
자비로운 신은 또 민들레 **꽃씨를**
모래밭에 한 옴큼 날려 보낸다
싹트는 법이 없다
더 이상은 손을 쓸 도리가 없군
구제불능이야
신은 드디어 포기를 결정한다
신의 눈 밖에 난 **영원한 갈증!**

　　　　　　　　　　　　　　　　　　　　　　 – 이형기, 「모래」 –

(다)

여러 사람이 맨살 부대끼며 오래 살다보면 어느덧 비슷한 말투, 비슷한 욕심, 비슷한 얼굴을 가지게 됩니다.

서로 바라보면 거울 대한 듯 비슷비슷합니다. 자기가 다른 사람과 비슷하다는 사실, 여럿 중의 평범한 하나에 불과하다는 사실은 대부분의 사람들이 못마땅하게 여깁니다. 기성품처럼 개성이 없고 값어치가 훨씬 떨어지는 것으로 받아들입니다. ‘개인의 세기(世紀)’에 살고 있는 우리들의 당연한 사고입니다.

그러면 다른 사람과 조금도 닮지 않은 개인이나 탁월한 천재가 과연 있는가. 물론 없습니다. 있다면 그것은 외형만 그럴 뿐입니다. 다른 사람과 아무런 내왕이 없는 ‘순수한 개인’이란 ㉡ 무인도의 로빈슨 크루소처럼 소설 속에나 있는 것이며, **천재란 그것이 어느 개인이나 순간의 독창이 아니라 오랜 중지(衆智)*의 집성**이며 협동의 결정(結晶)임을 우리는 알고 있습니다.

우리들이 잊고 있는 것은 아무리 **담장을 높이**더라도 사람들은 결국 서로가 서로의 일부가 되어 함께 햇빛을 나누며, 함께 비를 맞으며 ‘함께’ 살아가고 있다는 사실입니다.

화폐가 중간에 들면, 쌀이 남고 소금이 부족한 사람과, 소금이 남고 쌀이 부족한 사람이 서로 만나지 않더라도 교환이 이루어집니다. 천 갈래 만 갈래 분업과 **거대한 조직**, 그리고 거기서 생겨나는 **물신성(物神性)*은** 사람들의 만남을 멀리 떼어놓기 때문에 ‘함께’ 살아간다는 뜻을 깨닫기 어렵게 합니다.

같은 이해(利害), 같은 운명으로 연대된 ‘한 배 탄 마음’은 ‘나무도 보고 숲도 보는’ 지혜이며, 한 포기 미나리아재비나 보잘것없는 개똥벌레 한 마리도 그냥 지나치지 않는 ‘열린 사랑’입니다. 한 그루의 나무가 되라고 한다면 나는 산봉우리의 낙락장송보다 수많은 나무들이 **합창하는 숲 속**에 서고 싶습니다. 한 알의 물방울이 되라고 한다면 저는 단연 바다를 선택하고 싶습니다. 그리하여 가장 많은 사람들이 모여 사는 나지막한 동네에서 비슷한 말투, 비슷한 욕심, 비슷한 얼굴을 가지고 싶습니다.

　　　　　　　　　　　　　　　　　　　 – 신영복, 「비슷한 얼굴–계수님께」 –

＊중지: 여러 사람의 지혜.
＊물신성: 사람과 사람의 사회적인 관계가 그가 소유한 물질과 물질의 관계로 나타나는 것. 또는 그렇게 보이는 사회 현상의 성격.

25. (가) ~ (다)에 대한 설명으로 적절하지 <u>않은</u> 것은?

① (가)와 (나)는 모두 영탄적 어조를 통해 화자의 정서를 부각하고 있다.

② (가)와 (다)는 모두 비유적 표현을 통해 대상의 의미를 강조하고 있다.

③ (나)와 (다)는 모두 공간을 대비하여 지향하는 가치를 부각하고 있다.

④ (가)는 (나)와 달리, 음성 상징어를 통해 시각적 인상을 구체화하고 있다.

⑤ (다)는 (나)와 달리, 처음과 끝에 동일한 구절을 배치하여 주제를 강조하고 있다.

26. <보기>를 바탕으로 (가)를 감상한 내용으로 적절하지 <u>않은</u> 것은?

> ─── < 보 기 > ───
>
> 「황혼」에는 1930년대 도시 노동자로서 화자가 느끼는 무력감과 절망감이 드러나 있다. 특히 기계화가 가속되는 현실 속 화자와 나날이 퇴락해 가는 고향, 이 모두가 병든 것으로 형상화되어 근대 자본주의에 대한 작가의 회의적 태도를 엿볼 수 있다.

① '병든 나', '병든 학'을 통해 화자와 고향 모두가 병든 것으로 형상화되고 있음을 알 수 있군.

② '아리따운 너의 기억'을 통해 근대 자본주의를 지향하는 작가의 태도를 확인할 수 있군.

③ '너는 날마다 야위어가는'을 통해 나날이 퇴락해 가는 고향의 모습을 짐작할 수 있군.

④ '어디를 가도 사람보다 일 잘하는 기계는 나날이 늘어나가고'를 통해 기계화가 가속되는 현실을 확인할 수 있군.

⑤ '나는 힘없는 분노와 절망을 묻어버린다'를 통해 화자가 현실에 대해 느끼는 무력감을 짐작할 수 있군.

27. <보기>를 바탕으로 (나)와 (다)를 이해한 것으로 적절하지 <u>않은</u> 것은? [3점]

> ─── < 보 기 > ───
>
> 문학은 종종 집단 속에 놓인 개인의 모습을 통해 공동체적 삶을 드러낸다. 독선적인 태도를 지닌 개인은 스스로를 소외시켜 자신의 삶을 황폐하게 만들면서 동시에 공동체적 삶으로 나아가지 못한다. 그러나 정서적 공감을 바탕으로 연대하는 개인은 서로에게 기대면서 집단 속에서 완성되며 공동체적 삶을 이룩하게 된다.

① (나)의 '무수하게 모여서' 된 '모래'와 (다)의 '맨살 부대끼며 오래 살'아 가는 '여러 사람'은 모두 집단 속에 놓인 개인의 모습을 보여 준다.

② (나)의 '모른 체 등을 돌리'는 행위와 (다)의 '담장을 높이'는 행위는 연대하지 않으려는 태도를 의미한다.

③ (나)의 '봄비를 뿌려주는' '신'과 (다)의 '거대한 조직'에서 생겨난 '물신성'은 개인이 직면하게 되는 소외의 원인에 해당한다.

④ (나)의 '꽃씨'가 '싹트는 법이 없'는 '모래밭'은 개인들의 황폐한 삶을, (다)의 '오랜 중지의 집성'인 '천재'는 집단 속에서 완성되어 가는 개인의 삶을 보여준다.

⑤ (나)의 '영원한 갈증'은 공동체적 삶으로 나아가지 못한 삶의 모습을, (다)의 '합창하는 숲 속'은 서로에게 기대어 이룩한 공동체적 삶의 모습을 의미한다.

28. ㉠과 ㉡에 대한 이해로 가장 적절한 것은?

① ㉠, ㉡은 모두 성숙의 이미지가 드러난다.

② ㉠, ㉡은 모두 자족의 이미지가 드러난다.

③ ㉠은 단절의 이미지가, ㉡은 소통의 이미지가 드러난다.

④ ㉠은 고독의 이미지가, ㉡은 고립의 이미지가 드러난다.

⑤ ㉠은 상생의 이미지가, ㉡은 공존의 이미지가 드러난다.

[29 ~ 31] 다음 글을 읽고 물음에 답하시오.

길동 등이 임금에게 아뢰었다.

┌ "신의 아비가 나라의 은혜를 많이 입었사온데, 신이 어찌 감히 나쁜 짓을 하오리까마는, 신은 본래 천한 종의 몸에서 났는지라, 그 아비를 아비라 못 하옵고 그 형을 형이라 못 하와, 평생 한이 맺혔기에 집을 버리고 도적의 무리에 참 [A] 여하였사옵니다. 그러나 백성은 추호도 범하지 않고 각 읍 수령이 백성들을 들볶아 착취한 재물만 빼앗았을 뿐입니다. 이제 십 년이 지나면 조선을 떠나 갈 곳이 있사오니, 엎드려 빌건대 성상께서는 근심하지 마시고 신을 잡으라는 공문을 └ 거두어 주십시오."

하고, 말을 마치며 여덟 명이 한꺼번에 넘어지므로, 자세히 보니 다 풀로 만든 허수아비였다. 임금이 더욱 놀라며 진짜 길동을 잡으라는 공문을 다시 팔도에 내렸다.

길동이 허수아비를 없애고 두루 다니다가 사대문에 글을 써 붙였는데, 그 글에다,

"소신 길동은 아무리 하여도 잡지 못할 것이오니, 병조판서 벼슬을 내리시면 잡히겠습니다."

고 하였다. 임금이 그 글을 보고 신하들을 모아 의논하니, 여러 신하들이 말했다.

"이제 그 도적을 잡으려 하다가 잡지 못하고 도리어 병조판서를 제수하심은 이웃 나라에도 창피스러운 일입니다."

임금이 옳다고 여기고 다만 경상 감사에게 길동 잡기를 재촉하니, 경상 감사가 왕명을 받고는 황공하고 죄송하여 어쩔 줄을 몰랐다.

하루는 길동이 공중으로부터 내려와 절하고 말했다.

"제가 지금은 진짜 길동이오니, 형님께서는 아무 염려 마시고 결박하여 서울로 보내십시오."

감사가 이 말을 듣고는 손을 잡고 눈물을 흘리면서 말했다.

"이 철없는 아이야. 너도 나와 동기인데 부형의 가르침을 듣지 않고 온 나라를 떠들썩하게 하니, 어찌 애닯지 않으랴. 네가 이제 진짜 몸이 와서 나를 보고 ㉠<u>줍혀가기를 조원하니 도로혀 긔특호으히로다.</u>"

하고, 급히 길동의 왼쪽 다리를 보니, 과연 혈점이 있었다. 즉시 팔다리를 단단히 묶어 죄인 호송용 수레에 태운 뒤, 건장한 장교 수십 명을 뽑아 철통같이 싸고 풍우같이 몰아가도, 길동의 안색은 조금도 변치 않았다. 여러 날 만에 서울에 다다랐으나, 대궐 문에 이르러 길동이 한번 몸을 움직이자, 쇠사슬이 끊어지고 수레가 깨어져, 마치 매미가 허물 벗듯 공중으로 올라가며, 나는 듯이 운무에 묻혀 가 버렸다. 장교와 모든 군사가 어이없어 다만 공중만 바라보며 넋을 잃을 따름이었다. 어쩔 수 없이 이 사실을 보고하니, 임금이 듣고,

"천고에 이런 일이 어디 있으랴?"

하며, 크게 근심을 했다. 이에 여러 신하 중 한 사람이 아뢰기를,

"길동의 소원이 병조판서를 한번 지내면 조선을 떠나겠다는 것이라 하오니, 한번 제 소원을 풀면 제 스스로 은혜에 감사하오리니, 그때를 타 잡는 것이 좋을까 하옵니다."

고 했다. 임금이 옳다 여겨 즉시 길동에게 병조판서를 제수하고 사대문에 글을 써 붙였다.

그때 길동이 이 말을 듣고 즉시 고관의 복장인 사모관대에 서띠를 띠고 덩그런 수레에 의젓하게 높이 앉아 큰 길로 버젓이 들어오면서 말하기를,

[해설편 p.147]

"이제 홍 판서 사은(謝恩)하러 온다."
고 했다. 병조의 하급 관리들이 맞이해 궐내에 들어간 뒤, 여러 관원들이 의논하기를,
"길동이 오늘 사은하고 나올 것이니 도끼와 칼을 쓰는 군사를 매복시켰다가 나오거든 일시에 쳐 죽이도록 하자."
하고 약속을 하였다. 길동이 궐내에 들어가 엄숙히 절하고 아뢰기를,
"소신의 죄악이 지중하온데, 도리어 은혜를 입사와 평생의 한을 풀고 돌아가면서 전하와 영원히 작별하오니, 부디 만수무강하소서."
하고, 말을 마치며 몸을 공중에 솟구쳐 구름에 싸여 가니, 그 가는 곳을 알 수가 없었다.

(중략)

한편, 길동이 제사를 극진히 받들어 삼년상을 마치고 나서는, 모든 영웅을 모아 무예를 익히며 농업에 힘을 쓰니, 병사는 잘 조련되고 양식도 풍족했다. 남쪽에 율도국이라는 나라가 있었으니, 기름진 평야가 수천 리나 되어 실로 살기 좋은 나라라, 길동이 매양 마음속으로 생각해 오던 바였다. 모든 사람을 불러 말하기를,
"내가 이제 율도국을 치고자 하니 그대들은 최선을 다하라."
하고는 그날 진군을 하였다. 길동은 스스로 선봉장이 되고, 마숙으로 후군장을 삼아, 잘 훈련된 병사 오만을 거느리고 율도국 철봉산에 다다라 싸움을 걸었다. 율도국 태수 김현충이 난데없는 군사가 이름을 보고 크게 놀라, 왕에게 보고하는 한편 한 부대의 군사를 거느리고 내달아 싸웠다. 길동이 이를 맞아 싸워 한 번의 접전에 김현충을 베고 철봉을 얻어 백성을 달래어 위로하였다. 정철로 철봉을 지키게 하고, 대군을 지휘해 움직여 바로 도성을 치는데, 격서(檄書)를 율도국에 보냈으니, 그 내용은 이러하였다.
[B] ┌ "의병장 홍길동은 글을 율도왕에게 부치나니, 대저 임금은 한 사람의 임금이 아니요, 천하 사람의 임금이라. 내 하늘의 명을 받아 병사를 일으켜 먼저 철봉을 파하고 물밀듯 들 어오고 있으니, 왕은 싸우고자 하거든 싸우고, 그렇지 않 으면 일찍 항복하여 살기를 도모하라."
왕이 다 보고 나서 소리쳐 말하기를,
"우리 나라가 철봉을 굳게 믿거늘, 이제 잃었으니 어찌 대항하랴."
하고는, 모든 신하를 거느리고 항복했다.
길동이 성중에 들어가 백성을 달래어 안심시키고 왕위에 오른 후, 전의 율도왕으로 의령군을 봉했다. 마숙과 최철로 각각 좌의정과 우의정을 삼고, 나머지 여러 장수에게도 각각 벼슬을 내리니, 조정에 가득 찬 신하들이 만세를 불러 하례하였다. 왕이 나라를 다스린 지 삼 년에 산에는 도적이 없고, 길에서는 떨어진 물건을 주워 가지지 않으니, 태평세계라고 할 만하였다.

─ 「홍길동전」 ─

29. ㉠은 「홍길동전」의 경판본을 옮긴 것이다. <보기>를 바탕으로 ㉠을 바르게 끊은 것은?

─── < 보 기 > ───
고소설은 띄어쓰기도 되어 있지 않고 지금은 쓰지 않는 문자도 있어 내용 파악이 쉽지 않다. 이때 어절 단위로 끊어 읽는 것이 의미 파악의 시작이다.

① 즙혀가기를∨ᄌ원ᄒ니∨도로혀∨긔특ᄒᆫ∨ᄋᆞ히로다
② 즙혀가기를∨ᄌ원ᄒ니∨도로∨혀긔∨특ᄒᆫ∨ᄋᆞ히로다
③ 즙혀∨가기를∨ᄌ∨원ᄒ니∨도로혀긔∨특ᄒᆫ∨ᄋᆞ히로다
④ 즙혀∨가기를∨ᄌ∨원ᄒ니∨도로혀∨긔특ᄒᆫ∨ᄋᆞ∨히로다
⑤ 즙혀가∨기를∨ᄌ원∨ᄒ니∨도로∨혀긔∨특ᄒᆫ∨ᄋᆞ∨히로다

30. [A]와 [B]에 대한 설명으로 적절한 것은?

① [A]는 자신의 권위를 내세워 상대에게 충고하고 있다.
② [B]는 상대와 같은 입장임을 내세워 동의를 구하고 있다.
③ [B]는 [A]와 달리 상대의 의도를 알고 이에 답하고 있다.
④ [A]와 [B]는 모두 상황을 가정하여 상대의 행위를 평가하고 있다.
⑤ [A]와 [B]는 모두 자신의 행위를 정당화하며 상대의 태도 변화를 꾀하고 있다.

31. <보기>를 참고하여 윗글을 이해한 내용으로 적절하지 <u>않은</u> 것은? [3점]

─── < 보 기 > ───
「홍길동전」이 지금까지 인기를 얻는 이유는 독자들의 흥미를 불러일으키는 길동의 활약이 돋보이기 때문이다. 길동은 백성의 편에 서서 백성이 살기 좋은 세상을 구현하려고 하며, 초월적 능력을 발휘하여 위기를 극복한다. 또한 새 나라를 건설하며, 자신이 가진 신분적 한계를 극복한다. 이러한 모습은 독자들의 기대를 충족시키며 공감을 이끌어낸다.

① 새 나라를 건설하려는 모습은 길동이 율도국을 공격하는 것에서 드러나는군.
② 초월적 능력을 발휘하는 모습은 잡히지 않기 위해 길동이 도술을 부리는 것에서 나타나는군.
③ 신분적 한계를 극복하는 모습은 미천한 신분이었던 길동이 왕위에 오르는 것에서 알 수 있군.
④ 백성의 편에 서서 펼치는 활약은 수령이 백성들에게 착취한 재물을 길동이 빼앗았다는 것에서 파악할 수 있군.
⑤ 백성이 살기 좋은 세상을 구현하려는 노력을 인정받는 모습은 길동이 병조판서에 제수되는 것에서 확인할 수 있군.

[32 ~ 36] 다음 글을 읽고 물음에 답하시오.

현대 사회의 기업들은 새로운 내부 조직을 만들거나 다른 기업과 합병하는 등의 방식을 통해 기업의 규모를 변화시키기도 한다. 신제도학파에서는 기업들의 이러한 규모 변화를 거래비용이라는 개념으로 설명하는데, 이를 거래비용이론이라고 한다.

거래비용이론에서 말하는 거래비용이란 재화를 생산하는 데 드는 생산비용을 제외한, 경제 주체들이 재화를 거래하는 과정에서 발생하는 모든 비용을 말한다. 즉 경제 주체가 거래 의사와 능력을 가진 상대방을 탐색하는 과정, 가격이나 교환 조건을 상대방과 협상하여 계약을 하는 과정, 또 계약 후 계약 ㉠이행 여부를 확인하고 강제하는 과정 등에서 발생하는 비용을 거래비용이라고 할 수 있다.

[A] 거래비용이론에서는 기업은 시장에서 재화를 거래할 때 발생하는 거래비용인 '시장거래비용'을 줄이기 위해, 재화를 자체적으로 생산하는 것에 대해 ㉡고려하게 된다고 보았다. 이런 상황에서 기업이 새로운 내부 조직을 만들거나 다른 기업을 합병하여 내부 조직으로 흡수하는 등의 방법을 통해 거래를 내부화하면 기업의 조직 내에서도 거래가 일어나게 된다. 그 결과 거래비용이 발생하게 되고, 이를 '조직내거래비용'이라고 한다. 이때 시장거래비용과 조직내거래비용을 합친 것을 '총거래비용'이라고 하며, 기업은 총거래비용을 고려하여 기업의 규모를 결정하게 된다.

예를 들어 어떤 제품을 생산하는 기업을 가정해 보자. 이 기업에서는 시장거래를 통해 다른 기업으로부터 모든 부품을 조달하여 제품을 생산할 수도 있고, 반대로 기업 내부적으로 모든 부품을 제조하여 제품을 생산할 수도 있다. 만약 이 기업이 다른 기업과의 시장거래를 통해 모든 부품을 조달한다면 조직내거래비용은 발생하지 않고, 시장거래비용만 발생하게 될 것이다. 이런 상황에서 기업은 시장거래비용을 줄이기 위해 시장거래에서 조달하던 부품의 일부를 기업 내에서 생산하려 할 것이다. 이렇게 기업이 부품을 자체 생산하여 내부 거래를 증가시키면 시장거래비용은 감소하지만, 조직내거래비용은 증가하게 된다. 이때 기업은 총거래비용이 최소가 되는 지점까지 내부 조직의 규모를 확대하여 부품을 자체 생산할 수 있고, 이 지점이 바로 기업의 최적규모라고 할 수 있다.

그렇다면 ㉮거래비용이 발생하는 요인은 무엇일까? 거래비용이론에서는 이를 인간적 요인과 환경적 요인으로 나누어 설명한다. 인간적 요인에는 인간의 제한된 합리성과 기회주의적 속성이 있다. 먼저, 인간은 거래 상황 속에서 정보를 수집하고 처리할 때 완벽하게 합리적인 선택을 할 수 있는 존재는 아니라는 것이다. 다음으로 인간은 효용의 극대화를 위해 자신의 이익만을 추구하는 기회주의적 ㉢면모를 보일 가능성이 높다는 것이다. 이와 같은 인간적 요인으로 인해 거래 상황 속에서 인간은 완벽한 선택을 할 수 없고, 거래 상대를 전적으로 신뢰할 수는 없으므로 거래의 과정 속에서 거래비용이 발생하게 된다는 것이다.

환경적 요인에는 자산특수성과 정보의 불확실성 등이 있다. 먼저 자산특수성이란 다양한 거래 주체를 통해 일반적으로 구할 수 있는 자산이 아닌, 특정 거래 주체와의 거래에서만 높은 가치를 갖는 자산의 속성을 말한다. 따라서 특정 주체와의 거래에서는 높은 가치를 갖던 것이 다른 주체와의 거래에서는 가치가

하락하는 경우, 자산특수성이 높다고 할 수 있다. 이때 자산특수성이 높으면 경제 주체들은 기회주의적으로 행동할 가능성이 커질 수 있기 때문에 이를 ㉣보완하고자 다양한 안전장치를 마련하려 할 것이다. 이로 인해 거래비용은 더 높아질 수 있는 것이다. 다음으로 거래 상대의 정보를 확인할 수 없는 상황에서 거래 주체는 자신의 이익을 위해 정보를 ㉤공유하지 않을 가능성이 높다. 그렇기 때문에 일반적으로 정보가 불확실한 거래 상황일수록 거래 주체들은 상대의 정보를 알아내기 위한 노력을 할 것이고, 이로 인해 거래비용은 높아지게 된다.

32. 윗글을 통해 알 수 있는 내용으로 적절하지 않은 것은?

① 거래비용의 종류
② 총거래비용의 개념
③ 시장거래비용을 줄이는 방법
④ 기업의 규모가 변화하는 이유
⑤ 기업 규모와 생산비용의 관계

33. 거래비용이 발생하는 상황으로 적절하지 않은 것은?

① 도자기 장인이 직접 흙을 채취하여 도자기를 빚을 때
② 집을 구매하려는 사람이 집을 판매하는 사람을 탐색할 때
③ 가구를 생산하는 사람이 원목 판매자와 재료 값을 흥정할 때
④ 소비자가 인터넷을 설치하기 위해 통신사와 약정서를 작성할 때
⑤ 제과 업체가 계약대로 밀가루가 제대로 공급되고 있는지 확인할 때

34. [A]를 바탕으로 <보기>를 이해한 내용으로 적절하지 않은 것은? [3점]

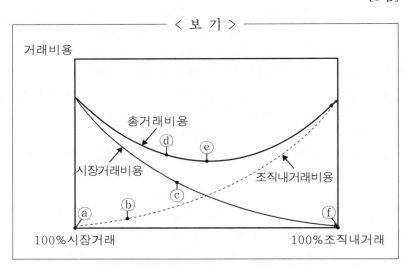

< 보 기 >

① 조직내거래비용이 ⓐ에서 ⓑ로 증가했다면 기업은 시장에서 조달했던 부품의 일부를 자체 생산하겠다는 결정을 했기 때문이겠군.
② 시장거래비용이 ⓒ에서 ⓕ로 감소했다면 기업이 내부 거래를 증가시켰기 때문이겠군.
③ ⓓ에서 ⓔ로 총거래비용이 줄었다면 내부 조직의 규모를 축소하겠다는 결정을 했기 때문이겠군.
④ 총거래비용이 ⓔ에서 최소가 된다면 이 지점이 기업의 최적규모라고 할 수 있겠군.
⑤ ⓕ에서는 기업이 모든 부품을 기업 내부적으로 제조하기 때문에 시장거래비용은 발생하지 않겠군.

[해설편 p.148]

35. ㉮를 바탕으로 <보기>를 이해한 내용으로 적절하지 <u>않은</u> 것은?

──── < 보 기 > ────

사례 1: 자동차를 조립하여 판매하는 A 기업은 자동차에 들어가는 부품 중 볼트를 특정 기업을 선정하지 않고 다양한 기업을 통해 조달하고 있다.

사례 2: 의료기구 생산 업체인 B 기업은 핵심 부품을 C 기업을 통해서만 조달하고 있어, 안정적인 생산과 조달을 위해 두 기업은 계약을 할 때 장기간의 계약 기간을 계약 조건으로 명시하였다.

사례 3: D 기업은 새로 개발한 제품의 원재료를 외국의 E 기업에서 조달하고자 하였으나, E 기업이 원재료의 품질 정보를 세부적으로 제공하지 않아 신제품 생산에 차질이 발생하게 되었다.

① A 기업이 조달하는 볼트의 자산특수성은 높지 않다고 할 수 있겠군.

② B 기업과 C 기업이 계약 조건으로 장기간의 계약 기간을 명시한 것은 거래에 있어 안전장치를 마련한 것으로 볼 수 있겠군.

③ B 기업과 C 기업은 거래하는 핵심 부품이 지닌 특성으로 인해 상대가 기회주의적으로 행동할 가능성을 염려했다고 볼 수 있겠군.

④ D 기업과 E 기업 간의 거래에서는 정보의 불확실성으로 인해 거래비용이 높아질 가능성이 있겠군.

⑤ E 기업이 원재료의 품질 정보를 세부적으로 제공하지 않은 것은 D기업을 탐색하는 과정에서 완벽하게 합리적인 선택을 하였기 때문이겠군.

36. ㉠ ~ ㉤의 사전적 의미로 적절하지 <u>않은</u> 것은?

① ㉠: 둘 이상의 일을 한꺼번에 행함.
② ㉡: 생각하고 헤아려 봄.
③ ㉢: 사람이나 사물의 겉모습이나 그 됨됨이.
④ ㉣: 모자라거나 부족한 것을 보충하여 완전하게 함.
⑤ ㉤: 두 사람 이상이 한 물건을 공동으로 소유함.

[37 ~ 41] 다음 글을 읽고 물음에 답하시오.

일반적으로 사람들은 정서와 감정을 동일한 것으로 여긴다. 그런데 오늘날의 심리 철학에서는 '정서'라는 개념을 특정 시점에서의 주관의 정신 상태라고 정의하면서 정서와 감정을 개념적으로 구분하고, 정서의 본질에 대해 이전부터 계속되어 온 철학적 탐구를 이어가고 있다.

정서의 본질에 대한 전통적인 논의는 크게 두 방향의 이론으로 설명할 수 있는데, 하나는 '감정 이론'이고 다른 하나는 '인지주의적 이론'이다. 다음 사례에서 드러나는 정서의 요소를 바탕으로 두 이론의 대립하는 방향성을 확인할 수 있다. 민호가 전신주 옆에서 버스를 기다리고 있을 때, 전신주 변압기에서 연기가 솟아났고 민호는 갑자기 공포에 빠져들게 된 상황을 가정해 보자. 이때 민호의 공포라는 정서에서 감정적 요소에 해당하는 것은 민호가 느끼는 공포감이라는 느낌이고, 인지적 요소에 해당하는 것은 민호가 연기를 보았을 때 '민호 자신이 위험한 상황에 처했다.'라는 명제로 표현될 수 있는 판단이나 믿음이다. 감정 이론은 전자를 중심으로 정서를 정의하는 이론이고, 인지주의적 이론은 후자를 중심으로 정서를 정의하는 이론이다.

㉠ 감정 이론은 특정 정서를 그 정서가 내포하는 특정 감정 즉 자신도 모르게 생기는 느낌과 동일시하는 이론이다. 감정 이론에 따르면, 정서를 이해하는 것은 인지적인 요소가 아니라 감정적인 요소를 통해서 가능하다. 즉 상황에 대해서 어떻게 판단하고 믿느냐가 아니라 어떻게 느끼느냐를 이해하는 것을 통해서만 가능하다는 것이다. 감정 이론은 앞의 예에서 공포라는 민호의 정서를 공포감이라는 감정적 요소와 동일시하면서 민호의 정서를 이해하는 데 있어 인지적 요소는 배제한다. 인지적 요소인 판단과 믿음은 앞의 예에서 민호가 연기를 보았다고 가정했을 때 그 '연기'와 같은 구체적인 대상을 전제하는데, 감정 이론은 판단과 믿음을 배제하기 때문에 정서의 지향적인 성격을 부정한다. 또한 감정 이론을 바탕으로 할 때, 감정은 정서와 동일시되므로 의지에 의해 통제되기 힘든 감정의 속성은 그대로 정서의 속성이 된다.

감정 이론은 사람들이 일상적으로 정서를 감정과 동일시하는 보편적인 성향을 잘 설명할 수 있다는 장점을 지닌다. 사람들이 '어떤 사람이 공포의 정서 상태에 있다.'라는 말의 의미를 전달하기 위해서, 이 말보다 '어떤 사람이 공포를 느낀다.'라는 말을 더 자연스럽게 여기는 것은 정서와 감정을 동일시하는 사람들의 보편적 성향을 잘 보여 준다. 그러나 감정 이론은 정서들을 분류하는 데 한계를 지닌다. 왜냐하면 감정 이론은 감정 외적인 인지적 요소를 배제하고 감정적 요소만을 강조하기 때문에 개별 정서의 차이를 구분하여 설명하지 못하고 단지 각각의 정서가 다르게 느껴진다고 이야기한다. 그리고 감정 이론은 정서가 규범적 성격을 가질 수 있다는 점을 설명할 수 없다. 왜냐하면 감정 이론은, 어떻게 느끼느냐에 대한 감정 외적인 상황을 고려하지 않은 채 내적인 감정과 동일시되는 정서 자체에 초점을 맞추기 때문이다. 그래서 감정 이론은 그 정서의 규범적인 적절성 여부, 즉 그 정서가 당위적인 가치 기준에 부합하는지 여부를 판단하는 것이 불가능하다.

인지주의적 이론은 정서의 인지적 요소를 정서와 동일시하거나 적어도 정서의 필수적인 요소로 인정하는 이론이다. 이 이론에 따르면, 감정 자체는 정서와 동일시될 수 없고 판단이나 믿음과 같은 인지적 요소들의 복합체에 의해 초래되는 결과일 뿐이다. 인지주의적 이론은, 앞의 예에서 민호가 자신의 머리 위에 변압기가 떨어질 수 있다고 판단하여 위험한 상황에 처했다고 믿는 것을 민호가 경험하는 공포라는 정서 상태와 동일시하거나 적어도 이 공포라는 정서를 규정하는 데 필수적인 요소로 인정한다. 그리고 민호의 공포감은 민호의 판단과 믿음의 결과로 가지게 된 감정일 뿐이라고 본다.

인지주의적 이론의 장점은 앞서 언급한 감정 이론의 두 가지 문제점을 해결할 수 있다는 것이다. 인지주의적 이론은 정서들을 개별 정서로 분류하는 것이 가능하다. 왜냐하면 사람들이 비슷하다고 생각하는 정서를 판단이나 믿음이라는 인지적 요소를 바탕으로 각각의 정서로 구분할 수 있기 때문이다. 그리고 인지주의적 이론은 정서가 규범적 성격을 가질 수 있다는 점을 설명할 수 있다. 왜냐하면 인지주의적 이론이 정서와 동일시하거나 적어도 정서의 필수적인 요소로 여기는 판단과 믿음에는 당위적인 가치 기준이 개입될 수 있기 때문이다. 그러나 인지주의적 이론은 인지적 요소만을 지나치게 강조하기 때문에, 사람들의 보편적인 성향에서 드러나는 감정적 요소를 경시하고 있다.

ⓐ 감정 이론과 인지주의적 이론은 유사한 맥락에서 한계를 지니고 있다. 그래서 오늘날의 심리 철학은 두 이론을 정서의 다면적인 성격을 설명하기 위한 철학적 바탕으로 삼되, 두 이론과 달리 정서의 다면적 성격을 종합적으로 설명할 수 있는 새로운 이론적 틀을 마련하기 위해 노력하고 있다.

37. 윗글의 전개 방식에 대한 설명으로 가장 적절한 것은?

① 중심 화제에 대한 대비되는 두 이론을 소개한 후 각 이론의 장단점을 제시하고 있다.
② 중심 화제에 대한 상반된 이론을 제시한 후 두 이론을 절충한 새로운 이론을 비판하고 있다.
③ 중심 화제에 대한 두 이론의 가설을 제시하고 통계를 바탕으로 가설의 타당성을 검증하고 있다.
④ 중심 화제에 대한 두 이론의 대표적인 학자들을 제시하고 그들이 후속 연구에 미친 영향을 소개하고 있다.
⑤ 중심 화제에 대해 새롭게 등장한 두 이론과 각각의 등장 배경을 소개하고 기존 이론의 등장 배경과 대비하고 있다.

38. 윗글을 바탕으로 <보기>를 이해한 내용으로 적절하지 <u>않은</u> 것은? [3점]

─────< 보 기 >─────
집에 가던 수아는 갑자기 비가 내리자 버스 정류장에서 비를 피하고 있었다. 그때 멀리서 수아를 본 어머니가 웃는 얼굴로 우산을 들고 수아에게 다가왔다. 어머니를 만난 수아는 행복이라는 정서를 가지게 되었다.

① 감정 이론에 따르면, 수아가 집에 갈 때 어머니를 만난 특정 시점에서 가지게 된 행복이라는 정서는 수아가 느낀 감정인 행복감 자체와 동일시된다고 보겠군.
② 감정 이론에 따르면, 수아의 행복이라는 정서를 이해하려면 '수아가 비를 맞지 않게 하려고 어머니가 우산을 들고 나왔다.'라는 명제로 표현될 수 있는 요소는 배제해야겠군.
③ 인지주의적 이론에 따르면, 자신을 본 어머니의 웃는 얼굴을 보게 됨으로써 수아가 가지게 된 행복이라는 정서는 감정에서 비롯된 결과라고 보겠군.
④ 인지주의적 이론에 따르면, 수아의 행복이라는 정서를 설명하기 위해서는 어머니가 우산을 들고 수아에게 다가오는 상황을 고려해야 한다고 보겠군.
⑤ 인지주의적 이론에 따르면, 어머니의 표정과 행동이라는 구체적인 대상에 대한 수아의 판단은 수아가 가지게 된 행복이라는 정서 상태의 필수적인 요소로 인정되겠군.

39. 윗글과 <보기>에 대해 설명한 내용으로 가장 적절한 것은?

─────< 보 기 >─────
정서의 본질을 설명하는 전통적인 이론 중에서 행동주의 이론은 정서의 본질을 인간에게 가해지는 자극과 이에 대한 반응의 관계를 통해 파악하려고 했다. 행동주의 이론에 따르면, 인간의 모든 기능은 공통적으로 자극과 반응의 원리를 통해 설명될 수 있기 때문에 인간의 정서도, 내적인 감정이 아니라 자극에서 초래된 외적인 반응으로서의 특정한 행동과 현상으로 기술될 수 있다는 것이다.

① 감정 이론과 행동주의 이론은 모두 인간에게 가해지는 자극을 통해서 인지적인 요소가 정서의 필수적인 요소임을 증명할 수 있다고 보고 있다.
② 인지주의적 이론과 행동주의 이론은 모두 인간의 외적인 반응에 주목하여 사람의 마음에 일어나는 감정 그 자체인 정서를 설명하려 하고 있다.
③ 감정 이론은 행동주의 이론과 달리, 인간이 어떻게 느끼느냐에 대한 스스로의 판단은 특정한 행동을 하게 만든다는 사실에 초점을 두어 정서를 설명하려 하고 있다.
④ 행동주의 이론은 감정 이론과 달리, 인간의 정서는 내적인 감정이 아니라 자극과 반응으로 기술될 수 있다는 특징에 주목하여 정서라는 개념을 설명할 수 있다고 보고 있다.
⑤ 행동주의 이론은 인지주의적 이론과 달리, 인간의 모든 기능을 설명할 수 있는 공통적인 원리가 아닌 특수한 대상에 적용되는 원리를 바탕으로 정서에서의 감정적 요소를 설명하려 하고 있다.

40. 윗글의 ㉠과 <보기>의 Ⓐ에 대해 보인 반응으로 적절하지 <u>않은</u> 것은?

─────< 보 기 >─────
Ⓐ제임스의 이론에 따르면, 사람이 공포라는 정서 상태에 있을 때 얼굴이 헬쑥해지고 등줄기에 식은땀이 흐르는 등 여러 가지 신체적 변화가 발생하는데 이러한 물리적인 변화는 의지에 의해 통제되기 힘든 특정 느낌을 동반한다. 제임스는 이러한 느낌을 중심으로, 느낌들의 복합체, 즉 신체적 감각의 복합체를 공포라는 정서와 동일시한다.

① ㉠과 Ⓐ는 정서의 지향적인 성격을 전제한다는 점에서 유사하겠군.
② ㉠과 Ⓐ는 느낌이라는 것을 중심으로 정서를 이해한다는 점에서 유사하겠군.
③ ㉠과 Ⓐ는 의지에 의해 통제되기 힘든 정서의 속성을 인정한다는 점에서 유사하겠군.
④ ㉠은 감정과 정서의 속성을 동일시하여 정서를 이해하려 하고 있군.
⑤ Ⓐ는 신체적 감각의 복합체를 정서와 동일시하여 정서를 이해하려 하고 있군.

41. ⓐ에 대한 설명으로 가장 적절한 것은?

① 감정 이론과 인지주의적 이론은 모두 정서가 규범적인 속성을 가질 수 있다는 점을 설명하지 못한다.
② 감정 이론과 인지주의적 이론은 모두 사람들이 느끼는 개별 정서의 차이를 구분하여 설명하지 못한다.
③ 감정 이론과 인지주의적 이론은 모두 특정 요소만을 강조하여 정서의 본질을 종합적으로 설명하지 못한다.
④ 감정 이론과 인지주의적 이론은 모두 정서에 대해서 사람들이 지니고 있는 보편적인 성향을 반영하지 못한다.
⑤ 감정 이론과 인지주의적 이론은 모두 상황에 따른 정서의 적절성 여부를 결정하는 당위적인 가치 기준을 제시하지 못한다.

[42 ~ 45] 다음 글을 읽고 물음에 답하시오.

"좌우간, 내가 그만침이나 **청백**했기 망정이지, **다른 동간들** 당했단 소리 들었지? 누구는 맞아죽구, 누구는 집에다 불을 지르구, 누구는 팔대리가 부러지구."

푸시시 일어서다가, 비 오는 뜰을 이윽히 내다보면서, 맹순사는 곰곰이 그렇게 아낙을 타이르듯 한다. 서분이에게는 그러나, 그런 소리가 다 말 같지도 아니한 소리요 억지엣발명이었다.

"흥, 가네모도상은 그렇게 들이 긁어 먹구두, 되려 승찰 해서 부장이 된 건 어떡하구?"

㉠ "며칠 가나."

"그렇게만 생각허믄 뱃속은 무척 편하겠수. 여주루 내려갔든 기노시다상넨, 이살 해오는데, 재봉틀이 인장표루다 손틀 두 개에, 방안 짐이 여덟 개에, 옷이 옥상옷만 도랑꾸루 열다섯 도랑꾸드래요. 그리구두 서울루 **뻐젓이** 와서 기계방아 사놓구 **돈벌이만 잘 허믄서, 활개 펴구** 삽디다. 죽길 어째 죽으며, 팔대리가 부러질 팔대린 어딨어?"

"그런 게 글쎄 다 불한당질루 장만한 거 아냐?"

"뱃속에서 꼬록 소리가 나두, 만날 청백야?"

"아무렴, 사람이 청백하면, 가난해두 두려울 게 없는 법야, 헴."

맹순사는 마침내 양복장 문을 연다. 연방 청백을 뇌던 끝에, 이 양복장을 보자니 얼굴이 간지러웠다. 유치장 간수로 있을 때에, 가구장수 하나가 경제범으로 들어와 있었는데, 서분이가 쪽지 한 장을 그에게다 주어 달라고 졸랐다. 못 이기는 체하고 전해 주었다. 그런 지 이틀 만에 이 양복장이 방 윗목에 가 처억 놓여진 것을 보았으나, 그는 내력을 물으려고 아니 하였다.

양복점 안에서 떼어 입은 대마직 국민복은 양복장보다도 조금 더 청백 순사를 얼굴 간지럽게 하였다.

작년 초가을, 좋지 못한 풍문이 들리는 파출소 건너편의 양복점에서 맞추어 입은 것이었다. 공정가격 삼십이 원 각순데, 양복을 찾아 들고는 지갑을 꺼내는 체하면서,

㉡ "얼마죠?"

하고 물었다. 지갑에는 돈이라야 삼 원밖에 없었다.

양복점 주인은, 온 천만에 말씀을 다 하신다면서, 어서 가시라고 등을 밀어 내었다.

이 양복장이나 양복은 한 예에 불과하고, 팔 년 동안 순사를 다니면서, 그 중에서도 통제경제가 강화된 이삼 년, 육십 몇 원이라는 월급으로는 도저히 지탱해 나갈 수 없는 생활을 뇌물받는 것으로써 보태어 나왔다. 몇십 원씩, 돈 백 원씩 쥐어 주는 것을, 사양하다가 못 이기는 체 받아 넣기 얼말는지 모른다. 자청해 주는 것을 따담기만 한 것이 아니라, 아쉰 때면 그럴싸한 사람을 찾아가서,

㉢ "수히 갚을 테니 백 원만……."

하고 가져다 쓰기도 여러 번이었다.

술대접을 받기는 실로 부지기수였다. 쌀, 나무, 고기, 생선, 술 모두 다 그립지는 아니할 만큼 들어도 오고, 청해다 먹기도 하고 하였다. 못 해주었네 못 해주었네 하여도, 아낙의 옷감도 여러 번 얻어다 준 것이었다. 공교로이 그 뉴똥치마만은 기회가 없고서 8·15가 덜컥 달려들고 말았지만.

이렇게 그는 작은 것이나마 뇌물을 먹지 아니한 것이 아니면서도, 스스로 청백하였노라고 팔분의 자신이 있었다. 맹순사의 생각엔 양복벌이나 빼앗아 입고, 돈이나 몇십 원, 돈 백 원 받아 쓰고, 쌀 나무며 찬거리나 조금씩 얻어먹고, **술대접**이나 받고 하는 것은, 아무나 예사로 하는 일이요, 하여도 죄 될 것이 없고, 따라서 독직이 되거나 **죄가 되는 것이 아니었다.** 그것이 적어도

독직이나 죄가 되자면, 몇만 원 집어먹고서 소위 팔자를 고친다는 둥, 허리띠를 푼다는 둥의 수준에 올라야 비로소 문제가 되는 것이었었다.

[중략 부분의 줄거리] 해방 직후 순사를 그만 두고 사람들을 피해 다니던 맹순사는 생활고로 인해 다시 순사가 되어 파출소로 첫 출근을 한다.

옛날의 순사와 꼭 같이 차리고 하였건만 맹순사는 웬일인지 우선 스스로가 위엄도 없고, 신도 나는 줄을 모르겠고 하였다. 만나거나 지나치는 행인들의 동정이, 전처럼 조심하는 것 같은, 무서워하는 것 같은 기색이 없고, 그저 본숭만숭이었다. 더러는 다뿍 적의와 경멸의 눈초리로 흘겨보기까지 하였다.

함부로 체포도 아니 하고, 위협도 아니 하고, 뺨 같은 것은 물론 때리지 못하게 되었고 하니, 전보다 친근스럽고 안심한 얼굴로 대하고 하여야 할 것인데, 대체 웬일인지를 모르겠다.

걸으면서 곰곰 생각하여 보았다.

㉣ '전에 많이들 행악을 했대서?'

정녕 그것인 성싶었다.

'애먼 사람, 불쌍한 사람한테 못 할 짓도 많이 했지.'

'쯧, 지금 와서 푸대접받아도 한무내하지.'

'화무십일홍이요, 달도 차면 기우는 법인데, 한때 잘들 해먹 었으니 인제는 그 대갚음도 받아야겠지.'

무엇인지 모를 한숨이 절로 내쉬어졌다.

마침내 ××**파출소**에 당도하였다. 여기서 맹순사는, 백성들이 **순사**를 멸시하는 눈으로 보는 연유를 또 한 가지 발견하여야 하였다.

뚜벅뚜벅 파출소 안으로 들어서는 소리에, 테이블에 엎드려 졸고 있다가 놀라 깨어 고개를 번쩍 드는 동간……

맹순사는 무심결에,

㉤ "아니, 네가 웬일이냐?"

하면서 다시금 짯짯이 그를 바라다보았다.

노마.

볼때기에 있는 붉은 점이 아니더라면, 얼굴 같은 딴사람인가 하였을 것이었다.

행랑아들 노마였다.

맹순사는 금년 봄, 시방 사는 홍파동으로 이사해 오기까지 여섯 해를 눌러, 사직동 그 집에서 살았다. 그 행랑에 노마네가 전 주인 때부터 들어 있었고, 왼편 볼때기에 붉은 점이 박힌 노마는 열두 살이었다. 근처의 삼 년짜리 학원을 일 년에 작파 하고서, 저무나 새나 우미관 앞에 가 놀다간, 깃대도 받아 주고 삐라도 뿌려 주고 하는 것이 일이요, 집에 들어와서는 어멈 아범한테 매맞기가 일이요 하였다. 조금 더 자라더니, **우미관패에** 들어 가지고, 밤거리로 행패를 하고 다녔고. **사람을 치다 붙잡혀** 간 것을 몇 차례 놓이게 하여 주기도 하였다.

노마는 겸연쩍은 듯, 그러나 일변 반갑기도 한 듯 싱글싱글 웃으면서,

"이렇게 됐습니다, 나리. 많이 점 가르켜 줍쇼, 나리."

"동간끼리두 나린가, 이 사람."

나이가 시킴이리라. 맹순사는 내색을 아니 하고 소탈히 그러 면서 같이 웃었다.

그러나 속으로는,

'저런 것이 다 순사니, 수모도 받아 싸지.'

하였다.

– 채만식, 「맹순사」 –

42. 윗글의 서술상의 특징으로 가장 적절한 것은?

① 서술자를 교체하여 새로운 사건을 도입하고 있다.
② 장면을 빈번하게 전환하여 긴박한 분위기를 형성하고 있다.
③ 인물의 외양을 묘사하여 인물의 성격 변화를 암시하고 있다.
④ 특정 인물의 시각에서 사건을 서술하여 인물의 내면을 드러내고 있다.
⑤ 서로 다른 장소에서 동시에 일어난 사건을 제시하여 인물들의 상황을 대비하고 있다.

43. ㉠ ~ ㉤에 대한 설명으로 적절하지 <u>않은</u> 것은?

① ㉠: 맹순사는 서분이가 알고 있는 상황이 지속되지 않을 것이라고 말하고 있다.
② ㉡: 맹순사는 양복 값을 지불할 의사가 없으면서도 가격을 물어보고 있다.
③ ㉢: 맹순사는 뇌물을 받는 것으로도 모자라 상대에게 돈을 요구하고 있다.
④ ㉣: 맹순사는 과거의 행악을 생각하며 자신이 저지른 행동을 부인하고 있다.
⑤ ㉤: 맹순사는 의외의 장소에서 뜻밖의 인물인 노마를 만나 놀라고 있다.

44. 다음은 윗글에 대한 [학습 활동] 과제이다. 이를 수행한 결과로 적절하지 <u>않은</u> 것은?

[학습 활동] ⓐ ~ ⓔ에 들어갈 인물의 심리를 작품의 내용을 바탕으로 서술하시오.

공간	질문	답변	심리
방	맹순사와 대화를 나눌 때, 서분이의 심정을 드러내는 소재는?	재봉틀	ⓐ
	맹순사가 양복장을 보며 얼굴이 간지럽다고 느낀 이유는?	뇌물로 받은 것이어서	ⓑ
파출소 가는 길	행인들이 다시 순사가 된 맹순사를 바라보는 시선은?	흘겨 봄	ⓒ
	맹순사가 길을 걸으며 여러 생각들을 한 뒤 보인 행동은?	한숨을 쉼	ⓓ
파출소	맹순사가 노마와 인사를 나누며 보인 행동은?	내색을 아니 하고 웃음	ⓔ

① ⓐ: 자신들보다 부유하게 살고 있는 사람들에 대한 서분이의 부러움을 알 수 있다.
② ⓑ: 팔자를 고칠 만큼 뇌물을 많이 받지 못했다고 생각하는 모습에서 맹순사가 다른 사람들에게 느끼는 질투심을 알 수 있다.
③ ⓒ: 예전과 다른 눈초리에서 순사를 적대시하는 행인들의 마음을 알 수 있다.
④ ⓓ: 예전과 달라진 자신의 처지에 대한 맹순사의 착잡한 마음을 알 수 있다.
⑤ ⓔ: 동간이라고 말하면서도 속으로 노마를 무시하는 것에서 노마에 대해 못마땅해하는 맹순사의 마음을 알 수 있다.

45. <보기>를 참고하여 윗글을 감상한 내용으로 적절하지 <u>않은</u> 것은? [3점]

< 보 기 >
이 작품은 혼란스러웠던 해방 전후의 사회 현실 속에서 도덕적 관념이 부족한 인물들을 비판적으로 드러내고 있다. 특히, 부정적 인물이 스스로를 긍정적으로 인식하는 모습을 제시한 뒤 그의 실상을 드러내는 방법을 통해 인물의 허위와 위선을 고발하고 있다. 또한 해방 이후 친일 잔재를 청산하지 못해서 나타나게 된 비극적 역사의 반복을, 당대 인물들의 모습을 통해 보여주고 있다.

① 맹순사가 '다른 동간들'과 달리 자신은 '청백'하다고 말하는 모습에서 부정적 인물이 스스로를 긍정적으로 인식하고 있음을 확인할 수 있겠군.
② '뻐젓이' '돈벌이만 잘 허믄서, 활개 펴구' 사는 사람에 대한 서분이의 말에서 혼란스러운 당대 사회 모습을 확인할 수 있겠군.
③ 스스로 청백하다고 여기면서 '술대접'을 받은 것은 '죄가 되는 것이 아니었다'라고 생각하는 맹순사의 모습에서 인물의 허위와 위선을 확인할 수 있겠군.
④ 해방 후 다시 '순사'가 되어 '××파출소'에서 일하게 된 맹순사의 모습에서 친일 잔재를 청산하지 못해 비극적인 역사가 반복되는 것을 확인할 수 있겠군.
⑤ '우미관패'에 들어가 '사람을 치다 붙잡'힌 노마를 놓아줬던 맹순사의 모습에서 맹순사가 도덕적 관념을 회복하는 과정을 확인할 수 있겠군.

---

* 확인 사항
○ 답안지의 해당란에 필요한 내용을 정확히 기입(표기)했는지 확인하시오.

영어 1등급
결론은~ 빈순삽!

20일 완성
[빈칸·순서·삽입]

하루 12문제씩! 20일 완성으로 영어 영역 1등급 OK!

| 하루 20분 20일 완성 | 영어 독해 [빈칸 · 순서 · 삽입] |

기본(고1)　　　완성(고2)　　　실전(고3)

영어 1등급 핵심은 '빈순삽'
빈칸·순서·삽입 이 세 가지 유형의 문제는 수능과 내신에서도
비슷한 유형으로 출제되기 때문에
반드시 정복해야만 하는 '필수 유형' 입니다.

• 영어 독해 20일 완성 [빈칸 · 순서 · 삽입] 특징

- 기본(고1), 완성(고2), 실전(고3)
- 최근 5개년 수능기출 학력평가 [빈칸 · 순서 · 삽입] 총 240문항 수록
- 하루 12문제를 20분씩 학습하는 효율적인 20일 완성 PLAN
- 평이한 2점, 3점 문항과 [고난도 2점, 3점] 문제를 매회 체계적으로 배치
- 다양한 유형의 지문과 [고난도 문항] 문제 해결 꿀~팁 수록
- A4 사이즈로 제작해 간편한 휴대와 편리한 학습

REAL
리얼 오리지널 BOOK LIST

예비 [고1] 전과목
고등학교 첫 시험 & 3월 대비
- 반 배치 + 3월 [전과목]
- 3월 전국연합 [전과목]

[고1] 전과목
학력평가 & 중간·기말 대비
- 6월 학평+기말고사
- 9월 학평+기말고사
- 11월 학평+기말고사

[고1] 3개년 | 16회
3개년 전국연합 12회+실전 4회
- 국어 영역
- 영어 영역
- 수학 영역

[고1] 3개년 | 12회
3개년 전국연합 모의고사 12회
- 국어 영역
- 영어 영역

[고2] 3개년 | 16회
3개년 전국연합 12회+실전 4회
- 국어 영역
- 영어 영역
- 수학 영역

[고2] 3개년 | 12회
3개년 전국연합 모의고사 12회
- 국어 영역
- 영어 영역

[고3] 3개년
3개년 교육청+평가원 (총17회)
- 국어(공통+화작·언매)
- 영어 영역
- 수학(공통+확통·미적)

영어 독해 [빈·순·삽]
하루 20분 20일 완성 빈·순·삽
- 기본(고1)
- 완성(고2)
- 실전(고3)

[고3] 5개년
6·9·수능 평가원 기출만 15회
- 국어(공통+화작·언매)
- 영어 영역
- 수학(공통+확통·미적)

[고3] 사탐·과탐
기출 최다 문항 1000제 50회 수록
- 사회·문화
- 생활과 윤리
- 지구과학 I
- 생명과학 I

영어 독해
영어 독해 문제만 회차별 구성
- 고1 영어 독해
- 고2 영어 독해
- 고3 영어 독해

영어 듣기
영어 듣기 문제만 회차별 구성
- 고1 영어 듣기
- 고2 영어 듣기
- 고3 영어 듣기

[고1·2] 미니 모의고사
하루 20분 30일 완성 모의고사
- 고1 국어 영역
- 고1 영어 영역
- 고2 국어 영역
- 고2 영어 영역

[고3] 미니 모의고사
하루 20분 30일 완성 모의고사
- 고3 독서
- 고3 문학
- 고3 영어

▶ 문제편 뒤 표지와 본책을 펼쳐서 누르면 쉽게 분리됩니다. 문제편이 분리되는 것은 파본이 아닙니다.

We are all of us star and deserve to twinkle.

우리는 모두 별이고 반짝일 권리가 있다.

리얼 오리지널 | 전국연합 학력평가 3개년 기출 모의고사 16회 [고1 국어]

발행처 수능 모의고사 전문 출판 입시플라이 　**발행일** 2024년 11월 18일 　**등록번호** 제 2017-0022호
홈페이지 www.ipsifly.com 　**대표전화** 02-433-9979 　**구입문의** 02-433-9975 　**팩스** 02-433-9905
발행인 조용규 　**편집책임** 양창열 김유 이혜민 임명선 김선영 　**물류관리** 김소희 이혜리 　**주소** 서울특별시 중랑구 용마산로 615 정민빌딩 3층

※ 페이지가 누락되었거나 파손된 교재는 구입하신 곳에서 교환해 드립니다. ※ 발간 이후 발견되는 오류는 입시플라이 홈페이지 정오표를 통해서 알려드립니다.

리얼오리지널

REAL

2025 학력평가 + 내신대비

전국연합 학력평가 3개년 기출 모의고사

16회 [학력평가 기출 12회 / 실전 모의고사 4회]

- 2022~2024 최신 3개년 [고1] 전국연합 학력평가 12회
- 학평+내신 대비 3·6·9·11월 [고1] 실전 모의고사 4회
- 학교시험 [중간·기말고사]를 대비한 필수 기출 문제집
- 모든 선지에 [정답과 오답인 이유]를 수록한 입체적 해설
- 고난도 문제도 혼자서 학습이 충분한 [문제 해결 꿀팁]
- 해설에 [문제와 보기]를 모두 수록해 학습 효과 UP
- 회차별 [등급 컷·SPEED 정답 체크표·STUDY 플래너]
- [특별 부록] 국어 문법 총정리

4회분 실전 모의고사 수록

The Real series ipsifly provide questions in previous real test and you can practice as real college scholastic ability test.

고1 국어

•해설편•

수능 모의고사 전문 출판
입시플라이

01회　2024학년도 3월 전국연합학력평가
01② 02⑤ 03② 04④ 05① 06② 07① 08③ 09⑤ 10④
11④ 12① 13② 14① 15⑤ 16① 17③ 18② 19④ 20④
21③ 22① 23④ 24② 25① 26⑤ 27③ 28⑤ 29④ 30④
31① 32⑤ 33② 34② 35⑤ 36③ 37⑤ 38③ 39④ 40④
41③ 42④ 43③ 44⑤ 45③

02회　2023학년도 3월 전국연합학력평가
01② 02② 03① 04⑤ 05③ 06③ 07⑤ 08③ 09④ 10①
11⑤ 12④ 13③ 14⑤ 15③ 16② 17④ 18③ 19⑤ 20①
21① 22② 23④ 24④ 25④ 26① 27④ 28② 29⑤ 30④
31⑤ 32② 33② 34① 35② 36⑤ 37⑤ 38① 39② 40③
41③ 42③ 43① 44④ 45⑤

03회　2022학년도 3월 전국연합학력평가
01④ 02④ 03⑤ 04① 05② 06⑤ 07④ 08① 09② 10②
11⑤ 12① 13① 14② 15③ 16⑤ 17① 18③ 19③ 20④
21⑤ 22④ 23④ 24① 25② 26① 27② 28⑤ 29④ 30④
31① 32④ 33③ 34⑤ 35⑤ 36③ 37② 38② 39④ 40⑤
41③ 42④ 43⑤ 44③ 45①

04회　2024학년도 6월 전국연합학력평가
01③ 02③ 03⑤ 04③ 05② 06⑤ 07④ 08③ 09⑤ 10②
11① 12④ 13⑤ 14① 15⑤ 16④ 17④ 18① 19⑤ 20①
21④ 22⑤ 23⑤ 24① 25③ 26① 27④ 28② 29⑤ 30③
31① 32① 33② 34④ 35③ 36② 37⑤ 38③ 39④ 40①
41② 42② 43④ 44④ 45③

05회　2023학년도 6월 전국연합학력평가
01⑤ 02② 03② 04④ 05③ 06④ 07⑤ 08② 09⑤ 10③
11① 12① 13⑤ 14⑤ 15③ 16① 17① 18② 19③ 20②
21① 22② 23⑤ 24② 25③ 26④ 27① 28① 29④ 30③
31⑤ 32④ 33② 34③ 35④ 36② 37⑤ 38② 39② 40④
41⑤ 42③ 43④ 44① 45③

06회　2022학년도 6월 전국연합학력평가
01② 02② 03⑤ 04⑤ 05② 06④ 07③ 08⑤ 09⑤ 10②
11① 12⑤ 13⑤ 14④ 15③ 16③ 17② 18④ 19④ 20①
21① 22⑤ 23④ 24③ 25③ 26② 27② 28② 29① 30④
31⑤ 32① 33② 34② 35③ 36① 37⑤ 38④ 39③ 40④
41④ 42① 43③ 44⑤ 45①

07회　2024학년도 9월 전국연합학력평가
01④ 02④ 03⑤ 04② 05② 06① 07③ 08④ 09② 10⑤
11④ 12③ 13② 14④ 15① 16⑤ 17② 18② 19② 20⑤
21① 22⑤ 23③ 24③ 25④ 26① 27④ 28① 29③ 30④
31③ 32④ 33① 34⑤ 35① 36② 37① 38⑤ 39④ 40①
41④ 42① 43④ 44⑤ 45③

08회　2023학년도 9월 전국연합학력평가
01⑤ 02④ 03⑤ 04② 05④ 06③ 07① 08② 09④ 10④
11⑤ 12③ 13① 14② 15⑤ 16① 17④ 18② 19③ 20⑤
21③ 22④ 23⑤ 24② 25② 26④ 27① 28⑤ 29⑤ 30①
31⑤ 32② 33③ 34③ 35① 36③ 37② 38① 39③ 40②
41⑤ 42① 43④ 44③ 45②

09회　2022학년도 9월 전국연합학력평가
01④ 02④ 03⑤ 04② 05③ 06② 07② 08③ 09④ 10①
11④ 12⑤ 13③ 14① 15② 16④ 17⑤ 18⑤ 19③ 20⑤
21① 22③ 23② 24③ 25② 26⑤ 27⑤ 28① 29④ 30③
31④ 32③ 33④ 34① 35⑤ 36② 37⑤ 38② 39④ 40④
41② 42① 43③ 44⑤ 45①

10회　2023학년도 11월 전국연합학력평가
01② 02③ 03④ 04④ 05② 06④ 07⑤ 08③ 09⑤ 10④
11① 12② 13④ 14② 15① 16④ 17③ 18① 19⑤ 20③
21② 22② 23② 24③ 25① 26③ 27② 28③ 29③ 30①
31① 32④ 33⑤ 34④ 35⑤ 36⑤ 37④ 38④ 39③ 40④
41④ 42⑤ 43④ 44⑤ 45④

11회　2022학년도 11월 전국연합학력평가
01③ 02④ 03③ 04④ 05② 06⑤ 07③ 08① 09⑤ 10①
11① 12④ 13⑤ 14③ 15④ 16② 17④ 18④ 19⑤ 20④
21③ 22④ 23④ 24③ 25⑤ 26① 27④ 28④ 29④ 30⑤
31⑤ 32② 33③ 34① 35② 36④ 37③ 38② 39① 40②
41⑤ 42④ 43⑤ 44④ 45②

12회　2021학년도 11월 전국연합학력평가
01⑤ 02③ 03① 04④ 05② 06② 07④ 08③ 09④ 10③
11③ 12① 13⑤ 14② 15② 16① 17③ 18④ 19③ 20④
21⑤ 22② 23⑤ 24③ 25① 26② 27④ 28③ 29② 30⑤
31④ 32④ 33④ 34④ 35② 36③ 37② 38④ 39⑤ 40③
41② 42② 43② 44④ 45③

[특별 부록] 실전 모의고사

01회　3월 학력평가 대비 실전 모의고사
01② 02③ 03④ 04③ 05⑤ 06⑤ 07② 08⑤ 09② 10②
11② 12④ 13① 14① 15⑤ 16② 17④ 18⑤ 19① 20④
21④ 22① 23④ 24③ 25② 26③ 27④ 28⑤ 29⑤ 30④
31① 32④ 33③ 34① 35③ 36① 37② 38④ 39② 40⑤
41④ 42⑤ 43⑤ 44④ 45④

02회　6월 학력평가 대비 실전 모의고사
01① 02① 03④ 04⑤ 05⑤ 06① 07④ 08② 09④ 10④
11③ 12② 13① 14① 15② 16④ 17③ 18② 19① 20⑤
21⑤ 22⑤ 23② 24② 25⑤ 26① 27⑤ 28⑤ 29① 30③
31② 32⑤ 33③ 34② 35③ 36① 37⑤ 38① 39② 40②
41④ 42③ 43④ 44③ 45④

03회　9월 학력평가 대비 실전 모의고사
01⑤ 02⑤ 03① 04④ 05④ 06④ 07④ 08⑤ 09① 10⑤
11③ 12② 13⑤ 14① 15② 16⑤ 17① 18② 19④ 20③
21② 22③ 23⑤ 24④ 25④ 26② 27② 28⑤ 29③ 30②
31② 32③ 33② 34④ 35⑤ 36④ 37⑤ 38④ 39⑤ 40④
41① 42① 43② 44⑤ 45⑤

04회　11월 학력평가 대비 실전 모의고사
01③ 02④ 03② 04⑤ 05④ 06⑤ 07① 08④ 09⑤ 10②
11① 12⑤ 13① 14⑤ 15③ 16⑤ 17⑤ 18③ 19① 20①
21① 22② 23④ 24③ 25③ 26① 27④ 28② 29① 30⑤
31② 32⑤ 33① 34② 35⑤ 36① 37① 38③ 39④ 40①
41③ 42④ 43④ 44④ 45⑤

★ 표기된 문항은 [등급을 가르는 문제]에 해당하는 문항입니다.

[01~03] 화법

01 말하기 전략 파악
정답률 92% | 정답 ②

위 발표에 대한 설명으로 적절하지 않은 것은?

① 청중과 공유하고 있는 경험을 언급하여 주의를 환기하고 있다.
1문단 '체험 활동 때 방문했던 트릭 아트 체험관 기억나시나요?'에서 청중과 공유하고 있는 경험을 언급하여 청중의 주의를 환기하고 있다.

☑ 화제와 관련된 역사적 일화를 소개하여 청중의 호기심을 자극하고 있다.
발표 화제인 트릭 아트의 개념과 원리, 활용 분야 등에 대해 언급하고 있으나 역사적 일화를 소개하는 부분은 없다.

③ 청중의 반응을 확인하면서 발표 내용에 대한 이해 여부를 점검하고 있다.
4문단에서 청중에게 '이해되셨나요?'라고 질문하고 대답을 들으며 청중의 반응을 확인하므로 발표 내용에 대한 이해 여부를 점검하고 있다.

④ 비언어적 표현을 사용하여 청중이 설명 대상에 집중하도록 유도하고 있다.
2문단, 4문단에서 '그림의 오른쪽 부분을 가리키며', '왼쪽 부분을 가리키며', '자료를 가리키며'의 비언어적 표현을 통해 청중이 설명 대상인 시각 자료에 집중하도록 유도하고 있다.

⑤ 청중에게 정보를 추가로 탐색할 수 있는 방법을 안내하며 발표를 마무리하고 있다.
5문단에서 '도서관에 있는 관련 책들을 찾아보거나 제가 보여 드리는 트릭 아트 누리집에 들어가 보시기 바랍니다.'라고 언급하며 정보의 추가적 탐색 방법을 제시하고 있다.

02 자료 활용 방안 이해
정답률 94% | 정답 ⑤

다음은 발표자가 제시한 자료이다. 발표자의 자료 활용에 대한 이해로 가장 적절한 것은?

㉠   ㉡

① ㉠을 통해 착시 현상의 방해 요인을, ㉡을 통해 착시 현상의 발생 과정을 설명하고 있다.
발표자는 ㉠을 통해 '이 그림은 보는 사람의 시선에 따라 이미지가 다르게 보이는 착시 현상을 활용하여'라고 언급하여 착시 현상에 영향을 끼치는 요인을 설명하고 있지만, 착시 현상의 방해 요인에 대해서는 언급하지 않는다.

② ㉠을 통해 트릭 아트의 전시 환경을, ㉡을 통해 착시 현상의 이해 방법을 설명하고 있다.
㉠은 트릭 아트의 전시 환경과는 관련이 없으므로 이를 설명하기 위해 ㉠을 활용했다는 것은 적절하지 않다.

③ ㉠을 통해 트릭 아트의 긍정적 효과를, ㉡을 통해 트릭 아트의 부정적 효과를 설명하고 있다.
㉡은 트릭 아트의 부정적 효과를 설명한 자료로 보기 어렵다.

④ ㉠을 통해 트릭 아트의 사회적 의의를, ㉡을 통해 트릭 아트의 예술적 의의를 설명하고 있다.
㉠은 트릭 아트가 발생하는 원인이나 청중에게 영향을 끼치는 요인을 언급하며 청중이 트릭 아트의 착시 현상을 경험할 수 있도록 제시한 자료로 트릭 아트의 사회적 의의를 설명한 자료가 아니며, ㉡은 트릭 아트의 예술적 의의를 설명한 자료로 보기 어렵다.

☑ ㉠을 통해 착시 현상의 시각적 효과를, ㉡을 통해 트릭 아트의 실용적 기능을 설명하고 있다.
㉠은 발표자가 청중에게 색다른 시각적 경험을 제공하는 사례로서 시각적 효과를 설명하는 자료이며, ㉡은 트릭 아트가 실생활에 적용된 사례로서 실용적 기능을 설명하는 자료이다.

03 발표 내용의 이해와 추론
정답률 94% | 정답 ②

위 발표의 흐름을 고려할 때, ⓐ의 내용으로 가장 적절한 것은?

① 트릭 아트의 종류에는 어떤 것이 있나요?
발표자가 대답한 내용에 트릭 아트의 종류에 대한 내용은 찾을 수 없다.

☑ 착시 현상이 발생하는 이유는 무엇인가요?
발표자는 3문단에서 '시각 정보가 불분명하거나 해석에 혼선이 생길 때 착시 현상이 일어나게 됩니다.'와 '이미지를 중첩시켜 불분명한 시각 정보를 제공함으로써 착시 현상이 발생한 것'이라는 정보를 제시하며 착시 현상이 일어난다고 대답한다. 이는 착시 현상이 발생하는 이유와 관련이 있다. 따라서 발표의 흐름을 고려할 때 청중이 '착시 현상이 발생하는 이유는 무엇인가요?'라고 질문했음을 추측할 수 있다.

③ 트릭 아트의 대표 작품에는 어떤 것이 있나요?
발표자가 대답한 내용에 트릭 아트의 대표 작품을 언급한 내용은 없다.

④ 트릭 아트를 만들 때는 착시 현상만 활용하나요?
발표자가 대답한 내용에 트릭 아트를 만드는 과정에서 착시 현상 외의 다른 것을 이용하는지와 관련하여 언급한 내용이 없다.

⑤ 착시에 영향을 주는 또 다른 요인은 무엇이 있나요?
발표자가 대답한 내용 중, 앞에서 언급한 내용이 아닌 착시에 영향을 주는 또 다른 요인에 대해 언급한 내용이 없다.

[04~07] 화법과 작문

04 토론의 사회자 역할 파악
정답률 90% | 정답 ④

(가)의 독서 토론에서 '지현'의 역할에 대한 설명으로 적절하지 않은 것은?

① 소설 내용을 제시한 후 토론 주제를 언급하고 있다.
'지현'은 첫 번째 발언에서 토론의 배경이 되는 「자전거 도둑」의 소설 내용과 토론 주제를 언급하고 있다.

② 소설의 내용을 근거로 발언하도록 요청하고 있다.
'지현'은 두 번째 발언에서 토론자들에게 '소설 내용을 근거로 이야기해 보는 게 어때?'라고 말하며 소설 내용을 근거로 발언하도록 요청하고 있다.

③ 토론자들이 언급한 주장과 근거를 정리하고 있다.
'지현'은 세 번째 발언에서 '정리하면, 민준은 예상치 못한 천재지변으로 생긴 손해니까 수남에게 보상할 책임이 없고, 하연은 수남이 피해를 예측할 수 있었음에도 대처가 없었기에 보상할 책임이 있다고 보는 거구나.'라고 말하며 민준과 하연이 책임 여부에 관련하여 주장한 내용과 근거를 정리하여 언급하고 있다.

☑ 토론자들의 발언이 사실에 부합하는지 판단하고 있다.
토론 과정에서 사회자는 토론 내용을 정리하고, 토론자들의 발언을 조정하며 협력적 분위기를 이끌어 토론을 진행한다. (가)에서 '지현'이 언급한 내용 중 토론자들이 발언한 내용들의 사실 관계, 즉 진위 여부를 따지고 있는 부분은 찾을 수 없다.

⑤ 토론자들이 다른 쟁점에 대해 논의해 보도록 유도하고 있다.
'지현'은 네 번째 발언에서 '그러면 수남의 책임 여부 말고 다른 쟁점은 없을까?'라고 물어보며 토론의 다른 쟁점으로 유도하고 있다.

05 말하기 전략 파악
정답률 75% | 정답 ①

[A]의 발화에 대한 설명으로 가장 적절한 것은?

☑ 민준은 하연의 주장에 일반적인 상식을 들어 반박하고 있다.
(가)의 [A]에서 민준은 어른이 비상식적으로 어린아이에게 큰돈을 요구하는 것을 근거로 들어 '신사는 수남의 처지를 고려해 줬다는 하연의 주장을 반박하면서 '이것은 일반적인 상식에 비추어 볼 때 지나치게 매정한 행동이야.'라고 말하고 있다.

② 민준은 하연의 말에서 이해되지 않는 부분을 질문하고 있다.
[A]에서 민준이 질문을 제시하는 부분은 나와 있지 않다.

③ 민준은 하연이 고려해야 하는 시대적 정보를 나열하고 있다.
[A]에서 민준은 '5천 원이라는 당시로서는 엄청 큰돈을 요구했어.'라고 말하며 당시 시대 기준으로 돈의 액수를 이해해야 한다고 말하지만, 소설의 배경인 1970년대의 시대적 상황과 관련한 정보들을 나열하고 있지 않다.

④ 하연은 민준이 사용한 단어의 중의성에 대해 지적하고 있다.
[A]에서 하연은 민준이 언급한 '일방적으로 제안'한 것이 아니라는 내용에 대해 지적하고 있지만 단어가 중의적으로 해석될 수 있는지를 이야기하고 있지 않다.

⑤ 하연은 민준이 이해하지 못한 자신의 발언을 부연하고 있다.
[A]에서 하연은 자신의 주장과 근거에 대해 언급하고 있을 뿐 민준이 이해하지 못한 자신의 발언에 대하여 덧붙여 설명하고 있지 않다.

06 글쓰기 계획의 반영
정답률 82% | 정답 ②

(가)를 바탕으로 '하연'이 세운 '활동 2'의 글쓰기 계획 중 (나)에 반영되지 않은 것은? [3점]

① 토론 쟁점에 대한 나의 주장을 토론에서 다룬 순서대로 서술해야겠어.
토론의 쟁점은 책임 여부와 합의 여부이다. 책임 여부와 관련한 하연의 주장은 (나)의 1문단에서, 합의 여부와 관련한 주장은 (나)의 2문단에서 서술하고 있으므로 토론의 순서와 일치한다.

☑ 토론 주제와 관련된 수남의 고민을 소설 속 구절에서 찾아 언급해야겠어.
(나)에서는 '자전거를 들고 간 수남의 행동은 정당한가?'라는 주제에 대한 입장만 제시할 뿐, 이와 관련한 수남의 고민을 소설 속에서 찾아 직접적으로 언급하고 있지 않다.

③ 토론에서 언급된 상대방의 주장을 반박하면서 나의 주장을 강화해야겠어.
(나)의 1문단에서 '바람으로 인한 예상치 못한 천재지변이라서 책임이 없다는 주장도 있지만'이라고 말하며 상대방 주장을 언급하고 이에 대해 옳지 않다고 말한 후 근거를 들어 반박하고 있다. 또한 '신사가 일방적으로 제안하고 떠났다면 합의가 이뤄지지 않았겠지만'이라고 말하며 상대방의 주장을 언급하고 있는데 이에 대해 '수남의 상황을 고려하여 보상금을 줄여 주었다.'와 '수남이 자신의 잘못을 인정하는 말을 했기 때문에'를 근거로 반박하며 주장을 강화하고 있다.

④ 토론에서 언급하지 않았던 새로운 사례를 찾아 나의 주장을 뒷받침해야겠어.
(나)의 1문단에서 태풍에 의해 주택 유리창이 떨어져 주차된 차량이 파손된 새로운 사례를 추가로 언급하며 주장을 뒷받침하고 있다.

⑤ 토론에서 내세운 나의 주장을 바탕으로 제목에 담겨 있는 의미를 밝혀야겠어.
(나)의 3문단에서 자신의 주장을 정리한 내용을 바탕으로 하여 제목인 '자전거 도둑'이 수남을 의미한다고 이야기하고 있다.

07 자료 활용
정답률 88% | 정답 ①

〈보기〉의 자료를 활용하여 (나)의 초고를 보완하고자 할 때 그 내용으로 가장 적절한 것은?

─〈 보 기 〉─

[법률 전문가의 뉴스 인터뷰]

"보상의 의무를 다하지 않았을 때, 상대방에게 물건이 담보로 잡히는 경우가 있습니다. 형법 제323조에 따르면, 타인에게 담보로 제공된 물건은 타인이 물건을 점유하게 되거나 타인이 물건에 대한 권리를 갖게 됩니다. 이때 해당 물건을 가져가거나 숨겨 타인이 보상받을 수 있는 권리 등을 행사할 수 없게 한다면 권리행사 방해로 처벌받을 수 있습니다."

✔ **수납이 자전거를 가져간 행위는 신사의 권리행사를 방해하는 것이므로 법적인 처벌을 받을 수 있다는 내용을 추가한다.**
〈보기〉에 의하면 수납이 보상의 의무를 다하지 않았을 때 자전거가 담보로 잡힐 수 있다. 이에 형법 제323조에 의해 신사는 자전거에 대한 권리를 가지게 된다. 따라서 수납이 이를 가져가거나 숨기는 행위는 신사가 보상받을 수 있는 권리를 행사할 수 없게 하여 권리행사 방해가 된다는 것을 추론할 수 있다. 이를 활용하여 수납의 행위는 법적 처벌을 받을 수 있다는 새로운 내용을 추가할 수 있다.

② **수납이 잘못을 인정한 행위는 신사의 권리행사를 방해하는 것이므로 법적인 처벌을 받을 수 있다는 내용을 추가한다.**
〈보기〉에 의하면 권리행사를 방해하여 처벌받는 경우는 자전거를 가져가거나 숨기는 경우이므로 '잘못을 인정한 행위'는 이와 관련이 없다.

③ **수납의 자전거가 담보로 잡힌 것은 신사의 권리행사를 방해하는 것이므로 법적인 처벌을 받을 수 있다는 내용을 추가한다.**
〈보기〉에 의하면 수납이 보상하지 않아 자전거가 담보로 잡힐 수 있지만, 이는 신사가 보상받을 수 있는 권리를 방해하는 것이 아니다.

④ **수납이 자신의 자전거를 묶어둔 행위는 신사의 권리행사를 방해하는 것이므로 법적인 처벌을 받을 수 있다는 내용을 추가한다.**
토론 내용에 의하면 수납은 자신의 자전거를 묶지 않고 신사가 수납의 자전거를 묶었으므로 사실 관계가 올바르지 않다.

⑤ **신사가 수납에게 보상금을 요구한 행위는 수납의 권리행사를 방해하는 것이므로 법적인 처벌을 받을 수 있다는 내용을 추가한다.**
〈보기〉를 통해 수납의 권리가 무엇인지 유추할 수 없으며, 오히려 신사가 의무를 다하지 않은 수납에게 보상금을 요구할 수 있는 권리가 있다는 것을 알 수 있다. 또한 보상금을 요구하는 것이 수납의 권리를 방해하는 것이 아니다.

[08~10] 작문

초고에서 활용한 글쓰기 방식으로 적절하지 않은 것은?

① **의인법을 통해 대상과의 친밀감을 표현하고 있다.**
2문단의 '거북이 등대가 환하게 웃으며 나를 반기면'에서 의인법을 통해 대상과의 친밀감을 표현하고 있다.

② **계절의 흐름에 따른 대상의 변화를 나타내고 있다.**
3문단에서 '늦봄', '여름 방학', '늦여름', '가을'이라는 계절의 흐름에 따른 '옥수수'의 변화를 나타내고 있다.

✔ **의성어를 사용하여 대상을 생생하게 나타내고 있다.**
초고에는 사물의 소리를 흉내 낸 말인 의성어를 사용하여 대상을 생생하게 나타내고 있는 부분이 나타나 있지 않다.

④ **다른 대상과의 대비를 통해 차이점을 강조하고 있다.**
4문단에서 갈칫국과 갈치조림의 대비를 통해 두 음식 간의 차이점을 강조하고 있다.

⑤ **색채어를 활용하여 대상을 감각적으로 표현하고 있다.**
2문단의 '검정 바위로 만들어진 거북이 조각상이 새하얀 등대를 이고 있어서', 3문단의 '연두색 옥수수수염이 점점 갈색빛으로 물들며', '샛노란 옥수수'에서 색채어를 활용하여 대상을 감각적으로 표현하고 있다.

다음은 글을 쓰기 전 학생이 구상한 내용이다. 초고에 반영되지 <u>않은</u> 것은?

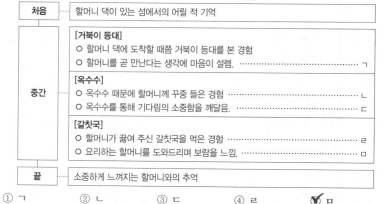

① ㄱ   ② ㄴ   ③ ㄷ   ④ ㄹ   ✔ ㅁ

ㄱ : 할머니를 곧 만난다는 생각에 마음이 설렘.
2문단의 '할머니를 곧 뵙는다는 생각에 마음이 설레곤 했다.'에 할머니를 만난다는 생각으로 인해 마음이 설렜던 경험이 반영되어 있다.

ㄴ : 옥수수 때문에 할머니께 꾸중 들은 경험
3문단의 '그러다 참지 못하고 옥수수 껍질을 살짝 열어서 얼마나 익었는지 들여다보다가 할머니께 꾸중을 듣기도 했다.'에서 옥수수 껍질을 열다가 할머니께 꾸중 들은 내용이 반영되어 있다.

ㄷ : 옥수수를 통해 기다림의 소중함을 깨달음.
3문단에서 '나는 익어가는 옥수수를 보며 기다림의 소중함을 깨달았다.'에서 옥수수를 통해 기다림의 소중함을 깨달은 내용이 반영되어 있다.

ㄹ : 할머니가 끓여 주신 갈칫국을 먹은 경험
4문단에서 '할머니께서 끓여 주신 갈칫국을 먹었던 기억도 있다.'라는 부분과 '갈칫국을 맛있게 먹는 나를 흐뭇하게 바라보시던 할머니'라는 부분에서 언급되어 있다. 따라서 할머니가 끓여 주신 갈칫국을 먹은 경험이 반영되어 있다.

ㅁ : 요리하는 할머니를 도와드리며 보람을 느낌.
초고에는 '나'가 요리하는 할머니를 도와드리는 장면을 찾을 수 없으며 보람을 느끼는 내용도 드러나 있지 않다.

〈보기〉는 초고를 읽은 선생님의 조언이다. 이를 반영하여 초고에 추가할 내용으로 가장 적절한 것은? [3점]

〈보 기〉
선생님 : 글이 마무리되지 않은 느낌이 들어. 글의 마지막에 할머니와의 추억이 너에게 주는 의미를 직유법을 사용하여 표현한 문장을 추가하면 더 좋겠어.

① **할머니 댁이 있는 섬의 풍경은 그림같이 아름다웠다. 그 풍경을 언제쯤 다시 볼 수 있을까.**
'섬의 풍경은 그림같이 아름다웠다.'에 직유법이 나타나 있지만 할머니와의 추억이 글쓴이에게 주는 의미는 드러나지 않는다.

② **섬에서 자란 나는 푸른 바다를 늘 그리워한다. 윤슬이 넘실거리는 바다는 내 마음의 고향이다.**
'윤슬이 넘실거리는 바다는 내 마음의 고향이다.'라는 부분에서 직유법이 아닌 은유법이 사용되었다. 또한 할머니와의 추억이 글쓴이에게 주는 의미도 드러나지 않는다.

③ **할머니와 함께한 시간이 그리워진다. 이번 방학에는 아버지께 말씀드려 할머니를 뵈러 가야겠다.**
할머니와의 추억이 글쓴이에게 주는 의미와 직유법이 모두 나타나지 않는다.

✔ **할머니 손길로 익어 가는 옥수수처럼 나는 할머니의 사랑으로 물들었다. 할머니의 따뜻한 보살핌은 나를 채운 온기였다.**
'할머니 손길로 익어 가는 옥수수처럼 나는 할머니의 사랑으로 물들었다.'에 직유법이 활용되었고, '할머니의 따뜻한 보살핌은 나를 채운 온기였다.'에 할머니와의 시간이 글쓴이에게 주는 의미가 담겨 있다.

⑤ **할머니의 넘치는 사랑 덕분에 나의 어린 시절이 찬란하게 빛난다. 소중한 시간을 내게 선물해 주신 할머니께 감사드린다.**
'나의 어린 시절이 찬란하게 빛난다.'에서 할머니와의 추억이 글쓴이에게 주는 의미가 드러나지만, 직유법이 사용되지 않았다.

[11~15] 문법

윗글에 대한 이해로 적절하지 않은 것은?

① **단일어는 하나의 어근으로만 이루어진다.**
단일어는 하나의 어근으로만 이루어진 단어를 이르는 말이다.

② **합성어나 파생어는 모두 복합어에 포함된다.**
복합어는 합성어와 파생어를 아울러 이르는 말이다.

③ **접사는 홀로 쓰이지 못하기에 붙임표(-)를 붙인다.**
접사는 항상 다른 말과 결합하여 쓰이기에 홀로 쓰지 못함을 나타내는 붙임표(-)를 붙인다.

✔ **복합어는 접사가 어근과 결합하는 위치에 따라 둘로 나뉜다.**
복합어는 어근과 어근으로 이루어진 합성어와 어근과 접사로 이루어진 파생어를 아울러 이르는 말이며, 어근과의 결합 위치에 따라 둘로 나뉘는 것은 접사이다. 접사 중 어근 앞에 위치하는 것은 접두사, 어근 뒤에 위치하는 것은 접미사이다.

⑤ **접사는 어근과 결합하여 어근에 특정한 의미를 더하거나 어근의 의미를 제한한다.**
접사는 단어를 구성하는 요소의 하나로, 어근과 결합하여 어근에 특정한 의미를 더하거나 어근의 의미를 제한한다.

[A]를 참고할 때, 〈보기〉의 ㉠에 해당하는 짜임을 가진 단어로 가장 적절한 것은? [3점]

〈보 기〉
'가재의 집게발'에서 '집게발'은 아래와 같이 ㉠ 직접 구성 성분이 '[어근 + 접사] + 어근'으로 분석되는 합성어이다.

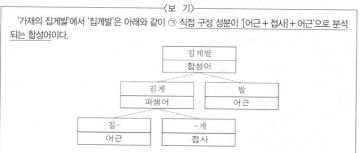

✔ **볶음밥**
직접 구성 성분 분석은 단어를 둘로 나누어 단어의 짜임을 파악하는 방법으로, 나뉜 두 부분 중 하나가 접사인지 여부가 단어 분류의 판단 기준이 된다. '볶음밥'의 직접 구성 성분은 '볶음'과 '밥'으로 볼 수 있으며, 나뉜 두 부분 모두 접사가 아니다. 따라서 '볶음밥'은 '[어근 + 접사] + 어근'으로 분석되는 합성어로 분류한다.

② **덧버선**
'덧버선'의 직접 구성 성분은 '덧-'과 '버선'으로 볼 수 있으며, '덧버선'은 '접사 + 어근'으로 분석되는 파생어로 분류한다.

③ **문단속**
'문단속'의 직접 구성 성분은 '문'과 '단속'으로 볼 수 있으며, '문단속'은 '어근 + 어근'으로 분석되는 합성어로 분류한다.

④ **들고양이**
'들고양이'의 직접 구성 성분은 '들-'과 '고양이'로 볼 수 있으며, '들고양이'는 '접사 + 어근'으로 분석되는 파생어로 분류한다.

⑤ **창고지기**
'창고지기'의 직접 구성 성분은 '창고'와 '-지기'로 볼 수 있으며, '창고지기'는 '어근 + 접사'로 분석되는 파생어로 분류한다.

13 음운 변동 　　　　　정답률 72% | 정답 ②

〈보기〉는 수업의 일부이다. '학습 활동'의 결과로 가장 적절한 것은?

─〈보 기〉─

선생님 : 단어를 발음할 때, 어떤 음운이 앞이나 뒤의 음운의 영향으로 바뀌어 달라지는 경우가 있습니다. 그 결과, 조음 방법만 바뀌거나 조음 방법과 조음 위치가 모두 바뀝니다. 아래 자료를 참고해 '학습 활동'을 수행해 봅시다.

조음 위치 조음 방법	입술소리	잇몸소리	센입천장 소리	여린입천장 소리
파열음	ㅂ	ㄷ		ㄱ
파찰음			ㅈ	
비음	ㅁ	ㄴ		ㅇ
유음		ㄹ		

영향의 방향	음운이 바뀌는 양상	
달ㅡ님 (앞 음운의 영향)	달님[달림]	조음 방법의 변화
작ㅡ문 (뒤 음운의 영향)	작문[장문]	조음 방법의 변화
해돋이 (뒤 음운의 영향)	해돋이[해도지]	조음 방법과 조음 위치의 변화

[학습 활동]
뒤 음운의 영향을 받아서 앞 음운이 조음 방법만 바뀌는 단어를 ㄱ ~ ㄹ에서 골라 보자.

ㄱ. 난로[날로]	ㄴ. 맏이[마지]
ㄷ. 실내[실래]	ㄹ. 톱날[톰날]

① ㄱ, ㄴ　✔② ㄱ, ㄹ　③ ㄴ, ㄷ　④ ㄴ, ㄹ　⑤ ㄷ, ㄹ

ㄱ. 난로[날로]
'난로[날로]'는 뒤의 음운 'ㄹ'의 영향으로 앞의 음운 'ㄴ'이 'ㄹ'로 바뀌며, 조음 방법만 바뀌는 단어에 해당한다.

ㄴ. 맏이[마지]
'맏이[마지]'는 뒤의 음운 'ㅣ'의 영향으로 앞의 음운 'ㄷ'이 'ㅈ'으로 바뀌며, 조음 방법과 조음 위치가 모두 바뀌는 단어에 해당한다. ㄴ은 뒤 음운의 영향으로 앞 음운이 바뀌지만, 조음 방법만 바뀌는 경우에는 해당하지 않는다.

ㄷ. 실내[실래]
'실내[실래]'는 앞의 음운 'ㄹ'의 영향으로 뒤의 음운 'ㄴ'이 'ㄹ'로 바뀌며, 조음 방법만 바뀌는 단어에 해당한다. ㄷ은 조음 방법만 바뀌는 경우에는 해당하지만, 뒤 음운의 영향으로 앞 음운이 바뀌는 경우에는 해당하지 않는다.

ㄹ. 톱날[톰날]
'톱날[톰날]'은 뒤의 음운 'ㄴ'의 영향으로 앞의 음운 'ㅂ'이 'ㅁ'으로 바뀌며, 조음 방법만 바뀌는 단어에 해당한다.

14 단어의 의미와 쓰임 　　　　　정답률 85% | 정답 ①

〈보기〉의 '탐구 과제'를 수행한 결과로 적절하지 않은 것은?

─〈보 기〉─

[탐구 과제]
'작다 / 적다' 중 적절한 말이 무엇인지 온라인 사전에서 '작다'를 검색한 결과를 근거로 하여 말해 보자.

ㄱ. 민수는 진서에 비해 말수가 (작다 / 적다).
ㄴ. 키가 커서 작년에 구매한 옷이 (작다 / 적다).
ㄷ. 오늘 일은 지난번에 비해 규모가 (작다 / 적다).
ㄹ. 그는 큰일을 하기에는 그릇이 아직 (작다 / 적다).
ㅁ. 백일장 대회의 신청 인원이 여전히 (작다 / 적다).

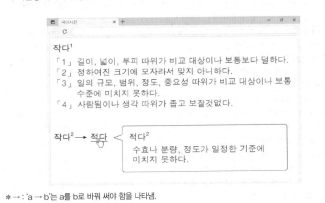

작다¹
「1」 길이, 넓이, 부피 따위가 비교 대상이나 보통보다 덜하다.
「2」 정하여진 크기에 모자라서 맞지 아니하다.
「3」 일의 규모, 범위, 정도, 중요성 따위가 비교 대상이나 보통 수준에 미치지 못하다.
「4」 사람됨이나 생각 따위가 좁고 보잘것없다.

작다² → 적다

적다²
수효나 분량, 정도가 일정한 기준에 미치지 못하다.

* → : 'a ▶ b'는 a를 b로 바꿔 써야 함을 나타냄.

✔① ㄱ : '작다'의 「1」을 고려할 때 '작다'가 맞겠군.
'작다'와 '적다'처럼 혼동될 수 있는 단어를 정확히 사용하기 위해 사전에 제시된 정보를 활용할 수 있다. ㄱ은 '수효나 분량, 정도가 일정한 기준에 미치지 못하다.'의 의미에 해당하므로, '작다', '작다²'와 '적다²'를 고려할 때 '적다'가 적절하다. '작다²'에 사용된 화살표(→)는 '작다'를 '적다²'로 바꾸어 쓰라는 의미이므로 그에 따라 '적다²'의 의미를 함께 참고해야 한다.

② ㄴ : '작다'의 「2」를 고려할 때 '작다'가 맞겠군.
ㄴ은 '정하여진 크기에 모자라서 맞지 아니하다.'의 의미에 해당하므로 '작다'의 「2」를 고려할 때 '작다'가 적절하다.

③ ㄷ : '작다'의 「3」을 고려할 때 '작다'가 맞겠군.
ㄷ은 '일의 규모, 범위, 정도, 중요성 따위가 비교 대상이나 보통 수준에 미치지 못하다.'의 의미에 해당하므로 '작다'의 「3」을 고려할 때 '작다'가 적절하다.

④ ㄹ : '작다'의 「4」를 고려할 때 '작다'가 맞겠군.
ㄹ은 '사람됨이나 생각 따위가 좁고 보잘것없다.'의 의미에 해당하므로 '작다'의 「4」를 고려할 때 '작다'가 적절하다.

⑤ ㅁ : '작다¹', '작다²'와 '적다²'를 고려할 때 '적다'가 맞겠군.
ㅁ은 '수효나 분량, 정도가 일정한 기준에 미치지 못하다.'의 의미에 해당하므로 '작다¹', '작다²'와 '적다²'를 고려할 때 '적다'가 적절하다.

15 인용 표현 　　　　　정답률 73% | 정답 ⑤

〈보기〉의 '학습 자료'를 바탕으로 '학습 과제'를 수행한 결과로 적절하지 않은 것은?

─〈보 기〉─

[학습 자료]
○ 직접 인용 : 원래의 말이나 글을 그대로 큰따옴표(" ")에 넣어 인용하는 것. 조사 '라고'를 사용함.
○ 간접 인용 : 인용된 말이나 글을 자신의 관점에서 다시 서술하여 표현하는 것. 조사 '고'를 사용함.

[학습 과제]
밑줄 친 부분에 주목하여 직접 인용을 간접 인용으로 바꾸어 보자.

ㄱ. 지아가 "꽃이 벌써 폈구나!"라고 했다.
　→ 지아가 꽃이 벌써 폈다고 했다.
ㄴ. 지아가 "버스가 벌써 갔어요."라고 했다.
　→ 지아가 버스가 벌써 갔다고 했다.
ㄷ. 나는 어제 지아에게 "내일 보자."라고 했다.
　→ 나는 어제 지아에게 오늘 보자고 했다.
ㄹ. 전학을 간 지아는 "이 학교가 좋다."라고 했다.
　→ 전학을 간 지아는 그 학교가 좋다고 했다.
ㅁ. 지아는 나에게 "민지가 너를 불렀다."라고 했다.
　→ 지아는 나에게 민지가 자기를 불렀다고 했다.

① ㄱ　② ㄴ　③ ㄷ　④ ㄹ　✔⑤ ㅁ

ㄱ. 지아가 "꽃이 벌써 폈구나!"라고 했다.
→ 지아가 꽃이 벌써 폈다고 했다.
ㄱ은 문장 종결 표현인 '폈구나'를 '폈다'로 적절히 바꿔 서술하였다.

ㄴ. 지아가 "버스가 벌써 갔어요."라고 했다.
→ 지아가 버스가 벌써 갔다고 했다.
ㄴ은 높임 표현인 '갔어요'를 '갔다'로 적절히 바꿔 서술하였다.

ㄷ. 나는 어제 지아에게 "내일 보자."라고 했다.
→ 나는 어제 지아에게 오늘 보자고 했다.
ㄷ은 시간 표현인 '내일'을 '오늘'로 적절히 바꿔 서술하였다.

ㄹ. 전학을 간 지아는 "이 학교가 좋다."라고 했다.
→ 전학을 간 지아는 그 학교가 좋다고 했다.
ㄹ은 지시 표현인 '이'를 '그'로 적절히 바꿔 서술하였다.

ㅁ. 지아는 나에게 "민지가 너를 불렀다."라고 했다.
→ 지아는 나에게 민지가 자기를 불렀다고 했다.
직접 인용을 간접 인용으로 바꿀 때는 자신의 관점에서 높임, 시간, 인칭, 지시, 문장 종결 표현 등을 적절히 다시 서술해야 한다. ㅁ에서 '민지'가 부른 '너'는 '나'에 해당하므로, 인칭 표현인 '너'를 '나'로 바꾸어 '지아는 나에게 민지가 나를 불렀다고 했다.'로 바꾸어야 한다.

[16~45] 독서·문학

16~20 갈래 복합

(가) 김기택, 「초록이 세상을 덮는다」

감상 도시 공간에서 마주한 초록에 사로잡힌 화자가 초록을 자세히 들여다보며 깨닫게 된 자연의 **역동적 생명력에 대한 놀라움과 감탄이 드러난** 작품이다. 초록은 여리고 부드럽지만, 불길처럼 맹렬한 기세로 건조하고 딱딱한 도시 공간을 촉촉하게 적시며 온 세상을 생명력 넘치는 공간으로 변화시키고 있다. 치밀한 관찰과 투시적 상상력을 바탕으로 고요한 가운데 약동하는 생명의 기운을 포착하여 감각적으로 형상화하고 있다.

주제 삭막한 도시 공간에서 포착한 초록의 역동적 생명력

(나) 김약련, 「두암육가」

감상 하얗게 센 머리를 들여다보며 대장부로서 아무것도 이룬 것 없이 **늙어버린 자신의 지난 삶에 대한 후회와 한탄을 드러내는 한편**, 자신의 경험을 바탕으로 **젊은이들이 경계해야 할 일과 추구해야 할 궁극적인 가치에 대해 말하고 있는** 작품이다. 화자는 재산 축적이나 과거 급제와 같이 운수나 하늘의 뜻에 달린 일보다는 자신의 노력으로 이룰 수 있는 착한 일을 할 것을 젊은이들에게 권유하며, 젊어서 노력하지 않으면 늙어서 자신과 똑같은 신세가 될 것이라는 경고도 잊지 않고 있다.

주제 늙음에 대한 한탄과 젊은이들을 향한 당부

16 표현상 공통점 파악 　　　　　정답률 70% | 정답 ①

(가)와 (나)의 표현상 공통점으로 가장 적절한 것은?

✔① 대조적 표현을 활용하여 주제 의식을 부각하고 있다.
(가)는 '여리고 연하며' '휘어지는' 등과 '직선과 사각', '딱딱하게' 등이 대조되며 세상을 뒤덮는 유연하고 역동적인 자연의 생명력이 부각되고, (나)는 '굵은 이 다 빠지고 검던 털이 희었네', '너희는 젊었느냐 나는 이미 늙었구나'에서 젊음과 늙음이 대조되며 지난 삶에 대한 화자의 후회와 탄식을 부각하고 있다.

② 일부 시행을 명사로 마무리하여 여운을 남기고 있다.

(가)는 일부 시행을 '초록', '고요', '불길' 등의 명사로 마무리하여 여운을 남기고 있지만, (나)는 시행을 명사로 마무리한 부분을 찾을 수 없다.

③ 수미상관의 기법을 활용하여 리듬감을 조성하고 있다.
(가)와 (나) 모두 수미상관의 기법을 활용하여 리듬감을 조성하고 있지 않다.

④ 명령적 어조를 사용하여 화자의 의지를 표출하고 있다.
(가)는 명령적 어조를 사용한 부분을 찾을 수 없고, (나)는 '젊다 하고 믿지 마라', '너희더러 하라'에서 명령적 어조를 사용하고 있지만 화자 자신의 행동이나 상황을 바꾸려는 의지가 표출되고 있지는 않다.

⑤ 감탄사를 사용하여 대상에 대한 예찬을 드러내고 있다.
(가)는 대상에 대한 예찬은 드러나지만 감탄사를 사용하지 않았고, (나)는 '어져', '어우와' 등의 감탄사를 사용하고 있지만 대상에 대한 예찬은 드러나지 않는다.

★★★ 등급을 가르는 문제!

17 외적 준거에 따른 감상　　　정답률 37% | 정답 ③

〈보기〉를 바탕으로 (가)와 (나)를 감상한 내용으로 적절하지 않은 것은? [3점]

─〈보 기〉─
사물을 바라보거나 삶을 되돌아보며 사색하는 경험을 통해 깨달음을 얻을 수 있다. (가)의 화자는 도시 공간에서 마주한 '초록'에 사로잡혀 초록을 들여다보며 그것이 지닌 생명력을 깨닫고, 이에 대한 감탄과 놀라움을 드러낸다. (나)의 화자는 자신의 백발을 바라보며 현재의 처지를 한탄하는 데 그치지 않고 지난 삶을 돌아보며 깨달은 바를 젊은이에게 전달하고 있다.

① (가)의 '잠깐 초록을 본' 것과 (나)의 '검던 털'이 하얘진 모습을 본 것은 사색을 시작하는 계기가 되는군.
(가)의 '잠깐 초록을 본' 것을 계기로 '초록'의 속성에 대한 깨달음에 이르는 사색이, (나)의 '검던 털'이 하얘진 모습을 본 것을 계기로 자신의 늙음을 깨닫고 지난날에 대한 사색이 시작되고 있다.

② (가)의 '초록에 붙잡힌 마음'은 '초록'에 매료된 심리를, (나)의 '밭 갈고 논 매더면 설마한들 배고프리'는 넉넉지 않은 현실을 초래한 지난 삶에 대한 아쉬움을 나타내고 있군.
(가)의 '초록에 붙잡힌 마음'에서 '초록'에 매료된 심리가 나타나며, (나)의 '밭 갈고 논 매더면 설마한들 배고프리'에서 지난날 자신이 농사를 지었더라면 배가 고프지 않았을 것인데, 그러지 못하여 현재 넉넉지 않은 상황에 처해 있음에 대한 안타까운 심정이 나타나 있다.

✔ ③ (가)의 '수직선들을 조금씩 지우며'를 통해 '초록'이 도시 공간과 균형을 이루기를, (나)의 '늙은 후 또 내 되리'를 통해 젊은이가 과오를 저지르지 않기를 바라고 있군.
(가)의 '수직선들을 조금씩 지우며'는 '초록'이 '직선과 사각'의 도시 공간을 덮어 생명력 넘치는 공간으로 변화시키는 모습을 나타낸 것으로, '초록'이 도시 공간과 균형을 이루기를 바라고 있다는 진술은 적절하지 않다. (나)의 '늙은 후 또 내 되리'는 '청년'들이 '착한 일'을 하지 않고 '흐느적흐느적' 살다가는 늙은 후 자신과 똑같은 신세가 될 것이라는 경고로, 젊은이가 과오를 저지르지 않기를 바라고 있다는 진술은 적절하다.

④ (가)의 '밀려 꺼졌다가는 다시 살아나고 있'는 것에서 '초록'의 끈질긴 생명력을, (나)의 '급제도 헛일'에서 출세를 위한 삶이 전부가 아님을 깨닫고 있군.
(가)의 '밀려 꺼졌다가는 다시 살아나고 있'에서 도시 공간에서 발견한 '초록'의 끈질긴 생명력에 대한 깨달음이 드러난다. (나)의 '급제도 헛일'이라는 인식은 급제 이후에도 넉넉하지 않은 상황에서 비롯되며, 이는 출세를 위한 삶이 전부가 아니라는 깨달음으로 이어진다.

⑤ (가)의 '갑자기 일어날 줄은 몰랐다'는 '초록'의 새로운 모습을 발견한 놀라움을, (나)의 '이미 늙었구나'는 현재의 처지에 대한 탄식을 드러내고 있군.
(가)의 '갑자기 일어날 줄은 몰랐다'에서 '초록'의 왕성하고 역동적인 생명력을 깨닫게 된 것에 대한 놀라움이, (나)의 '이미 늙었구나'에서 이룬 것 없이 늙어버린 자신의 현재 처지에 대한 탄식이 드러난다.

★★ 문제 해결 꿀~팁 ★★

▶ 많이 틀린 이유는?
이 문제는 '초록'이 작품 속 공간에서 가지는 의미를 〈보기〉에 근거하여 제대로 판단하지 못했기에 오답률이 높았던 것으로 보인다.
▶ 문제 해결 방법은?
선지 선택에 있어서의 판단은 주어진 질문 안에서 이루어져야 한다. 이 문제의 판단 기준은 〈보기〉를 바탕으로 한다. 〈보기〉는 (가)의 '초록'이 생명력을 가지고 있다고 해석하는 한편, (나)의 화자는 지난 삶을 돌아보며 젊은이들에게 자신과 같은 과오를 저지르지 않기를 당부하고 있다고 제시한다. ③에서 (가)의 '초록'이 가지는 생명력은 '도시 공간과 균형'을 이루는 힘이 아니라 삭막한 도시 공간 속의 '수직선들'을 지우는 힘이다. 또한 (나)의 화자는 지난 삶을 반성적으로 회고한다는 점에서 '넉넉한 삶'을 살고 있음을 추론할 수 없다. 한편 오답률이 높았던 ②의 경우, 주어진 〈보기〉를 잘 읽는다면 (가)의 화자가 '초록'에 매료'된 상태임을 어렵지 않게 알 수 있고 (나)의 화자 역시 '지난 삶에 대한 아쉬움'을 나타내고 있음을 판단할 수 있다.

18 종합적 이해　　　정답률 80% | 정답 ②

[A]에 대한 설명으로 가장 적절한 것은?

① 지시 표현을 사용하여 대상에 대한 화자의 심리적 거부감을 나타내고 있다.
'저 저돌적인 고요', '저 촉촉한 불길'에서 지시 표현을 사용하고 있지만 대상에 대한 화자의 심리적 거부감을 나타내고 있지 않다.

✔ ② 유사한 문장 구조를 반복하여 대상이 갖는 역동적 이미지를 나타내고 있다.
'솟아나고 있는 / 저 저돌적인 고요', '옮겨 붙고 있는 / 저 촉촉한 불길'에서 유사한 문장 구조가 반복되고 있으며, 이를 통해 콘크리트 바닥에서 용솟음치며 건조한 것들에게 옮겨 붙는 '초록'의 역동적 이미지를 나타내고 있다.

③ 점층적인 표현을 사용하여 대상에 대한 화자의 태도 변화를 드러내고 있다.
점층적 표현을 사용하여 대상에 대한 화자의 태도 변화를 드러내고 있지 않다.

④ 하나의 문장을 두 개의 시행으로 나누어 대상의 순환 과정을 제시하고 있다.
'콘크리트 갈라진 틈에서도 솟아나고 있는 / 저 저돌적인 고요'처럼 하나의 문장을 두 개의 시행으로 나누고 있지만 이를 통해 대상의 순환 과정을 제시하고 있지는 않다.

⑤ 모순된 표현을 활용하여 대상과 자신을 동일시하는 화자의 모습을 드러내고 있다.
'저돌적인 고요', '촉촉한 불길'처럼 의미가 모순된 표현을 활용하고 있지만 이를 통해 대상과 자신을 동일시하는 화자의 모습은 드러나지 않는다.

19 작품의 시상 전개 과정　　　정답률 65% | 정답 ④

(나)에 대한 이해로 적절하지 않은 것은?

① 〈제1수〉의 '어져 내 일이야'에 담긴 한탄은, 〈제2수〉의 '장부의 허다 사업'을 못 다 한 데서 비롯되는군.
〈제1수〉의 '어져 내 일이야'에 담긴 한탄은, 〈제2수〉의 '장부의 허다 사업'을 못 다 한 것에서 비롯된다.

② 〈제1수〉의 '노대에 도상비로다'에 담긴 애상감은, 〈제4수〉의 '늙어지면 거짓 것이'로 이어지는군.
〈제1수〉의 '노대에 도상비로다'에 담긴 애상감은, 〈제4수〉의 '늙어지면 거짓 것이'에서 드러나는 허망함으로 이어지고 있다.

③ 〈제2수〉의 '서른 마흔 한 일 없이'에 담긴 반성은, 〈제4수〉의 '젊어서 흐느적흐느적'하지 말라는 당부로 나타나는군.
〈제2수〉의 '서른 마흔 한 일 없이'에 담긴 지난날에 대한 화자의 반성은, 〈제4수〉의 '젊어서 흐느적흐느적' 하지 말라는 당부로 나타나고 있다.

✔ ④ 〈제3수〉의 '이제야 아무리 애달프든들'과 〈제6수〉의 '내 못하여 애달프니'에는 세월의 무상감에서 벗어나고자 하는 심리가 드러나는군.
〈제3수〉의 '이제야 아무리 애달프든들'에는 넉넉하지 못한 처지임에도 불구하고 늙어버린 몸으로 무언가를 할 엄두를 내지 못하는 화자의 안타까운 심리가, 〈제6수〉의 '내 못하여 애달프니'에는 청년에게 '착한 일'을 권유하면서도 정작 자신은 그 일을 실천하지 못한 것에 대한 화자의 안타까운 심리가 드러나 있다. 따라서 해당 구절에서 세월의 무상감에서 벗어나고자 하는 심리가 드러난다는 진술은 적절하지 않다.

⑤ 〈제5수〉의 '하오면 못할 이 없기는 착한 일'은, 〈제6수〉의 '너희더러 하라'에서 권유하는 내용이겠군.
〈제5수〉의 '하오면 못할 이 없기는 착한 일'은, 〈제6수〉의 '너희더러 하라'에서 권유하는 내용이다.

20 시구의 의미 비교　　　정답률 86% | 정답 ④

시상의 흐름을 고려하여 ㉠과 ㉡을 비교한 내용으로 가장 적절한 것은?

① ㉠에는 대상을 향한 화자의 애정이, ㉡에는 청자를 향한 화자의 원망이 나타나 있다.
㉠에는 대상을 향한 화자의 애정이 드러난다고 볼 수 있지만, ㉡에는 청자를 향한 원망이 나타나 있지 않다.

② ㉠에는 대상과 화자 사이의 이질감이, ㉡에는 대상에 대한 화자의 거부감이 드러나 있다.
㉠에는 대상과 화자 사이의 이질감이 드러나지 않으며, ㉡에는 대상에 대한 화자의 거부감이 드러나지 않는다.

③ ㉠에는 감춰진 진실에 대한 화자의 회의가, ㉡에는 화자의 현재 상황에 대한 의문이 나타나 있다.
㉠에는 감춰진 진실에 대한 화자의 회의가 나타나 있지 않으며, ㉡에는 화자의 현재 상황에 대한 의문이 나타나 있지 않다.

✔ ④ ㉠에는 힘의 근원에 대한 화자의 상상이, ㉡에는 뜻대로 되지 않는 삶에 대한 화자의 인식이 드러나 있다.
(가)의 화자는 나무들이 온 힘을 다해 초록의 진액을 쏟아내고 있는 모습을 보고, 나무가 초록을 쏟아내기 위해 땅속에서 얼마나 많은 잔뿌리들이 발끝에 힘을 주고 있을지에 대해 상상하고 있다. 따라서 ㉠에는 힘의 근원에 대한 화자의 상상이 드러나 있다는 진술은 적절하다. (나)의 화자는 재산이나 과갑을 마다하지 않았지만, 현재 넉넉하지 못한 삶을 살아가고 있다. 이는 재산 축적이나 과거 급제가 자신의 노력과는 상관없이, 운수와 하늘의 뜻에 달린 일이라는 인식으로 이어진다. 따라서 ㉡에는 뜻대로 되지 않는 삶에 대한 화자의 인식이 드러나 있다는 진술은 적절하다.

⑤ ㉠에는 문제의 원인에 대한 화자의 성찰이, ㉡에는 예상치 못한 결과를 수용하는 화자의 모습이 나타나 있다.
㉠에는 문제의 원인에 대한 화자의 성찰이 나타나지 않으며, ㉡에는 예상치 못한 결과를 수용하는 화자의 모습이 나타나지 않는다.

21~24 예술

닐 콕스, 「입체주의」

해제 20세기 초 과학 문명의 발전과 기존 인식에 대한 회의를 배경으로 등장한 큐비즘은 현실을 사실적으로 재현하는 기존 회화를 거부하고 눈에 보이지 않는 본질을 회화 속에 구현하기 위해 대상의 근원적 형태를 그려 내고자 하였다. 이를 위해 큐비즘은 대상의 세부 묘사와 고유색을 배제하고 사물을 기하학적 형태로 단순화하였다. 또한, 대상의 전체 형태를 동시에 제시하기 위해 대상을 여러 시점으로 관찰하여 그 모습을 하나의 화면에 표현하였다. 이러한 기하학적 단순화와 다중 시점을 주요 표현 기법으로 하는 시기를 초기 큐비즘이라고 한다. 이는 관람자를 회화 자체가 지닌 아름다움에 집중하게 만들어 대중들의 많은 관심을 끌었다. 한편, 대상을 최대한 다양한 측면으로 보여 주고자 하는 욕구는 큐비즘 화가들로 하여금 다중 시점을 극단적으로 추구하게 하였다. 대상의 형태를 여러 시점으로 해체하는 '분석적 큐비즘'에서는 그 해체의 정도가 심해짐에 따라 그림에 표현된 대상의 부피감이 상실되었으며, 색채 역시 초기에 비해 훨씬 더 자제되었다. 이로 인해 관람자가 그림의 대상을 파악하지 못하게 되자, 큐비즘은 대상의 형태를 다시 관람자에게 인식시킬 방안을 모색하였다. 그 대표적 표현 기법인 '파피에 콜레'는 종이를 캔버스에 직접 오려 붙이는 방식으로, 화면 밖 사물을 재료로 화면 안의 대상을 표현하는 최초의 시도였다. 이러한 시기의 큐비즘 양식을 '종합적 큐비즘'이라고 한다. 기존 회화를 거부하고 대상의 형태를 표현하는 방식을 자유롭게 탐구한 큐비즘은 표현 대상을 실제 사물로 한정하지 않는 현대 추상 회화의 탄생에 직접적인 영향을 미쳤다.
주제 현대 추상 회화의 탄생에 영향을 준 큐비즘

문단 핵심 내용

1문단	큐비즘의 등장 배경
2문단	큐비즘의 구현 방식
3문단	다중 시점을 적용하는 큐비즘
4문단	분석적 큐비즘의 특성

[문제편 p.014]

01회

21 내용 이해
정답률 94% | 정답 ③

윗글에서 알 수 있는 내용으로 적절하지 <u>않은</u> 것은?

① 큐비즘이 사용한 표현 기법
2, 3문단에서 큐비즘은 단순화, 다중 시점의 표현 기법을 활용했다고 언급하고 있다.

② 큐비즘이 등장한 시대적 배경
1문단에서 큐비즘은 20세기 초 유럽의 과학 문명 발전과 이로 인한 인식의 변화를 배경으로 등장했다고 언급하고 있다.

✔ **큐비즘에 대한 다른 화가들의 논쟁**
이 글은 큐비즘이 등장한 시대적 배경, 큐비즘의 목표와 표현 기법, 작품 경향이 변화된 양상, 의의 등을 설명하고 있다. 그러나 이 글에서는 큐비즘에 대한 다른 화가들의 논쟁은 찾아볼 수 없다.

④ 큐비즘의 작품 경향이 변화된 양상
4, 5문단에서 큐비즘이 분석적 큐비즘, 종합적 큐비즘의 단계를 거치며 작품 경향이 변화된 양상을 언급하고 있다.

⑤ 큐비즘이 현대 추상 회화에 미친 영향
6문단에서 큐비즘이 대상의 형태를 실제에서 해방한 것이 이후 대상을 보이는 세계에 한정하지 않는 현대 추상 회화의 탄생에 영향을 미쳤다고 언급하고 있다.

22 내용 추론
정답률 79% | 정답 ①

㉠을 이해한 내용으로 가장 적절한 것은?

✔ **대상의 본질을 화면에 구현하기 위해 다중 시점에 집착한 결과이겠군.**
3문단에서 다중 시점이 대상의 근원적 형태를 표현하려 한 시도였다는 것을 확인할 수 있다. 또한, 4문단에서 대상의 형태를 더 다양한 시점으로 보여 주려는 시도가 다중 시점의 극단화로 치달았다는 것을 확인할 수 있다. 따라서 대상이 극단적으로 해체되어 형태를 파악하지 못하게 된 문제는 대상의 본질을 화면에 구현하기 위해 다중 시점에 집착한 결과라고 추론할 수 있다.

② 인식의 절대적 기준을 제시하기 위해 대상의 변화를 무시한 결과이겠군.
큐비즘은 다양한 시점으로 대상을 그려 냈으므로 대상의 극단적 해체가 인식의 절대적 기준을 제시하려 한 결과라는 설명은 적절하지 않다.

③ 화면의 공간을 사실적으로 표현하기 위해 대상의 형태를 희생한 결과이겠군.
큐비즘은 사실적 표현을 추구하지 않았으므로 대상의 극단적 해체가 공간을 사실적으로 표현하려 한 결과라는 설명은 적절하지 않다.

④ 기하학적 형태에서 탈피하기 위해 대상의 정면과 측면을 동시에 표현한 결과이겠군.
대상의 해체는 그 형태를 최대한 여러 시점으로 보이려 한 시도의 결과이므로 대상의 극단적 해체가 기하학적 형태에서 탈피하려 한 결과라는 설명은 적절하지 않다.

⑤ 관람자들에게 새로운 미적 인식을 환기하기 위해 대상을 있는 그대로 재현한 결과이겠군.
큐비즘은 대상을 사실적으로 그리지 않았으므로 대상의 극단적 해체가 대상을 있는 그대로 재현한 결과라는 설명은 적절하지 않다.

23 내용 이해 및 비교
정답률 84% | 정답 ④

ⓐ와 ⓑ에 대한 설명으로 가장 적절한 것은?

① ⓐ는 ⓑ와 달리 고유색을 통해 대상을 그려 낸다.
4문단에서 분석적 큐비즘이 대상의 고유색을 무시하였음을 확인할 수 있으므로 적절하지 않다.

② ⓐ는 ⓑ와 달리 삽입된 문자로만 대상을 드러낸다.
4문단에서 분석적 큐비즘이 제목을 통해서도 대상을 드러냈음을 확인할 수 있으므로 적절하지 않다.

③ ⓑ는 ⓐ와 달리 작은 격자 형태로 대상을 해체한다.
4문단에서 분석적 큐비즘이 대상을 격자 형태로 해체하였음을 확인할 수 있으므로 적절하지 않다.

✔ **ⓑ는 ⓐ와 달리 화면 밖의 재료를 활용해 대상을 표현한다.**
5문단에서 종합적 큐비즘은 대상의 극단적 해체로 인한 문제를 해결하기 위해 화면 밖 실제 사물을 재료로 도입하였다는 것을 확인할 수 있다. 또한, 4문단에서 분석적 큐비즘은 대상의 해체에 집중하였다는 것을 확인할 수 있다. 따라서 종합적 큐비즘이 분석적 큐비즘과 달리 화면 밖 재료를 통해 대상을 표현한다는 설명은 적절하다.

⑤ ⓐ와 ⓑ는 모두 질감과 부피감을 살려서 대상을 형상화한다.
4문단에서 분석적 큐비즘이 대상을 그 부피감이 사라질 정도로 해체하였다고 언급하였으므로 적절하지 않다.

24 사례 적용
정답률 83% | 정답 ②

윗글을 바탕으로 〈보기〉의 작품을 감상한 내용으로 적절하지 <u>않은</u> 것은? [3점]

〈보 기〉
브라크의 「에스타크의 집들」은 집과 나무를 그린 풍경화이다. 그런데 회화 속 풍경은 실제와 다르다. 집에 당연히 있어야 할 문이 생략되어 있으며, 집들은 부피감이 두드러지는 입방체 형태로 단순화되어 있다. 그림자의 방향은 일관성 없이 다양하게 표현되어 광원이 하나가 아님을 알 수 있다. 그리고 집과 나무는 모두 황토색과 초록색, 회색으로 칠해져 있다. 큐비즘의 시작을 알린 이 풍경화는 처음 공개되었을 때 평론가로부터 "작은 입방체(cube)를 그렸다."라는 비판을 받았는데, 이는 '큐비즘(Cubism)'이라는 명칭의 기원이 되었다.

① 집이 입방체 형태로 단순화된 것은 대상의 근원적 형태를 드러내기 위한 것이겠군.
집이 입방체 형태인 것은 대상을 기하학적 형태로 단순화한 결과이다. 2문단에서 이러한 기법이 그 근원적 형태를 드러내기 위한 것이라는 내용을 확인할 수 있다.

✔ **풍경의 모습이 실제와 다른 것은 관찰한 대상이 무엇인지 추측할 수 없도록 하기 위한 것이겠군.**
2문단에서 큐비즘은 대상의 사실적 재현에 집중했던 전통 회화와 달리, 그 근원적 형태를 그려 내고자 했다는 것을 확인할 수 있다. 그러므로 브라크의 「에스타크의 집들」에서 풍경의 모습이 실제와 다른 이유는 풍경 속 대상의 근원적 형태를 그렸기 때문이다. 또한, 5문단에서 관람자가 대상을 인식하지 못하는 문제가 발생하자 이를 극복하기 위한 기법이 나타났음을 확인할 수 있다. 따라서 관찰한 대상이 무엇인지 추측할 수 없도록 하기 위해 풍경을 실제와 다르게 그렸다는 설명은 적절하지 않다.

③ 그림자의 방향이 일관성 없이 다양하게 표현된 것은 하나의 시점을 강제하는 원근법을 거부한 것이겠군.
그림자의 방향이 일관성 없이 표현된 것은 대상을 여러 시점으로 관찰한 결과이다. 3문단에서 이를 위해 하나의 시점에서 대상을 보고 표현하는 원근법을 거부하였다는 내용을 확인할 수 있다.

④ 집에 당연히 있어야 할 문이 없는 것은 세부적 묘사는 대상의 본질과 관련이 없다는 생각을 반영한 것이겠군.
집에 문이 없는 것은 세부적 묘사를 배제한 결과이다. 2문단에서 대상의 근원적 형태를 구현하기 위해 본질과 관련 없는 세부적 묘사를 배제하였다는 내용을 확인할 수 있다.

⑤ 색이 황토색, 초록색, 회색으로 제한된 것은 색채는 본질을 구현하는 데 부차적인 요소라는 생각에 근거한 것이겠군.
풍경이 황토색, 초록색, 회색으로 표현된 것은 색채를 제한한 결과이다. 2문단에서 색채가 본질 구현에 있어 부차적인 것으로 판단되어 몇 가지 색으로 제한되었다는 내용을 확인할 수 있다.

25~28 현대 소설

전상국, 「달평 씨의 두 번째 죽음」

감상 이 작품은 주인공인 '달평 씨'가 유명세에 중독되어 파탄에 이르는 과정을 두 번의 상징적 죽음을 통해 그리고 있다. 달평 씨는 우연한 기회에 언론에 의해 유명세를 치르게 된 후, 순수한 의도로 선행을 베풀던 본래의 모습을 잃어버리는 첫 번째 죽음을 맞게 된다. 그 이후에 자극적인 정보에만 반응하는 대중들과 언론의 관심을 끌기 위해 가식을 부리고 거짓을 지어낸다. 그러한 거짓으로 인해 점점 자신의 정체성을 잃어가고, 끝내 가족까지 파탄에 이르게 하는 두 번째 죽음의 순간에 다다르게 된다. 이러한 달평 씨의 몰락을 통해 자극적인 정보에만 반응하는 대중과 언론 역시 비판하고 있다.

주제 유명세에 따른 순수했던 선행의 변질

★★★ 등급을 가르는 문제!

25 서술상의 특징 파악
정답률 51% | 정답 ①

윗글에 대한 설명으로 적절하지 <u>않은</u> 것은?

✔ **공간적 배경을 통해 인물의 심리를 암시하고 있다.**
인물의 심리를 암시하고 있으나, 공간적 배경을 통해 그것을 드러내고 있지는 않다.

② 비유적 표현을 통해 인물의 행동을 묘사하고 있다.
'나폴레옹처럼 초조하게 서성거리는 달평 씨의 모습'이나 '사자처럼 포효하는 남편'에서 비유적 표현을 통해 인물의 행동을 묘사함을 확인할 수 있다.

③ 대화를 통해 인물들 간의 갈등 상황을 드러내고 있다.
달평 씨와 아들딸 간의 갈등, 달평 씨와 아내 간의 갈등 상황이 대화를 통해 드러난다.

④ 시간의 흐름에 따라 사건을 순차적으로 전개하고 있다.
사건이 발생한 순서대로, 시간의 흐름에 따라 순차적으로 전개되고 있다.

⑤ 서술자가 작중 상황에 대해 자신의 생각을 드러내고 있다.
'그러나 어쩐 일인지 세상 사람들의 관심은 달평 씨에게서 자꾸 멀어져가고 있었다.', '날 샌 원수 없고 밤 지난 은혜 없다고'와 같이 서술자가 작중 상황에 대해 자신의 생각을 드러내고 있다.

★★ 문제 해결 꿀~팁 ★★

▶ **많이 틀린 이유는?**
이 문제는 작품의 '공간적 배경'이 '인물의 심리'와 결부될 때 어떻게 드러나야 하는지에 대한 판단이 미흡해 오답률이 높았던 것으로 보인다. '공간적 배경'이 '인물의 심리'를 반영하기 위해서는 특정 공간 자체만으로 어떠한 속성이 암시되어야 한다.

▶ **문제 해결 방법은?**
이 문제를 해결하기 위해서는 주어진 선지 속 조건을 잘 파악한 후, 작품 속에서 단서를 찾아야 한다. ①의 경우 조건은 '공간적 배경'이 '인물의 심리'와 어떻게 결부되는지에 대한 것이다. 주어진 작품 속에서 '공간적 배경'은 그 자체만으로 어떠한 속성이 암시되지 않고 있다. 한편 현대 소설에서 '서술'의 개념이 아직 익숙하지 않은 학생은 ⑤를 많이 선택했을 것으로 보인다. 고전 소설과 마찬가지로, 현대 소설에서도 '서술자'가 작중 상황 속에서 인물에 대한 생각이나 평가를 드러낼 수 있다. 제시된 작품이 오직 서술로만 이루어지고 있는지, 혹은 서술자의 생각이나 평가가 개입되고 있는지를 변별할 수 있어야 한다.

26 내용 이해
정답률 83% | 정답 ⑤

윗글을 이해한 내용으로 가장 적절한 것은?

① 청중들은 달평 씨의 강연을 듣고 나서 심드렁해 했다.
청중들은 달평 씨의 강연을 듣고 떠나갈 듯 박수를 치며 고개를 크게 주억거리는 등 강연 내용에 감명받았다.

② 달평 씨의 아들딸은 어머니의 발언으로 인해 아버지를 이해하게 되었다.
달평 씨의 아들딸은 어머니에게 아버지의 이해할 수 없는 행동의 이유에 대해 물었으나, 달평 씨의 부인은 그에 대해 대답하지 않았다.

③ 종업원들은 달평 씨에게 경제적 어려움을 호소하며 도움을 요청했다.
종업원들이 달평 씨에게 경제적 어려움을 호소하며 도움을 요청한 부분은 나타나 있지 않다.

④ 달평 씨는 A 주간 신문 기자를 만나 새로운 선행을 알릴 수 있었다.
A 주간 신문 기자는 달평 씨의 아내만 만났고, 달평 씨는 만나지 못했다.

✔ 달평 씨의 부인은 어려워진 식당 운영에 대해 화를 내는 남편에게 맞서 대들지 않았다.
　달평 씨의 부인은 달평 씨로 인해 식당 운영이 어려워졌는데도 불구하고, 그에 대해 자신에게 탓을 하며 '사자처럼 포효하며 화를 내는' 달평 씨에게 맞서 대들지 않았다.

27 외적 준거에 따른 감상　　　정답률 71% | 정답 ③

〈보기〉를 참고하여 윗글을 감상한 내용으로 적절하지 <u>않은</u> 것은? [3점]

〈보 기〉
　이 작품은 주인공인 '달평 씨'가 대중의 시선을 지나치게 의식하게 되면서 몰락해 가는 과정을 그리고 있다. 순수한 의도로 선행을 베풀어 오던 달평 씨는 언론에 의해 유명세를 치르게 된 후 그것에 중독되어, 자극적인 정보에만 반응하는 대중과 언론의 관심을 끌기 위해 보여 주기식 선행을 베풀고 거짓을 지어낸다. 그러한 허위의식으로 인해 그는 점점 자신의 정체성을 잃어가고, 끝내 가족까지 파탄에 이르게 한다.

① '세상 사람들에게 알려지는 기회가 부쩍 줄어들'자 '입을 더 크게 벌'리는 달평 씨의 모습에서 대중의 관심을 얻고자 하는 인물의 욕심이 드러나는군.
　'세상 사람들에게 알려지는 기회가 부쩍 줄어들'자 '입을 더 크게 벌'리는 달평 씨의 모습에서 더욱더 심한 거짓말을 함으로써 대중의 관심을 얻고자 하는 인물의 욕심이 드러난다.

② '끔찍한 지난날 자기의 악행'을 공개하자 '다시 달평 씨를 입에 올리기 시작'하는 사람들을 통해 자극적인 정보에만 반응하는 대중들의 모습을 보여 주는군.
　'끔찍한 지난날 자기의 악행'을 공개하자 '다시 달평 씨를 입에 올리기 시작'하는 사람들을 통해 부정적인 것이라 할지라도 자극적인 정보에만 반응하는 대중들의 모습을 보여준다.

✔ '달평 씨에게 씌워'진 '친선 단체의 회장직 감투'를 거부하지 않은 것은 불우한 사람들까지도 철저하게 속이려는 달평 씨의 허위의식을 보여 주는군.
　'달평 씨에게 씌워'진 '친선 단체의 회장직 감투'는 달평 씨가 거짓된 말과 행동으로 얻게 된 명예와 유명세의 허위성을 상징하는 것으로, 불우한 사람들까지도 철저하게 속이려는 달평 씨의 허위의식을 보여준다고 보기는 어렵다.

④ '오른손이 하는 일을 왼손이 모르게 하라는 말 생각 안 나'느냐고 묻는 '아들딸들'의 말을 통해 달평 씨가 보여 주기식 선행을 베풀고 있음이 드러나는군.
　'오른손이 하는 일을 왼손이 모르게 하라는 말 생각 안 나'느냐고 묻는 '아들딸들'의 말을 통해 예전의 달평 씨는 순수한 의도로 선행을 베풀었지만, 현재는 그렇지 않다는 것이 드러난다.

⑤ '달평 씨를 다시 한번 살려 낼 오직 한 가닥의 빛'인 '그네의 외침'은 달평 씨가 더 이상 파탄의 길로 가지 않도록 하는 아내의 저항이겠군.
　'달평 씨를 다시 한번 살려 낼 오직 한 가닥의 빛'인 '그네의 외침'은 아내가 가족들까지 파탄에 이르게 할 달평 씨의 충격적인 발언을 듣고, 달평 씨가 더 이상 자신과 가족을 망가뜨리는 파탄의 길로 가지 않도록 저항하는 행위이다.

28 인물의 행위 이해　　　정답률 82% | 정답 ⑤

㉠, ㉡을 이해한 내용으로 가장 적절한 것은?

① ㉠은 사건의 초점을 다른 인물로 전환시키려는 행위이다.
　㉠은 사건의 초점을 자신에게 집중시키는 것으로, 초점을 다른 인물로 전환시키는 행위는 아니다.

② ㉡은 다른 인물들이 과거에 벌인 일들을 폭로하는 행위이다.
　㉡은 다른 인물들이 과거에 벌인 일들을 폭로하는 행위는 아니다.

③ ㉠은 상대의 입장을 이해하기 위한, ㉡은 상대의 의심을 피하기 위한 행위이다.
　㉠은 상대인 청중의 입장을 이해하기 위한 행위가 아니다. ㉡은 아들딸들의 추궁을 피하기 위한 행위이다.

④ ㉡은 ㉠으로 인해 발생한 사건의 전말을 드러내려는 행위이다.
　㉡은 ㉠으로 인해 발생한 사건이 아니다.

✔ ㉠과 ㉡은 모두 반향을 일으켜 자신이 처한 상황을 바꾸어 보려는 행위이다.
　㉠은 달평 씨가 대중에게 반향을 일으켜 그들의 관심을 불러일으킴으로써 세상 사람들의 관심이 멀어져 가고 있는 현재 자신의 상황을 바꾸어 보려는 행위이고, ㉡은 가족들과 대중에게 반향을 일으켜 아들딸들에게 추궁받고 있는 상황을 피함과 동시에, 세상의 관심을 받는 상황으로 바꾸어 보려는 행위이다.

29~32　고전 소설

작자 미상, 「이춘풍전」

[감상] 「이춘풍전」은 무능한 가장과 유능한 아내의 대비를 통해 허위에 찬 남성 중심의 가부장제를 비판하고 진취적인 새로운 여성상을 제시한 조선 후기 고전소설이다. 이 작품은 주색잡기에 빠져 가산을 탕진하는 가장 춘풍과 남편이 저지른 문제를 지혜롭게 해결하는 춘풍 아내를 중심으로 서사가 전개된다. 수록 부분은 춘풍 아내가 주색잡기에 빠진 춘풍을 꾸짖는 장면과 평양에 가 춘풍을 구하고 추월에게 복수하기 위해 비장으로 변장할 기회를 얻어 내는 장면이다.

[주제] 허위에 찬 가부장적 인물에 대한 비판과 진취적 여성상

29 내용 이해　　　정답률 77% | 정답 ④

윗글을 이해한 내용으로 적절하지 <u>않은</u> 것은?

① 춘풍은 호조 돈 이천 냥을 빌려 평양으로 떠났다.
　춘풍 아내는 평양으로 떠난 남편 소식을 듣고 '호조 돈 이천 냥'을 다 갚고 남편과 행복하게 살고 싶다고 말했다. 이 돈은 춘풍이 평양으로 떠날 때 호조에서 빌린 돈이다.

② 춘풍 아내는 바느질품을 팔며 생계를 이었다.
　춘풍 아내는 춘풍이 평양으로 떠나고 집안이 기울자 바느질, 길쌈에 힘써 일하며 살았다.

③ 춘풍 아내는 춘풍의 잘못에도 가정의 화목을 바라고 있다.
　춘풍 아내는 평양으로 간 춘풍 소식을 듣고도 '부부 둘이 화락하여 백년 동락하여 보자.'라며 춘풍과 행복하게 살기 바라고 있다.

✔ 도승지는 평양 감사직을 연이어 두 번 맡게 되었다.
　도승지는 작년에는 평양 감사 두 번째 후보였고, 올해 평양 감사가 되었다. 따라서 도승지가 평양 감사직을 연이어 두 번 맡게 되었다는 내용은 적절하지 않다.

---

⑤ 대부인은 도승지에게 춘풍 아내의 정성을 칭찬하였다.
　대부인이 문안 인사 온 도승지에게 '기특한 일 보았다. 앞집 춘풍의 지어미가 좋은 차담상을 매일 차려 오니 내 기운이 절로 나고 정성에 감격하는구나.'라며 차담상 올리는 춘풍 아내의 정성을 칭찬하였다.

30 말하기 방식 이해 및 비교　　　정답률 82% | 정답 ④

[A], [B]에 대한 설명으로 가장 적절한 것은?

① [A]는 권위를 내세워 행위의 당위성을 강조하고 있다.
　[A]에서 춘풍 아내는 권위를 내세워 말하고 있지 않다.

② [B]는 상대의 주장을 수용하여 태도에 변화를 보이고 있다.
　[B]에서 춘풍은 자신의 입장을 견지할 뿐 태도에 변화를 보이지 않는다.

③ [A]는 [B]의 내용을 예측하여 반박의 여지를 차단하고 있다.
　[A]에서 춘풍 아내는 [B]에서 춘풍이 말할 내용을 예측하고 있지 않다.

✔ [B]는 [A]의 반례를 들어서 자신의 행동을 합리화하고 있다.
　[A]는 춘풍 아내가 춘풍에게 기녀를 좋아하면 망할 것이니 그런 잡된 마음을 먹지 말라고 경계하고 있는 내용이다. 이 부분에서는 다양한 인물들의 사례를 들어 자신의 논리를 뒷받침하고 있다. [B]는 춘풍이 춘풍 아내가 제시한 사례와 반대되는 사례를 제시하여 자신의 주색잡기를 합리화하고 있다.

⑤ [A]와 [B]는 모두 영웅의 행적을 주장의 근거로 삼고 있다.
　[A]와 [B]는 모두 영웅의 행적을 근거로 삼고 있지 않다.

31 말하기 방식 이해　　　정답률 57% | 정답 ①

㉠ ~ ㉤을 이해한 내용으로 적절하지 <u>않은</u> 것은?

✔ ㉠ : 다른 사람의 잘못을 자신의 탓으로 여기고 있다.
　㉠에서 춘풍은 다른 사람의 잘못을 자신의 탓으로 여기고 있지 않다.

② ㉡ : 앞으로의 상황이 악화될 것을 염려하고 있다.
　㉡에서 춘풍 아내는 유산을 다 잃은 상황에서 앞으로 근심이 더욱 많아질 것을 우려하고 있다.

③ ㉢ : 상대방의 호의를 부담스럽게 생각하고 있다.
　㉢에서 대부인은 경제적으로 어려운 춘풍 아내가 차담상을 차려오는 것을 부담스럽게 여기고 있다.

④ ㉣ : 상대의 처지를 고려해 동행을 권유하고 있다.
　㉣에서 대부인은 춘풍 아내가 홀로 지낸다는 것을 알고 평양에 함께 따라가서 춘풍을 찾을 것을 권유하고 있다.

⑤ ㉤ : 신의를 바탕으로 요청을 흔쾌히 수락하고 있다.
　㉤에서 대부인은 춘풍 아내에 대한 믿음을 바탕으로 흔쾌히 요청을 수락하고 있다.

32 외적 준거에 따른 감상　　　정답률 77% | 정답 ⑤

〈보기〉를 바탕으로 윗글을 감상한 내용으로 적절하지 <u>않은</u> 것은? [3점]

〈보 기〉
　이 작품은 남편이 저지른 일을 아내가 수습하는 서사가 중심이 된다. 춘풍은 가장이지만 경제관념 없이 현실적 쾌락만을 추구하며 자신이 초래한 문제를 해결하려 하지 않는다. 반면, 춘풍 아내는 적극적으로 현실의 문제를 해결하려는 의지를 갖고 주도면밀하게 목적을 달성한다. 이러한 두 인물의 대비되는 특징으로 인해 무능한 가장의 모습과 주체적인 아내의 역할 및 능력이 부각된다.

① 춘풍이 가난을 불평하며 아내에게 집안일에 대한 모든 권리를 넘기는 것에서 무책임한 가장의 모습을 엿볼 수 있군.
　춘풍은 부모 유산을 다 탕진한 후 가난을 불평하기만 하고 아내에게 빌며 의지만 하는 무책임한 인물이다.

② 춘풍이 전곡을 남용하고 주색잡기에 빠져 있는 것에서 경제관념 없이 현실적 쾌락을 추구하는 모습을 엿볼 수 있군.
　춘풍이 부모의 유산이 다 없어질 때까지 전곡 남용을 일삼고 주색잡기에 빠진 것은 경제관념이 없고 현실적 쾌락만 추구하는 인물이라는 것을 보여준다.

③ 춘풍 아내가 사환에게 정보를 얻고 김 승지 댁 대부인에게 의도적으로 접근한 것에서 주도면밀한 모습을 엿볼 수 있군.
　춘풍 아내가 도승지에게 도움을 받기 위해 의도적으로 대부인에게 접근한 것에서 춘풍 아내의 주도면밀함을 엿볼 수 있다.

④ 춘풍 아내가 춘풍을 구하기 위해 비장의 지위를 획득하고 남장을 하는 것에서 적극적인 문제 해결 의지를 엿볼 수 있군.
　춘풍 아내는 춘풍이 저지른 문제를 해결하기 위해 대부인에게 신뢰를 쌓고 마침내 비장 지위를 획득하는 과정에서 적극적인 문제 해결 의지를 보여준다.

✔ 춘풍이 각서를 쓰고, 춘풍 아내가 차담상을 차리는 것에서 신분 상승을 통해 목적을 달성하려는 의도를 엿볼 수 있군.
　춘풍은 각서를 써서 아내에게, 춘풍 아내는 차담상을 차려 대부인에게 신뢰를 얻고자 했다. 그러나 춘풍이 각서를 쓴 행위는 신분 상승을 통해 목적을 달성하려 한 것으로 볼 수 없다.

33~38　인문

(가) 채인후, 「순자의 철학」

[해제] 기원전 3세기경 중국의 전국시대 말기는 국가의 혼란을 해결하기 위한 여러 사상이 융성한 시대였다. 이 시대에 활동했던 순자는 사회의 혼란과 무질서를 악이라고 규정하고 악은 인간의 성에서 비롯된 것으로 파악한다. 특히, 이익을 좋아하고 그것을 얻으려고 하는 인간의 성이 악을 초래한다고 보았다. 하지만 인간은 타고난 심으로 성을 통제한다. 이렇게 심의 작용을 통해 인간은 배우며 실천할 수 있는데, 이와 같은 인간의 의식적인 후천적 노력 또는 그것의 산물을 위라고 한다. 순자는 위를 통해 성을 변화시켜 사회적 혼란을 해소할 수 있다고 보았다. 위의 핵심인 예는 성인이 일찍이 사회의 혼란을 우려해 만든 일체의 사회적 규범을 의미한다. 예의 가장 중요한 기능은 신분적 차이를 구분해 정하는 것이다. 이때 군주는 예의 근본으로 백성의 직분을 정해 주고 그들을 예의 길로 인도해 안정된 사회를 이루는 역할을 한다.

[주제] 후천적 노력을 통해 인간의 악한 성정을 교화시킬 수 있다고 본 순자의 사상

문단 핵심 내용

1문단	사회적으로 혼란했던 시대적 배경
2문단	인간의 악한 성정을 전제하는 순자 사상
3문단	악한 성정을 통제할 수 있는 심의 작용
4문단	악한 성정을 변화시키는 예의 기능
5문단	백성을 예의 길로 인도하는 군주의 역할
6문단	순자 사상의 의의

(나) 김용환, 「리바이어던-국가라는 이름의 괴물」

해제 홉스는 사회적 혼란을 해결하고자 신이 아닌 인간에 대한 탐구를 시작한다. 홉스는 국가 성립 과정을 설명하기 위해, 국가가 성립하기 이전의 집단적 삶인 자연 상태를 가정한다. 자연 상태에서 인간은 자기 보존을 위해 자신의 이익만을 추구하며 끊임없이 싸운다. 또한 인간은 자연 상태에서 누구나 절대적인 자유를 행사할 수 있는 권리인 자연권을 지닌다. 이러한 자연 상태에서 인간이 느끼는 죽음에 대한 공포는 평화와 안전을 바라게 하는 감정을 유발하기도 한다. 이때 인간의 이성은 평화로운 상태로 나아가기 위한 최선의 법칙을 발견하는데 홉스는 이를 자연법이라 일컫는다. 또한 **인간의 이성은 자연 상태에서 벗어나기 위해 사회 계약의 필요성을 깨닫고 사회 계약을 맺게 된다.** 사회 계약은 자연 상태에서 가졌던 권리의 상당 부분을 포기하고 그것을 양도하는 두 단계로 이루어진다. 이러한 **계약의 과정을 거쳐 '리바이어던'이라 불리는 국가가 탄생**한다. 이때 국가의 통치자는 국가 권력의 실질적 행사 주체로서 국가에 대한 복종을 요구하는 대신에 개인을 위험으로부터 보호하는 책무를 갖는다. **통치자가 개인들로부터 위임 받은 권리를 정당하게 행사하여 개인들 간의 투쟁을 해소함으로써 비로소 평화로운 사회가 구현**된다.

주제 인간의 본성에 대한 통찰을 바탕으로 한 홉스의 사회계약론

문단 핵심 내용

1문단	사회적으로 혼란했던 시대적 배경
2문단	자기 보존을 추구하는 존재로 인간을 통찰한 홉스 사상
3문단	자연 상태를 벗어나기 위한 법칙으로서 사회 계약의 등장
4문단	사회 계약 과정의 두 가지 단계
5문단	국가의 탄생과 평화로운 사회를 구현하는 국가의 역할
6문단	홉스 사상의 의의

33 내용상 공통점 파악   정답률 72% | 정답 ②

(가)와 (나)의 공통점으로 가장 적절한 것은?

① 인간 중심적인 시각에서 벗어나 사회 현상을 분석하고 있다.
(가)와 (나) 모두 인간 중심적인 시각에서 사회 현상 문제를 바라보고 있으므로 인간 중심적인 시각에서 벗어나 사회 현상을 분석하고 있다는 내용은 적절하지 않다.

☑ **현실을 개선하려는 사상가의 견해와 그 의의를 제시하고 있다.**
(가)에는 전국시대 혼란을 해결하려 한 순자의 견해와 그 의의가 제시되어 있다. (나)에는 17세기 사회적 혼란을 해결하려 한 홉스의 견해와 그 의의가 제시되어 있다.

③ 종교적인 믿음을 바탕으로 성립된 권력의 개념을 밝히고 있다.
(나)의 1문단에서 왕권신수설의 개념을 밝히고 있다. 그러나 (가)에서는 종교적인 믿음을 바탕으로 성립된 권력의 개념을 밝히고 있지 않다.

④ 국가와 국가 간의 전쟁이 야기한 사상의 탄압 양상을 설명하고 있다.
(가)의 1문단에서 국가 간의 전쟁은 여러 사상들이 융성하게 되는 계기가 되었다고 밝히고 있다. 그리고 (나)에서도 내전을 겪으며 혼란스러운 17세기 상황은 드러나 있지만 그로 인한 사상의 탄압 양상을 밝히고 있지 않다.

⑤ 시대적 상황의 변화에 따라 달라진 지도자의 위상을 통시적으로 설명하고 있다.
(가)와 (나) 모두 시대의 변화에 따라 달라진 지도자의 위상을 통시적으로 설명하고 있지 않다.

34 핵심 개념의 비교   정답률 72% | 정답 ②

(가)의 군주와 (나)의 통치자에 대한 이해로 적절하지 않은 것은?

① 군주는 사회 구성원의 내면의 변화를 전제로 질서와 조화를 이룬 선한 사회를 만든다.
군주는 타고난 성을 변화시켜 질서와 조화를 이룬 선한 사회를 만든다. 타고난 성을 변화시킨다는 것은 인간 내면의 변화를 의미하므로, 군주가 사회 구성원의 내면의 변화를 전제로 질서와 조화를 이룬 선한 사회를 만든다는 진술은 적절하다.

☑ **통치자는 신으로부터 부여받은 권리를 정당하게 행사함으로써 평화로운 사회를 만든다.**
통치자는 계약을 맺은 개인으로부터 부여받은 권리를 정당하게 행사함으로써 평화로운 사회를 만든다.

③ 군주는 백성을 사회적 위치에 맞게 행동하도록 인도하고, 통치자는 개인들의 상호 적대적인 행위의 중지를 요구한다.
군주는 예를 통해 주어 백성들이 사회적 위치에 맞는 행동을 하게끔 인도한다. 그리고 통치자는 개인들로부터 부여받은 공동의 힘을 행사하여 개인들의 상호 적대적인 행위의 중지를 요구한다.

④ 군주는 예를 바탕으로 한 교화를 통해, 통치자는 강력한 공적 권력을 바탕으로 한 처벌을 통해 사회의 질서를 도모한다.
군주는 성의 교화를 통해 사회의 질서를 도모하는데 성의 교화는 예를 바탕으로 이루어진다. 그리고 통치자는 공동의 힘이라는 강력한 공적 권력을 바탕으로 처벌을 통해 사회의 질서를 도모한다.

⑤ 군주와 통치자는 모두 나라를 다스리는 지도자로서 사회적 역할을 이행해야 할 책무를 갖는다.
군주와 통치자는 모두 현실 정치에서 나라를 다스리는 지도자이다.

---

35 내용 추론   정답률 50% | 정답 ⑤

㉠에 대한 설명으로 가장 적절한 것은?

① 개인의 욕망보다 사회의 요구를 강조하여 심의 부작용을 막기 위한 것이다.
신분적 차이를 구분해 직분을 정하는 예의 기능은 심의 부작용을 방지하는 것과 관련이 없다.

② 인간의 성과 심의 차이를 구분하여 새로운 도덕적 기준을 세우기 위한 것이다.
성과 심의 차이를 구분하는 것은 신분적 차이를 구분하여 직분을 정하는 예의 기능이 아니다.

③ 사회 구성원이 심을 체득하게 하여 혼란한 사회적 상황을 해결하기 위한 것이다.
심은 인간의 타고난 인지 능력으로, 신분적 차이를 구분해 직분을 정하는 예의 기능은 사회 구성원이 심을 체득하게 하는 것과 관련이 없다.

④ 개인의 도덕 규범과 나라의 통치 규범을 구분하여 사회 문제의 원인을 찾기 위한 것이다.
예는 개인의 도덕 규범이면서 나라의 통치 규범이다. 그러므로 개인의 도덕 규범과 나라의 통치 규범을 구분하는 것은 신분적 차이를 구분해 직분을 정하는 예의 기능과 관련이 없다.

☑ **한정적인 사회적 자원과 재화를 적절하게 분배하여 사회의 안정성을 추구하기 위한 것이다.**
예는 신분적 차이를 구분해 직분을 정하는 기능을 한다. 이는 인간의 욕망에 대한 적절한 기준과 한계를 정하는 것을 의미한다. 이렇게 함으로써 한정된 사회적 자원과 재화는 직분에 따라 적절하게 분배되고, 이를 통해 다툼과 쟁탈이 없는 안정된 사회가 세워질 수 있다.

★★ 문제 해결 꿀~팁 ★★

▶ 많이 틀린 이유는?
이 문제는 선지에서 적절하지 않은 부분을 판단하는 단계가 중요하다. 지문의 내용을 정확하게 이해하지 못했기에 오답률이 높았던 것으로 보인다.

▶ 문제 해결 방법은?
이 문제를 해결하기 위해서는 (가)에 제시된 개념을 정확하게 이해하는 것이 중요하다. (가)에서 '심'은 인간이 다워질 수 있도록 하는 타고난 인지 능력이다. 순자는 '심'의 작용을 바탕으로 '위'를 축적하여 '예'를 실천하고, 이로써 성을 교화할 수 있다고 보았다. 오답률이 높았을 것으로 보이는 ③의 경우, '심'은 타고나는 것이며 '혼란한 사회적 상황'을 해결하기 위한 핵심 또한 아니다. ㉠ 뒤의 문장을 참고하면 '다툼과 쟁탈이 없는 안정된 사회'를 만드는 것이 순자 사상의 도달점이므로 '한정적인 사회적 자원과 재화를 적절하게 분배'해야 한다는 ⑤의 내용이 적절함을 판단할 수 있다.

36 핵심 개념의 이해   정답률 67% | 정답 ③

㉡을 이해한 내용으로 적절하지 않은 것은?

① 만인에 대한 만인의 투쟁 상황에서 벗어나기 위해 맺은 것이다.
사회 계약은 만인에 대한 만인의 투쟁과도 같은 자연 상태에서 벗어나기 위해 맺는다.

② 자유를 향유할 수 있는 권리의 포기는 자발적인 동의하에 이루어진다.
사회 계약은 개인이 자기 보존을 위해 자발적으로 동의하여 이루어진다.

☑ **개인은 첫 번째 단계의 계약을 맺음으로써 공동의 힘을 제재할 수 있다.**
첫 번째 단계의 사회 계약에서 개인은 상호 적대적인 행위를 중지하고자 자연권의 대부분을 포기한다. 공동의 힘은 두 번째 단계의 사회 계약에서 성립한다.

④ 첫 번째 단계의 계약은 두 번째 단계의 계약과 달리 위반할 경우 제재 수단이 없다.
첫 번째 단계의 계약은 누군가가 이를 위반할 경우 그것을 제재할 수단이 없다는 한계가 있다.

⑤ 두 번째 단계의 계약은 첫 번째 단계의 계약과 달리 개인의 권리 양도가 이루어진다.
첫 번째 단계의 계약에서 개인은 자연권의 대부분을 포기하고, 두 번째 단계에서 그것을 공동의 힘을 지닌 통치자에게 양도한다.

37 사례 적용 및 이해   정답률 69% | 정답 ⑤

(가)의 '순자'와 (나)의 '홉스'의 입장에서 〈보기〉의 상황을 이해한 내용으로 적절하지 않은 것은? [3점]

〈 보 기 〉

생물학자인 개릿 하딘은 공유지에서의 자유가 초래하는 혼란한 상황을 '공유지의 비극'이라 일컬었다. 그는 한 목초지에서 벌어지는 상황을 예로 들어 이를 설명하였다.

모두가 사용할 수 있는 목초지가 있다. 한 목동은 자신의 이익을 극대화하는 방법으로 가능한 한 많은 소 떼들을 목초지에 풀어 놓는다. 다른 목동들도 같은 방법을 취하게 되고 결국 목초지는 황폐화된다.

① 순자는 목동들이 '위'를 행하였다면 목초지의 황폐화를 막을 수 있었을 것이라고 생각하겠군.
목동들이 위를 행한다는 것은 이익을 좇는 목동들이 심을 통해 이러한 행동을 통제하는 노력을 행한다는 것을 의미한다. 그러므로 순자는 목동들이 위를 행하였다면 목초지의 황폐화를 막을 수 있었을 것이라고 생각할 수 있다.

② 홉스는 목동들이 처한 상황을 자기 보존을 추구하는 욕망이 발현된 '자연 상태'라고 생각하겠군.
홉스의 견해에 따르면, 목초지의 혼란은 자기 보존을 위해 자신의 이익만을 추구하는 욕망 때문에 생겨난 것이다. 그러므로 홉스는 목초지의 혼란을 자연 상태라고 생각할 수 있다.

③ 순자는 완전한 인격체가 만든 규범이, 홉스는 강력한 국가의 개입이 필요한 상황이라고 생각하겠군.
목초지에서 벌어진 비극적인 상황은 목동들이 자신들의 이익만을 추구하면서 생겨났다. 그러므로 순자는 완전한 인격체가 만든 규범인 예를 통해 혼란한 상황이 해소된다고 생각할 수 있고, 홉스는 강력한 국가의 개입으로 혼란한 상황이 해소된다고 생각할 수 있다.

④ 순자는 '성'을 그대로 좇는 모습으로, 홉스는 '자연권'을 행사하는 모습으로 목동들의 이기적 행동을 이해하겠군.
순자의 입장에서 볼 때, 목동들의 이기적인 행동은 이익을 좋아하고 그것을 얻으려고 하는 인간의 성을

그대로 좇는 모습으로 이해될 수 있다. 또한 홉스의 입장에서 볼 때, 목동들의 이기적인 행동은 자연 상태에서 인간이 이익을 추구하기 위해 절대적인 자유인 자연권을 행사하는 모습으로 이해될 수 있다.

✔ **순자와 홉스는 모두 목동들이 공포를 느끼게 되면 문제 상황에 대한 합리적 판단 능력을 갖게 될 것이라고 생각하겠군.**
문제 상황에 대한 합리적인 판단 능력은 순자의 경우 심에 해당하고, 홉스의 경우 이성에 해당한다. 그런데 순자의 심은 타고난 인지 능력이므로 공포를 느껴 갖게 되는 것으로 볼 수 없다.

38 단어의 사전적 의미   정답률 87% | 정답 ③

ⓐ~ⓔ의 사전적 의미로 적절하지 않은 것은?

① ⓐ : 일이나 사건 따위를 해결할 수 있는 방법이나 실마리를 더듬어 찾음.
'모색'의 사전적 의미는 '일이나 사건 따위를 해결할 수 있는 방법이나 실마리를 더듬어 찾음.'이다.

② ⓑ : 지식, 경험, 자금 따위를 모아서 쌓음.
'축적'의 사전적 의미는 '지식, 경험, 지금 따위를 모아서 쌓음.'이다.

✔ ⓒ : 자기의 주장을 굽혀 남의 의견을 좇음.
'신뢰'의 사전적 의미는 '굳게 믿고 의지함.'이다. '자기의 주장을 굽혀 남의 의견을 좇음.'은 '양보'의 사전적 의미이다.

④ ⓓ : 사람, 사물, 사건 등의 대상에 이름을 지어 붙임.
'명명'의 사전적 의미는 '사람, 사물, 사건 등의 대상에 이름을 지어 붙임.'이다.

⑤ ⓔ : 어떤 내용이 구체적인 사실로 나타나게 함.
'구현'의 사전적 의미는 '어떤 내용이 구체적인 사실로 나타나게 함.'이다.

39~43 기술

서정욱, 「나이테의 고고학」

해제 이 글은 나이테를 활용해 목제 유물의 제작 연도를 규명하는 방법을 설명하는 글이다. 나무는 매해 하나의 나이테를 만들고 나이테는 심재와 변재로 구성된다. 따라서 나무의 나이는 심재와 변재의 나이테 수를 합한 것이 된다. 나이테의 너비의 변화는 환경 요소에 의해 영향을 받는데, 이러한 나이테 너비의 변화 패턴을 활용해 목제 유물에 사용된 나무의 벌채 연도나 환경 조건을 추정하는 연륜 연대 측정이 가능하다. 먼저, 살아 있는 나무의 연륜 연대기를 작성하고 오래되지 않은 과거에 제작된 목제 유물의 연륜 연대기와 패턴이 겹치는 부분을 활용해 이 둘의 연대기를 작성한다. 계속해서 보다 과거의 목제 유물의 연륜 연대기를 반복적으로 활용하여 수백 수천 년에 달하는 나무의 연륜 연대기인 표준 연대기를 작성한다. 최종적으로 연륜 연대 측정은 이 표준 연대기의 패턴과 목제 유물의 나이테로 작성한 유물 연대기의 패턴을 비교함으로써 가능해진다.

주제 나이테를 활용한 목제 유물의 제작 연도 규명 방법

문단 핵심 내용

1문단	나이테의 활용법
2문단	나이테의 구성 명칭
3문단	나이테의 너비 변화에 영향을 주는 제한 요소의 법칙
4문단	나무가 안전하게 생장하기 위한 전략으로써 제한 요소의 법칙
5문단	연륜 연대기를 활용하는 연륜 연대 측정
6문단	연륜 연대기 작성법과 표준 연대기
7문단	연륜 연대 측정 방법 1
8문단	연륜 연대 측정 방법 2
9문단	연륜 연대 측정 방법 3

39 글의 전개 방식   정답률 60% | 정답 ④

윗글에서 사용된 전개 방식으로 적절하지 않은 것은?

① 자문자답의 방식으로 화제를 제시하고 있다.
1문단에 의하면 자문자답의 방식을 사용하고 있으므로 적절하다.

② 대상의 특성을 관련 개념을 통해 설명하고 있다.
3문단에 의하면 나이테의 특성을 제한 요소의 법칙과 관련하여 설명하고 있으므로 적절하다.

③ 일정한 기준에 따라 대상을 나누어 설명하고 있다.
2문단에 의하면 나무의 나이테를 위치에 따라 심재와 변재로 구분하고 있으므로 적절하다.

✔ 어려운 개념을 친숙한 대상에 빗대어 설명하고 있다.
어려운 개념을 친숙한 대상에 빗대어 설명하고 있는 부분은 찾아볼 수 없다.

⑤ 반대 상황을 가정하여 현상에 대한 이해를 돕고 있다.
3문단에 의하면 여러 환경 요소 중에서 가장 부족한 요소가 나이테의 너비 변화에 가장 큰 영향을 주게 되는 것을 제한 요소의 법칙이라 한다. 이 법칙에 대한 이해를 돕기 위해 4문단에서 나무의 생장이 가장 풍족한 요소를 기준으로 이루어졌을 때의 상황을 가정하여 제한 요소의 법칙의 필연성을 설명하고 있으므로 적절하다.

★★★ 등급을 가르는 문제!
40 내용 이해   정답률 50% | 정답 ⑤

윗글에서 알 수 있는 내용으로 가장 적절한 것은?

① 심재는 생장이 거의 멈춘 나이테로 수피에 인접하여 있다.
2문단에 의하면 나무의 껍질인 수피에 근접한 것은 심재가 아니라 변재이므로 적절하지 않다.

② 변재는 생장 세포에 있는 진액으로 인해 밝은 색상을 띤다.
2문단에 의하면 진액이 존재하는 곳은 심재이고 변재가 밝은 색상을 띠는 이유는 생장 세포가 활성화되어 있기 때문이므로 적절하지 않다.

---

③ 나무의 수령은 변재 나이테의 개수로 파악할 수 있다.
1문단에 의하면 나무의 수령은 변재의 수와 심재의 수를 합친 것이므로 적절하지 않다.

④ 나이테의 너비는 가장 풍족한 환경 요소로 결정된다.
3문단에 따르면 나이테의 너비는 제한 요소의 법칙에 따라 가장 부족한 환경 요소에 의해 결정되므로 적절하지 않다.

✔ **심재 나이테만 남아 있다면 연륜 연대 측정은 불가하다.**
목제 유물에 사용된 나무의 심재만 남아 있고 변재가 없는 경우에는 연륜 연대 측정이 불가능하다. 왜냐하면 연륜 연대 측정 과정에서 목제 유물에 사용된 나무에 남아 있는 변재 나이테 수와 수령별 평균 변재 나이테 수를 비교해야 하는데 이때 심재 나이테만 남아 있다면 비교가 불가능하기 때문이다.

★★ **문제 해결 꿀~팁** ★★

▶ 많이 틀린 이유는?
이 문제는 지문에 근거하여 선지에서 적절하지 않은 부분을 골라내는 단계가 중요하다. 선지에 제시된 문장을 지문에 주어진 정보로 변환하지 못했기에 오답률이 높았던 것으로 보인다.
▶ 문제 해결 방법은?
이 문제를 해결하기 위해서는 선지의 문장을 지문의 정보로 변환하는 작업이 이루어져야 한다. ⑤에서 '심재 나이테만 남아 있다면'이라는 조건은 지문에서 '변재가 없는 경우에는'이라는 정보로 바꾸어 찾아야 한다. 한편 ①의 경우, '수피에 인접하여 있다'는 조건은 '심재의 끝부터 껍질인 수피 전까지의 바깥 부분'을 일컫는 '변재'라는 정보로 변환하여 이해해야 한다.

41 내용 이해   정답률 72% | 정답 ③

㉠에 대한 설명으로 적절하지 않은 것은?

① 동일한 수종이라도 환경이 다르면 패턴이 달라진다.
4문단에 의하면 동일한 수종이라도 나무의 생장 환경이 다르면 나이테의 너비 변화 패턴이 달라지게 되므로 적절하다.

② 패턴 비교를 반복하면 장기간의 연대기 작성이 가능하다.
6문단에 의하면 패턴 비교를 반복하게 되면 장기간의 연대기 작성이 가능하므로 적절하다.

✔ **나이테의 너비가 일정하면 패턴 분석의 대상이 될 수 없다.**
연륜 연대기는 나이테 너비의 변화 패턴을 그래프로 나타낸 것인데 나이테의 너비가 일정한 것도 역시 변화 패턴이므로 분석의 대상이 될 수 있다.

④ 제한 요소의 법칙에 따라 나무가 생장한 결과를 보여 준다.
나무는 제한 요소의 법칙에 따라 생장하고, 나이테는 그 결과를 보여준다. 이 나이테를 활용하여 연륜 연대기를 작성하므로 적절하다.

⑤ 현재 국내에는 3종의 나무에 대한 표준 연대기가 존재한다.
6문단에 의하면 우리나라는 소나무, 참나무, 느티나무의 표준 연대기를 보유하고 있으므로 적절하다.

★★★ 등급을 가르는 문제!
42 기술 적용   정답률 38% | 정답 ③

[A]를 바탕으로 〈보기〉의 '연륜 연대 측정 자료'를 이해한 내용으로 적절하지 않은 것은? [3점]

─〈보 기〉─

[소나무 서랍장에 대한 연륜 연대 측정]

Ⅰ. 측정 참고 자료
○ 두 곳의 서랍에서 같은 나무의 나이테를 채취하였고, 이중 서랍2에서는 좁은 나이테 모양으로 보아 바깥쪽 나이테가 거의 수피에 근접한 것을 확인하였음.
○ 서랍1, 2 연대기의 패턴을 비교하여 유물 연대기를 작성한 후 표준 연대기와 비교하여 절대 연도를 부여함.

Ⅱ. 유의성 및 수령별 평균 변재 나이테 수 자료

표준 연대기	t값	G값	평균 변재 나이테 수	
			수령 100년	수령 150년
a산 소나무	3.7	69%	60개	77개
b산 소나무	3.2	60%	58개	65개

Ⅲ. 소나무 서랍장 유물 연대기 및 절대 연도 부여 자료

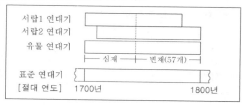

① t값과 G값을 고려할 때 표준 연대기는 a산 소나무의 연대기가 사용되었을 것이다.
t값은 3.5 이상, G값은 65% 이상의 값을 가질 때 통계적으로 유의성을 지닌다. a산 소나무는 t값은 3.7, G값은 69%이므로 연륜 연대기 측정에 사용할 수 있다.

② 유물 연대기와 표준 연대기의 패턴이 중첩되는 기간은 1700년부터 1800년까지일 것이다.
서랍1과 서랍2의 나이테 패턴의 중첩을 통해 서랍장의 유물 연대기를 작성할 수 있다. 이를 표준 연대기와 비교하면 패턴이 중첩되는 기간은 1700년 ~ 1800년으로 확인된다.

✔ **마지막 나이테의 절대 연도를 고려할 때 서랍장에 사용된 나무의 벌채 연도는 1802년일 것이다.**
자료 Ⅰ에서 서랍1과 서랍2는 같은 나무로 만들었으므로 이 둘의 연대기를 연결하여 자료 Ⅲ에서 제시된 서랍장의 유물 연대기를 작성할 수 있다. 다음으로 이 유물 연대기와 비교할 표준 연대기를 정해야 하는데, 자료 Ⅱ에서 t값과 G값을 근거로 a산 소나무와 b산 소나무 중 a산 소나무의 정보를 활용해야 함을 알

수 있다. a산 소나무의 표준 연대기와 서랍장의 유물 연대기의 패턴을 비교하면 서랍장에 사용된 나무의 절대 연도가 1700년부터 1800년까지에 해당함을 알 수 있다. 그런데 서랍장의 변재 나이테의 일부가 잘려 나갔기 때문에 벌채 연도를 확정하기 위해서는 서랍장에 사용된 나무와 비슷한 수령의 나무가 갖는 평균 변재 나이테 수인 60개에서 유물에 남아 있는 변재 나이테 수인 57개를 뺀 연도 수인 3년을, 유물에 사용된 나무가 지닌 마지막 나이테의 절대 연도인 1800년에 더해야 한다. 이 과정을 통해 서랍장에 사용된 나무의 벌채 연도는 1800년에 3년을 더한 1803년임을 알 수 있다.

④ **비슷한 수령의 소나무가 갖는 평균 변재 나이테 수를 참고하면 가공할 때 잘려 나간 변재 나이테 수는 3개일 것이다.**
자료 Ⅱ의 100년 된 a산 소나무 변재 나이테 수가 60개이므로 자료 Ⅲ의 서랍장 연대기에서 확인되는 변재 나이테 수와 비교하여 서랍장에 사용된 나무의 변재 나이테 중 3개가 가공할 때 잘려 나간 것을 알 수 있다.

⑤ **벌채한 나무의 건조 기간을 고려하면 서랍장의 제작 연도는 1804년에서 1805년 사이일 것이다.**
서랍장의 제작 연도를 추정하기 위해서는 벌채 연도인 1803년에 건조 기간 1~2년을 더해야 한다.

★★ 문제 해결 꿀~팁 ★★

▶ **많이 틀린 이유는?**
이 문제는 적용 문제로, 주어진 〈보기〉 속의 정보에 부담을 느끼는 학생들이 많아 오답률이 높았던 것으로 보인다.

▶ **문제 해결 방법은?**
이 문제를 해결하기 위해서는 주어진 〈보기〉 속의 정보를 잘 이해해야 한다. 적용 문제에서 〈보기〉는 얼핏 복잡해 보이지만 지문 속의 정보를 다시 정리하는 기능을 해주기도 한다. 이때 선지와 〈보기〉를 비교하며 문제 해결에 필요한 정보를 여과해야 한다. ③의 경우 먼저 서랍장에 사용된 나무에서 변재 나이테가 온전한지, 혹은 일부가 잘려 나갔는지를 먼저 판단해야 한다. 〈보기〉의 Ⅱ에서 수령 100년의 a산 소나무의 평균 변재 나이테 수는 60개인데, 〈보기〉의 Ⅲ에서 변재 나이테 수는 57개이므로 잘려 나간 나이테 수가 3개임을 알 수 있다. 서랍장에 사용된 나무의 변재 나이테 일부가 잘려 나갔기 때문에 벌채 연도를 구하기 위해서는 마지막 나이테의 절대 연도인 1800에 잘려 나간 변재 나이테 수인 3을 더해야 한다. 이처럼 적용 문제는 선지를 바탕으로 〈보기〉에서 필요한 정보가 무엇인지를 파악하고 지문에 근거하여 문제를 해결해야 한다.

---

43 단어의 문맥적 의미
정답률 70% | 정답 ③

ⓐ~ⓔ를 바꿔 쓴 것으로 적절하지 않은 것은?

① ⓐ : **밝히는**
'규명하다'는 '어떤 사실을 자세히 따져서 바로 밝히다.'라는 의미를 지닌 단어이므로 '규명하는'은 '밝히는'으로 바꾸어 쓸 수 있다.

② ⓑ : **말라 죽을**
'고사하다'는 '나무나 풀 따위가 말라 죽다.'라는 의미를 지닌 단어이므로 '고사할'은 '말라 죽을'로 바꾸어 쓸 수 있다.

✔ ⓒ : **헤아리면**
'측정하다'는 '일정한 양을 기준으로 하여 같은 종류의 다른 양의 크기를 재다.'라는 의미를 지닌 단어이다. 따라서 '측정하면'을 '수량을 세면'이라는 의미를 지닌 '헤아리면'으로 바꾸는 것은 적절하지 않다.

④ ⓓ : **가지고**
'보유하다'는 '가지고 있거나 간직하고 있다.'라는 의미를 지닌 단어이므로 '보유하고'는 '가지고'로 바꾸어 쓸 수 있다.

⑤ ⓔ : **여겨진다**
'간주되다'는 '상태, 모양, 성질 따위가 그와 같다고 여겨지다.'라는 의미를 지닌 단어이므로 '간주된다'는 '여겨진다'로 바꾸어 쓸 수 있다.

44~45 희곡

이미경, 「그게 아닌데」

감상 이 작품은 **현대 사회의 소통의 문제**를 다루고 있다.
사람들 사이에서 의미의 왜곡과 단절이 일어나 진정한 소통이 이루어지지 않고 있는데, 이런 상황에 처한 인물은 계속해서 진정한 소통을 시도하지만 일방적 소통을 강요당하며 한계를 느낀다. 소통에 실패한 주인공이 마침내 코끼리가 되는 과정을 통해 **진정한 소통의 어려움을 부각하고, 소통이란 무엇인가에 대한 질문을 던지고 있다.**

주제 현대 사회의 소통 단절 문제

---

44 내용 이해
정답률 67% | 정답 ⑤

윗글을 이해한 내용으로 적절하지 않은 것은?

① **조련사는 코끼리들이 동물원에서 탈출하려는 모습을 보고도 방관했다고 말했다.**
조련사는 코끼리들이 동물원에서 탈출하려 할 때, 눈치를 챘으나 일부러 못 본 척했다고 말했다.

② **형사는 조련사에게 배후 세력의 지시를 받았다는 것을 인정하라고 다그쳤다.**
형사는 조련사에게 배후 세력의 지시로 1년 전부터 코끼리 조련에 투입된 것을 인정하라고 다그쳤다.

③ **어머니는 조련사가 한 행동의 원인을 조련사의 심리나 성품에서 찾았다.**
어머니는 조련사의 행동의 원인을 그의 착하고 순진한 성품에서 찾았다.

④ **의사는 조련사의 말과 행동을 병과 연관 지어 해석했다.**
의사는 조련사의 말과 행동이 병으로 인한 것이라고 해석했다.

✔ **형사, 의사, 어머니는 서로 의견을 교환하며 조련사를 설득할 방법을 모색했다.**
코끼리 탈출 사건에 대해 진술하는 조련사에게 형사, 의사, 어머니 각자 자신이 하고 싶은 말을 할 뿐, 그들끼리 서로 의견을 교환하는 내용은 나오지 않는다.

---

45 외적 준거에 따른 감상
정답률 67% | 정답 ③

〈보기〉를 바탕으로 윗글을 감상한 내용으로 적절하지 않은 것은? [3점]

─〈보 기〉─
이 작품은 사람들 사이의 소통 단절의 문제를 조련사가 코끼리로 변해 가는 과정을 통해 상징적으로 나타낸다. 조련사는 상대가 자신만의 논리를 일방적으로 강요하는 것에 답답함과 무력감을 느낀다. 결국 조련사는 자기 생각을 버리고 타인의 의지에 맞추어 순응하는 수동적인 처지가 된다. 조련사가 코끼리가 되는 결말은 그가 회복 불가능한 단절 상황에 놓이게 되었음을 의미한다.

① **조련사가 어머니의 손길을 피하고, 의사와 형사의 말을 외면하는 것에서 소통이 단절된 상황을 엿볼 수 있군.**
조련사가 어머니의 손길을 피하고 의사, 형사의 말에 외면하는 모습을 통해 소통이 단절된 상황을 엿볼 수 있다.

② **조련사가 꽤 지쳐 있는 상태에서 자신이 했다는 말을 반복하는 것에서 소통이 어려운 상황에 대한 자포자기의 심정을 엿볼 수 있군.**
조련사가 꽤 지쳐 있는 상태로 똑같은 말을 반복하는 것은 소통이 어려운 상황에서 자기 생각을 버리고 자포자기하는 것으로 볼 수 있다.

✔ **조련사가 코끼리로 조금씩 변하면서 형사, 의사의 말에 미소를 짓는 것에서 소통이 단절된 상황에서 벗어났음을 엿볼 수 있군.**
조련사가 코끼리로 변해 가는 모습은 조련사와 다른 사람들 간의 소통 단절이 심화되어 가고 있는 것을 의미한다. 이 과정에서 형사, 의사의 말에 미소를 짓는 조련사의 모습은 소통이 단절된 상황에서 벗어난 것이라 보기 어렵다.

④ **조련사가 코끼리의 형상을 갖춘 뒤 형사, 의사, 어머니가 결의에 찬 박수를 치는 것에서 자신들의 의지가 관철된 만족감을 엿볼 수 있군.**
조련사가 코끼리가 되는 것은 소통의 어려움으로 인해 타인의 의지에 맞추어 순응하는 것을 의미하므로, 조련사가 코끼리 형상을 갖춘 뒤 형사, 의사, 어머니가 박수를 치는 것은 자신들의 의지가 관철되어 만족감을 드러내는 것으로 볼 수 있다.

⑤ **조련사가 코끼리가 되어 형사, 의사, 어머니 사이를 돌며 쇼를 하는 것에서 동물원의 코끼리와 다를 바 없는 수동적인 처지로 전락했음을 엿볼 수 있군.**
조련사가 코끼리가 되는 것은 타인의 의지에 맞추어 순응하는 수동적인 처지가 되는 것을 의미하므로, 조련사가 코끼리가 되어 형사, 의사, 어머니 사이를 돌며 쇼를 하는 것은 동물원의 코끼리와 다를 바 없는 수동적인 처지로 전락하는 것으로 볼 수 있다.

• 정답 •

01 ② 02 ② 03 ① 04 ⑤ 05 ③　06 ③ 07 ⑤ 08 ③ 09 ★ 10 ①　11 ⑤ 12 ④ 13 ① 14 ⑤ 15 ③
16 ② 17 ④ 18 ③ 19 ⑤ 20 ①　21 ① 22 ② 23 ④ 24 ④ 25 ④　26 ① 27 ④ 28 ② 29 ⑤ 30 ④
31 ⑤ 32 ② 33 ② 34 ① 35 ②　36 ⑤ 37 ⑤ 38 ① 39 ② 40 ③　41 ★ 42 ③ 43 ④ 44 ④ 45 ⑤

★ 표기된 문항은 [등급을 가르는 문제]에 해당하는 문항입니다.

[01~10] 화법과 작문

01 말하기 전략의 이해   정답률 92% | 정답 ②

위 발표에 대한 설명으로 적절하지 않은 것은?

① 발표 소재를 선정한 계기를 언급하며 발표를 시작하고 있다.
1문단에서 발표자는 '병풍폰' 개발 기사를 보고 호기심이 생겨 병풍을 발표 소재로 선택했다는 계기를 언급하면서 발표를 시작하고 있으므로 적절하다.

☑ **다른 대상과 대비하여 발표 소재의 장점을 강조하고 있다.**
2문단에서 발표 소재인 병풍의 장점으로 공간을 효율적으로 사용할 수 있음을 소개하고 있지만, 병풍의 장점을 강조하기 위해 다른 대상과 대비하지는 않고 있다.

③ 구체적인 예를 들어 발표 내용에 대한 이해를 돕고 있다.
발표자는 3문단에서 상징적 의미를 지닌 그림의 예, 4문단에서 문자도 병풍의 소재와 관련된 효자 설화의 예를 제시하고 있다. 이러한 구체적인 사례 제시는 청중들에게 발표 내용에 대한 이해를 도울 수 있으므로 적절하다.

④ 질문을 던지는 방식을 활용하여 청중과 상호작용하고 있다.
1문단의 '여러분, 병풍이 무엇인지 알고 계신가요? (청중의 반응을 살피며)'와 4문단의 '여러분, 이 병풍에는 어떤 특징이 있을까요? (청중의 대답을 듣고)'를 통해, 발표자는 발표자는 청중과 상호 작용하고 있음을 알 수 있다.

⑤ 발표 소재에 대한 관심을 당부하며 발표를 마무리하고 있다.
5문단의 '앞으로 여러분께서도 어디선가 병풍을 접했을 때 관심 있게 살펴봐 주시기 바랍니다.'를 통해, 발표자는 발표 소재에 대한 관심을 당부하며 발표를 마무리하고 있음을 알 수 있다.

02 자료 활용 방안 파악   정답률 89% | 정답 ②

다음은 발표자가 제시한 자료이다. 발표자의 자료 활용에 대한 이해로 적절하지 않은 것은?

[자료 1]　　　[자료 2]　　　[자료 3]

① ㉠에서 [자료 1]을 활용하여, 펼치고 접을 수 있어 공간 활용의 효율성을 높이는 병풍의 구조적 특징을 설명하였다.
2문단에서 ㉠을 제시하면서 공간 활용의 효율성을 높이는 병풍의 장점을 설명하고 있다. 따라서 ㉠에서 [자료 1]을 활용하여 펼치고 접을 수 있는 병풍의 구조적 특징을 설명하였다는 자료 활용 이해는 적절하다.

☑ **㉠에서 [자료 1]을 활용하여, 실내외 공간에 따라 그림이나 글자를 선택할 수 있는 병풍의 다양성을 설명하였다.**
2문단의 내용을 볼 때, [자료 1]은 펼치고 접을 수 있는 병풍의 구조적 특징을 보여 주는 자료라 할 수 있다. 따라서 ㉠에서 [자료 1]을 활용하여 실내외 공간에 따라 그림이나 글자를 선택할 수 있는 병풍의 다양성을 설명하였다는 자료 활용 이해는 적절하지 않다.

③ ㉡에서 [자료 2]를 활용하여, 기원하는 바를 그림에 담아 표현하는 병풍의 상징성을 설명하였다.
3문단에서 ㉡을 제시하면서 신랑 신부의 행복과 부귀영화를 기원하는 상징적 의미를 담았다고 설명하고 있다. 따라서 ㉡에서 [자료 2]를 활용하여 기원하는 바를 그림에 담아 표현하는 병풍의 상징성을 설명하였다는 자료 활용 이해는 적절하다.

④ ㉡에서 [자료 2]를 활용하여, 공간을 꾸며 상황에 맞는 분위기를 조성하는 병풍의 장식적 특징을 설명하였다.
3문단에서 병풍이 공간을 꾸며 상황에 맞는 분위기를 조성하는 장식적 특징도 있다고 설명한 뒤, ㉡을 제시하면서 결혼식의 경사스러운 분위기를 조성하는 데 사용하였다고 설명하고 있다. 따라서 ㉡에서 [자료 2]를 활용하여 공간을 꾸며 상황에 맞는 분위기를 조성하는 병풍의 장식적 특징을 설명하였다는 자료 활용 이해는 적절하다.

⑤ ㉢에서 [자료 3]을 활용하여, 글자와 그림을 통해 유교적 덕목을 되새길 수 있는 병풍의 용도를 설명하였다.
4문단에서 ㉢을 제시하면서 문자도 병풍이 유교의 주요 덕목을 나타내는 글자를 그린 병풍이라 설명하고 있다. 따라서 ㉢에서 [자료 3]을 활용하여 글자와 그림을 통해 유교적 덕목을 되새기는 병풍의 용도를 설명하였다는 자료 활용 이해는 적절하다.

03 청자의 반응 이해   정답률 94% | 정답 ①

다음은 발표를 듣고 학생이 보인 반응이다. 이를 이해한 내용으로 가장 적절한 것은?

얼마 전 카페에서 전체를 접고 펼 수 있는 구조로 된 창문을 보았어. 날씨가 나쁠 때는 펼쳐서 외부와 차단하고, 날씨가 좋을 때는 접어서 공간을 확장하여 사용하고 있었어. 발표 내용을 듣고 그 창문이 공간을 분리하고 확장하는 병풍의 구조적 특징과 유사하다고 생각하게 되었어. 박물관에서나 볼 수 있는 옛날 물건이라고만 생각했던 병풍이 가지는 현대적 가치를 생각해 보는 기회가 되었어.

☑ **자신의 경험과 관련지어 발표 소재에 대해 새롭게 인식하고 있다.**
'얼마 전 카페에서 전체를 접고 펼 수 있는 구조로 된 창문을 보았어.', '발표 내용을 듣고 그 창문이 공간을 분리하고 확장하는 병풍의 구조적 특징과 유사하다고 생각하게 되었어.'를 통해, 자신의 경험과 관련지어 발표 소재인 병풍을 떠올렸음을 알 수 있다. 그리고 '병풍이 가지는 현대적 가치를 생각해 보는 기회가 되었어.'를 통해, 병풍의 현대적 가치를 새롭게 인식하고 있음을 알 수 있다. 따라서 학생은 자신의 경험과 관련지어 병풍에 대해 새롭게 인식하고 있음을 알 수 있다.

② 발표 내용이 발표 주제에 부합하는지 객관적으로 분석하고 있다.
학생의 반응에서 발표 내용이 발표 주제에 부합하는지 객관적으로 분석하지는 않고 있다.

③ 발표를 듣기 전에 지녔던 의문을 발표 내용을 통해 해소하고 있다.
학생의 반응에서 발표를 듣기 전 지녔던 의문을 해소하는 내용은 드러나지 않고 있다.

④ 발표 내용 중 사실과 의견을 구분하여 선별적으로 수용하고 있다.
학생의 반응에서 발표 내용 중 사실과 의견을 구분하지는 않고 있다.

⑤ 배경지식을 활용하여 발표자의 견해를 비판적으로 평가하고 있다.
학생의 반응에서 카페의 창문 구조에 대한 내용은 배경지식을 언급한 것이라고 볼 수 있다. 하지만 이를 활용하여 발표자의 견해를 비판적으로 평가하지는 않고 있으므로 적절하지 않다.

04 말하기 방식 파악   정답률 89% | 정답 ⑤

(가)의 '동아리 회장'의 말하기 방식으로 적절하지 않은 것은?

① 지난 회의 내용을 환기하며 협의할 내용을 밝히고 있다.
동아리 회장의 첫 번째 말을 통해, 동아리 회장은 지난 회의에서 학생들을 대상으로 반려 식물 키우기 캠페인을 하기로 결정했다는 내용을 환기시키고 있음을 알 수 있다. 또한 동아리 회장은 캠페인을 어떻게, 어떤 내용으로 진행할지에 대해 협의하겠다고 협의할 내용을 밝히고 있음을 알 수 있다.

② 의문의 형식을 활용하여 자신의 견해를 제안하고 있다.
동아리 회장의 세 번째, 네 번째, 여섯 번째의 말을 통해, 동아리 회장은 의문의 형식을 활용하여 자신의 견해를 부원 1, 2에게 제안하고 있음을 알 수 있다.

③ 서로 공감한 내용을 바탕으로 새로운 의견을 제시하고 있다.
동아리 회장의 네 번째 발화를 통해, 동아리 회장은 반려 식물과 관련된 정보를 제공해 주자는 의견에 대해 모두 공감하고 있음을 밝히면서, 이를 바탕으로 정보를 제공할 수 있는 안내문을 작성하자는 새로운 의견을 제시하고 있음을 알 수 있다.

④ 논의된 내용을 구체화할 수 있는 발언을 유도하고 있다.
동아리 회장의 다섯 번째 발화를 통해, 동아리 회장은 안내문에 어떤 내용을 어떤 순서로 제시할지에 대해 의견을 말씀해 달라 하고 있음을 알 수 있다. 이러한 동아리 회장의 발언은 부원 1, 2에게 논의된 내용을 구체화할 수 있는 발언을 유도하는 것이라 할 수 있다.

☑ **회의 내용을 전체적으로 요약하며 회의를 마무리하고 있다.**
동아리 회장의 회의를 마무리하는 마지막 말을 통해 안내문을 작성해 보자고 제안하고 있음을 알 수 있지만, 회의 내용을 전체적으로 요약하지는 않고 있다.

05 발화 양상의 파악   정답률 93% | 정답 ③

[A], [B]에 대한 설명으로 가장 적절한 것은?

① [A]는 미래의 상황을 예측하는, [B]는 과거의 상황을 환기하는 발화이다.
[A]를 통해 미래의 상황을 예측하는 내용이 일부 제시되어 있음을 알 수 있지만, [B]에는 과거의 상황을 환기하는 내용은 제시되어 있지 않다.

② [A]는 상대의 의견을 보완하는, [B]는 상대의 의견을 뒷받침하는 발화이다.
[A]에는 부원 1의 우려를 해소하는 내용이 제시되어 있을 뿐 부원 1의 의견을 보완하는 내용은 제시되어 있지 않다. 또한 [B]는 상대의 의견을 뒷받침하는 것이 아니라 상대의 의견에 대한 우려를 표하고 있는 발화이다.

☑ **[A]는 상대의 우려를 해소하는, [B]는 상대의 견해에 우려를 드러내는 발화이다.**
[A]는, 나누어 줄 모종의 수가 부족하여 걱정이라는 부원 1의 우려에 대해, 300명의 학생이 반려 식물을 키우는 경험을 할 수 있고, 반려 식물 키우기를 원하지 않는 학생들도 있을 수도 있기 때문에 모종 300개로도 충분하다는 발언이다. 따라서 [A]는 부원 2가 부원 1의 우려를 해소하는 발화라 할 수 있다. 그리고 [B]는, 안내문에 반려 식물의 이름, 특징, 키우는 방법 등을 제시하자는 부원 2의 견해에 대해 반려 식물을 키우는 방법을 안내문의 제한된 공간에 제시하는 것이 현실적으로 어렵다는 발언이다. 따라서 [B]는 부원 2의 발언에 대한 부원 1의 우려를 드러내는 발언이라 할 수 있다.

④ [A]는 문제 해결의 방법을 요구하는, [B]는 문제 해결의 결과에 주목하는 발화이다.
[A]에는 부원 1이 제시한 우려를 해소하는 내용이 제시되어 있을 뿐 회의 참가자들에게 문제 해결의 방법을 요구하는 내용은 제시되어 있지 않다.

⑤ [A]는 상대와 자신의 견해 차이를 확인하는, [B]는 상대와 자신의 공통된 견해를 확인하는 발화이다.
[A]에서 부원 1과 부원 2의 견해 차이를 일부 확인할 수 있다. 하지만 [B]에는 부원 1과 부원 2의 공통된 견해가 제시되어 있지 않으므로, 이를 확인하는 발화라고 할 수 없다.

06 작문 계획의 반영 여부 파악   정답률 84% | 정답 ③

(가)의 내용이 (나)에 반영된 양상으로 적절하지 않은 것은?

① (가)에서 반려 식물 모종 나누기 행사를 안내하자는 의견에 따라, (나)에서 행사의 일시와 장소를 밝히고 있다.
(가)에서 부원 2는 안내문에 담을 내용을 협의하는 과정에서 행사를 안내하자는 의견을 제시하고 있다. 그리고 (나)에서 모종 나누기 행사의 구체적인 일시와 장소가 제시되어 있으므로 (가)의 내용이 (나)에 반영되어 있음을 알 수 있다.

② (가)에서 반려 식물과 관련한 정보를 제공하자는 의견에 따라, (나)에서 반려 식물의 이름, 특징 등을 제시하고 있다.
(가)에서 동아리 회장은 반려 식물과 관련한 정보를 제공하자는 제안을 하자 부원 1, 2가 이러한 제안에 동의하고 있다. 그리고 (나)에 세 종류의 반려 식물의 이름, 특징 등이 제시되어 있으므로 (가)의 내용이 (나)에 반영되어 있음을 알 수 있다.

③ ✓ (가)에서 학생들이 캠페인에 적극적으로 동참하도록 촉구하자는 의견에 따라, (나)에서 캠페인의 취지를 설명하고 있다.
(가)를 통해 학생들이 캠페인 활동에 동참할 것을 촉구하자는 취지의 발언은 찾아볼 수 없고, (나)를 통해 캠페인의 취지를 설명하고 있는 부분도 찾아볼 수 없으므로 적절하지 않다.

④ (가)에서 반려 식물을 키우며 생기는 궁금증을 해결하게 돕자는 의견에 따라, (나)에서 동아리 블로그를 소개하고 있다.
(가)에서 부원 2는 반려 식물을 키우며 수시로 생기는 궁금증을 해결할 수 있게 우리 동아리 블로그를 안내해도 좋겠다는 발언을 하고 있다. 그리고 (나)의 마지막 부분에 '반려 식물을 키우면서 궁금증이 생기면?'이라는 항목에 동아리 블로그가 제시되어 있으므로 (가)의 내용이 (나)에 반영되어 있음을 알 수 있다.

⑤ (가)에서 학생들이 흥미를 느낄 수 있도록 '식집사'라는 용어를 쓰자는 의견에 따라, (나)의 제목에서 해당 용어를 사용하고 있다.
(가)에서 부원 1은 '냥집사'라는 용어처럼 '식집사'라는 용어를 쓰면 학생들이 더 흥미를 느낄 것이라고 제안하고 있다. 그리고 (나)의 제목에 '식집사'라는 용어가 사용되었으므로 (가)의 내용이 (나)에 반영되어 있음을 알 수 있다.

07 자료 활용 방안의 적절성 판단   정답률 92% | 정답 ⑤

(나)의 성격을 고려할 때, 〈보기〉의 자료를 활용하여 (나)를 보완하는 방안으로 가장 적절한 것은? [3점]

〈보 기〉
[신문 자료]
최근 반려 동물과 식물에 대한 관심이 커지면서 이와 관련한 문제점이 나타나고 있다. 반려 동물의 경우 이미 동물 학대, 동물 유기 등이 사회적 문제로 부각되고 있으며, 최근에는 반려 식물과 관련한 문제도 증가하고 있다. 반려 식물은 반려 동물에 비해 존재감이 미약해 관리를 소홀히 하여 생명을 잃는 경우가 많고, 버려지는 사례도 점점 늘고 있다.

① 반려 식물을 키우기 쉬운 이유를 밝히며 지속적인 관심과 노력이 필요하다는 점을 강조해야겠어.
〈보기〉에는 반려 식물을 키우기 쉬운 이유와 관련된 내용이 제시되어 있지 않다. 따라서 반려 식물을 키우기 쉬운 이유를 바탕으로 반려 식물 키우기에 대한 지속적인 관심과 노력이 필요하다는 보완 방안을 제시하는 것은 적절하지 않다.

② 반려 식물에 대한 관심이 부족한 점을 지적하며 반려 식물을 구입할 수 있는 방법에 대한 내용을 추가해야겠어.
〈보기〉에는 최근 반려 식물에 대한 관심이 커진다는 내용이 언급되어 있다. 따라서 반려 식물에 대한 관심이 부족하다는 점을 지적하며 반려 식물을 구입할 수 있는 방법에 대한 내용을 추가하는 것은 (나)의 적절한 보완 방안이라고 볼 수 없다.

③ 반려 식물의 유기를 금지하는 규정이 마련되어 있지 않은 점을 강조하며 이를 제정해야 한다는 내용을 추가해야겠어.
〈보기〉에는 반려 동물과 반려 식물의 유기를 금지하는 규정과 관련된 내용은 제시되지 않았다. 따라서 반려 동물과 반려 식물의 유기를 금지하는 규정을 제정해야 한다는 내용을 추가하는 보완 방안은 적절하지 않다.

④ 반려 동물과 구별되는 반려 식물의 장점을 언급하며 반려 식물을 키우는 사람이 많아지고 있다는 점을 강조해야겠어.
〈보기〉에는 반려 식물의 장점은 제시되어 있지 않다. 따라서 반려 식물의 장점을 언급하며 반려 식물을 키우는 사람이 많아지고 있다는 점을 강조하는 보완 방안은 적절하지 않다.

⑤ ✓ 반려 식물이 생명을 지닌 존재임을 언급하며 정성을 기울여 반려 식물을 키워 줄 것을 권유하는 문구를 추가해야겠어.
〈보기〉의 신문 자료를 통해, 최근 들어 반려 동물과 반려 식물에 대한 관심이 커지면서 여러 가지 문제가 발생하고 있으며, 특히 최근에는 반려 식물이 생명을 잃거나 버려지는 사례가 점점 늘고 있다는 내용을 알 수 있다. 그러므로 이러한 내용을 바탕으로 (나)에 정성을 기울여 반려 식물을 키워 줄 것을 권유하는 문구를 추가하는 것은 (나)를 보완하는 방안으로 적절하다고 할 수 있다.

08 글쓰기 방법 파악   정답률 74% | 정답 ③

윗글에서 활용한 글쓰기 방법으로 적절하지 않은 것은?

① 중심 소재를 대하는 인물의 행동을 나열하며 시작한다.
1문단에서는 오토바이의 먼지를 털고, 경적을 울리고, 시동도 걸어 보고, 해진 안장을 툭툭 치는 아버지의 행동을 나열해 오토바이에 대한 아버지의 애정을 표현하고 있다.

② 의성어를 사용하여 중심 소재에 대한 인상을 부각한다.
학생의 '초고'를 통해 '빠방', '부릉', '부릉부릉 부루룽' 등의 의성어를 활용하고 있음을 알 수 있다. 그리고 이러한 의성어의 활용을 통해 아버지의 오토바이에 대한 인상을 부각하고 있다.

③ ✓ 색채어를 사용하여 다양한 공간을 사실적으로 묘사한다.
학생의 '초고'를 통해 야트막한 언덕에 자리한 우리 학교의 모습과 교실 유리창으로 내려다보이는 플라타너스 길을 묘사하고 있음을 알 수 있다. 하지만 색채어를 사용하여 다양한 공간을 사실적으로 묘사하는 부분은 드러나 있지 않다.

④ 의인법을 사용하여 자연물에서 느끼는 친밀감을 나타낸다.
2문단에서는 '인자한 미소를 띤 고목들'이라는 의인법을 활용하여 자연물에서 느끼는 친밀감을 표현하고 있다.

⑤ 구체적 일화를 제시하여 중심 소재에 대한 정서를 드러낸다.

학생의 '초고'에서는 중학교 때 늦잠을 자는 바람에 아버지께서 오토바이에 태워 등교를 시켜주었던 일, 점심시간에 아버지의 오토바이 소리를 듣고 아버지의 마음을 상상했던 일 등을 제시하여 아버지의 오토바이에 대한 글쓴이의 정서를 드러내고 있다.

09 글의 내용 생성 방법 이해   정답률 95% | 정답 ④

다음은 글을 쓰기 전에 학생이 떠올린 생각을 메모한 것이다. ㄱ ~ ㅁ 중 초고에 반영되지 않은 것은? [3점]

○ 처음
• 낡고 작은 오토바이를 친구처럼 여기시는 아버지 ············ ㄱ

○ 중간
• 아름다운 플라타너스 길이 내려다보이는 우리 학교 ············ ㄴ
• 오토바이에 나를 태워 학교에 데려다주셨던 아버지 ············ ㄷ
• 학교 산책길에서 들었던 아버지의 오토바이 소리
• 힘든 오토바이 배달로 늘 고단해 하시던 아버지 ············ ㄹ
• 오토바이 소리에 담긴 아버지의 마음에 대한 나의 상상

○ 끝
• 누군가의 마음을 더 깊이 헤아려 볼 수 있게 된 나 ············ ㅁ

① ㄱ
1문단의 내용을 통해, 우리 집 마당 창고에 있는 낡고 작은 배달용 오토바이를 마치 친구처럼 대하는 아버지의 모습을 확인할 수 있다.

② ㄴ
2문단의 내용을 통해 학교 교실 유리창을 통해 내려다보이는 플라타너스 길이 운치가 있고 아름답다는 내용을 확인할 수 있다.

③ ㄷ
3문단의 내용을 통해 늦잠을 잔 '나'를 아침에 급히 오토바이로 학교에 태워다 주시고, 교문에 들어설 때까지 '나'를 지켜보시다가 돌아서셨던 아버지의 모습을 확인할 수 있다.

④ ✓ ㄹ
중간 부분인 2 ~ 4문단을 통해 '힘든 오토바이 배달로 늘 고단해하시던 아버지'의 모습을 확인할 수 없다. 따라서 'ㄹ'은 글을 쓰기 전에 학생이 떠올린 생각이지만 초고에는 반영되지는 않았음을 알 수 있다.

⑤ ㅁ
5문단을 통해 내게 누군가의 마음을 더 깊이 헤아려 볼 수 있는 상상력이 생긴 것 같다는 내용을 확인할 수 있다.

10 조건에 맞게 글쓰기   정답률 93% | 정답 ①

〈보기〉는 초고를 읽은 선생님의 조언이다. 이를 반영하여 초고에 추가할 내용으로 가장 적절한 것은?

〈보 기〉
선생님 : 글의 마지막 문장 뒤에, 아버지께서 오토바이 배달을 그만두셨을 때 네가 아쉬움을 느낀 이유를 추가하고, 비유를 활용한 표현도 있으면 좋겠어.

① ✓ 다정한 인사처럼 들렸던 아버지의 오토바이 소리를 더 이상 들을 수 없게 되어서.
'선생님'의 말을 통해 내용적 조건이 아쉬움을 느낀 이유를 추가하는 것이고, 형식적 조건이 비유를 활용하는 것임을 알 수 있다. 이러한 조건을 만족하는 것은 ①로, ①의 '다정한 인사처럼 들렸던 아버지의 오토바이 소리'에서 비유를 활용하고 있다. 그리고 아버지의 오토바이 소리를 더 이상 들을 수 없게 되었다는 것은 '나'가 아쉬움을 느낀 이유라 할 수 있다.

② 이제 고등학교 신입생이 되어 학교생활을 새롭게 시작해야 한다는 부담감이 생겨서.
아버지께서 오토바이 배달을 그만두신 것에 내가 아쉬움을 느낀 이유가 직접적으로 드러나지 않고, 비유를 활용한 표현도 쓰이지 않았다.

③ 아버지의 오토바이를 타고 함께 등교하는 소소한 즐거움을 더 이상 느낄 수 없어서.
오토바이를 타고 함께 등교하는 소소한 즐거움을 더 이상 느낄 수 없다는 것이 '나'가 아쉬움을 느낀 이유로 볼 수도 있으나, 비유를 활용한 표현이 나타나 있지 않다.

④ 교문 앞을 지나 플라타너스 가로수 길을 오가시던 아버지의 모습을 더 이상 볼 수 없어서.
배달을 다니시는 아버지의 모습을 더 이상 볼 수 없어서 위로나 격려를 받지 못한다는 점에서 '나'가 아쉬움을 느낀 이유와 관련성이 있으나, 비유를 활용한 표현이 나타나 있지 않다.

⑤ 중학교를 졸업하여 친구들과 함께했던 추억의 서랍장을 이제는 열어 볼 수 없을 것 같아서.
'추억의 서랍장'이라는 비유를 활용한 표현이 나타나지만 '나'가 아쉬움을 느낀 이유는 적절하지 않다.

[11~15] 문법

11 용언의 어간, 어미의 특징 이해   정답률 83% | 정답 ⑤

윗글을 통해 알 수 있는 내용으로 적절한 것은?

① 용언은 어간의 앞뒤에 어미가 결합한 단어이다.
2문단의 '어간이나 어미는 문장에서 홀로 쓰일 수 없고, 어간 뒤에 어미가 결합하여 용언을 이룬다.'를 통해, 용언은 어간의 뒤에 어미가 결합한 단어임을 알 수 있다. 또한 이를 통해 어간이나 어미가 하나의 용언을 이루기 위해서는 어간과 어미가 서로 결합하여야 함을 알 수 있다.

② 어간은 단독으로 쓰여 하나의 용언을 이룰 수 있다.
2문단의 내용을 통해 어간은 단독적으로 쓰일 수 없고, 어미와 결합하여 용언을 이룸을 알 수 있다.

③ 어미는 용언이 활용할 때 형태가 유지되는 부분이다.
1문단의 '용언이 활용할 때 형태가 변하지 않는 부분을 어간이라고 하고, 형태가 변하는 부분을 어미라고 한다.'를 통해, 어미는 용언이 활용할 때 형태가 변하는 부분임을 알 수 있다.

④ 어말 어미는 용언이 활용할 때 나타나지 않을 수 있다.
5문단의 '활용할 때 어말 어미처럼 반드시 나타나지는 않지만'을 통해, 어말 어미는 용언이 활용할 때 반드시 나타나야 함을 알 수 있다.

☑ 선어말 어미는 한 용언에 두 개가 동시에 쓰일 수 있다.
5문단의 '활용할 때 어말 어미처럼 반드시 나타나지는 않지만, 한 용언에서 서로 다른 선어말 어미가 동시에 쓰이기도 한다.'를 통해, 선어말 어미는 한 용언에 두 개가 동시에 쓰일 수 있음을 알 수 있다.

12 용언의 어간, 어미의 종류 및 결합 양상 이해 　정답률 78% | 정답 ④

윗글을 바탕으로 〈보기〉의 ㄱ ~ ㅁ의 밑줄 친 부분을 탐구한 내용으로 적절하지 않은 것은?

〈보 기〉
ㄱ. 너도 그를 아니?
ㄴ. 사과가 맛있구나!
ㄷ. 산은 높고 강은 깊다.
ㄹ. 아침에 뜨는 해를 봐.
ㅁ. 그녀는 과자를 먹었다.

① ㄱ : 어간 '알-'에 어미 '-니'가 결합하면서 'ㄹ'이 탈락하였다.
2문단의 "노는은 어간 '놀-'과 어미 '-는'이 결합하면서 'ㄹ'이 탈락한 경우이고'를 참고할 때, '아니'는 '알다'의 어간 '알-'에 어미 '-니'가 결합하면서 어간의 'ㄹ'이 탈락했음을 알 수 있다.

② ㄴ : 어간 '맛있-'에 종결 어미 '-구나'가 결합하여 문장을 종결하고 있다.
4문단의 '종결 어미는 '가신다'의 '-다'와 같이 문장을 종결하는 어미이고'를 참고할 때, '맛있구나'의 '-구나'는 어간 '맛있-'에 결합하여 문장을 종결하는 종결 어미임을 알 수 있다.

③ ㄷ : 어간 '높-'에 연결 어미 '-고'가 결합하여 앞뒤의 말을 연결하고 있다.
4문단의 '연결 어미는 '가겠고'의 '-고'와 같이 앞뒤의 말을 연결하는 어미이다.'를 참고할 때, '높고'는 '높다'의 어간 '높-'에 연결 어미 '-고'가 결합하면서 앞뒤 말을 연결하고 있음을 알 수 있다.

☑ ㄹ : 어간 '뜨-'에 전성 어미 '-는'이 결합하면서 용언이 부사처럼 쓰이고 있다.
'뜨는'은 어간 '뜨-'에 전성 어미 '-는'이 결합한 형태의 용언으로, 뒤에 오는 체언인 '해'를 꾸며 주고 있다. 따라서 '뜨는'은 주로 용언을 수식하는 기능을 하는 단어인 부사가 아니라 체언을 수식하는 기능을 하는 단어인 관형사처럼 쓰인다고 할 수 있다.

⑤ ㅁ : 어간 '먹-'과 어말 어미 '-다' 사이에 선어말 어미 '-었-'이 결합하여 과거 시제를 나타내고 있다.
5문단을 참고할 때, '먹다'는 어간 '먹-'과 단어의 끝에 오는 어미인 어말 어미 '-다'가 결합하고 있고, 여기에 선어말 어미 '-었-'이 어간과 어말 어미 사이에 쓰여 과거 시제를 나타내고 있음을 알 수 있다.

13 최소 대립쌍의 이해 　정답률 79% | 정답 ③

〈보기〉의 '학습 과제'를 바르게 수행하였다고 할 때, ㉠에 들어갈 단어로 적절한 것은? [3점]

〈보 기〉
[학습 자료]
　음운은 단어의 뜻을 구별해 주는 소리의 가장 작은 단위이다. 특정 언어에서 어떤 소리가 음운인지 아닌지는 최소 대립쌍을 통해 확인할 수 있다. 최소 대립쌍이란, 다른 모든 소리는 같고 단 하나의 소리 차이로 의미가 구별되는 단어의 쌍을 말한다. 예를 들어, 최소 대립쌍 '감'과 '잠'은 [ㄱ]과 [ㅈ]의 차이로 인해 의미가 구별되므로 'ㄱ'과 'ㅈ'은 서로 다른 음운이다.

[학습 과제]
　앞사람이 말한 단어와 최소 대립쌍인 단어를 말해 보자.

쌀! → 달! → ㉠ → 굴!

① 꿀
'꿀'은 뒤의 '굴'과 최소 대립쌍이지만, 앞의 '달'과 최소 대립쌍이 아니므로 적절하지 않다.

② 답
'답'은 앞의 '달'과 최소 대립쌍이지만, 뒤의 '굴'과 최소 대립쌍이 아니므로 적절하지 않다.

☑ 둘
'학습 자료'를 고려할 때, ㉠에는 앞사람이 말한 '달'과 뒷사람이 말한 '굴' 모두와 최소 대립쌍인 단어가 들어가야 함을 알 수 있다. 따라서 '둘'과 '달'은 [ㅜ]와 [ㅏ]의 차이가 있고, '둘'과 '굴'은 [ㄷ]과 [ㄱ]의 차이가 있으므로, '둘'과 '달', '둘'과 '굴'은 최소 대립쌍이라 할 수 있다.

④ 말
'말'은 앞의 '달'과 최소 대립쌍이지만, 뒤의 '굴'과 최소 대립쌍이 아니므로 적절하지 않다.

⑤ 풀
'풀'은 뒤의 '굴'과 최소 대립쌍이지만, 앞의 '달'과 최소 대립쌍이 아니므로 적절하지 않다.

14 문장의 중의성 이해 　정답률 88% | 정답 ⑤

다음 '탐구 학습지' 활동의 결과로 적절하지 않은 것은?

[탐구 학습지]
1. 문장의 중의성
　○ 하나의 문장이 둘 이상의 의미로 해석되는 것
2. 중의성 해소 방법
　○ 어순 변경, 쉼표나 조사 추가, 상황 설명 추가 등
3. 중의성 해소하기
　- 과제 : 빈칸에 적절한 말 넣기
ㄱ. (조사 추가)
　○ 중의적 문장 : 관객들이 다 도착하지 않았다. ‥‥‥‥‥ a
　○ 전달 의도 : (관객 중 일부가 도착하지 않음.) ‥‥‥‥ b
　○ 수정 문장 : 관객들이 다는 도착하지 않았다.

ㄴ. (어순 변경) ‥‥‥‥‥‥‥‥‥‥‥‥‥‥‥‥‥‥ c
　○ 중의적 문장 : 우리는 어제 전학 온 친구와 만났다.
　○ 전달 의도 : (전학 온 친구와 만난 때가 어제임.) ‥‥ d
　○ 수정 문장 : 우리는 전학 온 친구와 어제 만났다.

ㄷ. 상황 설명 추가
　○ 중의적 문장 : 민우는 나와 윤서를 불렀다.
　○ 전달 의도 : '나와 윤서를 부른 사람이 '민우'임.
　○ 수정 문장 : (민우는 나와 둘이서 윤서를 불렀다.) ‥ e
　　　　　　　　⋮

① a
ㄱ의 중의적 문장은 '관객 중 일부가 도착하지 않음.'과 '관객 중 누구도 도착하지 않음.'의 의미로 모두 해석될 수 있다. 수정 문장인 '관객들이 다는 도착하지 않았다.'를 보면, 중의성 해소를 위해 조사 '는'을 추가하여 부정 표현의 범위를 한정하고 있음을 알 수 있다.

② b
수정 문장인 '관객들이 다는 도착하지 않았다.'는 중의성 해소를 위해 조사 '는'을 추가하여 '관객 중 일부가 도착하지 않음.'으로 해석되고 있다.

③ c
ㄴ의 중의적 문장은 '전학 온 친구와 만난 때가 어제임.'과 '친구가 전학 온 것이 어제임.'의 의미로 모두 해석될 수 있다. 수정 문장인 '우리는 전학 온 친구와 어제 만났다.'는 중의성 해소를 위해 '어제'의 위치를 변경해 '어제'의 수식 범위를 한정하고 있음을 알 수 있다.

④ d
수정 문장인 '우리는 전학 온 친구와 어제 만났다.'는 중의성 해소를 위해 '어제'의 위치를 변경해 '전학 온 친구와 만난 때가 어제임.'으로 해석되고 있다.

☑ e
수정한 문장인 '민우는 나와 둘이서 윤서를 불렀다.'는 '민우와 나'가 주체가 되어 '윤서를 불렀음'을 의미한다. 전달 의도처럼 '나와 윤서를 부른 사람이 '민우'임을 표현하기 위해서는 '민우는 나와 둘이서 윤서를 불렀다.'가 아니라 '민우는 혼자서 나와 윤서를 불렀다.'로 문장을 수정해야 한다.

15 반의어의 이해 　정답률 92% | 정답 ③

밑줄 친 부분이 〈보기〉의 ㉠, ㉡에 해당하는 예로 적절하지 않은 것은?

〈보 기〉
　'위 - 아래'나 '앞 - 뒤'는 방향상 대립하는 반의어이다. '위- 아래'나 '앞 - 뒤'가 단독으로 쓰이거나 다른 단어와 결합해서 쓰일 때, 문맥에 따라서 ㉠ '위'나 '앞'이 '우월함'의 의미를, ㉡ '아래'나 '뒤'가 '열등함'의 의미를 갖거나 강화되기도 한다.

① ㉠ : 그가 머리 쓰는 게 너보다 한 수 위다.
'위'는 '신분, 지위, 정도 따위에서 어떠한 것보다 높거나 나은 쪽'이라는 의미로 쓰여 '우월함'의 의미를 나타낸다.

② ㉠ : 이 회사의 기술 수준은 다른 곳에 앞선다.
'앞서다'는 '발전이나 진급, 중요성 따위의 정도가 남보다 높은 수준에 있거나 빠르다.'라는 의미로 쓰여 '우월함'의 의미를 나타낸다.

☑ ㉡ : 이번 행사는 치밀한 계획 아래 진행되었다.
'아래'가 '열등함'의 의미를 갖는 경우는 '신분, 지위, 정도 따위에서 어떠한 것보다 낮은 쪽'이라는 의미로 쓰이는 경우이다. 그런데 '치밀한 계획 아래'의 '아래'는 '조건, 영향 따위가 미치는 범위'라는 의미로 쓰여 '열등함'의 의미를 갖는 경우라 할 수 없다.

④ ㉡ : 그녀는 남에게 뒤떨어지지 않고자 노력했다.
'뒤떨어지다'는 '발전 속도가 느려 도달하여야 할 수준이나 기준에 이르지 못하다.'라는 의미로 쓰여 '열등함'의 의미를 나타낸다.

⑤ ㉡ : 우리 팀의 승률이 조금씩 뒷걸음질 치고 있다.
'뒷걸음질'은 '본디보다 뒤지거나 뒤떨어짐.'이라는 의미로 쓰여 '열등함'의 의미를 나타낸다.

[16~45] 독서·문학

16~18 현대시

(가) 이성선, 「고향의 천정(天井) 1」

감상 이 작품에서 화자는 마당에 누워 고향의 하늘을 올려다보면서 별을 통해 잊고 있었던 할머니와의 기억을 떠올리고, 할머니의 무한한 사랑을 깨달으며 정서적 충만감을 얻고 있다. 이 작품에서는 하얗게 핀 메밀꽃과 온 하늘에 가득한 별이 지닌 시각적 유사성을 바탕으로, 할머니의 보살핌 아래 바람과 놀던 화자의 어린 시절 기억과 할머니가 돌아가신 후 다시금 깨닫는 할머니의 무한한 사랑이 과거와 현재, 이승과 저승, 지상과 우주의 연결 속에서 아름답게 펼쳐지고 있다.

주제 할머니의 따스한 사랑에 대한 그리움

표현상의 특징

• 시간의 흐름에 따라 시상이 전개됨.
• 역설적 표현을 사용하여 화자의 상황을 드러냄.
• 비유적 표현을 사용하여 대상에 대한 그리움을 효과적으로 드러냄.

(나) 손택수, 「밥물 눈금」

감상 이 시는 손가락 주름을 따라 밥물을 맞추는 일상적 행위의 반복 속에서 떠올린 유년의 기억을 통해, 현재 자신의 모습을 긍정적으로 인식하면서 자기 위안을 얻고 있다. 밥물의 오르내림 속에서 화자가 떠올린 가난한 시절의 기억은 현재 화자의 눈에 보이는 듯, 귓가에 들리는 듯 선명하다. 화자는 이러한 유년의 기억을 현재와 연결하면서, 얼굴보다 늙은 자신의 손이 전기밥솥에는 없는 눈금을 지니고 있다는 긍정적 인식에 도달하고 있다.

주제 힘겹게 살아온 삶에 대한 자기 위안

표현상의 특징
- 청각적 이미지를 통해 화자의 정서를 부각하고 있음.
- 일상적인 체험을 매개체로 형편이 어려웠던 과거를 회상함.
- 자신의 모습을 긍정적으로 인식하고 자기 위안에 도달하며 시상이 종결됨.

---

16 표현상 특징 파악 　　　정답률 68% | 정답 ②

(가)와 (나)에 대한 설명으로 가장 적절한 것은?

① (가)는 (나)와 달리 설의법을 통해 화자의 의지를 표현하고 있다.
(가)와 (나)에서 설의법을 통해 화자의 의지를 표현하지는 않고 있다.

☑ **(나)는 (가)와 달리 청각적 심상을 통해 화자의 정서를 부각하고 있다.**
(나)의 '일찍 철이 들어서 슬픈 귓속으로 / 봉지쌀 탈탈 터는 소리라도 들려올 듯'을 통해, 청각적 심상이 사용되었음을 알 수 있는데, 화자는 이러한 청각적 심상을 통해 가난한 처지에 있었던 자신의 정서를 부각하고 있다.

③ (가)는 격정적 어조를, (나)는 단정적 어조를 통해 화자의 기대감을 드러내고 있다.
(가)에서 격정적 어조는 사용되지 않았고, (나)에서 단정적 어조를 통해 화자의 기대감을 드러내지 않았다.

④ (가)는 상승의 이미지를, (나)는 하강의 이미지를 통해 대상의 역동성을 강조하고 있다.
(가)에서 화자가 '마당에 누워' '하늘'을 올려다보고 있다는 점에서 상승적 이미지를 찾을 수 있고, (나)에서 화자가 '밥물'을 '중지의 마디를 따라 오르내리'게 하는 모습에서 상승과 하강의 이미지를 엿볼 수도 있다. 하지만 상승의 이미지나 하강의 이미지를 통해 대상의 역동성을 강조하지는 않고 있다.

⑤ (가)와 (나)는 모두 계절감을 드러내는 시어를 통해 대상의 변화 양상을 나타내고 있다.
(가)의 '늦여름'을 통해 계절감이 드러남을 알 수 있지만 이를 통해 대상의 변화 양상을 나타내지는 않고 있다. 그리고 (나)에서 계절감을 드러내는 시어는 찾아볼 수 없다.

---

17 시어의 의미 파악 　　　정답률 78% | 정답 ④

㉠과 ㉡을 비교한 내용으로 가장 적절한 것은?

① ㉠은 화자가 벗어나려는, ㉡은 화자가 지향하는 공간이다.
㉠은 화자가 할머니의 보살핌을 받으며 놀고 있는 곳이므로 화자가 벗어나려는 공간으로 볼 수 없고, ㉡은 가난으로 인해 화자를 일찍 철들게 하는 곳이므로 화자가 지향하는 공간으로 볼 수 없다.

② ㉠은 화자가 이질감을, ㉡은 화자가 동질감을 느끼는 공간이다.
㉠은 화자가 할머니와 함께하며 성장한 곳이므로 화자가 이질감을 느끼는 공간으로 볼 수 없다. ㉡은 어린 시절 화자가 가난하게 살던 공간이므로 화자가 동질감을 느낀다고 보기에는 어렵다.

③ ㉠은 화자의 슬픔이, ㉡은 화자의 그리움이 해소되는 공간이다.
㉠은 어린 화자가 바람과 장난치며 놀던 곳이므로 화자의 슬픔이 해소되는 공간으로 볼 수 없고, ㉡은 화자가 유년을 보낸 곳으로 화자의 그리움이 해소되는 공간으로 볼 수 없다.

☑ **㉠은 화자의 동심이 허용되는, ㉡은 화자의 성숙함이 요구되는 공간이다.**
(가)의 ㉠은 화자인 '나'가 어린 시절 할머니의 보살핌 속에서 아무 걱정 없이 놀던 곳이라는 점에서 동심이 허용되는 공간이라고 볼 수 있다. 그리고 (나)의 ㉡은 '한 그릇으로 두 그릇 세 그릇'을 만드는 가난한 동네로, 화자에게 이 공간은 '한 끼'를 아끼기 위해 친구 집에 가던 '소년', 곧 '일찍 철이 들어서 슬픈' 자신의 유년 시절 기억이 담긴 공간에 해당한다. 따라서 ㉡은 가난으로 인해 화자에게 성숙함이 요구되었던 공간으로 볼 수 있다.

⑤ ㉠은 화자가 경험한 적 없는 가상의, ㉡은 화자의 경험이 축적된 현실의 공간이다.
㉠은 화자가 어린 시절에 놀던 공간이므로 화자가 경험한 적 없는 가상의 공간으로 볼 수 없다. ㉡은 화자가 어린 시절 살던 곳이므로 화자의 경험이 축적되어 있는 현실의 공간이라 할 수 있다.

---

18 외적 준거에 따른 작품의 감상 　　　정답률 72% | 정답 ③

〈보기〉를 바탕으로 (가), (나)를 감상한 내용으로 적절하지 않은 것은? [3점]

─〈보기〉─
과거의 경험에 대한 기억은 어떤 계기를 통해 되살아나 현재의 삶에 영향을 미칠 수 있다. (가)의 화자는 할머니와의 기억을 통해 과거와 현재를 연결하며 깨달음과 정서적 충만감을 얻고 있다. 한편 (나)의 화자는 일상적 행위의 반복 속에서 유년의 기억을 되살리고, 그 기억을 현재와 연결하며 자신의 현재 모습을 긍정하게 된다.

① (가)의 화자는 별이 가득한 '하늘'을 보며, 자신이 여전히 '나를 살피'시는 할머니의 사랑 속에 있음을 깨닫고 있군.
(가)의 화자는 마당에 누워 고향의 '하늘'을 보고 있는데, '하늘'의 별은 화자에게 어릴 적 할머니와의 추억이 담긴 메밀꽃을 떠오르게 하는 소재이다. 화자는 할머니가 저승으로 가신 후에도 '하늘'의 메밀밭에서 살아생전과 같이 '나를 살피'고 계신다고 생각하고 있으므로, 화자는 여전히 할머니의 무한한 사랑 속에 있음을 깨닫는다고 할 수 있다.

② (나)의 화자는 유년의 기억을 통해 '전기밥솥에는 없는 눈금'을 지닌 '늙은 손'을 긍정하며 자기 위안을 얻고 있군.
(나)의 화자는 문형동에서 가난하게 살던 유년의 기억을 떠올리면서, 현재 '얼굴보다 먼저 늙은 손'이 '전기밥솥에는 없는 눈금'을 지녔다 하면서 자신의 현재 모습을 긍정하고 있다. 따라서 화자는 '늙은 손'을 긍정하면서 자기 위안을 얻고 있음을 알 수 있다.

☑ **(가)의 '커서도 덜 자'랐다는 것과 (나)의 '밥맛을 조금씩 달리'하는 것은 현재의 화자에게 정서적 충만감을 주는군.**
(가)에서 화자는 하늘의 별을 보며 할머니가 살아생전과 같이 '나를 살피'고 계신다고 생각하고, 자신이 여전히 할머니의 무한한 사랑 속에 있음을 깨달으며 이를 통해 정서적 충만감을 얻고 있다. 따라서 (가)의 '커서도 덜 자'란 것은 현재 화자에게 정서적 충만감을 준다고 할 수 없다. 그리고 (나)의 '밥맛을 조금씩 달리' 하는 것은 밥을 지을 때 밥물을 맞추는 일에 어려움을 겪던 화자가 점차 익숙하게 밥물을 맞추게 된 것으로, 이러한 경험 자체가 현재의 화자에게 정서적 충만감을 준다고 볼 수는 없다.

④ (가)에서 '마당에 누워' 하늘을 보는 행위와 (나)에서 '손가락 주름'으로 '밥물'을 맞추는 행위는 회상의 계기가 되는군.

(가)에서 '마당에 누워 하늘을 보는 행위는 하늘의 별을 통해 화자에게 할머니와 함께했던 추억을 떠올리게 한다는 점에서, (나)에서 '손가락 주름'으로 '밥물'을 맞추는 행위는 화자에게 유년의 기억을 떠올리게 한다는 점에서 모두 회상의 계기라고 할 수 있다.

⑤ (가)의 화자가 '별'에서 '메밀꽃'을 떠올리는 것과 (나)의 화자가 '가난한 지붕들이 내 손가락 마디에는 있다'고 생각하는 것은 기억이 현재의 삶에 영향을 미치고 있음을 보여 주는군.
(가)의 화자가 '별'에서 어릴 적 '메밀꽃'을 떠올리며 현재에도 자신이 할머니의 사랑 속에 있음을 깨닫고 있다는 점에서, (나)의 화자가 현재 자신의 주름진 손에 여전히 '가난한 지붕들이' 있다고 생각한다는 점에서 모두 기억이 현재의 삶에 영향을 미치고 있음을 보여 준다고 할 수 있다.

19~22 사회

한진수, '경기 살리기 대작전'

해제 이 글은 유동성 통화 정책에 대해 설명하면서 이와 관련된 케인스의 견해를 드러내고 있다. 경기가 침체되면 국가는 통화량을 나타내는 말로 사용되는 유동성을 늘리는 통화 정책을 시행하는데, 국가는 금리를 통해 유동성을 조절할 수 있는데, 중앙은행이 기준 금리를 내리면 시중 금리가 내려가게 되어, 가계나 기업에서 예금을 인출하거나 대출을 받으려는 경향성이 늘어나 유동성이 증가하게 된다. 그러나 중앙은행이 금리 인하 정책을 시행하더라도 경기 회복에 대한 전망이 불투명한 경우, 충분한 유동성이 소비나 투자로 이어지지 못해 침체가 지속될 수 있다. 케인스는 이러한 상황을 유동성 함정이라 부르며 통화 정책의 한계를 설명하고 재정 지출 확대의 중요성을 강조하였다.

주제 유동성 통화 정책 및 이에 관한 케인스의 견해

문단 핵심 내용

1문단	경기 침체 심화 시 사용되는 유동성 통화 정책
2문단	통화량의 의미를 지니는 유동성의 의미
3문단	유동성을 조절하는 방법
4문단	경기 안정을 위한 중앙은행의 통화 정책
5문단	유동성 통화 정책의 한계 및 극복 방법을 제안한 케인스

---

19 세부 정보의 확인 　　　정답률 75% | 정답 ⑤

윗글을 통해 알 수 있는 내용이 아닌 것은?

① 중앙은행이 하는 역할
3문단의 '한 나라의 금융 및 통화 정책의 주체인 중앙은행에 의해 결정된다.'를 통해 알 수 있다.

② 유동성이 높은 자산의 예
2문단의 '현금과 같은 화폐는 유동성이 높은 자산'을 통해 알 수 있다.

③ 기준 금리와 시중 금리의 관계
3문단의 '시중 금리는 기준 금리의 영향을 받아'와 4문단의 '중앙은행은 기준 금리를 인하하는 정책을 도입하여 시중 금리를 낮추도록 유도한다.'를 통해 알 수 있다.

④ 경기 침체로 인해 나타나는 현상
1문단을 통해 가계의 소비와 기업의 생산이 줄어드는 등 경기 침체로 인해 나타나는 현상을 알 수 있다.

☑ **유동성에 대한 케인스 주장의 한계**
5문단에서 케인스가 유동성 함정을 통해 통화 정책의 한계를 설명하였다는 내용은 확인할 수 있지만, 유동성에 대한 케인스 주장의 한계는 확인할 수 없다.

---

20 세부적인 내용 이해 　　　정답률 66% | 정답 ①

윗글을 바탕으로 할 때, 〈보기〉의 ㄱ ~ ㄷ에 들어갈 말로 적절한 것은?

─〈보 기〉─
국가의 통화 정책이 정상적으로 작동될 때, 중앙은행이 기준 금리를 (ㄱ) 시중의 유동성이 (ㄴ)하며, 화폐의 가치가 (ㄷ)한다.

	ㄱ	ㄴ	ㄷ
☑	내리면	증가	하락

4문단을 통해 중앙은행은 기준 금리를 인하하는 정책을 도입하여 시중 금리를 낮추도록 유도하고, 그 결과 유동성이 증가함을 알 수 있다. 그리고 2문단을 통해 유동성이 넘쳐 날 경우 화폐의 가치는 떨어지게 됨을 알 수 있다. 따라서 중앙은행이 기준 금리를 내리면 시중의 유동성이 증가하며, 화폐의 가치는 하락함을 알 수 있다.

② 내리면 증가 상승
중앙은행이 기준 금리를 내리면 시중의 유동성이 증가하지만, 이때 화폐의 가치는 하락하므로 적절하지 않다.

③ 내리면 감소 상승
중앙은행이 기준 금리를 내리면 시중의 유동성은 증가하므로 적절하지 않다.

④ 올리면 증가 상승
중앙은행이 기준 금리를 올리면 시중의 유동성은 감소하므로 적절하지 않다.

⑤ 올리면 감소 하락
중앙은행이 기준 금리를 올리면 시중의 유동성이 감소하지만, 이때 화폐의 가치는 상승하므로 적절하지 않다.

---

21 핵심 정보의 이해 　　　정답률 89% | 정답 ①

유동성 함정에 대해 이해한 내용으로 가장 적절한 것은?

☑ **시중에 유동성이 충분히 공급되더라도 경기 침체가 지속되는 상황을 의미한다.**
5문단을 통해, 유동성 함정이 심각한 경기 침체로 인해 경기 회복에 대한 전망이 불투명할 경우, 기준 금리 인하를 통해 충분한 유동성이 시중에 공급되더라도 경기 침체가 지속되는 상황과 관련 있음을 알 수 있다.

② 시중 금리의 상승으로 유동성이 감소하여 물가가 하락하는 상황을 의미한다.

5문단을 통해 유동성 함정이 시중에 충분히 공급된 유동성이 경기 활성화로 이어지지 않는 상황을 의미함을 알 수 있으므로, 시중 금리 상승으로 유동성이 감소하는 상황을 의미하는 것은 아니라 할 수 있다.

③ 기업의 생산과 가계의 소비가 줄어들어 유동성이 넘쳐 나는 상황을 의미한다.

5문단을 통해 유동성 함정이 발생했을 때 시중에 유동성이 충분한 것은 적절함을 알 수 있다. 하지만 유동성이 넘쳐 나는 상황이 기업의 생산과 가계의 소비가 감소하여 발생하는 것은 아니라 할 수 있다.

④ 경기 과열로 인해 유동성이 높은 자산에 대한 선호가 늘어나는 상황을 의미한다.

5문단을 통해 유동성 함정이 충분한 유동성으로도 침체된 경기를 회복하지 못하는 경우를 의미함을 알 수 있으므로, 경기 과열로 인한 상황을 의미하는 것은 아니라 할 수 있다.

⑤ 유동성이 감소하여 경기 회복에 대한 전망이 긍정적으로 바뀌는 상황을 의미한다.

5문단을 통해 유동성 함정은 시중에 유동성이 충분하더라도 경기 회복에 대한 전망이 부정적일 때 발생함을 알 수 있으므로, 유동성이 감소하여 경기 회복에 대한 전망이 긍정적으로 바뀌는 상황을 의미하는 것은 아니라 할 수 있다.

★★★ 등급을 가르는 문제!

22 구체적인 상황에의 적용　　　　정답률 61% | 정답 ②

윗글을 바탕으로 경제 주체들이 〈보기〉의 신문 기사를 읽고 보일 수 있는 반응으로 적절하지 않은 것은? [3점]

〈보 기〉

금융 당국 '빅스텝' 단행

금융 당국이 오늘 '빅스텝'을 단행하였다. 빅스텝이란 기준 금리를 한 번에 0.5%p 인상하는 것을 의미한다. 이처럼 금리를 큰 폭으로 인상한 것은 과도하게 증가한 유동성으로 인해 물가가 지나치게 상승하고 부동산, 주식 등의 자산 가격이 폭등하기 때문이다.

① 투자자 : 부동산의 가격이 하락할 수 있으니, 당분간 부동산 투자를 미루고 시장 상황을 지켜봐야겠군.

4문단을 통해 기준 금리 인하 정책은 주식이나 부동산과 같은 자산 가격이 하락하는 상황으로 이어짐을 알 수 있다. 따라서 투자자가 부동산의 가격이 하락할 것을 예측하고 당분간 부동산 투자를 미루겠다는 반응을 보이는 것은 적절하다.

✓ 소비자 : 위축된 소비 심리가 회복되어 지금보다 물가가 오를 수 있으니, 자동차 구매 시기를 앞당겨야겠군.

3문단을 통해 기준 금리의 영향을 받아 시중 금리가 올라가면 이자 수익과 대출 이자 부담이 모두 늘어 유동성은 감소함을 알 수 있다. 또한 4문단을 통해 이 경우 가계의 소비는 줄고 주식이나 부동산에 대한 투자는 축소되며, 기업의 생산과 고용, 투자가 축소되어 자산 가격은 하락하고 물가는 안정됨을 알 수 있다. 그리고 〈보기〉는 금융 당국이 한 번에 큰 폭으로 기준 금리를 인상하는 정책을 단행하였다는 내용의 신문 기사로, 이러한 상황에서는 기준 금리의 영향을 받아 시중 금리 역시 상승하여 소비나 투자가 줄고 물가나 자산 가격이 하락할 것임을 알 수 있다. 따라서 소비자가 물가 상승을 예측하고 자동차 구매 시기를 앞당기겠다는 반응을 보이는 것은 적절하지 않다.

③ 기업인 : 대출을 통해 자금을 확보하는 것이 부담스러워질 수 있으니, 공장을 확장하려던 계획을 보류해야겠군.

3문단을 통해 기준 금리 인상은 대출 이자에 대한 부담이 늘어나는 상황으로 이어짐을 알 수 있다. 따라서 기업인이 대출을 통한 자금 확보가 부담스러워질 것을 예측하고 공장 확장 계획을 보류하겠다는 반응을 보이는 것은 적절하다.

④ 공장장 : 당분간 우리 공장에서 생산한 부품에 대한 수요가 줄 수 있으니, 재고가 늘어날 것에 대비해야겠군.

4문단을 통해 기준 금리 인상은 소비와 투자가 축소되는 상황으로 이어짐을 알 수 있다. 따라서 공장장이 공장에서 생산한 부품에 대한 수요가 줄어들 것을 예측하고 재고가 늘어날 것에 대비하겠다는 반응을 보이는 것은 적절하다.

⑤ 은행원 : 시중 은행에 저축하려는 사람들이 늘어날 수 있으니, 다양한 상품을 개발하여 고객을 유치해야겠군.

3문단을 통해 기준 금리 인상은 예금을 통한 이자 수익이 늘어나는 상황으로 이어짐을 알 수 있다. 따라서 은행원이 저축 상품에 대한 사람들의 관심이 늘어날 것을 예측하고 고객 유치를 위해 다양한 상품을 개발하겠다는 반응을 보이는 것은 적절하다.

〔★★ 문제 해결 꿀~팁 ★★〕

▶ 많이 틀린 이유는?
이 문제는 기준 금리를 인상할 때 일어날 수 있는 경기 현상을 정확히 이해하지 못하였고, 이를 실제 상황에 적용하는 과정에서 어려움을 겪어 오답률이 높았던 것으로 보인다.

▶ 문제 해결 방법은?
이 문제를 해결하기 위해서는 4문단을 통해 기준 금리를 인하할 때와 인상할 때 경기 현상을 이해해야 한다. 즉 4문단에 제시된 기준 금리 인하를 고려하여, 기준 금리를 인상할 때는 유동성이 감소하여 가계의 소비가 줄고 주식이나 부동산에 대한 투자가 줄어들며, 물가가 하락하여 경기가 전반적으로 활성화되지 않음을 이해해야 한다. 그런 다음 선택지를 통해 적절성을 판단해야 하는데, 〈보기〉에서 기준 금리를 인상하였으므로 물가가 하락하게 될 것임을 알 수 있으므로 소비 심리가 위축될 것임을 알 수 있다. 이렇게 보면 ②의 '위축된 소비 심리가 회복되어 지금보다 물가가 오를 수 있다'고 한 내용은 적절하지 않음을 알 수 있다. 마찬가지로 오답률이 상대적으로 높은 ①과 ④의 경우 적절한 이해임을 알 수 있다. 한편 기준 금리의 인상과 인하와 관련해서는 경제 지문과 관련하여 간혹 출제되는 경우가 많으므로 이 기회에 정확히 정리하여 이해할 필요가 있다.

〔23~27 갈래 복합〕

(가) 이원익, 「고공답주인가」

감상 이 작품은 나라의 신하들을 농사짓는 집안의 종들에 비유하여 집안의 무너진 살림을 일으킬 생각은 하지 않고 자신의 소임도 다하지 않는 종들의 잘못된 행태를 비판하고 있는 가사이다. 이 작품에서는 종들의 행태뿐만 아니라 종들을 제대로 관리하지 못한 상전에게도 잘못이 있다고 말하여 상전의 책임도 강조하고 있다.

주제 집안을 일으키기 위해 주인과 종이 가져야 할 자세

(나) 문태준, 「돌탑과 잔돌」

감상 이 작품에서 글쓴이는 잔돌이 그 자체로는 두드러지지 않을지라도 돌탑을 쌓을 때 잔돌이 없으면 돌탑의 수평이 무너질 수 있다고 말하고 있다. 글쓴이는 이러한 인식을 인간 세상의 삶으로 확장하여 잔돌 같은 사람의 필요성을 강조하고 있다.

주제 잔돌 같은 사람의 필요성

23 작품 간의 공통점 파악　　　　정답률 85% | 정답 ④

(가)와 (나)의 공통점으로 가장 적절한 것은?

① 부재하는 대상에 대한 그리움을 표현하고 있다.

(가), (나) 모두 부재하는 대상에 대한 그리움을 표현하지는 않고 있다.

② 순수한 자연 세계에 대한 동경을 나타내고 있다.

(가)에서는 순수한 자연 세계에 대한 동경을 나타내는 부분을 확인할 수 없다. 그리고 (나)에서는 자연과 더불어 사는 삶에 대해 긍정적으로 바라보는 내용을 확인할 수는 있지만 이를 자연 세계에 대한 동경으로 보는 것은 적절하지 않다.

③ 부정적 현실에 대한 냉소적 태도를 드러내고 있다.

(가)에서는 부정적 현실을 바로잡고자 하는 태도를 엿볼 수 있을 뿐 화자의 냉소적 태도는 나타나지 않는다. (나)에서는 글쓴이가 바람직하게 생각하는 삶의 모습이 제시되어 있을 뿐 현실에 대한 냉소적 태도는 나타나지 않는다.

✓ 현실이나 세상에 대해 통찰한 내용을 전달하고 있다.

(가)는 화자가 처한 현실 상황에 대해 통찰한 내용을 구체적 청자로 설정된 상전에게 전하고 있고, (나)는 인간의 삶, 즉 세상에 대해 통찰한 내용을 전하고 있다. 따라서 (가), (나)는 현실이나 세상에 대해 통찰한 내용을 전달하는 공통점이 있음을 알 수 있다.

⑤ 자신이 처한 상황에 순응하는 태도를 보여 주고 있다.

(가)의 화자는 자신이 처한 상황을 개선하고자 하는 뜻을 전하고 있으므로 자신이 처한 상황에 순응하는 태도가 나타난다는 말은 적절하지 않다. (나)의 글쓴이 역시 자신이 처한 상황에 순응하려는 태도를 표출하고 있지 않다.

★★★ 등급을 가르는 문제!

24 표현상 특징 파악　　　　정답률 55% | 정답 ④

[A]와 [B]에 대한 설명으로 가장 적절한 것은?

① [A]는 [B]와 달리 대조적 의미를 지닌 구절을 활용하여 대상의 속성을 드러내고 있다.

[A]에 대조적 의미를 지닌 구절이 활용되지 않고 있지만, [B]에는 대조적 의미를 지닌 구절이 활용되고 있다.

② [B]는 [A]와 달리 자연물에 글쓴이의 감정을 이입하여 표현의 효과를 높이고 있다.

[A]와 [B]를 통해 자연물에 화자의 감정을 이입한 감정 이입은 찾아볼 수 없다.

③ [A]는 반어법을 활용하여, [B]는 역설법을 활용하여 주제 의식을 강조하고 있다.

[A]에서 반어법은 활용되지 않았고, [B]에서 역설법은 활용되고 있지 않다.

✓ [A]와 [B]는 모두 유사한 문장 구조를 반복하여 전달 의도를 강조하고 있다.

[A]에서는 '~거든 ~고'의 문장 구조가 반복되고 있고, [B]에서는 '~ 사람도 있고'의 문장 구조가 반복되고 있다. 따라서 [A]와 [B]에서는 유사한 문장 구조를 반복하여 화자나 글쓴이의 전달 의도를 강조하였다고 할 수 있다.

⑤ [A]와 [B]는 모두 말을 건네는 어투를 사용하여 청자의 행동 변화를 호소하고 있다.

[A]에서는 구체적인 청자로 설정된 상전에게 말을 건네는 어투를 사용하여 청자의 행동 변화를 호소하고 있다고 볼 수 있다. 하지만 [B]에서는 말을 건네는 어투를 확인할 수 없으며 행동 변화를 호소하는 내용도 확인할 수 없다.

〔★★ 문제 해결 꿀~팁 ★★〕

▶ 많이 틀린 이유는?
이 문제는 [A], [B]에 사용된 표현 방법을 정확히 파악하지 못하여 오답률이 높았던 것으로 보인다.

▶ 문제 해결 방법은?
이 문제를 해결하기 위해서는 먼저 [A]를 중심으로 각 선택지에 제시된 표현이 사용되었는지 확인한 다음, 표현이 사용된 선택지 중 [B]에서의 사용 여부를 판단하면 된다. 즉 [A]를 통해 선택지 ①~⑤에 제시된 표현이 사용되었음을 확인한 뒤, 이들 중에서 [B]에만 사용된 것이 무엇인지 파악해야 한다. 이렇게 볼 때, [A]에서는 '~을 ~거든 ~고'라고 유사한 문장 구조가 사용되어 있고, [B]에서도 '~처럼 ~사람도 있고'라고 유사한 문장 구조가 사용되었음을 알 수 있어 ④가 적절함을 알 수 있다. 한편 학생들 중에는 간접 표현상 특징을 묻는 문제를 틀리는 경우가 있는데, 평소 문제에 자주 출제되는 기본적인 용어, 가령 '대조적 의미, 반어법, 역설법, 문장 구조 반복, 말을 건네는 어투' 등에 대해 대해서 정확히 정리하여 이해할 수 있어야 한다.

▶ 오답인 ②를 많이 선택한 이유는?
이 문제의 경우 학생들이 ②가 적절하다고 하여 오답률이 높았는데, 이 역시 '감정 이입'에 대해 정확히 이해하지 못했기 때문으로 보인다. '감정 이입'은 말 그대로 자연물에 화자의 감정을 이입하여 표현한 것이므로, 화자의 감정이 작품에 드러나야 한다. 하지만 [B]에서는 '사람'을 자연물에 빗대어 표현하고 있지, 자연물에 글쓴이 자신의 감정을 담아 제시하지는 않고 있으므로 적절하지 않다. 이처럼 문학의 주요 용어를 정확히 이해하지 못하고 있으면 실수하는 경우가 많을 수 있으므로 평소 정확히 이해해 두도록 한다.

25 글쓴이의 태도 파악　　　　정답률 80% | 정답 ④

(나)의 글쓴이에 대한 이해로 적절한 것만을 고른 것은?

ㄱ. 자연과 대비되는 인간의 유한성을 자각한다.
ㄴ. 사람들이 서로 더불어 사는 세상을 긍정한다.
ㄷ. 주장을 굽히지 않고 살았던 자신을 반성한다.
ㄹ. 세상에는 갈등을 중재할 사람이 필요하다고 생각한다.

① ㄱ, ㄴ   ② ㄱ, ㄷ   ③ ㄴ, ㄷ   ✔ ㄴ, ㄹ   ⑤ ㄷ, ㄹ

ㄱ. 자연과 대비되는 인간의 유한성을 자각한다.
(나)에서 글쓴이가 자연과 대비되는 인간의 유한성을 자각하는 내용은 찾아볼 수 없다.

ㄴ. 사람들이 서로 더불어 사는 세상을 긍정한다.
(나)에서 글쓴이는 '이 명료한 문장을 읽고 있으면 사람이 떼를 이루어 사는 세상의 풍경이 한눈에 들어오는 것만 같다.'라고 말하고 있는데, 이는 사람들이 서로 더불어 사는 세상을 긍정하는 태도가 표출된 것으로 볼 수 있다.

ㄷ. 주장을 굽히지 않는 삶을 살았던 자신을 반성한다.
(나)에서 글쓴이가 주장을 굽히지 않는 삶을 살았다는 내용은 찾아볼 수 없다.

ㄹ. 세상에는 갈등을 중재할 사람이 필요하다고 생각한다.
글쓴이는 '의견이 맞지 않아 다툴 때 그 대화의 매정한 분위기를 무너뜨려 주는 사람'을 '잔돌 같은 사람'이라 말하면서 그러한 존재가 필요하다는 생각을 드러내고 있다.

26 외적 준거에 따른 구절의 이해
정답률 71% | 정답 ①

〈보기〉를 참고할 때 (가)의 ⑤ ~ ⑩에 대한 이해로 적절하지 않은 것은?

─〈보 기〉─
「고공답주인가」는 고공(종)이 상전에게 답을 하는 형식을 통해 국가 경영을 집안 다스리는 일에 빗대어 표현하고 있다. 이 작품에서 상전은 왕, 종은 신하를 가리키는데, 화자는 임진왜란으로 인해 나라가 황폐해지고 위계질서가 무너진 상황에서 당파 싸움을 일삼으며 재물을 탐하는 신하들을 비판하고 있다. 그리고 국가를 경영하는 왕으로서의 책임을 강조하고 있다.

✔ ⑤ : 나라가 황폐해진 상황이 예전부터 지금까지 이어지고 있다는 것을 드러내고 있다.
⑤의 '우리 댁 살림이 예부터 이렇던가'는 설의법이 사용된 문장에 해당하므로, 이를 고려하면 ⑤은 예전에는 살림이 이렇지 않았음을 말한 것으로 볼 수 있다. 따라서 나라가 황폐해진 상황이 예전부터 지금까지 이어지고 있다고 보는 것은 적절하지 않다.

② ⑥ : 상하의 위계질서가 무너져 신하들의 기강이 해이해진 상황을 나타내고 있다.
⑥에서 '소 먹이는 아이들이' 자신보다 지위가 높은 '상마름을 능욕하는' 것은 상하의 위계질서가 무너져 신하들의 기강이 해이해진 상황을 나타낸 것으로 볼 수 있다.

③ ⑦ : 나라를 돌보는 일을 외면한 채 부정한 방법으로 재물을 탐하는 신하들의 모습을 드러내고 있다.
⑦의 '그릇된 재산 모아 다른 꾀로 제 일하'는 것은 부정한 방법으로 재물을 탐하는 신하들의 모습을 나타낸 것으로 볼 수 있다.

④ ⑧ : 시도 때도 없는 당파 싸움으로 인해 혼란스러운 조정의 모습을 나타내고 있다.
⑧에서 '풀어헤치거나 맺히거나'는 당파를 결성하는 모습을, '헐뜯거니 돕거니'는 서로 다른 당파끼리 당쟁을 하는 모습을 나타낸 것이라 할 수 있다. 그리고 '하루 열두 때 어수선을 핀 것'은 당파 싸움으로 인해 혼란스러운 조정의 모습을 나타낸 것으로 볼 수 있다.

⑤ ⑩ : 나라가 어지러워진 책임이 신하뿐만 아니라 왕에게도 있다는 인식을 드러내고 있다.
⑩에서 '돌이켜 생각하니 상전님 탓이로다'라고 말하고 있는데, 이는 나라가 어지러운 책임이 왕에게도 있다는 인식을 드러낸 것으로 볼 수 있다.

27 외적 준거에 따른 작품의 감상
정답률 75% | 정답 ④

〈보기〉를 바탕으로 (가), (나)를 감상한 내용으로 적절하지 않은 것은? [3점]

─〈보 기〉─
전체는 구성 요소의 집합체이다. 그러므로 전체를 이루는 구성 요소들은 그 자체로는 두드러지지 않을지라도 전체를 위해 없어서는 안 되는 존재이다. 그리고 다양성을 지닌 구성 요소들은 각각의 역할을 능동적으로 수행할 때 존재의 의미를 획득하게 되고 전체는 조화로운 모습을 이루게 된다.

① (가)의 '가도'가 바로 선 집안은 구성 요소들이 어우러져 조화로운 모습을 갖춘 전체를 의미한다고 볼 수 있겠군.
'가도'는 '집안의 법도'를 의미하므로 가도가 바로 선 집안은 집안을 이루는 구성 요소들이 어우러져 조화로운 모습을 갖춘 것으로 볼 수 있다.

② (나)의 '탑'이 '수평을 이루게' 하는 '잔돌'은 두드러지지 않지만 전체를 위해 없어서는 안 될 구성 요소로 볼 수 있겠군.
'탑'이 '수평을 이루게' 하기 위해 필요한 '잔돌'은 그 자체로는 두드러지지 않은 존재로 볼 수 있다. 하지만 잔돌이 없으면 돌탑이 수평을 이루지 않게 될 수 있으므로 전체를 위해 없어서는 안 될 구성 요소로 볼 수 있다.

③ (가)의 '낮잠만 자는' 종과 달리 (나)의 '스스로' 핀 꽃은 능동적으로 존재의 의미를 획득한 구성 요소로 볼 수 있겠군.
'낮잠만 자는 종'은 자신에게 주어진 역할을 제대로 하지 않아 존재의 의미를 획득하지 못한 구성 요소로 볼 수 있다. 이와 달리 '스스로의 생명력으로' 핀 꽃은 세세하고 능동적인 존재의 움직임을 보여 주고 있으므로 능동적으로 존재의 의미를 획득한 구성 요소로 볼 수 있다.

✔ ④ (가)의 '먹고 입으며 드나드는'과 (나)의 '서로 업고 업혀서'는 다양성을 지닌 존재들의 필요성을 강조한 것으로 볼 수 있겠군.
(가)의 '먹고 입으며 드나드는'은 종의 행동을 나타낸 말로, 이를 다양성을 지닌 존재들의 필요성을 강조한 것으로 해석하는 것은 적절하지 않다. 이와 달리 (나)의 '서로 업고 업혀'는 큰 돌과 잔돌이 모두 필요하다는 생각을 드러낸 것이므로 다양성을 지닌 존재들의 필요성을 강조한 것으로 볼 수 있다.

⑤ (가)의 '크게 기운 집'은 구성 요소들이 역할을 제대로 수행하지 않은 결과로, (나)의 '기우뚱하는 돌탑'은 필요한 구성 요소가 제대로 갖추어지지 않은 결과로 볼 수 있겠군.
'크게 기운 집'은 집안을 이루는 구성 요소들이 자신에게 주어진 역할을 제대로 하지 않아서 생기는 결과로 볼 수 있다. '기우뚱하는 돌탑'은 돌탑이 수평을 이루게 하기 위해 필요한 큰 돌이나 잔돌이 없을 때 발생할 수 있는 결과로, 이는 필요한 구성 요소들이 제대로 갖추어지지 않은 결과로 볼 수 있다.

28~33 | 인문

(가) 권석만, '인간 이해를 위한 성격 심리학'

해제 이 글은 인간의 정신세계에서 무의식의 세계를 발견한 프로이트의 '정신분석이론'을 소개하고 있다. 프로이트는 인간에게 의식과는 다른 무의식 세계가 있다는 것을 발견하고, 이러한 무의식의 심연에는 '원초아'가, 무의식에서 의식에 걸쳐 '자아'와 '초자아'가 존재한다고 하였다. 이러한 원초아, 자아, 초자아는 역동적으로 상호작용하며 개인의 성격을 형성한다. 자아는 원초아와 초자아의 요구 사이에서 이를 조정하는 역할을 하는데, 이 역할을 제대로 하지 못하면 정신 요소 간의 균형이 무너지고 자아는 불안감이 생긴다. 자아는 이를 해소하기 위해 방어기제를 사용한다. 또한 어린 시절 해소되지 않은 심리적 갈등은 성인이 되어 재현되므로 이를 해소하기 위해서는 무의식에 내재된 과거의 상처를 의식의 세계로 끌어내는 과정이 필요하다.

주제 인간의 정신세계를 규명하려 한 프로이트의 정신분석이론

문단 핵심 내용

1문단	프로이트의 정신분석이론의 소개
2문단	무의식의 정신세계를 이루는 원초아, 자아, 초자아
3문단	상호작용하며 개인의 성격을 형성하는 원초아, 자아, 초자아
4문단	성인의 정신 질환을 치료하기 위해 내세운 프로이트의 주장

(나) 이부영, '분석심리학 이야기'

해제 이 글은 프로이트와 다른 관점에서 인간의 정신세계를 설명한 융의 '분석심리학'을 소개하고 있다. 융은 인간의 정신세계가 의식, 개인 무의식, 집단 무의식으로 이루어졌다고 보았다. 의식은 인간이 직접 인식할 수 있는 영역이고 여기에는 '자아'가 존재한다. 개인 무의식은 의식에 의해 배제된 생각, 감정, 기억 등이 존재하는 영역이다. 집단 무의식은 태어날 때부터 지니고 있는 원초적이고 보편적인 무의식으로 집단 무의식의 가장 안쪽에는 '자기'가 존재하는데 이는 개인의 근원적인 모습이다. 인간은 이러한 무의식을 의식화하는 과정을 통해 자기를 발견하고 비로소 타인과 구별되는 고유한 존재가 될 수 있는데, 이를 개별화라 한다.

주제 인간의 정신세계를 설명한 융의 분석심리학

문단 핵심 내용

1문단	프로이트의 이론과 구별되는 융의 분석심리학 소개
2문단	의식, 개인 무의식, 집단 무의식에 대한 융의 생각
3문단	융의 개별화 및 개별화가 이루어지는 과정

28 서술상 공통점 파악
정답률 63% | 정답 ②

(가), (나)의 공통점으로 가장 적절한 것은?

① 인간의 무의식을 주장한 이론에 대한 상반된 평가를 제시하고 있다.
(가)와 (나) 모두 인간의 무의식을 주장한 이론에 대해 설명하고 있지만, 이에 대한 상반된 평가를 제시하지는 않고 있다.

✔ ② 기존과 다른 관점에서 인간의 정신세계를 설명한 이론을 소개하고 있다.
(가)에서는 인간의 정신세계가 의식으로 이루어져 있다고 설명한 분트의 실험심리학을 언급하면서, 이와 다른 관점에서 인간의 정신세계가 의식과 무의식으로 이루어져 있다고 설명한 프로이트의 정신분석이론을 소개하고 있다. 그리고 (나)에서는 무의식을 의식에서 수용할 수 없는 원초적 욕구나 해결되지 못한 갈등의 창고로만 본 프로이트와 달리 무의식을 인간이 잠재적 가능성을 실현할 때 필요한 창조적인 에너지의 샘으로 해석한 융의 분석심리학을 소개하고 있다. 따라서 (가), (나) 모두 기존과 다른 관점에서 인간의 정신세계를 설명한 이론을 소개하고 있음을 알 수 있다.

③ 인간의 무의식을 설명한 이론이 등장하게 된 역사적 사건을 소개하고 있다.
(가)와 (나) 모두 인간의 무의식을 주장하는 이론에 대해 설명하고 있지만, 이 이론이 등장하게 된 역사적 사건을 소개하지는 않고 있다.

④ 인간의 정신 질환을 분류하고 각각의 특징을 설명한 이론을 제시하고 있다.
(가)와 (나) 모두 인간의 정신 질환을 분류하지는 않고 있다.

⑤ 인간의 정신세계를 설명한 이론이 다른 학문 영역에 미친 영향을 분석하고 있다.
(가)와 (나) 모두 인간의 정신세계를 설명하고 있지만 그것이 다른 학문 영역에 미친 영향을 분석하지는 않고 있다.

29 세부 정보의 확인
정답률 75% | 정답 ⑤

(가)의 내용과 일치하지 않는 것은?

① 분트는 인간의 정신세계가 의식으로만 구성되어 있다고 보았다.
1문단의 '분트는 인간의 정신세계가 의식으로 이루어져 있다고 보고'를 통해 알 수 있다.

② 프로이트는 인간을 무의식의 지배를 받는 비합리적 존재로 여겼다.
1문단의 '인간을 무의식의 지배를 받는 비합리적 존재로 간주하고'를 통해 알 수 있다.

③ 프로이트는 원초아가 강할 때 본능적인 욕구에 집착하는 성격이 나타난다고 생각했다.
3문단의 '원초아가 강할 때는 본능적인 욕구에 집착하는 충동적인 성격이'를 통해 알 수 있다.

④ 프로이트는 세 가지 정신 요소들이 상호작용하면서 개인의 성격이 형성된다고 보았다.
3문단의 '원초아, 자아, 초자아는 역동적으로 상호작용하면서 개인의 성격을 형성한다.'를 통해 알 수 있다.

✔ ⑤ 프로이트는 의식적으로 사용하는 방어기제와 무의식적으로 사용하는 방어기제를 구분하였다.
1문단의 '만일 자아가 제 역할을 하지 못하면 정신 요소의 균형이 깨져 불안감이 생기는데, 자아는 이를 해소하기 위해 무의식적으로 방어기제를 사용하게 된다.'를 통해, 프로이트가 의식적으로 사용하는 방어기제를 무의식적으로 사용하는 방어기제와 구분하였다는 내용은 적절하지 않다.

30 구체적인 자료에의 적용   정답률 63% | 정답 ④

(가)의 '프로이트'와 (나)의 '융'의 관점에서 〈보기〉를 이해한 내용으로 적절하지 않은 것은? [3점]

〈 보 기 〉
〔헤르만 헤세의 연보〕
○ 1877 : 기독교인다운 엄격한 생활을 중시하는 경건주의 집안에서 태어남. ……… ㉮
○ 1881 ~ 1886 : 자유분방한 기질로 인해 엄한 아버지의 교육 방식에 반항하며 불안감을 느낌. ……… ㉯
○ 1904 ~ 1913 : 잠재된 문학적 재능을 발휘하여 왕성하게 작품 창작을 하며 불안에서 벗어남. ……… ㉰
○ 1916 ~ 1919 : 아버지의 죽음을 접하고 심한 우울증을 경험함. ……… ㉱
○ 1945 ~ 1962 : 성찰적 글쓰기 활동 속에서 심리적 안정감을 느끼며 여생을 보냄. ……… ㉲
○ 1962 : 몬타뇰라에서 죽음.

① ㉮ : 프로이트는 엄격한 집안 분위기가 헤세의 초자아가 발달하는 데 영향을 주었다고 보겠군.
(가)의 프로이트에 따르면 어린 시절 부모의 종교나 가치관 등을 내재화하는 과정에서 헤세의 초자아는 발달하게 되므로 적절하다.

② ㉯ : 프로이트는 헤세의 불안감을 원초아와 초자아의 요구를 자아가 제대로 조정하지 못한 결과라고 보겠군.
(가)의 프로이트에 따르면 헤세의 불안감은 타고난 자유분방한 기질에서 비롯된 원초아의 요구와 엄한 아버지의 교육으로 내재화된 초자아의 요구 사이에서 자아가 이를 조정하지 못해 생긴 것으로 볼 수 있다.

③ ㉰ : 프로이트는 헤세의 왕성한 창작 활동을 승화로, 융은 이를 무의식의 창조적 에너지가 발현된 것으로 보겠군.
(가)의 프로이트에 따르면 헤세의 작품 창작은 어린 시절 생겨난 불안감을 무의식적으로 해소하려는 '승화'의 방어기제로 볼 수 있다. (나)의 융에 따르면 헤세의 작품 창작 활동은 무의식의 창조적 에너지가 발현되어 헤세의 잠재된 문학적 재능을 실현한 것으로 볼 수 있다.

✔ ④ ㉱ : 프로이트는 헤세의 우울증을 유년기의 불안이 재현된 것으로, 융은 이를 자아와 그림자가 통합된 것으로 보겠군.
(가)의 프로이트에 따르면 〈보기〉에 제시된 헤세의 우울증은 유년기에 느낀 불안감의 재현으로 볼 수 있다. 그리고 (나)의 융에 따르면 자아가 자기를 찾아가는 과정에서 정신세계를 구성하는 그림자, 그리고 여러 원형들이 대립에서 벗어나 하나의 정신으로 통합되므로, 자아와 그림자 통합은 내면의 성숙과 관련이 있다. 따라서 헤세의 우울증을 자아와 그림자가 통합된 것이라고 융은 보지 않았을 것임을 알 수 있다.

⑤ ㉲ : 융은 헤세가 성찰하는 글쓰기 활동을 통해 자기를 발견하는 과정에서 심리적 안정감을 느낀 것으로 보겠군.
(나)의 융에 따르면 헤세가 심리적 안정감을 느낀 것은 성찰하는 글쓰기 활동을 통해 자기를 발견하는 과정에서 내면이 점점 성숙해졌기 때문이라고 볼 수 있다.

31 글에 드러난 주장의 공통점 파악   정답률 69% | 정답 ⑤

(가)의 정신분석이론과 (나)의 분석심리학에서 모두 동의하는 진술로 가장 적절한 것은?

① 자아는 의식과 무의식의 세계에 걸쳐서 존재한다.
(가)의 정신분석이론에서 자아는 의식과 무의식의 세계에 걸쳐서 존재한다고 진술하고 있지만, (나)의 분석심리학에서 자아는 의식의 세계에 존재한다고 진술하고 있으므로 적절하지 않다.

② 무의식은 성적 에너지로만 이루어진 정신 요소이다.
(가)의 정신분석이론에서 원초아가 성적 에너지를 바탕으로 한다고 진술하고 있지만, (나)의 분석심리학에서 무의식은 창조적인 에너지의 샘이라고 진술하고 있다.

③ 무의식의 경험을 초월해 원형의 형태로 유전된다.
(나)의 분석심리학에서 집단 무의식은 진화를 통해 축적되어 온 인류의 경험이 '원형'의 형태로 존재한다고 진술하고 있지만, (가)에서는 그러한 내용이 언급되어 있지 않으므로 적절하지 않다.

④ 무의식에는 자아에 의해 억압된 열등한 자아가 존재한다.
(나)의 분석심리학에서 그림자를 자아에 의해 억압된 '또 하나의 나'라고 설명하고 있지만 이를 '열등한 자아'라고 볼 수 없다. 또한 (가)의 정신분석이론에서는 무의식에 자아에 의해 억압된 열등한 자아가 존재한다는 설명은 나타나 있지 않다.

✔ ⑤ 정신적 균형을 이루기 위해서는 자아의 역할이 중요하다.
(가)에 제시된 프로이트의 정신분석이론을 통해 자아는 원초아와 초자아의 요구 사이에서 이를 조정하는 역할을 하기 때문에 정신적으로 균형을 이루기 위해서는 자아의 발달이 중요함을 알 수 있다. 그리고 (나)에 제시된 융의 분석심리학을 통해 정신세계를 구성하는 각 요소들이 통합되어 정신적 균형을 이루기 위해서는 의식에 존재하는 자아가 끊임없이 무의식과 상호작용하며 무의식을 의식화하는 과정이 필요함을 알 수 있다. 따라서 두 이론 모두 정신세계의 균형을 이루기 위해 자아의 역할을 중요하게 보고 있다고 할 수 있다.

32 구절의 의미 이해   정답률 71% | 정답 ②

㉠을 이해한 내용으로 가장 적절한 것은?

① 의식의 확장을 통해 타인과의 경계를 허무는 과정이다.
의식의 확장을 통해 타인과 구별되는 고유한 존재가 되어 가는 과정이므로 타인과의 경계를 허무는 과정이라 할 수 없다.

✔ ② 자신의 근원적인 모습을 찾아 나가는 개별화의 과정이다.
㉠은 의식에 존재하는 자아가 무의식과 끊임없이 상호 작용하여 타인과 구별되는 고유한 존재가 되는 개별화의 과정을 의미한다고 할 수 있다.

③ 의식에 의해 발견된 무의식의 욕구가 억눌리는 과정이다.
㉠은 무의식의 영역을 의식으로 통합하면서, 정신세계를 이루는 정신 요소들이 하나로 통합되면서 균형을 이루는 과정이므로, 의식에 의해 발견된 무의식의 욕구가 억눌리는 과정으로 볼 수 없다.

④ 무의식이 의식에서 분화되어 정체성이 실현되는 과정이다.
정체성의 실현은 무의식이 의식에서 분화됨으로써 이루어지는 것이 아니라 무의식과 의식의 통합을 통해 이루어진다.

⑤ 과거의 경험들을 반복함으로써 성격이 형성되는 과정이다.
과거의 경험들을 반복하는 것은 '무의식을 의식화하는 과정'과 무관하다.

33 단어의 사전적 의미   정답률 86% | 정답 ②

ⓐ ~ ⓔ의 사전적 의미로 적절하지 않은 것은?

① ⓐ : 어떤 사실을 자세히 따져서 바로 밝힘.

✔ ② ⓑ : 주기적으로 자꾸 되풀이하여 돎.
'전환'의 사전적 의미는 '다른 방향이나 상태로 바뀌거나 바꿈.'이다. '주기적으로 자꾸 되풀이하여 돎.'의 사전적 의미를 지닌 단어는 '순환'이다.

③ ⓒ : 큰 관심 없이 대강 보아 넘김.

④ ⓓ : 받아들이지 아니하고 물리쳐 제외함.

⑤ ⓔ : 서로 얼굴을 마주 보고 대함.

34~37 현대 소설

윤흥길, 「아이젠하워에게 보내는 멧돼지」

감상   이 작품은 윤흥길의 『소라단 가는 길』에 실려 있는 연작소설 중 한 편으로, 하인철이란 인물이 6·25 전쟁 당시 유년 시절의 체험을 고향 친구들에게 들려주는 액자 소설의 형식으로 되어 있다. 어린 '나'의 순진한 시각을 통해 창권이 형의 활약과 몰락의 과정을 전달함으로써 전쟁의 폭력성과 이데올로기 대립의 참혹성에 대해 생각해 보게 하고 있다. 한편 몰락하게 되는 창권이 형의 모습을 통해 어리석은 인물이 가진 욕망의 허망함을 풍자하고 있다.
주제   전쟁의 폭력성과 이데올로기 대립의 참혹성

34 서술상 특징 파악   정답률 77% | 정답 ①

윗글에 대한 설명으로 가장 적절한 것은?

✔ ① 이야기 내부 인물이 중심인물의 행동과 그에 대한 자신의 생각을 서술하고 있다.
이 글은 작품 전체의 내화 중 일부로, 이야기 내부 인물인 '나'가 중심인물인 창권이 형의 행동과 그에 대한 자신의 생각을 전달하고 있다.

② 이야기 내부 인물이 인물과 인물 사이의 갈등을 해소하는 과정을 보여 주고 있다.
이야기 내부 인물인 '나'와 창권이 형, '나'와 어머니, 창권이 형과 어머니 사이의 갈등을 해소하는 과정은 나타나지 않는다.

③ 이야기 내부 인물이 과거와 현재를 반복적으로 교차하며 자신의 경험을 전달하고 있다.
이야기 내부 인물인 '나'가 자신의 경험을 전달하고는 있으나, 과거와 현재를 반복적으로 교차하며 전달하지는 않고 있다.

④ 이야기 외부 서술자가 특정 소재와 관련된 인물의 내면 심리를 묘사하고 있다.
이 글을 통해 '회중시계'와 관련된 '나'의 느낌을 서술한 부분은 찾아볼 수 있지만, 이 글의 서술자는 이야기 내부의 등장인물인 '나'이므로 적절하지 않다.

⑤ 이야기 외부 서술자가 서로 다른 공간에서 동시에 일어나는 사건들을 나열하고 있다.
이 글의 서술자는 등장인물인 '나'이고, 서로 다른 공간에서 동시에 일어나는 사건이 나열되지도 않고 있으므로 적절하지 않다.

35 작품 내용의 이해   정답률 81% | 정답 ②

윗글을 읽고 알 수 있는 내용이 아닌 것은?

① '나'는 궐기대회가 끝나기 전 친구들과 도중에 나온 적이 있었다.
'나'는 '친한 녀석들을 데리고 몰래 광장을 빠져나와 걸구대가 끝날 때까지 우리 식당에서 즐거운 시간을 함께 보낸 적이 종종 있었다.

✔ ② '나'는 창권이 형이 궐기대회에서 혈서를 쓴 사실을 어머니를 통해 전해 들었다.
이 글에서 '나'는 궐기대회에서 군복 차림의 인물이 연단에 오른 것을 직접 보고 눈에 익은 사람이라고 생각했고, 식당에 돌아온 창권이 형이 열 손가락에 붕대를 감고 있는 것을 보고 연단에 올랐던 인물이 창권이 형임을 확실히 알게 된다. 따라서 '나'가 어머니에게 창권이 형이 궐기대회에서 혈서를 쓴 사실을 들은 것이 아니다.

③ 창권이 형은 열혈 애국 청년 노릇으로 바빠지게 되자 식당 심부름꾼으로 일할 겨를이 없었다.
창권이 형은 '혈서를 쓰는 열혈 애국 청년 노릇'에 바쁘다 보니 '식당 안에 진드근히 붙어 있을 겨를'이 없었다.

④ 창권이 형은 퇴원 후 어머니에게 노골적인 박대를 받던 끝에 고향으로 돌아갈 결심을 했다.
창권이 형이 퇴원한 뒤 어머니가 그를 '눈엣가시로 알고 노골적으로 박대했'으며, 창권이 형은 '눈칫밥이나 축내며 지내던 어느 날' '마침내 시골집으로 돌아갈 결심을 굳혔다'.

⑤ 어머니는 창권이 형이 궐기대회에서 박수갈채를 받으며 애국 학도로 행세하는 것을 못마땅하게 여겼다.
창권이 형이 쓴 혈서가 궐기대회에서 공개될 때 '박수갈채'를 받았다고 했고, 어머니는 '형의 그 가짜배기 애국 학도 행각을 애초부터 꼴같잖게 여겼다'고 했으므로, 어머니는 창권이 형이 궐기대회에서 애국학도로 행세하는 것을 못마땅하게 여겼음을 알 수 있다.

36 소재의 상징적 의미 이해   정답률 62% | 정답 ⑤

㉠에 대한 이해로 가장 적절한 것은?

① 빛나는 교표로는 오히려 창권이 형의 능청스러운 성격을 은폐하기 어려움을 의미한다.
창권이 형의 능청스러운 성격은 교표를 통해 은폐하고자 하는 대상이 아니다.

② 교표가 빛이 날수록 오히려 창권이 형이 자신의 행동을 부끄럽게 생각할 수 있음을 의미한다.
창권이 형은 교표를 정성스럽게 닦으며 스스로 '진짜배기 고등학생으로 착각하고 있는 기색'이었고, 스스

로 '가짜배기 나이롱 고등과 학생'이라며 '천연덕스레' '히히거'리며 말하는 등 자신의 행동을 부끄러워하는 모습을 보이지 않는다.

③ 번뜩이는 교표로 인해 궐기대회에서 창권이 형이 맡는 역할이 오히려 축소될 수 있음을 의미한다.
교표는 궐기대회에서 남들의 시선을 고려하여 창권이 형을 고등학생으로 보이게 하기 위한 것이고 이후 교표 때문에 창권이 형이 궐기대회에서 맡은 역할이 축소되지도 않았다.

④ 교표를 정성스럽게 닦는 행위 때문에 오히려 창권이 형이 불안감을 더 크게 느끼게 됨을 의미한다.
창권이 형은 교표를 정성스럽게 닦으며 자신의 학력 위조에 대해 불안감을 느끼는 모습을 보이지 않는다.

☑ 지나치게 새것으로 보이는 교표 때문에 오히려 창권이 형의 학력 위조가 쉽게 탄로 날 수 있음을 의미한다.
이 글에서 '교표'는 창권이 형의 학력을 위장하기 위한 장치에 해당하는 것으로, 창권이 형은 이런 교표를 '안 그래도 새것임을 만천하에 광고하듯' 광을 내고 있다. 따라서 ⊙은, 교표가 너무 번뜩이면 새것으로 보이는 교표가 눈에 띄게 부자연스러워 보여 창권이 형이 가짜 고등학생이라는 것이 쉽게 탄로 날 수 있음을 의미한다고 할 수 있다.

★★★ 등급을 가르는 문제!
37 외적 준거에 따른 작품 감상 　　정답률 57% | 정답 ⑤

〈보기〉를 바탕으로 윗글을 감상한 내용으로 적절하지 않은 것은? [3점]

〈보 기〉
이 작품은 6·25 전쟁으로 인해 혼란해진 사회를 배경으로 한다. 창권이 형은 궐기대회에서 애국 학도로 활약하게 되는 과정에서 권력층에 편승하는 모습을 보인다. 정치적 목적을 위해 대중을 기만하며 이용당하다 결국 몰락하게 되는 창권이 형을 통해 어리석은 인물이 가진 욕망의 허망함을 풍자하고 있다. 그리고 궐기대회에서 벌어지는 일을 제대로 이해하지 못하는 어린 '나'를 통해 궐기대회가 희화화된다.

① '멧세지'를 보내는 것을 '멧돼지 보내기'로 오해한 '나'를 통해 궐기대회가 희화화되는군.
'나'는 어리기 때문에 '멧세지'가 무엇인지 몰라 '멧돼지'로 오해한다. 이러한 '나'의 오해는 궐기대회에서 주장되는 비장한 멧세지를 우스꽝스러운 대상으로 만들어버리고 웃음을 유발한다.

② '좀체 아물 새가 없'는 '손가락들'은 표면적으로는 애국심의 증거이지만 이면적으로는 창권이 형이 권력층에 이용당하는 인물임을 엿볼 수 있게 하는군.
궐기대회의 사회자가 '열 손가락을 모조리 깨물어 혈서를 쓴' 창권이 형을 '열혈 애국 청년'으로 소개하므로 창권이 형의 '손가락들'은 애국심의 증거로 볼 수 있다. 그러나 혈서를 쓰느라 그의 손가락이 '좀체 아물 새가 없'다는 것은 창권이 형이 궐기대회에 모인 군중들의 애국심을 고양하기 위해 이용되는 피해자이기도 하다는 것을 드러낸다.

③ '고등과 학생 숭내를 내고 댕기'라고 지시하는 것에서 자신들의 목적을 위해 대중을 속이는 권력층의 부정적 면모가 드러나는군.
창권이 형은 아침 일찍 '높은 사람들'을 만나러 갔다가 '고등학생으로 변해' 돌아온다. 국민학교 졸업에 불과한 인물이 궐기대회에서 하는 말을 신뢰하지 않을까 봐 권력층이 그에게 고등학생 흉내를 내라고 지시했다는 점에서 목적을 위해 대중을 속이는 권력층의 부정적 면모가 드러난다.

④ '시위대의 선두에 섰'다가 '중상을 입'은 비극을 통해 권력층에 편승하려는 창권이 형의 부질없는 욕망이 풍자되고 있군.
창권이 형이 '시위대의 선두에' 선 것은 권력층에 편승하여 애국 학도로서 인정을 받고자 한 욕망에서 나온 행동으로 볼 수 있다. 그런데 결국 '만용'을 부려 인대가 끊어지는 중상을 입는 비극으로 끝남으로써 그의 욕망이 부질없음이 드러난다는 점에서 풍자의 대상이 된다.

☑ '유일한 전리품'이었던 '회중시계'는 전쟁 시기에 애국 학도로서의 신념을 지키지 못한 창권이 형의 고뇌를 상징하는군.
'나'는 '회중시계'가 창권이 형의 '금빛 찬란하던 한 때'를 '증언하는' 듯하다고 했다. 그리고 창권이 형은 애국학도로서의 신념을 지키지 못한 것은 아니므로, 창권이 형에게 '유일한 전리품'으로 남겨진 '회중시계'가 전쟁 시기에 애국 학도로서의 신념을 지키지 못한 창권이 형의 고뇌를 상징한다고 보기 어렵다.

★★ 문제 해결 꿀~팁 ★★
▶ 많이 틀린 이유는?
이 문제는 글에 제시된 소재나 구절을 〈보기〉와 연관하여 이해하는 데 어려움을 겪어 오답률이 높았던 것으로 보인다. 특히 글의 중심인물인 '창권이 형'의 행동이 지니는 의미를 이해하지 못한 것도 오답률이 높았던 것으로 보인다.
▶ 문제 해결 방법은?
이 문제를 해결하기 위해서는 먼저 〈보기〉를 정확히 이해하면서, 글의 내용과 〈보기〉를 관련하여 제시한 선택지의 적절성을 판단하면 된다. 이때 주의할 점은 글의 내용을 정확하게 이해해야 한다는 점이다. 정답인 ⑤의 경우에 글의 내용을 바탕으로 '회중시계'의 의미와 '창권이 형'에 대해 정확히 이해해야 한다. 즉 피난민 시체로부터 받은 '회중시계'에 대해 '나'가 창권이 형의 '금빛 찬란하던 한 때'를 '증언하는' 듯하다고 하였음을 이해해야 한다. 이러한 글의 내용을 바탕으로 하면 '회중시계'가 전쟁 시기에 애국 학도로서의 신념을 지키지 못한 창권이 형의 고뇌를 상징하지 않음을 알 수 있다. 이처럼 〈보기〉를 바탕으로 작품을 감상하는 문제의 경우 글의 내용을 정확히 이해하지 못할 경우 잘못된 선택을 할 수 있으므로, 인물을 중심으로 글의 내용을 정확히 이해할 수 있도록 평소 훈련을 해야 한다.
▶ 오답인 ④를 많이 선택한 이유는?
이 문제의 경우 학생들이 ④가 적절하지 않다고 하여 오답률이 높았는데, 이는 글에 제시된 창권이 형의 모습을 〈보기〉와 연관하여 이해하는 데 어려움을 겪었기 때문으로 보인다. 즉, 이 글에서 창권이 형이 '시위대의 선두'에 선 이유, '중상을 입'고 창권이 형이 떠나는 의미를 〈보기〉와 연관하여 이해하지 못했기 때문으로 보인다. 만일 〈보기〉를 통해 창권이 형이 권력층에 편승하려는 인물이고, 몰락하게 되는 창권이 형을 통해 욕망의 허망함을 풍자한다는 내용을 이해하였으면, ④의 선택지가 적절함을 알 수 있었을 것이다.

38~42 기술
이준엽, 'OLED 소재 및 소자의 기초와 응용'
해제 이 글은 OLED 소자를 사용한 스마트폰에서 화면 내부 기판에 반사되는 외부광을 차단하여

야외 시인성을 개선하기 위해 적용된 기술에 대해 설명하고 있다. 야외 시인성은 빛이 밝은 야외에서 대상을 명확하게 인식할 수 있는 성질을 의미하는데, 스마트폰에는 야외 시인성 개선을 위한 기술이 적용되어 있다.
스마트폰 화면의 명암비가 높으면 우리는 화면에 표현된 이미지를 선명하다고 인식하는데, 명암비는 흰색의 휘도를 검은색을 표현할 때의 휘도로 나눈 값이다. 외부광이 존재하는 환경에서 명암비를 높이면 야외 시인성을 높일 수 있는데, OLED 소자를 사용한 스마트폰에서는 편광판과 위상지연필름을 활용하여 검은색을 표현할 때의 휘도를 줄임으로써 스마트폰의 야외 시인성을 높인다.
주제 야외 시인성을 개선하기 위해 적용된 기술

문단 핵심 내용
1문단	야외 시인성 개선에 적용되는 기술에 대한 의문 제기
2문단	명암비의 이해
3문단	명암비의 종류-암실 명암비와 명실 명암비
4문단	OLED 스마트폰에 휘도를 낮추는 기술이 적용되는 이유
5문단	OLED 스마트폰에 적용된 편광판의 원리 이해
6문단	OLED 스마트폰에서 야외 시인성을 높이는 기술

★★★ 등급을 가르는 문제!
38 내용의 사실적 이해 　　정답률 56% | 정답 ①

윗글에서 알 수 있는 내용으로 가장 적절한 것은?

☑ 햇빛은 진행하는 방향에 수직인 모든 방향으로 진동한다.
5문단을 통해 일반적으로 빛이 진행하는 방향에 수직인 모든 방향으로 진동하며 나아감을 알 수 있다. 그리고 스마트폰에 적용된 편광판의 원리를 나타낸 〈그림〉과 6문단의 내용을 통해, 외부광은 편광판을 거치면서 일부가 차단되므로 외부광이 일반적인 빛에 해당된다는 사실을 확인할 수 있다. 또한 3문단을 통해 햇빛은 외부광에 해당함을 알 수 있으므로 햇빛이 진행하는 방향에 수직인 모든 방향으로 진동한다는 진술은 적절하다.

② OLED는 네 가지의 색을 조합하여 다양한 색을 구현한다.
4문단을 통해 OLED는 빨간색, 초록색, 파란색 빛을 조합하여 다양한 색을 구현함을 알 수 있다.

③ 사람의 눈에 들어오는 빛의 양이 많으면 휘도는 낮아진다.
2문단을 통해 휘도는 '화면에서 나오는 빛이 사람의 눈에 얼마나 들어오는지를 나타내는 양'임을 알 수 있으므로, 사람의 눈에 들어오는 빛의 양이 많으면 휘도는 높아진다고 할 수 있다.

④ 야외 시인성은 사물 간의 크기 차이를 비교하는 기준이다.
1문단을 통해 야외 시인성이 '빛이 밝은 야외에서 대상을 명확하게 인식할 수 있는 성질'임을 알 수 있으므로, 야외 시인성이 대상 간의 크기 차이를 비교하는 기준이라는 진술은 적절하지 않다.

⑤ OLED는 화면의 외부 표면에 반사되는 외부광을 차단한다.
4문단을 통해 OLED는 화면의 내부에 있는 기판에 빛을 내는 역할을 하는 소자임을 알 수 있으므로, OLED가 화면의 외부 표면에 반사되는 외부광을 차단한다는 진술은 적절하지 않다.

★★ 문제 해결 꿀~팁 ★★
▶ 많이 틀린 이유는?
이 문제는 선택지에 제시된 내용이 글의 내용을 사실대로 제시하지 않고, 글의 내용을 바탕으로 변형하였거나 여러 문단의 정보를 활용하여 선택지를 만들어서 오답률이 높았던 것으로 보인다.
▶ 문제 해결 방법은?
최근 수능 문제에서는 내용의 사실 여부를 묻는 일치 문제보다 주어진 내용을 바탕으로 새로운 정보를 알아내거나 여러 정보를 종합하는 문제가 주로 출제되고 있다. 따라서 이러한 문제를 해결하기 위해서는 선택지의 내용과 관련된 정보들이 어디에 있는지 일차적으로 확인하고, 이러한 정보들을 바탕으로 선택지가 적절한지 판단할 수 있어야 한다.
가령 오답인 ③의 경우, 2문단을 통해 '화면에서 나오는 빛이 사람의 눈에 얼마나 들어오는지를 나타내는 양'이 휘도임을 확인하고, 이러한 내용을 바탕으로 사람의 눈에 들어오는 빛의 양이 많으면 휘도는 높아짐을 이끌어 내야 한다. 또한 정답인 ①의 경우, 3문단을 통해 햇빛은 외부광이라는 사실을, 6문단을 통해 외부광이 일반적인 빛에 해당함을, 그리고 5문단을 통해 일반적으로 빛이 진행하는 방향에 수직인 모든 방향으로 진동하며 나아간다는 것을 확인하고, 이를 종합할 수 있어야 한다. 이렇게 볼 때, 내용 이해 문제를 해결하는 핵심은 선택지에 제시된 내용이 글의 어느 부분과 관련 있는지를 확인하는 것에 있으므로, 글을 읽을 때 주요 개념이나 내용에 대해서는 반드시 밑줄을 그을 수 있도록 한다. 이렇게 해 두면 밑줄을 바탕으로 선택지의 내용이 어느 문단에 있는지 보다 쉽게 확인할 수 있는 이점이 있으므로 문제 해결에도 효율적일 수 있다.

39 세부 정보의 이해 　　정답률 64% | 정답 ②

⊙에 대한 설명으로 적절하지 않은 것은?

① 명실 명암비를 높이면 야외 시인성이 높아지게 된다.
3문단을 통해 스마트폰의 야외 시인성을 높이기 위해서는 명실 명암비를 높여야 함을 알 수 있다. 따라서 명실 명암비를 높이면 야외 시인성이 높아지게 됨을 알 수 있다.

☑ 흰색을 표현할 때의 휘도가 낮아질수록 암실 명암비가 높아진다.
2, 3문단을 통해 암실 명암비는 외부광이 존재하지 않는 조건에서, 화면이 흰색을 표현할 때의 휘도를 검은색을 표현할 때의 휘도로 나눈 값임을 알 수 있다. 따라서 흰색을 표현할 때의 휘도가 낮아질수록 암실 명암비도 낮아짐을 알 수 있다.

③ 휘도를 측정하는 환경에 따라 명실 명암비와 암실 명암비로 나뉜다.
3문단을 통해 암실 명암비와 명실 명암비는 휘도를 측정하는 환경에 따라 구분됨을 알 수 있다.

④ 흰색을 표현할 때의 휘도를 검은색을 표현할 때의 휘도로 나눈 값이다.
2문단을 통해 명암비는 흰색을 표현할 때의 휘도를 검은색을 표현할 때의 휘도로 나눈 값임을 알 수 있다.

⑤ 화면에 반사된 외부광이 눈에 많이 들어올수록 명실 명암비가 낮아진다.
1문단을 통해 화면에 반사된 햇빛이 화면에서 나오는 빛과 많이 혼재될수록 검은색을 표현할 때의 휘도가 높아져서 명실 명암비가 낮아짐을 알 수 있다.

ⓒ의 이유를 추론한 것으로 가장 적절한 것은?

① OLED가 내는 빛의 휘도를 조절할 수 없기 때문이다.
4문단을 통해 OLED가 색을 표현할 때, 출력되는 빛의 세기를 높여 해당 색의 휘도를 높일 수 있음을 알 수 있으므로 적절하지 않다.

② OLED가 내는 빛이 강할수록 수명이 길어지기 때문이다.
4문단을 통해 OLED가 강한 세기의 빛을 출력할수록 OLED의 수명이 단축됨을 알 수 있으므로 적절하지 않다.

☑ **OLED가 내는 빛 중 일부가 편광판에서 차단되기 때문이다.**
ⓒ과 같은 단점이 발생하는 원인은 투과되는 빛의 세기를 감소시키는 편광판이 사용되기 때문이다. 편광판은 OLED에서 방출된 빛 중 편광판 투과축의 수직 방향으로 진동하는 빛을 차단시켜 빛의 세기를 감소시키는데, 이를 통해 OLED에서 방출된 빛이 외부광처럼 편광판에 일부 차단되어 빛의 세기가 줄어든다는 것을 추론할 수 있다.

④ OLED가 내는 빛이 약하면 명암비 계산이 어렵기 때문이다.
빛의 세기를 높게 유지해야 하는 것은 명암비 계산을 어렵게 하는 것과는 관련이 없으므로 적절하지 않다.

⑤ OLED가 내는 빛의 세기를 높이는 데 한계가 있기 때문이다.
4문단을 통해 빛의 세기를 높이는 데 한계가 있지만 이는 빛의 세기를 높게 유지하는 것과 관련이 없음을 알 수 있으므로 적절하지 않다.

★★★ 등급을 가르는 문제!

〈보기〉는 [A]의 과정을 나타낸 그림이다. 윗글을 바탕으로 〈보기〉를 이해한 내용으로 적절하지 <u>않은</u> 것은? [3점]

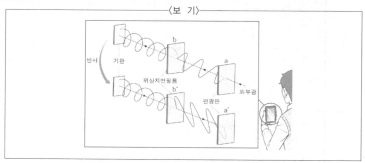

〈보 기〉

① 외부광은 a를 거치면서 투과축과 평행한 방향으로 진동하는 빛만 남게 된다.
5, 6문단을 통해 외부광은 편광판을 거치면서 편광판의 투과축과 평행한 방향으로 진동하며 나아가는 선형 편광만 남음을 알 수 있다.

② a를 거쳐 b로 나아가는 빛은 진행 방향에 수직인 방향으로 진동한다.
5, 6문단을 통해 편광판을 거쳐 위상지연필름으로 나아가는 빛은 선형 편광임을 알 수 있고, 선형 편광은 진행하는 방향에 수직인 빛 중 편광판의 투과축과 평행한 방향으로 진동하며 나아가는 빛이다.

☑ **b를 거친 빛은 기판에 의해 a를 거쳐 b로 나아가는 빛과 같은 형태의 편광으로 바뀌게 된다.**
b를 거친 빛은 원형 편광이며, a를 거쳐 b로 나아가는 빛은 선형 편광이므로, 둘은 같은 형태의 편광이 아니다. 또한 기판은 편광의 형태를 바꾸지 않으므로, b를 거친 빛이 a를 거쳐 b로 나아가는 빛과 같은 형태의 편광으로 바뀐다는 진술은 적절하지 않다.

④ b′를 거친 빛의 진동 방향은 a를 거쳐 b로 나아가는 빛의 진동 방향과 수직을 이룬다.
6문단을 통해 기판에 반사되어 다시 위상지연필름을 통과한 빛의 진동 방향은 외부광이 처음 편광판을 통과했을 때 남은 선형 편광의 진동 방향과 수직을 이룸을 알 수 있다.

⑤ b′를 거친 빛은 진동 방향이 a′의 투과축과 수직을 이루므로 화면 밖으로 빠져나가지 못하게 된다.
6문단을 통해 기판에 반사되어 다시 위상지연필름을 통과한 빛의 진동 방향은 편광판 투과축의 수직 방향임을 알 수 있다.

★★ 문제 해결 꿀~팁 ★★

▶ 많이 틀린 이유는?
이 문제는 글의 내용, 즉 [A]에 제시된 내용을 실제 그림에 적용하는 것에 어려움을 겪어 오답률이 높았던 것으로 보인다.
▶ 문제 해결 방법은?
학생들 중, 특히 문과에 속하는 학생들이 가장 어려워하는 것이 과학·기술이고, 그중에서도 그림이 나온 문제를 제일 어려워한다. 그런데 사실 이러한 문제의 경우 그림과 관련된 정보가 글에 제시되어 있으므로, 글의 내용에 따라 그림을 이해하고 있는 선택지의 내용을 글과 직접 연관시키면 생각보다 쉽게 문제를 해결할 수 있다.
가령 학생들이 적절하지 않다고 선택한 ②와 ④의 경우, 5문단을 통해 a, b, a′, b′가 무엇인지 이해하고, [A]의 내용에 따라 이해했으면 적절함을 알 수 있었을 것이다. 마찬가지로 적절하지 않아 정답인 ③의 경우에도, [A]를 통해 b를 거친 빛은 원형 편광, a를 거쳐 b로 나아가는 빛은 선형 편광임을 알았으면 적절하지 않음을 알았을 것이다. 이처럼 과학·기술에 제시된 그림의 경우(경제 지문에 사용되는 그래프의 경우도 마찬가지로)에는 글에 답이 반드시 제시되어 있으므로, 글의 내용과 그림을 비교하면서 선택지의 적절성 여부를 판단하도록 해야 한다.

문맥상 ⓐ ~ ⓔ와 바꾸어 쓰기에 적절하지 <u>않은</u> 것은?

① ⓐ : 뒤섞일수록
'혼재되다'는 '뒤섞이어 있다.'라는 의미를 지닌 단어이므로, '혼재될수록'은 '뒤섞일수록'으로 바꾸어 쓸 수 있다.

② ⓑ : 있는
'존재하다'는 '현실에 실재(實在)하다.'라는 의미를 지닌 단어이며, '있다'는 '어떤 사실이나 현상이 현실로 존재하는 상태이다.'라는 의미를 지닌 단어이므로, '존재하는'은 '있는'으로 바꾸어 쓸 수 있다.

☑ ⓒ : 고른다
'구현하다'는 '어떤 내용을 구체적인 사실로 나타나게 하다.'라는 의미를 지닌 단어이다. 따라서 '구현한다'를 '여럿 중에서 가려내거나 뽑는다.'라는 의미를 지닌 '고른다'로 바꾸는 것은 적절하지 않다.

④ ⓓ : 줄어드는
'단축되다'는 '시간이나 거리 따위가 짧게 줄어들다.'라는 의미를 가진 단어이므로, '단축되는'은 '줄어드는'으로 바꾸어 쓸 수 있다.

⑤ ⓔ : 막지
'방지하다'는 '어떤 일이나 현상이 일어나지 못하게 막다.'의 의미를 지닌 단어이므로, '방지하지'는 '막지'로 바꾸어 쓸 수 있다.

작자 미상, 「금방울전」

감상 이 소설은 동해 용왕의 아들이었던 해룡과 남해 용왕의 딸이었던 금령(금방울)이 온갖 시련을 이겨 내고 혼인을 하여 전생의 인연을 되찾는다는 내용을 담고 있는 작품이다. 이 작품에서 금방울은 자신의 능력을 바탕으로 해룡의 위기 극복과 입신양명을 돕고, 서사 진행에 있어 주도적인 역할을 하며 마지막에는 여성의 몸으로 변하고 있어서, 이 작품을 여성 영웅 소설로 평가하기도 한다.

주제 고난 극복을 통한 남녀의 결합과 부귀 획득

작품 줄거리 명나라 때 장원은 아들이 없다가 동해 용왕의 아들을 구출해 준 인연으로 부인이 잉태하여 아들 해룡을 낳는다. 그 뒤에 난리를 만나 피난길에 장원 부부가 해룡을 버리고, 도적인 장삼이 해룡을 업고 달아난다. 한편 김삼랑의 아내 막 씨는 어느 날 꿈을 꾸어 옥황상제로부터 아이를 점지 받고, 죽은 남편의 혼과 동침해서 금방울을 낳는다. 막 씨가 사는 마을의 원님이 된 장원이 금방울이 요망한 물건이란 소릴 듣고 처치하려 하지만 고생만 하게 되어 금방울을 풀어 준다. 하루는 장원의 부인이 병을 얻어 죽게 되는데, 금방울이 보은초를 가지고 와 생명을 구해 주고, 이 인연으로 금방울은 의형제를 맺은 장원 부인과 막 씨 사이를 오가며 사랑을 받는다. 이때 태조 고황제의 딸 금선 공주가 괴물에게 납치당하자 공주를 구해 주면 나라의 반을 주겠다는 어명이 내려진다. 한편 해룡은 장삼의 양자로 자라나지만 장삼의 처가 아들 소룡을 낳고 장삼이 사망하면서 심한 박대를 받으며 지내게 된다. 나중에는 소룡이 저지른 살인 사건 누명까지 쓰면서 감옥에 가지만 마을 관리의 아들 귀동이의 도움을 받아 누명을 벗게 된다. 이후 장삼의 집에서 나온 해룡은 금방울의 도움을 받아 괴물을 물리치고 금선 공주를 구하게 되고, 황제는 해룡을 부마로 삼는다. 부마가 된 해룡은 북방의 흉노를 물리치고, 금방울의 도움으로 장원 부부와 만나게 된다. 이후 해룡은 껍질을 깨고 아름다운 여인이 된 금방울과 금선 공주 두 부인을 거느리며 행복하게 산다.

윗글의 내용에 대한 이해로 적절하지 <u>않은</u> 것은?

☑ **변 씨는 소룡에게 잠자는 해룡을 깨우라고 지시했다.**
변 씨는 잠자는 해룡을 직접 부르고 있다. 해룡이 얼어 죽지 않은 것을 확인한 후 이상한 일이니 두고 보자고 소룡에게 이야기 할 뿐, 소룡에게 잠자는 해룡을 깨우라고 지시한 부분은 찾아볼 수 없다.

② 변 씨는 해룡을 도운 것이 금방울이라는 것을 몰랐다.
해룡은 방아질을 하다가 얼어 죽을 뻔한 상황에서 금방울의 도움으로 살고, 방아질, 비질도 금방울의 도움을 받는다. 하지만 변 씨는 이를 알지 못하고 해룡이 요술을 부려 사람을 속인 것이라고 생각하고 있다.

③ 해룡은 밤에 방아질을 하다가 추워 방 안으로 들어갔다.
해룡은 얇은 홑옷만 입고 추운 겨울날 밤에 방아질을 하다가 추위를 이기지 못해 잠깐 쉬려고 방 안으로 들어갔다.

④ 해룡은 방 안에서 움직이는 금방울을 보고 신통해 했다.
해룡은 자신의 방에서 금방울을 발견하고 잡으려 하지만 방 안을 굴러다니며 잡히지 않는 금방울을 신통하게 여겼다.

⑤ 금방울은 구호동에서 사라진 후 해룡보다 먼저 방에 도착했다.
금방울은 해룡이 호랑이를 잡도록 도와준 후 해룡이 산을 내려오면서 돌아볼 때는 이미 사라지고 없었으나, 해룡이 집에 돌아와 제 방에 들어가 보니 금방울이 방에 먼저 도착해 있었다.

[A]에 대한 설명으로 가장 적절한 것은?

① 지난 일의 책임을 상대방에게 전가하며 태도 변화를 촉구하고 있다.
가산이 줄어든 것에 대해서 언급하고 있으나 해룡에게 이에 대한 책임을 묻고 있지 않다.

② 상대방으로 인한 자신의 손해를 언급하며 요청 사항을 전달하고 있다.
변 씨는 해룡이 논밭을 일구면 도움이 될 것이라고 말하고 있을 뿐, 해룡으로 인한 손해를 언급하고 있지 않다.

③ 상대방의 역할에 대해 의문을 제기하며 자신의 입장을 수정하고 있다.
변 씨는 해룡의 역할에 대해서 의문을 제기하고 있지 않으며, 입장을 수정하고 있지도 않다.

☑ **자신이 제안한 바가 서로에게 이익이 됨을 근거로 상대방을 설득하고 있다.**
변 씨는 해룡에게 구호동 논밭을 일굴 것을 제안하며, 해룡도 장가를 가고 변 씨와 소룡도 잘살게 된다면 좋다는 말을 하고 있다. 즉 해룡이 구호동에서 논밭을 일구는 것이 변 씨와 해룡 모두에게 도움이 된다는 것을 근거로 해룡을 설득하고 있는 것이다.

⑤ 상대방이 취하려는 행위를 만류하기 위해 상대방과 자신의 관계를 언급하고 있다.
변 씨는 해룡에게 구호동에 가서 논밭을 일굴 것을 제안하고 있는 것일 뿐 해룡이 취하려는 행위를 만류하려고 하고 있지 않다.

〈보기〉는 윗글의 서사 구조를 도식화한 것이다. ㄱ ~ ㄹ에 대한 설명으로 적절하지 <u>않은</u> 것은? [3점]

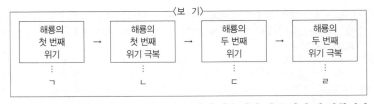

〈보 기〉

해룡의 첫 번째 위기	→	해룡의 첫 번째 위기 극복		해룡의 두 번째 위기	→	해룡의 두 번째 위기 극복
ㄱ		ㄴ		ㄷ		ㄹ

① ㄱ은 집에서 얼어 죽게 될, ㄷ은 구호동에서 짐승에게 해를 입게 될 상황이다.

해룡의 첫 번째 위기는 집에서 방아질을 하면서 얼어 죽을 뻔한 것이고, 두 번째 위기는 호랑이가 나오는 구호동에서 짐승에게 해를 입을 뻔한 것이다.

② ㄱ과 ㄷ은 모두 해룡에게 수행하기 어려운 과제가 주어지는 상황이다.

ㄱ에서는 해룡에게 아이가 견디기 어려운 추위에 방아질이라는 어려운 과제가 주어졌고, ㄷ에서는 해룡에게 호랑이가 나오는 곳에서 논밭을 일구어야 하는 어려운 과제가 주어졌다.

③ ㄴ은 장차 해룡에게 화를 입을 것을 염려한 변 씨가 ㄷ을 계획하는 계기가 된다.

해룡이 첫 번째 위기를 극복한 뒤 변 씨는 금방울의 도움이 있던 것을 모르고, 해룡의 요술로 인한 것이라고 생각한 뒤 해룡을 오래 두었다가는 화를 당할 것이라 생각해, 해룡을 죽일 계획을 생각하게 된다.

④ ㄴ과 ㄹ은 신이한 능력을 지닌 금방울에 의해 주도적으로 진행된다.

금방울은 첫 번째 위기 상황에서 자신의 능력을 바탕으로 해룡의 방을 따뜻하게 해 해룡의 목숨을 구하고, 두 번째 위기 상황에서 해룡을 공격하는 호랑이를 공격해 제압한다. ㄴ과 ㄹ에서 해룡이 위기를 벗어나는 것은 금방울의 주도로 진행된 것이다.

☑ ㄱ ~ ㄹ의 과정에서 해룡은 겉과 속이 다르게 자신을 대하는 변 씨의 이중성을 눈치채고 반발하게 된다.

해룡이 집에서의 첫 번째 위기와 구호동에서의 두 번째 위기를 겪는 과정에서 변 씨는 해룡을 걱정하는 척, 겉과 속이 다른 모습을 보인다. 하지만 해룡은 구호동에서 돌아와서도 변 씨의 칭찬에 감사를 표하며 변 씨에게 예의 바른 모습을 보이고 있을 뿐 변 씨의 이중성에 대해 반발하고 있지 않다.

03

| 정답과 해설 |

회 | 2022학년도 3월 학력평가   고1

· 정답 ·

01 ④ 02 ④ 03 ⑤ 04 ① 05 ② 06 ⑤ 07 ④ 08 ① 09 ② 10 ② 11 ⑤ 12 ① 13 ① 14 ② 15 ③
16 ⑤ 17 ① 18 ③ 19 ③ 20 ④ 21 ② 22 ④ 23 ④ 24 ① 25 ② 26 ① 27 ② 28 ⑤ 29 ④ 30 ④
31 ① 32 ④ 33 ③ 34 ⑤ 35 ⑤ 36 ③ 37 ② 38 ② 39 ③ 40 ⑤ 41 ③ 42 ③ 43 ⑤ 44 ③ 45 ①

★ 표기된 문항은 [등급을 가르는 문제]에 해당하는 문항입니다.

[01~10] 화법과 작문

01 발표의 말하기 방식 파악   정답률 84% | 정답 ④

위 발표에 대한 설명으로 적절하지 않은 것은?

① 용어의 뜻을 설명하며 청중의 이해를 돕고 있다.

2문단의 '영구 동토층은 온도가 ~ 녹지 않는 토양층을 말합니다.'를 통해, 발표자가 영구 동토층이라는 용어의 뜻을 설명하여 청중의 이해를 돕고 있음을 알 수 있다.

② 질문을 하면서 청중이 발표에 집중하도록 하고 있다.

2문단의 '영구 동토층에 대해 들어보신 적 있나요?'와 3문단의 '이것이 왜 문제가 될까요?'라고 질문을 하고 있는데, 이러한 질문들은 청중으로 하여금 발표에 집중하게 해 주는 효과가 있다.

③ 학습 경험을 언급하며 관련된 내용을 설명하고 있다.

3문단의 '수업 시간에 배운 것처럼 ~ 대표적인 온실가스입니다.'를 통해 확인할 수 있다.

☑ 예상되는 반론을 반박하며 발표의 설득력을 높이고 있다.

이 발표에서 발표자는 영구 동토층이 녹으면서 생기는 문제, 즉 영구 동토층이 녹을 때 대량의 온실가스가 방출되고, 이는 영구 동토층의 기온 상승을 가속화하며, 결국 지구 전체의 온난화를 악화시킨다고 언급하고 있다. 그러면서 영구 동토층이 녹지 않도록 전지구적 노력이 필요함을 강조하고 있다. 하지만 예상되는 반론을 반박하지는 않고 있다.

⑤ 캠페인에 대한 관심을 요청하며 발표를 마무리하고 있다.

마지막 문단에서 발표자는 '동아리 캠페인에도 지속적인 관심을 부탁'한다고 요청하며 발표를 마무리하고 있다.

02 발표 자료의 활용 방식 파악   정답률 70% | 정답 ④

발표자가 ㉠과 ㉡을 활용한 방식에 대한 설명으로 가장 적절한 것은?

① ㉠을 활용해 영구 동토층이 녹는 원인을 제시하고, ㉡을 활용해 해당 원인의 소멸 과정을 보여 주었다.

㉠ 뒤의 내용을 통해 영구 동토층이 녹으면 온실가스가 방출된다고 했으므로 영구 동토층이 녹는 원인을 제시한 것은 아니다. 또한 ㉡ 뒤의 내용을 통해 영구 동토층이 녹는 원인의 소멸 과정을 찾아볼 수 없다.

② ㉠을 활용해 영구 동토층이 생성된 과정을 제시하고, ㉡을 활용해 해당 과정의 발생 원인을 보여 주었다.

㉠은 영구 동토층이 생성된 과정을 제시한 자료가 아니며, ㉡은 영구 동토층의 생성 과정에 대한 원인을 보여 준 자료가 아니다.

③ ㉠을 활용해 영구 동토층이 녹는 속도의 차이를 보여 주고, ㉡을 활용해 그 차이를 줄이기 위한 방안을 제시하였다.

㉠은 영구 동토층이 유지되는 지역과 녹고 있는 지역의 차이를 보여 주지만 녹는 속도의 차이를 보여 주고 있지는 않다. 또한 ㉡은 영구 동토층의 녹는 속도 차이를 줄이기 위한 방안을 보여 주고 있지 않다.

☑ ㉠을 활용해 영구 동토층이 녹을 때 생기는 문제를 보여 주고, ㉡을 활용해 이 문제가 악화될 수 있음을 강조하였다.

㉠ 뒤의 '보시는 자료에서 왼쪽 그래프는 ~ 확인할 수 있습니다.'를 통해, ㉠은 영구 동토층이 녹지 않고 유지되는 지역과 영구 동토층이 녹고 있는 지역을 대조하여 영구 동토층이 녹을 때 온실가스의 방출량이 급격히 증가했음을 보여 주기 위해 활용했음을 알 수 있다. 그리고 ㉡ 뒤의 '붉은 선과 파란 선 ~ 같은 상황이 가속화됩니다.'를 통해, ㉡은 북극권의 연평균 기온 상승을 지구 전체의 연평균 기온 상승과 비교함으로써, 영구 동토층이 녹을 때 방출되는 온실가스로 인해 해당 문제가 악화될 수 있음을 강조하기 위해 활용했음을 알 수 있다.

⑤ ㉠을 활용해 영구 동토층이 유지된 지역의 문제 상황을 보여 주고, ㉡을 활용해 해당 문제가 가져올 결과를 제시하였다.

㉠은 영구 동토층이 유지된 지역의 문제 상황을 보여 주고 있지 않고, ㉡은 영구 동토층이 유지된 지역의 문제가 가져올 결과를 보여 주고 있지 않다.

03 청중의 듣기 과정 및 반응 파악   정답률 93% | 정답 ⑤

다음은 발표를 들은 학생들의 반응이다. 발표의 내용을 고려하여 학생의 반응을 이해한 내용으로 적절하지 않은 것은? [3점]

> ○ **학생 1** : 영구 동토층은 녹지 않는 것으로 알고 있었는데, 발표를 듣고 그렇지 않다는 것을 알게 되었어. 영구 동토층이 녹아서 문제가 생긴 사례를 더 찾아봐야지.
> ○ **학생 2** : 영구 동토층이 주로 북극권에 분포해 있다고 했는데, 나머지는 어디에 분포해 있을지 궁금해. 발표에서 참조한 자료의 출처를 물어봐야겠어.
> ○ **학생 3** : 영구 동토층이 녹는 문제의 심각성을 알리자는 캠페인의 취지에 동의해. 인근 학교와 지역 사회에 이 문제를 어떻게 공유할지 생각해 봐야겠어.

① '학생 1'은 발표 내용을 듣고 알게 된 정보를 통해 기존의 지식을 수정하고 있다.

'학생 1'은 발표를 통해 영구 동토층이 녹고 있다는 새로운 정보를 접한 후, 영구 동토층이 녹지 않는다고 여긴 기존의 지식을 수정하고 있다.

② '학생 2'는 발표자가 언급하지 않은 발표 내용에 대해 궁금증을 드러내고 있다.

'학생 2'는 발표자가 북극권에 분포한 영구 동토층에 대해서만 언급하고 있음을 언급하면서 발표에 언급되지 않은 다른 지역에 대한 궁금증을 드러내고 있다.

③ '학생 3'은 발표 내용을 수용하면서 주변에 알릴 방법을 고민하고 있다.
'학생 3'은 환경 동아리의 캠페인의 취지에 동의하면서, 영구 동토층이 녹는 문제의 심각성과 관련하여 인근 학교와 지역 사회에 알릴 방법을 생각해 보겠다 하고 있다.

④ '학생 1'과 '학생 3'은 발표 내용과 관련하여 추가적인 활동을 계획하고 있다.
'학생 1'은 영구 동토층이 녹아서 문제가 생긴 사례를 더 찾아보겠다고 했고, '학생 3'은 인근 학교와 지역 사회에 알릴 방법을 생각해야겠다고 했으므로 추가적인 활동을 계획한 것으로 볼 수 있다.

✔ '학생 2'와 '학생 3'은 발표에 활용된 정보에 출처가 언급되지 않았음을 지적하고 있다.
'학생 2'는 발표에서 참고한 자료의 출처를 물어봐야겠다 하고 있으므로, 정보에 출처가 언급되지 않았음을 지적하고 있다. 하지만 '학생 3'은 영구 동토층이 녹는 문제의 심각성을 알리자는 환경 동아리의 캠페인과 관련하여 인근 학교와 지역 사회에 어떻게 공유할지 생각해 보겠다 하고 있을 뿐, 정보에 출처가 언급되지 않았음을 지적하지는 않는다.

---

04 발화의 기능 이해   정답률 89% | 정답 ①

(가)의 '학생 1'에 대한 설명으로 적절하지 <u>않은</u> 것은?

✔ 일부 대화 참여자의 발언이 맥락에서 벗어났음을 지적하고 논의의 범위를 제한할 것을 요청하고 있다.
'학생 1'의 발화를 통해, 일부 대화 참여자의 발언이 맥락에서 벗어났음을 지적하거나 논의의 범위를 제한할 것을 요청하는 말은 찾아볼 수 없다.

② 대화 참여자의 발언에 대해 평가하고 논의와 관련하여 대화 참여자들이 해야 할 일을 제시하고 있다.
'학생 1'의 네 번째 발화에서 '학생 1'은 앞의 '학생 3'의 의견에 대해 '정말 좋은 의견이야.'라고 긍정적으로 평가하면서, 대화 참여자들이 해야 할 일로 자료 수집을 제안하고 있다.

③ 대화 참여자의 발언의 일부를 재진술하고 논의와 관련된 추가적인 설명을 요구하고 있다.
'학생 1'의 두 번째 발화에서 '학생 1'은 앞의 '학생 3'의 '고립될 수 있다는 불안을 느끼기 쉽다'는 말을 재진술하면서 포모라는 말에 대한 추가 설명을 요구하고 있다.

④ 대화 참여자의 발언 내용에 동의하고 더 논의할 내용을 제시하고 있다.
'학생 1'의 세 번째 발화에서 '학생 1'은 앞의 '학생 2'의 발화에 동의하면서 '학생들에게 제안할 만한 내용'을 더 논의하자고 하고 있다.

⑤ 지난번 대화 내용을 환기하고 이번에 논의할 내용을 밝히고 있다.
'학생 1'의 첫 번째 발화에서 '학생 1'은 지난번 대화 내용을 환기하며 오늘 논의할 내용을 밝히고 있다.

---

05 발화의 특성 이해   정답률 87% | 정답 ②

[A], [B]에 대한 이해로 가장 적절한 것은?

① [A]에서 전문가의 관점을 소개하고, [B]에서는 소개한 관점의 의의를 제시하고 있다.
'학생 3'은 [A]에서 전문가의 관점을 소개하지 않았고, [B]에서 관점의 의의를 제시하지 않았다.

✔ [A]에서 용어에 대해 설명하고, [B]에서는 설명한 내용의 일부를 활용하여 자신의 견해를 드러내고 있다.
'학생 3'은 [A]에서 '포모'와 '포모 증후군'이라는 용어에 대해 설명하고 있고, [B]에서는 포모 증후군에 대한 설명 내용 중 일부인 인간관계 맺기에 관련된 부분을 바탕으로 포모 증후군이 청소년과 관련된다는 자신의 견해를 드러내고 있다.

③ [A]에서 상대방 발언의 핵심 내용을 정리하고, [B]에서는 정리한 내용에 대한 자신의 견해를 밝히고 있다.
'학생 3'은 [A]에서 상대 발언의 질문에 맞게 답했으나 상대 발언의 핵심 내용을 정리하지는 않았다.

④ [A]에서 구체적 사례를 나열하여 제시하고, [B]에서는 일정한 기준에 따라 제시한 사례를 분류하고 있다.
'학생 3'은 [A]에서 구체적 사례를 나열하지 않았고, [B]에서 일정한 기준에 따라 사례를 분류하지 않았다.

⑤ [A]에서 자신의 견해를 요약하여 제시하고, [B]에서는 다른 의견을 받아들여 자신의 견해를 수정하고 있다.
'학생 3'은 [A]에서 견해가 아닌 정보에 해당하는 내용을 제시하고 있고, [B]에서 다른 사람의 의견을 받아들여 자신의 견해를 수정하지 않고 있다.

---

06 대화 내용이 글에 반영된 양상 이해   정답률 75% | 정답 ⑤

(가)의 대화 내용이 (나)에 반영된 양상으로 적절하지 <u>않은</u> 것은? [3점]

① (가)에서 포모 증후군에 대해 설명한 내용이, (나)의 3문단에서 청소년기의 심리적 특성과 함께 제시되었다.
(가)의 '학생 3'의 두 번째 발화와 세 번째 발화를 통해 포모 증후군에 대해 설명하고 있음을 알 수 있고, 이와 관련하여 (나)의 3문단에서 포모 증후군을 청소년의 또래를 중시하는 심리적 특성에 대한 설명과 함께 제시하고 있음을 알 수 있다.

② (가)에서 SNS 사용에 대해 청소년들에게 제안하려는 내용이, (나)의 4문단에서 개인의 측면과 사회적 측면으로 구분되어 제시되었다.
(가)의 '학생 2'의 마지막 발화를 통해 SNS 사용에 대해 청소년에게 제안하고 있음을 알 수 있고, 이와 관련하여 (나)의 4문단에서 경각심을 갖고 자기를 성찰하자는 개인적 측면과 일상 속 친구 관계 형성에 집중하자는 사회적 측면 등의 두 가지 방안으로 제시되었음을 알 수 있다.

③ (가)에서 청소년의 SNS 이용 시간과 관련하여 언급한 내용이, (나)의 1문단에서 설문 결과에 나타난 수치와 함께 구체적으로 제시되었다.
(가)의 '학생 1'의 첫 번째 발화와 '학생 2'의 첫 번째 발화를 통해 청소년의 SNS 이용 시간과 관련한 내용을 알 수 있고, 이와 관련하여 (나)의 1문단에서 '77%', '3시간', '19%' 등의 수치를 통해 구체적으로 제시되었음을 알 수 있다.

④ (가)에서 청소년기의 특성에 대한 전문가의 견해가 필요하다는 의견이, (나)의 2문단에서 전문가가 제시한 청소년기의 두 가지 특징으로 구체화되어 반영되었다.
(가)의 '학생 3'의 마지막 발화를 통해 청소년기 특성에 대한 전문가 견해가 필요하다는 의견을 알 수 있고, 이와 관련하여 (나)의 2문단에서 청소년기의 두 가지 특징으로 구체화되어 반영되었음을 알 수 있다.

✔ (가)에서 포모 증후군과 청소년의 SNS 이용 시간의 관련성에 대해 언급한 내용이, (나)의 2문단에서 청소년의 SNS 과다 사용과 포모 증후군의 악순환 관계로 제시되었다.
(가)의 '학생 3'의 세 번째 발화를 통해 포모 증후군과 청소년 SNS 이용 시간과 관련하여 언급한 내용을 알 수 있고, 이와 관련하여 (나)의 3문단에서 이에 대해 언급하고 있음을 알 수 있다. 하지만 (나)의 2문단에 청소년의 SNS 과다 사용과 포모 증후군의 악순환 관계에 대해 언급하지는 않고 있다.

---

07 조건에 맞는 표현   정답률 89% | 정답 ④

㉮에 들어갈 문장을 〈조건〉에 따라 작성한 것으로 가장 적절한 것은?

〈조 건〉
○ 문단의 내용과 어긋나지 않도록 할 것.
○ 내용의 대비가 드러나도록 비교의 방식을 활용할 것.

① 포모 증후군은 아닌지 걱정만 하기보다는 사용 시간 점검으로 현명한 SNS 사용자가 되자.
내용 대비가 드러나는 비교의 방식이 쓰였으나 4문단 내용과 어긋난다.

② 이번 주말 현실 속 친구들과 시간을 보냈다면, 다음 주말은 SNS 친구들에게 더 집중하도록 하자.
'SNS 친구들'과 '현실 속 친구들'이 대비를 이루고 있지만, 4문단 내용에 부합하지 않는다.

③ 내 손을 잡아 줄 옆자리 친구만큼 내 마음을 잡아 줄 SNS 친구도 소중하다는 것을 잊지 말아야 한다.
'옆자리 친구'와 'SNS 친구'가 대비를 이루고 있지만, 이들이 비교되지는 않았으며, 4문단 내용과도 상반되는 내용이다.

✔ SNS 속 친구 목록의 길이에 마음을 쓰기보다 곁에서 마음을 나누는 몇몇 친구와의 시간을 소중히 여길 필요가 있다.
'조건'을 통해 내용상 조건이 '문단의 내용에 맞는 것'이고, 형식상 조건이 '비교의 방식 활용'임을 알 수 있다. 이러한 조건을 만족하는 것은 ④로, ④는 (나)의 4문단의 친구 관계 형성에 집중하자는 내용과 어긋나지 않으며, 'SNS 속 친구 목록의 길이'와 '곁에서 마음을 나누는 몇몇 친구와의 시간'이 대비를 이루는 비교의 방식을 사용하고 있다.

⑤ 일상생활에서 직접 만나는 친구를 SNS 속에서 자주 만나며 연결되지 못하는 불안에서 벗어나 우정의 폭을 넓혀 보자.
4문단의 내용과 부합하고 '일상생활'과 'SNS'가 대비는 이루어지고 있지만 비교는 드러나지 않았다.

---

08 글쓰기 전략의 이해   정답률 91% | 정답 ①

'학생의 초고'에 나타난 글쓰기 전략을 〈보기〉에서 모두 골라 바르게 짝지은 것은?

〈보 기〉
㉠ 『페스트』를 읽었을 때의 효용을 밝히며 읽기를 권유한다.
㉡ 『페스트』의 내용을 개괄하여 작품의 대강을 파악하도록 한다.
㉢ 작품의 주요 구절을 인용하며 『페스트』를 추천하는 이유를 설명한다.
㉣ 다른 책과의 비교를 통해 『페스트』가 갖는 독자적인 가치를 강조한다.

✔ ① ㉠, ㉡   ② ㉠, ㉣   ③ ㉡, ㉢   ④ ㉡, ㉣   ⑤ ㉢, ㉣

✔ ㉠ 『페스트』를 읽었을 때의 효용을 밝히며 읽기를 권유한다.
'학생의 초고' 세 번째 문단의 '어려움에 처한 사람이라면 이 책을 읽고 자신의 상황에 대처할 수 있는 실마리를 얻을 수 있을 것이다.'를 통해, 작품을 읽었을 때의 효용을 밝히며 책 읽기를 권유하고 있음을 알 수 있다.

✔ ㉡ 『페스트』의 내용을 개괄하여 작품의 대강을 파악하도록 한다.
'학생의 초고' 첫 번째 문단의 '이 책은 1947년에 발표된 작품으로 오랑이라는 도시가 페스트로 인해 봉쇄되면서 페스트와 맞서는 다양한 인간을 다룬 소설이다.'를 통해, 작품 내용을 개괄해 작품의 대강을 파악하도록 하였음을 알 수 있다.

㉢ 작품의 주요 구절을 인용하며 『페스트』를 추천하는 이유를 설명한다.
'학생의 초고' 세 번째 문단을 통해 '탁월한 통찰과 진지함으로 우리 시대 인간의 정의를 밝힌 작가'라는 인용을 확인할 수 있지만, 인용한 구절은 작품의 주요 구절이 아니므로 적절하지 않다.

㉣ 다른 책과의 비교를 통해 『페스트』가 갖는 독자적인 가치를 강조한다.
'학생의 초고'를 통해 다른 책과의 비교에 해당하는 내용은 찾아볼 수 없다.

---

09 자료 활용의 적절성 평가   정답률 67% | 정답 ②

〈보기〉는 윗글을 쓰기 위해 학생이 참고한 자료이다. 학생의 자료 활용에 대한 설명으로 적절하지 <u>않은</u> 것은?

〈보 기〉
ㄱ. 알베르 카뮈(1913～1960)는 프랑스의 소설가로 '탁월한 통찰과 진지함으로 우리 시대 인간의 정의를 밝힌 작가'라는 평을 받으며 1957년에 노벨 문학상을 수상하였다. 주요 작품으로는 『이방인』, 『페스트』 등이 있다.
    – 문학가 사전의 '알베르 카뮈' 항목 중 일부

ㄴ. 제가 보기에 예술이란 고독한 향락이 아닙니다. 그것은 인간의 공통적인 괴로움과 기쁨의 유별난 이미지를 제시함으로써 최대 다수의 사람들을 감동시키는 수단입니다.
    – 카뮈의 노벨 문학상 수상 후 연설 중 일부

ㄷ. 1941년부터 오랑에서 생활하던 카뮈는 그 지역에 장티푸스가 창궐하여 매일같이 사람들이 죽어가는 상황과 그로 인해 발생하는 혼란을 목격하였다. 이때의 경험은 『페스트』의 창작에 영감을 주었다.
    – 출판사의 책 소개 중 일부

① ㄱ을 활용하여 작가에 대한 평가를 제시하고 있다.
'학생의 초고'를 볼 때, 학생은 ㄱ을 활용하여 '탁월한 통찰과 진지함으로 우리 시대 인간의 정의를 밝힌 작가'와 같이 작가에 대한 평가를 제시하고 있다.

✓ ㄴ을 활용하여 예술의 필요성에 대한 작가의 인식이 작품 창작의 동기가 되었음을 설명하고 있다.
자료 ㄴ은 '예술의 필요성에 대한 작가의 인식'을 드러낸 자료라 할 수 있다. 그런데 '학생의 초고'를 볼 때, 학생이 ㄴ을 '작품의 창작 동기'와 연결 지어 활용하고 있다고는 볼 수 없다.

③ ㄴ을 활용하여 작품이 보편적인 공감을 획득하고 있음을 작가의 예술관과 연결하여 드러내고 있다.
'학생의 초고'를 볼 때, 학생은 ㄴ을 활용하여 '작가가 말한 것처럼 『페스트』는 모두가 공감할 수 있는 현실의 모습과 정서를 표현하고 있다.'와 같이, 작가의 예술관과 연결하여 작품이 보편적인 공감을 획득하고 있음을 제시하고 있다.

④ ㄷ을 활용하여 특정 도시가 작품 속 공간으로 설정된 배경을 드러내고 있다.
'학생의 초고'를 볼 때, 학생은 ㄷ을 활용하여 '그는 오랑에서 머물던 중 전염병으로 수많은 사람이 죽는 것을 목격하였고 이때의 경험을 작품 속에 사실적으로 담아내었다.'와 같이 카뮈가 1941년 생활했던 오랑이 작품 속 공간으로 설정된 배경을 드러내고 있다.

⑤ ㄷ을 활용하여 전염병에 대한 작가의 경험이 작품의 사실성을 갖추는 데 기여하였음을 밝히고 있다.
학생은 ㄷ을 활용하여 '이때의 경험을 작품 속에 사실적으로 담아내었다.'와 같이 작가의 경험이 작품이 사실성을 갖추는 데 기여하였음을 밝히고 있다.

---

10 고쳐쓰기의 적절성 판단 　　정답률 54% | 정답 ②

〈보기〉는 선생님의 조언에 따라 [A]를 수정한 것이다. 선생님이 했을 조언으로 가장 적절한 것은?

〈보 기〉
작가는 재난이라는 상황을 부각하기보다 그 속에서 살아가는 인간의 다양한 모습에 주목한다. 최전선에서 환자를 치료하는 의사 리외, 민간 보건대 조직을 주도한 타루, 묵묵히 자신의 임무를 수행하는 말단 공무원 그랑, 신념과 다르게 돌아가는 현실 속에서 내적 갈등으로 고민하는 성직자 파늘루, 탈출을 시도하다 오랑에 남아 페스트와 싸운 기자 랑베르, 혼란 상황에서 자신의 이익을 추구하는 밀수업자 코타르 등 비극적인 재난 속에서 작품의 인물들은 각자의 선택을 한다. 페스트라는 질병과의 전쟁 속에서 매일 패배하면서도 굴하지 않는 다양한 인간 군상을 통해, 카뮈는 '인간은 어떤 존재여야 하는가?'라는 질문을 던지고 그에 대한 답을 암시한다.

① 책의 장점만 제시하기보다 책의 단점에 대해서도 언급하고, 책에 대한 균형 잡힌 시각을 드러낼 수 있는 내용으로 문단을 마무리하는 게 좋겠어.
〈보기〉의 내용을 통해 '책의 단점'과 관련된 언급은 찾아볼 수 없다.

✓ 인물 유형을 단순화하기보다는 다양한 인물의 모습을 보여 주고, 뒤 문단에서 언급된 작가에 대한 평가와 자연스럽게 연결될 수 있는 내용으로 문단을 마무리하는 게 좋겠어.
[A]에서는 인물의 유형을 긍정적인 유형과 부정적 유형, 두 가지로만 나누어 인물 유형을 단순화하여 제시하고 있지만, 〈보기〉에서는 인물의 유형을 단순화하기보다 작품에 드러나는 다양한 인물의 모습을 제시하고 있다. 그리고 [A]는 '카뮈가 공동체의 어려움을 이겨내기 위해서 구성원들의 연대 의식이 필요함을 역설한다.'와 같은 언급으로 마무리되고 있고, 〈보기〉는 '다양한 인간 군상을 통해, 카뮈는 '인간은 어떤 존재여야 하는가?'라는 질문을 던지고 그에 대한 답을 암시한다.'와 같은 언급으로 마무리되고 있는데, 이는 뒤 문단에서 언급된 작가에 대한 평가와 자연스럽게 연결되는 것이라 할 수 있다.

③ 인물 간 갈등의 원인만 제시하기보다는 갈등의 해소 과정을 보여 주고, 갈등 상황에 대처할 때 독자가 가져야 할 태도와 마음가짐에 대한 내용으로 문단을 마무리하는 게 좋겠어.
[A]를 통해 학생이 인물 간 갈등의 원인을 제시했다고 보기 어렵고, 〈보기〉의 내용이 갈등의 해소 과정을 드러냈다고 보기 어렵다. 그리고 〈보기〉에서 수정된 문단의 마무리 부분에 갈등 상황에 대처할 때 가져야 할 태도에 대한 내용이 제시되었다고 볼 수 없다.

④ 인물에 대한 정보를 간략하게 제시하기보다는 소설 속 인물의 행동을 자세하게 언급하고, 우리 사회에 필요한 바람직한 인간상을 제시하는 내용으로 문단을 마무리하는 게 좋겠어.
학생이 [A]에서 〈보기〉로 글을 수정하면서 작품의 인물에 대한 정보를 자세하게 언급한 측면은 일부 찾아볼 수 있지만, 그 내용이 수정한 글 〈보기〉에서 '우리 사회에 필요한 바람직한 인간상을 제시하는 내용'으로 연결되어 글이 마무리되고 있다고 볼 수는 없다.

⑤ 책의 내용을 자세하게 소개하는 대신 책에서 받은 인상을 간략하게 제시하고, 뒤 문단에서 언급된 독서 행위의 의미를 이끌어 낼 수 있는 내용으로 문단을 마무리하는 게 좋겠어.
학생이 [A]에서 〈보기〉로 글을 수정한 방향을 책의 내용을 자세하게 소개하는 대신, 책에서 받은 인상을 간략하게 제시한 것으로 설명하는 것은 적절하지 않다.

[11~15] 문법

11 서술어가 요구하는 문장 성분의 이해 　　정답률 75% | 정답 ⑤

[A]를 이해한 내용으로 적절하지 않은 것은? [3점]

① ②-「1」의 의미로 쓰이는 '풀다'는 부사어를 요구한다.
[A]의 국어사전을 통해, ②-「1」의 문형 정보로 【 …에 …을 】이 제시되었음을 알 수 있으므로, 부사어를 요구한다고 할 수 있다.

② 문형 정보에 주어가 표시되지 않았지만 '풀다'는 주어를 요구한다.
[A]의 국어사전을 통해 문형 정보에 주어가 표시되지 않았음을 알 수 있다. 그런데 원칙적으로 서술어는 주어를 항상 요구하므로 문형 정보에는 주어를 제외한 필수적 문장 성분에 대한 정보만 제시된다고 할 수 있다.

③ ①-「1」과 ②-「1」의 의미로 쓰이는 '풀다'는 모두 목적어를 요구한다.
[A]의 국어사전을 통해 ①-「1」의 문형 정보로 【 …을 】이 제시되어 있고, ②-「1」의 문형 정보로 【 …에 …을 】이 제시되어 있음을 알 수 있다. 따라서 ①-「1」과 ②-「1」의 의미로 쓰이는 '풀다'는 모두 목적어를 요구함을 알 수 있다.

④ '풀다'가 ①-「1」의 의미로 쓰일 때와 ①-「5」의 의미로 쓰일 때는 필수적 문장 성분의 개수가 같다.

[A]의 국어사전을 통해 ①-「1」과 ①-「5」의 문형 정보로 【 …을 】이 제시되어 있음을 알 수 있다. 따라서 ①-「1」과 ①-「5」의 필수적 문장 성분의 개수는 2개로 같다고 할 수 있다.

✓ '그는 십 분 만에 선물 상자의 매듭을 풀었다.'에 쓰인 '풀다'의 문형 정보는 사전에 【 …에 …을 】로 표시된다.
'그는 십 분 만에 선물 상자의 매듭을 풀었다.'의 '매듭을 풀었다'를 볼 때, 이 문장에 쓰인 '풀다'의 문형 정보는 【 …을 】임을 알 수 있다.

---

12 문장 성분의 호응 이해 　　정답률 86% | 정답 ①

⊙, ⓒ에 들어갈 말로 적절한 것은?

| ⊙ | ⓒ |

✓ 목적어　　액체나 가루 따위에 해당하는 말
'그래서 나는 물에 세제와 신발을 풀었다.'에서 서술어 '풀다'와 목적어 '신발을'이 호응하지 않음을 알 수 있으므로 ⊙에 들어갈 말로 적절한 것은 '목적어'라 할 수 있다. 그리고 [A]에 제시된 국어사전을 통해 밑줄 친 문장에 쓰인 '풀다'의 의미가 '액체에 다른 액체나 가루 따위를 섞다.'임을 알 수 있으므로, ⓒ에 들어갈 말로 적절한 것은 '액체나 가루 따위에 해당하는 말'이라 할 수 있다.

② 목적어　　복잡한 문제 따위에 해당하는 말
⊙은 적절하지만 ⓒ에 들어갈 말로 적절한 것은 '액체나 가루 따위에 해당하는 말'이므로 적절하지 않다.

③ 부사어　　액체에 해당하는 말
⊙도 적절하지 않고, ⓒ에는 '액체나 가루 따위에 해당하는 말'이 들어가야 적절하다.

④ 주어　　복잡한 문제 따위에 해당하는 말
⊙도 적절하지 않고, ⓒ에는 '액체나 가루 따위에 해당하는 말'이므로 적절하지 않다.

⑤ 주어　　액체에 해당하는 말
⊙도 적절하지 않고, ⓒ에는 '액체나 가루 따위에 해당하는 말'이 들어가야 적절하다.

---

13 표준 발음법에 따른 발음의 이해 　　정답률 70% | 정답 ①

〈보기 1〉의 '표준 발음법'에 따라 〈보기 2〉의 ⊙ ~ ⓜ을 발음한다고 할 때, 적절하지 않은 것은?

〈보기 1〉
표준 발음법
제10항 겹받침 'ㄳ', 'ㄵ', 'ㄼ, ㄽ, ㄾ', 'ㅄ'은 어말 또는 자음 앞에서 각각 [ㄱ, ㄴ, ㄹ, ㅂ]으로 발음한다.
제11항 겹받침 'ㄺ, ㄻ, ㄿ'은 어말 또는 자음 앞에서 각각 [ㄱ, ㅁ, ㅂ]으로 발음한다. 다만, 용언의 어간 말음 'ㄺ'은 'ㄱ' 앞에서 [ㄹ]로 발음한다.
제14항 겹받침이 모음으로 시작된 조사나 어미, 접미사와 결합되는 경우에는, 뒤엣것만을 뒤 음절 첫소리로 옮겨 발음한다.
제23항 받침 'ㄱ(ㄲ, ㅋ, ㄳ, ㄺ), ㄷ(ㅅ, ㅆ, ㅈ, ㅊ, ㅌ), ㅂ(ㅍ, ㄼ, ㄿ, ㅄ)' 뒤에 연결되는 'ㄱ, ㄷ, ㅂ, ㅅ, ㅈ'은 된소리로 발음한다.

〈보기 2〉
책장에서 ⊙ 읽지 않은 시집을 발견했다. 차분히 ⓒ 앉아 마음에 드는 시를 예쁜 글씨로 공책에 ⓒ 옮겨 적었다. 소리 내어 시를 ⓓ 읊고, 시에 대한 감상을 적어 보기도 했다. 마음이 평온해지는 ⓜ 값진 경험이었다.

✓ ⊙은 제11항, 제23항 규정에 따라 [일찌]로 발음해야겠군.
〈보기 1〉의 표준 발음법 제11항 규정을 통해 겹받침 'ㄺ'은 자음 앞에서 [ㄱ]으로 발음함을 알 수 있고, 제23항 규정을 통해 겹받침 'ㄺ' 뒤에 연결되는 'ㅈ'은 된소리로 발음함을 알 수 있다. 따라서 〈보기 2〉의 ⊙은 11항과 23항에 따라 [익찌]로 발음해야 한다.

② ⓒ은 제14항 규정에 따라 [안자]로 발음해야겠군.
제14항 규정을 보면, 겹받침이 모음으로 시작된 어미와 결합되는 경우 뒤엣것만을 뒤 음절 첫소리로 옮겨 발음함을 알 수 있다. 따라서 ⓒ은 제14항 규정에 따라 [안자]로 발음해야 한다.

③ ⓒ은 제11항 규정에 따라 [옴겨]로 발음해야겠군.
제11항 규정을 보면, 겹받침 'ㄻ'은 자음 앞에서 [ㅁ]으로 발음함을 알 수 있으므로, ⓒ은 제11항 규정에 따라 [옴겨]로 발음해야 한다.

④ ⓓ은 제11항, 제23항 규정에 따라 [읍꼬]로 발음해야겠군.
제11항 규정을 보면 겹받침 'ㄿ'은 자음 앞에서 [ㅂ]으로 발음함을 알 수 있고, 제23항 규정을 보면 겹받침 'ㄿ' 뒤에 연결되는 'ㄱ'은 된소리로 발음함을 알 수 있다. 따라서 ⓓ은 제11항과 제23항 규정에 따라 [읍꼬]로 발음해야 한다.

⑤ ⓜ은 제10항, 제23항 규정에 따라 [갑찐]으로 발음해야겠군.
제10항 규정을 보면 'ㅄ'은 자음 앞에서 [ㅂ]으로 발음함을 알 수 있고, 제23항 규정을 보면 'ㅄ' 뒤에 연결되는 'ㅈ'은 된소리로 발음함을 알 수 있다. 따라서 ⓜ은 제10항과 제23항 규정에 따라 [갑찐]으로 발음해야 한다.

★★★ 등급을 가르는 문제!

14 단어의 품사 파악 　　정답률 29% | 정답 ②

〈보기 1〉의 밑줄 친 부분에 해당하는 단어를 〈보기 2〉에서 있는 대로 모두 고른 것은?

〈보기 1〉
선생님 : 하나의 단어가 수사로 쓰이기도 하고 수 관형사로도 쓰이는 경우가 많습니다. 그런데 수 관형사로만 쓰이는 단어도 있습니다.

〈보기 2〉
○ 나는 필통에서 연필 하나를 꺼냈다.　　○ 그 마트는 매월 둘째 주 화요일에 쉰다.
○ 이번 학기에 책 세 권을 읽는 게 내 목표야.　　○ 여섯 명이나 이 일에 자원해서 정말 기뻐.

① 하나
'하나'는 수 관형사로 쓰이지 않고 수사로만 쓰이고 있다.

✓ 세
수 관형사는 뒤의 체언을 꾸며 주고, 수사는 조사와 결합하여 사용된다. 따라서 〈보기 2〉에 제시된 단어 중 수 관형사로만 쓰이고 수사로는 쓰이지 않는 단어에 해당하는 것은 '세'이다.

③ 하나, 여섯
'하나'는 수 관형사로 쓰이지 않고 수사로만 쓰인다. 이와 달리 '여섯'은 〈보기〉에서 수 관형사로 쓰이고 있지만, 수사로도 쓰일 수 있는 단어에 해당한다.

④ 둘째, 세
'세'는 수 관형사로만 쓰인다. 이와 달리 '둘째'는 〈보기〉에서 수 관형사로 쓰이고 있지만, 수사로도 쓰일 수 있는 단어에 해당한다.

⑤ 둘째, 여섯
'둘째, 여섯'은 〈보기〉에서 수 관형사로 쓰이고 있지만, 수사로도 쓰일 수 있는 단어에 해당한다.

15 지시 표현의 이해 　　　　　정답률 91% | 정답 ③

⊙ ~ ⓥ에 대한 설명으로 적절하지 않은 것은?

〈 보 기 〉
지현 : 저기 ⊙ 버스 온다. 얼른 타자. 우리가 오늘 영화를 볼 장소로 가는 버스야.
경준 : ⓒ 차에 사람이 많아 보여. 차라리 택시를 타자.
지현 : 좋아. 그런데 ⓒ 이곳이 원래 사람이 이렇게 많았나?
경준 : 여기가 혼잡한 데는 아닌데 주말이라 그런 것 같아. 급하게 와서 그런지 목이 마르네. 물병 좀 꺼내 줄래? 배낭을 열면 물병이 두 개 있어.
지현 : 잠시만. ⓔ 이 중에서 더 작은 ⓕ 것을 주면 돼?
경준 : 응. 고마워. 그런데 ⓖ 우리가 오늘 보기로 한 영화는 누가 추천한 거야?
지현 : ⓗ 자기가 봤는데 재미있더라면서 민재가 추천해 줬어.

① ⓒ은 '버스'의 상위어로서 ⊙을 가리킨다.
ⓒ은 '버스'의 상위어로서, 여기서는 ⊙을 가리킨다.

② ⓒ과 ⓔ은 다른 단어이지만, 같은 곳을 가리킨다.
ⓒ과 ⓔ은 다른 단어이지만 둘 다 지현과 경준이 대화를 나누고 있는 장소를 가리킨다

☑ ③ ⓕ은 '배낭'을, ⓕ은 '물병'을 가리킨다.
앞의 경준의 말인 '배낭을 열면 물병이 두 개 있어.'를 볼 때 ⓔ은 '물병 두 개'를 가리킴을 알 수 있다. 그리고 ⓕ은 두 개의 물병 중 작은 것에 해당하므로 작은 '물병'을 가리킨다고 할 수 있다.

④ ⓖ은 화자와 청자를 모두 포함한다.
지현과 경준이 대화하고 있는 상황이므로 ⓖ은 화자인 경준과 청자인 지현 모두를 포함한다고 할 수 있다.

⑤ ⓗ은 '민재'를 가리킨다.
ⓗ 앞의 경준의 말을 통해 영화를 추천한 사람에 해당하므로, ⓗ은 뒤에 나오는 '민재'를 가리킨다.

[16~45] 독서·문학

16~20 사회

배영달, 「보드리야르의 소비의 사회 읽기」

해제 이 글은 보드리야르의 소비 이론을 설명하고 있다. 마르크스는 교환가치를 경제적 가치로 파악하고 소비의 자율성을 인정하지 않았다. 이와 달리 보드리야르는 기호가치를 경제적 가치로 파악하고 자본주의 사회를 소비 우위 사회라고 주장하였다. 보드리야르는 대량 생산 기술이 급속하게 발전한 자본주의 사회에서 소비자는 자신이 속하고 싶은 집단과 다른 집단 간의 차이를 부각하는 기호에 대한 욕구에 따라 소비하며 이러한 욕구는 자유로운 선택이 아니라 사회적으로 강제된 욕구임을 강조하였다. 또한 그는 기호가치를 소비하는 현대 자본주의 사회를 소비사회로 명명하였는데, 이러한 소비에 대한 그의 이론은 소비가 인간에 미치는 영향을 비판적으로 성찰해야 한다는 점을 시사한다는 의의가 있다.
주제 보드리야르의 소비 이론

문단 핵심 내용

1문단	교환가치를 경제적 가치로 파악하며 소비의 자율성을 인정하지 않은 마르크스
2문단	기호가치를 경제적 가치로 파악하고 자본주의 사회를 소비 우위 사회라고 주장한 보드리야르
3문단	기호의 의미 내용을 결정하는 기호 체계
4문단	자본주의 사회에서 기호가치 때문에 소비한다고 여긴 보드리야르
5문단	소비를 강제된 욕구에 따르는 것으로 여긴 보드리야르
6문단	보드리야르 이론이 지니는 의의

16 인물들의 관점 이해 　　　　　정답률 76% | 정답 ⑤

'자본주의 사회'에 대한 ⊙, ⓒ의 주장을 이해한 내용으로 가장 적절한 것은?

① ⊙ : 소비가 생산에 종속되므로 사용가치와 교환가치는 결국 동일하다.

1문단을 통해 마르크스는 소비가 생산에 종속된다고 생각했음을 알 수 있다. 그런데 마르크스는 사용가치는 고정적이라고 본 반면에, 교환가치는 사물의 생산 비용에 의해 결정되는 것(유동적)이라고 보았으므로, 사용가치와 교환가치를 동일하게 보지 않았음을 알 수 있다.

② ⊙ : 사물 자체의 유용성은 변하지 않으므로 소비자의 욕구를 중심으로 분석해야 한다.
1문단을 통해 마르크스는 사물 자체의 유용성은 변하지 않는다고 생각했음을 알 수 있다. 하지만 마르크스는 소비를 생산에 종속된 현상으로 보고 소비의 자율성을 인정하지 않았으므로, 소비자의 욕구를 중요하게 생각하지 않았음을 알 수 있다.

③ ⓒ : 소비자에게 소비의 자율성이 존재하므로 교환가치가 사용가치를 결정한다.
2문단을 통해 보드리야르가 자본주의 사회를 소비 우위의 사회라고 주장했으므로 소비자에게 소비의 자율성이 존재함을 알 수 있다. 하지만 보드리야르는 사용가치가 경제적 가치를 결정한다고 생각했으므로, 교환가치가 사용가치를 결정한다고 생각하지 않았음을 알 수 있다.

④ ⓒ : 개인에게 욕구가 강제되므로 소비를 통해 집단 간의 사회적 차이가 소멸한다.
5문단을 통해 보드리야르는 개인의 욕구에 따라 자유롭게 소비하는 것처럼 보이지만 사실은 강제된 욕구에 따르는 것에 불과하다고 보았음을 알 수 있다. 그런데 4문단에서 소비자가 소비하는 사물은 소비자가 속하고 싶은 집단과 다른 집단 간의 차이를 부각하는 기호로서 기능한다고 하였으므로, 집단 간의 사회적 차이는 현대 소비 사회에 강화된다고 할 수 있지 소멸된다고 할 수 없다.

☑ ⑤ ⓒ : 경제적 가치는 사회적 상징체계에 따라 결정되므로 기호가치가 소비의 원인이다.
2문단을 통해 보드리야르가 기호가치가 경제적 가치를 결정한다고 보았음을 알 수 있고, 5문단을 통해 보드리야르가 기호 체계를 사회적 상징체계와 동일 표현으로 보았음을 알 수 있다. 그리고 4문단을 통해 보드리야르는 소비자가 기호가치 때문에 사물을 소비한다고 보았음을 알 수 있다. 따라서 경제적 가치는 사회적 상징체계에 따라 결정되므로 보드리야르는 기호가치가 소비의 원인이라고 주장했음을 알 수 있다.

★★★ 등급을 가르는 문제!
17 세부 내용의 이해 　　　　　정답률 28% | 정답 ①

기호 체계를 바탕으로 [A]를 이해한 내용으로 적절하지 않은 것은?

☑ ① 사물은 기표로서의 추상성과 기의로서의 구체성을 갖는다.
[A]에서는 자본주의 사회의 소비를 기호 소비로 설명하고 있다. 3문단의 내용을 통해 사물은 기표와 기의로 구성되며, 구체적인 사물은 기호이자 기표로 작용함을 알 수 있다. 따라서 기표는 문자나 음성같이 감각으로 지각되는 부분으로 구체성을, 기의는 의미 내용 부분으로 추상성을 가진다고 할 수 있다.

② 사물과 그것이 상징하는 특정한 사회적 지위와의 관계는 자의적이다.
[A]에 언급된 '특정한 사회적 지위'는 사물이 가지는 기의에 해당하고, 3문단을 통해 기표와 기의의 관계는 자의적임을 알 수 있으므로 적절한 이해이다.

③ 사물은 사물 자체가 아닌 사물 간의 관계를 통해 의미 내용이 결정된다.
3문단을 통해 기호의 의미 내용을 결정하는 것은 기표와 기의의 관계가 아니라 기호들 사이의 관계임을 알 수 있으므로 적절한 이해이다.

④ 소비는 사물이라는 기호를 통해 특정 계층 또는 집단의 일원이라는 상징을 얻는 행위이다.
[A]에 제시된 명품 가방 소비의 예시를 통해 확인할 수 있으므로 적절한 이해이다.

⑤ 기호가치는 사물의 기의와 그에 대한 소비자의 욕구와 관련될 뿐 사물의 기표에 의해 결정되는 것은 아니다.
3문단을 통해 기호가치가 어떤 대상을 지시하는 상징의 기능적 가치임을 알 수 있으므로, 구체적으로 감각되는 기표와는 관계가 없다고 할 수 있다.

18 전제된 내용의 추리 　　　　　정답률 78% | 정답 ③

ⓒ의 전제로 가장 적절한 것은?

① 상징체계 변화에 의해 사물 자체의 유용성이 변화한다.
사물 자체의 유용성은 사용가치로 이는 기호 체계와 관련된 상징체계 변화와 무관하다.

② 사물에 대한 욕구는 사람마다 제각기 다른 양상을 보인다.
보드리야르는 개인의 욕구를 사회적으로 강제된 것으로 보고 있으므로, 사물에 대한 욕구가 사람마다 제각기 다르다는 것은 전제로 성립할 수 없다.

☑ ③ 사물의 기호가치가 변화하면 사물에 대한 욕구도 변화한다.
4문단을 통해 사물의 기호가치가 변화하면 사물의 경제적 가치와 사물에 대한 욕구도 변화함을 알 수 있고, 특정 사물이 지닌 기호가치는 사회적 상징체계임도 알 수 있다. 따라서 ⓒ에 전제된 내용은 사물의 기호가치가 변화하면 사물에 대한 욕구도 변화한다임을 추론할 수 있다.

④ 사물을 소비하는 행위는 개인의 자연 발생적 욕구에 따른 것이다.
보드리야르는 개인의 자연 발생적인 욕구가 없다고 보았다.

⑤ 사물이 지시하는 의미 내용과 사물에 대한 욕구는 서로 독립적이다.
보드리야르는 오히려 의미 내용과 욕구가 연관된다고 보았다.

[문제편 p.046]

19 구체적인 사례에의 적용 정답률 20% | 정답 ③

윗글의 '보드리야르'의 관점을 바탕으로 <보기>를 이해한 내용으로 적절하지 않은 것은? [3점]

─〈보 기〉─

개성이란 타인과 구별되는 개인만의 고유한 특성으로, 현대 사회의 개인은 개성을 추구함으로써 자신의 고유함을 드러내려 한다. 이때 사물이 개성을 드러낼 수 있는 수단이다. 찢어진 청바지를 입는 것, 타투나 피어싱을 하는 것은 사물을 통한 개성 추구의 사례이다. 이런 점에서 '당신의 삶에 차이를 만듭니다'와 같은 광고 문구는 개성에 대한 현대인의 지향을 단적으로 드러낸 것이라 할 수 있다.

① 타인과 구별되는 개성이란 개인이 소속되길 바라는 집단의 차별화된 속성일 수 있겠군.
　개인은 자신이 소속되길 바라는 집단의 속성을 통해 타인과 구별되고자 한다.

② 소비사회에서 사물을 통한 개성의 추구는 그 사물의 기호가치에 대한 욕구에서 비롯되겠군.
　보드리야르는 자본주의 사회를 '소비사회'로 보았으며, 소비사회에서의 개성 추구는 기호가치에의 욕구로부터 비롯된다.

✓ 찢어진 청바지는 개인만의 고유한 특성을 드러내는 수단이자 젊은 세대의 일원이라는 기호를 상징하는 것일 수 있겠군.
　<보기>에서는 현대 사회에서 개인이 개성을 추구하는 여러 사례를 제시하고 있다. 그리고 5문단을 통해 보드리야르는 현대인은 자연 발생적인 욕구에 따라 자유롭게 소비하는 것처럼 보이지만 사실은 사회적으로 강제된 욕구에 따르는 것에 불과하다고 주장했음을 알 수 있다. 여기에서 개인에게 사회가 강제하는 욕구는 소비자가 속하고 싶은 집단과 다른 집단 간의 차이를 부각해야 하는 욕구이다. 이런 욕구는 대중매체를 통해 더 강화되는데, 대중매체를 통해 전달되는 현실은 현실 그 자체가 아니라 다른 기호와 조합될 수 있는 기호로 추상화되기 때문이다. 이렇게 볼 때, '찢어진 청바지'가 개인의 자유로운 개성 추구처럼 보이겠지만, 보드리야르는 이를 개인만의 고유한 특성이 아니라 사회적으로 강제된 욕구로 보았다고 할 수 있다.

④ '당신의 삶에 차이를 만듭니다'라는 광고 문구는 그 광고의 상품을 소비함으로써 사회적 차이를 강제하고 싶은 욕구를 지향하는 것일 수 있겠군.
　'차이'를 강조하는 광고문구는 개인에게 차이를 드러내고 싶은 욕구를 강제하는 대중매체의 예시이다.

⑤ 타투나 피어싱을 한 유명 연예인을 텔레비전에서 보고, 이를 따라하기 위해 돈을 지불하는 것은 대중매체를 매개로 하여 추상화된 기호를 소비하는 것일 수 있겠군.
　타투나 피어싱을 한 유명 연예인을 대중매체를 통해 보고 이를 따라하기 위해 돈을 지불하는 것은 대중매체가 제시하는 추상적 기호를 소비하는 것이다.

★★ 문제 해결 꿀~팁 ★★

▶ 많이 틀린 이유는?
이 문제는 글에 제시된 보드리야르의 생각을 <보기>의 구체적인 사례에 적용하는 데 어려움을 겪어 오답률이 높았던 것으로 보인다.

▶ 문제 해결 방법은?
이 문제를 해결하기 위해서는 먼저 글에 제시된 보드리야르의 관점이 무엇인지 파악한 뒤, <보기>의 내용이 보드리야르의 관점과 어떻게 연결되는지 이해할 수 있어야 한다. 그리고 이를 바탕으로 선택지의 적절성을 판단해야 한다. 즉 5문단을 통해 보드리야르가 현대인이 자연 발생적인 욕구에 따라 자유롭게 소비하는 것처럼 보이지만 사실은 사회적으로 강제된 욕구에 따르는 것에 불과하다고 주장했음을 파악하게 되면, <보기>의 '찢어진 청바지'에 관련된 내용은 보드리야르의 관점에서 이해한 것임을 쉽게 알 수 있다.

▶ 오답인 ①, ④를 많이 선택한 이유는?
이 문제의 경우 학생들이 ①과 ④가 적절하다고 하여 오답률이 높았는데, 이 경우에도 글에 제시된 보드리야르의 관점, 즉 사물은 소비자가 속하고 싶은 집단과 다른 집단 간의 차이를 부각하는 기호로서 기능한다는 것을 통해 ①이 적절함을 알 수 있다. 또한 대중매체는 사물의 기의에 영향을 미침으로써 욕구를 강제할 수 있다는 것을 통해 ④ 역시 적절함을 알 수 있다. 이처럼 특정 인물의 관점에서 특정 상황을 이해하라는 문제 해결의 핵심은 글에 제시된 특정 인물의 관점을 정확히 이해하는 데 있으므로, 글을 읽을 때 인물의 생각이 드러난 부분이 있으면 특징하게 표시하여 이해도를 높일 수 있도록 해야 한다.

20 문맥적 의미 파악 정답률 56% | 정답 ④

문맥상 의미가 ⓐ와 가장 가까운 것은?

① 그는 항상 지갑에 현금을 지니고 있었다.
　'몸에 간직하여 가지다.'의 의미로 사용되었다.

② 그녀는 어릴 때의 모습을 그대로 지니고 있다.
　'본래 모양을 그대로 간직하다.'의 의미로 사용되었다.

③ 우리는 자기가 맡은 일에 책임을 지녀야 한다.
　'어떠한 일 따위를 맡아 가지다.'의 의미로 사용되었다.

✓ 사람은 누구나 고정 관념을 지니고 살기 마련이다.
　글의 내용을 볼 때 ⓐ의 '지니다'는 '바탕으로 갖추고 있다.'라는 의미로 사용되었음을 알 수 있으므로, 이와 같은 의미로 사용된 것은 ④의 '지니고'라 할 수 있다.

⑤ 그는 어린 시절의 추억을 항상 마음속에 지니고 있다.
　'기억하여 잊지 않고 새겨 두다.'의 의미로 사용되었다.

21~25 인문

(가) 타타르키비츠, 「미학사」

해제　이 글은 플라톤의 철학적 관점을 바탕으로 예술관을 설명한 글이다. 플라톤은 형상이 이데아계에 존재하며 현상계는 이를 본뜬 것이라고 보았다. 따라서 플라톤은 예술은 현상계를 모방한 허구의 허구이며, 이런 관점에서 그는 고대 그리스의 음유시인이 시를 연기한 것은 이를 다시 모방한 허구라고 보면서 비판적으로 인식하였다.

주제　플라톤의 예술관

문단 핵심 내용

1문단	이데아계와 현상계에 대한 플라톤의 인식
2문단	예술을 현상의 모방이라고 여긴 플라톤
3문단	고대 그리스에서의 음유시인의 역할 및 내적 특성
4문단	음유시인이 저급한 인간의 면모를 모방했다고 주장한 플라톤

(나) 비어슬리, 「미학사」

해제　이 글은 아리스토텔레스의 철학적 관점을 바탕으로 예술관을 설명한 글이다. 아리스토텔레스는 이데아계가 존재하지 않으며 형상은 질료에 내재한다고 생각했다. 그는 사물의 변화를 가능태와 현실태를 통해 설명하고, 예술은 사물 안에 내재한 보편자를 그릴 수 있기 때문에 시가 역사보다 우월하다고 주장했다.

주제　아리스토텔레스의 예술관

문단 핵심 내용

1문단	이데아계가 존재하지 않는다고 여긴 아리스토텔레스
2문단	형상은 질료에 내재한다고 생각한 아리스토텔레스
3문단	시가 역사보다 우월하다고 주장한 아리스토텔레스
4문단	예술을 통해 쾌감을 얻을 수 있다고 본 아리스토텔레스

21 글의 전개 방식 파악 정답률 72% | 정답 ②

(가)와 (나)에 대한 설명으로 가장 적절한 것은?

① (가)와 (나)는 모두 특정 사상가의 예술을 바라보는 관점이 변화하게 된 이유를 설명하고 있다.
　(가)와 (나) 모두 특정 사상가의 예술을 바라보는 관점이 변화하게 된 이유를 설명하지 않았다.

✓ (가)와 (나)는 모두 특정 사상가가 예술을 평가하는 데 바탕이 된 철학적 관점을 설명하고 있다.
　(가)에서 플라톤은 이데아계에 형상이 존재한다고 보았고 현상계는 이를 본뜬 것에 불과하다고 생각했다. 그리고 예술은 현상계를 모방하여 만든 허구의 허구로 이데아계에 있는 형상에서 두 단계나 떨어진 열등한 것이라고 보았다. 그리고 (나)의 아리스토텔레스는 형상이 사물에 내재한다고 보고 예술은 형상을 표현하는 것이라고 보았다. 따라서 시는 개별적인 사건의 기록을 다루는 역사보다 우월한 것이라는 평가를 내렸다. 따라서 (가)와 (나) 모두 특정 사상가가 예술을 평가하는 데 바탕이 된 철학적 관점을 설명하였다고 할 수 있다.

③ (가)와 달리 (나)는 특정 사상가가 생각하는 예술의 불완전성을 설명하고 있다.
　(가)는 플라톤이 생각하는 예술의 불완전성을 설명하고 있지만, (나)에서는 예술의 불완전성에 대한 아리스토텔레스의 생각은 찾아볼 수 없다.

④ (나)와 달리 (가)는 특정 사상가의 예술관에 내재한 장점과 단점을 제시하고 있다.
　(가)에서 플라톤의 예술관이 지닌 장점과 단점에 대한 내용은 드러나지 않고 있다.

⑤ (가)는 특정 사상가의 예술관이 보이는 한계를, (나)는 특정 사상가의 예술관이 주는 의의를 제시하고 있다.
　(가)에서 플라톤의 예술관이 지닌 한계를, (나)는 아리스토텔레스의 예술관이 지닌 의의를 찾아볼 수 없다.

22 인물의 견해 파악 정답률 52% | 정답 ④

(가)의 '플라톤'의 사상을 이해한 내용으로 적절하지 않은 것은?

① 예술은 형상에 대한 참된 인식을 방해한다.
　2문단을 통해 플라톤이 예술은 허구의 허구에 불과하기 때문에 형상에 대한 참된 인식을 방해한다고 생각했음을 알 수 있다.

② 형상은 감각이 아닌 이성을 통해서만 인식할 수 있다.
　1문단을 통해 플라톤이 형상을 감각이 아닌 이성을 통해서만 인식 가능하다고 생각했음을 알 수 있다.

③ 현상계의 사물을 모방한 예술은 형상보다 열등한 것이다.
　2문단을 통해 플라톤이 예술에 대해 형상을 모방한 현상을 다시 모방한 것이라 하였음을 알 수 있으므로, 플라톤은 예술이 형상보다 열등한 것이라 생각했음을 알 수 있다.

✓ 예술의 표현 대상은 사물이 아니라 사물 안에 존재하는 형상이다.
　(가)의 2문단을 통해 플라톤이 예술을 감각 가능한 현상의 모방이라고 보았음을 알 수 있다. 따라서 플라톤은 예술의 표현 대상을 감각 가능한 사물이라 보았음을 알 수 있다.

⑤ 이데아계는 현상계에 나타난 모든 사물의 형상이 존재하는 곳이다.
　1문단을 통해 플라톤은 이데아계를 현상의 보편자인 형상이 존재하는 곳이라 생각했음을 알 수 있다.

23 핵심 정보의 비교 이해 정답률 38% | 정답 ④

(나)의 '아리스토텔레스'의 관점에서 형상 과 질료 에 대해 이해한 내용으로 적절하지 않은 것은?

① 형상은 질료와 분리되어 존재할 수 없다.
　2문단을 통해 형상이 항상 사물의 생성과 변화의 바탕이 되는 질료에 내재함을 알 수 있다.

② 질료는 형상을 실현시킬 수 있는 가능적 힘이다.
　2문단을 통해 질료는 형상을 실현시킬 수 있는 가능적 힘임을 알 수 있다.

③ 형상이 질료에 실현되는 원인은 가능태 자체에 내재한다.
　2문단을 통해 형상이 질료에 실현되어 현실태가 되는 원인은 가능태 자체에 내재함을 알 수 있다.

✓ 형상과 질료 사이의 관계는 현실태와 가능태 사이의 관계와 같다.
　(나)의 2문단을 통해 아리스토텔레스는 현실태를 가능태에 형상이 실현된 어떤 상태로, 가능태를 형상을 실현시킬 수 있는 가능적 힘이자 질료를 의미한다고 보았음을 알 수 있다. 따라서 형상과 질료 사이의 관계는 현실태와 가능태 사이의 관계와 같지 않다고 할 수 있다.

⑤ 생성·변화하는 것은 형상이 질료에 완전히 실현된 상태인 완전 현실태를 향한다.
2문단을 통해 생성·변화하는 것은 형상이 질료에 실현된 상태인 완전 현실태를 향하는 것임을 알 수 있다.

(가)와 (나)를 참고할 때, '아리스토텔레스'의 입장에서 ㉠을 비판한 것으로 가장 적절한 것은?

✔ 현상계의 사물이 형상을 본뜬 것이라면 현상계의 사물이 생성·변화하는 이유를 설명할 수 없다.
(나)의 1문단에서 아리스토텔레스는 이데아계의 변하지 않는 어린아이와 어른의 형상으로 현상계의 인물이 생겨났다면, 현상계에서 어린아이가 성인으로 성장하는 것을 설명할 수 없다 하고 있다. 따라서 아리스토텔레스는 ㉠에 대해, 이데아계에 있는 변하지 않는 형상을 본떠 현상계의 사물을 만들었다면 현상계에 존재하는 사물들이 생성·변화하는 이유를 설명할 수 없다고 비판했을 것이다.

② 형상이 변하지 않는 것이라면 현상계에 존재하는 사물들이 모두 제각기 다른 이유를 설명할 수 없다.
(가)의 1문단에서 플라톤이 현상계의 모든 사물은 이데아계의 형상을 본떠 만들어졌다고 생각하고 있으므로, 플라톤의 관점에서 현상계에 존재하는 사물들이 모두 제각기 다른 이유를 설명할 수 있다.

③ 형상과 현상계의 사물이 서로 독립적이라면 현상계에서 사물이 시시각각 변화하는 현상을 설명할 수 없다.
(가)의 1문단에서 플라톤은 형상과 현상계의 사물이 서로 독립적이라고 보지 않았으므로 적절한 비판이라 할 수 없다.

④ 형상이 현상계를 초월하여 존재하는 것이라면 형상을 포함하지 않는 사물을 감각으로 느끼는 것은 불가능하다.
(가)의 1문단에서 플라톤은 현상계의 사물을 감각으로 인식할 수 있다고 보았으므로 적절한 비판이라 할 수 없다.

⑤ 현상계의 모든 사물이 형상의 그림자에 불과하다면 그림자만 볼 수 있는 인간이 형상을 인식하는 것은 불가능하다.
(가)의 1문단에서 플라톤은 이성을 통해 형상을 인식할 수 있다고 보았으므로 적절한 비판이라 할 수 없다.

★★★ 등급을 가르는 문제!

(가)의 '플라톤'과 (나)의 '아리스토텔레스'가 〈보기〉에 대해 보일 반응으로 적절하지 않은 것은? [3점]

〈보 기〉
고대 그리스의 비극시 『오이디푸스 왕』의 주인공 오이디푸스는 자신에게 주어진 숙명에 의해 파멸당하는 인물이다. 비극시를 공연하는 음유시인은 목소리, 몸짓으로 작품 속 오이디푸스를 관객 앞에서 연기한다. 음유시인의 연기에 몰입한 관객은 덕성을 갖춘 주인공이 특별한 잘못이 없는데도 불행해지는 모습을 보고 연민과 공포를 느낀다.

① 플라톤 : 오이디푸스는 덕성을 갖춘 현상 속 인물을 본떠 만든 허구의 허구이며, 그에 대한 음유시인의 연기는 이를 다시 본뜬 허구이다.
(가)의 3문단을 통해 플라톤은 음유시인이 허구의 허구인 서사시나 비극을 창작하고, 이를 작품 속 등장인물의 성격에 어울리는 말투, 몸짓 같은 감각 가능한 현상으로 연기함으로써 다시 허구를 만들어 낸다고 보았다는 점을 확인할 수 있다. 이러한 플라톤의 관점에서 보면, 〈보기〉의 오이디푸스는 덕성을 지닌 현상 속 인물을 본떠 만든 허구의 허구이며, 그에 대한 음유시인의 연기는 이를 다시 본뜬 허구라고 볼 수 있다.

✔ 플라톤 : 음유시인은 오이디푸스의 덕성을 연기하는 데 주력하겠지만, 관객은 이를 감각으로 파악할 수 없기 때문에 감정과 욕구에 지배되어 타락하게 된다.
(가)의 4문단을 통해 플라톤이 음유시인이 용기나 절제 같은 덕성을 지닌 인간이 아닌 저급한 인간의 면모를 모방할 수밖에 없다고 주장했음을 알 수 있다. 이러한 플라톤의 관점에서 보면, 〈보기〉의 음유시인은 오이디푸스의 덕성을 연기하는 데 주력하지 않을 것임을 알 수 있다.

③ 플라톤 : 음유시인의 목소리와 몸짓을 통해 오이디푸스의 성격이 드러난다면, 감각 가능한 외적 특성을 모방하는 과정에서 감각되지 않는 내적 특성이 표현된 것이다.
(가)의 3문단을 통해 플라톤은 음유시인의 연기는 인물의 성격을 드러내는데, 이는 감각 가능한 외적 특성을 모방해 감각으로 파악될 수 없는 내적 특성을 드러낸다고 보았다는 점을 확인할 수 있다. 이러한 플라톤의 관점에서 보면, 〈보기〉의 음유시인의 연기를 통해 오이디푸스의 성격이 드러난다면, 감각 가능한 외적 특성을 모방하는 과정에서 감각되지 않는 내적 특성이 표현된 것이라고 볼 수 있다.

④ 아리스토텔레스 : 음유시인이 현상 속 인간의 개별적 모습들에서 보편자를 인식해 내어, 이를 다시 오이디푸스라는 허구의 개별자로 표현한 것이다.
(나)의 4문단을 통해, 비극시 속 이야기는 음유시인이 경험 세계의 개별자들 속에서 보편자를 인식해 내어, 그것을 다시 허구의 개별자로 표현한 결과물이라고 보았다는 것을 확인할 수 있다. 이러한 아리스토텔레스의 관점에서 보면, 〈보기〉의 음유시인이 현상 속 인간의 개별적 모습에서 보편자를 인식해 내어, 이를 다시 오이디푸스라는 허구의 개별자로 표현한 것이라고 볼 수 있다.

⑤ 아리스토텔레스 : 오이디푸스가 숙명에 의해 파멸당하는 것을 본 관객들은 인간 존재의 본질을 이해하는 쾌감을 느낄 뿐 아니라 카타르시스를 경험할 수 있다.
(나)의 4문단을 보면, 아리스토텔레스는 관객은 음유시인의 연기를 통해 앎의 쾌감을 느낄 수 있을 뿐 아니라 고통을 받는 인물의 이야기를 통해 카타르시스를 경험한다고 보았다는 점을 확인할 수 있다. 이러한 아리스토텔레스의 관점에서 보면, 〈보기〉의 오이디푸스가 숙명에 의해 파멸당하는 것을 본 관객들은 앎의 쾌감과 카타르시스를 경험할 수 있다고 볼 수 있다.

★★ 문제 해결 꿀~팁 ★★

▶ 많이 틀린 이유는?
이 문제는 비극시에 대한 플라톤과 아리스토텔레스의 입장을 정확히 이해하지 못하여 오답률이 높았던 것으로 보인다.

▶ 문제 해결 방법은?
이 문제를 해결하기 위해서는 글의 내용을 바탕으로 비극시에 대한 플라톤과 아리스토텔레스의 입장을 정리해야 한다(반드시 밑줄을 그어서 이해해야 함). 그런 다음 선택지에 제시된 내용이 정리된 각 인물의 생각에 해당하는지를 판단할 수 있어야 한다. 가령, 정답인 ②의 경우, 글을 통해 플라톤이 음유시인은 용기나 절제 같은 덕성을 지닌 인간이 아닌 저급한 인간의 면모를 모방할 수밖에 없다고 주장했음을 이해했다면 잘못된 내용임을 바로 알았을 것이다. 마찬가지로 오답률이 높았던 ③, ④의 경우에도 (가)의 3문단과

(나)의 4문단에 제시된 플라톤과 아리스토텔레스의 생각만 파악했다면 적절한 반응임을 알았을 것이다. 이 문제처럼 인문 분야의 문제에서는 특정 인물의 관점을 바탕으로 〈보기〉를 이해하는 문제가 출제되는데, 이러한 유형의 문제 해결의 핵심은 글에 드러난 특정 인물의 이해라는 점을 명심할 필요가 있다.

박기현, 「데이터 통신과 네트워크」

해제 이 글은 컴퓨터 네트워크의 데이터 전송 과정에서 나타날 수 있는 데이터 오류를 검출하는 방법에 대해서 설명하고 있다. 데이터의 오류를 검출하기 위해서 송신기는 오류 검출 부호를 포함한 데이터를 전송하고 수신기는 수신한 데이터를 검사하여 오류가 있으면 재전송을 요청한다. 데이터의 오류를 검출하는 방식으로는 패리티 비트를 활용하는 패리티 방식, 생성 부호를 사용해서 오류 검출 부호를 생성하는 CRC 방식이 있다.

주제 데이터 오류 검출하는 방법

문단 핵심 내용

1문단	데이터 전송 오류 검출 과정에서 송신기와 수신기의 역할
2문단	수신 데이터 오류를 검출하는 방식인 패리티 검사
3문단	패리티 비트를 활용하는 패리티 방식
4문단	생성 부호를 사용해서 오류 검출 부호를 생성하는 CRC 방식
5문단	CRC 방식의 장점

윗글에서 알 수 있는 내용으로 적절하지 않은 것은?

✔ CRC 방식은 모듈로-2 연산을 사용해서 생성 부호를 만들어 낸다.
4문단을 통해 CRC 방식은 모듈로-2 연산을 사용해서 나머지를 구하고 오류 검출 부호를 생성함을 알 수 있다. 그런데 4문단을 통해 미리 선택된 생성 부호는 모듈로-2 연산을 활용하여 전송할 데이터를 나눌 때 사용하는 것임을 알 수 있으므로, 생성 부호는 모듈로-2 연산으로 만들어 내는 것이 아니라 미리 설정되어 있음을 알 수 있다.

② 패리티 검사에서 송신기와 수신기는 동일한 패리티 방식을 사용해야 한다.
2문단을 통해 패리티 검사에는 짝수 패리티와 홀수 패리티 방식이 있고, 송신기와 수신기는 모두 같은 방식을 사용해야 함을 알 수 있다.

③ CRC 방식에서 생성 부호의 비트 수는 오류 검출 부호의 비트 수보다 하나가 더 많다.
5문단을 통해 CRC 방식에서는 오류 검출 부호가 들어갈 자리에 생성 부호의 비트 수보다 하나 작은 비트 수만큼 0을 추가함을 알 수 있으므로, 생성 부호의 비트 수는 오류 검출 부호의 비트 수보다 하나가 더 많다고 할 수 있다.

④ 짝수 패리티는 패리티 비트를 포함한 데이터의 1의 개수가 짝수인지 여부를 검사한다.
2문단을 통해 패리티 검사는 패리티 비트를 추가하여 데이터의 1의 개수를 짝수나 홀수로 만드는 방식임을 알 수 있으므로, 짝수 패리티를 사용하는 경우 데이터의 1의 개수가 짝수가 되도록 해야 함을 알 수 있다.

⑤ CRC 방식은 여러 개의 오류가 동시에 생겨도 검출할 수 있어서 오류 검출 확률이 높다.
5문단을 통해 CRC 방식은 복잡하지만 여러 개의 오류가 동시에 생겨도 이를 검출할 수 있어서 오류 검출 확률이 높음을 알 수 있다.

㉠과 ㉡에 대해 이해한 내용으로 적절하지 않은 것은?

① ㉠은 ㉡과 달리 데이터에 포함된 1의 개수가 짝수나 홀수가 되도록 오류 검출 부호를 생성한다.
패리티 검사는 데이터에 포함된 1의 개수가 짝수나 홀수가 되도록 오류 검출 부호인 패리티 비트를 생성하고 CRC 방식은 모듈로-2 연산을 통해 오류 검출 부호를 생성한다.

✔ ㉡은 ㉠과 달리 데이터의 오류를 검출하기 위해 송신기와 수신기 모두에서 오류 검사를 해야 한다.
이 글을 통해 패리티 검사와 CRC 방식은 모두 송신기는 오류 검출 부호를 생성해서 이를 데이터에 포함하여 전송하고 수신기가 수신한 데이터를 검사하여 오류를 검출함을 알 수 있다. 따라서 패리티 검사와 CRC 방식 모두 송신기는 오류 검사를 하지 않는다고 할 수 있다.

③ ㉠과 ㉡은 모두, 수신한 데이터의 오류 발생 여부를 수신기가 판단한다.
패리티 검사는 수신기가 수신한 데이터의 1의 개수를 파악하여 오류를 검출하고, CRC 방식은 수신기가 수신한 데이터를 모듈로-2 연산을 수행하여 나머지를 구해 오류를 검출한다.

④ ㉠과 ㉡은 모두, 데이터를 전송하기 전에 오류 검출 부호를 생성해야 한다.
패리티 검사와 CRC 방식 모두 송신기가 데이터를 전송하기 전에 오류 검출 부호를 생성한다.

⑤ ㉠과 ㉡은 모두, 전송할 데이터가 같더라도 오류 검출 부호는 다를 수 있다.
패리티 검사는 데이터가 같더라도 짝수 패리티나 홀수 패리티 중 어떤 방식을 사용하는가에 따라 패리티 비트가 달라질 수 있고, CRC 방식은 미리 정해진 생성 부호에 따라 송신기의 모듈로-2 연산의 나머지가 달라질 수 있다.

㉮의 이유로 가장 적절한 것은?

① 송신기가 패리티 비트를 생성하는 것이 불가능하기 때문에
데이터의 오류는 전송 과정에서 발생하는 것이다. 송신기가 패리티 비트를 생성하는 것은 전송하기 전의 일이므로 패리티 비트를 생성하는 것이 불가능하지 않다.

② 전송되는 데이터에 포함된 1의 개수가 항상 홀수로 나타나기 때문에
> 전송되는 데이터에 포함되는 1의 개수는 사용하는 패리티 방식에 따라 짝수나 홀수로 나타난다.

③ 전송되는 데이터에 포함된 1의 개수가 항상 짝수로 나타나기 때문에
> 전송되는 데이터에 포함되는 1의 개수는 사용하는 패리티 방식에 따라 짝수나 홀수로 나타난다. 어떤 방식을 사용하더라도 수신한 데이터에 짝수 개의 오류가 동시에 있으면 수신기는 오류를 검출할 수 없다.

④ 오류가 발생했을 때 전송되는 패리티 비트의 크기가 늘어나기 때문에
> 패리티 비트는 송신기가 데이터를 전송하기 전에 생성하는 것으로 크기가 달라지지 않는다.

✓ **수신한 데이터가 정상일 때와 수신한 데이터에 오류가 있을 때의 패리티 비트가 동일하기 때문에**
> 패리티 검사를 활용하면 데이터의 1의 개수가 짝수나 홀수가 되도록 패리티 비트를 생성한다. 만약 짝수 패리티를 사용하여 1의 개수가 짝수가 되도록 패리티 비트를 생성해서 전송했을 때, 수신한 데이터에 오류가 있어서 1의 개수가 홀수가 되어 있으면 오류라고 판단하는 것이다. 하지만 짝수 개의 비트에 오류가 발생하면 전송할 데이터와 수신한 데이터가 달라지더라도 수신한 데이터의 1의 개수는 짝수로 나타나고, 패리티 비트는 전송할 데이터가 짝수일 때를 기준으로 생성되었기 때문에 데이터의 1의 개수의 짝·홀수 여부는 달라지지 않는다. 따라서 수신한 데이터가 정상일 때와 패리티 비트가 동일하고 수신기가 오류를 검출할 수 없다.

---

29 구체적인 사례에의 적용 정답률 44% | 정답 ④

윗글을 바탕으로 〈보기〉를 설명한 내용으로 적절하지 <u>않은</u> 것은? [3점]

〈보 기〉

송신기는 오류 검출 방식으로 홀수 패리티를 활용하기로 하였다. 수신기는 수신한 데이터에 오류가 있다고 다음과 같이 판단하였다.

행
열 0 1 0 0 1 1 0 │0│
   1 1 │1│ 1 0 0 │1│ 1
        ⓐ   ⓑ
   0 0 1 1 0 0 1 │0│
   └─────────────┘
   0 1 0 1 0 0 1   ← 패리티 비트
   ⓒ

(단, 패리티 비트의 오류는 없다고 가정한다.)

① 첫 번째 행은 패리티 비트를 포함한 데이터의 1의 개수가 홀수이므로 오류가 없다고 판단했을 것이다.
> 첫 번째 행의 패리티 비트를 포함한 데이터의 1의 개수는 홀수인 3개이다. 홀수 패리티를 사용했으므로 수신기는 첫 번째 행에 오류가 없다고 판단했을 것이다.

② 여섯 번째 열은 패리티 비트를 포함한 데이터의 1의 개수가 홀수이므로 오류가 없다고 판단했을 것이다.
> 여섯 번째 열의 패리티 비트를 포함한 데이터의 1의 개수는 홀수인 1개이다. 홀수 패리티를 사용했으므로 수신기는 여섯 번째 행에 오류가 없다고 판단했을 것이다.

③ ⓐ가 포함된 행과 열의 패리티 비트를 포함한 데이터의 1의 개수가 각각 짝수이므로 수신기는 ⓐ를 오류라고 판단했을 것이다.
> ⓐ가 포함된 행과 열은 각각 두 번째 행과 세 번째 열이다. 두 번째 행과 세 번째 열의 패리티 비트를 포함한 1의 개수는 각각 6개와 2개로 짝수이다. 홀수 패리티를 사용했으므로 수신기는 두 번째 행과 세 번째 열에 오류가 발생했다고 판단했을 것이고, 행과 열의 교차 지점을 확인하는 것이 가능하기 때문에 오류가 발생한 정확한 위치가 ⓐ라고 판단하는 것이 가능하다.

✓ **수신한 데이터에서 ⓑ도 0으로 바뀌어서 수신되었다면 데이터의 오류 발생 여부를 검출할 수 없었을 것이다.**
> 수신한 데이터에서 ⓑ도 0으로 바뀌어서 수신되었다면 두 번째 행은 짝수 개의 비트에 오류가 발생했으므로 두 번째 행의 1의 개수는 홀수가 되고, 홀수 패리티를 사용하고 있으므로 수신기는 두 번째 행에 대해서는 오류가 없다고 판단할 것이다. 하지만 일곱 번째 열의 1의 개수가 짝수가 되었으므로 여기에 대해서는 오류가 있다고 판단할 것이다. 따라서 오류가 있는 행과 열의 교차 지점을 알 수 없기 때문에 오류의 정확한 발생 위치는 알 수 없지만 일곱 번째 열에 오류가 있다는 것은 알 수 있기 때문에 오류 발생 여부는 검출할 수 있다.

⑤ 짝수 패리티를 활용했다면 송신기는 ⓒ를 1010110으로 생성했을 것이다.
> 짝수 패리티를 활용하면 전송할 데이터를 2차원 배열로 구성한 후 각각의 행과 열에 대해 패리티 비트를 포함한 1의 개수가 짝수가 되도록 패리티 비트를 생성해야 한다. 또한 패리티 비트는 전송할 데이터를 바탕으로 생성되기 때문에 오류가 발생하지 않은 상태를 기준으로 생성된다. 따라서 전송할 데이터의 열에 대한 패리티 비트는 ⓒ와는 반대로 1010110으로 생성되었을 것이다.

---

30 내용 이해를 통한 자료에의 적용 정답률 36% | 정답 ④

〈보기〉는 수신기가 ⓒ의 오류를 검사한 연산이다. 윗글을 바탕으로 〈보기〉를 이해한 내용으로 적절하지 <u>않은</u> 것은?

〈보 기〉
```
                111101
        1011)110101111
              1011
              1100
              1011
               1111
               1011
               1001
               1011
                0101
                0000
                 1011
                 1011
                    0
```

① 수신기는 송신기와 동일한 생성 부호인 '1011'을 사용하여 모듈로-2 연산을 하였군.
> 4문단에 CRC 방식에서 수신기는 송신기와 동일한 생성 부호를 사용해서 모듈로-2 연산을 한다고 하였다. 수신기의 연산에서 사용된 1011은 송신기에서 사용했던 생성 부호와 동일한 것이다.

② 수신기가 수신한 데이터의 오른쪽 끝에 있는 '111'은 송신기에서 생성한 오류 검출 부호이군.
> 수신기가 수신한 데이터의 오른쪽 끝의 111은 송신기의 모듈로-2 연산으로 생성된 오류 검출 부호인 111을 추가한 것이다.

③ 수신기가 모듈로-2 연산을 할 때는 수신한 데이터에 생성 부호보다 하나 작은 비트 수만큼의 0을 추가하지 않았군.
> 〈보기〉의 모듈로-2 연산을 보면 수신한 데이터의 오른쪽 끝에 생성 부호보다 하나 작은 비트 수만큼 0을 추가하지 않고 110101111을 바로 생성 부호로 나누고 있다는 것을 알 수 있다.

✓ **수신기가 연산한 몫인 '111101'이 송신기가 전송한 데이터와 동일하기 때문에 수신기는 오류가 없다고 판단했겠군.**
> 4문단을 통해 CRC 방식에서 오류의 판단 기준은 모듈로-2 연산의 나머지라고 언급하였음을 알 수 있다. 따라서 수신기가 수신한 데이터에 오류가 없다고 판단한 이유는 모듈로-2 연산의 나머지가 0이기 때문이다.

⑤ 수신기가 연산한 결과의 나머지가 0이 아니었다면 수신기는 송신기에 재전송을 요청했겠군.
> CRC 방식에서는 수신기의 모듈로-2 연산의 나머지가 0으로 나오면 수신한 데이터에 오류가 없다고 판단하고 0이 아니면 오류가 있다고 판단한다. 따라서 〈보기〉의 모듈로-2 연산의 나머지가 0이 아니었다면 수신기는 수신한 데이터에 오류가 있다고 판단하고 송신기에 재전송을 요청했을 것이다.

31~33 현대시

(가) 김영랑, 「사개 틀린 고풍의 툇마루에」

감상 이 시에서는 달이 떠오르기를 기다리는 화자의 모습과 달이 떠오르게 될 때의 화자의 정서가 드러나 있다. 화자는 밤이 깊어지면서 달이 떠오르기를 기다리면서, 달이 떠오르게 될 때의 상황, 즉 달이 만든 감나무 그림자와 화자의 그림자만 존재하는 정경을 그려내고 있다. 이를 통해 화자는 달이 떠오르기만을 기다리는 외롭고 가냘픈 자신의 모습을 효과적으로 보여 주고 있다.

주제 달이 떠오르기를 기다리는 밤의 적막감에서 느끼는 외로움

표현상의 특징

- 시간의 흐름에 따라 화자의 시선이 이동함.
- 음성 상징어를 활용하여 대상의 움직임을 형상화함.
- 추측으로 시상을 종결하여 시적 여운을 줌.

(나) 정진규, 「따뜻한 달걀」

감상 이 글은 봄빛이 뚜렷해지기를 기다리며 자연과 온몸의 감각을 통해 감응하는 화자의 모습을 그려 내고 있다. 봄비가 내리는 절기인 우수를 전후해 화자는 고향의 산 여울을 뛰어 건너는 발자국 소리와도 같은 봄의 기척을 느낀다. 우수로 인한 자연의 변화가 손에 잡힐 듯 다가오자, 화자는 따뜻한 달걀을 꺼내며 개구리가 깨어나는 절기인 경칩이 다가오기를 기대하게 된다.

주제 다가올 절기에 대한 기대감

표현상의 특징

- 시간의 흐름에 따라 시상을 전개함.
- 음성 상징어를 활용하고 있음.
- 시적 대상을 인격화하여 표현하고 있음.

---

31 표현상 공통점 파악 정답률 41% | 정답 ①

(가)와 (나)의 공통점으로 가장 적절한 것은?

✓ **음성 상징어를 활용하여 움직임의 정도를 드러내고 있다.**
> (가)에서는 '사뿐', '보시시'의 음성 상징어를 사용하여 고요함 속에 달 그림자가 소리도 없이 조금씩 이동하는 모습을 드러내고, (나)에서는 '가만가만'의 음성 상징어를 사용하여 조금씩 다가오는 봄 기운을 느끼는 화자의 조심스러운 태도를 드러내고 있다.

② 원경과 근경을 대비하여 심리적 거리감을 표현하고 있다.
> (가)와 (나) 모두 원경과 근경의 대비는 나타나지 않는다.

③ 청자를 명시적으로 드러내어 화자의 바람을 표출하고 있다.
> (가)의 '벗'은 화자의 외로운 그림자를, (나)의 '그'는 봄기운을 빗댄 것이므로, (가)와 (나)에서 청자가 명시적으로 드러나지는 않고 있다.

④ 가정의 진술을 활용하여 현실 극복의 의지를 드러내고 있다.
> (가)에서 달 그림자가 '깔리우면'이라는 가정을 나타내는 진술을 바탕으로 달이 떠오르기를 바라는 화자의 기대를 드러내고 있지만, 현실 극복의 의지를 드러내지는 않고 있다. (나)에서 가정의 진술은 찾아볼 수 없다.

⑤ 추측을 나타내는 표현으로 시상을 종결하여 시적 여운을 자아내고 있다.
> (가)에서는 '들려오리라'라는 추측을 나타내는 표현으로 시상을 종결하여, 떠오를 달에 대한 기대감을 표명하며 시적 여운을 형성하고 있다. 하지만 (나)는 추측을 나타내는 표현으로 시상을 종결하지는 않고 있다.

---

32 시어의 의미 이해 정답률 68% | 정답 ④

㉠과 ㉡에 대한 설명으로 가장 적절한 것은?

① ㉠과 ㉡은 모두 오랜 세월의 흔적을 간직한 일상적 삶의 공간이다.
> 오랜 세월의 흔적을 간직한 일상적 삶의 공간은 (가)의 '사개 틀린 고풍의 툇마루'이다.

② ㉠과 ㉡은 모두 화자가 현실을 관조하며 스스로를 성찰하는 공간이다.
> (가)와 (나)의 화자는 모두 자연의 변화를 기다리고 있으며, 현실을 관조한다고 볼 수 없다.

③ ㉠은 상승하는 대상과 친밀감을, ㉡은 하강하는 대상과 일체감을 느끼는 공간이다.
> (가)에서는 달이 '떠오를' 것이라는 점에서 상승적 이미지가 나타나지만, (나)에서는 대상이 하강하는 이미지가 나타나지 않는다.

✓ **㉠은 고독하고 적막한 상황이, ㉡은 생동하는 청량한 기운이 형상화되는 공간이다.**

(가)에서 화자는 툇마루에 앉아 조용한 가운데 달이 떠오르기만을 기다리고 있으며, 자신의 분신과도 같은 '내 그림자'를 '외론 벗'이라 표현하며 고독감을 표출하고 있다. 따라서 '툇마루'는 고독하고 적막한 상황이 형상화되는 공간이라 할 수 있다. (나)의 '산 여울'은 봄빛이 깊어지며 찰박대는 소리가 나고, 우수를 지나 경칩으로 이어지는 계절의 변화가 나타난다는 점에서 생동하는 청량한 기운이 형상화되는 공간이라 할 수 있다.

⑤ ㉠은 지나온 삶에 대한 그리움이, ㉡은 현재의 삶에 대한 만족감이 드러나는 공간이다.
(가)에는 '아직' 떠오르지 않은 달이 '이제' 떠오를 것이라는 기대감이 나타나 있으며, 지나온 삶에 대한 그리움은 나타나지 않는다.

---

33 외적 준거에 따른 작품의 감상
정답률 64% | 정답 ③

〈보기〉를 참고하여 (가)와 (나)를 감상한 내용으로 적절하지 않은 것은? [3점]

─〈보 기〉─
(가)와 (나)는 자연의 순환적 질서에 감응하는 화자의 모습을 보여준다. (가)의 화자는 밤이 깊어지면서 달이 떠오르기를 기다리고 있고, (나)의 화자는 절기가 바뀌면서 봄빛이 점점 뚜렷해지고 있음을 느끼고 있다. 시간의 흐름에 따른 자연의 점진적 변화를 감지하기 위해 화자는 온몸의 감각을 집중하면서, 자연을 자신과 교감을 이루는 주체로 인식한다.

① (가)의 화자가 '아무런 생각'이나 '뜻 없이' 달이 떠오르기를 기다리는 것은, 자연의 변화를 감지하기 위해 온몸의 감각을 집중하는 것으로 볼 수 있군.
(가)의 화자는 '아무런 생각 없이 / 뜻 없이', '말없이 / 몸짓 없이'에서 알 수 있듯이 움직임과 소리를 자제하며 달이 떠오르는 데만 주의를 집중하고 있다.

② (나)에서 소리로 인식되던 대상의 '새끼발가락'을 만질 수 있게 되었다는 것은, 시간의 흐름에 따라 자연이 변화하는 양상을 표현한 것으로 볼 수 있군.
'그'의 '찰박대는' 소리를 듣다가 '그 새끼발가락'을 만지게 된다는 것은 그만큼 봄빛이 뚜렷해졌음을 드러낸 것이라 할 수 있다.

✔③ (가)의 '떠오를 기척도 없는 달'과 (나)의 '이쁜 발자욱 소리' 하나는 자연의 순환적 질서가 지연되는 것에 대한 화자의 조바심을 유발하는 것으로 볼 수 있군.
(가)의 화자는 시간이 지나 달이 떠오르기를 기다리고 있고, (나)의 화자는 다가올 경칩에 대한 기대감을 드러내고 있으므로, (가)와 (나) 화자 모두 자연의 순환적 질서가 나타나는 것을 기대한다고 할 수 있다. 따라서 (가)와 (나) 화자 모두 자연의 순환적 질서가 지연되는 데 대한 조바심을 보인다는 감상은 적절하지 않다.

④ (가)에서는 달이 뜨는 것을 '이 밤 옮기는 발짓'을 한다고 표현하고, (나)에서는 뚜렷해진 봄빛을 '진솔 속곳을 갈아입'은 것으로 표현하여 자연을 행위의 주체로 인식하고 있군.
(가)에서는 달을 마치 '발짓'을 하는 것처럼 표현하고 있고, (나)에서는 봄빛이 뚜렷해지는 것을 '진솔 속곳을 갈아입고 / 그가 왔다'라고 표현하고 있으므로, 자연을 행위의 주체로 제시하였다고 할 수 있다.

⑤ (가)에서는 달이 만든 '내 그림자'를 '벗' 삼아 '서로 맞대고 있으려'는 데서, (나)에서는 '경칩'을 예감하며 '달걀'의 온기를 느끼는 데서 화자와 자연이 교감하는 모습이 나타나는군.
(가)의 화자는 달이 만든 '내 그림자'와 '벗'처럼 '서로 맞대고 있'고자 한다는 점에서 자연과 감응한다고 볼 수 있다. (나)의 화자는 '그'를 위해 집어든 '달걀'에서 따뜻한 온기를 느끼고 '경칩이 멀지 않다'고 생각한다는 데서 미리 절기를 예감하며 자연과 교감한다고 볼 수 있다.

34~37 갈래 복합

(가) 송순, 「면앙정가」

감상 이 작품은 작가가 고향에 내려가 면앙정을 지어 살면서 지은 것으로, 아름다운 자연 속에 은거하는 삶의 즐거움과 임금에 대한 은혜를 노래하고 있다. 면앙정을 둘러싸고 있는 자연 풍경을 근경과 원경으로 그려 내고, 또 사계절에 따른 풍경의 변화 등을 세밀하게 묘사하면서, 그 속에서의 풍류적 삶에 대한 만족감을 나타내고 있다. 또한 결사 부분의 '역군은(亦君恩)이샷다'와 같은 관습적 표현을 통해 연군지정을 드러내고 있다. 한편 이 작품은 형식과 내용에서 정극인의 「상춘곡」의 영향을 받고, 또 정철의 「성산별곡」에 영향을 주면서 이른바 강호가도의 전통을 이어 주었다는 점에서 문학사적 의의를 갖는다.

주제 자연 속에서의 풍류와 임금의 은혜에 대한 감사

현대어 풀이

가마를 급히 타고 소나무 아래 굽은 길로 오며 가며 하는 때에
푸른 버드나무에서 우는 꾀꼬리는 흥에 겨워 아양을 떠는구나.
나무와 풀이 우거져 녹음이 짙어진 때에
기다란 난간에서 긴 졸음을 내어 펴니
물 위의 서늘한 바람은 그칠 줄을 모르는구나.
된서리 걷힌 후에 산빛이 수놓은 비단 물결 같구나.
누렇게 익은 벼는 또 어찌 넓은 들에 펼쳐져 있는가?
고기잡이를 하며 부르는 피리도 흥을 이기지 못하여 달을 따라 계속 부는구나.
초목이 다 진 후에 강산이 묻혔거늘
조물주가 야단스러워 얼음과 눈으로 꾸며 내니
경궁요대와 옥해 은산 같은 설경이 눈 아래 펼쳐져 있구나.
하늘과 땅도 풍성하여 가는 곳마다 아름다운 경치로구나.
인간 세상을 떠나와도 내 몸이 한가로울 겨를 없다.
이것도 보려 하고 저것도 들으려 하고,
바람도 쏘이려 하고 달도 맞으려 하고,
밤은 언제 줍고 고기는 언제 낚으며,
사립문은 누가 닫으며 떨어진 꽃은 누가 쓸려는가?
아침 시간이 모자라니 저녁이라고 싫겠느냐?
오늘도 부족한데 내일이라고 넉넉하랴?
이 산도 앉아 보고 저 산에 걸어 보니
번거로운 마음에 버릴 일이 전혀 없다.
쉴 사이도 없는데 오는 길을 알리겠는가?
다만 지팡이만 다 무디어져 가는구나.
술이 익었으니 벗이 없을 것인가?

노래를 부르게 하고 악기를 타고 또 켜게 하며, 방울을 흔들며
온갖 소리로 흥취를 재촉하니
근심이라 있겠으며 시름이라 붙었겠느냐.
누웠다가 앉았다가 구부렸다가 젖혔다가
(시를) 읊다가 휘파람을 불다가 마음 놓고 노니
천지도 넓디넓고 세월도 한가하다.
(복희 황제 시대의) 태평성대를 몰랐더니 지금이야말로 그때로구나.
신선이 어떤 것인가 이 몸이야말로 신선이로구나.
아름다운 자연을 거느리고 내 평생을 다 누리면
악양루 위의 이태백이 살아온들
넓고 끝없는 정다운 회포는 이보다 더하겠느냐?

(나) 백석, 「가재미·나귀」

감상 이 글은 백석이 함흥으로 이주한 이후 1936년 9월 신문사의 기획란 '나의 관심사'에 발표한 수필이다. 새로운 거처에서 생긴 일상의 관심사 두 가지를 통해 그곳 생활의 정취를 전하며, 이를 통해 일상의 작고 평범한 존재를 소중히 여기는 마음을 드러내고 있다.

주제 일상의 작은 것들에 대한 애정

★★★ 등급을 가르는 문제!
34 표현상 공통점 파악
정답률 33% | 정답 ⑤

(가)와 (나)의 공통점으로 가장 적절한 것은?

① 색채어를 활용하여 사물의 역동성을 표현하고 있다.
(가)의 '누렇게', (나)의 '빨간', '시허연' 등을 통해 색채어가 사용되었음을 알 수 있지만, 이러한 색채어를 활용하여 사물의 역동성을 표현하지는 않고 있다.

② 말을 건네는 방식을 통해 독자의 주의를 환기하고 있다.
(가)에서는 '없을쏘냐', '붙었으랴' 등과 같이 의문의 형식을 사용한 표현을 말을 건네는 방식이라고 볼 수 있지만, 이를 통해 독자의 주의를 환기한다고는 볼 수 없다. (나)에서는 말을 건네는 방식이 사용되지 않았다.

③ 영탄적 표현을 활용하여 대상에 대한 경외감을 드러내고 있다.
(가)의 '산빛이 금수로다', '간 데마다 승경이로다' 등을 통해 영탄적 표현을 사용하여 자연의 아름다움에 대한 경탄을 드러내고 있음을 알 수 있다. 하지만 (나)에는 영탄적 표현이 사용되지 않았다.

④ 연쇄적 표현을 통해 주변 사물을 사실감 있게 제시하고 있다.
(가)와 (나) 모두 주변 사물을 제시하고는 있지만, 이를 연쇄적 표현을 통해 드러내지는 않고 있다.

✔⑤ 계절감을 환기하는 사물을 통해 자연의 모습을 드러내고 있다.
(가)에서 '녹음', '누렇게 익은 벼', '빙설' 등의 사물을 통해 여름, 가을, 겨울의 자연 풍경을 드러내 주고 있고, (나)에서는 '눈'을 통해 겨울의 자연 풍경을 드러내고 있다. 따라서 (가)와 (나) 모두 계절감을 환기하는 사물을 통해 자연의 모습을 드러냈다고 할 수 있다.

★★ 문제 해결 꿀~팁 ★★

▶ 많이 틀린 이유는?
이 문제는 (가), (나)에 사용된 표현상 특징을 정확히 파악하지 못하여 오답률이 높았던 것으로 보인다.

▶ 문제 해결 방법은?
작품 간의 표현상 공통점을 파악하는 문제를 해결하기 위해서는 먼저 (가)를 중심으로 각 선택지에 제시된 표현이 사용되었는지 확인한 다음, 표현이 사용된 선택지 중 (나)에서의 사용 여부를 판단하면 된다. 즉 (가)를 통해, '색채어의 활용', '말을 건네는 방식', '영탄적 표현', '연쇄적 표현', '계절감을 환기하는 사물'이 사용되었는지 확인하고, 그런 다음 (가)에서 사용된 것을 (나)에서도 사용되는지 확인하면 된다. 이때 주의할 점은 (가)와 (나)에 사용되었다 하더라도(색채어의 사용), 이를 사용한 효과가 적절하지 않을 수 있으므로, 반드시 선택지를 끝까지 확인하도록 한다.

▶ 오답인 ④를 선택한 이유는?
이 문제의 경우 학생들이 ④가 적절하다고 하여 오답률이 높았는데, 이는 '연쇄적 표현'에 대해 정확히 이해하지 못했기 때문으로 보인다. '연쇄적 표현'은 말 그대로 앞의 말을 이어서 뒤에서 사용하는 것으로, (가)와 (나)에서는 이러한 연쇄적 표현은 찾아볼 수 없다. 한편 이 선택지의 경우, '주변 사물을 사실감 있게 제시하였다는 내용은 적절하게 제시되어 있지만 앞의 '연쇄적 표현'이 잘못되었기 때문에 적절하지 않은 것이다. 이처럼 선택지의 앞과 뒤의 내용을 연관하여 읽지 않으면 자칫 잘못된 선택을 할 수 있으므로, 반드시 선택지를 읽을 때에는 꼼꼼하게 읽도록 한다.

---

35 구절의 의미 파악
정답률 47% | 정답 ⑤

㉠~㉤에 대해 이해한 내용으로 적절하지 않은 것은?

① ㉠ : 감각적 경험을 통해 환기된 장면을 묘사하여 인간이 자연물과 어우러지는 상황을 제시하고 있다.
어부의 피리 소리를 듣고 흘러가는 달을 따라 불며 간다고 표현한 것은, 청각적 경험을 통해 떠올린 장면을 묘사하여 인간과 자연이 어우러지는 상황을 보여 준다고 할 수 있다.

② ㉡ : 시간을 표현하는 시어를 대응시켜 현재와 같은 상황이 이후에도 이어질 것임을 드러내고 있다.
'아침'과 '저녁', '오늘'과 '내일' 등 시간을 표현한 시어를 대응시켜 자연을 감상하느라 바쁜 현재 상황이 이후로도 이어질 것임을 드러내고 있다.

③ ㉢ : 역사적 인물과 견주며 삶에 대한 만족감을 드러내고 있다.
당나라 시인 이백과 비교하며 '강산풍월'을 거느리고 '호탕한' 풍류를 즐기는 자신의 삶에 대한 만족감을 표출하고 있다.

④ ㉣ : 기대하는 일이 실현되었을 때 느낄 심정을 직접적으로 표출하고 있다.
'가재미'를 구할 수 있는 '음력 팔월 초상'이 되어 '흰밥'에 '고추장'과 함께 '가재미'를 먹게 된다면 '아침저녁 기뻐하게' 될 것이라 말하며 기대하는 일이 실현되었을 때 느낄 심정을 표출하고 있다.

✔⑤ ㉤ : 원하는 것을 구하기 위해 시도한 방법이 실패하는 과정에서 느낀 체념을 드러내고 있다.
㉤에 '나귀'를 구하기 위해 '소장 마장'에도 가보고, 다른 사람에게 수소문도 해봤지만 나귀를 구하지 못한 실패한 과정이 서술되어 있다. 하지만 체념을 드러내지는 않고 있다. 오히려 '좀더 이놈을 구해보고 있다.'는 진술을 통해 글쓴이가 나귀를 구하는 것을 단념하지 않았음을 알 수 있다.

[문제편 p.051]

36 외적 준거에 따른 작품의 감상   정답률 61% | 정답 ③

〈보기〉를 바탕으로 (가), (나)를 이해한 내용으로 적절하지 않은 것은? [3점]

〈보 기〉

문학 작품에서 공간을 체험하는 주체는 공간 및 주변 경물에 대한 인식을 드러내며, 이 인식은 주체의 지향이나 삶에서 중시하는 가치를 암시한다. (가)의 화자는 '면앙정' 주변의 자연에 대한 인식과 함께 풍류 지향적인 태도를 드러내고 있고, (나)의 글쓴이는 공간의 변화와 대상에 대한 인식을 관련지으며 자신이 소중하게 생각하는 삶의 가치를 암시하고 있다.

① (가) : '솔 아래 굽은 길'을 오가는 화자는 '꾀꼬리'의 '교태 겨워하는' 모습에 주목하면서 자연을 즐기는 자신의 태도와의 동일성을 발견하고 있다.
화자가 꾀꼬리가 흥을 이기지 못해 교태를 부리며 운다고 말한 것은 아름다운 자연 풍경을 감상하며 흥겨움을 느끼는 자신과 꾀꼬리 간의 동일성을 인식한 것이라고 할 수 있다.

② (가) : '간 데마다 승경'이라는 화자의 인식은 '내 몸이 쉴 틈 없'는 다양한 일들을 통해 자연의 다채로운 풍광을 즐길 수 있으리라는 기대로 이어지고 있다.
화자가 '쉴 틈 없'다고 말한 것은 자신이 체험하는 모든 곳을 다 '승경'이라고 인식했기 때문이며, 이는 자연의 다채로운 풍광을 감상하게 될 것이라는 기대로 이어지고 있다.

✓③ (가) : '이 산'과 '저 산'에서 '번거로운 마음'과 '버릴 일이 전혀 없'음을 동시에 느끼는 화자의 모습에는 '인간 세상'의 번잡한 일상을 여전히 의식하고 있음이 드러나 있다.
'번거로운 마음'은 화자가 자연에서의 삶을 즐기느라 바쁜 마음을 표현한 것이고, '버릴 일이 전혀 없'다는 이러한 '번거로운 마음'을 버리지 않겠다는 것이다. 따라서 '번거로운 마음에도 버릴 일이 전혀 없'다는 아름다운 자연 풍경을 하나도 놓치지 않기 위해 바쁘게 돌아다니는 생활에서 느끼는 화자의 즐거움을 드러낸 표현이라 할 수 있으므로, 화자가 떠나온 '인간 세상'의 일상을 의식한다고는 볼 수 없다.

④ (나) : '동해 가까운 거리로 와서' 주목하게 된 '가재미'에 대한 글쓴이의 인식은 '가난하고 쓸쓸한' 삶 속에서 '한없이 착하고 정다운' 것을 소중히 여기는 태도를 드러내고 있다.
새로운 거처로 이주하여 '가재미'를 즐겨 먹게 된 것을 '동해 가까운 거리로 와서 나는 가재미와 가장 친하다'라고 표현한 것과, '가재미'를 '가난하고 쓸쓸한' 삶 속에서 '한없이 착하고 정다운' 존재라고 서술한 것을 통해 '가재미'를 소중히 여기는 글쓴이의 태도를 확인할 수 있다.

⑤ (나) : '중리'로 와서 '재래종의 조선 말'보다 '처량한 당나귀'와 '일없이 왔다갔다 하고 싶다'는 글쓴이의 바람은 일상의 작은 존재에 대해 느끼는 우호적 인식을 드러내고 있다.
'그래도 나는 그 처량한 당나귀가 좋다'고 언급한 것을 통해 일상의 작은 존재인 '당나귀'에 대한 글쓴이의 우호적 인식을 확인할 수 있다.

37 소재의 기능 파악   정답률 76% | 정답 ②

ⓐ와 ⓑ에 대한 이해로 가장 적절한 것은?

① ⓐ는 화자에게 심리적 위안을 주는, ⓑ는 글쓴이에게 고독감을 느끼게 하는 매개체이다.
ⓐ를 통해 화자가 근심과 시름을 떨쳐내고 '취흥'을 즐기고 있으므로 화자에게 심리적 위안을 준다고 볼 수 있으나, ⓑ는 글쓴이의 기쁨을 확장하는 기능을 하므로 고독감을 느끼게 한다고 볼 수 없다.

✓② ⓐ는 화자가 느끼는 흥을 심화하는, ⓑ는 글쓴이가 느끼는 기쁨을 확장하는 매개체이다.
(가)에서 화자는 때마침 익은 술을 벗과 함께 마시며, 노래를 부르고 악기도 연주하며 극도의 흥취에 빠져드는 모습을 보이고 있으므로, ⓐ는 화자가 느끼는 흥을 심화해 준다고 할 수 있다. 그리고 (나)에서 글쓴이는 'H'에게도 '가재미'를 보내어 함께 나누어 먹으려 하고 있으므로, ⓑ는 글쓴이가 '가재미'를 먹으며 느끼는 기쁨을 확장하는 매개체라 할 수 있다.

③ ⓐ는 화자가 내면의 만족감을 드러내는, ⓑ는 글쓴이가 현실에 대한 불만을 표출하는 매개체이다.
ⓐ는 자연 속에서 풍류를 즐기는 화자의 만족감을 드러낸다고 볼 수 있으나, ⓑ는 글쓴이가 현실에 대한 불만을 표출하는 매개체라고 볼 수 없다.

④ ⓐ는 화자에게 삶의 목표를 일깨워 주는, ⓑ는 글쓴이에게 심경 변화의 계기를 제공하는 매개체이다.
ⓐ는 화자의 풍류 지향적 태도와 관련이 있으므로 화자에게 삶의 목표를 일깨워 준다고 볼 수 있으나, ⓑ는 글쓴이의 심경 변화의 계기를 제공한다고 보기는 어렵다.

⑤ ⓐ는 화자에게 이상적 세계의 모습을, ⓑ는 글쓴이에게 윤리적 삶의 태도를 떠올리게 하는 매개체이다.
ⓐ는 화자가 지향하는 삶의 태도를 드러내므로 화자에게 이상 세계를 떠올리게 하는 기능을 한다고 볼 수 있으나, ⓑ는 윤리적 삶의 태도와는 관련이 없다.

38~41 현대 소설

이문구, 「산 너머 남촌」

감상 이 작품은 1980년대 서울 근교 농촌을 배경으로 자본주의적 근대화 과정 속에서 변화하는 농촌의 현실과 농민의 인식을 그리고 있다. 농촌의 잡다한 세태를 통해, 농민들이 보고 겪은 농촌의 모습이 그려져 있다. 작가의 농촌 경험이 반영되어 있어, 농촌과 농민의 삶이 사실적으로 현실감 있게 드러나 있다.

주제 당대 농민들이 겪는 삶의 어려움

작품 줄거리 이문정은 전형적인 농민으로, 마을의 공동체 의식을 중요하게 여기며, 또 그것을 지키고 실천해 나가는 농촌 공동체의 원로이다. 즉, 이문정은 일의 경우, 동네의 전통, 이웃 간의 풍속, 사회적 해묵은 덕목을 애써 분별하고 몸소 실천하는 동네의 터줏대감이다. 이와 달리 마을의 젊은 세대는 보다 합리적이고 효율적이며, 물질적인 가치가 우선되는 삶을 추구한다. 이러한 이문정과 젊은 세대들의 대비적인 모습을 통해 농촌 공동체에 깃든 우리 민족의 정서와 가치의 소중함을 드러내고 있다.

38 서술상 특징 파악   정답률 46% | 정답 ②

윗글에 대한 설명으로 가장 적절한 것은?

① 빈번하게 장면을 전환하여 사건 전개의 긴박감을 드러내고 있다.
이 글에서는 권중만과 영두의 대화, 영두의 심리를 중심으로 서술되어 있어 장면이 빈번하게 전환되었다고 볼 수 없다.

✓② 서술자가 특정 인물의 관점에서 사건과 인물의 심리를 전달하고 있다.
이 글은 작품 밖의 서술자가 작중 인물인 영두의 관점에서 권중만과 영두의 대화를 제시하여 사건을 전달하고 있으며, 또한 서술자가 영두의 관점에서 영두의 내면을 서술하고 있다.

③ 동시에 일어난 별개의 사건을 병치하여 사태의 전모를 드러내고 있다.
이 글에서 권중만과 영두의 대화와 함께 영두가 과거 일에 대해 회상하는 내용이 서술되어 있지만, 이를 별개의 사건이 동시에 일어난 것이라고 보는 것은 적절하지 않다.

④ 인물 간의 대화를 통해 인물이 겪은 사건의 비현실적인 면모를 드러내고 있다.
이 글에 권중만과 영두 사이의 대화가 제시되어 있지만, 사건의 비현실적인 면모는 찾아볼 수 없다.

⑤ 인물의 표정 변화와 내면 변화를 반대로 서술하여 그 인물의 특성을 부각하고 있다.
이 글에 권중만이나 영두의 표정, 영두의 내면 심리가 나타나 있지만, 인물의 표정 변화와 내면 변화가 반대로 서술되어 있다고는 볼 수 없다.

39 인물의 발화 이해   정답률 60% | 정답 ③

[A]와 [B]에 대한 이해로 가장 적절한 것은?

① [A]에서 '권중만'은 자신의 우월한 지위를 과시하며 상대의 동의를 요구하고 있고, [B]에서 '영두'는 상대와의 개인적 친밀감을 환기하며 서운함을 드러내고 있다.
[A]에서 권중만은 자신의 지위가 우월하다는 점을 내세우지 않고 있고, [B]에서 영두가 권중만에게 친밀감을 표현하지는 않고 있다.

② [A]에서 '권중만'은 자신의 경험을 들어 상대의 문제에 대한 해결책을 제시하고 있고, [B]에서 '영두'는 상대가 저질렀던 잘못을 지적하며 상대의 사과를 요구하고 있다.
[A]에서 권중만은 사례를 들며 자신의 생각을 말하고 있으나, 그것이 영두의 문제에 대한 해결책으로 제시된 것이라고는 볼 수 없다. 그리고 [B]에서 영두는 권중만의 말이 적절하지 않음을 지적하고 있지만, 권중만의 사과를 요구하지는 않고 있다.

✓③ [A]에서 '권중만'은 자신이 상대에게 제시한 요구의 이유를 사람들의 선입견과 관련지어 밝히고 있고, [B]에서 '영두'는 상대의 말에 논리적 한계가 있음을 지적하며 항변하고 있다.
[A]에서 권중만은 '아파트 사람들'이 채소에 묻은 흙에 대해 가진 선입견을 들어, 자신이 영두에게 '놀랜 흙'을 묻히는 일을 요구하는 이유를 설명하고 있다. 그리고 [B]에서 영두는 권중만의 말에 따른다면 일어났어야 할 일이 실제로는 일어나지 않았다는 점을 논리적 한계로 지적하며 권중만의 말이 타당하지 않다고 항변하고 있다.

④ [A]에서 '영두'는 상대의 제안에서 모순을 지적하며 새로운 대안을 제시하고 있고, [B]에서 '권중만'은 다른 사람들의 사례를 들어 자신의 행동에 대해 변명하고 있다.
[A]에서 영두는 권중만의 말이 적절하지 않음을 지적하고 있지만, 권중만에게 대안을 제시하지는 않고 있다. 그리고 [B]에서 권중만은 '아파트 사람들'과 관련한 사례를 들고 있지만, 자신의 행동에 대해 변명하지는 않고 있다.

⑤ [A]에서 '영두'는 상대의 문제의식에 대한 공감을 드러내며 구체적인 조언을 요구하고 있고, [B]에서 '권중만'은 상대의 예상치 못한 반응에 당황하며 자신의 잘못을 사과하고 있다.
[A]에서 영두는 권중만의 생각에 대해 공감을 드러내거나 조언을 요구하지 않고 있고, [B]에서 권중만은 당황한 모습을 드러내거나 영두에게 사과하지는 않고 있다.

40 소재의 서사적 기능 이해   정답률 74% | 정답 ⑤

만 원에 대한 설명으로 가장 적절한 것은?

① '권중만'과 '영두' 사이의 갈등이 해소된 이유이다.
권중만이 만 원을 제안하며 요구한 일로 인해 권중만과 영두 사이에는 긴장감이 조성되었으므로, 갈등이 해소되었다고 보기 어렵다.

② '영두'가 '권중만'의 조언을 수용하게 된 이유이다.
권중만이 만 원을 제안하며 요구한 일을 조언으로 보기 어려우며, 영두가 권중만의 제안을 수용하지도 않고 있다.

③ '권중만'이 '영두'에게 친밀감을 보이게 된 이유이다.
권중만이 만 원을 제안하며 요구한 일에 대해 영두는 '듣던 중에 그처럼 욕된 말'이 없다고 느끼며 부정적인 반응을 보였다.

④ '영두'가 '권중만'에게 양보를 강요하게 된 이유이다.
권중만이 만 원을 제안하며 요구한 일과 관련하여 영두가 권중만에게 양보를 요구한 것은 없다.

✓⑤ '영두'가 '권중만'에게 부정적으로 반응하게 된 이유이다.
권중만이 만 원을 제안하며 채소에 '놀랜흙을 묻혀 놓는' 작업을 요구하는 것에 대해, 영두는 '듣던 중에 그처럼 욕된 말'이 없다고 느끼며, '성질이 나서 견딜 수가 없었다'고 반응하고 있다. 그리고 권중만이 '얼굴을 붉힐' 정도로, 권중만의 말에 대해 비판하고 있다. 따라서 '만 원'은 영두가 권중만에게 부정적으로 반응하게 된 이유를 제공한다고 할 수 있다.

41 외적 준거에 따른 작품의 감상   정답률 62% | 정답 ③

〈보기〉를 바탕으로 윗글을 감상한 내용으로 적절하지 않은 것은? [3점]

〈보 기〉

이 작품은 1980년대 농민들의 생활을 형상화하고 있다. 작가는 농민들이 농사의 경제적 이익을 고려하거나 농산물의 유통과 판매까지 감안하게 된 상황을 보여 준다. 작품 속 '영두'는 먹거리를 생산하는 농민으로서 가져야 할 태도를 인식하면서도 이러한 태도를 지켜나가기 어려운 현실 속에서 가치관의 혼란을 겪고 있다. 작가는 이를 통해 당대 농민들이 겪고 있던 어려움을 현실감 있게 보여 준다.

① 농민들이 권중만을 보고 '채소를 돈거리로 갈기 시작'하는 상황은, 농사를 통한 경제적 이익 창출을 고려하는 농민들의 면모를 드러내는군.
농민들이 권중만을 보고 '채소를 돈거리로 갈기 시작'하는 상황은. 경제적 이익 창출을 위해 농사를 짓기 시작했음을 보여 준다고 할 수 있다.

② 영두가 '국내 수요'와 '대일 수출'을 언급하며 권중만과 나누는 모습은, 농산물의 유통과 판매까지 감안하는 농민의 현실을 드러내는군.
농민인 영두가 '밭떼기 전문 채소 장수'인 권중만과 '국내 수요'와 '대일 수출' 등에 대해 이야기하는 모습은. 농민들이 농산물의 유통과 판매까지 감안하게 되었음을 보여 준다고 할 수 있다.

✔ ③ 영두가 '밭떼기 장수'를 '미더운 물주요 필요악 이상의 불가결한 존재'로 받아들이는 것은, 다른 농민들의 어려운 상황을 이용해 경제적 이익을 추구하는 영두의 모습을 드러내는군.
영두가 '밭떼기 장수'를 '미더운 물주요 필요악 이상의 불가결한 존재'로 받아들이는 것은. 경제적 이익 창출의 시각에서 농사를 바라보게 되었음을 의미한다. 그렇지만 이를 영두가 다른 농민들을 이용해 경제적 이익을 추구하는 모습이라고 보는 것은 적절하지 않다.

④ 영두가 '자칫 못 먹을 것을 만들어서 파는 사람으로 취급받지 않'으려 하는 것은, 먹거리를 생산하는 농민이 가져야 할 태도에 대해 인식하고 있음을 드러내는군.
영두가 권중만에게 '자칫 못 먹을 것을 만들어서 파는 사람으로 취급받지 않'으려 하는 것은. 농산물은 사람들이 먹게 될 먹거리를 생산하는 일이라는 점을 인식하고 있음을 보여 준다고 할 수 있다.

⑤ 영두가 '구수한 맛이 더하던 이치'에도 불구하고 '볼품이 없는 것'이 '값이 있을 리가 없'다고 판단하는 것은 농사에 대한 가치관을 따르기 어려운 현실에 대한 인식을 드러내는군.
영두가 '볼품이 없는 것'이 오히려 '구수한 맛이 더하던 이치'에도 불구하고 상품성이 떨어진다고 평가하는 것은. 농사에 대한 가치관에 따르기 어려운 현실을 인식하고 있음을 보여 준다고 할 수 있다.

42~45 고전 소설

작자 미상, 「춘향전」

감상 이 작품은 조선 시대 전라도 남원을 배경으로 하여 신분을 초월한 남녀 간의 사랑을 그리고 있는 판소리계 소설이다. 표면적으로는 양반 자제 이몽룡과 퇴기 딸 춘향의 신분을 뛰어넘는 사랑을 그리고 있지만, 그 이면에는 신분적 제약을 벗어나려는 인간 해방의 주제 의식을 담아 내고 있다. 특히 춘향과 이몽룡이 신분의 격차를 뛰어넘어 사랑을 이루는 과정 속에서 정절을 지키려는 춘향의 굳은 의지와 탐관오리를 혁파하는 이몽룡의 모습이 잘 형상화되어 있다.

주제 춘향의 굳은 절개와 탐관오리에 대한 비판 / 안타까운 이별로 인한 비애감

작품 줄거리 남원부사의 아들 이도령과 기생의 딸 춘향이 광한루에서 만나 정을 나누다가, 남원부사가 임기를 끝내고 서울로 돌아가자 두 사람은 다시 만날 것을 기약하고 이별한다. 그 다음에 새로 부임한 변학도가 춘향의 미모에 반하여 수청을 강요한다. 그러나 춘향은 일부종사(一夫從事)를 앞세워 거절하다 옥에 갇혀 죽을 지경에 이른다. 한편, 이도령은 과거에 급제하여 어사가 되어 변학도를 탐관오리로 몰아 봉고파직(封庫罷職)시키고 춘향을 구출한다. 이도령은 춘향을 정실부인으로 맞이하여 백년해로를 한다.

---

42 인물의 이해 | 정답률 55% | 정답 ③

[A]와 [B]를 통해 인물을 이해한 내용으로 가장 적절한 것은?

① [A]에서는 '춘향 어미'의 비난을 통해, [B]에서는 '향단'의 옹호를 통해 '신관 사또'에 대한 두 인물의 상반된 인식을 알 수 있다.
[A]에서 춘향 어미가 '신관 사또는 사람 죽이러 왔'냐고 말하는 것을 통해 춘향 어미가 신관 사또를 비난하고 있음을 알 수 있다. 하지만 [B]에서 향단이 신관 사또를 옹호하는 모습은 드러나지 않고 있다.

② [A]에서는 '춘향 어미'의 만류를 통해, [B]에서는 '향단'의 재촉을 통해 '춘향'의 수절에 대한 두 인물의 상반된 인식을 알 수 있다.
[A]에서 춘향 어미가 '기생이라 하는 것이 수절이 다 무엇이냐?'라고 묻는 것을 통해 춘향의 수절에 대해 만류하고 있음을 알 수 있다. 하지만 [B]에서 향단이 춘향에게 무엇인가를 재촉하거나 춘향의 수절에 대한 인식을 드러내는 부분은 찾아볼 수 없다.

✔ ③ [A]에서는 앞날을 걱정하는 '춘향 어미'를 통해, [B]에서는 '춘향'의 현재 상태를 염려하는 '향단'을 통해 '춘향'의 고난에 대한 상이한 반응을 확인할 수 있다.
[A]에서 춘향 어미는 춘향이 비극적 상황에 놓여 있는 모습을 보고 '이 한 몸 의탁코자 하였더니, 저 지경을 만든단 말이오!'라고 말하고 있는데, 이를 통해 춘향 어미가 춘향의 고난이 야기할 앞으로의 상황을 걱정하고 있음을 알 수 있다. 그리고 [B]에서 칼을 쓴 춘향에게 향단이 음식을 권하고 있는데, 이를 통해 향단이 춘향의 현재 몸 상태를 염려하고 있음을 알 수 있다.

④ [A]에서는 격앙된 '춘향 어미'를 진정시키는 모습을 통해, [B]에서는 '춘향'에게 음식을 정성스레 건네는 모습을 통해 '향단'의 침착한 태도를 확인할 수 있다.
[A]에서 춘향 어미는 삼문간에서 춘향을 보고 격앙된 모습을 보이지만, 향단이 이러한 춘향 어미를 진정시키는 모습은 찾아볼 수 없다. 그리고 [B]에서 향단은 옥에 갇힌 춘향이 정신을 차릴 수 있도록 음식을 건넬 뿐이므로, 이를 향단의 침착한 태도와 연결시키기는 어렵다.

⑤ [A]에서 '도련님'의 약속을 신뢰하는 '춘향 어미'의 모습과 [B]에서 '춘향'의 앞날을 걱정하는 '향단'의 모습으로 인해 '춘향'의 내적 갈등이 심화되고 있음을 확인할 수 있다.
[A]에서 춘향의 어미가 도련님의 약속을 신뢰하는 내용은 드러나 있지 않다. 그리고 [B]에서 향단이 옥에 갇힌 춘향을 걱정하고 있지만, 이러한 향단의 행동이 춘향의 내적 갈등을 심화시킨다고는 보기 어렵다.

---

43 인물의 심리 파악 | 정답률 60% | 정답 ⑤

[C]에 대한 이해로 적절하지 않은 것은?

① 공간의 특징을 열거하여 자신의 비참한 처지를 드러내고 있다.
'벼룩 빈대 ~ 번개는 번쩍번쩍'에서 공간의 특징이 열거됨을 확인할 수 있고 '이것이 웬일인고'에서 비참한 처지가 드러남을 확인할 수 있다.

② 비현실적인 존재를 언급하며 자신이 느끼는 두려움을 드러내고 있다.
'도깨비', '온갖 귀신'에서 비현실적 존재를 확인할 수 있고 '무서워'라고 말하는 모습에서 춘향이 두려움을 느낌을 확인할 수 있다.

---

③ 청각적 경험을 자극하는 자연물을 통해 자신의 근심을 드러내고 있다.
'동방의 귀뚜라미 소리', '울고 가는 기러기'는 청각적 경험을 자극하는 자연물이며, 춘향이 '나의 근심 자아낸다'고 말하는 내용에서 춘향의 근심을 확인할 수 있다.

④ 미래에 대한 부정적 전망과 함께 자신의 신세에 대한 한탄을 드러내고 있다.
'이것을 먹고 살면 무엇할고'에서는 미래에 대한 부정적 전망을 드러내고 있음을 확인할 수 있고, '이것이 웬일인고'에서는 춘향의 신세 한탄을 확인할 수 있다.

✔ ⑤ 자신과 같이 억울한 처지에 놓인 사람들에 대한 연민의 감정을 드러내고 있다.
여러 '죽은 귀신'이 '처량히 슬피 울며' '달려드'는 것을 보고 '처량하고 무서워라'라고 한 부분에서 연민의 감정을 부분적으로 엿볼 수 있다. 하지만 앞서 서술된 '죽은 귀신'에 대한 묘사로 보아 그들이 춘향 자기 자신과 같이 억울한 처지에 놓였다고 보기는 어렵다.

44~45

〈보기〉를 참고하여 44번과 45번의 두 물음에 답하시오.

━━〈보 기〉━━
서사적 모티프란 전체 이야기를 구성하는 작은 이야기 단위이다. 이 작품에서는 황릉묘의 주인이자 정절의 표상인 아황 부인과 여영 부인이 등장하는 황릉묘 모티프가 사용되었다. 이는 천상계와 인간 세상, 전생과 현생, 꿈과 현실의 대응을 형성하면서 공간적 상상력을 풍요롭게 하는 동시에 주인공의 또 다른 정체성을 드러낸다.
서사적 모티프는 작품을 읽는 독자에게 서사 이해의 실마리를 제공함으로써 작품의 전개 방향을 예측하게 한다. 황릉묘 모티프에서 '머지않아 장경성을 다시 만나 부귀영화를 누릴 것이'라는 두 부인의 말을 감안하여, 독자는 이어지는 내용에서 ㉮ .

---

44 외적 준거에 따른 작품의 감상 | 정답률 61% | 정답 ③

〈보기〉를 참고하여 윗글을 감상한 내용으로 적절하지 않은 것은? [3점]

① 춘향이 잠이 들어 '황릉묘 시녀'를 만난 것은 황릉묘 모티프를 통해 꿈과 현실의 연결이 일어나게 됨을 보여 주는군.
춘향이 현실 속에서 꿈을 꾸어 황릉묘에 도착하므로 잠을 통해 꿈과 현실을 연결하고 있음을 확인할 수 있다.

② '봉황 부채'에 의한 '구름 같이 이는 바람'을 타고 '소상강 만리 밖' 황릉묘까지 춘향이 날려가는 것은 꿈속 공간의 초월적 성격을 드러내는군.
여동이 부친 부채가 일으킨 바람에 의해 비현실적 방법으로 춘향이 순식간에 공간을 이동하는 것은 꿈속 공간이 현실을 초월한 곳임을 드러내고 있으므로 적절하다.

✔ ③ 아황 부인과 여영 부인이 '춘향이 바삐 들라'라고 명령하는 것은 자신의 문제를 서둘러 해결하고자 하는 춘향에게 인간 세상에 대비되는 천상계의 질서가 있음을 보여 주는군.
아황 부인과 여영 부인이 춘향에게 '바삐 들라'는 말은 춘향을 환대하는 말이다. 따라서 이를 춘향이 자신의 문제를 서둘러 해결하고자 하는 모습으로 보기는 어렵다.

④ '전생'에 춘향이 '운화 부인 시녀'였다는 아황 부인과 여영 부인의 말은 전생과 현생의 대응을 드러내면서 공간적 상상력의 확장을 유도하는군.
전생의 운화 부인 시녀는 현생의 춘향에 대응되고, 전생의 장경성은 현생의 이 도령에 대응됨을 확인할 수 있다. 이는 현생의 서사가 전생으로 확장되도록 유도하는 것을 확인할 수 있다.

⑤ 아황 부인과 여영 부인이 춘향에게 '마음을 변치 말고 열녀를 본받'으라고 당부하는 것은 춘향이 정절을 지켜갈 인물임을 암시하는군.
아황 부인과 여영 부인은 정절의 표상인 인물로 춘향에게 정절을 지켜나갈 것을 당부하고 있는데 이는 춘향이 정절을 지켜갈 인물임을 드러내는 것임을 확인할 수 있다.

---

45 독자의 반응 파악 | 정답률 63% | 정답 ①

〈보기〉의 ㉮에 들어갈 내용으로 가장 적절한 것은?

✔ ① '내가 죽을 꿈이로다'라는 춘향의 말보다는 이 도령이 과거에 급제한 상황에 주목하며 두 인물의 재회를 예상할 것이다.
이 작품에서 춘향은 옥에 갇혀 꿈을 꾸고 황릉묘에 가서 아황 부인과 여영 부인을 만난다. 이때 춘향은 미래의 긍정적인 전망이 담긴 예언을 듣게 되지만, 절체절명의 위기 속에서 예언을 신뢰하지 못하고 자신의 처지를 비관하고 만다. 그런데 독자는 황릉묘 모티프에 영향을 받아, 춘향의 앞날에 대한 긍정적 기대를 하게 된다. 특히, 아황 부인과 여영 부인이 장경성과의 재회에 대해 예언한 내용을 통해서 독자는 재회의 대상으로서의 이 도령과 장경성이 동일함을 짐작하게 읽게 된다. 따라서 춘향은 '내가 죽을 꿈이로다'라고 말하지만, 독자는 이 도령이 장원 급제한 내용에 주목하게 되고, 그 이후에 춘향과 이 도령이 재회할 것을 예상하게 된다.

② 꿈에 대해 자문하며 탄식하는 춘향의 모습을 보고 춘향이 현실에서의 정체성에 의문을 갖게 되리라고 예상할 것이다.
독자는 춘향이 자문하는 모습에 관심을 두기보다는 춘향에게 긍정적인 영향을 줄 요소를 찾을 것이다.

③ 두 부인과의 만남이 꿈임을 깨닫는 춘향의 모습을 보고 꿈과 현실의 대비가 주는 허무함을 절감하게 될 것이다.
꿈에서 깨어남은 허무함을 느낄 수 있으나, 독자는 예언에 주목하므로 춘향의 허무함을 느끼기보다는 춘향에게 일어날 긍정적인 변화에 주목할 것이다.

④ 춘향이 자신의 실수로 꿈에서 깨어나는 장면을 춘향의 고난이 지속될 것이라는 암시로 받아들일 것이다.
독자는 춘향의 부정적 반응을 그대로 믿지 않으므로, 춘향의 고난이 지속될 것이라고 예상하지 않을 것이다.

⑤ 꿈에서 '달나라 구경'을 이루지 못하고 깨어난 춘향이 꿈에 대한 미련을 보이리라고 예상할 것이다.
달나라 구경을 이루지 못한 춘향의 모습을 발견할 수도 있으나, 독자는 전생과 관련된 예언에 주목할 뿐이다.

· 정답 ·

01 ③ 02 ③ 03 ⑤ 04 ③ 05 ② 06 ⑤ 07 ④ 08 ③ 09 ⑤ 10 ② 11 ① 12 ④ 13 ⑤ 14 ① 15 ⑤
16 ④ 17 ④ 18 ① 19 ⑤ 20 ① 21 ④ 22 ⑤ 23 ⑤ 24 ① 25 ③ 26 ① 27 ④ 28 ② 29 ⑤ 30 ③
31 ① 32 ① 33 ② 34 ⑤ 35 ③ 36 ② 37 ⑤ 38 ③ 39 ④ 40 ① 41 ② 42 ④ 43 ④ 44 ④ 45 ③

★ 표기된 문항은 [등급을 가르는 문제]에 해당하는 문항입니다.

[01~03] 화법

01 말하기 계획 점검 | 정답률 58% | 정답 ③

위 발표에 반영된 학생의 말하기 계획으로 적절한 것은?

① 발표 대상과 관련된 법률을 인용하여 청중에게 정보의 중요성을 강조해야겠어.
건물의 목적이나 높이에 따라 설치할 수 있는 피난 기구의 종류가 법으로 정해져 있다는 점은 언급했지만 법률을 인용하지는 않았다.

② 발표에 활용한 자료의 출처를 밝혀 발표 내용에 대한 청중의 신뢰를 얻어야겠어.
발표에서 완강기와 구조대를 설명하기 위한 자료를 활용했지만 출처를 밝히지는 않았다.

☑ 청중과 공유하고 있는 내용을 언급하며 발표 제재를 선정하게 된 계기를 밝혀야겠어.
공유하고 있는 내용인 화재 대피 훈련 때 배운 비상구 찾는 방법을 언급하며 비상구를 찾을 수 없을 때 어떻게 해야 할지 의문이 생겨서 피난 기구를 조사하게 되었다는 계기를 밝히고 있다.

④ 질문에 대한 반응을 확인하며 청중이 발표의 중심 내용에 대해 이해한 정도를 점검해야겠어.
청중의 반응을 확인하며 비상구 찾는 방법을 잘 기억하고 있는 것은 확인했지만 피난 기구에 대한 이해 정도를 점검한 것은 아니다.

⑤ 도입부에서 발표 내용의 순서를 제시하여 청중이 발표 내용을 예측하며 들을 수 있게 해야겠어.
도입부에서 발표 제재 두 가지를 언급했으나 발표 내용의 순서를 제시하지는 않았다.

02 자료 활용 방안 이해 | 정답률 91% | 정답 ③

다음은 위 발표에서 제시한 자료이다. 자료 활용에 대한 설명으로 적절하지 않은 것은?

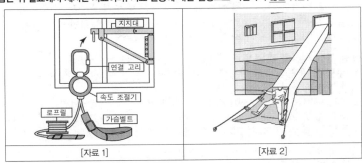

[자료 1]   [자료 2]

① [자료 1]을 활용하여 화재가 발생했을 때 완강기를 사용하는 과정을 설명하고 있다.
[자료 1]에 나오는 완강기의 구조를 활용하여, 완강기를 사용해 탈출하는 과정을 설명하고 있다.

② [자료 1]을 활용하여 사용자가 내려올 때 일정한 속도를 유지해 주는 장치를 설명하고 있다.
[자료 1]에서 속도 조절기가 보이는지 질문을 하고 그것이 일정한 속도로 내려가게 해 준다는 설명을 하고 있다.

☑ [자료 1]을 활용하여 간이 완강기와 완강기의 구조적 차이를 설명하고 있다.
간이 완강기는 완강기와 구조나 사용 방법은 동일하기 때문에 [자료 1]로 간이 완강기와 완강기의 구조적 차이를 설명할 수 없다.

④ [자료 2]를 활용하여 구조대를 이용해 건물에서 탈출하는 방법을 설명하고 있다.
[자료 2]에 나오는 사용자의 탈출 모습을 활용하여 양팔과 다리로 속도를 조절하며 탈출하는 방법을 설명하고 있다.

⑤ [자료 2]를 활용하여 건물 외부에 구조대를 설치했을 때의 모양을 설명하고 있다.
[자료 2]에 나오는 구조대의 형태를 활용하여 건물 외부에 구조대를 설치했을 때의 모양을 설명하고 있다.

03 청중의 반응 이해 | 정답률 93% | 정답 ⑤

발표 내용을 바탕으로 할 때, 〈보기〉에 나타난 학생들의 반응에 대한 이해로 적절하지 않은 것은?

〈 보 기 〉

학생 1 : 유치원생들이 천으로 된 터널을 타고 내려오는 것을 보고 그게 무엇인지 궁금했는데, 발표를 듣고 구조대라는 것을 알게 되어 의미가 있었어. 그런데 구조대 종류도 다양할 것 같으니 찾아 봐야겠어.
학생 2 : 간이 완강기에도 속도 조절기가 있어 천천히 내려올 수 있겠네. 그런데 몸을 밖으로 내밀어 내려오는 부분에 대한 내용은 너무 간략해서 아쉬웠어.
학생 3 : 평소 피난 기구를 볼 때 불이 나면 사용할 것이라는 추측만 했는데 이번 발표를 계기로 사용법을 알아두어야겠어. 그리고 피난 기구 외에 다른 피난 시설을 더 알아 보고 자주 가는 건물에서 그 위치를 확인해 두어야겠어.

① 학생 1은 자신의 경험을 떠올려 발표 내용에 대해 긍정적인 반응을 보이고 있다.
학생 1은 유치원생들이 구조대를 이용하는 것을 본 경험을 떠올리며 그것이 구조대라는 것을 알게 되어 의미가 있었다는 긍정적인 반응을 보인다.

② 학생 2는 발표자가 설명한 내용 중 구체적인 정보가 부족했던 부분에 대해 아쉬움을 표현하고 있다.
학생 2는 발표자가 몸을 밖으로 내밀어 내려오는 부분에 대한 구체적인 정보가 부족하다는 점을 지적하며 아쉬웠다는 말을 하고 있다.

③ 학생 3은 발표자가 당부한 내용과 관련하여 자신이 실천할 사항을 생각하고 있다.
학생 3은 발표자가 안전하게 대피할 수 있도록 평소에 피난 기구에 관심을 가지고 사용 방법을 숙지할 것을 당부한 내용과 관련하여, 다른 피난 시설을 알아보고 그 위치를 찾아봐야겠다는 생각을 하고 있다.

④ 학생 1과 학생 3은 더 알고 싶은 내용에 대해 추가 조사를 하겠다는 계획을 밝히고 있다.
학생 1은 구조대의 종류에 대하여, 학생 3은 피난 기구 외에 다른 피난 시설에 대하여 추가 조사를 하겠다는 계획을 밝히고 있다.

☑ 학생 2와 학생 3은 발표자가 언급하지 않은 내용을 추론하며 듣고 있다.
학생 2는 간이 완강기와 완강기의 구조가 동일하다는 내용을 바탕으로 간이 완강기에도 속도 조절기가 있을 것이라는 내용을 추론하였으나, 학생 3의 반응에는 추론한 내용이 없다.

[04~07] 화법과 작문

04 말하기 방식 파악 | 정답률 66% | 정답 ③

(가)의 '학생 1'에 대한 이해로 적절하지 않은 것은?

① 상대의 요청에 대한 구체적인 방법을 설명하고 있다.
온라인 소통망을 하나로 모으는 방법에 대한 학생 3의 요청에 대해 온라인 학생회에 관한 구체적인 방법을 설명하고 있다.

② 대화의 목적을 제시하며 상대의 발언을 이끌어내고 있다.
공약을 세울 때 도움이 필요하다는 대화의 목적을 제시하며 상대의 발언을 이끌어 내고 있다.

☑ 상대의 발언을 재진술하며 추가적인 정보를 요청하고 있다.
학생 1은 자판기에 대해 더 자세히 이야기해 달라며 추가적인 정보를 요청하고 있지만 상대의 발언을 재진술하고 있지는 않다.

④ 자신이 알고 있는 정보를 제시하며 상대의 의견에 대해 동의하고 있다.
자신이 알기에도 자판기 설치에 관심을 갖는 학생들이 많다는 정보를 제시하며 좋은 공약이 될 것 같다는 동의를 표현하고 있다.

⑤ 상대의 의견에 긍정적인 반응을 보이며 자신의 생각을 덧붙이고 있다.
온라인을 활용하자는 학생 3의 의견에 괜찮은 생각이라고 하며 소통망 일원화 및 온라인 학생회에 대한 화제를 제시하고 있다.

★★★ 등급을 가르는 문제!

05 말하기 전략 파악 | 정답률 46% | 정답 ②

[A], [B]에 대한 설명으로 적절하지 않은 것은?

① [A]에서 '학생 2'는 제안과 관련된 현재의 상황을 들어 제안의 필요성을 드러내고 있다.
매점이 문을 닫는 시간에는 이용할 수 없다는 현재 상황을 들어 자판기가 필요하다는 의견을 제시하고 있다.

☑ [A]에서 '학생 3'은 제안이 실현되었을 때 발생할 수 있는 문제 상황을 제시하고 있다.
[A]에서 학생 3이 언급한 자판기 구입 및 설치 장소 등에 관한 문제는 설치 전에 고려할 사항이지 제안이 실현되었을 때 발생할 수 있는 문제 상황은 아니다.

③ [B]에서 '학생 2'는 자신의 경험을 근거로 들어 제안의 필요성을 드러내고 있다.
탐구 활동을 할 때 사용할 수 있는 곳을 찾기 위해 여러 선생님을 찾아다녀 불편했다는 경험을 근거로 들고 있다.

④ [B]에서 '학생 3'은 상대가 제시한 문제를 해결하기 위한 방안을 제시하고 있다.
온라인을 활용하면 좋겠다는 방안을 제시하고 있다.

⑤ [A], [B]에서 '학생 2'는 모두 타인의 의견을 들어 자신의 주장을 뒷받침하는 근거로 활용하고 있다.
[A]에서는 친구들이 자판기가 있으면 좋겠다고 한 의견을, [B]에서는 친구들이 여러 선생님을 찾아가야 하는 게 불편하다고 한 의견을 들고 있다.

★★ 문제 해결 꿀~팁 ★★

▶ 많이 틀린 이유는?
이 문제는 선지에 주어진 조건을 잘 이해해야 한다. 문제 해결을 위한 조건을 지문에 적용하는 데 익숙지 않았기에 오답률이 높았던 것으로 보인다.

▶ 문제 해결 방법은?
이 문제를 해결하기 위해서는 선지에 제시된 조건의 전제를 잘 파악해야 한다. ②는 '제안이 실현되었을 때'의 경우를 전제로 하고 있다. 그러나 [A]에서 '학생 3'은 제안이 실현되기 전의 상황에서 해결해야 할 문제 상황을 제시하고 있다.

06 글쓰기 계획의 반영 여부 파악 | 정답률 55% | 정답 ⑤

(가)를 바탕으로 세운 아래의 작문 계획 중 (나)에 반영되지 않은 것은? [3점]

○ 첫째 공약을 제시할 때, 대화에서 논의하지 않았던 기대효과를 제시해야겠어. ·············· ①
○ 둘째 공약을 제시할 때, 대화에서 언급된 방법에 대한 구체적인 이용 방법을 제시해야겠어. ·············· ②
○ 둘째 공약을 제시할 때, 대화 후 선생님과 논의한 내용을 활용하여 실현 가능한 공약임을 제시해야겠어. ·············· ③
○ 셋째 공약을 제시할 때, 대화에서 제시된 자판기와 관련하여 그 종류를 명확하게 제시해야겠어. ·············· ④
○ 셋째 공약을 제시할 때, 대화에서 언급된 친구들의 관심에 관한 설문 결과를 활용해 친구들의 요구가 반영된 공약임을 제시해야겠어. ·············· ⑤

① 첫째 공약을 제시할 때, 대화에서 논의하지 않았던 기대효과를 제시해야겠어
시간을 아낄 수 있다는 기대효과는 대화에서 논의하지 않았다.

② 둘째 공약을 제시할 때, 대화에서 언급된 방법에 대한 구체적인 이용 방법을 제시해야겠어.
온라인을 활용하면 좋겠다는 방법에 대해 확인, 신청, 승인이 이루어질 수 있도록 하겠다는 구체적인 이용 방법을 제시하고 있다.

③ 둘째 공약을 제시할 때, 대화 후 선생님과 논의한 내용을 활용하여 실현 가능한 공약임을 제시해야겠어.
선생님과 논의해 실현 가능한 공약임을 확인하였다고 제시하고 있다.

④ 셋째 공약을 제시할 때, 대화에서 제시된 자판기와 관련하여 그 종류를 명확하게 제시해야겠어.
대화에서는 자판기 설치에 관해 논의했는데 이를 구체화하여 간식 자판기 설치를 공약으로 제시했다.

✔ 셋째 공약을 제시할 때, 대화에서 언급된 친구들의 관심에 관한 설문 결과를 활용해 친구들의 요구가 반영된 공약임을 제시해야겠어.
셋째 공약을 제시할 때 활용한 통계는 지역 학교의 자판기 설치 현황에 관한 것으로 설문 결과에 해당하지 않는다.

07 조건에 따라 고쳐쓰기   정답률 85% | 정답 ④

다음 조건에 따라 ㉠에 들어갈 내용을 작성한다고 할 때, 가장 적절한 것은?

> 먼저 제시할 공약의 특징을 활용하여 어떤 특징을 가진 후보인지를 대구의 형식을 사용하여 유권자에게 깊은 인상을 심어주는 것이 좋을 것 같아. 또 공약을 반드시 지킨다는 내용을 언급한다면 신뢰를 줄 수 있을 거야.

① 경청하는 후보, 실천하는 후보. 투명한 학생회 활동을 하겠습니다.
공약의 특징을 활용하지 않았고 공약을 지키겠다는 내용이 없다.

② 행복한 학교 생활을 돕는 후보. 우리가 겪은 불편함은 제 손으로 해결하겠습니다.
대구의 형식을 사용하지 않았고 공약을 지키겠다는 내용이 없다.

③ 오프라인에서 온라인까지, 새로움을 보여줄 후보. 열린 소통을 보여드리겠습니다.
오프라인은 공약의 특징이 아니며 공약을 지키겠다는 내용이 없다.

✔ 불편을 개선하는 후보, 학교를 바꾸는 후보. 확실히 지킬 수 있는 공약만 말씀드립니다.
학생들이 겪는 불편을 개선하여 학교를 바꾸는 공약의 특징을 대구의 형식을 사용하여 표현했으며, 지킬 수 있는 공약만 제시하겠다는 내용을 언급하고 있다.

⑤ 학생을 위한 학생회, 학생과 함께하는 학생회. 항상 학생들의 이야기를 귀담아 듣겠습니다.
공약의 특징을 활용하지 않았다.

[08~10] 작문

08 글쓰기 전략 파악   정답률 80% | 정답 ③

윗글에서 활용한 글쓰기 전략으로 적절하지 않은 것은?

① 행사의 세부 활동을 나열한다.
3문단에서 '급식 도우미의 날'의 세부 활동을 나열하고 있다.

② 관용 표현으로 행사의 의도를 강조한다.
3문단에서 '백 번 듣는 것보다 한 번 보는 것이 더 낫다.'라는 관용 표현을 활용하여 행사의 의도를 강조하고 있다.

✔ 관찰한 결과를 중요도 순으로 제시한다.
2문단에서 일주일 동안 관찰한 결과를 네 가지로 정리하여 제시하고 있으나 중요도 순으로 제시하는 것은 아니다.

④ 문제 상황을 인지하게 된 계기를 제시한다.
학생자치회에 급식실 이용이 불편하다는 의견이 들어와 알게 되었음을 제시하고 있다.

⑤ 규칙을 어기는 행동이 문제가 되는 이유를 설명한다.
2문단의 둘째, 셋째, 넷째 부분에서 규칙을 어기는 행동이 문제가 되는 이유를 제시하고 있다.

09 자료 활용   정답률 86% | 정답 ⑤

〈보기〉는 초고를 보완하기 위해 추가로 수집한 자료들이다. 자료의 활용 방안으로 적절하지 않은 것은?   [3점]

─〈보 기〉─

ㄱ. 학생 대상 설문 조사 결과
○ 급식실 이용시 가장 불편했던 점은 무엇인가요?

내용	비율(%)
새치기하는 친구들	42.5
잔반을 버릴 때 시간이 오래 걸림	15.5
장난치는 친구들 때문에 배식 시간이 지연됨	14.5
식판을 아무렇게나 쌓고 가는 친구들	13
기타	14.5

ㄴ. ○○ 선생님 인터뷰
"식판을 쌓을 때 모양대로 겹치지 않으니 식판이 쓰러져 큰 소리가 나거나 식판이 찌그러지기도 합니다. 그러면 친구들도 매우 놀라고, 세척도 불편해집니다. 게다가 달마다 구부러진 식판을 파악해서 새것을 사야 합니다. 식판 수거와 확인, 구입 같은 일에 힘과 시간을 많이 뺏기게 되면 급식 준비에 쏟을 힘과 시간이 모자랄 수 있습니다. 그러면 학생들에게 피해가 간다는 것을 알아 주면 좋겠습니다."

ㄷ. 다른 지역의 학교 신문 기사
우리 학교는 다른 학교와 급식 시간 모습이 다르다. 학생들이 돌아가며 배식과 잔반 처리에 참여하고 있기 때문이다. 이렇게 배식과 잔반 처리 봉사활동에 학생들이 참여한 지 6개월이 지났다. 2~3일이라는 짧은 기간 동안 참여하여 부담이 적고, 봉사 시간으로 인정도 받아 학생들도 좋은 반응을 보였다. 조리사님들은 학생들이 이 활동을 하면서 배식을 받는 모습이나 잔반을 처리하는 모습이 눈에 띄게 좋아졌다고 칭찬했다.

① ㄱ을 2문단에 활용하여, 새치기 문제 때문에 불편함을 느끼는 학생들이 가장 많음을 수치로 제시한다.
ㄱ에서 '새치기하는 친구들'을 불편해 한다는 학생들이 42.5%나 된다는 내용을 활용해 2문단의 첫째 문제에 대한 내용을 추가할 수 있다.

② ㄱ을 2문단에 활용하여, 배식받을 때 주의를 기울이지 않는 사례로 장난치는 친구들이 있다는 내용을 추가한다.
ㄱ에서 '장난치는 친구들 때문에 배식 시간이 지연됨'에 관한 내용을 활용해 2문단의 둘째 문제인 '배식을 받을 때 주의를 기울이지 않는' 행동의 사례를 추가할 수 있다.

③ ㄷ을 3문단에 활용하여, 학생자치회에서 기대한 효과가 충분히 나타날 수 있음을 다른 학교의 사례를 들어 뒷받침한다.
ㄷ에 있는 다른 학교에서 효과가 있었고 좋은 반응을 얻었다는 내용을 활용해, '급식 도우미의 날' 행사가 우리 학교에서도 충분히 효과를 얻을 수 있을 것이라는 내용을 뒷받침할 수 있다.

④ ㄱ과 ㄴ을 2문단에 활용하여, 가지런하지 못한 식판 수거 상태 문제를 제기한 부분에, 학생들에게 불편을 끼치고 급식 운영에 어려움을 준다는 내용을 추가하여 보완한다.
ㄱ에 있는 '식판을 아무렇게나 쌓고 가는 친구들'을 불편해 한다는 내용과 ㄴ에 있는 인터뷰 내용을 활용해 식판을 제대로 쌓지 않았을 때의 단점을 추가하여 보완할 수 있다.

✔ ㄴ과 ㄷ을 3문단에 활용하여, 급식 도우미의 날 행사를 처음 도입할 때 도우미 학생들이 겪을 어려움과 이를 해결할 수 있는 방안을 추가한다.
ㄴ, ㄷ에는 도우미 학생들이 겪은 어려움이나 이를 해결할 수 있는 방안이 드러나 있지 않다.

10 고쳐쓰기의 의도 파악   정답률 91% | 정답 ②

〈보기〉는 선생님의 조언에 따라 [가]를 고쳐 쓴 것이다. 선생님이 했을 조언으로 가장 적절한 것은?

─〈보 기〉─

급식 도우미의 날 행사는 학생자치회에서 의결하여 2학기부터 실시하고자 합니다. 학생자치회에서는 행사를 의결하기 전에 먼저 실시 여부에 대한 찬반과 운영 방식에 대해 학생들의 의견을 수렴하려 합니다. 학생들은 학생자치회 게시판에 있는 건의함을 통해 제시된 양식에 맞게 의견을 제출해 주시면 좋겠습니다. 여러분들의 적극적인 참여를 부탁드립니다.

① 어떤 일을 의결할 때는 시행 이후 예상되는 성과를 제시해 주는 것이 좋아. 그러니 급식 도우미의 날 시행으로 예상되는 성과로 내용을 고치면 좋겠구나.
〈보기〉에서 '급식 도우미의 날 시행으로 예상되는 성과'를 확인할 수 없다.

✔ 어떤 일을 의결할 때는 먼저 학생들의 의견을 모아보는 것이 좋아. 그러니 의견을 수렴할 내용과 수렴 방법에 관해 설명하면서 참여를 부탁하는 내용으로 고치면 좋겠구나.
〈보기〉의 '행사를 의결하기 전에 먼저 실시 여부'와 '운영 방식에 대해 학생들의 의견을 수렴'하려 하는 부분에서 '의견을 수렴할 내용'을, '학생자치회 게시판에 있는 건의함'을 이용한다는 부분에서 '수렴 방법'을, '적극적인 참여를 부탁'한다는 부분에서 '참여를 부탁하는 내용'을 확인할 수 있다.

③ 전달 효과를 높이기 위해서는 비유적인 표현을 쓰는 것이 좋아. 그러니 행사의 취지를 잘 전달할 수 있는 문구로 대체하면서 참여를 독려하는 비유적 표현을 추가하면 좋겠구나.
〈보기〉는 '참여를 독려'하고 있으나, '비유적 표현'이 드러나 있지 않다.

④ 전달 효과를 높이려면 필요한 정보를 분류해서 정리하는 것이 좋아. 그러니 학생들이 궁금해 할 행사의 시기, 급식 도우미 역할과 순서, 활동 기간 등에 대해 자세히 제시하면 좋겠구나.
〈보기〉에서 '행사의 시기, 급식 도우미 역할과 순서, 활동 기간'을 확인할 수 없다.

⑤ 학생들의 적극적인 참여를 이끌려면 문제 해결을 위한 정보를 다양하게 제공하는 것이 좋아. 그러니 학생자치회에서 논의했던 다양한 방법들을 공유하는 것으로 고치면 좋겠구나.
〈보기〉는 급식 도우미의 날 행사 시행을 위한 의견 수렴 방법을 이야기하고 있을 뿐, '학생 자치회에서 논의했던 다양한 방법들'을 언급하고 있지는 않다.

[11~15] 문법

11 피동 표현   정답률 88% | 정답 ①

윗글을 통해 알 수 있는 내용으로 적절하지 않은 것은?

✔ 피동 표현을 사용하면 행위의 대상보다 행위의 주체가 강조된다.
피동 표현은 행위의 대상에 초점을 맞추어 표현하는 방법이므로 피동 표현을 사용하면 행위의 주체보다 행위의 대상이 강조된다.

② 객관적인 느낌을 전달하려는 의도로 피동 표현을 사용할 수 있다.
피동 표현은 행위의 대상에 초점을 맞추어 표현하는 방법이므로 객관적인 느낌을 주고자 할 때 사용할 수 있다.

③ 주어가 다른 주체에 의해 어떤 행위를 당하는 것을 피동이라 한다.
주어가 자기 힘으로 동작이나 행위를 주체적으로 행하는 것을 능동, 주어가 다른 주체에 의해 동작이나 행위를 당하는 것을 피동이라 한다.

④ 행위의 주체를 모르거나 설정하기 어려울 때 피동 표현을 사용할 수 있다.
피동 표현은 행위의 대상에 초점을 맞추어 표현하는 방법이므로 행위의 주체를 모르거나 설정하기 어려울 때 사용할 수 있다.

⑤ 피동 접미사 이외의 문법 요소를 활용하여 피동의 의미를 나타낼 수 있다.

[문제편 p.059]

연결 어미를 이용하여 구성된 '-아/어지다' 또는 '-게 되다'를 어간에 결합함으로써 피동의 의미를 나타낼 수 있다.

12 피동 표현 탐구 　　　　　정답률 48% | 정답 ④

윗글을 바탕으로 〈보기〉를 탐구한 결과로 적절하지 않은 것은? [3점]

〈보 기〉
ㄱ. 아버지가 아들을 안았다. → 아들이 아버지에게 안겼다.
ㄴ. 조사 결과 화재의 원인은 누전으로 파악됩니다.
ㄷ. 더위가 꺾였다. → (누가) 더위를 꺾었다.
ㄹ. 이번 패배는 그의 실책으로 보여진다.

① ㄱ에서는 능동문을 피동문으로 바꿀 때 능동문의 주어가 피동문의 부사어가 되었군.
능동문의 주어인 '아버지가'가 피동문의 부사어인 '아버지에게'로 바뀌었다.

② ㄴ에서는 명사 뒤에 '-되다'를 결합하여 피동의 의미를 표현했군.
명사 '파악' 뒤에 '-되다'를 붙여 피동의 의미를 표현하였다.

③ ㄷ에서는 서술어가 자연적인 상태의 변화를 나타내어 피동문에 대응하는 능동문을 상정하기 힘들군.
'꺾이다'는 자연적인 상태 변화를 나타내기 때문에 이에 대응하는 능동문을 상정하기 어렵다.

✔ ④ ㄹ에서는 피동 접미사가 두 번 결합한 이중 피동이 쓰였군.
'보여진다'에서는 '-이-'와 '-어지다'를 함께 사용한 이중 피동이 나타나며, 이때 '-어지다'는 접미사가 아니다.

⑤ ㄱ과 ㄷ에서는 모두 피동 접미사로 피동의 의미를 표현했군.
ㄱ에서는 '안다'의 어간에 피동 접미사 '-기-'가 결합하여, ㄷ에서는 '꺾다'의 어간에 피동 접미사 '-이-'가 결합하여 피동의 의미를 표현하고 있다.

13 동사와 형용사의 특징 이해 　　　　　정답률 73% | 정답 ⑤

〈보기〉를 바탕으로 탐구한 내용으로 적절하지 않은 것은?

〈보 기〉
○ 동사와 형용사의 특징
▶ 동사는 선어말 어미 '-는-/-ㄴ-'의 결합으로, 형용사는 기본형으로 현재 시제를 나타냄.
▶ 관형사형 어미 '-(으)ㄴ'이 결합했을 때, 동사는 과거 시제를 나타내지만, 형용사는 현재 시제를 나타냄.

① '감이 떫다.'에서는 기본형으로 현재 시제를 나타내고 있기 때문에 '떫다'는 형용사이군.
형용사는 기본형으로 현재 시제를 나타낸다. '감이 떫다.'에서 '떫다'는 기본형으로 현재 시제를 나타내고 있기 때문에 '떫다'는 형용사이다.

② '책을 읽는다.'에서는 선어말 어미 '-는-'이 결합하여 현재 시제를 나타내고 있기 때문에 '읽다'는 동사이군.
동사는 선어말 어미 '-는-/-ㄴ-'의 결합으로 현재 시제를 나타낸다. '책을 읽는다.'에서는 '읽다'의 어간에 선어말 어미 '-는-'이 결합하여 현재 시제를 나타내고 있기 때문에 '읽다'는 동사이다.

③ '친구와 논다.'에서는 선어말 어미 '-ㄴ-'이 결합하여 현재 시제를 나타내고 있기 때문에 '놀다'는 동사이군.
동사는 선어말 어미 '-는-/-ㄴ-'의 결합으로 현재 시제를 나타낸다. '친구와 논다.'에서는 '놀다'의 어간에 선어말 어미 '-ㄴ-'이 결합하여 현재 시제를 나타내고 있기 때문에 '놀다'는 동사이다.

④ '집에 간 사람'에서는 관형사형 어미 '-(으)ㄴ'이 결합하여 과거 시제를 나타내고 있기 때문에 '가다'는 동사이군.
관형사형 어미 '-(으)ㄴ'이 결합했을 때 동사는 과거 시제를 나타낸다. '집에 간 사람'에서는 '가다'의 어간에 관형사형 어미 '-(으)ㄴ'이 결합하여 과거 시제를 나타내고 있기 때문에 '가다'는 동사이다.

✔ ⑤ '우리가 이긴 시합'에서는 관형사형 어미 '-(으)ㄴ'이 결합하여 현재 시제를 나타내고 있기 때문에 '이기다'는 형용사이군.
관형사형 어미 '-(으)ㄴ'이 결합했을 때 동사는 과거 시제를 나타내고, 형용사는 현재 시제를 나타낸다. '우리가 이긴 시합'에서는 '이기다'의 어간에 관형사형 어미 '-(으)ㄴ'이 결합하여 과거 시제를 나타내고 있기 때문에 '이기다'는 동사이다.

14 음운 변동 　　　　　정답률 62% | 정답 ①

〈보기〉의 학습 활동을 수행한 결과로 적절한 것은?

〈보 기〉
[학습 활동] ㉠과 ㉡에 들어갈 알맞은 사례를 찾아 보자.

음운 변동의 발생
　　↓
비음이 아닌 음운이 인접한 비음의 영향으로 [ㅁ, ㄴ, ㅇ] 중 하나로 변화했는가?　—아니요→　신라[실라]
　　↓ 예
예사소리인 초성이 앞 음절의 종성 [ㄱ, ㄷ, ㅂ]의 영향으로 된소리로 변화했는가?　—아니요→　㉡
　　↓ 예
㉠

15 담화 표현 　　　　　정답률 88% | 정답 ⑤

〈보기〉의 ㉠ ~ ㉦에 대한 설명으로 적절하지 않은 것은?

〈보 기〉
(두 친구가 이전의 약속을 떠올리며 일정을 잡는 상황)
학생 1 : ㉠ 우리 저번에 놀자고 했던 거 있잖아. ㉡ 그거 내일이지?
학생 2 : 벌써 그렇게 됐네. ㉢ 어디서 보자고 했지?
학생 1 : 학교 앞 정류장에서 보자고 했잖아. ㉣ 거기 근처 식당에서 밥 먹고, 영화 보고, 문구점 가서 구경하기로 했잖아.
학생 2 : 맞아, 그랬지. 가서 둘러보다가 살 거 있으면 각자 사도 되고……. 사고 싶은 거 있어?
학생 1 : 아직은 ㉤ 무엇을 살지 모르겠어. ㉥ 그때 문구점 가서 봐야 알 것 같아. 아무튼, 그럼 내일 몇 시에 만날까?
학생 2 : 12시 어때? 그러면 딱 점심 먹기 좋은 시간인데.
학생 1 : 좋아. 그럼 ㉦ 그때 보자. 잘 자.

① ㉠은 화자와 청자를 모두 포함한다.
화자와 청자를 모두 포함한다.

② ㉡은 이전에 화자와 청자가 한 약속을 가리킨다.
'저번에 놀자고' 약속했던 것을 가리킨다.

③ ㉢은 ㉣에 대한 답인 학교 앞 정류장을 가리킨다.
㉢은 약속 장소를 묻기 위해 사용한 표현이고, ㉣은 약속 장소인 '학교 앞 정류장'을 가리킨다.

④ ㉤은 아직 정해지지 않은 대상을 가리킨다.
아직 정해지지 않은 대상인 '사고 싶은' 것을 가리킨다.

✔ ⑤ ㉥은 약속 시간인 내일 12시를 의미하며, ㉦과 같은 대상을 가리킨다.
㉥은 문구점에 갔을 때를 의미하고, ㉦은 약속 시간인 '내일 12시'를 가리키므로 ㉥은 ㉦과 같은 대상을 가리키는 것이 아니다.

───

① 옷맵시[온맵씨]　　　꽃말[꼰말]
'옷맵시[온맵씨]'에서는 비음화와 된소리되기가 둘 다 발생하였으며, '꽃말[꼰말]'에서는 비음화는 발생하고 된소리되기는 발생하지 않았다.

② 덮개[덥깨]　　　묵념[뭉념]
'덮개[덥깨]'에서는 비음화는 발생하지 않고 된소리되기는 발생하였으며, '묵념[뭉념]'에서는 비음화는 발생하고 된소리되기는 발생하지 않았다.

③ 부엌문[부엉문]　　　앞날[암날]
'부엌문[부엉문]'과 '앞날[암날]'에서는 모두 비음화가 발생하고 된소리되기가 발생하지 않았다.

④ 광안리[광알리]　　　권력가[궐력까]
'광안리[광알리]'에서는 비음화와 된소리되기가 둘 다 발생하지 않았고, '권력가[궐력까]'에서는 비음화는 발생하지 않고 된소리되기는 발생하였다.

⑤ 귓속말[귇쏭말]　　　습득물[습뜽물]
'귓속말[귇쏭말]'과 '습득물[습뜽물]'에서는 모두 비음화와 된소리되기가 둘 다 발생하였다.

[16~45] 독서·문학

16~20 예술(주제 통합)

(가) 아방가르드의 이론(재구성)

해제 아방가르드는 관습과 전통에 저항하고 새로움을 바탕으로 새로운 예술을 추구하는 예술 운동이다. 아방가르드는 예술의 자율성과 주체성 확립 과정에서 등장하였으며, 새로운 기술의 수용, 일상적 소재나 활동의 활용, 불쾌하거나 추한 느낌의 전달 등으로 근대 미학적 기준에 저항하며 새로운 예술의 모습을 제시하였다. 관습과 전통에 대한 저항으로 새로운 예술을 제시하는 아방가르드의 본질은 현대의 많은 예술 분야에 큰 영향을 주었다.
주제 예술 분야에 새로움과 저항이라는 가치를 제시한 아방가르드

문단 핵심 내용

1문단	아방가르드의 유래와 정의
2문단	기존의 미학적 기준에 저항하는 아방가르드의 탄생
3문단	아방가르드적 주체의 특징과 아방가르드 예술 활동
4문단	아방가르드 운동의 쇠퇴와 의의

(나) 비디오 아트(재구성)

해제 비디오 아트는 비디오 카메라와 텔레비전 등을 이용해 대중문화의 위세에 저항하기 위해 등장한 미술 장르이다. 비디오 아트는 형태를 기준으로 비디오 영상과 설치 비디오로 구분된다. 설치 비디오는 다시 화면 변조, 관객 반응 등의 유형으로 나뉜다. 비디오 아트는 대중문화에 저항하고 관람객의 역할을 변화시켰다는 점에서 예술의 새로운 모습을 제시했다는 의의가 있다.
주제 대중 문화의 위세에 저항하며 예술의 새로운 모습을 제시한 비디오 아트

문단 핵심 내용

1문단	비디오 아트의 정의
2문단	텔레비전과 비디오 카메라의 확산을 통해 등장한 비디오 아트
3문단	비디오 아트의 두 가지 유형
4문단	비디오 아트의 의의

16 내용 전개 방식 파악 　　　　　정답률 79% | 정답 ④

(가), (나)에 대한 설명으로 가장 적절한 것은?

① (가)는 중심 개념을 바라보는 여러 학자들의 견해를 제시하고 있다.
(가)에서는 아방가르드라는 중심 개념을 바라보는 여러 학자들의 견해가 제시되어 있지 않다.

② (나)는 중심 개념의 의의와 한계를 분석하고 있다.
(나)의 4문단에서 비디오 아트의 의의를 제시했으나, (나) 전체에서 한계가 제시되지는 않았다.

③ (가)와 (나)는 모두 중심 개념의 변화 과정을 제시하고 있다.
(나)에서는 비디오 아트라는 중심 개념의 변화 과정을 제시하고 있지 않다.

✔ ④ (가)와 (나)는 모두 중심 개념을 정의하고 그 등장 배경을 밝히고 있다.
(가)의 1문단에서 아방가르드는 기존의 통념에 저항하고 새로운 예술의 모습을 제시하는 예술 운동이라 정의하고 있으며, 등장 배경은 2문단에서 제시하고 있다. (나)의 1문단에서 비디오 아트의 개념을 정의하고 있으며, 2문단에서 등장 배경을 제시하고 있다.

⑤ (가)와 (나)는 모두 중심 개념의 하위 유형 구분 기준을 명시하고 관련 사례를 제시하고 있다.
(가)에서는 아방가르드의 하위 유형 분류 기준을 명시하지 않았다.

---

17 내용 이해   정답률 61% | 정답 ④

(가)를 이해한 내용으로 적절하지 않은 것은?

① 근대 이전의 예술가는 기술자에 불과하다고 인식되었다.
(가)의 2문단에서 근대 이전의 예술가는 종교나 궁정에 소속된 일개 기술자에 불과하다고 인식되었다는 내용을 확인할 수 있다.

② 근대에는 예술과 예술가에 대한 인식의 변화가 일어났다.
(가)의 2문단에서 근대에서의 예술에 대한 인식 변화로 근대의 예술이 또한 과거와 달리 예술의 주체로 인정받았다는 내용을 확인할 수 있다.

③ 아방가르드라는 용어는 예술이 아닌 다른 분야에서 유래하였다.
(가)의 1문단에서 본래 병사를 일컫는 말에서 온 용어라는 내용을 확인할 수 있다.

✔ ④ 근대 이전의 예술은 예술가의 세속적 목적을 충족시키기 위해 이루어졌다.
(가)의 2문단에서 근대 이전까지 예술의 목적은 예술가의 세속적인 목적이 아닌, 집단의 종교적 목적이나 왕이나 귀족 개인의 세속적 목적을 충족하기 위한 것이라는 내용을 알 수 있다.

⑤ 근대의 예술가들이 전통을 따랐던 이유는 작품의 아름다움을 비평가들에게 인정받기 위해서였다.
(가)의 2문단에 제시된 당대의 미학적 기준이 오히려 예술가들을 전통과 관습에 종속되게 했다는 내용에서 확인할 수 있다.

---

18 내용 추론   정답률 68% | 정답 ①

㉠의 이유를 추론한 것으로 가장 적절한 것은?

✔ ① 아방가르드가 주류 예술에 편입되어 더 이상 새로운 예술이 아니게 되었기 때문이다.
(가)의 2문단에서 아방가르드의 본질은 저항을 통해 새로운 예술을 제시하는 것임을 알 수 있다. 또 4문단에서 아방가르드를 바탕으로 한 사조와 작품들이 주류예술로 편입되면서 아방가르드가 쇠퇴하였다는 것을 파악할 수 있다. 이를 종합하면 ㉠은 새로운 예술을 추구한 아방가르드가 주류 예술에 편입되면 더 이상 새로운 예술이 아니기 때문에, 새로움과 저항이라는 본질을 상실하게 되었다는 의미를 추론할 수 있다.

② 아방가르드 운동의 쇠퇴로 인해 이를 뛰어넘는 새로운 예술이 등장하였기 때문이다.
'새로운 예술 등장' 자체가 아방가르드의 본질이며, (가)에서 아방가르드를 뛰어넘는 새로운 예술이 등장했다는 내용 또한 확인할 수 없다.

③ 아방가르드를 바탕으로 한 작품들이 등장하면서 기존의 주류 예술을 보완한 사조들을 형성하게 되었기 때문이다.
(가)에서 아방가르드를 바탕으로 한 새로운 작품들이 등장하였다는 내용은 확인할 수 있지만, 이들이 기존의 주류 예술을 보완한 사조들을 형성했다는 내용은 확인할 수 없다.

④ 아방가르드가 추구하는 예술가의 모습이 기존의 주류 예술계에서 인식하는 예술가의 모습과 같지 않기 때문이다.
(가)의 2, 3문단에 제시된 예술가의 모습에 대한 기존의 주류 예술과 아방가르드의 인식 차이는 기존의 주류 예술이 아방가르드를 수용하기 이전에도 존재했던 것으로, 이는 오히려 저항과 새로움을 불러일으키는 요인이다. 따라서 아방가르드의 본질 상실과는 무관하다.

⑤ 아방가르드가 제시하고 있는 예술의 방향성이 기존의 주류 예술계가 요구하는 미학적 기준에 부합하지 않기 때문이다.
(가)의 3, 4문단을 보면 아방가르드가 제시하고 있는 예술의 방향성이 기존의 주류 예술계가 요구하는 미학적 기준과 부합하지 않지만, 이는 오히려 저항과 새로움을 불러일으키는 요인이다. 따라서 아방가르드의 본질 상실과는 무관하다.

---

19 내용 이해   정답률 70% | 정답 ⑤

비디오 아트를 이해한 내용으로 적절하지 않은 것은?

① 대중문화로 인해 미술의 역할과 위상이 흔들리자 그 대안으로 제시된 장르이다.
(나)의 2문단에서 비디오 아트가 대중문화로 인해 미술의 역할과 위상이 흔들리자 그 대안으로 제시된 장르라는 내용을 확인할 수 있다.

② 손쉽게 촬영할 수 있는 기기를 통해 창작자와 관람객의 상호 소통을 지향하는 예술이다.
(나)의 2문단에서 비디오 카메라가 손쉽게 촬영할 수 있는 기기라는 것과, 비디오 아트가 창작자와 관람객의 상호 소통을 지향한다는 것을 알 수 있다.

③ 대중문화의 확산을 일으킨 매체를 활용하여 대중문화에 대한 저항을 표현하는 예술이다.
(나)의 2문단의 텔레비전에 대한 서술과 1문단의 비디오 아트가 텔레비전을 활용한다는 내용, 4문단의 비디오 아트는 이를 활용해 대중 문화에 저항하는 예술이라는 내용을 종합하여 알 수 있다.

④ 기술의 발달로 인한 변화를 활용하여 시공간적 제약으로부터의 자유를 추구하는 예술이다.

(나)의 1문단과 2문단에서 비디오 아트는 텔레비전, 비디오 카메라의 개발 등 기술 발달의 영향과 그로 인한 변화로 등장하였고, 이를 활용해 시공간적 제약으로부터의 자유를 추구하는 내용을 알 수 있다.

✔ ⑤ 메시지의 생산과 수용 과정에서 이루어졌던 국가와 대중의 기존 역할이 서로 전환되는 예술이다.
(나)의 2문단을 보면, 비디오 아트는 가정용 비디오 카메라의 보급으로 탄생하였으며, 가정용 비디오 카메라 보급은 일방적으로 메시지를 수용했던 대중을 적극적으로 생산하고 소통하는 주체로 변화시켰다는 내용을 알 수 있다. 이는 정보의 생산과 수용 과정에서 대중의 역할이 확대되었다는 의미이지, 국가와 대중의 역할이 서로 전환된다는 의미는 아니다.

★★★ 등급을 가르는 문제!

20 사례 적용   정답률 34% | 정답 ①

윗글을 바탕으로 〈보기〉의 ⓐ, ⓑ를 이해한 내용으로 가장 적절한 것은? [3점]

〈보 기〉
○ 무대 공연을 위해 만들어진 백남준의 ⓐ 〈TV 첼로〉는 1971년에 제작된, 첼로에 텔레비전 세 대를 결합한 형태의 작품이다. 이 작품에서 출력되는 영상은 첼리스트의 즉흥 연주나 행동에 반응하여 변형된다.
○ 백남준의 ⓑ 〈닉슨〉은 텔레비전 두 대에 변조 장치를 결합한 작품으로, 화면에 계속 등장하는 닉슨 대통령의 얼굴을 여러 형태로 일그러뜨려 희화화한 이미지를 관객에게 보여준다.

✔ ① 설치 비디오 유형에 해당하는 ⓐ는, 새로운 매체를 예술 활동에 적용했다는 점에서 새로운 예술의 모습을 제시하였다고 볼 수 있겠군.
(나)의 3문단과 〈보기〉의 '첼로에 텔레비전 세 대를 결합한 형태'라는 서술을 통해 ⓐ는 설치 비디오 유형임을 알 수 있다. 또한 (나)의 2문단 마지막 문장과 (가)의 3문단에 제시된 '새로운 예술의 모습을 제시하기 위한 아방가르드 예술가들의 모습'을 함께 고려하면, 아방가르드의 관점에서 ⓐ는 새로운 매체를 예술 활동에 적극적으로 활용하여 새로운 예술의 모습을 제시하였다고 볼 수 있다.

② 텔레비전 기능의 자의적 조정을 보여주는 ⓐ는, 기존 예술에서 보였던 예술가와 관객 사이의 경계를 파괴하려 하였다고 볼 수 있겠군.
〈보기〉의 '무대 공연을 위해', '첼리스트의 즉흥 연주나 행동에 반응'이라는 서술은 ⓐ에서 일어나는 변화가 관객이 아닌, 예술가나 작품 자체에 의한 것이므로 (가)의 3문단에 제시된 예술가와 관객의 경계를 파괴한다고 볼 수 없다.

③ 비디오 영상 유형에 해당하는 ⓑ는, 예술에 대한 기존 통념에 저항함으로써 새로운 예술의 모습을 제시하였다고 볼 수 있겠군.
(나)의 3문단에 제시된 내용과 〈보기〉의 '텔레비전 두 대에 변조 장치를 결합한 작품'이라는 서술에서, ⓑ는 비디오 영상 유형이 아니라 설치 비디오 유형임을 알 수 있다.

④ 작품에 언제든 우연한 사건이 개입되어 변할 수 있다는 것을 보여주는 ⓑ는, 일상적인 소재를 활용하여 예술의 소재에 대한 기존 관점의 문제점을 드러냈다고 볼 수 있겠군.
(나)의 3문단에 제시된 내용과 〈보기〉의 '닉슨 대통령의 얼굴을 여러 형태로 일그러뜨려 희화화한 이미지를 관객에게 보여준다'는 서술에서, ⓑ는 작품에 우연한 사건을 개입시키는 것이 아니라 변조 장치로 작품을 변화시키는 것임을 알 수 있다.

⑤ 실험적 이미지를 활용한 ⓐ와 ⓑ는, 일상적 활동을 예술에 적용하여 기존의 예술적 전통을 발전시킴으로써 새로운 예술의 모습을 제시하였다고 볼 수 있겠군.
(나)의 3문단과 〈보기〉의 '출력되는 비디오 영상'의 변형, '화면에 계속 등장하는 닉슨 대통령의 얼굴'이라는 서술에서, ⓐ와 ⓑ는 실험적 이미지를 활용하였다는 것을 알 수 있지만, 기존의 전통을 발전시켜 새로운 예술의 모습을 제시한다는 것은 (가)의 3문단에 제시된 아방가르드의 관점이 아니다.

★★ 문제 해결 꿀~팁 ★★

▶ 많이 틀린 이유는?
이 문제는 비디오 아트 작품을 비디오 아트 유형에 따라 분류하는 작업이 쉽지 않아 오답률이 높았던 것으로 보인다.

▶ 문제 해결 방법은?
이 문제를 해결하기 위해서는 선지에 제시된 비디오 아트 작품이 유형에 따라 적절하게 분류되었는지를 검토하면 된다. ⓐ와 ⓑ는 모두 설치 비디오 유형에 해당하며, 설치 비디오 유형 역시 비디오 영상 유형과 마찬가지로 비디오 영상을 활용할 수 있다. 한편 까다로운 선지를 것으로 보이는 ②의 경우, '대중을 메시지를 적극적으로 생산하고 소통하는 주체로 변화'시킨 것은 비디오 아트의 의의에 해당한다. 다만 이 문제는 사례를 지문에 적용하여 푸는 문제이므로 주어진 〈보기〉를 성실하게 읽어야 한다. 〈보기〉에서 '무대 공연을 위해 만들어진' ⓐ는 '첼리스트의 즉흥 연주나 행동에 반응하여 변형'된다는 점에서 관객이 아니라 예술가나 작품 자체에 의해 변화를 일으킨다. 따라서 '예술가와 관객 사이의 경계를 파괴'한다는 ②는 적절하지 않다.

21~25 기술

해수 담수화 기술의 발전 동향 (재구성)

해제 물 부족 현상을 해결할 수 있는 대표적인 해수 담수화 기술들의 특징과 그 발전 동향을 설명하고 있다. 다단 증발법은 해수를 수증기로 변화시켜 응축함으로써 담수를 얻고, 역삼투법은 같은 양의 해수와 담수 사이에 반투막을 설치하여 해수에 삼투압보다 높은 압력을 가함으로써 담수를 얻는다. 해수 담수화 기술은 에너지 소모량이 적은 방식으로 발전해왔으며, 신재생 에너지를 활용한 차세대 해수 담수화 기술을 상용화하기 위한 노력이 계속되고 있다.

주제 해수 담수화 기술의 발전 동향과 특징

문단 핵심 내용

1문단	물 부족 현상에 따른 해수 담수화 기술의 발전
2문단	다단 증발법의 원리와 특징
3문단	역삼투법의 원리와 특징
4문단	해수 담수화 기술의 발전 동향과 상용화 노력

21 내용 이해　　　　정답률 56% | 정답 ④

윗글을 통해 답을 찾을 수 없는 질문은?

① 다단 증발법의 장점은 무엇인가?
　2문단에 다단 증발법은 수질 조건에 큰 영향을 받지 않으며 담수를 대량으로 생산할 수 있다는 것이 장점으로 제시되어 있다.

② 물 부족 현상의 원인은 무엇인가?
　1문단에 물 부족 현상의 원인이 인구 증가와 기후변화임이 제시되어 있다.

③ 해수 담수화 기술은 어떤 방식으로 발전해 왔는가?
　4문단에 해수 담수화 기술은 에너지 소모량이 적은 방식으로 발전해 왔다고 제시되어 있다.

☑ **해수 속 이물질을 제거하는 과정은 어떻게 이루어지는가?**
　3문단에 해수 속 이물질을 제거하는 전처리 과정은 언급되어 있으나 그 과정이 어떻게 이루어지는지에 대한 설명은 나와 있지 않다.

⑤ 인간이 쉽게 활용할 수 없는 물은 어떤 상태로 존재하는가?
　1문단을 통해 인간이 손쉽게 활용할 수 없는 물은 해수, 빙하, 지하수 등의 상태로 존재하고 있음을 알 수 있다.

★★★ 등급을 가르는 문제!

22 내용 이해　　　　정답률 29% | 정답 ⑤

〈보기〉는 다단 증발법을 적용한 설비의 구조이다. 윗글을 바탕으로 〈보기〉를 이해한 내용으로 적절하지 않은 것은?

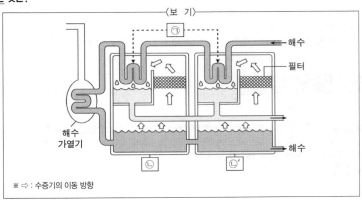

〈보 기〉

※ ⇨ : 수증기의 이동 방향

① 해수의 염분 농도는 ⓒ보다 ⓒ'에서 더 높다.
　2문단에 가열된 해수는 증발기들을 거치며 염분 농도가 높아진다고 제시되어 있다.

② ⓒ과 ⓒ'에서 생성된 담수는 설비 밖으로 빠져나온다.
　2문단에 증발기들의 내부에서 생성된 순수한 수증기는 증발기 상부의 냉각관과 만나서 응축되어 담수가 된다고 제시되어 있다. 〈보기〉에서 ⓒ과 ⓒ'에서 생성된 수증기가 ⊙과 만나서 응축된 담수가 모여 설비 밖으로 빠져나오고 있음을 알 수 있다.

③ 해수 가열기에서 온도가 끓는점보다 더 높아진 해수는 ⓒ으로 이동한다.
　2문단에 해수 가열기는 해수의 온도를 해수의 끓는점 이상까지 높이는 역할을 한다고 제시되어 있다.

④ ⓒ과 ⓒ'에서 생성된 수증기는 필터에 의해 해수가 제거된 상태로 ⊙과 만나 응축된다.
　2문단에 수증기에 포함된 미량의 해수는 필터를 통과한 뒤 제거되어 증발기 상부의 냉각관과 만나 응축된다고 제시되어 있다.

☑ **내부 압력이 같은 ⓒ과 ⓒ'은 대기압보다 낮은 내부 압력을 유지하고 있으므로 해수를 순간적으로 끓어오르게 한다.**
　지문의 내용을 통해 ⊙은 증발기 내부의 냉각관, ⓒ과 ⓒ'은 증발기임을 알 수 있다. 2문단에 증발기들의 내부는 진공 유지 장치에 의해 대기압보다 훨씬 낮은 압력을 유지하고 있으며, 가열된 해수가 통과하는 순서로 내부 압력이 더 낮아진다고 제시되어 있다. 따라서 ⓒ과 ⓒ'이 내부 압력이 같다는 설명은 적절하지 않다.

★★ 문제 해결 꿀~팁 ★★

▶ 많이 틀린 이유는?
이 문제는 〈보기〉의 도식화된 그림을 바탕으로 지문을 이해하는 것에 부담을 느껴 오답률이 높았던 것으로 보인다.

▶ 문제 해결 방법은?
〈보기〉에 제시된 그림을 단번에 이해하기 어려울 때는 주어진 선지의 범위 내에서 차분하게 지문을 적용하면 된다. 〈보기〉는 다단 증발법을 적용한 해수 담수화 설비의 구조를 나타내고 있으므로 먼저 ⊙, ⓒ, ⓒ'의 명칭을 2문단에서 찾아야 한다. 2문단에 따르면 '해수는 증발기 내부의 냉각관을 통과'하며, 다단 증발법을 적용한 해수 담수화 설비의 증발기는 일반적으로 '직렬로 연결'되어 있고 '여러 개로 구성'되어 있다. 〈보기〉의 그림에 나타난 해수의 이동 과정을 살피면 ⊙은 증발기 내부의 냉각관, ⓒ과 ⓒ'은 증발기임을 알 수 있다. 이때 '증발기들의 내부는 진공 유지 장치에 의해 대기압보다 훨씬 낮은 압력을 유지'하고 있을 뿐만 아니라, 가열된 해수가 통과하는 순서로 내부 압력이 더 낮아지기 때문에 ⑤에서 ⓒ과 ⓒ'이 '내부 압력이 같다'는 내용은 적절하지 않다. 이와 같은 문제에서 정답을 찾기 위해서는 판단의 순서를 정하고, 단계적으로 문제를 해결해 나가야 한다.

23 핵심 개념의 이해　　　　정답률 69% | 정답 ⑤

역삼투법에 대한 설명으로 적절하지 않은 것은?

① 다단 증발법보다 담수 생성 효율이 높은 기술이다.
　3문단에 역삼투법은 다단 증발법에 비해 담수 생성 효율이 높다고 제시되어 있다.

② 에너지 소비 측면에서 다단 증발법보다 더 발전된 기술이다.
　3문단에 역삼투법은 다단 증발법에 비해 에너지 소비량이 적다고 제시되어 있다.

③ 다단 증발법보다 전처리 과정이 더 중요한 역할을 하는 기술이다.
　2문단에 다단 증발법은 수질 조건에 큰 영향을 받지 않는다고 제시되어 있고, 3문단에 역삼투법은 수질 조건이 매우 중요하여 전처리 과정이 필수적이라고 제시되어 있다.

④ 삼투압보다 더 큰 압력을 해수에 가하여 담수를 생성하는 기술이다.
　3문단에서 역삼투법은 삼투압보다 더 큰 압력을 해수에 가하여 해수에서 담수를 생성한다고 제시되어 있다.

☑ **염분만 통과할 수 있는 반투막의 성질을 이용하여 해수에서 담수를 분리하는 기술이다.**
　3문단에서 반투막은 물 분자만 통과할 수 있다고 제시되어 있다.

24 사례 적용　　　　정답률 55% | 정답 ①

윗글을 참고하여 〈보기〉의 ㉮를 이해한 내용으로 적절하지 않은 것은? [3점]

〈보 기〉

　㉮ '막 증류법'의 대표적인 방식은 고온의 해수와 저온의 담수 사이에 소수성*을 띤 다공성* 막을 설치하여 온도 차이에 의해 해수에서 증발된 수증기만 막을 통과하도록 해 담수를 얻는 것이다. 이 방식은 해수의 온도를 50~70℃로 높이는 것을 제외하면 압력 등 다른 요소를 변화시키지 않아도 되기에 1, 2세대 해수 담수화 기술에 비해 에너지 소비량이 적어 소규모의 신재생 에너지 설비로도 담수를 생산할 수 있다. 하지만 막이 물과 맞닿기 때문에 막이 오염되지 않도록 관리하는 것이 중요하다.

* 소수성 : 물과 친화력이 적은 성질
* 다공성 : 물질의 내부나 표면에 작은 구멍이 많이 있는 성질

☑ **압력을 변화시키지 않아도 된다는 점에서 다단 증발법과 유사하군.**
　2문단에서 다단 증발법은 진공 유지 장치로 증발기들의 내부 압력을 낮추는 방식임을 알 수 있고, 〈보기〉에서 ㉮는 압력 등 다른 요소들은 변화시키지 않는다고 제시되어 있다.

② 역삼투법과 달리 물의 상변화를 이용하여 담수를 생성하고 있군.
　3문단에서 역삼투법은 해수에 압력을 가하여 물 분자를 담수로 이동시키는 방식이기에 물의 상변화를 이용하는 방식이 아님을 알 수 있는 반면, ㉮는 온도 차이에 의해 해수에서 증발된 수증기를 활용해 담수를 얻는 방식이므로 물의 상변화를 이용함을 추론할 수 있다.

③ 막의 오염을 관리하는 것이 매우 중요하다는 점에서 역삼투법과 유사하군.
　3문단에서 역삼투법은 해수와 반투막이 맞닿는 방식이므로 해수의 수질 조건이 매우 중요하여 해수의 이물질을 제거해야 한다고 제시되어 있고, ㉮도 막이 물과 직접 맞닿고 수증기가 막을 통과하며 담수를 생성하기에 막의 오염을 관리하는 것이 중요함을 알 수 있다.

④ 다단 증발법과 달리 해수의 온도를 끓는점 이상까지 높이지 않아도 되겠군.
　2문단에 다단 증발법은 해수 가열기로 해수의 온도를 끓는점 이상까지 높이는 방식임이 제시되어 있고, ㉮는 해수의 온도를 50~70℃로 높인다고 제시되어 있다.

⑤ 다단 증발법과 역삼투법에 비해 에너지원 확보가 어려운 지역에 설치하기 유리하겠군.
　2, 3문단을 통해 다단 증발법과 역삼투법은 모두 에너지 소비량이 많다는 것을 알 수 있다. 이 때문에 에너지원 확보가 어려운 지역을 위한 해수 담수화 설비에 대한 요구가 점차 커지며 해수 담수화에 신재생 에너지를 활용하는 방안을 모색하고 있음을 4문단에서 알 수 있다. 〈보기〉에서 ㉮는 에너지 소비량이 적어 소규모의 신재생 에너지 설비로도 담수를 생산할 수 있다고 제시되어 있다. 따라서 ㉮가 다단 증발법과 역삼투법에 비해 에너지원 확보가 어려운 지역에 설치하기 유리하다는 설명은 적절하다.

25 단어의 문맥적 의미　　　　정답률 86% | 정답 ③

문맥상 의미가 ⓐ와 가장 가까운 것은?

① 새 학년을 맞아 동아리를 만들었다.
　'기관이나 단체 따위를 결성하다.'라는 의미이다.

② 경기 규칙을 새롭게 만드는 일은 어렵다.
　'규칙이나 법, 제도 따위를 정하다.'라는 의미이다.

☑ **시를 소설로 만드는 과정은 매우 흥미롭다.**
　ⓐ는 '만들다'는 '무엇이 되게 하다.'의 의미이다.

④ 생일 선물로 친구에게 줄 케이크를 만드는 중이다.
　'노력이나 기술 따위를 들여 목적하는 사물을 이루다.'라는 의미이다.

⑤ 송진을 채취하기 위해 소나무에 칼로 흠집을 만들었다.
　'허물이나 상처 따위를 생기게 하다.'라는 의미이다.

26~30 사회

법의 효력(재구성)

해제 법의 효력을 발생 근거와 효력이 미치는 범위로 나누어 설명하고 있다. 효력 발생 근거로는 **타당성과 실효성**이 있다. 타당성이 법의 정당성이라면 실효성은 법이 실현될 수 있는 힘이다. **효력이 미치는 범위**는 시간, 사람, 장소로 구분할 수 있다. 시간적 효력은 시행일부터 폐지일까지 발생하며, 예외인 경우를 제외하면 소급하여 적용할 수 없다. 인적 효력은 속인주의와 속지주의 중 무엇을 선택하느냐에 따라 범위가 달라진다. 속인주의는 사람을, 속지주의는 영역을 중심으로 관련법을 적용한다. 장소적 효력은 법이 어떤 공간에 적용되느냐에 따라 범위가 달라진다.

주제 법의 효력 발생 근거와 효력이 미치는 범위에 따른 적용

문단 핵심 내용

1문단	법의 효력 발생 근거와 효력이 미치는 범위
2문단	법의 시간적 효력
3문단	법의 인적 효력
4문단	법의 장소적 효력

26 내용 이해　　　　정답률 60% | 정답 ①

윗글의 내용과 일치하는 것은?

☑ **법의 효력은 국가 영역의 일부에만 적용될 수도 있다.**
4문단에서 도시계획법 중 일부 조항처럼 특정한 지역에만 적용되는 법도 있음을 알 수 있다.

② 법의 폐지일이 경과하지 않으면 법을 폐지할 수 없다.
2문단에서 폐지일 이전에 법 자체가 폐지되거나 신법이 시행될 때, 구법의 효력이 소멸됨을 알 수 있다.

③ 법의 효력은 부칙에 시행일을 반드시 규정해야 발생한다.
2문단에서 시행일을 규정하지 않는 경우에도 법의 효력이 자동적으로 발생함을 알 수 있다.

④ 주한 외교 사절은 우리나라의 법을 준수하지 않아도 된다.
3문단에서 주한 외교 사절은 기본적으로 우리나라의 법을 준수해야 함을 알 수 있다.

⑤ 외국에 있는 우리나라 사람에게 우리나라 법을 적용하더라도 타국의 영토 주권을 침범하지 않는다.
3문단에서 타국에 있는 자국민에게 자국법을 적용한다면 영토 주권을 침범하는 문제가 발생함을 알 수 있다.

---

27 내용 추론 　　　　　　　　　　정답률 68% | 정답 ④

㉠의 이유로 가장 적절한 것은?

① 법이 타당성만 있고 실효성이 없으면, 법의 제정 과정에서 절차적 정당성을 가질 수 없기 때문에
법이 타당성이 있으면 법의 제정 과정에서 절차적 정당성을 가질 수 있다.

② 법이 타당성만 있고 실효성이 없으면, 법 위반 행위를 금지하는 정당한 자격을 갖출 수 없기 때문에
법이 타당성이 있으면 법 위반 행위를 금지할 정당한 자격을 갖출 수 있다.

③ 법이 실효성만 있고 타당성이 없으면, 해당 법의 실현을 위한 강제력을 가질 수 없기 때문에
법이 실효성이 있으면 법의 실현을 위한 강제력을 가질 수 있다.

☑ **법이 실효성만 있고 타당성이 없으면, 법이 추구하는 정의를 국민으로부터 인정받을 수 없기 때문에**
법이 타당성이 있으면 절차적 정당성과 법이 추구하는 정의를 국민으로부터 인정받을 수 있고, 실효성이 있으면 법을 실현할 수 있는 강제력을 지닐 수 있음을 1문단에서 알 수 있다.

⑤ 법이 타당성과 실효성을 모두 갖추더라도, 법을 실제적으로 이행하도록 하는 힘을 국민들에게 인정받지 못하기 때문에
법이 타당성과 실효성을 모두 갖추면 법을 실제적으로 이행하도록 하는 힘을 국민들에게 인정받을 수 있다.

---

28 사례 적용 　　　　　　　　　　정답률 85% | 정답 ②

윗글을 참고할 때, 〈보기〉의 ㉮ ~ ㉰에 들어갈 수 있는 말을 바르게 짝지은 것은?

──〈 보 기 〉──
음주가 허용된 나라인 A국 국민 ○○씨가 음주가 금지된 B국에서 음주를 한 경우, 　㉮　에 따르면 　㉯　의 법을 적용해야 하고, 이에 따르면 ○○씨는 　㉰　.

※ 단, ○○씨는 A국에서 B국으로 파견된 외교 사절은 아님.

　　㉮　　　　㉯　　　　　　㉰
① 속지주의　　A국　　　처벌받을 것이다
속지주의에 따르면 B국의 법을 적용해야 하며 ○○씨는 처벌받을 것이다.

☑ **속지주의　　B국　　　처벌받을 것이다**
속지주의에 따르면 B국의 법을 적용해야 하고, 이에 따르면 ○○씨는 처벌받을 것이다.

③ 속지주의　　B국　　　처벌받지 않을 것이다
속지주의에 따르면 B국의 법을 적용해야 하며 ○○씨는 처벌받을 것이다.

④ 속인주의　　A국　　　처벌받을 것이다
속인주의에 따르면 A국의 법을 적용해야 하며 ○○씨는 처벌받지 않을 것이다.

⑤ 속인주의　　B국　　　처벌받지 않을 것이다
속인주의에 따르면 A국의 법을 적용해야 하며 ○○씨는 처벌받지 않을 것이다.

---

29 사례 적용 　　　　　　　　　　정답률 53% | 정답 ⑤

윗글을 바탕으로 〈보기〉를 이해한 내용으로 적절하지 않은 것은? [3점]

──〈 보 기 〉──
△△기업은 2010년 1월부터 2월까지 가격 담합을 했다는 혐의로 2016년 6월에 조사를 받기 시작했다. 1990년 1월에 제정된 관련법은 별도의 폐지 시기를 규정하지 않았는데, 이에 따르면 과징금은 '위법 행위 종료일부터 5년'까지 부과할 수 있다. 그런데 이 법이 개정되어 2012년 2월 1일에 공포된 후 2월 10일부터 시행되었다. 과징금을 부과할 수 있는 기간은 '위법 행위에 대한 조사 개시일로부터 5년'으로 변경되었고, 효력을 현재까지 계속 유지하고 있다.

① 구법의 효력은 개정된 법의 시행일로부터 소멸했겠군.
2문단에서 폐지 시기를 규정하지 않은 구법은 신법이 시행되는 경우에 그 효력이 소멸된다고 하였으므로 〈보기〉의 구법은 개정된 법이 시행되면서 그 효력이 소멸했다.

② 개정된 법에 따르면 △△기업에 대한 과징금은 2021년 7월에는 부과할 수 없겠군.
〈보기〉의 개정된 법을 적용하면 과징금을 부과할 수 있는 기간은 위법 행위에 대한 조사 개시일로부터 5년까지인데, △△기업에 대한 조사 개시일은 2016년 6월이므로 2021년 7월에는 과징금을 부과할 수 없다.

③ △△기업에 과징금이 부과되었다면 개정된 법을 소급하여 적용한 것으로 볼 수 있겠군.
2문단에서 이전의 발생 사건에 대한 구법의 시간적 효력이 남아 있는 경우 예외적으로 개정된 법을 소급하여 적용할 수 있다고 하였다. 〈보기〉의 구법을 적용하면 위법 행위 종료 시점인 2010년 2월로부터 5년까지 과징금을 부과할 수 있는데, 구법의 시간적 효력이 남아 있는 2012년에 개정된 법이 시행되었으므로 △△기업에 개정된 법을 소급하여 적용할 수 있다.

---

④ 개정된 법이 공포된 시점에는 △△기업의 담합 행위에 대한 구법의 효력이 존재했겠군.
2문단에서 법은 시행일로부터 그 효력이 발생한다고 하였고 〈보기〉에서 구법의 폐지 시기가 규정되지 않았으므로, 개정된 법이 공포된 시점에는 구법의 효력이 존재한다.

☑ **법이 개정되지 않았더라도 2016년 6월에 △△기업에 대해 과징금 처분을 내릴 수 있었겠군.**
〈보기〉의 구법은 과징금 부과 가능 기간을 위법 행위 종료일로부터 5년까지로 규정하고 있다. △△기업에 대한 위법 행위 종료일은 2010년 2월이므로 2016년 6월에는 과징금을 부과할 수 없다. 따라서 법이 개정되지 않았더라면 △△기업에 대해 과징금 처분을 내릴 수 없었을 것이다.

---

30 단어의 사전적 의미 　　　　　　정답률 84% | 정답 ③

ⓐ ~ ⓔ의 사전적 의미로 적절하지 않은 것은?

① ⓐ : 법규에 맞음.
ⓐ의 사전적 의미는 '법규에 맞음'의 의미이다.

② ⓑ : 시간이 지나감.
ⓑ의 사전적 의미는 '시간이 지나감'의 의미이다.

☑ **ⓒ : 어려운 점을 무릅쓰고 행함.**
ⓒ의 사전적 의미는 '법령을 공포한 뒤에 그 효력을 실제로 발생시키는 일'의 의미이다.

④ ⓓ : 과거에까지 거슬러 올라가서 미치게 함.
ⓓ의 사전적 의미는 '과거에까지 거슬러 올라가서 미치게 함'의 의미이다.

⑤ ⓔ : 책임이나 책망을 면함.
ⓔ의 사전적 의미는 '책임이나 책망을 면함'의 의미이다.

31~34 　고전 소설

작자 미상, 「왕시전」

감상 「왕시전」은 남녀이합형(男女離合型) 애정소설의 하나로서 여인을 향한 남성의 순수한 사랑을 그린 작품이다. 권력을 상징하는 노신하에 의해 이별하게 된 남녀 주인공이 화산도사라는 초월적 존재의 힘을 빌려 다시 만나게 되면서 행복한 결말을 맞는다.
주제 여인을 향한 남성의 애틋한 사랑

---

31 서술상 특징 파악 　　　　　　　정답률 82% | 정답 ①

윗글의 서술상 특징으로 가장 적절한 것은?

☑ **인물 간의 대화를 중심으로 사건을 전개하고 있다.**
화산도사가 과업을 부여하는 대화 등을 보면 김유령과 화산도사 그리고 귀신들과의 대화를 중심으로 사건을 전개하고 있음을 알 수 있다.

② 현재와 과거의 교차 서술로 주제를 부각하고 있다.
현재와 과거를 교차하여 서술하는 장면은 나타나지 않는다.

③ 인물의 외양 묘사로 성격의 변화를 드러내고 있다.
인물의 외양 묘사로 인물의 성격 변화를 드러내는 부분은 나타나지 않는다.

④ 서술자가 개입하여 인물의 행동에 대해 평가하고 있다.
서술자가 개입하여 인물의 행동을 평가하는 부분은 나타나지 않는다.

⑤ 인물의 심리를 서술하여 인물 간의 갈등을 표출하고 있다.
인물 간의 갈등을 드러내기 위해 인물의 심리를 서술하는 부분은 나타나지 않는다.

---

32 내용 이해 　　　　　　　　　　정답률 78% | 정답 ①

윗글에 대한 이해로 적절하지 않은 것은?

☑ **김유령은 도사에게 처음부터 숨김없이 소원을 말하였다.**
김유령은 화산도사에게 처음에는 아내와 하루만이라도 만나보아 서로 말이나 나누었으면 좋겠다고 말한다. 하지만 화산도사가 '네 뜻을 바로 말하지 않는구나'라고 꾸짖고 사실대로 말하라고 했을 때, '함께 살게만 해 주신다면 제가 두엄을 지고 다니는 사람이 되라 한다 해도 원망하지 않겠습니다'라고 말하고 있으므로 적절하지 않다.

② 도사는 김유령에게 소원을 이루기 위한 과업을 제시하였다.
화산도사가 '삼 년간 조심하고 사 년 만에 오너라'라고 말하는 장면에서 과업을 제시함을 알 수 있다.

③ 김유령은 담당 관원에게 소청하여 왕시의 시신을 스무 날 안에 묻었다.
'김유령이 장례 담당 관원에게 소청하여 스무 날 내에 묻었다'라고 서술하는 장면에서 알 수 있다.

④ 김유령은 왕시의 시신을 묻고 난 이후 도사에게 이를 알리기 위해 화산으로 갔다.
'다시 화산으로 즉시 가서 도사에게 왕시를 묻었다고 아뢰려고 하였다'라고 서술하는 장면에서 알 수 있다.

⑤ 도사는 검은 옷 입은 사람에게 무빙 등 왕시를 알던 종들을 유희국으로 데려가게 했다.
화산도사가 '옛집에 가서 무빙 등 왕시를 알던 종들을 다 잡아다가 유희국에다가 두어라'라고 말하는 장면에서 알 수 있다.

---

33 말하기 방식 이해 및 비교 　　　　정답률 84% | 정답 ②

[A]와 [B]에 대한 이해로 가장 적절한 것은?

① [A]에는 상대를 회유하려는 의도가, [B]에는 상대를 조롱하려는 의도가 드러난다.
[A]에는 상대방을 회유하려는 의도가, [B]에는 상대방을 조롱하려는 의도가 드러나지 않는다.

☑ **[A]에는 상대의 행동을 질책하는 태도가, [B]에는 상대의 성품을 칭찬하는 태도가 드러난다.**

[A]에는 화산도사가 뱀을 구해주고 도적을 살려준 김유령에게 '불쌍한 것을 구제하라 하였지 그런 것들을 살려내라 하더냐'라고 말하는 장면에서 상대방의 행동에 대해 질책한다. [B]에는 화산도사가 김유령에게 '돌이나 쇠보다도 더욱 굳은 사람'이라고 말하는 장면에서 상대방의 성품에 대해 칭찬하는 태도가 드러난다.

③ [A]에서는 다른 이의 조언을 바탕으로, [B]에서는 자신의 경험을 바탕으로 의사 결정을 하고 있다.
[A]에서는 월궁도사가 조언을 해준 대상은 김유령이지 화산도사가 아니며, [B]에서는 인물에 대한 평가를 바탕으로 하고 있기 때문에 적절하지 않다.

④ [A]와 [B]에는 모두 상대의 미래에 대한 불안한 마음이 드러난다.
[A]와 [B]에는 모두 상대방의 미래에 대한 불안한 마음이 드러나지 않는다.

⑤ [A]와 [B]에서는 모두 과거의 사건을 근거로 들어 문제 해결을 유보하고 있다.
[A]에서는 과거 김유령의 행동을 근거로 문제 해결을 유보하고 있지만 [B]에서는 그렇지 않다.

---

34 외적 준거에 따른 감상   정답률 49% | 정답 ④

〈보기〉를 바탕으로 윗글을 감상한 내용으로 적절하지 않은 것은? [3점]

─〈보 기〉─
「왕시전」은 여인을 향한 남성의 애틋한 사랑을 그린 작품이다. 혼인한 남녀 주인공이 외부의 힘에 의해 헤어질 수밖에 없었지만, 이를 극복하고 재회하는 행복한 결말을 맞이한다. 그 과정에서 초월적 존재의 힘을 빌려 문제를 해결하거나 남자 주인공이 원래 신선계의 존재였다고 설정하는 등의 전기적(傳奇的) 요소가 나타난다.

① '나라의 노신하가 궁녀로 들이니'라고 김유령이 말하는 장면에서, 외부의 힘에 의해 남녀 주인공이 헤어지게 되었음을 알 수 있겠군.
'나라의 노신하가 궁녀로 들이니'라고 김유령이 말하는 장면에서 늙은 신하라는 외부의 힘에 의해 남녀 주인공이 헤어졌다는 것을 알 수 있다.

② '그대가 선간에서 저지른 일이 잘못되었다'라고 도사가 말하는 장면에서, 주인공이 전생에 신선계의 인물이었음을 알 수 있겠군.
'그대가 선간에서 저지른 일이 잘못되었다'라고 도사가 말하는 장면에서 주인공이 전생에 신선계의 인물로 설정되어 있음을 알 수 있다.

③ '그릇된 일을 전혀 하지 않았다'라는 장면에서, 왕시에 대한 김유령의 애틋한 사랑을 알 수 있겠군.
왕시를 만나기 위해 도사의 말을 따르는 것을 통해 왕시에 대한 김유령의 애틋한 사랑을 알 수 있다.

☑ '어느 결에 자기 집에 도착해 있었다'라는 장면에서, 김유령이 부리는 도술이 초월적 존재의 힘을 빌린 것임을 알 수 있겠군.
김유령이 도술을 부린 것이 아니라 초월적 존재인 화산도사가 부른 사람이 도술을 부린 것이다.

⑤ '그대의 소원이 이루어질 것'이라고 도사가 말하는 장면에서, 남녀 주인공이 다시 만나는 행복한 결말을 암시하고 있음을 알 수 있겠군.
김유령의 소원이 왕시를 다시 만나는 것이기 때문에 화산도사가 '그대의 소원이 이루어질 것'이라고 말하는 장면에서 행복한 결말을 맞을 것임을 예상할 수 있다.

35~39 갈래 복합

(가) 맹사성, 「강호사시가」
감상 자연 속에서의 삶을 노래하는 연시조이다. 화자는 자연에서의 사계절을 즐기며 소박하게 살아가는 한편, 그러한 한가로운 삶이 임금의 은혜임을 표현하고 있다. 계절적 배경에 따른 삶의 모습을 드러내고, 이러한 평온한 삶을 가능하게 한 임금의 은혜에 감사하는 구조를 반복한다.
주제 자연에서의 삶에 대한 만족과 임금의 은혜에 대한 감사

(나) 정극인, 「상춘곡」
감상 풍류와 안빈낙도를 즐기는 선비의 정신이 드러난 가사이다. 청유형을 통해 자연에서의 소박한 삶을 즐기는 모습을 보여주고 있으며 술을 통해 봄날의 정취를 즐기고 있다. 화자는 세속적 가치와 거리를 두는 자신의 삶의 방식에 만족하고 있다.
주제 봄날의 정취와 자연에서의 소박한 삶

(다) 백석, 「입춘」
감상 고향의 자연과 어린 시절에 느꼈던 계절에 대한 감정을 드러내는 한편, 어른이 되어 어린 시절의 감정을 느낄 수 없다는 것에 안타까움을 드러내고 있는 수필이다. 절기의 변화를 통해 다양한 생각들을 풀어내고 있으며 과거와 현재의 대비를 통해 감정을 표현한다.
주제 절기의 신비로움에 대한 감탄과 어린 시절에 대한 그리움

---

35 표현 의도 이해 및 비교   정답률 67% | 정답 ③

(가)~(다)에 대한 설명으로 가장 적절한 것은?

① (가)는 상승과 하강의 이미지를 활용하여 주제를 강조하고 있다.
상승과 하강의 이미지가 나타나지 않는다.

② (나)는 청유형 어미를 반복하여 청자가 경계해야 할 삶의 모습을 제시하고 있다.
청유형 어미를 활용하여 이웃 사람들에게 같이 즐기자는 권유는 있으나, 경계의 의미는 없다.

☑ (다)는 소재의 나열을 통해 글쓴이가 과거에 느꼈던 계절 변화에 대한 인식을 드러내고 있다.
창애, 설매, 꿩, 노루 등에서 어린 시절에 글쓴이가 친근하게 생각했던 소재들을 나열하고 있음을 알 수 있고, 이들이 떠나는 것이 섭섭하다는 표현에서 글쓴이가 과거에 느꼈던 계절 변화에 대한 인식을 확인할 수 있다.

④ (가)와 (나)는 모두 대상에 감정을 이입하여 화자의 심리적 변화를 간접적으로 드러내고 있다.
(가), (나)에는 감정이입에 의한 심리적 변화는 드러나 있지 않다.

---

⑤ (나)와 (다)는 모두 공간의 대비를 통해 화자가 지향하는 삶의 태도를 부각하고 있다.
(나)에는 공간의 대비를 통해 화자가 지향하는 삶의 태도를 부각하는 표현이 드러나지 않는다.

---

36 표현 의도 파악   정답률 74% | 정답 ②

㉠~㉤에 대한 설명으로 적절하지 않은 것은?

① ㉠ : 여름날 한가한 초당의 모습이 드러나 있다.
초당에 일이 없다는 것을 통해서 여름의 한가한 모습을 확인할 수 있다.

☑ ㉡ : 자연과 동화되고 싶은 화자의 바람이 드러나 있다.
술을 갈건으로 걸러놓고 먹는다는 표현에서 자연과 동화되고 싶은 화자의 바람은 드러나지 않는다.

③ ㉢ : 변화된 들판을 보며 감탄하는 화자의 모습이 드러나 있다.
'봄빛이 넘치는구나'로 표현하고 있으므로 변화된 들판을 보며 감탄하는 화자를 확인할 수 있다.

④ ㉣ : 타지에서 소대한을 맞이한 글쓴이의 상황이 드러나 있다.
진천으로 일하러 가던 길에 소대한을 맞이하고 있으므로 타지에서 소대한을 맞이하는 글쓴이를 확인할 수 있다.

⑤ ㉤ : 절기가 신묘하다고 생각하게 된 글쓴이의 경험이 드러나 있다.
따뜻하다고 생각했던 날씨가 갑자기 추워지고 다시 풀리는 것을 보면서 절기가 신묘하다고 생각한 것을 확인할 수 있다.

---

37 외적 준거에 따른 감상   정답률 79% | 정답 ⑤

〈보기〉를 참고하여 (가), (나)를 감상한 내용으로 적절하지 않은 것은? [3점]

─〈보 기〉─
시조나 가사 중에는 자연을 이상적인 공간으로 표현하는 작품들이 있다. 이런 작품에서 화자는 자연을 즐기며 자연과의 친밀감을 표현한다. 또한 자연 속 소박한 삶의 모습을 보여주는데, 이러한 삶이 임금의 은혜임을 표현하기도 한다.

① (가)에는 가을의 풍요로움 속에서 '소일하는 것'이 임금의 은혜 덕분이라는 생각이 드러나 있군.
소일하는 것이 임금의 은혜로 이루어진 것이라고 종장에 표현하고 있음을 알 수 있다.

② (나)에는 '청풍명월'을 '벗'이라고 말하는 것에서 자연과의 친밀감이 드러나 있군.
청풍명월을 벗이라고 표현하고 있는 것에서 친밀감을 알 수 있다.

③ (가)에는 봄에 '미친 흥이 절로' 난다는 것에서, (나)에는 '산수구경 가자'라고 제안하는 것에서 자연을 즐기려는 모습이 드러나 있군.
(가)에는 봄에 대한 흥겨움을 미친 흥이라고 직접적으로 표현하고 있으며, (나)에는 이웃들에게 산수구경 가자고 말하는 장면에서 자연을 즐기려는 모습이 드러남을 알 수 있다.

④ (가)에는 추운 겨울에 '도롱이로 옷을 삼아' 입는 모습에서, (나)에는 '아침에 나물 캐고 저녁에 낚시하'는 모습에서 소박한 삶이 드러나 있군.
(가)는 도롱이를 입고 겨울을 보내는 모습에서, (나)는 아침에 나물 캐고 저녁에 낚시하는 모습에서 욕심을 부리지 않는 소박한 삶이 드러남을 알 수 있다.

☑ (가)에는 여름의 '미더운 강 물결'을 바라보는 모습에서, (나)에는 '공명'과 '부귀'도 자신을 꺼린다는 것에서 이상적인 공간으로 가고 싶어하는 마음이 드러나 있군.
(가)의 미더운 강 물결은 나에게 바람을 보내주는 대상이지 공간은 아니며, (나)의 부귀와 공명이 나를 꺼린다는 것은 욕심을 부리지 않겠다는 의미이기에 이상적인 공간으로 가고 싶어하는 마음이 드러난다는 것은 적절하지 않다.

---

38 외적 준거에 따른 감상   정답률 77% | 정답 ③

〈보기〉를 바탕으로 (다)를 이해한 내용으로 적절하지 않은 것은?

─〈보 기〉─
「입춘」은 절기의 변화에 따른 다양한 생각들을 형식에 구애받지 않고 자유롭게 쓴 작품이다. 글쓴이는 감각적 표현을 통해 절기의 모습을 드러내고 있으며, 음성상징어를 활용하여 절기의 변화를 생생하게 나타내고 있다. 또한 자신을 객관화하여 어린 시절에 느꼈던 감정을 표현하기도 하고, 어른이 되어 어린 시절에 느꼈던 감정을 느끼지 못하는 것에 대한 안타까움을 드러내기도 한다.

① '슬슬', '으등등'과 같이 음성상징어를 활용하여 절기의 변화를 생생하게 표현하고 있다.
절기의 변화에 따라 땅의 상태나 기온이 바뀌는 것을 음성상징어를 통해 생생하게 표현하고 있음을 알 수 있다.

② '봄비가 풋나물 내음새를 피우며'를 통해 봄의 모습을 감각적으로 표현하고 있다.
'봄비'라는 시각적 표현과 '내음새'라는 후각적 표현을 활용하여 봄의 모습을 감각적으로 표현하고 있음을 알 수 있다.

☑ '절기가 틀 적마다' 고향을 생각하는 모습을 통해 절기의 변화에 따라 고향에 대한 생각이 바뀌는 것을 표현하고 있다.
고향을 생각하는 모습은 드러나지만 절기 변화에 따라 고향에 대한 생각이 바뀌는 것은 아니다.

④ '소년은 슬펐던 것이다'와 같이 자신을 객관화하여 어린 시절에 느꼈던 감정을 표현하고 있다.
자신의 어린 시절을 '나' 대신 '소년'이라고 객관화하여 표현하고 있으며, '슬펐던'을 통해 겨울이 가는 것이 슬프다고 표현하고 있음을 알 수 있다.

⑤ '슬퍼하는 슬픔도 가벼렸다'를 통해 어린 시절의 감정을 느낄 수 없게 된 안타까움을 표현하고 있다.
어린 시절에는 겨울이 가는 것이 슬펐지만 어른이 된 지금은 그런 슬픔마저 없다는 의미이기에 어린 시절에 느꼈던 감정을 느낄 수 없게 된 것에 대해 안타까워하고 있음을 알 수 있다.

---

39 서술상의 의도 파악   정답률 82% | 정답 ④

ⓐ와 ⓑ에 대한 이해로 가장 적절한 것은?

① ⓐ에는 과거에 대한 화자의 동경이, ⓑ에는 미래에 대한 글쓴이의 소망이 드러나 있다.
　ⓐ에는 자연을 즐기면서 사는 것에 대한 만족감이 담겨 있으며, '과거에 대한 화자의 동경'이라 볼 수 없다.

② ⓐ에는 화자 자신의 행위에 대한 아쉬움이, ⓑ에는 대상에 대한 글쓴이의 거부감이 드러나 있다.
　ⓐ에는 자연을 즐기면서 사는 것에 대한 만족감이 담겨 있으며, '화자 자신의 행위에 대한 아쉬움'이라 볼 수 없다.

③ ⓐ에는 대상의 부재로 인한 화자의 외로움이, ⓑ에는 대상을 맞이하는 글쓴이의 즐거움이 드러나 있다.
　ⓐ에는 자연을 즐기면서 사는 것에 대한 만족감이 담겨 있으며, '대상의 부재로 인한 화자의 외로움'이라 볼 수 없다. ⓑ에는 '현재 상황에 대한 글쓴이의 답답함'이 드러나 있다고 볼 수 있다.

✔ ⓐ에는 현재 상황에 대한 화자의 만족감이, ⓑ에는 현재 상황에 대한 글쓴이의 답답함이 드러나 있다.
　ⓐ에는 자연을 즐기면서 사는 것에 대한 만족감이 담겨 있으며, ⓑ에는 패부의 읍을 느껴야 하는 봄이 오지 않기를 바라는 현재 상황에 대한 답답함이 드러나 있다.

⑤ ⓐ에는 자신이 결정할 수 없는 것에 대한 화자의 절망이, ⓑ에는 자신이 결정한 것에 대한 글쓴이의 후회가 드러나 있다.
　ⓐ에는 자연을 즐기면서 사는 것에 대한 만족감이 담겨 있으며, '자신이 결정할 수 없는 것에 대한 화자의 절망'이라 볼 수 없다. ⓑ에는 봄이 오지 않기를 바라는 현재 상황에 대한 답답함이 드러나 있으나, '자신이 결정한 것에 대한 글쓴이의 후회'가 드러나 있지는 않다.

40~42 | 현대 소설

오영수, 「메아리」

감상 「메아리」는 깊은 산골에서 살아가는 동욱 내외의 이야기로, 도시에서 상처 입은 인물들이 자연 속에서 평화로운 삶을 찾는 과정을 그린 작품이다. 등장하는 인물들은 자연 속에서 정신적인 안정과 위안을 얻는다. 배경이 되는 산골은, 인물들의 혼란스럽고 피폐한 도시 생활과 대비되어 고요하면서 따뜻한 분위기를 지니고 있다.
주제 혼란한 도시와 대비되는 자연 공동체의 형성

---

40 내용 이해　　　　　　　　정답률 62% | 정답 ①

윗글에 대한 설명으로 적절한 것은?

✔ 동욱의 아내는 장사를 나서 봤지만 손해를 보았다.
　동욱의 아내가 양은그릇을 이고 촌마을을 찾아다녔지만 제값을 받지 못하고 팔아야 하는 장면에서 손해를 보았음을 확인할 수 있다.

② 동욱은 도시에서 느낀 패배감을 아내의 탓으로 돌렸다.
　동욱이 도시에서 느낀 패배감을 아내의 탓으로 돌리는 모습은 찾을 수 없다.

③ 동욱 내외는 아무런 준비도 없이 산골 생활을 시작했다.
　동욱 내외는 산골로 들어가기 전에 괭이, 호미, 톱, 낫 등의 연모와 함께 된장, 소금, 석유, 호롱 등을 미리 준비하였다.

④ 동욱은 박 노인과 함께 진주에서 뒷일꾼으로 일을 다녔다.
　동욱과 박 노인이 만난 곳은 산골이므로, 진주에서 같이 뒷일꾼으로 일한 것은 아니다.

⑤ 동욱은 명숙이 엄마가 올 것을 확신하고 미리 방을 마련해 놓았다.
　동욱은 명숙이 엄마가 올 것을 확신하고 있지 않으며, 방도 미리 마련되어 있지 않다.

---

41 표현의 의미 추론　　　　　　정답률 62% | 정답 ②

㉠~㉤에 대한 이해로 적절하지 않은 것은?

① ㉠ : 절망적인 상황을 벗어나고자 하는 심정이 드러나 있다.
　살기 힘든 도시를 벗어나 산골로 들어가는 것이 낫겠다는 생각을 알 수 있다.

✔ ② ㉡ : 정착할 곳을 찾아가는 상황을 조금 더 견뎌주기를 바라는 심정이 드러나 있다.
　아내에게 미안한 마음과 아내의 수고스러움을 덜어주고자 하는 마음을 파악할 수 있으나 정착할 곳을 찾는 힘거운 상황을 더 견뎌주기를 바라는 마음은 찾을 수 없다.

③ ㉢ : 봄철 농사일에 대한 기대감이 드러나 있다.
　봄나물을 캐겠다는 아내의 말에 동욱이 '감자씨도 넣을까'라고 말하는 장면에서 봄농사에 대한 기대감이 드러나 있다.

④ ㉣ : 상대가 말하려 하는 내용에 대한 궁금함이 드러나 있다.
　아내의 말이 무엇을 의미하는지를 궁금해 하는 동욱의 마음이 드러나 있다.

⑤ ㉤ : 윤 생원의 처지를 걱정하는 모습이 드러나 있다.
　홀애비로 늙어가는 윤 생원의 처지를 걱정하는 마음이 드러나 있다.

★★★ 등급을 가르는 문제!
42 외적 준거에 따른 감상　　　　정답률 47% | 정답 ②

〈보기〉를 바탕으로 윗글을 감상한 내용으로 적절하지 않은 것은? [3점]

〈보 기〉
「메아리」에서는 삶의 의욕을 잃어가던 인물들이 '산속'에서 서로 협력하는 과정이 나타난다. 이를 통해 작가는 인물들이 공동체를 형성해 나가며 인간다운 삶을 회복하는 모습을 보여준다. 산속은 정신적 위안과 안정을 주는 공간으로, 삶의 애환을 지닌 인물들이 과거에 겪은 상처를 딛고 나아가게 해준다. 아울러 산속은 혼란한 도시와 대비되어 인물들에게 물질적 안정을 주고 일상적인 삶을 가능하게 하는 동시에 새로운 구성원을 품을 수 있는 열린 공간으로 제시된다.

① '아무리 버둥거려봐도 살 수가 없었'던 피난살이와 '할 일이 없'어 살 수 없었던 도시는 동욱 부부가 삶의 의욕을 잃었던 원인이라고 할 수 있겠군.

도시에서의 삶이, 아무리 노력해도 살 방법을 찾기 어려웠다는 점에서 부부의 삶의 의욕을 잃어가게 한 원인임을 파악할 수 있다.

✔ ② 동욱 내외가 '오지그릇 조각들'을 보면서 '가슴이 설레고 반가'워하는 장면에서 산속이 정신적 위안과 물질적 안정을 주는 공간임을 알 수 있겠군.
　'오지그릇 조각들'을 보고 정착할 만한 조건을 가지고 있는 장소를 찾아와 반가워하는 모습은 확인할 수 있으나 물질적 안정은 확인할 수 없다.

③ 돼지를 기르고 싶다는 윤 생원의 말에 '구시 두 개 파'겠다거나 '산나물 나면 여내다 보'태겠다고 대답하는 장면에서 서로를 도우며 살아가는 인물들의 모습을 확인할 수 있겠군.
　윤 생원이 원하는 돼지를 사기 위해 인물들이 방법을 모색하는 것을 통해 서로 도우며 살아가는 모습을 확인할 수 있다.

④ 박 노인이 윤 생원과 함께 '산에서 구유감을 굴려 내'리는 장면에서 과거의 상처를 딛고 살아가는 공동체의 모습을 확인할 수 있겠군.
　박 노인이 자신을 배신했던 윤 생원과 협력하여 함께 살아가는 모습을 통해 확인할 수 있다.

⑤ 윤 생원을 생각하며 '명숙이 엄마를 데리고' 오겠다는 아내와 '씨익 웃으'며 기대되어 있다고 할 수 있겠군.
　명숙이 엄마라는 새로운 인물을 데리고 오려는 동욱 내외의 모습을 통해 산골이 새로운 구성원을 품을 수 있는 공간임을 확인할 수 있다.

★★ 문제 해결 꿀~팁 ★★

▶ 많이 틀린 이유는?
이 문제는 작품의 중략 줄거리와 선지의 내용을 꼼꼼하게 확인하지 않아 오답률이 높았던 것으로 보인다.
▶ 문제 해결 방법은?
〈보기〉에 따르면 산속은 도시 공간과 대비되어 인물들에게 '정신적 위안과 안정'을 주는 공간이다. ②에서 산속이 '정신적 위안'을 주는 공간임은 맞으나, '물질적 안정'을 주는 공간임은 확인할 수 없다. 오답률이 높았던 ④의 경우 '과거의 상처를 딛고 살아가는 공동체의 모습'은 작품의 중략 줄거리 부분에서 근거를 찾을 수 있다. 작품의 중략 줄거리에 따르면, 박 노인은 자신을 배신했던 윤 생원을 거두어 함께 생활해 나간다. 이는 과거의 상처를 딛고 살아가는 공동체의 모습을 보여준다고 볼 수 있다. 이처럼 '중략 줄거리'가 문제 해결의 열쇳말이 되는 경우가 많으므로 주어진 지문을 꼼꼼히 읽어야 한다.

43~45 | 현대시

(가) 박목월, 「적막한 식욕」

감상 '모밀묵'을 소재로 하여 인생에서 느껴지는 고독함과 쓸쓸함을 수용하고, 그 정서들을 해소하고 싶은 소망을 형상화한 작품이다. 모밀묵을 매개로 형상화된 삶의 모습을 떠올리며 인생의 허전함과 쓸쓸함을 달래고자 하는 화자의 정서가 드러난다.
주제 음식을 통한 인생의 허전함에 대한 수용

(나) 문정희, 「찬밥」

감상 '찬밥'을 소재로 하여 어머니에 대한 그리움과 그 희생적 삶에 대한 깨달음을 형상화한 작품이다. 혼자 찬밥을 먹었던 경험에서 어머니의 희생적 삶을 깨닫고 어머니를 그리워하는 화자의 정서가 드러난다.
주제 어머니의 희생적 삶에 대한 깨달음

★★★ 등급을 가르는 문제!
43 표현상 특징 파악　　　　　정답률 37% | 정답 ④

(가)와 (나)의 공통점으로 가장 적절한 것은?

① 수미상관의 형태로 구조적 안정감을 부여하고 있다.
　(가), (나) 모두 수미상관이 사용되지 않았다.

② 청자를 겉으로 드러내어 화자의 상황을 구체화하고 있다.
　(가)에서는 이웃을 청자로 설정하여 저승 가는 길목에서의 상황이 구체화되고 있지만, (나)에서는 겉으로 드러난 청자를 찾을 수 없다.

③ 촉각적 심상의 대비를 통해 화자의 정서를 드러내고 있다.
　(나)에서는 차가움과 따뜻함의 촉각적 심상을 대비해 어머니와 관련된 화자의 정서를 드러내고 있지만, (가)에서는 촉각적 심상의 대비가 드러나지 않는다.

✔ ④ 명사로 시행을 종결하여 시적 대상의 의미를 부각하고 있다.
　(가)에서는 '모밀묵'의 의미를 부각하기 위해 '것, 음식, 식성, 식욕'으로, (나)에서는 '어머니'의 의미를 부각하기 위해 '사람, 그녀'로 시행을 종결하고 있다.

⑤ 향토적 분위기가 드러나는 표현을 활용하여 주제를 강조하고 있다.
　(가)에서는 '모밀묵, 촌 잔칫날, 산나물, 물방아' 등의 시어를 활용하여 향토적 분위기가 드러나고 있지만, (나)에서는 향토적 분위기가 드러나는 표현을 찾을 수 없다.

★★ 문제 해결 꿀~팁 ★★

▶ 많이 틀린 이유는?
이 문제는 선지의 조건을 꼼꼼히 살피지 않아 오답률이 높았던 것으로 보인다.
▶ 문제 해결 방법은?
정답을 고르기 위해서는 선지에 주어진 조건을 잘 살펴야 한다. ④의 경우 '명사로 시행을 종결'한 부분을 시에서 찾고, 그것이 '시적 대상의 의미를 부각'하고 있는지를 판단해야 한다. '시행'이라는 표현을 놓치지 않았다면, 어렵지 않게 ④를 고를 수 있었을 것으로 보인다. (가)에서는 '것, 음식, 식성, 식욕'으로 시행을 종결하여 '모밀묵'의 의미를 부각하고 있으며, (나)에서는 '사람, 그녀'로 시행을 종결하여 '어머니'의 의미를 부각하고 있다. ⑤의 경우 (가)에서는 '모밀묵, 촌 잔칫날, 산나물, 물방아' 등의 시어를 통해 향토적 분위기가 드러나는 표현이 사용되었음을 확인할 수 있다. 그러나 (나)에서는 혼자 찬밥을 먹었던 경험에서 어머니의 희생적 삶을 깨닫고 있을 뿐, 향토적 분위기가 드러나는 표현을 찾을 수 없다. 이 문제는 '시행'이라는 선지의 조건을 꼼꼼히 살피고, '향토적'이라는 표현상의 개념을 잘 이해하는 것이 핵심이다.

| 44 | 시어의 의미 파악 | 정답률 77% | 정답 ④ |

㉠, ㉡에 대한 설명으로 가장 적절한 것은?

① ㉠은 어려운 상황 속 화자의 이상을 실현해 주는 것이다.
㉠은 문명의 발달로 간단하게 만들 수 있는 밥을 의미하며, '어려운 상황 속 화자의 이상을 실현해 주는 것'을 의미하지 않는다.

② ㉡은 시적 대상의 희생 없이 편리하게 지을 수 있는 것이다.
'시적 대상의 희생 없이 편리하게 지을 수 있는 것'은 문명의 발달로 간단하게 만들 수 있는 밥을 의미하는 ㉠에 해당한다.

③ ㉠은 ㉡과 달리 화자의 아픈 마음을 치유해 주는 것이다.
'화자의 아픈 마음을 치유해 주는 것'은 어머니의 사랑과 희생이 담긴 밥을 의미하는 ㉡에 해당한다.

✔ ㉡은 ㉠과 달리 시적 대상의 가치 있는 사랑을 느끼게 하는 것이다.
㉠은 문명의 발달로 간단하게 만들 수 있는 밥을 의미하고 ㉡은 어머니의 사랑과 희생이 담긴 밥을 의미한다.

⑤ ㉠은 과거의 기억 속에, ㉡은 현재의 생활 속에 존재하는 것이다.
㉠은 현재의 생활 속에, ㉡은 과거의 기억 속에 존재하는 것이다.

| 45 | 외적 준거에 따른 감상 | 정답률 71% | 정답 ③ |

〈보기〉를 바탕으로 윗글을 감상한 내용으로 적절하지 않은 것은? [3점]

─〈 보 기 〉─
문학에서 음식은 일상적 삶의 모습을 보여주거나 정서를 환기하는 소재로 활용된다. (가)에는 모밀묵을 매개로 형상화된 삶의 모습을 떠올리며 인생의 허전함과 쓸쓸함을 달래고 싶은 화자의 정서가 드러난다. (나)에는 화자가 아플 때 혼자 찬밥을 먹었던 경험에서 어머니의 희생적 삶을 깨닫고 어머니를 그리워하는 정서가 드러난다.

① (가)에서 모밀묵은 '촌 잔칫날' '새사돈'을 대접하는 음식으로 소박한 속성을 지닌 것이지만 귀한 사람에게도 내놓을 수 있는 음식이겠군.
모밀묵을 잔칫날 새사돈에게 대접한다는 점에서 모밀묵은 소박하지만, 귀한 사람에게 내놓을 수 있는 음식이기도 하다.

② (가)에서 '슬금슬금 세상 얘기를 하며' 모밀묵을 함께 먹는 모습을 통해 타인과의 관계 속에서 허전함을 달래고 싶은 화자의 정서를 드러낸 것으로 볼 수 있겠군.
화자는 손과 주인이 슬금슬금 세상 얘기를 하며 모밀묵 먹는 모습을 떠올리며 타인과의 관계에서 허전함을 달래고 싶은 정서를 드러낸다.

✔ (가)에서 '이웃끼리' '저승'에 갈 때 '마지막 주막에서' 메밀묵을 먹는 것을 통해 현실에서 느낀 쓸쓸함을 화자가 극복하였음을 보여주고 있군.
(가)에서 이웃끼리 저승 갈 때 마지막 주막에서 모밀묵을 먹는 모습은 인생의 허전함과 쓸쓸함을 달래고자 하는 것이지 화자가 현실에서 느낀 쓸쓸함을 극복한 것은 아니다.

④ (나)에서 '누가 남긴 무 조각에 생선 가시를 핥'는 모습을 회상하며 어머니가 보여 줬던 희생적 삶을 깨닫고 있군.
무 조각과 생선 가시는 누가 먹고 남은 음식으로 어머니의 희생적 삶을 보여주는 시어이다.

⑤ (나)에서 '아픈 몸 일으켜 찬밥을 먹는' 모습을 통해 어머니를 그리워하는 화자의 정서를 드러내고 있군.
홀로 찬밥을 먹으며 그녀를 만난다는 표현에서 어머니를 그리워하는 화자의 정서가 드러난다.

• 정답 •

01⑤ 02② 03② 04④ 05③ 06④ 07⑤ 08② 09⑤ 10③ 11①★ 12① 13⑤ 14⑤ 15③
16① 17① 18② 19③ 20② 21①★ 22④ 23③ 24⑤★ 25③★ 26④ 27① 28①★ 29④ 30④
31⑤ 32⑤ 33④ 34③ 35④ 36②★ 37⑤ 38②★ 39②★ 40④ 41⑤ 42③ 43④★ 44① 45③

★ 표기된 문항은 [등급을 가르는 문제]에 해당하는 문항입니다.

[01~03] 화법

| 01 | 발표 전략의 파악 | 정답률 80% | 정답 ⑤ |

위 발표에 활용된 말하기 방식으로 적절하지 않은 것은?

① 발표 주제를 선정하게 된 동기를 밝히며 발표를 시작하고 있다.
1문단에서 고분 답사를 가서 화단 장식물 파편을 발견한 개인적 경험을 밝히면서 '매장 문화재 신고 제도'라는 발표 주제를 말하고 있다. 따라서 발표자는 발표 주제를 선정하게 된 동기를 밝히며 발표를 시작하고 있음을 알 수 있다.

② 발표 내용과 관련된 질문을 하여 청중의 관심을 유도하고 있다.
1문단의 '혹시 여러분 중에 이런 경우에 어떻게 해야 하는지 아시는 분 있나요?'를 통해, 발표자는 청중에게 질문을 하여 관심을 유도하고 있음을 알 수 있다.

③ 구체적인 예를 활용하여 발표 내용을 효과적으로 전달하고 있다.
2문단에서 일상생활이나 여가 활동 중에 문화재를 발견하는 사례를 언급하여 발표 내용을 효과적으로 전달하고 있음을 알 수 있다.

④ 발표 주제와 관련된 용어의 개념을 설명하여 청중의 이해를 돕고 있다.
2문단에서 '매장 문화재'의 개념을 설명하고 있는데, 이러한 개념 설명은 청중의 이해를 도울 수 있으므로 적절하다.

✔ 발표 내용을 친숙한 소재에 빗대어 표현하여 청중의 흥미를 유발하고 있다.
이 발표를 통해 학생이 발표 내용을 친숙한 소재에 빗대어 표현한 부분은 찾아볼 수 없다.

| 02 | 자료 활용의 적절성 파악 | 정답률 53% | 정답 ② |

위 발표에서 자료를 활용한 방식에 대한 설명으로 가장 적절한 것은?

① 자신이 발굴한 문화재를 소개하기 위해 '화면 1'에 발견한 것의 실물 사진을 제시하였다.
'화면 1'은 발표자가 고분 답사를 갔다가 발견한 화단 장식물 파편에 해당하므로, 자신이 발굴한 문화재를 소개하기 위해 '화면 1'을 제시하였다는 설명은 적절하지 않다.

✔ 일반적으로 매장 문화재가 세상에 나오는 상황을 보여 주기 위해 '화면 2'에 문화재청의 발굴 조사 장면을 제시하였다.
'화면 2'는 전문 기관의 발굴 조사 장면을 제시한 것이므로, 일반적으로 매장 문화재가 세상에 나오는 상황을 보여 주기 위해 '화면 2'에 문화재청의 발굴 조사 장면을 제시하였다는 설명은 적절하다.

③ 발견된 문화재의 시대적 층위를 부각하기 위해 '화면 3'에 고대와 근대의 문화재를 대비하여 제시하였다.
'화면 3'은 일상생활, 여가 생활 중에 발견한 문화재에 관련된 것이므로 고대와 근대의 문화재를 대비하여 제시하였다는 설명은 적절하지 않다.

④ 제도를 세부적으로 파악할 수 있도록 하기 위해 '화면 4'에 감정 평가의 세부 단계들을 정리하여 제시하였다.
'화면 4'는 '매장 문화재 발견 신고 제도'의 절차들을 담고 있으므로 감정 평가의 세부 단계들을 정리하여 제시하였다는 설명은 적절하지 않다.

⑤ 주의할 점을 부각하여 전하기 위해 '화면 5'에 제도 운영의 핵심 취지 부분에 강조 표시를 해서 제시하였다.
'화면 5'는 매장 문화재 발견 신고와 관련하여 유의할 점을 부각하고 있으므로 제도 운영의 핵심 취지 부분에 강조 표시를 해서 제시하였다는 설명은 적절하지 않다.

| 03 | 청중의 반응 분석 | 정답률 74% | 정답 ② |

위 발표를 들은 학생이 〈보기〉와 같이 반응했다고 할 때, 이에 대한 설명으로 가장 적절한 것은?

─〈 보 기 〉─
할아버지 친구분께서 집을 새로 짓다가 비석을 발견해서 신고하셨는데 신라 시대 문화재로 밝혀졌다는 이야기를 들었던 게 떠올랐어. 이 비석이 어떤 절차를 밟아 문화재로 인정을 받게 되었는지 이전부터 궁금했는데, 알게 되어 유익했어. 수중에도 매장 문화재가 있다고 했는데, 구체적인 사례를 발표에서 다루지 않은 점은 아쉬웠어.

① 자신이 직접 당사자가 되었던 경험과 관련지어 발표 내용에 공감하고 있군.
〈보기〉에서 발표자는 할아버지 친구분이 비석을 발견한 상황을 전해 들은 내용을 떠올리고 있으므로, 자신이 직접 당사자가 되었던 경험이라고 할 수 없다.

✔ 발표를 듣기 전에 지니고 있었던 의문을 발표 내용을 통해 해소하고 있군.
〈보기〉의 '비석이 어떤 절차를 밟아 문화재로 인정을 받게 되었는지 궁금'하다는 내용은 학생이 듣기 전에 지니고 있었던 의문에 해당한다. 그리고 '알게 되어 유익했어.'는 이러한 의문이 해소되었음을 드러낸 것이라 할 수 있다.

③ 발표의 내용을 구조적으로 파악하여 전체 내용을 간략하게 정리하고 있군.
〈보기〉의 학생의 반응에서 발표의 내용을 구조적으로 파악하여 정리한 부분은 찾아볼 수 없다.

④ 발표의 내용이 발표 목적에 부합하고 있는지를 객관적으로 분석하고 있군.
〈보기〉의 학생의 반응에서 발표 내용이 발표 목적에 부합하는지 분석하는 부분은 찾아볼 수 없다.

⑤ 발표 내용 중에서 사실과 다른 부분을 판단하며 비판적으로 평가하고 있군.

〈보기〉에서 수중의 매장 문화재 사례를 다루지 않은 점을 아쉬워하고 있지만, 사실과 다른 부분을 비판하지는 않고 있다.

[04~07] 화법과 작문

04 글쓰기 전략의 파악
정답률 80% | 정답 ④

(가)를 이해한 내용으로 적절하지 않은 것은?

① 예상 독자를 명시한 후 글을 쓴 이유를 드러내고 있다.
1문단에서는 '○○고등학교 학생 여러분, 안녕하세요.'에서 알 수 있듯이 예상 독자를 명시하면서, '그 결과를 공유하고, 구체적인 개선 방안에 대한 설문 조사를 안내하기 위해 글을 쓰게 되었습니다.'라고 글을 쓴 이유를 드러내고 있다.

② 사전 협의 내용을 밝히며 이후 진행될 과정을 제시하고 있다.
2문단에서는 학교 측과의 사전 협의 내용을 밝히면서, '이에 화장실 공간 개선에 대한 구체적인 의견을 수렴하기 위해 설문 조사를 실시하고자 합니다.'라고 이후 진행될 과정을 제시하고 있다.

③ 온라인 투표 결과를 수치로 나타내어 독자와 결과를 공유하고 있다.
2문단에서는 '전교생 중 90%가 투표에 참여했고, 그중 83%가 화장실 공간 개선을 요구하였습니다.'라고 온라인 투표 결과를 수치로 나타내어 독자와 결과를 공유하고 있다.

✔④ 설문 항목을 안내하고 설문 참여 시에 주의할 점을 덧붙이고 있다.
(가)의 3문단에서 설문 항목을 안내하고 있지만, (가)에서 설문 참여 시 주의할 점을 덧붙인 부분은 찾아볼 수 없다.

⑤ 관용 표현의 의미를 풀어 설명하여 독자의 참여를 유도하고 있다.
4문단에서는 '손이 많으면 일도 쉽다.'라는 관용 표현의 의미를 풀어 설명하면서, '이 말처럼 우리가 원하는 학교 화장실을 만들기 위해서 학생 여러분의 많은 관심과 적극적인 참여가 필요합니다.'라고 독자의 참여를 유도하고 있다.

05 조건에 맞게 표현하기
정답률 81% | 정답 ③

〈조건〉에 따라 ㉠에 마지막 문장을 추가한다고 할 때 가장 적절한 것은?

─────〈조 건〉─────
○ 서두에 제시된 학교 공간 개선의 취지를 다시 강조할 것.
○ 비유적 표현을 활용하여 맥락에 맞게 마무리할 것.
────────────

① 전문가도 인정하는 새로운 공간이 가득한 우리 학교는 사랑입니다.
〈조건〉에 제시된 비유적 표현은 사용되고 있지만, 개선의 취지는 포함되어 있지 않다.

② 편안하고 쾌적한 공원 같은 우리 학교 공간을 여러분에게 소개합니다.
〈조건〉에 제시된 비유적 표현은 사용되고 있지만, 개선의 취지는 포함되어 있지 않고 글의 맥락에 맞게 마무리하지도 않고 있다.

✔③ 사용자인 우리의 편의를 두루 고려한 내 집 같은 학교 공간을 함께 만듭시다.
1문단에 제시된 '사용자 중심의 공간'이라는 학교 공간 개선의 취지가 '사용자인 우리의 편의를 두루 고려한'에서 나타나고 있다. 또한 '내 집 같은'이라는 비유적 표현을 활용하여 맥락에 맞게 마무리하였다.

④ 공간을 바라보는 틀에 박힌 생각에서 벗어나 우리 학교를 새롭게 바꾸어 봅시다.
〈조건〉에 제시된 개선의 취지와 비유적 표현이 포함되어 있지 않다.

⑤ 학생도 선생님도 만족하며 사용하는 학교 공간을 우리의 노력으로 만들어 봅시다.
〈조건〉에 제시된 개선의 취지는 포함되어 있지만, 비유적 표현은 사용되고 있지 않다.

06 참여자의 역할 파악
정답률 80% | 정답 ④

(나)의 '선생님'에 대한 설명으로 적절하지 않은 것은? [3점]

① (가)에서 언급한 설문 조사 기간을 확인하고, 회의에서 논의해야 할 사항을 안내하고 있다.
선생님의 첫 번째 발화를 통해 (가)에서 언급한 설문 조사 기간을 확인하고 있으며, 회의에서 논의해야 할 사항을 안내하고 있음을 알 수 있다.

② (가)에서 제시한 첫 번째 설문 항목과 관련하여 설문 조사의 결과를 모아 온 학생들의 발화를 정리하고 있다.
선생님의 두 번째 발화를 통해 (가)에서 언급한 첫 번째 설문 항목과 관련하여 설문 조사의 결과를 모아 온 학생들의 발화를 정리하고 있음을 알 수 있다.

③ (가)에서 두 번째로 제시한 설문 항목과 관련하여 조사 결과에 대해 질문하고 있다.
선생님의 세 번째 발화를 통해 (가)에서 언급한 두 번째 설문 항목과 관련하여 조사 결과에 대해 질문하고 있음을 알 수 있다.

✔④ (가)에서 언급한 설문 참고 자료를 잘 파악했는지 점검한 후 학생의 설명에 대한 자신의 이해가 적절한지 확인하고 있다.
'선생님'의 네 번째 발화를 통해 설문 조사를 위한 참고 자료를 잘 파악했는지 점검하고 있음을 알 수 있다. 하지만 학생의 설명에 대한 자신의 이해가 적절한지 확인하고 있지는 않다.

⑤ (가)에서 언급한 관련 분야 전문가가 다음 회의 참여자임을 밝히며 다음 회의를 예고하고 있다.
선생님의 다섯 번째 발화를 통해 (가)에서 언급한 관련 분야 전문가가 다음 회의 참여자임을 밝히면서 다음 회의를 예고하고 있음을 알 수 있다.

07 말하기 방식 파악
정답률 75% | 정답 ⑤

[A], [B]에 대한 설명으로 가장 적절한 것은?

① [A] : '학생 1'은 '학생 2'의 발언과 달리 전달할 내용을 제시한 후 자신의 의견을 덧붙이고 있다.
[A]에서 '학생 1'은 자신의 의견을 덧붙이고 있지 않으므로 적절하지 않다.

② [A] : '학생 2'는 '학생 1'의 발언을 구체화하며 자신의 견해를 수정하고 있다.

[A]에서 '학생 2'는 '학생 1'의 발언을 구체화하고 있지 않으며, 자신의 견해를 수정하고 있지 않으므로 적절하지 않다.

③ [A] : '학생 2'는 '학생 1'의 발언의 일부를 긍정하며 추가적인 정보 제공을 요청하고 있다.
[A]에서 '학생 2'는 '학생 1'의 발언의 일부를 긍정하고 있지만, 추가적인 정보 제공을 요청하지는 않고 있으므로 적절하지 않다.

④ [B] : '학생 1'은 '학생 2'의 발언과 달리 조사한 내용을 말하고 그에 동의하고 있다.
[B]에서 '학생 2'는 '학생 1'의 발언과는 다르게 조사한 내용을 말하고 그에 동의하고 있으므로 적절하지 않다.

✔⑤ [B] : '학생 1'은 '학생 2'의 발언 내용과는 다른 의견을 자신의 경험을 바탕으로 제안하고 있다.
[B]에서 '학생 1'은 1층 화장실을 이용하며 불편을 겪은 자신의 경험을 근거로 하여, '학생 2'의 발언 내용과는 다른 의견을 제안하고 있다.

[08~10] 작문

08 글쓰기 계획 파악
정답률 90% | 정답 ②

학생이 글을 쓰기 전에 떠올린 생각 중 글에 반영된 것은?

ㄱ. 나무의사 제도 도입의 이유를 언급해야겠어.
ㄴ. 나무의사 총인원의 연간 증가율을 객관적 수치로 제시해야겠어.
ㄷ. 나무의사 자격증의 공신력이 과거에 비해 높아진 이유를 제시해야겠어.
ㄹ. 나무의사 자격 제도에 응시할 수 있는 요건을 구체적으로 언급해야겠어.

① ㄱ, ㄴ　✔② ㄱ, ㄹ　③ ㄴ, ㄷ　④ ㄴ, ㄹ　⑤ ㄷ, ㄹ

ㄱ. 나무의사 제도 도입의 이유를 언급해야겠어.
'학생의 초고' 2문단에서 '나무의사'라는 직업에 대해 설명하면서, 3문단에서 '나무의사' 제도가 도입하게 된 이유를 설명하고 있다.

ㄴ. 나무의사 총인원의 연간 증가율을 객관적 수치로 제시해야겠어.
〈보기〉에서 나무의사의 총인원의 연간 증가율을 객관적 수치로 드러내지는 않고 있다.

ㄷ. 나무의사 자격증의 공신력이 과거에 비해 높아진 이유를 제시해야겠어.
〈보기〉에서 '나무의사' 자격증의 공신력이 높다고 언급하고 있지만, '나무의사' 자격증의 공신력이 과거와 비교해서 높아진 이유는 찾아볼 수 없다.

ㄹ. 나무의사 자격 제도에 응시할 수 있는 요건을 구체적으로 언급해야겠어.
'학생의 초고' 4문단에서 '나무의사' 자격 제도에 응시할 수 있는 요건, 즉 수목 진료 관련 석박사 학위를 소지하고 있거나, 산림 및 농업 분야 특성화고를 졸업한 후 3년 이상의 경력이 필요하다는 요건을 제시하고 있다.

09 자료 활용의 적절성 파악
정답률 69% | 정답 ⑤

〈보기〉는 초고를 보완하기 위해 수집한 자료들이다. 자료의 활용 방안으로 적절하지 않은 것은? [3점]

─────────────〈보 기〉─────────────

(가) 통계 자료

〈생활권 도시림 증감 추이〉
(산림청, 2017)

(나) 나무의사 김○○ 씨 인터뷰
　예전부터 '나무의사'와 유사한 제도를 운영하고 있는 나라들이 있습니다. 중국의 '수예사(樹藝師)', 일본의 '수목의(樹木醫)'라는 제도가 대표적입니다. 나무는 여러 오염 물질의 정화, 온실가스 저감, 홍수나 산사태 방비 등의 기능을 합니다. 그래서 이를 관리할 나무의사의 역할이 중요해졌습니다. 나무의사의 필요성이 커지는 만큼 자격시험 응시생도 꾸준히 늘고 있으나 4회의 시험 동안 최종 합격률 평균은 응시생 대비 8% 수준에 불과합니다.

(다) 신문 기사
　산림청이 실시한 '생활권 수목 병해충 관리 실태 조사' 결과에 따르면 비전문가에 의한 수목 방제 사례가 90% 이상이었다. 그로 인해 살포된 농약 중 69%는 부적절하게 사용됐고, 독한 농약과 해당 수목에 알맞지 않은 약제를 살포한 것은 78%에 달하는 것으로 나타나 시민들의 건강과 산림 자원에 위협이 되고 있다. 특히 가로수 방제용 약제 중 발암 물질을 함유하고 있는 것도 있어 전문가의 손길이 필요하다.

① (가)를 3문단에서 활용하여, 생활권 수목이 증가하고 있음을 뒷받침하는 근거로 제시한다.
'(가)는 '생활권 도시림 증감 추이' 자료에 해당하므로, 3문단에서 생활권 수목이 증가하고 있음을 뒷받침하는 근거로 제시한다는 자료 활용 방안은 적절하다.

② (나)를 2문단에서 활용하여, 나무의사와 유사한 제도를 이미 운영하고 있는 나라들이 있다는 내용을 뒷받침하는 근거로 제시한다.
(나)의 '예전부터 '나무의사'와 유사한 제도를 운영하고 있는 나라들이 있습니다. 중국의 '수예사(樹藝師)', 일본의 '수목의(樹木醫)'라는 제도가 대표적입니다.'는 '나무의사'와 유사한 다른 나라의 제도와 관련된 내용이다. 따라서 이를 2문단에서 나무의사와 유사한 제도를 이미 운영하는 나라들이 있다는 내용을 뒷받침하는 근거로 제시한다는 자료 활용 방안은 적절하다.

③ (나)를 4문단에서 활용하여, 나무의사 자격시험 합격률이 저조하다는 내용을 뒷받침하기 위해 구체적인 수치를 제시한다.
(나)의 '나무의사의 필요성이 커지는 만큼 자격시험 응시생도 꾸준히 늘고 있으나 4회의 시험 동안 최종

합격률 평균은 응시생 대비 8% 수준에 불과합니다.'는 나무의사 자격시험 합격률이 저조하다는 내용이다. 따라서 이를 4문단에서 나무의사 자격시험 합격률이 저조하다는 내용을 뒷받침하기 위해 구체적인 수치를 제시한다는 자료 활용 방안은 적절하다.

④ (다)를 3문단에서 활용하여, 비전문가가 수목을 치료하는 현황과 그 부작용의 사례를 제시한다.
(다)는 생활권 수목 방제를 비전문가가 시행하여 여러 부작용이 나타났음을 드러내고 있다. 따라서 이를 3문단에서 비전문가가 수목을 치료하는 현황과 그 부작용의 사례를 제시한다는 자료 활용 방안은 적절하다.

☑ (다)를 5문단에서 활용하여, 나무의사가 없이는 나무병원을 운영할 수 없기 때문에 나무의사에 대한 수요가 증가한다는 근거로 제시한다.
〈보기〉의 (다)는 생활권 수목 방제를 비전문가가 시행하여 여러 부작용이 나타났음을 드러내는 신문 기사이다. 그런데 이 부작용을 나무의사에 대한 수요 증가의 근거로 볼 수 없으므로 적절하지 않다.

10 고쳐쓰기의 의도 파악   정답률 68% | 정답 ③

〈보기〉는 선생님의 조언에 따라 ㉠을 수정한 것이다. 선생님이 조언했을 직한 내용으로 가장 적절한 것은?

─────〈보 기〉─────
　자연환경 보호와 삶의 질 향상이 중시되는 시대이므로, 생활권 수목에 대한 관리 대책도 과거와는 달라져야 합니다. 거대한 산소 공장인 나무와 숲을 살리는 나무의사라는 전문 인력이 그 무엇보다 필요한 때입니다.

① 오늘날 나무의사의 역할이 과거와는 어떻게 달라졌는지를 알려 주면 좋겠구나.
㉠과 〈보기〉를 비교해 보면, 〈보기〉에서 오늘날 나무의사의 역할이 과거와는 어떻게 달라졌는지를 알려 주는 내용은 없으므로 적절하지 않다.

② 국가적 차원에서 나무의사를 관리해야 전문성이 향상된다는 것을 강조하면 좋겠구나.
㉠과 〈보기〉를 비교해 보면, 국가적 차원에서 나무의사를 관리해야 전문성이 향상된다는 것을 강조하는 내용은 없으므로 적절하지 않다.

☑ 나무의사가 등장하게 된 사회적 배경을 바탕으로 하여 나무의사의 역할을 강조하면 좋겠구나.
㉠과 〈보기〉를 비교해 보면, 〈보기〉의 '자연환경 보호와 삶의 질 향상이 중시되는 시대'라는 부분에서 나무의사가 등장하게 되는 배경을 알 수 있다. 그리고 '나무와 숲을 살리는 전문 인력이 필요하다'는 부분에서 나무의사의 역할을 강조하고 있음이 드러나 있다. 따라서 선생님은 나무의사가 등장하게 된 사회적 배경을 바탕으로 하여 나무의사의 역할을 강조하면 좋겠다고 조언했음을 알 수 있다.

④ 나무의사라는 직업에 대한 소개이니, 나무의사가 되어서 하는 구체적인 업무들을 소개하면 좋겠구나.
㉠과 〈보기〉를 비교해 보면, 나무의사가 되어서 하는 구체적인 업무들을 소개하는 내용은 없으므로 적절하지 않다.

⑤ 나무의사가 가로수와 조경수를 잘 관리해서 인간이 자연으로부터 얻을 수 있는 혜택을 구체화하면 좋겠구나.
㉠과 〈보기〉를 비교해 보면, 나무의사가 가로수와 조경수를 잘 관리해서 인간이 자연으로부터 얻을 수 있는 혜택을 구체화하는 내용은 없으므로 적절하지 않다.

[11~15] 문법

★★★ 등급을 가르는 문제!
11 보조사의 이해   정답률 32% | 정답 ①

윗글을 참고하여 〈보기〉의 ㉠ ~ ㉢을 이해한 것으로 적절하지 않은 것은? [3점]

─────〈보 기〉─────
㉠ 라면마저도 품절됐네.
㉡ 형도 동생만을 믿었다.
㉢ 그는 아침에만 운동했다.

☑ ㉠ : 격 조사 뒤에 '역시, 또한'의 의미를 더해 주는 보조사가 덧붙고 있다.
㉠의 '라면마저도'에서 '마저'는 '이미 어떤 것이 포함되고 그 위에 더함'의 뜻을 더해 주는 보조사에 해당하고, '도'는 '역시, 또한'의 뜻을 더해 주는 보조사에 해당한다. 따라서 '마저도'는 '보조사 + 보조사'로 결합된 형태로만 적절하지 않다.

② ㉡ : 주격 조사 자리에 '도'라는 보조사가 나타나고 있다.
㉡의 '형도'에서 '도'는 '역시, 또한'의 뜻을 더해 주는 보조사에 해당한다. 따라서 주격 조사 자리에 '도'라는 보조사가 나타나고 있음을 알 수 있다.

③ ㉡ : 보조사 '만'과 격 조사 '을'이 함께 나타나고 있다.
㉡의 '동생만을'에서는 보조사 '만'과 격 조사 '을'이 함께 나타나고 있다.

④ ㉢ : '에'는 체언에 결합하여 문법적 관계를 나타낸다.
㉢의 '아침에만'의 '에'는 체언에 결합하여 문법적 관계를 나타내는 격조사에 해당한다.

⑤ ㉢ : '만'은 보조사가 결합할 수 있는 앞말이 체언에 국한되지 않음을 보여 준다.
㉢의 '아침에만'의 '만'은 격조사 '에'와 결합하여 사용되고 있다. 따라서 이를 통해 보조사가 결합할 수 있는 앞말이 체언에 국한되지 않음을 알 수 있다.

★★ 문제 해결 꿀~팁 ★★
▶ 많이 틀린 이유는?
이 문제는 글의 내용을 정확히 이해하지 못한 채, 실제 사례에 적용하는 과정에서 어려움을 겪어 오답률이 높았던 것으로 보인다.
▶ 문제 해결 방법은?
이 문제를 해결하기 위해서는 기본적으로 글에 제시된 보조사와 격조사의 의미 및 기능이 무엇인지 정확히 파악할 수 있어야 한다. 그런 다음 〈보기〉의 사례에 대해 설명한 선택지의 내용을 정확히 읽어내고 글의 어느 부분과 관련이 있는지 알아야 한다. 이때 주의할 점은 격조사에 해당하는데 무엇이 있는지 배경지식이 있어야 한다는 것이다. 즉, 주격 조사, 목적격 조사, 부사격 조사 등과 각각의 대표적인 조사에 대해 배경지식으로 알고 있어야 한다. 그렇게 되면 이 문제는 쉽게 해결할 수 있는데, 정답인 ①의 경우, '라

[문제편 p.076]

─── (오른쪽 단) ───

면마저도'에서 '마저도'의 '도'가 보조사임을 알 수 있고, '마저' 역시 격 조사에 해당하지 않으므로 보조사임을 알 수 있으므로 적절하지 않은 것이다. 마찬가지로 오답률이 높았던 ④의 경우에도 이를 통해 적절함을 알았을 것이다.

▶ 오답인 ⑤를 많이 선택한 이유는?
이 문제의 선택지에서 ⑤가 적절하지 않다고 하여 오답률이 높았는데, 이는 '만'이 사용된 ㉡과 ㉢을 보면 쉽게 해결할 수 있었을 것이다. 즉, ㉡에서 보조사 '만'은 체언에 붙고 있고, ㉢에서 보조사 '만'은 격 조사에 붙고 있으므로 적절함을 알 수 있었을 것이다. 이처럼 사례에 제시된 내용을 비교하는 것만으로 문제를 해결할 수 있으므로, 사례에 제시된 것을 보다 정확히 이해할 수 있도록 해야 한다.

12 보조사와 의존 명사의 구별   정답률 75% | 정답 ①

[A]에서 설명하는 ⓐ, ⓑ의 예에 해당하는 것은?

☑ ① ⓐ : 너만큼 아는 사람은 드물다.
　 ⓑ : 너는 먹을 만큼만 먹어라.
[A]를 통해 대명사, 즉 체언과 결합하면 보조사이고, 관형어의 수식을 받으면 의존 명사임을 알 수 있다. 이를 볼 때, ⓐ의 '만큼'은 '너'라는 체언 뒤에 결합하여 특별한 의미를 더해 주고 있으므로 보조사에 해당하고, ⓑ의 '만큼'은 '먹을'이라는 관형어의 수식을 받고 있으므로 의존 명사에 해당한다.

② ⓐ : 그는 그냥 서 있을 뿐이다.
　 ⓑ : 날 알아주는 사람은 너뿐이다.
ⓐ의 '뿐'은 관형어의 수식을 받고 있으므로 의존 명사이고, ⓑ의 '뿐'은 체언 뒤에 붙어서 사용되고 있으므로 보조사이다.

③ ⓐ : 그녀는 뛸 듯이 기뻐했다.
　 ⓑ : 사람마다 생김새가 다르듯이 생각도 다르다.
ⓐ의 '듯이'는 관형어의 수식을 받고 있으므로 의존 명사이고, ⓑ의 '-듯이'는 용언의 뒤에 붙어 사용되고 있으므로 어미에 해당한다.

④ ⓐ : 나는 사과든지 배든지 아무거나 좋다.
　 ⓑ : 노래를 부르든지 춤을 추든지 해라.
ⓐ의 '든지'는 체언 뒤에 붙어서 사용되고 있으므로 보조사이고, ⓑ의 '-든지'는 용언의 뒤에 붙어 사용되고 있으므로 어미에 해당한다.

⑤ ⓐ : 불규칙한 식습관은 건강에 좋지 않다.
　 ⓑ : 친구를 만난 지도 꽤 오래되었다.
ⓐ의 '-지'는 용언의 뒤에 붙어 사용되고 있으므로 어미에 해당하고, ⓑ의 '지'는 관형어의 수식을 받고 있으므로 의존 명사에 해당한다.

13 음운 변동의 이해   정답률 76% | 정답 ⑤

〈보기〉의 [활동]을 수행한 결과로 적절하지 않은 것은?

─────〈보 기〉─────
[활동] 제시된 단어의 발음을 [자료]와 연결해 보자.

신라, 칼날, 생산량, 물난리, 불놀이

[자료]
㉠ 'ㄹ'의 앞에서 'ㄴ'이 [ㄹ]로 발음되는 경우
㉡ 'ㄹ'의 뒤에서 'ㄴ'이 [ㄹ]로 발음되는 경우
㉢ 'ㄴ'의 뒤에서 'ㄹ'이 [ㄴ]으로 발음되는 경우

① '신라'는 ㉠에 따라 [실라]로 발음하는군.
'신라'는 'ㄹ'의 앞에서 'ㄴ'이 [ㄹ]로 발음되는 경우인 ㉠이 적용되어 'ㄴ'이 'ㄹ' 앞에서 [ㄹ]로 바뀌어 [실라]로 발음된다.

② '칼날'은 ㉡에 따라 [칼랄]로 발음하는군.
'칼날'은 'ㄹ'의 뒤에서 'ㄴ'이 [ㄹ]로 발음되는 경우인 ㉡이 적용되어 'ㄴ'이 'ㄹ' 뒤에서 [ㄹ]로 바뀌어 [칼랄]로 발음된다.

③ '생산량'은 ㉢에 따라 [생산냥]으로 발음하는군.
'생산량'은 'ㄴ'의 뒤에서 'ㄹ'이 [ㄴ]으로 발음되는 경우인 ㉢이 적용되어 'ㄹ'이 'ㄴ' 뒤에서 [ㄴ]으로 바뀌어 [생산냥]으로 발음된다.

④ '물난리'는 ㉠, ㉡에 따라 [물랄리]로 발음하는군.
'물난리'는 'ㄹ'의 앞에서 'ㄴ'이 [ㄹ]로 발음되는 경우인 ㉠과, 'ㄹ'의 뒤에서 'ㄴ'이 [ㄹ]로 발음되는 경우인 ㉡이 모두 적용되어 'ㄴ'이 'ㄹ'의 앞과 뒤에서 [ㄹ]로 바뀌어 [물랄리]로 발음된다.

☑ '불놀이'는 ㉡, ㉢에 따라 [불로리]로 발음하는군.
'불놀이'는 'ㄹ'의 뒤에서 'ㄴ'이 [ㄹ]로 발음되는 경우인 ㉡이 적용되어 [불로리]로 발음되므로 적절하지 않다.

14 문장 유형의 이해   정답률 85% | 정답 ⑤

밑줄 친 ㉠의 예로 적절한 것은?

　우리말의 문장 유형은 평서문, 의문문, 명령문, 청유문, 감탄문으로 나뉘는데, 대개 특정한 종결 어미를 통해 실현된다. 그런데 경우에 따라 ㉠ 동일한 형태의 종결 어미가 서로 다른 문장 유형을 실현하기도 한다.

① -니 ┌ 너는 무엇을 먹었니?
　　 └ 아버님은 어디 갔다 오시니?
종결 어미 '-니'로 인해 의문문이 실현되고 있다.

② -ㄹ ┌ 오늘은 내가 먼저 나갈게.
　　 └ 내가 나중에 다시 전화할게.
종결 어미 '-ㄹ게'로 인해 평서문이 실현되고 있다.

③ -구나 ┌ 그것 참 그럴듯한 생각이구나.
         └ 올해도 과일이 많이 열리겠구나.
종결 어미 '-구나'로 인해 감탄문이 실현되고 있다.

④ -ㅂ시다 ┌ 지금부터 함께 청소를 합시다.
          └ 밥을 먹고 공원에 놀러 갑시다.
종결 어미 '-ㅂ시다'로 인해 청유문이 실현되고 있다.

✓ -어라 ┌ 늦을 것 같으니까 어서 씻어라.
        └ 그 사람을 몹시도 만나고 싶어라.
'늦을 것 같으니까 어서 씻어라.'는 종결 어미 '-어라'로 인해 명령문이 실현되고, '그 사람을 몹시도 만나고 싶어라.'는 종결 어미 '-어라'로 인해 감탄문이 실현된다. 따라서 종결 어미 '-어라'는 동일한 형태로 다른 문장 유형을 실현하고 있음을 알 수 있다.

---

15 사전 활용의 이해   정답률 70% | 정답 ③

〈보기〉는 '사전 활용하기 학습 자료'의 일부이다. 이에 대해 탐구한 내용으로 적절하지 않은 것은?

─〈보 기〉─

갈다¹ 동 갈아[가라] 가니[가니]
【…을, …을 …으로】 이미 있는 사물을 다른 것으로 바꾸다.
¶ 컴퓨터의 부속품을 좋은 것으로 갈았다.

갈다² 갈아[가라] 가니[가니]
[1]【…을】날카롭게 날을 세우거나 표면을 매끄럽게 하기 위하여 다른 물건에 대고 문지르다.
¶ 옥돌을 갈아 구슬을 만든다.
[2]【…을】잘게 부수기 위하여 단단한 물건에 대고 문지르거나 단단한 물건 사이에 넣어 으깨다.
¶ 무를 강판에 갈아 즙을 낸다.

갈다³ 동 갈아[가라] 가니[가니]
[1]【…을】쟁기나 트랙터 따위의 농기구나 농기계로 땅을 파서 뒤집다.
¶ 논을 갈다.
[2]【…을】주로 밭작물의 씨앗을 심어 가꾸다.
¶ 밭에 보리를 갈다.

① '갈다¹', '갈다²', '갈다³'은 동음이의어이군.
'갈다¹', '갈다²', '갈다³'은 서로 글자의 음은 같으나 뜻이 다르므로 동음이의어에 해당한다.

② '갈다³'은 여러 가지 뜻을 가지므로 다의어이군.
'갈다³'은 의미 [1]과 [2]를 가지고 있으므로 다의어에 해당한다.

✓ '갈다²-[2]'의 용례로 '무딘 칼을 날카롭게 갈다.'를 추가할 수 있겠군.
'무딘 칼을 날카롭게 갈다.'의 '갈다'는 【…을】날카롭게 날을 세우거나 표면을 매끄럽게 하기 위하여 다른 물건에 대고 문지르다.'의 의미로 쓰였으므로, '갈다²-[1]'의 용례에 해당한다.

④ '갈다¹'은 '갈다²', '갈다³'과 달리 부사어를 요구할 수도 있는 동사로군.
'갈다¹'은 '…을 …으로'라는 문형 정보를 통해 부사어를 요구할 수도 있음을 알 수 있다.

⑤ '갈다¹', '갈다²', '갈다³'은 '갈-'에 '-니'가 결합할 때 표기와 발음이 같군.
'갈다¹', '갈다²', '갈다³'은 '가니[가니]'라는 활용 정보를 통해 '갈-'에 '-니'가 결합할 때 표기와 발음이 같음을 확인할 수 있다.

[16~45] 독서 · 문학

16~20 인문

현실요법(재구성)

해제 이 글은 상담 기법인 현실요법에 대해 설명하고 있다. 현실요법에서는 인간의 다섯 가지 기본 욕구로 생존, 사랑, 힘, 자유, 즐거움의 욕구를 제시한다. 또한 개인마다 욕구들의 강도가 달라 다양한 행동 양상이 나타나는데, 이 양상에 따라 갈등을 겪을 수도 있다고 한다. 그래서 현실요법에서는 강한 욕구와 강한 욕구 사이의 갈등에서는 타협과 조절이 필요하다고 보고 있고, 강한 욕구와 약한 욕구 사이의 갈등에서는 약한 것을 북돋울 수 있는 연습이 필요하다고 보고 있다. 타인의 욕구 충족을 방해하지 않고 내담자가 스스로 자신의 욕구를 조절할 수 있는 존재라고 보는 관점을 기반으로 하는 현실요법은 심리 상담에 널리 활용되고 있다.

주제 상담 기법인 현실요법의 이해

문단 핵심 내용

1문단	인간의 다섯 가지 기본 욕구를 제시한 '현실요법'
2문단	인간의 다섯 가지 기본 욕구의 이해
3문단	현실요법을 활용한 심리 상담 방법
4문단	현실요법에서 내담자를 바라보는 관점

---

16 내용 전개 방식 파악   정답률 79% | 정답 ①

윗글에 대한 설명으로 가장 적절한 것은?

✓ 이론의 주요 개념을 밝히고 그 이론의 구체적 적용 사례를 들고 있다.
이 글의 2문단에서는 현실요법에서 제시한 다섯 가지 기본 욕구의 개념을 밝히면서, 3문단의 '예를 들어'에서 알 수 있듯이 현실요법의 적용 사례를 들고 있다.

② 이론을 소개하고 장점을 밝힌 후 그 이론이 지닌 한계를 덧붙이고 있다.
이 글을 통해 현실요법 이론이 지닌 한계는 찾아볼 수 없다.

③ 이론이 등장하게 된 사회적 배경과 이론이 발전하는 과정을 드러내고 있다.
이 글을 통해 현실요법 이론이 등장하게 된 사회적 배경이나 이러한 이론이 발전하는 과정은 제시되어 있지 않다.

④ 하나의 이론과 다른 관점의 이론을 대조하여 둘의 차이점을 부각하고 있다.

이 글을 통해 현실요법 이론과 다른 관점을 지닌 이론은 제시되고 있지 않다.

⑤ 이론의 주요 개념을 여러 유형으로 나눈 다음 추가할 새로운 유형을 소개하고 있다.
이 글을 통해 현실요법 이론의 주요 개념인 욕구를 다섯 가지로 나누고 있음을 알 수 있다. 하지만 추가할 새로운 유형을 소개한 내용은 제시되어 있지 않다.

---

17 내용의 사실적 이해   정답률 80% | 정답 ①

윗글의 내용과 일치하지 않는 것은?

✓ 약한 욕구를 강한 욕구로 대체해야 갈등에서 벗어날 수 있다.
3문단을 통해 약한 욕구는 강한 욕구로 대체해야 하는 것이 아니라 북돋아 주어야 함을 알 수 있으므로 적절하지 않다.

② 개인이 지닌 욕구들의 강도에 따라 다양한 행동 양상이 나타난다.
3문단을 통해 다섯 가지 욕구들의 강도는 개인마다 달라 다양한 양상으로 나타남을 알 수 있다.

③ 현실요법에서는 내담자는 외부 요인에 의해 통제되는 존재가 아니라고 본다.
4문단을 통해 현실요법에서 내담자를 외부 요인에 의해 통제되는 존재가 아니라고 보았음을 알 수 있다.

④ 현실요법에 따르면 인간은 기본 욕구를 충족시키기 위해 스스로 행동을 선택한다.
1문단을 통해 인간은 기본 욕구를 충족시키기 위해서 행동을 그 자신이 스스로 선택함을 알 수 있다.

⑤ 현실요법은 기본 욕구들을 실현 가능한 수준으로 타협하는 것이 가능하다고 본다.
1문단을 통해 현실요법에서는 기본 욕구들을 실현 가능한 수준으로 타협하는 것이 가능하다고 보았음을 알 수 있다.

---

18 내용의 구체적 사례에의 적용   정답률 88% | 정답 ②

㉠의 구체적인 방법으로 가장 적절한 것은?

① 자신과 다른 의견을 경청하는 연습을 하도록 이끈다.
자신과 다른 의견을 경청하는 연습을 하는 것은 힘의 욕구가 높은 경우 활용할 수 있는 구체적 방법이라 할 수 있다.

✓ 부탁을 거절하거나 자신의 불편함을 표출하도록 이끈다.
㉠은 사랑의 욕구가 강하고 힘의 욕구가 약한 사람의 갈등 해결을 도와주는 방법이다. 이 경우 타인의 부탁에 불편해하면서도 거절하지 못할 수 있으므로, 이를 거절하거나 불편하다는 자기주장을 할 수 있게 도와줄 수 있다.

③ 혼자 어디론가 떠나거나 혼자만의 시간을 갖도록 권한다.
혼자 훌쩍 떠나거나 혼자만의 시간을 갖는 것은 자유의 욕구가 낮을 때 활용할 수 있는 구체적 방법이라 할 수 있다.

④ 타인과 약속을 잘 지킬 수 있는 원칙을 만들도록 권한다.
타인과 약속을 지킬 수 있는 원칙을 만드는 것은 생존의 욕구가 낮을 때 활용할 수 있는 구체적 방법이라 할 수 있다.

⑤ 사람들과 어울려 새로운 취미 생활을 즐길 수 있도록 권한다.
사람들과 어울리는 것은 사랑의 욕구가 낮을 때에, 취미 생활을 즐기는 것은 즐거움의 욕구가 낮을 때 활용할 수 있는 구체적 방법이라 할 수 있다.

---

19 구체적인 사례에의 적용   정답률 83% | 정답 ③

윗글을 바탕으로 〈보기〉를 이해한 내용으로 적절하지 않은 것은? [3점]

─〈보 기〉─

A, B 학생의 욕구 강도 프로파일

(5점 : 매우 강하다, 4점 : 강하다, 3점 : 보통이다, 2점 : 약하다, 1점 : 매우 약하다)

다섯 가지 기본 욕구 측정 항목	욕구 강도 A	욕구 강도 B
(가) • 남의 지시와 잔소리를 싫어한다. • 자신의 방식대로 살고 싶다. ⋮	5	5
(나) • 다른 사람의 잘못을 잘 짚어 준다. • 내 분야에서 최고가 되고 싶다. ⋮	4	1
(다) • 친구를 위한 일에 기꺼이 시간을 낸다. • 친절을 베푸는 것을 좋아한다. ⋮	5	1
(라) • 큰 소리로 웃는 것을 좋아한다. • 여가 활동으로 알찬 휴일을 보낸다. ⋮	1	3
(마) • 균형 잡힌 식생활을 하려고 노력한다. • 저축을 중요하게 생각한다. ⋮	2	5

① A는 '즐거움의 욕구'보다 '힘의 욕구'가 더 강하다고 할 수 있겠군.
A는 즐거움의 욕구 강도는 1, 힘의 욕구 강도는 4로, 즐거움의 욕구보다 힘의 욕구가 더 강하다고 할 수 있다.

② B는 '힘의 욕구'가 '생존의 욕구'보다 더 약하다고 할 수 있겠군.
B는 힘의 욕구 강도가 1, 생존의 욕구 강도 5 로, 힘의 욕구가 생존의 욕구보다 더 약하다.

✓ A는 B보다 '힘의 욕구'가 더 약하다고 할 수 있겠군.
(가)는 자유의 욕구, (나)는 힘의 욕구, (다)는 사랑의 욕구, (라)는 즐거움의 욕구, (마)는 생존의 욕구에 해당하는 항목들이다. 힘의 욕구 강도가 A는 4, B는 1이므로, A는 B보다 힘의 욕구가 더 강하다고 할 수 있다.

④ A와 B는 모두 '자유의 욕구'가 매우 강하다고 할 수 있겠군.
A와 B 모두 자유의 욕구 강도는 5로, 매우 강하다고 할 수 있다.

⑤ A는 '사랑의 욕구'가 '즐거움의 욕구'보다 강하지만, B는 '즐거움의 욕구'가 '사랑의 욕구'보다 강하다고 할 수 있겠군.

A는 사랑의 욕구 강도가 5로 즐거움의 욕구 강도 1보다 강하지만, B는 즐거움의 욕구 강도가 3으로 사랑의 욕구 강도 1보다 강하다.

20 단어의 사전적 의미 파악 　　　　　정답률 90% | 정답 ②

ⓐ ~ ⓔ의 사전적 의미로 적절하지 <u>않은</u> 것은?

① ⓐ : 안이나 의견으로 내놓음.

☑ ② ⓑ : 사람이나 동식물 따위가 자라서 점점 커짐.
ⓑ의 사전적 의미는 '목표로 정한 곳이나 어떤 수준에 이르러 다다름.'이다. '사람이나 동식물 따위가 자라서 점점 커짐.'은 '성장'의 의미이므로 적절하지 않다.

③ ⓒ : 여럿 가운데서 특별히 가려서 좋아함.

④ ⓓ : 스스로 자신을 낮추고 비우는 태도가 있음.

⑤ ⓔ : 충분히 잘 이용함.

21~25 과학

'소용돌이의 종류와 특성(재구성)'

해제 이 글은 실생활에서 접할 수 있는 소용돌이의 종류를 세 가지로 나누어 설명하고 있다. 욕조 배수구를 빠져나가는 **자유 소용돌이**는 중심에 가까울수록 원주속도가 빠르다. 컵의 물을 휘젓거나 컵 자체를 회전시켜 만든 **강제 소용돌이**는 수면 어디에서나 각속도가 일정하지만, 원주속도는 반지름에 비례하여 증가한다. 이 둘이 합쳐진 랭킨의 **조합 소용돌이**는 가운데에 강제 소용돌이, 주변에 자유 소용돌이가 발생하는데 중심에서 원주속도가 최소가 되고 강제 소용돌이가 자유 소용돌이로 전환되는 지점에서 원주속도가 최대가 된다. **자유 소용돌이와 강제 소용돌이의 원리를 활용해 만든 것이 분체 분리기**인데, 그 예로 쓰레기 필터가 없는 사이클론식 청소기가 있다.

주제 실생활에서 접할 수 있는 소용돌이의 종류의 이해

문단 핵심 내용

1문단	자유 소용돌이의 이해
2문단	강제 소용돌이의 이해
3문단	랭킨의 조합 소용돌이 원리의 이해
4문단	랭킨의 조합 소용돌이 원리를 적용한 분체 분리기

---

21 내용의 사실적 이해 　　　　　정답률 64% | 정답 ①

윗글의 내용과 일치하지 <u>않는</u> 것은?

☑ ① 자연에서 발생하는 소용돌이는 모두 자유 소용돌이이다.
이 글에서 확인할 수 있는 자연의 소용돌이는 태풍으로, 3문단을 통해 태풍은 랭킨의 조합 소용돌이에 해당함을 알 수 있다. 따라서 자연에서 발생하는 소용돌이가 모두 자유 소용돌이라 할 수 없다.

② 배수구에서 멀어지면 원운동을 하는 물의 속도는 느려진다.
1문단을 통해 배수구 중심에 가까워질수록 원주속도가 빨라지지만, 멀어질수록 느려짐을 알 수 있다.

③ 강제 소용돌이는 고체처럼 회전하고 회전 중심의 속도는 0이다.
2문단을 통해 강제 소용돌이는 팽이의 회전과 같이 중심은 원주속도가 0임을 알 수 있다.

④ 분체 분리기는 자유 소용돌이로 강제 소용돌이를 만들어 낼 수 있는 기계 장치이다.
4문단을 통해 분체 분리기, 사이클론 분리기의 예로 사이클론식 청소기를 들고 있음을 알 수 있다. 그리고 분체 분리기는 자유 소용돌이를 강제 소용돌이(내통)로 바꿀 수 있는 기계 장치임을 알 수 있다.

⑤ 용기 안의 강제 소용돌이는 외부에서 가해지는 힘이 있어야 운동을 유지할 수 있다.
2문단 마지막 문장을 통해 용기 안의 강제 소용돌이는 외부에서 가해지는 힘이 있어야 운동을 유지할 수 있음을 알 수 있다.

---

22 핵심 정보의 이해 　　　　　정답률 58% | 정답 ④

㉠에 대한 설명으로 적절한 것은?

① 물이 회전할 때 원심력과 압력은 서로 관련이 없다.
원심력이 커지면 압력도 커져 비례 관계를 보인다.

② 컵 중앙 부분으로 갈수록 물 입자의 양이 많아진다.
컵 중앙 부분에는 물 입자의 양이 적고, 가장자리에 많다.

③ 컵 반지름이 클수록 물을 회전시키는 에너지 크기는 작아진다.
컵의 반지름이 커질수록 물의 양이 많아 물을 회전시키는 에너지의 크기는 커져야 한다.

☑ ④ 컵 속에서 회전하는 물의 압력이 커진 부분은 수면이 높아진다.
㉠은 물 입자가 컵 가장자리로 쏠려 컵 중앙의 물이 줄어들어 압력이 낮아지면서 만들어진다. 반대로 가장자리로 쏠린 물의 양은 많아져 압력은 커지고 수면은 높아진다.

⑤ 외부 에너지를 더 가하더라도 회전 중심의 수면 높이는 변화가 없다.
외부 에너지를 더 가하면 중심은 더 오목해지고 가장자리의 수면은 더 높아진다.

---

23 세부 내용의 추론 　　　　　정답률 57% | 정답 ③

㉡을 통해 알 수 있는 것은?

① 각속도가 시간이 지남에 따라 점점 빨라지겠군.
팽이는 물 전체가 고체처럼 회전하는 것과 같으므로 물 표면의 각속도는 일정하다. 따라서 시간이 지날수록 속도는 느려질 것을 알 수 있다.

② 단위 시간당 각도가 변하는 비율이 수시로 달라지겠군.
각속도는 단위 시간당 각도가 변하는 비율이 수시로 달라지면 각속도가 빨라졌다 느려졌다 한다는 의미이므로, ㉡으로 알 수 있는 것이 아니다.

☑ ③ 각속도는 회전 중심에서 가깝든 멀든 상관없이 일정하겠군.
각속도가 똑같아지고 물 전체가 고체처럼 회전하면 수면의 어느 지점에서나 각속도는 같다. 따라서 회전 중심에서 가깝든 멀든 각속도는 일정한 값을 가진다고 할 수 있다.

④ 강제 소용돌이의 수면 어느 지점에서나 원주속도는 항상 같겠군.
강제 소용돌이는 반지름에 비례하여 원주속도가 빨라진다. 따라서 ㉡으로 수면 어느 지점에서나 원주속도가 항상 같다는 것을 알 수 있다.

⑤ 강제 소용돌이는 자유 소용돌이와 같은 원주속도 분포를 보이겠군.
강제 소용돌이의 원주속도는 반지름에 비례하여 중심에서 멀어질수록 빨라지지만, 자유 소용돌이의 원주속도는 중심에 가까워질수록 빨라진다. 그러므로 둘은 같은 분포를 보이지 않는다.

---

24 내용의 추론 　　　　　정답률 70% | 정답 ⑤

윗글을 바탕으로 ㉢을 이해할 때, <보기>의 ⓐ ~ ⓒ에 들어갈 말로 적절한 것은?

〈보 기〉
태풍 중심 부분은 '태풍의 눈'이라 하고 (ⓐ)의 중심에 해당한다. 강제 소용돌이와 자유 소용돌이의 경계층에 해당하는 부분은 '태풍의 벽'이라고 하여 바람이 (ⓑ). 이는 윗글 〈그림〉의 (ⓒ)에 해당한다.

　　　　ⓐ　　　　　　ⓑ　　　　　　ⓒ

① 자유 소용돌이　　강하다　　자유 소용돌이와
　　　　　　　　　　　　　　　　강제 소용돌이의 교차점
ⓐ에는 자유 소용돌이가 아니라 강제 소용돌이가 제시되어야 한다.

② 자유 소용돌이　　약하다　　반지름이 가장 큰
　　　　　　　　　　　　　　　　자유 소용돌이의 지점
반지름이 가장 큰 자유 소용돌이의 지점은 원주속도가 최소이고 바람이 약하다. 두 소용돌이의 경계층은 원주속도가 최대로 바람이 강하다.

③ 강제 소용돌이　　강하다　　반지름이 가장 작은
　　　　　　　　　　　　　　　　자유 소용돌이의 지점
반지름이 가장 작은 자유 소용돌이의 지점은 원주속도가 최대이지만 태풍의 중심 부분은 강제 소용돌이에 해당한다. 또 강제 소용돌이가 자유 소용돌이로 전환되는 지점, 즉 경계층이 아니다.

④ 강제 소용돌이　　약하다　　반지름이 가장 큰
　　　　　　　　　　　　　　　　강제 소용돌이의 지점
경계층은 바람이 강하다. 강제 소용돌이는 반지름에 비례하여 원주속도가 증가한다. 태풍에서 반지름이 커지면 태풍 주변부는 자유 소용돌이에 해당한다.

　　　　ⓐ　　　　　　ⓑ　　　　　　ⓒ

☑ ⑤ 강제 소용돌이　　강하다　　자유 소용돌이와
　　　　　　　　　　　　　　　　강제 소용돌이의 교차점
3문단을 통해 조합 소용돌이의 예로 태풍의 소용돌이를 들고 있고, 조합 소용돌이는 가운데가 강제 소용돌이, 주변이 자유 소용돌이임을 알 수 있다. 또 강제 소용돌이의 중심에서 원주속도가 최소가 되는데, 태풍의 눈은 '강제 소용돌이'의 중심에 해당함을 알 수 있다(ⓐ). 그리고 두 소용돌이의 경계층은 강제 소용돌이가 자유 소용돌이로 전환되는 지점으로 원주속도가 최대가 되기 때문에 바람이 '강하'고(ⓑ), 〈그림〉에서 강한 바람이 부는 곳은 두 소용돌이가 교차하는 지점임을 알 수 있다(ⓒ).

★★★ 등급을 가르는 문제!
25 구체적인 사례에의 적용 　　　　　정답률 46% | 정답 ③

〈보기〉는 ⓔ의 구조를 그림으로 나타낸 것이다. 윗글을 읽은 학생의 반응으로 적절하지 <u>않은</u> 것은? [3점]

〈보 기〉

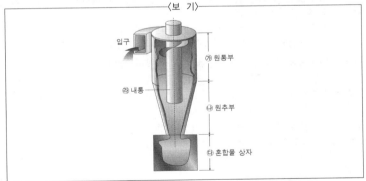

① ㉮에서는 소용돌이가 시계 방향으로 돌아 혼합물에 원심력이 작용하겠군.
혼합물의 원심력을 활용하기에 원심 분리라고 한다고 했으므로 적절하다.

② ㉮보다 ㉯에서 소용돌이의 원주속도가 상대적으로 빠르겠군.
㉮, ㉯에는 자유 소용돌이가 발생한다. 따라서 반지름이 작고 중심에 가장 가까운 부분에서 최대 원주속도가 나타나며, ㉮보다 반지름이 작아지는 ㉯에서 원주속도가 더 빠르다고 할 수 있다.

☑ ③ ㉰에 모인 쓰레기나 혼합물이 ㉱ 내부에서 도는 소용돌이를 통해 외부로 배출되겠군.
4문단을 통해 혼합물은 원통부 측면에 충돌하여 혼합물 상자(㉰)에 쌓임을 알 수 있다. 따라서 내통(㉱)을 통해 외부로 배출된다는 진술은 적절하지 않다.

④ ㉱의 반지름이 커지면 ㉱에서 반시계 방향으로 도는 소용돌이의 원주속도는 빨라지겠군.
㉱에는 강제 소용돌이가 발생함을 알 수 있고, 강제 소용돌이는 반지름에 비례하여 원주속도가 증가함을 알 수 있다. 따라서 반지름이 커지면 원주속도는 증가하므로 빨라진다는 진술은 적절하다.

⑤ 산업용으로 돌조각을 분리한다면 ㉮와 ㉯에 충격이나 마모에 강한 소재를 써야겠군.
㉮, ㉯ 벽면에 돌조각이 충돌한다면 강한 소재를 사용해야 함을 알 수 있다.

▶ 많이 틀린 이유는?
이 문제는 〈보기〉에 제시된 '사이클론식 청소기'의 각 구성 요소를 글을 통해 이해하는 데서 어려움을 겪어 오답률이 높았던 것으로 보인다. 특히 제시된 지문이 기술 지문이라서 학생들의 글의 내용을 이해하는 데 어려움을 겪었을 것으로 보인다.

▶ 문제 해결 방법은?
글의 내용을 바탕으로 그림의 각 구성 요소를 이해하는 이러한 문제 해결 방법은 글의 내용 이해에 있다. 즉, '원통부, 원추부, 혼합물 상자, 내통'에 대해 설명한 선택지의 내용과 이러한 구성 요소에 대한 글의 내용을 비교하면 문제를 해결할 수 있다. 가령 정답인 ③의 경우 4문단을 통해 혼합물은 원통부 측면에 충돌하여 혼합물 상자에 쌓인다는 내용을 확인하게 되면 적절하지 않음을 알 수 있었을 것이다. 이처럼 기술 지문의 자료 제시 문제를 해결하는 핵심은 내용 이해에 있으므로, 자료가 글의 어느 부분에 제시되어 있는지 확인할 수 있도록 한다.

▶ 오답인 ④를 많이 선택한 이유는?
이 문제의 경우 학생들이 ④가 적절하지 않다고 하여 오답률이 높았는데, 이는 내통에서 일어나는 상황을 정확히 파악하지 못했기 때문으로 보인다. 또한 소용돌이의 원주속도가 빨라진다는 것에 대한 이해 부족도 정답으로 착각한 요인이 되었다. 이 문제 역시 글을 통해 내통에는 강제 소용돌이가 발생하고, 2문단을 통해 이러한 강제 소용돌이는 반지름에 비례하여 원주속도가 증가한다는 내용을 확인하면 적절한 반응임을 알 수 있었을 것이다.

26~28 현대 소설

윤후명, 「하얀 배」

감상 이 작품은 고려인의 삶을 통해 민족어의 소중함을 일깨우는 중편 소설이다. 서술자인 '나'는 카자흐스탄의 문류다라는 사람의 글을 받은 것이 계기가 되어 카자흐스탄에서 키르기스스탄 이식쿨 호수에 이르는 여정을 그리면서, 강제 이주된 고려인 동포들이 힘든 삶 속에서도 모국어를 통해 민족의 정체성을 잃지 않으려는 모습을 보게 된다. 또한 고려인 소년의 고국에 대한 그리움과 한국말을 배우는 과정을 담은 '말 배우는 아이'라는 글을 '류다'를 만나길 희망하는, 현지 사정상으로 많은 어려움을 겪지만, 이식쿨 호수에서 류다를 만나게 되고, 그녀의 평범한 인사말에서 하얀 배를 떠올린다. 이 글의 '**하얀 배**'는 **이식쿨 호수를 배경으로 한 소설 작품이자 외부 세계에 대한 동경을 상징하는 소재**라 할 수 있다.

주제 민족의 얼과 민족어의 소중함, 고국을 그리워하는 마음

작품 줄거리 '나'는 새로 이사해 온 세검정 거처의 축대에 심긴 사이프러스나무를 통해 여행의 기억을 떠올린다. '나'는 카자흐스탄의 알마아타 한국 교육원으로부터 '말 배우는 아이'라는 글을 받는다. 이 글을 쓴 사람은 고려인 '문류다'이며, 중앙아시아에 사는 한인 3세 소년이 한국말을 배우는 과정을 담고 있다. '나'는 그 글 속에 그려진 풍경과 그 글을 쓴 류다에 대한 끌림에 카자흐스탄의 수도 알마아타로 향한다. 그곳에 도착해 유민사의 중요 지역인 우슈토베에 다녀오라는 권유를 받고 그곳으로 간다. 우슈토베까지 동행한 한글 학교 선생이 마침 류다를 알고 있어, 우슈토베에서 류다의 오빠 친구인 미하일을 소개해 준다. 미하일로부터 류다의 근황을 알게 된 '나'는 미하일에게 류다가 살고 있다는 키르기스스탄의 이식쿨 호수까지 가야겠다는 결심을 말하며 동행해 달라고 부탁한다. 미하일의 도움을 받아 류다가 있는 곳으로 가는 도중 배고픔과 차량의 기름 부족 등으로 어려움을 겪지만 결국 류다가 살고 있는 거대한 이식쿨 호수를 마주한다. 이식쿨 호수를 등지고 떠나오려는 순간에 류다를 만나게 되는데, 류다는 '나'에게 '안녕하십니까'라는 인사말을 한다. 이 단순한 인사말에 '나'는 큰 감명을 받는다.

---

26 구절의 이해   정답률 85% | 정답 ④

㉠~㉤에 대한 이해로 적절하지 않은 것은?

① ㉠ : 이식쿨 호수와 관련된 이야기를 듣고 흥미를 느끼고 있음이 드러난다.
㉠은 이식쿨 호수의 하얀 배와 관련된 이야기를 되뇌고 있는 것으로, '나'가 이식쿨 호수의 하얀 배에 흥미를 보이고 있음을 알 수 있다.

② ㉡ : 이식쿨 호수에 가고 싶어 하는 간절한 마음을 확인할 수 있다.
㉡은 '나'가 이식쿨 호수에 가는 방법을 묻는 것으로, '꼭 거길 가봤으면 하는데'를 통해 그곳에 가고 싶어 하는 '나'의 간절한 마음을 알 수 있다.

③ ㉢ : 계획에 없었던 새로운 여정에 대한 기대감과 설렘이 나타난다.
㉢의 '내 가슴을 뛰게 한 것'을 통해, 이식쿨 호수에 가게 된 '나'의 기대감과 설렘이 담겨 있음을 알 수 있다.

✔④ ㉣ : 이식쿨 호수만을 생각하며 달려왔던 것을 반성하는 마음이 드러난다.
'나'는 이식쿨 호수만을 생각하며 달려온 것이 아니라 류다를 만나기도 원하므로 ㉣에 반성하는 마음이 드러난다고 보기 어렵다. ㉣은 류다를 만나지 못한 상태에서 느끼는 미진한 마음에서 나온 행동이라고 할 수 있다.

⑤ ㉤ : 놀라움에 자신도 생각지 못한 반응이 나타났음을 확인할 수 있다.
"안녕하십니까."라고 말하는 류다를 만난 놀라움에 '나'는 "아, 안녕하십니까."라고 엉겁결에 똑같이 따라 하고 있다. 따라서 ㉤은 류다를 만난 놀라움에 '나'가 자신도 생각지 못한 반응이 나타났음을 드러낸 것이라 할 수 있다.

---

27 장면의 특성 파악   정답률 81% | 정답 ①

ⓐ와 ⓑ에 대한 설명으로 가장 적절한 것은?

✔① ⓐ는 상상 속 장면을 활용하여, ⓑ는 과거 회상을 활용하여 인물의 내면 상황을 드러내고 있다.
ⓐ는 류다를 만나 인사말을 듣고 받게 된 감동을 상상적 장면으로 표현한 것이라 할 수 있고, ⓑ는 류다와의 만남을 회상하며 만남의 의미를 생각하고 깨달음에 이르는 내면 상황을 드러낸 것이라 할 수 있다.

② ⓐ는 내적 독백을 사용하여, ⓑ는 구어체를 사용하여 인물 사이의 대립 양상을 제시하고 있다.
ⓐ는 '나'가 상상하여 생각한 것이므로 내적 독백을 사용하였다고 볼 수 없고, ⓑ에서 구어체를 사용하였다고 볼 수 없다. 또한 ⓐ, ⓑ를 통해 인물 사이의 대립 양상은 찾아볼 수 없으므로 적절하지 않다.

③ ⓐ는 전해 들은 이야기를 통해, ⓑ는 직접 경험한 사건을 통해 인물의 성격을 구체적으로 보여 주고 있다.
ⓐ는 '나'가 상상하여 생각한 것이므로 전해 들은 이야기라 할 수 없지만, ⓑ는 '나'가 류다와의 만남을 회상하고 있으므로 직접 경험한 사건을 드러낸 것이라 볼 수 있다. 하지만 ⓐ, ⓑ를 통해 인물의 성격을 구체적으로 보여 준다고 할 수 없다.

④ ⓐ는 외부 세계를 묘사하여, ⓑ는 인물 간의 대화를 서술하여 인물이 처한 상황을 객관적으로 전달하고 있다.
ⓐ에서는 상상 속의 모습을 드러낸 것이므로 외부 세계를 묘사하였다고 할 수 없고, ⓑ에서 인물 간의 대화가 드러난다고 할 수 없다.

⑤ ⓐ는 앞으로 일어날 일들을 제시하여, ⓑ는 이전에 일어난 일들을 제시하여 인물의 심리 변화 과정을 나타내고 있다.
ⓐ는 '나'가 상상하여 생각한 것이므로 앞으로 일어날 일들을 제시하였다고 볼 수 없다. 그리고 ⓑ는 류다와의 만남을 회상하고 있으므로 이전에 일어난 일들을 제시하였다고 볼 수 있지만, 이를 통해 인물의 심리 변화 과정을 나타내지는 않고 있다.

---

28 외적 준거에 따른 작품의 감상   정답률 39% | 정답 ①

〈보기〉를 바탕으로 윗글을 감상한 내용으로 적절하지 않은 것은? [3점]

〈보 기〉
이 작품에서 '하얀 배'는 외부 세계에 대한 동경을 상징하는 것으로, 중앙아시아 동포들의 고국에 대한 그리움을 서정적으로 드러내는 기능을 한다. '나'는 하얀 배를 그리는 소년과 류다를 연결 지어 이해하면서, 류다를 포함한 중앙아시아 동포들이 시련이 연속되는 삶 속에서도 언어를 통해 민족의 정체성을 잃지 않으려는 모습에 주목한다.

✔① '호수 밑에 옛날 도시'는 소년이 '하얀 배'를 타고 가고자 하는 동경의 공간으로 '나'가 지향하는 곳이군.
'호수 밑에 옛날 도시'는 미하일이 이식쿨 호수와 관련해 들려준 이야기의 일부로, '나'가 지향하는 공간으로 볼 수 없다.

② 미하일이 '우리말을 꽤 정확하게 구사하'는 것은 민족의 정체성을 잃지 않으려는 동포들의 모습으로 볼 수 있군.
미하일이 고려인으로서 한국에 와서 우리말을 배운 것은 언어를 통해 민족의 정체성을 잃지 않으려는 모습으로 볼 수 있다.

③ '광야에 파놓은 갈대 움막집의 흔적'은 중앙아시아 동포들이 겪었던 시련을 증명하는 것이겠군.
'광야에 파놓은 갈대 움막집의 흔적'은 동포들이 겪었던 역사적 시련을 보여 주는 소재이다.

④ '나'는 류다의 '너무나 또렷한 우리말'에서 동포들의 고국에 대한 그리움을 읽어 내고 있군.
류다의 '안녕하십니까'라는 '너무나 또렷한 우리말'에서 고국에 대한 그리움을 읽어 내고 있다.

⑤ '나'는 '멀리 동방의 조상 나라'를 꿈꾸는 류다와 '배를 따라 가기를 꿈꾸는' 소년을 연관지었군.
'나'는 외부 세계에 대한 동경을 지니고 있는 류다와 소년을 연결지어 이해하고 있다. 류다는 '동방의 조상 나라'를 지향하고, 소년은 배를 따라가기를 바라고 있다.

▶ 많이 틀린 이유는?
이 문제는 작품을 〈보기〉와 연관하여 이해하는 과정에서 작품에 제시된 구절의 의미를 작품 내용을 바탕으로 이해하지 못하여 오답률이 높았던 것으로 보인다.

▶ 문제 해결 방법은?
이 문제를 해결하기 위해서는 〈보기〉에 제시된 내용을 정확히 이해하고, 이러한 〈보기〉와 작품과 연결하여 제시된 선택지의 적절성을 판단하여야 한다. 이때 주의해야 할 점은 선택지에 제시된 구절의 의미를 정확히 제시하고 있는지를 파악해야 한다. 가령 정답인 ①의 경우 '호수 밑에 옛날 도시'는 소년이 동경하는 공간이라 할 수 있지만, '나'가 이 공간을 지향하는지는 글을 통해 확인할 수 없으므로 적절하지 않다. 이 문제에서 알 수 있듯이 작품 내용 이해 자체에 대한 잘못된 선택지도 있을 수 있으므로, 작품 내용 이해의 정확성 여부도 반드시 확인할 수 있도록 한다.

29~32 고전 소설

작자 미상, 「장국진전(張國振傳)」

해제 이 작품은 명나라를 배경으로 하여 장국진이라는 영웅의 일생을 다룬 영웅 소설로, 군주에 대한 충의(忠義)를 주제로 한 군담 소설이기도 하다. 명나라의 적국인 달마국이 여러 차례 쳐들어 와 전쟁을 하게 되고 장국진은 영웅적 활약을 하게 된다. 그 과정에서 여러 위기를 겪지만 여성 영웅인 이 부인과 더불어 주변 인물이나 초월적 존재의 도움으로 이를 극복해 나가고, 결국 달마국을 정벌한다. 한편 이 작품은 다른 영웅 소설과 달리 남성 영웅과 더불어 여성 영웅의 활약상이 부각되는 특징이 있다.

주제 장국진의 영웅적 활약상

작품 줄거리 명나라 때, 전 승상 장경구는 늦도록 자식이 없다가 부처께 발원하여 장국진을 얻는다. 7세 때 장국진은 달마국의 침입으로 부모를 잃고 술집에서 말을 먹이는 등의 고생을 한다. 이때 달마국의 백원 도사가 장국진의 영웅성을 보고는 잡아다가 강물에 던져 죽이려고 한다. 그러나 청의 동자의 구함을 얻어 여학 도사의 제자가 되어 경서와 도술을 익힌다. 7년 후 속세로 돌아와 수소문 끝에 부모와 상봉하고 천장 배필인 이창옥의 딸 계양에게 구혼하나 거절당한다. 그 후 국진은 장원급제하여 천자의 주선으로 계양과 혼인하고 병부상서 유봉의 딸과도 혼인한다. 국진은 서주 어사가 되어 백성들을 진휼하고, 달마왕의 침입을 물리친다. 천자가 승하하고 태자가 즉위하자, 장국진은 이창의 참소로 유배를 가다가 달마국에 잡혀 갇힌다. 달마왕이 재차 침입하나, 국진이 탈출하여 막는다. 이때 국진이 병이 들어 위험에 처하자, 계양이 남장을 하고 나아가 남편의 병을 고치고 적군과 싸워 승리를 거둔다. 개선하여 국진은 호왕에 봉해지고, 두 부인은 왕비로 봉해져 행복한 삶을 산다.

---

29 서술상 특징 파악   정답률 57% | 정답 ④

윗글의 서술상 특징으로 적절한 것은?

① 연속되는 대화를 활용해 인물 간의 갈등을 고조시키고 있다.
이 글에서 인물 간의 연속되는 대화는 찾아볼 수 없다.

② 과거와 현재의 빈번한 교체로 인물의 내력을 소개하고 있다.
이 글에서 과거와 현재의 빈번한 교체를 통해 인물 간의 내력을 소개하지는 않고 있다.

③ 한 인물의 동일한 행위를 반복함으로써 사건의 전환을 예고하고 있다.

이 글에서 한 인물의 동일한 행위가 반복되지 않고 있고, 또한 사건의 전환이 예고되어 있지도 않다.

✓ 서술자의 개입을 통해 작중 상황에 대한 주관적 판단을 제시하고 있다.
'이는 지옥을 상상하게 하더라.', '이것을 어느 누구의 힘으로 구원하여 밝은 빛을 뿌려 터인가.', '이 위급함을 무엇으로 해결하여야 한단 말인가.' 등에서 서술자의 개입이 나타나고, 이를 통해 작중 상황에 대한 서술자의 주관적 판단이 나타난다.

⑤ 특정 인물의 외양이나 행동을 과장되게 표현하여 인물을 희화화하고 있다.
이 글을 통해 특정 인물의 외양을 과장하여 표현하여 희화화하는 내용은 찾아볼 수 없다.

---

30 작품 내용의 이해 정답률 63% | 정답 ④

㉠ ~ ㉤을 중심으로 윗글을 이해한 내용으로 적절하지 않은 것은?

① ㉠에서의 병란은 국진이 자신의 중대한 임무를 수행하기 위해 이동하는 계기가 된다.
국진은 황성에서의 병란을 알아차린 후 나라를 구하는 임무를 수행하기 위해 이동하고 있으므로 적절하다.

② ㉡에서 국진은 고통에 시달리는 도성의 백성들을 구원하기 위해 적병과 맞서 싸운다.
국진은 도성 가까이 온 적병 때문에 아우성치는 도성의 백성들을 구원하기 위해 적군의 진영으로 나아가고 있으므로 적절하다.

③ ㉢에서 국진에게 일어나는 일은 이 부인이 남장을 결심하는 원인이 된다.
달마국 전장에서 국진이 신병을 얻어 어려운 지경이 된 것은 이 부인이 남장을 결심하는 원인이 되고 있으므로 적절하다.

✓ ㉣에서 이 부인은 미래를 예측하여 위기에 대비할 수 있는 방법을 국진에게 알려 주고 있다.
㉣에서 이 부인은 위기 상황을 알고 직접 전장으로 향하고 있으므로, ㉣에서 이 부인이 미래를 예측하여 위기에 대비할 수 있는 방법을 국진에게 알려 준다는 이해는 적절하지 않다.

⑤ ㉤에서 용왕 내외는 적장의 전생 신분을 밝힘으로써 앞날을 경계하고 있다.
용궁에서 용왕 내외는 천원 왕과 달마 왕이 천상 선관이었음을 밝히며, 그렇기 때문에 그들을 죽이면 앞날의 원(怨)이 될 것이라 경계하고 있으므로 적절하다.

---

31 인물의 말하기 방식 이해 정답률 77% | 정답 ⑤

[A], [B]에 대한 설명으로 가장 적절한 것은?

① [A]는 자신의 실망감을 우회적으로 표현하고 있고, [B]는 상대에 대한 원망을 직설적으로 표현하고 있다.
[A]에서 자신의 실망감을 우회적으로 표현하지 않고 있고, [B]에서 상대에 대한 원망을 직설적으로 표현하지 않고 있다.

② [A]는 자신의 목적을 달성하기 위해 거짓으로 말하고 있고, [B]는 상대의 질문에 답하기 위해 사건 내용을 밝히고 있다.
[A]에서 국진이 거짓으로 말하고 있지는 않고 있고, [B]에서 천자가 국진에게 사건 내용을 밝히지 않고 있다.

③ [A]는 자신의 손해를 줄이기 위해 상대의 요청을 거절하고 있고, [B]는 상대의 손해를 줄이기 위해 상대를 설득하고 있다.
[A]에서 국진이 천자의 요청을 거절하거나 [B]에서 국진의 손해를 줄이기 위해 천자가 국진을 설득하지는 않고 있다.

④ [A]는 상대에 대한 호감을 바탕으로 상대를 격려하고 있고, [B]는 사건 해결을 위해 상대에게 용기를 북돋워 주고 있다.
[A]에서 국진이 천자를 격려하는 모습이나 [B]에서 국진에게 용기를 용기를 북돋워 주는 천자의 모습을 찾아볼 수 없다.

✓ [A]는 상대의 근심을 덜기 위해 그 원인을 자신의 탓으로 돌리고 있고, [B]는 상대에 대한 믿음을 바탕으로 명령하고 있다.
[A]에서 국진은 천자의 근심의 원인이 자신에게 있다고 말하며 상대의 근심을 덜어 내고 있다. 그리고 [B]에서 천자는 국진의 능력을 믿고 나라를 구하라고 명령하고 있다. 따라서 [A]에서는 상대의 근심을 덜기 위해 그 원인을 자신의 탓으로 돌리고 있음을, [B]에서는 상대에 대한 믿음을 바탕으로 명령하고 있음을 알 수 있다.

---

32 외적 준거에 따른 작품의 감상 정답률 57% | 정답 ⑤

〈보기〉를 바탕으로 윗글을 감상한 내용으로 적절하지 않은 것은? [3점]

─〈보 기〉─
이 작품은 장국진이라는 영웅의 일생을 다룬 영웅소설이다. 주인공의 영웅적 활약과 더불어 여성 영웅의 활약도 중요하게 나타나고, 이들이 위기 상황에서 주변 인물이나 초월적 존재의 도움으로 위기를 극복해 간다. 이 과정에서 초월적 세계와 현실 세계의 상호 작용, 남성과 여성의 상호 작용을 통해 영웅성이 강화되고 있다.

① 국진이 말에 올라 '한 손에 절륜도, 또 한 손에 청학선을 흔들며' 수십만 적군을 '추풍낙엽같이 쓰러'뜨리는 데에서, 주인공의 영웅적 활약상을 확인할 수 있다.
전쟁 중에 국진이 무기를 들고 적군을 쓰러뜨리는 모습을 통해 영웅적 활약상을 확인할 수 있다.

② 전투 중 '신병은 조금도 차도가 없'는 국진이 '적병들에 의해 완전히 포위'된 장면에서, 영웅이 처한 위기 상황을 확인할 수 있다.
전투 중에 국진이 신병을 앓아 적에게 포위당하여 명나라 군의 운명이 경각에 달렸던 장면에서 영웅이 처한 위기 상황을 확인할 수 있다.

③ '가장 좋은 선약(仙藥)'을 '얻어' 국진의 병을 구하려는 데에서, 초월적 존재의 도움으로 위기를 극복해 나간다는 점을 확인할 수 있다.
이 부인이 용왕에게서 국진을 살릴 수 있는 '가장 좋은 선약(仙藥)'을 얻은 것은 초월적 존재의 도움을 받은 것에 해당한다.

④ 용왕 부인이 선녀들에게 '이 부인을 잘 모시고 가서 공을 이루라고 특별히 당부하'는 장면에서, 초월적 세계와 현실 세계의 상호 작용을 확인할 수 있다.
용왕 부인이 선녀에게 당부하는 장면을 통해 초월적 세계와 현실 세계의 상호 작용을 확인할 수 있다.

✓ 이 부인이 국진을 구하기 위해 '번갯불과 천둥이 무섭게 진동'하여 '공포 속에서 정신을 잃는' 상황을 이겨 내는 데에서, 남성과 여성의 상호 작용을 확인할 수 있다.
'번갯불과 천둥이 무섭게 진동'하여 '공포 속에서 정신을 잃는' 사람들은 적병들이다. 이를 이겨 내는 사람이 이 부인이라고 볼 수 없다.

33~37 고전시가 복합

(가) 이황, 「설월죽(雪月竹)」

감상 이 작품은 눈 내린 밤 푸른 대나무를 보고 그것을 곧고 속이 깨끗한 선비의 인품에 빗대어 예찬한 한시이다. 1행과 2행은 겨울과 달밤이라는 시적 배경을 제시하고 있고, 3행과 4행에서는 배경 묘사에 대한 화자의 내적 정서를 드러내고 있다. 이 작품은 이처럼 선경 후정의 시상 전개 방식을 통해 화자의 대나무에 대한 예찬적 태도를 보여 주고 있다.

주제 대나무 예찬

(나) 권섭, 「매화(梅花)」

감상 이 작품은 한밤중 문득 매화가 핀 것을 보고 임을 떠올리며 임에 대한 그리움과 매화에 대한 애정을 드러내고 있는 연시조이다. 즉 화자는 이른 봄 피어난 매화를 통해 임을 떠올리고 매화에 대한 긍정적 인식과 임에 대한 정서를 함께 드러내고 있다.

주제 임에 대한 그리움

현대어 풀이

초가지붕의 처마에 달이 질 때 첫 잠을 얼핏 깨어
벽에 걸린 희미한 등잔불에 의지하여 누웠으니
하룻밤 매화가 피어나니 임이신가 하노라   〈제1수〉

아마도 이 벗님(매화)의 풍류와 운치가 끝이 없다.
얼음과 같이 맑고 깨끗한 넋은 서늘도 하는구나.
바람결 그윽한 향기는 추운 한겨울에도 바뀌지 않는구나.   〈제2수〉

하늘의 이치도 묘하구나. 네가 먼저 봄의 따뜻한 햇빛이구나.
한 가지 꺾어 내어 이 소식을 전하려 하니
임께서 너를 보고 반기실까 하노라.   〈제3수〉

임이 너를 보고 반기실까 반기지 않으실까.
몇 년 동안 꽃과 버들에 취해 잠을 못 깨었는가.
두어라, 다 각각의 정이니 나와 함께 늙자꾸나.   〈제4수〉

(다) 목성균, 「세한도(歲寒圖)」

감상 인정이 없는 사공과 대치하며 뜻을 굽히지 않던 유년 시절 아버지의 모습을 회화적으로 그리고 있는 현대 수필이다. 이 글에서 글쓴이는 혹독하게 추운 겨울에 뜻을 굽히지 않던 아버지의 모습에서 선비적 면모를 발견하고 이날의 경험을 회화적으로 형상화하고 있다. 글쓴이는 아버지가 사공의 처사를 부당하게 여겼고 이에 맞서는 의미로 추위를 견디며 꿋꿋이 서 있었다고 본 것이다.

주제 아버지의 굽힐 수 없는 자존심

---

33 표현상 공통점 파악 정답률 70% | 정답 ③

(가)~(다)의 공통점으로 가장 적절한 것은?

① 설의적 표현으로 대상이 지닌 속성을 강조하고 있다.
(가), (다)에서는 설의법이 드러나지 않고 있다. (나)에서 설의적 표현이 나타난다고 볼 수 있지만, 이를 통해 대상이 지닌 속성을 강조하지는 않고 있다.

② 명암의 대비를 통해 작품의 주제를 형상화하고 있다.
(다)의 '컴컴한 산기슭'과 '하얀 적설'에서 명암 대비가 드러난다고 할 수 있지만, 이를 통해 주제를 형상화한다고 보기는 어렵다. 또한 (가), (나)에서 명암 대비가 드러나는 부분은 찾아보기 어렵다.

✓ 구체적 사물이나 상황을 통해 내면적 가치를 발견하고 있다.
(가)는 대나무, (나)는 매화를 통해 추위 속에서의 절개 등 내면적 가치를 발견하고 있다. 그리고 (다)에서는 글쓴이가 어린 시절 경험했던 일을 통해 아버지의 꿋꿋한 삶의 태도라는 내면적 가치를 발견하고 있다. 따라서 (가)~(다)는 구체적 사물이나 상황을 통해 내면적 가치를 발견한 공통점이 있다고 할 수 있다.

④ 직유법을 활용하여 대상의 외양을 구체적으로 묘사하고 있다.
(가)의 '얼음같이', (다)의 '나팔처럼', '신음처럼', '버드나무 둥치처럼' 등에서 직유법이 드러나지만, (나)에는 드러나지 않는다.

⑤ 풍자적 기법으로 사회 현실에 대한 비판 의식을 보여 주고 있다.
(가), (나), (다) 모두 풍자적 기법으로 사회 현실에 대한 비판 의식을 보여 주지는 않고 있다.

---

34 외적 준거에 따른 작품의 감상 정답률 76% | 정답 ③

〈보기〉를 참고하여 (가)와 (나)를 감상한 내용으로 적절하지 않은 것은? [3점]

─〈보 기〉─
(가)와 (나)는 추운 계절을 이겨 내는 강인한 속성이 있어 예로부터 예찬의 대상이었던 대나무와 매화를 각각 시적 대상으로 삼고 있다. (가)의 화자는 사철 푸르고 속이 빈 대나무를 고매한 인품에 빗대고 있고, (나)의 화자는 이른 봄 피어난 매화를 통해 임을 떠올리며 매화에 대한 긍정적 인식과 임에 대한 정서를 함께 드러내고 있다.

① (가)의 화자는 '옥설'에 눌려도 푸름을 유지하는 대나무를 통해 '굳건한' 지조를 떠올리고 있군.
〈보기〉에서 (가)의 화자는 사철 푸르고 속이 빈 대나무를 고매한 인품에 빗대고 있음을 알 수 있다. 따라서 (가)의 '여기서 알겠노라 굳건한 그 절개를'은 화자가 '옥설'에 눌려도 푸름을 유지하는 대나무를 통해 '굳건한' 지조를 떠올린 것이라 할 수 있다.

② (가)의 화자는 대나무의 속이 빈 속성을 긍정적으로 인식하여 대나무를 내면이 '깨끗한' 인물에 비유하고 있군.

〈보기〉에서 (가)의 화자는 사철 푸르고 속이 빈 대나무를 고매한 인물에 빗대고 있음을 알 수 있다. 따라서 (가)의 '더욱이 깨닫노라 깨끗한 그 빈 마음'은 화자가 대나무의 속이 빈 속성을 긍정적으로 인식하여 대나무를 내면이 '깨끗한' 인물에 비유한 것이라 할 수 있다.

☑ (나)의 화자는 '옥골 빙혼(玉骨氷魂)'의 자태를 가진 매화를 '님'으로 착각한 것을 깨닫고 서러워하고 있군.

〈제1수〉에서 화자가 매화를 임으로 착각했지만, 〈제2수〉에서 화자는 '옥골빙혼(매화)'을 임으로 착각하지는 않고 있다. 또한 〈제2수〉를 통해 서러워하는 화자의 정서도 드러나지 않고 있다.

④ (나)의 화자는 추운 계절에도 굴하지 않고 '그윽한 향기'를 풍기는 매화의 강인함을 예찬하고 있군.

〈보기〉를 통해 (나)의 화자는 매화에 대한 긍정적 인식, 즉 예찬적 인식을 드러내고 있음을 알 수 있다. 따라서 (나)의 '풍편(風便)의 그윽한 향기는 세한 불개(歲寒不改) 하구나'는, 화자가 추운 계절에도 굴하지 않고 '그윽한 향기'를 풍기는 매화의 강인함을 예찬한 것이라 할 수 있다.

⑤ (나)의 화자는 '춘휘(春暉)'를 먼저 느끼게 해 준 매화의 소식을 '님'에게 전달하고 싶은 소망을 드러내고 있군.

〈보기〉를 통해 (나)의 화자는 이른 봄 피어나는 매화를 통해 임을 떠올리고 임에 대한 정서를 드러내고 있음을 알 수 있다. 따라서 '천기(天機)도 묘할시고 네 먼저 춘휘(春暉)로다 / 한 가지 꺾어 내어 이 소식 전(傳)차 하니'는 '춘휘(春暉)'를 먼저 느끼게 해 준 매화의 소식을 '님'에게 전달하고 싶은 화자의 소망을 드러낸다고 할 수 있다.

---

35 구절의 의미 파악   정답률 78% | 정답 ④

㉠ ~ ㉤에 대한 설명으로 적절하지 않은 것은?

① ㉠ : 매화를 발견할 당시 화자의 상황과 시간적 배경이 드러나 있다.
'모첨의 달이 진 제'에서 '매화'를 발견한 시간이 드러나고, '첫 잠을 얼핏 깨여'에서 문득 잠에서 깨어난 화자의 상황이 드러난다.

② ㉡ : 매화를 대할 임의 반응이 어떠할지를 궁금해하는 마음이 드러나 있다.
'너'는 매화를 지칭한 것으로, '너'를 임이 반길지 반기지 않을지 확신하지 못하고 있다.

③ ㉢ : 아버지와 대비되는 글쓴이의 행동에서 추위에서 벗어나고 싶어 하는 마음이 드러나 있다.
아버지가 팔짱을 낀 채 부동의 자세를 유지하고 있는 모습은 추위에서 벗어나고 싶어 발을 동동거리는 글쓴이의 행동과 대비된다.

☑ ㉣ : 선객들의 모습을 비판적으로 바라보는 아버지의 생각이 드러나 있다.
㉣은 글쓴이가 사공의 의도를 추측한 내용이다. 아버지가 사공을 비판적으로 보고 있지만, 선객을 비판적으로 바라본다고 할 수 없다.

⑤ ㉤ : 작은댁에 세배하러 가면서 준비한 음식으로 아버지의 정성이 드러나 있다.
'육적'과 '술'은 작은댁에 세배하러 가서 드릴 정성이 담긴 음식이다.

---

36 외적 준거에 따른 작품의 감상   정답률 65% | 정답 ②

〈보기〉를 바탕으로 (다)를 감상한 내용으로 적절하지 않은 것은?

─〈보 기〉─
(다)의 제목이기도 한 '세한도'는, 한겨울 풍경을 통해 선비의 지조를 드러낸 추사 김정희의 그림이다. (다)의 글쓴이는 혹독하게 추운 겨울에 뜻을 굽히지 않던 아버지의 모습에서 선비적 면모를 발견하고 이날의 경험을 회화적으로 형상화하고 있다. 글쓴이는 아버지가 사공의 처사를 부당하게 여겼고 이에 맞서는 의미로 추위를 견디며 꼿꼿이 서 있었다고 본 것이다.

① '노랗게 식은 햇살'과 '하얗게 번쩍거'리는 '적설'을 통해 매섭게 추운 겨울 강가를 회화적으로 형상화하고 있군.
'노랗게', '하얗게' 등의 색채 이미지를 사용하여 겨울 강가의 풍경을 회화적으로 형상화하고 있다.

☑ '아픈 소리를 신음처럼' 지르는 '갈대'는 사공의 부당한 처사에 맞서려는 글쓴이의 내면을 표상하고 있군.
'갈대'는 겨울의 스산한 분위기를 더욱 부각하고 있는 자연물이라 할 수 있을 뿐, 사공의 처사에 맞서려는 글쓴이의 내면을 표상한다고 볼 수는 없다.

③ 글쓴이는 '버드나무 둥치처럼 꿈쩍도 않'는 아버지의 모습에서 지조를 지키려는 선비적 면모를 발견하고 있군.
아버지는 '버드나무 둥치처럼 꿈쩍도 않'고 있는데, 이는 사공의 부당함에 맞서려는 뜻을 드러낸 행동이라 할 수 있다. 따라서 이러한 아버지의 모습은 지조를 지키려는 선비적 면모를 드러낸다고 할 수 있다.

④ '두 번 다시 그 소리를 지르지 않'는 모습을 통해 자신의 뜻을 꺾지 않으려는 아버지의 태도를 드러내고 있군.
아버지가 서서 두 번 다시 사공을 부르지도 않았던 이유는 사공의 부당함에 맞서려는 뜻이 있었기 때문이라고 글쓴이는 추측하고 있다.

⑤ '엄동설한 저문 강변'에서 '꼿꼿하게 서' 있던 아버지의 모습은 추사의 그림 '세한도'의 이미지와 연결되는군.
김정희의 '세한도'는 한겨울 풍경을 통해 선비의 지조를 드러낸 그림인데, 이는 (다)의 제목이기도 하다. 글쓴이는 '엄동설한'에도 '꼿꼿한' 태도를 유지하는 아버지의 모습에서 그림 '세한도'에 제시된 것과 유사한 의미를 발견하고 있다.

---

37 대상의 의미 비교   정답률 49% | 정답 ⑤

ⓐ와 ⓑ를 이해한 내용으로 가장 적절한 것은?

① ⓐ에는 임이 처한 상황에 대한 연민이, ⓑ에는 사공이 처한 상황에 대한 추측이 담겨 있다.
ⓐ는 화자가 임에 대한 연민을 느끼는 상황이라고 할 수 없다.

② ⓐ에는 화자가 지향하는 행동이, ⓑ에는 글쓴이가 지향하는 공간의 속성이 구체화되고 있다.
ⓐ를 화자가 지향하는 행동이라고 볼 수 없다.

③ ⓐ에는 돌아오지 않는 임에 대한 원망이, ⓑ에는 곧 돌아올 사공에 대한 기대감이 내포되어 있다.
ⓑ에는 곧 돌아올 사공에 대한 기대감이 드러나지 않는다.

④ ⓐ에는 자신의 처지에 대해 자조하는 태도가, ⓑ에는 사공의 몰인정함에 대해 비판하는 태도가 드러나 있다.
ⓐ는 임의 상황을 표현한 시어로, 화자가 스스로를 비웃는 자조적 태도로 볼 수 없다.

☑ ⓐ에는 화자의 처지와 대비되는 임의 모습이, ⓑ에는 글쓴이가 있는 공간과 대비되는 공간이 제시되어 있다.
ⓐ는 자신을 잊고 다른 것에 빠져 있는 임의 모습, ⓑ는 글쓴이, 아버지와 달리 사공이 머무는 공간에 해당한다. 따라서 ⓐ는 임을 생각하는 자신과 대비되고, ⓑ는 추위에 떨고 있는 나루터의 글쓴이와 대비된다고 할 수 있다.

38~42 사회

'공공 선택 이론(재구성)'

해제 이 글은 선택 이론에서의 의사 결정 방법을 나열하여 설명하고 있다. 이 글에서는 **집단을 구성하는 개인들의 의사를 집단의 의사로 통합하기 위한 의사 결정 과정으로 공공 선택 이론**을 다루는데, **의사 결정 방법**으로 단순 과반수제, 최적 다수결제, 점수 투표제, 보르다(Borda) 투표제가 있다. **단순 과반수제**는 투표자의 과반수가 지지하는 안건이 채택되는 다수결 제도이다. 이 제도에서는 어떤 대안을 먼저 비교하느냐에 따라 결과가 달라지는, 이른바 투표의 역설이 발생할 수 있다. **최적 다수결제는** 투표에 따르는 총비용이 최소화되는 지점을 산정한 후 안건의 찬성자 수가 그 이상이 될 때 안건이 통과되는 제도이다. **점수 투표제는** 각 투표자에게 일정한 점수를 주고 각 투표자가 자신의 선호도에 따라 대안들에 대해 주어진 점수를 배분하여 투표하는 제도로서, 합산 점수가 많은 대안이 선택된다. 소수의 의견도 잘 반영되며 투표의 역설이 나타나지 않기는 하지만 전략적 행동에 취약하여 결과가 불규칙하게 나타날 수 있다. **보르다 투표제는** 대안의 수를 기준으로 점수를 부여하여 가장 높은 점수를 받은 대안을 선택한다.

주제 공공 선택 이론에서의 의사 결정 방법의 이해

문단 핵심 내용

1문단	공공 선택 이론의 의미 및 의사 결정 방법의 종류
2문단	의사 결정 방법 1 – 단순 과반수제
3문단	의사 결정 방법 2 – 최적 다수결제
4문단	의사 결정 방법 3 – 점수 투표제
5문단	의사 결정 방법 4 – 보르다 투표제

---

38 내용의 이해   정답률 75% | 정답 ②

윗글에 대한 이해로 적절하지 않은 것은?

① 어떤 투표제에서든 투표자의 전략적 행위가 나타날 수 있다.
4문단을 통해 투표의 전략적 행위는 어떤 투표자가 다른 투표자의 투표 성향을 예측하고 자신의 행동을 이에 맞춰 변화시킴으로써 자기가 원하는 것을 얻으려 하는 태도임을 알 수 있다. 따라서 투표자의 전략적 행위는, 어떤 투표제에서든지 나타날 수 있다고 할 수 있다.

☑ 보르다 투표제에서는 가장 선호하지 않는 대안에 0점을 부여한다.
5문단을 통해 보르다 투표제에서는 가장 선호하는 대안부터 순서대로 n점에서 시작해서 차례대로 n-1점, n-2점으로 점수를 부여하여 최하 1점을 줌을 알 수 있다. 따라서 가장 선호하지 않는 대안에 0점을 부여한다는 진술은 적절하지 않다.

③ 단순 과반수제에서는 채택된 대안으로 인해 사회의 후생이 감소되기도 한다.
2문단을 통해 어느 대안이 채택되면 이로 인해 채택이 되지 않은 안건을 지지한 사람들을 포함하여 사회 전체의 후생이 감소할 가능성이 있음을 알 수 있다.

④ 점수 투표제는 최적 다수결제와 달리 대안에 대한 선호 강도를 표시할 수 있다.
4문단을 통해 점수 투표제는 선호 강도에 따라 점수를 배분함을 알 수 있으므로, 투표자의 선호 강도가 잘 반영된다고 할 수 있다.

⑤ 최적 다수결제는 단순 과반수제와 달리 안건 통과의 기준이 안건에 따라 달라질 수 있다.
2문단을 통해 단순 과반수제는 안건 통과의 기준이 몇 가지 대안이든 과반수를 얻는 안이 통과됨을 알 수 있다. 그리고 3문단을 통해 최적 다수결제에서는 투표에 들어가는 총비용이 최소화되는 곳이 안건 통과의 기준이 되는 최적 다수 지점이 됨을 알 수 있다. 따라서 최적 다수결제는 단순 과반수제와 달리 안건 통과의 기준이 안건에 따라 달라질 수 있음을 알 수 있다.

★★★ 등급을 가르는 문제!
39 내용을 통한 자료의 이해   정답률 44% | 정답 ②

ⓐ와 관련하여 〈표〉를 이해한 것으로 적절하지 않은 것은?

① '병원'과 '학교'를 먼저 비교할 경우, '병원'과 '경찰서'의 다수결 승자가 최종의 대안으로 결정된다.
병원과 학교를 먼저 비교한다면 갑은 병원, 을은 학교, 병은 병원을 투표할 것이므로, 병원이 채택될 것이다. 그 이후에는 최종 결정을 위해 투표한다면 병원과 경찰서의 다수결 승자가 최종적인 대안으로 결정된다(갑은 병원, 을은 경찰서, 병은 경찰서를 택하게 되어 최종적으로는 경찰서가 최종적인 대안으로 결정된다).

☑ '학교'와 '경찰서'를 먼저 비교할 경우, '갑'과 '을'이 '학교'에 투표하여 최종적으로 '학교'가 결정된다.
학교와 경찰서를 먼저 비교한다면, 갑은 학교, 을은 학교, 병은 경찰서를 택할 것이므로, 다수결로 보면 학교가 두 표를 얻어 먼저 채택이 될 것이다. 이후에는 학교와 병원이 최종 투표에 부쳐지는데, 갑은 병원, 을은 학교, 병은 병원에 투표할 것이므로 최종적인 대안으로는 두 표를 얻어 병원이 결정된다. 그러므로 학교가 최종적으로 결정된다는 설명은 적절하지 않다.

③ '병원'과 '학교'를 먼저 비교하는지, '학교'와 '경찰서'를 먼저 비교하는지에 따라 투표의 결과가 달라진다.

투표의 역설이란 개념은 어떤 대안들을 먼저 비교하느냐에 따라 결과가 달라진다는 것이다. 병원과 학교를 먼저 비교할 경우나 학교와 경찰서를 먼저 비교할 경우 결과가 달라지므로 투표의 역설이 나타난다.

④ '병원', '학교', '경찰서'를 동시에 투표에 부치면, 모두 한 표씩 얻어 어떤 대안도 과반수가 되지 않는다.

동시에 세 안건을 투표에 부치면 세 사람이 병원, 학교, 경찰서에 각 한 표씩 투표하게 되어 세 안건 중 어떤 대안도 과반수가 되지 않는다.

⑤ 대안에 대한 '갑', '을', '병' 세 사람의 선호 순위는 바뀌지 않아도, 투표의 결과가 바뀌는 현상이 나타난다.

갑, 을, 병의 선호 순위는 바뀌지 않더라도 어떤 대안을 먼저 비교하느냐에 따라 최종 투표 결과는 바뀌는 현상이 나타난다.

★★ 문제 해결 꿀~팁 ★★

▶ 많이 틀린 이유는?

이 문제는 '표'를 이해하는 과정, 특히 '1순위, 2순위, 3순위'의 '선호 순위'에 대한 이해를 정확히 하지 못하여 오답률이 높았던 것으로 보인다.

▶ 문제 해결 방법은?

이 문제를 해결하기 위해서는 2문단에 제시된 내용을 바탕으로 표를 이해하면 되는데, 이때 주의해야 할 점은 1순위에 선호하는 것이 없을 경우 선호 순위에 따라 2순위에 있는 내용이 선호하는 것임을 이해해야 한다. 정답인 ②를 보면, 학교와 경찰서를 먼저 비교한다면, 갑은 1순위가 병원이고 2순위가 학교이므로 갑은 학교를 택할 것이라 판단해야 한다. 그렇게 되면 갑은 학교, 을은 학교, 병은 경찰서를 택할 것이므로, 다수결에 따라 학교가 두 표를 얻어 먼저 채택되는 것이다. 이후에는 이런 방식을 고려하여 학교와 병원이 최종 투표를 하게 되고, 병원이 최종적인 대안으로 결정되어 적절하지 않음을 알 수 있다. 이 문제처럼 문제 의도만 정확히 이해하고 있었으면 문제를 비교적 수월하게 풀 수 있으므로, 문제를 접할 때는 반드시 출제 의도가 무엇인지 이해할 수 있도록 한다.

---

40 세부 정보의 추론
정답률 51% | 정답 ④

ⓑ의 이유로 가장 적절한 것은?

① 주어진 점수를 투표자가 임의대로 배분할 수 있기 때문이다.

주어진 점수를 투표자가 임의대로 배분할 수 있는 것은 점수 투표제에 해당하므로 이유로 적절하지 않다.

② 투표자는 중도의 대안에 관해서만 자신의 의사를 표현할 수 있기 때문이다.

투표자는 중도의 대안에 관해서만 자신의 의사를 표현하는 것이 아니라 어떤 대안에 관해서도 점수를 배분하여 의사를 표현할 수 있다.

③ 점수 투표제와 달리 투표자의 전략적 행동을 유발하여 투표 결과를 조작할 수 있기 때문이다.

점수 투표제에서도 투표자의 전략적 행동이 드러날 수 있으나 이로 인해 투표 결과를 조작할 수 있는 것은 아니다.

✓ ④ 일부에게만 선호도가 높은 대안이 다수에게 선호도가 매우 낮으면 점수 합산 면에서 불리하기 때문이다.

5문단을 통해 보르다 투표제에서는 일부에게 선호가 아주 높은 대안보다는 투표자 모두에게 어느 정도 차선이 될 수 있는 중도의 대안이 채택될 가능성이 있음을 알 수 있다. 그 이유는 다수에 의해 중도의 대안으로 부여된 점수들의 합산 점수보다 선호가 아주 높은 대안들의 합산 점수가 낮을 수 있기 때문이라 할 수 있다.

⑤ 순서로만 선호 강도를 표시할 경우, 모든 투표자에게 선호도가 가장 높은 대안이라도 최종 승자가 아닐 수 있기 때문이다.

보르다 투표제에서 순서로만 선호 강도를 표시할 경우, 모든 투표자에게 선호도가 가장 높은 대안이 나올 수도 있으므로, 이는 ⓑ의 이유로 적절하지 않다.

---

41 구체적인 상황에의 적용
정답률 58% | 정답 ⑤

〈보기〉가 [A]의 각 비용들에 대한 그래프라고 할 때, 이에 대한 이해로 적절하지 않은 것은?

〈보 기〉

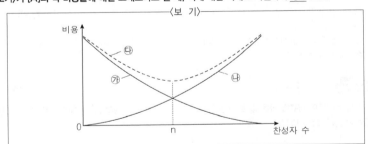

① ㉮는 외부 비용으로, 반대하는 투표자 수가 많아질수록 그 값이 커진다.

㉮는 외부 비용을 나타낸다. 이는 안건에 반대하였던 사람들이 느끼는 부담을 의미하므로 찬성표의 비율이 높아질수록 외부 비용은 낮아지고, 반대표의 비율이 높아지면 외부 비용은 값이 커진다.

② ㉯는 의사 결정 비용으로, 투표 참가자들을 설득하는 데 드는 시간과 노력이 적을수록 그 값이 작아진다.

㉯는 의사 결정 비용으로, 이는 투표 참가자들의 동의를 구하는 데 드는 비용을 의미한다. 그러므로 투표 참가자들을 설득하는 데에 드는 시간과 노력이 적을수록 그 값은 작아진다.

③ ㉰는 총비용으로, ㉮와 ㉯를 합한 값이 최소가 되는 지점 n이 최적 다수 지점이 된다.

㉰는 총비용이다. n은 ㉮와 ㉯를 합한 값이 최소화되는 지점인데 이 지점은 안건 통과의 기준이 되는 최적 다수 지점이다.

④ 투표에 참가하는 모든 사람이 찬성하면 ㉮의 값은 0이 된다.

투표에 참가하는 모든 사람이 찬성하면 ㉮의 값은 0이 된다.

✓ ⑤ 안건 통과에 필요한 투표자가 많아지게 되면 ㉯는 이동하지만 ㉮는 이동하지 않는다.

최적 다수결에 따르면 ㉮는 외부 비용이고, ㉯는 의사 결정 비용이다. ㉰는 A와 B의 곡선을 합한 총비용을 의미하며 U자 형태로 나타낸다. n은 ㉮와 ㉯의 교차점으로서 최적 다수 지점을 가리킨다. 이는

총비용이 가장 적게 드는 지점이다. 그런데 안건 통과에 필요한 투표자 수가 많아진다는 것은 의사 결정 비용은 증가하고 외부 비용은 감소한다는 것을 의미한다. 그러므로 안건 통과에 필요한 투표자가 많아지게 되면 ㉮와 ㉯는 이동하게 된다. 그러므로 ㉯는 이동하지만 ㉮가 이동하지 않는다는 진술은 적절하지 않다.

---

42 구체적인 사례에의 적용
정답률 53% | 정답 ③

대안 Ⅰ~Ⅲ에 대한 투표자 A~E의 선호 강도가 〈보기〉와 같다고 할 때, ㉠~㉢을 통해 채택될 대안으로 적절한 것은? [3점]

〈보 기〉

대안 \ 투표자	A	B	C	D	E
Ⅰ	3	1	1	3	1
Ⅱ	1	7	6	2	5
Ⅲ	6	2	3	5	4

(단, 표 안의 수치가 높을수록 더 많이 선호함을 나타내며, 투표에 미치는 외부적인 요인과 투표자들의 전략적 행동은 없다고 가정한다.)

	㉠	㉡	㉢
①	Ⅰ	Ⅲ	Ⅱ
②	Ⅱ	Ⅱ	Ⅰ
✓ ③	Ⅱ	Ⅱ	Ⅲ
④	Ⅲ	Ⅰ	Ⅱ
⑤	Ⅲ	Ⅱ	Ⅲ

〈보기〉는 대안 Ⅰ, Ⅱ, Ⅲ에 대해 투표자 A~E의 선호 강도를 표시하고 있다. 이 안건들을 ㉠(단순 과반수제), ㉡(점수 투표제), ㉢(보르다 투표제)으로 투표에 부칠 때 각각의 경우에 채택될 대안이 무엇일지를 살펴보아야 한다.

㉠ : 단순히 과반수가 되면 채택되는데, 선호 강도에 따라 투표하면 Ⅱ는 B, C, E가 지지하고, Ⅲ은 A, D가 지지한다. Ⅰ을 지지하는 지지자는 없다. 따라서 ㉠에서는 대안 Ⅱ가 선택된다.

㉡ : 각 투표자가 선호에 대해 대안에 주어진 점수를 배분하여 투표하는 제도이므로, 현재의 선호 강도에 따라 부여한 점수를 합산해 보면 Ⅱ가 21점, Ⅲ이 20점, Ⅰ이 9점이 되어 최종적으로 Ⅱ가 채택된다.

㉢ : 선호 순서대로 n점, n-1점, n-2점으로 점수를 부여하여 이를 합산하여 가장 높은 점수를 받은 안이 채택된다. n은 대안의 개수이므로 3이 된다. 그러면 A의 경우 선호 강도가 가장 높은 Ⅲ에 3점, Ⅰ에 2점, Ⅱ에 1점을 부여한다. 이와 같은 방법으로 B~E가 점수를 부여하면 합산 점수는 Ⅰ은 7점, Ⅱ는 11점, Ⅲ은 12점이 되어 최종적으로 Ⅲ이 채택된다.

43~45 현대시

(가) 윤동주, 「소년(少年)」

감상 이 시는 시어의 연쇄적 반복을 통해 정서를 부각하고 운율을 형성하는 산문시이다. 이 시에서는 계절과 관련된 감각적 이미지 사용을 통해 '순이'에 대한 '소년'의 순수하고 진실한 그리움을 자연스럽게 드러내고 있다.

주제 순수한 세계에의 동경

표현상의 특징

• '단풍잎', '하늘', '파란 물감', '손바닥', '맑은 강물'이라는 시어를 연쇄적으로 활용하고 있음.
• '-ㄴ다'라는 종결 어미를 반복하여 운율을 형성함.
• 현재 시제를 사용하여 시적 상황을 드러냄.

(나) 손택수, 「나무의 꿈」

감상 이 시에서 화자는 의인화된 '나무'에 애정 어린 시선을 보내며 말을 건네는 방식으로 그 꿈과 가능성에 대해 이야기하고 있다. 나아가 그 꿈과 가능성이 실현되지 못한 상황에 처하더라도 그 존재 가치가 있음을 따뜻한 어조로 일깨워 주고 있다.

주제 꿈과 현재의 중요성

표현상의 특징

• '계단', '창문', '바다'라는 시어를 연쇄적으로 활용하고 있음.
• '-니', '-구나' 등의 종결 어미를 반복하여 운율을 형성하고 있음.
• 시적 대상인 '나무'를 의인화된 청자로 설정하고 말을 건네는 어조로 시상을 전개함.

★★★ 등급을 가르는 문제!

43 표현상 특징 파악
정답률 35% | 정답 ④

(가), (나)의 표현상 특징으로 가장 적절한 것은?

① (가)는 (나)와 달리 반어적 표현을 통해 시적 긴장을 고조시키고 있다.

(가), (나) 모두 반어적 표현으로 시적 긴장이 고조되지 않는다.

② (나)는 (가)와 달리 동일한 종결 어미의 반복으로 운율감을 형성하고 있다.

(가)는 '-ㄴ다'라는 종결 어미를 반복하여, (나)에서 '-니', '-구나' 등의 종결 어미를 반복하여 운율을 형성하고 있다.

③ (가)와 (나) 모두 대상을 의인화하여 화자의 연민을 드러내고 있다.

(가)에서 대상을 의인화한 표현은 사용되지 않았고, (나)에서 시적 대상인 '나무'를 '너'라는 의인화된 청자로 설정하고 말을 건네는 어조로 시상을 전개하였다.

✓ ④ (가)와 (나) 모두 시어의 연쇄적 활용을 통해 시상을 발전시켜 나가고 있다.

(가)에서는 '단풍잎', '하늘', '파란 물감', '손바닥', '맑은 강물'이라는 시어를 연쇄적으로 활용하였고, (나)에서는 '계단', '창문', '바다'라는 시어를 연쇄적으로 활용하였다.

⑤ (가)와 (나) 모두 시선의 이동을 통해 장소가 지닌 의미를 다양하게 제시하고 있다.

(나)에서 화자의 시선 이동은 드러나지 않는다.

▶ 많이 틀린 이유는?
이 문제는 작품을 통해 표현상 특징을 정확히 파악하지 못하였거나, 표현상 특징에 대한 이해를 정확히 하지 못해서 오답률이 높았던 것으로 보인다.

▶ 문제 해결 방법은?
이 문제를 해결하기 위해서는 기본적으로 표현상 특징에 대해 이해하고 있어야 한다. 즉 반어적 표현, 동일한 종결 어미의 반복, 대상을 의인화, 시어의 연쇄적 활용, 시선의 이동에 대한 정확한 이해가 필요하다. 정답인 ④의 경우, 연쇄적 표현(앞 구절의 끝 어구를 다음 구절의 첫머리에 이어받아 표현하는 방법)에 대해 정확히 알고 있었으면 (가), (나) 모두 연쇄적 표현을 사용하고 있음을 알았을 것이다. 마찬가지로 오답률이 높았던 '동일한 종결 어미의 반복'에 대해 정확히 알고 있었다면 (가), (나) 모두 종결 어미를 반복하고 있었음을 알 수 있었을 것이다. 한편 표현상 공통점이나 차이점을 묻는 문제의 경우 (가)를 통해 먼저 표현상 특징을 찾을 수 있는지 확인한 다음, (가)에서 찾을 수 있는 것 중에서 (나)에서 확인하는 방법을 사용하게 되면 시간적으로나 정확성 측면에 효과적일 수 있다.

---

44 시어의 의미 파악   정답률 62% | 정답 ①

㉠, ㉡에 대한 이해로 가장 적절한 것은?

☑ ①㉠은 '소년(少年)'의 정서를 환기하는 기능을 하고 있다.
(가)에서 '하늘을 들여다보면 '눈썹에 파란 물감이 들고 손바닥에도 파란 물감이 묻어난다. 그리고 손바닥을 들여다보면 손금에는 맑은 강물이 흐르고, 강물 속에는 사랑처럼 슬픈 얼굴―아름다운 순이(順伊)의 얼굴이 어림을 알 수 있다. 따라서 ㉠은 '소년'의 '순이'에 대한 그리움이라는 정서를 환기해 준다고 할 수 있다.

② ㉠은 '소년(少年)'이 거부하고자 하는 세계를 상징하고 있다.
㉠은 '소년'의 '순이'에 대한 그리움이라는 정서를 환기해 주므로, '소년'이 거부하는 세계를 상징한다고 할 수 없다.

③ ㉠은 '소년(少年)'이 자신의 한계를 인식하는 계기가 되고 있다.
㉠은 '소년'의 '순이'에 대한 그리움이라는 정서를 환기해 주므로, '소년'이 자신의 한계를 인식하는 계기가 된다고 할 수 없다.

④ ㉡은 '너'가 처한 긍정적 상황을 드러내는 역할을 한다.
㉡은 화자가 '너'가 지향할 것이라고 가정한 대상이라고 볼 수 있으므로, '너'가 처한 긍정적 상황을 드러내는 역할을 한다고 할 수 없다.

⑤ ㉡은 '너'의 성찰이 이루어진 이후의 모습을 표상하고 있다.
㉡은 화자가 '너'가 지향할 것이라고 가정한 대상이라고 볼 수 있으므로, ㉡은 너의 성찰이 이루어진 이후의 모습을 표상한 것이라 할 수 없다.

---

45 외적 준거에 따른 작품의 감상   정답률 49% | 정답 ③

〈보기〉를 참고하여 (가)와 (나)를 감상한 내용으로 적절하지 않은 것은? [3점]

─〈보 기〉─
(가), (나)는 시간의 흐름 속에서 성장하는 존재의 순수한 정서와 인식에 대해 표현하고 있다. (가)는 소년이 자연물에 동화되는 과정을 감각적으로 드러내면서 과거의 사랑을 그리워하는 소년의 정서를 보여 준다. (나)는 대상이 품을 수 있는 다양한 꿈을 제시하고, 꿈을 이루지 못한 상황에서도 대상이 존재 가치가 있다는 것을 역설적으로 보여 주고 있다. 또 미래보다 현재 상황과 모습에 주목하는 자세를 강조하며 마무리한다.

① (가)의 '파란 물감이 든' '눈썹'은 '소년(少年)'이 자연물에 동화되는 것을 감각적으로 표현하는군.
(가)에서는 '가만히 하늘을 들여다 보고 '눈썹에 파란 물감이 든다'는 것을 통해 자연물인 하늘과 점차 동화되는 과정을 감각적으로 표현하고 있다.

② (가)의 '맑은 강물'에 어린 얼굴에는 '순이(順伊)'에 대한 '소년(少年)'의 그리움이 투영되어 있군.
(가)의 '소년'은 '맑은 강물' 속에서 사랑처럼 슬픈 얼굴을 발견하고 있으므로, '맑은 강물'에는 현재 부재하는 '순이'에 대한 그리움이 투영되었다고 할 수 있다.

☑ ③ (나)의 '의자', '책상', '한 줌 재' 등은 대상이 품을 수 있는 다양한 꿈을 보여 주는군.
(나)의 '의자', '책상'은 대상이 품을 수 있는 다양한 꿈으로 이해할 수 있지만, '한 줌 재'는 그 꿈을 이루지 못한 상황을 의미한다.

④ (나)의 '장작'은 꿈을 이루지 못한 상황에서도 '몸을 데워' 줄 수 있다는 존재 가치에 대한 역설적 인식을 보여 주는군.
(나)의 '장작'이 한 줌 재가 된 것은 '너'의 '꿈'이 좌절된 상태라고 할 수 있으며, 누군가의 '몸을 데워' 준다는 것은 새롭게 발견한 존재 가치라 할 수 있다. 그러므로 대상의 존재 가치를 역설적으로 보여 준 것이라 할 수 있다.

⑤ (나)의 '바람 소리'는 대상에게 '지금'의 상황과 모습을 주목하게 하는 계기가 될 수 있겠군.
(나)의 '바람 소리'는 '너'가 '지금 바람을 만나' '바람의 춤을 따라 흔들리고 있'음과 이어지므로, '너'의 현재 상황을 주목하게 하는 계기가 될 수 있다.

• 정답 •

01 ② 02 ② 03 ③ 04 ⑤ 05 ②   06 ④ 07 ③ 08 ⑤ 09 ⑤ 10 ②   11 ① 12 ⑤ 13 ⑤ 14 ④ 15 ③
16 ③ 17 ② 18 ④ 19 ④ 20 ①   21 ① 22 ⑤ 23 ④ 24 ③ 25 ③   26 ② 27 ② 28 ② 29 ① 30 ④
31 ⑤ 32 ① 33 ② 34 ② 35 ③   36 ① 37 ⑤ 38 ④ 39 ③ 40 ④   41 ④ 42 ① 43 ③ 44 ⑤ 45 ①

★ 표기된 문항은 [등급을 가르는 문제]에 해당하는 문제입니다.

[01~03] 화법

01 말하기 방식 파악   정답률 80% | 정답 ②

위 발표에 활용된 말하기 방식으로 적절한 것은?

① 자료의 출처를 밝혀 발표 내용의 신뢰성을 높이고 있다.
이 발표에서 발표자는 자신이 활용한 발표 자료의 출처를 언급하지 않고 있다.

☑ ② 발표 내용과 관련된 질문을 하여 청중의 주의를 환기하고 있다.
2문단의 '여러분은 성적표를 확인할 때 무엇부터 보시나요?', 6문단의 '같은 원점수인데 왜 수학의 표준점수가 더 높을까요?' 등에서 알 수 있듯이 발표자는 청중에게 발표 내용과 관련된 질문을 하면서 발표를 전개하고 있다. 이러한 발표자의 질문은 청중들로 하여금 관심을 유발하여 주의를 환기해 주는 효과가 있다.

③ 발표 내용을 친숙한 소재에 빗대어 표현하여 청중의 흥미를 유발하고 있다.
이 발표에서 발표자가 청중이 친숙하게 느끼는 소재에 빗대어 표현하는 않고 있다.

④ 발표 내용의 순서를 안내하여 청중이 발표 내용을 예측할 수 있도록 돕고 있다.
이 발표에서 발표자는 청중에게 질문을 제시하면서 발표를 시작하고 있지만, 발표 순서를 안내하지는 않고 있다.

⑤ 발표 내용에 대한 청중의 이해도를 점검하며 발표를 마무리하여 주제를 강조하고 있다.
이 발표에서 발표자가 자신의 발표 내용에 대한 청중의 이해도를 점검하는 부분을 찾을 수 없다.

---

02 자료 활용 방식의 이해   정답률 84% | 정답 ②

학생이 제시한 자료 ㉠, ㉡에 대한 설명으로 가장 적절한 것은?

① 평균 점수가 실력을 평가하는 기준이 되는 이유를 제시하기 위해 ㉠을 활용하고 있다.
발표자가 ㉠을 활용하면서 평균 점수를 실력 평가의 기준이 되는 값으로 설정하는 이유를 이야기하지는 않고 있으므로 적절하지 않다.

☑ ② 평균 점수가 특정 점수에 의해 왜곡될 수도 있음을 보여 주기 위해 ㉠을 활용하고 있다.
발표자는 ㉠을 제시하면서 '수학의 평균 점수는 100점이라는 점수로 인해 왜곡된 면이 있습니다.'고 말하고 있다. 이를 통해 발표자는 평균 점수가 특정 점수에 의해 왜곡될 수도 있음을 보여 주기 위해 ㉠을 활용하고 있음을 알 수 있다.

③ 표준점수와 백분위의 장단점을 비교하기 위해 ㉡을 활용하고 있다.
발표자는 ㉡을 활용하면서 표준점수와 백분위의 장단점을 비교하지는 않고 있으므로 적절하지 않다.

④ 자신보다 낮은 점수를 받은 집단의 비율을 구하는 방법을 소개하기 위해 ㉡을 활용하고 있다.
이 발표를 통해 ㉡은 표준점수를 설명하기 위한 자료임을 알 수 있다. 따라서 자신보다 낮은 점수를 받은 집단의 비율, 즉 백분위를 구하는 방법과는 상관이 없으므로 적절하지 않다.

⑤ 평균 점수와 표준편차에 따라 원점수가 변할 수 있다는 것을 설명하기 위해 ㉡을 활용하고 있다.
이 발표를 통해 평균 점수와 표준편차에 따라 원점수 자체가 변하지 않음을 알 수 있으므로 ㉡과는 상관없는 내용이어서 적절하지 않다.

---

03 청중 반응의 분석   정답률 93% | 정답 ③

〈보기〉는 학생들이 발표를 들은 후 보인 반응이다. 이를 바탕으로 학생의 듣기 활동을 이해한 내용으로 적절하지 않은 것은? [3점]

─〈보 기〉─
학생 1 : 이번 시험에서 지난번 시험보다 국어의 원점수가 낮았는데도 표준점수가 높은 이유를 알 수 있어서 좋았어.
학생 2 : 표준점수와 백분위가 성적표 외에 활용되는 분야도 있지 않을까? 발표자가 이 부분에 대해서도 언급해 줬으면 좋았을 것 같아. 자료를 한번 검색해 봐야겠어.
학생 3 : 표준점수와 백분위를 반영하는 방법이 대학마다 다르다는 기사를 본 적이 있어, 내가 가고 싶은 대학교에서는 어떻게 반영하고 있을까? 대학 홈페이지에서 관련 정보를 찾아봐야겠어

① '학생 1'은 발표를 통해 접한 정보의 유용성에 대해 긍정적으로 인식하고 있다.
'학생 1'은 국어의 원점수가 낮았음에도 표준점수가 높은 이유를 알게 되어 좋았음을 언급하고 있으므로 '학생 1'은 발표 내용이 자신에게 도움이 되었음을 긍정적으로 인식하고 있음을 알 수 있다.

② '학생 2'는 발표 내용과 관련한 추가적인 정보가 제공되지 않은 것에 아쉬움을 느끼고 있다.
'학생 2'는 '발표자가 이 부분에 대해서도 언급해 줬으면 좋았을 것 같아.'라고 이야기하고 있으므로, '학생 2'는 추가적인 정보가 제공되지 않은 데 대해 아쉬움을 표현하고 있음을 알 수 있다.

☑ ③ '학생 1'과 '학생 2'는 발표에서 언급되지 않은 내용을 바탕으로 새로운 관점을 제시하고 있다.
'학생 1'은 국어의 원점수가 낮았음에도 표준점수가 높은 이유를 알게 되어 좋았음을 언급하고 있지, 언급되지 않은 내용을 바탕으로 새로운 관점을 제시하지는 않고 있다. 그리고 '학생 2'는 표준점수와 백분위가

활용되는 분야에 대한 언급이 없는 것에 아쉬움을 드러내며 이와 관련하여 자료를 찾아보겠다 하고 있지, 언급되지 않은 내용을 바탕으로 새로운 관점을 제시하지는 않고 있다.

④ '학생 1'과 '학생 3'은 발표 내용과 관련된 자신의 경험을 떠올리고 있다.
'학생 1'은 지난번 시험의 경험을 떠올리고 있고, '학생 3'은 '표준점수와 백분위를 반영하는 방법이 대학마다 다르다는 기사를 본' 경험을 떠올리고 있다. 따라서 '학생 1'과 '학생 3'은 발표 내용과 관련된 자신의 경험을 떠올리고 있음을 알 수 있다.

⑤ '학생 2'와 '학생 3'은 발표 내용과 관련된 의문점을 해결하기 위해 추가 활동을 계획하고 있다.
'학생 2'와 '학생 3' 모두 발표 내용과 관련하여 의문점을 갖고 자신의 의문점을 해결하기 위해 추가 활동을 계획하고 있음을 알 수 있다.

[04~07] 화법과 작문

04 인터뷰 전략의 파악 정답률 88% | 정답 ⑤

(가)의 '학생 1'에 대한 이해로 적절하지 않은 것은?

① 상대방에게 인터뷰를 하게 된 목적을 밝히고 있다.
'학생 1'의 첫 번째 발화를 통해 인터뷰를 하게 된 목적을 밝히고 있음을 확인할 수 있다.

② 자신의 경험을 바탕으로 알고 싶은 정보를 상대방에게 질문하고 있다.
'학생 1'의 두 번째 발화를 통해, '학생 1'이 TV 뉴스를 보며 궁금했던 바다 사막화의 개념을 박사님께 질문하고 있음을 알 수 있다.

③ 상대방이 설명한 내용에 대한 자신의 이해가 적절한지 확인하고 있다.
'학생 1'의 세 번째 발화를 통해, '학생 1'이 바다 사막화의 발생이 탄산 칼슘의 영향이 크기 때문이라고 봐도 되는지에 대해 질문하며 자신의 이해가 적절한지 확인하고 있음을 알 수 있다.

④ 상대방이 발언한 내용을 재진술하면서 추가적인 질문을 이어가고 있다.
'학생 1'의 네 번째 발화를 통해, '학생 1'은 상대방이 발언한 내용을 재진술하면서 추가적인 질문을 이어가고 있음을 알 수 있다.

☑ 상대방이 언급한 정보를 바탕으로 자신이 가졌던 생각이 수정되었음을 드러내고 있다.
'학생 1'은 면담 목적을 밝히면서 박사에게 질문하고 있고, 박사의 답을 듣고 자신의 이해가 적절한지 추가적인 질문을 하고 있다. 하지만 '학생 1'의 말을 통해, 박사가 언급한 정보를 바탕으로 자신의 생각을 수정한 말은 찾아볼 수 없다.

05 말하기 방식 파악 정답률 92% | 정답 ②

[A], [B]에 대한 설명으로 가장 적절한 것은?

① [A]에서 '학생 2'는 질문을 통해 '박사'가 설명한 내용의 타당성에 의문을 제기하고 있다.
[A]에서 '학생 2'는 탄산 칼슘의 석출 원인과 증가에 대해 궁금한 점을 '박사'에게 질문하고 있다. 하지만 '박사'가 설명한 내용의 타당성에 의문을 제기하지는 않고 있으므로 적절하지 않다.

☑ [A]에서 '박사'는 '학생 2'의 요청에 따라 앞서 자신이 설명한 내용을 보충하고 있다.
[A]에서 '학생 2'가 수온 상승으로 탄산 칼슘의 석출이 증가한다는 말이 이해가 되지 않는다고 하면서 자세히 알려 줄 것을 요청하자, '박사'는 이에 대해 앞서 자신이 설명한 내용을 보충한 추가 설명을 하고 있다.

③ [A]에서 '박사'는 '학생 2'의 이해를 돕기 위해 관련 설문 자료를 활용하고 있다.
[A]에서 '박사'는 '학생 2'의 이해를 돕기 위해 추가 설명을 하고 있지만, 관련 설문 자료를 활용하고 있지는 않고 있으므로 적절하지 않다.

④ [B]에서 '학생 2'는 '박사'가 소개한 내용을 요약하고 이를 긍정적으로 평가하고 있다.
[B]에서 '학생 2'는 '박사'가 소개한 내용을 요약하지는 않고 있으므로 적절하지 않다.

⑤ [B]에서 '박사'는 '학생 2'의 배경지식을 점검하여 용어의 개념에 대해 추가 설명을 하고 있다.
[B]에서 '박사'는 '학생 2'의 배경지식을 점검하고 있지는 않고 있으므로 적절하지 않다.

06 글쓰기 계획의 적절성 파악 정답률 85% | 정답 ④

(가)를 바탕으로 '학생 1'이 세운 작문 계획 중 (나)에 반영되지 않은 것은?

○ 바다 사막화의 개념을 서두에 제시해야겠어. ······································· ①
○ 바다 숲 조성 사업과 관련하여 사업 추진 현황을 제시해야겠어. ········· ②
○ 바다 식목일의 제정 취지와 함께 바다 식목일로 제정된 날을 구체적으로 제시해야겠어. ···· ③
○ 바다의 탄산 칼슘을 증가시키는 연안 개발 실태를 보여 줄 수 있는 자료를 제시해야겠어. ···· ④
○ 탄산 칼슘이 석출되는 원인 중 박사님께서 말씀하신 것 외에 다른 원인들을 조사하여 추가로 제시해야겠어. ···································· ⑤

① 바다 사막화의 개념을 서두에 제시해야겠어.
(가)의 '박사'가 설명한 바다 사막화의 개념은 (나)의 1문단에서 제시하고 있다.

② 바다 숲 조성 사업과 관련하여 사업 추진 현황을 제시해야겠어.
(가)에서 '박사'는 바다 사막화를 막기 위한 노력으로 바다 숲 조성을 이야기하고 있고, (나)의 4문단에서 바다 숲 조성의 현황을 구체적인 수치로 제시하고 있다. 따라서 바다 숲 조성 사업과 관련하여 사업 추진 현황을 제시해야겠다는 계획이 반영되었음을 알 수 있다.

③ 바다 식목일의 제정 취지와 함께 바다 식목일로 제정된 날을 구체적으로 제시해야겠어.
(가)에서 '박사'는 바다 식목일의 제정 취지를 언급하고 있고, (나)의 마지막 문단에서 바다 식목일의 제정 취지와 함께 바다 식목일이 제정된 날을 구체적으로 제시하고 있으므로 적절하다.

☑ 바다의 탄산 칼슘을 증가시키는 연안 개발 실태를 보여 줄 수 있는 자료를 제시해야겠어.
(나)에서 바다의 탄산 칼슘을 증가시키는 연안 개발 실태를 보여 줄 수 있는 자료는 찾아볼 수 없다.

⑤ 탄산 칼슘이 석출되는 원인 중 박사님께서 말씀하신 것 외에 다른 원인들을 조사하여 추가로 제시해야겠어.
(가)에서 '박사'는 해양 오염과 지구 온난화로 인한 바다 사막화를 이야기하고 있고, (나)의 2문단에서 탄산 칼슘의 석출이 증가하는 이유로 해조류의 남획과 해조류를 먹고 사는 해양 동물의 급증을 추가로 제시하고 있다. 따라서 탄산 칼슘이 석출되는 원인 중 박사님께서 말씀하신 것 외에 다른 원인들을 조사하여 추가로 제시해야겠다는 계획이 반영되었음을 알 수 있다.

07 조건을 고려한 내용 추가 정답률 91% | 정답 ③

다음은 (나)를 읽은 '학생 2'의 조언이다. 이를 고려하여 (나)에 내용을 추가하고자 할 때, 가장 적절한 것은?

예상 독자가 우리 학교 학생들임을 고려할 때, 글의 끝부분에 바다 사막화가 우리의 삶과 관련된 문제라는 점을 강조하고, 바다 사막화를 막기 위한 구체적인 실천 방안을 제시하면서 마무리하면 글의 의도가 잘 전달될 것 같아.

① 바다 사막화로 인한 해조류의 소멸은 해양 생물들의 생존을 크게 위협하고 있다. 해양 생물들을 지키기 위해서는 해양 생물들의 서식처에 대한 보전이 이루어져야 한다.
우리의 삶과 관련된 문제라는 점을 언급하고 있지 않으며, 구체적인 실천 방안도 나타나지 않는다.

② 바다 사막화는 해양 생태계의 근간을 송두리째 파괴할 수 있다는 점에서 그 문제가 심각하다. 바다 사막화를 막기 위한 우리의 노력은 결국 해양 생태계를 보전하는 일이 될 것이다.
우리의 삶과 관련된 문제라는 점을 언급하고 있지 않으며, 구체적인 실천 방안도 나타나지 않는다.

☑ 바다 사막화의 문제는 해양 생물들의 위기로만 그치는 것이 아니라 우리의 생존에도 큰 위협이 되고 있다. 이를 막기 위해서는 불필요한 전등 끄기 등과 같은 생활 속 작은 일들부터 실천하는 것이 필요하다.
〈보기〉의 조언을 잘 반영한 것은 ③으로, ③의 '바다 사막화의 문제는 해양 생물들의 위기로만 그치는 것이 아니라 우리의 생존에도 큰 위협이 되고 있다.'는 바다 사막화가 우리의 삶과 관련된 문제라는 점을 강조하고 있는 내용으로 볼 수 있다. 그리고 '불필요한 전등 끄기 등과 같은 생활 속 작은 일들부터 실천하는 것이 필요하다.'라고 한 것은 구체적인 실천 방안을 이야기하며 학생들의 관심과 노력을 촉구한 것이라고 볼 수 있다.

④ 바다는 우리 모두가 지켜야 할 소중한 자원이다. 사막화로 황폐해진 바다를 되살리기 위한 정책과 제도적 장치가 뒷받침 된다면 건강한 해양 생태계의 재건을 통해 소중한 해양 자원의 가치를 지켜갈 수 있을 것이다.
우리의 삶과 관련된 문제라는 점을 언급하고 있지만, 바다 사막화를 막기 위한 구체적인 실천 방안이 나타나지 않는다.

⑤ 지구 온난화로 인한 급격한 기후 변화는 해양 생태계뿐 아니라 전지구적 생태계 파괴의 주요 원인이라 할 수 있다. 지구 온난화를 줄이기 위해서는 에너지 절약하기처럼 생활 속에서 실천 할 수 있는 작은 습관부터 바꿔 나가야 한다.
바다 사막화로 인한 해양 생태계의 위기가 아닌 지구 온난화로 인한 전지구적 생태계 파괴를 언급하고 있으므로 (나) 글의 의도에서 벗어난 내용이다. 또한 바다 사막화를 막기 위한 구체적인 실천 방안도 나타나지 않는다.

[08~10] 작문

08 글쓰기 전략 파악 정답률 88% | 정답 ⑤

학생의 초고에 활용된 글쓰기 전략으로 가장 적절한 것은?

① 예상 독자와 함께했던 경험을 언급하며 공감대를 형성한다.
'학생의 초고'에서 학생이 경험한 내용은 언급되어 있지만, 예상 독자와 함께했던 경험은 언급되지 않고 있다.

② 건의 사항이 받아들여지지 않을 경우 발생할 수 있는 문제점을 제시한다.
'학생의 초고'에서 건의 사항이 받아들여지지 않을 경우 발생할 수 있는 문제점은 찾아볼 수 없다.

③ 건의 사항과 관련된 통계 자료를 활용함으로써 예상 독자의 이해를 돕는다.
'학생의 초고'에서 건의 사항과 관련된 통계 자료를 활용한 부분은 찾아볼 수 없다.

④ 속담을 활용하여 건의 사항이 실현되었을 때 기대할 수 있는 긍정적인 효과를 부각한다.
'학생의 초고'에서 속담을 활용한 부분은 찾아볼 수 없다.

☑ 예상되는 우려와 그것을 해소할 수 있는 방안을 제시하여 건의 사항이 실현 가능함을 나타낸다.
'학생의 초고' 3문단에서 '학생'은 메타버스로 학교 축제를 운영하는 것에 대한 비용 문제와 학생들의 저조한 참여를 걱정할 수도 있다는 예상되는 학교 측의 우려를 언급하고 있다. 그러면 '학생'은 학생들이 제작에 참여하면 많은 비용이 들지 않는다는 점, 학생들의 참여를 이끌어 내기 위한 다양한 온라인 행사를 실시하여 홍보할 계획이라는 점을 언급하여 학교 측의 우려를 해소할 수 있는 방안을 제시하고 있다. 이러한 '학생'의 해결 방안 제시는 건의 사항이 실현 가능한 것임을 드러낸 것이다.

09 자료 활용의 적절성 판단 정답률 77% | 정답 ⑤

〈보기〉는 초고를 보완하기 위해 추가로 수집한 자료이다. 자료의 활용 방안으로 적절하지 않은 것은? [3점]

〈 보 기 〉

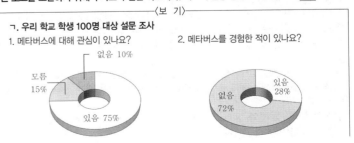

ㄱ. 우리 학교 학생 100명 대상 설문 조사

1. 메타버스에 대해 관심이 있나요?
없음 10%
모름 15%
있음 75%

2. 메타버스를 경험한 적이 있나요?
있음 28%
없음 72%

ㄴ. 전문가 인터뷰
"다양한 원인으로 대면 만남이 힘든 상황에서 메타버스는 새로운 사회적 소통의 공간이 될 수 있습니다. 메타버스 내의 공간에서 학생들이 언제 어디서든 자유롭게 만나 학급 회의를 하거나 동아리 박람회와 같은 행사를 개최하는 것이 그 예라고 할 수 있습니다. 이러한 메타버스에서의 활동 내용은 데이터로 남아 있으므로 활동과 관련된 자료를 영구적으로 보관하여 활용할 수 있습니다."

ㄷ. 신문 기사
○○고는 메타버스를 활용하여 학교 축제를 성공적으로 개최하였다. ○○고는 학생들이 직접 메타버스를 만듦으로써 절감한 예산을 축제 활동 지원금으로 사용하여 학생들의 긍정적인 반응을 이끌어 내었다. 학생들은 "친구들이 자유롭게 모여 소통할 수 있었고, 축제 자료를 내년에도 활용할 수 있어서 매우 만족스럽다."라는 소감을 밝혔다.

① ㄱ-1을 활용하여 둘째 문단에 학생들이 메타버스에 대해 많은 관심을 보이고 있음을 수치로 구체화하여 제시한다.
ㄱ-1을 통해 메타버스에 관심이 있는 학생들이 75%이므로 적절한 자료 활용 계획이라 할 수 있다.

② ㄴ을 활용하여 넷째 문단에 메타버스가 시·공간의 제약 없이 소통하는 공간으로 활용될 수 있는 예를 제시한다.
ㄴ의 '메타버스 내의 공간에서 ~ 그 예라고 할 수 있습니다.'에서 메타버스의 사례를 제시하고 있으므로 적절한 자료 활용 계획이라 할 수 있다.

③ ㄷ을 활용하여 셋째 문단에 학생들이 직접 메타버스를 만들어 비용을 절감한 사례를 제시한다.
ㄷ의 '○○고는 학생들이 ~ 반응을 이끌어 내었다.'에서 메타버스를 만들어 비용을 절감한 사례가 언급되어 있으므로 적절한 자료 활용 계획이라 할 수 있다.

④ ㄴ, ㄷ을 활용하여 넷째 문단에 메타버스로 축제를 운영할 경우, 관련 자료를 이후에도 활용할 수 있다는 장점을 추가한다.
ㄴ의 '이러한 메타버스에서의 활동 ~ 활용할 수 있습니다.'와 ㄷ의 학생들의 말을 통해 메타버스의 관련 자료를 이후에도 활용할 수 있음을 알 수 있으므로 적절한 자료 활용 계획이라 할 수 있다.

✓ ㄱ-2, ㄷ을 활용하여 첫째 문단에서 메타버스를 경험해 보지 못한 학생들이 기존의 축제보다 메타버스를 활용한 축제를 선호한다는 점을 부각한다.
〈보기〉의 ㄱ-2는 학생들의 메타버스에 대한 경험 여부를 나타내는 것일 뿐, 학생들이 기존의 축제보다 메타버스를 활용한 축제를 선호한다는 점을 나타내는 것은 아니다. 또한 〈보기〉의 ㄷ에서도 이러한 내용은 확인할 수 없다.

10 고쳐쓰기의 적절성 판단   정답률 81% | 정답 ②

㉠~㉤을 고쳐 쓰기 위한 방안으로 적절하지 않은 것은?

① ㉠ : 이중 피동 표현이 사용되었으므로 '열린'으로 수정한다.
'열려진'은 '열리 + 어진'으로 분석되어 이중 피동 표현이 사용되었음을 알 수 있으므로 '열린'으로 수정하는 것은 적절하다.

✓ ㉡ : 문장의 호응을 고려하여 '이 경험을'로 수정한다.
㉡을 '이 경험을'로 수정해도 문장의 호응이 맞지 않으므로, 문장의 호응을 고려할 때 '이 경험을 통해'로 수정해야 한다.

③ ㉢ : 글의 흐름에 맞지 않는 문장이므로 삭제한다.
메타버스로 학교 축제를 운영하는 데 있어서의 비용 문제와 관련된 내용이므로, ㉢은 이러한 글의 흐름에 맞지 않는 문장이므로 삭제한다는 고쳐 쓰기 방안은 적절하다.

④ ㉣ : 연결 어미가 어색하기 때문에 '있으므로'로 수정한다.
'-지만'은 앞뒤가 대조되는 내용을 드러내 주는 연결 어미에 해당하므로, 연결 어미가 어색하기 때문에 '있으므로'로 수정한다는 고쳐 쓰기 방안은 적절하다.

⑤ ㉤ : 어법에 맞지 않는 어휘이므로 '바람'으로 수정한다.
㉤은 '바라다'의 의미로 쓰였으므로, 어법에 맞게 '바람'으로 수정한다는 고쳐 쓰기 방안은 적절하다.

[11~15] 문법

11 음운 변동 이해하기   정답률 61% | 정답 ①

윗글을 바탕으로 '된소리되기'를 이해한 내용으로 적절하지 않은 것은?

✓ '(밥을) 먹다'와 '(눈을) 감다'에서 일어난 된소리되기는 용언에서만 일어나는 유형이다.
주어진 글의 1문단을 통해 받침 'ㄱ, ㄷ, ㅂ' 뒤에 'ㄱ, ㄷ, ㅂ, ㅅ, ㅈ'이 올 때는 예외 없이 된소리가 일어남을 알 수 있으므로, '(밥을) 먹다'가 '(밥을) [먹따]'로 된소리되기가 일어나는 것은 'ㄱ' 뒤에 'ㄷ'이 오기 때문이라 할 수 있다. 따라서 '(밥을) 먹다'에서 일어나는 된소리되기를 용언에서만 일어나는 유형이라고 볼 수 없다. 한편 '(눈을) 감다'는 2문단의 '용언의 어간 받침 'ㄴ(ㄵ), ㅁ(ㄻ)' 뒤에 'ㄱ, ㄷ, ㅅ, ㅈ'으로 시작하는 어미가 올 때 된소리되기가 일어나는데'를 통해 용언에서만 일어나는 유형임을 알 수 있다.

② '말다툼'과 달리 '밀도(密度)'에서 된소리되기가 일어나는 이유는 한자어이기 때문이다.
2문단의 '한자어에서 'ㄹ' 받침 뒤에 'ㄷ, ㅅ, ㅈ'이 연결될 때 된소리되기가 일어나는데'를 통해, '밀도(密度)'에서 일어나는 된소리되기는 한자어이기 때문임을 알 수 있다.

③ '납득'과 같이 'ㅂ' 받침 뒤에 'ㄷ'이 오는 음운 환경에서는 예외 없이 된소리되기가 일어난다.
1문단을 통해 받침 'ㄱ, ㄷ, ㅂ' 뒤에 'ㄱ, ㄷ, ㅂ, ㅅ, ㅈ'이 올 때는 예외 없이 된소리가 일어남을 알 수 있으므로, '납득'처럼 'ㅂ' 받침 뒤에 'ㄷ'이 오는 음운 환경에서는 예외 없이 된소리되기가 일어난다고 할 수 있다.

④ '솔개'와 달리 '줄 것'에서 된소리되기가 일어나는 이유는 '관형사형 어미'라는 조건 때문이다.
2문단의 '관형사형 어미 '-(으)ㄹ' 뒤에 'ㄱ, ㄷ, ㅂ, ㅅ, ㅈ'로 시작하는 체언이 올 때 된소리되기가 일어나는데'를 통해, '솔개'와 달리 '줄 것'에서 된소리되기가 일어나는 이유는 '줄'의 '-ㄹ'이 관형사형 어미이기 때문이라 할 수 있다.

⑤ '삶과 죽음'의 '삶과'와 달리 '(고기를) 삶고'에서 된소리되기가 일어나는 이유는 '삶고'가 용언이기 때문이다.

2문단의 '용언의 어간 받침 'ㄴ(ㄵ), ㅁ(ㄻ)' 뒤에 'ㄱ, ㄷ, ㅅ, ㅈ'으로 시작하는 어미가 올 때 된소리되기가 일어나는데'를 통해, '(고기를) 삶고'에서 된소리되기가 일어나는 이유는 '삶고'가 용언이기 때문임을 알 수 있다.

12 합성어의 된소리되기 이해   정답률 71% | 정답 ⑤

[A]를 바탕으로 〈보기〉의 단어를 분석한 내용으로 적절하지 않은 것은?

─〈보 기〉─
○ 공부방[工夫房][공부빵]
○ 아랫집[아래찝/아랟찝]
○ 콩밥[콩밥], 아침밥[아침빱]
○ 논밭[논받], 논바닥[논빠닥]
○ 불고기[불고기], 물고기[물꼬기]

① '공부방'에서 된소리되기가 일어나는 이유는 '공부'가 뒷말의 용도를 나타내기 때문이겠군.
제시된 글에서 앞말이 뒷말의 '시간, 장소, 용도' 등을 나타낼 때 된소리되기가 일어남을 알 수 있다. 따라서 '공부방'에서 된소리되기가 일어나는 이유는 '공부'가 뒷말의 용도를 나타내기 때문이라 할 수 있다.

② '아랫집'에 'ㅅ'을 받침으로 표기한 것은 '콧등'에서 사이시옷을 표기한 것과 같은 이유 때문이겠군.
제시된 글에서 '코+등'처럼 앞의 말이 모음으로 끝나고, 한자어끼리의 결합이 아닐 때에 '콧등'과 같이 사이시옷을 표기함을 알 수 있다. 그리고 '아랫집'은 '아래 + ㅅ + 집'으로 분석되어 앞의 말이 모음으로 끝나고, 한자어끼리의 결합이 아님을 알 수 있다. 따라서 '아랫집'에 'ㅅ'을 받침으로 표기한 것은 '콧등'에 사이시옷을 표기한 것과 같은 이유라고 할 수 있다.

③ '콩밥'과 달리 '아침밥'에서 된소리되기가 일어나는 이유는 '아침'이 뒷말의 시간을 나타내기 때문이겠군.
제시된 글에서 앞말이 뒷말의 '시간, 장소, 용도' 등을 나타낼 때 된소리되기가 일어남을 알 수 있다. 따라서 '아침밥'에서 된소리되기가 일어나는 이유는 '아침'이 뒷말의 시간을 나타내기 때문이라 할 수 있다.

④ '논바닥'과 달리 '논밭'에서 된소리되기가 일어나지 않는 이유는 결합하는 두 단어가 대등한 관계를 가지기 때문이겠군.
제시된 글에서 된소리되기는 두 단어가 대등한 관계일 때는 잘 일어나지 않음을 알 수 있다. 따라서 '논밭'에서 된소리되기가 일어나지 않는 이유는 결합하는 두 단어가 대등한 관계를 가지기 때문이라 할 수 있다.

✓ '불고기'에서 '물고기'와 달리 된소리되기가 일어나지 않는 이유는 중세 국어에서 '불 + ㅅ + 고기'로 분석되기 때문이겠군.
제시된 글을 통해 사이시옷을 표기하는 된소리되기가 중세 국어의 관형격 조사 'ㅅ'과 관련이 있음을 알 수 있다. 그리고 〈보기〉를 통해 '불고기'는 된소리되기가 일어나지 않음을 알 수 있다. 따라서 '불고기'는 중세 국어의 관형격 조사 'ㅅ'과 관련이 없으므로, '불고기'는 중세 국어에서 '불 + ㅅ + 고기'로 분석될 수 없다.

13 형태소의 이해   정답률 71% | 정답 ⑤

〈보기〉의 설명을 참고할 때, ㉠을 분석한 내용으로 적절하지 않은 것은?

─〈보 기〉─
형태소란 뜻을 가진 가장 작은 말의 단위이다. 가장 작은 말의 단위라는 것은 더 이상 나눌 수 없으며, 더 나눌 경우 원래의 뜻이 사라지는 것을 말한다.

㉠ 우리 아기만 맨발로 잔디밭에서 놀았다.

① '우리'는 '우'와 '리'로 나누면 뜻이 사라지므로 하나의 형태소이다.
〈보기〉에서 형태소가 뜻을 가진 가장 작은 말의 단위이고, 작은 단위라는 것이 더 나눌 경우 원래의 뜻이 사라진다 하고 있다. 따라서 '우리'를 '우'와 '리'로 나누면 원래의 뜻이 사라지므로, '우리'는 '우'와 '리'로 나눌 수가 없는 하나의 형태소라 할 수 있다.

② '아기만'은 '아기'와 '만'으로 나눌 수 있으므로 두 개의 형태소이다.
'아기만'은 명사 '아기'와 조사 '만'으로 나눌 수 있으므로 두 개의 형태소로 이루어졌다고 할 수 있다.

③ '맨발'은 '맨-'과 '발'로 나눌 수 있으므로 두 개의 형태소이다.
'맨발'은 접두사 '맨-'과 체언 '발'로 나눌 수 있는 파생어이므로 두 개의 형태소로 이루어졌다고 할 수 있다.

④ '잔디밭'은 '잔디'와 '밭'으로 나눌 수 있으므로 두 개의 형태소이다.
'잔디밭'은 '잔디'와 '밭'으로 나눌 수 있는 합성어이므로 두 개의 형태소로 이루어졌다고 할 수 있다.

✓ '놀았다'는 '놀았-'과 '-다'로 나눌 수 있으므로 두 개의 형태소이다.
'놀았다'는 '놀-', '-았-', '-다'로 나눌 수 있으므로, '놀았다'는 세 개의 형태소로 이루어진 말이라 할 수 있다.

14 안은문장의 이해   정답률 54% | 정답 ④

〈보기〉의 설명을 참고하여 ⓐ ~ ⓒ의 밑줄 친 안긴문장에 대해 이해한 것으로 적절한 것은?

─〈보 기〉─
다른 문장 속에 들어가 하나의 문장 성분처럼 쓰이는 문장을 안긴문장이라고 하며, 이 안긴문장을 포함하는 문장을 안은문장이라고 한다.

ⓐ 그가 소리도 없이 밖으로 나갔다.
ⓑ 나는 그가 이 사건의 범인임을 깨달았다.
ⓒ 어머니께서 시장에서 산 수박은 매우 달았다.

① ⓐ의 안긴문장에는 주어가 생략되어 있다.
ⓐ의 안긴문장 '소리도 없이'는 부사절로, 주어는 '소리도'이다. '도'는 보조사에 해당한다.

② ⓑ의 안긴문장은 조사와 결합하여 부사어의 기능을 한다.
ⓑ의 안긴문장 '그가 이 사건의 범인임'은 명사절로, '범인임'에서 알 수 있듯이 목적격 조사 '을'과 결합하고 있으므로 해당 문장의 목적어 기능을 수행한다.

③ ⓒ의 안긴문장에는 체언을 수식하는 관형어가 있다.

ⓒ의 안긴문장 '어머니께서 시장에서 산'을 보면 '사다'라는 용언을 수식하는 부사어 '시장에서'가 있음을 알 수 있지만, 체언을 수식하는 관형어는 찾아볼 수 없다.

☑ @의 안긴문장은 용언을 수식하고, ⓒ의 안긴문장은 체언을 수식한다.
@에서 안긴문장은 '소리도 없이'라는 부사절이므로, 용언 '나갔다'를 수식한다고 할 수 있다. 그리고 ⓒ에서 안긴문장은 '어머니께서 시장에서 산'이라는 관형절이므로 체언 '수박'을 수식한다고 할 수 있다.

⑤ ⓑ의 안긴문장에는 목적어가 있고, ⓒ의 안긴문장에는 목적어가 생략되어 있다.
ⓑ의 안긴문장은 '나는 깨달았다.'와 '그가 이 사건의 범인이다.'가 결합한 문장이므로, 이를 통해 목적어가 사용되지 않았음을 알 수 있다. 하지만 ⓒ는 '어머니께서 시장에서 수박을 샀다.'와 '수박은 매우 달았다.'가 결합한 문장이므로, '목적어인 '수박'이 생략되어 있음을 알 수 있다.

---

15 사전의 활용 정답률 83% | 정답 ③

〈보기〉는 '사전 활용하기' 학습 활동을 위한 자료이다. 이에 대해 탐구한 내용으로 적절하지 않은 것은? [3점]

―〈보 기〉―

묻다² 동 (묻고, 묻어, 묻으니)
1【…에 …을】물건을 흙이나 다른 물건 속에 넣어 보이지 않게 쌓아 덮다.
¶ 화단에 거름을 묻어 주다.
2【…에 …을】/【…을 …으로】일을 드러내지 아니하고 속 깊이 숨기어 감추다.
¶ 그는 자신이 한 일을 과거의 일로 묻어 두고 싶어 했다.
3【…에 …을】/【…을 …으로】얼굴을 수그려 손으로 감싸거나 다른 물체에 가리듯 기대다.
¶ 나는 베개에 얼굴을 묻었다.

묻다³ 동 (묻고, 물어, 물으니)
【…에/에게 …을】무엇을 밝히거나 알아내기 위하여 상대편의 대답이나 설명을 요구하는 내용으로 말하다.
¶ 모르는 문제를 친구에게 물었다.

① '묻다²'는 목적어와 부사어를 필수적으로 요구하는 동사로군.
사전의 정보 【…에 …을】, 【…에 …을】/【…을 …으로】를 통해 주어 외에도 목적어와 부사어를 필수적으로 요구하는 서술어임을 알 수 있다.

② '묻다²'와 '묻다³'은 별개의 표제어로 기술된 것을 보니 동음이의어겠군.
'묻다²'와 '묻다³'은 다른 표제어로 기술되어 있으므로 동음이의어에 해당한다.

☑ '묻다²-①'의 용례로 '아우는 형의 말을 비밀로 묻어 두었다.'를 추가할 수 있겠군.
'아우는 형의 말을 비밀로 묻어 두었다.'의 '묻다'는 '일을 드러내지 아니하고 속 깊이 숨기어 감추다.'의 의미로 사용되었으므로 '묻다²-②'의 용례에 해당한다고 할 수 있다.

④ '묻다²'와 '묻다³'은 모음으로 시작하는 어미가 결합할 때 활용 형태가 서로 다르게 나타나는군.
'묻다³'은 '묻다²'와 달리 모음으로 시작하는 어미가 결합할 때, [물어, 물으니]와 같이 불규칙 활용이 일어난다.

⑤ '묻다³'의 용례에서 '물었다'는 '질문했다'로 바꾸어 쓸 수 있겠군.
'질문하다'는 '알고자 하는 바를 얻기 위해 묻다.'라는 의미이므로 '묻다³'의 '물었다'와 바꾸어 쓸 수 있다.

[16~45] 독서·문학

16~20 인문

'홍대용의 사상과 그 의의(재구성)'

해제 이 글은 홍대용의 사상과 그 의의를 설명하고 있다. 홍대용은 중화사상을 가지고 있었지만 청나라 여행을 계기로 그곳에서 만난 학자들과 교류하며 사상을 전환하였고, 지구설과 무한 우주설이 실려 있는 「의산문답」을 저술하였다. 지구설은 우리가 사는 땅이 둥글다는 것으로, 개인이 있는 곳이 각각 기준이 될 수 있다는 생각으로 이어졌고, 무한 우주설은 우주가 무한하다는 것으로, 세상의 중심과 주변을 구별할 수 없다는 생각으로 이어졌다. 홍대용의 사상은 현대 사회에 필요한 평등주의와 다원주의를 우리 역사에서 선구적으로 보여 주었다는 점에서 의의가 있다.

주제 홍대용의 사상과 그 사상이 지닌 의의

문단 핵심 내용

1문단	한족의 중화사상을 수용한 조선
2문단	홍대용의 중화사상과 사상적 전환
3문단	지구설과 무한 우주설을 주장한 홍대용
4문단	지구설과 무한 우주설에 담긴 홍대용의 생각
5문단	홍대용 사상의 의의

---

16 세부 내용의 이해 정답률 80% | 정답 ③

다음은 학생이 윗글을 읽는 중 작성한 독서 활동지이다. 학생의 활동 내용 중 적절하지 않은 것은?

◈ 2문단까지 읽고 내용을 정리한 후, 이어질 내용을 예측하고 확인하며 읽어 보자.

읽은 내용 정리
○ 청나라가 중국 땅을 차지한 후 조선에서는 북벌론과 척화론이 나타남. ············· ①
○ 청나라가 정치적 안정을 이루고 북벌이 힘들어지자 조선의 유학자들은 조선이 중화의 계승자라고 생각함. ············· ②
○ 청의 문물을 배우자는 북학파가 등장하였고, 그중 홍대용은 선진 문물과 새로운 학문을 탐구하여 사상을 전환하고 「의산문답」을 저술함.

↓

이어질 내용 예측	확인 결과
○ 홍대용이 선진 문물과 새로운 학문을 탐구하여 깨달은 점이 언급될 것임.	하늘이 둥글다는 것을 깨달음. ········· ③
○ 「의산문답」의 내용이 언급될 것임.	지구설과 무한 우주설을 설명함. ········· ④
○ 홍대용이 아닌 다른 북학파 학자들의 사상이 언급될 것임.	언급되지 않음. ········· ⑤

① 청나라가 중국 땅을 차지한 후 조선에서는 북벌론과 척화론이 나타남.
1문단을 통해 청나라가 중국 땅을 차지하자 조선에서는 청나라를 공격하자는 북벌론과 청나라를 배척하자는 척화론이 나왔음을 알 수 있다.

② 청나라가 정치적 안정을 이루고 북벌이 힘들어지자 조선의 유학자들은 조선이 중화의 계승자라고 생각함.
2문단을 통해 청나라가 정치적 안정을 이루자 조선의 유학자들은 조선이 중화의 계승자라고 인식했음을 알 수 있다.

☑ 하늘이 둥글다는 것을 깨달음.
3문단의 '하늘이 둥글고 땅이 모나다는 전통적인 천지관을 비판하고'를 통해, 하늘이 둥글다는 것은 전통적인 천지관임을 알 수 있다. 따라서 홍대용이 청나라 여행을 계기로 하늘이 둥글다는 것을 깨달았다고 볼 수 없다.

④ 지구설과 무한 우주설을 설명함.
3문단을 통해 「의산문답」에 실려 있는 지구설과 무한 우주설을 설명하고 있음을 알 수 있다.

⑤ 언급되지 않음.
이 글을 통해 홍대용이 아닌 다른 북학파 학자들의 사상은 찾아볼 수 없다.

---

17 구체적인 사례에의 적용 정답률 78% | 정답 ②

〈보기〉의 대화를 윗글과 관련지어 이해한 것으로 적절하지 않은 것은?

―〈보 기〉―

갑 : 천지 사이의 생물 가운데 오직 사람만이 귀합니다. 동물과 초목은 지혜가 없고 깨달음도 없으며, 예절도 모릅니다. 그러므로 사람은 동물보다 귀하고, 초목은 동물보다 천합니다.

을 : 오륜은 사람의 예의입니다. 무리 지어 다니고 서로 소리를 내어 새끼들을 불러 먹이는 것은 동물의 예의입니다. 그리고 떨기로 나서 무성해지는 것은 초목의 예의입니다. 사람의 관점을 기준으로 하면 사람이 귀하고 사물이 천하지만, 사물의 관점을 기준으로 하면 사물이 귀하고 사람이 천한 것입니다. 하늘에서 보면 사람과 사물은 똑같습니다.

① 갑은 귀한 대상과 천한 대상을 나누어 생각한다는 점에서 송시열과 공통점이 있다.
〈보기〉를 통해 갑이 사람을 귀한 대상으로 생각하고 동물과 초목은 천한 대상으로 생각하고 있음을 알 수 있다. 그리고 1문단을 통해 송시열이 중국과 인류를 귀한 대상으로 생각하고, 오랑캐와 금수는 천한 대상으로 생각하고 있음을 알 수 있다. 따라서 귀한 대상과 천한 대상을 나누어 생각한다는 점에서 갑과 송시열은 공통점이 있다고 할 수 있다.

☑ 갑이 동물보다 사람을 높게 평가한 것은 신분이 낮은 농부의 자식이라도 높은 관직에 오를 수 있어야 한다는 생각으로 이어질 수 있다.
〈보기〉를 통해 갑이 사람은 귀한 존재이고 동물이 천한 존재라 여기고 있으므로, 갑은 사람과 동물이 같을 수가 없다고 인식하고 있음을 알 수 있다. 그런데 4문단에 언급된 신분이 낮은 자도 높은 관직에 오를 수 있어야 한다는 홍대용의 주장은 천한 신분이라도 능력에 따라 중요한 존재가 될 수 있다는 생각에 해당하므로 갑의 생각과는 다르다고 할 수 있다.

③ 을이 동물과 초목이 각자의 예의가 있다고 한 것은 세상 사람들이 자기 나라와 자기 문화를 기준으로 살아가는 것이 당연하다는 생각과 연결될 수 있다.
〈보기〉를 통해 을이 동물과 초목도 각자 기준이 될 수 있다고 생각하고 있음을 알 수 있다. 그리고 5문단을 통해 홍대용이 모든 국가와 문화, 사람이 각자 중심이 될 수 있고 존재 가치가 있다고 생각했음을 알 수 있다. 이렇게 볼 때, 을의 생각은 홍대용의 사상과 연결된다고 할 수 있다.

④ 을이 사물의 관점을 기준으로 하면 사물이 귀하다고 한 것은 모든 사람이 존재 가치가 있다는 생각과 연결될 수 있다.
〈보기〉를 통해 을이 정해진 관점과 기준이 있는 것이 아니라 각자가 기준이 될 수 있다고 생각했음을 알 수 있다. 그리고 5문단을 통해 홍대용이 모든 국가와 문화, 사람이 각자 중심이 될 수 있고 존재 가치가 있다고 생각했음을 알 수 있다. 이렇게 볼 때, 을의 생각은 홍대용의 생각과 연결된다고 할 수 있다.

⑤ 을이 하늘에서 보면 사람과 사물이 똑같다고 한 것은 우리가 사는 이 땅에서 중심과 주변을 나눌 수 없다는 홍대용의 생각과 일맥상통한다.
〈보기〉를 통해 을이 하늘에서 우리가 사는 땅을 보면 특정 대상을 중심으로 생각할 수가 없다고 생각했음을 알 수 있다. 그리고 4문단을 통해 홍대용이 안과 밖을 구별하거나 중심과 주변을 나눌 수 없다고 보았음을 알 수 있다. 이렇게 볼 때, 갑의 생각과 우리가 사는 이 땅에서 중심과 주변을 나눌 수 없다는 홍대용의 생각은 공통점이 있다고 할 수 있다.

---

18 핵심 개념의 이해 정답률 86% | 정답 ④

㉠과 ㉡을 이해한 것으로 가장 적절한 것은?

① ㉠은 ㉡을 통해 조선의 중심 사상으로 자리 잡았다.
㉠이 조선의 중심 사상으로 자리 잡은 것은 맞지만, ㉡은 ㉠에 어긋나는 학설이므로 적절하지 않다.

② ㉠과 ㉡은 청을 오랑캐라 여기는 생각의 근거가 되었다.
㉠은 청을 오랑캐로 여기는 생각의 근거가 되지만, ㉡은 청을 오랑캐로 여기는 생각의 근거가 아니므로 적절하지 않다.

③ ㉠은 북벌론의 바탕이 되었고, ㉡은 척화론의 바탕이 되었다.
㉠은 북벌론의 바탕이 되지만, ㉡은 척화론과 관련이 없으므로 적절하지 않다.

☑ ㉡은 홍대용이 ㉠에서 벗어났음을 보여 주는 학설이다.
2, 3문단의 내용을 통해 홍대용은 '중화사상'에서 벗어나 사상적 전환을 이루었음을 알 수 있다. 그리고 이러한 홍대용의 사상적 전환을 대표적으로 보여 주는 것이 ㉡임을 알 수 있다. 따라서 ㉡은 홍대용이 ㉠에서 벗어났음을 보여 주는 학설이라 할 수 있다.

⑤ ㉡은 조선의 유학자들이 가지고 있던 ㉠을 홍대용이 발전시킨 것이다.
㉠은 조선의 유학자들이 가지고 있던 것이 맞지만, ㉡이 ㉠을 발전시킨 것은 아니므로 적절하지 않다.

〈보기〉는 심화 학습을 위해 조사한 자료이다. (가), (나)에 대해 보인 반응으로 적절하지 <u>않은</u> 것은? [3점]

─〈보 기〉─

(가)
중국 의관이 변한 지 이미 100년이 넘은지라 지금 천하에 오직 우리 조선만이 오히려 명나라의 제도를 지키거늘, 청나라에 들어오니 무식한 부류들이 우리를 보고 웃지 않는 사람이 없으니 어찌 가련치 않겠는가? (중략) 슬프다! 변화한 문물을 오랑캐에게 맡기고 백 년이 넘도록 회복할 방법이 없구나.

– 홍대용, 「을병연행록」 –

(나)
피와 살이 있으면 다 똑같은 사람이고, 강토를 지키고 있으면 다 동등한 국가이다. 공자는 주나라 사람이므로 그가 쓴 『춘추』에서 주나라 안과 밖을 구분한 것은 당연하다. 그가 바다를 건너 주나라 밖에 살았더라면 주나라 밖에서 도를 일으켰을 것이고, 그곳을 기준으로 생각하는 『춘추』가 나왔을 것이다.

– 홍대용, 「의산문답」 –

① (가) : 청나라를 오랑캐라고 말하고 있는 것에서, 홍대용이 중화사상을 가진 적이 있었다는 것을 확인할 수 있군.
(가)에서 홍대용이 청나라를 오랑캐로 보고 있는데, 이는 중화사상을 바탕으로 한 것이라 할 수 있다. 이를 통해 홍대용이 중화사상을 가진 적이 있었다는 것을 알 수 있다.

② (가) : 조선만이 명나라의 제도를 지킨다는 것에서, 홍대용이 조선을 중화의 계승자라고 생각했었음을 알 수 있군.
(가)에서 홍대용이 조선만이 명나라의 제도를 지킨다고 언급하고 있는데, 이를 통해 홍대용이 조선을 중화의 계승자로 생각했었음을 알 수 있다.

③ (가) : 변화한 문물을 오랑캐에게 맡겼다고 한 것에서, 홍대용이 청나라와 청나라가 가지고 있는 문물을 구별하려 했음을 확인할 수 있군.
(가)에서 홍대용이 변화한 문물을 오랑캐에게 맡겼다고 언급하고 있는데, 이는 오랑캐로 여겨졌던 청나라와 그들이 가지고 있는 문물을 구별하는 것이라 할 수 있다.

✔④ (나) : 『춘추』에서 주나라 안과 밖을 구분한 것이 당연하다는 것에서, 중국 안과 밖을 구별하려는 홍대용의 생각이 드러나는군.
(나)에서 홍대용은 『춘추』에서 주나라 안과 밖을 구분한 것이 당연하다고 여기고 있는데, 이는 공자가 주나라 사람이므로 주나라를 기준으로 생각하는 것이 당연하다는 생각을 드러낸 것이라 할 수 있다. 그리고 4문단을 통해 홍대용은 제 나라를 기준으로 살아가는 것이 당연하다는 생각을 지니고 있음을 알 수 있다. 따라서 홍대용의 생각은 중국 안과 밖을 구별하려는 중화사상과는 다른 것이라 할 수 있다.

⑤ (나) : 공자가 주나라 밖에 살았다면 그곳에서 도를 일으켰을 것이라는 부분에서, 중화와 오랑캐의 구별이 상대적이라는 홍대용의 생각이 드러나는군.
(나)에서 공자가 주나라 밖에 살았다면 그곳에서 도를 일으켰을 것이라고 언급한 것은 주나라가 아닌 다른 곳에서도 도가 나올 수 있다는 홍대용의 생각을 드러낸 것이라 할 수 있다. 이를 통해 홍대용이 중화와 오랑캐의 구별이 상대적이라 생각했음을 알 수 있다.

문맥상 ⓐ와 의미가 가장 유사한 것은?

✔① 그는 새로운 회사를 세웠다.
ⓐ와 ①의 '세우다'는 '나라나 기관 따위를 처음으로 생기게 하다.'라는 의미로 사용되었다.

② 국가의 기강을 바로 세워야 한다.
'질서나 체계, 규율 따위를 올바르게 하거나 짜다.'라는 의미로 사용되었다.

③ 집을 지을 구체적인 방안을 세웠다.
'계획, 방안 따위를 정하거나 짜다.'라는 의미로 사용되었다.

④ 두 귀를 쫑긋 세우고 말소리를 들었다.
'처져 있던 것을 똑바로 위를 향하여 곧게 하다.'라는 의미로 사용되었다.

⑤ 도끼날을 잘 세워야 나무를 쉽게 벨 수 있다.
'무딘 것을 날카롭게 하다.'라는 의미로 사용되었다.

21~25 과학

'청각의 원리(재구성)'

해제 이 글은 인간이 소리를 듣게 되는 과정을 공기 전도와 골전도로 나누어 설명하고 골전도의 원리가 적용된 골전도 이어폰에 대해 살펴보고 있다. 공기 전도는 소리가 외이, 중이를 거쳐 내이에 도달하는 방식이고 골전도는 소리가 뼈를 통해 바로 내이에 도달하는 방식이다. 골전도의 원리가 적용된 골전도 이어폰은 고막을 직접 자극하지 않고 야외 활동 시 사용해도 비교적 안전하다는 장점이 있다.

주제 소리가 내이에 도달하는 두 가지 방식과 골전도 이어폰

문단 핵심 내용

1문단	소리의 의미 및 소리가 들리는 과정을 살펴볼 필요성
2문단	소리의 의미 및 소리가 내이에 도달하는 방식
3문단	공기 전도에 의한 진동의 전달 과정
4문단	녹음된 목소리를 스피커를 통해 들으면 어색하게 느껴지는 이유
5문단	골전도 이어폰이 소리를 전달하는 과정
6문단	골전도 이어폰의 장점과 주의점

윗글에 대한 설명으로 가장 적절한 것은?

✔① 소리가 전달되는 두 가지 방식을 제시하고 이와 관련한 기술을 소개하고 있다.
이 글은 소리가 무엇인지 설명한 뒤, 소리가 전달되는 방식인 공기 전도와 골전도에 대해 설명하고 있다. 그런 다음 이와 관련된 골전도 이어폰에 대해 소개하고 있다. 따라서 이 글은 소리가 전달되는 두 가지 방식을 설명하면서 이와 관련한 기술인 골전도 이어폰에 대해 소개하고 있다고 할 수 있다.

② 이어폰 기술의 과학적 원리를 살펴보고 앞으로 전개될 발전 방향을 예측하고 있다.
이 글에서 이어폰 기술의 발전 방향을 예측하지는 않고 있다.

③ 청각에 대한 두 가지 관점을 언급하고 이를 절충한 새로운 관점을 제시하고 있다.
이 글을 통해 청각에 대한 두 가지 관점은 찾아볼 수 없고, 이러한 두 가지 관점을 절충한 내용도 찾아볼 수 없다.

④ 골전도 현상이 일어나는 과정을 제시하고 이에 대한 서로 다른 견해를 분석하고 있다.
이 글을 통해 골전도 현상이 일어나는 과정에 대한 서로 다른 견해는 찾아볼 수 없다.

⑤ 청각에 이상이 생기는 사례를 소개하고 이를 예방하기 위한 구체적인 방안을 제시하고 있다.
이 글을 통해 청각에 이상이 생기는 구체적인 사례를 찾아볼 수 없고, 예방을 위한 구체적인 방안도 제시하지 않고 있다.

윗글을 읽고 알 수 있는 내용으로 적절하지 <u>않은</u> 것은?

① 주파수가 낮아지면 낮은 음의 소리가 난다.
5문단을 통해 주파수가 높아지면 높은 음의 소리가 남을 알 수 있으므로, 주파수가 낮아지면 낮은 음의 소리가 난다고 할 수 있다.

② 고막의 진동은 청소골을 통과할 때 증폭된다.
3문단을 통해 고막의 진동이 청소골에서 증폭됨을 알 수 있다.

③ 외이도의 길이가 짧을수록 공명 주파수는 높아진다.
3문단을 통해 공명 주파수는 외이도의 길이에 반비례함을 알 수 있으므로, 외이도의 길이가 짧을수록 공명 주파수는 높아진다고 할 수 있다.

④ 이어폰의 보이스코일에 흐르는 전류가 세지면 음량이 높아진다.
5문단을 통해 전류를 세게 할수록 진폭이 커져 음량이 높아짐을 알 수 있으므로, 보이스코일에 흐르는 전류가 세지면 음량이 높아진다고 할 수 있다.

✔⑤ 20 ~ 1,000Hz의 소리는 물체의 진동에 의해서는 발생할 수 없다.
2문단을 통해 소리는 물체의 진동에 의해 발생하고, 3문단에서 진동이 지나가는 지점에서는 소리의 공명이 발생함을 알 수 있다. 그리고 3, 4 문단을 통해 20 ~ 1,000Hz는 공명 주파수임을 알 수 있다. 따라서 20 ~ 1,000Hz는 물체의 진동에 의해 발생하는 것이라 할 수 있다.

윗글의 내용을 고려할 때, 그 이유로 가장 적절한 것은?

① 평소에 골전도로 전달되는 소리를 들을 기회가 적었으므로
4문단을 통해 평소에 말을 할 때 듣는 자신의 목소리에는 공기 전도로 전달된 소리와 골전도로 전달된 소리가 함께 있음을 알 수 있다. 따라서 골전도로 전달되는 소리를 들을 기회가 적다는 것은 이유로 적절하지 않다.

② 스피커에서 나온 녹음된 목소리는 내이를 거치지 않고 뇌에 전달되므로
2문단을 통해 소리가 내이를 거치지 않고 뇌에 전달될 수 없음을 알 수 있으므로 이유로 적절하지 않다.

③ 전자 장치의 전기적 에너지로 인해 청각 신경이 받는 자극의 크기가 커졌으므로
전자 장치의 전기적 에너지와 청각 신경이 받는 자극 크기는 '그 이유'와 상관이 없다.

✔④ 녹음된 소리를 들을 때에는 골전도로 전달되는 주파수의 소리가 잘 들리지 않으므로
4문단을 통해 대화할 때 듣는 자신의 목소리에는 공기 전도로 전달되는 소리와 골전도로 전달되는 소리가 함께 있음을 알 수 있다. 하지만 녹음된 소리를 들을 때에는 골전도로 전달되는 20 ~ 1,000Hz의 소리는 잘 들리지 않음을 알 수 있다. 따라서 '그 이유'는 녹음된 소리를 들을 때에는 골전도로 전달되는 주파수의 소리가 잘 들리지 않기 때문이라 할 수 있다.

⑤ 자신이 말할 때 듣는 목소리에는 녹음된 목소리와 달리 외이에서 공명이 일어나는 소리가 빠져 있으므로
4문단을 통해 자신이 말할 때 듣는 목소리에는 공기 전도와 골전도로 전달되는 소리가 함께 있음을 알 수 있다. 따라서 외이에서 공명이 일어나는 소리, 즉 공기 전도로 전달되는 소리가 빠져 있는 것은 아니므로 이유로 적절하지 않다.

윗글을 바탕으로 〈보기〉에 대해 보인 반응으로 가장 적절한 것은? [3점]

─〈보 기〉─

난청이란 소리가 잘 들리지 않거나 전혀 들리지 않는 증상으로 외이도에서 뇌에 이르기까지 소리가 전달되는 과정 중 특정 부분에 문제가 생기면 발생한다. 그 중 전음성 난청은 외이와 중이에 문제가 있어 발생하는 증상으로, 이 경우 소리가 커지면 알아듣는 정도가 좋아질 수 있다.
이와 달리 감각 신경성 난청은 달팽이관까지 소리가 잘 전달되었음에도 소리가 잘 들리지 않는 것으로 달팽이관의 청각 세포나, 청각 자극을 뇌로 전달하는 청각 신경 또는 중추 신경계 이상 등으로 발생한다. 이 경우 소리가 커져도 그것을 알아듣는 정도가 좋아지지 않는다.

① 골전도 이어폰은 장시간 사용해도 감각 신경성 난청을 유발하지는 않겠군.
6문단에서 골전도 이어폰을 사용해도 내이는 자극이 되기 때문에 장시간 사용하면 청각 신경이 손상될 수 있다고 하였다.

② 청각 신경의 이상으로 인한 난청이 있는 사람의 경우 이어폰의 음량을 높이면 잘 들을 수 있겠군.
〈보기〉에서 감각 신경성 난청은 소리가 커져도 알아듣는 정도가 좋아지지 않는다고 했으므로, 이어폰의 음량을 높여도 알아들을 수 있는 정도가 좋아지는 것은 아니다.

✔③ 자신이 말하는 목소리가 전혀 들리지 않는 사람은 감각 신경성 난청 증상이 있다고 볼 수 있겠군.

4문단을 통해 자신의 목소리는 공기 전도와 골전도의 방식으로 내이에 도달함을 알 수 있으므로, 외이와 중이에 이상이 있어도 청각 세포, 청각 신경, 중추 신경계 등에 이상이 없다면 골전도의 방식으로 전달된 소리는 들을 수 있다. 따라서 자신의 목소리가 전혀 들리지 않는다면 청각 세포, 청각 신경, 중추 신경계 등의 문제로 인한 감각 신경성 난청이 있음을 알 수 있다.

④ 고막의 이상으로 난청이 있는 경우 골전도의 원리를 이용한 보청기는 사용해도 효과가 없겠군.
고막에 이상이 있어도 고막을 거치지 않는 골전도의 방식으로 소리가 전달될 수 있으므로, 골전도의 원리를 이용한 보청기가 효과가 없다는 말은 적절하지 않다.

⑤ 전음성 난청이 있는 사람은 골전도 이어폰의 소리는 들을 수 없지만 일반적인 이어폰의 소리는 들을 수 있겠군.
전음성 난청은 외이, 중이에 문제가 있는 것이므로, 공기 전도로 전달되는 소리는 듣기 어렵지만 골전도로 전달되는 소리는 들을 수 있다.

25 핵심 정보의 이해
정답률 59% | 정답 ③

⊙, ⓒ에 대한 설명으로 적절하지 않은 것은?

① ⊙은 교류 전류를 진동으로 바꾸고 공기를 통해 그 진동을 내이에 전달한다.
5문단에서 이어폰의 보이스코일에 교류 전류를 가하면 진동이 발생하며, ⊙은 이 진동을 공기 전도의 방식으로 내이에 전달한다고 하였다.

② ⓒ은 진동판을 통해 뼈에 진동을 발생시켜 소리를 내이로 전달한다.
5문단에서 ⓒ은 귀 주변 뼈에 진동판을 밀착하여 진동을 내이로 전달한다고 하였다.

✔ ⊙은 ⓒ과 달리 섬모의 흔들림을 유발하여 전기 신호를 발생시킨다.
2문단을 통해 공기 전도로 전달되는 소리와 골전도로 전달되는 소리 모두 섬모가 흔들려 발생한 전기 신호가 뇌에 전달됨을 알 수 있다. 따라서, ⊙과 ⓒ 모두 섬모의 흔들림을 유발한다고 할 수 있다.

④ ⓒ은 ⊙과 달리 야외 활동 시 사용해도 주변 소리를 들을 수 있어 위험 상황에 잘 대처할 수 있다.
6문단에서 ⓒ은 귀를 막지 않고 사용하기 때문에 야외 활동 시 사용해도 주변 소리를 들을 수 있어 위험에 대처할 수 있다고 하였다.

⑤ ⊙과 ⓒ은 모두 내부 자기장과 교류 전류로 인해 인력과 척력이 발생한다.
5문단에서 ⊙과 ⓒ 모두 내부 자기장과 교류 전류로 인해 인력과 척력이 작용한다고 하였다.

26~28 고전 산문

유성준 창본, 「수궁가」

감상 이 글은 수국의 용왕이 병이 나자 자라가 이를 고칠 약인 토끼의 간을 구하러 가고, 토끼는 자라의 꾐에 빠져 용궁으로 가지만 기지를 발휘하여 탈출한다는 내용의 판소리 사설이다. 별주부와 토끼, 용왕과 토끼의 갈등 구조를 통해 사건을 전개하면서, 충성스러운 신하인 자라와 지혜로 위기를 벗어나는 토끼를 통해 당대 사회의 현실을 우의적으로 보여 주고 있다.

주제 토끼의 기지와 자라의 충성심, 허욕에 대한 경계

작품 줄거리 용왕이 병이 나자 도사가 나타나 육지에 있는 토끼의 간을 먹으면 낫는다고 한다. 용왕은 수궁의 대신을 모아놓고 육지에 나갈 결정 사자를 고르는데 서로 다투기만 할 뿐 결정을 하지 못한다. 이 때 별주부 자라가 나타나 자원하여 허락을 받는다. 토끼 화상을 가지고 육지에 이른 자라는 동물들의 모임에서 토끼를 만나 수궁에 가면 높은 벼슬을 준다고 유혹하면서 지상의 어려움을 말한다. 이에 속은 토끼는 자라를 따라 용궁에 이른다. 간을 내라는 용왕 앞에서 속은 것을 안 토끼는 꾀를 내어 간을 육지에 두고 왔다고 한다. 이에 용왕은 크게 토끼를 환대하면서 다시 육지에 가서 간을 가져오라고 한다. 자라와 함께 육지에 이른 토끼는 어떻게 간을 내놓고 다니느냐며 자라에게 욕을 하면서 숲 속으로 도망가 버린다. 어이없는 자라는 육지에서 죽거나 빈손으로 수궁으로 돌아간다.

26 내용의 이해
정답률 81% | 정답 ②

윗글에 대한 이해로 적절한 것은?

① 용왕은 자신에게 신임을 얻기 위해 다투는 신하들을 못마땅하게 생각한다.
자신의 병을 구원할 자가 누가 있느냐 용왕이 묻자, 신하들은 서로 보기만 하고 묵묵부답하고 있고, 이에 용왕은 충신이 없음을 탄식하고 있다. 따라서 용왕은 자신의 병을 구원할 신하가 없음에 탄식하고 있지, 자신에게 신임을 얻기 위해 다투는 신하들을 못마땅하게 생각하지는 않고 있다.

✔ 잉어는 지혜와 용맹이 있는 인물이 토끼의 간을 얻어 올 수 있을 것이라고 생각한다.
잉어의 '세상이라 허는 곳은 인심이 박하여 지혜 용맹 없는 자는 성공하지를 못하리다.'를 통해, 잉어는 지혜와 용맹이 있는 자가 토끼의 간을 얻어 올 수 있을 것이라 생각하였음을 알 수 있다.

③ 잉어는 승상인 거북이 다양한 재주가 있으나 지략이 없는 것을 한탄한다.
거북이 지략이 넓으나 복판이 대모로 되어 있어 인간들의 공예품 재료가 될 것이라는 잉어의 말을 통해 적절하지 않음을 알 수 있다.

④ 방게는 수국에서 벼슬을 얻지 못하자 자신의 고향인 육지로 돌아가고 싶어 한다.
'해운공 방게'를 통해 방게가 해운공이라는 벼슬을 지니고 있음을 알 수 있다. 따라서 방게가 벼슬을 얻지 못하여 육지로 돌아가고 싶어 한다고 볼 수 없다.

⑤ 화공은 토끼의 모습을 모르는 자라를 돕기 위해 육지로 동행한다.
화공은 토끼의 모습을 모르는 자라를 위해 토끼의 모습을 그려 줄 뿐 자라와 동행하지는 않고 있다.

27 표현상의 특징 파악
정답률 82% | 정답 ②

[A]와 [B]에 대한 이해로 가장 적절한 것은?

① [A]는 용궁의 모습을, [B]는 육지의 모습을 묘사하여 공간적 배경을 대비하고 있다.
[A]와 [B]는 용궁과 육지라는 공간적 배경을 대비하기 위한 서술은 아니다.

✔ [A]는 수국의 신하를, [B]는 토끼의 신체 부위를 열거하여 장면을 구체화하고 있다.
[A]에서는 수국 신하들의 벼슬과 이름을, [B]에서는 토끼의 귀나 코 등의 신체 부위들을 길게 열거하고 있다. 따라서 [A]와 [B]에서는 열거의 방식을 통해 장면을 구체적으로 보여 준다고 할 수 있다.

③ [A]는 신하들의 생활 모습을, [B]는 토끼의 생활 모습을 제시하여 인물의 성격을 보여 주고 있다.
[A]와 [B]에서 인물의 성격은 드러나지 않는다.

④ [A]는 용왕이 처한 문제를, [B]는 이에 대한 해결책을 제시하여 사건의 전개 방향을 예고하고 있다.
[A]와 [B]에는 용왕이 처한 문제와 이에 대한 해결책이 제시되어 있지 않다.

⑤ [A]는 용궁을 긍정적으로, [B]는 토끼를 부정적으로 평가하여 인물에 대한 작가의 태도를 드러내고 있다.
[A]와 [B]에는 용궁과 토끼에 대한 평가가 제시되어 있지 않다.

28 인물 간의 관계 파악
정답률 54% | 정답 ②

⊙을 선정하는 과정을 다음과 같이 정리할 때, 이에 대한 설명으로 적절하지 않은 것은? [3점]

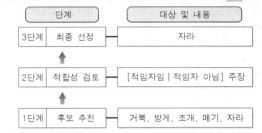

단계	대상 및 내용
3단계 최종 선정	자라
2단계 적합성 검토	[적임자임 | 적임자 아님] 주장
1단계 후보 추천	거북, 방게, 조개, 메기, 자라

① '1단계'에서 방게와 자라는 스스로 후보로 나선다.
방게는 '살살 기어 들어와서 공손히 엎드리'며, 자라는 '앙금앙금 기어 들어오더니, 몸을 굽혀 재배하고 상소를 올리'며 스스로 후보로 나서고 있다.

✔ '2단계'에서 용왕은 방게의 눈이 솟아 있어 다른 동물들 눈에 띄기 쉬우므로 적임자가 아니라고 주장한다.
용왕은 방게가 눈이 솟아 있어 왔다갔다를 잘하는 신체적 특성으로 인해 뒷걸음질을 할 것이므로 토끼를 데려올 적임자가 아니라고 주장하고 있다. 따라서 용왕은 방게가 다른 동물들 눈에 띄기 쉬워 적임자가 아니라고 생각하지는 않고 있다.

③ '2단계'에서 잉어는 조개가 황조와 서로 물고 싸우다가 인간에게 잡힐 것이므로 적임자가 아니라고 주장한다.
잉어는 조개가 황조와 다투다 인간에게 잡힌다는 고사를 근거로 적임자가 아니라고 주장하고 있다.

④ '2단계'에서 잉어는 메기가 탐식 때문에 돌아다니다가 인간들에게 잡힐 것이므로 적임자가 아니라고 주장한다.
잉어는 메기의 입이 커서 식탐이 많기 때문에 '어용들'에게 쉽게 잡힐 것이라고 주장하고 있다.

⑤ '3단계'에서 자라가 선정된 것은, 망보기를 잘하여 인간에게 잡힐 염려가 없다는 자라의 주장이 받아들여졌기 때문이다.
자라는 강 위에 떠서 망보기를 잘하기 때문에 인간에게 잡히지 않고 무사히 임무를 수행할 수 있을 것이라고 주장하고 있다.

29~31 현대시

(가) 김영랑, 「모란이 피기까지는」

감상 이 작품은 모란이 피기를 기대하는 마음과 모란이 져서 느끼는 설움을 노래한 시이다. 이 작품은 '봄에 대한 기다림 → 봄의 상실 → 봄에 대한 기다림'이라는 순환 구조를 통해, 봄에 피는 모란을 통해 봄에 대한 기다림과 봄을 보내는 서러움을 형상화하고 있다.

주제 소망이 이루어지기를 기다림

표현상의 특징
• 수미 상관의 구조를 통해 주제 의식을 강조해 줌.
• 역설적 표현으로 의미를 심화하고 있음.
• 과장적 표현으로 심화된 화자의 정서를 드러내 줌.
• 도치의 방식을 사용하여 의미를 강조해 줌.

(나) 함민복, 「그날 나는 슬픔도 배불렀다」

감상 이 작품은 고단한 삶 속에서도 열심히 살아가는 중국집 젊은 부부의 삶을 관찰하며 이를 통해 자신의 삶에 대한 성찰을 드러낸 시이다. 이 작품에서 화자는 모순된 진술을 통해 고단한 삶 속에서도 긍정적으로 살아가는 젊은 부부를 보면서 슬픔 속에서도 아름다움을 발견했음을 드러내 주고 있다.

주제 고단한 생활 속에서도 희망을 잃지 않는 삶의 아름다움

표현상의 특징
• 역설적 표현을 사용하여 시적 의미를 드러내 줌.
• 이미지 대비를 통해 시상을 전개함.
• 청각적 심상을 사용하여 화자의 정서를 표현해 줌.

29 표현상의 특징 파악
정답률 82% | 정답 ①

(가)에 대한 설명으로 적절하지 않은 것은?

✔ 색채어를 활용하여 대상의 불변성을 부각하고 있다.
'모란'을 통해 희색의 색채 이미지를 연상할 수는 있지만, (가)에서 색채어를 직접적으로 활용하지는 않고 있다. 또한 (가)에서 화자는 모란이 질 때의 상실감을 드러내고 있을 뿐, 모란의 불변성을 드러내지도 않고 있다.

② 변형된 수미상관의 구조를 통해 시의 주제를 강조하고 있다.
마지막 11, 12행에 1, 2행과 비슷한 구절을 배치하고 있으므로 변형된 수미상관의 구조를 사용하였음을 알 수 있다. 그리고 화자가 '모란이 피기까지' 기다리고 있겠다 하고 있으므로, 수미상관의 구조를 통해 모란이 피는 것에 대한 화자의 기다림을 강조하였다고 할 수 있다.

③ 도치의 방식으로 시상을 마무리하여 시적 의미를 강조하고 있다.
마지막 행에서는 '나는 아직 기둘리고 있을 테요'와 '찬란한 슬픔의 봄을'을 도치하여 시적 의미를 강조하고 있다.

④ 음성 상징어를 통해 대상의 움직임에서 느끼는 인상을 드러내고 있다.
3행에 음성 상징어인 '뚝뚝'을 활용하여 꽃이 떨어지는 느낌을 인상적으로 드러내고 있다.

⑤ 작품의 표면에 나타난 화자가 자신의 정서를 직접적으로 드러내고 있다.
'나는 아직 기둘리고'를 통해 화자가 표면에 드러나 있음을 알 수 있고, '설움', '서운케', '섭섭해'를 통해 화자의 설움의 정서가 드러나 있음을 알 수 있다.

---

30 시어의 의미 파악 정답률 89% | 정답 ④

ⓐ와 ⓑ에 대한 설명으로 가장 적절한 것은?

① ⓐ는 대상과의 소통이 확대된 시간이고, ⓑ는 대상과의 소통이 단절된 시간이다.
ⓐ에서 모란과의 소통이 있는 것은 아니며, ⓑ에서 화자가 중국집 젊은 부부를 관찰하지만 소통의 단절은 확인할 수 없다.

② ⓐ는 대상과의 유대감을 느끼는 시간이고, ⓑ는 대상과의 거리감을 느끼는 시간이다.
ⓐ에서 화자는 모란이 사라져 슬픔을 느꼈을 뿐 유대감을 느낀 것은 아니다. ⓑ에서 화자는 중국집 젊은 부부에게 거리감을 느낀 것은 아니다.

③ ⓐ는 대상을 통해 삶의 희망을 찾게 된 시간이고, ⓑ는 대상을 통해 삶의 권태를 느낀 시간이다.
ⓑ는 화자가 명랑하게 살아가는 중국집 젊은 부부의 삶에서 아름다움을 발견한 시간이므로 삶의 권태를 느낀 시간은 아니다.

✔ ④ ⓐ는 대상의 소멸로 인해 슬픔을 느낀 시간이고, ⓑ는 슬픔 속에서도 아름다움을 발견한 시간이다.
ⓐ 뒤의 '떨어져 누운 꽃잎마저 ~ 섭섭해 우옵네다'를 통해, ⓐ는 모란이 자취도 없이 사라져 화자가 슬픔을 느낀 시간임을 알 수 있다. 그리고 ⓑ는 앞의 '나는 전날 친구들과 ~ 그 모습이 눈물처럼 아름다워'를 통해, 화자가 중국집 젊은 부부의 모습을 보며 고단한 삶 속에서도 아름다움을 발견한 시간임을 알 수 있다.

⑤ ⓐ는 현실에 대한 비판적 태도가 드러나는 시간이고, ⓑ는 미래에 대한 희망이 드러나는 시간이다.
ⓐ가 현실을 비판하는 시간은 아니다.

---

31 외적 준거에 따른 작품의 감상 정답률 78% | 정답 ⑤

〈보기〉를 참고하여 (가)와 (나)를 감상한 것으로 적절하지 않은 것은? [3점]

〈보 기〉
시에서 대비되는 정서나 태도, 이미지가 제시될 때, 화자가 처한 상황이나 대상에 대한 인식이 강조되는 효과가 있다. 그런데 상반되거나 이질적인 정서나 태도, 이미지들이 함께 나타날 때는 표면적으로 모순이 있는 것처럼 보이기도 한다. 하지만 시인은 모순적으로 보이는 것들을 통해서 표면적 진술 너머에 있는 보다 높은 차원의 인식을 보여 준다.

① (가) : '섭섭해 우옵네다'와 '아직 기둘리고 있을 테요'에서는 꽃이 사라진 것에 대한 화자의 태도가 대비되면서 화자의 기다림이 강조되는군.
'섭섭해 우옵네다'에는 꽃이 사라지는 것을 안타까워하는 화자의 태도가 나타나지만, '아직 기둘리고 있을 테요'를 통해 기다림을 잃지 않는 화자의 태도를 강조하였음을 알 수 있다.

② (가) : '찬란한 슬픔'은 모순된 진술처럼 보이지만, 표면적 진술 너머에 슬픔을 극복하려는 화자의 인식이 담겨 있음을 볼 수 있군.
'찬란한'과 '슬픔'은 봄을 수식하는 모순된 진술로, 희망과 절망이 공존하는 봄에 대한 인식을 통해 모란이 지는 슬픔을 극복하려는 모습을 강조한다고 할 수 있다.

③ (나) : '연약한 반죽'과 '튼튼한 미래'에서는 이미지의 대비를 통해 희망을 잃지 않는 중국집 젊은 부부의 건강한 삶을 강조하고 있군.
'연약한'과 '튼튼한'의 이미지 대비를 통해 희망을 잃지 않는 중국집 젊은 부부의 삶을 강조하고 있다.

④ (나) : '이상한'과 '눈물처럼 아름다워'에서는 중국집 젊은 부부를 향한 태도가 대비되면서 중국집 젊은 부부에 대한 화자의 긍정적인 인식이 부각되고 있군.
화자가 처음 접한 중국집 젊은 부부의 모습은 '이상한' 것이었지만, 그들의 삶을 관찰하고 '눈물처럼 아름다워'와 같은 긍정적인 태도를 보여 주고 있다.

✔ ⑤ (나) : '슬픔도 배불렀다'는 모순된 진술을 통해 중국집 젊은 부부의 고단한 삶과의 대비에서 느끼는 화자 자신의 삶에 대한 만족감을 강조하고 있군.
(나)의 '슬픔도 배불렀다'는 화자가 고단한 삶 속에서도 긍정적으로 살아가는 중국집 젊은 부부를 보고 슬픔 속에서도 아름다움을 발견했음을 나타낸 것이다. 따라서 이를 젊은 부부의 고단한 삶을 보고 화자가 자신의 삶에 대한 만족감을 강조하였다고 감상한 내용은 적절하지 않다.

32~35 고전 시가 + 수필

(가) 정철, 「속미인곡(續美人曲)」
감상 이 작품은 화자를 여인으로 설정하여 임금을 그리워하는 마음을 표현한 연군 가사이다. 이 작품에서는 두 여인의 대화를 통해 스스로 잘못을 뉘우치고 님을 그리워하며 님의 소식을 몰라 높은 산과 강가를 방황하는 화자의 모습과 임에 대한 간절한 그리움과 죽어서라도 임을 따르고 싶은 화자의 마음을 잘 드러내고 있다. 이 작품은 「사미인곡」에 이어 지은 것으로 대화체로 내용을 진행한다는 점, 소박하고 진실하게 정서를 표현했다는 점에서 「사미인곡」보다 높은 평가를 받고 있다.
주제 임을 그리워하는 마음

(나) 권근, 「주옹설(舟翁說)」
감상 '손'과 '주옹'의 문답을 통해 바람직한 삶의 자세에 대해 이야기하고 있는 고전 수필이다. '주옹'의 대답을 통해 편안함을 추구하기보다 늘 경계하며 사는 삶의 태도가 필요하다는 작가의 가치관을 전달하고 있다.
주제 세상을 살아가는 올바른 삶의 태도

---

32 표현상 공통점 파악 정답률 56% | 정답 ①

(가)와 (나)의 공통점으로 가장 적절한 것은?

✔ ① 설의적 표현을 활용하여 의미를 강조하고 있다.
(가)에서는 '하늘이라 원망하며 사람이라 허물하랴'는 의문형 표현을 통해, 임과 헤어진 화자의 심정을 강조하고 있다. 그리고 (나)에서는 주옹이 '내 마음을 어찌 흔들 수 있겠는가?', '만 리의 부슬비 속에 떠 있는 것이 아닌가?' 등과 같은 의문형 표현을 통해 자신의 가치관을 강조하고 있다. 따라서 (가), (나) 모두 설의적 표현을 사용하여 의미를 강조해 준다고 할 수 있다.

② 점층적 방식을 활용하여 주제를 부각하고 있다.
(가)와 (나) 모두 점층적 방식을 활용하여 주제를 부각한 부분은 나타나지 않고 있다.

③ 다양한 감각적 심상을 사용하여 대상을 예찬하고 있다.
(가)에서는 시각적 심상, 청각적 심상이, (나)에서는 시각적 심상이 나타나지만, 다양한 감각적 심상을 통해 대상을 예찬하지는 않고 있다.

④ 반어적 진술을 통해 대상에 대한 태도를 드러내고 있다.
(가)와 (나) 모두에서 반어적 진술은 나타나지 않고 있다.

⑤ 명령적 어조를 통해 현실에 대한 비판 의식을 드러내고 있다.
(가)에서 명령적 어조와 현실에 대한 비판 의식은 나타나지 않고 있고, (나)에서 명령적 어조는 나타나지 않고 있다.

---

33 외적 준거에 따른 작품의 감상 정답률 74% | 정답 ②

〈보기〉를 바탕으로 (가)를 이해한 내용으로 적절하지 않은 것은?

〈보 기〉
연군 가사는 임금과 떨어진 신하가 임금을 그리워하고 걱정하며 충성심을 드러낸 가사 작품들을 가리킨다. 「속미인곡」은 정철이 정쟁(政爭)으로 인해 관직에서 물러난 후 낙향하였을 때 쓴 연군 가사의 대표적 작품이다.

① '천상 백옥경'은 화자가 '임'과 지냈던 곳으로 임금이 있는 궁궐에 대응된다.
〈보기〉를 바탕으로 할 때 (가)의 화자는 임금과 떨어져 있는 작가라 할 수 있으므로, 화자가 이별한 임인 옥황상제는 임금과 대응한다고 할 수 있다. 따라서 '천상 백옥경'은 임금이 있는 궁궐로 볼 수 있다.

✔ ② '내 몸의 지은 죄'가 '조물의 탓'이라는 화자의 한탄을 통해 작가가 자신을 관직에서 물러나게 한 사람을 원망하고 있음을 알 수 있다.
〈보기〉를 바탕으로 할 때 (가)의 화자는 임금과 떨어져 있는 작가라 할 수 있으므로, '내 몸의 지은 죄'라고 한 것은 임금과 떨어지게 된 원인이 작가 자신에게 있음을 나타낸 것이라 할 수 있다. 이렇게 볼 때, 임금과 헤어진 것을 '조물주의 탓'이라고 하는 것은 작가 자신의 운명을 탓한 것이라 할 수 있지, 자신을 관직에서 물러나게 한 사람들을 원망한 것이라고는 볼 수 없다.

③ 화자가 꿈속에서 '임'의 모습을 보고 '눈물이 이어져'난다고 하는 것에서 임금에 대한 작가의 걱정과 그리움의 깊이를 짐작할 수 있다.
화자는 꿈에서 '임'의 모습에 눈물을 흘리며 아무 말도 못하는 모습을 보이고 있는데, 이는 떨어져 있는 임금에 대한 작가의 걱정과 그리움을 드러낸 것이라 할 수 있다.

④ '임'과 헤어지게 된 화자가 자신의 그림자를 '불쌍함'으로 표현한 것에서 임금과 떨어져 지내야 하는 것에 대한 작가의 안타까운 심정을 알 수 있다.
화자가 자신의 그림자를 불쌍하다고 여기는 모습을 통해 임금과 떨어져 있는 상황에 대한 작가의 안타까운 심정을 알 수 있다.

⑤ '낙월'이 되어서라도 '임 계신 창 안에 번듯이 비추'려는 화자의 모습에서 임금에 대한 작가의 충성심을 알 수 있다.
화자가 '낙월'이 되어서라도 '임 계신 창 안에 번듯이 비추'려는 것은 '임'을 생각하는 마음을 표현한 것이므로, 이를 통해 임금에 대한 작가의 충성심을 알 수 있다.

★★★ 등급을 가르는 문제!
34 극적 구성의 이해 정답률 47% | 정답 ②

다음은 수업의 일부이다. 선생님의 설명에 따라 (가)와 (나)의 인물을 분석한 내용으로 적절하지 않은 것은? [3점]

선생님 : 시나 수필을 창작할 때 주제 의식을 효과적으로 표현하기 위해 인물 간의 대화로 작품을 구성하기도 합니다. 이 경우 인물들은 중심 인물과 주변 인물로 나누어 볼 수 있는데, 중심 인물은 대화를 주도하며, 작가 의식을 대변하는 역할을 합니다. 주변 인물은 중심 인물의 말을 이끌어내거나 중심 인물을 위로하고 대안을 제시하는 보조적 인물, 중심 인물과 대립하면서 중심 인물에게 문제 제기를 하는 대립적 인물로 나눌 수 있습니다.

	인물	특징적 발화	인물 유형	인물의 역할	
(가)	각시	내 사설 들어 보오	중심 인물	대화를 주도함.	
	너	누굴 보러 가시는고	주변 인물	중심 인물의 말을 이끌어냄	①
		그리 생각 마오	주변 인물	중심 인물과 대립함.	②
		궂은 비나 되소서	주변 인물	대안을 제시함.	③
(나)	주옹	그대는 어찌 이를 두려워하지 않고 도리어 나를 위태롭다 하는가?	중심 인물	작가 의식을 드러냄.	④
	손	그대는 도리어 이를 즐겨 오래 오래 물에 떠가기만 하고 돌아오지 않으니 무슨 재미인가?	주변 인물	중심 인물에게 문제 제기를 함.	⑤

① 주변 인물 → 중심 인물의 말을 이끌어냄.
'저기 가는 저 각시 ~ 누굴 보러 가시는고'를 통해, '너'는 중심 인물에게 먼저 말을 걸어 중심 인물의 말을 이끌어 내는 주변 인물(보조적 인물)이라 할 수 있다.

✔ ② 주변 인물 → 중심 인물과 대립함.
(가)에 제시된 '그리 생각 마오.'라는 발화를 볼 때, '너'는 자책하고 있는 '각시'를 위로하는 인물이라 할 수 있다. 따라서 '너'는 중심 인물과 대립되는 인물이 아니라 중심 인물을 위로하는 역할을 하는 주변 인물(보조적 인물)이라 할 수 있다.

③ 주변 인물 → 대안을 제시함.

[문제편 p.099]

'너'는 중심 인물인 '각시'에게 '낙월'보다 '궂은 비'가 되라 말하고 있는데, 이를 통해 '너'는 임에게 직접 다가가라는 대안을 제시하는 주변 인물(보조적 인물)이라 할 수 있다.

④ 중심 인물 → 작가 의식을 드러냄.
'주옹'은 '손'에게 다시 질문함으로써 바람직한 삶의 자세를 깨닫도록 유도하고 있으므로, '주옹'은 작가 의식을 대변하는 역할을 하는 중심 인물이라 할 수 있다.

⑤ 주변 인물 → 중심 인물에게 문제 제기를 함.
'손'은 중심 인물의 삶의 모습에 문제 제기하고 있는 주변 인물이라 할 수 있다.

★★ 문제 해결 꿀~팁 ★★

▶ 많이 틀린 이유는?
이 문제는 시적 상황을 통해 '너'의 말이 지니는 의미를 정확히 파악하지 못하여 오답률이 높았던 것으로 보인다.

▶ 문제 해결 방법은?
이 문제를 해결하기 위해서는 화자의 말하기와 관련하여 '너'가 말하고 있는 의미를 이해해야 한다. 즉, 화자가 말하고 있는 내용을 이해하고 그 상황에서의 '너'의 말이 화자에 대해 어떤 태도를 보이고 있는지 파악해야 한다. 정답인 ②의 경우, '그리 생각 마오.'의 앞 부분에서 '각시'가 자책하고 있는 상황을 파악하였다면, '그리 생각 마오'가 '각시'를 위로하는 말이라는 것을 알 수 있었을 것이다. 또한 오답률이 높았던 ③의 경우에도, 화자가 낙월이 되어 임이 계신 창에 비추겠다고 하자, 화자를 위로하고 있는 '너'는 달은 커녕 궂은 비나 되소서라고 말하고 있다. 즉 '너'는 화자에게 '달'이 아닌 '궂은 비'가 되어 임에게 다가가라고 위로하고 있다. 이렇게 볼 때, '궂은 비나 되소서'는 '너'가 화자에게 다른 안, 즉 대안을 제시한 것이라 할 수 있다. 이처럼 작품 상황을 고려하여야 인물의 말의 의미를 이해할 수 있으므로, 인물이 한 말이 어떤 상황 맥락에서 나온 것인지 파악할 수 있어야 한다.

35 어구의 의미 파악 | 정답률 60% | 정답 ③

(나)의 ㉠ ~ ㉤을 이해한 내용으로 적절하지 않은 것은?

① ㉠ : 변화불측한 특성을 가진 곳으로, '세상 사람들'이 위험하다고 생각하는 공간이다.
'손'은 ㉠이 변화불측하여 ㉠에서 지내는 것을 '험한 데서 위태로움을 무릅쓰는 일'이라 하고 있으므로 적절한 이해이다.

② ㉡ : '주옹'이 사는 곳과 대비되는 장소로, '세상 사람들'이 안전하다고 생각하는 공간이다.
㉡은 세상 사람들이 안전하다고 생각하는 공간이지만, '주옹'은 오히려 물보다 더 위험한 공간이 될 수 있다 하고 있으므로 적절한 이해이다.

☑ ㉢ : 조각배의 돛대를 기울게 하고 노를 부러뜨릴 수 있는 바람과 물결로, '주옹'이 위태로움을 느끼는 외적 요인이다.
'주옹'은 ㉢이라고 해도 자신의 마음을 흔들 수 없다고 이야기하고 있으므로, ㉢ 때문에 '주옹'이 위태로움을 느낀다고는 볼 수 없다.

④ ㉣ : 욕심을 부리는 세상 사람들의 마음을 비유한 것으로, 그들의 삶을 위태롭게 만드는 요인이다.
㉣은 편안함만을 좇으며 욕심을 부리다가 위험에 처하는 사람들의 마음(인심)을 비유하고 있으므로 적절한 이해이다.

⑤ ㉤ : 바람에 쉽게 흔들릴 수 있는 곳이지만, 인간 세상과 비교했을 때 오히려 '주옹'이 안전함을 느끼는 곳이다.
㉤은 세상 사람들이 보기에 매우 위태로운 곳이지만 주옹은 경계를 한다면 육지보다 더 안전한 곳이라 생각하므로 적절한 이해이다.

36~40 사회

'가설 검정과 오류(재구성)'

해제 이 글은 가설 검정과 판단 과정에서 발생할 수 있는 두 가지 오류에 대해 설명하고 있다. 가설 검정은 통계적 자료를 통해 확률에 근거한 판단을 내리는 절차이므로, 오류가 발생할 수 있다. 1종 오류는 귀무가설이 실제 참인데도 불구하고 이를 기각하는 오류를 뜻한다. 반대로 2종 오류는 귀무가설이 틀렸음에도 이를 기각하지 못하는 오류를 뜻한다. 1종 오류가 2종 오류에 비해 더 심각한 결과를 가져오므로 가설 검정에서는 유의 수준을 두어 1종 오류를 범할 확률의 최대 허용 범위를 최소화하는데 중점을 둔다.

주제 가설 검정과 판단 과정에서 발생할 수 있는 두 가지 오류

문단 핵심 내용

1문단	가설 검정을 위해 설정하는 대립가설과 귀무가설
2문단	귀무가설을 바탕으로 대립가설의 채택 여부가 결정되는 가설 검정
3문단	의사 결정 과정에서 발생할 수 있는 두 가지 오류
4문단	상대적으로 심각한 문제를 초래하는 1종 오류
5문단	가설 검정 과정에서 유의 수준을 낮게 정하는 이유

36 핵심 정보의 파악 | 정답률 52% | 정답 ①

가설 검정에 대하여 윗글을 통해 답을 찾을 수 없는 질문은?

☑ 귀무가설을 기각할 때 새롭게 설정하는 가설은 무엇인가?
1문단을 통해 가설 검정을 위해 귀무가설과 대립가설을 설정함을 알 수 있다. 이렇게 볼 때, 귀무가설을 기각하면 대립가설을 채택하게 될 뿐이므로, 귀무가설을 기각할 때 새롭게 가설을 설정하지 않음을 알 수 있다. 따라서 귀무가설을 기각할 때 새롭게 설정하는 가설이 무엇인지는 이 글을 통해 답을 찾을 수 없다.

② 대립가설을 기준으로 가설을 검정하지 않는 이유는 무엇인가?
2문단을 통해 대립가설을 기준으로 가설 검정을 하는 것은 현실적으로 어려워 귀무가설을 기준으로 검정함을 알 수 있다.

③ 대립가설의 채택 여부를 판단하기 위해 사용하는 가설은 무엇인가?
2문단을 통해 대립가설의 채택 여부는 귀무가설을 중심으로 이루어짐을 알 수 있다.

④ 1종 오류와 2종 오류를 함께 줄일 수 없는 이유는 무엇인가?
4문단을 통해 1종 오류와 2종 오류는 동시에 줄일 수 없는데, 그 이유가 한쪽 오류를 줄이면 그만큼 반대쪽 오류는 늘어나기 때문임을 알 수 있다.

⑤ 1종 오류와 2종 오류 중 더 심각한 문제를 초래하는 오류는 무엇인가?
4문단을 통해 오류 중 상대적으로 더 심각한 결과를 초래하는 것은 1종 오류임을 알 수 있다.

37 세부 내용의 이해 | 정답률 60% | 정답 ⑤

윗글의 내용과 일치하는 것은?

① 귀무가설이 기각되면 대립가설은 채택될 수 없다.
2문단을 통해 귀무가설이 기각되면 대립가설은 채택됨을 알 수 있다.

② 판결에서 대립가설의 기각 여부는 피고인이 판단한다.
3문단을 통해 판결에서 가설의 기각 여부는 판사가 결정함을 알 수 있다.

③ 귀무가설은 대립가설이 채택될 때 받아들여지는 가설이다.
2문단을 통해 귀무가설이 기각되면 대립가설은 채택됨을 알 수 있으므로, 귀무가설은 대립가설이 채택될 때 받아들여지는 가설임을 이끌어 낼 수 없다.

④ 귀무가설은 참과 거짓을 알기 전까지는 거짓으로 간주한다.
2문단을 통해 참과 거짓을 알기 전까지는 귀무가설을 참으로 간주함을 알 수 있다.

☑ 신약 개발을 하는 경영자가 채택하고 싶은 것은 대립가설이다.
1문단의 '가설 검정을 위해 경영자는 ~ 주장하고 싶은 내용과는 반대되는 가설인 '귀무(歸無)가설'이라 한다.'를 통해, 판단하는 이, 즉 경영자가 옳다고 주장하고 싶은 가설은 대립가설임을 알 수 있다.

★★★ 등급을 가르는 문제! 38 글을 바탕으로 한 추론 | 정답률 36% | 정답 ④

윗글을 바탕으로 〈보기〉를 이해할 때, A ~ D에 대한 설명으로 적절하지 않은 것은? [3점]

〈보 기〉

구분		실제 상황	
		귀무가설 참	귀무가설 거짓
의사 결정	귀무가설 기각 못함	A	B
	귀무가설 기각함	C	D

① 실제로 피고인이 죄를 저지르지 않은 것은 A와 C의 경우에 해당한다.
A와 C는 모두 귀무가설이 참인 상황에 해당하고 판결에서 귀무가설은 '피고인이 무죄이다.'이므로, 피고인이 죄를 저지르지 않은 것에 해당한다고 할 수 있다.

② 경영자가 신약의 효능이 없다고 판단하는 것은 A와 B의 경우에 해당한다.
A와 B는 모두 귀무가설을 기각하지 못한 판단에 해당하고, 약효 실험에서 귀무가설은 '신약이 효과가 없다.'이므로, 경영자가 신약의 효능이 없다고 판단하는 것은 A와 B의 경우에 해당한다고 할 수 있다.

③ A와 D는 피고인에 대해 판사가 내린 판결에 오류가 발생하지 않은 경우에 해당한다.
A와 D는 실제 상황에 맞는 판단이므로 오류가 발생하지 않은 것에 해당한다고 할 수 있다.

☑ 법원이 B를 줄이면, 실제로 죄를 저지른 피고인을 무죄로 판결해서 사회로 돌려보내는 수가 늘어난다.
2문단과 3문단의 내용을 바탕으로 〈보기〉의 표를 정리하면, A와 D는 실제 상황에 맞게 판단을 한 것이라 할 수 있다. 이에 비해 B는 귀무가설이 거짓임에도 기각하지 못한 것이므로 2종 오류를, C는 귀무가설이 참임에도 기각한 것이므로 1종 오류를 범한 것이라 할 수 있다.
그리고 4문단을 통해 판결에서 2종 오류를 줄이면 1종 오류가 늘어남을 알 수 있다. 그런데 3문단에 따르면 판결에서 1종 오류란 '무죄인 사람에게 유죄를 선고하는 것'이므로, 1종 오류가 는다는 것은 무죄인 사람에게 유죄 판결을 내리는 경우가 는다는 것을 의미한다고 할 수 있다.

⑤ 제약 회사가 C를 줄이려는 이유는 약의 효능이 없어 시장에서 신뢰를 잃는 상황을 심각하게 생각하기 때문이다.
C는 1종 오류에 해당하고, 4문단을 통해 제약 회사의 1종 오류란 신약의 효능이 없어 회사가 신뢰를 잃는 것임을 알 수 있다. 따라서 제약 회사가 C를 줄이려는 이유는 약의 효능이 없어 시장에서 신뢰를 잃는 상황을 심각하게 생각하기 때문이라 할 수 있다.

★★ 문제 해결 꿀~팁 ★★

▶ 많이 틀린 이유는?
이 문제는 귀무가설에 대한 내용을 정확하게 이해하지 못하여 오답률이 높았던 것으로 보인다. 또한 이러한 귀무가설에 대한 내용을 바탕으로 한 A~D를 구체적 사례에 적용하는 데 어려움을 겪은 것도 오답률을 높였던 것으로 보인다.

▶ 문제 해결 방법은?
이 문제를 해결하기 위해서는 기본적으로 귀무가설이 무엇인지 이해하고, 이를 바탕으로 '귀무가설 기각 못함, 귀무가설 기각함'의 이해를 바탕으로 A~D가 무엇을 의미하는지 정리할 수 있어야 한다. 귀무가설의 기각 여부와 관련하여 A~D를 정리하면
• A와 D : 실제 상황에 맞게 판단한 것임.
• B : 귀무가설이 거짓임에도 기각하지 못했으므로 2종 오류에 해당
• C : 귀무가설이 참임에도 기각하지 못했으므로 1종 오류에 해당
라고 정리할 수 있다. 이렇게 정리했을 때 정답인 ④의 경우, 판결에서 1종 오류가 '무죄인 사람에게 유죄를 선고하는 것'이므로 1종 오류가 는다는 것은 무죄인 사람에게 유죄 판결을 내리는 경우가 는다는 것을 의미하므로 피고인을 사회에 돌려보내는 수가 줄어든다고 할 수 있다. 이 문제는 글의 내용을 정확히 이해하고 정리할 필요성이 있음을 보여 주는 문제이므로, 평소 글을 읽을 때 주요 내용과 이와 관련된 내용에는 밑줄을 그어서 그 내용을 정확히 이해할 수 있도록 한다.

▶ 오답인 ②를 많이 선택한 이유는?
이 문제의 경우 학생들이 ②가 적절하다고 하여 오답률이 높았는데, 이 역시 귀무가설을 기각하지 못할 때의 참, 거짓에 대해 정확히 이해하지 못했기 때문으로 보인다. 만일 약효 실험에서 귀무가설이 '신약이 효과가 없다.'임을 알고, 이를 기각하지 못한다는 의미를 알았다면 경영자가 신약의 효능이 없다고 판단하는 것은 A와 B의 경우임을 바로 알았을 것이다. 한편 이 문제처럼 선택지에 제시된 사례가 글에 언급

되어 있는 경우, 선택지에 해당하는 사례가 어디에 제시되어 있는 파악하여 글의 내용과 비교하게 되면 문제를 의외로 쉽게 해결할 수 있다.

★★★ 등급을 가르는 문제!
39 핵심 개념의 이해
정답률 50% | 정답 ③

㉠에 대한 설명으로 적절한 것은?

① 인권과 관련된 판단일수록 값을 크게 설정한다.
인권과 관련된 판단일수록 값을 작게 설정해야 한다.

② 귀무가설이 참일 확률과 거짓일 확률의 차이를 의미한다.
유의 수준은 참일 확률과 거짓일 확률의 차이를 의미하는 것은 아니다.

☑ 값을 낮게 정할수록 대립가설을 채택할 확률이 낮아진다.
5문단을 통해 유의 수준은 1종 오류가 발생할 확률의 최대 허용 범위이고, 이 범위 내에서는 1종 오류가 발생하더라도 대립가설을 채택함을 알 수 있다. 따라서 유의 수준을 낮게 정할수록 대립가설을 채택할 확률은 낮아진다고 할 수 있다.

④ 실험이 이루어진 후에 자료를 분석할 때 결정하는 값이다.
유의 수준은 실험 전에 미리 정하는 것이다.

⑤ 가설을 판단할 때 사용할 자료 개수의 최대 허용 범위이다.
유의 수준은 1종 오류가 발생할 확률의 최대 허용 범위이다. 가설을 판단할 때 사용할 자료 개수의 최대 허용 범위와는 관련이 없다.

★★ 문제 해결 꿀~팁 ★★

▶ 많이 틀린 이유는?
이 문제는 '유의수준 값'을 올리고 내리는 것의 의미를 정확하게 이해하지 못해 오답률이 높았던 것으로 보인다.

▶ 문제 해결 방법은?
이 문제를 해결하기 위해서는 5문단의 내용을 바탕으로 '유의수준'에 대해 정확히 이해해야 한다. 특히 주어진 사례를 바탕으로 '유의수준 값'을 올리고 내리는 것의 의미가 무엇인지 추론할 수 있어야 한다. 만일 5문단을 통해 유의수준을 5% 이하로 내릴 경우, 가령 2%로 내렸다고 할 경우에 백 번의 시행 중 두 번 이내로 1종 오류가 발생하더라도 우연히 일어난 일로 보고 대립 가설을 채택할 것이므로, 기존 5%보다 확률은 낮아질 것임을 알 수 있다. 이 문제처럼 제시된 사례를 바탕으로 문제를 해결해야 하는 경우가 있는데, 이 경우에는 사례에 선택지에서 제시된 상황을 적용하게 되면 정확성 여부를 판단할 수 있다.
▶ 오답인 ②, ⑤ 많이 선택한 이유는?
이 문제의 경우 학생들이 ②와 ⑤가 적절하지 않다고 하여 오답률이 높은데, 이 경우 5문단의 내용에 대한 이해가 정확하지 못하여 오답률이 높았던 것으로 보인다. 특히 ②의 경우에는 보다 정확한 내용 이해가 필요하였는데, 유의수준이 '1종 오류가 발생할 확률의 최대 허용 범위'라고 이해했다면 잘못된 내용이었음을 바로 알았을 것이다. 이 문제에서 알 수 있듯이 문제를 해결할 때는 내용의 정확도를 위해 핵심 용어와 관련된 내용은 반드시 정확하게 확인할 수 있어야 한다.

40 문맥적 의미 파악
정답률 71% | 정답 ④

문맥상 ⓐ ~ ⓔ와 바꿔 쓰기에 적절하지 않은 것은?

① ⓐ : 동시에 참이 되거나 동시에 거짓이 될 수 없는
두 가설이 모순이라는 것은 한 가설이 참이면 다른 가설이 거짓이 된다는 것이므로 동시에 참이 되거나 동시에 거짓이 될 수 없다.

② ⓑ : 귀무가설과 어긋난
병이 호전된다는 것은 신약이 효과가 있다는 것이므로 '신약이 효과가 없다.'라는 귀무가설과 어긋난다.

③ ⓒ : '신약이 효과가 없다.'라는 가설을 기각하고
귀무가설을 버린다는 것은 '신약이 효과가 없다'라는 가설을 기각하는 것이다.

☑ ⓓ : '피고인은 유죄이다.'라는 가설
3문단을 통해 '피고인은 유죄이다.'가 대립가설임을 알 수 있으므로, ⓓ의 귀무가설은 '피고인은 무죄이다.'라는 가설이 됨을 알 수 있다.

⑤ ⓔ : 1종 오류와 2종 오류
판단에서 발생하는 두 가지 오류인 1종 오류와 2종 오류를 의미한다.

41~45 현대 소설 + 시나리오

(가) 이문열, 「우리들의 일그러진 영웅」

감상 이 작품은 1960년대 시골의 한 초등학교를 배경으로 엄석대라는 절대 권력을 가진 급장과 그 앞에서 굴복하는 나약한 아이들의 모습을 통해 한국 사회의 왜곡된 의식 구조와 권력의 행태를 우의적으로 풍자하고 있는 작품이다. 시골 초등학교를 배경으로 하여 반 친구들 사이에 군림하는 엄석대라는 인물을 통해 권력의 속성과 무기력한 대중들의 모습을 상징적으로 보여 준 작품이라 할 수 있다.
주제 잘못된 권력과 이를 따르는 사람들의 문제점
작품 줄거리 자유당 정권이 막바지 기승을 부리던 시기에 내(한병태)는 좌천된 공무원인 아버지를 따라 서울에서 작은 읍의 초등학교로 전학한다. 나는 교활한 독재자 엄석대가 이루어 놓은 힘의 제국에서 가치관의 심한 혼란을 느끼며 외롭게 저항한다. 그러나 혼자만의 저항이 부질없음을 깨닫고 권력에 편승하여 그 달콤함에 젖어들 무렵, 새로운 담임 선생이 등장한다. 민주 체제로의 가능성이 없었던 환경은 새 담임에 의해 변혁을 겪고 엄석대 체제는 힘없이 붕괴되고 만다. 그러나 엄석대의 권위와 횡포는 다수의 아이들 자신의 힘에 의해서 붕괴된 것이 아니라는 사실을 나는 정확히 인식한다. 즉, 새 담임이 아니었다면 반 아이들의 반성과 자각은 생기지 않았을 것이다. 학급은 새로운 체제에 시행착오를 겪으며 허우적거리지만 점차 민주적 질서를 회복한다. 그 후 사회인으로 성장한 나는 부조리한 현실에서 힘겹게 살아가며 엄석대에 대한 일종의 향수마저 느낀다. 그러던 중 피서길에서, 수갑을 차고 경찰에 붙들려 가는 엄석대와 맞닥뜨린다.

(나) 이문열 원작, 박종원 각색, 「우리들의 일그러진 영웅」

감상 이 작품은 소설 「우리들의 일그러진 영웅」을 각색한 시나리오로, 원작과 달리 1990년대의 정치적 상황을 염두에 두고 표현한 작품이다. 1950년 말의 한 시골 초등학교가 배경이므로, 부정한 방법

으로 반 친구들 위에 군림하는 엄석대라는 아이를 통해 권력의 형성과 몰락 과정을 상징적으로 묘사하였다.
주제 잘못된 권력과 이를 따르는 사람들의 문제점
작품 줄거리 서울에서 학원 강사를 하고 있는 한병태는 옛 시골 초등학교 은사님이 돌아가셨다는 소식을 듣고 그곳으로 향하던 중, 초등학교 시절을 회상한다. 자유당 정권 말기에 한병태는 서울에서 소도시의 초등학교로 전학을 간다. 같은 반에서 담임의 절대적인 신임을 받으면서 모든 일을 좌지우지하는 엄석대의 존재는 병태의 가치관을 흔들어 놓는다. 병태는 처음에는 대항하지만 결국 교묘한 압력에 굴복하고 엄석대의 휘하로 들어가 권력의 단맛에 길들여진다. 새학기가 시작되고 김정원이라는 새로운 담임이 부임하면서 엄석대의 위치에 금이 가기 시작한다. 김 선생은 엄석대를 눈여겨보다가 시험지를 바꿔치는 현장을 발견하고 반 아이들이 보는 앞에서 엄하게 처벌한다. 용기를 얻은 아이들이 엄석대의 비행을 하나씩 들어놓자 엄석대는 교실을 뛰쳐나가 그날 밤 학교에 불을 지르고 마을을 떠난다. 한병태는 상갓집에서 누군가가 보낸 화환을 보며 아직도 어딘가에서 엄석대가 절대자로 군림하고 있을 것이라 생각한다.

41 서술상 특징 파악
정답률 75% | 정답 ④

[A]의 서술상 특징으로 가장 적절한 것은?

① 독백을 통해 대상에 대한 의문과 해답을 제시하고 있다.
독백 형식으로 드러내고 있지만, 대상에 대한 의문이 제시되지는 않고 있다.

② 감각적인 묘사를 통해 인물 간의 대립을 부각하고 있다.
감각적인 묘사나 인물 간의 대립은 찾아볼 수 없다.

③ 공간의 이동을 통해 인물의 심리 변화를 드러내고 있다.
공간의 이동이 드러나지 않으며, 이를 통해 인물의 심리가 변화하는 과정도 나타나지 않고 있다.

☑ 회상의 방식을 통해 과거 사건의 의미에 대해 서술하고 있다.
[A]의 '하지만 그때껏 그런 우리를 ~ 훨씬 더 많은 세월이 지나야 했다.'를 통해 [A]가 회상의 방식을 사용했음을 알 수 있다. 또한 [A]는 서술자가 어린 시절 학급에서 겪었던 혼란스러운 상황들을 회상하면서 어른이 된 지금 그 경험들이 어떤 의미를 가졌는지 서술한 것이라 할 수 있다.

⑤ 들은 바를 전달하는 형식을 통해 사건의 전모를 밝히고 있다.
[A]는 서술자가 들은 바를 전달하는 것이 아니라, 서술자 자신의 경험을 회상하여 서술하고 있다.

★★★ 등급을 가르는 문제!
42 갈래의 전환 파악
정답률 51% | 정답 ①

〈보기〉를 참고할 때, (가)를 (나)로 각색하는 과정에 대해 이해한 것으로 적절하지 않은 것은? [3점]

─〈 보 기 〉─
소설을 시나리오로 각색할 경우, 갈래의 차이에 따라 여러 가지 변화가 일어나는데 예를 들면 소설에서는 인물의 내면 심리나 대상의 변화를 직접 서술할 수 있으나 시나리오는 이를 장면으로 시각화하거나 영화적 기법을 통해 표현한다. 또한 갈래적 차이에 따른 변화 외에도 각색 과정에서 창작자의 의도에 따라 특정 내용을 삭제 혹은 다른 장면으로 대체하거나 소설에 없던 장면을 추가하기도 한다.

☑ (가)에서 김 선생이 아이들을 꾸짖는 모습이 S#136에서는 '다시'를 반복하는 장면으로 대체되어 아이들의 변화에 비관적인 그의 모습을 부각하고 있군.
(나)의 S#136에서 김 선생이 '다시'를 반복하는 모습은 아이들을 고무시켜 석대에게 맞설 용기를 북돋워 주고자 하는 것이라 할 수 있다. 따라서 S#136에서 김 선생이 '다시'를 반복하는 모습을 아이들의 변화에 비관적인 김 선생의 모습을 부각하는 것이라고 할 수 없다.

② (가)에서 아이들이 석대와 맞붙을 수 있게 된 것이 S#136에서는 '일제히 힘차게' 대답하는 모습으로 대체되고 있군.
(나)의 S#136에서 아이들의 대답이 힘찬 소리로 바뀌는 것은 아이들이 석대에게 맞설 수 있게 된 것을 암시하는 것이라 할 수 있으므로, (가)에 언급된 아이들과 석대의 대결을 대체한 것이라 할 수 있다.

③ S#137의 '불길에 싸'인 교실과 S#139의 '시커먼 병' 등을 통해 (가)에 나오지 않는 석대의 방화를 추가하여 그의 보복을 암시하고 있군.
석대의 방화는 (가)에는 등장하지 않지만 (나)에서는 석대의 보복을 암시하기 위해 석대의 방화 내용이 추가되었음을 알 수 있다.

④ (가)에서 직접적으로 서술된 병태의 내면을 S#140에서는 내레이션 기법을 통해 드러내고 있군.
(가)에서 서술자의 서술로 처리된 인물의 내면 의식이, (나)의 S#140에서 내레이션 기법을 통해 표현되고 있다.

⑤ (가)에서 학급이 정상으로 돌아가게 되었다는 것을 S#140에서는 '박수 치는 아이들'의 모습을 통해 드러내고 있군.
(가)에서 학급이 정상으로 돌아가고 있다는 것을, (나)의 S#140에서는 '박수 치는 아이들'이라는 교실 속 장면을 통해 보여 주고 있다.

★★ 문제 해결 꿀~팁 ★★

▶ 많이 틀린 이유는?
이 문제는 소설과 이를 시나리오로 각색하는 과정을 정확하게 이해하지 못해 오답률이 높았던 것으로 보인다. 또한 시나리오에 드러나는 인물의 행동이나 말에 담긴 의미를 이해하지 못한 것도 오답률이 높았던 것으로 보인다.
▶ 문제 해결 방법은?
이 문제를 해결하기 위해서는 소설의 내용을 시나리오에서는 어떻게 각색하였는지를 파악하여, 이와 관련된 선택지의 적절성을 판단하여야 한다. 가령 오답률이 높았던 ④의 경우 소설인 (가)에 제시된 병태의 내면이 S#140에서 내레이션(영화에서 장면에 나타나지 않으면서 장면의 진행에 따라 그 내용이나 줄거리를 장외에서 해설하는 일)으로 처리되고 있으므로 적절하다. 그리고 시나리오로 각색하면서 인물의 행동이나 말이 어떻게 드러나고 있는지 파악해야 한다. 정답인 ①의 경우, 선생님이 자신의 말을 알아듣겠냐고 하면서 학생들의 목소리가 죽어가는 소리로 대답하자 '다시'를 말하고, 이에 대해 학생들이 점점 큰소리로 대답하고 있으므로 아이들의 변화에 비관적인 그의 모습을 부각한다는 이해는 적절하지 않음을 알 수 있다. 마찬가지로 오답률이 높았던 ③의 경우에도 '불길에 싸'여와 '시커먼 병'을 연결시키면 석대가 방화하였음을 알았을 것이다. 이 문제처럼 단순히 소설과 시나리오를 비교하는 것뿐만 아니라, 시나리오에 드러난 인물의 말과 행동의 의미도 파악하는 경우가 있으므로, 작품 전체 내용을 이해하여 그 의미가 무엇인지 찾을 수 있어야 한다.

43 작품 내용의 이해
정답률 72% | 정답 ③

ⓐ에 대한 이해로 적절하지 않은 것은?

① 학급의 일부 임원들이 '작은 석대를 꿈꾸'는 것은 아직 @에서 벗어나지 못했기 때문이다.
'작은 석대를 꿈꾸'는 것은 일부 아이들이 석대가 만들어 놓은 질서를 재건하고자 하는 것이므로 아직 석대의 질서에서 벗어나지 못한 것을 의미한다고 할 수 있다.

② '내부에서 일어나는 혼란'을 쉽게 해결하지 못한 것은 @를 대체할 수 있는 것을 마련하지 못했기 때문이다.
아이들은 석대의 질서에서 벗어난 후 새로운 질서를 수립하지 못해 우왕좌왕하고 있는데, 이는 '석대의 질서'를 대체할 수 있는 것을 마련하지 못했음을 보여 주는 것이라 할 수 있다.

☑ @는 석대가 아이들 '스스로가 스스로를 규율'할 수 있도록 하기 위하여 만든 것이다.
아이들 '스스로가 스스로를 규율'할 수 있게 된 것은 석대의 질서가 무너진 후 생긴 변화이므로, @는 석대가 아이들 '스스로가 스스로를 규율'할 수 있도록 하기 위하여 만들었다는 이해는 적절하지 않다.

④ '내 의식'이 '굴절되었던' 이유는 @에 익숙해져 있었기 때문이다.
'나'는 석대의 억압적 질서에 익숙하게 적응하여 살아온 자신의 의식을 굴절되었다고 표현하고 있다.

⑤ '나'는 @가 학급에 '편의와 효용성'을 제공했지만 지금은 되돌릴 수 없는 것이라고 생각한다.
'나'는 석대의 질서가 학급에 편의와 효용을 제공한 측면이 있었지만 이제는 금지된 것이라고 생각하고 있다.

44 구절의 기능 파악 정답률 69% | 정답 ⑤

㉠ ~ ㉤에 대한 설명으로 적절하지 않은 것은?

① ㉠ : 석대가 떠난 후 학급이 맞닥뜨린 문제 상황들을 의미한다.
학급 아이들이 교실 안에서 겪는 혼란과 교실 밖에서 석대의 괴롭힘에 시달리는 것을 말한다.

② ㉡ : 석대와 처음으로 맞붙은 인물들의 특성을 나타낸다.
별나고 당차다는 것은 아이들이 석대에게 맞붙을 수 있는 특성을 보여 주는 것이다.

③ ㉢ : 다른 아이들도 석대와 맞붙을 수 있도록 하는 효과를 가져왔다.
김 선생이 책을 나누어 준 것을 본 다른 아이들도 감화를 받아 석대와 맞서고 있다.

④ ㉣ : 그동안 학급에 여러 차례 혼란이 거듭되어 왔음을 보여준다.
그동안 여러 차례 급장을 바꾸어 왔다는 의미로, 학급에 여러 차례 혼란이 거듭되어 왔음을 암시한다.

☑ ㉤ : 새 급장이 아직 완전히 인정받지 못하고 있음을 나타낸다.
새 급장이 단상 위에 올라가지 않는 것은 학급의 다른 아이들과 평등한 입장임을 상징적으로 보여 주는 것이지, 새 급장이 인정받지 못함을 나타낸 것이라고 할 수 없다.

★★★ 등급을 가르는 문제!
45 외적 준거에 따른 작품의 감상 정답률 40% | 정답 ①

〈보기〉는 윗글의 심화 학습을 위해 찾은 자료이다. 이를 참고하여 (가)를 이해한 내용으로 적절하지 않은 것은?

―〈보 기〉―
철학자 마이클 샌델은 올바른 사회를 위해서는 시민이 덕성을 바탕으로 자기 통치에 참여해야 한다고 말했다. 자기 통치에 참여한다는 것은 공동선(共同善)에 대하여 동료 시민들과 함께 고민하고 그것을 실현하기 위해 적극적으로 참여하는 것을 뜻한다. 그는 공동선에 대한 토론에서 시민들이 자신의 목표를 잘 선택하고 다른 사람의 선택권을 존중해야 한다고 주장하였다.

☑ '새로 생긴 건의함'은 아이들의 적극적인 참여를 통해 학급의 공동선을 실현하기 위한 기능을 수행하였군.
새로 생긴 건의함은 국민 탄핵제도의 기능을 하기보다는 밀고와 모함으로 학급 임원들을 갈아치웠다고 하였으므로, '새로 생긴 건의함'이 공동선을 실현하기 위한 기능을 제대로 수행하였다고 볼 수 없다.

② '학급의 일이 갈팡질팡해도 담임선생님은 철저하게 모르는 척'한 것은 아이들이 자기 통치를 할 수 있는 능력을 스스로 기르도록 하기 위해서였겠군.
담임선생님이 학급의 일을 모르는 척한 것은 아이들이 스스로 학급의 질서를 새로 수립해 나가길 바랐기 때문이다.

③ '자치회가 끝없는 입씨름으로 서너 시간씩 계속'된 것은 아이들이 공동선을 위한 토론에 익숙하지 않은 모습을 나타낸 것이겠군.
자치회가 끝없는 입씨름으로 지속된 것은 아이들이 공동선을 위한 토론에 익숙하지 않은 모습을 나타낸 것이다.

④ '내'가 '새로운 급장 선거에서 기권표를 던'졌던 것은 아직 자기 통치에 참여할 준비가 되지 않아서였겠군.
'내'가 새로운 급장 선거에서 기권표를 던진 것은 구성원으로서 학급의 공동 문제에 참여할 의지가 아직 부족한 것을 의미한다.

⑤ '다 같이 힘을 합쳐야 할 작업에 요리조리 빠져나가'는 아이들은 동료 시민들과 함께하는 것에 대해 적극적이지 않은 시민에 해당하겠군.
학급의 일에 빠져나가는 아이들은 다른 아이들과 협력하여 학급의 일을 수행하는데 소극적이라고 볼 수 있다.

★★ 문제 해결 꿀~팁 ★★

▶ 많이 틀린 이유는?
이 문제는 〈보기〉로 제시된 내용을 작품에 적용하는 과정과 작품에 제시된 소재나 행동의 의미를 정확히 파악하지 못하여 오답률이 높았던 것으로 보인다.
▶ 문제 해결 방법은?
이 문제를 해결하기 위해서는 먼저 〈보기〉의 내용을 이해하고, 이러한 내용을 바탕으로 한 선택지를 정확히 파악할 수 있어야 한다. 그런 다음 선택지에 제시된 〈보기〉를 바탕으로 한 소재나 인물의 행동에 대한 설명이 적절한지 글의 내용을 통해 확인해야 한다. 가령 정답인 ①의 경우 '새로 생긴 건의함'이 밀고와 모함으로 학급 임원들을 갈아치우는 역할을 하고 있음을 알 수 있으므로 공동선을 실현하기 위한 기능을 수행하였다고 볼 수 없는 것이다. 마찬가지로 오답률이 높았던 ③의 경우도 '자치회가 끝없는 입씨름으로 서너 시간씩 전개되지 않는 상황을 보여 주는 것이라 이해했다면 적절함을 알았을 것이다. 이 문제처럼 〈보기〉를 바탕으로 한 감상이라 하더라도 문제 해결의 핵심은 작품의 이해에 있으므로, 선택지에 언급된 내용을 작품을 통해 반드시 확인하고 적절성을 평가하도록 한다.

• 정답 •
01 ④ 02 ④ 03 ⑤ 04 ② 05 ② 06 ① 07 ③ 08 ④ 09 ② 10 ⑤ 11 ④ 12 ③ 13 ② 14 ④ 15 ①
16 ⑤ 17 ② 18 ② 19 ② 20 ⑤ 21 ① 22 ⑤ 23 ③ 24 ③ 25 ④ 26 ① 27 ④ 28 ① 29 ③ 30 ④
31 ③ 32 ④ 33 ① 34 ⑤ 35 ① 36 ② 37 ① 38 ⑤ 39 ④ 40 ① 41 ④ 42 ③ 43 ① 44 ⑤ 45 ③

★ 표기된 문항은 [등급을 가르는 문제]에 해당하는 문항입니다.

[01~03] 화법

01 발표자의 말하기 방식 정답률 84% | 정답 ④

위 발표자의 말하기 방식으로 가장 적절한 것은?

① 청중의 질문에 답을 하며 화제 선정의 이유를 밝히고 있다.
청중의 질문에 답을 하며 발표를 진행하고 있지 않다.

② 청중의 이해도를 점검하며 발표 내용을 추가로 제시하고 있다.
청중의 이해도를 점검하며 발표를 진행하고 있지 않다.

③ 발표 순서를 안내하여 청중이 발표 내용을 예측하도록 하고 있다.
발표 순서를 안내하고 있지 않다.

☑ 전문가의 견해를 제시하여 발표 내용의 신뢰성을 확보하고 있다.
4문단에서 '얼굴을 연구하는 ~ 드러난다는 것입니다.'라고 전문가의 견해를 제시함으로써 발표 내용의 신뢰성을 확보하고 있으므로 적절하다.

⑤ 발표에 소개한 자료의 출처를 안내하며 발표를 마무리하고 있다.
발표에 소개된 자료의 출처를 안내하고 있지 않다.

02 발표 자료 활용 정답률 86% | 정답 ④

다음은 발표자가 제시한 자료이다. 발표자의 자료 활용에 대한 설명으로 적절하지 않은 것은?

[자료 1]

[자료 2]

① 관모의 유무로 남자 장승과 여자 장승을 구별할 수 있음을 보여 주기 위해 [자료 1]을 제시하였다.
[자료 1]을 제시하여 남녀 장승을 관모의 유무로 구별할 수 있음을 보여 주었다.

② 장승을 신성하게 여겨 오래된 장승도 버리지 않았음을 설명하기 위해 [자료 1]을 제시하였다.
[자료 1]을 제시하여 장승을 신성하게 여기기 때문에 오래된 장승도 버리지 않았다는 것을 설명하였다.

③ 장승이 다른 지역까지의 거리를 알려 주는 이정표의 기능을 했음을 보여 주기 위해 [자료 1]을 제시하였다.
[자료 1]을 제시하여 장승에 적힌 '서울 칠십 리'를 통해 장승의 이정표 기능을 보여 주었다.

☑ 장승의 얼굴 유형으로 인해 장승을 만드는 재료가 달라졌음을 보여 주기 위해 [자료 2]를 제시하였다.
북쪽인 경기나 충청 지방에 주로 분포하는 나무 장승에는 북방형 얼굴의 특징이 드러나고, 남쪽 지방에 주로 분포하는 돌 장승에는 남방형 얼굴의 특징이 드러날 뿐. 장승의 얼굴 유형으로 인해 장승을 만드는 재료가 달라졌다는 내용은 언급되어 있지 않으므로 이를 위해 [자료 2]를 제시하고 있다는 설명은 적절하지 않다.

⑤ 나무 장승에는 북방형 얼굴, 돌 장승에는 남방형 얼굴의 특징이 드러남을 설명하기 위해 [자료 2]를 제시하였다.
[자료 2]를 제시하여 나무 장승에는 긴 얼굴과 뾰족한 눈매의 북방형 얼굴의 특징이, 돌 장승에는 동글동글한 인상의 남방형 얼굴의 특징이 드러남을 설명하였다.

03 반응 분석의 적절성 파악 정답률 91% | 정답 ⑤

발표 내용을 바탕으로 할 때, 〈보기〉에 나타난 학생들의 반응에 대한 이해로 적절하지 않은 것은?

―〈보 기〉―
학생 1 : 장승은 사찰 입구에도 세워진 것으로 알고 있는데 어떤 이유로 세워졌는지 궁금해. 장승에 관한 책을 찾아 읽어 봐야지.
학생 2 : 장승이 여러 이름으로 불린다는 내용에 대한 설명이 부족해서 아쉬웠어. 이와 관련된 내용을 국립 민속박물관 누리집에서 찾아봐야겠다.
학생 3 : 장승에는 나무 장승만 있는 줄 알았는데 돌 장승도 있다는 것을 알게 되어 유익했어. 특히 제주도의 돌하르방이 돌 장승의 예라니 신기해.

① '학생 1'은 발표에서 언급되지 않은 내용을 궁금해하고 있다.
'학생 1'은 발표에서 언급되지 않은 장승이 사찰 입구에 세워진 이유를 궁금해하고 있다.

② '학생 2'는 발표에서 설명이 충분하지 못했던 점을 아쉬워하고 있다.
'학생 2'는 장승이 여러 이름으로 불린다는 내용이 충분하게 설명되지 않아 아쉬워하고 있다.

③ '학생 3'은 발표를 통해 새로운 정보를 알게 된 것을 긍정적으로 여기고 있다.
'학생 3'은 장승에 돌 장승도 있다는 새로운 정보를 알게 되어 유익했다는 긍정적인 반응을 보이고 있다.

④ '학생 1'과 '학생 2'는 모두 발표 내용과 관련하여 추가적인 정보 탐색을 계획하고 있다.
'학생 1'은 책을 통해, '학생 2'는 국립민속박물관 누리집을 통해 추가적인 정보 탐색을 계획하고 있다.

☑ '학생 1'과 '학생 3'은 모두 배경지식을 바탕으로 발표 내용의 정확성을 점검하고 있다.
'학생 1'과 '학생 3'은 모두 자신의 배경지식을 떠올렸으나 이를 바탕으로 발표 내용의 정확성을 점검하고 있지는 않으므로 적절하지 않다.

[04~07] 화법과 작문

04 토론의 입론 이해   정답률 88% | 정답 ②

(가)의 '찬성 1'의 입론에 대한 설명으로 가장 적절한 것은?

① 구체적 사례를 제시하여 현 제도의 목적을 언급하고 있다.
'현재 시행 중인 드론 실명제'를 설명함으로써 현 제도를 언급하고는 있으나 그것의 목적을 이야기하고 있는 것이 아니다.

☑ 통계 자료를 제시하여 제도 개선의 필요성을 드러내고 있다.
(가)의 '찬성 1'은 한국소비자보호원의 통계 자료를 제시하여 제도 개선의 필요성을 드러내고 있다.

③ 문제의 원인을 분류하여 문제 상황의 다양성을 강조하고 있다.
'2kg 이하의 소형 드론이 사생활을 침해하거나 소음 공해, 안전사고 등을 일으켜도 소유주를 알 수 없다는 문제'에 대해 언급하고 있으나 문제의 원인을 분류하고 있지는 않다.

④ 새로운 쟁점을 추가하여 제도 개선 과정의 정당성을 주장하고 있다.
'사고 처리나 피해 보상을 비교적 원활히 할 수 있을 것'이라는 진술은 제도 개선에 따른 기대 효과를 드러낸 것일 뿐, 제도 개선 과정의 정당성을 주장하고 있는 것이 아니며, 새로운 쟁점을 추가한 것도 아니다.

⑤ 두 제도의 장단점을 비교하여 현 제도의 문제점을 설명하고 있다.
소형 드론이 문제를 일으켜도 소유주를 알 수 없다는 현 제도의 문제점을 설명하고 있으나 두 제도의 장단점을 비교하고 있지는 않다.

05 말하기 방식 파악   정답률 76% | 정답 ②

[A], [B]에 대한 이해로 적절하지 <u>않은</u> 것은? [3점]

① [A]의 반대 2는 상대측의 의견을 통해 추론한 내용을 제시하며 상대측 의견의 실현 가능성에 의문을 제기하고 있다.
[A]의 '반대 2'가 '이 경우 ~ 있을 것입니다.'라고 말한 부분에서 상대측의 의견을 통해 추론한 내용을 제시한 것을 확인할 수 있다.

☑ [A]의 찬성 1은 상대측이 잘못 이해한 내용을 바로잡으며 상대측의 질문 내용이 논제에서 벗어났음을 지적하고 있다.
[A]에서 '찬성 1'은 상대측이 제기한 실현 가능성에 대한 의문에 대해 신고 대상 드론의 범위를 한정하고 있을 뿐, 상대측의 질문 내용이 논제에서 벗어났음을 지적하고 있지는 않다.

③ [B]의 반대 2는 상대측이 제시한 자료의 적절성을 평가하며 문제를 제기하고 있다.
[B]의 '반대 2'가 '언급하신 자료는 ~ 아니지 않나요?'라고 말한 부분에서 상대측이 제시한 자료의 적절성을 평가하며 문제를 제기한 것을 확인할 수 있다.

④ [B]의 찬성 1은 상대측의 문제 제기를 인정하면서도 자신이 제시한 근거가 타당성이 있음을 강조하고 있다.
[B]의 '찬성 1'이 '네, 맞습니다.'라고 말한 부분에서 상대측의 문제 제기를 인정하면서도 '2kg 이하 ~ 가능성이 높습니다.'라고 말한 부분에서 자신이 제시한 근거가 타당성이 있음을 강조하고 있다는 것을 확인할 수 있다.

⑤ [A]와 [B]의 반대 2는 모두 상대측의 발언 일부를 재진술한 후 자신의 질문에 응답하기를 바라고 있다.
'반대 2'가 [A]에서 '최대이륙중량이 250g을 ~ 한다고 말씀하셨는데,'라고 말한 부분과 [B]에서 '조사 대상 ~ 일으켰다고 하셨는데,'라고 말한 부분에서 상대측의 발언 일부를 재진술한 것을 확인할 수 있다.

★★★ 등급을 가르는 문제! ★★★

06 작문 계획의 반영 여부 확인   정답률 32% | 정답 ①

(가)를 바탕으로 (나)를 쓰기 위한 작문 계획으로 가장 적절한 것은?

[1문단]
○ 토론에서 언급된, 기체 신고 기준과 조종 자격 차등화에 대한 내용을 바탕으로 현행 드론 실명제 규정을 소개해야겠어. ·· ①

[2문단]
○ 토론에서 언급되지 않은, 다른 나라의 기체 신고 기준을 제시하며 우리나라의 기체 신고 기준과 비교해야겠어. ·· ②

[3문단]
○ 토론에서 언급된, 드론 실명제 개정 시 얻을 수 있는 긍정적 효과를 제시한 후 제도 개정 시 발생하는 행정적 비용에 대한 내용을 추가해야겠어. ········· ③

[3문단]
○ 토론에서 언급되지 않은, 성숙한 드론 문화를 정착시킬 수 있는 방안을 제도의 개정과 개인의 실천 의지로 구분하여 제시해야겠어. ········· ④

[4문단]
○ 토론에서 언급된, 드론 산업의 발전 가능성과 전망을 제시하며 드론 활용 분야에 대한 구체적인 예시를 추가해야겠어. ········· ⑤

☑ 토론에서 언급된, 기체 신고 기준과 조종 자격 차등화에 대한 내용을 바탕으로 현행 드론 실명제 규정을 소개해야겠어.

(가)의 '찬성 1'이 '현재 시행 ~ 의무화하고 있습니다.'에서 언급한 기체 신고 기준과 '하지만 드론 ~ 조종할 수 있어.'에서 언급한 조종 자격 차등화에 대한 내용을 바탕으로 (나)의 1문단에서 '현행 드론 실명제에서는 ~ 차등화하고 있다.'를 통해 현행 드론 실명제 규정을 소개하고 있다.

② 토론에서 언급되지 않은, 다른 나라의 기체 신고 기준을 제시하며 우리나라의 기체 신고 기준과 비교해야겠어.
(나)의 2문단에서 언급한 다른 나라의 기체 신고 기준은 (가)의 '찬성 1'의 '미국과 중국 ~ 하고 있습니다.'에서 언급하고 있으며, (나)의 2문단에서 우리나라의 기체 신고 기준과 비교하고 있지도 않다.

③ 토론에서 언급된, 드론 실명제 개정 시 얻을 수 있는 긍정적 효과를 제시한 후 제도 개정 시 발생하는 행정적 비용에 대한 내용을 추가해야겠어.
(가)의 '찬성 1'이 '드론 실명제 적용 대상 ~ 있을 것입니다'에서 언급한 드론 실명제 개정 시 얻을 수 있는 긍정적 효과를 (나)에서는 언급하고 있지 않다.

④ 토론에서 언급되지 않은, 성숙한 드론 문화를 정착시킬 수 있는 방안을 제도의 개정과 개인의 실천 의지로 구분하여 제시해야겠어.
(가)에서 언급되지 않은 성숙한 드론 문화를 정착시킬 수 있는 방안이 (나)의 3문단에 제시되어 있으나, 제도의 개정과 관련된 내용은 언급되지 않았다.

⑤ 토론에서 언급된, 드론 산업의 발전 가능성과 전망을 제시하며 드론 활용 분야에 대한 구체적인 예시를 추가해야겠어.
드론 산업의 발전 가능성과 전망과 드론 활용 분야의 예시를 (나)의 4문단에서 '드론 산업의 ~ 것이다'와 '배달 ~ 것이다'를 통해 각각 제시하고 있으나, (가)에는 언급되지 않았다.

★★ 문제 해결 꿀~팁 ★★

▶ 많이 틀린 이유는?
이 문제는 주어진 정보를 꼼꼼하게 포착하지 못한 경우가 많았기에 오답률이 높았던 것으로 보인다.

▶ 문제 해결 방법은?
이 문제를 해결하기 위해서는 선지가 묻는 정보를 지문에서 정확하게 찾아야 한다. ①의 경우 '최대이륙중량 2kg을 초과하는 드론'에 대해서만 신고 의무가 적용된다는 점에서 기체 신고 기준을 확인할 수 있으며 '2kg 이하의 드론은 자격을 취득하지 않아도 조종할 수 있다'는 점에서 조종 자격 차등화 규정을 언급하고 있음을 알 수 있다. 오답률이 높았을 것으로 보이는 ④의 경우 성숙한 드론 문화를 정착시킬 수 있는 방안에 대하여 3문단에 제시하고 있지만, 이를 제도의 개정 차원에서 언급하지 않고 오히려 '현재의 제도가 잘 자리 잡을 수 있도록 해야 한다'고 말하고 있음을 확인할 수 있다.

07 고쳐쓰기의 적절성 판단   정답률 79% | 정답 ③

〈보기〉는 선생님의 조언을 듣고 (나)의 마지막 문단을 고쳐 쓴 것이다. 선생님이 조언한 내용으로 가장 적절한 것은?

─〈보 기〉─
적절한 규정과 함께 성숙한 드론 문화가 우리 사회에 안정적으로 자리 잡으면 관련 산업이 더욱 발전할 것이다. 그러면 우리는 배달이나 응급 구조 등의 다양한 분야에서 드론을 널리 사용하게 될 것이다. 드론의 일상화로 우리의 삶이 더욱 편리하고 윤택해지기를 기대해 본다.

① 드론 산업의 시장 규모에 대한 내용을 삭제하고, 드론 관련 산업이 발전해 온 과정을 추가하면 어떨까?
드론 산업의 시장 규모에 대한 내용이 삭제되었고, 드론 관련 산업이 발전해 온 과정이 아니라 드론 관련 산업이 더욱 발전하기 위한 전제 조건이 추가되었음을 알 수 있다.

② 드론이 창출할 수 있는 경제적 효과에 대한 내용을 삭제하고, 드론 관련 산업이 발전해 온 과정을 추가하면 어떨까?
드론이 창출할 수 있는 경제적 효과가 아니라 드론 산업의 시장 규모에 대한 내용이 삭제되었고, 드론 관련 산업이 발전해 온 과정이 아니라 드론 관련 산업이 더욱 발전하기 위한 전제 조건이 추가되었음을 알 수 있다.

☑ 드론 산업의 시장 규모에 대한 내용을 삭제하고, 드론 관련 산업이 더욱 발전하기 위한 전제 조건을 추가하면 어떨까?
(나)의 마지막 문단과 〈보기〉를 비교하면, 〈보기〉에는 (나)의 '우리나라에서도 드론 ~ 확대될 것이다.'라는 드론 산업의 시장 규모에 대한 내용이 삭제되었고, '적절한 규정과 ~ 발전할 것이다.'라는 드론 관련 산업이 더욱 발전하기 위한 전제 조건이 추가되었음을 알 수 있다.

④ 드론이 창출할 수 있는 경제적 효과에 대한 내용을 삭제하고, 성숙한 드론 문화 정착을 위한 조건을 추가하면 어떨까?
드론이 창출할 수 있는 경제적 효과가 아니라 드론 산업의 시장 규모에 대한 내용이 삭제되었고, 성숙한 드론 문화 정착에 대해 언급하고 있으나 성숙한 드론 문화 정착을 위한 조건의 차원에서 추가된 것이 아님을 알 수 있다.

⑤ 드론 산업의 시장 규모에 대한 내용을 삭제하고, 성숙한 드론 문화의 정착을 위해 보완해야 하는 상세 규정을 추가하면 어떨까?
드론 산업의 시장 규모에 대한 내용이 삭제되었고, 성숙한 드론 문화의 정착을 위해 보완해야 하는 상세 규정을 추가하고 있지 않음을 알 수 있다.

[08~10] 작문

08 작문 계획의 반영 여부 파악   정답률 90% | 정답 ④

'작문 상황'을 고려하여 구상한 글쓰기 내용으로, 초고에 반영 되지 <u>않은</u> 것은?

① 눈 건강이 중요한 이유
1문단에, 눈은 일상생활의 많은 활동에 영향을 미치는 주요 감각기관이기 때문에 건강한 눈 상태를 유지하는 것이 중요하다는 내용이 제시되어 있다.

② 청소년기 시력 이상 현황의 심각성
2문단에, 성장기에 이미 시력 이상 상태에 놓인 청소년의 비율이 매우 높은 편이며 우리나라 전체 고등학교 1학년 학생 중 시력 이상 상태에 해당하는 학생이 약 73%에 달할 만큼 심각하다는 내용이 제시되어 있다.

③ 청소년기 시력 이상의 일반적 특징
3문단에, 시력 이상 상태인 청소년의 대부분은 일반적으로 굴절 이상으로 인해 먼 곳이 잘 보이지 않는다는 특징이 제시되어 있다.

✔ 청소년기 시력 이상의 종류별 발생 원인
학생의 초고에 청소년기 시력 이상의 종류별 발생 원인은 제시되어 있지 않다.

⑤ 고도 근시와 안질환 발생 확률 간의 관계
3문단에, 고도 근시의 경우 다양한 안질환이 발생할 확률이 높아진다는 둘 사이의 관계가 제시되어 있다.

09 글쓰기의 적절성 파악 | 정답률 84% | 정답 ②

다음은 초고를 읽은 편집부장의 조언이다. 이를 반영하여 [A]를 작성한다고 할 때, 가장 적절한 것은?

> 요즘 청소년들의 눈 건강 문제가 심각하다는 것과 독자에게 당부하는 바가 잘 드러나는 제목으로 쓰는 게 좋겠어.

① 근시의 잠재적 위험성, 어떻게 눈을 지켜야 할까
편집부장의 조언 중 요즘 청소년들의 눈 건강 문제가 심각하다는 것과 독자에게 당부하는 바가 모두 나타나 있지 않다.

✔ 청소년 시력 이상 적신호, 일상 속 실천으로 눈 건강을 지키자
편집부장의 조언 중 요즘 청소년들의 눈 건강 문제가 심각하다는 것은 '청소년 시력 이상 적신호'에서 나타내고 있고, 독자에게 당부하는 바는 '일상 속 실천으로 눈 건강을 지키자'에서 나타내고 있다.

③ 우리의 일상을 책임지는 감각기관, 소중한 내 눈을 보호하자
편집부장의 조언 중 요즘 청소년들의 눈 건강 문제가 심각하다는 것이 나타나 있지 않다.

④ 청소년 근시 그대로 방치하면, 안질환 발생 위험성 높아진다
편집부장의 조언 중 요즘 청소년들의 눈 건강 문제가 심각하다는 것과 독자에게 당부하는 바가 모두 나타나 있지 않다.

⑤ 우리의 눈 건강을 지키는 방법, 일찍 자고 눈의 피로를 풀어주자
편집부장의 조언 중 요즘 청소년들의 눈 건강 문제가 심각하다는 것이 나타나 있지 않다.

10 자료 활용의 적절성 파악 | 정답률 65% | 정답 ⑤

〈보기〉는 학생이 초고를 보완하기 위해 추가로 수집한 자료이다. 자료의 활용 방안으로 적절하지 <u>않은</u> 것은? [3점]

─〈 보 기 〉─

ㄱ. 통계 자료

ㄱ-1. 연도별 시력 이상 학생 비율

단위(%)

연도\학년	2016	2019	2022
초4	47.62	46.62	54.46
중1	67.67	65.56	65.24
고1	74.1	74.48	72.92

ㄱ-2. 시력 이상 고1 학생 중 교정 비율 (2022년)

31% 교정하고 있지 않음
69% 교정 중

ㄴ. 전문가 인터뷰 자료
"청소년기는 안구 성장이 일어나는 시기로, 시력 교정이 필요한데도 시력 교정을 하지 않으면 시력이 더 저하될 수 있습니다. 그리고 근시가 고도 근시로 진행되면 녹내장, 근시성 황반변성 등 실명을 유발할 수 있는 안질환 발생 위험도 증가할 수 있습니다."

ㄷ. 신문 기사
최근 디지털 기기 사용이 증가하면서 현대인들의 눈 건강이 위기에 처해 있다. 스마트폰이나 모니터를 근거리에서 오랜 시간 집중적으로 볼 경우, 눈의 초점을 정확하게 맞추는 기능이 떨어져 순간적으로 시력이 저하되고 눈이 피로해지며 시야가 흐려진다. 청소년의 근시 비율이 급증한 것 역시 디지털 기기를 오랜 시간 사용한 것에 따른 부작용을 주요 요인으로 볼 수 있다.

① ㄱ-1을 활용하여, 학년이 높아질수록 시력 이상 상태인 학생 비율이 높아진다는 내용을, 청소년 눈 건강 문제의 심각성을 뒷받침하는 근거로 2문단에 추가한다.
ㄱ-1은 학년이 높아질수록 시력 이상 상태인 학생 비율이 높아지고 있음을 연도별로 보여주는 자료이므로 청소년 눈 건강의 심각성을 뒷받침하는 근거로 2문단에 추가하기에 적절하다.

② ㄴ을 활용하여, 고도 근시가 유발할 수 있는 안질환의 종류를, 고도 근시의 위험성을 구체화하는 내용으로 3문단에 추가한다.
ㄴ은 고도 근시의 위험성 및 고도 근시가 유발할 수 있는 안질환의 종류를 설명하는 자료이므로, 고도 근시의 위험성을 구체화하는 내용으로 3문단에 추가하기에 적절하다.

③ ㄷ을 활용하여, 디지털 기기를 근거리에서 오래 보는 것이 눈 건강에 악영향을 끼친다는 내용을, 디지털 기기를 장시간 집중적으로 볼 때는 적절히 눈의 피로를 풀어 주어야 한다는 내용을 뒷받침하는 근거로 4문단에 제시한다.
ㄷ은 디지털 기기를 근거리에서 장시간 볼 경우 눈 건강에 악영향을 미칠 수 있음을 설명하는 자료이므로 디지털 기기를 장시간 집중적으로 볼 때는 적절히 눈의 피로를 풀어 주어야 한다는 내용을 뒷받침하는 근거로 4문단에 제시하기에 적절하다.

④ ㄱ-2와 ㄴ을 활용하여, 시력이 더 저하될 수 있음에도 시력 교정을 하지 않는 학생들이 30%가 넘는다는 내용을, 정기적인 안과 검진을 통한 시력의 점검 및 교정 노력의 필요성을 부각하는 자료로 4문단에 제시한다.
ㄱ-2는 시력 이상 상태이면서도 교정을 받고 있지 않은 학생들이 30%가 넘는다는 것을 보여 주는 자료이고, ㄴ은 시력 교정이 필요한데도 시력 교정을 하지 않으면 시력이 더 저하될 수 있음을 설명하는 자료이므로 ㄱ-2와 ㄴ을 정기적인 안과 검진을 통한 시력의 점검 및 교정 노력의 필요성을 부각하는 자료로 4문단에 제시하기에 적절하다.

✔ ㄴ과 ㄷ을 활용하여, 안구 성장이 진행되고 있는 청소년의 근시 비율이 급증하고 있다는 내용을, 일찍 시작된 근시일수록 고도 근시에 도달할 가능성이 높다는 내용을 뒷받침하는 근거로 3문단에 제시한다.
ㄱ-1은 학년이 높아질수록 시력 이상 상태인 학생 비율이 증가하고 있음을 연도별로 보여 주는 자료이며, ㄱ-2는 시력 이상 상태이지만 시력 교정을 하고 있지 않은 고1 학생의 비율을 보여 주는 자료이다. ㄴ은 청소년기에 시력 교정이 필요한 이유와 고도 근시에 따른 안질환 발생 위험 증가에 대해 알려 주는 자료

이다. ㄷ은 디지털 기기를 근거리에서 장시간 볼 경우 눈 건강에 악영향을 미칠 수 있음을 설명하는 자료이다. ㄴ과 ㄷ 모두 근시의 시작 시기와 근시의 위험성 간의 관계에 대해서는 다루고 있지 않으므로 ㄴ과 ㄷ을 활용해 일찍 시작된 근시일수록 고도 근시에 도달할 가능성이 높다는 내용을 뒷받침하는 근거를 제시한다는 자료 활용 방안은 적절하지 않다.

[11~15] 문법

11 표제어 표기 이해 | 정답률 69% | 정답 ④

[A]를 바탕으로 추론한 내용으로 적절하지 <u>않은</u> 것은?

① '1월'과 '9월'은 사전에 한글로 표기되므로 '1월'보다 '9월'이 먼저 제시된다.
'1월'과 '9월'은 사전에 '일월'과 '구월'로 표기되므로 표제어가 가나다순으로 배열된다는 원칙에 따라 '1월'보다 '9월'이 먼저 제시된다.

② '새해'는 '새'와 '해'가 합쳐진 단어이므로 '새-해'로 표기한다.
'새해'는 '새'와 '해'가 합쳐진 합성어이므로 '새-해'와 같이 붙임표로 분석하여 표기한다.

③ '비웃음'은 '비웃다'에 접사 '-음'이 결합한 단어이므로 '비웃-음'으로 표기한다.
'비웃음'은 '비웃다'에 접사 '-음'이 결합한 파생어이므로 '비웃-음'과 같이 붙임표로 분석하여 표기한다.

✔ '뒤집히다'는 접두사 '뒤-'와 피동 접사 '-히-'가 동시에 결합하고 있으므로 '뒤-집히다'로 표기한다.
'뒤집히다'는 접두사 '뒤-'와 피동 접사 '-히-'가 동시에 결합한 파생어이므로 '뒤집-히다'와 같이 피동 접사 앞에 붙임표로 분석하여 표기한다.

⑤ '기쁨'은 '기쁘-+-ㅁ'과 같이 분석되어 구성 성분이 음절로 나누어지지 않으므로 '기쁨'으로 표기한다.
'기쁨'은 '기쁘다'에 명사 파생 접미사 '-ㅁ'이 결합하여 만들어진 파생어이지만 '기쁘-+-ㅁ'과 같이 구성 성분이 음절로 나누어지지 않아 붙임표를 따로 제시하지 않고 '기쁨'으로 표기한다.

12 표제어 순서 파악 | 정답률 76% | 정답 ③

〈보기〉는 표제어를 순서 없이 나열한 자료이다. 윗글을 참고했을 때, 이에 대한 이해로 적절하지 <u>않은</u> 것은?

─〈 보 기 〉─

웃어른 「명사」 → 웃어른.
왠지 「부사」 왜 그런지 모르게. 또는 뚜렷한 이유도 없이.
이 「명사」「언어」한글 자모 'ㅣ'의 이름.
-이 「어미」 하게할 자리에 쓰여, 상태의 서술이나 느낌을 나타내는 종결 어미.
-이- 「접사」 '사동'의 뜻을 더하는 접미사.
이상^결정 「화학」 결정면이 모두 같은 크기와 모양으로 된 배열을 가진 가상적 결정.

① '웃어른'은 비표준어이지만 사람들이 흔히 쓰고 있어서 표제어로 선정되었겠군.
『표준국어대사전』은 흔히 쓰는 비표준어도 수록 대상으로 하고 있으며 비표준어 표제어의 경우 '→'를 활용하여 표준어의 뜻풀이를 참고하도록 안내하고 있으므로, '웃어른'은 비표준어이지만 사람들이 흔히 쓰고 있어서 선정된 표제어임을 알 수 있다.

② '왠지', '웃어른', '이상^결정'의 순서로 사전에 배열되어 있겠군.
표제어 배열에 있어 중성의 경우 'ㅐ, ㅟ, ㅣ'의 순서로 배열하고 있으므로 '왠지', '웃어른', '이상^결정'의 순서로 사전에 배열되어 있음을 알 수 있다.

✔ 접사 '-이-'는 명사 '이'와 어미 '-이' 사이에 수록되어 있겠군.
표제어가 동음이의어일 경우 어휘 형태, 문법 형태 순으로 배열하는 것이 원칙이며, 문법 형태 중에서는 어미, 접사의 순서로 배열하는 것이 원칙이다. 따라서 사전에는 명사 '이'가 가장 먼저 수록되어 있으며, 다음으로 어미 '-이'가 수록되어 있고, 마지막 순서로 접사 '-이-'가 수록되어 있다.

④ 어미 '-이'와 접사 '-이-'는 반드시 다른 말과 결합해야만 쓰일 수 있겠군.
접사와 어미처럼 자립적으로 쓰이지 않고 반드시 다른 말과 결합해야 하는 표제어는 결합하는 부분에 '-'를 붙여 표시하고 있으므로, 어미 '-이'와 접사 '-이-'는 반드시 다른 말과 결합해야만 쓸 수 있는 표제어임을 알 수 있다.

⑤ '이상^결정'을 보니 전문어의 경우 둘 이상의 단어가 모인 말도 표제어로 실려 있겠군.
『표준국어대사전』에는 단어 이하의 단위만 수록하는 것이 원칙이지만 전문어의 경우 구까지도 수록하고 있으므로, '이상^결정'은 구이지만 전문어이기 때문에 표제어로 실려 있음을 알 수 있다.

13 음운 변동 탐구 | 정답률 58% | 정답 ②

〈보기〉의 활동을 모든 학생이 바르게 수행했을 때, '학생 2'가 쓴 단어로 적절한 것은?

─〈 보 기 〉─

음운 변동에는 어떤 음운이 다른 음운으로 바뀌는 교체, 있던 음운이 없어지는 탈락, 두 음운이 합쳐져 새로운 하나의 음운으로 줄어드는 축약, 없던 음운이 새로 생기는 첨가가 있다.

[활동]
앞 학생이 제시한 단어에서 일어나지 않는 음운 변동이 일어나는 단어를 쓰시오.

학생 1 / 학생 2 / 학생 3

솜이불 [솜:니불] → (학생 2) → 밟히다 [발피다]

① 삯일[상닐]
'삯일[상닐]'에서는 탈락, 교체, 첨가가 일어난다.

07회

✔ 옷맵시[온맵씨]
'학생 1'이 쓴 '솜이불[솜ː니불]'에서는 첨가가 일어나고, '학생 3'이 쓴 '밟히다[발피다]'에서는 축약이 일어난다. 앞 학생이 쓴 단어에서 일어나지 않는 음운 변동이 일어나는 단어를 쓰는 활동이므로 첨가와 축약을 제외하고 교체 또는 탈락이 일어나는 단어를 쓰면 된다. '옷맵시[온맵씨]'에서는 다른 음운 변동 없이 교체만 일어나므로 적절하다.

③ 겉핥기[거탈끼]
'겉핥기[거탈끼]'에서는 교체, 탈락, 축약이 일어난다.

④ 색연필[생년필]
'색연필[생년필]'에서는 첨가, 교체가 일어난다.

⑤ 넓죽하다[넙쭈카다]
'넓죽하다[넙쭈카다]'에서는 탈락, 교체, 축약이 일어난다.

---

14 인용 표현 탐구 　　　　　　　　　　정답률 61% | 정답 ④

〈학습 활동〉을 수행한 결과로 적절하지 않은 것은? [3점]

〈학습 활동〉

직접 인용을 간접 인용으로 바꿀 때는 인용 조사, 인용절의 종결 어미, 대명사, 시간 표현, 높임 표현 등에서 변화가 생길 수 있다. 다음 직접 인용 문장을 간접 인용 문장으로 바꿀 때 어떤 변화가 생길지 분석해 보자.

ㄱ. 그는 나에게 "당신은 제 책을 보셨습니까?"라고 물었다.
ㄴ. 나는 어제 그에게 "그녀는 내일 도착합니다."라고 말했다.

① ㄱ은 인용절의 높임 표현이 바뀐다.
ㄱ은 '그는 나에게 내가 자기의 책을 보았냐고 물었다'와 같이 간접 인용 문장으로 바꿀 수 있다. 이 경우 직접 인용 문장과 비교했을 때, 높임 표현(−시(었)− → (−았−))에 변화가 생긴다.

② ㄴ은 인용절의 시간 표현이 바뀐다.
ㄴ은 '나는 어제 그에게 그녀는 오늘 도착한다고 말했다'와 같이 간접 인용 문장으로 바꿀 수 있다. 이 경우 직접 인용 문장과 비교했을 때, 인용절의 시간 표현(내일 → 오늘)에 변화가 생긴다.

③ ㄱ은 ㄴ과 달리 인용절의 대명사가 바뀐다.
ㄱ은 '그는 나에게 내가 자기의 책을 보았냐고 물었다'와 같이 간접 인용 문장으로 바꿀 수 있다. 이 경우 직접 인용 문장과 비교했을 때, 인용절의 대명사(당신 → 내, 저(의) → 자기(의))에 변화가 생긴다. ㄴ은 '나는 어제 그에게 그녀는 오늘 도착한다고 말했다'와 같이 간접 인용 문장으로 바꿀 수 있다. 이 경우 직접 인용 문장과 비교했을 때, 인용절의 대명사가 바뀌지 않는다.

✔ ㄴ은 ㄱ과 달리 인용절의 종결 어미가 바뀐다.
ㄱ은 '그는 나에게 내가 자기의 책을 보았냐고 물었다'와 같이 간접 인용 문장으로 바꿀 수 있다. 이 경우 직접 인용 문장과 비교했을 때, 인용 조사(라고 → 고), 인용절의 대명사(당신 → 내, 저(의) → 자기(의)), 높임 표현(−시(었)− → (−았−)), 종결 어미(−습니까 → −냐)에 변화가 생긴다. ㄴ은 '나는 어제 그에게 그녀는 오늘 도착한다고 말했다'와 같이 간접 인용 문장으로 바꿀 수 있다. 이 경우 직접 인용 문장과 비교했을 때, 인용 조사(라고 → 고), 인용절의 시간 표현(내일 → 오늘), 종결 어미(−ㅂ니다 → −ㄴ다)에 변화가 생긴다.

⑤ ㄱ과 ㄴ은 모두 인용절에 연결된 인용 조사가 바뀐다.
ㄱ은 '그는 나에게 내가 자기의 책을 보았냐고 물었다'와 같이 간접 인용 문장으로 바꿀 수 있다. 이 경우 직접 인용 문장과 비교했을 때, 인용 조사(라고 → 고)에 변화가 생긴다. ㄴ은 '나는 어제 그에게 그녀는 오늘 도착한다고 말했다'와 같이 간접 인용 문장으로 바꿀 수 있다. 이 경우 직접 인용 문장과 비교했을 때, 인용 조사(라고 → 고)에 변화가 생긴다.

---

15 중세국어 'ㅎ' 종성 체언 이해 　　　정답률 80% | 정답 ①

〈보기〉의 ㉠, ㉡에 들어갈 내용으로 적절한 것은?

〈보 기〉

선생님: 중세국어에서 조사와 결합하면 'ㅎ'이 나타나는 체언이 있는데 이를 'ㅎ' 종성 체언이라고 해요. 'ㅎ' 종성 체언 뒤에 어떤 조사가 결합하는지에 따라 'ㅎ'의 실현 양상이 달라지는데, [자료 1]을 참고하여 [자료 2]의 빈칸을 채워 볼까요?

[자료 1]

결합하는 조사	'ㅎ'의 실현 양상
관형격 조사 'ㅅ'	'ㅎ'은 나타나지 않는다.
모음으로 시작하는 조사	'ㅎ'은 뒤따르는 모음에 이어 적는다.
'ㄱ' 또는 'ㄷ'으로 시작하는 조사	'ㅎ'은 뒤따르는 'ㄱ', 'ㄷ'과 어울려 'ㅋ', 'ㅌ'으로 나타난다.

[자료 2]

예1 [내ㅎ+이] 이러 → [　　] 이러 (냇물이 이루어져)
예2 부텻 [우ㅎ+과] → 부텻 [　　] (부처의 위와)

학생: [자료 1]을 보면 [자료 2]의 예1 은 (　㉠　)라고 써야 하고, 예2 는 (　㉡　)라고 써야 합니다.

선생님: 네, 맞아요.

　　㉠　　　　㉡
✔ 내히　　　우콰
'내ㅎ'와 '이'가 결합할 때, '이'는 모음으로 시작하는 조사이므로 '내ㅎ'와 '이'가 결합하면 'ㅎ'은 뒤따르는 모음에 이어 적어 '내히'라고 써야 한다. '우ㅎ'와 '과'가 결합할 때, '과'는 'ㄱ'으로 시작하는 조사이므로 '우ㅎ'와 '과'가 결합하면 'ㅎ'은 뒤따르는 'ㄱ'과 어울려 'ㅋ'으로 나타나서 '우콰'라고 써야 한다. 따라서 ㉠에는 '내히'를, ㉡에는 '우콰'를 쓰는 것이 적절하다.

② 내히　　　우콰
③ 내이　　　우콰
④ 내이　　　우콰
⑤ 내히　　　웇과

[16~45] 독서·문학

16~20 인문

(가) 박찬국, 「하이데거의 '존재와 시간' 강독」

해제 하이데거는 인간이 자신의 존재 이유를 스스로 만들어 나갈 수 있다는 점에서 인간을 '현존재'라고 정의한다. 그러나 현존재는 자신이 속한 사회가 요구하는 체제 속에서 스스로의 고유성을 잃고 비본래적 삶을 살아갈 위험성이 있다. 이때 현존재 자체에 내재해 있는 죽음에 대한 인식은 현존재로 하여금 비본래적 삶에서 해방되어 본래적 삶으로 나아가게끔 한다. 하이데거는 죽음을 타인과 구별되는 고유한 가능성으로 바라보기 때문이다. 따라서 현존재는 죽음에 대해 회피와 무관심으로 일관하지 않고, 죽음과 적극적으로 대면함으로써 과거의 비본래적 삶을 반성해야 한다. 요컨대 **하이데거는 자신의 존재 의미를 스스로 결정하며 살아가겠다는 새로운 결단을 통해 인간은 실존적 삶을 살아갈 수 있다고 본다.**

주제 죽음과의 적극적 대면을 통해 실존을 강조한 하이데거

문단 핵심 내용

1문단	하이데거가 정의한 현존재
2문단	현존재의 비본래적 삶
3문단	죽음과의 적극적 대면을 통한 본래적 삶의 획득 가능성
4문단	죽음에 대한 회피와 무관심에서 비롯되는 비본래적 삶
5문단	하이데거 관점의 실존적 의의

(나) 장 폴 사르트르, 「존재와 무」

해제 사르트르는 인간이 기대를 통해 자기를 갱신하는 자유를 가질 수 있다고 본다. 그러나 삶을 의미 있게 형성해 나가는 기대와 자유는 죽음에 의해 차단된다. 사르트르에 따르면 죽음은 모든 기대와 가능성을 무의미하게 만드는 것이기 때문이다. 무언가에 의미를 부여하는 주체인 '나'가 죽음에 의해 사라지면 죽음은 삶에서 실감될 수 없고, 자유를 가지고 살아가는 또 다른 주체인 타자에 의해서만 의미를 부여받을 수 있다. 요컨대 사르트르는 죽음에 연연하지 않고 현재의 삶을 주체적으로 살아가는 태도를 통해 실존적 의미를 스스로 정립해 나갈 수 있다고 본다.

주제 현재를 살아가는 주체적 태도를 통해 실존을 강조한 사르트르

문단 핵심 내용

1문단	사르트르가 정의한 인간의 존재 방식
2문단	죽음을 바라보는 사르트르의 관점
3문단	삶에서 실감될 수 없는 것으로서 죽음
4문단	사르트르 관점의 실존적 의의

---

16 전개 방식 파악 　　　　　　　　　정답률 90% | 정답 ⑤

(가), (나)에 대한 설명으로 가장 적절한 것은?

① (가)는 시간의 흐름에 따른 구성을 통해 특정 개념의 의미 변화를 설명하고 있다.
(가)는 하이데거가 언급한 특정 개념들의 의미를 설명하고 있지만 시간의 흐름에 따른 의미 변화가 나타나 있지는 않다.

② (나)는 질문에 답하는 형식으로 특정 개념에 대한 철학자의 견해를 제시하고 있다.
(나)는 죽음에 대한 사르트르의 견해가 제시되어 있지만 질문에 답하는 형식으로 구성되어 있지는 않다.

③ (가)는 (나)와 달리 특정 철학자의 이론을 언급하며 이론이 지닌 한계를 드러내고 있다.
(가)는 하이데거가 설명한 죽음에 대한 이론을 설명하고 있지만, 그 이론의 한계를 드러내고 있지는 않다.

④ (나)는 (가)와 달리 역사적 인물의 삶을 분석하며 철학자의 주장을 입증하고 있다.
(나)에서 죽음에 의미를 부여할 수 있는 타자를 설명하기 위해 '어떤 청년'이 책을 쓰고 죽은 상황을 예로 들기는 하였지만, 이 청년을 역사적 인물로 볼 수 없으며 청년의 삶을 분석하고 있는 것으로 볼 수도 없다.

✔ (가)와 (나)는 모두, 특정 개념에 대한 설명을 바탕으로 철학자의 관점에 대해 의미를 부여하고 있다.
(가)는 '현존재'나 '세인' 등의 개념을 설명하며 하이데거의 관점이 새로운 결단을 통한 실존적 삶을 제시했다는 의미를 부여하고 있다. (나)는 '타자'나 '죽음의 우연성' 등의 개념을 바탕으로 고인의 죽음에 대한 아픔을 극복할 수 있다는 점과 인간이 죽음에 연연하지 않고 실존적 의미를 스스로 정립해 나갈 수 있게 한다는 점에서 사르트르의 관점에 의미를 부여하고 있다.

---

17 내용 파악 　　　　　　　　　　　　정답률 72% | 정답 ②

(가)의 현존재 에 대한 이해로 적절하지 않은 것은?

① 현존재는 자신이 죽는다는 사실을 인식하면 불안을 느끼게 된다.
(가)의 4문단에 따르면, 자신이 죽는다는 사실을 인식하면 현존재는 불안을 느끼게 된다고 하였다.

✔ 현존재는 삶이 유한하다는 것을 인식하기 위해 죽음을 은폐하지 않고 본래적 삶을 살아간다.
(가)의 3문단에 따르면, 현존재가 비본래적 삶에서 해방되어 본래적 삶으로 나아가기 위해서는 삶이 유한하다는 인식이 필요하다고 하였다. 따라서 본래적 삶을 살기 위한 조건으로 죽음을 은폐하지 않는 것이 필요한 것이지, 삶이 유한하다는 것을 인식하기 위해 죽음을 은폐하지 않고 본래적 삶을 살아가는 것은 아니다.

③ 현존재는 세상이 원하는 기준에 맞추어 살아갈 때 고유성을 상실하고 비본래적 삶을 살게 된다.
(가)의 2문단에 따르면, 현존재는 자신이 속한 사회가 요구하는 체제에 따라 살아가기 때문에, 자기 자신의 고유성을 드러내는 본래적 삶을 살지 않고 세상이 시키는 대로 살게 되곤 한다고 하였다.

---

④ 현존재는 죽음의 대체불가능성을 적극적으로 대면할 때 자신의 진정한 개인적 삶을 인식할 수 있다.

(가)의 3문단에 따르면, 죽음은 다른 누군가가 대신해 줄 수 없는, 나 스스로만이 경험할 수 있는 고유한 것이기에 대체불가능성을 지니고, 나의 죽음을 적극적으로 대면할 때 자신의 진정한 개인적 삶을 인식할 수 있다고 하였다.

⑤ 현존재는 정해진 운명에 따라 살아가는 것이 아니라 자신의 존재 이유를 스스로 만들어 갈 수 있다.

(가)의 5문단에 따르면, 죽음이라는 가능성 앞에 미리 자신을 세워봄으로써 과거의 비본래적 삶을 반성하고, 자신의 존재 의미를 스스로 결정하며 살아가겠다는 새로운 결단을 통해 실존적 삶을 살아갈 수 있다고 보았다.

---

18 내용 파악   정답률 79% | 정답 ②

(가)와 (나)를 바탕으로 ㉠과 ㉡을 비교하여 이해한 내용으로 가장 적절한 것은?

① ㉠은 죽음의 확실성을 부정하는 존재이고, ㉡은 죽음의 우연성을 부정하는 존재이다.

세인(㉠)은 죽음의 확실성을 부정하는 존재로 볼 수 있고, 타자(㉡)는 죽음의 우연성을 부정하는 존재로 볼 수 없다.

✔ ㉠은 자신의 죽음을 외면하는 존재이고, ㉡은 타인의 죽음에 의미를 부여할 수 있는 존재이다.

(가)의 4문단을 통해 죽음을 외면할 때 고유성을 잃게 됨을 알 수 있고, (가)의 2문단을 통해 세인(㉠)은 고유성을 잃은 존재임을 알 수 있다. 따라서 ㉠이 죽음을 외면하는 존재라는 설명은 적절하다. (나)의 3문단과 4문단을 통해 타자(㉡)는 다른 사람의 죽음에 의미를 부여하며 타인의 삶을 재구성할 수 있는 존재임을 알 수 있다.

③ ㉠은 다른 사람과 구별되어 살아가는 존재이고, ㉡은 다른 사람과 단절되어 살아가는 존재이다.

세인(㉠)은 다른 사람과 구별되어 살아가는 존재로 볼 수 없고, 타자(㉡)는 다른 사람과 단절되어 살아가는 존재로 볼 수 없다.

④ ㉠은 익명성으로부터 벗어나 살아가는 존재이고, ㉡은 주체성으로부터 벗어나 살아가는 존재이다.

세인(㉠)은 익명성으로부터 벗어나 살아가는 존재로 볼 수 없고, 타자(㉡)는 주체성으로부터 벗어나 살아가는 존재로 볼 수 없다.

⑤ ㉠은 자신의 삶에서 새로운 결단을 실현하는 존재이고, ㉡은 자신의 삶에서 기대를 실현하는 존재이다.

세인(㉠)은 자신의 삶에서 새로운 결단을 실현하는 존재로 볼 수 없고, 타자(㉡)는 자신의 삶에서 기대를 실현하는 존재로 볼 수 있다.

---

19 사례 적용   정답률 72% | 정답 ②

(나)의 사르트르의 관점에서 〈보기〉의 야스퍼스를 비판한다고 가정했을 때, 그 내용으로 가장 적절한 것은?

― 〈 보 기 〉―

야스퍼스는 '죽음은 나와 함께 변한다.'라고 말하며 죽음에 대한 태도가 고정적이지 않다고 주장했다. 자신의 죽음을 어떻게 받아들이느냐에 따라 죽음은 보편적이고 객관적인 사실일 수도 있고, 주관적인 의미를 지닌 것일 수도 있다는 것이다. 이때 전자의 경우는 죽음을 모든 것을 무의미하게 만들어 버리는 허망한 종말로서 인식하는 데 그치지만, 후자의 경우는 자신의 태도에 따라 죽음의 의미를 판단하며 참다운 자기 자신으로서 실존할 수 있게 된다.

① 죽음은 삶의 일부분이 아니므로 인간은 자신의 죽음을 맞이 해야만 실존적 의미를 지닐 수 있다.

(나)의 4문단에 따르면, 사르트르는 죽음에 대한 인식 없이도 주체적 선택을 통해 실존적 삶을 살아갈 수 있다고 하였다. 따라서 죽음을 맞이해야만 인간이 실존적 의미를 지닐 수 있다는 사르트르의 관점에서 할 수 있는 비판으로 적절하지 않다.

✔ 죽음은 나와 상관없이 찾아오는 우연한 사실이므로 인간은 자신의 죽음의 의미를 판단할 수 없다.

(나)의 2문단에 따르면, 죽음은 나의 외부에서 우연히 찾아오는 하나의 사실일 뿐이며, 삶의 일부분으로 존재하지 않고 나의 모든 기대와 가능성을 무의미하게 만드는 것이다. 또한 (나)의 3문단을 통해 인간은 자신의 죽음에 대해 스스로 의미를 부여할 수 없음을 알 수 있다. 즉, 인간은 자신의 죽음에 대해 어떤 판단도 할 수 없으며 죽음은 그저 객관적인 사실로서만 존재하는 것이다. 〈보기〉에 따르면, 야스퍼스는 죽음을 받아들이는 태도가 고정적이지 않기 때문에 자신의 죽음을 어떻게 받아들이느냐에 따라 죽음의 의미가 달라질 수 있다고 보았다. 이는 자신의 죽음에 의미를 부여할 수 없다는 사르트르의 관점에서 비판할 수 있는 내용이다. 따라서 죽음은 나와 상관없이 찾아오는 우연한 사실이므로 인간은 자신의 죽음의 의미를 판단할 수 없다는 것은 사르트르의 관점에서 야스퍼스를 비판하는 내용으로 적절하다.

③ 인간은 자유를 발휘하며 살아갈 수 있으므로 자신의 관점에서 자신의 죽음을 해석하여 실존할 수 있다.

(나)의 3문단에 따르면, 사르트르는 자신의 죽음에 대해 의미를 부여할 수 없다고 하였으므로 자신의 죽음을 자신의 관점으로 해석한다는 것은 사르트르의 관점에서 할 수 있는 비판으로 적절하지 않다.

④ 죽음은 나의 사라짐을 의미하므로 인간은 자신의 죽음의 의미를 찾지 못해 실존적 삶을 살아갈 수 없다.

(나)의 4문단에 따르면, 사르트르는 죽음에 대한 인식 없이도 주체적 선택을 통해 실존적 삶을 살아갈 수 있다고 하였다. 따라서 인간이 자신의 죽음의 의미를 찾지 못해 실존적 삶을 살아갈 수 없다는 것은 사르트르의 관점에서 할 수 있는 비판으로 적절하지 않다.

⑤ 인간은 각자의 기대에 따라 무언가에 의미를 부여하며 살아가므로 자신의 죽음을 주관적인 의미로만 인식할 수 있다.

(나)의 2문단에 따르면, 사르트르는 죽음을 객관적 사실로만 보고 있으므로 자신의 죽음을 주관적 의미로만 인식할 수 있다는 것은 사르트르의 관점에서 할 수 있는 비판으로 적절하지 않다.

---

20 사례 적용   정답률 61% | 정답 ⑤

다음은 학생이 작성한 일기이다. (가)의 하이데거와 (나)의 사르트르의 입장에서 이를 분석한 내용으로 적절하지 않은 것은? [3점]

2024. 09. ○○. 날씨 맑음 ☀

오늘은 오랜만에 영화를 보고 왔는데, 주인공이 인생의 유한성을 깨달은 이후부터 삶에 최선을 다하는 모습이 무척 인상 깊었다. 사실 인생의 유한성에 대해 생각해 본 적이 없었는데, 내 삶에 끝이 있다고 생각하니 별 고민 없이 다른 사람들을 따라 무심코 선택했던 일들을 돌아보게 된다. 이제는 내가 진정으로 원하는 내 삶의 모습을 생각해 보아야지. 내가 좋아하면서 가치도 있는 일이 뭐가 있을까……. 그래, 좋은 소설을 쓰면 내가 세상을 떠난 후에도 사람들이 내 삶을 가치 있게 기억해 줄 테니 훌륭한 작가가 되어야겠다! 그리고 이 다짐을 지키기 위해 내 삶의 마지막 순간을 항상 떠올리며 최선을 다해 살아가야겠다.

① 하이데거는 '인생의 유한성에 대해 생각해 본 적이 없었'던 것을 현존재가 비본래적 삶에서 해방되지 않은 상태라고 보겠군.

(가)의 3문단에 따르면 하이데거는 비본래적 삶에서 해방되기 위해서는 삶이 유한하다는 인식이 필요하다고 하였으므로, '인생의 유한성에 대해 생각해 본 적이 없었'던 것에 대해 현존재가 비본래적 삶에서 해방되지 않은 상태로 볼 것이다.

② 하이데거는 '별 고민 없이 다른 사람들을 따라 무심코 선택했던 일들을 돌아보'는 것을 현존재가 세인으로 존재했던 삶을 반성하는 자세라고 여기겠군.

(가)의 2문단에 따르면 하이데거는 현존재가 세상이 시키는 대로 사는 것을 세인으로 존재하며 비본래적 삶을 사는 것이라고 하였다. 따라서 '별 고민 없이 다른 사람들을 따라 무심코 선택했던 일들을 돌아보'는 것을 현존재가 세인으로 존재했던 삶을 반성하는 자세라고 여길 것이다.

③ 사르트르는 '내가 세상을 떠난 후에도 사람들이 내 삶을 가치 있게 기억해' 주는 것에 대해 나의 삶이 타자에 의해 재구성되는 것으로 해석하겠군.

(나)의 4문단에 따르면 사르트르는 고인의 삶이 타자의 시선에서 재구성된다고 하였다. 따라서 '내가 세상을 떠난 후에도 사람들이 내 삶을 가치 있게 기억해' 주는 것을 나의 삶이 타자에 의해 재구성되는 것으로 해석할 것이다.

④ 하이데거와 사르트르는 모두, '내가 진정으로 원하는 내 삶의 모습'에 대해 고민하는 것을 삶의 실존적 의미를 찾아가는 과정으로 판단하겠군.

(가)의 5문단에 따르면 하이데거는 자신의 존재 의미를 스스로 결정하는 삶을 실존적 삶으로 보았고, (나)의 4문단에 따르면 사르트르는 스스로 선택을 내리며 그에 대한 책임을 지는 삶을 실존적 삶으로 보았다. 따라서 하이데거와 사르트르 모두, '내가 진정으로 원하는 내 삶의 모습'에 대해 고민하는 것을 삶의 실존적 의미를 찾아가는 과정으로 판단할 것이다.

✔ 하이데거와 사르트르는 모두, '내 삶의 마지막 순간을 항상 떠올리며 최선을 다'하겠다는 태도가 주체적인 삶을 살아가는 데 필요하다는 점에 대해 동의하겠군.

(가)의 5문단을 통해 하이데거는 본래적 삶을 살기 위해 죽음에 대한 인식을 요구하였음을 알 수 있고, (나)의 4문단을 통해 사르트르는 실존적 삶을 살기 위해 죽음에 대한 인식이 아닌 주체적 선택과 책임을 강조했음을 알 수 있다. 따라서 '내 삶의 마지막 순간을 항상 떠올리며 최선을 다'하겠다는 태도가 주체적인 삶을 살아가는 데 필요하다는 점에 대해 사르트르는 동의하지 않을 것이다.

21~25 기술

임지순 역, 『리얼월드 암호학』

해제 이 글은 민감한 데이터 유출을 방지하기 위해 암호화된 상태로 안전하게 연산을 수행할 수 있는 **동형암호의 종류와 원리, 특성에 대해 설명**하고 있다. 동형암호는 동형성이 연산의 종류 및 연산 횟수와 맺는 관계에 따라 부분 동형암호, 제한적 동형암호, 완전 동형암호로 나뉜다. 완전 동형암호는 격자 기반 완전 동형암호, CRT 기반 완전 동형암호로 다시 나뉘며, 격자 기반 완전 동형암호는 데이터의 저장 공간이 많이 필요하고, 연산 속도가 느리다는 맹점을 가진다. 효율성을 개선하기 위해 등장한 CRT 기반 완전 동형암호는 격자 기반의 방식보다 더 많은 데이터를 저장할 수 있고 연산 속도가 빠르며 병렬로 연산을 수행할 수 있다는 특성을 가진다.

주제 격자 기반 완전 동형암호와 CRT 기반 완전 동형암호의 원리와 특성

문단 핵심 내용

1문단	동형암호의 등장배경
2문단	동형암호의 정의와 종류
3문단	격자 기반 완전 동형암호의 암호화 원리
4문단	격자 기반 완전 동형암호의 부트스트래핑 과정
5문단	격자 기반 완전 동형암호의 맹점
6문단	CRT 기반 완전 동형암호의 암호화 원리
7문단	격자 기반 완전 동형암호의 맹점을 극복한 CRT 기반 완전 동형암호

---

21 내용 파악   정답률 70% | 정답 ①

윗글의 내용과 일치하지 않는 것은?

✔ 제한적 동형암호는 컴퓨터의 특정한 한 종류의 연산에만 동형성을 갖는 암호이다.

2문단에서 제한적 동형암호는 컴퓨터의 특정 연산에만 동형성을 갖는 암호가 아니라 연산의 종류와 관계없이 특정 횟수까지만 동형성을 갖는 암호라는 것을 알 수 있다.

② 격자 기반 완전 동형암호는 수학적으로 답을 찾기 어려운 문제를 응용하여 만들어졌다.

3문단에서 격자 기반 완전 동형암호는 수학계에서 답을 찾기 어렵다고 알려진 격자 문제를 응용하여 만들어졌다는 것을 알 수 있다.

③ 공개키 방식으로 암호화된 데이터를 연산하기 위해서는 원래의 데이터로 복호화해야 한다.

1문단에서 공개키 암호화 방식으로 암호화된 데이터는 검색이나 통계적인 연산을 수행하기 위해 원래 데이터로 복원하는 복호화 과정을 거쳐야 한다는 것을 알 수 있다.

④ CRT 기반 완전 동형암호는 원문을 특정한 정수로 나눈 나머지 값을 암호문으로 사용한다.

6문단에서 CRT 기반 완전 동형암호는 하나의 원문을 특정한 정수인 암호키로 나눈 나머지 값을 암호문으로 이용한다는 것을 알 수 있다.

⑤ 격자 기반 완전 동형암호는 암호키와 임의의 정수를 곱한 수를 원문에 더해서 암호문을 만든다.

3문단에서 격자 기반 완전 동형암호는 암호키와 임의의 정수를 곱한 수를 원문에 더하면 암호문이 만들어진다는 것을 알 수 있다.

---

22 내용 추론
정답률 70% | 정답 ⑤

부트스트래핑에 대해 이해한 내용으로 적절하지 않은 것은?

① 부트스트래핑은 동일한 암호문을 연산할 때 덧셈 연산보다 곱셈 연산을 많이 수행할수록 더 빨리 시작된다.

3문단에서 암호문의 연산을 반복할수록 오룻값이 커지는데 특히 곱셈 연산을 수행할수록 오룻값이 급격하게 커지기 때문에 동일한 암호문의 연산을 수행할 때 덧셈보다 곱셈 연산을 많이 수행할수록 부트스트래핑이 더 빨리 시작된다는 것을 알 수 있다.

② 부트스트래핑은 암호문의 연산 과정에서 오룻값이 한계치에 이르렀을 때 진행된다.

3문단과 4문단에서 암호문에 오룻값이 누적되어 한계치에 이르면 지속적인 연산을 위해 부트스트래핑 과정이 필요하다는 내용을 통해 부트스트래핑은 암호문의 연산 과정에서 오룻값이 한계치에 이르렀을 때 진행된다는 것을 알 수 있다.

③ 부트스트래핑에 사용되는 암호키는 이전 암호화에 사용된 암호키와 다르다.

4문단에서 부트스트래핑은 이전 암호화에 사용한 암호키와는 다른 암호키를 사용한다는 것을 알 수 있다.

④ 부트스트래핑의 과정을 거치면 이전 암호화된 암호문이 복호화된다.

4문단에서 암호문과 암호키 p를 재암호화하고 이를 복호화 회로를 통해 복호화하면 이전의 암호문이 복호화된다는 것을 알 수 있다.

☑ 부트스트래핑의 결과로 생성된 새로운 암호문에는 오룻값이 없다.

4문단에서 부트스트래핑의 과정을 수행하면 그동안의 연산 과정에서 누적된 오룻값은 모두 제거되지만 부트스트래핑의 과정에서 새로운 오룻값이 추가되기 때문에 부트스트래핑의 결과로 생성된 새로운 암호문에 오룻값이 없다는 진술은 적절하지 않다.

---

23 내용 파악
정답률 60% | 정답 ③

㉠과 ㉡을 비교하여 이해한 내용으로 적절하지 않은 것은?

① ㉠은 ㉡과 달리 비트 단위로 암호문 연산을 수행한다.

3문단과 5문단에서 격자 기반 완전 동형암호가 원문을 비트 단위로 변환하여 각 비트별로 암호화하고 개별 비트 단위로 암호문 연산을 수행한다는 것을 알 수 있고 6문단과 7문단에서 CRT 기반 완전 동형암호가 데이터를 정수 단위로 암호화하고 연산한다는 것을 알 수 있다.

② ㉠은 ㉡과 달리 원문을 암호화했을 때 암호문의 값이 원문보다 커진다.

5문단에서 격자 기반 완전 동형암호는 원문을 비트 단위로 변환하여 각 비트별로 암호화하기 때문에 암호문이 원문에 비해 10~100배 가량 커진다는 것을 알 수 있고 6문단에서 CRT 기반 완전 동형암호는 원문을 암호키로 나눈 나머지 값을 암호문으로 사용하기 때문에 암호문의 값이 원문보다 작아진다는 것을 알 수 있다.

☑ ㉡은 ㉠과 달리 암호문에 오룻값을 추가하여 안전성을 높인다.

3문단에서 격자 기반 완전 동형암호(㉠)가 암호문을 만드는 과정에서 무작위로 오룻값을 추가하여 안전성을 높인다는 것을 알 수 있고 7문단에서 CRT 기반 완전 동형암호(㉡)가 안전성을 위해 무작위로 오룻값을 추가한다는 것을 알 수 있다.

④ ㉡은 ㉠과 달리 데이터를 병렬적으로 연산하는 것이 가능하다.

7문단에서 CRT 기반 완전 동형암호는 격자 기반 완전 동형암호와 달리 데이터를 병렬적으로 연산할 수 있다는 것을 알 수 있다.

⑤ ㉠과 ㉡은 모두 암호문을 연산하는 횟수에 제한이 없다.

2문단에서 완전 동형암호는 암호문을 연산하는 횟수에 제한 없이 덧셈, 곱셈 연산에 동형성을 갖는다는 것을 알 수 있다.

★★★ 등급을 가르는 문제!

24 사례 적용
정답률 41% | 정답 ③

[A]를 바탕으로 〈보기〉를 이해한 내용으로 가장 적절한 것은? [3점]

〈보 기〉

다음은 CRT 기반 완전 동형암호를 활용하여 연산하는 과정이다.

① ㉮에서 원문 연산의 결괏값을 암호키로 암호화하면 5, 4가 된다.

〈보기〉에서 원문 연산의 결괏값인 42를 암호키 11과 13으로 암호화하면 각각 9와 3이 된다.

② ㉯에서 각 원문을 암호화한 암호키의 개수는 총 4개이다.

6문단에서 CRT 기반 완전 동형암호는 암호키의 개수를 임의로 설정할 수 있는데 이때 각각의 원문마다 암호키의 개수만큼 암호문이 만들어진다는 것을 알 수 있다. 〈보기〉에서 각 원문에 대해 암호문의 개수가 2개이므로 각 원문을 암호화한 암호키의 개수가 총 2개라는 것을 알 수 있다.

☑ ㉰에서 만들어진 암호문을 연산한 결괏값은 암호키로 다시 나눌 필요가 없다.

6문단에서 CRT 기반 완전 동형암호로 암호화된 암호문을 연산할 때는 각 원문을 동일한 암호키로 나눈 나머지 값끼리 연산을 수행해야 하는데, 이때 만약 연산 수행의 결괏값이 암호키와 같거나 암호키보다

크면 한 번 더 암호키로 나누어 나머지 값을 구해야 한다는 것을 알 수 있다. 〈보기〉에서 사용된 암호키는 11, 13이고 원문 27을 암호키 11로 나눈 나머지 값 5와 원문 15를 암호키 11로 나눈 나머지 값 4를 덧셈 연산하면 9가 된다. 그리고 원문 27을 13으로 나눈 나머지 값 1과 원문 15를 암호키 13으로 나눈 나머지 값 2를 덧셈 연산하면 3이 된다. 이때 암호문의 연산 결괏값인 9와 3은 각각 암호키 11과 13보다 작기 때문에 해당 암호키로 다시 나눌 필요가 없다.

④ ㉱에서 암호키를 알면 나머지 값을 몰라도 원문 27과 15를 복호화할 수 있다.

6문단에서 CRT 기반 완전 동형암호로 암호화된 암호문을 원문으로 복호화하기 위해서는 암호키와 원문을 암호키로 나누었을 때의 나머지를 알아야 한다는 것을 알 수 있다.

⑤ ㉮~㉱의 과정을 통해 만들어진 연산 결괏값은 암호문과 달리 정수이다.

6문단에서 CRT 기반 완전 동형암호는 원문을 정수 단위로 암호화하고 연산하기 때문에 암호문과 암호문의 연산 결괏값은 모두 정수라는 것을 알 수 있다.

★★ 문제 해결 꿀~팁 ★★

▶ 많이 틀린 이유는?
이 문제는 지문에 제시된 [A]를 이해하는 것에 심리적 부담감을 느끼는 경우가 많았기에 오답률이 높았던 것으로 보인다.

▶ 문제 해결 방법은?
이 문제를 해결하기 위해서는 CRT 기반 완전 동형암호의 원리에 기반하여 사례 적용을 할 수 있어야 하고, 그 특성 역시 잘 파악해야 한다. [A]에서 만약 연산 수행의 결괏값이 암호키와 같거나 암호키보다 크면 한 번 더 암호키로 나누어 나머지 값을 구해야 한다는 조건이 덧붙었으므로 ③의 적절성 여부를 판단하기 위해서는 먼저 연산 수행의 결괏값을 구해야 한다. 덧셈 연산을 수행하기 위해서는 〈보기〉에서 원문과 암호키가 무엇인지를 판단해야 한다. 주어진 원문은 27, 15이고 암호키는 11, 13임을 확인할 수 있다. 원문 27을 암호키 11로 나눈 나머지 값은 5이고, 원문 15를 암호키 11로 나눈 나머지 값은 4이다. 나머지 값 5와 4를 덧셈 연산하면 9가 된다. 다음으로 원문 27을 13으로 나눈 나머지 값은 1이고, 원문 27을 13으로 나눈 나머지 값은 2이다. 나머지 값 1과 2를 덧셈 연산하면 3이 된다. 암호문의 연산 결괏값인 9와 3은 각각 암호키 11과 13보다 작기 때문에 ③은 적절한 내용임을 확인할 수 있다. 이처럼 원리를 활용하는 사례 적용 문제는 주어진 정보를 적절하게 활용하며 단계적으로 차근히 해결해야 한다.

---

25 단어의 문맥적 의미
정답률 73% | 정답 ④

문맥상 ⓐ~ⓔ와 바꾸어 쓰기에 가장 적절한 것은?

① ⓐ : 달성(達成)되고
'달성(達城)되고'는 '목적한 바가 성취되고'의 의미이므로 바꾸어 쓰기에 적절하지 않다.

② ⓑ : 제시(提示)한다
'제시(提示)한다'는 '어떤 의사를 글이나 말로 드러낸다'의 의미이므로 바꾸어 쓰기에 적절하지 않다.

③ ⓒ : 분리(分離)된다
'분리(分離)된다'는 '서로 나뉘어 떨어지거나 그리 된다'의 의미이므로 바꾸어 쓰기에 적절하지 않다.

☑ ⓓ : 도달(到達)한
'이른'은 오룻값이 한계치에 다다른다는 의미이다. 그러므로 '어떤 수준에 이르러 다다름'이라는 의미의 '도달(到達)한'과 문맥상 바꾸어 쓸 수 있다.

⑤ ⓔ : 결성(結成)된다
'결성(結成)된다'는 '단체나 조직 따위가 만들어진다'의 의미이므로 바꾸어 쓰기에 적절하지 않다.

26~28 현대시

(가) 윤동주, 「위로」

감상 | 이 작품은 **고통 속에서의 위로와 무력감을 표현**하고 있으며 그러한 고통을 견뎌내는 것이 얼마나 어려운지를 이야기한다. 암울한 현실을 타개하기 위한 시도는 일시적인 해결책에 불과하며, 현실은 변하지 않는다. 일제강점기를 배경으로 하는 이 작품은 **우리 민족의 상황을 표현하며 삶에서 마주하는 고통과 그 고통 속에서의 위로에 대해** 이야기하고 있다.

주제 | 암울한 시대를 살아가는 존재에 대한 위로

(나) 황동규, 「달밤」

감상 | 이 작품은 1950년대의 부정적 현실을 배경으로 한다. 일상 속에서 마주하는 부정적 자아의 모습을 인식하고 이를 극복하는 모습을 보여주고 있다. 화자는 질문을 통해 자신을 성찰하고 자연물의 속성을 내면화한다. 이로써 자아의 순수성을 발견하고 그에 기반한 새로운 삶을 살고자 하는 자세를 드러내고 있다.

주제 | 순수성에 대한 인식과 새로운 삶의 자세에 대한 지향

---

26 작품 간의 공통점 파악
정답률 50% | 정답 ①

(가)와 (나)의 공통점으로 가장 적절한 것은?

☑ 동일한 시어를 반복하여 시적 의미를 강조하고 있다.
(가)는 '파득거려도', '끝없는' 등의 시어를, (나)는 '친구 몇몇', '달빛' 등의 시어를 반복하여 시적 의미를 강조하고 있다.

② 명사로 시상을 마무리하여 시적 여운을 드러내고 있다.
(나)는 '달빛'이라는 명사로 시상을 마무리하여 시적 여운을 드러내고 있지만 (가)는 명사로 시상을 마무리하고 있지 않다.

③ 반어적 표현을 활용하여 화자의 태도를 부각하고 있다.
(가)와 (나)는 모두 반어적 표현을 활용하고 있지 않다.

④ 영탄적 어조를 통해 시적 대상의 속성을 예찬하고 있다.
(가)와 (나)는 모두 영탄적 어조를 활용하고 있지 않다.

⑤ 공감각적 심상을 이용하여 애상적 분위기를 조성하고 있다.
(가)와 (나)는 모두 공감각적 심상을 활용하고 있지 않다.

---

27 시어 의미 파악
정답률 74% | 정답 ④

(가), (나)의 시어에 대한 이해로 적절하지 않은 것은?

① (가)에서 '바르게'를 활용하여 사나이가 누워 있는 곳이 거미가 쳐 놓은 그물을 쳐다보기에 좋은 위치임을 나타내고 있군.
(가)에서 '바르게'를 활용하여 사나이가 누워 있는 곳이 거미가 쳐 놓은 그물을 쳐다보기에 좋은 위치임을 나타내고 있다고 볼 수 있다.

② (가)에서 '자꾸'를 활용하여 거미가 쳐 놓은 그물에 걸려 계속해서 감기기만 하는 나비의 힘든 상황을 그려 내고 있군.
(가)에서 '자꾸'를 활용하여 거미가 쳐 놓은 그물에 걸려 계속해서 감기기만 하는 나비의 힘든 상황을 그려 내고 있다고 볼 수 있다.

③ (가)에서 '쏜살같이'를 활용하여 나비를 감기 위해 매우 빠르게 움직이는 거미의 행동을 강조하고 있군.
(가)에서 '쏜살같이'를 활용하여 나비를 감기 위해 매우 빠르게 움직이는 거미의 행동을 강조하고 있다고 볼 수 있다.

✔④ (나)에서 '이제'를 활용하여 친구 몇몇과의 만남으로 인해 외로움이 아닌 길이 시작되었음을 드러내고 있군.
(나)에서 화자는 달빛이 비추는 들판을 걷는 것이 외로움의 길이 아니라는 것을 알게 되었고, 이를 '친구 몇몇 그들에게' 보여 주는 시점을 '이제'를 활용하여 드러내고 있다. 그렇기 때문에 친구 몇몇과의 만남으로 인해 외로움이 아닌 길이 시작되었음을 드러내고 있다고 보는 것은 적절하지 않다.

⑤ (나)에서 '가득히'를 활용하여 달빛이 화자의 헐벗은 옷을 환히 비추는 상황을 드러내고 있군.
(나)에서 '가득히'를 활용하여 달빛이 화자의 헐벗은 옷을 환히 비추는 상황을 드러내고 있다고 볼 수 있다.

28 외적 준거에 따른 감상   정답률 46% | 정답 ①

〈보기〉를 바탕으로 (가), (나)를 감상한 내용으로 적절하지 않은 것은? [3점]
─〈보 기〉─
(가)와 (나)는 각각 일제 강점기와 1950년대의 부정적 현실을 배경으로 한다. 모두 자연물을 활용하고 있다는 공통점이 있지만, 화자가 현실에 대응하는 태도는 다르다. (가)는 암울한 현실에서 무기력한 우리 민족의 상황을 표현하며 이를 위로하는 화자의 행동을. (나)는 질문을 통해 자신을 성찰하고 자연물의 속성을 내면화하여 순수한 삶을 살고자 하는 화자의 자세를 드러내고 있다.

✔① (가)에서 '나비'가 '꽃밭'으로 '날아'드는 것은 일제 강점기의 암울한 현실에 대응하려는 화자의 의지를 드러낸 것이겠군.
(가)에서 '나비'는 우리 민족을. '꽃밭'은 '나비'가 도달하고자 하는 공간 또는 이상을 나타낸다고 볼 수 있다. 따라서 '나비'가 '꽃밭'에 '날아'드는 것을 화자가 일제 강점기 암울한 현실에 대응하려는 의지를 드러낸 것이라고 보는 것은 적절하지 않다.

② (가)에서 '한숨을 쉬'는 '사나이'를 위해 '거미줄을 헝클어 버리는' 것은 무기력한 우리 민족의 상황을 위로하는 화자의 행동을 드러낸 것이겠군.
(가)에서 '한숨을 쉬'는 '사나이'를 위해 '거미줄을 헝클어 버리는' 것은 무기력한 우리 민족의 상황을 위로하는 화자의 행동을 드러낸 것으로 볼 수 있다.

③ (나)에서 '달빛'을 '받'으며 '구름 개인 들판을 걸어'가는 것은 달의 밝은 이미지를 내면화하여 순수한 삶을 살겠다는 화자의 자세를 드러낸 것이겠군.
(나)에서 '달빛'을 '받'으며 '구름 개인 들판을 걸어'가는 것은 달의 밝은 이미지를 내면화하여 순수한 삶을 살겠다는 화자의 자세를 드러낸 것으로 볼 수 있다.

④ (나)에서 '내 생각해 온 것'이 '무엇'인지를 물으며 자기 내면을 들여다보는 것은 질문을 통해 자신의 삶을 성찰하는 화자의 모습을 드러낸 것이겠군.
(나)에서 '내 생각해 온 것'이 '무엇'인지를 물으며 자기 내면을 들여다보는 것은 질문을 통해 자신의 삶을 성찰하는 화자의 모습을 드러낸 것으로 볼 수 있다.

⑤ (가)에서 '거미란 놈'의 '그물'에 걸려 '나비'가 '날개를 파득거'리는 것과 (나)에서 화자가 '얼은 들판을 걸어가'며 '얼음'을 '밟'는 것은 모두 자연물을 활용하여 부정적 현실을 드러낸 것이겠군.
(가)에서 '거미란 놈'이 쳐 놓은 '그물'에 걸려 '나비'가 '날개를 파득거'리는 것은 자연물을 활용하여 일제 강점기라는 부정적 현실을 드러낸 것으로 볼 수 있다. (나)에서 화자는 '얼음을 밟'으며 '얼은 들판을 걸어가'는 상황에 있으며 이는 자연물을 통해 1950년대의 부정적 현실을 드러낸 것으로 볼 수 있다.

29~32 현대 소설

공선옥, 「먼 바다」

감상 이 작품은 **수몰 예정지에 사는 수몰민들의 모습을 통해 개발 난민이 겪는 현실을 보여 준다.** 수몰 예정지인 마을에서는 생계 유지 문제로 주민들 사이에 갈등이 일어나기도 하고 보상금으로 인해 가족 공동체의 붕괴가 가속화되기도 한다. 또한 빈집이 늘어난 마을에 주민들의 눈을 피해 들어온 외지인과 아직 떠나지 못한 주민이 문제를 일으키기도 한다. 한편 수몰 예정지에서 유랑하는 이들끼리의 연대를 통해 어려운 이들이 서로 돕는 따뜻한 모습을 보여주기도 한다.
주제 개발 난민이 겪는 현실과 유랑하는 이들끼리의 연대

29 내용 파악   정답률 80% | 정답 ③

윗글에 대한 이해로 적절하지 않은 것은?

① '덕님'은 살던 집을 떠나야 하는 상황을 슬퍼하고 있다.
'이제 물이 ~ 찢어지는 것만 같았다.'라는 부분에서 '덕님'이 살던 집을 떠나야 하는 상황을 슬퍼하고 있음을 확인할 수 있다.

② '두 사나이'가 동네에서 뜯은 문짝은 고물상으로 옮겨질 것이다.
'그득한 달빛 ~ 반출이 될 거였다.', '문짝을 떼어 내느라'라는 부분에서 두 사나이가 동네에서 뜯은 문짝이 고물상으로 옮겨질 것임을 확인할 수 있다.

✔③ '칠환'은 가구 공장에서 작업 중 사고를 당해 장애를 입었다.
'술을 먹고 ~ 되고 말았다.'라는 부분에서 '칠환'이 오토바이를 타고 가다가 사고를 당해 장애를 입었음을 확인할 수 있다. 칠환이 가구 공장에서 작업 중 사고를 당해 장애를 입었다는 이해는 적절하지 않다.

④ '칠환'은 고향 집에 대한 보상금을 자신의 병원비로 모두 사용하였다.
'보상금을 타서 제 병원비로 다 써 버린 칠환'이라는 부분에서 '칠환'이 고향 집에 대한 보상금을 병원비로 모두 사용하였음을 확인할 수 있다.

⑤ '명호'는 버려진 짐승들을 쫓는 달밤의 사냥에 동참하였다.
'그렇게 해서 ~ 아닐 수 없었다.'라는 부분에서 '명호'가 버려진 짐승들을 쫓는 달밤의 사냥에 동참하였음을 확인할 수 있다.

30 인물의 심리 파악   정답률 75% | 정답 ④

㉠ ~ ㉤에 대해 이해한 내용으로 적절하지 않은 것은?

① ㉠ : 예상치 못한 상황에 임기응변으로 대처하고 있다.
칠환이 처한 상황에 대해 '임기응변, 그것은 ~ 최대의 무기'라고 표현하는 것으로 보아 예상치 못한 상황에 임기응변으로 대처하고 있다는 설명은 적절하다.

② ㉡ : 상대방이 떳떳한 일을 하는 사람들이 아닐 것이라는 확신이 담겨 있다.
상대방들의 행동에 대해 '떳떳한 일을 도모하는 자들은 아닐 거라는 확신이 들면서'라고 표현하는 것으로 보아 상대방이 떳떳한 일을 하는 사람들이 아닐 것이라는 확신이 담겨진다는 설명은 적절하다.

③ ㉢ : 위기를 모면하기 위해 자신들의 정체를 속이고 있다.
두 사나이가 빈집의 고물을 모으고 있는 상황이기에 자신들의 정체를 속이고 있다는 설명은 적절하다.

✔④ ㉣ : 자신에게 유리하게 진행되는 상황에 자신감을 얻어 상대방의 행동을 지적하고 있다.
수자원공사에서 나온 직원 척하는 두 사나이의 말에 '여간 떨리는 게 아니다', '떨고 있는 표시를 내면 안 된다'라고 표현하는 것으로 보아 칠환이 이 상황에 대해 자신에게 유리하게 진행된다고 판단하여 자신감을 얻었다고 볼 수 없다.

⑤ ㉤ : 떨고 있는 상대방을 안심시키기 위한 의도가 담겨 있다.
칠환이 '생포된 짐승같이 바들바들 떨'자 두 사나이가 고물 장수라는 자신들의 정체를 밝히는 것으로 보아 떨고 있는 상대방을 안심시키기 위한 의도가 담겨 있다는 설명은 적절하다.

31 장면의 기능 파악   정답률 80% | 정답 ③

[A]에 대한 이해로 가장 적절한 것은?

① 덕님과 논쟁하는 방송국 사람의 모습을 통해 언론의 비인간적인 속성을 부각한다.
언론의 비인간적인 속성이 나타난다고 볼 수 있으나, 덕님과 논쟁하는 방송국 사람의 모습이 드러나지 않는다는 점에 적절하지 않다.

② 덕님의 생활을 관찰하는 방송국 사람의 모습을 통해 수몰민의 실상을 폭로하려는 언론의 의도를 드러낸다.
덕님의 생활을 관찰하는 방송국 사람들의 모습을 통해 수몰민의 실상을 폭로하려는 언론의 의도를 드러낸다고 보는 것은 적절하지 않다.

✔③ 덕님의 상황에 공감하지 못하고 촬영하는 방송국 사람의 모습을 통해 타인의 고통에 무관심한 언론의 면모를 드러낸다.
[A]는 방송국 사람이 수몰민인 덕님의 집에 찾아와 촬영을 하는 장면이다. 방송국 사람이 덕님에게 마지막 설 준비를 하는 기분을 묻자 덕님은 울음을 터뜨렸는데 이에 대해 방송국 사람은 덕님의 처지에 공감하기보다는 오히려 '깔깔대며 웃'고 '설 준비하는 흉내'를 내라고 하며 덕님의 모습을 촬영한다. 따라서 타인의 고통에 무관심한 언론의 면모를 드러낸다고 보는 것은 적절하다.

④ 방송국 사람을 이용하여 자신의 처지를 알리려는 덕님의 모습을 통해 어려운 상황을 극복하려는 수몰민의 의지를 부각한다.
덕님이 사진 찍히는 것이 '질색'이라고 했다는 점에서 덕님이 방송국 사람을 이용하여 자신의 처지를 알리려 한다고 보는 것은 적절하지 않다.

⑤ 방송국 사람의 요구를 순순히 들어주는 덕님의 모습을 통해 보상금을 받기 위해 애쓰는 수몰민의 이중적인 태도를 드러낸다.
덕님은 방송국 사람의 질문에 따라 답을 하고, '설 준비하는 흉내'를 내라는 요구에 따라 물을 붓고 불을 땐다는 점에서 방송국 사람의 요구를 들어주고 있다고 볼 수 있지만 이를 덕님이 보상금을 받기 위해 애쓴다고 보는 것은 적절하지 않다.

32 외적 준거에 따른 감상   정답률 79% | 정답 ④

〈보기〉를 바탕으로 윗글을 감상한 내용으로 적절하지 않은 것은? [3점]
─〈보 기〉─
이 작품은 수몰 예정지에 사는 수몰민들의 모습을 통해 개발 난민이 겪는 현실을 보여 준다. 수몰 예정지인 마을에서는 생계 유지 문제로 주민들 사이에 갈등이 일어나기도 하고 보상금으로 인해 가족 공동체의 붕괴가 가속화되기도 한다. 또한 빈집이 늘어난 마을에 주민들의 눈을 피해 들어 온 외지인과 아직 떠나지 못한 주민이 문제를 일으키기도 한다. 한편 수몰 예정지에서 유랑하는 이들끼리의 연대를 통해 어려운 이들이 서로 돕는 따뜻한 모습을 보여 주기도 한다.

① 덕님의 자식들이 '수몰 보상금을 나눠 가진' 후 '제 어미가 어찌 살든 내려와 보지도 않는' 모습을 통해 개발 과정에서 가족 공동체가 붕괴되는 모습을 보여 주고 있군.
덕님의 자식들은 집이 수몰되는 것에 대해 관심이 없고 수몰 보상금을 나눠 가진 뒤에는 덕님을 찾아와 보지도 않는다. 따라서 개발 과정에서 가족 공동체가 붕괴되는 모습을 보여 주고 있다는 감상은 적절하다.

② 칠환이 '남이 버리고 간 집'에 살면서 '짐승들을 잡아다가 팔아서 돈을 마련'하려는 모습을 통해 삶의 기반을 잃고 유랑하는 이의 비참한 현실을 보여 주고 있군.
수몰 예정지가 된 고향으로 돌아와 기름값을 벌기 위해 짐승 사냥을 하는 칠환에 대해 유랑하는 이의 비참한 현실을 보여 주고 있다는 감상은 적절하다.

③ 사람들이 '소나 개'를 처분하고 떠나 '고양이나 염소와 닭들의 세상이 되어 있는' 마을의 모습을 통해 주민들이 떠나 빈집이 늘어난 수몰 예정지의 상황을 보여 주고 있군.
사람들이 마을을 떠나면서 값나가는 소나 개는 처분했기 때문에 마을에 값이 안 나가는 고양이, 염소, 닭의 세상이 되었다고 했으므로 고양이나 염소와 닭들의 세상이 되어 있는 마을의 모습을 통해 주민들이 떠나 빈집이 늘어난 수몰 예정지의 상황을 보여준다는 감상은 적절하다.

☑ 칠환이 두 사나이에게 '손댄 물건값'을 치르라고 말하는 모습을 통해 보상금을 노린 외지인과 생계 유지를 위해 자신의 재산을 지키려는 주민 사이의 갈등을 보여 주고 있군.

수몰 예정지에 고물을 뜯으러 온 대석은 주민들의 눈을 피해 들어온 외지인이다. 칠환은 수몰 예정지가 된 고향으로 돌아와 이미 보상금을 받았지만 병원비로 써 버린 상태이다. 이들은 생계 유지를 위해 마을을 떠돈다는 점에서 공통점이 있다. 칠환이 말하는 '손댄 물건값'은 칠환의 재산이 아니며 상황을 모면하기 위해 집주인 행세를 하는 것이므로 보상금을 노린 외지인과 자신의 재산을 지키려는 주민 사이의 갈등을 보여 주고 있다는 감상은 적절하지 않다.

⑤ 두 사나이가 칠환의 이야기를 듣고 나서 경계를 풀고 그를 도와 '어디 한번 고양이나 잡아' 보자고 제안하는 모습을 통해 유랑하는 이들끼리 연대하는 모습을 보여 주고 있군.

'아내와 아이가 기름이 없어' 떨고 있는 칠환의 말에 두 사나이는 짐승 사냥에 동참하겠다고 말하고 있으므로, 두 사나이가 칠환의 사정을 듣고 도와주겠다고 제안하는 모습을 통해 연대하는 모습을 보여 주고 있다는 감상은 적절하다.

33~37 사회

박상기, 『형법학』

해제 형법상 범죄 행위 성립 요건에는 '구성 요건 해당성', '위법성', '책임'이 있다. 구성 요건 해당성은 어떤 행위에 대한 구체적인 사실이 형법상 규정된 범죄의 유형에 해당하는 것을 말한다. 위법성은 전체 법질서에 위배된다는 가치 판단으로, 어떤 행위가 구성 요건에 해당하는 행위이면 일반적으로 위법성이 추정된다. 책임은 행위자에 대해 사회적 비난이 가능하다는 성질을 의미한다. 형법에서 다루는 범죄는 고의범과 과실범으로 나눌 수 있는데, 형법에서 다루는 범죄는 고의범이 대부분이지만 과실범에 대해서도 특별한 규정을 두어 처벌하고 있다. 과실은 결과 발생의 위험성에 대한 인식의 유무와 형법상의 과실범 규정에 따라 그 유형을 나눌 수 있다. 인식의 유무에 따라서는 '인식 없는 과실'과 '인식 있는 과실'로 나눌 수 있으며 이들은 형법상 취급에 차이가 없고 과실범의 성립 여부에 영향을 주지 않는다. 한편 형법상의 과실범 규정에 따라서는 '통상의 과실', '업무상 과실', '중과실'로 나눌 수 있는데, 이들은 법정형에 차이가 있다.

주제 형법상 범죄 행위 성립 요건과 형법에서 다루는 범죄

문단 핵심 내용

1문단	형법상 범죄 행위 성립 요건의 종류
2문단	형법상 범죄 행위 성립 요건의 성격
3문단	형법에서 다루는 범죄의 종류
4문단	인식의 유무에 따른 과실의 유형
5문단	형법상의 과실범 규정에 따른 과실의 유형과 성격

★★★ 등급을 가르는 문제!
33 내용 파악

정답률 36% | 정답 ①

윗글의 내용에 대한 이해로 적절하지 않은 것은?

☑ 협박에 의해 강요된 행위였다면 위법성이 조각되어 범죄로 볼 수 없다.

2문단에 따르면, 책임 조각 사유의 예로 강요된 행위를 제시하고 있다. 구성 요건에 해당하는 위법한 행위가 협박에 의해 강요된 행위라면 행위자의 책임이 조각되어 범죄 행위로 볼 수 없다. 그러므로 위법성이 조각되었다는 진술은 적절하지 않다.

② 어떤 행위에 대한 결과가 없더라도 그 행위만으로도 구성 요건에 해당할 수 있다.

2문단에 따르면, 구성 요건 해당성은 어떤 행위에 대한 구체적인 사실이 형법상 규정된 범죄의 유형에 해당하는 것을 말한다. 또한 '구성 요건으로 행위와 결과를 요구하는 경우에는 ~ 인과 관계가 인정되어야 한다.'라는 기술을 통해 구성 요건이 행위와 결과를 모두 요구하지 않는 경우도 있다는 점을 추론할 수 있다. 그러므로 어떤 행위에 대한 결과가 없더라도 그 행위만으로도 구성 요건에 해당할 수 있다는 진술은 적절하다.

③ 어떤 행위가 형법에 규정된 범죄 행위의 유형에 속하지 않는다면 범죄로 볼 수 없다.

1, 2문단에 따르면, 구성 요건은 형법에 규정된 범죄 행위의 유형이다. 어떤 행위가 형법에 규정된 범죄 행위의 유형에 속하지 않는다면 구성 요건에 해당하지 않는다는 것이므로 범죄로 볼 수 없다는 진술은 적절하다.

④ 어떤 행위가 형법상 범죄로 성립하기 위해서는 범죄 성립의 세 가지 요건을 순차적으로 모두 충족해야 한다.

1문단에 따르면, 형법상 범죄 행위가 성립하기 위해서는 구성 요건 해당성, 위법성, 책임이라는 세 요건을 순차적으로 모두 충족해야 하므로 적절하다.

⑤ 범죄의 구성 요건으로 행위와 결과를 요구하는 경우, 구성요건상 행위와 결과는 인과관계가 인정되어야 한다.

2문단에 따르면, 구성 요건으로 행위와 결과를 요구하는 경우에는 구성 요건상 행위와 결과 간에 인과관계가 인정되어야 하므로 적절하다.

★★ 문제 해결 꿀~팁 ★★

▶ 많이 틀린 이유는?
이 문제는 형법이 적용되지 않는 예외 사항에 구체적으로 어떤 행위가 포함될 수 있는지를 정확하게 파악하지 못했기에 오답률이 높았던 것으로 보인다.

▶ 문제 해결 방법은?
이 문제를 해결하기 위해서는 형법상 범죄 행위 성립 요건과 요건이 적용되지 않는 예외 사항에 대해 정확하게 판단할 수 있어야 한다. 2문단에 따르면 위법성 조각 사유에 해당하는 예로는 정당방위를 제시하고 있고, 책임 조각 사유에 해당하는 예로는 강요된 행위를 제시하고 있다. ①의 경우 협박에 의해 강요된 행위가 어떤 구성 요건의 예외 사항에 해당하는지를 판단하는 것이 요지이며, 강요된 행위의 경우 위법성 조각 사유가 아닌 책임 조각 사유에 해당하기 때문에 범죄로 볼 수 없다. 이처럼 지문에 주어진 정보가 많을 경우 개념 혼동에 유의하며 자기의 방식대로 차분히 정보를 분류하고 정리해야 한다.

★★★ 등급을 가르는 문제!
34 내용 추론

정답률 37% | 정답 ⑤

㉮의 이유를 추론한 내용으로 가장 적절한 것은?

① 고의는 과실보다 부주의로 인해 죄를 범할 가능성이 상대적으로 낮기 때문이다.

3문단에 따르면 고의는 행위자가 죄를 범할 의사를 가지고 행동하는 것이고, 과실은 죄를 범할 의사는 없지만 부주의로 인한 것임을 알 수 있다. 그러므로 부주의로 인해 죄를 범할 가능성은 과실에만 해당한다고 볼 수 있다. 또한 고의가 과실보다 부주의로 인해 죄를 범할 가능성이 낮다는 것이 인식 있는 과실과 미필적 고의를 구분하는 이유로도 볼 수 없어 적절하지 않다.

② 과실은 행위의 위험성에 대한 인식 유무에 따라 서로 다른 유형으로 나뉘기 때문이다.

과실의 유형을 행위의 위험성에 대한 인식의 유무로 나누는 것이 과실과 고의를 구별하는 기준이 될 수 없으므로 적절하지 않다.

③ 결과 발생의 위험성에 대한 인식 유무가 고의와 과실을 나누는 중요한 기준이기 때문이다.

3, 4문단에 따르면 인식 있는 과실과, 미필적 고의는 모두 결과 발생의 위험성에 대한 인식이 있으므로 고의와 과실을 나누는 기준이 될 수 없다.

④ 고의와 과실은 범죄 사실의 발생 가능성에 대한 인식 유무와 그 결과를 용인하는 의사 유무 모두에 차이가 있기 때문이다.

3, 4문단에 따르면 인식 있는 과실과, 미필적 고의는 모두 범죄 발생의 위험성에 대한 인식이 있으므로 고의와 과실을 나누는 기준이 될 수 없다.

☑ 행위자가 자기 행위로 인하여 발생할 위험을 용인하는 의사의 유무에 따라 그 행위가 고의와 과실로 구별되기 때문이다.

3문단에 따르면 미필적 고의는 범죄 사실의 발생 가능성에 대한 인식이 있음은 물론 나아가 범죄 사실이 발생할 위험을 용인하는 마음속의 의사를 가지고 행동하는 것이다. 또한 4문단의 인식 있는 과실의 예는 운전 중 통화 행위가 사고를 발생시킬 수 있는 위험한 행동이라고 인식하고 있으나, 주의해서 운전하면 교통사고는 발생하지 않을 것이라고 생각하고 행동했다는 점에서 위험을 용인하는 마음속의 의사가 없다는 것을 확인할 수 있다. 그러므로 두 과실을 구분함으로써 인식 있는 과실을 미필적 고의와 구별하는 것은 행위자가 자기 행위로 인하여 발생할 위험을 용인하는 의사의 유무에 따라 그 행위가 과실과 고의로 구별되기 때문이라고 추론할 수 있다.

★★ 문제 해결 꿀~팁 ★★

▶ 많이 틀린 이유는?
이 문제는 내용 판단을 요하는 것이 아니라 내용 추론을 요한다. 문제에서 요구하는 바가 무엇인지를 정확하게 파악하지 못했기에 오답률이 높았던 것으로 보인다.

▶ 문제 해결 방법은?
이 문제를 해결하기 위해서는 내용 판단의 적절성 여부에 그쳐서는 안 되고, '추론'의 영역으로까지 나아가야 한다. 예컨대 ②의 경우 과실은 행위의 위험성에 대한 인식 유무에 따라 서로 다른 유형으로 나뉜다는 점에서 진술은 적절하지만, 그것은 과실과 고의를 구별하는 기준이 될 수 없으므로 ㉮의 이유로 적절하지 않다. 지문에 제시된 인식의 유무에 따른 과실 유형 구분과 사례를 참고하면, 인식 있는 과실은 위험을 용인하는 마음속의 의사 없이 행동하는 것이다. 예컨대 자기 행위로 인하여 발생할 행동의 위험성을 인식했음에도 불구하고 괜찮을 것이라고 생각하고 운전하는 것이 이에 해당한다. 한편 미필적 고의는 범죄 사실이 발생할 위험을 용인하는 마음속의 의사를 가지고 행동하는 것이다. 따라서 인식 있는 과실과는 자기 행위로 인하여 발생할 위험을 용인하는 의사의 유무에 따라 구분되기 때문이라고 추론할 수 있다.

35 내용 파악

정답률 54% | 정답 ①

㉠ ~ ㉢에 대한 설명으로 적절하지 않은 것은?

☑ ㉠과 ㉡은 업무로 인한 결과 발생 가능성을 얼마만큼 예견했는가에 따라 법정형이 달라진다.

5문단에 따르면, 통상의 과실은 일반인에게, 업무상 과실은 업무와 관련된 자에게 적용되는 과실임을 알 수 있다. 또한 업무상 과실은 통상의 과실에 비해 결과 발생에 대한 예견가능성이 높다는 점에서 법정형이 달라지는 것이지, 결과 발생 가능성을 얼마만큼 예견했는지의 차이에 의해 법정형이 달라지는 것은 아니므로 적절하지 않다.

② ㉠과 ㉢은 주의의무에 대한 태만의 정도 차이를 기준으로 나눈다.

5문단에 따르면, 중과실은 통상의 과실에 비해 주의의무를 현저히 태만히 한 경우라고 설명하고 있으므로 적절하다.

③ ㉡은 계속적이고 반복적인 수행으로 인해 결과 발생에 대한 예견가능성이 ㉠에 비해 상대적으로 높다.

5문단에 따르면, 업무상 과실은 계속적·반복적인 수행을 요건으로 하기 때문에 통상의 과실보다 결과 발생에 대한 예견가능성이 높아 상대적으로 무겁게 처벌하고 있다고 설명하고 있으므로 적절하다.

④ ㉢은 조금만 주의를 기울여도 결과의 발생을 피할 수 있다는 점에서 ㉠에 비해 상대적으로 무겁게 처벌한다.

5문단에 따르면, 중과실은 통상의 과실에 비해 주의의무를 현저히 태만히 한 경우로 통상의 과실에 비해 상대적으로 무겁게 처벌한다고 설명하고 있으므로 적절하다.

⑤ ㉠ ~ ㉢은 형법상 과실 행위를 세분화한 것으로 법정형에 차이가 있다.

5문단에 따르면, 과실은 형법상의 과실범 규정에 따라 나누고 법정형에 차이가 있다고 설명하고 있으므로 적절하다.

★★★ 등급을 가르는 문제!
36 사례 적용

정답률 37% | 정답 ②

윗글을 참고했을 때, 〈보기〉의 판결문에 대한 반응으로 적절하지 않은 것은? [3점]

〈보 기〉
A 씨(견주)는 자신의 의류 매장에서 반려견을 키우고 있었다. A 씨는 ○월 ○일 11시에 자신의 매장에서 환불을 요구하는 손님과 다툼을 벌였고, 그 과정에서 A 씨의 의류 매장 밖으로 나갔다. 이때 지나가던 B 씨에게 A 씨의 반려견이 달려들었고, B 씨는 A 씨의 반려견에 물려 상해를 입게 되었다. A 씨의 과실 여부를 판단하는 재판 과정에서, A 씨는 자신의 반려견이 매장 밖으로 나가 타인에게 해를 끼칠 수도 있겠다고 생각했지만 손님과의 다툼으로 어쩔 수 없었던 상황이었다고 호소했다. 이에 대한 판결은 다음과 같다.

[문제편 p.116]

[판결문]

피고인(A 씨)은 피고인이 운영하는 의류 매장에서 견주로서 반려견에게 목줄을 채우지 않은 채 풀어놓고 출입문의 잠금 상태를 소홀히 한 과실로 피해자(B 씨)에게 상세 불명의 신체 부위에 상처를 입게 하였으므로 피고인을 벌금 150만 원에 처한다.

① A 씨가 반려견에 대한 관리를 소홀히 한 사실에 대해 A 씨에 대한 사회적 비난이 가능하다고 판단한 것이겠군.
1, 2문단에 따르면, 범죄가 성립하기 위해서는 구성 요건 해당성, 위법성, 책임의 세 요건을 순차적으로 모두 충족해야 한다. 그러므로 A 씨가 벌금형을 받았다는 것은 법원이 A 씨의 과실을 인정한 것으로, A 씨에게 사회적 비난 가능성인 책임이 있다고 볼 수 있다.

✔ A 씨가 반려견에 대한 관리를 소홀히 하면 타인에게 해를 끼칠 수 있다고 인식한 점은 과실범의 성립 여부에 영향을 미쳤겠군.
〈보기〉에 A 씨가 반려견이 매장 밖으로 나가 타인에게 해를 끼칠 수도 있겠다고 생각한 점을 통해 A 씨의 사례는 결과 발생의 위험성을 인식한 '인식 있는 과실'로 볼 수 있다. 그러나 4문단에 따르면, 인식 없는 과실과 인식 있는 과실은 과실범의 성립 여부에 영향을 주지 않는다고 설명하고 있으므로, A 씨의 결과 발생의 위험성의 인식 여부는 과실범의 성립 여부에 영향을 미쳤다고 볼 수 없으므로 적절하지 않다.

③ A씨가 손님과의 다툼으로 반려견에 대한 관리를 소홀히 할 수밖에 없었다고 주장하는 부분에 대해 책임 조각 사유로 인정하지 않았겠군.
A 씨가 손님과의 다툼으로 어쩔 수 없었다고 주장한 것은 자신의 책임을 인정하지 않는 것으로 볼 수 있다. 그러나 A 씨가 벌금형을 받았다는 점에서 법원은 A 씨의 주장을 책임 조각 사유로 인정하지 않았음을 알 수 있다.

④ A 씨가 반려견에 대한 관리를 소홀히 하였고 그로 인해 B 씨가 상해를 입게 된 점을 형법상 규정된 범죄 유형에 해당한다고 판단한 것이겠군.
1, 2문단에 따르면, 범죄가 성립하기 위해서는 구성 요건 해당성, 위법성, 책임의 세 요건을 순차적으로 모두 충족해야 한다. 그러므로 A 씨가 벌금형을 받았다는 것은 법원이 A 씨의 과실을 인정한 것으로, A 씨가 반려견의 관리를 소홀히 하여 타인을 다치게 한 행위는 형법상 규정된 범죄 유형에 해당한다는 점에서 구성 요건에 해당한다고 볼 수 있다.

⑤ A 씨가 반려견에 대한 관리 소홀로 타인을 다치게 하여 벌금형을 받은 점은 구성 요건에 해당하는 행위에 위법성이 있다고 판단한 것이겠군.
1, 2문단에 따르면, 범죄가 성립하기 위해서는 구성 요건 해당성, 위법성, 책임의 세 요건을 순차적으로 모두 충족해야 한다. 그러므로 A 씨가 벌금형을 받았다는 것은 법원이 A 씨의 과실을 인정한 것으로, A 씨가 반려견의 관리를 소홀히 하여 타인을 다치게 한 행위는 형법상 규정된 범죄 유형에 해당한다는 점에서 구성 요건에 해당하고, 구성 요건에 해당하는 것은 위법성을 추정할 수 있으므로 위법한 행위라고 볼 수 있다.

★★ 문제 해결 꿀~팁 ★★

▶ 많이 틀린 이유는?
이 문제는 지문에 주어진 개념 및 정보를 정리하는 과정에 어려움을 겪었기에 오답률이 높았던 것으로 보인다.

▶ 문제 해결 방법은?
이 문제를 해결하기 위해서는 지문에 주어진 정보를 선지가 요구하는 바에 따라 적절히 적용해야 한다. ②의 A 씨가 반려견에 대한 관리를 소홀히 하면 타인에게 해를 끼칠 수 있다고 인식한 점은 '인식 있는 과실'에 속한다. 인식 있는 과실은 자신의 행위를 위험한 행동이라고 인식했음에도 불구하고 주의하여 행동한다면 괜찮을 것이라고 생각하는 유형에 속하기 때문이다. 그러나 인식의 유무에 따른 과실의 구분은 형법상 취급에는 차이가 없고 과실범의 성립 여부에 영향을 주지 않는다는 정보를 4문단에서 파악할 수 있다. 따라서 A 씨의 인식 유무가 과실범의 성립 여부에 영향을 미친다고 보는 ②의 내용은 적절하지 않음을 알 수 있다. 이와 같은 문제는 개념을 적절하게 적용하는 단계뿐 아니라, 설명하고 있는 정보에서 제시하는 예외의 경우가 무엇인지에 유의한다면 어렵지 않게 풀 수 있다.

37 단어의 문맥적 의미
정답률 81% | 정답 ①

ⓐ와 문맥상 의미가 가장 가까운 것은?

✔ 동생이 학교에서 말썽을 일으켰다.
ⓐ는 '어떤 사태나 일을 벌이거나 터뜨리다'의 의미로 사용되어 ①의 의미와 가장 가깝다.

② 말이 먼지를 일으키며 달려가고 있다.
'일으키며'는 '물리적이거나 자연적인 현상을 만들어 내다'의 의미로 쓰였다.

③ 그는 넘어지자마자 재빨리 몸을 일으켰다.
'일으켰다'는 '일어나게 하다'의 의미로 쓰였다.

④ 선풍기는 전기를 동력으로 삼아 바람을 일으킨다.
'일으킨다'는 '물리적이거나 자연적인 현상을 만들어 내다'의 의미로 쓰였다.

⑤ 우리는 무너진 집안을 일으키기 위해 열심히 노력했다.
'일으키기'는 '무엇을 시작하거나 흥성하게 만들다'의 의미로 쓰였다.

38~42 갈래 복합

(가) 작자 미상, 「합강정가(合江亭歌)」
감상 순시를 온 관찰사를 위한 뱃놀이가 준비되어 있는 현실을 비판한 작품이다. 관리들이 백성에 잔치에 드는 비용을 부담시키는 일, 뇌물이 오고 가며 부정이 횡행하는 일, 백성들이 가렴주구로 인해 유랑민이 되는 일 등 지배 계층의 유흥을 위해 강제로 노역에 동원되고 수탈을 당하는 백성들의 현실을 생생하게 그려내고 있으며 의로운 선비에 대한 기대와 관찰사를 향한 경고로 시를 마무리하고 있다.
주제 지배층의 횡포에 대한 비판과 부조리한 사회상 고발

(나) 이현보, 「귀전록(歸田錄)」
감상 이 작품은 작가가 만년에 벼슬에서 물러나 낙향할 때 읊은 시조이다. 관직에 있으면서도 강호로 돌아가고자 했던 그는 이 시를 통해 관직에 얽매인 삶을 내려놓고 자연과 어울리는 기쁨을 이야기한다.
주제 전원으로 돌아온 삶에 대한 만족

(다) 남구만, 「조설(釣說)」
감상 이 작품은 일상생활에서의 경험을 통해 인생의 교훈을 제시하고 있다. 쉽게 무엇인가를 얻으려고 하는 태도를 경계하며, 시간을 투자하며 노력이 뒷받침된다면 방법은 자연스레 따라오게 되는 것이라고 이야기한다. 이로써 스스로 터득하는 것의 중요성에 대해 역설한다.
주제 스스로 터득하는 것의 중요성에 대한 깨달음

38 표현상 특징 파악
정답률 45% | 정답 ⑤

(가)~(다)에 대한 설명으로 가장 적절한 것은?

① (가)와 (나)는 자연물에 인격을 부여하여 화자의 정서를 강조하고 있다.
(가)는 자연물에 인격을 부여하고 있다고 볼 수 없고, (나)는 '초당에 청풍명월(淸風明月)이 나명들명 기다리나니'라는 부분에서 자연물에 인격을 부여하고 있다고 볼 수 있다.

② (가)와 (다)는 색채 대비를 활용하여 대상의 특징을 드러내고 있다.
(가)와 (다)는 색채 대비를 활용하고 있다고 볼 수 없다.

③ (나)와 (다)는 대상을 다양한 관점에서 묘사하여 장면을 구체화하고 있다.
(나)는 대상을 다양한 관점에서 묘사하여 장면을 구체화하고 있다고 볼 수 없다.

④ (가)~(다)는 모두 대화의 형식을 사용하여 주제를 부각하고 있다.
(가)와 (나)는 대화의 형식을 사용하고 있다고 볼 수 있으나, (다)는 대화의 형식을 사용하고 있다고 볼 수 있다.

✔ (가)~(다)는 모두 의문의 방식을 활용하여 상황에 대한 인식을 드러내고 있다.
(가)는 '한 마을 닭과 개 다 먹어 치우고 집집마다 또 거둔단 말인가'를 통해 지배층의 계속되는 수탈에 대한 부정적 인식을 드러내고 있다. (나)는 '인사 변한다고 산천이야 변할 것인가'를 통해 화자가 농암에 올라 둘러본 자연이 인간사와 대비하여 변함없다는 인식을 드러내고 있다. (다)는 '이러한 방법을 가지고 미루어 이용한다면 그것이 어찌 낚시 놓는 데만 응용되겠는가?'를 통해 글쓴이가 그 사람이 말한 고기 잡는 묘리에 대한 이야기를 듣고, 이것이 다른 상황에도 적용될 수 있다는 인식을 드러내고 있다.

39 공간 의미 파악
정답률 67% | 정답 ④

〈보기〉를 바탕으로 (가)~(다)를 감상한 내용으로 적절하지 않은 것은?

─ 〈 보 기 〉 ─
문학 작품에서 공간은 작품 안에 표현된 다양한 경험의 배경이자 상황적·역사적 맥락으로서의 의미를 지닐 수 있다. 작품 안에서의 공간은 인물들의 말과 행동, 대상의 이미지나 상징 등과의 관련성 속에서 다양한 의미로 실현된다.

① (가)의 논밭은 지배층을 위해 길로 넓혀진다는 점에서 백성들이 빼앗긴 삶의 터전을 의미하는 공간이라고 할 수 있다.
'논밭'은 백성들이 농사를 지으며 살아가는 삶의 터전인데, 관찰사의 순행을 위해 논밭이 길로 넓혀지고 있다. 따라서 백성들이 빼앗긴 삶의 터전을 의미하는 공간으로 보는 것은 적절하다.

② (가)의 텅 빈 부엌은 방아품으로 얻은 양식을 담을 그릇조차 없는 곳이라는 점에서 아낙이 자신의 처지에 슬픔을 느끼는 공간이라고 할 수 있다.
'텅 빈 부엌'은 아낙이 방아품 삯으로 받은 양식을 관아에 바치기 위해 음식을 조리해야 하는 공간으로, 음식을 만들어도 담을 그릇마저도 없는 공간이다. 따라서 '텅 빈 부엌'을 아낙이 자신의 처지에 대해 슬픔을 느끼는 공간으로 보는 것은 적절하다.

③ (나)의 초당은 화자가 청풍명월과 어울릴 수 있는 곳으로 여긴다는 점에서 화자가 지향하는 공간이라고 할 수 있다.
'초당'은 청풍명월이 나며 들며 화자를 기다리는 공간으로, 화자가 청풍명월을 즐길 수 있는 공간이자 화자가 돌아가고 싶은 자연을 의미한다. 따라서 초당을 화자가 지향하는 공간으로 보는 것은 적절하다.

✔ (나)의 산천은 인사로 인해 변해 버린다는 점에서 변함없는 자연에 대한 화자의 소망을 투영한 공간이라고 할 수 있다.
'산천'은 화자가 농암에 올라 둘러본 자연으로, 변화하는 인간사와 대비되는 공간이며 불변성을 상징하는 공간이다. 따라서 산천이 인사로 변해 버린다는 감상은 적절하지 않다.

⑤ (다)의 연못가는 '나'가 낚시의 경험을 통해 깨달음을 얻는다는 점에서 글쓴이의 배움이 확장되는 공간이라고 할 수 있다.
'연못가'는 글쓴이가 낚시를 하면서 그 사람에게 고기를 잡는 방법을 배우고, 고기를 잡는 묘리에 대해 이야기를 들으며 삶의 깨달음을 얻는 공간이다. 따라서 글쓴이의 배움이 확장되는 공간으로 보는 것은 적절하다.

40 시간 의미 파악
정답률 58% | 정답 ①

㉠과 ㉡에 대한 이해로 가장 적절한 것은?

✔ ㉠은 화자가 임금님의 은혜에 감사를 느끼는 시간이고, ㉡은 글쓴이가 새로운 것을 시도하는 시간이다.
(나)의 화자는 팔십 세를 넘겨서도 봄(㉠)을 여러 번 맞이했고, 공명을 누리며 장수하고 있음에 만족감을 드러내고 있다. 그리고 그것을 임금님의 은혜로 생각하고 있다. 따라서 ㉠은 화자가 한 해를 또 맞이하게 되는 기쁨과 자신의 상황에 대한 만족감, 그리고 임금님의 은혜에 대해 감사를 느끼는 시간으로 볼 수 있다. (다)의 글쓴이는 여름(㉡)에 이웃 사람이 나에게 낚싯대를 만들어 주어 낚시를 하게 되면서 고기 잡는 방법을 배우고 고기 잡는 묘리에 대해 들으며 깨달음을 얻고 있다. 따라서 ㉡은 글쓴이가 낚싯대를 만들어 준 이웃의 친절에 고마움을 느끼는 시간이고, 새로운 것을 시도하는 시간으로 볼 수 있다.

② ㉠은 화자가 인생의 덧없음을 느끼는 시간이고, ㉡은 글쓴이가 이웃의 친절에 고마움을 느끼는 시간이다.
봄(㉠)은 화자가 인생의 덧없음을 느끼는 시간이라고 볼 수 없고, 여름(㉡)은 글쓴이가 이웃의 친절에 고마움을 느끼는 시간이라고 볼 수 없다.

③ ㉠은 화자가 내적 갈등을 해결하는 시간이고, ㉡은 글쓴이가 자신의 삶의 가치를 새롭게 인식하게 되는 시간이다.
봄(㉠)은 화자가 내적 갈등을 해결하는 시간이라고 볼 수 없고, 여름(㉡)은 글쓴이가 자신의 삶의 가치를 새롭게 인식하게 되는 시간이라고 볼 수 없다.

④ ㉠은 화자가 한 해를 또 맞이하는 슬픔을 나타내는 시간이고, ㉡은 글쓴이가 자신의 지나온 삶을 반성하는 시간이다.

봄(㉠)은 화자가 한 해를 또 맞이하는 슬픔을 나타내는 시간이라고 볼 수 없고, 여름(㉡)은 글쓴이가 자신의 지나온 삶을 반성하는 시간이라고 볼 수 없다.

⑤ ㉠은 화자가 공명을 추구하던 시절을 의미하는 시간이고, ㉡은 글쓴이가 대상과의 교감을 통해 과거의 상황을 추억하는 시간이다.
봄(㉠)은 화자가 공명을 추구하던 시절을 의미하는 시간이라고 볼 수 없고, 여름(㉡)은 글쓴이가 대상과의 교감을 통해 과거의 상황을 추억하는 시간이라고 볼 수 없다.

41 외적 준거에 따른 작품 감상 　　정답률 66% | 정답 ④

〈보기〉를 참고하여 (가)를 감상한 내용으로 적절하지 않은 것은? [3점]

〈보 기〉
「합강정가」는 순시를 온 관찰사를 위한 뱃놀이와 관련한 현실을 비판한 작품이다. 이 작품은 관리들이 백성에게 잔치에 드는 비용을 부담시키는 일, 뇌물이 오고 가며 부정이 횡행하는 일, 백성들이 가렴주구로 인해 유랑민이 되는 일 등 지배 계층의 유흥을 위해 강제로 노역에 동원되고 수탈을 당하는 백성들의 현실을 생생하게 그려 내고 있다. 특히 마지막 부분은 의로운 선비에 대한 기대와 관찰사를 향한 경고를 드러내고 있다.

① '이 놀이'를 '다시' 하게 되면 백성들이 '못 살겠'다고 한 것은 지배 계층의 유흥을 위해 수탈을 당하는 백성들의 현실을 드러낸다고 볼 수 있겠군.
'한 마을 닭이 ~ 못 살겠네'를 보면, 관찰사를 위한 뱃놀이를 위해 집집마다 세금을 또 걷는 것에 대한 비판이 드러난다. 그렇기 때문에 '이 놀이'를 '다시' 하게 되면 백성들이 '못 살겠'다고 한 것을 지배 계층의 유흥을 위해 수탈을 당하는 백성들의 현실을 드러낸다고 보는 것은 적절하다.

② 백성들이 '집과 논밭'을 '다 팔고서' 떠나는 것은 가렴주구로 인해 유랑의 길을 떠나야 하는 백성들의 고통스러운 현실을 드러낸다고 볼 수 있겠군.
'낙토에서 태어나 ~ 가잔 말인고'를 보면, 관찰사의 뱃놀이를 위한 수탈로 인해 백성들이 집과 논밭을 다 팔고 유랑길에 오를 수밖에 없음을 드러내고 있다. 따라서 가렴주구로 인해 유랑의 길을 떠나야 하는 백성들의 고통스러운 현실을 드러낸다고 보는 것은 적절하다.

③ '뇌물'을 '많이 주면 무사하고 적게 주면 트집'이 잡히는 것은 관리들이 뇌물을 받으며 부정을 저지르는 것에 대한 비판을 드러낸다고 볼 수 있겠군.
'노예 차출 ~ 트집잡네'를 보면, 뇌물을 받고 권력을 남용하는 지배층의 모습을 드러내고 있다. 따라서 뇌물을 받으며 관리들이 부정을 저지르는 것에 대한 비판을 드러낸다고 보는 것은 적절하다.

✔ '유생'들이 '과거장'에서 '재주'를 '겨루는' 것은 의로운 선비가 되기 위해 과거에 통과하기를 바라는 유생들의 기대를 드러낸다고 볼 수 있겠군.
(가)의 '참람한 과거장서 재주 겨루는 유생들아 / 오십삼 주 시예향에 의로운 선비 하나 없단 말인가'를 보면, 화자는 분수에 넘치는 과거장에서 유생들이 재주를 겨루고 있다고 생각하는 것을 알 수 있으며, 또한 전라도에 의로운 선비들이 없는 현실을 비판하고 있음을 알 수 있다. 따라서 '과거장'에서 '재주'를 '겨루는' 것을 유생들이 의로운 선비가 되기 위해 과거에 통과하기를 바라는 기대를 드러낸다고 보는 것은 적절하지 않다.

⑤ '배은망덕'하면 '자손에게 화가 미치리라'라는 것은 임금에 대한 은혜를 잊지 말라는, 관찰사를 향한 경고를 드러낸다고 볼 수 있겠군.
'망극하도다 나라 ~ 화가 미치리라'를 보면, 임금님의 한없는 은혜와 관찰사에게 임금님의 은혜를 잊어서는 안 된다고 말하고 있다. 따라서 '배은망덕'하면 '자손에게 화가 미치리라'라고 말하는 것은 임금님의 은혜를 잊지 말라는, 관찰사를 향한 경고를 드러낸다고 보는 것은 적절하다.

42 구절 의미 파악 　　정답률 71% | 정답 ③

(다)의 ⓐ, ⓑ에 대한 설명으로 적절하지 않은 것은?

① ⓐ는 누군가의 가르침을 통해 습득할 수 있다.
'나는 그 사람이 가르쳐 주는 방법대로 ~ 낚아 올릴 수가 있었다'를 통해 ⓐ는 누군가의 가르침을 통해 습득할 수 있다는 것을 확인할 수 있다.

② ⓑ를 터득하면 다른 사람이 간여하지 않아도 된다.
'그럼으로써 지금까지 얻을 수 없는 것과, ~ 어떻게 간여할 수 있겠는가?'를 통해 ⓑ를 터득하면 다른 사람이 간여하지 않아도 된다는 것을 확인할 수 있다.

✔ ⓐ에 집중하기 위해서는 ⓑ에 대한 의혹에서 벗어나야 한다.
'그러나 내가 자네에게 ~ 그 묘법을 터득할 수 있다는 것일세'를 통해 그 사람이 가르쳐 준 고기 잡는 방법(ⓐ)대로 낚싯대를 물속에 드리워 놓고 정신을 집중하여 늘 그 방법을 익히면 고기 잡는 묘리(ⓑ)를 터득할 수 있다는 것을 확인할 수 있다. 따라서 ⓐ에 집중하기 위해서 ⓑ에 대한 의혹에서 벗어나야 한다는 설명은 적절하지 않다.

④ ⓐ를 꾸준히 반복하여 익힌다면 마음은 스스로 ⓑ를 이해하게 된다.
'낚싯대를 물속에 ~ 묘법을 이해하게 될 것일세'를 통해 ⓐ를 꾸준히 반복하여 익힌다면 마음은 스스로 ⓑ를 이해하게 된다는 것을 확인할 수 있다.

⑤ ⓑ를 알게 된 후에는 ⓐ만 알고 있을 때보다 더 많은 수확을 거둘 수 있다.
'그는 내가 낚던 ~ 세는 것 같았다'를 통해 ⓑ를 터득한 그 사람은 ⓐ만 알고 있는 글쓴이에 비해 같은 조건에서 더 많은 고기를 낚고 있다. 따라서 ⓑ를 알게 된 후에는 ⓐ만 알고 있을 때보다 더 많은 수확을 거둘 수 있음을 확인할 수 있다.

43~45 고전 소설

작자 미상, 「세경본풀이」

　감상　 이 작품은 자청비가 농사를 관장하는 '세경신'이 되기까지의 과정을 담은 제주도 서사무가이다. 이 과정에서 자청비는 여성이라는 이유로 사회적 제약을 받거나, 여러 난관에 봉착한다. 그때마다 자청비는 거짓말이나 속임수를 사용하여 상대와 동질성을 이뤄 상대방의 수용을 얻기도 하고, 상황을 미리 조작하여 자신의 불리한 상황을 반전시키기도 한다. 또한, 유인책을 사용해 상대를 함정에 빠뜨려 목적을 달성하기도 한다.
　주제　 자청비의 고난과 성취

43 서술 방식 파악 　　정답률 75% | 정답 ①

윗글에 대한 설명으로 가장 적절한 것은?

✔ 비현실적 요소를 통해 인물의 비범한 능력을 드러내고 있다.
'자청비가 가져온 ~ 일어나 살려 내었다.'는 자청비가 서천꽃밭에서 가져온 꽃으로 죽은 문 도령을 살려내는 장면이고, '자청비는 천자국 ~ 끊어져 버렸다.'는 자청비가 난을 일으킨 군사들을 꽃을 사용하여 물리치는 장면이다. 꽃으로 사람을 살리거나 사람을 죽이는 것은 모두 비현실적인 요소이며, 자청비가 서천꽃밭의 꽃을 이용하여 문제를 해결하는 모습은 자청비의 비범한 능력을 드러낸 것으로 볼 수 있어 적절하다.

② 꿈과 현실을 교차하여 앞으로 일어날 사건을 암시하고 있다.
꿈과 현실을 교차하고 있다고 볼 수 없어 적절하지 않다.

③ 비유적 표현을 사용하여 인물의 심리적 갈등을 드러내고 있다.
'군사들이 검삼밭의 늙은 삼 쓰러지듯'에서 비유적 표현을 사용했으나 군사들이 힘없이 쓰러지는 장면을 비유한 것이지 인물의 심리적 갈등을 드러낸 것은 아니므로 적절하지 않다.

④ 공간적 배경에 대한 묘사를 통해 낭만적 분위기를 형성하고 있다.
공간적 배경에 대한 묘사가 드러난다고 볼 수 없고, 낭만적 분위기를 형성하고 있다고 볼 수 없어 적절하지 않다.

⑤ 서술자가 직접적으로 개입하여 인물을 주관적으로 평가하고 있다.
서술자가 직접적으로 개입하여 인물을 주관적으로 평가하고 있다고 볼 수 없어 적절하지 않다.

44 내용 파악 　　정답률 66% | 정답 ⑤

윗글에 대한 이해로 적절하지 않은 것은?

① 자청비는 문 도령에게 자청 도령을 만날 것을 제안했다.
자청비가 문 도령에게 '나와 닮은 남동생'의 이름이 '자청 도령'인데 '같이 벗하여 가는 것이 어떻겠'냐고 물어보는 부분에서 확인할 수 있다.

② 대감은 부모의 제사를 걱정하는 자청비를 기특하게 여겼다.
대감이 자청비에게 '부모 기일 제사'를 챙기려 하는 것이 '기특하구나'라고 말하는 부분에서 확인할 수 있다.

③ 군졸들은 문 도령이 살아 있다고 생각해 겁을 먹고 도망쳤다.
머슴이 자청비가 시킨 대로 손을 한 번 탁 치자 '화들짝 놀란 군졸들'이 겁을 먹고 '도망쳐 버렸다.'에서 확인할 수 있다.

④ 난을 일으킨 군사들은 자청비가 뿌린 꽃에 의해 숨이 끊어졌다.
자청비가 '천자국 병사들을 철수시키고는 수레멸망악심 꽃'을 뿌리자 '난을 일으킨 군사들'의 숨이 끊어져 버렸다'에서 확인할 수 있다.

✔ 천지왕은 천자국의 난을 평정하기 위해 자청비를 찾아가 도움을 구했다.
'자청비는 문 도령과 함께 ~ 천자국으로 갔다.'에서 확인할 수 있듯이 천자국에 난이 일어나자 난을 평정하기 위해 자청비와 문 도령이 천지왕을 찾아간 것이지 천지왕이 자청비를 찾아간 것은 아니므로 적절하지 않다.

45 외적 준거에 따른 감상 　　정답률 68% | 정답 ③

〈보기〉를 참고하여 윗글을 감상한 내용으로 적절하지 않은 것은? [3점]

〈보 기〉
「세경본풀이」는 자청비가 농사를 관장하는 '세경신'이 되기까지의 과정을 담은 제주도 서사무가이다. 이 과정에서 자청비는 여성이라는 이유로 사회적 제약을 받거나, 여러 난관에 봉착한다. 그때마다 자청비는 거짓말이나 속임수를 사용하여 상대와 동질성을 이뤄 상대방의 수용을 얻기도 하고, 상황을 미리 조작하여 자신의 불리한 상황을 반전시키기도 한다. 또한, 유인책을 사용해 상대를 함정에 빠뜨려 목적을 달성하기도 한다.

① 자청비가 '자청 도령' 행세를 한 것은 문 도령과의 동질성을 획득하기 위한 속임수로 볼 수 있겠군.
자청비가 문 도령에게 남동생이 있다는 거짓말을 하고, 남복을 입고 '자청 도령' 행세를 한 것은 남성인 문 도령과 동질성을 획득하여 함께 글공부하러 가기 위한 속임수로 볼 수 있다.

② 자청비가 '계집아이가 글을 배워 무엇에' 쓰냐며 부모로부터 글공부를 제지당하는 것은 자청비가 받는 사회적 제약으로 볼 수 있겠군.
자청비가 '다른 선비들처럼 글공부하러 가고 싶다'고 하자 '계집아이가 글을 배워 무엇에' 쓰냐며 글공부를 제지하는 부모의 모습은 자청비가 여성이기 때문에 받는 사회적 제약으로 볼 수 있다.

✔ 자청비가 무쇠 방석을 '우리 낭군이 깔고 앉았던 방석'이라고 말한 것은 상대방을 함정에 빠뜨려 자신의 편으로 만들기 위한 유인책으로 볼 수 있겠군.
자청비가 무쇠 방석을 '우리 낭군이 깔고 앉았던 방석'이라고 말한 것은 군졸들이 문 도령의 힘이 세다고 오해하게 만들기 위한 함정이다. 따라서 군졸들을 자신의 편으로 만들기 위한 유인책으로는 볼 수 없다.

④ 자청비가 '매미', '등에', '봉황새', 박수 소리를 이용한 것은 문 도령이 살아 있는 것처럼 상황을 미리 조작하여 자신의 불리한 상황을 반전시키기 위한 것으로 볼 수 있겠군.
문 도령이 하늘 무리들에 의해 죽임을 당하자 위협을 느낀 자청비는 죽은 문 도령이 있는 방에 '매미', '등에', '봉황새'를 미리 걸어 두어 이들이 내는 소리가 문 도령이 '코 고는 소리로 들'리게 만들었다. 또한, 머슴에게 박수 소리를 내게 하여 군졸들이 겁을 먹고 도망치게 만든 것은 문 도령이 살아 있는 것처럼 상황을 미리 조작하여 자신의 불리한 상황을 반전시키기 위한 것으로 볼 수 있다.

⑤ 자청비가 천지왕에게 '제주 땅에 내려가서 심을 오곡의 씨앗을 내려' 달라고 요청하여 '여러 곡식'을 받는 것은 자청비가 지닌 세경신으로서의 면모로 볼 수 있겠군.
자청비는 천지왕에게 '제주 땅에 내려가서 심을 오곡의 씨앗을 내려' 달라고 요청하여 '여러 곡식'을 받는다. 이것은 자청비가 제주 백성이 농사짓고 살게 해 주기 위해 씨앗을 받은 것으로, 자청비가 지닌 세경신으로서의 면모로 볼 수 있다.

[01~03] 화법

01 말하기 방식 파악 | 정답률 75% | 정답 ⑤

위 발표자의 말하기 방식으로 적절하지 않은 것은?

① 자신의 경험을 언급하며 화제를 선정한 이유를 밝히고 있다.
1문단에서 발표자는 매듭 팔찌를 만들어 본 자신의 경험을 언급하며 화제 선정의 이유를 밝히고 있다.

② 청중에게 질문을 하여 발표 내용에 대한 관심을 유도하고 있다.
3문단의 '그렇다면 우리나라의 ~ 것들이 있을까요?', '옷을 여미는 부분에 매듭이 보이시나요?'를 통해, 발표자는 청중에게 질문하며 발표 내용에 대해 관심을 유도하고 있음을 알 수 있다.

③ 참고한 자료의 출처를 밝혀 발표 내용의 신뢰성을 높이고 있다.
1문단에서 발표자는 △△전통문화 연구소 누리집의 자료를 참고했다고 출처를 밝히고 있는데, 이처럼 참고한 자료의 출처를 밝히게 되면 발표 내용의 신뢰성을 높일 수 있다.

④ 발표 중간중간에 단어의 뜻을 설명하여 청중의 이해를 돕고 있다.
3문단과 4문단에서 발표자는 '연봉'과 '선추'의 뜻을 설명하고 있는데, 이처럼 단어의 뜻을 설명하게 되면 청중의 이해를 도울 수 있다.

✓⑤ 발표 내용에 대한 청중의 이해도를 점검하며 발표를 마무리하고 있다.
이 발표를 통해 발표 내용에 대한 청중의 이해도를 점검하는 부분은 찾아볼 수 없으므로 적절하지 않다.

02 발표 자료 활용의 이해 | 정답률 91% | 정답 ④

다음은 발표자가 제시한 자료이다. 발표자의 자료 활용에 대한 설명으로 적절하지 않은 것은?

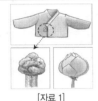

[자료 1]

[자료 2]

① 연봉매듭이라는 명칭이 붙은 이유를 설명하기 위해 [자료 1]을 활용하였다.
3문단에서 [자료 1]을 활용하여 매듭과 연봉의 형태적 유사성을 근거로 연봉매듭이라는 명칭이 붙었음을 설명하고 있으므로 적절하다.

② 연봉매듭이 단추의 용도로 사용되었다는 것을 설명하기 위해 [자료 1]을 활용하였다.
3문단에서 [자료 1]을 활용하여 연봉매듭이 단추와 같은 역할을 하였음을 설명하고 있으므로 적절하다.

③ 가지방석매듭이 생쪽매듭을 기본으로 한다는 것을 설명하기 위해 [자료 2]를 활용하였다.
4문단에서 [자료 2]를 활용하여 가지방석매듭이 생쪽매듭을 기본으로 한다는 점을 설명하고 있으므로 적절하다.

✓④ 가지방석매듭이 실용적인 목적으로 사용되었다는 것을 보여 주기 위해 [자료 2]를 활용하였다.
4문단에서 가지방석매듭이 선추를 장식하기 위한 목적으로 사용되었다는 것을 보여 주기 위해 [자료 2]를 활용하고 있다. 따라서 가지방석매듭이 실용적인 목적으로 사용되었다는 것을 보여 주기 위해 [자료 2]를 활용한 것은 아니므로 적절하지 않다.

⑤ 좋은 일을 줄줄이 이어 간다는 의미가 담긴 가지방석매듭의 모양을 보여 주기 위해 [자료 2]를 활용하였다.
4문단에서 [자료 2]를 활용하여 좋은 일을 줄줄이 이어 간다는 의미가 담긴 가지방석매듭의 모양을 보여 주고 있으므로 적절하다.

03 반응 분석의 적절성 파악 | 정답률 90% | 정답 ⑤

〈보기〉는 위 발표를 들은 학생들의 반응이다. 학생들의 반응을 이해한 내용으로 가장 적절한 것은?

〈보 기〉

학생 1: 매듭을 단추의 용도로 사용한 것에서 조상들의 지혜를 느꼈어. 나도 매듭이 일상생활에서 응용된 다른 사례를 찾아봐야겠어.
학생 2: 나는 그동안 무언가를 묶거나 고정하는 데에만 매듭을 사용했는데, 다양한 물건을 아름답게 장식하는 용도로도 쓸 수 있다는 것을 알게 되었어.
학생 3: 얼마 전 전통 매듭 전시회를 다녀왔었어. 그때 본 노리개에 둥근 모양의 매듭이 달려 있었는데, 가지방석 매듭과는 다른 모양이었어. 무슨 매듭이었는지 궁금해.

① '학생 1'은 발표 내용에 제시된 정보를 사실과 의견으로 구분하고 있다.
〈보기〉에서 '학생 1'이 발표 내용을 일상생활에 응용한 사례를 찾으려 하고 있음을 알 수 있지만, 발표 내용을 사실과 의견으로 구분하지는 않고 있으므로 적절하지 않다.

② '학생 2'는 자료의 정확성을 판단하며 발표 내용을 비판적으로 수용하고 있다.
〈보기〉에서 '학생 2'가 자신이 발표를 통해 새로 알게 된 내용을 언급하고 있음을 알 수 있지만, 자료의 정확성을 판단하지는 않고 있으므로 적절하지 않다.

③ '학생 3'은 발표에서 누락된 부분이 있다는 점을 지적하고 있다.
〈보기〉에서 '학생 3'이 자신의 경험을 떠올리며 궁금증을 표현하고 있음을 알 수 있지만, 발표에서 누락된 부분이 있다는 것을 지적하는 않고 있으므로 적절하지 않다.

④ '학생 1'과 '학생 2'는 모두 발표에서 직접적으로 언급하지 않은 내용을 추론하고 있다.
〈보기〉에서 '학생 1'과 '학생 2' 모두 발표에서 직접적으로 언급하지 않은 내용을 추론하지는 않고 있으므로 적절하지 않다.

✓⑤ '학생 2'와 '학생 3'은 모두 발표 내용과 관련 있는 자신의 경험을 떠올리고 있다.
〈보기〉에서 '학생 2'는 매듭을 사용한 경험을 떠올리고 있음을 알 수 있고, '학생 3'은 전통 매듭 전시회에서 둥근 모양의 매듭을 본 경험을 떠올리고 있다. 따라서 '학생 2'와 '학생 3'은 모두 발표 내용과 관련 있는 자신의 경험을 떠올리고 있음을 알 수 있다.

[04~07] 화법과 작문

04 말하기 방식 파악 | 정답률 87% | 정답 ②

'학생 1'에 대한 설명으로 적절하지 않은 것은?

① 지난 논의에서 결정된 사항을 환기하며 화제를 제시하고 있다.
'학생 1'은 첫 번째 발화에서 '지난번 논의에서 ~ 공연하기로 했잖아.'라고 지난 논의에서 결정된 사항을 환기시키며, '마을 주민의 참여를 높일 수 있는 방법'을 화제로 제시하고 있다.

✓② 대화의 내용을 정리하며 자신의 이해가 맞는지 질문하고 있다.
'학생 1'의 두 번째 발화를 통해 '학생 1'이 이번 동아리 행사로 연극 공연과 그림 그리기 활동을 하고, 공연 장소는 공용 교실로 변경하자는 대화 내용을 정리하고 있음을 알 수 있다. 하지만 자신의 이해가 맞는지 질문하지는 않고 있다.

③ 자신이 아는 내용을 바탕으로 대화 참가자의 의견에 동의하고 있다.
'학생 1'은 세 번째 발화에서 '맞아.'라고 '학생 3'의 의견에 동의하면서, 구청 누리집을 통해 학교 행사를 홍보하는 추세를 언급하고 있다.

④ 대화 참가자의 의견을 듣고 그 의견에 덧붙일 내용을 언급하고 있다.
'학생 1'은 네 번째 발화에서 '학생 3'이 '마을과 관련된 활동을 소개'하자고 제안한 의견을 듣고, 이번 공연 내용도 함께 소개하자는 의견을 덧붙이고 있다.

⑤ 다음 모임에서 논의할 내용을 제시하며 대화를 마무리하고 있다.
'학생 1'은 다섯 번째 발화에서 다음 모임에서 '학생 2'가 작성한 초고를 함께 검토하자는 논의 내용을 제시하며 대화를 마무리하고 있다.

05 발화 의미와 기능 파악 | 정답률 69% | 정답 ④

[A], [B]에 대한 이해로 적절하지 않은 것은? [3점]

① [A]에서 '학생 2'는 만족도 조사 결과를 언급하며 어린이 대상 체험 활동을 진행할 것을 제안하고 있다.
[A]에서 '학생 2'는 지난해 축제 만족도 조사에서 어린이가 직접 체험할 수 있는 활동이 지역 주민의 참여도와 만족도가 높게 나왔다는 결과를 근거로 어린이 대상 체험 활동을 추가하자고 제안하고 있다.

② [A]에서 '학생 3'은 체험 활동을 하기에 불편하다는 점을 언급하며 공연 장소의 변경을 제안하고 있다.
[A]에서 '학생 3'은 기존 공연 장소인 소강당에는 책상이 없어서 어린이들이 그림을 그리기가 불편하다는 점을 언급하며 장소를 변경할 것을 제안하고 있다.

③ [A]에서 '학생 2'는 공간적 특성을 근거로 들어 공용 교실 활용을 문제 해결 방안으로 제시하고 있다.
[A]에서 '학생 2'는 공간이 넓고 책상과 의자가 있는 공용 교실의 공간적 특성을 근거로 들어, '학생 3'이 제기한 기존 공연 장소의 문제에 대해 공용 교실 활용을 문제 해결 방안으로 제시하고 있다.

✓④ [B]에서 '학생 3'은 기존 홍보 방식의 문제를 지적하며 학교 누리집 대신 '△△구 알리미'를 활용하는 방안을 제시하고 있다.
[B]에서 '학생 3'은 작년에 학교 누리집에만 동아리 행사를 홍보하여 지역 주민의 참여가 저조했다고 기존 홍보 방식의 문제를 지적하며 '△△구 알리미'에도 동아리 행사를 홍보하자고 제안해 학교 누리집과 '△△구 알리미'를 모두 활용하는 방안을 제시하고 있다.

⑤ [B]에서 '학생 2'는 홍보하는 글에 들어갈 공연 정보를 나열하고, 마을 주민의 관심을 높일 수 있는 내용을 추가할 것을 제안하고 있다.
[B]에서 '학생 2'는 홍보하는 글에 들어갈 공연 정보로 '작품명, 공연 일시, 장소'를 나열하고, 지역 주민의 관심을 끌 수 있는 내용을 추가하자고 제안하고 있다.

06 작문 계획의 적절성 파악 | 정답률 62% | 정답 ③

'학생 2'가 (가)를 바탕으로 (나)를 작성했다고 할 때, (나)에 반영된 내용으로 적절하지 않은 것은?

① 어린이들에게 줄 선물에 대해 안내하기로 한 논의 내용을 반영하여 우리 동아리에서 발간한 창작 동화 '아기 나무의 꿈'을 선물한다는 점을 알려 준다.
(가)의 '학생 3'의 '그래. 그리고 이번에 추가된 체험 활동과 어린이들에게 줄 책 선물에 대한 안내도 부탁해.'라는 내용이, (나)의 3문단에 반영되었음을 알 수 있다.

② 이번 공연 내용을 소개하기로 한 논의 내용을 반영하여 공연 내용이 마을의 보호수인 느티나무와 그 나무가 바라본 우리 마을의 이야기임을 설명한다.
(가)의 '학생 1'의 '이번 공연 내용도 함께 소개해 줬으면 좋겠어.'라는 내용이 (나)의 2문단에 반영되었음을 알 수 있다.

✓③ 이번에 추가된 체험 활동에 대해 안내하기로 한 논의 내용을 반영하여 그림 그리기 체험 활동으로 인해 공연 대상이 마을 어린이들로 정해졌다는 점을 알려 준다.
(나)에서 그림 그리기 체험 활동에 대한 안내는 (가)의 추가된 체험 활동에 대해 안내하자는 논의를 반영한 것이지만, 체험 활동으로 인해 공연 대상이 마을 어린이들로 정해진 것은 아니다.

④ 동아리 행사 신청 방법을 안내하기로 한 논의 내용을 반영하여 신청 기간과 온라인 주소를 알려 주고, 어린이와 보호자의 정보를 신청서에 기입해야 함을 알려 준다.

(가)의 '학생 3'의 '동아리 행사 신청 방법도 안내해야겠지?'라는 내용이 (나)의 4문단에 반영되었음을 알 수 있다.

⑤ 우리 동아리가 했던 활동 중 마을과 관련된 활동을 알려 주기로 한 논의 내용을 반영하여 그동안 마을을 소재로 동화를 창작하고, 매년 공연을 해 왔다는 점을 소개한다.
(가)의 '학생 1'의 '그래. 그리고 마을과 관련된 활동을 소개하면서'라는 내용이 (나)의 2문단에 반영되었음을 알 수 있다.

07 고쳐쓰기 전략 평가   정답률 71% | 정답 ①

〈보기〉는 (나)의 마지막 문단의 초고이다. 〈보기〉를 고쳐 쓰기 위해 친구들이 조언한 내용으로 가장 적절한 것은?

─〈보 기〉─
저희 동아리에서는 우리 마을에 대한 애정을 듬뿍 담아 이번 행사를 준비했습니다. 다른 동아리에서도 마을 주민이 참여할 수 있는 다양한 행사를 준비했다고 합니다. 주민 여러분의 많은 참여를 부탁드립니다. 감사합니다.

✔ 다른 동아리 관련 내용은 삭제하고, 행사의 의의를 추가하는 건 어때?
(나)의 마지막 문단과 〈보기〉를 비교하면, (나)에서는 〈보기〉의 '다른 동아리에서도 ~ 준비했다고 합니다.'라는 다른 동아리 관련 내용이 삭제되었고, '이 행사는 ~ 될 것입니다.'를 추가하여 행사의 의의를 밝히고 있음을 알 수 있다.

② 다른 동아리 관련 내용은 삭제하고, 행사의 일정을 추가하는 건 어때?
(나)의 마지막 문단과 〈보기〉를 비교하면, 행사의 일정을 추가하지는 않았으므로 적절하지 않다.

③ 다른 동아리 관련 내용은 삭제하고, 행사 참여에 대한 당부의 말을 추가하는 건 어때?
(나)의 마지막 문단과 〈보기〉를 비교하면, 행사 참여에 대한 당부의 말을 추가하지는 않았으므로 적절하지 않다.

④ 우리 동아리의 행사 준비 내용은 삭제하고, 행사의 의의를 추가하는 건 어때?
(나)의 마지막 문단과 〈보기〉를 비교하면, 우리 동아리의 행사 준비 내용은 삭제하지 않았으므로 적절하지 않다.

⑤ 우리 동아리의 행사 준비 내용은 삭제하고, 행사 참여에 대한 당부의 말을 추가하는 건 어때?
(나)의 마지막 문단과 〈보기〉를 비교하면, 우리 동아리의 행사 준비 내용은 삭제하지 않았고, 행사 참여에 대한 당부의 말을 추가하지는 않았으므로 적절하지 않다.

[08~10] 작문

08 작문 계획의 반영 여부 파악   정답률 83% | 정답 ②

다음은 초고를 작성하기 전에 학생이 떠올린 생각이다. ㉠~㉤ 중, 학생의 초고에 반영되지 않은 것은?

○ 등급 외 농산물의 가공 가능 여부에 따른 처리 방식의 차이를 제시해야겠어. ·············· ㉠
○ 등급 외 농산물의 구매 활성화 방안을 실천하는 데 따르는 문제점을 제시해야겠어. ········ ㉡
○ 농산물 등급 규격 항목과 관련지어 등급 외 농산물이 발생하는 이유를 제시해야겠어. ····· ㉢
○ 등급 외 농산물 폐기로 인한 문제를 경제적 손해와 환경 문제의 측면에서 제시해야겠어. ·· ㉣
○ 예상 독자의 이해를 도울 수 있도록 등급 외 농산물을 일컫는 다른 명칭을 제시해야겠어. ㉤

① ㉠ : 등급 외 농산물의 가공 가능 여부에 따른 처리 방식의 차이를 제시해야겠어.
2문단의 '잼, 주스 등으로 가공이 가능한 품목의 경우에는 헐값에라도 거래되지만, 가공이 어려운 품목들은 끝내 거래되지 못하고 폐기되고 만다.'를 통해 알 수 있다.

✔ ㉡ : 등급 외 농산물의 구매 활성화 방안을 실천하는 데 따르는 문제점을 제시해야겠어.
학생의 초고를 통해 등급 외 농산물 구매 활성화 방안을 실천하는 데 따르는 문제점을 제시하겠다는 생각은 찾아볼 수 없다.

③ ㉢ : 농산물 등급 규격 항목과 관련지어 등급 외 농산물이 발생하는 이유를 제시해야겠어.
1문단에서 '그런데 등급 규격의 항목이 주로 크기, 모양 등 농산물의 외관과 관련되어 있어, 맛이나 영양에는 별다른 문제가 없는 농산물이 등급 외로 분류되는 경우가 생겨난다.'를 통해 알 수 있다.

④ ㉣ : 등급 외 농산물 폐기로 인한 문제를 경제적 손해와 환경 문제의 측면에서 제시해야겠어.
3문단을 통해 등급 외 농산물 폐기로 인한 문제를 농가의 경제적 손해와 지구 온난화를 일으키는 메탄의 발생으로 인한 환경 문제 측면으로 나누어 설명하고 있음을 알 수 있다.

⑤ ㉤ : 예상 독자의 이해를 도울 수 있도록 등급 외 농산물을 일컫는 다른 명칭을 제시해야겠어.
1문단의 '이러한 '등급 외 농산물'은 우리에게 '못난이 농산물'이라는 이름으로 잘 알려져 있다.'를 통해 알 수 있다.

09 자료 활용의 적절성 파악   정답률 78% | 정답 ④

〈보기〉는 초고를 보완하기 위해 추가로 수집한 자료이다. 자료 활용 방안으로 적절하지 않은 것은? [3점]

─〈보 기〉─
ㄱ. '등급 외 농산물' 구매 관련 소비자 설문 조사
ㄱ-1. 구매 의사

구매 경험이 있는 사람		구매 경험이 없는 사람	
재구매 의사 있음	95.5%	구매 의사 있음	65.3%
재구매 의사 없음	0.9 %	구매 의사 없음	32.6%
기타	3.6%	기타	2.1%

ㄱ-2. 구매 활성화 방안

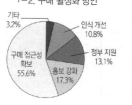

기타 3.2%
인식 개선 10.8%
정부 지원 13.1%
홍보 강화 17.3%
구매 접근성 확보 55.6%

ㄴ. 신문 기사
  애호박이 등급 규격의 항목 기준에 따라 특 등급을 받으려면 처음과 끝의 굵기가 비슷하고 구부러진 것이 없어야 한다. 그래서 어린 애호박에 비닐을 씌워 상품성을 높인다. 맛과 무관하게 모양을 위해 매년 수억 개가 사용되는 이 비닐은 대부분 복합 플라스틱으로, 사실상 재활용이 불가능하여 환경 면에서 문제가 되고 있다.

ㄷ. 전문가 인터뷰
  "한 해 동안 등급 외로 판정되어 버려지는 농산물의 생산액은 약 3조 2천억 원이나 되는데, 그 과정에서 발생하는 손해를 고스란히 농민들이 부담하게 됩니다. 소비자들이 등급 외 농산물을 주변에서 쉽게 구매할 수 있다면 아깝게 버려지는 농산물이 줄어들 것입니다."

① ㄱ-1을 활용하여, 등급 외 농산물 구매에 대해 소비자들이 긍정적으로 인식하고 있다는 내용을 등급 외 농산물이 경쟁력이 있다는 내용의 근거 자료로 2문단에 제시한다.
ㄱ-1은 등급 외 농산물 구매에 대한 긍정적 인식을 보여 주는 자료이므로, 등급 외 농산물의 경쟁력을 다룬 2문단에 제시하기에 적절하다.

② ㄴ을 활용하여, 등급 외 농산물과 관련하여 발생하는 환경 문제가 폐기 과정뿐만 아니라 생산 과정에서도 일어날 수 있다는 내용을 3문단에 추가한다.
ㄴ은 애호박에 씌운 비닐로 인해 농산물 생산 과정에서도 환경 문제가 발생한다는 것을 설명하는 자료이므로, 등급 외 농산물과 관련하여 환경 문제가 발생할 수 있다는 내용을 다룬 3문단에 추가하기에 적절하다.

③ ㄷ을 활용하여, 한 해 동안 버려지는 등급 외 농산물의 생산액을 등급 외 농산물로 인한 농가의 경제적 손해가 크다는 내용을 뒷받침하는 구체적인 수치 자료로 3문단에 제시한다.
ㄷ은 한 해 동안 등급 외로 판정되어 버려지는 농산물의 생산액을 구체적 수치로 언급하고 있는 자료이므로, 등급 외 농산물로 인한 농가의 경제적 손해를 다룬 3문단에 제시하기에 적절하다.

✔ ㄱ-1과 ㄴ을 활용하여, 등급 외 농산물로 인한 농가의 손해를 줄이기 위한 노력이 등급 외 농산물에 대한 소비자들의 구매 의사로 이어지고 있다는 내용을 4문단에 추가한다.
ㄱ-1은 구매 경험이 있는 소비자와 없는 소비자 모두의 등급 외 농산물에 대한 구매 의사 유무를 보여 주는 자료이고, ㄴ은 등급 규격 항목 기준에 맞추기 위해 어린 애호박에 비닐을 씌우는 것을 예로 들어, 농산물을 생산하는 과정에서 농산물이 등급 외로 분류되지 않게 하기 위한 노력이 환경 문제를 발생시킬 수 있음을 보여 주는 자료이다. 그런데 ㄴ에 제시된 농산물을 등급 규격의 항목 기준에 맞춰 생산하기 위한 농가의 노력이 ㄱ-1에 제시된 등급 외 농산물 구매 의사를 높이는 데 어떤 영향을 미쳤는지 알 수 없으므로 이를 연결하는 것은 적절하지 않다.

⑤ ㄱ-2와 ㄷ을 활용하여, 등급 외 농산물 구매 접근성을 확보하는 것이 필요하다는 내용을 등급 외 농산물 구매 활성화 방안의 구체적 내용으로 4문단에 제시한다.
ㄱ-2와 ㄷ은 모두 등급 외 농산물의 구매 접근성 확보가 필요하다고 제시하는 자료이므로 등급 외 농산물 구매 활성화 방안의 구체적 내용으로 4문단에 제시하기에 적절하다.

10 작문 내용 점검 및 조정   정답률 88% | 정답 ④

다음은 초고를 읽은 교지 편집부 학생의 조언이다. 이를 반영하여 [A]를 작성한다고 할 때, 가장 적절한 것은?

"등급 외 농산물 소비가 농가와 소비자에게 도움이 되는 이유를 각각의 측면에서 밝히고, 등급 외 농산물 소비를 권유하는 내용으로 마무리하는 것이 좋겠어."

① 등급 외 농산물은 가격이 저렴하면서도 맛과 영양 면에서 인정받고 있기 때문이다. 이제 등급 외 농산물이 갖는 가치를 인정하고 소비하려는 태도를 갖자.
등급 외 농산물의 가치를 제시하고 있을 뿐, 등급 외 농산물 소비가 농가와 소비자에게 도움이 되는 이유를 제시하지는 않고 있다.

② 등급 외 농산물 폐기로 인해 발생하는 손해가 농민들에게 돌아가기 때문이다. 이제 농가 소득 증대에 기여할 수 있도록 등급 외 농산물의 가공 활용 방법에 대해 고민해야 할 때이다.
등급 외 농산물 폐기로 인한 농민들의 손해를 제시하고 있을 뿐, 등급 외 농산물 소비가 농가와 소비자에게 도움이 되는 이유를 제시하지 않고 있다. 또한 등급 외 농산물의 가공 활용 방법을 고민해야 한다는 내용은 등급 외 농산물의 소비를 권유하는 것으로 볼 수 없다.

③ 등급 외 농산물 소비를 통해 환경 문제를 해결하는 데 소비자가 기여할 수 있기 때문이다. 이제 등급 외 농산물 소비를 통해 환경 문제를 개선하는 데 동참하는 자세를 가져 보자.
등급 외 농산물 소비가 도움이 되는 이유를 환경 문제 개선 측면에서만 제시하고 있다.

✔ 농가는 등급 외 농산물로 인한 경제적 손해를 줄일 수 있고 소비자는 농산물을 저렴하게 구입할 수 있기 때문이다. 이제 농가와 소비자 모두를 위해 등급 외 농산물 소비에 동참해 보자.
등급 외 농산물 소비가 도움이 되는 이유를 농가와 소비자 측면에서 경제적 손해 감소와 저렴한 농산물 구입이 가능하다는 내용으로 각각 밝혔고, 등급 외 농산물 소비에 동참을 권유하며 마무리하고 있다.

⑤ 소비자는 맛과 영양을 갖춘 등급 외 농산물을 쉽게 구할 수 있고, 농가는 등급 외 농산물의 생산을 줄일 수 있기 때문이다. 이제 등급 외 농산물의 판매 경로를 다양화할 필요가 있다.
등급 외 농산물의 판매 경로를 다양화할 필요가 있다는 내용은 등급 외 농산물의 소비를 권유하는 것으로 볼 수 없다.

[11~15] 문법

11 한글 맞춤법의 이해   정답률 68% | 정답 ⑤

〈보기〉의 ⓐ~ⓔ를 이해한 내용으로 적절하지 않은 것은?

─〈보 기〉─
○ 풀이 ⓐ 쓰러진 사이로 ⓑ 작은 꽃이 ⓒ 마중을 나왔다.
○ ⓓ 끝이 보이지 않았지만 나는 그 ⓔ 믿음을 잃지 않았다.

① ⓐ : 앞말이 '쓸다'라는 본뜻에서 멀어져서 소리대로 적은 것이겠군.
이 글의 "사라진'은 앞말이 본뜻에서 멀어져 그 의미가 유지되지 않아 소리대로 적었다.'를 볼 때, ⓐ는 앞말이 '쓸다'라는 본뜻에서 멀어져서 소리대로 적은 것임을 알 수 있다.

② ⓑ : 용언의 어간 '작-'과 어미 '-은'이 구별되도록 형태소의 본모양을 밝혀 적은 것이겠군.
이 글의 '그리고 '먹어', '먹는'처럼 용언의 어간과 어미도 구별하여 적는다. 즉 어법에 맞도록 적는다는 것은 형태소의 본모양을 밝혀 적는 것을 말한다.'를 볼 때, ⓑ는 용언의 어간 '작-'과 어미 '-은'이 구별되도록 형태소의 본모양을 밝혀 적은 것임을 알 수 있다.

③ ⓒ : 접미사 '-웅'이 여러 어근에 널리 결합하지 못하고 일부 어근에만 결합해서 소리대로 적은 것이겠군.
이 글의 '이와 달리 '마감(막-+-암)'은 접미사 '-암'이 일부 어근에만 결합하기 때문에 소리대로 적었다.'를 볼 때, ⓒ는 접미사 '-웅'이 여러 어근에 널리 결합하지 못하고 일부 어근에만 결합해서 소리대로 적은 것임을 알 수 있다.

④ ⓓ : '끝'이라는 체언의 의미가 쉽게 파악되도록 형태소의 본 모양을 밝혀 적은 것이겠군.
이 글의 '예를 들어 체언과 조사가 결합한 '잎이', '잎만'을 발음대로 적으면 '이피', '임만'인데, ~ 따라서 형태를 '잎'으로 고정하여 적을 필요가 있는 것이다.'를 볼 때, ⓓ는 '끝'이라는 체언의 의미가 쉽게 파악되도록 형태소의 본모양을 밝혀 적은 것임을 알 수 있다.

✓ ⓔ : 어근에 접미사 '-음'이 결합한 후에 어근의 본래 뜻이 유지되지 않아서 형태소의 본모양을 밝혀 적은 것이겠군.
어근 '믿-'과 접미사 '-음'이 결합한 '믿음'은 형태소의 본모양을 밝혀 적은 말이다. 즉, 접미사 '-음'이 비교적 여러 어근에 결합하고, 결합한 후에도 어근의 본래 뜻이 유지되기 때문에 형태소의 본모양을 밝혀 적은 것이다.

---

12 한글 맞춤법의 이해 　　　　정답률 74% | 정답 ③

[A]를 참고할 때, 밑줄 친 부분의 띄어쓰기가 적절하지 **않은** 것은?

① 동네 인심 한번 고약하구나.
[A]를 통해 어떤 일을 시험 삼아 시도함을 나타내거나 어떤 행동이나 상태를 강조하는 뜻을 나타낼 때는 '한번'이라고 씀을 알 수 있다. 따라서 '동네 인심 한번 고약하구나.'에서 '한번'은 어떤 행동이나 상태를 강조하는 뜻으로 쓰였으므로 '한번'이라고 써야 한다.

② 그를 만난 지도 꽤 오래되었다.
[A]를 통해 '지'는 시간의 경과를 나타낼 때는 앞말과 띄어 씀을 알 수 있다. 따라서 '그를 만난 지도 꽤 오래되었다.'에서의 '지'는 시간의 경과를 나타내고 있으므로 앞말과 띄어 써야 한다.

✓ 무엇부터 해야 할 지를 모르겠다.
[A]에서 '지'는 어미 '-(으)ㄴ지, -(으)ㄹ지'의 일부일 때는 띄어 쓰지 않음을 확인할 수 있다. '무엇부터 해야 할 지를 모르겠다.'에서 '할 지'의 '지'는 어미 '-ㄹ지'의 일부이므로 '할지'라고 붙여 써야 한다.

④ 견우와 직녀는 일 년에 한 번 만난다.
[A]에서 '번'이 일의 횟수를 나타낼 때는 '한 번', '두 번'처럼 띄어 씀을 알 수 있다. 따라서 '견우와 직녀는 일 년에 한 번 만난다.'에서 '번'이 일의 횟수를 나타내고 있으므로, '한 번'이라고 띄어 써야 한다.

⑤ 얼마나 부지런한지 세 명 몫의 일을 해낸다.
[A]에서 '지'는 어미 '-(으)ㄴ지, -(으)ㄹ지'의 일부일 때는 띄어 쓰지 않음을 알 수 있다. 따라서 '얼마나 부지런한지 세 명 몫의 일을 해낸다.'에서 '부지런한지'의 '지'는 어미 '-ㄴ지'의 일부이므로 붙여 써야 한다.

---

13 음운 변동의 탐구 　　　　정답률 63% | 정답 ①

다음은 수업 장면의 일부이다. ⓐ와 ⓑ에 들어갈 말로 적절한 것은? [3점]

선생님 : 음운의 변동에는 어떤 음운이 다른 음운으로 바뀌는 교체, 두 음운이 합쳐져 하나가 되는 축약, 원래 있던 한 음운이 없어지는 탈락, 없던 음운이 추가되는 첨가의 유형이 있습니다. 이러한 음운의 변동은 한 단어에서 두 가지 이상이 함께 나타나기도 합니다. 또한 음운의 변동 결과가 표기에 반영되기도 하고, 음운의 변동 후에 음운의 개수가 달라지기도 합니다. 그러면 다음 자료에 나타난 음운의 변동을 탐구해 봅시다.

国밥[국빱], 굳히다[구치다], 급행열차[그팽녈차]

위 자료를 '국밥', 그리고 '굳히다, 급행열차'로 나눈다면, 그 기준은 무엇일까요?
학생 : (　ⓐ　)를 기준으로 나누었습니다.
선생님 : 맞습니다. 그럼. '굳히다'와 '급행열차'에 공통으로 나타나는 음운의 변동은 무엇일까요?
학생 : (　ⓑ　)입니다.
선생님 : 네, 맞습니다.

	ⓐ	ⓑ

✓ 음운의 변동이 두 가지 이상 일어났는지 　　축약
'국밥'은 음절 끝 'ㄱ' 뒤에 'ㅂ'이 와서 'ㅂ'이 'ㅃ'으로 교체되어 [국빱]으로 발음되는 것으로, 음운의 변동 전과 후의 음운 개수는 각각 6개로 같다. 그리고 '굳히다'는 'ㄷ'이 'ㅎ'과 결합하여 'ㅌ'으로 축약[구티다]된 후 'ㅣ' 모음으로 시작되는 형식 형태소와 만나 'ㅊ'으로 교체가 일어나 [구치다]로 발음된 것으로, 음운의 변동 결과 음운 개수가 7개에서 6개로 줄어든다. 또한 '급행열차'는 'ㅂ'이 'ㅎ'과 결합하여 'ㅍ'으로 축약[그팽열차]되고 '열차'에 'ㄴ' 첨가가 일어나 [그팽녈차]로 발음된 것으로, 음운의 변동 결과 음운 개수는 10개로 음운의 변동 전과 동일하다. 이렇게 볼 때, 음운 변동이 두 가지 이상 일어났는지로 '국밥'과 '굳히다, 급행열차'도 구분할 수 있고, '굳히다'와 '급행열차'는 공통적으로 음운 축약이 일어남을 알 수 있다.

② 음운의 변동이 두 가지 이상 일어났는지 　　교체
③ 음운의 변동 결과 음운의 개수가 줄었는지 　　탈락
④ 음운의 변동 결과 음운의 개수가 줄었는지 　　교체
⑤ 음운의 변동 결과가 표기에 반영되는지 　　축약

---

14 시간 표현의 이해 　　　　정답률 59% | 정답 ②

〈학습 활동〉을 수행한 결과로 적절하지 **않은** 것은?

─〈학습 활동〉─
시제는 말하는 때인 발화시를 기준으로 동작이나 상태가 일어난 때인 사건시와의 선후 관계를 따져 과거 시제, 현재 시제, 미래 시제로 나누며, 선어말 어미나 관형사형 어미, 부사어 등을 통해 실현된다. 다음 자료를 분석해 보자.

ㄱ. 창밖에는 눈이 내린다.
ㄴ. 곧 강연을 시작하겠습니다.
ㄷ. 이것은 그가 내일 입을 옷이다.
ㄹ. 내가 만든 빵을 형이 맛있게 먹더라.

① ㄱ은 사건시와 발화시가 일치한다.
ㄱ은 선어말 어미 '-ㄴ-'을 활용하여 현재 시제를 표현하고 있으므로, 사건시와 발화시가 일치한다.

✓ ㄴ은 사건시가 발화시보다 앞선다.
'학습 활동'을 통해 사건시와 발화시가 일치하는 시제는 현재 시제, 사건시가 발화시보다 앞서는 시제는 과거 시제, 사건시가 발화시보다 나중인 시제는 미래 시제임을 알 수 있다. 그리고 ㄴ에서는 부사어 '곧' 과 선어말 어미 '-겠-'을 활용하고 있으므로, 사건시가 발화시보다 나중인 미래 시제를 표현하고 있음을 알 수 있다.

③ ㄴ과 ㄷ 모두 부사어를 활용한 시간 표현이 나타난다.
ㄴ에서는 부사어 '곧'을, ㄷ에서는 '오늘의 바로 다음 날에'를 의미하는 부사어 '내일'을 활용하여 미래의 시제를 표현하고 있다.

④ ㄷ과 ㄹ 모두 관형사형 어미를 활용한 시간 표현이 나타난다.
ㄷ에서는 관형사형 어미 '-(으)ㄹ'을 활용하여 미래 시제를 표현하고 있으며, ㄹ에서는 관형사형 어미 '-(으)ㄴ'을 활용하여 과거 시제를 표현하고 있다.

⑤ ㄱ, ㄴ, ㄹ 모두 선어말 어미를 활용한 시간 표현이 나타난다.
ㄱ은 선어말 어미 '-ㄴ-'을 활용하여, ㄴ에서는 선어말 어미 '-겠-'을 활용하여, ㄹ에서는 선어말 어미 '-더-'를 활용하여 시간 표현을 나타내고 있다.

---

15 사전의 활용 　　　　정답률 74% | 정답 ⑤

다음은 '사전 활용하기' 학습 활동을 위한 자료이다. 이에 대한 이해로 적절하지 **않은** 것은?

바르다¹ 동
【…을 …에】【…을 …으로】
① 풀칠한 종이나 헝겊 따위를 다른 물건의 표면에 고루 붙이다.
  ¶ 아이들 방을 예쁜 벽지로 발랐다.
② 차지게 이긴 흙 따위를 다른 물체의 표면에 고르게 덧붙이다.
  ¶ 흙을 벽에 바르다.

바르다² 형
① 겉으로 보기에 비뚤어지거나 굽은 데가 없다.
  ¶ 길이 바르다.
② 말이나 행동 따위가 사회적인 규범이나 사리에 어긋나지 아니하고 들어맞다.
  ¶ 그는 인사성이 바른 사람이다.

① '바르다¹'과 '바르다²'는 사전에 각각 다른 표제어로 등재되는 동음이의어이다.
'바르다¹'과 '바르다²'이 사전에 각각 다른 표제어로 등재되어 있으므로, '바르다¹'과 '바르다²'는 동음이의어라 할 수 있다.

② '바르다¹'과 '바르다²'는 모두 여러 가지 의미가 있는 다의어이다.
'바르다¹'과 '바르다²' 모두 ①, ②의 의미가 있으므로, '바르다¹'과 '바르다²'는 여러 가지 의미가 있는 다의어임을 알 수 있다.

③ '바르다¹'은 '바르다²'와 달리 주어 이외의 다른 문장 성분을 필요로 한다.
'바르다¹'의 【…을 …에】【…을 …으로】를 보면, '바르다¹'은 주어 이외에 목적어와 부사어가 반드시 필요하다는 점을 알 수 있다. 하지만 '바르다²'는 주어만 필요로 한다.

④ '바르다¹'은 동작이나 작용을 나타내는 말이고, '바르다²'는 성질이나 상태를 나타내는 말이다.
'바르다¹'의 품사는 동사이고, '바르다²'의 품사는 형용사이다.

✓ '바르다² ①'의 예로 '마음가짐이 바르다.'를 추가할 수 있다.
'마음가짐이 바르다.'는 '바르다² ②'의 용례에 해당하므로, '바르다² ①'의 예로 '마음가짐이 바르다.'를 추가할 수 있다는 내용은 적절하지 않다.

[16~45] 독서 · 문학

16~20 갈래 복합

(가) 권섭, 「십육영(十六詠)」

감상 이 작품은 소나무, 호랑이, 말 등의 열여섯 개의 중심 소재를 통해 부조리한 현실에 대한 비판 의식을 드러낸 연시조이다. 이 작품에 제시된 열여섯 수는 시상 구조상 공통적인 특징을 보이는데, 각 수의 초장과 중장에는 소재로 쓰인 대상의 특성이나 상징적 의미를 강조하고 있고, 종장에는 부조리한 현실에 대한 부정적인 시각을 표출하고 있다. 이러한 구성 방식을 통해 작가는 당대에 대한 비판 의식을 효과적으로 드러내 주고 있다.

주제 부조리한 현실에 대한 비판

현대어 풀이

움푹 파인 땅에 서 있는 나무가 우뚝하기도 하구나.
바람과 서리를 실컷 맞고도 홀로이 푸르고 푸르구나.
잠시 베지 말고 놓아 두면 기둥과 들보로 쓸 만한 재목이 되겠구나.

〈제1수〉

꼬리를 치고 휘파람을 불며 불꽃 같은 기세가 황홀하구나.
이 산에 들어온 지가 몇 년이나 되었나니
정말로 네가 잠깐 떠나면 여우와 살쾡이가 이리저리 날뛰겠구나.

〈제11수〉

오리마, 적표마 같은 명마들이 걸음이 느린 말과 같겠느냐?
바람에 슬피 울면서 네 굽을 허위치니
아무리 천리를 달리고자 하는 뜻이 있은 들 알 사람이 없어 서럽구나.

〈제15수〉

(나) 조우인, 「출새곡(出塞曲)」

감상 이 작품은 광해군 때의 문인 조우인이 지은 기행 가사로. 작가가 함경도의 경성 판관으로 부임하는 과정과 부임지에서의 생활과 소회 등을 기록한 것이다. 작품의 창작 과정에 대한 기록에 따르면, 정철의 가사인 「관동별곡」을 전범으로 하여 지어진 것으로 보이며, 변방 생활에서의 애환이 상당 부분을 차지하고 있다. 그래서 이 작품은 「관동별곡」과 상당히 유사한 모습을 보이고 있다.

주제 변방으로의 부임 과정과 임지 생활에서 느낀 소회

(다) 공선옥, 「태안사 가는 길에서」

감상 이 글은 글쓴이가 태안사를 다녀온 경험과 이를 통해 얻은 깨달음을 드러내고 있는 수필이다. 이 글에서 글쓴이는 여정 속에서 느낀 감회를 드러내면서, 태안사에서 만난 불목하니와의 만남을 통해 다른 사람에게 위로가 되는 의미 있는 존재가 되고 싶다는 생각을 드러내고 있다.

주제 타인에게 의미 있는 존재가 되고 싶은 마음

16 표현상 특징 파악

정답률 63% | 정답 ①

(가)~(다)에 대한 설명으로 가장 적절한 것은?

☑ ① **(가)와 (나)는 모두 영탄적 어조를 통해 화자의 정서를 강조하고 있다.**
(가)는 '하구나', '서러워라'에서 영탄적 어조를 사용하여 각각 독야청청한 소나무에 대한 감탄과 천리마에 대한 안타까움을 강조하여 드러내고 있다. (나)는 '어렵구나', '병들었는가'에서 영탄적 표현을 사용하여 각각 임금의 은혜에 대한 감사와 여정의 고됨을 강조하여 드러내고 있다.

② **(가)와 (다)는 모두 시간적 표현을 활용하여 대상에 대한 인식 변화를 제시하고 있다.**
(가)에서 '몇 해'라는 시간적 표현이 사용되었지만, 이를 활용하여 대상에 대한 인식 변화를 제시하지는 않고 있다. 또한 (다)에서는 시간적 표현이 사용되지 않았다.

③ **(나)와 (다)는 모두 계절적 배경을 제시하여 분위기를 환기하고 있다.**
(다)에서는 '겨울'이라는 계절적 배경을 제시하고 있지만, (나)에서는 계절적 배경을 제시하지 않고 있다.

④ **(가)~(다)는 모두 불가능한 상황을 설정하여 주제 의식을 드러내고 있다.**
(가)~(다) 모두 불가능한 상황을 설정하지는 않고 있다.

⑤ **(가)~(다)는 모두 반어적 표현을 사용하여 대상이 지닌 의미를 부각하고 있다.**
(가)~(다) 모두 반어적 표현을 사용하지는 않고 있다.

17 작품 간 공통점과 차이점 파악

정답률 73% | 정답 ④

[A]와 [B]에 대한 설명으로 가장 적절한 것은?

① **[A]와 [B]에는 모두 자연의 섭리에 담긴 가치가 나타난다.**
[B]에 자연을 보고 느낀 감상은 드러나 있지만, 자연의 섭리에 담긴 가치를 드러내지 않고 있다. [A]에서도 자연의 섭리에 대한 가치는 드러나지 않고 있다.

② **[A]와 [B]에는 모두 변화하는 자연에서 얻는 즐거움이 나타난다.**
[B]에는 여름 숲과 겨울 숲의 모습이 대조적으로 드러나 변화하는 자연의 모습에서 의미를 발견하여 즐기는 모습이 드러나 있으나 [A]에는 변화하는 자연이 드러나 있지 않다.

③ **[A]에는 이상적 세계를 동경하는 삶이, [B]에는 자연에 동화되는 삶이 나타난다.**
[A]를 통해 이상적 세계를 동경하는 삶을 찾아볼 수 없다. 그리고 [B]에서 자연에서 느끼는 감상은 드러나지만 이를 자연과 동화되는 삶이라 보기 어렵다.

☑ ④ **[A]에는 자연을 보며 떠올린 삶의 고단함이, [B]에는 자연에서 느끼는 만족감이 나타난다.**
[A]에는 시적 화자가 강원도 회양을 지나며 급장유가 한나라의 회양에서 선정을 베풀었던 일을 떠올리고 있는 모습이 드러나며, 높고 험한 철령을 바라보며 변방으로 떠나는 자신의 신세와 세상살이가 오히려 더 고되고 험하다고 느끼고 있음이 드러나 있다. [B]에는 글쓴이가 여름 숲의 무성함, 풍성함, 윤택함으로 인해 외로움을 잊어서 좋지만, 겨울 숲도 나름대로 외로워서 좋다고 이야기하여, 여름 숲과 겨울 숲에 만족하고 있음이 드러나 있다.

⑤ **[A]에는 자연물에서 연상된 대상에 대한 경외감이, [B]에는 자연을 거닐며 느끼는 쓸쓸함이 나타난다.**
[B]에서 글쓴이는 겨울 숲을 거닐며 외로워서 좋다고 하였으므로, 어느 정도 자연을 거닐며 느끼는 쓸쓸함이 나타난다고 볼 수 있다. 하지만 [A]에서 자연물에서 연상된 대상에 대한 경외감이 드러나지 않고 있으므로 적절하지 않다.

18 외적 준거에 따른 작품의 감상

정답률 69% | 정답 ②

〈보기〉를 참고하여 (가)를 감상한 내용으로 적절하지 않은 것은?

〈보 기〉
권섭의 「십육영(十六詠)」은 열여섯 개의 중심 소재를 통해 현실에 대한 인식을 드러낸 작품이다. (가)의 각 수의 초장과 중장에는 소재로 쓰인 대상의 특성이나 상징적 의미가 강조되어 있고, 종장에는 부조리한 현실에 대한 부정적인 시각이 표출되어 있다.

① **〈제1수〉에서 '풍상'을 이겨낸 소나무를 '독야청청'한 모습으로 그리며 지조 있는 모습을 드러내고 있군.**
〈제1수〉의 '풍상을 실컷 겪고 독야청청하구나'에서 '풍상'을 이겨낸 소나무를 '독야청청'한 모습으로 그리고 있는데, 이는 소나무의 지조 있는 모습을 드러낸 것이라 할 수 있다.

☑ ② **〈제1수〉에서 '베지' 않으면 '동량재'가 될 수 있다고 한 것은 인재가 되기 위해서 시련을 겪어야만 하는 현실에 대한 한탄을 드러낸 것이군.**
〈제1수〉에서 '베지' 않으면 '동량재'가 될 수 있다고 한 것은 나무가 동량재가 되기 전에 베어지는 현실, 즉 쓸 만한 인재가 되기 전에 좌절하게 되는 현실을 비판한 것으로 볼 수 있다. 따라서 인재가 되기 위해 시련을 겪어야 하는 현실에 대한 한탄을 드러낸 것은 아니므로 적절하지 않다.

③ **〈제11수〉에서 호랑이의 기세를 '황홀'하다고 표현하며 호랑이의 위엄 있는 모습을 그리고 있군.**
〈제11수〉에서 호랑이는 꼬리를 치며 휘파람을 불고 있는데, 그 모습이 불꽃 같은 대단한 기세가 있는 것으로 느껴져 '황홀'하다고 하였으므로 호랑이의 힘 있는 모습, 즉 위엄 있는 모습을 그리고 있다고 볼 수 있다.

④ **〈제11수〉에서 호랑이가 사라지면 '호리종횡'할 것이라고 한 것은 소인배들이 힘을 얻게 될 수도 있는 현실에 대한 우려를 표현한 것이군.**
〈제11수〉에서 호랑이가 사라지면 '호리종횡'할 것이라고 표현한 것은 '뫼'에서 가장 힘이 있는 존재인 호랑이가 없을 때 여우와 살쾡이가 이리저리 날뛰게 될 것이라는 상황을 표현한 것이다. 따라서 힘이 있는 존재가 없을 때 도량이 좁고 간사한 사람들이 이리저리 날뜀으로써 벌어지게 될 일에 대한 우려를 드러낸 것으로 볼 수 있다.

⑤ **〈제15수〉에서 '천리지'를 알아주는 이가 없다고 한 것은 인재가 뜻을 펼칠 수 없는 안타까운 현실을 드러낸 것이군.**
〈제15수〉에서 '천리지'를 알아주는 이가 없다고 한 것은 '오리마'나 '적표마'와 같은 빠른 말이 천리를 달리고자 하는 뜻이 있어도 이를 알아주는 이가 없음을 표현한 것이다. 따라서 뛰어난 인재가 뜻을 펼치지 못하는 현실에 대한 안타까움을 드러낸 것으로 볼 수 있다.

★★★ 등급을 가르는 문제!

19 외적 준거에 따른 작품의 이해

정답률 44% | 정답 ③

〈보기〉를 바탕으로 (나), (다)를 이해한 내용으로 적절하지 않은 것은? [3점]

〈보 기〉
문학 작품에는 여정 가운데 만나게 되는 상황과 그에 따른 감회, 그 여정이 자신의 삶에 끼친 영향 등이 드러나기도 한다. (나)에는 화자가 부임지인 경성으로 가는 도중에 보게 된 변방의 경치와 회포 등이 드러나며, (다)에는 글쓴이가 태안사를 다녀온 경험과 이를 통해 얻은 깨달음이 드러난다.

① **(나) : 화자는 경성으로 떠나면서 관원의 임무를 맡게 된 것을 임금의 은혜로 여기고 있군.**
(나)의 화자는 경성으로 떠나면서 관원의 임무를 맡고 있는데, 이를 '망극한 임금의 은혜 갚을 길이 어렵구나'라며 임금의 은혜로 여기고 있다.

② **(나) : 화자는 낙민루에 올라 산하를 둘러보며 자연에서 느껴지는 기운에 감탄하고 있군.**
(나)에서 화자는 낙민루에 올라 함흥 일대의 산하를 돌아보며 천년 전의 상서로운 기운이 바로 어제인 것 같다며 자연에서 느껴지는 상서로운 기운에 감탄하고 있다.

☑ ③ **(나) : 화자는 청해진에서 전쟁이 없어 오랑캐를 방어하는 일을 잊고 있는 병사들의 모습을 비판하고 있군.**
(나)에서 화자는 청해진에 와서 충신과 정예 병사가 강한 활과 쇠뇌로 요충지를 철통같이 지키는 것을 긍정적으로 보고 있을 뿐 병사들의 모습을 비판하고 있는 것은 아니다.

④ **(다) : 글쓴이는 태안사에서 고양이에게 먹이를 주는 노인의 모습을 따뜻한 시선으로 바라보고 있군.**
글쓴이는 태안사를 가는 길에 노인이 고양이에게 먹이를 주는 모습을 보게 되며, 글쓴이와 눈이 마주친 후 얼굴이 붉어진 노인이 아기의 얼굴처럼 순수하다고 느끼고 있다. 이를 통해 글쓴이가 노인을 따뜻한 시선으로 바라보고 있음을 알 수 있다.

⑤ **(다) : 글쓴이는 태안사에서 만난 노인처럼 자신도 다른 사람들에게 위로가 되는 존재가 되고 싶어 하고 있군.**
(다)의 '그는 아마 모닥불을 모를 테지요. ~ 부처가 될 수는 없을까요.'를 통해, 글쓴이는 태안사에서 만난 노인처럼 자신도 다른 사람들에게 위로가 되는 존재가 되고 싶어 함을 알 수 있다.

★★ 문제 해결 꿀~팁 ★★

▶ **많이 틀린 이유는?**
이 문제는 작품에 대한 정확한 이해, 특히 고전 시가의 내용에 대한 정확한 이해가 부족하여 오답률이 높았던 것으로 보인다.
▶ **문제 해결 방법은?**
이 문제 해결의 핵심은 작품 이해에 있다. 즉, 〈보기〉에 제시된 내용을 바탕으로 (가), (나)의 작품을 정확히 이해해야 한다. 정답인 ③의 경우, '철통같은 방어를 일러 무엇하리오'가 설의적 표현을 사용하여 '철통같은 방어는 더 말할 필요가 없다.'라는 의미임을 이해했으면 적절하지 않음을 쉽게 알았을 것이다. 마찬가지로 오답률이 높았던 ②의 경우에도 '상서로운 기운이 어제인 듯하구나'를 '상서로운 기운이 지금까지 남아 있다.'라는 의미임을 알았다면 적절함을 알았을 것이다. 이 문제뿐만 아니라 〈보기〉를 제시하고 문학 작품을 감상하거나 이해하라는 문제 해결의 핵심은 작품 이해에 있으므로, 작품을 읽을 때 주의를 기울이도록 한다. 특히 고전 시가를 읽을 때는 화자의 상황, 정서나 태도를 바탕으로 작품 내용을 정확히 이해할 수 있도록 한다.

20 구절의 의미 파악

정답률 78% | 정답 ⑤

㉠~㉤에 대한 설명으로 적절하지 않은 것은?

① **㉠ : 오리마와 적표마가 뛰어난 능력을 지닌 존재라는 화자의 인식을 드러내고 있다.**
'오리마'와 '적표마'를 걸음이 느린 말과 비교할 수 없음을 드러내어 '오리마'와 '적표마'가 뛰어난 존재라는 화자의 인식을 드러내고 있다.

② **㉡ : 화자가 자신이 변방의 임무를 맡을 것이라고 예상하지 못했음을 드러내고 있다.**
변방 부임을 뜻밖의 일로 받아들이는 것에서 화자가 자신이 변방의 임무를 맡을 것을 예상하지 못했음을 알 수 있다.

③ **㉢ : 모래바람으로 인해 부임지로 가는 길이 험난할 것이라는 걱정을 드러내고 있다.**

[문제편 p.127]

'모래바람'이 자욱하여 '갈 길이 멀었'다 하고 있으므로, 이를 통해 모래바람으로 인해 부임지로 가는 길이 험난할 것이라는 화자의 걱정을 짐작할 수 있다.

④ ⓔ : 물길이 끝나더라도 숲길이 시작된다는 것을 긍정적으로 여기고 있음을 드러내고 있다.

물길이 끝나더라도 슬퍼할 필요가 없다고 하면서, 그 이유로 '곧이어' 숲길이 시작된다 하고 있으므로, 글쓴이가 숲길이 시작된다는 것을 긍정적으로 드러내고 있음을 알 수 있다.

✓ⓜ : 가난과 외로움을 느끼며 살아가야 했던 노인의 삶에 대한 연민을 드러내고 있다.

ⓜ은 글쓴이가 가난과 외로움을 느끼지 않고 살아갈 수 있다는 것, 그것에서 벗어난 삶이 있을 수 있다는 것에 대한 깨달음을 드러낸 것이다. 글쓴이는 노인을 가난과 외로움조차도 스스로 느끼지 않는 '그' 자체라고 여기고 있으므로 가난과 외로움을 느끼며 살아온 노인의 삶에 대한 연민을 드러낸 것이라고 볼 수 없다.

21~26 인문

(가) 이정우, 「예술과 세계 : 세계의 모든 얼굴」

해제 이 글은 세계에 대한 인식을 바탕으로 현대회화에 대해 서술해 주고 있다. 인식 주체들은 각자가 지닌 조건이나 일상 언어를 바탕으로 현실 세계를 인식한다. 인식 주체들의 인식 조건은 다양하여 각각의 인식틀에 따라 존재면이 드러나는데, **회화 예술은 세계의 다양한 존재면을 드러내는 작업**이다. 형이상학적인 것을 갈망하는 인간의 경향은 현대회화에 영향을 끼쳤는데, **현대회화는 여러 존재면을 수평적으로 드러내 주는 특징**이 있다. **전통회화와 달리 변형과 과정을 통해 세계들을 조합한 현대회화는 추상성을 드러내는데, 이에 대해 현대회화가 현실 세계의 존재면을 드러내기 어렵다는 인식**이 제기되었다. 하지만 추상적 영역 또한 세계의 무수한 존재면 중 하나이기 때문에 현실 세계의 존재면을 드러낸 것이라 할 수 있다.

주제 현대회화 예술의 이해

문단 핵심 내용

1문단	인식 주체가 현실 세계를 인식하는 방식
2문단	고정적이지 않은 신체적 지각이나 일상 언어
3문단	세계의 다양한 존재면을 드러내는 회화 예술
4문단	여러 존재면을 수평적으로 드러낸 현대회화의 추상성
5문단	현실 세계의 존재면을 드러낸 현대회화

(나) 박영욱, 「대중문화, 예술과 일상의 구분 지우기」

해제 이 글은 예술과 현실을 분리시킨 현대회화의 특징을 제시하면서, 이에 대항한 예술가들의 견해를 드러내 주고 있다. 회화는 가시적이면서 비가시적이라는 독특한 존재 방식을 갖는다. 회화의 가시적 속성을 통해 객관적 세계의 외면을 사실적으로 재현하는 데 주목한 전통회화와 달리, 회화의 가시적 속성을 통해 **현실을 추상화시키는 현대회화 작가들의 성향으로 인해 예술은 객관적 현실로부터 점차 멀어져 가는 경향**을 보였다. 이러한 예술과 현실의 분리는 음악에서도 나타났다. **이러한 예술의 흐름에 대항하여 새로운 시도를 하는 예술가들이 등장**하였는데, 화가이자 음악가였던 루솔로, 작곡가 바레즈가 대표적이다. 또한 게르노트 뵈메는 **예술의 영역을 일상적 삶으로 확장하려는 노력**을 '확장된 미학'이라 일컬으며, 예술이 창작되고 수용되는 미적 경험이 일상적 현실로까지 확장되어야 한다고 보았다.

주제 예술과 현실을 분리시킨 현대회화 및 이에 대한 예술가들

문단 핵심 내용

1문단	가시적이면서 비가시적 존재 방식을 갖는 회화
2문단	현대회화의 특징 및 이로 인해 나타난 예술과 현실의 분리
3문단	음악에서의 예술과 현실의 분리
4문단	예술과 현실의 분리에 대항하여 새로운 시도를 한 예술가들
5문단	미적 경험이 일상적 현실로까지 확장되어야 한다고 본 게르노트 뵈메

★★★ 등급을 가르는 문제!

21 내용 전개 방식 파악
정답률 36% | 정답 ③

(가)와 (나)에 대한 설명으로 가장 적절한 것은?

① (가)는 인식 주체가 인식의 한계를 극복하는 과정을, (나)는 인식의 한계가 예술 이해에 미친 영향을 설명하고 있다.

(가)에서 언급한 인식 주체의 한계는 인식 주체마다 세계의 존재면을 다양하게 인식하게 되는 이유로서 제시된 것이다.

② (가)는 현대회화의 추상성을 이분법적으로 이해해야 하는 이유를, (나)는 회화가 비가시적 내면을 드러내는 원리를 분석하고 있다.

(가)의 5문단에서 현대회화의 추상성에 대해 실재는 배제한 채 내면만 표현한 것이라고 이분법적으로 이해하는 것은 적절하지 않다고 언급한 부분을 확인할 수 있다.

✓③ (가)는 세계에 대한 인식을 바탕으로 회화 예술을 이해하는 관점을, (나)는 예술과 현실의 관계에 대한 상반된 인식을 제시하고 있다.

(가)에서는 세계가 다양한 존재면으로 이루어져 있다는 인식을 바탕으로 현대회화의 추상성도 세계의 존재면을 드러낸 것이라 하고 있다. 그리고 (나)에서는 예술과 현실을 분리하려는 움직임과 예술의 영역을 일상적 삶으로 확장하려는 움직임에 대해 설명하고 있다. 따라서 (가)는 세계에 대한 인식을 바탕으로 회화 예술을 이해하는 관점을, (나)는 예술과 현실의 관계에 대한 상반된 인식을 제시하고 있음을 알 수 있다.

④ (가)는 인간의 의식 수준의 성장에 따른 현실 세계의 변화 양상을, (나)는 일상으로부터 분리되어 가는 예술의 흐름을 언급하고 있다.

(가)의 4문단에서 의식 수준이 성장함에 따라 인간이 형이상학적인 것을 갈망하게 되었다는 내용은 확인할 수 있으나, 의식 수준의 성장에 따른 현실 세계의 변화를 이야기하고 있지는 않다.

⑤ (가)는 현대회화가 세계를 추상적으로 드러내는 방식을, (나)는 현실 세계에 의해 회화와 음악이 변화하게 되는 계기를 밝히고 있다.

(나)의 4문단과 5문단을 통해 루솔로, 바레즈 등에 의해 기존 음악에서 벗어나려는 시도가 나타나게 된 것은 현실 세계에 의한 것이 아니라, 예술의 영역을 일상의 삶으로까지 확장하고자 하는 예술가의 의도에서 비롯된 것임을 확인할 수 있다.

┌── ★★ 문제 해결 꿀~팁 ★★ ──┐

▶ 많이 틀린 이유는?

이 문제는 선택지에 제시된 서술 내용을 (가), (나)를 통해 일일이 확인하는 데 어려움을 겪어 오답률이 높았던 것으로 보인다. 또한 선택지의 서술 내용에 대한 이해 부족이 오답률을 높였던 것으로 보인다.

▶ 문제 해결 방법은?

이 문제를 해결하기 위해서는 기본적으로 선택지에 대한 정확한 이해가 필요하다. 그런 다음 선택지의 내용을 바탕으로 (가), (나)를 통해 확인해야 하는데, 이때 먼저 (가)에 해당하는 선택지를 (가)를 통해 적절한지 확인해야 한다. 가령 ①, ②, ④는 (가)의 내용을 통해 알 수 없고, ③과 ⑤는 (가)의 내용을 통해 알 수 있다. 그런 다음 (가)에서 알 수 있는 ③과 ⑤에 제시된 (나)의 내용을 통해 알 수 있는지 확인하면 된다. 이렇게 하게 되면, ⑤의 (나)는, 기존 음악에서 벗어나려는 시도가 나타나게 된 것은 현실 세계에 의한 것이 아니라, 예술의 영역을 일상의 삶으로까지 확장하고자 하는 예술가의 의도에서 비롯된 것이므로 적절하지 않다며 ③이 정답임을 알 수 있다. 한편 학생들 중에는 간혹 선택지를 집중하여 읽지 못하여 잘못된 선택을 하는 경우가 있는데, 선택지를 읽을 때는 매우 꼼꼼하게 읽어야 한다. 가령, 오답률이 높았던 ⑤의 경우, '현실 세계에 의해'라는 말을 무심코 읽고 넘어가게 되면 뒤의 내용이 적절하여 잘못된 선택을 한 경우라 할 수 있다. 따라서 선택지를 읽을 때는 밑줄을 쳐 가면서 정확히 읽을 수 있도록 평소 습관을 들여 놓아야 한다.

22 글의 내용의 추론
정답률 69% | 정답 ④

(가)를 바탕으로 존재면과 관련하여 추론한 내용으로 적절하지 않은 것은?

① 하나의 회화 작품을 함께 감상하더라도 각 감상자가 지닌 인식틀에 따라 서로 다른 존재면을 인식하게 될 수 있겠구나.

(가)의 1~3문단을 통해, 인식 주체마다 각자가 지닌 인식 조건, 즉 인식틀에 따라 세계의 존재면을 각기 다르게 인식하게 됨을 알 수 있다.

② 새로 개발된 기술을 지칭하는 용어가 일상 언어로서의 지위를 갖게 되면 그 언어로 지각되는 존재면도 달라질 수 있겠구나.

(가)의 2문단을 통해 일상 언어는 고정적이지 않고 새로 도입된 낯선 언어가 시간이 흐르면서 일상 언어로 자리 잡기도 함을 알 수 있다. 이와 더불어 3문단의 내용을 볼 때 적절함을 알 수 있다.

③ 형이상학적인 것에 대한 갈망으로 인해 회화에 나타난 현실 세계의 존재면이 추상적 방향으로 변하는 경향을 띠게 되었겠구나.

(가)의 4문단을 통해 의식 수준이 성장함에 따라 인간은 점차 현실 세계의 현상 너머에 있는 형이상학적인 것을 갈망하게 되었고, 이로 인해 회화가 현실을 다루는 양상도 변화하여 현대회화의 추상성이 나타나게 되었음을 알 수 있다. 그런데 현대회화는 여러 존재면을 수평적으로 드러낸다고 했으므로, 결국 현대회화의 추상성은 회화에 나타난 현실 세계의 존재면이 추상적 방향으로 변하는 경향을 띠게 되었음을 의미한다고 볼 수 있다.

✓④ 개개의 과학 학문은 하나의 존재면이 서로 관련이 없는 여러 존재면들로 구성되어 있을 때 그 학문의 심층이 드러나게 되겠구나.

(가)의 4문단을 통해 과학은 한 존재면을 수직으로 파고들어 그 면을 심층적으로 드러내며, 심층을 이루는 그 무수한 면들은 넓게 보면 결국 같은 면의 객관적 심층임을 알 수 있다. 이렇게 볼 때, 개개의 과학 학문에서의 한 존재면은, 넓게 보면 결국 하나의 면으로 귀결될 수 있는, 즉 서로 간에 유사성이 있고 관련이 있는 무수한 면들로 구성되어 있는 것이며, 그렇게 하나의 존재면이 심층적으로 드러나게 된다. 따라서 서로 관련이 없는 여러 존재면들로 구성되어 있을 때 과학 학문의 심층이 드러난다는 이해는 적절하지 않다.

⑤ 입체주의 화가의 회화에서는 현실 세계의 존재면과 가능 세계의 존재면이 수평적으로 혼재해 있는 모습을 발견할 수 있겠구나.

(가)의 4문단을 통해 현대회화가 여러 존재면을 수평적으로 드러낸다는 것, 그리고 입체주의 현대회화에서는 하나의 그림 위에 일상의 현실 세계와 상상에 의한 가능 세계가 혼재해 있다는 것을 알 수 있다.

23 글의 세부 내용 파악
정답률 52% | 정답 ⑤

(가)와 (나)를 바탕으로 ㉠과 ㉡을 비교하여 이해한 내용으로 가장 적절한 것은?

① ㉠과 ㉡은 모두 현실 세계의 존재면을 드러내기 어렵다는 한계를 갖는다.

(가)의 5문단에서 전통회화와 달리 현대회화로는 현실 세계의 존재면을 드러내기 어렵다는 인식이 생겨났지만, 내면의 추상적 영역 또한 객관적 실재의 외면을 다양하게 드러내는 것이라는 점에서 현대회화도 현실 세계의 존재면을 드러낼 수 있다고 봐야 함을 알 수 있다.

② ㉠과 ㉡은 모두 현실 세계의 사실적 재현을 통해 화가의 내면 세계를 드러내는 데 치중했다.

㉡은 변형과 과정을 통해 실재와는 다른 방식으로 세계들을 조합해 나간 것이므로, 현실 세계를 사실적으로 재현했다고 할 수 없다.

③ ㉠은 ㉡과 달리 다양한 가능 세계와의 만남을 통해 현실 세계에 더 가까이 다가가게 해 준다.

(가)의 4문단을 통해 다양한 가능 세계와의 만남을 통해 현실 세계에 더 가까이 다가가게 해 주는 것은 회화의 공통적 속성임을 알 수 있다.

④ ㉡은 ㉠과 달리 가시적 속성과 비가시적 속성을 동시에 가지는 독특한 존재 방식을 취한다.

(나)의 1문단을 통해 가시적이면서 동시에 비가시적인 독특한 존재 방식은 회화의 공통적 속성임을 알 수 있다.

✓⑤ ㉡은 ㉠과 달리 현실 세계의 객관적 외면을 의도적으로 변형시킴으로써 현실 세계의 얼굴을 다양하게 드러낸다.

(가)의 5문단을 통해 현대회화에서 다루어지는 내면의 추상적 영역은 객관적 실재의 외면을 화가의 내면에 따라 이질적으로 변형시켜 존재를 다양하게 드러내는 무수한 존재면 중 하나임을 알 수 있다. 여기서 객관적 실재의 외면을 화가의 내면에 따라 변형시킨다는 것은 화가의 주관에 따라 객관적 실재의 외면을

의도적으로 변형시킨다는 것을 의미한다고 볼 수 있다. 또한 (나)의 2문단을 통해 전통회화는 객관적 세계의 외면을 사실적으로 재현하는 데 주목했음을 알 수 있다. 따라서 현대회화(ⓒ)가 전통회화(ⓐ)와 달리 현실 세계의 객관적 외면을 주관적으로 변형시킴으로써 현실 세계의 얼굴을 다양하게 드러낸다는 이해는 적절하다.

---

24 구체적인 사례에의 적용
정답률 50% | 정답 ④

(가), (나)와 관련지어 〈보기〉에 대해 보인 반응으로 적절하지 <u>않은</u> 것은? [3점]

〈 보 기 〉

최근 한 의과 대학에서 구스타프 클림트의 대표적 표현주의 작품인 「키스」에 대한 연구 결과를 발표했다. 연구진은 이 회화 속 남녀의 의상에 한 사람의 생명체가 완성되기까지의 순차적 세포분열 과정이 과장된 크기와 다양한 색으로 변형되어 그려져 있음을 주목했다. 그리고 이를 통해 클림트가 당시 현미경 기술의 비약적 발전에 따른 생물학적 탐구에 대한 성과를 토대로 삶과 죽음, 생명에 대한 자신의 깊은 관심을 드러냈다고 밝혔다.

① (가) : 생명체가 완성되기까지의 세포분열 과정을 밝혀낸 생물학적 지식이 드러내는 현실 세계는 클림트의 회화에 비해 일의적인 성격을 갖는다고 볼 수 있겠군.
(가)의 4문단을 통해 현대회화의 존재적 특징을 과학과의 비교를 통해 분명히하며, 과학은 존재면이 비교적 일의적임을 확인할 수 있다. 그러므로 생물학적 지식, 즉 과학에 의해 드러나는 현실 세계가 클림트의 회화에 비해 일의적인 성격을 갖는다는 반응은 적절하다.

② (가) : 현미경 기술의 발전으로 세포분열 과정을 직접 관찰할 수 있게 된 것은 인식 주체가 지닌 조건이 달라져 현실 세계가 새롭게 지각된 사례에 해당한다고 볼 수 있겠군.
(가)의 1문단을 통해 각 인식 주체는 신체적 지각의 차이에 따라 경험하는 세계에 대한 인식이 달라짐을 알 수 있고, 2문단을 통해 안경 등의 도구를 이용하여 인식 주체들이 지닌 조건은 달라질 수 있음을 알 수 있다. 그러므로 맨눈으로 보기 어려운 세포분열 과정을 현미경이라는 도구를 이용해 직접 관찰할 수 있게 된 것을 인식 주체가 지닌 조건이 달라져 현실 세계가 새롭게 지각된 사례에 해당한다고 보는 것은 적절하다.

③ (가) : 클림트의 회화에서 세포분열 과정이 현실과 다르게 변형되어 그려진 것에서 실재와는 다른 방식으로 세계를 조합하는 현대회화의 추상성이 드러난다고 볼 수 있겠군.
(가)의 4문단을 통해 변형과 과장을 통해 실재와는 다른 방식으로 세계들을 조합하는 것이 현대회화의 추상성임을 알 수 있다. 그러므로 세포분열 과정이 과장된 크기와 다양한 색으로 변형되어 그려져 있는 클림트의 회화에서 현대회화의 추상성이 드러난다고 보는 것은 적절하다.

✔ ④ (나) : 클림트의 회화는 색과 형태를 가진다는 점에서는 가시적이지만 세포분열 과정이라는 생물학적 탐구를 다루고 있다는 점에서는 비가시적 속성을 가진다고 볼 수 있겠군.
(나)의 1문단을 통해, 회화는 캔버스 위에 물감으로 색과 형태를 드러낸 것이라는 점에서는 가시적 존재지만, 창작자의 의도나 감상자의 주관에 따라 그 의미가 추상적으로 파악된다는 점에서는 비가시적 존재임을 알 수 있다. 그러므로 〈보기〉에 언급된 클림트의 회화가 색과 형태를 가진다는 점에서 가시적이라고 본 것은 적절한 반응이지만, 이 회화가 세포분열 과정이라는 물리적이고 가시적인 과학의 영역을 소재로 삼고 있다는 점에서 비가시적 속성을 가진다고 본 것은 적절한 반응이라 할 수 없다. 클림트의 회화는 회화를 통해 클림트가 표현하고자 했던 삶과 죽음, 생명에 대한 깊은 관심 등의 주관적 내면에 의해 그 의미가 파악된다는 점에서 비가시적이라고 보는 것이 적절하다.

⑤ (나) : 클림트의 회화에서 삶과 죽음, 생명에 대한 화가의 관심이 드러난다고 본 연구 결과는 회화가 화가의 관념적 세계를 표현한 결과라는 인식이 반영된 것이라 볼 수 있겠군.
(나)의 2문단을 통해 현대회화가 화가들이 자신만의 관념적 세계를 가시화한 결과물로, 회화 속에서 객관적 실재는 주관화됨을 알 수 있다. 따라서 클림트의 회화에서 삶과 죽음, 생명에 대한 화가의 관심이 드러난다고 본 연구 결과는 회화가 화가의 관념적 세계를 표현한 결과라는 인식이 반영된 것이라 볼 수 있다.

---

25 인물들의 인식 이해
정답률 53% | 정답 ②

㉮와 관련하여 (나)에 언급된 인물들에 대해 파악한 내용으로 적절하지 <u>않은</u> 것은?

① 현대회화 화가들은 일상의 비대칭성과 혼란스러움을 조작하여 그린 예술 작품을 통해 현실을 비현실적으로 추상화하고자 했다.
(나)의 2문단을 통해 현대회화 화가들이 일상의 비대칭성과 혼란스러움을 조작하여 그린 예술 작품을 통해 현실을 비현실적으로 추상화하고자 했음을 알 수 있다.

✔ ② 루솔로는 일상의 기계 소음에서 음악에 사용되는 음의 인위적인 배열을 추구함으로써 예술과 현실의 대립을 극복하고자 했다.
(나)의 3문단을 통해 음악에 사용되는 음은 현실의 무한한 소리 중 극히 일부이며, 균질적이고 세련되며 인위적인 배열을 따른다는 점에서 일상 현실과는 거리가 있음을 알 수 있다. 그리고 4문단을 통해 루솔로가 이러한 음악의 흐름에 대항하여 일상 현실의 기계 소리도 음악적 표현 대상으로 삼아 소음 기계를 악기로 만들었음을 알 수 있다. 따라서 루솔로는 기존 음악이 객관적 현실에서 점차 멀어지는 경향을 보이는 것에 대항하고자 소음 기계를 만든 것이므로 그가 일상의 기계 소리에서 기존 음악의 음이 가지는 인위적인 배열을 추구했다고 본 것은 적절하지 않다.

③ 바레즈는 일반 악기와 달리 두 음 사이의 무한한 음을 표현할 수 있는 도구를 이용해 일상 현실을 예술로 표현하고자 했다.
(나)의 4문단을 통해 바레즈가 사이렌이 음과 음의 분절되지 않은 무한한 음을 낼 수 있는 일상적 사물이라는 점에 주목하여 사이렌으로 음악을 표현했음을 알 수 있다.

④ 셰페르는 기존 음악의 정체성과는 거리가 먼 일상의 소리를 음향 오브제로 활용하는 새로운 예술 장르를 창시하고자 했다.
(나)의 3문단을 통해 기존 음악이 일상 현실과 거리를 두면서 그 정체성을 확보했음을 알 수 있다. 그리고 4문단을 통해 기존 음악의 흐름에 대항한 셰페르는 기존 음악의 정체성과는 거리가 먼 일상의 소리를 '음향 오브제'로 활용하는 '구체음악'이는 새로운 예술 장르를 창시했음을 알 수 있다.

⑤ 게르노트 뵈메는 미적 대상의 창작과 수용에 따른 미적 경험이 일상 현실로까지 확장되어야 한다고 여겼다.
(나)의 5문단을 통해 게르노트 뵈메가 미적 대상의 창작과 수용에 따른 미적 경험이 일상 현실로까지 확장되어야 한다고 여겼음을 알 수 있다.

---

26 어휘의 문맥적 의미 파악
정답률 70% | 정답 ④

문맥상 ⓐ~ⓔ와 바꾸어 쓰기에 가장 적절한 것은?

① ⓐ : 치환(置換)될
'치환(置換)하다'는 '바꾸어 놓다.'의 의미이므로 바꾸어 쓰기에 적절하지 않다.

② ⓑ : 부과(賦課)했으며
'부과(賦課)하다'는 '세금이나 책임, 일 따위를 부담하게 하다.'의 의미이므로 바꾸어 쓰기에 적절하지 않다.

③ ⓒ : 심화(深化)되어
'심화(深化)하다'는 '정도나 경지가 점점 깊어지다.'의 의미이므로 바꾸어 쓰기에 적절하지 않다.

✔ ④ ⓓ : 시작(始作)되며
'상상의 대부분은 현실의 경험에서 비롯되며'에서 '비롯되며'는 상상도 현실의 경험에서부터 시작된다는 의미이다. 그러므로 '어떤 일이나 행동이 어떤 사건이나 장소에서 처음으로 발생되다.'라는 의미의 '시작(始作)되다'와 문맥상 바꾸어 쓸 수 있다.

⑤ ⓔ : 추종(追從)한다
'추종(追從)하다'는 '남의 뒤를 따라서 좇다.'의 의미이므로 바꾸어 쓰기에 적절하지 않다.

27~29 현대시

(가) 박목월, 「천수답(天水畓)」

감상 이 작품은 **열악한 농토를 하늘이 내린 축복의 땅이라 여기며 달관의 자세로 살아가려는 소신과 그에 대한 지지를 대화의 방식으로 형상화**하고 있다. 즉, 열악한 농토지만 하늘이 물을 대준다며 좌절하지 않고 달관의 자세로 살아가려 하는 자식의 말과, 이러한 삶의 자세를 지지하며 동조해 주는 어머니와의 대화를 통해 주제 의식을 구현해 주고 있다.

주제 달관의 삶의 자세와 그에 대한 지지

표현상의 특징

• 동일한 시어를 반복하여 시적 의미를 강조해 줌.
• 인물 간의 대화 형식으로 시상을 전개해 줌.
• 사투리를 사용하여 향토성과 사실감을 부여해 줌.

(나) 이형기, 「민들레꽃」

감상 이 작품은 민들레를 바라보며 민들레의 내적 가치에 대한 긍정적 인식을 드러내고 있다. 즉, 화자는 소멸될 수밖에 없는 운명에 좌절하지 않고 허무에 맞서는 존재로 민들레를 바라보면서, **민들레가 지닌 내적 가치가 어떤 자로도 크기를 잴 수 없을 만큼 크고 위대하다고 여기는 긍정적 인식을 드러내** 주고 있다.

주제 허무에 맞서는 민들레에 대한 긍정적 인식

표현상의 특징

• 동일한 시어를 반복하여 시적 의미를 강조해 줌.
• 명령형 어조를 활용하여 민들레에 대한 시적 화자의 정서를 부각해 줌.
• 음성 상징어를 활용하여 민들레가 처한 상황을 드러내 줌.
• 역설적 발상을 통해 민들레의 내적 가치를 드러내 줌.

---

27 작품 간의 공통점 파악
정답률 53% | 정답 ①

(가)와 (나)의 공통점으로 가장 적절한 것은?

✔ ① 동일한 시어를 반복하여 시적 의미를 강조하고 있다.
(가)에서는 '어메야', '엄첩구나', '그만이지' 등의 시어를 반복하고 있고, (나)에서는 '노랗게', '열심히', '피어 있다' 등의 시어를 반복하고 있다. 따라서 (가), (나) 모두 동일한 시어를 반복하여 시적 의미를 강조하고 있음을 알 수 있다.

② 공감각적 이미지를 통해 대상의 속성을 나타내고 있다.
(가)와 (나)에서 공감각적 이미지는 사용되고 있지 않다.

③ 명령형 어조를 활용하여 화자의 정서를 부각하고 있다.
(나)에서는 '보라'는 명령형 어조를 활용하여 민들레에 대한 시적 화자의 정서를 부각하고 있다. 하지만 (가)에서 명령형 어조는 사용되지 않았다.

④ 음성 상징어를 활용하여 대상의 상황을 드러내고 있다.
(나)에서는 '아슬아슬'이라는 음성 상징어를 활용하여 민들레가 처한 상황을 드러내고 있다. 하지만 (가)에서 음성 상징어는 사용되지 않았다.

⑤ 수미상관의 방식을 통해 구조적 안정감을 부여하고 있다.
(가), (나) 모두 수미상관의 구성 방식은 사용되지 않았다.

---

28 작품 이해의 적절성 파악
정답률 82% | 정답 ⑤

[A]~[E]에 대한 이해로 적절하지 <u>않은</u> 것은?

① [A]에는 작지만 온 힘을 다해 선명한 빛깔로 피어 있는 민들레의 모습이 나타나 있다.
[A]에서는 민들레가 크기로는 '쬐그만 것'이지만 '전력을 다해' '샛노'란 선명한 빛깔로 피어 있는 모습이 나타나 있다.

② [B]에는 다른 공간은 욕심내지 않고 주어진 한계 안에서 홀로 애쓰는 민들레의 모습이 나타나 있다.
[B]에서는 민들레가 '아무 곳도 넘보지 않는' 것에서 다른 곳을 욕심내지 않는 모습이 나타나 있으며, '주어진 한계' 안에서 '다만 혼자' '아슬아슬' 위태로운 상황에서도 '한치의 틈도 없이 끝까지' 애쓰는 모습이 나타나 있다.

③ [C]에는 씨가 뿌려진 비좁은 곳을 자신의 자리로 받아들이고 터를 잡는 민들레의 모습이 나타나 있다.
[C]에서는 민들레가 '씨 뿌려진' '바위 새'나 '잡초 속'처럼 비좁은 곳을 '바로 내 자리'로 받아들이고 '터를 잡'는 모습이 나타나 있다.

[문제편 p.129]

④ [D]에는 강한 의지와 생명력으로 꽃을 피우기 위해 노력하는 민들레의 모습이 나타나 있다.
　　[D]에서는 '실뿌리'가 '물을 길어 올리'고 '떡잎'이 '어둠을 힘껏 밀어내'는 등 강한 의지와 생명력으로 '열심히 열심히' 노력하는 민들레의 모습이 나타나 있다.

✓[E]에는 꽃을 피웠지만 세상에서 자신이 할 일을 찾기 위해 결국 질 수밖에 없는 민들레의 모습이 나타나 있다.
　　[E]에서는 '세상에 그밖에는 할 일이 없어'서 '노랗게만 피'고, 또 '피어선 질 수밖에 없'는 민들레의 모습이 나타나 있다. 꽃을 피운 민들레가 세상에서 자신의 할 일을 찾기 위해 결국 질 수밖에 없었던 것은 아니므로 적절하지 않다.

29 외적 준거에 따른 작품의 감상　　정답률 50% | 정답 ⑤

〈보기〉를 바탕으로 (가), (나)를 감상한 내용으로 적절하지 않은 것은? [3점]

〈보 기〉
시에는 삶을 대하는 가치 있는 태도가 담겨 있다. (가)에는 인간의 유한성에 대한 인식을 바탕으로, 열악한 농토를 하늘이 내린 축복의 땅이라 여기며 달관의 자세로 살아가려는 소신과 그에 대한 지지가 드러나 있다. (나)에는 민들레를 소멸될 수밖에 없는 운명에 좌절하지 않고 허무에 맞서는 존재로 바라보는 시선과 민들레의 내적 가치에 대한 긍정적 인식이 드러나 있다.

① (가)에서 '천수답'을 일구는 삶을 '제 길'이라고 여기는 것은 달관의 자세로 살아가려는 소신을 드러낸 것이겠군.
　　(가)에서 열악한 농토인 '천수답'을 '하늘이 물을 대'는 하늘이 내린 축복의 '논'라 알고 '벼이삭'을 일구며 살아가는 삶을 '제 길'로 여기는 것을 통해, 달관의 자세로 살아가려는 소신이 드러남을 알 수 있다.

② (가)에서 '니 말이 정말이데', '니 말이 엄첩구나'라고 하는 것은 '어메'가 '내 새끼'에게 보내는 지지를 드러낸 것이겠군.
　　(가)에서 '니 말이 정말이데', '오냐', '니 말이 엄첩구나' 등 '어메'가 '내 새끼'에게 말한 내용을 통해, '어메'가 달관의 자세로 살아가려는 '내 새끼'에게 보내는 지지가 드러난다고 볼 수 있다.

③ (가)에서 '누군 한 평생 / 만년을 사'냐고 말하는 것은 인간이 유한한 존재라는 인식을 드러낸 것이겠군.
　　(가)에서 '누군 한 평생 / 만년을 사'냐고 말하는 것을 통해, 인간 그 누구도 만년을 살 수 없는 유한한 존재라는 인식이 드러난다고 볼 수 있다.

④ (나)에서 '그 크기는 / 어떤 자로서도 잴 수 없다'고 하는 것은 민들레의 내적 가치에 대한 긍정적 인식을 드러낸 것이겠군.
　　(나)에서 외적으로는 '찌그만 것'인 민들레를 두고 '그 크기는 / 어떤 자로서도 잴 수 없다'고 말하는 것을 통해, 민들레가 지닌 내적 가치가 어떤 자로도 크기를 잴 수 없을 만큼 크고 위대하다고 여기는 긍정적 인식이 드러난다고 볼 수 있다.

✓(나)에서 '댓새를 짐짓 영원인 양하'는 모습을 '헛된 꿈'이라고 하는 것은 민들레를 소멸될 수밖에 없는 운명에 맞서는 존재로 바라보는 시선인 것이겠군.
　　(나)에서 민들레가 '댓새를 짐짓 영원인 양하'고 피어 있는 모습을 소멸될 수밖에 없는 운명에 좌절하지 않고 허무에 맞선 모습을 형상화한 것으로 볼 수 있다. 그러나 그 모습을 '헛된 꿈'이라고 말하는 것에서, 소멸될 수밖에 없는 운명에 맞서는 존재로 바라보는 시선이 드러나는 것은 아니다.

30~33 사회

송덕수, 「민법총칙」

[해제] 이 글은 법률행위인 취소 및 무효에 대해 설명하고 있다. 법률행위가 법률효과를 발생시키기 위해서는 성립요건과 효력요건을 갖추어야 한다. 그런데 법률행위가 성립하였지만 효력요건이 불충분하여 효력이 발생하지 않은 경우 법률행위는 무효가 된다. 한편 법률행위의 취소는 어떤 사유가 있어 그 법률행위가 성립한 당시로 소급하여 효력을 잃게 되는 특정인이 취소를 주장할 때만 그 법률행위의 효력이 없어질 수 있다는 점에서 무효와 차이가 있다. 무효인 법률행위는 소급하여 유효로 할 수 있는 대상이 없는 상태라 할 수 있으므로, 다른 법률행위로 전환을 하기도 하고, 추인함으로써 그때부터 새로운 법률행위가 되게 만들기도 한다. 여기에서 무효행위를 전환한다는 것은 무효인 법률행위가 다른 법률행위로서의 효력요건을 갖추고 있을 때, 그 법률행위로서의 효력을 인정하는 것을 말한다. 그리고 무효행위를 추인한다는 것은 무효가 된 법률행위가 갖추지 못했던 효력요건을 추후에 보충하여 새로운 법률행위로서의 효력을 인정하는 것을 말한다. 법률행위가 무효가 되면 그 법률행위에 따른 법률효과도 생기지 않으므로 무효행위를 근거로 하는 청구권도 부인된다.

[주제] 법률행위인 취소 및 무효의 이해

문단 핵심 내용

1문단	법률행위가 법률효과를 발생시키기 위한 성립요건과 효력요건
2문단	법률행위의 무효에 대한 이해
3문단	법률행위의 취소 및 법률행위 무효와의 차이점
4문단	무효행위의 역할 및 무효행위를 전환한다는 것의 이해
5문단	무효행위를 추인한다는 것의 이해
6문단	무효행위를 근거로 하는 청구권이 부인되는 이유

30 내용의 사실적 이해　　정답률 71% | 정답 ①

윗글의 내용과 일치하지 않는 것은?

✓법률행위가 불성립한 경우에도 법률행위의 전환이나 추인을 할 수 있다.
　　4문단을 통해 무효행위의 전환이나 추인이 가능한 것은 무효가 이미 성립한 법률행위를 전제로 하기 때문임을 알 수 있다. 따라서 법률행위가 아예 성립하지 못했다면, 즉 법률행위가 불성립한 경우라면 법률행위의 전환이나 추인은 할 수 없다.

② 성립요건과 효력요건을 모두 갖추어야 법률행위는 법률효과를 발생시킬 수 있다.
　　1문단을 통해 법률행위가 법률효과를 발생시키려면 성립요건과 효력요건을 갖추어야 함을 알 수 있다. 따라서 법률효과를 발생시키기 위해서는 성립요건과 효력요건이 모두 필요함을 알 수 있다.

③ 법률행위가 효력을 발생시켰더라도 어떤 사유가 있어 그 효력을 잃게 되기도 한다.
　　3문단을 통해 법률행위의 취소가 법률행위로서 일단 효력이 발생하였지만 어떤 사유가 있어서 그 법률행위가 효력을 잃게 되는 경우임을 알 수 있다.

④ 법률행위가 무효가 되면 해당 법률행위에 따른 채무가 발생한 경우라도 그 채무를 이행할 필요가 없다.
　　6문단을 통해 법률행위가 무효가 되면 그 무효행위를 근거로 하는 청구권도 부인되므로 해당 법률행위에 따른 채무도 이행할 필요가 없음을 알 수 있다.

⑤ 법률행위가 무효라는 사실이 그대로 유지되더라도 부당이득의 반환청구권을 영구적으로 주장할 수 있는 것은 아니다.
　　6문단을 통해 무효행위에 대한 부당이득의 반환청구권은 소멸시효가 있음을 알 수 있다. 따라서 무효행위가 기한에 상관없이 계속 무효인 상태로 남아 있다고 해서 그에 따른 부당이득의 반환청구권까지 영구적으로 주장할 수 있는 것은 아니다.

31 세부 내용 파악　　정답률 70% | 정답 ⑤

㉠, ㉡에 대한 이해로 적절하지 않은 것은?

① ㉠은 효력요건이 불충분하여 법률상 당연히 효력이 발생하지 않는 경우이다.
　　2문단을 통해 ㉠은 법률행위는 성립하였지만 효력요건이 불충분하여 법률상 당연히 효력이 발생하지 않게 된 경우임을 알 수 있다.

② ㉡은 취소 사유가 존재하더라도 법률행위의 효력이 발생하는 경우가 있다.
　　3문단을 통해 취소 사유가 존재한다고 해서 해당 법률행위가 당연히 취소되는 것이 아니라, 취소권을 가진 특정인이 취소를 주장해야 그 법률행위의 효력이 없어짐을 알 수 있다. 따라서 취소권을 가진 특정인이 취소를 주장하지 않은 경우라면, 취소 사유가 존재하지만 법률행위의 효력이 발생하는 경우로 볼 수 있다. 또한 취소권은 일정 기간이 경과하면 소멸되고, 취소권이 소멸된 법률행위는 결국 유효한 것으로 확정된다. 따라서 취소권이 소멸된 법률행위라면, 취소 사유가 존재하지만 법률행위의 효력은 발생하는 경우로 볼 수 있다.

③ ㉠과 ㉡은 모두 법률행위가 성립한 것을 전제로 한다.
　　2, 3문단을 통해 ㉠은 법률행위는 성립하였지만 효력요건이 불충분한 경우이고, ㉡은 법률행위로서 일단 효력이 발생하였다가 효력을 잃게 되는 경우임을 알 수 있다. 여기서 '일단 효력이 발생하였다'는 것은 법률행위가 성립했고 그 성립한 법률행위가 효력요건을 갖추어 효력이 발생되었다는 것을 의미한다.

④ ㉡은 ㉠과 달리 법률행위의 효력 유무에 변화를 줄 수 있는 기한이 존재한다.
　　2, 3문단을 통해 ㉡은 일단 효력이 발생하였지만 취소 사유가 있고 취소권을 가진 특정인이 취소를 주장했을 때, 그 법률행위의 효력이 없어지는 경우를 의미함을 알 수 있다. 이때 일정 기간이 경과하면 취소권이 소멸되어 결국 유효한 것으로 확정된다. 따라서 일단 효력이 발생한 법률행위를 취소하여 효력이 없어지게 하려면 취소권이 소멸되기 전에 취소를 주장해야 하기 때문에, 법률행위의 효력 유무에 변화를 줄 수 있는 일정한 기한이 존재함을 알 수 있다. 하지만 ㉠은 그 법률행위가 성립한 당시부터 법률상 당연히 그 효력이 발생하지 않았고, 기간의 경과 때문에 해당 법률행위가 무효라는 사실이 변하지도 않는다.

✓㉡은 ㉠과 달리 특정인의 주장이 없어도 법률행위의 효력이 없어질 수 있다.
　　2, 3문단을 통해, ㉠은 특정인의 주장 없이도 처음부터 효력이 없는 것이 되지만, ㉡은 취소권을 가진 특정인의 주장이 있어야 그 법률행위의 효력이 없어진다는 것을 알 수 있다.

32 구체적인 사례에의 적용　　정답률 57% | 정답 ②

윗글을 바탕으로 〈보기〉의 ⓐ와 ⓑ에 대해 이해한 내용으로 가장 적절한 것은? [3점]

〈보 기〉
갑은 자신의 유언을 법적으로 인정받고자 ⓐ '비밀증서에 의한 유언'의 형태로 유언증서를 남겼다. 하지만 갑의 사망 후 이 유언증서는 봉인상의 확정일자를 받아야 한다는 조건을 충족하지 않아 무효임이 밝혀졌다. 이에 대해 법원에서는 해당 유언증서가 다른 형태의 유언증서인 ⓑ '자필서명에 의한 유언'의 조건은 모두 충족하고 있으며 갑이 자신의 유언 증서가 무효임을 알았다면 이러한 형태의 유언증서를 남겼을 것이라 보아, '자필서명에 의한 유언'으로서는 유효하다고 판단했다.

① ⓐ가 무효가 되면서 ⓑ의 성립요건도 불충분하게 된 것이군.
　　ⓐ가 무효인 것은 맞지만, 이로 인해 ⓑ의 성립요건이 불충분해진 것은 아니다. 성립요건이 불충분해졌다는 것은 법률행위가 불성립했다는 것인데, 이는 ⓑ와 상관없는 설명이다.

✓ⓐ는 효력요건을 갖추지 못했지만 ⓑ는 효력요건을 갖추고 있군.
　　4문단을 통해 당사자가 무효임을 알았더라면 그 법률행위가 아니라 처음부터 다른 법률행위를 했을 것이라고 인정될 경우, 다른 법률행위로서의 효력을 인정하는 것을 무효행위의 전환임을 알 수 있다. 이에 따라 〈보기〉는 무효행위의 전환이 이루어진 사례임을 알 수 있다. ⓐ는 봉인상의 확정일자를 받아야 한다는 조건을 충족하지 못한 것이 사유가 되어 무효임이 밝혀진 법률행위이고, ⓑ는 당사자가 무효임을 알았다면 다른 형태로 남겼을 것이라 인정되는 법률행위이다. 따라서 무효행위인 ⓐ를 다른 법률행위인 ⓑ로 전환하여 효력을 인정받게 된 사례라고 이해할 수 있다.

③ ⓐ의 부족한 효력요건이 추후에 보충되어 ⓑ가 유효하게 된 것이군.
　　〈보기〉의 사례는 무효행위인 ⓐ를 전환하여 ⓑ로서의 효력을 인정하는 것일 뿐, ⓐ의 효력요건을 추후에 보충하여 ⓑ를 유효하게 만드는 것은 아니다.

④ ⓐ는 ⓑ로 바뀌면서 무효 원인이 소멸되어 다시 효력을 가지게 되는군.
　　〈보기〉의 사례는 무효행위인 ⓐ를 전환하여 ⓑ로서의 효력을 인정하는 것일 뿐, ⓐ가 ⓑ로 바뀌면서 무효 원인이 소멸되어 ⓐ가 다시 효력을 가지게 되는 것도 아니다.

⑤ ⓐ의 효력이 발생하려면 ⓑ가 무효임을 당사자가 알았다는 조건이 충족되어야 하는군.
　　무효인 법률행위는 ⓑ가 아니라 ⓐ이고, ⓑ가 무효임을 당사자가 알았다는 조건이 충족되는 것과 ⓐ의 효력을 발생하게 하는 것은 아무런 관련이 없다.

★★★ 등급을 가르는 문제!
33 글의 내용 추론　　정답률 36% | 정답 ③

㉮의 이유를 추론한 내용으로 가장 적절한 것은?

① 법률행위를 추인할 때 추인의 조건을 갖춘 상태라면 이를 소급하여 유효한 것으로 만들 수도 있기 때문이다.

5문단을 통해 무효행위를 추인하면 무효행위가 처음 성립한 때로 소급하여 유효한 것이 되는 것이 아님을 알 수 있으므로 적절하지 않다.

② 추인으로 인해 무효행위의 유효요건이 보충되면서 새로운 법률행위로서 효력을 발생시킬 필요가 없어졌기 때문이다.
5문단을 통해 무효행위를 추인한다는 것은 무효가 된 법률행위가 갖추지 못했던 효력요건을 추후에 보충하여 새로운 법률행위로서의 효력을 인정하는 것임을 알 수 있으므로 적절하지 않다.

☑ 무효인 법률행위는 법적으로 아무것도 없는 것이어서 소급해서 추인할 수 있는 대상 자체가 없는 상태이기 때문이다.
4문단을 통해 무효인 법률행위에서는 아무런 효력도 생기지 않으며, 법적으로는 아무것도 없는 것이라 보기 때문에 소급하여 유효로 할 수 있는 대상이 없는 상태임을 알 수 있다. 따라서 무효행위를 추인하여 갖추지 못했던 효력요건을 추후에 보충한다고 해도, 그 무효행위가 성립한 당시로 소급하여 유효하게 만들 수 있는 대상 자체가 없는 상태임을 알 수 있다. 이를 통해 무효행위를 추인하면, 추인한 때부터 새로운 법률행위를 한 것으로 본다는 것을 추론할 수 있다.

④ 무효인 법률행위가 성립한 때를 정확하게 증명할 수 없다면 추인을 통해 유효하게 된 시점도 특정할 수 없기 때문이다.
이 글을 통해 확인할 수 없는 내용이므로 이유로 적절하지 한다.

⑤ 무효인 법률행위는 원칙적으로 추인할 수 없도록 법률상으로 정해 놓은 것이어서 추인을 통해 유효한 것이 될 수는 없기 때문이다.
5문단의 '무효행위를 추인한다는 것은'을 통해, 무효인 법률행위는 원칙적으로 추인할 수 없도록 법률상으로 정해 놓았다는 내용은 적절하지 않다.

★★ 문제 해결 꿀~팁 ★★

▶ 많이 틀린 이유는?
이 문제는 글에 제시된 주요 내용 이해나 ㉠에 대한 이해가 부족하여 오답률이 높았던 것으로 보인다. 또한 ㉠에 대한 이유 추론이 앞이나 뒤에 제시되어 있지 않고 글의 내용을 바탕으로 한다는 점도 오답률을 높였던 것으로 보인다.

▶ 문제 해결 방법은?
이 문제를 해결하기 위해서는 기본적으로 글에 제시된 주요 내용에 대한 이해, 무효인 법률행위, 무효행위 추인에 대해 정확히 이해해야 한다. 그런 다음 ㉠에 대한 이해, 즉 '추인한 때부터 새로운 법률행위를 한 것'이라는 의미가 무엇인지 이해해야 한다. 즉, 새로운 법률행위를 하는 것은 이전의 법률행위와는 전혀 다른 상태임을 이해해야 한다. 이러한 내용을 바탕으로 한다면, 무효행위를 추인하게 되면 추인한 때부터 새로운 법률행위를 한 것이므로, 무효행위가 성립한 당시로 소급하여 유효하게 만들 수 있는 대상 자체가 없는 상태임을 추론할 수 있다.

▶ 오답인 ①, ⑤를 많이 선택한 이유는?
이 문제의 경우 학생들이 ①과 ⑤가 적절하지 않다고 하여 오답률이 높았는데, 이 경우 학생들이 글의 내용을 정확히 파악하지 못했기 때문으로 보인다. 추론 문제에서 제시한 선택지 중에는 글의 내용으로 적절하지 않거나 제시되지 않은 선택지, 추론 이유와 전혀 관계없는 선택지가 제시되기도 하는데, ①과 ⑤의 경우 글의 내용과 적절하지 않은 경우라 할 수 있다. 따라서 이유 추론 문제를 접할 때에는 제시된 선택지가 글의 내용과 부합하는지 여부도 일차적으로 살펴볼 필요가 있다.

34~38 기술

김현승 역, 「디지털 워터마킹」

해제 이 글은 디지털 이미지 워터마킹 방식인 이미지의 공간 영역 활용과 주파수 영역 활용에 대해 설명하고 있다. 디지털 이미지 워터마킹은 디지털 이미지의 무단 배포, 무단 복사 등이 발생했을 때 저작권을 주장하거나 원본 이미지의 훼손 여부를 검증하기 위한 수단으로 활용된다. 디지털 이미지 워터마킹은 이미지의 공간 영역 활용 방식과 주파수 영역 활용 방식으로 나눌 수 있는데, 공간 영역 활용 방식으로는 LSB 치환 방법이 있다. LSB 치환 방법은 많은 양의 데이터를 빠르고 간단하게 삽입할 수 있으며, 원본 이미지의 각 픽셀에서 LSB만 변경하기 때문에 시각적으로 색상이나 감도의 변화를 감지하기 어렵다. 하지만 워터마크가 삽입된 이미지의 LSB를 인위적으로 조작하는 경우 워터마크가 쉽게 제거될 수 있다는 단점이 있다. 주파수 영역을 활용하는 방식으로는 DCT를 이용하는 방법이 주로 쓰이는데, 이 방법은 이미지의 왜곡이 적고 LSB 치환 방법에 비해 워터마크가 상대적으로 쉽게 제거되지 않는다. 그러나 삽입할 수 있는 데이터의 양이 LSB 치환 방법보다 상대적으로 적고 이미지에 따라 삽입할 수 있는 데이터의 양이 달라질 수 있는 단점이 있다.

주제 디지털 이미지 워터마킹 방식인 이미지의 공간 영역 활용과 주파수 영역 활용

문단 핵심 내용

1문단	디지털 이미지 워터마킹의 개념 및 활용
2문단	공간 영역 활용 방식인 LSB 치환 방법의 원리
3문단	LSB 치환 방법의 원리 및 장단점
4문단	주파수 영역을 활용하는 방식인 DCT를 이용하는 방법의 이해
5문단	워터마크 정보를 삽입하는 특정 주파숫값
6문단	DCT를 이용하는 방법의 장단점

34 핵심 내용 파악   정답률 84% | 정답 ③

윗글을 통해 답을 찾을 수 없는 질문은?

① 디지털 워터마크의 용도는 무엇인가?
1문단을 통해 디지털 워터마크는 디지털 이미지의 무단 배포, 무단 복사 등이 일어났을 때 저작권을 주장하거나 원본 이미지의 훼손 여부를 검증하기 위한 수단으로 쓰인다는 것을 알 수 있다.

② 디지털 이미지 워터마킹의 개념은 무엇인가?
1문단을 통해 디지털 이미지에 저작권자나 배급자의 서명, 마크 등의 특정 정보를 다른 사람들이 인식하지 못하도록 삽입하는 것이 디지털 이미지 워터마킹임을 알 수 있다.

☑ 디지털 이미지 워터마킹 기술의 전망은 어떠한가?
이 글을 통해 디지털 이미지 워터마킹 기술의 전망은 찾아볼 수 없으므로, 답을 찾을 수 없는 질문이라 할 수 있다.

④ 디지털 이미지 워터마크를 삽입하는 원리는 무엇인가?
2~5문단을 통해, LSB 치환 방법은 원본 이미지와 워터마크 이미지의 각 픽셀 데이터를 이진화하고 원본 이미지의 LSB에 워터마크 이미지의 각 픽셀 데이터를 삽입하는 원리임을 알 수 있다. 그리고 DCT를 이용하는 방법은 원본 이미지를 일정한 크기의 여러 블록으로 나누고 블록별로 각 픽셀의 색상값을 DCT 수식에 따라 주파숫값으로 변환하고 워터마크 이미지의 데이터를 주파숫값 형태로 삽입한 후 다시 역변환 수식에 따라 변환하는 원리임을 알 수 있다.

⑤ 디지털 이미지 워터마킹의 방식에는 어떤 것들이 있는가?
2문단을 통해 디지털 이미지 워터마킹은 공간 영역 활용 방식과 주파수 영역 활용 방식이 있다는 것을 알 수 있다.

35 세부 내용의 이해   정답률 60% | 정답 ①

윗글에 대해 이해한 내용으로 적절하지 않은 것은?

☑ LSB 치환 방법은 DCT를 이용하는 방법에 비해 상대적으로 쉽게 워터마크가 제거되지 않는다.
3문단을 통해 LSB 치환 방법으로 워터마크를 삽입했을 때, 워터마크가 삽입된 이미지의 LSB를 인위적으로 조작하는 경우 워터마크가 쉽게 제거될 수 있다는 점을 알 수 있다. 그리고 6문단을 통해 DCT를 이용하는 방법은 LSB 치환 방법에 비해 워터마크가 쉽게 제거되지 않는다는 점을 알 수 있다. 따라서 LSB 치환 방법이 DCT를 이용하는 방법에 비해 상대적으로 워터마크가 쉽게 제거되지 않는다는 진술은 적절하지 않다.

② LSB 치환 방법은 DCT를 이용하는 방법에 비해 동일한 원본 이미지에 삽입할 수 있는 데이터의 양이 많다.
6문단을 통해 LSB 치환 방법은 삽입할 수 있는 데이터의 양이 DCT를 이용하는 방법에 비해 상대적으로 많다는 점을 알 수 있다.

③ DCT를 적용하기 위해서는 원본 이미지를 여러 개의 블록으로 분할하고 블록 단위로 변환을 수행해야 한다.
4문단을 통해 DCT는 원본 이미지를 일정한 크기의 여러 블록으로 나누고 블록별로 각 픽셀의 색상값을 DCT 수식에 따라 변환한다는 점을 알 수 있다.

④ JPEG 압축 방식은 이미지에서 주변 픽셀과 색상이나 밝기 차이가 큰 픽셀을 제거하는 방식으로 이루어진다.
5문단을 통해 JPEG와 같은 방식의 압축 이미지 알고리즘은 이미지에서 주변 픽셀과 색상이나 밝기 차이가 큰 픽셀을 제거하는 방식으로 압축이 이루어진다는 점을 알 수 있다.

⑤ DCT를 이용하는 방법은 원본 이미지의 색상이나 밝기에 따라 삽입할 수 있는 데이터의 양이 달라질 수 있다.
6문단을 통해 DCT를 이용하는 방법은 픽셀 수가 같은 원본 이미지라 하더라도 이미지의 색상이나 밝기에 따라 각 주파수 값이 분포하는 영역의 비율이 달라지기 때문에 이미지에 따라 삽입할 수 있는 데이터의 양이 달라짐을 알 수 있다.

★★★ 등급을 가르는 문제!
36 구체적인 사례에의 적용   정답률 39% | 정답 ③

[A]를 바탕으로 〈보기〉를 이해한 내용으로 적절하지 않은 것은? [3점]

〈보 기〉

다음은 LSB 치환 방법을 통해 흑백 이미지에 또 다른 흑백 이미지를 워터마크로 삽입하는 과정을 도식화하여 나타낸 것이다.

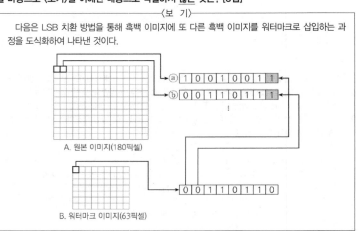

A. 원본 이미지(180픽셀)

B. 워터마크 이미지(63픽셀)

① A에 최대로 삽입 가능한 비트 수는 180이다.
3문단을 통해 LSB 치환 방법은 원본 이미지의 각 픽셀의 8개 비트 중에서 LSB에만 데이터를 삽입하기 때문에, 결국 원본 이미지의 픽셀 수는 삽입이 가능한 비트 수와 같다는 점을 알 수 있다. 그리고 〈보기〉에서 원본 이미지의 총 픽셀 수는 180개임을 알 수 있으므로, A에 최대로 삽입 가능한 비트 수는 180임을 알 수 있다.

② B의 전체 데이터 중 일부 비트는 A에 삽입할 수 없다.
3문단을 통해 LSB 치환 방법은 원본 이미지의 각 픽셀의 8개 비트 중 LSB에만 데이터를 삽입하기 때문에, 원본 이미지의 픽셀 수가 워터마크 이미지의 전체 비트 수보다 적어서 워터마크 이미지의 데이터 일부는 삽입할 수 없게 된다는 점을 알 수 있다.

☑ B의 픽셀 수가 더 많아지면 A의 시각적인 변화는 줄어든다.
3문단을 통해 원본 이미지의 픽셀 수가 워터마크 이미지의 전체 비트 수보다 많을수록 원본 이미지에 시각적인 변화가 적게 나타난다는 내용을 통해 B의 픽셀 수가 더 많아지면 A의 시각적인 변화가 더 커진다는 점을 추론할 수 있다. 그런데 〈보기〉는 원본 이미지의 모든 LSB에 워터마크 이미지의 픽셀 데이터가 삽입되고도 워터마크 이미지의 데이터 일부를 삽입하지 못하는 상황이므로, 이때 워터마크 이미지의 픽셀 수가 더 많아지더라도 원본 이미지는 더 이상의 시각적인 변화가 나타나지 않는다고 할 수 있다.

④ ⓐ 픽셀의 색상이 ⓑ 픽셀의 색상에 비해 더 흰색에 가깝다.
2문단을 통해 흑백의 이미지를 구성하는 한 픽셀의 색상은 검은색 00000000부터 흰색 11111111까지 총 256가지의 값 중 하나로 표현되는데, 이때 각 픽셀의 8비트 데이터 중 왼쪽에 위치한 상위 비트가 클수록 흰색에 가깝다는 것을 알 수 있다. 따라서 상위 비트값이 더 큰 ⓐ 픽셀의 색상이 ⓑ 픽셀의 색상보다 더 흰색에 가까움을 알 수 있다.

⑤ ⓐ 픽셀과 ⓑ 픽셀에 데이터가 삽입되면 LSB가 모두 1에서 0으로 바뀌게 된다.
2문단을 통해 LSB 치환 과정에서는 워터마크 이미지의 픽셀 데이터를 원본 이미지의 각 픽셀의 LSB에

하나씩 나누어 삽입한다는 것을 알 수 있다. 따라서 〈보기〉의 과정에 따라 ⓐ 픽셀과 ⓑ 픽셀에 데이터가 삽입되면 두 픽셀의 LSB는 모두 1에서 0으로 바뀌게 된다.

★★ 문제 해결 꿀~팁 ★★

▶ 많이 틀린 이유는?
이 문제는 글의 내용을 〈보기〉에 적용하는 과정에서 어려움을 겪어 오답률이 높았던 것으로 보인다. 또한 기술 지문을 이해하는 데 어려움을 겪어 〈보기〉로 제시된 그림의 상황을 정확히 이해하지 못한 것도 오답률을 높인 원인으로 보인다.
▶ 문제 해결 방법은?
이 문제를 해결하기 위해서는 글의 내용을 통해 〈보기〉의 그림에 대해 정확히 이해해야 한다. 즉, 글(각주 내용을 참조)에 제시된 픽셀의 의미와 각 픽셀에는 8개의 데이터가 들어가는 것을 이해하고, 〈보기〉의 원본 이미지(A)는 180픽셀, 워터마크 이미지의 데이터의 총 데이터는 501비트(63픽셀×8비트)임을 알아야 한다. 이렇게 보면 원본 이미지의 픽셀 수가 워터마크 이미지의 전체 비트 수보다 적다는 것을 알 수 있다. 이러한 내용을 바탕으로 할 때 정답인 ③의 경우, 원본 이미지의 픽셀 수가 워터마크 이미지의 전체 비트 수보다 적어 워터마크 이미지의 데이터 일부는 삽입할 수 없다는 3문단을 통해 원본 이미지의 시각적인 변화는 없을 것임을 알 수 있을 것이다. 마찬가지로 오답률이 높았던 ②의 경우, 워터마크 이미지의 전체 데이터 중 일부 비트는 A에 삽입할 수 없음을 알 수 있었을 것이다. 이처럼 기술 영역의 문제 해결의 방법은 〈보기〉로 주어진 상황을 글을 통해 정확히 파악한 다음, 이를 바탕으로 선택지의 적절성을 판단하는 데 있음을 기억하도록 한다. 이때 문제 해결의 열쇠는 글의 내용에 있다는 것도 유념하자.

★★★ 등급을 가르는 문제! ★★★

37 구체적인 사례에의 적용   정답률 35% | 정답 ②

DCT(Discrete Cosine Transform)를 이용하는 방법에 대한 이해를 바탕으로 〈보기〉의 ㉮~㉰에 대해 보인 반응으로 가장 적절한 것은?

〈보 기〉

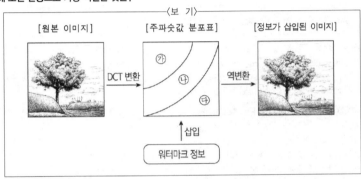

① ㉮는 ㉯보다 원본 이미지에서 주변 픽셀과 색상이나 밝기 차이가 더 큰 부분이 겠군.
4문단을 통해 고주파숫값이 분포하는 영역이 저주파숫값이 분포하는 영역보다 원본 이미지에서 주변 픽셀과 색상이나 밝기 차이가 더 큰 부분이라는 것을 알 수 있다.

✓ ㉮에 워터마크를 삽입하면 ㉯에 삽입하는 것보다 역변환 후 원본 이미지의 시각적 변화가 더 크겠군.
4, 5문단을 통해 ㉮는 저주파숫값이 분포하는 영역, ㉯는 고주파숫값이 분포하는 영역, ㉰는 저주파숫값과 고주파숫값의 경계면이라는 것을 알 수 있다. 그리고 5문단을 통해 저주파수 성분의 변화가 고주파수 성분의 변화에 비해 시각적으로 민감하게 감지된다는 것을 알 수 있다. 이를 바탕으로 ㉮에 워터마크를 삽입하게 되면 ㉯에 삽입하는 것보다 원본 이미지의 시각적인 변화가 클 것이라 추론할 수 있다.

③ ㉯에 삽입된 워터마크가 ㉮에 삽입된 워터마크보다 JPEG와 같은 방식의 압축에 의해 더 쉽게 제거되겠군.
5문단을 통해 고주파숫값이 저주파숫값에 비해서 이미지 압축 시 더 쉽게 제거된다는 것을 알 수 있다. 따라서 ㉯에 워터마크를 삽입하면 ㉮에 삽입하는 것보다 이미지 압축 시 워터마크가 더 쉽게 제거된다고 할 수 있다.

④ ㉰에 삽입된 워터마크가 ㉮에 삽입된 워터마크보다 역변환 후 전체 이미지에 더 고르게 분산되겠군.
4문단을 통해 DCT를 이용하여 워터마크를 삽입하게 되면 어느 주파숫값 영역에 삽입하든 워터마크가 원본 이미지의 전 영역에 걸쳐 고르게 분산된 형태로 삽입된다는 것을 알 수 있다.

⑤ ㉮, ㉯, ㉰ 영역은 원본 이미지와 상관없이 항상 일정한 비율로 나타나겠군.
4문단을 통해 DCT를 이용하여 이미지를 주파숫값으로 변환했을 때 원본 이미지의 색상이나 밝기에 따라 저주파숫값과 고주파숫값이 분포하는 영역의 비율이 달라진다는 것을 알 수 있다.

★★ 문제 해결 꿀~팁 ★★

▶ 많이 틀린 이유는?
이 문제 역시 36번 문제와 마찬가지로 기술 지문을 정확히 이해하지 못해 오답률이 높았던 것으로 보인다.
▶ 문제 해결 방법은?
이 문제를 해결하기 위해서는 〈보기〉의 그림이 어떤 그림인지 이해하고, 글의 내용을 바탕으로 ㉮~㉰가 무엇에 해당하는지 파악할 수 있어야 한다. 즉, ㉮는 저주파숫값이 분포하는 영역, ㉯는 고주파숫값이 분포하는 영역, ㉰는 저주파숫값과 고주파숫값의 경계면임을 알아야 한다. 그런 다음 선택지에 제시된 내용이 글의 어느 부분에 해당하는지 파악하여 글을 통해 적절성 여부를 판단해야 한다. 이러한 이해를 바탕으로 하여 정답인 ②의 경우, 5문단에 제시된 저주파수 성분의 변화가 고주파수 성분의 변화에 비해 시각적으로 민감하게 감지된다는 것을 통해 적절한 것임을 알 수 있다. 마찬가지로 오답률이 높았던 ④의 경우에도, DCT를 이용하여 워터마크를 삽입하게 되면 어느 주파숫값 영역에 삽입하든 워터마크가 원본 이미지의 전 영역에 걸쳐 고르게 분산된 형태로 삽입된다는 4문단의 내용을 통해 적절하지 않음을 알 수 있었을 것이다. 이 문제 역시 36번 문제처럼 문제 해결의 열쇠는 지문에 있음을 잘 보여 준다고 할 수 있다. 따라서 기술 지문을 어렵다고 지레 포기하지 말고 차분히 읽어서 선택지와 비교하면 의외로 문제 해결 방법은 쉬울 수 있음을 명심하자.

38 어휘의 문맥적 의미 파악   정답률 87% | 정답 ①

문맥상 ㉠과 가장 가까운 의미로 쓰인 것은?

✓ 북극은 지구 자전축의 북쪽 끝을 말한다.
㉠은 'LSB는 오른쪽 마지막 최하위 비트이다.'의 맥락에서 사용되었으므로 '어떤 사정이나 사실, 현상 따위를 나타내 보이다.'의 의미로 쓰였다.

② 선생님은 그 작가에 대해 항상 좋게 말했다.
'평하거나 논하다.'라는 의미로 쓰였다.

③ 난 내 생각을 다른 사람에게 솔직하게 말했다.
'생각이나 느낌 따위를 말로 나타내다.'라는 의미로 쓰였다.

④ 친구에게 동생이 오면 문을 열어 달라고 말했다.
'무엇을 부탁하다.'라는 의미로 쓰였다.

⑤ 그녀에게 약속 장소를 말하지 않은 것이 생각난다.
'어떠한 사실을 말로 알려주다.' 라는 의미로 쓰였다.

39~42   고전 소설

작자 미상, 「정각록」

감상 이 작품은 여성의 영웅적 활약을 다룬 여성 영웅 소설이다. 이 작품의 주인공인 정 소저는 백성들에게 인정을 베풀어야 한다는 신념을 지니고, 유교 이념을 구현하기 위해 신하로서의 도리를 다하는 인물로 그려지고 있다. 또한 태자비가 된 정 소저는 국가 위기를 초래하는 반역 세력을 숙청함으로써 현 체제를 유지하고 국가 질서를 수호하려는 영웅적 활약상을 보이고 있다. 이렇게 볼 때, 이 작품은 여성을 영웅적 인물로 설정하여 국가적 위기를 해결하는 주체적인 인물로 그려 냈다고 할 수 있다.

주제 여성 영웅의 영웅적 활약상

39 서술 방식 파악   정답률 70% | 정답 ③

윗글에 대한 설명으로 가장 적절한 것은?

① 서술자가 직접 개입하여 인물을 희화화하고 있다.
'그러나 하신의 ~ 누가 대적하겠는가?', '그런데 문득 ~ 감히 당하리오.'를 통해 서술자가 개입하고 있음을 알 수 있다. 하지만 서술자가 개입하여 인물을 희화화하지는 않고 있다.

② 역순행적 구성을 통해 사건의 인과 관계를 밝히고 있다.
이 글은 시간의 흐름에 따라 사건이 전개되고 있으므로, 역순행적 구성이 사용되지는 않고 있다.

✓ 전기적 요소를 활용하여 비현실적인 장면을 부각하고 있다.
'문득 태자비가 ~ 감히 당하리오.'는 태자비가 입은 전포에서 용의 기운이 나오며 안개가 자욱해지는 장면, 태자비의 몸이 공중에 솟구쳐 황주 자사를 베는 장면으로, 이러한 장면들에서 전기적 요소를 활용하여 비현실적 장면을 부각하고 있다.

④ 공간을 환상적으로 묘사하여 인물의 내적 갈등을 보여 주고 있다.
'삼태호총마가 귀를 세우는 가운데 안개가 자욱하여 양진을 분별하지 못하였다.'를 통해, 태자비가 황주 자사와 싸우는 공간이 환상적으로 묘사되었다고 볼 수 있다. 하지만 이를 통해 인물의 내적 갈등을 드러내지는 않고 있다.

⑤ 장면에 따라 서술자를 달리하여 사건을 입체적으로 드러내고 있다.
이 글에서는 작품 밖 서술자가 일관되게 사건을 전개하고 있으므로, 장면에 따라 서술자를 달리한다고 할 수 없다.

40 작품 내용의 이해   정답률 51% | 정답 ②

윗글에 대한 이해로 적절하지 않은 것은?

① 도원수 양경은 적과 싸우는 척하다 일부러 적진에 잡혀갔다.
양경이 적과 '싸우는 척'하고 '사로잡히는 체' 하고 있다는 부분에서 확인할 수 있다.

✓ 하신의 무리들은 전장의 형세를 이유로 천자의 항복을 만류했다.
신하들이 천자에게 '형세가 곤궁하오니 마땅히 항복하기'를 권하고 있으므로 항복하려는 천자를 말리는 것이 아님을 알 수 있다.

③ 태자비는 이 시랑 댁에서 지내며 나라의 상황을 알기 위해 노력하였다.
태자비는 이 시랑 댁에서 '밤낮으로 국가 소식을 탐지하였다'는 부분에서 확인할 수 있다.

④ 천자는 전장에 말을 타고 나타난 장군이 태자비임을 알아보지 못했다.
천자가 적장과 싸우는 태자비를 바라보며 '난데없는 장군'이 적장을 모두 죽이는 것을 보고 의아해했다는 부분에서 확인할 수 있다.

⑤ 태자비는 천자에게 반적을 없앤 후 환궁하겠다는 의사를 밝혔다.
태자비가 천자에게 '반적을 다 없앤 후 환궁하겠'다고 하는 부분에서 확인할 수 있다.

41 인물의 말하기 방식 파악   정답률 72% | 정답 ⑤

[A]와 [B]에 대한 설명으로 가장 적절한 것은?

① [A]와 [B]는 모두 자신의 처지를 하소연하며 상대의 동정심을 불러일으키고 있다.
[A]와 [B]에서 자신의 처지를 하소연하고 있는 내용은 찾아볼 수 없다.

② [A]는 [B]와 달리 실행을 위한 방안을 요구하며 상대의 제안을 수용하지 않고 있다.
[A]에서 실행을 위한 방안을 요구하거나 상대의 제안을 수용하는 내용은 찾아볼 수 없다.

③ [B]는 [A]와 달리 상대쪽 의도를 추측하며 자신이 해야 할 일을 계획하고 있다.
[B]에서 상대에게 항복하기를 요구하고 있지만, 상대의 의도를 추측하며 자신이 해야 할 일을 계획한 내용은 찾아볼 수 없다.

④ [A]는 성인의 말을 인용하여, [B]는 역사적 사실에 빗대어 자신이 처한 상황을 드러내고 있다.
[A]에서 성인의 말을 인용한 내용은 찾아볼 수 없고, [B]에서 역사적 사실에 빗댄 내용을 찾아볼 수 없다.

✓ [A]는 자신의 행동이 정당함을 말하며, [B]는 상대가 지켜야 할 태도의 당위성을 내세우며 상대의 행동을 비판하고 있다.
[A]에서는 양주 자사 양운이 '주 씨의 부조가 덕망을 잃었기에 자신이 '만민을 건지'려 한다고 자신의 행

동이 정당함을 말하며 자신을 막는 태자비를 비판하고 있다. [B]에서는 태자비가 '자고로 신하는 그 위를 범하지 못하나니'라고 말하며 신하로서 임금을 따라야 한다는 당위성을 내세워 반역을 일으킨 양주 자사 양운을 비판하고 있다.

---

42 외적 준거에 따른 작품의 감상   정답률 51% | 정답 ①

〈보기〉를 바탕으로 윗글을 감상한 내용으로 적절하지 않은 것은? [3점]

〈보 기〉
「정각록」은 여성 영웅 소설로, 주인공 정 소저는 백성들에게 인정을 베풀어야 한다는 신념을 지니고, 유교 이념을 구현하기 위해 신하로서의 도리를 다하는 인물로 그려진다. 태자비가 된 정 소저는 국가 위기를 초래하는 반역 세력을 숙청함으로써 현 체제를 유지하고 국가 질서를 수호하려고 한다. 이처럼 이 작품은 여성을 영웅적 인물로 설정하여 국가적 위기를 해결하는 주체적인 인물로 그려 내고 있다.

✓① 태자비가 양경과 원이정의 '목숨을 보전'해 주는 것에서, 정 소저는 백성들에게 인정을 베풀어야 한다는 신념을 지니고 있는 인물로 볼 수 있겠군.
태자비가 '백성을 다 없어지게 하'는 양경 세력을 '역적'이라고 여기고, '양경과 원이정을 잡아들이'라고 호령하는 모습에서 양경과 원이정을 반역 무리로 인식하고 있음을 알 수 있다. 하지만 태자비는 풀어 주었던 양경과 원이정을 잡아들여 '반적을 다 없'애려 하고 있으므로 태자비인 정 소저가 양경과 원이정에게 인정을 베풀고 있다고 보는 것은 적절하지 않다.

② 태자비가 '조정을 침노'한 반역 무리를 응징하려고 하는 것에서, 정 소저는 현 체제를 유지하고 국가 질서를 수호하고자 한다고 볼 수 있겠군.
태자비인 정 소저가 반역 무리가 '조정을 침노'해 천자가 죽을 위기에 처했다는 백성의 말을 듣고 '역을 깨뜨려' '임금을 구원'하겠다고 말하는 것에서 반대파를 숙청함으로써 현 체제를 유지하려는 모습을 확인할 수 있다.

③ 태자비가 전장에 나가 '모든 역적을 함몰시'킨 것에서, 정 소저는 국가적 위기를 해결할 수 있는 영웅적 능력을 지니고 있는 인물로 볼 수 있겠군.
태자비인 정 소저가 전장에 나가 '천조검'을 휘두르며 '모든 역적을 함몰시'킨 것에서 자신의 능력을 발휘해 국가적 위기를 극복하려는 영웅적 면모를 확인할 수 있다.

④ 태자비가 '내 비록 여자이'지만 적진에 나서 싸우겠다고 말하는 것에서, 정 소저는 주체적으로 판단하고 행동하는 여성으로 볼 수 있겠군.
태자비인 정 소저가 자신의 능력을 발휘해 국가를 위기에서 구하고자 하는 모습에서 주체적인 여성의 모습을 확인할 수 있다.

⑤ 태자비가 '임금을 구원하'기 위해 전장에 직접 나가 싸우는 것에서, 정 소저는 유교 이념을 구현하기 위해 신하로서의 도리를 다하려 한다고 볼 수 있겠군.
태자비인 정 소저가 '자고로 신하는 그 위를 범하지 못하'며 '임금의 은혜를 갚'아야 한다는 생각으로 '임금을 구원하'려 전장에 나가 싸우는 모습에서 유교 이념을 구현하기 위해 신하로서의 도리를 다하고 있음을 확인할 수 있다.

43~45 현대 소설

이청준, 「귀향 연습」
감상 이 작품은 1960~70년대의 이촌향도 사회 상황을 배경으로 고향과 현실적 삶에 대한 인식과 그려 내고 있다. 이 작품에서 도시 질서에 적응하지 못하는 '나'는 고향을 도시와 대립된 공간으로 인식하고 고향을 행복했던 곳으로 이상화하며 고향에 관한 기억을 왜곡하게 된다. 그런데 훈이와의 대화가 계기가 되어 '나'는 고향에 관한 생각이 환상에 불과했음을 인식하고 서울행을 결정하는데, 이는 '나'가 현실에 대한 긍정성을 회복하려는 모습을 드러낸 것이라 할 수 있다.
주제 현실적 삶에 대한 인식 및 현실에 대한 긍정
작품 줄거리 오랜 도시 생활로 몸과 마음이 피폐해진 지섭은 도시 생활을 청산하고 그만 고향으로 돌아갈까 생각하지만, 흉한 몰골로는 도저히 고향을 찾아갈 엄두를 내지 못한다. 그러던 중 과수원을 하고 있는 친구 기태가 지섭에게 얼마간이라도 심신을 좀 쉬어 가라고 권한다. 그 과수원은 지섭의 고향과 약간 떨어진 곳이어서 고향에 가고 싶지 않은 지섭에게 안성맞춤이었다. 친구의 집에는 그의 어린 조카 훈이가 요양 차 머물고 있었는데, 훈이는 단순히 태어난 곳의 의미를 넘어 어떤 정신의 요람으로서의 고향을 찾고 있는 중이었다. 그래서 자신의 병을 잊어버리기 위해 지섭으로부터 고향 이야기를 들으며 고향이란 것을 배우고 싶다고 한다. 사실 지섭의 오랜 병 배앓이도 고향에 뿌리를 둔 것이다. 지섭도 내친 김에 배앓이도 달랠 겸 잘됐다 싶어 자신의 고향을 생각해 보기로 작정한다. 그러나 어머니가 돌아가신 후로 20년 가까이 찾은 적이 없는 고향이라 기억이 거의 남아 있지 않다. '나'의 고향 이야기를 들은 훈이는 '나'에게 고향을 찾아가지 않는 이유를 묻는다. 당황한 '나'는 그날 밤 심한 배앓이를 한다. 다음날 '나'는 차분하게 가라앉은 기분을 느끼며 기태에게 이제 화산 마을에서 떠나 서울로 가겠다고 말한다. 그리고 이번엔 연습으로 그쳤지만 다음 번에 고향과 정직하게 마주할 용기가 생길지 모른다고 말한다.

---

43 작품 내용의 이해   정답률 69% | 정답 ④

윗글에 대한 이해로 적절하지 않은 것은?

① '나'는 어머니가 돌아가신 후에는 동백골에 가지 않았다.
'어머니가 돌아가신 ~ 없는 동백골'이라는 부분에서 '나'는 어머니가 돌아가신 후에는 동백골에 가지 않았음을 확인할 수 있다.

② '나'는 훈이에게 행복스러운 고향 이야기를 들려주기 위해 고민했다.
'훈이 녀석은 ~ 떠오르지 않았다.'라는 부분에서 '나'는 훈이에게 행복스러운 고향 이야기를 들려주기 위해 고민하고 있음을 확인할 수 있다.

③ 어머니는 여름 한철을 대개 산비탈에 있는 밭을 가는 일로 보냈다.
'어머니는 여름 ~ 밭갈이로 보냈다.'라는 부분에서 어머니가 여름 한철을 대개 산비탈에 있는 밭을 가는 일로 보냈음을 확인할 수 있다.

✓④ 기태는 서울 살이를 버텨 보겠다는 '나'의 선택을 지지했다.
기태는 서울로 가겠다는 '나'의 선택에 관해 어이없어 하며 병을 고칠 작정이 아니라고 말하는 것으로 보아 기태가 '나'의 선택을 지지했다는 설명은 적절하지 않다.

⑤ 기태는 '나'의 병을 고치기 위해 서울보다는 동백골에서 지내 보는 것을 권했다.
'그렇더라도 서울보다 ~ 어떨까도 싶고……'라는 부분에서 기태는 '나'의 병을 고치기 위해 서울보다는 동백골에서 지내보는 것을 권했음을 확인할 수 있다.

---

44 공간의 의미 파악   정답률 71% | 정답 ③

㉠과 ㉡에 대한 설명으로 가장 적절한 것은?

① '나'는 ㉠과 ㉡에서의 경험을 동일시하고 있다.
'나'는 ㉠을 내려다보며 ㉡과 관련한 고향의 기억을 더듬어 보고 있으므로, '나'가 ㉠과 ㉡에서의 경험을 동일시한다고 볼 수 없다.

② ㉠을 바라보면서 ㉡에서의 '나'의 행동을 후회한다.
'나'가 ㉠을 바라보면서 ㉡에서의 '나'의 행동을 후회하지는 않고 있다.

✓③ ㉠에서 벗어난 뒤 ㉡에 관한 '나'의 기억이 선명해진다.
'나'는 ㉠을 내려다보며 ㉡과 관련한 고향의 기억을 더듬어 본다. 그런데 ㉠을 보고 있으면 ㉡과 관련한 고향의 기억이 희미해져서 ㉠에서 벗어난 뒤, 방에 들어가서야 ㉡과 관련한 고향의 기억이 선명해짐을 느낀다. 따라서 ㉠에서 벗어난 뒤 ㉡에 관한 '나'의 기억이 선명해진다는 내용은 적절하다.

④ ㉠을 떠나면서 ㉡에서 '나'가 생각했던 의문이 해소된다.
'나'가 ㉠을 떠나면서 ㉡에서 '나'가 생각했던 의문이 해소된다는 내용은 이 글에서 찾아볼 수 없다.

⑤ '나'는 ㉠에서의 일을 잊기 위해 ㉡에서의 일을 떠올린다.
㉠에서 벗어난 뒤, 방에 들어가서야 ㉡과 관련한 고향의 기억이 선명해짐을 느끼고 있으므로, '나'가 ㉠에서의 일을 잊기 위해 ㉡에서의 일을 떠올린다고 할 수 없다.

---

45 외적 준거에 따른 작품의 감상   정답률 60% | 정답 ②

〈보기〉를 바탕으로 윗글을 감상한 내용으로 적절하지 않은 것은? [3점]

〈보 기〉
「귀향 연습」에서 '나'는 도시 질서에 적응하지 못한다. '나'는 고향을 도시와 대립된 공간으로 인식하고 고향을 행복했던 곳으로 이상화하며 고향에 관한 기억을 왜곡한다. 그런데 훈이와의 대화가 계기가 되어 '나'는 고향에 관한 생각이 환상에 불과했음을 인식하고 서울행을 결정하면서 현실에 대한 긍정성을 회복하려는 모습을 보인다.

① 서울에서의 생활을 '악마구리 속'이라고 표현하는 것으로 보아, '나'가 도시 생활에 적응하는 데 어려움을 느꼈을 것이라고 볼 수 있군.
'나'가 기태와의 대화에서 서울에서의 생활을 '악마구리 속'이라고 표현하는 것을 보아, '나'는 서울이라는 도시 생활에 적응하는 데 어려움을 느꼈을 것이라고 볼 수 있다.

✓② 고향이 '나를 두렵게 하'여 '정직하게 맞부딪'칠 용기가 모자란다고 말하는 것으로 보아, '나'는 고향에 대한 환상을 깨려한다고 볼 수 있군.
〈보기〉에 따르면 '나'는 고향에 관한 생각이 환상에 불과했음을 인식하는데, 고향에 '정직하게 맞부딪'칠 용기가 모자란다고 말하는 부분은 오히려 고향에 관한 환상을 당분간은 놔두려고 하는 부분이기에 고향에 관한 환상을 깨려 한다고 볼 수 있다는 설명은 적절하지 않다.

③ 동백골에서의 어린 시절 일들이 '터무니없는 요술을 부리려 들다'라고 표현하는 것으로 보아, '나'는 고향의 이미지를 왜곡하고 있었음을 깨달았다고 볼 수 있군.
어린 시절 동백골에서 온몸에 오줌과 똥을 짓이겨 바르거나 배가 고파 울다 지쳐 잠이 들었던 일들을 행복스러운 정경으로 기억하는 것과 관련하여 '터무니없는 요술을 부리려 들다'라고 표현하는 것을 보아, '나'는 고향의 이미지를 왜곡하고 있었음을 깨달았다고 볼 수 있다.

④ 동백골은 '행복스런 추억'이 있는 공간으로, 서울은 '나를 그토록 폐허로 만든 곳'으로 여겼던 것으로 보아, '나'는 고향을 서울과 대립된 공간으로 인식했다고 볼 수 있군.
어린 시절 살았던 동백골을 '행복스런 추억'이 있는 공간으로, 서울을 '나를 그토록 폐허로 만든 곳'으로 여겼던 것으로 보아, '나'는 고향을 서울과 대립된 공간으로 인식했다고 볼 수 있다.

⑤ 서울을 '소중한 삶의 터전'으로 여기고 마음에 들지 않더라도 '내 진짜 얼굴'을 받아들이겠다고 말하는 것으로 보아, '나'는 현실에 대한 긍정성을 회복하려 한다고 볼 수 있군.
서울로 가겠다는 '나'를 말리는 기태에게 서울을 '소중한 삶의 터전'으로 여기고 폐허가 다 된 모습이 마음에 들지 않더라도 살아 있는 '내 진짜 얼굴'이라고 말하는 것으로 보아, '나'는 현실에 대한 긍정성을 회복하려 한다고 볼 수 있다.

[01~03] 화법

01 발표자의 말하기 방식 파악   정답률 93% | 정답 ④

위 발표에 대한 설명으로 적절하지 않은 것은?

① 청중에게 질문을 던지며 청중의 반응을 확인하고 있다.
1문단의 '혹시 눈꼽재기, 벼락닫이라는 말을 ~ 모르시는 분이 많네요.', 2문단의 '문 옆에 작게 달린 ~ 비유하여 붙인 이름입니다.', 4문단의 '창에 새겨진 꽃무늬가 ~ 으로 사용되었습니다.'를 통해, 발표자가 청중에게 질문을 하고 청중의 대답을 들은 뒤 발표를 이어 가고 있음을 알 수 있다.

② 청중에게 바라는 바를 언급하며 발표를 마무리하고 있다.
5문단의 '여러분도 한옥에 사용된 창의 종류에 대해 좀 더 알아보면 좋겠습니다.'를 통해, 발표자가 청중에게 바라는 바를 언급하며 발표를 마무리하고 있음을 알 수 있다.

③ 발표 주제와 관련된 명칭을 설명하여 청중의 이해를 돕고 있다.
2문단의 '눈꼽재기창인데, 창이 ~ 붙인 이름입니다.'를 통해, 발표 주제와 관련된 '눈꼽재기창'의 명칭을 설명하고 있음을 알 수 있다. 이러한 명칭 설명은 청중의 이해를 도와주는 효과가 있다.

☑ 청중의 요청에 따라 발표 내용과 관련된 추가 정보를 제공하고 있다.
이 발표에서 발표자가 청중에게 질의하고 있지만, 청중이 발표자에게 요청한 내용이나 이러한 청중의 요청에 따른 추가 정보를 찾아볼 수 없다.

⑤ 비언어적 표현을 활용하여 청중이 발표 내용에 집중하게 하고 있다.
2문단의 '화면을 손으로 가리키며'를 통해, 발표자는 청중이 발표 내용에 집중하게 하기 위해 비언어적 표현을 사용하였음을 알 수 있다.

02 발표 자료 활용 파악   정답률 79% | 정답 ④

다음은 발표자가 제시한 자료이다. 발표자의 자료 활용에 대한 설명으로 적절하지 않은 것은?

[자료 1]

[자료 2]

[자료 3]

① 눈꼽재기창의 크기와 위치를 보여 주기 위해 ㉠에 [자료 1]을 활용하였다.
2문단의 내용을 통해 ㉠은 눈꼽재기창의 작은 크기와 출입문 옆이라는 위치를 보여 주기 위해 사용되었음을 알 수 있다.

② 벼락닫이창이 닫히지 않도록 고정하는 방법을 설명하기 위해 ㉡에 [자료 2]를 활용하였다.
3문단의 내용을 통해 ㉡은 벼락닫이창을 고정하기 위해 사용되는 도구를 보여 주기 위해 사용되었음을 알 수 있다.

③ 내부의 노출을 줄이면서 외부를 확인할 수 있었던 창의 용도를 설명하기 위해 ㉡에 [자료 2]를 활용하였다.
3문단의 '재미있는 것은 내외가 엄격했던 ~ 사용했다는 점입니다.'를 통해, ㉡은 내부의 노출을 줄이면서 외부를 확인할 수 있었던 용도를 설명하기 위해 사용되었음을 알 수 있다.

☑ 꽃살창의 무늬가 상징하는 의미를 설명하기 위해 ㉢에 [자료 3]을 활용하였다.
4문단을 통해 발표자가 [자료 3]을 활용하여 꽃살창에 대해 설명하고 있음을 알 수 있지만, 꽃살창의 무늬가 상징하는 의미를 설명하지는 않는다.

⑤ 궁궐이나 사찰에 꾸밈새를 더하기 위해 사용했던 창의 무늬를 보여 주기 위해 ㉢에 [자료 3]을 활용하였다.
4문단을 통해 '꽃살창은 입체적 문양과 ~ 정면 창으로 사용되었습니다.'를 통해, ㉢은 궁궐이나 사찰에 꾸밈새를 더하기 위해 사용했던 창의 무늬를 보여 주기 위해 사용되었음을 알 수 있다.

03 청중의 듣기 방식 이해   정답률 80% | 정답 ⑤

〈보기〉는 위 발표를 들으며 떠올린 생각이다. 〈보기〉에 드러난 학생들의 듣기 방식을 이해한 내용으로 가장 적절한 것은?

〈보 기〉
학생 1 : 그럼 벼락닫이라는 창의 이름은 창이 떨어져서 닫히는 속도가 벼락같이 빨라서 붙여진 이름이겠구나.
학생 2 : 한옥의 여닫이창과 벽의 이음새에 달린 쇠붙이를 본 적이 있는데 그게 돌쩌귀인지 궁금하네.
학생 3 : 예전에 고궁에 갔을 때 꽃무늬가 새겨진 창이 있었는데 그게 꽃살창이었구나.

① '학생 1'은 발표에서 제시된 정보를 통해 기존 지식을 수정하며 듣고 있다.
'학생 1'은 발표에서 들은 '벼락닫이'라는 창의 이름에 대해 추론하며 듣고 있지만, 발표에서 제시된 정보를 바탕으로 기존 지식을 수정하지는 않고 있다.

② '학생 2'는 발표 과정에서 생긴 궁금증을 해소할 방안을 생각하며 듣고 있다.

'학생 2'는 발표를 듣는 과정에서 생긴 궁금증을 드러내고 있지만, 이를 해소할 방안을 생각하지는 않고 있다.

③ '학생 3'은 발표에서 알게 된 정보에 대해 긍정적으로 평가하며 듣고 있다.
'학생 3'은 자신의 경험을 바탕으로 '꽃살창'에 대한 이해를 하고 있지만, 발표에서 언급된 정보에 대한 평가를 내리지는 않고 있다.

④ '학생 1'과 '학생 2'는 모두 발표에서 직접 언급하지 않은 내용을 추론하며 듣고 있다.
'학생 1'은 '학생 2'와 달리 발표에서 직접 언급하지 않은 내용을 추론하며 듣고 있다.

☑ '학생 2'와 '학생 3'은 모두 발표 내용과 관련 있는 자신의 경험을 떠올리며 듣고 있다.
〈보기〉를 통해 '학생 2'는 한옥의 여닫이창과 벽의 이음새에 달린 쇠붙이를 보았던 경험을 떠올렸고, '학생 3'은 고궁에서 꽃살창을 보았던 경험을 떠올렸음을 알 수 있다. 따라서 '학생 2'와 '학생 3' 모두 발표 내용과 관련 있는 자신의 경험을 떠올리며 들었음을 알 수 있다.

[04~07] 화법과 작문

04 작문 상황의 이해   정답률 94% | 정답 ②

(가)를 이해한 내용으로 적절하지 않은 것은?

① 글의 특성을 고려하여 예상 독자를 구체적으로 명시하고 있다.
1문단의 '체육대회를 준비하느라 ~ 건의 사항을 말씀드립니다.'를 통해, 건의 사항을 해결할 수 있는 '학생회 운영진'을 예상 독자로 명시하였음을 알 수 있다.

☑ 독자와 사회에 끼치는 영향을 고려하여 자료의 출처를 밝히고 있다.
(가)에서는 구체적인 자료를 제시하지도 않고 있으므로, 자료 출처를 밝혔다는 이해 내용은 적절하지 않다.

③ 사회적 의사소통 상황을 고려하여 공동체가 당면한 문제를 제시하고 있다.
2문단의 '하지만 반에는 운동 능력이 ~ 기회가 제공되어야 합니다.'를 통해, 체육대회 경기에 참가할 수 있는 기회가 모두에게 제공되지 못한다는 공동체가 당면한 문제를 제시하였음을 알 수 있다.

④ 공식적인 글쓰기의 상황을 고려하여 언어 예절을 지킨 표현을 사용하고 있다.
(가)에는 '학생회 누리집'이라는 공식적인 글쓰기의 상황을 고려하여 '-ㅂ니다'라는 높임 표현을 사용하고 있으므로, 언어 예절을 지킨 표현을 사용하였다고 할 수 있다.

⑤ 쌍방향적 소통이 가능한 매체의 특성을 고려하여 상대방의 응답을 요구하고 있다.
(가)가 '학생회 누리집 게시판'에 쓴 글임을 알 수 있고, 5문단의 '댓글'을 통해 쌍방향적 소통이 가능한 매체 특성이 있음을 알 수 있다. 또한 '긍정적인 답변을 부탁드립니다.'를 통해 상대방의 응답을 요구하고 있음을 알 수 있다.

05 건의문의 내용 조직 방식 파악   정답률 71% | 정답 ③

(가)의 흐름을 〈보기〉와 같이 정리할 때, ㉠, ㉡을 이해한 내용으로 적절하지 않은 것은?

〈보 기〉
인사말 및 자기소개 → ㉠ 문제 상황 제시 → ㉡ 해결 방안 제시 → 문제 해결의 기대 효과 → 끝인사

① ㉠과 관련하여 체육대회의 개최 취지를 확인하며 문제 해결의 필요성을 드러내고 있다.
2문단에서 학생은 학생들의 성취감, 단합력을 높이기 위해 체육대회가 개최된다는 개최 취지를 언급하고 있는데, 이는 문제 해결의 필요성을 드러내기 위한 것이라 할 수 있다.

② ㉠과 관련하여 현재 체육대회에서 운영되고 있는 종목의 특성을 언급하며 문제 상황의 원인을 제시하고 있다.
2문단에서 학생은 현재 체육대회 종목인 농구, 축구 등이 운동 능력이 좋은 친구들에게 유리한 종목임을 언급하고 있는데, 이는 문제 상황의 원인을 제시한 것이라 할 수 있다.

☑ ㉡과 관련하여 두 종목을 선택하게 된 근거로 국제적인 주목을 받는 경기라는 점을 제시하고 있다.
3문단을 통해 학생이 두 종목을 선택하게 된 근거가 신체적인 제약을 크게 받지 않는다는 점을 제시하고 있음을 알 수 있다. 하지만 국제 대회의 정식 종목으로 채택되었다는 것은 이 스포츠를 체육대회 운영 종목으로 선택한 근거이지, 장기를 선택한 근거는 아니므로 적절하지 않다.

④ ㉡과 관련하여 학생들의 인지도와 선호도를 근거로 삼아 제안한 경기 종목들의 우선순위를 달리하고 있다.
3문단에서 학생은 장기보다는 학생들이 더 잘 알고 선호하는 이 스포츠를 채택해 달라고 하고 있는데, 이는 학생들의 인지도와 선호도를 근거로 삼아 장기와 이 스포츠의 우선순위를 달리한 것이라 할 수 있다.

⑤ ㉡과 관련하여 현재 체육대회의 문제점을 해결할 수 있는 방법으로 새로운 운영 종목을 추가하는 것을 제안하고 있다.
3문단에서 학생은 현재 체육대회의 문제점을 해결할 수 있는 방법으로 장기와 이 스포츠를 새로운 운영 종목으로 추가해 달라고 제안하고 있는데, 이는 현재 체육대회의 문제점을 해결하기 위해 제안한 것이라 할 수 있다.

06 회의 참여자의 역할 파악   정답률 51% | 정답 ②

(나)의 '학생 2'에 대한 설명으로 적절하지 않은 것은? [3점]

① (가)에서 언급한 운영 종목 다양화의 필요성을 확인하고 논의해야 할 주제를 제시하고 있다.
(나)의 '학생 2'의 첫 번째 발화를 통해, '학생 2'가 (가)에서 운영 종목 다양화의 필요성에 대해 제시한 것을 다시 진술해 확인하면서, 두 종목을 체육대회 종목으로 추가할지 회의해 보자며 논의해야 할 주제를 제시하였음을 알 수 있다.

☑ (가)에서 현재 체육대회 종목 구성의 한계를 언급한 것과 관련하여 제시된 의견을 절충하고 있다.
(나)의 '학생 2'의 다섯 번째 발화를 통해, '학생 2'는 현재 체육대회 종목의 운영 방식을 확인하면서 이것을 이 스포츠에 적용하자는 내용으로 논의의 결론을 제시하였음을 알 수 있다. 하지만 (가)의 2문단에서 제시했던 현재 체육대회 종목 구성의 한계와 관련지어 제시된 의견을 절충한 부분은 찾아볼 수 없다.

③ (가)에서 이 스포츠에 대한 우려를 언급한 것과 관련하여 운영 종목으로서의 적합성을 판단하고 있다.
(나)의 '학생 2'의 두 번째 발화를 통해, (가)에서 이 스포츠를 체육대회에 추가하는 것에 대한 우려를 언급한 것과 관련하여 스포츠의 의미를 토대로 운영 종목으로서의 적합성을 판단하고 있음을 알 수 있다.

④ (가)에서 언급한 두 가지 경기 종목 중 한 종목으로 논의의 범위를 줄이고 추가적인 논의 사항을 제시하고 있다.
(나)의 '학생 2'의 네 번째 발화를 통해, (가)에서 언급한 장기와 이 스포츠 중 이 스포츠만 체육대회 종목으로 추가하자고 논의의 범위를 줄인 후, 이 스포츠를 운영할 때 유의해야 할 점을 추가적인 논의 사항으로 제시하고 있음을 알 수 있다.

⑤ (가)에서 국제 대회의 정식 종목으로 채택되었다는 정보를 언급한 것과 관련하여 자료를 탐색한 결과를 공유하고 있다.
(나)의 '학생 2'의 세 번째 발화를 통해, (가)에서 이 스포츠가 국제 대회의 정식 종목으로 채택되었다는 정보를 언급한 것과 관련하여 신문 기사를 찾아보며 자료를 탐색한 결과를 공유하였음을 알 수 있다.

---

07 회의 참여자의 말하기 방식 파악   정답률 70% | 정답 ②

[A], [B]에 대한 설명으로 가장 적절한 것은?

① [A] : '학생 3'은 '학생 1'의 발언을 반영하며 자신이 제시한 의견을 보충하고 있다.
[A]에서 '학생 3'은 체육대회에 학생들의 흥미와 특기를 반영할 필요가 있다는 '학생 1'의 발언을 반영하고 있지만, 자신이 제시한 의견을 보충하지는 않고 있다.

✔ ② [A] : '학생 3'은 '학생 1'의 발언에 동의하며 뒷받침할 수 있는 사례를 제시하고 있다.
[A]에서 '학생 3'은 '학생 1'의 발언에 대해 '그래.'라고 동의를 하고 있다. 그런 다음 자신의 반에도 프로게이머를 희망하는 친구가 5명 있다는 구체적 사례를 제시하여 '학생 1'의 의견을 뒷받침해 주고 있다.

③ [A] : '학생 3'은 '학생 1'의 발언을 일부 긍정하며 자신의 의견과 다른 부분을 확인하고 있다.
[A]에서 '학생 3'은 '학생 1'의 발언에 동의하고 있지, 자신의 의견과 '학생 1'의 발언이 다른 부분을 확인하지는 않고 있다.

④ [B] : '학생 1'은 '학생 3'의 발언을 구체화하며 이와 관련한 추가적인 정보를 요청하고 있다.
[B]에서 '학생 1'은 시간 제한이 없는 종목들이 체육대회에서 어떻게 운영되었는지 알려 달라고 추가적인 정보를 요청하고 있지만, '학생 3'의 발언을 구체화하지는 않고 있다.

⑤ [B] : '학생 1'은 '학생 3'의 발언이 지닌 문제점을 제시하며 자신의 의견에 대한 동의를 구하고 있다.
[B]에서 '학생 1'은 '학생 3'에게 자신의 의견에 대한 동의를 구하지는 않고 있다.

[08~10] 작문

08 글쓰기 계획의 반영 여부 파악   정답률 86% | 정답 ③

다음은 초고를 작성하기 전에 학생이 떠올린 생각이다. ㉠ ~ ㉤ 중 학생의 초고에 반영되지 **않은** 것은?

○ 나트륨을 섭취해야 하는 이유를 언급해야겠어. ····································· ㉠
○ 나트륨 섭취를 줄일 수 있는 방법을 설명해야겠어. ····························· ㉡
○ 나트륨 함량 비교표시제의 도입 과정을 설명해야겠어. ······················ ㉢
○ 나트륨 함량 비교표시의 효용적 측면을 부각해야겠어. ······················ ㉣
○ 나트륨이 많이 들어 있는 식품의 종류를 언급해야겠어. ····················· ㉤

① ㉠ 나트륨을 섭취해야 하는 이유를 언급해야겠어.
1문단의 '수분량을 조절하고 ~ 흡수를 돕는 등'을 통해, 나트륨을 섭취해야 하는 이유를 언급하고 있음을 알 수 있다.

② ㉡ 나트륨 섭취를 줄일 수 있는 방법을 설명해야겠어.
4문단의 '영양성분 표시를 ~ 주문하는 방법'을 통해, 나트륨 섭취를 줄일 수 있는 방법을 설명하였음을 알 수 있다.

✔ ③ ㉢ 나트륨 함량 비교표시제의 도입 과정을 설명해야겠어.
학생의 초고를 통해 나트륨 함량 비교표시제에 대해 설명하고는 있지만, 이러한 나트륨 함량 비교표시제의 도입 과정에 대해 설명한 부분은 찾아볼 수 없다.

④ ㉣ 나트륨 함량 비교표시의 효용적 측면을 부각해야겠어.
3문단의 '소비자가 구매하는 식품의 나트륨 함량 정보를 더욱 쉽게 알 수 있게 해 준다.'를 통해, 나트륨 함량 비교표시의 효용적 측면을 부각하였음을 알 수 있다.

⑤ ㉤ 나트륨이 많이 들어 있는 식품의 종류를 언급해야겠어.
4문단을 통해 치킨, 튀김, 만두 등 나트륨이 많이 들어 있는 식품의 종류를 언급하였음을 알 수 있다.

---

09 자료 활용의 적절성 판단   정답률 77% | 정답 ④

〈보기〉는 학생의 초고를 보완하기 위해 추가로 수집한 자료이다. 자료의 활용 방안으로 적절하지 **않은** 것은? [3점]

〈보 기〉

ㄱ. 통계 자료

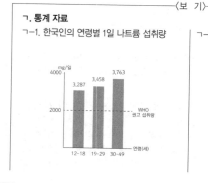
ㄱ-1. 한국인의 연령별 1일 나트륨 섭취량

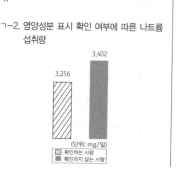
ㄱ-2. 영양성분 표시 확인 여부에 따른 나트륨 섭취량

ㄴ. 전문가 인터뷰

"나트륨 섭취량이 많은 상위 20%가 하위 20%에 비해 비만의 위험도가 성인은 1.2배 높아지는데, 청소년은 무려 1.8배 올라간다는 연구 결과가 있습니다. 특히 성장기 청소년들의 나트륨 과다 섭취는 뼈 약화, 호흡기 질환, 키 성장 저해 등으로 이어질 수 있습니다. 또한 청소년들이 많이 먹는 가공식품에 사용되는 발색제, 보존제와 MSG, 방부제, 베이킹파우더 등의 식품 첨가물에도 나트륨이 들어 있으니 주의해야 합니다."

ㄷ. 신문 기사

식품의 나트륨 함량은 나트륨 함량 비교표시와 영양성분 표시를 통해 편리하게 확인할 수 있다. 나트륨 함량 비교표시는 동일하거나 유사한 식품의 나트륨 함량을 쉽게 비교할 수 있지만, 현재 비교표시 대상 식품은 유탕면류, 국수, 냉면, 햄버거, 샌드위치에 국한된다. 반면 영양성분 표시는 나트륨 함량을 비교할 수는 없지만, 영양성분 표시 대상의 범위가 과자, 아이스크림류, 면류, 햄류, 소시지류, 빵류 및 만두류 등 나트륨 함량 비교표시보다 훨씬 넓다.

① ㄱ-1을 활용하여, 우리나라 청소년의 1일 나트륨 섭취량이 WHO 권고 섭취량보다 많다는 내용으로 2문단을 구체화한다.
ㄱ-1은 한국인의 연령별 1일 나트륨 섭취량이 WHO 권고 섭취량보다 많다는 것을 보여 주는 자료이므로, 우리나라 청소년들의 1일 나트륨 섭취량이 많다는 것을 언급한 2문단을 구체화하는 자료로 활용하기에 적절하다.

② ㄴ을 활용하여, 성장기 청소년의 나트륨 과다 섭취가 성인보다 위험성이 높다는 내용을 1문단에 추가한다.
ㄴ은 청소년의 나트륨 과다 섭취가 위험하다는 것을 알려 주는 자료이므로, 과다 섭취의 위험성을 언급한 1문단에 추가하기에 적절하다.

③ ㄷ을 활용하여, 나트륨 함량 비교표시 대상 식품을 3문단에 추가한다.
ㄷ은 '유탕면류 ~ 샌드위치'라고 나트륨 함량 비교표시 대상 식품을 언급하고 있으므로, 나트륨 함량 비교표시에 대해 설명한 3문단에 추가하기에 적절하다.

✔ ④ ㄱ-2와 ㄴ을 활용하여, 채소와 과일을 많이 섭취해야 한다는 근거로 4문단에 제시한다.
ㄱ-2는 영양성분 표시 확인이 나트륨 섭취량에 미치는 영향을, ㄴ은 나트륨 과다 섭취가 청소년에게 특히 위험하다는 것을 드러낸 자료이다. ㄱ-2와 ㄴ에는 채소나 과일을 많이 섭취해야 한다는 내용은 없으므로 채소와 과일을 섭취해야 한다는 근거로 활용하기에 적절하지 않다.

⑤ ㄱ-2와 ㄷ을 활용하여, 영양성분 표시를 확인해야 하는 이유로 4문단에 제시한다.
ㄱ-2는 영양성분 표시를 확인하는 사람이 그렇지 않은 사람에 비해 나트륨을 더 적게 섭취한다는 것을, ㄷ은 영양성분 표시를 통해 식품에 첨가된 나트륨량을 확인할 수 있다는 것을 보여 주는 자료이다. 따라서 ㄱ-2와 ㄷ을 활용하여 영양성분 표시를 확인하자는 4문단에 그 이유로 제시하기에 적절하다.

---

10 고쳐쓰기의 자기점검 과정 파악   정답률 62% | 정답 ①

다음은 학생이 [A]를 고쳐 쓰는 과정의 일부이다. ⓐ에 들어갈 내용으로 가장 적절한 것은?

자기 점검	[A]에는 (ⓐ)해야겠어.

↓

고친 글	자신도 모르는 사이에 너무 많이 섭취하고 있는 나트륨이지만 '일주일만 싱겁게'라는 말을 떠올리며, 오늘부터 나트륨을 덜어 내고 나트륨 줄이기를 실천하여 건강한 식습관을 만드는 것이 필요하다.

✔ ① 의미가 중복되는 단어가 있으니 이를 삭제하고 필요한 문장 성분이 생략되어 있으니 이를 추가
[A]와 '고친 글'을 비교해 보면, '고친 글'에는 [A]에서 의미가 중복되어 사용된 '과다하게'와 '너무 많이' 중 '과다하게'가 삭제되었다. 또한 '덜어 내고'와 '실천하여'가 필요로 하는 문장 성분인 목적어 '나트륨을'과 '나트륨 줄이기를'이 추가되었다. 따라서 학생은 [A]를 '고친 글'로 고칠 때 의미가 중복되는 단어를 삭제하고 생략된 필요한 문장을 추가하였음을 알 수 있다.

② 의미가 중복되는 단어가 있으니 이를 삭제하고 주요 개념과 관련된 설명이 부족하니 이를 추가
[A]와 '고친 글'을 비교해 보면 의미가 중복되는 단어가 있어 이를 삭제하고 있지만, 주요 개념과 관련된 설명을 추가하지는 않고 있다.

③ 의미가 중복되는 단어가 있으니 이를 삭제하고 내용 사이의 연결 관계가 잘 드러나지 않으니 지시어를 추가
[A]와 '고친 글'을 비교해 보면 의미가 중복되는 단어가 있어 이를 삭제하고 있지만, 내용 사이의 연결 관계를 잘 드러내는 지시어를 추가하지는 않고 있다.

④ 글의 맥락에 적합하지 않은 담화 표지가 있으니 이를 삭제하고 문장에 필요한 성분이 생략되어 있으니 이를 추가
[A]와 '고친 글'을 비교해 보면 글의 맥락에 적합하지 않은 담화 표지를 삭제하거나 문장에 필요한 성분을 추가하지는 않고 있다.

⑤ 글의 맥락에 적합하지 않은 담화 표지가 있으니 이를 삭제하고 글의 목적에 부합하는 정보가 부족하니 이를 추가
[A]와 '고친 글'을 비교해 보면 글의 맥락에 적합하지 않은 담화 표지를 삭제하거나 글의 목적에 부합하는 정보를 추가하지는 않고 있다.

[11~15] 문법

11 음운의 개수 변화 및 음절의 유형 탐구   정답률 56% | 정답 ④

〈학습 활동〉을 수행한 결과로 적절하지 **않은** 것은?

〈학습 활동〉

음운 변동에는 교체, 첨가, 탈락, 축약이 있는데 음운 변동의 결과로 음운의 개수가 변화하기도 한다. 분절 음운인 자음과 모음은 모여서 음절을 이루는데, 음절은 발음할 수 있는 최소의 단위로 음절의 유형은 크게 '모음', '자음 + 모음', '모음 + 자음', '자음 + 모음 + 자음'으로 나눌 수 있다. [자료]의 밑줄 친 부분을 중심으로 음운의 개수 변화와 음절의 유형을 탐구해 보자.

[자료]
ㅇ 책상에 놓인 책을 한여름이 지나서야 읽기 시작했다.
ㅇ 독서를 즐기기 위해서는 자기에게 맞는 책을 골라야 한다.

① '놓인[노인]'은 탈락의 결과로 음운의 개수가 줄었으며, [노]는 음절 유형이 '자음 + 모음'이다.
'놓인'은 'ㅎ'이 탈락하여 [노인]으로 발음되므로, 탈락의 결과로 음운의 개수가 5개에서 4개로 줄었다. 한편 '학습 활동'을 볼 때 [노]의 음절 유형은 '자음+모음'이라 할 수 있다.

② '한여름[한녀름]'은 첨가의 결과로 음운의 개수가 늘었으며, [녀]는 음절 유형이 '자음 + 모음'이다.
'한여름'은 'ㄴ'이 첨가되어 [한녀름]으로 발음되므로, 음운 첨가의 결과로 음운의 개수가 7개에서 8개로 늘었다. 한편 '학습 활동'을 볼 때 [녀]의 음절 유형은 '자음+모음'이라 할 수 있다.

③ '읽기[일끼]'는 탈락의 결과로 음운의 개수가 줄었으며, [일]은 음절 유형이 '모음 + 자음'이다.
'읽기'는 음운 탈락인 자음군 단순화, 된소리되기가 일어나 [일끼]로 발음되므로, 음운 탈락의 결과로 음운의 개수가 5개에서 4개로 줄었다. 한편 '학습 활동'을 볼 때 [일]의 음절 유형은 '모음+자음'이라 할 수 있다.

✓④ '독서[독써]'는 첨가의 결과로 음운의 개수가 늘었으며, [써]는 음절 유형이 '자음 + 모음'이다.
'독서'는 된소리되기로 인해 'ㅅ'이 'ㅆ'으로 교체되어 [독써]로 발음되므로, 음운 개수는 5개로 변동이 없다. 한편 '학습 활동'을 볼 때 [써]의 음절 유형은 '자음+모음'이라 할 수 있다.

⑤ '맞는[만는]'은 교체의 결과로 음운의 개수는 변동이 없고, [만]은 음절 유형이 '자음 + 모음 + 자음'이다.
'맞는'은 음운 동화가 일어나 [만는]으로 발음되므로, 음운 교체의 결과로 음운의 개수는 6개로 변동이 없다. 한편 '학습 활동'을 볼 때 [만]의 음절 유형은 '자음+모음+자음'이라 할 수 있다.

12 언어의 특성 탐구 · 정답률 52% | 정답 ⑤

[A]를 바탕으로 추론한 내용으로 적절하지 않은 것은?

① 경계가 뚜렷하지 않은 '무지개'의 색을 일곱 가지 색으로 구분하는 것은 언어를 통해 대상을 분절적으로 인식하는 것이겠군.
[A]에서 연속적인 대상이나 개념을 분절적으로 인식하게 된다는 언어의 분절성을 볼 때, 경계가 뚜렷하지 않은 '무지개'의 색을 일곱 가지 색으로 구분하는 것은 언어의 분절성에 대한 사례임을 알 수 있다.

② 여러 사람들이 '소리 없이 빙긋이 웃는 웃음'을 '미소'라고 말하는 것은 의미와 말소리가 관습적으로 결합되어 있기 때문이겠군.
[A]를 통해 말소리와 의미는 사회의 인정을 통해 관습적으로 결합되어 있음을 알 수 있다. 따라서 여러 사람들이 '소리 없이 빙긋이 웃는 웃음'을 '미소'라고 말하는 것은 의미와 말소리가 관습적으로 결합되어 있기 때문이라 할 수 있다.

③ 동일한 의미의 대상을 한국어로는 '개', 영어로는 'dog'라고 말하는 것은 의미와 말소리의 관계가 필연적이지 않기 때문이겠군.
[A]의 말소리와 의미의 관계가 필연적이지 않음을 보여 주는 언어의 자의성을 볼 때, 동일한 의미의 대상을 한국어로는 '개', 영어로는 'dog'라고 말하는 것은 언어의 자의성에 대한 사례임을 알 수 있다.

④ '바다'의 의미를 '나무'라는 말소리로 표현하면 의사소통이 제대로 안 되는 것은 언어가 개인이 함부로 바꿀 수 없는 사회적 약속이기 때문이겠군.
[A]를 통해 말소리와 의미는 사회의 인정을 통해 관습적으로 결합되어 있어 그 결합은 개인이 함부로 바꿀 수 없는 약속임을 알 수 있다. 따라서 '바다'의 의미를 '나무'라는 말소리로 표현하면 의사소통이 제대로 안 되는 것은 언어의 사회성에 대한 사례임을 알 수 있다.

✓⑤ '차다'라는 말소리가 '(발로) 차다', '(날씨가) 차다', '(명찰을) 차다' 등 다양한 의미에 대응하는 것은 연속적인 개념을 언어로 나누어 인식하고 있는 것이겠군.
[A]에서 언어의 자의성은 언어의 내용인 '의미'와 그것을 나타내는 형식인 '말소리' 사이의 관계가 필연적이지 않음을, 언어의 분절성은 언어를 통해 연속적인 대상이나 개념을 분절적으로 인식하게 됨을 드러내는 것임을 알 수 있다. 그리고 ⑤에서 '차다'라는 하나의 말소리가 '(발로) 차다', '(날씨가) 차다', '(명찰을) 차다' 등의 다양한 의미에 대응한다 하고 있다. 따라서 ⑤에 언급한 사례는 말소리와 의미의 관계가 필연적이지 않고 자의적임을 보여 주는 언어의 자의성에 해당하는 사례에 해당한다고 할 수 있다.

13 언어의 역사성 탐구 · 정답률 72% | 정답 ③

<보기>는 언어의 역사성과 관련하여 학생이 수집한 자료이다. ⓐ ~ ⓔ 중 윗글의 ㉠과 ㉡에 모두 해당하는 것은? [3점]

〈보 기〉
ㅇ '어리다'는 '나이가 적다'라는 의미인데 예전에는 '어리석다'라는 의미를 나타냈고, 예전에도 '어리다'의 형태로 쓰였다. ·········· ⓐ
ㅇ '서울'은 '나라의 수도'와 '한반도의 중심부에 있는 도시'를 의미하는데 과거에는 '나라의 수도'만을 의미했고, '셔블'의 형태로 쓰였다. ·········· ⓑ
ㅇ '싸다'는 '비용이 보통보다 낮다'라는 뜻의 단어인데 예전에는 '그 정도의 값어치가 있다'라는 의미를 나타냈고, '쓰다'의 형태로 쓰였다. ·········· ⓒ
ㅇ '마음'은 '사람이 본래부터 지닌 성격이나 품성'을 뜻하는 단어인데 예전에는 이와 함께 '심장'을 의미하기도 했고, 'ᄆᆞᅀᆞᆷ'의 형태로 쓰였다. ·········· ⓓ
ㅇ '서로'는 '짝을 이루는 상대'라는 뜻으로, 예전에 '서르'라고 썼는데 사람들이 일반적으로 부사가 '-로'로 끝나는 것에서 추측하여 사용한 결과 '서르'는 '서로'로 변했다. ·········· ⓔ

① ⓐ '어리다'는 '나이가 적다'라는 의미인데 예전에는 '어리석다'라는 의미를 나타냈고, 예전에도 '어리다'의 형태로 쓰였다.
'어리다'는 '어리석다'에서 '나이가 적다'로 의미 이동은 일어났지만, 형태 변화는 일어나지 않고 있다.

② ⓑ '서울'은 '나라의 수도'와 '한반도의 중심부에 있는 도시'를 의미하는데 과거에는 '나라의 수도'만을 의미했고, '셔블'의 형태로 쓰였다.
'서울'은 과거에는 '나라의 수도'만을 의미했지만 오늘날에는 '나라의 수도'와 '한반도의 중심부에 있는 도시'로 사용되고 있으므로 의미가 확대된 단어라 할 수 있다. 한편 '서울'이 예전에는 '셔블'로 쓰였으므로 음운의 변화로 인한 형태 변화가 일어났다고 할 수 있다.

✓③ ⓒ '싸다'는 '비용이 보통보다 낮다'라는 뜻의 단어인데 예전에는 '그 정도의 값어치가 있다'라는 의미를 나타냈고, '쓰다'의 형태로 쓰였다.
'싸다'가 이전에는 '그 정도의 값어치가 있다'의 의미를 지녔지만, 오늘날에는 '비용이 보통보다 낮다'로 의미로 쓰였다고 했으므로 의미가 이동한 것이라 할 수 있다. 그리고 '싸다'가 예전에는 '쓰다'로 쓰였다고 했으므로, 첫째 음절에서 'ㆍ'가 'ㅏ'로 바뀐 음운의 변화로 인한 형태 변화를 겪었음을 알 수 있다. 따라서 ⓒ는 ㉠과 ㉡에 모두 해당한다고 할 수 있다.

④ ⓓ '마음'은 '사람이 본래부터 지닌 성격이나 품성'을 뜻하는 단어인데 예전에는 이와 함께 '심장'을 의미하기도 했고, 'ᄆᆞᅀᆞᆷ'의 형태로 쓰였다.
'마음'은 예전에는 '사람이 본래부터 지닌 성격이나 품성'과 심장의 의미로 모두 쓰였지만, 오늘날에는 '사람이 본래부터 지닌 성격이나 품성'으로만 쓰이고 있으므로 의미가 축소된 단어라 할 수 있다. 한편 '마음'은 예전에는 'ᄆᆞᅀᆞᆷ'의 형태로 쓰였으므로 음운의 변화로 인한 형태 변화가 일어났다고 할 수 있다.

⑤ ⓔ '서로'는 '짝을 이루는 상대'라는 뜻으로, 예전에 '서르'라고 썼는데 사람들이 일반적으로 부사가 '-로'로 끝나는 것에서 추측하여 사용한 결과 '서르'는 '서로'로 변했다.
'서로'는 의미상으로 변동이 없고, 단지 예전에는 '서르'라고 썼던 것이 추측하여 '서로'로 쓰였으므로, 유추에 의한 형태 변화가 일어났다고 할 수 있다.

14 한글 맞춤법에 맞는 표현 · 정답률 74% | 정답 ①

<보기>의 ㉠ ~ ㉢에 들어갈 말로 적절한 것은?

〈보 기〉
학생 : 선생님, '-에요'와 '-예요'는 어떻게 구별하여 쓰면 되나요?
선생님 : '-에요'는 설명·의문의 뜻을 나타내는 종결 어미로, '이다'나 '아니다'의 어간 뒤에 붙는 것입니다. '-예요'는 '-이에요'의 준말로, 받침이 없는 체언에 붙어요.
학생 : 네. 그런데 '너는 어디에 있니?'에 대한 대답으로 '교실이에요.'처럼 쓰는 경우가 있는데 이건 맞춤법에 맞는 표현인가요?
선생님 : 네, 그때의 '-에요'는 처소의 부사격 조사 '에'와 보조사 '요'가 결합한 것이므로 맞춤법에 맞는 표현입니다. 그럼, 아래의 괄호 안에 들어갈 말은 무엇일까요?

1. A : 책을 어디에 두고 왔니?
   B : 집(   ).
2. 여기는 제가 갔던 식당이 아니(   ).
3. 그때 그를 도와준 건 이 학생(   ).

학생 : 1번은 (㉠), 2번은 (㉡), 3번은 (㉢)입니다.
선생님 : 모두 잘 이해했네요.

㉠	㉡	㉢
✓ 에요	에요	이에요

<보기>를 통해 '에요'는 처소의 부사격 조사 '에'와 보조사 '요'가 결합한 것임을 알 수 있다. 따라서 ㉠은 책을 두고 온 곳, 즉 처소에 해당하는 '집' 뒤에 붙는 것이므로 '에요'가 들어가야 한다. 그리고 <보기>를 통해 '-에요'는 '이다'나 '아니다'의 어간 뒤에 붙는 것이고, '-예요'는 '-이에요'의 준말로, 받침이 없는 체언에 붙음을 알 수 있다. 따라서 ㉡은 '아니다'의 어간 뒤에 붙는 것이므로 '에요'가 들어가야 하고, ㉢은 받침이 있는 체언인 '학생' 뒤에 결합하는 것이므로 '이에요'가 들어가야 한다.

②	에요	에요	예요
③	에요	에요	이에요
④	에요	이에요	예요
⑤	예요	에요	이에요

15 품사와 띄어쓰기 파악 · 정답률 79% | 정답 ②

<보기>의 [자료]를 바탕으로 할 때, ㉠ ~ ㉥ 중 띄어쓰기가 바르게 된 것만을 [예문]에서 고른 것은?

〈보 기〉
[자료]

보다¹ 「동사」
「1」 눈으로 대상의 존재나 형태적 특징을 알다.
「2」 눈으로 대상을 즐기거나 감상하다.
「3」 책이나 신문 따위를 읽다.
보다² 「부사」 어떤 수준에 비하여 한층 더.
보다³ 「조사」 서로 차이가 있는 것을 비교하는 경우, 비교의 대상이 되는 말에 붙어 '~에 비해서'의 뜻을 나타내는 격 조사.

[예문]
ㅡ 그는 그 책을 처음 보다. ·········· ㉠
ㅡ 그는 그 책을 처음보다. ·········· ㉡

ㅡ 그는 나 보다 두 살 위이다. ·········· ㉢
ㅡ 그는 나보다 두 살 위이다. ·········· ㉣

ㅡ 그는 자기부터 보다 용감해져야 한다고 생각했다. ·········· ㉤
ㅡ 그는 자기부터보다 용감해져야 한다고 생각했다. ·········· ㉥

① ㉠, ㉢, ㉤   ✓② ㉠, ㉣, ㉤   ③ ㉠, ㉣, ㉥   ④ ㉡, ㉢, ㉤   ⑤ ㉡, ㉣, ㉥

㉠ 그는 그 책을 처음 보다.
㉠, ㉡의 '보다'는 '책이나 신문 따위를 읽다.'라는 의미로 쓰였으므로 동사에 해당한다. 따라서 ㉠, ㉡ 중 띄어쓰기가 바르게 된 것은 ㉠이라 할 수 있다.

㉡ 그는 그 책을 처음보다.
㉢ 그는 나 보다 두 살 위이다.
㉣ 그는 나보다 두 살 위이다.
㉢, ㉣의 '보다'는 '나'라는 체언에 결합하여 '~에 비해서'라는 뜻을 나타내며 조사이다. 따라서 조사는 앞 말에 붙여 쓰므로 ㉢, ㉣ 중 띄어쓰기가 바르게 된 것은 ㉣이라 할 수 있다.

[09회] 2022학년도 9월 **077**

[문제편 p.141]

ⓜ 그는 자기부터 보다 용감해져야 한다고 생각했다.
　ⓓ, ⓜ의 '보다'는 '어떤 수준에 비하여 한층 더'라는 의미로 쓰였으므로 부사이다. 따라서 ⓓ, ⓜ 중 띄어 쓰기가 바르게 된 것은 ⓜ이라 할 수 있다.

ⓗ 그는 자기부터보다 용감해져야 한다고 생각했다.

[16~45] 독서·문학

16~21 사회

(가) 김기태, 「소셜미디어 시대에 꼭 알아야 할 저작권」

해제 이 글은 저작권법상의 저작물, 2차적저작물, 독립저작물에 대해 설명하고 있다. 저작권법상 저작물은 인간의 사상 또는 감정을 표현한 창작물이고, 저작권법상 원저작물을 번역·편곡·변형·각색 등의 방법으로 작성한 창작물을 2차적저작물이라 하는데, 이러한 2차적저작물이 되려면 조건을 갖추어야 한다. 그런데 만약 원저작물을 떠올릴 수 없을 정도로 완전히 바뀌어 실질적 유사성이 인정되지 않는다면 이것은 2차적저작물이 아니라 독립저작물로 인정받을 수 있다. 2차적저작물과 독립저작물을 구별하는 기준으로 원저작물과 시장적 경쟁 관계에 있는지 여부가 있다.

주제 저작권법상의 저작물, 2차적저작물, 독립저작물의 개념 및 구분 방법

문단 핵심 내용

1문단	저작권법에서 정의하고 있는 저작물의 의미
2문단	2차적저작물의 의미 및 2차적저작물이 되기 위한 조건
3문단	독립저작물의 의미 및 인정받을 수 있는 조건

(나) 오승종, 「된다! 유튜브·SNS·콘텐츠 저작권 문제 해결」

해제 이 글은 저작권의 종류와 올바른 이용 방법에 대해 설명하고 있다. 저작권은 저작자가 자신이 창작한 저작물에 대해 갖는 권리로, 저작인격권과 저작재산권으로 나눌 수 있다. 저작권 침해 사안은 2차적저작물 작성권과 관련되어 있는 경우가 많은데, 2차적저작물 작성권을 갖는 저작자의 원저작물과 실질적으로 유사한 저작물을 작성하여 이용하는 경우가 이에 해당한다. 그래서 2차적저작물을 작성하여 이용하려면 원저작물을 침해하지 않도록 저작물 이용에 대한 허락을 받아야 한다. 그리고 2차적저작물을 바탕으로 만들어진 또 다른 2차적저작물을 제작할 때는 원저작물의 2차적저작물 작성권을 가진 사람의 허락도 받아야 한다.

주제 저작권의 종류와 올바른 이용 방법

문단 핵심 내용

1문단	저작권의 개념과 종류
2문단	2차적저작물 작성권과 관련되어 있는 저작권 침해 사안
3문단	원저작자 허락 없이 작성된 2차적저작물의 저작권 발생 및 법적 보호 여부
4문단	2차적저작물을 작성하여 이용할 때의 올바른 방법
5문단	또 다른 2차적저작물을 작성하여 이용할 때의 올바른 방법

---

16 글의 내용 전개 방식 파악　　정답률 69% | 정답 ④

(가), (나)에 대한 설명으로 적절하지 않은 것은?

① (가)는 일정한 기준에 따라 2차적저작물과 독립저작물을 구분하고 있다.
　(가)의 3문단을 통해 원저작물과 시장적 경쟁 관계에 있는지 여부에 따라 2차적저작물과 독립저작물을 구분하였음을 알 수 있다.

② (가)는 예시를 활용하여 2차적저작물이 갖추어야 할 요건을 설명하고 있다.
　(가)의 2문단에서는 소설, 영화의 예시를 활용하여 원저작물과 실질적 유사성을 유지하여야 한다는 요건, 그리고 근대 소설, 소설, 영화의 예시를 활용하여 새로운 창작성을 부가하여야 한다는 요건을 설명하고 있다.

③ (나)는 차이점을 밝히며 저작인격권과 저작재산권을 구별하고 있다.
　(나)의 1문단에서는 저작권을 저작인격권과 저작재산권으로 구별하여, 둘 사이의 차이점을 밝히고 있다.

✔ ④ (나)는 묻고 답하는 방식을 통하여 저작권 침해가 발생하는 경우를 나열하고 있다.
　(나)의 3문단의 '그런데 원저작자의 허락 없이 작성된 2차적저작물도 저작권법의 보호를 받을 수 있을까?'를 통해, 묻고 답하는 방식을 활용하고 있음을 알 수 있다. 하지만 묻고 답하는 방식을 통하여 저작권 침해가 발생하는 경우를 나열하지는 않는다.

⑤ (가)와 (나)는 모두 법에 제시된 내용에 근거하여 2차적저작물과 관련된 용어를 설명하고 있다.
　(가)의 1문단에서는 저작권법 제2조 제1호에 근거하여 '저작물'을 설명하고 있고, (나)의 2문단에서는 저작권법 제22조에 근거하여 '2차적저작물 작성권'을 설명하고 있다.

★★★ 등급을 가르는 문제!

17 세부 내용의 이해　　정답률 44% | 정답 ⑤

(가), (나)의 내용과 일치하는 것은?

① 저작인격권은 저작자 사망 시 유족에게 양도되어 보호받는다.
　(나)의 1문단을 통해 저작인격권은 양도할 수 없고 저작자가 사망하면 소멸함을 알 수 있다.

② 2차적저작물의 저작권은 2차적저작물 작성권을 가진 사람이 갖게 된다.
　(나)의 1문단을 통해 저작권은 저작자가 자신이 창작한 저작물에 대해 갖는 권리임을 알 수 있다. 그리고 3문단을 통해 일단 2차적저작물이 만들어지면 2차적저작물의 저작권은 원저작물의 저작권과는 별개의 권리로서 보호를 받으며 원저작자의 허락이 있었는지 여부는 2차적저작물의 저작권 발생에 영향을 주지 않음을 알 수 있다. 이렇게 볼 때, 2차적저작물 작성권이 없는 사람이 2차적저작물을 창작할 경우 2차적저작물의 저작권은 2차적저작물의 창작자가 갖게 됨을 알 수 있다.

---

③ 원저작물을 수정한 것이라면 복제물에 가깝더라도 2차적저작물로 간주할 수 있다.
　(가)의 2문단을 통해 근대소설을 현대 표기법에 맞도록 수정한 것은 원저작물의 복제물에 가까운 것으로 2차적저작물로 보기 어려움을 알 수 있다. 따라서 원저작물을 수정한 것이라면 복제물에 가깝더라도 2차적저작물로 간주할 수 없음을 알 수 있다

④ 다른 사람의 저작물을 베낀 것이 아니더라도 그 저작물과 유사하면 저작권 보호를 받을 수 없다.
　(가)의 1문단을 통해 우연히 기존의 저작물과 유사하더라도 베끼지 않고 독자적으로 창작한 것이라면 저작권 보호를 받을 수 있음을 알 수 있다. 따라서 다른 사람의 저작물을 베낀 것이 아니더라도 그 저작물과 유사하더라도 저작권 보호를 받을 수 있다.

✔ ⑤ 2차적저작물 작성권은 2차적저작물을 작성하여 이용함으로써 발생하는 재산적 이익을 보호하기 위한 권리이다.
　(나)의 1문단을 통해 저작재산권은 저작물을 일정한 방식으로 이용함으로써 발생하는 재산적 이익을 보호하기 위한 권리임을 알 수 있다. 그리고 2문단을 통해 2차적저작물 작성권은 저작재산권을 구성하는 권리 중 하나로 2차적저작물을 작성하여 이용할 권리임을 알 수 있다. 따라서 2차적저작물 작성권은 2차적저작물을 작성하여 이용함으로써 발생하는 재산적 이익을 보호하기 위한 권리라 할 수 있다.

★★ 문제 해결 꿀~팁 ★★

▶ 많이 틀린 이유는?
이 문제는 글의 내용을 정확히 이해하지 못하여 오답률이 높았던 것으로 보인다. 특히 선택지의 내용이 특정 부분뿐만 아니라 두 부분의 내용이 결합되어 어려움을 문제 해결에 어려움을 겪은 것으로 보인다.
▶ 문제 해결 방법은?
이 문제를 해결하기 위해서는 일차적으로 선택지의 내용이 글의 어느 부분에 있는지 파악해야 한다. 그리고 선택지의 내용 중에서 글의 특정 부분이 아니라 두 군데 이상에 걸쳐 있는 선택지의 경우 해당 부분을 찾아서 적절성을 판단해야 한다. 가령 정답인 ⑤의 경우 (나)의 1문단의 내용과 2문단을 내용을 통해 내용 일치 여부를 판단해야 한다. 마찬가지로 오답률이 높았던 ②의 경우에도 (나)의 1문단과 3문단을 통해 내용 일치 여부를 판단하면 적절하지 않음을 알 수 있다. 이 문제처럼 최근에 내용 일치 문제가 두 군데에 있는 정보를 결합하여 제시하고 있는 경우가 있으므로, 선택지를 정확히 읽어서 제시된 정보에 해당하는 부분을 찾아 내용 일치를 판단하도록 한다. 한편 내용 일치 문제는 글의 중심 화제나 핵심 정보와 관련된 경우가 많으므로, 글을 읽을 때 중심 화제나 핵심 정보와 관련된 내용에는 반드시 밑줄을 긋도록 한다.

18 핵심 내용의 이해　　정답률 73% | 정답 ⑤

㉠ ~ ㉢을 이해한 내용으로 적절하지 않은 것은?

① ㉠의 저작자와 ㉡을 작성하여 이용할 수 있는 권리를 가진 사람은 다를 수 있다.
　(나)의 1문단을 통해 원저작자는 저작재산권을 구성하는 각각의 권리를 나누어 일부를 양도할 수 있음을 알 수 있다. 그리고 2문단을 통해 2차적저작물 작성권은 저작재산권을 구성하는 권리 중 하나임을 알 수 있다. 따라서 ㉠의 저작자와 ㉡을 작성하여 이용할 수 있는 권리를 가진 사람은 다를 수 있음을 알 수 있다.

② ㉡은 ㉠을 기반으로 창작된 것으로 본다.
　(가)의 2문단을 통해 ㉡은 ㉠을 기초로 하여 작성된 것임을 알 수 있다.

③ ㉡과 ㉢은 시장적 경쟁 관계에 있다고 보는 것이 일반적이다.
　(가)의 3문단을 통해 2차적저작물은 원저작물과 시장적 경쟁 관계에 있다고 보는 것이 일반적임을 알 수 있다. 그리고 ㉡은 ㉢의 원저작물이며 ㉢은 ㉡의 2차적저작물에 해당함을 알 수 있으므로, ㉡과 ㉢은 시장적 경쟁 관계에 있다고 보는 것이 일반적이라 할 수 있다.

④ ㉢은 ㉠과 실질적 유사성이 있다고 간주한다.
　(가)의 2문단을 통해 2차적저작물은 원저작물과 실질적 유사성을 유지함을 알 수 있다. 그리고 (나)의 5문단을 통해 ㉢은 ㉠을 기반으로 창작되었으며 ㉢을 제작할 때는 ㉠의 2차적저작물 작성권을 가진 사람의 허락을 받을 필요가 있음을 알 수 있다. 따라서 ㉢을 ㉠의 2차적저작물로 볼 수 있으며, ㉢은 ㉠과 실질적 유사성이 있다고 간주할 수 있다.

✔ ⑤ ㉡을 작성할 때는 ㉢과 달리 ㉠의 2차적저작물 작성권을 가진 사람의 허락을 받을 필요가 있다.
　(나)의 4, 5문단을 통해 ㉡과 ㉢을 작성할 때에는 모두 ㉠의 2차적저작물 작성권을 가진 사람의 허락을 받을 필요가 있음을 알 수 있다.

19 이유의 추리　　정답률 77% | 정답 ③

(가)를 참고하여 ㉮의 이유를 추론한 것으로 가장 적절한 것은?

① 원저작물을 떠올릴 수 없을 정도로 바뀌었으므로
　(가)의 2문단을 통해, 2차적저작물이 되기 위해서는 원저작물을 기초로 하여야 하며 원저작물과 실질적 유사성을 유지해야 함을 알 수 있으므로 적절하지 않다.

② 원저작물의 저작자가 아닌 사람이 창작하였으므로
　원저작물의 저작자와 2차적저작물의 저작자가 다르다고 할 수 있다. 하지만 이 때문에 2차적저작물을 독자적 저작물로서 보호한다고는 할 수 없다.

✔ ③ 원저작물에 없는 새로운 창작성이 부가되어 있으므로
　㉮를 통해 저작권법에 의해 2차적저작물이 독자적인 저작물로서 보호받음을 알 수 있다. 그리고 (가)의 1문단을 통해 저작권법으로 보호받는 저작물이 되려면 창작성이 있어야 하고, 2문단을 통해 2차적저작물에는 원저작물에는 없는 새로운 창작성이 부가되어 있음을 알 수 있다. 이를 볼 때, 2차적저작물이 저작권법으로 보호받는 이유는 원저작물에는 없는 새로운 창작성이 부가되어 있기 때문이라 할 수 있다.

④ 원저작물에 비해 예술적 수준이 높다고 볼 수 있으므로
　원저작물에 비해 2차적저작물의 예술적 수준이 높다고 볼 만한 근거는 찾을 수 없으므로 적절하지 않다.

⑤ 원저작물의 저작자가 지닌 권리를 침해하지 않았으므로
　(나)의 2문단과 3문단을 통해, 2차적저작물은 원저작물 저작자의 허락을 받지 않고 창작된 것이어도 보호를 받을 수는 있지만, 그렇다고 해서 원저작자가 지닌 권리를 침해하지 않았다고 볼 수는 없다.

★★★ 등급을 가르는 문제!

20 구체적인 사례에의 적용　　정답률 33% | 정답 ⑤

(가), (나)를 읽은 학생이 〈보기〉에 대해 보인 반응으로 적절하지 않은 것은? [3점]

○ A는 오디션 프로그램에 나가기 위해 기존 가요를 편곡하였고 편곡한 곡을 자신의 블로그에 올렸다. A의 친구는 기존 가요의 저작자인 B의 허락을 받지 않고 편곡한 것이 문제가 될 수 있음을 말해 주었다. A는 편곡은 B의 허락을 받을 필요가 없다고 생각하고 있다.

○ C는 인터넷 검색을 하다가 평소 관심 있던 외국 영화의 한글 자막을 보게 되었고 이것을 자신이 운영하는 영화 관련 웹 사이트에 올렸다. 그런데 영어 자막을 번역하여 이 한글 자막을 작성한 D가 자신의 저작물을 무단으로 이용했다는 이유로 C에게 권리를 주장했다. 하지만 D가 영어 자막의 저작자에게 허락받지 않고 한글 자막으로 번역하였다는 것을 알게 된 C는 자신에게 잘못이 없다고 생각하고 있다.

※ 단, 저작자가 아닌 다른 사람에게 양도된 저작권은 없다고 가정하고, 주어진 상황 이외에는 고려하지 않음.

① B는 A가 편곡하여 블로그에 올린 곡에 대한 저작권을 가지고 있지 않겠군.
(나)의 1문단을 통해 저작권은 저작자가 자신이 창작한 저작물에 대해 갖는 권리임을 알 수 있고, 3문단을 통해 원저작자의 허락이 있었는지 여부는 2차적저작물의 저작권 발생에 영향을 주지 않음을 알 수 있다. 따라서 저작자가 아닌 다른 사람에게 양도된 저작권이 없다고 가정하면 A가 편곡하여 블로그에 올린 곡에 대한 저작권은 저작자인 A가 가지고 있다고 할 수 있다.

② 영어 자막의 저작자는 D에게 손해배상을 청구할 수 있겠군.
(나)의 4문단을 통해 원저작자는 자기 허락 없이 2차적저작물을 작성하여 이용한 사람에게 손해배상을 청구할 수 있음을 알 수 있다. D는 영어 자막의 저작자에게 허락을 받지 않고 영어 자막을 번역하여 한글 자막을 작성하였으므로, 영어 자막의 저작자는 D에게 손해배상을 청구할 수 있다.

③ 기존 가요와 영어 자막은 원저작물로 볼 수 있겠군.
(가)의 2문단을 통해 저작권법상 원저작물을 번역·편곡·변형·각색 등의 방법으로 작성한 창작물을 2차적저작물임을 알 수 있다. A는 기존 가요를 편곡하였고 D는 영어 자막을 번역하여 한글 자막을 작성하였으므로 기존 가요와 영어 자막은 원저작물로 볼 수 있다.

④ A는 C와 달리 2차적저작물 작성권을 침해한 것이겠군.
(나)의 2문단을 통해 원저작자 허락 없이 원저작물에 의거하여 그 저작물과 실질적으로 유사한 저작물을 작성하여 이용한다면 그 사람은 원저작자의 2차적저작물 작성권을 침해한 것임을 알 수 있다. 따라서 기존 가요의 저작권을 가지고 있는 B에게 허락을 받지 않고 기존 가요를 편곡한 A는 2차적저작물 작성권을 침해하였다고 할 수 있다. 하지만 C는 D가 작성한 한글 자막을 무단으로 이용한 것은 맞지만, 이 한글 자막을 원저작물로 하여 2차적저작물을 작성하여 이용한 것은 아니므로, 2차적저작물 작성권을 침해한 것이라 할 수 없다.

✔ ⑤ B와 D는 모두 2차적저작물 작성권을 침해받은 것이겠군.
(나)의 2문단을 통해 원저작자 허락 없이 원저작물에 의거하여 그 저작물과 실질적으로 유사한 저작물을 작성하여 이용한다면 그 사람은 원저작자의 2차적저작물 작성권을 침해한 것임을 알 수 있다. 따라서 A가 기존 가요의 저작권을 가지고 있는 B에게 허락을 받지 않고 기존 가요를 편곡하였으므로 B의 2차적저작물 작성권을 침해하였다고 할 수 있다. 그리고 C는 D가 작성한 한글 자막을 무단으로 이용한 것은 맞지만, 이 한글 자막을 원저작물로 하여 2차적저작물을 작성하여 이용한 것은 아니라 할 수 있다. 따라서 B는 2차적저작물 작성권을 침해받았으나 D는 침해받지 않았다고 할 수 있다.

★★ 문제 해결 꿀~팁 ★★

▶ 많이 틀린 이유는?
이 문제는 글의 내용을 구체적 사례에 적용하는 과정에서 어려움을 겪어 오답률을 높였던 것으로 보인다. 또한 2차적 저작물을 정확히 이해하지 못한 것도 오답률을 높였던 것으로 보인다.

▶ 문제 해결 방법은?
글의 내용을 구체적 사례에 적용하는 문제의 경우 〈보기〉로 제시한 사례가 어떤 사례인지 이해하고, 이에 대해 제시한 선택지의 내용을 이해하고, 이를 글에서 찾아서 문제를 해결해야 한다. 가령 정답인 ⑤의 경우, 선택지에 '2차적저작물의 작성 침해'가 언급되어 있으므로, (나)의 2문단을 통해 '2차적저작물의 작성 침해'가 무엇인지 그 의미를 이해해야 한다. 그런 다음 이를 바탕으로 〈보기〉의 B와 D가 2차적저작물 작성권을 침해받았는지 판단하면 된다. 이때 D의 경우에는 2차적저작물 작성권을 침해 내용인 '실질적으로 유사한 저작물을 작성하여 이용한다'는 내용을 정확히 적용하지 않으면 2차적저작물 작성권을 침해받았다고 잘못 판단할 수 있으므로 유의해야 한다. 마찬가지로 오답률이 높았던 ④의 경우에도 2문단에 제시된 '2차적저작물의 작성 침해'를 정확히 이해하였다면 적절함을 알았을 것이다. 이처럼 구체적 사례 적용 문제는 글의 내용을 바탕으로 해결할 수 있으므로, 이러한 문제를 접할 경우 선택지를 통해 관련 내용을 글에서 반드시 찾을 수 있도록 한다.

---

21 어휘의 문맥적 의미 파악   정답률 90% | 정답 ①

문맥상 ⓐ와 바꾸어 쓰기에 가장 적절한 것은?

✔ ① 분류(分類)할
'저작인격권과 저작재산권으로 나눌 수 있다.'의 '나눌'은 '종류에 따라서 가름'의 의미로 쓰였으므로 '분류(分類)할'로 바꾸어 쓸 수 있다.

② 변별(辨別)할
'사물의 옳고 그름이나 좋고 나쁨을 가리다.'의 의미이므로 바꾸어 쓰기에 적절하지 않다.

③ 배분(配分)할
'몫몫이 별러 나누다.'의 의미이므로 바꾸어 쓰기에 적절하지 않다.

④ 판별(判別)할
'옳고 그름이나 좋고 나쁨을 판단하여 구별하다.'의 의미이므로 바꾸어 쓰기에 적절하지 않다.

⑤ 해석(解釋)할
'문장이나 사물 따위로 표현된 내용을 이해하고 설명하다. 사물이나 행위 따위의 내용을 판단하고 이해하다.'의 의미이므로 바꾸어 쓰기에 적절하지 않다.

22~25 인문

에리히 프롬, 「소유냐 존재냐」, 박찬국, 「에리히 프롬의 「소유냐 존재냐」 읽기」

해제 이 글은 현대 사회에서의 행복에 대해 고찰한 에리히 프롬의 사상을 서술하고 있다. 에리히 프롬은 인간의 본질을 이성이라 파악하면서, 인간이 세계와 관계 맺는 방식을 소유적 실존 양식과 존재적 실존 양식으로 구분한다. 소유적 실존 양식은 자신을 소유물과 동일시함으로써 세계와 일체감을 느끼고자 하는 삶의 방식으로, 프롬은 이것으로는 행복의 원천을 발견할 수 없다고 보았다. 그리고 존재적 실존 양식은 소유에서 벗어나 세계와 하나가 되는 삶의 방식으로 프롬은 이에 타인에게 호의를 베풀며 사

는 삶의 모습을 궁극적 행복이라 보았다. 또한 프롬은 현대 사회에서의 행복 문제를 현대 사회의 병리적 현상 원인 때문이라 하면서 이를 근본적으로 해결하기 위해서는 사회적 변혁이 필요함을 주장하였다.

주제 행복에 관한 에리히 프롬의 사상과 그 의의

문단 핵심 내용

1문단	행복에 대한 에리히 프롬의 인식을 알아보려 함
2문단	인간이 세계와 관계 맺는 방식을 두 가지로 구분한 프롬
3문단	소유적 실존 양식의 이해
4문단	존재적 실존 양식의 이해
5문단	두 실존 양식에서 대상으로 하는 것
6문단	현대 사회의 행복 문제에 대한 프롬의 진단 및 병리적 현상에 대한 해결 방안
7문단	프롬에 대한 평가

---

22 세부 정보의 확인   정답률 72% | 정답 ③

윗글을 통해 답을 찾을 수 없는 질문은?

① 프롬은 현대 사회의 병리적 현상의 원인을 무엇이라고 진단했는가?
6문단을 통해 프롬이 현대 사회의 병리적 현상의 원인을 현대 사회가 끝없는 소비를 조장하여 무한한 이윤을 추구하는 소유지향적 사회이기 때문이라고 보았음을 알 수 있다.

② 프롬은 실존양식에 따라 학습의 의미가 어떻게 달라진다고 보았는가?
5문단을 통해 프롬은 학습이 소유적 실존양식을 따르는 사람에게는 권력 추구의 수단이 되지만, 학습이 존재적 실존양식을 따르는 사람에게는 내면의 새로운 사고를 촉발하는 과정이 된다고 보았음을 알 수 있다.

✔ ③ 프롬은 동물과 달리 인간이 이성을 가지는 이유를 무엇이라고 보았는가?
2문단을 통해 프롬은 이성을 인간과 다른 동물을 구분 지을 수 있는 특성이자 인간의 본질이라 보았음을 알 수 있다. 하지만 이 글을 통해 프롬이 다른 동물과 달리 인간이 이성을 가지고 있는 이유를 무엇이라 보았는지는 찾아볼 수 없다.

④ 프롬은 사회의 주된 실존양식을 결정짓는 요인을 무엇이라고 보았는가?
6문단을 통해 프롬이 사회의 주된 실존양식은 그 사회의 구조와 규범에 따라 결정된다고 보았음을 알 수 있다.

⑤ 프롬은 존재적 실존양식 아래에서 사람들이 타인에게 호의적인 이유를 무엇이라고 보았는가?
4문단을 통해 프롬은 존재적 실존양식 아래에서 사람들은 가진 것을 잃을 수 있다는 불안에 시달리지 않으므로 다른 존재에게 호의적이라고 보았음을 알 수 있다.

---

23 내용의 추론   정답률 76% | 정답 ②

다음은 A와 B가 나눈 대화의 일부이다. 윗글을 바탕으로 할 때, ㉮에 들어갈 내용으로 가장 적절한 것은?

> A : 내가 어제 책을 읽었는데, 행복을 위해서 아무것도 소유하지 않아야 한다고 하더라고. 그런데 현실적으로 생각하면 인간이 생존에 필수적인 의식주 없이 어떻게 살겠어? 또 난 얼마 전에 최신 휴대폰을 구매했는데 행복했어. 이처럼 소유를 통해 행복을 느낄 수도 있는 것 아닐까?
> B : 그 문제에 대해서 프롬은 [㉮   ]고 이야기를 했어.

① 소유물은 소유하고 있는 동안 충분한 만족감과 행복을 제공하므로 소유를 통한 행복이 필요하다
3문단을 통해 프롬이 이미 소유한 것은 더 이상 충족감을 줄 수 없으며 소유를 통해서는 인간의 근원적 불안과 외로움은 극복될 수 없다고 하였으므로 들어가기에 적절하지 않다.

✔ ② 삶을 영위하기 위한 기본적인 소유는 불가피한 것이지만 소유를 통해 행복을 찾으려는 욕망은 완전히 채워질 수 없다
3문단을 통해 프롬이 생존을 위해 필요한 최소한의 소유는 부정하지 않았음을 알 수 있다. 따라서 A의 의문에 대해 프롬은 삶을 영위하기 위한 기본적인 소유는 불가피하다고 답변했을 것임을 추측할 수 있다. 그리고 3문단을 통해 프롬이 소유를 통해 행복의 원천을 발견하려는 집착적 욕망에는 포화점이 없으며, 소유를 통해서는 인간의 근원적 불안과 외로움을 극복할 수 없다고 보았음을 알 수 있다. 따라서 A의 의문에 대해 프롬은 소유를 통해 행복을 찾으려는 욕망은 완전히 채워질 수 없다고 답변했을 것임을 추측할 수 있다.

③ 소유를 통해 만족감을 얻거나 행복의 원천을 발견하려는 집착적 욕망을 극복할 수 없으므로 모든 소유의 방식을 부정해야 한다
3문단을 통해 프롬이 최소한의 소유를 부정하지는 않음을 알 수 있으므로 들어갈 내용으로 적절하지 않다.

④ 생존을 위한 소유는 필요하지만 소유물과 자신을 동일시하는 태도는 세계와의 대립을 유발하므로 행복에 대한 욕망을 버려야 한다
이 글을 통해 프롬은 존재적 실존양식으로 살아가는 삶의 모습을 행복이라 보았으므로, 프롬이 행복에 대한 욕망을 버려야 한다고 보지는 않음을 알 수 있다. 따라서 행복에 대한 욕망을 버려야 한다고 언급한 내용은 들어갈 내용으로 적절하지 않다.

⑤ 소유를 통한 행복을 부정하지는 않지만 처음 소유했을 때의 만족감은 시간이 지나면 사라지기 때문에 최소한의 소유도 필요 없다
4문단을 통해 프롬이 최소한의 소유를 부정하지는 않음을 알 수 있으므로 최소한의 소유도 필요 없다는 프롬의 생각이라 할 수 없어서 들어갈 내용으로 적절하지 않다.

---

24 핵심 내용의 이해   정답률 75% | 정답 ③

㉠, ㉡에 대한 이해로 적절하지 않은 것은?

① ㉠에서 소유에 대한 탐욕은 경쟁심을 불러일으키는 요인이다.
3문단을 통해 소유적 실존양식 아래에서 사람들은 소유에 대한 탐욕을 느끼며, 이는 소유물을 차지하기 위한 경쟁의 욕구를 불러일으킴을 알 수 있다.

② ㉠은 권력을 차지하는 것을 통해 소유의 충족감을 얻고자 하는 삶의 방식이다.

3문단을 통해 소유적 실존양식 아래에서 사람들은 자신의 소유물을 지키며 타인의 소유물을 빼앗을 수 있는 권력을 차지하는 것에서 행복을 찾으려 함을 알 수 있다.

☑ ⓒ에서 유용한 결과물을 생산하는 것은 행복을 실현할 수 있는 조건이다.
4문단을 통해 세계와 합일을 이루기 위해서는 이성적 능력을 생산적으로 사용해야 하고, 여기에서 '생산적'이라는 것은 쓸모 있는 결과물을 만들어 내는 능력이 아니라 내면의 능동적인 상태를 의미함을 알 수 있다. 이렇게 볼 때, 유용한 결과물을 생산하는 것은 행복을 실현할 수 있는 조건으로 볼 수 없다.

④ ⓒ은 상실에 대한 불안에서 벗어나 타인을 사랑하고 자신이 가진 것을 나눌 수 있는 삶의 방식이다.
4문단을 통해 존재적 실존양식 아래에서 사람들은 가진 것을 잃을 수 있다는 불안을 느끼지 않으므로 다른 존재에 대해 호의적이며, 타인을 사랑하고 자신이 가진 것을 나눔으로써 다른 존재의 성장을 도우려 함을 알 수 있다.

⑤ ⓐ과 ⓒ은 모두 일상의 사물과 관념적 대상에 적용되는 삶의 방식이다.
5문단을 통해 프롬이 각 실존양식을 일상생활에서 사용하는 물건들과 지식·사상 등과 같은 관념적 대상에 적용하는 삶의 방식이라고 보았음을 알 수 있다.

25 관점의 비교 | 정답률 49% | 정답 ②

윗글과 〈보기〉를 비교한 내용으로 적절하지 <u>않은</u> 것은? [3점]

〈보 기〉
인간의 본질인 이성이 탁월하게 실현한 상태가 덕이며, 덕이 구현된 상태가 행복이다. 행복은 세 가지로 나눌 수 있다. 첫 번째는 감각적 욕망의 충족을 통해 누릴 수 있는 행복이다. 하지만 이 것은 찰나이며 지나칠 경우 거부감을 줄 수 있다. 두 번째는 사회에 책임을 지는 시민으로서의 정치적 행복이다. 이때 인간의 덕은 공동체의 훈육을 통해 개발되므로 인간은 사회를 떠나서 행복할 수 없다. 마지막은 이성적 사고를 통해 세상의 질서를 깨닫는 철학자로서의 행복이며, 최고의 행복이다. 인간이 행복한 삶을 누리기 위해서는 이 세 가지 행복을 함께 구현해야 한다. 행복이란 한 순간의 감정이 아니라 덕의 실현이 습관화됐을 때 도달할 수 있는 경지이므로 어떤 사람이 행복한 사람인지를 알기 위해서는 그 사람이 일생에 이룩한 인격적 성숙에 따라 평가해야 한다.

① 프롬과 〈보기〉는 모두 인간의 행복은 사회의 영향을 받는다고 보았군.
6문단을 통해 프롬은 사회의 구조와 규범에 따라 주된 실존양식이 결정된다고 보았음을 알 수 있다. 그리고 〈보기〉를 통해 공동체의 훈육을 통해 인간의 덕이 개발되므로 인간은 사회를 떠나 행복할 수 없다고 보았음을 알 수 있다. 따라서 프롬과 〈보기〉 모두 인간의 행복이 사회의 영향을 받는다고 보았음을 알 수 있다.

☑ 프롬과 〈보기〉는 모두 행복을 위해서 개인이 사회에 책임을 짐으로써 사회적 변혁을 이끌어야 한다고 보았군.
〈보기〉를 통해 인간이 사회에 책임을 지는 시민으로서 정치적 행복을 느낄 수 있다고 하였음을 알 수 있지만, 개인이 사회적 변혁을 이끌어야 한다고 하지는 않았다.

③ 프롬은 궁극적인 행복이 내면의 능동적인 작용을 통해, 〈보기〉는 최고의 행복이 이성적 사고를 통해 가능하다고 보았군.
4문단을 통해 프롬이 이성적 능력을 생산적으로 사용해야 세계와 합일을 이룰 수 있다고 보았음을 알 수 있고, 이때의 생산적이라는 것은 내면의 능동적인 상태를 의미함을 알 수 있다. 그리고 〈보기〉를 통해 최고의 행복이 이성적 사고를 통해 세상의 질서를 깨닫는 것이라고 보았음을 알 수 있다.

④ 한 인간이 행복한지 알기 위해서 프롬은 세계와 합일을 이루었는지를, 〈보기〉는 인격적으로 성숙했는지를 살펴보아야 한다고 보았군.
2문단을 통해 프롬이 인간은 이성을 가진 존재로서 실존적 한계를 느끼며, 실존적 한계를 극복하고 세계와 합일을 이룰 때 행복에 도달할 수 있다고 보았음을 알 수 있다. 그리고 〈보기〉를 통해 행복이 덕의 실현이 습관화되었을 때 도달할 수 있는 경지이므로 그 사람의 인격적 성숙에 따라 평가해야 한다고 보았음을 알 수 있다.

⑤ 감각적 욕망의 충족을 프롬은 행복이 아니라고 보았으나, 〈보기〉는 지나치지만 않으면 행복한 삶을 누리기 위한 조건이 된다고 보았군.
3문단을 통해 프롬은 소유적 실존양식 아래에서 사람들은 소유를 통해 감각적 욕망을 충족시킬 수 있지만, 소유에 대한 탐욕은 충족되지 않기 때문에 행복을 느낄 수 없다고 보았음을 알 수 있다. 그리고 〈보기〉를 통해 감각적 욕망의 충족이 지나칠 경우 거부감을 줄 수 있지만 행복한 삶을 누리기 위해서 세 가지 행복을 함께 구현해야 한다고 보았음을 알 수 있다. 따라서 〈보기〉는 감각적 욕망의 충족이 행복한 삶을 누리기 위한 조건이라고 보았다고 할 수 있다.

26~29 고전 시가 + 수필

(가) 정철, 「훈민가(訓民歌)」
감상 이 작품은 작가 정철이 1580년에 지은 16수로 된 연시조로, 작가가 강원도 관찰사로 있을 때 백성들을 가르치기 위해서 지은 것이다. 이 작품은 백성들에게 윤리 도덕을 권장하여 백성들을 계몽하고 교화시키기 위해 지은 것으로, 실천을 강조하는 목적 문학의 성격을 지니고 있다. 백성들의 이해를 위해 평이한 일상어로 쉽게 풀이하였으며, 청유형이나 명령형으로 끝을 맺어 설득력을 높이고 있다.
주제 유교적 윤리의 실천

(나) 장영희, 「괜찮아」
감상 이 글은 어린 시절 친구들이 다리가 불편한 자신을 놀이에 끼워 주었던 경험과 깨엿 장수가 엿을 주며 자신에게 괜찮다는 위로의 말을 해 주었던 경험을 통해 이 세상은 좋은 친구가 있고 선의와 사랑, 용서와 너그러움이 있는 그런대로 살 만한 곳이라는 깨달음을 제시하고 있다. 우리가 살고 있는 세상이 그렇게 각박하지만은 않다는 메시지를 통해 독자에게 희망과 긍정적 인식을 전해 주고 있다.
주제 다른 사람에 대한 배려와 격려의 소중함

26 작품 간 공통점 파악 | 정답률 67% | 정답 ⑤

(가)와 (나)의 공통점으로 가장 적절한 것은?

① 과장된 표현을 활용하여 극적 상황을 제시하고 있다.
(가)에서 '하늘 같은 가없는'이라는 과장된 표현이 사용되었지만, 이를 활용하여 극적 상황을 제시하지는 않고 있다. 그리고 (나)에서 과장적 표현은 찾아볼 수 없다.

② 역설적 표현을 사용하여 주제 의식을 강조하고 있다.

(가), (나) 모두 역설적 표현을 사용하여 주제 의식을 강조하지는 않고 있다.

③ 영탄법을 사용하여 대상에 대한 경외감을 표현하고 있다.
(가), (나) 모두 영탄법을 사용하여 대상에 대한 경외감을 표현하지는 않고 있다.

④ 다양한 상황을 가정하여 상반된 가치관을 드러내고 있다.
(나)에서 세상을 살면서 어려움을 느끼는 여러 상황을 제시하고 있지만, 이러한 여러 상황을 가정하여 상반된 가치관을 드러내지는 않고 있다. 또한 (가)에서 다양한 상황을 가정하지는 않고 있다.

☑ 유사한 구조의 어구를 활용하여 삶의 태도를 드러내고 있다.
(가)의 〈제9수〉의 '팔목 쥐시거든~받치리라'와 '나갈 데 계시거든 ~ 좇으리라'를 통해 유사한 구조의 어구를 활용하고 있음을 알 수 있다. 그리고 (나)의 '~는 용서의 말', '~는 격려의 말', '~는 부축의 말'을 통해 유사한 구조의 어구를 활용하고 있음을 알 수 있다. 따라서 (가)와 (나)에서는 유사한 구조의 어구를 활용하여 화자나 글쓴이의 삶에 있어서의 태도를 드러내 준다고 할 수 있다.

27 소재의 의미 파악하기 | 정답률 85% | 정답 ⑤

㉠과 ㉡에 대한 설명으로 가장 적절한 것은?

① ㉠과 ㉡은 모두 심리 변화가 일어나는 대상이다.
㉠과 ㉡ 모두 화자로 하여금 심리 변화가 일어나게 하는 대상이라 할 수 없다.

② ㉠과 ㉡은 모두 경각심을 불러일으키는 대상이다.
㉠은 화자가 행동의 실천을 바라는 대상이고, ㉡은 글쓴이에게 깨달음의 계기를 제공해 주는 대상이므로, ㉠, ㉡ 모두 화자에게 경각심을 불러일으키는 대상이라 할 수 없다.

③ ㉠은 화자가 이질감을 느끼는 대상이고 ㉡은 글쓴이가 동질감을 느끼는 대상이다.
글쓴이가 ㉡에 대해 긍정적으로 여기고 있으므로 어느 정도 글쓴이가 동질감을 느낀다고 볼 수 있다. 하지만 ㉠은 화자에게 이질감을 느끼게 해 주는 대상이라 볼 수 없으므로 적절하지 않다.

④ ㉠은 화자를 예찬하는 대상이고 ㉡은 글쓴이의 상황을 안타까워하는 대상이다.
화자가 ㉠에게 실천을 바라고 있으므로 화자를 예찬하는 대상이라 할 수 없다. 그리고 이 글을 통해 ㉡이 글쓴이의 상황에 대해 안타까워하고 있는지는 알 수 없으므로, ㉡을 글쓴이의 상황을 안타까워하는 대상이라고 보기 어렵다.

☑ ㉠은 화자가 행동의 실천을 바라는 대상이고 ㉡은 글쓴이에게 깨달음의 계기를 제공하는 대상이다.
㉠ 뒤의 '옳은 일을 하쟈스라'를 통해 ㉠은 화자가 '옳은 일'을 실천하기를 바라는 대상임을 알 수 있다. 그리고 '중요한 것은 내가 ~ 믿기 시작했다는 것이다.'를 통해, ㉡은 글쓴이에게 '이 세상'이 '그런대로 살 만한 곳. 용서와 너그러움이 있는 곳'이라는 깨달음의 계기를 제공해 주는 대상임을 알 수 있다.

★★★ 등급을 가르는 문제!
28 외적 준거에 따른 작품의 감상 | 정답률 43% | 정답 ①

〈보기〉를 참고하여 (가)를 이해한 내용으로 적절하지 <u>않은</u> 것은? [3점]

〈보 기〉
설득을 발화 목적으로 하는 설득형 시조의 관점에서는 설득 전략을 중심으로 작품을 살펴볼 수 있다. 먼저 논리적 전략에는 구체적인 행동이나 모습을 보여 주는 '사례 제시하기', 비교 대상의 유사성을 드는 '유추하기', 원인과 결과를 드러내는 '인과 관계 활용하기' 등이 있다. 수사적 전략에는 청자에게 권위 있다고 인정을 받는 경전에 기대는 '권위에 의존하기', 논의 대상을 흑 아니면 백으로 바라보는 '흑백 사고 활용하기' 등이 있다.

☑ 〈제1수〉에서 '두 분'의 '은덕'을 '하늘'에 빗대는 것을 보니, 효의 실천을 권유하기 위해 권위에 의존하기 전략을 활용한다고 볼 수 있겠군.
〈제1수〉에서는 비유적 표현을 활용하여 '두 분'의 '은덕'이 '하늘'과 같다고 설명하고 있지만, 청자에게 권위 있다고 인정받는 경전에 기대지는 않고 있다.

② 〈제7수〉에서 사람이 '효경'과 '소학'을 배워야 '어질'게 될 것이라고 하는 것을 보니, 학문의 권장을 강조하기 위해 인과 관계 활용하기 전략을 활용한다고 볼 수 있겠군.
〈제7수〉를 볼 때 '효경'과 '소학'을 배우는 것을 원인으로, '어질'게 되는 것을 결과로 볼 수 있으므로, 〈제7수〉는 인과 관계 활용하기 전략을 활용하였다고 볼 수 있다.

③ 〈제8수〉에서 '옳은 일'을 하지 않으면 '마소'라고 하는 것을 보니, 올바른 행동을 권유하기 위해 흑백 사고 활용하기 전략을 활용한다고 볼 수 있겠군.
〈제8수〉에서 '옳은 일'을 하지 않는 사람을 '마소' 하고 있으므로, 〈제8수〉에서는 흑백 사고 활용하기 전략을 활용한다고 볼 수 있다.

④ 〈제9수〉에서 '두 손으로 받치'고 '막대 들고'의 행동을 보니, 어른 공경을 권유하기 위해 사례 제시하기 전략을 활용한다고 볼 수 있겠군.
〈제9수〉에서 '두 손으로 받치'고 '막대 들고'의 행동은 어른을 어떻게 공경해야 하는지에 대한 것을 보여 준다고 할 수 있으므로, 〈제9수〉는 사례 제시하기 전략을 활용한다고 볼 수 있다.

⑤ 〈제13수〉에서 '내 논 다 매거든 네 논 좀 매어'의 모습을 보니, 상부상조의 정신을 권장하기 위해 사례 제시하기 전략을 활용한다고 볼 수 있겠군.
〈제13수〉에서 '내 논 다 매거든 네 논 좀 매어'와 같이 상부상조의 정신이 드러나는 구체적인 모습을 보여 주고 있으므로, 〈제13수〉는 사례 제시하기 전략을 활용한다고 볼 수 있다.

★★ 문제 해결 꿀~팁 ★★

▶ 많이 틀린 이유는?
이 문제는 〈보기〉의 내용을 작품에 적용하는 과정에서 어려움을 겪어 오답률이 높았던 것으로 보인다. 특히 〈보기〉를 정확히 이해하지 못한 것도 오답률을 높였던 것으로 보인다.
▶ 문제 해결 방법은?
이 문제를 해결하기 위해서는 〈보기〉에 제시된 내용을 정확히 이해하고, 이러한 〈보기〉와 작품과 연결하여 제시된 선택지의 적절성을 판단하여야 한다. 정답인 ①의 경우 〈보기〉에 제시된 '청자에게 권위 있다고 인정을 받는 경전에 기대는 '권위에 의존하기' 내용을 정확히 이해하였다면 적절하지 않음을 알 수 있다. 간혹 학생들 중에는 '하늘'이 권위 있는 존재라 생각하여 당연히 적절하다고 판단하여 적절하다고 잘못된 판단을 하였는데, '하늘'이 절대적 존재이기는 하지만 〈보기〉에서 설명하는 '권위에 의존하기'와는 관련이 없으므로 잘못된 것이라 할 수 있다. 이를 통해 알 수 있듯이 〈보기〉를 정확히 이해하지 않으면 잘못된 판단을 할 수 있으므로, 문학 작품에 제시된 〈보기〉는 반드시 정확히 이해할 필요가 있다. 한편 선택지에 제시된 작품 내용이 간혹 잘못 제시될 수도 있으므로 이 점에도 유의해야 한다.

▶ 오답인 ③, ④, ⑤를 많이 선택한 이유는?
이 문제의 경우 학생들이 ③, ④, ⑤가 적절하지 않다고 하여 오답률이 높았는데, 이는 작품 내용을 정확하게 이해하지 못했기 때문으로 보인다. 가령 ④와 ⑤의 경우에는 인물들의 구체적인 행동을 통해 실천 내용을 구체적으로 보여 주고 있으므로 '사례 제시하기 전략'임을 알 수 있었을 것이다. 그리고 ③의 경우에는 '옳은 일'을 하지 않고 하는 이면에는 '옳은 일'을 하면 '나쁜 사람'이라는 내용이 담겨져 있으므로, '흑백 사고 활용하기 전략'이라고 할 수 있다. 이처럼 선택지에 제시된 작품 내용을 이해하지 못할 경우 잘못된 선택을 할 수 있으므로, 선택지를 꼼꼼히 읽을 수 있도록 한다.

---

29 작품 이해의 적절성 평가   정답률 85% | 정답 ④

다음은 (나)를 읽고 블로그에 올린 글이다. ⓐ ~ ⓔ 중 (나)를 통해 알 수 있는 내용으로 적절하지 않은 것은?

> 지치고 힘들 때 읽는 수필이 있다. 「괜찮아」가 그렇다. ⓐ 골목길 안에서 아이들과 놀던 작가의 어린 시절이 드러난다. 그는 다리가 불편했지만, ⓑ 그를 생각하고 배려해 주는 좋은 사람들이 주변에 있었다. 그래서 ⓒ 긍정적인 생각으로 희망을 품고 살아갈 수 있는 사람이 되었다. 게다가, 그의 글은 반짝반짝 빛난다. 어려운 말도, 거창한 표현도 없다. 이 글에는 ⓓ 삶에 좌절하고 희망을 잃었던 사람들의 이야기도 있지만, 그래도 '괜찮아'의 의미를 생각하게 해 준다. ⓔ 용기, 용서, 격려, 나눔, 부축의 의미를 담은 '괜찮아'를 되새기다 보면 나 역시 마음이 따뜻해진다.

① ⓐ 골목길 안에서 아이들과 놀던 작가의 어린 시절이 드러난다.
골목 안 친구들이 고무줄놀이나 달리기를 하면 '나'에게 심판을 시켰다는 내용에서 골목길 안에서 아이들과 놀던 작가의 어린 시절을 확인할 수 있다.

② ⓑ 그를 생각하고 배려해 주는 좋은 사람들이 주변에 있었다
공기놀이 외에는 그 어떤 놀이에도 참여할 수 없었던 '나'가 소외감이나 박탈감을 느끼지 않도록 친구들이 배려해 준 것이나 깨엿 장수가 '괜찮아'라고 말해 준 일화에서, 주변에 작가를 배려해 주는 좋은 사람들이 있었음을 확인할 수 있다.

③ ⓒ 긍정적인 생각으로 희망을 품고 살아갈 수 있는 사람이 되었다
깨엿 장수와의 일화를 통해 작가가 이 세상은 그런대로 살 만한 곳이라는 긍정적인 생각으로 희망을 품고 살아갈 수 있는 사람이 되었음을 확인할 수 있다.

④ ⓓ 삶에 좌절하고 희망을 잃었던 사람들의 이야기도 있지만
(나)는 다른 사람의 어려운 처지를 이해하고 감싸 주며 배려하는 태도가 희망을 줄 수 있다는 깨달음을 잘 드러내는 수필이므로, 삶에 좌절하고 희망을 잃었던 사람들의 이야기는 제시되지 않고 있다.

⑤ ⓔ 용기, 용서, 격려, 나눔, 부축의 의미를 담은 '괜찮아'
이 글의 '그만하면 참 잘했다'고 용기를 ~ 일으켜 주는 부축의 말, 괜찮아.'를 통해 알 수 있다.

30~34 기술

「석빙고의 구조와 과학적 원리」

해제 이 글은 석빙고의 구조와 과학적 원리를 설명하고 있다. 석빙고는 얼음을 저장하는 냉동 창고로, 공기의 대류 현상, 단열 효과 등의 과학적 원리를 잘 활용하였다. 석빙고는 숨은열을 활용해 얼음이 녹지 않도록 하고, 물이 빨리 빠져나갈 수 있도록 배수로를 설치하였고, 천장의 상단에 통풍구를 설치하여 내부의 더운 공기가 빠져나가도록 하였다. 그리고 얼음과 얼음 사이에 짚을 채워 더운 공기가 들어가지 못하게 하는 등 낮은 온도를 유지하기 위한 비결이 담겨 있다. 이러한 석빙고는 조상의 지혜가 집약된 천연 냉장고로, 당시 다른 나라의 장치에 비해서도 기술이 떨어지지 않는 건축물이다.

주제 석빙고의 원리와 구조

문단 핵심 내용

1문단	석빙고 이해 및 원리에 대한 궁금증
2문단	석빙고를 낮은 온도로 유지하게 하는 얼음
3문단	석빙고를 낮은 온도로 유지하게 하는 공기의 흐름
4문단	석빙고를 낮은 온도로 유지하게 하는 짚
5문단	석빙고를 낮은 온도로 유지하게 하는 그 밖의 것들
6문단	석빙고의 가치

---

30 세부 내용의 이해   정답률 61% | 정답 ③

윗글의 내용과 일치하지 않는 것은?

① 석빙고 외부의 풀은 내부의 온도 상승을 막는 데 도움을 준다.
5문단을 통해 석빙고 외부에 심은 풀이 태양의 복사 에너지로 인한 내부 온도 상승을 막는 데 도움을 준다는 것을 알 수 있다.

② 석빙고에 얼음을 저장하기 전에 우선 내부를 차갑게 하는 과정이 필요하다.
1문단을 통해 석빙고는 내부를 냉각시킨 후 얼음을 저장한다는 것을 알 수 있다.

③ 석빙고의 아치형 천장은 외부 공기를 이용하여 내부의 차가움을 유지하게 한다.
3문단을 통해 석빙고 내부에서는 온도가 낮은 공기가 아래로 이동하는 공기의 흐름에 따라 에너지의 이동이 나타나며, 상승한 공기는 아치형 천장의 움푹 들어간 공간을 통해 그 위의 통풍구로 빠져나가 내부의 차가움을 유지하게 됨을 알 수 있다. 따라서 석빙고에서는 에너지의 이동이 내부를 차갑게 하는 것이지 외부 공기를 이용하는 것이라 할 수 없다.

④ 빙실을 지반보다 낮게 만든 것은 석빙고 내부의 낮아진 온도를 지속하기 위해서이다.
5문단을 통해 빙실은 온도 유지를 위해 주변 지반에 비해 낮게 만들었음을 알 수 있다.

⑤ 석빙고의 통풍구에 덮개돌이 없으면 햇빛이 석빙고 내부로 들어와 온도를 높일 수 있다.

3문단을 통해 통풍구의 덮개돌이 얼음에 영향을 줄 수 있는 직사광선이나 빗물을 차단하는 역할을 함을 알 수 있다.

---

31 이유의 추리   정답률 52% | 정답 ④

㉠의 이유로 가장 적절한 것은?

① 물이 얼음으로부터 에너지를 전달받아 얼음을 녹이기 때문이다.
2문단을 통해 에너지는 높은 곳에서 낮은 곳으로 이동함을 알 수 있으므로, 에너지가 상대적으로 낮은 얼음으로부터 물이 에너지를 전달받을 수 없다.

② 에너지가 높은 쪽에서 낮은 쪽으로 이동하는 것을 물이 방해하기 때문이다.
2문단을 통해 얼음을 녹여 생긴 물은 에너지를 흡수하거나 방출하는 물질로 볼 수 있으므로, 에너지의 이동을 방해하는 물질로 보는 것은 적절하지 않다.

③ 물이 상태변화가 시작되어 석빙고 내부의 온도를 상승시킬 수 있기 때문이다.
2문단을 통해 물이 상태변화를 통해 내부의 온도 상승에 영향을 주기 위해서는 응고열을 방출하는, 즉 물이 다시 얼음이 되는 상태변화가 일어나야 함을 알 수 있다. 하지만 주변 에너지가 커 얼음을 녹게 하는 상황에서 다시 얼음으로의 상태변화는 일어나기 어려우므로 적절하지 않다.

✔④ 상태변화가 일어나 생긴 물이 얼음보다 더 큰 에너지를 가지고 있기 때문이다.
2문단을 통해 얼음은 물로 상태변화가 일어날 때 주변으로부터 에너지를 흡수하고 이에 따라 주변 공기가 차가워짐을 알 수 있다. 즉, 상태변화가 일어나 생긴 물은 같은 온도의 얼음에 비해 더 큰 에너지를 가지고 있음을 알 수 있다. 따라서 물의 에너지가 얼음으로 전달되어 얼음이 녹는 것을 막기 위해 물을 빨리 제거하여야 함을 알 수 있다.

⑤ 물이 내부 공기와 에너지 평형을 이루어 석빙고 내부의 온도를 변화시킬 수 없기 때문이다.
2문단을 통해 얼음이 녹아 생긴 물은 같은 양의 얼음보다 에너지가 클 것이며, 이를 녹게 한 주변 공기는 더 큰 에너지를 가지고 있을 것임을 알 수 있다. 따라서 에너지의 차이가 있는 상태에서 에너지의 평형을 이루었다는 설명은 부적절하다.

---

32 중요 내용의 파악   정답률 51% | 정답 ①

윗글의 숨은열에 대해 〈보기〉와 같이 정리했다고 할 때, ㉮ ~ ㉰에 들어갈 말로 가장 적절한 것은?

> ─〈보기〉─
> 물질의 상태변화가 일어날 때는 숨은열이 개입한다. 여름에 석빙고 안에서 물질이 (㉮)될 때 숨은열로 인해 에너지 교환이 일어난 주변 물질은 에너지가 (㉯)한다. 상태가 바뀌는 동안 물질의 온도는 (㉰).

	㉮	㉯	㉰
✔①	융해	감소	유지된다

2문단을 통해 여름철 석빙고 안에서는 물질의 융해가 일어남을 알 수 있고, 이때 물질이 주변에서 융해열을 흡수하여 주변 물질은 에너지가 감소함을 알 수 있다. 그리고 이러한 상태변화가 일어나는 동안 물질의 온도는 유지됨을 알 수 있다.

②	융해	감소	하강한다
③	융해	증가	유지된다
④	응고	감소	하강한다
⑤	응고	증가	유지된다

★★★ 등급을 가르는 문제!

33 구체적인 사례에의 적용   정답률 37% | 정답 ③

윗글의 '석빙고(A)'와 〈보기〉의 '이글루(B)'를 이해한 내용으로 적절하지 않은 것은? [3점]

> ─〈보기〉─
> 추운 지방에서 이누이트족이 전통적으로 거주했던 얼음집인 이글루는 우선 눈 벽돌을 쌓아 올린 후에, 이글루 안에서 불을 피워 내부 공기의 온도를 높인다. 시간이 지나 공기가 순환하여 눈 벽돌이 녹으면서 물이 생기면 출입구를 열어 물이 얼도록 한다. 이 과정에서 눈 사이에 들어 있던 공기는 빠져나가지 못하고 얼음 속에 갇히게 된다. 이렇게 만들어진 얼음은 에너지의 전달을 방해한다. 또한 물이 눈 벽돌 사이를 메우면서 얼어 만들어진 얼음 벽은 내부의 에너지 유출을 막는다.

① B의 얼음 벽은 A의 외부 흙과 달리 외부로의 에너지 유출을 막기 위한 것이겠군.
B의 얼음 벽은 내부의 에너지 유출을 막는다는 것을 〈보기〉를 통해 알 수 있다. 그러나 5문단을 통해 A의 외부 흙은 내부로 유입되는 에너지 차단을 위한 것이지 외부로의 에너지 유출을 막기 위한 것이 아님을 알 수 있다.

② A의 짚에 포함된 공기구멍과 B의 얼음 속 공기층은 모두 단열 효과를 높일 수 있겠군.
4문단을 통해 A의 짚이 비어 있는 것은 단열 효과를 높일 수 있음을 알 수 있다. 〈보기〉에서 B의 눈 벽돌이 녹았다 얼 때 공기가 얼음 속에 갇히며 공기층이 생길 것을 알 수 있는데, 이는 결국 스티로폼처럼 공기구멍을 많이 포함한 것으로 볼 수 있다. 이는 단열 효과를 높일 것이므로 해당 설명은 적절하다.

✔③ A의 얼음 사이의 짚과 B의 눈 벽돌 사이를 메운 물은 모두 외부와의 공기 출입을 막는 역할을 하겠군.
B의 물이 눈 벽돌 사이를 메우면서 얼어 만들어진 얼음 벽은 외부와의 공기 출입을 막는 역할을 하는 것은 적절하다. 그런데 4문단을 통해 A의 얼음 사이의 짚은 접촉하고 있는 두 물질 사이에 에너지가 잘 전달되지 않도록 하는 것임을 알 수 있으므로, 석빙고 외부와의 공기 출입과는 무관하다고 할 수 있다.

④ A와 B는 모두 공기의 밀도 변화에 따른 에너지의 이동이 나타나겠군.
3문단을 통해 A는 공기의 온도가 상승하면 밀도가 낮아짐으로써 에너지를 동반하여 위로 이동하는 현상을 내부 온도 유지에 활용함을 알 수 있다. 그리고 B는 눈 벽돌을 쌓아 올린 후 불을 피우게 되는데, 공기의 온도가 높아지면서 공기가 순환한다는 사실을 〈보기〉를 통해 확인할 수 있다. 따라서 둘 모두 공기의 밀도 변화에 따른 에너지의 이동이 나타난다는 설명은 적절하다.

⑤ A와 B는 모두 내부의 온도를 낮추기 위한 방법으로 출입구를 활용했겠군.
1문단을 통해 A는 얼음을 저장하기 전 내부를 냉각시키기 위해 출입구를 개방함을 알 수 있다. 그리고 B는 내부의 온도 상승으로 눈 벽돌이 녹아 물이 생기면 이 물을 얼도록 하는데, 이때 출입구를 열어 온도를 낮추어야 함을 〈보기〉를 통해 알 수 있다. 따라서 A와 B 모두 내부 온도를 낮추기 위해 출입구를 활용한다는 설명은 적절하다.

▶ 많이 틀린 이유는?
이 문제는 두 사례를 비교하는 과정에서 글의 내용이나 〈보기〉의 내용을 정확하게 이해하지 못해서 오답률이 높았던 것으로 보인다.

▶ 문제 해결 방법은?
이 문제를 해결하기 위해서는 이 글과 〈보기〉를 비교하고 있는 선택지의 내용을 글과 〈보기〉에서 각각 확인하여 적절성을 판단하여야 한다. 정답인 ③의 경우, 〈보기〉를 통해 선택지에 제시된 물이 눈 벽돌 사이를 메우면서 얼어 만들어진 얼음 벽이 외부의 공기 출입을 막는 역할을 하는 것임을 확인할 수 있다. 그리고 '짚'이 언급된 4문단의 내용을 통해 얼음 사이의 짚은 접촉하고 있는 두 물질 사이에 에너지가 잘 전달되지 않도록 하는 것임을 알 수 있어서 적절하지 않음을 알 수 있다. 이처럼 비교 문제는 선택지에 제시된 내용이 글이나 〈보기〉의 어느 부분에 있는지 일일이 확인할 수 있어야 한다. 오답률이 높았던 ⑤의 경우에도 이 방법을 확인하게 되면 적절한 내용임을 알았을 것이다. 한편 선택지의 내용 중에는 정답인 ③처럼 하나는 맞지만 다른 하나는 틀린 것이 제시될 수 있으므로 반드시 꼼꼼히 확인할 수 있어야 한다.

---

34 어휘의 문맥적 의미 파악   정답률 91% | 정답 ①

문맥상 @의 의미와 가장 가까운 것은?

☑ ① 그의 실력은 평균보다 떨어지는 편이다.
@는 '다른 나라의 장치에 비해서도 기술이 떨어지지 않는'의 맥락에서 사용되었으므로 '다른 것보다 수준이 처지거나 못하다.'라는 의미로 사용되었다. 따라서 이와 유사한 의미로 사용된 것은 ①의 '떨어지는'이라 할 수 있다.

② 곧 너에게 중요한 임무가 떨어질 것이다.
'명령이나 허락 따위가 내려지다.'라는 의미로 사용되었다.

③ 이미 그 일에 정이 떨어진 지 꽤 되었다.
'정이 없어지거나 멀어지다.'라는 의미로 사용되었다.

④ 아이는 잠시도 엄마에게서 떨어지지 않으려고 한다.
'함께 하거나 따르지 않고 뒤에 처지다.'라는 의미로 사용되었다.

⑤ 배가 고프다는 말이 떨어지기가 무섭게 밥상이 나왔다.
'말이 입 밖으로 나오다.'라는 의미로 사용되었다.

35~38 현대 소설

성석제, 「투명 인간」

감상 이 작품은 전쟁과 분단, 한국의 근대화 과정이라는 현대사의 굴곡진 여정을 살아가는 김만수의 삶을 중심으로 삼대의 이야기를 다룬 소설이다. 경제 발전을 중심으로 급격하게 산업화되어 가는 과정에서 주변인으로 삶을 힘들게 살아가지만 결국 뚜렷한 보상조차 받지 못하고 '투명 인간'이 되고 마는 김만수의 비극적인 모습이 생생하게 드러나 있다. 이 작품은 여러 인물이 1인칭 서술자로 번갈아 교체되고, 그에 따라 수많은 삽화를 병렬적으로 나열하는 전개 방식을 통해 특정한 사건에 무게를 두지 않고 전체 상황을 전달하며 사건이 전개된다는 특징이 있다.

주제 굴곡진 현대사 속에 던져진 개인의 비극적인 삶

작품 줄거리 김만수의 조부는 일제의 억압을 피해 산골 깊은 곳에 숨어 살고 김만수의 부친은 지식인이었던 아버지와 다른 삶을 살기 위해 공부 대신 농사일에 전념하면서 6남매를 낳고 산다. 첫째 아들인 백수는 똑똑하여 서울대에 입학하지만, 학비를 마련하기 위해 베트남전에 참전했다가 죽게 된다. 백수의 죽음으로 실의에 빠진 가족과 형제들의 생계를 책임지게 된 둘째 만수는 공업 고등학교에 입학해 기술을 배우고 큰딸인 금희는 구로 공단에 취직하기 위해서 가출한다. 대학생이 된 셋째 아들 석수는 공활에 참여했다가 수사 기관에 끌려가 모진 고문을 받고 그들의 수하가 되고, 서울 생활 도중 연탄가스 사고로 인해 똑똑하던 딸은 바보가 된다. 자동차 부품 회사에 취직한 만수는 바보가 된 둘째 누나를 돌보면서 살아간다. 또한 만수는 종적을 감춘 석수의 아들을 맡아 키우고, 막내 여동생의 결혼 자금과 살림집을 마련해 주고 식당을 차릴 수 있게 도와준다. 그러다가 만수가 다니던 회사가 부도가 나자, 만수는 회사를 살리기 위해 공장을 불법 정거하게 되고 결국 손해 배상 소송을 당해 큰 빚을 지게 된다. 만수는 새벽부터 밤늦게까지 쉬지 않고 돈을 벌어 빚을 갚다가 '투명 인간'이 되고 만다.

---

35 작품 내용의 이해   정답률 71% | 정답 ⑤

윗글의 내용에 대한 이해로 적절하지 않은 것은?

① 진주가 느끼는 만수에 대한 호감은 첫 만남에서부터 시작되었다.
'만수 씨를 처음 봤을 때부터 좋아하고 있었다.'라는 진주의 서술을 통해 확인할 수 있다.

② 만수의 노력에도 진주에 대한 공장 사람들의 오해는 풀리지 않았다.
'제가 아무리 아니라고 해도 사람들이 의심을 더 하니까'라는 만수의 말을 통해 확인할 수 있다.

③ 만수는 공장이 다시 돌아갈 것이라는 기대를 품고 투쟁을 계속하였다.
'우리가 공장을 지키기 위해서 싸우다 보면 ~ 희망 때문에 싸우는 거야.'라는 만수의 말을 통해 확인할 수 있다.

④ 만수 여동생의 남편은 식당 운영에 따른 수익금 배분의 불공평함을 문제 삼았다.
'누구는 자기 하고 싶은 대로 멋대로 일했다 말았다 하고 월급은 사장보다 더 챙겨 가고 누구는 하루 스물네 시간 꼬박 일하고 있는데'와 '돈 생기는 데는 기사 식당밖에 없잖습니까. 그런데 그 돈을 형님이 다 통장에 집어넣고 꼭 움켜쥐고'라는 만수 여동생 남편의 말을 통해 확인할 수 있다.

☑ ⑤ 만수의 여동생은 불성실함 때문에 진주에 대한 생각이 부정적으로 바뀌게 되었다.
만수의 여동생은 만수가 진주를 데리고 와서 '여자들한테는 양보할 수 없는 고유 영역 같은' 주방을 맡기라고 했던 첫 만남에서부터 '말도 안 되는 소리'라며 반감을 느끼고 있다. 이러한 부정적인 감정은 이후 분식집 대신 새로 차린 기사 식당에서도 그대로 이어지고 있으므로, 진주에 대한 만수 여동생의 생각은 처음부터 일관된 것이지 바뀐 것이라고 할 수 없다.

---

36 구절의 의미 파악   정답률 78% | 정답 ②

㉠~㉤에 대한 설명으로 가장 적절한 것은?

① ㉠ : 주변 상황에 신경 쓰지 않는 '나'의 무딤함을 보여 준다.

진주가 '이상한 소문'에 '너무한다 싶'어 하면서도 '아예 아무 말도 하지 않'은 것은 상황을 더 악화시킬 것을 우려하여 신중하게 행동한 것이지 주변 상황을 신경 쓰지 않았기 때문이 아니다.

☑ ② ㉡ : 질투와 괴롭힘으로 인한 '나'의 고통이 한계점에 이르렀음을 보여 준다.
'여자들 모두가 나를 질투하고 미워하게 되었다.', '내 칫솔에 새똥이 묻어 있기도 하고 면도날이 내가 조리를 담당한 냄비 속에 들어 있기도 했다.'라는 진주의 서술을 통해, 구내식당 여직원의 질투와 괴롭힘을 확인할 수 있다. 또한 이런 상황을 '지옥이 따로 없'다고 느낀 진주가 만수를 찾아간 것은 진주의 고통이 한계점에 이르렀음을 보여 주는 것이라 할 수 있다.

③ ㉢ : 상대가 제시한 대안이 '나'가 내심 바라고 있었던 내용임을 드러낸다.
'이상한 소문'이 '좀 잠잠해질 때까지' 구내식당 대신 분식집에서 일할 것을 만수가 대안으로 제시하는데, 이 대안의 내용은 진주가 바라고 있었던 것이 아니다.

④ ㉣ : 이상적인 삶의 방식만을 고집하는 상대에 대해 빈정거리는 '나'의 태도를 드러낸다.
'가난하지만 소박하게, 보통 사람 나름의 행복을 누리면서' 살고 싶다는 삶의 방식을 가진 만수에 대해 빈정거리는 것이 아니라, 기사 식당 운영을 둘러싼 갈등을 우선 해결하여 자신의 '살길'을 찾고자 하는 현실적인 태도를 보여 준다.

⑤ ㉤ : 공장에서 투쟁하는 사람들에 대한 '나'의 안타까운 심정을 드러낸다.
'어처구니없다'는 '일이 너무 뜻밖이어서 기가 막히다.'라는 의미이다. 만수 여동생의 남편은 경제적인 어려움 때문에 가족들이 고생하는데도 만수가 기사 식당에서 번 돈을 가족이 아닌 '공장에서 같이 투쟁'하는 사람들을 위해 '엉뚱한 데' 사용했다는 것을 기가 막혀 하는 것이지, 공장에서 투쟁하는 사람들에 대해 안타까움을 느끼고 있는 것은 아니다.

---

37 공간의 서사적 기능 파악   정답률 51% | 정답 ⑤

@ ~ ©를 이해한 내용으로 가장 적절한 것은?

① @에서 조성된 인물 간의 긴장감은 ⑥에서 심화된다.

② @로 인한 인물 간 유대감은 ©에서 반감된다.

③ ⑥에서의 인물과 사회와의 갈등이 ©에서 인물 간의 갈등으로 전환된다.

④ @, ©에서는 특정 인물이 갈등 해결의 실마리를 제공한다.

☑ ⑤ ⑥, ©와 관련된 갈등은 특정 인물이 타인을 대하는 태도가 원인으로 작용한다.
⑥에서는 진주에게 주방을 맡기라고 말하며 진주에게 선의를 베풀고자 하는 만수의 태도로 인해 만수와 만수 여동생이 갈등하게 된다. ©에서는 진주와 어떤 관계인지, 진주와 앞으로 어떻게 할 것인지 묻는 질문에 진주를 옹호하는 만수의 태도로 인해 만수와 만수 여동생의 남편이 갈등하게 된다.

---

38 외적 준거에 따른 작품의 감상   정답률 61% | 정답 ②

〈보기〉를 참고하여 윗글을 감상한 내용으로 적절하지 않은 것은? [3점]

─〈보 기〉─
「투명 인간」은 선량한 주인공이 근현대를 관통하면서 물질 만능의 한국 사회로부터 어떻게 소외되어 가는지를 그린 장편 소설이다. 특히 주인공은 가족과 동료를 위해 자신의 것을 나누며 희생하다 결국 '투명 인간'이 된다. '투명 인간'이 된 주인공 대신 주변인들이 서술자로 등장하면서 주인공에 관한 이야기를 풀어낸다. 이런 서술 방식은 주인공에 관한 다양한 정보를 제공하고 이 정보들을 통해 주인공의 삶을 다각도에서 조명한다. 이를 통해 주인공을 입체적으로 드러낸다.

① [A]의 '상품권'을 동료들에게 나눠 주는 모습을 통해 주인공의 선량한 성품을 확인할 수 있겠군.
[A]에서 민수 씨는 업자들한테 들어온 '상품권'을 동료들에게 나눠 주고 있는데, 이러한 모습을 통해 민수 씨가 선량한 성품을 지녔음을 엿볼 수 있다.

☑ ② [B]의 '적금 통장'을 통해 물질 만능의 한국 사회로부터 주인공이 소외당하고 있는 현실을 확인할 수 있겠군.
[B]의 '적금 통장'에는 만수가 그동안 자신의 월급을 모은 돈이 담겨 있는데, 만수는 진주와 만수 여동생의 문제를 해결하기 위해 '제대로 된 식당'을 차리라고 적금 통장을 내놓는다. 이는 주인공 만수가 가족과 동료를 위해 자신이 가진 것을 나누며 희생하는 인물임을 보여 주는 것이므로, 물질 만능의 한국 사회로부터 주인공이 소외당하고 있는 현실을 보여 주는 것은 아니다.

③ [D]의 '돈'의 사용처를 통해 주변인들을 위해 자신의 것을 나누며 희생하는 주인공의 면모를 확인할 수 있겠군.
[D]의 '여기 재료비하고 인건비, ~ 그러느라고 다 썼다.'를 통해 민수 씨가 '돈'의 사용처를 밝히고 있는데, 이를 통해 민수 씨가 주변인들을 위해 자신의 것을 나누며 희생하였음을 알 수 있다.

④ [A], [B]에서 주인공을 지칭하는 표현을 통해 주변인들이 서술자로 등장하고 있음을 확인할 수 있겠군.
[A]에서는 주인공을 '민수 씨'로, [B]에서는 주인공을 '오빠'라고 지칭하고 있는데, 이를 통해 〈보기〉에서 언급된 주인공의 주변인들이 서술자로 등장하였음을 알 수 있다.

⑤ [B], [C]에서 주변인들이 제공한 정보를 통해 주인공의 삶을 다각도에서 조명하고 있음을 확인할 수 있겠군.
[B]에서는 '나'에 의해, [C]에서는 여동생의 남편에 의해 주인공에 대한 정보를 제공하고 있음을 알 수 있다. 따라서 [B]와 [C]에서는 주변인들이 제공한 정보를 통해 주인공의 삶을 다각도에서 조명하였다고 할 수 있다.

39~42 고전 소설

작자 미상, 「숙향전」

감상 이 작품은 천상에서 죄를 지어 적강하게 된 두 선인이 지상에서 인간으로 환생한 뒤, 온갖 시련을 극복하고 천상계로 복귀하는 내용의 애정 소설이다. 숙향이 고귀한 혈통으로 태어나지만 어려서 위기를 겪고 구출자를 만나 양육되다가 또 한 번의 위기를 극복하고 행복하게 산다는 서사 전개를 볼 때, 여성 영웅 소설의 특징을 잘 보여 준다고 할 수 있다.

주제 고난을 극복한 사랑의 성취

작품 줄거리 송나라 때 김전이 거북을 살려 준 일이 있었는데, 뒷날 물에 빠진 그를 거북이 건져 주었다. 김전과 장씨 사이에서 뒤늦게 숙향이 태어난다. 숙향이 다섯 살 때, 전쟁이 일어나 부모와 헤어지게 되고, 장 승상 댁 양녀가 되어 성장하게 된다. 그러나 숙향은 종 사향의 흉계로 쫓겨나게 되고 자살하려

하지만 선녀가 구해 준다. 이리저리 떠돌던 숙향은 불을 만나 죽게 된 순간 화덕진군이 구해 주고, 마고 할미와 함께 살게 된다. 어느 날 숙향은 천상 선녀로 놀던 전세의 꿈을 꾸고, 그 광경을 수놓는다. 숙향의 수를 본 이선은 그림이 자신의 꿈과 같은 데 놀라, 마고 할미의 집을 찾아가 고모의 도움으로 숙향과 가연을 맺는다. 아들의 혼인을 안 이 상서는 낙양 태수 김전에게 숙향을 하옥케 하나, 김전의 부인 장씨의 꿈으로 숙향이 김전의 딸임을 알게 된다. 마고 할미가 죽자, 숙향은 홀로 살기 어려워 자살하려다 이선의 부모를 만나 과거에 급제한 이선과 혼인을 허락받는다. 이선이 황태후의 병환 치료에 쓸 영약을 구하러 험난한 길을 떠나 약을 구해 오고, 이선과 숙향은 부귀를 누리다가 선계로 돌아간다.

39 작품 내용의 이해   정답률 50% | 정답 ②

윗글의 내용에 대한 이해로 가장 적절한 것은?

① 용자는 상서에게 공문의 사용을 주의하라고 당부하였다.
용자는 상서에게 번거롭더라도 여러 나라를 지날 때 공문을 보여 주라 하고 있지만, 공문의 사용을 주의하라고 당부하지는 않고 있다.

✓② 용자는 상서가 원하는 곳까지 혼자 갈 수 없는 이유를 설명해 주었다.
상서는 황제의 명을 받들어 봉래산의 개언초를 얻으러 가는 길이므로, 상서가 가기를 원하는 곳은 '봉래산'이다. 그리고 용자는 상서에게 '인간 세상 사람은 마음대로 선계에 들어갈 수 없'다며 원하는 곳까지 혼자 갈 수 없는 이유를 설명해 주고 있다.

③ 장 승상은 사향이 숙향을 모함한 사실을 알지 못한 채 숙향을 찾았다.
'항아께서 ~ 모셔 오도록 명렸으나'에서 장 승상이 사향이 숙향을 모함한 사실을 알고 숙향을 찾았음을 알 수 있다.

④ 필성은 용자에게 일어날 불미스러운 일을 피할 방법에 대해 안내하였다.
필성은 '이 앞이 제일 험하니 조심하라.'고만 말하고 있지, 용자에게 불미스러운 일을 피할 방법을 알려 주지는 않고 있다.

⑤ 선녀는 갈대밭과 낙양 옥중에서 곤욕을 치른 숙향의 어리석음을 질타하였다.
숙향이 '갈대밭'과 '낙양 옥중'에서 겪을 곤욕은 아직 일어나지 않은 미래의 일이며, 선녀는 숙향에게 공손하게 말하고 있기 때문에 질타하는 것이 아니다.

40 공간의 의미 파악   정답률 54% | 정답 ④

㉠ ~ ㉢에 대한 설명으로 적절하지 않은 것은?

① ㉠은 용왕의 조력을 통해 상서가 통과할 수 있는 공간이다.
상서가 선계를 지나기 위해서는 용왕의 공문을 보여 주어야 하므로, ㉠은 용왕의 조력을 통해 상서가 통과할 수 있는 공간이라 할 수 있다.

② ㉠은 천상계 존재인 태을성을 호의적으로 생각하는 왕이 지키는 공간이다.
㉠의 왕인 경성은 용자가 함께 가는 사람이 '태을성'이라 하자 '즉시 공문에 날인'하고 상서에게 반갑게 인사한다. 태을성은 천상에서 인간 세상에 내려온 존재이므로, ㉠은 천상계 존재인 태을성을 호의적으로 생각하는 왕이 지키는 공간이라 할 수 있다.

③ ㉢은 상제의 권위에 의해 영향을 받는 공간이다.
용자가 '상제께서 그것을 아시게 되면 용궁에 큰 변이 일어난고'라고 말한 부분을 볼 때 ㉢은 상제의 권위에 의해 영향을 받는 공간이라 할 수 있다.

✓④ ㉠과 ㉡은 누구에게도 자유로운 이동을 허용하지 않는 공간이다.
용자의 '저 혼자 가면 아무 데도 걸릴 것 없이 쉽게 갈 수 있사오나, 여러 신령들이 지키고 있기 때문에 인간 세상 사람은 마음대로 선계에 들어갈 수 없나이다.'라는 말을 통해 용자는 ㉠, ㉡을 자유롭게 이동할 수 있음을 알 수 있다.

⑤ ㉡은 용자와 상서가 육지의 ㉠을 경유하여 향하는 곳이다.
상서는 용자와 함께 ㉠을 거쳐 ㉡으로 향하고 있으므로 적절하다.

41 인물의 말하기 방식 파악   정답률 56% | 정답 ②

[A], [B]에 대한 설명으로 가장 적절한 것은?

① [A]는 과거의 사건을 요약적으로 진술하여 현재 상황을 변화시키기 위한 인물의 의지가 필요함을 강조하고 있다.
[A]를 통해 과거의 사건을 요약적으로 진술한 부분은 찾아볼 수 없고, 현재 상황을 변화시키기 위한 인물의 의지가 필요함을 강조하지도 않고 있다.

✓② [B]는 가정적 상황을 제시하여 상대방이 예상하지 못한 결과가 일어날 수 있음을 전달하고 있다.
[B]에서는 용자가 '상제께서 그것을 아시게 되'는 가정적 상황을 제시하여 '용궁에 큰 변이 ~ 일이 생길 것'이라며 상서가 예상하지 못한 결과가 일어날 수 있음을 전달하고 있다.

③ [A]는 [B]와 달리 구체적인 수치를 언급하여 인물이 처한 상황의 다급함을 부각하고 있다.
[A]의 '십 년, 삼천삼백육십오 리'를 통해 구체적 수치를 언급하고 있음을 알 수 있지만, 이를 통해 인물이 처한 상황의 다급함을 부각하지는 않고 있다.

④ [B]는 [A]와 달리 의문의 형식을 활용하여 정해진 운명에서 벗어날 수 없음을 강조하고 있다.
[A]의 '어찌 그 액을 면할 수 있겠나이까?'를 통해 의문의 형식을 활용하여 정해진 운명에서 벗어날 수 없음을 강조하고 있음을 알 수 있다. 하지만 [B]에서 의문의 형식을 활용하여 정해진 운명에서 벗어날 수 없음을 강조하지는 않고 있으므로 적절하지 않다.

⑤ [A]는 유사한 상황을 나열하는, [B]는 여러 인물의 발화를 반복하는 방식으로 미래에 대한 우려를 드러내고 있다.
[A]에서 유사한 상황을 나열하는 방식은 찾아볼 수 없고, [B]에서 여러 인물의 발화를 반복하는 방식은 찾아볼 수 없다.

42 외적 준거에 따른 작품의 감상   정답률 48% | 정답 ①

〈보기〉를 참고하여 윗글을 감상한 내용으로 적절하지 않은 것은? [3점]

──〈보 기〉──
「숙향전」은 이질적인 두 개의 서사로 이루어진 작품이다. 두 남녀 주인공의 지상에서의 삶에는

천상의 죄업이 공통으로 전제되었지만 그 죄업의 책임은 여성에게 두고 있다. 숙향이 지상에서 겪은 고난의 과정은 천상의 죄업에 대한 징벌적 의미이다. 이러한 숙향의 서사는 가부장제 사회에서 열세에 놓인 여성의 현실적 상황을 반영한 것이다. 반면 이선의 서사는 입신양명이라는 당대 남성의 이상적 소망을 형상화한 것이다. 이러한 소망을 이루려는 과정에는 환상성이 드러난다. 이 같은 이질적 서사는 당대 인식에 내재된 남녀 차별적 시선이 개입된 결과라 할 수 있다.

✓① 상제가 이선을 인간 세상에 보냈다는 것에서 입신양명이라는 당대 남성의 이상적 소망이 형상화되었음을 알 수 있군.
상제가 이선을 인간 세상에 귀양 보낸 것은 천상의 죄업 때문이므로, 이것을 입신양명이라는 당대 남성의 이상적 소망이 형상화된 것으로 보는 것은 적절하지 않다.

② 선녀가 숙향의 죽을 액을 하늘이 정했다고 말하는 것에서 숙향의 고난의 과정이 징벌적인 의미를 지님을 알 수 있군.
이 글에서 선녀는 숙향에게 앞으로도 두 번이나 죽을 액이 남아 있다고 하면서, 이러한 죽을 액은 하늘이 벌써 정한 일이라고 말하고 있다 할 수 있다. 이렇게 볼 때 숙향이 두 번이나 죽을 액, 즉 숙향이 앞으로 겪어야 할 고난의 과정은 천상의 죄업에 대한 징벌적 의미를 지닌다고 할 수 있다.

③ 이선이 조롱박을 타고 바다 위를 떠가거나 신이한 세계의 인물들을 만나는 과정에서 이선의 서사는 환상성이 드러남을 알 수 있군.
이 글에서 이선이 조롱박을 타고 바다 위를 떠가거나 신이한 세계의 인물들을 만나는 과정은 현실에 있을 수 없는 전기적인 사건에 해당하므로, 이선이 보이는 서사는 환상성을 드러내 준다고 할 수 있다.

④ 상제가 선군을 마지못해 귀양 보낸 것과 달리 숙향은 고행을 겪도록 한 것에서 천상의 죄업에 대한 책임을 여성에게 두고 있음을 알 수 있군.
'똑같은 일로 죄를 지어 인간 세상에 귀양 왔다'는 것에서 천상의 죄업이 공통으로 전제되어 있음을 알 수 있으나, 선군을 마지못해 귀양 보낸 것과 달리 숙향은 고행을 겪게 한 것에서 천상의 죄업에 대한 책임을 여성에 두고 있음을 알 수 있다.

⑤ 이선이 호화롭게 지내는 것과 달리 숙향은 여러 차례의 죽을 위기에 처한다는 것에서 가부장제 사회에서 열세에 놓인 여성의 현실적 상황이 반영되었음을 알 수 있군.
이 글의 '상제께서 선군을 너무 사랑하시어 인간 세상에서도 부귀영화를 누리게 했나이다.'를 통해, 이선이 인간 세상에서 호화롭게 지냈음을 알 수 있다. 반면에 이선과 달리 숙향은 숙향은 여러 차례의 죽을 위기에 처하는 등 고난을 겪게 된다. 이처럼 남성인 이선과 달리 여성인 숙향이 인간 세상에서 온갖 고난을 받게 하고 있는데, 이는 가부장제 사회에서 열세에 놓인 여성의 현실적 상황이 반영되었다고 볼 수 있다.

43~45 현대시

(가) 이육사, 「광야」

> **감상** 이 작품은 조국 광복을 위해 기꺼이 자신을 희생하겠다는 의지를 그리고 있다. 이 글에서 화자는 '가난한 노래의 씨'를 뿌리는 자기희생적인 의지를 통해, '백마 타고 오는 초인'이 광야에서 이 '노래'를 목놓아 부르게 하겠다는 조국 광복에의 의지를 드러내고 있다.
>
> **주제** 조국 광복에 대한 신념과 의지
>
> **표현상의 특징**
>
> • 시간의 흐름에 따라 시상이 전개되고 있음.
> • 다양한 표현 방법을 활용하여 시적 의미를 강화해 줌.
> • 대립적 이미지를 통해 주제 의식을 드러내 줌.
> • 명령형 어미를 통해 현실 극복 의지를 드러내 줌.

(나) 박용래, 「울타리 밖」

> **감상** 이 글은 '울타리 밖'에 있는 고향 마을의 정경을 통해 자연과 인간이 조화를 이루며 살아가기를 바라는 마음을 그리고 있다. 이 글에 제시된 '마을'은 순수한 소녀, 소년과 사랑스러운 들길이 있는 공간, 꾸밈 없는 자연 그대로의 모습을 간직한 공간, 울타리 밖에도 화초를 심고 별이 뜨는 공간이다. 화자는 이러한 '마을'의 정경을 통해 자신이 지향하는 조화로운 세계를 드러내 주고 있다.
>
> **주제** 자연과 조화를 이루는 삶에 대한 소망
>
> **표현상의 특징**
>
> • 시각적 이미지를 사용하여 고향 마을의 정경을 그려 냄.
> • 동일한 종결 어미와 시어의 반복으로 운율을 형성하고 의미를 강조해 줌.
> • 하나의 시어를 하나의 연으로 구성하여 고향 마을의 상태를 강조해 줌.

43 표현상 특징 파악   정답률 60% | 정답 ③

[A] ~ [E]에 대한 설명으로 적절하지 않은 것은?

① [A] : 설의적 표현을 활용하여 원시성을 지닌 태초 광야의 모습을 강조하고 있다.
'들렸으랴'라는 설의적 표현을 통해 어떤 생명체도 존재하지 않았던 원시성을 지닌 태초 광야의 모습을 강조하고 있다.

② [B] : 인격화된 대상의 행위를 추측하여 광야의 신성성을 부각하고 있다.
'바다를 연모'하는 대상으로 인격화된 '산맥'이 '차마 이곳을 범하던 못하였'을 것이라고 추측하여 산맥도 범할 수 없었던 광야의 신성성을 부각하고 있다.

✓③ [C] : 추상적 대상을 구체화하여 광야가 끊임없이 생성되고 소멸되는 순환성을 나타내고 있다.
[C]는 추상적 대상인 '계절'을 '꽃'이라는 자연물로 구체화하여 '피어선 지고'라고 표현하고 있다. 그러나 이는 시간의 흐름 또는 계절의 순환을 의미하는 것으로, '광야'라는 공간이 끊임없이 생성되고 소멸되는 순환성을 보인 것은 아니다.

④ [D] : 시각적 심상을 활용하여 고향의 모습을 선명하게 표현하고 있다.
'마늘쪽같이 생긴', '한여름을 알몸으로 사는' 등의 시각적 심상을 통해 고향의 모습을 선명하게 표현하고 있다.

⑤ [E] : 비유적인 표현을 활용하여 인위적이지 않은 마을의 모습을 드러내고 있다.
'아지랑이가 피듯', '태양이 타듯', '제비가 날듯', '길을 따라 물이 흐르듯'이라는 비유적 표현을 활용하여 '천연(天然)히' 살아가는, 인위적이지 않은 마을의 모습을 드러내고 있다.

44 시어의 의미 파악
정답률 69% | 정답 ⑤

⊙과 ⊙에 대한 이해로 가장 적절한 것은?

① ⊙은 화자를 각성하게 하는 존재이며, ⊙은 화자를 성찰하게 하는 대상이다.
⊙을 통해 화자가 자기의 마음을 반성하거나 살피고 있지 않으므로, ⊙은 화자를 성찰하게 하는 대상이 아니다.

② ⊙은 공간의 황폐함을 심화하는 존재이며, ⊙은 공간에 생명력을 부여하는 대상이다.
⊙은 '눈' 내리는 '지금' 광야의 상황을 극복하고 '가난한 노래의 씨'가 자란 '노래'를 부르는 존재이므로, ⊙은 공간의 황폐함을 심화하는 존재가 아니다.

③ ⊙은 공간의 변화를 가져오는 존재이며, ⊙은 공동체의 인식 전환을 일으키는 대상이다.
⊙은 '지금' 광야의 상황을 극복할 수 있는 존재이므로 ⊙을 공간의 변화를 가져오는 존재로 이해하는 것은 적절하나, ⊙은 공동체가 이미 지니고 있는 모습을 보여 주고 있으므로 ⊙은 공동체의 인식 전환을 일으키는 대상이 아니다.

④ ⊙은 화자가 위화감을 느끼게 하는 존재이며, ⊙은 화자가 애상감을 느끼게 하는 대상이다.
화자는 ⊙이 올 미래를 기다리고 있으므로 ⊙은 화자에게 위화감을 느끼게 하는 존재가 아니다.

✔ ⑤ ⊙은 화자가 지향하는 이상을 실현하는 존재이며, ⊙은 화자가 지향하는 공동체의 모습을 드러내는 대상이다.
⊙은 화자가 '씨'를 뿌린 '가난한 노래'를 '목 놓아' 부를 존재이다. 화자는 '가난한 노래의 씨'가 자라 노래가 불리게 될 미래를 기대하고 있고, ⊙은 '노래'를 부르는 행위를 통해 화자가 지향하는 이상을 실현하는 존재이다. ⊙은 마을 사람들이 '울타리 밖'에도 심는 대상이다. ⊙을 자신의 공간인 울타리 안뿐 아니라 울타리 밖에도 심는다는 것은 '화초'를 자신의 소유로 한정하지 않고 남과 함께 나누려고 하는 것이다. 따라서 남을 배려하며 인정이 가득한 마을 사람들의 모습을 드러내는 ⊙은 화자가 지향하는 공동체의 모습을 드러내는 대상이다.

★★★ 등급을 가르는 문제!
45 외적 준거에 따른 작품의 감상
정답률 34% | 정답 ①

〈보기〉를 바탕으로 (가), (나)를 감상한 내용으로 적절하지 않은 것은? [3점]

─〈보 기〉─
시에서의 시간 양상은 화자의 지향성을 내포하고 있다. 화자가 미래 지향성을 보이는 경우, 시에서의 시간은 현재에서 미래로 나아가는 순방향의 흐름을 보인다. 이때 화자는 현재의 결핍을 인식하고 과거로의 회귀 대신 발전된 미래에 대한 신뢰를 바탕으로 부정적인 현재 상황을 적극적으로 극복하려 한다. 화자가 과거 상황을 긍정적으로 인식하는 과거 지향성을 보이는 경우, 화자는 미래에 대한 신뢰 없이 과거의 공간을 훼손되지 않은 원형으로 여기는 모습을 보인다. 이때 화자의 과거 회상이 현재 시제로 표현되기도 하는데, 이는 과거 공간이 존속하기를 소망하는 화자의 심리가 반영된 것으로 볼 수 있다.

✔ ① (가)의 화자는 '큰 강물이 비로소 길을' 연 것을 통해 발전된 미래를 향한 희망을 확인하여 극복의 자세를 드러낸 것이겠군.
〈보기〉에 따르면 (가)는 화자가 미래 지향성을 보이는 시로 볼 수 있다. 화자는 '초인이 있어' 노래를 '목 놓아' 부를 발전된 미래에 대한 희망을 가지고 있으며, 이를 위해 '씨를 뿌리는' 극복의 자세를 드러내고 있다. 그러나 '큰 강물이 비로소 길을' 연 것은 광야에서 인간의 문명이 시작된 과거의 상황을 표현한 것이며, 이를 통해 미래를 향한 희망을 확인한다고 보기 어렵다.

② (가)의 화자가 '가난한 노래의 씨'를 뿌리고자 하는 것은 현재의 결핍을 인식하고 있기 때문이겠군.
화자는 '지금' 눈이 내리는 현재의 결핍을 인식하였기 때문에 '가난한 노래의 씨'를 뿌려 부정적인 현재 상황을 적극적으로 극복하고자 하고 있다.

③ (나)의 '소녀', '소년', '들길'이 존재하는 고향의 모습을 통해 화자가 고향을 훼손되지 않은 원형으로 여기고 있음을 알 수 있겠군.
〈보기〉에 따르면 (나)는 화자가 과거 지향성을 보이는 시로 볼 수 있다. '소녀'와 '소년'은 때 묻지 않은 순수한 인간의 모습이며, '사랑스러운 들길'은 아름다운 자연의 모습이다. 순수한 사람들과 아름다운 자연이 어우러져 있는 고향의 모습을 통해 화자가 고향을 훼손되지 않은 원형으로 여기고 있음을 알 수 있다.

④ (나)의 '잔광'이 부시고 '별'이 뜨는 마을의 모습을 통해 화자가 마을을 긍정적으로 인식하고 있음을 알 수 있겠군.
'잔광'이 부시고 '별'이 또는 등 아름다운 자연이 돋보이는 마을의 모습을 통해 화자가 마을을 긍정적으로 인식하고 있음을 알 수 있다.

⑤ (나)의 '마을'을 '있다'로 표현하는 것은 마을의 모습이 존속하기를 소망하는 화자의 심리를 드러낸 것이겠군.
과거 '고향', '마을'에 대한 화자의 과거 회상을 '있다'라는 현재 시제로 표현하는 것은 마을의 모습이 존속하기를 소망하는 화자의 심리를 드러낸 것으로 볼 수 있다.

★★ 문제 해결 꿀~팁 ★★

▶ 많이 틀린 이유는?
이 문제는 작품 내용을 〈보기〉와 관련하여 이해하는 데 어려움을 겪어 오답률이 높았던 것으로 보인다. 특히 작품에 대한 정확한 이해가 부족했던 것도 오답률을 높인 것으로 보인다.
▶ 문제 해결 방법은?
이 문제를 해결하기 위해서는 기본적으로 작품과 〈보기〉에 대한 이해가 선행되어야 하고, 이를 바탕으로 선택지에 제시된 내용의 적절성을 판단할 수 있어야 한다. 특히 작품 이해가 정확하지 않은 경우 이 문제 유형에서는 잘못된 선택을 할 수 있으므로 유의해야 한다. 가령 정답인 ①의 경우, '큰 강물이 비로소 길을' 연 것은 과거의 일에 해당하므로, 이를 미래의 상황과 연결 짓고 있는 것은 적절하다고 볼 수 없다. 한편 문학 작품에서 〈보기〉로 제시된 것은 작품 이해에 도움이 되는 경우가 있으므로, 〈보기〉는 반드시 정확하게 읽도록 한다.
▶ 오답인 ②를 많이 선택한 이유는?
이 문제의 경우 학생들이 ②가 적절하지 않다고 하여 오답률이 높았는데, 이는 '가난한 노래의 씨'에서 '씨'에만 주목하여 잘못된 선택을 한 것으로 보인다. 만일 '가난한 노래의 씨'를 뿌리는 상황이 '지금 눈 나리고 / 매화 향기 홀로 아득하니'라는 상황과 연관하여 이해했다면 '가난한 노래의 씨'를 뿌리는 상황은 현재의 결핍을 인식하는 상황에서 나온 것임을 알 수 있었을 것이다. 이처럼 시구를 이해할 때는 그 시구의 전후 시적 상황을 파악해야, 정확하게 이해할 수 있음에 유의하도록 한다.

---

10 회 | 2023학년도 11월 학력평가 고1

• 정답 •
01 ② 02 ★③ 03 ④ 04 ④ 05 ② 06 ④ 07 ⑤ 08 ③ 09 ⑤ 10 ④ 11 ① 12 ② 13 ④ 14 ② 15 ①
16 ④ 17 ③ 18 ① 19 ⑤ 20 ③ 21 ② 22 ② 23 ② 24 ③ 25 ① 26 ③ 27 ② 28 ★② 29 ③ 30 ①
31 ① 32 ④ 33 ⑤ 34 ④ 35 ⑤ 36 ⑤ 37 ④ 38 ④ 39 ③ 40 ④ 41 ④ 42 ⑤ 43 ★③ 44 ⑤ 45 ④

★ 표기된 문항은 [등급을 가르는 문제]에 해당하는 문항입니다.

[01~03] 화법

01 말하기 전략 파악
정답률 67% | 정답 ②

위 발표자의 말하기 방식에 대한 설명으로 가장 적절한 것은?

① 발표를 하게 된 소감을 밝히며 발표를 시작하고 있다.
발표를 하게 된 소감을 밝히며 발표를 시작하고 있지 않다.

✔ ② 청중에게 바라는 바를 언급하며 발표를 마무리하고 있다.
5문단의 '그래서 테트라포드 위에 ~ 이 점에 유의하시기 바랍니다.'에서 청중에게 '테트라포드 위에 올라가는 것은 금지되어 있으니 유의하라는 내용의 바라는 바를 언급하면서 발표를 마무리하고 있으므로 적절하다.

③ 자료의 출처를 언급하여 발표 내용의 신뢰성을 높이고 있다.
자료의 출처를 언급하고 있지 않다.

④ 발표 중간에 청중의 질문을 받으며 청중과 상호 작용하고 있다.
발표 중간에 청중의 질문을 받고 있지 않다.

⑤ 청중의 이해 정도를 확인한 후 이어질 발표 순서를 안내하고 있다.
청중의 이해 정도를 확인한 후 이어질 발표 순서를 안내하고 있지 않다.

★★★ 등급을 가르는 문제!
02 자료 활용 방안 이해
정답률 45% | 정답 ③

다음은 발표자가 발표를 준비하며 참고한 '그림' 자료이다. 발표자의 자료 활용에 대한 계획 중 발표에 반영된 것으로 적절하지 않은 것은?

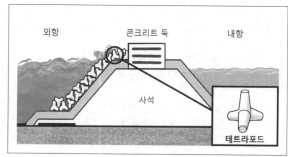

① 경사제 방파제에 대한 관심을 유발하기 위해 청중이 경사제 방파제의 실제 모습을 환기할 수 있는 사진을 추가로 제시해야겠어.
1문단의 '이 사진 기억나시오? ~ 알고 계셨나요?'에서 경사제 방파제에 대한 청중의 관심을 유발하기 위해 체험 학습 때 경사제 방파제를 배경으로 찍은 단체 사진을 추가로 제시하여 청중이 경사제 방파제의 실제 모습을 환기할 수 있도록 하고 있으므로 적절하다.

② 경사제 방파제의 필요성을 강조하기 위해 해안으로 가까워질수록 높아지는 파도의 움직임이 담긴 영상을 추가로 제시해야겠어.
2문단의 '보시는 것처럼 바람이 ~ 가까워질수록 더 높아집니다.'에서 경사제 방파제의 필요성을 강조하기 위해 영상을 추가로 제시하여 해안으로 가까워질수록 높아지는 파도의 모습을 생생하게 보여 주고 있으므로 적절하다.

✔ ③ 경사제 방파제의 설치 용이성을 설명하기 위해 경사제 방파제의 단면을 도식화한 그림의 특정 부분을 가리키며 제시해야겠어.
5문단의 '파도 에너지를 분산시키는 ~ 흔히 사용되고 있습니다.'에서 경사제 방파제의 설치 용이성에 관해 설명하고 있지만 경사제 방파제의 단면을 도식화한 그림의 특정 부분을 가리키며 제시하고 있지 않으므로 적절하지 않다.

④ 테트라포드의 기능을 효과적으로 보여 주기 위해 테트라포드의 유무에 따른 파도 높이 차를 비교한 표를 추가로 제시해야겠어.
3문단의 '테트라포드가 있으면 ~ 확인할 수 있는데요.'에서 테트라포드의 기능을 효과적으로 보여 주기 위해 표를 추가로 제시하여 테트라포드가 있을 때 파도의 높이가 절반으로 줄어든다는 사실을 보여 주고 있으므로 적절하다.

⑤ 테트라포드의 구조가 잘 보이지 않을 수 있는 청중을 위해 그림의 크기를 조절하여 제시해야겠어.
4문단의 '뒤에 있는 분들도 ~ 이제는 잘 보이시죠?'에서 테트라포드의 구조가 잘 보이지 않을 수 있는 뒤에 있는 청중들을 위해 그림의 오른쪽 아래 부분을 확대하여 제시하고 있으므로 적절하다.

★★ 문제 해결 꿀~팁 ★★

▶ 많이 틀린 이유는?
이 문제는 선지의 내용을 끝까지 읽지 않은 경우가 많아 오답률이 높았던 것으로 보인다.
▶ 문제 해결 방법은?
이 문제를 해결하기 위해서는 내용상의 적절하지 않은 부분뿐 아니라 형식상의 적절하지 않은 부분까지 잘 포착해야 한다. ③의 경우, 경사제 방파제의 설치 용이성에 관해 5문단에서 설명하고 있으므로 '경사제 방파제의 설치 용이성을 설명하기 위해'라는 앞부분은 적절하지만, 경사제 방파제의 단면을 도식화한 그림의 특정 부분을 가리키며 제시하고 있지 않으므로 '경사제 방파제의 단면을 도식화한 그림의 특정 부분을 가리키며 제시해야겠어.'라는 뒷부분은 적절하지 않다. 이처럼 내용뿐 아니라 내용을 전달하는 방법의 측면에 있어서도 지문을 잘 이해하는 것이 핵심인 문제이다.

---

03 청중의 반응 이해   정답률 92% | 정답 ④

〈보기〉는 위 발표를 들은 학생들의 반응이다. 학생의 반응을 이해한 내용으로 가장 적절한 것은?

〈보 기〉

학생 1 : 지난 주말에 가족들과 간 바닷가에서 봤던 테트라포드는 조금 다른 모습이었는데, 테트라포드에도 여러 종류가 있는지 궁금해졌어. 더 조사해 봐야겠어.
학생 2 : 테트라포드 위에서 낚시하는 사람들이 많다고 들었는데, 테트라포드에 올라가면 안 된다는 정보는 생활에 유익한 정보라서 좋았어.
학생 3 : 테트라포드 이름의 의미를 알려 줘서 좋았는데, 다리 사이의 각도가 약 109.5도인 이유에 대해서는 알려 주지 않아 아쉬웠어. 숨겨진 과학적 원리가 있는지 알아봐야겠어.

① 학생 1은 평소에 가지고 있던 궁금증이 해소되었다는 점에서 발표 내용을 긍정적으로 평가하고 있다.
학생 1의 발언에서 발표 내용을 긍정적으로 평가한 부분을 확인할 수 없으므로 적절하지 않다.

② 학생 2는 자신이 알고 있던 사실과 발표 내용을 비교하며 발표에서 다룬 정보의 문제점을 제시하고 있다.
학생 2의 발언에서 발표에서 다룬 정보의 문제점을 제시한 부분을 확인할 수 없으므로 적절하지 않다.

③ 학생 1과 학생 2는 모두, 자신의 경험을 바탕으로 발표 내용의 유용성을 점검하고 있다.
학생 2는 자신의 경험을 바탕으로 '테트라포드에 올라가면 안 된다는 정보는 생활에 유익한 정보라서 좋았어'라며 발표 내용의 유용성을 점검하고 있지만 학생 1은 발표 내용의 유용성을 점검하고 있지 않으므로 적절하지 않다.

☑ 학생 1과 학생 3은 모두, 발표 내용과 관련하여 추가적인 정보를 탐색하려 하고 있다.
학생 1은 '테트라포드에도 여러 종류가 있는지 궁금해졌어. 더 조사해 봐야겠어.'라고 말했고, 학생 3은 테트라포드 '다리 사이의 각도가 약 109.5도인 이유'와 관련한 '숨겨진 과학적 원리가 있는지 알아봐야겠어.'라고 말한 것으로 볼 때, 두 학생 모두 발표 내용과 관련하여 추가적인 정보를 탐색하려 하고 있으므로 적절하다.

⑤ 학생 2와 학생 3은 모두, 발표에서 직접적으로 언급되지 않은 내용을 추론하고 있다.
학생 2와 학생 3의 발언 모두에서, 발표에서 직접적으로 언급되지 않은 내용을 추론한 부분을 확인할 수 없으므로 적절하지 않다.

[04~07] 화법과 작문

04 토론의 진행자 역할 파악   정답률 89% | 정답 ④

대화의 흐름을 고려할 때, ㉠ ~ ㉤에 대한 이해로 적절하지 않은 것은?

① ㉠ : 대화 참여자에게 지난 활동의 대화 내용을 환기하고 있다.
㉠에서 학생 1은 대화 참여자에게 '지난 시간에 ~ 찾아보기로 했잖아.'라며 지난 활동의 대화 내용을 환기하고 있으므로 적절하다.

② ㉡ : 대화 참여자에게 발언 내용에 대해 추가 설명을 요청하고 있다.
㉡에서 학생 1은 학생 3이 언급한 '이분법적 사고'에 대해 '좀 더 자세히 이야기해 줄래?'라며 발언 내용에 대해 추가 설명을 요청하고 있으므로 적절하다.

③ ㉢ : 대화 참여자에게 앞으로 진행될 대화 내용의 범위를 한정하고 있다.
㉢에서 학생 2는 대화 참여자에게 '우리에게 익숙한 것 위주로 이야기해 보자.'라며 앞으로 진행될 대화 내용의 범위를 한정하고 있으므로 적절하다.

☑ ㉣ : 대화 참여자에게 자신이 제안한 내용에 대한 동의 여부를 재차 확인하고 있다.
㉣의 학생 2의 발화에서 대화 참여자에게 자신이 제안한 내용에 대한 동의 여부를 재차 확인하는 부분을 확인할 수 없으므로 적절하지 않다.

⑤ ㉤ : 대화 참여자에게 다음 활동을 예고하며 준비 사항을 안내하고 있다.
㉤에서 학생 3은 대화 참여자에게 '다음 시간에는 개요를 ~ 수집해 오자.'라고 다음 활동을 예고하며 준비 사항을 안내하고 있으므로 적절하다.

---

05 말하기 전략 파악   정답률 77% | 정답 ②

[A], [B]에 대한 설명으로 가장 적절한 것은?

① [A]의 학생 2는 대화 상대에게 자신의 의견을 여러 개 제시한 후 선택을 요구하고 있다.
[A]에서 학생 2는 '이분법적 사고에 대해 다루어 보는 건 어때?'라며 대화 상대에게 자신의 의견을 하나 제시하고 있다.

☑ [A]의 학생 3은 대화 상대가 발언한 내용과 관련하여 자신의 경험을 제시하고 있다.
[A]에서 학생 3은 '우리 학교 ~ 다루기로 했지?'라는 대화 상대의 발언과 관련하여 '이분법적 사고가 사회 갈등을 부추긴다는 기사'를 읽은 경험을 제시하고 있으므로 적절하다.

③ [B]의 학생 3은 대화 상대에게 사회적 통념을 제시하며 공감을 유도하고 있다.
[B]의 학생 3은 대화 상대에게 사회적 통념을 제시하며 공감을 유도하고 있지 않다.

④ [B]의 학생 1은 대화 상대가 제기한 의문을 해소하기 위한 방안을 제안하고 있다.
[B]의 학생 1은 대화 상대가 제기한 의문을 해소하기 위한 방안을 제안하고 있지 않다.

⑤ [A]의 학생 3과 [B]의 학생 1은 모두, 대화 상대의 의견을 수용하여 자신의 견해를 수정하고 있다.
[A]의 학생 3과 [B]의 학생 1은 대화 상대의 의견을 수용하여 자신의 견해를 수정하고 있지 않다.

---

06 글쓰기 계획의 반영   정답률 57% | 정답 ④

다음은 '학생 3'이 (가)를 바탕으로 세운 글쓰기 계획이다. (나)에 반영된 내용으로 적절하지 않은 것은? [3점]

1문단
○ (가)에서 언급한, 성격 유형 검사와 관련된 사회 현상을 보여 준 후 우리의 입장을 제시해야겠어. ················· ①
○ (가)에서 언급한, 이분법적 사고의 개념을 제시하고 이분법적 사고로 인해 다양한 사회 문제가 발생할 수 있음을 밝혀야겠어. ················· ②
2문단
○ (가)에서 언급하지 않은, 전문가의 견해를 추가하여 이분법적 사고가 개인에게 미치는 영향을 부각해야겠어. ················· ③
3문단
○ (가)에서 언급한, 세대를 나누는 기준을 제시하여 이분법적 사고의 문제점을 부각해야겠어. ··· ④
4문단
○ (가)에서 언급하지 않은, 이분법적 사고에 대한 새로운 예를 제시한 후 우리의 입장을 한 번 더 강조하여 마무리해야겠어. ················· ⑤

① (가)에서 언급한, 성격 유형 검사와 관련된 사회 현상을 보여 준 후 우리의 입장을 제시해야겠어.
(가)에서 언급한 성격 유형 검사와 관련하여 (나)의 1문단에서 '요즘 성격 유형 검사가 ~ 늘고 있다.'라며 사회 현상을 보여 준 후, '이러한 이분법적 사고 방식은 바람직하지 않다'라며 입장을 밝히고 있으므로 적절하다.

② (가)에서 언급한, 이분법적 사고의 개념을 제시하고 이분법적 사고로 인해 다양한 사회 문제가 발생할 수 있음을 밝혀야겠어.
(가)에서 언급한 이분법적 사고의 개념을 (나)의 1문단에서 '이분법적 사고란 ~ 사고하는 것을 말한다.'라고 제시하고, '이러한 이분법적 사고에 ~ 나타날 수 있다.'라며 이분법적 사고로 인해 다양한 사회 문제가 발생할 수 있음을 밝히고 있으므로 적절하다.

③ (가)에서 언급하지 않은, 전문가의 견해를 추가하여 이분법적 사고가 개인에게 미치는 영향을 부각해야겠어.
(가)에서 언급하지 않은 전문가의 견해를 (나)의 2문단에 '사회 심리학자 헨리 타이펠은 ~ 미친다고 보았다.'라고 추가하여 이분법적 사고가 개인에게 미치는 영향을 부각하고 있으므로 적절하다.

☑ (가)에서 언급한, 세대를 나누는 기준을 제시하여 이분법적 사고의 문제점을 부각해야겠어.
(가)에서 언급한, 세대를 나누는 기준을 (나)에 제시하고 있지 않으므로 적절하지 않다.

⑤ (가)에서 언급하지 않은, 이분법적 사고에 대한 새로운 예를 제시한 후 우리의 입장을 한 번 더 강조하여 마무리해야겠어.
(가)에서 언급하지 않은 이분법적 사고에 대한 새로운 예를 (나)의 4문단에서 '선이 아니면 악, 아름다움이 아니면 추함'과 같이 제시한 후, 이분법적 사고방식은 '다양성을 추구하는 사회가 ~ 바람직하지 않다'라는 입장을 한 번 더 강조하여 마무리하고 있으므로 적절하다.

---

07 조건에 맞게 글쓰기   정답률 85% | 정답 ⑤

〈보기〉에 제시된 학생들의 조언에 따라 (나)의 제목을 작성한 것으로 가장 적절한 것은?

〈보 기〉

학생 1 : 제재의 특성을 드러내는 표제와 부제를 붙여보자.
학생 2 : 부제에는 친구들의 관심을 끌 수 있도록 비유적인 표현을 사용하는 게 좋겠어.

① 두 개의 틀 안에 갇힌 사람들
  – 이분법적 사고로 인한 부정적인 자아상
부제에 비유적인 표현을 사용하고 있지 않으므로 적절하지 않다.

② 성격 유형 검사의 장점과 단점
  – 색안경을 벗으면 사람이 보입니다
표제에 제재의 특성이 드러나 있지 않으므로 적절하지 않다.

③ 세대 차이로 빚어진 사회적 갈등
  – '우리'와 '그들', 서로에게 붙이는 또 다른 이름표
표제에 제재의 특성이 드러나 있지 않으므로 적절하지 않다.

④ 이분법적 사고, 무엇이 문제인가
  – '내가 평가하는 나'와 '남이 평가하는 나'
부제에 비유적인 표현을 사용하고 있지 않으므로 적절하지 않다.

☑ 편견과 차별을 만드는 이분법적 사고
  – 흑 아니면 백으로만 칠해지는 세상
(나)의 제재인 '이분법적 사고'의 특성이 표제와 부제에 드러나 있으며, 부제에서는 '이분법적 사고'를, 세상이 흑 아니면 백으로만 칠해진다는 비유적인 표현으로 나타내고 있으므로 적절하다.

[08~10] 작문

08 글쓰기 계획의 반영   정답률 92% | 정답 ③

학생의 초고에 활용된 글쓰기 전략으로 적절하지 않은 것은?

① 주요 개념에 대한 정의를 제시한다.
1문단의 '생활체육이란 ~ 말한다.'에서 주요 개념인 생활체육의 정의를 제시했으므로 적절하다.

② 문제의 원인을 다양한 측면에서 제시한다.
2문단의 '주민들 대다수가 ~ 부족하다는 것이다'에서 시설 측면, '주민들의 참여를 ~ 부족하다는 것이다'에서 프로그램 측면, '우리 지역은 ~ 못하고 있다는 것이다'에서 홍보 측면의 문제 원인을 확인할 수 있다. 따라서 문제의 원인을 다양한 측면에서 제시하고 있으므로 적절하다.

☑ 예상되는 독자의 반론에 대한 답변을 미리 제시한다.
예상되는 독자의 반론에 대한 답변을 미리 제시하는 부분이 없으므로 적절하지 않다.

④ 자문자답의 방식을 통해 문제의 해결 방안을 제시한다.
3문단의 '그렇다면 ~ 해야 할까?'에서 자문자답의 방식으로 해결 방안을 제시하고 있으므로 적절하다.

⑤ 순서를 나타내는 표지를 사용하여 문제의 해결 방안을 제시한다.
3문단의 '첫째 ~ 확보해야 한다.', '둘째 ~ 제공해야 한다.', '마지막으로 ~ 실시해야 한다.'에서 각각 순서를 나타내는 표지를 사용하여 문제 해결 방안을 제시하므로 적절하다.

★★★ 등급을 가르는 문제!
09 자료 활용　　　　정답률 39% | 정답 ⑤

〈보기〉는 초고를 보완하기 위해 추가로 수집한 자료이다. 자료의 활용 방안으로 적절하지 <u>않은</u> 것은? [3점]

〈보 기〉

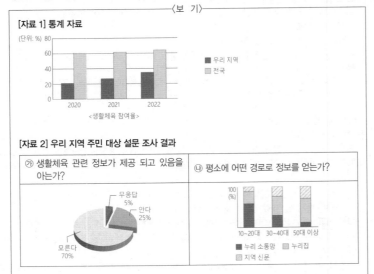

[자료 1] 통계 자료

[자료 2] 우리 지역 주민 대상 설문 조사 결과

㉮ 생활체육 관련 정보가 제공 되고 있음을 아는가?
무응답 5% / 안다 25% / 모른다 70%

㉯ 평소에 어떤 경로로 정보를 얻는가?
(10~20대 / 30~40대 / 50대 이상) 누리 소통망 / 누리집 / 지역 신문

[자료 3] 다른 지역 신문 기사
　○○시는 최근 선수 훈련용 경기장을 지역 주민에게 개방하면서 주민들의 큰 호응을 얻고 있다. 특히 ○○시는 누리 소통망을 통해 경기장 이용 인증 사진 올리기 이벤트를 함께 진행하여 누리 소통망 사용에 익숙한 청소년층의 생활체육 참여율을 높였다. △△△교수는 "시민들의 생활체육 참여율이 증가하는 추세를 유지하기 위해서는 다양한 종목을 개설하는 동시에 프로그램의 운영 시간대도 확대해야 한다."라고 말했다.

① [자료 1]을 활용하여 우리나라 국민의 생활체육 참여율에 비해 지역 주민들의 생활체육 참여가 활성화되지 못하고 있다는 사실에 대한 구체적 근거로 제시한다.
[자료 1]을 보면 전국 생활체육 참여율에 비해 우리 지역 생활체육 참여율이 낮다는 것을 확인할 수 있다. 따라서 1문단의 '우리 지역의 ~ 못하고 있다.'의 구체적 근거로 제시할 수 있으므로 적절하다.

② [자료 2-㉮]를 활용하여 생활체육을 활성화하기 위한 실질적인 홍보가 이루어지지 못하고 있다는 내용을 뒷받침하는 근거로 제시한다.
[자료 2-㉮]에서 생활체육 관련 정보가 제공되고 있음을 '모른다' 응답이 70%인데 비해 '안다'는 응답은 25%인 것을 확인할 수 있다. 따라서 2문단의 '우리 지역은 ~ 못하고 있다는 것이다'를 뒷받침하는 근거로 제시할 수 있으므로 적절하다.

③ [자료 3]을 활용하여 선수 훈련용 경기장을 주민에게 개방한 다른 지역의 사례를 주민들이 이전에 이용하지 못했던 시설을 생활체육 시설로 개방한 사례로 제시한다.
[자료 3]의 '○○시는 ~ 얻고 있다.'에서 선수 훈련용 경기장을 개방하면서 주민의 큰 호응을 얻었다는 다른 지역의 사례를 확인할 수 있다. 따라서 3문단의 '주민들이 ~ 확대할 수 있다'의 사례로 제시할 수 있으므로 적절하다.

④ [자료 1]과 [자료 3]을 활용하여 주민들의 생활체육 참여율의 증가 추세를 유지하기 위해서는 다양한 프로그램을 개설하는 것뿐만 아니라 프로그램 운영 시간대도 확대해야 한다는 내용을 추가로 제시한다.
[자료 1]에서 우리 지역 생활체육의 증가 추세를, [자료 3]의 '시민들의 ~ 확대해야 한다.'에서 프로그램 운영 시간대도 확대해야 한다는 것을 확인할 수 있다. 이를 3문단의 '다양한 ~ 제공해야 한다'에 덧붙여 프로그램 운영 시간대도 확대해야 한다는 내용을 추가하는 데 활용할 수 있으므로 적절하다.

✓ [자료 2-㉯]와 [자료 3]을 활용하여 누리 소통망을 활용한 경기장 이용 인증 이벤트를 주민 수요에 맞는 다양한 프로그램을 개설한 사례로 제시한다.
[자료 2-㉯]에서 10~20대가 정보를 얻는 경로 중 누리 소통망의 비중이 제일 크다는 것을, [자료 3]의 '누리 소통망을 ~ 높였다'에서 누리 소통망을 통한 이벤트로 청소년층의 생활체육 참여율을 높였다는 내용을 확인할 수 있다. 2문단의 '우리 지역 ~ 한정되어 있다.'에서 주민 수요에 맞는 다양한 프로그램이 부족하다는 것을 확인할 수 있으나, 누리 소통망을 통한 이벤트는 주민이 참여할 수 있는 생활체육 프로그램이라고 볼 수 없으므로 사례로 제시하기에 적절하지 않다.

★★ 문제 해결 꿀~팁 ★★
▶ 많이 틀린 이유는?
이 문제는 자료가 어떤 집단을 대상으로 두고 있는지를 잘 포착하지 못한 경우가 많았기에 오답률이 높았던 것으로 보인다.
▶ 문제 해결 방법은?
이 문제는 초고를 보완할 수 있는 지점을 자료에서 잘 포착하는 것이 핵심이다. ⑤의 경우 [자료 2-㉯]와 [자료 3]을 통해 누리 소통망을 통해 청소년층의 생활체육 참여율을 높일 수 있다는 점에 주의를 기울일 수 있다. 2문단에서 문제로 지적된 '주민들의 참여를 유도할 수 있는 프로그램 수의 부족'에 대한 대안은 되지 못한다. 누리 소통망을 통한 이벤트는 주민 전체를 대상으로 한 것이 아니라, 10~20대에 분포하는 청소년층의 참여율을 높이기 위한 대안에 그치기 때문이다.

10 조건에 맞게 고쳐쓰기　　　　정답률 93% | 정답 ④

〈보기〉는 선생님의 조언에 따라 [A]를 작성한 것이다. [A]를 작성할 때 반영한 선생님의 조언으로 가장 적절한 것은?

〈보 기〉
　생활체육의 활성화는 지역 주민과 지역 사회 모두에게 가치가 있다. 지역 주민 개개인은 삶의 질을 높일 수 있고, 지역 사회는 스포츠 산업의 발달로 지역 경제 활성화가 가능하다는 점에서 가치가 있다.

① 생활체육 활성화를 위해 해야 할 일을 주체별로 제시하며 글을 마무리하자.
지역 주민과 지역 사회로 나누어 글을 썼지만 생활체육 활성화를 위해 해야 할 일이 드러나지 않으므로 적절하지 않다.

② 생활체육에 참여할 때 유의할 점과 올바른 생활체육 참여 방법을 언급하며 글을 마무리하자.
생활체육에 참여할 때 유의할 점과 올바른 생활체육 참여 방법이 드러나지 않으므로 적절하지 않다.

③ 생활체육의 유래를 제시하고 앞으로 변화하게 될 생활체육의 미래를 언급하며 글을 마무리하자.
생활체육의 유래와 앞으로 변화할 생활체육의 미래는 드러나지 않으므로 적절하지 않다.

✓ 생활체육의 참여를 통해 얻을 수 있는 기대 효과를 개인과 사회 차원으로 나눠 제시하며 글을 마무리하자.
〈보기〉의 '지역 주민 ~ 있고'와 '지역 사회는 ~ 가능하다'에서 개인과 사회 차원에서 각각 생활체육의 활성화로 얻을 수 있는 기대 효과를 확인할 수 있다. 따라서 〈보기〉는 조언대로 생활체육의 참여를 통해 얻을 수 있는 기대 효과를 개인과 사회 차원으로 나누어 제시하였으므로 적절하다.

⑤ 생활체육의 활성화가 갖는 사회적 의의를 나타내고 생활체육 참여의 장애 요인을 언급하며 글을 마무리하자.
'생활체육의 ~ 가치가 있다.'에서 생활체육의 활성화가 갖는 사회적 의의를 엿볼 수 있으나 생활체육 참여의 장애 요인은 언급되지 않으므로 적절하지 않다.

[11~15] 문법

11 한글 맞춤법 총칙 제1항 이해　　　　정답률 86% | 정답 ①

윗글을 이해한 내용으로 적절하지 <u>않은</u> 것은?

✓ '부엌'은 각 음절을 소리 나는 대로 표기한 경우이다.
'부엌'의 발음은 [부억]이다. 이를 소리 나는 대로 적으면 '부억'이므로 적절하지 않다.

② 한글은 음소를 조합하여 다양한 말소리를 기호로 나타낼 수 있다.
2문단에서 '이는 자음이나 모음과 같은 음소를 조합하여 다양한 말소리를 그대로 기호로 나타낼 수 있는 표음 문자인 한글'을 제시하고 있으므로 적절하다.

③ '모이'는 'ㅁ'과 'ㅗ'로 조합된 한 음절과 'ㅣ'로 된 한 음절을 소리 나는 대로 적은 것이다.
'모이'는 자음 'ㅁ'과 모음 'ㅗ'로 조합된 한 음절 '모'와 'ㅣ'로 된 한 음절 '이'를 소리 나는 대로 적은 것이므로 적절하다.

④ '웃으면'은 실질 형태소와 형식 형태소의 경계가 드러나도록 어법에 맞게 표기한 경우이다.
'웃으면'은 실질 형태소 '웃-'과 형식 형태소 '-으면'의 경계가 드러나도록 어법에 맞게 표기한 경우이므로 적절하다.

⑤ '갈비탕을 시켜 먹었다'와 '갈비탕을 식혀 먹었다'를 소리 나는 대로 적으면 의미의 구별이 어려운 경우가 생길 수 있다.
'갈비탕을 시켜 먹었다'와 '갈비탕을 식혀 먹었다'를 소리 나는 대로 적으면 '시켜'와 '식혀'의 의미 구별이 어려우므로 적절하다.

12 한글 맞춤법 제32항 이해　　　　정답률 65% | 정답 ②

윗글을 바탕으로 〈보기〉의 ㉠ ~ ㉤을 '탐구 과정'에 따라 분류할 때, [A]에 들어갈 예만을 고른 것은? [3점]

〈보 기〉

[탐구 과제]
○ 가을에 곡식을 ㉠ 걷다(← 거두다).
○ ㉡ 저녁놀이 아름답다.
○ 언니는 내년에 대학생이 ㉢ 돼(← 되어).
○ 영수는 항상 인형을 ㉣ 갖고(← 가지고) 다닌다.
○ 우리는 ㉤ 엊그제(← 어제그저께)까지도 친하게 지냈다.

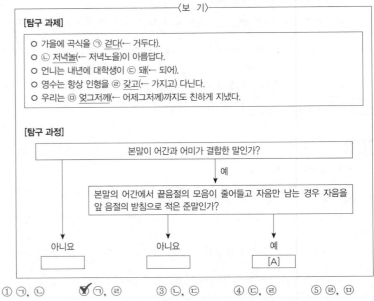

[탐구 과정]

본말이 어간과 어미가 결합한 말인가?
→ 예
본말의 어간에서 끝음절의 모음이 줄어들고 자음만 남는 경우 자음을 앞 음절의 받침으로 적은 준말인가?
아니요 / 아니요 / 예
　　　　　　　　　　　　　[A]

① ㉠, ㉡　　✓ ㉠, ㉣　　③ ㉡, ㉢　　④ ㉢, ㉣　　⑤ ㉣, ㉤

㉠ 걷다
'걷다'는 본말 '거두다'의 어간에서 끝음절의 모음 'ㅜ'가 줄어들고 자음 'ㄷ'만 남는 경우로, 자음 'ㄷ'을 앞 음절 '거'의 받침으로 적은 준말이므로 적절하다.

㉡ 저녁놀
'저녁놀'은 본말 '저녁노을'이 체언 '저녁'과 체언 '노을'이 결합한 말로 본말이 어간과 어미가 결합한 말이 아니므로 적절하지 않다.

㉢ 돼

'돼'는 본말 '되어'의 어간 '되-'와 어미 '-어'가 줄어든 말로 본말의 어간에서 끝모음의 모음이 줄어들고 자음만 남는 경우가 아니므로 적절하지 않다.

ⓔ 갖고
'갖고'는 본말 '가지고'의 어간에서 끝음절의 모음 'ㅣ'가 줄어들고 자음 'ㅈ'만 남는 경우로, 자음 'ㅈ'을 앞 음절 '가'의 받침으로 적은 준말이므로 적절하다.

ⓜ 엊그저께
'엊그저께'는 본말 '어제그저께'가 체언 '어제'와 체언 '그저께'가 결합한 말로 본말이 어간과 어미가 결합한 말이 아니므로 적절하지 않다.

13 음운의 변동 현상 이해 정답률 63% | 정답 ④

〈보기〉를 바탕으로 음운 변동을 바르게 분석한 것은?

―〈보 기〉―

음운의 변동은 어떤 음운이 다른 음운으로 바뀌는 교체, 어떤 음운이 없어지는 탈락, 새로운 음운이 생기는 첨가, 두 음운이 하나의 음운으로 합쳐지는 축약이 있다. 또한 음운 변동에 따라 음운의 개수가 변하기도 한다.

단어	음운 변동 종류	음운 개수 변화
① 샅샅이[삳싸치]	교체, 탈락	늘어남

'샅샅이'는 'ㅌ'이 'ㄷ'으로 교체되고, 'ㅅ'이 'ㅆ'으로 교체되며, 'ㅌ'이 'ㅣ' 앞에서 'ㅊ'로 교체되어, 음운의 개수는 변화가 없으므로 적절하지 않다.

| ② 넓히다[널피다] | 탈락, 첨가 | 늘어남 |

'넓히다'는 'ㅂ'과 'ㅎ'이 결합하여 'ㅍ'으로 축약되어, 음운이 줄어들었으므로 적절하지 않다.

| ③ 교육열[교:융녈] | 교체, 첨가 | 줄어듦 |

'교육열'은 'ㄴ'이 첨가되고, 'ㄱ'이 'ㅇ'으로 교체되어, 음운이 늘어났으므로 적절하지 않다.

| ✔ ④ 해맑다[해막따] | 교체, 탈락 | 줄어듦 |

'해맑다'는 'ㄹ'이 탈락하고, 'ㄷ'이 'ㄸ'으로 교체되어, 음운이 줄어들었으므로 적절하다.

| ⑤ 국화꽃[구콰꼳] | 탈락, 축약 | 줄어듦 |

'국화꽃'은 'ㄱ'과 'ㅎ'이 결합하여 'ㅋ'으로 축약되고, 'ㅊ'이 'ㄷ'으로 교체되어, 음운이 줄어들었으므로 적절하지 않다.

14 높임 표현 이해 정답률 58% | 정답 ②

〈보기〉의 ㄱ ~ ㄷ에 대한 설명으로 옳지 않은 것은?

―〈보 기〉―

주체 높임은 문장의 주체를 높이는 것으로, 선어말 어미나 조사, 특수 어휘 등을 통해 실현된다. 또한 주체의 신체 부분, 소유물, 생각 등을 높여 주체를 간접적으로 높이기도 한다. 그리고 객체 높임은 목적어나 부사어가 지시하는 대상, 즉 문장의 객체를 높이는 것으로, 조사나 특수 어휘를 통해 실현된다. 또한 상대 높임은 청자를 높이거나 낮추는 것으로, 주로 종결 어미를 통해 실현된다.

ㄱ. (어머니가 아들에게) 범서야, 할아버지께 과일 좀 갖다 드려라.
ㄴ. (아들이 아버지에게) 아버지, 할머니는 제가 모시러 가겠습니다.
ㄷ. (동생이 언니에게) 언니, 어머니가 우리에 대한 걱정이 많으셔.

① ㄱ은 종결 어미 '-어라'를 사용하여 청자인 '범서'를 낮추고 있다.
ㄱ은 종결 어미 '-어라'를 사용하여 청자인 '범서'를 낮추고 있으므로 적절하다.

✔ ② ㄱ은 격 조사 '께'를 사용하여 문장의 주체인 '할아버지'를 높이고 있다.
ㄱ은 부사격 조사 '께'를 사용하여 문장의 객체인 '할아버지'를 높이고 있으므로 적절하지 않다.

③ ㄴ은 종결 어미 '-습니다'를 사용하여 청자인 '아버지'를 높이고 있다.
ㄴ은 종결 어미 '-습니다'를 사용하여 청자인 '아버지'를 높이고 있으므로 적절하다.

④ ㄴ은 특수 어휘 '모시다'를 사용하여 문장의 객체인 '할머니'를 높이고 있다.
ㄴ은 특수 어휘 '모시다'를 사용하여 문장의 객체인 '할머니'를 높이고 있으므로 적절하다.

⑤ ㄷ은 선어말 어미 '-으시-'를 사용하여 '어머니'의 생각인 '걱정'을 높여 주체를 간접적으로 높이고 있다.
ㄷ은 선어말 어미 '-으시-'를 사용하여 '어머니'의 생각인 '걱정'을 높여 주체를 간접적으로 높이고 있으므로 적절하다.

15 중세 국어의 특징 이해 정답률 72% | 정답 ①

〈보기〉를 바탕으로 중세 국어의 특징을 탐구한 내용으로 적절하지 않은 것은?

―〈보 기〉―

녜 小學(소학)애 사름을 ᄀᆞᄅ쵸ᄃᆡ 믈 ᄲᅳ리고 ᄠᅳᆯ며 應(응)ᄒᆞ며 對(ᄃᆡ)ᄒᆞ며 【應(응)은 블러든 ᄃᆡ답 홈이오 對(ᄃᆡ)는 무러든 ᄃᆡ답홈이라】 나ᅀᅡ며 므르ᄂᆞᆫ 절ᄎᆞ와 어버이를 ᄉᆞ랑ᄒᆞ며 얼운을 공경ᄒᆞ며 스승을 존ᄃᆞᄒᆞ며 벋을 親(친)히 홀 道(도)로ᄡᅥ ᄒᆞ니 다 ᄡᅥ 몸을 닷ᄀᆞ며 집을 ᄀᆞ즉기 ᄒᆞ며 나라� 다ᄉᆞ리며 天下(텬하)를 平(평)히 홀 근본을 ᄒᆞᄂᆞᆫ 배니

[현대어 풀이]
옛날 소학에 사람을 가르치되, 물을 뿌리고 쓸며, 응하며 대하며【응은 부르거든 대답하는 것이요. 대는 묻거든 대답하는 것이다.】 나아가며 물러나는 절차와, 어버이를 사랑하며 어른을 공경하며 스승을 존대하며 벗을 친히 할 도로써 하니, 다 그로써 몸을 닦으며 집을 가지런히 하며 나라를 다스리며 천하를 평히 할 근본을 하는 바이니

✔ ① '녜'를 보니 현대 국어와 달리 두음법칙이 적용되었음을 알 수 있군.
두음법칙은 어떤 소리가 단어의 첫머리에서 발음되는 것을 꺼리는 현상으로, 본래 첫소리가 'ㄴ'이나 'ㄹ'인 한자음이 단어의 첫머리에 쓰일 때, 'ㄴ'이나 'ㄹ'이 탈락하거나 'ㄹ'이 'ㄴ'으로 바뀌어 발음되는 것이다. 그러나 '녜'는 두음법칙이 적용되지 않았으므로 적절하지 않다.

② '쓰리고'와 '쓸며'를 보니 현대 국어와 달리 초성에 서로 다른 두 개의 자음이 함께 쓰였음을 알 수 있군.
'쓰리고'와 '쓸며'는 현대 국어 '뿌리고'와 '쓸며'와 달리 초성에 서로 다른 두 개의 자음이 함께 쓰였으므로 적절하다.

---

③ '어버이를'을 보니 현대 국어와 달리 목적격 조사 '를'이 쓰였음을 알 수 있군.
'어버이를'은 현대 국어 '어버이를'과 달리 목적격 조사 '를'이 쓰였으므로 적절하다.

④ '스랑ᄒᆞ며'를 보니 현대 국어와 달리 ' ㆍ'가 표기에 사용되었음을 알 수 있군.
'스랑ᄒᆞ며'는 현대 국어 '사랑하며'와 달리 ' ㆍ'가 표기에 사용되었으므로 적절하다.

⑤ '나랗'을 보니 현대 국어와 달리 'ㅎ'을 끝소리로 가진 체언이 있었음을 알 수 있군.
현대 국어 '나라를'은 체언 '나라'와 목적격 조사 '를'이 결합한 것이다. 이와 달리, '나랗'은 'ㅎ'을 끝소리로 가진 체언 '나랗'에 목적격 조사 '홀'이 결합한 것이므로 적절하다.

[16~45] 독서·문학

16~21 인문

(가) 박영욱, 「모더니즘과 포스트모더니즘 공간을 넘어서」

해제 18세기 말 산업 혁명 이후 건축에서는 건축물을 대량 생산할 수 있다는 인식이 생기게 되었다. 이에 따라 이전 시대와 달리 합리적이고 기능적인 건축물에 긍정적인 가치가 부여되었고, 이러한 변화는 모더니즘 건축의 형성에 영향을 미쳤다. 모더니즘 건축가 미스 반데어로에는 장식을 공간 구성에서 원칙적으로 배제하고 공간을 기능적으로 활용할 수 있도록 유연성 있는 공간을 구축하는 것에 방점을 두었다. 한편 르코르뷔지에는 건축물이 목적에 부합할 수 있도록 기능적으로 최적화되어야 함을 강조했다. 또한 그는 자동차를 중심으로 격자 구조의 도로망으로 도시 공간을 구획하는 것이 기능적이고 미적으로 이상적인 도시를 구현할 수 있는 방법이라 보았다.

주제 합리성을 강조한 모더니즘 공간과 건축 철학

문단 핵심 내용

1문단	모더니즘 건축의 형성 배경
2문단	모더니즘 건축가 미스 반데어로에의 입장
3문단	모더니즘 건축가 르코르뷔지에의 입장

(나) 박영욱, 「모더니즘과 포스트모더니즘 공간을 넘어서」

해제 20세기 초의 모더니즘은 곧 합리성과 효율성에서 벗어나 개별성과 자율성에 방점을 두어야 한다는 포스트모더니즘으로 발전하게 되었다. 푸코는 18세기부터 형성되기 시작한 격자 구조의 도시 공간은 위생학적 측면에서 기능적이지만, 동시에 발병 가능성이 있는 모든 존재에 대한 도시로 이어지게 됨으로써 권력이 작동하는 그물망으로도 작용한다고 주장했다. 벤투리는 모호성을 새로운 기준으로 제시하면서 모더니즘의 공간에는 공간의 미적 차원이 소멸되어 획일적인 공간만이 남게 된다고 비판했다. 추미는 모더니즘 건축이 금욕적이라고 비판하며 낭비의 미덕을 실현하는 유희의 건축을 강조했는데, 장식적 요소와 같이 무의미하다고 생각되는 낭비야말로 모더니즘 건축의 획일화로부터 해방될 수 있는 탈출구라고 보았다.

주제 자율성을 강조한 포스트모더니즘 공간과 건축 철학

문단 핵심 내용

1문단	포스트모더니즘 건축의 형성 배경
2문단	도시의 근대적 구획에 대한 푸코의 비판
3문단	벤투리의 모더니즘 건축에 대한 비판
4문단	추미의 모더니즘 건축에 대한 비판과 대안

16 서술상의 특징 파악 정답률 84% | 정답 ④

(가)와 (나)에 대한 설명으로 가장 적절한 것은?

① (가)와 달리 (나)는 특정 시기의 건축에 대한 상반된 관점을 제시하여 절충 방안을 모색하고 있다.
(가)와 (나)는 특정 시기의 건축에 대한 상반된 관점을 제시하여 절충 방안을 모색하고 있지 않다.

② (나)와 달리 (가)는 특정 시기의 건축에 대한 관점이 기술의 발전에 미친 영향을 인과적으로 밝히고 있다.
(가)와 (나)는 특정 시기의 건축에 대한 관점이 기술의 발전에 미친 영향을 인과적으로 밝히고 있지 않다.

③ (가)와 (나)는 모두, 특정 시기의 건축에 대한 관점을 시대순으로 나열하여 한계를 도출하고 있다.
(가)와 (나)는 특정 시기의 건축에 대한 관점을 시대순으로 나열하여 한계를 도출하고 있지 않다.

✔ ④ (가)와 (나)는 모두, 특정 시기의 건축에 대한 관점을 소개하며 각 관점이 지닌 특성을 설명하고 있다.
(가)는 모더니즘 시기의 건축에 대한 미스 반데어로에와 르코르뷔지에의 관점을 소개하며, (나)는 포스트모더니즘 시기의 건축에 대한 푸코, 벤투리, 추미의 관점을 소개하며 각 관점이 지닌 특성을 설명하고 있으므로 적절하다.

⑤ (가)와 (나)는 모두, 특정 시기의 건축에 대한 관점을 유형별로 나누면서 그 분류 기준의 문제점을 설명하고 있다.
(가)와 (나)는 특정 시기의 건축에 대한 관점을 유형별로 나누면서 그 분류 기준의 문제점을 설명하고 있지 않다.

17 내용 이해 정답률 88% | 정답 ③

윗글에 대한 이해로 가장 적절한 것은?

① 포스트모더니즘 건축과 달리 모더니즘 건축은 개별성을 중시한다.
(나)의 1문단에서 '이에 영향을 받은 ~ 중시하는 모습을 보였다.'를 보면 포스트모더니즘 건축은 기계적이고 무미건조한 모더니즘 건축을 비판하며 개별성을 중시한다는 것을 알 수 있으므로 포스트모더니즘 건축과 달리 모더니즘 건축은 개별성을 중시한다는 진술은 적절하지 않다.

② 포스트모더니즘 건축은 효율성의 중시를 통해 합리성의 문제를 해결하려 한다.
(나)의 1문단에서 '이에 영향을 받은 ~ 중시하는 모습을 보면 포스트모더니즘 건축가들은 합리

성과 효율성을 우선시하는 기존의 시스템을 비판하고 있으므로 포스트모더니즘 건축은 효율성의 중시를 통해 합리성의 문제를 해결하려 한다는 진술은 적절하지 않다.

✔ **모더니즘 건축은 명료성을 추구하는 반면 포스트모더니즘 건축은 모호성을 추구한다.**
(나)의 3문단에서 '모더니즘 건축이 명료성을 내세웠다면 ~ 가두는 것을 거부했다.'를 보면 모더니즘 건축이 명료성을 내세운 것과 달리 포스트모더니즘 건축가인 벤투리는 모호성을 새로운 기준으로 제시했으므로 모더니즘 건축은 명료성을 추구하는 반면 포스트모더니즘 건축은 모호성을 추구한다는 진술은 적절하다.

④ 모더니즘 건축은 건축의 영역에서 도시 계획 디자인과 산업 디자인의 영역을 제외한다.
(가)의 1문단에서 '이 시기의 건축가들은 ~ 영향을 미쳤다.'를 보면 모더니즘 건축가들의 활동이 건축의 영역을 도시 계획 디자인, 산업 디자인 등으로 확대시켰다는 것을 알 수 있으므로 모더니즘 건축은 건축의 영역에서 도시 계획 디자인과 산업 디자인의 영역을 제외한다는 진술은 적절하지 않다.

⑤ 모더니즘 건축과 달리 포스트모더니즘 건축은 철근과 콘크리트 등의 재료를 주로 사용한다.
(가)의 1문단에서 '이에 따라 건축에서도 ~ 생기게 되었다.'를 보면 모더니즘 건축에서는 철근과 콘크리트를 활용하여 기둥과 벽을 최소화하여 건축을 했다는 것을 알 수 있으므로 모더니즘 건축과 달리 포스트모더니즘 건축은 철근과 콘크리트 등의 재료를 주로 사용한다는 진술은 적절하지 않다.

18~19

윗글과 〈보기〉를 바탕으로 18번과 19번의 물음에 답하시오.

─〈보 기〉─

[자료 1]
○○시는 인구 밀도가 높아 거리가 혼잡하고 비위생적이었다. 건축가 A는 ○○시의 위생 환경을 개선하기 위하여 교통 체계 중심의 ㉮ 격자 구조의 도로망을 연결하고 주거 지역과 업무 지역을 멀리 떨어뜨려 구분하는 도시 설계안을 구안했다.

[자료 2]
건축가 B는 기능과 상관없는 구조물이나 장식적인 것들을 배제하고 실내에는 이동 가능한 칸막이가 설치된 주택을 설계했다. 하지만 건축가 C는 이러한 주택을 주거 기능과 경제적 효율성만 추구한 ㉯ 단순한 형태의 건물이라고 비판했다. 이에 그는 벽 장식이나 화려한 마감재와 같이 건축가의 미적 가치가 반영된 주택을 설계했다.

---

18 내용 이해 및 적용   정답률 76% | 정답 ①

다음은 윗글을 읽은 학생이 〈보기〉를 이해한 내용을 정리한 것이다. 적절하지 않은 것은?

[자료 1]	푸코는 격자 구조의 도시 공간에는 위생학적 기능이 없다고 생각하므로, 건축가 A의 도시 설계안을 부정적으로 바라보겠군. ………………… ①
	르코르뷔지에는 사람보다는 차를 중심으로 도시를 공간화해야 한다고 생각하므로, 건축가 A의 도시 설계안을 긍정적으로 바라보겠군. ………………… ②
[자료 2]	벤투리는 모더니즘 건축의 흐름에 저항하므로, 건축가 B가 설계한 주택을 부정적으로 바라보겠군. ………………… ③
	미스 반데어로에는 폐쇄적인 구조를 지양하고 공간을 기능적으로 활용해야 한다고 생각하므로, 건축가 B가 설계한 주택을 긍정적으로 바라보겠군. ………………… ④
	추미는 시각적 화려함을 추구하는 낭비의 미덕을 중시하므로, 건축가 C가 설계한 주택을 긍정적으로 바라보겠군. ………………… ⑤

✔ ① 푸코는 격자 구조의 도시 공간에는 위생학적 기능이 없다고 생각하므로, 건축가 A의 도시 설계안을 부정적으로 바라보겠군.
(나)의 2문단에서 '그는 18세기부터 ~ 작용한다고 주장했다.'를 보면 푸코는 격자 구조의 도시 공간이 위생학적 측면에서는 전염병에 대처하기 위한 기능을 하기도 한다고 하고 있고, [자료 1]에서 건축가 A는 도시의 위생 환경을 개선하기 위해 교통 체계 중심의 격자 구조의 도로망을 연결하는 도시 설계안을 구안하고 있다. 따라서 푸코는 건축가 A의 도시 설계안을 부정적으로 바라보지만, 격자 구조의 도시 공간에 위생학적 기능이 없다고 생각하지는 않으므로 푸코는 격자 구조의 도시 공간에는 위생학적 기능이 없다고 생각한다는 진술은 적절하지 않다.

② 르코르뷔지에는 사람보다는 차를 중심으로 도시를 공간화해야 한다고 생각하므로, 건축가 A의 도시 설계안을 긍정적으로 바라보겠군.
(가)의 3문단에서 '또한 도시를 계획하는 일에도 ~ 구획해야 한다고 주장했다.'를 보면 르코르뷔지에는 사람보다는 차를 중심으로 도시를 공간화해야 한다고 주장하고 있고, [자료 1]에서 건축가 A는 교통 체계 중심의 격자 구조의 도로망을 연결하는 도시 설계안을 구안하고 있다. 따라서 르코르뷔지에는 사람보다는 차를 중심으로 도시를 공간화해야 한다고 생각하므로, 건축가 A의 도시 설계안을 긍정적으로 바라볼 것이라는 진술은 적절하다.

③ 벤투리는 모더니즘 건축의 흐름에 저항하므로, 건축가 B가 설계한 주택을 부정적으로 바라보겠군.
(나)의 3문단에서 '포스트모더니즘 건축가 벤투리는 ~ 모더니즘 건축의 흐름에 저항했다.'를 보면 벤투리는 형태를 기능에 가두는 모더니즘 건축의 흐름에 저항하고 있고, [자료 2]에서 건축가 B는 기능과 상관없는 구조물이나 장식적인 것들을 배제하고 주택을 설계하고 있다. 따라서 벤투리는 모더니즘 건축의 흐름에 저항하므로, 건축가 B가 설계한 주택을 부정적으로 바라볼 것이라는 진술은 적절하다.

④ 미스 반데어로에는 폐쇄적인 구조를 지양하고 공간을 기능적으로 활용해야 한다고 생각하므로, 건축가 B가 설계한 주택을 긍정적으로 바라보겠군.
(가)의 2문단에서 '또한 그는 폐쇄적인 구조를 ~ 공간을 구축하였다.'를 보면 미스 반데어로에는 건축물의 폐쇄적인 구조를 지양하고 공간을 기능적으로 활용한다고 생각하고 있고, [자료 2]의 건축가 B는 이동 가능한 칸막이가 실내에 설치된 주택을 설계하고 있다. 따라서 미스 반데어로에는 폐쇄적인 구조를 지양하고 공간을 기능적으로 활용하므로, 건축가 B가 설계한 주택을 긍정적으로 바라볼 것이라는 진술은 적절하다.

⑤ 추미는 시각적 화려함을 추구하는 낭비의 미덕을 중시하므로, 건축가 C가 설계한 주택을 긍정적으로 바라보겠군.

(나)의 4문단에서 '추미는 모더니즘 건축의 ~ 실현하는 유희의 건축이다.'를 보면 추미는 시각적 화려함을 추구하는 낭비의 미덕을 중시하고 있고, [자료 2]의 건축가 C는 주거 기능과 경제적 효율성만 추구하는 건물을 비판하고 있다. 따라서 추미는 시각적 화려함을 추구하는 낭비의 미덕을 중시하므로, 건축가 C가 설계한 주택을 긍정적으로 바라볼 것이라는 진술은 적절하다.

19 내용 추론   정답률 76% | 정답 ⑤

윗글을 바탕으로 〈보기〉에 대해 보인 반응으로 적절하지 않은 것은? [3점]

① 미스 반데어로에는 [자료 2]의 ㉯가 장식과 기능을 분리하여 불필요한 부분을 배제한 건물이라고 생각하겠군.
(가)의 2문단의 '그는 기능적으로 ~ 해야 한다고 말한다.'를 보면 미스 반데어로에는 장식과 기능을 철저하게 분리하고 장식을 공간 구성에서 원칙적으로 배제해야 한다고 말하고 있고, [자료 2]의 ㉯는 기능과 상관없는 구조물이나 장식적인 것들을 배제한 건물을 의미하고 있으므로, 미스 반데어로에는 [자료 2]의 ㉯가 장식과 기능을 분리하여 불필요한 부분을 배제한 건물이라고 생각할 것이라는 진술은 적절하다.

② 르코르뷔지에는 [자료 1]의 ㉮가 도시의 기능적 측면과 미적인 측면을 모두 이상적으로 구현할 수 있다고 판단하겠군.
(가)의 3문단에서 '이는 격자 구조의 도로망으로 ~ 된다고 생각했기 때문이다.'를 보면 르코르뷔지에는 격자 구조의 도로망으로 도시 공간을 구획하면 도시의 기능을 이상적으로 구현하면서 동시에 미적으로 이상적인 도시가 된다고 생각하고 있다. [자료 1]의 ㉮는 교통 체계 중심의 격자 구조의 도로망을 의미하고 있으므로, 르코르뷔지에는 [자료 1]의 ㉮가 도시의 기능적 측면과 미적인 측면을 모두 이상적으로 구현할 수 있다고 판단할 것이라는 진술은 적절하다.

③ 푸코는 [자료 1]의 ㉮가 권력이 작동하는 그물망으로 작용할 수 있다고 주장하겠군.
(나)의 2문단에서 '그는 18세기부터 ~ 작용한다고 주장했다.'를 보면 푸코는 격자 구조의 도시 공간은 권력이 작동하는 그물망으로도 작용한다고 주장하고 있다. [자료 1]의 ㉮는 격자 구조의 도로망을 의미하고 있으므로, 푸코는 [자료 1]의 ㉮가 권력이 작동하는 그물망으로 작용할 수 있다고 주장할 것이라는 진술은 적절하다.

④ 벤투리는 [자료 2]의 ㉯가 미적 차원이 소멸되어 획일적인 공간만 남았다고 판단하겠군.
(나)의 3문단에서 '그래서 그는 ~ 남게 된다고 주장했다.'를 보면 벤투리는 모더니즘의 공간에서는 공간의 미적 차원이 소멸되어 획일적인 공간만이 남게 된다고 주장하고 있다. [자료 2]의 ㉯는 모더니즘의 건축물을 의미하고 있으므로, 벤투리는 [자료 2]의 ㉯가 미적 차원이 소멸되어 획일적인 공간만 남았다고 판단할 것이라는 진술은 적절하다.

✔ ⑤ 추미는 [자료 2]의 ㉯가 금욕주의에서 벗어나 유희의 건축이 실현되었다고 판단하겠군.
(나)의 4문단에서 '추미는 모더니즘 건축의 ~ 유희의 건축이다.'를 보면 추미는 모더니즘 건축의 금욕주의에서 벗어나는 방법으로 낭비의 미덕을 실현하는 유희의 건축을 제시하고 있다. [자료 2]의 ㉯는 기능과 상관없는 구조물이나 장식적인 것들을 배제한 건물을 의미하고 있으므로, 추미에게 ㉯는 지나치게 금욕적인 모더니즘의 건축물을 의미한다. 따라서 추미는 [자료 2]의 ㉯가 금욕주의에서 벗어나 유희의 건축이 실현되었다고 판단할 것이라는 진술은 적절하지 않다.

20 내용 추론   정답률 84% | 정답 ③

㉠과 ㉡에 담긴 의미를 추론한 내용으로 가장 적절한 것은?

① ㉠에는 본연의 모습에서 벗어난 공간에 대한 긍정이, ㉡에는 공간의 본질이 변화하는 것에 대한 부정이 담겨 있다.
㉠에는 본연의 모습에서 벗어난 공간에 대한 긍정이 담겨 있지 않다. ㉡에는 공간의 본질이 변화하는 것에 대한 부정이 담겨 있지 않다.

② ㉠에는 공간의 독립성을 강조하고자 하는 건축가의 판단이, ㉡에는 공간의 보편성을 강조하고자 하는 건축가의 판단이 담겨 있다.
㉠에는 공간의 독립성을 강조하고자 하는 건축가의 판단이 담겨 있지 않다. ㉡에는 공간의 보편성을 강조하고자 하는 건축가의 판단이 담겨 있지 않다.

✔ ③ ㉠에는 합리적이고 기능적인 건축물에 가치를 부여하는 태도가, ㉡에는 기계적이고 무미건조한 건축물을 거부하는 태도가 담겨 있다.
(가)의 2문단에서 '그는 기능적으로 ~ 배제해야 한다고 말한다.'를 보면 미스 반데어로에는 기능적으로 필요한 공간 이외에는 불필요하다고 생각하고 있으므로 ㉠에 합리적이고 기능적인 건축물에 가치를 부여하는 태도가 담겨 있다는 추론은 적절하다. 또한 (나)의 3문단에서 '벤투리에게 모더니즘 건축은 ~ 남게 된다고 주장했다.'를 보면 벤투리는 기계적이고 무미건조한 모더니즘의 건축물을 비판하고 있다는 것을 알 수 있으므로 ㉡에 기계적이고 무미건조한 건축물을 거부하는 태도가 담겨 있다는 추론은 적절하다.

④ ㉠에는 시대와 상관없는 절대적 공간을 추구해야 한다는 의미가, ㉡에는 시대의 요구를 충족하는 공간을 추구해야 한다는 의미가 담겨 있다.
㉠에는 시대와 상관없는 절대적 공간을 추구해야 한다는 의미가 담겨 있지 않다. ㉡에는 시대의 요구를 충족하는 공간을 추구해야 한다는 의미가 담겨 있지 않다.

⑤ ㉠에는 공간이 공간 그 자체로서 심미적 가치를 보존할 수 있다는 인식이, ㉡에는 공간이 그 자체로서 효율적 가치를 보존할 수 있다는 인식이 담겨 있다.
㉠에는 공간이 그 자체로서 효율적 가치를 보존할 수 있다는 인식이 담겨 있는 것으로 볼 수 있다. ㉡에는 공간이 그 자체로서 심미적 가치를 보존할 수 있다는 인식이 담겨 있는 것으로 볼 수 있다.

21 단어의 사전적 의미   정답률 90% | 정답 ②

ⓐ~ⓔ의 사전적 의미로 적절하지 않은 것은?

① ⓐ : 예로부터 해 오던 방식이나 수법을 좇아 그대로 행함.
ⓐ는 '예로부터 해 오던 방식이나 수법을 좇아 그대로 행함.'의 의미로 사용되었으므로 적절하다.

✔ ② ⓑ : 둘 이상의 조직이나 기구 따위를 하나로 합침.
ⓑ는 '부신(符信)이 꼭 들어맞듯 사물이나 현상이 서로 꼭 들어맞다.'의 의미로 사용되었으므로 적절하지 않다.

③ ⓒ : 어떤 내용을 구체적인 사실로 나타나게 함.
ⓒ는 '어떤 내용을 구체적인 사실로 나타내게 함.'의 의미로 사용되었으므로 적절하다.

④ ⓓ : 어떠한 현상을 일으키거나 영향을 미침.
ⓓ는 '어떠한 현상을 일으키거나 영향을 미침.'의 의미로 사용되었으므로 적절하다.

⑤ ⓔ : 구속이나 억압, 부담 따위에서 벗어나게 함.
　ⓔ는 '구속이나 억압, 부담 따위에서 벗어나게 함.'의 의미로 사용되었으므로 적절하다.

22~25 과학

이문옥, 「해양에너지 공학」 / 조철희 외, 「해양에너지개론」

해제 최근 재생 에너지원에 대한 관심이 커지면서 주목받고 있는 해양 온도차 발전의 특성과 원리에 대해 설명하고 있는 글이다. 해양 온도차 발전은 표층수와 심층수의 온도 차이를 통해 전력을 생산한다. 발전 설비는 냉매 펌프, 기화기, 터빈, 응축기 등의 기기로 구성되어 있으며 냉매는 배관을 따라 기기들을 순차적으로 지난다. 터빈으로 이동한 냉매의 열에너지는 운동에너지로 전환되면서 회전 날개를 움직이고, 이 회전 날개의 운동 에너지는 발전기를 구동시키면서 전기 에너지를 생산한다. 응축기로 이동한 냉매는 또다시 냉매 펌프를 거쳐 다시 기화기로 이동하며 순환한다. 해양 온도차 발전은 환경 오염을 일으키지 않으며 경제적 가치가 높은 것으로 평가받는다. 특히 우리나라 동해는 해양 온도차 발전에 유리한 환경을 점하고 있기 때문에 전력 수급의 한 축을 담당할 수 있을 것이라 기대받는 실정이다.

주제 해양 온도차 발전의 특성과 원리

문단 핵심 내용

1문단	해양 온도차 발전의 원리
2문단	해양 온도차 발전 설비의 구성과 기화기에서의 냉매 이동 과정
3문단	터빈에서의 냉매 이동 과정
4문단	응축기에서의 냉매 이동 과정
5문단	해양 온도차 발전의 발전 전망

22 내용 이해 　　　　　　　　정답률 91% | 정답 ②

윗글의 내용과 일치하지 않는 것은?

① 해양 온도차 발전은 재생 에너지원의 하나로 최근 주목받고 있다.
　1문단에서 '최근 해양에서 얻을 수 있는 ~ 해양 온도차 발전이 주목받고 있다.'고 하였으므로 적절하다.

✔② 노즐은 냉매가 좁은 공간으로 지나가게 하여 속도를 감소시키는 역할을 한다.
　2문단에서 '노즐은 좁은 구멍을 통해' '배관으로 냉매를 내뿜는 역할'을 하며, '냉매는 노즐을 통과할 때 속도가 증가'한다고 하였으므로 적절하지 않다.

③ 기화기와 응축기 양옆에는 바닷물이 드나드는 취수관과 배수관이 연결되어 있다.
　2문단에서 '기화기 양옆에는 표층수가 이동하는 취수관과 배수관이 있다'와 4문단에서 '응축기 양옆에는 심층수가 이동하는 취수관과 배수관이 있다'고 하였으므로 적절하다.

④ 해양에서는 태양열을 흡수한 정도에 따라 표층수와 심층수 사이에 온도 차이가 발생한다.
　1문단에서 '해양에서는 태양열을 흡수한 정도에 따라 ~ 심층수 사이에 온도 차이가 발생한다.'고 하였으므로 적절하다.

⑤ 우리나라 동해는 수심이 깊고 난류가 흘러들어서 해양 온도차 발전에 유리하다고 평가받는다.
　5문단에서 '우리나라 동해는 ~ 유리하다고 평가받'는다고 하였으므로 적절하다.

23~24

〈보기〉는 윗글의 내용을 냉매의 이동을 중심으로 도식화한 것이다. 윗글을 참고하여 23번과 24번의 물음에 답하시오.

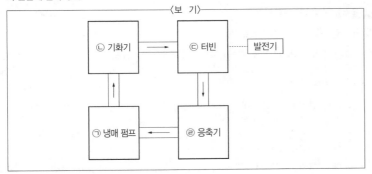
─〈보 기〉─

23 내용 이해 　　　　　　　　정답률 79% | 정답 ②

윗글을 참고하여 〈보기〉의 ㉠ ~ ㉣에 대해 이해한 내용으로 적절하지 않은 것은? [3점]

① ㉠은 배관에 일정한 압력을 가하여 냉매를 ㉡으로 이동시킨다.
　2문단에서 '냉매 펌프는 배관에 일정한 압력을 가하여' '냉매를 입구 쪽으로 이동시킨다'고 하였으므로 적절하다.

✔② ㉡의 취수관을 통해 들어오는 해수의 온도는 ㉣의 취수관을 통해 들어오는 해수의 온도보다 낮다.
　㉠은 냉매 펌프, ㉡은 기화기, ㉢은 터빈, ㉣은 응축기이다. ㉡ 기화기의 취수관으로 들어온 해수는 표층수이며, ㉣ 응축기의 취수관으로 들어온 해수는 심층수이다. 2문단에서 '기화기 양옆에는 표층수가 이동하는 취수관'이 있고, 표층수의 온도는 1문단에서 '약 20℃를 유지하는 표층수'에서 확인할 수 있다. 또한 4문단에서 '응축기 양옆에는 심층수가 이동하는 취수관'이 있고, 심층수의 온도는 1문단에서 '약 4℃'를 유지하는 심층수'에서 확인할 수 있으므로, ㉡ 기화기의 취수관에서 들어온 해수의 온도가 ㉣ 응축기의 취수관에서 들어온 해수의 온도보다 낮다는 진술은 적절하지 않다.

③ ㉢의 내부 공간으로 유입될 때 냉매는 부피가 급격히 팽창한다.
　3문단에서 '터빈의 내부 공간으로 유입'된 냉매는 '부피가 급격히 팽창'한다고 하였으므로 적절하다.

④ ㉢의 회전 날개에서 발생한 운동 에너지는 발전기를 구동시켜 전기 에너지를 생산한다.
　3문단에서 '냉매가 회전 날개를 움직이며 발생한 회전 날개의 운동 에너지'는 '발전기를 구동시키면서 전기 에너지를 생산한다'고 하였으므로 적절하다.

⑤ ㉣과 달리 ㉡은 냉매가 이동하는 출구 쪽에 노즐이 설치되어 있다.
　2문단에서 '기화기 출구 쪽에 설치된 노즐'과 4문단에서 '노즐이 없는 응축기 출구를 지'난다라고 하였으므로 적절하다.

24 내용 이해 　　　　　　　　정답률 67% | 정답 ③

윗글을 바탕으로 〈보기〉에 대해 보인 반응으로 적절하지 않은 것은?

① ㉠을 지나는 냉매는 액체 상태이겠군.
　2문단에서 '냉매 펌프는' '액체 상태의 냉매'를 이동시킨다고 하였으므로 적절하다.

② ㉡을 나와 ㉢으로 이동하는 냉매는 기체 상태이겠군.
　2문단에서 ㉡ 기화기에서 나와 ㉢ 터빈으로 이동할 때는 '모두 기체 상태가 되어 배관을 따라 터빈으로 이동한다'고 하였으므로 적절하다.

✔③ ㉡으로 유입되는 냉매의 온도는 ㉢으로 유입되는 냉매의 온도보다 더 높겠군.
　㉠은 냉매 펌프, ㉡은 기화기, ㉢은 터빈, ㉣은 응축기이다. 2문단에서 ㉡ 기화기로 유입되는 냉매는 '액체 상태', ㉢ 터빈으로 유입되는 냉매는 '기체 상태'라는 것을 확인할 수 있으므로, ㉡ 기화기로 유입되는 냉매의 온도가 ㉢ 터빈으로 유입되는 냉매의 온도보다 높다는 진술은 적절하지 않다.

④ ㉢에서 나갈 때 냉매는 액체와 기체가 혼합된 상태이겠군.
　3문단에서 ㉢ 터빈에서 나갈 때 '액체와 기체가 혼합된 상태가 되어' 이동한다고 하였으므로 적절하다.

⑤ ㉣로 들어올 때보다 나갈 때의 냉매의 온도가 더 낮겠군.
　3문단에서 ㉣ 응축기로 들어올 때는 '액체와 기체가 혼합된 상태', 나갈 때는 '냉각되어 액체 상태'라는 것을 확인할 수 있으므로 ㉣ 응축기로 들어올 때보다 나갈 때 냉매의 온도가 더 낮다는 진술은 적절하다.

25 내용 추론 　　　　　　　　정답률 84% | 정답 ①

윗글을 읽은 학생이 〈보기〉와 같이 메모했을 때, ㉮ ~ ㉰에 들어갈 말로 적절한 것은?

─〈보 기〉─
　해양 온도차 발전 설비에서는 해수와 냉매 사이의 온도 차이가 (㉮) 해수와 냉매 사이의 열을 전달하는 면적이 (㉯) 열전달량이 (㉰), 발전 효율은 높아진다.

	㉮	㉯	㉰
✔	클수록	넓을수록	많아지고

해양 온도차 발전 설비에서 발전 효율을 높일 수 있는 조건을 찾아야 한다. 1문단에서 열전달량은 '열을 전달하는 면적과 온도 차이에 비례'한다고 하였으므로, 해수와 냉매 사이의 온도 차이가 클수록, 열을 전달하는 면적이 넓을수록 열전달량이 많아지고, 발전 효율은 높아진다.

②	클수록	넓을수록	적어지고
③	클수록	좁을수록	적어지고
④	작을수록	좁을수록	적어지고
⑤	작을수록	넓을수록	많아지고

26~30 사회

이충섭 외, 「원가회계」

해제 정확한 원가나 수익을 측정하고 분석하는 경영 관리 활동 중 하나인 원가회계는 기업을 경영하는 데 필요한 의사결정을 하기 위해 활용된다. 원가회계에서는 원가를 제조원가와 비제조원가로 나눈다. 제조원가는 기업이 재료를 구입하고 제품을 만드는 활동에서 소요된 모든 비용이고, 비제조원가는 생산된 제품을 판매하고 관리하는 활동에서 소요된 모든 비용이다. 한편 원가회계에서는 원가행태에 따라 고정원가, 변동원가, 혼합원가로 원가를 분류하기도 한다. 조업도의 변화에 따른 원가의 움직임을 유효하게 적용할 수 있는 조업도의 범위를 지정한다면, 그 범위 안에서 원가행태를 분석할 수 있다. 이를 활용하면 조업도와 원가의 움직임 간 상관관계를 파악할 수 있기 때문에 기업이 효율적으로 경영 관리 활동을 할 수 있다.

주제 원가회계의 원가 분류와 활용

문단 핵심 내용

1문단	원가회계의 개념과 활용
2문단	제조원가의 특징과 비제조원가의 특징
3문단	원가행태의 개념과 분석 범위
4문단	원가행태에 따른 원가 분류와 고정원가의 특징
5문단	변동원가의 특징
6문단	혼합원가의 특징
7문단	원가회계를 활용한 기업의 경영 관리 활동

26 내용 이해 　　　　　　　　정답률 88% | 정답 ③

윗글을 읽고, 답을 찾을 수 없는 질문은?

① 원가의 개념은 무엇인가?
　1문단에서 '원가란 ~ 측정한 것'이라고 했으므로 적절하다.

② 변동원가의 예로 들 수 있는 것은 무엇인가?
　5문단에서 '변동원가는 ~ 대표적인 예로 제품의 재료비를 들 수 있다'고 했으므로 적절하다.

✔③ 비제조원가를 줄일 수 있는 구체적인 방법은 무엇인가?
　윗글에서 비제조원가를 줄일 수 있는 구체적인 방법이 무엇인지 답을 찾을 수 없으므로 적절하다.

④ 기업이 원가 정보를 파악하여 얻을 수 있는 효과는 무엇인가?
7문단에서 '고정원가, 변동원가, 혼합원가를 ~ 할 수 있다.'고 했으므로 적절하다.

⑤ 기업이 판매가격을 책정하는 데 고려할 수 있는 요소는 무엇인가?
2문단에서 '제조원가와 비제조원가의 합에 ~ 판매가격이 된다'고 했으므로 적절하다.

27 내용 이해 　　　　　정답률 66% | 정답 ②

[원가회계]에 대한 설명으로 적절하지 않은 것은?

① 원가회계에서는 단위당 제조원가를 기준으로 제조원가를 계산한다.
2문단에서 '원가회계에서는 ~ 단위당 제조원가를 기준으로 한다'고 하였으므로 적절하다.

☑ 원가회계에서는 원가를 원가형태에 따라 제조원가와 비제조원가로 나눈다.
4문단에서 '원가형태에 따라 원가를 분류하면 고정원가, 변동원가, 혼합원가로 나눌 수 있다.'고 했으므로 적절하지 않다.

③ 기업은 원가를 항목별로 분류하여 집계하고 분석하기 위해 원가회계를 활용한다.
1문단에서 '기업은 원가를 항목별로 분류하여 ~ 원가회계를 활용한다'고 하였으므로 적절하다.

④ 원가회계는 정확한 원가나 수익을 측정하고 분석하는 경영 관리 활동 중 하나이다.
1문단에서 '원가회계란 정확한 원가나 ~ 경영 관리 활동 중 하나이다'라고 하였으므로 적절하다.

⑤ 원가회계는 조업도의 변화에 따른 원가의 움직임을 유효하게 적용할 수 있는 조업도의 범위를 임의로 정한다.
3문단에서 '원가회계에서는 조업도의 변화에 따른 원가의 움직임을 ~ 임의로 정하고'라고 하였으므로 적절하다.

★★★ 등급을 가르는 문제!
28 사례 적용 　　　　　정답률 40% | 정답 ③

〈보기〉는 윗글을 이해하기 위한 학습지의 일부이다. 윗글을 바탕으로 〈보기〉에 대해 보인 반응으로 적절하지 않은 것은? [3점]

─〈보 기〉─
A 회사는 나무 의자 제조를 위해 무인 자동화 기계 설비를 대여하고 2023년 1월부터 1년간 공장을 임차하여 근로자 없이 공장을 가동하였다. 이 회사는 2023년 1월부터 3월까지 의자를 1200개 생산하였고, 지역 신문에 광고를 실어 매달 생산한 의자를 모두 해당 월에 판매하였다. 다음은 이 회사의 2023년 1월부터 3월까지의 원가 분석 자료이다.

항목 ＼ 월	1월	2월	3월
의자 생산량	200개	400개	600개
목재 구입비(개당)	5만 원	5만 원	5만 원
공장 임차료	100만 원	100만 원	100만 원
기계 설비 대여비	10만 원	10만 원	10만 원
공장 전기 요금	15만 원	25만 원	35만 원
광고비	1만 원	1만 원	1만 원

(단, 제시된 항목 외에 다른 비용은 발생하지 않았고, 조업도는 생산량으로 나타냄.)

① 1월부터 3월까지 비제조원가는 매달 동일하군.
2문단에서 '비제조원가는 광고비나 운반비 등과 같이'라고 하였고 〈보기〉에서 광고비는 1월부터 3월까지 1만원으로 매달 동일하므로 적절하다.

② 목재 구입비로 발생한 원가의 총액은 3월이 가장 높군.
〈보기〉에서 단위당 목재 구입비가 1월부터 3월까지 5만원으로 동일하고, 의자 생산량은 3월이 가장 많다. 2문단에서 '단위당 제조원가는 ~ 발생한 제조원가의 총액을 총생산량으로 나누어 구한다'고 하였으므로 목재 구입비로 발생한 원가의 총액은 의자 생산량이 가장 많은 3월에 가장 높으므로 적절하다.

☑ 단위당 공장 전기 요금은 2월에 비하여 3월에 증가하는군.
6문단에서 '단위당 전기 요금은 조업도가 증가할수록 감소한다'고 하였다. 〈보기〉에서 의자 생산량이 2월보다 3월에 더 늘어나 조업도가 증가하였고, 단위당 공장 전기 요금은 조업도가 증가할수록 감소하므로 적절하지 않다.

④ 1월부터 3월까지 발생한 변동원가의 비중은 고정원가의 비중보다 높군.
5문단에서 '변동원가는 ~ 대표적인 예로 제품의 재료비를 들 수 있다'고 하였고, 4문단에서 '고정원가는 ~ 기계 설비 대여비, 공장 임차료 등을 들 수 있다'고 하였으므로 〈보기〉의 목재 구입비는 변동원가이고, 공장 임차료, 기계 설비 대여비는 고정원가이다. 1월부터 3월까지 발생한 변동원가의 비중이 고정원가의 비중보다 높으므로 적절하다.

⑤ 4월에 생산량이 없더라도 공장 임차료로 발생한 원가의 총액은 변하지 않겠군.
4문단에서 '고정원가는 조업도의 변화와 상관없이 원가의 총액이 일정하게 발생하는 것'이라고 하였다. 따라서 4월에 생산량이 없더라도 고정원가인 공장 임차료로 발생한 원가의 총액은 변하지 않으므로 적절하다.

★★ 문제 해결 꿀~팁 ★★
▶ 많이 틀린 이유는?
〈보기〉의 항목을 지문에 근거하여 재조직하고 양적 관계를 설정하는 데 어려움을 겪었기에 오답률이 높았던 것으로 보인다.
▶ 문제 해결 방법은?
이 문제와 같은 사례 적용 문제에서는 〈보기〉의 용어를 지문에 적용할 수 있어야 한다. '의자 생산량'은 조업도에 해당한다. 목재 구입비(개당)은 변동원가에 해당한다. 공장 임차료와 기계 설비 대여비는 고정원가에 해당한다. 공장 전기 요금은 혼합원가에 해당한다. 앞의 항목은 모두 제조원가에 해당하지만, 광고비는 비제조원가에 해당한다. ③의 경우 6문단을 참고하면, 단위당 '공장 전기 요금'은 조업도가 증가할수록 감소한다. 이와 같은 문제를 해결하기 위해서는 제시된 표를 지문에 적용하여 재조직할 수 있는 연습을 반복해야 한다.

29 내용 추론 　　　　　정답률 68% | 정답 ③

㉠의 이유를 추론한 내용으로 가장 적절한 것은?

① 기계 설비 대여비 원가의 총액이 제품의 생산량이 늘어날수록 줄어들기 때문이겠군.
기계 설비 대여비 원가의 총액은 고정원가이므로 제품의 생산량과 관계없이 줄어들지 않는다.

② 기계 설비 대여비 원가의 총액이 단계별로 증가해야 기업의 수익을 높일 수 있기 때문이겠군.
기계 설비 대여비 원가의 총액은 고정원가이므로 단계별로 증가할 수 없다.

☑ 조업도를 높이면 단위당 기계 설비 대여비가 감소하여 기업의 수익을 높이는 데 효과적이기 때문이겠군.
4문단에서 '고정원가는 ~ 기계 설비 대여비, 공장 임차료 등을 들 수 있다'고 하였으므로 기계 설비 대여비는 고정원가이고, 4문단에서 '단위당 임차료는 조업도가 증가할수록 오히려 감소한다'고 하였으므로 조업도를 높이면 단위당 기계 설비 대여비가 감소한다는 것을 알 수 있다. 그리고 2문단에서 '제조원가와 비제조원가의 합에 예상 수익을 더한 것이 판매가격이 된다'고 하였으므로 제조원가가 줄어들면 그만큼 기업의 예상 수익을 높일 수 있음을 확인할 수 있다. 따라서 조업도를 높이면 단위당 기계 설비 대여비가 감소하고 단위당 제조원가가 줄어들어 기업의 수익을 높이는 데 효과적이므로 적절하다.

④ 단위당 기계 설비 대여비가 증가함에 따라 조업도가 증가하여 판매 가격을 올리는 데 효과적이기 때문이겠군.
단위당 기계 설비 대여비는 조업도가 증가할수록 감소한다.

⑤ 조업도를 높이면 기계 설비 대여비 원가의 총액이 비례적으로 증가해서 제품의 판매가격이 오르기 때문이겠군.
기계 설비 대여비 원가의 총액은 고정원가이므로 조업도가 증가한다고 해서 비례적으로 증가하지 않는다.

30 단어의 문맥적 의미 　　　　　정답률 87% | 정답 ①

밑줄 친 부분의 문맥적 의미가 ⓐ와 가장 유사한 것은?

☑ 20을 5로 나누면 4가 된다.
'제조원가 총액을 총생산량으로 나누어 구한다'의 '나누다'는 '나눗셈을 하다'의 의미로 쓰인 것이므로 적절하다.

② 나와 내 동생은 피를 나눈 형제이다.
'피를 나눈'은 '같은 핏줄을 타고나다'의 의미로 쓰인 것이므로 적절하지 않다.

③ 나는 고향 친구와 이야기를 나누었다.
'이야기를 나누었다'는 '말이나 이야기, 인사 따위를 주고받다'의 의미로 쓰인 것이므로 적절하지 않다.

④ 나는 아내와 모든 즐거움을 나누며 살았다.
'즐거움을 나누며 살았다'는 '즐거움이나 고통, 고생 따위를 함께 하다'의 의미로 쓰인 것이므로 적절하지 않다.

⑤ 그들은 물건을 불량품과 정품으로 나누는 작업을 한다.
'불량품과 정품으로 나누는'은 '여러 가지가 섞인 것을 구분하여 분류하다'의 의미로 쓰인 것이므로 적절하지 않다.

31~34 현대 소설

전광용, 「흑산도」
[감상] 섬사람들의 바다와 섬에 대한 양면적 태도를 그려낸 작품이다. 바다와 섬이라는 자연환경은 삶의 터전이자 시련의 장으로 묘사되며, 섬사람들은 그와 같은 환경에서 벗어나고 싶어 하면서도 서로를 의지하며 운명에 순응하는 삶을 살아나간다. 이 작품은 청년들의 사랑을 통해 섬사람들의 생활고와 심리적 갈등에 주목한다.
[주제] 청년들의 사랑을 통해 조명한 섬사람들의 삶의 태도

31 서술상의 특징 파악 　　　　　정답률 68% | 정답 ①

윗글의 서술상 특징으로 가장 적절한 것은?

☑ 서술자가 인물의 내면을 드러내어 독자의 이해를 돕고 있다.
'북술이는 동무들과 맞같고 ~ 즐겁기만 했다.', '용바우에게 북술이는 거리낌도 수줍음도 없었다.' 등에서 서술자가 인물의 내면을 드러내고 있으므로 적절하다.

② 서술자가 관찰자의 입장에서 사건을 전달함으로써 객관성을 높이고 있다.
서술자가 관찰자의 입장에서 사건을 전달함으로써 객관성을 높이고 있지 않다.

③ 서술자가 사건을 이야기 속에서 전달하다가 이야기 밖에서 전달하고 있다.
서술자가 사건을 이야기 속에서 전달하다가 이야기 밖에서 전달하고 있지 않다.

④ 시간의 흐름에 따라 서술자를 달리하여 사건에 대한 다양한 관점을 제시하고 있다.
시간의 흐름에 따라 서술자를 달리하여 사건에 대한 다양한 관점을 제시하고 있지 않다.

⑤ 등장인물로 설정된 서술자가 자신의 관점에서 다른 인물들에 대한 견해를 제시하고 있다.
등장인물로 설정된 서술자가 자신의 관점에서 다른 인물들에 대한 견해를 제시하고 있지 않다.

★★★ 등급을 가르는 문제!
32 내용 이해 　　　　　정답률 48% | 정답 ④

윗글에 대한 이해로 적절하지 않은 것은?

① 용바우는 열다섯 살에 첫 배를 탔다.
'용바우는 열다섯에 첫 배를 탔다.'에서 확인할 수 있으므로 적절하다.

② 북술이는 인실이 어머니와 송기를 벗기러 갔었다.
'북술이는 송기 벗기러 갈 때' 본 '인실이 어머니의 다리가 자꾸만 눈앞에 어른거렸다'는 것에서 확인할 수 있으므로 적절하다.

③ 박영감은 용바우와 함께 바다로 나가 조기잡이를 했다.
용바우는 '열다섯에 첫 배를' 탄 후, '박영감과 함께' '조기잡이로 시작된 뱃길이 어느새 십년이 흘렀다'에서 확인할 수 있으므로 적절하다.

✓ 용바우는 북술이를 보기 위해 고사도 가지 않고 그녀를 기다렸다.
'안 갔제라, 내일이 유왕님 고사 모시는 날이랑께.'라는 용바우의 말에서 고사가 '내일'임을 알 수 있으므로, 용바우가 고사도 가지 않고 북술이를 기다렸다는 진술은 적절하지 않다.

⑤ 북술이는 할아버지가 자신을 기다릴 것이라는 생각에 아쉬움을 뒤로 하고 집으로 향했다.
북술이는 '한아부지가 기다'린다는 생각에 '아쉬운 생각도 없지 않았지만, 노래 중간에 뺑소니를 쳐' 집으로 향한 것을 확인할 수 있으므로 적절하다.

★★ 문제 해결 꿀~팁 ★★

▶ 많이 틀린 이유는?
이 문제는 지문의 특정 문장과 상황을 잘못 독해한 경우가 많기에 오답률이 높았던 것으로 보인다.
▶ 문제 해결 방법은?
이 문제를 해결하기 위해서는 지문에 주어진 상황을 잘 독해해야 한다. 북술이는 '굴뚝 뒤로 우거진 동백나무 그림자에서 불쑥 튀어나오는 소리'에 놀라고, 용바우에게 '난 또 누구라고, 갯가에서 벌써 왔는지라우.'라고 묻는다. 용바우는 '술도 고기도 못 먹고 정히' 하기 위해 '안 갔제라, 내일이 유왕님 고사 모시는 날이랑께'라고 답한다. 따라서 ④의 경우 용바우가 '북술이를 보기 위해 고사도 가지 않고 그녀를 기다렸다'는 설명은 적절하지 않다.

---

33 공간의 기능 이해 　　　　정답률 73% | 정답 ⑤

㉠과 ㉡에 대한 이해로 가장 적절한 것은?

① ㉠은 인물이 기억을 잃는, ㉡은 인물이 기억을 되찾는 공간이다.
㉠은 인물이 기억을 잃는 공간이 아니고, ㉡은 인물이 기억을 되찾는 공간이 아니다.

② ㉠은 ㉡과 달리, 인물이 대상의 부재 이유를 깨닫는 공간이다.
㉠은 인물이 대상의 부재 이유를 깨닫는 공간이 아니다.

③ ㉡은 ㉠과 달리, 인물이 예상치 못한 타인과 마주치는 공간이다.
㉡은 인물이 예상치 못한 타인과 마주치는 공간이 아니다.

④ ㉠과 ㉡은 모두, 인물이 타인을 관찰하기 위해 몸을 숨긴 공간이다.
㉠과 ㉡은 인물이 타인을 관찰하기 위해 몸을 숨긴 공간이 아니다.

✓ ㉠과 ㉡은 모두, 인물이 자신을 소중하게 생각하는 대상을 떠올리는 공간이다.
북술이는 '눈'이 '갯가로 옮겨질 때마다 '용바우의 믿음직한 목소리'가 '귓전을 어루만'지고 있다고, '까막바위에 선 북술이'는 '눈앞에' '고래등 같은 용바우가 가로막고' 서 있다고 느끼며 용바우를 떠올린다. 또한 '용바우는 어느새 북술이가 제 물건처럼 소중해졌다'에서 북술이가 용바우에게 소중한 존재임을 알 수 있다. 따라서 ㉠과 ㉡은 모두, 인물이 자신을 소중하게 생각하는 대상을 떠올리고 있으므로 적절하다.

---

34 외적 준거에 따른 감상 　　　　정답률 54% | 정답 ④

〈보기〉를 참고하여 윗글을 감상한 내용으로 적절하지 않은 것은? [3점]

― 〈 보 기 〉 ―
이 작품에서 바다와 섬은 섬사람들의 삶에 절대적 영향을 미친다. 섬사람들은 바다와 섬에 대해 양면적인 태도를 보이는데, 그들은 삶의 터전이자 시련을 주는 바다와 대립하면서도 바다를 숭배한다. 또한 열악한 환경인 섬에서 벗어나고 싶어 하면서도, 그 안에서 서로 의지하며 섬사람의 운명에 순응하는 삶을 이어가고자 한다.

① 까막개 사람들이 바다에서 나는 것들로 목숨을 이어가면서도 바다로 인하여 목숨을 잃게 되는 것에서, 삶의 터전이자 시련의 공간인 바다의 모습을 확인할 수 있군.
까막개 사람들이 '바다가 키워 주어 미역과 자반과 생선으로 목숨을 이'어가는 것과 '그들은 바다에서 나서 바다에서 죽었다. 용바우 아버지도 그랬고, 북술이 아버지도 그러했다.'에서, 삶의 터전이자 시련의 공간인 바다의 모습을 확인할 수 있으므로 적절하다.

② 까막개 사람들이 바다를 저주하면서도 허물없고 깨끗한 젊은이들을 뽑아 용왕제를 준비하는 것에서, 바다와 대립하면서도 바다를 숭배하는 섬사람들의 모습을 확인할 수 있군.
까막개 사람들이 '원수인 바다에 끝없는 저주를 보내'는 것과 '바다에 대한 지성'을 다하기 위해 '허물없고 깨끗한 젊은이들'을 '용왕제 집사로 뽑'아 용왕제를 준비하는 것에서, 바다와 대립하면서도 바다를 숭배하는 섬사람들의 모습을 확인할 수 있으므로 적절하다.

③ 북술이가 인실이 어머니의 죽음에 대한 소문을 듣고 의사가 있는 육지에서 살고 싶어 하는 것에서, 열악한 환경인 섬에서 벗어나고 싶어 하는 섬사람의 모습을 확인할 수 있군.
북술이가 인실이 어머니가 '죽었다는 소문이 온 마을에 퍼'진 후 '인실이 어머니의 다리가 자꾸만 눈앞에 어른거'리며 '시집을 가면 저러냐 싶으니 등골이 오싹'해져 '의사가 있는 육지에 가 살아야'겠다고 다짐하는 것에서, 열악한 환경인 섬에서 벗어나고 싶어 하는 섬사람의 모습을 확인할 수 있으므로 적절하다.

✓ 북술이가 곱슬머리가 할아버지를 모시자고 한 제안에 진정성을 느끼는 것에서, 섬 안에서 서로 의지하며 살아가는 섬사람들의 모습을 확인할 수 있군.
북술이는 '육지에 가서 자리만 잡으면 할아버지도 모시'겠다는 곱슬머리의 눈동자에' '진정이 고였다고 생각'하지만, 곱슬머리는 섬에서 살아가는 것이 아닌 '육지'로 떠나자고 제안하고 있다. 따라서 섬 안에서 서로 의지하며 살아가는 섬사람들의 모습은 확인할 수 없으므로 적절하지 않다.

⑤ 북술이가 용바우가 돌아올 것만 같다고 느끼며 마을로 향하는 것에서, 섬사람의 운명에 순응하는 삶을 선택한 섬사람의 모습을 확인할 수 있군.
북술이가 '용바우가 내일 틀림없이 연락선으로 돌아올 것만 같다'고 느끼며 '갑자기 마을 쪽으로 쏜살같이 달아'나는 것에서, 섬사람의 운명에 순응하는 삶을 선택한 섬사람의 모습을 확인할 수 있으므로 적절하다.

35~38 갈래 복합

(가) 순천 김 씨, 「노부탄」
감상 남편의 출세를 기다렸던 조선 후기 사대부 여성의 기대가 좌절된 현실을 묘사하고 있는 작품이다. 화자는 자신의 지난날을 회고하며 가난한 현실에 순응하는 모습을 보인다.
주제 가난한 현실에 대한 한탄과 현실 순응

(나) 이인로, 「청학동기」
감상 혼란한 현실에 염증을 느낀 화자가 영원히 속세를 떠날 요량으로 청학동이라는 이상적 공간을 찾아 나섰다가, 결국 찾지 못하고 돌아가는 내용의 글이다. 화자는 결코 찾을 수 없었던 이상향으로서의 공간을 대상으로 그 심경을 서술하고 있다.
주제 이상적 공간으로서의 청학동을 찾지 못한 심경에 대한 서술

---

35 표현상 특징 파악 　　　　정답률 61% | 정답 ⑤

(가)와 (나)의 공통점으로 가장 적절한 것은?

① 명암의 대비를 통해 대상에 대한 인식을 드러내고 있다.
명암의 대비를 통해 대상에 대한 인식을 드러내고 있지 않다.

② 반어적 표현을 통해 대상에 대한 감정을 드러내고 있다.
반어적 표현을 통해 대상에 대한 감정을 드러내고 있지 않다.

③ 연쇄의 방식을 통해 공간의 변화 과정을 드러내고 있다.
연쇄의 방식을 통해 공간의 변화 과정을 드러내고 있지 않다.

④ 명령형 어미를 통해 상황에 대한 정서를 드러내고 있다.
명령형 어미를 통해 상황에 대한 정서를 드러내고 있지 않다.

✓ 물음의 방식을 통해 대상에 대한 태도를 드러내고 있다.
(가)의 '어릴 때 엿나간 임을 며 내어 길들이라'에서 '어릴 때 엿나간 임'에 대한 한탄이, (나)의 '어떻게 하면 유자기와 같은 고상한 선비를 만나 나도 한번 그곳을 찾을 수 있을까?'에서 이상적 공간에 대한 소망이 물음의 방식을 통해 드러나므로 적절하다.

---

36 내용 이해 　　　　정답률 59% | 정답 ⑤

㉠과 ㉡에 대한 이해로 가장 적절한 것은?

① ㉠과 ㉡은 모두, 시적 화자가 자신감을 얻는 계기로 작용하고 있다.
㉠과 ㉡은 시적 화자가 자신감을 얻는 계기로 작용하고 있지 않다.

② ㉠과 ㉡은 모두, 시적 화자가 상대의 행동을 오해하는 계기로 작용하고 있다.
㉠과 ㉡은 시적 화자가 상대의 행동을 오해하는 계기로 작용하고 있지 않다.

③ ㉠과 ㉡은 모두, 시적 화자가 상대에 대한 신뢰를 회복하는 계기로 작용하고 있다.
㉠과 ㉡은 시적 화자가 상대에 대한 신뢰를 회복하는 계기로 작용하고 있지 않다.

④ ㉠은 시적 화자가 상대를 부러워하는 계기로, ㉡은 시적 화자가 상대를 위로하는 계기로 작용하고 있다.
㉠은 시적 화자가 상대를 부러워하는 계기로 작용하고 있다. 그러나 ㉡은 시적 화자가 상대를 위로하는 계기로 작용하고 있지 않다.

✓ ㉠은 시적 화자가 자신의 지난날을 되돌아 보는 계기로, ㉡은 시적 화자가 상대와의 대화를 단념하는 계기로 작용하고 있다.
㉠을 들은 후 시적 화자가 '글공부 하던 허비 ~ 부경부엽하였다면'이라고 하는 것에서 자신의 지난날을 되돌아 보는 계기가 되고 있음을. ㉡을 들은 후 시적 화자가 '듣고 말하여 무익하오'라고 하는 것에서 상대와의 대화를 단념하는 계기가 되고 있음을 확인할 수 있어 적절하다.

---

37 내용 이해 　　　　정답률 61% | 정답 ④

ⓐ ~ ⓔ에 대한 설명으로 적절하지 않은 것은?

① ⓐ : 북쪽 백두산에서부터 시작되어 이어진 지리산의 광대한 범위를 확인할 수 있다.
(나)에서 '지리산의 발단이 북쪽의 백두산에서부터 시작'되어 '대방군에 이르'고 있음을 확인할 수 있으므로 ⓐ의 설명은 적절하다.

② ⓑ : 청학동이라는 이름으로 불리게 된 유래를 알 수 있다.
ⓑ에서 '청학만이 살고 있기 때문에' '청학동이라 부르게 된 것'이라고 하고 있으므로 적절하다.

③ ⓒ : 청학동을 찾아가는 중에 마주한 자연 풍경에 대한 감상을 확인할 수 있다.
ⓒ에서 청학동을 찾아가는 중에 '바위들이 아름다움을 자랑하고 ~ 살구꽃 사이로 어른거리'는 자연 풍경에 대한 감상을 확인할 수 있으므로 적절하다.

✓ ⓓ : 진나라 사람들이 청학동에 살게 된 이유를 확인할 수 있다.
ⓓ에서 '진(秦)나라 사람들이 전란을 싫어해서' 들어간 '거기'는 '훗날에 그곳의 경치는 ~ 여기게 되었다'를 통해 청학동이 아니라 '도원'임을 알 수 있으므로 적절하지 않다.

⑤ ⓔ : 도원과 청학동을 동일한 성격의 공간으로 인식하고 있음을 알 수 있다.
ⓔ에서 도원기에 언급된 도원이 청학동과 다름이 없는 곳이라고 여기고 있음을 확인할 수 있으므로 적절하다.

---

38 외적 준거에 따른 감상 　　　　정답률 59% | 정답 ④

〈보기〉를 바탕으로 (가)와 (나)를 감상한 내용으로 적절하지 않은 것은? [3점]

― 〈 보 기 〉 ―
(가)와 (나)는 부정적 상황에 대응하는 과정에서 기대가 좌절되었던 작가의 경험이 서로 다른 모습으로 형상화되고 있다. (가)에는 남편의 출세로 영화를 얻으려던 기대가 좌절되자 무능한 남편을 설득하다 실패한 작가가 현실을 수용했던 경험이, (나)에는 속세와 단절된 이상적 공간을 찾는 데 실패한 작가가 좌절된 기대를 포기하지 않았던 경험이 나타난다.

① (가)의 '벼슬길에 못 올라서 귀향은 무슨 일인가'에서 남편의 출세로 영화를 얻으려던 기대가 좌절된 작가의 경험을 엿볼 수 있군.
(가)의 '벼슬길에 못 올라서 귀향은 무슨 일인가'에서 '부세에 좋은 영광'을 '과거'라고 여기던 작가가 남편이 '벼슬길에 못 올라서 기대가 좌절되었음을 확인할 수 있으므로 적절하다.

② (가)의 '머나먼 변방 길에 가네 오네 빛'이라며 '남은 전지 역농이나 하자 하'는 것에서 부정적 상황에 대응하는 작가의 경험을 엿볼 수 있군.
(가)의 '머나먼 변방 길에 가네 오네 빛이로다'에서는 '빛'으로 인한 작가가 처한 부정적 상황이. '남은 전지 역농이나 하자 하'니'에서는 부정적 상황에 '역농'으로 대응하고자 하는 작가의 경험을 확인할 수 있으므로 적절하다.

③ (나)의 '청학동으로 들어가 살'고자 '화엄사에서 출발'한 것에서 속세와 단절된 이상적 공간을 찾으려 했던 작가의 경험을 엿볼 수 있군.

(나)의 청학동으로 들어가 살며 속세와 절연하고자 했다'와 '화엄사에서 출발'한 것에서 속세와 절연하고자 이상적 공간인 청학동을 찾으려 했던 작가의 경험을 확인할 수 있으므로 적절하다.

☑ (가)의 '규중에 어리석은 부녀 그 말을 믿었더니'에서 남편을 설득하는 데 실패한 작가의 모습을, (나)의 '시를 바위에 남'기는 모습에서 이상적 공간을 찾는 데 실패한 작가의 모습을 엿볼 수 있군.

(나)의 '청학동은 끝내 ~ 시를 바위에 남겼네.'에서 속세와 단절된 이상적 공간을 찾으려 했지만 끝내 찾지 못했던 작가의 경험을 엿볼 수 있으므로 적절하다. 하지만 (가)의 '규중에 어리석은 부녀 그 말을 믿었더니'는 '모인 사람'이 남편의 '대소과' 합격에 대해 '한결같이 하는 말'에 대한 반응이므로 남편을 설득하는 데 실패한 작가의 모습이라는 진술은 적절하지 않다.

⑤ (가)의 '문 닫고 돌이켜 생각하니 오냐 어이하리'에서 기대가 좌절된 현실을 수용하는 작가의 모습을, (나)의 '어떻게 하면' '그곳을 찾을 수 있을'지 생각하는 것에서 기대를 포기하지 않는 작가의 모습을 엿볼 수 있군.

(가)의 '문 닫고 돌이켜 생각하니 오냐 어이하리'에서 남편이 하는 말을 듣고 난 후 자신의 기대가 좌절된 현실을 수용하는 작가의 모습을 확인할 수 있다. 또한 (나)의 '어떻게 하면 유자기와 같은 고상한 선비를 만나 ~ 그곳을 찾을 수 있을까?' 생각하는 것에서 이상적 공간을 찾는 것에 대한 기대를 포기하지 않는 작가의 모습을 확인할 수 있으므로 적절하다.

39~41 현대시

(가) 신석정, 「청산백운도」

감상 화자는 산을 의인화하며 이상적 삶을 향한 태도에 대해 서술한다. 맑은 자연 세계를 예찬하며 포용과 안식의 이미지를 통해 자연과 조화를 이루며 살겠다는 의지가 드러난다.
주제 자연과의 조화를 이루는 이상적 삶의 태도

(나) 문정희, 「새 옷 입는 법」

감상 험난한 도시의 현실을 묘사하며 그와 대조를 이루는 세계로 자연을 설정한다. 도시 공간에서 어려움을 느끼면서도 자연으로부터 배운 순수한 삶의 태도를 잃지 않고자 한다.
주제 험난한 도시 현실 속 꺾이지 않는 순수한 삶의 태도

39 표현상 특징 파악 　　　정답률 72% | 정답 ③

(가)와 (나)에 대한 설명으로 가장 적절한 것은?

① (가)는 (나)와 달리, 음성상징어를 통해 시적 의미를 강조하고 있다.
(나)에는 '사운사운'이라는 음성상징어가 있으나 (가)에는 음성상징어가 없으므로 적절하지 않다.

② (나)는 (가)와 달리, 역설적인 표현을 통해 주제 의식을 부각하고 있다.
(가)와 (나)는 모두 역설적인 표현이 사용되지 않았으므로 적절하지 않다.

☑ (나)는 (가)와 달리, 유사한 문장 구조의 반복을 통해 시상을 마무리하고 있다.
(가)는 유사한 문장 구조의 반복을 통해 시상을 마무리하고 있지 않으나, (나)는 '왜 자꾸 새 옷을 차려입고 싶은지 왜 자꾸 사운사운 시를 짓고 싶은지'에서 '왜 자꾸 ~을 ~고 싶은지'라는 유사한 문장 구조의 반복을 통해 시상을 마무리하고 있으므로 적절하다.

④ (가)와 (나)는 모두, 청각적 심상을 통해 대상의 특성을 드러내고 있다.
(나)는 '새들은 풀잎 같은 혀로 시 짓는 법을 들려주네'에서 청각적 심상을 통해 대상의 특성을 드러내고 있으나, (가)는 청각적 심상이 사용되지 않았으므로 적절하지 않다.

⑤ (가)와 (나)는 모두, 말을 건네는 방식을 통해 청자에 대한 친근감을 표현하고 있다.
(가)와 (나)는 모두 말을 건네는 방식을 사용하지 않았으므로 적절하지 않다.

40 내용 이해 　　　정답률 70% | 정답 ④

⊙ ~ ⑩의 의미로 적절하지 않은 것은?

① ⊙: '머리'와 '발'의 대비를 통해 '산'이 지향하는 공간을 보여 준다.
⊙은 산의 모습을 '발'은 '투박한 대지'에, '머리'는 '하늘을 향하고' 산다고 표현하여 머리와 발의 대비를 통해 산이 지향하는 공간이 하늘임을 보여 주고 있으므로 적절하다.

② ⓒ: '아득한'을 통해 '푸른 별'이 넘나드는 움직임이 오래전부터 지속되었음을 보여 준다.
ⓒ은 '하늘과 땅이 비롯하던' '그 아득한 날 밤부터' '산맥 위로 '푸른 별이 넘나들었다'고 하여 푸른 별이 넘나드는 움직임이 오래전부터 지속되었음을 보여 주고 있으므로 적절하다.

③ ⓒ: '모두'를 통해 '우리'의 상황이 동일함을 드러낸다.
ⓒ은 도시에 사는 '우리'를 '모두 고향을 버리고 온 새'라고 하여 우리의 상황이 동일함을 드러내고 있으므로 적절하다.

☑ ⓔ: '또'를 통해 '아침'이 와도 변하지 않는 일상의 한계를 보여 준다.
ⓔ에는 '아침이 또 찾아와'라고 하여 아침이 밝아 새로 시작하는 하루를 맞이하는 화자의 인식이 드러날 뿐, 아침이 와도 변하지 않는 일상의 한계를 보여 주고 있지 않으므로 적절하지 않다.

⑤ ⑩: '검은'을 통해 '도시'에 대한 부정적 인식을 드러낸다.
⑩은 '이 도시가 '악어들이 검은입을 벌'리고 있다고 하여 검은색의 색채이미지를 통해 도시에 대한 부정적 인식을 드러내고 있으므로 적절하다.

41 외적 준거에 따른 감상 　　　정답률 77% | 정답 ④

〈보기〉를 바탕으로 (가)와 (나)를 감상한 내용으로 적절하지 않은 것은? [3점]

〈 보 기 〉

시에서는 화자가 자연을 긍정적으로 인식하고 지향하는 모습이 다양하게 형상화된다. (가)에서 화자는 자연을 불변성과 포용력을 지닌 존재로 인식하며, 동경하는 자연과 어우러지는 날을 희망한다. (나)에서 화자는 자연을 모성을 지닌 존재로 인식하며, 이러한 자연으로부터 배운 삶의 방식을 험난한 현실에서 실현하기를 희망한다.

---

① (가)에서는 '언제나 숭고할 수 있는 푸른 산'이 '고산식물들을 품에 안고 길러낸다'는 것에서 자연을 불변성과 포용력을 지닌 존재로 여기는 화자의 인식을 확인할 수 있군.
(가)에서 화자는 자연을 '푸른 산'이 '언제나 숭고할 수 있는' 불변성과, '고산식물들을 품에 안고 길러'내는 포용력을 지닌 존재로 인식하고 있음을 확인할 수 있으므로 적절하다.

② (가)에서는 '푸른 산'을 '부러워'하는 '내'가 '흰 구름이 되는 날'에 '푸른 산'의 '이마를 어루만지'겠다는 것에서 동경하는 자연과 어우러지고 싶은 화자의 희망을 확인할 수 있군.
(가)에서 화자는 '무척 부러워'하는 '푸른 산'의 '이마'를 '흰 구름이 되는 날' '어루만지'겠다고 하여 동경하는 자연과 어우러지고 싶은 희망을 확인할 수 있으므로 적절하다.

③ (나)에서는 '새로 핀 꽃에서 어머니를 만'난다는 것에서 자연을 모성을 지닌 존재로 여기는 화자의 인식을 확인할 수 있군.
(나)에서 화자는 '새로 핀 꽃'을 보며 '어머니를 만'난다고 하여 자연을 모성을 지닌 존재로 여기고 있음을 확인할 수 있으므로 적절하다.

☑ (나)에서는 '새들'이 '시 짓는 법을 들려주'는 것과 '나무들'이 '몸으로 춤을 보여 주'는 것에서 자연으로부터 배운 삶의 방식을 험난한 현실에서 실현하고 있는 화자의 모습을 확인할 수 있군.
(나)에서 '새들은 풀잎 같은 혀로 시 짓는 법을 들려'주고, '나무들은 몸으로 춤을 보여' 준다는 것은 화자가 인식하는 자연의 모습을 나타낸 것일 뿐, 자연으로부터 배운 삶의 방식을 험난한 현실에서 실현하고 있는 화자의 모습이 아니므로 적절하지 않다.

⑤ (가)에서는 '흰 구름'이 '쓰다듬'는 '늙은 산'의 '이마'를 '수려'하다고 한 것에서, (나)에서는 '어깨를 감싸 주는' '비'를 '부드'럽다고 한 것에서 자연을 긍정적으로 인식하는 화자의 모습을 확인할 수 있군.
(가)에서 화자는 '늙은 산'이 '수려한' '이마'를 지녔고, '흰 구름'은 그 '이마를 쓰다듬'는 존재로, (나)에서 화자는 내리는 '비'를 '어깨를 감싸 주는' '부드러운' 존재로 여기고 있어 자연에 대한 화자의 긍정적인 인식을 확인할 수 있으므로 적절하다.

42~45 고전 소설

작자 미상, 「임호은전」

감상 중국 송대 소주를 배경으로 임호은이 간신과 외적을 퇴치하는 군담을 주요 내용으로 삼는다. 천상계에서 하강한 주인공은 고난과 행운을 반복적으로 경험하며 유교적 가치를 실현한다. 고난과 위기를 비범한 능력으로 돌파하며 충신의 소임을 다하고, 이후 국가적 위기 상황을 자신의 능력으로 해결하는 영웅의 면모를 그리는 소설이다.
주제 간신과 외적 퇴치 군담

42 서술상의 특징 파악 　　　정답률 56% | 정답 ⑤

윗글에 대한 설명으로 가장 적절한 것은?

① 언어유희를 통해 인물의 성격을 비판하고 있다.
언어유희를 통해 인물의 성격을 비판하고 있지 않다.

② 인물의 희화화를 통해 해학성을 드러내고 있다.
인물의 희화화를 통해 해학성을 드러내고 있지 않다.

③ 꿈과 현실을 교차 서술하여 사건의 실마리를 밝히고 있다.
꿈과 현실을 교차 서술하여 사건의 실마리를 밝히고 있지 않다.

④ 시간의 역전을 통해 사건을 새로운 국면으로 전환하고 있다.
시간의 역전을 통해 사건을 새로운 국면으로 전환하고 있지 않다.

☑ 비유적 표현을 사용하여 인물이 처한 상황을 드러내고 있다.
임호은이 장을 맞는 장면에서 '형장 소리만 산천이 뒤덮는 듯하니'와, 천자와 천자를 모신 세 장수가 호왕의 성에 있는 장면에서 '세 장수는 얼굴이 백지장 같아 병기를 잡지 못하였으며' 등에서 비유적 표현을 사용하여 인물이 처한 상황을 드러내고 있으므로 적절하다.

★★★ 등급을 가르는 문제! ★★★
43 내용 이해 　　　정답률 45% | 정답 ③

윗글에 대한 이해로 적절하지 않은 것은?

① 임호은은 천기를 읽어 천자의 위험을 예측했다.
천자의 '어찌 용히 짐의 위태함을 ~ 목숨을 구하뇨.'라는 물음에 '신이 적소에서 천기를 보온즉 폐하의 주성이 운무에 싸였기로'를 통해 확인할 수 있으므로 적절하다.

② 양처상은 호연수에게 임호은을 죽이라고 명령했다.
양처상이 호연수에게 '그대는 우림군 ~ 머리를 베어 오라.'를 통해 확인할 수 있으므로 적절하다.

☑ 임호은은 천자의 몸이 상할까 걱정하며 호왕을 베었다.
임호은이 호왕의 성에서 천자를 구하는 장면에서 '호왕을 베고자 하나 행여 천자의 옥체 상할까 하여 천자를 옆에 끼고 몸을 날려 나올새'를 통해 호왕을 베지 않았음을 확인할 수 있으므로 적절하지 않다.

④ 호연수는 공중에서 내려온 신장에 의해 문밖으로 내쳐졌다.
호연수가 각로 부자에게 달려들어 베고자 할 때 '홀연 공중에서 ~ 언파에 연수를 잡아 문밖에 내치고'를 통해 확인할 수 있으므로 적절하다.

⑤ 호진의 장졸들은 임호은이 성에 침입한 것을 눈치채지 못했다.
임 부마가 성에 들어가 동정을 살피는 장면에서 '호진 장졸이 모두 ~ 부마가 들어오는 줄 알지 못하고'를 통해 확인할 수 있으므로 적절하다.

★★ 문제 해결 꿀~팁 ★★

▶ 많이 틀린 이유는?
이 문제는 지문이 가리키는 대상을 정확히 파악하는 데 어려움을 겪었기에 오답률이 높았던 것으로 보인다.

▶ 문제 해결 방법은?
이 문제를 해결하기 위해서는 지문에서 근거를 찾되, 그 지문에서 찾고자 하는 대상을 정확히 파악해야 한다. 임호은이 천자를 구하는 장면에서 '부마가 호왕을 베고자 하나 행여 천자의 옥체 상할까 하여 천자를 옆에 끼고 몸을 날려 나올새' 부분을 확인하면, 호왕을 베지 않음을 확인할 수 있다. 다만 앞의 장면인 '벽력도를 한 번 들어 치니, 한 줄 화광이 일어나 호왕의 시위 팔장의 머리 일시에 내려지는지라.' 부분에서 임호은이 호왕을 베었다고 잘못 독해할 수 있다. 그러나 임호은이 벤 것은 호왕이 아니라 호왕의 시위이다. 이와 같은 문제는 지문에서 가리키는 대상이 누구인지를 꼼꼼하게 독해하는 것이 핵심이다.

---

44 발화 의도 이해
정답률 69% | 정답 ⑤

[A]와 [B]에 대한 설명으로 가장 적절한 것은?

① [A]는 자신의 신념을 밝히며 상대에게 조언하고 있고, [B]는 자신의 잘못을 변명하며 상대를 탓하고 있다.
[A]는 자신의 신념을 밝히며 상대에게 조언하고 있지 않다. [B]는 자신의 잘못을 변명하며 상대를 탓하고 있지 않다.

② [A]는 미래를 예측하여 상대의 배려를 기대하고 있고, [B]는 과거를 회상하며 상대의 용서를 바라고 있다.
[A]는 미래를 예측하며 상대의 배려를 기대하고 있지 않다. [B]는 과거를 회상하며 상대의 용서를 바라고 있지 않다.

③ [A]는 상대의 능력을 무시하며 상대를 비난하고 있고, [B]는 자신의 능력을 과시하며 상대의 문제를 해결하고 있다.
[A]는 상대의 능력을 무시하며 상대를 비난하고 있지 않다. [B]는 자신의 능력을 과시하며 상대의 문제를 해결하고 있지 않다.

④ [A]는 자신이 입을 피해를 언급하며 상대를 설득하고 있고, [B]는 자신이 얻을 이익을 설명하며 상대의 이해를 구하고 있다.
[A]는 자신이 입을 피해를 언급하며 상대를 설득하고 있지 않다. [B]는 자신이 얻을 이익을 설명하며 상대의 이해를 구하고 있지 않다.

☑ ⑤ [A]는 복종의 당위성을 인정하며 상대의 요구를 수용하고 있고, [B]는 자신의 행동을 후회하며 상대의 능력을 인정하고 있다.
[A]는 '신자가 되어 어찌 군명을 거역하리오.'를 통해 신하로서 어명을 당연히 따라야 한다는 복종의 당위성을, '그대는 우리 부자의 몸을 결박하라.'를 통해 어명을 순종하라는 호연수의 요구를 임호은이 수용하고 있음을 확인할 수 있다. 또한 [B]는 '짐이 불명하여 ~ 용담호구에 들었거늘'을 통해 천자가 자신의 행동을 후회하는 것을, '독행만리하여 사지에 있던 임금을 구하니'를 통해 임호은의 능력을 인정하고 있음을 확인할 수 있으므로 적절하다.

---

45 외적 준거에 따른 감상
정답률 62% | 정답 ④

〈보기〉를 바탕으로 윗글을 감상한 내용으로 적절하지 않은 것은? [3점]

───〈보 기〉───
이 작품은 천상계에서 하강한 주인공이 고난과 행운을 반복적으로 경험하며 유교적 가치를 실현하는 영웅 소설이다. 주인공은 윤리적으로 타락한 신하들의 모함으로 겪는 고난을 비범한 능력으로 견디며 충신의 소임을 다한다. 이후 주인공은 국가적 위기 상황을 절대적인 힘을 사용하여 해결하며, 천자로부터 신하로서의 명예를 회복하고 사람들에게 영웅으로 인정받는다.

① 양처상과 사일보가 천자께 드리는 서간을 위조한 점에서, 윤리적으로 타락한 인물의 모습을 확인할 수 있겠군.
'양처상과 사일보 등이 위조 서간을 만들어 천자께 드'리는 장면을 통해 윤리적으로 타락한 양처상과 사일보의 모습을 확인할 수 있으므로 적절하다.

② 임 부마가 집장무사가 힘을 다해 치는 장을 맞고도 조금도 상하는 곳이 없다는 점에서, 비범한 능력으로 고난을 견디는 인물의 모습을 확인할 수 있겠군.
'집장무사가 힘을 다하여' 치는 '장'을 맞고도 '각로 부자'가 '조금도 상하는 곳이 없'는 장면을 통해 비범한 능력으로 고난을 견디는 임 부마의 모습을 확인할 수 있으므로 적절하다.

③ 임 부마가 한 번 들어 치면 화광이 일어나는 벽력도로 적들을 물리치며 천자를 구하는 것에서, 국가적 위기 상황에서 절대적인 힘을 발휘하는 인물의 모습을 확인할 수 있겠군.
'임 부마'가 '한 번 들어 치니, 한 줄 화광이 일어나'는 '벽력도를 들고 좌우충돌'하며 '호진 장졸'을 물리치고, '천자를 옆에 끼고 성을 넘'는 장면을 통해 국가적 위기 상황에서 절대적인 힘을 발휘하는 인물의 모습을 확인할 수 있으므로 적절하다.

☑ ④ 임 부마가 달세통과 장운간을 물리치고 전포로 천자를 가리며 호왕을 꾸짖는 것에서, 천자로부터 신하로서의 명예를 회복한 인물의 모습을 확인할 수 있겠군.
'임 부마'가 '달세통, 장운간을 각각 발길로 차서 던지'고 '전포로 천자를 가리우며 봉안을 높이 떠 호왕을 보며 꾸짖'는 장면에서는 천자가 자신을 구하는 인물이 임호은임을 모른다. 따라서 천자로부터 신하로서의 명예를 회복한 인물의 모습을 확인할 수 없으므로 적절하지 않다.

⑤ 일진 장졸이 부마의 용맹함을 보고 희열하며 만세를 부르는 것에서, 사람들에게 영웅으로 인정받는 인물의 모습을 확인할 수 있겠군.
'일진 장졸이 부마의 용맹함을 보고 희열'하며 '만세를 부르는' 장면을 통해 사람들에게 영웅으로 인정받는 인물의 모습을 확인할 수 있으므로 적절하다.

• 정답 •
01 ③ 02 ④ 03 ③ 04 ④ 05 ② 06 ⑤ 07 ③ 08 ① 09 ⑤ 10 ① 11 ① 12 ④ 13 ⑤ 14 ③ 15 ④
16 ② 17 ④ 18 ④ 19 ⑤ 20 ④ 21 ③ 22 ④ 23 ④ 24 ③ 25 ⑤ 26 ① 27 ④ 28 ④ 29 ④ 30 ⑤
31 ⑤ 32 ② 33 ③ 34 ① 35 ② 36 ④ 37 ③ 38 ② 39 ① 40 ② 41 ⑤ 42 ⑤ 43 ⑤ 44 ④ 45 ②

★ 표기된 문항은 [등급을 가르는 문제]에 해당하는 문항입니다.

[01~03] 화법

01 강연자의 말하기 방식 파악
정답률 78% | 정답 ③

위 강연자의 말하기 방식으로 가장 적절한 것은?

① 강연을 하게 된 소감을 밝히며 강연을 시작하고 있다.
강연자는 자신을 소개하면서 청중에게 질의하면서 강연을 시작하고 있지, 강연을 하게 된 소감을 밝히면서 강연을 시작하지는 않고 있다.

② 강연 내용을 요약하여 마무리하며 주제를 강조하고 있다.
강연자는 청중에게 당부를 하면서 강연을 마무리하고 있지, 강연 내용을 요약하여 마무리하지는 않고 있다.

☑ ③ 강연 내용과 관련된 질문을 하여 청중의 주의를 환기하고 있다.
1문단의 '여러분은 식품을 구매할 때 식품 포장지에서 어떤 정보를 주로 보시나요?', 2문단의 '제품명에 '향' 자가 보이시나요?', 3문단의 '여기에서는 어떤 정보를 알 수 있을까요?'를 통해, 강연자는 강연 내용과 관련된 질문을 하여 청중의 주의를 환기하고 있음을 알 수 있다.

④ 강연에 사용한 자료의 출처를 언급하여 신뢰성을 확보하고 있다.
2문단, 3문단, 4문단에서 '자료'를 제시하고 있지만, 자료의 출처를 언급하지는 않고 있다.

⑤ 강연 순서를 처음에 안내하여 청중이 내용을 예측하게 하고 있다.
강연자는 처음에 강연 주제, 즉 식품 포장지의 표시사항에 대해 알려 주고 있지만, 강연 순서를 안내하지는 않고 있다.

★★★ 등급을 가르는 문제!
02 자료 활용 방식 이해
정답률 22% | 정답 ④

다음은 위 강연자가 제시한 자료이다. 강연자의 자료 활용에 대한 설명으로 적절하지 않은 것은?

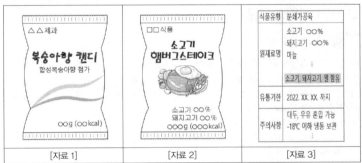

| [자료 1] | [자료 2] | [자료 3] |

① 주표시면을 구성하고 있는 요소를 보여 주기 위해 ㉠에 [자료 1]을 활용하였다.
2문단의 '이렇게 주표시면에는 제품명과 내용량 및 열량, 그리고 상표 등이 표시돼 있습니다.'를 통해 적절함을 알 수 있다.

② 제품명에 특정 글자가 사용된 이유를 설명하기 위해 ㉠에 [자료 1]을 활용하였다.
2문단의 '제품명에 '향' 자가 보이시나요? ~ 원재료로 합성 향료만을 사용했기 때문에 보시는 것처럼 '복숭아향'이라고 적혀 있습니다.'를 통해 적절함을 알 수 있다.

③ 식육가공품에서 제품명에 원재료명이 포함된 경우 주표시면에 추가로 표시되는 요소를 보여 주기 위해 ㉡에 [자료 2]를 활용하였다.
3문단의 '이 식품과 같이 식육가공품은 가장 많이 사용한 식육의 종류를 제품명으로 사용할 수 있는데요, 이런 경우에는 식품에 포함된 모든 식육의 종류와 함량이 주표시면에 표시되어 있으니 꼭 확인해 보세요.'를 통해 적절함을 알 수 있다.

☑ ④ 식품 제조 과정에서 불가피하게 혼입될 수 있는 알레르기 유발물질이 알레르기 표시란을 통해 표시되는 방식을 설명하기 위해 ㉢에 [자료 3]을 활용하였다.
4문단을 통해 알레르기 표시란을 설명하는 내용이 나타나 있지만 알레르기 표시란에는 원재료로 사용된 모든 알레르기 유발물질이 표시되어 있음을 알 수 있다. 따라서 식품 제조 과정에서 불가피하게 혼입될 수 있는 알레르기 유발물질이 알레르기 표시란을 통해 표시되는 방식을 설명하기 위해 ㉢에 [자료 3]을 활용하였다는 설명은 적절하지 않다.

⑤ 식품 포장지에 표기되는 날짜 표시와 관련된 정보를 제공하기 위해 ㉢에 [자료 3]을 활용하였다.
5문단의 '마지막으로 날짜 표시에 대해 알려드리겠습니다. 여기 원재료명 아래 유통기한이 표시되어 있는데요, 관련 법률이 개정되어 앞으로는 식품을 유통할 수 있는 기한인 유통기한 대신 소비기한이 표시됩니다.'를 통해 적절함을 알 수 있다.

★★ 문제 해결 꿀~팁 ★★

▶ 많이 틀린 이유는?
이 문제는 강연자가 자료를 제시하면서 강연하고 있는 내용을 정확히 이해하지 못하여 오답률이 높았던 것으로 보인다.
▶ 문제 해결 방법은?
강연이나 발표에서 강연자나 발표자는 자료를 활용하여 중심 화제를 설명하고 있는 경우가 많다. 이 문제 역시 강연자가 사용한 자료를 제시하고 각 자료에 대해 강연자가 어떻게 활용하고 있는지를 묻고 있으므로, 이러한 문제의 경우 선택지에 제시된 내용과 강연 내용을 비교하여 적절성을 판단하는 것이 가장 효과적이다. 가령 정답인 ④의 경우에도 강연자가 설명한 내용 중 '알레르기 유발물질이 혼입될 수 있다는 의미의 주의사항 문구가 쓰여있'다는 내용을 정확히 이해하였다면, ④가 적절하지 않음을 알 수 있었을 것이다. 마찬가지로 오답률이 높았던 ①의 경우에도 강연 내용과 선택지의 내용을 비교했으면 자료 활용의 설명으로 적절함을 바로 알았을 것이다. 이처럼 이 문제 해결의 바탕은 강연 내용의 이해에 있으므로, 강연자가 자료를 제시하고 어떻게 설명하고 있는지 정확히 파악할 수 있도록 한다.

---

03 청자의 반응 이해   정답률 88% | 정답 ③

다음은 위 강연을 들은 청중의 반응이다. 강연의 내용을 고려하여 청중의 반응을 이해한 내용으로 적절하지 않은 것은?

> ○ 청자 1 : 지난번에 어떤 식품을 샀는데 보관 방법 표시가 눈에 잘 띄지 않았어. 식품에 따라 보관 방법이 어떻게 표시되는지 자세히 설명해 주지 않아서 아쉬웠어.
> ○ 청자 2 : 그동안 열량만 보고 식품을 구매했었는데, 다른 중요한 정보들도 많이 있다는 것을 알게 되어 유익했어. 동생에게 알려 주기 위해 오늘 배운 내용을 잘 정리해 봐야겠어.
> ○ 청자 3 : 수업 시간에 식품 표시사항을 점자로 표시하는 경우도 있다는 것을 배웠어. 오늘 알게 된 내용이 점자로 어떻게 표시되어 있는지 사례를 조사해 봐야겠어.

① 청자 1은 강연에서 구체적으로 설명하지 않은 정보가 있는 것에 대해 부정적으로 평가하고 있다.
'청자 1'은 식품에 따라 보관 방법이 어떻게 표시되는지 자세히 설명해 주지 않아서 아쉬웠다 하고 있으므로, 강연에서 구체적으로 설명하지 않은 정보가 있는 것에 대해 부정적으로 평가하고 있음을 알 수 있다.

② 청자 2는 강연에서 새롭게 알게 된 정보를 긍정적으로 수용하고 있다.
'청자 2'는 열량 외에도 다른 중요한 정보들도 많이 있다는 것을 알게 되어 유익했다 하고 있으므로, 강연에서 새롭게 알게 된 정보에 대해 긍정적으로 수용하고 있음을 알 수 있다.

☑ 청자 3은 강연의 내용을 통해 기존의 지식을 수정하고 있다.
'청자 3'의 발언을 통해 기존의 지식을 수정하고 있는 내용은 찾아볼 수 없으므로 적절하지 않다.

④ 청자 1과 청자 2는 모두 강연 내용과 관련된 자신의 경험을 떠올리고 있다.
'청자 1'은 지난번에 어떤 식품을 샀는데 보관 방법 표시가 눈에 잘 띄지 않았던 경험을 떠올리고 있고, '청자 2'는 그동안 열량만 보고 식품을 구매했었던 경험을 떠올리고 있으므로 적절하다.

⑤ 청자 2와 청자 3은 모두 강연 내용을 바탕으로 추가적인 활동을 계획하고 있다.
'청자 2'는 동생에게 알려 주기 위해 오늘 배운 내용을 잘 정리해 봐야겠다고 하고 있고, '청자 3'은 오늘 알게 된 내용이 점자로 어떻게 표시되어 있는지 사례를 조사해 봐야겠다고 하며 추가적인 활동을 계획하고 있으므로 적절하다.

[04~07] 화법과 작문

04 사회자 역할 파악   정답률 91% | 정답 ④

'학생 1'의 말하기 방식에 대한 설명으로 적절하지 않은 것은?

① 토의의 배경을 언급하며 토의 주제를 제시하고 있다.
'학생 1'의 첫 번째 발화인 '우리 동아리가 ~ 어떻게 진행할지 토의하려고 해.'를 통해, 토의 배경을 언급하며 토의 주제를 제시하고 있음을 알 수 있다.

② 토의 참여자의 반응을 확인하고 논의를 이어가고 있다.
'학생 1'의 세 번째 발화인 '그럼 다들 플로깅 행사를 진행하는 데 동의하니까 이제 코스에 대해 이야기해 보자.'를 통해, 토의 참여자 반응을 확인하며 논의를 이어가고 있음을 알 수 있다.

③ 토의 참여자의 발언에 동의하며 자신의 의견을 덧붙이고 있다.
'학생 1'의 네 번째 발화인 '네 말이 맞겠다. 주민들도 불편함을 겪을 거야.'를 통해, 토의 참여자의 발언에 동의하며 자신의 의견을 덧붙이고 있음을 알 수 있다.

☑ 토의의 흐름에 따라 다음에 발언할 토의 참여자를 지정하고 있다.
'학생 1'의 발화를 통해, 토의 흐름에 따라 다음에 발언할 토의 참여자를 지정한 부분은 찾아볼 수 없으므로 적절하지 않다.

⑤ 토의 참여자의 발언을 재진술하며 상대의 의견을 확인하고 있다.
'학생 1'의 다섯 번째 발화인 '네 말은 친구들이 ~ 더 높아질 거라는 거지?'를 통해, 토의 참여자의 발언을 재진술하며 상대의 의견을 확인하고 있음을 알 수 있다.

---

05 말하기 방식 파악   정답률 81% | 정답 ②

[A]에 대한 설명으로 가장 적절한 것은?

① '학생 2'는 상대방의 의견을 일부 인정하며 자신의 의견을 수정하고 있다.
'학생 2'의 '나도 많은 학생들이 참여할 수 있는 활동이면 좋겠는데'를 통해, '학생 2'는 상대방의 의견을 일부 인정하고 있음을 알 수 있다. 하지만 '학생 2'는 자신의 의견을 수정하지는 않고 있으므로 적절하지 않다.

☑ '학생 2'는 상대방과 공유하는 경험을 활용하여 자신의 의견을 제시하고 있다.
'학생 2'는 '지난번에 우리 동아리원끼리 피구 시합했었잖아.'라고 동아리원인 상대방과 공유하는 경험을 활용하여 '그거랑 비슷하게 이번 축제에서는 학급 대항 축구 대회를 열면 학급 단합도 되고 좋지 않을까?'라고 자신의 의견을 제시하고 있으므로 적절하다.

③ '학생 2'는 자신의 의견을 여러 개 제시한 후 상대방에게 선택을 요구하고 있다.
'학생 2'의 '이번 축제에서는 학급 대항 축구 대회를 열면 학급 단합도 되고 좋지 않을까?'를 통해, '학생 2'는 자신의 의견을 하나만 제시하고 있음을 알 수 있다. 또한 '학생 2'는 상대방에게 선택을 요구하지도 않고 있다.

④ '학생 3'은 상대방이 제시한 방안의 장점을 언급하고 있다.
'학생 3'의 '그래도 그건 학급 간에 경쟁을 유발하기도 하고, 참여할 수 있는 인원이 제한적이잖아.'를 통해, '학생 3'은 상대방이 제시한 방안의 단점을 언급하고 있음을 알 수 있다.

⑤ '학생 3'은 자신의 의문을 해소하기 위해서 상대방에게 보충 설명을 요청하고 있다.
'학생 3'은 마라톤 행사를 제안하고 있지, 자신의 의문을 해소하기 위해서 상대방에게 보충 설명을 요청하지는 않고 있다.

---

06 글쓰기 계획 파악   정답률 88% | 정답 ⑤

'학생 1'이 (가)의 토의 내용을 바탕으로 (나)를 작성할 때, (나)에 반영된 내용으로 적절하지 않은 것은? [3점]

① (가)에서 용어가 낯설다는 의견에 따라 학생들이 이해하기 쉽도록 용어를 풀어서 설명해야겠어.
'학생 1'의 두 번째 발화인 '처음 들어 보는 말이라 낯설어.'라는 의견에 따라 (나)의 2문단에서는 '플로깅은 이삭줍기를 ~ 합쳐진 말'이라며 학생들이 이해하기 쉽도록 '플로깅'이라는 용어를 풀어서 설명하고 있다.

② (가)에서 학생들이 쉽게 신청할 수 있도록 인터넷 사이트를 이용하자는 의견에 따라 참여 링크를 제시해야겠어.
(가)의 '학생 2'의 여섯 번째 발화인 '참가 신청은 ~ 인터넷 사이트를 이용해서 받자.'라는 의견에 따라 (나)의 '신청 방법'에 '참여 링크'를 제시하고 있다.

③ (가)에서 체력에 맞게 코스를 선택할 수 있도록 하자는 의견에 따라 행사 코스의 거리와 난이도를 제시해야겠어.
(가)의 '학생 2'의 다섯 번째 발화인 '체력에 맞게 코스를 선택할 수 있도록 다양한 코스를 짜서 홍보하면 학생들이 더 많이 참여할 것 같아.'라는 의견에 따라 (나)에 도표로 코스의 거리와 난이도를 제시하고 있다.

④ (가)에서 참여에 제한이 없는 활동이면 좋겠다는 의견에 따라 우리 학교 학생 누구나 참여할 수 있음을 밝혀야겠어.
(가)의 '학생 3'의 첫 번째 발화인 '이번에는 많은 친구들이 제한 없이 참여할 수 있는 활동이 좋을 것 같아.'라는 의견에 따라 (나)의 1문단에 '여러분을 위해 축제 마지막 날 ~ 행사를 개최하고자 합니다.'라고 밝히고 있다.

☑ (가)에서 이번 행사가 지역 사회에 도움이 될 수 있다는 의견에 따라 지역 사회 주민과 연계하여 진행됨을 밝혀야겠어.
(가) '학생 2'의 세 번째 발화인 '플로깅 행사를 통해 ~ 도움이 될 거야.'라는 의견은, (나)에 지역 사회 주민과 연계하여 진행된다는 내용으로 반영되지 않았으므로 적절하지 않다.

---

07 조건에 맞는 글쓰기   정답률 89% | 정답 ③

〈조건〉에 따라 (나)의 ⊙에 추가할 내용으로 가장 적절한 것은?

> ───〈조 건〉───
> ○ 건강과 환경 측면에서의 기대 효과를 고려하여 작성할 것.
> ○ 비유적 표현을 활용할 것.

① 열심히 공부하느라 몸을 돌볼 시간이 없으셨나요? 바쁜 일상 속에서 플로깅에 참여하여 건강을 지켜 보세요.
건강 측면에서의 기대 효과는 드러나 있지만, 환경 측면에서의 기대 효과와 비유적 표현은 사용되지 않았다.

② 달리며 쓰레기를 줍는 단순한 행동을 통해 지구가 깨끗해질 수 있어요. 플로깅 행사에 적극적인 참여 기대합니다.
환경 측면에서의 기대 효과는 드러나 있지만, 건강 측면에서의 기대 효과와 비유적 표현은 사용되지 않았다.

☑ 플로깅 행사 참여, 아직도 망설이시나요? 여러분의 건강도 지키고 지역 환경도 살리는 보석 같은 시간을 만들어 보세요.
〈보기〉에 제시된 내용상, 표현상 조건을 만족하고 있는 것은 ③으로, ③의 '건강도 지키고'에서 건강 측면의 기대 효과와 '지역 환경도 살리는'에서 환경 측면에서의 기대 효과를 드러냄을 알 수 있다. 그리고 '보석 같은 시간'에서 비유적 표현을 활용하고 있으므로 적절하다.

④ 기후 위기를 막는 도전, 함께 시작해 봅시다. 오늘 우리가 투자한 하루가 유리 같이 깨끗한 지역 사회를 만들 수 있습니다.
환경 측면에서의 기대 효과와 '유리같이'라는 비유적 표현이 사용되었음을 알 수 있지만, 건강 측면에서의 기대 효과는 사용되지 않았다.

⑤ 플로깅은 지구력 향상에 도움이 된다고 합니다. 원하는 코스를 선택하여 플로깅 행사에 참여하면 여러분의 건강을 지킬 수 있습니다.
건강 측면에서의 기대 효과는 드러나 있지만, 환경 측면에서의 기대 효과와 비유적 표현은 사용되지 않았다.

[08~10] 작문

08 글쓰기 계획의 반영 여부 판단   정답률 70% | 정답 ①

다음은 초고를 작성하기 전에 학생이 떠올린 생각이다. ⓐ ~ ⓔ 중 학생의 초고에 반영되지 않은 것은?

> ○ 공정한 경쟁 질서에 대한 소비자와 기업의 입장을 대조하여 제시해야겠어. ·········· ⓐ
> ○ 문답의 방식을 활용해 그린워싱의 증가 원인을 제시해야겠어. ·········· ⓑ
> ○ 예상 독자의 이해를 돕기 위해 그린워싱의 개념을 제시해야겠어. ·········· ⓒ
> ○ 그린워싱이 미치는 부정적인 영향을 소비자와 생산 업체의 측면에서 제시해야겠어. ·········· ⓓ
> ○ 그린워싱의 해결 방안을 기업, 정부, 소비자의 측면으로 나누어 체계적으로 제시해야겠어. ····· ⓔ

☑ ⓐ : 공정한 경쟁 질서에 대한 소비자와 기업의 입장을 대조하여 제시해야겠어.
'초고'를 통해 공정한 경쟁 질서에 대한 소비자와 기업의 입장을 대조한 내용은 찾아볼 수 없으므로 적절하지 않다.

② ⓑ : 문답의 방식을 활용해 그린워싱의 증가 원인을 제시해야겠어.
2문단의 '그린워싱이 증가하는 ~ 많기 때문이다.'를 통해, 문답 방식을 활용해서 그린워싱의 증가 원인을 제시하고 있음을 알 수 있다.

③ ⓒ : 예상 독자의 이해를 돕기 위해 그린워싱의 개념을 제시해야겠어.
1문단의 '그린워싱이란 기업이 ~ 경우를 말한다.'를 통해, 예상 독자인 지역 신문의 독자의 이해를 돕기 위해 그린워싱의 개념을 제시했음을 알 수 있다.

④ ⓓ : 그린워싱이 미치는 부정적인 영향을 소비자와 생산 업체의 측면에서 제시해야겠어.
1문단의 '이는 소비자가 정확한 정보를 제공 받을 권리를 침해하고, 친환경 제품 생산 업체에 피해를 주어 친환경 제품 시장의 공정한 경쟁 질서를 저해할 수 있다.'를 통해, 그린워싱이 미치는 부정적인 영향을 소비자와 생산 업체의 측면에서 제시하고 있음을 알 수 있다.

⑤ ⓔ : 그린워싱의 해결 방안을 기업, 정부, 소비자의 측면으로 나누어 체계적으로 제시해야겠어.
　3문단의 '기업은 ~ 공개해야 한다.', '정부는 ~ 지원해야 한다.', '소비자는 ~ 지녀야 한다.'를 통해, 해결 방안을 기업, 정부, 소비자의 측면으로 나누어 체계적으로 제시하고 있음을 알 수 있다.

---

09 자료를 활용한 초고의 보완 　　정답률 80% | 정답 ⑤

〈보기〉는 학생이 초고를 보완하기 위해 추가로 수집한 자료이다. 자료의 활용 방안으로 적절하지 <u>않은</u> 것은? [3점]

──〈보 기〉──

[자료 1] 통계 자료

[자료 2] 신문 기사
　○○기업은 재생 플라스틱으로 제품 용기를 제작했다는 표시로 자체 제작한 스티커를 붙이고 친환경적 특성을 홍보하여 소비자에게 큰 호응을 얻었다. 그런데 해당 스티커가 환경 관련 법정 인증마크와 유사해 소비자가 해당 스티커를 법정 인증마크로 혼동하여 제품을 구매하는 사례가 많았고, 한 시민 단체가 조사한 결과 제품 용기의 소재도 재생 플라스틱이 아님이 밝혀졌다. 이를 계기로 환경마크 등에 대한 정확한 정보를 알고자 하는 소비자들이 늘고 있으나, 관련 정보들이 통합적으로 제공되지 않아 소비자들이 불편을 겪고 있다.

[자료 3] 전문가 인터뷰
　외국에서는 친환경이라는 용어를 쓸 때 체크리스트와 같은 객관적 지표를 바탕으로 적합성 평가 기관을 통해 인증을 받는 제도가 시행되고 있습니다. 우리나라도 객관적인 지표를 좀 더 구체적으로 제시하여 법률을 보완해 나간다면 소비자 보호에 도움이 될 것입니다. 한편 친환경 제품의 인증과 관련된 정보를 여러 기관에서 다루고 있는데, 이러한 정보가 통합적으로 제공되면 소비자가 그린워싱에 쉽게 대처할 수 있을 것입니다.

① [자료 1–㉮]를 활용하여 친환경 제품에 대한 소비자의 관심이 높아지고 있다는 내용을 뒷받침하는 자료로 제시한다.
　[자료 1–㉮]에 '친환경 제품에 대한 관심도'가 2019년 78.1%에서 2021년 91.5%로 증가했고, '구매 경험'이 2019년 60.1%에서 2021년 87.8%로 증가한 것이 나타나 있다. 따라서 [자료 1–㉮]를 친환경 제품에 대한 소비자의 관심이 높아지고 있다는 내용을 뒷받침하는 자료로 제시한다는 것은 적절하다.

② [자료 2]를 활용하여 기업이 환경 문제에 대한 소비자의 관심을 마케팅의 수단으로 이용하고 있다는 내용에 대한 구체적 사례로 제시한다.
　[자료 2]에 '○○기업은 재생 플라스틱으로 ~ 사례가 많았다.'라는 내용이 나타나 있다. 따라서 [자료 2]를 활용하여 기업이 환경 문제에 대한 소비자의 관심을 마케팅의 수단으로 이용하고 있다는 내용에 대한 구체적 사례로 제시한다는 것은 적절하다.

③ [자료 3]을 활용하여 객관적 지표를 마련한 해외 사례를 친환경과 관련된 법적 기준을 보완하자는 주장에 대한 근거로 제시한다.
　[자료 3]에 '외국에서는 친환경이라는 ~ 시행되고 있습니다.'라는 내용이 나타나 있다. 따라서 [자료 3]을 활용하여 친환경과 관련된 법률적 기준을 보완하자는 주장에 대한 근거로 제시한다는 것은 적절하다.

④ [자료 1–㉯]와 [자료 2]를 활용하여 소비자가 친환경 관련 제품 정보를 잘 알지 못해 제품을 제대로 선별하여 구매하지 못한다는 내용을 구체화하기 위한 자료로 제시한다.
　[자료 1–㉯]에 '환경 관련 법정 인증마크 인지도'가 '잘 알고 있다'가 11%, '잘 알지는 못한다'가 67%, '모른다'가 22%로 나타나 있고 [자료 2]에 '해당 스티커가 ~ 사례가 많았다'는 내용이 나타나 있다. 따라서 소비자가 친환경 관련 제품 정보를 잘 알지 못해 제품을 제대로 선별하여 구매하지 못한다는 내용을 구체화하기 위해 [자료 1–㉯]와 [자료 2]를 활용하여 제시한다는 것은 적절하다.

☑ [자료 2]와 [자료 3]을 활용하여 기업이 자체적으로 환경마크를 평가할 수 있는 제도를 마련하는 것을 기업 윤리를 재정립하기 위한 구체적 방안으로 제시한다.
　[자료 2]에 '자체 제작한 ~ 구매하는 사례'가 나타나 있지만, [자료 3]에는 기업이 자체적으로 환경마크를 평가할 수 있는 제도를 마련하는 것과 관련된 내용이 드러나지 않으므로 적절하지 않다.

---

10 고쳐쓰기의 적절성 파악 　　정답률 89% | 정답 ①

〈보기〉는 [A]를 쓴 학생이 친구에게 보낸 이메일이다. ㉠에 들어갈 내용으로 가장 적절한 것은?

──〈보 기〉──

네가 준 의견 중 (㉠)해 보라는 말을 고려해 초고의 마지막 문단을 아래와 같이 수정해 봤어. 확인해 줄래?

　그린워싱은 소비자를 기만하는 행위이다. 그러므로 사회 구성원 모두가 협력하여 그린워싱을 해결해야 한다. 그린워싱을 해결하면 사회가 지향하는 친환경적 가치를 실현할 수 있을 것이다.

☑ 기업 성장과 발전의 의의는 삭제하고, 그린워싱 해결의 의의는 추가
　〈보기〉와 [A]를 비교해 보면, [A]에 있던 '기업 성장과 ~ 이끌어 가는 원동력이다.'라는 기업 성장과 발전의 의의에 대한 서술이 〈보기〉에서는 삭제되어 있다. 그리고 [A]에는 그린워싱 해결의 의의가 언급되지 않았는데, 〈보기〉에서는 '그린워싱을 해결하면 ~ 실현할 수 있을 것이다.'가 추가되어 있다.

② 기업 성장과 발전의 의의는 삭제하고, 환경 문제가 인간에게 미치는 영향은 추가
　〈보기〉와 [A]를 비교해 보면 〈보기〉에 환경 문제가 인간에게 미치는 영향은 추가되지 않았음을 알 수 있다.

③ 기업 성장과 발전의 의의는 삭제하고, 그린워싱 해결을 위한 경제적 지원 방안은 추가
　〈보기〉와 [A]를 비교해 보면 그린워싱 해결을 위한 경제적 지원 방안은 추가되지 않았음을 알 수 있다.

④ 친환경 기업이 지켜야 할 윤리적 가치는 삭제하고, 그린워싱 해결의 의의는 추가
　[A]에 친환경 기업이 지켜야 할 윤리적 가치는 언급되어 있지 않으므로 이를 삭제한다는 내용은 적절하지 않다.

⑤ 친환경 기업이 지켜야 할 윤리적 가치는 삭제하고, 그린워싱 해결을 위한 경제적 지원 방안은 추가
　[A]에 친환경 기업이 지켜야 할 윤리적 가치는 언급되어 있지 않으므로 이를 삭제한다는 내용은 적절하지 않다. 또한 〈보기〉와 [A]를 비교해 보면 친환경 기업이 지켜야 할 윤리적 가치는 삭제하고, 그린워싱 해결을 위한 경제적 지원 방안은 추가되지 않았음을 알 수 있다.

[11~15] 문법

11 사전의 활용 　　정답률 78% | 정답 ①

〈보기〉는 '사전 활용하기' 학습 활동을 위한 자료이다. 이에 대해 탐구한 내용으로 적절하지 <u>않은</u> 것은?

──〈보 기〉──

쓰다³ 「동」
Ⅰ【…에 …을】 어떤 일을 하는 데에 재료나 도구, 수단을 이용하다.
　¶ 수염을 깎는 데 전기면도기를 쓴다.
Ⅱ【…에/에게 …을】
　「1」 다른 사람에게 베풀거나 내다.
　¶ 그는 취직 기념으로 친구들에게 한턱을 썼다.
　「2」 어떤 일에 마음이나 관심을 기울이다.
　¶ 선생님, 일부러 제게 마음을 쓰지 않으셔도 됩니다.

쓰다⁶ 「형」
Ⅰ 혀로 느끼는 맛이 한약이나 소태, 씀바귀의 맛과 같다.
　¶ 나물이 쓰다.
Ⅱ【…이】 몸이 좋지 않아서 입맛이 없다.
　¶ 며칠을 앓았더니 입맛이 써서 맛있는 게 없다.

☑ '쓰다³ Ⅱ 「1」'의 용례로 '그는 들려오는 소문에 신경을 썼다.'를 추가할 수 있군.
　'그는 들려오는 소문에 신경을 썼다.'는 '쓰다³ Ⅱ 「2」'의 용례에 해당하므로 적절하지 않다.

② '쓰다³ Ⅰ'과 '쓰다³ Ⅱ'는 모두 문형 정보와 용례로 보아 목적어와 어울려 써야 함을 알 수 있군.
　'쓰다³ Ⅰ'의 문형 정보【…에 …을】와 용례, '쓰다³ Ⅱ'의 문형 정보【…에/에게 …을】와 용례로 보아 '쓰다³ Ⅰ'과 '쓰다³ Ⅱ'는 모두 목적어와 어울려 써야 하므로 적절하다.

③ '쓰다³'과 '쓰다⁶'은 별개의 표제어로 기술되어 있으므로 동음이의 관계임을 알 수 있군.
　'쓰다³'과 '쓰다⁶'은 사전에 별개의 표제어로 기술되어 있는 것으로 보아 동음이의의 관계이므로 적절하다.

④ '쓰다³'과 '쓰다⁶'은 각각 하나의 표제어 아래 여러 뜻을 지니고 있으므로 다의어라고 볼 수 있군.
　'쓰다³'과 '쓰다⁶'은 각각 하나의 표제어 아래 여러 뜻을 지니는 다의어이므로 적절하다.

⑤ '쓰다⁶'은 '쓰다³'과 달리 성질이나 상태를 나타내는 말임을 알 수 있군.
　'쓰다⁶'은 형용사이고 '쓰다³'은 동사로, '쓰다⁶'은 '쓰다³'과 달리 성질이나 상태를 나타내는 말이므로 적절하다.

---

12 중세 국어의 특징 이해 　　정답률 60% | 정답 ④

윗글을 바탕으로 〈보기〉의 중세 국어 자료를 이해한 내용으로 적절하지 <u>않은</u> 것은? [3점]

──〈보 기〉──

○ 불휘 기픈 남곤 **ᄇᆞᄅᆞ매** 아니 뮐씨
　(뿌리가 깊은 나무는 바람에 아니 흔들리므로)
　　　　　　　　　　　　　　　　－「용비어천가」－

○ **員(원)의 지븨** 가샤 避仇(피구)ᇙ 소니 마리
　(원의 집에 가셔서 피구할 손의 말이)
　　　　　　　　　　　　　　　　－「용비어천가」－

○ 뎌 **부텻** 行(행)과 願(원)과 工巧(공교)ᄒᆞ신 方便(방편)은
　(저 부처의 행과 원과 공교하신 방편은)
　　　　　　　　　　　　　　　　－「석보상절」－

① '기픈'을 보니 현대 국어와 마찬가지로 용언 어간에 전성 어미가 결합한 형태의 관형어가 사용되었음을 알 수 있군.
　'기픈'은 '깊-'에 관형사형 전성 어미 '-ㄴ'이 결합한 것으로, 현대 국어와 마찬가지로 용언 어간에 관형사형 전성 어미가 결합하여 관형어로 사용되었음을 알 수 있다.

② 'ᄇᆞᄅᆞ매'를 보니 현대 국어와 달리 끝음절 모음이 양성 모음인 체언과 결합할 때는 부사격 조사 '애'가 사용되었음을 알 수 있군.
　'ᄇᆞᄅᆞ매'는 'ᄇᆞᄅᆞᆷ'과 부사격 조사 '애'가 결합한 것으로, 현대 국어와 달리 부사격 조사가 체언의 끝음절 모음이 양성인지 음성인지에 따라 서로 다른 형태가 사용되었음을 알 수 있다.

③ '아니'를 보니 현대 국어와 마찬가지로 부사 자체가 부사어로 사용되었음을 알 수 있군.
　'아니'는 부사로, 현대 국어와 마찬가지로 부사가 그 자체로 부사어로 사용되었음을 알 수 있다.

☑ '員(원)의 지븨'를 보니 현대 국어와 마찬가지로 관형어가 여러 개 겹쳐서 사용되었음을 알 수 있군.
　'員(원)의'는 '員(원)'에 관형격 조사 '의'가 결합한 형태로 관형어에 해당하고, '지븨'는 '집'에 부사격 조사 '의'가 결합한 형태로 부사어에 해당한다. 따라서 '員(원)의 지븨'는 관형어가 여러 개 겹쳐서 사용된 것이 아니므로 적절하지 않다.

⑤ '부텻'을 보니 현대 국어와 달리 높임의 대상이 되는 유정 체언과 결합할 때는 관형격 조사 'ㅅ'이 사용되었음을 알 수 있군.
　'부텻'은 '부텨'에 관형격 조사 'ㅅ'이 결합한 것으로, 현대 국어와 달리 높임의 대상이 되는 유정 체언과 결합할 때는 관형격 조사 'ㅅ'이 사용되었음을 알 수 있다.

13 관형어와 부사어의 이해
정답률 61% | 정답 ⑤

밑줄 친 부분이 ㉠, ㉡에 해당하는 예로 적절한 것은?

① ┌ ㉠ : 작은 것이 아름답다.
  └ ㉡ : 내가 회장으로 그 회의를 주재하였다.
'회장으로'는 서술어 '주재하였다'가 필수적으로 요구하는 부사어가 아니므로 ㉡에 해당하지 않는다.

② ┌ ㉠ : 그 집은 주변 풍경과 잘 어울린다.
  └ ㉡ : 이 그림은 가짜인데도 진짜와 똑같다.
'그'는 의존 명사를 수식하는 관형어가 아니므로 ㉠에 해당하지 않는다.

③ ┌ ㉠ : 친구에게 책을 한 권 선물 받았다.
  └ ㉡ : 강아지들이 마당에서 뛰논다.
'마당에서'는 서술어 '뛰논다'가 필수적으로 요구하는 부사어가 아니므로 ㉡에 해당하지 않는다.

④ ┌ ㉠ : 자라나는 어린이들은 나라의 보배이다.
  └ ㉡ : 이삿짐을 바닥에 가지런히 놓았다.
'나라의'는 의존 명사를 수식하는 관형어가 아니므로 ㉠에 해당하지 않는다.

☑ ┌ ㉠ : 그는 <u>노력한</u> 만큼 좋은 결과를 얻었다.
  └ ㉡ : 나는 꽃꽂이를 <u>취미로</u> 삼았다.
'노력한'은 의존 명사 '만큼'을 수식하는 관형어이고, '취미로'는 서술어 '삼았다'가 필수적으로 요구하는 부사어이기 때문에 생략할 수 없으므로 각각 ㉠, ㉡에 해당하는 예이다.

14 구개음화 현상 파악
정답률 62% | 정답 ③

다음은 문법 학습지의 일부이다. ⓐ∼ⓒ에 들어갈 내용으로 적절한 것은?

○ 구개음화 : 받침의 'ㄷ', 'ㅌ'이 'ㅣ'나 반모음 'ㅣ'로 시작하는 형식 형태소와 만나 [ㅈ], [ㅊ]으로 발음되는 현상

1. '끝인사'의 표준 발음이 [끄딘사]인 이유를 알아보자.
'끝인사'에서 '끝'의 받침 'ㅌ' 뒤에 'ㅣ'로 시작하는 (ⓐ)가 오기 때문에 [끄딘사]로 발음된다.

2. '곧이'와 '곧이어'의 표준 발음은 무엇인지 알아보자.
'곧이'의 '-이'는 부사를 만들어 주는 접사이다. 따라서 '곧이'의 표준 발음은 (ⓑ)이다. '곧이어'의 '이어'는 '앞의 말이나 행동 따위에 잇대어'라는 뜻을 지닌 부사이다. 따라서 '곧이어'의 표준 발음은 (ⓒ)이다.

	ⓐ	ⓑ	ⓒ
①	실질 형태소	[고지]	[고지어]

ⓒ는 [고디어]로 발음해야 한다.

| ② | 실질 형태소 | [고지] | [고지어] |

ⓑ는 [고지], ⓒ는 [고디어]로 발음해야 한다.

☑ | ③ | 실질 형태소 | [고지] | [고디어] |

'끝인사'의 '인사'는 실질 형태소이다. 그리고 '곧이'의 '-이'는 형식 형태소이므로 구개음화 현상이 일어나 [고지]로 발음되고, '곧이어'의 '이어'는 실질 형태소이므로 구개음화 현상이 일어나지 않아 [고디어]로 발음된다.

| ④ | 형식 형태소 | [고디] | [고지어] |

ⓐ에는 실질 형태소가 제시되어야 하고, ⓑ는 [고지], ⓒ는 [고디어]로 발음해야 한다.

| ⑤ | 형식 형태소 | [고지] | [고디어] |

ⓐ에는 실질 형태소가 제시되어야 한다.

15 피동 표현의 이해
정답률 70% | 정답 ④

다음은 문법 수업의 내용을 정리한 학생의 노트이다. 이를 바탕으로 〈보기〉의 ㉠∼㉤을 이해한 내용으로 적절하지 않은 것은?

1. 피동의 개념
주어가 다른 주체에 의해 어떤 동작을 당하거나 영향을 받는 것

2. 피동 표현의 실현
○ '-이-, -히-, -리-, -기-'와 같은 피동 접사에 의해 단형 피동으로 실현되거나 '-아/-어지다' 등에 의해 장형 피동으로 실현됨.
○ 피동 접사와 '-아/-어지다'를 같이 쓰는 이중 피동 표현은 잘못된 표현임.

─〈보 기〉─
○ 그녀의 손등이 고양이에게 ㉠ 긁혔다.
○ 형이 동생에게 아끼던 인형을 ㉡ 빼앗겼다.
○ 비가 내려서 운동장에 천막이 ㉢ 세워졌다.
○ 도화지의 질이 좋아서 그림이 잘 ㉣ 그려졌다.
○ 커다란 빵이 순식간에 여러 조각으로 ㉤ 나뉘었다.

① ㉠은 '긁-'에 접사 '-히-'가 결합하여 피동의 의미를 나타내는군.
'긁혔다'는 '긁-'에 피동 접사 '-히-'가 결합했으므로 적절하다.

② ㉡은 주어인 '형'이 '동생'에 의해 행위를 당하는 것을 표현하고 있군.
'빼앗겼다'는 '빼앗-'에 피동 접사 '-기-'가 결합하여 주어인 '형'이 '동생'에게 '인형을 빼앗기는' 상황을 나타내는 피동 표현이므로 적절하다.

③ ㉢은 '세우-'에 '-어지다'가 결합하여 장형 피동으로 실현되었군.
'세워졌다'는 '세우-'에 피동의 의미를 나타내는 '-어지다'가 결합하여 장형 피동으로 실현되고 있으므로 적절하다.

☑ ④ ㉣은 접사 '-리-'와 함께 '-어지다'가 결합한 이중 피동 표현이군.
'그려졌다'의 기본형은 '그리다'로, '그리-'에 피동의 의미를 나타내는 '-어지다'만 결합한 형태에 해당하여 이중 피동 표현이라 할 수 없다.

---

⑤ ㉤은 '나누-'에 접사 '-이-'가 결합하여 줄어든 형태가 나타난 피동 표현이군.
'나뉘었다'는 '나누-'에 피동 접사 '-이-'가 결합하여 '나뉘-'로 줄어든 형태의 피동 표현으로 적절하다.

[16∼45] 독서 · 문학

16∼21 인문

(가) 김필수 외, 「관자」

해제 이 글은 법을 통한 통치의 중요성을 강조한 관중의 사상과 의의에 대해 서술하고 있다. 나라의 부강과 백성의 평안을 이루고자 한 관중은, 국가 경제의 근본이라는 경제적 관점을 바탕으로 법의 필요성을 강조한다. 백성의 삶이 윤택해질 수 있는 법을 군주가 만들어야 한다고 본 관중은 '패(霸)'를 바탕으로 군주도 법의 적용에서 예외가 되지 않아야 한다고 주장하였다. '패업(霸業)'을 위한 통치를 펼쳐야 한다고 주장하고, 법을 통한 통치의 중요성을 강조한 관중의 사상은 법을 통한 통치를 도모한 것으로 평가받고 있다.

주제 법을 통한 통치의 중요성을 강조한 관중의 사상과 의의

문단 핵심 내용

1문단	나라의 부강과 백성의 평안을 이루고자 한 관중
2문단	경제적 관점을 바탕으로 법의 필요성을 강조한 관중
3문단	법 적용에서 군주도 예외가 되지 않아야 한다고 주장한 관중
4문단	법을 통한 통치의 중요성을 강조한 관중과 관중 사상의 의의

(나) 전세영, 「율곡의 군주론」

해제 이 글은 율곡의 군주상과 통치 방법에 대해 서술하고 있다. 유학적 사상을 기반으로, 자신이 생각하는 군주상을 제시한 율곡은 왕도정치가 실현되기 위해서는 군주가 신하를 통해 백성을 다스려야 한다고 생각했다. 율곡은 군주의 통치에 따라 태평한 시대인 치세와 혼란스러운 시대인 난세가 구분된다고 보고, 이를 중심으로 군주의 유형과 통치 방법을 나누어 설명하였다. 왕도정치를 위해서는 백성들의 삶이 경제적으로 편안한 것이 전제되어야 한다고 본 율곡의 사상은 왕도정치를 실현하는 과정에서 백성의 현실적 삶에 주목하려는 시도로 볼 수 있다.

주제 율곡의 군주상과 통치 방법

문단 핵심 내용

1문단	유학적 사상을 바탕으로 군주상을 제시한 율곡
2문단	태평한 시대인 치세의 군주 유형과 통치 방법
3문단	혼란스러운 시대인 난세의 군주 유형과 통치 방법
4문단	왕도정치를 위해 백성의 현실적 삶에 주목한 율곡

16 서술 방식의 파악
정답률 80% | 정답 ②

(가), (나)에 대한 설명으로 가장 적절한 것은?

① (가)와 (나)는 모두 특정한 사상가가 주장하는 군주의 통치술의 변화 과정을 소개하고 있다.
(가)와 (나)는 모두 특정한 사상가가 주장하는 군주의 통치술은 드러나 있지만, 군주의 통치술의 변화 과정을 소개하지는 않고 있다.

☑ ② (가)와 (나)는 모두 특정한 사상가가 주장하는 군주의 통치술에 담긴 내용을 중심으로 그 의의를 밝히고 있다.
(가)는 1∼3문단에서 관중이 주장하는 군주의 통치술에 담긴 내용을 중심으로 언급하면서 4문단에서 '백성들의 경제적 안정을 기반으로 부강한 나라를 이루기 위해 법을 통한 통치를 도모한 것으로 평가할 수 있다.'라는 의의를 밝히고 있다. 그리고 (나)는 1∼3문단에서 율곡이 주장하는 군주의 통치술에 담긴 내용을 중심으로 언급하면서 4문단에서 '왕도정치를 실현하는 과정에서 백성의 현실적 삶에 주목하려는 시도로 볼 수 있다'라는 의의를 밝히고 있다. 따라서 (가)와 (나) 모두 특정한 사상가가 주장하는 군주의 통치술에 담긴 내용을 중심으로 그 의의를 밝히고 있음을 알 수 있다.

③ (가)와 달리 (나)는 특정한 사상가가 주장하는 군주의 통치술이 갖는 한계를 드러내고 새로운 통치술을 제안하고 있다.
(나)에서는 율곡이 주장하는 군주의 통치술이 갖는 한계를 드러내지 않고 있고, 새로운 통치술을 제안하지도 않고 있다.

④ (나)와 달리 (가)는 특정한 사상가가 주장하는 군주의 통치술을 군주의 유형에 따라 범주화하여 제시하고 있다.
(나)에서는 율곡이 주장하는 군주의 통치술을 군주의 유형에 따라 범주화하여 제시하고 있지만, (가)에서는 군주의 통치술을 군주의 유형에 따라 범주화하여 제시하지 않고 있다.

⑤ (나)와 달리 (가)는 특정한 사상가가 주장하는 군주의 통치술에 대한 상반된 입장을 제시하고 장단점을 비교하고 있다.
(가)에서는 특정한 사상가가 주장하는 군주의 통치술에 대한 상반된 입장을 제시하면서 장단점을 비교하지는 않고 있다.

17 이유의 추리
정답률 80% | 정답 ④

㉠의 이유로 가장 적절한 것은?

① 군주가 마음대로 법을 만들 수 있는 패를 실천할 수 있기 때문이다.
(가)의 3문단의 '군주가 자신에 대해서는 존귀하게 여기지 않는 것을 패라고 규정'하였다는 내용을 볼 때 '패'에 대한 설명으로 적절하지 않으므로 이유라 할 수 없다.

② 군주가 법을 존중하면 법을 제정할 수 있는 기회를 얻을 수 있기 때문이다.
(가)의 2문단의 '군주는 법을 만들 수 있는 자격을 천부적으로 지닌 사람이다.'는 내용을 볼 때 적절하지 않으므로 이유라 할 수 없다.

③ 군주가 법의 필요성을 인식해야 백성을 국가의 근본으로 여기게 되기 때문이다.

(가)의 내용을 통해 군주가 법의 필요성을 인식해야 한다는 내용은 찾아볼 수 없으므로 적절하지 않다.

✔ **군주가 자신에게도 법 적용에 예외를 두지 않음으로써 권세를 인정받게 되기 때문이다.**
(가)의 3문단에서 관중이 '군주가 자신에 대해서는 존귀하게 여기지 않는 것을 패라고 규정하였는데, 이를 바탕으로 군주도 법의 적용에서 예외가 되지 않아야 한다고 주장'하였고 '군주는 '권세'를 지녀야 국가를 다스릴 수 있는데, 이때 군주가 패를 실천해야 백성이 권세를 인정'한다고 말했음을 알 수 있다. 따라서 이를 통해 ⓐ의 이유는 군주가 자신에게도 법 적용에 예외를 두지 않음으로써 권세를 인정받게 되기 때문임을 알 수 있다.

⑤ 군주가 백성의 본성을 고려하지 않고 나라의 부강을 우선시하는 법을 만들어야 하기 때문이다.
(가)의 2문단의 '군주는 이익을 추구하는 백성의 본성을 고려해 백성의 삶이 윤택해질 수 있는 법을 만들어야 한다고 보았다.'는 내용을 볼 때 적절하지 않으므로 이유라 할 수 없다.

18 사실 정보의 이해   정답률 66% | 정답 ④

(나)에서 알 수 있는 '율곡'의 견해로 적절하지 <u>않은</u> 것은?

① 군주는 앎을 늘리는 것뿐 아니라 앎을 실천하는 것도 중요하다.
(나)의 1문단에서 율곡은 '개인의 수양을 통해 앎을 늘리고 인격을 완성하는 것을 군주의 자격으로 보았'고, '군주가 인격을 완성하고 아는 것을 실천하면 백성의 선한 본성을 회복하는 도덕적 교화가 가능'하다고 보았음을 알 수 있다. 따라서 율곡의 입장에서는 군주는 앎을 늘리는 것뿐 아니라 앎을 실천하는 것도 중요하다고 볼 것이므로 적절하다.

② 군주는 포악한 정치를 펼쳐 신하들에게 지지를 얻지 못하면 교체될 수 있다.
(나)의 1문단에서 율곡은 '만약 군주가 포악한 정치를 펼쳐 신하들의 지지를 얻지 못하거나 민심을 잃으면 교체될 수 있다고 여겼'음을 알 수 있다. 따라서 율곡의 입장에서는 군주가 포악한 정치를 펼쳐 신하들에게 지지를 얻지 못하면 교체될 수 있다고 볼 것이므로 적절하다.

③ 군주는 왕도정치를 실현하기 위해 자신의 존재 근거를 백성으로 보아야 한다.
(나)의 4문단에서 율곡은 '왕도정치를 위해서는 백성들의 삶이 경제적으로 편안한 것이 전제되어야 한다고 보았'는데, 이는 '군주의 존재 근거가 백성이라고 보는 민본관에 의한 것'임을 알 수 있다. 따라서 율곡의 입장에서는 왕도정치를 실현하기 위해 자신의 존재 근거를 백성으로 보아야 한다고 볼 것이므로 적절하다.

✔ **백성의 도덕적 교화가 이루어져야 백성의 삶이 경제적으로 편안해질 수 있다.**
(나)의 4문단에서 율곡은 '백성의 도덕적 교화를 이루는 왕도정치를 위해서는 백성들의 삶이 경제적으로 편안한 것이 전제되어야 한다고 보았'음을 알 수 있다. 따라서 율곡의 입장에서는 백성의 삶이 경제적으로 편안해야 도덕적 교화가 이루어진다고 볼 것이므로 적절하지 않다.

⑤ 백성의 조세 부담을 줄이는 것은 백성의 경제적 기반을 유지할 수 있는 방법 중 하나이다.
(나)의 4문단에서 율곡은 '조세 부담을 줄이는 등 백성의 경제적 기반을 유지할 수 있는 정책을 펼쳐야 함을 역설'했음을 알 수 있으므로 적절하다.

19 인물의 관점에 따른 내용의 판단   정답률 65% | 정답 ⑤

(가)의 관점에서 [A]를 판단한 것으로 가장 적절한 것은?

① [A]에서 눈과 귀가 가려진 군주는, 정치적 분열을 막아 백성을 평안하게 하므로 패업을 이룰 수 있는 존재로 볼 수 있다.
[A]를 통해 눈과 귀가 가려진 군주는 난세를 만드는 군주임을 알 수 있으므로, (가)의 4문단에서 말하고 있는 패업을 이룰 수 있는 존재로 볼 수 없다.

② [A]에서 군주가 충언을 받아들이지 않는 것은, 법을 만들 수 있는 자격을 천부적으로 지닌 것이므로 패업으로 볼 수 있다.
[A]에서 충언을 받아들이지 않는 군주는 스스로 멸망에 이르는 폭군임을 알 수 있으므로, (가)의 4문단에서 말하고 있는 패업으로 볼 수 없다.

③ [A]에서 군주가 자신의 총명을 믿고 신하를 불신하는 것은, 백성의 삶을 윤택하게 하려는 것이므로 패업으로 볼 수 있다.
[A]에서 자신의 총명을 믿고 신하를 불신하는 군주는 무능력한 혼군임을 알 수 있으므로, (가)의 4문단에서 말하고 있는 패업으로 볼 수 없다.

④ [A]에서 군주가 자신의 뜻을 세우지 못하는 것은, 자신을 존귀하게 여기지 않은 것이므로 패업을 위한 통치의 방법으로 볼 수 있다.
[A]에서 자신의 뜻을 세우지 못하는 군주는 우유부단한 용군임을 알 수 있으므로, (가)의 4문단에서 말하고 있는 패업을 위한 통치의 방법으로 볼 수 없다.

✔ **[A]에서 군주가 신하를 능력에 맞게 발탁하여 일을 분배한 것은, 능력에 따라 신하를 공정하게 등용한 것이므로 패업을 위한 통치의 방법으로 볼 수 있다.**
[A]에서 언급된 '신하를 능력에 맞게 발탁하여 일을 분배'하는 것은 '치세를 만드는' 방법임을 알 수 있고, (가)의 4문단을 통해 군주는 '패업을 위한 통치'의 방법으로 '능력 있는 신하를 공정하게 등용'함을 제시했음을 알 수 있다. 따라서 (가)의 관점에서는 패업을 위한 통치의 방법으로 판단할 수 있으므로 적절하다.

20 다른 관점과의 비교   정답률 42% | 정답 ④

〈보기〉는 동서양 사상가들의 견해이다. 〈보기〉와 (가), (나)를 읽은 학생이 보인 반응으로 적절하지 <u>않은</u> 것은? [3점]

───────〈 보 기 〉───────
㉮ 군주는 권력을 얻기 전까지는 수단과 방법을 가리지 않는 것이 오히려 백성을 위한 것입니다. 하지만 권력을 얻은 후에는 법을 통해 통치함으로써 자신의 권력을 유지할 수 있습니다.
㉯ 군주에 따라 치세와 난세가 되는 것을 지양하기 위해 법을 제정하고 기준을 세우는 것이 필요합니다. 그리고 법을 통해 통치할 수 있는 권한은 군주만이 갖고 있어야 권력을 유지할 수 있습니다.
㉰ 군주는 타락한 현실에 의해 잃어버린 인간의 선한 본성인 도덕성을 회복시켜야 합니다. 이때 군주는 도덕성의 회복을 목적으로 백성의 기본적인 경제적 욕구를 충족시키고 인간다운 교육을 실시해야 합니다.
─────────────────────

① 관중과 ㉮는 모두 법을 통한 통치의 중요성을 인식했다고 볼 수 있겠군.
〈보기〉의 ㉮에서 '권력을 얻은 후에는 법을 통해 통치함으로써 자신의 권력을 유지할 수 있습니다.'라고 한

것에서 법을 통한 통치의 중요성을 인식했다고 볼 수 있다. 그리고 (가)의 4문단에서 관중은 '법을 통한 통치의 중요성을 강조하였다.'라고 한 것에서 법을 통한 통치의 중요성을 인식했다고 볼 수 있으므로 적절하다.

② 관중과 ㉯는 모두 국가를 다스릴 수 있는 권한이 오로지 군주에게 있어야 함을 강조했다고 볼 수 있겠군.
〈보기〉의 ㉯에서 '법을 통해 통치할 수 있는 권한은 군주만이 갖고 있어야 권력을 유지할 수 있습니다.'라고 한 것에서 국가를 다스릴 수 있는 권한이 군주에게 있어야 함을 강조했다고 볼 수 있다. 그리고 (가)의 3~4문단에서 관중은 '군주는 '권세'를 지녀야 국가를 다스릴 수 있'다고 보고 '신하들이 군주의 권세를 넘보거나 법질서를 혼란스럽게 하지 못하도록 자신의 권세를 신하에게 위임하지 말아야' 한다고 한 것에서 국가를 다스릴 수 있는 권한인 권세가 군주에게 있어야 함을 강조했다고 볼 수 있으므로 적절하다.

③ 관중은 ㉰와 달리 백성의 경제적 안정의 목적이 도덕성 회복이 아니라고 보았군.
〈보기〉의 ㉰에서 '군주는 도덕성의 회복을 목적으로 백성의 기본적인 경제적 욕구를 충족시키고 인간다운 교육을 실시해야 합니다.'라고 한 것에서 백성의 경제적 안정의 목적이 도덕성 회복임을 알 수 있다. 그리고 (가)의 2문단에서 관중은 '백성의 윤택한 삶은 도덕적 교화와 같은 목적을 위한 것이 아닌, 부강한 나라의 실현을 위한 것이라는 실리적 관점에서 이해할 수 있다.'라고 한 것에서 백성의 경제적 안정의 목적이 도덕성 회복이 아님을 알 수 있다. 따라서 관중은 ㉰와 다른 입장임을 알 수 있으므로 적절하다.

✔ **율곡은 ㉯와 달리 군주의 인격 완성 여부에 따라 치세와 난세가 구분된다고 보았군.**
(나)의 2문단에서 율곡은 '군주의 통치에 따라 태평한 시대인 치세와 혼란스러운 시대인 난세가 구분'되는데 '이들의 통치 방법은 왕도와 패도'이고 '왕도는 군주의 인격 완성을 통해 백성의 도덕적 교화까지 이루어 내는 것이고, 패도는 군주의 인격이 완성되지 않아 ~ 이루어내는 것'으로 보았음을 알 수 있다. 따라서 율곡은 군주의 인격 완성 여부에 따라 치세와 난세가 구분된다고 보지 않았음을 알 수 있으므로 적절하지 않다.

⑤ 율곡과 ㉰는 모두 백성의 본성을 선한 것으로 인식했다고 볼 수 있군.
〈보기〉의 ㉰에서 '인간의 선한 본성인 도덕성'이라고 한 것에서 백성의 본성을 선한 것으로 인식했음을 알 수 있고, (나)의 1문단에서 율곡은 '백성의 선한 본성'이라고 한 것에서 백성의 본성을 선한 것으로 인식했음을 알 수 있으므로 적절하다.

21 어휘의 사전적 의미 파악   정답률 64% | 정답 ③

ⓐ ~ ⓔ의 사전적 의미로 적절하지 <u>않은</u> 것은?

① ⓐ: 어떤 정세나 사건에 대하여 알맞은 조치를 취함.

② ⓑ: 지치고 쇠약해짐.

✔ **ⓒ: 바로잡아 고침.**
ⓒ의 '규정'은 '내용이나 성격, 의미 따위를 밝혀 정함.'의 의미이고, '바로잡아 고침.'은 '수정'의 의미이므로 적절하지 않다.

④ ⓓ: 필요한 양이나 기준에 미치지 못해 충분하지 아니함.

⑤ ⓔ: 자신의 뜻을 힘주어 말함.

22~24 현대시

(가) 김광섭, 「봄」

감상   이 시에서는 봄이 지닌 생명력과 봄에 대한 경외감을 드러내고 있다. 이 시는 가을에서 봄으로, 겨울에서 봄으로의 계절의 순환을 드러내고 있다. 즉, 가을에 사라진 꽃들이 봄이 되어 다시 피어나고, 겨울에 죽어 있던 자연물들이 봄이 되어 생명력을 찾아가는 모습을 드러내고 있다. 특히 **화자는 봄이라는 자연 현상을 인간의 삶과 관련이으면서 지향하는 화합의 가치를 드러내 주고 있다.**

주제   생명력을 회복하는 봄

표현상의 특징

• 유사한 문장 구조를 반복하여 시적 의미를 강조함.
• 영탄적 표현을 활용하여 예찬적 태도를 드러내 줌.
• 음성 상징어를 사용하여 생동감을 느낄 수 있음.

(나) 허형만, 「겨울 들판을 거닐며」

감상   이 글은 **아무것도 가진 것 없어 보이는, 이무것도 피울 수 없는 겨울 들판을 거닐며 얻은 깨달음을 드러내 주고 있다.** 즉, 화자는 겨울 들판을 거닐면서 봄을 기다리는 생명체들이 있다는 것을 알고, 아무것도 가진 것 없을 거라고, 이무것도 키울 수 없을 거라고 함부로 말하지 않기로 했다는 깨달음을 드러내 주고 있다.

주제   겨울 들판을 거닐며 얻은 깨달음

표현상의 특징

• 유사한 문장 구조를 반복하여 시적 의미를 강조하고 있음.
• 역설적 표현을 사용하여 시적 의미를 강조해 주고 있음.
• 의인법을 사용하여 대상의 모습을 형상화해 줌.

22 표현상 특징 파악   정답률 66% | 정답 ④

(가), (나)의 표현상 특징으로 가장 적절한 것은?

① (가)는 명사로 시상을 마무리하여 시적 여운을 드러내고 있다.
(가)에서는 '간다'로 시상을 종결하고 있으므로 명사로 시상을 마무리한다는 내용은 적절하지 않다.

② (가)는 수미상관의 방식을 활용하여 구조적 안정감을 얻고 있다.
(가)에서는 첫 번째 연이나 행을 마지막 연이나 행에 다시 반복하는 수미상관의 방식이 사용되지 않고 있다.

③ (나)는 청유형 어미를 활용하여 화자의 태도 변화를 드러내고 있다.
(나)에서는 어떤 행동을 함께 하도록 요청하는 청유형 어미인 '~자'를 활용하지 않고 있으므로 적절하지 않다.

✔ **(가)와 (나)는 모두 유사한 문장 구조를 반복하여 시적 의미를 강조하고 있다.**
(가)의 2연인 '겨울 짐을 부릴 때도 되고'와 '울타리를 헐 때도 된다'에서 유사한 문장 구조를 반복하고 있다. 그리고 (나)의 2행 ~ 3행의 '아무것도 가진 것 없어 보이는'과 '아무것도 피울 수 없을 것처럼 보이는',

19행 ~ 20행의 '아무것도 가진 것 없을 거라고'와 '아무것도 키울 수 없을 거라고'에서 유사한 문장 구조를 반복하고 있다. 따라서 (가)와 (나) 모두 유사한 문장 구조를 반복하여 시적 의미를 강조하고 있음을 알 수 있다.

⑤ (가)와 (나)는 모두 청자를 명시적으로 설정하여 화자의 상황을 구체화하고 있다.
(가)와 (나)를 통해 화자가 청자를 명시적으로 설정하지는 않고 있다.

23 시어의 의미와 기능 이해　　　　　정답률 82% | 정답 ④

㉠과 ㉡에 대한 이해로 가장 적절한 것은?

① ㉠은 '햇빛'과, ㉡은 '햇살'과 대비되어 평화로운 분위기를 조성한다.
'먼저 든 햇빛'에 ㉠이 '보실보실 피어' 있으므로, ㉠이 '햇빛'과 대비된다고는 할 수 없다. 그리고 ㉡이 '저만치 밀려 오는 햇살을 기다리고' 있으므로, ㉡이 '햇살'과 대비된다고 할 수 없다.

② ㉠은 '처음'과, ㉡은 '저만치'와 어울려 근원적 외로움을 상징한다.
'처음 노란 빛'은 화자가 정이 든 것에 해당하므로 ㉠이 '처음'과 어울린다고는 할 수 있지만 근원적 외로움을 상징한다고 할 수 없다. 그리고 '햇살'이 '저만치' 밀려 오는 것을 ㉡이 기다리고 있으므로 '저만치'와 어울린다고 할 수 있지만 근원적 외로움을 상징한다고 볼 수 없다.

③ ㉠은 '보실보실'과, ㉡은 '고만고만'과 어울려 숭고한 희생을 드러낸다.
㉠이 '보실보실'과, ㉡이 '고만고만'과 어울린다고 할 수 있지만, ㉠, ㉡ 모두 숭고한 희생을 드러낸다고 할 수 없다.

✔④ ㉠은 '노란 빛'과, ㉡은 '초록빛'과 조응하여 생명성을 환기한다.
㉠에는 '노란 빛'으로 꽃이 핀 상태가 드러, ㉡에는 '초록빛'의 '싱싱한' 모습이 드러나 생명성을 환기하고 있으므로 적절하다.

⑤ ㉠은 '피어서'와, ㉡은 '모여 앉아'와 조응하여 상실감을 부각한다.
㉠은 '피어서'와, ㉡은 '모여 앉아'와 조응하고 있지만, ㉠, ㉡ 모두 상실감을 부각한다고는 할 수 없다.

24 외적 준거에 따른 작품의 감상　　　　정답률 70% | 정답 ③

〈보기〉를 바탕으로 (가)와 (나)를 감상한 내용으로 적절하지 않은 것은? [3점]

〈보 기〉
시에서 계절은 중요한 요소로 작용하는 경우가 많은데, 화자는 계절적 특성에 대한 인식을 바탕으로 다양한 의미를 이끌어 낸다. 화자는 계절의 변화에 내포된 자연의 순환적 질서를 인식하고, 소멸했던 것이 소생하는 모습에서 희망의 이미지를 발견하기도 한다. 또 계절의 변화로 인한 자연현상을 인간의 삶과 관련지어 인식함으로써 화자가 지향하는 가치나 태도를 드러내기도 한다.

① (가)에서는 '멀리 간 것이 다 돌아온다'는 것에서 화자가 봄을 소생의 계절로 인식했음을, (나)에서는 '매운 바람'도 '맞을 만치 맞으면' '오히려 더욱 따사로움을 알게 되었다'는 것에서 화자가 겨울을 소생의 가능성이 내재된 계절로 인식했음을 엿볼 수 있군.
(가)에서 2연의 '멀리 간 것이 다 돌아온다'에 봄은 생명이 소생하는 계절이라는 인식이 나타나고, (나)에서 5행 ~ 6행의 '매운 바람'도 '맞을 만치 맞으면' '오히려 더욱 따사로움을 알았다'에 계절에 내재된 소생의 가능성이 나타나고 있으므로 적절하다.

② (가)에서는 '가을 해에 어디쯤 갔'던 꽃이 '봄 해를 따라'와 '꽃밭을 이루'는 것에서, (나)에서는 '덜 녹은 눈발'이 봄이 되어 '땅의 품안으로 녹아들기를 꿈'꾼다는 것에서 순환하는 자연의 질서에 대한 화자의 인식을 엿볼 수 있군.
(가)에서 4연 ~ 5연의 '꽃은 짧은 가을 해에' '어디쯤 갔다가' '길어지는 봄 해를 따라' '몇 천리나 와서' '찬란한 꽃밭을 이루는가'에 가을에서 봄으로의 계절의 순환이 나타나고, (나)에서 7행~8행의 '덜 녹은 눈발'이 '땅의 품안으로 녹아들기를 꿈꾸며 뒤척이고'에 겨울에서 봄으로의 계절의 순환이 나타나고 있으므로 적절하다.

✔③ (가)에서는 '묵은 빨래뭉치'가 '봄빛을 따라나'온다는 것에서, (나)에서는 '흙의 무게'가 '삶의 무게'처럼 느껴진다는 것에서 화자가 계절의 변화에서 발견한 희망의 이미지를 엿볼 수 있군.
(나)에서 13행의 '흙의 무게가 삶의 무게만큼 힘겨웠지만'에 희망의 이미지가 드러난다고 볼 수 없으므로 적절하지 않다.

④ (가)에서는 '버들강아지는 버들가지로'와 '사람은 사람에게로'를 연결한 것에서, (나)에서는 '겨울 들판'과 '사람'을 연결한 것에서 자연현상을 인간의 삶과 관련짓고 있는 화자의 인식을 엿볼 수 있군.
(가)에서 3연의 '버들강아지는 버들가지로'와 '사람은 사람에게로'를 연결하여 계절의 변화로 인한 자연현상을 인간의 삶과 관련짓고 있고, (나)에서 17행의 '겨울 들판이나 사람이나'에서 '겨울 들판'과 '사람'을 연결하여 자연현상을 인간의 삶과 관련짓고 있으므로 적절하다.

⑤ (가)에서는 '죽은 것과 산 것이' '상견례를 이룬다'는 것에서 화자가 지향하는 화합의 가치를, (나)에서는 '가까이 다가서지도 않으면서' '함부로 말하지 않'겠다는 것에서 화자가 지향하는 태도를 엿볼 수 있군.
(가)에서 3연의 '죽은 것과 산 것이' '상견례를 이룬다'에 화자가 지향하는 화합의 가치가 드러나고 있고, (나)에서 18행과 21행의 '가까이 다가서지도 않으면서' '함부로 말하지 않기로 했다'에 화자가 지향하는 태도가 드러나고 있으므로 적절하다.

25~29 과학

박정일, 「추상적 사유의 위대한 힘」

해제　이 글은 수학자 힐베르트가 고안한 튜링 기계에 대해 설명하고 있다. 튜링 기계는 사람이 계산할 때 일어나는 사고 과정을 응용한 가상의 기계로 테이프, 헤드, 상태 기록기 등의 부품으로 구성되어 있다. 튜링 기계는 작동규칙이 주어지면 튜링 기계의 상태와 헤드로 판독한 기호에 따라 작동되는데, 작동 규칙에는 (A, 1, P0, R, B)와 같이 표시되는 '5순서열' 형식이 있다. **튜링 기계를 결정하는 5순서열은** 여러 개가 모여 5순서열의 모임을 이룰 수도 있는데, 이로 인해 튜링 기계는 테이프에 0과 1을 무한히 반복하며 기록하게 된다. **튜링은** 5순서열을 어떻게 조합하느냐에 따라 아무리 복잡한 알고리즘도 간단한 단위로 분해해서 처리할 수 있다. 튜링이 고안한 이러한 **튜링 기계는 현대 컴퓨터 발명의 기본적인 착상**을 제공하는 데 크게 **공헌**한 것으로 평가받는다.

주제　튜링이 고안한 튜링 기계에 대한 이해

문단 핵심 내용

1문단	가상의 기계 장치인 '튜링 기계'를 고안안 튜링
2문단	튜링 기계의 구성 - 테이프, 헤드, 상태 기록기
3문단	튜링 기계의 작동 규칙 - 5순서열
4문단	무한히 반복되는 5순서열의 모임
5문단	다양한 튜링 기계의 알고리즘을 만들고 이를 처리할 수 있다고 주장한 튜링

25 세부 내용 파악　　　　　정답률 77% | 정답 ⑤

윗글에서 답을 찾을 수 있는 질문에 해당하지 않는 것은?

① 튜링 기계가 등장하게 된 배경은 무엇인가?
1문단의 '수학자 힐베르트는 ~ 고안하게 된다.'를 통해, 튜링 기계가 등장하게 된 배경이 무엇인지 알 수 있다.

② 튜링 기계의 작동규칙을 표시하는 형식은 무엇인가?
3문단의 '작동규칙은 예를 들면 (A, 1, P0, R, B)와 같이 표시할 수 있으며'를 통해, 튜링 기계의 작동규칙을 표시하는 형식이 무엇인지 알 수 있다.

③ 보편 튜링 기계와 현대 컴퓨터의 공통점은 무엇인가?
5문단의 '나아가 테이프 한 칸에 ~ 분해해서 수행하는 것이다.'를 통해, 보편 튜링 기계와 현대 컴퓨터의 공통점이 무엇인지 알 수 있다.

④ 튜링 기계가 작동되기 위해 필요한 조건들은 무엇인가?
3문단의 '튜링 기계는 작동규칙이 ~ 판독한 기호에 따라 작동되는데'와 4문단의 '튜링 기계는 테이프의 시작 모습 ~ 이에 따라 작동하게 된다.'를 통해, 튜링 기계가 작동하기 위해 필요한 조건들이 무엇인지 알 수 있다.

✔⑤ 보편 튜링 기계가 처리하지 못하는 알고리즘의 종류는 무엇인가?
이 글의 내용을 통해 보편 튜링 기계가 처리하지 못하는 알고리즘의 종류가 무엇인지는 알 수 없으므로 적절하지 않다.

★★★ 등급을 가르는 문제!

26 핵심 정보의 이해　　　　　정답률 41% | 정답 ①

㉠ ~ ㉢을 이해한 내용으로 가장 적절한 것은?

✔① ㉠의 길이를 무한으로 가정한 것은 튜링 기계가 가상의 장치라는 것을 보여 주는 것이겠군.
2문단의 '튜링 기계는 ~ 가상의 기계로'와 '테이프는 좌우 양방향으로 ~ 갖고 있다고 가정하며'를 볼 때, ㉠의 길이를 무한으로 가정한 것은 튜링 기계가 현실에 존재하는 장치가 아닌 가상의 장치임을 보여 준다고 할 수 있다.

② ㉢이 한 번에 판독할 수 있는 기호의 개수는 항상 동일하게 유지되겠군.
㉢은 튜링 기계의 상태를 나타내므로 적절하지 않다. 기호를 판독할 수 있는 것은 헤드라 할 수 있다.

③ ㉠의 시작 모습은 ㉡의 위치 변경을 지시하는 기호에 따라 결정되겠군.
㉡은 테이프에 기록된 기호를 읽거나 기호를 기록하는 장치에 해당하므로 위치 변경을 지시한다는 내용은 적절하지 않다.

④ ㉡의 시작 위치가 정해지는 것은 ㉢이 나타내는 튜링 기계의 상태와 관련이 있겠군.
5문단의 '테이프에서 헤드의 시작 위치가 정해지면'을 통해, ㉡의 시작 위치가 정해지는 것은 테이프임을 알 수 있다.

⑤ ㉢에 임의의 기호가 사용된다는 것은 ㉠에 기록된 기호의 종류가 항상 달라진다는 것을 의미하는 것이겠군.
3문단을 통해 ㉢에 임의의 기호가 사용됨을 알 수 있지만, ㉠에 기록된 기호의 종류가 항상 달라진다고는 할 수 없으므로 적절하지 않다.

★★ 문제 해결 꿀~팁 ★★

▶ 많이 틀린 이유는?
이 문제는 ㉠~㉢의 정보가 글 전체에 걸쳐 제시되어 있어서 문제 해결에 어려움을 겪은 것으로 보인다. 또한 과학 지문이어서 지문을 이해하는 데 어려움을 겪은 것도 문제 해결에 어려움을 주었던 것 같다.
▶ 문제 해결 방법은?
이 문제를 해결하기 위해서는 '테이프', '헤드', '상태 기록기'에 대한 내용이 제시된 문단을 정확히 찾는 것이 중요하다. 만일 정답인 ①의 경우 2문단의 내용, 즉 튜링 기계가 가상의 기계이고, 테이프가 좌우 양방향으로 무한히 많은 칸을 갖고 있다고 가정한다는 내용을 정확히 이해하였으면 쉽게 정답임을 알 수 있었을 것이다.
▶ 오답인 ④를 많이 선택한 이유는?
이 문제의 경우 학생들이 ④가 적절하지 않다고 하여 오답률이 높은데, 이는 ㉠~㉢의 정보가 2문단뿐만 아니라 3문단과 5문단에 걸쳐 있기 때문으로 보인다. 만일 5문단에 제시된 내용인 '테이프에서 헤드의 시작 위치가 정해지면'을 파악하면서 잘못된 내용임을 알 수 있었겠지만, 이를 찾아내지 못했다면 문제 해결에 어려움을 겪었을 것이다. 이처럼 핵심 정보 파악 문제의 경우 전체 글을 통해 파악해야 하는 경우가 있으므로, 글을 읽을 때 핵심 정보와 관련된 내용에는 반드시 밑줄을 그어 이해하도록 한다.

27~28

※ 윗글과 다음을 참고하여 27번과 28번 두 물음에 답하시오.

[1진법의 덧셈을 하는 튜링 기계의 알고리즘]
㉮ (X, 1, P1, R, X) ; ㉯ (X, □, P1, R, Y) ; ㉰ (Y, 1, P1, R, Y) ;
㉱ (Y, □, P□, L, Z) ; ㉲ (Z, 1, P□, N, Z)

[1진법의 덧셈을 하는 튜링 기계의 시작 모습]
　아래는 1진법의 덧셈을 하는 튜링 기계의 시작 모습을 도식화한 것이다. 튜링 기계의 시작 상태는 X이며, 헤드의 시작 위치는 화살표의 위치이다. 테이프에는 1진법에서 2를 의미하는 '11'과 3을 의미하는 '111'이 기록되어 있으며, '11'과 '111'을 구분하기 위해 사이에 빈칸이 하나 삽입되어 있다.

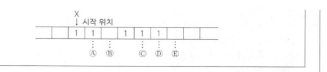

X ↓ 시작 위치

| | 1 | 1 | 1 | | 1 | 1 | 1 | | | |

ⒶⒷ ⒸⒹⒺ

27 구체적인 사례에의 적용
정답률 49% | 정답 ④

윗글을 바탕으로 ㉮ ~ ㉲에 대해 이해한 내용으로 적절한 것은?

① ㉮는 튜링 기계의 현재 상태와 다음 상태가 다르게 지정되어 있다.
㉮는 튜링 기계의 현재 상태와 다음 상태가 모두 'X'로 동일하게 지정되어 있으므로 적절하지 않다.

② ㉯는 튜링 기계의 헤드가 읽는 기호와 기록할 기호가 동일하게 지정되어 있다.
㉯는 튜링 기계의 헤드가 읽는 기호와 기록할 기호가 각각 '1'과 '□'로 다르게 지정되어 있으므로 적절하지 않다.

③ ㉮와 ㉰는 튜링 기계의 헤드가 읽는 기호가 동일하게 지정되어 있다.
㉮와 ㉰는 튜링 기계의 헤드가 읽는 기호가 각각 '1'과 '□'로 다르게 지정되어 있으므로 적절하지 않다.

✓④ ㉯와 ㉱는 튜링 기계의 헤드가 기록할 기호가 다르게 지정되어 있다.
㉯와 ㉱는 튜링 기계의 헤드가 기록할 기호가 각각 '1'과 '□'로 다르게 지정되어 있으므로 적절하다.

⑤ ㉰와 ㉲는 튜링 기계의 헤드가 이동할 방향이 동일하게 지정되어 있다.
㉰와 ㉲는 튜링 기계의 헤드가 이동할 방향이 각각 'R'과 'L'로 다르게 지정되어 있으므로 적절하지 않다.

★★★ 등급을 가르는 문제!

28 자료를 바탕으로 한 내용 이해
정답률 40% | 정답 ④

윗글과 [1진법의 덧셈을 하는 튜링 기계의 시작 모습]을 바탕으로 Ⓐ ~ Ⓔ에 대해 이해한 내용으로 적절하지 않은 것은? [3점]

① Ⓐ에서 튜링 기계의 상태가 X일 때, ㉮에 따라 헤드는 오른쪽으로 한 칸 이동하고 기계는 상태를 유지하게 되겠군.
Ⓐ에서 튜링 기계의 상태가 X일 때, ㉮에 따라 헤드는 오른쪽으로 한 칸 이동하고 기계의 상태는 현재 상태인 X가 유지되므로 적절하다.

② Ⓑ에서 튜링 기계의 상태가 X일 때, ㉯에 따라 헤드는 빈칸에 1을 기록하고 기계는 상태를 바꾸게 되겠군.
Ⓑ에서 튜링 기계의 상태가 X일 때, ㉯에 따라 헤드는 빈칸에 1을 기록하고 기계의 상태는 다음 상태인 Y로 바뀌게 되므로 적절하다.

③ Ⓒ에서 튜링 기계의 상태가 Y일 때, ㉰에 따라 헤드는 오른쪽으로 한 칸 이동하고 기계는 상태를 유지하게 되겠군.
Ⓒ에서 튜링 기계의 상태가 Y일 때, ㉰에 따라 헤드는 오른쪽으로 한 칸 이동하고 기계의 상태는 현재 상태인 Y가 유지되므로 적절하다.

✓④ Ⓓ에서 튜링 기계의 상태가 Z일 때, ㉱에 따라 헤드는 테이프에 기록된 1을 지우고 기계는 상태를 바꾸게 되겠군.
Ⓓ에서 튜링 기계의 상태가 Z일 때, ㉱에 따라 헤드는 테이프에 기록된 1을 지우고 기계의 상태는 현재 상태인 Z가 유지하게 되므로 적절하지 않다.

⑤ Ⓔ에서 튜링 기계의 상태가 Y일 때, ㉲에 따라 헤드는 왼쪽으로 한 칸 이동하고 기계는 상태를 바꾸게 되겠군.
Ⓔ에서 튜링 기계의 상태가 Y일 때, ㉲에 따라 헤드는 왼쪽으로 한 칸 이동하고 기계의 상태는 다음 상태인 Z로 바뀌게 되므로 적절하다.

★★ 문제 해결 꿀~팁 ★★

▶ 많이 틀린 이유는?
이 문제는 글의 내용을 실제 사례에 적용하는 과정에서 어려움을 겪어 오답률이 높았던 것으로 보인다. 또한 글의 정보를 보다 정확히 이해하지 못한 것도 오답률이 높았던 것으로 보인다.

▶ 문제 해결 방법은?
이 문제를 해결하기 위해서는 자료, [1진법의 덧셈을 하는 튜링 기계의 알고리즘]의 ㉮~㉲에 대해 정확히 이해해야 한다. 즉 3문단의 내용을 통해 ㉮~㉲의 각 5순서열을 이해해야 한다. 그런 다음 선택지와 관련된 글을 찾아 적절성을 판단해야 한다. 선택지를 보면 '튜링 기계의 상태가 Z'이고 '㉱에 따라'서라고 언급되어 있으므로 ㉱의 5순서열의 의미를 글을 통해 이해해야 한다. 이렇게 볼 때, ㉱의 다섯 번째 자리가 'Z'이므로 '기계는 상태를 유지해야' 함을 글을 통해 확인할 수 있어서 적절하지 않은 것이다. 이 문제는 겉으로 보기에는 어렵게 보이지만 앞에 제시된 방법대로 문제에 접근하면 쉽게 해결할 수 있는 문제라 할 수 있다. 한편 과학이나 기술 영역 지문의 경우, 글의 내용이 복잡해 보여 어렵게 느껴질 수 있지만, 실제로 밑줄을 그어가며 찬찬히 읽게 되면 충분히 이해할 수 있다. 특히 과학이나 기술 지문들은 평소 많은 연습을 해 두어야 정확하게 읽고 이해하는 방법을 습득할 수 있으므로, 평소에 읽는 연습을 꾸준히 할 필요가 있다.

29 어휘의 의미 파악
정답률 87% | 정답 ④

문맥상 ⓐ ~ ⓔ와 바꾸어 쓰기에 적절하지 않은 것은?

① ⓐ : 생각해 내게
'고안하다'는 '연구하여 새로운 안을 생각해 내다.'라는 의미를 지닌 단어이다. 따라서 '고안하게'를 '생각해 내게'로 바꾸어 쓰는 것은 적절하다.

② ⓑ : 이루어진다
'구성되다'는 '몇 가지 부분이나 요소들이 모여 일정한 전체가 짜여 이루어지다.'라는 의미를 지닌 단어이다. 따라서 '구성된다'를 '이루어진다'로 바꾸어 쓰는 것은 적절하다.

③ ⓒ : 짜느냐에
'조합하다'는 '여럿을 한데 모아 한 덩어리로 짜다.'라는 의미를 지닌 단어이다. 따라서 '조합하느냐에'를 '짜느냐에'로 바꾸어 쓰는 것은 적절하다.

✓④ ⓓ : 퍼뜨려서
ⓓ의 '분해하다'는 '여러 부분이 결합되어 이루어진 것을 그 낱낱으로 나누다.'라는 의미를 지닌 단어이다. 따라서 '분해해서'를 '퍼뜨려서'로 바꾸어 쓰는 것은 적절하지 않다.

⑤ ⓔ : 이바지한
'공헌하다'는 '힘을 써 이바지하다.'라는 의미를 지닌 단어이다. 따라서 '공헌한'을 '이바지한'으로 바꾸어 쓰는 것은 적절하다.

30~33 현대 소설

송기숙, 「몽기미 풍경」

감상 이 작품은 급속한 산업 발전이 이루어지던 1970년대를 배경으로, 명절 귀향길의 한 여공과 술집 작부 고향 친구의 이야기를 통해 산업화 사회의 그늘과 산업화 시대의 윤리를 다루고 있다. 이 작품에서는 어촌 마을에서 도시로 상경한 인물들을 중심으로, 물질적 가치를 중시하는 모습과 고된 노동의 현실을 통해 당시의 세태를 사실적으로 드러내 주고 있다. 또한 중심인물인 순자의 모습을 통해 바르게 산다는 것이 무엇인지에 대한 고찰도 보여 주고 있다.

주제 산업화 시대의 노동자들의 비애와 바르게 산다는 것에 대한 고찰

작품 줄거리 순자는 모진 서울살이 끝에 설을 맞아 오랜만에 고향으로 향하게 된다. 고향 가는 기차 안에서 순자는 어린 시절 도시를 방문한 기슴 벅찬 기억과 그간의 힘겨웠던 서울살이를 떠올려 본다. 그러다가 기차 안에서 우연히 남분이를 만나 몽기미 소식을 듣는다. 남분이는 자기가 술집 작부를 하며 돈을 많이 번다고 하면서, 자신에게 술집 작부로 나가는 데 언니가 도움을 줬다고 이야기한다. 이 이야기를 듣다가 순자 역시 자신을 많이 도와준 해선을 생각한다. 해선은 같은 공장의 언니로 노조를 조직하기 위해 활동하다가 쫓겨난 인물이다. 순자도 처음에는 해선에게 동조했지만 두려움에 점차 구경꾼이 되고, 이러한 자신이 배신자인 것 같아 죄스러워한다. 목포에 도착하여 배를 타려 하는데 배가 들지 않아 여인숙에서 머물게 된다. 다음날 순자는 몽기미로 가지 않고 해선을 만나러 정읍으로 향한다.

30 서술상 특징 파악
정답률 84% | 정답 ⑤

[A]의 서술상 특징으로 가장 적절한 것은?

① 이야기 내부의 서술자가 인물의 내력을 제시하고 있다.
[A]에서는 이야기 외부의 서술자가 몽기미 아이들의 모습을 서술하고 있으므로 적절하지 않다.

② 인물의 행위를 제시하여 긴박한 분위기를 조성하고 있다.
[A]에서 몽기미 아이들이 목포 항구에서 바라본 모습을 제시하고 있을 뿐, 이를 통해 긴박한 분위기는 찾아볼 수는 없다.

③ 요약적 서술을 통해 갈등이 해소되는 과정을 제시하고 있다.
[A]를 통해 갈등이 해소되는 과정은 찾아볼 수 없다.

④ 추측하는 표현을 통해 일어날 사건에 대한 예상을 드러내고 있다.
[A]를 통해 추측하는 표현은 찾아볼 수 없다.

✓⑤ 감각적인 묘사를 사용하여 관찰 대상을 실감 나게 드러내고 있다.
[A]의 '크고 작은 ~ 못했던 광경이었다.'에서 감각적인 묘사를 사용하여 관찰 대상을 실감 나게 드러내고 있으므로 적절하다.

31 소재의 의미 파악
정답률 83% | 정답 ⑤

ⓐ와 ⓑ에 대한 이해로 가장 적절한 것은?

① ⓐ는 인물이 기대했던 바를 실제로 확인하게 하는 소재이고, ⓑ는 인물의 욕망이 충족되는 공간이다.
ⓐ를 통해 인물이 새로운 세상을 경험하고 있지만 인물이 기대한 바가 무엇이었는지 드러나지 않으므로 적절하지 않다. 그리고 ⓑ에서 인물은 자신이 사는 몽기미와 도시와 비교하고 있으므로 인물의 욕망이 충족되는 공간이라 할 수 없다.

② ⓐ는 인물이 사회의 문제를 해결하게 하는 소재이고, ⓑ는 인물이 자신을 타인과 비교하는 공간이다.
ⓐ는 몽기미 아이들이 도시 구경을 위해 타고 온 소재이므로 인물이 사회의 문제를 해결하게 하는 소재라 할 수 없다. 그리고 ⓑ는 인물이 자신을 타인과 비교하는 공간이 아니라 자신이 사는 공간과 도시를 비교하고 있는 공간이므로 적절하지 않다.

③ ⓐ는 인물이 타인과의 단절을 유발하는 소재이고, ⓑ는 인물이 타인과 소통하는 원인이 되는 공간이다.
ⓐ는 인물이 몽기미 아이들과 함께 타고 온 소재이므로 타인과의 단절을 유발하는 소재라 할 수 없다. 그리고 ⓑ는 자신이 사는 공간과 도시를 비교하고 있는 공간에 해당할 뿐, 인물이 타인과 소통하는 원인이 되는 공간이라 할 수 없다.

④ ⓐ는 인물이 거부해 오던 운명을 적극적으로 수용하게 하는 소재이고, ⓑ는 인물이 자신의 운명을 개척하는 공간이다.
ⓐ를 통해 도시를 구경하게 되지만, 이 글에서 인물이 거부해 오던 운명이 무엇인지 드러나지 않으므로 적절하지 않다. 또한 ⓑ는 자신이 사는 공간과 도시를 비교하고 있는 공간에 해당할 뿐, 인물이 자신의 운명을 개척하는 공간이라 할 수 없다.

✓⑤ ⓐ는 인물이 경험해 보지 못한 세상을 체험하게 하는 소재이고, ⓑ는 인물이 경험을 바탕으로 자신의 현실을 인식하는 공간이다.
'모두가 꿈에도 ~ 나타난 적이 없었다.'와 '도시의 모든 ~ 헤매는 것만 같았다.'에서 ⓐ는 인물이 경험해 보지 못한 세상을 체험하게 하는 소재임을 알 수 있다. 그리고 '남분이는 어째서 ~ 그 생각뿐이었다.'에서 ⓑ는 인물이 경험을 바탕으로 자신의 현실을 인식하는 공간임을 알 수 있으므로 적절하다.

32 인물의 심리 파악
정답률 79% | 정답 ②

㉠ ~ ㉤에 대한 설명으로 적절하지 않은 것은?

① ㉠ : 고향의 상황과 비교하여 자신의 상황을 자랑하고 싶어 하는 남분이의 심정이 드러나 있다.
㉠에서 남분이는 '일 년 수입이 ~ 내 한 달 벌이도 못' 된다고 고향의 상황과 비교하여 '은근히 자기 자랑'을 하고 있으므로 적절하다.

✓② ㉡ : 순자의 마음이 상할 것을 걱정하여 조심스러워하는 남분이의 태도가 드러나 있다.
㉡에서 남분이가 '야살스럽게 히득거'리며 말하고 있을 뿐 순자의 마음이 상할 것을 걱정하여 조심스러워하는 태도가 드러나는 것이 아니므로 적절하지 않다.

③ ⓒ : 남분이가 하는 말의 의미를 제대로 이해하지 못해 어리둥절해 하는 순자의 모습이 드러나 있다.
ⓒ에서 순자는 남분이의 말을 듣고 '어리둥절'해 하고 있으므로 적절하다.

④ ⓔ : 남분이가 하고 있는 일이 무엇인지 어렴풋이 짐작하고 있는 순자의 모습이 드러나 있다.
ⓔ에서 남분이는 '윗물이 도는 ~ 거슴츠레하게' 뜨고 있으므로 적절하다.

⑤ ⓜ : 자신의 직업에 대해 부끄럼 없이 떳떳하게 여기는 남분이의 태도가 드러나 있다.
ⓜ에서 남분이는 '조금도 스스럼이 없'이 말하고 있으므로 적절하다.

---

33 외적 준거에 따른 작품의 감상   정답률 71% | 정답 ③

〈보기〉를 바탕으로 윗글을 감상한 내용으로 적절하지 않은 것은? [3점]

〈보 기〉
이 작품은 급속한 산업 발전이 이루어지던 1970년대를 배경으로 하고 있다. 어촌 마을에서 도시로 상경한 인물들을 중심으로, 물질적 가치를 중시하는 모습과 고된 노동의 현실을 통해 당시의 세태를 사실적으로 드러낸다. 이러한 상황 속에서 어촌 마을은 경제적 발전에서 낙후된 공간이자, 도시의 삶에서 소외감을 느끼는 이들에게 그리움의 공간으로 나타난다.

① '뼈마디가 저미는 고통'을 느끼며 '살벌한 현실'을 살고 있는 순자의 모습에서, 고된 삶을 살고 있는 노동자의 현실을 짐작할 수 있군.
서울로 올라가 '뼈마디가 저미는 고통'을 느끼며 '살벌한 현실'을 살고 있는 순자의 모습에서, 고된 노동의 현실을 짐작할 수 있으므로 적절하다.

② '누구 하나 돌봐주는 사람' 없이 생활하는 자신을 '무녀리'와 동일시하는 순자의 모습에서, 도시 생활에서 느끼는 소외감을 짐작할 수 있군.
순자가 '누구 하나 돌봐주는 사람' 없이 생활하는 자신을 '무녀리'와 동일시하는 모습에서, 도시 생활에서 느끼는 소외감을 짐작할 수 있으므로 적절하다.

✓ ③ '본전도 못 건지'며 '가슴을 조이'는 사람들이 '날이면 날마다 그 섬을 들락거렸다'는 것에서, 도시로 상경한 인물들에게 어촌 마을은 그리움의 공간임을 짐작할 수 있군.
'본전도 못 건지'며 '가슴을 조이'는 사람들이 '날이면 날마다 그 섬을 들락거렸다'는 것은 '투기를 한 사람들'이 섬을 들락거리는 것으로 적절하지 않다.

④ '몽기미 집집마다' '달라붙은 그 가난'이 '가슴을 후볐다'는 것에서, 경제적 발전에서 낙후된 어촌 마을의 현실을 짐작할 수 있군.
순자가 '몽기미 집집마다 ~ 가슴을 후볐다'는 것에서, 경제적 발전에서 낙후된 어촌 마을의 현실을 짐작할 수 있으므로 적절하다.

⑤ '식순이 공순이'는 '종살이' 취급밖에 받지 못한다며 돈을 쉽게 버는 일을 선택한 남분이의 모습에서, 물질적 가치를 우선시하는 세태를 짐작할 수 있군.
남분이가 '식순이 공순이~ 둘도 돈'이라고 하며 '십만 원 넘게 ~ 급사 턱이나 된다는 본새'인 것에서 물질적 가치를 우선시하는 세태를 짐작할 수 있으므로 적절하다.

34~37 갈래 복합

(가) 윤이후, 「일민가」

감상 이 작품은 윤선도의 손자인 작가가 벼슬한 지 6년 만에 고향으로 돌아가서 그 감회를 술회한 가사이다. 이 작품에는 자연에 묻혀 사는 화자의 고고한 심성과 자연에 몰입한 경지, 시인으로서의 멋과 연군의 정이 잘 나타나 있다. 이러한 화자의 모습은 작자 자신의 심회뿐만이 아니라 당시 파당에 밀려서 자연에 묻혀 살던 모든 사람들의 정회를 대신한 것으로도 볼 수 있다.

주제 자연생활의 만족감과 풍류

현대어 풀이

이 몸이 늦게 나 세상에서 할 일이 없어
강호(자연)의 임자 되어 세월 속에 늙어가니
세상 밖의 좋은 복이 없다고는 않겠지만
돌이켜 생각하니 애달픈 일 많고 많네.
만물 중에 귀한 것이 사람이 으뜸인데
그 중에 남자가 되어 눈귀 밝고 총명함을 갖추어 태어나되
평생에 먹은 뜻이 내 몸의 부귀가 아니더니
세월이 훌쩍 가고 뜻한 바를 얻지 못해
늙어야 공명을 겨우 구해서 이뤄 내니
종적이 어긋나고 세상살이 기구하여
오랫동안 낮은 벼슬로 남 따라 다니더니
석 달 봄볕은 쉬이 가니 부모의 은혜에 보답하려는 마음이 끝이 없어
구리 도장 빌어 차고 사또의 말 바삐 몰아
남주 백 리 땅에서 백성을 보살피며 지내려 하였더니
이마 흰 모진 범이 어디에서 나타났는가.
가뜩이나 원하다가 겨우 이룬 벼슬인데 하루아침에 재처럼 되었구나.
젖은 옷 벗어 놓고 풍관으로 갈아 쓰고
채 하나 떨쳐 쥐고 호탕하게 돌아오니
산천은 그대로이고 소나무와 대나무가 반기는 듯
사립문 찾아 들어 세 오솔길 다스리며
거문고와 책 놓인 방이 내 분수 아니겠는가.
앞 내에서 고기 낚고 뒷산에서 약초 캐어
손으로 일을 하며 남은 생애 보내오니
인생의 즐거움이 이 밖에 또 있어라.
〈중략〉
바가지에 술을 부어 알맞게 먹은 후에
수조가를 길게 읊고 혼자 서서 우쭐대니
호탕한 미친 흥을 행여 남이 알 것인가.
벌써 날이 저무는가, 먼 산에 달이 오른다.

그만하여 쉬어 보자. 바위에 배 매어라.
패랭이 비껴쓰고 대지팡이 흩어 짚어
모랫둑을 돌아들어 돌길로 올라가니
버들집은 크지 않아도 경치가 새로워라.
솔 그늘을 훗걸으며 원근을 바라보니
물위의 달빛 영롱하니 하늘땅이 제각인 듯
즐겁고 태평하니 내 처지를 다 잊겠구나.
이 중에 맺힌 마음 궁궐에 달렸으니
사안이 제 마음을 연주하며 글로 쓰던 옛일이 오늘이네.
내 근심 이익이 없는 줄 모르지 아니하되
천성을 못 바꾸니 진실로 우습구나.
두어라, 강호에서 세상에 나가 않고 임금님의 장수함을 빌어나 보리라.

(나) 이효석, 「화춘의장」

감상 이 글은 자신과 대조적인 삶을 살고 있는 육십 옹을 통해 자신의 삶을 돌아보고 있는 수필이다. 이 글에서 글쓴이는 하루도 빠지지 않고 50평의 꽃밭을 성실하게 가꾸는 육십 옹의 모습을 보면서 진정한 노동의 경지라고 평가한다. 이러한 육십 옹의 삶을 자신과 비교하며 가치 있는 삶의 모습을 깨달으며, 무기력한 삶을 극복하고자 하는 의지를 드러낸다.

주제 행동하는 아름다움과 삶에 대한 성찰

★★★ 등급을 가르는 문제!

34 작품 간 공통점 파악   정답률 33% | 정답 ①

(가)와 (나)의 공통점으로 가장 적절한 것은?

✓ ① 설의적 표현을 활용하여 의미를 강조하고 있다.
(가)의 '금서일실이 이 아니 내 분인가'와 '호탕한 미친 흥을 행여 아니 남이 알겠는가'에 설의적 표현이 활용되어 의미를 강조하고 있음을 알 수 있다. 그리고 (나)의 '빈틈없는 이론으로 든든히 무장을 해본다 하더라도 행동이 없는 이상 갑을흑백을 어떻게 가린단 말인가.'에 설의적 표현이 활용되어 의미를 강조하고 있음을 알 수 있다.

② 구체적 지명을 활용하여 현장감을 드러내고 있다.
(가)에서는 '남주'라는 구체적 지명이 사용되고 있지만, (나)에서는 구체적인 지명이 사용되지 않고 있다.

③ 청각적 이미지를 통해 대상의 특성을 강조하고 있다.
(가)의 '수조가를 길이 읊고'를 통해 청각적 이미지를 엿볼 수 있지만, 이를 통해 대상의 특성을 강조하지는 않고 있다. 그리고 (나)에서는 청각적 이미지를 찾아볼 수 없다.

④ 연쇄의 방식을 사용하여 상황의 심각성을 표현하고 있다.
(가), (나)를 통해 연쇄의 방식을 사용하여 상황의 심각성을 표현한 부분은 찾아볼 수 없다.

⑤ 언어유희를 통해 현실에 대한 태도를 간접적으로 드러내고 있다.
(가)에서 현실에 대한 화자의 태도가 간접적으로 드러나 있지만 언어유희를 통해 이를 드러내지는 않고 있다. 그리고 (나)에서 언어유희를 통해 현실에 대한 태도를 간접적으로 드러낸 부분은 찾아볼 수 없다.

★★ 문제 해결 꿀~팁 ★★

▶ 많이 틀린 이유는?
이 문제는 문학 작품의 표현 방법에 대한 정확한 이해가 부족하여 오답률이 높았던 것으로 보인다. 또한 두 작품의 표현상 공통점을 작품에서 일일이 확인하는 데 어려움을 겪어 오답률이 높았던 것으로 보인다.
▶ 문제 해결 방법은?
작품 간의 공통적인 표현상 특징을 찾는 문제의 경우 먼저 표현상 특징을 찾기가 수월한 작품을 통해 선택지에 제시된 표현 방법이 사용되었는지를 확인해야 한다. 그런 다음 다른 작품을 통해 앞에서 확인할 수 있는 표현 방법 중 사용된 것이 있는지 확인해야 한다. 이 문제의 경우 (가)가 (나)보다는 표현상 특징을 찾기가 수월하므로 먼저 선택지에 제시된 표현 방법을 (가)에서 확인해야 한다. 그럴 경우 ①, ②, ③을 확인할 수 있다. 이때 ③처럼 표현상 특징은 사용되었더라도 표현상 특징의 효과가 잘못된 경우가 있으므로 주의해야 한다. 그럼 ①, ②의 표현상 특징이 사용된 것을 (나)에서 찾으면 되는데, ①만 사용되었으므로 공통적인 표현상 특징은 ①이라 할 수 있다. 한편 고전 시가에서 의문형 표현은 오늘날처럼 물음표를 사용하지 않고 있음에 유의한다. 고전 시가에서는 '-가, -고' 등을 사용하여 의문형 표현을 드러내므로 유의하도록 한다.
▶ 오답인 ④, ⑤를 많이 선택한 이유는?
학생들 중에는 ④, ⑤를 선택한 학생들이 많았는데, 이는 표현 방법에 대해 정확한 이해가 부족했기 때문으로 보인다. 가령 ④의 경우, 연쇄의 방식이 앞 구절의 끝 어구를 다음 구절로 이어받는 방식임을 알았다면 두 작품에 공통적으로 사용되지 않음을 알았을 것이다. 마찬가지로 언어유희가 동음이의어나 각운 등을 이용하여 재미있게 꾸미는 말의 표현임을 알았다면 이 역시 정답이 아니었음을 쉽게 알았을 것이다. 이처럼 기본적인 표현 방법을 이해하게 되면 이런 문제는 거의 해결할 수 있으므로, 평소 자주 나오는 표현 방법에 대해서는 충분히 숙지할 수 있도록 한다.

---

35 작품의 세부 내용 이해   정답률 68% | 정답 ②

㉠ ~ ㉤에 대한 설명으로 적절하지 않은 것은?

① ㉠ : 풍경의 가치를 인식하며 이를 수시로 감상할 수 있는 데 따른 글쓴이의 심정이 드러나 있다.
㉠의 '가구에서는 좀체 얻어 볼 수 없는 귀한 경물'에 글쓴이가 풍경의 가치를 인식하는 내용이 나타나 있으며, '아침저녁으로 손쉽게 그것을 바라볼 수 있는 나는 자신을 행복스럽게 여긴다.'에 이를 수시로 감상할 수 있는 데 따른 글쓴이의 심정이 드러나 있으므로 적절하다.

✓ ② ㉡ : 대상에 대한 의혹이 해소되어 가는 데 대한 글쓴이의 인식이 드러나 있다.
㉡의 '옹은 허리가 휘고 기력이 부실하나 서두르는 법 없이 지치는 법 없이 말하는 법 없이 날이 맞도록 묵묵히 일하며'에 글쓴이가 대상을 관찰한 내용이 드러나 있을 뿐 대상에 대해 의혹을 갖는 내용이 나타나 있지 않다. 그리고 '의 장기가 미치는 뒷자취는 나날이 면목이 새롭고 아름다워진다'에 대상에 대한 의혹이 해소되어 가는 데 대한 글쓴이의 인식이 드러나 있지 않으므로 적절하지 않다.

③ ㉢ : 주의 깊게 살펴본 대상의 면모를 주관적으로 해석하는 글쓴이의 인식이 드러나 있다.
㉢의 '아이같이 방긋 웃어 보이는 동심의 표정을 읽는 것에 글쓴이가 대상을 주의 깊게 살펴보는 내용이 나

타나 있고, '그는 괴롭게 노동하고 있는 것이 아니라'와 '천진하게 장난하고 예술하고 있는 것이라고 번역된다'에 주의 깊게 살펴본 대상의 면모를 주관적으로 해석하는 글쓴이의 인식이 드러나 있으므로 적절하다.

④ ⓔ : 희망의 의미를 구체화하지 못하는 것에 대한 글쓴이의 심정이 드러나 있다.
ⓔ의 '희망이라는 것이 어떤 내용 어느 정도 어느 거리의 것인가를 생각'하는 것에 희망의 의미를 구체화하지 못하는 것에 대해 '답답'함을 느끼는 글쓴이의 심정이 드러나 있으므로 적절하다.

⑤ ⓜ : 자신이 현재 상태에 이르게 된 근본적 원인에 대한 글쓴이의 판단이 드러나 있다.
ⓜ의 '할 바를 모르는 것이 아니라 길이 없는 것이다.'에 '좀체 구하기 어려운 저미의 근원이 있기는 있다'고 하는 것에 자신이 현재 상태에 이르게 된 데 있어 '길이 없는 것'을 근본적 원인이라고 여기는 글쓴이의 판단이 드러나 있으므로 적절하다.

36 소재의 기능 파악
정답률 56% | 정답 ④

(가)와 (나)를 비교하여 이해한 내용으로 가장 적절한 것은?

① (가)의 '오마'는 화자를 과거에 억압하던 대상이고, (나)의 '꽃'은 글쓴이가 관찰한 대상이 자신의 이상을 펼치도록 돕는 소재이다.
(가)의 '오마'는 화자가 '남주 백리지'에 가기 위해 탄 것에 해당하므로 화자를 과거에 억압하던 대상이라 볼 수 없다. 그리고 (나)의 '꽃'은 글쓴이가 바라본 육십 옹이 키우는 것에 해당하지만, (나)를 통해 육십 옹이 어떤 이상을 지녔는지는 알 수 없으므로 적절하지 않다.

② (가)의 '옷'은 화자가 자연 풍경에 대한 감탄을 자아내게 하는 소재이고, (나)의 '손잡이'는 글쓴이가 이를 사용하는 인물의 능력에 대해 감탄을 자아내는 소재이다.
(가)의 '옷'은 화자가 벼슬살이하면서 입었던 관복을 의미하므로, 자연 풍경에 대한 감탄을 자아내게 하는 소재라 할 수 없다. 그리고 (나)의 '손잡이'는 글쓴이가 '식물 이상의 행의 생활로 애써 솟아오르'기 위해 붙잡는 것이므로, '손잡이'를 사용하는 인물의 능력에 대해 감탄을 자아내는 소재라 할 수 없다.

③ (가)의 '송죽'은 화자가 새로운 공간으로 돌아와서 만난 소재이고, (나)의 '튤립'은 글쓴이가 벗어나고자 하는 공간의 특징을 나타내는 소재이다.
(가)의 '송죽'은 화자가 고향으로 돌아와 맞이하고 있는 것이므로, 새로운 공간으로 돌아와서 만난 소재라 할 수 없다. 그리고 (나)의 '튤립'은 '육십 옹'의 꽃밭에 있는 꽃에 해당하고, 글쓴이는 이러한 꽃밭을 바라보며 행복스럽게 여기고 있으므로, '튤립'을 글쓴이가 벗어나고자 하는 공간의 특징을 나타내는 소재라 할 수 없다.

✔ **(가)의 '달'은 화자의 행동 변화가 일어나는 시간적 배경을 나타내는 소재이고, (나)의 '아침'은 글쓴이가 관찰한 대상의 일관된 행동이 나타나는 시간적 배경이다.**
(가)의 '달'은 '수조가를 길이 읊고' 있던 화자가 '모래 둑을 돌아들어 석경으로 올라'간다는 점에서 화자의 행동 변화가 일어나는 시간적 배경을 나타내는 소재임을 알 수 있다. 그리고 (나)의 '아침'은 글쓴이가 관찰한 대상인 '육십 옹'이 '하루도 번기는 날이 없이' '보에 쟁기를 싸가지고 어디선지 나타'나는 일관된 행동이 나타나는 시간적 배경이라 할 수 있다.

⑤ (가)의 '오류댁'은 화자가 동경하는 행위가 드러나는 공간이고, (나)의 '꽃밭'은 글쓴이가 경계하는 행위가 드러나는 공간이다.
(가)의 '오류댁'에서 화자는 벼슬하는 것을 포기하는 마음을 드러내고 있으므로, 화자가 동경하는 행위가 드러나는 공간이라 할 수 없다. 그리고 (나)의 글쓴이는 '꽃밭'을 가꾸게 되는 것을 '만족스런 노동의 표정의 미'라 말하고 있으므로, '꽃밭'을 글쓴이가 경계하는 행위가 드러나는 공간이라 할 수 없다.

37 외적 준거에 따른 작품의 감상
정답률 55% | 정답 ③

〈보기〉를 바탕으로 (가), (나)를 감상한 내용으로 적절하지 않은 것은? [3점]

─〈보 기〉─
(가)와 (나)는 자기 성찰과 현실에 대한 고민이 드러나 있는 작품이다. (가)의 화자는 속세와 갈등을 겪고 은거하는 삶을 살고 있다. 이때 화자는 자연을 통해 위안을 얻기도 하지만 번민을 떨치지 못하는 자신을 인식하며 자연에서의 삶에서도 세상을 향한 마음을 드러낸다. (나)의 글쓴이는 자신과 대조적인 삶을 살고 있는 대상을 통해 자신의 삶을 돌아보게 된다. 이러한 과정에서 글쓴이는 가치 있는 삶의 모습을 깨닫고 무기력한 삶을 극복하고자 하는 의지를 드러낸다.

① (가)의 '앞내에 고기 낚고 뒷뫼에 약을 캐'며 '인생지락'을 느끼는 것에서 화자가 자연에서의 삶 속에서 위안을 얻고 있음을 알 수 있군.
(가)에서 '앞내에 고기 낚고 뒷뫼에 약을 캐'며 '인생지락'을 느끼는 것에 자연에서의 삶 속에서 위안을 얻고 있는 화자의 모습이 나타나 있으므로 적절하다.

② (나)의 '근로와 예술을 동시에 가진 생활'이 '노동의 참된 경지'라는 것에서 글쓴이가 깨달은 가치 있는 삶의 모습이 드러나고 있음을 알 수 있군.
(나)에서 '육십 옹'의 생활을 '근로와 예술을 동시에 가진 생활'이라 하며 '육십 옹'에게서 '노동의 참된 경지'를 본다는 것에 가치 있는 삶의 모습에 대해 깨달음을 얻고 있는 글쓴이의 모습이 나타나 있으므로 적절하다.

✔ **(가)의 '금서일실'을 '내 분'으로 여긴다는 것에서 화자가 속세로 돌아가고 싶어 하는 고민이 드러나 있음을, (나)의 '소침됨을 깨닫고' '생활의욕이 급거히 저락'되었다는 것에서 글쓴이가 해결하고 싶어 하는 고민이 드러나 있음을 알 수 있군.**
(나)에서 생활이 '소침됨을 깨닫'는다는 것과 '생활 의욕이 급거히 저락'되었다고 하는 것에는 무기력한 삶이라는 글쓴이가 해결하고 싶어 하는 고민이 나타나 있다. 하지만 (가)에서 '금서일실'을 '내 분'으로 여기는 것에는 소박한 삶에 만족하며 사는 화자의 모습이 드러나 있을 뿐, 화자가 속세로 돌아가고 싶어 하는 고민이 나타나 있지 않으므로 적절하지 않다.

④ (가)의 '내 근심 무익한 줄 모르지' 않지만 '천성을 못 변'해 '가소롭다'는 것에서 화자가 번민을 떨치지 못하는 자신을 성찰하고 있음을, (나)의 '육십 옹'의 '생활 의식에 비겨' 보며 '부끄러'워 한 것에서 글쓴이가 타인과 대조하며 자신을 성찰하고 있음을 알 수 있군.
(가)에서 '내 근심 무익한 줄 모르지' 않지만 '천성을 못 변'해 '가소롭다'는 것에 번민을 떨치지 못하는 자신을 성찰하는 화자의 모습이 나타나 있다. 그리고 (나)에서 '육십 옹'의 여일한 생활의식에 비겨 자신의 생활을 '부끄러'워 한 것에 타인과 대조하며 자신을 성찰하는 글쓴이의 모습이 나타나 있으므로 적절하다.

⑤ (가)의 '강호의 일민이 되야 축성수나 하리라'에서 화자가 은거하면서도 세상을 향한 마음을 드러내고 있음을, (나)의 '상을 찌푸리고만 지낼 수' 없다며 '행의 생활'을 다짐하는 것에서 글쓴이가 무기력한 삶을 극복하고자 하는 의지를 드러내고 있음을 알 수 있군.
(가)에서 '강호의 일민이 되야 축성수나 하리라'에 은거하고 있으면서도 세상을 향한 마음을 드러내는 화자의 모습이 나타나 있다. 그리고 (나)에서 '허구한 날 상을 찌푸리고만 지낼 수도 없는 노릇'이라고 하며

'행의 생활'로 '애써 솟아올라야 할 것'이라고 다짐하는 것에 무기력한 삶을 극복하고자 하는 의지를 드러내는 글쓴이의 모습이 나타나 있으므로 적절하다.

38~41 사회

이준구, 「미시경제학」

해제 이 글은 양면 시장에서 플랫폼 사업자의 수익 창출에 대해 설명하고 있다. 이 글에서는 양면시장과 플랫폼의 의미, 대표적인 플랫폼을 언급하면서, 양쪽 이용자 집단의 관계를 설명할 수 있는 '네트워크 외부성'을 직접 네트워크 외부성과 간접 네트워크 외부성으로 구분하여 설명하고 있다. 그리고 플랫폼에서의 가격구조 결정 방식과 간접 네트워크 외부성이 가격구조에 미치는 영향을 드러내면서, 가격구조가 수요의 가격탄력성에도 영향을 받음을 언급하고 있다. 마지막으로 플랫폼 사업자가 수익을 창출하기 위해 사용하는 대표적인 전략을 언급하며 글을 마무리하고 있다.

주제 양면 시장에서 플랫폼 사업자의 수익 창출의 이해

문단 핵심 내용

1문단	양면시장과 플랫폼의 의미 및 대표적인 플랫폼
2문단	양쪽 이용자 집단의 관계를 설명할 수 있는 '네트워크 외부성'
3문단	플랫폼에서의 가격구조 결정 방식
4문단	간접 네트워크 외부성이 가격구조에 미치는 영향
5문단	수요의 가격탄력성에도 영향을 받는 가격구조
6문단	플랫폼 사업자가 수익을 창출하기 위해 사용하는 대표적인 전략

38 세부 내용의 이해
정답률 46% | 정답 ②

윗글을 이해한 내용으로 적절하지 않은 것은?

① 카드 결제 시스템은 카드 회원들과 카드 가맹점을 연결하는 플랫폼이다.
1문단의 '대표적인 플랫폼으로 신용 카드 회사가 ~ 카드 결제 시스템을 들 수 있다.'를 통해 알 수 있다.

✔ **양면시장에서는 신용 카드 회사와 카드 회원 모두가 가맹점의 고객이 된다.**
1문단의 '플랫폼 사업자인 신용 카드 회사 입장에서는 ~ 가맹점을 모두가 고객이 된다.'를 통해 적절하지 않음을 알 수 있다.

③ 플랫폼 사업자는 이용자 집단이 플랫폼에 참여하도록 보조금을 지급할 수 있다.
3문단에서 가격구조가 '양쪽 이용자 집단 모두를 플랫폼에 참여하도록 유도'하는 것이고, '한쪽 이용자 집단에 보조금을 지급하는 경우도 있다.'고 하였으므로 적절하다.

④ 플랫폼 사업자는 플랫폼 이용자들에게 경제적 가치를 창출하는 환경을 제공한다.
1문단에서 '플랫폼이란 양쪽 이용자 집단의 ~ 제도적 환경을 일컫는다'고 하였고, 플랫폼 이용자들은 '플랫폼을 통해 상대 집단과 ~ 편익을 창출한다'고 하였으므로 적절하다.

⑤ 프리미엄 전략은 유료로 전환한 이용자들이 무료 이용자들의 유료화에 영향을 미치는 것이다.
6문단에서 프리미엄 전략은 '무료에서 유료로 전환한 이용자의 ~ 유료 이용자로 전환되도록 하는 것'이라고 하였으므로 적절하다.

39 핵심 정보의 이해
정답률 71% | 정답 ①

가격구조에 대한 설명으로 가장 적절한 것은?

✔ **플랫폼 사업자가 수익을 극대화하기 위해 고려하는 것이다.**
3문단에서 가격구조는 '플랫폼 이용료를 각각의 ~ 어떻게 부과하느냐를 의미한다.'고 하였고 '플랫폼 사업자는 플랫폼 이용료를 통해 ~ 참여하도록 유도'하는 것이라고 하였으므로 적절하다.

② 양쪽 이용자 집단의 이용료 지불 수단을 결정하는 방법이다.
3문단의 '이때 가격구조란 플랫폼 이용료를 각각의 이용자 집단에 어떻게 부과하느냐를 의미한다.'를 통해 적절하지 않음을 알 수 있다.

③ 양쪽 이용자 집단에 동일한 이용료를 부과하기 위한 원칙이다.
3문단의 '양쪽 이용자 집단에 차별적인 가격을 부과하는 것이 일반적인데'를 통해 적절하지 않음을 알 수 있다.

④ 양쪽 이용자 집단의 규모가 항상 고정되어 있음을 전제로 하는 것이다.
3문단의 내용을 통해 양쪽 이용자 집단의 규모가 항상 고정되어 있음을 전제로 하지 않음을 알 수 있다.

⑤ 플랫폼 사업자가 규모가 큰 이용자 집단에는 이용료를 부과하지 못한다.
3문단의 '플랫폼 사업자는 수익을 극대화할 수 있는 전략으로 양쪽 이용자 집단에 차별적인 가격을 부과하는 것이 일반적인데'를 통해, 플랫폼 사업자가 규모가 큰 이용자 집단에도 이용료를 부과함을 알 수 있다.

40~41

※ 윗글과 〈보기〉를 바탕으로 40번과 41번 두 물음에 답하시오.

─〈보 기〉─
P사가 개발한 메신저 프로그램은 이용자끼리 무료로 메시지를 주고받을 수 있어서 ⓐ 메신저 이용자들이 빠르게 증가했고, 메신저 이용자들끼리 서로 편하게 연락을 주고받을 수 있게 되었다. 그러자 광고 효과를 기대하고 P사와 계약한 ⓑ 광고주들이 크게 늘어났고, P사는 모든 광고주들에게 원래보다 높은 광고 비용을 부과했다. 이후 P사는 더 많은 메신저 이용자들을 확보하기 위해 메신저에서 사용할 수 있는 무료 이모티콘을 배포하였고, 이를 통해 ⓒ 이모티콘 사용에 익숙해진 이용자를 많이 확보할 수 있었다. 이모티콘을 사용하는 이용자들이 점점 많아지자 P사는 메신저를 통해 ⓓ 이모티콘 공급 업체들이 유료 이모티콘을 판매할 수 있도록 하였다. P사가 높은 판매 수수료를 부과했음에도 불구하고 이용자들에게 이모티콘을 판매하고자 하는 업체들이 모여들게 되었다.

40 구체적인 사례에의 적용
정답률 51% | 정답 ②

윗글을 바탕으로 〈보기〉를 이해한 내용으로 적절하지 않은 것은? [3점]

① P사가 메신저 이용자들에게 무료 이모티콘을 배포한 것은 무료 서비스를 통해 더 많은 메신저 이용자들을 플랫폼으로 유도하기 위한 공짜 미끼 전략이겠군.
〈보기〉에서 P사는 '더 많은 메신저 이용자들을 확보하기 위해 ~ 무료 이모티콘을 배포'했다고 하였고, 6문단에서 '공짜 미끼 전략은 ~ 플랫폼 참여를 유인하는 것'이라고 하였으므로 적절하다.

✔ ② P사가 이모티콘 사용에 익숙해진 메신저 이용자들을 확보한 것은 메신저를 통해 적은 거래비용으로 이용자에게 이모티콘을 직접 판매하고자 하는 목적이겠군.
〈보기〉에서 P사는 '이모티콘 사용에 익숙해진 이용자들을 많이 확보'했다고 하였고, 1문단에서 '이용자 집단은 플랫폼을 통해 ~ 상대 집단과 거래하게 된다.'라고 하였으므로 적절하지 않다.

③ P사가 광고주들에게 부과한 광고 비용과 이모티콘 공급 업체에게 부과한 판매 수수료는 P사의 수익 창출을 위한 플랫폼 이용료에 해당하겠군.
〈보기〉에서 P사는 광고주들에게 '광고 비용'을, 이모티콘 공급 업체에게 '판매 수수료'를 부과했다고 하였고, 3문단에서 '플랫폼 사업자는 플랫폼 이용자를 통해 수익을 창출'한다고 하였으므로 적절하다.

④ P사가 모든 광고주들에게 원래보다 높은 광고 비용을 부과한 것은 메신저 이용자들의 수가 늘어남에 따라 광고주들이 얻는 편익이 증가했다고 판단했기 때문이겠군.
〈보기〉에서 P사는 '모든 광고주들에게 원래보다 높은 광고 비용을 부과'했다고 하였고, 4문단에서 '카드 회원 수가 늘어나면 ~ 카드 결제 시스템을 이용하게 된다'고 하였으므로 적절하다.

⑤ P사가 개발한 메신저의 이용자 수가 많아져 이용자들끼리 더 편하게 연락을 주고받을 수 있게 된 것은 메신저 이용자들 사이에 직접 네트워크 외부성이 존재하는 것이겠군.
〈보기〉에서 P사의 메신저 프로그램은 '메신저 이용자들끼리 서로 편하게 연락을 주고받을 수 있다'고 하였고, 2문단에서 '직접 네트워크 외부성이란 ~ 개별 이용자의 효용이 증가하는 특성이다.'라고 하였으므로 적절하다.

★★★ 등급을 가르는 문제!

41 주어진 정보를 바탕으로 한 내용 추론   정답률 38% | 정답 ⑤

다음은 윗글과 〈보기〉를 읽은 학생이 보인 반응이다. A ~ C에 들어갈 내용으로 적절한 것은?

> ⊙의 수요의 가격탄력성이 높고, ⊙이 ⓒ에 미치는 간접 네트워크 외부성이 클 때, P사가 무료이던 메신저 이용료를 유료로 전환한다고 가정하면, ⊙의 수는 (A)하고 ⓒ의 효용은 크게 (B)할 것이다. 한편 @이 ⓒ에 미치는 간접 네트워크 외부성이 크다고 가정하면, P사가 @에 부과하는 판매 수수료는 (C)할 것이다.

	A	B	C
①	감소	증가	하락
②	증가	증가	하락
③	감소	증가	상승
④	증가	감소	상승

✔ ⑤ 감소 감소 하락
5문단에서 '카드 회원의 수요의 가격탄력성이 높은 경우에는 ~ 카드 회원 수가 크게 감소'한다고 하였고, 2문단에서 '한쪽 이용자 집단의 규모가 작아지면 ~ 효용이 감소하게 된다'고 하였다. 또한 4문단에서 '카드 회원의 수는 감소하고, ⓒ의 효용은 크게 감소할 것이며, P사가 @에 부과하는 판매 수수료는 하락할 것임을 알 수 있다.

★★ 문제 해결 꿀~팁 ★★

▶ 많이 틀린 이유는?
이 문제는 〈보기〉의 상황을 글에 적용하는 데 어려움을 겪어 오답률이 높았던 것으로 보인다. 또한 문제를 해결하기 위한 정확한 정보를 찾기 어려웠던 점도 오답률을 높인 것으로 보인다.

▶ 문제 해결 방법은?
이 문제를 해결하기 위해서는 기본적으로 '수요의 가격탄력성이 높은 상황'과 '간접 네트워크 외부성'이 클 때라는 내용을 바탕으로, 이와 관련된 글의 정보를 찾아야 한다. 즉 5문단을 통해 수요의 가격탄력성이 제시되어 있고, 2문단에 간접 네트워크 외부성, 4문단에 간접 네트워크 외부성이 가격구조에 미치는 영향이 제시되어 있음을 찾을 수 있어야 한다. 그런 다음, 문제에 제시된 내용을 정확히 이해하면서 들어갈 내용이 무엇인지 찾으면 된다. 한편 이런 문제의 경우 간혹 글에 제시된 사례와 문제로 제시된 내용이 유사한 경우가 간혹 제시되기도 하므로, 글과 직접적으로 비교해 보는 것도 문제 해결에 도움이 될 수 있다.

42~45 고전소설

작자 미상, 「화산기봉」

감상 이 작품은 당나라를 배경으로 하여 가정의 비극과 궁정의 음모에 주인공의 영웅담을 엮어 나간 고전 소설이다. 이 작품은 주인공의 영웅적 일생을 축으로 하여 가정과 궁정에서의 고난과 그것을 극복하는 과정에 흥미의 초점을 맞추고 있다. 사건들이 서로 밀접한 관련을 맺고 있어 **구성의 치밀성**이 돋보이고, 가정의 장자와 나라의 황제 자리를 차지하려는 욕망이 갈등의 요인으로 설정된 점도 주목할 만하다.

주제 가정에서의 시련을 극복한 영웅의 활약상

작품 줄거리 당나라 때 이영춘의 만득자 이성은 계모 장씨의 모해로 죽을 위기를 넘기고 도인을 만나 무예를 익혀 귀가하여 이용진모의 딸과 혼인하고 장원에 급제한다. 설귀비가 강씨 부녀를 음해하여 강진모의 딸과 혼인하고 장원에 급제한다. 장씨가 법사를 시켜 이성이 한 짓으로 모해하니, 이성과 이성을 화양 공주와 혼인시킨다. 장씨가 법사를 시켜 이성이 한 짓으로 모해하니, 이성과 화양 공주를 살려 내었으나 유배된다. 공주는 강에 투신한 강부인을 구하여 태청관에서 함께 지낸다. 설귀비의 음모로 황후와 태자가 축출될 즈음 서번왕이 침범하자 황제는 이성을 유배에서 풀어 주어 물리치게 한다. 지방의 절도사들을 사주하여 모반하게 하고 조카 어침에게 황제를 폐출하게 한 설귀비의 음해를 이성이 막는다. 지방 절도사들의 동요를 순무한 이성은 화양 공주와 강부인과 함께 영화를 누린다.

42 작품 내용의 이해   정답률 48% | 정답 ⑤

윗글에 대한 이해로 가장 적절한 것은?

① 이영준은 직접 화양의 상태를 확인하고 이성을 의심했다.
'이영준이 휘장 밖에 서서는 이성에게 들어가 보라고 하였다.'를 통해, 이영준이 직접 화양의 상태를 확인하지는 않았음을 알 수 있다.

② 장씨는 자신의 잘못이 드러났음에도 끝까지 결백을 주장했다.
'이때 장씨는 자기 허물이 온 나라에 시끄럽게 드러나 크게 부끄러워하며 사람을 멀리하였다.'를 통해, 장씨가 자신의 잘못이 드러났음에도 끝까지 결백을 주장하지는 않았음을 알 수 있다.

③ 이영준은 혜랑이 자백하는 척하며 장씨를 모함한 것을 꾸짖었다.
이 글에서 이영준은 혜랑이 자백하자, '너의 주인을 아주 못된 아녀로 만들었'다며 꾸짖고 있지만, 장씨를 모함한 것을 꾸짖지는 않고 있다.

④ 이성은 화양이 습격을 당할 것을 예상하고 미리 그녀에게 주의를 주었다.
이 글을 통해 이성은 화양이 습격을 당할 것을 예상하지 못하고 있으므로 적절하지 않다.

✔ ⑤ 혜랑은 이성과 화양의 불화가 자신의 계획에 유리하게 작용한다고 판단했다.
혜랑이 '이성과 화양 공주가 화목하지 않음'을 알아채고 장씨에게 '이러한 기회는 ~ 오지 않습니다.'라고 말하고 있으므로 적절하다.

43 서술상 특징 파악   정답률 46% | 정답 ⑤

윗글의 서술상 특징으로 가장 적절한 것은?

① 외양을 세밀하게 묘사하여 인물을 희화화하고 있다.
이 글을 통해 인물의 외양을 세밀하게 묘사하여 인물을 희화화한 부분은 찾아볼 수 없다.

② 꿈과 현실의 교차를 통해 사건의 진상을 밝히고 있다.
이 글에서 꿈은 드러나지 않고 있으므로, 꿈과 현실의 교차를 통해 사건의 진상을 밝힌다고 할 수 없다.

③ 대화와 삽입된 노래를 통해 인물들의 심회를 드러내고 있다.
이 글에서 인물들 간의 대화는 드러나 있지만, 노래가 삽입되지는 않고 있다. 또한 대화와 삽입된 노래를 통해 인물들의 심회를 드러낸 부분은 찾아볼 수 없다.

④ 비현실적인 소재를 활용하여 낭만적 분위기를 형성하고 있다.
이 글에서 비현실적인 소재는 활용되지 않고 있다.

✔ ⑤ 서술자가 개입하여 사건에 대한 주관적 판단을 드러내고 있다.
'혜랑이 비록 ~ 어찌 속일 수 있겠는가?'와 '효성스러운 거동이 ~ 사라지게 할 정도였다.'를 통해, 서술자가 개입하여 사건에 대한 주관적인 판단을 드러내고 있음을 알 수 있다.

44 공간의 기능 파악   정답률 60% | 정답 ④

⊙ ~ ⑩에 대한 설명으로 적절하지 않은 것은?

① ⊙은 이성이 화양의 태도를 확인하고 화양에게 긍정적 감정을 느끼는 곳이다.
이성이 '방'으로 가서 화양이 '방자함'이 보이지 않고 '잘난 척하는 마음'이 드러나지 않는 것을 보고 '정이 점점 솟아'났으므로 적절하다.

② ⓒ은 신광 법사가 혜랑의 지시를 이행하기 위해 이동한 곳이다.
신광 법사가 '혜랑의 가르침'을 들은 후 '명월루'로 이동했으므로 적절하다.

③ ⓒ은 신광 법사가 외부적인 요인으로 인해 조급히 행동하는 곳이다.
신광 법사가 '화양 공주의 방'에서 '화양을 찌르려고' 하다가 '방 밖에 시비들의 소리' 때문에 '엉겁결에 비껴' 찔렀으므로 적절하다.

✔ ④ @은 이영준과 이성이 문제 해결에 대한 의견 차이를 드러내는 곳이다.
이영준이 이성을 '외당'으로 불러 '어디에 있었는지' 묻고 이성이 '정당에 있었다'고 대답할 뿐, '외당'에서 두 사람이 문제 해결 방식에 대해 의견 차이를 드러내고 있지 않으므로 적절하지 않다.

⑤ ⑩은 장씨가 자신의 행위를 반성하도록 이영준에 의해 보내진 곳이다.
이영준이 장씨를 '후원 냉옥'에 가두고 '개과천선하기를 기다'렸으므로 적절하다.

45 외적 준거에 따른 작품의 감상   정답률 49% | 정답 ②

〈보기〉를 참고하여 윗글을 감상한 내용으로 적절하지 않은 것은? [3점]

> ─〈보 기〉─
> 「화산기봉」에서 주인공의 혼인은 계모와의 갈등이 심화되는 계기가 된다. 이로 인해 가문 전체에 위협이 되는 사건이 초래되지만, 주인공은 비범한 능력을 발휘하여 위기에 대응한다. 한편 이러한 갈등의 해결 과정에서 가족 외 인물은 갈등 유발의 책임이 전가되어 처벌되는 반면, 가족 내 인물은 유교적 윤리를 바탕으로 포용의 대상이 된다. 이를 통해 가문의 안정을 지향하는 사대부의 면모를 보여 주고 있다.

① 장씨가 왕실의 사람이 된 이성을 경계하여 계교를 꾸미는 것을 보니, 주인공의 혼인으로 인해 계모와 주인공 사이의 갈등이 심화되고 있음을 엿볼 수 있군.
장씨가 '이성이 왕실의 한 사람이 ~ 신광 법사에게 의논'하고 '비밀스럽게 계교를 행하였다'는 것에서 주인공의 혼인으로 인해 계모와 주인공 사이의 갈등이 심화되고 있음을 엿볼 수 있으므로 적절하다.

✔ ② 화양이 이성을 원망하는 정 상궁을 질책하는 것을 보니, 가족 내 갈등이 유발된 책임을 가족 외 인물에게 돌리고 있는 상황을 확인할 수 있군.
화양이 '어찌 분하지 않겠습니까?'라고 말하는 정 상궁에게 '서방님이 '나를 박대함이 없고 ~ 예로 대한다'고 말한 것에서 가족 내 갈등이 유발된 책임을 가족 외 인물에게 돌리고 있는 상황을 확인할 수 없으므로 적절하지 않다.

③ 장씨와 혜랑에 의해 이성이 누명을 쓰는 일이 멸문지화로 이어질 수 있다는 것을 보니, 계모가 일으킨 사건이 가문의 존속을 위협할 수 있음을 짐작할 수 있군.
장씨와 혜랑이 '화양을 해칠 계교'를 짜고 화양이 당한 일의 '누명이 이성에게 ~ 면할 수 있겠는가.'라고 한 것에서 계모가 일으킨 사건이 가문의 존속을 위협할 수 있음을 짐작할 수 있으므로 적절하다.

④ 이성이 신이한 침술로 목숨이 위태로운 화양을 소생시키는 것을 보니, 주인공이 비범한 능력을 통해 급박한 상황에 대응하고 있음을 확인할 수 있군.
이성이 '신이'한 '침법'으로 '두 눈이 ~ 전혀 없어 보였던' 화양을 깨어나게 한 것에서 주인공이 비범한 능력을 통해 급박한 상황에 대응하고 있음을 확인할 수 있으므로 적절하다.

⑤ 이무와 이성이 장씨를 용서해 달라고 간청하는 것을 보니, 효를 유교적 윤리를 바탕으로 악행을 저지른 가족 내 인물을 포용하려는 모습을 엿볼 수 있군.
이무와 이성이 '함께 나아가 울며' 이영준에게 '어머니의 망극한 죄를 ~ 주십시오'라고 말하는 것에서 효는 유교적 윤리를 바탕으로 악행을 저지른 가족 내 인물을 포용하려는 모습을 엿볼 수 있으므로 적절하다.

★ 표기된 문항은 [등급을 가르는 문제]에 해당하는 문제입니다.

[01~03] 화법

01 말하기 방식 이해   정답률 95% | 정답 ⑤

위 강연에 대한 설명으로 가장 적절한 것은?

① 이전 강연 내용을 요약하며 강연의 순서를 안내하고 있다.
1문단에 강연자의 질문과 강연 주제가 언급되어 있지만, 이전 강연 내용을 요약하거나 강연 순서를 안내하지는 않고 있다.

② 강연 내용과 관련된 긍정적 전망을 제시하며 강연을 마무리하고 있다.
강연자는 개의 수혈 문제에 관심을 갖기를 바라며 강연을 마무리하고 있지, 개의 수혈과 관련된 긍정적 전망을 제시하지는 않고 있다.

③ 주제와 관련된 용어의 유래를 드러내어 역사적 의의를 제시하고 있다.
강연자는 강연 주제인 개의 수혈과 관련된 용어의 유래를 드러내지는 않고 있다.

④ 강연에 사용된 자료의 출처를 구체적으로 밝히며 화제를 제시하고 있다.
강연자는 1문단에 동영상을, 2문단에 그래프와 도표, 4문단에 QR 코드를 자료로 제시하고 있지만, 이러한 자료의 출처를 구체적으로 밝히지는 않고 있다.

☑ 청중의 대답을 이끌어 내는 질문을 던지며 청중과 상호 작용을 하고 있다.
2문단에서 강연자는 '그런데 개도 혈액형이 있다는 것을 알고 있나요?'라는 질문을 던진 뒤, 학생들의 대답을 들은 후 '처음 들어 보는 학생이 많은 것 같네요.'라고 말하고 있다. 또한 4문단에서도 강연자는 '오늘 강연 어떠셨나요?'라고 질문을 던진 뒤, 학생들의 반응을 확인한 후 '유익하셨다니 다행입니다.'라고 말하고 있다. 따라서 이 강연에서 강연자는 청중과 상호 작용을 하며 강연을 하고 있음을 알 수 있다.

02 강연 계획의 반영 여부 판단   정답률 93% | 정답 ③

다음은 강연자가 강연 전에 작성한 메모이다. 강연 내용에 반영되지 않은 것은?

○ 주제에 흥미를 가질 수 있도록 학생들의 관심을 유발해야겠어.
　– 강연의 시작 부분에서 동영상을 활용하여 개의 수혈 장면을 보여 줘야지. ……… ①
○ 개의 혈액형에 대해 잘 모르는 사람이 많다는 것을 강조해야겠어.
　– 그래프를 활용하여 사람들의 인식에 대한 설문 조사 결과를 제시해야겠어. …… ②
○ 개의 혈액형의 종류가 많으니 이를 쉽게 정리해 줘야겠어.
　– 도표를 제시하여 개의 혈액형을 사람의 혈액형과 비교하며 설명해야겠어. …… ③
○ 개의 수혈 관계를 명확하게 이해할 수 있도록 해 줘야겠어.
　– 개의 혈액형 종류에 따른 수혈 가능 여부를 보여 주는 그림을 제시해야겠어. …… ④
○ 더 궁금한 점이 있는 학생들을 위해 도움이 될 수 있는 방안을 준비해야겠어.
　– 주제와 관련된 추가 정보를 제공하기 위해서 QR 코드를 제시해야겠어. ………… ⑤

① 강연의 시작 부분에서 동영상을 활용하여 개의 수혈 장면을 보여 줘야지.
1문단에서 강연자가 강연을 시작하면서 동영상을 활용하여 개의 수혈 장면을 학생들에게 보여 주고 있다. 이처럼 강연자가 동영상을 보여 주면서 강연을 하게 되면, 학생들이 주제에 흥미를 가지게 하여 관심을 유발할 수 있다.

② 그래프를 활용하여 사람들의 인식에 대한 설문 조사 결과를 제시해야겠어.
2문단에서 강연자는 그래프를 활용하여 '보고 계신 설문 조사 결과처럼 90%가 넘는 사람들이 개에게도 혈액형이 있다는 사실을 모르고 있답니다.'라고 말하고 있다. 이를 통해 강연자가 개의 혈액형에 대한 사람들의 인식 정도를 조사한 설문 결과를 제시하고 있음을 알 수 있다.

☑ 도표를 제시하여 개의 혈액형을 사람의 혈액형과 비교하며 설명해야겠어.
2문단을 통해 강연자가 도표를 제시하여 개의 혈액형에 여러 종류가 있음을 설명하였음을 알 수 있다. 하지만 강연자는 도표를 제시하여 개의 혈액형을 사람의 혈액형과 비교하지는 않고 있다.

④ 개의 혈액형 종류에 따른 수혈 가능 여부를 보여 주는 그림을 제시해야겠어.
3문단에서 강연자가 개의 수혈 관계를 보여 주는 그림을 제시하며 DEA 1 혈액형의 종류에 따른 수혈 가능 여부를 설명하고 있음을 알 수 있다.

⑤ 주제와 관련된 추가 정보를 제공하기 위해서 QR 코드를 제시해야겠어.
4문단에서 강연자는 QR 코드를 제시하며 '지금 보여 드리는 QR 코드에 접속하시면 개의 수혈에 관한 보다 많은 정보를 얻을 수 있습니다.'라고 말하고 있다. 이를 통해 강연자가 학생들에게 주제와 관련된 추가 정보를 얻을 수 있음을 안내하고 있음을 알 수 있다.

03 청중 반응의 적절성 판단   정답률 84% | 정답 ①

위 강연을 들은 학생이 〈보기〉에 대해 보인 반응으로 적절하지 않은 것은?

〈보 기〉

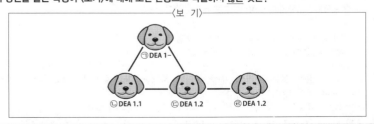

☑ 첫 수혈이라면 ㉠은 ㉡에게 수혈을 받을 수 있겠군.

3문단의 '단, 첫 수혈의 경우라도 DEA 1- 혈액형을 가진 개는 ~ 반대로 이들로부터 혈액을 받을 수는 없습니다.'를 통해, 첫 수혈에서 ㉠이 ㉡에게 수혈을 받을 수 있겠다는 학생의 반응이 적절하지 않음을 알 수 있다.

② 첫 수혈이라면 ㉡에서 ㉢으로의 수혈은 가능하겠군.
3문단의 '그런데 처음 수혈을 받는 경우라면 다른 혈액형에게서도 수혈을 받을 수 있습니다.'를 통해 적절함을 알 수 있다.

③ ㉢이 이전에 수혈을 받은 적이 있었더라도 ㉣에게 수혈을 받을 수 있겠군.
3문단의 '개는 기본적으로 같은 혈액형끼리는 수혈할 수 있습니다.'를 통해 적절함을 알 수 있다.

④ 첫 수혈의 경우 ㉠에서 ㉡으로나, ㉠에서 ㉢으로의 수혈은 가능하겠군.
3문단의 '첫 수혈의 경우라도 DEA 1- 혈액형을 가진 개는 DEA 1,1이나 1,2의 혈액형을 가진 개에게 혈액을 줄 수 있지만'을 통해 적절함을 알 수 있다.

⑤ ㉠, ㉡, ㉢ 모두 두 번째 수혈을 받을 경우에는 개의 혈액형을 반드시 확인해야겠군.
3문단의 '한편 DEA 1 혈액형을 가진 개는 모두 첫 수혈과 달리 두 번째 수혈부터는 부작용을 고려하여 혈액형을 반드시 확인해야 합니다.'를 통해 적절함을 알 수 있다.

[04~07] 화법과 작문

04 토론의 입론 이해   정답률 92% | 정답 ④

(가)의 '입론'을 정리한 내용으로 적절하지 않은 것은?

구분	주장	근거
찬성	별점 평가제는 신뢰성이 떨어진다.	○ 별점 평가제는 주관이 개입된다. ……………… ① ○ 척도에 부여하는 가치가 사람마다 다르다. ……… ②
찬성	별점 평가제는 판매자에게 큰 피해를 줄 수 있다.	○ 별점 평가제는 판매자의 매출에 큰 영향을 준다. ○ 악의적인 별점으로 인해 판매가 급감한 사례가 있다. …… ③
반대	소비자가 합리적인 소비를 할 수 있도록 도와준다.	○ 소비자가 물건을 구매할 때 필요한 정보를 쉽고 빠르게 얻을 수 있다. ○ 별점 평가의 결과는 직관적으로 확인될 수 있으므로 신뢰할 수 있다. ………… ④
반대	별점 평가제 폐지는 소비자에게 큰 피해를 준다.	○ 소비자의 표현의 자유가 침해된다. ……………… ⑤

① 별점 평가제는 주관이 개입된다.
'찬성 1'의 '별점을 매길 때 만족도에 대한 개인의 주관이 강하게 개입되어 객관적이지 못하기 때문입니다.'를 통해, 별점 평가제에 주관이 개입된다는 내용을 확인할 수 있다.

② 척도에 부여하는 가치가 사람마다 다르다.
'찬성 1'의 '별점 평가의 단계별 척도인 별 한 개에 부여하는 가치도 사람마다 다릅니다.'를 통해, 척도에 부여하는 가치가 사람마다 다르다는 내용을 확인할 수 있다.

③ 악의적인 별점으로 인해 판매가 급감한 사례가 있다.
'찬성 1'의 '몇몇 소비자들이 악의적으로 매긴 허위 별점이 다른 소비자들에게 영향을 미쳐 판매가 급감한 사례를 흔히 들 수 있습니다.'를 통해, 악의적인 별점으로 인해 판매가 급감한 사례가 있음을 확인할 수 있다.

☑ 별점 평가의 결과는 직관적으로 확인될 수 있으므로 신뢰할 수 있다.
'반대 1'의 '직관적으로 표현된 별점 평가를 통해 소비자들은 구매에 필요한 정보를 쉽고 빠르게 얻을 수 있기 때문입니다.'를 통해, 별점 평가가 직관적으로 표현되어 있다는 것은 언급되고 있다. 하지만 이를 통해 별점 평가의 결과를 신뢰할 수 있다는 내용은 확인할 수 없다.

⑤ 소비자의 표현의 자유가 침해된다.
'반대 1'의 '별점 평가제는 이미 소비자들이 ~ 그러한 표현의 자유가 침해될 것입니다.'를 통해, 소비자의 표현의 자유가 침해될 수 있다는 내용을 확인할 수 있다.

05 말하기 방식 파악   정답률 89% | 정답 ②

[A]와 [B]에 대한 설명으로 가장 적절한 것은?

① [A]의 '반대 2'와 [B]의 '찬성 2'는 모두, 상대 측 근거의 적절성에 의문을 제기한 후 추가 자료를 요구하고 있다.
[A]의 '반대 2'는 상대 측의 발언 일부를 재진술하면서 근거를 구체적으로 제시할 것을 요구하고 있으므로, [A]의 '반대 2'는 상대 측 근거의 적절성에 의문을 제기하였다고 볼 수 없고, 추가 자료를 요구하지도 않고 있다. 그리고 [B]의 '찬성 2'는 상대 측의 발언 일부를 재진술하며 자신의 의견을 드러내면서 이에 대한 의견을 요구하고 있으므로, [B]의 '찬성 2'는 상대 측 근거의 적절성에 의문을 제기하였다고 볼 수 없고, 추가 자료도 요구하지 않고 있다.

☑ [A]의 '반대 2'와 [B]의 '찬성 2'는 모두, 상대 측의 발언 일부를 재진술한 후 자신의 질문에 응답할 것을 요청하고 있다.
[A]의 '반대 2'의 '악의적으로 매긴 허위 별점으로 인한 판매자들의 피해 사례를 흔히 들 수 있다고 하셨는데요'를 통해 상대 측의 발언 일부를 재진술한 것을 확인할 수 있고, '그렇게 말씀하신 근거를 구체적으로 제시해 주시겠습니까?'를 통해 자신의 질문에 응답할 것을 요청하고 있음을 알 수 있다. 그리고 [B]의 '찬성 2'의 '별점 평가제가 소비자들이 의사 표현을 할 수 있는 통로로 자리 잡았다고 하셨는데요'를 통해 상대 측의 발언 일부를 재진술한 것을 확인할 수 있고, '이에 대한 의견을 말씀해 주시겠어요?'를 통해 자신의 질문에 응답할 것을 요청하고 있음을 알 수 있다.

③ [A]의 '반대 2'와 [B]의 '찬성 2'는 모두, 상대 측의 주장이 실현되었을 때를 가정한 후 예상되는 문제점을 언급하고 있다.
[A]의 '반대 2'와 [B]의 '찬성 2'의 말을 통해, 상대 측의 주장이 실현되었을 때를 가정한 후 예상되는 문제점을 언급한 내용은 찾아볼 수 없다.

④ [A]의 '찬성 1'과 [B]의 '반대 1'은 모두, 상대 측의 문제 제기를 일부 인정한 후 자신의 의견과 절충하고 있다.
[A]의 '찬성 1'의 발언을 통해 상대 측의 문제 제기를 인정하지 않고 있다. 그리고 [B]의 '반대 1'은 상대 측의 의견을 일부 인정하고 있지만 이를 자신의 의견과 절충하지는 않고 있다.

⑤ [A]의 '찬성 1'과 [B]의 '반대 1'은 모두, 상대 측이 사용한 용어의 모호성을 언급한 후 상대 측의 질문이 논제에서 벗어난다고 지적하고 있다.

[A]의 '찬성 1'과 [B]의 '반대 1' 모두 상대 측이 사용한 용어의 모호성을 언급하거나 상대 측의 질문이 논제에서 벗어난다고 지적하지는 않고 있다.

06 글쓰기 계획의 반영 여부 판단   정답률 93% | 정답 ②

다음은 (가)를 바탕으로 (나)를 쓰기 위해 작성한 작문 계획이다. (나)에 반영되지 <u>않은</u> 것은? [3점]

> [1문단]
> ○ 논제에 대한 나의 흥미를 밝히며 글을 시작해야겠어.
> ○ 별점 평가제에 대한 나의 생각을 밝혀야겠어.
> [2문단]
> ○ 토론을 통해 내가 새롭게 알게 된 점을 제시해야겠어. ·········· ①
> ○ 토론 전에 떠올린 의문점이 해소되었음을 밝혀야겠어. ·········· ②
> [3문단]
> ○ 별점 평가제와 관련된 나의 경험을 사례로 제시해야겠어. ·········· ③
> ○ 별점 평가제의 문제점을 보완할 수 있는 방안을 찾아 제시해야겠어. ·········· ④
> [4문단]
> ○ 별점 평가제에 대한 소비자와 판매자 모두의 노력이 필요함을 언급하며 글을 마무리해야겠어. ·········· ⑤

① 토론을 통해 내가 새롭게 알게 된 점을 제시해야겠어.
2문단의 '하지만 토론을 들으며 ~ 미처 생각하지 못한 점이다.'를 통해 확인할 수 있다.

✓ 토론 전에 떠올린 의문점이 해소되었음을 밝혀야겠어.
(나)의 2문단을 통해 토론을 들으며 별점 평가에 대해 새롭게 알게 된 사실과 찬성 측의 발언을 듣고 별점 평가제에 대한 생각이 달라졌다는 내용을 알 수 있다. 하지만 토론하기 전에 떠올린 의문점이 해소되었다는 내용은 확인할 수 없다.

③ 별점 평가제와 관련된 나의 경험을 사례로 제시해야겠어.
3문단의 '토론이 끝나고 친구와 함께 ~ 서로 다르다는 것을 알게 되었다.'를 통해, 별점 평가제와 관련된 나의 경험을 사례로 제시하고 있음을 알 수 있다.

④ 별점 평가제의 문제점을 보완할 수 있는 방안을 찾아 제시해야겠어.
3문단의 '별점 평가가 보다 객관적인 ~ 방안 등이 논의되고 있었다.'를 통해, 별점 평가제의 문제점을 보완할 수 있는 방안이 제시되어 있음을 알 수 있다.

⑤ 별점 평가제에 대한 소비자와 판매자 모두의 노력이 필요함을 언급하며 글을 마무리해야겠어.
4문단의 '소비자는 객관적인 태도로 별점 평가를 하도록 노력하고 판매자는 별점 평가를 통한 소비자의 표현을 존중하면서' 를 통해, 별점 평가제에 대한 소비자와 판매자 모두의 노력이 필요함을 언급하고 있음을 알 수 있다. 따라서 별점 평가제에 대한 소비자와 판매자 모두의 노력이 필요함을 언급하며 글을 마무리해야겠다는 계획은 반영되었다고 할 수 있다.

07 고쳐쓰기의 적절성 판단   정답률 93% | 정답 ④

(나)의 ㉠~㉤을 고쳐 쓰기 위한 방안으로 적절하지 <u>않은</u> 것은?

① ㉠ : 단어의 쓰임이 적절하지 않으므로 '달라졌다'로 고친다.
'틀려졌다'는 '마음이나 행동 따위가 올바르지 못하고 비뚤어지다.'의 의미이므로, '비교되는 두 대상이 서로 같지 아니하다.'의 뜻을 가진 '달라졌다'로 고치는 것은 적절하다.

② ㉡ : 글의 통일성을 해치는 내용이므로 삭제한다.
'요즘은 컴퓨터보다 스마트폰으로 별점 평가에 참여하는 경우가 더 많다.'는 통일성을 해치는 내용이므로 삭제하는 것이 적절하다.

③ ㉢ : 문장 간의 연결 관계를 고려하여 '그래서'로 고친다.
별점 평가의 문제점에 대해 언급 후 문제점을 보완할 방법을 제시하고 있으므로 '그러나'를 '그래서'로 고치는 것이 적절하다.

✓ ㉣ : 문장 성분 간의 호응을 고려하여 '논의하고'로 고친다.
㉣을 '논의하고'로 고치게 되면 오히려 주어와 서술어의 호응이 되지 않으므로 '논의되고'를 고치면 안 된다.

⑤ ㉤ : 의미가 중복되었으므로 '유용한'으로 고친다.
'유용하고'는 '쓸모가 있는'의 의미이므로 의미가 중복되지 않도록 ㉤을 '유용한'으로 고치는 것이 적절하다.

[08~10] 작문

08 글쓰기 계획의 적절성 파악   정답률 92% | 정답 ③

(가)의 작문 상황을 고려하여 (나)를 작성했다고 할 때, 학생의 초고에 활용된 글쓰기 전략으로 적절하지 <u>않은</u> 것은?

① 예상 독자를 고려하여 정중한 인사로 글을 시작한다.
(나)의 1문단의 '교장 선생님, 안녕하십니까.'를 통해, 예상 독자인 교장 선생님을 고려하였음을 알 수 있다.

② 작문 목적을 고려하여 해결 방안을 세 가지로 나누어 구체적으로 제시한다.
(나)의 4문단에서는 '교장 선생님께 다음 세 가지 ~ 개방해 주시기 바랍니다.', '다음으로, 다양한 주제에 ~ 고려해 주시기 바랍니다.', '마지막으로, 대출 중인 ~ 도입해 주시기 바랍니다.'라고 해결 방안을 세 가지로 나누어 구체적으로 제시하고 있다. 이를 통해 도서관 이용률을 높이기 위한 해결 방안을 건의한다는 작문 목적을 고려하여 해결 방안을 세 가지로 나누어 구체적으로 제시하였음을 알 수 있다.

✓ 작문 목적을 고려하여 건의가 수용되지 않을 경우를 대비한 차선책을 제시한다.
(나)의 내용을 통해 건의가 수용되지 않을 경우를 대비한 차선책은 찾아볼 수 없다.

④ 작문 목적을 고려하여 문제 상황을 알기 쉽게 설명할 수 있는 통계 자료를 제시한다.
(나)의 2문단의 '학생 1인당 연간 대출 ~ 알게 되었습니다.'를 통해, 도서관 이용률이 저조하다는 문제 상황을 알기 쉽게 설명할 수 있는 통계 자료를 제시했음을 알 수 있다. 따라서 도서관 이용률을 높이기 위한 해결 방안을 건의한다는 작문 목적을 고려하여 문제 상황을 알기 쉽게 설명할 수 있는 통계 자료를 제시하였음을 알 수 있다.

⑤ 예상 독자를 고려하여 건의 사항과 함께 건의 주체가 기여할 수 있는 역할을 제시한다.

(나)의 4문단에서 예상 독자인 교장 선생님을 고려하여 도서관 개방 시간 연장에 대한 건의 사항과 함께 '방과 후 개방 시간에는 ~ 관리를 돕겠습니다.'라고 건의 주체인 도서부가 기여할 수 있는 역할을 제시했음을 알 수 있다.

09 자료를 활용한 초고의 보완   정답률 84% | 정답 ④

다음은 (나)를 보완하기 위해 추가로 수집한 자료이다. 자료의 활용 방안으로 적절하지 <u>않은</u> 것은? [3점]

[자료 1] 통계 자료

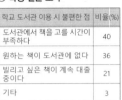
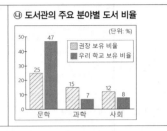

㉮ 학생 설문 조사	
학교 도서관 이용 시 불편한 점	비율(%)
도서관에서 책을 고를 시간이 부족하다	40
원하는 책이 도서관에 없다	36
빌리고 싶은 책이 계속 대출 중이다	21
기타	3

㉯ 도서관의 주요 분야별 도서 비율 (단위: %)
(권장 보유 비율 / 우리 학교 보유 비율)
문학 25 / 47, 과학 15 / 7, 사회 12 / 8

[자료 2] 전문가 인터뷰
통계 자료에 따르면 청소년들의 전자책 이용 비율이 해마다 증가하여 37%에 이르고 있습니다. 이는 시간과 장소에 구애받지 않고 언제든지 대출해서 볼 수 있는 전자책의 특징 때문이라고 판단됩니다. 특히 구독형 전자책은 도서 한 권당 대출 인원에 제한이 없어 수요가 많은 도서도 여러 사람이 동시에 대출할 수 있다는 장점이 있습니다. 실제로 많은 학교의 도서관에서 이를 도입하여 학생들의 독서율을 높이고 있습니다.

[자료 3] 신문 기사

> ○○일보   ○○○○년 ○월 ○일
> ### 학교 도서관에서 나만을 위한 맞춤형 책 추천
> 북 큐레이션(Book-Curation) 서비스가 학교 도서관 활성화를 위한 방안으로 떠오르고 있다. 북 큐레이션은 학교 홈페이지 등에서 개인의 필요와 흥미에 맞는 도서를 선별하여 학생에게 추천해 주는 서비스로, 도서관을 이용하는 학생들이 빠르고 편리하게 자신에게 맞는 책을 찾는 데 큰 도움을 줄 것으로 기대된다.

① 원인 분석의 근거를 강화하기 위해 학교 도서관을 잘 이용하지 않는 세 가지 원인을 [자료 1-㉮]를 활용하여 구체적인 수치로 제시해야겠군.
[자료 1-㉮]에 학교 도서관 이용 시 불편한 점이 '도서관에서 책을 고를 시간이 부족하다'가 40%, '원하는 책이 도서관에 없다'가 36%, '빌리고 싶은 책이 계속 대출 중이다'가 21%로 나타나 있다. 따라서 원인 분석의 근거를 강화하기 위해 학교 도서관을 잘 이용하지 않는 세 가지 원인을 [자료 1-㉮]를 활용하여 구체적인 수치로 제시해야겠다는 것은 적절하다.

② 문제 상황의 원인을 강조하기 위해 우리 학교 도서관의 책들이 권장 보유 비율에 비해 특정 분야에 편중되어 있다는 점을 [자료 1-㉯]를 활용하여 추가로 제시해야겠군.
[자료 1-㉯]에 문학 분야 도서의 우리 학교 보유 비율은 47%인데, 권장 보유 비율은 25%로 나타나 있다. 따라서 우리 학교 도서관의 책들이 문학이라는 특정 분야에 편중되어 있다는 문제 상황을 강조하기 위해 우리 학교 도서관의 책들이 권장 보유 비율에 비해 특정 분야에 편중되어 있다는 점을 [자료 1-㉯]를 활용하여 추가로 제시해야겠다는 것은 적절하다.

③ 해결 방안을 구체화하기 위해 구독형 전자책의 경우 동시에 대출할 수 있는 인원 제한이 없다는 점을 [자료 2]를 활용하여 제시해야겠군.
[자료 2]에 구독형 전자책은 도서 한 권당 대출 인원에 제한이 없다는 점이 나타나 있다. 따라서 전자책 서비스 도입이라는 해결 방안을 구체화하기 위해 구독형 전자책의 경우 동시에 대출할 수 있는 인원 제한이 없다는 점을 [자료 2]를 활용하여 제시해야겠다는 것은 적절하다.

✓ 해결 방안을 추가하기 위해 북 큐레이션 서비스를 도입해 문학 도서 위주로 추천하면 우리 학교 도서관의 분야별 도서 비율 차이를 줄일 수 있다는 점을 [자료 1-㉯]와 [자료 3]을 활용하여 제시해야겠군.
[자료 1-㉯]를 통해 우리 학교 도서관의 분야별 도서 보유 비율이 불균형하다는 점을 알 수 있다. 하지만 [자료 3]에서 북 큐레이션 서비스는 학생 개인의 필요와 흥미에 따라 책을 추천하는 것이므로 문학 도서 위주로 추천하는 것은 아니고, 또한 북 큐레이션 서비스는 도서 보유 비율과 무관하므로 적절하지 않다.

⑤ 해결 방안을 보완하기 위해 전자책과 북 큐레이션 서비스의 도입이 학생들의 시간적 제약을 줄여 주어 도서관 이용 가능 시간이 부족하다는 문제를 해결해 줄 수 있음을 [자료 2]와 [자료 3]을 활용하여 제시해야겠군.
[자료 2]에 시간에 구애받지 않고 언제든지 대출할 수 있다는 전자책의 특징이 나타나 있고, [자료 3]에 북 큐레이션 서비스가 학생들이 도서관에서 빠르게 자신에게 맞는 책을 찾는 데 도움을 줄 수 있다는 점이 나타나 있다. 따라서 해결 방안을 보완하기 위해 전자책과 북 큐레이션 서비스의 도입이 학생들의 시간적 제약을 줄여 주어 도서관 이용 가능 시간이 부족하다는 문제를 해결해 줄 수 있음을 [자료 2]와 [자료 3]을 활용하여 제시해야겠다는 것은 적절하다.

10 조건에 따른 표현   정답률 82% | 정답 ③

㉠을 위한 문구를 〈조건〉에 따라 작성한 것으로 가장 적절한 것은?

> ── 〈조건〉 ──
> ○ 학생들의 도서관 이용을 장려하는 내용을 포함할 것.
> ○ 전달 효과를 높이기 위해 직유법을 활용할 것.

① 좋은 책을 읽는 것은 과거의 가장 뛰어난 사람과 대화를 나누는 것입니다. 우리 모두 좋은 책을 많이 읽읍시다.
학생들의 도서관 이용을 장려하는 내용이 포함되어 있지만, 직유법을 활용하지 않고 있다.

② 도서관을 이용하는 학생은 그렇지 않은 학생에 비해 3배 더 많은 책을 읽는다고 합니다. 우리 학교 도서관을 찾아 주세요.

학생들의 도서관 이용을 장려하는 내용이 포함되어 있지만, 직유법을 활용하지 않고 있다.

☑ 지식의 세계를 여는 열쇠와 같은 책은 우리를 성장하게 합니다. 오늘 본 책으로 내일 더 자랄 수 있도록 도서관에 들러 보세요.
〈조건〉을 통해 내용상 조건이 '학생들의 도서관 이용을 장려하는 내용을 포함'하는 것이고, 표현상 조건이 '직유법을 활용하는 것임을 알 수 있다. 이러한 〈조건〉을 만족하는 것은 ③으로, ③의 '지식의 세계를 여는 열쇠와 같은 책'을 통해 직유법이 활용되고 있음을 알 수 있고, '오늘 본 책으로 내일 더 자랄 수 있도록 도서관에 들러 보세요.'에서 도서관 이용을 장려하는 내용을 포함하고 있음을 알 수 있다.

④ 알람 시계가 아침을 깨우듯 책은 우리의 일상을 깨워 줍니다. 우리 스스로 마음의 양식인 책을 많이 구입해서 하루를 알차게 만듭시다.
직유법을 활용하고 있지만 학생들의 도서관 이용을 장려하는 내용이 포함되어 있지 않다.

⑤ 도서관에는 학생들이 앉아서 책을 읽을 충분한 공간이 부족합니다. 우리가 마음껏 책 속에서 뛰놀 수 있도록 운동장같이 넓은 도서관을 만들어 주세요.
직유법을 활용하고 있지만 학생들의 도서관 이용을 장려하는 내용이 포함되어 있지 않다.

[11~15] 문법

★★★ 등급을 가르는 문제!

11 사이시옷의 표기 이해　　정답률 30% | 정답 ③

윗글을 바탕으로 사이시옷 표기에 대해 이해한 내용으로 적절하지 않은 것은?

① '아래옷'과 달리 '아랫마을'은 앞말의 끝소리에 'ㄴ' 소리가 덧나기 때문에 사이시옷이 표기된 것이겠군.
'아랫마을'은 '아래'와 '마을'이 결합해 [아랜마을]로 발음되므로 앞말의 끝소리에 'ㄴ' 소리가 덧나 사이시옷을 표기한 것이라 할 수 있다. 이와 달리 '아래옷'은 두 단어가 결합하는 형태가 고유어와 고유어의 결합이지만, 뒷말의 첫소리 'ㄴ, ㅁ' 앞에서 'ㄴ' 소리나 'ㄴㄴ' 소리가 덧나는 경우에 당하지 않으므로 사이시옷을 표기하지 않은 것이다.

② '고깃국'과 달리 '해장국'은 앞말이 모음으로 끝나지 않았기 때문에 사이시옷이 표기되지 않은 것이겠군.
제시된 글의 '이러한 합성어의 앞말이 모음으로 끝나고 두 단어가 결합하여 발생하는 음운론적 현상'을 통해, '해장국'은 앞말이 모음으로 끝나지 않았기 때문에 사이시옷이 표기되지 않은 것이라 할 수 있다. 반면에 '고깃국'은 앞말이 모음으로 끝나고 [고긷꾹]으로 뒷말의 첫소리가 된소리로 바뀌는 경우에 해당하므로 사이시옷이 표기된 것이라 할 수 있다.

☑ '코마개'와 달리 '콧날'은 뒷말의 첫소리 모음 앞에서 'ㄴㄴ' 소리가 덧나기 때문에 사이시옷이 표기된 것이겠군.
'콧날'은 '코'와 '날'이 결합해 [콘날]로 발음되므로 '뒷말의 첫소리 'ㄴ, ㅁ' 앞에서 'ㄴ' 소리가 덧나는 경우'에 해당한다. 따라서 '콧날'이 뒷말의 첫소리 모음 앞에서 'ㄴㄴ' 소리가 덧나기 때문에 사이시옷이 표기된 것이라는 이해는 적절하지 않다. 한편 '코마개'는 두 단어가 결합하는 형태가 고유어와 고유어의 결합이지만, 뒷말의 첫소리 'ㄴ, ㅁ' 앞에서 'ㄴ' 소리나 'ㄴㄴ' 소리가 덧나는 경우에 해당하지 않으므로 사이시옷을 표기하지 않은 것이다.

④ '우윳빛'과 달리 '오렌지빛'은 합성어를 구성하는 단어의 결합 형태를 고려하여 사이시옷을 표기하지 않은 것이겠군.
제시된 글을 통해 단일어이거나 접사가 결합하여 만들어진 단어인 파생어에는 사이시옷이 표기되지 않고, 외래어가 포함된 합성어나 한자어만으로 구성된 합성어의 경우에도 사이시옷이 표기되지 않음을 알 수 있다. '우윳빛'은 한자어 '우유'와 고유어 '빛'이 결합한 형태이며, '오렌지빛'은 외래어 '오렌지'와 고유어 '빛'이 결합된 형태이므로, '오렌지빛'은 '우윳빛'과 달리 '외래어가 포함된 합성어'로 사이시옷을 표기하지 않는 경우에 해당함을 알 수 있다.

⑤ '모래땅'과 달리 '모랫길'은 두 단어가 결합할 때 뒷말의 첫소리가 된소리로 바뀌었기에 사이시옷이 표기된 것이겠군.
'모랫길'은 '모래'와 '길'이 결합하여 [모래낄/모랟낄]로 발음되므로 '뒷말의 첫소리가 된소리로 바뀌는 경우'에 해당하여 사이시옷이 표기된 것이다. 반면에 '모래땅'은 '모래'와 '땅'이 결합된 형태로 뒷말의 첫소리가 본래 된소리이므로 사이시옷이 표기되지 않은 것이다.

★★ 문제 해결 꿀~팁 ★★

▶ 많이 틀린 이유는?
이 문제는 글에 제시된 사이시옷 표기의 내용을 정확하게 이해하지 못하였거나, 글의 내용을 사이시옷이 일어나거나 그렇지 않은 단어에 적용하는 과정에서 어려움을 겪어 오답률이 높았던 것으로 보인다.

▶ 문제 해결 방법은?
이 문제를 해결하기 위해서는 글에 제시된 사이시옷 표기에 대해 정확히 이해하면서, 이를 실제 사례에 적용해야 한다. 정답인 ③의 경우 뒷말의 첫소리 'ㄴ, ㅁ' 앞에서 'ㄴ' 소리나 'ㄴㄴ' 소리가 덧나는 경우에 사잇소리가 난다고 하였으므로, '콧날'에 대해 설명한 내용이 글의 내용을 통해 적절한지 판단해야 한다. 이를 바탕으로 할 때, '콧날'은 '코'와 '날'이 결합해 [콘날]로 발음되므로 뒷말의 첫소리 모음 앞에서 'ㄴㄴ' 소리가 덧나기 때문에 사이시옷이 표기된 것이라는 설명은 적절하지 않음을 알 수 있다. 이 문제에서 알 수 있듯이 문법 문제에서 글이 제시될 경우에는 선택지에서 설명하고 있는 내용이 글의 어느 내용과 관련이 있는지 파악하여 적절성을 판단할 수 있어야 한다.

▶ 오답인 ②를 많이 선택한 이유는?
이 문제의 경우 학생들이 ②가 적절하다고 하여 오답률이 높았는데, 이는 사이시옷이 표기된 '고깃국'을 '고깃+국'으로 잘못 분석하여 앞말이 모음으로 끝나지 않았다고 생각했기 때문으로 보인다. 글을 통해서도 알 수 있듯이 두 단어 또는 형태소가 결합하여 만들어진 합성어의 두 요소 사이에 표기하는 'ㅅ'이 사이시옷임을 알 수 있으므로, '고깃국'은 사잇소리가 들어간 표기임을 알 수 있다. 따라서 '고기+국'으로 분석되므로 앞말이 모음으로 끝나 사잇소리가 표기된 것임을 알 수 있다.

12 사이시옷의 표기 적용　　정답률 71% | 정답 ①

〈보기〉는 윗글을 이해하기 위한 탐구 학습지의 일부이다. ㉠~㉢에 들어갈 말로 적절한 것은? [3점]

〈보 기〉

[탐구 과제]
[탐구 자료]를 활용하여 제시된 단어들의 올바른 표기를 쓰고, 그 이유를 설명해 보자.

○ 해 + 살 → (　　　　)　　○ 해 + 님 → (　　　　)

[탐구 자료]
살²「명사」
(일부 명사 뒤에 붙어) 해, 볕, 불 또는 흐르는 물 따위의 내비치는 기운.

살-⁶「접사」
온전하지 못함의 뜻을 더하는 접두사.

-님⁴「접사」
(사람이 아닌 일부 명사 뒤에 붙어) '그 대상을 인격화하여 높임'의 뜻을 더하는 접미사.

님⁵「명사」
(일부 속담에 쓰여) '임'을 이르는 말.

[탐구 결과]
'해'와 '살'이 결합한 단어의 표기는 (㉠)이고, '해'와 '님'이 결합한 단어의 표기는 (㉡)입니다. 사이시옷은 합성어의 두 요소 사이에 표기하는 것이기 때문에 (㉢)가 결합한 경우 사이시옷을 적지 않습니다.

	㉠	㉡	㉢
☑	햇살	해님	접사

'해'와 '살'이 결합할 때, 이때의 '살'은 [탐구 자료]에 제시된 '살²'에 해당하는 명사임을 알 수 있으므로 ㉠은 합성어에 해당한다. 그리고 제시된 글을 통해 합성어에서 뒷말의 첫소리가 된소리로 바뀌는 경우 사이시옷을 표기함을 알 수 있으므로, '해'와 '살'이 결합할 때, 뒷말의 첫소리가 된소리로 바뀌므로 ㉠에 들어갈 말은 '햇살'이다. 그리고 '해'와 '님'이 결합할 때, 이때의 '님'은 [탐구 자료]의 '-님'에 해당하는 접사임을 알 수 있으므로, ㉡은 파생어에 해당함을 알 수 있다. 그리고 제시된 글을 통해 합성어와 달리 접사가 결합하여 만들어진 단어인 파생어에는 사이시옷이 표기되지 않으므로 '해님'의 형태가 적절함을 알 수 있다. 따라서 ㉡에 들어갈 말은 '해님', ㉢에 들어갈 말은 '접사'임을 알 수 있다.

	㉠	㉡	㉢
②	햇살	해님	명사
③	햇살	햇님	접사
④	해살	해님	명사
⑤	해살	햇님	명사

13 교체 현상의 이해 및 분류　　정답률 79% | 정답 ⑤

〈보기〉는 수업의 일부이다. 선생님의 질문에 대한 답으로 적절한 것은?

〈보 기〉

선생님 : 음운 변동 중 교체가 일어날 때 앞 음절의 종성과 뒤 음절의 초성 자리에 놓인 두 음운이 만나서 그중 하나가 바뀌는 경우가 있습니다. ㉠은 뒤 음절의 초성 자리에 놓인 음운이 바뀌는 경우이고, ㉡은 앞 음절의 종성 자리에 놓인 음운이 바뀌는 경우를 나타냅니다.

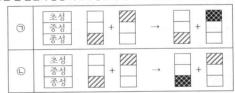

그럼, 표준 발음에 따라 다음 단어들을 ㉠과 ㉡으로 나눠 볼까요?

먹물, 중력, 집념, 칼날, 톱밥

	㉠	㉡
①	먹물, 칼날	중력, 집념, 톱밥
②	중력, 집념	먹물, 칼날, 톱밥
③	먹물, 집념, 톱밥	중력, 칼날
④	먹물, 중력, 집념	칼날, 톱밥
☑	중력, 칼날, 톱밥	먹물, 집념

'중력'은 [중녁]으로 발음되어 뒤 음절의 초성 자리에 놓인 음운이 바뀌고, '칼날'은 [칼랄]로 발음되어 뒤 음절의 초성 자리에 놓인 음운이 바뀌며, '톱밥'은 [톱빱]으로 발음되어 뒤 음절의 초성 자리에 놓인 음운이 바뀌므로 '중력', '칼날', '톱밥'은 ㉠에 해당한다. 그리고 '먹물'은 [멍물]로 발음되어 앞 음절의 종성 자리에 놓인 음운이 바뀌고, '집념'은 [짐념]으로 발음되어 앞 음절의 종성 자리에 놓인 음운이 바뀌므로 '먹물', '집념'은 ㉡에 해당한다.

14 높임법의 특성 적용　　정답률 50% | 정답 ②

〈보기 1〉을 바탕으로 〈보기 2〉에 대해 설명한 내용으로 적절하지 않은 것은?

〈보기 1〉

주체 높임법은 문장의 주어인 서술의 주체에 대하여 높임의 태도를 나타내는 방법이다. 객체 높임법은 문장의 목적어나 부사어가 지시하는 대상, 곧 서술의 객체에 대하여 높임의 태도를 나타내는 방법이다. 주체 높임과 객체 높임의 대상은 문장에서 표면적으로 드러나기도 하고 생략되기도 한다. 한편, 상대 높임법은 화자가 청자인 상대방에 대하여 높이거나 낮추는 태도를 나타내는 방법이다. 한 문장 안에서도 다양한 높임법이 쓰일 수 있다.

〈보기 2〉

〈아들과 아버지의 통화〉
아들 : ⓐ 아버지, 집에 언제 도착하시나요?
아버지 : 무슨 일이니?
아들 : ⓑ 할머니께서 아버지께 전화해 보라고 하셨어요. ⓒ 아버지께 드릴 말씀도 있어서요.
아버지 : 그래, 거의 다 왔으니 집에 가서 얘기하자. 그런데 할머니 아직 안 주무시니?
아들 : ⓓ 아직 안 주무셔요. ⓔ 방금 어머니께서 할머니 모시고 나가셨어요.

① ⓐ는 주체 높임과 상대 높임의 대상이 같다.
ⓐ인 '아버지, 집에 언제 도착하시나요?'에서 주체 높임의 대상은 서술의 주체인 '아버지'이고, 상대 높임의 대상은 대화의 청자인 '아버지'이므로, 주체 높임과 상대 높임의 대상이 같다.

☑ ⓑ는 객체 높임과 상대 높임의 대상이 다르다.

12회

ⓑ인 '할머니께서 아버지께 전화해 보라고 하셨어요.'에서 객체 높임의 대상은 서술의 객체인 '아버지'이고, 상대 높임의 대상은 대화의 청자인 '아버지'이다. 따라서 ⓑ에서 객체 높임과 상대 높임의 대상이 다르다고 설명한 내용은 적절하지 않다.

③ ⓒ는 객체 높임과 상대 높임의 대상이 같다.
ⓒ인 '아버지께 드릴 말씀도 있어서요.'에서 객체 높임의 대상은 서술의 객체인 '아버지'이고, 상대 높임의 대상은 대화의 청자인 '아버지'이므로, 객체 높임과 상대 높임의 대상이 같다.

④ ⓓ는 주체 높임과 상대 높임의 대상이 다르다.
ⓓ인 '아직 안 주무셔요.'에서 주체 높임의 대상은 생략된 서술의 주체인 '할머니'이고, 상대 높임의 대상은 대화의 청자인 '아버지'이므로, 주체 높임과 상대 높임의 대상은 다르다.

⑤ ⓔ는 주체 높임, 객체 높임, 상대 높임의 대상이 모두 다르다.
ⓔ인 '방금 어머니께서 할머니 모시고 나가셨어요.'에서 주체 높임의 대상은 서술의 주체인 '어머니'이고, 객체 높임의 대상은 서술의 객체인 '할머니'이고, 상대 높임의 대상은 대화의 청자인 '아버지'이므로, 주체 높임, 객체 높임, 상대 높임의 대상은 모두 다르다.

★★★ 등급을 가르는 문제! ★★★
15 중세 국어의 특징 이해 정답률 26% | 정답 ②

〈보기〉에 대한 이해로 적절하지 않은 것은?

─〈보 기〉─

ㄱ. 羅睺羅(라후라)ㅣ 得道(득도)ᄒᆞ야 도라가샤 어미를 濟渡(제도)ᄒᆞ야
(라후라가 득도하여 돌아가서 어미를 제도하여)

ㄴ. 瞿曇(구담)이 오솔 니브샤 深山(심산)애 드러 果實(과실)와 믈와 좌시고
(구담의 옷을 입으시어 깊은 산에 들어 과일과 물을 자시고)

ㄷ. 南堀(남굴)ㅅ 仙人(선인)이 ᄒᆞᆫ ᄯᆞ를 길어 내니 …… 時節(시절)에 자최마다 蓮花(연화)ㅣ 나ᄂᆞ니이다.
(남굴의 선인이 한 딸을 길러 내니 …… 시절에 자취마다 연꽃이 납니다.)

ㄹ. 네가짓 受苦(수고)ᄂᆞᆫ 生(생)과 老(로)와 病(병)과 死(사)왜라
(네 가지 괴로움은 태어남과 늙음과 병듦과 죽음이다.)

① ㄱ의 '羅睺羅(라후라)ㅣ'와 ㄷ의 '仙人(선인)이'에는 주어의 자격을 부여해 주는 조사의 형태가 서로 다르게 사용되었군.
ㄱ의 '羅睺羅(라후라)ㅣ'는 '羅睺羅(라후라)'에 'ㅣ'가, ㄷ의 '仙人(선인)이'는 '仙人(선인)'에 '이'가 결합하고 있는데, 이때 'ㅣ'와 '이'는 현대어 풀이에서 각각 주격 조사 '가'와 '이'에 대응하고 있다.

✔ ㄱ의 '어미를'과 ㄷ의 'ᄯᆞ를'에는 목적어의 자격을 부여해 주는 조사의 형태가 서로 동일하게 사용되었군.
ㄱ의 '어미를'은 '어미'에 '를'이, ㄷ의 'ᄯᆞ를'은 'ᄯᆞᆯ'에 '을'이 결합하고 있으며, 이때 '를'과 '을'은 현대어 풀이에서 각각 목적격 조사 '를'과 '을'에 대응하고 있다. 따라서 조사의 형태가 서로 동일하게 사용되었다는 이해는 적절하지 않다.

③ ㄴ의 '瞿曇(구담)이'와 ㄷ의 '南堀(남굴)ㅅ'에는 모두 관형어의 자격을 부여해 주는 조사가 사용되었군.
ㄴ의 '瞿曇(구담)이'는 '瞿曇(구담)'에 '이'가, ㄷ의 '南堀(남굴)ㅅ'은 '南堀(남굴)'에 'ㅅ'이 결합하고 있는데, 이때 '이'와 'ㅅ'은 모두 현대어 풀이에서 관형격 조사 '의'에 대응하고 있다.

④ ㄴ의 '深山(심산)애'와 ㄷ의 '時節(시절)에'에는 모두 부사어의 자격을 부여해 주는 조사가 사용되었군.
ㄴ의 '深山(심산)애'는 '深山(심산)'에 '애'가, ㄷ의 '時節(시절)에'는 '時節(시절)'에 '에'가 결합하고 있는데, 이때 '애'와 '에'는 현대어 풀이에서 모두 부사격 조사 '에'에 대응하고 있다.

⑤ ㄴ의 '果實(과실)와'와 ㄹ의 '病(병)과'에는 모두 단어와 단어를 이어주는 조사가 사용되었군.
ㄴ의 '果實(과실)와'는 '果實(과실)'에 '와'가, ㄹ의 '病(병)과'는 '病(병)'에 '과'가 결합하고 있는데, 이때 '와'와 '과'는 모두 현대어 풀이에서 조사 '과'에 대응하고, 각각 '果實(과실)'과 '믈', '病(병)'과 '死(사)'를 이어주고 있다.

★★ 문제 해결 꿀~팁 ★★

▶ 많이 틀린 이유는?
이 문제는 중세 국어에 대한 정확한 이해가 부족하여 오답률을 높였던 것으로 보인다. 또한 중세 국어의 특징 중 하나인 이어쓰기를 이해하지 못한 것도 오답률을 높였던 것으로 보인다.

▶ 문제 해결 방법은?
이 문제를 해결하기 위해서는 일차적으로 중세 국어와 현대 국어를 비교할 수 있어야 한다. 정답인 ②에 제시된 ㄱ의 '어미를'이 현대 국어에서는 '어미를'로, ㄷ의 'ᄯᆞ를'은 현대 국어에서 '딸을'로 쓰였음을 알아야 한다. 그런 다음 현대 국어를 바탕으로 목적격 조사가 어떻게 쓰였는지 판단하면 되는데, '어미를'은 '어미'에 '를'이, 'ᄯᆞ를'은 'ᄯᆞᆯ'에 '을'이 결합하여 이어적기 하였으므로 각각 '를'과 '을'이 쓰였음을 알 수 있다. 또한 오답률이 높았던 ④의 경우에도 현대 국어와 비교해 보았으면 적절하다고 판단할 수 있었을 것이다. 한편 학생들 중에는 이어적기, 즉 'ᄯᆞ'처럼 앞의 끝 자음을 뒤에 이어지는 모음에 이어 쓰는 것을 제대로 이해하지 못해 적절하다고 잘못된 판단을 하였다. 이는 중세 국어의 기본적인 지식 부족 때문이라 할 수 있으므로, 평소 가장 기본적인 중세 국어 지식은 충분히 익힐 수 있어야 한다.

[16~45] 독서·문학

16~19 현대 소설

이청준, 「선학동 나그네」

감상 이 소설은 삶의 한을 예술적 경지로 승화시킨 사람들의 이야기를 다루고 있다. 이 소설에 등장하는 인물들은 하나같이 가슴 속에 한을 지니고 있으며, 이들은 다만 소리를 통해 예술적 승화의 방식으로만 한을 풀어 나간다. 이것은 소리꾼 여인의 모습을 통해 잘 드러나는데 여인은 앞을 못 보게 한 아버지를 원망하거나 원한을 품는 대신 아버지를 용서하고 그 한을 소리로 풀어 나간다. 소리꾼 여인의 사연은 주인 사내와 나그네가 나누는 대화를 통해 하나씩 밝혀지고, 선학동에 돌아와 소리를 하는 소리꾼 여인의 모습은 진정한 예술혼이 무엇인지를 보여 주고 있다.

주제 예술을 통한 삶의 한의 승화

작품 줄거리 어느 날 해 질 무렵 한 나그네가 만조 때 비상학의 자태를 보이는 선학동을 찾아온다. 하지만 들판으로 변해 버린 포구의 모습에 실망하고 하룻밤을 묵기 위해 주막을 찾는다. 여기서 나그네는 집 주인 사내에게서 학을 다시 날아오르게 한 여자에 대한 이야기를 듣게 된다. 30여 년 전 소리꾼 노인이 어린 아들과 눈먼 딸과 함께 주막에 머무르며 딸아이에게 소리를 가르치다 홀연히 주막을 떠났다는 것이다. 오랜 세월이 흐른 뒤 소리꾼 여인이 다시 찾아오고, 여인은 날마다 밀물 때를 잡아서 소리를 하다 아버지의 유골을 묻은 후 떠났다고 했다. 이야기가 끝난 뒤 나그네는 자신이 그 여인의 의붓오빠라며 털어놓고, 주인 사내는 나그네에게 자신을 더 이상 찾지 말라는 여인의 마지막 부탁을 전달한다. 주인 사내는 노인의 무덤 위치를 가르쳐 주며, 사내에게 아버지에 대한 한(恨)을 풀어 버리라고 하지만 사내는 한으로부터 벗어날 수 없는 것이 삶이라면서 또다시 길을 떠난다.

16 서술상 특징 파악 정답률 80% | 정답 ①

윗글의 서술상 특징으로 가장 적절한 것은?

✔ 인물의 회상을 통해 과거와 현재가 연결되고 있다.
이 글에서 주인 사내는 여자가 선학동을 찾아와 소리를 통해 학을 다시 날게 했던 과거의 일을 회상하여 현재 손에게 들려주고 있다. 따라서 이 글은 인물의 회상을 통해 과거와 현재가 연결되었다고 할 수 있다.

② 풍자적 서술을 통해 인물의 행위를 비판하고 있다.
이 글에 풍자적 서술이나, 이를 통해 인물의 행위를 비판한 부분은 찾아볼 수 없다.

③ 반어적 표현을 통해 집단 간의 갈등을 부각하고 있다.
이 글에서 반어적 표현을 찾아볼 수 없고, 집단 간의 갈등 또한 나타나지 않고 있다.

④ 동시에 진행되는 여러 사건을 병렬적으로 제시하고 있다.
이 글에서는 과거에 일어난 사건을 회상하고 있지만, 동시에 진행되는 여러 사건을 병렬적으로 제시하지는 않고 있다.

⑤ 장면마다 서술자를 달리하여 상황을 입체적으로 보여 주고 있다.
이 글은 전체적으로 전지적 작가 시점에서 서술되고 있으므로, 장면마다 서술자를 달리한다고는 볼 수 없다.

17 작품 내용의 이해 정답률 79% | 정답 ③

윗글에 대해 이해한 내용으로 적절하지 않은 것은?

① 손은 여자의 오라비가 가족을 떠난 이유를 주인 사내에게 이야기하고 있다.
손이 주인에게 하는 말인 '오라비가 부녀를 버리고 떠난 것은 차마 그 원망스런 의붓아비를 죽여 없앨 수가 없어서였다.'를 통해 확인할 수 있다.

② 여자는 이전에 온 적이 있는 선학동으로 다시 찾아와서 아비의 유골을 묻었다.
손이 주인에게 하는 말인 '주인장 어렸을 적에 이 마을에 찾아들었다는 그 소리꾼 부녀'를 통해 여자가 이전에 선학동에 온 적이 있다는 것을 알 수 있다. 그리고 '학이 날지 못하는 선학동에 아비의 유골을 묻고 간 여자의 일'이라는 서술을 통해 여자가 선학동에 다시 찾아와서 아비의 유골을 묻었다는 것을 확인할 수 있다.

✔ 여자는 선학동에 다시 돌아온 손으로부터 아버지에 대한 이야기를 전해 듣고 있다.
주인에게서 소리꾼 부녀에 대한 이야기를 전해 듣는 인물은 손이고, 여자와 손은 현재 만나고 있지 않다. 따라서 여자가 선학동에 다시 돌아온 손으로부터 아버지에 대한 이야기를 전해 듣고 있다는 이해는 적절하지 않다.

④ 주인 사내는 여자의 소리를 들으며 잊고 있었던 비상학의 모습을 다시 떠올리게 되었다.
주인 사내가 '여자의 소리를 듣고', '머릿속에서 오랫동안 잊혀졌던', '옛날의 포구로 바닷물이 차오르고 한 마리 선학이 그곳을 끝없이 노닐기 시작한 장면'을 떠올린 것을 통해, 주인 사내가 여자의 소리를 들으며 잊고 있었던 비상학의 모습을 다시 떠올리게 되었다는 것을 확인할 수 있다.

⑤ 주인 사내는 여자와 오라비가 아비의 피를 나누지 않은 오누이라는 사실을 알고 있었다.
손이 주인 사내에게 '그렇담 주인장은 그 오누이가 서로 아비의 피를 나누지 않은 남남 한가지 사이란 것도 알고 있었겠구만요.'라고 말하는 것을 듣고 주인이 '다시 고개를 무겁게 끄덕여 보였다'는 것을 통해, 주인 사내가 여자와 오라비가 아비의 피를 나누지 않은 오누이라는 사실을 알고 있었다는 것을 확인할 수 있다.

18 인물의 심리 파악 정답률 90% | 정답 ④

㉠~㉤에 대한 설명으로 적절하지 않은 것은?

① ㉠ : 인상적이었던 과거의 사건을 잊지 못하는 인물의 심리가 드러나 있다.
사내가 과거에 들었던 여자의 소리가 여자가 떠난 후에도 ㉠에서 '여전히' 사내의 '귓전을 맴돌고' 있는 것으로 보아, 사내의 머릿속에서 잊혀졌던 비상학이 다시 날아오른 인상적인 과거의 사건이 여자의 소리를 통해 계속해서 추억되고 있음을 알 수 있으므로 인상적이었던 과거의 사건을 잊지 못하는 인물의 심리가 드러나 있음을 알 수 있다.

② ㉡ : 하고 싶었던 행동을 마치고 난 인물의 심리가 드러나 있다.
㉡의 '주인'이 '가슴에 지녀온 이야기들을 손 앞에 모두 털어놓은 것만으로', '이제 자기 할 일을 다해 버린 사람 같았다'던 것에서 하고 싶었던 행동을 마치고 난 인물의 심리가 드러나 있음을 알 수 있다.

③ ㉢ : 상대방과 이야기를 더 이어가고자 하는 인물의 심리가 드러나 있다.
㉢의 '손'이 '침묵을 견디지 못'하고 '손이 먼저 주인에게, '하지만 아까 이야기 가운데서 주인장께선 일부러 사람을 하나 빠뜨려놓고 있었지요.'라고 말하는 것에서 상대방과 이야기를 더 이어가고자 하는 인물의 심리가 드러나 있음을 알 수 있다.

✔ ㉣ : 자신의 속마음을 상대방에게 들켜 당혹감을 느끼는 인물의 심리가 드러나 있다.
㉣의 '그의 어조'가 '이제 아무것도 숨길 것이 없다는 듯 낮고 차분'한 것은 속마음을 상대방에게 들킨 것이 아니라, 상대방이 이야기 속에서 일부러 빠뜨린 것을 더 이상 숨길 것이 없다는 마음이므로 적절하지 않다.

⑤ ㉤ : 자신의 의도를 알아차린 상대방의 말에 수긍하는 인물의 심리가 드러나 있다.

[문제편 p.190]

ⓔ에서 주인이 일부러 오라비의 이야기를 빼놓고 있었다는 것을 손이 알게 되었다고 추궁하듯 말하는 것을 듣고 주인이 '이젠 더 사실을 숨길 것이 없다는 듯', '고개를 두어 번 깊이 끄덕여 보였다'는 것에서 자신의 의도를 알아차린 상대방의 말에 수긍하는 인물의 심리가 드러나 있음을 알 수 있다.

19 외적 준거에 따른 작품의 감상　　　　　정답률 63% | 정답 ③

〈보기〉를 참고하여 윗글을 감상한 내용으로 적절하지 않은 것은? [3점]

─〈보 기〉─

이 작품에는 삶의 아픔을 지닌 인물들이 등장한다. 가족을 떠날 수밖에 없었던 아픔을 지닌 '손'은 '여자'를 찾아 헤매는 행위를 통해, 앞을 보지 못한 채 살아가는 여자는 소리를 통해 각자 자신이 지닌 삶의 아픔에서 벗어나기 위해 노력한다. 그 과정에서 예술적 경지에 다다른 여자의 소리는 마을 사람들의 생각이나 행동에까지 영향을 미친다.

① '아비의 유골을 묻고 간 여자의 일을 제 일처럼 못내 안타까워하'는 '손'의 모습에서 가족을 떠날 수밖에 없었던 '손'의 아픔을 짐작할 수 있겠군.
'어린 오라비가 부녀를 버리고 떠난 것은 차마 그 원망스런 의붓아비를 죽여 없앨 수가 없어서였다는 것'을 통해 '손'이 어린 시절 가족을 떠날 수밖에 없었던 것을 알 수 있고, '손'이 '아비의 유골을 묻고 간 여자의 일을 제 일처럼 못내 안타까워하'는 모습에서 '손'의 아픔을 짐작할 수 있으므로 적절하다.

② '여자가 마침내 소리를 시작'했을 때 '비상학이 서서히 날개를 펴고 날아오르기 시작'했다고 느끼는 '사내'의 모습에서 '여자'의 소리가 예술적 경지에 이르렀음을 확인할 수 있겠군.
'여자가 마침내 소리를 시작'한 후 '사내'가 '눈을 감고 가만히 여자의 소리를 들으며 '비상학이 서서히 날개를 펴고 날아오르기 시작'한 것을 느꼈다는 것에서, 사내가 여자의 소리를 듣는 것만으로 비상학이 날아오르는 장면을 상상할 수 있었다는 것을 보면 '여자'의 소리가 예술적 경지에 이르렀다는 것을 확인할 수 있으므로 적절하다.

✔ ③ '여자'가 '선학동을 옛날의 포구 마을로 변하게' 하고 선학동을 떠나지 않으며 '소리 장단을 잡아 주던 오라비'를 기다린 것에서 삶의 아픔에서 벗어나기 위해 노력하는 모습을 확인할 수 있겠군.
여자는 아비의 유골을 묻고 '어느 날 밤 문득 선학동을 떠나갔'으므로, 선학동을 떠나지 않으면서 '소리 장단을 잡아 주던 오라비'를 기다렸다는 감상은 적절하지 않다.

④ '여자'가 '선학동의 학'이 되어서 '언제까지나 이 고을 하늘을 떠돈'다고 '사내'가 이따금 말하는 모습에서 '여자'의 소리에 대한 믿음을 가지게 된 '사내'의 행동을 확인할 수 있겠군.
'사내'가 여자는 '선학동의 학'이 되어서 '언제까지나 이 고을 하늘을 떠돈'다고 이따금 말했다는 것에서 여자의 소리에 대한 믿음을 가지게 된 사내의 행동을 확인할 수 있으므로 적절하다.

⑤ '사내가 이따금 그렇게 앞도 뒤도 없는 소리를 지껄여대'도 선학동 사람들이 '그와 어떤 믿음을 같이하고 싶은 진중한 얼굴들이 되곤' 했다는 것에서 '여자'의 소리가 마을 사람들의 생각에 영향을 미쳤음을 알 수 있겠군.
마을 사람들이 '사내가 이따금 그렇게 앞도 뒤도 없는 소리를 지껄여대'도 '사내의 그런 소리'에 '그리 허물을' 하는 '눈치'가 없고, '그러는 사내를 탓하려 들기는커녕' 오히려 '그와 어떤 믿음을 같이하고 싶은 진중한 얼굴들이 되곤' 했다는 것에서, '여자'의 소리가 마을 사람들의 생각에 영향을 미쳤음을 알 수 있으므로 적절하다.

20~24 사회

박세민, 「보험법」

해제 이 글은 손해보험과 관련된 보험법의 내용을 설명하고 있다. 손해보험은 계약에서 정한 보험 사고가 발생했을 때 보험가입자 측에게 생긴 재산상의 손해를 보상하는 보험인데, 손해보험의 피보험자는 보험의 목적에 피보험이익을 가져야 한다. 피보험이익으로 인정되기 위해서는 객관적으로 금전으로 산정할 수 있는 경제적 가치를 가져야 하고, 적법한 이익이어야 하며, 계약 체결 당시 그 가치가 객관적으로 확정되어 있거나 적어도 보험 사고가 발생할 때까지는 확정되어야 한다. 손해보험은 실손보상원칙을 기본 원칙으로 하는데, 이를 통해 손해보험 계약의 도박화를 막고 보험 범죄를 방지하고 있다. 그리고 초과보험은 보험금액이 보험가액을 현저하게 초과하는 경우이고, 한 명의 피보험자가 동일한 피보험이익과 동일한 보험 사고에 관하여 여러 보험자와 계약을 체결한 경우에 그 보험금액의 합계가 보험가액을 초과하는 경우이다. 두 경우 모두 피보험자가 의도적으로 계약을 한 경우에는 무효로 처리되며, 의도가 없는 경우에는 감액이나 금액 제한 등의 방식으로 처리된다.

주제 손해보험과 관련된 보험법의 이해

문단 핵심 내용

1문단	손해보험의 개념
2문단	손해보험 계약의 전제가 되는 피보험이익
3문단	피보험이익의 인정 요건
4문단	손해보험의 보상 원칙
5문단	보험가액, 보험금액, 보험금의 개념
6문단	초과보험의 개념과 유형, 처리 방법
7문단	중복보험의 개념과 유형, 처리 방법

20 세부 정보의 파악　　　　　정답률 78% | 정답 ④

다음은 윗글을 읽은 후 메모한 내용의 일부이다. ㉠에 들어갈 수 있는 내용으로 적절하지 않은 것은?

○ 글을 선택한 이유 : 광고를 접하면서 손해보험에 관심이 생겨서.
○ 글을 통해 알게 된 내용 : _____㉠_____
○ 더 알고 싶은 것 : 손해보험이 아닌 보험에는 어떤 것이 있을까?

① 손해보험 계약이 초과보험인 경우는 어떤 때인지
6문단의 '보험금액이 보험가액을 현저하게 초과하는 경우를 초과보험이라 한다.'를 통해 알 수 있다.

② 손해보험 계약에서 실손보상원칙이 어떤 역할을 하는지
4문단의 '실손보상원칙은 손해보험 계약의 도박화를 막고 보험 범죄를 방지하는 역할을 한다.'를 통해 알 수 있다.

③ 손해보험 계약에서 보험자, 피보험자란 각각 무엇을 의미하는지
2문단의 '보험 사고가 발생할 때에 보험금을 받을 자를 피보험자, 보험금을 지급할 의무를 지는 자를 보험자라 한다.'를 통해 알 수 있다.

✔ ④ 손해보험 계약이 보험 사고에 따른 보상이 이루어진 뒤에도 계속 효력이 유지되는지
이 글을 통해 손해보험 계약이 보험 사고에 따른 보상이 이루어진 뒤에도 계속 효력이 유지되는지 여부는 찾아볼 수 없다. 따라서 ④는 '글을 통해 알게 된 내용'에 포함될 수 없다.

⑤ 손해보험 계약에서 정신적, 도덕적 이익이 피보험이익이 될 수 없는 이유는 무엇인지
3문단에서 피보험이익이 '객관적으로 금전으로 산정할 수 있는 경제적 가치를 가져야 한다'고 하여 정신적, 도덕적 이익이 피보험이익이 될 수 없는 이유를 밝히고 있으므로 적절한 내용이다.

★★★ 등급을 가르는 문제!
21 핵심 정보의 이해　　　　　정답률 33% | 정답 ⑤

피보험이익에 대한 설명으로 적절하지 않은 것은?

① 보험가액을 초과하는 피보험이익은 존재하지 않는다.
6문단을 통해 '손해보험에서 보험가액을 초과하는 부분에는 피보험이익이 존재하지 않'음을 알 수 있다.

② 보험의 목적에 피보험이익이 없으면 피보험자가 될 수 없다.
2문단을 통해 손해보험의 피보험자는 보험의 목적에 피보험이익을 가져야 함을 알 수 있으므로 적절하다.

③ 피보험이익이 서로 다른 손해보험 계약은 중복보험으로 볼 수 없다.
7문단을 통해 중복보험은 '한 명의 피보험자가 동일한 피보험이익과 동일한 보험 사고에 관하여 여러 보험자와 계약을 체결한 경우에 그 보험금액의 합계가 보험가액을 초과하는 경우'에 해당함을 알 수 있다.

④ 피보험이익은 피보험자가 보험 사고의 대상에 갖는 경제상의 이익이다.
2문단을 통해 피보험이익은 피보험자가 '보험의 목적'에 갖는 '경제상의 이익'임을 알 수 있고, '보험의 목적'이란 보험 사고의 대상을 말하는 것임을 알 수 있다.

✔ ⑤ 보험계약 체결 당시 그 가치가 확정되어 있어야만 피보험이익으로 인정될 수 있다.
3문단에서 피보험이익으로 인정되기 위해서는 '계약 체결 당시 그 가치가 객관적으로 확정되어 있거나 적어도 보험 사고가 발생할 때까지는 확정되어야 한다.'고 하였다. 따라서 계약 체결 당시 그 가치가 확정되어 있지 않더라도 보험 사고가 발생할 때까지 확정되었다면 피보험이익으로 인정됨을 알 수 있다.

★★ 문제 해결 꿀~팁 ★★

▶ 많이 틀린 이유는?
이 문제는 글의 내용을 정확히 이해하지 못하였거나, 선택지를 정확히 이해하지 못해 오답률이 높았던 것으로 보인다. 또한 '피보험이익'과 관련된 내용이 2~6문단에 제시되어 있어서 문제 해결에 어려움을 겪어 오답률이 높았던 것으로 보인다.

▶ 문제 해결 방법은?
이 문제를 해결하기 위해서는 선택지에 제시된 내용이 글의 어느 부분을 통해 있는지 확인한 다음, 선택지의 내용이 글의 내용과 부합하는지를 판단할 수 있어야 한다. 이때 주의할 점은 선택지를 건성으로 읽지 않고 정확히 읽어서 이해해야 한다는 것이다. 정답인 ⑤의 경우, 글에는 '계약 체결 당시 그 가치가 확정되어 있거나 적어도 보험 사고가 발생할 때까지는 확정되어야 한다.'라고 '-거나'를 사용하여 둘 중의 하나인 경우에도 피보험이익으로 인정된다 하고 있다. 그런데 선택지에서는 '보험 체결 당시 그 가치가 확정되어 있어야만 피보험이익으로 인정될 수 있다.'고 한정을 의미하는 '-만'을 사용하여 보험 체결 당시 그 가치가 확정되어 있을 경우에만 인정된다 하고 있다. 이렇게 볼 때, 이 선택지는 글의 내용에 부합하지 않아 적절하지 않은 것이라 할 수 있다. 이 문제처럼 선택지를 정확히 읽지 못할 경우 잘못된 선택을 할 수 있으므로, 항상 선택지를 정확히 읽을 수 있도록 최선을 다해야 한다.

▶ 오답인 ①, ③을 많이 선택한 이유는?
이 문제의 경우 학생들이 ①과 ③을 적절하지 않다고 하여 오답률이 높았는데, 이 경우 선택지에 제시된 내용이 글의 어느 부분에 제시되어 있는지 파악하지 못했기 때문으로 보인다. 만일 6문단과 7문단의 내용까지 확인했으면 적절함을 알 수 있었을 것이다. 이 문제처럼 최근에 핵심 개념을 글 전체에 걸쳐 설명하는 경우가 많으므로, 지문을 읽을 때는 핵심 개념이 글 전체에 걸쳐 있는지, 부분에만 제시되어 있는지를 염두에 두어 핵심 개념과 관련된 정보를 찾을 수 있도록 한다.

22 세부 내용의 이해　　　　　정답률 67% | 정답 ②

[A]에 대한 이해로 적절하지 않은 것은?

① 보험금은 보험가액을 초과할 수 없고 보험금액을 초과할 수도 없다.
5문단에서 보험가액이 '보험자가 보험금의 형태로 부담하게 되는 보상책임의 법률상의 최고 한도액'이라고 하였고, '보험금액은 보험금의 최고 한도'라고 하였으므로 적절하다.

✔ ② 보험금액은 변동될 수 있으나 보험 기간 중 보험가액은 바뀌지 않는 것이 원칙이다.
5문단에서 '보험가액은 고정된 것이 아니며 경제상황 등에 따라 변동될 수 있'다고 하면서, 보험금액은 '보험 기간 중에는 이를 변경하지 않는 것이 원칙'이라고 하였으므로 이해 내용으로 적절하지 않다.

③ 보험가액은 보험금의 액수가 이득금지의 원칙에 위배되는지 여부를 판단하는 기준이 된다.
5문단에서 보험가액이 '이득금지의 원칙과 관련해 피보험자에게 이득이 생겼는가 여부를 판단하는 기준이 된다.'고 하였으므로 적절하다.

④ 보험가액은 객관적인 금전적 가치 평가에 의해, 보험금액은 계약 당사자 사이의 약정에 의해 정해진다.
5문단에서 '보험가액은 피보험이익의 객관적인 금전적 평가액'이라고 하였고, '보험금액은 당사자 간 약정에 의하여 일정한 금액으로 정해'진다고 하였으므로 적절하다.

⑤ 보험자가 일정한 보험금액을 약정했더라도 보험 사고 발생 시 항상 보험금액만큼 지급하는 것은 아니다.
5문단에서 '보험 사고가 발생하였다고 해서 항상 보험금액만큼 지급되는 것은 아니'라고 하였으므로 적절하다.

〈보기〉는 윗글과 관련된 상황이다. 23번과 24번 물음에 답하시오.

〈보 기〉
갑은 2년 전 시가 1,000만 원의 건물 X를 소유하고 있었는데 당시 ㉮ X에 대하여 보험사 A와 보험금액을 600만 원으로 하는 화재보험에 가입하고, ㉯ 같은 건물에 대하여 보험 B와 보험금액 400만 원의 화재보험에 가입했다. 그런데 그 뒤 X의 시세가 하락해 현재 평가액은 800만 원이다. 갑이 가입한 손해보험의 보험금액과 보험료는 모두 가입 당시와 달라지지 않았다.
(단, 갑이 가입한 손해보험은 피보험자가 모두 갑 본인이다. 모두 계약일이 같으며 보험 기간은 5년이다.)

23 구체적 상황에의 적용   정답률 48% | 정답 ⑤

윗글을 읽은 학생이 〈보기〉의 ㉮와 ㉯에 대해 보인 반응으로 적절하지 <u>않은</u> 것은? [3점]

① ㉮와 ㉯는 보험의 목적과 보험 사고가 동일하고, 보험자는 서로 다른 손해보험이겠군.
2문단에서 '보험의 목적이란 보험 사고의 대상을 말한다'고 하였고, '보험 사고가 발생할 때에 ~ 보험금을 지급할 의무를 지는 자를 보험자라 한다.'라고 하였다. 그리고 〈보기〉를 통해, ㉮와 ㉯의 보험의 목적은 X로 동일하고, ㉮의 보험자는 A, ㉯의 보험자는 B이므로 서로 다르다고 할 수 있다. 따라서 화재보험인 ㉮와 ㉯는 보험 사고가 동일하다고 할 수 있다.

② ㉮와 ㉯의 보험금액의 합계는 가입 당시와 달리 현재는 보험가액과 일치하지 않겠군.
㉮와 ㉯의 보험금액의 합계는 가입 당시에나 현재나 모두 1,000만 원인데 ㉮와 ㉯의 보험가액인 X의 평가액은 가입 당시엔 1,000만 원이었으나 현재는 800만 원으로 달라졌으므로 적절하다.

③ 보험계약 후 건물 시세가 하락하였지만 ㉮와 ㉯ 중 어느 것도 계약 전부가 무효로 되지 않겠군.
7문단에서 '한 명의 피보험자가 동일한 피보험이익을 ~ 그 보험금액의 합계가 보험가액을 초과하는 경우를 중복보험이라 한다.'라고 하였으므로, 이 조건에 모두 부합하는 ㉮와 ㉯는 중복보험이라 할 수 있다. 그리고 7문단에서 '중복보험은 초과보험과 유사하게 ~ 사기에 의한 중복보험은 그 계약 전부를 무효로 한다.'라고 하였으므로, 가입 당시에는 보험금액의 합계와 보험가액이 동일했으나 그 뒤 보험가액이 하락해 중복보험이 된 ㉮와 ㉯는 단순한 중복보험이어서 계약 전부가 무효로 되지 않음을 알 수 있다.

④ 계약에서 정한 보험 사고가 발생하기 전이라면, ㉮와 ㉯의 피보험자인 갑은 A와 B로부터 보상을 받을 수 없겠군.
2문단에서 피보험자가 '보험 사고 발생할 때에 보험금을 받을 자'라고 하였으므로 적절하다.

☑ 갑이 ㉮에 가입하지 않았다고 가정하면, ㉯의 보험자는 보험가액의 변동을 근거로 보험금액의 감액을 청구할 수 있었겠군.
5문단을 통해 '보험가액은 피보험이익의 객관적인 금전적 평가액'임을 알 수 있으므로, X의 보험가액은 현재의 평가액인 800만 원이라 할 수 있다. 그리고 6문단의 '보험계약 체결 당시엔 초과보험이 아니었으나 ~ 보험자는 보험금액의 감액을, 보험에 가입한 보험계약자는 보험자에게 지급하는 보험료의 감액을 각각 청구할 수 있다.'를 통해, ㉯가 단순한 초과보험이었다면 ㉯의 보험자는 보험금액의 감액을 청구할 수 있을 것임을 알 수 있다. 하지만 ㉯의 보험금액인 400만 원이 변동된 보험가액인 800만 원보다 적어서 초과보험이 아니므로, ㉯의 보험자는 보험가액의 변동을 근거로 보험금액의 감액을 청구할 수 없다고 할 수 있다.

★★★ 등급을 가르는 문제!
24 구체적 상황에의 적용   정답률 45% | 정답 ③

다음은 〈보기〉와 관련한 보험 사고 상황이다. 윗글을 참고할 때 ⓐ~ⓒ에 들어갈 금액을 바르게 짝지은 것은?

건물 X에 화재가 일어나 50%의 손실이 발생하였다. 이에 갑은 보험사 A와 B에 보험금을 청구하였다. A는 보험계약에서 실제 약정한 (ⓐ)의 한도 내에서 책임을 질 의무가 있다. 그런데 다른 보험사와 연대 책임을 질 의무가 있는 A는 각 보험사의 보험금액의 비율에 따라 갑에게 (ⓑ)을 보험금으로 지급하였다. 역시 연대 책임을 질 의무가 있는 B는 (ⓒ)을 갑에게 보험금으로 지급하였다. 단, X의 평가액은 현재 기준으로 산정되었다.

	ⓐ	ⓑ	ⓒ
①	300만 원	240만 원	160만 원
②	300만 원	480만 원	320만 원
☑	600만 원	240만 원	160만 원

㉮와 ㉯는 단순한 중복보험인데, 7문단에서 '단순한 중복보험의 경우, 각 보험자가 보험금액의 비율에 따라 연대 책임을 지지만 그 보상액은 각각의 보험금액으로 제한된다.'라고 하였으므로 A는 실제 약정한 보험금액인 600만 원의 한도 내에서 연대 책임을 질 의무가 있다. 그리고 4문단에서 '손해보험은 실손보상원칙을 기본 원칙으로 삼는다. 실손보상원칙이란 실제 발생한 손해만을 보상하고 그 이상은 보상하지 않는다는 것을 뜻한다.'라고 하였으므로, 화재로 인해 현재 평가액 800만 원인 X에 50% 손실이 일어났을 때 갑이 수령할 보험금은 400만 원이다. A와 B 각각의 보험금액이 600만 원과 400만 원이어서 6:4의 비율로 보험금 합계 400만 원에 대한 연대 책임을 지므로, 각각 240만 원과 160만 원을 갑에게 보험금으로 지급해야 한다.

④	600만 원	480만 원	320만 원
⑤	800만 원	480만 원	320만 원

★★ 문제 해결 꿀~팁 ★★

▶ 많이 틀린 이유는?
이 문제는 글의 내용을 실제 사례에 적용하는 과정에서 어려움을 겪어 오답률이 높았던 것으로 보인다.
▶ 문제 해결 방법은?
이 문제를 해결하기 위해서는 일차적으로 〈보기〉의 내용을 정확히 이해해야 한다. 즉 ㉮, ㉯가 중복보험이고, 현재 평가액은 800만 원임을 기본적으로 정리할 수 있어야 한다. 그런 다음 문제 아래에 제시된 '보험 사고 상황'과 관련된 글의 내용을 찾으면 되는데, 이때 주의할 점은 '보험 사고 상황'에서 제시한 각 상황이 글의 어느 부분과 관련이 있는지 판단해야 한다. 가령 'A는 보험계약에서 실제 약정한 (ⓐ)의 한

도 내에서 책임을 질 의무가 있다.'가 글의 7문단과 관련되어 있음을, A와 B는 실손보상원칙에 따라 지불하고 있다고 하였으므로 4문단과 관련되어 있음을 알 수 있다. 이러한 문제 해결 방법을 바탕으로 하게 되면 ③이 정답임을 알 수 있었을 것이다. 이런 문제처럼 복잡하게 보이는 문제라도 주어진 〈보기〉나 상황을 정확하게 이해하고, 이와 관련된 글의 내용을 파악하게 되면 문제를 쉽게 해결할 수 있으므로, 차분하게 문제에 접근하여 해결할 수 있도록 한다.

(가) 김춘수, 「분수」

감상 이 시는 이상을 향해 끊임없이 나아가고자 하는 분수를 통해 이상 세계에 대한 그리움과 좌절을 그리고 있다. 이 시에서 화자는 분수를 자신의 상황에 머무르지 않고 현실의 한계를 극복하려는 초월 의지를 지닌 존재로 인식하며 운명에서 벗어나기 위해 도전을 지속하는 모습을 순환성의 이미지를 통해 드러내고 있다. 이러한 분수의 모습을 통해 화자는 끝없이 이상을 향해 나아가고자 하지만 좌절하고 마는 인간 존재의 본질적 운명을 드러내 주고 있다.
주제 이상 세계에 대한 그리움과 좌절

표현상의 특징
• 시어를 반복하여 운율을 형성하고 주제 의식을 강조해 줌.
• 설의적 표현을 반복하여 이상의 좌절에 대한 안타까움을 부각시켜 줌.
• 분수를 의인화하여 주제를 효과적으로 제시해 줌.
• 분수의 모습을 시각적으로 형상화하여 분수의 초월 의지를 드러내 줌.

(나) 복효근, 「틈, 사이」

감상 이 시는 작은 틈과 사이가 관계를 더욱 깊고 견고하게 만들어 준다는 깨달음을 노래하고 있다. 화자는 찻잔이나 콘크리트의 실금이 존재를 더욱 단단하고 견고하게 만들어 주듯이, 인간관계에도 틈과 사이가 있어야만 더욱 깊고 견고한 관계로 나아갈 수 있다는 역설적 인식을 드러내 주고 있다.
주제 작은 틈과 사이가 관계를 더욱 깊고 견고하게 만들어 준다는 깨달음

표현상의 특징
• 시어를 반복하여 운율을 형성하고 주제 의식을 강조해 줌.
• 현재형 어미를 반복하여 깨달음의 상황을 생동감 있게 드러냄.
• 사물의 모습과 속성에서 인간관계의 진리를 유추해 내고 있음.
• 소재를 의인화하여 주제를 효과적으로 형상화해 줌.
• 역설적 인식을 통해 주제 의식을 효과적으로 전달해 줌.

25 표현상 특징 파악   정답률 73% | 정답 ①

(가)와 (나)의 공통점으로 가장 적절한 것은?

☑ 특정 시어를 반복하여 주제 의식을 드러내고 있다.
(가)에서는 '발돋움하는', '너', '왜' 등의 특정 시어를 반복하고 있고, (나)에서는 '틈, 사이'라는 특정 시어를 반복하고 있다. 따라서 (가)와 (나)는 특정 시어를 반복하여 주제 의식을 효과적으로 전달하는 공통점이 있다고 할 수 있다.

② 수미상관의 방식을 통해 형태적 안정감을 주고 있다.
(가)와 (나) 모두 수미상관의 방식은 사용되지 않고 있다. 한편 수미상관의 방식을 사용하게 되면 형태적으로 안정감을 주는 효과가 있다.

③ 음성 상징어를 활용하여 시적 상황을 부각하고 있다.
(가)와 (나) 모두 음성 상징어는 사용되지 않고 있다.

④ 명사형으로 시상을 마무리하여 시적 여운을 주고 있다.
(가)에서는 '하는가'로 (나)에서는 '일이다'로 서술어로 시상을 마무리하고 있다. 한편 명사형으로 시상을 마무리하면 시적 여운을 주는 효과가 있다.

⑤ 후각적 이미지를 사용하여 대상의 속성을 나타내고 있다.
(가)와 (나) 모두 시각적 이미지를 주로 사용하고 있지, 후각적 이미지는 찾아볼 수 없다.

26 외적 준거에 따른 작품의 감상   정답률 60% | 정답 ②

〈보기〉를 참고하여 (가)를 감상한 내용으로 적절하지 <u>않은</u> 것은? [3점]

〈보 기〉
이 작품은 인간 존재의 본질적 운명을 '분수'의 속성을 통해 드러낸다. 화자는 상승과 추락을 반복하는 분수를 통해 자기 극복과 좌절에 대해 이야기한다. 화자는 분수를 자신의 상황에 머무르지 않고 현실의 한계를 극복하려는 초월 의지를 지닌 존재로 인식하며 운명에서 벗어나기 위해 도전을 지속하는 모습을 순환성의 이미지를 통해 드러내고 있다.

① '너'가 '발돋움하는' 것과 '두 쪽으로 갈라져서 떨'어지는 것에서 상승하고 추락하는 분수의 속성을 확인할 수 있겠군.
'발돋움하는' 것은 도약하기 위한 행위로 상승하는 분수의 속성을, '두 쪽으로 갈라져서 떨'어지는 것은 추락하는 분수의 속성을 드러낸 것이라 할 수 있다.

☑ '그리움으로 하여' '산산이 부서져서 흩어'지는 것에서 자신의 속성을 초월한 분수의 모습을 확인할 수 있겠군.
(가)의 분수가 '그리움으로 하여' '산산이 부서져서 흩어'지는 것은, 자기 극복을 위해 노력하지만 결국 좌절하는 모습을 드러낸 것이라 할 수 있다. 따라서 (가)를 통해 자신의 속성을 초월한 분수의 모습은 확인할 수 없다.

③ 분수가 '모든 것'을 바치고도 '찢어지는 아픔'만을 가지는 것에서 자기 극복을 위해 노력하지만 결국 좌절하는 분수의 속성을 확인할 수 있겠군.
분수가 '모든 것'을 바치고도 '찢어지는 아픔'만을 가지는 것에서 자기 극복을 위해 노력하지만 결국 좌절하는 분수의 속성을 확인할 수 있다.

④ '왜 너는 다른 것이 되어서는 안 되는가'라는 의문에서, 현실의 한계에서 벗어날 수 없는 분수의 상황에 대한 화자의 인식을 확인할 수 있겠군.

'왜 너는 다른 것이 되어서는 안 되는가'라는 의문에서 현실의 한계에서 벗어날 수 없는 분수의 상황에 대한 화자의 인식을 확인할 수 있다.

⑤ '떨어져서 부서진' 분수가 '선연한 무지개'로 '다시' 솟는다는 것에서 운명에서 벗어나기 위해 도전을 지속하는 순환성의 이미지를 확인할 수 있겠군.
'떨어져서 부서진' 분수가 '선연한 무지개'로 '다시' 솟는다는 것은 운명에서 벗어나기 위한 분수의 도전이 지속됨을 의미하고, 이는 순환성의 이미지로 드러나 있으므로 적절하다.

27 작품 이해의 적절성 판단 　　　　　정답률 69% | 정답 ④

(나)의 [A]~[C]를 이해한 내용으로 적절하지 않은 것은?

① [A]의 '틈 사이'는 '찻잔'이 '뜨거운 불김'을 견디고 생명력을 지닌 존재로 거듭날 수 있게 해 준다.
[A]의 '틈 사이'는 '찻잔'이 '뜨거운 불김'을 견디고 '비로소' '숨결로 살아 있는' 생명력을 지닌 존재로 거듭날 수 있게 해 주었으므로 적절한 이해이다.

② [B]의 '틈, 사이'는 '콘크리트 건물'을 외부의 시련으로부터 막아 주는 역할을 한다.
[B]의 '틈, 사이'는 '차가운 눈바람과 비를 막아' 준다고 하였으므로 적절한 이해이다.

③ [A]의 '틈, 사이'들이 '찻잔의 형상을 붙잡고 있는' 것처럼, [C]의 '틈, 사이'는 그대와 나를 '하나 되어 깊어진' 관계로 만들어 준다.
[A]에서 '틈, 사이'들이 '찻잔의 형상을 붙잡고 있'음으로써 찻잔이 자신만의 견고함을 유지할 수 있게 된 것처럼, [C]에서 '하나 되어 깊어진다는 것은 수많은 실금의 틈, 사이를 허용하는 것인지도 모른다'고 하는 것에서 '그대와 나'의 '틈, 사이'가 관계를 견고하게 해줄 수 있다는 인식을 드러내고 있으므로 적절한 이해이다.

✔ ④ [B]의 '틈, 사이'가 '진동과 충격을 견디는 힘'의 근원이 되듯, [C]에서 인간관계의 '틈, 사이'는 '슬픔'과 '눈물'의 근원이 될 수 있다는 것으로 화자의 인식이 확장되고 있다.
[B]에서 '틈, 사이'는 그 속에서 '콘크리트'가 '진동과 충격을 견디는 힘'이 나온다고 하였으므로, '틈, 사이'는 그 힘의 근원이라고 할 수 있다. 하지만 [C]에서 '그대와 나는 '틈, 사이를 허용'하여 '슬픔의 눈물이 스며들 수 있게' 하는 것이지, '틈, 사이'가 '슬픔'과 '눈물'의 근원이 될 수 있다는 인식은 드러나 있지 않고 있다.

⑤ [A]와 [B]에서 외부의 대상을 향했던 화자의 시선이 [C]에서 인간관계의 '틈, 사이'로 향하면서 '벌어진 틈, 사이 때문에 가슴 태우던' 상황에 대한 화자의 인식이 전환되고 있다.
화자의 시선은 [A]에서 '찻잔', [B]의 '콘크리트 건물' 등 외부의 대상을 향하다가 [C]에서 '그대와 나'의 '틈, 사이'로 향하면서, '틈, 사이' 때문에 가슴 태우는 것이 아닌 '틈, 사이까지가 하나였음'을 알게 되는 것으로 화자의 인식이 전환되고 있으므로 적절한 이해이다.

28~32 과학·기술

유광열, 「핵의학 기술」

해제 이 글은 양전자 단층 촬영(PET)에 대해 설명하고 있다. PET는 세포의 대사량 등 인체에 대한 정보를 확인하기 위해 몸속에 특정 물질을 주입하여 그 물질의 분포를 영상화하는 기술로, 특정 물질과 비정상 세포의 반응을 이용하여 이들의 분포를 확인한다. PET는 방사성추적자의 주입과 축적, 양전자 방출을 통한 감마선 방출, PET 스캐너를 통한 감마선 검출의 과정을 통해 이루어진다. 이러한 PET 영상의 유효성을 높이기 위해서는 PET 스캐너는 동시계수로 인정할 수 있는 최대 시간폭인 동시계수시간폭을 설정하고 동시계수시간폭 안에 들어온 경우를 유효한 성분으로 간주해야 한다. 그리고 PET 영상의 정확도를 높이기 위해서는 산란계수와 랜덤계수의 검출을 최소화하기 위해 동시계수시간폭을 적절하게 설정해야 한다.

주제 양전자 단층 촬영(PET)의 이해

문단 핵심 내용

1문단	양전자 단층 촬영(PET)의 개념과 원리
2문단	양전자 단층 촬영(PET)의 과정 ① – 방사성추적자의 주입과 축적
3문단	양전자 단층 촬영(PET)의 과정 ② – 양전자 방출을 통한 감마선 방출
4문단	양전자 단층 촬영(PET)의 과정 ③ – PET 스캐너를 통한 감마선 검출
5문단	양전자 단층 촬영(PET) 영상의 유효성을 높이는 방법
6문단	양전자 단층 촬영(PET) 영상의 정확도를 높이는 방법

28 세부 정보 파악 　　　　　정답률 68% | 정답 ③

윗글의 내용과 일치하지 않는 것은?

① PET는 특정 물질과 비정상 세포의 반응을 이용한다.
1문단의 'PET는 특정 물질과 비정상 세포의 반응을 이용하여 이들의 분포를 확인할 수 있다.'를 통해 알 수 있다.

② PET에서 동시검출응답선은 직선의 형태로 표현된다.
4문단의 '이때 한 쌍의 감마선이 도달한 검출기의 두 지점을 잇는 직선을 동시검출응답선이라고 하며'를 통해 알 수 있다.

✔ ③ PET 스캐너는 감마선을 방출하여 PET 영상을 만든다.
4문단의 '몸 밖으로 나온 감마선은 PET 스캐너를 통해 검출되는데'를 통해, PET 스캐너는 몸 밖으로 방출된 감마선을 검출하는 것임을 알 수 있다.

④ PET는 인체의 정보를 확인하기 위한 영상화 기술이다.
1문단의 '양전자 단층 촬영(PET)은 세포의 대사량 등 인체에 대한 정보를 확인하기 위해 몸속에 특정 물질을 주입하여 그 물질의 분포를 영상화하는 기술이다.'를 통해 알 수 있다.

⑤ PET 스캐너는 수많은 검출기로 이루어진 원형 구조이다.
4문단의 'PET 스캐너는 수많은 검출기가 검사 대상을 원형으로 둘러싸고 있는 구조이다.'를 통해 알 수 있다.

[문제편 p.194]

29 핵심 정보의 이해 　　　　　정답률 69% | 정답 ②

방사성추적자에 대한 설명으로 적절하지 않은 것은?

① 비정상 세포 내에 다량으로 흡수되어 축적된다.
2문단에서 '대사량이 높아서 ~ 비정상 세포에 다량 흡수된다.'하였고, 3문단에서 방사성추적자가 '세포 내에 축적'된다고 하였으므로 적절한 이해이다.

✔ ② 세포의 대사량을 평소보다 높이기 위해 사용된다.
2문단을 통해 방사성추적자는 '대사량이 높아서 많은 에너지원을 필요로 하는 비정상 세포에 다량 흡수'되고 '일반 포도당과 달리 세포의 에너지원으로 사용되지 않음'을 알 수 있다. 따라서 세포의 대사량을 평소보다 높이기 위해 '방사성추적자'가 사용된다고 한 이해는 적절하지 않다.

③ 일반 포도당과 유사하지만 에너지원으로 사용되지 않는다.
2문단에서 '포도당과 유사'하다고 하였고, '세포의 에너지원으로 사용되지 않는다'고 하였으므로 적절한 이해이다.

④ 특정 물질의 이동 양상을 밝히기 위해 사용되는 화합물이다.
2문단에서 '방사성동위원소를 결합하여 ~ 이동 양상을 알아내기 위해 쓰인다.'라고 하였으므로 적절한 이해이다.

⑤ 양전자를 방출하며 붕괴되는 방사성 동위원소가 결합된 물질이다.
2문단에서 '방사성 동위원소를 결합'하였다고 하였고, 3문단에서 '방사성추적자의 방사성 동위원소는 붕괴되면서 양전자를 방출한다.'라고 하였으므로 적절한 이해이다.

30 이유의 추리 　　　　　정답률 78% | 정답 ⑤

㉠의 이유를 추론한 내용으로 가장 적절한 것은?

① 방출된 감마선이 180도 방향으로 진행하기 때문이다.
4문단을 통해 감마선이 180도로 방출됨을 알 수 있으므로 적절하지 않다.

② 양전자와 전자의 질량이 에너지로 바뀌었기 때문이다.
3문단을 통해 양전자와 전자의 질량이 에너지로 바뀌는 것은 알 수 있지만, ㉠의 이유로는 적절하지 않다.

③ 한 쌍의 감마선이 동시에 검출기에 도달하면 동시계수로 인정되기 때문이다.
4문단을 통해 한 쌍의 감마선이 각각의 검출기에 도달하는 시간에는 미세한 차이가 있음을 알 수 있으므로 적절하지 않다.

④ 한 쌍의 감마선 중 하나의 감마선만이 PET 영상의 유효한 성분이 되기 때문이다.
5문단을 통해 감마선이 PET 영상의 유효한 성분이 되기 위해서는 한 쌍의 감마선이 PET 스캐너의 검출기로 동시에 도달해야 함을 알 수 있으므로 적절하지 않다.

✔ ⑤ 감마선 방출 지점에 따라 두 감마선이 검출기까지 이동하는 거리가 서로 다르기 때문이다.
4문단에서 '그런데 한 쌍의 감마선이 각각의 검출기에 도달하는 시간에는 ~ 검출기까지의 거리가 달라지기 때문이다.'라고 하였으므로, ㉠의 이유는 감마선 방출 지점에 따라 두 감마선이 검출기까지 이동하는 거리가 서로 다르기 때문이라고 할 수 있다.

31 구체적 사례에의 적용 　　　　　정답률 61% | 정답 ④

윗글을 바탕으로 〈보기〉를 이해한 내용으로 적절하지 않은 것은? [3점]

〈보 기〉

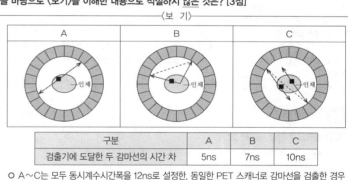

구분	A	B	C
검출기에 도달한 두 감마선의 시간 차	5ns	7ns	10ns

○ A~C는 모두 동시계수시간폭을 12ns로 설정한, 동일한 PET 스캐너로 감마선을 검출한 경우이고 ■는 감마선의 방출 지점을 나타낸다.
○ ns는 시간 단위로 10억분의 1초를 나타낸다.

① A의 경우 한 쌍의 감마선이 주변 물질과 상관없이 도달했다면, 참계수라고 할 수 있겠군.
A는 참계수라고 할 수 있으므로 적절하다.

② B의 경우 한 감마선의 진행 방향이 바뀌었지만 동시계수시간폭 내에 도달하였다고 할 수 있겠군.
B의 경우 한 지점에서 방출된 감마선이지만 한 감마선의 진행 방향이 바뀌면서 검출되었고 시간 차가 동시계수시간폭인 12ns 내에 도달하였으므로 적절하다.

③ C의 경우 PET 영상에 유효한 성분이 될 수 없는 랜덤계수라고 할 수 있겠군.
C의 경우 랜덤계수를 의미하는 것이고, 이는 PET 영상에 유효한 성분이 되지 않는 경우이므로 적절하다.

✔ ④ A와 B의 경우 동시계수시간폭이 8ns이었다면, 산란계수는 검출되지 않았겠군.
A는 한 지점에서 방출된 한 쌍의 감마선이 아무런 방해를 받지 않고 동시계수시간폭인 12ns 내에 도달한 참계수의 경우이다. B는 한 지점에서 방출된 감마선 중 하나가 진행 방향이 바뀌면서 검출기에 도달하는 시간의 변화가 생겼으나 동시계수시간폭인 12ns 내에 도달한 산란계수의 경우이다. C는 한 지점에서 방출된 하나의 감마선 중 한 개의 감마선만이 검출되고, 다른 지점에서 방출된 한 개의 감마선과 동시계수시간폭인 12ns 내에 도달한 랜덤계수의 경우이다. 만일 동시계수시간폭을 8ns로 설정하였더라도 A와 B는 모두 동시계수시간폭 내에 도달한 경우로 산란계수인 B는 검출될 것이므로 적절하지 않다.

⑤ B와 C의 경우 실제 감마선의 방출 지점이 동시검출응답선 위에 존재하지 않겠군.
B의 경우는 산란계수이고 C의 경우는 랜덤계수이다. 이 두 경우는 모두 실제 감마선이 방출된 지점이 동시검출응답선 위에 존재하지 않으므로 적절하다.

32 어휘의 사전적 의미 파악
정답률 43% | 정답 ④

ⓐ~ⓔ의 사전적 의미로 적절하지 않은 것은?

① ⓐ : 흘러 들어가도록 부어 넣다.

② ⓑ : 입자나 전자기파의 형태로 에너지를 내보내다.

③ ⓒ : 목적한 곳이나 수준에 다다르다.

✔ ④ ⓓ : 유사한 점에 기초하여 다른 사물을 미루어 추측하다.
ⓓ는 '상태, 모양, 성질 따위가 그와 같다고 보거나 그렇다고 여기다.'라는 의미이므로 적절하지 않다. '유사한 점에 기초하여 다른 사물을 미루어 추측하다.'는 '유추하다'의 사전적 의미이다.

⑤ ⓔ : 새로 만들어 정해 두다.

★★ 문제 해결 꿀~팁 ★★

▶ 많이 틀린 이유는?
이 문제는 단어의 의미를 정확하게 파악하지 못해 오답률이 높았던 것으로 보인다.
▶ 문제 해결 방법은?
이 문제를 해결하기 위해서는 의미를 묻는 단어의 앞과 뒤를 먼저 파악해서 나름대로 어떤 의미로 쓰였는지 생각해야 한다. 가령 '주입하여'의 경우 앞의 '몸속에'를 볼 때, '흘러 들어가도록 부어 넣다.'의 의미를 지녔을 것임을 추측할 수 있다. 또한 정답인 ④의 '간주한다'의 '유효한 성분으로'를 볼 때, '추측하다'는 의미보다는 '그와 같다고 보거나 그렇다고 여기다'라는 의미가 더 타당함을 짐작할 수 있다. 이처럼 단어의 사전적 의미 파악은 항상 단어가 쓰인 전후 문맥을 고려하여 파악할 수 있어야 한다. 이를 위해서는 평소 잘 모르는 단어가 있으면 앞뒤 문맥을 통해 그 의미를 추리해 보고 단어의 정확한 의미를 사전에서 찾아 확인하는 연습이 필요하다.

33~36 고전 소설

작자 미상, 「정비전」

감상 이 작품은 주인공 정현무(정비)가 여러 위험과 고난을 무릅쓰고 뛰어난 활약을 펼쳐 황실을 구하는 과정을 중심으로 사건이 전개되면서 능력 있는 여성의 성공이 그려진다는 점이 특징이다. 중국 당나라 황실을 중심으로 사건이 전개되면서 능력 있는 여성의 성공이 그려진다는 점이 특징이다. 또한 여성으로서의 주인공은 남성이 감당하지 못하였던 어려운 과업을 성취하고 태자비로까지 상승하는데, 이러한 모습은 여성의 사회적 지위에 대한 불만과 그러한 지위를 극복하고자 하는 의지를 나타낸 것이다.

주제 정비의 영웅적인 활약상

작품 줄거리 정상서의 딸 정현무(정비)는 여성이면서도 영웅의 기상을 타고나 어릴 때부터 무예를 익혔다. 이부상서 양경의 누이가 귀비가 되자 양경은 현무의 재색을 듣고 아들의 혼사를 청하였다가 거절당한다. 이때 변방의 교지국이 침입하자 양경은 황제를 설득하여 현무의 아버지 정유를 대원수로 출전시키고 현무를 납치하려 한다. 현무는 자살한 것으로 가장한 뒤 숨어 지내는데, 황태자가 그 미모를 엿보고 혼인하고 여장을 하고 주 소저라 칭하며 접근한다. 이때 현무는 꿈속에서 노승의 지시를 받고 출전한다. 현무는 교지국 군사를 격퇴하고 포로가 되어 있는 아버지를 구출하여 교지국 왕의 항복을 받으라 하고 귀환한다. 정유가 교지국 왕의 항복을 받고 그 항서를 황제에게 올리자, 양경이 정유의 전공을 시기하여 황제로 하여금 정유를 운남 절도사로 삼아 회군하지 못하도록 한다. 황태자는 현무에게 접근하여 신분을 밝히고 황제의 허락을 얻어 현무를 태자비로 맞아들인다. 원래 태자비로 간택되었던 질녀가 현무 때문에 밀려나자 앙심을 품은 귀비는 태자 내외가 역모를 꾀한다고 모함하여 황제의 노여움을 사게 한다. 다시 현무를 모함하여 황제로부터 사약을 받게 하는데 임신 중이어서 사약 하사는 연기가 된다. 현무는 남장을 하고 피신하게 되는데 이 사랑의 딸이 소저와 혼인하고 뒤에 사실을 밝힌다. 양경이 역모를 꾀해 변방 오랑캐와 합세하여 중원을 침공하자 나라가 멸망 직전에 처한다. 현무가 다시 출전하여 역적을 베고 황제를 구출하여 환궁하게 한 뒤 표문을 올리자 황제는 크게 칭찬하고 왕위를 태자에게 물려준다. 태자는 사양 끝에 왕위에 오르고, 현무는 자기와 혼인하였던 이 소저를 귀비로 삼게 하고 아버지를 회군하도록 한다.

---

33 서술상 특징 파악
정답률 88% | 정답 ④

윗글에 대한 설명으로 가장 적절한 것은?

① 언어유희를 사용하여 시대의 현실을 비판하고 있다.
이 글을 통해 언어유희를 사용한 부분은 찾아볼 수 없다.

② 배경 묘사를 통해 인물의 내면 심리를 표출하고 있다.
이 글을 통해 배경 묘사로 인물의 내면 심리를 표출한 부분은 찾아볼 수 없다.

③ 인물의 행동을 과장하여 해학적 분위기를 조성하고 있다.
이 글을 통해 인물의 행동이 과장되어 나타나지도 않고 있고, 해학적 분위기도 찾아볼 수 없다.

✔ ④ 인물 간의 대화를 통해 인물이 처한 상황을 드러내고 있다.
정소저와 주소저의 대화를 통해 어릴 때 모친을 이별하고 부친과 지내다 부친마저 전장에 가 의지할 곳이 없는 정소저의 상황을 드러내고 있다. 또한 정소저와 정원수의 대화를 통해 죽음을 면치 못하다가 '장군(정소저)'의 구조함으로 본국에 돌아갈 수 있게 된 정원수의 상황을 드러내고 있다.

⑤ 꿈과 현실의 교차를 통해 앞으로 일어날 사건을 암시하고 있다.
동전 축사를 통해 앞으로 일어날 사건을 암시하고 있으나 이것은 꿈이 아니므로, 꿈과 현실의 교차를 통해 앞으로 일어날 사건을 암시하였다고 볼 수 없다.

---

34 장면의 이해
정답률 64% | 정답 ④

[A]와 [B]에 대한 설명으로 가장 적절한 것은?

① [A]에는 낙관적인 미래에 대한 확신이, [B]에는 부정적인 미래에 대한 불안이 나타나 있다.
[A]에는 낙관적인 미래에 대한 소망이 드러나 있으며, [B]에는 소망을 이룰 수 있게 된 것에 대한 감사가 드러나 있다.

② [A]에는 인물 간의 갈등을 해결한 주체가, [B]에는 인물 간의 갈등을 유발한 주체가 나타나 있다.
[A]에는 인물 간의 갈등을 해결한 주체가 나타나 있지 않으며, [B]에는 인물 간의 갈등을 유발한 주체가 나타나 있지 않다.

③ [A]에는 자신이 처한 어려움에 대한 체념이, [B]에는 상대가 처한 어려움에 대한 공감이 나타나 있다.
[A]에서 정소저는 자신이 처한 어려움을 체념하고 있지 않으며, [B]에서 정원수는 자신이 처했던 어려움을 토로하고 있을 뿐, 상대가 처한 어려움이나 이에 대한 공감을 나타내고 있지 않다.

✔ ④ [A]에는 특정 인물과의 재회를 바라는 이유가, [B]에는 특정 인물과의 재회가 가능해진 이유가 나타나 있다.
[A]에서 '정소저'가 '부친만 바라고 지'내다가 '부친'이 '전장에 가시'어 '돌아오시기를 바라'고 있으므로, '정소저'가 '부친'과의 재회를 바라는 이유가 나타나 있다. 그리고 [B]에서 '정원수'가 '장군의 구조함을 입'어 '종명을 보존하여' '부모와 자식'과 '상봉'하게 되었다고 하였으므로 가족과의 재회가 가능해진 이유가 나타나 있다.

⑤ [A]에는 기대가 실현된 상황에 대한 인물의 심경이, [B]에는 기대가 어긋나 버린 상황에 대한 인물의 심경이 나타나 있다.
기대가 실현된 상황에 대한 인물의 심경이 나타나는 것은 [A]가 아니라 [B]이다.

---

35 세부 내용의 이해
정답률 59% | 정답 ②

다음은 동전 축사(祝辭)를 정리한 것이다. 이에 대한 반응으로 적절하지 않은 것은?

구분	동전을 던지는 인물	알고 싶은 내용	동전의 위치 방중	동전의 위치 방 밖
㉠	주소저	정낭자와 배필이 될 수 있는가?	○	
㉡	주소저	간택된 양 씨를 퇴할 수 있는가?		○
㉢	정소저	부친이 전장에서 성공하고 쉽게 돌아올 수 있는가?		○
㉣	정소저	전장에 나아가 선전할 수 있는가?	○	
㉤	정소저	이후 험한 일 없이 마음 먹은 대로 일이 될 수 있는가?	○	

① ㉠에서 '동전을 던지는 인물'은 '동전의 위치'를 보고 자신이 바라는 일이 이루어질 것이라고 생각했겠군.
㉠에서 '동전의 위치'가 '분명 정낭자와 배필이 되게 하시려거든 이 금전이 방중에 내려오소서.'에 나타나는 '동전의 위치'와 일치하는 것을 보고 '주소저가 신통히 여기는' 것에서 '주소저'가 바라는 일이 이루어질 것이라고 생각했겠군으로 적절하다.

✔ ② ㉡에서 '동전의 위치'는 '동전을 던지는 인물'이 꺼리는 일이 이루어질 것이라는 뜻으로 해석되겠군.
㉡에서 '동전의 위치'가 '황상께서 양경의 딸로 간택하였으니, 만일 양 씨를 퇴할 수거든 금전이 스스로 방 밖에 내려지게 하소서.'에 나타나는 '동전의 위치'와 일치하는 것은 '주소저'가 바라는 일이 이루어질 것이라는 뜻으로 해석되므로 적절하지 않다.

③ ㉢에서 '동전의 위치'는 '동전을 던지는 인물'이 바라는 것이 이루어지지 않을 것이라는 뜻으로 해석되겠군.
㉢에서 '동전의 위치'가 '부친께서 전장에 나가 성공하고 쉬이 돌아오시게 하거든 금전이 방중에 내려소서.'에 나타나는 '동전의 위치'와 일치하지 않는 것은 '정소저'가 바라는 것이 이루어지지 않을 것이라는 뜻으로 해석되므로 적절하다.

④ ㉣에서 '알고 싶은 내용'은 '동전을 던지는 인물'이 하고자 하는 행동과 관련이 있겠군.
'이 몸이 비록 여자이오나 어릴 적부터 병서를 공부하였사오니 부친을 위로하려 전장에 나아가 선전하려 하시거든 금전이 방중에 내려지소서.'에서 '정소저'가 '부친'을 위해 '전장에 나아가'고자 하는 것을 확인할 수 있다. 그리고 ㉣에서 '알고 싶은 내용'은 '동전을 던지는 인물'인 '정소저'가 하고자 하는 행동과 관련이 있으므로 적절하다.

⑤ ㉤에서 '동전의 위치'는 '동전을 던지는 인물'이 바라는 대로 나타났다고 할 수 있겠군.
'이후로는 다시 험한 일이 없고 심중에 먹은 마음대로 되게 하시려거든 금전이 방중에 떨어지소서'에서 '정소저'가 바라는 '동전의 위치'는 '방중'임을 확인할 수 있고, ㉤에서 '동전의 위치'도 '정소저'가 바라는 대로 '방중'으로 나타났으므로 적절하다.

---

36 외적 준거에 따른 작품의 감상
정답률 56% | 정답 ③

〈보기〉를 참고하여 윗글을 감상한 내용으로 적절하지 않은 것은? [3점]

〈보 기〉

고전소설에서 '복장전환'이라는 화소는 주체적인 삶을 살고자 하는 인물의 의지를 보여 준다. 복장전환은 자신의 실체를 상대에게 숨기는 수단으로 쓰이는데 이를 통해 인물들은 다양한 욕구를 실현하고자 한다. 이 작품에서는 사회적 한계를 극복하고, 위기 국면에서 고난에 적극적으로 대처하고, 때로는 이성과 교우를 맺기 위해 복장전환이 사용된다.

① 태자가 '여복으로 갈아 입'고 정소저를 뒤따라 '관음사로 찾아가'는 것에서, 애정 욕구를 실현하기 위해 복장전환을 선택한 인물의 의지를 확인할 수 있군.
'태자'가 '여복으로 갈아 입'고 '정소저'를 따라 '관음사로 찾아가'는 것은 아내로 삼고 싶은 '정소저'와 만나기 위한 것이므로 적절하다.

② 태자가 자신을 '주상공 댁 소저'로 속이고 정소저와 '서로 슬픈 정회를 위로'하며 '옥수를 잡'을 수 있었던 것에서 복장전환이 이성과의 교우를 가능하게 해 주는 수단으로 쓰였음을 확인할 수 있군.
'태자'가 '정소저'와 '서로 슬픈 정회를 위로'하며 '옥수를 잡'을 수 있었던 것은 여자의 모습으로 복장전환을 하여 '정소저'에게 자신을 '주소저'로 속였기 때문에 가능했던 것이므로 적절하다.

✔ ③ 주소저가 '탁월한 풍채와 늠름한 기상'을 지닌 정소저를 보고 놀라는 것에서 정소저가 자신의 실체를 상대에게 숨기는 수단으로 복장전환을 사용했음을 확인할 수 있군.
'주소저'가 '탁월한 풍채와 늠름한 기상'을 지닌 '정소저'를 보고 놀라는 상황에서 '정소저'가 복장전환을 한 것을 확인할 수 없다.

④ '여자이오나 어릴 적부터 병서를 공부'했다고 한 정소저가 '남자되어 적진을 진정시'켰다고 하는 것에서 복장전환을 한 인물이 자신의 사회적 한계를 극복하고 능력을 발휘했음을 확인할 수 있군.

'여자이오나' '병서를 공부'한 정소저가 '남자 되어 적진을 진정시'킨 것은 '정소저'가 남자의 모습으로 복장전환을 하여 여성으로서 가지는 사회적 한계를 극복하고 자신의 능력을 발휘한 것이므로 적절하다.

⑤ 정소저가 '부친의 위급함을 듣고' '소년' '장수'가 되었다는 것에서 인물이 위기 국면에서 고난에 적극적으로 대처하기 위해 복장전환을 선택했음을 확인할 수 있군.
'정소저'가 '부친의 위급함'을 듣고 '소년' '장수'가 된 것은 '전장'에서 위기에 처한 '부친'을 구하기 위해 남자의 모습으로 복장전환을 하여 고난에 적극적으로 대처한 것이므로 적절하다.

37~41 인문

(가) 토마스 아퀴나스, 「정념」

해제 이 글은 사랑에 대한 아퀴나스의 견해를 소개하고 있다. 아퀴나스는 인간이 선을 추구하려는 욕구를 지닌 존재이고, 사랑은 그런 욕구를 추구하는 인간 행위의 원천이라고 보았다. 그는 인간의 욕구를 감각적 욕구와 지적 욕구로 구별하고, 감각적 욕구와 지적 욕구가 있는 곳에는 항상 사랑이 있다고 말하며, 사랑이 선을 향한 감각적 욕구와 지적 욕구에 의한 추구 행위를 일으키는 힘이라고 설명하였다. 그는 특히 감각적 욕구에 의한 추구 행위를 '정념'이라고 칭하고 그 특성에 주목하였다. 결국 그가 말하는 인간의 사랑은 선에 대한 자신의 이해에 입각하기 때문에 자신에게 선인 것에 대한 사랑을 근본으로 한다.

주제 사랑에 대한 아퀴나스의 견해

문단 핵심 내용

1문단	욕구를 추구하는 인간 행위의 원천으로 사랑을 본 아퀴나스
2문단	인간의 욕구를 감각적 욕구와 지적 욕구로 구별한 아퀴나스
3문단	선을 향한 욕구와 연결 지어 사랑을 설명한 아퀴나스

(나) 임마누엘 칸트, 「도덕형이상학 정초」

해제 이 글은 사랑에 대한 칸트의 견해를 소개하고 있다. 칸트는 사랑을 감성적 차원의 사랑과 실천적 차원의 사랑으로 구분하고, 실천적 차원의 사랑에 더 주목하여 가치를 부여하였다. 그는 인간은 도덕법칙을 실천하려고 하는 선의지를 지닌 존재이므로 선의지에 따라 의무로부터 비롯된 행위를 실천하는 것만이 도덕적 가치가 있다고 보았다. 그리고 그는 실천적 차원의 사랑만이 보편적인 도덕법칙으로 명령될 수 있으며, 인간에 대한 실천적 차원의 사랑은 모든 인간이 갖는 서로에 대한 의무라고 말하였다.

주제 사랑에 대한 칸트의 견해

문단 핵심 내용

1문단	감성적 차원의 사랑과 실천적 차원의 사랑을 구별한 칸트
2문단	선의지에 따라 의무로부터 비롯된 행위를 실천하는 것만이 도덕적 가치가 있다고 본 칸트
3문단	실천적 차원의 사랑만이 도덕적 가치를 지닌다고 본 칸트

---

37 내용 전개 방식 파악
정답률 72% | 정답 ②

(가)와 (나)의 공통점으로 가장 적절한 것은?

① (가)와 (나)는 모두 문제점에 대한 해결 방안을 모색하고 있다.
(가)와 (나)를 통해 문제점에 대한 해결 방안을 모색한 부분은 찾아볼 수 없다.

✅ (가)와 (나)는 모두 용어의 개념을 정의하며 내용을 전개하고 있다.
(가)의 1문단의 '선이란 자신에게 좋은 것으로 ~ 주는 것을 뜻한다.'를 통해, (나)의 2문단의 '선의지란 선을 지향하는 ~ 선한 것이다.'를 통해, (가), (나) 모두 용어의 개념을 정의하며 내용을 전개하고 있음을 알 수 있다.

③ (가)와 (나)는 모두 두 가지 이론의 장단점을 비교하며 설명하고 있다.
(가)와 (나)를 통해 두 가지 이론의 장단점을 비교하며 설명하는 내용은 찾아볼 수 없다.

④ (가)와 (나)는 모두 두 가지 관점을 절충하며 하나의 결론을 도출하고 있다.
(가)와 (나)를 통해 두 가지 관점을 절충하며 하나의 결론을 도출하는 내용은 찾아볼 수 없다.

⑤ (가)와 (나)는 모두 특정 학자의 견해가 지닌 논리적 오류를 지적하고 있다.
(가)와 (나)를 통해 특정 학자의 견해가 지닌 논리적 오류를 지적한 내용은 찾아볼 수 없다.

38 핵심 개념의 이해
정답률 88% | 정답 ④

㉠에 대한 설명으로 적절하지 않은 것은?

① 선을 추구한다.
(가)의 2문단에서 '인간의 욕구는 감각적 욕구와 지적 욕구로 구별되는데, 이는 선을 추구한다는 점에서는 동일'하다고 하였으므로 적절하다.

② 인간이 지니고 있는 것이다.
(가)의 1문단에서 '인간이 선을 추구하려는 욕구를 지닌 존재'라고 하였으므로 적절하다.

③ 감각적 욕구와 지적 욕구로 구별된다.
(가)의 2문단에서 '인간의 욕구는 감각적 욕구와 지적 욕구로 구별되는데'라고 하였으므로 적절하다.

✅ 감각적 욕구들은 동시에 일어날 수 없다.
(가)의 3문단을 통해 여러 대상에 대한 감각적 욕구들이 동시에 일어난다면 인간은 가장 먼저 추구할 감각적 욕구를 지성에 의해 판단하고 선택함을 알 수 있으므로, 감각적 욕구들이 동시에 일어날 수 있음을 알 수 있다.

⑤ 감각적 욕구에 의한 추구 행위는 정념이라 부른다.
(가)의 3문단에서 '감각적 욕구에 의한 추구 행위'를 '정념'이라고 칭'한다고 하였으므로 적절하다.

39 구체적인 사례에의 적용
정답률 59% | 정답 ⑤

(가)와 (나)를 읽은 학생이 〈보기〉에 대해 보인 반응으로 적절하지 않은 것은? [3점]

〈 보 기 〉

갑은 잠에서 깨어나 방안 가득한 카레 냄새를 맡고 카레가 먹고 싶어져 식탁으로 갔다. 그런데 오늘 예정된 봉사활동에 늦지 않기 위해 카레를 먹지 않기로 하고 봉사활동을 하러 갔다. 봉사활동을 마치고 집에 가는 길에 카페에 들렀더니 진열장에 시원한 생수와 맛있는 케이크가 있었다. 그것들을 보니 목도 마르고 배도 고팠지만 생수를 먼저 주문해 마신 후, 케이크를 주문해 먹었다. 그러다 갑은 카페에 들어오는 이성인 을의 미소를 보고 첫 눈에 반했다. 평소 갑은 부끄러움이 많았지만 용기를 내어 을에게 다가갔다.

---

① 아퀴나스에 따르면, 갑이 카레가 먹고 싶어진 것은 카레 냄새에 의해 촉발된 감각적 욕구에 의한 추구 행위이겠군.
(가)의 2문단에서 '감각적 욕구에 의한 ~ 수동적으로 반응하는 것'이라고 하였으므로, 〈보기〉에서 갑이 카레가 먹고 싶어진 것을 카레 냄새에 의해 촉발된 감각적 욕구에 의한 추구 행위라고 보는 진술은 적절하다.

② 아퀴나스에 따르면, 갑이 카레를 먹지 않은 것은 지성이 카레를 먹는 것을 선이 아니라고 판단했기 때문이겠군.
(가)의 2문단에서 '지성은 대상이 무엇이든 이해한 바에 따라 선악 판단을 다르게 할 수 있'다고 하였고, 인간은 '선이 아니라고 판단'한다면 대상을 '추구하지 않을 수도 있다'고 하였다. 〈보기〉에서 갑은 카레가 먹고 싶어졌지만, 봉사활동에 늦지 않기 위해 먹지 않기로 한 것이므로, 지성에 의해 카레를 먹는 것을 선이 아니라고 판단했기 때문이라고 보는 진술은 적절하다.

③ 아퀴나스에 따르면, 갑이 생수와 케이크 중 생수를 먼저 주문해 마신 것은 갈증을 해결하는 것이 더 선이라고 이해했기 때문이겠군.
(가)의 3문단에서 '여러 대상에 대한 ~ 더 선이라고 이해된 것을 우선 추구'한다고 하였으므로, 〈보기〉에서 갑이 목도 마르고 배도 고팠지만 생수를 먼저 주문해 마신 것은 갈증을 해결하는 것이 더 선이라고 이해했기 때문이라고 보는 진술은 적절하다.

④ 칸트에 따르면, 갑이 을의 미소에 첫눈에 반한 것은 자연적 경향성에 이끌린 것이겠군.
(나)의 1문단에서 '감성적 차원의 사랑은 남녀 간의 사랑같이 인간의 경향성에 근거한 사랑'이라고 하였고, (나)의 3문단에서 '감성적 차원의 사랑은 욕구나 자연적 경향성에 이끌리는 감정'이라고 하였다. 따라서 〈보기〉에서 갑이 이성인 을의 미소에 첫눈에 반한 것은 자연적 경향성에 이끌린 것이라고 보는 진술은 적절하다.

✅ 칸트에 따르면, 갑이 을에게 다가간 것은 감성적 차원의 사랑에서 실천적 차원의 사랑으로 나아간 것이겠군.
(나)의 1문단에서 '감성적 차원의 사랑은 ~ 의무로서의 사랑'이라고 했고, 3문단에서 '감성적 차원의 사랑은 욕구나 자연적 경향성에 이끌리는 감정'이라고 하였다. 〈보기〉에서 갑이 이성인 을에게 첫눈에 반해 다가간 것은 자연적 경향성에 이끌려 행동한 것이지 의무에서 비롯된 행동이 아니기 때문에 실천적 차원의 사랑으로 나아간 것이라고 볼 수 없다.

40 세부 내용의 이해
정답률 50% | 정답 ③

(가)와 (나)에 대해 이해한 내용으로 적절하지 않은 것은?

① (가)의 아퀴나스는 인간이 선악을 판단할 수 있다고 보았고, (나)의 칸트는 인간에게 그 자체로 선한 선의지가 내재되어 있다고 보았다.
(가)의 2문단에서 '지성은 대상이 무엇이든 이해한 바에 따라 선악 판단을 다르게 할 수 있'다고 하였고, (나)의 2문단에서 '인간은 도덕법칙을 ~ 조건 없이 선한 것'이라고 하였으므로 적절하다.

② (가)의 아퀴나스는 모든 정념이 사랑을 전제한다고 보았고, (나)의 칸트는 감성적 차원의 사랑은 명령을 통해 일으킬 수 없다고 보았다.
(가)의 3문단에서 '사랑을 전제하지 않는 정념은 없다'고 하였고, (나)의 3문단에서 '감성적 차원의 사랑은 ~ 일으킬 수 있는 것이 아니'라고 하였으므로 적절하다.

✅ (가)의 아퀴나스는 사랑을 통해 기쁨을 얻을 수 있다고 보았고, (나)의 칸트는 사랑이 인간에게 도덕법칙을 의무로 부여한다고 보았다.
(가)의 1문단에서 아퀴나스는 '인간이 선을 추구하려는 욕구를 ~ 행위의 원천이 바로 사랑'이라고 하였고, '선이란 자신에게 ~ 기쁨을 주는 것을 뜻한다.'고 하였으므로 사랑을 통해 기쁨을 얻을 수 있다는 진술은 적절하다.
하지만 (나)의 2문단에서 칸트는 '인간에게 도덕법칙을 의무로 부여'하는 것은 이성이라고 하였으므로, 사랑이 인간에게 도덕법칙을 의무로 부여한다는 진술은 적절하지 않다.

④ (가)의 아퀴나스는 사랑을 욕구와의 관계에 따라 설명하였고, (나)의 칸트는 사랑을 감성적 차원과 실천적 차원으로 구분하여 설명하였다.
(가)의 3문단에서 '감각적 욕구와 지적 욕구가 ~ 행위를 일으키는 힘'이라고 하였고, (나)의 1문단에서 '칸트는 감성적 차원의 사랑과 실천적 차원의 사랑이 다르다'고 구분하여 설명하고 있으므로 적절하다.

⑤ (가)의 아퀴나스는 인간의 사랑이 자신에게 선인 것에 대한 사랑을 근본으로 한다고 보았고, (나)의 칸트는 보편적으로 적용할 수 있는 도덕법칙이 있다고 보았다.
(가)의 3문단에서 '아퀴나스가 말하는 ~ 사랑을 근본으로 한다'고 하였고, (나)의 2문단에서 '보편적으로 적용할 수 있는 ~ 명령의 형식으로 나타'난다고 하였으므로 적절하다.

41 어휘의 문맥적 의미 파악
정답률 82% | 정답 ②

다음 중 ⓐ와 ⓑ의 의미로 쓰인 예가 바르게 짝지어진 것은?

① ⓐ : 경찰이 범인의 뒤를 따랐다.
  ⓑ : 춤으로는 그를 따를 자가 없다.
ⓐ의 '따르다'는 '다른 사람이나 동물의 뒤에서 그가 가는 대로 가다.', ⓑ의 '따르다'는 '앞선 것을 좇아 같은 수준에 이르다.'의 의미로 사용되었다.

✅ ⓐ : 그는 법에 따라 일을 처리했다.
  ⓑ : 우리는 의회의 결정을 따르겠다.
(가)의 ⓐ는 '어떤 경우, 사실이나 기준 따위에 의거하다.', (나)의 ⓑ는 '관례, 유행이나 명령, 의견 따위를 그대로 실행하다.'의 의미로 사용되었으므로 적절하다.

③ ⓐ : 개발에 따른 공해 문제가 심각하다.
  ⓑ : 우리 집 개는 아버지를 유난히 따른다.

ⓐ의 '따르다'는 '어떤 일이 다른 일과 더불어 일어나다.', ⓑ의 '따르다'는 '좋아하거나 존경하여 가까이 좇다.'의 의미로 사용되었다.

④
- ⓐ : 아무도 그의 솜씨를 따를 수 없었다.
- ⓑ : 그는 유행을 따라서 옷을 입었다.

ⓐ의 '따르다'는 '앞선 것을 좇아 같은 수준에 이르다.', ⓑ의 '따르다'는 '관례, 유행이나 명령, 의견 따위를 그대로 실행하다.'의 의미로 사용되었다.

⑤
- ⓐ : 사용 목적에 따라서 물건을 분류했다.
- ⓑ : 나는 강을 따라 천천히 내려갔다.

ⓐ의 '따르다'는 '어떤 경우, 사실이나 기준 따위에 의거하다.', ⓑ의 '따르다'는 '일정한 선 따위를 그대로 밟아 움직이다.'의 의미로 사용되었다.

42~45 갈래 복합

(가) 이방익, 「표해가」

[감상] 이 작품은 작가가 바다에 표류했던 체험을 기록한 기행 가사로, 사실적이고 구체적인 표현으로 역사적, 지리적, 문화적 측면에서 가치를 지니고 있다. 직유법, 설의법, 대구법 등의 여러 표현 방법을 활용하여 시적 상황과 화자의 정서를 효과적으로 드러내 주고 있다.

[주제] 표류하면서 알게 된 세상과 인생에 대한 깨달음

(나) 김기림, 「여행」

[감상] 이 작품은 여행에 대한 소망을 진솔하게 드러내면서 여행의 가치를 예찬하고 있는 수필로, 단정적이면서도 영탄적인 어조로 글쓴이의 정서와 생각이 소탈하게 제시되어 있다. 이 작품에서는 다양한 수사법을 활용하여 의미를 강조하고 있으며, 현재형 진술로 글쓴이의 사고의 흐름이 생동감 있게 제시되고 있다.

[주제] 여행에 대한 소망과 예찬

---

42 작품 간 공통점 파악
정답률 67% | 정답 ②

(가)와 (나)의 공통점으로 가장 적절한 것은?

① 계절의 변화를 중심으로 내용을 전개하고 있다.
(가)는 표류하고 나서 '어느덧 사월'이 된 계절의 변화가 나타나 있지만 이를 중심으로 내용을 전개하고 있지는 않으며, (나)에는 계절의 변화가 나타나 있지 않다.

✔② 설의적인 표현을 사용하여 의미를 강조하고 있다.
(가)에서는 '조수할 길 있을쏘냐', '나는 새 아니니 어찌 살기 바라리오.' '하직 없는 이별인가' 등의 설의적 표현을 사용하여 화자가 겪은 조난의 의미를 강조해 주고 있다. 그리고 (나)에서는 '어찌 산만을 좋다고 하겠느냐, 어찌 바다만을 좋다고 하겠느냐.', '얼마나 더 청신하랴', '나는 얼마나 자랑스러우랴' 등의 설의적 표현을 사용하여 글쓴이가 생각하는 여행의 의미를 강조하고 있다. 따라서 (가)와 (나) 모두 설의적 표현을 사용하여 의미를 강조하였다고 할 수 있다.

③ 명령형 어미를 사용하여 긴장감을 고조하고 있다.
(가), (나) 모두 명령형 어미를 사용하지는 않고 있다.

④ 동일한 색채어를 나열하여 현장감을 표현하고 있다.
(가), (나) 모두 동일한 색채어를 나열하지는 않고 있다.

⑤ 특정 대상과 대화하는 방식으로 주제를 부각하고 있다.
(나)에서 '제군'에게 권유하는 부분이 드러나 있으나 대화하는 방식으로 볼 수는 없으며, (가)에서도 특정 대상과 대화하고 있지 않다.

---

43 소재의 기능 파악
정답률 71% | 정답 ②

㉠과 ㉡에 대한 설명으로 가장 적절한 것은?

① ㉠과 ㉡은 모두 화자나 글쓴이가 경계하는 대상이다.

✔② ㉠과 ㉡은 모두 화자나 글쓴이가 소망하는 대상이다.
(가)에서 화자는 ㉠의 '큰 섬'이 보임에도 '인력'으로 어찌 할 수 없는 상황을 드러내며 바다에서 벗어나고 싶은 마음을 나타내고 있다. 그리고 (나)에서 글쓴이는 자신에게 '정해지는 길이 짧아 '제일 먼' 곳으로 갈 수 있는 ㉡의 '차표'를 부러워하고 이후 '차표가 끝나는 데까지 갈 것'이라고 하며 멀리 여행 가고 싶은 마음을 드러내고 있다. 따라서 ㉠과 ㉡은 모두 화자나 글쓴이가 소망하는 대상이라 할 수 있다.

③ ㉠과 ㉡은 모두 화자나 글쓴이가 극복하려고 하는 대상이다.

④ ㉠과 ㉡은 모두 화자나 글쓴이가 동화되려고 하는 대상이다.

⑤ ㉠과 ㉡은 모두 화자나 글쓴이가 우월감을 갖게 하는 대상이다.

---

44 작품의 세부 내용 이해
정답률 75% | 정답 ④

ⓐ~ⓔ에 대한 이해로 적절하지 않은 것은?

① ⓐ : 두 대상에 대한 평가를 바탕으로 자신의 선택을 드러내고 있다.
글쓴이는 '산'에 대해 '산의 기틀을 감추고 있다'고, '바다'에 대해 '바다대로 호탕'하다고 평가하고 이를 토대로 '바다'를 선택하고 있으므로 적절하다.

② ⓑ : 여행에서의 낯선 상황을 가정하며 자신이 취할 행동을 떠올리고 있다.
글쓴이는 '만약에' '이국의 소녀를 만날지라도'라고 하며 여행지에서의 낯선 상황을 가정하고 있으며, '서투른 외국말로 대담하게 대화를 하리라'라고 하며 자신이 취할 행동을 떠올리고 있으므로 적절하다.

③ ⓒ : 자신이 원하는 여행자의 모습을 상상하고 있다.
글쓴이는 『보스톤·백』과 '단장'을 사겠다고 했으며, 이러한 물건을 들고 '차표가 끝나는 데까지' 가겠다고 하고 있으므로 적절하다.

✔④ ⓓ : 자신이 아직 해결하지 못한 일을 여행지에서 마무리하고 싶은 마음을 드러내고 있다.
글쓴이는 모든 '의무'와 '미정고들'을 '먼지낀 방안에 묶어서 두고' 여행지로 떠나고 싶어 하고 있다. 따라서 ⓓ를 자신이 아직 해결하지 못한 일을 여행지에서 마무리하고 싶은 마음을 드러냈다고 볼 수 없다.

⑤ ⓔ : 여행이 자신에게 지니는 의미를 드러내고 있다.

글쓴이는 여행에 대해 '그것 밖에 남은 것은 없다'고 하며 '행복의 최후의 제비'라는 의미를 부여하고 있으므로 적절하다.

---

45 외적 준거에 따른 작품의 감상
정답률 58% | 정답 ③

〈보기〉를 바탕으로 (가)와 (나)를 감상한 내용으로 적절하지 않은 것은? [3점]

─〈보 기〉─
문학 작품에서 바다는 다양한 의미를 지닌 공간으로 나타난다. (가)의 바다는 화자가 직접 체험하는 공간으로, 예상치 못한 조난을 당한 화자가 생명의 위협을 느끼며 벗어나고 싶어 하는 공간이다. 한편, (나)의 바다는 글쓴이가 상상하는 공간이자 자유롭고 생명력 넘치는 공간으로, 이를 통해 글쓴이는 일상에서 벗어날 수 있는 꿈을 꾸게 된다.

① (가)에서 '선판 치며 즐기'다가 '조수할 길' 없이 '일엽선이 끝없이 떠나가'게 된 것을 통해 바다가 예상치 못한 조난을 겪는 공간으로 나타나고 있음을 알 수 있군.
(가)에서 화자는 '선판 치며 즐기'다가 '태산 같은 높은 물결'을 만나 손쓸 길 없이 예상치 못한 조난을 겪게 되고, 이러한 조난의 상황이 '일엽선이 끝없이 떠나가'는 모습으로 나타나 있으므로 적절하다.

② (나)에서 '어족들'이 '오늘은 진주의 촌락'을 다니고 '내일은 해초의 삼림'을 다닌다는 것을 통해 바다가 글쓴이에게 자유로운 공간으로 인식되고 있음을 알 수 있군.
(나)에서 '오늘은 진주의 촌락'을, '내일은 해초의 삼림'을 다니는 '어족들'에는 바다를 자유로운 공간으로 여기는 글쓴이의 생각이 나타나 있으므로 적절하다.

✔③ (가)에서 '삼대도'를 보자 '선구를 보집'하는 것을 통해 화자는 바다를 벗어나고 싶은 공간으로, (나)에서 '사치한 어족들'이 '해저에 국경을 만들었다는' 것을 통해 글쓴이는 바다를 일상에서 벗어날 수 있는 공간으로 인식하고 있음을 알 수 있군.
(가)에서 '삼대도'가 보이자 '선구를 보집'하는 것에는 바다에서 벗어나고자 배의 기구를 수리하는 화자의 모습이 나타나 있다. 하지만 (나)에서 글쓴이는 '사치한 어족들'의 여행을 상상하고 있지만 그들이 '해저에 국경을 만들었다는' 것을 들은 일이 없다고 하였으므로 적절하지 않다.

④ (가)에서 '어복 속에 영장'할 수 있음에 '원통'해하는 것을 통해 바다는 화자가 생명의 위협을 느끼는 공간으로, (나)에서 '어린 고기들'이 '청초'하고 '활발'하다고 하는 것을 통해 글쓴이가 바다를 생명력이 넘치는 공간으로 인식하고 있음을 알 수 있군.
(가)에서 '어복 속에 영장'할 수 있음에 '원통'함을 느끼는 것에는 바다를 생명을 위협하는 공간으로 생각하는 화자의 모습이 나타나 있으므로 적절하다. (나)에서 '선창'에 기대서 '청초'와 '활발'을 지닌 '어린 고기들'을 바라보는 것에는 바다를 생명력이 넘치는 공간으로 인식하는 글쓴이의 모습이 나타나 있으므로 적절하다.

⑤ (가)에서 '선판을 치는 소리'를 듣고 '검은 고기'를 먹는 것을 통해 바다는 화자의 생존을 위한 체험이 이루어지는 공간으로, (나)에서 '눈을 감고' 바다의 모습을 '머리 속에 그려' 보는 것을 통해 바다는 글쓴이의 상상이 담긴 공간으로 나타나고 있음을 알 수 있군.
(가)에서 '선판을 치는 소리'를 듣고 '검은 고기'를 먹음으로써 '이 고기 아니었으면 우리 어찌 살았으리'라고 하는 모습에는 생존을 위한 화자의 체험이 드러나 있으므로 적절하다. (나)에서 '눈을 감고' 바다를 '머리 속에 그려'보는 모습에서 바다에 대해 상상하고 있는 글쓴이의 모습이 드러나 있으므로 적절하다.

• 정답 •

01②	02③	03④	04③	05⑤	06⑤	07②	08⑤	09②	10②
11②	12④	13①	14①	15⑤	16②	17④	18⑤	19①	20④
21④	22①	23④	24③	25②	26③	27④	28⑤	29⑤	30④
31①	32③	33③	34①	35③	36①	37②	38④	39②	40⑤
41④	42⑤	43⑤	44④	45④					

★ 표기된 문항은 [등급을 가르는 문제]에 해당하는 문항입니다.

[01~03] 화법

01 발표자의 말하기 계획 평가
정답률 82% | 정답 ②

발표에 반영된 학생의 계획으로 적절하지 않은 것은?

① 구체적인 예를 들어 청중의 이해를 돕는다.
5문단에서 발표자가 여권 종류의 알파벳 약자 조합의 예, 로마자 이름 표기의 예를 구체적으로 제시하여 청중의 이해를 돕고 있다.

✓② 자료의 출처를 밝혀 발표의 신뢰성을 높인다.
발표자는 '로마자 표기법'에 따른 표기를 사례로 제시하고 있지만 구체적인 자료를 제시하지는 않고 있다. 또한 자료의 출처를 밝히지도 않고 있다.

③ 비언어적 표현을 활용하여 청중의 흥미를 유발한다.
3문단의 '스마트폰으로 얼굴을 찍는 자세를 취하며', '청중의 대답을 듣고 고개를 끄덕이며', 5문단의 '칠판에 적어 보여 주며'를 보면 발표자는 비언어적 표현을 사용하여 청중의 흥미를 유발하고 있다.

④ 청중의 대답을 유도하는 질문을 던져 청중과 상호 작용한다.
2문단에서 발표자는 자신의 질문에 대한 청중의 반응을 살피고 여권과 비자의 차이에 대해 설명하고 있으며, 3문단에서 청중의 대답을 듣고 고개를 끄덕이며 반응하고 있다. 이를 통해 발표자는 청중과 상호 작용하고 있음을 알 수 있다.

⑤ 도입부에서 발표 내용을 안내해 청중이 예측하며 듣게 한다.
1문단에서 여권의 개념, 여권 발급 신청 시 준비물과 유의점, 여권 기재 정보라는 발표 내용을 언급하고 있다. 이는 청중이 이후에 전개될 내용을 예측하며 들을 수 있도록 해 주는 것이다.

02 발표 내용의 이해
정답률 88% | 정답 ③

다음은 여권의 신원 정보 면 자료이다. 위 발표를 들은 청중이 ㉠~㉤에 대해 보인 반응으로 적절하지 않은 것은?

① ㉠ : 정면을 바라보고 얼굴 전체가 드러나 여권 소지자가 본인이라는 것을 확인할 수 있겠군.
3문단을 보면 여권에 수록될 사진은 정면을 바라보고 얼굴 전체가 드러난 것이어야 함을 알 수 있다.

② ㉡ : 이 여권은 기간 만료일까지 출입국할 때 여러 번 사용할 수 있겠군.
5문단을 보면 'PM'이 유효 기간 동안 여러 번 출입국에 사용할 수 있는 여권 종류를 나타내는 것임을 알 수 있다.

✓③ ㉢ : 이 여권을 소지한 사람이 다른 나라로부터 입국 허가를 받았음을 알 수 있겠군.
2문단에서 여행할 나라로부터 받는 입국 허가는 '비자'임을 알 수 있다. 그리고 5문단에서 여권 번호는 여권 종류를 나타내는 알파벳과 숫자 여덟 개의 조합으로 이루어져 있고, 이 숫자는 위조 시 변조를 막기 위해 무작위로 부여됨을 알 수 있다. 따라서 ㉢의 반응은 적절하지 않다.

④ ㉣ : 로마자 표기법에 따라 한글 이름과 발음이 일치하게 표기한 이름을 실었다고 볼 수 있겠군.
5문단을 보면 '기호'라는 이름이 로마자 표기법에 따라 'GIHO'로 표기할 수 있음을 알 수 있다.

⑤ ㉤ : 2020년 이후에 여권을 발급받는다면 수록되지 않을 정보이겠군.
5문단을 보면 2020년부터 발급될 여권에 주민등록번호 뒷부분이 기재되지 않을 예정이라는 내용을 알 수 있다.

03 청자의 듣기 전략 파악
정답률 92% | 정답 ④

〈보기〉에 나타난 학생의 듣기 전략으로 적절한 것은?

─〈보 기〉─
'그러고 보니 한국어능력시험을 볼 때, 기간 만료 전의 여권도 신분증으로 제시할 수 있다는 안내문을 보고 여권을 가지고 간 적이 있어. 여권이 있으면 나중에 대학수학능력시험을 보러 갈 때 신분증으로 활용할 수 있겠다.'

① 발표 내용 중 이해하기 어려운 점에 대해 의문을 떠올리며 들었다.

② 정보 전달에 적합한 내용 조직 방식을 사용했는지 평가하며 들었다.

③ 발표자가 제시한 정보들 사이의 공통점과 차이점을 파악하며 들었다.

✓④ 발표 내용과 관련된 자신의 경험을 떠올리고 유사한 상황에 적용하며 들었다.
6문단에 제시된 여권을 국내에서 신분증으로 활용할 수 있다고 한 내용과 관련하여, 〈보기〉의 청자는 자신이 한국어능력시험을 볼 때 여권을 신분증으로 활용하였던 경험을 떠올리고 있다. 또한 대학수학능력시험이라는 유사한 상황에 적용하여 여권을 신분증으로 활용할 수 있을 것이라고 추측하며 말하고 있으므로 적절하다.

⑤ 발표 내용을 요약하며 자신이 들은 내용을 잘 이해하고 있는지 점검하며 들었다.

[04~07] 화법과 작문

04 말하기 계획의 반영 여부 판단
정답률 69% | 정답 ③

〈보기〉는 진행자가 (가)를 준비하면서 떠올린 생각이다. (가)에 반영되지 않은 것은?

─〈보 기〉─
㉠ 화제와 관련된 최근의 사례를 언급한 후, 대담의 중심 화제를 소개함으로써 청취자의 관심을 유도해야겠어. ㉡ 바다에 있는 플라스틱 쓰레기양의 규모도 확인하여 청취자가 문제의 심각성을 실감하도록 해야지. 그 다음, ㉢ 해양 오염 개선을 위한 국제 협약의 성과를 소개하도록 요청함으로써 전문적인 정보가 제공되도록 해야겠어. 대담을 끝내기 전에, ㉣ 청취자들이 문제 해결에 참여할 수 있는 방법에 대해 질문한 후 ㉤ 일상생활에서 실천할 수 있는 예를 들며 마무리해야겠어.

① ㉠ 화제와 관련된 최근의 사례를 언급한 후, 대담의 중심 화제를 소개
진행자는 폐사한 거북이의 코에서 플라스틱 빨대가 발견된 사건이 많은 사람들에게 충격을 주었음을 언급한 뒤, 대담의 중심 화제인 '플라스틱 쓰레기로 인한 해양 오염'을 소개하고 있다.

② ㉡ 바다에 있는 플라스틱 쓰레기양의 규모도 확인
진행자의 두 번째 발화와 세 번째 발화에서 바다에 있는 플라스틱 쓰레기양의 규모를 질문하여 그에 대한 정보를 얻고 있음을 알 수 있다.

✓③ ㉢ 해양 오염 개선을 위한 국제 협약의 성과를 소개하도록 요청
진행자는 '국제적으로 함께 고민해야 할 것'이라며 해양 오염에 대한 국제적 관심이 필요하다는 생각을 드러내고 있지만, 해양 오염 개선을 위한 국제적 노력 및 그 성과를 소개해 달라고 대담자에게 요청하지는 않고 있다.

④ ㉣ 청취자들이 문제 해결에 참여할 수 있는 방법에 대해 질문
진행자의 마지막 직전 발화에서 청취자들이 일상에서 실천할 수 있는 방법에 대해 묻고 있는 것을 확인할 수 있다.

⑤ ㉤ 일상생활에서 실천할 수 있는 예를 들며 마무리
진행자의 마지막 발언인 '플라스틱 빨대 하나라도 덜 쓰려는 노력을 해야 한다'는 것에서 확인할 수 있다.

05 말하기 방식의 이해
정답률 80% | 정답 ⑤

[A], [B]를 이해한 내용으로 가장 적절한 것은? [3점]

① [A] : '연구원'은 구체적 수치를 활용하여 '진행자'의 동의를 구하고 있다.
[A]에서 연구원은 구체적 수치를 제시하여 플라스틱 쓰레기 배출 규모를 알려 주고 있을 뿐, 진행자의 동의를 구하지는 않고 있다.

② [A] : '진행자'는 '연구원'이 언급한 정보를 이용하여 이어질 내용을 예측하고 있다.
[A]에서 진행자의 발화는 연구원이 제공한 정보를 요약, 재진술한 것으로, 이어질 내용을 예측하지는 않고 있다.

③ [A] : '연구원'은 연구 결과를 토대로 해결책을 모색하고 있다.
[A]에서 연구원은 연구 결과를 토대로 바다에 있는 플라스틱 쓰레기의 규모와 플라스틱 쓰레기가 바다로 유입되는 배경을 알려 주고 있지만, 해결책을 모색하지는 않고 있다.

④ [B] : '연구원'은 외국의 통계 자료와 비교하여 우리나라의 현황을 보고하고 있다.
[B]에서 연구원은 인근 해역의 어패류를 분석한 연구 결과를 바탕으로 우리나라의 현황을 알려 주고 있지만, 외국의 통계 자료와 비교하지는 않고 있다.

✓⑤ [B] : '진행자'는 물음의 형식을 이용하여 자신의 이해가 정확한지 확인하고 있다.
진행자는 연구원이 언급한 연구 결과가 어패류 체내에 플라스틱이 쌓이고 있음을 뜻하는지 묻고 있는데, 이는 연구원의 발화에 대한 자신의 이해가 정확한지 확인하는 질문이라 할 수 있다.

06 작문 계획의 반영 여부 판단
정답률 67% | 정답 ⑤

다음은 (가)를 반영하여 (나)를 작성하기 위한 학생의 작문 계획이다. (나)에서 언급하지 않은 것은?

○ 대담에서 연구원이 언급한 정보를 활용하여 플라스틱 쓰레기로 인한 해양 오염 실태를 독자에게 알려야겠어. ………①
○ 플라스틱 소비에 대한 개인적 경험을 활용하여 독자가 플라스틱 쓰레기에 대한 문제의식을 공유하도록 해야겠어. ………②
○ 대담에서 연구원이 언급하지 않은 정보를 추가로 조사하여 생활 하수를 통해 배출되는 미세 플라스틱에 대해 독자가 구체적으로 인지하도록 해야겠어. ………③
○ 대담에서 연구원이 언급한 내용에 대한 예를 들어 독자가 실천해야 할 방법을 명료하게 파악하도록 해야겠어. ………④
○ 다른 소재의 재활용률보다 플라스틱의 재활용률이 낮음을 지적하여 플라스틱 재활용률을 높일 수 있도록 독자의 참여를 유도해야겠어. ………⑤

① 대담에서 연구원이 언급한 정보를 활용하여 플라스틱 쓰레기로 인한 해양 오염 실태를 독자에게 알려야겠어.
(가)에서 연구원이 언급한 정보(1억 6천만 톤, 800만 톤)를 활용하여 (나)의 1, 2문단에서 해양 오염의 실태를 알리고 있다.

② 플라스틱 소비에 대한 개인적 경험을 활용하여 독자가 플라스틱 쓰레기에 대한 문제의식을 공유하도록 해야겠어.
1문단에서 일주일 간 자신이 사용하고 버린 플라스틱 쓰레기의 사례를 나열함으로써 일상적으로 배출되는 플라스틱 쓰레기가 적지 않음을 보여 주고 있다.

③ 대담에서 연구원이 언급하지 않은 정보를 추가로 조사하여 생활 하수를 통해 배출되는 미세 플라스틱에 대해 독자가 구체적으로 인지하도록 해야겠어.
(가)에서 연구원은 바다로 유입되는 플라스틱 쓰레기 중 도로변 미세 플라스틱과 하수처리시설 방류수에

포함된 미세 플라스틱이 있음을 언급하고 있다. 그런데 (나)의 2문단에서는 생활하수를 통해 치약, 세정제의 원료로 쓰인 미세 플라스틱과, 합성 섬유로 만들어진 옷을 세탁할 때마다 떨어져 나오는 미세 플라스틱이 바다로 유입되고 있음을 제시하여 독자가 이에 대해 구체적으로 인지하도록 하고 있다.

④ 대담에서 연구원이 언급한 내용에 대한 예를 들어 독자가 실천해야 할 방법을 명료하게 파악하도록 해야겠어.
(나)에서는 (가)에서 연구원이 언급한 청취자 실천 방법에 대해 구체적인 사례를 들어 독자가 실천해야 할 방법을 명료하게 평가하게 하고 있다.

✓ 다른 소재의 재활용률보다 플라스틱의 재활용률이 낮음을 지적하여 플라스틱 재활용률을 높일 수 있도록 독자의 참여를 유도해야겠어.
(나)의 3문단에서 플라스틱 재활용률을 높일 수 있도록 노력해야 한다는 내용은 찾아볼 수 있지만, 다른 소재의 재활용률과 플라스틱의 재활용률을 비교하는 내용은 언급되지 않고 있다.

07 조건에 맞게 고쳐쓰기   정답률 86% | 정답 ②

다음 선생님의 조언에 따라 (나)에 내용을 추가하고자 할 때, 가장 적절한 것은?

> 선생님 : 독자에게 글의 의도를 효과적으로 전달하려면 마지막에 상황의 심각성을 한 번 더 언급하고, 앞서 제안했던 실천이 갖는 의의를 나타내면 좋습니다.

① 플라스틱은 생산되는 데 5초, 쓰이는 데 5분, 분해되는 데 500년이 걸리는 소재로 알려져 있다. 그런데 최근 플라스틱 쓰레기를 재활용한 신소재 연구가 진행 중이라는 반가운 소식이 들리고 있다. 플라스틱 쓰레기가 유용한 신소재로 재탄생할 날도 멀지 않았다.
'플라스틱은 생산되는 데 5초, 쓰이는 데 5분, 분해되는 데 500년이 걸리는 소재로 알려져 있다.'라고 상황의 심각성을 언급했고, '그런데 최근 플라스틱 쓰레기를 재활용한 신소재 연구가 진행 중이라는 반가운 소식이 들리고 있다. 플라스틱 쓰레기가 유용한 신소재로 재탄생할 날도 멀지 않았다.'라고 상황의 변화를 전망하고 있으나 초고에서 언급했던 실천의 의의를 보여 주지는 않고 있다.

✓ 우리나라 남해 연안의 미세 플라스틱 오염도는 세계 최고 수준으로 바닷물 1m³당 평균 21만 개의 미세 플라스틱 입자가 들어 있는 것으로 확인되었다. 플라스틱 사용을 줄이고 재활용률을 높이려는 노력이 모이면 해양 환경을 위협하는 플라스틱 쓰레기가 줄어들 것이다.
선생님의 조언에 따라 (나)에 추가할 내용은, 상황의 심각성과 앞서 언급했던 실천의 의의를 밝히는 것이다. 미세 플라스틱 오염도를 언급하면서 플라스틱 사용을 줄이고 재활용률을 높이려는 노력이 모이면 플라스틱 쓰레기가 감소될 것이라는 의의를 밝히고 있으므로 적절하다.

③ 태평양의 동서쪽에는 한반도 면적의 7배 크기인 쓰레기 섬과 미국에서 두 번째로 큰 텍사스 주 면적의 2배 크기인 쓰레기 섬이 떠다니는데, 쓰레기 섬의 90%를 차지하는 것은 플라스틱이다. 현재의 추세라면, 2050년 무렵 바다에는 물고기보다 플라스틱이 더 많아질 것으로 전망된다.
'태평양의 동서쪽에는 한반도 면적의 7배 크기인 쓰레기 섬과 미국에서 두 번째로 큰 텍사스 주 면적의 2배 크기인 쓰레기 섬이 떠다니는데, 쓰레기 섬의 90%를 차지하는 것은 플라스틱이다.'라고 상황의 심각성을 언급하였고, '현재의 추세라면, 2050년 무렵 바다에는 물고기보다 플라스틱이 더 많아질 것으로 전망된다.'라고 상황의 변화를 전망하고 있으나 초고에서 언급했던 실천의 의의를 보여 주지는 않고 있다.

④ 유엔환경계획은 미세 플라스틱이 체내에 쌓이면 심각한 질병을 유발할 수 있다고 경고해왔다. 치약, 화장품 생산에 쓰였던 미세 플라스틱 알갱이의 위험성이 알려지자 호두 껍데기나 코코넛 껍데기 같은 유기 물질로 원료를 바꾸는 기업의 노력이 이어지고 있어 상황이 개선될 것이다.
'유엔환경계획은 미세 플라스틱이 체내에 쌓이면 심각한 질병을 유발할 수 있다고 경고해왔다.'라고 상황의 심각성을 언급하였고, '치약, 화장품 생산에 쓰였던 미세 플라스틱 알갱이의 위험성이 알려지자 호두 껍데기나 코코넛 껍데기 같은 유기 물질로 원료를 바꾸는 기업의 노력이 이어지고 있어 상황이 개선될 것이다.'라고 상황의 변화를 전망하고 있으나 초고에서 언급했던 실천의 의의를 보여 주지는 않고 있다.

⑤ 미국, 멕시코, 중국 등 9개국 11개 브랜드 생수 259병을 조사한 결과 93% 제품에서 미세 플라스틱이 검출되었고, 21개국에서 판매되는 소금을 분석한 결과 90% 제품에 미세 플라스틱이 함유된 것으로 드러났다. 이처럼 우리가 버린 플라스틱이 우리의 식탁으로 돌아와 건강을 위협하고 있다.
해양 오염의 실태와 그 영향을 진술한 것으로 상황의 심각성만 언급되어 있다.

[08~10] 작문

08 작문 계획의 반영 여부 판단   정답률 85% | 정답 ⑤

(가)에서 학생이 글을 쓰기 전에 떠올린 생각 중 (나)에 반영되지 <u>않은</u> 것은?

① ⓐ
1문단에 '1인 방송의 개념과 현황'이 제시되어 있다.

② ⓑ
2문단에서 '1인 방송이 청소년 사이에서 확산된 이유'를 제시하고 있다.

③ ⓒ
3문단에서 '1인 방송이 청소년에게 주는 긍정적 효과'를 제시하고 있다.

④ ⓓ
4문단에서 '1인 방송이 청소년에게 미치는 부정적 영향'을 제시하고 있다.

✓ ⓔ
(나) 초고 마지막을 보면, 청소년들은 '1인 방송'에 대해 비판적 태도를 가져야 하며, '1인 방송'의 콘텐츠를 선별하여 시청하는 태도를 가져야 한다고 언급한다. 이를 통해 청소년들이 '1인 방송'에 대해 지녀야 할 태도에 대해 언급하고 있는 것을 알 수 있다. 따라서 청소년에게 부정적 영향을 끼치는 1인 방송에 대한 규제의 필요성에 대한 내용은 없으므로 적절하지 않다.

09 자료 활용의 적절성 평가   정답률 76% | 정답 ②

(나)를 수정·보완하는 과정에서 〈보기〉의 두 자료를 모두 활용하는 방안으로 가장 적절한 것은? [3점]

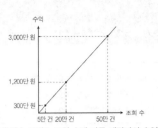

〈 보 기 〉

○ 조사 자료

〈1인 방송 콘텐츠 조회 수에 따른 제작자의 수익〉

○ 1인 방송 제작자 인터뷰
"제가 1인 방송을 할 때, 막말 등을 섞어서 자극적인 콘텐츠로 방송을 했더니 그렇지 않았을 때보다 조회 수가 크게 늘어났어요. 그 이후로 조회 수를 늘리기 위해 더 자극적인 콘텐츠를 제작하려는 유혹을 느낄 수밖에 없었습니다."

① 1인 방송에 대해 청소년들의 관심이 집중되는 이유가 자극적인 콘텐츠를 다수 포함하고 있기 때문임을 제시한다.
'인터뷰'와는 관련이 되지만 '조사 자료'와는 관련이 없다.

✓ 1인 방송에서 자극적인 콘텐츠가 늘어나는 이유가 조회 수가 제작자의 이익으로 이어지기 때문이라는 내용을 추가한다.
〈보기〉의 '조사 자료'는 1인 방송 콘텐츠 조회 수 증가에 따라 제작자의 수익이 올라가는 것을 확인할 수 있는 그래프이고, '인터뷰'는 자극적인 콘텐츠로 방송했을 때 조회 수가 늘어났다는 내용을 담고 있다. 따라서 '1인 방송에서 자극적인 콘텐츠가 늘어나는 이유가 조회 수가 제작자의 이익으로 이어지기 때문이라는 내용을 추가해야 한다.'가 적절하다.

③ 1인 방송에 대한 규제를 강화하는 이유가 자극적인 콘텐츠를 즐기는 청소년들이 크게 증가하고 있기 때문임을 추가한다.
모두 '조사 자료'나 '인터뷰'에서 확인할 수 없는 내용이다.

④ 1인 방송의 제작자가 자극적인 콘텐츠를 적극적으로 개발하는 이유가 콘텐츠의 다양성을 추구하기 위함임을 제시한다.
모두 '조사 자료'나 '인터뷰'에서 확인할 수 없는 내용이다.

⑤ 1인 방송에서 부적절한 언어를 사용하는 것이 1인 방송을 조회하는 청소년의 수가 늘어나게 되는 요인이 됨을 제시한다.
'인터뷰'와는 관련이 되지만 '조사 자료'와는 관련이 없다.

10 고쳐쓰기의 적절성 판단   정답률 71% | 정답 ②

(나)의 ㉠ ~ ㉤을 고쳐 쓰기 위한 방안으로 적절하지 <u>않은</u> 것은?

① ㉠ : 단어의 사용이 잘못되었으므로 '제공'으로 고친다.
'제시'는 '어떠한 의사를 말이나 글로 나타내어 보임.'이라는 의미를 지녀 문맥상 어울리지 않는 어휘이므로, ㉠에는 '무엇을 내주거나 갖다 바침.'이라는 의미를 지닌 '제공'으로 고쳐 쓰는 것이 적절하다.

✓ ㉡ : 문단의 통일성을 고려하여 4문단의 마지막 문장 뒤로 옮긴다.
㉡은 1인 방송 진행자가 청소년의 장래 희망으로 급부상하고 있다는 내용으로 1인 방송이 청소년 사이에서 확산된 이유를 설명하는 2문단 내용의 통일성을 해치고 있어 삭제하는 것이 적절하다. 한편 4문단은 1인 방송이 청소년에게 미치는 부정적 영향을 설명하는 문단에 해당하므로 적절하지 않다.

③ ㉢ : 주어와 서술어의 호응 관계를 고려하여 '되었다는 점을 들 수 있다'로 고친다.
㉢은 앞의 '배경으로는'을 고려할 경우 '된 점이다'가 아닌, '되었다는 점을 들 수 있다'로 고쳐 쓰는 것이 적절하다.

④ ㉣ : 접속 표현의 사용이 잘못되었으므로 '또한'으로 교체한다.
'그래서'는 앞의 내용이 뒤의 내용의 원인이나 근거, 조건 등이 될 때 쓰는 접속 부사이다. 반면 '또한'은 '거기에다 더'라는 의미를 지닌 접속 부사이다. 문맥상 ㉣의 앞뒤 문장은 모두 1인 방송의 긍정적인 효과를 나열하고 있으므로 접속 표현을 '또한'으로 고쳐야 한다.

⑤ ㉤ : 피동 표현이 중복되었으므로 '노출될'로 고친다.
㉤은 피동 표현인 '-되다'와 '-어지다'가 불필요하게 중복되어 사용된 것이므로 '노출될'의 형태로 고쳐 쓰는 것이 적절하다.

[11~15] 문법

11 관형사와 관형어의 분류 기준   정답률 62% | 정답 ②

[A], [B]에 들어갈 말을 바르게 짝지은 것은?

	[A]	[B]
①	품사가 무엇인가	의미가 무엇인가
✓	품사가 무엇인가	문장 성분이 무엇인가
③	문장 성분이 무엇인가	문장의 종류가 무엇인가
④	문장의 종류가 무엇인가	의미가 무엇인가
⑤	문장의 종류가 무엇인가	문장 성분이 무엇인가

〈자료〉 1문단에서 관형어는 문장 성분에 따라 분류된 것임을 밝히고, '체언 앞에서 그 뜻을 꾸며 주는 기능'을 하는 것이라고 정의하고 있다. 또한 〈자료〉 5문단에서 관형사는 '체언 앞에서 체언의 뜻을 꾸며주는 품사'라고 정의하고 품사에 따른 분류임을 밝히고 있다. 따라서 [A]에는 '품사가 무엇인가'가 [B]에는 '문장 성분이 무엇인가'가 제시되어야 한다.

● 문법 필수 개념

■ 문장 성분의 이해
1. 개념 : 문장 안에서 문장을 구성하면서 일정한 문법적 기능을 하는 각 부분
2. 문장 성분의 구분 : 주성분, 부속 성분, 독립 성분이 있음.

	문장을 이루는 데 반드시 필요한 필수적인 성분	주어 : 영희가 학교에 간다.	
주성분	– 주어, 서술어 : 반드시 필요한 성분 – 목적어, 보어 : 문장의 성격에 따라 필요한 성분	목적어 : 나는 신발을 신었다.	
		보어 : 물이 얼음이 되었다.	
		서술어 : 비행기가 하늘을 난다.	
부속성분	주성분을 수식하는 기능을 하는 성분 – 꾸미는 대상을 설명해 주거나 꾸미는 대상의 의미를 제한함. – 수의적 성분 : 문장에서 빠져도 문장이 성립하는 성분	관형어 : 나는 친구의 가방을 들어 주었다.	
		부사어 : 목련이 곱게 피어 있다.	
독립성분	문장 안에서 다른 성분들과 직접적인 관계를 맺지 않고 독립적으로 쓰이는 성분	독립어 : 철수야, 나하고 이야기 좀 하자.	

12 관형어의 다양한 특성 파악　　　정답률 85% | 정답 ④

윗글을 참고하여 〈보기〉를 이해한 것으로 적절하지 않은 것은?

〈보 기〉

a. 고향
b. 예쁜
c. 남자의
d. 옛
　+　친구가 여기 있다.

① a~d는 모두 체언 '친구'를 꾸며 주는 역할을 한다.
　　a~d는 모두 체언 '친구'를 꾸며 주어 어떠한 친구가 여기 있는지 구체적으로 밝혀 주고 있다.

② a는 조사가 없이 체언만으로 관형어가 된 경우이다.
　　a의 '고향'은 관형격 조사 '의' 없이 체언 단독으로 뒤에 오는 체언 '친구'를 꾸며 주고 있으므로 관형어로 볼 수 있다.

③ b는 용언의 어간 '예쁘–'에 관형사형 어미 '–ㄴ'이 결합된 것이다.
　　'예쁜'의 기본형은 '예쁘다'로, 어간 '예쁘–'에 관형사형 어미 '–ㄴ'이 결합된 것이다.

✔ c에서 관형격 조사 '의'가 생략되어도 문장의 원래 의미가 달라지지 않는다.
　　c에 제시된 '남자의 친구'는 '성별이 남자인 이와 친구 관계에 있는 사람'을 가리키는 것으로 해석된다. 하지만 '남자의 친구'에서 '의'를 생략하여 '남자 친구'가 되면, '성별이 남자인 친구'나 '이성 교제의 대상으로서의 남자'를 가리키는 것으로 해석되어 의미에 변화가 생긴다.

⑤ d는 조사가 결합할 수 없으며 활용이 불가능하다.
　　'옛'은 '친구'의 의미를 꾸며 주면서 조사가 결합하지 않고 활용이 불가능한 단어이므로 관형사가 관형어가 된 경우로 볼 수 있다.

13 음운 변동의 이해　　　정답률 89% | 정답 ①

다음은 음운 변동에 대한 선생님의 설명이다. 질문에 대한 답으로 적절한 것은?

선생님 : 음운 변동에는 한 음운이 다른 음운으로 바뀌는 현상인 '교체', 있던 음운이 없어지는 현상인 '탈락', 없던 음운이 새로 생기는 현상인 '첨가', 두 음운이 하나의 음운으로 합쳐지는 현상인 '축약'이 있습니다.
그러면 '국물[궁물]'과 '몫[목]'에서는 각각 어떤 음운 변동이 일어날까요?

국물　　몫

✔ 교체　　탈락
　　'국물'이 [궁물]로 발음되는 현상은 '국'의 종성인 'ㄱ'이 그 뒤에 오는 '물'의 초성인 'ㅁ'의 영향을 받아 'ㅇ'으로 바뀐 것이다. 따라서 '국물[궁물]'에서 일어나는 음운 변동은 한 음운이 다른 음운으로 바뀌는 현상인 '교체'에 해당한다. '몫'이 [목]으로 발음되는 현상은 '몫'의 종성에 있는 두 자음 중에서 'ㅅ'이 없어진 것이다. 따라서 '몫[목]'에서 일어나는 음운 변동은 있던 음운이 없어지는 현상인 '탈락'에 해당한다.

② 교체　　첨가
③ 탈락　　축약
④ 첨가　　교체
⑤ 첨가　　탈락

● 문법 필수 개념

■ 음운 변동의 이해
1. 음운 변동의 뜻 : 어떤 형태소가 다른 형태소와 결합할 때 그 환경에 따라 발음이 달라지는 현상
2. 음운 변동의 종류

구분	음운 현상	음운 변동의 종류
교체(交替)	어떤 음운이 음절의 끝에서 다른 음운으로 바뀌는 현상	음절의 끝소리 규칙, 음운의 동화, 된소리되기 등
축약(縮約)	두 음운이 하나의 음운으로 줄어드는 현상	거센소리되기, 음절 축약 등
탈락(脫落)	두 음운 중 어느 하나가 없어지는 현상	'ㅎ' 탈락, 'ㄹ' 탈락, 'ㅡ' 탈락 등
첨가(添加)	원래 없던 소리가 끼어드는 현상	사잇소리 현상 등

14 단어의 의미 관계 파악　　　정답률 92% | 정답 ①

〈보기〉의 (가), (나)에 들어갈 내용으로 적절한 것은?

〈보 기〉
단어는 문맥에 따라 여러 가지 뜻을 가진다. 그래서 반의어도 여럿이 될 수 있다. 예를 들어 '시계가 서다.'에서 '서다'의 반의어는 '가다'인데, '기강이 서다.'에서 '서다'의 반의어는 '무너지다'가 된다. '벗다'도 문맥에 따라 여러 가지 뜻을 가지기 때문에 반의어가 여럿이다.

단어	예문	반의어
벗다	외투를 벗다.	입다
	(가)	쓰다
	배낭을 벗다.	(나)

　　(가)　　　　(나)

✔ ① 누명을 벗다.　　메다
　　'벗다'는 문맥에 따라 여러 가지 뜻을 가진다. '누명을 벗다.'에서 '벗다'는 '누명이나 치욕 따위를 씻다.'라는 뜻이다. 이때 '벗다'의 반의어는 '사람이 죄나 누명 따위를 가지거나 입게 되다.'라는 뜻의 '쓰다'가 될 수 있다. '배낭을 벗다.'에서 '벗다'는 '메거나 진 배낭이나 가방 따위를 몸에서 내려놓다.'라는 뜻이다. 이때 '벗다'의 반의어는 '어깨에 걸치거나 올려놓다.'라는 뜻의 '메다'가 될 수 있다.

② 안경을 벗다.　　끼다
　　'안경을 벗다.'에서 '벗다'는 '사람이 자기 몸 또는 몸의 일부에 착용한 물건을 몸에서 떼어 내다.'라는 뜻이다. 이때 '벗다'의 반의어는 '얼굴에 어떤 물건을 걸거나 덮어쓰다.'라는 뜻의 '쓰다'가 될 수 있다. '배낭을 벗다.'에서 '벗다'는 '메거나 진 배낭이나 가방 따위를 몸에서 내려놓다.'라는 뜻이다. 이때 '벗다'의 반의어는 '어깨에 걸치거나 올려놓다.'라는 뜻의 '메다'가 될 수 있으므로 '끼다'가 '배낭을 벗다.'에서 '벗다'의 반의어라고 할 수 없다.

③ 장갑을 벗다.　　차다
　　'장갑을 벗다.'에서 '벗다'는 '사람이 자기 몸 또는 몸의 일부에 착용한 물건을 몸에서 떼어 내다.'라는 뜻이다. 이때 '벗다'의 반의어는 '얼굴에 어떤 물건을 걸거나 덮어쓰다.'라는 뜻의 '쓰다'가 될 수 있다. '배낭을 벗다.'에서 '벗다'는 '메거나 진 배낭이나 가방 따위를 몸에서 내려놓다.'라는 뜻이다. 이때 '벗다'의 반의어는 '어깨에 걸치거나 올려놓다.'라는 뜻의 '메다'가 될 수 있으므로 '차다'가 '배낭을 벗다.'에서 '벗다'의 반의어라고 할 수 없다.

④ 모자를 벗다.　　걸다
　　'모자를 벗다.'에서 '벗다'는 '사람이 자기 몸 또는 몸의 일부에 착용한 물건을 몸에서 떼어 내다.'라는 뜻이다. 이때 '벗다'의 반의어는 '얼굴에 어떤 물건을 걸거나 덮어쓰다.'라는 뜻의 '쓰다'가 될 수 있다. '배낭을 벗다.'에서 '벗다'는 '메거나 진 배낭이나 가방 따위를 몸에서 내려놓다.'라는 뜻이다. 이때 '벗다'의 반의어는 '어깨에 걸치거나 올려놓다.'라는 뜻의 '메다'가 될 수 있으므로 '걸다'가 '배낭을 벗다.'에서 '벗다'의 반의어라고 할 수 없다.

⑤ 허물을 벗다.　　들다
　　'허물을 벗다.'에서 '벗다'는 '동물이 껍질, 허물, 털 따위를 갈다.'의 뜻이다. 이때 '벗다'의 반의어는 '쓰다'가 될 수 있다. '배낭을 벗다.'에서 '벗다'는 '메거나 진 배낭이나 가방 따위를 몸에서 내려놓다.'라는 뜻이다. 이때 '벗다'의 반의어는 '어깨에 걸치거나 올려놓다.'라는 뜻의 '메다'가 될 수 있으므로 '들다'가 '배낭을 벗다.'에서 '벗다'의 반의어라고 할 수 없다.

15 단어의 의미와 쓰임의 이해　　　정답률 76% | 정답 ⑤

다음은 학생들이 '–쟁이'와 '–장이'에 대해 탐구한 내용이다. ㄱ~ㅁ에 제시된 탐구 결과 중 적절하지 않은 것은? [3점]

탐구목표	어근의 뒤에 붙어 새로운 단어를 만드는 접사미 중 '–쟁이'와 '–장이'의 의미와 쓰임을 구분해 사용할 수 있다.

↓

탐구자료	(1) 고집쟁이 : 고집이 센 사람. 　거짓말쟁이 : 거짓말을 잘하는 사람. (2) 노래쟁이 : '가수(歌手)'를 낮잡아 이르는 말. 　그림쟁이 : '화가(畫家)'를 낮잡아 이르는 말. (3) 땜쟁이 : 땜질을 직업으로 하는 사람. 　옹기장이 : 옹기 만드는 일을 직업으로 하는 사람.

↓

탐구결과	○ (1)의 '–쟁이'의 의미는 '어떤 속성을 많이 가진 사람'으로 볼 수 있다. ………… ㄱ ○ (2)와 (3)은 둘 다 직업과 관련된 말이지만, '기술자'를 의미할 때는 '–장이'를 쓴다. … ㄴ ○ (1)~(3)을 볼 때, '–쟁이'와 '–장이'는 모두 명사와 결합하여 새로운 단어를 만든다. … ㄷ ○ (1)~(3)을 볼 때, '–쟁이'와 '–장이'는 모두 어근의 품사를 변화시키지 않는 접미사이다. …………………… ㄹ ○ (1), (2), (3)의 예로 '욕심쟁이', '대장쟁이', '중매장이'를 각각 추가할 수 있다. ……… ㅁ

① ㄱ : (1)의 '–쟁이'의 의미는 '어떤 속성을 많이 가진 사람'으로 볼 수 있다.
　　'–쟁이'는 '그것이 나타내는 속성을 많이 가진 사람'의 뜻을 더하는 접미사이다. '고집쟁이'에는 '고집이 센'이라는 속성이, '거짓말쟁이'에는 '거짓말을 잘하는'이라는 속성이 나타나므로 적절한 분석이다.

② ㄴ : (2)와 (3)은 둘 다 직업과 관련된 말이지만, '기술자'를 의미할 때는 '–장이'를 쓴다.
　　'–장이'는 '그것과 관련된 기술을 가진 사람'의 뜻을 더하는 접미사이다. '노래쟁이'에는 '가수(歌手)'라는 직업이, '그림쟁이'에는 '화가(畫家)'라는 직업이 나타나므로 적절한 분석이다.

③ ㄷ : (1)~(3)을 볼 때, '–쟁이'와 '–장이'는 모두 명사와 결합하여 새로운 단어를 만든다.
　　자료 (1)~(3)을 볼 때, '–쟁이'와 '–장이'는 '고집, 거짓말, 노래, 그림, 땜, 옹기'의 명사와 결합하여 새로운 단어를 만들고 있음을 알 수 있다.

④ ㄹ : (1)~(3)을 볼 때, '–쟁이'와 '–장이'는 모두 어근의 품사를 변화시키지 않는 접미사이다.
　　자료 (1)~(3)을 볼 때, '–쟁이'와 '–장이'는 명사인 '고집, 거짓말, 노래, 그림, 땜, 옹기'와 결합하여 '고집쟁이, 거짓말쟁이, 노래쟁이, 그림쟁이, 땜쟁이, 옹기장이'의 단어를 만들고 있다. 따라서 결합 전후를 비교할 때 품사는 변화하지 않음을 알 수 있다.

✔ ㅁ : (1), (2), (3)의 예로 '욕심쟁이', '대장쟁이', '중매장이'를 각각 추가할 수 있다.
　　제시된 자료를 통해 ㅁ에서 '대장쟁이'는 수공업적인 방법으로 쇠를 달구어 연장 따위를 다루는 일인 '대장일'을 하는 '기술자'를 의미하므로 '–장이'가 붙고 '중매장이'는 결혼이 이루어지도록 중간에 소개하는 일인 '중매'를 하는 사람을 의미하므로 '–쟁이'가 붙어야함을 알 수 있다. 따라서 (1), (2), (3)의 예로 '욕심쟁이, 중매쟁이, 대장장이'를 추가할 수 있다. 한편 '욕심쟁이'는 욕심이 많은 사람을 낮잡아 이르는 말이므로, '–쟁이'가 붙어야 하므로 (1)의 예로 적절하다.

16~21 과학

홍준의 외, '살아 있는 과학 교과서'

해제 이 글은 식물이 물을 꼭대기의 잎까지 끌어 올리는 세 가지 힘, 뿌리압, 모세관 현상, 증산 작용에 대해 설명하고 있다.
글쓴이는 먼저 식물이 뿌리에서부터 잎까지 물을 어떻게 끌어올리는지에 대한 의문을 제기하며, 이러한 작용에 관여하는 것에 뿌리압, 모세관 현상, 증산 작용이 있음을 밝히고 있다.
그런 다음, 뿌리에서는 뿌리털 안과 흙 속의 농도 차이에 따라 삼투압이 발생하고, 이로 인해 뿌리압이 발생하고 그 결과 물이 위로 상승함을 밝히고 있다. 그리고 식물체 안의 가느다란 물관에서 모세관 현상이 발생하는데, 이러한 모세관 현상은 가는 관 안의 물 분자가 벽과 결합하려는 힘에 의해 생김을 언급하고 있다. 마지막으로 글쓴이는 잎의 기공을 통하여 식물체의 수분이 수증기 상태로 증발하는 현상이 증산 작용임을 밝히고, 이러한 증산 작용으로 인해 잎의 세포에서 물 분자가 증발되면서 아래쪽의 물 분자를 끌어올린다고 하면서, 물을 끌어올리는 요인 중 가장 큰 힘인 증산 작용임을 밝히며 글을 마무리하고 있다.

주제 식물이 물을 끌어 올리는 원리

문단 핵심 내용

1문단	식물이 뿌리에서부터 잎까지 물을 끌어올리는 데 작용하는 뿌리압, 모세관 현상, 증산 작용
2문단	뿌리압의 이해
3문단	모세관 현상의 의미 및 모세관 현상이 일어나는 이유
4문단	증산 작용의 이해
5문단	식물이 물을 끌어올리는 요인 중 가장 큰 힘인 증산 작용

16 세부 정보의 이해   정답률 86% | 정답 ②

윗글의 내용과 일치하지 않는 것은?

① 식물의 종류에 따라 기공의 크기가 다르다.
5문단의 '기공의 크기는 식물의 종류에 따라 다른데'에서 식물의 종류에 따라 기공의 크기가 다르다는 것을 확인할 수 있다.

☑ 식물의 뿌리압은 중력과 동일한 방향으로 작용한다.
1문단의 물은 지구 중심으로부터 중력을 받아 높은 곳에서 낮은 곳으로 흐른다는 내용과 2문단의 뿌리압은 물을 위로 밀어 올리는 힘이라는 내용을 바탕으로 뿌리압은 중력과 반대 방향으로 작용하는 것임을 알 수 있다.

③ 식물이 광합성 작용을 하기 위해서는 반드시 물이 필요하다.
1문단의 '동물과 달리 식물은 잎에 광합성을 통해 생장에 필요한 양분을 만들어 내는데, 물은 바로 그 원료가 된다.'에서 알 수 있다.

④ 뿌리에서 잎까지 물 분자들은 사슬처럼 서로 연결되어 있다.
5문단의 '사슬처럼 연결된 ~ 올려지는 것이다.'에서 확인할 수 있다.

⑤ 물관 내에서 물 분자와 모세관 벽이 결합하려는 힘으로 물이 위로 이동한다.
3문단의 '모세관 현상은 물 분자와 모세관 벽이 결합하려는 힘이 물 분자끼리 결합하려는 힘보다 더 크기 때문에 일어난다.'와 '이처럼 식물은 물관의 지름이 매우 작기 때문에 모세관 현상으로 물을 밀어 올리는 힘이 생긴다.'에서 알 수 있다.

17 글의 내용과 〈보기〉의 정보 이해   정답률 72% | 정답 ④

[A]와 〈보기〉를 이해한 것으로 적절하지 않은 것은? [3점]

〈보 기〉
삼투 현상이란 용액의 농도가 낮은 곳에서 높은 곳으로 선택적 투과성 막을 통해 물이 이동하는 현상이다. 이때 물이 이동하는 힘을 삼투압이라 하며, 이 힘은 용액의 농도에 따라 비례한다. 삼투 현상의 예로 배추를 소금물에 담그면 소금 입자는 이동하지 못하고 배추에 있는 물이 소금물 쪽으로 이동하여 배추가 절여지는 것을 들 수 있다.

① 뿌리털을 둘러싼 세포막은 선택적 투과성 막 역할을 한다.
뿌리털을 둘러싼 세포막을 통해 물 분자들이 흡수되므로 세포막은 선택적 투과성 막이라 할 수 있다.

② 소금물에 소금을 추가하면 배추에서 빠져 나오는 물이 이동하는 힘이 커진다.
〈보기〉에서 용액의 농도가 높아지면 삼투압이 비례하여 커진다는 것을 알 수 있다.

③ 선택적 투과성 막을 흙 속의 물 분자는 통과할 수 있지만 소금 입자는 통과할 수 없다.
배추를 소금물에 담그면 소금 입자가 이동하는 것이 아니라 배추의 물이 선택적 투과성 막인 세포막을 통해 소금물 쪽으로 이동한다.

☑ 흙 속의 물과 배추의 물이 이동하면 뿌리털 안의 용액과 소금물의 농도가 높아진다.
〈보기〉를 통해 삼투 현상이 일어나면 분자가 큰 것은 선택적 투과성 막을 통과하지 못하고 물 분자가 용액의 농도가 높은 쪽으로 이동하여 용액의 농도가 낮아짐을 알 수 있다. 따라서 뿌리털 안의 용액과 소금물의 농도는 낮아진다.

⑤ 뿌리가 흙 속의 물을 흡수하는 것과 배추에서 물이 빠져 나오는 것은 용액의 농도 차이 때문에 발생한다.
[A]에서 물은 용액의 농도가 낮은 곳에서 높은 곳으로 이동하고, 뿌리털 안의 농도는 높고, 흙 속의 농도는 낮으므로 흙 속의 물이 뿌리털 안으로 이동함을 알 수 있다. 〈보기〉에서 소금물의 농도는 높고 배추 속은 농도가 낮음을 알 수 있으므로 배추의 물이 소금물 쪽으로 이동한다고 할 수 있다.

18 핵심 정보의 파악   정답률 70% | 정답 ⑤

㉠과 ㉡에 대한 설명으로 적절하지 않은 것은?

① ㉠은 관의 지름에 따라 물이 올라가는 높이가 달라진다.

3문단에서 모세관 현상은 관이 가늘어질수록 물이 올라가는 높이가 높아짐을 알 수 있다.

② ㉡이 일어나면 물이 식물체 내에서 빠져 나와 주변의 온도를 낮춘다.
4문단에서 증산 작용을 하게 되면 수분이 수증기로 증발하면서 주위의 열을 흡수하기 때문에 주변의 온도가 떨어짐을 알 수 있다.

③ ㉠에 의해서는 물의 상태가 바뀌지 않고, ㉡에 의해서는 물의 상태가 바뀐다.
4문단에서 증산 작용이 식물의 수분이 기공을 통해 빠져 나가며 수증기로 증발하는 것임을 알 수 있으므로 물의 상태가 바뀐다고 할 수 있다.

④ ㉠으로 물을 위로 밀어 올리는 힘이, ㉡으로 물을 위에서 잡아당기는 힘이 생긴다.
3문단에서 모세관 현상은 물을 위로 밀어 올림을 알 수 있고, 4문단에서 증산 작용은 위에서 잡아당기는 힘으로 결합된 물 분자를 위로 끌어올림을 알 수 있다.

☑ ㉠에 의해 식물이 물을 밀어 올리는 힘보다 ㉡에 의해 식물이 물을 끌어 올리는 힘이 더 크다.
5문단의 '증산 작용에 의한 힘은 잡아당기는 힘으로 식물이 물을 끌어 올리는 요인 중 가장 큰 힘이다.'에서 알 수 있다.

19 구체적 사례의 파악   정답률 51% | 정답 ①

㉮와 같은 현상이 일어나는 예로 적절한 것은?

☑ 피부에 알코올 솜을 문지를 때
4문단을 보면 나무 그늘에서는 잎의 증산 작용으로 수분이 외부로 빠져 나가며 열을 흡수하고 증발하여 주변의 온도를 낮추는 현상이 일어남을 알 수 있다. 그러므로 피부에 알코올 솜을 문지르면 알코올이 기화하면서 피부의 열을 흡수하는 흡열 반응으로 시원해지는 현상은 적절한 예시이다.

② 주머니 난로의 액체가 하얗게 굳어갈 때
액체가 고체가 되면서 열을 외부로 내보내는 발열 반응이다.

③ 음식물을 공기 중에 오래 두어 부패될 때
오래된 음식물이 산소와 반응하여 썩으면서 열이 발생하는 발열 반응이다.

④ 이누이트 족이 얼음집 안에 물을 뿌릴 때
얼음집 내부에 물을 뿌리면 액체가 고체로 되면서 열이 발생하는 발열 반응이다.

⑤ 폭죽에 들어있는 화약이 터져 불꽃이 발생할 때
폭죽에 들어 있는 화약이 터져 산화되면서 매우 높은 열이 발생하는 발열 반응이다.

★★★ 등급을 가르는 문제!
20 구체적 사례에의 적용   정답률 35% | 정답 ④

학생이 〈보기〉와 같은 실험을 하였다. 윗글을 바탕으로 〈보기〉에 대한 반응으로 적절한 것은?

〈보 기〉

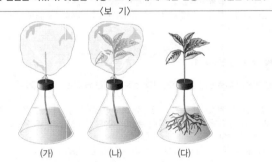

(가)   (나)   (다)

크기와 종류가 같은 식물 셋을 (가)는 줄기만, (나)는 줄기와 잎만을 남겨 비닐을 씌운다. (다)는 뿌리, 줄기, 잎을 그대로 둔다. 셋을 물에 담아 햇빛 등이 동일한 조건에서 변화를 관찰한다.

① (가)보다 (나)의 비닐 안쪽 면에 물방울이 덜 맺힐 것이다.
(가)에는 증산 작용이 일어나지 않아 수증기가 나오지 않으므로 증산 작용이 일어나는 (나)의 비닐 안쪽 면에 더 많은 물방울이 맺힌다.

② (가)의 용기에 담긴 물이 (나), (다)의 용기에 담긴 물보다 더 많이 줄어들 것이다.
(가)는 (나), (다)와 달리 잎이 없어 증산 작용이 일어나지 않는다. 그리고 증산 작용은 엄청난 양의 물을 외부로 내보내므로, (나)와 (다)가 더 많은 물을 흡수할 것이다. 따라서 (나)와 (다)의 물이 더 많이 줄어들 것이다.

③ (나)에서는 한 가지 힘이, (다)에서는 두 가지 힘이 작용하여 물이 이동한다.
(나)는 모세관 현상과 증산 작용에 의한 힘이 발생하고, (다)는 뿌리가 있어 삼투압 현상까지 일어난다. 따라서 (다)는 세 가지 힘에 의해 물이 이동한다.

☑ (가), (나), (다) 모두 물 분자들이 연결된 물 기둥이 형성될 것이다.
(가)에서는 모세관 현상, (나)는 모세관 현상과 증산 작용, (다)는 삼투압, 모세관 현상, 증산 작용이 일어날 것이므로, 식물의 물관에 있는 물 분자들이 사슬처럼 연결되어 물 기둥을 형성할 것이다.

⑤ (가), (나), (다) 모두 공기가 식물 내부로 출입하는 현상이 일어나지 않는다.
(나)와 (다)에는 잎이 있어 기공을 통해 공기가 식물의 내부로 출입할 수 있다.

★★ 문제 해결 꿀~팁 ★★

▶ 많이 틀린 이유는?
〈보기〉에 제시된 (가)~(다)의 그림과 글에 언급된 '뿌리압, 모세관 현상, 증산 작용'을 정확히 연관하지 못하여 오답률이 높았던 것으로 보인다.

▶ 문제 해결 방법은?
글을 통해 '뿌리압, 모세관 현상, 증산 작용'에 대해 정확히 이해해야 한다. 특히 '뿌리압'은 식물의 뿌리와, 모세관 현상은 줄기와, 증산 작용은 잎과 연관되어 있음을 이해하면서, 각각의 특징을 파악할 수 있어야 한다.
이렇게 볼 때, '물 분자들이 연결된 물 기둥'은 모세관 현상과 관련이 있고, 이는 줄기에서 일어남을 알 수 있으므로, (가)~(다) 모두 줄기가 있어서 적절함을 알 수 있다. 오답으로 선택한 ③의 경우에도 줄기만 있는 (가)는 모세관 현상이, 줄기와 잎이 있는 (나)는 모세관 현상과 증산 작용이, 뿌리, 줄기, 잎이 있는 (다)는 뿌리압, 모세관 현상, 증산 작용이 일어날 것임을 알 수 있어 잘못된 것임을 쉽게 파악할 수 있을 것이다.

이처럼 〈보기〉로 자료가 주어질 때는 글의 어느 내용과 연관된 자료인지를 먼저 파악하고, 각 선택지의 내용을 이해하여 적절성 여부를 판단할 수 있어야 한다.

---

21 단어의 문맥적 의미 파악　　　정답률 39% | 정답 ④

문맥상 ⓐ ~ ⓔ와 바꿔 쓰기에 가장 적절한 것은?

① ⓐ : 삭제(削除)하고
'깎아 없애거나 지워버리다.'라는 뜻이므로 적절하지 않다.

② ⓑ : 투입(投入)된다
'사람이나 물자, 자본 따위가 필요한 곳에 넣어지다.'라는 뜻이므로 적절하지 않다.

③ ⓒ : 부착(附着)하면
'떨어지지 아니하게 붙거나 달다.'라는 뜻이므로 적절하지 않다.

☑ ⓓ : 상이(相異)한데
'기공의 크기는 식물의 종류에 따라 다른데'에서 '다른데'는 '기공의 크기'가 차이가 있음을 드러내 주므로, 서로 다르다는 의미를 지닌 '상이(相異)한데'로 바꿔 쓸 수 있다.

⑤ ⓔ : 조성(造成)하는
'무엇을 만들어서 이루다.'라는 뜻이므로 적절하지 않다.

22~26 갈래 복합

(가) 신흠, 「방옹시여」

[감상] 이 작품은 작가 신흠이 계축옥사에 연루되어 김포에 유배되었을 때 쓴 것으로 추정되는 30수의 시조 모음 중 세 수를 제시한 것이다. 1은 산촌에서 자연을 벗 삼아 살아가겠다는 **자연 친화적 삶의 자세**가 잘 드러나 있고, 2는 가을 낙엽 소리에 '임'이 오셨는지 확인하기 위해 일어나는 화자의 모습을 통해 **부재하는 대상에 대한 그리움**을 나타내고 있다. 그리고 3은 깊은 시름을 말로 다 풀어하지 못하여 노래를 통해 풀어 보고자 하는 화자의 정서를 담고 있는 것으로, **노래가 가지고 있는 근심 해소의 효과를 드러내고** 있다.

[주제] 속세를 벗어난 전원 생활의 정취

[현대어 풀이]

1 산촌에 눈이 오니 들길이 묻혔구나.
사립문 열지 마라. 날 찾아올 사람 누가 있겠느냐?
한밤중에 한 조각 밝은 달이 내 벗인가 하노라.

2 창 밖에 워석버석(나뭇가지 스치는 소리) 소리가 나서 임이신가 열어 보니
난초가 자라난 지름길에 낙엽은 무슨 일인가.
어즈버 한이 있는 간장이 다 끊어질까 하노라.

3 노래를 만든 사람 시름이 많기도 많았구나.
(말로) 일러도 다 못 일러 (노래를) 불러서 풀었던가?
진실로 풀릴 것이면 나도 불러 보리라.

(나) 오세영, 「너의 목소리」

[감상] 이 작품은 **부재하는 대상에 대한 간절한 그리움을 청각적 이미지를 통해 아름답게 형상화**하고 있다.
화자는 '너'를 꿈꾼 밤에 문 밖 인기척에 잠을 깨며 혹시 '너'가 온 것이 아닐까 귀 기울인다. 소리는 점점 발자국 소리, 나뭇가지 스치는 소맷깃 소리로 들려오고 너의 목소리까지 들리는 듯하지만, 반가움에 문을 열고 나가 보았으나 결국 소리의 정체가 빗소리임을 안 후 슬픔과 허탈감을 느끼게 된다. 여기서 **빗소리를 '너'의 기척으로 착각하게 된 근본적인 원인은 화자의 '너'에 대한 그리움에 있다.**

[주제] 부재하는 대상에 대한 그리움

[이 시의 특징]

• 명사로 시상을 종결하여 여운을 주고 있음.
• 영탄적 표현을 사용하여 감정을 효과적으로 표출하고 있음.
• 비의 하강적 속성이 화자의 감정 상태와 효과적으로 조응하고 있음.

★★★ 등급을 가르는 문제!

22 표현상의 공통점 파악　　　정답률 39% | 정답 ①

(가)와 (나)의 표현상 공통점으로 가장 적절한 것은?

☑ 영탄적 표현을 통해 감정을 효과적으로 표출하고 있다.
(가)의 2에서 '어즈버(아!)'라는 감탄사를 사용한 영탄적 표현이 드러나고 있고, 1의 '그 벗인가 하노라', 3의 '시름도 하도 할샤(많기도 많구나)'에서 영탄적 표현이 사용되었다. 그리고 (나)의 '아아, 네가 왔구나', '오냐, 오냐'에서 영탄적 표현이 사용되고 있다. 따라서 (가), (나) 모두 영탄적 표현을 사용하여 화자의 감정을 효과적으로 드러내 주므로 올바르다.

② 명사로 시상을 마무리하여 시적 여운을 자아내고 있다.
(나)에서는 '봄비 소리'로 시상을 종결하여 시적 여운을 주고 있지만, (가)는 해당되지 않는다.

③ 의문형 진술을 활용하여 심리적 태도를 부각하고 있다.
(가)의 1의 '뉘 있으랴', 2의 '무슨 일이고' 3의 '풀었던가'에 의문형이 사용되었음을 알 수 있지만, (나)에서는 의문형 진술이 사용되지 않고 있다.

④ 말을 건네는 방식을 사용하여 친밀감을 강화하고 있다.
(나)에서는 청자 '너'를 명시적으로 드러내어, 화자가 청자에게 말을 건네는 방식이 사용되고 있다. (가)에 제시된 '열지 마라'를 통해 시적 청자를 염두에 두고 말을 건네는 방식이 사용되지만 친근감을 형성하지는 않는다.

⑤ 자연물에 인격을 부여하여 주제 의식을 드러내고 있다.
(가)의 1에서 '일편명월'을 '그 벗'이라 하여 자연물에 인격을 부여하고 있음을 알 수 있지만, (나)에서는 자연물에 인격을 부여하고 있지 않다.

[문제편 p.207]

★★ 문제 해결 꿀~팁 ★★

▶ **많이 틀린 이유는?**
두 작품의 표현상 공통점을 파악하는 문제인데, 선택지에 제시된 개념을 정확히 이해하지 못하였거나, 제시된 개념을 (가), (나)에서 정확히 찾아내지 못하여 오답률이 높았던 것으로 보인다.

▶ **문제 해결 방법은?**
가장 기본이 되어야 하는 것은 문학 용어 및 선택지에 제시된 서술에 대한 이해이다. 즉 영탄적 표현, 명사로 시상을 마무리, 의문형 진술, 말을 건네는 방식, 자연물에 인격을 부여 등을 이해하는 것이다. 이러한 개념이나 선택지에 제시된 서술 내용을 평소에 충분히 숙지하지 못하고 있으면 수능에서 자주 출제되는 이런 문제는 해결하기 어려우므로, 평소 주요 문학 용어 및 서술 내용을 정리하여 숙지할 필요가 있다.

▶ **오답인 ④, ⑤를 많이 선택한 이유는?**
④번 문제를 적절하다고 선택하여 오답률이 높았던 가장 큰 이유는, '말을 건네는 방식'이 사용되었음을 파악했지만, 이어지는 '친밀감을 강화하고 있다' 내용이 (가)에도 적용될 수 있다고 판단하였던 것 같다. 이처럼 표현상의 특징은 맞지만 이어지는 표현상 효과가 잘못 제시될 수 있어야 한다. 그리고 ⑤번 문제도 오답률이 높았는데, (나)에서 자연물이 제시되어, 이러한 자연물을 인격화하여 표현하였을 것이라 지레짐작하였기 때문으로 보인다. 이처럼 지레짐작으로 답을 택하게 되면 실수할 수 있으므로 반드시 어느 부분에 표현상 특징이 사용되었는지 확인해야 한다.

---

23 작품 간의 공통점 파악　　　정답률 71% | 정답 ④

다음은 탐구 학습을 통해 (가)의 2와 (나)를 비교하여 정리한 내용이다. ㄱ ~ ㅁ 중, 적절하지 않은 것은? [3점]

시적 상황		작품상의 공통점
(가)의 2	(나)	
'워석 버석' 소리가 남	'나뭇가지 스치는' 소리가 남	○ 계절적 이미지가 분위기 형성에 기여함. ……… ㄱ ○ 상황 판단의 근거로 감각적 현상을 제시함. …… ㄴ ○ 상대방에 대한 심경이 행동을 통해 표출됨. …… ㄷ
⋮	⋮	○ 판단 오류의 원인이 시간적 배경에 있음을 드러냄. … ㄹ
'일어나 봄	'뛰쳐' 나감	
⋮	⋮	○ 부재하는 대상에 대한 화자의 반응을 중심으로 시상이 전개됨. ……… ㅁ
'낙엽'이 짐	'봄비'가 내림	

① ㄱ : 계절적 이미지가 분위기 형성에 기여함.
(가)의 2에서 '낙엽', (나)에서 '봄비'를 통해 계절적 이미지가 분위기 형성에 기여함을 알 수 있다.

② ㄴ : 상황 판단의 근거로 감각적 현상을 제시함.
(가)의 2의 '워석버석', (나)의 '나뭇가지 스치는 소리' 모두 청각적 이미지를 형성하고 있다. (가)와 (나)의 화자는 외부 소리를 통해 '임'과 '너'가 온 것이라 판단하고 있으며, 그 근거로 감각적 현상을 제시하고 있다.

③ ㄷ : 상대방에 대한 심경이 행동을 통해 표출됨.
'임'과 '너'가 왔다고 생각한 각각의 화자가 일어나고 뛰쳐나가는 행위를 통해 상대방을 그리워하고 있음을 알 수 있다.

☑ ㄹ : 판단 오류의 원인이 시간적 배경에 있음을 드러냄.
(가)의 2와 (나) 모두 부재하는 대상에 대한 그리움을 드러내고 있다는 공통점을 찾아볼 수 있다. 이 그리움으로 인해 '낙엽' 소리와 '빗소리'를, '임'이나 '너'가 오는 소리로 화자가 착각하게 되는 것이다. 따라서 외부 현상에 대해 착각하게 되는 근본 원인은 정서에 있는 것이지 '가을'이나 '봄', 혹은 '밤'이라는 시간적 배경에 있는 것이라 볼 수 없다. 즉 부재하는 대상이 그립기 때문에 '낙엽 소리', '빗소리'도 '임'과 '너'의 소리로 들리게 되는 것이다.

⑤ ㅁ : 부재하는 대상에 대한 화자의 반응을 중심으로 시상이 전개됨.
부재하는 대상에 대해 귀 기울이고 일어나 밖으로 나가 확인한 후 안타깝게 여기는 과정 전체가 화자의 반응이라 할 수 있다.

---

24 작품 간 시구의 의미 비교　　　정답률 80% | 정답 ③

㉠과 ㉡에 대한 설명으로 가장 적절한 것은?

① ㉠에는 ㉡과 달리 화자의 소망이 투영되어 있다.
㉡에서 화자가 '너'를 만나기를 소망하고 있음을 알 수 있지만, ㉠에서는 화자가 문을 열지 말 것을 명령하고 있으므로 소망을 투영하였다고는 볼 수 없다.

② ㉡에는 ㉠과 달리 화자의 억울한 심정이 내재되어 있다.
㉠, ㉡ 모두 화자의 억울한 심정이 내재되었다고 볼 수 없다.

☑ ㉠에는 화자의 단절감이, ㉡에는 화자의 기대감이 담겨 있다.
(가)의 1에서 화자가 '시비를 열지 마라'라고 말한 것은, 이어지는 '날 찾을 이 뉘 있으랴'와 연결시켜 이해하면 외부 세계를 차단하려는 뜻을 드러내었다고 볼 수 있다. 따라서 ㉠은 외부 세계와의 단절감을 드러낸 것이다. 그리고 (나)에서 '문을 열고'는 문밖에 '너'가 와 있으리라는 기대감에 나가려는 행동에 해당하므로, ㉡에는 화자의 기대감이 담겨 있다.

④ ㉠에는 냉소적 태도가, ㉡에는 관조적 태도가 반영되어 있다.
'냉소'란 비웃음을 의미하므로, ㉠이 냉소적 태도를 지녔다고 보기 어렵다. 그리고 '관조'란 조용한 마음으로 대상의 본질을 바라보는 것을 이르는 것으로, ㉡에 관조적 태도가 반영되어 있다고 볼 수 없다.

⑤ ㉠과 ㉡에는 결핍 상태가 충족된 내면 심리가 나타나 있다.
㉠, ㉡ 모두 결핍 상태가 충족된 내면 심리와는 관련이 없다.

---

25 외적 준거에 따른 작품의 감상　　　정답률 48% | 정답 ②

〈보기〉를 바탕으로 (가)를 감상한 내용으로 적절하지 않은 것은?

〈보기〉

(가)는 선조의 총애를 받던 신흠이 선조 사후 '계축옥사'에 연루되어 관직을 박탈당하고 김포로 내쫓겼던 시기에 쓴 시조 30수 중 일부다. 이들 30수는 자연 지향, 세태 비판, 연군, 취흥 등의 다양한 주제 의식을 형성하고 있으며, 우리말 시가에 대한 작가의 인식을 엿볼 수 있다. 그 서문

특별 부록 [01회] 3월 대비 실전 모의고사　117

격인 「방옹시여」에는 창작 당시 그의 심경이 다음과 같이 적혀 있다. "내 이미 전원으로 돌아오 매 세상이 진실로 나를 버렸고 나 또한 세상사에 지쳤기 때문이다."

① '산촌'은 세상과 대비되는 공간으로서의 자연의 의미를 지니는 것이겠군.
　'산촌'은 작가가 지향 내지 은둔하고자 하는 공간으로 세상과 대비되는 공간을 의미한다.

✔️② '일편명월'은 세태를 비판하고 자신의 억울한 처지를 호소하는 작가를 상징하는 것이겠군.
　〈보기〉에 의하면, (가)는 정계에서 축출된 작가가 자연에 은둔하며, 임금을 그리워하고, 세상사에 대한 근심을 풀 길 없어 노래를 불러 보고자 하는 면면을 드러내고 있다고 볼 수 있다. 따라서 '일편명월'은 작가의 분신이라기보다 작가가 지향하고자 하는 자연 세계의 한 부분으로 자신의 고독한 처지를 부각하는 자연물이자, 유일하게 벗이 되어 줄 만한 자연물이라 할 수 있다.

③ '임'을 군왕으로 이해한다면 '간장이 다 긏을까 하노라'는 임금을 향한 신하의 애끓는 심정이 함축된 것이겠군.
　〈보기〉에 의하면 ②는 연군의 시조로, 이에 따라 '임'은 임금으로 파악되고, '유한한 ~ 하노라'에는 임금에 대한 그리움과 안타까움을 담은 신하의 심정이 함축되어 있다.

④ '시름'은 정치적 혼란기에 정계에서 쫓겨나 버림받은 작자의 복잡한 심경을 나타내는 것이겠군.
　정계에서 축출된 작가의 처지를 고려한다면 '시름'은 어지러운 시대를 살아가며 생기는 세상사에 대한 염려나 작가의 복잡한 심경 등을 의미한다.

⑤ '노래'는 세상사에 지치고 뒤엉킨 작자의 마음을 풀어 내는 수단으로서의 성격을 지니는 것이겠군.
　③에서 '노래'의 기능이 세상사의 시름을 풀어 내는 데에 있음을 알 수 있다. 즉 말로 다 표출하지 못한 심회를 시조로 풀 수 있어, 시름을 푸는 것이 시조의 본질이라는 것이다.
　즉, 시조의 존재 가치는 우리나라 사람이 느낀 감정을 진솔하게 노래로 부를 수 있는 갈래라고 생각하는 작가의 인식을 엿볼 수 있다.

---

26 작품의 의미 파악　　　정답률 63% | 정답 ③

@~©와 관련하여 (나)를 이해한 내용으로 적절하지 않은 것은?

① 화자가 꾼 '꿈'은 빗소리를 @로 여기는 계기가 된다고 볼 수 있겠군.
　화자는 '너'에 대한 그리움으로 인해 '꿈'을 꾸고 빗소리를 '발자국 소리'로 착각하게 되었다고 볼 수 있다.

② '너'에 대한 화자의 그리움이 고조됨에 따라 빗소리가 @에서 ⓑ로 인식된다고 볼 수 있겠군.
　'너'에 대한 그리움이 커갈수록 빗소리를 '발자국 소리'에서 '너의 목소리'로 보다 구체적으로 인식하게 됨을 엿볼 수 있다.

✔️③ ⓑ는 '산 넘고 물 건너' 들려오는 것이기에 화자에게 반가움과 동시에 과거의 추억을 환기한다고 볼 수 있겠군.
　(나)에서 '너'가 화자가 있는 곳까지 오기 위해 '산 넘고 물 건너' 와야 한다는 것은 그만큼 멀고 험한 곳에서 온다는 뜻이다. 특히 '누런 해 지지 않는 서역 땅(저승을 의미하는 경우가 많음.)'으로 '너'의 죽음을 짐작할 수 있다. 따라서 현재 들리는 '너의 목소리'는 실제가 아닌 '너'에 대한 그리움으로 인해 들리는 환청 같은 것이다. 화자는 '아아, 네가 왔구나.'라고 반가움을 표현하고 있으나 과거의 추억을 환기하고 있는 내용은 확인할 수 없다.

④ '하염없이 내리는' ©는 하강의 이미지를 통해 만남이 무산된 화자의 좌절감과 조응한다고 볼 수 있겠군.
　비는 하강의 속성으로, 화자는 '너'를 만날 것이라는 기대감을 가지고 '문'을 열지만 그 순간 '너'의 부재를 더욱 확인할 뿐이다. 따라서 '하염없이 내리는'에는 '너'를 만날 수 없다는 사실을 확인하게 된 화자의 좌절감이 그대로 투영되어 있다.

⑤ ⓑ가 임을 알고 난 후의 화자의 허탈감이 '후두둑'을 통해 청각적 이미지로 부각된다고 볼 수 있겠군.
　기대감이 고조되었던 만큼 '너의 목소리'가 빗소리라는 사실을 아는 순간의 허탈감은 더욱 크다. 이러한 화자의 심정이 '후두둑'이라는 청각적 이미지로 부각되고 있음을 볼 수 있다.

27~30　현대 소설

이태준, 「농군」

감상　이 작품은 1939년 『문장』지에 발표된 이태준의 단편 소설로, 조선 농민의 만주 이주기를 다루고 있다.
소설의 주인공인 윤창권은 아내와 어머니, 할아버지와 함께 일제 치하의 고향을 떠나 만주로 향한다. 윤창권을 비롯한 조선 이주민들은 개간권을 사들여 밭농사를 짓던 땅에 물길을 내고 벼농사가 가능한 땅으로 만들려는 과정에서 만주 토민들의 격렬한 반발과 마주하게 된다.
온갖 고난에도 굴하지 않고 결국 자신들이 뚫은 물길을 통해 물이 흘러내려오는 것을 윤창권이 목격하는 장면으로 끝을 맺는 이 소설에는, 순전히 자신들의 힘으로 운명을 개척해 나가야 하는 조선인들의 절박한 모습이 잘 드러난다.

주제　생존을 위한 만주 이주 조선 농민들의 끈질긴 삶의 투쟁

작품 줄거리　윤창권 일가는 봉천행 보통급행 삼등 열차를 타고 고향을 떠나 만주 장춘으로 향한다. 젊은 창권은 아내와 어머니, 병든 조부와 함께 살기 어려운 현실을 벗어나 조선 이민들의 집단촌인 '장쟈워푸'에 정착하여 새로운 삶을 시작한다. 농사를 짓기 위해 필요한 물을 위해 조선 농민들이 수로 공사(水路工事)를 하자 중국 토착민들은 자신들의 밭이 피해를 입는다는 이유로 공사를 방해한다. 조선 농민들은 '물길이 아니면 무덤'이라는 자세로 강력히 피해를 입는다. 황채심과 조선 농민 대표들은 중국인들을 찾아가 봇물이 들어오면 중국인도 벼농사를 지을 수 있으며 농사짓는 법도 알려 주겠다고 설득해 보지만 전혀 듣지 않는다. 추위 속에 창권의 조부는 운명하고 공사가 중단된다. 봄에 공사를 재개하자 중국인들은 군인까지 동원하여 공사를 저지한다. 조선 농민 대표들이 그 부당성을 관청에 진정하지만 오히려 감금당한다. 중국인들은 황채심을 이용해 조선 농민들을 회유하려 하나 그는 농민들이 뜻을 관철할 수 있도록 격려한다. 이에 황채심은 다시 끌려가고 조선 농민들은 힘을 다해 물길을 낸다. 중국군의 총성이 울리고 총알이 창권의 살을 뚫고 지나간다. 그러나 드디어 물길이 솟구치고 물은 끝없이 벌판을 번져 나간다.

---

27 작품의 서술상 특징 파악　　　정답률 50% | 정답 ④

윗글에 대한 설명으로 가장 적절한 것은?

---

① 인물의 대화를 직접적으로 인용하여 사건의 진행을 더디게 하고 있다.
　인물의 대화가 직접적으로 인용된 부분은 창권의 '덤벼라! 우린 여기서 못 살면 죽긴 마찬가지다!'로, 이 외에는 인물의 대화가 직접적으로 인용된 부분을 찾아볼 수 없으므로 적절하지 않다.

② 심리적 갈등을 드러내기 위해 인물의 내면을 위주로 서술하고 있다.
　이 글에서는 인물의 내면보다는 시간에 따른 사건의 전개 과정을 드러내는 데 치중하고 있다.

③ 서술자가 주인공으로 등장하여 자신의 체험을 이야기하고 있다.
　이 작품의 시점은 전지적 작가 시점으로 3인칭 서술자의 시점에서 서술되고 있다. 서술자가 주인공으로 등장하여 자신의 체험을 이야기하는 것은 1인칭 주인공 시점의 특징이다.

✔️④ 상황의 현장감을 부각하기 위해 현재 시제를 활용하고 있다.
　'창권'이 느닷없이 들이닥친 '토민들'과 대치하는 부분에서는 현재 시제가 활용되어 창권이 처한 상황의 현장감이 부각되고 있다.

⑤ 시점의 변화를 통해 사건을 다각적으로 제시하고 있다.
　이 작품의 시점은 전지적 작가 시점으로, 이 글에서는 시점의 변화 없이 사건이 일관되게 3인칭 서술자의 시점에서 서술되고 있다.

★★★ 등급을 가르는 문제!

28 구절의 의미 파악　　　정답률 40% | 정답 ⑤

㉠~㉤에 대한 설명으로 적절하지 않은 것은?

① ㉠ : 가정과 예상되는 결과를 연쇄적으로 제시하여 상황의 시급함을 강조하고 있다.
　㉠에서는 물길을 내는 데 실패하면 벼농사를 짓지 못해 잡곡을 뿌릴 수밖에 없고, 이럴 경우 그 다음해 살길이 막막해지게 될 것임을 연쇄적으로 제시하며, 상황의 시급함을 강조하고 있다.

② ㉡ : 작업의 규모와 기한을 밝혀 '창권'의 부담을 구체화하고 있다.
　㉡에서는 창권이 맡은 대간선의 구역을 길이, 넓이, 깊이를 표현한 수치와 함께 밝힘으로써 창권이 맡은 공사의 부담을 구체적으로 드러내고 있다.

③ ㉢ : 행동 묘사를 통해 '쿨리들'의 불성실한 면모를 구체적으로 드러내고 있다.
　㉢에서는 쿨리들의 행동을 묘사함으로써 이들이 조선인들의 공사에 임하는 불성실한 면모를 표현하고 있다.

④ ㉣ : 유사한 문장을 반복하여 상황의 반전이 시작되는 지점을 부각하고 있다.
　㉣에서는 '~에서 조선 사람들이 내려왔다.', '~에서 조선 사람들이 나타났다'와 같이 유사한 문장을 반복하여 일방적으로 창권이 당하기만 하는 상황에서 조선인들이 나타나 반전이 일어나기 시작하고 있음을 부각하고 있다.

✔️⑤ ㉤ : 비유를 통해 '창권'이 느낀 두려움을 생생하게 표현하고 있다.
　'오금이 뻗다'는 '마음을 졸이다', '두려워하다' 등의 의미를 지닌 '오금이 저리다', '오금이 움츠러든다'와는 반대되는 의미의 관용적 표현이다. ㉤에서 이 표현은 '날개죽지처럼'이라는 비유와 함께 사용되어, 토민들에게 일방적으로 당하다가 분통을 터뜨리고 저항하기 시작하는 창권의 심정을 표현하고 있다.

★★ 문제 해결 꿀~팁 ★★

▶ 많이 틀린 이유는?
관용어구의 잘못된 이해와 ㉤ 앞과 뒤에 이어지는 창권의 모습에 대해 정확히 파악하지 않아 ⑤가 적절하다고 판단하여 오답률이 높았던 것으로 여겨진다. 특히 '오금이 뻗다'를 반대되는 의미를 지닌 '오금이 저리다'와 동일시하여 관용적 표현만으로 판단한 것도 오답률이 높았던 원인이라 생각된다.

▶ 문제 해결 방법은?
소설에서 구절의 의미를 묻는 문제를 해결할 때에는 반드시 구절의 전후에 드러난 사건과 인물의 행동, 심리 등과 연계하여 살펴야 한다. 그래야만 구절에 담긴 의미나 인물의 심리 등을 정확히 파악할 수 있지, 그렇지 않을 경우 구절 자체에 매몰되어 잘못된 이해를 할 수 있다.

▶ 오답인 ④를 많이 선택한 이유는?
④를 적절하지 않은 것으로 선택한 요인에는 유사한 문장의 반복이 아닌 '문장의 반복'에 초점을 두어 '~에서 조선 사람들이 내려왔다', '~에서 조선 사람들이 나타났다'를 동일 문장의 반복이라고 여기지 않았기 때문이라 판단된다. 하지만 선택지에서 분명히 제시되어 있듯이 '유사한 문장의 반복'이라고 하였으므로 적절한 설명이라 할 수 있다. 또한 ㉣ 앞뒤의 상황이 다르게 나타나고 있다는 점에서 ㉣을 기점으로 상황의 반전이 일어나고 있다는 설명도 적절함을 알 수 있다.

---

29 외적 준거에 따른 작품의 감상　　　정답률 59% | 정답 ⑤

〈보기〉를 참고하여 윗글을 감상한 내용으로 적절하지 않은 것은? [3점]

> ──〈보 기〉──
> 이 작품의 등장인물들은 하나의 공간에서 각기 자신들에게 익숙한 생활 방식을 고수하려는 과정에서 충돌한다. 한 편은 이 공간을 변화시킴으로써 기존의 생활 방식을 지속하고 공간의 이질성을 극복하려 한다. 하지만 다른 편의 입장에서 이러한 행위는 자신들에게 익숙한 생활 방식에 대한 침해이자, 익숙한 공간을 낯설게 만들려는 시도로 인식된다. 이들 간의 충돌은 생존의 문제와 직결되면서 한층 더 절박한 양상을 띠게 된다.

① '장쟈워푸'의 혹독한 기후와 낯선 언어는, 조선인 집단에 갓 합류한 창권으로 하여금 공간에 대해 이질감을 느끼게 하는 요인으로 볼 수 있군.
　추운 날씨와 만주인들의 언어는 창권으로 하여금 '장쟈워푸'라는 공간에 이질감을 느끼게 하는 요소이다.

② 조선인들이 봇도랑을 내는 것은 '장쟈워푸'라는 낯선 공간을 벼농사가 가능한 땅으로 만들어 자신들에게 익숙한 생활 방식을 지속하려는 시도라 할 수 있군.
　'토민들'은 이 땅에서 밭농사를 짓고 잡곡을 재배하며 생활해 오던 사람들이다. 그런데 조선인들은 이 땅에 물길을 내고 벼농사를 함으로써 자신들의 고향인 조선에서 유지해 오던 생활 양식을 지속하고자 한다.

③ 조선인들이 일하는 구역에 '토민들'이 몰려와 방해하는 이유는 자신들이 유지해 오던 기존의 생활 방식을 조선인들이 침해하고 있다고 생각했기 때문이겠군.
　조선인들은 이 땅에 물길을 내고 벼농사를 함으로써 자신들의 고향인 조선에서 유지해 오던 생활 양식을 지속하고자 했지만, '토민들'은 이러한 시도가 기존의 이 땅에서 밭농사를 짓고 잡곡을 재배해 오던 생활 방식을 방해하는 것으로 보고 이에 대한 반감을 표현하고 있다.

④ 창권이 봇도랑을 '우리 목줄'로 인식하는 것은 공간의 변화 여부가 생존과 직결되어 있음을 깨닫게 된 것으로 볼 수 있군.
　동족이 만주인들에게 저항하는 모습을 보고 '봇도랑은 우리 목줄이 아니고 뭐냐.'고 생각하는 창권의 모습에서, 봇도랑을 내는 문제는 곧 '목줄', 즉 생존의 문제임을 깨닫게 된 것을 확인할 수 있다.

✔ 조선인들과 '토민들'이 대립하는 것은 양측 모두 '장쟈워푸'라는 공간을 변화시키고자 하지만 그 방식을 놓고 의견이 엇갈리기 때문에 파악할 수 있군.
조선인들과 '토민들'의 대립은 양측 모두 '장쟈워푸'라는 동일한 공간을 놓고 자신들에게 익숙한 기존의 생활 양식을 고수하려고 하는 데서 일어난 것이다. 이 과정에서 공간을 변화시키고자 하는 것은 조선인 쪽이다. 만주인들은 밭농사를 짓고 잡곡을 재배하는 기존의 방식을 변화시키고자 시도하는 조선인들에 대한 반발을 표출하고 있다.

---

30 작품의 전개 양상 이해 정답률 77% | 정답 ④

[A]에 대한 이해로 가장 적절한 것은?

① 문제 제기에 대해 다양한 대안을 열거하면서 최선의 해결책을 이끌어내고 있다.
조선인들의 설득과 만주인들의 반대, 이에 대해 대안을 제시하면서 조선인들이 재설득에 나서는 과정이 반복적으로 제시되고 있으나, 해결책을 이끌어 내는 과정은 나타나 있지 않다.

② 주장과 반론이 교차되는 과정에서 입장의 차이를 좁혀나가는 모습을 그려내고 있다.
조선인들과 만주인들 사이에서 주장과 반론이 교차되고 있으나, 이들의 입장 차이가 좁혀지는 모습은 확인할 수 없다.

③ 역사적 배경을 서술하면서 사건의 근본적 원인을 과거의 시대 상황에서 탐색하고 있다.
만주를 배경으로 한 조선인들과 만주인들의 갈등으로 시대적 배경을 짐작해 볼 수 있으나, 이러한 배경이 직접적으로 서술되고 있는 것은 아니며 사건의 근본적 원인을 탐색하고 있다고 볼 수도 없다.

✔ 설득이 실패하는 상황을 반복적으로 제시하여 문제의 해결이 쉽지 않을 것임을 강조하고 있다.
[A]는 네 개의 문단으로 이루어져 있다. 첫 번째 문단은 '이곳 토민들', 즉 만주인들이 조선인들의 설득에도 불구하고 개간 작업에 반대하는 이유를 제시하고 있으며, 두 번째 문단은 설득이 실패로 돌아간 가운데 점점 봇도랑 공사가 어려워져 가는 상황을, 세 번째 문단은 다시 만주인들을 설득하지만 실패하게 되는 조선인들의 모습을, 네 번째 문단은 지칠 대로 지친 조선인들의 상황을 서술하고 있다. 결국 [A]는 만주인들에 대한 조선인들의 설득이 실패하는 상황을 반복적으로 제시함으로써, 보동을 내야 하는 상황에서 반대에 부딪힌 조선인들의 문제가 여간해서는 해결이 어려울 것임을 강조하고 있는 것으로 볼 수 있다.

⑤ 공동체가 난관에 대처하는 방식을 서술하여 개인의 문제를 집단의 것으로 수용하는 과정을 구체화하고 있다.
조선인 공동체가 자신들의 공사에 반대하는 만주인들을 설득하는 모습을 통해 공동체가 난관에 대처하는 방식을 확인할 수 있으나, 이들이 맞닥뜨린 문제는 물길을 내어 벼농사를 지음으로써 낯선 땅에서 생존해야 한다는 것으로, 이는 공동체 전체의 문제로 볼 수 있다.

31~33 예술

곽동해, 「범종」

해제 이 글은 우리나라 범종의 전형이 되었던 **신라 종의 조형 양식**이 어떤 **특징**을 지니고 있으며, **후대로 전승되는 과정에서 어떠한 변화를 겪게 되었는지** 설명하고 있다.
이 글에서는 범종이 무엇인지 알려 주면서, **우리나라 범종의 조형 양식은 신라에서 완성되었음**을 알려 주고 있다. 그리고 용뉴 뒤에 음통이 있고, 섬세한 문양을 지니고 있는 **신라 종의 특징을 중국 종과 일본 종과 대비**하여 설명하고 있다.
이러한 **신라종**의 조형 양식의 미약한 변화 속에서 **고려 시대**에 계승되었음을 드러내면서 **고려 시대 범종**의 특징을 설명하고 있다.
그리고 **조선 시대**에는 신라의 대형 종 주조 공법 대신 중국 종의 주조 공법을 도입하게 되었음을 드러내면서, **혼합 방식과 복고 향식이 병렬**하다가 범종이 **쇠퇴**하게 되었음을 언급하고 있다.

주제 신라 종의 조형 양식의 특징 및 범종의 전승 과정

문단 핵심 내용

1문단	범종의 전형적인 조형 양식을 완성한 신라 시대
2문단	신라 종 몸체의 특징
3문단	주조 공법이 발달하여 섬세한 문양이 장식된 신라의 범종
4문단	신라 종의 고려 시대에의 계승 및 고려 시대 범종의 특징
5문단	조선 시대 범종의 특징 및 쇠퇴

---

31 글의 세부 정보 파악 정답률 66% | 정답 ①

윗글의 내용과 일치하지 않는 것은?

✔ 고려 시대까지 우리나라의 범종은 외국의 영향을 받지 않으며 신라 종의 조형 양식을 계승하였다.
4문단의 '원나라의 침입 이후 전래된 라마교의 영향으로 범자 문양 등의 장식이 나타난다.'에서 고려 시대에는 외국의 영향을 받아 조형 양식에 미약한 변화가 나타났다는 내용을 확인할 수 있다.

② 신라 종의 상부와 하부에는 불교적 상징물이 장식되어 있는 동일한 크기의 문양 띠가 있다.
3문단의 '신라 종의 상부와 하부에는 ~ 불교적 장식물이 장식되어 있다.'를 통해 알 수 있다.

③ 신라 시대부터 범종에 장식되어 있었던 당좌는 조선 시대에 들어와 사라지기도 하였다.
3문단의 '그리고 가장 불룩하게 ~ 당좌가 있으며'에서 신라 시대에 당좌가 있었음을 알 수 있고, 5문단의 '그러면서 중국 종처럼 ~ 당좌가 사라지고'에서 조선 시대에는 당좌가 사라졌음을 알 수 있다.

④ 우리나라와 일본에서 범종이 만들어진 것은 중국에서 불교가 전파된 것과 관련이 있다.
1문단의 '범종은 불교가 ~ 일본의 사찰로 퍼져 나갔다.'에서 알 수 있다.

⑤ 신라에서는 중국이나 일본과는 다른 주조 공법으로 대형 종을 주조하였다.
1문단의 '신라에서는 독창적이고 섬세한 ~ 만들기 어려운 것이었다.'에서 알 수 있다.

---

32 글의 정보를 자료와 연결하여 이해 정답률 45% | 정답 ④

<보기>는 신라 시대에 만들어진 범종의 그림이다. 이 범종의 ⓐ ~ ⓔ와 관련된 설명으로 적절하지 않은 것은?

〈 보 기 〉

① 용이 한 마리인 형태의 ⓐ는 쌍용 형태인 중국 종이나 일본 종과 차이가 있다.
ⓐ는 용뉴에 해당하는 것으로, 1문단의 '범종의 정상부에는 ~ 한 마리 용의 모습을 하고 있다.'를 보아 적절한 설명이다.

② ⓑ는 중국 종이나 일본 종에는 존재하지 않는 신라 종의 독특한 조형 양식에 해당한다.
ⓑ는 음통에 해당하는 것으로, 2문단의 '그리고 용뉴 뒤에는 ~ 나타나는 음통이 있다.'를 보아 적절한 설명이다.

③ 중국 종에는 ⓒ가 존재하지 않고, 일본 종에 존재하는 것은 ⓒ와 형상이 다르다.
ⓒ는 유두에 해당하는 것으로, 3문단의 '상대 바로 아래 네 방향에는 ~ 중국 종과 차이를 보인다.'를 보아 적절한 설명이다.

✔ 일본 종은 신라 종과 달리 ⓓ의 주변에 가로 세로의 띠가 있다.
3문단의 '당좌 사이에는 천인상이 아름답게 장식되어 있어 가로 세로의 띠만 있는 일본 종과 차이가 있다.'에서 알 수 있듯이 일본 종에는 천인상이 없으므로 적절하지 않다.

⑤ 신라 종은 중국 종이나 일본 종과 달리 몸체의 정점부가 ⓔ 부분보다 불룩하게 튀어나와 있다.
ⓔ는 몸체의 하부에 해당하는 것으로, 2문단의 '신라 종의 몸체는 ~ 튀어나온 모습을 하고 있다.'를 보아 적절한 설명이다.

★★ 문제 해결 꿀~팁 ★★

▶ 많이 틀린 이유는?
오답률이 많았던 이유는 범종에 제시된 ⓐ~ⓔ의 명칭과 이에 대한 정확한 이해가 없었기 때문이라 판단된다. 즉 ⓐ는 용뉴, ⓑ는 음통, ⓒ는 유두, ⓓ는 천인상, ⓔ는 몸체라는 명칭을 이해하지 못하였거나, 이러한 각 명칭에 대해 언급된 글의 내용을 정확히 파악하지 못했기 때문이라 볼 수 있다.

▶ 문제 해결 방법은?
구체적인 그림을 제시하고 각 부분에 해당하는 부분에 대해 설명하라는 문제 해결의 기본은 글의 내용과 정확히 연결시키는 데 있다. 즉 종의 각 부분에 대한 명칭에 해당하는 부분을 글에서 찾은 뒤, 선택지에 제시된 각 명칭에 대한 설명이 적절한지 비교할 수 있어야 한다.

▶ 오답인 ⑤를 많이 선택한 이유는?
⑤가 적절하지 않다고 판단하여 선택한 가장 큰 이유는 중국 종이나 일본 종도 신라 종과 비슷하다고 글의 내용을 정확히 파악하지 않고 지레짐작하였기 때문이라 여겨진다. 이처럼 지레짐작으로 문제를 해결하게 되면 오답일 확률이 매우 높을 수 있으므로 반드시 글의 내용을 확인하여 적절성 여부를 판단할 수 있어야 한다.

---

33 이유의 추리 정답률 60% | 정답 ③

㉠이 나타나게 된 이유로 가장 적절한 것은? [3점]

① 조선 시대에 불교를 억제하는 정책을 펴면서 범종 제작이 통제되었기 때문이다.
조선 시대에 불교 정책을 억제하였고 범종 제작이 한동안 통제되기는 하였지만, 이로 인해 범종의 형태에 큰 변화가 일어난 것이라고는 볼 수 없다.

② 고려 시대에 종이 소형화되면서 신라 종의 조형 양식이 전승되지 못했기 때문이다.
고려 시대에는 범종이 소형화된 것은 맞지만, 신라 종의 조형 양식은 미약한 변화 속에서 계승되고 있었다.

✔ 중국 종의 주조 공법으로 대형 종을 만들면서 중국 종의 조형 양식을 따르게 되었기 때문이다.
신라 종의 조형 양식이 조선 초기를 기점으로 큰 변화가 나타나게 된 것은 중국 종의 주조 공법을 도입하게 된 것과 관련이 있다. 이 과정에서 중국 종의 조형 양식을 따르게 되면서 신라 종의 전형적인 조형 양식에 큰 변화가 일어나게 된 것이다.

④ 16세기에 사찰 주도로 범종을 주조할 때 신라 종의 조형 양식을 복원하는 데 한계가 있었기 때문이다.
16세기에 사찰 주도로 소형 종이 주조되면서 신라 종의 조형 양식이 나타났다는 내용을 볼 때 적절하지 않다.

⑤ 조선 초기에 사찰 주도로 대형 종을 주조하면서 섬세한 조형 양식을 지닌 신라 종을 따르고자 했기 때문이다.
조선 시대에는 왕실 주도로 대형 종이 주조되었고, 중국 종의 주조 공법을 따르고 있었으므로 적절하지 않다.

34~39 인문·사회

안서원, 「심리학, 경제를 말하다」

해제 이 글은 심리학적 입장에서 인간의 선택 행동을 설명한 **카너먼의 전망 이론**을 소개하고 있다.
글쓴이는 먼저 **카너먼**이 인간은 합리적인 선택을 한다는 전통 경제학에 반기를 들고, **심리학적 연구 성과를 경제학에 접목시킨 새로운 이론을 제안**하였음을 밝히고 있다. 그리고 인간은 합리적인 선택을 한다

01회

는 전제 아래, 시장에서 재화와 용역의 생산, 분배, 소비 활동을 연구하는 **전통 경제학의 대표적인 이론인 기대 효용 이론**에 대해 제시하고 있다.

하지만 카너먼은 실제 인간의 행동에 나타난 다양한 양상을 연구한 결과, 이러한 **전통 경제학의 전제에 반기를 들고,** 이득보다 손실에 대해 민감하게 반응하는 인간의 심리가 선택 행동에 미치는 영향을 설명하는 **전망 이론을 제안하였음**을 언급하고 있다.

카너먼의 전망 이론에 따르면 같은 크기의 이득과 손실이 있을 때, 사람들은 이득감보다 손실감을 더 크게 느끼게 되는데, 이와 같은 **이득과 손실에 대한 심리 반응의 차이로 인해 '긍정적 틀'과 '부정적 틀'인 '틀 효과'가 발생**하게 됨을 제시하고 있다. 즉 긍정적 틀에서는 확실한 이득을 주는 대안을 선택하고, 부정적 틀에서는 불확실한 손실을 주는 대안을 선택한다. 그리고 **이득의 영역에서는 확실한 이득을 추구하는 위험 회피 성향을, 손실의 영역에서는 불확실한 손실을 추구하는 위험 추구 성향**을 나타냄을 언급하고 있다. 그리고 마지막으로 글쓴이는 **카너먼이 인간의 선택 과정에 영향을 주는 여러 요인에 주목하여 행동 경제학을 개척**하였음을 언급하며 글을 마무리하고 있다.

주제 심리학적 입장에서 인간의 선택 행동을 설명한 카너먼의 전망 이론

문단 핵심 내용

1문단	심리학적 연구 성과를 경제학에 접목시킨 새로운 이론을 제안한 카너먼
2문단	인간을 합리적 선택을 하는 존재로 가정한 전통 경제학의 기대 효용 이론
3문단	전통 경제학의 기대 효용 이론의 사례
4문단	선택의 문제를 설명하기 위한 카너먼의 전망 이론
5문단	전망 이론에서 이득과 손실에 대한 인간의 반응을 설명하는 그래프
6문단	사람들이 게임 B를 선택하는 이유-손실감을 피하고자 하는 심리
7문단	손실감의 심리를 '틀 효과'로 설명한 전망 이론
8문단	틀 효과를 확인할 수 있는 선택 상황의 사례
9문단	행동 경제학이라 새로운 분야를 개척한 카너먼

---

34 내용의 사실적 이해 | 정답률 49% | 정답 ①

윗글의 내용과 일치하지 않는 것은?

✔ ① 기대 효용 이론은 자신의 현재 상황을 준거로 하여 나타나는 선택 행동의 다양한 양상을 분석하였다.
5문단의 '두 축이 교차하는 지점은 현재 '나'의 상황을 의미하는 준거점', 1문단의 '그는 실제 인간의 행동에 나타나는 다양한 양상을 연구하여', 9문단의 '인간의 선택 과정에 영향을 주는 여러 요인에 주목하여' 등의 내용을 볼 때, 자신의 현재 상황을 준거로 하여 나타나는 선택 행동의 다양한 양상을 분석한 것은 기대 효용 이론이 아니라 카너먼의 이론임을 알 수 있다.

② 기대 효용 이론에 따르면 인간은 여러 대안이 있을 때 자신에게 가장 큰 이득을 주는 대안을 선택한다.
2문단의 '전통 경제학의 대표적 이론인 기대 효용 이론에 따르면 ~ 자신에게 최대 이득을 주는 대안을 선택한다.'에서 확인할 수 있다.

③ 카너먼은 인간이 논리적 사고 과정보다는 직감에 의존해 문제를 해결하는 경향이 강하다고 주장하였다.
1문단의 '심리학자인 카너먼은 ~ 직감에 의해 문제를 해결하는 경향이 강하다고 주장하였다.'에서 확인할 수 있다.

④ 카너먼은 심리학적 연구 성과를 경제학에 접목시켜 전통 경제학과 구별되는 새로운 이론을 구축하였다.
카너먼이 심리학적 연구 성과를 경제학에 접목시킨 새로운 이론을 제안했다는 1문단의 내용에서 확인할 수 있다.

⑤ 카너먼은 인간이 합리적인 선택을 한다는 전통 경제학의 전제를 실제 인간의 행동을 근거로 반박하였다.
1문단의 '그는 실제 인간의 행동에 나타나는 다양한 양상을 연구하여 인간은 합리적 선택을 한다는 전통 경제학의 전제에 반기를 들고'에서 확인할 수 있다.

---

35 사례의 적절성 판단 | 정답률 79% | 정답 ③

㉠에 해당하는 사례로 가장 적절한 것은?

① (질문) 신은 존재하는가?
(대답) 그렇다. 왜냐하면 신이 없음을 증명한 사람이 없기 때문이다.
이 사례는 자주 접하거나 쉽게 떠올릴 수 있는 것과 관련이 없다.

② (질문) '1부터 10까지의 합'과 '11부터 15까지의 합' 중 더 큰 것은?
(대답) 전자이다. 왜냐하면 전자가 후자보다 많은 숫자를 더하기 때문이다.
이 사례는 자주 접하거나 쉽게 떠올릴 수 있는 것과 관련이 없다.

✔ ③ (질문) '교통사고로 인한 사망률'과 '당뇨로 인한 사망률' 중 사망률이 더 높은 것은?
(대답) 전자이다. 왜냐하면 전자를 후자보다 매체를 통해 자주 보기 때문이다.
㉠이 해당 사례를 자주 접하거나 쉽게 떠올릴 수 있으면, 발생 빈도수가 높다고 판단한다고 하였으므로 적절한 사례다.

④ (질문) '지방이 10% 함유된 우유'와 '지방이 90% 제거된 우유' 중 선택하고 싶은 것은?
(대답) 후자이다. 왜냐하면 후자가 전자보다 지방이 적게 함유된 식품으로 느껴지기 때문이다.
이 사례는 자주 접하거나 쉽게 떠올릴 수 있는 것과 관련이 없다.

⑤ (질문) '한 명이 빵 한 개를 만드는 것'과 '열 명이 빵 열 개를 만드는 것' 중 시간이 더 오래 걸리는 것은?
(대답) 후자이다. 후자가 전자보다 힘이 더 많이 드는 일로 느껴지기 때문이다.
이 사례는 자주 접하거나 쉽게 떠올릴 수 있는 것과 관련이 없다.

---

36 제시된 자료의 이해 | 정답률 56% | 정답 ①

〈보기〉는 윗글의 〈그림〉에 대한 설명이다. A, B에 들어갈 내용을 바르게 짝지은 것은?

〈보 기〉
이득 영역에서는 성과가 동일한 크기로 증가할 때마다 성과에 대하여 부여하는 가치의 크기가 (A)하는 폭이 (B).

   A   B

✔ ① 증가   작아진다
〈그림〉에 제시된 그래프를 보면 x의 값이 증가하면 y의 값도 증가한다. 그런데 이득 영역에서는 x의 값이 증가함에 따라 그래프의 기울기가 점점 완만해지는 것을 확인할 수 있다.
이는 이득 영역에서 성과가 동일한 크기로 증가할 때마다 성과에 대하여 부여하는 가치의 크기가 증가하는 폭이 작아진다는 것을 의미한다.

② 증가   커진다
x의 값이 증가함에 따라 그래프의 기울기가 점점 완만해지므로 가치의 크기가 증가하는 폭이 커진다는 설명은 적절하지 않다.

③ 증가   같아진다
x의 값이 증가함에 따라 그래프의 기울기가 점점 완만해지므로 가치의 크기가 증가하는 폭이 같아진다는 설명은 적절하지 않다.

④ 감소   작아진다
x의 값이 증가함에 따라 y의 값도 증가하는 증가함수이므로 가치의 크기가 감소한다는 설명은 적절하지 않다.

⑤ 감소   커진다
x의 값이 증가함에 따라 y의 값도 증가하는 증가함수이므로 가치의 크기가 감소한다는 설명은 적절하지 않다.

---

37 인물의 입장에 따른 자료의 이해 | 정답률 73% | 정답 ②

'카너먼'의 입장에서 윗글의 '상황 1'과 '상황 2'에 대해 설명한 것으로 적절하지 않은 것은?

① ⑧안의 50만 원과 ⑩안의 50만 원에 대해 사람들이 부여하는 가치는 다르다.
6문단에 언급된 카너먼의 전망 이론을 보면, 사람들은 같은 크기의 이득과 손실이 있을 때 이득감보다 손실감을 더 크게 느끼게 됨을 알 수 있다. 이를 적용하면, ⑧안의 50만 원을 얻었을 때의 이득감보다 ⑩안의 50만 원을 잃었을 때의 손실감이 더 크다는 것을 알 수 있으므로 올바르다.

✔ ② ④안을 선택하는 사람들은 위험 회피 성향이고, ⓒ안을 선택하는 사람들은 위험 추구 성향이다.
7문단에서 확실성을 추구하는 것은 위험 회피 성향에 해당하고, 불확실성을 추구하는 것은 위험 추구 성향에 해당함을 알 수 있다. 그리고 '상황 1'과 '상황 2'를 보면, ④안과 ⓒ안을 선택한 사람은 불확실성을 추구하는 사람이므로 위험 추구 성향에 해당하며 ⑧안과 ⑩안을 선택한 사람은 확실성을 추구하는 사람이므로 위험 회피 성향에 해당한다. 따라서 ④안을 선택하는 사람들은 위험 추구 성향이므로 적절하지 않다.

③ ④, ⓒ안은 이득이나 손실이 불확실한 대안, ⑧, ⑩안은 이득이나 손실이 확실한 대안에 해당한다.
'상황 1'과 '상황 2'에서 ④안과 ⓒ안은 0.5의 확률로 돈을 받거나 잃는 상황이므로 불확실한 대안이고, ⑧안과 ⑩안은 1의 확률로 돈을 받거나 잃는 상황이므로 확실한 대안이다.

④ '상황 1'에서 ⑧안을 선택하는 사람이 많은 것은 사람들이 불확실한 이득보다 확실한 이득을 선호하기 때문이다.
'상황 1'에서 ⑧안을 선택한 사람들은 확실한 이득을 추구하는 위험 회피 성향을 나타낸다.

⑤ '상황 2'에서 ⓒ안을 선택하는 사람이 많은 것은 확실한 손실을 꺼리는 인간의 심리가 반영된 결과이다.
'상황 2'에서 ⓒ안을 선택한 사람들은 확실한 손실을 꺼리는 위험 추구 성향을 나타낸다.

---

38 글의 내용을 바탕으로 한 이유 추론 | 정답률 78% | 정답 ④

ⓐ를 바탕으로, 〈보기〉의 밑줄 친 부분의 이유를 추론한 것으로 가장 적절한 것은?

〈보 기〉
"먼저 써 보시고 한 달 후에 제품이 마음에 들지 않으면 반품하십시오. 금액은 전액 환불해 드립니다."라는 광고 문구에 많은 소비자들이 귀가 솔깃해져 쉽게 제품을 구매한다. 하지만 막상 한 달 후, 제품이 마음에 들지 않더라도 사용하던 제품을 반품하고 구매한 금액을 환불받는 소비자는 소수에 지나지 않는다. 이는 이득과 손실에 대한 심리 반응의 차이를 이용한 효과적인 판매 전략이라 할 수 있다.

① 제품을 사용하는 기간만큼 제품을 통해 얻는 이득감이 줄어들기 때문에
제품을 반품하지 않는 상황에 대한 이유로 적절하지 않다.

② 제품에 대한 불만족은 심리적인 현상일 뿐, 제품 자체의 문제가 아니기 때문에
제품에 대한 불만족은 심리적인 현상일 뿐이라는 설명은 전망 이론의 설명과 관련이 없다.

③ 제품을 반품했을 때의 이득감이 제품을 그대로 사용했을 때의 이득감보다 더 크기 때문에
제품을 반품했을 때의 이득감이 제품을 그대로 사용했을 때의 이득감보다 더 크다면 제품을 반품하는 것이 적절하다.

✔ ④ 제품을 반품할 때 느끼는 손실감이 구매한 금액을 환불받을 때 느끼는 이득감보다 크게 느껴지기 때문에
이 글에 제시된 전망 이론에 의하면 사람들은 이득보다 손실에 더 민감하게 반응한다. 이를 〈보기〉에 적용하면, 소비자들이 구매 물품을 반품할 때 느끼는 손실감이 구매 금액을 환불받았을 때의 이득감보다 더 크게 느끼기 때문에, 실제로 제품을 반품하는 소비자는 소수에 지나지 않을 것이라고 해석할 수 있다.

⑤ 제품을 구매하는 과정에 투입된 시간과 노력을 계산했을 때, 제품을 반품하는 것이 합리적 선택이기 때문에
제품을 반품하지 않는 이유에 해당하지 않는다.

39 글의 내용을 바탕으로 한 자료 해석 　　　　정답률 63% | 정답 ②

ⓑ를 고려할 때, 〈보기〉의 '상황'에 대한 사람들의 선택을 예측한 것으로 적절한 것은? [3점]

〈보 기〉

[상황]
○○ 지역에 전염병이 돌아 600명의 주민이 죽을 것으로 예상된다. 이 전염병을 막기 위한 프로그램 ㉮와 ㉯가 있다.

○ 프로그램 ㉮ : 400명의 사람이 죽게 됨.
○ 프로그램 ㉯ : 아무도 죽지 않을 확률이 3분의 1이고, 600명이 죽게 될 확률이 3분의 2임.

[질문]
만약 여러분이 정책 담당자라면 프로그램 ㉮와 ㉯ 중 어느 것을 선택하겠는가?

① 사람들은 상황을 부정적 틀로 인식하기 때문에 프로그램 ㉮를 선택하는 사람들이 더 많을 것이다.
〈보기〉의 상황은 손실을 주는 상황이므로 사람들은 상황을 부정적 틀로 인식할 것이다. 많은 사람들은 손실이 확실한 것보다는 손실이 불확실한 것을 선택하므로, 손실이 불확실한 프로그램 ㉯를 선택할 것이다.

✓② 사람들은 상황을 부정적 틀로 인식하기 때문에 프로그램 ㉯를 선택하는 사람들이 더 많을 것이다.
〈보기〉에 제시된 상황은 손실을 주는 상황이므로 사람들은 이를 부정적 틀로 인식하게 된다. 그래서 많은 사람들은 손실이 확실한 프로그램 ㉮보다 손실이 불확실한 프로그램 ㉯를 선택하게 될 것임을 예측할 수 있다.

③ 사람들은 상황을 긍정적 틀로 인식하기 때문에 프로그램 ㉮를 선택하는 사람들이 더 많을 것이다.
〈보기〉에 제시된 상황은 손실을 주는 상황이므로 사람들은 이를 부정적 틀로 인식하게 된다. 따라서 〈보기〉의 상황을 긍정적 틀로 인식한다고 보는 것은 적절하지 않다.

④ 사람들은 상황을 긍정적 틀로 인식하기 때문에 프로그램 ㉯를 선택하는 사람들이 더 많을 것이다.
〈보기〉에 제시된 상황은 손실을 주는 상황이므로 사람들은 이를 부정적 틀로 인식하게 된다. 따라서 〈보기〉의 상황을 긍정적 틀로 인식한다고 보는 것은 적절하지 않다.

⑤ 사람들은 상황을 긍정적 틀로 인식하기 때문에 프로그램 ㉮와 ㉯를 선택하는 사람들이 비슷할 것이다.
〈보기〉에 제시된 상황은 손실을 주는 상황이므로 사람들은 이를 부정적 틀로 인식하게 된다. 따라서 〈보기〉의 상황을 긍정적 틀로 인식한다고 보는 것은 적절하지 않다.

40~42 고전 소설

작자 미상, 「매화전」

[감상] 이 작품은 남녀 간의 사랑을 주제로 한 애정 소설로, 「매화양유전」, 「유화양매록」이라고도 불린다. 이 작품에는 남녀 간의 사랑을 다룬 애정 모티프와 계모에 의한 시련과 고난, 부모로부터 버림받음(기아), 도술을 통한 문제 해결 등 고전 소설의 다양한 모티프들이 복합적으로 사용되고 있다.
또한 임진왜란이라는 역사적 사실을 배경으로 하고 있어 조선 후기 작품으로 추측되며, 판소리 사설의 문체를 지니고 있어 판소리계 소설, 혹은 판소리계 소설의 영향을 받은 작품으로 평가받고 있다.
[주제] 온갖 시련을 이겨 낸 양유와 매화의 사랑
[작품 줄거리] 경기도 장단에 김주부라는 도술이 능한 선비가 매화라는 무남독녀를 두고 살고 있었다. 조정의 간신들이 그를 해치려 하므로 딸 매화를 남장을 시켜 길에 버리고 내외는 구월산으로 피하였다. 매화는 조병사 집에서 살면서 그의 아들 양유와 함께 학당에서 공부하며 성장한다. 양유는 매화의 용모를 보고 연정을 느끼는데, 하루는 매화가 자신의 사연을 털어놓고는 부모의 승낙을 받은 뒤 혼인을 약속하자고 한다. 어느 날 관상을 보는 사람이 와서 양유가 귀하게 될 상이지만 호랑이에게 잡혀 죽을 위험이 있으며, 매화와 양유를 혼인시켜야 한다는 편지를 남겨 놓는다. 매화의 신분을 알게 된 조병사는 매화를 내당에 머물게 한다. 조병사의 부인은 계모로서 성품이 악하여, 매화를 자기 동생과 혼사시키고자 한다. 계모는 동생을 시켜, 장단의 주민을 매수하여 매화의 아버지가 나쁜 인물이라고 소문내도록 한다. 조병사가 장단에 가서 김주부에 대한 악평을 듣고는 매화를 천한 사람의 자식이라며 박대한다. 매화가 계모의 강제 혼인을 거절하자 조병사는 매화를 내쫓는다. 양유는 쫓겨가는 매화와 슬픈 이별을 한다. 계모의 음모에 의해 납치될 처지에 이른 매화는 물에 빠져 양유가 도술로 매화를 구출하고 매화는 구월산에 있는 어머니와 상봉한다. 혼인 전날, 신랑 양유가 호랑이에 물려 구월산에 와서 혼례를 치르고 보니 신부가 매화였다. 도사로 변한 김주부가 조병사에게 구월산에 아들이 있음을 알려 주자 조병사는 그곳으로 가 아들을 만난다. 그들은 김주부의 예언으로 그 곳에서 임진왜란의 피해를 면하였다. 김주부는 신선이 되고, 그들은 전쟁 후에 고향에 돌아가 행복하게 살았다.

40 서술상 특징 파악 　　　　정답률 47% | 정답 ⑤

윗글의 서술상의 특징으로 가장 적절한 것은?

① 사건 진행 과정에서 과거와 현재가 교차되고 있다.
사건은 시간의 흐름대로 진행되고 있지, 현재 사건과 과거 사건이 교차되지는 않고 있다.

② 장면을 빈번하게 전환하여 긴박한 분위기를 조성하고 있다.
장면의 전환은 찾아볼 수 있지만 긴박한 분위기를 조성하지는 않고 있다.

③ 공간적 배경을 활용하여 주제를 암시적으로 드러내고 있다.
공간적 배경은 제시되어 있으나 주제가 암시적으로 드러나지는 않는다.

④ 인물과 인물의 첨예한 갈등을 중심으로 사건이 전개되고 있다.
인물 간의 첨예한 갈등은 찾아볼 수 없다.

✓⑤ 인물의 심리를 서술자가 직접 제시하여 독자의 이해를 돕고 있다.
'양유 그 소리 들으며 ~ 매화의 태도를 보고 마음만 상할 따름일러라', '병사 대경하여 무수히 슬퍼하다가', '병사 크게 놀라며 또한 크게 기뻐하여' 등을 보면 서술자가 인물의 심리를 직접 제시하여 인물의 심리 상태를 독자가 이해할 수 있도록 하고 있다.

★★★ 등급을 가르는 문제!
41 인물의 이해 　　　　정답률 28% | 정답 ④

윗글의 인물에 대한 이해로 적절하지 않은 것은?

[문제편 p.213]

---

① 양유는 여자가 남복을 입었다는 사람들의 말을 듣고 매화의 정체를 의심하고 있다.
'오늘 사람들이 여자가 남복을 입었다 하니 그 일로 그러한가 싶으니 그럼 여자가 분명한가?'에서 알 수 있다.

② 매화는 부모의 허락을 전제로 양유의 청혼을 긍정적으로 받아들이고 있다.
매화는 부모의 허락을 전제로 혼인하고 싶다는 생각을 양유에게 밝히고 있다.

③ 상객은 양유와 매화가 혼인하지 않으면 양유에게 불행이 닥칠 것을 예고하고 있다.
상객은 양유와 매화가 혼인하지 않으면 양유가 호랑이에게 잡아먹힐 것이라고 경고하고 있다.

✓④ 병사는 매화의 용모와 양유의 적극적인 결혼 의지를 바탕으로 둘의 혼인에 대해 최 씨의 동의를 구하고 있다.
병사는 상객의 말과 매화의 용모를 바탕으로 양유와 매화의 혼인에 대해 부인 최 씨의 동의를 구하고 있다. 하지만 양유가 아버지 병사에게 매화와 결혼하고 싶다는 의지를 밝히지는 않았다.

⑤ 최 씨는 매화의 근본을 핑계 삼아 양유와 매화의 혼인을 반대하고 있다.
최 씨는 매화가 유리걸식하고 근본도 알지 못하는 아이라는 점을 핑계로 양유와 매화의 혼인을 반대하고 있다.

★★ 문제 해결 꿀~팁 ★★

▶ 많이 틀린 이유는?
선택지에 제시된 내용을 글의 내용과 정확히 연결 짓지 못하여 오답률이 높았던 것으로 보인다.
▶ 문제 해결 방법은?
인물의 행동과 태도, 심리를 중심으로 선택지가 제시되어 있으므로, 각 인물이 말하는 내용과 서술자의 인물에 대한 서술을 바탕으로 문제를 해결할 수 있어야 한다.
④의 경우 '병사'를 중심으로 이해하면 되는데, 병사가 매화에 대해 '인물이 비범하니'라고 하면서 최 씨에게 양유와의 혼인에 대해 동의를 구하고 있음을 알 수 있다. 하지만 이 글에 제시된 양유의 말을 통해 양유가 병사에게 매화와 혼인하고 싶다는 의견을 밝히지는 않고 있으므로 이 내용은 잘못된 것이라 할 수 있다.
▶ 오답인 ②를 많이 선택한 이유는?
②번 문제를 적절하다고 선택하여 오답률이 높았던 가장 큰 이유는, 선택지에 언급된 '부모의 허락을 전제로'라는 내용을 글에서 찾지 못했기 때문으로 보인다. 그런데 매화가 한 말인 '부모의 명을 받아 백년해로한다면 낸들 아니 좋을까.'를 볼 때, 매화는 부모의 명을 받아야만 결혼하겠다는 생각을 드러내고 있으므로 적절한 내용이라 할 수 있다.
이처럼 선택지에서는 글의 내용을 다른 말로 바꾸어 제시하는 경우가 있으므로, 인물의 말과 행동을 바탕으로 선택지의 적절성 여부를 반드시 판단할 수 있어야 한다.

42 소재의 기능 파악 　　　　정답률 59% | 정답 ⑤

〈보기〉를 참고할 때, ⓐ와 ⓑ에 대한 이해로 적절하지 않은 것은? [3점]

〈보 기〉
고전 소설 속에 삽입된 시는 서사 맥락 속에서 다양한 역할을 수행한다. 인물의 심리를 함축적으로 드러내거나 인물을 비유적으로 표현하기도 하고, 주제를 집약적으로 전달하기도 한다. 또한 사건을 전개시키거나 사건 전개의 방향을 암시하기도 하고 분위기 형성, 인물들 간의 의사소통의 매개체 역할을 수행하기도 한다.

① ⓐ는 양유의 심리 상태를 함축적으로 드러내고 있다.
ⓐ에서 양유는 봄 날 좋은 풍경을 보고 봄빛을 얻었다고 하면서 자신의 즐거운 마음을 함축적으로 드러내고 있다.

② ⓐ를 본 후 매화가 ⓑ로 답한 것은 인물 간의 의사소통 행위로 볼 수 있다.
ⓐ를 본 후 ⓑ에서 매화가 자신이 여자라는 정체를 밝힌 것은 인물 간의 소통 행위로 볼 수 있다.

③ ⓑ에서 '나비'는 양유를, '꽃'은 매화를 비유적으로 표현한 것으로 볼 수 있다.
ⓑ에서 매화는 양유를 나비에 비유하고 자신을 꽃으로 비유하여 자신이 은연중 여자임을 밝히고 있다.

④ ⓑ를 본 후 양유가 매화에게 청혼한 것으로 볼 때 ⓑ는 사건을 전개하는 역할을 했다고 볼 수 있다.
ⓑ를 본 후 양유가 매화에게 청혼한 것은 ⓑ가 사건 전개의 역할을 했다고 볼 수 있다.

✓⑤ ⓐ와 ⓑ는 양유와 매화의 앞날이 순탄하지 않을 것이라는 사건 전개의 방향을 암시하고 있다.
ⓐ의 시는 양유가 봄 좋은 풍경을 보고 자신은 즐거운데 매화는 왜 쓸쓸한 모습을 하고 있는지에 대한 안타까움을 표출하고 있는 내용이다. 그리고 ⓑ의 시는 ⓐ를 본 매화가 자신을 꽃으로, 양유를 나비에 비유하여 자신이 여자라는 정체를 우회적으로 밝히는 내용이다. 이러한 ⓐ와 ⓑ의 내용을 볼 때, ⓐ와 ⓑ가 양유와 매화의 앞날이 순탄하지 않을 것이라는 사건 전개의 방향을 암시한다고 볼 수 없다.

43~45 시나리오

김영현, 「대장금」

[감상] 이 작품은 드라마 「대장금」의 시나리오 대본으로, 조선 시대 실존 인물인 장금의 삶을 재구성한 것으로, 전문적인 지식과 기술을 습득해 궁중 최고의 요리사가 되고, 이후 조선 최고의 의녀가 되는 성공담을 다룬다. 특히 이 작품은 우리나라 전통 음식 문화의 가치를 잘 담아낸 작품으로 평가받는다.
[주제] 어려운 상황에서도 음식과 의술에서 일가를 이루는 대장금의 일생
[작품 줄거리] 장금은 어린 나이에 부모를 여의고 생각시로 입궁하여 수라간 생활을 하게 된다. 장금은 어머니의 친구이자 스승인 한 상궁에게 음식에 대한 철학을 배우며 실력을 쌓아 간다. 그러던 중 최고 상궁 자리를 놓고 한 상궁 측과 최 상궁 측이 경합을 벌이다가 최 상궁의 모함으로 한 상궁은 죽고 장금은 제주도로 귀양을 가게 된다.
장금은 제주도에서 의녀 장덕에게 의술을 배워 여러 가지 공을 세우고, 한양에 올라가 의녀로서 다시 입궁하게 되고, 스승 신익필을 통해서 의학에 대한 신념을 갖게 되면서, 중전과 대비의 병을 치료하면서 신망을 얻는다. 장금은 중종의 병을 치료하여 그의 신임을 받게 되고, 결국 최 상궁 측을 단죄하고 어의의 자리에 올라 대장금이 된다.

特別 부록 [01회] 3월 대비 실전 모의고사 **121**

43 작품 내용의 이해

정답률 77% | 정답 ⑤

윗글을 통해 알 수 있는 내용으로 적절한 것은?

① 한 상궁은 정사의 뜻을 알고 장금에게 음식을 준비하도록 했다.
> 한 상궁이 정사의 뜻을 알고 장금에게 음식을 준비하도록 한 내용은 나타나지 않고 있다.

② 장금과 금영은 정사가 먹을 음식을 기쁜 마음으로 함께 준비하였다.
> 장금과 금영은 각자 정사의 음식을 장만한 것을 추측할 수 있으므로 적절하지 않다.

③ 정사는 오겸호의 조언에 따라 장금이 만든 음식을 억지로 먹고 있었다.
> 오겸호는 장금을 불경한 것이라고 하며 정사에게 벌을 요청하고 있으므로 적절하지 않다.

④ 오겸호는 만한전석을 준비하라고 한 정사의 지시에 불만을 가지고 있었다.
> 정사는 만한전석을 올린다는 오겸호의 말에 놀라고 있으므로 적절하지 않다.

✔ ⑤ 정사는 떠나는 날까지 음식을 준비하라고 할 만큼 장금에 대한 신뢰를 보였다.
> 정사는 가는 날까지 자신의 음식을 고집불통인 장금과 장금의 스승인 한 상궁에게 맡긴다고 선언하고 있다. 이를 통해, 정사는 장금에 대해 신뢰를 보이고 있다고 할 수 있다.

44 외적 준거에 따른 작품의 감상

정답률 69% | 정답 ④

〈보기〉를 통해 윗글을 감상한 내용으로 적절하지 않은 것은? [3점]

─〈보 기〉─
> 음식은 먹는 사람의 건강을 지키는 수단이자 맛에 대한 욕망을 충족하는 수단이기도 하다. 이 둘은 상충되기도 하지만 조화를 이루기도 한다. 「대장금」은 다양한 음식을 소재로 한 일련의 사건과 음식에 대한 소신을 지키는 장금의 모습에서 전통 음식 문화에 대한 자부심을 느끼게 한다.

① 정사는 '소갈'에 걸리고도 맛있고 '기름진 음식'을 끊을 수 없었다는 점에서 맛에 대한 욕망을 제어하지 못하였음을 알 수 있군.
> 정사는 그동안 맛있고 기름진 음식을 먹어 소갈을 얻었음에도 그런 음식을 끊을 수 없다고 말하고 있는데, 이는 맛에 대한 욕망을 제어하지 못하였음을 보여 주는 것이라 할 수 있다.

② 장금이 정사가 싫어하는 것을 알면서도 '생선'과 '산나물'을 이용하여 만든 음식을 올리는 것은 정사의 건강을 우선시했기 때문이군.
> 장금은 자신이 올린 음식을 먹고 싫은 표정을 짓는 정사를 보며 생선과 산나물 등의 음식을 올리고 있다. 그리고 정사의 질문에 먹는 사람에게 해가 되는 음식을 올려서는 안 된다고 말하고 있다. 따라서 장금은 정사의 건강을 위해 생선과 산나물을 이용한 음식을 만들었다고 할 수 있다.

③ 정사는 장금이 만든 음식에서 '재료 고유의 맛'을 느끼며 건강을 지키는 것과 맛에 대한 욕망이 조화를 이룰 수 있음을 깨닫게 되는군.
> 정사는 장금의 음식을 먹을수록 재료 고유의 맛이 느껴졌다고 말하고 있다. 그러므로 장금이 만든 음식에서 건강과 맛에 대한 욕망이 조화를 이룰 수 있음을 깨달았다고 할 수 있다.

✔ ④ 장금은 정사가 '만한전석'과 같이 건강을 해치는 음식을 선호하는 것을 보고 음식을 먹는 자의 도리를 지키지 않는다고 말하며 안타까워했군.
> 정사는 '음식을 하는 자가 도리와 소신이 있듯이 음식을 먹는 자 또한 도리가 있어야 한다'고 여기면서, 장금의 뜻에 따라 자신을 해치는 음식을 먹지 않겠다고 말하고 있다. 즉, 음식을 먹는 자의 도리를 말한 것은 정사임을 알 수 있으므로 적절하지 않은 감상이다.

⑤ 장금이 위험을 무릅쓰고 먹는 사람의 건강에 도움이 되는 음식을 고집하는 것에서 '음식을 하는 자의 도리'를 지키고자 하는 소신을 확인할 수 있군.
> 장금은 자신에게 크나큰 위험이 닥쳐도 음식을 하는 자의 도리를 지켜야 한다고 정사에게 말하고 있으므로 위험을 무릅쓰고 음식을 하는 자의 도리를 지키고자 하는 소신을 가졌다고 할 수 있다.

45 영화로의 연출 계획의 적절성 파악

정답률 52% | 정답 ④

S#49를 제작하기 위한 회의 내용으로 적절하지 않은 것은?

① 음식을 정성스럽게 만드는 장금의 솜씨를 강조할 필요가 있습니다. 음식을 만드는 손을 클로즈업하면 좋겠습니다.
> 음식에 대한 장금의 정성을 강조한다는 점에서 적절한 연출 계획이다.

② 이틀에 걸친 사건을 짧은 장면으로 이어 붙인 장면입니다. 사건이 속도감 있게 전달될 수 있도록 편집하면 좋겠습니다.
> '다음날'이라는 표지를 통해 이틀 간의 사건을 몽타주로 전달하고 있다는 것을 알 수 있으므로 적절한 연출 계획이다.

③ 불안해하는 오겸호를 담은 장면이 반복됩니다. 배우의 표정 연기를 통해 긴장감이 고조되도록 연출을 하면 좋겠습니다.
> 불안해하는 오겸호가 담긴 장면이 반복되고 있으므로, 이러한 오겸호의 표정 연기를 통해 장금을 둘러싼 위기감을 고조시킬 수 있으므로 적절한 연출 계획이다.

✔ ④ '음식 준비 - 사신의 시식 - 장금의 기대 - 사신의 평가'가 이어지고 있습니다. 이 순서대로 장면들을 편집하면 좋겠습니다.
> S#49를 보면, 장금이 음식을 준비하는 과정, 정사가 시식하는 장면, 정사가 시식을 하며 반응하는 장면이 일련의 순서에 따라 반복되고 있다. 하지만 '사신의 시식' 이후에 나타나는 '장금의 기대'는 찾아볼 수 없으므로 적절하지 않다.

⑤ 조선 시대를 배경으로 하고 있습니다. 사실성이 드러나도록 당시의 의복과 소품을 고증하여 준비하는 것이 좋겠습니다.
> 정사의 말을 통해 정사가 사신으로 조선에 왔음을 알 수 있으므로 적절한 연출 계획이다.

특별부록 O2회 | 6월 학력평가 대비 실전 모의고사 [고1]

| 정답과 해설 |

• 정답 •

01 ① 02 ① 03 ④ 04 ⑤ 05 ⑤ 06 ① 07 ④ 08 ② 09 ④ 10 ④ 11 ③ 12 ② 13 ① 14 ④ 15 ②
16 ④ 17 ③ 18 ② 19 ① 20 ⑤ 21 ⑤ 22 ⑤ 23 ② 24 ③ 25 ⑤ 26 ① 27 ⑤ 28 ⑤ 29 ① 30 ③
31 ② 32 ⑤ 33 ③ 34 ② 35 ③ 36 ① 37 ⑤ 38 ① 39 ② 40 ② 41 ④ 42 ③ 43 ④ 44 ① 45 ④

★ 표기된 문항은 [등급을 가르는 문제]에 해당하는 문항입니다.

[01~03] 화법

01 말하기 전략의 이해

정답률 89% | 정답 ①

강의자의 말하기 전략으로 적절하지 않은 것은?

✔ ① 강의 내용의 출처를 밝혀 신뢰성을 높이고 있다.
> 이 강의에서 강의자는 무대의 개념을 밝히면서, 무대의 종류인 원형 무대, 프로시니엄 무대, 돌출 무대에 대해 강의를 하고 있다. 그런데 이러한 강의 내용과 관련한 출처는 밝히지 않고 있다.

② 강의 중 질문을 하며 청중의 반응을 확인하고 있다.
> 강연자는 '여러분들은 연극이나 콘서트 같은 공연을 좋아하시나요?', '그런데 '프로시니엄'은 무슨 뜻일까요?'처럼 강연 중 청중에게 질문을 한 뒤 청중의 반응을 확인하며 강의를 진행하고 있다.

③ 중심 화제의 개념을 정의하여 청중의 이해를 돕고 있다.
> 2문단에서 중심 화제인 무대의 개념을 정의하여 청중의 이해를 돕고 있다.

④ 중심 화제를 하위 개념으로 나누고 예를 들어 설명하고 있다.
> 2문단에서 형태에 따라 원형 무대, 프로시니엄 무대, 돌출 무대가 있음을 언급하고, 이어서 각각을 나누어 설명하면서 각각의 무대에 대한 예(아레나, 연극과 뮤지컬 무대, 패션쇼 무대)를 들어 설명하고 있다.

⑤ 시각 자료를 활용하여 강의 내용을 효과적으로 전달하고 있다.
> 각 무대의 사진 자료를 제시하여 강의 내용을 효과적으로 전달하고 있다.

02 강의 내용의 적용

정답률 74% | 정답 ①

강의 내용을 고려할 때 〈보기〉의 '한국 탈판'의 무대 형태로 가장 적절한 것은?

─〈보 기〉─
> '한국 탈판'은 서구 근대극 무대와 달리 '객석과 무대를 갈라놓는 뚫린 벽'이 없고, 노는 자(공연자)와 보는 자(관객)가 한 흐름을 이루는 한국적 무대 형태이다. 노는 자와 보는 자가 함께 소통하기도 하고, 보는 자가 공연에 직접 참여하기도 하는 민중놀이의 놀이판인 것이다.

✔ ①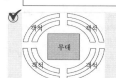

②

③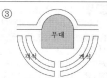

④

⑤

① 〈보기〉를 볼 때, '한국 탈판'의 무대는 모든 면에서 객석과 접촉할 수 있으며 관객과 공연자의 소통이 원활하게 일어날 수 있는 원형 무대가 가장 적절하다.

② 무대 일부가 돌출되어 있고 객석이 삼면 혹은 반원형으로 배치되어 무대를 둘러싸고 있는 형태이므로 돌출 무대에 해당한다.

③ 무대 일부가 돌출되어 있고 객석이 삼면 혹은 반원형으로 배치되어 무대를 둘러싸고 있으므로 돌출 무대에 해당한다.

④ 무대의 한 면만 볼 수 있게 객석이 배치되어 있으므로 프로시니엄 무대에 해당한다.

⑤ 무대 일부가 돌출되어 있고 객석이 삼면 혹은 반원형으로 배치되어 무대를 둘러싸고 있는 형태이므로 돌출 무대에 해당한다.

03 청중의 듣기 활동 이해

정답률 90% | 정답 ④

다음은 학생이 강의를 들으며 떠올린 생각이다. 이를 바탕으로 학생의 듣기 활동을 이해한 내용으로 가장 적절한 것은?

> 지난번 우리 학생회가 주최한 축제 무대가 프로시니엄 무대였구나. 공연 기획사에서 다양한 무대 장치를 사용할 수 있는 장점이 있다고 했고, 우리도 학생들이 집중하기에 적합하다고 판단해서 그런 무대 형태로 결정했지. 그런데 학생들은 공연자와 가까이에서 소통할 수 없어서 아쉬워했어. 내년부터는 다양한 무대 장치를 사용하는 것이 다소 어렵더라도, 공연자와 학생들이 직접적으로 소통할 수 있도록 돌출 무대를 설치하는 게 좋겠어.

① 설문 자료를 바탕으로 중심 화제의 가치를 판단하고 있다.
> 강연 내용에서 확인할 수 없는 내용이다.

② 강의를 통해 새롭게 알게 된 사실에 의문을 제기하고 있다.
> 강연 내용에서 확인할 수 없는 내용이다.

③ 강의 내용을 구조적으로 파악하여 전체 내용을 정리하고 있다.
> 강연 내용에서 확인할 수 없는 내용이다.

✔ ④ 강의 내용에 대해 자신이 이해한 것을 구체적 상황에 적용하고 있다.
> 강의를 들은 후 학생은 이해한 내용을 자신이 경험한 '학교 축제'라는 구체적인 상황에 적용하고 있다.

⑤ 강의 내용 중에서 사실과 다른 부분에 대해 비판적으로 평가하고 있다.
> 강연 내용에서 확인할 수 없는 내용이다.

[04~07] 화법과 작문

04 · 대화 참여자의 말하기 방식 파악 · 정답률 90% | 정답 ⑤

대화의 흐름을 고려할 때, ㉠~㉤에 대한 설명으로 적절하지 않은 것은?

① ㉠ : 자신이 던진 질문과 관련하여 상대방의 이해를 돕기 위해 구체적인 예를 제시하는 발화이다.

㉠은 태양과 지구의 예를 제시하여 별이 어떤 것인지를 알려 주는 발화이다. 따라서 ㉠은 자신이 던진 질문과 관련하여 학생 2의 이해를 돕기 위한 예시이므로 적절하다.

② ㉡ : 상대방이 한 질문에 대해 배경지식을 바탕으로 답을 하는 발화이다.

학생 1이 계절에 따라 잘 보이는 별자리가 다르다는 거 알고 있냐고 질문하자, 학생 2는 ㉡처럼 자신이 읽은 책의 내용을 언급하며 답을 하고 있으므로 적절하다.

③ ㉢ : 상대방이 한 말을 근거로 한 자신의 추측이 맞는지 확인하기 위한 발화이다.

북반구의 별자리 이름의 유래와 관련한 학생 1의 말을 듣고 학생 2는 남반구 별자리 이름에 대한 자신의 추측이 맞는지 확인하기 위해 질문하고 있으므로 적절하다.

④ ㉣ : 상대방의 관심사를 언급하며 자신의 제안에 대한 동의를 이끌어 내기 위한 발화이다.

학생 1은 학생 2가 천체 물리학에 관심을 가지고 있음을 언급하고 있다. 이는 천체 연구 자율 동아리를 함께 만들자는 자신의 제안에 대한 동의를 이끌어 내기 위한 발화이므로 적절하다.

✓ ⑤ ㉤ : 상대방의 말을 듣고 추가 질문을 통해 구체적인 설명을 요청하는 발화이다.

㉤은 학생 1이 천체 연구 자율 동아리의 부원 모집을 블로그를 통해서 모집하자는 제안을 하고 있는 발화이다. 이를 상대방에게 구체적인 설명을 요청하는 발화로 보는 것은 적절하지 않다.
그리고 '우리도 그렇게 하는 건 어때?'는 상대방에게 질문을 던지는 발화가 아니라 상대방의 동의를 요구하는 것에 해당하므로 적절하지 않다.

05 · 대화 참여자의 문제 해결 방법 파악 · 정답률 80% | 정답 ⑤

[A]에 대한 이해로 가장 적절한 것은?

① 학생 1은 학생 2와 달리 상대방이 제안한 방안에 대한 자신의 이해가 정확한지 확인하고 있다.

학생 1과 학생 2 모두 상대방이 제안한 방안에 대해 자신이 정확하게 이해했는지 확인하는 말은 하고 있지 않다.

② 학생 2는 학생 1과 달리 물음의 형식으로 자신이 제안한 방안의 타당성을 강조하고 있다.

학생 1과 학생 2 모두 물음의 형식을 활용하여 상대방이 제안한 방식의 문제점을 지적하거나 대안을 제시하고 있지만, 자신들이 제안한 방안의 타당성을 강조하지는 않고 있다.

③ 학생 1은 자신이 제안한 방안의 장단점을, 학생 2는 상대방이 제안한 방안의 장단점을 설명하고 있다.

학생 1은 자신이 제안한 방안의 장점만 언급하고 있을 뿐 단점은 언급하지 않고, 학생 2는 상대방이 제안한 방안의 단점을 지적할 뿐 장점은 언급하지 않고 있다.

④ 학생 1과 학생 2는 모두 상대방의 말을 듣고 자신이 제안한 방안을 일부 수정하고 있다.

학생 1과 학생 2는 모두 상대방의 제안에 대한 자신의 생각을 표출하며 대안을 제시하고 있을 뿐, 자신이 기존에 제안한 방안을 수정하고 있지는 않다.

✓ ⑤ 학생 1과 학생 2는 모두 상대방이 제안한 방안의 문제점을 지적한 후 이에 대한 대안을 언급하고 있다.

학생 1은 학생 2가 별과 우주를 깊이 있게 이해하기 위해 전문 서적을 함께 읽고 공부하자는 제안에 다른 부원들이 이해하기 힘들 수 있으니까 교양서적을 함께 읽고 공부하자는 대안을 제시하고 있다.
그리고 학생 2는 정기적으로 천문대에 가서 별자리를 관측하자는 학생 1의 제안에 대해 천문대가 학교에서 가깝지 않기 때문에 가기가 쉽지 않다는 점을 언급하면서 학교 운동장에서 별자리를 관측할 것을 제안하고 있다.

06 · 조건에 맞게 글쓰기 · 정답률 73% | 정답 ①

다음은 (나)를 바탕으로 만든 '별바라기' 블로그이다. '작성 방법'을 고려할 때, 댓글 내용으로 적절하지 않은 것은? [3점]

[08~10] 작문

08 · 글쓰기 전략 파악 · 정답률 87% | 정답 ②

'학생의 초고'에 대한 설명으로 가장 적절한 것은?

① 새로운 이론들을 비교하며 주제를 부각하고 있다.

✓ ② 질문의 방식을 활용하여 독자의 관심을 끌고 있다.

1문단의 '여러분은 학교에서 얼마나 많은 시간을 보내고 있는지 생각해 본 적이 있습니까?'와 4문단의 '높은 천장이 학생들의 창의력을 향상시키는 데 도움이 된다는 사실을 아십니까?'를 보면 질문의 방식을 활용하고 있다. 이러한 방식은 독자들의 관심을 끄는 효과가 있으므로 적절하다.

③ 용어의 개념을 정의하며 현상에 대해 설명하고 있다.

④ 자료의 출처를 언급하며 내용의 신뢰성을 높이고 있다.

⑤ 관용 표현을 사용하여 상황의 심각성을 드러내고 있다.

09 · 자료 활용 방안의 적절성 파악 · 정답률 86% | 정답 ④

〈보기〉는 '학생의 초고'를 보완하기 위해 추가로 수집한 자료이다. 이를 활용할 방안으로 적절하지 않은 것은? [3점]

━━━〈 보 기 〉━━━

(가) 통계 자료 및 설문 조사 분석 자료
1. 고등학교 학생 1인당 학교 실내 건물 면적(㎡)

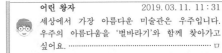

세상에서 가장 아름다운 미술관은 우주입니다. 우주의 아름다움을 '별바라기'와 함께 찾아가고 싶어요. ⋯⋯⋯⋯⋯⋯⋯⋯⋯⋯⋯ ㅁ

✓ ① ㄱ : 지루하게 반복되는 일상에 활력소가 되어 줄 '별바라기'. 별을 사랑하는 마음으로 열심히 활동하겠습니다.

'작성 방법'의 조건에 따라 '댓글'을 보면, ㄱ에는 동아리에 대한 자신의 생각이 나타날 뿐 별자리나 우주에 대한 생각을 비유적으로 표현한 부분은 나타나지 않으므로 적절하지 않다.

② ㄴ : 우주는 깊이를 알 수 없는 신비한 우물입니다. 우주를 더 많이 공부하고 싶어서 '별바라기'에 지원합니다.

우주를 더 많이 공부하고 싶다는 언급을 통해 동아리 지원 동기를 확인할 수 있고, 우주에 대해 깊이를 알 수 없는 신비한 우물이라고 자신의 생각을 비유의 방식으로 표현하고 있다.

③ ㄷ : 밤하늘에 빛나는 별자리는 보석처럼 아름답습니다. '별바라기'에서 아름다움을 사진으로 남기는 별밤지기가 될게요.

별자리의 아름다움을 사진을 찍어 남기겠다는 활동 각오를 드러내고 있고, 별자리가 보석처럼 아름답다고 표현하고 있다.

④ ㄹ : 불꽃놀이같이 화려한 밤하늘의 별자리. '별바라기'에서 별자리를 관측하며 천문학자가 되고자 하는 꿈에 다가서겠습니다.

천문학자가 되려는 꿈에 다가서기 위해 동아리에 지원한다는 언급을 통해 지원 동기를 확인할 수 있고, 별자리를 불꽃놀이 같이 화려하다고 말하고 있으므로 직유법을 사용하고 있다.

⑤ ㅁ : 세상에서 가장 아름다운 미술관은 우주입니다. 우주의 아름다움을 '별바라기'와 함께 찾아가고 싶어요.

우주의 아름다움을 찾기 위해 동아리에 지원한다는 언급을 통해 지원 동기를 확인할 수 있고, 우주를 세상에서 가장 아름다운 미술관이라 하고 있으므로 은유법을 사용하고 있다.

07 · 작문 계획의 반영 여부 파악 · 정답률 88% | 정답 ④

[B]를 고려할 때, (나)에 반영된 내용으로 적절하지 않은 것은?

① 자율 동아리를 어떤 목적으로 만들었는지를 밝혀 주자는 의견에 따라, 밤하늘의 아름다움을 느끼고 별자리와 우주에 대해 공부하기 위해 자율 동아리를 만들었다는 내용을 담았다.

(나)의 1문단에서 밤하늘의 아름다움을 느끼며, 별자리와 우주에 대해 공부하기 위해 동아리를 만들었다는 내용을 확인할 수 있다.

② 자율 동아리에서 누구를 모집하는지를 밝혀 주자는 의견에 따라, 천문학과 우주에 관심을 가졌거나 별을 좋아하는 친구들은 누구나 지원할 수 있다는 내용을 담았다.

(나)의 2문단에서 천문학, 우주에 관심 있는 친구뿐만 아니라 별을 좋아하는 친구라면 누구나 동아리에 지원할 수 있다는 내용을 확인할 수 있다.

③ 자율 동아리에서 어떤 활동을 할 것인지를 밝혀 주자는 의견에 따라, 독서와 별자리 관측을 하고, 사진전을 열 계획이라는 내용을 담았다.

(나)의 2문단에서 추천 도서를 함께 읽고 이야기하기, 별자리 관측하기, 사진전 열기 등의 활동 계획이 기술되어 있음을 확인할 수 있다.

✓ ④ 자율 동아리 활동의 의미를 강조하자는 의견에 따라, 관심사를 자유롭게 공부하는 과정에서 진로를 탐색할 수 있다는 내용을 담았다.

(나)의 3문단에서는 동아리 활동이 별자리와 우주에 대해 공부하고 다양한 활동을 할 수 있기 때문에 학창 시절의 소중한 추억이 될 것이라 말하고 있다. 이를 통해 자율 동아리 활동의 의미를 강조하는 의견이 반영되었음을 알 수 있다. 하지만 동아리 활동이 진로 탐색에 도움이 될 것이라는 내용은 언급되고 있지 않으므로 적절하지 않다.

⑤ 자율 동아리에 지원하는 방법을 소개하자는 의견에 따라, QR 코드를 찍거나 인터넷 주소를 직접 입력하여 방문한 블로그에서 지원할 수 있다는 내용을 담았다.

(나)의 3문단에서 QR 코드를 스마트폰으로 찍거나 인터넷 주소창에 블로그 주소를 직접 입력하는 방식으로 블로그를 방문하여 동아리에 지원할 수 있다는 내용을 확인할 수 있다.

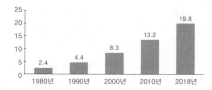

2. 쉬는 시간 활용에 대한 설문 조사 분석 자료
　A고등학교 학생들을 상대로 조사한 '쉬는 시간에 주로 어디에 있나요?'라는 질문에 '교실 등 실내'라고 답한 학생이 73%, '운동장 등 실외'라고 답한 학생이 27%였음. '교실 등 실내'라고 답한 학생들에게 그 이유를 물은 결과 '교실에서 운동장까지 내려가기 너무 멀어서'라는 답변이 57%로 가장 높은 비율을 차지함.

(나) 신문 기사
　천장의 높이와 창의력 사이에 상관관계가 있다는 연구 결과가 발표되었다. 조운 메이어스-레비 교수의 연구에 의하면 각각 2.4미터, 2.7미터, 3미터의 천장이 있는 공간에서 학생들에게 시험을 보게 한 결과, 3미터 천장의 공간에서 시험을 본 학생들이 낮은 천장의 공간에서 시험을 본 학생들에 비해 창의적 문제를 2배나 더 많이 해결한 것으로 나타났다.

(다) 전문가 인터뷰
　학생들은 하루의 대부분을 교실이나 복도 등 주로 실내에서 생활하는 경우가 많습니다. '지식은 책에서 배우고, 지혜는 자연에서 배운다.'라는 말이 있습니다. 학생들이 학교에서 자주 실외로 나가 바깥 풍경을 만날 수 있도록 공간을 개선할 필요가 있습니다.

① (가)-1을 학생들이 학교에서 사용하는 실내 건물 면적이 늘어났다는 내용의 보충 자료로 활용한다.
(가)-1을 2문단의 학생들이 사용하는 실내 건물 면적은 점점 늘어났다는 내용을 보충하는 자료로 활용할 수 있다.

② (가)-2를 학교의 고층화로 인해 학생들이 쉬는 시간에도 주로 교실에서 지내게 된다는 내용을 뒷받침하는 자료로 활용한다.
(가)-2를 활용하여 3문단의 학교의 고층화로 인해 학생들이 쉬는 시간을 활용하는 데 제약이 생겨 주로 교실에 지내게 된다는 내용을 뒷받침하는 자료로 활용할 수 있다.

③ (나)를 교실 천장의 높이가 학생들의 창의력 향상에 영향을 준다는 내용의 근거 자료로 활용한다.
(나)를 4문단의 높은 천장이 학생들의 창의력을 향상시키는데 도움이 된다는 사실에 대한 내용의 근거 자료로 활용할 수 있다.

✔④ (가)-1과 (나)를 학교 실내 건물의 활용도를 높이는 것보다 천장 높이를 개선하는 것이 더 시급함을 밝히는 추가 자료로 활용한다.
(가)-1에서 학교 실내 건물 면적의 증가에 대한 내용을 확인할 수 있고, (나)에서 천장 높이에 대한 내용을 확인할 수 있다. 하지만 두 자료를 통해 학교 실내 건물의 활용도를 높이는 것과 천장 높이를 개선하는 것에 대한 비교는 확인할 수 없으므로 ④는 적절하지 않다.

⑤ (가)-2와 (다)를 교실에서 실외로 이동하는 시간을 줄이기 위한 공간 개선의 필요성을 강조하는 자료로 활용한다.
(가)-2와 (다)를 5문단의 학생들이 실외로 이동하는 시간을 줄여 학교의 고층화로 인해 생긴 문제점을 해결할 수 있도록 하는 공간 개선의 필요성을 강조하는 자료로 활용할 수 있다.

10 조건에 맞는 글쓰기　　　　정답률 90% | 정답 ④

〈보기〉는 초고를 쓴 학생이 선생님에게 보낸 이메일의 일부이다. ㉠에 들어갈 내용으로 가장 적절한 것은?

――――――〈보 기〉――――――
　선생님께서 조언해 주신 내용 중에서 '(㉠)'을 반영하여 초고의 마지막에 아래의 문단을 추가하였습니다.

　프랑스는 공간이 생활에 미치는 영향을 중요하게 여깁니다. 그래서 다양한 공간 디자인의 학교 건축물을 만들고 그 속에서 학생들이 인성과 창의성을 키우며 자라나게 합니다. 우리도 공간과 생활의 관계를 생각해 학교 건물의 변화를 위해 노력한다면, 학생들의 학교생활에 긍정적인 변화가 일어나고 학생들의 창의적 사고력을 기르는 데에도 도움을 줄 수 있을 것입니다.
――――――――――――――――

① 주장을 구체화하는 계획과 개선 방안을 요약할 것.
② 주장의 실현 가능성과 개선 방안의 문제점을 추가할 것.
③ 주장의 원인이 되는 배경과 개선 방안의 한계를 밝힐 것.
✔④ 주장을 강화하는 사례와 개선 방안의 기대 효과를 포함할 것.
〈보기〉를 보면, 학교 건물의 공간을 개선해야 한다는 주장을 프랑스의 사례를 들어 강화하고 있고, 학생들의 학교생활에 긍정적인 변화를 가져올 수 있을 것이라는 개선 방안의 기대 효과를 제시하고 있다. 따라서 이러한 내용을 담은 ④가 적절하다.
⑤ 주장에 대한 예상 반응과 개선 방안의 긍정적 결과를 제시할 것.

[11~15] 문법

11 문장 성분과 서술어 자릿수의 이해　　　　정답률 57% | 정답 ③

〈보기〉는 국어사전의 일부이다. 윗글을 바탕으로 ⓐ~ⓓ를 이해한 것으로 적절한 것은?

――――――〈보 기〉――――――
듣다01 [-따] 〔들어, 들으니, 듣는[든-]〕
「동사」
[1]【…을】
　사람이나 동물이 소리를 감각 기관을 통해 알아차리다.
　¶ 나는 숲에서 새소리를 ⓐ 듣는다.
[2]【…에게 …을】
　주로 윗사람에게 꾸지람을 맞거나 칭찬을 듣다.

　¶ 그 아이는 누나에게 칭찬을 자주 ⓑ 듣는다.
[3]【…을 …으로】
　어떤 것을 무엇으로 이해하거나 받아들이다.
　¶ 그들은 고지식해서 농담을 진담으로 ⓒ 듣는다.

듣다02 [-따] 〔들어, 들으니, 듣는[든-]〕
「동사」
【…에】
　눈물, 빗물 따위의 액체가 방울져 떨어지다.
　¶ 차가운 빗방울이 지붕에 ⓓ 듣는다.
――――――――――――――――

① ⓐ는 세 자리 서술어이다.
ⓐ는 주어와 목적어를 필수적으로 요구하는 두 자리 서술어이다.
② ⓑ는 주어와 목적어만을 필수적으로 요구하는 서술어이다.
ⓑ는 주어와 목적어 외에 부사어를 필수적으로 요구하는 세 자리 서술어로, 부사어 '누나에게'를 생략할 경우 불완전한 문장이 된다.
✔③ ⓒ는 주어 외에 두 개의 문장 성분을 더 필요로 한다.
〈보기〉를 보면 ⓒ의 '듣는다'는 주어 이외에 '…을 …으로'를 요구하고 있다. 즉 '듣는다'는 '그들은' 이외에 목적어 '농담을'과 부사어 '진담으로'를 더 필요로 한다. 따라서 '주어 외에 두 개의 문장 성분을 필요로 한다.'는 올바른 이해이다.
④ ⓐ와 ⓓ는 필요로 하는 문장 성분이 서로 같다.
ⓐ는 주어와 목적어를 필요로 하는 서술어이고, ⓓ는 주어와 부사어를 필요로 하는 서술어이므로, ⓐ와 ⓓ는 서로 다른 문장 성분을 필요로 하는 두 자리 서술어이다.
⑤ ⓑ와 ⓓ는 의미에 차이가 있지만 서술어 자릿수는 같다.
ⓑ와 ⓓ는 사전적 의미가 서로 다르므로 동음이의어에 해당한다. 그리고 ⓑ는 주어, 목적어, 부사어를 필요로 하는 세 자리 서술어이고, ⓓ는 주어, 부사어를 필요로 하는 두 자리 서술어에 해당한다.

12 필수적 부사어의 이해　　　　정답률 67% | 정답 ②

밑줄 친 부분이 ㉠에 해당되지 않는 것은?
① 그 아이는 매우 영리하게 생겼다.
주어진 글을 보면 필수적 부사어가 생략될 경우 불완전한 문장이 됨을 알 수 있다. 이렇게 볼 때, '영리하게'를 생략하였을 경우 의미가 불완전한 문장이 되므로, 필수적 부사어에 해당한다.
✔② 승윤이는 통나무로 식탁을 만들었다.
주어진 글을 보면 필수적 부사어가 생략될 경우 불완전한 문장이 됨을 알 수 있다. 하지만 '통나무로'의 경우 '만들었다'의 재료를 의미하는 부사어로, 이를 생략하여도 문장이 성립하므로 필수적 부사어가 아니다.
③ 이 지역의 기후는 벼농사에 적합하다.
주어진 글을 보면 필수적 부사어가 생략될 경우 불완전한 문장이 됨을 알 수 있다. 이렇게 볼 때, '벼농사에'를 생략하였을 경우 의미가 불완전한 문장이 되므로 필수적 부사어에 해당한다.
④ 나는 이 일을 친구와 함께 의논하겠다.
주어진 글을 보면 필수적 부사어가 생략될 경우 불완전한 문장이 됨을 알 수 있다. 이렇게 볼 때, '친구와'를 생략하였을 경우 의미가 불완전한 문장이 되므로 필수적 부사어에 해당한다.
⑤ 작년에 부모님께서 나에게 큰 선물을 주셨다.
주어진 글을 보면 필수적 부사어가 생략될 경우 불완전한 문장이 됨을 알 수 있다. 이렇게 볼 때, '나에게'를 생략하였을 경우 의미가 불완전한 문장이 되므로 필수적 부사어에 해당한다.

13 음운의 변동의 이해　　　　정답률 68% | 정답 ①

〈보기〉의 (ㄱ)과 (ㄴ)에 나타나는 음운 변동으로 적절한 것은? [3점]
――――――〈보 기〉――――――
　음운 변동은 한 음운이 다른 음운으로 바뀌는 '교체', 원래 있던 음운이 없어지는 '탈락', 없던 음운이 추가되는 '첨가', 두 개의 음운이 합쳐져서 하나로 되는 '축약'으로 분류할 수 있다.
　단어에 따라 아래 예와 같이 한 단어에서 두 가지 음운 변동이 일어나는 경우도 있다.

　(예) 물약 → [물냑] → [물략]
　　　　　(ㄱ)　　(ㄴ)
――――――――――――――――

　　(ㄱ)　　　　(ㄴ)
✔①　첨가　　　　교체
'물약'에서 [물냑]이 되면서 없던 음운인 'ㄴ'이 추가되었다. 이는 앞말이 자음으로 끝나고 뒷말의 첫 음절이 모음 '이, 야, 여, 요, 유'로 시작하는 경우에는 뒷말의 초성 자리에 'ㄴ'이 첨가되어 '니, 냐, 녀, 뇨, 뉴'로 발음되는 'ㄴ' 첨가에 해당한다. 그리고 [물냑]이 [물략]이 되는 것은 'ㄴ'이 앞이나 뒤에 오는 유음 'ㄹ'의 영향으로 'ㄹ'로 바뀌는 현상인 유음화에 해당한다. 이는 한 음운이 다른 음운으로 바뀌는 교체에 해당한다.
②　첨가　　　　탈락
③　탈락　　　　교체
④　교체　　　　첨가
⑤　교체　　　　축약

● **문법 필수 개념**

■ 음운의 변동
① 뜻 : 어떤 형태소가 다른 형태소와 결합할 때 그 환경에 따라 발음이 달라지는 현상
② 종류

구분	음운 현상	음운 변동의 종류
교체(交替)	어떤 음운이 음절의 끝에서 다른 음운으로 바뀌는 현상	음절의 끝소리 규칙, 음운의 동화, 된소리되기
축약(縮約)	두 음운이 하나의 음운으로 줄어드는 현상	거센소리되기, 음절 축약 등
탈락(脫落)	두 음운 중 어느 하나가 없어지는 현상	'ㅎ' 탈락, 'ㄹ' 탈락, 'ㅡ' 탈락 등

첨가(添加)	원래 없던 소리가 끼어드는 현상	사잇소리 현상 등

---

14 품사에 따른 띄어쓰기의 이해 　　　　정답률 58% | 정답 ④

다음은 수업의 일부이다. 이를 참고할 때, 띄어쓰기가 바르게 된 문장은?

> **학생**: 선생님, '뿐'은 앞말에 붙여 쓰는 경우도 있고 띄어 쓰는 경우도 있던데 어떻게 띄어 써야 하나요?
> **선생님**: 품사에 따라 띄어쓰기가 달라져요. '나에게는 너뿐이야.'에서처럼 '너'라는 체언 뒤에 붙어서 한정의 뜻을 나타낼 때의 '뿐'은 조사이기 때문에 앞말에 붙여 써야 해요. 그런데 '그녀는 조용히 웃을 뿐이었다.'에서의 '뿐'은 체언을 수식하는 관형어 '웃을' 뒤에 붙어서 '따름'이라는 뜻을 나타내는 의존 명사이기 때문에 앞말과 띄어 써야 해요.
> **학생**: '뿐'과 같이 띄어쓰기가 달라지는 예가 더 있나요?
> **선생님**: 대표적인 예로 '대로, 만큼'이 있어요.

① 아는대로 모두 말하여라.
'아는대로'에서 '대로'는 '아는'이라는 용언의 관형사형 뒤에서 '어떤 모양이나 상태와 같이'를 뜻하는 의존 명사이므로 앞말과 띄어 써야 한다.

② 마음이 약해질대로 약해졌다.
'약해질대로'에서 '대로'는 '약해질'이라는 용언의 관형사형 뒤에서 '어떤 상태가 매우 심하다는 뜻을 나타내는 말'을 뜻하는 의존 명사이므로 앞말과 띄어 써야 한다.

③ 모든 것이 자기 생각 대로 되었다.
'생각 대로'에서 '대로'는 '생각'이라는 체언 뒤에서 '앞에 오는 말에 근거하거나 달라짐이 없음'을 뜻하는 조사이므로 앞말에 붙여 써야 한다.

☑ 손님들은 먹을 만큼 충분히 먹었다.
선생님의 말을 통해, '뿐, 대로, 만큼'은 체언 뒤에 붙어서 한정을 나타낼 때에는 붙여 써야 하고, 체언을 수식하는 관형어 뒤에 쓰일 때는 의존 명사이기 때문에 띄어 써야 함을 알 수 있다. '먹을 만큼'에서 '만큼'은 '먹을'이라는 용언의 관형사형 뒤에서 '앞의 내용에 상당한 수량이나 정도임을 나타내는 말'을 뜻하는 의존 명사이므로 앞말과 띄어 써야 한다.

⑤ 그 사람은 말 만큼은 누구보다 앞선다.
'말 만큼'에서 '만큼'은 '말'이라는 체언 뒤에서 '앞말과 비슷한 정도나 한도임'을 뜻하는 조사이므로 앞말에 붙여 써야 한다.

★★★ 등급을 가르는 문제!

15 사전의 활용 　　　　정답률 56% | 정답 ②

〈보기〉는 단어를 학습하기 위해 활용한 사전 자료이다. 이에 대한 탐구 내용으로 옳지 않은 것은?

──〈보 기〉──

어리다¹ 「동사」
㉠【…에】눈에 눈물이 조금 괴다.
¶ 갑순이의 두 눈에 어느덧 눈물이 어리고 있었다.
㉡【…에】어떤 현상, 기운, 추억 따위가 배어 있거나 은근히 드러나다.
¶ 밤을 새우고 난 그의 얼굴에 피로한 기색이 어렸다.

어리다² 「형용사」
㉠ 나이가 적다. 10대 전반을 넘지 않은 나이를 이른다.
¶ 나는 어린 시절을 시골에서 보냈다.
㉡ 생각이 모자라거나 경험이 적거나 수준이 낮다.
¶

① '어리다¹'과 '어리다²'는 모두 다의어이다.
'어리다¹'과 '어리다²'는 각각 한 단어가 두 가지 이상의 의미를 가지고 있으므로 '다의어'이다.

☑ '어리다¹'은 목적어가 필요한 동사이다.
'어리다¹'은【…에】의 문장 구조를 취하고 있으므로, 문장 구조상 '필수 부사어'를 필요로 한다.

③ '어리다¹'과 '어리다²'는 동음이의 관계에 있다.
'어리다¹'과 '어리다²'는 형태는 같지만 서로 다른 의미를 지니고 있으므로 동음이의 관계에 있다.

④ '어리다¹'의 ㉡에 해당하는 또 다른 용례로, '입가에 미소가 어리다.'를 추가할 수 있다.
'입가에 미소가 어리다.'의 '어리다'는 '어리다¹'의 ㉡의 의미로 사용되고 있다.

⑤ '어리다²'의 ㉡에 들어갈 예로, '저의 어린 소견을 경청해 주셔서 고맙습니다.'와 같은 문장을 들 수 있다.
'어린 소견'의 '어린'은 '어리다²'의 ㉡의 의미로 사용되고 있다.

● 문법 필수 개념

■ 동음이의어
두 개 이상의 낱말이 우연히 소리만 같을 뿐 전혀 다른 뜻으로 사용되는 경우에 이 낱말들을 동음이의어라 한다.
[예문]
(1) 은결이는 배를 타고 강을 건넜다.
(2) 종길이는 과수원에서 배를 땄다.
(3) 창석이는 밥을 많이 먹어서 배가 부르다.
(1)의 배는 '강이나 바다에서 타는 배'를 뜻하고, (2)의 '배'는 '먹는 배'를, (3)의 '배'는 사람의 몸에 있는 배를 뜻한다. 이들 세 낱말은 소리가 같지만 서로 다른 뜻을 가진다.

★★ 문제 해결 꿀~팁 ★★

▶ 많이 틀린 이유는?
〈보기〉에 제시된 사전 자료에 대한 정확한 이해, 즉 '어리다'의 ㉠, ㉡에 제시된【…에】가 의미하는 것을

정확히 이해하지 못해 적절하지 않은 것으로 판단하여 오답률이 높았던 것으로 생각된다. 또한 ㉠, ㉡에 제시된 각 예문을 세심하게 파악하지 못한 것도 적절하지 않다고 판단한 요인이라 여겨진다.

▶ 문제 해결 방법은?
〈보기〉에 제시된 사전 자료를 파악하는 문제의 경우 단순히 단어의 사전적 의미뿐만 아니라, 어휘 외적으로 제시된 품사의 표시나 활용 및 사례 등에 주의를 기울여야 한다. 이 문제에서도 '어리다¹'이【…에】의 문장 구조를 취하고 있으므로, 문장 구조상 '필수 부사어'를 필요로 함을 이해해야 한다. 또한 예문을 보더라도 목적어가 사용되지 않고 있으므로 목적어가 필요한 동사라는 진술이 적절하지 않음도 알 수 있다. 이처럼 사전 자료가 제시될 때에는 주어진 어휘와 관련된 품사 및 활용, 활용 예문을 유의해서 살펴보아야 한다.

▶ 오답인 ③을 많이 선택한 이유는?
③을 적절하지 않다고 여긴 이유는 '동음이의 관계'에 대한 개념의 정확한 이해가 선행되지 않았거나, '어리다¹'과 '어리다²'가 사전에 별도의 표제어로 제시된, 즉 형태는 같지만 서로 다른 의미를 지닌 관계에 있다는 사실을 간과했기 때문으로 보인다. '동음이의 관계'는 말 그대로 형태는 동일하지만 서로 다른 의미를 지닌 관계를 지닌 단어들을 드러낸 것으로, '어리다¹'과 '어리다²' 역시 '어리다'라는 형태는 동일하지만 그 의미(품사 역시 다름)는 각기 달라 동음이의 관계에 있음을 알 수 있다.

[16~45] 독서·문학

16~20 갈래 복합

(가) 작자 미상, 「잠노래」

감상 이 작품은 이른 새벽부터 한밤중까지 이어지는 여성의 고된 일상을 잠과의 씨름으로 형상화한 민요로, 밤 새워 바느질하는 삶의 고달픔을 드러내고 있다.
이 작품에서는 **잠을 의인화하여 작중 청자로 설정**하고, 염치없이 자신을 찾아와 괴롭히는 것에 대해 원망조의 넋두리를 늘어놓는 형식을 취하고 있다.
잠을 참으며 일해야 하는 **삶의 고달픔을 해학을 통해 풀어 내는 민중의 모습**을 발견할 수 있다.
주제 밤낮으로 일해야 하는 삶의 고달픔

(나) 작자 미상, 「귓도리 저 귓도리~」

감상 이 작품은 귀뚜라미에 감정을 이입하여 사랑하는 임과 이별한 여인의 외로움을 드러내고 있다. 긴 소리, 짧은 소리로 슬프게 우는 귀뚜라미 소리에 대한 **청각적 심상을 활용**하여 화자의 외로움을 효과적으로 표현하고 있다.
주제 독수공방하는 외로움

현대어 풀이

> 귀뚜라미 저 귀뚜라미, 불쌍하다 저 귀뚜라미
> 어찌된 귀뚜라미가 지는 달, 새는 밤에 긴 소리, 짧은 소리, 마디마다 슬픈 소리로 저 혼자 계속 울어, 사창 안의 얕은 잠을 얄뜨럽게도 깨우는구나.
> 두어라, 제가 비록 미물이지만 독수공방하고 있는 나의 뜻을 알아 줄 이는 저 귀뚜라미뿐인가 하노라.

(다) 이옥, 「어부」

감상 이 작품은 물 속 물고기의 세계를 통해 현실을 비판하고 있는 고전 수필이다.
이 작품에서 작가는 용을 군주, 큰 물고기를 조정의 신하, 그다음 큰 물고기를 서리·아전, 한 자 못 되는 물고기를 백성에 비유하여 **올바른 국가 경영의 도**를 밝히고 있다.
또한 작가는 약자를 괴롭히는 강자, 즉 **백성들을 괴롭히는 관리들을 잘 다스리는 것이 중요함을 강조**하고 있다.
주제 올바른 국가 경영의 도

---

16 작품의 공통점 파악 　　　　정답률 54% | 정답 ④

(가) ~ (다)의 공통점으로 가장 적절한 것은?

① 대상의 부재로 인한 그리움의 심정을 드러내고 있다.
(나)에서는 대상의 부재로 인한 그리움을 엿볼 수 있지만, (가)와 (다)에서는 드러나지 않는다.

② 현실의 어려움을 극복하려는 의지적 태도를 보이고 있다.
(나)의 외로움을 현실의 어려움이라고 볼 수는 있으나, 이를 극복하려는 의지적 태도는 찾아볼 수 없다. 또한 (가), (다)에서 현실의 어려움을 극복하려는 의지적 태도를 찾아볼 수 없다.

③ 이상과 현실의 괴리에 대해 절망적인 심경을 표출하고 있다.
(가) ~ (다) 모두 이상과 현실의 괴리는 나와 있지 않다.

☑ 부정적인 현재 상황에 대해 탄식하는 태도를 드러내고 있다.
(가)에서 화자는 잠이 쏟아지지만 일을 해야 하는 상황에 힘들어 하며 탄식하고 있고, (나)에서 화자는 독수공방하는 자신의 처지에 외로움을 느끼며 탄식하고 있다.
그리고 (다)에서도 작가는 관리들이 백성을 괴롭히는 현실에 안타까움을 느끼며 탄식하고 있으므로 적절하다.

⑤ 일상생활과 관련된 사물의 속성에서 삶의 교훈을 이끌어 내고 있다.
(가)의 바늘이나 (나)의 사창을 일상생활과 관련된 사물이라고 볼 수는 있으나, 이것의 속성을 통해 교훈을 드러내지는 않고 있다.

---

17 표현상 특징 파악 　　　　정답률 56% | 정답 ③

(가), (나)에 대한 설명으로 적절한 것은?

① (가)와 달리 (나)는 동일한 시어의 반복을 통해 운율을 형성하고 있다.
(가)와 (나) 모두 동일한 시어의 반복으로 운율을 형성하고 있다.

② (나)와 달리 (가)는 청각적 심상을 통해 계절감을 드러내고 있다.
(나)의 귀뚜라미가 가을을 드러낸다고 볼 수는 있으나, (가)의 원망 소리가 계절감을 드러낸다고 보기는 어렵다.

☑ (가)와 (나)는 모두 시간적 배경을 통해 시적 상황을 구체화하고 있다.
(가)의 황혼이나 밤, (나)의 지는 달 새는 밤은 시간적 배경을 나타내고, 이를 통해 시적 상황을 구체화하고 있다.

④ (가)와 (나)는 모두 설의적 표현을 통해 시적 의미를 강조하고 있다.
(가)의 '자심하뇨'를 설의적 표현으로 볼 수도 있으나, (나)에는 설의적 표현이 나와 있지 않다.

⑤ (가)와 (나)는 모두 색채의 대비를 통해 표현 효과를 높이고 있다.
(가)와 (나) 모두 색채 대비는 나와 있지 않다.

---

18 시어의 기능 파악 정답률 54% | 정답 ②

ⓐ, ⓑ에 대한 이해로 가장 적절한 것은?

① ⓐ는 화자의 목적을 이루기 위한 보조적 수단이다.
화자의 목적이 빨리 일을 끝내는 것이라고 봤을 때, ⓐ는 오히려 일을 빨리 끝내는 것을 방해하는 것이라 할 수 있다.

✓② ⓑ는 외부적 요인으로 인해 방해 받고 있다.
'귓도리'가 '여읜 잠'을 '살뜰히도 깨우는구나'에서 화자의 '여읜 잠(ⓑ)'을 귀뚜라미라는 외부적 요인이 방해하고 있음을 알 수 있다.

③ ⓐ와 달리 ⓑ는 화자가 현실로부터 벗어나기 위한 행위이다.
(가)와 (나)는 모두 잠을 통해 현실로부터 벗어나려는 모습은 보이지 않는다.

④ ⓑ와 달리 ⓐ는 화자의 고통을 해소시키고 있다.
ⓐ는 화자로 하여금 더욱 힘들게 한다는 점에서 고통을 가중시키는 것이지, 고통을 해소시킨다고는 볼 수 없다.

⑤ ⓐ와 ⓑ는 모두 화자가 거부하는 대상이다.
ⓐ는 화자가 거부한다고 볼 수 있으나, ⓑ는 화자가 거부한다고 보기 어렵다.

★★★ 등급을 가르는 문제!

19 시구의 함축적 의미 파악 정답률 49% | 정답 ①

㉠~㉤을 감상한 내용으로 적절하지 않은 것은?

✓① ㉠ : 화자와 상반된 처지에 있는 사람이 '잠'에게 불만을 드러내고 있다.
㉠의 '원망소래'는 화자와 상반된 처지에 있는 사람이 잠에게 건네는 불만이 아니라, 화자가 잠에게 드러내는 불만에 해당한다.

② ㉡ : 쉬지도 못하고 밤늦게까지 일을 해야 하는 화자의 고달픈 삶이 나타나 있다.
밤에 잠도 자지 못하고 낮에 다 못 끝낸 일을 마저 해야 한다는 점에서 고달픈 삶이라고 볼 수 있다.

③ ㉢ : '잠'을 의인화하여 잠이 쏟아지는 화자의 현재 상황을 해학적으로 표현하고 있다.
잠이 쏟아져 괴로운 화자의 상황을, 잠이 이 눈 저 눈 왔다 갔다 하며 요상한 수를 피운다고 해학적으로 표현하고 있다.

④ ㉣ : 화자의 내면적 슬픔을 '귓도리'의 울음소리를 통해 간접적으로 드러내고 있다.
화자가 슬프기 때문에 귀뚜라미의 소리도 슬프게 들리는 것으로 볼 수 있다.

⑤ ㉤ : 혼자 살아가는 자신의 외로운 처지를 알아주는 유일한 대상이 '귓도리'라는 화자의 인식이 드러나 있다.
'내 뜻 알 이는 너뿐'이라고 하였는데, 이때 '너'는 귀뚜라미이다.

★★ 문제 해결 꿀~팁 ★★

▶ 많이 틀린 이유는?
작품에 드러난 화자의 처지와 상황, 심리 등을 구절과 연결하지 못하고 구절 자체만 이해하여 오답률이 높았던 것으로 보인다. 또한 구절의 전후 문맥과 연결하여 이해하지 못한 것도 오답률이 높았던 원인으로 보인다.

▶ 문제 해결 방법은?
화자의 처지와 심리 등을 먼저 파악한 뒤, 이와 구절을 연결하여 이해하여야 한다. (가)의 경우 화자는 아낙네로서 할 일이 많아 잠조차 제대로 자지 못한 고달픈 생활을 하고 있다. 이러한 상황에서 화자는 시적 대상인 '잠'이 오는 것에 대해 원망하고 있는 것이다. 따라서 ㉠은 자꾸만 찾아오는 '잠'에 대해 화자가 원망하고 있으므로 잘못된 것이라 할 수 있다. 마찬가지로 ②, ③의 경우도 이와 연관하여 이해하면 쉽게 이해할 수 있을 것이다.
한편 ③의 '해학적으로 표현'이 사용되지 않았다고 여긴 학생들도 있었다. 이는 '잠'을 의인화하여 '잠'이 눈썹 속에 숨었거나 눈알로 솟아오른다고 하면서, '잠'이 이 눈과 저 눈으로 왕래한다고 표현하고 있는데, 이는 '잠'의 행동을 통해 웃음을 유발한다고 볼 수 있으므로 해학적으로 표현하였다고 볼 수 있다.

---

20 외적 준거에 따른 작품의 감상 정답률 67% | 정답 ⑤

〈보기〉를 바탕으로 (다)를 감상한 내용으로 적절하지 않은 것은? [3점]

〈보 기〉
「어부」는 국가의 상황을 물속의 세계에 빗대고, 군주를 '용'에, 여러 신하를 '큰 물고기'에, 백성을 '작은 물고기'에 빗대어 현실 세계를 비판하고 있다. 글쓴이는 나라의 근본은 '작은 물고기'인 백성이므로 백성들을 수탈하는 '큰 물고기', 즉 관리들을 잘 다스리는 것이 군주로서 해야 할 가장 중요한 일임을 강조하고 있다.

① 용이 큰 물결을 일어나게 하여 물고기를 덮어 주는 것은 백성을 어질게 살피는 군주의 모습으로 볼 수 있군.
사람들이 물고기를 다 잡을까 걱정하여 물을 덮어 물고기를 가려 주는 것이므로 적절하다.

② 교룡과 악어가 작은 물고기를 잡아먹는 것은 백성을 수탈하는 관리들의 모습으로 볼 수 있군.
작은 물고기를 백성, 교룡과 악어를 관리로 비유했으므로 적절하다.

③ 작은 물고기가 없으면 용이 군주가 될 수 없다고 하는 것은 나라의 근본이 백성에게 있다는 글쓴이의 인식을 보여 주는군.
작은 물고기가 없이는 용이 군주가 될 수 없다고 했으며, 〈보기〉에서 나라의 근본은 백성이라고 했으므로 적절하다.

④ 작은 물고기를 해치는 족속을 물리치는 것이 용의 도리라고 하는 것은 군주가 해야 할 가장 중요한 일이 관리를 잘 다스리는 일임을 말해 주는군.
백성을 괴롭히는 관리를 잘 다스리는 것이 가장 중요하다고 했으므로 적절하다.

✓⑤ 사람들이 사람에게도 큰 물고기가 있는 줄을 알지 못한다고 하는 것은 관리들의 수탈에 적극적으로 저항하지 않는 백성의 태도를 비판하는 것이군.
사람들이 사람에게도 큰 물고기가 있는 줄을 알지 못한다고 하는 것은 관리들이 백성들을 괴롭히는 현실에 대한 안타까움을 드러내는 것이므로 적절하지 않다.

21~24 사회

박정호, 「고급 커피의 가격은 어떻게 결정되는가」

해제 이 글은 최고급 커피 생두 가격이 '경매'에 의해 결정된다는 것을 언급하며 '경매'가 가격 결정 방식으로 사용되는 이유와 종류를 설명하고 있다.
경매를 통한 가격 결정 방식은 수요자들이 해당 재화의 가치를 정확히 평가할 수 없고 수요자와 판매자의 숫자가 극단적으로 불일치할 때 유용한 방법임을 언급하면서, 입찰 방식의 공개 여부에 따라 **공개 구두 경매**와 **밀봉 입찰 경매**로 구분됨을 드러내고 있다.
공개 구두 경매는 다시 낮은 가격에서 시작되는 오름 경매 방식인 **영국식 경매**와 높은 가격부터 시작되는 내림 경매 방식인 **네덜란드식 경매**가 있다.
밀봉 입찰 경매는 낙찰자가 지불하는 금액을 어떻게 결정하느냐에 따라 **최고가 밀봉 경매**와 **차가 밀봉 경매**로 구분된다.
주제 가격 결정 방식으로 사용되는 경매의 이해

문단 핵심 내용

1문단	커피 생두의 가치를 결정하는 가장 수월한 방법인 '경매'
2문단	경매를 통한 가격 결정 방식을 사용하는 이유
3문단	입찰 방식의 공개 여부에 따른 구분과 공개 구두 경매인 영국식 경매
4문단	공개 구두 경매인 네덜란드식 경매
5문단	경매자들의 응찰가를 알 수 없는 밀봉 입찰 경매

---

21 세부 정보 파악 정답률 83% | 정답 ⑤

윗글의 '경매'에 대한 설명으로 적절하지 않은 것은?

① 재화의 가치를 정확하게 평가할 수 없을 때 주로 쓴다.
1문단의 해당 재화의 가치를 정확히 가늠할 수 없을 때 경매가 주로 사용된다는 것에서 알 수 있다.

② 오름 경매 방식에서는 최고가를 제시한 사람에게 낙찰된다.
3문단에서 오름 경매 방식은 '영국식 경매'로, 가장 높은 가격을 제시했을 때 낙찰자가 됨을 알 수 있다.

③ 수요자가 재화의 가치를 서로 다르게 평가할 때 주로 쓴다.
1문단에서 해당 재화의 가치를 서로 다르게 평가할 때 경매가 주로 사용된다는 것에서 알 수 있다.

④ 구매자와 판매자의 수가 극단적으로 불일치할 때 유용하다.
2문단에서 경매는 구매자와 판매자의 숫자가 극단적으로 불일치할 때 가격을 결정하는 유용한 방법이라고 하고 있으므로 적절하다.

✓⑤ 내림 경매 방식은 구매자가 입찰금액을 제시해 경매가 시작된다.
4문단에서 내림 경매 방식은 '네덜란드식 경매'로 판매자가 높은 가격부터 제시하여 경매가 시작되는 것이지 구매자가 입찰액을 제시해 시작되는 것이 아님을 알 수 있다.

---

22 글의 내용 추론 정답률 81% | 정답 ⑤

㉠과 ㉡에 대한 이해로 적절하지 않은 것은? [3점]

① ㉠은 경매에 참여한 사람이 경쟁자가 제시한 입찰 금액을 알 수 있다.
3문단에서 ㉠은 공개 구두 경매이므로 경쟁자가 제시한 입찰 금액을 알 수 있다.

② 희소성이 있는 최고급 생두는 ㉠의 방식을 통해 가격을 결정하는 대표적 품목이다.
3문단에서 ㉠방식을 통해 가격이 결정되는 대표적 품목으로 최고급 생두를 제시하고 있다.

③ ㉡ 방식에서 낙찰 가격은 경매에서 최초로 제시된 금액보다 높아질 수 없다.
4문단을 보고 추리할 수 있다. ㉡은 판매자가 제시한 높은 가격부터 점점 낮추는 방식이므로 낙찰 가격이 최초 제시된 금액보다 높아질 수 없다.

④ ㉠과 ㉡ 모두 경매에 나온 재화의 낙찰 가격을 알 수 있다.
3문단에서 ㉠과 ㉡은 모두 공개 구두 경매이므로 낙찰 가격을 알 수 있다.

✓⑤ 경매에 참가한 사람이 다수일 경우 ㉠과 ㉡ 모두 가장 먼저 응찰한 사람이 낙찰자가 된다.
㉠은 영국식 경매로 가장 높은 가격을 제시한 사람이, ㉡은 네덜란드식 경매로 가장 먼저 입찰에 참가한 사람이 낙찰자가 된다.

---

23 구체적 사례에 적용 정답률 89% | 정답 ②

윗글을 바탕으로 할 때, 〈보기〉의 ㉠~㉣에 들어갈 내용으로 적절한 것은?

〈보 기〉
'밀봉 입찰 경매'로 진행되는 경매에 A, B, C 세 사람이 각각 10만 원, 8만 원, 6만 원으로 입찰에 참가하였다. 이 경매가 '최고가 밀봉 경매'라면 낙찰자는 (㉠)이며 낙찰자가 지불할 금액은 (㉡)이다. '차가 밀봉 경매'라면 낙찰자는 (㉢)이며 낙찰자가 지불할 금액은 (㉣)이다.

	㉠	㉡	㉢	㉣
①	A	10만 원	A	10만 원
✓②	A	10만 원	A	8만 원

최고가 밀봉 경매는 응찰가 중 가장 높은 가격을 적어 냈을 때 낙찰이 되고 낙찰자는 자신이 적어 낸 금액을 지불한다. 차가 밀봉 경매는 최고가 밀봉 경매와 동일하게 최고가를 적어 낸 사람에게 낙찰되지만 낙찰자가 지불하는 금액은 자신이 적어 낸 금액이 아니라 두 번째로 높은 금액이다.

이를 〈보기〉에 적용한다면 다음과 같다. '최고가 밀봉 경매'라면 낙찰자는 최고가를 입찰한 A(㉠)가 되고 낙찰가는 A가 적어 낸 가격인 10만 원(㉡)이 된다. 한편 '차가 밀봉 경매'라면 낙찰자는 '최고가 밀봉 경매'와 마찬가지로 A(㉢)가 된다. 그러나 낙찰가는 A가 제시한 10만 원이 아니라 B가 제시한 8만 원(㉣)이다. 왜냐 하면 응찰자가 적어 낸 금액 중 두 번째로 높은 금액이 8만 원이기 때문이다.

③ A 8만 원 B 10만 원
④ B 8만 원 B 6만 원
⑤ B 8만 원 C 6만 원

---

24 단어의 사전적 의미 파악 | 정답률 90% | 정답 ③

ⓐ~ⓔ의 사전적 의미로 적절하지 <u>않은</u> 것은?

① ⓐ : 목표나 기준에 맞고 안 맞음을 헤아려 봄.

② ⓑ : 자극에 빠르게 반응을 보이거나 쉽게 영향을 받음.

✔ ③ ⓒ : 어떠한 것을 받아들임.
ⓒ '지불'의 사전적 의미는 '돈을 내어줌, 또는 값을 치름'이다. '어떠한 것을 받아들임'은 '수용'의 뜻이다.

④ ⓓ : 그러함과 그러하지 아니함.

⑤ ⓔ : 일정한 기준에 따라 전체를 몇 개로 갈라 나눔.

25~27 현대 소설

박민규, 「그렇습니까? 기린입니다」

감상 이 작품은 지하철 푸시맨 아르바이트를 하는 '나'와 기린이 되어 버린 아버지의 모습을 통해 후기 자본주의 사회의 모습을 드러내고 있다.
'나'의 일터인 **지하철 역사는 무한 반복되는 자본주의적 일상의 상징**이다. 반복되는 자본주의 일상 속에서 시급 3,000원의 아르바이트를 하는 '나'는 그것을 '나만의 산수'라고 규정한다. 이 같은 '나'의 태도는 개인적 노력과 성실만으로는 더 이상 계층 간 이동이 불가능해진 신자유주의 경제 시스템의 모순을 보여 주고 있다.
이 작품에서 제시되는 아버지의 '실종'이 무한 반복되는 자본주의적 일상에 대한 거라는 측면에서 '나'가 환상 속에서 보게 되는 '기린의 모습'은 다분히 상징적인 의미를 지닌다. 초식동물인 '기린'이 되어버린 '아버지'의 모습은 **약육강식이 지배하는 자본주의적 체제의 비정함에 대한 비판이자 그러한 체제로부터 벗어나고자 하는 욕망**을 보여 준다.

주제 현대 자본주의 경제 시스템에 대한 비판과 그것에 속박되어 살아가는 현대인의 모습

작품 줄거리 '나'는 여러 일터를 전전하며 '알바'를 하는 상업계 고등학생이다. '나'는 '코치 형'의 소개로 지하철 푸시맨이 된다. 다른 '알바'에 지장을 주지 않으면서도 돈을 더 벌 수 있다는 이유에서였다. 나는 그것을 '나의 산수'이며 인간에게는 누구나 '자신만의 산수'가 있다고 생각한다. 청소 일을 하던 어머니가 쓰러지자 '나'는 학기 중에도 푸시맨 '알바'를 계속하게 된다. 그러던 중 회사로 출근하는 아버지를 만나게 된다. '나'는 아버지의 눈동자가 '잿빛 눈동자'와 같은 색이라는 사실을 깨닫는다. 어느 날 아버지가 갑자기 사라진다. 백방으로 아버지를 찾아 나서지만 행방은 묘연하기만 하다. 아버지의 실종 후 어머니는 병원에서 퇴원하고 할머니는 요양원으로 보내진다. 이 와중에서도 '나'는 새벽 '푸시맨 알바'를 계속한다. 그러던 중 역사 벤치에서 잠깐 졸던 나는 플랫폼 지붕 부근에 떠 있는 이상한 얼굴 하나를 발견한다. '나'는 환상 속에서 그 모습이 '기린'같다고 생각한다. '나'는 '기린'이 아버지라고 생각한다. 기린에게 다가간 '나'는 집안의 근황을 들려주고 '아버지가 맞다.'는 한마디만 해달라고 기린에게 부탁한다. 그러자 기린은 "그렇습니까? 기린입니다."라고 말한다.

---

25 작품 공간의 상징적 의미 이해 | 정답률 56% | 정답 ⑤

ⓐ와 ⓑ에 대한 이해로 적절하지 <u>않은</u> 것은?

① ⓐ는 아버지의 초라한 삶이 나타나는 공간이다.
'나'는 어머니의 심부름으로 처음 가본 아버지의 사무실(ⓐ)에서 초라하게 일하는 아버지의 모습을 보고 충격을 받는 모습에서 ⓐ는 아버지의 초라한 삶이 나타나는 공간이라고 이해할 수 있다.

② ⓐ에서 본 아버지의 모습은 '나'가 정신적으로 성장하는 계기가 된다.
'나'는 어머니의 심부름으로 처음 가본 아버지의 사무실(ⓐ)에서 초라하게 일하는 아버지의 모습을 보고 충격을 받고 이로 인해 또래의 다른 친구들과 달리 아르바이트를 하며 아버지를 돕는다. 즉, 아버지의 모습이 '나'가 정신적으로 성장하는 계기가 되었다고 이해할 수 있다.

③ ⓑ는 현실적 요소와 환상적 요소가 뒤섞인 공간이다.
전철역(ⓑ)에는 '나'가 아르바이트를 하는 현실적 모습과 '기린'이 되어 버린 아버지의 환상적 모습이 섞여 있다.

④ ⓐ와 ⓑ는 각각 아버지와 '나'가 서로에게 자신의 삶을 보여주는 공간이다.
사무실(ⓐ)에서 '나'는 아버지가 힘들게 일하는 모습을 보고 있고, 전철역(ⓑ)에서 아버지는 지하철 푸시맨 아르바이트를 하고 있는 '나'의 모습을 보고 있다.

✔ ⑤ ⓐ에서의 아버지와는 달리 ⓑ에서의 '나'는 자신이 처한 현실에 절망감을 느끼고 있다.
ⓐ (아버지의 사무실)에서 아버지는 시급 3,500원의 급료를 받으며 나이 드신 어머니와 자식을 부양하며 묵묵히 일을 하는 한 집안의 가장이다. '나' 또한 어린 나이에 아르바이트를 하며 열심히 돈을 모으고 있다. 즉 '나'는 자신이 처한 현실에서 절망하지 않고 최선을 다한다고 볼 수 있다.

---

26 작품 구절의 문맥적 의미 파악 | 정답률 71% | 정답 ①

㉠~㉤에 대한 이해로 적절한 것은?

✔ ① ㉠ : 아버지가 사라진 후에야 아버지의 행동이 평소와 달랐음을 '나'가 알아차린 것으로 볼 수 있다.
아버지가 사라진 당일에 아버지는 평소와는 달리 '나'에게 다음 번 지하철을 타자고 한다. 경찰은 '나'에게 그런 적이 처음이냐고 물어보고 '나'는 처음이라고 대답하며 그때는 아버지가 힘들어서 그런 행동을 했을 것이라고 생각한다. 이로 보아 '나'는 아버지가 사라진 후에야 아버지의 행동이 예전과 달랐음을 알아차린 것으로 볼 수 있다.

② ㉡ : 경찰이 '나'의 아버지의 실종에 대해 큰 관심을 두고 있다는 것을 알 수 있다.

경찰은 아버지의 실종에 대해 '나'에게 형식적인 질문과 위로를 하고 있다. 이로 볼 때 경찰은 아버지의 실종에 큰 관심을 두고 있지 않다.

③ ㉢ : 병원비가 줄었다는 사실보다는 어머니의 병세가 호전되었다는 것에 기뻐하는 '나'의 심리가 나타나 있다.
어머니의 의식이 돌아 왔다는 사실보다 더 이상 병원비를 내지 않아도 된다는 사실에 안도하고 있는 '나'의 심리가 드러나 있다.

④ ㉣ : 이전보다 집안의 경제 사정이 나아졌다는 사실에 대한 '나'의 자부심이 드러나 있다.
남들과 경제적으로 비슷한 삶을 영위할 수 있다는 사실에 대해 스스로 위로하고 있는 '나'의 심리가 드러나 있다.

⑤ ㉤ : '나'를 외면하는 아버지의 냉정한 태도에 대한 원망의 심리가 드러나 있다.
'기린은 이쪽을 쳐다보지도 않는, 나는 혼자 울고 있었다.'에서 아버지가 '나'를 외면한다고 볼 수 있으나 아버지의 냉정한 태도에 대한 원망의 심리는 드러나지 않는다.

★★★ 등급을 가르는 문제!

27 외적 준거에 따른 작품 감상 | 정답률 54% | 정답 ⑤

〈보기〉는 윗글을 쓴 작가의 말이다. 〈보기〉를 바탕으로 윗글을 감상한 내용으로 적절하지 <u>않은</u> 것은? [3점]

〈보 기〉
우리는 살벌한 현실 속에서 살아가고 있습니다. 현실의 무게에 짓눌려 자신만의 '산수'조차 감당하지 못하고 현실로부터 도피하는 '아버지'의 모습은 어쩌면 이 땅 모든 아버지의 또 다른 내면의 욕망인지도 모릅니다. 현실이 더욱 팍팍해지면서 자신이 감당해야 하는 삶의 무게는 점점 무거워집니다. 그 속에서 인간은 마치 짐짝처럼 '푸시맨'이 밀면 밀리는 대로 구겨지듯 그저 전동차 안으로 들어갑니다. 그 혼잡한 곳에 들어가야 현실과 연결될 수 있음을 알기에 스스로 인간이기를 포기하고 짐짝처럼 머리를 들이밀고 몸을 부숴 넣어야 하는 것입니다. 이 무한 경쟁의 시대에 적응하지 못한 자는 아무도 신경 쓰지 않는 '기린'으로 살아갑니다.

① '아버지'가 사라진 것은 자신이 져야 할 현실의 무게를 감당하지 못하고 현실로부터 도피한 것으로 볼 수 있군.
아버지가 사라진 것은 자신이 책임이 져야 할 현실의 무게를 감당하지 못하고 현실로부터 도피한 것으로 볼 수 있다.

② '아버지'의 가출로 인해 '나'가 집안에서 해야 할 일이 많아진 것은 '나'가 감당해야 하는 삶의 무게가 더 무거워졌다는 것을 의미하는군.
'나'는 아버지가 실종된 이후 밀린 임금을 받아내고, 할머니를 '사랑의 집'에 보내고, 경찰서와 병원을 부지런히 오갔다는 내용을 통해 '나'가 집안일을 감당하고 있음을 알 수 있다. 이는 〈보기〉에 언급된 것처럼 감당해야 할 삶의 무게가 더 무거워졌음을 드러내는 것이라 할 수 있다.

③ 플랫폼에서 '나'가 발견한 '기린'은 경쟁의 시대에 적응하지 못하고 누구의 관심도 받지 못하는 '아버지'의 모습을 상징적으로 나타내고 있군.
플랫폼에서 발견한 '기린'을 '나'는 아버지로 생각하고 있다. 그런데 이 기린은 누구의 주목도 받지 못한다. 이는 자본주의 경쟁의 시대에서 살아남지 못하고 아무도 신경 쓰지 않는 '아버지'의 모습을 상징적으로 나타내고 있다고 볼 수 있다.

④ 전동차 안으로 밀리는 대로 짐짝처럼 들어가는 '아버지'의 모습에서 어쩔 수 없이 현실 속으로 들어가야만 하는 현대인의 모습을 발견할 수 있군.
'나'가 미는 대로 전동차 안으로 밀려들어가는 아버지의 모습은 어쩔 수 없이 현실 속으로 들어가야만 하는 현대인의 모습을 드러낸다고 할 수 있다.

✔ ⑤ 마흔다섯의 나이에 시간당 삼천오백 원을 받는 '아버지'와 어린 나이에 아르바이트를 하며 돈을 모으는 '나'의 모습은 자신만의 산수조차 감당하지 못하는 현실을 보여주고 있군.
전철역에서 아르바이트를 하며 열심히 돈을 모으고 있는 '나'는 자신만의 산수를 최대한 감당하고자 하는 모습을 보여 주고 있다.

★★ 문제 해결 꿀~팁 ★★

▶ 많이 틀린 이유는?
⑤를 적절하다고 여겨 오답이 많았는데, '나'의 모습과 아버지의 모습과 '산수'와의 관계를 정확히 파악하지 못했기 때문으로 보인다. 또한 아버지와 '나'의 모습을 언급한 내용이 작품 내용과 맞다고 판단하여 '자신만의 산수를 감당하지 못'한다는 내용을 도외시하여 적절하다고 판단하였던 것으로 보인다.

▶ 문제 해결 방법은?
핵심 단어는 '산수'인데, 〈보기〉 내용을 바탕으로 할 때 '산수'는 세상을 살아가기 위한 방식이다. 아버지는 현실로부터 도피하고 있으므로 자신만의 '산수'를 감당하지 못하고 있다. 하지만 '나'는 어린 나이에도 전철역에서 아르바이트를 하며 열심히 돈을 모으고 있고, 집안일을 혼자서 해 나가고 있다는 점에서 '나'는 자신만의 산수를 최대한 감당하고자 하는 모습을 보여 준다. 따라서 '나'가 자신만의 '산수'를 감당하지 못한다는 것은 적절하지 않다. 여기에서 주의할 점은 ⑤번처럼 선택지의 일부 내용이 작품 내용과 일치하지만 일부 내용은 다르게 진술될 수 있다는 점이다. 즉 아버지의 경우는 맞지만 '나'의 경우는 맞지 않게 진술되어 있음을 파악할 수 있어야 한다.

▶ 오답인 ②를 많이 선택한 이유는?
②를 적절하지 않다고 판단한 학생들이 많았는데, 이는 작품 내용을 정확히 이해하지 못했기 때문으로 보인다. 즉 '나'가 아버지가 실종된 이후 밀린 임금을 받아내고, 할머니를 '사랑의 집'에 보내고, 경찰서와 병원을 부지런히 오갔던 작품 내용을 통해 '나'가 집안일을 감당하고 있음을 알 수 있다. 그리고 이러한 '나'가 할 일들이 많아진 것은 어린 나이에도 불구하고 〈보기〉에 언급된 것처럼 감당해야 할 삶의 무게가 더 무거워졌음을 드러내는 것이라 할 수 있다.

28~31 인문

한덕웅 외, 「사회심리학」

해제 이 글은 휴리스틱의 의미와 다양한 휴리스틱에 대한 소개를 통해 휴리스틱에 의한 인간의 판단과 추론을 설명한 글이다.
대표성 휴리스틱은 특정 사건이 전형적인 사례와 닮은 정도에 따라 추론하는 경향을 말하고, **회상 용이성 휴리스틱**은 특정 사건과 관련된 사례를 마음속에 떠올리기 쉬운 정도에 따라 추론하는 경향이다. 그리고 **시뮬레이션 휴리스틱**은 특정 사건에 대해 그 사건의 발생에서부터 결과에 이르는 과정을 상상하는 것이다.

이 글은 이러한 **휴리스틱**이 잘못된 판단으로 이어질 수도 있지만, **경험에 기반하여 답을 찾는 가장 효율적인 방법**이라 제시하면서, 이러한 **휴리스틱이 인간이 쓰고 싶지 않아도 거의 자동적으로 작용함**을 언급하고 있다.

주제 휴리스틱의 이해와 종류

문단 핵심 내용

1문단	휴리스틱의 의미 및 종류
2문단	대표성 휴리스틱의 이해
3문단	회상 용이성 휴리스틱의 이해
4문단	시뮬레이션 휴리스틱의 이해
5문단	경험에 기반하여 답을 찾는 효율적인 방법인 휴리스틱

---

28 글의 세부 정보 파악　　정답률 89% | 정답 ⑤

윗글의 내용과 일치하지 <u>않는</u> 것은?

① 일상생활 속에서 사람들은 과거 경험을 바탕으로 어림짐작을 하게 된다.
1문단에서 '과거 경험을 바탕으로 어림짐작'하는 것이 휴리스틱이라고 하였으므로 적절하다.

② 사람들은 충격적인 경험을 충격적이지 않은 경험보다 더 쉽게 회상한다.
3문단에서 '충격적이거나 극적인 사례들을 더 쉽게 회상한다.'고 하였으므로 적절하다.

③ 휴리스틱에 따른 판단은 사실에 부합하는 판단일 수도 있고 그렇지 않을 수도 있다.
5문단에서 '휴리스틱은 종종 판단 착오를 낳기도 하지만, 경험에 기반하여 답을 찾는 효율적인 방법'이라고 하였으며, 2, 3, 4문단에서 각각 대표성 휴리스틱과 회상 용이성 휴리스틱, 시뮬레이션 휴리스틱이 판단 착오를 낳게 되는 경우에 대해 언급하였으므로 적절하다.

④ 가상적인 상황을 반복하여 상상하면 마치 그 상황이 실제 사실인 것처럼 느껴질 수 있다.
4문단에서 '가상적 장면을 자주 머릿속에 떠올리다 보면, 그 용의자가 정말 범인인 것처럼 생각하게 된다.'고 하였으므로 적절하다.

✓⑤ 다른 사람의 입장이 되어 가상적인 상황을 생각함으로써 정확하고 객관적인 판단을 내릴 수 있다.
4문단에서 경찰관이 다른 사람 즉 용의자의 입장이 되어 가상적인 상황을 생각하는 예가 제시되었다. 이 경우 상상이 반복될수록 상상한 장면이 사실처럼 느껴지게 되고, 그 결과 용의자를 섣불리 범인이라고 단정 짓는 오류를 범할 수도 있으므로 적절하지 않다.

---

29 중요 개념의 이해　　정답률 58% | 정답 ①

㉠의 의미를 가장 잘 나타내고 있는 것은?

✓① 인간은 세상의 수많은 일들을 판단할 때 가능하면 노력을 덜 들이려는 경향이 있다.
5문단에서 '휴리스틱은 우리가 쓰고 싶지 않아도 ~ 판단을 쉽게 만들어 준다.'고 나와있다. 즉, 인간은 늘 시간과 노력을 들여 합리적인 사고를 하는 것이 아니라 휴리스틱에 따라 자동적으로 사고하며 인지적 노력을 절약하는 경향이 있음을 알 수 있다.

② 인간은 주변 세계에 의미를 부여하고 앞으로 일어날 일을 예측하려는 욕구를 가지고 있다.
인간이 주변 세계에 의미를 부여하고 앞으로 일어날 일을 예측하려는 욕구를 가지고 있다는 내용은 제시되어 있지 않다.

③ 인간은 과학적이고 체계적으로 정보를 처리하여 정확하고 객관적인 판단을 하려는 경향이 있다.
1문단의 '판단을 할 때마다 ~ 정보를 처리하는 것도 부담이 된다.'에서 정보 수집과 처리에 필요한 시간과 노력을 아끼고자 하는 경향을 알 수 있다. 인간이 과학적이고 체계적으로 정보를 처리하여 정확하고 객관적인 판단을 하는 데에는 시간과 노력이 필요하므로 '인지적 구두쇠'의 개념과는 거리가 멀다.

④ 인간은 판단에 필요한 정보나 판단하기 위한 시간이 부족하기 때문에 휴리스틱을 의도적으로 사용한다.
5문단에서 '휴리스틱은 우리가 쓰고 싶지 않아도 거의 자동적으로 개입한다.'고 하였으므로 휴리스틱을 의도적으로 사용한다고 보기는 어렵다.

⑤ 인간은 일상생활 속에서 판단이나 결정을 할 때 가능한 모든 대안의 장점과 단점을 분석하여 결론을 도출한다.
5문단에서 휴리스틱은 '수많은 대안 중 순식간에 몇 가지 혹은 단 한 가지의 대안만을 남겨'라고 한 데서 인간이 일상생활 속 판단에서 가능한 모든 대안을 고려하는 것은 아님을 알 수 있다.

---

30 구체적 사례에의 적용　　정답률 55% | 정답 ③

다음은 휴리스틱과 관련된 실험 내용이다. 윗글로 보아 〈보기〉의 ㉮에 들어갈 내용으로 가장 적절한 것은?

〈보 기〉

한 심리학 실험에서 연구자들은 사람들에게 '영미는 31세로 감성적이며 새로운 곳에 대한 호기심이 많은 여성이다. 대학에서 국어국문학을 전공하였고 사진 동아리에서 꾸준히 활동하였다.'라는 정보를 제시한 후, 영미가 현재 어떤 모습일지 A와 B 중 가능성이 높은 순서대로 배열하도록 하였다.

A. 영미는 은행원이다.
B. 영미는 여행 블로그를 운영하는 은행원이다.

B는 A의 부분집합이므로, 적어도 B보다 A일 가능성이 높다. 그러나 대부분의 사람들은 A보다 B일 가능성이 더 높다고 판단했다. 이에 대해 연구자들은 대표성 휴리스틱이 이러한 판단을 유도한 것이라고 보았다. 사람들이 (㉮) 보고, B의 '영미는 여행 블로그를 운영'에 주목했기 때문이라는 것이다.

① 최근에 여행 블로그가 유행하고 있다는 점을 고려해
여행 블로그가 유행하고 있는 것을 판단할 필요는 없다.

② 대표적인 여행 블로그는 어떤 특징이 있는지 판단해
여행 블로그의 특징에 대해 판단할 필요는 없다.

✓③ 영미가 은행원보다는 여행 블로그 운영자에 더 어울린다고
객관적 확률로는 B가 A보다 발생할 확률이 낮음에도 불구하고 사람들은 영미에 관한 정보를 바탕으로 B가 A보다 발생할 가능성이 높다고 응답하였다. 이는 영미에 관한 정보가 '여행 블로그를 운영하는' 사람의 전형적인 정보와 유사하기 때문에 일어난 판단 착오이다.
'영미가 은행원보다 여행 블로그 운영자에 더 어울린다'고 판단한 것은 영미의 특징이 여행 블로그 운영자의 전형적인 속성과 겹치는지 판단한 것이라 볼 수 있다. 즉 A보다 B일 가능성이 더 높다고 대답한 사람들은 어떤 대상이 특정 집단에 속할 가능성을 판단할 때, 그 대상이 특정 집단의 전형적인 이미지와 얼마나 닮았는지에 따라 판단한 것이다.

④ 가고 싶은 장소를 여행 블로그에서 검색했던 경험을 떠올려
질문에 대답한 사람들이 개인적으로 여행 블로그를 검색한 경험은 영미가 어떤 사람일지에 관한 판단에 영향을 주기 어렵다.

⑤ 영미가 은행원이 되어 고객들에게 친절하게 대하는 모습을 상상해
사람들이 영미가 B일 가능성을 더 높이 평가한 것은 영미가 은행원일 가능성을 높이 평가해서가 아니라 영미가 여행 블로그를 운영하는 사람일 가능성을 높이 평가했기 때문이다. 이러한 판단은 영미의 은행원으로서의 모습을 상상하는 것과 직접적인 관계가 없다.

---

31 어휘의 문맥적 의미 파악　　정답률 71% | 정답 ②

ⓐ와 가장 유사한 의미로 사용된 것은?

① 김 씨는 오십이 넘어 늦게 아들을 보았다.
'어떤 관계의 사람을 얻거나 맞다.'라는 의미로 사용되었다.

✓② 나는 날씨가 좋을 것으로 보고 세차를 했다.
ⓐ는 '대상을 평가하다.'라는 의미로 사용되었다. 이와 가장 유사한 의미로 사용된 것은 '나는 날씨가 좋을 것으로 보고 세차를 했다.'의 '보고'이다.

③ 그녀는 남편이 사업에 실패할까 봐 걱정했다.
'앞말이 뜻하는 상황이 될 것 같아 걱정하거나 두려워함을 나타내는 말'이라는 의미로 사용되었다.

④ 다른 사람의 흠을 보는 것은 좋지 못한 습관이다.
'남의 결점 따위를 들추어 말하다.'라는 의미로 사용되었다.

⑤ 그는 보던 신문을 끊고 다른 신문을 새로 신청했다.
'책이나 신문 따위를 읽다.'라는 의미로 사용되었다.

32~34 현대시

(가) 신경림, 「우리 동네 느티나무들」

감상 이 작품은 우리 동네 느티나무들에서 발견하는 서로 의존하면서 상생하는 **공동체적 삶의 모습을 형상화**하고 있다.
느티나무들은 함께 자라면서 때로는 '시새우고 토라지고 다투'기도 하지만 '아픈 곳을 만져도 주고 끌어안기도 하고 기대기도 하'며, 늙어서는 '세월에 금가고 터진 상처'를 '긴 혀로 핥아주기도' 한다. 또한 느티나무들은 오랜 삶의 결정체라 할 수 있는 '아름다운 이야기들'을 '온 고을'에 뿌려 풍요로운 경험과 지혜를 모든 생명들과 함께 나누고 있다.
이처럼 오랜 세월을 함께 하며 공생하고 나누는 모습에 대한 묘사를 통해 작가는 **공동체적 가치에 대한 지향**을 드러내고 있다고 볼 수 있다.

주제 느티나무를 통해 깨달은 공동체적 삶의 자세

이 시의 특징

• 느티나무를 인격적으로 표현하여 친근감을 주고 있음.
• 열거법을 활용하여 느티나무의 삶을 보여 주고 있음.
• 촉각적 심상을 사용하여 공동체 의식을 효과적으로 표현해 주고 있음.
• 어미 '~고'와 '~는'을 반복하여 리듬감을 주고 있음.

(나) 이준관, 「구부러진 길」

감상 이 작품은 '구부러진 길'의 의미를 반복적으로 변주하면서 **자연 그대로의 삶, 공동체적 삶의 가치에 대한 지향**을 보여 주고 있다고 할 수 있다.
'구부러진 길'과 그것의 변주라 할 수 있는 **구부러진 하천**은 '민들레', '감자를 심는 사람', '어머니의 목소리', '물고기', '들꽃', '별', '산 등 자연과 인간이 한데 어우러져 살아가는 장소이다.
아울러 **구부러진 길**은 '구부러진 삶', '구부러진 길 같은 사람'으로 변주되어 세월의 질곡을 고스란히 안고 가는 삶, '가족'과 '이웃'을 함께 품고 가는 삶의 의미를 보여 주고 있다.

주제 공동체적 삶의 가치에 대한 지향

이 시의 특징

• 시어의 반복과 변주된 시구의 반복을 통해 주제 의식을 형성함.
• 단정적 종결 어미를 사용하여 화자의 생각을 강조해 줌.
• 직유법을 사용하여 대상을 구체적으로 표현함.
• '구부러진 길'과 '구부러진 길 같은 사람'을 대칭적으로 드러내어 시상을 전개하고 있음.

---

32 작품의 표현상 특징 파악　　정답률 73% | 정답 ⑤

(가)와 (나)의 표현상의 특징에 대한 설명으로 가장 적절한 것은?

① (가)와 (나)는 모두 시간의 흐름을 따라 시상을 전개하고 있다.
(가)에서는 느티나무가 나고 자라 늙어가는 시간의 흐름을 찾을 수 있으나 (나)에서는 이러한 시상 전개를 찾을 수 없다.

② (가)와 (나)는 모두 화자가 대상에게 말을 건네는 방식으로 친근한 분위기를 만들고 있다.

(가), (나) 모두 독백 형식으로 시상을 전개하고 있다.

③ **(가)는 역설적 표현으로, (나)는 반어적 표현으로 의미를 강조하고 있다.**
(가)에서는 역설적 표현으로 의미를 강조하지 않고 있고, (나) 역시 반어법으로 의미를 강조하지 않고 있다.

④ **(가)는 시각적 심상을 중심으로, (나)는 청각적 심상을 중심으로 대상을 묘사하고 있다.**
(가)에서는 느티나무들의 모습을 시각적으로 형상화하고 있다. (나)에서는 일부 청각적 심상이 쓰였다고 할 수 있지만, 이것을 중심으로 대상을 묘사하고 있다고 할 수는 없다.

☑ **(가)는 특정 어미의 반복을 통해, (나)는 특정 시어들의 반복을 통해 리듬감을 살리고 있다.**
(가)에서는 느티나무들이 자라는 모습을 표현한 '재재발거리고 떠들어 쌓고 ~ 기대기도 하고' 등에서 어미 '~고'를 반복하고 있고, '자라서는'과 '달았다가는'에서는 '~는'을 반복하여 리듬감을 살리고 있다.
(나)에서는 시적 흐름을 따라 '구부러진 길', '~ 수 있다', '품고', '좋다' 등의 시구나 시어들이 반복되면서 리듬감을 살리고 있다.

---

33 외적 준거에 따른 작품의 감상 정답률 83% | 정답 ③

〈보기〉를 참조하여 (가)와 (나)를 감상한 내용으로 적절하지 <u>않은</u> 것은? [3점]

〈보 기〉
자연의 순리를 파괴하고 건설된 현대 문명사회는 과도한 경쟁과 강자에 의한 약자 지배가 심화되고 있다. 그러나 자연의 다양한 생명들은 생겨난 그대로의 모습으로 조화를 이루고 있으며, 서로 의존하면서 하나의 생명 공동체를 이룬다. 문학은 이러한 자연의 모습에서 현대 문명사회의 문제들을 극복할 수 있는 대안으로서의 삶의 원리와 인간형을 성찰하고 있는데, (가)와 (나)는 이러한 관점에서 살펴볼 수 있다.

① **(가)의 '산비알에 돌밭에 저절로 나서'는 생겨난 그대로의 모습으로 존재하는 자연을 형상화한 것으로 볼 수 있다.**
(가)의 '산비알에 돌밭에 저절로 나서'는 〈보기〉의 '생겨난 그대로의 모습으로' 존재하는 자연의 모습을 나타낸 것으로 볼 수 있다.

② **(가)의 '아픈 곳은 만져도 주고 / 끌어안기도 하고 기대기도 하고'에서는 서로 의존하면서 살아가는 공생의 원리를 찾아 볼 수 있다.**
(가)의 '시든 잎 생기면 서로 떼어주고 ~ 세월에 굶고 터진 상처 / 긴 혀로 핥아주기도 하다가' 부분에서는 〈보기〉의 '조화를 이루고 있으며, 서로 의존하면서 하나의 생명 공동체를 이룬' 공동체의 모습을 확인할 수 있다.

☑ **(가)의 '우리 동네 늙은 느티나무들'은 강자에 의한 약자 지배가 심화되면서 다양성이 훼손된 자연 공동체를 상징적으로 보여준다고 할 수 있다.**
〈보기〉는 자연의 모습에서 현대 문명사회의 문제를 극복할 수 있는 대안적 원리를 성찰한다는 관점에서 작품을 감상할 것을 요구하고 있다. '강자에 의한 약자 지배가 심화'됨은 〈보기〉에서 제시한 현대 문명사회의 문제 중의 하나로 볼 수 있다. 또한 (가)에서 '우리 동네 느티나무들'의 삶을 '자연 공동체'로 볼 수도 있다. 그러나 그것을 현대 문명사회로 인해 다양성이 훼손된 것으로 판단할 단서를 찾을 수는 없다.

④ **(나)의 '구부러진 길'은 '민들레', '사람', '들꽃' 등의 다양한 생명이 조화를 이루는 생명 공동체의 원리를 발견하는 공간으로 볼 수 있다.**
(나)의 '구부러진 길'은 '민들레, 사람, 어머니, 들꽃' 등으로 다양한 생명체들이 '별, 산' 등의 자연과 어우러져 조화를 이루며 살아가는 공간으로 형상화되어 있다.

⑤ **(나)의 '가족을 품고 이웃을 품고 가는 / 구부러진 길 같은 사람'은 과도한 경쟁으로 생겨난 현대 문명사회의 문제들을 극복할 수 있는 대안으로서의 인간형으로 볼 수 있다.**
(나)의 '가족을 품고 이웃을 품고 가는 / 구부러진 길 같은 사람'은 조화와 공생의 가치를 구현하고 있는 인간으로 볼 수 있다는 점에서 〈보기〉의 '과도한 경쟁과 강자에 의한 약자 지배가 심화되는' 현대 문명사회의 문제들을 극복하기 위한 대안적 인간형으로 해석할 수 있다.

---

34 시어들의 의미 파악 정답률 81% | 정답 ②

[A]의 시적 맥락을 고려할 때, ⓐ와 ⓑ에 대한 이해로 가장 적절한 것은?

① **ⓐ는 '흙투성이 감자'의 긍정적 의미와 어울리고, ⓑ는 '구부러진 삶'의 부정적 측면과 어울린다.**
시적 맥락으로 보아 '흙투성이 감자'나 '구부러진 삶'에서 부정적 의미를 찾기는 어렵다.

☑ **ⓐ는 ⓑ와 더불어 '반듯한 길 쉽게'와 의미상 대비를 이루며 '흙투성이 감자'의 이미지와 어울린다.**
[A]에서 화자는 '구부러진 길처럼 살아온 사람'이 좋다고 말한다. 여기서 '구부러진 길처럼 살아온 사람'은 '반듯한 길 쉽게 살아온 사람'과 대비가 되고 있다. 이어서 '구부러진 길처럼 살아온 사람', '구부러진 삶'으로 변주되고 있다. 이러한 시적 흐름을 고려할 때 '울퉁불퉁'과 '구불구불'은 '반듯한 길 쉽게'와 의미상 대비를 이루고, 비유적 표현인 '흙투성이 감자'의 이미지와는 어울리고 있음을 알 수 있다.

③ **ⓐ는 ⓑ와 더불어 '흙투성이 감자'의 이미지를 강화하면서 '구부러진 삶'에 대한 비관적 인식을 드러낸다.**
'울퉁불퉁'과 '구불구불'은 '흙투성이 감자'의 이미지와 연관되어 있지만 '구부러진 삶'에 대한 비관적 인식은 찾을 수 없다.

④ **ⓐ는 '구부러진 길처럼 살아온 사람'의 내면을 드러내고, ⓑ는 '반듯한 길 쉽게 살아온 사람'의 내면을 드러낸다.**
시적 맥락으로 볼 때 '반듯한 길'과 '구부러진 길'은 의미상 대비를 이루고 있고, 그에 대해 화자는 '구부러진 길처럼 살아온 사람', '구부러진 삶'이 '좋다'고 한다. 따라서 ⓐ는 '구부러진 길처럼 살아온 사람'의 내면을 드러내고 있다고 볼 수 있지만, ⓑ는 '반듯한 길 쉽게 살아온 사람'의 내면을 드러낸다고 볼 수 없다.

⑤ **ⓐ는 '반듯한 길'을 소극적으로 수용하는 태도를 반영하고, ⓑ는 '구부러진 길'을 적극적으로 예찬하는 태도를 반영한다.**
시적 맥락으로 볼 때 '반듯한 길'과 '구부러진 길'은 의미상 대비를 이루고 있고, 그에 대해 화자는 '구부러진 길처럼 살아온 사람', '구부러진 삶'이 '좋다'고 말한다. 따라서 ⓐ는 '반듯한 길'을 소극적으로 수용하는 태도를 반영하고 있다는 이해는 적절하지 않다.

백성혜, 「계와 주위」

해제 이 글은 계와 주위, 경계의 개념을 설명하고, 계를 다시 주위와 에너지나 물질의 교환이 모두 일어나지 않는 고립계, 주위와 물질 교환 없이 에너지 교환만 일어나는 닫힌계, 주위와 물질 및 에너지 교환이 모두 일어나는 열린계로 나누어 제시하고 있다.
그리고 열역학 제1법칙에 따르면 우주의 에너지 총량은 일정하므로, 계와 주위의 에너지 합 또한 일정하다는 점과 계와 주위 사이에 에너지 교환이 있다면, 계의 에너지가 감소할 때 주위의 에너지는 증가하며, 계의 에너지가 증가할 때 주위의 에너지는 감소하게 된다는 점을 설명하고 있다.
또한 가상의 실험을 통해 계와 주위의 에너지 교환, 초기 상태와 최종 상태, 경로 등을 설명하고 있다. 다만, 어떤 계의 변화가 일어나는 경로는 초기 상태에서 최종 상태로 진행하면서 거치는 일련의 상태로 이루어져 있으며, 이 두 상태를 연결하는 경로는 무한히 많다는 점도 밝히고 있다.

주제 주위와 물질 및 에너지 교환 여부에 따른 계의 이해

문단 핵심 내용

1문단	계의 의미 및 종류
2문단	계와 주위의 에너지 합이 일정한 우주
3문단	열역학적 변수들이 같은 계들의 상태
4문단	같은 상태에 있을 경우 에너지가 같은 두 개의 계
5문단	초기 상태에서 최종 상태에 이르는 경로가 다른 두 개의 계

---

35 글의 세부 내용 파악 정답률 83% | 정답 ③

윗글의 내용과 일치하지 않는 것은?

① **열역학적 변수들이 같은 두 계는 같은 상태에 있다.**
3문단에서 계의 에너지는 온도, 압력, 부피 등의 열역학적 변수들에 의해 결정되므로, 같은 계들은 같은 상태에 있다고 제시되어 있다.

② **열역학 제1법칙에 따르면 우주의 에너지 총량은 일정하다.**
2문단에서 열역학 제1법칙에 따르면 우주의 에너지 총량은 일정하므로, 계와 주위의 에너지 합도 일정하다고 제시되어 있다.

☑ **열린계에서는 주위와 물질 교환 없이 에너지 교환만 일어난다.**
1문단에서 과학에서 관심을 갖는 대상을 '계'라고 설명한 후, 이를 다시 고립계, 닫힌계, 열린계로 나눌 수 있다고 밝히고 있다. 그리고 고립계는 주위와 에너지나 물질의 교환이 모두 일어나지 않는 계, 닫힌계는 주위와 물질 교환 없이 에너지 교환만 일어나는 계, 열린계는 주위와 물질 및 에너지 교환이 모두 일어나는 계라고 설명하고 있다. 따라서 열린계가 아니라 닫힌계이다.

④ **어떤 계가 초기 상태에서 최종 상태로 진행하면서 거칠 수 있는 경로는 무한히 많다.**
5문단에서 어떤 계의 변화가 일어나는 경로는 초기 상태에서 최종 상태로 진행하면서 거치는 일련의 상태들로 이루어져 있으며, 이 두 상태를 연결하는 경로는 무한히 많다고 제시되어 있다.

⑤ **계와 주위 사이에 에너지 교환이 일어날 때 계의 에너지가 증가하면 주위의 에너지는 감소한다.**
2문단에서 계와 주위 사이에 에너지 교환이 있다면, 계의 에너지가 감소할 때 주위의 에너지는 증가하며, 계의 에너지가 증가할 때 주위의 에너지는 감소하게 된다고 제시되어 있다.

---

36 구체적인 사례에의 적용 정답률 69% | 정답 ①

윗글을 바탕으로 〈보기〉를 이해한 내용으로 가장 적절한 것은?

〈보 기〉
물이 담긴 수조에 절반 정도 잠기도록 놓인 비커 속 물에 진한 황산을 넣어서 묽은 황산 용액을 만들면, 묽은 황산 용액은 물론 비커 주위의 수조 속 물의 온도까지 높아진다. 이는 황산이 이온으로 되면서 열이 방출되고, 이 열이 수조 속 물에 전달되기 때문이다.

☑ **묽은 황산 용액이 만들어지는 과정은 발열 과정으로, 이 과정과 관련된 열은 $-Q$로 표시되겠군.**
2문단에서 계와 주위 사이에 에너지 교환이 일어날 때, 계의 에너지가 증가하면 +로 표시하며, 계가 열을 방출하는 과정은 발열 과정이라고 제시되어 있다. 그리고 발열 과정에 관련된 열은 $-Q$로 나타낼 수 있다고 밝히고 있다. 따라서 묽은 황산 용액이 만들어지는 과정은 발열 과정으로 볼 수 있으며, 이 과정과 관련된 열은 $-Q$로 표시할 것이다.

② **진한 황산을 넣은 물은 주위와 물질 및 에너지 교환이 일어나는 고립계에 해당하겠군.**
비커의 물에 진한 황산을 넣었으며, 그로 인해 만들어진 묽은 황산 용액에서 열이 방출되었으므로, 물질 및 에너지 교환이 일어났다고 할 수 있다. 하지만 고립계는 주위와 에너지나 물질의 교환이 모두 일어나지 않는 계라고 제시되어 있다.

③ **비커 속 물의 에너지와 수조 속 물의 에너지는 모두 감소했겠군.**
황산이 이온으로 되면서 방출한 열로 비커 속 물의 온도가 높아졌으며, 이 열이 수조 속 물에도 전달되어 비커 속 물의 에너지나 수조 속 물의 에너지가 모두 증가했다.

④ **묽은 황산 용액은 수조 속 물로부터 에너지를 흡수했겠군.**
황산이 이온으로 되면서 열이 방출되고, 이 열이 수조 속 물에도 전달되어 수조 속의 물은 묽은 황산 용액으로부터 에너지를 흡수했다.

⑤ **비커 속 물과 수조 속 물은 모두 경계에 해당하겠군.**
경계는 계와 주위 사이를 의미하므로, 비커 속 물이나 수조 속 물은 경계라고 하기 어렵다.

---

37 내용에 따른 자료의 이해 정답률 54% | 정답 ⑤

〈보기〉는 [가]를 그래프로 표시한 것이다. 〈보기〉를 참고하여 [가]를 이해한 내용으로 적절하지 않은 것은? [3점]

〈 보 기 〉

① A의 경우 ⓐ 상태에서 ⓒ 상태가 되는 경로에서 실린더 속 기체의 부피가 증가한다.
A의 경우 실린더를 가열하여 실린더 속 기체의 온도가 T_1에서 T_2가 되도록 하면, 온도가 높아짐에 따라 실린더 속 기체의 부피는 증가하게 된다고 제시되어 있으므로 적절하다.

② B의 경우 ⓐ 상태에서 ⓑ 상태가 되는 경로에서 온도가 점차 높아진다.
B의 경우 피스톤을 고정하여 기체의 부피를 일정하게 하고, 실린더를 가열하여 실린더 속 기체의 온도가 T_1에서 T_2가 되는 동안 실린더 속 기체의 압력이 P_1에서 P_2로 증가한다고 제시되어 있으므로 적절하다.

③ B의 경우 ⓑ 상태에서 ⓒ 상태가 되는 경로에서 실린더 속 기체의 부피가 증가한다.
B의 경우 온도가 T_2인 상태를 유지하면서 고정시켰던 피스톤을 풀면 실린더 속 기체의 압력이 P_1이 될 때까지 기체의 부피는 증가하게 된다고 설명되어 있으므로 적절하다.

④ ⓐ 상태에서 실린더 속 기체의 내부 에너지는 A의 경우와 B의 경우가 같을 것이다.
두 계가 같은 상태일 때, 두 계가 할 수 있는 실린더 속 기체의 내부 에너지도 같다고 할 수 있으므로 적절하다.

✔ⓒ 상태에서 실린더 속 기체의 내부 에너지는 A의 경우보다 B의 경우가 클 것이다.
[가]에 따르면, A는 T_1, P_1인 초기 상태에서 T_2, P_1인 최종 상태가 되었고, B는 T_1, P_1인 초기 상태에서 T_2, P_2인 상태를 거쳐 T_2, P_1인 최종 상태가 되었다고 할 수 있다. A와 B는 최종 상태가 T_2, P_1인 같은 상태에 있으므로, A와 B의 실린더 속 기체의 내부 에너지는 서로 같다고 할 수 있다. 한편, 그래프에서 ⓒ는 A 경우와 B 경우의 최종 상태라 할 수 있으므로, 같은 상태이다. 그러므로 실린더 속 내부 기체의 내부 에너지도 같을 것이다.

---

38 단어의 문맥적 의미 이해 · 정답률 91% | 정답 ①

문맥을 고려할 때 ㉠과 바꾸어 쓰기에 가장 적절한 것은?

✔① 동일한
'열역학적 변수들이 같은 계들은 같은 '상태'에 있다고 할 수 있다.'는 문장에서, 문맥을 고려할 때 '같은'은 '서로 다르지 않고 하나이다.'라는 의미이므로, '어떤 것과 비교하여 똑같다.'라는 의미의 '동일하다'와 문맥적 의미가 같다.

② 동반한
'동반하다'는 '일을 하거나 길을 가는 따위의 행동을 할 때 함께 짝을 하다.' 혹은 '어떤 사물이나 현상이 함께 생기다.'라는 의미이다.

③ 동화한
'동화하다'는 '성질, 양식(樣式), 사상 따위가 다르던 것이 서로 같아지다.'라는 의미이다.

④ 균일한
'균일하다'는 '한결같이 고르다.'라는 의미이다.

⑤ 유일한
'유일하다'는 '날수가 많다. 또는 오랫동안이다.'라는 의미이다.

39~42 고전 소설

작자 미상, 「신유복전」

감상 이 작품은 조선 시대 신유복의 영웅적 일대기를 잘 보여 주고 있는 고전 소설로, 아내가 남편을 출세시키는 내용이라는 고전 소설에서 찾아볼 수 없는 독특한 구상을 지니고 있다. 그리고 주인공 신유복이 청병 원수가 되어 명나라를 구한다는 내용은 우리나라의 국력을 중국에 과시하려는 민족적인 긍지와 자주 독립 정신을 표현한 것이라 할 수 있다.
작자는 신유복의 입을 통해, 변방 호국을 격파하고 명나라를 위기에서 구출함으로써 조선국의 위력을 세계에 빛내야 한다고 주장하고 있는 것이다. 후반의 영웅담을 제외하면 대체적으로 모든 사건이 현실적으로 표현되어 있으며, 전기성(傳奇性)이나 우연성을 찾아볼 수 없다는 점에서 독특하다. 요컨대, 이 작품은 걸인인 신유복에 대한 여주인공 경패의 희생적인 사랑과 남주인공 신유복의 영웅적인 행동을 통해 우리 민족의 능력과 위력을 보인 작품이라 할 수 있다.

주제 신유복의 영웅적 일대기

작품 줄거리 주인공 신유복은 전라도 무주에서 신 진사의 유복자로 태어난다. 5세에 어머니마저 잃고 고아가 되어 시비 춘매에 의해 양육되나, 9세 때 춘매마저 죽어 사방으로 유랑, 걸식하는 신세가 된다.
그러다가 경상도 상주 땅에 이르러 우연히 상주 목사를 만난다.
목사는 그의 비범함을 알고는, 호방 이섬을 불러 사위를 삼게 한다. 이섬은 목사의 엄명 때문에 마지못해 유복을 데려오나, 온 식구가 그를 내쫓으라고 한다. 그러나 셋째 딸 경패가 유복과 혼인하겠다고 나서자, 온 가족은 두 사람을 쫓아 내고 만다. 이들은 뒷산 기슭에 움집을 짓고 걸식하며 산다. 하루는 경패가 유복에게 수학하기를 권하여 7년 기한으로 헤어진다. 7년 후 유복은 과거에 응하기 위해 상경한다. 과장에서 두 동서를 만나 갖은 모욕을 당하지만, 결국 유복은 장원으로 급제하고 두 동서는 낙방한다. 유복은 수원 부사가 되어 상주로 내려가, 전날 자기와 아내를 천대하던 장인·장모와 처형·동서들을 은혜로 대접하였고 이들은 전날의 푸대접을 뉘우친다.
유복은 그 길로 고향을 찾아가서 선영에 성묘·치제하고, 수원에 부임하여 선정을 베푼다. 조정에서 신 부사의 선정을 듣고 병조판서를 제수한다. 이때 명나라는 변방의 오랑캐들이 침공해오자 우리나라에 원병을 청한다. 유복은 청병 대장으로 명나라에 들어가 명군과 아군을 연합한 대원수가 되어 호군을 격파하고, 우리의 위력을 중원에 과시한다. 신 원수는 명나라 황제로부터 위국공의 책봉을 받고 회군한다.

★★★ 등급을 가르는 문제!

39 서술상의 특징 파악 · 정답률 37% | 정답 ②

윗글의 서술상 특징으로 가장 적절한 것은?

① 순간적으로 장면을 전환하여 사건의 환상적 면모를 부각하고 있다.
이 글의 서술상 특징에 해당하지 않는다.

✔② 서술자가 등장인물이나 사건에 대한 자신의 생각을 직접 드러내고 있다.
'유복은 활달한 영웅이요, 처녀 역시 여자 중의 군자였다.', '고어에 흥이 다하면 ~ 곤궁 속에 던져두시겠는가.' 등에서 알 수 있듯이 인물이나 사건에 대해 서술자가 직접 자신의 생각을 드러내고 있으므로 적절하다.

③ 장면마다 서술자를 달리 설정하여 사건의 전모를 명확히 드러내고 있다.
이 글의 서술상 특징에 해당하지 않는다.

④ 시대적 배경에 대한 요약적 설명을 통해 사건의 인과 관계를 드러내고 있다.
이 글의 서술상 특징에 해당하지 않는다.

⑤ 인물의 외양을 과장되게 묘사하여 부정적 인물에 대한 풍자를 드러내고 있다.
이 글의 서술상 특징에 해당하지 않는다.

★★ 문제 해결 꿀~팁 ★★

▶ 많이 틀린 이유는?
선택지에 제시된 서술상 특징의 의미를 정확히 파악하지 못하여 오답률이 높았던 것으로 보인다.

▶ 문제 해결 방법은?
선택지에 제시된 서술상 특징 내용을 정확히 이해하면서, 이 내용의 유무 여부를 작품을 통해 일일이 확인할 수 있어야 한다. ⑤의 선택지인 '서술자가 등장인물이나 사건에 대한 자신의 생각을 직접 드러내고 있다'가 무엇인지 이해해야 한다. 이 말은 서술자가 등장인물이나 사건에 대해 평가를 내리는 '편집자적 논평'이 제시되어 있는지를 확인하라는 것이므로, 이러한 '편집자적 논평'이 제시되어 있는지 확인하면 된다. 한편 고전 소설은 거의 대부분이 서술자가 작품 외에 존재하여 인물이나 사건에 대한 서술자의 생각이 반영되어 있다는 것은 반드시 알아두도록 한다.

▶ 오답인 ④를 많이 선택한 이유는?
④번 문제를 적절하다고 선택하여 오답률이 높았던 가장 큰 이유는, '시대적 배경'을 '시간적 배경'과 혼동하여 시간적 배경이 제시된 앞부분을 보고서는 적절하다고 판단한 것 같다.
그런데 시대적 배경은 '고려 시대, 조선 시대' 등 특정 시대를 가리키는 것이므로, 이를 알았으면 시대적 배경에 대해 요약적 설명이 없으므로 바로 잘못되었음을 알 수 있었을 것이다.

---

40 말하기 방식의 적절성 판단 · 정답률 56% | 정답 ②

[A]와 [B]에 나타난 인물의 말하기에 대한 설명으로 적절하지 않은 것은?

① [A]에서 경패는 옛글을 인용하여 상대방의 각성을 촉구하고 있다.
경패가 '옛글에 ~ 하였으니'라고 말하는 데서 확인할 수 있다.

✔② [A]에서 경패는 상대방의 동정심에 호소해 자신의 결정을 따르도록 유도하고 있다.
[A]는 경패가 남편 신유복에게 글공부를 할 것을 강력하게 설득하는 내용으로, 경패가 동정심에 호소하여 유복으로 하여금 자신의 결정을 따르도록 하는 말하기는 나타나지 않는다.

③ [A]에서 경패는 설의적 물음을 구사하여 자신의 의중을 상대방에게 드러내고 있다.
경패가 '문필을 ~ 바라겠습니까?'라고 말하는 데서 확인할 수 있다.

④ [B]에서 유복은 자신의 현재 처지를 들어 답답한 심경을 토로하고 있다.
유복이 '내 어려서 ~ 어쩌겠소.'라고 말하는 데서 확인할 수 있다.

⑤ [B]에서 유복은 상대방이 처하게 될 상황을 우려하여 행동에 나서기를 주저하고 있다.
유복이 '또한 ~ 말이요?'라고 말하는 데서 확인할 수 있다.

---

41 속담을 통한 이해의 적절성 파악 · 정답률 62% | 정답 ④

㉠에 나타난 '경패'의 마음을 속담으로 표현할 때, 가장 적절한 것은?

① '선무당이 사람 잡는다'라고 어설픈 행동을 마구 일삼아 낭군을 곤경에 빠뜨리려 했군.
'선무당이 사람 잡는다.'는 '서투른 사람이 잘하는 체하다가 일을 그르친다.'라는 뜻의 속담이다.

② '믿는 도끼에 발등 찍힌다'라고 낭군이 철석같이 믿었던 사람들인데 도리어 배신하고 괴로움을 주었군.
'믿는 도끼에 발등 찍힌다.'는 '믿는 사람에게서 배신당한다.'라는 뜻의 속담이다.

③ '달면 삼키고 쓰면 뱉는다'라고 베풀어 준 은혜도 모르고 낭군이 어려울 때 헌신짝처럼 도리를 저버렸군.
'달면 삼키고 쓰면 뱉는다.'는 '사리에 옳고 그름을 돌보지 않고, 자기 비위에 맞으면 취하고 싫으면 버린다.'라는 뜻의 속담이다.

✔④ '동냥은 못 줘도 쪽박은 깨지 마라'라고 도움을 주지 않을망정 못할망정 낭군을 곤란한 지경에 처하게 만들었군.
㉠은 유복이 원장 대사 밑에서 공부를 마치고 과거를 볼 때 생긴 일에 대한 경패의 반응을 나타낸 것이다. 유복은 어렵게 과거 시험을 보게 되는데, 글을 쓸 장소가 없어서 때마침 과거를 보러 온 유소현, 김평에게 도움을 청한다. 이렇게 도움을 청하러 온 유복에게 유소현, 김평은 소리를 지르며 내쫓는 등 많은 사람들 앞에서 모욕을 준다. 경패는 이러한 이야기를 몰래 엿듣고 매우 분노하면서 유소현, 김평에 대해 ㉠과 같이 분노하는 마음을 나타내고 있다.
따라서 ㉠과 같은 경패의 마음은 '요구를 들어주기는커녕 방해만 한다.'라는 뜻의 '동냥은 못 줘도 쪽박은 깨지 마라'와 같은 속담을 떠올릴 수 있다.

⑤ '닭 잡아먹고 오리발 내민다'라고 얕은꾀로 자신들의 이익을 취하고도 낭군에게 아무 잘못이 없는 척했군.
'닭 잡아먹고 오리발 내민다.'는 '옳지 못한 일을 저질러 놓고 엉뚱한 수작으로 속여 넘기려 한다.'라는 뜻의 속담이다.

---

42 소설의 서사 구조 이해 　　　　　　　　정답률 52% | 정답 ③

〈보기〉를 바탕으로 윗글을 정리할 때, ⓐ ~ ⓔ에 대한 설명으로 적절하지 **않은** 것은? [3점]

─〈보 기〉─

「신유복전」은 하늘에서 내려온 적강(謫降)의 인물인 유복의 일대기를 다룬 영웅담이다. 이 소설에는 쫓겨난 여성이 남편을 출세시키는 이야기인 '쫓겨난 여인 발복(發福) 설화'가 수용되어 있다. 이 소설은 대체로 아래와 같은 기본 구조를 바탕으로 서사가 전개된다.

| 적강을 한 남성 주인공이 태어남. ⋯⋯ ⓐ |
| ↓ |
| 비천한 처지의 남성 주인공이 뛰어난 품성을 지닌 여성 주인공과 인연을 맺음. ⋯⋯ ⓑ |
| ↓ |
| 주인공들이 친지에 의해 쫓겨나 고난을 겪음. ⋯⋯ ⓒ |
| ↓ |
| 여성 주인공의 뜻에 따라 남성 주인공이 수학(修學)함. ⋯⋯ ⓓ |
| ↓ |
| 남성 주인공이 시험을 통과해 입신출세함. ⋯⋯ ⓔ |

① ⓐ : 규성이 무주 땅에 떨어져서 영웅이 난 줄 알았다는 원강 대사의 말에서 유복이 적강의 인물임이 제시된다.
　ⓐ는 과거에 규성이 무주 땅에 떨어져 영웅이 난 줄 짐작하였다는 원강 대사가 말하는 내용에서 확인할 수 있다.

② ⓑ : 떠돌아다니는 처지였던 유복이 여자 중의 군자인 경패와 부부가 되어 서로 사랑하며 살아간다.
　ⓑ는 신유복이 유리걸식하다가 경패와 혼인하게 되고 밥을 빌어서 음식을 나눠 먹는 등 서로 사랑하며 살아가는 데서 확인할 수 있다.

③ ✔ ⓒ : 호장 부부에 의해 쫓겨나고 인근 동리 사람들에게조차 외면을 당하여 움집에서 곤궁하게 살아간다.
　이 글에서 ⓒ는 신유복과 경패가 호장 부부에 의해 쫓겨나 곤궁하게 살아가는 이야기로 나타난다. 이 과정에서 신유복과 경패는 인근 동리 사람들의 도움으로 생계를 이으며 움집이나마 마련해 곤궁하게 살아가므로 적절하지 않다.

④ ⓓ : 이십이 될 때까지는 절에서 내려오지 말라는 경패의 뜻에 따라 유복이 원강 대사에게 글을 배운다.
　ⓓ는 경패가 신유복에게 글을 읽어 성공해야 한다며 팔 년을 공부하여 이십이 되거든 절에서 내려오라는 뜻으로 신유복이 원강 대사 밑에서 글을 배우게 하는 데서 확인할 수 있다.

⑤ ⓔ : 유복이 과거 시험에서 뛰어난 실력을 발휘하여 장원 급제하고 전하의 명령으로 대궐에 입시하게 된다.
　ⓔ는 신유복이 과거 시험에서 '만장 중의 제일'일 만큼 뛰어난 글을 써서 대궐로 입시하게 되는 데서 확인할 수 있다.

43~45 **예술**

최은규, 「지휘자의 음악 해석」

해제 　이 글은 **지휘자**의 **'음악 해석'**에 대해 설명하고 있다.
'**음악 해석**'은 작곡가의 악보를 지휘자와 오케스트라가 소리로 바꾸는 과정에서 이루어지는데, **지휘자의 관점에 따라 같은 악보라도 서로 다르게 연주될 수 있음**을 언급하면서, **음악 해석을 가능하게 하는 것이 '악보의 불완전성'** 때문임을 밝히고 있다.
그리고 베토벤의 교향곡이 지휘자의 관점에 따라 얼마나 다르게 연주될 수 있는지, 지휘자 토스카니니와 푸르트벵글러의 지휘를 구체적 사례로 들어 이해시키고 있다.
그러면서 **지휘자와 오케스트라의 연주의 관점이 다른 것이 '다름'을 허용하는 것**이라 하면서, 이러한 '**다름**'이 지닌 의의를 언급하여 **지휘자의 음악 해석이 중요하다는 점**을 말하고 있다.

주제 　지휘자의 음악 해석

문단 핵심 내용

1문단	작곡가의 악보를 소리로 바꾸는 과정에서 이루어지는 '음악 해석'
2문단	다양한 음악 해석을 가능하게 하는 '악보의 불완전성'
3문단	지휘자의 관점에 따라 다르게 연주되는 사례
4문단	지휘자 토스카니니의 지휘 방식
5문단	지휘자 푸르트벵글러의 지휘 방식
6문단	연주에서 '다름'을 허용하는 것이 지니는 의의

---

43 내용 전개 방식 파악 　　　　　　　　정답률 70% | 정답 ④

윗글의 논지 전개 방식으로 가장 적절한 것은?

① 화제의 변천 과정을 역사적으로 살펴보고 있다.
　음악 해석에 대한 변천 과정을 역사적으로는 살펴보고 있지 않다.

② 낯선 개념을 익숙한 대상에 빗대어 설명하고 있다.
　음악 해석이라는 개념을 다른 대상에 빗대어서 설명하지는 않고 있다.

③ 다양한 관점을 소개하면서 절충안을 모색하고 있다.
　다양한 관점을 소개하면서 절충안을 모색하고 있는 방법은 사용되지 않았다.

④ ✔ 구체적인 사례를 들어 화제에 대한 이해를 돕고 있다.
　이 글은 중심 화제인 음악 해석을 설명하기 위해 토스카니니와 푸르트벵글러의 구체적 사례를 제시하여 화제에 대한 독자의 이해를 돕고 있다.

⑤ 대상에 대한 서로 다른 관점의 장·단점을 비교하고 있다.
　대상에 대한 장·단점을 비교하여 설명하는 방식은 사용되지 않았다.

---

44 세부 내용 파악 　　　　　　　　정답률 81% | 정답 ③

'음악 해석'에 대한 이해로 적절하지 **않은** 것은?

① 동일한 곡이라도 지휘자마다 연주자에게 다른 요구를 할 수 있다.
　2문단에서 동일한 곡이라도 지휘자의 음악 해석에 따라 연주가 다를 수 있다고 했다.

② 악보를 통해 작곡가의 의도를 연주자에게 완벽하게 전달하기는 어렵다.
　2문단의 '작곡가가 아무리 악보를 정교하게 그린다 해도 작곡가는 연주자들에게 자신이 의도한 음악을 정확하게 전달해 낼 수 없다.'에서 악보를 통해 작곡가의 의도를 연주자에게 완벽하게 전달하기는 어려움을 알 수 있다.

③ ✔ 작곡가가 악보에 자신의 의도를 정확하게 담았다면 음악 해석은 불필요하다.
　2문단에서 작곡가가 아무리 악보를 정교하게 그린다 해도 작곡가는 연주자들에게 완벽하게 자신이 의도한 음악을 정확하게 전달할 수 없다고 했다. 이로 인해 다양한 음악 해석이 발생한다고 했으므로 음악 해석이 불필요하다는 진술은 적절하지 않다.

④ 음악 해석은 지휘자나 연주자가 작곡가의 악보를 소리로 재현할 때 이루어진다.
　1문단의 '지휘자와 오케스트라가 작곡가의 악보를 소리로 바꾸는 과정에서 '음악 해석'이라는 것이 이루어진다.'에서 음악 해석은 지휘자나 연주자가 작곡가의 악보를 소리로 재현할 때 이루어짐을 알 수 있다.

⑤ 지휘자는 동작이나 표정을 통해 연주자들에게 자신이 해석한 음악의 느낌을 전달한다.
　1문단에서 지휘자는 동작이나 표정을 통해 연주를 이끌어 낸다고 했다.

---

45 구체적 사례에 적용 　　　　　　　　정답률 69% | 정답 ④

윗글을 바탕으로 〈보기〉에 대해 보인 반응으로 적절하지 **않은** 것은? [3점]

─〈보 기〉─

베토벤 당시의 호른으로는 재현부에서 C장조로 낮아진 제2주제의 팡파르를 연주할 수 없었다. 그래서 베토벤은 자신의 「교향곡 5번」 1악장 재현부에서 제2주제 팡파르를 호른과 음색이 가장 유사한 목관 악기인 바순으로 연주하도록 했다. 그러나 19세기에 관악기의 개량이 이루어지면서 어떤 음이든 연주할 수 있는 호른이 널리 보급되었다. 그러자 어떤 지휘자들은 베토벤 「교향곡 5번」 1악장의 재현부에서 제2주제 팡파르를 호른으로 연주해야 한다고 주장했다. 하지만 어떤 지휘자들은 베토벤이 악보에 적어 놓은 그대로 바순의 연주를 고집했다.

① 베토벤은 당시 악기의 한계 때문에 자신이 의도한 바를 정확하게 구현하지 못했겠군.
　〈보기〉에서 '베토벤 당시의 호른으로는 재현부에서 C장조로 낮아진 제2주제의 팡파르를 연주할 수 없었다. 그래서 베토벤은 자신의 「교향곡 5번」 1악장 재현부에서 제2주제 팡파르를 호른과 음색이 가장 유사한 목관 악기인 바순으로 연주하도록 했다.'고 했으므로 베토벤은 당시 악기의 한계 때문에 자신이 의도한 바를 정확하게 구현하지 못했다고 본 것은 적절한 반응이다.

② 토스카니니는 베토벤이 악보에 적어 놓은 그대로 바순으로 연주하는 데 동조했겠군.
　토스카니니는 악보에 충실한 지휘자이므로 악보에 적어 놓은 그대로 바순으로 연주하는데 동조했을 것이다.

③ 자신의 음악 해석에 따라 호른이나 바순 이외의 악기로 연주하는 지휘자도 있을 수 있겠군.
　윗글에서 "악보의 불완전성'은 다양한 음악 해석을 가능하게 하고 '여러 가지 '다름'을 허용하는 것이야말로 클래식 음악을 더욱 생동감 넘치는 현재의 음악으로 재현하는 원동력이 된다'고 말하고 있다. 이를 〈보기〉에서 베토벤이 당시의 호른으로는 재현부에서 C장조로 낮아진 제2주제의 팡파르를 음색이 가장 유사한 목관 악기인 바순으로 연주했다는 것과 연계해서 생각하면 자신의 음악 해석에 따라 호른이나 바순 이외의 악기로 연주하는 지휘자도 있을 수 있다고 보는 것은 적절한 반응이다.

④ ✔ 호른으로 연주를 해야 한다고 주장한 지휘자들은 악보에 충실한 음악 해석을 중요시했겠군.
　악보에 충실한 음악 해석을 중요시한 지휘자들은 베토벤이 악보에 적어 놓은 그대로 바순으로 연주해야 한다고 주장했을 것이다.

⑤ 윗글의 글쓴이는 바순과 호른 중 어떤 악기로 연주해도 그 지휘자의 연주가 틀렸다고는 생각하지 않겠군.
　글쓴이는 지휘자의 음악적 해석이 중요하다고 했다. 그리고 틀린 음을 연주하는 것 이외에는 틀린 것이 없다고 했으므로 적절한 반응이다.

| 정답 |

01 ⑤ 02 ⑤ 03 ① 04 ③ 05 ④ 06 ④★ 07 ④ 08 ⑤ 09 ① 10 ⑤ 11 ③ 12 ② 13 ⑤ 14 ① 15 ②
16 ⑤ 17 ① 18 ② 19 ④ 20 ③ 21 ②★ 22 ③ 23 ⑤ 24 ④ 25 ④ 26 ② 27 ② 28 ⑤ 29 ③ 30 ②
31 ② 32 ⑤★ 33 ②★ 34 ③★ 35 ④ 36 ⑤ 37 ⑤ 38 ④ 39 ⑤ 40 ③★ 41 ① 42 ① 43 ② 44 ⑤ 45 ⑤

★ 표기된 문항은 [등급을 가르는 문제]에 해당하는 문항입니다.

[01~03] 화법

01 강연자의 말하기 방식 파악   정답률 89% | 정답 ⑤

강연자의 말하기 방식에 대한 설명으로 적절하지 않은 것은?

① 강연 주제를 선정하게 된 이유를 밝히고 있다.
　1문단의 '우리가 알고 있는 평균의 의미를 다시 생각해 보기 위해 '평균에서 벗어난 삶'을 주제로 강연을 하려고 합니다.'에서 확인할 수 있다.

② 청중의 경험을 환기하며 강연의 화제를 제시하고 있다.
　1문단의 "우리나라 고등학생의 평균 키는 몇이지?', '이번 국어 시험 평균이 얼마야?' 등의 질문을 한번쯤은 해 보셨죠?'라는 물음으로 청중의 경험을 환기하고 있다.

③ 청중의 태도 변화를 제안하며 강연을 마무리하고 있다.
　4문단에서 '이런 평균적 삶을 따르기보다는 타인과 구별 짓는 색다른 경험을 해 보는 건 어떨까요?'라는 제안을 하면서 강연을 마무리하고 있다.

④ 구체적 사례를 활용하여 주장하는 내용을 뒷받침하고 있다.
　2문단에서 미국 공군의 비행기 사고 조사 과정에서 평균값을 낸 사례를 활용하여 평균이 보편적이고 대표적인 것만은 아니라는 주장을 뒷받침하고 있다.

☑ **강연 순서를 제시하여 청중이 내용을 예측할 수 있도록 하고 있다.**
　강연을 어떻게 진행할 것인지에 대한 강연 순서를 제시한 부분은 찾아볼 수 없다.

02 반응의 적절성 판단   정답률 91% | 정답 ⑤

위 강연을 들은 학생들의 듣기 전략에 따른 반응으로 가장 적절한 것은? [3점]

듣기 전략		청중의 반응
강연에서 언급되지 않은 내용을 추론하며 듣는다.	→	○ 평균을 기준으로 만든 조종석이 누구에게도 맞을 수 없었다는 점이 놀라웠어. ····· ①
강연자가 활용한 자료의 오류를 판단하며 듣는다.	→	○ 어떤 방식으로 조종사의 신체 지수 10개 항목의 평균을 냈을까? ····· ②
강연을 통해 새롭게 알게 된 점을 정리하며 듣는다.	→	○ 사람들은 지적 능력의 평균보다는 신체 지수의 평균에 주목하는 경우가 더 많아. ····· ③
강연자의 주장에 대한 구체적인 근거를 찾으며 듣는다.	→	○ 강연자는 상품의 규격을 표준화할 때 평균이 유용한 값이라고 생각하고 있어. ····· ④
강연을 통해 자신의 경험을 떠올리고 성찰하며 듣는다.	→	○ 평균을 뛰어넘어야 한다는 압박감에 조바심을 내던 나의 모습을 돌아보게 됐어. ····· ⑤

① 평균을 기준으로 만든 조종석이 누구에게도 맞을 수 없었다는 점이 놀라웠어.
　'평균을 기준으로 만든 조종석이 누구에게도 맞을 수 없었다'는 내용은 강연에서 언급된 내용이다.

② 어떤 방식으로 조종사의 신체 지수 10개 항목의 평균을 냈을까?
　조종사들의 신체 지수의 평균을 낸 방식에 대해 의문을 가진 것은 강연을 비판적으로 들은 것에 해당하지만, 이는 자료의 오류를 판단한 내용이라 할 수 없으므로 적절하지 않다.

③ 사람들은 지적 능력의 평균보다는 신체 지수의 평균에 주목하는 경우가 더 많아.
　'사람들은 지적 능력의 평균보다 신체 지수의 평균에 주목'한다는 내용은 강연에서 확인할 수 없는 내용이다.

④ 강연자는 상품의 규격을 표준화할 때 평균이 유용한 값이라고 생각하고 있어.
　'상품의 규격을 표준화할 때 평균이 유용한 값이라고 생각하고' 있다는 글쓴이의 주장은 강연에서 확인할 수 없다.

☑ **평균을 뛰어넘어야 한다는 압박감에 조바심을 내던 나의 모습을 돌아보게 됐어.**
　'평균을 뛰어넘으려는 압박감에 조바심을 내던 나의 모습'에서 자신의 경험을 떠올리고 이런 자신의 모습을 '돌아보게 됐어'에서 자신을 성찰하고 있음을 알 수 있다.

03 내용 이해를 통한 조언의 적절성 판단   정답률 96% | 정답 ①

위 강연을 들은 학생이 강연 주제를 고려하여 〈보기〉의 'A 씨'에게 조언할 내용으로 가장 적절한 것은?

─〈 보 기 〉─
A 씨는 식당에 가면 가장 많이 팔린다는 베스트 메뉴를 선택하여 먹는다. 또한 서점에서는 베스트셀러 1위부터 10위까지의 순위 안에서 책을 선택하여 구매하는 편이다.

☑ **타인의 기준을 따르기보다는 자신의 특별한 기준을 찾아 선택해 보세요.**
　〈보기〉에서 A 씨는 식당이나 서점에 가면 베스트 메뉴와 베스트셀러를 기준으로 선택하는 사람에 해당한다. 즉 자신의 특별한 기준을 바탕으로 선택하기보다는 타인의 기준을 따르는 사람이라 할 수 있다. 따라서 이 강연을 들은 학생은 A 씨에게 '평균에서 벗어난 삶'을 고려하여, 타인의 기준보다는 자신의 특별한 기준을 찾아 선택하라고 조언할 수 있다.

② 각 분야의 전문가들이 실제로 경험한 이야기를 참고하여 판단해 보세요.
③ 복잡한 것들을 여러 단계에 거쳐 단순하게 만든 후에 양자택일해 보세요.
④ 철저한 사전 조사를 통해 선택에 필요한 의사 결정의 시간을 줄여 보세요.
⑤ 짧은 기간에 많이 팔린 것보다는 오랫동안 잘 팔리는 것들에 관심을 가져 보세요.

[04~07] 화법과 작문

04 글쓰기 계획의 파악   정답률 90% | 정답 ③

(가)를 작성하기 위한 학생의 글쓰기 계획으로 적절하지 않은 것은?

① 건의를 받아들일 때 기대할 수 있는 긍정적인 효과들을 제시해야겠어.
　3문단의 '두뇌 스포츠 경기를 열면 ~ 효과를 기대할 수 있습니다.'라고 언급한 뒤, 건의를 받아들일 때 기대할 수 있는 긍정적인 효과 세 가지를 제시하고 있으므로 적절하다.

② 인사말과 함께 건의 주체를 밝혀 예상 독자에 대한 예의를 갖추어야겠어.
　1문단에서 '안녕하세요'라는 인사말을 하면서, '저희는 바둑 동아리 학생입니다.'라 언급하고 있는데, 이처럼 인사말과 함께 건의 주체를 밝히는 것은 예상 독자에 대한 예의를 갖추는 것이라 할 수 있으므로 적절하다.

☑ **건의가 수용되지 않았던 경험을 밝혀 건의 내용 수용의 필요성을 강조해야겠어.**
　(가)에서는 건의가 수용되지 않았던 경험에 대한 언급이 드러나지 않으므로 적절하지 않다.

④ 글의 처음 부분에 건의 내용을 직접 제시하여 건의하는 바를 명확하게 드러내야겠어.
　1문단의 '이렇게 글을 쓰게 된 것은 ~ 포함시켜 달라는 건의를 드리기 위해서입니다.'를 통해, 건의 내용을 직접 제시하여 건의하는 바를 명확하게 드러내고 있음을 알 수 있다.

⑤ 건의를 받아들일 때 예상되는 문제 상황을 제시하고 그에 대한 해결책을 언급해야겠어.
　4문단의 '두뇌 스포츠 경기를 ~ 우려가 있을 수도 있습니다.'를 통해 건의를 받아들일 때 예상되는 문제점을 제시하고 있음을 알 수 있고, '하지만 이러한 우려는 ~ 해소될 것입니다.'를 통해 문제점에 대한 해결책을 언급하고 있음을 알 수 있다.

05 고쳐 쓰기 계획의 적절성 판단   정답률 84% | 정답 ④

(나)를 참고하여 '학생 1'이 (가)를 고쳐 쓰기 위해 세운 계획으로 적절하지 않은 것은?

문단	고쳐 쓰기 계획
둘째 문단	'두뇌 스포츠는 두뇌를 활용하여 상대와 수 싸움을 하는 게임입니다.'라는 내용을 추가해야겠군. ····· ①
	'실제로 국내외 여러 스포츠 대회에서 바둑 경기가 정식 종목으로 채택되었습니다.'라는 내용을 '실제로 바둑은 2016년 전국체육대회와 2010년 광저우 아시안게임에서 정식 종목으로 채택되었습니다.'라는 내용으로 수정하겠군. ····· ②
셋째 문단	마지막 문장에서 '체력 강화'라는 내용을 삭제해야겠군. ····· ③
	'바둑 기사 △△△ 9단은 언론 인터뷰에서, "바둑판은 넓지 않지만 경우의 수가 너무 많다. 한계가 없는 것이 바둑의 가장 큰 매력이다."라고 말했습니다.'라는 내용을 추가해야겠군. ····· ④
넷째 문단	둘째 문장을 '하지만 스포츠 축제 당일 오후에는 체육관을 사용할 수 있다고 하니 이러한 우려는 해소될 것입니다.'라는 내용으로 수정해야겠군. ····· ⑤

① '두뇌 스포츠는 두뇌를 활용하여 상대와 수 싸움을 하는 게임입니다.'라는 내용을 추가해야겠군.
　'학생 2'가 '예상 독자에게 두뇌 스포츠라는 말이 ~ 둘째 문단에 넣어주자.'라고 하고 있고, '학생 1'은 이에 동의하고 있다. 그리고 고쳐 쓰기 계획에서 두뇌 스포츠의 개념을 제시하고 있으므로 적절하다.

② '실제로 국내외 여러 스포츠 대회에서 바둑 경기가 정식 종목으로 채택되었습니다.'라는 내용을 '실제로 바둑은 2016년 전국체육대회와 2010년 광저우 아시안게임에서 정식 종목으로 채택되었습니다.'라는 내용으로 수정해야겠군.
　'학생 2'는 '2016년 전국체육대회부터 바둑이 정식 종목으로 채택됐다는 기사'를 넣자고 하고 있고, '학생 1'은 '국제 스포츠 경기 대회 관련 정보도 찾아서 반영'하자고 하고 있다. 그리고 고쳐 쓰기 계획에서 이러한 내용을 언급하고 있으므로 적절하다.

③ 마지막 문장에서 '체력 강화'라는 내용을 삭제해야겠군.
　'학생 3'은 '그런데 셋째 문단에서 ~ 좀 이상한 것 같아.'라고 하자 '학생 2'도 '두뇌 스포츠는 보통 ~ 타당성이 떨어지는 것 같아.'라고 말하고 있다. 그리고 '학생 1' 역시 동의하고 있으므로, '체력 강화'라는 내용을 삭제해야겠다는 고쳐 쓰기 계획은 적절하다.

☑ **'바둑 기사 △△△ 9단은 언론 인터뷰에서, "바둑판은 넓지 않지만 경우의 수가 너무 많다. 한계가 없는 것이 바둑의 가장 큰 매력이다."라고 말했습니다.'라는 내용을 추가해야겠군.**
　(나)에서 '학생 2'는 '두뇌 스포츠가 상대를 존중하는 스포츠맨십을 길러 준다는 내용에 대한 근거를 제시해 주면 좋겠다'고 말하자, '학생 3'은 '셋째 문단에 그런 내용을 언급한 두뇌 스포츠 선수의 말을 인용'하자 말하고 있고, '학생 1'은 이러한 제안에 동의하고 있다. 그런데 고쳐 쓰기 계획을 보면 바둑 기사 △△△ 9단의 말을 인용하고 있지만, 인용 내용이 상대를 존중하는 스포츠맨십을 길러 주는 것과는 관련이 없으므로 적절하지 않다.

⑤ 둘째 문장을 '하지만 스포츠 축제 당일 오후에는 체육관을 사용할 수 있다고 하니 이러한 우려는 해소될 것입니다.'라는 내용으로 수정해야겠군.
　'학생 3'의 '두뇌 스포츠 경기를 ~ 정말 가능할까?'라는 의문에 '학생 2'는 '안 그래도 ~ 가능하다고 하셨어.'라고 대답하고 있고, '학생 1'은 '체육관 사용이 가능한 시간을 반영하여 글을 수정하게.'라고 하고 있다. 그리고 고쳐 쓰기 계획에서 이러한 내용이 반영되어 있음을 알 수 있으므로 적절하다.

06 말하기 방식의 파악   정답률 90% | 정답 ④

[A] ~ [C] 담화에 대한 설명으로 가장 적절한 것은?

① [A]에서 '학생 2'는 '학생 3'의 의견에 대해 반박하며 새로운 의견을 제시하고 있다.
　[A]에서 '국내외 여러 ~ 구체적인 내용을 적어 주자.'라는 '학생 3'의 의견에 '학생 2'는 '우리가 수집한 ~ 넣으면 좋겠어.'라고 동조하고 있다.

② [B]에서 '학생 2'는 '학생 1'의 말을 재진술하며 '학생 1'의 의견에 공감하고 있다.
　[B]에서 '학생 2'는 '학생 1'의 말을 재진술하지 않고 있고, '하지만 두뇌 스포츠는 ~ 타당성이 떨어지는 것 같아.'라고 하며 '학생 1'의 의견에 공감하고 있지 않다.

③ [B]에서 '학생 1'은 '학생 3'의 의견을 수용하면서 '학생 2'의 의견에는 반대하고 있다.
　[B]에서 '학생 1'은 '학생 2'의 '하지만 두뇌 스포츠는 보통 ~ 타당성이 떨어지는 것 같아.'라는 의견을 수용하고 있다.

✓ [C]에서 '학생 1'은 '학생 3'이 제기한 의문을 해소하기 위한 방안을 제안하고 있다.
[C]에서 '학생 3'은 '두뇌 스포츠 경기를 ~ 정말 가능할까?'라고 의문을 제기하고 있고, '학생 1'이 그 의문을 해소하기 위한 방안으로 '스포츠 축제 담당 선생님께 여쭤 보자'는 제안을 하고 있으므로 적절하다.

⑤ [C]에서 '학생 1'은, '학생 2'와 '학생 3'의 대립된 주장에 대해 절충안을 제시하고 있다.
[C]에서 '학생 2'와 '학생 3'은 대립된 주장을 하고 있지 않다.

★★★ 등급을 가르는 문제!

07 조건에 따른 글쓰기 · 정답률 46% | 정답 ④

ⓐ를 반영하여 (가)의 마무리 부분을 작성한 것으로 가장 적절한 것은?

① 두뇌 스포츠를 스포츠 축제 경기 종목으로! 두뇌 스포츠를 좋아하는 학생들을 위해 두뇌 스포츠를 스포츠 축제 경기 종목으로 채택하여 주십시오.
'두뇌스포츠를 스포츠 축제 경기 종목으로 채택'하여 달라고 하여 건의를 수용해 줄 것을 촉구하는 내용을 직접적으로 포함하고 있지만, 비유적 표현을 활용하지는 않고 있다.

② 흔히 바둑을 신선놀음이라고 합니다. 뜨거운 땀이 가득한 스포츠 축제 때 우리 모두 바둑이 선물하는 시원한 한 줄기 여유도 느낄 수 있을 것입니다.
'신선놀음', '바둑이 선물하는 시원한 한 줄기 여유'와 같은 비유적 표현을 활용하고 있지만, 건의를 수용해 줄 것을 직접적으로 촉구하는 내용은 포함하고 있지 않다.

③ 이번 스포츠 축제가 학생들의 큰 호응을 얻는 성공적인 행사가 될 것이라고 믿습니다. 학생들의 열정이 불꽃이 되어 타오르는 그날이 기대되지 않으세요?
'열정이 불꽃이 되어'와 같은 비유적 표현을 활용하고 있지만, 건의를 수용해 줄 것을 촉구하는 내용은 포함하고 있지 않다.

✓ 두뇌 스포츠는 이번 스포츠 축제의 기획 의도를 제대로 살릴 수 있는 일등 공신이 될 것입니다. 두뇌 스포츠를 스포츠 축제 경기 종목에 꼭 포함시켜 주십시오.
'학생 3'은 '건의를 수용해 줄 것을 촉구하는 내용이 직접적으로 드러나'도록 글을 마무리하자고 하고, '학생 2'는 전달 효과를 높이기 위해 비유적 표현도 활용하자고 말하고 있다.
④에서는 '두뇌 스포츠를 스포츠 축제 경기 종목에 꼭 포함시켜' 달라고 하여 건의를 수용해 줄 것을 촉구하는 내용을 직접적으로 제시하고 '일등 공신'이라는 비유적 표현도 활용하고 있다.

⑤ 스포츠 축제를 학생들이 함께 즐길 수 있는 행사로 만들어야 하지 않을까요? 다시 한 번 두뇌 스포츠를 스포츠 축제 경기 종목에 포함시켜 주시기를 요청합니다.
'두뇌 스포츠를 스포츠 축제 경기 종목에 포함시켜' 달라고 하여 건의를 수용해 줄 것을 촉구하는 내용을 포함하고 있지만, 비유적 표현을 활용하지는 않고 있다.

★★ 문제 해결 꿀~팁 ★★

▶ 많이 틀린 이유는?
(나)에 제시된 글쓰기 조건을 정확하게 파악하지 못하였거나, 선택지에서 비유적 표현 사용과 '건의 수용 촉구' 사용 여부에 대해 착각을 하여 오답률이 높았던 것으로 보인다.

▶ 문제 해결 방법은?
(나)를 통해 '마무리 부분'에 대한 조건, 즉 '건의를 수용해 줄 것을 촉구하는 내용을 직접적으로 드러내도'록 하는 것과 '비유적 표현도 활용'하는 것을 파악해야 한다. 그런 다음 선택지에서 이 두 가지 조건이 활용되었는지 여부를 판단할 수 있어야 한다. 한편 이처럼 글쓰기 조건을 제시하고 선택지를 통해 파악하는 문제의 경우, 표현상 특징을 먼저 확인한 다음, 내용상 조건을 충족하는 선택지를 찾는 방법으로 문제를 해결하면 한결 수월할 것이다.

▶ 오답인 ②를 많이 선택한 이유는?
이 문제의 경우 ②를 선택한 학생들이 많았는데, ②의 경우 비유적 표현이 사용되었고, 내용 역시 건의를 수용해 줄 것을 언급하고 있다고 생각했기 때문으로 보인다. 그런데 이는 조건에 언급된 '건의를 수용해 줄 것을 촉구하는 내용을 직접적으로 드러내도'록 해야 한다는 내용을 정확히 반영하지 않은 것이므로 적절하지 못하다. 이처럼 조건을 정확히 읽지 못하면 잘못된 선택을 할 수 있으므로 글쓰기 조건이 무엇인지 정확히 읽을 수 있도록 해야 한다.

[08~10] 작문

08 작문 계획의 적절성 파악 · 정답률 71% | 정답 ⑤

다음은 (나)를 쓰기 위해 떠올린 생각이다. (가)를 참고하여 ⓐ ~ ⓔ를 점검한 내용 중 (나)에 반영되지 않은 것은?

> ⓐ 중심화제에 대해 어떻게 독자의 관심을 유도할까?
> ⓑ 항생제란 무엇일까?
> ⓒ 항생제를 오남용하는 실태는 어느 정도일까?
> ⓓ 항생제 오남용이 문제가 되는 이유는 무엇일까?
> ⓔ 항생제 오남용 방지를 위한 실천 방안은 무엇일까?

① ⓐ : 예상 독자를 고려하여 문제 상황을 알 수 있는 통계자료를 활용해야겠어.
(나)에 연장된 평균 수명 나이, 항생제 내성균에 의한 사망자 수, 매일 항생제를 복용하는 비율에 대한 통계 자료를 활용하고 있다.

② ⓑ : 중심 화제를 쉽게 이해할 수 있도록 항생제의 개념과 효과를 설명해야겠어.
(나)에 중심 화제를 쉽게 이해할 수 있도록 항생제의 개념과 효과를 설명하고 있다.

③ ⓒ : 문제 상황을 드러내기 위해 다른 나라와 비교해서 오남용 실태를 제시해야겠어.
(나)에 문제 상황을 드러내기 위해 우리나라 사람이 매일 항생제를 복용하는 비율과 OECD 회원국을 비교해서 실태를 제시하고 있다.

④ ⓓ : 글의 목적을 고려하여 항생제 오남용으로 인해 초래될 부정적 상황을 언급해야겠어.
(나)에 항생제 오남용으로 인하여 항생제에 대한 내성이 생기면 가벼운 질병에도 위험할 수 있다는 부정적 상황을 언급하고 있다.

✓ ⓔ : 주제와의 관련성을 고려하여 개인적·사회적 차원에서의 실천 방안을 제안해야겠어.

떠올린 생각과 작문 내용을 비교해 볼 때, (나)에는 항생제 오남용 방지를 위한 실천 방안 중 개인적 차원의 방안만 나타나 있고 사회적 차원의 실천 방안은 나타나 있지 않다.

09 표제와 부제 정하기 · 정답률 81% | 정답 ①

(나)의 글을 신문에 실을 때, 표제와 부제로 가장 적절한 것은?

✓ 양날의 검, 항생제
  – 적정 사용으로 내성 예방
(나)는 항생제의 긍정적인 면과 부정적인 면, 오남용 실태, 오남용 방지를 위한 실천 방안으로 구성되어 있으므로, 이러한 내용을 반영한 표제와 부제를 찾아야 한다. ①에서는 항생제의 긍정적인 면과 부정적인 면이 모두 표제에 제시되어 있고, 항생제를 적정하게 사용해야만 내성을 예방할 수 있다는 내용으로 부제를 붙임으로써 긍정적인 면과 부정적인 면에 대한 실천 방안이 제시되어 있어서 글의 표제와 부제로 적절하다.

② 세균 생장 억제하는 항생제 – 바이러스성 질환엔 무용
표제와 부제에 항생제 오남용을 방지하기 위한 실천 방안에 대해서는 내용이 언급되어 있지 않아 글 전체의 내용을 정확히 표현해 주는 표제와 부제로는 부족하다.

③ 예방적 차원의 항생제 처방 – 내성률 감소로 평균 수명 연장
예방적 차원의 항생제 처방은 항생제를 오남용하지 않아야 한다는 글의 내용과 일치하지 않으므로 표제로 적절하지 않다.

④ 항생제에 대한 오해와 진실 – 유전자 변이 항생제, 면역 체계 파괴
유전자 변이가 발생하는 것은 내성균이지 항생제가 아니므로 글의 내용과 일치하지 않아 부제로 적절하지 않다.

⑤ 세균성 감염병 치료제, 항생제 – 슈퍼박테리아 출현으로 더 큰 질병 유발
표제와 부제에 항생제 오남용을 방지하기 위한 실천 방안에 대해서는 내용이 언급되어 있지 않아 글 전체의 내용을 정확히 표현해 주는 표제와 부제로는 부족하다.

10 자료 활용 방안의 적절성 판단 · 정답률 75% | 정답 ⑤

〈보기〉는 (나)를 보완하기 위해 추가로 수집한 자료이다. 자료의 활용 방안으로 적절하지 않은 것은? [3점]

──── 〈보 기〉 ────

ㄱ. 설문 자료
ㄱ-1. 항생제 사용에 대한 인식

설문 대상 : 전국 만 20세 이상의 성인 남녀 1000명

1. 열이 날 때 집에 보관해 둔 항생제를 임의로 복용한 적이 있다.	18.5%
2. 증상이 좋아지면 처방된 항생제를 임의로 중단해도 된다.	67.5%
3. 항생제 복용이 감기 치료에 도움이 된다.	56.4%

ㄱ-2. 항생제 처방 실태

설문 대상 : 자발적으로 참여한 의사 864명

1. 열과 기침으로 내원한 환자의 감염 원인이 세균인지 아닌지 알 수 없는 상황에서 항생제를 처방한 적이 있다.	50.1%
2. 항생제가 필요하지 않은 경우에도 항생제를 처방한 적이 있다.	43.6%

2-1. 항생제가 필요하지 않은 경우에도 항생제를 처방하는 이유

추적 관찰이 필요하나 환자가 다시 내원하지 않을 것 같아서 (5.9%)
환자에게 설명할 시간이 부족해서 (5.9%)
환자 상태가 악화될 것이 걱정되어서 (45.9%)
환자의 요구가 있어서 (42.3%)

(질병관리본부, 2017)

ㄴ. 보고서
항생제 사용 및 내성에 대한 교육이 항생제에 대한 인식 개선에 높은 효과가 있는 것으로 확인되었다. 전국 55개 학교에서 보건교사가 '올바른 항생제 사용, 건강한 대한민국'이라는 주제로 수업을 실시하고 학생들의 인식 변화를 조사하였다. 그 결과 학생들이 감기를 치료하는 데 항생제가 효과가 없다는 것과 항생제로 치료하는 중 임의로 항생제 복용을 중단해서는 안 된다는 사실을 알게 된 비율이 30% 이상씩 높아진 것으로 나타났다.

ㄷ. 전문가 인터뷰
"우리나라 국민의 항생제에 대한 내성률은 67.7%로 프랑스 20%, 영국 13.6%에 비해 현저히 높습니다. 항생제에 대한 내성률을 감소시키기 위한 대책에는 항생제 오남용 방지, 철저한 병원 감염 관리, 새로운 항생제의 개발 및 백신의 보급 등이 있습니다. 특히 항생제의 오남용은 항생제 내성 발생의 가장 중요한 위험 요인으로 알려져 있고, 항생제 사용량이 많을수록 내성률도 높습니다."
– □□□ 연구원 –

① ㄱ-1과 ㄱ-2를 활용하여 항생제를 처방하는 의사와 처방 받는 환자 모두 인식 개선이 필요하다는 내용을 추가한다.
ㄱ-1과 ㄱ-2를 활용하여 의사와 환자 모두 인식 전환이 필요하다는 내용을 추가할 수 있으므로 적절하다.

② ㄱ-2를 활용하여 의사들의 적절한 항생제 처방이 필요하다는 내용을 추가한다.
ㄱ-2를 활용하여 항생제를 적절히 처방하는 것이 필요하다는 내용을 추가할 수 있으므로 적절하다.

③ ㄴ을 활용하여 항생제 오남용 방지를 위한 교육이 필요하다는 내용을 추가한다.
ㄴ을 활용하여 항생제 오남용 방지를 위한 교육이 필요하다는 내용을 추가할 수 있으므로 적절하다.

④ ㄷ을 활용하여 항생제 사용량과 내성률의 상관관계를 바탕으로 항생제를 오남용하지 말아야 함을 강조한다.
ㄷ을 활용하여 항생제를 오남용하지 말아야 한다는 내용을 강조할 수 있으므로 적절하다.

✓ ㄱ-2와 ㄷ을 활용하여 항생제 오남용으로 인한 문제를 개선하기 위해서는 정부의 적극적인 지원이 필요함을 추가한다.

〈보기〉의 ㄱ-1은 항생제 사용에 대한 일반인들의 잘못된 인식에 관한 설문 자료이며, ㄱ-2는 의사들이 항생제가 필요하지 않은 경우에도 항생제를 처방하는 경우에 관한 설문 자료이다. 그리고 ㄴ은 항생제 사용 및 내성에 관한 교육과 인식 개선의 관계에 대한 보고서 자료이며, ㄷ은 한국인의 내성률을 감소시키기 위해 필요한 해결 방안에 대한 전문가 인터뷰 자료이다.

이러한 자료 내용을 바탕으로 항생제 오남용으로 인한 문제 개선을 위해 정부의 적극적인 지원이 필요하다는 내용과 ㄱ-2는 관련이 없으므로 적절하지 않다.

[11~15] 문법

11 한글 맞춤법 탐구 정답률 61% | 정답 ③

윗글을 바탕으로 〈보기〉를 탐구한 내용으로 적절하지 않은 것은? [3점]

〈보 기〉
ㅇ 먹을 것은 많았지만, 마음 편히 먹고 있을 수만은 없었다.
　　@　　ⓑ　　　　　　　　　ⓒ
ㅇ 집으로 돌아오다가 너무 지쳐 쓰러질 뻔했다.
　　　ⓓ　　　　　　　　ⓔ

① @는 용언의 어간 '먹-'에 어미 '-을'이 결합했으므로 형태를 밝히어 적었군.
4문단에서 용언의 어간에 어미가 붙는 경우에 형태를 밝혀 적음을 알 수 있으므로, 용언의 어간 '먹-'에 어미 '-을'이 결합한 '먹을'은 형태소를 밝혀 적어야 한다.

② ⓑ는 체언 '것'에 조사 '은'이 붙었으므로 형태를 밝히어 적었군.
4문단에서 체언에 조사가 붙는 경우 형태를 밝히어 적음을 알 수 있다. 그러므로 체언인 의존 명사 '것'에 조사 '은'이 결합한 '것은'은 형태소를 밝혀 적어야 한다.

✔ ⓒ는 실질 형태소 '수'와 형식 형태소 '만', '은'이 결합했으므로 형태를 밝히어 적지 않았군.
4문단을 보면 체언에 조사가 붙는 경우 형태를 밝히어 적는다 하고 있다. 그러므로 '수만은'에서 '수'는 체언인 의존 명사이고, '만'과 '은'은 보조사이므로 형태를 밝히어 적은 것이다.

④ ⓓ는 앞말의 본뜻이 유지되고 있으므로 형태를 밝히어 적었군.
5문단에서 두 개의 용언이 어울려 한 개의 용언이 될 때에 앞말의 본뜻이 유지되고 있는 것은 그 원형을 밝힌다 하고 있다. 따라서 '돌아오다'는 앞말의 본 뜻이 유지되고 있으므로 형태를 밝혀 적어야 한다.

⑤ ⓔ는 앞말이 본뜻에서 멀어졌으므로 형태를 밝히어 적지 않았군.
5문단에서 앞말이 그 본뜻에서 멀어진 것은 원형을 밝히어 적지 않는다고 하였다. '쓰러질'은 앞말이 본뜻에서 멀어진 것에 해당하므로 형태를 밝혀 적지 않은 것이다.

12 한글 맞춤법의 적용 정답률 56% | 정답 ②

윗글의 ㉠ ~ ㉢에 해당하는 예로 적절하지 않은 것은?

① ㉠ : 나는 고양이에게 먹이를 주었다.
'먹이' 뒤에 조사 '를'이 붙어 있으므로, 용언의 어간 '먹-'에 '-이'가 붙어 명사가 된 경우다.

✔ ㉠ : 모두들 그의 정신력을 높이 칭찬했다.
㉠은 용언의 어간에 '-이'나 '-음/-ㅁ'이 붙어서 명사로 된 것을 가리킨다. 그런데 '높이'는 용언의 어간 '높-'에 접미사 '-이'가 붙어 부사가 된 경우이므로 ㉡의 예에 해당한다.

③ ㉡ : 나는 그 사실을 익히 들어 알고 있다.
'익히'가 뒤에 제시된 용언 '들어'를 수식하고 있으므로, 용언의 어간 '익-'에 '-히'가 붙어 부사가 된 것이다.

④ ㉢ : 그는 상처에서 흐르는 고름을 닦았다.
'고름'은 용언 '곯다'의 어간 '곯-'에 '-음'이 붙어 명사로 바뀐 것이지만, 어간의 뜻과 멀어져 원형을 밝히어 적지 않은 것이다.

⑤ ㉢ : 그들은 새로 만든 도로의 너비를 측정했다.
'너비'는 용언 '넓다'의 어간 '넓-'에 '-이'가 붙어 명사로 바뀐 것이지만, 어간의 뜻과 멀어져 원형을 밝히어 적지 않은 것이다.

● 문법 필수 개념
■ 한글 맞춤법 표준어 규정
1. 어간에 명사형, 부사형 접미사가 붙은 경우 – 원형을 밝힘.

어간에 '-이'나 -음 / -ㅁ'이 붙어서 명사로 된 것과 '-이'나 '-히'가 붙어서 부사로 된 것은 그 어간의 원형을 밝히어 적음.

| '-이'나 '-음/-ㅁ'이 붙어서 명사로 된 것 | 깊이, 쇠붙이, 걸음, 만듦 |
| '-이'나, '-히'가 붙어서 부사로 된 것 | 길이, 높이, 익히, 작히 |

2. 원형을 밝히지 않음.

| 어간에 '-이'나 '-음'이 붙어서 명사로 바뀐 것이라도 그 어간의 뜻과 멀어진 것은 원형을 밝히어 적지 아니한다. | 코끼리, 거름 |
| 어간에 '-이'나 '-음' 이외의 모음으로 시작된 접미사가 붙어서 다른 품사로 바뀐 것은 그 어간의 원형을 밝히어 적지 아니함 | |

3. 명사 뒤에 '-이'가 붙은 경우 – 원형을 밝힘.

명사 뒤에 '-이'가 붙어서 된 말은 그 명사의 원형을 밝히어 적음.		
부사로 된 것	곳곳이, 앞앞이
명사로 된 것	바둑이, 삼발이

4. '-이' 이외의 모음으로 시작된 접미사가 붙은 경우 – 원형을 밝히지 않음.

| '-이' 이외의 모음으로 시작된 접미사가 붙어서 된 말은 그 명사의 원형을 밝히어 적지 아니함. | 꼬락서니, 이파리, 지붕 |

13 음운 변동의 이해 정답률 61% | 정답 ⑤

〈보기〉를 참고하여 음운 변동 사례에 대해 이해한 것으로 적절하지 않은 것은?

〈보 기〉
음운의 변동은 어떤 음운이 다른 음운으로 바뀌는 교체, 어떤 음운이 없어지는 탈락, 새로운 음운이 생기는 첨가, 두 음운이 하나의 음운으로 합쳐지는 축약으로 구분된다.

① '밥물[밤물]'이 발음될 때에는 'ㅂ'이 'ㅁ'의 영향을 받아 'ㅁ'으로 교체되는 현상이 일어난다.
'밥물'은 앞의 'ㅂ'이 뒤의 'ㅁ'의 영향을 받아 'ㅁ'으로 교체되어 [밤물]로 발음되는 교체 현상이 일어난다.

② '광한루[광:할루]'가 발음될 때에는 'ㄴ'이 'ㄹ'의 영향을 받아 'ㄹ'로 교체되는 현상이 일어난다.
'광한루'는 두 번째 글자의 'ㄴ'이 뒤의 'ㄹ'의 영향을 받아 'ㄹ'로 교체되어 [광할루]로 발음되는 교체 현상이 일어난다.

③ '좋아[조:아]'가 발음될 때에는 모음으로 시작되는 어미와 만나 'ㅎ'이 탈락하는 현상이 일어난다.
'좋아'는 모음으로 시작되는 어미와 만나 'ㅎ'이 탈락하여 [조아]로 발음되는 탈락 현상이 일어난다.

④ '색연필[생년필]'이 발음될 때에는 첨가되는 'ㄴ'으로 인해 'ㄱ'이 'ㅇ'으로 교체되는 현상이 일어난다.
'색연필'은 'ㄴ'이 첨가되어 [색년필]로 바뀐 후, 이로 인해 앞의 'ㄱ'이 'ㅇ'으로 교체되어 [생년필]로 발음되는 교체 현상이 일어난다.

✔ '옷 한 벌[오탄벌]'이 발음될 때에는 'ㅅ'이 탈락한 후 첨가되는 'ㄷ'이 'ㅎ'과 만나 'ㅌ'으로 축약되는 현상이 일어난다.
'옷 한 벌'은 '옷'의 'ㅅ'이 'ㄷ'으로 교체되어 [옫]으로 발음된 후 'ㅎ'과 만나 'ㅌ'으로 축약되어 [탄]으로 발음되는 축약 현상이 일어난다. 따라서 'ㅅ'이 탈락하거나 'ㄷ'이 첨가되는 현상은 일어나지 않는다.

● 문법 필수 개념
■ 음운의 축약과 탈락
1. 음운의 축약 : 두 음운이 합쳐져서 하나의 음운이 되는 현상
(1) 자음 축약 : 'ㅂ, ㄷ, ㄱ, ㅈ'과 'ㅎ'이 서로 만나면 'ㅍ, ㅌ, ㅋ, ㅊ'이 되는 것이다.
예 좋고 → [조코] / 잡히다 → [자피다] / 옳지 → [올치] / 닫히다 → [다티다] → [다치다]
(2) 모음 축약 : 서로 다른 두 형태소가 서로 만날 때에 앞뒤 형태소의 두 음절이 한 음절로 줄어드는 것이다. 이 때 'ㅣ'와 'ㅗ/ㅜ'는 반모음으로 바뀐다.
예 오+아서 → 와서 / 뜨+이다 → 띄다 / 가지+어 → 가져 / 두+었다 → 뒀다
2. 음운의 탈락 : 앞뒤 형태소의 두 음운이 마주칠 때, 그중 한 음운이 완전히 탈락하는 현상
(1) 자음 탈락
① 자음군 단순화 : 음절 끝의 겹받침 가운데 하나가 탈락하고 하나만 발음되는 현상
예 몫 → [목], 앉고 → [안꼬], 넓다 → [널따],
닭 → [닥], 젊다 → [점따], 옳지 → [올찌],
읽지 → [익찌]
② 'ㄹ' 탈락 : 합성과 파생 과정이나 동사나 형용사의 활용 과정에서 'ㄹ'이 탈락하는 현상
예 다달이(달-달-이), 따님(딸-님)
③ 'ㅎ'의 탈락 : 활용 과정에서 'ㅎ'이 탈락하는 현상
예 많아 [마:나], 않은 [아는], 닳아 [다라]
④ 'ㅅ'의 탈락 : 동사의 어간 끝 자음 'ㅅ'이 모음 어미 앞에서 탈락하는 현상
예 긋+어[그어], 긋+으니[그으니], 짓+에[지어], 짓+었다[지었다]
(2) 모음 탈락
① 'ㅡ' 탈락 : 활용 과정에서 'ㅡ'가 탈락되는 현상
예 뜨다 → 떠, 떴다, 크다 → 커, 컸다, 담그다 → 담가, 담갔다
② 'ㅏ' 탈락 : 활용 과정에서 'ㅏ' 가 탈락되는 현상
예 타았다 → 탔다
③ 동음 탈락 : 활용 과정에서 동음이 탈락되는 현상
예 서어 → 서, 켜어 → 켜, 펴었다 → 폈다

14 표준 발음법의 이해 정답률 77% | 정답 ①

〈보기〉는 표준 발음법의 된소리되기 중 일부이다. ㉠과 ㉡에 해당하는 예가 바르게 짝지어진 것은?

〈보 기〉
㉠ 받침 'ㄱ(ㄲ, ㅋ, ㄳ, ㄺ), ㄷ(ㅅ, ㅆ, ㅈ, ㅊ, ㅌ), ㅂ(ㅍ, ㄼ, ㄿ, ㅄ)' 뒤에 연결되는 'ㄱ, ㄷ, ㅂ, ㅅ, ㅈ'은 된소리로 발음한다.
㉡ 어간 받침 'ㄴ(ㄵ), ㅁ(ㄻ)' 뒤에 결합되는 어미의 첫소리 'ㄱ, ㄷ, ㅅ, ㅈ'은 된소리로 발음한다.

| ㉠ | ㉡ |

✔ 늦게[늗께]　　엎다[언따]
'늦게'는 받침 'ㅈ' 뒤에 연결되는 'ㄱ'이 된소리가 되어 [늗께]로 발음되므로 〈보기〉의 ㉠에 해당한다. 그리고 '엎다'는 어간 받침 'ㄵ' 뒤에 결합되는 어미의 첫소리 'ㄷ'이 된소리가 되어 [언따]로 발음되므로 〈보기〉의 ㉡에 해당한다.

② 옆집[엽찝]　　있고[읻꼬]
'옆집[엽찝]'과 '있고[읻꼬]' 모두 〈보기〉의 ㉠에 해당한다.

③ 국수[국쑤]　　늙다[늑따]
'국수[국쑤]'와 '늙다[늑따]' 모두 〈보기〉의 ㉠에 해당한다.

④ 묶어[무꺼]　　껴안다[껴안따]
'묶어[무꺼]'는 앞말의 'ㄲ'이 뒤의 모음에 연음이 된 것이므로 〈보기〉의 규정과는 상관이 없다.

⑤ 앉다[안따]　　머금다[머금따]
'앉다[안따]', '머금다[머금따]' 모두 〈보기〉의 ㉡에 해당한다.

● 문법 필수 개념
■ 된소리되기
1. 개념 : 예사소리(ㄱ, ㄷ, ㅂ, ㅅ, ㅈ)가 된소리로 바뀌어 소리 나는 현상
* ㄱ, ㄷ, ㅂ, ㅅ, ㅈ → [ㄲ, ㄸ, ㅃ, ㅆ, ㅉ]으로 발음

2. 된소리되기 실현 여부

'ㄱ(ㄲ, ㅋ, ㄳ, ㄺ), ㄷ(ㅅ, ㅆ, ㅈ, ㅊ, ㅌ), ㅂ(ㅍ, ㄼ, ㄿ, ㅄ)'으로 발음되는 받침 뒤에 'ㄱ, ㄷ, ㅂ, ㅅ, ㅈ'이 오는 경우	닭장[닥짱], 뻗대다[뻗때다]
'ㄴ(ㄵ), ㅁ(ㄻ)'으로 발음되는 용언의 어간 받침 뒤에 첫소리가 'ㄱ, ㄷ, ㅅ, ㅈ'인 어미가 오는 경우	신고[신꼬], 앉고[안꼬]
'ㄼ, ㄾ'로 발음되는 용언의 어간 받침 뒤에 첫소리가 'ㄱ, ㄷ, ㅅ, ㅈ'인 어미가 오는 경우	핥다[할따], 훑소[훌쏘]
한자어에서, 'ㄹ' 받침 뒤에 연결되는 'ㄷ, ㅅ, ㅈ'이 오는 경우	갈등[갈뜽], 발달[발딸]
관형사형 어미 '-(으)ㄹ' 뒤에 'ㄱ, ㄷ, ㅂ, ㅅ, ㅈ'이 오는 경우	갈 곳[갈꼳], 할 적에[할쩌게]

* 유의
1) 피동, 사동의 접미사 '-기-'는 된소리로 발음하지 않음. 예 안기다, 감기다
2) 같은 한자가 겹쳐진 단어의 경우에는 된소리로 발음하지 않음. 예 허허실실[허허실실]

---

15 사전 활용의 적절성 파악   정답률 74% | 정답 ②

〈보기〉는 단어 학습을 위해 활용한 사전의 일부이다. 탐구 결과로 적절하지 <u>않은</u> 것은?

─〈보 기〉─

개다¹ 「동」
「1」 흐리거나 궂은 날씨가 맑아지다.
¶ 비가 개다.
「2」 (비유적으로) 언짢거나 우울한 마음이 개운하고 홀가분해지다.
¶ 마음이 활짝 개다.

개다² 【…을】【…을 …에】
가루나 덩이진 것에 물이나 기름 따위를 쳐서 서로 섞이거나 풀어지도록 으깨거나 이기다.

개다³ 【…을】
옷이나 이부자리 따위를 겹치거나 접어서 단정하게 포개다.
¶ 이부자리를 개고 방을 청소하다.

① '개다¹', '개다²', '개다³'은 동음이의어이다.
　개다¹, 개다², 개다³은 사전에 각각 별개로 표시되어 있으므로 동음이의어이다.

☑ '개다¹' 「1」의 용례로 '기분이 개다.'를 추가할 수 있다.
　'기분이 개다.'는 '(비유적으로) 언짢거나 우울한 마음이 개운하고 홀가분해지다.'의 의미이므로 개다¹ 「2」의 용례에 해당한다.

③ '개다²'의 용례로 '가루약을 찬물에 개어 먹다.'를 들 수 있다.
　'개다²'의 뜻을 볼 때 제시된 용례는 적절하다.

④ '개다³'의 반의어로 '펴다'를 들 수 있다.
　개다³의 뜻을 보아 반의어로 '이불을 펴다.'의 '펴다'는 적절하다.

⑤ '개다¹'은 '개다³'과 달리 목적어를 필요로 한다.
　개다¹은 목적어를 필요로 한다는 표시가 없지만, 개다³은 【…을】이라고 표시되어 있어 목적어를 필요로 함을 알 수 있다.

[16~45] 독서 · 문학

16~20 인문·예술

연혜경, 「니체의 예술 철학과 표현주의」

해제 이 글은 서양 철학의 주류적 입장을 부정하는 니체의 철학이 표현주의 예술에 미친 영향을 설명하고 있다.
이 글에서는 먼저 서양 철학이 존재에 대한 물음에서 시작되었음을 언급하면서, **파르메니데스, 헤라클레이토스, 플라톤**의 존재에 대한 생각을 드러내 주고 있다. 그런 다음 플라톤의 견해를 바탕으로 한 서양 철학의 주류적 입장에 대해 비판한 니체의 인식을 드러내면서, **니체가 예술가의 창작 활동을 '힘에의 의지'로 보면서 예술을 통해 생명력을 회복하고 허무를 극복할 수 있다고 주장하였음**을 밝히고 있다. 그리고 니체의 철학에 영향을 받은 표현주의의 특징, 표현주의가 추구한 가치, 표현주의의 의의에 대해 언급해 주고 있다.

주제 니체의 철학적 견해와 이에 영향을 받은 표현주의의 가치 및 의의

문단 핵심 내용

1문단	존재에 대한 서양 철학자들의 인식
2문단	플라톤 견해를 바탕으로 한 서양 철학의 주류적 입장을 비판한 니체
3문단	예술을 통해 생명력 회복과 허무 극복을 강조한 니체의 '힘에의 의지'
4문단	인간의 감정과 충동을 표현한 표현주의의 특징
5문단	표현주의가 추구한 가치와 표현주의의 의의

---

16 내용 전개 방식의 파악   정답률 83% | 정답 ⑤

윗글에 대한 설명으로 가장 적절한 것은?

① 니체의 철학적 개념을 예술 양식의 발전 단계에 따라 정리하고 있다.
　예술 양식의 발전 단계는 찾아볼 수 없다.

② 예술에 대한 니체의 견해가 시대에 따라 달리 평가받는 원인을 분석하고 있다.
　예술에 대한 니체의 견해가 시대에 따라 달리 평가받는다는 내용은 찾아볼 수 없다.

③ 예술에 대한 니체의 시각과 서양 철학의 주류적 입장의 장단점을 비교하고 있다.
　예술에 대한 니체의 시각과 서양 철학의 주류적 입장에 대해 언급하고 있지만, 이 둘의 장단점을 비교하지는 않고 있다.

④ 예술에 대한 여러 철학자들의 견해가 니체에 의해 통합되는 과정을 살펴보고 있다.
　예술에 대한 니체의 견해만 드러날 뿐, 예술에 대한 여러 철학자의 견해는 제시되지 않고 있다.

☑ 서양 철학의 주류적 입장을 부정하는 니체의 철학이 예술에 미친 영향을 설명하고 있다.
　이 글에서는 먼저 존재에 대한 파르메니데스, 헤라클레이토스, 플라톤의 견해를 제시한다. 그 후 플라톤의 철학적 견해를 바탕으로 한 서양 철학의 주류적 입장을 비판한 니체의 철학적 견해를 제시한다. 그리고 이러한 니체의 견해에 영향을 받은 표현주의의 특징, 가치, 의의를 설명하고 있다. 따라서 ⑤가 적절하다.

---

17 특정 대상에 대한 관점 비교   정답률 71% | 정답 ①

㉠에 대한 이해로 가장 적절한 것은?

☑ 헤라클레이토스와 니체는 ㉠이 변화한다고 생각했다.
　1문단에서 헤라클레이토스는 존재가 변화의 과정 중에 있으며 끊임없이 생성과 소멸을 반복하는 것으로 보았다. 그리고 2문단에서 니체 또한 헤라클레이토스의 견해를 받아들여 영원히 변하지 않는 존재는 없다고 보았음을 알 수 있으므로 적절하다.

② 파르메니데스와 플라톤은 ㉠이 불완전하다고 여겼다.
　1문단에서 파르메니데스는 존재를 영원하며 절대적이고 불변성을 가지는 것으로 보았으므로 적절하지 않다.

③ 플라톤과 헤라클레이토스는 영원히 변하지 않는 ㉠이 있다고 보았다.
　1문단에서 플라톤이 '이데아'를 불변하는 존재로 보았음을 알 수 있지만, 헤라클레이토스는 존재가 끊임없이 생성과 소멸을 반복하는 변하는 것으로 보았으므로 적절하지 않다.

④ 파르메니데스는 헤라클레이토스와 달리 ㉠의 생성을 긍정했다.
　1문단에서 파르메니데스는 존재의 생성과 변화, 소멸을 부정했다. 이와 달리 헤라클레이토스는 존재의 생성을 인정하였다.

⑤ 플라톤은 니체와 달리 ㉠의 근원을 감각을 통해 인식할 수 있다고 보았다.
　1문단에서 플라톤은 존재의 근원인 이데아를 감각이 아닌 이성을 통해 인식할 수 있다고 보았다.

---

18 세부 정보의 파악   정답률 84% | 정답 ②

윗글에 나타난 표현주의 화가들의 생각으로 적절하지 않은 것은?

① 인간의 감정을 존재의 본질을 드러내는 것으로 인식했다.
　4문단에서 표현주의 화가들이 인간의 감정을 존재의 본질을 드러내는 것으로 보았음을 알 수 있다.

☑ 존재와 진리의 참모습을 모방하는 것이 중요하다고 여겼다.
　4문단에서 표현주의 화가들이 존재와 진리의 참모습을 모방하는 것을 예술의 목적으로 삼았던 사실주의 미학을 따르지 않았음을 확인할 수 있다.

③ 시시각각 변화하며 생성과 소멸을 반복하는 감정을 중시했다.
　4문단에서 표현주의 화가들이 감정을 시시각각 변화하며 생성과 소멸을 반복하는 것으로 보았음을 알 수 있다.

④ 예술가로서의 주관적 표현을 예술이 추구해야 하는 가치라고 생각했다.
　5문단에서 표현주의 화가들이 예술가로서의 감정적, 주관적인 표현을 예술이 추구해야 하는 가치로 보았음을 알 수 있다.

⑤ 작품에서 드러나는 공간을 화가의 감정을 표현하기 위한 공간으로 인식했다.
　4문단에서 표현주의 화가들이 작품에서 드러나는 공간이 현실 공간의 재현이 아니라 화가 자신의 감정을 표현하기 위한 상징과 의미를 생산하는 공간이라고 인식했음을 알 수 있다.

---

19 구체적인 사례에의 적용   정답률 77% | 정답 ④

윗글에 나타난 니체의 사상과 연결 지어 〈보기〉의 작품을 감상한 내용으로 가장 적절한 것은? [3점]

─〈보 기〉─

독일 표현주의 화가인 키르히너의 〈해바라기와 여인의 얼굴(1906)〉은 창가에 놓인 해바라기 꽃병과 여인의 모습을 그린 작품으로 화가의 내면이 잘 표현되었다는 평가를 받는다. 해바라기는 노란색, 꽃병은 녹색, 배경은 주황색의 화려한 원색으로 그려져 있고, 해바라기 앞의 여인은 슬프고 우울해 보인다. 활짝 핀 해바라기의 윤곽은 빨갛고 두터운 선으로 그려져 해바라기의 노란색과 대비를 이루고 있다. 또한 여인보다 뒤에 있는 해바라기 꽃병이 더 크게 그려진 화면 구성을 보이고 있다.

① 여인을 슬프고 우울해 보이게 그린 것을 보니 인간은 결코 허무를 극복할 수 없다는 니체의 철학과 관련된 것으로 볼 수 있겠군.
　3문단에서 니체는 인간이 예술을 통해 허무를 극복할 수 있다고 보았으므로 적절하지 않다.

② 해바라기를 강조한 화면 구성을 보니 현실 너머의 이상 세계를 생명의 근원이라고 여긴 니체의 견해가 반영된 것으로 볼 수 있겠군.
　2문단에서 니체는 현실 너머의 이상 세계가 있다고 보지 않았음을 알 수 있으므로 적절하지 않다.

③ 해바라기의 노란색과 윤곽의 빨간색을 대비한 것을 보니 초월적 세계를 재현한 것이 현실 세계라는 니체의 입장과 관련된 것으로 볼 수 있겠군.
　2문단에서 니체는 초월적 세계를 인정하지 않고 현실 세계가 유일한 세계라고 보았으므로 적절하지 않다.

☑ 해바라기, 꽃병, 배경 등을 화려한 원색으로 그린 것을 보니 감성을 바탕으로 한 예술적 충동을 중요하게 여겼던 니체의 생각에 영향을 받은 것으로 볼 수 있겠군.
　3문단의 니체가 본능에 내재한 감성을 바탕으로 하는 예술적 충동을 중시했다는 내용과, 4문단의 니체의 철학을 수용했던 표현주의 화가들이 자신의 감정과 충동을 표현하는 것을 예술의 목적이라고 생각했다는 내용을 〈보기〉와 연결 지으면 키르히너는 니체의 생각에 영향을 받았음을 추론할 수 있다.

⑤ 해바라기 꽃병과 여인을 원근법에 어긋나게 그린 것을 보니 인간은 자기 주변

의 사물을 지배해야 한다는 의지를 강조한 니체의 주장이 수용된 것으로 볼 수 있겠군.

4문단에서 니체는 '힘에의 의지'를 자기 극복을 이끄는 생명의 상승을 지향하는 의지로 보았으므로 적절하지 않다.

20 어휘의 사전적 의미 파악   정답률 89% | 정답 ③

@ ~ ⓔ의 사전적 의미로 적절하지 않은 것은?

① ⓐ : 어떤 정황을 가정적으로 생각하여 단정함.

② ⓑ : 어떠한 일이나 사물을 직접 당하거나 접함.

☑ ⓒ : 온전하게 보호하여 유지함.
  ⓒ는 '원래의 상태로 돌이키거나 원래의 상태를 되찾음.'을 의미하므로 사전적 의미로 적절하지 않다. '온전하게 보호하여 유지함.'을 의미하는 어휘는 '보전'이다.

④ ⓓ : 어떠한 것을 받아들임.

⑤ ⓔ : 어떤 상태나 행동 따위에 대하여 거스르고 반항함.

21~25 갈래 복합

(가) 김소월, 「삭주구성(朔州龜城)」

감상 이 시는 고향에 대한 그리움을 3음보의 민요적 율격에 담아 표현하고 있다. 이 시에 등장하는 '삭주구성'은 화자가 가고자 하는 고향으로, 이러한 고향에 갈 수 없는 화자의 상황을 '삼천 리, 육천 리' 등의 심리적 거리감을 통해 효과적으로 드러내 주고 있다.

주제 고향에 대한 그리움

표현상의 특징
• 7·5조, 3음보 율격으로 리듬감을 주고 있음.
• 특정 시어를 반복하여 고향에 대한 심리적 거리감을 드러내 줌.
• 자연물의 상황과 대비하여 화자의 처지를 부각하고 있음.
• 명사로 시행을 마무리하여 여운을 주고 있음.

(나) 이성복, 「당신」

감상 이 시는 삶의 상처를 안고 노동의 현장에서 땀 흘리며 힘겹게 살아온 사람들에 대한 연민의 정을 노래한 작품이다. 1연에서는 '아낙네들'이 '얼어붙은 땅을 파고 무씨를 갈고 있'는 공간을 통해, 2연에서는 '연뿌리'를 캐고 있는 '뻘밭'을 통해 소외된 사람들의 힘겨운 삶의 현장이 조명되고 있다. 이 두 공간은 '노동'이라는 표면적 연관성과 '상처'라는 이면적 연관성을 공유함으로써 서로 연결되고, 그렇게 확장된 의미와 정서는 3연에 이르러 '당신'의 삶을 연민의 시선으로 떠올리는 화자의 목소리를 통해 집약된다고 할 수 있다.

주제 고단하게 살아온 사람들에 대한 연민의 정

표현상의 특징
• 청자에게 말을 건네는 방식이 사용되고 있음.
• 경어체를 사용하여 친근감을 드러내 주고 있음.
• 소외된 민중들의 삶을 사실적으로 묘사하고 있음.
• 비유적 표현을 사용하여 시적 대상의 상황을 구체화하고 있음.

(다) 함민복, 「길의 열매 집을 매단 골목길이여」

감상 이 글은 골목길의 다양한 풍경과 그 안의 모습을 보여 주면서, 이러한 골목이 사라져가는 현실에 대한 안타까움을 드러내고 있는 수필이다. 이 글에서 작가는 자신이 만났던 골목길을 떠올리고, 골목길을 우리들의 삶 때가 묻은 길이라 표현하며 골목길에 대한 애정을 드러내 주고 있다. 또한 높은 담으로 구분된 현재의 골목길을 바라보면서 비판적 의식을 드러내기도 한다.

주제 전통적인 골목이 사라져가는 현실에 대한 안타까움

★★★ 등급을 가르는 문제!

21 표현상 특징 파악   정답률 48% | 정답 ②

(가) ~ (다)에 대한 설명으로 가장 적절한 것은?

① (가)와 (나)는 명사로 시행을 마무리하여 여운을 주고 있다.
  (가)에서는 '먼 육천 리'로 명사로 시행을 마무리하고 있지만, (나)에서는 명사로 시행을 마무리하지 않고 있다.

☑ (가)와 (다)는 대비적 상황을 제시하여 주제 의식을 강조하고 있다.
  (가)에서는 집이 그리워 남북으로 오고 가는 새들과 삭주구성에 가고 싶지만 갈 수 없는 화자의 상황을 대비하여 삭주구성에 대한 그리움을 드러내고 있다. 그리고 (다)에서는 담장을 통해 서로를 불신하는 공간에서 살아가는 것과 믿음이 있는 공간에서 살아가는 것을 대비하여 골목길에 대한 생각을 드러내고 있다.

③ (나)와 (다)는 반어적 표현을 통해 대상의 의미를 부각하고 있다.
  (나)와 (다) 모두 반어적인 표현은 찾아볼 수 없다.

④ (가) ~ (다)는 모두 음성 상징어를 사용하여 생동감을 부여하고 있다.
  (다)에서는 '후드득', '부지직'의 음성 상징어가 사용되고 있지만, (가), (나)에서는 음성 상징어가 사용되고 있지 않다.

⑤ (가) ~ (다)는 모두 공감각적 이미지를 통해 계절감을 드러내고 있다.
  (가) ~ (다) 모두 공감각적 표현은 사용되고 있지 않다.

★★ 문제 해결 꿀~팁 ★★

▶ 많이 틀린 이유는?
세 작품의 표현상 공통점과 차이점을 파악하는 문제인데, 선택지에 제시된 개념을 정확히 이해하지 못하였거나, 제시된 개념을 (가), (나), (다)에 정확히 찾아내지 못하여 오답률이 높았던 것으로 보인다.

▶ 문제 해결 방법은?
명사로 시행을 마무리, 대비적 상황을 제시, 반어적 표현, 음성 상징어, 공감각적 이미지에 대한 이해를 바탕으로 각 내용을 작품을 통해 확인하여야 한다. 가령 ②의 경우 (가)에서는 남북으로 오갈 수 있는 새들과 삭주구성에 갈 수 없는 화자의 상황이 대비되고 있고, (나)에서는 담장을 통해 서로를 불신하는 공간에서 살아가는 것과 믿음이 있는 공간에서 살아가는 것을 대비하는 것임을 파악할 수 있어야 한다. 한편 이러한 문제의 경우 선택지 하나를 작품 모두에서 찾지 않고, 먼저 (가) 작품을 통해 찾은 뒤, 나머지를 (나)와 (다)에서 순서대로 찾는 것도 문제를 수월하게 풀 수 있는 방법이다.

---

22 감상의 적절성 판단   정답률 82% | 정답 ③

[A] ~ [E]를 감상한 내용으로 적절하지 않은 것은?

① [A]에서는 '물로 사흘 배 사흘'을 통해 삭주구성이 먼 곳에 있음을 보여 주고 있군.
  삭주구성은 '물로 사흘 배 사흘'을 가야 할 정도로 멀리 있음이 드러나 있다. 이는 이어지는 '걸어 넘는 먼 삼천 리'나 '산을 넘은 육천 리'에서도 알 수 있다.

② [B]에서는 '높은 산'을 반복하며 삭주구성이 가기 어려운 곳임을 나타내고 있군.
  '높은 산'은 화자가 삭주구성을 가는 데 방해가 되는 대상으로, 이를 반복하여 삭주구성에 가는 것의 어려움을 드러내고 있다.

☑ [C]에서는 삭주구성이 더 멀어진 '꿈' 속 상황을 제시하여 화자의 안타까움을 드러내고 있군.
  삭주구성은 '산 너머 / 먼 육천 리'에 있지만 꿈에서는 '사오천 리'라 하고 있으므로 '꿈' 속 상황에서 삭주구성이 더 멀어졌다고 보는 것은 적절하지 않다. 한편 '꿈에는 사오천 리'에서 고향이 멀어 갈 수 없는 화자의 안타까움은 드러난다고 할 수 있다.

④ [D]에서는 '님을 둔 곳이길래'를 통해 삭주구성을 그리워하는 이유를 제시하고 있군.
  '님을 둔 곳이길래'에서 화자가 삭주구성을 간절히 그리워하는 이유가 '님'이 있기 때문임을 알 수 있다.

⑤ [E]에서는 자유롭게 '날아가는 나는 구름'을 통해 삭주구성에 가고 싶은 화자의 마음을 부각하고 있군.
  화자는 삭주구성에 자유롭게 갈 수 없기에 자유롭게 날아가는 '구름'에 주목하고 있다. 그러므로 '구름'을 통해 삭주구성을 그리워하는 화자의 마음이 부각되고 있다고 볼 수 있다.

---

23 외적 준거에 따른 감상의 적절성 판단   정답률 78% | 정답 ⑤

〈보기〉를 바탕으로 (나)를 감상한 내용으로 적절하지 않은 것은? [3점]

〈보 기〉
이 작품의 화자는 노동을 하며 고단하게 살아온 사람들의 모습을 그리고 있다. 그리고 그들의 고단픈 처지와 삶의 상처를 떠올리며, 그들에 대한 연민의 정서를 드러내고 있다.

① '얼어붙은 땅'은 아낙네들이 일하는 것을 더 고단하게 한다고 볼 수 있겠군.
  '얼어붙은 땅'은 얼어붙지 않은 땅보다 파기 힘든 것이므로, 아낙네들을 더 고단하게 해 주는 것이라 할 수 있다.

② 물이 마르지 않은 뻘밭에서 일하는 '당신'은 고된 노동을 하고 있는 사람으로 볼 수 있겠군.
  '물이 마르지 않은 뻘밭'에서 '당신'은 힘겹게 연뿌리를 캐고 있으므로, '당신'은 힘든 노동을 하고 있는 사람이라 할 수 있다.

③ 화자가 '당신의 상처'를 연뿌리보다 질기고 뻣세다고 한 것은 그들의 삶에 대한 연민을 드러낸 것으로 볼 수 있겠군.
  화자는 '당신'이 찾은 것이 '연뿌리보다 질기고 뻣센 당신의 상처'라 하고 있는데, 이는 고된 노동을 하는 삶에 대한 화자의 연민 의식이 담겨 있다고 할 수 있다.

④ '도로뿐인 한 생애'는 나아지지 않는 삶을 살아가는 사람들의 고달픈 처지를 드러냈다고 볼 수 있겠군.
  '당신'이 얼어붙은 연뿌리를 캐고 있지만 보람 없는 삶인 '도로뿐인 한 생애'를 보낸다는 점에서 나아지지 않는 삶을 살아가는 사람들의 고달픈 처지가 드러난다고 볼 수 있다.

☑ 화자가 '목청을 다해' 당신을 부른 것은 삶의 상처를 위로받고 싶은 마음을 드러낸 것으로 볼 수 있겠군.
  화자는 뻘밭에서 얼어붙은 연뿌리를 캐고 있는 '당신'을 목청을 다해 부르고 있다. 이는 상처를 안고 힘든 노동을 하는 '당신'에 대한 연민의 마음을 드러낸 것이므로 적절하지 않다.

---

24 공간의 의미 파악   정답률 83% | 정답 ④

㉠과 ㉡에 대한 설명으로 가장 적절한 것은?

① ㉠은 ㉡과 달리 지나온 삶에 대한 그리움의 공간이다.
  ㉡은 '우리들의 삶 때가 묻어 반질반질 윤기가 도는 길'로 지나온 삶에 대한 그리움의 공간이라고 할 수 있다.

② ㉠은 ㉡과 달리 실현하고 싶은 소망이 드러나는 공간이다.
  ㉠에서는 실현하고 싶은 소망이 드러나지 않는다.

③ ㉡은 ㉠과 달리 현실에 대한 부정적 인식이 드러나는 공간이다.
  '길 담장 체험 후 나는 왠지 모르게 골목길이 건강해 보이기 시작했다.'고 했으므로 ㉡에서는 현실에 대한 긍정적 인식이 나타난다.

☑ ㉠과 ㉡은 모두 생활을 이어가는 삶의 터전으로서의 공간이다.
  ㉠은 아낙네들이 얼어붙은 땅을 파고 무씨를 갈고 있는, 즉 농사를 지으며 살아가는 사람들의 삶의 공간이다. 그리고 ㉡은 가장이 일을 마친 후 귀가하고 만삭의 아낙네가 시장을 봐서 돌아오는 등 일상적 삶이 있는 공간이다. 따라서 ㉠, ㉡ 모두 사람들이 생활을 이어가는 삶의 터전으로서의 공간의 의미를 지닌다.

⑤ ㉠과 ㉡은 모두 자연의 섭리에 대한 깨달음이 나타나는 공간이다.
  ㉠과 ㉡에서 모두 자연의 섭리에 대한 깨달음은 찾을 수 없다.

25 감상의 적절성 판단　　　정답률 80% | 정답 ④

다음은 (다)에 대한 학생의 감상문이다. ⓐ~ⓔ 중, 적절하지 않은 것은?

> 이 글에서 ⓐ글쓴이는 골목길의 다양한 풍경과 그 안의 모습을 보여 주고 있다. ⓑ글쓴이는 시골 방앗간이 완벽한 건축물이라고 말하는 이일훈 선생의 강의에 공감하며, ⓒ자신이 만났던 완벽한 골목길을 떠올리게 되었다. ⓓ이일훈 선생의 강의는 글쓴이가 골목길에 대한 자신의 편견을 발견하고 후회하는 계기가 되었다. 그리고 ⓔ글쓴이는 골목길을 우리들의 삶 때가 묻은 길이라고 표현하며 골목길에 대한 애정을 드러내고 있다.

① ⓐ 글쓴이는 골목길의 다양한 풍경과 그 안의 모습을 보여 주고 있다
　1문단과 2문단, 3문단에서 골목길의 다양한 풍경과 그 안의 모습을 보여 주고 있다.

② ⓑ 글쓴이는 시골 방앗간이 완벽한 건축물이라고 말하는 이일훈 선생의 강의에 공감하며
　'가슴이 찡했다. ~ 그랬을 것이다.'에서 이일훈 선생의 강의에 공감하고 있음이 드러나 있다.

③ ⓒ 자신이 만났던 완벽한 골목길을 떠올리게 되었다
　'나도 완벽한 골목길을 만났었다.'에서 자신이 만났던 완벽한 골목길을 떠올리고 있다.

✓④ ⓓ 이일훈 선생의 강의는 글쓴이가 골목길에 대한 자신의 편견을 발견하고 후회하는 계기가 되었다
　글쓴이는 이일훈 선생의 강의를 들으며 '완벽한 골목길'을 만났던 자신의 경험을 떠올리며 길 담장 체험 후 골목길이 건강해 보이기 시작했다고 말한다. 하지만 골목길에 대해 가지고 있던 자신의 생각을 후회하고 있지는 않다.

⑤ ⓔ 글쓴이는 골목길을 우리들의 삶 때가 묻은 길이라고 표현하며 골목길에 대한 애정을 드러내고 있다
　마지막 문단의 '밥숟가락보다도 더 우리들의 삶 때가 묻어 반질반질 윤기가 도는 길 아닌가'에서 알 수 있다.

26~30 사회

> **'제조물 책임법(재구성)'**
>
> **해제** 이 글은 제조물 책임법의 주요 내용에 대해 다루고 있다. 즉 제조물 책임법의 도입 배경, 제조물과 제조업자의 범위, 결함의 유형과 입증 책임, 제조업자의 면책 사유 등을 체계적으로 설명하고 있다. 제조물과 제조업자의 범위를 규정하고 손해 배상 청구의 핵심이 되는 결함의 유형을 제조·설계상의 결함, 표시상의 결함으로 나누어 설명하고 있다. 또한 입증 책임, 손해 배상 책임을 면할 수 있는 제조업자의 면책 사유와 면책의 제한에 대해 제시하고 있다.
>
> **주제** 제조물 책임법의 주요 내용

문단 핵심 내용

1문단	소비자 피해 구제를 위한 제조물 책임법의 도입 배경
2문단	제조물 책임법의 의미 및 제조물과 제조업자의 범위
3문단	제조물 책임의 성립 요건 및 결함의 유형
4문단	제조업자에게 손해 배상을 청구하기 위한 입증 책임
5문단	제조업자가 손해 배상 책임을 면할 수 있는 방법
6문단	제조업자의 배상 의무

26 글의 핵심 정보 파악　　　정답률 76% | 정답 ②

윗글을 읽고 해결할 수 있는 질문으로 적절한 것을 〈보기〉에서 고른 것은?

> 〈보 기〉
> ㄱ. 제조물 책임법이 제정된 배경은 무엇인가?
> ㄴ. 제조물의 결함을 해결할 수 있는 방안은 무엇인가?
> ㄷ. 제조물 책임법이 적용되는 제조물과 제조업자의 범위는 어디까지인가?
> ㄹ. 제조물 책임법상 피해자가 손해 배상을 청구할 수 있는 기한은 언제까지인가?

① ㄱ, ㄴ　　✓② ㄱ, ㄷ　　③ ㄴ, ㄷ　　④ ㄴ, ㄹ　　⑤ ㄷ, ㄹ

ㄱ. 제조물 책임법이 제정된 배경은 무엇인가?
　1문단에서 대량 생산으로 결함 상품이 발생하지만 제조자의 과실을 입증하기 어려워 소비자가 피해 구제를 받지 못하는 경우가 있는데, 쉽게 피해 구제를 받을 수 있도록 제조물 책임법이 제정되었음을 밝히고 있다.

ㄴ. 제조물의 결함을 해결할 수 있는 방안은 무엇인가?

ㄷ. 제조물 책임법이 적용되는 제조물과 제조업자의 범위는 어디까지인가?
　2문단의 '이 법이 적용되는 제조물과 제조업자의 범위를 살펴보면'과 이후 전개되는 내용에서 알 수 있다.

ㄹ. 제조물 책임법상 피해자가 손해 배상을 청구할 수 있는 기한은 언제까지인가?

27 구체적 상황에의 적용　　　정답률 50% | 정답 ②

윗글을 바탕으로 〈보기〉의 사례를 이해한 반응으로 적절하지 않은 것은?

> 〈보 기〉
> (가) A는 안심 버튼이 있어 사용 중 넘어져도 뜨거운 물이 쏟아지지 않는다는 광고를 보고 B사의 전기 주전자를 C마트에서 구입하였다. 그러나 물을 끓이던 도중 B사의 전기 주전자가 넘어져 쏟아진 물에 생후 8개월 A의 딸이 양팔에 2~3도의 화상을 입었다. 한국소비자원의 조사 결과 주전자의 개폐 버튼 부분이 잘못 결합되어 물이 새는 결함이 발견되었다.
> (나) D가 E사의 승용차 탈취제를 구입하여 사용 설명서에 따라 에어컨 통풍구에 분사하던 중 승용차에 화재가 발생하였다. 제품 사용 설명서에는 탈취제가 LP가스를 포함하고 있어 화재가 발생할 위험이 있다는 문구가 없었다. 조사 결과 탈취제의 LP가스가 화재의 원인으로 밝혀졌다.

① A가 B사에 책임을 물으려면 전기 주전자를 통상적으로 사용했음을 입증해야겠군.
　4문단의 '제조물 책임법은 소비자가 ~ 추정하도록 하고 있다.'를 볼 때 적절한 반응이다.

✓② A는 B사로부터 전기 주전자에 대해 환불을 받을 수 있겠군.
　6문단에서 결함이 있는 제조물 자체는 민법에 따라 유통업자나 판매업자에게 구제받아야 함을 알 수 있으므로, A는 B사가 아니라 C마트로부터 환불받을 수 있다.

③ B사는 제조상의 결함을 지닌 제품을 생산했군.
　전기 주전자 개폐 버튼의 결함으로 사고가 났기 때문에 제조상의 결함 제품을 B사가 생산했다고 할 수 있으므로 적절한 반응이다.

④ D는 승용차 화재로 인해 발생한 피해에 대해 E사에 손해 배상을 청구할 수 있겠군.
　화재 발생 위험 문구를 표시하지 않은 결함(표시상의 결함)을 지닌 E사의 승용차 탈취제로 인해 승용차에 화재가 발생하였으므로 D는 E사에 손해 배상을 청구할 수 있다.

⑤ E사가 제조한 승용차 탈취제는 표시상의 결함을 지녔군.
　E사가 제조한 승용차 탈취제 제품 사용 설명서에는 탈취제가 LP가스를 포함하고 있어 화재가 발생할 위험이 있다는 문구가 없으므로 화재 발생 위험 문구를 표시하지 않은 표시상의 결함을 갖고 있다.

28 내용의 추론　　　정답률 61% | 정답 ⑤

㉮와 〈보기〉의 ㉯를 비교한 것으로 적절하지 않은 것은? [3점]

> 〈보 기〉
> ㉯ 리콜제도는 소비자의 생명·신체 및 재산상에 위해를 끼치거나 끼칠 우려가 있는 제품 결함이 발견된 경우, 제조업자 스스로 또는 정부의 강제 명령에 의해 제품의 결함 내용을 소비자에게 알리고 제품 전체를 대상으로 수거·파기 및 수리·교환·환급 등의 적절한 시정 조치를 취함으로써 결함 제품으로 인한 위해 확산을 방지하고자 하는 소비자 보호 제도이다.
> 소비자의 입장에서 보면 결함 제품에 의한 피해의 확산을 방지하여 안전한 소비 생활을 영위할 수 있도록 하며, 기업의 입장에서 보면 안전사고를 미연에 방지함으로써 소비자 피해에 대한 손해 배상의 부담을 줄일 수 있다.

① ㉮가 사후 피해 구제에 중점을 두고 있다면, ㉯는 결함 제품에 의한 피해 확산 방지에 중점을 두고 있다.
　㉮는 '제조물의 결함으로 소비자가 피해를 입었을 때' 손해 배상 청구를 통해 피해를 배상 받도록 하여 사후 피해 구제에 중점을 두고 있는 반면, ㉯는 '위해를 끼치거나 끼칠 우려가 있는 제품이 발견된 경우' 결함 제품에 의한 피해 확산을 방지하고자 하는데 중점을 두고 있으므로 적절하다.

② ㉮는 결함 제품으로 인한 소비자 피해 사실에 대해, ㉯는 결함 제품에 대해 책임을 지는 제도이다.
　㉮는 제조물 결함으로 인한 생명·신체·재산상의 손해에 대해 구제하는 제도인데 반해, ㉯는 결함 제품에 대해 수거·파기 등의 시정 조치를 취하는 제도이므로 적절하다.

③ ㉮와 달리 ㉯는 제품 결함이 발견된 경우 소비자에게 결함 내용을 알리는 제도이다.
　㉯는 〈보기〉에서 '소비자에게 알리고'라고 했으나 ㉮는 그렇지 않다.

④ ㉯와 달리 ㉮는 소비자의 요청이 있어야만 이행된다.
　㉯는 제조업자 스스로 혹은 정부의 강제 명령에 의해 시행될 수 있으나 ㉮는 피해자가 손해 배상을 청구해야만 한다.

✓⑤ ㉮와 ㉯는 모두 제조물의 결함으로 인한 소비자의 손해 발생을 필수 조건으로 하고 있다.
　㉮는 제조물 책임법이고 ㉯는 리콜제도로 둘 다 소비자를 보호하기 위한 제도이다. 그러나 ㉮는 '제조물의 결함으로 소비자가 피해를 입었을 때' 손해 배상 청구를 통해 피해를 배상 받도록 하므로 사후 피해 구제에 중점을 두고 있다. 반면 ㉯는 '위해를 끼치거나 끼칠 우려가 있는 제품이 발견된 경우' 결함 제품에 의한 피해 확산을 방지하고자 하는데 중점을 두고 있다. 그러므로 ㉮는 필수적 요건이 되지만 ㉯는 필수적 조건이 되는 것은 아니다.

29 세부 정보의 파악　　　정답률 54% | 정답 ③

ⓐ와 ⓑ에 대한 이해로 적절하지 않은 것은?

① 화장품, 건전지와 달리 고등어는 ⓐ에 포함되지 않는다.
　'고등어'는 미가공 농수축산물에 해당하므로 제조물이 아니다.

② 중고 자동차는 ⓐ에 포함되며, 이를 수입하는 자는 ⓑ에 해당된다.
　2문단에 따르면 '중고 자동차'는 제조물에 포함되고 이를 수입한 자는 제조업자에 해당한다.

✓③ 복숭아 통조림은 ⓐ에 포함되고, 이를 제조한 자와 복숭아를 생산한 자 모두 ⓑ에 해당된다.
　'복숭아 통조림'은 복숭아를 원료로 가공된 물품이므로 제조물에 포함되고, 이를 제조한 자는 제조업자에 속한다. 그러나 2문단을 보면 미가공 농수축산물은 제조물에 속하지 않으므로, 복숭아를 생산하는 자는 제조업자에 해당되지 않는다.

④ 자동차 부품의 결함으로 자동차가 고장이 났다면 자동차 부품을 만든 자는 ⓑ에 해당되므로 손해 배상의 책임이 있다.
　'부품'도 제조물에 해당하므로 결함이 있는 '자동차 부품'을 만든 자는 제조업자에 해당되고 손해 배상 책임이 있다.

⑤ 전자 제품에 결함이 발생했지만 제품을 공급했을 당시의 기술 수준으로는 발견할 수 없었던 결함이라면 ⓑ는 손해 배상에 대한 면책 요건을 갖추고 있다.
　5문단의 제조업자 면책 사유 중 두 번째에 해당한다.

30 단어의 문맥적 의미 파악　　　정답률 50% | 정답 ②

문맥상 의미가 ㉠과 가장 가까운 것은?

① 이 문제는 당신이 알아서 처리해야 한다.
　'사람이 어떤 일을 어떻게 할지 스스로 정하거나 판단하다.'라는 뜻으로 사용되었다.

✓② 밖으로 나와서야 날씨가 추운 것을 알았다.
　㉠은 '알다'의 기본적 의미로 '어떤 사실이나 존재, 상태에 대해 의식이나 감각으로 깨닫거나 느끼다.'의 뜻으로 사용되었다. 그러므로 ②에 사용된 '알았다'가 가장 유사하다.

③ 그녀는 차는 없었지만 운전을 할 줄 알았다.
'어떤 일을 할 능력이나 소양이 있다.'라는 뜻으로 사용되었다.

④ 그 사람은 공부만 알지 세상 물정을 통 모른다.
'어떤 사람이나 사물에 대하여 소중히 생각하다.'라는 뜻으로 사용되었다.

⑤ 그녀는 그의 사랑 고백을 농담으로 알고 지나쳤다.
'어떤 사람이나 사물에 대하여 그것을 어떠한 성격을 가진 것으로 여기다.'라는 뜻으로 사용되었다.

31~33 고전 시가

(가) 이개, 「방 안에 켜 있는 ~」

감상 이 작품은 임(단종)과의 이별로 인한 슬픔을 촛불에 빗대어 표현한 시조이다. 작가는 이를 통해 임금에 대한 충정과 절의를 드러내고 있다.

주제 임과 이별한 슬픔

현대어 풀이
방(房) 안에 켜 있는 촛불은 누구와 이별하였기에
겉으로 눈물을 흘리면서 속이 타 들어가는 줄 모르는가?
저 촛불도 나와 같아서 속이 타는 줄 모르는구나.

(나) 이명한, 「꿈에 다니는 길이 ~」

감상 이 작품은 만약 '꿈에 다니는 길'에 자취가 남는다면 사랑하는 임이 자신의 마음을 알아줄 텐데 꿈이기에 자취가 남지 않는 것을 안타까워하는 시조이다. 이를 통해 **화자의 임에 대한 간절한 그리움을** 표현하고 있다.

주제 임에 대한 간절한 그리움

현대어 풀이
꿈에 다니는 길이 자취라도 남는다면
임의 집 창(窓) 밖에 돌길이라도 닳아 없어지리라.
꿈속에 다니는 길에는 자취가 남지 않으니 그것을 슬퍼하노라.

(다) 작자 미상, 「님이 오마 하거늘 ~」

감상 이 작품은 임을 간절히 기다리던 화자가 주추리 삼대를 임으로 착각한 나머지 급한 마음에 허둥거리며 달려가는 모습을 과장적으로 묘사하여 해학적으로 표현한 사설시조이다.

주제 임을 기다리는 애타는 마음

현대어 풀이
님이 온다고 하기에 저녁밥을 일찍 지어 먹고,
중문을 나와서 대문으로 나가 문지방 위에 달려가 앉아서 손을 이마에 대고 (임이) 오는가 가는가 하여 건넌 산을 바라보니 검은 듯 흰 듯한 것이 서 있기에 저것이 임이로구나. 버선을 벗어 품에 품고 신을 벗어 손에 쥐고 엎치락뒤치락 허둥거리며 진 곳 마른 곳 가리지 않고 우당탕탕 건너가서 정이 넘치는 말을 하려고 곁눈으로 흘깃 보니, 작년 칠월 사흘날 껍질을 벗긴 주추리 삼대가 알뜰히도 나를 속였구나.
마침 밤이었기에 망정이지 행여 낮이었다면 남을 웃길 뻔하였구나.

31 표현상의 공통점 파악 | 정답률 57% | 정답 ②

(가)~(다)의 공통점에 대한 설명으로 가장 적절한 것은?

① 청각적 심상을 활용하여 애상적 분위기를 조성하고 있다.
(가), (나)에는 청각적 심상이 나타나지 않는다. (다)에는 '워렁충창'이라는 음성 상징어가 나타나지만 애상적 분위기를 조성하는 것이 아니라 해학적 분위기를 조성한다.

✔② **영탄적 표현을 통해 시적 상황에 대한 화자의 정서를 부각하고 있다.**
(가)~(다)는 영탄적 표현이 공통적으로 나타난다. (가)는 종장의 '모르도다'에서 임과 이별한 상황에 대한 화자의 슬픔을 부각한다. (나)는 종장의 '닳으리라'와 종장의 '슬퍼하노라'에서 임이 부재하는 상황에 대한 화자의 그리움과 슬픔을 부각한다. (다)는 중장의 '속였구나'와 종장의 '하괘라'를 통해 '주추리 삼대'를 사랑하는 '임'으로 착각한 상황에 대한 화자의 실망감과 겸연쩍음 등 복합적인 정서를 부각한다.

③ 자조적 어조를 통해 과거의 행동에 대한 화자의 자책감을 드러내고 있다.
(가), (나)에는 자조적 어조가 나타나지 않는다. (다)에는 종장에서 자조적 어조가 나타나지만 이는 자신의 행동이 남을 웃길 뻔 했다고 인정하는 의미로 자조적인 것이지, 과거의 행동에 대해 자신을 꾸짖는 마음은 드러나지 않는다.

④ 역설적 표현을 통해 부정적인 상황에 대한 화자의 극복 의지를 나타내고 있다.
(가), (나), (다) 모두 역설적 표현이 나타나지 않는다.

⑤ 가정적 상황을 제시하여 현재에 비해 미래가 나아질 것이라는 기대감을 드러내고 있다.
(가), (다)에는 가정적 상황을 제시하지 않는다. (나)에는 초장에서 가정적 상황을 제시하지만 현재에 비해 미래가 나아질 것이라는 기대감이 드러나지는 않는다.

32 시어의 의미 파악 | 정답률 61% | 정답 ⑤

(가), (나)에 대한 이해로 적절하지 않은 것은?

① (가)의 '겉으로 눈물 지고'에서 '눈물'은 촛농이 흘러내리는 모습을 비유한 것으로 화자의 슬픔을 형상화하고 있다.
화자는 촛불의 촛농이 떨어지는 모습을 보고 마치 촛불이 울고 있는 것처럼 느끼며 임과 이별한 자신의 슬픈 감정을 이입하고 있으며, 이때 '촛불'은 감정이입의 대상으로 화자와 동일시되기에 '촛불'의 '눈물'은 화자의 눈물과 슬픔이기도 하다.

② (가)의 '저 촉(燭)불 날과 같아서'에서 '촉(燭)불'은 화자와 동일시되는 대상이다.
화자는 촛불의 촛농이 떨어지는 모습을 보고 마치 촛불이 울고 있는 것처럼 느끼며 임과 이별한 자신의 슬픈 감정을 이입하고 있으므로 '촛불'은 감정이입의 대상으로 화자와 동일시되고 있다.

③ (나)의 '꿈에 다니는 길'에서 '꿈'에는 화자의 소망이 투영되어 있다.

임과 떨어진 상황에서 임을 그리워하는 화자의 소망은 임과의 만남일 것이다. 화자는 '꿈'에서 '임의 집 창 밖'의 석로가 닳을 정도로 찾아가기에 이 '꿈'에는 임과 만나고 싶어 하는 화자의 소망이 투영되어 있다고 할 수 있다.

④ (나)의 '석로(石路)라도 닳으리라'에서 '닳으리라'는 임에 대한 화자의 간절한 그리움을 드러내고 있다.
화자가 임의 집을 찾아 간 횟수가 적다면 결코 돌로 만들어진 길은 닳을 수 없을 것이다. 이는 화자가 그만큼 님을 그리워하고 보고 싶기에 돌길이 닳을 정도로 찾아 간다는 의미이다. 따라서 이는 화자의 임에 대한 간절한 그리움을 드러낸다.

✔⑤ **(나)의 '그를 슬퍼하노라'에서 '슬퍼하노라'는 자신을 찾아 주지 않는 임에 대한 화자의 원망이 담겨 있다.**
(나)는 화자의 임에 대한 간절한 그리움을 나타낸 작품이다. 화자가 종장에서 슬퍼하는 까닭은 '꿈에 다니는 길'은 흔적이 남지 않기에 사랑하는 임이 화자의 마음을 알아주지 못할 것이라고 생각하기 때문이다. 따라서 임에 대한 원망의 정서로 보는 것은 적절하지 않다.

★★★ 등급을 가르는 문제! 33 외적 준거에 따른 작품 감상 | 정답률 47% | 정답 ②

〈보기〉를 바탕으로 (다)를 감상한 내용으로 적절하지 않은 것은? [3점]

──〈보 기〉──
조선 후기에 등장한 사설시조는 형식 면에서 평시조와 달리 중장이 제한 없이 길어졌다. 내용 면에서는 실생활 소재들을 활용하여 일상에서 일어나는 문제를 주로 다루었는데 솔직함, 해학성, 애정을 서슴없이 표현하려는 대담성 등을 그 특징으로 하며 비유, 상징 등 다양한 표현기법을 활용하여 대상을 생동감 있게 그려 냈다.

① '곰븨님븨', '천방지방' 같은 음성상징어를 활용하여 화자의 행동을 생동감 있게 표현하고 있군.
음성 상징어는 의성어나 의태어를 가리킨다. 의성어나 의태어는 생동감을 드러내는 효과가 있는데 이를 나열함으로써 그 효과가 더욱 커지고 있다.

✔② **일상에서 흔히 볼 수 있는 '버선', '신'이라는 소재를 활용하여 임의 소중함을 상징하고 있군.**
'버선', '신'이라는 소재는 주변에서 흔히 볼 수 있는 소재는 맞지만 임의 소중함을 상징하고 있지는 않다.

③ '주추리 삼대'를 임으로 착각하여 달려가는 화자의 우스꽝스러운 모습에서 해학성을 느낄 수 있군.
화자는 주추리 삼대를 임으로 착각하여 급한 마음에 허둥거리며 달려간다. 주추리 삼대를 임으로 착각한 모습도 해학적이며 주추리 삼대에게 허둥거리며 달려가는 모습을 과장적으로 표현한 것도 해학적이라 볼 수 있다.

④ 임을 그리워하는 절실한 마음을 드러내기 위해 화자의 행동을 구체적으로 제시하다 보니 중장이 길어졌군.
중장에서는 주추리 삼대를 임으로 착각하여 임을 향해 뛰어가는 화자의 모습을 구체적으로 드러내고 있는데, 이러한 화자의 모습은 임에 대한 간절한 그리움을 효과적으로 보여 주는 것이라 할 수 있다. 또한 이러한 구체적인 표현으로 인해 중장이 길어졌을 것이라 추측할 수 있으므로 적절하다고 할 수 있다.

⑤ '진 데 마른 데 가리지' 않고 임에게 가서 '정(情)엣말'을 하려는 모습에서 애정을 표현하려는 화자의 대담성을 엿볼 수 있군.
질퍽한 곳과 마른 곳을 가리지 않고 뛰어가서 여성이 남성에게 먼저 가슴 속에 품은 애정 표현을 건네려고 하는 모습은 〈보기〉 내용 중 '애정을 서슴없이 표현하려는 대담성'과 연결이 되기에 화자의 대담성을 드러낸다고 볼 수 있다.

★★ 문제 해결 꿀~팁 ★★

▶ **많이 틀린 이유는?**
②를 적절하다고 판단하여 오답률이 높았다. 일상에서 흔히 볼 수 있는 버선, 신이라는 소재를 활용하였다는 내용이 〈보기〉에 제시되어 있어 적절하다고 판단하였으나 '임의 소중함을 상징'하였다는 내용은 간과했기 때문으로 보인다. 또한 주제 의식이 임에 대한 간절한 기다림이라는 점에서 '버선, 신'을 들고 뛰는 화자의 모습을 보고 임에 대한 마음을 드러냈을 것이라 판단한 것도 오답의 원인이라 생각된다.

▶ **문제 해결 방법은?**
'버선, 신'이라는 일상 소재는 사용되었지만, '버선, 신'을 품에 품고 손에 쥐고 뛰는 것은 임이 올 것이라는 반가움이 그만큼 큰 것을 드러낸 것이지 임에 대한 소중함을 드러내기 위한 것은 아니다. 이는 '버선, 신'이 화자의 소유물이라는 점과 화자가 임이 온다는 소식에 뛰어나가는 모습을 그린 것이므로 임의 소중함과는 거리가 멀다고 할 수 있다. 작품을 감상할 때 소재가 지닌 상징성이나 의미 등은 화자의 상황과 정서, 주제 의식 등과 긴밀히 관련이 있으므로, 어떤 상황에서 소재가 사용되고 있는지 판단하여야 이처럼 잘못 판단하는 일이 없을 것이다.

▶ **오답인 ③, ④, ⑤를 많이 선택한 이유는?**
③, ④, ⑤가 오답률이 비슷하게 나왔는데, 이러한 현상이 일어난 것은 작품을 정확하게 이해하지 못했기 때문이라고 생각된다. 특히 ④의 경우에는 '중장이 길어진' 이유가 〈보기〉에 제시되어 있지 않아 이를 잘못된 것으로 판단했던 것으로 보인다. 하지만 〈보기〉에서 중장이 제한 없이 길어진 것이 내용면에서 다양한 내용을 담기 위한 것이라고 이끌어 낼 수 있으므로 적절한 것이라 할 수 있다.

34~37 고전 소설

작자 미상, 「서해무릉기(西海武陵記)」

감상 이 작품은 남자 주인공이 왜적에게 빼앗긴 신부를 구해 돌아오는 이야기를 엮은, 혼사 장애담(婚事障碍談)에 속하는 고전 소설이다.
이 작품의 구성은 '지하국대적퇴치담(地下國大賊退治談)'과 유사한 형태를 취하고 있다. '지하국대적퇴치담'이 소설로 발전한 또 하나의 예로 〈김원전(金圓傳)〉을 들 수 있는데, 주인공의 변신, 신부의 납치와 구출 과정, 귀환 및 혼인 성취 과정의 기본 구조가 일치한다.
하지만 이 작품이 여인을 납치해간 존재가 괴물이 아니라 왜장인 점, 지하국이 서해무릉의 백두산으로 굴절된 점, 신이(神異)로운 투쟁이 현실적인 위계로 변질된 점 등을 볼 때, **현세적·경험적 세계관이 작가 의식 속에 투영되어 있어서**, 신성적인 면을 보이는 〈김원전(金圓傳)〉과는 차이가 있다.

주제 혼사 장애의 극복

작품 줄거리 전라도 전주에 사는 선비 유현중의 아들 유연은 15세에 장원급제하여 한림학사를 제수받고 금의환향한다. 하루는 유연이 친척 최 공을 문병하러 갔다가, 최 공의 딸에게 마음이 끌려 마침내 상사병을 앓게 된다. 이를 안 부모는 하는 수 없이 두 사람을 혼인시킨다. 혼례날 밤 갑자기 한 떼의 도적 무리가 쳐들어와 순식간에 신부를 납치해 가버린다. 최 소저를 납치해 간 도적은 왜적의 괴수로, 최 소저를 서해무릉 백두산이라는 산적촌에 가두어 놓는다. 왜장은 최소저가 마음을 돌이켜 자신과 혼인해 주기를 기다린다. 한편, 유연은 부친의 재혼 강요에도 불구하고 최 소저를 잊지 못하다가, 마침내 부모에게 서한을 남긴 채 집을 떠난다. 전국 방방곡곡을 떠돌며 최 소저를 찾다가 드디어 금강산에 들어가 중이 되어 부처님에게 지성으로 발원한다. 하루는 금산사 미륵불이 꿈에 나타나 최 소저가 무사하다는 사실과 3년 뒤에는 만나게 되리라는 말을 듣고 다시 힘을 얻어 길을 떠난다. 유연은 여승으로 변장을 하고 최 소저의 자취를 수소문하다가, 드디어 배를 타고 대해를 건너 한 섬에 이르렀는데, 이곳이 바로 서해무릉이었다. 한편, 최 소저는 밤낮으로 울부짖으며 하루하루를 보내는데, 하루는 꿈에 금산사 부처가 나타나 내일 오시에 남편이 찾아올 것이라 말하고 사라진다. 이튿날 오시에 과연 한 여승이 찾아와서 양식을 구하러 왔다 만나보니 유연이었다. 둘이 만나 기쁨을 나누는데, 마침 적장이 들어와 유연을 쫓아낸다. 최 소저는 밤에 또다시 금산사 부처의 현몽을 받고 장원을 빠져나오는 데 성공하여 드디어 유연과 만난다. 서해무릉을 빠져나온 두 사람은 천신만고 끝에 집으로 돌아온다. 유연의 가출로 홧병이 나 던 부친은 유연 부부를 집안에 들이려 하지 않으나 장인 최 학사의 회유로 마음이 풀려 두 사람을 맞아들인다. 두 부부는 온갖 부귀와 영화를 누리다가 극락 세계로 승천한다.

★★★ 등급을 가르는 문제!

34 | 서술상 특징 파악 | 정답률 53% | 정답 ③

윗글에 대한 설명으로 가장 적절한 것은?

① 언어유희를 통해 웃음을 유발하고 있다.
동음이의어나 각운 등을 이용하여 재미있게 꾸미는 말의 표현을 의미하는 언어유희는 사용되지 않았다.

② 풍자적 서술을 통해 인물의 행위를 비판하고 있다.
주어진 사실을 곧이곧대로 드러내지 않고 과장하거나 왜곡, 비꼬아서 표현하여 우스꽝스럽게 나타내고 웃음을 유발하는 풍자는 사용되지 않았다.

✔ 서술자의 개입을 통해 주관적 견해를 드러내고 있다.
'더구나 이렇게 머리를 ~ 최 씨의 심정이 오죽하였겠는가?'라는 부분에서 서술자가 직접 개입하여 주관적 견해를 드러내고 있음을 알 수 있다.

④ 구체적 시대 상황을 통해 인물의 처지를 나타내고 있다.
이 글에서 구체적인 시대가 언제인지는 나타나지 않고 있다.

⑤ 사건의 반전을 통해 인물 간의 갈등을 구체화하고 있다.
유연과 최 씨가 만나는 장면이 나타나지만, 이는 형세가 뒤바뀌는 반전이 아니며 유연과 최 씨의 만남으로 인해 갈등이 구체화되지도 않는다.

★★ 문제 해결 꿀~팁 ★★

▶ 많이 틀린 이유는?
선택지에 제시된 서술상 특징의 의미를 정확히 파악하지 못하여 오답률이 높았던 것으로 보인다.
▶ 문제 해결 방법은?
선택지에 제시된 서술상 특징 내용을 정확히 이해하면서, 이 내용의 유무 여부를 작품을 통해 일일이 확인할 수 있어야 한다. 즉, 언어유희, 풍자적 서술, 서술자의 개입, 구체적 시대 상황, 사건의 반전 내용을 이해하면서, 이를 작품을 통해 확인할 수 있어야 한다. ③의 선택지인 '서술자의 개입'은 전지적 작가 시점의 특징에 해당하는데, 대부분의 고전 소설이 전지적 작가 시점이라는 것을 알고 있었다면 금방 답을 찾을 수 있었을 것이다.
▶ 오답인 ⑤를 많이 선택한 이유는?
⑤번 문제를 적절하다고 선택하여 오답률이 높았던 가장 큰 이유는, '인물 간의 갈등을 구체화'라는 부분에 현혹되어, 사건이 반전되지도 않았는데 이를 맞다고 생각했던 것으로 보인다. '반전'은 '일의 형세가 뒤바뀜'이라는 의미를 지니고 있는데, 이 작품을 통해 이러한 반전이 나타나지는 않고 있다. 또한 소설에서는 일반적으로 갈등이 드러나지만 이 장면처럼 특정 장면에서는 갈등이 나타나지도 않을 수 있으므로 주의깊게 살펴보아야 한다.

35 | 사건 전개 양상 파악 | 정답률 69% | 정답 ④

〈보기〉를 참고하여 윗글을 이해한 내용으로 적절하지 않은 것은?

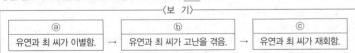

─〈보기〉─

ⓐ		ⓑ		ⓒ
유연과 최 씨가 이별함.	→	유연과 최 씨가 고난을 겪음.	→	유연과 최 씨가 재회함.

① ⓐ는 도적 장군이 최 씨를 납치한 사건으로 인한 것이군.
'앞부분의 줄거리'의 '유연과 최월혜의 혼례 날 도적 장군이 최 씨를 납치하여 서해무릉으로 끌고 간다.'에서 알 수 있다.

② ⓑ에서 유연은 ⓒ를 위해 팔도강산을 헤매게 되는군.
'유생이 길을 나선 뒤 팔도강산 방방곡곡과 사해팔방으로 두루 돌아다니며'와 '그가 겪은 천신만고의 고생과 세상사의 모진 고통은 말로 표현할 수 없을 정도였다.'에서 알 수 있다.

③ ⓑ에서 유연은 초월적 존재를 통해 ⓒ를 예상하게 되는군.
초월적 존재인 부처님이 유연의 꿈속에 나타나 최 씨와 재회할 것임을 알려 주고 있으므로 적절하다.

✔ ⓑ에서 최 씨는 계선의 신뢰를 얻어 ⓒ를 준비하게 되는군.
ⓑ에서 최 씨는 유연과의 재회를 예상하고 있지 못하므로 ⓒ를 준비할 수 없다. 또한 유연과 떨어져 고난을 겪고 있을 뿐, 계선의 신뢰를 얻는 과정은 확인할 수 없다.

⑤ ⓒ에서 최 씨는 유연의 정체가 탄로날까 봐 걱정하고 있군.
최 씨는 유생임을 알면서도 '남들이 유생의 정체를 안다면 어찌 될 것인가?'라면서 유생의 정체가 탄로날까 '몸과 마음이 어지러워'하고 있으므로 적절하다.

36 | 인물의 말하기 방식 파악 | 정답률 81% | 정답 ⑤

[A]와 [B]의 말하기 방식으로 가장 적절한 것은?

① [A]는 예상되는 부정적 결과를 경고하고 있고, [B]는 자신의 말을 들어주지 않는 상대를 비판하고 있다.
[A]와 [B]에 해당하지 않는 말하기 방식이다.

② [A]는 문제의 원인을 찾아 해결 방법을 제시하고 있고, [B]는 상황을 가정하며 자신의 요구를 드러내고 있다.
[A]와 [B]에 해당하지 않는 말하기 방식이다.

③ [A]는 조건을 내세워 자신의 입장을 밝히고 있고, [B]는 자신의 잘못을 인정하며 상대에게 용서를 구하고 있다.
[A]에서 유연은 '최 씨를 만난다면 금은보화를 아끼지 않고 절을 중수하여'라며 조건을 내세워 자신의 입장을 밝히고 있다. 하지만 [B]에서 자신의 잘못을 인정하며 용서를 구하는 내용은 확인할 수 없다.

④ [A]는 상대의 잘못으로 인해 겪은 어려움을 호소하고 있고, [B]는 자신의 어려움을 해결해 줄 것을 요청하고 있다.
[A]와 [B]에 해당하지 않는 말하기 방식이다.

✔ [A]는 행동의 이유를 밝히며 원하는 바를 드러내고 있고, [B]는 자신에게 도움을 주지 않는 상대를 원망하고 있다.
[A]에서 유연은 '이렇게 노상유객이 되어 떠도는 이유는 ~ 인연을 잇기 위해서입니다.'라며 행동의 이유를 밝히고 있다. 또한 '유연의 정성을 살펴주시기 바라옵니다.'라며 자신이 원하는 바를 드러내고 있다. 그리고 [B]에서 '어찌 이다지 무심하시어 ~ 도움도 주지 않으십니까?'라며 도움을 주지 않는 상대를 원망하고 있다.

37 | 감상의 적절성 판단 | 정답률 63% | 정답 ⑤

다음은 윗글을 읽고 문학 탐구 보고서를 쓰기 위해 작성한 계획서이다. (가)에 들어갈 내용으로 적절하지 않은 것은? [3점]

[의문]
왜 제목을 '유연전'이나 '최씨전'이라고 하지 않고 '서해무릉기'라고 했을까?
[탐구 과제 설정]
'서해무릉'이라는 장소가 지닌 의미가 중요한 것 같으니 인물별로 그 의미를 탐구해 봐야겠어.
[자료 조사]
'서해무릉'에서 등장인물들은 개인적 욕망을 꿈꾸기도 하고 시련을 겪기도 한다. 또한 애정을 지켜 나가거나 소망을 실현하기도 하며 내적으로 성숙해지기도 한다.
[탐구 결과]
(가)

① 수삼 년이 지나도록 유연과 떨어져 지낸 것을 보니 '최 씨'에게는 시련을 겪는 공간으로 볼 수 있다.
최 씨는 도적 장군에 의해 남편인 유연과 떨어져 '서해무릉'에서 살아가게 되었으므로, 최 씨에게 '서해무릉'은 시련을 겪는 공간이라 할 수 있다.

② 최 씨를 납치한 뒤 혼례하려고 한 것을 보니 '도적 장군'에게는 욕망을 드러내는 공간으로 볼 수 있다.
도적 장군은 최 씨를 훔쳐 온 뒤 그녀와 길일을 택하여 혼인하려 하고 있으므로, 도적 장군에게 있어서 '서해무릉'은 욕망을 드러내는 공간이라 할 수 있다.

③ 잃어버린 배필인 최 씨와 다시 만나게 된 것을 보니 '유연'에게는 소망을 실현하는 공간으로 볼 수 있다.
유연이 온 나라를 떠돌며 고난을 겪은 이유는 최 씨를 찾기 위해서이다. 그러므로 '서해무릉'에서 최 씨를 다시 만나게 된 것은 유연의 소망이 실현된 것이라 할 수 있다.

④ 도적 장군으로부터 정절을 지키며 마음을 돌리지 않은 것을 보니 '최 씨'에게는 애정을 지키는 공간으로 볼 수 있다.
'서해무릉'으로 잡혀 온 '최 씨'는 혼인을 하자는 도적 장군으로부터 '송죽처럼 꼿꼿한 마음으로 정절을 지키며 목숨을 지푸라기처럼 여기'면서 정절을 지키고 있으므로, '최 씨'에게 '서해무릉'은 유연과의 애정을 지키는 공간이라 할 수 있다.

✔ 유연이 최 씨의 도움으로 용맹과 지략을 갖추게 되는 것을 보니 '유연'에게는 내적으로 성숙해지는 공간으로 볼 수 있다.
'서해무릉'은 유연이 헤어졌던 최 씨와 다시 만나는 공간이지, 유연이 최 씨의 도움으로 용맹과 지략을 갖추게 되는 공간으로 보기는 어렵다.

38~42 | 과학

유영제 외, 「생명과학 교과서는 살아있다」

해제 이 글은 인체에서 발생하는 노폐물을 제거하는 기관인 신장이 작용하는 원리, 그리고 신장의 기능에 이상이 생겼을 때 쓰는 인공 신장이 어떤 원리로 물질을 거르는지 설명하고 있다.
이 글에서는 먼저 노폐물을 몸 밖으로 내보내는 역할을 신장이 한다고 하면서, 노폐물을 걸러 내어 오줌으로 내보내는 일이 진행되는 장치인 네프론의 기능, 그리고 네프론을 구성하고 있는 보먼주머니의 기능에 대해 설명하고 있다.
그리고 이러한 신장이 제 기능을 하지 못하면 인체에 여러 문제가 발생하는데, 이러한 문제 해결 방법으로 인공 신장이 있음을 드러내면서, 인공 신장이 물질의 농도 차이를 이용하여 노폐물을 제거한다는 근본 원리를 제시하고 있다. 또한 인공 신장, 엄밀하게 말하면 혈액 투석기가 중공사막을 사용함을 밝히면서, 어떻게 혈액 투석이 이루어지는지를 제시하고 있다.
주제 신장 및 인공 신장이 작용하는 원리와 과정

문단 핵심 내용

1문단	신장의 주된 역할
2문단	신장을 구성하는 네프론이 하는 기능
3문단	신장의 노폐물을 걸러 내는 과정
4문단	신장에 이상이 있을 경우의 위험성
5문단	노폐물의 여과 기능을 대신하는 수단인 인공 신장(혈액 투석기)
6문단	인공 신장이 노폐물을 제거하는 근본 원리
7문단	중공사막을 사용하는 혈액 투석기의 기능

윗글에 대한 설명으로 가장 적절한 것은?

① 혈액의 구성 물질을 소개하고, 각각의 기능이 무엇인지 설명하고 있다.
　신장의 구성에 대한 언급은 있지만, 혈액이 어떻게 구성되어 있는지에 대한 내용은 확인할 수 없다.

② 인공 신장의 구조와 원리를 제시하고, 인공 신장의 발전 과정을 설명하고 있다.
　인공 신장의 구성 중 하나인 중공사막과 인공 신장의 원리에 대한 언급은 찾아볼 수 있지만, 인공 신장의 구조나 인공 신장이 어떻게 변화했는지 발전 과정에 대해 언급하지 않고 있다.

③ 신장 기능의 이상에 따른 결과를 제시하고, 다른 장기에 미치는 영향을 살피고 있다.
　신장이 이상이 있을 경우 몸에 어떤 이상이 있는지에 대해서는 언급하고 있지만, 신장 이상이 다른 장기에 어떤 영향을 미치는지는 알 수 없다.

✔ 인체의 노폐물 여과 과정을 설명하고, 인공 신장의 혈액 여과 원리를 제시하고 있다.
　이 글은 신장이 인체의 노폐물을 어떻게 거르는지 원리와 과정을 설명하고 있다. 그리고 인공 신장의 물질 여과 원리를 설명하고 있는 글이다.

⑤ 신장을 이식하는 방법과 의학적인 한계를 설명하고, 이에 대한 대안을 제시하고 있다.
　신장을 이식하는 방법에 대해서는 언급하고 있지 않다.

윗글을 통해 알 수 있는 내용으로 가장 적절한 것은?

① 소변에 당이 섞여 배출되면 소변 색이 노랗게 된다.
　소변이 노랗게 되는 것은 수분의 양이 적기 때문이다.

② 신장은 무기염류, 아미노산 등을 노폐물과 함께 몸 밖으로 배출한다.
　무기염류는 세뇨관에서 모세혈관으로 재흡수된다.

③ 인체에 필요한 단백질은 사구체에서 여과된 후 모세혈관으로 재흡수된다.
　단백질은 분자량이 커서 사구체에서 여과되지 않는다.

④ 걸러진 노폐물은 세뇨관을 통해 보먼주머니에 모아져 오줌으로 배설된다.
　사구체에서 걸러진 물질은 보먼주머니에 모인다. 이중에서 인체에 필요한 물질은 재흡수되고 나머지는 세뇨관을 통해 방광에 모여 오줌으로 배설된다.

✔ 세포가 생성하는 여러 가지 노폐물을 제거해야 인체의 항상성을 유지할 수 있다.
　1문단의 앞부분을 보면 세포가 일을 하면서 여러 가지 노폐물을 생성한다는 내용이 있다. 그리고 1문단의 뒷부분에 노폐물을 배출해야 인체가 항상성을 유지하게 된다는 내용이 있으므로 적절하다.

★★★ 등급을 가르는 문제!

㉠과 ㉡에 대한 설명으로 적절한 것은? [3점]

① ㉠과 ㉡ 모두 인체의 수분을 늘리는 기능이 있다.
　신장은 인체에 수분이 적을 경우 흡수하는 수분을 늘려 인체의 수분을 늘리지만, 인공 신장은 물을 제거하기만 한다.

② ㉠과 ㉡ 모두 여과한 물질을 다시 흡수하는 기능이 있다.
　신장은 거른 물질 중 인체에 필요한 물질은 재흡수하지만, 인공 신장은 노폐물을 걸러내지만 이를 재흡수하지는 않는다.

✔ ㉠과 ㉡ 모두 혈액 속의 요소 성분을 제거하는 기능을 한다.
　신장에서 노폐물을 여과하는데 노폐물의 주성분은 요소이다. 그러므로 노폐물을 거르는 신장과 인공 신장 모두 요소 성분을 제거하는 것이다.

④ ㉠은 농도의 차이로, ㉡은 압력의 차이로 노폐물을 걸러 낸다.
　신장은 압력의 차이로, 인공 신장은 농도의 차이로 노폐물을 여과한다.

⑤ ㉠의 기능에 이상이 생겼을 때, ㉡을 환자의 체내에 이식한다.
　인공 신장은 체내에 이식하는 것이 아니라 체외에서 혈액을 투석하는 기계이다.

★★ 문제 해결 꿀~팁 ★★

▶ 많이 틀린 이유는?
　정보를 확인하는 문제임에도 불구하고 오답률이 높은데, '혈액 속의 요소 성분을 제거'라는 선택지의 내용이 글에 직접적으로 드러나지 않고 전체 흐름을 통해 파악해야 해서 이 내용이 적절하지 않다고 판단한 것으로 보인다.

▶ 문제 해결 방법은?
　지문에 제시된 주요 개념을 이해하는 문제의 경우, 지문에 직접적으로 드러나는 경우도 있지만 글 전체의 내용을 통해 이해해야 하는 경우도 있다. 이 문제에서도 '혈액 속의 요소 성분을 제거'라는 내용 역시 '신장'을 설명할 때에는 직접적으로 드러나지 않고 있지만, 2문단에 제시된 '신장의 주 역할이 노폐물을 걸러내는 것'이라는 내용, 3문단의 노폐물이 혈액 속에 있는 노폐물이라는 내용, 6문단의 요소가 노폐물이라는 내용을 통해 신장이 '혈액 속의 요소 성분을 제거'함을 알 수 있다. 그리고 인공 신장이 노폐물을 제거하는 '혈액 투석기'라는 내용을 통해 인공 신장 역시 '혈액 속의 요소 성분을 제거'하는 기능이 있음을 알 수 있다. 이처럼 특정 개념에 대한 이해를 할 때에는 글 전체를 종합해서 파악할 수 있어야 정확한 답을 골라 낼 수 있다는 사실을 반드시 주지할 수 있도록 한다.

▶ 오답인 ⑤를 많이 선택한 이유는?
　신장에 이상이 있을 때 인공 신장을 사용한다는 내용에만 주목하여 ⑤가 적절하다고 판단하였던 것으로 보인다. 물론 신장에 이상이 있을 경우 인공 신장을 사용하는 것은 맞지만, 인공 신장이 몸 안에 계속 장착하며 쓸 수 있는 것이 아니라 '체외'에서 신장의 기능을 대신하는 혈액 투석기라는 점에서 '환자의 체내에 이식'한다는 말이 적절하지 않음을 알 수 있다. 이처럼 선택지의 내용 중 일부 내용은 맞지만 일부 내용은 다르게 진술하여 혼동을 줄 수 있으므로 선택지를 읽을 때에는 꼼꼼하게 읽을 수 있도록 하여야 한다.

윗글을 바탕으로 〈보기〉의 '혈액 투석기'를 이해한 내용으로 적절하지 않은 것은?

〈보 기〉

ⓐ 투석액
ⓑ 혈액
ⓒ 투석액

적혈구　무기염류　포도당　혈장단백질　요소

✔ ⓐ와 ⓒ의 요소 농도는 ⓑ보다 높다.
　ⓐ와 ⓒ는 투석액으로 요소 농도가 혈액보다 낮다. 혈액을 투석하기 위해서는 농도에 차이가 있어야 요소가 혈액에서 투석액으로 이동하게 된다. 그러므로 ⓐ, ⓒ의 요소 농도가 혈액보다 낮아야 한다.

② ⓐ와 ⓑ, ⓑ와 ⓒ 사이의 막은 반투막이다.
　6문단의 '반투막을 사이에 두고'에서 알 수 있다.

③ ⓐ, ⓑ, ⓒ의 무기염류, 포도당 농도는 같다.
　6문단 마지막의 '양쪽이 같은 농도가 되도록 한다'에서 알 수 있다.

④ ⓐ와 ⓒ는 ⓑ와 반대 방향으로 흐른다.
　7문단 마지막의 '서로 반대 방향으로 흐르도록'에서 알 수 있다.

⑤ ⓐ와 ⓑ, ⓑ와 ⓒ 사이에서 세포와 단백질은 이동하지 않는다.
　6문단의 '혈액 속의 세포들과 분자량이 큰 단백질 등은 반투막을 통과하지 못하므로'에서 알 수 있다.

밑줄 친 단어 중 ⓒ과 문맥적 의미가 가장 유사한 것은?

✔ 꽃향기가 방 안에 퍼져 있다.
　ⓒ '퍼져'의 문맥적 의미인 '어떤 물질이나 현상 따위가 넓은 범위에 미치다'라는 뜻과 가장 유사하다.

② 라면이 푹 퍼져서 탱탱 불었다.
　'끓이거나 삶은 것이 불어서 커지거나 잘 익다.'의 의미로 사용되었다.

③ 사람들은 목적지에 도착하자 푹 퍼졌다.
　'지치거나 힘이 없어 몸이 늘어지다.'의 의미로 사용되었다.

④ 강의 하류에는 삼각주가 넓게 퍼져 있다.
　'끝 쪽으로 가면서 점점 굵거나 넓적하게 벌어지다.'의 의미로 사용되었다.

⑤ 그의 자손들은 전국에 널리 퍼지게 되었다.
　'수효가 많이 붇거나 늘다.'의 의미로 사용되었다.

43~45 현대 소설

이청준, 「눈길」

감상 이 소설은 집안의 몰락으로 인한 피해 의식으로 어머니를 외면하던 **'나'가 자신에 대한 어머니의 사랑을 깨닫고 어머니와 화해하는 과정**을 그리고 있다. '나'가 고향에 내려와 어머니의 이야기를 통해 새로운 깨달음을 얻고 반성을 하는 귀향 소설로, '나'의 회상과 어머니와 아내의 대화로 그동안 감추어져 있던 사실이 하나씩 밝혀짐으로써 긴장감을 불러일으키고 독자의 흥미를 주고 있다. **'옷궤', '눈길'** 등의 상징적 의미를 지닌 소재를 활용하여 어머니의 사랑이라는 주제 의식을 효과적으로 전달하고 있다.

주제 어머니의 무한한 사랑에 대한 깨달음과 인간적 화해

작품 줄거리 나는 노모에게 내일 아침 올라가겠다는 말을 전하고, 금세 올라가겠다는 아들을 서운해 하면서, 노모는 조심스럽게 마을의 지붕 개량 사업에 대한 얘기를 꺼낸다. 내심 지붕을 고치고 싶어 하며 꺼낸 노모의 얘기에 부모로부터 아무런 도움도 받지 않고 자수성가했다고 생각해왔던 나는 호응해 주지 않는다않는다. 노모는 다음날 아내에게 자신의 욕심 때문이 아니라 본인의 장례와 사후 때문이라도 집을 고쳐야 하지 않겠냐는 말을 꺼내고, 나는 그 얘기를 엿듣게 된다. 그리고 옷궤가 둘의 이야기의 화제로 오른다. 17, 8년 전 내가 고등학교 1학년일 때에 형이 가산을 탕진하고 집을 팔았는데, K시에서 겨울 방학을 보내던 내가 돌아오자 노인은 이미 팔린 집의 주인에게 '내'가 하룻밤만 잘 수 있도록 부탁을 하고 아직 집을 지켜 온 흔적으로 안방 한쪽에 이불과 옷궤를 남겨 두었던 것이다. 뒤이어 노인은 아내의 간청에 의해 그 다음날 새벽 눈길을 걸어 '나'를 장터 차부에 데려다 주던 이야기를 꺼낸다. 아들을 떠나보내고 한참을 찻길만 바라보던 노인은 돌아가던 길에 눈길에 찍힌 아들의 발자국을 보고 눈물을 뿌리며 돌아온다. 노인이 눈길을 걸어 돌아갔다는 것만 알고 있었던 나는 이런 얘기들을 듣고 눈물이 차올라 깨우는 아내 앞에서 눈을 감고 자는 척을 한다. 노인은 돌아가던 동네의 아침 햇살이 부끄러워 시린 눈을 해 가지고는 동네에 선뜻 들어설 수 없었다고 말한다.

윗글의 서술상 특징으로 가장 적절한 것은?

① 관련성이 없는 사건을 삽화처럼 나열하였다.
　어머니의 말을 통해 주제 의식을 드러내 주는 과거의 사건이 제시되고 있으므로 이를 관련성이 없다고는 할 수 없다. 그리고 과거의 사건을 삽화처럼 나열하지도 않고 있다.

✔ 인물의 대화를 통해 과거의 이야기를 제시하였다.
　이 글에서는 노인은 아내에게 홀로 눈길을 되돌아오던 날의 이야기를 들려주고 아내는 노인의 이야기를 들으며 질문을 하거나 자기 생각을 말하고 있다. 따라서 인물 간의 대화를 통해 과거의 사건, 아들을 배웅해 주고 눈길을 밟고 돌아오던 이야기를 제시하고 있다는 ②가 적절하다.

③ 같은 시간에 서로 다른 장소에서 일어난 사건을 서술하였다.
　어머니와 아내가 대화하는 현재 어머니의 집과 어머니가 아들을 배웅하고 오는 눈길에서 서로 다른 장소임을 알 수 있지만, 같은 시간에 서로 다른 장소에서 일어난 사건을 서술하지는 않고 있다.

④ 외부 상황과 관련 없이 떠오르는 인물의 의식을 기술하였다.
　아내의 물음에 어머니가 대답하는 형식으로 서술되어 있으므로 어머니의 의식을 기술하였다고는 볼 수 없다.

⑤ 공간에 따라 서술자를 달리하여 상황을 입체적으로 드러내었다.
　어머니가 현재의 공간에서 과거의 사건을 이야기하고 있는 것이지, 공간에 따라 서술자를 달리하지는 않고 있다. 서술자는 어머니와 아내의 대화를 엿듣고 있는 '나'로, 작품 전체에서 일관되게 드러난다.

44 소재의 의미 이해
정답률 62% | 정답 ⑤

㉠과 ㉡을 비교한 내용으로 적절하지 않은 것은?

① ㉠과 ㉡은 동일한 공간에 존재한다.
　㉠과 ㉡은 '눈길'이라는 동일한 공간에 존재한다.

② ㉠과 ㉡에는 동일 인물의 발자국이 있다.
　㉠은 어머니와 아들의 발자국이, ㉡에는 '어머니의 발자국'에 해당하므로 동일 인물의 발자국이 있다.

③ ㉠과 ㉡의 발자국은 같은 곳을 향하고 있다.
　㉠과 ㉡의 발자국은 아들이 차를 타기 위한 방향으로 나 있는 것이므로 모두 같은 곳을 향하고 있다.

④ ㉡은 ㉠과 달리 노인의 감정이 표면적으로 드러난다.
　㉡의 '몹쓸'을 보면 ㉠과 달리 노인의 감정이 표면적으로 드러난다.

☑ ㉡은 ㉠과 달리 노인에게 아들에 대한 거리감을 갖게 한다.
　㉡은 노인에게 아들을 생각나게 하면서 제대로 아들을 뒷바라지하지 못하는 것 같은 자신을 '몹쓸'이라는 말로 표현하고 있다. 그러므로 아들에 대한 거리감을 갖게 한다고 볼 수 없다.

45 인물의 심리 파악
정답률 66% | 정답 ⑤

〈보기〉의 선생님의 질문에 대한 학생의 대답으로 가장 적절한 것은? [3점]

─〈보 기〉─
선생님 : 이 소설에서 '노인'으로 표현되는 어머니는 햇살이 비치는 아침에 다른 사람이 주인이 돼 버린 집을 바라봅니다. 그 집에서 아들을 하룻밤 재웠죠. 햇살은 자연적이고 근원적인 빛으로서 만물을 속속들이 비추는 기능을 합니다. 어머니는 이러한 햇살에 자신의 모습을 비추어 봅니다. 이 점에 주목하여 ⓐ에 드러난 '노인'의 심리를 말해볼까요?
학생 : 노인은 (　　　　　　　　　　　　　　)

① 아들을 떠나보내고 돌아갈 곳이 없어서 서러웠을 것입니다.
　어머니의 마지막 대화인 '그건 내가 갈 데가 없어 그랬던 건 아니란다.'에서 적절하지 않음을 알 수 있다.

② 자식과 주고받을 것이 없는 관계가 된 것이 슬펐을 것입니다.
　글에 제시되어 있지 않으므로 적절하지 않다.

③ 자신이 베푼 사랑을 알아주지 않은 아들이 서운했을 것입니다.
　노인은 자식에게 자신이 해 준 것이 없다고 생각하여 한스러워하고 있는 것이지, 자신의 사랑을 아들이 알아주지 않아서 서운한 것은 아니다.

④ 아들이 가장의 역할을 감당해야 하는 상황에 처하게 한 것이 미안했을 것입니다.
　아들이 혼자 힘으로 자신의 앞길을 헤쳐나가는 것에 대한 안쓰러움은 엿볼 수 있지만, 아들에게 가장의 역할을 감당시키고는 있지 않으므로 적절하지 않다.

☑ 아들에게 부모의 도리를 다하지 못한 자신의 무력한 삶이 한스러웠을 것입니다.
　〈보기〉는 만물을 비추는 자연적이고 근원적인 햇살에 자신을 비춰 보는 '노인'의 모습을 제시하고 있다. 노인은 옛집에서 아들을 재우고 객지로 보낼 수밖에 없었던 자신을 햇살에 비춰 보면서 부모로서의 도리를 다하지 못하는 자신을 보게 되고 한스러움을 느끼고 있는 것이다.

• 정답 •

01 ③ 02 ① 03 ② 04 ⑤ 05 ④　06 ⑤ 07 ① 08 ④ 09 ⑤ 10 ② 　11 ① 12 ⑤ 13 ① 14★ ⑤ 15 ③
16 ⑤ 17 ⑤ 18 ③ 19 ① 20 ① 　21 ① 22 ② 23 ④ 24 ④ 25★ ③ 26 ② 27 ③ 28 ④ 29 ① 30 ⑤
31 ⑤ 32 ⑤ 33 ① 34 ③ 35 ⑤ 　36 ① 37 ① 38 ③ 39 ④ 40 ① 　41 ④ 42 ④ 43 ④ 44 ② 45 ⑤

★ 표기된 문항은 [등급을 가르는 문제]에 해당하는 문항입니다.

[01~03] 화법

01 말하기 전략의 파악
정답률 59% | 정답 ③

위 강연에 대한 설명으로 적절하지 않은 것은?

① 구체적인 사례를 활용하여 청중의 이해를 돕고 있다.
　3문단에서 강연자는 가지번호에 대해 설명하면서 『조선왕조실록』의 사례를 들고 있는데, 이러한 사례 제시는 청중의 이해를 도울 수 있으므로 적절하다고 할 수 있다.

② 시각 자료를 활용하여 내용의 전달 효과를 높이고 있다.
　2문단의 '화면에 사진을 보여주며'에서 강연자가 시각 자료를 활용하고 있음을 알 수 있다. 이러한 시각 자료 제시는 강연자가 전달하고자 하는 내용을 보다 효과적으로 전달해 줄 수 있으므로 적절하다고 할 수 있다.

☑ 질문을 던지는 방식을 활용하여 청중의 동의를 유도하고 있다.
　2문단에서 강연자는 청중에게 '여러분, 이 문화재가 무엇인지 아시나요?', '둘 다 성문인데 왜 숭례문은 국보이고, 흥인지문은 보물일까요?'라고 질문을 던지고 있다. 그런데 이러한 질문은 학생들이 배경지식을 갖고 있는지를 알기 위한 질문, 즉 청중과 상호작용하기 위한 질문에 해당하는 것이지, 청중의 동의를 유도하는 질문이라고는 볼 수 없다.

④ 당부의 말로 강연을 마무리하여 청중의 태도 변화를 요구하고 있다.
　5문단의 '문화재를 국보나 보물로 지정하여 ~ 관심을 가져주시기를 바랍니다.'를 통해, 강연자가 청중에게 문화재에 관심을 가져야 함을 당부하며 마무리하여 청중의 태도 변화를 요구하고 있음을 알 수 있으므로 적절하다고 할 수 있다.

⑤ 강연과 관련된 강연자의 전문성을 밝혀 내용의 신뢰성을 확보하고 있다.
　1문단의 '이번 강연을 맡은 문화재위원회 ~ 역할을 맡고 있습니다.'를 통해, 강연자 자신이 문화재 분야에 전문성이 있다고 밝히고 있는데, 이는 청중인 학생들로 하여금 신뢰감을 준다고 할 수 있으므로 적절하다.

02 듣기 활동 이해 내용의 적절성 판단
정답률 95% | 정답 ④

〈보기〉는 학생들이 강연을 들으며 떠올린 생각이다. 이를 바탕으로 학생들의 듣기 활동을 이해한 내용으로 가장 적절한 것은?

─〈보 기〉─
학생 1 : 외국 박물관에서 소장하고 있는 우리 문화재가 있다고 들었는데, 그 문화재도 국보로 지정될 수 있을까? 문화재청 홈페이지에서 자료를 찾아봐야겠어.
학생 2 : 역사 동아리 부원이면서도 지금까지 문화재에 대해 크게 관심을 가지지 않았던 것이 부끄러워. 이제부터라도 문화재에 관심을 가져야겠어.
학생 3 : 국보로 지정된 문화재는 누가 관리를 하는지 궁금해. 강연이 끝나고 질문을 해 볼까?

① '학생 1'은 강연에서 알게 된 새로운 내용을 요약하며 듣고 있군.
　'학생 1'은 외국 박물관에서 소장하고 있는 우리 문화재가 있다는 배경지식을 바탕으로 의문점을 떠올리고 있지만, 강연에서 알게 된 새로운 내용을 요약하며 듣지는 않고 있다.

② '학생 2'는 강연에서 언급되지 않았던 내용을 추론하며 듣고 있군.
　'학생 2'는 강연을 들으면서 문화재에 관심을 가지지 않은 것이 부끄럽다 말하면서, 문화재에 관심을 가져야 함을 드러내고 있다. 즉 '학생 2'는 이전의 태도를 반성하고 다짐하고 있음을 알 수 있다. 따라서 강연에서 언급되지 않았던 내용을 추론하며 듣고 있다는 이해 내용은 적절하지 않다.

③ '학생 3'은 강연 내용에 사실과 다른 부분이 있는지를 판단하며 듣고 있군.
　'학생 3'은 강연을 들으며 생긴 의문점을 떠올리면서 의문점을 해결하기 위해 강연자에게 질문을 하겠다는 생각을 드러내고 있다. 따라서 '학생 3'이 강연 내용에 사실과 다른 부분이 있는지를 판단하며 듣지는 않고 있으므로 적절하지 않다.

☑ '학생 1'과 '학생 3'은 강연을 들으며 생긴 의문점을 해결하기 위한 방법을 생각하며 듣고 있군.
　〈보기〉에서 '학생 1'은 외국 박물관에서 소장 중인 문화재도 국보로 지정될 수 있을지 궁금해 하면서, 문화재청 홈페이지에서 자료를 찾아봐야겠다 하고 있다. 그리고 '학생 3'은 국보로 지정된 문화재를 누가 관리하는지에 대한 궁금증을 드러내면서, 궁금증을 해결하기 위해 강연자에게 질문하려 하고 있다.

⑤ '학생 2'와 '학생 3'은 강연을 듣기 전 자신이 갖고 있던 배경지식을 수정하며 듣고 있군.
　'학생 2'와 '학생 3'은 자신의 배경지식을 바탕으로 생각을 떠올리지 않고 있으므로 적절하지 않다.

03 청중 반응의 적절성 판단
정답률 84% | 정답 ②

위 강연을 들은 학생이 다음의 자료를 보고 보인 반응으로 적절하지 않은 것은? [3점]

국보 제319-1호
명칭 : 동의보감(東醫寶鑑)
지정일 : 2015. 06. 22.
수량 : 25권 25책
관리 단체 : 국립중앙도서관

『동의보감』은 허준(1539 ~ 1615)이 조선과 중국에 유통되던 의서와 치료법을 엮어 놓은 우리나라 최고(最高)의 한의서이다. 국립중앙도서관에서 소장하고 있는 『동의보감』은 보물 제1085-1호로 지정되어 있었으나, 유네스코 세계기록유산에 등재되는 등 문화재적 가치가 인정되어 국보로 승격 지정되었다.

① 『동의보감』이 국보로 승격된 이후에 보물 제1085-1호라는 지정번호는 결번이 되었겠군.

'자료'에서 『동의보감』이 보물 제1085-1호로 지정되어 있다가 문화재적 가치가 인정되어 국보로 승격 지정되었음을 알 수 있다. 그리고 강연의 3문단에서 '국보로 승격되면' '그 보물의 지정번호는 결번으로 남'는다는 것을 알 수 있으므로 적절하다.

☑ 『동의보감』의 경우 수량과 상관없이 25권 25책 모두 각각 다른 국보 지정번호를 부여받았겠군.

강연 3문단에서 '여러 권이 묶인 책'의 경우에는 '수량과 상관없이 한 개의 지정번호가 붙'는다는 것을 알 수 있다. 따라서 『동의보감』의 수량이 25권이라고 하더라도 한 개의 지정번호만 붙음을 알 수 있다.

③ 일반 시민들이 볼 수 있는 자료에는 국보 제319-1호라는 지정번호를 공개하지 말자는 의견도 있겠군.

강연 4문단에서 국보나 보물의 '지정번호는 부여하되,' '공개하지 말자는 의견'이 있음을 알 수 있으므로 적절하다.

④ 『동의보감』보다 『조선왕조실록』의 국보 지정번호가 빠르다고 해서 『조선왕조실록』의 가치가 더 높다고 볼 수 없겠군.

'자료'와 3문단의 내용을 통해 『조선왕조실록』이 『동의보감』보다 국보 지정번호가 빠르다는 것을 알 수 있다. 그리고 4문단에서 '문화재의 지정번호'는 '문화재의 서열이나 중요성을 나타내는 것은 아니라' 하고 있으므로 적절하다.

⑤ 『동의보감』의 국보 지정번호에 가지번호를 붙인 것으로 보아 『동의보감』은 동일 제목의 유사한 판본이 있을 수 있겠군.

'자료'를 보면 『동의보감』의 지정번호에 '제319-1호'라는 가지번호가 있는 것을 알 수 있고, 3문단에서 서책의 경우 동일 제목으로 판본이 유사하다면 관리의 효율성을 위해 가지번호를 붙인다는 것을 알 수 있으므로 적절하다.

[04~07] 화법과 작문

04 의사소통 방식의 파악   정답률 81% | 정답 ⑤

[A]~[C]의 담화에 대한 설명으로 적절하지 않은 것은?

① [A] : 학생 기자는 자신의 경험을 언급하면서 화제와 관련한 활동에서 느낀 점을 말하고 있다.

학생 기자는 지난 환경의 날에 폐현수막으로 에코백을 만들어 친구들에게 나눠 주는 행사에 참여했던 경험을 언급하며 버려진 현수막이 또 다른 형태로 쓰일 수 있다는 것에 흥미를 느꼈다고 말하고 있다.

② [B] : 학생 기자는 학생 회장의 말에 긍정적으로 반응하며 듣고 있다.

학생 기자는 업사이클링에 대한 학생 회장의 설명을 듣고 난 뒤, '네, 정말 좋은 일이군요.'라며 긍정적으로 반응하고 있다.

③ [B] : 학생 회장은 학생 기자의 요청에 따라 화제가 지닌 의의를 설명하고 있다.

학생 회장은 학생 기자의 '선배님은 업사이클링 활동이 어떤 의의가 있다고 생각하세요?'라는 질문에, 업사이클링이 환경을 보호하고, 경제적 효과까지 창출할 수 있다며 업사이클링이 지닌 의의를 설명하고 있다.

④ [C] : 학생 회장은 시각 자료를 보여 주며 행사의 의도를 설명하고 있다.

학생 회장은 멸종 위기 물고기의 사진들을 보여 주고, 이번 축제의 업사이클링 관련 행사에서 생태계 보호의 의미를 담으려고 한다며 행사의 의도를 설명하고 있다.

☑ [C] : 학생 기자는 학생 회장이 질문한 내용에 대한 자신의 이해가 정확한지를 확인하고 있다.

[C]에서 학생 회장이 학생 기자에게 질문한 부분은 찾아볼 수 없다. 한편 학생 기자가 '아, 저번 행사와 같은 활동이군요?'라고 의문형으로 말을 하고 있지만, 이 역시 질문한 내용이라기보다는 자신의 생각을 의문형으로 표현한 것이다.

05 질문의 적절성 판단   정답률 67% | 정답 ④

(가)에서 학생 기자가 할 수 있는 추가 질문으로 가장 적절한 것은?

① 업사이클링의 단어 뜻은 무엇인가요?

(가)의 학생 회장의 두 번째 발언에서 알 수 있다. 학생 회장은 업사이클링이 업그레이드와 리사이클링이 합쳐진 말로, 버려지거나 다 쓴 물건에 디자인이나 활용도를 더해 새로운 제품으로 재탄생시키는 것을 뜻한다고 설명하고 있다.

② 업사이클링 관련 행사를 기획한 의도는 무엇인가요?

(가)의 학생 회장의 여섯 번째 발언에서 알 수 있다. 학생 회장은 학생들이 업사이클링 활동을 경험해 봄으로써 환경과 생태계를 지키는 일이 생각보다 어렵지 않다는 것을 알리고 싶다고 행사 기획 의도를 밝히고 있다.

③ 업사이클링에 사회적 기업들이 관심을 가지는 이유는 무엇인가요?

(가)에서 학생 기자는 업사이클링이 환경을 보호하고, 디자인을 접목한 상품을 만들어 경제적 효과를 창출할 수 있다는 학생 회장의 말을 듣고 난 뒤, 이 때문에 환경을 생각하는 사람이나 사회적 기업들이 업사이클링의 제품에 관심을 가지고 있다고 판단하고 있다.

☑ 업사이클링 상품에 활용된 다양한 디자인에는 어떤 것들이 있나요?

(가)의 학생 회장의 다섯 번째 발언에서 멸종 위기 물고기 모양의 디자인에 대해 언급하고 있다. 하지만 업사이클링 상품에 활용된 다양한 디자인에 대해서는 설명하지 않고 있으므로, 이에 대해 추가 질문을 할 수 있다.

⑤ 업사이클링과 관련하여 이번 축제에서 계획한 행사는 어떤 것들이 있나요?

(가)의 학생 회장의 네 번째 발언에서 알 수 있다. 즉 학생 회장은 버려진 방수천을 활용해 필통을 만드는 업사이클링 행사를 이번 축제의 활동으로 계획했다고 말하고 있다.

06 작문 계획의 반영 여부 파악   정답률 82% | 정답 ⑤

다음은 (나)를 쓴 과정의 일부를 정리한 것이다. (나)에 반영되지 않은 것은?

글쓰기 과정	글쓰기 계획
내용 생성하기 →	○ 인터뷰에서 언급되지 않은 업사이클링 제품에 대한 자료를 추가로 수집해야겠어. …………………… ①

	○ 글의 처음 부분에서는 사람들이 업사이클링에 주목하게 된 배경을 제시해야겠어. ……………… ②
내용 조직하기 →	○ 글의 끝부분에서는 일상생활에서 업사이클링을 실천하기 위해 필요한 자세에 대해 언급해야겠어. …………………… ③
표현하기 →	○ 구체적인 예를 들어 업사이클링 활동을 설명해야겠어. …………………… ④
	○ 비유적 표현을 활용하여 업사이클링 활동을 활성화시키기 위한 노력을 강조해야겠어. …………………… ⑤

① 인터뷰에서 언급되지 않은 업사이클링 제품에 대한 자료를 추가로 수집해야겠어.

3문단에 제시된 폐타이어를 활용해 만든 미끄러지지 않는 신발은 인터뷰에서 언급되지 않은 업사이클링 제품에 해당한다.

② 글의 처음 부분에서는 사람들이 업사이클링에 주목하게 된 배경을 제시해야겠어.

1문단에서 지구 환경 문제에 대한 우려의 목소리가 점점 커지면서 환경 보호 활동에 대한 관심이 높아졌고 단순히 물건을 재활용하는 것보다 더 가치 있는 활동에 관심을 가지게 되면서 사람들이 업사이클링에 주목하고 있다고 설명하고 있다.

③ 글의 끝부분에서는 일상생활에서 업사이클링을 실천하기 위해 필요한 자세에 대해 언급해야겠어.

3문단에서 업사이클링을 실천하기 위해 버려진 것들에 관심을 가지고, 그것을 새로운 물건이 될 수 있는 재료로 바라보는 자세가 필요하다고 언급하고 있다.

④ 구체적인 예를 들어 업사이클링 활동을 설명해야겠어.

2문단에서 '폐현수막으로 에코백 만들기', '방수천을 활용한 필통 만들기'를 구체적으로 언급하며 학생들이 참여한 업사이클링 활동을 설명하고 있다.

☑ 비유적 표현을 활용하여 업사이클링 활동을 활성화시키기 위한 노력을 강조해야겠어.

(나)에서 비유적 표현을 사용하여 업사이클링 활동을 활성화시키기 위한 노력을 강조한 부분은 확인할 수 없다.

07 고쳐쓰기의 적절성 판단   정답률 90% | 정답 ①

㉠~㉤을 고쳐 쓰기 위한 방안으로 적절하지 않은 것은?

☑ ㉠ : 접속어의 사용이 부적절하므로 '그러나'로 고친다.

1문단을 보면, 환경 보호 활동에 대한 관심이 높아진 사람들이 그동안 단순히 물건을 재활용했던 것을 넘어 좀 더 가치 있는 활동에 관심을 가지게 되어 업사이클링에 주목하고 있음을 알 수 있다. 따라서 ㉠에는 문맥상 인과 관계인 '그래서'를 쓰는 것이 적절하다.

② ㉡ : 단어의 사용이 잘못되었으므로 '출시'로 고친다.

'개시'는 '시장을 처음 열어 물건의 매매를 시작함.'이라는 의미이므로, ㉡에는 '상품이 시중에 나옴. 또는 상품을 시중에 내보냄.'의 의미인 '출시'로 바꾸는 것이 적절하다.

③ ㉢ : 피동 표현이 불필요하게 중복되었으므로 '관련된'으로 고친다.

'관련되어진'이 이중 피동이므로 ㉢은 '관련된'으로 고쳐 쓰는 것이 적절하다.

④ ㉣ : 필요한 문장 성분이 빠져 있으므로 '업사이클링을'을 추가한다.

'실천하다'는 목적어가 필요하므로 ㉣에 '업사이클링을'을 추가하는 것이 적절하다.

⑤ ㉤ : 글의 흐름에 어긋나는 문장이므로 삭제한다.

㉤은 글의 흐름에 맞지 않는 내용이므로 삭제하는 것이 적절하다.

[08~10] 작문

08 작문 구상의 반영 여부 판단   정답률 84% | 정답 ④

(가)의 내용이 (나)에 반영된 것으로 가장 적절한 것은?

① 글의 주제를 고려하여, 현행 동아리 운영 방식의 장점을 제시하였다.

현행 동아리 운영 방식의 장점에 대한 언급이 없다.

② 글의 목적을 고려하여, 동아리의 종류 및 운영의 우수 사례를 제시하였다.

동아리의 종류 및 운영의 우수 사례에 대한 언급은 없다.

③ 글감의 성격을 고려하여, 각 동아리에서 부스 운영자를 선발하는 방식을 제시하였다.

각 동아리에서 부스 운영자를 선발하는 방식에 대한 언급은 없다.

☑ 예상 독자의 소속을 고려하여, 우리 학교에서 동아리 부스 운영 방식에 대한 논의가 활발하게 이뤄지고 있음을 제시하였다.

(가)에서 예상 독자가 학생의 소속인 '우리 학교'임을 확인할 수 있다. 그리고 (나) 1문단의 '이로 인해 학생들 사이에서도 동아리 부스 운영 방식에 대한 논의가 한창이다.'에서 동아리 부스 운영 방식에 대한 우리 학교의 논의 상황을 제시하고 있음을 알 수 있으므로 적절하다.

⑤ 자료의 특징을 고려하여, 학급 학생을 대상으로 한 인터뷰의 내용이 학생 전체의 의견이 아닐 수도 있다는 한계를 제시하였다.

학급 학생을 대상으로 한 인터뷰 내용은 없으며, 따라서 인터뷰 내용이 학생 전체의 의견이 아닐 수 있다는 한계를 제시한 내용도 없다.

09 자료 활용의 적절성 판단   정답률 71% | 정답 ⑤

다음은 (나)를 보완하기 위해 추가로 수집한 자료이다. 자료의 활용 방안으로 적절하지 않은 것은? [3점]

〈자료〉

전교생 대상 설문 조사 결과

㉮ 현행 체험 및 전시 동아리 부스 운영 방식에 대한 만족 여부
(단위: 명)

매우 불만족 347 / 불만족 303 / 보통 112 / 만족 18 / 매우 만족 20

㉰ 불만족 이유('매우 불만족', '불만족' 응답자 대상)

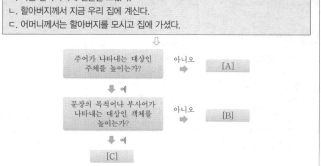

1. 동아리 부스 운영 학생 / 2. 동아리 부스 방문 학생

㉱ 교육 전문가 칼럼

청소년기 학생들에게는 자아를 성장시키고 진로를 구체화할 수 있는 다양한 경험이 중요하다. 이를 가능하게 하는 효과적인 교육 활동이 바로 동아리 활동이다. 그중에서도 체험이나 전시 부스는 학생들이 다양한 경험을 할 수 있게 해 준다는 점에서 이를 적극적으로 활용하는 것이 좋다. 그러나 학교 현장에서는 부스 운영 시간의 부족으로 어려움을 겪고 있다. 이런 현실 속에서 부스를 상설 운영하는 것은 더 많은 학생들이 다양한 경험을 할 수 있도록 하는 효과적인 개선책이 될 것이다. 이를 통해 학생들이 부스를 직접 만들거나 체험하는 과정이 지속적으로 이루어진다면, 이 과정에서 길러진 자발성과 탐구력을 통해 교과 학습 능력이 크게 향상될 수 있다.

① ㉮를 활용하여, 동아리 부스를 운영하는 현재의 방식에 대해 우리 학교 학생들이 만족하지 않는다는 것을 부각해야겠어.
㉮의 자료는 현행 체험 및 전시 동아리 부스 운영 방식에 대한 만족 여부를 보여 주는 설문 자료이므로 적절하다.

② ㉯-1을 활용하여, 동아리 부스를 운영하는 학생들이 현행 부스 운영 방식에 만족하지 않는 이유가 시간 부족 때문이라는 것을 부각해야겠어.
㉯-1의 자료에서 동아리 부스를 운영하는 학생들이 현행 부스 운영 방식에 만족하지 않는 가장 큰 이유가 '체험 및 전시 운영 시간 부족'임을 알 수 있으므로 적절하다.

③ ㉱를 활용하여, 동아리 부스를 운영하는 새로운 방식에 대해 일부 학생들이 제기한 문제에 대한 반박의 근거를 추가해야겠어.
(나)의 3문단의 '물론 동아리 ~ 의견도 있었다.'에서 동아리 부스의 상설 운영이 교과 학습 능력을 저하시킬 수 있다는 일부 학생들의 문제 제기를 확인할 수 있다. 그리고 ㉱의 '이를 통해 학생들이 부스를 직접 만들거나 ~ 교과 학습 능력이 크게 향상될 수 있다.'에서 부스를 직접 만들고 체험하는 지속적인 과정이 교과 학습 능력을 향상시킬 수 있음을 확인할 수 있다. 따라서 ㉱를 활용하는 것은 적절하다.

④ ㉯-1과 ㉱를 활용하여, 부스를 운영하는 학생의 불만족 이유 중 가장 비중이 큰 것을 해결하는 데 부스 상설 운영이 효과적인 대안임을 부각해야겠어.
㉯-1에서 부스를 운영하는 학생들이 불만족해 하는 이유 중시간 부족이 65%로 가장 큰 비중을 차지함을 알 수 있다. 그리고 ㉱의 '그러나 학교 현장에서는 ~ 효과적인 개선책이 될 것이다.'에서 부스 운영 시간의 부족을 해소하기 위한 방안으로 동아리 부스 상설 운영을 제시하고 있으므로 적절하다.

✓ ㉯-2와 ㉱를 활용하여, 부스를 방문한 학생들의 가장 큰 불만을 해결하는 방법으로 학교 공간을 재구성하여 적극적으로 활용해야 한다는 것을 추가해야겠어.
㉯-2의 자료를 보면 부스를 방문한 학생들의 가장 큰 불만족 이유는 '공간 부족'이 아니라 '체험 및 전시 운영 시간 부족'이다. 그리고 ㉱를 보면 부스를 직접 만들거나 체험하는 과정이 지속적으로 이루어져야 함을 알 수 있다.
하지만 '학교 공간을 재구성하여 적극적으로 활용해야 한다'라는 내용은 확인할 수 없으므로 적절하지 않다.

---

10 조건을 고려한 고쳐쓰기   정답률 66% | 정답 ②

〈보기〉는 초고를 읽은 교지 편집부의 검토 의견과 이에 따라 학생이 고쳐 쓴 글이다. ㉠에 들어갈 내용으로 가장 적절한 것은?

─〈보 기〉─

[교지 편집부의 검토 의견]
초고 잘 읽었습니다. (㉠)하여 마지막 문단을 고쳐 주시면 좋겠습니다.

[고쳐 쓴 글]
학교에서 동아리 활동은 학생들의 다양한 흥미와 관심을 반영하여 이루어지는 활동이라는 점에서 가치가 있다. 동아리 활동의 결과를 상설 부스 운영을 통해 나누는 것은 더 많은 학생들이 서로의 흥미와 관심을 공유할 수 있다는 점에서 의의가 있다.

① 동아리 활동의 가치는 추가, 동아리 부스 운영의 효과는 삭제
동아리 부스 상설 운영의 유의점은 삭제하였다. 하지만 마지막 문단에서 동아리 부스 운영 효과가 제시되어 있지 않으므로 이를 삭제하였다는 것은 적절하지 않다.

✓ 동아리 활동의 가치는 추가, 동아리 부스 상설 운영의 유의점은 삭제
학생이 고쳐 쓴 글과 초고의 마지막 문단을 비교하면, 고쳐 쓴 글에 초고에 없던 동아리 활동의 가치를 추가하였음을 알 수 있다. 그리고 초고의 마지막 문단에 '그러나 동아리 부스는 ~ 학교 환경 정화에 유의해야 한다.'라고 한 동아리 부스 상설 운영의 유의점은 고쳐 쓴 글에서 삭제한 것을 알 수 있다.

③ 동아리 부스 운영의 지원 방안은 추가, 동아리 활동의 유의점은 삭제
고쳐 쓴 글을 보면 동아리 부스 운영의 지원 방안은 제시되지 않고 있고, 마지막 문단에서도 동아리 부스 상설 운영의 유의점은 언급되어 있지만 동아리 활동의 유의점은 제시되지 않았다.

④ 동아리 부스 상설 운영의 의의는 추가, 동아리 부스 운영의 가치는 삭제
마지막 문단이나 고쳐 쓴 글을 보면 동아리 부스 상설 운영의 의의가 모두 제시되어 있다. 또한 마지막 문단에 동아리 부스 운영의 가치는 언급되어 있지 않다.

⑤ 동아리 부스 상설 운영의 의의는 추가, 동아리 부스 상설 운영의 유의점은 삭제
고쳐 쓴 글을 보면 동아리 부스 상설 운영의 유의점은 삭제되어 있다. 하지만 마지막 문단이나 고쳐 쓴 글을 보면 동아리 부스 상설 운영의 의의가 모두 제시되어 있다.

[11~15] 문법

11 높임법의 유형에 따른 분류   정답률 59% | 정답 ①

〈보기〉의 [A] ~ [C]에 들어갈 예를 바르게 짝지은 것은?

─〈보 기〉─

○ ㄱ ~ ㄷ은 높임 표현이 사용된 문장들이다. 아래의 순서도에 따라 ㄱ ~ ㄷ을 분류해 보자.

ㄱ. 나는 할아버지께 선물을 드렸다.
ㄴ. 할아버지께서 지금 우리 집에 계신다.
ㄷ. 어머니께서는 할아버지를 모시고 집에 가셨다.

주어가 나타내는 대상인 주체를 높이는가? → 아니오 → [A]
↓ 예
문장의 목적어나 부사어가 나타내는 대상인 객체를 높이는가? → 아니오 → [B]
↓ 예
[C]

   [A]   [B]   [C]
✓ ㄱ   ㄴ   ㄷ

〈보기〉를 살펴보면, ㄱ은 부사격 조사 '께'와 서술어 '드리다'를 활용하여 객체인 '할아버지'를 높이고 있고, ㄴ은 주격 조사 '께서'와 서술어 '계시다'를 활용하여 주체인 '할아버지'를 높이고 있다. 그리고 ㄷ은 주격 조사 '께서'와 서술어 '가시다'를 활용해서 주체인 '어머니'를 높이고, 서술어 '모시다'를 활용해서는 객체인 '할아버지'를 높이고 있다. 이렇게 볼 때, 객체 높임만 사용된 문장은 ㄱ, 주체 높임만 사용된 문장은 ㄴ, 객체 높임법과 주체 높임법이 모두 사용된 문장은 ㄷ임을 알 수 있다.

② ㄱ   ㄷ   ㄴ
③ ㄴ   ㄱ   ㄷ
④ ㄴ   ㄷ   ㄱ
⑤ ㄷ   ㄴ   ㄱ

● 문법 필수 개념

■ 높임법
말하는 이가 대상이나 상대의 높고 낮음을 구별하여 표현하는 방법
1. 상대 높임법 : 말하는 이가 듣는 이인 상대방을 높이거나 낮추는 것으로 '종결 표현'에 의해 주로 실현된다.
2. 주체 높임법 : 서술어의 주체를 높이는 방법
 • 아라가 책을 읽는다.
 • 할아버지께서 책을 읽으신다.
 → '할아버지'는 '아라'와 달리 높여야 할 대상이므로 서술어의 어간 '읽-' 뒤에 '-(으)시-'를 붙여 높임을 실현하였으며, 이때 조사 '가'는 높임의 주격 조사 '께서'로 바뀜.
3. 객체 높임법 : 문자의 목적어나 부사어를 높이는 방법
 • 희열이가 동생을 데리고 왔다.
 • 희열이가 할머니를 모시고 왔다.
 → 서술어 '드리다, 모시다, 여쭈다, 여쭙다, 뵈다, 뵙다' 등의 동사나 조사 '께'를 통해 실현

---

12 한글 맞춤법의 이해   정답률 67% | 정답 ⑤

〈보기〉는 '한글맞춤법'의 일부를 정리한 학습지이다. [A]를 바탕으로 〈보기〉의 ㉠ ~ ㉤을 이해한 내용으로 적절하지 않은 것은? [3점]

─〈보 기〉─

제15항 용언의 어간과 어미는 구별하여 적는다.
  예) ㉠ 먹고, ㉡ 좋아
[붙임] 두 개의 용언이 어울려 한 개의 용언이 될 적에, 앞말의 본뜻이 유지되고 있는 것은 그 원형을 밝히어 적고, 그 본뜻에서 멀어진 것은 밝히어 적지 아니한다.
(1) 앞말의 본뜻이 유지되고 있는 것 예)돌아가다
(2) 본뜻에서 멀어진 것 예) ㉢ 사라지다, 쓰러지다

제18항 다음과 같은 용언들은 어미가 바뀔 경우, 그 어간이나 어미가 원칙에 벗어나면 벗어나는 대로 적는다.
1. 어간의 끝 'ㅂ'이 'ㅜ'로 바뀔 적 예) ㉣ 쉽다, 맵다
2. 어간의 끝음절 '르'의 'ㅡ'가 줄고, 그 뒤에 오는 어미 '-아/-어'가 '-라/-러'로 바뀔 적 예) ㉤ 가르다, 부르다

① ㉠은 단어의 기본형인 '먹다'와 마찬가지로 표의주의 방식을 채택하고 있군.
㉠인 '먹고'는 형태소 '먹-'과 '-고'가 합쳐진 것으로 일반적인 활용 규칙에 해당한다. 그리고 기본형 '먹다'는 형태소 '먹-'과 '-다'가 합쳐진 것이므로, '먹고'와 '먹다'는 각 형태소의 본 모양을 밝혀 적은 표의주의 표기를 하고 있다.

② ㉡은 어간과 어미를 구별하여 형태소의 본 모양을 밝혀 적는 방식으로 표기하고 있군.
㉡인 '좋아'는 어간인 '좋-'과 어미인 '-아'의 형태를 밝혀 적는 표의주의 방식을 채택한 것이다.

③ ㉢은 합성어를 구성함에 있어서 앞말이 본뜻에서 멀어져 발음 나는 대로 적는 방식을 채택하고 있군.
㉢인 '사라지다'는 '살다'와 '지다'가 연결 어미 '-아'에 의해 어울려 한 개의 용언이 된 합성어로, 앞말이 본뜻에서 멀어진 것에 해당한다. 따라서 원형을 밝혀 적지 않고 소리 나는 대로 적는 표음주의 표기를 한 것이다.

④ ㉣은 활용할 때, '쉽고'와 같은 표의주의 표기와 '쉬우니'와 같은 표음주의 표기를 모두 확인할 수 있군.
㉣인 '쉽다'는 어간에 어미 '-고'가 붙을 때는 '쉽고'와 같이 형태소의 본 모양을 밝혀 적는 표의주의 표기를 사용하고 있는데, 어간에 어미 '-으니'가 붙을 때는 '쉬우니'와 같이 형태소의 본 모양을 밝혀 적지 않는 표음주의 표기를 사용하고 있다.

✓ ㉤은 활용할 때, '갈라'와 같이 일반적인 활용 규칙에서 어긋난 경우에는 표의주의 방식으로 표기하고 있군.

[A]의 '그런데 일반적인 활용 규칙에서 ~ 표음주의가 채택된다.'에서 일반적인 활용 규칙에서 어긋나는 경우에는 표음주의를 채택함을 알 수 있다. 그리고 〈보기〉에서 제18항의 ⓔ은 일반적인 활용 규칙에서 어긋나는 경우에 해당하는 예이다. 따라서 ⓔ은 어간에 어미 '-아'가 붙을 때 '갈라'와 같이 형태소의 본모양을 밝혀 적지 않는 표음주의 표기를 해야 한다.

13 중세 국어의 표기 원칙의 이해   정답률 59% | 정답 ①

윗글을 바탕으로 〈보기〉의 ⓐ ~ ⓖ를 탐구한 내용으로 적절하지 않은 것은?

〈보 기〉

○ 머리셔 부라매 ⓐ 노피 하놀해 다닫고 갓가이셔 보니 아ᅀᆞ라히 하놀햇 ⓑ 므레 줌겻ᄂᆞ니
(멀리서 바람에 높이 하늘에 닿았고 가까이서 보니 아스라이 하늘의 물에 잠겼나니)
– 「번역박통사」 –

○ 고경명은 광쥐 ⓒ 사ᄅᆞᆷ이니 임진왜난의 의병을 슈챵ᄒᆞ야 금산 ⓓ 도적글 티다가 패ᄒᆞ여
(고경명은 광주 사람이니 임진왜란에 의병을 이끌어 금산 도적을 치다가 패하여)
– 「동국신속삼강행실도」 –

○ ⓔ 븕은 괴운이 하놀ᄋᆞᆯ 쮜노더니 이랑이 소리를 ⓕ 노피 ᄒᆞ야 나를 불러 져기 믈 밋ᄎᆞᆯ 보라 웨거ᄂᆞᆯ 급히 눈을 ⓖ 드러 보니
(붉은 기운이 하늘을 뛰놀더니 이랑이 소리를 높이 하여 나를 불러 저기 물 밑을 보라 외치거늘 급히 눈을 들어 보니)
– 「의유당관북유람일기」 –

✔ ① ⓐ는 이어적기를 하고 있는 반면 ⓕ는 거듭적기를 하고 있군.
ⓐ는 어간 '높-'에 어미 '-이'가 결합한 것으로, '높-'의 끝소리인 'ㅍ'이 '-이'의 첫소리로 옮겨 적은 이어적기에 해당하는 사례이다. 그러나 ⓕ는 '높의 ㅍ'을 'ㅂ'과 'ㅎ'으로 나누어서 '높히'로 표기한 재음소화의 사례에 해당하므로 적절하지 않다.

② ⓑ는 앞 형태소의 끝소리를 뒤 형태소의 첫소리로 옮겨 적고 있군.
현대어 풀이를 참조할 때, ⓑ인 '므레'는 체언 '믈'에 조사 '에'가 붙은 것임을 알 수 있으므로, '믈'의 끝소리인 'ㄹ'이 '에'의 첫소리로 옮겨 적은 이어적기에 해당한다.

③ ⓒ는 체언과 조사가 결합할 때 형태소의 본 모양을 밝혀서 끊어 적고 있군.
현대어 풀이를 참조할 때, ⓒ인 '사ᄅᆞᆷ이니'는 체언 '사ᄅᆞᆷ'과 조사 '이니'가 결합한 것임을 알 수 있으므로, ⓒ는 형태소의 본 모양을 밝혀 적은 끊어적기에 해당한다.

④ ⓓ는 앞 형태소의 끝소리를 뒤 형태소의 첫소리에도 다시 적고 있군.
현대어 풀이를 참조할 때, ⓓ인 '도적글'은 '도적'의 끝소리인 'ㄱ'을 '글'의 첫소리에도 다시 적는 거듭적기에 해당한다.

⑤ ⓔ와 ⓖ는 용언의 어간이 모음으로 시작하는 어미를 만날 때 표기하는 방식이 서로 다르군.
현대어 풀이를 참조할 때, ⓔ인 '븕은'은 어간 '븕-'과 어미 '-은'의 형태를 밝혀 적고 있으므로 끊어적기에 해당한다. 그리고 ⓖ인 '드러'는 어간 '들-'과 어미 '-어'가 결합할 때, '들-'의 끝소리 'ㄹ'이 '-어'의 첫소리로 옮겨 적은 이어적기에 해당한다.

★★★ 등급을 가르는 문제!
14 음운의 교체 이해   정답률 25% | 정답 ⑤

〈보기〉를 바탕으로 사례들을 분석한 내용 중 적절하지 않은 것은?

〈보 기〉

음운의 교체는 특정한 음운 환경에서 한 음운이 다른 음운으로 바뀌는 음운 변동 현상이다. 두 음절이 인접한 경우 ⊙ 앞말의 끝소리와 뒷말의 첫소리가 만나는 상황이나 ⓛ 앞말의 끝소리가 연음되어 뒷말의 가운뎃소리와 만나는 상황에서 음운이 교체될 때, 발음의 결과 ⓐ 앞의 음운만 변한 경우나 ⓑ 뒤의 음운만 변한 경우도 있지만 ⓒ 두 음운이 모두 변한 경우도 있다.

① '마천루[마철루]'는 ⊙이면서 ⓐ에 해당한다.
'마천루'는 앞말의 끝소리 'ㄴ'과 뒷말의 첫소리 'ㄹ'이 만나 앞의 음운인 'ㄴ'이 'ㄹ'로 바뀌어 [마철루]로 소리나는 교체 현상이 일어난다. 따라서 ⊙이면서 ⓐ에 해당한다.

② '목덜미[목떨미]'는 ⊙이면서 ⓑ에 해당한다.
'목덜미'는 앞말의 끝소리 'ㄱ'과 뒷말의 첫소리 'ㄷ'이 만나 뒤의 음운인 'ㄷ'이 'ㄸ'으로 바뀌어 [목떨미]로 소리나는 교체 현상이 일어난다. 따라서 ⊙이면서 ⓑ에 해당한다.

③ '박람회[방남회]'는 ⊙이면서 ⓒ에 해당한다.
'박람회'는 앞말의 끝소리 'ㄱ'과 뒷말의 첫소리 'ㄹ'이 만나 앞의 음운인 'ㄱ'이 'ㅇ'으로, 뒤의 음운인 'ㄹ'이 'ㄴ'으로 바뀌어 [방남회]로 소리나는 교체 현상이 일어난다. 따라서 ⊙이면서 ⓒ에 해당한다.

④ '쇠붙이[쇠부치]'는 ⓛ이면서 ⓐ에 해당한다.
'쇠붙이'는 앞말의 끝소리 'ㅌ'이 연음되어 뒷말의 가운뎃소리 'ㅣ'와 만나 앞의 음운인 'ㅌ'이 'ㅊ'으로 바뀌어 [쇠부치]로 소리나는 교체 현상이 일어난다. 따라서 ⓛ이면서 ⓐ에 해당한다.

✔ ⑤ '땀받이[땀바지]'는 ⓛ이면서 ⓒ에 해당한다.
'땀받이'는 앞말의 끝소리 'ㄷ'이 연음되어 뒷말의 가운뎃소리 'ㅣ'와 만나 앞의 음운인 'ㄷ'이 'ㅈ'으로 바뀌어 [땀바지]로 소리나는 교체 현상이 일어난다. 따라서 ⓛ이면서 ⓐ에 해당한다.

★★ 문제 해결 꿀~팁 ★★

▶ 많이 틀린 이유는?
기본적으로 연음되었을 경우 앞 음운만 변한다는 내용을 숙지하였으면 쉽게 해결할 수 있었지만, 이를 정확하게 이해하지 못하여 오답률이 높았던 것으로 보인다.

▶ 문제 해결 방법은?
기본적으로 음운 교체가 자음의 변화에 있다는 것을 이해하는 것이 필요하다. 즉, ⑤의 경우에도 앞말의 끝소리 'ㄷ'이 연음되어 뒷말의 가운뎃소리 'ㅣ'와 만나 앞의 음운인 'ㄷ'이 'ㅈ'으로 바뀌었음을 알아야 한다. 이를 바탕으로 할 때, 앞말의 끝소리 'ㄷ'만 변하고 있으므로 앞의 음운만 변한 경우에 해당하여 잘못된 것임을 알 수 있다. 이러한 내용은 적절하지 않다고 여긴 ④의 경우에도 적용할 수 있는데, ④ 역시 앞의 음운만 변하였으므로 적절한 분석이라 할 수 있는 것이다. 그런데 학생들 가운데는 '땀받이'가 [땀바지]로 소리 나서 둘째 음운과 셋째 음운이 모두 달라져 두 음운이 모두 변하였다고 생각한 경우가 있는데, 음운의 교체가 자음의 교체와 관련되어 있으므로 이는 잘못된 생각이라 할 수 있다. 즉, ⑤의 경우에도 자음 'ㄷ' 어떤 음운으로 교체되는지에 중점을 두고 생각해야 한다. 이렇게 보면 앞의 음운이었던 'ㄷ'이 'ㅈ'으로 변하였음을 쉽게 알 수 있었을 것이다.

15 사전 활용의 이해   정답률 60% | 정답 ③

다음은 사전 활용 수업 장면의 일부이다. 선생님의 설명을 참고하여 〈보기〉의 학습지를 탐구한 내용으로 적절하지 않은 것은?

선생님 : 우리는 '표준국어대사전'의 발음정보를 통해 음절의 끝소리 규칙이나 자음군 단순화가 일어나는 체언의 발음을 확인할 수 있습니다. 이러한 경우 연음될 때의 발음에 대한 이해를 돕기 위해 조사 '이'와의 결합형이 활용정보에 제시됩니다. 활용정보에는 비음화와 구개음화가 일어날 때의 발음도 제시되어 있으며, 구개음화의 경우에는 연음될 때의 발음에 대한 이해를 돕기 위해 조사 '을'과의 결합형도 제시됩니다.

〈보 기〉

낯 발음: [낟]
　활용: 낯이[나치], 낯만[난만]
「명사」 눈, 코, 입 따위가 있는 얼굴의 바닥.

밭 발음: [받]
　활용: 밭이[바치], 밭을[바틀], 밭만[반만]
「명사」 물을 대지 아니하거나 필요한 때에만 물을 대어서 야채나 곡류를 심어 농사를 짓는 땅.

흙 발음: [흑]
　활용: 흙이[흘기], 흙만[흥만]
「명사」 지구의 표면을 덮고 있는, 무기물과 유기물이 섞여 이루어진 물질.

① '낯'의 경우 발음정보를 통해 음절의 끝소리 규칙이 일어나는 것을 확인할 수 있군.
선생님의 설명을 통해 발음정보에는 음절의 끝소리 규칙이 일어나는 체언의 발음이 제시된다는 것을 알 수 있으므로 '낯'의 경우, 발음정보인 [낟]을 통해 음절의 끝소리 규칙이 일어나는 것을 확인할 수 있다고 한 진술은 적절하다.

② '흙'의 경우 발음정보를 통해 자음군 단순화가 일어나는 것을 확인할 수 있군.
선생님의 설명을 통해 발음정보에는 자음군 단순화가 일어나는 체언의 발음이 제시된다는 것을 알 수 있으므로 '흙'의 경우, 발음정보인 [흑]을 통해 자음군 단순화가 일어나는 것을 확인할 수 있다고 한 진술은 적절하다.

✔ ③ '낯'과 '밭'은 모두, 활용정보를 통해 구개음화가 일어나는 것을 확인할 수 있군.
선생님의 설명을 통해 활용 정보에는 구개음화가 일어날 때의 발음이 제시된다는 것을 알 수 있으므로, '밭'의 경우 활용 정보인 '밭이[바치]'를 통해 구개음화가 일어나는 것을 확인할 수 있다. 그러나 '낯'의 경우, 활용 정보인 '낯이[나치]'는 연음될 때의 발음으로 구개음화가 일어나는 것을 확인할 수 없으므로 적절하지 않다.

④ '밭'과 '흙'은 모두, 활용정보를 통해 연음될 때의 발음 양상을 확인할 수 있군.
선생님의 설명을 통해 활용정보에는 음절의 끝소리 규칙이나 자음군 단순화가 일어나는 체언이 연음될 때의 발음이 제시된다는 것을 알 수 있으므로 '밭'과 '흙'의 경우, 활용정보인 '밭을[바틀]'과 '흙이[흘기]'를 통해 연음될 때 발음 양상을 확인할 수 있다고 한 진술은 적절하다.

⑤ '낯', '밭', '흙'은 모두, 활용정보를 통해 비음화가 일어나는 양상을 확인할 수 있군.
선생님의 설명을 통해 활용정보에는 비음화가 일어나는 경우의 발음이 제시된다는 것을 알 수 있으므로 '낯', '밭', '흙'의 경우, 활용정보인 '낯만[난만]', '밭만[반만]', '흙만[흥만]'을 통해 비음화가 일어나는 양상을 확인할 수 있다는 진술은 적절하다.

[16~45] 독서 · 문학

16~20 과학 · 기술

김래현 외, 「지역난방 기초 공학 및 에너지 기술 실무 교육」

해제 이 글은 지역난방에서 열 수송의 효율성을 높이기 위해 사용하는 상변화 물질을 활용하는 방식에 대해 설명하고 있다. 지역난방에서 열 수송의 효율성을 높이기 위해 상변화 물질을 활용하는 방식이 개발되고 있음을 언급한 뒤, 상변화에 대한 이해를 돕기 위해 상변화 물질과 상변화의 개념, 잠열과 현열에 대해 구체적 사례를 통해 이해시키고 있다. 그런 다음 상변화 물질을 활용하여 열병합 발전소에서 인근 지역 주택로로의 열 수송 과정을 통해 상변화 물질의 특성을 이용하여 열 수송을 할 경우의 장점을 언급하면서, 아울러 이러한 방식이 지닌 한계도 언급해 주고 있다.

주제 상변화 물질을 활용한 열 수송 방식의 이해

문단 핵심 내용

1문단	지역난방의 의미 및 열을 수송하는 방식
2문단	상변화의 의미 및 상변화에 수반되는 열인 잠열과 현열의 이해
3문단	상변화 물질을 활용한 열을 수송하는 과정 1
4문단	상변화 물질을 활용한 열을 수송하는 과정 2
5문단	상변화 물질을 활용한 열 수송 방식의 장점 및 한계

16 세부 내용의 이해   정답률 72% | 정답 ⑤

윗글의 내용과 일치하지 않는 것은?

① 상변화는 주변의 온도나 압력 변화에 의해 물질의 상태가 변하는 것을 의미한다.
2문단의 '상변화란, ~ 주변의 온도나 압력 변화에 의해 어떤 물질이 이전과 다른 상태로 변하는 것을 의미에서 적절함을 알 수 있다.

② 열병합 발전소에서는 전기 생산에 사용된 수증기의 열을 회수하여 인근 지역으로 공급한다.
1문단의 '지역난방은 열병합 발전소에서 전기 생산을 위해 사용된 열을 회수하여 인근 지역의 난방에 활용하는 것이다.'에서 적절함을 알 수 있다.

③ 상변화 물질이 들어 있는 캡슐의 양은 물의 이동을 고려해야 하므로 일정 수준 이상 늘릴 수 없다.
5문단의 '캡슐의 양이 일정 수준 이상으로 늘어나면 물이 원활하게 이동할 수 없으므로 캡슐의 양을 증가시키는 데에는 한계가 있다.'에서 적절함을 알 수 있다.

④ 상변화 물질을 활용하여 열을 수송하는 방식을 사용하는 것은 열 수송의 효율성을 높이기 위해서이다.
5문단의 '상변화 물질을 활용한 열 수송 방식을 사용하면 '열 수송의 효율성이 개선된다.'는 내용에서 적절함을 알 수 있다.

✔ 상변화 물질을 활용한 열 수송 방식에서는 온수 공급관으로 보내는 물의 온도를 기존 방식보다 높여야 한다.
5문단의 '기존의 열 수송 방식과 달리 ~ 보내는 물의 온도를 현저히 낮출 수 있어서 열 수송의 효율성이 개선된다.'의 내용을 보면, 상변화 물질을 활용한 열 수송 방식에서는 온수 공급관으로 보내는 물의 온도를 기존 방식보다 낮춰야 함을 알 수 있다.

17 핵심 개념의 특성 파악   정답률 73% | 정답 ⑤

㉠에 대한 설명으로 적절하지 않은 것은?

① 물질마다 크기가 각기 다르다.
2문단의 '잠열은 물질마다 그 크기가 다르며'에서 적절함을 알 수 있다.

② 물질의 온도 변화로 나타나지 않는다.
2문단의 '이렇게 상변화에 사용된 열이 잠열인데, 이는 물질의 온도 변화로 나타나지 않는 숨어 있는 열이라는 뜻이다.'에서 알 수 있으므로 적절한 설명이다.

③ 숨어 있는 열이라는 뜻을 지니고 있다.
2문단의 '이렇게 상변화에 사용된 열이 잠열인데, 이는 물질의 온도 변화로 나타나지 않는 숨어 있는 열이라는 뜻이다.'에서 알 수 있으므로 적절한 설명이다.

④ 물질의 상변화가 일어날 때 흡수되거나 방출된다.
2문단의 '잠열은 물질마다 그 크기가 다르며, 일반적으로 물질이 고체에서 액체가 되거나 액체에서 기체가 될 때, 또는 고체에서 바로 기체가 될 때에는 잠열을 흡수하고 그 반대의 경우에는 잠열을 방출한다.'에서 적절함을 알 수 있다.

✔ 상변화하고 있는 물질의 현열을 증가시키는 역할을 한다.
2문단의 '그런데 비커 속 얼음이 모두 물로 변할 때까지는 온도가 올라가지 않고 계속 0℃를 유지하는데, 이는 비커에 가해진 열이 물질의 온도 변화가 아닌 상변화에 사용되었기 때문이다.'에서 적절하지 않음을 알 수 있다.

18 도식을 통한 글의 내용 파악   정답률 64% | 정답 ③

〈보기〉는 상변화 물질을 활용한 열 수송 과정을 도식화한 것이다. 윗글을 바탕으로 〈보기〉에 대해 이해한 내용으로 적절하지 않은 것은? [3점]

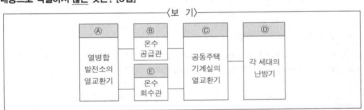

① ⒜에서 캡슐 속 상변화 물질의 온도는 상변화 물질의 녹는점 이상으로 올라가겠군.
3문단에서 '물이 데워져 물의 온도가 상변화 물질의 녹는점 이상이' 된다고 했으므로 적절하다.

② ⒝에서는 물에 있는 캡슐 속 상변화 물질의 상변화가 일어나지 않겠군.
3문단에서 온수 공급관을 통해 이동하는 '과정에서 상변화 물질이 고체로 상변화되지 않'도록 '물의 온도는 상변화 물질의 녹는점 이상으로 유지'한다고 했으므로 적절하다.

✔ ⒝와 ⒠를 통해 이동하는 물에 있는 상변화 물질의 상태는 서로 같겠군.
3문단에서 '액체가 된 상변화 물질'이 '온수 공급관을 통해' 이동한다고 했고, 4문단에서 '캡슐 속 상변화 물질은 액체에서 고체로 상변화하면서 잠열을 방출'한 후 '온수 회수관을 통해 다시 발전소로 회수'된다고 하였다. 이렇게 볼 때, ⒝와 ⒠ 속의 상변화 물질은 각각 액체와 고체이므로 적절하지 않다.

④ ⒞에서 공동주택의 찬물은 현열과 잠열에 의해 데워져 ⒟에 공급되겠군.
4문단에서 '이동해 온 물의 현열과 캡슐 속 상변화 물질의 현열, 그리고 상변화 물질의 잠열'이 모두 공동주택의 찬물을 데우는 데 사용된다고 했으므로 적절하다.

⑤ ⒠를 통해 회수된 물에 있는 상변화 물질은 ⒜에서 다시 상변화 과정을 거쳐 재사용되겠군.
4문단에서 '상변화 물질 캡슐이 든 물은 온수 회수관을 통해 다시 발전소로 회수되어 재사용된다'고 했으므로 적절하다.

19 구체적 상황에의 적용   정답률 61% | 정답 ①

윗글을 읽은 학생이 〈보기 1〉을 보고 〈보기 2〉와 같이 메모했을 때, ㉮∼㉲에 들어갈 말로 적절한 것은?

〈보기 1〉
A 기업에서는 녹는점이 15℃인 상변화 물질을 벽에 넣어 밤과 낮의 온도 차가 크더라도 벽의 온도를 일정하게 만들 수 있는 기술을 연구하고 있다.

〈보기 2〉
벽의 온도가 15℃보다 높아지면 이 상변화 물질은 (㉮)로 상변화할 것이고, 이때 잠열 (㉯)할 것이다. 이렇게 상변화가 일어나는 중에는 상변화 물질의 온도가 (㉰) 것이다.

      ㉮   ㉯   ㉰

✔ 액체   흡수   유지될
㉮ 〈보기 1〉에서 상변화 물질의 녹는점이 15℃인 것을 알 수 있고, 3문단에서 온도가 '상변화 물질의 녹는점 이상이 되면 상변화 물질은 액체로 상변화'함을 알 수 있다. 따라서 〈보기 2〉에서 벽의 온도가 15℃보다 높아지면 이 물질은 고체에서 액체로 상변화하게 될 것임을 알 수 있다.
㉯ 2문단에서 물질이 '고체에서 액체'가 될 때에는 잠열을 흡수한다고 했고, ㉰ 물의 상변화 예에서 '얼음이 모두 ~ 계속 0℃를 유지'한다고 했으므로 온도가 계속 유지될 것임을 알 수 있다.

② 액체   흡수   상승할

③ 액체   방출   유지될
④ 고체   흡수   유지될
⑤ 고체   방출   상승할

20 문맥상 의미 파악   정답률 89% | 정답 ①

ⓐ와 문맥적 의미가 가장 유사한 것은?

✔ 그는 선물을 동생 집으로 보냈다.
ⓐ는 '사람이나 물건 따위를 다른 곳으로 가게 하다.'의 의미로, 이와 의미가 유사하게 사용된 것은 ①의 '보냈다'이다.

② 그는 그저 멍하니 세월만 보냈다.
'시간이나 세월이 지나가게 하다.'의 의미로 사용되었다.

③ 그는 아들을 작년에 장가를 보냈다.
'결혼을 시키다.'의 의미로 사용되었다.

④ 관객들은 연주자에게 박수를 보냈다.
'상대편에게 자신의 마음가짐을 느끼어 알도록 표현하다.'의 의미로 사용되었다.

⑤ 그녀는 슬피 울며 정든 친구를 보냈다.
'놓아주어 떠나게 하다.'의 의미로 사용되었다.

21~24 고전 시가

(가) 송이, '남은 다 자는 밤에 ~'

감상 이 작품은 임과 이별한 상황에서, 한밤에 깨어 임을 그리워하는 애틋한 마음을 노래하고 있다.
주제 임에 대한 그리움

현대어 풀이

남은 다 자는 밤에 나는 어찌하여 홀로 깨어
옥장 깊은 곳에서 자는 임을 생각하는고?
천 리에 외로운 꿈만 오락가락 하는구나.

(나) 성현, 「장상사(長相思)」

감상 이 작품은 임에 대한 간절한 그리움으로 애만 끊는 화자의 마음을 노래하고 있다. 화자는 임 생각에 응어리진 마음을 풀 길 없음을 안타까워하면서 '새'나 '달'이 되어서라도 임에게 가고 싶은 마음을 드러내고 있지만 그러지 못함을 탄식하고 있다.
주제 임에 대한 그리움

(다) 박인로, 「상사곡(相思曲)」

감상 이 작품은 임금과 신하의 관계를 남녀 관계에 빗대어 표현한 가사로, 이별한 임에 대한 안타까움과 그리움을 통해 임금에 대한 그리움과 변함없는 연군의 정, 재회에 대한 소망 등을 나타내고 있다.
주제 임과의 이별로 인한 안타까움과 변함없는 연군의 정

현대어 풀이

당 현종은 양귀비를 죽여서나 이별했지만
서럽다 서럽다 한들 우리같이 서러울까?
살아서 못 보니 더욱 망극하다.
수심은 불이 되어 가슴에 피어나니
저절로 난 저 불이 남의 탓도 아니니
내 서러움이 커 수인씨를 원망하는구나.
함양 궁전이 다만 3개월만 탔어도
지금에 그 불을 오래 탔다 하였지만
이 원수의 불은 몇 3개월을 타는 것인가.
눈물은 장마 되고 한숨은 바람 되어
불고 뿌리고 그칠 때가 없으리니
이 비로 저 불을 끌 수도 있지마는
어찌된 불인지 비바람 속에서도 타는구나.
물과 불이 상극이란 말이 거짓말이 되었구나.
피거니 뿌리거니 승부 없이 싸우는데
조그마한 내 몸이 전쟁터가 되었구나.
아이고 하느님아!
칠석 날 비를 내려 이 싸움 말리소서.
불쌍한 이 몸이 살기를 바라나이다.
알고 싶구나, 전생에 무슨 죄를 지었는지
헤어질 때 검던 머리 희도록 못 보는가?
사람은 생각 없어 늙어가는 것을 모르는가?
십 년 전 맹세를 오늘 문득 생각하니
금석 같은 말씀이 어제인 듯 그제인 듯 귀에 쟁쟁하여
이 마음, 이 맹세 흙먼지가 된다고 잊을 것인가?
아쉬운 내 뜻이 다시 볼까 바라는 것이니
일 년 삼백 일에 하루라도 잊은 날이 있겠는가?

21 표현상 공통점 파악   정답률 63% | 정답 ①

(가)∼(다)에 대한 공통점으로 가장 적절한 것은?

✔ 의문형 표현을 활용하여 화자의 정서를 강조하고 있다.
(가)의 '옥장 깊은 곳에 자는 님 싱각는고'를 보면 의문형 표현을 활용하여 화자의 그리움을 강조하고 있다. (나)의 '이 마음의 응어리 어느 때나 고칠까', '슬픈 노래 잠 못 드는 밤 어찌 이리 긴고'에서도 의문형 표현으로 화자의 시름, 슬픔이나 외로움을 강조하고 있다. (다)의 '우리 ㄱ티 셜울런가'도 의문형 표현으로 화자의 서러움을 강조하고 있다. 따라서 (가)∼(다) 모두 의문형 표현을 활용하여 화자의 정서를 강조하고 있음을 알 수 있다.

② 색채어를 활용하여 대상을 감각적으로 형상화하고 있다.
　(나)의 '푸른 버들'과, (다)의 '불'의 이미지(붉음)와 '검던 머리 희도록'을 통해 색채어를 활용하고 있음을 알 수 있지만, (가)에서는 색채어가 사용되지 않고 있다.

③ 언어유희를 활용하여 화자의 태도를 해학적으로 표현하고 있다.
　(가)~(다) 모두 언어유희를 활용하지 않고 있다.

④ 풍자의 기법을 활용하여 대상에 대한 비판 의식을 드러내고 있다.
　(가)~(다) 모두 풍자적 기법을 활용하지 않고 있다.

⑤ 계절감을 나타내는 시어를 활용하여 시적 분위기를 조성하고 있다.
　(나)의 '늘어진 푸른 버들'을 통해 계절감을 나타내는 시어를 사용하여 시적 분위기를 조성한다고 볼 수 있지만, (가)와 (다)에서는 계절감을 나타내는 시어가 사용되지 않고 있다.

22　시구의 의미 이해　　정답률 81% | 정답 ②

㉠~㉤에 대한 설명으로 적절하지 않은 것은?

① ㉠ : '남'과 화자의 서로 다른 상황을 통해 화자가 놓인 외로운 처지를 표현하고 있다.
　㉠은 '남은 다 자는'의 '남'의 상황과 '늬 어이 홀로 씨야'의 화자의 상황으로 외로운 처지를 표현하고 있다.

✓② ㉡ : 화자의 '꿈'을 통해 화자가 먼 곳에서 여유롭게 살고자 하는 염원을 표현하고 있다.
　시상 전개상 ㉡의 '꿈'은 임과 만날 수 있는 시간을 의미하므로, '외로운 꿈만' 오락가락 ᄒ노라'고 표현한 것은 임과의 만남이 이루어지기 힘든 상황을 드러낸 것이다. 또한 임과의 심리적 거리감을 '천리'라고 표현하고 있으므로 적절하지 않다.

③ ㉢ : '돗자리', '돌'과 대비되는 화자의 마음을 통해 화자의 맺혀 있는 감정을 강조하고 있다.
　㉢에서 '돗자리'와 '돌'은 각각 '말아 두고', '굴러 낼 수 있지만, '이 마음의 응어리'는 고칠 수 없다고 한 표현에서 '돗자리'와 '돌'은 화자의 마음과 대비되는 소재임을 알 수 있다. 또한 '응어리'는 화자의 마음에 맺혀 있는 것인데, 이를 '어느 때나 고칠까'라 하여 풀리지 않는 감정을 표현하고 있다.

④ ㉣ : 화자가 연주하는 '공후'의 소리를 통해 화자의 답답함과 슬픔을 표현하고 있다.
　㉣은 '홀로 앉아' '공후'를 연주하는 소리가 '하소연하는 듯 흐느끼는 듯' 한다고 하고 있다.

⑤ ㉤ : 화자가 '밤'에 잠을 자지 못하는 상황을 통해 화자의 애절한 감정을 강조하고 있다.
　㉤은 '슬픈 노래'로 화자의 감정을 드러낸다. 또한 '밤'에 잠 못 들고 있는 화자가 그 밤을 '어찌 이리 긴고'라고 하여 밤을 길게 느끼는 것으로 화자의 애절한 감정을 강조하고 있다.

23　외적 준거에 따른 작품의 감상　　정답률 76% | 정답 ③

〈보기〉를 바탕으로 (나)와 (다)를 감상한 내용으로 적절하지 않은 것은? [3점]

─〈보 기〉─
　'충신연주지사'는 충성스러운 신하가 왕을 그리워하며 부른 노래를 의미하는데, (나)와 (다)가 여기에 속한다. 이러한 주제 의식을 담은 노래들은 신하가 왕으로부터 멀리 떨어져 이별이 오래 지속된 상황에서 생긴 감정을 표현하고 있다. 왕에 대한 신하의 사랑과 그리움을 주로 표현하며, 자신의 마음을 몰라주는 왕에 대한 원망을 드러내기도 한다.

① (나)의 '그리운 사람'이 '멀리 하늘 모퉁이에 있는데'라고 한 것은 신하가 왕으로부터 멀어져 있는 상황을 나타낸 것이겠군.
　'하늘 모퉁이'는 '그리운 사람'이 있는 공간인데, 이를 '멀리' 있다고 했으므로, 신하가 왕으로부터 멀어져 있는 상황을 나타낸 것이다.

② (나)의 '기나긴 그리움에 공연히 애만 끊노라'라고 한 것은 신하가 왕을 그리워하고 있음을 나타낸 것이겠군.
　'기나긴 그리움'으로 인해 '애만 끊'는다 하고 있어, 신하가 왕을 그리워하고 있음을 나타낸 것이다.

✓③ (다)의 '수심'이 '가슴'에 피어난 것이 '놈의 탓도 아니로다'라고 한 것은 신하가 자신의 마음을 몰라주는 왕을 원망하고 있음을 나타낸 것이겠군.
　'수심은 불이 되어 ~ 그 불이 놈의 탓도 아니로다'에서 '수심'이 가슴에서 저절로 생겨났다고 했음을 알 수 있고, '불'이 된 '수심'이 남의 탓도 아니라 하고 있으므로, 화자는 임과의 이별에 대해 누구를 원망하는 것이 아니라 자책하고 있음을 알 수 있다.

④ (다)의 '여휠 제 검던 머리 희도록 못 보는고'라고 한 것은 신하와 왕이 오랫동안 이별하고 있음을 나타낸 것이겠군.
　'검던 머리 희도록'에서 오랫동안이라는 시간을 확인할 수 있고 '여휠 제'와 '못 보는고'에서 이별의 상황을 확인할 수 있으므로, 신하와 왕이 오랫동안 이별하고 있음을 나타낸 것이다.

⑤ (나)의 '밝은 달이 되어 '임의 창문 휘장'에 비추겠다는 것과 (다)의 '내 뜻은 다시 볼가 부라거든'이라고 한 것은 왕에 대한 신하의 사랑을 나타낸 것이겠군.
　(나)의 '밝은 달'은 화자가 되고 싶은 대상이기 때문에 '임의 창문 휘장'을 비추겠다고 한 것은 임에 대한 화자의 사랑을 나타낸 것이다. 또한 (다)의 '내 뜻'은 임을 '다시 볼가 부라'는 것이기 때문에 임에 대한 화자의 사랑을 나타내고 있으므로 왕에 대한 신하의 사랑을 나타낸 것이다.

24　소재의 의미 비교　　정답률 84% | 정답 ④

새와 불에 대한 설명으로 가장 적절한 것은?

① 새는 화자의 심리 전환을 촉출하고, 불은 화자의 성격 변화를 유도하고 있다.
　화자의 심리 전환이나 화자의 성격 변화는 찾을 수 없다.

② 새는 화자의 현재 상황을 표현하고, 불은 화자의 미래 모습을 암시하고 있다.
　화자의 현재 상황을 표현하거나 화자의 미래 모습을 암시하는 내용은 찾을 수 없다.

③ 새는 화자의 내적인 갈등을 강조하고, 불은 화자의 외적인 화해를 보여주고 있다.
　화자의 내적인 갈등을 강조하거나 화자의 외적인 화해는 찾을 수 없다.

✓④ 새는 화자의 간절한 바람을 드러내고, 불은 화자의 애타는 정서를 부각하고 있다.

'원컨대 쌍쌍이 나는 새가 되어서 / 임 향한 창 앞에 서 있고자'에서 '새'는 화자가 임을 보기 위해 되고 싶은 대상임을 알 수 있으므로, 임을 보고 싶은 화자의 간절한 바람을 드러낸 것이다. 그리고 '수심은 불이 되어'에서 '불'이 걱정을 나타내고, '풍우중에 ᄐ노왜라'에서 '불'이 바람과 비에도 쉽게 꺼지지 않을 만큼 강함을 알 수 있다. 이는 수심 즉, 걱정하는 마음이 몹시 강함을 의미하므로, 애타는 정서를 부각하여 나타낸 것이다.

⑤ 새는 화자의 반성적인 태도를 나타내고, 불은 화자의 실천적인 행위를 제시하고 있다.
　화자의 반성적인 태도나 화자의 실천적인 행위를 제시하는 내용은 찾을 수 없다.

25~28　갈래 복합

(가) 오장환, 「황혼」

감상　이 시는 황혼의 어스름에서부터 밤이 밀려오기까지의 시간적 경과 속에서 화자가 가로수에 가만히 기대어 서서 바라보는 거리의 풍경과 그 속에서 느끼는 지식인의 무기력과 절망감을 형상화하고 있다.
이 시에는 1930년대 도시 노동자로서 화자가 느끼는 무력감과 절망감이 드러나 있는데, 특히 기계화가 가속되는 현실 속 화자와 나날이 퇴락해 가는 고향, 이 모두가 병든 것으로 형상화되어 근대 자본주의에 대한 작가의 회의적 태도를 엿볼 수 있다.

주제　실업자의 비극적 현실 인식

■ 이 시의 특징 ■
- 영탄적 어조를 사용하여 화자의 정서를 부각해 줌.
- 음성 상징어를 사용하여 시각적 인상을 부여해 줌.
- 비유적 표현을 사용하여 대상의 의미를 강조해 줌.

(나) 이형기, 「모래」

감상　이 시는 '모래'를 통해 분열적인 성격을 지닌 우리 사회 구성원들의 모습을 비판하고 있다. 즉, '모래'를 의인화하여 집단 속에 놓인 개인의 모습을 드러내면서, 동시에 독선적인 태도로 스스로를 소외시켜 자신의 삶을 황폐하게 만들고 공동체적 삶으로 나아가지 못하는 현대인의 모습을 비판하고 있다.

주제　공동체적 가치관을 추구하지 못하는 현대인의 삶 비판

■ 이 시의 특징 ■
- 영탄적 어조를 사용하여 화자의 정서를 부각해 줌.
- 명사형 시상 종결로 시적 여운을 주고 있음.
- 사물을 의인화하여 인간의 부정적인 모습을 형상화함.
- 사물에 대한 신의 태도를 대비적으로 드러내어 주제 의식을 드러냄.

(다) 신영복, 「비슷한 얼굴―계수님께」

감상　이 작품은 여러 소재를 대비적으로 제시하여 개인적이고 단절된 삶보다는 정서적 공감을 바탕으로 연대하여 공동체적 삶을 이룩하는 것의 가치와 지향을 보여 주고 있다. 담장을 높이기보다는 함께 햇빛을 나누고 비를 맞는 것이야말로 인간으로서 살아간다는 것의 의미임을 제시하고 있고, 수많은 나무들이 합창하는 숲 속에 서고 싶다는 비유적 표현을 통해 공동체적 삶에 대한 소망을 강조하고 있다.

주제　공동체적 삶에 대한 지향

★★★ 등급을 가르는 문제!
25　표현상 특징 파악　　정답률 40% | 정답 ③

(가)~(다)에 대한 설명으로 적절하지 않은 것은?

① (가)와 (나)는 모두 영탄적 어조를 통해 화자의 정서를 부각하고 있다.
　(가)의 '고향이여'와 (나)의 '영원한 갈증!'으로 영탄적 어조를 사용하고 있고, 이를 통해 화자의 정서를 부각하고 있으므로 적절하다.

② (가)와 (다)는 모두 비유적 표현을 통해 대상의 의미를 강조하고 있다.
　(가)는 '고향이여! 병든 학이었다'에서, (다)는 '기성품처럼', '무인도의 로빈슨 크루소처럼'에서 비유적 표현으로 대상의 의미를 강조하고 있으므로 적절하다.

✓③ (나)와 (다)는 모두 공간을 대비하여 지향하는 가치를 부각하고 있다.
　(다)에서 '무인도'와 '나지막한 동네'로 공간을 대비하여 더불어 살아가는 삶에 대한 지향이라는 가치를 부각하고 있다. 하지만 (나)에서는 공간을 대비하지 않고 있고, 이를 통해 지향하는 가치를 부각하고 있지 않으므로 적절하지 않다.

④ (가)는 (나)와 달리, 음성 상징어를 통해 시각적 인상을 구체화하고 있다.
　(가)는 '띄엄띄엄 서 있는'에서 보이듯이 포도 위 가로수의 시각적 인상을 음성 상징어로 구체화하고 있고, (나)에는 음성 상징어가 드러나지 않으므로 적절하다.

⑤ (다)는 (나)와 달리, 처음과 끝에 동일한 구절을 배치하여 주제를 강조하고 있다.
　(다)는 시작과 끝에 '비슷한 말투, 비슷한 욕심, 비슷한 얼굴'이라는 동일한 구절을 배치하여 더불어 사는 삶에 대한 긍정과 소망이라는 주제를 강조하는 반면, (나)는 처음과 끝에 동일한 구절을 배치하고 있지 않으므로 적절하다.

★★ 문제 해결 꿀~팁 ★★

▶ 많이 틀린 이유는?
세 작품의 표현상 공통점, 차이점을 파악하는 문제인데, 선택지에 제시된 개념을 정확히 이해하지 못하였거나, 제시된 개념을 (가), (나), (다)에서 정확히 찾아내지 못하여 오답률이 높았던 것으로 보인다.
▶ 문제 해결 방법은?
가장 기본이 되어야 하는 것은 문학 용어 및 선택지에 제시된 서술에 대한 이해이다. 즉 영탄적 어조, 비유적 표현, 공간을 대비, 음성 상징어, 처음과 끝에 동일한 구절을 배치 등을 이해하는 것이다. 그런 다음 이러한 개념이나 선택지에 제시된 서술 내용에 대한 이해를 바탕으로 각 내용을 작품들을 통해 확인하여야 한다. 가령 ④의 경우 '음성 상징어'가 의성어와 의태어를 가리키는 것을 이해한 뒤, (가)에 음성 상징어가 쓰였는지 확인해야 한다. (가)와 (나)는 '띄엄띄엄'이라는 의태어가 사용되고 (나)에서는 음성 상징어가 쓰이지 않고 있으므로 적절한 설명이라 할 수 있는 것이다. 한편 이러한 표현상 공통점이나 차이점을 묻는 문제의 경우, 한 작품을 통해 표현상 특징 여부를 확인한 다음, 이어서 다른 작품을 통해 확인하는 방법도 정확성을 높일 수 있는 방법일 수 있다.

26 외적 준거에 따른 작품 감상
정답률 80% | 정답 ②

〈보기〉를 바탕으로 (가)를 감상한 내용으로 적절하지 않은 것은?

─〈보 기〉─

「황혼」에는 1930년대 도시 노동자로서 화자가 느끼는 무력감과 절망감이 드러나 있다. 특히 기계화가 가속되는 현실 속 화자와 나날이 퇴락해 가는 고향, 이 모두가 병든 것으로 형상화되어 근대 자본주의에 대한 작가의 회의적 태도를 엿볼 수 있다.

① '병든 나', '병든 학'을 통해 화자와 고향 모두가 병든 것으로 형상화되고 있음을 알 수 있군.
'병든 나'와 '병든 학'은 각각 화자와 고향을 의미하고, 〈보기〉에 따르면 이들 모두가 작품에서 병든 것으로 형상화되어 있다고 하였으므로 적절하다.

✔ ② '아리따운 너의 기억'을 통해 근대 자본주의를 지향하는 작가의 태도를 확인할 수 있군.
〈보기〉를 보면 (가)의 작가는 근대 자본주의에 대해 회의적 태도를 지니고 있다. 그런데 '아리따운 너의 기억'은 화자가 그리워하는 고향에 대한 기억에 해당하는 것으로 근대 자본주의를 지향하는 것과는 관련이 없다.

③ '너는 날마다 야위어가는'을 통해 나날이 퇴락해 가는 고향의 모습을 짐작할 수 있군.
'너는 날마다 야위어가는'에서 '너'는 '고향'을 의미하고, '야위어가'는 것은 〈보기〉에서 언급한 고향이 퇴락해 가는 것을 의미하므로 적절하다.

④ '어디를 가도 사람보다 일 잘하는 기계는 나날이 늘어나가고'를 통해 기계화가 가속되는 현실을 확인할 수 있군.
'어디를 가도 사람보다 일 잘하는 기계'가 늘어나는 상황은, 〈보기〉에서 언급한 기계화가 가속되는 현실을 의미하므로 적절하다.

⑤ '나는 힘없는 분노와 절망을 묻어버린다'를 통해 화자가 현실에 대해 느끼는 무력감을 짐작할 수 있군.
'나는 힘없는 ~ 묻어버린다'의 힘없는 분노와 절망을 묻어야 하는 화자의 모습에서 현실에 대한 무력감을 짐작할 수 있으므로 적절하다.

27 외적 준거에 따른 작품의 비교 이해
정답률 63% | 정답 ③

〈보기〉를 바탕으로 (나)와 (다)를 이해한 것으로 적절하지 않은 것은? [3점]

─〈보 기〉─

문학은 종종 집단 속에 놓인 개인의 모습을 통해 공동체적 삶을 드러낸다. 독선적인 태도를 지닌 개인은 스스로를 소외시켜 자신의 삶을 황폐하게 만들면서 동시에 공동체적 삶으로 나아가지 못한다. 그러나 정서적 공감을 바탕으로 연대하는 개인은 서로에게 기대면서 집단 속에서 완성되며 공동체적 삶을 이룩하게 된다.

① (나)의 '무수하게 모여서' 된 '모래'와 (다)의 '맨살 부대끼며 오래 살'아 가는 '여러 사람'은 모두 집단 속에 놓인 개인의 모습을 보여 준다.
(나)의 '모래'와 (다)의 '여러 사람'은 '모여' 있거나 '부대끼며' '살'아가고 있어 〈보기〉에서 언급한 집단 속 개인의 모습을 보여주고 있으므로 적절하다.

② (나)의 '모른 체 등을 돌리'는 행위와 (다)의 '담장을 높이'는 행위는 연대하지 않으려는 태도를 의미한다.
(나)의 '모른 체 등을 돌리'는 행위와 (다)의 '담장을 높이'는 행위는 〈보기〉에서 언급한 독선적 태도라 할 수 있고, 이는 연대하지 않으려는 태도에 속하므로 적절하다.

✔ ③ (나)의 '봄비를 뿌'려주는 '신'과 (다)의 '거대한 조직'에서 생겨난 '물신성'은 개인이 직면하게 되는 소외의 원인에 해당한다.
〈보기〉를 보면 개인이 직면하게 되는 소외의 원인은 개인의 독선적 태도에 있음을 알 수 있다. 그리고 (나)에서 '봄비를 뿌'려주는 '신'은 '모래'의 독선적 태도를 안타까워하고 있으며, 이를 해결해 보고자 노력하는 존재에 해당한다.

④ (나)의 '꽃씨'가 '싹트는 법이 없'는 '모래밭'은 개인들의 황폐한 삶을, (다)의 '오랜 중지의 집성'인 '천재'는 집단 속에서 완성되어 가는 개인의 삶을 보여준다.
(나)의 '꽃씨'가 '싹트는 법이 없'는 '모래밭'은 〈보기〉에서 언급한 황폐한 개인들의 삶을 보여 주고, (다)의 '오랜 중지의 집성'인 '천재'는 〈보기〉에서 언급한 집단 속에서 완성되어 가는 개인의 삶을 보여 주므로 적절하다.

⑤ (나)의 '영원한 갈증'은 공동체적 삶으로 나아가지 못한 삶의 모습을, (다)의 '합창하는 숲 속'은 서로에게 기대어 이룩한 공동체적 삶의 모습을 의미한다.
(나)의 '영원한 갈증'은 〈보기〉에서 언급한 공동체적 삶으로 나아가지 못한 삶의 모습을 의미하고, (다)의 '합창하는 숲 속'은 '나무'들이 조화를 이룬 모습으로 〈보기〉에서 언급한 서로에게 기대어 이룩한 공동체적 삶의 모습을 의미하므로 적절하다.

28 시어의 이미지 파악
정답률 82% | 정답 ④

㉠과 ㉡에 대한 이해로 가장 적절한 것은?

① ㉠, ㉡은 모두 성숙의 이미지가 드러난다.
㉠, ㉡과 관련이 없는 이미지에 대한 이해이다.

② ㉠, ㉡은 모두 자족의 이미지가 드러난다.
㉠, ㉡과 관련이 없는 이미지에 대한 이해이다.

③ ㉠은 단절의 이미지가, ㉡은 소통의 이미지가 드러난다.
㉠, ㉡과 관련이 없는 이미지에 대한 이해이다.

✔ ④ ㉠은 고독의 이미지가, ㉡은 고립의 이미지가 드러난다.
(가)에서 '나'는 '시끄러이 떠들며' '흩어져버리'는 군중 속에서 고독을 느끼고 있으며, '잎새 없는 가로수' 역시 '나와 같이 공허'함을 느끼고 있다. 이렇게 볼 때, ㉠은 '고독'의 이미지를 드러내는 것이다. 그리고 (다)에서 '무인도'가 '다른 사람과 아무런 내왕이 없'는 공간으로 드러나고 있으므로, ㉡은 '고립'의 이미지를 드러낸다.

⑤ ㉠은 상생의 이미지가, ㉡은 공존의 이미지가 드러난다.
㉠, ㉡과 관련이 없는 이미지에 대한 이해이다.

29~31 고전 소설

허균, 「홍길동전」

감상 이 소설은 비범한 재주와 능력을 지닌 홍길동이라는 인물을 통해 당시 사회에서 통용되던 **적서차별(嫡庶差別)의 문제점**이라든가 관리들의 치부 행위 등 **지배층의 무능을 비판한 사회 소설**이다. 또한 일반 독자들에게 통쾌하게 복수하는 주인공의 캐릭터를 부각시키기 위하여 홍길동에게 도술적인 능력을 부여하고 마침내는 율도국이라는 새로운 이상세계를 건설하는 영웅이 되는 영웅소설의 성격을 띠고 있다. 이 소설은 **최초의 한글 소설이라는 점에서 문학사적으로 가치가 크며** 당시의 사회상을 적절히 반영했다는 점에서 역사적으로도 주목이 되는 소설이다.

주제 신분 차별과 현실 세계를 비판

작품 줄거리 홍 판서의 아들인 '홍길동'은 서자라는 이유로 온갖 차별을 받지만, 열심히 노력하여 높은 학식과 뛰어난 무술 실력을 갖추게 된다. 그러나 갈수록 차별이 심해지고 자신을 해치려는 흉계까지 생기자 길동은 스스로 집을 떠난다. 길동은 자신의 비범한 능력을 알아보는 도적들의 청을 받아들여 도적 무리의 우두머리가 된다. 길동은 그 무리의 이름을 '활빈당'이라 짓고, 부패한 벼슬아치들을 찾아내어 벌주고 그들에게서 빼앗은 재물을 가난한 백성에 나누어 주는 등 의로운 일을 계속하여 백성의 큰 지지를 받는다. 반면 조정에서는 이런 길동을 잡으려고 하는데 길동은 그때마다 뛰어난 재주로 위기에서 벗어난다. 결국 임금은 길동이 원하는 대로 길동에게 병조 판서의 벼슬을 내린다. 그 후 길동은 활빈당 무리를 이끌고 조선을 떠나 율도국으로 건너가 그곳을 정벌하여 왕이 되어 태평성대를 누린다.

29 고소설 원문의 의미 파악
정답률 52% | 정답 ①

㉠은 「홍길동전」의 경판본을 옮긴 것이다. 〈보기〉를 바탕으로 ㉠을 바르게 끊은 것은?

─〈보 기〉─

고소설은 띄어쓰기도 되어 있지 않고 지금은 쓰지 않는 문자도 있어 내용 파악이 쉽지 않다. 이때 어절 단위로 끊어 읽는 것이 의미 파악의 시작이다.

✔ ① 잡혀가기를∨ᄌ원ᄒ니∨도로혀∨긔특ᄒ∨ᄋ히로다
〈보기〉에서 어절(문장을 구성하고 있는 각각의 마디. 문장 성분의 최소 단위로서 띄어쓰기의 단위가 된다.) 단위로 끊어 읽는 것이 의미 파악의 시작이라 하였으므로 ㉠을 띄어쓰기의 단위인 어절 단위로 끊어 읽으면 ①과 같다. ㉠은 '잡혀가기를 자원하니 도리어 기특한 아이로다.'로 현대 국어로 풀이할 수 있다.

② 잡혀가기를∨ᄌ원ᄒ니∨도로ᄒ긔∨특ᄒ∨ᄋ히로다

③ 잡혀∨가기를∨ᄌ∨원ᄒ니∨도로혀긔∨특ᄒ∨ᄋ히로다

④ 잡혀∨가기를∨ᄌ∨원ᄒ니∨도로혀∨긔특ᄒ∨ᄋ∨히로다

⑤ 잡혀가∨기를∨ᄌ원∨ᄒ니∨도로∨혀∨특ᄒ∨ᄋ∨히로다

30 인물의 말하기 방식 이해
정답률 73% | 정답 ⑤

[A]와 [B]에 대한 설명으로 적절한 것은?

① [A]는 자신의 권위를 내세워 상대에게 충고하고 있다.
[A]에서 자신의 권위를 내세우지 않고 있고, 상대방에게 충고하고 있지도 않으므로 적절하지 않다.

② [B]는 상대와 같은 입장임을 내세워 동의를 구하고 있다.
길동은 율도국 왕과 달리 자신은 하늘의 명을 받았다고 하고 있으므로 상대와 같은 입장임을 내세운다고 볼 수 없다.

③ [B]는 [A]와 달리 상대의 의도를 알고 이에 답하고 있다.
[A]와 [B] 모두 자신의 입장을 전달하고 있을 뿐 상대의 의도를 알고 이에 답하지는 않고 있다.

④ [A]와 [B]는 모두 상황을 가정하여 상대의 행위를 평가하고 있다.
[B]의 싸우고자 하거든 싸우고 그렇지 않으면 항복하라는 말에서 상황을 가정하고는 있지만, 상대의 행위를 평가하지는 않고 있다. [A]에서는 상황을 가정하거나 상대의 행위를 평가하지 않고 있다.

✔ ⑤ [A]와 [B]는 모두 자신의 행위를 정당화하며 상대의 태도 변화를 꾀하고 있다.
[A]에서 길동 등이 도적의 무리에 참여하였지만 수령이 백성에게 착취한 재물만 빼앗았다고 자신의 행위를 정당화하면서 자신을 잡으라는 공문을 거둬 달라고 말하고 있다. [B]에서는 율도국을 공격하는 것은 하늘의 명이라고 정당화하면서 살기를 도모하려면 항복하라고 하고 있다. 따라서 [A]와 [B] 모두 자신의 행위를 정당화하면서 상대의 태도 변화를 꾀하고 있는 것이다.

31 문학 소통 과정의 파악
정답률 73% | 정답 ⑤

〈보기〉를 참고하여 윗글을 이해한 내용으로 적절하지 않은 것은? [3점]

─〈보 기〉─

「홍길동전」이 지금까지 인기를 얻는 이유는 독자들의 흥미를 불러일으키는 길동의 활약이 돋보이기 때문이다. 길동은 백성의 편에 서서 백성이 살기 좋은 세상을 구현하려고 하며, 초월적 능력을 발휘하여 위기를 극복한다. 또한 새 나라를 건설하여, 자신이 가진 신분적 한계를 극복한다. 이러한 모습은 독자들의 기대를 충족시키며 공감을 이끌어낸다.

① 새 나라를 건설하려는 모습은 길동이 율도국을 공격하는 것에서 드러나는군.
'남쪽에 율도국이라는 나라가 있었으니, 기름진 평야가 수천 리나 되어 실로 살기 좋은 나라로, 길동이 매양 마음속으로 생각해 오던 바였다.'에서 길동이 새 나라를 건설하고자 하는 모습을 엿볼 수 있다.

② 초월적 능력을 발휘하는 모습은 잡히지 않기 위해 길동이 도술을 부리는 것에서 나타나는군.
길동이 허수아비로 자신을 만들어 잡힌 것이나, 병조판서로 제수받아 궐에 온 뒤 몸을 공중에 솟구쳐 구름에 싸여서 가는 모습은 길동의 초월적 능력을 드러낸다. 이는 임금에게 잡히지 않기 위함이므로 적절하다.

③ 신분적 한계를 극복하는 모습은 미천한 신분이었던 길동이 왕위에 오르는 것에서 알 수 있군.
'신은 본래 천한 종의 몸에서 났지라.'에서 길동이 서자 출신임을 알 수 있고, 이러한 길동이 율도국을 쳐서 율도국 왕에 오르게 되므로 신분적 한계를 극복하였다고 볼 수 있다.

④ 백성의 편에 서서 펼치는 활약은 수령이 백성들에게 착취한 재물을 길동이 빼앗았다는 것에서 파악할 수 있군.
'백성은 추호도 범하지 않고 각 읍 수령이 백성들을 들볶아 착취한 재물만 빼앗았을 뿐입니다.'에서 수령이 백성들에게 착취한 재물을 빼앗는 길동의 모습을 알 수 있으므로, 길동이 백성의 편에 서서 활약을 펼쳤다고 할 수 있다.

✔ 백성이 살기 좋은 세상을 구현하려는 노력을 인정받는 모습은 길동이 병조판서에 제수되는 것에서 확인할 수 있군.
　임금이 길동에게 병조판서를 제수하는 이유는 길동을 잡기 위한 것이지, 백성이 살기 좋은 세상을 구현하려는 노력을 인정한 것이 아니므로 적절하지 않다.

김일태 외 공역 「조직경제학 입문」

해제 이 글은 기업의 규모 변화를 거래비용으로 설명한 거래비용이론에 대해 설명하고 있다.
거래비용이론을 이해시키기 위해 먼저 거래비용이 무엇인지 설명한 뒤, 이를 바탕으로 기업의 조직 내에서도 거래가 일어나는 조직 내 거래 비용에 대해 설명해 주고 있다. 그리고 기업에 총 기업 비용을 고려하여 기업의 규모를 어떻게 결정하는지 구체적 사례를 통해 이해시켜 주고 있다. 그리고 이러한 거래비용이 발생하는 요인으로 인간적 요인과 환경적 요인이 있음을 밝히면서 각각에 대해 설명해 주고 있다.

주제 거래비용이론의 이해

문단 핵심 내용

1문단	거래비용이론의 의미
2문단	거래비용의 개념
3문단	조직 내 거래 비용의 의미
4문단	총 거래 비용을 고려하여 기업의 규모를 결정하는 사례
5문단	거래비용이 발생하는 요인 1 - 인간적 요인
6문단	거래비용이 발생하는 요인 2 - 환경적 요인

32 사실적 정보의 확인　정답률 56% | 정답 ⑤

윗글을 통해 알 수 있는 내용으로 적절하지 않은 것은?

① 거래비용의 종류
　3문단을 보면 거래비용의 종류에는 '시장거래비용'과 '조직 내 거래 비용'이 있음을 알 수 있다.

② 총거래비용의 개념
　3문단의 '이때 시장거래비용과 조직 내 거래비용을 합친 것을 '총 거래 비용'이라고 하며'에서 알 수 있다.

③ 시장거래비용을 줄이는 방법
　3문단의 '거래비용이론에서는 기업은 ~ '시장거래비용'을 줄이기 위해, 재화를 자체적으로 생산하는 것에 대해 고려하게 된다고 보았다.'에서 알 수 있다.

④ 기업의 규모가 변화하는 이유
　1문단의 '현대 사회의 기업들은 새로운 내부 조직을 만들거나 다른 기업과 합병하는 등의 방식을 통해 기업의 규모를 변화시키기도 한다.'와 4문단의 '이때 기업은 총 거래 비용이 최소가 되는 지점까지 내부 조직의 규모를 확대하여'에서 알 수 있다.

✔ 기업 규모와 생산비용의 관계
　3문단에서 기업이 총 거래 비용을 고려하여 기업의 규모를 결정하게 됨을 알 수 있지만, 기업의 규모와 생산비용의 관계에 대해서는 언급하고 있지 않다.

33 핵심 용어의 개념 이해　정답률 80% | 정답 ①

거래비용이 발생하는 상황으로 적절하지 않은 것은?

✔ 도자기 장인이 직접 흙을 채취하여 도자기를 빚을 때
　2문단에서 거래 비용이 발생하는 상황으로 경제 주체가 거래 의사와 능력을 가진 상대방을 탐색하는 과정, 가격이나 교환 조건을 상대방과 협상하여 계약을 하는 과정, 계약 후 계약 이행 여부를 확인하고 강제하는 과정 등이 있음을 알 수 있다.
　그런데 '도자기 장인이 직접 흙을 채취하여 도자기를 빚'는 상황은 거래 과정이 드러나지 않으므로 거래 비용이 발생하는 상황이라고 볼 수 없다.

② 집을 구매하려는 사람이 집을 판매하는 사람을 탐색할 때
　2문단에 언급된 경제 주체가 거래 의사와 능력을 가진 상대방을 탐색하는 과정의 예로 볼 수 있다.

③ 가구를 생산하는 사람이 원목 판매자와 재료 값을 흥정할 때
　2문단에 언급된 가격이나 교환 조건을 상대방과 협상하는 과정의 예로 볼 수 있다.

④ 소비자가 인터넷을 설치하기 위해 통신사와 약정서를 작성할 때
　2문단에 언급된 계약을 하는 과정의 예로 볼 수 있다.

⑤ 제과 업체가 계약대로 밀가루가 제대로 공급되고 있는지 확인할 때
　2문단에 언급된 계약 후 계약 이행 여부를 확인하는 과정의 예로 볼 수 있다.

34 내용을 바탕으로 한 자료의 이해　정답률 72% | 정답 ③

[A]를 바탕으로 〈보기〉를 이해한 내용으로 적절하지 않은 것은? [3점]

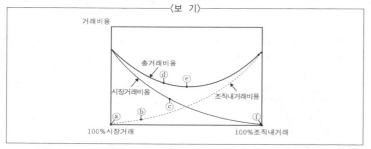

① 조직내거래비용이 ⓐ에서 ⓑ로 증가했다면 기업은 시장에서 조달했던 부품의 일부를 자체 생산하겠다는 결정을 했기 때문이겠군.

4문단의 '이렇게 기업이 ~ 조직 내 거래 비용은 증가하게 된다.'는 내용을 볼 때, ⓐ에서 ⓑ로 증가했다면 시장에서 조달했던 부품의 일부를 자체 생산하겠다는 결정을 한 것이다.

② 시장거래비용이 ⓒ에서 ⓕ로 감소했다면 기업이 내부 거래를 증가시켰기 때문이겠군.
　4문단의 '이렇게 기업이 부품을 자체 생산하여 ~ 시장거래비용은 감소'한다는 내용을 볼 때, ⓒ에서 ⓕ로 시장거래비용이 감소했다면 기업이 내부 거래를 증가시켰다고 볼 수 있다.

✔ ⓓ에서 ⓔ로 총거래비용이 줄었다면 내부 조직의 규모를 축소하겠다는 결정을 했기 때문이겠군.
　ⓓ에서 ⓔ로 줄어든 것은 시장거래비용은 감소하고 조직 내 거래 비용은 증가하고 있기 때문이다. 또한 4문단의 '이렇게 기업이 ~ 이 지점이 바로 기업의 최적규모라고 할 수 있다.'를 볼 때 내부 조직의 규모는 확대되고 있는 것이다.

④ 총거래비용이 ⓔ에서 최소가 된다면 이 지점이 기업의 최적 규모라고 할 수 있겠군.
　4문단의 '총 거래 비용이 최소가 되는 지점까지 ~ 바로 기업의 최적규모라고 할 수 있다.'는 내용을 볼 때, 총 거래 비용이 최소가 되는 지점인 ⓔ가 기업의 최적규모이다.

⑤ ⓕ에서는 기업이 모든 부품을 기업 내부적으로 제조하기 때문에 시장거래비용은 발생하지 않겠군.
　4문단의 '기업이 다른 기업과의 시장거래를 통해 ~ 시장거래비용만 발생하게 될 것이다.'를 볼 때, 조직 내 거래만 이루어지는 상황인 ⓕ는 시장거래비용이 발생하지 않음을 알 수 있다.

35 구체적인 사례에의 적용　정답률 72% | 정답 ⑤

㉮를 바탕으로 〈보기〉를 이해한 내용으로 적절하지 않은 것은?

〈 보 기 〉
사례 1 : 자동차를 조립하여 판매하는 A 기업은 자동차에 들어가는 부품 중 볼트를 특정 기업을 선정하지 않고 다양한 기업을 통해 조달하고 있다.
사례 2 : 의료기구 생산 업체인 B 기업은 핵심 부품을 C 기업을 통해서만 조달하고 있어, 안정적인 생산과 조달을 위해 두 기업은 계약을 할 때 장기간의 계약 기간을 계약 조건으로 명시하였다.
사례 3 : D 기업은 새로 개발한 제품의 원재료를 외국의 E 기업으로부터 조달하고자 하였으나, E 기업이 원재료의 품질 정보를 세부적으로 제공하지 않아 신제품 생산에 차질이 발생하게 되었다.

① A 기업이 조달하는 볼트의 자산특수성은 높지 않다고 할 수 있겠군.
　A 기업은 다양한 기업을 통해 볼트를 조달하고 있다. 그리고 6문단의 '자산특수성이란 ~ 높은 가치를 갖는 자산의 속성을 말한다.'를 보면, A 기업이 조달하는 볼트는 자산특수성이 높지 않음을 알 수 있다.

② B 기업과 C 기업이 계약 조건으로 장기간의 계약 기간을 명시한 것은 거래에 있어 안전장치를 마련한 것으로 볼 수 있겠군.
　B 기업은 핵심 부품을 C 기업을 통해서만 조달하고 있으므로 자산특수성이 높으며 장기간의 계약 기간을 명시한 것은 안정적인 생산과 조달을 위한 것이다. 이는 6문단의 '이때 자산특수성이 높으면 ~ 다양한 안전장치를 마련하려 할 것이다.'에 해당하므로 적절하다.

③ B 기업과 C 기업은 거래하는 핵심 부품이 지닌 특성으로 인해 상대가 기회주의적으로 행동할 가능성을 염려했다고 볼 수 있겠군.
　B 기업과 C 기업이 거래하는 핵심부품은 자산특수성이 높다. 그리고 6문단의 '자산특수성이 높으면 ~ 행동할 가능성이 커질 수 있기 때문에'를 보면 두 기업은 상대가 기회주의적으로 행동할 가능성을 염려했다고 볼 수 있다.

④ D 기업과 E 기업 간의 거래에서는 정보의 불확실성으로 인해 거래비용이 높아질 가능성이 있겠군.
　E 기업이 D 기업에 원재료의 품질 정보를 세부적으로 제공하지 않았으므로, 6문단의 '정보가 불확실한 거래 상황일수록 ~ 거래비용은 높아지게 된다.'를 통해 거래비용이 높아질 가능성이 있다고 볼 수 있다.

✔ E 기업이 원재료의 품질 정보를 세부적으로 제공하지 않은 것은 D기업을 탐색하는 과정에서 완벽하게 합리적인 선택을 하였기 때문이겠군.
　5문단의 '먼저, 인간은 거래 상황 속에서 ~ 존재는 아니라는 것이다.'를 보면, 거래비용이 발생하는 인간적 요인으로 인간의 제한된 합리성을 제시하고 있다. 따라서 D 기업과의 거래에서 E 기업이 완벽하게 합리적인 선택을 하였다고 볼 수 없다.

36 어휘의 사전적 의미 파악　정답률 78% | 정답 ①

㉠ ~ ㉤의 사전적 의미로 적절하지 않은 것은?

✔ ㉠ : 둘 이상의 일을 한꺼번에 행함.
　㉠의 '이행'의 사전적 의미는 '실제로 행함'이므로 '둘 이상의 일을 한꺼번에 행함.'은 적절하지 않다. '둘 이상의 일을 한꺼번에 행함.'은 '병행'의 사전적 의미에 해당한다.

② ㉡ : 생각하고 헤아려 봄.

③ ㉢ : 사람이나 사물의 겉모습이나 그 됨됨이.

④ ㉣ : 모자라거나 부족한 것을 보충하여 완전하게 함.

⑤ ㉤ : 두 사람 이상이 한 물건을 공동으로 소유함.

37~41 인문

임일환 외, 「감성의 철학」

해제 이 글은 정서의 본질에 대한 '감정 이론'과 '인지주의적 이론'의 장점 및 한계에 대해 설명하고 있다. 글쓴이는 먼저 정서와 감정을 개념적으로 구분한 심리 철학에 대해 언급하면서, 이러한 정서의 본질에 대한 전통적 논의에 '감정 이론'과 '인지주의적 이론'이 있음을 제시하며, 이 둘을 구체적 사례를 통해 이해시키고 있다. 그런 다음 '감정 이론', '인지주의적 이론'의 개념과 특성을 언급하면서, 이러한 '감정 이론', '인지주의적 이론'의 장점과 한계에 대해 언급해 주고 있다. 마지막으로 글쓴이는 두 이론의 한계를 극복하기 위해 정서의 다면적 성격을 종합적으로 설명하는 새로운 이론적 틀을 마련하려는 심리 철학의 노력을 언급하며 글을 마무리하고 있다.

주제 정서의 본질에 대한 '감정 이론'과 '인지주의적 이론'의 장점과 한계

문단 핵심 내용	
1문단	정서와 감정을 개념적으로 구분하고 있는 오늘날의 심리 철학
2문단	정서의 본질에 대한 '감정 이론'과 '인지주의적 이론'
3문단	'감정 이론'의 개념 및 특성
4문단	'감정 이론'의 장점 및 한계
5문단	'인지주의적 이론'의 개념 및 특성
6문단	'인지주의적 이론'의 장점 및 한계
7문단	정서의 다면적 성격을 종합적으로 설명하기 위한 심리 철학자의 노력

37 내용 전개 방식의 파악   정답률 81% | 정답 ①

윗글의 전개 방식에 대한 설명으로 가장 적절한 것은?

☑ **① 중심 화제에 대한 대비되는 두 이론을 소개한 후 각 이론의 장단점을 제시하고 있다.**
이 글에서는 중심 화제인 '정서'의 본질에 대한 전통적인 논의로 감정 이론과 인지주의적 이론이 있음을 언급하고 대비하는 두 이론이 지닌 장점과 한계를 제시하고 있다.

② 중심 화제에 대한 상반된 이론을 제시한 후 두 이론을 절충한 새로운 이론을 비판하고 있다.
중심 화제에 대한 상반된 이론인 감정 이론과 인지주의적 이론을 언급하지만, 두 이론을 절충한 새로운 이론은 제시되어 있지 않고 이를 비판하지도 않고 있다.

③ 중심 화제에 대한 두 이론의 가설을 제시하고 통계를 바탕으로 가설의 타당성을 검증하고 있다.
중심 화제에 대한 두 이론인 감정 이론과 인지주의적 이론에 대한 가설을 제시하지 않고 있다.

④ 중심 화제에 대한 두 이론의 대표적인 학자들을 제시하고 그들이 후속 연구에 미친 영향을 소개하고 있다.
중심 화제에 대한 두 이론인 감정 이론과 인지주의적 이론의 대표적인 학자들을 제시하지 않고 있다.

⑤ 중심 화제에 대해 새롭게 등장한 두 이론과 각각의 등장 배경을 소개하고 기존 이론의 등장 배경과 대비하고 있다.
중심 화제에 대한 두 이론인 감정 이론과 인지주의적 이론의 등장 배경을 소개하지 않고 있고, 이 두 이론을 기존 이론의 등장 배경과 대비하지도 않고 있다.

38 구체적 상황에의 적용   정답률 60% | 정답 ③

윗글을 바탕으로 〈보기〉를 이해한 내용으로 적절하지 않은 것은? [3점]

〈보 기〉
집에 가던 수아는 갑자기 비가 내리자 버스 정류장에서 비를 피하고 있었다. 그때 멀리서 수아를 본 어머니가 웃는 얼굴로 우산을 들고 수아에게 다가왔다. 어머니를 만난 수아는 행복이라는 정서를 가지게 되었다.

① 감정 이론에 따르면, 수아가 집에 갈 때 어머니를 만난 특정 시점에서 가지게 된 행복이라는 정서는 수아가 느낀 감정인 행복감 자체와 동일시된다고 보겠군.
3문단의 '감정 이론은 특정 정서를 ~ 느낌과 동일시하는 이론이다.'에서 감정 이론은 감정과 정서를 동일시함을 알 수 있으므로 적절하다.

② 감정 이론에 따르면, 수아의 행복이라는 정서를 이해하려면 '수아가 비를 맞지 않게 하려고 어머니가 우산을 들고 나왔다.'라는 명제로 표현될 수 있는 요소는 배제해야겠군.
2문단의 '인지적 요소에 해당하는 것은 ~ 명제로 표현될 수 있는 판단이나 믿음', 3문단의 '감정 이론은 앞의 예에서 ~ 인지적 요소는 배제한다.'에서 감정 이론은 정서를 이해하는 데 명제로 표현될 수 있는 판단이나 믿음이라는 인지적 요소는 배제하고 있음을 알 수 있으므로 적절하다.

☑ **③ 인지주의적 이론에 따르면, 자신을 본 어머니의 웃는 얼굴을 보게 됨으로써 수아가 가지게 된 행복이라는 정서는 감정에서 비롯된 결과라고 보겠군.**
5문단의 '인지주의적 이론은 정서의 인지적 요소를 정서와 동일시하거나 적어도 정서의 필수적인 요소로 인정하는 이론이다.'에서 알 수 있다.
그리고 5문단의 '감정 자체는 정서와 동일시될 수 없고 판단이나 믿음과 같은 인지적 요소들의 복합체에 의해 초래되는 결과일 뿐이다.'를 보면 인지주의적 이론에서 감정은 인지적 요소들의 복합체에 의해 초래되는 결과에 해당함을 알 수 있다.

④ 인지주의적 이론에 따르면, 수아의 행복이라는 정서를 설명하기 위해서는 어머니가 우산을 들고 수아에게 다가오는 상황을 고려해야 한다고 보겠군.
4문단의 '왜냐하면 감정 이론은, 어떻게 ~ 맞추기 때문이다.'와 5문단의 '인지주의적 이론은, 앞의 예에서 민호가 ~ 필수적인 요소로 인정한다.'에서 인지주의적 이론은 정서를 설명하는 데 있어 상황을 고려해야 한다고 설명하고 있으므로 적절하다.

⑤ 인지주의적 이론에 따르면, 어머니의 표정과 행동이라는 구체적인 대상에 대한 수아의 판단은 수아가 가지게 된 행복이라는 정서 상태의 필수적인 요소로 인정되겠군.
3문단의 '인지적 요소인 판단과 믿음은 ~ 구체적인 대상을 전제하는데'와 5문단의 '인지주의적 이론은, 앞의 예에서 ~ 필수적인 요소로 인정한다.'를 보면 인지주의적 이론에서 구체적인 대상을 전제로 하는 판단과 믿음은 정서의 필수적인 요소에 해당함을 알 수 있으므로 적절하다.

39 다른 이론과의 비교   정답률 59% | 정답 ④

윗글과 〈보기〉에 대해 설명한 내용으로 가장 적절한 것은?

〈보 기〉
정서의 본질을 설명하는 전통적인 이론 중에서 행동주의 이론은 정서의 본질을 인간에게 가해지는 자극과 이에 대한 반응의 관계를 통해 파악하려고 했다. 행동주의 이론에 따르면, 인간의 모

든 기능은 공통적으로 자극과 반응의 원리를 통해 설명될 수 있기 때문에 인간의 정서도, 내적인 감정이 아니라 자극에서 초래된 외적인 반응으로서의 특정한 행동과 현상으로 기술될 수 있다는 것이다.

① 감정 이론과 행동주의 이론은 모두 인간에게 가해지는 자극을 통해서 인지적인 요소가 정서의 필수적인 요소임을 증명할 수 있다고 보고 있다.
감정 이론에서는 정서를 이해하는 데 있어서 인지적 요소가 아니라 감정적인 요소를 통해 가능하다고 생각하고 있으므로 적절하지 않다.

② 인지주의적 이론과 행동주의 이론은 모두 인간의 외적인 반응에 주목하여 사람의 마음에 일어나는 감정 그 자체인 정서를 설명하려 하고 있다.
인지주의적 이론에서는 감정 자체를 정서와 동일시할 수 없다고 보고 있다.

③ 감정 이론은 행동주의 이론과 달리, 인간이 어떻게 느끼느냐에 대한 스스로의 판단은 특정한 행동을 하게 만든다는 사실에 초점을 두어 정서를 설명하려 하고 있다.
감정 이론에서는 정서를 이해하는 것은 감정적인 요소를 통해 가능하므로 상황에 대해 어떻게 판단하고 믿느냐가 아닌 어떻게 느끼느냐를 이해하는 것으로만 가능하다고 생각하고 있다.

☑ **④ 행동주의 이론은 감정 이론과 달리, 인간의 정서는 내적인 감정이 아니라 자극과 반응으로 기술될 수 있다는 특징에 주목하여 정서라는 개념을 설명할 수 있다고 보고 있다.**
4문단의 '왜냐하면 감정 이론은 감정 외적인 인지적 요소를 배제하고 ~ 내면적인 감정과 동일시되는 정서 자체에 초점을 맞추기 때문이다.'에서 감정 이론은 내적인 감정을 정서와 동일시하고 있음을 알 수 있다. 그리고 〈보기〉에 제시된 '행동주의 이론에 따르면, 인간의 모든 기능은 ~ 현상으로 기술될 수 있다는 것이다.'에서 행동주의 이론은 내적인 감정이 아니라 자극과 반응의 원리를 통해 정서를 설명하려 하고 있음을 알 수 있다.

⑤ 행동주의 이론은 인지주의적 이론과 달리, 인간의 모든 기능을 설명할 수 있는 공통적인 원리가 아닌 특수한 대상에 적용되는 원리를 바탕으로 정서에서의 감정적 요소를 설명하려 하고 있다.
〈보기〉를 보면 행동주의 이론에서는 인간의 모든 기능을 공통적으로 자극과 반응의 원리를 통해 설명할 수 있다고 생각하고 있음을 알 수 있다.

40 다른 이론과의 비교   정답률 47% | 정답 ①

윗글의 ⓐ과 〈보기〉의 Ⓐ에 대해 보인 반응으로 적절하지 않은 것은?

〈보 기〉
Ⓐ 제임스의 이론에 따르면, 사람이 공포라는 정서 상태에 있을 때 얼굴이 핼쑥해지고 등줄기에 식은땀이 흐르는 등 여러 가지 신체적 변화가 발생하는데 이러한 물리적인 변화는 의지에 의해 통제되기 힘든 특정 느낌을 동반한다. 제임스는 이러한 느낌을 중심으로, 느낌들의 복합체, 즉 신체적 감각의 복합체를 공포라는 정서와 동일시한다.

☑ **① ⓐ과 Ⓐ는 정서의 지향적인 성격을 전제한다는 점에서 유사하겠군.**
3문단의 '감정 이론은 판단과 믿음을 배제하기 때문에 정서의 지향적인 성격을 부정한다'로 보아, 감정 이론이 정서의 지향적인 성격을 전제한다는 내용은 적절하지 않다.

② ⓐ과 Ⓐ는 느낌이라는 것을 중심으로 정서를 이해한다는 점에서 유사하겠군.
2문단의 '감정 이론은 전자를 중심으로 정서를 정의하는 이론이고', 3문단의 '감정 이론은 특정 정서를 ~ 동일시하는 이론이다.'로 보아, 감정 이론은 느낌을 중심으로 정서를 이해하고 있다.
그리고 〈보기〉의 '제임스는 이러한 느낌을 ~ 정서와 동일시한다.'로 보아, 제임스도 느낌을 중심으로 정서를 이해하고 있으므로 적절하다.

③ ⓐ과 Ⓐ는 의지에 의해 통제되기 힘든 정서의 속성을 인정한다는 점에서 유사하겠군.
3문단의 '감정은 정서와 동일시되므로 의지에 의해 통제되기 힘든 감정의 속성은 그대로 정서의 속성이 된다'와 〈보기〉의 '이러한 물리적인 변화는 의지에 의해 통제되기 힘든 특정 느낌을 동반한다', '느낌들의 복합체, 즉 신체적 감각의 복합체를 공포라는 정서와 동일시한다'로 보아, 제임스는 물리적인 변화에 동반되는 특정 느낌들의 복합체를 정서로 보고 있다. 이는 의지에 의해 통제되기 힘든 속성을 가지고 있으므로 적절하다.

④ ⓐ은 감정과 정서의 속성을 동일시하여 정서를 이해하려 하고 있군.
3문단의 '감정은 정서와 동일시되므로 의지에 의해 통제되기 힘든 감정의 속성은 그대로 정서의 속성이 된다'로 보아 적절하다.

⑤ Ⓐ는 신체적 감각의 복합체를 정서와 동일시하여 정서를 이해하려 하고 있군.
〈보기〉의 '신체적 감각의 복합체를 공포라는 정서와 동일시한다'로 보아 적절하다.

41 내용의 추론   정답률 58% | 정답 ③

ⓐ에 대한 설명으로 가장 적절한 것은?

① 감정 이론과 인지주의적 이론은 모두 정서가 규범적인 속성을 가질 수 있다는 점을 설명하지 못한다.
6문단에서 인지주의적 이론은 정서가 규범을 가질 수 있다는 점을 설명할 수 있음을 알 수 있다.

② 감정 이론과 인지주의적 이론은 모두 사람들이 느끼는 개별 정서의 차이를 구분하여 설명하지 못한다.
6문단에서 인지주의적 이론은 정서들을 개별 정서로 분류하는 것이 가능함을 알 수 있다.

☑ **③ 감정 이론과 인지주의적 이론은 모두 특정 요소만을 강조하여 정서의 본질을 종합적으로 설명하지 못한다.**
4문단의 '감정 이론은 감정 외적인 인지적 요소를 배제하고 감정적 요소만을 강조하기 때문에'와 6문단의 '인지주의적 이론은 인지적 요소만을 지나치게 강조하기 때문에'를 보면 두 이론은 정서를 이해하는 데 있어 특정 요소만을 강조하고 있으므로 정서의 본질을 종합적으로 설명하지 못할 것이다.

④ 감정 이론과 인지주의적 이론은 모두 정서에 대해서 사람들이 지니고 있는 보편적인 성향을 반영하지 못한다.
4문단의 감정 이론이 정서와 감정을 동일시하는 보편적인 성향을 잘 설명할 수 있지만, 개별 정서의 차이를 구분하여 설명하지 못한다는 내용에서 정서에 대해서 사람들이 지니고 있는 보편적인 성향을 반영할 것임을 알 수 있다.

⑤ 감정 이론과 인지주의적 이론은 모두 상황에 따른 정서의 적절성 여부를 결정하는 당위적인 가치 기준을 제시하지 못한다.
감정 이론에서는 정서가 당위적인 가치 기준에 부합하는지 여부를 판단하는 것이 불가능하다고 하였지만 당위적인 가치 기준을 제시하지 못한다는 언급은 드러나지 않고 있다.

42~45 | 현대 소설

채만식, 「맹순사」

감상 이 작품은 **혼란스러웠던 해방 전후의 사회 현실 속에서 도덕적 관념이 부족한 인물들을 비판적으로 드러내고 있다.**
주인공 맹순사는 일제 시대에 순사 노릇을 하다가 8·15 이후 그 직업을 그만 둔 사람으로, 자신의 순사 동료들이 민중들에게 두들겨 맞고 돌팔매질 당하는 것에 비해 자기는 덜 해 먹었기 때문에 그런 곤욕을 피할 수 있었다는 것을 오히려 거들먹거릴 정도의 인물이다. 이처럼 이 작품은 **부정적 인물이 스스로를 긍정적으로 인식하는 모습을 제시하며 그의 실상을 드러내는 방법을 통해, 인물의 허위와 위선을 고발**하고 있다.
또한 일제 잔재 청산으로 새로운 질서가 막 자리잡혀 가려고 했던 것들이 낡은 것의 완강한 버팀 때문에 좌절되어 가는 것을 통해, **해방 이후 친일 잔재를 청산하지 못해서 나타나게 된 비극적 역사의 반복도 그려 내고 있다.**

주제 해방 후의 혼탁한 사회 현실

작품 줄거리 8·15 해방 바로 뒤에 순사 직을 그만 둔 맹순사는 순사 생활 팔 년 동안 아내에게 뉴똥치마 하나 마련해 주지 못한, 지지리 주변머리 없는 사람이다. 열일곱에 서른 살 난 맹순사에게 후취로 시집온 그의 아내 서분이는 신경질적이고 요망스런 부류의 여자다. 뉴똥치마는 기회가 없어서 마련을 못하였지만, 양복을 빼앗아 입고 쌀, 나무며 반찬거리를 얻어먹고 술대접을 받았지만, 큰 것을 먹지 아니하였으니 자신은 깨끗한 사람이라 생각하고 있다. 이것이 맹순사의 청백관이다.
맹순사는 생활난에 쫓겨, 배운 도적질이 그 뿐이라 생각하고 군정청 경찰학교를 찾아가 경찰을 지원한다. 그는 팔 년이나 다닌 경험자라고 간단히 테스트 후에 당장 채용되어 XX파출소에 배속을 받는다. 맹순사는 근무지를 가면서 시민들이 자기를 대하는 태도에 놀라면서 지난 일을 반성한다.
마침내 XX파출소에 당도해 보니 그를 맞이한 사람은 자신의 집에 세 들어 살았던 행랑아들인 '노마'였다. 노마는 학교도 제대로 다니지 않았고 유미관을 드나들면서 주먹패의 똘마니 생활을 했는데, 주먹질 때문에 파출소에 끌려간 그를 맹순사가 몇 차례 풀려나오게 하였다. 그러나 맹순사를 더욱 놀라게 한 것은 전출 간 이 대신에 온 새로운 동료 때문이다. 이 사람은 재작년 맹순사가 XX경찰서에서 유치장 간수로 있을 때, 살인 강도죄에 붙잡혀 들어 왔던 강봉세였다.
강봉세는 맹순사에게 복수의 칼을 갈던 사람으로 정치범·사상범이 풀려날 때 같이 나와 경찰이 된 사람이었다. 오후에 헐떡거리며 집으로 돌아 온 맹순사는 강봉세의 칼에 배가 찔리지 않은 것만도 다행이라고 생각하면서 사직원을 쓴다. 그리고 예전이나 지금이나 순사라는 게 살인강도와 다를 게 없다고 넋두리를 한다.

---

42 서술상의 특징 파악
정답률 63% | 정답 ④

윗글의 서술상의 특징으로 가장 적절한 것은?

① 서술자를 교체하여 새로운 사건을 도입하고 있다.
이 글은 중심인물인 맹순사에 대해 전지적 작가 시점으로 서술하고 있으므로, 서술자가 교체되지는 않고 있다.

② 장면을 빈번하게 전환하여 긴박한 분위기를 형성하고 있다.
맹순사의 집과 거리, 파출소 안의 장면이 시간 순으로 제시되고 있지. 장면이 빈번하게 전환된다고 볼 수 없다. 또한 긴박한 분위기가 드러나 있다고 볼 수 없다.

③ 인물의 외양을 묘사하여 인물의 성격 변화를 암시하고 있다.
이 글에서 '볼때기에 있는 붉은 점'이라고 노마의 외양에 대해 언급하고 있지만, 이를 통해 노마라는 인물의 성격이 변화할 것을 암시한다고 볼 수 없다.

✔④ **특정 인물의 시각에서 사건을 서술하여 인물의 내면을 드러내고 있다.**
이 글은 중심인물인 맹순사의 시각에서 술대접을 받거나 아낙의 옷감을 얻어 얻어다 준 것, 양복벌이나 빼앗아 입거나 돈을 받아쓰며 찬거리를 조금씩 얻어먹는 사건을 서술하면서, '아무나 예사로 하는 일이요, 하여도 죄 될 것이 없다'고 여기는 맹순사의 내면을 드러내고 있다.

⑤ 서로 다른 장소에서 동시에 일어난 사건을 제시하여 인물들의 상황을 대비하고 있다.
이 글에서는 시간의 흐름에 따른 사건이 언급되어 있지, 서로 다른 장소에서 동시에 일어난 사건을 제시하지는 않고 있다.

43 발화 내용의 이해
정답률 82% | 정답 ④

㉠ ～ ㉢에 대한 설명으로 적절하지 않은 것은?

① ㉠ : 맹순사는 서분이가 알고 있는 상황이 지속되지 않을 것이라고 말하고 있다.
㉠은 서분이가 알고 있는 가네모도상지 그렇게 들이 긁어 먹구두, 되려 승찰 해서 부장이 된 상황이 지속되지 않을 것이라고 생각한 맹순사의 말에 해당한다.

② ㉡ : 맹순사는 양복 값을 지불할 의사가 없으면서도 가격을 물어보고 있다.
㉡은 맹순사가 돈이 삼 원밖에 없는 지갑을 꺼내는 체하면서 삼십이 원짜리 양복 가격을 물어보고 있는 것이므로 적절하다.

③ ㉢ : 맹순사는 뇌물을 받는 것으로도 모자라 상대에게 돈을 요구하고 있다.
㉢은 맹순사가 못 이기는 체 주는 뇌물을 받는 것으로도 모자라 빌려달라는 명분을 대며 돈을 요구하는 말이다.

✔④ ㉣ : 맹순사는 과거의 행악을 생각하며 자신이 저지른 행동을 부인하고 있다.
㉣은 맹순사가 사람들이 안심한 얼굴로 대하지 않는 이유에 대해 자신이 저지른 행악을 떠올리고 있는 것에 해당한다. 하지만 맹순사 자신이 저지른 행동을 부인하는 모습은 찾아볼 수 없다.

⑤ ㉢ : 맹순사는 의외의 장소에서 뜻밖의 인물인 노마를 만나 놀라고 있다.
㉢은 파출소에 들어서며 예상하지 못한 노마를 만나 놀란 맹순사의 말로 적절하다.

44 인물의 심리 파악
정답률 76% | 정답 ②

다음은 윗글에 대한 [학습 활동] 과제이다. 이를 수행한 결과로 적절하지 않은 것은?

[학습 활동] ⓐ ～ ⓔ에 들어갈 인물의 심리를 작품의 내용을 바탕으로 서술하시오.

공간	질문	답변	심리
방	맹순사와 대화를 나눌 때, 서분이의 심정을 드러내는 소재는?	재봉틀	ⓐ
	맹순사가 양복장을 보며 얼굴이 간지럽다고 느낀 이유는?	뇌물로 받은 것이어서	ⓑ
파출소 가는 길	행인들이 다시 순사가 된 맹순사를 바라보는 시선은?	흘겨 봄	ⓒ
	맹순사가 길을 걸으며 여러 생각을 한 뒤 보인 행동은?	한숨을 쉼	ⓓ
파출소	맹순사가 노마와 인사를 나누며 보인 행동은?	내색을 아니 하고 웃음	ⓔ

① ⓐ : 자신들보다 부유하게 살고 있는 사람들에 대한 서분이의 부러움을 알 수 있다.
ⓐ에는 기노시다상네가 이사오면서 재봉틀이 두 개나 된 것을 언급한 서분이의 말에서 부러움을 알 수 있으므로 적절하다.

✔② **ⓑ : 팔자를 고칠 만큼 뇌물을 많이 받지 못했다고 생각하는 모습에서 맹순사가 다른 사람들에게 느끼는 질투심을 알 수 있다.**
ⓑ에서는, 자신은 청백하다고 말하면서도 뇌물을 받은 것에 대해 부끄러움을 느끼는 것을 알 수 있으므로 적절하지 않다.

③ ⓒ : 예전과 다른 눈초리에서 순사를 적대시하는 행인들의 마음을 알 수 있다.
ⓒ에는 맹순사를 적의와 경멸의 눈초리로 흘겨보는 모습에서 순사를 적대시하는 행인들의 마음을 알 수 있으므로 적절하다.

④ ⓓ : 예전과 달라진 자신의 처지에 대한 맹순사의 착잡한 마음을 알 수 있다.
ⓓ에는 '한때 잘들 해먹었으니 인제는 그 대갚음도 받아야겠지'라고 생각하며 한숨을 쉰 맹순사의 모습에서 착잡한 마음을 알 수 있으므로 적절하다.

⑤ ⓔ : 동간이라고 말하면서도 속으로 노마를 무시하는 것에서 노마에 대해 못마땅해하는 맹순사의 마음을 알 수 있다.
ⓔ에는 겉으로는 내색을 아니 하고 웃으며 속으로 '저런 것이 다 순사니. 수모도 받아 싸지.'라고 생각한 맹순사의 모습에서 노마에 대해 못마땅해하는 마음을 알 수 있으므로 적절하다.

45 외적 준거에 따른 작품의 감상
정답률 80% | 정답 ⑤

〈보기〉를 참고하여 윗글을 감상한 내용으로 적절하지 않은 것은? [3점]

〈 보 기 〉
이 작품은 혼란스러웠던 해방 전후의 사회 현실에서 도덕적 관념이 부족한 인물들을 비판적으로 드러내고 있다. 특히, 부정적 인물이 스스로를 긍정적으로 인식하는 모습을 제시한 뒤 그의 실상을 드러내는 방법을 통해 인물의 허위와 위선을 고발하고 있다. 또한 해방 이후 친일 잔재를 청산하지 못해서 나타나게 된 비극적 역사의 반복도, 당대 인물들의 모습을 통해 보여주고 있다.

---

① 맹순사가 '다른 동간들'과 달리 자신은 '청백'하다고 말하는 모습에서 부정적 인물이 스스로를 긍정적으로 인식하고 있음을 확인할 수 있겠군.
대마직 국민복을 뇌물로 받은 맹순사가 다른 동간들과 달리 청백하다고 수차례 말하는 모습에서 부정적 인물이 스스로를 긍정적으로 인식하는 것을 확인할 수 있으므로 적절하다.

② '삐껏이' '돈벌이만 잘 허믄서, 활개 펴고' 사는 사람에 대한 서분이의 말에서 혼란스러운 당대 사회 모습을 확인할 수 있겠군.
불한당질을 했음에도 죽거나 팔다리가 부러지지 않고 서울로와서 활개 펴고 잘 산다고 여기는 서분이의 말에서 혼란스러운 당대 사회 모습을 확인할 수 있으므로 적절하다.

③ 스스로 청백하다고 여기면서 '술대접'을 받은 것은 '죄가 되는 것이 아니었다'라고 생각하는 맹순사의 모습에서 인물의 허위와 위선을 확인할 수 있겠군.
스스로 청백하였노라고 자신하던 맹순사가 술대접을 받는 것은 죄가 아니고 팔자를 고치는 수준에 올라야 문제가 된다고 생각하는 모습에서 허위와 위선을 확인할 수 있으므로 적절하다.

④ 해방 후 다시 '순사'가 되어 '××파출소'에서 일하게 된 맹순사의 모습에서 친일 잔재를 청산하지 못해 비극적인 역사가 반복되는 것을 확인할 수 있겠군.
해방 전 불쌍한 사람한테 못 할 짓도 많이 한 맹순사가 해방 후 다시 순사가 된 모습에서 친일 잔재를 청산하지 못해 비극적인 역사가 반복되는 것을 확인할 수 있으므로 적절하다.

✔⑤ **'우미관패'에 들어가 '사람을 치다 붙잡'힌 노마를 놓아줬던 맹순사의 모습에서 맹순사가 도덕적 관념을 회복하는 과정을 확인할 수 있겠군.**
해방 전 맹순사가 우미관패에 들어가 사람을 치다 붙잡힌 노마를 몇 차례 놓아 준 것은 노마가 자신의 집 행랑에 살고 있었기 때문이라고 짐작할 수 있다. 하지만 이러한 모습이 맹순사가 도덕적 관념을 회복하는 과정이라고는 보기는 어렵다.

[문제편 p.264]

MEMO

MEMO